Aline Carrijo de Oliveira

DICIONÁRIO ESCOLAR
LÍNGUA PORTUGUESA

COPYRIGHT © 2023 – EDITORA VALE DAS LETRAS

Todos os direitos reservados à:

Editora Vale das Letras Ltda.

Todos os direitos reservados e protegidos pela lei 9.610/1998. Nenhuma parte deste livro, sem autorização prévia por escrito da editora, poderá ser reproduzida ou transmitida, sejam quais forem os meios empregados: eletrônicos, mecânicos, fotográficos, gravações ou quaisquer outros.

AUTORIA E PRODUÇÃO
Aline Carrijo de Oliveira
Karol Lopes
Laís Cristina Soares
Nágila Machado Pires dos Santos
Mônica Machado
Sirlei Rosa
Lórie Costa da Rocha
Maria Marta Carrijo de Oliveira
Andressa Carrijo de Oliveira
Mila Bang

REVISÃO
Sara Grünhagen

CAPA E PROJETO GRÁFICO
Editora Vale das Letras

DIREÇÃO EDITORIAL
Eureka Soluções Pedagógicas

COORDENAÇÃO EDITORIAL
Rodrigo Lopes

ASSESSORIA EDITORIAL
Mônica Machado

ASSESSORIA PEDAGÓGICA
Eureka Soluções Pedagógica

```
Dados Internacionais de Catalogação na Publicação (CIP)
              Angélica Ilacqua CRB-8/7057
```

```
    Dicionário escolar : Língua portuguesa / [Aline Carrijo de
Oliveira ; coordenado por Rodrigo Lopes]. - 2. ed. - Blumenau :
Vale das Letras, 2023.
    528 p. (Dicionário Escolar)

ISBN 978-85-7661-836-2

1. Língua portuguesa - Dicionários I. Oliveira, Aline Carrijo
de II. Lopes, Rodrigues II. Série

23-2497                                         CDD 469.3
```

1. Língua portuguesa - Dicionários

Rua Bahia, 5115 - Salto Weissbach - CEP: 89032-001 - Blumenau/SC
CNPJ: 05.167.347/0001-47 - SAC: +55 (47) 3340-7045
editora@valedasletras.com.br / www.valedasletras.com.br

UTILIZANDO ESTE DICIONÁRIO

Apresentamos alguns verbetes com os elementos que os compõem, para orientar a pesquisa em toda a obra:

cá.li.ce *s.m.* **1** BOT invólucro das flores formado pelas sépalas **2** taça com haste comprida e base arredondada, geralmente utilizada na degustação de vinho **3** RELIG tipo de recipiente usado em missas para consagração do vinho; cálix

mai.a *s.m.* **1** BIOL crustáceos de carapaça grande e granulada • *s.f.* **2** árvore que floresce no mês de maio **3** mulher vaidosa • *adj. gent.* **4** relativo aos maias

ma.dei.ra /ê/ *s.f.* **1** pedaço de árvore usada na construção civil; viga, ripa • *s.m.* **2** CUL vinho produzido na Ilha da Madeira

ma.ca.co *s.m.* **1** ZOOL símio, primata **2** suporte mecânico para facilitar a e levação de objetos • **macaco velho** pessoa esperta, experiente

¹a *s.m.* **1** GRAM primeira letra e primeira vogal de nosso alfabeto, que pode ser pronunciada por meio de som oral ou nasal **2** o primeiro elemento de uma sequência **3** designa a classe mais poderosa econômica e socialmente **4** em alguns sistemas de avaliação escolar, é o valor máximo atribuído a uma atividade

²a *art.def.* **1** GRAM feminino do artigo definido o, caracteriza-se por acompanhar palavras femininas **2** de maneira limitada, faz referência a algo mencionado anteriormente em um texto, o que permite identificar o ser, a coisa ou o evento a que se remete

↳ **cá.li.ce – ENTRADA DO VERBETE –** palavra, sigla ou elemento de composição que abre o verbete e sobre o qual há o significado ou significados logo a seguir. Vem em minúsculas, exceto quando sigla, símbolo ou nome próprio; em negrito e com as sílabas separadas. Se estiver em itálico, indica uma palavra estrangeira.

s.m. – **CLASSIFICAÇÃO GRAMATICAL –** apresentada abreviadamente, de acordo com a tabela de símbolos e abreviações que aparecem nesta obra. Vem em fonte normal e em tipo itálico. Pode haver mais de um tipo de classificação gramatical para uma mesma entrada. Nesses casos, utilizamos dois símbolos ao longo do verbete, para indicar tal alteração: o símbolo O aparece quando há mudança do qualificativo dentro da classe gramatical citada, enquanto o símbolo · aparece quando há mudança da classe gramatical nas diversas acepções apresentadas para a entrada do verbete.

↳ **1, 2, 3** etc. – **NUMERAIS -** separam os diversos significados apresentados em um mesmo verbete. Vêm em negrito para facilitar a leitura.

↳ BOT, RELIG, CUL, ZOOL – **RUBRICAS TEMÁTICAS -** indicam atividades ou áreas do conhecimento, vindo sempre em maiúsculas e sem ponto final. A lista com as rubricas temáticas é apresentada logo após estas considerações iniciais.

↳ /ê/ - **ORTOÉPIA –** este dicionário não apresenta a descrição fonética padrão da língua portuguesa, mas sim indicações sobre o timbre aberto ou fechado da vogal tônica da palavra em foco, bem como os diversos sons da letra *x*. Aparece entre barras invertidas, logo depois da entrada do verbete.

• macaco velho – **EXPRESSÕES E LOCUÇÕES –** o símbolo ■ aparece quando, enriquecendo o verbete, são apresentadas locuções e expressões contendo a palavra da entrada em questão.

↳ **¹a , ²a – HOMÓGRAFOS E HOMÓFONOS –** entradas diferenciadas com homógrafos e homófonos recebem numerações, a fim de deixar mais claro o conteúdo como um todo. Ainda, são apresentadas entradas variadas quando temos palavras de origens diferentes e/ou símbolos de elementos ou de unidades matemáticas e físicas, que vêm expressos em letras maiúsculas.

SÍMBOLOS E ABREVIAÇÕES QUE APARECEM NESTA OBRA

•	utilizado quando há mudança da classe gramatical nas diversas acepções apresentadas para a entrada do verbete
○	utilizado quando há mudança do qualificativo dentro da classe gramatical citada
■	utilizado quando é introduzida uma expressão ou locução na qual há a entrada do verbete
♦	utilizado para indicar substantivo coletivo

adj. adjetivo
adj.2g. adjetivo de dois gêneros
adj.2g.2n. adjetivo de dois gêneros e dois números
adj.2g. gent. adjetivo de dois gêneros gentílico
adj. gent. adjetivo gentílico
adj. s.f. adjetivo e substantivo feminino
adj. s.m. adjetivo e substantivo masculino
adv. advérbio
AERON aeronáutica
ANAT anatomia
ANTROP antropologia
ARQUEOL arqueologia
ARQUIT arquitetura
art.def. artigo definido
art.indef. artigo indefinido
ARTE arte
ASTROL astrologia
ASTRON astronomia
BIOL biologia
BIOQUÍM bioquímica
BOT botânica
bras. brasileirismo
chul. chulo
col. coloquial
conj. conjunção
contr. contração
CUL culinária
desus. desuso
ECOL ecologia
ECON economia
ESPORT esporte
ex. exemplo(s)
EXÉRC exército
FARM farmacologia
fig. figurado
FILOS filosofia
FÍS física
FÍSQUÍM físico-química
GEOG geografia
GEOL geologia
GEOM geometria
gír. gíria

GRAM gramática
HIST história
INFORMÁT informática
interj. interjeição
JUR jurídico
LITER literatura
lus. lusitanismo
MAR marinha
MAT matemática
MED medicina
MIT mitologia
m.q. mesmo que
MÚS música
num. numeral
onomat. onomatopeia
PALEO paleontologia
pejor. pejorativo
pl. plural
POÉT poética
pop. popular
por ext. por extensão
prep. preposição
pron. pronome
PSICOL psicologia
QUÍM química
RELIG religião
s.2g. substantivo de dois gêneros
s.2g.2n. substantivo de dois gêneros e dois números
s.f. substantivo feminino
s.f.2n. substantivo feminino de dois números
s.m. substantivo masculino
s.m.2n. substantivo masculino de dois números
suf. sufixo
v. verbo
VETER veterinária
v.i. verbo intransitivo
v. pron. verbo pronominal
v.t. verbo transitivo
ZOOL zoologia

NOVA ORTOGRAFIA – O QUE MUDOU?

Em janeiro de 2009 passou a vigorar o Acordo Ortográfico da Língua Portuguesa, feito entre Portugal, Brasil, Angola, São Tomé e Príncipe, Cabo Verde, Guiné-Bissau, Moçambique e Timor Leste.

O que muda em nossa língua a partir de então? Cabe esclarecer que a reforma é somente ortográfica; portanto, refere-se à língua escrita, não interferindo na língua falada.

Apresentamos a seguir, resumidamente, as alterações ocorridas a partir do Acordo, as quais tiveram um período de uso facultativo até dezembro de 2012, quando passaram a ser obrigatórias.

1. O alfabeto voltou a contar com as letras K, W e Y

- O alfabeto passa a ter 26 letras. K, W e Y são utilizadas em nomes estrangeiros (Washington, Walter, Yves, *kung fu*) e em símbolos de unidades de medida, como kg (quilograma) e W (watt). Na verdade, essas letras foram reintroduzidas em nosso alfabeto, que ficou assim:

A B C D E F G H I J K L M N O P Q R S T U V W X Y Z

2. Trema: somente em nomes próprios – GUE, GUI, QUE, QUI são escritos sem trema
- O trema (¨) foi abolido, mas o som das palavras não mudou. Veja como ficam alguns vocábulos:

bilíngüe	bilíngue
argüir	arguir
cinqüenta	cinquenta
tranqüilo	tranquilo
agüentar	aguentar

Um exemplo de nome próprio que continua sendo escrito com trema é Müller.

3. O que mudou nas regras de acentuação

a) Não levam mais acento os ditongos abertos **ÉI** e **ÓI** das palavras paroxítonas (as que têm acento tônico na penúltima sílaba).

andróide	androide
espermatozóide	espermatozoide
bóia	boia
jibóia	jiboia
estréia	estreia
geléia	geleia
alcatéia	alcateia
heróico	heroico
estóico	estoico
apóia (do verbo apoiar)	apoia
apóio (do verbo apoiar)	apoio

IMPORTANTE: Her**ói**, pap**éis**, carret**éis** continuam sendo acentuadas, pois são oxítonas (têm acento tônico na última sílaba), bem como **rói**, **dói**, **mói** (monossílabos tônicos).

b) Não levam mais acento o **I** e o **U** tônicos das paroxítonas, quando vierem depois de um ditongo.

feiúra	feiura
baiúca	baiuca
bocaiúva	bocaiuva
cauíla	cauila

IMPORTANTE: Se a palavra for oxítona e o *i* ou o *u* estiverem em posição final (ou seguidos de *s*), o acento permanece. Exemplos: Piauí, tuiuiú, tuiuiús. Da mesma forma, se houver ditongo crescente antes do i ou do u, o acento permanece: guaíba, Guaíra.

c) ÊE e ÔO não são mais acentuados.

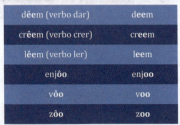

d) Acentos diferenciais: uns se foram, outros permanecem e ainda há os facultativos.
- Não diferenciamos mais:

Pára/para:	Ela pára de fazer gracinhas.	Ela para de fazer gracinhas.
Péla/pela:	Ana se péla de medo de trovão.	Ana se pela de medo de trovão.
Pêlo/pelo:	O pêlo do cachorro é marrom.	O pelo do cachorro é marrom.
Pólo/polo:	O Pólo Norte já foi mais frio.	O Polo Norte já foi mais frio.
Pêra/pera:	Jorge gosta de pêra.	Jorge gosta de pera.

- Ainda acentuamos:
  - Pôde – verbo poder na terceira pessoa do singular do pretérito perfeito do indicativo –, para diferenciá-lo de pode, verbo poder na terceira pessoa do singular do presente do indicativo. Ex.: Ontem ele não pôde ir ao cinema com você, mas hoje ele pode.
  - Pôr (verbo) e por (preposição). Ex.: Você pode, por favor, pôr os pratos em cima da pia?
  - Os acentos diferenciais dos verbos TER e VIR e derivados, como MANTER, RETER, CONTER, CONVIR, ADVIR etc. Ex.:
  Ele **tem** amor por você. / Eles **têm** amor por você.
  Ele **vem** jantar conosco. / Eles **vêm** jantar conosco.
  Ele **mantém** a palavra. / Eles **mantêm** a palavra.

Ele **detém** o dinheiro que você quer. / Eles **detêm** o dinheiro que você quer.
Ele **intervém** em todas as palestras. / Eles **intervêm** em todas as palestras.

- E podemos escolher se acentuamos ou não a palavra **fôrma**, para diferenciá-la de **forma**. Às vezes a acentuação pode ser necessária para que se passe a mensagem da melhor maneira possível. Ex.: A **fôrma** do bolo tem **forma** de coração.

e) Os verbos ARGUIR e REDARGUIR não são mais acentuados em algumas de suas formas.
- Não precisamos mais acentuar as formas do presente do indicativo desses verbos:
  Tu arg**ui**s, ele arg**ui**, eles arg**ue**m.
  Tu redarg**ui**s, ele redarg**ui**, eles redarg**ue**m.
f) Os verbos terminados em GUIR, QUAR e QUIR podem ser pronunciados de duas maneiras em algumas formas do presente do indicativo, do presente do subjuntivo e do imperativo, e a acentuação dependerá disso.
- Se a pronúncia for com o **a** ou **i** tônicos, acentuamos:
  - verbo enxaguar: enx**á**guo, enx**á**guas, enx**á**gua, enx**á**guam; enx**á**gue, enx**á**gues, enx**á**guem;
  - verbo delinquir: del**í**nquo, del**í**nques, del**í**nque, del**í**nquem; del**í**nqua, del**í**nquas, del**í**nquam.
- Se a pronúncia for com o **u** tônico, não acentuamos:
  - verbo enxaguar: enxag**u**o, enxag**u**as, enxag**u**a, enxag**u**am; enxag**u**e, enxag**u**es, enxag**u**em.
  - verbo delinquir: delinq**u**o, delinq**u**es, delinq**u**e, delinq**u**em; delinq**u**a, delinq**u**as, delinq**u**am.

4. Uso do hífen em palavras compostas
a) Usamos o hífen nas palavras compostas que não apresentam elementos de ligação, em que o primeiro elemento é um substantivo, um adjetivo, um verbo ou um numeral: arco-íris, quinta-feira, guarda-chuva, mesa-redonda, vaga-lume, criado-mudo, guarda-noturno.

> **IMPORTANTE:** não usamos hífen em palavras que perderam a noção de composição, como pontapé, mandachuva, madressilva, girassol, paraquedas, paraquedista, paraquedismo.

b) Usamos o hífen em compostos formados por termos iguais ou quase iguais, sem elementos de ligação: tique-taque, blá-blá-blá, zum-zum, tico-tico, pingue-pongue, zigue-zague.
c) Não colocamos hífen em compostos que têm elementos de ligação: pé **de** moleque, dia **a** dia, fim **de** semana, cor **de** pêssego, ponto **e** vírgula, cara **de** pau, arco **e** flecha. Compostos que têm base em orações também não são escritos com hífen: **leva e traz, deus me livre, faz de conta, maria vai com as outras, bumba meu boi, tomara que caia, disse me disse**.

> **IMPORTANTE:** mesmo com a reforma ortográfica, há exceções: água-de-colônia, arco-da-velha, cor-de-rosa, mais-que-perfeito, pé-de-meia, ao deus-dará, à queima-roupa.

d) Colocamos hífen nos compostos entre cujos elementos há **o uso do apóstrofo**: olho-d'água, pau-d'arco, gota-d'água, pé-d'água, estrela-d'alva.
e) **Palavras compostas** derivadas de nomes próprios de localidades (topônimos) são escritas com hífen, tendo ou não elementos de ligação: **porto-alegrense, sul-africano, sul-americano, sul-mato-grossense ou mato-grossense-do-sul, belo-horizontino, rio-grandense-do-norte**.
f) Usamos o hífen nos termos compostos que nomeiam espécies animais e botânicas (nomes de plantas, sementes, flores, frutos, raízes), com ou sem elementos de ligação: **ouriço-do-mar, bem-te-vi, peixe-espada, mico-leão-dourado, andorinha-da-serra, erva-doce, pimenta-do-reino, pequi-do-amazonas, cravo-da-índia, não-me-toques, joão-de-barro**.

> **IMPORTANTE:** não usamos o hífen quando os compostos que nomeiam espécies botânicas e zoológicas são empregados fora de seu sentido original. Veja:
> - olho-de-boi (espécie de peixe) – olho de boi (espécie de selo postal)
> - bico-de-papagaio (espécie de planta ornamental) – bico de papagaio (deformação nas vértebras)

QUADRO GERAL – HÍFEN E PREFIXOS

PREFIXOS ou palavras que funcionam como prefixos	COM HÍFEN	SEM HÍFEN
Aero, agro, ante, anti, arqui, auto, contra, extra, infra, intra, macro, mega, micro, maxi, mini, pluri, semi, sobre, supra, tele, ultra...	Quando a palavra seguinte começa com h ou com vogal igual à última do prefixo: auto-hematoterapia, auto--oxidação, anti-hemorrágico, mini-hotel, anti-inflamatório, micro-ondas, semi-intensivo, contra-ataque, semi-internato, macro-história	Em todos os demais casos, sendo que diante de s e r dobramos tais consoantes: autoexame, autoacusação, antirrábico, antissocial, autossustentável, antivírus, minigênio, minissaia, minicassete, ultrassom, minirretrospectiva, aeroespacial, semirreta, anteprojeto, plurianual, autoestima
Co		O prefixo co junta-se com o segundo elemento: coeducador, cooperador, coocupar, coordenar Quando a palavra seguinte começa com h, cortamos essa letra: coerdeiro, coabitação Quando a palavra seguinte começa com r ou com s, dobramos essas letras: corresponsabilidade, cosseno
Hiper, inter, super	Quando a palavra seguinte começa com h ou com r: super-homem, hiper--realização, inter-relativo, super-romântico	Em todos os demais casos: hiperinflação, superinteressante, supersônico, supermercado, superproteção, hiperacidez, hiperatividade
Pan, circum	Diante de palavra iniciada com h, m, n ou vogais: pan-americano, circum--navegação	Em todos os demais casos: panteísmo, circunfluir
Sub	Quando a palavra seguinte começa com b, h ou r: sub-bosque, sub-reptício, sub--hepático, sub-regional Exceção: subumano	Em todos os demais casos: subsecretário, subverter, subutilizar, subqualificar, subestimar

Vice, recém, ex, sem, além, aquém, recém, pós, pré, pró, sota, soto	**Sempre:** vice-diretor, vice-cônsul, recém-nascido, ex-aluno, sem-teto, além--túmulo, aquém-mar, pós--graduação, pré-requisito, pró-reitor, sota-capitão, soto-piloto	
Sufixos de origem tupi-guarani: açu, mirim, guaçu	**Sempre:** Mogi-Guaçu, Mogi-Mirim, capim-açu	
Pre, re		**Sempre:** preexistente, prenome, reescrever, refazer, reeditar, reeducar
Ab, ob, ad	**Diante de palavra iniciada por b, d, r:** ob-rogar, ob--reptício, ab-rogar, ad-renal, ab-rompido, ab-rupto	
Mal **Observação:** quando **mal** tem o sentido de doença, usamos o hífen se não houver elemento de ligação: mal-francês. Se houver elemento de ligação, escrevemos sem o hífen: **mal de Alzheimer, mal de sete dias**	**Se a palavra a seguir começa com vogal, h ou l:** mal-humorado, mal-limpo, mal-estar	**Demais casos:** malcriado, malfeito, malpassado

OUTROS CASOS REFERENTES AO HÍFEN

SITUAÇÃO	EXEMPLOS
Usa-se o hífen para ligar duas ou mais palavras que se unem formando não exatamente vocábulos, mas **encadeamentos vocabulares**.	**Ponte Rio-Niterói, Trajeto Goiânia-São Paulo, Acordo Brasil-Portugal**
Para clareza gráfica, se no final da linha **a partição de uma palavra ou a combinação de palavras coincidirem com o hífen**, devemos repeti-lo na linha seguinte.	**Papai quis comprar o micro--ondas. Prometi levá--los ao parque.**
Não usamos hífen na composição de termos com **não** e **quase**.	**Não agressão Quase expulsão**

A fonte para a elaboração deste texto foi a 5.ª edição do *Vocabulário Ortográfico da Língua Portuguesa (VOLP)*, publicado pela Academia Brasileira de Letras em março de 2009.

CONTEÚDOS BÁSICOS DE GRAMÁTICA

CLASSIFICAÇÃO DAS PALAVRAS QUANTO À SÍLABA TÔNICA		
Oxítonas	A sílaba tônica é a última sílaba da palavra	a-mor a-vó chi-nês
Paroxítonas	A sílaba tônica é a penúltima sílaba da palavra	bo-ca lá-pis la-ran-ja
Proparoxítonas	A sílaba tônica é antepenúltima sílaba da palavra	mé-di-co a-grô-no-mo lí-qui-do

USOS DO PORQUÊ

- **Porquê**: utilizado como substantivo, vem acompanhado pelo artigo "o"; para identificá-lo, substitui por "o motivo", "a razão".

> Maria não entendeu o *porquê* de tanto estudo.
> (Maria não entendeu o motivo, a razão de tanto estudo.)

- **Por quê**: utilizado somente em final de frases ou quando sinalizado sozinho.

> Terminou o namoro de novo *por quê*?
> Você não veio à aula. *Por quê*?

- **Porque**: conjunção utilizada com função explicativa, causativa ou de finalidade.

> Faltei *porque* estava doente. (pois – explicação)
> Eles ficaram *porque* já estava tarde para ir embora. (já que, uma vez que, visto que – causa)
> Coma agora, *porque* não sinta fome mais tarde. (para que, a fim de que – finalidade)

- **Por que**: exerce a função de pronome interrogativo ou funciona como preposição; para identificá-lo de maneira mais fácil, substitua "por que" pela expressão "por qual razão" ou "por qual motivo".

> *Por que* o voto é obrigatório? (por qual motivo)
> Gostaria de saber *por que* não me disse a verdade. (por qual razão)

APLICAÇÃO DO HÍFEN
- Prefixos terminados pela letra **R** em junção com a palavra iniciada pela letra **R**;
- Prefixos terminados em **vogal** em junção com palavra iniciada pela letra **H**;
- Prefixos terminados em **vogal** unidos a palavras iniciadas pela **mesma vogal**;
- Quando os elementos formam uma **unidade de sentido**;
- Prefixos que representam **formas adjetivas** e que fazem referência a misturas de culturas ou países;
- Prefixos **ex, vice** e **soto**;

- Prefixos **circum** e **pan** unidos a palavras iniciadas por vogal ou pelas consoantes **M** ou **N**;
- Prefixos **pré, pró** e **pós** unidos a palavras com significado próprio;
- Prefixos **além, aquém, recém** e **sem** unidas a palavras de significado independente.

NÃO APLICAÇÃO DO HÍFEN
- Prefixos terminados em **vogal** e palavras que iniciam por **R** ou **S**. Nese caso, em vez de utilizar-se o hífen, as consoantes são dobradas
- Prefixos terminados em **vogal** e palavras iniciadas por **vogal** diferente
- Palavras compostas que são tomadas como palavras novas, mas sem que a noção de composição tenha desaparecido

REGRAS GERAIS DE ORTOGRAFIA
Emprego da letra H (letra que não tem pronunciação fonética)
- Inicial em palavras com marcas etimológicas: hesitar, herói, homologar, hilário, hélice
- Em dígrafos após as letras **c** ou **n**: chá, chácara, chave, boliche, telha, companhia
- Em algumas interjeições: Ah! Oh! Hum!

Emprego da letra E
- Em algumas conjugações de verbos terminados em **uar**: continue (do verbo *continuar*), pontue (do verbo *pontuar*)
- Em algumas conjugações de verbos terminados em **oar**: abençoe (do verbo *abençoar*), perdoe (do verbo *perdoar*)
- Quando o prefixo **ante** (anterior, antes) forma palavras: antebraço, antessala

Emprego da letra I
- Em algumas conjugações de verbos terminados em **uir**: possui (do verbo possuir), diminui (do verbo *diminuir*)
- Quando o prefixo **anti** (contra) forma palavras: anticristo, antitetânico

Representação do fonema S
Não há uma regra específica para a representação desse fonema. Portanto, é necessário ler muito para ter domínio da escrita das palavras de modo geral
- **C, Ç:** anoitecer, cimento, dançar, paçoca
- **S:** ansiedade, cansado, pretensão
- **SS:** acessar, discussão, obsessão, sossegar
- **SC, SÇ:** acréscimo, adolescente, crescer, piscina, desço, nasço
- **X:** aproximação, máximo, proximidade, trouxe
- **XC:** excelência, excêntrico, excessivo, excesso

Emprego do S com som de Z
- Em adjetivos com sufixos **oso, osa, ês, esa, ese, isa, ose**: francesa, corajosa, teimoso, camponês, poetisa, glicose, catequese
- Quando o radical do verbo terminar em **s**: atrasar (de atrás), abrasar (de brasa)
- Nas conjugações dos verbos **pôr** e **querer** e suas derivações: pusemos, impuser, quisemos, quisera

Emprego da letra Z
- Em palavras derivadas terminadas em **zal, zeiro, zinho, zinha, zito, zita**: manguezal, cinzeiro, pezinho, vizinha, rapazito, andaluzita
- Em palavras derivadas nas quais o radical termina com **z**: raizama, enraizado, raizeiro (derivadas de raiz)
- Em algumas conjugações de verbos terminados em **izar**: atualizar, agonizar
- Em substantivos abstratos que terminam por **eza**: estranheza, beleza, grandeza

Emprego da letra G
- Em palavras terminadas em **agem, igem, ugem**: garagem, vertigem, ferrugem
- Em palavras terminadas em **ágio, égio, ígio, ógio, úgio**: estágio, colégio, prodígio, relógio, refúgio
- Em palavras derivadas de outros elementos que são grafados com a letra g: ferruginoso (de ferrugem), massagista (de massagem)

Emprego da letra J
- Em palavras derivadas de outras que possuem a terminação ja: laranjeira, laranjinha (derivadas de laranja)
- Em conjugações de verbos terminados em **jar ou jear**: viajei, viaje, viajemos (do verbo viajar)
- Em palavras derivadas de termos escritos com a letra **j**: nojeira, nojento (da palavra nojo)
- Em palavras de origem indígena: canjica, jequitibá, jiló, pajé.

Emprego do X
- Em palavras de origem indígena ou africana: xavante, abacaxi, orixá;
- Geralmente depois de ditongo: caixa, ameixa, faixa;
- Depois de sílabas que iniciam por **en** ou **me**: enxada, mexicano, mexer.

Emprego do CH
Não há uma regra específica para este caso, e por isso, é necessário ler muito, para memorizar as palavras e ter domínio da escrita de modo geral.

DICAS PARA O ENEM

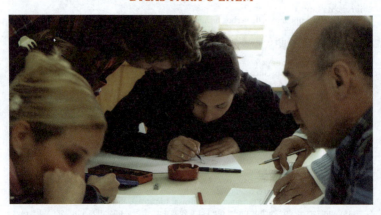

O ENEM, Exame Nacional do Ensino Médio, foi criado em 1998 pelo Ministério da Educação (MEC). Um dos seus principais propósitos é avaliar a qualidade do Ensino Médio nacional, testando a capacidade do estudante de resolver situações-problema, que propõe interação com a questão e a reflexão sobre ela. Mais do que os conceitos decorados e macetes, o que conta é o conhecimento adquirido na vida escolar e no dia a dia.

Ao contrário de muitos vestibulares, o ENEM é multidisciplinar, ou seja, não é dividido por disciplinas, mas procura reunir conhecimentos de diversas áreas em uma mesma questão, relacionando-os.

Antes da Prova

- Procure ler bastante: livros, revistas e jornais. O hábito ajudará a ter paciência com os enunciados e textos das provas. Além disso, o Enem costuma colocar temas atuais nas questões
- Confira todos os dados e o local das provas no Cartão de Confirmação de Inscrição enviado pelo correio, ou acesse: www.enem.inep.gov.br
- Procure dormir pelo menos oito horas na noite anterior à prova. Evite baladas e festas
- Não estude nem revise o conteúdo no dia da prova para não ficar estressado e com a mente sobrecarregada
- Decida com antecedência se vai de carro, de ônibus ou à pé para evitar correrias. É bom lembrar que no dia da prova as regiões dos locais de prova podem estar com muito trânsito
- Chegue com antecedência ao local da prova, ninguém entra após o fechamento dos portões

O que levar e o que não levar

- **Leve** documento de identidade com foto, o seu Cartão de Confirmação de Inscrição, folha de respostas do questionário socioeconômico e caneta esferográfica preta
- **Não leve** celular, calculadora, MP3 Player ou equipamentos semelhantes

A proposta de redação do ENEM é baseada em diferentes textos e linguagens que tratam de temas atuais e nacionais. Esses textos estimulam a reflexão e a avaliação a respeito dos argumentos, das informações, dos fatos e das opiniões que apresentam. A partir dessa análise, o participante do ENEM deve criar um novo texto argumentativo-dissertativo, no qual apresenta o seu ponto de vista.

O Exame exige do ingressante domínio da linguagem, compreensão dos fenômenos, enfrentamentos de situações problemas, capacidade de argumentar e de elaborar propostas. A prova foi dividida em matrizes de referência, sendo estas:

- MATRIZ DE REFERÊNCIA DE LINGUAGENS, CÓDIGOS E SUAS TECNOLOGIAS: trabalha-se os diferentes tipos de recursos da linguagem, como a comunicação e a informação, de modo relacionado ao contexto do aluno.

- MATRIZ DE REFERÊNCIA DE MATEMÁTICA E SUAS TECNOLOGIAS: construção de significados para os números naturais, inteiros, racionais e reais.

- MATRIZ DE REFERÊNCIA DE CIÊNCIAS DA NATUREZA E SUAS TECNOLOGIAS: compreender as ciências naturais e as tecnologias a elas associadas como construções humanas, percebendo seus papéis nos processos de produção e no desenvolvimento econômico e social da humanidade.

- MATRIZ DE REFERÊNCIA DE CIÊNCIAS HUMANAS E SUAS TECNOLOGIAS: Compreender os elementos culturais que constituem as identidades, além de compreender as transformações dos espaços geográficos como produto das relações socioeconômicas e culturais de poder.

> **O ENEM substitui o vestibular apenas nas Universidades ou Instituições de Educação Superior que assim o desejarem, pois essas instituições são autônomas e cabe a elas decidir se irão utilizar os resultados do ENEM e de que forma isso poderá ser feito. Já são mais de 1000 Instituições de Educação Superior entre públicas e privadas, que utilizam de alguma forma a nota do ENEM em seu processo seletivo.**

Fonte: Portal do MEC

COMO SE PREPARAR PARA UMA PROVA DE REDAÇÃO?

1) Mantenha-se bem informado, principalmente sobre temas atuais, leia revistas e jornais diariamente. Quanto mais conhecimento o candidato tiver, mais fácil será desenvolver a sua redação.

2) Pratique bastante, pois essa é a melhor maneira de aprender a escrever. Escolha temas atuais e diversificados e nunca fuja do tema proposto.

3) Inicialmente deixe as ideias correrem soltas e anote tudo, palavras, frases, sensações...

4) Pense no texto, escolha a introdução, o desenvolvimento e a conclusão. Em seguida verifique tudo o que anotou. Agora você pode ser crítico, selecione o que estiver bom e descarte o resto. Redija o texto.

5) Evite utilizar provérbios e ditos populares, eles empobrecem a sua redação dando a impressão de falta de criatividade. Não faça uso de pensamentos radicais e nem generalize. Ex.: toda criança é bagunceira. Lembre-se que o texto escrito é diferente do ato de falar por isso ele deve ser desprovido de marcas de oralidade.

6) No final releia várias vezes a sua redação, observe a coerência de linguagem e vocabulário. Faça a correção gramatical, cuidando com ortografia, concordância e pontuação. Por fim passe a limpo.

7) Procure estabelecer uma meta semanal, faça várias redações, você verá que no final estará escrevendo com muita naturalidade. Seja persistente e acredite em você!!!

10 DICAS PARA ESCREVER UMA BOA DISSERTAÇÃO

1) Na dissertação, não escreva períodos muito longos nem muitos curtos.

2) Na dissertação, não use expressões como "eu acho", "eu penso" ou "quem sabe", que mostram dúvidas em seus argumentos.

3) Uma redação "brilhante", mas que foge totalmente do tema proposto, será anulada.

4) É importante que, em uma dissertação, sejam apresentados e discutidos fatos, dados e pontos de vista acerca da questão proposta.

5) A postura mais adequada para se dissertar é escrever impessoalmente, ou seja, evitando-se a utilização da primeira pessoa do singular.

6) Na narração, uma boa caracterização de personagens não pode levar em consideração apenas aspectos físicos. Elas têm de ser pensadas como representações de pessoas, e por isso sua caracterização é bem mais complexa, devendo levar em conta também aspectos psicológicos de tipos humanos.

7) O texto dissertativo é dirigido a um interlocutor genérico, universal; já a carta argumentativa pressupõe um interlocutor específico para quem a argumentação deverá estar orientada.

8) O que se solicita dos alunos é muito mais uma reflexão sobre um determinado tema, apresentada sob forma escrita, do que uma simples redação vista como um episódio circunstancial de escrita.

9) A letra de forma deve ser evitada, pois dificulta a distinção entre maiúsculas e minúsculas. Uma boa grafia e limpeza são fundamentais.

10) Na narração, há a necessidade de caracterizar e desenvolver os seguintes elementos: narrador, personagem, enredo, cenário e tempo.

CUIDADOS NO USO DE CRASE

A palavra **crase** é de origem grega e significa fusão, mistura. Gramaticalmente a crase se refere geralmente à fusão da preposição "**a**" com o artigo feminino "**a**".

Exemplo: *"**Entrego para a aluna**" se transforma em "**Entrego à aluna**".*

No exemplo acima, as duas frases estão corretas. Na segunda, fundiu-se a preposição "para" e o artigo feminino "a" dando origem a uma crase.

DICA: A troca do substantivo feminino "aluna", por um substantivo masculino equivalente, comprova a existência de preposição e artigo. Exemplo: *Entrego **ao** aluno. (a+o);*
*O que não ocorre na frase: Conheço **a** aluna. (Conheço **o** aluno.)*

Não use crase quando o "**a**" for precedido de uma preposição:
*Observamos que ele ficou parado, pensativo, perante **a** geladeira.*

Não use crase antes de verbo:
*Todos eles voltaram **a** estudar este ano no mesmo colégio.*

Não use crase antes de palavra masculina:
*Notei que ela passeava toda manhã **a** cavalo.*

Não use crase antes de expressão (pronome) de tratamento:
*Falarei com **a** vossa permissão, excelência.*

Não use crase com o "**a**" no singular se a palavra seguinte estiver no plural:
*Você entregou o controle do sistema **a** pessoas estranhas?*

Não use crase antes de pronomes pessoais, indefinidos ou demonstrativos:
*Não disse **a** ela nada sobre esse assunto.*
*Não disse nada **a** qualquer pessoa.*
*Não disse nem mesmo **a** esta pessoa.*

Não use crase antes de artigo indefinido.
*Muito bem, finalmente chegaram **a** um conceito correto.*

Cuidado com o uso antes de cidades, estados, países.
*Vou **à** + volto **da**; Vou **à** Bahia. (volto **da** Bahia) - Use crase.*
*Vou **a** + volto **de**; Vou **a** Blumenau. (volto **de** Blumenau) - Não use crase.*

Use crase em expressões que indiquem hora, exceto se estiverem precedidas de preposição:
*O jogo se iniciará **às** 2h. Marcaram o jogo para **as** 2h.*

Use crase em locuções adverbiais que tem por núcleo palavra feminina. exceto àquelas que indicam instrumento;
*Vire **à** esquerda na próxima quadra.*
*Fiquei **à** vontade para compartilhar esta informação.*
*Escrevi tudo **a** caneta. (indica instrumento, não use crase)*

PLEONASMOS
Evite as redundâncias desnecessárias que tornam o texto deselegante.

Use **"surpresa"** e não "surpresa inesperada";

Use **"escolha"** e não "escolha opcional";

Use **"exceder"** e não "exceder em muito";

Use **"gritar"** e não "gritar bem alto";

Use **"elo"** e não "elo de ligação";

Use **"planejar"** e não "planejar antecipadamente";

Use **"certeza"** e não "certeza absoluta";

Use **"conviver"** e não "conviver juntos";

Use **"hemorragia"** e não "hemorragia de sangue";

Como se usa: EU/ MIM
"Eu" pronome pessoal reto, é usado quando assume a função de sujeito, sendo seguido de um verbo no infinitivo;
Faça silêncio para eu telefonar.
"Mim" pronome pessoal oblíquo, é usado ao assumir a função de objeto indireto, sempre precedido de uma preposição;
Não há nada entre mim e você.

Como se usa: ONDE / AONDE
"Onde" Lugar em que algo ou alguém está;
Você sabe onde coloquei minhas chaves?
"Aonde" Lugar para onde algo ou alguém vai;
Percebi que ainda não sei aonde iremos!

Como se usa: SENÃO / SE NÃO
"Se não" conjunção condicional e advérbio de negação;
Se não houver dinheiro, desistiremos.
"Senão" substitui expressões como: mas sim, porém; apenas, somente; falha, defeito;
Não era o caso de correr, senão de andar.
(mas sim, porém de andar.)
Nada se ouvia, senão a sua voz.
(apenas, somente sua voz.)
Encontrei apenas um senão.
(um defeito, falha.)

Como se usa: DEBAIXO / DE BAIXO
"Debaixo" quando precede a preposição de (do, da)
O brinquedo está debaixo da mesa.
"De baixo" se não houver a preposição de (do, da)
Eu moro no andar de baixo.

FIQUE ATENTO!

"Desde" se escreve junto;
"Com certeza" se escreve separado;
"De repente" se escreve separado;
"De novo" se escreve separado;

"Os óculos" e não o óculos;
"Assistir **ao...**" e não "Assistir o...";
"Meio fria" e não meia fria;
"Pra **eu** fazer" e não "pra mim fazer"

"A gente" no sentido de nós;
"Agente" pessoa ou profissional;

"Meio-dia e meia" representa metade de um dia mais meia hora;

"Viagem" Substantivo - Então, gostou da viagem?
"Viajem" verbo - Pode ser que eles viajem ainda hoje.

SUBJUNTIVO
Erros comuns no emprego dos verbos

Errado: Se o governo **manter**...
Correto: Se o governo **mantiver**...

Errado: Se ele **ver** as opções...
Correto: Se ele **vir** as opções...

Errado: Se você **repor** as coisas...
Correto: Se você **repuser** as coisas...

Errado: Quando eu **ter** aptidão...
Correto: Quando eu **tiver** aptidão...

Errado: Se eu **querer**, eu farei...
Correto: Se eu **quiser**, eu farei...

Errado: Se eu **fazer** o almoço...
Correto: Se eu **fizer** o almoço...

Errado: Quando ele **vir** até aqui...
Correto: Quando ele **vier** até aqui...

Errado: Talvez **foi** usado...
Correto: Talvez **tenha sido** usado...

COLETIVOS

São substantivos que se referem a nomes de grupos, seres em conjunto ou coleções.

abelha - enxame, cortiço, colmeia;

acompanhante - comitiva, cortejo, séquito;

alho - (quando entrelaçados) réstia, enfiada, cambada;

aluno - classe;

amigo - (quando em assembleia) tertúlia;

animal - (em geral) piara, pandilha, (todos de uma região) fauna, (manada de cavalgaduras) récua, réco-va, (de carga) tropa, (de carga) lote, (de raça, para reprodução) plantel, (ferozes ou selvagens) alcateia;

anjo - chusma, coro, falange, legião;

apetrecho - (quando de profissionais) ferramenta, instrumental;

aplaudidor - (quando pagos) claque;

argumento - carrada, monte, montão, multidão;

arma - (quando tomadas dos inimigos) troféu;

arroz - batelada;

artigo - (quando heterogêneo) mixórdia;

artista - (quando trabalham juntos) companhia, elenco;

árvore - (quando em linha) alameda, carreira, rua, souto, (quando constituem maciço) arvoredo, bosque, (quando altas, de troncos retos a aparentar parque artificial) malhada;

asneira - acervo, chorrilho, enfiada, monte;

asno - manada, récova, récua;

assassino - choldra, choldraboldra;

assistente - assistência;

astro - (reunidos a outros do mesmo grupo) constelação;

ator - elenco;

autógrafo - (lista especial de coleção) álbum;

ave - (quando em grande quantidade) bando, nuvem;

avião - esquadrão, esquadrilha, flotilha;

bala - saraiva, saraivada;

bandoleiro - caterva, corja, horda, malta, súcia, turba;

bêbado - corja, súcia, farândola;

boi - boiada, abesana, armento, cingel, jugada, jugo, junta, manada, rebanho, tropa;

bomba – bateria;

borboleta - boana, panapaná;

botão - (de qualquer peça de vestuário) abotoadura, (quando em fileira) carreira;

burro - (em geral) lote, manada, récua, tropa, (quando carregado) comboio;

cabelo - (em geral) chumaço, guedelha, madeixa, (conforme a separação) marrafa, trança;

cabo - cordame, cordoalha, enxárcia;

cabra - fato, malhada, rebanho;

cadeira - (quando dispostas em linha) carreira, fileira, linha, renque;

cálice - baixela;

camelo - (quando em comboio) cáfila;

caminhão – frota;

canção - (quando reunidas em livro) cancioneiro, (quando populares de uma região) folclore;

canhão - bateria;

cantilena - salsada;

cão - adua, cainçalha, canzoada, chusma, matilha;

capim - feixe, braçada, paveia;

cardeal - (em geral) sacro colégio, (quando reunidos para a eleição do papa) conclave, (quando reunidos sob a direção do papa) consistório;

carneiro - chafardel, grei, malhada, oviário, rebanho;

carro - (quando unidos para o mesmo destino) comboio, composição, (quando em desfile) corso;

carta - (em geral) correspondência;

casa - (quando unidas em forma de quadrados) quarteirão, quadra;

castanha - (quando assadas em fogueira) magusto;

cavalariano - (de cavalaria militar) piquete;

cavaleiro - cavalgada, cavalhada, tropel;

cavalgadura - cáfila, manada, piara, récova, récua, tropa, tropilha;

cavalo - manada, tropa;

cebola - (quando entrelaçadas pelas hastes) cambada, enfiada, réstia;

cédula - bolada, bolaço;

chave - (quando num cordel ou argola) molho, penca;

célula - (quando diferenciadas igualmente) tecido;

cereal - (em geral) fartadela, fartão, fartura, (quando em feixes) meda, moreia;

cigano - bando, cabilda, pandilha;

cliente - clientela, freguesia;

coisa - (em geral) coisada, coisarada, ajuntamento, chusma, coleção, cópia, enfiada, (quando antigas e em coleção ordenada) museu, (quando em lista de anotação) rol, relação, (em quantidade que se pode abranger com os braços) braçada, (quando em série) sequência, série, sequela, coleção, (quando reunidas e sobrepostas) monte, montão, cúmulo;

coluna - colunata, renque;

cônego - cabido;

copo - baixela;

corda - (em geral) cordoalha, (quando no mesmo liame) maço, (de navio) enxárcia, cordame, massame, cordagem;

correia - (em geral) correame, (de montaria) apeiragem;

credor - junta, assembleia;

crença - (quando populares) folclore;

crente - grei, rebanho;

depredador - horda;

deputado - (quando oficialmente reunidos) câmara, assembleia;

desordeiro - caterva, corja, malta, pandilha, súcia, troça, turba;

diabo - legião;

dinheiro - bolada, bolaço, disparate;

disco - discoteca;

doze - (coisas ou animais) dúzia;

ébrio - ver bêbado;

égua - ver cavalo;

elefante - manada;

erro - barda;

escravo - (da mesma morada) senzala, (para o mesmo destino) comboio, (aglomerados) bando;

escrito - (em homenagem a homem ilustre) polianteia, (literários) analectos, antologia, coletânea, crestomatia, espicilégio, florilégio, seleta;

espectador - (em geral) assistência, auditório, plateia, (contratados para aplaudir) claque;

espiga - (atadas) amarrilho, arregaçada, atado, atilho, braçada, fascal, feixe, gavela, lio, molho, paveia;

estaca - (fincadas em forma de cerca) paliçada;

estado - (unidos em nação) federação, confederação, república;

estampa - (selecionadas) iconoteca, (explicativas) atlas;

estátua - (selecionadas) galeria;

estrela - (cientificamente agrupadas) constelação, (em quantidade) acervo, (em grande quantidade) miríade;

estudante - (da mesma escola) classe, turma, (em grupo cantam ou tocam) estudantina, (em excursão) tuna, (vivem na mesma casa) república;

fazenda - (comerciáveis) sortimento;

feiticeiro - (em assembleia secreta) conciliábulo;

feno - braçada, braçado;

filme - filmoteca, cinemoteca;

fio - (dobrado) meada, mecha, (metálicos e reunidos em feixe) cabo;

flecha - (caem do ar, em porção) saraiva, saraivada;

flor - (atadas) antologia, arregaçada, braçada, fascículo, feixe, festão, capela, grinalda, rama-lhete, buquê, (no mesmo pedúnculo) cacho;

foguete - (agrupados em roda ou num travessão) girândola;

força naval - armada;

força terrestre - exército;

formiga - cordão, correição, formigueiro;

frade - (ao local em que moram) comunidade, convento;

frase - (desconexas) apontoado;

freguês - clientela, freguesia;

fruta - (ligadas ao mesmo pedúnculo) cacho, (à totalidade das colhidas num ano) colheita, safra;

fumo - malhada;

gafanhoto - nuvem, praga;

garoto - cambada, bando, chusma;

gato - cambada, gatarrada, gataria;

gente - (em geral) chusma, grupo, multidão, (indivíduos reles) magote, patuleia, poviléu;

grão - manípulo, manelo, manhuço, manojo, manolho, maunça, mão, punhado;

graveto - (amarrados) feixe;

gravura - (selecionadas) iconoteca;

habitante - (em geral) povo, população, (de aldeia, de lugarejo) povoação;

herói - falange;

hiena - alcateia;

hino - hinário;

ilha - arquipélago;

imigrante - (em trânsito) leva, (radicados) colônia;

índio - (formam bando) maloca, (em nação) tribo;

instrumento - (em coleção ou série) jogo, (cirúrgicos) aparelho, (de artes e ofícios) ferramenta, (de trabalho grosseiro, modesto) tralha;

inseto - (nocivos) praga, (em grande quantidade) miríade, nuvem, (se deslocam em sucessão) correição;

javali - alcateia, malhada, vara;

jornal - hemeroteca;

jumento - récova, récua;

jurado - júri, conselho de sentença, corpo de jurados;

ladrão - bando, cáfila, malta, quadrilha, tropa;

lâmpada - (em fileira) carreira, (dispostas numa espécie de lustre) lampadário;

leão - alcateia;

lei - (reunidas cientificamente) código, consolidação, corpo, (colhidas aqui e ali) compilação;

leitão - (nascidos de um só parto) leitegada;

livro - (amontoados) chusma, pilha, ruma, (heterogêneos) choldraboldra, salgalhada, (reunidos para consulta) biblioteca, (reunidos para venda) livraria, (em lista metódica) catálogo;

lobo - alcateia, caterva;

macaco - bando, capela;

malfeitor - (em geral) bando, canalha, choldra, corja, hoste, joldra, malta, matilha, matula, pandilha, (organizados) quadrilha, sequela, súcia, tropa;

maltrapilho - farândola, grupo;

mantimento - (em geral) sortimento, provisão, (quando em saco, em alforje) matula, farnel, (em cômodo especial) despensa;

mapa - (ordenados num volume) atlas, (selecionados) mapoteca;

máquina - maquinaria, maquinismo;

marinheiro - marujada, marinhagem, companha, equipagem, tripulação;

médico - (em conferência sobre o estado de um enfermo) junta;

menino - (em geral) grupo, bando, (depreciativamente) chusma, cambada;

mentira - (em sequência) enfiada;

mercadoria - sortimento, provisão;

mercenário - mesnada;

metal - (quando entra na construção de uma obra ou artefato) ferragem;

ministro - (quando de um mesmo governo) ministério, (quando reunidos oficialmente) conselho;

montanha - cordilheira, serra, serrania;

mosca - moscaria, mosquedo;

móvel - mobília, aparelho, trem;

música - (a quem a conhece) repertório;

músico - (com instrumento) banda, charanga, filarmônica, orquestra;

nação - (unidas para o mesmo fim) aliança, coligação, confederação, federação, liga, união;

navio - (em geral) frota, (de guerra) frota, flotilha, esquadra, armada, marinha, (reunidos para o mesmo destino) comboio;

nome - lista, rol;

nota - (na acepção de dinheiro) bolada, bolaço, maço, pacote, (na acepção de produção literária, científica) comentário;

objeto - ver coisa;

onda - (grandes e encapeladas) marouço;

órgão - (concorrem para uma mesma função) aparelho, sistema;

orquídea - (em viveiro) orquidário;

osso - (em geral) ossada, ossaria, ossama, (de um cadáver) esqueleto;

ouvinte - auditório;

ovelha - (em geral) rebanho, grei, chafardel, malhada, oviário;

ovo - (os postos por uma ave durante certo tempo) postura, (no ninho) ninhada;

padre - clero, clerezia;

palavra - (em geral) vocabulário, (em ordem alfabética e seguida de significação) dicionário, léxico, (proferidas sem nexo) palavrório;

pancada - pancadaria;

pantera - alcateia;

papel - (no mesmo liame) bloco, maço, (em sentido lato, de folhas ligadas e em sentido estrito, de 5 folhas) caderno, (5 cadernos) mão, (20 mãos) resma, (10 resmas) bala;

parente - (em geral) família, parentela, parentalha, (em reunião) tertúlia;

partidário - facção, partido, torcida;

partido político - (unidos para um mesmo fim) coligação, aliança, coalizão, liga;

pássaro - passaredo, passarada;

passarinho - nuvem, bando;

pau - (amarrados) feixe, (quando amontoados) pilha, (fincados ou unidos em cerca) bastida, paliçada;

peça - (devem aparecer juntas na mesa) baixela, serviço, (artigos comerciáveis, em volume para transporte) fardo, (em grande quantidade) magote, (pertencentes à artilharia) bateria, (de roupas, enroladas) trouxa, (pequenas e cosidas umas às outras para não se extraviarem na lavagem) apontoado, (literárias) antologia, florilégio, seleta, crestomatia, coletânea, miscelânea;

peixe - (em geral e quando na água) cardume, (quando miúdos) boana, (quando em viveiro) aquário, (quando em fileira) cambada, espicha, enfiada, (quando à tona) banco, manta;

pena - (quando de ave) plumagem;

pessoa - (em geral) aglomeração, banda, bando, chusma, colmeia, gente, legião, leva, maré, massa, mó, mole, multidão, pessoal, roda, rolo, troço, tropel, turba, turma, (reles) corja, caterva, choldra, farândola, récua, súcia, (em serviço, em navio ou avião) tripulação, (em acompanhamento solene) comitiva, cortejo, préstito, procissão, séquito, teoria, (ilustres) plêiade, pugilo, punhado, (em promiscuidade) cortiço, (em passeio) caravana, (em assembleia popular) comício, (reunidas para tratar de um assunto) comissão, conselho, congresso, conclave, convênio, corporação, seminário, (sujeitas ao mesmo estatuto) agremiação, associação, centro, clube, grêmio, liga, sindicato, sociedade;

pilha - (elétricas) bateria;

planta - (frutíferas) pomar, (hortaliças, legumes) horta, (novas, para replanta) viveiro, alfobre, tabuleiro, (quando de uma região) flora, (secas, para classificação);

ponto - (de costura) apontoado;

porco - (em geral) manada, persigal, piara, vara, (do pasto) vezeira;

povo - (nação) aliança, coligação, confederação, liga;

prato - baixela, serviço, prataria;

prelado - (em reunião oficial) sínodo;

prisioneiro - (em conjunto) leva, (a caminho para o mesmo destino) comboio;

professor - corpo docente, professorado;

quadro - (em exposição) pinacoteca, galeria;

querubim - coro, falange, legião;

recruta - leva, magote;

religioso - clero regular;

roupa - (de cama, mesa e uso pessoal) enxoval, (envoltas para lavagem) trouxa;

salteador - caterva, corja, horda, quadrilha;

selo - coleção;

serra - (acidente geográfico) cordilheira;

soldado - tropa, legião;

trabalhador - (reunidos para um trabalho braçal) rancho, (em trânsito) leva;

tripulante - equipagem, guarnição, tripulação;

utensílio - (de cozinha) bateria, trem, (de mesa) aparelho, baixela;

vadio - cambada, caterva, corja, mamparra, matula;

vara - (amarradas) feixe, ruma;

velhaco - súcia, velhacada.

FIGURAS DE LINGUAGEM

- **Metáfora:** Acontece com a mudança de significado de um termo, o generalizando. É valido que nela não há união por elementos extras, porque nestes casos o que acontece é uma comparação.

> São Paulo é uma selva de pedra. (São Paulo é grande como uma selva, e o termo pedra faz alusão a ideia de cidade, desvinculando da natureza típica da selva)

Observação: São Paulo é como uma selva de pedra. (não é metáfora e sim comparação, pois utilizou o elemento como).

- **Metonímia:** substitui uma palavra por outra, que se relaciona com o assunto. As trocas acontecem:

- **Efeito para causa**

> A *gripe* espalhou a morte. (no lugar de vírus)

Autor pela obra

> Nada melhor do que *ler Drummond.* (no lugar de obras, poesias produzidas por Drummond)

Objeto por pessoa

> Ele ainda é só uma *foca.* (jornalista inexperiente)

Continente por conteúdo

> A *África* clama por ajuda. (ao invés de Africanos)

Lugar por habitantes ou produtos

> Prefiro o *madeira.* (do que o vinho da ilha da madeira)

Abstrato por concreto

> Levaram a *santidade* sob proteção para a favela do Rio de Janeiro. (no lugar do Papa João Paulo II)

Parte pelo todo

> Todos os moradores possuem *teto*. (ao invés de casa)

Singular pelo plural

> A praia é o lugar predileto do *carioca*. (ao invés de cariocas, pois se trata da população do Rio de Janeiro)

Espécie pelo indivíduo

> Siga os mandamentos do *bom pastor*. (Jesus Cristo)

O indivíduo pela espécie

> Este menino é o *Judas* da família. (no lugar de traidor)

A qualidade da espécie

> Os *imortais* bebem sangue e fogem do sol. (vampiros)

A matéria pelo objeto

> No casamento o tinir dos cristais deixa todos atentos ao discurso.

- **Perífrase:** Os seres são reconhecidos por alguns de seus atributos particulares, ou algum acontecimento histórico que os marcou como tal.

> A *cidade das luzes* é meu sonho de consumo. (referente a Paris, em função do iluminismo)

- **Sinestesia:** Amplia e mistura os sentidos humanos para significações simbólicas.

> Encontrei-me no *calor* dos seus olhos. (expressão forte do olhar, impulsionada pela emoção)

- **Elipse:** Quando há uma supressão de algum termo da frase, conhecido como economia linguística.

> Mariana estava chateada. *Preferiu* não comentar o assunto. (supressão de ela, início da segunda oração)

- **Polissíndeto:** Repetições intencional de conjunções com a finalidade de apresenta uma sequência de ações, apresenta a movimentação das ações.

> Chegaram os alunos, e os professores, e os pais, tudo ao mesmo tempo na formatura.

- **Inversão:** Modifica a ordem comum das frases (sujeito-verbo-predicado) para marcar destaque.

> *Aquário,* já não quero mais ter.

- **Anacoluto:** Há uma interrupção da ligação da frase, nos elementos entre si, ficando um elemento completamente perdido na frase, desligado desta, este não exerce nenhum tipo de função e caracteriza o anacoluto.

> Essas crianças de hoje são muito avançadas.

- **Silepse:** A concordância acontece com a ideia que se tem dos termos e não com a natureza dos elementos. Também chamada de concordância ideológica, pode acontecer em três casos:

De gênero:

> *Vossa Excelência* será alertada de tudo. (o presidente)

De número:

> *"Corria* gente de todos os lados, e *gritavam".* (M. Barreto)

De pessoas:

> *Ela e eu* nunca concordamos com nada. (nós)

- **Onomatopeia:** Imitação das vozes / sons dos seres.

> O *zum! zum!* vinha do quarto ao lado, e o incomodava
> grandemente.

- **Repetição:** Retoma o mesmo termo mais de uma vez com a finalidade de enfatizar uma ideia ou se referir a uma progressão.

> Eu te amo muito, muito, muito.

- **Antítese:** Recurso em que se aproximam termos, palavras ou expressões com sentido oposto.

> A vida é feita de alegrias e tristezas.

- **Apóstrofe:** O locutor interrompe propositalmente o seu discurso para interpelar as pessoas sobre coisas fictícias ou reais, existentes ou inexistentes.

> "Deus te leve a salvo, brioso e altivo barco, por entre as vagas revoltas."
> (José de Alencar)

- **Eufemismo:** Palavras que suavizam um termo e substituem os termos reais com a finalidade de amenizar uma situação.

> Fulano bateu as botas. (morreu)

- **Gradação:** Refere-se a uma colocação em sequência de ideias, sendo distribuídas de forma ascendente ou descendente.

> Estou triste, magoada, depressiva.

- **Hipérbole:** consiste no exagero de expressões com a finalidade de esclarecer as intenções, aumentar a ideia, intensificar o significado.

> Tenho uma montanha de trabalho para finalizar.

- **Ironia:** Quando o discurso é dito de maneira inversa, se diz aquilo que não se pensa, com um tom sarcástico.

> Fiquei muito feliz com o bolo que levei.
> (quando na verdade ficou triste)

- **Personificação:** Dá voz ou sentimento a seres inanimados ou irracionais, essa figura também é conhecida como animização.

> "Os sinos chamam para o amor." (Mário Quintana)

- **Reticência:** É suspensão do pensamento no meio ou no final da frase, deixando o final ou meio sem colocação.

> "De todas, porém, a que me cativou logo foi uma ... uma ... não sei se digo" (Machado de Assis)

- **Retificação:** Confirma uma sentença anterior.

> A jogadora, aliás uma excelente jogadora, não conseguiu fazer nenhum gol na copa do mundo.

VÍCIOS DE LINGUAGEM

- **Cacofonia ou cacófato:** A ligação entre duas palavras promove um som ridículo ou estranho, a partir de certos vocábulos das palavras.

> Eu amo ela. (durante a leitura constrói-se a palavra moela, que não tem nada a ver com o contexto)

- **Cacofonia ou cacófato:** A ligação entre duas palavras promove um som ridículo ou estranho, a partir de certos vocábulos das palavras.

> Eu amo ela. (durante a leitura constrói-se a palavra moela, que não tem nada a ver com o contexto)

- **Estrangeirismo:** consiste no emprego de palavras ou expressões estrangeiras em frases portuguesas.

> Estou muito triste, mas fazer o que? c´est la vie! (expressão francesa que significa, é a vida!)

- **Ambiguidade:** Frases que indicam duplo sentido, em função do não esclarecimento de todos os termos da frase.

> Ela e sua amiga jogavam em sua casa. (casa de quem?)

- **Barbarismo:** Palavras que possuem algum tipo de erro, seja na forma, seja na significação, seja na pronuncia.

> Vou contratar um bom adivogado e vencer a disputa.

- **Colisão:** Quando consoantes iguais ou semelhantes são postas próximas uma a outra, causando um som desagradável.

> O rato roeu a roupa do rei de Roma.

- **Eco:** Competição das palavras com a mesma terminação, por exemplo, rimas em prosas.

> Ele me trata com *amor* e *calor.*

- **Obscuridade:** a má colocação dos termos na frase ocasiona a falha na interpretação do assunto.

> Um fazendeiro tinha um bezerro e a mãe do fazendeiro era também o pai do bezerro.

- **Pleonasmo:** Colocação desnecessária dos termos em uma frase, causando a redundância da oração.

> *Entrei* para dentro e lá estavam eles.

- **Solecismo:** Quando há erro na sintaxe da frase ou oração.

> *Faziam* anos que não nos víamos. (o correto é fazia)

- **Preciosismo, rebuscamento**: também conhecido como maneirismo, são orações cheias de palavras bonitas, o famoso "falar bonito", mas sem ideias.

> O fulvo e voluptuoso Rajá celeste derramará além os fugitivos esplendores da sua magnificência astral e rendilhará d'alto e de leve as nuvens da delicadeza, arquitetural, decorativa, dos estilos manuelinos.

DICIONÁRIO ESCOLAR
LÍNGUA
PORTUGUESA

¹a *s.m.* **1** GRAM primeira letra e primeira vogal de nosso alfabeto, que pode ser pronunciada por meio de som oral ou nasal **2** o primeiro elemento de uma sequência **3** designa a classe mais poderosa econômica e socialmente **4** em alguns sistemas de avaliação escolar, é o valor máximo atribuído a uma atividade

²a *art.def.* **1** GRAM feminino do artigo definido *o*, caracteriza-se por acompanhar palavras femininas **2** de maneira limitada, faz referência a algo mencionado anteriormente em um texto, o que permite identificar o ser, a coisa ou o evento a que se remete

³a *prep.* **1** expressa relações de movimento, de aproximação, de direção e de situação, ex.: *correr da casa à escola, ir a Santos, próximo ao armazém, sentar à cabeceira da cama*

⁴a *pron.* GRAM pronome oblíquo feminino singular, que geralmente substitui o pronome pessoal *ela*

⁵A 1 símbolo de ampère **2** abreviação de autor, autora **3** nome de um aglutinógeno que, presente nas hemácias, caracteriza um grupo sanguíneo (grupo A)

à *contr.* GRAM crase da preposição *a* com o artigo feminino *a*

a.ba *s.f.* **1** agasalho de lã que cobre do busto aos quadris **2** parte saliente, anexa, acessória ou que está na extremidade de um objeto **3** saliência de chapéu ou de um móvel **4** cada um dos lados de algo

a.ba.be.lar *v.t.* desus. confundir; misturar; causar desordem

a.ba.ca.lho.ar *v.t.* **1** preparar tempero como o de bacalhau **2** adquirir aroma e sabor de bacalhau

a.ba.ca.te *s.m.* BOT fruto carnoso, comestível, de polpa macia verde-amarelada e caroço; fruto do abacateiro

a.ba.ca.tei.ro /ê/ *s.m.* BOT árvore da família das lauráceas, tipicamente tropical, cujo fruto é o abacate

a.ba.ca.xi *s.m.* **1** BOT planta brasileira caracterizada por sua casca espinhosa e fruto suculento, de grande apreciação na culinária **2** fruto dessa planta; ananás **3** *pop.* problema; situação complicada, nociva ▪ **descascar um abacaxi** enfrentar situação pouco favorável, resolver um problema

a.ba.ca.xi.zei.ro *s.m.* **1** BOT planta do abacaxi • col. **2** abacaxizal

a.ba.ci.al *adj.2g.* relativo ao abade ou à abadia

á.ba.co *s.m.* aparelho de cálculo composto por contas ou argolas presas em hastes fixas com o qual se estudam operações aritméticas

a.ba.de *s.m.* **1** cargo religioso, superior ao do monge, em que se dirige uma abadia **2** indivíduo que ocupa esse título

a.ba.des.sa /ê/ *s.f.* RELIG feminino de abade

a.ba.di.a *s.f.* **1** RELIG convento/mosteiro administrado por abade ou abadessa **2** comunidade religiosa de monges **3** moradia dos monges **4** residência de abade ou abadessa

a.ba.e.tê *s.m.* homem de valor, bravo, sábio, experiente

a.ba.fa.do *adj.* **1** coberto, tampado para que não perca calor **2** diz-se de ambiente em que é difícil respirar, pois falta ar; sufocante **3** *por ext.* ocultado **4** som fraco, atenuado, enfraquecido

a.ba.fa.men.to *s.m.* **1** ação ou efeito de abafar **2** falta de ventilação, de renovação do ar; sufocação **3** *por ext.* ofegância

a.ba.fan.te *adj.2g.* **1** o que sufoca **2** *pop.* que se destaca pela elegância; exuberante

a.ba.far *v.t.* **1** conservar o calor por meio do ato de cobrir **2** reduzir a queima; apagar **3** dificultar a respiração; sufocar, asfixiar **4** diminuir o volume de um som cobrindo o objeto de sua origem; tornar menos audível **5** *fig.* impedir a divulgação; esconder, ocultar **6** reprimir **7** *gír.* arrasar, distinguir-se

a.bai.xar *v.t.* **1** tornar a estatura menor, tornar baixo ou mais baixo **2** diminuir o valor, a intensidade ou a quantidade, ex.: *abaixar o som, abaixar os preços, abaixar a temperatura, abaixar o número de assaltos* **3** movimentar(-se) de cima para baixo, curvar **4** *fig.* humilhar

a.bai.xo *adv.* **1** em parte mais baixa, menos elevada; embaixo **2** posição inferior **3** adiante (em um texto)

a.bai.xo-as.si.na.do *s.m.* documento assinado por um grupo de pessoas com a intenção de conseguir algo de interesse comum

a.ba.je.ru *s.m.* BOT árvore rosácea nativa do Brasil; guajuru, guajeru, guajuri, gajuru

a.ba.jur *s.m.* **1** abóbada de luminária que recobre a lâmpada e abranda a incidência de luz **2** *por ext.* luminária utilizada na cabeceira da cama

a.ba.lan.çar *v.t.* **1** mensurar em balança **2** medir, calcular **3** balançar ○ *v.pron.* **4** aventurar-se

a.ba.lar *v.* **1** sacudir, tremer **2** *fig.* impressionar-se **3** desestabilizar, perturbar

a.bal.ro.ar *v.t.* **1** bater, chocar-se com; colidir **2** atacar com balroa

a.ba.li.za.do *adj.* **1** caracterizado, marcado, definido **2** *por ext.* que demonstra competência; competente, capaz

abalizar

a.ba.li.zar *v.t.* **1** marcar com balizas **2** assinalar, distinguir **3** impor limites ○ *v.pron.* **4** *por ext.* distinguir-se, adquirir importância

a.ba.lo *s.m.* **1** sacudida, tremor, trepidação **2** perturbação emocional; emoção inesperada

a.bal.sar *v.t.* **1** pôr em balsa, jangada, balseiro **2** esconder-se no mato

a.ba.na.dor /ô/ *adj. s.m.* que abana

a.ban.car *v.t.* **1** colocar bancos **2** sentar-se à mesa ○ *v.pron.* **3** estabelecer-se em um lugar por muito tempo ○ *v.i.* **4** correr em perseguição

a.ba.nar *v.t. v.pron.* **1** movimentar produzindo vento **2** refrescar-se com vento **3** mover de um lado para outro

a.ban.da.lhar *v.t.* deixar de ser digno; perder a dignidade

a.ban.do.nar *v.t.* **1** deixar, ir embora de algum lugar **2** deixar sem cuidados ou recursos **3** afastar-se; cessar hábito, ex.: *abandonou o cigarro, abandonou seu melhor amigo* **4** renunciar, desistir **5** render-se, entregar-se

a.ban.do.no *s.m.* **1** renúncia, desistência **2** estado do que vive sem condições, sem amparo; desamparo **3** partida sem volta **4** condição do que foi deixado, abandonado **5** relaxamento em momento de entrega a algo, ex.: *pintar era um momento de abandono*

a.ba.nhe.ém *s.m.* língua tupi-guarani

a.ba.no *s.m.* instrumento com o qual se agita o ar para refrescar-se; leque

a.ban.tes.ma /ê/ *s.2g.* **1** assombração, fantasma • *adj.* **2** *fig.* pessoa esquisita que causa aversão

a.ba.rá *s.m.* comida africana feita com feijão-fradinho, camarão e azeite de dendê, enrolada na folha de bananeira e cozida; acarajé

a.bar.car *v.t.* **1** abraçar; enlaçar com os braços **2** abranger, envolver

a.bar.ro.tar *v.t.* **1** encher mais que o recomendado; entulhar **2** comer exageradamente; empanturrar-se

a.bas.ta.do *adj.* **1** satisfatório **2** rico

a.bas.tan.ça *s.f.* **1** condição de suficiente, satisfatório **2** abundância, fortuna

a.bas.tar *v.i.* prover do necessário, suficiente

a.bas.tar.dar *v.t.* **1** tornar bastardo, ilegítimo ○ *v.pron.* **2** corromper-se, degenerar-se

a.bas.te.cer /ê/ *v.t.* fornecer, prover, munir; equipar de necessário

a.bas.te.ce.dor /ô/ *s.m.* quem abastece

a.bas.te.ci.men.to *s.m.* ação ou efeito de abastecer; provisão, fornecimento

a.ba.ta.tar *v.t.* **1** moldar ao aspecto de uma batata **2** tornar grosso e largo

a.ba.te *s.m.* **1** matança de animais para a venda e o consumo da carne **2** redução no preço de algo; desconto, abatimento **3** derrubada de árvores **4** AERON destruição de aeronave que recusa identificar-se em espaço aéreo sujeito ao controle militar

a.ba.te.dou.ro *s.m.* lugar em que os animais são abatidos; matadouro

a.ba.ter *v.t.* **1** derrubar, destruir; causar a queda **2** cortar árvores **3** matar animais para consumir sua carne **4** reduzir o preço, descontar ○ *v.pron.* **5** abalar-se; tornar-se triste, abalado, abatido

a.ba.ti.do *adj.* **1** que não tem mais forças; alquebrado, prostrado **2** que foi morto **3** *por ext.* derrubado, caído, vencido **4** triste, desanimado **5** descontado; que teve redução

a.ba.ti.men.to *s.m.* **1** enfraquecimento **2** desânimo **3** efeito da diminuição de valor; desconto

a.ba.tu.mar *v.t.* **1** tornar semelhante ao betume **2** cobrir de betume

a.ba.u.lar *v.t.* fazer os terrenos ou objetos terem forma convexa; arquear

a.ba.ú.na *adj.2g. s.2g.* **1** índio primitivo brasileiro de raça pura **2** homem negro

a.ba.xi.al /ks/ *adj.2g.* que está fora do eixo

abc *s.m.* alfabeto, abecedário

ab.di.ca.ção *s.f.* renúncia espontânea a um cargo, posto ou título; desistência

ab.di.ca.dor /ô/ *adj. s.m.* que abdica, que renuncia a um cargo

ab.di.car *v.t.* **1** renunciar, de livre vontade, a um cargo **2** desistir

ab.di.ca.ti.vo *adj.* relativo à abdicação

ab.di.ca.tó.rio *adj. m.q.* abdicativo

ab.di.cá.vel *adj.2g.* que se pode abdicar; renunciável

ab.do.me *s.m.* ANAT parte do corpo entre o tórax e a bacia; ventre, barriga, pança; *m.q.* abdômen

ab.do.mi.nal *adj.2g.* **1** do abdome • *s.m.* **2** exercício físico que fortalece a musculatura do abdome

ab.do.mi.nos.co.pi.a *s.f.* exame do interior do abdome realizado por meio de endoscopia

ab.du.ção *s.f.* **1** ANAT afastamento de membro do corpo humano **2** rapto

ab.du.tor /ô/ *s.m.* **1** o que produz abdução, afastamento **2** raptor

ab.du.zir *v.t.* **1** afastar, desviar de algum ponto **2** sequestrar, raptar

a.be.be.rar *v.t.* **1** saciar; aliviar a sede; dar de beber **2** embeber em líquido; ensopar, impregnar

a.be.ce.dá.rio *s.m.* **1** alfabeto **2** *desus.* material destinado ao ensino da leitura e da escrita nos anos iniciais de escolarização; cartilha

a.bei.rar *v.t.* aproximar-se de algum lugar; chegar perto de

a.be.lha /ê/ *s.f.* **1** ZOOL inseto da família dos apídeos, que geralmente vive em colônia organizada hierarquicamente e produz mel e cera ♦ *col.* **2** enxame

a.be.lhei.ra /ê/ *s.f.* **1** colmeia, ninho de abelhas **2** *m.q.* enxame

a.be.lhu.do *adj.* curioso, enxerido, intrometido, bisbilhoteiro, intruso

a.ben.ço.ar *v.t.* dar bênçãos a alguém; benzer

a.ber.ra.ção *s.f.* **1** irregularidade em um padrão, desvio do considerado normal; anomalia **2** deformação congênita; monstruosidade **3** distanciamento da lógica e do bom senso; extravagância

a.ber.rar *v.i. v.pron.* tornar-se diferente do natural; tornar-se anormal, insólito

a.ber.ta /é/ *s.f.* **1** abertura **2** clareira **3** canal **4** acesso

a.ber.to /é/ *adj.* **1** que não está fechado; desobstruído **2** sem proteção ou cobertura **3** espaçoso, amplo **4** franco, sincero, benevolente

a.ber.tu.ra *s.f.* **1** fenda, fresta, buraco, passagem **2** início de um evento **3** inauguração **4** tolerância

a.bes.ta.lhar *v.t. v.pron.* **1** surpreender-se **2** ficar bobo

a.be.to /ê/ *s.m.* BOT pinheiro comum na Europa utilizado na marcenaria e na produção de papel

abraço

a.be.tu.mar *v.t.* **1** cobrir de betume; calafetar **2** tornar semelhante ao betume **3** por ext. tornar abetumado (pão)

a.bi.car *v.i.* **1** aportar, ancorar ○ *v.t.* **2** fazer ponta; tornar pontudo

a.bi.ei.ro *s.m.* árvore brasileira nativa da Amazônica cujos frutos são comestíveis e cuja madeira é de boa qualidade

á.bio *adj.* BIOL sem vida

a.bi.o.se /ó/ *s.f.* **1** BIOL estado do que não pode viver por causa da falta de algo vital **2** ausência de vida

a.bi.ó.ti.co *adj.* BIOL relativo a abiose; desprovido de vida

a.bis.coi.tar *v.t.* **1** moldar como um biscoito **2** conseguir, obter, ganhar

a.bis.mar *v.t. v.pron.* **1** submergir no abismo; lançar--se no abismo **2** admirar-se ou causar admiração; espantar-se

a.bis.mo *s.m.* **1** depressão natural de grande proporção, abertura ou grande buraco em um terreno; precipício **2** lugar de profundidade indefinida, muito fundo **3** o que é misterioso, que ainda não se compreendeu ou conhece profundamente **4** *fig.* distância entre duas pessoas

a.bis.sal *adj.2g.* relativo a abismo

ab.je.ção *s.m.* desprezo, repulsa, baixeza, aviltamento

ab.je.to /é/ *adj.* moralmente desprezível; infame

ab.ju.rar *v.t.* **1** rejeitar os princípios de algo ○ *v.pron.* **2** retratar-se

a.bla.ção *s.f.* MED ação de retirar alguma parte do corpo em um processo cirúrgico em função de tumor

a.bla.ti.vo *adj.* **1** que pode tirar ou privar de alguma coisa • *s.m.* **2** GRAM caso ou flexão latina que indica circunstância

a.blu.ção *s.f.* **1** lavagem, expurgação, lavatório **2** RELIG ritual de purificação do corpo por meio de uma lavagem com água

a.blu.ir *v.t.* banhar, lavar, purificar, limpar

ab.ne.ga.ção *s.f.* **1** ação de renunciar **2** sacrifício, dedicação

ab.ne.ga.do *adj.* dedicado, sacrificado, devotado

ab.ne.gar *v.t.* **1** renunciar, abandonar, desistir; abrir mão de **2** rejeitar, renegar ○ *v.t.* **3** devotar-se, sacrificar-se em benefício de alguém ou de algo

a.bó.ba.da *s.f.* **1** construção curva, em arco, utilizada em tetos de edifícios **2** teto abaulado que se utiliza dessa construção; cúpula

a.bo.ba.do *adj.* bobo, tolo, abobalhado

a.bo.ba.lha.do *adj.* bobo, abobado

a.bó.bo.ra *s.f.* **1** BOT fruto carnoso, comestível, de cor alaranjada, utilizado em pratos salgados e na confecção de doces **2** nome da cor desse fruto

a.bo.bo.rei.ra /ê/ *s.f.* BOT planta da abóbora

a.bo.bri.nha *s.f.* **1** BOT variedade de abóbora que é pequena e alongada, de cor verde e polpa esverdeada **2** *pop.* bobagem, coisa sem importância ou inútil ■ **falar abobrinha** falar inutilidades, coisas sem importância

a.bo.ca.nhar *v.t.* **1** apanhar com a boca em um gesto brusco, como um cão **2** pegar com a boca **3** dar mordidas; morder **4** *pop.* conseguir algo indevido por meio de artimanhas

a.bo.chor.na.do *adj.* quente, abafado

a.boi.ar *v.t.* **1** prender a uma boia **2** *bras.* cantar sem palavras para incitar os bois a andar

a.boi.o /ô/ *s.m.* grito ou canto lento, geralmente sem palavras, que os vaqueiros utilizam para guiar os bois

a.bo.le.tar *v.t. v.pron.* oferecer alojamento; acomodar

a.bo.li.ção *s.f.* **1** anulação, invalidação ou cancelamento de algo **2** revogação de um costume, de um direito ou de uma lei

a.bo.li.cio.nis.mo *s.m.* HIST doutrina e movimento político que pregava a libertação dos escravos e o fim da escravatura

a.bo.li.ci.o.nis.ta *adj.2g.* **1** relativo ao abolicionismo • *s.2g.* **2** HIST seguidor dos ideais do abolicionismo; partidário do abolicionismo

a.bo.lir *v.t.* **1** derrogar, anular, revogar, invalidar **2** abandonar o uso; deixar de usar **3** eliminar, banir

a.bo.ma.so *s.m.* ZOOL quarto estômago dos ruminantes, onde ocorre a digestão

a.bo.mi.na.ção *s.f.* ação de abominar, ter aversão, repugnância

a.bo.mi.nar *v.t.* repugnar, detestar, odiar algo

a.bo.mi.ná.vel *adj.2g.* **1** que deve ou pode ser odiado, repugnado; que causa aversão, repugnância **2** *por ext.* coisa muito ruim, péssima, ex.: *ator abominável, filme abominável*

a.bo.na.ção *s.f.* **1** ato ou efeito de abonar; abono **2** fiança, caução

a.bo.na.do *adj.* **1** aprovado **2** que tem muito dinheiro; rico

a.bo.nar *v.t.* **1** garantir, comprovar, confirmar **2** mostrar a validade, a legitimidade **3** relevar, desconsiderar, ex.: *abonar faltas*

a.bo.no *s.m.* **1** crédito cedido a alguém para início de alguma atividade **2** aprovação **3** gratificação salarial **4** ato de desconsiderar falta

a.bor.dar *v.t.* **1** aportar; encostar o navio com o bordo **2** *por ext.* aproximar-se de alguém **3** *por ext.* colocar um assunto em pauta; tratar de um tema; discutir sobre um assunto ou uma questão

a.bo.rí.ge.ne *adj.2g. s.2g.* **1** que nasceu na terra em que vive; nativo, autóctone **2** originário do próprio país

a.bor.re.cer /ê/ *v.t.* **1** contrariar à vontade; desagradar **2** enfadar, enfastiar, entediar **3** zangar, irritar

a.bor.re.ci.do *adj.* **1** que está chateado, contrariado **2** que é desagradável, cansativo

a.bor.tar *v.i.* **1** interromper a gravidez; expulsar o feto, de maneira natural ou induzida, ocasionando sua morte **2** *por ext.* malograr um negócio **3** INFORMÁT interromper ou finalizar tarefa ou processo

a.bor.tí.cio *adj.* nascido por aborto

a.bor.ti.vo *adj. s.m.* que provoca aborto

a.bor.to /ô/ *s.m.* **1** interrupção da gravidez **2** *pejor.* feio; de aspecto desagradável **3** malsucedido

a.bo.to.ar *v.t.* **1** fechar uma peça de roupa utilizando botões **2** pregar pelos botões ○ *v.i.* **3** morrer ■ **abotoar o paletó** expressa que alguém morreu

a.bra *s.f.* GEOG enseada, baía que não é atingida pela força da água e dos ventos

a.bra.ca.da.bra *s.m.* **1** antiga palavra secreta tida como possuidora do poder de cura ○ *s.2g.* **2** *por ext.* palavra a que se atribuem poderes mágicos

a.bra.çar *v.t.* **1** enlaçar, envolver com os braços **2** *fig.* cercar, envolver algo por todos os lados, ex.: o carro abraçou o poste

a.bra.ço *s.m.* **1** ação de envolver com os braços e apertar contra o peito; amplexo **2** demonstração de carinho

abrandar

a.bran.dar *v.t.* **1** diminuir **2** amolecer **3** atenuar; tornar brando, suave

a.bran.ger /ê/ *v.t.* **1** cingir, cercar **2** conter nos limites de determinada extensão **3** alcançar

a.bra.são *s.f.* **1** desgaste causado por fricção ou raspagem **2** esfolamento **3** erosão de rocha causada por fatores naturais

a.bra.sar *v.t.* **1** queimar, fazer-se em brasa; consumir pelo fogo **2** ocasionar aumento de calor; aquecer; produzir calor em excesso

a.bra.si.lei.rar *v.t.* assumir maneiras e hábitos do povo brasileiro

a.bra.si.vo *adj. s.m.* que causa abrasão, desgaste; que corrói

a.bre.vi.a.ção *s.f.* encurtamento de uma palavra ou de um nome em poucas letras ou sílabas

a.bre.vi.ar *v.t.* **1** encurtar, tornar breve **2** resumir

a.bre.vi.a.tu.ra *s.f.* **1** abreviação de um nome **2** redução de uma palavra **3** sigla formada a partir da abreviação

a.bri.có *s.m.* fruto semelhante ao damasco, tipo de pêssego

a.bri.dei.ra /ê/ *s.f.* **1** máquina de fiar **2** *pop.* bebida servida como aperitivo

a.bri.dor /ô/ *s.m.* instrumento que se utiliza para abrir

a.bri.gar *v.t.* **1** acolher **2** proteger; dar abrigo a quem sofre ameaça **3** comportar, conter

a.bri.go *s.m.* **1** lugar que oferece proteção; refúgio **2** agasalho **3** casa de acolhimento **4** *fig.* acolhimento

a.bril *s.m.* o quarto mês do calendário gregoriano

a.bri.lhan.tar *v.t. v.pron.* adquirir brilho; ficar brilhante; tornar-se brilhante

a.brir *v.t.* **1** tirar a tampa de um utensílio; descerrar, destampar **2** *por ext.* iniciar

ab-ro.gar *v.t.* **1** JUR anular, revogar, invalidar **2** abolir o uso

a.bro.lho /ô/ *s.m.* **1** BOT nome de diversas plantas espinhos

ab.rup.to *adj.* **1** íngreme, em declive muito acentuado **2** que acontece de maneira repentina, súbita **3** *fig.* rude

a.bru.ta.lhar *v.t.* tornar bruto, grosseiro

abs.ces.so /é/ *s.m.* MED inchaço local causado por inflamação que produz pus

abs.cis.sa *s.f.* GEOM distância entre um ponto e outro tomado como origem

abs.côn.di.to *adj.* oculto, escondido; absconso

ab.sen.te.ís.mo *s.m.* **1** nome que designa a ausência dos donos de propriedades rurais quando eles residem na cidade **2** abandono dos deveres e das funções **3** abstenção do voto

ab.sen.te.ís.ta *adj.2g. s.2g.* que se refere ao ou que pratica o absenteísmo

ab.sen.tis.mo *s.m. m.q.* absenteísmo

ab.si.de *s.f.* local semicircular em que fica o altar-mor de algumas igrejas

ab.sin.to *s.m.* **1** erva aromática nativa da Europa e da qual se produz licor; losna **2** bebida alcoólica produzida com óleo de absinto

ab.so.lu.tis.mo *s.m.* **1** HIST sistema de governo em que o governante possui poderes ilimitados **2** *por ext.* tirania

ab.so.lu.tis.ta *s.2g.* partidário do absolutismo

ab.so.lu.to *adj.* **1** independente, livre **2** que não possui ou admite limites ou condições **3** supremo **4** incontestável

ab.sol.ver /ê/ *v.t.* **1** isentar de acusação ou culpa; declarar inocência **2** perdoar os erros

ab.sol.vi.ção *s.f.* **1** ato de perdoar os erros cometidos **2** declaração de inocência

ab.sor.ção *s.f.* **1** ação de absorver ou ser absorvido; embebecimento **2** retenção de um líquido em outro **3** concentração

ab.sor.to /ô/ *adj.* **1** que foi absorvido; que se absorveu **2** *fig.* concentrado

ab.sor.ven.te *adj.2g.* **1** que possui a capacidade de absorver; que pode reter líquido • *s.m.* **2** o que absorve ■ **absorvente higiênico** objeto feito de material absorvente e que é utilizado pela mulher para recolher a menstruação

ab.sor.ver /ê/ *v.t.* **1** embeber; encher de líquido **2** reter líquido **3** consumir **4** monopolizar **5** prender a atenção

ab.sor.vi.do *adj.* que se absorveu

abs.tê.mio *adj. s.m.* **1** que não toma bebida alcoólica **2** *fig.* aquele que abre mão de fazer algo

abs.ten.ção *s.f.* **1** ação de abster-se de algo **2** privação

abs.ten.cio.nis.mo *s.m.* **1** prática de se abster de qualquer forma de votação **2** tendência a ser neutro, a não se posicionar

abs.ter /ê/ *v.t. v.pron.* privar-se de algo; abrir mão; abdicar

abs.ti.nên.cia *s.f.* **1** ação ou efeito de privar-se de algo **2** privação voluntária de algo

abs.ti.nen.te *adj.2g. s.2g.* aquele que se priva de alimento, bebida, prática sexual ou atuação política

abs.tra.ção *s.f.* **1** ação ou resultado de abstrair **2** imagem imaginária, mental **3** ação de concluir algo mediante dados **4** distração **5** ARTE pintura ou escultura não figurativa

abs.tra.ir *v.t.* **1** observar separadamente; apartar **2** não se deter em **3** concluir conferindo caráter universal ao que era particular **4** prender a atenção em

abs.tra.to *adj.* **1** que age a partir das ideias, independentemente da condição material ou física **2** *fig.* distraído, ensimesmado **3** *fig.* difícil de compreender **4** GRAM classificação do substantivo que nomeia seres e coisas imateriais, como qualidade, ação, sentimento, estado etc.

abs.tru.so *adj.* **1** oculto, escondido, absconso **2** de difícil compreensão; confuso

ab.sur.dez /ê/ *s.f. m.q.* absurdo

ab.sur.do *adj. s.m.* aquilo que contraria as normas e o bom senso; inaceitável ■ **ab absurdo** arguição que prova a falsidade de uma declaração

a.bu.li.a *s.f.* PSICOL incapacidade de tomar decisões voluntárias; perda ou diminuição da vontade

a.bun.dân.cia *s.f.* **1** fartura, abastança; grande quantidade **2** *por ext.* quantidade além do necessário; fortuna, ostentação

a.bun.dan.te *adj.2g.* farto, abastecido, copioso

a.bun.dar *v.i.* possuir em grande quantidade; sobrar

a.bur.gue.sar *v.t.* **1** tornar burguês **2** atribuir maneiras da burguesia

a.bu.sar *v.t.* **1** utilizar de modo inadequado **2** exceder-se no uso **3** fazer mau uso do poder ou de privilégios **4** violentar sexualmente; desonrar ○ *v.i.* **5** explorar, tirar vantagem de alguém

a.bu.são *s.f.* **1** engano causado pelos sentidos; ilusão **2** fantasma, aparição

acautelatório

a.bu.si.vo *adj.* **1** em que há abuso **2** contrário às normas e aos costumes

a.bu.so *s.m.* **1** uso indevido, incorreto, imoderado; mau uso **2** desrespeito **3** estupro

a.bu.tre *s.m.* **1** ave de rapina de cabeça e pescoço pelados, comum na Europa, na Ásia e na África, semelhante ao urubu e que se alimenta de animais em decomposição **2** *fig.* pessoa ambiciosa que se beneficia com o infortúnio alheio

a.C. abreviação de *antes de Cristo*

AC sigla do Estado do Acre

a.ça *adj.2g. s.2g. m.q.* albino

a.ca.ba.do *adj.* **1** terminado, concluído **2** *fig.* envelhecido, abatido

a.ca.ba.men.to *s.m.* **1** ação de acabar **2** últimos detalhes para a finalização; tratamento final; remate

a.ca.ba.nar *v.t.* **1** dar forma de cabana ou utilizar como cabana **2** virar (o chapéu ou sua aba) para baixo

a.ca.bar *v.t.* **1** terminar; concluir; chegar ao fim ◯ *v.i.* **2** exterminar **3** ter como fim

a.ca.bo.cla.do *adj.* **1** de aparência cabocla **2** caipira

a.ca.bru.nhar *v.t.* **1** angustiar, abater; faltar ânimo ◯ *v.pron.* **2** entristecer-se **3** envergonhar-se

a.ca.çá *s.m.* **1** CUL bolinho cozido feito de farinha de arroz ou de milho e enrolado em folhas de bananeira **2** angu de farinha de arroz ou de milho **3** refresco de fubá

a.ca.ça.par *v.t. v.pron.* **1** esconder-se, agachar-se, encolher-se **2** derrotar **3** humilhar

a.ca.cha.par *v.t. m.q.* acaçapar

a.cá.cia *s.f.* **1** BOT nome de várias plantas da família das leguminosas, geralmente cultivadas como ornamentais ou utilizadas para extração de tinturas e resinas medicinais ou da perfumaria **2** flor amarela de uma dessas plantas

a.ca.dê.mia *s.f.* modelo, quer de gesso, quer de simples pintura, utilizado por pintores e escultores

a.ca.de.mi.a *s.f.* **1** escola de nível superior; universidade **2** comunidade de uma área específica de atuação humana, ex.: *Academia de Letras, Academia de Ciências* **3** conjunto de membros dessa comunidade **4** lugar reservado para a prática desportiva e atividades físicas em geral

a.ca.de.mi.cis.mo *s.m.* **1** maneira ou comportamento de acadêmico **2** forma clássica de pensar; conservadorismo **3** ARTE respeito às regras da academia, cópia dos modelos estabelecidos

a.ca.dê.mi.co *adj. s.m.* **1** membro da academia **2** que possui estilo clássico

a.ca.fa.jes.ta.do *adj.* que tem modos de cafajeste; indigno

a.ça.frão *s.m.* **1** erva usada na culinária e na produção de bebidas e corantes **2** pó de cor amarelo-avermelhada produzido com os estigmas da flor dessa erva

a.ça.fa.te *s.m.* pequeno cesto de vime

a.ça.í *s.m.* **1** BOT espécie de palmeira cujo fruto roxo-escuro é comestível e da qual se extrai o palmito **2** fruto dessa planta

a.çai.mar *v.t.* colocar mordaça nos animais; amordaçar

a.çai.mo *s.m.* mordaça, focinheira

a.çai.zei.ro *s.m.* BOT palmeira de açaí

a.ca.ju *s.m.* árvore de madeira castanho-avermelhada • *adj.2g.2n.* **2** a cor dessa madeira

a.ca.lan.to *s.m.* canção constante e lenta para ninar crianças

a.ca.lan.tar *v.t. m.q.* acalentar

a.cal.ca.nhar *v.t.* pisar com o calcanhar

a.ca.len.tar *v.t.* **1** fazer dormir, ninar com uma cantiga **2** acalmar, consolar **3** *fig.* incentivar

a.ca.len.to *s.m.* **1** ato de adormecer a criança com cantiga **2** conforto, consolo

a.cal.mar *v.t.* tranquilizar, tornar calmo

a.ca.lo.rar *v.t.* **1** aquecer ou ser aquecido; dar ou receber calor **2** entusiasmar; tornar caloroso

a.ca.mar *v.i.* **1** ficar doente ◯ *v.t.* **2** assentar em camadas

a.çam.bar.car *v.t.* **1** tomar o controle absoluto de algo; monopolizar **2** apoderar-se de algo

a.cam.par *v.t. v.pron.* **1** instalar-se em acampamento **2** abrigar-se por tempo determinado

a.ca.na.lhar *v.t.* tornar(-se) canalha; aviltar(-se)

a.ca.nha.do *adj.* **1** que possui pouco espaço **2** encabulado, retraído, inibido

a.ca.nha.men.to *s.m.* qualidade do que é acanhado, tímido

a.ca.nhar *v.t.* **1** atrapalhar ou limitar os movimentos por falta de espaço; tornar apertado **2** embaraçar; fazer envergonhar-se

a.can.to *s.m.* BOT nome de arbustos de flores vistosas e folhas recortadas

a.can.to.cé.fa.lo *s.m.* ZOOL verme intestinal de cabeça espinhosa

a.can.to.nar *v.t.* acampar tropas sob abrigo para descansar

a.ção *s.f.* ato ou efeito de realizar uma atividade

a.ca.rá *s.m.* ZOOL espécie de peixe de água doce

a.ca.ra.jé *s.m.* bolinho de feijão frito em azeite de dendê, típico da Bahia

a.ca.re.ar *v.t.* pôr frente a frente; afrontar

a.ca.ri *s.m.* ZOOL peixe de couraça, cabeça grande e corpo delgado, nativo do Brasil

á.ca.ri *s.m. m.q.* ácaro

a.ca.rí.a.se *s.f.* MED infestação de ácaros na pele; sarna

a.ca.ri.ci.ar *v.t.* trocar carícias; demonstrar carinho

a.ca.ri.ci.da *adj. s.2g.* que mata ou elimina ácaros; acarotóxica

a.ca.ri.nhar *v.t.* **1** tratar com carinho **2** trocar carinhos

a.ca.ri.no *adj.* relativo a ácaros

á.ca.ro *s.m.* ZOOL nome de aracnídeos parasitas de pequeno porte causadores de doenças cutâneas

a.car.re.tar *v.t.* **1** transportar em carretas **2** ocasionar; ter como consequência; provocar

a.ca.sa.lar *v.t.* **1** formar um par reunindo macho e fêmea da mesma espécie **2** unir-se para procriação

a.ca.so *adv.* **1** expressa o que é incerto, inesperado ou casual; talvez, porventura **2** destino, sorte

a.cas.ta.nha.do *adj.* **1** que possui a cor da castanha • *s.m.* **2** nome dessa cor

a.ca.ta.men.to *s.m.* **1** cumprimento de ordem, instrução **2** respeito, consideração

a.ca.tar *v.t.* anuir, obedecer, seguir as ordens, as ideias ou a opinião de outrem

a.ca.to *s.m.* **1** ação de acatar **2** acatamento

a.ca.tó.li.co *adj.* RELIG diz-se de quem não é católico

a.cau.ã *s.m.* ZOOL ave brasileira que ataca cobras e cujo canto é considerado de mau agouro

a.cau.le *adj.* qualidade da planta sem caule

a.cau.te.la.tó.rio *adj.* que serve para se prevenir, para acautelar

acavalar

40

a.ca.va.lar *v.t.* sobrepor duas coisas, colocar uma em cima de outra

a.ce.dên.cia *s.f.* ato ou efeito de aceder; concordância, assentimento

a.ce.der /ê/ *v.t.* consentir, concordar; estar de acordo com

a.ce.fa.li.a *s.f.* 1 nascimento de corpo sem cabeça 2 *por ext.* ausência de liderança

a.cé.fa.lo *adj.* 1 que não possui cabeça 2 *por ext.* sem comando 3 *fig.* burro; sem inteligência

a.cei.rar *v.t.* 1 converter em aço 2 tornar cortante; afiar 3 isolar com aceiros para impedir a propagação do fogo

a.cei.ro /ê/ *adj.* 1 que tem as propriedades do aço • *s.m.* 2 aço, barra de aço 3 borda cortante das armas feitas de aço 4 faixa de terra carpida e limpa que protege o restante do terreno de incêndio ou queimada 5 quem trabalha em aço

a.cém *s.m.* 1 gordura 2 lombo do boi

a.cei.ta.ção *s.f.* ação de aceitar, acolher

a.cei.tar *v.t.* 1 receber o que lhe é dado; ficar com 2 estar de acordo com; aprovar, acordar, concordar 3 submeter-se livremente 4 assumir 5 considerar verdadeiro, certo 6 reconhecer

a.cei.tá.vel *adj.2g.* passível de aceitação; que pode ser aceito

a.cei.te *s.m.* 1 compromisso 2 aceitação 3 assinatura de câmbio, de crédito 4 título de crédito

a.cei.to /ê/ *adj.* recebido, acolhido, aceitado, recebido, ganhado

a.ce.le.ra.ção *s.f.* ação de aumentar a velocidade

a.ce.le.rar *v.t.* 1 aumentar ou adquirir mais velocidade 2 apressar o feitio de algo 3 intensificar

a.cel.ga /é/ *s.f.* CUL hortaliça comestível de folhas verdes e crespas

a.ce.nar *v.t.* 1 fazer sinais ou gestos para comunicar-se 2 dar a perceber; mostrar 3 referir-se

a.cen.da.lha *s.f.* conjunto de gravetos secos que queimam rapidamente, utilizados para acender fogo

a.cen.de.dor /ô/ *adj.* 1 que acende • *s.m.* 2 instrumento próprio para acender

a.cen.der /ê/ *v.t.* 1 pôr fogo; atear fogo; inflamar 2 colocar em funcionamento; ligar

a.cen.di.do *adj.* que foi aceso

a.cen.di.men.to *s.m.* ação ou resultado de acender

a.cen.drar *v.t.* 1 limpar com cinza 2 purificar

a.ce.no *s.m.* gesto feito com o corpo ou com um objeto a fim de comunicar-se com alguém

a.cen.to *s.m.* 1 GRAM realce da voz causada por pronúncia forte ou demorada das palavras 2 peculiaridade de pronúncia de um grupo 3 sinal gráfico que marca a tonicidade e a intensidade de uma vogal

a.cen.tu.a.ção *s.f.* 1 GRAM sistema de regras que rege o acento nas palavras 2 entonação

a.cen.tu.ar *v.t.* 1 GRAM colocar acento nas palavras, tanto na escrita como na fala 2 emitir uma sílaba mais forte que outras 3 pôr em destaque; realçar algo; enfatizar

a.cep.ção *s.f.* sentido de uma palavra conforme o contexto; significação

-áceo *suf.* expressa semelhança, ex.: farináceo

a.ce.pi.lhar *v.t.* polir, lustrar, limar, limpar

a.ce.pi.pe *s.m.* 1 aperitivo 2 *por ext.* comida apetitosa, saborosa

a.ce.ra.ção *s.f.* ação ou efeito de afiar armas brancas

a.ce.rar *v.t.* 1 afiar armas brancas 2 cobrir de aço 3 transformar em aço 4 *fig.* estimular

a.ce.ra.do *adj.* 1 temperado com aço 2 amolado, afiado

a.ce.ra.gem *s.f.* ato ou efeito de acerar, afiar

a.cer.bi.da.de *s.f.* qualidade ou condição de acerbo; azedume

a.cer.bo /ê/ *adj.* 1 de sabor azedo, amargo, acre 2 cruel

a.cer.car *v.t.* aproximar; chegar perto

a.ce.ro.la *s.f.* 1 BOT planta tropical cujo fruto é rico em vitamina C 2 fruto dessa planta

a.cér.ri.mo *adj.* 1 que é muito azedo 2 obstinado, perseverante

a.cer.tar *v.t.* 1 descobrir, encontrar a solução 2 endireitar, arrumar, corrigir 3 colocar em harmonia; harmonizar 4 resolver 5 bater em alguém, ex.: *acertou um soco* 6 ser bem-sucedido

a.cer.to /ê/ *s.m.* 1 resultado de acertar 2 acordo 3 acaso feliz 4 ajuste de contas

a.cer.vo /ê/ *s.m.* conjunto, acúmulo de bens variados

a.ces.si.bi.li.da.de *s.f.* qualidade do que é acessível, do que pode ser obtido

a.ce.so /ê/ *adj.* 1 que foi ou ainda está em chamas 2 acendido, iluminado 3 *fig.* entusiasmado, vivo

a.ces.são *s.f.* 1 ato de adesão 2 promoção a um posto superior 3 acréscimo 4 aquisição de propriedade com os devidos bens

a.ces.sar *v.t.* ter acesso, obter acesso, entrar

a.ces.sí.vel *adj.* 1 que pode ser alcançado 2 *por ext.* que é fácil de se lidar 3 de valor justo, razoável 4 de fácil compreensão

a.ces.so /é/ *s.m.* 1 passagem 2 possibilidade de atingir ou conseguir algo 3 acolhimento em propriedade alheia 4 ataque febril repentino e intenso

a.ces.só.rio *adj.* 1 que não é essencial; acrescentado • *s.m.* 2 complemento

a.ce.tá.bu.lo *s.m.* 1 vaso para vinagre 2 BOT cálice de flores 3 ANAT cavidade em que os ossos se articulam 4 ZOOL ventosa de alguns vermes e moluscos

a.ce.ta.to *s.m.* 1 sal do ácido acético 2 película fotográfica não inflamável

a.cé.ti.co *adj.* referente ao ácido do qual é produzido o vinagre

a.ce.ti.nar *v.t.* atribuir características do cetim, como maciez e brilho

a.ce.to.na *s.f.* líquido incolor, volátil, de odor forte e inflamável, utilizado como solvente

a.ce.to.so /ô/ *adj.* azedo, amargoso

a.cha *s.f.* 1 arma antiga de guerra 2 pedaço de madeira usado como lenha

a.cha.car *v.t.* 1 causar zanga; aborrecer 2 imputar, acusar, atacar 3 exigir dinheiro mediante intimidação; subornar ○ *v.i.* 4 adoecer

a.cha.do *adj. s.m.* 1 encontrado, descoberto 2 o que se encontrou; o que foi encontrado 3 sorte 4 algo muito barato; pechincha

a.cha.que *s.m.* 1 doença, indisposição 2 imperfeição moral; defeito, vício

a.char *v.t.* 1 encontrar, descobrir, deparar 2 criar, imaginar 3 acreditar, pensar 4 considerar

a.cha.tar *v.t.* tornar chato, achatado ou amassar

a.che.gar *v.t.* 1 aproximar 2 agrupar

a.che.go /ê/ *s.m.* 1 auxílio, ajuda 2 aconchego, acolhimento

a.chin.ca.lhar *v.t.* zombar, tratar de maneira desdenhosa; ridicularizar

41
aconselhável

-acho *suf.* expressa diminuição, ex.: *riacho*

a.cho.co.la.ta.do *adj.* que possui sabor ou cor de chocolate; que tem chocolate

a.cho.co.la.tar *v.t.* misturar ou acrescentar chocolate a

a.ci.a.ri.a *s.f.* local em que se produz aço

a.ci.ca.te *s.m.* 1 espora, ponta 2 *fig.* estímulo, ânimo

a.ci.cu.lar *adj.2g.* que se assemelha à agulha

a.ci.den.ta.do *adj.* 1 que possui superfície irregular 2 que sofreu acidente

a.ci.den.tal *adj.* 1 casual, inesperado 2 que não é necessário; complementar

a.ci.den.tar *v.t.* 1 sofrer ou provocar acidente 2 tornar um terreno acidentado, irregular

a.ci.den.te *s.m.* 1 evento inesperado, imprevisto 2 tragédia, desastre 3 alteração de relevo 4 acessório

a.ci.dez /ê/ *s.f.* 1 qualidade do que é ácido 2 índice que mostra o teor de ácido em uma substância 3 *fig.* irritação

a.ci.di.fi.car *v.t.* tornar ácido

a.ci.di.me.tri.a *s.f.* QUÍM método de medir a acidez de uma solução

a.ci.dí.me.tro *s.m.* QUÍM aparelho usado para medir a acidez de uma solução

á.ci.do *s.m.* 1 nome comum de líquidos corrosivos • *adj.* 2 azedo 3 de odor picante 4 que é corrosivo, capaz de corroer 5 *fig.* irônico

a.ci.do.se /ó/ *s.f.* MED acúmulo de ácido no organismo

a.ci.du.lar *v.t.* tornar azedo ou ácido

a.cí.du.lo *adj.* de acidez leve, branda

a.ci.ma *adv.* 1 expressa algo em lugar mais alto que outra coisa 2 indica ultrapassagem de limite determinado

a.cin.te *adv.* 1 de propósito; intencionalmente; com pleno conhecimento • *s.m.* insulto

a.cin.to.so /ô/ *adj.* que visa afrontar, ofender; ultrajante

a.cin.zen.tar *v.t. v.pron.* 1 atribuir ou adquirir cor cinza 2 por ext. tornar(-se) menos luminoso

a.cio.nar *v.t.* 1 fazer funcionar, operar 2 abrir processo judicial; processar

a.cir.rar *v.t.* 1 exaltar os ânimos, despertar agressividade; encolerizar 2 incitar, atiçar

a.cla.ma.ção *s.f.* 1 júbilo de aprovação, aceitação 2 cumprimento acalorado 3 proclamação

a.cla.mar *v.t.* 1 saudar de maneira efusiva e entusiasmada 2 demonstrar aprovação unânime acompanhada de palmas e gritos 3 declarar-se

a.cla.rar *v.t. v.pron.* 1 ficar claro 2 *fig.* tornar(-se) compreensível

a.cli.ma.tar *v.t.* 1 adaptar-se a determinado clima 2 *por ext.* acostumar-se a um novo ambiente

a.cli.ve *s.m.* subida

ac.ne *s.f.* erupção da pele causada pelo acúmulo de substância sebácea; espinha

ac.ne.mi.a *s.f.* MED condição daquele que não tem pernas

-aço *suf.* expressa aumento, ex.: *amigaço*

-aco *suf.* indica 'relativo a', ex.: *cardíaco*

a.ço *s.m.* 1 combinação de ferro e carbono 2 arma branca

a.co.ber.tar *v.t.* 1 encobrir, esconder, ocultar 2 defender; manter seguro; proteger

a.co.bre.ar *v.t.* 1 dar a cor do cobre 2 revestir de cobre

a.co.car *v.t.* acarinhar, proteger, afagar

a.co.char *v.t.* 1 apertar, comprimir 2 apressar

a.co.co.rar *v.t. v.pron.* pôr-se de cócoras, agachar apoiando-se nos calcanhares

a.co.gu.lar *v.t.* 1 dar aspecto de cogulo 2 encher muito; abarrotar

a.coi.mar *v.t.* 1 castigar, penitenciar 2 multar

a.çoi.tar *v.t.* castigar com golpes de açoite

a.coi.tar *v.t.* dar ou receber asilo, proteção

a.çoi.te /ô/ *s.m.* chicote feito de tiras de couro e utilizado para aplicar castigos

a.co.lá *adv.* indica lugar afastado dos interlocutores, de quem fala e de quem escuta; lá, adiante

a.col.che.tar *v.t.* prender com colchetes

a.col.cho.ar *v.t.* 1 forrar com uma colcha 2 forrar de material macio

a.co.lher /ê/ *v.t.* 1 receber ou dar refúgio 2 atender a pedido; dar atenção; aceitar

a.co.li.tar *v.t.* 1 ajudar nos afazeres, serviços religiosos 2 estar próximo constantemente

a.có.li.to *s.m.* 1 auxiliar das funções religiosas 2 *fig.* assistente, ajudante

a.co.me.te.dor /ô/ *s.m.* aquele que investe contra alguém ou alguma coisa; agressor, atacador

a.co.me.ter /ê/ *v.t.* 1 investir contra; iniciar agressão, atacar 2 hostilizar 3 chocar-se em 4 afetar alguém de súbito (raiva, doença etc.)

a.co.me.ti.da *s.f.* acometimento, investida

a.co.me.ti.men.to *s.m.* 1 empreendimento; tentativa de obter algo difícil 2 ataque 3 manifestação súbita, repentina

a.co.mo.da.ção *s.f.* 1 ato de alojar-se; instalação 2 ação de arranjar 3 adaptação

a.co.mo.da.do *adj.* 1 alojado, instalado 2 arranjado 3 adaptado

a.co.mo.da.dor /ô/ *s.m.* 1 aquele que acomoda 2 por ext. apaziguador

a.co.mo.dar *v.t.* 1 adaptar 2 comportar 3 instalar-se com conforto 4 acostumar-se

a.co.mo.da.tí.cio *adj.* que se acomoda facilmente

a.com.pa.drar *v.t.* 1 tornar-se compadre 2 ficar íntimo, familiar 3 consolidar relações de companheirismo

a.com.pa.nha.dor /ô/ *adj. s.m.* 1 o que faz companhia; acompanhante 2 o que acompanha cantor

a.com.pa.nha.men.to *s.m.* 1 cortejo 2 MÚS instrumentos que harmonizam com a voz ou com o solista 3 ação de escoltar alguém

a.com.pa.nhan.te *adj.2g.* 1 que faz companhia 2 que acompanha

a.com.pa.nhar *v.t.* 1 estar, permanecer junto 2 caminhar junto e na mesma direção 3 associar ou relacionar a 4 observar o processo e o progresso 5 compreender o que se ouve, seguir um raciocínio 6 seguir uma música com voz ou instrumento

a.con.che.gar *v.t.* 1 estar junto, próximo 2 ficar em posição confortável, aconchegante 3 tornar confortável

a.con.di.cio.na.do *adj.* posicionado de maneira eficiente; arranjado

a.con.di.cio.na.men.to *s.m.* disposição, arranjo

a.con.di.cio.nar *v.t.* 1 dispor, organizar de modo adequado 2 atribuir determinada índole 3 empacotar

a.cô.ni.to *s.m.* BOT tipo de planta venenosa nativa de regiões frias, usada antigamente como analgésico 2 veneno dessa planta

a.con.se.lhar *v.t.* dar conselhos; sugerir; avisar

a.con.se.lhá.vel *adj.2g. m.q.* recomendável

acontecer

a.con.te.cer /ê/ *v.i.* **1** ser realizado, ocorrer; tornar-se realidade **2** *pop.* fazer sucesso, ex.: *Pedro aconteceu na festa*

a.co.pla.men.to *s.m.* ato de acoplar; juntar; encaixe

a.co.plar *v.t.* aglutinar duas partes em um todo

a.çor /ô/ *s.m.* ZOOL ave de rapina

a.cor.da.do *adj.* **1** realizado mediante comum acordo **2** desperto **3** *fig.* ativo • *s.m.* **3** decisão que valida um acordo

a.cór.dão *s.m.* JUR sentença definitiva pronunciada pelo tribunal

a.cor.dar *v.t.* **1** MÚS afinar instrumentos **2** fazer acordo; conciliar, concordar **3** decidir **4** lembrar-se de **5** tomar como verdadeiro **6** retomar os sentidos; despertar da sonolência

a.cor.de /ó/ *s.m.* MÚS conjunto de notas executadas ao mesmo tempo

a.cor.de.ão *s.m.* MÚS instrumento musical dotado de teclado e palhetas de metal que vibram; sanfona, harmônica, acordeom

a.cor.de.o.nis.ta *s.2g.* MÚS músico que toca acordeão

a.cor.do /ô/ *s.m.* **1** combinação, pacto, tratado **2** compromisso mútuo **3** consentimento

a.co.ro.ço.ar *v.t.* incitar ânimo; encorajar

a.cor.ren.tar *v.t.* **1** prender com corrente **2** colocar-se à disposição de modo forçado; assujeitar-se

a.cor.rer /ê/ *v.t.* aproximar-se para socorrer; acudir

a.cos.sar *v.t.* **1** perseguir, correr atrás de **2** causar aflição; atormentar

a.cos.tar *v.t.* posicionar tocando a superfície; encostar

a.cos.tu.mar *v.t.* **1** agir ou pensar de determinada maneira com regularidade, sem inovar; acomodar **2** adaptar-se a uma nova situação; habituar-se

a.co.to.ve.lar *v.t.* golpear com os cotovelos a fim de abrir; dar cotoveladas dele

a.çou.gue *s.m.* comércio em que o principal produto é a carne

a.çou.guei.ro /ê/ *s.m.* **1** proprietário ou empregado de açougue **2** *pop. pejor.* mau cirurgião, mau dentista

a.cra.ci.a *s.f.* **1** ausência de governo **2** MED debilidade física; fraqueza

a.cra.ni.a *s.f.* MED ausência do crânio ou de uma parte dele

a.cre *s.m.* **1** medida agrária • *adj.* **2** azedo **3** *fig.* ríspido

a.cre.di.tar *v.t.* **1** crer; assumir como verdade **2** ter crença, confiança **3** ter esperança, fé

a.cres.cen.tar *v.t.* adicionar, aumentar

a.cres.cer /ê/ *v.t.* aumentar a quantidade; adicionar

a.crí.dio *s.m.* ZOOL inseto nocivo à vegetação; gafanhoto, acridídeo

a.cri.li.co *s.m.* **1** resina sintética com a qual se produzem diversos objetos • *adj.* **2** confeccionado com essa resina

a.cri.mô.nia *s.f.* **1** azedume, aspereza **2** tratamento indelicado, pouco amistoso

a.cri.so.lar *v.t.* **1** limpar, purificar **2** refinar, melhorar, aperfeiçoar **3** expurgar-se pela dor

a.cro.ba.ci.a *s.f.* **1** habilidade, movimento audacioso que exige desenvoltura **2** nome dado aos exercícios e movimentos corporais que os acrobatas fazem

a.cro.ba.ta *s.2g.* **1** artista circense de grande habilidade em ginástica **2** *fig.* malabarista

a.cro.ci.a.no.se /ó/ *s.f.* MED falta de oxigenação do sangue que causa queda de temperatura e mudança de cor das mãos e dos pés

a.cro.fo.bi.a *s.f.* aversão à altura

a.cró.fo.bo *adj.* que sofre de acrofobia; que tem pavor de altura

a.cro.má.ti.co *adj.* **1** sem cor **2** que não pode distinguir as cores

a.cro.me.ga.li.a *s.f.* MED anomalia caracterizada pelo desenvolvimento exagerado das extremidades do corpo

a.cró.po.le *s.f.* o lugar mais alto nas antigas cidades gregas

a.crós.ti.co *s.m.* LITER poesia feita a partir de uma palavra na vertical

ac.tí.nia *s.f.* ZOOL *m.q.* anêmona-do-mar

a.cu.ar *v.t.* **1** ação de induzir alguém em fuga a beco sem saída; encurralar **2** fazer alguém ficar sem alternativa

a.çú.car *s.m.* **1** substância extraída de plantas, como a beterraba e a cana-de-açúcar, para adoçar bebidas e fazer doces

a.çu.ce.na *s.f.* BOT lírio branco ou roxo, utilizado em ornamentos, e de perfume marcante

a.çu.de *s.m.* barragem para conter a água a ser utilizada em produção de energia, na agricultura e no abastecimento; dique

a.cu.dir *v.t.* prestar socorro; ajudar

a.cu.i.da.de *s.f.* **1** agudeza **2** grande habilidade em perceber minúcias, pormenores

a.çu.lar *v.t.* **1** incitar cães a morder **2** por ext. irritar **3** por ext. estimular

a.cul.tu.ra.ção *s.f.* processo de adaptação em cultura estrangeira

a.cu.me *s.m.* **1** gume, fio **2** perspicácia, sutileza, acuidade

a.cum.pli.ci.ar *v.t.* tornar cúmplice

a.cu.mu.la.ção *s.f.* amontoamento; ação de juntar, acumular

a.cu.mu.la.dor /ô/ *adj.* **1** aquele que acumula **2** quem exerce ou possui diversos empregos **3** FÍS aparelho que transforma energia química em elétrica e a armazena

a.cu.mu.lar *v.t.* **1** amontoar; reunir várias coisas em um só local **2** desempenhar vários cargos; ter vários empregos

a.cú.mu.lo *s.m.* acumulação

a.cu.rar *v.t.* cuidar de maneira atenciosa

a.cu.sa.ção *s.f.* ato de atribuir culpa a alguém

a.cu.sar *v.t.* **1** atribuir crime a alguém **2** qualificar **3** mostrar **4** confirmar

a.cu.sa.ti.vo *adj.* relativo a acusação; acusatório

a.cús.ti.ca *s.f.* **1** área da física que estuda os sons **2** característica da propagação de som de um recinto

a.cús.ti.co *adj.* **1** que pode ser ouvido **2** referente ao som **3** MÚS instrumento que não usa recursos eletrônicos para a produção de som

a.cu.ti.lar *v.t.* cortar ou machucar com objeto pontudo

-ada *suf.* expressa coleção, porção ou resultado de ação

a.da.ga *s.f.* pequeno punhal de um ou dois gumes

a.dá.gio *s.m.* **1** MÚS música lenta **2** máxima de sabedoria popular; provérbio

a.da.man.ti.no *adj.* que se assemelha ao diamante

a.dap.ta.ção *s.f.* **1** ação de acostumar-se; acomodação **2** transposição de uma obra de determinado meio para outro, ex.: *adaptação de um livro em filme*

a.dap.tar *v.t.* acomodar, ajustar, adequar

adobe

a.de.ga /é/ *s.f.* **1** local destinado a guardar e conservar vinhos e outras bebidas **2** coleção de bebidas

a.de.jar *v.i.* **1** dar voos repetidos e pequenos; esvoaçar, pairar **2** bater as asas para se manter voando; voar

a.del.ga.çar *v.t.* tornar delgado; reduzir a espessura; afinar

a.de.mais *adv.* além do mais, além disso

a.den.do *s.m.* acréscimo de dados; complemento, apêndice

a.de.ni.te *s.f.* inflamação de glândula

a.de.no.car.ci.no.ma /ô/ *s.m.* MED tumor em uma glândula

a.de.noi.de /ó/ *adj.* **1** em forma de glândula • *s.f.* **2** tecido ganglionar entre as fossas nasais e a garganta **3** tumor benigno nesse tecido

a.de.no.ma *s.m.* tumor semelhante às glândulas

a.den.sar *v.t.* tornar espesso, grosso

a.den.trar *v.t.* penetrar, entrar, ingressar; ter acesso ou passar pelo acesso

a.den.tro *adv. m.q.* em direção ao interior, dentro

a.dep.to /é/ *adj. s.m.* que segue algum princípio, seguidor, sequaz, partidário

a.de.quar *v.t.* ajustar, adaptar, combinar duas ou mais coisas; colocar em conformidade

a.de.re.çar *v.t.* enfeitar, ornar, adornar

a.de.re.ço /ê/ *s.m.* **1** enfeite, ornato **2** acessório de cena **3** bijuteria

a.de.rên.cia *s.f.* **1** característica do que é aderente **2** adesão, união; ligação de duas superfícies ou objetos **3** *por ext.* assentimento, aceitação

a.de.ren.te *adj.* **1** que adere, cola, gruda **2** que aceitou, deu assentimento

a.de.rir *v.t.* **1** colar, grudar **2** assentir **3** tomar partido; tornar-se adepto **4** apoiar **5** juntar

a.der.nar *v.i.* virar, pender (embarcação) de lado

a.de.são *s.f.* **1** ato de aderir, aderência **2** assentimento

a.de.sis.mo *s.m. pejor.* hábito de tornar-se adepto de algo facilmente, impulsionado por interesse particular

a.de.sis.ta *adj.2g. s.2g.* **1** que pratica o adesismo; que é facilmente influenciável **2** *pejor.* oportunista

a.de.si.vo *adj.* **1** que gruda, que se cola • *s.m.* **2** objeto, feito de vários materiais, que gruda em diferentes superfícies a fim de enfeitar, informar, sinalizar etc.

a.des.trar *v.t.* treinar animais para fazer certas tarefas

a.deus /ê/ *s.m.* despedida

a.di.a.bá.ti.co *adj.* que não troca calor

a.di.an.tar *v.t.* **1** movimentar adiante, avançar **2** antecipar, apressar realização **3** anunciar algo com antecedência **4** pagar antes do prazo comum ou combinado **5** resolver, beneficiar

a.di.an.te *adv.* **1** à frente, em seguida, antes **2** *interj.* expressa incentivo

a.di.ar *v.t.* delongar, procrastinar, postergar, aumentar o prazo de realização

a.di.á.vel *adj.2g.* passível de ser adiado

a.di.ção *s.f.* **1** ato de somar, acréscimo **2** MAT operação na qual se somam dois ou mais números

a.di.cio.nar *v.t.* juntar, acrescentar, somar

a.di.do *s.m.* funcionário auxiliar

a.dim.plen.te *adj.* que cumpre com sua obrigação

a.di.po.si.da.de *s.f.* gordura em excesso no corpo; obesidade

a.di.po.so /ô/ *adj.* muito gordo, gorduroso

a.dir *v.t.* **1** juntar, adicionar, incluir. **2** JUR tomar posse de herança, apossar

a.di.ta.men.to *s.m.* complementação, adendo

a.di.tar *v.t.* **1** fazer soma; adicionar **2** tornar ditoso; afortunar, prosperar

á.di.to *adj.* acrescentado, ligado

á.di.to *s.m.* RELIG câmara secreta dos sacerdotes, nos templos antigos da Grécia

a.di.ti.vo *adj.* **1** que se acrescenta • *s.m.* **2** aquilo que pode ser acrescentado a outro para modificar ou melhorar suas propriedades

a.di.vi.nhar *v.t.* antecipar por suposição, descobrir, prever, pressagiar, profetizar

ad.ja.cên.cia *s.f.* **1** aquilo que está próximo **2** proximidade

ad.ja.cen.te *adj.* que está próximo, nos arrabaldes, contíguo

ad.je.ti.va.ção *s.f.* ação de atribuir adjetivos

ad.je.ti.va.do *adj.* que recebeu adjetivo

ad.je.ti.var *v.t.* qualificar com adjetivos

ad.je.ti.vo *adj. s.m.* GRAM palavra que atribui nova característica à outra e assim a modifica

ad.ju.di.ca.ção *s.f.* JUR outorga, entrega jurídica

ad.ju.di.car *v.t.* JUR entregar, outorgar a posse de bens a alguém, mediante sentença jurídica

ad.ju.di.ca.tá.rio *s.m.* JUR pessoa a quem algo é adjudicado, a quem se entrega um bem

ad.ju.di.ca.ti.vo *s.m.* referente a adjudicação

ad.jun.ção *s.f.* união ou associação entre duas pessoas ou coisas **2** justaposição

ad.jun.to *adj. s.m.* **1** junto, próximo; ao lado **2** que substitui, suplente **3** que ajuda; auxiliar **4** GRAM palavra ou expressão que modifica ou restringe o sentido de outra

ad.ju.tó.rio *s.m.* ação de prestar ajuda; acudir, socorrer

ad.mi.ní.cu.lo *s.m.* auxílio, adjutório, amparo

ad.mi.nis.tra.ção *s.f.* ação ou resultado de administrar; gerir, governar empresa

ad.mi.nis.trar *v.t.* **1** dirigir; controlar **2** ministrar sacramento **3** determinar uso

ad.mi.ra.ção *s.f.* **1** respeito, estima, consideração **2** sentimento de espanto, de surpreender-se

ad.mi.rar *v.t.* **1** observar de maneira deleitosa **2** respeitar, considerar o valor de alguém; ter apreço **3** ficar impressionado ou impressionar alguém, surpreender

ad.mi.rá.vel *adj.2g.* passível de admiração

ad.mis.são *s.f.* **1** ação ou resultado de admitir; aceitação, aprovação **2** aprovação em exames e posterior aceitação de matrícula em uma escola **3** *por ext.* início de atividades

ad.mis.sí.vel *adj.2g.* passível de aceitação; aceito

ad.mi.tân.cia *s.f.* FIS resultado da relação entre a corrente elétrica produzida e a potência que a originou

ad.mi.tir *v.t.* **1** aceitar, consentir **2** considerar passível de aceitação **3** deixar alguém ingressar em um grupo ou em uma instituição **4** aceitar hipótese **5** empregar alguém

ad.mo.es.ta.ção *s.f.* ação de advertir de erro; reprimenda, censura

ad.mo.es.tar *v.t.* reprender ou advertir alguém; censurar

a.do.be /ô/ *s.m.* **1** tijolo de argila cozido ao sol **2** grilhão utilizado antigamente para prender os pés de prisioneiros

adoção

a.do.ção *s.f.* **1** ação ou resultado de adotar alguém **2** ato e direito de cuidar de alguém como filho reconhecido pela lei **3** *por ext.* aceitação de algo ou de alguém novo

a.do.çar *v.t.* **1** tornar doce por meio de substância adocicada **2** *fig.* tornar agradável; abrandar **3** aliviar-se

a.do.e.cer /ê/ *v.i.* ficar doente, tornar-se doente

a.doi.da.do *adj.* **1** doido em certa medida **2** extravagante, imprudente, insensato • *adv.* **3** *pop.* muito, exageradamente, ex.: *chove adoidado*

a.do.les.cên.cia *s.f.* fase de transição entre a infância e a idade adulta

a.do.les.cen.te *adj.2g. s.2g.* indivíduo na fase da adolescência; púbere, jovem

a.do.ra.ção *s.f.* **1** ação de cultuar **2** veneração excessiva, exagerada **3** *pop.* admiração descomedida de algo **4** amar com paixão

a.do.rar *v.t.* **1** cultuar divindade **2** reverenciar **3** *pop.* admirar de maneira descomedida, sem limites **4** amar de maneira extrema

a.dor.me.cer /ê/ *v.t. v.i.* **1** dormir **2** fazer dormir **3** diminuir a sensibilidade física, ex.: *adormecer a perna* **4** *fig.* anestesiar

a.dor.nar *v.t.* **1** enfeitar; colocar enfeites **2** tornar mais bonito, vistoso, interessante

a.do.tar *v.t.* **1** aceitar e cuidar como filho com direitos reconhecidos legalmente **2** escolher, preferir **3** assumir algo por tempo determinado **4** *por ext.* aceitar algo novo

a.do.ti.vo *adj.* **1** referente à adoção **2** que foi adotado

ad.qui.rir *v.t.* comprar, trocar, tornar-se dono **2** assumir uma condição, qualidade, característica etc.; passar a ter

a.dre.de /ê/ *adv.* de propósito; intencionalmente

a.dre.na.li.na *s.f.* **1** MED hormônio que estimula o coração para maior oxigenação do corpo e que, como consequência, aumenta a pressão arterial **2** *fig.* energia, excitação provocada por uma atividade

a.dri.á.ti.co *adj.* relativo ao mar Adriático

a.dri.ça *s.f.* cabo utilizado para erguer as velas do navio

a.dro *s.m.* RELIG pátio externo de igreja

ad-ro.gar *v.t.* **1** JUR adotar alguém que já atingiu a maioridade **2** JUR conferir direitos a si

ads.cri.to *adj.* **1** acrescentado **2** *fig.* sujeitado, submetido • *s.m.* **3** na Roma antiga, estrangeiro que era agregado à totalidade dos cidadãos

ad.sor.ção *s.f.* processo de fixação de moléculas livres na superfície de um sólido ou líquido

ads.trin.gên.cia *s.f.* propriedade ou qualidade de adstringir; comprimir

ads.trin.gen.te *adj.* **1** que adstringe, comprime • *s.m.* **2** nome do produto que adstringe

ads.trin.gir *v.t.* apertar, comprimir, produzir contração

ads.tri.to *adj.* **1** incorporado, dependente, atribuído, marcado **2** gravado **3** submetido

a.du.a.na *s.f.* alfândega

a.du.ba.ção *s.f.* ato de fertilizar ou preparar a terra com adubo

a.du.bar *v.t.* colocar adubo em; preparar a terra

a.du.bo *s.m.* material orgânico ou químico usado para tornar a terra mais saudável e receptiva ao plantio; fertilizante

a.du.ção *s.f.* ação de trazer, conduzir, transportar

a.du.e.la /é/ *s.f.* **1** tábua curva com a qual se constroem barris e tonéis **2** madeira que adorna portas e janelas ○ **ter uma aduela de menos** ter pouco juízo

a.du.fe *s.m.* MÚS tipo de pandeiro

a.du.la.ção *s.f.* ação de bajular; fazer falsa lisonja

a.du.la.dor /ô/ *s.m.* **1** bajulador, lisonjeador falso **2** *pop.* baba-ovo, puxa-saco

a.du.lar *v.t.* bajular, tecer elogio de maneira servil

a.dul.te.ra.ção *s.f.* **1** ação de modificar as propriedades naturais de algo **2** falsificação **2** ato de infidelidade

a.dul.te.ra.do *adj.* **1** falsificado, corrompido **2** *pop.* batizado

a.dul.te.ra.dor /ô/ *s.m.* **1** aquele que altera, modifica **2** falsificador **3** aquele que comete adultério

a.dul.te.rar *v.t.* **1** alterar propriedades inatas **2** falsificar **3** cometer adultério

a.dul.te.ri.no *adj.* **1** em que acontece adultério **2** filho gerado por adultério

a.dul.té.rio *s.m.* ação de relacionar-se com uma pessoa tendo compromisso amoroso com outra; infidelidade

a.dúl.te.ro *adj.* que pratica adultério

a.dul.to *adj. s.m.* **1** que completou seu desenvolvimento **2** amadurecido

a.dun.car *v.t.* dar a forma adunca; tornar curvo

a.dun.co *adj.* curvado; em forma de gancho

a.du.ren.te *adj.2g.* que tem a capacidade de queimar; adustivo

a.dus.to *adj.* queimado, abrasado

a.dus.tão *s.f.* **1** ato de adurir, queimar **2** cauterização com fogo **3** calcinação

a.du.tor /ô/ *adj.* **1** que aduz, transporta **2** MED diz-se de músculo que realiza movimento de adução, em direção ao centro do corpo

a.du.to.ra /ô/ *s.f.* sistema de abastecimento de água; aqueduto

a.du.zir *v.t.* **1** trazer, conduzir **2** expor

ád.ve.na *adj.* diz-se do que vem de fora; estrangeiro, adventício

ad.ven.tí.cio *adj.* **1** diz-se daquele que chega de fora; estrangeiro, forasteiro **2** que acontece de maneira repentina, inesperada

ad.ven.tis.mo *s.m.* RELIG doutrina que crê no retorno de Jesus Cristo e que guarda os sábados em vez dos domingos

ad.ven.tis.ta *adj.2g.* seguidor do adventismo

ad.ven.to *s.m.* **1** princípio, começo **2** RELIG período de quatro semanas que precede a festa do Natal

ad.vér.bio *s.m.* GRAM palavra invariável que modifica o verbo, o adjetivo ou o advérbio no que se refere a tempo, modo, lugar, intensidade, afirmação etc.

ad.ver.sá.rio *adj.* **1** rival em competição; oponente **2** inimigo

ad.ver.sa.ti.va *adj.* **1** GRAM oração que estabelece relação de oposição a outra oração, utilizando as conjunções adversativas *mas, porém, contudo, todavia*

ad.ver.si.da.de *s.f.* **1** qualidade ou estado do que é adverso; contrário **2** infelicidade, infortúnio, desgosto, desventura, provação

ad.ver.so /é/ *adj.* **1** contrário, oposto **2** que prejudica; prejudicial

ad.ver.tên.cia *s.f.* **1** ato ou efeito de advertir, reprender, censurar **2** observação; aviso

aferro

ad.ver.tir *v.t.* **1** avisar, chamar a atenção para algo; tornar consciente **2** admoestar, acoimar, repreender **3** fazer tomar conhecimento com antecedência; precaver

ad.vir *v.i.* **1** decorrer de; resultar **2** ocorrer; acontecer

ad.vo.ca.cia *s.f.* **1** JUR carreira de advogado **2** prática dessa profissão

ad.vo.ga.do *s.m.* **1** pessoa bacharelada em Direito que presta serviços jurídicos particulares ou públicos **2** *por ext.* pessoa que intercede a favor de alguém, intercessor

ad.vo.gar *v.t.* **1** exercer, praticar a advocacia **2** representar judicialmente **3** defender com argumentos e evidências **4** atuar como advogado

a.e.des /é/ *s.m.* [lat.] gênero de mosquito nativo de região tropical e que transmite doenças

a.e.do /é/ *s.m.* poeta-cantor da Grécia Antiga

a.e.ra.ção *s.f.* circulação e renovação do ar, ventilação

a.e.rar *v.t.* **1** expor à ventilação **2** fazer com que o ar se renove em um ambiente

a.é.reo *adj.* **1** relativo ao ar; do ar **2** planta ou parte de planta que se desenvolve acima do solo **3** que diz respeito à aviação **4** *fig.* distraído, alheio, desatento

a.e.rí.co.la *adj.* BOT diz-se de vegetal que se desenvolve no ar, longe do solo

a.e.ró.bio *s.m.* ser que necessita de oxigênio para sua sobrevivência

a.e.ro.clu.be *s.m.* **1** academia de pilotos aéreos **2** clube organizado por pilotos para a prática de voo amador

a.e.ro.di.nâ.mi.ca *s.f.* FÍS ramo que estuda o movimento dos gases e sua interação com corpos sólidos

a.e.ró.dro.mo *s.m.* campo de aviação; aeroporto

a.e.ro.fa.gia *s.f.* inalação exagerada de ar

a.e.ro.fo.to.gra.fi.a *s.f.* fotografia tirada de um avião

a.e.ro.fo.to.gra.me.tri.a *s.f.* fotográfica aérea de terreno

a.e.ro.gra.fi.a *s.f.* FÍSQUÍM estudo da atmosfera e seus gases

a.e.ró.gra.fo *s.m.* **1** pessoa especialista em aerografia **2** máquina de pulverizar tinta

a.e.ro.gra.ma *s.m.* telegrama aéreo previamente franqueado

a.e.ró.li.to *s.m.* pedra ou fragmento de corpo celeste; meteorito

a.e.ro.mo.de.lis.mo *s.m.* **1** confecção de aeromodelos que visa à diversão, à pesquisa, à capacitação, ao treinamento etc. **2** prática de manobrar com aeromodelo

a.e.ro.nau.ta *s.m.* comandante ou pessoa que trabalha em avião

a.e.ro.náu.ti.ca *s.f.* **1** ciência da navegação aérea **2** força aérea de um Estado

a.e.ro.na.ve *s.f.* avião, aeroplano

a.e.ro.pla.no *s.m.* avião

a.e.ro.por.to /ô/ *s.m.* lugar reservado para pousos e decolagens de aeronaves, embarque e desembarque de pessoas ou cargas

a.e.ros.tá.ti.ca *s.f.* FÍS ramo da física que estuda os gases

a.e.rós.ta.to *s.m.* veículo aéreo movido por um gás mais leve que o ar; dirigível

a.e.ro.tro.pis.mo *s.m.* BIOL mudança de direção no desenvolvimento de uma planta, ocasionada pela disposição ou variação de oxigênio

a.e.ro.vi.a *s.f.* **1** espaço aéreo da rota dos aviões **2** espaço para organizar o tráfego aéreo

a.e.ro.vi.á.rio *adj.* **1** referente a aerovia • *s.m.* **2** indivíduo que trabalha em uma aerovia

a.fã *s.m.* **1** trabalho difícil **2** *por ext.* empenho, dedicação **3** sofreguidão, pressa, impaciência **4** ansiedade, atormento

a.fa.bi.li.da.de *s.f.* qualidade de quem é afável; cortesia, amabilidade

a.fa.di.gar *v.t.* enfastiar, fatigar, esgotar, exaurir

a.fa.gar *v.t.* **1** fazer afagos, carinhos, carícias **2** acalentar

a.fa.go *s.m.* carinho, mimo, carícia

a.fa.ma.do *adj.* que se tornou famoso, adquiriu fama; conhecido

a.fa.mar *v.t.* atribuir fama a alguém; notabilizar

a.fa.nar *v.t.* **1** trabalhar de modo ativo **2** *pop.* furtar ou roubar

a.fas.ta.men.to *s.m.* ato de afastar, distanciar, recuar

a.fa.si.a *s.f.* MED dificuldade ou perda da fala decorrente de dano cerebral

a.fas.ta.do *adj.* **1** que se afastou ou foi levado para longe **2** longínquo, remoto, distante

a.fas.tar *v.t.* **1** colocar-se à distância; recuar; retroceder do caminho; ir para trás **2** desviar do ponto pretendido **3** demitir; dispensar, exonerar

a.fá.vel *adj.* **1** que possui delicadeza; educado, cortês, amável **2** agradável, carinioso **3** que propicia deleite; deleitoso, aprazível

a.fa.zer /ê/ *v.t. v.pron.* adquirir hábito; acostumar(-se), habituar(-se)

a.fa.ze.res /ê/ *s.m.* atividades a serem realizadas; ocupações, obrigações

a.fe.ar *v.t.* tornar feio; desfigurar, deformar

a.fec.ção *s.f.* condição de doença; transtorno patológico físico ou mental

a.fei.ção *s.f.* **1** sentimento de carinho ou amizade; afeto, amor **2** vocação ou aptidão para algo

a.fei.ço.ar *v.t.* **1** sentir ou direcionar afeto, carinho **2** adquirir; passar a sentir gosto por algo ou alguém

a.fei.to *adj.* acostumado, habituado

a.fé.lio *s.m.* ASTRON ponto da órbita de planeta ou cometa em que há a maior distância do Sol

a.fe.mi.nar *v.t.* **1** adquirir maneiras femininas; agir como mulher **2** perder as qualidades masculinas **3** *fig.* agir delicada e sensualmente

a.fé.re.se *s.f.* **1** GRAM fenômeno linguístico de supressão dos primeiros fonemas de uma palavra, ex.: sê (você) **2** MED retirada de alguns componentes do sangue

a.fe.ren.te *adj.2g.* **1** que conduz de um lugar a outro, transporta **2** ANAT que conduz sangue ou estímulo

a.fe.ri.ção *s.f.* **1** ação de aferir, comparar **2** ato de examinar, avaliar por comparação

a.fe.ri.do *adj.* **1** que se aferiu **2** que foi comparado, contrastado **3** adequado com o estabelecido, com o padrão

a.fe.ri.dor /ô/ *s.m.* **1** pessoa cuja função é aferir pesos e medidas **2** aparelho, máquina ou instrumento que afere, faz aferição

a.fe.rir *v.t.* **1** examinar a equivalência de pesos e medidas com um padrão **2** fazer avaliação comparativa **3** marcar, distinguir o que foi aferido

a.fer.rar *v.t.* **1** prender, segurar com ferro ○ *v.pron.* **2** apegar-se com afinco, com obstinação **3** dedicar-se

a.fer.ro /ê/ *s.m.* **1** ato ou efeito de aferrar (-se) **2** *fig.* teimosia, insistência **3** *fig.* apego exacerbado a algo ou alguém

aferroar

a.fer.ro.ar *v.t.* **1** picar com ferrão **2** *fig.* ultrajar, insultar alguém **3** *fig.* provocar

a.fer.ro.lhar *v.t.* **1** fechar com ferrolho **2** *por ext.* aprisionar **3** *por ext.* trancafiar

a.fer.ven.ta.do *adj.* **1** que se ferveu ou foi fervido rapidamente **2** mal fervido, de cozimento leve **3** *fig.* abrasador **4** *pop.* impaciente

a.fer.ven.tar *v.t.* **1** ferver ou dar fervura **2** deixar ferver por pouco tempo **3** *fig.* estimular, incentivar, impulsionar **3** *pop.* fazer perder a paciência

a.fer.vo.rar *v.t.* **1** *m.q.* ferver **2** *fig.* tornar ardoroso, intenso

a.fe.ta.ção *s.f.* **1** faltar com naturalidade **2** fingimento, disfarce, dissimulação **3** vontade de mostrar e ser admirado; pedantismo

a.fe.ta.do *adj.* fingido, cínico, falso, dissimulado

a.fe.tar *v.t.* **1** aparentar o que não é verdadeiro; simular, fingir **2** causar lesão em algo, atingir **3** causar mal, assolar **4** sensibilizar **5** interessar, ex.: *certos assuntos não me afetam* ○ *v.pron.* **6** agir de modo exagerado, estar, ficar exagerado

a.fe.ti.vi.da.de *s.f.* **1** qualidade do que é afetivo **2** PSICOL fenômenos emotivos e sentimentais

a.fe.ti.vo *adj.* **1** referente à afetividade **2** do que tem afeição; amoroso, afável

a.fe.to /é/ *s.m.* **1** carinho por pessoa ou animal **2** aquele a quem se destina afeto, objeto de afeição

a.fe.tu.o.si.da.de *s.f.* **1** demonstração de afeto, carinho, amor **2** simpatia, encanto por algo ou alguém

a.fe.tu.o.so /ô/ *adj.* que tem afeto; carinhoso, amigo

a.fi.a.do *adj.* **1** de gume muito cortante; amolado **2** *fig.* bem preparado ou em boas condições para realizar alguma tarefa

a.fi.a.dor /ô/ *s.m.* indivíduo que devolve o gume às lâminas ou as torna mais cortantes; amolador

a.fi.an.çar *v.t. v.pron.* **1** tornar-se responsável por; tornar-se fiador de **2** garantir, abonar

a.fi.ar *v.t.* **1** amolar o gume para torná-lo mais cortante **2** tornar de ponta fina, afilado, agudo **3** tornar ferino **4** *fig.* tornar-se apurado

a.fi.cio.na.do *adj. s.m.* entusiasta

a.fi.gu.rar *v.t.* **1** apresentar a forma de algo **2** criar imagem mental; imaginar

a.fi.lar *v.t.* **1** tornar fino como fio **2** dar a forma de fio **3** provocar reação ou ataque **4** pôr em fileira

a.fi.lha.dis.mo *s.m.* **1** proteção de padrinho a afilhado **2** *pejor.* ação de beneficiar indevidamente amigos, parentes ou aliados políticos

a.fi.lha.do *adj.* **1** que foi batizado em relação aos padrinhos **2** cuidado e protegido como filho

a.fi.li.a.ção *s.f.* **1** ato ou resultado de afiliar-se; inscrever-se em clube, sociedade, associação etc. **2** considerar como um filho; adotar

a.fi.li.ar *v.t. v.pron.* associar-se a algum grupo organizado

a.fim *adj.2g.* que possui algo em comum, semelhança

a.fi.na.ção *s.f.* ato de afinar

a.fi.na.do *adj.* **1** tornado fino **2** MÚS acertado no tom

a.fi.na.dor /ô/ *s.m.* MÚS técnico especializado na afinação de instrumentos, que os adéqua ao tom certo

a.fi.nal *adv.* enfim, finalmente, por fim

a.fi.nar *v.t.* **1** tornar fino, delgado, afilar **2** MÚS ajustar o tom de instrumento a fim de obter o melhor som, o mais harmônico **3** limpar de impurezas ○ *v.pron.* **4** tornar-se melhor, melhorar-se **5** pôr-se em equilíbrio, equilibrar-se

a.fin.car *v.t.* **1** fixar na terra **2** *fig.* insistir, teimar

a.fin.co *s.m.* perseverança, obstinação, persistência

a.fi.ni.da.de *s.f.* **1** vínculo **2** relação mútua de simpatia **3** semelhança entre duas ou mais coisas

a.fir.ma.ção *s.f.* **1** ato ou efeito de afirmar; asserção **2** o que é tomado como verdadeiro

a.fir.mar *v.t.* **1** ser firme em decisão **2** asseverar; garantir a veracidade de

a.fir.ma.ti.vo *adj.* **1** o que afirma **2** que expressa verdade **3** ausente de negação

a.fi.ve.lar *v.t.* prender com fivela

a.fi.xar /ks/ *v.t.* **1** fazer ficar fixo **2** colar, grudar, prender

a.fi.xo /ks/ *adj.* **1** preso, afixado • *s.m.* **2** GRAM morfema que se insere no início, meio ou fim de uma palavra para formar outra

a.fli.ção *s.f.* **1** sentimento de sofrimento, tormento, agonia **2** preocupação, ansiedade

a.fli.gir *v.t.* sentir ou causar dor, angústia, inquietações

a.flo.gís.ti.co *adj.* que queima ou arde sem chama

a.fli.to *adj.* que está agoniado, preocupado

a.flo.ra.ção *s.f.* **1** ato ou efeito de aflorar **2** GEOL surgimento de fenda ou faixa à superfície da terra, gerado pela corrosão rochosa

a.flo.ra.men.to *s.m.* GEOL parte da camada rochosa que aparece na superfície da terra em função do desgaste das camadas que a cobrem; afloração

a.flo.rar *v.t.* **1** surgir à superfície; emergir **2** aparecer, tornar-se visível

a.flu.ên.cia *s.f.* **1** ato ou efeito de afluir **2** aglomeração de pessoas ou coisas em uma direção **3** concorrência de dois rios para um mesmo ponto **4** local de convergência entre rios **5** forte correnteza de águas

a.flu.en.te *adj.* **1** que chega ou ocorre em quantidade, que aflui **2** abundante **3** rio que deságua em outro

a.flu.ir *v.i.* **1** ir na direção de; correr **2** chegar em grande número

a.flu.xo /ks/ *s.m.* **1** ato ou efeito de afluir **2** fluxo **3** movimento de águas, pessoas, veículos etc. **4** agrupamento ou convergência em grande quantidade

a.fo.ci.nhar *v.t.* **1** cair de rosto no chão **2** cair para frente **3** escavar com o focinho; fuçar

a.fo.bar *v.t.* **1** dar com pressa **2** ficar cansado, enfadar-se

a.fo.far *v.t.* tornar fofo, macio

a.fo.ga.di.lho *s.m.* precipitação, pressa ○ de afogadilho precipitadamente, às pressas

a.fo.ga.do *adj.* **1** que se afogou; sufocado, asfixiado **2** impedido de respirar pela presença de água • *s.m.* **3** indivíduo que se afogou **4** CUL *m.q.* refogado

a.fo.ga.men.to *s.m.* **1** ato ou efeito de afogar, asfixiar; sufocação **2** interrupção da respiração causada pela entrada de água nos pulmões

a.fo.gar *v.t.* **1** matar ou morrer por causa da falta de oxigênio durante uma submersão **2** tentar esquecer ■ **afogar as mágoas** tentar esquecer as mágoas **3** parar de funcionar (motor de automóvel) pela ausência de ar no carburador ou por gasolina em excesso

a.fo.gue.ar *v.t.* **1** colocar fogo em; abrasar **2** *por ext.* corar-se de vergonha, ruborizar-se

a.foi.te.za /ê/ *s.f.* característica de afoito; audácia, ousadia, coragem

a.foi.to *adj.* **1** que é ousado, audacioso, atrevido, corajoso **2** que tem pressa; ansioso

a.fo.ni.a *s.f.* perda da voz, total ou parcialmente

a.fô.ni.co *adj.* que sofre de afonia; que não tem voz

a.fo.ra /ó/ *adv.* **1** expressa direção do interno para o externo, para fora, ex.: *correr porta afora* **2** adiante no tempo ou espaço, ex.: *pela estrada afora* • *prep.* **3** com exceção de, exceto, além de

a.fo.ra.men.to *s.m.* **1** JUR ato de levar a julgamento **2** JUR direito hereditário de usufruto de imóvel na condição de preservá-lo e de pagar um foro anual invariável

a.fo.rar *v.t.* **1** JUR dar ou tomar por aforamento as terras de outrem ⟳ *v.pron.* **2** atribuir a si características, direitos etc.

a.fo.ris.mo *s.m.* sentença que expressa a sabedoria popular ou um preceito moral; máxima, apotegma, ditado, provérbio

a.fo.rís.ti.co *adj.* relativo a aforismo, que se assemelha a aforismo; sentencioso

a.for.mo.se.ar *v.t. v.pron.* tornar belo, formoso

a.fre.gue.sar *v.t. v.pron.* tornar-se freguês ou cliente de; comprar em certo lugar com frequência

a.fres.co /ê/ *s.m.* pintura feita sobre argamassa fresca

a.fri.ca.nis.mo *s.m.* características africanas em outra cultura

a.fri.ca.nis.ta *adj.2g.* indivíduo especialista no estudo da África, suas civilizações e línguas

a.fri.ca.ni.zar *v.t.* tomar ou dar aspectos, modos ou características das culturas e dos povos africanos

a.fri.ca.no *adj. gent.* natural da África ou que nela habita

a.fro *adj.2g.2n.* que é ou se caracteriza como africano

a.fro-bra.si.lei.ro *s.m.* **1** brasileiro que descende de africanos negros • *adj.* **2** referente a esses descendentes **3** relativo à cultura africana e brasileira

a.fro.di.sí.a.co *adj.* que estimula os desejos sexuais; que causa excitação

a.fron.ta *s.f.* **1** injúria, insulto, ofensa **2** *fig.* aquilo que ofende pelo fato de opor-se **3** sentimento de ofensa, humilhação **4** falta de ar **5** indisposição digestiva

a.fron.ta.men.to *s.m.* **1** ato ou efeito de afrontar; ultraje, ofensa **2** dificuldade de respiração **3** mal-estar causado por indigestão

a.fron.tar *v.t. v.pron.* **1** proferir insultos e ofensas; injuriar, humilhar **2** enfrentar, encarar **3** mal-estar físico acompanhado de falta de ar, decorrido de exaustão, cansaço

a.fron.to.so /ô/ *adj.* **1** que afronta **2** que ofende, agride psicologicamente; ofensivo

a.frou.xar *v.t.* **1** tornar frouxo, menos apertado, largo, flexível **2** *fig.* cansar

af.ta *s.f.* **1** MED pequena ferida que surge na mucosa bucal pela ação de agentes invasores, por desequilíbrio hormonal, estresse ou sensibilidade a certos alimentos **2** *pop.* sapinho

af.to.sa *s.f.* doença viral contagiosa que acomete animais; febre aftosa

af.to.so /ô/ *adj.* **1** referente a afta **2** que tem aftas

a.fu.gen.tar *v.t.* **1** fazer fugir ou pôr em fuga **2** *fig.* desaparecer

a.fun.dar *v.i.* **1** ir ao fundo ou colocar no fundo **2** naufragar **3** escavar para chegar ao fundo ou para tornar fundo **4** *fig.* ter insucesso, sair-se mal; fracassar

a.fu.ni.lar *v.t.* **1** moldar como um funil **2** afinar

a.gá *s.m.* **1** chefe, capitão, título nobiliárquico de alguns povos da Ásia **2** nome da letra *h*, a oitava do alfabeto

a.ga.char *v.t. v.pron.* mover-se para baixo; abaixar

a.ga.da.nhar *v.t.* machucar utilizando unhas ou garras

a.ga.lac.ti.a *s.f.* na mulher, ausência de produção de leite após dar à luz

á.ga.pe *s.2g.* **1** RELIG refeição que celebrava a Eucaristia **2** *por ext.* refeição de confraternização

á.gar *s.f.* substância extraída de algas e utilizada tanto na cultura de bacilos como na indústria

á.gar-á.gar *s.m.* QUÍM substância de algas utilizada na culinária e na indústria para dar consistência gelatinosa

a.gá.ri.co *s.m.* BOT nome comum a diversos cogumelos comestíveis

a.gar.rar *v.t.* segurar, prender, pegar com as mãos ou garras com força

a.ga.sa.lhar *v.t. v.pron.* **1** cobrir-se ou vestir-se com roupas **2** receber hóspede; acolher **3** *por ext.* resguardar, proteger

a.gas.tar *v.t. v.pron.* **1** irritar-se **2** causar aborrecimento

a.ga.sa.lho *s.m.* **1** roupa de proteção contra chuva ou frio **2** *fig.* aquilo que protege ou resguarda

á.ga.ta *s.f.* pedra preciosa utilizada na confecção de joias

a.ga.ta.nhar *v.t.* arranhar, escoriar, machucar com as unhas

a.ga.ve *s.f.* BOT planta americana da família das agaváceas

a.gên.cia *s.f.* empresa filial ou não que presta algum tipo de serviço

a.gen.ci.ar *v.t.* **1** cuidar ou representar um negócio **2** tornar conhecido por meio de publicidade **3** trabalhar com afinco para obter algo

a.gen.da *s.f.* **1** caderno comercial cujas folhas possuem indicações úteis de organização de tarefas, encontros, anotações etc. **2** caderno ou livro pessoal no qual se anotam afazeres, atividades e compromissos **3** conjunto dessas atividades, reuniões etc. ■ **agenda eletrônica** dispositivo eletrônico utilizado para marcar compromissos, obrigações etc.

a.gen.te *s.2g.* **1** indivíduo que agencia **2** pessoa cuja profissão é coletar informações **3** princípio, origem ou causa de algo • *adj.* **4** que agencia; operante

a.gi.gan.tar *v.t.* atribuir dimensões muito grandes, gigantescas; engrandecer

á.gil *adj.* que se move rapidamente, com destreza; ligeiro, veloz

a.gi.li.da.de *s.f.* capacidade de ligeireza nos movimentos; rapidez, destreza

á.gio *s.m.* **1** lucro obtido da diferença de valores entre duas moedas **2** lucro cambial **3** valor além do estabelecido de um bem ou produto **4** rendimento do valor emprestado; juro

a.gi.o.ta /ó/ *s.2g.* indivíduo que faz agiotagem, que empresta dinheiro a altos juros

a.gi.o.tar *v.t.* praticar agiotagem

a.gi.o.ta.gem *s.f.* **1** empréstimos a altos juros **2** especulação monetária **3** lucro obtido em especulação

a.gir *v.i.* **1** fazer, realizar, proceder **2** *por ext.* tomar decisões **3** provocar efeito **4** ter determinada atitude; comportar-se

agitação

a.gi.ta.ção *s.f.* 1 resultado de agitar, movimentar 2 perturbação 3 desordem causada por motivos políticos 4 *pop.* festa, balada

a.gi.ta.di.ço *adj.* característica daquele que se perturba com facilidade

a.gi.ta.dor /ô/ *s.m.* 1 pessoa que causa desordem 2 instrumento para misturar líquidos

a.gi.tar *v.t.* 1 mover repetidamente, mexer de um lado para outro; sacudir 2 abalar, comover 3 estimular, incitar, instigar alguém a

a.glo.me.ra.ção *s.f.* reunião de grande quantidade de pessoas ou coisas; acumulação, amontoado

a.glo.me.rar *v.t.* reunir, agregar, acumular, amontoar

a.glu.ti.na.ção *s.f.* 1 ato ou efeito de aglutinar 2 união de partes ou elementos 3 GRAM processo fonético em que há fusão de palavras e perda fonética para formar uma outra, ex.: *aguardente* (água e ardente)

a.glu.ti.nar *v.t.* 1 grudar, unir, soldar 2 juntar partes formando um todo

ag.na.ção *s.f.* relação familiar por linhagem masculina

ag.ná.ti.co *adj.* de linhagem masculina

ag.nos.ti.cis.mo *s.m.* doutrina segundo a qual é impossível compreender ou conhecer a verdade sobre questões metafísicas e religiosas por não serem cientificamente comprováveis

ag.nós.ti.co *adj.* 1 relativo ao agnosticismo • *s.m.* 2 seguidor do agnosticismo

a.go.gô *s.m.* MÚS instrumento de percussão

a.goi.ro /ô/ *s.m. m.q.* agouro

a.go.ni.a *s.f.* 1 respiração ou sintoma de moribundo 2 momento final de vida 3 *fig.* aflição; sofrimento físico ou moral

a.gô.ni.co *adj.* 1 que agoniza 2 relativo à agonia

a.go.ni.zar *v.i.* 1 sofrer de agonia 2 estar nos momentos finais de vida ○ *v.t.* 3 provocar agonia

á.go.ra *s.f.* 1 praça central em que se localizava o mercado na antiga Grécia 2 assembleia pública

a.go.ra /ó/ *adv.* 1 neste momento 2 há pouco tempo, ex.: *chegou agora mesmo* 3 atualmente 4 a partir deste momento

a.go.ra.fo.bi.a *s.f.* pavor de ficar sozinho em grandes espaços

a.go.rá.fo.bo *s.m.* indivíduo que sofre de agorafobia

a.gos.ti.ni.a.no *adj.* RELIG relacionado a Santo Agostinho ou a sua ordem

a.gos.to /ô/ *s.m.* oitavo mês do calendário gregoriano

a.gou.rar *v.t.* 1 pressentir; adivinhar desgraças 2 predizer mau acontecimento 3 pressagiar

a.gou.ren.to *adj.* 1 diz-se de quem atrai mau agouro ○ *s.m.* 2 quem acredita em agouros

a.gou.ro /ô/ *s.m.* 1 adivinhação, presságio, predição 2 sinal que antecipa algo

a.gra.ci.ar *v.t.* dar ou conceder condecoração, título honorífico; notabilizar, condecorar

a.gra.dar *v.t.* 1 satisfazer a, dar contentamento a alguém ○ *v.pron.* 2 gostar de; encantar-se

a.gra.dá.vel *adj.* 1 que satisfaz 2 delicado, cortês

a.gra.de.cer /ê/ *v.t.* mostrar gratidão; retribuir, recompensar

a.gra.do *s.m.* 1 sentimento de gosto, carinho, satisfação 2 consentimento 3 *pop.* presente

á.grí.co.la *adj.* que se refere à agricultura

a.gri.cul.tor *s.m.* homem que trabalha no campo; fazendeiro

a.gri.cul.tu.ra *s.f.* técnica de cultivo da terra para produção agrícola ou para criação de animais

a.gri.do.ce /ô/ *adj.* CUL azedo e doce ao mesmo tempo

a.gri.lho.ar *v.t.* prender algo ou alguém com correntes; acorrentar

a.gri.men.sar *v.t.* medir terras

a.gri.men.sor /ô/ *s.m.* pessoa legalmente apta a medir terras

a.gri.men.só.rio *adj.* relativo a agrimensura

a.gri.men.su.ra *s.f.* técnica de medição de terrenos

a.gri.sa.lhar *v.t.* tornar grisalhos os cabelos

a.gro *adj.* 1 azedo 2 *fig.* difícil, desagradável

a.gro- *pref.* associado ao campo, à agricultura ou a produtos agrícolas, ex.: *agronegócio, agroindústria*

a.gro.lo.gi.a *s.f.* ciência que estuda os solos

a.gro.no.mi.a *s.f.* ciência que estuda os métodos de cultivo agrícola

a.gru.par *v.t.* unir várias coisas ou pessoas em grupos

a.gru.ra *s.f.* 1 azedo, ácido 2 *fig.* enfermidade ou sofrimento físico, psicológico ou espiritual

á.gua *s.f.* 1 líquido potável, sem cheiro, cor e sabor, formado por duas moléculas de hidrogênio e uma de oxigênio e essencial à vida 2 cada lado de um telhado por onde escorre a chuva

a.gua.çal *s.m.* grande quantidade de água represada ou corrente; pântano, brejo

a.gua.cei.ro *s.m.* usa-se para indicar chuva forte e súbita

a.gua.cen.to *adj.* diz-se daquilo que está encharcado de água

a.gua.da *s.f.* 1 reserva de água 2 local em que se faz essa reserva 3 obra de arte feita com aquarela diluída em água

a.gua.do *adj.* 1 substância ou alimento muito diluído em água 2 *fig.* vontade de comer ou beber algo; com água na boca

a.gua.men.to *s.m.* doença caracterizada pelo acúmulo de água nas articulações de animais de carga por causa do excesso de frio ou trabalho

á.gua-pé *s.f.* vinho de pouca qualidade

a.gua.pé *s.m.* BOT planta aquática flutuante que forma tapetes sobre as águas de rios e lagos

a.gua.cen.to *adj.* diz-se daquilo que está encharcado de água

a.gua.pe.zal *s.m. bras.* lugar onde há grande extensão de água coberta de aguapés

a.guar *v.t.* 1 regar ou molhar plantas e plantações 2 adicionar água ou diluir

a.guar.dar *v.t.* esperar por algo ou alguém

a.guar.den.te *s.m.* pinga, caninha, cachaça

a.gua.re.la /é/ *s.f.* pintura com tinta à base d'água; aquarela

a.guar.rás *s.f.* QUÍM essência de terebintina usada como solvente

á.gua-vi.va *s.f.* BOT gênero de animal marinho de corpo mole e gelatinoso que pode provocar queimaduras; caravela, medusa

a.gu.çar *v.t.* 1 tornar pontiagudo 2 afiar 3 estimular os sentidos

a.gu.ça.do *adj.* 1 pontudo 2 de gume afiado 3 que foi estimulado ou teve sua capacidade sensorial aumentada

a.gu.de.za /ê/ *s.f.* 1 qualidade do que é pontudo 2 característica do que foi amolado 3 condição avançada de doença 4 *fig.* som muito alto e estridente

alagado

a.gu.do *adj.* **1** que termina em ponta; pontudo **2** o que é áspero ou cortante **3** MED que evolui ou avança rapidamente ou de maneira intensa (doença) **4** MÚS som cuja frequência é muito alta **4** *fig.* perspicaz, inteligente, sutil

a.guen.tar *v.t.* suportar, sustentar; resistir, suster, aguentar

a.guer.ri.do *adj.* **1** preparado ou armado para lutar **2** violento **3** destemido, valente

a.guer.rir *v.t.* **1** preparar para a guerra **2** tornar-se forte **3** *fig.* acostumar ou habituar-se ao trabalho pesado, árduo

á.guia *s.f.* **1** ZOOL ave de rapina de grande porte **2** *fig.* pessoa perspicaz, inteligente; gênio **3** líder

a.gui.lha.da *s.f.* vara comprida cuja ponta é um ferrão, utilizada para incitar bois

a.gui.lhão *s.m.* **1** ponta de aguilhada; ferrão **2** ferrão de alguns insetos e escorpiões

a.gui.lho.a.da *s.f.* **1** ferimento, ferroada com aguilhão **2** *fig.* dor aguda e repentina

a.gui.lho.ar *v.t.* **1** ferir com aguilhão **2** *fig.* provocar

a.gu.lha *s.f.* **1** haste de metal aguda e delgada com pequena abertura na ponta por onde se passa linha, lã, barbante etc., utilizada na costura **2** *por ext.* qualquer haste de ponta

a.gu.lha.da *s.f.* **1** lesão causada com agulha; picada **2** *fig.* dor forte e inesperada; pontada

a.gu.lhei.ro *s.m.* **1** objeto em que se guardam agulhas; estojo **2** vendedor ou fabricante de agulhas

a.gu.lhe.ta /ê/ *s.f.* **1** tipo de agulha forte e resistente, usada para fazer sacos, redes de pescar etc. **2** agulha específica para enfiar cordão, fita, cadarço etc.

ah *interj.* manifestação de sentimentos diversos, como alegria, surpresa, ironia, tristeza

a.í *adv.* **1** expressa lugar próximo ao ouvinte, nesse lugar **2** lugar referenciado; lá **3** nesse ponto **4** anexado • *interj.* **5** expressa, manifesta aprovação ou incentivo

ai *interj.* **1** exprime dor ou tristeza • *s.m.* **2** manifestação de sofrimento; queixume

ai.a *s.f.* criada, dama de companhia

AIDS *s.f.2n.* sigla em inglês para Síndrome da Imunodeficiência Adquirida (SIDA, em português), patologia de origem viral ainda sem cura, transmitida por contato sexual com pessoas contaminadas e/ou por sangue contaminado, que compromete o sistema imunológico e pode levar à morte

ai.mo.ré *adj.2g.* relativo aos aimorés, indígenas brasileiros de diversas regiões e que não falavam o tupi

a.in.da *adv.* **1** exprime a execução de algo até o momento da fala **2** agora mesmo **3** até determinado tempo futuro **4** em algum tempo do futuro; algum dia **5** ao menos **6** até, mesmo

ai.o *s.m.* **1** *desus.* professor responsável pela instrução de menores **2** camareiro

ai.pim *s.m.* BOT mandioca, macaxeira

ai.po *s.m.* **1** BOT erva da família das umbelíferas, usada no tratamento de gases e febre e apreciada em saladas e sopas; salsão

ai.ra.do *adj.* **1** que não segue os costumes; boêmio **2** irresponsável

ai.ro.so /ô/ *adj.* **1** de boa aparência; elegante

a.ja.e.zar *v.t.* colocar arreio

a.jar.di.nar *v.t.* plantar ou enfeitar casas com jardins

a.jan.ta.ra.do *adj. bras.* almoço ou lanche feito aos domingos em horário mais tarde que o habitual, para dispensar o jantar

a.jei.tar *v.t.* **1** organizar algo de maneira adequada; arrumar, acomodar **2** solucionar um problema

a.jo.e.lhar *v.t.* **1** dobrar os joelhos para apoiar-se • *v.pron.* **2** ajoelhar-se **3** considerar-se vencido

a.jou.jar *v.t.* **1** prender com ajoujo **2** por ext. sobrecarregar

a.jou.jo *s.m.* tipo de correia ou coleira utilizada para prender animais

a.ju.da *s.f.* **1** auxílio, amparo, assistência, socorro **2** favor ■ **ajuda de custo** pagamento para cobrir despesas

a.ju.dan.te *adj.2g. s.2g.* que ajuda; auxiliar, assistente

a.ju.dar *v.t.* **1** prestar socorro **2** fazer um favor **3** facilitar algo

a.ju.i.za.do *adj.* **1** que tem juízo; prudente **2** JUR submetido à justiça

a.ju.i.zar *v.t.* **1** fazer juízo; julgar **2** tornar-se sensato **3** JUR levar a processo judicial

a.ju.i.zá.vel *adj.2g.* **1** que pode ajuizar **2** JUR passível de ser submetido à justiça

a.jun.ta.men.to *s.m.* **1** ação ou efeito de reunir **2** aglomeração, agrupamento

a.jun.tar *v.t.* **1** juntar, agrupar, ligar, unir, pregar, incorporar **2** aliar, congregar

a.ju.ra.men.tar *v.t.* fazer juramento; confirmar ou prometer sob juramento

a.jus.ta.gem *s.f.* regulagem, ajuste

a.jus.ta.men.to *s.m.* **1** ajustagem, ajuste **2** alteração combinada de valor a ser pago

a.jus.tar *v.t.* **1** organizar de maneira adequada **2** reparar o necessário; arrumar **3** tornar justo ou apertado **4** saldar, liquidar, zerar pendências financeiras

a.jus.te *s.m.* **1** ação de ajustar, tornar adequado **2** concordata, acordo **3** acerto de dívidas **4** *pop.* acerto de contas; vingança

a.ju.tó.rio *s.m.* auxílio, socorro; adjutório

AL sigla do Estado de Alagoas

-al *suf.* exprime relação ou coleção, ex.: *pessoal, mensal, abacaxizal*

a.la *s.f.* **1** fila de objetos **2** seção **3** parte lateral **4** asa **5** flanco **6** divisões temáticas de uma escola de samba • *adj.2g. s.2g.* **7** desportista que atua pelas laterais do campo

a.la.bão *adj. s.m.* **1** rebanho de animais que produzem leite em grande quantidade **2** que produz muito leite

a.la.bar.da *s.f.* arma branca medieval que se assemelha a uma lança

a.la.bar.dei.ro /ê/ *s.m.* soldado que usa alabarda

a.la.bas.tri.no *adj.* que se assemelha ao alabastro

a.la.bas.tro *s.m.* **1** GEOL minério branco, transparente e maciço **2** enfeite feito de alabastro **3** *fig.* brancura

á.la.cre *adj.2g.* animado, alegre, risonho, vivo

a.la.cri.da.de *s.f.* qualidade de álacre, alegre

a.la.do *adj.* **1** que possui asas **2** que tem forma ou assemelha-se a asas **3** *fig.* elegante, gracioso

a.la.ga.ção *s.f.* ação de transbordar ou encharcar de água; inundação, alagamento

a.la.ga.di.ço *adj.* **1** área sujeita a alagação **2** encharcado, alagado • *s.m.* **3** terreno úmido específico para o cultivo de arroz

a.la.ga.do *adj.* coberto de água, que se alagou, encharcado

alagamento

a.la.ga.men.to *s.m.* alagação

a.la.gar *v.t. v.pron.* encher-se de água 2 encharcar-se

a.la.go.a.no *adj.* pessoa nascida em Alagoas

a.la.mar *s.m.* enfeite de roupa feito com cordão trança-do de vários materiais

a.lam.bi.ca.do *adj.* 1 bebida destilada em alambique 2 *fig. pejor.* afetado, pretensioso, extravagante

a.lam.bi.car *v.t.* 1 destilar no alambique 2 tornar afetado, pretensioso

a.lam.bi.que *s.m.* 1 instrumento utilizado no processo de destilação 2 lugar em que acontece esse processo

a.lam.bra.do *adj.* 1 cercado de arame • *sm.* 2 cerca de arame

a.la.me.da /ê/ *s.f.* 1 rua com árvores 2 local arborizado destinado a passeios ou atividades de lazer

á.la.mo *s.m.* BOT árvore do gênero *Populus* característica de florestas boreais e de áreas mais temperadas; choupo

a.la.no *adj.* 1 relativo ao antigo povo com origem no nordeste do Cáucaso • *s.m.* 2 cão grande usado para guarda e na caça grossa

a.lar *v.t.* 1 suspender, direcionar, mover para cima; elevar 2 dar ou obter asas

a.la.ran.ja.do *adj.* 1 de cor laranja 2 cujo paladar lembra laranja • *s.m.* 3 cor da laranja

a.lar.de *s.m.* comportamento extravagante; ostentação

a.lar.de.ar *v.t.* 1 declarar ou mostrar de maneira exibicionista ○ *v.i. v.pron.* 2 gabar-se

a.lar.ga.men.to *s.m.* ação de expandir ou ampliar

a.lar.gar *v.t.* tornar largo, amplo

a.la.ri.do *s.m.* desordem com gritos; algazarra

a.lar.man.te *adj.* 1 que causa alarme, que preocupa 2 que apresenta perigo

a.lar.mar *v.t. v.pron.* colocar em estado de alerta, sobressaltar-se

a.lar.me *s.m.* 1 notificação de perigo 2 equipamento de segurança contra invasão

a.lar.mis.mo *s.m.* disseminação de notícias alarmantes

a.lar.mis.ta *adj.2g. pejor.* que espalha notícias ou boatos alarmantes

a.lar.ve *adj.2g. s.2g.* 1 que é grosseiro 2 parvo 3 que come em excesso

a.las.tra.men.to *s.m.* 1 ação ou efeito de alastrar 2 disseminação, propagação

a.las.tran.te *adj.* 1 que se espalha 2 que está em processo de propagação

a.las.trar *v.t. v.pron.* 1 espalhar 2 difundir 3 aumentar a ocorrência; proliferar

a.la.ti.nar *v.t. m.q.* latinizar

a.la.ú.de *s.m.* MÚS instrumento árabe semelhante a um violão

a.la.vão *s.m. desus.* rebanho de ovelhas produtoras de leite

a.la.van.ca *s.f.* 1 barra inflexível utilizada para facilitar a movimentação de objetos 2 *fig.* recurso com o qual se obtém algo

a.la.van.car *v.t.* 1 movimentar utilizando alavanca 2 *fig.* ascender ou favorecer ascensão de alguém

a.la.zão *adj. s.m.* cavalo cujo pelo varia entre o marrom e o vermelho

al.ba *s.f.* 1 primeiros raios de luz da manhã 2 LITER composição poética amorosa de despedida ao nascer do sol

al.ba.nês *adj.* natural da Albânia

al.bar.da *s.f.* 1 arreio, sela 2 *pop.* roupa malfeita

al.ba.troz /ó/ *s.m.* ZOOL ave marítima que pode atingir mais de três metros de envergadura e que é comum no Hemisfério Sul

al.ber.gar *v.t.* hospedar em albergue

al.ber.ga.ri.a *s.f.* hospedagem, pousada, estalagem, albergue

al.ber.gue /é/ *s.m.* 1 alojamento, pousada, hospedagem 2 *por ext.* local de refúgio, asilo

al.bi.nis.mo *s.m.* anomalia genética que se caracteriza pela falta de pigmentação

al.bi.no *adj. s.m.* que sofre de albinismo

al.bor /ó/ *s.m.* nascer do sol; alvorada

al.bor.noz /ó/ *s.m.* manto com capuz usado pelos árabes

al.bu.gem *s.f.* 1 MED mancha branca que se forma na córnea 2 BOT doença das plantas causada por fungos e caracterizada por manchas brancas

al.bur.no *s.m.* BOT a parte da árvore que conduz água

ál.bum *s.m.* 1 livro em que se guardam fotografias, postais, selos, autógrafos etc. 2 MÚS disco que reúne um conjunto de músicas

al.bu.me *s.m.* camada celular nutritiva que envolve o embrião nas sementes e no ovo; clara de ovo

al.bu.mi.na *s.f.* proteína presente no ovo, no leite, nas plantas e no sangue

al.ça *s.f.* 1 parte de objeto usada para segurá-lo ou movê-lo 2 tira de materiais variados que segura a roupa pelos ombros

Alca *s.f.* sigla de Área de Livre Comércio das Américas

al.cá.cer *s.m.* fortaleza árabe

al.ca.cho.fra /ô/ *s.f.* BOT 1 planta hortense de base carnosa comestível ♦ *col.* 2 alcachofral

al.cai.de *s.m. desus.* antigo governador ou prefeito

al.ca.çuz *s.m.* BOT arbusto do qual se extrai uma pasta utilizada em confeitaria, na produção de remédios e de cerveja preta

al.ça.da *s.f.* 1 JUR limite de autoridade e autonomia 2 *fig.* campo de atuação

ál.ca.li *s.m.* QUÍM qualquer hidróxido, ou óxido, dos metais alcalinos

al.ca.li.ni.da.de *s.f.* QUÍM qualidade do que é alcalino

al.ca.li.no *adj.* 1 que diz respeito a álcali 2 que tem pH ácido

al.ca.li.ni.zar *v.t.* tornar alcalino, ácido

al.ca.loi.de /ó/ *s.m.* substância de nitrogênio obtida por síntese e que forma sais

al.ca.lo.se /ó/ *s.f.* excesso de acidez no organismo

al.can.çar *v.t.* 1 atingir determinado ponto ou objetivo 2 obter, conseguir 3 tocar ou pegar algo distante 4 *fig.* entender

al.can.ce *s.m.* 1 extensão visível ou tocável 2 conquista

al.can.do.rar-se *v.pron.* 1 empoleirar-se, pousar no poleiro 2 elevar-se ou situar-se no alto

al.can.for /ô/ *s.m.* 1 *m.q.* cânfora 2 BOT árvore e resina de propriedades terapêuticas

al.can.til *s.m.* montanha, rochedo alto; lugar íngreme; cume, píncaro

al.can.ti.la.do *adj.* 1 que tem características de alcantil 2 de forma escarpada

al.ça.pão *s.m.* 1 acesso ao porão ou ao desvão do telhado 2 artefato utilizado na captura de pássaros

al.ca.par.ra *s.f.* flor da alcaparreira utilizada como condimento

al.ca.par.rei.ra *s.f.* arbusto da alcaparra, nativo da região do Mediterrâneo

alféloa

al.ça.pre.ma *s.f.* **1** objeto usado na movimentação ou elevação de pesos **2** armadilha para apanhar pássaros **3** instrumento em forma de alicate

al.çar *v.t.* **1** erguer algo ou alguém **2** colocar no alto **3** construir **4** obter lugar de destaque

al.ca.tei.a /é/ *s.f.* **1** coletivo de lobos **2** quadrilha

al.ca.ti.fa *s.f.* tapete

al.ca.tra *s.f.* parte superior do lombo bovino

al.ca.trão *s.m.* **1** QUÍM composto viscoso destilado de substâncias orgânicas, de utilização na indústria química e farmacêutica **2** piche

al.ca.traz *s.m.* ave marinha presente no litoral do Brasil

al.ca.tre *s.m. m.q.* alcatra

al.ca.tro.ar *v.t.* cobrir, untar com piche; asfaltar

al.ca.truz *s.m.* balde ou vaso de barro das rodas dos moinhos, com que se tira água

al.ce *s.m.* ZOOL mamífero de focinho largo e chifres ramificados, semelhante ao veado

al.ce.ar *v.t.* **1** direcionar para cima; erguer **2** colocar alça em

al.cí.o.ne *s.f.* MIT ave fabulosa que, para os gregos, era considerada de bom augúrio

al.coi.ce /ó/ *s.m.* casa de prostituição; bordel

ál.co.ol /ó/ *s.m.* **1** substância aquosa, altamente inflamável, volátil e de aparência límpida **2** bebida alcoólica

al.co.ó.la.tra *adj.2g. s.2g.* **1** indivíduo que ingere bebida alcoólica de maneira descomedida, doentia **2** que sofre de alcoolismo

al.co.ó.li.co *adj.* **1** que tem álcool ou é relativo a álcool

al.co.o.lis.mo *s.m.* enfermidade física e psicológica de consumo desmedido de bebidas alcoólicas

al.co.o.li.zar *v.t.* **1** transformar em uma bebida alcoólica **2** embriagar-se

al.co.rão *s.m.* livro sagrado da cultura muçulmana; Corão

al.co.va /ó/ *s.f.* quarto sem acesso ao exterior

al.co.vi.tar *v.t.* **1** intermediar o encontro amoroso de um casal **2** fofocar, intrigar, mexericar

al.co.vi.tei.ro /ê/ *s.m.* **1** homem intermediário de encontros amorosos **2** mexeriqueiro, fofoqueiro

al.co.vi.tei.ra /ê/ *s.f.* **1** mulher intermediária de encontros amorosos **2** mulher mexeriqueira, fofoqueira

al.co.vi.ti.ce *s.f.* ação de alcovitar

al.cu.nha *s.f.* designação que acrescenta ou substitui um nome próprio; cognome, apelido

al.de.ão *adj.* **1** refere-se a aldeia ou a campesinato • *s.m.* **2** nativo de aldeia

al.dei.a /ê/ *s.f.* **1** pequeno vilarejo ou povoado **2** povoação de índios

al.de.í.do *s.m.* QUÍM composição decorrente da ação de oxigenantes no álcool

al.de.o.la /ó/ *s.f.* pequena aldeia ou pequeno povoado

al.dra.ba *s.f.* **1** tranca, trinco de porta ou janela **2** pequeno objeto metálico em forma de argola utilizado como campainha; aldrava

al.dra.va *s.f. m.q.* aldraba

a.le.a.tó.rio *adj.* incerto, casual, imprevisto; sem ordem estabelecida

a.le.crim *s.m.* BOT planta hortense aromática da qual o óleo é cicatrizante e cujas folhas são utilizadas como tempero

a.le.ga.ção *s.f.* o que se declara com embasamento

a.le.gar *v.t.* argumentar em defesa de; justificar ou explicar

a.le.go.ri.a *s.f.* conjunto de metáforas utilizadas para representação de um objeto ou pensamento

a.le.grar *v.t.* **1** provocar ou sentir alegria **2** *fig.* dar nova vida; encher de vida

a.le.gre /é/ *adj.2g.* **1** que transmite ou sente alegria **2** pessoa ligeiramente embriagada **3** de cores vivas

a.le.gri.a *s.f.* condição de satisfação e gozo **2** fato ou evento que traz felicidade

a.le.gro /é/ *adj.* MÚS diz-se de música de execução vivaz, ligeira

a.lei.a /é/ *s.f.* série de árvores enfileiradas em uma rua; alameda

a.lei.jão *s.m.* **1** deformidade, defeito físico **2** por ext. qualquer coisa malformada, malfeita

a.lei.jar *v.t. v.pron.* tornar(-se) deformado ou paralítico

a.lei.tar *v.t.* oferecer leite como alimento; amamentar

a.le.xan.dri.no *adj. s.m.* **1** referente a Alexandria (Egito) ou a Alexandre Magno **2** ARTE verso de doze sílabas; dodecassílabo inventado por Alexandre de Bernai, do séc. XII

al.fa *s.m.* **1** GRAM primeira letra do alfabeto grego, corresponde ao *a* latino (A,α) **2** ASTRON a estrela mais importante de uma constelação **3** *fig.* começo, princípio **4** MÚS antiga notação musical que representava duas notas ligadas **5** FÍS em eletricidade é o nome que indica a parte do átomo positivo ○ *s.f.* **6** BOT planta gramínea, esparto

al.fa.bé.ti.co *adj.* que segue a ordem das letras do alfabeto

al.fa.be.ti.za.ção *s.f.* ato, modo de ensinar a leitura e a escrita por meio de letras

al.fa.be.ti.zar *v.t.* ensinar ou aprender a ler e a escrever por meio das letras

al.fa.be.to /é/ *s.m.* o conjunto das letras de uma língua dispostas convencionalmente; abecedário

al.fa.ce *s.f.* BOT planta hortense de folhas grandes e lisas, usada especialmente em saladas

al.fa.fa *s.f.* BOT certa espécie de planta forrageira, da família das leguminosas, usada principalmente na alimentação do gado

al.fai.a *s.f.* **1** qualquer móvel ou objeto de uso doméstico **2** enfeite, joia

al.fai.a.ta.ria *s.f.* oficina ou loja de alfaiate

al.fai.a.te *s.m.* aquele que faz roupas para homens

al.fân.de.ga *s.f.* repartição pública arrecadadora das taxas e dos impostos pagos pelas mercadorias que entram e saem do país; aduana

al.fan.je *s.m.* arma branca, de lâmina larga e curva, afiada apenas de um lado

al.fa.nu.mé.ri.co *adj.* relativo ao uso de letras e algarismos a fim de formar símbolo(s)

al.far.rá.bio *s.m.* livro antigo, usado

al.far.ra.bis.ta *s.2g.* vendedor de livros antigos, usados

al.far.ro.ba /ó/ *s.f.* BOT vagem de alfarrobeira, semelhante ao feijão

al.far.ro.bei.ra /ê/ *s.f.* BOT planta que produz a alfarroba

al.fa.va.ca *s.f.* BOT planta aromática usada em temperos, saladas e chás

al.fa.ze.ma *s.f.* **1** BOT planta aromática; lavanda usada para perfumar recintos ou colocar na roupa

al.fé.loa *s.f.* CUL calda grossa de açúcar com que se fazem várias guloseimas

alfenim

al.fe.nim *s.m.* **1** CUL massa branca de açúcar e óleo de amêndoa, à qual se dá ponto especial **2** *fig.* pessoa muito delicada

al.fe.res /é/ *s.m.2n. desus.* antigo posto do exército brasileiro correspondente hoje ao cargo de segundo--tenente

al.fi.ne.ta.da *s.f.* picada ou ferimento de alfinete **2** dor forte e momentânea, aguda

al.fi.ne.te /ê/ *s.m.* pequena haste metálica com uma ponta aguda e outra alargada **2** (alfinetes) despesas miúdas ou particulares

al.fom.bra *s.f.* tapete espesso e macio; alcatifa

al.for.je /ó/ *s.m.* bolsa ou saco duplo com as duas extremidades fechadas e duas aberturas no meio e que se leva na garupa de animal, bicicleta, motocicleta

al.for.ri.a *s.f.* liberdade concedida ao escravo por seu senhor ou por autoridade

al.ga *s.f.* BOT plantas sem raízes, com variedade de tamanho, que vivem no fundo ou na superfície das águas e também em lugares úmidos

al.ga.ra.vi.a *s.f.* **1** som de muitas vozes juntas **2** linguagem confusa, incompreensível

al.ga.ra.vi.ar *v.t.* falar ou escrever de maneira confusa, ininteligível

al.ga.ris.mo *s.m.* MAT cada um dos símbolos utilizados para representar os números na escrita ■ **algarismo árabe** cada um dos símbolos que representam a quantidade de zero a nove (**0, 1, 2, 3, 4, 5, 6, 7, 8, 9**) e que são utilizados para escrever os demais números (**10, 11, 12, 13, 14** etc.) ■ **algarismo romano** cada um dos caracteres representados por letras maiúsculas do alfabeto latino e que, quando combinados, simbolizam números (I= 1, V= 5, X= 10, L= 50, C= 100, D= 500, M= 1.000)

al.ga.zar.ra *s.f.* **1** conjunto de ruídos ou sons produzido por muitas vozes **2** gritaria, barulho

ál.ge.bra *s.f.* MAT ramo da matemática que utiliza letras e símbolos a fim de representar valores e números de maneira simplificada ■ **álgebra booliana (também chamada de álgebra binária ou lógica)** nela uma variável só pode assumir um de dois valores e a condição de verdadeiro ou falso – a partir dela foi desenvolvida a linguagem computacional ■ **álgebra linear** conjunto de elementos formadores de um espaço vetorial, infinito sobre um determinado corpo, e que definem também um produto binário associativo e bilinear

al.gé.bri.co *adj.* **1** MAT referente à álgebra **2** que emprega as operações de soma, subtração, divisão, multiplicação etc.

al.ge.bris.ta *s.2g.* perito em álgebra

al.ge.ma *s.f.* par de argolas, feitas de metal, que estão ligadas entre si; é utilizada para prender alguém pelos pulsos ou tornozelos

al.ge.mar *v.t.* **1** prender com algemas **2** *fig.* tirar de alguém a liberdade de decisão ou ação; sujeitar

al.gi.a *s.f.* MED dor no corpo sem ferimento evidente

al.gi.be.be *s.m.* vendedor de roupas

al.gi.bei.ra /ê/ *s.f.* bolso costurado na parte interna da roupa **2** *fig.* de fácil uso

ál.gi.do *adj.* **1** muito frio; gélido **2** MED que se caracteriza por sensação de frio muito intenso

al.go *pron.* **1** alguma coisa; qualquer coisa; coisa não conhecida, determinada • *adv.* **2** um pouco, um tanto

al.go.dão *s.m.* fibra vegetal fina, geralmente branca, utilizada para fabricar tecidos **2** produto do algodoeiro

al.go.dão-do.ce *s.m.* doce feito de açúcar, de fios finíssimos lembrando o algodão em rama, também chamado de algodão-de-açúcar

al.go.dão.zi.nho *s.m.* tecido rústico de algodão

al.go.do.al *s.m.* plantação de algodoeiros

al.goi.de *adj.2g.* BOT semelhante a uma alga

al.go.lo.gi.a *s.f.* BOT parte da botânica que estuda as algas

al.go.rit.mo *s.m.* **1** MAT conjunto bem definido de regras e etapas finitas para fazer um cálculo **2** INFORMÁT sequência de instruções finitas e não ambíguas que objetivam a solução de um problema ou permitem realizar certa tarefa

al.goz /ó/ *s.m.* **1** executor de pena de morte **2** pessoa que atormenta, carrasco

al.guém *pron.* **1** refere-se a uma pessoa não especificada nem definida • *s.m.* **2** pessoa de importância social e digna de consideração, ex.: *estude para que seja alguém na vida*

al.gui.dar *s.m.* vaso de barro ou metal com o formato de cone invertido, usado como bacia

al.gum *pron.* **1** um, ex.: *cometeu algum crime* **2** qualquer um, ex.: *algum objeto na caixa* **3** um determinado, ex.: *ficamos esperando-o por algum tempo*

al.gu.res *adv.* em alguma parte; em algum lugar

a.lhal *s.m.* **1** lugar onde o alho é guardado **2** plantação de alhos

a.lhe.a.do *adj.* **1** que não presta atenção ao que está à sua volta **2** que não está em seu perfeito juízo

a.lhe.a.men.to *s.m.* ato ou resultado de alhear

a.lhe.ar *v.t.* **1** dar ou ceder a outro os direitos de posse **2** afastar-se, distanciar-se de alguma coisa

a.lhei.ra /ê/ *adj.* **1** que pertence a outro **2** distraído, desatento **3** indiferente, desconhecido

a.lhei.ra *s.f.* **1** mulher que vende alho **2** *lus.* CUL chouriço temperado especialmente com alho

a.lho *s.m.* BOT erva aromática, semelhante à cebola, que tem o bulbo (*pop.* cabeça) formado por dentes de tons arroxeados ou brancos, de uso culinário e de propriedades medicinais

a.lhu.res *adv.* em outro lugar

a.li *adv.* lugar distante do falante e do ouvinte, porém visível **2** naquele lugar, ex.: *tive medo de ali ficar o resto de minha vida*

a.li.á *s.f.* ZOOL a fêmea do elefante

a.li.a.do *adj.* **1** que contraiu aliança; unido, ligado **2** cúmplice **3** seguidor **4** quem faz aliança para fins políticos, econômicos

a.li.am.ba *s.f. m.q.* maconha

a.li.an.cis.mo *s.m.* aliança entre partidos políticos

a.li.an.ça *s.f.* **1** pacto, união **2** coligação **3** anel usado como símbolo de noivado e casamento

a.li.ar *v.t.* **1** juntar, unir, fazer parte **2** entrar em combinação, associar-se **3** unir por pacto

a.li.ás *adv.* **1** além disso, além do mais **2** de outra maneira, de outro modo **3** ou por outra, ou melhor

á.li.bi *s.m.* **1** meio de defesa utilizado pelo réu a fim de dizer que estava em outro lugar e não naquele do crime quando este aconteceu **2** desculpa por fazer ou não algo

almiscareiro

a.li.ca.te *s.m.* **1** instrumento de metal que possui duas barras que se cruzam, parecido com uma tesoura, usado para cortar ou segurar objetos **2** golpe de luta que utiliza os braços ou um par de objetos não flexíveis

a.li.cer.ce */é/ s.m.* **1** fundamento, base de uma construção **2** *fig.* segurança, firmeza, ex.: *a minha família é bem alicerçada*

a.li.che *s.m.* peixe muito apreciado na culinária, semelhante à sardinha, chamado de anchova quando em conserva

a.li.ci.a.do *adj.* **1** aquele que é atraído **2** que é seduzido

a.li.ci.a.dor */ô/ s.m.* **1** aquele que alicia ou é usado para aliciar **2** que seduz

a.li.ci.a.men.to *s.m.* **1** ato ou efeito de aliciar; seduzir, atrair **2** suborno

a.li.ci.an.te *adj.2g.* que alicia, atrai, seduz; aliciador

a.li.ci.ar *v.t.* **1** atrair, seduzir alguém por meio de promessas enganosas **2** subornar oferecendo vantagem material

a.li.e.na.ção *s.f.* **1** cessão de direitos a outro, quando se refere a bens, venda **2** desinteresse, afastamento do que está à volta **3** perturbação mental

a.li.e.na.do *adj.* **1** desinteressado, alheio aos problemas sociais que estão à sua volta **2** louco • *s.m.* **3** pessoa alienada, ex.: *é um alienado, não se importa com nada*

a.li.e.nan.te *adj.2g.* que aliena, desvirtua, perturba

a.li.e.nar *v.t.* **1** ceder, transferir a posse, vender propriedade a outro **2** afastar, desinteressar **3** tornar-se indiferente ao que está à sua volta

a.li.e.ní.ge.na *adj.2g. s.2g.* **1** diz-se da pessoa que é estrangeira **2** ser que vem de outros planetas

a.li.e.nis.ta *s.2g.* médico que trabalha com pessoas que possuem doenças mentais

a.li.for.me */ó/ adj.2g.* que possui forma de asa

a.li.ga.tor */ô/ s.m.* ZOOL jacaré encontrado na América do Norte e na China

a.li.gei.ra.do *adj.* leve e rápido

a.li.jar *v.t.* **1** desfazer-se de algo que incomoda, lançar fora **2** impedir contato, excluir, apartar

a.li.má.ria *s.f.* **1** animal irracional, que serve para carga ou montaria **2** *fig.* pessoa grosseira, mal-educada

a.li.men.ta.ção *s.f.* **1** conjunto de alimentos que um ser vivo necessita para nutrir-se **2** ato de se alimentar

a.li.men.ta.do *adj. s.m.* aquele que já se alimentou, nutrido

a.li.men.tar *v.t.* **1** dar de comer a, nutrir **2** prover daquilo que é necessário; o mesmo que abastecer

a.li.men.tá.rio *s.m.* JUR pessoa que recebe o seu sustento de outro por meio de uma pensão

a.li.men.tí.cio *adj.* que serve como alimento

a.li.men.to *s.m.* substância utilizada para nutrição; comida

a.lin.dar *v.t.* tornar algo lindo, formoso, enfeitado

a.lí.nea *s.f.* **1** parágrafo que inicia com nova linha **2** subdivisão de um artigo, de um tratado, de uma lei etc.

a.li.nhar *v.t.* **1** colocar em linha reta, em forma correta **2** vestir-se bem **3** alcançar ou almejar o mesmo posto que alguém, ex.: *eu me alinhei a ela*

a.li.nha.var *v.t.* **1** costurar com pontos largos, espaçados e provisórios, sendo uma preparação para a costura definitiva **2** *fig.* dizer algo sem muita firmeza

a.li.nha.vo *s.m.* pontos largos de costura dados nas roupas a fim de ajustá-las, para facilitar a costura definitiva

a.li.nho *s.m.* **1** ato ou efeito de alinhar; alinhamento **2** *fig.* qualidade daquilo que é feito com apuro, esmero **3** *fig.* elegância no vestir

a.lí.quo.ta *s.f.* **1** ECON parcela do valor de algo calculada percentualmente e que é paga como imposto **2** MAT divisor exato de uma determinada quantidade

a.li.sa.do *adj.* tornado liso; esticado

a.li.sa.men.to *s.m.* **1** ação de tornar alguma superfície lisa **2** ação de alisar, esticar os fios de cabelo

a.li.sar *v.t.* **1** igualar alguma coisa, tornar liso **2** mimar, acarinhar **3** tirar as rugas

a.lí.sio *adj.* ventos tropicais que sopram constantemente das regiões subtropicais para a região equatorial

a.lis.ta.men.to *s.m.* **1** inscrição do nome em uma lista, arrolamento **2** ato de se inscrever para o serviço militar

a.lis.tar *v.t.* **1** recrutar, cadastrar, entrar para um partido político **2** afiliar-se a algo

a.li.te.ra.ção *s.f.* GRAM recurso de repetição de sons vocálicos ou consonantais a fim de provocar efeitos sonoros, muito usado na prosa e na poesia

a.li.te.rar *v.t.* colocar palavras em sequência de modo que seus sons se repitam

a.li.vi.ar *v.t.* **1** tornar mais leve **2** consolar **3** livrar-se de algo ou de dor que esteja incomodando

a.lí.vio *s.m.* **1** diminuição de sofrimento ou dor **2** tranquilidade, descanso

a.li.zar *s.m.* **1** revestimento de madeira ou azulejo que contorna portas e janelas **2** rodapé

al.ja.va *s.f.* recipiente largo e aberto que serve como depósito de setas, pendurado por uma corda e carregado no ombro

al.jô.far *s.m.* pérola muito pequena, chamada de gota-d'água

al.ju.be *s.m.* prisão muito escura

al.ma *s.f.* **1** substância corpórea invisível, espírito, princípio espiritual de todo ser humano **2** ânimo, força vital, essência **3** parte interior ou central ■ **alma gêmea** quando uma pessoa tem os mesmos gostos e interesses de outra ■ **alma penada** alma do purgatório que na crença popular vagueia pela terra; assombração

al.ma.ço *adj.* qualidade de papel grosso que é utilizado em documentos pautados ou não, em registros públicos etc.

al.ma.na.que *s.m.* livro ou folheto que tem calendário, notícias úteis, anedotas

al.mei.rão *s.m.* BOT planta hortense de sabor amargo

al.me.jar *v.t.* aspirar a; ansiar por

al.me.na.ra *s.f.* fogueira ou farol colocado em lugares altos, como montanhas, para ser avistado de longe

al.mi.ran.te *s.m.* **1** MAR chefe supremo da marinha **2** BIOL espécie de borboleta diurna **3** variedade de pera

al.mís.car *s.m.* **1** substância de forte aroma, usado em farmácia e perfumaria, encontrada em um bolso, sob o ventre, do animal denominado almiscareiro **2** BOT árvore ou arbusto grande, comum no cerrado brasileiro, com flores brancas e folhas perfumadas, cuja resina é usada para perfumar ambientes e roupas

al.mis.ca.rei.ro */ê/ adj.* ZOOL pequeno veado sem chifres das regiões centrais da Ásia; o macho dessa espécie possui uma glândula no abdome que produz o almíscar

almocafre

al.mo.ca.fre *s.m.* pequeno instrumento pontudo usado em minas

al.mo.çar *v.i.* ato de se alimentar do almoço

al.mo.ço /ô/ *s.m.* a primeira refeição substancial que se faz após o desjejum

al.mo.cre.ve /é/ *s.m.* pessoa que conduz ou aluga animal de carga

al.mo.fa.da *s.f.* **1** saco, acolchoado que serve como encosto, assento, apoio ou enfeite **2** retângulo de metal ou madeira no qual se coloca tinta de carimbo

al.mo.fa.da.do *adj.* **1** revestido por almofada **2** macio

al.mo.fa.riz *s.m.* vasilha de vidro, louça ou metal na qual se misturam substâncias sólidas, sendo muito usada em farmácias, na fabricação de remédios

al.môn.de.ga *s.f.* bolo de carne moída, gema de ovo e temperos que normalmente é frito e depois cozido em molho

al.mo.to.li.a *s.f.* **1** pequeno vaso de metal ou de barro para azeite e outros líquidos oleosos **2** objeto de ponta fina e comprida para lubrificação de máquinas

al.mo.xa.ri.fa.do *s.m.* depósito onde se guardam materiais ou matérias-primas pertencentes a um estabelecimento público ou particular

al.mo.xa.ri.fe *s.m.* pessoa encarregada do controle de entrada e saída dos materiais ou matérias-primas de um estabelecimento público ou particular

a.lô *interj.* saudação usada para atender ao telefone

a.lóc.to.ne *adj.2g. s.2g.* o que se diz de quem não é natural do país em que reside; estrangeiro

a.lo.cu.ção *s.f.* discurso ou oração breve

a.lo.ê *s.m.* **1** BOT gênero de plantas suculentas, da família das liláceas, cujas folhas possuem um suco amargo **2** um tipo de resina, de uso purgativo, extraída de muitas plantas dessa família

a.lo.fo.ne *s.m.* manifestação de um mesmo fonema em vários contextos sociais e geográficos

a.ló.fo.no *s.m.* indivíduo que está em uma comunidade e que tem uma língua materna diferente daquela falada por esse grupo

a.ló.ge.no *adj. s.m.* **1** BIOL o que origina de outra espécie **2** GEOL componente de uma rocha que tem origem diferente daquela do lugar onde se encontra atualmente

a.lo.gi.a *s.f.* **1** absurdo, asneira, despropósito **2** *pop.* algo sem pé nem cabeça

a.ló.gi.co *adj.* FILOS em que não há lógica

a.loi.rar *v.t.* alourar; tornar loiro

a.lo.ja.men.to *s.m.* **1** lugar onde se fica hospedado de maneira coletiva **2** abrigo

a.lo.jar *v.t.* **1** dar alojamento, receber, hospedar **2** ficar hospedado em algum lugar **3** estar colocado, fixo **4** guardar, armazenar

a.lon.ga.men.to *s.m.* exercício feito para estender os músculos

a.lon.gar *v.t.* **1** tornar algo longo ou mais longo; encompridar, distender, estender **2** apartar algo de si

a.lo.pa.ta *s.m.* **1** MED referente a alopatia **2** MED médico que adota a alopatia como método

a.lo.pa.ti.a *s.f.* MED sistema de tratamento que utiliza medicamentos que provocam no organismo efeito contrário ao da enfermidade

a.lo.pe.cia *s.f.* MED perda, falha ou ausência, congênita ou não, de cabelos ou pelos

a.lo.pra.ção *s.f. m.q.* maluquice

a.lo.pra.do *adj.* que é muito agitado, meio doido

a.los.sau.ro *s.m.* dinossauro carnívoro que habitou a Terra há milhares de anos

a.lou.ca.do *adj.* o que se comporta como louco ou aparenta ser louco, demente

a.lou.rar *v.t. m.q.* aloirar

al.pa.ca *s.f.* **1** ZOOL quadrúpede dos Andes, de pelo longo e macio, do qual se faz tecido para roupas

al.par.ga.ta *s.f. m.q.* alpercata

al.pen.dre *s.m.* telhado de uma vertente, sustentado por colunas e geralmente construído na entrada da casa

al.per.ca.ta *s.f.* calçado grosseiro de sola de corda ou palha **2** calçado feito de lona, com sola de borracha ou couro

al.pes.tre /é/ *adj.* **1** montanhoso, alcantilado, à semelhança dos Alpes **2** rude

al.pi.nis.mo *s.m.* esporte em que se escalam montanhas e montes altos; montanhismo

al.pi.nis.ta *s.2g.* esportista que pratica o alpinismo

al.pi.no *adj.* **1** relativo aos Alpes • *s.m.* **2** quem nasce ou vive nos Alpes

al.pis.te *s.m.* BOT planta de folhas longas e estreitas, com sementes que, muito pequeninas, são apreciadas pelos pássaros

al.quei.re /ê/ *s.m.* **1** medida agrária no Brasil que varia de Estado para Estado

al.qui.mi.a *s.f.* ciência utilizada na Idade Média a fim de transformar substâncias diversas em ouro e prata

al.qui.mis.ta *s.2g.* aquele que pratica a alquimia

al.ta-cos.tu.ra *s.f.* roupas feitas por estilistas

al.ta.men.te *adv.* muito, intensamente

al.ta.nei.ro /ê/ *adj.* soberbo, orgulhoso

al.tar *s.m.* RELIG mesa para celebrar a missa

al.tar-mor /ó/ *s.m.* o altar principal de um templo ou do santo padroeiro de uma determinada localidade

al.te.ra.ção *s.f.* transformação, adulteração

al.te.rar *v.t.* **1** modificar, remodelar, transformar **2** estragar, degenerar algo (mais usado para alimentos) **3** desorganizar

al.ter.na.do *adj.* que vem atrás de outro, que se alterna

al.ter.nar *v.t.* revezar, dispor em ordem alternada (ora um, ora outro), suceder

al.ter.na.ti.va *s.f.* **1** opção de escolha entre duas ou mais possibilidades **2** o que pode substituir alguma coisa

al.ter.na.ti.vo *adj.* **1** que se faz com alternância **2** que não é contínuo, porém se repete a intervalos

al.te.za /ê/ *s.f.* **1** título dado a príncipes **2** elevação, grandeza **3** sublimidade, excelência

al.ti.pla.no *s.m. m.q.* planalto

al.ti.pla.nu.ra *s.f.* planície no alto de uma região elevada

al.tis.ta *adj.2g.* referente à elevação de preços, de lucros **2** aquele que procura aumentar o preço das mercadorias

al.ti.tu.de *s.f.* medida de altura de lugares tendo como referência o nível do mar

al.ti.vez /ê/ *s.f.* nobreza, dignidade

al.ti.vo *adj.* digno, vaidoso, brioso

al.to *interj.* **1** voz de comando a fim de fazer parar • *adj.* **2** verticalmente elevado, longo **3** excelso, que está em grande altura **4** de excelente qualidade **5** embriagado, bêbado **6** morada de Deus; céus ■ **alta definição** grande nitidez de uma imagem

al.to-as.tral *s.m.* animação; bom humor

al.to-fa.lan.te *s.m.* ampliador de som, megafone dos rádios

al.to-re.le.vo /ê/ *s.m.* escultura, gravura, adorno feito em um plano de fundo e que se destaca da superfície comum por causa da saliência

a.lo.tro.pi.a *s.f.* FÍSQUÍM propriedade que possuem alguns elementos químicos de se apresentarem com formas e propriedades físicas diferentes ex.: o fósforo vermelho e também o branco são alótropos do elemento químico fósforo, que diferem entre si pela atomicidade

a.lou.ca.do *adj.* **1** que se comporta como louco, demente **2** que não age com bom senso

al.que.brar *v.t.* abater, prostrar, curvar

al.te.ar *v.t.* tornar mais alto; elevar, crescer

al.ter.ca.ção *s.f.* **1** discussão veemente **2** *pop.* bate-boca

al.ter.car *v.t.* **1** discutir com calor; debater **2** defender uma ideia

al.ter.na.dor /ô/ *s.m.* gerador elétrico que produz corrente alternada

al.ter.nân.cia *s.f.* **1** ato ou efeito de alternar; revezamento **2** BOT disposição das flores e dos frutos de uma planta ao longo do caule **3** cultura alternada de diversos tipos de plantas no mesmo lugar

al.ter.no /é/ *adj. m.q.* alternado

al.te.ro.so /ô/ *adj.* alto, imponente, grandioso

al.te.za /ê/ *s.f.* **1** título dado a príncipes **2** elevação, grandeza **3** sublimidade, excelência

al.ti.lo.quên.cia *s.f.* maneira elevada de se expressar com uma linguagem eloquente

al.ti.me.tri.a *s.f.* técnica de medição de altitudes

al.tis.so.nan.te *adj.2g.* que soa muito alto; retumbante

al.tru.ís.mo *s.m.* **1** *sentimento de* colocar o interesse dos outros acima dos próprios **2** dedicação aos outros; abnegação

al.tru.ís.ta *adj.2g. s.2g.* o que demonstra altruísmo; caridoso

al.tu.ra *s.f.* **1** elevação; comprimento de um corpo tomado verticalmente da base para cima **2** estatura

a.lu.á *s.m.* bebida fermentada, feita com milho torrado, farinha de arroz ou casca de abacaxi e misturada com água e açúcar

a.lu.a.do *adj.* **1** distraído **2** lunático, amalucado

a.lu.ar *v.t.* **1** ficar doido, lunático **2** ZOOL entrar no cio

a.lu.ci.na.ção *s.f.* **1** ilusão, devaneio, delírio

a.lu.ci.nar *v.t.* privar-se de razão, enlouquecer, ter visões, ouvir vozes, ver coisas que não existem, dizer palavras sem nexo **2** desvairar, delirar **3** fascinar, apaixonar

a.lu.ci.no.gê.ni.co *adj.* que causa alucinação

a.lu.de *s.2g. m.q.* avalanche

a.lu.dir *v.t.* fazer referência a algo; mencionar determinado assunto

a.lu.ga.do *adj.* **1** tomado em aluguel • *s.m.* **2** alguém contratado por um determinado tempo mediante pagamento

a.lu.gar *v.t.* ceder, temporariamente, casa, animal e qualquer utensílio a outro mediante pagamento

a.lu.guel /é/ *s.m.* preço pago pelo uso do objeto que foi alugado a outro

a.lu.ir *v.t.* **1** oscilar, bambear, prejudicar; tornar-se frouxo **2** remover

a.lum.brar *v.t.* **1** iluminar **2** deslumbrar

a.lú.men *s.m.* QUÍM sulfato duplo de alumínio e potássio, é um sal branco e cristalizado, usado como adstringente e também conhecido como pedra-ume

a.lu.mi.ar *v.t.* **1** iluminar ou ficar iluminado **2** acender **3** *fig.* reluzir; resplandecer

a.lu.mí.nio *s.m.* QUÍM metal simples branco-prateado de número atômico 13, leve e mole, muito resistente à corrosão, bom condutor de energia e calor

a.lu.no *s.m.* **1** o que recebe instrução de um ou mais professores **2** estudante, discente, discípulo, aprendiz

a.lu.são *s.f.* **1** referência a algo **2** insinuação, menção

a.lu.si.vo *adj.* relativo, metafórico

a.lu.vi.ão *s.f.* **1** enxurrada, cheia **2** GEOL depósito de terra, argila, areia e cascalho trazido pelas águas das chuvas ou dos rios

a.lu.vi.al *adj.2g.* que possui características ou é resultante de aluvião

al.va *s.f.* **1** aurora **2** a primeira luz fraca e esbranquiçada da manhã

al.va.cen.to *adj.* esbranquiçado, claro

al.va.di.o *adj. m.q.* alvacento

al.vai.a.de *s.f.* carbonato natural de chumbo, de coloração branca, empregado na fabricação de pintura e maquiagem

al.var *adj.* leso, abestalhado, estúpido

al.va.rá *s.m.* JUR documento público expedido por uma autoridade dando permissão para determinados anos

al.va.ren.ga *s.f.* embarcação usada no serviço de carga e descarga de navios

al.ve.dri.o *s.m.* arbítrio; vontade própria

al.vei.tar *s.m.* aquele que cuida dos animais sem conhecimento médico

al.ve.jar *v.t.* **1** tornar branco ou alvo; alvorejar **2** tomar como ponto de mira; atingir

al.ve.na.ri.a *s.f.* construção de pedras naturais ou artificiais; tijolos

ál.veo *s.m.* leito do rio ou outra corrente de água; canal

al.ve.o.lar *adj.* referente ou pertencente a alvéolo

al.ve.o.li.te *s.f.* MED inflamação dos alvéolos pulmonares

al.vé.o.lo *s.m.* **1** nome de pequenas cavidades nos pulmões onde acontece a hematose **2** cavidade das gengivas onde estão implantados os dentes **3** células que formam os favos, onde as abelhas depositam o mel e botam os ovos

al.vi.ão *s.m.* enxadão usado para arrancar pedra do solo

al.vi.ne.gro *adj.* **1** da cor branca e negra **2** referente a clubes de futebol que usam a cor branca e negra como símbolo

al.vi.ni.ten.te *adj.2g.* de cor branca e brilhante; que tem alvinitidez

al.vis.sa.rei.ro /ê/ *s.m.* aquele que dá alvíssaras, que é promissor, animador

al.vi.trar *v.t.* sugerir, lembrar, propor

al.vi.tre *s.m.* decisão, exercício da vontade, arbítrio

al.vo *adj.* **1** algo muito branco • *s.m.* **2** ponto ou objeto a que se atira **3** ponto que se deve atingir **4** objetivo, finalidade

al.vo.ra.da *s.f.* **1** amanhecer; claridade anterior ao nascer do sol **2** início, começo

al.vo.re.cer /ê/ *v.i.* **1** raiar do dia; começo da manhã **2** começar a surgir

al.vo.ra.ça.do *adj.* **1** agitado, irrequieto **2** entusiasmado por alegria ou ansiedade

al.vo.ro.ço /ô/ *s.m.* reboliço, agitação, tumulto, confusão

alvura

al.vu.ra *s.f.* brancura; referente ao que é branco; claridade

a.ma *s.f.* **1** mulher que amamenta o filho de outra; ama de leite **2** mulher encarregada da criação de uma criança; ama-seca

a.ma.bi.li.da.de *s.f.* delicadeza, cuidado, afabilidade, gentileza

a.ma.ci.an.te *s.m.* preparado usado para deixar tecidos e carnes macios

a.ma.ci.ar *v.t.* **1** tornar algo macio ou mais macio **2** *fig.* suavizar, abrandar a ira de alguém **3** *fig.* diminuir as dificuldades

a.ma.dei.ra.do *adj.* o que lembra madeira

a.ma.do *adj.* querido; que se ama; apreciado

a.ma.dor */ô/ adj. s.m.* **1** que gosta muito de algo ou de alguma pessoa **2** quem se dedica a algo por prazer e não por profissão

a.ma.do.ris.mo *s.m.* **1** condição de amador **2** falta de profissionalismo

a.ma.dri.nha.do *adj.* que anda sempre junto com outro (típico de animais)

a.ma.dri.nhar *v.t.* **1** batizar **2** servir de madrinha, cuidar da criança na ausência dos pais

a.ma.du.rar *v.i.* tornar-se maduro, *m.q.* amadurecer

a.ma.du.re.cer /ê/ *v.i.* **1** fazer ficar maduro **2** tornar-se uma pessoa madura, aprimorada

â.ma.go *s.m.* **1** a essência de alguma coisa **2** a parte mais íntima, o núcleo

a.mai.nar *v.t.* **1** abrandar, acalmar, diminuir a fúria **2** diminuir a intensidade de uma dor, de um sofrimento

a.mal.di.ço.ar *v.t.* lançar maldições com palavras ou em pensamento **2** condenar alguém, dizendo palavras cheias de fúria e cólera

a.mál.ga.ma *s.m.* **1** massa, mescla **2** liga que contém mercúrio com outro metal

a.mal.ga.mar *v.t.* combinar, misturar, mesclar várias coisas

a.ma.lu.ca.do *s.m.* o que é meio maluco, adoidado

a.ma.men.tar *v.t.* alimentar com leite do peito; dar de mamar

a.man.ce.ba.do *adj.* o que é amasiado, amigado

a.man.ce.bar-se *v.pron.* amasiar-se, amigar-se, unir-se a alguém ilegitimamente

a.ma.nei.ra.do *adj.* afetado, artificioso, exagerado

a.ma.nhã *adv.* **1** o dia seguinte ao que se está **2** o futuro

a.ma.nhar *v.t.* preparar; cultivar a terra

a.ma.nhe.cer /ê/ *v.i.* despertar, nascer o dia; alvorecer

a.ma.nhe.ci.do *adj.* do dia anterior

a.ma.nho *s.m.* cultivo da terra, lavoura

a.man.sar *v.t.* tornar ou ficar dócil; domar, domesticar, tirar a ferocidade do animal

a.man.sa.dor *s.m.* que doma; domador

a.man.te *s.2g.* **1** pessoa que ama; amásio, companheiro • *adj.2g.* **2** que aprecia

a.man.tei.ga.do *adj.* feito com manteiga

a.man.tei.gar *v.t.* **1** tornar suave como manteiga **2** untar a forma com manteiga **3** passar manteiga no alimento

a.ma.nu.en.se *s.m.* escriturário; que copia o que os outros dizem ou escrevem

a.ma.pa.en.se *adj.2g. s.2g.* **1** habitante ou natural do Estado do Amapá **2** quem nasce ou vive na cidade do Amapá (AP)

a.mar *v.t.* **1** sentir amor, ter afeição **2** sentir paixão, ternura

a.ma.ra.gem *s.f.* pouso de aeronaves no mar

a.ma.ran.to *s.m.* BOT erva comum, cultivada como ornamental e também apreciada na culinária

a.ma.re.la.do *adj.* **1** de cor amarela **2** *por ext.* descorado, amarelecido com o tempo

a.ma.re.lão *s.m.* MED ancilostomíase, doença causada por um parasita que deixa a pele com tom amarelado

a.ma.re.lar *v.i.* **1** amarelecer com o tempo **2** descorar de medo, empalidecer

a.ma.re.le.cer *v.i.* tornar amarelado; amarelar

a.ma.re.le.ci.do *adj.* que se tornou amarelado

a.ma.re.len.to *adj.* **1** *m.q.* amarelado **2** *por ext.* pálido, doente

a.ma.re.li.dão *s.f.* palidez muito forte

a.ma.re.li.nha *s.f.* jogo infantil no qual a criança pula com um pé só nas casas desenhadas no chão em que não está a pedra, que é usada para marcar o nível do jogo

a.ma.re.lo /é/ *adj. s.m.* **1** a cor que se aproxima do laranja, a cor do ouro, com variações de tons: amarelo-claro, amarelo-escuro **2** pessoa da raça amarela

a.mar.fa.nhar *v.t.* amarrotar, enrugar

a.mar.gar *v.t.* **1** tornar amargo; produzir sabor amargo **2** afligir, atormentar; provocar amargura

a.mar.go *adj.* **1** sabor forte e áspero **2** desagradável

a.mar.gor /ô/ *s.m.* **1** gosto amargo; **2** tristeza, amargura, aflição

a.mar.gu.ra *s.f.* sofrimento, angústia, tristeza

a.mar.gu.rar *v.t.* fazer sofrer, causar amargura, angustiar

a.ma.rí.li.co *adj.* relativo à febre amarela

a.ma.rí.lis *s.f.* BOT gênero de plantas com muitas espécies, advindas da Ásia; plantas ornamentais muito apreciadas pela beleza e pelo perfume das flores

a.ma.ro *adj.* amargo • *s.m.* bebida de sabor amargo usada para fazer aperitivos ou coquetéis

a.mar.ra *s.f.* **1** cabo ou corrente grossa usado para prender o navio à âncora **2** dependência

a.mar.ra.ção *s.f.* **1** ato de fixação; ato de amarrar **2** entrelaçamento

a.mar.rar *v.t.* **1** envolver por meio de cordas; prender, atar **2** dificultar **3** ligar; sujeitar

a.mar.ri.lho *s.m. m.q.* cadarço

a.mar.ron.za.do *adj.* **1** marrom-claro **2** amulatado

a.mar.ro.tar *v.t.* amarfanhar, amassar

a.ma.ru.gem *s.f.* gosto amargo, proveniente de doenças ou da ingestão de remédios, bebidas

a.má.sia *s.f.* **1** amante, apaixonada **2** *m.q.* concubina

a.ma.si.a.do *adj.* o que vive uma relação não oficial de casamento

a.ma.si.ar-se *v.pron.* viver relação não oficial de casamento; viver em concubinato; amancebar-se; casamento ilícito

a.mas.sa.dei.ra /ê/ *s.f.* **1** recipiente onde se amassa o pão **2** máquina de amassar pão **3** mulher que amassa farinha

a.mas.sa.dor /ô/ *s.m.* o que amassa o pão

a.mas.sa.dou.ro /ô/ *s.m. m.q.* amassadoiro, onde se amassa o pão

a.mas.sa.du.ra *s.f.* **1** ato de amassar **2** sinal de pancada

a.mas.sar *v.t.* **1** bater a farinha até converter em massa **2** amarrotar **3** comprimir **4** machucar

a.ma.tu.tar-se *v.pron.* adquirir jeito de matuto; acaipirar-se

americanizar

a.ma.vi.o *s.m.* **1** meio usado para seduzir; encanto, feitiço **2** poção preparada para despertar o amor

a.má.vel *adj.* **1** que merece ser amado **2** pessoa doce, gentil

a.ma.zo.na *s.f.* **1** mulher que monta a cavalo; cavaleira **2** mulher guerreira, corajosa

a.ma.zo.nen.se *adj.* natural ou que reside no Estado do Amazonas

a.ma.zô.ni.co *adj.* referente à Amazônia

âm.bar *s.m.* **1** substância de cor escura, maleável, de odor intenso e agradável que aparece flutuando em certos pontos dos oceanos, em função da segregação de certos moluscos **2** resina fóssil usada na fabricação de joias e ornamentos

am.bi.ção *s.f.* desejo intenso de possuir riquezas, glórias, fama

am.bi.cio.nar *v.t.* desejar riquezas, glórias veementemente

am.bi.des.tro /é/ *adj. s.m.* que desempenha tarefas com ambas as mãos com a mesma habilidade

am.bi.ên.cia *s.f.* **1** espaço ou lugar em que vive alguém **2** ambiente aconchegante, envolvente **3** espaço influenciado pelo meio social, cultural **4** característica acústica de um ambiente **5** ambiente sonoro influenciado por sons refletidos

am.bi.en.ta.dor *s.m.* o que cria ambientes e faz adaptações

am.bi.en.tal *adj.* que se refere ao meio ambiente

am.bi.en.ta.lis.ta *adj.2g. s.2g.* o que é defensor do meio ambiente

am.bi.en.tar *v.t. v.pron.* familiarizar-se com o ambiente desconhecido

am.bi.en.te *s.m.* **1** lugar onde se encontra ou vive alguém; o meio social, cultural ou físico **2** condições físicas e morais em que vive alguém, ex.: *as crianças vivem em um ambiente triste*

am.bi.gui.da.de *s.f.* duplicidade de sentido que causa confusão, incerteza

am.bí.guo *adj.* **1** que pode ter duas interpretações diferentes **2** algo confuso, duvidoso, incerto em sua significação

âm.bi.to *s.m.* **1** espaço abrangido dentro de um determinado limite **2** circunferência, círculo, periferia

am.bi.va.lên.cia *s.f.* **1** qualidade ou estado de alguém ou alguma coisa que possui dois valores; ambiguidade **2** insegurança; dúvida

am.bos *pron.* os dois, dois

am.bro.si.a *s.f.* doce, muito apreciado, feito com leite e ovos cozidos em calda de açúcar

am.bro.sí.a.co *adj.* relativo a ambrosia

âm.bu.la *s.f.* **1** vaso pequeno e cálice em que se conservam as hóstias consagradas para a comunhão e os óleos sagrados

am.bu.la.cro *s.m.* caminho, avenida ou rua com árvores plantadas em alinhamento

am.bu.lân.cia *s.f.* **1** veículo equipado usado para socorros médicos ou no transporte de enfermos **2** hospital ambulante que acompanha o exército

am.bu.lan.te *s.2g.* **1** pessoa que vende diversos objetos na rua • *adj.2g.* **2** que não possui residência fixa; andante

am.bu.la.tó.rio *s.m.* **1** enfermaria onde se realizam os primeiros socorros **2** pequeno hospital ou parte de um hospital onde se atendem casos não urgentes

a.me.a.ça *s.f.* **1** intenção de agressão, de causar sofrimento, de causar algum mal **2** perigo

a.me.a.ça.do *adj.* que recebeu ameaças

a.me.a.çan.te *adj. m.q.* ameaçador; que faz ameaças

a.me.a.çar *v.t.* **1** intimidar, fazer ameaças, prometer agressão, sofrimento **2** pôr em risco ou perigo

a.me.a.lhar *v.t.* economizar, poupar dinheiro, enriquecer

a.me.ba /é/ *s.f.* BIOL ser microscópico, unicelular, que pode ser encontrado em várias partes do intestino, provocando graves consequências; é também encontrado na água

a.me.bi.a.no *adj.* **1** o que tem ameba **2** causado por ameba

a.me.bí.a.se *s.f.* infecção causada por amebas

a.me.boi.de /ó/ *adj.* que tem a forma de ameba

a.me.dron.ta.do *adj.* **1** que tem medo **2** assustado

a.me.dron.ta.dor *adj.* que provoca medo

a.me.dron.tar *v.t.* provocar medo, assustar, atemorizar

a.me.ia /é/ *s.f.* cada um dos parapeitos com aparência de dentes que ficam na parte superior das muralhas de fortalezas e castelos

a.mei.gar *v.t.* tratar com meiguice, brandura, afagar, acariciar

a.mêi.joa *s.f.* ZOOL molusco acéfalo da família dos lucinídeos, de concha sólida e convexa, muito apreciado na culinária

a.mei.xa /ê/ *s.f.* BOT fruto redondo, carnudo, de casca fina, sabor doce e cor roxa-escura, vermelha ou amarela

a.mei.xa-pre.ta *s.f.* ameixa seca; passa de ameixa

a.mém *interj.* **1** indica aprovação de um texto de fé; assim seja, do hebraico **2** quando se concorda com algo

a.mên.doa *s.f.* **1** fruto da amendoeira, de semente alongada **2** qualquer semente contida em um caroço

a.men.do.a.do *adj.* em forma de amêndoa **2** da mesma cor da amêndoa

a.men.do.im *s.m.* planta leguminosa de flores amarelas e casca dura em forma de pequenas vagens, produz pequenos caroços envoltos em fina película, de massa branca e oleosa e sabor agradável, muito usado na culinária e na fabricação de doces

a.me.ni.da.de *s.f.* caráter do que é ameno **2** agradabilidade, suavidade

a.me.ni.zar *v.t.* tornar ameno, suave, agradável

a.me.no *adj.* **1** aprazível, suave, agradável **2** que demonstra meiguice, ternura

a.me.nor.rei.a /é/ *s.f.* ausência ou suspensão da menstruação

a.men.ta *s.f.* oração feita para defunto

a.mer.ce.ar *v.t.* ter dó de alguém; compadecer-se

a.me.ri.ca.nis.mo *s.m.* **1** tudo que se refere ao continente americano, especialmente aos Estados Unidos **2** imitação do que é americano ou admiração da cultura americana, do modo de vida americano etc. **3** amor à América

a.me.ri.ca.nis.ta *s.2g.* **1** que estuda a língua, as coisas e os costumes americanos **2** que é a favor da América

a.me.ri.ca.ni.za.do *adj.* adaptado à cultura, à política, ao modo de vida etc. norte-americano

a.me.ri.ca.ni.zar *v.t.* **1** tornar-se americano adaptando-se ao modo de vida **2** impor o modo norte-americano

americano

a.me.ri.ca.no *s.m.* **1** natural ou habitante da América (do Norte, Central ou do Sul) **2** pessoa que nasce ou habita nos Estados Unidos, estadunidense • *adj.* **3** do continente das Américas, dos Estados Unidos da América

a.me.ri.ca.no.fo.bi.a *s.f.* que tem aversão aos norte-americanos ou ao que se diz deles

a.me.rín.dio *s.m.* indígena americano

a.me.ris.sa.gem *s.f. m.q.* amaragem

a.mes.qui.nha.do *adj.* diminuído, humilhado

a.mes.qui.nhar *v.t.* **1** diminuir; humilhar **2** tornar-se mesquinho

a.mes.ti.ça.do *adj.* resultante de mestiçagem, da mistura de raças ou etnias

a.mes.tra.do *adj.* ensinado, amansado

a.mes.tra.dor *s.m.* quem amansa, adestra animais

a.mes.trar *v.t.* tornar o animal adestrado, manso, ensinado

a.me.ta.bó.li.co *adj.* que não está sujeito à transformação, à metamorfose

a.me.tis.ta *s.f.* pedra semipreciosa, variedade lilás do quartzo

a.mi.an.to *s.m.* silicato natural hidratado de cálcio e magnésio, é utilizado na fabricação de produtos resistentes ao fogo

a.míg.da.la *s.f.* pequenas glândulas em forma de amêndoas situadas na entrada da garganta, entre os pilares do véu palatino

a.mi.do *s.m.* **1** carboidrato presente em vários vegetais **2** CUL fécula, polvilho azedo

a.mi.e.li.a *s.f.* anomalia congênita caracterizada pela ausência de medula espinhal

a.mi.ga.ção *s.f.* concubinato, amasio

a.mi.ga.do *adj. m.q.* amasiado; que vive uma relação de casamento não oficial

a.mi.gá.vel *adj.* **1** amistoso, cordial **2** diz-se do que é realizado de modo conciliador

a.mig.da.li.te *s.f.* inflamação das amígdalas

a.mi.go *s.m.* indivíduo ligado a outro por laços de amizade; pessoa por quem se tem afeto • *adj.* **2** compreensivo, acolhedor **3** defensor, protetor ■ **amigo da onça** amigo falso

a.mi.la.se *s.f.* enzima que transforma o amido em açúcar

a.mi.lo *s.m. m.q.* amido

a.mi.mar *v.t.* fazer mimos em; agradar, afagar

a.mi.na *s.f.* classe de compostos orgânicos que derivam da amônia

a.mi.no.á.ci.do *s.m.* **1** ácido orgânico em que uma parte do hidrogênio no ácido é substituída por um ou mais radicais de hidrogênio **2** molécula que deve ser obtida pelo alimento, pois o organismo não a sintetiza de maneira suficiente

a.mi.os.te.ni.a *s.f.* MED redução da força dos músculos

a.mi.se.ra.ção *s.f.* piedade, misericórdia; comiseração

a.mis.to.so /ô/ *adj. s.m.* **1** que demonstra amizade; amigável **2** que não faz parte de um campeonato

a.mi.u.dar *v.t.* tornar frequente; repetir certo ou na certa ação, como fazem os galos ao alvorecer

a.mi.ú.de *adv.* repetidas vezes, muitas vezes; frequentemente

a.mi.za.de *s.f.* **1** sentimento de afeição, amor, estima, simpatia **2** boa convivência

a.mi.za.de-co.lo.ri.da *s.f.* relacionamento amoroso, sem compromisso social

am.né.sia *s.f.* perda total ou parcial da memória; esquecimento

âm.nio *s.m.* membrana interna que envolve o embrião no seio materno, protegendo-o de choques mecânicos e desidratação

am.ni.ó.ti.co *adj.* que se refere ao âmnio

a.mo *s.m.* patrão, chefe, senhor

a.mo.cam.ba.do *adj.* escondido, refugiado

a.mo.dor.rar *v.t.* tornar-se sonolento; causar sonolência

a.mo.e.da.do *adj.* que se tornou moeda

a.mo.e.dar *v.t.* criar moedas, medalhas

a.mo.fi.nar *v.t.* **1** diminuir a importância de, enfraquecer, apoquentar ○ *v.pron.* **2** aborrecer-se, preocupar-se, entristecer-se com pequenas coisas

a.moi.tar *v.t.* ocultar, esconder

a.mo.jar *v.t. v.pron.* encher-se de leite (o seio, a teta)

a.mo.la.ção *s.f.* **1** amolar lâminas e instrumentos cortantes **2** *fig.* aborrecimento, incômodo

a.mo.la.dei.ra /ê/ *s.f.* **1** instrumento para amolar • *adj.* **2** pessoa que chateia

a.mo.la.dor /ô/ *s.m.* **1** pessoa que amola, afia instrumentos cortantes **2** *fig.* pessoa ranzinza, aborrecedora

a.mo.lan.te *adj.2g.* **1** que amola, perturba **2** impertinente, chato

a.mo.lar *v.t.* **1** tornar afiado o gume dos instrumentos de aço **2** aborrecer, chatear, incomodar; tornar-se impertinente

a.mol.dar *v.t.* **1** ajustar, moldar **2** modelar alguma coisa **3** acostumar-se

a.mo.le.ca.do *adj.* que possui características de moleque

a.mo.le.cer /ê/ *v.t.* **1** tornar mole, enfraquecer **2** comover, enternecer; vencer a resistência de outro

a.mo.le.ci.do *adj.* enfraquecido, tornado mole

a.mo.le.ci.men.to *s.m.* **1** mudança para mole; brandura, moleza **2** falta de ânimo

a.mo.len.tar *v.t.* amolecer, perder o vigor

a.mol.gar *v.t.* amassar, deformar

a.mô.nia *s.f.* solução líquida e de cheiro forte do amoníaco incolor

a.mo.ní.a.co *s.m.* gás incolor e de odor intenso, solúvel em água

a.mor /ô/ *s.m.* **1** sentimento de querer bem ao outro **2** afeto profundo, afeição; estima **3** devoção

a.mo.ra /ó/ *s.f.* fruto pequeno e alongado da amoreira, de sabor doce e com uma cor que pode variar do vermelho ao roxo

a.mo.ral *adj.* pessoa que não tem senso de moral

a.mo.ra.li.da.de *s.f.* ausência de moral

a.mo.rá.vel *adj.2g.* **1** digno de ser amado, estimado **2** afável, agradável, suave

a.mor.da.ça.do *adj.* amarrado com mordaça

a.mor.da.ça.men.to *s.m.* impedir alguém de manifestar-se

a.mor.da.çar *v.t.* **1** fechar, tapar a boca com mordaça para impedir de gritar **2** colocar focinheira nos animais a fim de impedir que mordam ou comam **3** *fig.* reprimir

a.mo.rei.ra /ê/ *s.f.* árvore de folhas largas e tenras que produz a amora

a.mo.re.nar *v.t.* tornar-se moreno

a.mor.fo /ó/ *adj.* que não possui forma própria, definida

anarquista

a.mo.ri.co *s.m.* relacionamento passageiro

a.mor.na.do *adj.* que se tornou morno

a.mor.nar *v.t.* tornar morno, não muito quente

a.mo.ro.so /ó/ *adj.* que exprime amor, carinhoso

amor-próprio *s.m.* orgulho

a.mor.ta.lhar *v.t.* envolver em mortalha

a.mor.te.ce.dor *s.m.* dispositivo que serve para diminuir a intensidade de um choque ou golpe

a.mor.te.cer /ê/ *v.t.* **1** suavizar a intensidade de um choque, de um golpe **2** ficar sem força, desfalecer

a.mor.ti.zar *v.t.* diminuir uma dívida por meio de pagamento parcelado

a.mos.tra /ó/ *s.f.* **1** parte de um todo a ser avaliado **2** porção ou fragmento de alguma coisa

a.mos.trar *v.t. m.q.* mostrar

a.mo.ti.na.do *adj.* rebelde, revoltoso

a.mo.ti.na.dor /ô/ *adj. s.m.* que provoca rebelião, motim, revolta

a.mo.ti.nar *v.t.* provocar motim; causar revolta, rebelião, desordem

am.pa.rar *v.t.* **1** proteger, defender, abrigar **2** escorar, sustentar

am.pa.ro *s.m.* **1** proteção, ajuda, auxílio **2** sustentação, apoio

am.pe.re *s.m.* FÍS unidade de medida usada para medir a intensidade de corrente elétrica no Sistema Internacional

am.pla.men.te *adv.* de modo amplo

am.ple.xo /éks/ *s.m. m.q.* abraço

am.pli.a.ção *s.f.* **1** aumento, dilatação **2** cópia maior que o negativo

am.pli.ar *v.t.* tornar amplo ou maior; alargar, estender

am.pli.dão *s.f.* grande extensão; largueza; tamanho fora do comum

am.pli.fi.car *v.t.* tornar mais amplo ou maior, intensificar

am.pli.tu.de *s.f.* vastidão, amplidão, extensão, dimensão

am.plo *adj.* de grandes dimensões; extenso, vasto

am.po.la /ô/ *s.f.* pequeno tubo de vidro ou plástico usado para armazenar líquidos, geralmente vacinas e remédios

am.pu.ta.ção *s.f.* corte, secção de membro do corpo ou parte dele

am.pu.tar *v.t.* cortar, separar membro do corpo ou parte dele

am.pu.ta.do *adj.* que sofreu amputação

a.mu.a.do *adj.* aborrecido; de cara fechada; emburrado, carrancudo

a.mu.ar *v.i. v.pron.* aborrecer-se, emburrar-se

a.mu.la.ta.do *adj.* que possui traços de mulato

a.mu.le.to /ê/ *s.m.* talismã; objeto a que se atribuem poderes mágicos e que traz sorte às pessoas

a.mu.nhe.car *v.i.* fraquejar, cansar; cair de fraqueza, cansaço

a.mu.o *s.m.* enfado, mau humor

a.mu.ra.da *s.f.* **1** borda que circunda as embarcações **2** muro, paredão de arrimo

a.mu.ra.lhar *v.t.* circular, proteger com muros, muralhas

a.mu.rar *v.t.* prender, amarrar as amuras de uma vela de uma embarcação **2** *m.q.* amuralhar

a.nã *adj.* pequena; feminino de anão

a.na.ba.tis.mo *s.m.* RELIG seita protestante que acreditava que o batismo deve acontecer somente na idade adulta

a.na.ba.tis.ta *s.2g.* RELIG membro do anabatismo, que defendia o batismo somente na idade adulta

a.na.bo.li.zan.te *adj.* substância que estimula a assimilação dos alimentos e aumenta especialmente a massa muscular

a.na.co.lu.to *s.m.* GRAM construção de frase interrompida e retomada logo em seguida, mas sem organização gramatical, deixando sem função um dos termos; frase quebrada

a.na.con.da *s.f. m.q.* sucuri; grande serpente que vive à beira de rios e lagos e que pode chegar a **10** metros de comprimento

a.na.co.re.ta /ê/ *s.2g.* **1** pessoa que vive na solidão para se dedicar à vida religiosa de penitência e santificação **2** pessoa que vive afastada do convívio social

a.na.crô.ni.co *adj.* diz-se do que está fora de moda

a.na.cro.nis.mo *s.m.* **1** tudo o que está fora de época, fora de moda **2** qualidade ou estado do que não é adequado ou não ocorre na época que se esperava

a.na.e.ró.bio/a.na.e.ró.bi.co *s.m.* o que consegue viver na ausência de oxigênio

a.ná.fa.se *s.f.* fase três do processo de divisão celular

a.na.fi.la.xia /ks/ *s.f.* reação extremada do organismo a uma substância estranha

a.ná.fo.ra *s.f.* GRAM repetição de um termo, retomando algo já mencionado, ex.: *Carlos veio aqui ontem, mas eu não o recebi*

a.na.fro.di.sí.a.co *adj.* que evita o apetite sexual

a.na.gra.ma *s.m.* palavra ou frase formada com as letras de outra, atribuindo-lhe novo sentido

a.ná.gua *s.f.* saia usada por baixo de outra a fim de dar volume ou evitar transparência

a.nais *s.m.* publicação periódica de artes e ciências de uma comunidade, organizada anualmente

a.nal *adj.2g.* referente ao ânus ou localizado no ânus

a.nal.fa.be.to /é/ *adj.* pessoa que não sabe ler e escrever

a.nal.ge.si.a *s.f.* ausência ou perda da sensibilidade à dor

a.nal.gé.si.co *s.m.* medicamento que suaviza, alivia a dor

analisar *v.t.* **1** observar com atenção **2** refletir, pensar **3** praticar psicanálise

a.ná.li.se *s.f.* **1** decomposição de um todo em suas partes constituintes **2** verificação **3** maneira como se explica a constituição de algo **4** terapia que tem como base a psicanálise ■ **análise de sistema** tem como finalidade desenvolver procedimentos para acumulação, avaliação e manipulação dos dados de um sistema

a.na.lo.gi.a *s.f.* **1** relação de semelhança **2** comparação para se encontrar semelhança

a.ná.lo.go *adj.* **1** semelhante, similar **2** equivalente; que tem função semelhante a outro

a.na.mor.fo.se *s.f.* deformação de algo

a.não *s.m.* de pequena estatura, pessoa que não cresceu normalmente

a.na.nás *s.m. m.q.* abacaxi

a.nar.qui.a *s.f.* **1** ausência de governo, de autoridade **2** *fig.* confusão, bagunça, alvoroço

a.nar.quis.ta *adj.* favorável ao anarquismo

anástrofe

a.nás.tro.fe *s.f.* GRAM inversão gramatical pela qual se altera a ordem habitual das palavras na frase

a.ná.te.ma *s.m.* excomunhão; condenação por motivos religiosos resultando na expulsão da igreja

a.na.te.ma.ti.zar *v.t.* expulsar da igreja; execrar, excomungar

a.na.to.mi.a *s.f.* 1 MED ramo da medicina que estuda a estruturação do corpo 2 BOT ramo da botânica que estuda a estruturação vegetal 3 a estruturação e a forma de um corpo organizado

a.na.to.mi.zar *v.t.* dissecar um corpo humano, animal ou vegetal para estudo e análise

a.na.tô.mi.co *adj.* 1 relacionado à anatomia 2 confortável, que se ajusta bem ao corpo

a.na.va.lhar *v.t.* golpear, ferir com navalha

an.ca *s.f.* quadril; parte superior da coxa

an.ces.tral *s.2g.* 1 antepassado, antecessor, ascendente • *adj.* 2 primitivo

an.cho.va */ô/ s.f.* peixe pequeno, similar à sardinha, com o qual se faz conservas

an.ci.ão *adj. s.m.* pessoa mais velha que merece respeito; velho

an.ci.los.to.mí.a.se *s.f.* infecção no intestino causada por parasitas

an.ci.lós.to.mo *s.m.* verme que se instala no intestino humano; parasita

an.ci.nho *s.m.* rastelo; ferramenta usada na lavoura, possui dentes que servem para ajuntar e amontoar folhas, feno

ân.co.ra *s.f.* peça de ferro presa a uma corrente, serve para firmar os navios ao fundo do mar

an.co.ra.do *adj.* atracado, preso por âncora

an.co.ra.gem *s.f.* 1 fixação com âncora 2 ato de lançar âncora

an.co.rar *v.t.* lançar âncora; firmar o navio no porto; fixar com âncora

an.da.ço *s.m. pop.* doença que se manifesta em mais de uma pessoa ao mesmo tempo, em um mesmo lugar, sendo geralmente uma epidemia não grave

an.da.da *s.f.* pequeno passeio a pé; caminhada, jornada

an.da.dor */ô/ s.m.* aparelho que ajuda a andar • *adj.* 2 pessoa que anda muito

an.da.du.ra *s.f.* marcha dos animais, principalmente dos cavalos

an.dai.me *s.m.* armação de madeira ou de metal com estrado, provisória, erguida ao lado das construções, por onde andam os operários

an.da.men.to *s.m.* curso, segmento, processo de alguma coisa

an.dan.ça *s.f.* passeio, caminhada, viagem, aventura

an.dan.te *s.m.* 1 peregrino, andarilho 2 MÚS andamento mais pausado e continuado entre o adágio e o alegro

an.dar *v.i.* 1 mover-se por conta própria, caminhar, dar passos, locomover-se • *s.m.* 2 modo de caminhar 3 qualquer piso ou pavimento acima do primeiro andar de um prédio

an.da.ri.lho *s.m.* peregrino, pessoa que percorre muitas terras

an.da *s.f. m.q.* perna-de-pau

an.di.no *adj. s.m.* relativo aos Andes ou que é seu natural ou habitante

an.di.ro.ba */ó/ s.f.* árvore de grande porte, com flores pequenas e amarelas, de madeira escura, encontrada no Brasil, cujo fruto ou cuja semente produz certa espécie de óleo

an.dor */ô/ s.m.* pequena cama ornamentada na qual se colocam imagens de santos para as procissões

an.do.ri.nha *s.f.* pequena ave migratória; pássaro de arribação que se alimenta de insetos e vive em bandos

an.dor.ra.no *adj. gent.* natural ou habitante de Andorra, nos Pireneus (Europa)

an.dra.jo *s.m.* roupa rasgada, suja, esfarrapada

an.dro.ceu */é/ s.m.* BOT conjunto dos estames de uma flor, que tem na ponta os grãos de pólen

an.dro.fo.bi.a *s.f.* rejeição ao homem, aversão ao sexo masculino

an.dro.gi.ni.a *s.f.* estado ou condição do que é andrógino

an.dró.gi.no *adj.* pessoa que possui característica, aparência ou comportamento do sexo masculino e feminino

an.droi.de */ó/ adj.2g.* 1 que possui semelhança humana • *s.m.* 2. robô semelhante ao homem; boneco, fantoche

an.dro.pau.sa *s.f.* período da vida do homem em que há a diminuição dos hormônios masculinos – a mulher é chamado menopausa

a.ne.do.ni.a *s.f.* incapacidade de sentir algum prazer

a.ne.do.ta */ó/ s.f.* 1 narração curta, piada, história engraçada 2 qualquer relato de um fato curioso e engraçado

a.nel */é/ s.m.* 1 círculo de metal, ouro ou prata que se usa no dedo como joia 2 qualquer figura, linha ou objeto de forma circular ■ **anel viário** vias em forma circular

a.ne.la.do *adj.* 1 encaracolado, enrolado 2 em forma de anel ou cachos

a.ne.lar *v.t.* desejar fortemente, aspirar a • *adj.2g.* 4 referente a anel; que tem forma de anel

a.ne.li.for.me */ó/ adj.* que possui a forma de anel; circular

a.ne.lo */é/ s.m.* aspiração, anseio, ambição

a.ne.mi.a *s.f.* insuficiência de hemoglobina, necessária à vida humana, nos glóbulos sanguíneos ■ **anemia falciforme** doença genética e hereditária em que as hemácias possuem forma de foice, a oxigenação dos tecidos do corpo fica prejudicada, causando dores, há alteração na coagulação do sangue e até necrose

a.nê.mi.co *adj.* que está com anemia; fraco, amarelado

a.ne.mo.fi.li.a *s.f.* polinização de flores feita pelo vento

a.ne.mô.me.tro *s.m.* instrumento que mede a força dos ventos

a.nê.mo.na *s.f.* 1 planta com cerca de **40** cm de altura, da ordem das ranunculáceas, que produz flores de várias cores 2 ser marinho que não possui esqueleto e cuja aparência lembra a de uma flor; actínia

a.ne.quim *s.m. m.q.* tubarão-branco

a.ne.roi.de *s.m.* aparelho medidor de pressão

a.nes.te.si.a *s.f.* aplicação de medicamento que faz perder, por um período de tempo, a sensibilidade

a.nes.te.si.a.do *adj.* o que está sob efeito de anestésico

a.nes.te.sis.ta *s.2g.* médico especializado em preparar e administrar anestesia

a.nes.tro *s.m.* ausência de cio nos animais

a.neu.ploi.di.a *s.f.* excesso ou falta de cromossomos

animismo

a.neu.ris.ma *s.m.* dilatação localizada e permanente das paredes de artéria ou veia

a.ne.xa.ção /ks/ *s.f.* união, junção

a.ne.xa.do /ks/ *adj.* juntado, agregado; que se anexou

a.ne.xar /ks/ *v.t.* agregar, juntar, acrescentar

a.ne.xim *s.m.* ditado, máxima, provérbio

a.ne.xo /éks/ *adj.* **1** agregado, juntado, incorporado • *s.m.* **2** complemento, acessório **3** construção ligada a outra tida como principal

an.fi.bio *s.m.* **1** animal ou planta que consegue viver tanto na terra quanto na água **2** *por ext.* veículo automotor que pode ser usado na terra e na água

an.fi.bo.lo.gi.a *s.f.* duplo sentido; ambiguidade

an.fi.gu.ri *s.m.* texto escrito de maneira incompreensível, inteligível

an.fi.o.xo *s.m.* pequeno animal invertebrado e transparente que não possui caixa craniana e vive enterrado em areias ou lamas em praias rasas

an.fi.te.a.tro *s.m.* **1** construção em forma circular ou oval com arquibancadas e com uma arena no centro para apresentações **2** lugar para apresentações e debates

an.fi.trião *s.m.* o que recebe visitas, que hospeda

ân.fo.ra *s.f.* **1** vaso grande de duas asas simétricas e gargalo estreitos, usado no armazenamento de líquidos **2** BOT valva de alguns frutos que se abrem transversalmente no período de amadurecimento

an.frac.tu.o.si.da.de *s.f.* cavidade, depressão de terreno; sinuosidade

an.frac.tu.o.so /ô/ *adj.* **1** sinuoso, tortuoso; que apresenta irregularidades na superfície; cheio de saliências

an.ga.ri.ar *v.t.* **1** conseguir, arranjar dinheiro por meio de pedido, solicitar **2** recrutar; aliciar **3** juntar

an.ge.li.cal *adj.* inocente, puro, suave

an.ge.lim *s.m.* BOT pau-de-mocó, árvore cuja madeira é boa para construção

an.gi.co *s.m.* BOT árvore do Brasil, de grande porte, que dá frutos em vagens e tem madeira de casca escura, muito dura e resistente

an.gi.na *s.f.* dor muito forte que provoca sufocação

an.gi.o.dis.pla.si.a *s.f.* desenvolvimento dos vasos sanguíneos e linfáticos tido como anormal

an.gi.o.lo.gi.a *s.f.* estudo dos vasos do sistema circulatório

an.gi.o.ma *s.m.* tumor causado essencialmente pela proliferação de vasos sanguíneos ou linfáticos de nova formação

an.gi.o.plas.ti.a *s.f.* cirurgia feita para desobstruir os vasos sanguíneos

an.gi.os.per.ma /ó/ *s.m.* espécie de planta que tem a semente dentro do pericarpo (ovário), o qual forma o fruto ao amadurecer

an.gli.ca.nis.mo *s.m.* protestantismo fundado na Inglaterra por Henrique VIII

an.gli.ca.no *adj. s.m.* seguidor da doutrina anglicana

an.gli.cis.mo *s.m.* palavra ou expressão inglesa incorporada a outras línguas

an.glo *adj. s.m. m.q.* inglês

an.glo.fi.li.a *s.f.* preferência e admiração pelos costumes ingleses

an.glo.fo.bi.a *s.f.* aversão a tudo que é relacionado aos ingleses

an.glo-sa.xão *adj. s.m.* de origem inglesa

an.go.la.no *adj. gent. s.m.* natural de Angola

¹Angola *s.f.* região africana de onde vieram muitos escravos para o Brasil

²angola *s.f.* galinha-d'angola

an.go.len.se *adj.2g. s.2g.* natural ou habitante de Angola; angolano

an.go.rá *adj.* espécie de gatos, coelhos ou cabras que têm pelos finos e compridos e são oriundos de Ancara, na Turquia

an.gu *s.m.* **1** massa cozida de farinha de milho, arroz ou mandioca **2** *pop.* coisa complicada, desordenada, difícil de resolver

an.gu.la.ção *s.f.* formação em ângulos

ân.gu.lo *s.m.* **1** aresta, esquina **2** GEOM figura geométrica formada por duas semirretas que partem do mesmo ponto

an.gu.lo.so /ô/ *adj.* cheio de ângulos

an.gús.tia *s.f.* aflição; grande ansiedade; tristeza

an.gus.to *adj.* estreito; apertado

an.gus.ti.a.do *adj.* aflito, triste, agoniado

an.gus.ti.ar *v.t.* causar agonia, tornar-se aflito, ansioso

a.nho *s.m.* filhote de ovelha

a.nhu.ma *s.f.* pássaro brasileiro, com cerca de **80** cm de comprimento, de cor preta, ventre branco, bico de cor parda com a ponta esbranquiçada e pés com dedos grandes

a.ni.a.gem *s.f.* tecido grosseiro de algodão e também de outras fibras usado na confecção de sacos de transporte

a.ni.dri.do *s.m.* QUÍM radical ácido que, ao apoderar-se dos elementos da água, forma o verdadeiro ácido

a.ni.dro *adj.* que não possui água

a.nil *s.m.* substância azul extraída da anilina e de outras plantas, usada para clarear roupa

a.ni.lar *v.t.* dar cor azul, azular

a.ni.lha.do *adj.* que possui pequeno anel de identificação em uma perna

a.ni.lho *s.m.* pequeno aro ou argola

a.ni.li.na *s.f.* substância venenosa obtida a partir da destilação do anil, usada na indústria, na fabricação de corantes, perfumes etc.

a.ni.ma.ção *s.f.* **1** vivacidade, entusiasmo, alegria **2** encorajamento, estímulo **3** técnica de produção de imagem que simula os movimentos de desenhos filmados quadro a quadro **4** condução de programa de rádio

a.ni.ma.dor /ô/ *s.m.* aquele ou aquilo que anima, alegra, entusiasma

a.ni.mal *s.m.* **1** ser vivo organizado, dotado de sensibilidade e determinação própria **2** ser vivo irracional dotado de vontade própria • *adj.* **2** que se refere aos animais **3** *fig.* indivíduo estúpido, grosseiro

a.ni.ma.le.jo /ê/ *s.m.* animal pequeno

a.ni.ma.les.co /ê/ *adj.* que possui características de animais irracionais

a.ni.ma.li.da.de *s.f.* **1** vida selvagem **2** comportamento irracional

a.ni.ma.lis.mo *s.m.* natureza, qualidade do que é animal

a.ni.ma.li.zar *v.t.* tornar-se bruto, estúpido; ter modos e procedimentos irracionais

a.ni.mar *v.t.* dar ânimo, vivacidade; dar movimento

a.ní.mi.co *adj.* o que é da alma, do espírito

a.ni.mis.mo *s.m.* sistema de crença que acredita que todos os seres, todas as pessoas, plantas etc. possuem alma

animista

a.ni.mis.ta *s.2g.* seguidor do animismo

â.ni.mo *s.m.* índole, gênio, alma; disposição natural

a.ni.mo.si.da.de *s.f.* aversão a alguém ou a alguma coisa; rancor, má vontade

a.ni.mo.so /ô/ *adj.* cheio de ânimo, coragem, entusiasmo, alegria

a.ni.nha.do *adj.* acomodado, aconchegado em ninho **2** recolhido

a.ni.nhar *v.t.* **1** acomodar, aconchegar **2** recolher

a.ni.qui.la.do *adj.* completamente destruído; eliminado

a.ni.qui.lar *v.t.* eliminar; reduzir a nada

a.nis *s.m.* **1** BOT *m.q.* erva-doce **2** bebida feita com anis

a.ni.sa.do *adj.* adocicado; de anis

a.nis.ti.a.do *adj.* que teve crime ou delito perdoado; quem recebeu anistia

a.ni.ver.sá.rio *s.m.* dia e ano em que se completa um ou mais anos de vida ou de um acontecimento

an.ji.nho *s m. fig.* criança que já morreu

an.jo *s.m.* **1** ente espiritual, mensageiro entre Deus e os seres humanos **2** entidade espiritual que acompanha e protege os seres humanos **3** *por ext.* pessoa virtuosa **4** *fig.* inocente

a.no *s.m.* **1** período de tempo de 365 dias e 6 horas 2 o conjunto dos meses **3** tempo que a Terra ou qualquer outro planeta leva para girar ao redor do Sol ■ **ano letivo** período do ano em que funcionam os institutos de ensino

a.no-bom *m.q.* ano-novo

a.nó.di.no *adj.* sem eficácia

â.no.do *s.m.* FIS ponto de partida de um corpo quando entra na corrente elétrica

a.nó.fe.le *s.m.* BIOL gênero de insetos dípteros, mosquitos de asas escamosas que transmitem a malária

a.nof.tal.mi.a *s.f.* cegueira causada pela privação ou ausência dos órgãos da vista

a.noi.te.cer /ê/ *v.i.* **1** estar no início da noite, fazer-se noite **2** período de tempo que ocorre entre o final da tarde e o início da noite

a.noi.te.ci.do *adj.* escuro

a.no.ma.li.a *s.f.* **1** qualquer desvio ou irregularidade do padrão normal **2** algo defeituoso

a.nô.ma.lo *adj.* que possui anomalia; que contraria a regra geral, irregular

a.no.mi.a *s.f.* ausência de princípio, de lei; anarquia

a.nô.ni.mo *adj. s.m.* **1** desconhecido; não identificado; sem nome **2** diz-se de escritos sem a assinatura ou identificação do autor

a.no.ré.ti.co *adj. m.q.* anoréxico; que sofre de anorexia

a.no.re.xi.a *s.f.* perda ou falta de apetite

a.no.ré.xi.co *adj.* **1** que está sem apetite **2** que inibe o apetite • *s.m.* **3** medicamento que inibe o apetite **4** pessoa que está sem apetite ou que perdeu o apetite

a.nor.mal *adj.2g. s.2g.* **1** que se encontra fora das regras ou da ordem habitual **2** que apresenta deficiência mental ou física

a.nor.ma.li.da.de *s.f.* qualidade, estado do que se encontra fora dos padrões

a.nos.mi.a *s.f.* perda ou falta da sensibilidade olfativa

a.no.so /ô/ *adj.* velho, antigo

a.no.ta.ção *s.f.* apontamento, ação ou resultado de anotar; observação

a.no.ta.dor /ô/ *s.m.* pessoa que faz anotação, que toma nota

a.no.tar *v.t.* **1** fazer notas, apontamentos **2** registrar, comentar

a.nó.xia /ks/ *s.f.* **1** BIOL espécie de insetos coleópteros que vivem no sul da Europa **2** falta de oxigênio nas artérias e nos tecidos do corpo

an.qui.nha *s.f. m.q.* anquinhas – armação que estufava as saias das mulheres para dar aparência de grandes ancas

an.sei.o /ê/ *s.m.* ambição; aspiração a; desejo veemente por alguma coisa

an.se.ri.for.me /ô/ *adj.* que se assemelha a pato

an.se.ri.no *adj.* relativo a pato ou ganso

ân.sia *s.f.* **1** náusea **2** aflição; preocupação grave; agonia

an.si.ar *v.t.* **1** causar ou ter ânsias **2** inquietar-se, preocupar-se **3** desejar veementemente

an.si.e.da.de *s.f.* **1** mal-estar psíquico ou físico **2** aflição, angústia **3** desejo ardente

an.si.o.so /ô/ *adj.* que sente ou causa ansiedade, preocupação

an.ta *s.f.* **1** mamífero ruminante da fauna brasileira **2** ARQUIT pilar, pilastra angular

an.ta.gô.ni.co *adj.* oposto, adversário, contrário

an.ta.go.nis.mo *s.m.* **1** rivalidade, inimizade, divergência **2** incompatibilidade

an.ta.go.nis.ta *s.2g.* aquele que se opõe; adversário, antagônico

an.ta.go.ni.zar *v.t.* pôr em oposição, em conflito

an.tál.gi.co *adj.* FARM que é usado para eliminar a dor

an.tár.ti.co *adj.* **1** que se situa no Polo Sul **2** próprio da região do Polo Sul

an.te *prep.* indica em frente a, na presença de, diante de

ante- *pref.* exprime anterioridade, precedência, ex.: *anteontem*

-ante *suf.* forma substantivos quando anexado a verbos; mesmo que *-nte*, ex.: *comandante* (comandar), *ajudante* (ajudar), *andante* (andar), *brilhante* (brilhar)

an.te.bra.ço *s.m.* parte do braço que vai do pulso ao cotovelo

an.te.câ.ma.ra *s.f.* câmara anterior, sala de espera, antessala

an.te.ce.dên.cia *s.f.* **1** diz-se daquilo que acontece ou surge antes, precedente **2** anterioridade, precedência

an.te.ce.den.te *adj.2g.* que ocorreu antes de algo ■ **antecedentes** feitos do passado de um indivíduo, ex.: *antecedentes criminais*

an.te.ce.der /ê/ *v.t.* **1** vir antes, aparecer antes **2** adiantar-se

an.te.ces.sor /ô/ *adj. s.m.* o que ou quem veio antes; que antecede

an.te.ci.pa.ção *s.f.* **1** acontecimento concretizado antes do determinado **2** ação de posicionar-se adiante **3** recebimento ou pagamento antecipado de uma dívida ou de títulos bancários

an.te.ci.par *v.t.* **1** fazer, realizar, concretizar antes do previsto **2** avisar previamente **3** adiantar trabalho ou chegada **4** *pop.* fofocar; fazer mexerico

an.te.da.ta *s.f.* data antecipada

an.te.da.tar *v.t.* adulterar ou fazer cópia de documento alterando a data; falsificar

an.te.di.lu.vi.a.no *adj. s.m.* **1** RELIG anterior ao dilúvio **2** *fig.* muito antigo

an.te.di.zer /ê/ *v.t.* dizer com precedência; predizer

an.te.gos.tar *v.t.* gostar antes de conhecer ou vivenciar

an.te.gos.to /ô/ *s.m.* gosto antecipado; antegozo

an.te.go.zar *v.t.* gozar, comemorar antes de acontecer

an.te.ló.quio *s.m.* prólogo, prefácio

antirruído

an.te.ma.nhã *s.f.* período antes da manhã; madrugada

an.te.mão *adv.* previamente; advérbio usado apenas em locução ■ **de antemão** antecipadamente, antes do tempo

an.te.me.ri.di.a.no *adj.* anterior ao meio-dia

an.te.na *s.f.* **1** equipamento externo, em forma de mastro, que compõe torres de rádio, televisão etc., cuja função é captar e transmitir ondas eletromagnéticas **2** BIOL pequena haste sensorial dos insetos **3** *fig.* percepção

an.te.na.do *adj.* **1** que tem antenas **2** *fig.* pessoa que sabe das atualidades; bem informado

an.te.nup.ci.al *adj.2g.* anterior ao matrimônio

an.te.on.tem *adv.* dia anterior a ontem

an.te.pa.rar *v.t.* **1** provocar parada repentina; interromper, deter **2** por ext. proteger física ou moralmente

an.te.pa.ro *s.m.* **1** diz-se do objeto que protege algo ou alguém; proteção, protetor **2** para-brisa, para-vento, para-choque

an.te.pas.sa.do *adj.* **1** o que já transcorreu, passado • *s.m.* **2** diz-se dos parentes que antecederam uma ou várias gerações; ancestrais

an.te.pas.to *s.m.* CUL guloseimas ou petiscos que antecedem a refeição para abrir o apetite

an.te.pe.núl.ti.mo *adj.* que se situa antes do último

an.te.por /ô/ *v.t. v.pron.* **1** colocar antes **2** opor-se

an.te.po.si.ção *s.f.* **1** ato ou resultado de antepor **2** precedência, preferência

an.te.po.si.ti.vo *adj.* relativo a anteposição

an.te.pos.to /ô/ *adj.* **1** colocado antes ou na frente; preferido, priorizado **2** oposição

an.te.pro.je.to /é/ *s.m.* preparação ou esboço de projeto

an.te.ra *s.f.* BOT parte final e dilatada do estame que guarda pólen

an.te.ri.or /ô/ *adj.* **1** que está ou vem à frente **2** localizado na dianteira, na frente

an.te.ri.o.ri.da.de *s.f.* estado do que vem antes

an.te.ro.zoi.de *s.m.* BOT célula reprodutora masculina, geralmente móvel, com cílios, presente em diversas plantas verdes

an.tes *adv.* **1** em um tempo anterior **2** exprime preferência, ex.: *antes só que mal acompanhado* **3** pelo contrário

an.tes.sa.la *s.f.* sala anterior à sala; *hall* de entrada

an.te.ver /ê/ *v.t.* **1** ver com antecedência; ver antes dos outros **2** adivinhar, prever

an.te.vés.pe.ra *s.f.* dia anterior à véspera

an.te.vi.são *s.f.* visão antecipada

anti- *pref.* exprime oposição, ex.: *antiácido, anticristo, antialérgico, antibiótico*

an.ti.á.ci.do *adj. s.m.* substância que combate acidez

an.ti.a.de.ren.te *adj.2g. s.2g.* substância ou produto que impede a aderência

an.ti.a.lér.gi.co *adj. s.m.* **1** substância ou remédio que combate alergias **2** que não é passível de causar alergia

an.ti.bac.te.ri.a.no *adj. s.m.* **1** que não é propício ao desenvolvimento de bactérias **2** que combate as bactérias

an.ti.bi.ó.ti.co *adj. s.m.* que combate agentes infecciosos

an.ti.cas.pa *s.m.* composto que evita ou combate a caspa

an.ti.cons.ti.tu.cio.nal *adj.2g.* que vai contra a constituição de um país

an.ti.cor.po /ô/ *s.m.* MED. proteína do sangue que neutraliza efeitos nocivos no organismo

an.ti.cris.to *s.m.* **1** RELIG inimigo de Cristo; falso profeta **2** pessoa que se opõe à doutrina cristã **3** encarnação do mal

an.ti.de.pres.si.vo *adj. s.m.* **1** medicamento utilizado no tratamento da depressão **2** qualquer atividade que combate a depressão

an.tí.do.to *s.m.* substância que reage contra toxina ou veneno

an.tí.fo.na *s.f.* **1** versículo cantado antes ou depois de um salmo **2** canto em coro que se alterna

an.tí.fra.se *s.f.* frase ou expressão que exprime oposição de sentido

an.tí.ge.no *s.m.* MED substância produtora de anticorpos

an.ti.go *adj.* **1** de existência longa **2** muito velho **3** de outros tempos

an.ti.gri.pal *adj.2g. s.m.* que combate ou previne a gripe

an.ti.gua.lha *s.f.* antiguidade, antigalha, antiqualha

an.ti.gui.da.de *s.f.* **1** de outros tempos, de outras épocas **2** móveis ou objetos de tempo antigo

an.ti-he.rói *s.m.* quem se opõe ao herói em atitudes e características **2** quem é malvado

an.ti-ho.rá.rio *adj.* que gira na direção contrária do relógio

an.ti-in.fla.ma.tó.rio *adj. s.m.* que combate inflamação

an.ti.lha.no *adj. gent.* natural das Antilhas

an.ti.lo.ga.rit.mo *s.m.* MAT inverso de um logaritmo

an.ti.ló.gi.a *s.f.* contradição de ideias e argumentos

an.tí.lo.pe *s.m.* ZOOL mamífero ruminante africano semelhante ao veado

an.ti.mo.nár.qui.co *adj.* que se opõe à monarquia

an.ti.ma.té.ria *s.f.* matéria formada por antipartículas

an.ti.mô.nio *s.m.* QUÍM metal usado em ligas metálicas

an.ti.na.tu.ral *adj.2g.* que não é natural, que contraria a natureza

an.ti.ne.frí.ti.co *adj.* MED que combate a dor nos rins

an.ti.no.mi.a *s.f.* contradição entre leis ou princípios, doutrinas etc.

an.ti.o.xi.dan.te /ks/ *adj.2g. s.m.* que não sofre oxidação ou que elimina seus efeitos

an.ti.pa.pa *s.m.* papa ilegítimo, eleito irregularmente

an.ti.pa.ti.a *s.f.* falta de simpatia por alguém; sentimento de aversão

an.ti.pá.ti.co *adj. s.m.* característica de quem provoca antipatia

an.ti.pa.ti.zar *v.t.* **1** sentir antipatia; implicar **2** ter aversão por falta de afinidade

an.ti.pa.tri.o.ta *adj.2g. s.2g.* o que ou quem é contra sua própria pátria

an.ti.pe.da.gó.gi.co *adj.* que se opõe aos princípios pedagógicos

an.ti.pi.ré.ti.co *adj. s.m.* que combate a febre

an.ti.po.lu.en.te *adj.2g. s.m.* que não polui ou que reduz a poluição

an.ti.po.pu.lar *adj.2g.* que não é popular; contrário à opinião do povo

an.ti.qua.do *adj.* fora de uso; ultrapassado

an.ti.quar *v.t. desus.* tornar ultrapassado, fora de uso

an.ti.quá.rio *s.m.* **1** pessoa que coleciona ou vende objetos antigos **2** lugar que vende esses objetos

an.ti.quís.si.mo *adj.* o que é muito antigo

an.tir.rá.bi.co *adj. s.m.* que combate a raiva

an.tir.ru.í.do *adj.2g.* que diminui ruídos

antisséptico

an.tis.sép.ti.co *adj. s.m.* FARM substância que por purificação combate infecções ou contaminações

an.tis.so.ci.al *adj.2g.* **1** que não se socializa com facilidade **2** cujas ideias fogem às da sociedade

an.tí.te.se *s.f.* **1** figura retórica que opõe ou contrasta palavras ou ideias **2** por ext. ideia oposta

an.ti.té.ti.co *adj.* que se opõe; oposto, contrário

an.ti.tér.mi.co *adj. s.m.* que protege do calor

an.ti.vi.ral *adj.2g.* que combate ou imuniza contra vírus

an.ti.ví.rus *s.m.* INFORMÁT *software* que detecta e corrige falhas e vírus no computador

an.to.jo /ô/ *s.m.* **1** o que causa aborrecimento, nojo, repulsa **2** *fig.* pessoa inútil

an.to.lho /ô/ *s.m.* **1** *m.q.* antojo ■ **antolhos 2** tapa-olhos, protetor de olhos **3** máscara que tapa olhos de animais de montaria, ou que direciona seu olhar apenas para frente

an.to.lo.gi.a *s.f.* seleta de textos organizados de acordo com tema, época, autor etc.

an.to.ní.mia *s.f.* GRAM relação de oposição entre duas palavras

an.tô.ni.mo *adj. s.m.* palavra que estabelece relação de antonímia com outra, palavra de sentido contrário

an.to.no.má.sia *s.f.* GRAM substituição de um nome de objeto, pessoa ou situação por outro empregando as características desse nome, ex.: *don juan por conquistador*

an.traz *s.m.* MED infecção causada pelo *Bacillus anthracis* que acomete a pele, o intestino ou o pulmão; carbúnculo

an.tro *s.m.* **1** caverna **2** *fig.* lugar perigoso que reúne pessoas de má índole **3** *fig.* lugar de degradação moral

an.tro.po.cen.tris.mo *s.m.* doutrina em que o homem, seus valores e suas experiências são o centro do universo

an.tro.po.fa.gi.a *s.f.* ação de se alimentar de carne humana

an.tro.poi.de /ó/ *adj. s.m.* que se assemelha ao homem; relativo aos antropoides

an.tro.po.lo.gi.a *s.f.* ciência que estuda o homem e sua cultura

an.tro.po.me.tri.a *s.f.* estudo das proporções do corpo humano

an.tro.po.mor.fis.mo *s.m.* atribuição de características humanas

an.tro.po.mor.fo /ó/ *adj.* que se assemelha ao humano

an.tro.po.ní.mia *s.f.* estudo dos nomes próprios de pessoas

an.tro.pô.ni.mo *s.m.* nome próprio de pessoa

an.tro.po.pi.te.co /é/ *s.m.* PALEO denominação comum de hominídeos que, na escala de evolução, se encontram entre o macaco e o homem

an.tro.po.so.fi.a *s.f.* estudo da natureza moral do homem

an.tú.rio *s.m.* BOT planta tropical cuja flor é usada em ornamentos

a.nu *s.m.* pequeno pássaro preto e de cauda longa

a.nu.al *adj.* **1** que acontece uma vez por ano **2** de duração de um ano

a.nu.á.rio *s.m.* **1** publicação anual **2** relato dos acontecimentos de um ano

a.nu.ên.cia *s.f.* aceitação, concordância

a.nu.i.da.de *s.f.* **1** pagamento anual **2** taxa cobrada uma vez ao ano por produtos ou serviços

a.nu.ir *v.t.* concordar, permitir, estar de acordo com; acatar, confirmar

a.nu.la.ção *s.f.* ato ou efeito de anular

a.nu.lar *v.t.* **1** invalidar; tornar sem efeito, tornar nulo **2** exterminar **3** perder características próprias; desvalorizar

a.nun.ci.a.ção *s.f.* ato ou ação de anunciar; comunicação de uma mensagem

a.nun.ci.an.te *adj.* aquele que anuncia

a.nun.ci.ar *v.t.* **1** divulgar, fazer conhecer; mostrar a público **2** fazer propaganda; divulgar produto, serviço etc.

a.nún.cio *s.m.* **1** divulgação, mensagem, notícia **2** sinal de acontecimento futuro

a.nu.ro *adj.* sem cauda

â.nus *s.m.2n.* ANAT parte final do sistema digestivo do corpo humano e responsável por eliminar resíduos digestivos

a.nu.vi.ar *v.t. v.pron.* **1** cobrir de nuvens, escurecer, nublar **2** *fig.* entristecer-se

an.ver.so /é/ *s.m.* frente de objeto de dois lados

an.zol /ó/ *s.m.* pequeno gancho geralmente metálico usado na pesca

-ão *suf.* **1** exprime aumento, com sentido pejorativo e afetivo, ex.: *bundão, machão, paizão* **2** indica ação ou resultado de, ex.: *esbarrão* **3** expressa hábitos geralmente condenáveis, ex.: *beberrão*

a.on.de *adv.* para onde; para qual lugar

a.or.ta /ó/ *s.f.* **1** ANAT artéria do corpo humano que recebe o sangue oxigenado do coração e o transporta para o restante do corpo

AP sigla do Estado do Amapá

a.pa.dri.nhar *v.t.* **1** ser padrinho, batizar **2** apoiar financeiramente

a.pa.ga.do *adj.* **1** sem luz ou fogo **2** pessoa desanimada, sem entusiasmo **3** desacordado **4** morto por assassinato

a.pa.ga.dor /ô/ *adj. s.m.* pessoa ou objeto que apaga

a.pa.gar *v.t.* **1** acabar com a luz, com o fogo **2** desligar equipamento eletrônico **3** *fig.* esquecer **4** *pop.* matar alguém **5** *fig.* perder os sentidos; desmaiar **6** *pop.* dormir de exaustão

a.pai.xo.nar *v.t.* **1** sentir paixão ou forte atração por alguém ○ *v.pron.* **2** entusiasmar-se; despertar grande interesse

a.pa.la.vrar *v.t.* **1** contratar verbalmente **2** assumir compromisso com alguém

a.pal.pa.de.la *s.f.* toque rápido e delicado com as mãos

a.pal.par *v.t. v.pron.* **1** tocar com a mão **2** tocar alguém com intenções sexuais; bolinar

a.pa.ná.gio *s.m.* privilégio, atributo ou condição especial, particular

a.pa.nha *s.f.* **1** captura de animais **2** colheita

a.pa.nhar *v.t.* **1** pegar, recolher, segurar **2** capturar fugitivo ou criminoso; prender **3** embarcar em, ex.: *apanhar o ônibus* **4** ser atingido por chuva **5** levar surra, bater **6** *pop.* ter dificuldade ao executar alguma tarefa **7** dar carona, encontrar, flagrar **8** perder uma competição, ser derrotado

a.pa.ni.gua.do *adj.* **1** protegido, favorecido **2** seguidor, partidário

a.pa.ra *s.f.* fragmento de materiais cortados, retalho

a.pa.ra.dor /ô/ *s.m.* **1** diz-se de pessoa que apara **2** móvel da sala de jantar sobre o qual se colocam as travessas durante as refeições

apiedar

a.pa.ra.fu.sar *v.t.* o mesmo que parafusar, enroscar, fixar, prender com parafuso

a.pa.ra.gem *s.f.* ação de aparar

a.pa.rar *v.t.* **1** cortar, tirar o excesso **2** segurar, impedir de cair

a.pa.ra.to *s.m.* **1** luxo, ostentação **2** instrumento de uso específico **3** conjunto de instrumentos para execução de uma tarefa

a.par.cei.rar *v.t. v.pron.* tornar-se parceiro

a.pa.re.cer /ê/ *v.i.* **1** surgir, mostrar-se **2** estar presente; comparecer **3** *fig.* exibir-se

a.pa.re.ci.men.to *s.m.* aparição

a.pa.re.lha.gem *s.f.* peças de um equipamento

a.pa.re.lhar *v.t.* dispor do necessário

a.pa.re.lho /ê/ *s.m.* **1** instrumento de função específica **2** conjunto de peças e utensílios domésticos

a.pa.rên.cia *s.f.* **1** fisionomia, forma, apresentação, aspecto **2** representação falsa ou enganosa

a.pa.ren.tar *v.t.* **1** demonstrar certa aparência **2** fingir

a.pa.ren.tar-se *v.pron.* tornar-se parente; tornar-se membro de uma família **2** parecer; tornar semelhante

a.pa.ri.ção *s.f.* **1** ação de tornar-se visível **2** surgimento **3** fantasma

a.par.ta.men.to *s.m.* **1** residência que fica em prédios **2** acomodação em um hotel ou hospital

a.par.tar *v.t.* **1** separar, desunir **2** separar briga **3** repartir bens; dividir

a.par.te *s.m.* palavra ou declaração que interrompe um discurso

a.par.te.ar *v.t.* interromper, cortar ou cruzar um discurso

a.pas.cen.tar *v.t.* levar ovelhas para pastar

a.pas.si.va.dor /ô/ *adj. s.m.* GRAM elemento que transforma uma oração ou o verbo na voz passiva

a.pas.si.var *v.t.* passar o verbo ativo à voz passiva

a.pa.te.ta.do *adj.* **1** que age como bobo, tolo **2** distraído, desnorteado

a.pa.te.tar *v.t.* ficar pateta, bobo; aparvalhar

a.pa.ti.a *s.f.* condição caracterizada pela falta de interesse e de atividade; indiferença

a.pá.tri.da *adj.* diz-se de pessoa que perdeu o direito de nacionalidade em seu país, que não tem pátria

a.pa.vo.rar *v.t.* sentir ou causar medo, pavor; aterrorizar

a.pa.zi.guar *v.t.* **1** tornar pacífico; pacificar, restituir a paz **2** fazer acordo

a.pe.ar *v.t.* **1** descer de veículo ou animal de montaria **2** derrubar **3** hospedar-se, instalar-se

a.pe.dre.jar *v.t.* **1** atirar pedra em alguém **2** matar alguém a pedradas **3** proferir insultos, xingamentos

a.pe.gar *v.t. v.pron.* **1** sentir-se ligado a alguém que se estima; sentir apego **2** agarrar-se a **3** acostumar-se a **4** recorrer a algo que oferece proteção, amparo

a.pe.go /ê/ *s.m.* **1** relação afetuosa; carinho, estima **2** inclinação descomedida, ex.: *apego a bens materiais*

a.pe.la.ção *s.f.* **1** JUR recurso para revisão de processo em tribunal diferente daquele em que a ação ocorreu **2** *pop.* artifício usado para explorar a ingenuidade de alguém ou para convencer pela comoção

a.pe.lar *v.t.* **1** JUR recorrer da sentença **2** pedir auxílio, ajuda a alguém **3** *pop.* usar de artimanha para conseguir algo

a.pe.la.ti.vo *adj. s.m.* **1** que nomeia algo ou alguém **2** *pop.* que utiliza de manhas e armadilhas para atrair a atenção

a.pe.lá.vel *adj.* JUR que pode ser apelado

a.pe.li.dar *v.t.* atribuir nome pejorativo ou carinhoso que complementa ou substitui um nome próprio

a.pe.li.do *s.m.* nome familiar ou informal que caracteriza uma pessoa e que demonstra carinho ou agride psicologicamente a pessoa apelidada; alcunha

a.pe.nas *conj.* **1** logo que, assim que • *adv.* **2** somente, só, unicamente

a.pên.di.ce *s.m.* **1** parte complementar que enriquece ou completa algo **2** ANAT parte acessória de um órgão principal **3** alongamento de algo

a.pen.di.ci.te *s.f.* MED inflamação do apêndice

a.pen.do.ar *v.t.* adornar com pendões, penduricalhos, bandeiras, pingentes

a.pe.ro.lar *v.t.* tornar semelhante à pérola; atribuir características da pérola

a.pen.sar *v.t.* colocar junto; anexar, juntar, unir

a.pen.so *adj.* ligado, acrescentado, anexo

a.pe.que.nar *v.t.* **1** reduzir o tamanho; tornar pequeno **2** *fig.* humilhar ou desvalorizar alguém

a.per.fei.ço.ar *v.t.* fazer melhoria para tornar perfeito; modificar para fazer completo, melhor; aprimorar

a.pe.ri.ti.vo *s.m.* qualquer bebida ou alimento ingerido para abrir o apetite

a.per.re.ar *v.t. v.pron.* ficar aborrecido ou irritado

a.per.tar *v.t. v.pron.* **1** agarrar, segurar com força **2** comprimir; unir com força; estreitar **3** angustiar-se **4** fixar com firmeza **5** pressionar algo para fechar, abrir etc. **6** interrogar de modo pretensioso, fazendo perguntas inconvenientes **7** *pop.* passar por dificuldades financeiras

a.per.to /ê/ *s.m.* **1** lugar sem espaço **2** pressionado **3** *fig.* constrangimento **4** *fig.* dificuldade no trabalho, dificuldade financeira etc. **5** *fig.* angústia

a.pes.soa.do *adj.* que tem boa aparência; bem apresentado

a.pe.sar *adv.* ■ **apesar de** a despeito de, ex.: *apesar de cansado, trabalhava bem* ■ **apesar de que** embora, ainda que, ex.: *trabalhava apesar de que ainda estava doente*

a.pe.te.cer /ê/ *v.t.* **1** desejar, ter apetite por certa comida **2** despertar apetite em **3** despertar interesse por algo; agradar

a.pe.tên.cia *s.f.* vontade de comer; apetite

a.pe.ti.te *s.m.* **1** desejo, cobiça, anseio ou disposição para comer **2** vontade de fazer algo

a.pe.ti.to.so /ô/ *adj.* **1** que abre o apetite, que desperta vontade de comer **2** saboroso

a.pe.tre.char *v.t.* prover de instrumentos necessários para a execução de uma tarefa

a.pe.tre.cho /ê/ *s.m.* ferramenta, aparelho, instrumento, utensílio, material

a.pi.á.rio *s.m.* lugar em que se criam as abelhas para a produção de mel

á.pi.ce *s.m.* **1** ponto culminante, mais alto **2** *fig.* o último nível de algo; grau máximo

a.pí.co.la *s.m.* criador de abelhas; apicultor

a.pi.cul.tor /ô/ *s.m.* pessoa que cria abelhas

a.pi.cul.tu.ra *s.f.* criação de abelhas, geralmente para a produção de mel, cera e própolis

a.pi.e.dar *v.t. v.pron.* compadecer-se; sentir ou provocar piedade

apimentar

a.pi.men.tar *v.t.* **1** condimentar com pimenta, tornando apimentado, ardido **2** estimular o apetite **3** *fig.* conferir malícia

a.pi.nhar *v.t.* aglomerar estreitamente, em forma de pinha

a.pi.tar *v.t.* **1** emitir som com apito; assoviar **2** *fig.* solicitar ajuda **3** emitir opinião sem ser perguntado; intrometer-se

a.pi.to *s.m.* **1** objeto tubular utilizado para produzir som **2** pequeno objeto que produz som alto e agudo por meio da passagem de ar **2** som produzido por esse objeto **3** *por ext.* som muito agudo e prolongado

a.pla.car *v.t.* **1** tornar sereno, manso, calmo **2** tornar suave

a.plai.nar *v.t.* **1** passar plaina para tornar liso **2** tornar liso tirando as arestas; alisar, nivelar

a.plau.dir *v.t.* **1** bater palmas; dar aplausos **2** aprovar

a.plau.so *s.m.* **1** aclamação com palmas, geralmente acompanhado de gritos e assovios em locais informais **2** manifestação de apoio

a.pli.ca.bi.li.da.de *s.f.* qualidade do que é aplicável

a.pli.ca.ção *s.f.* **1** ato ou efeito de aplicar **2** execução de projeto, plano, teoria etc. **3** emprego de recursos **4** administração de medicamento **5** investimento financeiro **6** enfeite fixo de roupa

a.pli.car *v.t.* **1** sobrepor uma coisa em outra **2** colocar em prática **3** ministrar medicação **4** colocar enfeite **5** impor castigo

a.pli.ca.ti.vo *s.m.* INFORMÁT programa que auxilia uma tarefa

a.pli.que *s.m.* **1** enfeite, geralmente adesivo, sobreposto a vários materiais **2** mecha de cabelo usada para alongar os próprios cabelos

ap.nei.a *[é] s.f.* interrupção da respiração que dura alguns instantes

a.po.ca.lip.se *s.m.* **1** RELIG último livro do Novo Testamento **2** RELIG conjunto de textos sagrados do cristianismo, em que há revelações sobre o fim do mundo **2** *fig.* fim dos tempos; catástrofe

a.po.ca.líp.ti.co *adj.* relativo ao apocalipse

a.pó.cri.fo *adj.* cuja procedência é duvidosa; ilegítimo, falso

a.po.co.pe *s.f.* GRAM fenômeno de supressão de um ou mais fonemas no final de uma palavra

a.po.de.rar *v.t. v.pron.* **1** tomar para si, apossar-se **2** invadir, dominar, ex.: *na festa a alegria apoderou-se de todos*

á.po.do *adj. s.m.* sem pés

a.po.do *[ó] s.m.* apelido ofensivo

a.po.dre.cer *[ê] v.i.* sofrer decomposição; deteriorar, estragar

a.po.geu *[ê] s.m.* **1** o ponto máximo de altura **2** *por ext.* o melhor de uma sequência **3** ASTROL posição mais distante entre a Terra e um satélite

a.pó.gra.fo *s.m.* cópia de escrito original

a.poi.ar *v.t. v.pron.* **1** oferecer apoio; ajudar, amparar **3** encostar-se **4** considerar como fundamento; amparar-se, fundamentar-se

a.poi.o *[ó] s.m.* **1** qualquer objeto que pode sustentar outro ou alguém **2** assistência, amparo **3** aceitação, aprovação

a.po.jar *v.t.* encher, entumescer

a.pó.li.ce *s.f.* **1** documento do tipo contrato que comprova alguma obrigação **2** ECON contrato financeiro **3** ação financeira, de uma empresa, que pode ser negociada na bolsa de valores

a.po.lí.neo *adj.* **1** que diz respeito a Apolo **2** lindo, admirável, formoso

a.po.lí.ti.co *adj.* **1** quem não se interessa ou se ocupa de questões políticas **2** que não tem denotação política

a.po.lo.gé.ti.co *adj.* que defende em discurso, que faz apologias

a.po.lo.gi.a *s.f.* **1** discurso oral ou escrito em defesa ou servindo de elogio de algo ou alguém *por ext.* ato de defender entusiasmadamente

a.po.lo.gis.ta *s.2g.* **1** pessoa que faz apologia, autor de apologia **2** seguidor entusiasta

a.pó.lo.go *s.m.* narrativa em que as personagens são animais ou seres inanimados e que transmite uma lição de moral; fábula

a.pon.ta.do *adj.* **1** mostrado, indicado, recomendado **2** lembrado **3** que termina em ponta; aguçado **4** indicando a direção

a.pon.ta.dor *adj. s.m.* **1** pequeno objeto elétrico ou não, feito de diversos materiais e que serve para fazer ponta em lápis **2** pessoa que faz pontas em objetos **3** pessoa incumbida de marcar o ponto dos funcionários **4** ponteiro do relógio **5** *pop.* indivíduo responsável por anotar as apostas do jogo do bicho

a.pon.ta.men.to *s.m.* **1** ação de apontar **2** síntese ou nota de livro, compromisso, ideia, lembrete etc.

a.pon.tar *v.t.* **1** fazer ponta em **2** indicar uma direção **3** surgir no horizonte **4** *fig.* mencionar ou apresentar algo **5** marcar um sinal **6** tomar nota ou fazer lembrete **7** direcionar para um alvo, para um ponto específico; mirar

a.po.plé.ti.co *adj.* **1** relativo a apoplexia **2** *fig.* irritado, nervoso, furioso

a.po.ple.xi.a *[ks] s.f.* MED hemorragia cerebral que causa paralisia e desmaio; acidente vascular cerebral (AVC)

a.po.quen.tar *v.t.* causar preocupação ou aborrecimento com coisas pequenas, que não têm importância

a.por *[ô] v.t.* **1** colocar junto; pôr próximo; justapor **2** fazer acréscimo

a.po.ri.a *s.f.* **1** FILOS paradoxo lógico que dificulta a escolha entre dois pensamentos **2** momento de hesitação no discurso

a.por.tar *v.t.* encostar, chegar a um porto ou a uma ilha; atracar

a.por.tu.gue.sar *v.t.* atribuir ou assumir características da cultura ou da língua portuguesa

a.pós *prep.* **1** em seguida a, logo atrás de **2** depois de ● *adv.* **3** em seguida, depois

a.pos.sar *v.t.* **1** tomar posse de; dar posse a ○ *v.pron.* **2** apoderar-se indevidamente de

a.po.sen.ta.do.ri.a *s.f.* **1** dispensa do trabalho, seja por invalidez, seja por ter cumprido o tempo de serviço estabelecido por lei **2** pagamento do aposentado

a.po.sen.tar *v.t.* **1** conceder ou receber aposentadoria **2** ser dispensado da profissão e receber auxílio conforme a contribuição que se fez **3** ter seu uso extinguido; deixar de usar

a.po.sen.to *s.m.* **1** denomina o cômodo de uma casa **2** quarto

a.po.si.ção *s.f.* **1** ação de unir ou colocar duas coisas próximas; justaposição **2** GRAM colocação de um substantivo ou de uma locução entre vírgulas, para qualificar ou explicar; empregar um aposto

a.pos.sar *v.t.* **1** tomar posse de; dar posse a **2** *fig.* apoderar-se de; tomar conta de

a.pos.ta *s.f.* **1** concorrência entre duas opiniões na qual a vencedora recebe algo da outra **2** objeto ou quantia da aposta; o que é apostado

a.pos.tar *v.t.* **1** fazer aposta, jogar **2** assegurar algo; afirmar com certeza **3** confirmar, arriscar

a.pos.ta.si.a *s.f.* **1** RELIG renúncia da fé ou da religião **2** renúncia de obrigações ou de qualquer vínculo sacerdotal, desconsiderando a autorização de superior

a.pós.ta.ta *adj.2g. s.2g.* RELIG que renunciou a fé, que abandou a religião

a.pos.te.ma *s.m.* **1** MED abscesso, tumor **2** *fig.* grande sofrimento

a.pos.te.mar *v.t.* **1** formar apostemas em, produzir abscessos **2** criar pus

a.pos.ti.la *s.f.* **1** livro composto de anotações, comentários, explicações etc. retirados de outras obras **2** explicação ou nota à margem

a.pos.to /ô/ *adj.* **1** colocado ao lado, justaposto • *s.m.* **2** GRAM palavra ou locução colocada entre vírgulas e que explica, amplia ou resume outro termo

a.pos.to.la.do *s.m.* **1** RELIG os doze apóstolos de Cristo **2** função, ofício de apóstolo • *adj.* **3** instruído por apóstolo **4** difundido

a.pos.to.lar *v.t.* **1** difundir a fé; pregar • *adj.2g.* **2** relativo ou próprio de apóstolo **3** diz-se do que é justo e virtuoso

a.pos.tó.li.co *adj.* **1** relativo aos apóstolos **2** a qualidade de devoção e pregação

a.pós.to.lo *s.m.* **1** RELIG nome dado aos discípulos de Cristo **2** pessoa que faz pregação de uma doutrina; evangelizador

a.pos.tro.far *v.t.* GRAM empregar apóstrofo; indicar graficamente a supressão de um som

a.pós.tro.fe *s.f.* **1** figura de retórica em que o orador é interpelado de maneira súbita **2** interrupção repentina do discurso **3** termo que inicia um texto e indica a quem se dirige a mensagem **4** elocução grave que interrompe o discurso

a.pós.tro.fo *s.m.* sinal gráfico em forma de vírgula que marca a supressão de um som e de uma letra, ex.: *copo d'água*

a.po.té.ci.o *s.m.* BIOL nome dado ao órgão de frutificação dos cogumelos e líquens, de forma discal, no qual se localizam os esporos

a.po.teg.ma *s.m.* dito sentencioso, notável; máxima, provérbio

a.pó.te.ma *s.m.* **1** GEOM segmento de reta de um polígono que une seu centro a um de seus lados **2** altura do triângulo

a.po.te.o.se /ó/ *s.f.* **1** denominação do momento mais importante de um evento **2** momento final encerrado com glória **3** glorificação

a.pou.car *v.t. v.pron.* **1** reduzir, diminuir **2** tornar(-se) menos intenso **3** tornar(-se) sem valor ou importância; rebaixar(-se)

a.pra.zar *v.t.* **1** definir ou combinar uma data para a realização de algo; dar prazo **2** estipular a duração de algo

a.pra.zer /ê/ *v.t.* sentir ou causar prazer; satisfazer, deleitar, contentar

a.pra.zí.vel *adj.* **1** que é agradável, prazeroso **2** de qualidades agradáveis

a.pre.çar *v.t.* **1** colocar preço ou atribuir valor monetário a alguma coisa **2** combinar valor **3** demonstrar estima; ter apreço

a.pre.ci.ar *v.t.* **1** ter estima, apreço; dar valor a **2** fazer levantamento; avaliar **3** deleitar-se com; sentir prazer em

a.pre.ço /ê/ *s.m.* estima ou consideração por alguém

a.pre.en.der /ê/ *v.t.* **1** pegar, prender **2** tomar posse estando amparado por lei; apossar-se **3** assimilar, compreender

a.pre.en.são *s.f.* **1** ação ou efeito de tomar posse; confisco **2** temor, preocupação, inquietação **3** entendimento, compreensão

a.pre.en.sí.vel *adj.* passível de ser apreendido

a.pre.en.si.vo *adj.* preocupado, cauteloso, receoso

a.pre.en.sor /ô/ *s.m.* aquele incumbido de apreender; apreendedor

a.pre.go.ar *v.t.* **1** anunciar, tornar público; divulgar **2** denunciar ◯ *v.pron.* **3** tornar-se conhecido

a.pren.der /ê/ *v.t.* **1** assimilar técnica ou conhecimento **2** melhorar habilidade ou compreensão de algo **3** adquirir experiência em; melhorar na realização de algo ou na forma de pensar

a.pren.diz *s.m.* **1** indivíduo em processo de aprendizagem **2** aquele que começou a aprender, que está em estágio inicial; principiante, novato

a.pren.di.za.do *s.m.* **1** ação, processo ou resultado de aprender algo; aprendizagem **2** duração da aprendizagem, ex.: *durante o aprendizado, percebi que tenho muito mais a aprender*

a.pren.di.za.gem *s.f.* processo de aprender; aprendizado

a.pre.sar *v.t.* **1** agarrar a caça com as presas **2** capturar

a.pre.sen.ta.ção *s.f.* **1** ato de apresentar, fazer conhecer **2** show ou espetáculo teatral **3** aparência física **4** texto, geralmente curto, que inicia ou apresenta um livro; prefácio **5** exibição de programa televisivo **6** ação de apresentar um programa, organizá-lo e falar de suas partes, fazendo chegar ao público o que se pretende

a.pre.sen.tar *v.t.* **1** colocar em evidência, à mostra; mostrar **2** promover o conhecimento entre duas pessoas desconhecidas **3** expor ou divulgar **4** estar presente; comparecer **5** atuar em show, programa de televisão ou teatro

a.pre.sen.tá.vel *adj.* que tem boa aparência

a.pres.sa.do *adj.* **1** que tem pressa **2** impaciente **3** sem reflexão; precipitado

a.pres.sar *v.t.* **1** agir de modo ligeiro; tornar mais rápido **2** aumentar a velocidade; acelerar **3** realizar antes do esperado; precipitar

a.pres.su.rar *v.t. v.pron.* ficar com pressa; apressar-se

a.pres.tar *v.t. v.pron.* preparar(-se) prontamente; aprontar(-se), aparelhar(-se)

a.pri.mo.rar *v.t.* melhorar para atingir um estado de completude ou de perfeição; aperfeiçoar

a.pri.o.ris.mo *s.m.* FILOS raciocínio dedutivo que desconsidera a experiência e qualquer antecedente

a.prís.co *s.m.* curral em que ficam ovelhas e cabras

aprisionar

a.pri.si.o.nar *v.t.* 1 trancar em prisão 2 fazer prisioneiro, cativo; encarcerar

a.pro.ar *v.t.* 1 direcionar a proa para ○ *v.i.* 2 chegar ao continente ou a uma ilha; aportar

a.pro.ba.ti.vo *adj.* que aprova ou exprime aprovação

a.pro.ba.tó.rio *adj.* que manifesta aprovação; aprobativo

a.pro.fun.dar *v.t. v.pron.* 1 afundar ou tornar mais fundo 2 entrar em lugar profundo ou extenso, ir muito para dentro 3 *fig.* aprimorar-se em algum assunto 4 *fig.* ir muito longe, ao extremo

a.pron.tar *v.t. v.pron.* 1 terminar, deixar pronto, finalizar 2 colocar de maneira a ser utilizado 3 *pop.* vestir-se e enfeitar-se para sair 3 *pop.* fazer algo malfeito, indevido 4 *pop.* fazer peripécias

a.pro.po.si.ta.do *adj.* que surge de maneira oportuna; pertinente 2 por ext. ponderado, sensato

a.pro.pri.a.ção *s.f.* 1 ação ou resultado de apropriar-se, tomar algo para si 2 ação de tornar adequado; adequação

a.pro.pri.a.do *adj.* 1 que passou a pertencer a outra pessoa 2 adequado, bem aplicado, conveniente, acertado

a.pro.va.ção *s.f.* 1 ato ou efeito de aprovar 2 manifestação de concordância, aceitação, consentimento 3 ótimo desempenho em teste 4 JUR confirmação por registro de diligência judicial, autenticado; homologação

a.pro.var *v.t.* 1 avaliar como bom ou adequado 2 estar de acordo, permitir a realização de algo 3 considerar hábil para fazer algo mediante desempenho satisfatório em exame

a.pro.vei.tar *v.t.* 1 tirar proveito, vantagem ou lucro 2 utilizar-se de algo já utilizado em vez de descartar 3 fazer bom uso de algo 4 tirar proveito de pessoa ingênua, abusar da bondade alheia

a.pro.vi.si.o.nar *v.t. v.pron.* abastecer-se de mercadorias; equipar-se, munir-se

a.pro.xi.ma.ção */s/ s.f.* 1 ato ou efeito de aproximar; chegar perto 2 avizinhamento, proximidade

a.pro.xi.ma.do */s/ adj.* que está próximo, perto; achegado, avizinhado

a.pro.xi.mar */s/ v.t. v.pron.* 1 chegar perto, tornar-se próximo, diminuir a distância 2 estar perto de acontecer 3 criar relações ou vínculos 4 apresentar semelhança em algum aspecto

a.pro.xi.ma.ti.vo *adj.* que se aproxima

a.pru.mar *v.t.* 1 pôr em posição vertical 2 endireitar a postura, pôr-se reto 3 *fig.* melhorar de sorte

a.pru.mo *s.m.* 1 posição vertical 2 atributo de quem possui elegância, capricho 3 *fig.* arrogância, presunção 4 melhoria em algum aspecto

áp.te.ro *adj.* BIOL relativo aos ápteros, antiga categoria taxonômica que designava insetos sem asas

ap.ti.dão *s.f.* 1 habilidade ou vocação para realizar algo 2 requisitos para a realização de tarefa

ap.to *adj.* 1 que é capaz, hábil, apropriado 2 que possui o necessário para desempenhar uma função ou tarefa 3 autorizado por lei

a.pud *prep.* [lat.] utilizado em bibliografias para indicar fontes de citações indiretas

a.pu.nha.lar *v.t.* 1 ferir a si ou a alguém com punhal 2 *fig.* ofender a moral ou os sentimentos de alguém; magoar 3 *fig.* ser infiel ou desleal

a.pu.par *v.t.* 1 vaiar, gracejar com gritos 2 fazer algum tipo de manifestação com grito ou assovio para se comunicar com um interlocutor à distância

a.pu.rar *v.t.* 1 limpar, livrar de sujeira; purificar 2 tornar melhor, aperfeiçoar 3 aguçar, tornar mais preparado 4 analisar minuciosamente 5 fazer o cálculo de alguma quantidade

a.pu.ro *s.m.* 1 bom gosto, requinte, esmero 2 dificuldades ou perigo iminente, apuros; aperto 3 retoque

a.qua.re.la */é/ s.f.* 1 denominação de tinta à base d'água 2 técnica de pintura com tinta diluída, à base d'água 3 obra pintada com tinta aquarela

a.quar.te.la.men.to *s.m.* 1 ação de instalar-se em quartéis 2 local de alojamento dos soldados; quartel

a.qua.re.lis.ta *adj.2g. s.2g.* que é especialista ou que pinta aquarelas

a.quá.rio *s.m.* 1 reservatório de água de diversas dimensões, em que se criam, observam e estudam animais aquáticos 2 ASTROL décimo primeiro signo do zodíaco que compreende o período de 20 de janeiro a 19 de fevereiro 3 *fig.* ambiente ou espaço fechado e pequeno; lugar apertado

a.quar.te.lar *v.t.* alojar em quartéis

a.quá.ti.co *adj.* 1 diz-se de animais ou plantas que vivem na água ou à superfície 2 diz-se da atividade que é realizada na água, ex.: *balé aquático*

a.que.bran.tar *v.t.* 1 quebrar ou amolecer 2 tornar fraco, reduzir o ímpeto, o vigor

a.que.cer */ê/ v.t.* 1 tornar quente, aumentar o calor; esquentar 2 *fig.* dar calor ou conforto 3 tornar entusiasmado; energizar, acalorar 4 preparar o corpo para realizar uma atividade 5 tornar as atividades econômicas mais ativas e dinâmicas

a.que.ci.men.to *s.m.* 1 aumento de temperatura 2 preparação física feita com exercícios leves 3 aumento das atividades econômicas ■ **aquecimento global** elevação da temperatura na Terra

a.que.du.to *s.m.* encanamento subterrâneo ou construído ao ar livre para conduzir água

a.que.le */ê/ pron.* indica objeto, evento ou pessoa distante no espaço ou no tempo, ex.: *você lembra aquele artista, pegue aquele livro para mim*

a.quém *adv.* 1 neste lado, antes de algo tomado como referência 2 abaixo de

a.qu.ê.nio *s.m.* espécie de fruto geralmente seco e de semente unida apenas à casca

a.quen.tar *v.t.* 1 tornar quente; aquecer 2 despertar ânimo; estimular

a.qui *adv.* 1 neste lugar, ex.: *ele foi enterrado aqui* 2 até este lugar, ex.: *do rio até aqui são 3 horas* 3 nesta ocasião, neste momento, ex.: *quero agradecer aqui a todos* ■ **aqui se faz, aqui se paga** neste lugar terreno, nesta vida, se alguém faz algo errado, será aqui mesmo que receberá a respectiva punição

a.qui.cul.tor */ô/ adj.* 1 que tem por profissão a aquicultura • *s.m.* 2 indivíduo que cria espécies aquáticas para fins econômicos, científicos e comerciais

a.qui.cul.tu.ra *s.f.* criação de animais e plantas aquáticas para o uso do homem

a.qui.es.cên.cia *s.f.* concordância, assentimento

arbitrariedade

a.qui.es.cer /ê/ *v.t.* **1** agir com condescendência **2** consentir, assentir, concordar

a.qui.e.tar *v.t.* tornar quieto; acalmar, sossegar, apaziguar

a.quí.fe.ro *adj.* **1** que conduz água • *s.m.* **2** GEOL formação rochosa que armazena água subterrânea

a.qui.lão *s.m.* **1** GEOG vento do norte **2** unguento supurativo

a.qui.la.tar *v.t.* **1** avaliar o valor de pedras e metais preciosos; determinar o quilate

a.qui.li.no *adj.* **1** diz-se do que é recurvo como o bico da águia, ex.: *nariz aquilino* **2** relativo a águia

a.qui.lo *pron.* expressa distância temporal ou espacial, ex.: *aquilo que você disse ontem*

á.qui.lo *s.m.* o vento norte; aquilão

a.qui.nho.ar *v.t.* **1** repartir algo; dividir em partes **2** beneficiar, favorecer **3** tomar parte de; compartilhar

a.qui.si.ção *s.f.* **1** compra; tomada de posse; obtenção **2** objeto comprado; adquirido

a.qui.si.ti.vo *adj.* **1** que se pode comprar, adquirir **2** relativo a aquisição ♦ **poder aquisitivo** poder de compra de uma pessoa com base em sua condição financeira

a.quo.so /ô/ *adj.* **1** que contém água **2** semelhante à água

ar *s.m.* **1** composto gasoso constituído principalmente de oxigênio e nitrogênio e que forma a atmosfera **2** *pop.* oxigênio **3** vento, ventania, aragem, atmosfera **4** aparência, feições de uma pessoa; fisionomia ▪ **ar condicionado** ar resfriado pelo equipamento ar-condicionado ▪ **ao ar livre** em espaço aberto ▪ **ir ao ar** ser transmitido pela televisão ou pelo rádio ▪ **apanhar ar** respirar ao fresco ▪ **ar de poucos amigos** fisionomia séria ▪ **ir pelos ares** explodir ▪ **sair do ar** parar de funcionar ou cessar atividade

Ar QUÍM símbolo do elemento químico argônio da tabela periódica

-ar *suf.* expressa relação, ex.: *familiar* (família), *hospitalar* (hospital)

a.ra *interj.* **1** exprime reprovação; ora **2** expressão de jocosidade

á.ra.be *adj. gent.* **1** natural da Arábia • *s.m.* **2** língua da península arábica

a.ra.bes.co /ê/ *s.m.* ornamentos gráficos de origem árabe, nos quais linhas, flores, ramagens etc. se entrelaçam formando figuras geométricas, e que geralmente são utilizados no adorno de paredes

a.rá.bi.co *adj. gent.* relativo à Arábia ou aos árabes

a.ra.bis.mo *s.m.* **1** diz-se da palavra ou expressão característica da língua árabe empregada em outra língua **2** movimento em defesa da cultura árabe

a.ra.bis.ta *adj.2g. s.2g.* **1** indivíduo especializado na cultura árabe **2** defensor dessa cultura, seguidor do arabismo

a.ra.bi.zar *v.t.* **1** tornar árabe **2** atribuir características do povo e da cultura árabe

a.ra.ca *s.f.* CUL bebida alcoólica oriental

a.ra.çá *s.m.* **1** BOT fruta silvestre de sabor marcante, semelhante à goiaba **2** árvore dessa fruta

a.ra.ça.zei.ro /ê/ *s.m.* **1** árvore de tronco malhado cujo fruto é o araçá; *m.q.* araçá ♦ *col.* **2** araçazal

a.rac.ní.deo *s.m.* ZOOL classe de animais invertebrados da qual fazem parte aranhas, ácaros e escorpiões

a.rac.no.fo.bi.a *s.f.* aversão a aranhas; medo mórbido de aranhas

a.rac.noi.de /ó/ *s.f.* **1** ANAT membrana transparente que abrange o cérebro e a medula espinhal • *adj.* **2** que se assemelha à aranha

a.ra.do *s.m.* **1** MED batimento intenso do coração **2** instrumento agrícola que serve para lavrar a terra **3** *fig.* lavoura • *adj.* **4** terra lavrada **5** *fig.* faminto, varado

a.ra.gem *s.f.* vento brando e ameno; brisa

a.ra.go.nês *adj. gent.* relativo ao povo de Aragão, na Espanha

a.ra.ma.do *adj.* **1** cercado de arame • *s.m.* **2** cerca de arame

a.ra.mai.co *s.f.* língua falada antigamente na Síria e na Mesopotâmia

a.ra.me *s.m.* **1** liga metálica flexível, feita de cobre e zinco

a.ra.mis.ta *s.2g.* artista circense cujo número no espetáculo é equilibrar-se e caminhar em arame

a.ran.de.la /é/ *s.f.* **1** instrumento afixado à parede para sustentar lâmpada ou vela **2** peça colocada em castiçais para recolher pingos de cera

a.ra.nha *s.f.* BIOL animal da família dos aracnídeos que geralmente tece teias para capturar seu alimento

a.ra.nhi.ço *s.m.* **1** BIOL aranha pequena **2** *fig.* pessoa frágil

a.ra.nhol /ó/ *s.m.* **1** designação do local em que há muita teia de aranha **2** toca de aranha **3** armadilha semelhante a uma teia de aranha, para capturar pássaros

a.ran.zel /é/ *s.m.* **1** falatório fatigante; lenga-lenga **2** confusão, briga **3** formulário, regimento

a.ra.pon.ga *s.f.* **1** ZOOL pássaro brasileiro, de canto estridente e plumagem branca ○ *s.2g.* **2** *gír.* indivíduo cujo trabalho é obter informação; espião **3** *fig.* pessoa que fala demais ou que tem voz estridente, semelhante ao canto da araponga

a.ra.pu.ca *s.f.* **1** armadilha para apanhar pássaros de pequeno porte **2** *fig.* armadilha, emboscada **3** *fig.* local em que se faz trambique, fraude

a.rar *v.t.* sulcar e revirar a terra com arado para o cultivo

a.ra.ra *s.f.* **1** ZOOL ave de médio porte, de cores fortes, bico curvo e calda comprida **2** peça roliça que, presa em dois suportes, serve para pendurar roupas

a.ra.ru.ta *s.f.* **1** BOT erva de raiz tuberosa com a qual se produz farinha **2** a farinha dessa raiz

a.ra.ti.cu *s.m.* **1** fruta brasileira, de gomos amarelos e doces; araticum **2** árvore dessa fruta

a.ra.tu *s.m.* espécie de caranguejo cinza e de carapuça quadrada

a.rau.cá.ria *s.f.* BOT pinheiro nativo da América do Sul e comum no Estado do Paraná, cuja madeira é de qualidade; pinheiro-do-paraná

a.rau.to *s.m.* **1** tipo de mensageiro oficial das monarquias, encarregado de mensagens secretas **2** *fig.* que ou quem anuncia algo **3** *por ext.* defensor de algo

ar.bi.tra.gem *s.f.* **1** ato de arbitrar; arbitramento **2** atuação do árbitro **3** decisões do perito

ar.bi.trar *v.t.* **1** ESPORT ser juiz na prática oficial de algum esporte **2** decidir, resolver casos duvidosos **3** decidir em justiça

ar.bi.tra.ri.e.da.de *s.f.* **1** atitude injustificada, ilógica **2** abuso de poder

arbitrário

ar.bi.trá.rio *adj.* **1** que não tem regras ou limites, cujo comportamento é estabelecido por quem age dessa forma **2** o que não é obrigatório; facultativo **3** que abusa do poder a si investido; abusivo

ar.bí.trio *s.m.* **1** vontade pessoal **2** capacidade e domínio absoluto para tomar decisões **3** sentença de juiz ou árbitro **4** parecer, opinião

ár.bi.tro *s.m.* **1** JUR pessoa cujo poder e cuja função dá-lhe a permissão para dirimir um litígio; juiz **2** ESPORT pessoa responsável pelo cumprimento das regras de um jogo

ar.bó.re.o *adj.* relativo a árvore

ar.bo.res.cen.te *adj.2g.* BOT designação das plantas que começam a atingir seu desenvolvimento final como árvore

ar.bo.res.cer /ê/ *v.i.* BOT atingir seu desenvolvimento final, transformar-se em árvore

ar.bo.re.to /ê/ *s.m.* floresta cultivada para um fim específico

ar.bo.rí.co.la *adj.2g.* planta ou animal que vive nas árvores

ar.bo.ri.cul.tor /ô/ *adj. s.m.* pessoa que cultiva ou estuda as técnicas para o melhor cultivo e aproveitamento das árvores

ar.bo.ri.cul.tu.ra *s.f.* cultura e estudo do cultivo de árvores para diversos fins

ar.bo.ri.za.ção *s.f.* ação de plantar árvores, geralmente em lugares públicos

ar.bo.ri.zar *v.t.* plantar árvores em algum lugar

ar.bus.to *s.m.* vegetal lenhoso, de porte variável, que pode atingir até **6** metros de altura e que possui ramificações

ar.ca *s.f.* caixa, geralmente de madeira, utilizada para guardar roupas, objetos etc.

ar.ca.bou.ço /ô/ *s.m.* **1** armação interna; esqueleto **2** ANAT o conjunto dos ossos que compõem o tórax **3** esboço **4** alicerce de uma construção, estrutura

ar.ca.buz *s.m.* antiga arma de fogo de cano largo e curto

ar.ca.da *s.f.* **1** série de arcos; abertura em forma de arco **2** MÚS direção da passagem do arco sobre as cordas **3** ANAT estrutura em forma de arco que suporta os dentes

ár.ca.de *adj. gent.* **1** natural da Arcádia, região grega • *s.m.* **2** literato adepto da arcádia

ar.cá.dia *s.f.* academia literária dos séculos XVII-XVIII fundada na Itália, cujos princípios baseavam-se no classicismo

ar.ca.dis.mo *s.m.* LITER corrente literária que retornou aos princípios clássicos

ar.cai.co *adj.* **1** muito antigo, velho **2** fora de uso, obsoleto

ar.ca.ís.mo *s.m.* **1** GRAM palavra ou expressão fora de uso **2** tendência para usar palavras arcaicas

ar.cai.zar *v.t.* **1** tornar arcaico, obsoleto, desusado **2** usar arcaísmos

ar.can.jo *s.m.* RELIG uma das classes de seres celestiais, de ordem superior à dos anjos

ar.ca.no *s.m.* **1** segredo, mistério **2** cada carta do tarô • *adj.* **3** secreto, enigmático, oculto

ar.ção *s.m.* armação de madeira arqueada que compõe a sela de montaria

ar.car *v.t.* **1** atribuir forma de arco **2** munir-se de arcos **3** assumir a responsabilidade **4** lutar sem armas, corpo a corpo **5** forçar para baixo

ar.ca.ri.a *s.f.* série de arcos que dão sustentação; abóbadas

ar.caz *s.m.* grande arca com gavetões

ar.ci.pres.te /é/ *s.m.* **1** RELIG título de honra conferido aos presbíteros de certas igrejas **2** sacerdote idoso que toma parte das decisões da diocese

ar.ce.bis.pa.do *s.m.* **1** RELIG o território da jurisdição de um arcebispo **2** o cargo de arcebispo **3** duração do cargo de arcebispo

ar.ce.bis.po *s.m.* RELIG principal bispo responsável por uma arquidiocese

ar.ce.di.a.go *s.m.* **1** RELIG sacerdote encarregado pelo bispo da administração de sua diocese e a quem também é confiado certo poder sobre os párocos **2** auxiliar dos bispos na Idade Média

ar.cha *s.f.* arma antiga, semelhante ao machado

ar.chei.ro /ê/ *s.m.* **1** soldado armado com archa **2** fabricante de archas

ar.cho.te /ó/ *s.m.* corda untada de substância inflamável, utilizada na iluminação; tocha

ar.co *s.m.* **1** MAT segmento de uma curva **2** que tem forma de curva, curvatura **3** arma flexível que atira flechas **4** objeto utilizado para tocar instrumentos de corda **5** argola metálica do barril **6** curva da abóbada

ar.co-í.ris *s.m.2n.* arco luminoso, formado por faixas coloridas, que surge da dispersão da luz do sol em gotículas de água

ar.con.te *s.m.* magistrado da antiga Grécia com poder de legislar e executar as leis

ár.de.go *adj.* **1** que arde; fogoso, ardente **2** que se irrita facilmente **3** de execução difícil ou trabalhosa; árduo

ar.dên.cia *s.f.* **1** estado de queimação, ardor **2** sensação de ardor na boca, causada por alimento ácido ou picante **3** *fig.* entusiasmo

ar.den.te *adj.* **1** que queima **2** muito quente, que arde de calor **3** picante **4** vivo, queimante **5** *fig.* entusiasmado

ar.den.ti.a *s.f.* BIOL designação comum aos organismos protistas fosforescentes que transmitem sua luminescência para a água do mar; fosforescência-do-mar

ar.der /ê/ *v.i.* **1** queimar em chamas, abrasar **2** acender, estar aceso **3** sentir ardência por causa do sabor picante de um alimento **4** sentir muito calor **5** esquentar ou avermelhar a face de vergonha **6** queimar, sentir ardor

ar.di.do *adj.* qualidade do que é picante, que arde

ar.dil *s.m.* astúcia, manha, armadilha, arapuca

ar.di.le.za /ê/ *s.f.* qualidade do que é ardil; sagacidade, esperteza

ar.di.lo.so /ô/ *adj.* que usa de manhas; astucioso, sagaz

ar.di.men.to *s.m.* **1** ardência, queimação **2** qualidade ou caráter do que tem ousadia, coragem, valentia

ar.dor /ô/ *s.m.* **1** calor muito intenso **2** sentimento amoroso vivo, apaixonado **3** *fig.* entusiasmo

ar.do.ro.so /ô/ *adj.* repleto de ardor; entusiasta

ar.dó.sia *s.f.* GEOL rocha de cor cinza, verde ou azulada, de granulação fina e grande utilização em acabamentos, pisos, paredes etc.

ar.du.me *s.m.* atributo do que é picante e provoca ardor; ardência

argumento

ár.duo *adj.* **1** difícil, penoso **2** *fig.* cansativo

a.re *s.m.* medida agrária que equivale a **100** m² e cujo símbolo é *a*

á.rea *s.f.* **1** extensão de uma superfície ou de um terreno **2** GEOM medida de uma superfície de uma figura **3** esfera ou campo de atividade, de atuação **4** espaço aberto e interno de uma edificação ■ **área de proteção ambiental** extensão de terreno em que a natureza é protegida por lei

a.re.a.do *adj.* **1** que foi coberto de areia **2** que foi esfregado com areia **3** polido com material abrasivo **4** refinado (açúcar) **5** *gír.* sem dinheiro; duro, quebrado **6** desatencioso, distraído **7** sem direção ou sem decisão; desnorteado

a.re.ar *v.t.* **1** jogar areia, encobrir de areia **2** polir utilizando areia ou outro material **3** ficar perdido, perder-se; desnortear-se, perder o juízo **4** ficar entontecido de surpresa; pasmar-se

a.re.en.to *adj.* **1** que tem muita areia; misturado com areia; arenoso **2** diz-se de substância cuja textura parece areia; granulado

a.rei.a *s.f.* **1** grânulos minerais que se soltam de rochas silicosas, graníticas ou argilosas **2** calcificação granulosa que pode ocorrer na urina • *adj.* **3** cor bege, semelhante à areia

a.re.jar *v.t.* **1** expor ambiente à circulação de ar; ventilar **2** colocar objeto em lugar ventilado para secagem ou eliminação de odor **3** *fig.* renovar as ideias **4** adquirir aspecto renovado **5** *fig.* revigorar o ânimo

a.re.na *s.f.* **1** espaço coberto de areia nos antigos teatros romanos, onde aconteciam batalhas, sacrifícios e outros eventos de conhecimento público **2** lugar em que se travam batalhas **3** *por. ext.* qualquer anfiteatro **4** centro do circo onde acontece o espetáculo; picadeiro **5** área de terreno arenoso, fechada e circular, na qual se realizam touradas **6** espaço cercado por cordas, de chão amaciado, onde ocorrem lutas de boxe; ringue **7** lugar em que acontecem desafios

a.ren.ga *s.f.* **1** enunciação, discurso **2** discurso enfadonho, longo e monótono **3** disputa **4** *bras.* fofoca

a.re.ní.co.la *adj.* BIOL diz-se dos animais que vivem na areia ou em terreno arenoso

a.re.ni.to *s.m.* GEOL rocha composta de areia e cimento natural e de ampla utilização em construções

a.re.no.so /ô/ *adj.* **1** que contém areia **2** que se assemelha à areia

a.ren.que *s.m.* BIOL peixe da família dos clupeídeos, comum no oceano Pacífico e no Atlântico norte, de consumo muito apreciado

a.ré.o.la *s.f.* **1** pequeno espaço **2** círculo de luz formado ao redor da Lua ou do Sol **3** área de tom rosado ou castanho que cinge o mamilo

a.re.ó.pa.go *s.m.* **1** HIST tribunal superior na Grécia antiga **2** *por. ext.* reunião ou assembleia de magistrados, cientistas etc.

a.res.ta /é/ *s.f.* **1** filete ou barba de trigo **2** *fig.* (arestas) dificuldades pequenas, detalhes conflituosos ■ **aparar as arestas** resolver últimos detalhes, problemas ou questões que impedem algo **3** GEOM segmento de reta ou o ângulo da interseção de dois planos

a.res.to /ê/ *s.m.* **1** JUR precedente de uma questão judicial, criado da sentença final dada por instância superior **2** *por. ext.* decisão

-aréu *suf.* exprime aumento, ex.: *fogaréu* (fogo), *povaréu* (povo)

ar.far *v.i.* **1** respirar com dificuldade; ofegar **2** balançar, oscilar **3** mover com ritmo **4** sofrer palpitações

ar.ga.mas.sa *s.f.* composto utilizado em construção, formado por areia, água e aglutinante

ar.ga.naz *s.m.* **1** ZOOL pequeno roedor que vive em árvores **2** *fig.* alguém muito ossudo e alto

ar.ge.li.no *adj. gent.* **1** natural da Argélia • *s.m.* **2** língua falada nesse país

ar.gen.tar *v.t.* **1** banhar, cobrir com prata **2** dar o aspecto de prata

ar.gen.ta.ri.a *s.f.* conjunto de objetos de prata

ar.gen.tá.rio *s.m.* **1** que trabalha com prata **2** guarnição de prata **3** indivíduo abastado que empresta dinheiro com a intenção de obter lucro com os juros altos; agiota

ar.gên.teo *adj.* **1** feito ou coberto de prata **2** de feitio da prata

ar.gen.ti.no *adj. gent.* natural da Argentina ou próprio desse país

ar.gi.la *s.f.* substância mineral, terrosa e plástica formada por sílica e alumina, de utilização cosmética e na confecção de objetos, como obras de arte, vasos, jarros etc.

ar.gi.lo.so /ô/ *adj.* **1** feito de argila ou que contém argila **2** que é da natureza da argila

ar.go.la /ó/ *s.f.* **1** objeto circular geralmente metálico e vazio no meio **2** anel ou aro de metal utilizado para mover ou prender **3** brinco de formato de aro

ar.go.nau.ta *s.m.* **1** BIOL molusco cefalópode que deposita seus ovos em concha calcária expelida pela fêmea **2** MIT tripulante da nau de Argo ○ *s2g.* **3** navegador aventureiro, destemido, aguerrido

ar.gô.nio *s.m.* QUÍM gás nobre que compõe a atmosfera, usado em lâmpadas incandescentes, soldas metálicas etc., cujo símbolo na tabela periódica é Ar

ar.gú.cia *s.f.* **1** qualidade do que tem esperteza, raciocínio sutil; inteligência **2** facilidade para perceber; astúcia, sagacidade

ar.guei.ro /ê/ *s.f.* **1** grão muito pequeno que se separa de alguma coisa e entra nos olhos; cisco **2** *fig.* fato, evento, pessoa, objeto etc. sem importância, insignificante; ninharia

ar.gui.ção *s.f.* **1** ato ou efeito de arguir **2** prova oral para constatação dos conhecimentos adquiridos **3** alegação; indagação, argumentação contrária a outra **4** reprimenda, censura

ar.guir *v.t.* **1** perguntar, indagar **2** testar conhecimentos por meio de questões orais **3** repreender, recriminar **4** contrariar com argumentos; refutar

ar.gu.men.ta.ção *s.f.* **1** ato de argumentar **2** conjunto de argumentos elaborados na discussão de um problema para convencer ou provar uma opinião

ar.gu.men.tar *v.t.* **1** reunir fatos ou ideias que comprovem o que se quer defender ou acusar **2** apresentar uma ideia de maneira eloquente a fim de convencer o interlocutor

ar.gu.men.to *s.m.* **1** raciocínio lógico que permite chegar a uma conclusão convincente **2** ideia, fato ou evidência que serve como prova de algo **3** resumo de um enredo de roteiro de cinema ou programa de televisão

arguto

ar.gu.to *adj.* que possui uma percepção aguçada das coisas; perspicaz, argucioso, astuto

-aria *suf.* **1** exprime ideia de estabelecimento, ex.: *pizzaria* **2** exprime ação, ex.: *pirataria*

á.ria *s.f.* **1** canto ou declamação oratória para um único artista, para um solista **2** texto adaptado e transformado em uma canção

a.ri.a.nis.mo *s.m.* teoria que defendia a superioridade do povo ariano, formado por homens brancos, e que foi popularizada pelo nazismo

a.ri.a.no *adj. s.m.* **1** denomina o povo indo-europeu de raça branca e seus descendentes puros **2** diz-se da pessoa nascida entre **21** de março e **20** de abril, cujo signo zodiacal é Áries

a.ri.dez /ê/ *s.f.* qualidade do que é árido; em que falta água e é estéril

á.ri.do *adj.* **1** que possui pouca água e tem baixa produtividade na agricultura por causa da esterilidade do solo **2** *fig.* penoso, árduo **3** *fig.* que aborrece, chateia

a.ri.e.te *s.m.* antiga máquina de guerra que era usada para arrombar portas e derrubar grandes murros

a.ri.lo *s.m.* **1** BOT invólucro formado por camadas existentes na superfície de certas sementes, como a mamona e a noz-moscada, que pode ou não ser piloso **2** QUÍM denominação do radical que resultou da perda de um átomo de hidrogênio de um núcleo

a.ri.ra.nha *s.f.* ZOOL mamífero carnívoro que vive próximo à água e que possui hábitos diurnos, semelhante a lontra

a.ris.co *adj.* **1** diz-se da natureza de animais que não são domesticáveis **2** que não se deixa enganar; desconfiado **3** de tratamento difícil

a.ris.to.cra.ci.a *s.f.* **1** sistema de governo em que pessoas de origem nobre monopolizam o poder por meio de herança **2** a classe formada por essas pessoas nobres **3** *fig.* classe de pessoas que se fazem notáveis pela distinção, pelo saber, pelos modos etc.

a.ris.to.cra.ta *adj.2g. s.2g.* **1** pessoa que pertence à aristocracia; nobre **2** pessoa de atitudes louváveis

a.ris.to.crá.ti.co *adj.* **1** relativo à aristocracia **2** que se distingue pela elegância e pelo estilo refinado

a.ris.to.té.li.co *adj.* **1** FILOS relativo a Aristóteles ou à sua filosofia **2** que compartilha das ideias e dos princípios de Aristóteles

a.ris.to.te.lis.mo *s.m.* **1** FILOS escola filosófica de Aristóteles, cujos princípios e cujas ideias serviram à criação da lógica formal e da ética, propagada pelos trabalhos de S. Tomás de Aquino e que influenciou e ainda influencia o desenvolvimento do pensamento ocidental

a.rit.mé.ti.ca *s.f.* **1** MAT ciência das operações numéricas **2** livro didático que apresenta essa ciência **3** *por ext.* qualquer operação com números

ar.le.quim *s.m.* **1** antiga personagem da comédia italiana que divertia o público no intervalo do espetáculo **2** *fig.* pessoa viva, alegre **3** *por ext.* fantasia carnavalesca que retrata esse tipo de palhaço italiano

ar.ma *s.f.* **1** objeto capaz de causar ferimentos, utilizado na defesa ou no ataque **2** estratégia secreta para vencer uma disputa ou desafio **3** cada subclasse do exército **4** forças armadas de uma nação ■ **arma branca** arma com lâmina ■ **arma de fogo** arma que lança projétil impulsionado por explosão ■ **arma química** arma que usa substâncias destrutivas

ar.ma.ção *s.f.* **1** ação de organizar objetos em ambiente **2** estrutura que dá sustentação a um corpo **3** peças que sustentam ou reforçam a construção de navios, barcos etc. **4** madeiramento de uma casa **5** conjunto de prateleiras de um comércio **6** peças que se unem para formar um todo **7** *fig.* armadilha para enganar alguém

ar.ma.da *s.f.* **1** força militar marítima de uma nação **2** força naval; conjunto de navios de guerra; esquadra **3** *fig.* armação, armadilha, cilada para enganar alguém

ar.ma.di.lha *s.f.* **1** instrumento com dispositivo engenhoso para capturar animais **2** *fig.* situação arranjada para enganar alguém; cilada, emboscada

ar.ma.do *adj.* **1** que está munido de arma ou porta arma **2** diz-se da construção cuja armação está erguida **3** diz-se de roupa que, no corpo, fica rígida e abalonada **4** cuidadoso, prevenido **5** *gír.* que está com muito dinheiro

ar.ma.dor /ô/ *s.m.* **1** o que arma **2** construtor ou empresário de navios **3** indivíduo cuja ocupação é preparar recintos com adornos; decorador **4** ESPORT que organiza as jogadas do time **5** *fig.* pessoa que faz enganações, tira proveito de situações falsas, forjadas

ar.ma.du.ra *s.f.* **1** vestimenta própria para a guerra, que protege o corpo contra ferimento **2** equipamento bélico medieval **3** armas de um navio de guerra **4** *por. ext.* denomina qualquer estrutura de defesa de um animal **5** o que fornece sustentação; armação **6** *fig.* qualquer coisa que sirva para se proteger

ar.ma.men.tis.mo *s.m.* HIST teoria cujo princípio básico prega que apenas o armamento ou o aumento de instrumentos bélicos representa o poder de uma nação

ar.ma.men.tis.ta *s.2g.* HIST seguidor da teoria do armamentismo

ar.ma.men.to *s.m.* **1** ação de munir-se de armas **2** conjunto das armas de defesa e de ataque de um país, de um exército, de uma fortaleza etc.

ar.mar *v.t. v.pron.* **1** munir-se de armas, portar algum tipo de arma **2** preparar arma de fogo para o disparo **3** *por ext.* preparar algo para pôr em funcionamento **4** montar ou instalar algo que tenha armação **5** levantar a estrutura de uma construção **6** *fig.* pensar **7** *fig.* provocar rixas, confusão **8** *fig.* prevenir-se, ex.: *armou-se contra o frio*

ar.ma.ri.a *s.f.* **1** local em que se guardam armas **2** conjunto de armas **3** arte e estudo dos brasões; heráldica

ar.ma.ri.nho *s.m.* **1** armário pequeno **2** estabelecimento comercial cuja mercadoria corresponde a objetos de costura, adornos para vestimentas e miudezas afins; loja de aviamentos

ar.má.rio *s.m.* **1** móvel com divisórias e gavetas, em que se guardam roupas, utensílios domésticos, coleções etc. **2** *fig.* homem muito alto e forte

ar.ma.zém *s.m.* **1** estabelecimento comercial em que se vendem, a varejo, produtos de uso mais geral, como alimentos, bebidas, utensílios domésticos etc.; mercearia **2** depósito para mercadoria que transita nos portos **3** grande depósito de mercadorias diversas

ar.ma.ze.nar *v.t.* **1** pôr e conservar em armazém **2** *fig.* acumular **3** suportar certa quantidade; comportar **4** INFORMÁT guardar dados para serem recuperados posteriormente **5** estocar mantimentos

ar.mei.ro /ê/ *s.m.* **1** indivíduo que fabrica e/ou faz manutenção em armas **2** lugar destinado para a conservação de armas **3** indivíduo que guarda e distribui as armas militares

ar.me.la /é/ *s.f.* bracelete, argola

ar.mê.nio *adj. gent.* **1** natural ou relativo à Armênia ○ *adj.* **2** relativo ao povo, à cultura ou à língua da Armênia

ar.men.to *s.m.* **1** rebanho de gado **2** manada de cavalos

ar.mi.la *s.f.* **1** bracelete, armela **2** ASTRON círculo de uma esfera celeste

ar.mi.nho *s.m.* ZOOL animal polar, mamífero, carnívoro, da família dos mustelídeos, de pelo vermelho-acastanhado no verão e branco no inverno, semelhante a lontras e ariranhas

ar.mis.tí.cio *s.m.* HIST acordo de cessão de ataques e hostilidades que suspende uma guerra antes de seu término definitivo; trégua

ar.nês *s.m.* **1** *desus.* armadura medieval completa **2** arreio de cavalo **3** *fig.* proteção

ar.mo.ri.al *s.m.* **1** catálogo, livro de registros de brasões e respectivas definições ● *adj.2g.* **2** relativo a brasões; heráldico

ar.ni.ca *s.f.* **1** planta comum em regiões frias e temperadas, de flor amarela, usada como ornamento e com propriedades cicatrizantes **2** tinta dessa planta

a.ro *s.m.* **1** segmento circular de pontas unidas que pode ser feito de plástico, madeira, metal etc.; argola **2** *por ext.* objeto de tira em formato circular **3** armação das rodas de alguns veículos **4** armação de óculos **5** moldura de madeira colocada em portas e janelas

a.ro.ei.ra /ê/ *s.f.* árvore comum no cerrado brasileiro, explorada por sua madeira de qualidade, pelas propriedade medicinais de sua casca e pela tinta extraída de seus frutos

a.ro.ma *s.m.* **1** odor agradável e natural, ex.: *aroma de flores do campo* **2** odor agradável emanado de substâncias artificiais ou químicas; perfume **3** substância que confere sabor artificial a alimentos

a.ro.ma.ti.za.do *adj.* **1** perfumado **2** condimentado com **3** atribuído de sabor artificial

a.ro.ma.ti.zar *v.t.* **1** odorizar com aroma **2** condimentar

ar.pão *s.m.* equipamento de ferro e seta na ponta, usado na captura de peixes grandes

ar.pe.ar *v.t.* atingir e capturar usando um arpão; arpoar

ar.pe.jar *v.i.* **1** MÚS tocar instrumento de cordas **2** executar notas de modo rápido e sucessivo

ar.pe.jo /ê/ *s.m.* MÚS acorde musical em que as notas são tocadas rapidamente e de maneira sucessiva

ar.péu *s.m.* **1** arpão pequeno **2** tipo de âncora usada para atracar o navio

ar.po.ar *v.t.* **1** atingir, cravar, aferrar o arpão em **2** atirar o arpão

ar.que.a.ção *s.f.* **1** ação ou resultado de curvar como arco **2** envergadura de um arco **3** ação de medir a capacidade de recipientes arqueados **4** capacidade de carga de um navio ou avião

ar.que.ar *v.t.* curvar ou dobrar, conferindo a forma de arco

ar.quei.ro /ê/ *s.m.* **1** fabricante ou vendedor de arcos ou de arcas **2** antigo combatente de guerra cuja arma era um arco; archeiro **3** ESPORT goleiro de futebol **4** pessoa que pratica arco e flecha

ar.que.jar *v.i.* **1** respirar com ânsia, tensão, dificuldade; ofegar, arfar **2** emitir som; retinir, ecoar

ar.que.o.lo.gi.a *s.f.* ciência dedicada ao estudo de povos e culturas extintos, fazendo-o por meio de documentos, monumentos, fósseis etc.

ar.que.o.ló.gi.co *adj.* relativo ao estudo dos costumes, da cultura e dos povos extintos; referente a arqueologia

ar.que.ó.lo.go *s.m.* profissão do indivíduo que pratica arqueologia

ar.que.op.té.rix /ks/ *s.m.* PALEO fóssil de ave do período Jurássico

ar.qué.ti.po *s.m.* **1** primeiro exemplar, original; modelo, protótipo, padrão

ar.qui.ban.ca.da *s.f.* conjunto de assentos colocados em fileiras para acomodar o público em um circo, teatro, estádio de futebol etc.

ar.qui.di.o.ce.se /é/ *s.f.* diocese dirigida oficialmente por um arcebispo e que tem poder sobre outras dioceses; arcebispado

ar.qui.du.que *s.m.* **1** título de honra e nobreza superior ao título de duque **2** pessoa que possui esse título

ar.qui.e.pis.co.pa.do *s.m.* **1** região comandada por um arcebispo; arcebispado **2** tempo de governo do arcebispo

ar.qui.e.pis.co.pal *adj.2g.* relativo ao arcebispo ou ao arcebispado

ar.qui-i.ni.mi.go *adj. s.m.* o maior inimigo; arquirrival

ar.qui.mi.li.o.ná.rio *adj. s.m.* que é muito rico, muitas vezes milionário

ar.qui.pé.la.go *s.m.* GEOG grupo de ilhas próximas que formam um conjunto

ar.qui.te.to /é/ *s.m.* pessoa formada em arquitetura e que trabalha no planejamento, na preparação e no acompanhamento de uma construção

ar.qui.te.tu.ra *s.f.* **1** arte e técnica de planejar e construir ambientes de acordo com seu fim **2** construções que fazem parte da identidade de uma época, de uma cultura ou de um lugar **3** estilo de uma construção **4** elementos de uma edificação

ar.qui.tra.ve *s.f.* **1** ARQUIT entablamento entre o friso e o capitel das colunas **2** *por ext.* viga mestra horizontal, que se assenta em colunas para segurar o peso do pavimento superior

ar.qui.var *v.t.* **1** guardar em local destinado à conservação de documentos **2** interromper processo ou inquérito jurídico **3** *fig.* armazenar, guardar na memória; memorizar **4** *fig.* esquecer, ignorar, ex.: *já arquivei esse assunto há tempo*

ar.qui.vis.ta *s.2g.* **1** funcionário que trabalha no arquivo de alguma empresa ou instituição **2** indivíduo entendido em organizar e manter arquivos

arquivo

ar.qui.vo *s.m.* **1** local ou móvel reservado para conservar documentos importantes **2** conjunto de documentos que constituem a história de uma pessoa, instituição, organização, país etc. **3** INFORMÁT conjunto de dados armazenados na mesma extensão **4** *fig.* repositório

ar.ra.bal.de *s.m.* **1** região ou bairro afastado de uma cidade; subúrbio **2** área mais distante do centro da cidade

ar.rai.a *s.f.* **1** ZOOL nome comum a animais marinhos ou de água doce, de nadadeiras desenvolvidas, com ou sem ferrão na ponta de um rabo fino; raia, jamanta ■ **rabo de arraia** golpe de capoeira **2** classe social mais baixa ■ **arraia-miúda** povão, ralé

ar.rai.al *s.m.* **1** pequena aldeia; lugarejo, vila **2** acampamento provisório **3** cenário montado anualmente para a realização de festas juninas

ar.rai.gar *v.t.* **1** prender, fixar à terra pelas raízes **2** instalar-se, estabelecer-se

ar.rais *s.m.2n.* chefe, mestre ou comandante de embarcação

ar.ran.car *v.t.* **1** extrair, tirar puxando com força **2** suscitar ou provocar reação **3** conseguir algo com o uso da força ou de maneira dificultosa **4** avançar com ímpeto; sair em disparada

ar.ran.char *v.t.* **1** juntar ou unir em grupo **2** oferecer ou receber abrigo **3** instalar-se provisioriamente **4** unir-se a um grupo com um objetivo comum

ar.ra.nhar *v.t. v.pron.* **1** ferir a pele de maneira superficial, com unhas, objetos agudos ou ásperos **2** sentir algo desagradável em contato com a pele **3** riscar superfície **4** *fig.* saber muito pouco ou superficialmente

ar.ran.jar *v.t.* **1** dispor em ordem adequada; arrumar **2** preparar para o funcionamento; dar condições para funcionar **3** conseguir, obter algo **4** improvisar **5** sair de dificuldades

ar.ran.que *s.m.* **1** movimento forte e brusco **2** movimento súbito de força a fim de desprender algo **3** partida violenta e repentina; arrancada

-arrão *suf.* exprime aumento, ex.: *homenzarrão*

ar.ras *s.f.2n.* **1** bem ou recurso empregado como garantia **2** acordo em que são definidos compromissos futuros **3** evidência, prova

ar.ra.sar *v.t.* **1** destruir; causar muitos estragos; desolar, arruinar **2** tornar raso ou plano **3** agredir física ou psicologicamente **4** criticar veementemente **5** *gír.* destacar-se em uma festa; abafar **6** perder dinheiro, bens ou posição social; arruinar-se

ar.ras.tão *s.m.* **1** ação ou efeito de arrastar com força **2** ato de recolher rede de pesca **3** rede de pescar **4** tipo de pesca com rede **5** ESPORT golpe de capoeira **4** *fig.* assalto feito em grupo em lugares públicos com aglomeração de pessoas

ar.ras.ta-pé *s.m.* **1** reunião informal, com música e dança **2** *fig.* baile com músicas populares, como o samba e o forró

ar.ras.tar *v.t.* **1** puxar por uma superfície **2** levar alguém à força **3** INFORMÁT mover com o auxílio do *mouse* **4** deslizar ou roçar no chão **5** *fig.* demorar

ar.ra.zo.ar *v.t.* **1** discutir expondo opinião e argumentos **2** repreender **3** apresentar argumentos em defesa de **4** discutir

ar.re *interj.* **1** usa-se para incitar animais de carga **2** exprime reprovação, zanga, enfado, ex.: *arre, que chatice!*

ar.re.ar *v.t.* **1** colocar arreios **2** fazer descer **2** ataviar; enfeitar; adornar

ar.re.ba.nhar *v.t.* **1** ajuntar em rebanho **2** *por ext.* convocar, recrutar **3** reunir-se em grupo

ar.re.ba.ta.men.to *s.m.* **1** ação ou efeito de arrebatar **2** empolgação **3** enlevo de espírito; entusiasmo **4** raiva inesperada, repentina

ar.re.ba.tar *v.t.* **1** arrancar com violência **2** causar deslumbramento, extasiar **3** enfurecer

ar.re.ben.tar *v.t.* romper, quebrar, estourar; rebentar

ar.re.bi.car *v.t.* **1** pôr arrebiques; enfeitar **2** pintar com arrebiques **3** *pejor.* pintar a face exageradamente

ar.re.bi.que *s.m.* **1** enfeite **2** cosmético para avermelhar as faces **3** adorno caricato, cômico **4** *fig.* atitude artificia

ar.re.bi.tar *v.t.* **1** revirar ou direcionar algo para cima **2** levantar **3** *fig.* tornar-se presunçoso **4** *fig.* irritar-se

ar.re.bol */ó/ s.m.* coloração de tons avermelhados do céu ao nascer e ao pôr do sol

ar.re.ca.da.ção *s.f.* **1** ação ou efeito de arrecadar **2** acumulação de valores recolhidos **3** local seguro para guardar objetos

ar.re.ca.da.do *adj.* que foi obtido de taxas ou de contribuições

ar.re.ca.dar *v.t.* **1** cobrar ou receber dinheiro de taxas, contribuições, valores de compras etc. **2** juntar **3** obter, conseguir **4** guardar em local seguro **5** tomar posse

ar.re.dar *v.t.* **1** fazer recuar, caminhar para trás **2** mover ou retirar **3** dissuadir

ar.re.di.o *adj.* **1** que não aprecia o convívio social; retraído **2** que se separa

ar.re.don.dar *v.t.* **1** tornar redondo, esférico **2** calcular com números inteiros; aproximar número fracionado a um número inteiro

ar.re.dor */ó/ adv.* **1** em volta, ao redor de, em torno • *adj.2g.* **2** situado nas adjacências, na vizinhança • *s.m.* **3** na proximidade de local (arredores)

ar.re.fe.cer */ê/ v.t.* **1** diminuir a temperatura, tornando frio **2** *fig.* perder o ânimo, o entusiasmo **3** abrandar

ar.re.fe.ci.men.to *s.m.* **1** ação de arrefecer **2** esfriamento **3** *fig.* perda de entusiasmo

ar.re.ga.çar *v.t.* **1** revelar dobrando e puxando para cima **2** levantar e enrolar os lábios

ar.re.ga.lar *v.t.* abrir os olhos com exagero, em uma expressão de espanto, admiração, alegria etc.; esbugalhar os olhos

ar.re.ga.nhar *v.t.* **1** mostrar os dentes abrindo a boca ao máximo **2** rir muito

ar.re.gi.men.tar *v.t.* **1** organizar, reunir em regimento militar **2** tornar parte de um grupo

ar.rei.o */ê/ s.m.* instrumento necessário para a montaria ou carga

ar.re.li.ar *v.t. v.pron.* **1** amolar, provocar, irritar **2** ficar aborrecido ou zangado

ar.re.ma.tar *v.t.* **1** fazer o acabamento, a finalização; concluir **2** complementar algo com acessórios, detalhes **3** encerrar uma conversa **4** adquirir a lance, em leilão **5** fazer arremate; dar um nó para impedir a soltura

arrolamento

ar.re.ma.te *s.m.* **1** detalhe final, término **2** ponto ou nó que finaliza um trabalho e impede a costura de soltar

ar.re.me.dar *v.t.* **1** copiar, reproduzir, imitar **2** imitar gestos ou fala de alguém em tom de galhofa **3** *fig.* ter semelhança, ser semelhante a

ar.re.me.do /ê/ *s.m.* **1** cópia **2** imitação de zombaria

ar.re.mes.sar *v.t.* **1** atirar, lançar com força e ao longe **2** atacar precipitadamente **3** aventurar-se

ar.re.mes.so /ê/ *s.m.* **1** ato ou efeito de arremessar algo **2** lance, investida, impulso **3** ousadia

ar.re.me.ter /ê/ *v.t.* **1** atacar; lançar-se contra **2** correr em direção a

ar.ren.da.men.to *s.m.* **1** ação ou resultado de arredar **2** contrato entre proprietário de imóvel rural e a pessoa que dele irá usufruir por tempo determinado e mediante pagamento **3** desvio

ar.ren.dar *v.t.* ceder propriedade, geralmente rural, para uso de terceiro, mediante pagamento e acordo em contrato

ar.re.pa.nhar *v.t.* **1** tomar algo com violência **2** roubar **3** tornar enrugado **4** erguer parte da roupa para evitar que ela toque o chão

ar.re.pe.lar *v.t.* arrancar, puxar por cabelos, barba etc. de maneira violenta

ar.re.pen.der /ê/ *v.i. v.pron.* sentir pesar, lamentar-se por alguma ação ou atitude errônea ou indevida cometida no passado

ar.re.pen.di.do *adj.* que se arrependeu, que lamenta os erros; pesaroso

ar.re.pen.di.men.to *s.m.* **1** ação ou resultado de arrepender-se **2** lamentação pelo erro **3** mudança de opinião ou negação de algo passado

ar.re.pi.a.do *adj.* **1** de pelos levantados **2** *por ext.* sentir frio ou medo **3** *fig.* esquivo, desconfiado **4** *fig.* desgostoso, amolado

ar.re.piar *v.t.* **1** eriçar, fazer levantar os pelos do corpo **2** sentir arrepio por causa de baixa temperatura ou por medo **3** *fig.* contrariar o sentido normal de algo

ar.re.pi.o *s.m.* **1** eriçamento dos cabelos **2** breve tremor causado por frio, medo ou por se ficar impressionado; calafrio

ar.res.tar *v.t.* JUR confiscar bens para quitação de dívida ou apreendê-los para assegurar o pagamento

ar.res.to /é/ *s.m.* JUR apreensão de bens por ordem judicial que garante a cobrança e o pagamento de dívida; embargo

ar.re.ve.sa.do *adj.* **1** posto às avessas **2** difícil de compreender ou explicar; obscuro, confuso, emaranhado **3** palavra de pronúncia custosa, difícil

ar.re.ve.sa.men.to *s.m.* **1** ação ou resultado de arrevesar **2** ação de inverter algo **3** obscurecimento de sentido

ar.re.ve.sar *v.t.* **1** virar ao contrário; colocar às avessas **2** inverter o sentido de algo **3** *fig.* tornar confuso, complicado, obscuro

ar.ri.ar *v.t.* **1** abaixar algo **2** pousar em superfície plana • *v.i.* **3** vergar ou cair por não suportar o peso **4** ceder de cansaço, perder a força **5** *bras.* descarregar a bateria de veículo

ar.ri.ba *adv.* **1** acima, adiante, para cima • *interj.* **2** acima, adiante

ar.ri.ba.ção *s.f.* **1** deslocamento, migração de aves **2** ação de chegar a algum lugar

ar.ri.bar *v.i.* **1** chegar ao porto, aportar **2** *por ext.* chegar a algum lugar **3** deslocar de uma região para outra; migrar ⟲ *v.t.* **4** interromper algo por desistência **5** *fig.* melhorar de saúde

ar.ri.ei.ro /ê/ *s.m.* **1** pessoa responsável por uma tropa de animais de carga **2** *fig.* indivíduo de linguagem grosseira

ar.ri.el /é/ *s.m.* **1** barra de prata ou de ouro **2** denominação dos anéis de prata que alguns povos, geralmente da Ásia e da África, usam nos pulsos, no nariz e no pescoço

ar.ri.mar *v.t. v.pron.* **1** fornecer suporte; sustentar **2** *fig.* amparar alguém em algum aspecto, como financeiro, afetivo etc. **3** colocar uns em cima de outros; empilhar **4** utilizar como base ou apoio

ar.ri.mo *s.m.* **1** instrumento de apoio, amparo, encosto **2** situação ou pessoa capaz de oferecer apoio em algum aspecto

ar.ri.os.ca /ó/ armadilha, trapaça, cilada

ar.ris.ca.do *adj.* que não é certo ou confiável; perigoso, incerto

ar.ris.car *v.t. v.pron.* **1** expor-se à situação perigosa, aventurar-se **2** entregar-se à sorte

ar.rit.mi.a *s.f.* MED irregularidade nos batimentos do coração

ar.ri.vis.mo *s.m.* **1** comportamento em que se usa qualquer meio para obter algo, sem medir consequências, respeitar normas de conduta e da lei ou mesmo merecer **2** ação de enriquecer por meios duvidosos

ar.ri.vis.ta *adj.2g. s.2g.* pessoa ambiciosa que faz o que for necessário para conseguir o que almeja

ar.ri.zo.tô.ni.co *adj.* GRAM diz-se da palavra em que o acento tônico não cai no radical

ar.ro.ba /ô/ *s.f.* **1** unidade de peso que equivale a 15 kg **2** INFORMÁT sinal gráfico que compõe endereço eletrônico; @

ar.ro.char *v.t.* **1** apertar com força, apertar muito **2** *fig.* ser muito rígido, oprimir

ar.ro.cho /ô/ *s.m.* **1** objeto ou instrumento que serve para prender, apertar, segurar **2** *pop.* abraço intenso **3** *fig.* situação de difícil resolução **4** *bras.* repreensão dada por alguma autoridade ■ **arrocho salarial** contenção no aumento de salário ■ **dar um arrocho** pressionar, coagir alguém a algo

ar.ro.gân.cia *s.f.* **1** ato ou efeito de atribuir poder, direito ou privilégio a si, como forma de se mostrar superior **2** orgulho, soberba **3** atrevimento

ar.ro.gan.te *adj.* **1** que demonstra arrogância, orgulho **2** atrevido, mal-educado

ar.ro.gar *v.t. v.pron.* **1** assumir as consequências de algo **2** atribuir a si algum direito, poder, privilégio

ar.roi.o /ô/ *s.m.* **1** pequeno curso de água; riacho, regato **2** *por. ext.* pequeno curso de qualquer líquido

ar.ro.jar *v.t.* **1** arremessar, atirar com força e ao longe **2** arrastar-se ou jogar-se no chão **3** agir de maneira ousada e aventureira; arriscar-se

ar.ro.jo /ô/ *s.m.* **1** gesto de lançar algo; arremesso **2** *por. ext.* ação de expelir **3** *pop.* abscesso **4** *fig.* audácia, coragem **5** sustentação

ar.ro.la.men.to *s.m.* **1** ato ou efeito de arrolar **2** colocar ou fazer lista; listagem

arrolar

ar.ro.lar *v.t.* **1** pôr em rol, em lista **2** inventariar bens; alistar **3** nivelar **4** fazer como aspecto de rolo ◯ *v.i.* **4** emitir arrulhos; arrulhar

ar.ro.lhar *v.t.* **1** tapar com rolha **2** *fig.* impedir a fala

ar.rom.ba *s.f.* canção alegre tocada na viola ■ **de ar.romba** ótimo, estupendo, sensacional

ar.rom.ba.do *adj.* **1** que se arrombou **2** com buracos; furado **3** *pop.* arrebentado ou quebrado para abrir

ar.rom.ba.men.to *s.m.* **1** ato ou efeito de arrombar **2** invasão de domicílio ou estabelecimento para roubo **3** JUR invasão permitida pela lei para a apreensão de pessoa, documentos, evidências etc.

ar.rom.bar *v.t.* **1** abrir buraco em **2** abrir de maneira violenta, danificando a porta

ar.ros.tar *v.t.* olhar de frente; encarar, enfrentar, desafiar

ar.ro.tar *v.t.* **1** liberar gases estomacais pela boca, produzindo ruído **2** *fig.* fazer valentias; vangloriar-se

ar.ro.te.ar *v.t.* **1** limpar e preparar a terra para o plantio **2** *fig.* preparar para a vida; instruir

ar.ro.to /ô/ *s.m.* **1** liberação de gases estomacais pela boca **2** *fig.* fanfarronice **3** *bras.* abertura para passagem de ar de uma caverna

ar.rou.bar *v.t. v.pron.* sentir ou causar êxtase, arrebatamento; enlevar; extasiar-se, sentir-se arrebatado

ar.rou.bo *s.m.* manifestação de êxtase, arrebatamento, entusiasmo, grande admiração

ar.ro.xe.ar *v.i.* tornar roxo; arroxar

ar.roz /ô/ *s.m.* **1** BOT planta muito cultivada por seus grãos, que fazem parte da dieta básica de muitos povos **2** grãos dessa planta ♦ *col.* **3** arrozal

ar.roz-do.ce /ô...ô/ *s.m.* CUL doce preparado com arroz, leite, açúcar e outros ingredientes que variam a cada receita

ar.ru.a.ça *s.f.* **1** desordem, tumulto **2** *por ext.* muito barulho ou confusão

ar.rua.cei.ro /ê/ *adj. s.m.* que ou aquele que promove arruaças; briguento

ar.rua.men.to *s.m.* **1** traçado ou demarcação de ruas **2** disposição, distribuição das ruas em terreno loteado ou bairro

ar.ru.ar *v.t.* **1** fazer ruas; abrir caminhos **2** andar pelas ruas sem destino **3** instalar-se em uma rua

ar.ru.da *s.f.* BOT planta de odor forte, flores amarelas e propriedades medicinais

ar.ru.e.la /é/ *s.f.* **1** pequeno disco ou chapa de metal com furo que se coloca entre o parafuso e a porca para evitar o desgaste do que está sendo parafusado

ar.ru.far *v. t. v.pron.* **1** zangar-se, tornar-se irritado; agastar-se **2** tornar crespo ou arrepiado; encrespar-se, eriçar-se

ar.ru.fo *s.m.* **1** briga passageira **2** aborrecimento, zanga

ar.rui.nar *v.t.* **1** destruir algo a ponto de transformar em ruínas **2** *por ext.* causar grande dano, devastação, destruição; arrasar **3** perder tudo, empobrecer, ficar na miséria **4** arrasar física e moralmente

ar.rui.var *v.t.* tomar ruivo, avermelhado

ar.ru.lhar *v.i.* **1** emitir arrulhos **2** *fig.* falar em tom baixo e suave

ar.ru.lho *s.m.* som produzido pelos pombos e pelas rolas

ar.ru.ma.ção *s.f.* **1** ato ou efeito de arrumar **2** atividades para deixar ou manter organizado, arrumado; organização **3** disposição adequada de objetos, móveis etc. **4** *fig.* organização das ideias, do pensamento **5** *fig.* armação, cilada, fraude

ar.ru.ma.dei.ra /ê/ *s.f. bras.* pessoa incumbida de arrumar recintos

ar.ru.ma.de.la /é/ *s.f.* ação ou efeito de arrumar ligeira e superficialmente, para tornar um pouco organizado

ar.ru.mar *v.t. v.pron.* **1** colocar nos lugares certos, em ordem; organizar **2** fornecer uma direção; dar rumo a **3** *fig.* fazer reparo; consertar **4** *bras.* provocar, estimular certo acontecimento ou reação **5** conseguir, obter **6** sair de dificuldade **7** preparar-se para sair; aprontar

ar.se.nal *s.m.* **1** local de fabricação e depósito de armas e munições **2** grande número de algo **3** *fig.* depósito

ar.sê.ni.co *adj. s.m.* ácido utilizado na esterilização do solo e na fabricação de vidros **2** substância utilizada como inseticida e para tingimento

ar.te *s.f.* **1** capacidade humana de expressar-se pela matéria **2** o uso dessa habilidade em alguma área de atividade ou conhecimento humano, ex.: *a arte da música, a arte da pintura, a arte retórica* **3** técnica na elaboração de algo **4** técnica de trabalhos manuais de uma profissão, ex.: *arte xilográfica* **5** ofício, profissão, ex.: *arte da marcenaria* **6** habilidade específica, ex.: *arte de falar em público, arte de lidar com idosos* **7** artimanha, ardil **8** travessura **9** qualquer tipo de produção com o intuito de expressão e/ou beleza **10** conjunto de obras que caracterizam uma época, uma escola, um movimento etc.

ar.te.fa.to *s.m.* **1** qualquer artigo industrializado **2** aparelho para um fim específico

ar.tei.ri.ce *s.f.* astúcia, sagacidade, esperteza

ar.tei.ro /ê/ *adj.* esperto, ardiloso, curioso, sagaz, astuto

ar.te.lho /ê/ *s.m.* **1** ANAT articulação entre ossos; junta **2** cada dedo do pé

ar.té.ria *s.f.* **1** ANAT vaso condutor de sangue oxigenado do coração para as demais partes do corpo **2** *fig.* via de comunicação de uma cidade; rua

ar.te.ri.al *adj.2g.* relativo a artéria

ar.te.ri.o.gra.fi.a *s.f.* ANAT método de diagnóstico que consiste em exame radiológico das artérias

ar.te.ri.os.cle.ro.se /ô/ *s.f.* MED doença degenerativa caracterizada pelo espessamento e endurecimento das paredes arteriais

ar.te.sa.nal *adj.2g.* **1** relativo ou próprio do artesanato **2** *fig.* rústico

ar.te.sa.na.to *s.m.* **1** arte de trabalho à mão, não industrializado **2** objetos artesanais

ar.te.são *s.m.* pessoa que trabalha manualmente

ár.ti.co *adj.* do norte, que se encontra ao norte, setentrional, do Hemisfério Norte

ar.ti.cu.la.ção *s.f.* **1** ação ou resultado de articular **2** ponto em que dois objetos, ossos ou partes se ligam **3** pronúncia harmoniosa e clara

ar.ti.cu.la.do *adj.* que tem articulação

ar.ti.cu.lar *v.t.* **1** unir, ligar duas partes ou coisas; juntar **2** pronunciar de modo claro e harmonioso • *adj.2g.* **3** relativo às articulações

ar.ti.cu.lis.ta *adj.2g. s.2g.* jornalista, escritor, colaborador de jornais, autor de artigos etc.

asma

ar.tí.fi.ce *s.2g.* **1** profissional que faz trabalhos manuais; artesão **2** *fig.* autor de algo

ar.ti.fi.ci.al *adj.2g.* **1** que não é natural **2** feito pelo homem e não pela natureza; produzido **3** em que falta espontaneidade; dissimulado

ar.ti.fi.ci.a.lis.mo *s.m.* **1** estado ou qualidade do que é artificial; artificialidade **2** *fig.* falta de naturalidade **3** *fig.* característica do superficial

ar.ti.fí.cio *s.m.* **1** meio, recurso, processo pelo qual se obtém algo **2** *por ext.* recurso engenhoso **3** *por ext.* uso da esperteza para atingir um fim

ar.ti.fi.ci.o.so /ô/ *adj.* astucioso, hábil, ardiloso, enganador

ar.ti.go *s.m.* **1** qualquer objeto manufaturado que se põe à venda; mercadoria **2** cada divisão de uma lei, de um código etc. **3** texto independente que discute um assunto e é publicado em jornal ou revista **4** GRAM palavra que precede e determina o gênero e o número dos nomes

ar.ti.lha.ri.a *s.f.* **1** EXÉRC armas e materiais de guerra **2** classe de artilheiros **3** ESPORT linha de ataque **4** *fig.* conjunto de argumentos

ar.ti.lhei.ro /ê/ *s.m.* **1** soldado de artilharia **2** ESPORT *bras.* jogador que marca mais gols ◆ *col.* **3** artilharia

ar.ti.ma.nha *s.f.* astúcia, artifício, esperteza, falcatrua

ar.tio.dá.ti.lo *s.m.* ZOOL espécie dos artiodátilos, mamíferos herbívoros de casco e dedos pares, como porcos, camelos etc.

ar.tis.ta *s.2g.* **1** mestre em artes, que se dedica à arte como profissão ou hábito **2** pessoas que trabalham nas artes cênicas, plásticas, literárias, cinematográficas etc. **3** pessoa com habilidade única ou especial ◆ *adj.2g.* **4** que tem apreço pela arte **5** que tem talento

ar.tis.ti.co *adj.* **1** relativo à arte **2** que foi feito com preocupação estética

ar.tri.te *s.f.* MED processo inflamatório que acomete as articulações e possui causas diversas

ar.trí.ti.co *adj.* que sofre de artrite

ar.tro.pa.ti.a *s.f.* MED designa as doenças das articulações

ar.tró.po.de *s.m.* BIOL nome dado aos animais invertebrados, de corpo segmentado e carapaça, que compreendem insetos e aranhas

ar.tro.se /ó/ *s.f.* MED doença degenerativa das articulações

ar.vo.ra.do *adj.* **1** em que se plantaram árvores **2** erguido, eriçado **3** elevado de cargo por tempo determinado

ar.vo.rar *v.t.* **1** hastear, içar **2** *por ext.* erguer ◯ *v.pron.* **3** elevar-se de cargo

ár.vo.re *s.f.* **1** BOT vegetal de porte variado, tronco e ramificações que formam copa ◆ *col.* **2** arboreto, arvoredo, bosque, floresta ■ **árvore genealógica** representação gráfica com ramificações que mostram as ligações dos familiares e ancestrais

ar.vo.re.cer /ê/ *v.i.* transformar em árvores; arborescer

ás *s.m.* **1** primeira ou última carta de baralho de cada naipe, cujo valor depende do jogo **2** *fig.* pessoa notável em seu ramo de atividade, ex.: *ele é um ás na Fórmula 1*

a.sa *s.f.* **1** membro superior, em par, que geralmente permite o voo dos animais que a possui **2** parte saliente e lateral pela qual se seguram objetos, ex.: *asa da xícara* **3** cada parte lateral que dá sustentação ao avião durante voo

as.cen.dên.cia *s.f.* **1** ação ou efeito de ascender **2** movimento vertical para cima **3** *por ext.* ato de elevar-se na profissão ou socialmente **4** genealogia **5** influência exercida sobre alguém

as.cen.den.te *adj.2g.* **1** que ascende ou está ascendendo, que se eleva ou está se elevando ● *s.m.* **2** parente de uma pessoa **3** *por ext.* autoridade moral **4** ASTROL signo zodiacal que está em processo de aparecimento no momento do nascimento de alguém

as.cen.der /ê/ *v.i.* **1** elevar-se; mover-se para cima **2** subir de cargo; elevar-se na carreira

as.cen.são *s.f.* **1** elevação **2** subida de uma montanha **3** ASTROL surgimento do astro no horizonte

as.cen.sor /ô/ *adj. s.m.* **1** que ascende **2** elevador

as.cen.so.ris.ta *adj.2g. s.2g.* indivíduo que trabalha no manejo do elevador

as.ce.se *s.f.* **1** exercícios de meditação e renúncia do prazer e das necessidades primárias, os quais visam promover a elevação espiritual **2** misticismo

as.ce.ta /é/ *s.2g.* **1** quem pratica a ascese **2** *por ext.* indivíduo de vida austera

as.ce.ti.cis.mo *s.m.* **1** doutrina que prega a renúncia dos prazeres, o despego do corpo e a prática de exercícios meditativos para a elevação espiritual **2** *por ext.* desprezo pelas questões corporais **3** prática dessa doutrina; ascetismo

as.cé.ti.co *adj. s.m.* **1** praticante do ascetismo **2** *por ext.* austero

as.ci.te *s.f.* MED acumulação de líquido na cavidade do peritônio

as.co *s.m.* **1** recipiente para líquido **2** BOT célula reprodutora dos fungos **3** sensação de nojo, repulsa, aversão

as.fal.tar *v.t.* cobrir de asfalto, tornando impermeável e plano; pavimentar

as.fal.to *s.m.* **1** composto derivado do petróleo ou extraído do betume, utilizado na pavimentação de ruas, estradas, rodovias etc. **2** pavimentação **3** *fig.* área urbanizada

as.fi.xi.a /ks/ *s.f.* interrupção ou dificuldade de respiração provocada por estrangulamento ou afogamento

as.fi.xi.an.te /ks/ *adj.* **1** que asfixia; sufocante **2** *fig.* que pressiona ou oprime

as.fi.xi.ar /ks/ *v.t.* **1** fazer perder a respiração; sufocar **2** matar por asfixia **3** respirar em ar carregado

a.si.á.ti.co *adj. gent.* relativo à Ásia ou natural da Ásia

a.si.la.do *adj. s.m.* **1** recebido ou recolhido em asilo, protegido **2** perseguido político acolhido por outro país

a.si.lar *v.t. pron.* **1** dar asilo; recolher em asilo **2** dar proteção acolhendo em lugar seguro

a.si.lo *s.m.* **1** entidade ou instituição que dá assistência a pessoas necessitadas **2** local seguro, refúgio **3** *fig.* amparo, apoio, proteção

a.si.ni.no *adj.* **1** próprio de asno **2** *fig.* de pouca inteligência; burro, estúpido

as.ma *s.f.* MED doença respiratória que causa falta de ar, respiração ruidosa, tosse seca e sensação de compressão no peito

asmático

as.má.ti.co *adj.* que sofre de asma

as.ne.ar *v.i. pop.* fazer ou dizer asneiras, bobagens, tolices

as.nei.ra /ê/ *s.f.* **1** algo tolo, estúpido, asnice **2** palavras de tom erótico

as.no *s.m.* **1** ZOOL jumento, burro **2** *fig.* indivíduo desprovido de inteligência

as.par.go *s.m.* planta monocotiledônea de broto carnoso, utilizado na culinária, e de raiz com propriedades medicinais

as.pas *s.f.* **1** GRAM sinal gráfico em forma de vírgulas, colocadas no início e no final de alguma palavra ou expressão a fim de conferir algum destaque, indicar autoria de outra pessoa, apontar termo criado na circunstância etc.

as.pec.to /é/ *s.m.* **1** forma, aparência, fisionomia **2** ângulo ou lado de observação **3** elemento de um todo

as.pe.re.za /ê/ *s.f.* **1** qualidade ou estado do que é áspero **2** rugosidade, irregularidade **3** rispidez **4** falta de harmonia sonora

as.per.gir *v.t.* fazer respingar; borrifar

ás.pe.ro /ê/ *adj.* **1** de superfície rugosa, desagradável de tocar **2** repleto de irregularidades e reentrâncias **3** desagradável ao paladar, por ser ácido, ou aos ouvidos, por ser desarmonioso **4** *fig.* pessoa de tratamento difícil por ser rude, ríspida, bruta **5** *fig.* árduo, penoso

as.per.são *s.m.* ação ou resultado de aspergir, borrifar; espargimento

as.per.sor /ô/ *s.m.* **1** aquele que asperge **2** instrumento para irrigar plantas

as.per.só.rio *s.m.* RELIG instrumento com que se borrifa a água benta

ás.pi.de *s.f.* serpente venenosa europeia que hiberna por longos períodos em regiões muito frias

as.pi.ra.ção *s.f.* **1** ação ou efeito de aspirar; inspiração **2** *fig.* ambição, desejo de algo **3** pronúncia ruidosa de certas palavras, causada pela saído do ar na expiração

as.pi.ra.do *adj.* **1** que se aspirou; sorvido, absorvido **2** som vocal produzido com aspiração

as.pi.ra.dor /ô/ *adj. s.m.* **1** que aspira **2** aparelho que aspira gases, líquidos etc. **3** eletrodoméstico que aspira poeira e pequenas partículas

as.pi.ran.te *adj.2g. s.2g.* **1** que aspira **2** aprendiz que se prepara para uma carreira **3** indivíduo ambicioso

as.pi.rar *v.t.* **1** recolher utilizando sucção **2** absorver, sugar **3** puxar ar para os pulmões; inspirar **3** desejar algo, ambicionar; pretender, almejar

as.pi.ri.na *s.f.* **1** medicamento composto por ácido acetilsalicílico, que combate dor e febre **2** marca desse medicamento

as.que.ro.so /ô/ *adj.* **1** que causa aversão, repulsa, nojo; repugnante, nojento **2** *fig.* que tem comportamento reprovável; sórdido, abominável, desprezível

as.sa.car *v.t.* imputar algo a alguém sem ter provas ou argumentos; caluniar

as.sa.dei.ra /ê/ *s.f.* recipiente específico para ser levado ao fogo com alimentos a serem assados

as.sa.du.ra *s.f.* **1** ato ou efeito de assar **2** queimadura cutânea causada por atrito ou transpiração

as.sa.la.ri.a.do *adj. s.m.* que recebe pelo seu trabalho

as.sa.la.ri.ar *v.t.* contratar mediante combinação prévia de pagamento, benefícios e obrigações

as.sal.ta.do *adj.* **1** que foi vítima de assalto, que foi intimidado e teve seus pertences tomados **2** acometido, agredido de surpresa **3** invadido por desejo ou pressão

as.sal.tan.te *adj.2g.* bandido que pratica assaltos; ladrão

as.sal.tar *v.t.* **1** acometer de maneira súbita e com ímpeto **2** atacar com violência ou intimidação, tomando os pertences alheios

as.sal.to *s.m.* **1** ataque, investida inesperado com uso de força, para roubar **2** ataque súbito emocional ou físico **3** cada parte de uma luta **4** *pop.* preço muito alto, exorbitante

as.sa.nha.do *adj.* **1** *bras.* pessoa agitada, inquieta **2** sexualmente ousado **3** hirto **4** zangado, enraivecido, irritado, furioso

as.sa.nha.men.to *s.m.* **1** ato ou efeito de assanhar-se **2** excitação expressa por meio de gestos maliciosos

as.sa.nhar *v.t. v.pron.* **1** causar ou sentir raiva, fúria; encolerizar-se **2** ficar bem-disposto, animado, alvoroçado **3** tornar revolto **4** comportar-se demonstrando excitação, assanhamento

as.sar *v.t.* **1** preparar um prato ao forno **2** provocar irritação na pele, assadura **3** sentir muito calor, queimar

as.sas.si.nar *v.t.* **1** tirar a vida de alguém; matar **2** *fig.* dar fim a, destruir, derrubar **3** *fig.* executar uma atividade ou arte de maneira muito ruim, ex.: *assassinou a língua portuguesa*

as.sa.si.na.to *s.m.* **1** ação de assassinar alguém, matar **2** *fig.* destruição moral

as.sas.si.no *s.m.* **1** indivíduo que mata outro indivíduo; homicida, criminoso **2** *fig.* indivíduo que estraga, arruína ou causa perda

as.saz *adv.* **1** muito, bastante, demais **2** maneira exata; o bastante para; suficientemente

as.se.ar *v.t.* **1** tornar limpo, cuidar da higiene e da limpeza

as.se.cla /é/ *s.2g.* indivíduo que segue alguém ou alguma religião, doutrina, filosofia etc.; seguidor, adepto, defensor, sequaz, partidário

as.se.di.ar *v.t.* **1** cercar, sitiar **2** *fig.* tentar uma conquista amorosa **3** *fig.* incomodar de maneira insistente e desagradável

as.sé.dio *s.m.* **1** ação de cercar uma área a ser dominada; sítio **2** perseguição a alguém; insistência ■ **assédio sexual** abordagem inapropriada com denotação sexual ■ **assédio moral** comportamento violento, opressivo ou que humilha o trabalhador

as.se.gu.rar *v.t.* **1** dar garantia de; tornar algo infalível; garantir **2** afirmar com veemência, ter certeza; certificar-se

as.sei.o /ê/ *s.m.* **1** qualidade de limpeza e higiene **2** qualidade do que é feito com esmero, capricho, bem-feito

as.sem.blei.a *s.f.* **1** reunião para discussão e decisão de assuntos oficiais **2** lugar em que ocorre a assembleia; plenário

as.se.me.lhar *v.t. v.pron.* **1** tornar-se semelhante a **2** ser parecido; parecer

as.se.nho.rar *v.t.* **1** tornar-se senhor, ocupar posição de comando ○ *v.pron.* **2** tornar-se proprietário de algo; apossar-se

assoar

as.sen.ta.da *s.f.* **1** JUR sessão para inquirição das testemunhas **2** JUR auto com depoimentos das testemunhas **3** ata de uma reunião **4** tempo de realização de algo que pode ser feito sem intervalos

as.sen.ta.do *adj.* **1** que se assentou; sentado **2** que está firme sobre uma base **3** combinado **4** que foi assentado; membro de assentamento **5** posto em local plano **6** tomado nota; anotado

as.sen.ta.dor */ô/ s.m.* **1** pessoa que faz registros escritos **2** indivíduo que monta máquinas **3** pedreiro incumbido de colocar cerâmica, pisos **4** funcionário que cuida da ferrovia

as.sen.ta.men.to *s.m.* **1** ato ou efeito de assentar **2** ação de registrar por escrito **3** *bras.* povoamento de trabalhadores rurais **4** ação de premiar, legalmente, que o trabalhar rural se fixe em terras desapropriadas

as.sen.tar *v.t.* **1** colocar, dispor sobre assento **2** instalar-se em zona de povoamento **3** apoiar de maneira estável e segura **4** montar **5** *bras.* conferir a trabalhador rural a posse legal de terra **6** deduzir, supor **7** registrar por escrito **8** manter o cabelo arrumado **9** aplicar, passar **10** dar, desferir golpe **11** decidir **12** fundamentar

as.sen.te *adj.2g.* **1** resolvido **2** posto no devido lugar; assentado **3** que possui fundamento **4** que foi assimilado **5** determinado em acordo

as.sen.ti.men.to *s.m.* **1** ato ou efeito de assentir; consentimento **2** tomado como verdadeiro

as.sen.tir *v.t.* **1** anuir, conceder permissão, dar consentimento, aprovar **2** entrar em acordo ou fazer acordo

as.sen.to *s.m.* **1** ato de assentar; assentamento, registro **2** declaração oficial **3** qualquer superfície para sentar **4** parte horizontal mais larga de sofá, cadeira, banco etc. que serve para sentar **5** local que oferece segurança **6** *pop.* ambas as nádegas **7** *fig.* tranquilidade de consciência; repouso **8** *fig.* bom senso

as.sep.si.a *s.f.* **1** ausência de agentes que causam infecções ou contaminações **2** MED conjunto de medidas preventivas para evitar a entrada de agentes infecciosos em organismo ou ambiente e prevenir infecções

as.sép.ti.co *adj.* **1** que passou por assepsia **2** que higieniza contra germes **3** relativo a assepsia

as.ser.ção *s.f.* **1** afirmação veemente, categórica; asseveração, alegação **2** juízo, sentença

as.ser.ti.va *s.f.* afirmação, alegação, declaração; asserção

as.ser.to */ê/ s.m.* declaração, opinião tida como certa

as.ses.sor */ô/ s.m.* **1** pessoa que presta auxílio a outra; assistente, adjunto • *adj.* **2** que assessora

as.ses.so.rar *v.t.* **1** auxiliar o trabalho de outrem **2** servir de assessor a ○ *v.pron.* **3** servir-se da assessoria de alguém, ser assessorado

as.ses.so.ri.a *s.f.* **1** ato ou efeito de assessorar, ofício de assessor **2** todo órgão ou grupo de pessoas que prestam auxílio **3** trabalho de coletar, organizar e fornecer informações sobre um assunto

as.ses.só.rio *adj.* relativo ou pertencente ao assessor

as.ses.tar *v.t.* **1** direcionar para; mirar; apontar na direção de **2** acertar, bater

as.se.ve.ra.ção *s.f.* afirmação, declaração, asserção

as.se.ve.rar *v.t.* **1** declarar, afirmar com certeza **2** ter como certo; ratificar, provar, demonstrar

as.se.xu.a.do */ks/ adj. s.m.* **1** BIOL que não possui órgãos sexuais **2** que não se reproduz utilizando os órgãos sexuais **3** pessoa que não tem interesse sexual

as.se.xu.al */ks/ adj.2g.* BIOL reprodução que acontece sem fecundação

as.si.dui.da.de *s.f.* **1** qualidade do que é assíduo, frequente **2** frequência **3** constância de algo

as.sí.duo *adj.* **1** que frequenta constantemente **2** que cumpre com seus compromissos **3** sem interrupção; contínuo

as.sim *adv.* **1** desta maneira; desse ou daquele modo, *ex.: faça assim para ganhar* **2** de igual ou semelhante natureza • *conj.* **3** deste modo; portanto

as.si.me.tri.a *s.f.* **1** ausência de proporção entre as duas partes de um todo **2** *fig.* desproporção, disparidade, desigualdade

as.si.mé.tri.co *adj.* que não tem proporções iguais; desigual

as.si.mi.la.ção *s.f.* **1** ato ou efeito de assimilar **2** função do organismo em assimilar substância estranha **3** semelhança de fenômenos naturais **4** aprender e incorporar hábitos, costumes etc. à sua própria cultura **5** ação de apropriar-se de pensamentos **6** processo de adaptação ao que não lhe é comum

as.si.mi.lar *v.t.* **1** transformar, converter em substância própria **2** incorporar outra cultura ○ *v.pron.* **3** fazer-se análogo a **4** passar a ser parte de algo

as.si.na.la.do *adj.* **1** apontado **2** marcado por sinal ou característica **3** distinto entre outros; ilustre

as.si.na.lar *v.t.* **1** marcar com sinal **2** distinguir por suas peculiaridades **3** colocar em evidência, pôr em destaque

as.si.nan.te *adj.2g. s.2g.* **1** que faz sua assinatura em papel, documento **2** quem fez assinatura e recebe produto ou serviço

as.si.nar *v.t.* **1** escrever o nome em documento, assumindo autoria e atestando responsabilidade **2** fazer assinatura de serviços ou produtos

as.si.na.tu.ra *s.f.* **1** nome escrito pela própria pessoa; firma **2** contrato de serviço de duração estabelecida ou não, em que o cliente recebe seu produto regularmente, *ex.: assinatura de jornal, assinatura de revista, assinatura de TV a cabo*

as.sín.cro.no *adj.* que não apresenta sincronia, que não se realiza em um mesmo ritmo

as.sis.tên.cia *s.f.* **1** proteção, amparo, auxílio **2** pessoas presentes em acontecimento, evento **3** socorro médico **4** cuidados médicos dedicados a enfermos **5** *bras.* ambulância **6** ESPORT passe que permite a marcação de ponto ou gol

as.sis.ten.te *adj.2g. s.2g.* que presta ajuda ou serviços a alguém, no auxílio do cumprimento de sua função

as.sis.tir *v.t.* **1** prestar auxílio, socorro **2** ser da atribuição de; caber, competir **3** estar presente a **4** servir; dar atendimento a **5** morar

as.so.a.lhar *v.t.* **1** tornar público; divulgar um boato **2** colocar soalho; cobrir com algum tipo de piso

as.so.a.lho *s.m.* pavimento, piso, chão

as.so.ar *v.t.* **1** soprar ar com o nariz para higienizá-lo por meio da expulsão de secreção ou muco

assoberbar

as.so.ber.bar *v.t.* **1** conferir importância e poder a si mesmo e com isso humilhar outrem; tratar com soberba **2** tornar-se altivo, orgulhoso **3** sobrecarregar com tarefas **4** *fig.* ficar preocupado **5** ficar superior, sobranceiro

as.so.biar *s.f.* **1** emitir assovio ou som semelhante com os lábios; assoviar **2** vaiar **3** produzir ou reproduzir música com assovio

as.so.bi.o *s.f.* som agudo produzido pela expiração de ar com os lábios comprimidos; assovio

as.so.bra.dar *v.t.* construir como ou com aspecto de sobrado, com dois pavimentos

as.so.ci.a.ção *s.f.* **1** ato ou efeito de associar, combinar, aproximar **2** reunião de pessoas com interesse ou objetivo em comum **3** junção de coisas semelhantes, análogas

as.so.ci.ar *v.pron.* **1** reunir-se em grupo, organização ou sociedade **2** tornar-se sócio ou fazer parte de uma sociedade

as.so.la.ção *s.f.* **1** ação ou resultado de assolar **2** devastação, destruição, derribamento

as.so.la.dor /ô/ *s.m.* que assola; devastador, arruinador

as.so.lar *v.t.* **1** causar grande destruição e perda; aniquilar **2** *fig.* causar grande decepção, aflição; agoniar

as.so.mar *v.t.* **1** escalar lugar alto; ir ao cume **2** surgir nas alturas, em lugares altos **3** aparecer **4** atingir etapa **5** manifestar, revelar

as.som.bra.ção *s.f.* aparição sobrenatural; fantasma

as.som.bra.do *adj.* **1** que se assombrou **2** assustador, de dar medo **3** com muito medo; apavorado **3** que tem sombra; sombreado

as.som.brar *v.t.* **1** assustar ou sentir medo **2** sentir espanto e admiração **3** cobrir de sombra

as.som.bro *s.m.* **1** susto, pavor **2** aquilo ou aquele que desperta admiração **3** grande impressão

as.som.bro.so /ô/ *adj.* **1** maravilhoso **2** que provoca admiração; impressionante **3** incomum

as.so.mo *s.m.* **1** aparecimento **2** aquilo que tem aparência reveladora **3** expressão de irritação, agressão, raiva **4** ímpeto

as.so.prar *v.t.* **1** soltar o ar pela boca; soprar **2** dirigir o sopro para alguma direção **3** falar em voz baixa; sussurrar **4** *fig.* delatar alguém

as.so.pro /ô/ *s.m.* ar expelido, sopro

as.so.re.a.do *adj.* que sofreu assoreamento, que foi obstruído pela areia

as.so.re.a.men.to *s.m.* acúmulo de areia ou outros sedimentos, que diminui a profundeza de um rio e obstrui a correnteza

as.so.re.ar *v.t.* obstruir cursos d'água com sedimentos diversos

as.su.a.da *s.f.* **1** vaia, chufa **2** ajuntamento de desordeiros; arruaça

as.su.ar *v.t.* **1** reunir; agrupar pessoas para um motim **2** vaiar

as.su.mir *v.t.* **1** tomar para si **2** ficar responsável por **3** adquirir certa aparência **4** alcançar, atingir **5** tomar posse de **6** declarar sua situação; revelar-se

as.sun.ção *s.f.* **1** ato ou efeito de assumir **2** promoção a um cargo **3** arrebatar alguma coisa **4** JUR posse legal **5** FILOS proposição da qual se analisam as consequências **6** RELIG festa católica realizada em **15** de agosto para comemorar a subida de Maria ao céu

as.sun.tar *v.t.* **1** observar; prestar atenção **2** averiguar com minúcias; apurar **3** *bras.* informar-se; coletar informação **4** refletir; pensar muito

as.sun.to *adj.* **1** que se assumiu; assumido **2** elevado • *s.m.* **3** foco de discussão ou pensamento; aquilo sobre o que se fala; tema, objeto, ideia, interesse etc.

as.sus.ta.di.ço *adj.* que se assusta facilmente

as.sus.ta.do *adj.* **1** que sofreu susto **2** com medo; amedrontado **3** que passa a impressão de estar assustado

as.sus.ta.dor /ô/ *adj. s.m.* **1** que impinge medo, amedronta as pessoas

as.sus.tar *v.t.* **1** dar susto **2** fazer sentir medo, incutir medo; assombrar

as.te.ni.a *s.f.* MED perda ou diminuição da força física; fraqueza, debilidade

as.te.ris.co *s.m.* **1** sinal gráfico em forma de uma pequena estrela (*), usado para abrir notas em um texto

as.te.roi.de *s.m.* **1** ASTRON corpo celeste que gira em volta do Sol • *adj.2g.* **2** em forma de estrela

as.tig.ma.tis.mo *s.m.* MED distúrbio visual ocasionado pelo formato irregular da córnea ou do cristalino e que forma uma imagem em vários focos

as.tral *adj.* **1** relativo aos astros • **s.m. 2** *pop.* estado de espírito **3** ASTROL plano entre o físico e o espiritual

as.tro *s.m.* **1** ASTRON corpo celeste que pode ou não possuir luz **2** pessoa bem-sucedida em sua profissão **3** *fig.* ator ou cantor famoso

as.tro.fí.si.ca *s.f.* área da física que estuda as origens e as características dos astros

as.tro.lá.bio *s.m.* antigo instrumento náutico usado para medir a altura dos astros acima do horizonte

as.tro.lo.gi.a *s.f.* ASTROL estudo das relações de interferência dos astros na vida dos seres humanos e nos acontecimentos da humanidade

as.tro.ló.gi.co *adj.* ASTROL relativo à astrologia

as.tró.lo.go *s.m.* ASTROL especialista em astrologia

as.tro.náu.ti.ca *s.f.* estudo de ferramentas para navegação fora da órbita terrestre

as.tro.no.mi.a *s.f.* estudo da evolução dos astros e de suas propriedades

as.tro.nô.mi.co *adj.* **1** que diz respeito à astronomia **2** diz-se de coisas grandes, enormes, **3** de alto valor

as.trô.no.mo *s.m.* **1** aquele que estudou astronomia **2** especialista na arte do estudo dos astros

as.tú.cia *s.f.* habilidade de enganar os outros

as.tu.ci.o.so /ô/ *adj.* **1** que tem astúcia **2** que tem habilidades para enganar os outros; esperto, enganador

as.tu.to *adj.* esperto, enganador

a.ta.ba.lho.a.do *adj.* feito às pressas ou de qualquer jeito; mal feito

a.ta.ba.lho.ar *v.t.* fazer alguma coisa de qualquer jeito, às pressas, mal feito

a.ta.ba.que *s.m.* MÚS tambor africano em formato de cone, é usado em festas populares

a.ta.ca.dis.ta *adj.2g. s.2g.* pessoa ou loja que vende por atacado, em grandes quantidades

a.ta.ca.do *adj.* **1** pessoa que sofreu algum tipo de ataque **2** pessoa mal-humorada **3** amarrado, preso por cordas • *s.m.* **4** tipo de venda em grande quantidade; atividade dos atacadistas

a.ta.ca.dor /ô/ *adj. s.m.* **1** pessoa que ataca; agressor **2** corda ou cordão que serve para amarrar

atlético

a.ta.car *v.t.* **1** agredir ou machucar alguém **2** falar mal de algo ou alguém

a.ta.du.ra *s.f.* faixa de tecido usada em curativos

a.ta.lai.a *s.f.* **1** ponto elevado **2** torre de vigia

a.ta.lho *s.m.* **1** caminho mais curto, normalmente desconhecido **2** INFORMÁT ícone que leva a uma pasta ou a um arquivo

a.ta.man.car *v.t.* fazer ou consertar algo de qualquer jeito, sem cuidado

a.ta.pe.tar *v.t.* forrar ou cobrir com tapetes

a.ta.que *s.m.* **1** manifestação súbita de doença **2** crítica **3** ação de atacar

a.tar *v.t.* preencher ou ligar por meio de nós; unir, atrelar

a.ta.ran.tar *v.t.* fazer alguém ficar tonto ou confuso

a.tar.ra.ca.do *adj.* pessoa que é baixa e gorda

a.tar.ra.car *v.t.* **1** colocar ferradura em animais **2** apertar com cordas **3** encher demais

a.tar.ra.xar *v.t.* parafusar, apertar com tarraxas

a.tas.ca.dei.ro */ê/ s.m.* lugar com muita lama; lamaçal, atoleiro

a.tas.car *v.t. v.pron.* **1** sujar-se com lama **2** *fig.* viciar-se em algo; diminuir-se moralmente

a.tas.sa.lhar *v.t.* **1** cortar em tassalhos **2** *fig.* desacreditar

a.ta.ú.de *s.m.* caixão

a.ta.vi.a.men.to *s.m.* ação de ataviar

a.ta.vi.ar *v.t.* enfeitar, ornar

a.tá.vi.co *adj.* relativo ao atavismo, à hereditariedade

a.ta.vis.mo *s.m.* descendência de características físicas ou morais por mais de uma geração

a.ta.za.nar *v.t.* atormentar alguém

a.té *prep.* **1** indica limite de tempo, espaço e quantidade • *adv.* **2** também; mesmo

a.te.ar *v.t.* colocar, acender, provocar (fogo)

a.tei.a */é/ adj.* RELIG mulher que não acredita em Deus

a.te.í.a *s.f.* RELIG descrença em Deus

a.te.ís.mo *s.m.* RELIG doutrina que nega a existência de um Deus

a.te.lec.ta.si.a *s.f.* MED falta de dilatação dos alvéolos pulmonares

a.te.li.ê *s.m.* **1** local de trabalho geralmente de artistas **2** local de trabalho de fotógrafos ou costureiros

a.te.lo.car.di.a *s.f.* MED anomalia genética que se constitui pelo desenvolvimento incompleto do coração

a.te.mo.ri.zar *v.t.* causar medo; assustar, amedrontar

a.ten.ção *s.f.* **1** concentração da mente em algo **2** afeto, cuidado

a.ten.ci.o.so *adj.* **1** pessoa que presta ou dá atenção **2** pessoal gentil

a.ten.der */ê/ v.t.* responder ao chamado de alguém, prestar atenção

a.te.neu */ê/ s.m.* escola de ensino na Grécia antiga

a.te.ni.en.se *adj. gent.* natural de Atenas, na Grécia antiga

a.ten.ta.do *s.m.* **1** ação violenta contra alguém ou contra instituições **2** *pop.* criança levada

a.ten.tar *v.t.* **1** considerar; prestar atenção **2** cometer atentado contra alguém ou contra instituições

a.ten.to *adj.* característica de quem presta atenção, de quem dá atenção

a.te.nu.a.ção *s.f.* **1** suavizar algo; diminuir o impacto de algo ou de ações **2** MED diminuir a ação de bactérias no organismo

a.te.nu.an.te *adj.2g.* que diminui o impacto ou a proporção dos acontecimentos; que atenua

a.te.nu.ar *v.t.* diminuir o impacto ou a proporção de algo ou de ações; suavizar

a.ter.ra.do *adj.* coberto ou cheio de terra

a.ter.ra.dor */ô/ adj. s.m.* **1** que causa medo ou espanto **2** FÍS que transfere descargas elétricas para a terra

a.ter.rar *v.t.* **1** cobrir ou preencher com terra ou entulho **2** FÍS transferir uma descarga elétrica para a terra

a.ter.ro */ê/ s.m.* **1** local que foi aterrado **2** lugar onde se joga o lixo

a.ter.ro.ri.za.ção *s.f.* ação de causar medo, de aterrorizar

a.ter.ro.ri.za.do *adj.* com medo

a.ter.ro.ri.za.dor */ô/ adj.* que causa medo ou terror

a.ter.ro.ri.zar *v.t.* causar medo; assustar

a.ter */ê/ v.t. v.pron.* **1** reter, fazer parar **2** limitar-se a, não dar opinião sobre determinado assunto ou acontecimento

a.tes.ta.do *s.m.* **1** documento, comprovação **2** MED documento emitido pelo médico para afastamento das atividades escolares ou profissionais

a.teu */ê/ adj.* pessoa que não acredita em Deus ou que nega sua existência

a.ti.çar *v.t.* **1** mexer no fogo para que fique mais forte **2** mexer com os sentidos do outro **3** incitar os cachorros a atacar

-ático *suf.* forma adjetivos que indicam qualidade ou relação, ex.: *gramático, asmático*

á.ti.co *adj.* **1** pessoa elegante **2** fino, espirituoso, delicado

a.ti.jo.lar *v.t.* cobrir ou construir com tijolos

a.ti.lar *v.t.* **1** aperfeiçoar, apurar ○ *v.pron.* **2** tornar-se hábil, esperto, primoroso

a.ti.lho *s.m.* barbante, fitilho, cordão

á.ti.mo *s.m.* instante, momento

a.ti.nar *v.t.* descobrir algo sozinho, por si só

a.ti.nen.te *adj.2g.* pertinente ou relativo a alguma coisa

a.tin.gir *v.t.* **1** tocar, alcançar **2** obter, entender

a.ti.pi.a *s.f.* MED irregularidade na morfologia normal

a.tí.pi.co *adj.* que não é típico; incomum, desusado

a.ti.ra.dei.ra */ê/ s.f.* instrumento usado para arremessar objetos; estilingue

a.ti.ra.di.ço *adj.* pessoa petulante ou atrevida

a.ti.ra.do *adj.* **1** arremessado, jogado, lançado **2** atrevido, intrometido

a.ti.ra.dor */ô/ s.m.* **1** aquele que atira **2** EXÉRC soldado treinado para utilizar arma de guerra

a.ti.rar *v.t.* disparar com arma de fogo ou de arremesso

a.ti.tar *v.i.* gritar alto

a.tlân.ti.co *adj.* que diz respeito ao Monte Atlas ou ao Oceano Atlântico

a.tlas *s.m.* **1** GEOG coleção de mapas ou cartas geográficas **2** ANAT principal vértebra do pescoço, que sustenta o crânio

a.tle.ta */é/ s.2g.* **1** pessoa dedicada ao atletismo ○ *s.m.* **2** lutador dos jogos da Grécia e de Roma na antiguidade

a.tlé.ti.ca *s.f.* profissão de atleta

a.tlé.ti.co *adj.* forte, musculoso

atletismo

a.tle.tis.mo *s.m.* **1** tipo de esporte cujo objetivo é superar os adversários **2** prática constante de esportes

at.mos.fe.ra /é/ *s.f.* GEOG camada gasosa que circunda a Terra

a.to m.q. ação ■ **ato público** reunião realizada em praça pública ou em lugar fechado a fim de tratar de assuntos políticos e sociais

a.to.a.lha.do *adj.* **1** que se assemelha ao tecido da toalha **2** coberto com toalha

a.to.a.lhar *v.t.* **1** dar aparência de toalha **2** cobrir com toalha

a.to.ar.da *s.f.* boato, balela, fofoca

a.to.cai.ar *v.t.* esconder-se para pegar alguém de surpresa; ocultar-se, armar tocaia

a.to.char *v.t.* firmar com tocha; tapar ou encher à força

a.tol /ó/ *s.m.* GEOG conjunto de corais que formam uma espécie de anel, comum nas ilhas do Oceano Índico

a.to.la.dou.ro *s.m.* lugar lamacento, lodoso, pantanoso

a.to.lar *v.t.* enfiar, enterrar no lodo

a.to.lei.ro /ê/ *s.m.* terreno pantanoso; lamaçal, brejo

a.to.mi.ci.da.de *s.f.* número de átomos contidos em uma molécula

a.tô.mi.co *adj.* que diz respeito ao átomo

a.to.mi.zar *v.t.* reduzir a partículas mínimas, a átomos

á.to.mo *s.m.* **1** a menor partícula da matéria **2** corpo pequeno

a.to.nal *adj.* MÚS **1** sem tom **2** diz-se do tom que não é possível definir

a.to.na.li.da.de *s.f.* MÚS ausência de tonalidade definida

a.to.ni.a *s.f.* **1** diminuição ou falta de tonalidade **2** falta de energia para contrair-se

a.tô.ni.to *adj.* **1** assombrado, pasmado **2** estonteado, maravilhado **3** paralisado de medo ou surpresa

á.to.no *adj.* sílaba sem acento tônico

a.to.pe.tar *v.t.* encher vasilha, objeto até o topo

a.to.pi.a *s.f.* tendência hereditária para desenvolver doenças alérgicas como rinite, asma, bronquite etc.

a.tó.pi.co *adj.* sem lugar específico, determinado

a.tor /ô/ *s.m.* artista que se apresenta em teatro, cinema, televisão

a.tor.do.a.do *adj.* que está confuso, abalado

a.tor.do.a.men.to *s.m.* confusão, abalo, perturbação

a.tor.do.an.te *adj.* que confunde, que atordoa

a.tor.do.ar *v.t.* confundir; perturbar os sentidos; deixar tonto

a.tor.men.ta.do *adj.* inquieto, aflito, atribulado

a.tor.men.tar *v.t.* fazer sofrer; afligir, atribular, perturbar

a.tó.xi.co /ks/ *adj.* que não tem substâncias tóxicas

a.tra.bi.li.á.rio *adj.* que é irritável, violento

a.tra.ca.ção *s.f.* ato de amarrar o navio no cais

a.tra.ca.dor /ô/ *s.m.* aquele que faz atracar os navios; cabo atracador

a.tra.ca.dou.ro /ô/ *s.m.* lugar onde se amarram ou encostam embarcações; cais, porto

a.tra.ção *s.f.* **1** capacidade de atrair, seduzir **2** aquilo que é usado para atrair; entreter; diversão

a.tra.car *v.pron.* **1** abraçar fortemente **2** lutar corpo a corpo; agarrar ○ *v.t.* **3** amarrar ou prender a embarcação no embarcadouro

a.tra.en.te *adj.* que atrai, seduz; que prende a atenção, encanta **2** estimulante, convidativo

a.trai.ço.a.do *adj.* que foi traído

a.trai.ço.ar *v.t.* o ato de enganar; trair

a.tra.í.do *adj.* que é seduzido; que sente atração

a.tra.ir *v.t.* exercer atração, seduzir

a.tra.pa.lha.ção *s.f.* **1** embaraço, dificuldade **2** agitação, desordem

a.tra.pa.lha.do *adj.* que é confuso; desordenado, agitado

a.tra.pa.lhar *v.t.* **1** causar embaraço; perturbar **2** trazer desordem, confusão

a.trás *adv.* **1** na parte posterior **2** de uma época passada **3** após

a.tra.sa.do *adj.* **1** fora do horário **2** que ficou atrás **3** não atual **4** sem pagamento

a.tra.sar *v.t.* **1** fazer ficar atrasado, retardar **2** impedir o desenvolvimento normal, prejudicar **3** pôr para trás

a.tra.so *s.m.* **1** falta de pontualidade em um compromisso; retardamento **2** subdesenvolvimento

a.tra.ti.vo *adj.* diz-se do que exerce atração; atraente

a.trau.má.ti.co *adj.* que não causa trauma

a.tra.van.ca.do *adj.* muito cheio; repleto

a.tra.van.car *v.t.* **1** encher em excesso a ponto de obstruir **2** impedir, atrapalhar

a.tra.vés *adv.* de um lado para o outro; por entre, usado sempre na expressão prepositiva *através de*, ex.: *a luz passa através do quadro, pois é muito fino*

a.tra.ves.sa.dor /ô/ *s.m.* **1** intermediário entre o produtor e o vendedor **2** pessoa indiscreta que se intromete na conversa alheia

a.tra.ves.sar *v.t.* **1** passar por algum lugar **2** ir de um lado a outro **3** passar entre ou pelo meio

a.trei.to /ê/ *adj.* **1** sujeito a; exposto **2** acostumado, propenso

a.tre.lar *v.t.* **1** prender com trela **2** amarrar um veículo a outro ou um animal de tração a veículo

a.tre.ver.se *v.pron.* **1** ter coragem; ousar fazer algo **2** opor-se a, enfrentar

a.tre.vi.di.nho *adj.* um pouco atrevido

a.tre.vi.do *adj.* **1** que se atreve; audacioso **2** malcriado

a.tre.vi.men.to *s.m.* **1** petulância, audácia **2** desrespeito

a.tri.bu.i.ção *s.f.* competência, tarefa, destinação

a.tri.bu.í.do *adj.* **1** que foi concedido **2** imputado

a.tri.bu.ir *v.t.* **1** designar tarefa; destinar **2** distribuir, conceder

a.tri.bu.la.ção *s.f.* **1** contrariedade, aflição **2** provação, sofrimento

a.tri.bu.la.do *adj.* **1** que sofre atribulação; atormentado **2** provado, aflito

a.tri.bu.lar *v.t.* **1** fazer sofrer **2** conturbar; atormentar

a.tri.bu.ti.vo *adj.* que denota atribuições, que atribui

a.tri.bu.to *s.m.* traço ou característico; peculiaridade, qualidade

a.tri.ção *s.f.* RELIG arrependimento por ter ofendido a Deus **2** *m.q.* atrito

á.trio *s.m.* **1** ARQUIT pátio interno dos edifícios que distribui a circulação de quem entra **2** ANAT cavidade superior do coração

a.tri.tar *v.t.* **1** bater em algo causando atrito **2** esfregar uma coisa em outra **3** causar atrito ou entrar em atrito com alguém

a.tri.to *s.m.* **1** contato, fricção entre dois corpos que ao se esfregarem sofrem desgaste **2** briga, desavença

a.triz *s.f.* feminino de ator

a.tro *adj.* que tem cor negra; negro

a.tro.a.dor /ô/ *s.m.* que é ruidoso; ensurdecedor

a.tro.ar *v.t.* **1** fazer estremecer com grande estrondo **2** fazer grande barulho

a.tro.ci.da.de *s.f.* **1** ação desumana; cruel **2** barbaridade

a.tro.fi.a *s.f.* **1** redução de tamanho; definhamento **2** paralisação do desenvolvimento

a.tro.fi.a.do *adj.* que não se desenvolveu; definhado

a.tro.fi.a.men.to *s.m.* atrofia, degenerescência, emagrecimento

a.tro.fi.ar *v.t.* causar atrofia; definhar, acanhar

a.tro.o *s.m.* grande estrondo

a.tro.pe.la.ção *s.f.* **1** ato de atropelar **2** apressamento

a.tro.pe.la.do *adj.* que sofreu atropelamento; derrubado

a.tro.pe.la.men.to *s.m.* **1** ação de atropelar **2** colisão de algo em movimento, normalmente veículo, causando queda de pessoa, animal

a.tro.pe.lar *v.t.* **1** ato de derrubar com violência passando por cima ou chocando-se; empurrar **2** apressar **3** passar por cima

a.tro.pe.lo /ê/ *s.m.* **1** confusão **2** falta de cuidado ao fazer algo; pressa

a.tro.pi.na *s.f.* substância venenosa, cristalina e incolor, usada como sedativo ou para evitar ou aliviar espasmos

a.troz /ó/ *adj.2g.* **1** que é intolerável **2** impiedoso, desumano **3** enorme, gigantesco

a.tu.a.ção *s.f.* **1** ação, desempenho **2** representação de um papel, principalmente no rádio, na TV, nos palcos

a.tu.a.dor *s.m.* aquilo ou aquele que atua

a.tu.al *adj.2g.* **1** que existe no presente; moderno **2** na moda

a.tu.a.li.da.de *s.f.* momento atual; modernidade

a.tu.a.li.zar *v.t.* tornar moderno, atual

a.tu.al.men.te *adv.* no momento atual; agora

a.tu.an.te *adj.* que age, atua

a.tu.ar *v.i.* **1** praticar uma ação; agir **2** desempenhar um papel como ator

a.tu.á.ria *s.f.* ramo da estatística que se ocupa das questões relacionadas com a teoria e o cálculo de seguros

a.tu.á.rio *s.m.* técnico especialista em contabilidade, estatística, atuária

a.tu.fa.do *adj.* atochado, cheio

a.tu.fa.lha.do *adj.* atochado, cheio

a.tu.far *v.t.* **1** fazer entrar, penetrar **2** encher de tufos; atulhar

a.tu.lha.men.to *s.m.* ato de atulhar; abarrotar

a.tu.lha.do *adj.* muito cheio, entupido

a.tu.lhar *v.t.* encher até que não caiba mais; abarrotar, entupir, atravancar

a.tum *s.m.* **1** peixe marinho que vive em águas profundas, pode atingir até **2,40** metros de comprimento e pesar até **320** kg **2** carne desse peixe

a.tu.nei.ro *s.m.* **1** aquele que pesca atum **2** barco próprio para pescar atum

a.tu.ra.do *adj.* **1** que é persistente; perseverante **2** que suporta; atura

a.tu.rar *v.t.* **1** aguentar com paciência; suportar **2** persistir; resistir

a.tur.di.do *adj.* **1** zonzo, perturbado **2** pasmado, espantado

a.tur.dir *v.t.* **1** causar confusão, atordoar ○ *v.pron.* **2** ficar confuso; perturbar-se

Au QUÍM na tabela periódica, símbolo do elemento químico ouro

au.dá.cia *s.f.* **1** tendência a cometer alguma ação difícil; atrevimento **2** ousadia, coragem

au.da.ci.o.so /ô/ *adj.* o que é audaz; ousado, corajoso

au.daz *adj.* audacioso, ousado

au.di.bi.li.da.de *s.f.* capacidade, qualidade do que pode ser ouvido

au.di.ção *s.f.* **1** um dos cinco sentidos, é o que possibilita ouvir os sons, escutar **2** MÚS apresentação dos alunos de música de um mesmo professor ou de uma mesma escola

au.di.ên.cia *s.f.* **1** sessão solene que acontece no tribunal a fim de julgar uma causa **2** conjunto de ouvintes

au.dí.me.tro *s.m.* aparelho usado para medir a capacidade de audição

áu.dio *s.m.* **1** sinal que é sonoro; som **2** aparelho de som

au.dio.cli.pe *s.m.* clipe que é sonoro

au.dio.gra.ma *s.m.* gráfico que indica a relação entre a frequência do som e a percepção do ouvido

au.dio.li.vro *s.m.* livro gravado para ser ouvido

au.dio.me.tri.a *s.f.* medição da capacidade de audição

au.di.ô.me.tro *s.m.* aparelho que mede o grau de audição

au.dio.tex.to *s.m.* texto gravado para ser ouvido

au.dio.vi.su.al *s.m.* método usado para transmitir mensagem através dos canais auditivo e visual

au.di.ti.vo *adj.* que se refere ou pertence à audição

au.di.tor /ô/ *s.m.* **1** aquele que ouve; ouvidor **2** especialista da área de contabilidade encarregado de fazer auditoria **3** JUR autoridade de Poder Judiciário que atua na justiça militar

au.di.tó.rio *s.m.* **1** conjunto de pessoas reunidas para ouvir um discurso, uma audiência, um programa de auditório etc. **2** local amplo onde pessoas se reúnem para ouvir alguém

au.dí.vel *adj.* que se pode ouvir, que é percebido pelos ouvidos

au.ê *s.m.* tumulto, confusão

au.fe.ri.do *adj.* que se obteve; conseguido

au.fe.ri.men.to *s.m.* recebimento

au.fe.rir *v.t.* **1** receber, obter **2** tirar proveito

au.ge *s.m.* **1** ponto culminante **2** ápice, apogeu, clímax **3** *por ext.* ponto máximo de prosperidade que uma pessoa pode atingir

au.gu.rar *v.t.* **1** prever, prognosticar, profetizar **2** dar a ideia de **3** fazer votos, desejar felicidade a alguém

áu.gu.re *s.m.* sacerdote romano que previa o futuro a partir do canto das aves; adivinhador

au.gú.rio *s.m.* **1** previsão, presságio, **2** *por ext.* profecia; desejo de felicidade a alguém

au.gus.to *adj.* que é respeitável; majestoso

au.la *s.f.* **1** lição de uma disciplina **2** conjunto de atividades didáticas de uma instituição de ensino

áu.li.co *adj.* aquele que segue; súdito

au.li.do *s.m.* voz lamentosa; triste

au.lir *v.i.* soltar voz lamentosa e triste

aumentado

au.men.ta.do *adj.* que foi tornado maior

au.men.tar *v.t.* **1** tornar maior; ampliar **2** intensificar

au.men.ta.ti.vo *adj.* **1** que aumenta; amplia • *s.m.* **2** GRAM grau que modifica os nomes (substantivos) indicando maior tamanho ou intensidade

au.men.to *s.m.* **1** elevação do valor ou do preço; acréscimo **2** elevação do salário **3** crescimento

au.ra *s.f.* **1** clima, ar **2** vento brando, brisa **3** círculo luminoso que cerca as pessoas; auréola

áu.reo *adj.* **1** que é da cor do ouro; dourado **2** que é nobre

au.ré.o.la *s.f.* coroa de luz que rodeia a cabeça das pessoas santas; resplendor dos santos

au.re.o.lar *v.t.* **1** circundar como coroa ou objeto circular; ornar • *adj.2g.* **2** em forma de auréola

au.rí.cu.la *s.f.* **1** parte mais externa da orelha que tem formato de concha **2** cavidade superior do coração

au.ri.cu.lar *adj.* **1** referente a orelha

au.rí.fe.ro *adj.* que tem ou fabrica ouro

au.ri.ful.gen.te *adj.* que possui brilho de ouro; resplandecente, brilhante

au.ri.ver.de /ê/ *adj.* de cor amarelo-ouro e verde

au.ro.que *s.m.* ZOOL tipo de boi selvagem

au.ro.ra /ô/ *s.f.* claridade que precede o nascer do Sol; amanhecer

aus.cul.ta *s.f. m.q.* auscultação

aus.cul.ta.ção *s.f.* ato de escutar, de ouvir com atenção, com os ouvidos ou com estetoscópio, os ruídos que são produzidos

aus.cul.ta.dor /ô/ *s.m.* parte do aparelho telefônico que se coloca no ouvido

aus.cul.tar *v.t.* **1** procurar descobrir, ouvir com atenção **2** fazer auscultação de; examinar os ruídos do coração e dos pulmões para o diagnóstico médico

au.sen.ta.do *adj.* o que foi retirado; ausente

au.sên.cia *s.f.* **1** alheamento, afastamento da presença de alguém ou de alguma coisa **2** inexistência **3** não comparecer em algum lugar

au.sen.tar *v.t. v.pron.* **1** arredar-se de um lugar, afastar-se **2** sair de um lugar; retirar-se **3** deixar de tomar parte em alguma coisa

au.sen.te *adj.2g.* **1** que não compareceu, que não está presente **2** que não se relaciona bem com alguém; distante • *s.2g.* **3** pessoa ausente

au.so *s.m. m.q.* ousadia

au.so.lu.to *adj. m.q.* absoluto

au.sol.ver *v.t.* considerar inocente; absolver

aus.pi.ci.ar *v.t.* fazer prognóstico; pressentir algum bem que está por vir

aus.pí.cio *s.m.* o mesmo que agouro, presságio ■ **auspícios** indica favores, patrocínio

aus.pi.ci.o.so /ô/ *adj.* f que é promissor; prometedor, esperançoso

aus.tar *v.t.* reforçar as amarras, emendar uma coisa a outra

aus.te.ri.da.de *s.f.* **1** que não é flexível **2** rigor, severidade, crueldade

aus.te.ro /é/ *adj.* que é severo; rígido, sério

aus.ti.na.do *adj.* que é contumaz, teimoso

aus.tral *adj.2g.* **1** que está no sul, que se origina do sul **2** que é natural ou habita no sul

a.us.tra.lo.pi.te.co /é/ *s.m. PALEO* primata fóssil da família dos hominídeos

aus.tra.li.a.no *adj. gent.* que é natural ou habitante da Austrália

aus.trí.a.co *adj. gent.* que é natural ou habitante da Áustria

au.tar.qui.a *s.f.* **1** sistema de governo no qual uma pessoa ou um grupo possui poder absoluto; independência política de um governo **2** entidade pública que conta com autonomia administrativa total

au.tár.qui.co *adj.* que é suficiente a si mesmo, independente

au.te.me.si.a *s.f.* vômito sem causa aparente

au.ten.te *adj.2g.* ajuizado, sensato

au.tên.ti.ca *s.f.* **1** documento (carta, certidão etc.) aceito como autêntico **2** JUR documento que é legalmente reconhecido **3** JUR pena aplicada a mulheres adúlteras, conforme o código de Justiniano

au.ten.ti.ca.do *adj.* **1** que tem autenticidade **2** JUR autenticidade reconhecida em cartório

au.ten.ti.ca.dor /ô/ *s.m.* aquele que autentica os documentos, tornando-os válidos, verdadeiros

au.ten.ti.car *v.t.* JUR reconhecer um documento como autêntico, legal, verdadeiro

au.ten.ti.ci.da.de *s.f.* **1** qualidade do que é verdadeiro; autêntico **2** naturalidade, sinceridade de alguém **3** genuinidade de um documento

au.tên.ti.co *adj.* **1** que é legítimo, verdadeiro **2** JUR que se pode confiar, legalmente válido

au.tis.mo *s.m.* MED fenômeno patológico do indivíduo, caracteriza-se pelo desligamento do mundo exterior, ficando fechado em seu próprio mundo

au.tis.ta *s.2g.* MED pessoa portadora de autismo

au.to *s.m.* **1** JUR registro escrito de diligência administrativa ou judicial que é autenticado, servindo como prova de uma ocorrência ■ **autos** peças de um processo judicial **2** LITER apresentação teatral da Idade Média de caráter místico, satírico e moral ■ **auto de fé** solenidade celebrada pelo Tribunal da Inquisição, no começo do século XII, em que os prisioneiros do Santo Ofício eram sentenciados e executados

au.to.ab.sol.vi.ça.o *s.f.* ato de absolver a si próprio

au.to.a.cu.sa.ção *s.f.* perturbação mental em que o indivíduo acusa a si próprio, culpando-se por coisa que não cometeu

au.to.a.dap.ta.ção *s.f.* adaptar a si mesmo a uma nova situação

au.to.ad.mi.ra.ção *s.f.* admiração de si próprio

au.to.a.ju.da *s.f.* orientações e informações que se propõem a ajudar alguém a superar problemas, principalmente emocionais, e a conquistar aquilo que deseja por meio dos próprios recursos mentais

au.to.a.va.li.a.ção *s.f.* avaliação que um indivíduo faz de si mesmo

au.to.be.ne.f.ici.ar-se *v.pron.* conferir benefício a si próprio

au.to.bio.gra.far-se *v.pron.* escrever a sua própria biografia

au.to.bio.gra.fi.a *s.f.* biografia escrita ou contada por ele mesmo

au.to.bio.grá.fi.co *adj.* referente a autobiografia

au.to.bió.gra.fo *s.m.* escritor, contador da sua própria biografia

au.to.bom.ba *s.f.* automóvel que possui bomba e é empregado nos serviços de incêndio

autopeça

au.to.car.ro *s.m. m.q.* ônibus

au.to.ca.ri.ca.tu.ra *s.f.* caricatura que uma pessoa faz de si mesma

au.to.cla.ve *s.2g.* aparelho de pressão de vapor usado na esterilização de instrumentos, geralmente cirúrgicos

au.to.com.bus.tão *s.f.* combustão espontânea

au.to.com.pai.xão *s.f. m.q.* autopiedade

au.to.cra.ci.a *s.f.* poder político absoluto, ilimitado; ditadura

au.to.cra.ta *s.m.* pessoa soberana, com poder absoluto e independente; ditador

au.to.crí.ti.ca *s.f.* crítica feita de si mesmo

au.to.crá.ti.co *adj.* relativo a autocracia

au.tóc.to.ne *adj.* que é natural do país onde habita, da própria terra; indígena

au.to.cu.ra *s.f.* ato de curar a si mesmo

au.to.cus.te.ar *v.i.* prover o custeio das próprias despesas

au.to.de.fe.sa *s.f.* **1** capacidade de defender a si próprio de alguma agressão **2** JUR defesa feita pelo próprio titular a fim de garantir um direito que é seu

au.to.de.ter.mi.na.ção *s.f.* **1** decidir por si mesmo, por livre escolha **2** capacidade de um povo de estabelecer o direito de decidir sobre sua própria organização política

au.to.di.da.ta *s.m.* aquele que aprende sozinho, sem o auxílio de um professor

au.to.di.da.tis.mo *s.m.* aprendizado por si mesmo, sem o auxílio de professores

au.to.do.mí.nio *s.m.* capacidade de dominar a si próprio

au.tó.dro.mo *s.m.* lugar com instalações próprias para corrida de automóveis

au.to.e.co.lo.gi.a *s.f.* estudo das relações que uma espécie tem com seu meio

au.to.e.lo.gi.o *s.m.* elogio que alguém faz a si próprio

au.to.es.co.la *s.f.* escola onde se ensina a dirigir todo tipo de automóvel e onde se prepara o aluno para os exames de habilitação

au.to.es.ti.ma *s.f.* valorização de si mesmo, sentimento de estar satisfeito consigo mesmo, amor-próprio

au.to.es.tra.da *s.f.* estrada própria para tráfego de veículos automotores em alta velocidade; geralmente possui pistas duplas e acesso limitado, também chamada de autopista

au.to.e.xa.me *s.m.* **1** MED exame das mamas feito pela própria mulher **2** ato de examinar a si mesmo

au.to.fa.gi.a *s.f.* estado do animal que se mantém a partir das reservas que possui no próprio organismo; alimentar-se da própria carne

au.to.fá.gi.co *adj.* que consome a si próprio

au.to.fa.gis.mo *s.m. m.q.* autofagia

au.to.fa.go *adj.* **1** que comete autofagia **2** que se sustenta com a própria reserva

au.to.fe.cun.da.ção *s.f.* **1** ato de fecundar a si mesmo **2** BOT fecundação a partir do pólen da própria planta, processo esse que ocorre nas flores hermafroditas **3** BIOL formação do zigoto a partir do espermatozoide e do óvulo de um mesmo indivíduo

au.to.fi.li.a *s.f.* exagero ao atribuir valor a si mesmo

au.to.fla.ge.la.ção *s.f.* aplicação de flagelo a si mesmo; autoflagelo

au.to.ga.mi.a *s.f.* BIOL autofecundação dentro de uma única célula; endogamia

au.to.gê.ne.se *s.f.* hipótese de geração espontânea na qual seres vivos poderiam ser gerados a partir de matéria não viva

au.tó.ge.no *adj.* que é gerado em si mesmo; autogerado

au.to.go.ve.rnar *v.i.* governar a si mesmo; ter autodomínio

au.to.gra.far *v.t.* ação do autor ou de pessoa famosa escrever sua própria assinatura em alguma coisa

au.tó.gra.fo *s.m.* **1** ato de escrever do próprio punho **2** assinatura de pessoa famosa

au.to-he.mo.te.ra.pi.a *s.f.* tratamento efetuado com o próprio sangue por meio de injeções

au.to.ig.ni.ção *s.f.* ignição espontânea do combustível que ocorre em um motor de explosão

au.to.i.mu.ni.da.de *s.f.* condição de um organismo quando é afetado pelos próprios agentes imunológicos

au.to.in.du.ção *s.f.* FÍS corrente elétrica no próprio circuito

au.tó.li.se *s.f.* BIOL autodestruição das células, dos tecidos etc. pela ação de suas próprias enzimas

au.to.má.ti.co *adj.* que opera ou executa movimentos mecanicamente; mecânico

au.to.ma.ti.za.ção *s.f.* **1** tornar habitual um movimento ou exercício **2** implementar máquinas para a execução de trabalhos repetitivos em uma linha de montagem

au.tô.ma.to *s.m.* **1** máquina, dispositivo etc. que executa movimentos mecanicamente **2** máquina que tem a aparência de ser humano ou animal, conhecida como robô; figura humanoide dotada de movimentos **3** *por ext.* pessoa que age sem vontade própria e obedece a comandos de outro

au.to.mo.bi.lis.mo *s.m.* **1** esporte praticado pelos que gostam de corridas e competições de automóvel **2** fabricação industrial de automóveis

au.to.mo.bi.lis.ta *adj.2g. s.2g.* pessoa que se dedica ao automobilismo ou o pratica

au.to.mo.bi.lís.ti.co *adj.* que se refere ao automobilismo

au.to.mo.tor /ô/ *adj. s.m.* **1** que possui mecanismo próprio **2** máquinas que realizam alguns movimentos sem intervenção externa

au.to.mo.triz *s.f.* veículo de estrada de ferro provido de motor próprio, servindo como locomotiva e vagão

au.to.mó.vel *s.m.* **1** veículo movido a motor de explosão interna, próprio para transporte de pessoas ou carga; carro • *adj.2g.* **2** que se move por meios próprios; movido a motor

au.to.no.mi.a *s.f.* **1** que tem condição autônoma **2** capacidade de se manter **3** independência

au.tô.no.mo *s.m.* **1** que tem autonomia, governa a si mesmo sem interferência de outro **2** pessoa que trabalha sem vínculo empregatício, por conta própria • *adj.* **3** que é independente

au.to.ô.ni.bus *s.m.* veículo de transporte coletivo; ônibus

au.to.pe.ça *s.f.* **1** acessório ou peça para todo tipo de automóvel **2** loja que vende esse produto

autopista

au.to.pis.ta *s.f.* pista, geralmente dupla, própria para automóveis em alta velocidade

au.to.pos.to *s.m.* local para abastecimento de combustível, troca de óleo, entre outros serviços

au.tóp.sia *s.f.* **1** exame de si mesmo; observação atenta **2** exame médico que é realizado em cadáveres, necropsia

au.top.si.ar *v.t.* realizar a autópsia de

au.to *s.m.* *cerimônia pública* ■ **autos** conjunto das peças de um processo judicial

au.tor /ô/ *s.m.* **1** pessoa que faz ou cria alguma obra literária, artística ou científica **2** pessoa que descobriu algo; inventor

au.to.ral *adj.* que se refere à autoria de alguma obra

au.to.ra.ma *s.m.* pista em miniatura com carrinhos de brinquedo

au.to.ri.a *s.f.* produção literária, artística ou científica do autor

au.to.ri.da.de *s.f.* **1** direito, poder de tomar decisões e dar ordens **2** quem exerce esse poder **3** quem é especialista em determinado assunto

au.to.ri.tá.rio *adj.* que exerce autoridade, que está revestido de autoridade

au.to.ri.ta.ris.mo *s.m.* qualidade daquilo ou de quem é autoritário; abuso de poder

au.to.ri.za.ção *s.f.* permissão para que alguma coisa possa ser feita; consentimento, licença

au.to.ri.za.do *adj.* que foi aprovado; permitido

au.to.ri.zar *v.t.* dar permissão a alguém para fazer alguma coisa; permitir, aprovar

au.to.ri.zá.vel *adj.* que pode ser consentido, autorizado

au.tos.se.gre.ga.ção *s.f.* isolamento que um grupo ou apenas um indivíduo impõe a si mesmo em relação a outros grupos ou a outras pessoas

au.tos.so.mo *s.m.* cromossomo que não participa da determinação do sexo

au.tos.su.pe.ra.ção *s.f.* ato de transpor as próprias limitações

au.to.té.ti.co *adj.* diz-se do conhecimento adquirido por meio de experiências vividas pelo próprio indivíduo

au.to.trans.fu.são *s.f.* transfusão realizada com o sangue do próprio indivíduo

au.to.trans.plan.te *s.m.* quando um tecido ou órgão é transferido de um lugar para o outro no próprio corpo do indivíduo

au.to.tró.fi.co *s.m.* organismo capaz de produzir seu próprio alimento

au.to.va.ci.na *s.f.* vacina que é preparada com micro-organismos que vivem no organismo do próprio paciente

au.tu.a.ção *s.f.* **1** termo usado, inicialmente, para denominar os autos de um processo **2** ação de autuar

au.tu.a.do *adj.* **1** diz-se daquele que já foi processado por alguma infração **2** aquele contra quem se abriu processo

au.tu.ar *v.t.* processar alguém; formar processo contra

au.xa.no.lo.gi.a *s.f.* estudo que se ocupa do crescimento dos seres vivos

au.xi.li.ar /s/ *v.t.* **1** dar auxílio; amparar, socorrer **2** colaborar com algum tipo de ajuda, trabalho, dinheiro • *adj.* **3** função de ajudante de alguém em alguma tarefa; assistente

au.xí.lio /s/ *s.m.* **1** ato de colaborar com alguém de forma material, moral etc. **2** oferecer amparo, ajuda, assistência

au.xi.na *s.f.* BIOQUÍM substância que estimula o crescimento das plantas

a.va.ca.lha.ção *s.f.* condição que desmoraliza, ridiculariza

a.va.ca.lha.do *adj.* aquele que sofreu desmoralização, foi ridicularizado

a.va.ca.lha.dor /ô/ *s.m.* desmoralizador, ridicularizador

a.va.ca.lhar *v.t.* **1** aviltar, ridicularizar **2** arrasar com alguém **3** fazer alguma coisa sem muito entusiasmo, capricho

a.val *s.m.* obrigação que é contraída por terceiro, ficando este responsável pelo pagamento da dívida caso o outro não pague; garantia

a.va.lan.che *s.f.* queda de grande massa de neve que rola do ponto mais alto de uma montanha e vai aumentando à medida que desce; também chamada de avalancha

a.va.li.a.ção *s.f.* **1** ato de avaliar; julgar **2** análise de algo a fim de saber suas reais condições

a.va.li.a.do *adj.* **1** que é estimado; calculado **2** que foi avaliado em suas predicações

a.va.li.a.dor /ô/ *s.m.* perito em avaliar

a.va.li.ar *v.t.* **1** analisar algo a fim de apreciar o mérito, as vantagens e desvantagens, o valor etc.

a.va.li.á.vel *adj.2g.* aquilo que pode ser avaliado, estimado quanto ao valor

a.va.lis.ta *adj.2g. s.2g.* pessoa que adquire a responsabilidade de pagamento de uma dívida, caso o avaliado não a pague

a.va.li.zar *v.t.* adquirir a obrigação por aval sobre títulos ou dívidas de outro

a.van.çar *v.t.* **1** fazer progredir; ir à frente, adiantar-se **2** atacar, agredir alguém **3** ultrapassar a velocidade, o sinal de trânsito etc.

a.van.ço *s.m.* **1** ato de progredir, de avançar, de estar à frente **2** mudança para melhor; progresso

a.van.ta.ja.do *adj.* **1** que tem vantagem; notável, avultado **2** de tamanho superior aos demais

a.van.ta.jar *v.t.* exceder, dar certa margem de benefício a outrem, avultar

a.van.te *adv.* **1** adiante, seguir para frente • *interj.* **2** ordem para seguir em frente, avançar

a.va.ran.da.do *adj.* ARQUIT diz-se daquilo que possui varanda

a.va.ren.to *adj.* **1** que é apegado ao dinheiro **2** *pop.* pão-duro

a.va.re.za /ê/ *s.f.* afeição, apego aos bens materiais ou ao dinheiro; sovinice

a.va.ri.a *s.f.* dano, estrago

a.va.ri.a.do *adj.* que sofreu estrago; danificado

a.va.ri.ar *v.t.* sofrer ou causar avarias, estragos; danificar alguma coisa

a.vas.cu.lar *adj.2g.* **1** BOT que não possui vasos condutores **2** MED qualidade de tecidos e cartilagens que não possuem vasos linfáticos ou sanguíneos

a.vas.sa.la.do *adj.* que foi dominado, oprimido

a.vas.sa.la.dor /ô/ *adj. s.m.* aquele que domina, oprime

a.vas.sa.la.men.to *s.m.* ato de dominar, fazer sujeitar

a.vas.sa.lan.te *adj.2g. m.q.* avassalador

aviventar

a.vas.sa.lar *v.t.* **1** dominar, sujeitar, escravizar pessoa, grupo, cidade etc. **2** destruir um lugar

a.va.tar *s.m.* **1** palavra do sânscrito *avatara*, significa a descida de um deus à terra **2** transformação, transfiguração de um pelo outro

a.ve *interj.* **1** usada em saudação, equivale a 'salve' • *s.f.* **2** pássaro, animal que possui pena, da classe dos vertebrados, ovíparos, que têm o sangue quente e respiram pelos pulmões

a.vei.a */ê/ s.f.* BOT nome de várias espécies de gramíneas e gramináceas, do gênero Avena, que possuem grãos de grande valor nutritivo

a.ve.jão *s.m.* **1** ave grande **2** assombração, visão **3** *fig. pejor.* pessoa considerada muito feia

a.ve.lã *s.f.* BOT fruto da avelaneira, possui casca dura, mas sua semente é comestível, sendo muito usada no preparo de chocolates, doces etc.

a.ve.lei.ra */ê/ s.f.* BOT árvore que produz avelã

a.ve.lu.da.do *adj.* que tem a característica de veludo e é macio como veludo

a.ve.lu.dar *v.t.* tornar qualquer tecido com o aspecto e a maciez do veludo

ave-maria *s.f.* oração da Igreja Católica dirigida à Virgem Maria

a.ven.ça *s.f.* acordo, pacto, ajuste, conciliação entre as partes de um litígio

a.ven.ca *s.f.* BOT planta ornamental e medicinal, também chamada de cabelo-de-vênus, que vive em lugares úmidos e de sombra

a.ve.ni.da *s.f.* rua larga, com mais de uma pista para o tráfego de veículos e geralmente arborizada

a.ven.ta.do *adj.* **1** que foi proposto, discutido **2** que é ventilado

a.ven.tal *s.m.* veste usada somente na parte da frente do corpo a fim de proteger a roupa

a.ven.tu.ra *s.f.* **1** acontecimento arriscado; ousadia, façanha **2** situação que apresenta risco

a.ven.tu.rar *v.t. v.pron.* **1** não ter medo de se arriscar **2** fazer parte de qualquer coisa cujo resultado pode ser positivo ou não

a.ven.tu.rei.ro */ê/ adj.* **1** pessoa que vive de aventuras **2** pessoa ousada, que se arrisca sem medo, contando com a sorte

a.ven.tu.ro.so */ô/ adj.* **1** cheio de aventura **2** arriscado, perigoso

a.ver.ba.ção *s.f.* anotação feita à margem de um documento a fim de evidenciar as mudanças que ocorreram

a.ver.ba.do *adj.* anotado, declarado, registrado

a.ver.bar *v.t.* **1** anotar, tomar por escrito condições e cláusulas de um documento oficial **2** registrar, anotar **3** dotar com os meios suficientes para a execução de uma obra ou de um trabalho

a.ve.ri.gua.ção *s.f.* **1** investigação de um fato obscuro **2** verificação, apuração

a.ve.ri.guar *v.t.* investigar, apurar a respeito de um fato obscuro

a.ver.me.lha.do *adj.* de um tom que se assemelha ao vermelho; rubro

a.ver.me.lhar *v.t.* **1** tingir de vermelho **2** tornar vermelho, rubro **3** fazer corar

a.ver.são *s.f.* repugnância a alguma coisa; antipatia; repúdio

a.ves.sas *s.f.2n.* coisas contrárias umas às outras; coisas em oposição

a.ves.so */ê/ adj.* **1** contrário, desfavorável **2** lado oposto ao principal; reverso

a.ves.ta */é/ s.f.* RELIG conjunto de livros sagrados e doutrinários do zoroastrismo, antiga religião persa

a.ves.truz *s.2g.* a maior ave terrestre, pesa acima de **100** kg, com mais de **2** metros de altura e muito veloz ao correr

a.ve.xar *v.t. m.q.* vexar

a.ve.zar *v.t. v.pron.* ter o costume, o hábito; acostumar(-se), habituar(-se)

a.vi.a.ção *s.f.* **1** sistema de navegação aérea **2** conjunto de aviões **3** pilotagem de avião

a.vi.a.dor */ô/ s.m.* **1** comandante de avião; piloto **2** pessoa que se dedica à aviação **3** pessoa que prepara, que avia medicamento prescrito em receita

a.vi.a.men.to *s.m.* **1** material utilizado para costurar **2** preparação de medicamento prescrito em receita

a.vi.ão *s.m.* **1** aparelho mais pesado que o ar, cuja sustentação é feita por asas **2** *pop.* mulher com corpo escultural

a.vi.ar *v.t.* **1** despachar, enviar receita **2** expedir **3** apressar-se

a.vi.á.rio *s.m.* local onde se criam aves; viveiro de aves

a.vi.a.tó.rio *adj.* relativo a aviação

a.ví.co.la *s.f.* **1** granja **2** loja onde se comercializa carne de aves

a.ví.cu.la *s.f.* ave pequena

a.vi.cul.tor *s.m.* aquele que cria aves

a.vi.cul.tu.ra *s.f.* técnica de criação e reprodução de aves

a.vi.da.men.te *adv.* vorazmente, apressadamente

a.vi.dez *s.f.* **1** ansiedade por algum motivo; ganância, avareza **2** forte desejo

á.vi.do *adj.* **1** ansioso; cobiçoso por algo **2** que deseja com exagerado

a.vi.go.rar *v.t.* tornar robusto; criar vigor

a.vil.ta.do *adj.* ofendido em sua honra; humilhado

a.vil.tan.te *adj.* que rebaixa moralmente; humilhante

a.vil.tar *v.t.*, rebaixar moralmente; humilhar

a.vi.na.gra.do *adj.* que contém vinagre

a.vin.do *adj.* **1** que ficou em boa harmonia com alguém **2** combinado, pactuado, convencionado

a.vir *v.t. v.pron.* entender-se, fazer acordos; concordar

a.vi.sa.do *adj.* **1** que recebeu aviso; informado **2** discreto, ajuizado, cauteloso

a.vi.sar *v.t.* prevenir, anunciar, fazer sabedor, dar a conhecer antecipadamente

a.vi.so *s.m.* **1** dizer, comunicar aonde vai **2** anúncio, notícia, admoestação **3** informação preventiva ■ **aviso prévio** comunicação feita pelo empregador ao empregado ou vice-versa a fim de informar a rescisão de contrato dentro de um determinado tempo, normalmente de **30** dias

a.vis.ta.do *adj.* que se viu ao longe

a.vis.tar *v.t.* enxergar, ver ao longe

a.vi.ta.mi.no.se */ó/ s.f.* estado doentio no ser humano e também nos animais, causado pela carência de ingestão de uma ou mais vitaminas

a.vi.var *v.t.* **1** tornar mais vivo; animar, reanimar **2** realçar, aumentar

a.vi.ven.tar *v.t.* vivificar, reanimar, avivar

avizinhar

a.vi.zi.nhar *v.t.* ficar mais próximo; chegar perto

a.vó *s.f.* feminino de avô

a.vô *s.m.* pai do pai ou pai da mãe ■ **avós** antepassados

a.vo *s.m.* MAT parte que entrega a expressão numérica designando fração, é usada quando acima de **10** e geralmente quando menor que **100**, não múltiplo de **10**, ex.: *cinco onze avos = 5/12* (usa-se mais no plural: avos)

a.vo.a.do *adj.* que é distraído

a.vo.an.te *s.f.* espécie de pomba campestre que mede **20** cm de comprimento, tem a parte superior da cabeça cinza, pés vermelhos, bico preto e plumagem parda com pintas pretas nas asas

a.vo.ca.ção *s.f.* ato de avocar; retornar

a.vo.car *v.t.* atribuir a si uma responsabilidade ou tarefa; arrogar

a.vo.en.go *adj.* que provém dos avós ou do tempo dos avós; tradicional, hereditário, antigo

a.vo.lu.ma.do *adj.* que se tornou volumoso, grande

a.vo.lu.mar *v.t. v.pron.* tornar volumoso; crescer de tamanho; tornar-se maior

a.vul.são *s.f.* modo de extração com violência; arrancamento

a.vul.so *adj.* retirado, desligado da coleção de que fazia parte **2** separado, isolado

a.vul.ta.do *adj.* considerado de grande tamanho; aumentado

a.vul.tar *v.t.* **1** fazer aumentar; engrandecer **2** dar maior volume; evidenciar

a.xa.dre.za.do *adj.* que possui estampa xadrez

a.xi.la /ks/ *s.f.* **1** ANAT cavidade em que há a junção do braço com o ombro; sovaco **2** BOT ângulo formado na junção da folha com o ramo ou com o caule

a.xi.lar *adj.2g.* que se localiza na axila

a.xi.o.lo.gi.a /ks/ *s.f.* FILOS ramo da filosofia que estuda os valores morais

a.xi.o.ma /ks/ *s.m.* **1** princípio evidente que não exige prova para que seja considerado como verdade **2** sentença máxima

a.xi.o.má.ti.co /ks/ *adj.* **1** que se refere a axioma **2** algo incontestável

a.xô.nio /ks/ *s.m.* prolongamento das fibras nervosas que transmitem o influxo nervoso

a.xo.plas.ma *s.m.* BIOL citoplasma do axônio

a.za.do *adj.* que é propício; oportuno

a.zá.fa.ma *s.f.* movimentação intensa; correria, grande pressa

a.za.fa.ma.do *adj.* cheio de serviço; atarefado, assoberbado

a.za.fa.mar *v.i. v.pron.* movimentar-se, agitar-se

a.za.gaia *s.f.* lança de arremesso usada pelos mouros; zagaia

a.za.gai.a.da *s.f.* ferimento feito por azagaia; golpe de azagaia

a.za.gai.ar *v.t.* golpear com azagaia

a.za.lei.a /é/ *s.f.* gênero de planta em formato de arbusto, de folhas miúdas e flores ornamentais de várias cores

a.zar *v.t.* **1** dar oportunidade a alguém; ocasionar • *s.m.* **2** falta de sorte; infortúnio

a.za.ra.ção *s.f. pop.* paquerar

a.za.ra.do *adj.* que tem má sorte; infortunado

a.za.rar *v.t.* trazer má sorte a alguém, prejudicar

a.za.ren.to *adj.* **1** que dá azar **2** que tem muito azar

a.ze.da.do *adj.* **1** que azedou; estragou **2** irritado, mal-humorado

a.ze.da.men.te *adv.* de mau humor, irritado

a.ze.dar *v.t.* **1** deixar ou ficar azedo, acre **2** irritar, angustiar **3** estragar, talhar

a.ze.di.nha *s.f.* espécie de planta de flores verdes e pequenas e folhas comestíveis, também conhecida como vinagreira

a.ze.do /ê/ *adj.* que tem sabor ácido, que tem acidez

a.ze.du.me *s.m.* **1** que tem sabor azedo, ácido **2** *fig.* mau humor; irritação

a.zei.ta.do *adj.* **que está untado,** lubrificado

a.zei.tão *adj.* **1** que é lustroso; preto • *s.m.* **2** queijo feito de leite de ovelha, de cor amarelada e sabor ligeiramente picante

a.zei.tar *v.t.* ato de untar com azeite; lubrificar

a.zei.te /ê/ *s.m.* **1** óleo extraído da azeitona, muito apreciado na culinária **2** óleo extraído de outros vegetais

a.zei.to.na *s.f.* fruto pequeno, carnoso, extraído da oliveira, cuja cor varia do verde ao negro

a.zei.to.na.do *adj.* da cor da azeitona

a.zei.to.nei.ra /ê/ *s.f.* **1** mulher que apanha azeitonas **2** vasilha própria para guardar azeitonas

a.zê.mo.la *s.f.* animal de carga velho; mula

a.ze.nha *s.f.* moinho movido a água, roda-d'água

a.ze.vi.cha.do *adj.* que tem a cor de azeviche; um tanto escuro; brilhante

a.ze.vi.che *s.m.* substância mineral, uma variedade de carvão fóssil de cor negra e brilhante

a.zi.a *s.f.* **1** sensação de queimação no estômago **2** acidez estomacal

a.zi.a.go *adj.* que dá azar; agourento

á.zi.mo *adj. s.m.* pão que não contém fermento; sem levedura

a.zi.mu.te *s.m.* ângulo formado entre o plano vertical de um astro e o meridiano do lugar de observação

a.zi.nha.ga *s.f.* caminho estreito entre os montes

a.zi.nha.vra.do *adj.* **1** coberto de azinhavre; esverdeado **2** desagradável

a.zi.nha.vrar *v.i. v.pron.* cobrir-se de azinhavre

a.zi.nha.vre *s.m.* camada verde nos metais formada por substância esverdeada; óxido de cobre

a.zo *s.m.* oportunidade, ensejo; motivo oportuno

a.zon.za.do *adj.* que está meio zonzo, atordoado

a.zo.os.per.mi.a *s.f.* ausência de espermatozoides no sêmen

a.zo.to /ó/ *s.m. m.q.* nitrogênio

a.zou.gue *s.m.* **1** *m.q.* mercúrio **2** pessoa impetuosa; inquieta

AZT® *s.m.* sigla para azidotimidina, coquetel de medicamentos para o tratamento da AIDS

a.zu.a.da *s.f.* barulheira, ruído forte

a.zu.cri.nan.te *adj.* que apoquenta; azucrina

a.zu.cri.nar *v.t.* atormentar a paciência de alguém; importunar

a.zul *s.m.* **1** cor de anil **2** cor do céu sem nuvens

a.zu.la.di.nha *s.f. pop.* pinga, cachaça

a.zu.la.do *adj.* que tem a cor entre o azul e o cinza

a.zu.lão *s.m.* ZOOL nome de um pássaro brasileiro, ave canora, de plumagem geral azul, asas e calda escurecidas

azurita

a.zu.lar *v.t.* **1** tingir de azul alguma coisa **2** *fig.* fugir, correr de uma situação

a.zu.le.ja.do *adj.* que é revestido de azulejo

a.zu.le.ja.dor /ô/ *s.m.* indivíduo que fabrica ou assenta azulejos

a.zu.le.jar *v.t.* revestir de azulejos, ladrilhos

a.zu.le.jis.ta *s.2g. m.q.* azulejador

a.zu.le.jo /ê/ *s.m.* ladrilho vidrado, de várias cores, usado em revestimento de paredes

a.zu.le.no *s.m.* tipo de hidrocarboneto líquido de cor azul intenso, é encontrado no alcatrão líquido e em alguns óleos voláteis

a.zul-ma.ri.nho *s.m.* azul que tem a cor do mar

a.zu.re.ta.do *adj.* pessoa adoidada (também: azoretado)

a.zu.re.tar *v.t.* ficar zonzo, atordoado

a.zu.ri.ta *s.f.* minério constituído de carbonato de cobre, de cor azulada

Bb

¹b *s.m.* **1** GRAM nome da segunda letra do alfabeto português e da primeira consoante **2** segundo elemento de uma série

²B INFORMÁT símbolo e abreviação de *byte*

BA sigla do Estado da Bahia

ba.a.rás *s.m.2n.* BOT planta que possui fosforescência; os alquimistas a chamam de erva-de-ouro

ba.ba *s.f.* **1** saliva abundante que escorre de forma involuntária **2** gosma referente à secreção dos caracóis e das lesmas **3** substância viscosa presente em algumas plantas, ex.: *a baba do quiabo* ■ **baba de moça** espécie de doce líquido feito de leite de coco, gemas e açúcar

ba.bá *s.f.* secretária doméstica responsável pelo cuidado das crianças

ba.ba.bi *s.m.* bras. espancamento, surra

ba.ba.çu *s.m.* **1** palmeira cujas folhas são utilizadas na fabricação de esteiras, cestos, chapéus etc., sendo uma espécie de planta de sementes oleaginosas

ba.ba.çu.al *s.m.* local onde há agrupamento de babaçus; babaçuzal

ba.ba.do *s.m.* **1** parte encapelada de um traje, normalmente feminino **2** *pop.* mexerico, fofoca • *adj.* **3** molhado de baba

ba.ba.dor /ô/ *s.m.* m.q. babadouro

ba.ba.dou.ro *s.m.* proteção de pano que se põe atada ao pescoço de crianças pequenas, para protegê-las da baba ou da comida, evitando que se suje a roupa

ba.ba.la.ze *s.f.* m.q. ressaca

ba.ba.lo.ri.xá *s.m.* RELIG chefe responsável pelo culto aos orixás nos candomblés, xangôs e em alguns centros de umbanda; pai de santo

ba.ba-o.vo *s.m. pop.* quem adula; bajulador

ba.ba.qua.ra *adj.2g.* **1** tolo, idiota **2** caipira, roceiro

ba.bar *v.i.* **1** deixar a saliva sair pela boca, escorrendo **2** *fig.* gostar muito de algo

ba.ba.ré *s.m.* **1** barulheira, gritaria • *interj.* **2** grito de socorro

ba.bau *interj.* indica decepção, algo acabado

ba.be.co *s.m. pop.* caipira; habitante da roça

ba.bel *s.f.* **1** confusão de línguas **2** desordem barulhenta de pessoas; babilônia

ba.be.sí.a.se *s.f.* VETER doença que ataca o gado bovino, causada por protozoários do gênero *Babesia*

ba.bi.lô.nia *s.f.* **1** confusão; babel **2** cidade sem planejamento, com ruas pelas quais é difícil se deslocar, por serem confusas

ba.bi.lô.ni.co *adj.* **1** relativo à Babilônia **2** diz-se de tudo o que é excessivamente grande

ba.bor.do /ó/ *s.m.* lado esquerdo do navio, olhando-se da popa à proa; bombordo

ba.bo.sa /ó/ *s.f.* BOT planta de propriedades medicinais e cosméticas

ba.bo.sei.ra *s.f.* **1** disparate, asneira, dito irrelevante **2** *pejor.* atitude ou trabalho que não tem mérito

ba.bu.cha *s.f.* tipo de chinelo, de origem oriental

ba.bu.gem *s.f.* **1** espuma produzida pela agitação da água **2** coisa de pouca importância

ba.bu.jar *v.t.* **1** babar; molhar com baba **2** *fig.* adular, sabujar

ba.ca.ba *s.f.* BOT nome comum a várias palmeiras, algumas produzem sementes oleaginosas e frutos, outras produzem palmito

ba.cá.ceo *adj.* **1** BOT referente à planta que possui caroço **2** BOT fruto do tipo baga

ba.ca.bei.ra *s.f.* BOT tipo de palmeira com um fruto do qual se extrai um óleo usado na fabricação de sabão

ba.ca.cu *s.m.* ZOOL ave da Amazônia

ba.cal *s.m.* na Índia, o comerciante de cereais

ba.ca.lhau *s.m.* ZOOL peixe oriundo de mares frios, geralmente vendido seco e salgado

ba.ca.lho.a.da *s.f.* **1** grande quantidade de bacalhau **2** CUL prato preparado à moda portuguesa, com azeite, batatas, cebolas etc.

ba.ca.lho.ei.ro /ê/ *s.m.* **1** navio utilizado na pesca do bacalhau **2** comerciante de bacalhau

ba.ca.mar.tis.ta *s.2g.* soldado que utiliza o bacamarte

ba.ca.mar.te *s.m.* tipo de arma de fogo; espingarda de cano curto

ba.ca.na *adj.2g.* qualidade que se refere a atributos positivos para pessoas ou coisas, ex.: *vestido bacana, rapaz bacana*

ba.ca.nal *s.m.* **1** festa em homenagem a Baco, deus do vinho **2** orgia

ba.can.te *s.f.* **1** mulher disponível às orgias de Baco **2** mulher dissoluta

ba.car *s.m.* armazém, celeiro

ba.ca.rá *s.m.* **1** nome de cristais produzidos em Baccarat, na França **2** jogo de cartas em que o objetivo é fazer nove pontos

bailarino

ba.ce.la.da *s.f.* plantação de bacelos

ba.ce.la.dor /ô/ *s.m.* cultivador de bacelos

ba.ce.lar *v.t.* cultivar bacelos

ba.ce.lei.ro *s.m.* 1 indivíduo que cultiva bacelos 2 vide destinada a ser plantada

ba.ce.lo *s.m.* 1 vara que se planta 2 muda de videira

ba.cha.rel /é/ *s.m.* 1 estudante que concluiu o curso de colégio ou faculdade; no Brasil, atualmente, apenas o que se diploma em uma faculdade, ex.: *bacharel em Direito, em Economia, em Filosofia* etc. 2 pessoa que ainda não defendeu nenhum tipo de tese (mestrado, doutorado)

ba.cha.re.la.do *s.m.* 1 o título, o grau de bacharel 2 o curso de estudos para a obtenção do título de bacharel

ba.cha.re.la.men.to *s.m.* ação de adquirir o título de bacharel

ba.cha.re.lar *v.pron.* 1 conseguir o título de bacharel, tornar-se bacharel • *v.i.* 2 falar demasiadamente

ba.cha.re.les.co /é/ *adj. pejor.* próprio de bacharel

ba.cha.re.le.te /ê/ *s.m. pejor.* diminutivo desdenhoso de bacharel

ba.cha.re.li.ce *s.f.* dito pretensioso e enfadonho, com aspecto de sabedoria ou arrogância

ba.cha.re.lis.mo *s.m.* m.q. bacharelice

ba.cha.re.lo.ma.ni.a *s.f.* mania de ser bacharel

ba.ci.a *s.f.* 1 depressão de terreno ocupada por rios ou lagos e rodeada de montes 2 vaso, vasilha para líquidos

ba.ci.lar *adj.2g.* 1 referente a bacilo 2 diz-se do que possui corpo fino feito uma varinha

ba.ci.lo *s.m.* micro-organismo de forma alongada, visível apenas ao microscópio

ba.ci.lú.ria *s.f.* MED presença de bcilos na urina

ba.ci.o *s.m.* prato, bandeja, vasilha, penico

ba.ço *adj.* 1 opaco, bacento, embaçado • *s.m.* 2 ANAT víscera linfoide localizada no hipocôndrio esquerdo e que tem como principal função destruir hemácias que já não estão em perfeito estado

ba.con *s.m.* [ing.] toucinho defumado

ba.co.re.jar *v.t.* 1 pressentir, prever 2 insinuar, sugerir

bac.té.ria *s.f.* micro-organismo, podendo ser parasita ou não, importante na decomposição de matérias orgânicas

bac.te.ri.ci.da *adj.2g. s.2g.* agente que mata as bactérias

bac.te.ri.ó.fa.go *s.m.* micro-organismo capaz de destruir as bactérias

bac.te.ri.o.lo.gi.a *s.f.* ciência responsável pelo estudo das bactérias

bac.te.ri.o.lo.gis.ta *s.2g.* técnico em bacteriologia

ba.cu *s.m.* tipo de peixe que possui placas cortantes ao longo do corpo

bá.cu.lo *s.m.* 1 insígnia bispal 2 *por ext.* bastão de extremidade curva; cajado 3 *fig.* apoio financeiro ou moral

ba.cu.ri *s.m.* árvore do Brasil, de madeira preciosa, flores rosadas e frutos grandes utilizados em doces e refrescos

ba.da.lar *v.t.* 1 adular 2 dar badaladas ao sino 3 *fig.* proclamar entusiasticamente; festejar

ba.da.lo *s.m.* peça de ferro com a qual o sino é tocado

ba.da.me.co /é/ *s.m.* 1 *desus.* pasta utilizada por estudantes para transportar cadernos, livros etc. 2 *pejor.* indivíduo insignificante

ba.da.nal *s.m.* confusão, balbúrdia

ba.de.jo /ê/ *s.m.* peixe semelhante ao bacalhau e que não forma cardumes

ba.der.na /é/ *s.f.* situação de desordem; momento de confusão

ba.der.nei.ro /ê/ *adj.* pessoa que causa desordem; desordeiro

ba.do.gue *s.m.* bodoque; atiradeira feita com uma estrutura em forma de forquilha e elásticos

ba.do.que *s.m.* m.q. badogue

ba.du.la.que *s.m.* 1 nome dado a objetos caseiros que não apresentam valor significativo 2 enfeite, adorno

ba.e.ta /é/ *s.f.* tecido de lã ou algodão

ba.fa.fá *s.m. pop.* gritaria, discussão, tumulto barulhento

ba.fe.jar *v.t.* 1 aquecer, acalentar 2 exalar bafo, soprar o hálito

ba.fi.o *s.m.* odor característico de locais úmidos; mofo

ba.fo *s.m.* 1 ar expirado dos pulmões; expiração 2 hálito com odor desagradável ∎ **bafo de onça** mau hálito

ba.fo.ra.da *s.f.* 1 exalação momentânea de ar pela boca ou pelas narinas 2 golfada de fumaça de cigarro 3 bafo forte e desagradável

ba.fo.rar *v.t.* expelir, soprar

ba.ga *s.f.* 1 nome genérico de frutos simples, carnosos, indeiscentes e comestíveis 2 *pop.* cachaça

ba.ga.cei.ra /ê/ *s.f.* 1 bebida alcoólica feita de aguardente de cana 2 lugar onde são jogados os bagaços

ba.ga.ço *s.m.* 1 resto da fruta após a retirada do sumo 2 *fig.* pessoa de má aparência ou cansada

ba.ga.gei.ro /ê/ *s.m.* 1 parte, estrutura de veículos, como automóveis e bicicletas, onde se carregam bagagens • *adj.* 2 característica do indivíduo ou do veículo que transporta bagagem

ba.ga.gem *s.f.* 1 tudo que serve para transportar pertences dos viajantes 2 conjunto de malas, valises, baús 3 o conteúdo das malas

ba.ga.te.la /é/ *s.f.* objeto de pouco valor; ninharia; soma irrisória de dinheiro

ba.go *s.m.* 1 qualquer fruto carnoso 2 *pop.* testículo

ba.gre *s.m.* peixe de água doce que não possui escamas

ba.gue.te /é/ *s.f.* pão do tipo francês cuja forma é alongada

ba.gu.lho *s.m.* 1 semente de uva e de outros frutos bacáceos 2 a semente que está no bago da uva 3 *pop.* coisa de má qualidade 4 *pop.* maconha

ba.gun.ça *s.f.* falta de ordem; confusão, desorganização

bai.a *s.f.* local da cocheira onde os cavalos comem e dormem

ba.í.a *s.f.* 1 enseada, porto 2 lagoa que se encontra com um rio por meio de um canal

bai.a.cu *s.m.* peixe que possui espinhos, presente nas águas doces e salgadas; ao se sentir ameaçado, esse peixe infla o corpo

bai.a.na.da *s.f.* conjunto de baianos

bai.a.no *adj. gent.* natural ou relativo à Bahia, Estado brasileiro

bai.ão *s.m.* tipo de música popular nordestina, de ritmo bem acentuado, convidativa à dança, e que possui influência da conga e do samba

bai.la *s.f.* reunião festiva onde se dança; baile

bai.la.do *s.m.* dança

bai.lar *v.t. v.i.* dançar; mover o corpo por influência da música

bai.la.ri.no *s.m.* 1 indivíduo que dança profissionalmente 2 indivíduo que dança muito bem

baile

bai.le *s.m.* dança; reunião festiva cuja finalidade principal é a dança ■ **dar um baile** exibir uma excelente atuação

bai.léu *s.m.* **1** terraço, varanda **2** tribuna, palanque

ba.i.nha *s.f.* **1** dobra costurada do avesso de um tecido para que não se desfie **2** estojo, capa **3** tecido que recobre um órgão ou estruturas corporais

bai.o *adj.* que tem a cor castanha

bai.o.ne.ta */ê/ s.f.* faca, lâmina afiada que se prende nos fuzis e nas carabinas

bair.ris.mo *s.m.* exagerado amor, louvor e defesa ao local onde se nasceu ou se vive

bair.ris.ta *adj.2g.* diz-se da pessoa que defende com entusiasmo os interesses do seu bairro ou da sua terra

bair.ro *s.m.* **1** cada uma das partes em que uma cidade é dividida **2** povoado, arraial, distrito

bai.ta *adj.2g.* **1** grande, corpulento **2** *fig.* muito bom no que faz ou produz

bai.ta.ca *s.f.* m.q. maitaca

bai.u.ca *s.f.* **1** *pejor.* botequim, taberna **2** *por ext.* lugar imundo e mal frequentado

bai.xa *s.f.* **1** diminuição do nível das águas **2** diminuição de preço **3** dispensa do serviço militar **4** condição do soldado morto ou capturado em serviço

bai.xa.da *s.f.* terreno em declive que se segue a um monte, localizado entre montanhas

bai.xa-mar *s.f.* maré após a vazante; maré baixa

bai.xar *v.t.* **1** descer **2** decretar **3** diminuir de altura **4** transferir dados para um computador **5** perder importância

bai.xei.ro */ê/ s.m.* manta que se coloca sob os arreios das cavalgaduras para proteger o lombo do animal

bai.xel */é/ s.m.* navio pequeno

bai.xe.la */é/ s.f.* conjunto de vasilhas, pratos e talheres para se servir à mesa

bai.xe.za */ê/ s.f.* **1** falta de dignidade; vileza **2** pequena altura; algo que está abaixo

bai.xi.o *s.m.* local raso do mar que pode causar danos à navegação; banco de areia

bai.xis.ta *adj.2g. s.2g.* **1** MÚS indivíduo que toca baixo ou contrabaixo **2** aquele que aposta na baixa do câmbio; especulador que provoca a baixa do mercado

bai.xo *adj.* **1** de pequena estatura; que está abaixo de certo nível considerado o ideal ou costumeiro **2** *fig.* de procedimento mau; grosseiro ● *s.m.* **3** MÚS cantor que tem a voz masculina de registro mais grave **4** a nota mais grave de um acorde

bai.xo-as.tral *adj.2g.* condição daquele que se encontra mal-humorado, infeliz, queixoso

bai.xo-ven.tre *s.m.* ANAT parte inferior do ventre

bai.xu.ra *s.f.* lugar onde o nível da água é baixo

ba.jou.lar *v.t.* **1** adular, bajular **2** cobrir de atenção e carinho

ba.ju.la.ção *s.f.* ato de bajular; adulação com segundas intenções

ba.ju.la.dor */ô/ s.m.* adulador, lisonjeador

ba.ju.lar *v.t.* **1** dizer bobagens **2** adular com interesse **3** cobrir de atenção e carinho

ba.ju.li.ce *s.f.* adulação, bajulação

ba.la *s.f.* **1** projétil de arma de fogo **2** guloseima doce **3** objeto redondo **4** trouxa de roupa, de tecido, de algodão **5** fardo, pacote **6** medida de papel equivalente a dez resmas

ba.la.da *s.f.* **1** canção adequada para dançar **2** canção em ritmo lento com teor romântico

ba.lai.o *s.m.* cesto grande de vime que serve para transportar ou guardar objetos

ba.la.lai.ca *s.f.* instrumento de três cordas semelhante a um bandolim triangular

ba.lan.ça *s.f.* instrumento que serve para pesar ■ **balança comercial** saldo entre exportação e importação

ba.lan.çar *v.t.* **1** sacudir, agitar **2** examinar as perdas e ganhos do comércio; fazer o balanço contábil ○ *v.pron.* **3** oscilar de um lado para outro **4** equilibrar-se, mover-se

ba.lan.cê *s.m.* passo de quadrilha em que a pessoa desloca o peso do corpo de um pé para outro

ba.lan.ce.ar *v.i.* **1** movimentar-se de um lado para outro ○ *v.t.* **2** compensar, equilibrar

ba.lan.ce.a.do *adj.* **1** que se balanceou **2** que apresenta elementos nutritivos equilibrados

ba.lan.ce.te */ê/ s.m.* **1** levantamento parcial das receitas e despesas de uma firma **2** *fig.* avaliação; estimativa de valor

ba.lan.ço *s.m.* **1** ato ou efeito de balançar **2** tábua suspensa por duas cordas que permite a realização de movimentos oscilatórios

ba.lan.gan.dã *s.m.* **1** ornamento, colar **2** penduricalho de qualquer formato

ba.lão *s.m.* **1** qualquer objeto esférico **2** transporte cheio de ar quente ou gás mais leve que o ar

ba.lão-sonda *s.m.* pequeno balão que serve para verificar a direção e a velocidade do vento

ba.lar *v.i.* soltar balidos

ba.la.us.tra.da *s.f.* série de balaústres que forma um parapeito

ba.la.ús.tre *s.m.* coluna de madeira com que se fazem grades

ba.lá.zio *s.m.* aumentativo de bala

bal.bu.ci.an.te *adj.2g.* que balbucia, que não consegue pronunciar claramente as palavras

bal.bu.ci.ar *v.i.* gaguejar; pronunciar as palavras de forma imperfeita, com hesitação

bal.búr.dia *s.f.* **1** desordem, confusão, algazarra, tumultuo **2** situação confusa, tumultuosa

bal.cão *s.m.* **1** sacada, varanda **2** móvel comprido para atender o público ou expor mercadorias

bal.ção *s.m.* HIST faixa, estandarte que os templários levavam; insígnia

bal.câ.ni.co *adj.* relativo aos Bálcãs, península no Sudeste da Europa

bal.ca.ni.zar *v.t.* dividir regiões em Estados menores

bal.da *s.f.* **1** defeito, mania, hábito **2** carta de baralho sem valor no jogo

bal.da.do *adj.* fracassado, inútil

bal.da.quim *s.m.* **1** tipo de dossel com cortinas **2** ARQUIT obra de arquitetura constituída por uma cúpula sustentada por colunas e que resguarda um altar, uma escultura etc

bal.dar *v.t. v.pron.* inutilizar, frustrar

bal.de *s.m.* **1** vasilha para transporte de água **2** recipiente com alça, feito de metal, plástico ou madeira e que serve para tirar ou carregar líquidos

bal.de.ar *v.t.* transferir algo ou alguém de um veículo para outro

bal.di.o *adj.* **1** abandonado, sem cultivo, agreste **2** vazio

ba.le.ar *v.t.* ferir com bala

ba.leia */ê/ s.f.* ZOOL cetáceo mamífero de grande porte

ba.le.o.te */ó/ s.m.* filhote de baleia

banhista

ba.li.do *s.m.* o som próprio das ovelhas

ba.lir *v.i.* emitir balidos, que correspondem ao som produzido por ovelhas e carneiros

ba.lís.ti.ca *s.f.* ciência que estuda o movimento de projéteis

ba.li.za *s.f.* **1** objeto que serve para chamar a atenção; marca de limite etc. **2** moça que abre desfiles comemorativos manejando bastões

ba.li.zar *v.t.* **1** marcar com balizas **2** dividir, demarcar

bal.ne.á.rio *s.m.* **1** local onde se tomam banhos para fins medicinais **2** estância de águas medicinais ou minerais

bal.neo.te.ra.pi.a *s.f.* tratamento por meio de banhos

ba.lo.ei.ro *s.m.* quem solta ou faz balões

ba.lo.fo /ô/ *adj.* **1** gordo; volumoso em relação ao peso **2** sem consistência; inchad

ba.lou.çar *v.t.* oscilar de um lado para outro; balançar

ba.lou.ço /ô/ *s.m.* m.q. balanço o

bal.sa *s.f.* embarcação, transporte flutuante que faz a travessia de veículos ou pessoas em rios onde não há ponte

bál.sa.mo *s.m.* **1** substância resinosa e aromática de determinadas plantas **2** aroma agradável **3** *fig.* consolação, conforto

bal.sâ.mi.co *adj.* **1** que tem as propriedades do bálsamo **2** aromático, odorífero

ba.lu.ar.te *s.m.* **1** fortificação, defesa **2** lugar altamente seguro **3** *fig.* suporte, apoio

bam.ba *adj.2g.* valente, forte; cheio de autoridade; que domina o assunto

bam.ba.ré *s.m.* confusão, vozerio, algazarra

bâm.bi *s.m.* filhote de gazela

bam.bi.ne.la /é/ *s.f.* cortina com franjas, dividida em duas partes erguidas e presas dos lados

bam.bo *adj.* frouxo, mal apertado

bam.bo.cha.ta *s.f.* gênero de pintura que representa festas populares e cenas rústicas ou burlescas

bam.bo.le.a.men.to *s.m.* ato ou efeito de bambolear

bam.bo.lê *s.m.* brinquedo em forma de aro que, com movimentos do corpo, gira em volta da cintura

bam.bo.le.ar *v.t.* gingar o corpo, mover o quadril de um lado para outro

bam.bo.lim *s.m.* sanefa, franja; bambinela

bam.bu *s.m.* taquara, planta de caule oco cultivada por seus inúmeros usos: quebra-vento, ornamento, divisão de terras, produção de celulose etc.

bam.búr.rio *s.m.* **1** descoberta casual de ouro ou pedras preciosas **2** sorte, acaso

ba.nal *adj.2g.* comum, vulgar; sem originalidade

ba.na.na *s.f.* **1** fruto da bananeira o *s.2g.* **2** *fig.* indivíduo fraco, covarde, sem energia ■ **dar uma banana** gesto ofensivo que se faz curvando o antebraço sobre o braço

ba.na.no.sa *s.f.* situação complicada, de difícil solução

ban.ca *s.f.* **1** mesa ou aparador de qualidade inferior **2** grupo de examinadores

ban.ca.da *s.f.* **1** banco extenso para várias pessoas **2** representação de um grupo político de um estado ou partido

ban.cá.rio *adj.* **1** relacionado ao banco • *s.m.* **2** funcionário de banco

ban.car.ro.ta /ô/ *s.f.* falência que pode ser acompanhada ou não de culpa do devedor

ban.co *s.m.* **1** cadeira sem espaldar **2** estabelecimento de crédito **3** acúmulo de areia ou detritos no fundo dos mares e rios

ban.da *s.f.* **1** um dos lados **2** pedaço, tira de tecido **3** grupo de coisas ou pessoas **4** parte lateral ou metade de algo

ban.da.gem *s.f.* **1** proteção feita com faixas de tecido **2** tecido de algodão macio e com trama aberta

band-aid *s.m. [ing.]* pequeno curativo adesivo

ban.da.lhei.ra /ê/ *s.f.* procedimento de mau caráter; transgressão moral; negócio ilícito

ban.da.lho *s.m.* indivíduo que age com bandalheira

ban.da.ri.lha *s.f.* pequena haste com bandeirinhas que enfeitam a ponta do ferro usada pelos toureiros

ban.de.ar *v.i.* **1** passar para outro grupo **2** mudar de opinião ou de partido

ban.dei.ra *s.f.* pano colorido e/ou com desenhos simbolizando uma nação, um partido, um estado etc. ■ *gír.* **dar bandeira** deixar escapar algo que deveria ser segredo

ban.dei.ran.te *s.m.* **1** indivíduo que, no Brasil colonial, tomou parte em expedição o *s.f.* **2** menina que se dedica ao bandeirantismo • *adj.2g.* **3** desbravador

ban.dei.ran.tis.mo *s.m.* movimento feminino correspondente ao escotismo, cujos objetivos são desenvolver e aperfeiçoar as atitudes, com base na ética, no espírito de comunidade e na liberdade com responsabilidade

ban.dei.ri.nha *s.2g.* **1** auxiliar de arbitragem em futebol **2** pequena bandeira; bandeirola

ban.de.ja /ê/ *s.f.* **1** objeto raso de madeira ou de metal que serve para apoiar ou servir xícaras, bules, alimentos etc. ■ **dar de bandeja** revelar ou entregar algo espontaneamente

ban.di.do *s.m.* indivíduo que pratica crimes; malfeitor

ban.di.tis.mo *s.m.* modo de vida dos bandidos

ban.dó *s.m.* **1** fita que as mulheres usam como adorno na cabeça **2** tipo de penteado feminino em que os cabelos são separados em porções por meio de fitas

ban.do *s.m.* **1** união de pessoas **2** integrantes do exército **3** conjunto de músicos **4** pregão, aviso, publicação de uma lei

ban.do.lei.ra /ê/ *s.f.* correia onde se guardam os cartuchos das armas dos soldados

ban.do.lei.ro /ê/ *s.m.* **1** indivíduo que pratica crimes **2** cangaceiro

ban.do.lim *s.m.* instrumento de quatro cordas duplas, tocado com palheta

ban.du.lho *s.m.* barriga volumosa; ventre protuberante

ban.dur.ra *s.f.* instrumento espanhol de seis parelhas de cordas; espécie de bandolim

ban.ga.lô *s.m.* casa geralmente de madeira; moradia de teto baixo com estilo campestre

ban.gue *s.m.* estrondo, estouro

ban.guê *s.m.* tabuleiro que serve para carregar terra e materiais de construção

ban.gue.la /é/ *adj.2g.* com falta de um ou mais dentes ■ **na banguela** em ponto morto

ba.nha *s.f.* **1** gordura animal **2** gordura localizada

ba.nhei.ra /ê/ *s.f.* recipiente oval ou retangular utilizado em banho de imersão

ba.nhis.ta *s.2g.* **1** indivíduo que utiliza traje de banho em piscina, praia etc. **2** salva-vidas

banho

ba.nho *s.m.* imersão do corpo ou de objeto em um líquido para higienizar, refrescar, lavar

ba.nho-ma.ri.a *s.m.* maneira de aquecer ou assar uma substância em um recipiente colocado dentro de outro recipiente com água

ba.nhos *s.m.2n.* pregão de casamento

ba.ni.do *adj.* 1 exilado, deportado 2 que foi expulso

ba.nir *v.t.* 1 desprezar, rejeitar, exilar 2 pôr de lado; afastar

ba.ni.men.to *s.m.* ação de banir

ban.jo *s.m.* instrumento de cordas com uma caixa de ressonância semelhante a um pandeiro

ban.que.ta /é/ *s.f.* pequeno banco sem encosto

ban.que.te /ê/ *s.m.* 1 festança; refeição farta 2 refeição para muitos convidados

ban.que.te.ar *v.t.* 1 oferecer banquetes 2 comer de maneira farta

ban.to *s.m.* língua falada pelos bantos, grupo nigero-congolês oriental da África

ban.zar *v.i.* 1 ação de mares agitados cujas ondas se chocam entre si 2 pegar de surpresa, pasmar

ban.zé *s.m.* algazarra, gritaria

ban.zo *s.m.* falta de rumo; nostalgia profunda; melancolia

ba.o.bá *s.m.* BOT árvore africana de tronco largo, de até 20 m, possui madeira branca, mole e porosa e casca medicinal

ba.que *s.m.* 1 barulho de um corpo que cai 2 queda

ba.que.ar *v.i.* 1 cair; levar tombo, queda 2 enfraquecer

ba.que.li.te *s.f.* QUÍM resina resultante da síntese de fenol com formol

ba.que.ta /ê/ *s.f.* vareta de madeira com que se tocam determinados instrumentos de percussão

bar *s.m.* 1 boteco; local onde se vendem bebidas e comidas 2 móvel em que se guardam garrafas de bebidas 3 unidade de medida indiana que varia entre 15 e 20 arrobas

ba.ra.ço *s.m.* 1 corda fina; fio 2 corda utilizada para enforcar réus

ba.ra.fun.da *s.f.* situação de tumulto; arruaça

ba.ra.fus.tar *v.i.* 1 mover-se rapidamente 2 fazer birra 3 protestar 4 correr sem rumo

ba.ra.lhar *v.t.* 1 misturar as cartas do baralho ⚪ *v.pron.* 2 equivocar-se

ba.ra.lho *s.m.* coleção de 52 cartas para jogos variados

ba.rão *s.m.* 1 título de nobreza inferior ao de visconde 2 magnata

ba.ra.ta *s.f.* ZOOL inseto ortóptero com odor desagradável ■ **barata tonta** pessoa sem rumo

ba.ra.te.ar *v.t.* 1 baixar o preço 2 dar pouco valor a algo

ba.ra.ti.nar *v.t. v.pron.* perturbar-se, desnortear-se

ba.ra.to *s.m.* 1 lucro dado aos jogadores de carteado 2 *pop.* algo que está na moda, que agrada • *adj.* 3 de baixo preço

bá.ra.tro *s.m.* 1 abismo, voragem 2 *fig.* o inferno

ba.ra.ú.na *s.f.* BOT árvore das leguminosas, nativa do Brasil; braúna

bar.ba *s.f.* os pelos que fazem parte do rosto masculino ■ **dar ou ter água pela barba** dar grande trabalho; apresentar dificuldades ■ **pôr as barbas de molho** ficar atento sobre algo, precaver-se

bar.ba.cã *s.f.* muro que fica entre a muralha e o fosso de uma fortificação

bar.ban.te *s.m.* fio para atar; cordão fino

bar.ba.ri.da.de *s.f.* 1 ação de bárbaro; crueldade, selvageria, violência, brutalidade 2 tolice • *interj.* 3 expressa surpresa

bar.ba.ris.mo *s.m.* 1 ato de grande crueldade; barbaridade 2 erro gramatical ou de pronúncia

bar.ba.ri.zar *v.t.* 1 tornar selvagem, bárbaro ⚪ *v.i.* 2 não falar corretamente o idioma pátrio

bár.ba.ro *adj.* rude, cruel, desumano

bar.bas.co *s.m.* BOT tipo de erva venenosa encontrada no sudeste brasileiro, utilizada para dopar os peixes e facilitar a pesca

bar.ba.ta.na *s.f.* dobra cutânea com que os peixes nadam

bar.ba.ti.mão *s.m.* BOT árvore de pequeno porte, com folhas bipenadas, flores avermelhadas ou esbranquiçadas e fruto carnoso

bar.be.ar *v.t.* fazer a barba ou cuidar da barba

bar.be.a.ri.a *s.f.* lugar aonde o homem vai para fazer a barba; salão de barbeiro

bar.bei.ra.gem *s.f.* 1 ação descuidada 2 falta de habilidade 3 atitude de quem é incompetente profissionalmente

bar.bei.ro /ê/ *s.m.* 1 profissional que tem como ocupação fazer barba e cortar cabelo 2 *fig.* pessoa sem habilidade ou incompetente 3 ZOOL nome vulgar do percevejo transmissor do mal de Chagas

bar.be.la /é/ *s.f.* 1 ZOOL papada sob o pescoço de alguns ruminantes 2 *por ext.* saliência adiposa sob o queixo; papada

bar.bi.ca.cho *s.m.* 1 peça de metal com pontas que se coloca no focinho dos cavalos e burros para contê-los 2 *lus.* problema, dificuldade

bar.bi.cha *s.f.* 1 a barba do bode 2 barba rala e curta

bar.bi.tú.ri.co *s.m.* FARM medicamento que possui efeito calmante e sonífero

bar.bu.do *adj.* que possui muita barba

bar.ca *s.f.* embarcação de fundo raso

bar.ca.ça *s.f.* 1 grande barca 2 embarcação feita de madeira

bar.ca.ro.la /ó/ *s.f.* 1 gênero poético em que a cadência do verso imita o som dos remos na água 2 canção dos gondoleiros de Veneza

bar.co *s.m.* embarcação de pequeno porte que não possui cobertura

bar.ca.ça *s.f.* 1 grande barca 2 embarcação feita de madeira

bar.ga.nha *s.f.* 1 troca mútua de objetos 2 pechincha

ba.rí.to.no *s.m.* 1 tom de voz masculina de registro médio, entre tenor e baixo 2 denominação dada ao cantor com voz de barítono 3 GRAM sílaba de palavra sem acento agudo, pronunciada em tom baixo

bá.rio *s.m.* QUÍM elemento químico de símbolo Ba, da família dos alcalinoterrosos, branco como a prata e maleável

bar.la.ven.to *s.m.* MAR lado da embarcação que recebe o vento

bar.na.bi.ta *s.m.* religioso da Ordem dos Clérigos Regulares de São Paulo

ba.ro.me.tri.a *s.f.* 1 FÍS parte da física relacionada com o barômetro e suas aplicações 2 medição da pressão atmosférica

ba.rô.me.tro *s.m.* aparelho utilizado para medir a pressão atmosférica

ba.ro.na.to *s.m.* conjunto de barões de um reino

bater

ba.ro.ne.sa /ê/ *s.f.* 1 esposa de barão 2 mulher que recebeu baronato

ba.ro.ne.te /ê/ *s.m.* na Inglaterra, título de nobreza entre barão e cavaleiro

bar.que.ta /ê/ *s.f.* barca pequena

bar.ra *s.f.* 1 pedaço de ferro ou de outro metal 2 borda ou acabamento de vestimenta 3 *pop.* situação difícil

bar.ra.ca *s.f.* construção de lona que constitui uma tenda de fácil remoção

bar.ra.gem *s.f.* 1 obstáculo difícil 2 barreira que impede o fluxo de água

bar.ran.cei.ra /ê/ *s.f.* 1 vários barrancos 2 rocha argilosa

bar.ran.co *s.m.* 1 escavação originada pela erosão ou por trabalho humano 2 ribanceira de um rio com margem inclinada ou alta

bar.ra-pe.sa.da *adj.* 1 diz-se de pessoa tida como perigosa • *s.2g.* 2 *pop.* situação difícil; dificuldade, empecilho

bar.rar *v.t.* 1 adornar com barra 2 impedir, obstruir, proibir

bar.re.gã *s.f.* mulher amasiada, que vive maritalmente com um homem sem estar casada com ele

bar.re.gão *s.m.* homem que vive amasiado

bar.rei.ra /ê/ *s.f.* 1 bloqueio de alguma passagem, que impeça o trânsito; obstáculo 2 divisa natural 3 lugar de onde se extrai barro

bar.re.la /é/ *s.f.* solução de cinzas vegetais que serve para clarear roupas; lixívia

bar.ren.to *adj.* 1 repleto de barro 2 da cor do barro

bar.re.te /ê/ *s.m.* gorro de tecido mole

bar.ri.ca *s.f.* pequeno tonel de madeira; pequena pipa

bar.ri.ga *s.f.* 1 abdome 2 excesso na região do abdome

bar.ri.ga-ver.de *adj.2g. diz-se de* quem nasce em Santa Catarina

bar.ril *s.m.* 1 recipiente de madeira parecido com um cilindro abaulado 2 tonel, pipa, barrilete

bar.rir *v.i.* produzir o grito do elefante

bar.ris.ta *s.2g.* 1 artista que utiliza uma barra fixa em sua profissão 2 acrobata que trabalha em barra

bar.ri.to *s.m.* o grito do elefante

bar.ro *s.m.* 1 argila; terra moldável 2 peça ou escultura feita desse material

bar.ro.ca /ó/ *s.f.* 1 terreno irregular 2 despenhadeiro, precipício

bar.ro.co /ô/ *s.m.* 1 gênero arquitetônico e movimento literário extravagante em que há exagero de adornos • *adj.* 2 de forma irregular

bar.ro.te /ó/ *s.m.* 1 viga de madeira que serve para fixar assoalhos, forros etc. 2 trave feita de madeira

ba.ru.lho *s.m.* 1 rumor forte; estrondo 2 algazarra ruidosa

ba.sal *adj.2g.* 1 relativo à base 2 MED que indica o patamar mínimo de atividade de um organismo em repouso

ba.sal.to *s.m.* 1 pedra bastante dura 2 pedra de toque dos ourives usada para moldar joias e fundir pedras

bas.ba.que *s.m.* simplório, estafermo, ingênuo

bas.co *adj. gent.* natural ou habitante do País Basco

bás.cu.la *s.f.* balança de base horizontal

ba.se *s.f.* 1 fundamento, sustentação 2 conjunto de militantes de um partido 3 em linguística, parte do componente sintático que define as estruturas básicas das orações de uma língua; raiz

ba.se.a.do *adj.* fundamentado, sustentado

ba.se.ar *v.t.* fundamentar; servir de base

ba.si.ci.da.de *s.f.* QUÍM propriedade de uma substância que desempenha a função de base

bá.si.co *adj.* fundamental; que faz parte da base

ba.si.lar *adj.2g.* que constituí a base

ba.sí.li.ca *s.f.* 1 o conjunto de membros da igreja 2 igreja principal

ba.si.li.cão *s.m.* unguento feito de resina, cera, pez e azeite

ba.si.lis.co *s.m.* 1 MIT serpente ou lagarto cujo olhar tem a capacidade de matar 2 antigo canhão feito de bronze

bas.que.te.bol /ó/ *s.m.* ESPORT jogo disputado entre dois times de cinco jogadores cada, cujos pontos são obtidos fazendo-se a bola passar por dentro de uma cesta em cada um dos lados da quadra

bas.tan.te *adj.2g.* 1 que é suficiente, que basta 2 numeroso • *adv.* 3 em grande quantidade • *pron.* 4 em quantidade elevada e indefinida

bas.tão *s.m.* objeto cujo material é modelado em forma de um pequeno cilindro

bas.tar *v.i.* ser o bastante, o suficiente; chegar

bas.tar.do *adj.* filho ilegítimo, gerado fora do casamento

bas.ti.ão *s.m.* 1 fortaleza, defesa 2 posto avançado de defesa

bas.ti.dor /ô/ *s.m.* 1 pequena peça de madeira, quadrada ou circular, em que se fixa o pano para ser bordado ■ **bastidores** corredores que contornam o palco e ficam fora da vista do público

bas.to *adj.* 1 espesso e denso; grosso, encorpado • *s.m.* 2 o ás de paus; curinga 3 sela de cavalgar; lombilho

ba.ta *s.f.* 1 robe masculino 2 tipo de blusa feminina folgada, que se usa solta por fora da saia ou da calça

ba.ta.lha *s.f.* 1 combate, disputa 2 luta acirrada

ba.ta.lhão *s.m.* 1 elemento do exército 2 *pop.* multidão; grande número de pessoas

ba.ta.ta *s.f.* 1 tubérculo comestível 2 *pop.* erro gramatical ■ **batata quente** dificuldade, problema de difícil solução ■ **na batata** no alvo, certeiro ■ **ser batata** não falhar

ba.ta.vo *adj. gent.* natural da Batávia, na Holanda; holandês

ba.te-bo.ca *s.m.* discussão forte e agressiva

ba.te.dor /ô/ *adj. s.m.* 1 que agride, que surra, que golpeia 2 explorador, precursor 3 *pop.* aparelho utilizado para agitar líquidos; batedeira ■ **batedor de carteira** ladrão oportunista que furta carteiras

bá.te.ga *s.f.* 1 bacia metálica 2 *por ext.* pancada de chuva

ba.tei.a /ê/ *s.f.* recipiente de madeira ou metal utilizado na garimpagem dos minérios

ba.tel /é/ *s.m.* embarcação de pequeno porte

ba.ten.te *s.m.* 1 ombreira de porta ou de janela de folhas 2 *fig.* o lugar do trabalho ■ **estar no batente** trabalhar arduamente ■ **pegar no batente** começar a trabalhar

ba.ter /ê/ *v.t.* 1 surrar, golpear, castigar fisicamente 2 ir de encontro a 3 *fig.* alcançar ■ **bate que bate** ato de bater continuadamente ■ **bater asas** ir embora rapidamente ■ **bater em retirada** aceitar a derrota em uma luta e retirar-se dela

bateria

ba.te.ri.a *s.f.* **1** várias bombas que se explodem; bombardeio **2** série de objetos **3** peça de um automóvel que gera faísca e coloca o motor em movimento **4** MÚS conjunto de instrumentos de percussão

ba.ti.da *s.f.* **1** contato impactante; golpe, choque **2** pulsação; vibração sonora **3** bebida feita com cachaça e suco de fruta ■ **batida de ovos** omelete ■ **batida de pinga com limão e gelo** aperitivo semelhante à caipirinha ■ **batida do coração** palpitação ■ **dar uma batida** ação surpresa da polícia

ba.ti.men.to *s.m.* **1** movimento de pulsação **2** choque

ba.ti.me.tri.a *s.f.* ciência que estuda a medição da profundidade das massas de água

ba.ti.na *s.f.* RELIG veste longa sem gola e de mangas compridas, utilizada pelos sacerdotes católicos **2** vida religiosa

ba.tik *s.m.* **1** arte javanesa de colorir tecidos de algodão com cera quente **2** tecido assim colorido

ba.tis.mo *s.m.* **1** RELIG primeiro sacramento dos cristãos **2** rito de purificação **3** *fig.* inauguração **4** *pop.* mistura de água com outro líquido

ba.tis.ta *adj.2g. s.2g.* **1** indivíduo que batiza **2** RELIG seguidor do protestantismo, o qual só é batizado na vida adulta **3** relacionado aos batistas

ba.tis.té.rio *s.m.* **1** lugar onde é realizado o sacramento do batismo; local onde fica a pia batismal **2** documento que comprova o batismo

ba.ti.zar *v.t.* **1** praticar o sacramento do batismo **2** *pop.* colocar água em outros líquidos **3** *fig.* inaugurar um local ou objeto utilizando champanhe

ba.tom *s.m.* cosmético, em forma de bastão, com que as mulheres costumam pintar os lábios

ba.to.me.tri.a *s.f.* m.q. batimetria

ba.to.que /ó/ *s.m.* **1** tipo de rolha capaz de vedar orifício no bojo de pipas, barris e tonéis **2** enfeite que os silvícolas traziam enfiado em partes do rosto

ba.to.ta /ó/ *s.f.* **1** engano, fraude **2** jogo de azar

ba.trá.quio *s.m.* ZOOL anfíbio com a cabeça fundida ao corpo e sem cauda

ba.tu.ca.da *s.f.* **1** ato ou efeito de batucar **2** toque dos instrumentos de percussão

ba.tu.car *v.t.* **1** tocar batuque **2** tamborilar **3** fazer ruído com percussão de maneira ritmada **4** marcar ritmo com percussão

ba.tu.que *s.m.* **1** dança africana que acontece ao som de bumbos e tambores **2** ritmo marcado por tambores

ba.tu.ta *s.f.* **1** bastonete com que os regentes dirigem os movimentos da partitura em uma orquestra • *adj.2g.* **2** *pop.* excelente, primoroso, capaz

ba.ú *s.m.* caixa com tampa para guardar ou transportar bens; canastra, mala

bau.ni.lha *s.f.* **1** planta cuja vagem é aromática **2** fruto seco dessa planta

bau.xi.ta *s.f.* minério constituído de óxidos e hidróxidos de alumínio, com aparência de argila

bá.va.ro *adj. gent.* natural ou habitante da Baviera

ba.zar *s.f.* **1** certa pedra calcária que se forma no estômago de alguns animais ○ *s.m.* **2** mercado de artigos variados **3** venda de objetos com fins beneficentes

ba.zó.fia *s.f.* **1** CUL ensopado feito com restos de comida **2** vaidade exagerada e infundada

ba.zu.ca *s.f.* arma antitanque que possui um tubo de disparo de culatra aberta

B.C.G. *s.f.* vacina que imuniza contra tuberculose

bê-á-bá *s.m.* conjunto das letras do alfabeto

be.a.ta *s.f.* **1** pessoa exageradamente religiosa **2** RELIG mulher beatificada pela Igreja Católica

be.a.ti.fi.ca.ção *s.f.* **1** RELIG ato oficial da Igreja Católica que declara alguém como beato **2** RELIG cerimônia dessa declaração

be.a.ti.fi.car *v.t.* **1** conceder a beatificação em cerimônia **2** conduzir à felicidade **3** *fig.* elogiar em excesso

be.a.ti.fi.co *adj.* que torna feliz, bem-aventurado

be.a.ti.tu.de *s.f.* estado de grande satisfação e felicidade

be.a.to *adj. s.m.* **1** quem goza da felicidade; ditoso **2** RELIG homem beatificado pela Igreja Católica

bê.ba.do *adj.* **1** indivíduo embriagado **2** pessoa que se intoxica com a bebida alcoólica

be.bê *s.m.* criança de poucos meses de vida

be.be.dor /ô/ *s.m. m.q.* bebedouro

be.be.dou.ro /ô/ *s.m.* aparelho onde se bebe água

be.ber /ê/ *v.t.* ingerir líquido; absorver

be.be.ra.gem *s.f.* **1** bebida desagradável **2** líquido com propriedade medicinal

be.be.ri.car *v.t.* **1** beber pouco, mas em ação frequente **2** beber a goles pequenos

be.bi.da *s.f.* **1** todo e qualquer líquido próprio para se beber **2** bebida alcoólica

be.bí.vel *adj.2g.* passível de se beber

be.ca /é/ *s.f.* **1** roupa específica para usos dos magistrados e professores universitários **2** *fig.* traje elegante

be.co /ê/ *s.m.* rua estreita e pouco extensa ■ **beco sem saída** situação difícil

be.del /é/ *s.m.* **1** funcionário responsável por tarefas administrativas nas faculdades **2** quem inspeciona alunos

be.de.lho /é/ *s.m.* **1** indivíduo insignificante **2** trinco de porta ■ **meter o bedelho** intrometer-se onde não foi chamado

be.du.í.no *s.m.* relativo ao árabe nômade do deserto

be.ge /é/ *adj.2g.* amarelo-claro, cor natural da lã

be.gô.nia *s.f.* BOT flor cultivada pela beleza das folhas e flores; planta ornamental

bei.ço /ê/ *s.m.* **1** parte do lábio **2** borda revirada como um lábio

bei.ja-flor *s.m.* ZOOL pequena ave de bico longo, que apresenta rapidez ao bater as asas

bei.jo /ê/ *s.m.* **1** ósculo; toque com os lábios **2** BOT hibisco, planta ornamental

bei.jo.im *s.m. m.q.* benjoim

bei.ju *s.m.* **1** espécie de massa de mandioca assada **2** farinha de milho torrada ou assada a fogo lento

bei.ra /ê/ *s.f.* **1** beirada, extremidade **2** parte que determina limites

bei.ra.de.ar *v.t.* **1** contornar, costear **2** andar pela margem de um rio

bei.ru.te *s.m.* sanduíche composto de pão sírio, rosbife, peito de peru defumado ou presunto e complementos variáveis

be.la.do.na *s.f.* BOT planta medicinal empregada como sedativo

bel.da.de *s.f.* mulher bela e formosa

be.le.guim *s.m.* oficial inferior de diligências judiciais

be.le.nen.se *adj.2g.* relativo a Belém (PA); nascido em Belém

be.le.za /ê/ *s.f.* formosura; qualidade do que é belo

bel.ga /é/ *adj.2g.* relativo a ou natural da Bélgica

be.li.che *s.m.* **1** cama ou leito estreito **2** móvel com duas ou mais camas

berilo

be.li.cis.mo *s.m.* **1** incitação à guerra **2** doutrina, disposição, espírito guerreiro

bé.li.co *adj.* **1** que tem relação com guerra **2** *fig.* que apresenta comportamento agressivo

be.li.da *s.f.* MED mancha branca no olho causada por traumatismos ou ulcerações

be.li.ge.rân.cia *s.f.* **1** qualidade ou estado de beligerante **2** agressividade

be.li.ge.ran.te *adj.2g. s.2g.* que faz guerra ou está em guerra

be.lis.cão *s.m.* grande pressão feita com os dedos ou com as unhas contra a pele

be.lis.car *v.t.* pressionar a pele com os dedos ou as unhas, machucando a pele

be.lo /é/ *adj.* bonito; que apresenta proporções e formas harmônicas

be.lo.na.ve *s.f.* navio utilizado em guerra

bel-pra.zer *s.m.* vontade ou prazer pessoal

bel.ve.der /ê/ *s.m.* lugar de onde se desfruta de uma vista panorâmica; mirante

bel.tra.no *s.m.* forma pronominal indefinida com a qual se designa uma determinada pessoa no diálogo

bel.ze.bu *s.m.* demônio, lúcifer, diabo

bem *s.m.* **1** felicidade, realização pessoal **2** patrimônio **3** conjunto de princípios morais • *adv.* **4** corretamente

bem-a.ca.ba.do *adj.* feito com capricho

bem-a.for.tu.na.do *adj.* **1** ditoso **2** que tem prosperidade, que apresenta sorte

bem-a.ma.do *adj.* **1** recebedor de grande carinho • *s.m.* **2** ser por quem se tem grande estima

bem-a.ven.tu.ra.do *adj. s.m.* **1** bem-afortunado **2** indivíduo que usufrui das bem-aventuranças divinas **3** que possui bom destino **4** merecedor das graças divinas

bem-es.tar *s.m.* **1** maneira de viver assegurada e tranquilamente; estado de satisfação plena **2** saúde física e mental

bem-me-quer /é/ *s.m.* BOT nome de uma flor nativa dos campos brasileiros, de folhas lanceoladas e serreadas, flores amarelas e aquênios oblongos e pilosos

bem-nas.ci.do *adj. s.m.* indivíduo de boa ascendência; aquele que nasceu de família nobre

be.mol /ó/ *s.m.* MÚS sinal de música um semitom abaixo da nota indicada

bem-te-vi *s.m.* ZOOL pássaro brasileiro de bico longo, dorso oliva, cabeça preta e branca e ventre amarelo

bên.ção *s.f.* **1** ação de desejar boas energias a outro **2** ato de benzer **3** graça divina

ben.di.zer /ê/ *v.t.* **1** benzer **2** dizer bem de outras pessoas

be.ne.di.ti.no *s.m.* **1** monge que pertence à Ordem de São Bento **2** nome de um licor fabricado no mosteiro de Fécamp, na França

be.ne.fi.cên.cia *s.f.* **1** ato de fazer caridade ao próximo **2** filantropia

be.ne.fi.cen.te *adj.2g.* **1** beneficiador, que traz benefício **2** proveitoso

be.ne.fi.ci.ar *v.t.* **1** fazer bem a outrem, ser-lhe útil; agir com caridade **2** favorecer

be.ne.fi.ci.á.rio *adj.* **1** indivíduo favorecido por um benefício, que faz parte de um testamento ou contemplado **2** assegurado da Previdência Social

be.ne.fi.cio *s.m.* **1** auxílio **2** circunstância com aspecto favorável

be.né.fi.co *adj.* **1** que faz bem **2** que beneficia

be.ne.me.ren.te *adj.2g.* indivíduo que merece os louvores e as recompensas pelos trabalhos feitos

be.ne.mé.ri.to *adj.* **1** indivíduo que pratica ações filantrópicas **2** que merece louvor

be.ne.plá.ci.to *s.m.* **1** aprovação dada por autoridades **2** consentimento, consenso, concordância

be.nes.se /é/ *s.2g.* **1** RELIG remuneração de eclesiásticos **2** por ext. dádiva, presente

be.ne.vo.lên.cia *s.f.* **1** boa vontade ao praticar o bem **2** generosidade

be.ne.vo.len.te *adj.2g.* **1** benfeitor; que faz o bem; benévolo **2** benéfico

be.né.vo.lo *adj.* m.q. benevolente

ben.fei.tor /ô/ *adj.* aquele que tem intenção de bons propósitos; indivíduo que pratica o bem

ben.fei.to.ri.a *s.f.* obra que se faz para melhorar uma propriedade, ampliar ou reformar uma casa

ben.ga.la *s.f.* **1** cajado que serve de apoio para caminhada **2** *pop.* tipo de pão

ben.ga.la.da *s.f.* golpe aplicado com bengala

be.nig.ni.da.de *s.f.* qualidade de ser bom, benigno, de boa índole

be.nig.no *adj.* **1** que apresenta bom caráter **2** que é prestativo com os outros; generoso

ben.ja.mim *s.m.* **1** o filho caçula de uma família **2** o filho predileto e mais mimado pelos pais **3** o mais jovem de um determinado grupo

ben.jo.im *s.m.* FARM produto resinoso que é utilizado como expectorante, antisséptico e cicatrizante

ben.que.ren.ça *s.f.* **1** afeto, amor, afeição **2** manifestação de estima; amizade

ben.que.rer /ê/ *v.t.* **1** demonstrar afeto por alguém **2** estimar **3** afeiçoar-se a algo ou alguém

ben.ti.nho *s.m.* objeto de devoção feito com pedaços de pano contendo orações ou uma estampa de santo e usado no pescoço

ben.to *adj.* que foi abençoado; benzido

ben.ze.dei.ra *s.f.* mulher capaz de curar por meio de orações e bênçãos

ben.zer /ê/ *v.t.* **1** tornar abençoado **2** invocar a graça divina **3** consagrar

ben.zi.na *s.f.* **1** QUÍM nome dado, em 1833, por Mitscherlich, ao produto do ácido benzoico **2** QUÍM solvente utilizado em detergentes e corantes

be.ó.cio *adj.* **1** natural da Beócia, região da antiga Grécia **2** *pejor.* boçal, grosseiro

be.qua.dro *s.m.* MÚS nota musical representada por um *b* quadrado, responsável por anular o efeito de sustenido ou bemol

ber.ço /ê/ *s.m.* **1** cama pequena para crianças de colo **2** local do nascimento; pátria

ber.ga.mo.ta /ó/ *s.f.* BOT **1** pequena árvore com flores aromáticas e fruto piriforme com casca fina, lisa e amarela **2** tangerina

be.re.ba /é/ *s.f.* erupção cutânea de aspecto ruim; pereba

ber.gan.tim *s.m.* pequena embarcação

berg.so.ni.a.no *adj.* relativo ao filósofo **be.ri.bé.ri** *s.m.* MED enfermidade que provoca a inflamação dos nervos pela carência da vitamina B1

be.ri.lo *s.m.* GEOL mineral de silicato de alumínio e glicínio; tipo de esmeralda

berimbau

be.rim.bau *s.m.* instrumento musical de origem africana, formado por um arco de madeira tensionado por um fio de arame e uma cabaça, comumente usado nos jogos de capoeira

be.rin.je.la *s.f.* **1** BOT planta solanácea, também chamada brinjela **2** fruto dessa planta, de forma oval e alongada, cor roxa, comestível depois de cozido

ber.lin.da *s.f.* **1** carro feito em Berlim **2** pequeno oratório envidraçado ■ **estar na berlinda** ser alvo de comentários

ber.nar.da *s.f.* **1** HIST revolução ocorrida em Braga **2** *por ext.* desordem, motim

ber.ne */é/ s.m.* ZOOL larva da mosca que se desenvolve embaixo da pele dos mamíferos

ber.rar *v.i.* soltar berros; gritar

ber.ro */é/ s.m.* **1** grito, brado **2** voz da ovelha, do cabrito **3** *pop.* revólver

be.sou.ro *s.m.* ZOOL designação dada aos insetos de casca dura e com aparelho bucal mastigador

¹bes.ta */é/ s.f.* arma de arremesso de setas curtas

²bes.ta */ê/ s.f.* **1** fêmea do cavalo • *adj.2g.* **2** pessoa grosseira e desumana

bes.tar *v.i.* **1** dizer besteiras, tolices **2** andar sem rumo

bes.tei.ra *s.f.* **1** asneira, bobagem **2** insignificância

bes.ti.al *adj.2g.* **1** relativo a besta **2** animalesco

bes.ti.a.li.da.de *s.f.* **1** animalidade, ferocidade **2** relação sexual com animais

bes.ti.a.li.zar *v.t. v.pron.* **1** tornar semelhante a besta **2** brutificar-se, animalizar-se

bes.ti.ce *s.f.* ato ou dito impensado; disparate, asneira, tolice

bes.ti.fi.car *v.t.* **1** assemelhar-se

be.sun.tar *v.t.* untar um recipiente com massa gordurosa; enlambuzar

¹be.ta */é/ s.m.* peixe-de-briga

²be.ta */é/ s.m.* nome da segunda letra grega, correspondente ao nosso *b*

be.tão *s.m.* cimento, concreto

be.ter.ra.ba *s.f.* planta de raiz comestível de que se pode fazer açúcar

be.tu.me *s.m.* QUÍM **1** substância natural, que se emprega para vedar **2** impermeabilizante

be.xi.ga *s.f.* **1** ANAT reservatório membranoso **2** *pop.* varíola **3** bola de encher com ar

be.zer.ro */ê/ s.m.* **1** filhote da vaca ainda no período de amamentação **2** couro curtido desse animal

Bi QUÍM símbolo de bismuto

bi- *pref.* relativo a dois, duas vezes

bi.be.lô *s.m.* **1** objeto pequeno que serve de adorno; objeto inútil **2** nome dado àquele que apresenta beleza delicada

bí.blia *s.f.* RELIG conjunto dos livros que compreendem o Velho e o Novo Testamento

bi.bli.o.fil.me *s.m. desus.* reprodução em microfilme de um livro

bi.bli.ó.fi.lo *s.m.* que coleciona e admira os livros

bi.bli.o.gra.fi.a *s.f.* **1** relação de obras literárias sobre o mesmo assunto **2** listagem de obras de um determinado autor

bi.bli.ó.gra.fo *s.m.* especialista em bibliografia

bi.bli.o.lo.gi.a *s.f.* **1** ciência da origem e da composição material do livro **2** RELIG estudo da Bíblia

bi.bli.o.ma.ni.a *s.f.* mania de comprar e colecionar livros

bi.bli.o.te.ca */é/ s.f.* local onde se guardam coleções de livros

bi.bli.o.te.cá.rio *s.m.* funcionário que trabalha em biblioteca

bi.bli.o.te.co.no.mi.a *s.f.* conjunto de técnicas para organizar e dirigir bibliotecas

bi.bo.ca */ó/ s.f.* **1** lugar esquisito, suspeito **2** local de difícil acesso

bi.ca *s.f.* **1** calha, cano, bico **2** abertura por onde corre líquido

bi.car *v.t.* **1** ferir com o bico **2** *fig.* bebericar

bi.car.bo.na.do *adj.* QUÍM que contém dois átomos de carbono

bi.car.bo.na.to *s.m.* QUÍM sal derivado do ácido carbônico

bi.cen.te.ná.rio *adj.* espaço de duzentos anos

bí.ceps *s.m.* ANAT alguns músculos do corpo cuja extremidade superior possui duas interposições

bi.cha *s.f.* **1** ZOOL nome geral de larvas **2** *pop.* homossexual; indivíduo afeminado

bi.cha.no *s.m.* **1** filhote de gato **2** gato manso

bi.cha.ra.da *s.f.* coletivo de bicho

bi.cha.ri.a *s.f.* grande quantidade de bichos

bi.chei.ra */é/ s.f.* ferida causada por vermes

bi.chei.ro */ê/ s.m.* banqueiro responsável pelo recebimento de apostas do jogo do bicho

bi.cho *s.m.* **1** animal irracional **2** *fig.* gratificação recebida por jogadores de futebol

bi.ci.cle.ta */é/ s.f.* transporte de duas rodas alinhadas, impulsionado por pedais

bi.co *s.m.* **1** extremidade fina **2** boca proeminente de aves **3** biqueirada

bi.co.lor */ô/ adj.2g.* **1** que apresenta duas cores **2** que tem a capacidade de imprimir com duas cores simultaneamente

bi.côn.ca.vo *adj.* côncavo de ambos os lados; de duas faces côncavas opostas

bi.con.ve.xo */ê/ks/ adj.* convexo nas duas faces opostas

bi.co.ta */ó/ s.f.* beijoca; beijo superficial

bi.cro.mi.a *s.f.* processo de ilustração ou impressão a duas cores

bi.cús.pi.de *adj.2g.* que apresenta duas pontas; bicuspidado

bi.dê *s.m.* vaso de asseio para higiene íntima

bi.di.men.sio.nal *adj.* que apresenta duas dimensões

bi.du.o *s.m.* período de dois dias

bi.e.la */é/ s.f.* haste de aço que transforma o movimento nas máquinas

bi.e.nal *adj.2g.* **1** diz-se de um mesmo acontecimento a cada dois anos **2** referente a dois anos

bi.ê.nio *s.m.* dois anos consecutivos

bi.fe *s.m.* **1** fatia de carne de vaca **2** *pop.* corte acidental na pele

bi.fi.do *adj.* separado em duas partes

bi.for.me */ó/ adj.2g.* que apresenta duas formas

bi.fur.car *v.i.* dividir-se em dois ramos ou caminhos

bi.ga *s.f.* carro romano puxado por dois cavalos e com duas ou quatro rodas

bi.ga.mi.a *s.f.* novo casamento realizado por um dos cônjuges, sem a dissolução do anterior

bí.ga.mo *adj.* diz-se do indivíduo que pratica a bigamia

bi.go.de *s.m.* parte da barba que cresce acima do lábio superior

bi.ju.te.ri.a *s.f.* objeto de adorno

99   **biscoito**

bi.la.bi.al *adj.2g.* diz-se do som da fala produzido pela articulação dos dois lábios

bi.la.te.ral *adj.2g.* **1** que apresenta dois lados **2** que se refere a lados opostos

bil.bo.quê *s.m.* brinquedo que consiste em fazer encaixar em um pequeno bastão uma bola presa por um cordão

bi.le *s.f.* substância líquida amarelo-esverdeada produzida pelo fígado

bi.lha *s.f.* **1** recipiente de barro para líquidos **2** jarra **3** pequena esfera de aço

bi.lhão *num.* mil milhões

bi.lhar *s.m.* **1** jogo praticado com bolas de marfim e tacos **2** estabelecimento onde se joga sinuca

bi.lhe.te /ê/ *s.m.* **1** comunicado escrito de forma reduzida **2** cédula de rifa ou loteria

bi.li.ão *num.* m.q. bilhão

bi.lín.gue *adj.2g.* **1** diz-se do indivíduo que fala duas línguas fluentemente **2** escrito em duas línguas

bi.lin.guis.mo *s.m.* existência de mais de um sistema linguístico oficial em um país

bi.li.o.so /ô/ *adj.* **1** que apresenta bílis em excesso **2** *por ext.* mal-humorado, irritável

bí.lis *s.f.* m.q. bile

bil.ro *s.m.* pequena peça de madeira ou metal com que se fazem artesanatos

bil.tre *adj.2g. s.2g.* infame, canalha; pessoa sem palavra

bim.ba.lhar *v.i.* o soar de sinos

bí.ma.no *adj.* que tem duas mãos

bi.men.sal *adj.2g.* o que ocorre duas vezes por mês

bi.mes.tral *adj.2g.* referente ao período de dois meses

bi.mes.tre /ê/ *s.m.* período correspondente a dois meses

bi.mo.tor /ô/ *s.m.* veículo que tem dois motores

bi.ná.rio *adj.* composto de duas unidades, dois elementos; que comporta dois modos

bi.nó.cu.lo *s.m.* instrumento portátil de observação a distância, com duas lentes

bi.nô.mio *s.m.* MAT expressão algébrica de dois termos ligados por um sinal de mais ou de menos

bi.o.com.bus.tí.vel *s.m.* combustível produzido com matéria orgânica

bi.o.ce.no.se /ó/ *s.f.* BIOL conjunto de populações que habitam uma mesma área ao mesmo tempo; comunidade

bi.o.de.gra.dá.vel *adj.2g.* que é capaz de ser destruído por agente biológico

bi.o.di.ver.si.da.de *s.f.* conjunto de todos os seres vivos

bi.o.fa.gi.a *s.f.* ingestão de substâncias vivas

bi.o.fi.li.a *s.f.* instinto de preservação da vida

bi.o.e.ner.gé.ti.ca *s.f.* BIOL ramo da biologia que estuda a força vital dos organismos vivos

bi.o.e.ner.gi.a *s.f.* BIOL energia vital e renovável dos organismos vivos

bi.o.gê.ne.se *s.f.* BIOL desenvolvimento da vida por meio de outra já existente

bi.o.gra.far *v.t.* escrever a biografia de uma pessoa

bi.o.gra.fi.a *s.f.* narração de fatos particulares de uma vida; descrição da vida de uma personalidade

bi.ó.gra.fo *s.m.* profissional que escreve biografias

bi.o.lo.gi.a *s.f.* ciência que estuda o funcionamento e a estrutura dos seres vivos

bi.o.ma *s.m.* BIOL comunidade ecológica estável e desenvolvida, caracterizada por uma determinada vegetação

bi.om.bo *s.m.* anteparo, divisória móvel geralmente feita de madeira

bi.o.me.tri.a *s.f.* BIOL estudo e medição dos fenômenos biológicos por meio de cálculos e estatísticas

bi.op.si.a *s.f.* MED retirada de tecidos vivos para realizar diagnósticos microscópicos; biopse, biópsia

bi.o.quí.mi.ca *s.f.* estudo dos fenômenos químicos que se passam nos seres vivos; química biológica; química fisiológica

bi.os.fe.ra /é/ *s.f.* o conjunto dos ecossistemas presentes na Terra

bi.o.té.rio *s.m.* viveiro onde ficam os animais para experimentos científicos

bi.ó.ti.co *adj.* relativo à vida ou aos seres vivos

bi.ó.ti.po *s.m.* conjunto de indivíduos de mesmo genótipo, que constituem uma raça ou um determinado grupo

bi.o.ti.po.lo.gi.a *s.f.* PSICOL estudo das variações morfológicas, fisiológicas e psicológicas dos seres humanos com a finalidade de classificá-los

bi.ó.xi.do /ks/ *s.m.* QUÍM composto oxigenado básico com quantidade dupla de oxigênio

bi.par.ti.ção *s.f.* ação de separar em duas partes; processo de dividir em dois

bi.par.tir *v.t.* **1** separar em duas partes **2** dividir ao meio

bi.pe.dal *adj.2g.* que apresenta a medida de dois pés

bí.pe.de *adj.2g. s.m.* que tem ou que se desloca apoiado nos dois pés

bi.po.la.ri.da.de *s.f.* FÍS estado de um corpo que, sob a influência eletromagnética, tem dois polos contrários

bi.pla.no *adj.* **1** que age em dois planos; dotado de duas superfícies • *s.m.* **2** avião planador

bi.po.lar *adj.2g.* que é dotado de duas extremidades opostas, de dois polos elétricos

bir.ma.nês *adj. gent.* relativo à ou natural da Birmânia

bi.ri.ba *s.m.* jogo de cartas derivado da canastra

bi.ro.te /ó/ *s.m.* arranjo dos cabelos que eles são enrolados e presos; coque

bir.ra *s.f.* teimosia; insistência exagerada

bir.re.me *s.f.* barco com dois remos

bis *interj.* palavra usada nos espetáculos e concertos como solicitação que o público faz para que um número executado seja repetido

bi.são *s.m.* ZOOL boi selvagem com pelagem longa e chifres curtos

bi.sar *v.t.* **1** pedir, com gritos de bis, que uma apresentação seja repetida **2** executar ou apresentar novamente, atendendo a pedido de bis

bi.sa.vó *s.f.* a mãe do avô ou da avó

bi.sa.vô *s.m.* o pai do avô ou da avó

bis.bi.lho.tar *v.i.* causar intriga; fazer mexerico; agir com curiosidade

bis.bi.lho.tei.ro /ê/ *adj.* **1** que espalha boatos **2** que se intromete no que não lhe diz respeito

bis.bi.lho.ti.ce *s.f.* ação de bisbilhotar; intriga, intromissão

bis.ca *s.f.* **1** denominação genérica de vários tipos de jogos com cartas **2** *pejor.* pessoa que apresenta reputação de caráter duvidoso

bis.cai.nho *adj. gent.* natural ou habitante de Biscaia, província da Espanha

bis.coi.to /ô/ *s.m.* **1** alimento feito de farinha e assado no forno **2** petisco crocante **3** *pop.* bofetada

biscuit

biscuit *s.m. [fr.]* objeto feito de porcelana fina

bi.se.gre */é/ s.m.* instrumento usado pelo sapateiro para dar acabamento aos rebordos da sola dos calçados

bi.sel */é/ s.m.* corte oblíquo em aresta ou quina; chanfro

bis.mu.to *s.m.* QUÍM elemento químico de núm

bis.na.ga *s.f.* **1** tipo de pão comprido **2** tubo flexível de metal ou de plástico utilizado como embalagem de cosméticos e remédios

bis.ne.to */é/ s.m.* filho do neto ou da neta de uma pessoa

bi.so.nho *adj.* **1** que possui pouca experiência **2** principiante **3** sem habilidade de treinamento

bi.son.te *s.m.* ZOOL m.q. bisão

bis.pa.do *s.m.* **1** função ou cargo de bispo **2** território que compreende as paróquias de uma região; diocese

bis.po *s.m.* **1** autoridade religiosa **2** administrador de uma diocese

bis.po.te */ó/ s.m.* m.q. penico

bis.sec.ção *s.f.* corte em duas partes iguais

bis.se.ma.nal *adj.2g.* que acontece duas vezes por semana

bis.se.triz *s.f.* linha que divide ao meio um ângulo

bis.tre *s.m.* **1** fuligem dissolvida em água **2** parte escura das olheiras

bis.sex.to */ês/ s.m.* ano em que há um dia a mais no mês de fevereiro e que se repete de quatro em quatro anos

bis.se.xu.al */ks/ adj. s.2g.* BIOL **1** que possui ou abrange os dois sexos **2** que sente atração pelos dois sexos

bis.te.ca */é/ s.f.* fatia de carne; bife

bi.to.la */ó/ s.f.* **1** medida-padrão usada na construção ou na indústria **2** largura entre trilhos

bi.tran.si.ti.vo *adj.* GRAM verbo que apresenta os dois tipos de transitividade: direta e indireta

bis.tu.ri *s.m.* instrumento utilizado em cirurgias, cortante e de lâmina curta; lanceta

bi.va.lên.cia *s.f.* **1** qualidade do elemento com dupla valência **2** condição em que há dois usos ou duas funções

bi.va.len.te *adj.2g.* **1** que tem duas valências **2** que possui dois usos

bi.val.ve *adj.2g.* relativo aos bivalves, classe de moluscos providos de concha com duas valvas calcárias

bi.va.que *s.m.* **1** acampamento provisório, a céu aberto **2** o lugar desse acampamento

bi.zan.ti.no *adj.* **1** relativo a Bizâncio **2** pessoa frívola, pretensiosa

bi.zar.ro *adj.* **1** arrogante **2** estranho **3** bem-apessoado **4** excêntrico, extravagante

bla.gue *s.f.* brincadeira, gozação

blas.fe.mo *adj.* indivíduo que proclama blasfêmias

blas.fe.mar *v.t.* **1** proferir palavras contra elementos santos **2** rogar praga

blas.fê.mia *s.f.* ato de insultar o que é considerado sagrado

bla.so.nar *v.t. v.pron.* agir ou expressar-se vaidosamente; vangloriar-se

blas.to.ma *s.m.* MED tumor do blasto

bla.te.rar *v.i.* soltar a voz em tom alto; vociferar

ble.cau.te *s.m.* interrupção noturna de energia elétrica

ble.far *v.t.* fazer com que outros acreditem no que não é verdade; enganar, iludir

ble.fe */ê/ ou é/ s.m.* engano, ilusão, simulação, fingimento

ble.nor.ra.gi.a *s.f.* MED doença sexualmente transmissível que causa inflamação da uretra e do prepúcio do homem; gonorreia

ble.nor.rei.a */ê/ s.f.* MED corrimento mucoso na vagina

blin.dar *v.t.* **1** proteger, cercar **2** revestir com peça ou camada de metal

blo.co */ó/ s.m.* **1** massa compacta de materiais; conjunto de matéria sólida **2** grupo carnavalesco

blo.que.ar *v.t.* **1** sitiar **2** obstruir passagem **3** impedir movimento

blu.sa *s.f.* veste que recobre o tronco

bo.a.na *s.f.* **1** cardume de peixes pequenos **2** tábua de espessura fina

bo.a.to *s.m.* notícia que se difunde oralmente sem muita legitimidade, sem fundamento

bo.ba.gem *s.f.* ação tola; coisa sem importância; asneira

bo.be.ar *v.i.* falar como bobo **2** ludibriar

bo.bi.na *s.f.* **1** carretel **2** cilindro sobre o qual se enrolam fios diversos

bo.bo */ô/ adj.* **1** palhaço da corte *adj.* • **2** simplório, fútil, idiota

bo.bo.ca */ó/ adj.2g.* bobo, palerma, tolo, ingênuo

bo.ca */ô/ s.f.* **1** cavidade facial que é o início do tubo digestivo **2** abertura do tubo digestivo **3** *fig.* local afunilado **4** *fig.* princípio, entrada, início, ex.: *a boca da mata* ■ **água na boca** vontade insaciável de comer algo ■ **andar de boca em boca** ser motivo de mexerico ■ **ter boa boca** possuir um grande apetite

bo.ca.do *s.m.* **1** porção de alimento que cabe na boca **2** o que é comestível **3** uma porção de ■ **demorar um bocado** demora um tanto considerável ■ **fazer em bocados** partir em pequenas partes ■ **ser um bocado bom** ser bom o bastante, ser muito bonito

bo.cai.na *s.f.* garganta em uma montanha, vale entre duas serras

bo.cai.u.va *s.f.* BOT espécie de palmeira brasileira com caule liso e fruto de polpa comestível

bo.çal *adj.2g.* sem cultura; tosco; desprovido de inteligência

bo.cal *s.m.* **1** abertura de um frasco; orifício **2** mureta em torno de um reservatório

bo.ça.li.da.de *s.f.* comportamento ou atitude de boçal; ignorância, estupidez

bo.car.ra *s.f.* aumentativo de boca

bo.ce.jar *v.i.* abrir a boca involuntariamente em função do sono

bo.ce.jo */ê/ s.m.* ato de bocejar; abrir a boca em função do cansaço

bo.ce.ta */ê/ s.f.* **1** bolsa onde se guarda fumo **2** aparelho de pesca

bo.cha */ó/ s.f.* jogo praticado com diversas bolas de madeira maciça

bo.che.cha */ê/ s.f.* as partes laterais arredondadas do rosto; cada lado carnoso da face

bo.chin.che *s.m.* **1** arruaça, briga, desordem **2** arrasta-pé

bó.cio *s.m.* MED aumento do volume da glândula tireoide; papo, inchaço

bo.có *adj.2g. pejor.* tonto, simplório, bobo

bo.das */ô/ s.f.pl.* cerimônia de casamento; enlace matrimonial

bombardear

bo.de /ó/ *s.m.* ZOOL **1** o macho da cabra **2** *pop.* briga, encrenca

bo.de.ga /é/ *s.f.* **1** estabelecimento onde se servem refeições baratas **2** baderna, pândega

bo.de.jar *v.i.* **1** berrar **2** expressar-se com hesitação; gaguejar

bo.do.que /ó/ *s.m.* **1** atiradeira **2** brinquedo utilizado para arremessar bolas de barro ou pedras

bo.dum *s.m.* odor desagradável de bode não castrado

bo.ê.mia *s.f.* vida despreocupada e vadia, desregrada

bô.er *s.m.* navio holandês

bo.fes /ó/ *s.m.pl.* órgãos internos, vísceras do animal

bo.fe.ta.da *s.f.* **1** golpe em que a mão agride o rosto; tapa na face **2** *fig.* afronta

bo.fe.tão *s.m.* **1** agressão violenta na face **2** agressão verbal

boi /ó/ *s.m.* **1** ZOOL macho da espécie *vacum*, mamífero ruminante **2** touro capado

boi.a /ó/ *s.f.* **1** objeto flutuante que serve para não se afundar na água **2** *pop.* comida, refeição

boi.a.dei.ro /ê/ *s.m.* **1** pessoa que cuida e toca os bois **2** condutor de carro de boi **3** vaqueiro

boi.ão *s.m.* recipiente bojudo para armazenar líquidos

boi.ar *v.i.* flutuar, sobrenadar, oscilar

boi.co.te /ó/ *s.m.* **1** medida que veta relações com algum país, pessoa, governo **2** esquiva, recusa

boi.na /ô ou ó/ *s.f.* boné chato e sem pala utilizado pelos bascos e espanhóis

boi.ta.tá *s.m.* MIT fogo-fátuo; cobra de fogo

boi.u.na *s.f.* MIT cobra preta das lendas do Amazonas; a lenda da mãe d'água, da cobra-grande

bo.ga.ri *s.m.* BOT arbusto nativo da Índia, de flores brancas e perfumadas

bo.go.ta.no *adj. gent.* natural ou habitante de Bogotá, na Colômbia

bói /ó/ *s.m.* rapaz que faz serviço de escritório, como entregas e pagamentos; *boy*, contínuo

boi.ci.nin.ga *s.f.* ZOOL m.q. cascavel

bo.jo /ô/ *s.m.* **1** a parte mais arredondada dos jarros **2** barriga, âmago **3** competência

bo.ju.do *adj.* **1** que tem bojo grande **2** *por ext.* barrigudo

bo.la /ó/ *s.f.* **1** qualquer objeto que tenha formato de esfera **2** globo, esfera

bo.la.cha *s.f.* CUL espécie de biscoito de forma achatada e geralmente circular

bo.la.da *s.f.* **1** golpe feito com bola **2** quantidade considerável de bolas **3** *pop.* grande quantidade de dinheiro ■ **bem bolado** bem-arranjado, bem feito como uma bola

bo.lan.dei.ra /ê/ *s.f.* grande roda dentada que gira sobre a moenda movimentando as mós de um engenho de açúcar

bol.bo /ô/ *s.m.* m.q. bulbo

bol.che.vi.que *adj.2g.* relativo a bolchevismo

bol.che.vis.mo *s.m.* HIST sistema político dos bolcheviques, ala esquerda majoritária do Partido Operário Social-Democrata Russo

bol.do /ô/ *s.m.* BOT planta medicinal chilena, de cujas folhas se faz chá digestivo

bol.dri.é *s.m.* **1** cinto passado do ombro ao quadril no qual se suspendem armas **2** porta-bandeiras

bo.le.ar *v.t.* **1** dar a forma de bolas **2** tornar-se arredondado **3** requebrar-se

bo.le.ei.ro *s.m.* m.q. cocheiro

bo.lei.a /é/ *s.f.* **1** o assento do cocheiro **2** no caminhão, cabine do motorista

bo.le.ro /é/ *s.m.* **1** música de origem espanhola **2** jaqueta curta com ou sem mangas

bo.le.tim *s.m.* **1** texto breve **2** documento com as notas escolares

¹bo.le.to /ê/ *s.m.* **1** ordem escrita para que alguém conceda moradia a outro **2** guia de pagamento

²bo.le.to /ê/ *s.m.* **1** articulação da perna dos cavalos

bo.lha /ô/ *s.f.* **1** protuberância cutânea globosa **2** bola cheia de gás **3** ampola

bo.li.che *s.m.* jogo que consiste em atirar uma bola da extremidade de uma pista assoalhada para derrubar, na outra extremidade, 10 pinos que lembram garrafas

bó.li.de *s.2g.* corpo celeste que cai sobre a Terra; meteorito de grande porte que produz ruído

bo.li.na *s.f.* **1** MAR cada um dos cabos de sustentação das velas **2** *pop.* toque sexual; moléstia, bolinação

bo.li.nar *v.t.* **1** navegar; conduzir utilizando bolina **2** apalpar, molestar

bo.li.vi.a.no *adj. gent.* **1** natural ou habitante da Bolívia • *s.m.* **2** nome da moeda desse país

bo.lo /ô/ *s.m.* **1** junção de qualquer material a que se dá uma forma mais ou menos arredondada **2** grande porção de, ex.: *bolo de gente, bolo de dinheiro* etc. **3** CUL massa doce ou salgada feita de farinha e assada no forno

bo.lo.nhês *adj. gent.* relativo a Bolonha, na Itália, ou que é seu natural ■ **à bolonhesa** molho feito de tomate e carne moída

bo.lor /ô/ *s.m.* superfície de mofo produzida em função da umidade

bo.lo.ren.to *adj.* que tem bolor, bafio

bo.lo.ta /ó/ *s.f.* **1** fruto do carvalho cuja forma é esférica **2** pequena bola

bol.sa *s.f.* alforje; saco de couro ou tecido que serve como recipiente de dinheiro; qualquer cavidade que se assemelha a um saco

bol.são *s.m.* **1** bolsa ou bolso grande **2** em uma cidade, área reservada exclusivamente para estacionamento público de veículos

bol.sei.ro /ê/ *s.m.* **1** fabricante de bolsas **2** m.q. tesoureiro

bol.sis.ta *adj.2g. s.2g.* **1** estudante que usufrui de uma bolsa de estudos; bolseiro **2** produtor de bolsa

bol.so /ô/ *s.m.* algibeira; peça de pano costurada na roupa para formar uma divisão em que se guardam pequenos objetos

bom *adj.* **1** de excelente qualidade ou com a qualidade esperada **2** competente, eficaz **3** generoso, bondoso

bom.ba *s.f.* **1** artefato que explode **2** aparelho que serve para retirar líquidos **3** CUL doce recheado de creme

bom.ba.cha *s.f.* calças largas nas pernas e apertadas nos tornozelos

bom.bar.da *s.f.* **1** máquina de guerra medieval para arremesso de pedras **2** MÚS instrumento de sopro e palheta dupla

bom.bar.dão *s.m.* instrumento de sopro com pistons; o baixo das bandas musicais

bom.bar.de.a.men.to *s.m.* **1** ação ou efeito de bombardear; bombardeio **2** ataque a uma cidade, a um forte etc. com bombas ou projéteis

bom.bar.de.ar *v.t.* **1** atacar utilizando bombas **2** lançar bombas contra um determinado alvo

bombardeiro

bom.bar.dei.o /ê/ *s.m.* bombardeamento

bom.bar.dei.ro /ê/ *s.m.* **1** encarregado da bombarda; soldado que combatia com essa arma **2** navios e aviões munidos de bombas e com maquinismos próprios para o seu lançamento

bom.bar.di.no *s.m.* MÚS instrumento de sopro e metal; trombone de pistões

bom.bás.ti.co *adj.* **1** aquilo que tem efeito devastador **2** palavroso, mas oco; de linguagem empolada

bom.be.ar *v.t.* **1** arremessar bombas **2** provocar o movimento na bomba d'água

bom.bei.ro /ê/ *s.m.* membro da corporação que se dedica a apagar incêndios e prestar socorros

bôm.bi.ce *s.m.* ZOOL m.q. bicho-da-seda

bom.bi.lha *s.f.* canudo geralmente metálico pelo qual se toma chimarrão

bom.bo *s.m.* bumbo; tambor grande

bom-bo.ca.do *s.m.* CUL doce preparado com queijo ou coco

bom.bom *s.m.* confeito de chocolate; caramelo, bala, doce

bom.bor.do /ó/ *s.m.* MAR o lado esquerdo do navio para quem se dirige à proa

bo.na.chão *adj.* calmo, simples, bondoso; de bom humor

bo.na.chei.rão *adj.* m.q. bonachão

bo.nan.ça *s.f.* **1** mar calmo, sem perigo **2** tempo propício para navegação

bon.da.de *s.f.* **1** disposição, benevolência **2** ação de praticar o bem

bon.de *s.m.* **1** título de dívida pública; transação econômica que causa prejuízo **2** veículo elétrico que se desloca sobre trilhos ■ **pegar o bonde andando** entrar em uma conversa que já teve início

bon.do.so /ô/ *adj.* que tem bondade; que é benevolente

bo.né *s.m.* tipo de gorro com aba ou pala que protege a cabeça

bo.ne.ca /é/ *s.f.* **1** figura de menina ou moça em forma de brinquedo **2** *fig.* moça atraente e bonita

bo.ne.co /é/ *s.m.* **1** masculino de boneca **2** volume de folhas, geralmente brancas ou com um conteúdo incompleto, utilizado para se dar uma ideia de como será um livro ou uma revista depois de totalmente pronto

bo.ni.fi.car *v.t.* **1** gerar lucro **2** conceder vantagens **3** premiar

bo.ni.na *s.f.* BOT nome dado a flores do campo, tais como bela-margarida, maravilha e calêndula

bo.ni.te.za /ê/ *s.f.* qualidade do que é bonito

bo.ni.to *adj.* **1** que apresenta beleza **2** que agrada aos sentidos • *s.m.* **3** nome de uma espécie de atum

bo.no.mi.a *s.f.* característica de quem possui bondade natural

bô.nus *s.m.* **1** prêmio ou vantagem **2** abono, gratificação **3** desconto concedido ao cliente

bon.zo *s.m.* RELIG monge budista

bo.quei.ra /ê/ *s.f.* VETER estomatite nos cantos da boca

bo.quei.rão *s.m.* **1** abertura grande em canal pluvial ou marítimo **2** boca grande

bo.que.jar *v.t.* **1** falar baixo, entre dentes **2** falar mal de alguém **3** dizer; contar

bo.qui.a.ber.to /é/ *adj.* surpreso; de boca aberta; estupefato

bo.qui.lha *s.f.* piteira; extremidade do cachimbo

bó.rax /ks/ *s.m.* QUÍM pó medicinal antisséptico

bor.bo.le.ta /ê/ *s.f.* **1** ZOOL designação comum aos insetos com antenas em forma de clava e asas coloridas **2** dispositivo com barras giratórias situado na entrada de ônibus, cinema etc.; catraca **3** estilo de nado

bor.bo.le.te.ar *v.i.* andar sem rumo certo, a esmo, errar

bor.bo.ris.mo *s.m.* MED ruído intestinal produzido pelo deslocamento de gases

bor.bo.tar *v.t.* **1** expelir, expulsar **2** brotar, jorrar **3** transformar botões em plantas

bor.bu.lhar *v.t.* produzir borbulhas ao ferver um líquido; sair em bolhas

bor.co /ô/ *s.m.* posição de bruços

bor.da /ó/ *s.f.* **1** lado, limite, beira **2** elemento que arremata e enfeita um objeto

bor.dão *s.m.* **1** bastão utilizado como apoio **2** *fig.* quem ou o que ampara, ajuda **3** MÚS a corda de som mais grave do instrumento musical **4** palavra ou frase que se repete muito, na conversa ou na escrita, em determinadas situações ou profissões

bor.dar *v.t.* **1** revestir de madeira os lados do navio **2** fazer trabalhos com agulha e linha

bor.de.jar *v.i.* **1** MAR navegar com o vento alternando-se entre os dois bordos **2** andar de maneira vacilante; cambalear

bor.del /é/ *s.m.* casa de tolerância; casa de prostituição

bor.do /ó/ *s.m.* cada uma das laterais de uma embarcação ■ **navio de alto bordo** navio de flancos altos, mais importante que os comuns ■ **pessoa de alto bordo** pessoa de alta posição social

bor.do.a.da *s.f.* **1** combate com uso de bordos; porretada **2** abalo psicológico

bor.do.ei.ra /ê/ *s.f.* **1** série de bordoadas **2** agressão, surra

bor.go.nhês *adj. gent.* natural ou habitante de Borgonha, na França

bo.ré *s.m.* flauta de taquara com a qual os indígenas davam o sinal de guerra; membitararará

bo.re.al *adj.2g.* do norte, setentrional

bó.ri.co *adj.* QUÍM que contém boro

bor.la /ó/ *s.f.* **1** ornamento com franjas usado em vestimentas **2** barrete de magistrados e doutores

bor.nal *s.m.* saco em que os animais comem

bor.nei.ra /ê/ *adj.* diz-se da pedra negra e dura

bo.ró *s.m.* **1** HIST ficha que, no fim do século XIX e início do século XX, circulava como moeda divisionária, por falta de troco **2** *por ext.* m.q. dinheiro

bo.ro /ó/ *s.m.* QUÍM elemento químico de número atômico 5, utilizado em aços, reatores nucleares etc.

bo.ro.ró *adj. gent.* pertencente ou relativo aos bororós, tribo indígena brasileira

bor.ra /ó/ *s.f.* **1** parte mais espessa da lã **2** substância que fica no fundo de recipientes que contêm líquido **3** resíduo espesso de uma substância

bor.ra.cha *s.f.* **1** recipiente para líquidos; garrafa **2** goma elástica e impermeável **3** goma que serve para apagar traços de escrita ou de desenho

bor.ra.chei.ra /ê/ *s.f.* **1** bebedeira **2** *por ext.* grosseria, borrachice **3** *por ext.* coisa de má qualidade

bor.ra.cho /ó/ *s.m.* **1** bêbado, ébrio **2** filhote de pombo cuja plumagem ainda está incompleta; pombo novo

bor.ra.chu.do *adj.* **1** com barriga protuberante **2** que possui consistência de borracha

brasil

bor.ra.de.la /é/ *s.f.* **1** ato de borrar rapidamente **2** borrão, mancha de tinta **3** camada de tinta mal aplicada

bor.ra.dor /ô/ *adj.* **1** que borra **2** que serve para fazer esboços dos registros de compra e venda

bor.ra.lho *s.m.* **1** cinzeiro; braseiro coberto de cinzas **2** ausência de movimento do ar

bor.rão *s.m.* **1** borratada; mancha de tinta **2** rascunho **3** *pop.* pessoa covarde

bor.rar *v.t.* **1** manchar, sujar, rabiscar **2** *fig.* estar apavorado

bor.ras.ca *s.f.* chuva muito forte e com vento; tempestade violenta

bor.re.go /ê/ *s.m.* **1** cordeiro novo com até um ano de vida **2** lã de qualidade inferior

bor.ri.çar *v.t.* chuviscar; fazer borriço; borrifar

bor.ri.far *v.t.* jogar com borrifos; umedecer ou molhar com gotículas

bor.ze.guim *s.m.* **1** calçado de cano alto usado desde o tempo dos assírios **2** bota fechada com cadarço

bos.que /ó/ *s.m.* **1** mata; terreno coberto com vegetação **2** pequena floresta

bos.que.jo *s.m.* desenho incompleto; esboço

bos.sa /ó/ *s.f.* **1** protuberância dorsal anormal **2** vocação, talento, propensão ■ **bossa nova** movimento da música brasileira que teve início na década de 1960

bos.ta /ó/ *s.f.* **1** fezes, excremento **2** *fig. pejor.* coisa malfeita

bos.te.la /é/ *s.f.* **1** MED *desus.* pequena ferida com crosta **2** *pop.* crosta de ferida

bo.ta /ó/ *s.f.* calçado que possui cano alto **2** recipiente, vaso, tonel

bo.ta-fo.ra /ó...ó/ *s.m.2n.* ato de se despedir de alguém que vai partir; festa de despedida

bo.tâ.ni.ca *s.f.* ciência que estuda o reino vegetal

bo.tão *s.m.* **1** bico do seio **2** a flor antes de desabrochar **3** pequeno objeto utilizado para prender ou ornamentar a roupa

bo.tar *v.t.* **1** tirar o fio das lâminas; embotar **2** tirar o gosto de **3** lançar fora, arremessar, jogar, colocar, introduzir

bo.te /ó/ *s.m.* **1** ataque, golpe aplicado com lança ou espada; batida **2** jangada; embarcação miúda para recreação

bo.te.quim *s.m.* bar popular e simples; venda pequena

bo.te.lha /ê/ *s.f.* **1** frasco para líquidos **2** o conteúdo desse frasco

bo.ti.ca *s.f.* antiga farmácia onde se fabricavam e vendiam remédios

bo.ti.cão *s.m.* alicate utilizado para extrair dentes

bo.ti.cá.rio *s.m.* **1** farmacêutico **2** proprietário ou administrador de uma botica

bo.ti.ja *s.f.* frasco, vasilhame de gargalo fino e curto

bo.ti.na *s.f.* bota de cano baixo

bo.to /ô/ *s.m.* **1** falta de corte; lâmina embotada **2** ZOOL pequeno mamífero cetáceo de água doce ou salgada

bo.to.cu.do *adj.* indivíduo dos botocudos, povo indígena que habitava o Brasil

bo.to.ei.ra /ê/ *s.f.* **1** lapela onde se colocam flores ou adornos **2** painel onde se localizam os botões de comando do elevador

bo.to.que /ó/ *s.m.* batoque; rolha pra vedar orifícios

bo.tu.lis.mo *s.m.* MED envenenamento provocado por substâncias deterioradas por má conservação

bou.ba *s.f.* **1** erupção na pele; ferida **2** tumor pequeno de origem venérea

bou.ça *s.f.* terreno baldio, impróprio para o cultivo

bou.doir *s.m.* [fr.] **1** cômodo elegante reservado às senhoras **2** lugar onde se acordam favores amorosos

bo.vi.no *adj.* relativo ao boi

bo.xe *s.m.* luta de socos em que são utilizadas luvas especiais

bra.bo *adj.* **1** de gênio áspero; bravo **2** que gosta de se envolver em discussões; brigão, valente

bra.ça *s.f.* medida de comprimento equivalente a 2,2 m

bra.ça.da *s.f.* **1** movimento que se faz com os braços **2** movimento dos membros superiores na natação

bra.ça.dei.ra /é/ *s.f.* **1** argola de couro fixada no reverso do escudo, por onde se coloca o braço **2** qualquer fita amarrada à volta do braço **3** fita que une duas ou mais peças

bra.çal *adj.2g.* relativo a braço; feito com braço

bra.ce.jar *v.t.* agitar os braços, gesticular fortemente

bra.ce.le.te /ê/ *s.m.* m.q. pulseira

bra.co *s.m.* ZOOL certa espécie de cão próprio para caça; cão perdigueiro

bra.ço *s.m.* **1** membro superior entre o ombro e a mão **2** autoridade, poder

brác.tea *s.f.* **1** BOT folha modificada, localizada abaixo de uma flor ou no eixo central de uma inflorescência **2** *por ext.* folha de metal, lâmina de metal, ouro, prata etc.

bra.dar *v.i.* protestar em voz alta; gritar

bra.do *s.m.* grito; protesto em voz alta

bra.ga *s.f.* **1** espécie de calção; ceroula **2** muro que servia de tranqueira nas antigas fortificações

bra.gui.lha *s.f.* a abertura da parte dianteira das calças, a parte que se abotoa

brai.le *s.m.* **1** sistema de leitura e escrita com pontos em relevo, no qual a leitura é feita pelo tato **2** alfabeto próprio para os cegos

brâ.ma.ne *s.2g.* membro da casta sacerdotal indiana

bra.ma.nis.mo *s.m.* doutrina religiosa dos brâmanes, na qual se consolida o sistema de castas

bra.mar *v.i.* **1** soltar a voz (animais) **2** gritar, protestar, reclamar **3** estar no cio

bra.mir *v.i.* m.q. bramar

bran.co *s.m.* **1** a cor branca; cor de leite ● *adj.* **2** alvo, claro

bran.dir *v.t.* **1** empunhar a arma, erguendo-a **2** agitar, vibrar

bran.do *adj.* doce, dócil, suave, carinhoso, afável

bran.du.ra *s.f.* qualidade de brando

bran.que.ar *v.t.* **1** envelhecer **2** cobrir uma superfície com substância branca

bran.que.jar *v.t.* m.q. branquear

brân.quia *s.f.* guelra; órgão responsável pela respiração dos animais aquáticos

bran.qui.cen.to *adj.* m.q. esbranquiçado

bra.qui.gra.fi.a *s.f.* escrita feita de forma

bra.sa *s.f.* **1** carvão aceso sem chama **2** coisa bastante quente

bra.são *s.m.* conjunto de figuras, armas etc. que constituem o escudo de famílias nobres

bra.sei.ro *s.m.* **1** recipiente onde se colocam as brasas para aquecer o ambiente **2** aquecedor de ambiente **3** grande quantidade de brasa

bra.sil *s.m.* m.q. pau-brasil

brasileirice

bra.si.lei.ri.ce *s.f.* ação própria de brasileiro

bra.si.lei.ris.mo *s.m.* palavra, acepção própria do português do Brasil

bra.si.lei.ro *adj. gent.* natural do Brasil ou relativo ao Brasil

bra.si.li.co *adj.* LITER referente, relacionado aos indígenas brasileiros e sua cultura

bra.si.li.da.de *s.f.* **1** sentimento de amor por ser brasileiro **2** sentimento de nacionalidade, patriotismo e afinidade com o Brasil

bra.si.li.en.se *adj. gent.* **1** brasileiro, brasílico **2** habitante ou natural de Brasília, capital do Brasil

bra.si.lo.gra.fi.a *s.f.* ciência que estuda o Brasil e sua população

bra.va.ta *s.f.* **1** valentia, força **2** atitude ou ação arrogante

bra.ve.za /ê/ *s.f.* qualidade de bravo; zanga, irascibilidade

bra.vi.o *adj.* feroz, bravo, selvagem, rude, bruto

bra.vo *interj.* **1** palavra que indica aprovação de um espetáculo; expressão de entusiasmo, aplauso • *adj.* **2** tempestuoso **3** destemido, valente

break.fast *s.m. [ing.]* café da manhã, desjejum

bre.ar *v.t.* revestir de breu; dar a cor de breu

bre.car *v.t.* fazer parar, frear, pausar

bre.cha /é/ *s.f.* fenda, rachadura; espaço vazio

bre.do /ê/ *s.m.* BOT erva comestível com emprego medicinal

bre.jal *s.m.* brejo de grande extensão; lodaçal

bre.jo /é/ *s.m.* charco, terreno alagadiço, lodoso, pântano ■ **ir para o brejo** ter a expectativa frustrada com algo que não se concretizou

bre.nha *s.f.* **1** mata cerrada, silvedo, bosque **2** algo indecifrável

bre.que /é/ *s.m.* **1** freio mecânico **2** estilo de samba

bre.tão *adj. gent.* natural da Bretanha, na França

breu /ê/ *s.m.* **1** substância sólida, betume artificial composto de sebo, pez, resina e outros ingredientes **2** *fig.* escuridão

bre.ve /é/ *adj.2g.* **1** de curta duração **2** rápido, resumido

bre.vi.á.rio *s.m.* **1** livro de orações, ofícios e demais deveres do corpo social da igreja **2** resumo, sumário

bre.vi.da.de *s.f.* **1** rapidez; pouca duração **2** CUL espécie de bolinho quebradiço e doce, assim chamado por ser feito em pouco tempo e ser facilmente degustado

bri.ca.bra.que *s.m.* conjunto de pequenos objetos de arte usados em épocas diversas

bri.da *s.f.* **1** rédea, freio, restrição **2** úlcera; formação fibrosa de cicatrizes

bri.dão *s.m.* **1** brida grande **2** montador perito de cavalos; jóquei **3** freio de solípede que consta apenas do bocado, articulado no meio

bridge *s.m. [ing.]* carteado de origem inglesa

bri.ga *s.f.* **1** conflito de interesses **2** discussão agressiva; luta, desentendimento

bri.gão *adj.* diz-se de quem gosta de se envolver em brigas

bri.ga.da *s.f.* **1** facção do exército **2** parte de um batalhão **3** unidade militar organizada

bri.ga.dei.ro /ê/ *s.m.* **1** comandante de uma brigada **2** posto intermediário entre o de general e o de coronel **3** CUL doce de chocolate com leite condensado

bri.gar *v.t.* **1** lutar, bater **2** discutir, desentender-se

bri.gue *s.m.* embarcação de guerra

bri.lhan.te *adj.2g.* **1** que brilha; que emite ou reflete luz • *s.m.* **2** pedra preciosa inferior ao diamante

bri.lhan.ti.na *s.f.* pomada cosmética utilizada para dar brilho e fixar os cabelos

bri.lhar *v.i.* luzir intensamente, fulgurar, reluzir, cintilar, resplandecer, encantar

bri.lho *s.m.* **1** refulgência, cintilância **2** luz que um corpo reflete

brim *s.m.* tecido forte e resistente de linho, algodão e outras fibras

brin.ca.dei.ra *s.f.* **1** jogo, divertimento de crianças **2** gracejo, zombaria

brin.car *v.t.* divertir-se, distrair-se com jogos

brin.co *s.m.* **1** enfeite geralmente utilizado na orelha **2** *fig.* coisa limpa, bem cuidada

brin.de *s.m.* **1** votos de saudação a algo ou a alguém **2** ação de brindar

brin.que.do /ê/ *s.m.* **1** distração, passatempo **2** qualquer objeto com que as crianças brincam

bri.o *s.m.* orgulho, dignidade, amor-próprio

bri.o.che /ó/ *s.m.* CUL bolo ou pãozinho de massa leve

bri.ó.fi.to *s.m.* BOT classe vegetal que inclui os musgos

bri.que.te /ê/ *s.m.* **1** aglomerado de minério e carbono **2** combustível de hulha ou turfa

bri.sa *s.f.* aragem; vento leve e fresco

bri.tâ.ni.co *adj. gent.* natural da ou relativo à Grã-Bretanha

bri.tar *v.t.* quebrar pedra em pequenos pedaços; triturar

bro.a /ó/ *s.f.* CUL pão ou bolo de forma arredondada feito de fubá de milho

bro.ca /ó/ *s.f.* **1** instrumento que serve para perfurar **2** ZOOL verme que rói o tronco das árvores **3** pequena peça giratória e cortante, motorizada **4** algo dito com a intenção de enganar

bro.ça /ó/ *s.f. pop.* sujeira grossa

bro.ca.do *s.m.* tecido fino de seda ou algodão com largos relevos bordados com fios de prata e ouro

bro.car.do *s.m.* máxima jurídica; provérbio

bro.cha /ó/ *s.f.* **1** pincel grande de cerdas grossas **2** fecho engastado em uma jóia; broche **3** *fig.* pessoa desanimada **4** prego curto e chato, mais usado no diminutivo (*brochinha*)

bro.char *v.t.* **1** prender, pregar brocha **2** amarrar os fueiros nos carros de boi **3** *fig.* ficar mole, sem energia

bro.che /ó/ *s.m.* joia presa a um alfinete longo ou a um fecho

bro.chu.ra *s.f.* tipo de acabamento dos livros, cujas folhas estão apenas costuradas

bró.co.lis *s.m.* BOT verdura, planta hortense muito apreciada

bró.dio *s.m. desus.* caldo feito de restos de comida

bro.mé.lia *s.f.* BOT nome dado a determinadas plantas da família das bromeliáceas, em honra ao botânico sueco do séc. XVIII, Bromel

bro.mo *s.m.* **1** QUÍM elemento químico que possui o número atômico 35, da família dos halogênios **2** substância de consistência líquida, de cheiro forte e desagradável e que apresenta toxicidade

bron.co *adj.* grosseiro, tosco, rude, ignorante, ríspido, ranzinza

bron.que.ar *v.i. pop.* dar bronca; repreender por meio de palavras

bron.qui.te *s.f.* MED inflamação da traqueia e dos brônquios

buque

bron.to.té.rio *s.m.* ZOOL tipo de rinoceronte já extinto

bron.ze *s.m.* **1** liga de cobre e estawnho **2** obra de arte moldada no bronze

bron.ze.a.do *adj.* que tem a cor do bronze

bron.ze.a.dor /ô/ *s.m.* substância própria para proporcionar a cor ou a qualidade do bronze; óleo que bronzeia

bron.ze.a.men.to *s.m.* escurecimento da pele por meio da exposição aos raios solares

bron.ze.ar *v.t.* **1** revestir de bronze **2** adquirir tom moreno

brôn.zeo *adj.* relativo a bronze

bro.tar *v.i.* nascer, provir, rebentar; ter origem; gerar rebentos

bro.to /ô/ *s.m.* **1** rebento, gomo **2** início do desenvolvimento de um novo órgão em uma planta

bro.to.e.ja /ê/ *s.f.* espinhas; erupção da pele em forma de pequenas bolhas

bro.xa /ó/ *s.f.* **1** o mesmo que brocha, pincel grande e grosso para caiar ou para pinturas ordinárias • *adj.* diz-se do homem impotente

bru.a.ca *s.f.* **1** saco ou mala de couro cru utilizada no transporte de mercadorias sobre o lombo de burro **2** *pop.* mulher feia e descuidada

bru.ce.lo.se /ó/ *s.f.* MED doença de caráter infeccioso pela presença de brucelas no organismo, transmitida ao ser humano por contato com caprinos, bovinos, suínos ou cães

bru.ma *s.f.* nevoeiro, cerração, neblina

bru.mo.so /ô/ *adj.* coberto de brumas; nevoento, nebuloso

bru.nir *v.t.* lustrar, polir; dar brilho

brus.co *adj.* **1** arrebatado de modos; áspero, rude, indelicado **2** repentino **3** diz-se do tempo escuro, nublado, com pouca visibilidade

brus.qui.dão *s.f.* qualidade ou condição do que é brusco

bru.tal *adj.2g.* **1** grosseiro, cruel **2** próprio dos brutos; irracional **3** feroz, desumano

bru.ta.li.da.de *s.f.* rusticidade, grosseria, crueldade, bestialidade, animalidade

bru.ta.mon.tes *s2g.2n.* indivíduo corpulento, de modos rudes e grosseiros

bru.to *adj.* **1** tosco, grosseiro, irracional, animalesco; grande dimensão em tamanho e em forças **2** violento e forte

bru.xa *s.f.* **1** feiticeira **2** mulher com poderes sobrenaturais

bru.xis.mo *s.m.* hábito de ranger os dentes durante o sono

bu.bão *s.m.* MED tumor inflamatório presente nos gânglios linfáticos

bu.cal *adj.2g.* relativo à boca; oral

bu.ca.nei.ro /ê/ *s.m.* **1** pirata que atuava no Caribe **2** aventureiro que caçava bovídeos selvagens na América Central

bu.cha *s.f.* **1** chumaço de estopa, que se empregava para dar mais consistência à pólvora nas armas antigas **2** material fibroso retirado do fruto seco de mesmo nome **3** objeto que serve para vedar orifício

bu.cho *s.m.* **1** estômago de animais **2** *pop.* ventre humano **3** *fig.* pessoa velha, feia

bu.ço *s.m.* penugem que nasce logo acima do lábio superior; início de bigode

bu.có.li.co *adj.* *s.m.* **1** LITER tipo de poesia pastoril, gênero clássico da literatura **2** relacionado à vida simples do campo, ao pastoril

bu.dis.mo *s.m.* RELIG doutrina oriental cuja moral pregada por Buda está relacionada com a busca da superação do sofrimento humano

bu.ei.ro /ê/ *s.m.* cano de despejo de águas; abertura para o escoamento da água para o subsolo

bu.e.na-di.cha /ê/ *s.f.* boa sorte; sina, fortuna

bú.fa.lo *s.m.* ZOOL boi selvagem, africano ou asiático

bu.fão *s.m.* **1** palhaço da corte **2** pessoa engraçada **3** pessoa que se comporta de forma inoportuna

bu.far *v.i.* **1** soprar fortemente **2** respirar com força **3** ficar zangado

bu.fê *s.f.* serviço que fornece comidas e bebidas para eventos em geral

bu.fo *s.m.* **1** forte baforada **2** respiração ofegante **3** coragem **4** ZOOL tipo de coruja; suindara • *adj.* **5** engraçado; o bobo da corte

bug *s.m.* [*ing.*] pane ou falha no computador

bu.ga.lho *s.m.* BOT nódulo globular do carvalho; excrescência arredondada que aparece nas folhas do carvalho

bu.gi.ar *v.i.* fazer macaquices; agir como um bugio

bu.gi.gan.ga *s.f.* objeto de valor insignificante; badulaque, berloque

bu.gi.o *s.m.* ZOOL designação comum a todos os primatas; macaco, mico

bu.gre *s.m.* *bras.* nome pejorativo que antigamente se dava ao indígena ou silvícola

bu.jar.ro.na *s.f.* MAR vela triangular que se iça à proa da embarcação

bu.la *s.f.* **1** selo em forma esférica, que autenticava os documentos pontifícios e as cartas de maior importância **2** impresso que traz informações sobre o medicamento e está contido na caixa deste

bul.bo *s.m.* **1** qualquer estrutura que apresenta a forma arredondada da cebola **2** raiz que tem caule subterrâneo **3** parte dilatada de órgão vegetal ou animal

bul.cão *s.m.* aglomeração de nuvens escuras que causam tempestade

bul.do.gue /ó/ *s.m.* ZOOL raça de cachorro inglês

bu.le *s.m.* recipiente utilizado para fazer café, chá etc.

búl.ga.ro *adj.gent.* **1** natural da Bulgária **2** que se refere ou pertence à Bulgária

bu.lha *s2n.* briga, alvoroço, gritaria, desordem; confusão de vozes

bu.lhen.to *adj.* que é dado a bulhas; briguento, desordeiro

bu.lí.cio *s.m.* barulho excessivo; confusão de sons; ruído de agitação; murmúrio

bu.li.ço.so /ô/ *adj.* audaz, travesso, irrequieto, agitado

bu.li.mi.a *s.f.* MED fome excessiva provocada por distúrbio mental; cinorexia

bu.lir *v.i.* **1** balançar, rebolar **2** mexer em; mexer com **3** incomodar alguém com palavras ou atitudes

bum.bo *s.m.* instrumento de percussão; tambor de sonoridade grave e membranas nas duas extremidades

bu.me.ran.gue *s.m.* peça arqueada de madeira utilizada para caça e guerra

bun.da *s.f.* **1** região das nádegas **2** nome de uma língua falada em Angola

bu.que *s.m.* embarcação de pesca que serve para apoiar outro navio

buquê

bu.quê *s.m.* **1** ramo de flores **2** aroma de vinhos envelhecidos em tonéis

bu.ra.co *s.m.* ruptura, toca, fojo; espaço vazio; pequena cova

bu.ra.quei.ra */ê/ s.f.* grande quantidade de buracos

bu.rel */é/ s.m.* tecido de lã parda com que os monges costumam se vestir

bur.guês *adj. s.m.* **1** morador do vilarejo que tinha todos os direitos de cidadania, em oposição aos vilões **2** pertencente à classe média, que goza de situação econômica e social confortável

bur.gue.si.a *s.f.* **1** a classe social formada pelos burgueses **2** qualidade ou condição de burguês

bu.ril *s.m.* instrumento de aço com ponta oblíqua cortante com que se trabalha a pedra

bu.ri.lar *v.t.* **1** esculpir, gravar ou lavrar com buril **2** tornar mais apurado; fazer obra aprimorada

bu.ri.ti *s.m.* BOT nome de uma palmeira do Brasil, alta e majestosa, que fornece nozes comestíveis, bebida alcoólica e fibra utilizável; palmeira-leque

bur.la *s.f.* artifício utilizado para enganar, ludibriar

bur.la.dor */ô/ adj.* aquele que pratica a burla; que age como trapaceiro, enganador, ludibriador; que não honra seus compromissos, nas leis

bur.lão *adj.* m.q. burlador

bur.les.co */ê/ adj.* divertido, cômico, grotesco; que provoca zombaria

bur.le.ta */ê/ s.f.* LITER comédia leve para fazer rir; farsa jocosa

bu.ro.cra.ci.a *s.f.* **1** o conjunto de exigências e formalidades públicas presentes em secretarias e ministérios, escritórios, bancos etc. **2** o complexo pautado em fórmulas, firmas, assinaturas dos papéis oficiais **3** *pejor.* sistema de procedimentos administrativos encarados como morosos, inoperantes e ineficientes

bu.ro.cra.ta *s.2g.* **1** empregado que faz parte do corpo de funcionários da burocracia **2** pessoa que age como burocrata

bu.ro.crá.ti.co *adj.* que diz respeito à burocracia e também a burocratas; burocracial

bu.ro.cra.ti.zar *v.t.* **1** transformar uma estrutura dando a ela caráter burocrático **2** fazer prevalecer a dificuldade e a demora pelo exagero de documentação necessária à execução de algo

bur.ra *s.f.* cofre-forte, caixa em que se guardavam objetos de valor

bur.ra.da *s.f.* **1** grupo, manada, tropa de burros **2** *fig.* qualquer ato feito de forma estúpida

bur.ri.ce *s.f.* estupidez, asnice, burreza, tolice; falta de inteligência, de tino

bur.ri.co *s.m.* jumento; pequeno burro

bur.ri.nho *s.m.* **1** ZOOL burrico; burro jovem e de pequeno porte **2** peça do breque, distribuidor do óleo aos demais cilindros; tem a semelhança de um lombo de burro, de onde vem o nome **3** bomba que serve para aspirar líquidos **4** compressor de ar

bur.ro *s.m.* **1** jumento **2** *fig.* estúpido, pouco inteligente, desprovido de inteligência ■ **burro de carga** indivíduo bastante trabalhador

bu.ru.ru *s.2g.* **1** tribo indígena do Amazonas **2** indivíduo pertencente a essa tribo

bus.ca-pé *s.m.* pequeno fogo de artifício; aceso, ele corre em zigue-zague atrás dos pés das pessoas

bus.car *v.t.* esforçar-se por descobrir; procurar, pesquisar, investigar

bus.sí.lis *s.m.* problema não resolvido; coisa que está por explicar; dificuldade

bús.so.la *s.f.* **1** agulha de orientação posta em uma caixa **2** instrumento para determinar direções sobre a superfície terrestre, mediante uma agulha magnética livremente suspensa sobre um ponto de apoio, dentro de uma caixa, e cujas pontas estão permanentemente voltadas para os polos magnéticos da Terra

bus.to *s.m.* **1** tórax; tronco humano; torso **2** escultura que representa a pessoa a meio corpo, porém sem os braços e com a inclusão dos ombros **3** os seios da mulher

bu.te *s.m.* calçado específico da atividade militar; coturno

bu.ti.rá.ceo *adj.* **1** relativo a manteiga **2** que tem propriedades da manteiga

bu.ti.rô.me.tro *s.m.* aparelho utilizado para se medir a quantidade de gordura contida no leite

bu.tu.car *v.t.* cutucar com espora; esporear

bu.tu.cum *s.m.* espécie de bolsa ou saco que é levado a tiracolo

bu.xo *s.m.* **1** árvore, madeira **2** gênero de arbustos e pequenas árvores sempre verdes

bu.xu.a.ri *s.m.* peixe de origem brasileira, apreciado para ser colocado em aquários

bu.zi.na *s.f.* **1** espécie de trombeta **2** dispositivo sonoro de veículos

bú.zio *s.m.* **1** nome dado aos moluscos que são dotados de grandes conchas **2** mergulhador que apanha búzios

bu.zo *s.m.* forma vulgar de búzio

bye-bye *s.m. [ing.] interj.* **1** expressão de adeus, até logo • *s.m.* **2** adeus

by.ro.ni.a.no *adj.* sequaz literário da obra de Byron

by.te *s.m.* [ing.] INFORMÁT unidade de informação constituída por 8 *bits*

Cc

¹c *s.m.* **1** GRAM nome da terceira letra do alfabeto português e da segunda planta consoante **2** terceiro elemento de uma série **3** MÚS representação da nota dó em cifra musical • *adj.* **3** *por ext.* de má qualidade

²C QUÍM elemento carbono da tabela periódica

Ca QUÍM elemento cálcio da tabela periódica

cá *adv.* **1** neste lugar, aqui **2** agora, neste momento **3** do que, porque • *s.m.* **4** GRAM nome da letra k

ca.á *s.f.* BOT nome dado pelos indígenas a ervas em geral, e mais especificamente à erva-mate

ca.á-a.çu *s.f.* BOT planta ornamental; caaguaçu

ca.ba.ba *s.f.* **1** local que apresenta a forma quadrada **2** RELIG santuário sagrado dos muçulmanos localizado em Meca **3** pedra considerada sagrada que existe nesse santuário

ca.a.tin.ga *s.f.* nome de lugares e plantas do sertão nordestino ou do norte de Minas Gerais onde abunda o carrascal

ca.ba.ba *s.f.* **1** BOT planta e fruto da família da abóbora, de consistência oca e seca **2** MÚS instrumento musical feito desse fruto **3** cuia feita da metade desse fruto

ca.ba.cei.ra /ê/ *s.f.* BOT planta da família das cucurbitáceas, com um fruto de casca dura, usada no fabrico de diversos objetos

ca.ba.ço *s.m.* **1** ZOOL espécie de peixe cujas nadadeiras peitorais apresentam raios desenvolvidos e espinhos, que servem para revirar o cascalho em busca de alimentos **2** fruto da cabaceira **3** *pop.* hímen **4** *pop.* mulher ou homem virgem

ca.bal *adj.2g.* **1** que vai até o final **2** completo, inteiro, acabado

ca.ba.la *s.f.* RELIG **1** sistema filosófico-religioso hebraico que interpreta os textos do Antigo Testamento **2** doutrina religiosa dessa filosofia

ca.ba.lar *v.t.* **1** tramar, conspirar **2** *pop.* obter votos por meios ilícitos

ca.ba.lís.ti.co *adj.* relativo a cabala

ca.ba.na *s.f.* **1** habitação rústica, geralmente campestre **2** barraca

ca.ba.no *s.m.* **1** ser vivo que possui orelhas ou chifres voltados para baixo **2** HIST integrante de facções políticas ligadas às revoltas da cabanada e da cabanagem

ca.ba.ré *s.m.* casa de diversões noturnas, onde geralmente há apresentações burlescas e bebidas

ca.baz *s.m.* **1** *lus.* recipiente de vime ou junco com tampa **2** recipiente para transportar comida; marmita

ca.be.ça /ê/ *s.f.* **1** ANAT parte superior do corpo humano, constituída por crânio e face **2** *fig.* toda parte superior de objetos ou coisas ○ *s.2g.* **3** pessoa que comanda serviços ou possui cargos de poder; líder **4** *fig.* pessoa reconhecida por sua inteligência

ca.be.ção *s.m.* **1** cabeça grande **2** peça dos arreios, geralmente de metal, que se ajusta ao focinho de animais como cavalos, burros, jegues e outros **3** parte superior de camisa feminina, geralmente ornada

ca.be.ça.da *s.f.* **1** pancada ou golpe dado com a cabeça **2** ato de passar a bola com a cabeça **3** *fig.* negócio malfeito, decisão tomada incorretamente **4** *fig.* erro cometido em função de teimosia

ca.be.ça.lho *s.m.* **1** parte dianteira dos carros de bois, na lança dos veículos **2** parte superior das páginas **3** na fachada dos jornais, parte que apresenta data e nome

ca.be.ce.ar *v.i.* **1** balançar a cabeça **3** movimentar a cabeça em razão de sono **3** ESPORT golpear ou impulsionar uma bola utilizando a cabeça

ca.be.cei.ra /ê/ *s.f.* **1** cada uma das extremidades que fazem parte de uma mesa **2** GEOG nascente dos rios **3** parte superior da cama em que se descansa a cabeça

ca.be.ci.lha *s.2g.* chefe de bando armado; comandante de revolução

ca.be.ço /ê/ *s.m.* GEOG ponta de monte pequeno e arredondado; cume

ca.be.çor.ra /ô/ *s.f.* cabeça grande

ca.be.çor.ro /ô/ *s.m.* monte de grande altura; morro

ca.be.ço.te /ó/ *s.m.* **1** parte inteiriça superior do motor de automóveis **2** cabeça magnética gravadora, reprodutora e apagadora, característica de gravadores e videocassetes

ca.be.çu.do *adj.* diz-se do indivíduo de cabeça grande de **2** *fig.* teimoso, obstinado, insistente

ca.be.dal *s.m.* acervo de bens capitais, intelectuais e morais

ca.be.de.lo /ê/ *s.m.* GEOG elevação de areia encontrada na foz dos rios

ca.be.lei.ra /ê/ *s.f.* **1** o conjunto dos cabelos longos e/ ou volumosos **2** cabelos artificiais, peruca **3** a crina do cavalo

ca.be.lei.rei.ro /ê/ *s.m.* **1** profissional que trata e corta o cabelo **2** *por ext.* nome do estabelecimento onde os cabeleireiros trabalham

cabelo

ca.be.lo /ê/ *s.m.* **1** conjunto de pelos que cobrem a cabeça **2** pelo que cresce em qualquer parte do corpo **3** mola de aço que suporta o balancim e regula o mecanismo dos relógios pequenos

ca.be.lu.do *adj.* **1** diz-se do indivíduo que tem muito cabelo **2** *fig.* diz-se de um problema complicado, de difícil resolução **3** *fig.* imoral, obsceno

ca.ber /ê/ *v.t.* **1** ter a capacidade de estar contido em um determinado recipiente **2** poder entrar ○ *v.i.* **3** convir, ser adequado

ca.bi.de *s.m.* haste ou gancho utilizado como suporte de roupas, acessórios, chapéus etc.

ca.bi.de.la /é/ *s.f.* **1** conjunto das extremidades das aves **2** prato preparado com as partes miúdas da galinha

ca.bi.do *s.m.* **1** reunião de monges; religiosos que administram uma igreja • *adj.* **2** admissível, válido

ca.bil.da *s.f.* **1** tribo, grupo nômade que vive mudando de lugar em busca de pasto

ca.bi.men.to *s.m.* **1** qualidade daquilo que é admissível, aceitável **2** condição do que é oportuno, apropriado ■ **que tem cabimento** que é aceitável

ca.bi.na *s.f.* **1** aposento, pequeno recinto com cama para passageiros em trens **2** local onde ficam o piloto e o copiloto, nos aviões **3** *pop.* guarita onde ficam os vigias

ca.bis.bai.xo /ch/ *adj.* **1** de cabeça baixa **2** *fig.* decepcionado, derrotado, moralmente abatido

ca.bi.ú.na *s.f.* **1** BOT árvore, tipo de jacarandá, que possui madeira de construção em tom bem escuro ○ *s.2g.* **2** escravo desembarcado de maneira clandestina no Brasil, após a lei de repressão ao tráfico africano

ca.bo *s.m.* **1** feixe de fios utilizados em tração **2** parte, extremidade pela qual se seguram ou se manejam objetos e utensílios **3** militar que detém a graduação com este nome **4** saliente que forma a costa

ca.bo.clo *s.m.* **1** RELIG nome dos espíritos de antepassados indígenas nas seitas afro-brasileiras **2** mestiço descendente de índio e branco • *adj.* **3** relativo a caboclo **4** *pejor.* matuto, caipira, roceiro

ca.bo.gra.ma *s.m. desus.* telegrama transmitido através de cabo submarino

ca.bo.ré /é/ *s.2g.* **1** mestiço cafuzo ou caboclo **2** habitante da roça; caipira **3** indivíduo de aparência desagradável **4** indivíduo que só sai à noite **5** CUL bolo à base de trigo e mandioca

ca.bo.ta.gem *s.f.* navegação em águas costeiras para portos situados no mesmo país

ca.bo.ti.no *s.m.* **1** ator cômico ambulante **2** *pejor.* ator ou espetáculo cômico de categoria inferior **3** *pejor.* indivíduo vaidoso, presunçoso, que age tentando atrair as atenções para si

ca.bra *s.f.* **1** ZOOL mamífero ruminante originário da Ásia, África e Europa; fêmea do bode ○ *s.m.* **2** *pop.* sujeito, indivíduo **3** capanga ■ **cabra da peste** pessoa audaciosa

ca.brão *s.m.* **1** ZOOL m.q. bode **2** *pop.* indivíduo traído pela parceira; corno **3** criança chorona

cá.brea *s.f.* guindaste usado em construções para suspender e deslocar grandes pesos

ca.bres.tan.te *s.m.* MAR máquina ou mecanismo para içar âncoras

ca.bres.to /ê/ *s.m.* **1** corda ou correia com a qual se prende o animal e que serve para controlar a sua direção e/ou marcha **2** *pop.* freio ■ **voto de cabresto** subterfúgio utilizado para forçar eleitores a votar em candidatos previamente determinados por algum mandante

ca.bril *adj.2g.* **1** relativo a cabra • *s.m.* **2** curral de cabras

ca.bri.o.lar *v.i.* **1** dar cabriolas, cambalhotas **2** fazer curvas; serpear **3** *fig.* ter uma mudança súbita de opinião

ca.bri.o.lé *s.m.* **1** carruagem de capota móvel e com duas rodas, muito leve e pequena, puxada por um cavalo **2** tipo de automóvel conversível

ca.bri.to *s.m.* ZOOL bode jovem

ca.bro.cha /ó/ *s.f.* **1** mulata de pouca idade ○ *s.2g.* **2** cabroche; mulato, mestiço de pele escura

cá.bu.la *s.f.* **1** ato de gazear, de não comparecer à aula, ao trabalho etc. ○ *s.m.* **2** aluno que se ausenta da escola sem autorização do responsável

ca.bu.lar *v.t.* **1** fugir das obrigações **2** não comparecer à escola

ca.bu.lo.so /ô/ *adj.* **1** que traz má sorte **2** que aborrece; maçante **3** complicado, obscuro

ca.ca *s.f.* **1** *pop.* excremento **2** qualquer tipo de imundície

ca.ça *s.f.* **1** o animal que é vítima do caçador **2** o ato ou a ação de caçar **3** *fig.* busca insistente, perseguição ○ *s.m.* **4** avião de caça utilizado em combates aéreos

ca.ça.po *s.m.* **1** filhote de coelho **2** *fig.* homem gordo e baixo

ca.çam.ba *s.f.* **1** balde que serve para tirar água do poço **2** determinado tipo de depósito em um caminhão utilizado para carregar detritos **3** lata ou balde de argamassa de construções

ca.ção *s.m.* **1** ZOOL espécie de peixe marítimo **2** ZOOL tubarão de tamanho médio ou de pequeno porte

ca.ça.pa *s.f.* cada uma das seis redes presentes na mesa de bilhar

ca.çar *v.t.* **1** perseguir animais para prender ou matar **2** *bras.* perseguir algo; procurar, buscar **3** catar, pegar

ca.ca.re.co /é/ *s.m.* objeto velho e/ou bastante usado

ca.ca.re.jar *v.i.* cantar (galinha)

ca.ca.ri.a *s.f.* **1** conjunto de cacos **2** *bras.* grupo de ladrões

ca.ça.ro.la *s.f.* panela que possui bordas altas, cabo e tampa

ca.ca.tu.a *s.f.* ZOOL gênero de papagaios brancos ou rosados, com penas eriçadas na cabeça, tamanho que varia de médio a muito grande, e que estão largamente distribuídos nas regiões australianas

ca.cau *s.m.* **1** BOT fruto do cacaueiro, com polpa adocicada e comestível **2** pó solúvel alimentício obtido das sementes desse fruto **3** m.q. cacaueiro

ca.ce.ta.da *s.f.* bordoada dada com o cacete; pancada

ca.ce.te /ê/ *s.m.* **1** bastão de madeira, geralmente cilíndrico, utilizado para dar pancadas ○ *s.2g.* **2** pessoa cansativa, que provoca tédio

ca.ce.te.a.ção *s.f.* ato ou efeito de cacetear

ca.ce.te.ar *v.t.* **1** surrar, bater com cacete **2** causar aborrecimento

ca.cha.ça *s.f.* **1** aguardente feita pela fermentação de cana-de-açúcar; bebida alcoólica **2** preferência, vício **3** feminino de cachaço, porco não castrado

ca.cha.ção *s.m.* **1** empurrão **2** pancada, cascudo, murro, tapa

caduquice

ca.cha.cei.ro /ê/ *adj.* **1** pessoa que tem o hábito de beber cachaça; beberrão • *s.m.* **2** árvore amazônica de até 30 m

ca.cha.ço *s.m.* **1 a** parte posterior do pescoço; nuca **2** *fig.* arrogância, presunção **3** ZOOL porco não castrado

ca.cha.lo.te /ó/ *s.m.* ZOOL cetáceo cinzento ou preto, com cabeça enorme e comprimento de até 20 metros, precioso pela quantidade de óleo que produz

ca.chão *s.m.* **1** agitação de líquidos em altas temperaturas **2** jato volumoso e forte

ca.che.a.do *adj.* encaracolado, anelado

ca.che.ar *v.t.* **1** formar cachos (plantas) **2** encaracolar, frisar, anelar cabelos

ca.che.col /ó/ *s.m.* agasalho estreito e comprido para utilizar em torno do pescoço

ca.che.nê *s.m. tipo de* cachecol que cobre o nariz

ca.chim.bo *s.m.* utensílio utilizado para fumar, feito por um tubo ligado a um bojo, onde se acende o tabaco

ca.chi.mô.nia *s.f.* **1** centro do intelecto; mente **2** capacidade de memorizar **3** calma, paciência

ca.cho *s.m.* **1** agrupamento de coisas colocadas próximas entre si **2** BOT conjunto de frutos ou flores que brotam pendurados em um eixo **3** anel do cabelo **4** *pop.* amante; relação amorosa

ca.cho.ei.ra /ê/ *s.f.* GEOG queda d'água, corrente de água que cai formando um borbotão

ca.cho.la /ó/ *s.f. pop.* cachimônia, cabeça, crânio, centro do intelecto

ca.cho.le.ta /ê/ *s.f.* **1** golpe dado na cabeça com uma vara ou com o dorso da mão **2** *fig.* repreensão, censura

ca.chor.ra.da *s.f.* **1** reunião de cachorros **2** *fig.* comportamento baixo, desprezível, em que o indivíduo age com safadeza

ca.chor.ro /ô/ *s.m.* **1** mamífero carnívoro, originado do lobo, mas domesticado; cão **2** *pejor.* pessoa indigna, infame, mau-caráter

ca.chor.ro-quen.te *s.m.* CUL sanduíche recheado de salsicha, com ou sem molho, servido em um pão alongado

ca.cim.ba *s.f.* reservatório d'água; cisterna

ca.ci.que *s.m.* **1** o chefe da tribo indígena **2** *fig.* liderança política, administrativa ou eleitoral

ca.co *s.m.* **1** fragmento de louça, barro, ladrilho, telha etc. **2** *pejor.* pessoa sem beleza ou envelhecida **3** *pop.* resto de dente cariado

ca.ço *s.m.* **1** concha grande usada para servir sopa **2** frigideira de barro, com cabo

ca.ço.ar *v.t.* divertir-se às custas de outrem; ridicularizar, implicar, troçar

ca.co.e.te /ê/ *s.m.* **1** movimento repetido involuntariamente; tique **2** vício; mau hábito

ca.có.fa.to *s.m.* GRAM som desagradável, impróprio ou com sentido equívoco, produzido pela união dos sons de duas ou mais palavras vizinhas, ex.: *vi um guri, lá (gorila); A autoridade confisca gado da fazenda do coronel (cagado)*

ca.co.fo.ni.a *s.f.* **1** GRAM repetição de sons considerada desagradável **2** GRAM pronúncia incorreta, feia de palavras, formando cacófato

ca.co.gra.far *v.t.* cometer erro ortográfico

cac.to *s.m.* BOT planta dicotiledônea típica de regiões desérticas, com caule espinhoso e suculento

ca.çu.la *adj.2g. s.2g.* o filho mais novo ou o irmão mais jovem

ca.cun.da *s.f.* **1** *pop.* forma vulgar para corcunda **2** deformidade da coluna vertebral

ca.da *pron.* palavra que representa um elemento ou objeto de um conjunto individualmente

ca.da.fal.so *s.m.* **1** estrado alto onde eram executados os condenados **2** palanque para a realização de atos públicos

ca.dar.ço *s.m.* **1** cordão de seda ou lã; barbilho **2** cordão utilizado para amarrar calçados

ca.das.trar *v.t.* reunir em um cadastro dados sobre diversos itens

ca.das.tro *s.m.* **1** registro geral **2** recenseamento da população, classificando os cidadãos segundo suas diversas características; censo

ca.dá.ver *s.m.* **1** defunto; corpo morto **2** *fig.* pessoa que não apresenta aspecto saudável

ca.de.a.do *s.m.* fechadura portátil que serve como elo entre duas peças a serem trancadas

ca.dei.a /ê/ *s.f.* **1** conjunto de fatos relacionados entre si **2** corrente de elos ou anéis metálicos **3** prisão, cárcere

ca.dei.ra /ê/ *s.f.* **1** peça que serve de assento **2** assento com encosto e pernas **3** *fig.* lugar de honra **4** *fig.* anca, quadril

ca.dei.ri.nha *s.f.* **1** cadeira pequena **2** espécie de cadeira de braços que se adapta à sela de uma cavalgadura

ca.de.la /é/ *s.f.* **1** VETER fêmea do cão; cachorra **2** *pejor.* mulher vulgar

ca.dên.cia /ê/ *s.f.* **1** ritmo; acentuação; cantiga; compasso **2** encadeamento de sons

ca.den.te *adj.2g.* **1** que cai ou que está caindo **2** MÚS que tem ritmo

ca.der.ne.ta /ê/ *s.f.* **1** caderno pequeno para anotações diversas **2** registro do professor para notas, frequência e comportamento dos alunos ■ **caderneta de poupança** depósito bancário sem muita movimentação, visando à construção de patrimônio; poupança

ca.der.no /é/ *s.m.* **1** conjunto de folhas de papel reunidas em formato de livro e utilizadas para fazer anotações **2** parte ou suplemento de um jornal ou revista **3** periódico

ca.de.te /ê/ *s.m.* **1** aspirante a oficial do exército **2** segundo filho de família nobre

ca.di.nho *s.m.* crisol; vaso de metal ou argila refratária para trabalhar com elementos em altas temperaturas

cád.mio *s.m.* QUÍM metal sólido, branco e brilhante, de símbolo Cd, utilizado em reatores

ca.du.car *v.i.* **1** ficar ultrapassado ou sem uso **2** perder a validade

ca.du.ceu /ê/ *s.m.* bastão de ouro em que se enrolam duas serpentes encimadas por duas asas, símbolo da medicina e do deus mitológico Hermes ou Mercúrio

ca.du.ci.da.de *s.f.* **1** velhice, insanidade **2** decadência **3** perda de memória

ca.du.co *adj.* **1** que já ficou ultrapassado **2** que já perdeu a validade **3** velho, decadente **4** *pejor.* que perdeu o juízo mental

ca.du.qui.ce *s.f.* comportamento de quem está caduco, sem juízo mental, geralmente por causa da idade avançada

caeté

ca.e.té *s.2g.* indivíduo pertencente aos caetés, grupo indígena da antiga Capitania de Pernambuco

ca.e.tê *s.m. bras.* **1** mata virgem **2** mato bravo, espinhoso

ca.fé *s.m.* **1** BOT fruto do cafeeiro **2** a bebida feita a partir do fruto torrado posto em infusão em água fervente **3** *por ext.* estabelecimento onde são servidos lanches ■ **café da manhã** a primeira refeição do dia ■ **café preto** café puro, sem leite

ca.fe.i.cul.tu.ra /ê/ *s.f.* cultivo, produção de café

ca.fe.ei.ro /ê/ *s.m.* **1** BOT arbusto da família das rubiáceas, de origem árabe, que produz o café ● *adj.* **2** relativo ao que envolve o comércio e a industrialização do café

ca.fe.i.cul.tor /ô/ *s.m. bras.* cultivador ou produtor de café

ca.fe.í.na *s.f.* substância excitante do café

ca.fe.tão *s.m.* quem explora a prostituição

ca.fe.tei.ra /ê/ *s.f.* bule ou máquina de preparar café

ca.fe.ti.na *s.f. bras.* mulher que vive da exploração de prostitutas

ca.fe.zal *s.m.* grande plantação de café

cá.fi.la *s.f.* **1** grupo de camelos que transportam mercadorias **2** caravana de comerciantes da África e da Ásia **3** coletivo de camelo

caf.ta *s.f. CUL* iguaria árabe feita de carne moída, farinha de trigo e especiarias

caf.tã *s.m.* espécie de camisola usada pelos árabes

caf.ti.na *s.f.* m.q. cafetina

ca.fu.a *s.f.* **1** caverna, cova **2** *por ext.* lugar escuro e isolado **3** casa rústica e miserável **4** esconderijo, antro

ca.fun.dó *s.m. bras.* lugar distante e pouco acessível

ca.fu.né *s.m.* carícia no couro cabeludo, feita com os dedos

cá.ga.do *s.m.* ZOOL nome dado a alguns tipos de répteis de água doce, cuja carapaça é achatada, semelhante à do jabuti

ca.ga.nei.ra /ê/ *s.f. pop.* diarreia, evacuação

ca.gar *v.i. pop.* evacuar, expelir fezes

cai.a.pó *s.m. bras.* **1** nome de uma tribo indígena brasileira **2** indivíduo pertencente a essa tribo

cai.a.que *s.m.* canoa estreita para a prática de esporte ou lazer

cai.ar *v.t.* pintar com mistura de cal e água; branquear

cãi.bra *s.f.* MED contração muscular que acontece subitamente, causando dor; câimbra

cai.bro *s.m.* viga de madeira retangular utilizada em construção de casas, telhados, forros, soalhos etc.

cai.ça.ra *s.f.* **1** nome com que os indígenas designam galhos e ramos queimados, utilizados para fazer moradias **2** cerca feita de varas

cai.ei.ra /ê/ *s.f.* lugar próprio onde se queimam pedras para fazer cal

cai.mão *s.m.* ZOOL nome dado a algumas espécies de jacarés encontradas nas Américas Central e do Sul

câim.bra *s.f.* m.q. cãibra

ca.i.men.to *s.m.* **1** desvio, inclinação **2** *fig.* estado de desânimo; abatimento

cain.ça.lha *s.f.* **1** matilha, canzoada **2** *fig.* grupo de pessoas ordinárias

ca.i.nhar *v.i.* **1** emitir latidos dolorosos **2** *fig.* queixar-se com voz chorosa

ca.i.nho *adj.* **1** relativo a cão ● *s.m.* **2** latido de dor dos cães

cai.pi.ra *s.2g.* **1** que vive na roça ou no campo **2** com hábitos rudes; simplório **3** *fig.* tímido, acanhado

cai.po.ra /ó/ *s.2g.* **1** MIT entidade fantástica da mitologia tupi, habitante e protetora da mata, tida como propagadora de má sorte **2** *por ext.* infeliz, sem sorte

ca.ir *v.i.* **1** ir ao chão; tombar **2** baixar algo; descer **3** decair, fraquejar **4** *fig.* deixar-se vencer; falecer

cais *s.m.* desembarcadouro; plataforma de embarque e desembarque em um porto

cái.ser *s.m.* imperador alemão

cai.xa *s.f.* **1** recipiente de madeira, papelão, metal etc. utilizado para guardar ou transportar objetos **2** ECON provisão de dinheiro disponível ○ *s.m.* **3** livro de registro dos lucros e das despesas de uma empresa ○ *s.2g.* **4** *por ext.* empregado que opera a caixa registradora

cai.xão *s.m.* **1** caixa grande com tampa em que se colocam os mortos; féretro **2** caixa grande e forte

cai.xei.ro /ê/ *s.m.* **1** balconista de estabelecimento comercial que atende clientes **2** pessoa que produz caixas

cai.xe.ta /ê/ *s.f.* **1** caixa pequena **2** forminha de papel usada para colocar doces, bolos etc. **3** BOT árvore nativa do Brasil

cai.xi.lho *s.m.* moldura de madeira ou metal que enfeita o contorno de portas, vidraças de janelas, painéis, quadros etc.

cai.xo.te /ó/ *s.m.* **1** caixa pequena **2** caixa rústica de madeira que serve para armazenar ou transportar produtos

ca.já *s.m.* BOT fruto amarelo advindo da cajazeira

ca.ja.do *s.m.* **1** bastão, vara **2** instrumento usado para apoiar o corpo ao caminhar **3** bastão de pastor, cuja ponta tem forma de arco

ca.ja.ra.na *s.f.* BOT árvore da família do cajá; m.q. cajá-manga

ca.ju *s.m.* **1** BOT fruto ácido do Brasil, pedúnculo comestível do cajueiro, de cor amarela, rosada ou vermelha **2** *fig.* anos de vida

ca.ju.ei.ro *s.m.* árvore que produz caju

cal *s.f.* óxido de cálcio; pó branco extraído das pedras calcárias

ca.la.bou.ço /ô/ *s.m.* **1** prisão subterrânea profunda **2** *fig.* recinto escuro, sombrio

ca.la.bre *s.m.* **1** corda resistente usada para prender, amarrar ou sustentar; cabo **2** antiga máquina de guerra, muito difundida na Idade Média

ca.la.brês *adj.* **1** referente a ou natural da Calábria ● *s.m.* **2** dialeto da Calábria

ca.la.cei.ro /ê/ *adj.* diz-se do indivíduo que não trabalha ou não gosta de trabalhar

ca.la.da *s.f.* ausência ou cessação de ruído; silêncio completo

ca.la.do *adj.* **1** silencioso, sem dizer palavra **2** que demonstra calma, sossego **3** que ou aquele que não fala ou fala pouco ● *s.m.* **3** parte de uma embarcação que permanece submersa

ca.la.fa.te *s.m.* **1** operário que trabalha ou é especializado em calafetação **2** vento forte de leste que ocasionalmente sopra no litoral **3** BOT planta do sul do Brasil **4** ZOOL pequeno pássaro nativo da Indonésia

ca.la.fe.tar *v.t.* **1** impedir a passagem de líquidos ou de ar pela vedação com piche ou massa

calefação

ca.la.fri.o *s.m.* **1** sensação de frio com alternâncias de calor, que causa arrepios **2** MED série de pequenas contrações involuntárias dos músculos superficiais, acompanhadas de palidez

ca.la.mar *s.m.* m.q. lula

ca.la.mi.da.de *s.f.* **1** desgraça geral, catástrofe, grande perda **2** desgraça ou infelicidade pessoal

ca.la.mi.to.so *adj.* diz-se do que envolve ou está cheio de calamidade

ca.lan.dra *s.f.* **1** máquina de acetinar, alisar ou frisar tecido **2** prensa de tipografia

ca.lan.go *s.m.* ZOOL nome comum a diversos lagartos de pequeno porte, especialmente da família dos teiídeos

ca.lão *s.m.* **1** jarro indiano feito de barro ou cobre **2** embarcação usada para a pesca de atum **3** gíria de ciganos; modo de falar grosseiro **4** *pejor.* linguajar baixo e vulgar

ca.lar *v.t.* **1** cessar o som por imposição **2** não revelar algo ○ *v.i.* **3** manter-se em silêncio

cal.ça *s.f.* peça de vestuário que cobre por completo cada uma das pernas

cal.ça.dou.ro /ô/ *s.m.* **1** lugar em que se calça **2** eira onde se debulham cereais

cal.ça.da *s.f.* **1** parte lateral das ruas, pavimentada e destinada ao trânsito de pedestres **2** ladeira

cal.ça.dei.ra /ê/ *s.f.* utensílio que ajuda na entrada do pé no calçado

cal.ça.do *adj.* acalcado; pisado com força; comprimido

cal.ça.do *adj.* **1** revestido, protegido • *s.m.* **2** sapato, botina

cal.ça.men.to *s.m.* **1** ato ou efeito de calçar **2** calçada, camada de pedras

cal.câ.neo *s.m.* ANAT o osso mais volumoso do tarso, onde começa o calcanhar

cal.ca.nhar *s.m.* ANAT parte posterior e arredondada do pé humano, formada pelo calcâneo e pelos tendões ■ **calcanhar de Aquiles** ponto vulnerável, ponto fraco

cal.ção *s.m.* traje masculino próprio para banhos

cal.car *v.t.* **1** esmagar, compactar com os pés **2** exercer forte compressão

cal.çar *v.t.* **1** colocar sapatos, botas, tênis etc. nos pés **2** revestir as mãos com luvas **3** colocar calço

cal.cá.rio *s.m.* GEOL nome dos minérios formados de carbonato de cálcio e utilizados na produção de cal

cal.ce.dô.nia *s.f.* GEOL pedra preciosa, variedade criptocristalina de quartzo, transparente ou translúcida

cal.cei.ro /ê/ *s.m.* **1** profissional que faz calças **2** cabide que serve para guardar calças

cal.ce.mi.a *s.f.* MED presença de cálcio no sangue

cal.ce.ta /ê/ *s.f.* **1** argola de ferro atada ao tornozelo do prisioneiro **2** pena de trabalhos forçados imposta a condenados ○ *s.2g.* **3** condenado à prisão; criminoso condenado à calceta

cal.ce.tar *v.t.* revestir ruas com pedras

cal.ce.tei.ro /ê/ *s.m.* profissional responsável pela conservação de estradas e ruas

cal.ci.fi.ca.ção *s.f.* **1** ato ou efeito de calcificar **2** acúmulo de cálcio no tecido ósseo

cal.ci.fi.car *v.t.* **1** sofrer calcificação **2** MED depositar sais de cálcio no tecido ósseo, por causas patológicas

cal.ci.na.ção *s.f.* ação de calcinar, de submeter a uma temperatura elevada

cal.ci.nar *v.t.* **1** promover ou sofrer processo de calcinação **2** reduzir a cinzas por alta temperatura **3** aquecer muito; transmitir intenso calor; abrasar

cál.cio *s.m.* elemento químico alcalino-terroso de número atômico 20 que, sob a ação do oxigênio, produz a cal

cal.ço *s.m.* **1** fragmento de madeira que se coloca sob os pés de mesa, cadeira etc. para dar equilíbrio **2** objeto posto junto ou sob algo para que fique firme, nivelado, imobilizado ou mais elevado

cal.cu.lar *v.t.* **1** determinar (valor ou grandeza numérica) por meio de cálculo matemático **2** realizar um cálculo; contar, avaliar **3** fazer previsão; pressupor

cal.cu.lis.ta *adj.2g.* diz-se de pessoa que age de maneira premeditada, que nada faz sem visar um fim útil

cál.cu.lo *s.m.* **1** MAT operação matemática **2** operação ou conjunto de operações matemáticas ou algébricas **3** método específico de certos ramos da matemática, empregado na resolução de problemas aritméticos ou algébricos **4** MED pedra formada por acúmulo de sais minerais no rim, na vesícula

cal.da *s.f.* **1** líquido doce feito de água fervente e açúcar **2** sumo concentrado de frutas ou de plantas, geralmente fervido com açúcar até ficar espesso

cal.dá.rio *s.m.* lugar onde há água quente ou vapor; sauna

cal.de.a.men.to *s.m.* ato ou efeito de caldear

cal.de.ar *v.t.* **1** tornar incandescente ou maleável; fazer ficar em brasa **2** soldar, fundir, misturar **3** *pop.* tomar caldo

cal.dei.ra /ê/ *s.f.* **1** grande recipiente que contém água fervente **2** recipiente em que se ferve a água nas máquinas a vapor **3** GEOL cratera **4** depressão de faixa de terreno em torno das árvores, destinada a receber determinadas quantidades de adubo ou a recolher a água da chuva ou da rega

cal.dei.ra.da *s.f.* **1 a** porção de líquido que uma caldeira comporta de acordo com seu volume **2** *por ext.* quantidade de líquido que se derrama em um recipiente **3** porção de coisas feitas em uma caldeira **4** CUL comida feita com peixes; ensopado

cal.dei.rão *s.m.* **1** recipiente de metal; panela alta e com alças utilizada na cozinha **2** GEOL depressão em rocha, que retém água de rio, quedas-d'água etc. e onde se podem encontrar peixes e pedras preciosas ou minério de ouro

cal.dei.rei.ro /ê/ *s.m.* **1** fabricante ou vendedor de caldeiras **2** indivíduo que trabalha em caldeiras **3** *pop.* indivíduo que anuncia a chegada da chuva

cal.dei.ri.nha *s.f.* **1** caldeira pequena **2** pequena caldeira auxiliar de bordo **3** RELIG recipiente para água benta

cal.deu /ê/ *s.m.* indivíduo dos caldeus, povo que habitava a Caldeia

cal.do *s.m.* **1** líquido resultante do cozimento de carne, peixe, legumes etc. **2** *bras.* mergulho contra a vontade

ca.le.ça /é/ *s.f.* carruagem com quatro rodas e dois assentos

ca.le.fa.ção *s.f.* **1** sistema de aquecimento de ambientes internos **2** FÍS fenômeno verificado no aparecimento de uma camada de vapor entre um líquido e uma superfície quando esta se encontra aquecida em excesso

caleidoscópio

ca.lei.dos.có.pio *s.m.* artefato óptico cujo tubo contém diversos espelhos, os quais produzem diferentes combinações de imagens

ca.le.ja.do *adj.* **1** que tem calos **2** *fig.* que tem experiência, prática **3** *fig.* pouco sensível em função de sofrimentos sofridos

ca.le.jar *v.t.* **1** criar ou adquirir calos **2** *fig.* tornar(-se) empedernido, insensível; acostumar(-se) ao sofrimento

ca.len.dá.rio *s.m.* **1** sistema de medida que lista os dias, as semanas e os meses do ano **2** qualquer impresso em que se indicam os dias, as semanas e os meses do ano, geralmente destacando os feriados, as festas nacionais e as fases da Lua **3** folheto que contém a data de determinados eventos e atividades programados anteriormente

ca.len.das *s.f.pl.* o primeiro dia de cada mês no antigo calendário romano

ca.lên.du.la *s.f.* **1** BOT erva medicinal originária da Europa **2** nome da flor dessa planta, utilizada contra febres, frieiras, verrugas etc., como aromatizante e na produção de cosméticos

ca.lha *s.f.* **1** cano aberto na parte superior, por onde escorre a água da chuva que cai no telhado **2** canal por onde escorrem grãos ou líquidos

ca.lha.ma.ço *s.m.* **1** livro ou caderno volumoso **2** *pejor.* pessoa gorda ou grande e muito feia

ca.lham.be.que *s.m.* **1** *fig.* carro antiquado **2** navio velho; embarcação costeira velha, desgastada, que não oferece condições de segurança

ca.lhan.dra *s.f.* ZOOL ave migratória semelhante à cotovia, encontrada na África, na Ásia e na Europa

ca.lhar *v.i.* **1** caber, encaixar-se **2** convir, coincidir **3** ocorrer por acaso; dar-se, acontecer

ca.lhau *s.m.* **1** fragmento de rocha dura **2** notícia, artigo etc. usado para preencher espaço criado pela falta de material editorial **3** anúncio publicado gratuitamente em jornal ou revista

ca.lhor.da *s.f./s.m.* pessoa sem caráter, sem prestígio moral, sem valor

ca.li.brar *v.t.* **1** dar o calibre necessário; fazer a medição ou o ajuste do calibre **2** dar a pressão adequada aos pneus de automóveis **3** fazer ajuste de calibre de armas

ca.li.bre *s.m.* **1** capacidade de volume de um tubo **2** diâmetro interno de uma arma de fogo **3** *fig.* tamanho ou caráter considerável

ca.li.ça *s.f.* conjunto de resíduos de paredes demolidas

ca.li.ci.da *s.m.* medicamento que amolece o tecido que produz o calo ou que permite a extirpação deste

cá.li.ce *s.m.* **1** BOT invólucro das flores formado pelas sépalas **2** taça com haste comprida e base arredondada, geralmente utilizada na degustação de vinhos **3** RELIG tipo de recipiente usado em missas para consagração do vinho; cálix

ca.li.dez *s.f.* **1** qualidade de cálido **2** *fig.* quentura, entusiasmo

cá.li.do *adj.* **1** de alta temperatura **2** sagaz, hábil, solerte **3** *fig.* ardente, que irradia entusiasmo ou paixão

ca.li.fa *s.m.* **1** RELIG sucessor do profeta Maomé **2** chefe supremo, líder político e religioso muçulmano

ca.li.for.ni.a.no *adj. gent.* natural ou habitante da Califórnia (EUA)

ca.li.gra.fi.a *s.f.* **1** arte de escrever à mão, formando letras e outros sinais gráficos elegantes e harmônicos, segundo certos padrões e modelos estilísticos ou de beleza e excelência artística **2** *por ext.* modo como cada pessoa escreve

ca.li.pí.gio *adj.* que tem belas nádegas

ca.lip.so *s.m.* MÚS gênero de canto e música originário do Caribe

ca.lis.ta *s.2g.* profissional que cuida dos pés, especialmente dos calos

cal.ma *s.f.* **1** sossego, relaxamento, serenidade **2** ausência de agitação física ou mental **3** hora quente da tarde, ausente de vento

cal.man.te *adj.2g.* **1** aquilo que acalma • *s.m.* **2** *pop.* sedativo com propriedades de acalmar ou causar sonolência

cal.mar *v.t.* **1** sedar, sossegar, relaxar **2** diminuir o excesso do calor

cal.ma.ri.a *s.f.* **1** bonança; cessação de ventos **2** *fig.* serenidade de espírito; sossego

cal.mo *adj.* **1** sereno, sossegado, relaxado **2** com a temperatura elevada

cal.mo.so /ô/ *adj.* **1** em que há calma **2** bonançoso **3** que está abafado

ca.lo *s.m.* **1** ponto ou região da camada exterior da pele em que esta se encontra mais espessa e endurecida, por atrito, compressão ou outra irritação física ou química frequente **2** *por ext.* qualquer calosidade da pele **3** *fig.* condição que resulta de frequentes situações dolorosas, aflitivas, trágicas, embrutecedoras; dureza, insensibilidade

ca.ló *s.m.* **1** cigano originário da Espanha **2** língua dos ciganos da Espanha

ca.lom.bo /ô/ *s.m.* **1** MED pequeno tumor; abscesso, inchaço, protuberância, galo, elevação, tumefação **2** GEOG pequeno cômoro; monte, duna **3** ZOOL raça de gado em que os animais são dotados de uma corcunda na parte posterior do pescoço ou no dorso

ca.lor /ô/ *s.m.* **1** sensação de temperatura elevada; aumento da temperatura ambiente **2** qualidade, estado ou condição do que é quente ou está aquecido; temperatura (relativamente) alta **3** *fig.* afeto, carinho, gentileza, cordialidade **4** *fig.* animação, empolgação, entusiasmo

ca.lo.ren.to /ê/ *adj.* **1** que possui ou apresenta temperatura elevada; quente **2** que provoca ou produz sensação de calor

ca.lo.ri.a *s.f.* **1** unidade de medida de energia definida como a quantidade de calor necessária para elevar em 1^0 centígrado a temperatura de 1 grama de água sob a pressão de 1 atm (atmosfera) **2** unidade de medida que apresenta o resultado da soma dos valores energéticos dos componentes de um alimento

ca.lo.rí.fe.ro *adj.* **1** que gera calor • *s.m.* **2** aparelho para aquecimento de ambiente

ca.lo.rí.fi.co *adj.* **1** relativo a calor ou à produção de calor **2** que se manifesta como calor

ca.lo.ri.me.tri.a *s.f.* FÍS conjunto de técnicas e métodos dedicados à medição da quantidade de calor absorvido ou liberado em um processo físico ou químico

ca.lo.ro.so /ô/ *adj.* **1** que tem ou que provoca calor; calorento **2** que demonstra energia, entusiasmo; enfático **3** que infunde ânimo, que desperta simpatia e/ou sensação de afeto

cambalacho

ca.lo.si.da.de *s.f.* **1** saliência dura da pele **2** qualidade ou condição de caloso

ca.lo.so /ô/ *adj.* **1** que tem calo(s) **2** *por ext.* que tem textura áspera ou dura, lembrando calo

ca.lo.ta /ó/ *s.f.* **1** RELIG chapéu eclesiástico **2** cobertura, proteção para cabeça **3** peça côncavo-convexa que protege a ponta do eixo nas rodas dos veículos

ca.lo.te.ar *v.t.* enganar alguém com o objetivo de não saldar uma dívida

ca.lo.tei.ro *s.m.* pessoa que não paga dívidas propositadamente

ca.lou.ro /ô/ *s.m.* **1** novato, estudante do primeiro ano **2** *fig.* inexperiente em alguma atividade **3** artista ou cantor amador que se apresenta em programa de auditório para ganhar um prêmio **4** *fig.* indivíduo tímido, envergonhado

ca.lun.du *s.m.* **1** irritabilidade, mau humor **2** RELIG candomblé ou qualquer seita afro-brasileira contemporânea

ca.lun.ga *s.m.* **1** RELIG entre os bantos, entidade espiritual que se manifesta como força da natureza, especialmente associada ao mar, à morte ou ao inferno **2** RELIG cada uma das entidades de importância secundária que, na umbanda popular de influência banta, formam um conjunto subordinado a Iemanjá e são associadas ao mar e à água ○ *s.g.* **3** boneco pequeno

ca.lú.nia *s.f.* falsa acusação e desonrosa a alguém; mentira

ca.lu.ni.a.dor *s.m.* aquele que desonra o outro; levantador de falso testemunho; mentiroso

ca.lu.ni.ar *v.t.* acusar ou difamar; levantar falso testemunho

ca.lu.ni.o.so /ô/ *adj.* que faz acusações falsas

cal.va *s.f.* **1** careca; falta de cabelos na cabeça **2** porção de pele de animal ou de tecido da qual caíram os pelos ou fios que a cobriam

cal.vá.rio *s.m.* **1** monte com uma cruz **2** RELIG monte de Jerusalém onde Cristo foi crucificado **3** *fig.* dor, provação, martírio

cal.ví.cie *s.f.* **1** estado de quem é calvo **2** ausência total ou parcial de cabelos na cabeça; alopecia

cal.vi.nis.mo *s.m.* RELIG doutrina fundada por Calvino e relacionada à Reforma Protestante

cal.vi.nis.ta *s.2g.* seguidor de Calvino, adepto ou seguidor de suas ideias e doutrinas

cal.vo *adj.* **1** sem cabelo; careca **2** *fig.* que não tem a cobertura ou o revestimento natural ou habitual

cal.zo.ne *s.m.* [it.] CUL iguaria de origem italiana, feita com massa de pão e recheada com queijo, presunto e ervas ou alho

ca.ma *s.f.* **1** móvel usado para dormir; leito, estrado **2** camada de material macio

ca.ma.da *s.f.* **1** quantidade de matéria que se estende de maneira mais ou menos uniforme sobre uma superfície **2** porção de matéria considerada como parte do todo ou da massa de algo, que pode ser distinguida do resto por alguma característica própria ou por um critério preestabelecido **3** classe ou categoria social **4** GEOL estrato

ca.ma.feu /ê/ *s.m.* **1** ornamento esculpido em pedra, coral etc. **2** *por ext.* qualquer peça de pedra fina, talhada em relevo **3** *por ext.* qualquer figura em relevo, como de sinete, efígie de moeda etc. **4** *fig.* mulher de rosto delicado

ca.ma.le.ão *s.m.* **1** ZOOL réptil sáurio, de certas propriedades como a capacidade de mudar de cor e de projetar a língua a uma grande distância para obter alimento; cameleão **2** *fig.* pessoa que muda fácil e rapidamente de aparência, comportamento ou caráter, intencionalmente ou não

câ.ma.ra *s.f.* **1** aposento no interior de uma casa; o quarto de dormir **2** recinto onde são realizadas reuniões ou atividades deliberativas **3** local ou edifício destinado a abrigar reuniões ou atividades desse tipo e outros serviços a elas ligados **4** assembleia

ca.ma.rá *s.m.* BOT árvore nativa do Brasil, de folhas opostas, flores amarelas, laranja ou vermelhas e bagas roxo-escuras

ca.ma.ra.da *s.2g.* **1** aquele que age com companheirismo **2** amigo, companheiro ○ *adj.2g.* **3** que é favorável, agradável

ca.ma.ra.da.gem *s.f.* **1** sentimento de companheirismo **2** *por ext.* ação ou atitude que resulta dessa condição, desse sentimento ou dessa relação

ca.ma.rão *s.m.* **1** ZOOL crustáceo decápode, marinho ou de água doce, com abdome longo e corpo lateralmente comprimido **2** CUL prato preparado com esse crustáceo

ca.ma.rá.rio *adj.* **1** relativo à câmara **2** JUR referente à questão ou ao processo conduzido sem observância estrita de todas as formalidades jurídicas habituais

ca.ma.rei.ro /ê/ *s.m.* **1** aquele que arruma quartos em hotéis, hospedarias, navios, trens etc. **2** antigo servidor da nobreza

ca.ma.ri.lha *s.f.* grupo político que cerca um chefe de Estado com objetivo de influenciar nas suas decisões

ca.ma.rim *s.m.* **1** aposento de artistas no teatro **2** nicho, altar ou trono em que se expõe uma imagem de santo, o vinho ou as hóstias consagradas **3** MAR compartimento a bordo dos navios destinado à guarda de equipamentos

ca.ma.ri.nha *s.f.* **1** quarto de dormir; aposento **2** gotícula de suor **3** pequena prateleira de canto

ca.ma.ro.ei.ro /ê/ *s.m.* **1** pescador ou vendedor de camarões **2** armadilha de pegar camarões **3** barco próprio para a pesca de camarões

ca.ma.ro.te /ó/ *s.m.* **1** aposento de navio **2** repartição especial dos teatros para grupo de espectadores **3** grupo de pessoas que ocupam esse espaço

ca.ma.ro.tei.ro /ê/ *s.m.* **1** indivíduo que vende bilhetes de entrada para camarotes de espetáculos **2** encarregado de arrumar os camarotes de navios

ca.mar.te.lo /é/ *s.m.* martelo de pedreiro semelhante à marreta

cam.ba *s.f.* **1** peça de madeira onde se encaixam os raios da roda **2** peça curva em que se fixa o dente do arado

cam.ba.da *s.f.* **1** enfiada de peixes, de aves, de animais presos pelas pernas **2** *pejor.* grupo de pessoas de caráter duvidoso e sem credibilidade **3** quantidade de objetos pendurados, enfiados ou amarrados em algum suporte

cam.bai.o *adj.* **1** indivíduo que tem as pernas tortas **2** pessoa que tem dificuldade em andar

cam.ba.la.cho *s.m.* **1** *pejor.* negócio em que há fraude, trapaça, intenção de prejudicar a outra parte **2** plano para enganar outrem ou obter vantagem às custas deste

cambaleante

cam.ba.le.an.te *adj.* de andar torto, que cambaleia

cam.ba.le.ar *v.i.* 1 não possuir equilíbrio nas pernas 2 não conseguir se apoiar com lucidez

cam.ba.lei.o /ê/ *s.m.* ato ou efeito de cambalear, perda de equilíbrio, oscilação

cam.ba.lho.ta /ó/ *s.f.* 1 movimento ou exercício em que se faz o corpo girar para frente ou para trás, com ou sem apoio em qualquer superfície 2 salto acrobático 3 qualquer movimento em que algo gira ou rodopia sobre si mesmo

cam.bar *v.t. v.i.* 1 entortar; cambalear 2 mudar de rumo e seguir em determinada direção

cam.ba.rá *s.m.* m.q. camará

cam.be.ta /ê/ *adj.2g.* que possui as pernas tortas

cam.bi.al *adj.* 1 relativo a câmbio • *s.2g.* 2 ECON *qualquer* letra de câmbio ou de outro título semelhante

cam.bi.an.te *adj.2g.* 1 que cambia; que promove mudanças • *s.m.* 2 cor indefinida; matiz, furta-cor

cam.bi.ar *v.t.* 1 trocar, permutar 2 *por ext.* trocar as marchas do automóvel 3 praticar câmbio

cam.bi.á.rio *adj.* relativo aos títulos de crédito cambiais

câm.bio *s.m.* 1 ECON troca de moedas 2 peça do automóvel que muda ou troca a marcha 3 troca, permuta 4 modificação, transformação

cam.bis.ta *s.2g.* 1 homem que faz câmbio de moedas; cambiador 2 *pejor.* indivíduo que adquire ingressos para espetáculos públicos com a finalidade de revendê-los, fora das bilheterias, para lucrar com venda acima do preço real

cam.bi.to *s.m.* 1 *fig.* perna fina, canela fina; de camba, perna 2 pedaço roliço de madeira utilizado para torcer ou apertar cordas 3 pernil de porco

cam.bo.ja.no *adj. gent.* natural ou habitante do Camboja

cam.bo.ta /ó/ *s.f.* 1 armação arqueada que serve de molde curvo para a construção de abóbadas, arcos etc. 2 cambalhota 3 eixo de transmissão nos motores a explosão

cam.brai.a *s.f.* tecido fino, translúcido e levemente lustroso, originalmente feito em Cambrai, na França 2 *pop.* aguardente de cana; cachaça

cam.bu.cá *s.f.* 1 BOT árvore nativa do Brasil, de folhas lanceoladas, flores brancas e bagas amarelas comestíveis; cambucazeiro 2 fruto dessa árvore

cam.bu.ci *s.m.* 1 BOT árvore nativa do Brasil, de flores brancas e frutos bacáceos comestíveis 2 fruto dessa árvore

cam.bu.í *s.m.* 1 BOT árvore pequena nativa do Brasil, de folhas opostas, flores brancas em panículas, bagas globosas comestíveis e madeira própria para esteios, caibros e mourões 2 fruto dessa árvore, muito apreciado pelos pássaros

cam.bu.lha.da *s.f.* 1 conjunto de objetos presos ou unidos; grande quantidade ou agrupamento de coisas ou de pessoas; cambada 2 *fig.* reunião de coisas diversas

cam.bu.qui.ra *s.f.* 1 BOT folhas novas de aboboreira 2 iguaria constituída de brotos de abóbora guisados

ca.me.lei.ro /ê/ *s.m.* aquele que conduz camelos

ca.mé.lia *s.f.* BOT flor da família das teáceas, muito apreciada para ornamentação 2 arbusto nativo do Japão, de folhas ovadas e luzidias e flores vermelhas; apresenta inúmeras variedades de flores alvas e dobradas

ca.me.lo /ê/ *s.m.* 1 ZOOL mamífero da família dos camelídeos, quadrúpede, ruminante, com duas corcovas, encontrado nas áreas desérticas e semidesérticas da Ásia e da África 2 *pejor.* pessoa ignorante

ca.me.lô *s.m.* comerciante de artigos diversos, geralmente miudezas e bugigangas, que se instala provisoriamente em ruas ou calçadas, muitas vezes sem permissão legal

ca.mi.nhão *s.m.* automóvel destinado ao transporte de carga através de estradas

ca.mi.nhar *v.i.* seguir por um caminho; locomover-se; andar

ca.mi.nho *s.m.* 1 local de passagem que serve de ligação ou comunicação entre dois ou mais lugares terrestres 2 trajeto, percurso 3 *fig.* maneira de atingir um objetivo 4 chaminé, cadinho, forno

ca.mi.sa *s.f.* 1 peça do vestuário colocada imediatamente sobre a pele, que cobre do pescoço à cintura e apresenta mangas longas ou curtas 2 membrana embrionária do trigo

ca.mi.sa.ri.a *s.f.* 1 loja ou fábrica de camisas 2 várias camisas agrupadas

ca.mi.sei.ro /ê/ *s.m.* 1 pessoa que produz camisas 2 móvel onde se guardam camisas ou outras peças de vestuário

ca.mi.se.ta /ê/ *s.f.* camisa curta, sem golas, com ou sem manga, geralmente feita de tecido de malha

ca.mi.si.nha *s.f.* 1 pequena camisa 2 *pop.* preservativo masculino ou feminino feito de látex

ca.mi.so.la /ó/ *s.f.* 1 blusa longa, utilizada por crianças e adultos para dormir 2 blusa do vestuário masculino nos séculos XVI e XVII, de mangas compridas, utilizada entre a camisa e o casaco

ca.mo.mi.la *s.f.* BOT planta medicinal da família das compostas, de flores brancas e amarelas com as quais se prepara uma infusão empregada como calmante e digestivo

ca.mo.ni.a.na *s.f.* LITER coleção das obras de Camões e dos escritos que a elas se referem

ca.mo.ni.a.no *adj.* 1 LITER relativo a Camões ou que é próprio dele 2 diz-se de indivíduo que é grande conhecedor ou estudioso da obra e da vida de Camões

ca.mo.nis.ta *adj.2g.* m.q. camoniano

ca.mor.ra /ô/ *s.f.* sociedade secreta de malfeitores ou criminosos

cam.pa *s.f.* 1 sino pequeno; sineta 2 laje sepulcral 3 *por ext.* sepultura, túmulo

cam.pa.i.nha *s.f.* 1 sineta de mão 2 dispositivo elétrico ou mecânico usado para alertar sobre a chegada de pessoas do lado de fora da casa 3 BOT m.q. campânula

cam.pal *adj.2g.* 1 que se realiza em campo aberto, em praça pública 2 relativo a campo

cam.pa.ná.rio *s.m.* 1 torre da igreja onde ficam as campas, os sinos 2 a abertura da torre onde se encaixam os sinos

cam.pa.nha *s.f.* 1 série de operações militares 2 conjunto de esforços sociais em prol de algum objetivo 3 terreno plano e extenso; campina, planície

cam.pa.nu.do *adj.* 1 que tem forma de sino 2 *fig.* bombástico, pomposo

cam.pâ.nu.la *s.f.* 1 BOT designação comum às plantas da família das campanuláceas, com flores em forma de sino 2 tipo de redoma utilizada para proteger

candonga

certos objetos ou alimentos da ação da poeira, de insetos etc.

cam.par *v.t.* **1** acampar; permanecer no campo ou acampamento **2** mostrar ou exibir com alarde

cam.pe.a.ção *s.f.* ato ou efeito de campear, de andar a cavalo pelos campos

cam.pe.ão *s.m.* **1** vencedor, triunfador **2** aquele que defende alguém ou alguma causa

cam.pe.ar *v.t.* **1** procurar animais nos campos para recolhê-los **2** montar, cavalgar

cam.pei.ro /ê/ *s.m.* **1** funcionário encarregado de campear o gado nas fazendas **2** tocador de sinos

cam.pe.o.na.to *s.m.* **1** sucessões de torneios desportivos ou outros quaisquer para apurar-se o campeão **2** disputa, provas

cam.pe.si.no *s.m.* **1** trabalhador rural, camponês, próprio do campo

cam.pes.tre /é/ *adj.2g.* **1** relativo ao campo, que vive no campo **2** que ocorre em áreas não cultivadas, amplas e sem vegetação arbórea

cam.pi.na *s.f.* GEOG planície extensa desprovida de árvores, descampado

cam.ping *s.m.* [ing.] **1** hábito adotado por turistas que acampam em barracas **2** terreno reservado para esse tipo de acampamento

cam.po *s.m.* **1** terreno plano, extenso, com poucos acidentes e poucas árvores; campina **2** terreno plano e extenso destinado à agricultura ou às pastagens **3** vegetação constituída especialmente de plantas herbáceas

cam.po.nês *s.m.* **1** indivíduo que trabalha ou habita no campo **2** que pertence a um grupo social formado por pequenos fazendeiros e trabalhadores rurais

cam.pô.nio *s.m.* **1** camponês **2** **fig.** indivíduo rústico, rude

ca.mu.flar *v.t.* dissimular, disfarçar; esconder-se no meio da camuflagem

ca.mur.ça *s.f.* **1** ZOOL mamífero da família dos bovídeos, semelhante às cabras **2** pele animal curtida cujo aspecto seja o da camurça, utilizada em calçados, forros, roupas

ca.na *s.f.* **1** BOT planta monocotiledônea com caule de haste longa **2** cana-de-açúcar **3** *fig.* pinga, cachaça **4** *fig.* prisão **5** *bras.* cadeia

ca.na.da *s.f.* antiga unidade de medida de líquidos equivalente a 4 quartilhos

ca.na.den.se *adj. gent.* relativo, natural ou habitante do Canadá

ca.nal *s.m.* **1** sulco ou vala corrida, natural ou artificial, por onde corre água **2** faixa de frequência de televisão ou rádio **3** via de entrada, memória ou saída de som ou imagem

ca.na.lha *s.2g.* indivíduo mau-caráter; cínico; pessoa desprezível

ca.na.le.ta /ê/ *s.m.* **1** duto de concreto **2** calha

ca.na.li.za.ção *s.f.* distribuição de água por canais

ca.na.li.zar *v.t.* **1** distribuir água por meio de valas **2** construir canais **3** *fig.* conduzir, dirigir

ca.na.neu /ê/ *adj. gent.* natural ou habitante de Canaã

ca.na.pé *s.m.* **1** sofá com encosto e braços, que apresenta madeirame visível **2** CUL fatia de pão com patê ou frios; aperitivo

ca.ná.rio *s.m.* **1** ave fringilídea de plumagem amarela **2** ave original das ilhas Canárias

ca.na.ri.no *adj. gent.* natural ou habitante do arquipélago das Canárias (África)

ca.nas.tra *s.f.* **1** cesta quadrangular entretecida com ripas flexíveis de madeira **2** maleta de couro; baú grande e quadrado **3** no baralho, sequência de sete cartas de mesmo naipe ou conjunto de sete cartas que possuem o mesmo valor

ca.nas.trão *s.m.* **1** grande canastra **2** *pop.* ator medíocre

ca.na.vi.al *s.m.* **1** plantação de cana-de-açúcar **2** aglomerado de canas em determinado local

ca.cã *s.m.* tipo de dança feminina e acrobática francesa, de cabarés

can.ção *s.f.* MÚS **1** poesia de trovadores destinada ao canto **2** composição musical

can.ce.la /é/ *s.f.* **1** porteira **2** grande porta de pouca altura, utilizada em passagens de nível para abrir ou fechar o trânsito

can.ce.la.men.to *s.m.* ação ou efeito de cancelar

can.ce.lar *v.t.* **1** anular, inutilizar, interromper **2** MAT retirar fatores comuns de uma equação algébrica

cân.cer *s.m.* **1** MED tumor maligno **2** ASTROL quarto signo do zodíaco

can.ce.rí.ge.no *adj.* MED diz-se daquilo que pode gerar câncer

can.ce.ro.lo.gi.a *s.f.* MED estudo sobre o câncer; oncologia

can.ce.ro.so /ô/ *adj.* **1** MED portador de câncer **2** próprio do câncer

can.cha *s.f.* **1** *pop.* conhecimento, experiência **2** ESPORT pista preparada para esportes

can.cio.nei.ro /ê/ *s.m.* **1** livro que contém canções **2** LITER livro com poemas líricos antigos **3** conjunto de poemas ou canções de apelo popular

can.ço.ne.ta /ê/ *s.f.* **1** MÚS canção breve **2** MÚS canção satírica

can.cro *s.m.* **1** MED ferida decorrente de doenças venéreas **2** *fig.* mal que agride gradativamente o organismo

can.dan.go *s.m.* **1** pessoa, trabalhador modesto **2** trabalhador braçal da construção de Brasília **3** habitante de Brasília

can.de *s.m.* açúcar cristalizado

can.de.ei.ro /ê/ *s.m.* **1** rapaz ou menino que segue à frente do carro de boi **2** abajur, lustre, lampião

can.dei.a /ê/ *s.f.* dispositivo de iluminação com óleo ou gás

can.de.la.bro *s.m.* castiçal com vários ramos; objeto em que se colocam candeias, velas, lâmpadas

can.de.lá.ria *s.f.* **1** RELIG festa religiosa da Purificação da Virgem Maria **2** BOT erva cultivada como ornamental

can.den.te *adj.2g.* que arde em brasa

cân.di *s.m.* açúcar que resulta da cristalização da sacarose

can.di.da.tar *v.t. v.pron.* pretender cargo público eletivo; tonar-se candidato

can.di.da.to *s.m.* aquele que almeja votos para que o elejam a um cargo ou a uma função

cân.di.do *adj.* **1** muito branco; alvo **2** *fig.* puro, inocente

can.dom.blé *s.m.* **1** religião afro-brasileira introduzida por escravos que cultuavam orixás **2** local onde ocorre o culto dessa religião

can.don.ga /ô/ *s.f.* **1** carinho fingido; manha **2** mentira, intriga, fofoca

candongueiro

can.don.guei.ro /ê/ *s.m.* **1** pessoa que demonstra falso afeto; mentiroso, enganador **2** indivíduo que causa intrigas; mexeriqueiro

can.dor /ô/ *s.m.* alvor, brancura

can.du.ra *s.f.* **1** cândido **2** inocência, pureza

ca.ne.ca /é/ *s.f.* copo com asa para água, chá, café

ca.ne.la /é/ *s.f.* **1** BOT árvore da família das lauráceas, cuja madeira é de qualidade **2** CUL a casca dessa árvore, que serve para condimento aromático e chás **3** ANAT parte anterior da perna entre o pé e o joelho

ca.ne.ta /ê/ *s.f.* instrumento à tinta com que se escreve ou desenha

cân.fo.ra *s.f.* QUÍM substância constituinte da madeira da canforeira e obtida sinteticamente a partir do pineno

can.ga.cei.ro *s.m.* bandido fortemente armado que percorria em bando os sertões nordestinos

can.ga.ço *s.m.* modo de vida dos cangaceiros

can.go.te *s.m.* nuca; parte posterior do pescoço

ca.nha *s.f.* **1** a mão esquerda; sinistra **2** *pop.* aguardente de cana; cachaça

ca.nhão *s.m.* **1** arma pesada de artilharia militar com cano longo **2** extremidade da bota **3** *pejor.* pessoa de aparência feia **4** refletor de foco ajustável

ca.nha.da *s.f.* terreno plano e baixo entre duas colinas pequenas

cân.nha.mo *s.m.* BOT planta que possui resina com qualidades entorpecentes;

ca.nha.nha *s.f.* ZOOL peixe do Oceano Atlântico

ca.nhe.nho /ê/ *s.m.* **1** caderno de anotações **2** *fig.* capacidade de memorizar

ca.nhes.tro /ê/ *adj.* **1** falta de destreza **2** ressabiado, envergonhado, tímido

ca.nho.na.ço *s.m.* disparo de canhão

ca.nho.ne.ar *v.t.* bombardear com tiros de canhão

ca.nho.nei.ro /ê/ *s.m.* indivíduo que lida com canhão

ca.nho.nei.ra /ê/ *s.f.* navio dotado de artilharia grossa

ca.nho.to /ô/ *adj.* **1** que usa habilmente a mão ou a perna esquerda **2** sinistro

ca.ni.bal *s.m.* indivíduo que pratica canibalismo, que se alimenta de carne humana; antropófago

ca.ní.cie *s.f.* **1** aparecimento dos cabelos brancos **2** *fig.* velhice

ca.ni.ço *s.m.* **1** vara fina utilizada para pescar **2** *fig.* indivíduo magro e alto

ca.ní.cu.la *s.f.* **1** ASTRON a maior estrela da constelação do Cão Maior **2** temperatura elevada

ca.ni.cu.lar *adj.* **1** próprio da canícula **2** *fig.* ardente de paixão

ca.nil *s.m.* lugar onde se alojam cães; abrigo de cães

ca.ni.nha *s.f.* **1** cana pequena; caniço **2** *pop.* aguardente de cana; cachaça

ca.ni.na.na *s.f.* **1** ZOOL serpente não venenosa da família dos colubrídeos, encontrada da Costa Rica ao Paraguai e Argentina **2** *fig.* pessoa irritadiça

ca.nin.dé *s.f.* **1** ZOOL arara brasileira que voa sempre em bando, fazendo grande gritaria **2** *fig.* gritaria, algazarra, discussão

ca.ni.tar *s.m.* cocar usado pelos indígenas na cabeça, em cerimônias; penacho

ca.ni.ve.ta.da *s.f.* agressão feita com canivete

ca.ni.ve.te /é/ *s.m.* arma cortante feita de uma faca pequena e dobrável

can.ja *s.f.* **1** sopa de arroz cozido em caldo de galinha **2** *fig.* problema de fácil solução **3** MÚS pequena apresentação inesperada de músico convidado

can.je.rê *s.m.* **1** reunião de pessoas para a prática de feitiçaria **2** bruxaria, feitiço

can.ji.ca *s.f.* mingau de milho cozido com leite, amendoim e açúcar

can.ji.rão *s.m.* vaso grande de boca larga, para vinho ou chope

ca.no *s.m.* peça de madeira, plástico ou metal, de forma cilíndrica e oca, por onde escoa água, gás etc.

ca.no.a /ô/ *s.f.* **1** embarcação pequena **2** *por ext.* objeto com a forma dessa embarcação

ca.no.a.gem *s.f.* **1** arte ou habilidade de conduzir canoas **2** ESPORT modalidade esportiva na qual se desce de canoa por rios encachoeirados

ca.no.ei.ro /ê/ *s.m.* pessoa que conduz a canoa

câ.non *s.m.* **1** regra, princípio geral; cânone **2** decreto, conceito; regra concernente à fé, à disciplina religiosa

ca.no.ni.cal *adj.2g.* relativo à canonicato ou ao cônego

ca.no.ni.ca.to *s.m.* ofício do cônego

ca.nô.ni.co *adj.* que está de acordo com os cânones; que faz parte do cânon

ca.no.ni.za.ção *s.f.* RELIG ato ou efeito de canonizar

ca.no.ni.zar *v.t.* **1** RELIG reconhecer ou declarar santo **2** *fig.* exaltar fazendo elogios

ca.no.ro /ô/ *adj.* que canta bem, que produz som agradável

can.sa.ço *s.m.* **1** fadiga causada por excesso de esforço **2** aborrecimento, tédio

can.sa.do *adj.* fatigado; que se aborreceu

can.sar *v.i. v.pron.* **1** afadigar-se; sentir esgotamento **2** ficar escasso

can.sa.ti.vo *adj.* que causa cansaço; fadigoso, enfastiante

can.sei.ra /ê/ *s.f.* fadiga física ou mental

can.tão *s.m.* **1** GEOG unidade político-territorial em alguns países europeus, como a Suíça **2** qualquer divisão territorial

can.tar *v.t.* **1** expressar-se por meio de sons melodiosos, harmoniosos **2** *fig.* tentar seduzir com palavras

can.ta.ri.a *s.f.* pedra lavrada ou aparelhada em forma geométrica, para ser utilizada em construções

cân.ta.ro *s.m.* vaso bojudo e com asas utilizado para armazenar líquidos

can.ta.ta *s.f.* **1** MÚS composição musical, predominantemente religiosa **2** LITER composição poética lírica de origem italiana

can.tei.ro /ê/ *s.m.* **1** artista que esculpe em pedra **2** porção de terra em que se plantam flores ou hortaliças

cân.ti.co *s.m.* hino religioso em louvor à divindade

can.ti.ga *s.f.* **1** poesia composta para ser cantada; melodia **2** composição poética de trovadores

can.til *s.m.* recipiente de vidro ou metal para levar água

can.ti.le.na *s.f.* **1** cantiga ou poema breve **2** *fig.* conversa cansativa, desinteressante; ladainha

can.ti.na *s.f.* **1** bar, casa onde se vende vinho **2** restaurante especialista em cozinha italiana **3** lanchonete das escolas

can.to *s.m.* **1** ponto, superfície ou linha de convergência; ângulo, quina **2** recanto **3** morada **4** ato de cantar **5** hino; poema breve; música

can.to.chão *s.m.* **1** MÚS canto gregoriano **2** *fig.* algo muito monótono, cansativo

caporal

can.to.nei.ra /ê/ *s.f.* **1** suporte de madeira posto nos ângulos das paredes para se colocarem vasos, adornos etc. **2** reforço de couro ou tecido, em forma de triângulo, que se coloca nos ângulos das capas de encadernação

can.tor /ô/ *s.m.* indivíduo que canta; cantador profissional

can.to.ri.a *s.f.* **1** MÚS concerto de vozes; cantos prolongados **2** desafio de cantadores

ca.nu.do *s.m.* **1** tubo estreito e com forma cilíndrica **2** *pop.* diploma universitário

câ.nu.la *s.f.* MED tubo utilizado em lavagens e drenagens no corpo humano, adaptável a diversos instrumentos cirúrgicos

ca.nu.ti.lho *s.m.* **1** pequeno canudo **2** fio de vidrilho ou de metal; enfeite, adorno

can.zar.rão *s.m.* ZOOL aumentativo de cão

can.zo.a.da *s.f.* **1** grupo de cães **2** barulho feito por cães **3** *fig.* conjunto de pessoas traiçoeiras

cão *s.m.* **1** mamífero da família dos canídeos; cachorro **2** peça da culatra de uma arma de fogo que fere a munição **3** *fig.* pessoa má; diabo

ca.o.lho /ô/ *adj. s.m.* **1** quem não possui um dos olhos **2** cego de um olho **3** m.q. estrábico

ca.os *s.m.* estado desorganizado, em total desarmonia; confusão

ca.ó.ti.co *adj.* em situação de caos; confuso, desordenado

ca.pa *s.f.* **1** veste, impermeável ou não, que se sobrepõe à roupa **2** cobertura que protege um objeto **3** parte exterior de qualquer publicação, como revista, livro etc.

ca.pa.ce.te /ê/ *s.m.* cobertura que serve como proteção da cabeça de motociclistas, ciclistas e pilotos de corrida

ca.pa.cho *s.m.* **1** tapete grosseiro em que se limpa a sola do calçado **2** espécie de abafo de fibra, cilíndrico, utilizado para aquecer os pés **3** bajulador

ca.pa.chis.mo *s.m.* atitude de subserviência; servilismo

ca.pa.ci.da.de *s.f.* **1** potencial para conter alguma coisa **2** *por ext.* qualidade de ser capaz de executar algo **3** volume que pode ser contido em algo

ca.pa.ci.tar *v.t.* tornar alguém capaz de executar um serviço, uma função

ca.pa.do *s.m.* **1** porco castrado para a engorda • *adj.* **2** covarde, frouxo **3** esterilizado

ca.pa.dó.cio *adj. gent.* natural ou habitante da Capadócia (Turquia)

ca.pan.ga *s.m.* **1** valentão; que intimida opositores; jagunço ⊃ *s.f.* **2** pequena bolsa de mão para homens

ca.pão *s.m.* **1** animal castrado **2** formação arbórea de pequena extensão

ca.par *v.t.* castrar, emascular; inutilizar o órgão reprodutor

ca.pa.taz *s.m.* **1** chefe de grupo organizado de trabalhadores braçais; capanga **2** administrador de fazenda

ca.pa.ta.zi.a *s.f.* **1** exercício das funções de capataz **2** ECON taxa alfandegária

ca.paz *adj.* dotado de capacidade; com possibilidade de desempenhar uma função da forma esperada

cap.ci.o.so /ô/ *adj.* **1** que engana; malicioso **2** procura confundir

ca.pe.ar *v.t.* **1** proteger com capa **2** *fig.* proteger, encobrir, disfarçar

ca.pe.la /é/ *s.f.* **1** QUÍM parte do laboratório de química onde se fazem observações e experiências **2** coroa de flores ou folhas; grinalda **3** RELIG igreja pequena; local reservado para culto religioso **4** MÚS conjunto de cantores que cantam uma música sem acompanhamento instrumental

ca.pe.la.ni.a *s.f.* função de capelão

ca.pe.lão *s.m.* RELIG padre encarregado dos serviços religiosos de uma capela; que tem uma capelania

ca.pe.lo /ê/ *s.m.* **1** pequena capa ou murça usada sobre os ombros por professores universitários em cerimônias acadêmicas **2** chapéu de cardeal

ca.pen.ga /ê/ *adj.* **1** manco **2** defeituoso

ca.pe.ta /ê/ *s.m. bras.* o diabo, o demônio

ca.pi.au *adj.* caipira, matuto, roceiro

ca.pi.lar *adj.2g.* **1** referente a cabelo; da espessura de um fio de cabelo • *s.m.* **2** ANAT vaso sanguíneo

ca.pi.la.ri.da.de *s.f.* qualidade do que é capilar ou tem a espessura de um fio de cabelo

ca.pi.lé *s.m.* calda ou xarope feito com suco de avenca

ca.pim *s.m.* **1** nome dado a diversos tipos de gramíneas **2** *pop.* dinheiro, salário

ca.pi.nar *v.t.* carpir; retirar o capim

ca.pi.ta.ção *s.f.* imposto que cabe a cada indivíduo pagar; imposto individual

ca.pi.tal *s.f.* **1** a cidade que sedia o governo, onde está a administração pública do Estado ⊃ *s.m.* **2** ECON patrimônio; conjunto de bens econômicos aplicáveis

ca.pi.ta.lis.mo *s.m.* ECON sistema econômico baseado no lucro, na propriedade privada e na subordinação da mão de obra

ca.pi.ta.li.za.ção *s.f.* ECON acumulação de capital

ca.pi.ta.li.zar *v.t.* ECON **1** juntar os juros ao capital **2** converter em capital

ca.pi.ta.ne.ar *v.t.* chefiar; comandar como capitão

ca.pi.tâ.nia *s.f.* MAR navio onde viaja o capitão da esquadra

ca.pi.ta.ni.a *s.f.* **1** cargo de chefia **2** sede administrativa, capitania dos portos **2** HIST divisão territorial do Brasil colonial

ca.pi.tão *s.m.* **1** chefe, oficial militar **2** o responsável por chefiar um grupo de indivíduos **3** ESPORT jogador que lidera o time

ca.pi.tão-mor /ó/ *s.m.* HIST governador de capitania hereditária no antigo Brasil

Ca.pi.tó.lio *s.m.* **1** uma das sete colinas de Roma **2** templo dedicado a Júpiter construído nessa colina

ca.pi.to.so /ô/ *adj.* que sobe à cabeça; inebriante

ca.pi.tu.la.ção *s.f.* ato de capitular; rendição

ca.pi.tu.lar *v.t.* **1** aceitar determinadas condições; fazer convenção ou entrar em acordo mediante cláusulas **2** reunir acusações em capítulos • *s.f.* nome dado à letra que inicia um capítulo; letra inicial

ca.pí.tu.lo *s.m.* **1** divisão de livro **2** reunião e sala de reunião de religiosos para deliberações disciplinares; reunião dos cônegos de uma catedral

ca.pi.va.ra *s.f.* mamífero da família dos hidroqueríedos, que vive perto de rios e lagos, considerado o maior mamífero roedor

ca.po.ei.ra *s.f.* **1** espécie de cercado onde ficam os capões e outras aves **2** mato ralo; vegetação que surge logo após a derrubada ou queima da mata primária **3** HIST arte marcial de defesa e ataque trazida ao Brasil pelos escravos ⊃ *s.m.* **4** assaltante, desordeiro

ca.po.ral *s.m.* tabaco picado, de má qualidade

capota

ca.po.ta /ó/ *s.f.* estrutura de lona, couro ou qualquer material impermeável que cobre determinados automóveis

ca.po.tar *v.i.* 1 virar de cabeça para baixo 2 *fig.* dormir rapidamente por causa do cansaço

ca.po.te /ó/ *s.m.* 1 abrigo longo que possui ou não capô 2 *fig.* disfarce

ca.pri.char *v.t.* esmerar-se; fazer alguma atividade com zelo

ca.pri.cho *s.m.* 1 MÚS composição musical improvisada e despretensiosa 2 vontade repentina; obstinação, teimosia

ca.pri.cho.so /ô/ *adj.* que é cheio de cuidado; zeloso, aplicado

ca.pri.cór.nio *s.m.* 1 ASTRON constelação do zodíaco meridional 2 ASTROL décimo signo do zodíaco

ca.pri.no *adj.* referente a cabra ou a bode

cáp.su.la *s.f.* 1 pequena caixa; envoltório em forma de caixa 2 compartimento pressurizado de uma aeronave

cap.ta.ção *s.f.* 1 utilização de meios ilícitos para obter vantagem em proveito próprio ou de terceiros 2 entendimento 3 conseguir empréstimo ou patrocínio 4 função do captador em um estabelecimento imobiliário

cap.ta.dor *s.m.* 1 aquele que capta 2 profissional que busca novos imóveis para venda ou locação em estabelecimento imobiliário

cap.tar *v.t.* 1 pegar, apanhar, prender 2 *por ext.* perceber, aprender, assimilar 3 trazer para si

cap.tor /ô/ *adj. s.m.* aquele que prende, que aprisiona

cap.tu.ra *s.f.* ato ou efeito de prender; apreensão

ca.pu.chi.nho *s.m.* RELIG indivíduo pertencente a uma ordem religiosa franciscana

ca.pu.cho *s.m.* 1 capuz 2 espuma do leite

ca.pu.lho *s.m.* 1 BOT cápsula que envolve o algodão 2 BOT invólucro da flor ou do fruto

ca.qué.ti.co *adj.* 1 que sofre de caquexia 2 *fig.* magro, desnutrido, abatido

ca.que.xi.a /ks/ *s.f.* alto grau de desnutrição ou enfraquecimento

cá.qui *s.m.* cor de barro, de tom castanho-amarelado

ca.qui *s.m.* 1 BOT fruto do caquizeiro, amarelo e vermelho-escuro e de polpa doce e gelatinosa 2 m.q. caquizeiro

ca.ra *s.f.* 1 face; parte frontal da cabeça 2 fisionomia, semblante; estado de humor 3 *pop.* indivíduo

ca.rá *s.m.* BOT tubérculo comestível, também conhecido como inhame

ca.ra.bi.na *s.f.* espingarda curta; clavina

ca.ra.bi.nei.ro *s.m.* 1 soldado armado de carabina 2 pessoa que vende ou fabrica carabinas

ca.ra.ça *s.f.* 1 cara grande; carão 2 *lus.* máscara ○ *s.m.* 3 ZOOL espécie de touro que tem a cara branca

ca.ra.ca.rá *s.m.* ZOOL ave de rapina de plumagem alvinegra, face amarela ou vermelha e cabeça branca com penacho nucal negro; carancho

ca.ra.col *s.m.* 1 ZOOL molusco gastrópode com dois pares de tentáculos, sendo o par superior com olhos na extremidade, e concha leve; caramujo, lesma 2 *fig.* feixe de cabelos enrolados, espiralados

ca.ra.co.lar *v.i.* movimentar em círculos; espiralar

ca.rac.te.rís.ti.co *adj.* diz-se de qualidades que são individualizantes da pessoa ou da coisa; típico, caracterizante, marcante

ca.rac.te.ri.za.ção *s.f.* ato ou resultado de caracterizar

ca.rac.te.ri.zar *v.t.* 1 imprimir marca; evidenciar 2 ato de preparação do ator para entrar em cena 3 descrever as características, as particularidades de algo ou alguém

ca.ra.cu *s.2g.* 1 ZOOL tipo de raça bovina de pelo liso, castanho-avermelhado ○ *s.m.* 2 gordura, medula, tutano

ca.ra.já *s.m.* nome de uma tribo indígena brasileira ou de seus integrantes

ca.ra.man.chão *s.m.* 1 pequena casa proeminente em uma fortificação, em uma muralha ou em um edifício, utilizada como mirante 2 estrutura leve construída em parques ou jardins a que pode cobrir de vegetação e usar para descanso ou recreação

ca.ram.ba *interj.* exprime surpresa, alegria, ironia

ca.ram.bo.la /ó/ *s.f.* 1 BOT nome da fruta ácida e amarelada da caramboleira 2 no jogo de bilhar, a bola vermelha

ca.ra.me.lo /é/ *s.m.* 1 CUL doce de açúcar derretido 2 cor do açúcar queimado

ca.ra-me.ta.de *s.f.* 1 a esposa ou o marido 2 *por ext.* o parceiro amoroso ideal

ca.ra.mi.nho.la /ó/ *s.f.* 1 coisa intrigante, enredo, imaginação, fantasia 2 cabelo emaranhado, em desalinho; grenha, trunfa

ca.ra.mu.jo *s.m.* ZOOL nome dados aos moluscos gastrópodes que vivem em água doce ou salgada; cornetinha

ca.ra.mu.nha *s.f.* choradeira, lamúria

ca.ran.cho *s.m.* m.q. caracará

ca.ran.dá *s.f.* palmeira solitária de até 30 m, de folhas em leque, forrageira e madeira muito durável

ca.ran.go *s.m.* 1 ZOOL piolho pubiano 2 *por ext.* comichão na pele provocado por esse parasita 3 *fig.* chato; pessoa monótona 4 *pop.* automóvel

ca.ran.gue.jo /ê/ *s.m.* 1 ZOOL crustáceo decápode comestível, encontrado em mangues 2 ASTROL símbolo do signo de câncer 3 *fig.* indivíduo vagaroso

ca.ran.gue.jo.la /ó/ *s.f.* 1 qualquer armação que não apresenta estabilidade 2 *pop.* veículo velho e desconjuntado

ca.rão *s.m.* 1 carantonha; cara feia 2 *fig.* repreensão, advertência

ca.ran.to.nha /ô/ *s.f.* cara fechada; carranca

ca.ra.pa.ça *s.f.* 1 proteção córnea que cobre o corpo de certos animais como o cágado, o tatu, a tartaruga 2 qualquer proteção rígida

ca.ra.pau *s.m.* ZOOL espécie de peixe comestível que nada em pequenos cardumes

ca.ra.pe.ba /é/ *s.f.* ZOOL peixe teleósteo da família dos gerreídeos, de boca pequena e sem dentes

ca.ra.pi.cu *s.m.* ZOOL peixe que apresenta nadadeiras anais com espinhos

ca.ra.pi.nha *s.f.* cabelo muito crespo; cabelo pixaim

ca.ra.pu.ça *s.f.* 1 cobertura para a cabeça em forma de cone 2 *fig.* crítica indireta

ca.ra.tê *s.m.* técnica oriental de defesa pessoal

ca.ra.tin.ga *s.m.* 1 peixe branco de carne pouco apreciada 2 trepadeira nativa do Brasil

ca.ra.va.na *s.f.* grupo de pessoas ou veículos que viajam juntos

ca.ra.van.ça.rá *s.m.* estalagem pública típica do Oriente Médio; casa das caravanas

carioca

ca.ra.ve.la /é/ *s.f.* **1** barco a vela, largamente utilizado na época das Grandes Navegações **2** ZOOL m.q. água-viva

car.bo.na.to *s.m.* QUÍM sal do ácido carbônico

car.bo.ne.to /ê/ *s.m.* QUÍM composto binário de carbono com outro elemento

car.bô.ni.co *adj. s.m.* **1** QUÍM ácido resultante da combustão de carbono e oxigênio **2** referente ao carbono

car.bo.ni.fe.ro *adj.* **1** que contém ou produz carvão • *s.m.* **2** GEOL sistema do erátema Paleozoico Superior **3** GEOL intervalo de tempo geológico durante o qual as rochas desse sistema foram formadas

car.bo.ni.zar *v.t.* reduzir a carvão, queimar uma substância completamente; consumir, eliminar

car.bo.no *s.m.* QUÍM elemento químico não metálico de número atômico 6 e representado pelo símbolo C

car.bún.cu.lo *s.m.* **1** MED tumor caracterizado pela presença de feridas necrosantes; antraz **2** nome de uma pedra preciosa

car.bu.ra.dor *s.m.* dispositivo que mistura, em proporção adequada, o ar e o vapor de um hidrocarboneto para pôr em funcionamento um motor de explosão

car.bu.rar *v.t.* misturar produto inflamável com o ar, para uso em motor de explosão

car.ca.ça *s.f.* **1** esqueleto animal **2** armação ou parte externa de uma máquina **3** *fig.* pessoa velha, feia e ruim

car.ce.ra.gem *s.f.* **1** atividade própria de carcereiro **2** despesas com a manutenção da prisão

car.ce.rá.rio *adj.* referente a cárcere

cár.ce.re *s.m.* prisão; local onde o preso fica detido

car.ce.rei.ro /ê/ *s.m.* vigilante dos prisioneiros do cárcere

car.ci.no.lo.gi.a *s.f.* **1** ZOOL estudo dos crustáceos **2** MED estudo do câncer; oncologia

car.ci.no.ma /ô/ *s.m.* MED tumor canceroso que se origina em tecido epitelial ou glandular

car.ci.no.se /ó/ *s.f.* MED disseminação de um carcinoma pelo organismo

car.co.ma /ô/ *s.f.* **1** caruncho **2** espécie de inseto que destrói as madeiras

car.co.mer *v.t.* **1** corroer; roer aos poucos **2** reduzir a pó

car.co.mi.do *adj.* **1** roído por carcoma **2** danificado, deteriorado **3** *fig.* abatido

car.dá.pio *s.m.* relação dos pratos e das bebidas disponíveis para o consumo em um restaurante; catálogo de preços das iguarias

car.da *s.f.* **1** ferramenta de madeira com pontas de ferro para pentear a lã, o algodão etc. **2** máquina que se destina a desembaraçar e limpar fibras têxteis, constituída de cilindros giratórios nos quais se engastam milhares de agulhas

car.da.mo.mo *s.m.* BOT planta de sementes perfumosas, utilizadas como condimento

car.dar *v.t.* **1** esfachear, pentear a lã, o algodão **2** *fig.* extorquir com astúcia; explorar

car.de.al *s.m.* **1** ZOOL pássaro de plumagem vermelha, da família dos emberizídeos **2** RELIG dignidade eclesiástica, membro do sacro colégio que tem voto para a eleição do papa **3** MAT o número cardinal **4** GEOG o ponto cardinal

cár.dia *s.f.* ANAT pequena passagem de comunicação entre o estômago e o esôfago

car.dí.a.co *adj.* **1** MED que sofre problemas do coração **2** relativo ao coração

car.di.na.la.to *adj.* título de cardeal

car.di.na.lí.cio *adj.* relativo a cardeal

car.dio.gra.fi.a *s.f.* parte da anatomia que estuda e descreve os movimentos cardíacos

car.dio.gra.ma *s.m.* MED gráfico que analisa os movimentos do coração

car.dio.lo.gi.a *s.f.* MED ramo da medicina que estuda o coração e suas enfermidades

car.dio.pa.ta *s.2g.* MED indivíduo que sofre algum problema do coração

car.dio.pa.ti.a *s.f.* nome genérico dado às doenças relacionadas ao coração

car.do *s.m.* BOT planta espinhosa e revestida de pelos

car.du.me *s.m.* ZOOL coletivo, agrupamento de peixes

ca.re.ca /é/ *s.f.* **1** parte da cabeça calva ○ *s.2g.* **2** indivíduo sem cabelo

ca.re.cer *v.t.* ter necessidade de; estar em falta de; ser desprovido de

ca.rei.ro *adj.* que cobra caro por um serviço ou produto

ca.re.na *s.f.* **1** MAR casco do navio; quilha que fica submersa **2** ZOOL qualquer estrutura de planta que lembra uma quilha

ca.rên.ci.a *s.f.* **1** falta de algo; privação **2** ECON tempo de espera para a concessão de um empréstimo, em que a amortização não é necessária

ca.res.ti.a *s.f.* **1** necessidade de alimentos; miséria **2** preço acima do valor real

ca.re.ta /ê/ *s.f.* **1** disfarce para o rosto; trejeito facial • *adj.2g.* **2** *pejor.* diz-se quem é conservador

car.ga *s.f.* **1** fardo **2** carregamento; objeto que deve ser transportado **3** *fig.* responsabilidade, obrigação

car.go *s.m.* função, responsabilidade, emprego

car.guei.ro /ê/ *s.m.* **1** tudo o que serve para transporte de cargas **2** navio que transporta cargas

ca.ri.ar *v.i.* provocar cárie

ca.ri.be.nho *adj. gent.* que se refere ou é natural do Caribe

ca.ri.ca.to *adj.* **1** que lembra caricatura **2** que provoca o riso ou a zombaria

ca.ri.ca.tu.ra *s.f.* desenho, gravura, escultura que exagera os traços salientes de alguém, com o objetivo de satirizar

ca.rí.cia *s.f.* afago, carinho; gesto de afeto por meio de um toque

ca.ri.da.de *s.f.* **1** ação de ajudar quem necessita **2** donativo ou ajuda

ca.ri.do.so /ó/ *adj.* referente à caridade, quem pratica ou tem caridade

cá.rie *s.f.* lesão progressiva dos ossos ou dos dentes

ca.ri.jó *s.m.* galo ou galinha que possui penas pintadas de branco e preto

ca.ril *s.m.* molho indiano, preparado com pimenta, açafrão, gengibre, cebola, alho e coco

ca.ri.mã *s.2g.* **1** *bras.* farinha de mandioca **2** CUL bolo feito de farinha de mandioca

ca.rim.bar *v.t.* marcar com carimbo

ca.rim.bo *s.m.* **1** peça feita de metal, madeira ou borracha, contendo letras, números ou figuras em relevo, utilizada para marcar ou autenticar, à tinta, documentos e outros tipos de papéis ou embalagens **2** marca feita por essa peça

ca.ri.nho *s.m.* carícia, afeto; afago com as mãos

ca.ri.o.ca /ó/ *adj.* habitante ou natural da cidade do Rio de Janeiro

carisma

120

ca.ris.ma *s.m.* **1** dom da inspiração divina; graça, benefício **2** fascinação irresistível exercida sobre um grupo de pessoas

ca.ri.ta.ti.vo *adj.* que tem caridade; caridoso

ca.riz *s.m.* aspecto, semblante, fisionomia

car.ma *s.m.* **1** RELIG termo religioso de determinadas doutrinas, adotado também pelo espiritismo **2** lei de causa e efeito, que opera tanto no plano físico como no moral; espécie de destino ou responsabilidade por algo

car.me *s.m.* LITER qualquer tipo de composição poética, como poema, canto etc.

car.me.li.ta *adj.2g.* RELIG que pertence à ordem religiosa de Nossa Senhora do Carmo

car.me.sim *s.m.* **1** carmim • *adj.2g.* **2** de cor vermelha intensa

car.mim *s.m.* tinta vermelha; pó vermelho

car.na.ção *s.f.* **1** a cor da pele ou da carne humana **2** representação do corpo humano nu e com a cor natural

car.na.du.ra *s.f.* aparência externa do corpo humano

car.nal *adj.2g.* **1** relativo à carne, em oposição ao espírito **2** próprio do instinto sexual

car.na.ú.ba *s.f.* BOT **1** palmeira nativa do Nordeste brasileiro com até 15 metros de altura **2** cera extraída dessa palmeira

car.na.val *s.m.* **1** os três dias de folguedos populares que precedem a Quaresma **2** *bras.* bagunça, confusão, desordem **3** HIST festejo profano da Antiguidade, recuperado pelo cristianismo, que começava no Dia de Reis (Epifania) e acabava na Quarta-Feira de Cinzas

car.ne *s.f.* **1** tecido muscular do corpo dos animais **2** parte comestível da fruta **3** *fig.* aquilo que se opõe ao espírito, à alma

car.ne.ar *v.t.* abater e esquartejar o gado

car.ne.gão *s.m.* parte central dos furúnculos e tumores

car.nei.ra.da *s.f.* **1** rebanho de carneiros **2** *pop.* grupo de pessoas sem opinião própria, que se deixam guiar por outrem

car.nei.ro /ê/ *s.m.* **1** ZOOL mamífero ruminante e lanígero, utilizado no fornecimento de lã e carne **2** sarcófago, cemitério, sepultura

car.ne-se.ca /ê/ *s.f.* CUL carne defumada; charque

car.ni.ça *s.f.* **1** carne de animais mortos destinada à alimentação humana **2** carne animal putrefata **3** *fig.* matança, genocídio, carnificina **4** brincadeira em que os participantes, após se postarem em fila, saltam uns por sobre os outros, apoiando as mãos nos ombros ou nas costas do que serve de obstáculo ao salto dos demais

car.ni.ça.ria *s.f.* **1** açougue **2** preparação de carnes para venda

car.ni.cei.ro /ê/ *s.m.* **1** açougueiro **2** quem se alimenta de carne **3** *fig.* cruel, sanguinário

car.ni.fi.ci.na *s.f.* mortandade; grande massacre; chacina

car.ní.vo.ro *adj.* ZOOL o que ou quem se alimenta de carne

car.no.so /ô/ *adj.* **1** cheio de carne **2** com aparência de carne

car.nu.do *adj.* **1** *m.q.* carnoso **2** com músculos desenvolvidos

ca.ro *adj.* **1** de preço elevado **2** que tem preço acima do mercado **3** querido; muito estimado; respeitado

ca.ro.á *s.m.* BOT planta da família das bromeliáceas, nativa do Brasil, de flores vermelhas e folhas longas e resistentes

ca.ro.á.vel *adj.* que procura ser amigo; afeiçoável; de bom temperamento; afável

ca.ro.ba /ó/ *s.f.* BOT planta brasileira da família das bignoniáceas, com propriedades medicinais

ca.ro.ço /ô/ *s.m.* **1** BOT núcleo dos frutos; parte interna e dura do pericarpo que envolve a semente **2** *pop.* calombo, protuberância na pele; glândula inflamada ou endurecida

ca.ro.la /ó/ *adj.2g.* pessoa excessivamente devota à religião; fanático, beato

ca.ro.li.ce *s.f.* dito ou comportamento do que é carola

ca.ro.lis.mo *s.m.* *m.q.* carolice

ca.ro.lo /ô/ *s.m.* **1** caroço, bago **2** pancada que se dá na cabeça com os dedos, com um pau ou uma vara

ca.ro.na *s.f.* peça dos arreios feita de couro que se coloca nas montarias **2** transporte gratuito feito em veículo

ca.ró.ti.da *s.f.* ANAT artéria que leva o sangue do coração à cabeça

car.pa *s.f.* **1** limpeza que se dá nos terrenos para fins de cultivo; ato ou efeito de capinar **2** ZOOL peixe de água doce comestível e ornamental

car.pi.dei.ra /ê/ *s.f.* **1** máquina de capinar **2** mulher que é paga para chorar falsamente nos enterros

car.pin.ta.ri.a *s.f.* trabalho do carpinteiro; arte ou habilidade de produzir objetos de madeira

car.pin.tei.ro /ê/ *s.m.* aquele que trabalha com madeira, em peças mais grosseiras

car.pin.te.jar *v.i.* trabalhar como carpinteiro

car.pir *v.t.* **1** cortar o mato das plantações **2** livrar o mato de erva daninha **3** *fig.* lamuriar, lastimar

car.po *s.m.* punho; conjunto de ossos entre a mão e o antebraço

car.que.ja /ê/ *s.f.* planta medicinal de paladar amargo da família das compostas, própria para tratar males do estômago

car.ra.da *s.f.* **1** a carga de um carro **2** *fig.* grande quantidade

car.ran.ca *s.f.* **1** fisionomia sombria, emburrada **2** escultura com feições humanas ou animalescas, de corpo inteiro ou na forma de um busto ou de uma cabeça

car.ra.pa.to *s.m.* **1** ZOOL parasita de animais e de seres humanos **2** *fig.* indivíduo que se apega a outrem; pessoa importuna

car.ra.pi.cho *s.m.* BOT erva campestre que dá pequenos frutos esféricos, espinhosos, que se agarram à pele dos animais e à roupa das pessoas

car.ras.co *s.m.* **1** executor de sentenças capitais **2** BOT formação vegetal muito densa, relacionada com a caatinga

car.ras.pa.na *s.f.* **1** pileque, porre **2** censura, bronca, repreensão

car.re.ar *v.t.* levar de arrasto; transportar sob fretamento

car.re.ga.ção *s.f.* **1** peso que se suporta; carga **2** grande quantidade **3** *bras.* afecção, doença

car.re.gar *v.t.* **1** colocar mercadorias em um automóvel para transportá-las **2** fazer sentir o peso de algo **3** acumular carga na bateria **4** conduzir, arrastar

car.rei.ra /ê/ *s.f.* **1** fileira de alguma coisa **2** estrada rústica, de carros **3** rota dos aviões **4** progressão de uma profissão

casarão

car.rei.ro /ê/ *s.m.* **1** quem guia carro de boi **2** atalho, caminho estreito

car.re.ta /ê/ *s.f.* **1** caminhão grande de transporte de cargas **2** carro pequeno de duas rodas **3** suporte para linha

car.re.tei.ro /ê/ *s.m.* condutor de carreta; proprietário de caminhão ■ **arroz carreteiro** prato feito de arroz cozido, ao qual se junta um refogado preparado com charque

car.re.tel *s.m.* pequeno cilindro em que se enrola linha

car.re.ti.lha *s.f.* pequeno instrumento com roda denteada que, ao girar, corta ou pontilha massas diversas

car.re.to **1** transporte pago de carga em um automóvel; serviço de frete **2** *por ext.* o preço do frete

car.ril *s.m.* **1** rastro deixado no solo pelas rodas do carro **2** cada um dos trilhos sobre os quais correm os trens

car.ri.lhão *s.m.* **1** relógio que marca horas por percussões musicais **2** MÚS conjunto de sinos para executar música, afinados em tons diversos

car.ro *s.m.* **1** veículo que se locomove sobre rodas, utilizado como meio de transporte ou veículo de passeio; automóvel **2** vagão de trem

car.ro.ça *s.f.* **1** carro rústico movido por tração animal ou humana **2** *pop.* carro velho, mal conservado

car.ru.a.gem *s.f.* elegante carro de transporte de pessoas puxado por cavalos

car.ta *s.f.* **1** epístola; documento escrito; correspondência **2** diploma **3** cardápio **4** mapa ■ **carta branca** autorização dada a uma pessoa para agir da maneira que julgar melhor.

car.ta.pá.cio *s.m.* **1** manuscrito de muitas folhas **2** carta muito extensa

car.tão *s.m.* **1** papel resistente, de tamanho pequeno **2** objeto plástico retangular que serve para identificar pessoas em diversas situações ■ **cartão de crédito** cartão magnético plástico emitido por instituição financeira, que permite a seu titular a aquisição de produtos ou a obtenção de serviços para pagamento posterior

car.taz *s.m.* **1** papel grande e forte, de dimensões variadas, que contém aviso **2** *fig.* sucesso, atenção, importância

car.tei.ra /ê/ *s.f.* **1** bolsa de qualquer material, própria para guardar dinheiro e documentos diversos **2** mesa de escola própria para estudo ■ **carteira de identidade** documento de identificação pessoal

car.tei.ro /ê/ *s.m.* pessoa responsável por entregar correspondências, cartas; funcionário dos correios

car.tel *s.m.* **1** documento comercial e industrial de controle de preços **2** aviso, desafio **3** acordo entre chefes militares com interesse mútuo

car.te.la /é/ *s.f.* **1** mostruário, catálogo com produtos **2** tipo de embalagem para objetos pequenos

car.te.si.a.no *adj.* **1** relativo a Descartes **2** diz-se do que apresenta os caracteres racionais rigorosos e metódicos do pensamento de Descartes

car.ti.la.gem *s.f.* ANAT tecido elástico que reveste certas partes ósseas do corpo humano, formado de grandes células inclusas em substância que apresenta tendência à calcificação e à ossificação

car.ti.lha *s.f.* **1** livro que ensina os elementos básicos de qualquer disciplina **2** *fig.* padrão de comportamento ou maneira de ser

car.to.gra.fi.a *s.f.* **1** GEOG técnica de traçar mapas geográficos **2** descrição ou tratado sobre mapas

car.to.gra.ma *s.m.* mapa estatístico em que os diversos grupos são coloridos de maneira diferente

car.to.la /ó/ *s.f.* **1** chapéu masculino de copa alta, cilíndrico e de aba curta ◯ *s.m.* **2** *pop.* dirigente de clube de futebol ou de qualquer outra entidade esportiva

car.to.li.na *s.f.* papelão fino e liso, menos espesso que o papelão

car.to.man.ci.a *s.f.* adivinhação; leitura da sorte por meio das cartas do baralho

car.to.na.gem *s.f.* **1** ato de confeccionar produtos de papelão ou cartão **2** fabricação de produtos de cartão ou papelão

car.to.rá.rio *s.m.* escrevente de cartório

car.tó.rio *s.m.* **1** repartição onde se lavram documentos públicos e privados **2** lugar onde se fazem as declarações relativas a processos de julgamento

car.tu.cha.me *s.m.* conjunto de cartuchos para arma de fogo

car.tu.cho *s.m.* **1** objeto cilíndrico de papel ou metal que contém a carga da arma de fogo **2** unidade removível que contém a tinta utilizada em certos tipos de impressoras

car.tu.xa *s.f.* **1** RELIG ordem religiosa de São Bruno, fundada no deserto da Cartuxa em 1066 **2** convento dessa ordem

ca.run.cho *s.m.* **1** ZOOL inseto que destrói a madeira **2** *fig.* coisa velha, antiqualha

ca.ru.ru *s.m.* **1** BOT planta utilizada na culinária **2** CUL prato afro-brasileiro feito de quiabos, a que se acrescentam camarões secos, peixe e temperos diversos

car.va.lho *s.m.* BOT árvore da família das fagáceas cuja madeira é bastante durável e cujo fruto é utilizado na alimentação dos porcos

car.vão *s.m.* **1** lenha queimada **2** matéria orgânica parcialmente queimada **3** QUÍM material sólido, de origem mineral ou vegetal, que consiste especialmente em carbono com pequeno percentual de hidrogênio, compostos orgânicos complexos e materiais inorgânicos

car.vo.ei.ro /ô/ *s.m.* **1** relativo a carvão **2** lugar onde se fabrica ou vende carvão **3** local onde se guarda carvão

câs *s.f.2n.* cabelos brancos

ca.sa *s.f.* **1** moradia, residência, lar **2** estabelecimento ou firma comercial **3** nome de certas repartições públicas

ca.sa.ca *s.f.* paletó amplo e fechado; veste de cerimônia curta na frente e pontuda atrás ■ **virar a casaca** mudar de opinião

ca.sa.co *s.m.* paletó; jaqueta de abrigo; vestimenta de mangas longas

ca.sa.dou.ro /ô/ *adj.* que está na idade para casar

ca.sal *s.m.* **1** par de animais de sexos opostos **2** duas coisas iguais

ca.sa.ma.ta *s.f.* fortificação coberta de junco; abrigo militar para estocar material bélico

ca.sa.men.to *s.m.* **1** vínculo conjugal **2** núpcias, matrimônio; união entre homem e mulher **3** *fig.* associação, aliança

ca.sar *v.t.* **1** desposar, matrimoniar-se **2** unir em par

ca.sa.rão *s.m.* **1** casa de grande porte **2** mansão, palacete

casario

ca.sa.ri.o *s.m.* o conjunto das casas de um determinado local

cas.ca *s.f.* ZOOL 1 pele, envoltório, revestimento de animais 2 BOT córtex das árvores; revestimento de frutos; camada externa de tecidos ou vegetais

cas.ca.bu.lho *s.m.* 1 BOT casca de vários frutos e sementes 2 *fig.* coisa de pouca importância

cas.ca.lho *s.m.* 1 conjunto de lascas de pedra; pedra britada; pedrouço 2 *pop.* dinheiro miúdo

cas.ca.ta *s.f.* 1 pequena queda d'água que escorre entre pedras; catadupa 2 *pop.* conversa fiada, mentira

cas.ca.vel *s.f.* 1 serpente venenosa que tem guizos na cauda 2 *pop.* pessoa de má índole, faladeira, intrigante

cas.co *s.m.* 1 vasilha para líquidos; tonel 2 coberta óssea da cabeça; crânio 3 *pop.* couro cabeludo 4 MAR a parte de ferro dos navios

cas.cu.do *adj.* 1 que tem casca muito grossa ou dura • *s.m.* 2 *pop.* pancada na cabeça com os nós dos dedos 3 BOT árvore frondosa nativa do Brasil, de folhas geralmente alongadas, flores branco-amareladas em inflorescências cilíndricas e cápsulas verrucosas quase pretas

ca.se.ar *v.t.* costurar com linha os bordos das casas de botões

ca.se.í.na *s.f.* BIOQUÍM proteína que se encontra no leite, rica em fósforo

ca.sei.ro /ê/ *s.m.* 1 funcionário encarregado de tomar conta de uma casa • *adj.* 2 relativo a casa 3 pessoa que gosta de ficar em casa 4 que se usa em casa

ca.ser.na /é/ *s.f.* alojamento onde ficam os soldados

ca.si.mi.ra *s.f.* tecido de lã leve

ca.si.nha *s.f.* 1 casa pequena 2 *pop.* vaso sanitário colocado no lado externo da casa

ca.si.nho.la /ó/ *s.f.* casa pequena e humilde

cas.mur.ro *adj.* 1 pessoa calada, pouco expansiva, fechada em si 2 teimoso, obstinado

ca.so *s.m.* 1 fato, ocorrência 2 conto, narrativa 3 GRAM cada uma das diferentes formas de uma palavra flexionável, formas estas que indicam a função sintática da palavra na frase 4 *pop.* aventura amorosa

ca.só.rio *s.m.* casamento, núpcias

cas.pa *s.f.* nome dado a pequenas escamas brancas do couro cabeludo

cas.que.te /ê/ *s.f.* 1 pequena cobertura para cabeça 2 boné flexível

cas.qui.nar *v.i.* soltar risadas; gargalhar alto

cas.qui.lho *adj.* 1 de acordo com a moda, elegante • *s.m.* 2 cilindro oco que remata a lança dos carros

cas.sa *s.f.* tecido muito fino, transparente e feito de algodão

cas.sa.ção *s.f.* ato de cassar; anulação de concessões ou privilégios políticos

cas.sar *v.t.* anular contratos; revogar

cas.sa.ta *s.f.* sorvete de origem italiana; doce gelado

cas.ta *s.f.* 1 classe social situada em uma hierarquia, sem mobilidade social 2 linhagem, raça, geração vistos conforme as caraterísticas físicas e morais que os identificam 3 qualidade, espécie, natureza

cas.ta.nha *s.f.* 1 BOT fruto do castanheiro 2 semente desse fruto, mundialmente consumida após ser assada e geralmente salgada; castanha-de-caju 3 pancada na cabeça com o nó dos dedos; cascudo

cas.ta.nhal *s.m.* BOT plantação de castanheiras em determinada área

cas.ta.nhei.ro /ê/ *s.m.* BOT árvore da família das fagáceas, com sementes alimentícias; árvore da castanha

cas.ta.nhe.ta /ê/ *s.f.* 1 castanha pequena 2 estalo produzido pelos dedos médios e o polegar 3 castanhola

cas.ta.nho *adj.* amarelo-escuro; amarronzado; que tem cor de castanha

cas.tão *s.m.* ornato de metal que se coloca na extremidade superior das bengalas

cas.te.lão *adj.* 1 referente a castelo; habitante ou dono de castelo 2 relativo a Castela (Espanha) ou o que é seu natural ou habitante

cas.te.lha.no *adj. gent.* 1 natural ou habitante de Castela, na Espanha 2 diz-se do dialeto românico desenvolvido em Castela até Velha (Noroeste da Espanha), que deu origem ao moderno espanhol

cas.te.lo /é/ *s.m.* 1 fortaleza; residência fortificada com torres, fosso, ponte levadiça 2 *fig.* monte ou amontoado de coisas

cas.ti.çal *s.m.* utensílio com base de apoio, em que se colocam velas para iluminar um ambiente

cas.ti.ço *adj.* 1 de qualidade; puro, sem mistura 2 *por ext.* que segue as normas da língua, sem o uso de estrangeirismos

cas.ti.da.de *s.f.* 1 pureza de costumes, sobretudo sexual 2 abstinência completa dos prazeres do amor

cas.ti.ga.do *adj.* que recebeu castigo

cas.ti.gar *v.t.* 1 aplicar castigo; infligir pena 2 causar dano ou sofrimento 3 gastar pelo uso; surrar, bater

cas.ti.go *s.m.* 1 punição, emenda, correção, penalidade 2 provação moral; consequência de más ações

cas.to *adj.* 1 isento de pecado, de erros 2 que se abstém de prazeres sexuais

cas.tor /ô/ *s.m.* ZOOL mamífero roedor de pequeno porte, de pelagem macia e densa, cujo pelo é apreciado na fabricação de chapéus

cas.tra.ção *s.f.* ação ou efeito de castrar; inutilização dos testículos impedindo a procriação; capadura

cas.tra.do *adj.* que sofreu castração; capado, emasculado

cas.trar *v.t.* retirar os testículos para impedir a procriação; capar, emascular, esterilizar; tornar estéril

cas.tren.se *adj.2g.* relativo ao acampamento militar, à classe militar

cas.tro *s.m.* 1 fortificação de origem pré-romana 2 *por ext.* castelo antigo

ca.su.al *adj.2g.* que ocorre por acaso; fortuito; eventual; que depende do acaso

ca.su.a.li.da.de *s.f.* que acontece inesperadamente; característica do que é casual

ca.su.ís.mo *s.m.* 1 submissão total a ideias, sistemas de pensamento, doutrinas e princípios de toda espécie 2 JUR obediência ao que a lei determina

ca.su.ís.ta *adj.2g.* 1 relativo a casuísmo ou a casuística 2 pessoa capaz de explicar casos de teologia ou de filosofia

ca.su.la *s.f.* RELIG peça que o sacerdote veste sobre a estola para celebrar a missa

ca.su.lo *s.m.* ZOOL invólucro sedoso construído pelas larvas, dentro do qual passam o período de pupa, da transformação em borboleta 2 BOT envoltório, invólucro de sementes, como as do algodão

ca.ta *s.f.* 1 resultado ou ação de colher 2 lugar onde se cata alguma coisa; garimpo 3 busca

cata- *pref.* prefixo que significa 'de cima para baixo'

ca.ta.bó.li.co *adj.* relativo a catabolismo

catete

ca.ta.bo.lis.mo *s.m.* BIOQUÍM fase do metabolismo em que ocorre a degradação pelo organismo das macromoléculas nutritivas, com liberação de energia

ca.ta.clis.mo *s.m.* **1** grande inundação; dilúvio **2** GEOL modificação geológica na superfície da Terra **3** *fig.* grande desastre; catástrofe, calamidade

ca.ta.cre.se /é/ *s.f.* GRAM figura de linguagem que serve para suprir a falta de uma palavra específica que designe determinada coisa

ca.ta.cum.ba *s.f.* **1** lugar onde os mortos são enterrados; sepultura, túmulo **2** lugar subterrâneo e recôndito

ca.ta.du.pa *s.f.* **1** queda d'água de grande altura; cascata **2** jorro, derramamento

ca.ta.du.ra *s.f.* **1** aparência; expressão do semblante; fisionomia **2** disposição espiritual

ca.ta.fal.co *s.m.* **1** estrado alto onde se coloca o caixão durante o velório **2** representação de um morto a quem se deseja prestar honras

ca.ta.lão *adj. gent.* **1** natural ou habitante da Catalunha • *s.m.* **2** língua românica falada na Catalunha

ca.ta.lep.si.a *s.f.* MED estado em que o paciente perde momentaneamente a consciência, a sensibilidade e os movimentos

ca.ta.li.sa.dor *s.m.* **1** QUÍM nome dado a substâncias que podem provocar catálise, modificando a velocidade de uma reação química **2** peça do automóvel que reduz a emissão de gases poluentes no ar **3** *fig.* qualidade daquele que é capaz de centralizar a atenção, que é dinâmico

ca.ta.li.sar *v.t.* **1** FÍSQUÍM provocar catálise **2** desencadear pela própria presença ou existência (um processo); incentivar

ca.tá.li.se *s.f.* FÍSQUÍM modificação da velocidade de uma reação química provocada por uma substância que aparece em pequenas quantidades e pode ser recuperada no final

ca.tá.lo.go *s.m.* **1** registro organizado por nome ou produto; elenco, lista **2** lista ou fichário em que se relacionam, de maneira ordenada, os livros e documentos diversos de uma biblioteca

ca.ta.ma.rã *s.m.* MAR tipo de embarcação construída com madeira, usada para esporte ou pesca; jangada

ca.ta.na *s.f.* **1** espada japonesa de lâmina reta e comprida **2** BOT espata da palmeira

ca.tan.du.va *s.f.* **1** solo argiloso e pouco fértil **2** BOT mato espinhoso e rasteiro característico desse tipo de solo

ca.tão *s.m.* pessoa de princípios rígidos e que censura os outros

ca.ta.po.ra /ó/ *s.f.* MED doença infecciosa que causa erupção cutânea, comum em crianças, causada por vírus; varicela

ca.ta.pul.ta *s.f.* **1** EXÉRC máquina antiga de arremessar pedras, usada em guerras passadas **2** aparelho que, instalado em navios de guerra, destina-se a lançar aviões, dando-lhes forte impulso inicial para o voo

ca.tar *s.m.* **1** cáfila de camelos • *v.t.* **2** pegar, segurar; selecionar um por um; recolher dentre outras coisas **3** observar, examinar atentamente, buscar insistentemente

ca.ta.ra.ta *s.f.* **1** queda d'água, cachoeira **2** MED opacidade total ou parcial do cristalino; cegueira parcial ou completa

ca.tar.ri.no *s.m.* ZOOL macaco que apresenta narinas bem juntas e septo nasal bastante afinado, presente na África e na Ásia

ca.tar.ro *s.m.* **1** MED secreção proveniente da mucosa nasal e dos brônquios, de aspecto viscoso **2** defluxo ou constipação, na maioria das vezes acompanhada de tosse

ca.tar.se *s.f.* **1** MED evacuação do intestino **2** sentimento de purificação que uma peça de dramaturgia pode causar nos espectadores, por meio da purgação de suas paixões **3** PSICOL liberação de emoções ou tensões reprimidas

ca.tár.ti.co *adj.* **1** relativo a catarse **2** FARM medicamento que apressa e aumenta a evacuação intestinal e provoca purgação

ca.tás.tro.fe *s.f.* **1** desastre em grandes proporções; cataclismo **2** acontecimento de consequências graves **3** parte crucial da tragédia grega na qual a ação dramática é finalizada

ca.ta.tau *adj.* **1** de pequeno porte **2** castigo físico **3** espada que apresenta curva pequena

ca.ta.to.ni.a *s.f.* tipo de alienação mental que apresenta uma alternância entre períodos de passividade e negativismo e períodos de súbita excitação

ca.ta-ven.to *s.m.* **1** brinquedo que gira de acordo com a intensidade do vento **2** *fig.* indivíduo volúvel

ca.te.cis.mo *s.m.* RELIG **1** ensino religioso **2** livro em que se apresentam os princípios fundamentais da religião **3** conjunto de instruções elementares sobre qualquer ciência, arte, doutrina etc.

ca.te.cú.me.no *s.m.* **1** RELIG discípulo iniciante no conhecimento religioso **2** *fig.* indivíduo que acabou de ser admitido em algum círculo ou em alguma instituição; neófito

cá.te.dra *s.f.* **1** cadeira pontifícia; cargo de professores catedráticos do ensino superior **2** disciplina ensinada por professor dessa categoria **3** RELIG assento de bispo, cardeal; cadeira episcopal

ca.te.dral *s.f.* RELIG principal igreja de uma diocese

ca.te.drá.ti.co *s.m.* **1** professor concursado de universidade que tem uma cátedra **2** *por ext.* indivíduo detentor de conhecimento em um determinado assunto • *adj.* **3** que revela discreta imponência; grave, doutoral

ca.te.go.ri.a *s.f.* **1** classe em que se dividem ideias, termos ou coisas em série, em relação à qualidade ou excelência **2** posição

ca.te.gó.ri.co *adj.* diz-se de quem é autoritário; que não admite dúvidas; indiscutível

ca.te.gu.te *s.m.* MED fio de origem animal utilizado em suturas cirúrgicas

ca.tê.nu.la *s.f.* **1** pequena corrente **2** desenho em forma de corrente

ca.te.que.se /é/ *s.f.* RELIG ação de doutrinar por meio do ensino da fé cristã

ca.te.quis.ta *s2g.* RELIG catequizador; instrutor da fé cristã

ca.te.qui.zar *v.t.* RELIG instruir nos princípios dos ensinamentos religiosos

ca.te.re.tê *s.m. bras.* sapateado brasileiro em que se batem as mãos ao som da viola

ca.ter.va /é/ *s.f.* **1** grupo de pessoas ou animais; multidão **2** grupo de vadios, desordeiros

ca.te.te /ê/ *s.m.* **1** BOT mata não modificada **2** grão pequeno

cateter

ca.te.ter /é/ *s.m.* MED sonda utilizada para extrair ou inserir líquidos dentro do corpo humano

ca.te.te.ris.mo *s.m.* MED introdução do cateter em cavidades do corpo humano; exame em que o cateter é utilizado

ca.te.to /ê/ *s.m.* 1 GEOM cada um dos lados do ângulo reto no triângulo retângulo 2 BOT variedade de milho vermelho 3 ZOOL porco do mato; taititu, tateto

ca.ti.li.ná.ria *s.f.* acusação violenta contra outrem; descompostura

ca.tim.ba *s.f. pop.* astúcia, malícia

ca.tin.ga *s.f.* 1 caatinga; vegetação típica do sertão nordestino brasileiro 2 odor desagradável

ca.tin.gar *v.i.* exalar odor desagradável; feder

ca.tin.go.so /ô/ *adj.* que exala odor desagradável; fedorento

ca.tin.guen.to *adj.* m.q. catingoso

ca.ti.ra *s.f.* dança rural muito difundida em que os participantes formam duas filas, uma de homens e outra de mulheres, e, ao som de música, sapateiam e batem palmas

ca.ti.ta *adj.* 1 quem tem elegância, boa aparência 2 que se veste bem

ca.ti.var *v.t.* 1 prender-se, sujeitar-se 2 *fig.* obter ou prender pela simpatia; atrair, conquistar

ca.ti.vei.ro /ê/ *s.m.* 1 lugar onde se prendem pessoas ou animais, mantendo-os encarcerados 2 gaiola, jaula 3 prisão, clausura 4 *fig.* opressão moral

ca.ti.vo *adj.* 1 escravo, prisioneiro 2 *fig.* quem está seduzido

ca.to.li.cis.mo *s.m.* 1 RELIG a religião católica 2 a universalidade da religião católica

ca.tó.li.co *adj.* RELIG fiel da Igreja Católica; seguidor e divulgador das doutrinas e dos preceitos católicos

ca.to.dio *s.m.* FÍS elétrodo de carga negativa; cátodo

ca.to.lé *s.m.* 1 BOT palmeira silvestre brasileira, de frutos pequenos e oleaginosos 2 BOT o fruto dessa palmeira

ca.to.li.ci.da.de *s.f.* 1 caráter do que é universal; universalidade 2 RELIG qualidade de quem professa o catolicismo

ca.to.nis.mo *s.m.* qualidade de catão; austeridade, severidade

ca.tor.ze /ô/ *num.* 1 décimo quarto elemento de uma série; quatorze 2 numeral constituído de treze unidades mais uma

ca.trai.a *s.f.* 1 MAR pequena embarcação rústica, de duas proas 2 *bras.* meretriz de baixa categoria

ca.tre *s.m.* 1 cama rústica e pobre, feita de paus roliços 2 cama de viagem

ca.tu.a.ba *s.f.* BOT arbusto brasileiro com propriedades medicinais e afrodisíacas

ca.tur.ra *s.2g.* pessoa obstinada, agarrada a hábitos antigos

cau.ção *s.f.* ECON fiança que serve de garantia do contrato; valor que se deposita como garantia

cau.ca.si.a.no *adj. gent.* 1 natural ou habitante do Cáucaso 2 diz-se de qualquer das línguas não indo-europeias faladas no Cáucaso

cau.cho *s.m.* BOT árvore cuja madeira é própria para a fabricação de papel e de cujo látex se faz a borracha

cau.cio.nar *v.t.* dar algo como caução, como garantia

cau.da *s.f.* 1 ZOOL apêndice pós-anal dos vertebrados, que se prolonga no corpo de alguns animais; rabo 2 ZOOL porção posterior do abdome de diversos invertebrados 3 ASTRON rastro de matéria dos cometas 4 *fig.* rastro, pista

cau.dal *adj.* 1 relativo à cauda 2 que ou o que jorra ou escorre em abundância

cau.da.tá.rio *s.m.* 1 indivíduo que ergue e carrega a cauda das vestes de cardeais em solenidades 2 *fig.* pessoa que não tem personalidade

cau.di.lho *s.m.* chefe militar, dirigente ligado a forças políticas locais; ditador

cau.im *s.m. bras.* bebida indígena de mandioca cozida e fermentada

cau.le *s.m.* BOT tronco, talo; haste da planta vascularizada

cau.lim *s.m.* argila branca utilizada no fabrico de louças

cau.sa *s.f.* 1 a origem, a razão, o agente que faz com que algo exista 2 JUR demanda judicial; conjunto de interesses do acusado ou de uma das partes do processo

cau.sa.li.da.de *s.f.* o princípio de ligação entre causa e efeito; a relação entre esses fatores

cau.sar *v.t.* ser motivo; ser causa de; originar, motivar, provocar

cau.sí.di.co *s.m.* defensor de causas; advogado

cáus.ti.ca *s.f.* FÍS curva tangente aos raios luminosos não axiais após reflexão ou refração

caus.ti.car *v.t.* 1 cauterizar, queimar; aquecer intensamente 2 *fig.* agir com sarcasmo; criticar, repreender, importunar; causar estorvo

caus.ti.ci.da.de *s.f.* qualidade do que é cáustico

cáus.ti.co *adj.* que cauteriza; que causa queimaduras; que produz corrosão

cau.te.la /é/ *s.f.* 1 cuidado, prudência; precaução para evitar algo 2 título provisório de posse; recibo de depósito fornecido por casas de penhores

cau.te.lo.so /ô/ *adj.* que tem cautela; que age com cuidado, com prudência

cau.té.rio *s.m.* 1 MED medicamento utilizado para queimar tecidos orgânicos ou estancar sangramentos 2 *fig.* repreensão enérgica; castigo

cau.te.ri.za.ção *s.f.* 1 ato de cauterizar 2 queima através de cautério 3 MED ação de queimar com cautério um tecido orgânico ferido ou anormal

cau.te.ri.zar *v.t.* 1 MED queimar; aplicar cautérios em lugares feridos 2 *fig.* extinguir, destruir

cau.to *adj.* qualidade do que é prudente, precavido, cauteloso, precatado

ca.va *s.f.* 1 ato de cavar 2 buraco, vala 3 escavação em torno de uma fortaleza 4 ANAT cada uma das veias que levam o sangue venoso para o átrio direito do coração

ca.va.ção *s.f.* 1 ato de cavar 2 abrimento de fosso, buraco etc.; escavação 3 *fig.* busca minuciosa 4 *pop.* negócio ou lucro obtido ilicitamente

ca.va.co *s.m.* 1 fragmento, pedaço de madeira 2 MUS cavaquinho 3 *fig.* conversa informal

ca.va.dor /ô/ *adj. s.m.* 1 pessoa que trabalha com enxadas abrindo buracos 2 *fig.* indivíduo esforçado, ativo

ca.va.dei.ra /ê/ *s.f.* equipamento utilizado para abrir buracos no solo, para cavar ou semear, semelhante a uma enxada

ca.va.la *s.f.* ZOOL nome de um peixe de mares temperados; peixe teleósteo que possui o dorso azul-escuro e o ventre prateado

ca.va.lar *adj.* **1** relacionado a cavalo **2** *pop.* de grande proporção; colossal, excessivo

ca.va.la.ri.a *s.f.* **1** EXÉRC tropa militar constituída de soldados a cavalo **2** HIST ordem militar da Idade Média **3** conjunto de cavalos

ca.va.la.ri.a.no *adj.* EXÉRC soldado que pertence à cavalaria

ca.va.la.ri.ça *s.f.* estrebaria, cocheira; local onde os cavalos são tratados

ca.va.la.ri.ço *s.m.* pessoa que trabalha cuidando de cavalos

ca.va.lei.ro /ê/ *s.m.* **1** indivíduo que sabe cavalgar, que anda a cavalo **2** *fig.* nobre ou valente

ca.va.le.te /ê/ *s.m.* **1** suporte fixo ou móvel de madeira utilizado para aparar telas **2** MÚS parte do instrumento que serve para suspender as cordas

ca.val.ga.da *s.f.* **1** grupo de pessoas reunidas para andar a cavalo **2** viagem feita a cavalo **3** marcha de soldados a cavalo, com fins belicosos ou não

ca.val.ga.du.ra *s.f.* **1** montaria, cavalo de sela **2** *pop.* pessoa rude, sem educação, indelicada

ca.val.gar *v.i.* praticar equitação; andar a cavalo; montar sobre

ca.va.lha.da *s.f.* **1** grande quantidade de cavalos; cavalaria **2** *fig.* empresa arriscada **3** *fig.* feito excepcional

ca.va.lha.das *s.f.pl.* manifestação popular semelhante a um torneio

ca.va.lhei.res.co /ê/ *adj.* relativo a qualidade de ser cavalheiro; educado, polido, de bons modos

ca.va.lhe.ris.mo *s.m.* modos de cavalheiro; gentileza, nobreza

ca.va.lhei.ro /ê/ *s.m.* **1** homem da nobreza **2** pessoa educada, de maneiras delicadas e polidas; homem gentil

ca.va.lo *s.m.* **1** ZOOL animal equino, quadrúpede mamífero, herbívoro, de grande porte, cauda e crina longas, cabeça relativamente pequena e orelhas curtas **2** *pejor.* pessoa grosseira, rude ■ **tirar o cavalo da chuva** desistir ou não assumir uma determinada ideia ou projeto

ca.va.lo-va.por /ô/ *s.m.* força capaz de elevar 75 quilos à altura de um metro, em um segundo de tempo; unidade de medida de potência

ca.va.nha.que *s.m.* barba crescida apenas no queixo; barbicha

ca.va.que.ar *v.t.* **1** conversar despretensiosamente; papear **2** irritar-se com certos tipos de provocações

ca.va.quei.ra /ê/ *s.f.* **1** lasca de lenha; cavaco **2** *fig.* conversa agradável, informal, sem assunto específico

ca.va.qui.nho *s.m.* MÚS instrumento de quatro cordas menor que o bandolim, utilizado muito no samba e no choro

ca.var *v.t.* **1** revolver a terra; escavar **2** abrir uma cavidade **3** abrir buraco ou fenda **4** *fig.* obter alguma coisa com alguma dificuldade **5** *fig.* questionar, investigar; buscar com afinco

ca.va.ti.na *s.f.* MÚS canto com seção única, sem repetição

ca.vei.ra /ê/ *s.f.* **1** cabeça descarnada; ossatura referente ao crânio **2** conjunto de ossos **3** *fig.* rosto muito magro, encovado

ca.ver.na /é/ *s.f.* **1** cavidade natural e subterrânea **2** MED cavidade patológica do parênquima, especialmente nos pulmões **3** *fig.* lugar sombrio, triste

ca.ver.na.me *s.m.* **1** conjunto das cavernas que dão forma ao casco de uma embarcação **2** *pop.* conjunto dos ossos de um corpo

ca.ver.no.so /ô/ *adj.* **1** que apresenta cavidades profundas **2** semelhante à caverna **3** ANAT tecido formado por cavernas que são preenchidas com sangue; tecido cavernoso **4** *pop.* de aspecto asqueroso, fúnebre

ca.vi.ar *s.m.* CUL ova salgada de esturjão em conserva

ca.vi.da.de *s.f.* buraco; espaço vazio; depressão, cova, fosso; parte oca

ca.vi.la.ção *s.f.* **1** ato ou efeito de cavilar **2** razão falsa, enganosa; sofisma **3** trama ardilosa; astúcia **4** zombaria

ca.vi.lar *v.i.* dar sentido falso às palavras; gracejar, sofismar

ca.vi.lha *s.f.* **1** peça de madeira ou metal utilizada no lugar do parafuso para tapar orifícios ou juntar peças **2** ZOOL saliência do osso frontal dos bovídeos, formadora do eixo ósseo dos chifres

ca.vi.ta.ção *s.f.* FÍS formação de bolhas de vapor ou de gás em um líquido por efeito de uma redução da pressão total

ca.ví.ú.na *s.f.* m.q. cabiúna

ca.vo *adj.* **1** fundo, côncavo **2** *fig.* rouco

ca.vou.car *v.t. v.i.* abrir buracos na terra; abrir cavoucos

ca.vou.co /ô/ *s.m.* **1** buraco, cova **2** escavação praticada para assentar alicerces em uma construção

ca.xam.bu *s.m.* **1** MÚS nome do tambor volumoso africano em forma de cone truncado **2** *por ext.* música e dança afro-brasileira acompanhada por esse tambor

ca.xin.gue.lê *s.m.* ZOOL pequeno mamífero roedor; esquilo, serelepe; coati encontrado na Amazônia e no leste do Brasil

ca.xum.ba *s.f.* MED inflamação contagiosa das parótidas; papeira que provoca febre e pode causar inflamações nos testículos

ce.ar *v.i.* fazer pequena refeição à noite após o jantar ou antes de dormir

ce.a.ta *s.f.* ceia farta, em companhia de pessoas queridas

ce.a.ren.se *adj. gent.* referente ou originário do Ceará

ce.bo.la *s.f.* BOT planta da família das aliáceas, de sabor forte e picante, cultivada para fins culinários

ce.ce.ar *v.i.* pronunciar as consoantes sibilantes surdas e sonoras com a ponta da língua entre os dentes

ce.cei.o *s.m.* ação ou efeito de cecear

ce.der /ê/ *v.t.* **1** renunciar; abrir mão de um direito ou desejo **2** cessar; chegar ao fim **3** dar-se por vencido; não resistir; desistir

ce.di.lha *s.f.* GRAM sinal gráfico colocado sob a letra *c* diante de *a, o* e *u* para se obter o som *ss*

ce.di.lhar *v.t.* colocar cedilha

ce.do /ê/ *adv.* **1** antes do tempo combinado; com antecedência **2** ao alvorecer; nas primeiras horas do dia **3** em pouco tempo

ce.dro /é/ *s.m.* **1** BOT famosa árvore do Líbano, da família das pináceas, que possui madeira própria para feitura de móveis e esculturas devido à sua qualidade **2** a madeira dessa árvore

cédula

cé.du.la *s.f.* **1** ECON documento impresso, nota de banco, papel que representa a moeda em uso; papel-moeda; dinheiro **2** papel impresso utilizado em eleições

ce.fa.lei.a */é/ s.f.* MED dor de cabeça crônica com intensidade variável

ce.fá.li.co *adj.* referente a cabeça

ce.fa.ló.po.de *s.m.* ZOOL espécie dos cefalópodes, moluscos marinhos que tem os tentáculos na cabeça, como a lula e o polvo

ce.gar *v.t.* perder a visão definitiva ou temporariamente ■ **cegar a faca** deixá-la sem corte

ce.go */é/ adj. s.m.* **1** que não consegue enxergar **2** *fig.* que não tem discernimento; desmedido, tapado, bronco

ce.go.nha *s.f.* **1** ZOOL ave pernalta migratória e aquática, da família dos ciconiídeos, encontrada na Europa, África e Ásia, possui bico e pernas vermelhos e plumagem branca com as asas negras **2** caminhão de carroceria extensa, adequado para transporte de automóveis

ce.guei.ra */é/ s.f.* **1** estado de quem é ou está cego; perda da visão **2** *fig.* falta de lucidez **3** *fig.* fanatismo

cei.a */é/ s.f.* refeição leve do dia que se faz após o jantar e antes de dormir ■ **Santa Ceia** última refeição de Cristo com seus apóstolos

cei.fa */é/ s.f.* **1** ato ou efeito de ceifar **2** colheita de cereais **3** o tempo de ceifar **4** *fig.* grande desastre

cei.far *v.t. v.i.* **1** segar, colher, cortar; aparar grãos **2** *fig.* eliminar, destruir

ce.la */é/ s.f.* **1** cubículo; quarto pequeno **2** compartimento da prisão **3** aposento de frades e freiras

ce.le.bér.ri.mo *adj.* muito célebre; muito importante; ilustre

ce.le.bra.ção *s.f.* ato de celebrar; comemoração solene; festejo

ce.le.brar *v.t.* **1** comemorar, festejar, exaltar **2** louvar algum acontecimento ou alguma pessoa; realizar com solenidade

cé.le.bre *adj.2g.* **1** importante, famoso **2** ilustre, notável **3** *fig.* extravagante

ce.le.bri.da.de *s.f.* qualidade do que é célebre; pessoa conhecida publicamente, famosa

ce.le.bri.zar *v.t.* tornar-se célebre; distinguir-se, notabilizar-se

ce.lei.ro */ê/ s.m.* **1** depósito de grãos e mantimentos **2** armazém de cereais **3** grande fonte de algo

ce.len.te.ra.do *s.m.* ZOOL espécie dos celenterados, filo de classificações antigas que reunia os cnidários e os ctenóforos

ce.le.ra.do *adj.* **1** que comete crimes violentos; facínora, criminoso **2** que possui má índole; abominável, perverso

ce.les.te *adj.2g.* **1** relacionado ao céu **2** RELIG relativo à divindade; divino; o que é de Deus **3** MIT que escapa ao entendimento humano; sobrenatural

ce.les.ti.al *adj.2g.* m.q. celeste

ce.leu.ma */é/ s.f.* **1** canto ou vozearia próprio dos marinheiros **2** *por ext.* alvoroço, algazarra **3** *fig.* discussão acalorada

ce.li.ba.ta.rio *adj.* estado de quem não se casou, que ainda está solteiro

ce.li.ba.to *s.m.* estado de solteirice

ce.lo.fa.ne *s.m.* viscose solidificada e transparente, usada para envolver presentes ou alimentos

cel.so */é/ adj.* **1** dotado de grande altura; elevado **2** *fig.* de grande valor; de qualidades elevadas

cel.ta */é/ s.m.* **1** nome de um determinado povo de origem germânica, que ocupava a Europa Ocidental • *adj.* **2** que se refere ou pertence aos celtas

cel.ti.be.ro *s.m.* povo formado por descendentes de celtas e iberos que viveram na Celtibéria, antiga Hispânia

cél.ti.co *adj.* relativo a celta

cé.lu.la *s.f.* **1** BIOL unidade elementar da substância orgânica, composta de membrana, citoplasma e núcleo **2** cubículo, câmara pequena **3** *fig.* grupo de pessoas com um mesmo ideal

ce.lu.lar *adj.* **1** BIOL pertencente à célula ou relativo a ela **2** telefone celular **3** regime penitenciário de cela individual

ce.lu.li.te *s.f.* MED inflamação do tecido subcutâneo que causa alterações visíveis na pele

ce.lu.loi.de */ó/ s.m.* QUÍM substância plástica inflamável formada de uma mistura de cânfora e algodão-pólvora, utilizada em brinquedos, filmes fotográficos etc.

ce.lu.lo.se *s.f.* QUÍM constituição das paredes das células vegetais que formam a matéria-prima para a fabricação do papel

cem *num.* **1** noventa mais dez **2** diz-se do centésimo elemento de uma série

ce.mi.té.rio *s.m.* **1** local onde se enterram os mortos; necrópole **2** *fig.* lugar onde são depositados objetos velhos

ce.na *s.f.* **1** área que contém uma representação teatral; situação ou passagem do espetáculo **2** *fig.* fingimento; situação escandalosa

ce.ná.cu.lo *s.m.* **1** RELIG lugar onde ocorreu a Santa Ceia **2** cômodo em que era servida a ceia **3** grupo de pessoas com ideias semelhantes

ce.ná.rio *s.m.* **1** lugar onde decorre a cena, a ação dramática **2** o conjunto de elementos visuais necessários para a realização teatral **3** panorama, paisagem

ce.na.ris.ta *s.2g.* artista especializado em cenários; cenógrafo

ce.nho *s.m.* **1** fisionomia sombria **2** rosto, semblante

ce.nó.bio *s.m.* **1** RELIG mosteiro, convento religioso **2** BIOL colônia de organismos unicelulares com número definido de indivíduos em um arranjo específico, constituindo um único organismo funcional

ce.no.bi.ta *s.m.* RELIG monge que vive em comunidade

ce.no.gra.fi.a *s.f.* arte de projetar cenários para filmes, peças teatrais etc.

ce.nó.gra.fo *s.m.* produtor de cenários; cenografista

ce.no.tá.fio *s.m.* túmulo vazio em homenagem a alguém que não está sepultado ali

ce.nou.ra */ô/ s.f.* BOT planta hortense da família das umbelíferas, de raiz comestível alaranjada rica em açúcar, caroteno e glúten

ce.no.zoi.co *s.m.* GEOL denominação do período geológico terciário, caracterizado pelo grande desenvolvimento dos mamíferos

cen.so *s.m.* **1** recenseamento, lista, contagem e enumeração da população **2** certo tipo de pensão que permitia o exercício de determinados direitos

cen.sor */ô/ s.m.* **1** aquele que aplica censura **2** indivíduo crítico

cen.só.rio *adj.* relativo a censor ou a censura

cen.su.ra /ê/ *s.f.* **1** exame, crítica, avaliação; controle moral **2** análise oficial que julga obras artísticas com o intuito de suprimir qualquer conteúdo que confronte com o sistema vigente, segundo critérios morais, ideológicos e políticos **3** advertência severa; restrição pública

cen.su.rar *v.t.* **1** exercer censura sobre algo **2** criticar, proibir, reprovar

cen.tau.ro *s.m.* **1** MIT ser que é metade homem, metade cavalo **2** ASTRON constelação de Sagitário

cen.ta.vo *s.m.* centésima parte da moeda de diversos países

cen.tei.o /ê/ *s.m.* BOT cereal nutritivo da família das gramíneas, usado na produção de pães e bebidas e para substituir a cevada na elaboração de cerveja

cen.te.lha /ê/ *s.f.* **1** faísca, fagulha **2** luz forte que surge do choque entre dois corpos duros, ou de um corpo eletrizado **3** o que brilha por um breve momento

cen.te.na *s.f.* **1** grupo de cem unidades **2** número de três algarismos

cen.te.ná.rio *adj. s.m.* **1** relativo a cem anos **2** *por ext.* diz-se da pessoa que tem cem ou mais anos de vida

cen.té.si.mo *s.m.* **1** o que, em uma sequência, ocupa a posição de número cem **2** o que corresponde a cada uma das cem partes iguais em que pode ser dividido um todo

cen.ti.a.re *s.m.* unidade de medida agrária que corresponde a um metro quadrado ou à centésima parte do are

cen.tí.gra.do *s.m.* que tem cem graus; dividido em cem graus

cen.ti.gra.ma *s.m.* unidade de medida referente à centésima parte do grama

cen.ti.li.tro *s.m.* unidade de medida de volume que equivale à centésima parte do litro

cen.tí.me.tro *s.m.* unidade de medida equivalente à centésima parte do metro

cên.ti.mo *s.m.* o mesmo que centavo; centésima parte de diversas moedas

cen.to *num.* conjunto de cem unidades

cen.to.pei.a /é/ *s.f.* **1** ZOOL animal que possui muitos pés **2** lacraia **3** *pejor.* mulher alta, feia e muito magra

cen.tral *adj.2g.* **1** relacionado ao centro, bem no centro **2** que está na base do funcionamento **3** sede principal de uma organização; estação geradora de energia elétrica **4** *fig.* fundamental, principal

cen.tra.li.zar *v.t.* **1** colocar no meio, no centro **2** concentrar-se, convergir, atrair

cen.trar *v.t.* **1** situar em uma posição central **2** ajustar o foco; focalizar

cen.trí.fu.go *adj.* que se move afastando-se do centro

cen.trí.pe.to *adj.* que tende a ser atraído para o eixo de rotação; que se aproxima do centro

cen.tro *s.m.* **1** ponto central que apresenta a mesma distância de todos os pontos da circunferência **2** ponto ou posição do meio **3** FÍS centro gravitacional **4** doutrina ao redor da qual giram discussões **5** pessoa que é essencial em relação a determinada atividade

cen.tu.pli.car *v.t.* produzir cem vezes mais; multiplicar por cem

cên.tu.plo *num.* **1** que contém cem vezes uma quantidade • *s.m.* **2** o produto da multiplicação por cem

cen.tú.ria *s.f.* HIST tropa formada por soldados romanos com cem cavaleiros

cen.tu.ri.ão *s.m.* líder de uma centúria; quem comandava uma centúria de homens

ce.pa /ê/ *s.f.* **1** BOT tronco, caule, sobretudo de videira **2** *fig.* de boa origem; de boa linhagem ■ **de boa cepa** de boa origem

ce.po /ê/ *s.m.* **1** pedaço de tronco de árvore cortado perpendicular ao eixo **2** tábua ou tronco de madeira grossa

cép.ti.co *adj.* diz-se de indivíduo incrédulo, descrente; cético

ce.ra /ê/ *s.f.* **1** secreção produzida pelas abelhas **2** substância vegetal que serve como produto para dar brilho a pisos, móveis e calçados **3** *fig.* prolongamento desnecessário de um trabalho ou de uma atividade

ce.râ.mi.ca *s.f.* **1** arte de fabricação de peças que utilizam argila como matéria-prima **2** *por ext.* o produto resultante dessa arte **3** tipo de acabamento para piso **4** local onde se fabricam artefatos de cerâmica

ce.ra.ti.na *s.f.* proteína fibrosa e pouco hidrossolúvel, comum na epiderme, constituinte principal do cabelo, das unhas, dos pelos, dos tecidos córneos e de várias estruturas celulares

cer.ca /ê/ *s.f.* **1** obra de madeira ou arame ao redor dos terrenos que serve de proteção **2** muro, vedação, divisão entre propriedades • *adv.* **3** perto de, junto de; nas imediações

cer.ca.do *adj.* **1** delimitado com cerca **2** rodeado, circundado com cerca

cer.ca.du.ra *s.f.* o que cerca, circunda; contorno, orla

cer.ca.ni.a *s.f.* arredor, imediação, vizinhança

cer.car *v.t.* **1** rodear utilizando cerca; proteger **2** vedar; impedir passagem

cer.ce.ar *v.t.* **1** cortar rente, pela raiz **2** *fig.* limitar, dificultar os movimentos; restringir a liberdade de alguém

cer.ce /ê/ *adv.* **1** pela raiz, pela base • *adj.2g.* **2** rente, rés

cer.co /ê/ *s.m.* **1** ato ou efeito de cercar **2** ação de estabelecer tropas ao redor de uma cidade **3** *por ext.* bloqueio, assédio, sítio **4** *fig.* insistência

cer.da /é/ *s.f.* **1** ZOOL pelo espesso e rígido de certos mamíferos; crina **2** fibra natural ou sintética

cer.do /é/ *s.m.* m.q. porco

ce.re.al *s.m.* **1** BOT nome dado a todos os grãos que servem para alimentação, ex.: *arroz, trigo etc.* **2** grão ou semente dessa planta

ce.re.a.lis.ta *s.2g.* comerciante de cereais; técnico em cereais

ce.re.be.lo /ê/ *s.m.* ANAT parte posterior e inferior do encéfalo, formada por um lobo médio e dois lobos laterais, com a função de coordenar os movimentos e o equilíbrio do corpo

ce.re.bral *adj.2g.* próprio do intelecto; referente ao cérebro

cé.re.bro *s.m.* **1** ANAT massa de matéria nervosa que ocupa a parte posterior craniana, situada anteriormente e acima da medula espinhal e responsável pela coordenação muscular e pela manutenção do equilíbrio **2** parte do sistema nervoso central

ce.re.ja /ê/ *s.f.* BOT fruto redondo, vermelho e doce da cerejeira

ce.re.jei.ra /ê/ *s.f.* BOT árvore de casca lisa, flores brancas e que produz cerejas

ce.rí.fe.ro *adj.* que produz cera

cerimônia

ce.ri.mô.nia *s.f.* **1** conjunto de ritos solenes e atitudes formais que demonstram respeito, veneração **2** comportamento acanhado, timidez diante de pessoa ou fato

ce.ri.mo.ni.al *adj.2g.* **1** referente à cerimônia, às solenidades **2** que usa formalidade e cortesia • *s.m.* **3** o conjunto de formalidades de um evento

ce.ri.mo.ni.o.so /ô/ *adj.* que age com cerimônia; de caráter solene; afável, delicado

cé.rio *s.m.* QUÍM elemento metálico de símbolo Ce e número atômico 58, usado em isqueiros

cer.ne /é/ *s.m.* **1** a parte interna do tronco das árvores; âmago, medula **2** *fig.* parte central, aspecto fundamental

ce.rol /ó/ *s.m.* **1** mistura de cera com que os sapateiros enceram os fios **2** mistura cortante de cola e vidro passada na linha das pipas, cujo uso é proibido

ce.ro.ma /ô/ *s.m.* MED tumor de tecidos que sofreram degeneração gordurosa

ce.ro.plas.ti.a *s.f.* arte de moldar em cera

ce.rou.la /ô/ *s.f.* **1** roupa masculina utilizada sob as calças, que cobre da cintura ao tornozelo

cer.ra.ção *s.f.* **1** neblina; nevoeiro espesso **2** escuridão, treva

cer.rar *v.t.* **1** unir duas ou mais partes, vedando-as por completo **2** tapar **3** encobrir ou resguardar; cobrir **4** concluir(-se), finalizar(-se)

cer.ro /ê/ *s.m.* elevação de terra; montanha não muito alta; morro

cer.ta.me *s.m.* **1** combate físico; pugna, luta **2** concurso público literário, científico ou esportivo

cer.tei.ro /ê/ *adj.* que acerta com exatidão; que vai diretamente ao alvo

cer.te.za /ê/ *s.f.* **1** qualidade do que é certo **2** exatidão, convicção, segurança, confiança **3** algo que não gera dúvida

cer.ti.dão *s.f.* documento legal, atestado por autoridade competente

cer.ti.fi.car *v.t.* dar fé, crédito; declarar verdadeiro, legítimo um documento ou um fato

cer.to /é/ *adj.* **1** que não contém erros; que é verdadeiro **2** inevitável **3** que não falha

ce.rú.leo *adj.* **1** do céu **2** da cor do céu; azulado

ce.ru.me *s.m.* cera que fica na parte interna do ouvido

cer.ve.ja /ê/ *s.f.* bebida alcoólica fermentada feita de cevada, lúpulo e outros cereais

cer.ve.ja.ri.a *s.f.* **1** indústria de cerveja **2** estabelecimento onde se vende e se aprecia cerveja

cer.ve.jei.ro /ê/ *s.m.* **1** apreciador, bebedor de cerveja **2** vendedor ou fabricante de cerveja

cer.vi.cal *adj.2g.* ANAT relativo à cerviz

cer.viz *s.f.* **1** ANAT parte posterior do pescoço; cogote, cachaço, nuca **2** copa ou topo de uma árvore

cer.vo /ê/ *s.m.* ZOOL mamífero ruminante da família dos cervídeos, comum no Hemisfério Norte; veado

cer.zir *v.t.* remendar, fazer uma nova costura com linha; costurar com pontos miúdos

ce.sa.ri.a.na *s.f.* MED operação cirúrgica que retira o feto por meio de incisão no ventre materno

ce.sa.ri.a.no *adj.* **1** relativo ao imperador romano Júlio César **2** *fig.* diz-se de indivíduo que gosta de mandar

ces.sa.ção *s.f.* **1** ato ou efeito de cessar, interromper **2** JUR modificação do procedimento de um processo júri

cé.sio *s.m.* QUÍM metal alcalino de símbolo Cs, de número atômico 55, usado na fabricação de pilhas, baterias e outros produtos

ces.são *s.f.* **1** ato de ceder alguma coisa **2** transferência de posse ou direito

ces.sar *v.t.* não prosseguir; terminar, findar, desistir

ces.sio.ná.rio *s.m.* JUR aquele que se beneficia com uma cessão

ces.ta /ê/ *s.f.* **1** utensílio geralmente de vime, em que se transportam objetos **2** cada ponto marcado no basquete

ce.tá.ceo *s.m.* ZOOL mamífero marinho tal como a baleia e o golfinho, de corpo hidrodinâmico, geralmente sem pelos, com membros anteriores modificados em nadadeiras e posteriores ausentes, com nadadeira caudal horizontal e orifícios respiratórios situados no alto da cabeça

ces.tei.ro /ê/ *s.m.* pessoa que faz cestos

ces.to /ê/ *s.m.* m.q. cesta

ce.su.ra /ê/ *s.f.* **1** corte, incisão, abertura em uma superfície **2** POÉT pausa ou corte no interior do verso

ce.tim *s.m.* tecido macio e lustroso de seda brilhante

ce.ti.no.so /ô/ *adj.* que tem as propriedades do cetim

ce.to.na *s.f.* QUÍM classe de compostos orgânicos que contém o grupamento carbonila (CO) ligado a dois átomos de carbono

ce.to.se /ó/ *s.f.* **1** QUÍM variedade de acidose, em que predomina a formação cetona **2** MED acidose causada pelo aumento de corpos cetônicos, como no caso da acidose diabética

ce.tro /é/ *s.m.* bastão de ouro com emblemas usado por reis como símbolo do poder real, de autoridade

céu *s.m.* **1** espaço onde se movem e se localizam os astros **2** RELIG lugar onde estão Deus, os anjos e os bem-aventurados **3** *fig.* paraíso; a providência divina; lugar onde está a felicidade ■ **céu da boca** arco do palato

ce.va /ê ou é/ *s.f.* **1** ação de cevar **2** lugar de engorda dos animais, para depois serem abatidos

ce.va.da *s.f.* BOT planta da família das gramíneas, cerealífera e alimentícia, utilizada na fabricação de cerveja e outras bebidas alcoólicas

ce.va.do *adj.* **1** que se cevou **2** acostumado à ceva (animal) **3** diz-se do animal criado na ceva, engordado para ser abatido

ce.var *v.t.* **1** alimentar; fazer a engorda; nutrir **2** *fig.* entusiasmar, incentivar

chá *s.m.* **1** BOT planta teácea que produz bebida estimada pelos povos orientais **2** a bebida obtida por infusão de folhas de plantas

chã *s.f.* **1** planície, chapada **2** carne da coxa do boi

cha.cal *s.m.* ZOOL animal da família dos canídeos, carnívoro e feroz, que vive na África e na Ásia

chá.ca.ra *s.f.* propriedade agrícola, geralmente de pequeno porte, situada nos arredores de uma cidade

cha.ca.rei.ro /ô/ *s.m.* proprietário ou administrador de chácara

cha.ci.na *s.f.* **1** resultado ou ação de chacinar **2** assassinato em massa, cheio de crueldade

cha.coa.lhar *v.t.* sacudir-se com barulho; agitar-se **2** agitar, sacolejar objetos que fazem barulho

cha.co.ta /ó/ *s.f.* **1** canto e dança de origem trovadoresca **2** escárnio, zombaria; atitude desdenhosa

chapim

cha.fa.riz *s.m.* fonte pública com uma ou mais bicas por onde a água escorre, construída geralmente para ornamentar um local

cha.fur.dar *v.t.* 1 revolver-se em lamaçal; atolar-se 2 *fig.* corromper-se

cha.ga *s.f.* 1 ferimento infeccionado; úlcera 2 marca provocada por uma ferida 3 *fig.* trauma emocional; infortúnio, má sorte

cha.gar *v.t. v.pron.* 1 fazer chagas em; ulcerar-se 2 *fig.* martirizar, flagelar

cha.la.ça *s.f.* dito zombeteiro; gracejo de mau gosto; escárnio

cha.la.cei.ro */ê/ s.m.* indivíduo que diz ou faz chalaças; gozador

cha.lé *s.m.* casa de campo em geral, de madeira, imitando o estilo suíço

cha.lei.ra */ê/ s.f.* vasilha de metal ou de ferro batido onde se ferve água para diversos fins

cha.lei.rar *v.t. pop.* elogiar em excesso; adular, bajular

chal.rar *v.i.* 1 soltar a voz, como a arremedar a fala (aves como a arara, o papagaio etc.) 2 *fig.* falar ou cantar descontraidamente, fazendo algazarra

cha.lu.pa *s.f.* 1 embarcação de pequeno porte 2 *pop.* cada uma ou o conjunto das três cartas de maior valor no jogo de voltarete

cha.ma *s.f.* 1 QUÍM mistura gasosa e incandescente, acompanhada de luz e energia térmica resultado da combustão; parte visível do fogo 2 *fig.* ímpeto, paixão, entusiasmo

cha.ma.da *s.f.* 1 ato ou efeito de chamar 2 telefonema, ligação 3 toque, sinal 4 repreensão, advertência

cha.ma.lo.te */ó/ s.m.* tecido de seda cuja trama produz efeitos ondulados

cha.mar *v.t.* 1 atrair a atenção de alguém por meio de palavras 2 convidar, convocar 3 *fig.* apelidar; dar nome a alguém ou a alguma coisa 4 *fig.* aliciar

cha.ma.ris.co *s.m.* que desperta atenção; chamariz

cham.bre *s.m.* 1 roupão que se usa pela manhã, ao despertar 2 antiga camisola de dormir masculina, geralmente feita com tecido simples

cha.me.go */ê/ s.m.* 1 carinho; intimidade dos casais 2 contato indecoroso; bolinação, sarro

cha.me.jar *v.i.* 1 lançar chamas; brilhar 2 *fig.* arder de emoção, arrebatamento ou irritação

cha.mi.né *s.f.* 1 tubo pelo qual sai a fumaça do fogão; fornalha, lareira 2 parte do cachimbo onde se coloca o tabaco 3 *fig.* pessoa que fuma excessivamente

cham.pa.nha *s.f.* vinho espumante branco ou rosado fabricado em Champagne, na França

cha.mus.car *v.t.* 1 queimar ligeiramente, superficialmente 2 enegrecer ao fogo

cha.mus.co *s.m.* 1 combustão leve, superficial 2 odor de algo que queima 3 *fig.* confronto armado; tiroteio, briga

chan.ca *s.f.* 1 *pop.* pé grande, feio 2 sapato grande e feio; abarca 3 a chuteira ou a sua sola 4 perna masculina com

chan.ce.la */é/ s.f.* 1 selo ou carimbo, timbre oficial 2 carimbo que reproduz em documentos a assinatura ou rubrica de uma autoridade

chan.ce.lar *v.t.* 1 autenticar utilizando selo, timbre ou assinatura 2 aprovar

chan.ce.la.ri.a *s.f.* 1 repartição oficial em que os documentos são autenticados ou selados 2 o ministério das Relações Exteriores ou dos Negócios Estrangeiros de alguns países

chan.ce.ler */é/ s.m.* 1 secretário-mor das instituições, responsável por autenticar os documentos 2 ministro das Relações Exteriores

chan.chão *s.m.* 1 ZOOL ave nativa do Brasil, da família dos picídeos; pica-pau-do-campo 2 *fig.* indivíduo falador, linguarudo

chan.cha.da *s.f.* 1 peça teatral de baixo nível 2 espetáculo popularesco de baixa qualidade conceitual, formal e cultural

chan.fa.lho *s.m.* facão velho, grande e enferrujado, que não corta

chan.fra.du.ra *s.f.* 1 marca na pele provocada por corte de faca ou de navalha 2 rebordo das costas marítimas de um país 3 recorte de forma curvilínea feito nas extremidades de um órgão

chan.frar *v.t.* 1 aparelhar a madeira, cortar em ângulo 2 *pop.* falar mal de alguém 3 *pop.* copular

chan.ta.gem *s.f.* pressão exercida sobre alguém com o objetivo de extorquir dinheiro, sob a ameaça de difamação ou de revelação de fatos criminosos ou comprometedores

chan.ta.gis.ta *s.2g. adj.2g.* quem pratica chantagens; chantageador

chan.tre *s.m. desus.* RELIG membro da Igreja encarregado do canto litúrgico

cha.nu.ra *s.f.* planície, terreno plano

chão *adj.* 1 plano, liso, sem saliências 2 de pouca profundidade; raso 3 *fig.* simples, despretensioso • *s.m.* 4 *pop.* caminho a ser percorrido; estrada 5 extensão de terra

cha.pa *s.f.* 1 placa fina de material rígido com superfície plana 2 placa de veículos 3 *pop.* folha plástica flexível que registra imagens radiográficas; radiografia 4 *pop.* partido político ○ *s.2g.* 5 *fig.* companheiro, amigo, camarada

cha.pa.da *s.f.* 1 porção extensa de terra elevada 2 terreno plano com vegetação baixa 3 *fig.* tapa

cha.par *v.t.* 1 aplicar chapa(s) em; chapear 2 bater com a palma da mão 3 dar forma de chapa a algo 4 cunhar (moeda) 5 *fig.* embriagar-se

cha.pe.ar *v.t.* 1 revestir, guarnecer ou reforçar com chapas, metálicas ou não 2 cobrir com porções de argamassa, barro ou cimento, arremessadas com energia a fim de obter um revestimento áspero e regular

cha.pei.rão *s.m.* 1 grande chapéu de abas largas 2 espécie de capuz grande 3 *fig.* indivíduo grosseiro, rústico

cha.pe.la.ri.a *s.f.* 1 a arte do chapeleiro 2 local onde se fabricam chapéus masculinos e femininos 3 estabelecimento comercial onde são vendidos esses chapéus 4 em estabelecimentos como boates e restaurantes, o setor onde podem ser guardados casacos, chapéus, bolsas etc.

cha.pe.lão *s.m.* chapéu grande, geralmente com aba

cha.pe.lei.ra */ê/ s.f.* 1 mulher que fabrica chapéus 2 caixa própria para se guardar chapéus 3 cabide para pendurar chapéus, bonés etc.

cha.pe.le.ta */ê/ s.f.* pequeno chapéu

cha.péu *s.m.* peça do vestuário que cobre a cabeça, feito de couro ou outro material

cha.pim *s.m.* 1 calçado feminino de sola grossa 2 o coturno utilizado nas tragédias clássicas gregas 3 patim de gelo 4 pedestal pequeno

chapinhar

cha.pi.nhar *v.t.* movimentar-se na água utilizando os pés ou as mãos

cha.po.tar *v.t.* podar árvores retirando galhos sem serventia

cha.puz *s.m.* **1** bucha que se coloca na parede para fixar prego ou objeto afim **2** peça de madeira em que assenta a culatra de artilharia

cha.ra.da *s.f.* **1** enigma em que se deve adivinhar uma palavra; quebra-cabeça; enigma verbal **2** *fig.* coisa difícil de solucionar ou de entender; problema, enigma

cha.ra.me.la /é/ *s.f.* **1** MÚS instrumento de música, parecido com oboé **2** tubo da gaita de foles

cha.ran.ga *s.f.* **1** MÚS conjunto musical formado apenas por cornetas e cornetões **2** *pejor.* conjunto musical barulhento e desafinado **3** *pop.* carro velho

cha.rão *s.m.* **1** verniz negro ou vermelho de laca chinesa **2** objeto revestido com esse verniz **3** árvore que produz esse verniz

char.co *s.m.* lugar lamacento e com água parada; pântano, brejo

cha.ri.va.ri *s.m.* **1** barulho ensurdecedor **2** tumulto, balbúrdia **3** MÚS cacofonia musical

char.la *s.f.* conversa informal, sem um propósito definido

char.la.dor *adj.* tagarela, falador, loquaz

char.la.ta.na.ri.a *s.f.* ação própria de charlatão; charlatanice

char.la.ta.ne.ar *v.i.* proceder como charlatão; viver de intrujice, de enganar os outros

char.la.ta.nes.co /ê/ *adj.* relativo a ou próprio de charlatão

char.la.ta.ni.ce *s.f.* m.q. charlatanaria

char.la.ta.nis.mo *s.m.* m.q. charlatanice; charlatanaria

char.la.tão *adj.* **1** intrujão, embrulhão; propagandista de objetos de pouco valor; embusteiro, velhaco **2** pessoa que, para se dar importância, fala difícil e abundantemente e explora a credibilidade alheia

char.les.ton *s.m.* [ing.] nome de uma dança que surgiu na cidade de Charleston, nos Estados Unidos, cujo passo característico consiste em balançar os joelhos para dentro e para fora e afastar as pernas, com um giro rápido e brusco dos calcanhares

char.ne.ca /é/ *s.f.* **1** vegetação xerófila que cresce nas regiões incultas e arenosas **2** pântano

cha.ro.la /ó/ *s.f.* armação em que se levam as imagens sacras nas procissões

char.que *s.m.* CUL carne bovina salgada e cortada em mantas; carne seca

char.que.a.da *s.f.* **1** saladeiro **2** lugar onde os bois são abatidos e onde se prepara o charque

char.que.ar *v.t.* **1** cortar a carne em mantas, salgá-la e expô-la ao Sol; transformar a carne em charque **2** *fig.* executar um trabalho de maneira malfeita

char.re.te /é/ *s.f.* carro leve de duas ou três rodas puxado por cavalo

char.ro *adj.* grosseiro, bronco; sem modos

char.ru.a *s.f.* **1** instrumento de tração animal ou mecânica, que serve para afofar o solo **2** a lavoura, o trabalho feito no campo

cha.ru.ta.ri.a *s.f.* comércio em que são vendidos cigarros, charutos, fumo; tabacaria

cha.ru.tei.ra /ê/ *s.f.* caixa ou estojo próprio para charutos; carteira

cha.ru.tei.ro /ê/ *s.m.* **1** proprietário de charutaria **2** produtor ou comerciante de charutos

cha.ru.to *s.m.* rolo grosso e alongado de cigarro feito de folhas preparadas de fumo

chas.co *s.m.* **1** zombaria de mau gosto **2** *bras.* puxão repentino e forte na rédea de montaria

chas.que.ar *v.t.* zombar de maneira indelicada

chas.si *s.m.* **1** leito, estrutura de aço em que são armados o motor e a carroceria de um automóvel; armação metálica sobre a qual se constrói o veículo **2** caixilho de metal, madeira ou plástico onde se colocam os filmes utilizados em determinadas câmeras fotográficas

cha.ta *s.f.* embarcação de pequeno calado; barco de transporte, de fundo chato

cha.te.a.ção *s.f.* **1** ato ou efeito de chatear **2** chatura, aborrecimento, maçada

cha.te.ar *v.t. v.pron.* **1** aborrecer-se ou causar algum aborrecimento **2** *fig.* entediar-se

cha.te.za /ê/ *s.f.* pop. particularidade ou atributo do que ou de quem é chato; coisa aborrecida

cha.to *adj.* **1** que apresenta superfície achatada, aproximando-se da horizontal **2** pessoa inoportuna, inconveniente, entediante **3** que tem pouca ou nenhuma elevação **4** *pop.* piolho pubiano

cha.vão *s.m.* **1** *pop.* expressão que se repete demasiadamente e que perde o valor expressivo; clichê **2** chave grande **3** *fig.* modelo adotado pelo senso comum; norma, padrão

cha.ve *s.f.* **1** utensílio que se introduz na fechadura para movimentar a lingueta **2** qualquer ferramenta capaz de abrir ou fechar, apertar ou afrouxar **3** pequeno instrumento com que se dá corda em relógio **4** *fig.* solução estratégica para resolver um problema ou um assunto ▪ **chave mestra** chave que abre todas as portas de um imóvel

cha.vei.ro /ê/ *s.m.* **1** porta-chaves; local onde se guardam as chaves **2** pessoa que tem a posse das chaves de um determinado local **3** profissional que fabrica ou copia chaves

cha.ve.lho /ê/ *s.m.* corno, chifre

chá.ve.na *s.f.* xícara para chá ou café

cha.ve.ta /ê/ *s.f.* **1** peça que serve para fixar a roda **2** peça que segura um pino **3** pequena chave

che.co /é/ *adj. gent.* natural da ou que vive na República Tcheca; m.q. tcheco

che.fa.tu.ra *s.f.* **1** cargo de chefia **2** local onde o chefe exerce as suas funções

che.fe *s.m.* **1** pessoa que detém o poder administrativo em uma empresa ou instituição **2** aquele que dirige; responsável pelo funcionamento de uma repartição

che.fe.te /ê/ *s.m. pejor.* pessoa que chefia sem muita autoridade; chefe desprezível

che.fi.a *s.f.* **1** cargo ou dignidade de chefe **2** ação de governar, dirigir

che.fi.ar *v.t.* exercer função de chefe; dirigir, governar

che.ga.da *s.f.* **1** ato de chegar ao fim de um trajeto, em um lugar **2** contato ou aproximação entre duas ou mais coisas **3** *fig.* nascimento

che.gan.ça *s.f. bras.* dança folclórica dramatizada com acompanhamento instrumental, cuja coreografia evoca as aventuras marítimas

che.gar *v.t.* **1** atingir o final de um percurso de ida ou vinda **2** tocar um ponto específico **3** alcançar o ponto máximo

chei.a /ê/ *s.f.* **1** aumento rápido do nível d'água **2** enchente, inundação

chei.o /ê/ *adj.* **1** aquilo que está preenchido com a capacidade total suportável **2** que está lotado; repleto **3** que não é oco **4** *fig.* farto, impaciente, sem tolerância ■ **cheio de si** metido, convencido, arrogante

chei.rar *v.t.* **1** sentir o cheiro de algo; aspirar pelo nariz **2** exalar odores **3** *fig.* bisbilhotar, descobrir, intrometer-se

chei.ro /ê/ *s.m.* **1** impressão produzida pelo olfato **2** odor, perfume, olor, exalação, aroma **3** *fig.* indício

chei.ro.so /ô/ *adj.* que exala odor agradável; que é perfumado

che.que /é/ *s.m.* ECON documento bancário através do qual o titular de uma conta corrente emite uma ordem de pagamento a favor de outra pessoa

chi.ar *v.i.* **1** emitir chiados, ruídos ásperos **2** *fig.* queixar-se, reclamar, vociferar, bradar

chi.ban.te *adj.2g.* **1** aprimorado, chique **2** que provoca brigas; valentão, fanfarrão **3** que é cheio de si; vaidoso, orgulhoso

chi.ba.ta *s.f.* chicote, açoite; vara flexível

chi.ca.na *s.f.* JUR dificuldade criada para atrapalhar um processo judicial **2** trapaça, tramoia **3** argumentação astuciosa

chi.co *adj.* **1** de pequeno porte **2** mentiroso, fingido • *s.m.* **3** *pop.* menstruação **4** *pop.* comandante da marinha **5** hipocorístico de Francisco

chi.có.ria *s.f.* BOT planta hortense e comestível da família das compostas, utilizada como forragem

chi.co.ta.da *s.f.* **1** golpe de chicote; chibatada **2** *fig.* acontecimento repentino

chi.co.te /ó/ *s.m.* **1** objeto flexível utilizado para surrar animais ou pessoas **2** conjunto de tiras de couro presas a um cabo que serve para golpear **3** movimento súbito

chi.fra.da *s.f.* golpe com os chifres; cornada

chi.frar *v.t.* **1** golpear com os chifres; cornear **2** *fig.* perder a cabeça, o juízo

chi.fre *s.m.* **1** ZOOL corno situado na cabeça dos bovinos e de outros animais **2** ponta recurvada de certas coisas

chi.li.que *s.m.* **1** desmaio; perda temporária dos sentidos **2** ataque nervoso

chim *adj.2g. m.q. chinês*

chi.mar.rão *s.m.* mate amargo que é preparado com água fervente em uma cuia; bebida típica do sul do Brasil

chim.pan.zé *s.m.* ZOOL macaco antropomorfo, de mãos longas com polegares pequenos, cauda ausente e braços mais longos que as pernas

chi.na *adj. gent.* **1** natural ou habitante da China • *s.f.* **2** nome do país asiático **3** mulher indígena, ou descendente de índio; mulher do campo

chin.fri.na.da *s.f.* **1** *pop.* tumulto, gritaria, confusão **2** coisa grotesca, ridícula

chi.ne.lo /é/ *s.m.* calçado confortável sem salto, quase sempre de pano ou borracha

chi.nês *adj. gent.* **1** natural ou habitante da China • *s.m.* **2** o idioma falado na China

chi.nó *s.m.* cabeleira postiça no alto da cabeça; peruca

chi.que *adj.2g.* refinado, que se destaca pela elegância

chi.quei.ro /ê/ *s.m.* **1** curral onde ficam os porcos **2** *por ext.* local imundo, sujo, sem higiene

chis.te *s.m.* **1** dito que provoca riso; pilhéria **2** *desus.* canção burlesca e obscena

chis.pa *s.f.* **1** lampejo, faísca **2** *fig.* talento notável, admirável

chi.ta *s.f.* tecido barato de algodão

cho.ca /ó/ *adj.* **1** chocalho grande **2** vaca ou boi manso munido de chocalho que conduz o gado bravo

cho.ça *s.f.* **1** cabana rústica **2** EXÉRC prisão, detenção

cho.ca.lhar *v.t.* **1** fazer soar o chocalho **2** agitar um objeto qualquer fazendo-o emitir som **3** *por ext.* agitar líquido

cho.ca.lho *s.m.* **1** objeto que ecoa um som quando é agitado **2** MÚS instrumento musical de estrutura oca e com sementes em seu interior

cho.car *v.t. v.pron.* **1** aquecer **2** cobrir os ovos com a finalidade de fazer os filhotes nascerem **3** esbarrar; produzir choque, colidir **4** escandalizar-se, causar forte sensação, ofender-se, abalar-se

cho.car.rei.ro /ê/ *adj.* que faz gracejo exagerado; insolente

cho.cho /ô/ *adj.* **1** seco, sem recheio, murcho **2** desinteressante, superficial, sem graça

cho.co /ô/ *adj.* diz-se da ave ou do ovo que se encontra em processo de incubação

cho.co.la.te *s.m.* **1** CUL preparado alimentício de cacau, sólido, pastoso ou em pó, a que se adicionam açúcar, leite e substâncias aromáticas **2** *por ext.* tablete ou bombom preparado com esse produto **3** bebida preparada com chocolate em pó e leite

cho.co.la.tei.ra /ê/ *s.f.* **1** recipiente próprio para se preparar o chocolate **2** vasilha própria para guardar ou servir chocolates e bombons

cho.co.la.tei.ro /ê/ *s.m.* **1** aquele que vende ou prepara o chocolate; indivíduo que aprecia excessivamente chocolate **2** *pop.* quem comercializa cacau

cho.fer /é/ *s.m.* condutor de automóvel, motorista

cho.fre /ô/ *s.m.* choque ou golpe inesperado, repentino ■ **de chofre** subitamente, repentinamente

chol.dra /ô/ *s.f.* **1** ralé, escória **2** coisa que não presta; droga

cho.pe /ó/ *s.m.* **1** cerveja gelada servida diretamente do barril **2** um copo ou uma caneca de chope

cho.que /ó/ *s.m.* **1** encontro brusco, colisão **2** emoção imprevista; abalo emocional **3** embate impetuoso entre forças militares em luta

cho.ra.min.gar *v.i.* **1** chorar aos poucos **2** chorar em tom baixo **3** chorar por motivos superficiais, por coisa sem importância

cho.rão *adj.* **1** qualidade de quem é manhoso; quem chora muito • *s.m.* **2** BOT árvore semelhante ao salgueiro, cujos galhos são pendentes para o chão **3** MÚS chorista; instrumentista que toca choro

cho.rar *v.i.* **1** derramar lágrimas; lamentar aos prantos **2** lastimar, queixar-se com lágrimas **3** ecoar sons langorosos

cho.ri.nho *s.m.* **1** MÚS gênero musical brasileiro variante do choro **2** conjunto de violão, cavaquinho, flauta e pequena orquestra, em que a melodia se destaca

cho.ro /ô/ *s.m.* **1** ação ou resultado de chorar **2** ação de jorrar lágrimas; pranto, lamúria **3** MÚS gênero musical de origem brasileira **4** MÚS conjunto instrumental de executantes dessa forma musical (*chorões*)

cho.ro.so /ô/ *adj.* **1** sentimental, manhoso; que chora em excesso **2** *fig.* que se desgostou; sentido, magoado

chorrilho

chor.ri.lho *s.m.* **1** *pop.* diarreia, disenteria **2** *pop.* série de golpes felizes no jogo

chor.ro /ô/ *s.m.* m.q. jorro

cho.ru.me *s.m.* **1** gordura animal; banha **2** opulência, riqueza, fartura **3** líquido originado por material orgânico em decomposição

chou.pa /ô/ *s.f.* **1** ZOOL peixe da família dos hemulídeos; caicanha **2** ferro de dois gumes fixado em um cabo curto com que se fere o boi para abatê-lo nos matadouros

chou.pa.na *s.f.* **1** cabana rústica **2** habitação humilde

chou.po /ô/ *s.m.* BOT árvore da família do salgueiro, geralmente cultivada como ornamental ou pela sua madeira

chou.ri.ço *s.m.* pedaço de tripa recheado com carne de porco picada, gordura e temperos, e seco ao fumeiro

chou.to /ô/ *s.m.* andadura sacudida, com passos pequenos

cho.ver /ê/ *v.i.* **1** cair água das nuvens; cair chuva **2** *fig.* acontecer em grande proporção, chegar em quantidade

chu.char *v.t.* **1** fazer movimentos de sucção com a boca; chupar, sugar **2** incitar a raiva de; cutucar **3** *pop.* empurrar, obrigando a aceitar

chu.chur.re.ar *v.t.* **1** bebericar **2** fazer ruído com os lábios ao beber ou ao beijar

chu.ço *s.m.* **1** haste de madeira provida de uma extremidade de ferro **2** espécie de lança

chu.cro *adj.* **1** não domado; selvagem **2** *fig.* ignorante; desprovido de cultura

chu.é *adj.* **1** de pouco valor; ordinário, vil **2** desleixado

chu.lé *s.m.* **1** odor fétido dos pés **2** *pop.* de má qualidade; barato

chu.le.ar *v.t.* **1** costurar para que não desfie; dar ponto nas bordas

chu.li.pa *s.f.* **1** travessa de madeira sobre a qual os trilhos das linhas férreas são fixados

chu.la *s.f.* **1** música e dança folclórica típica de Portugal **2** *pejor.* mulher vulgar, de vida fácil

chu.lo *adj.* **1** rústico, grosseiro; que não é digno **2** de palavreado impróprio, obsceno, de baixo calão

chu.ma.ço *s.m.* **1** porção de material flexível **2** quantidade de qualquer coisa que faça volume **3** peça de madeira em que se movimenta o eixo do carro de boi

chum.bo *s.m.* **1** QUÍM elemento químico, metal azulado, denso e maleável, de número atômico 82 e símbolo Pb **2** pedaço de chumbo que se coloca nas linhas de pesca, fazendo-as afundar para que o peixe coma a isca; chumbada **3** *pop.* tiro de bala **4** *fig.* objeto bastante pesado

chu.par *v.t.* **1** sugar **2** fazer movimentos de sucção com os lábios em algo que se leve à boca **3** absorver **4** *pop.* beber; entornar **5** *fig. pop.* gastar muito, dissipar

chu.pim *s.m.* **1** ZOOL pássaro da família dos emberizídeos, de plumagem escura, sendo o macho de uma cor azul-violeta fortemente brilhante e a fêmea, totalmente negra, com o costume de pôr ovos em ninhos alheios **2** *pop.* marido que vive à custa da mulher; aproveitador

chu.pi.tar *v.t.* sugar lenta e repetidamente

chur.ras.co *s.m.* **1** CUL carne de vários tipos assada na grelha ou no espeto **2** *por ext.* reunião festiva em que se serve tal refeição

chur.ro *s.m.* **1** sujeira na pele **2** espécie de bolinho cilíndrico frito, passado em uma mistura de canela e açúcar e recheado com algum creme doce

chus.ma *s.f.* **1** grupo de pessoas em um determinado lugar; multidão **2** grande quantidade de coisas; montão **3** MAR a tripulação de um navio

chu.ta.dor /ô/ *adj.* **1** que chuta **2** ESPORT diz-se do atacante que tem chute forte e certeiro **3** *pop.* aquele que arrisca, sem base, uma resposta; palpiteiro

chu.tar *v.t.* **1** aplicar chutes **2** ESPORT impelir a bola com o pé **3** *pop.* responder contando com a sorte; arriscar uma resposta

chu.te *s.m.* **1** impulso energético feito com o pé **2** ESPORT golpe com ponta do pé dado na bola **3** *pop.* tentativa de acertar uma resposta sobre assunto que se desconhece ou conhece pouco

chu.tei.ra /ê/ *s.f.* ESPORT calçado utilizado pelos jogadores de futebol durante a partida ■ **pendurar as chuteiras** deixar de trabalhar, de exercer uma profissão

chu.va *s.f.* **1** água que cai das nuvens pelo fenômeno que resulta da condensação do vapor de água da atmosfera em pequenas gotas **2** *fig.* algo abundante, ex.: *chuva de bênçãos*

chu.vis.car *v.i.* chover pouco; cair chuvisco

chu.vis.co *s.m.* chuva fraca e rala, pouco densa; garoa

chu.vis.quei.ro /ê/ *s.m.* chuva fina; garoa, chuvisco

ci.a.na.to *s.m.* QUÍM sal ou éster do ácido ciânico ou ânion dele derivado

ci.a.ne.to /ê/ *s.m.* QUÍM sal ou éster do ácido cianídrico ou ânion dele derivado; cianureto

ci.a.ní.dri.co *s.m.* QUÍM ácido prússico, utilizado em câmaras de gás

ci.a.no *s.m.* azul; nome de uma das três cores básicas de pigmentos (azul, vermelho e amarelo)

ci.a.no.se /ó/ *s.f.* MED coloração azulada, lívida ou escura da pele, pela oxigenação insuficiente do sangue e ligada a várias causas

ci.á.ti.ca *s.f.* MED nevralgia do nervo ciático, manifestado por dores lombares

ci.á.ti.co *s.m.* ANAT nome do principal nervo dos membros inferiores, que controla as articulações do quadril, do joelho e do tornozelo; o próprio nervo ciático

ci.bó.rio *s.m.* **1** RELIG vaso de metal em que se colocam as hóstias consagradas para a comunhão **2** antigo vaso utilizado por navegantes para guardar mantimentos

ci.ca.triz *s.f.* **1** sinal fibroso formado pelo processo de cicatrização; estigma das lesões; os cortes quando cicatrizados **2** sentimento duradouro deixado por um grande sofrimento moral ou psíquico

ci.ca.tri.zar *v.t.* **1** promover a cicatrização de cortes **2** transformar-se em cicatriz

ci.ce.ro.ne *s.m.* guia de viajantes que explica sobre os monumentos, traz curiosidades, apresenta os aspectos etc. de um país ou de uma cidade

ci.cio *s.m.* **1** som produzido pelo vento nos ramos e nas folhas das árvores **2** a pronúncia de palavras de maneira sibilante; ceceio **2** ruído de vozes baixo e confuso; murmúrio

ci.cla.me *s.m.* BOT planta da família das primuláceas; ciclâmen

cincar

cí.cli.co *adj.* **1** qualidade do que é executado em ciclo **2** que apresenta a forma de ciclo **3** que apresenta as peças florais dispostas em verticilo (diz-se de flor, perianto etc.)

ci.clis.mo *s.m.* **1** ESPORT esporte que se pratica em bicicletas, motocicletas **2** sistema de locomoção por bicicleta

ci.clis.ta *s.2g.* quem pratica ciclismo ou se locomove por meio de bicicleta

ci.clo *s.m.* **1** espaço de tempo durante o qual um fenômeno acontece **2** série de acontecimentos que se sucedem regularmente, em uma determinada ordem

ci.clo.ne /ô/ *s.m.* tempestade em redemoinho com ventos violentos; massa atmosférica que gira ao redor de um centro de baixa pressão

ci.clo.pe /ó/ *s.m.* MIT criação da fábula grega, forte gigante que tinha um olho único no meio da testa

ci.ció.pi.co *adj.* **1** colossal, grandioso, gigantesco **2** de aspecto pesado, rude, abrutalhado

ci.clós.to.mo *s.m.* ZOOL nome dado a peixes de boca redonda e grande

ci.cu.ta *s.f.* **1** BOT erva venenosa do Hemisfério Norte **2** veneno dessa planta

ci.da.da.ni.a *s.f.* **1** qualidade ou condição de ser cidadão **2** direitos de cidadão

ci.da.dão *s.m.* **1** pessoa que reside em uma cidade **2** pessoa que possui os direitos de cidadania **3** *pop.* qualquer indivíduo

ci.da.de *s.f.* **1** aglomeração humana em um determinado local, ligada a atividades industriais e comerciais, e que goza de determinados direitos sociais e políticos **2** cada uma das partes distintas de uma aglomeração urbana

ci.da.de.la /é/ *s.f.* **1** fortaleza situada em lugar estratégico **2** parte mais alta da cidade, quase sempre defendida **3** local que oferece condições de defesa; baluarte

ci.dra *s.f.* BOT fruto da cidreira; laranja-toranja

ci.drei.ra /ê/ *s.f.* BOT arbusto da família das rutáceas, originário da Índia

ci.ên.cia *s.f.* **1** conjunto de conhecimentos relativos a um determinado objeto **2** sabedoria, conhecimento aprofundado, baseado em princípios racionais

ci.en.te *adj.2g.* que tem conhecimento; informado

ci.en.ti.fi.car *v.t. v.pron.* tornar(-se) ciente de algo; informar(-se)

ci.en.ti.fi.co *adj.* **1** relativo ou de acordo com a ciência **2** que se aplica à ciência ou nela se baseia, com rigor e objetividade

ci.en.tis.ta *s.2g.* **1** indivíduo que se dedica à ciência; pesquisador **2** adepto do cientismo

ci.en.tis.mo *s.m.* FILOS modo de pensar segundo o qual a metodologia científica deve ser aplicada a todos os aspectos da vida humana; cientificismo

ci.fo.se /ó/ *s.f.* MED curvatura anômala da coluna vertebral, na região torácica

ci.fra *s.f.* **1** algarismo zero **2** valor, quantidade ou quantia total **3** MÚS conjunto de caracteres usados para identificar os acordes musicais **4** *fig.* linguagem obscura, metafórica

ci.frão *s.m.* nome que se dá ao sinal gráfico $, representando as unidades monetárias

ci.frar *v.t.* **1** registrar em cifras; escrever em código, com valores convencionais dados aos sinais e às letras **2** resumir, abreviar, reduzir **3** MÚS marcar uma música com cifras

ci.ga.no *s.m.* **1** povo nômade que provavelmente teve origem indiana e dali emigrou para o mundo todo **2** *fig.* pessoa de vida incerta, errante

ci.gar.ra *s.f.* **1** inseto hemíptero que produz um ruído estrídulo e suga seiva, notável por sua cantoria **2** *fig.* pessoa despreocupada, pouco previdente

ci.gar.ro *s.m.* fumo, tabaco acondicionado em palha ou papel

ci.la.da *s.f.* **1** emboscada, armadilha, embuste **2** lugar encoberto, tocaia

ci.lha *s.f.* faixa de couro ou tecido que amarra os arreios da montaria; barrigueira

ci.li.ar *adj.2g.* **1** relativo a cílios **2** que margeia cursos de água

ci.lí.cio *s.m.* **1** tecido grosseiro de pelo de cabra que se usava sobre a pele por penitência **2** *fig.* mortificação, sacrifício

ci.lin.dra.da *s.f.* **1** volume de gás máximo admitido em um cilindro no ciclo completo de um pistão **2** capacidade de volume do gás carburante do cilindro de um motor de explosão

ci.lin.drar *v.t.* **1** dar forma de cilindro **2** passar cilindro ou rolo sobre matéria pastosa, para torná-la lisa e delgada

ci.lín.dri.co *adj.* GEOM que apresenta a forma de cilindro

ci.lin.dro *s.m.* **1** GEOM sólido que apresenta os lados perpendiculares e o corte circular **2** qualquer corpo que apresenta forma alongada e roliça, de diâmetro igual em todo o seu comprimento

cí.lio *s.m.* ANAT cada um dos pequenos pelos que se prendem às pálpebras; pestana, celha

ci.ma *s.f.* a parte superior de alguma coisa; cume

ci.ma.lha *s.f.* ARQUIT moldura saliente que ornamenta a parte superior da fachada de um edifício

cím.ba.lo *s.m.* MÚS instrumento musical antigo semelhante a um par de pratos

ci.mei.ra /ê/ *s.f.* **1** o ponto mais alto; cume **2** enfeite que se colocava no alto do capacete ou do escudo de armas **3** adorno da parte mais alta de um edifício

ci.men.tar *v.t.* **1** fixar; pavimentar com cimento **2** *fig.* dar bases firmes a alguma coisa; firmar(-se), consolidar(-se)

ci.men.to *s.m.* **1** pó de pedra, constituído de substâncias calcárias e argilosas pulverizadas e calcinadas, de que se faz sólida argamassa para construções ao ser misturado com água **2** *fig.* alicerce, fundamento

ci.mi.tar.ra *s.f.* espada turca de lâmina curva e larga na extremidade livre, com gume no lado convexo, utilizada por certos povos orientais, principalmente pelos guerreiros muçulmanos

ci.mo *s.m.* ponto mais alto; cume, topo

ci.nâ.mi.co *s.m.* QUÍM ácido usado na fabricação de ésteres para a indústria de perfumes

ci.na.mo.mo *s.m.* BOT árvore tropical da família das lauráceas, cultivada por sua casca de propriedades aromatizantes

cin.ca.da *s.f.* **1** engano, erro **2** comentário desastroso; gafe

cin.car *v.t.* cometer erro, cometer gafe

cincerro

cin.cer.ro /ê/ *s.m.* sineta presa ao pescoço do animal e que serve para guiar e reunir um rebanho

cin.cha *s.f.* peça de arreios de pano ou de couro com que se aperta a sela por baixo da barriga do animal

cin.co *num.* **1** quatro mais um **2** diz-se do quinto elemento de uma série

cin.dir *v.t.* separar, dividir em duas ou mais partes

ci.ne *s.m.* m.q. cinema

ci.ne.as.ta *s.m.* profissional ou amador que exerce uma atividade criativa e técnica no cinema

ci.né.fi.lo *adj. s.m.* indivíduo aficionado, que ama o cinema como arte ou forma de lazer, que se interessa por sua evolução e suas realizações

ci.ne.ma /ê/ *s.m.* **1** ARTE cinematógrafo; arte de fazer filmes cinematográficos; Sétima Arte **2** o conjunto dos que trabalham na indústria cinematográfica **3** nome da sala em que os filmes são projetados

ci.ne.ma.to.gra.fi.a *s.f.* **1** a arte do cinema **2** conjunto de filmes relacionados a um autor, a um país, a uma época **3** meio de expressão e comunicação que utiliza esse processo

ci.ne.ma.tó.gra.fo *s.m.* antigo aparelho que projeta, em tela própria, várias imagens fotografadas subsequentemente, dando a impressão de cenas com movimento

ci.ne.ra.ma *s.m.* projeção por meio de três projetores sincronizados, em tela côncava, de maneira que o espectador fique circundado pela imagem

ci.ne.rar *v.t.* queimar, reduzir a cinza

ci.ne.rá.rio *s.m.* lugar que contém as cinzas dos mortos; jazigo

ci.nes.có.pio *s.m.* tubo de imagem; tubo utilizado nos receptores de televisão para exibir a imagem

ci.ne.gé.ti.ca *s.f.* arte ou esporte da caça com ajuda de cães

ci.ne.gra.fis.ta *adj.2g. s.2g.* profissional que exerce a função de cinegrafar; indivíduo que opera uma câmera de cinema ou de televisão

ci.ne.má.ti.ca *s.f.* FÍS ramo da mecânica que estuda o movimento de corpos ou partículas, sem referência a massas ou a forças; foronomia

ci.ne.ma.to.gra.far *v.t.* **1** registrar imagens em movimento; filmar **2** projetar imagens em uma tela de cinema

ci.né.reo *adj.* de cor cinzenta; cinzento

ci.ne.si.a *s.f.* **1** tipo de ginástica terapêutica **2** motilidade, movimento

ci.né.ti.ca *s.f.* FÍS ramo da física que trata da ação das forças nas mudanças de movimento dos corpos

cin.ga.lês *adj. gent.* natural ou habitante do Ceilão, atual República de Sri Lanka

cin.gel /é/ *s.m.* junta de bois; cingelada

cin.gir *v.t.* **1** colocar ao redor **2** amarrar, colocar em torno da cabeça ou ter na cabeça como insígnia ou adorno **3** colocar na cinta

cín.gu.lo *s.m.* **1** RELIG cordão com se amarram as vestes brancas dos padres **2** BIOL qualquer órgão ou estrutura semelhante a um cinto

cí.ni.co *adj.* **1** adepto do cinismo **2** petulante, atrevido **3** inescrupuloso, hipócrita, sarcástico

ci.nis.mo *s.m.* **1** FILOS doutrina filosófica dos cínicos, que polemicamente defendiam a vida com bases totalmente voltadas para a natureza como modelo ideal **2** desfaçatez, impudência, despudor

ci.no.cé.fa.lo *s.m.* figura que apresenta a cabeça ou a face de um cão

ci.no.gra.fi.a *s.f.* história, tratado acerca das raças caninas

ci.no.lo.gi.a *s.f.* estudo sobre cães

cin.quen.ta *num.* **1** quarenta mais dez **2** diz-se do quinquagésimo elemento de uma série

cin.quen.te.ná.rio *s.m.* **1** o espaço de 50 anos **2** comemoração pelos 50 anos

cin.ta *s.f.* **1** faixa, correia, cinturão **2** artigo ortopédico análogo, utilizado para conter o abdome em certos casos **3** série de objetos dispostos em torno de um centro; cinto

cin.tar *v.t.* **1** ajustar, colocar cinta **2** costurar

cin.ti.la.ção *s.f.* ato de cintilar, brilhar; ação de lançar faísca

cin.ti.lan.te *adj.2g.* que brilha, cintila; que emite brilho, que emite raios luminosos

cin.ti.lar *v.i.* emitir raios luminosos; brilhar, reluzir

cin.to *s.m.* tira de largura variável feita de tecido, couro ou outro material, que se passa em torno da cintura e se ata com laço ou se prende com fivela ou outro fecho; cinta

cin.tu.ra *s.f.* estrutura óssea que reúne os membros ao tronco

cin.za *s.f.* **1** pó resultado da combustão de substâncias **2** *fig.* sentimento de lembrança, de saudade daquilo que passou • *adj.* **3** cinzento ■ **cinzas** os restos mortais de pessoas

cin.zei.ro /ê/ *s.m.* **1** objeto em que se colocam ou se batem as cinzas **2** objeto que serve para receber bitucas de cigarro **3** amontoado de cinzas

cin.zel /é/ *s.m.* instrumento aguçado de aço com o qual trabalham os escultores ao esculpir, ao talhar peças

cin.ze.la.du.ra *s.f.* ato ou efeito de cinzelar

cin.ze.lar *v.t.* **1** trabalhar na pedra utilizando cinzel; talhar, esculpir **2** *fig.* fazer com esmero; apurar, aprimorar, burilar

cin.zen.to *adj.* **1** da cor da cinza **2** *fig.* sem luz, embaçado

ci.o *s.m.* **1** BIOL entre os mamíferos, estado fisiológico das fêmeas que desperta o desejo, a excitação sexual própria dos animais **2** *fig.* luxúria

ci.o.so /ô/ *adj.* **1** que é ciumento **2** cuidadoso, zeloso com algo

ci.pe.rá.ce.a *s.f.* BOT espécie das ciperáceas, plantas monocotiledôneas utilizadas na produção de papiro

ci.po *s.m.* **1** ARQUEOL pedra tumular **2** ARQUEOL pequena coluna usada como marco miliar, estela funerária ou memorial

ci.pó *s.m.* **1** BOT planta trepadeira cujo caule resistente serve de amarrilho; liana **2** chicote, chibata **3** *fig.* cachaça, aguardente

ci.pres.te /é/ *s.m.* BOT designação comum às árvores da família das cupressáceas, de grandes dimensões e copa geralmente estreita, muito cultivadas como ornamentais e como importante fonte de madeira

ci.pri.o.ta /ó/ *adj. gent.* natural ou habitante da ilha de Chipre (Mediterrâneo oriental)

ci.ran.da *s.f.* **1** peneira grossa de palha **2** dança; brincadeira de roda com que se divertem as crianças **3** passagem do tempo; decurso, roda

cisma

ci.ran.dar *v.i.* **1** *fig.* movimentar-se em torno de algo **2** dançar e cantar músicas de ciranda **3** *fig.* transcorrer, passar, suceder-se

cir.cen.se *adj.* **1** relativo a circo e tudo que pertence a ele; profissão, trabalho e costumes dos que se dedicam ao circo **2** funambulesco, excêntrico; grotesco

cir.co *s.m.* **1** local que possui forma arredondada onde se apresentam diversos tipos de atrações **2** conjunto de artistas e animais do circo **3** o mesmo que círculo, anel

cir.cui.to *s.m.* **1** série contínua de componentes que conduzem a corrente elétrica **2** espaço que uma pessoa percorre quando anda em volta de alguma coisa **3** *fig.* série de espetáculos que acontecem sucessivamente **4** FÍS conjunto de componentes eletricamente conectados que desempenham uma função específica

cir.cu.la.ção *s.f.* **1** ato de andar, de completar o círculo **2** movimento contínuo e ordenado de um corpo que se move em círculo **3** MED movimento do fluido interno de um corpo, como o do sangue através dos vasos sanguíneos

cir.cu.la.dor /ô/ *s.m.* aparelho que faz circular água ou ar

cir.cu.lar *v.i.* **1** caminhar, andar ao redor de • *adj.* **2** que apresenta a forma de um círculo; anelar **3** que executa movimento rotativo; giratório • *s.f.* **4** comunicação escrita de interesse comum, que deve percorrer determinado número de pessoas pertencentes ao mesmo círculo social ou profissional

cir.cu.la.tó.rio *adj.* **1** relativo a qualquer movimento circular **2** gerador de quatro polos que conduz micro-ondas de um polo a outro

cír.cu.lo *s.m.* **1** GEOM superfície plana restrita por uma circunferência **2** anel; arco; roda **3** grupo de pessoas reunidas pelo prazer do convívio ou para fins de interesse cultural e outros; associação, clube

cir.cum-na.ve.ga.ção *s.f.* **1** ação de contornar navegando **2** navegação por via marítima ao redor da Terra, de um continente ou de uma ilha

cir.cum-na.ve.ga.dor *s.m.* aquele que circum-navega

cir.cum-na.ve.gar *v.t.* **1** contornar navegando **2** navegar por via marítima ao redor da Terra, de um continente ou de uma ilha

cir.cun.ci.dar *v.t.* praticar a circuncisão em algo; cortar o prepúcio

cir.cun.ci.são *s.f.* **1** MED ato de circuncisar ou de circuncidar; retirada cirúrgica do prepúcio **2** RELIG ato de circuncisar ou de circuncidar por motivos religiosos; retirada do clitóris e dos pequenos lábios da vulva das meninas

cir.cun.ci.so *adj.* que foi submetido a circuncisão; circuncidado

cir.cun.dar *v.t.* envolver por todos os lados; formar um círculo em torno de algo

cir.cun.fe.rên.cia *s.f.* **1** GEOM linha curva, cujos pontos são igualmente distantes do centro **2** contorno, periferia

cir.cun.flu.ir *v.i.* **1** confluir, convergir **2** transbordar, derramar-se

cir.cun.gi.rar *v.t.* girar ao redor; movimentar-se em círculo

cir.cun.ja.cen.te *adj.2g.* que se estende ou jaz ao redor de algo

cir.cun.lo.cu.ção *s.f.* m.q. circunlóquio

cir.cun.ló.quio *s.m.* rodeio de palavras; uso de frases evasivas; perífrase

cir.cuns.cre.ver /ê/ *v.t.* **1** traçar um círculo em volta de **2** traçar limites; delimitar

cir.cuns.cri.ção *s.m.* **1** ato ou efeito de circunscrever-se **2** divisão territorial para determinadas finalidades

cir.cuns.cri.to *adj.* **1** que tem limites bem marcados **2** *fig.* limitado; que faz parte de uma circunscrição

cir.cuns.pec.ção *s.f.* **1** qualidade de circunspecto **2** cautela ao agir ou falar; ponde

cir.cuns.pec.to /é/ *adj.* que age com cautela, com cuidado; prudente, reservado

cir.cuns.tân.cia *s.f.* **1** motivo, causa que rodeia determinado fato, podendo influir em sua qualificação **2** conjunto de fatores materiais ou não que acompanham ou circundam alguém ou alguma coisa; contexto

cir.cuns.tan.ci.ar *v.t.* relatar detalhadamente um acontecimento, examinando-o por todos os ângulos

cir.cuns.tan.te *adj.2g.* **1** que se encontra à volta de **2** testemunha, participante de um determinado fato

cir.cun.va.gar *v.t.* **1** rodear, contornar **2** andar sem destino

cir.cun.vi.zi.nhan.ça *s.f.* proximidades; território ou população adjacente a um determinado núcleo

cir.cun.vi.zi.nho *adj. s.m.* que está próximo, adjacente, em volta

cir.cun.vo.lu.ção *s.f.* **1** movimento ao redor de um centro **2** contorno sinuoso

ci.re.neu /ê/ *adj.* **1** natural ou habitante de Cirene, antiga cidade grega **2** *fig.* que ajuda ou colabora, principalmente em trabalho difícil

ci.rí.li.co *s.m.* alfabeto criado no século IX por S. Cirilo para as línguas eslavas e que originou o alfabeto russo

cí.rio *s.m.* **1** vela de cera de tamanho grande **2** procissão em que essa vela é conduzida

ci.ri.o.lo.gi.a *s.f.* emprego de expressões próprias e não figuradas

cir.ro *s.m.* **1** câncer com predominância de tecido conjuntivo, o que lhe dá consistência dura **2** nuvem estriada, franjada, formada por pequenos cristais de gelo

cir.ro.se /ó/ *s.f.* MED moléstia crônica do fígado, com endurecimento dos tecidos

ci.rur.gi.a *s.f.* MED ciência médica que tem por objetivo as intervenções médicas por meio de operações

ci.rur.gi.ão *s.m.* profissional que se dedica à prática da cirurgia; médico-cirurgião

ci.rúr.gi.co *adj.* **1** relativo a cirurgia **2** *fig.* que envolve intervenção ou ação muito localizada e precisa

ci.sal.pi.no *adj.* que se situa aquém dos Alpes

ci.san.di.no *adj.* que se situa aquém dos Andes

ci.são *s.f.* **1** ato ou efeito de cindir, de separar **2** separação de uma doutrina; desarmonia, rompimento ■ **cisão nuclear** fissão nuclear

ci.sa.tlân.ti.co *adj.* que se situa aquém do Oceano Atlântico

cis.car *v.t.* **1** afastar o cisco, esparramá-lo **2** limpar **3** *fig.* fugir, correr, escapulir

cis.co *s.m.* **1** pequeno pedaço de coisas insignificantes; poeira **2** material sólido e heterogêneo trazido pelas enxurradas

cis.ma *s.m.* **1** RELIG separação religiosa; desacordo ◯ *s.f.* **2** desconfiança; incerteza do espírito; preocupação **3** ideia fixa; mania **4** devaneio

cismado

cis.ma.do *adj.* que tem cisma; preocupado; desconfiado

cis.mar *v.t.* **1** pensar insistentemente; preocupar-se; desconfiar **2** teimar, insistir

cis.má.ti.co *adj.* diz-se do indivíduo que se entrega a divagações sem objeto determinado; que devaneia

cis.ma.ti.vo *adj.* que cisma; preocupado, pensativo

cis.pla.ti.no *adj.* que se situa aquém do rio da Prata

cis.ne *s.m.* **1** ZOOL ave aquática palmípede, da família dos anatídeos, geralmente migratória **2** *fig.* poeta, músico ou orador notável

cis.si.pa.ri.da.de *s.f.* BIOL processo de reprodução assexuada pela divisão de um organismo unicelular em dois organismos semelhantes

cis.su.ra *s.f.* **1** fenda, rachadura, cisão **2** *fig.* rompimento ou quebra de relações amistosas ou diplomáticas

cis.ter.ci.en.se *adj.2g. s.2g.* RELIG relativo à ordem de Cister ou membro dessa ordem

cis.ter.na /é/ *s.f.* **1** poço; reservatório d'água **2** depósito de água abaixo do nível da terra

cis.ti.cer.co.se /ó/ *s.f.* VETER doença nos porcos e bois causada pelos cisticercos, a qual pode ser transmitida ao ser humano quando este ingere carne de porco ou de boi mal cozida

cís.ti.co *adj.* relativo à bexiga ou à vesícula biliar

cis.ti.te *s.f.* MED inflamação da mucosa da bexiga

cis.to *s.m.* MED tumor cheio de líquido, em forma de bexiga

cis.toi.de /ó/ *adj.* **1** que se assemelha a um cisto • *s.m.* **2** PALEO espécie dos cistoides, classe fóssil de equinodermos

cis.tó.li.to *s.m.* MED *m.q.* cálculo vesical

cis.tos.co.pi.a *s.f.* MED exame da bexiga por meio do cistoscópio

ci.ta *adj.2g. gent.* natural ou habitante da Cítia

ci.ta.ção *s.f.* **1** ato ou efeito de citar frase, dito, sentença de autoridades invocada como argumento científico ou literário **3** JUR intimação para que alguém venha à presença de autoridade do Poder Judiciário por algum motivo ocorrido

ci.ta.di.no *adj.* **1** relativo à cidade **2** que reside na cidade

ci.tar *v.t.* **1** fazer referência **2** JUR intimar para comparecer em juízo **3** mencionar

cí.ta.ra *s.f.* MÚS instrumento indiano de cordas que podem ser dedilhadas ou tocadas com plectro; espécie de lira

ci.te.ri.or /ô/ *adj.* que se situa do lado de cá

ci.tí.gra.do *adj.* que anda rapidamente

ci.to.gê.ne.se *s.f.* BIOL formação da célula

ci.to.ge.né.ti.ca *s.f.* campo da genética voltado para os aspectos dos estudos celulares, em especial para as investigações microscópicas dos cromossomos

ci.to.lo.gi.a *s.f.* BIOL ramo da ciência voltado ao estudo da célula

ci.to.plas.ma *s.m.* BIOL fluido de aparência gelatinosa; nome do protoplasma ordinário da célula, para diferenciá-lo do núcleo; plasma, citoplasto

ci.tra.to *s.m.* QUÍM sal ou éster que é originado da combinação do ácido cítrico com uma base

ci.tri.cul.tu.ra *s.f.* cultura ou plantio de frutas cítricas

ci.tri.no *adj.* **1** que tem cor e sabor de frutas cítricas • *s.m.* **2** variedade de quartzo

ci.u.ma.da *s.f.* demonstração pública de ciúme

ci.u.ma.ri.a *s.f. m.q.* ciumeira

ci.ú.me *s.m.* **1** zelo amoroso por medo de perder a pessoa amada **2** arbusto ou árvore pequena nativa da Ásia

ci.u.mei.ra /ê/ *s.f.* ciúme exagerado; ciumaria

ci.u.men.to *adj.* que tem ciúme

cí.vel *adj.2g.* JUR relativo ao direito civil

cí.vi.co *adj.* que se relaciona ou se refere à sociedade; referente ao cidadão como elemento integrante do Estado

ci.vil *adj.2g.* **1** relativo ao cidadão **2** sociável, polido, educado **3** que não é militar nem eclesiástico ou religioso

ci.vi.li.da.de *s.f.* **1** conjunto de formalidades **2** boas maneiras; formalidade para demonstração de respeito

ci.vi.lis.ta *s.2g.* jurisprudente especializado em direito civil

ci.vi.li.za.ção *s.f.* **1** ato ou efeito de civilizar-se **2** progresso; cultura social, de acordo com os princípios que regem as relações entre os civis

ci.vi.li.zar *v.t.* tornar cortês; educar-se, tornar-se civil

ci.vis.mo *s.m.* dedicação e fidelidade ao interesse público; patriotismo, civilismo

ci.zâ.nia *s.f.* desentendimento, desarmonia, discórdia

clã *s.m.* **1** descendência; casta **2** *fig.* lado, partido

cla.mar *v.t. v.i.* **1** bradar, chamar **2** reclamar, protestar

cla.mor /ô/ *s.m.* **1** brado, grito, protesto **2** pedido ou súplica em voz alta

cla.mo.ro.so /ô/ *adj.* cheio de clamor, ruidoso

clan.des.ti.ni.da.de *s.f.* qualidade do que é clandestino; ocultação ilegal de alguém

clan.des.ti.no *adj.* feito fora da legalidade; que é tido por caráter ilícito, ilegal

clan.gor /ô/ *s.m.* som estridente, metálico

cla.que *s.f.* **1** o som dos objetos ao se quebrarem **2** o barulho das palmas que se batem **3** *por ext.* grupo de pessoas aliciadas para aplaudir ou vaiar nos teatros **4** grupo de admiradores

cla.ra.boi.a /ó/ *s.f.* abertura no teto ou no alto de parede, para iluminar peça no interior de uma edificação

cla.rão *s.m.* **1** jato de luz **2** brilho forte; claridade intensa **3** projeção de luz branca **4** *fig.* revelação de um sentimento ou breve duração de um estado de espírito

cla.re.ar *v.t.* **1** alvejar; tornar branco, alvo **2** romper a aurora; amanhecer **3** *fig.* esclarecer ou explicar; tornar inteligível

cla.rei.ra /ê/ *s.f.* espaço entre árvores; abertura na mata

cla.re.za /ê/ *s.f.* **1** brancura, limpidez, transparência **2** percepção, entendimento **3** qualidade do que apresenta um bom timbre

cla.ri.da.de *s.f.* luz intensa; brancura; foco luminoso

cla.ri.fi.car *v.t.* **1** tornar-se claro ou mais claro **2** arrepender-se **3** *fig.* tornar inteligível, compreensível, esclarecedor

cla.rim *s.m.* MÚS instrumento de sopro com tubo mais estreito que o da corneta; trombeta pequena

cla.ri.na.da *s.f.* toque festivo no qual se utilizam os clarins

cla.ri.ne.ta /ê/ *s.f.* instrumento de sopro de palheta simples, utilizado em orquestras; clarinete, clarineto

cla.ri.vi.dên.cia *s.f.* **1** claridade de juízo, de crítica **2** faculdade por meio da qual o médium, sem empregar os sentidos, toma conhecimento do mundo exterior

cla.ro adj. **1** branco, alvo **2** que recebe ou em que entra a luz do dia; iluminado, aluminado **3** que reflete bem a luz; luzente, lustroso, polido **4** transparente, translúcido, límpido **5** que fica exato; inteligível ■ **passar a noite em claro** passar a noite acordado

cla.ro-es.cu.ro *s.m.* **1** penumbra, lusco-fusco **2** ARTE na pintura, no desenho ou na gravura, impressão que o contraste dos tons claros com os escuros causa no observador

clas.se *s.f.* **1** divisão, grupo **2** série escolar **3** categoria de cidadãos fundada nas distinções da lei ou na diferença de condição **4** categoria de pessoas fundada no mérito **5** *fig.* boas maneiras; elegância

clas.si.cis.mo *s.m.* **1** qualidade do que é clássico **2** LITER escola literária que retomou os ideais da Antiguidade greco-latina

clás.si.co adj. **1** relativo à literatura, às artes ou à cultura da Antiguidade greco-latina **2** que serve como modelo ou referência **3** que segue ou está de acordo com os cânones ou usos estabelecidos ou que é conforme um ideal; tradicional **4** que obedece às regras; correto **5** costumeiro, habitual **6** o que é considerado como modelo do gênero

clas.si.fi.ca.ção *s.f.* **1** ato de classificar; distribuição por classes ou séries **2** posição obtida por um candidato em um processo seletivo

clas.si.fi.car *v.t.* **1** colocar em uma ordem; dispor em séries ○ *v.pron.* **2** ser aprovado em um processo seletivo

clau.di.car *v.i.* **1** arrastar uma das pernas; mancar **2** cometer erro

claus.tro *s.m.* **1** RELIG pátio interno de um convento **2** convento, mosteiro **3** a vida conventual, religiosa

claus.tro.fo.bi.a *s.f.* **1** horror mórbido a lugares fechados **2** antipatia a conventos

claus.tró.fo.bo adj. indivíduo que tem horror a permanecer em espaços fechados

cláu.su.la *s.f.* **1** parte de um contrato que contém disposição especial **2** condição, ajuste **3** GRAM oração, sentença **4** MÚS m.q. cadência

clau.su.ra *s.f.* **1** RELIG local fechado, onde não é permitida a presença de pessoas do sexo oposto **2** parte reservada à comunidade que optou por seguir a vida religiosa **3** vida de reclusão

cla.va *s.f.* tora utilizada como arma

cla.ve *s.f.* MÚS símbolo musical que indica o tom dominante na partitura

cla.ví.cu.la *s.f.* ANAT osso longo da parte dianteira do ombro com uma dupla curvatura que articula o esterno com a escápula

cla.vi.cu.lá.rio *s.m.* **1** responsável pelas chaves de um cofre ou arquivo **2** local onde são penduradas as chaves

cla.vi.na *s.f.* m.q. carabina

cle.mên.cia *s.f.* **1** piedade; capacidade de perdoar **2** brandura, suavidade

cle.men.te *adj.2g.* benigno, piedoso, bondoso; que tem clemência

clep.si.dra *s.f.* relógio d'água formado por dois cones

clep.to.ma.ni.a *s.f.* mania doentia de furtar qualquer tipo de objeto

clé.ri.go adj. **1** RELIG que ou quem pertence ao clero **2** aquele que recebeu as ordens sacras

cle.ri.cal *adj.2g.* relativo ao clero

cle.ro /é/ *s.m.* RELIG **1** conjunto dos indivíduos que pertencem à classe eclesiástica **2** o conjunto dos eclesiásticos da Igreja Católica de uma cidade, de um país etc.

cle.ro.man.ci.a *s.f.* arte de adivinhar por meio de dados; tirar a sorte

cli.chê *s.m.* **1** placa metálica de zinco, pela qual se reproduzem, através de tipografia, retratos, desenhos e textos **2** *por ext.* frase feita, rebuscada; ideia banalizada por repetição

cli.en.te *s.2g.* **1** indivíduo que adquire produtos ou contrata serviços em troca de pagamento; comprador, freguês **2** HIST na antiga Roma, pessoa que estava sob a proteção de alguém rico e poderoso

cli.en.te.la /é/ *s.f.* **1** o conjunto dos clientes **2** pessoas frequentadoras de um estabelecimento

cli.ma *s.m.* **1** conjunto ou disposição de condições atmosféricas que caracterizam um local **2** *fig.* ambiente favorável

cli.ma.té.rio *s.m.* MED envelhecimento dos órgãos genitais femininos; período da menopausa

cli.ma.té.ri.co adj. **1** relativo a cada uma das épocas da existência que os antigos consideravam como críticas ou perigosas para a vida **2** relativo ao clima

cli.má.ti.co adj. relativo ao clima

cli.ma.ti.za.ção *s.f.* **1** manutenção de uma determinada temperatura em um local **2** conjunto dos aparelhos utilizados para esse fim

cli.ma.ti.zar *v.t.* executar a climatização

clí.max /ks/ *s.m.* **1** ponto mais alto **2** ARTE parte que prenuncia o desfecho; ápice

clí.ni.ca *s.f.* **1** exercício da medicina **2** local onde pacientes fazem consultas e exames médicos

clí.ni.car *v.t.* praticar a medicina

clí.ni.co *s.m.* **1** MED relativo à clínica ou ao tratamento médico dos doentes **2** médico que se dedica a qualquer das especialidades clínicas

cli.per *s.m.* **1** veleiro comprido e estreito **2** tipo de hidroavião

cli.que *s.m.* **1** ruído curto e leve; estalo **2** INFORMÁT pressão feita sobre um botão do *mouse*

clis.ter *s.m.* **1** MED introdução de água no reto; lavagem intestinal **2** MED introdução de medicamentos por via retal

cli.tó.ris /ó/ *s.m.2n.* ANAT apêndice carnudo e erétil do aparelho genital feminino, situado na porção mais anterior da vulva; clitóride

cli.va.gem *s.f.* **1** GEOL propriedade de certas rochas de se fragmentar ao longo de planos paralelos **2** BIOL cada uma das divisões do zigoto

clo.a.ca *s.f.* **1** instalação de esgotos; fossa **2** ZOOL orifício por onde se abre o canal intestinal das aves, dos anfíbios e de alguns peixes **3** ANAT cavidade do sistema digestivo

clo.ra.to *s.m.* QUÍM sal do ácido clórico ou ânion dele derivado

clo.rí.dri.co adj. QUÍM diz-se do ácido utilizado na produção de cloretos, processamento de minérios, produção de estanho e tântalo, hidrólise de amido e proteínas para produção de alimentos, limpeza etc.

clo.ro /ó/ *s.m.* QUÍM elemento simples, gasoso, esverdeado, de número atômico 17 e símbolo Cl, utilizado como alvejante

clorofila

clo.ro.fi.la *s.f.* BIOQUÍM pigmento verde das folhas, encontrada nas células vegetais, essencial para a fotossíntese

clo.ró.fi.ta *s.f.* espécie das clorófitas, divisão do reino vegetal que reúne algas de coloração verde

clo.ro.fór.mio *s.m.* QUÍM substância volátil, incolor e anestesiante, utilizada como solvente

clo.ro.for.mi.zar *v.t.* MED anestesiar com clorofórmio

clo.ro.se /ó/ *s.f.* MED anemia que ataca mulheres jovens, causando um tom amarelo-esverdeado facial, fraqueza em geral e problemas menstruais

clown *s.m.* [ing.] palhaço de circo

clu.be *s.m.* **1** associação em que pessoas se reúnem para a prática de esportes, atividades culturais e musicais **2** local onde se realizam reuniões de uma associação

co.a.bi.ta.ção *s.f.* **1** moradia em comum com outras pessoas **2** *fig.* convívio pacífico de partidos, ideologias etc. diferentes

co.a.bi.tar *v.t.* **1** viver em comum com outra pessoa **2** viver como marido e mulher

co.a.ção *s.f.* **1** ato ou efeito de coagir, de obrigar um indivíduo a fazer qualquer coisa mediante chantagem **2** ato ou efeito de coar

co.a.da *s.f.* **1** água filtrada por cinza, utilizada para fazer sabão **2** porção de líquido coado, ex.: *uma coada de café* **3** suco de legumes cozidos

co.ad.ju.tor /ô/ *adj.* **1** que auxilia **2** RELIG substituto de um padre

co.ad.ju.van.te *adj.2g.* **1** que auxilia **2** ARTE diz-se daquele que atua em papéis que não são os principais de um filme, de uma novela

co.ad.ju.var *v.t.* prestar auxílio; ajudar

co.a.dor /ô/ *s.m.* pequeno filtro constituído por peneira metálica ou saco de pano, tela ou papel, utilizado para coar líquidos; passador de café

co.ad.qui.rir *v.t.* adquirir algo com outra pessoa, em regime de sociedade

co.a.du.nar *v.t.* **1** juntar, reunir, incorporar **2** combinar em harmonia

co.a.gir *v.t.* forçar, constranger

co.a.gu.la.ção *s.f.* **1** MED formação de coágulos ou solidificação do sangue **2** passagem do sangue ou leite do estado líquido para o sólido

co.a.gu.la.dor /ô/ *adj.* que produz coágulos; que produz coagulação

co.a.gu.lan.te *adj.2g.* que aumenta a capacidade de coagulação do sangue

co.a.gu.lar *v.t.* **1** tornar um líquido mais espesso **2** perder a fluidez, transformar-se em massa ou sólido

co.á.gu.lo *s.m.* **1** porção solidificada de uma substância que se encontra em estado líquido; coalho **2** massa pastosa de sangue ou de linfa

co.a.les.cer /ê/ *v.t.* unir intensamente; aderir; aglutinar

co.a.lha.da *s.f.* leite coalhado usado na produção de laticínios

co.a.lhar *v.t. v.pron.* **1** tornar(-se) mais espesso; coagular **2** encher(-se) inteiramente

co.a.lho *s.m.* coágulo; substância que faz coalhar outra

co.a.li.zão *s.f.* **1** acordo político, união, agrupamento **2** consórcio ou fusão de capitais

co.ar *v.t.* separar as partículas sólidas de algum líquido; filtrar

co.arc.tar *v.t.* limitar, estreitar

co.a.tar *v.t.* obrigar; exercer coação; tirar a liberdade

co.a.xar *v.i.* gritar; soar como a rã ou o sapo

co.bai.a *s.f.* **1** pequeno roedor doméstico **2** qualquer animal ou pessoa usado como objeto de experiências científicas

co.bal.to *s.m.* **1** QUÍM metal branco com reflexos avermelhados, de número atômico 27 e símbolo Co **2** a cor azul dessa substância

co.bar.de *adj.2g.* m.q. covarde

co.bar.di.a *s.f.* m.q. covardia

co.ber.ta /é/ *s.f.* **1** tudo que serve para cobrir; manta, agasalho **2** *fig.* abrigo, proteção

co.ber.to /é/ *adj.* **1** protegido, resguardado **2** que não está visível; encoberto, oculto

co.ber.tor /ô/ *s.m.* tipo de manta, coberta de leito; cobertura grossa utilizada como agasalho

co.ber.tu.ra *s.f.* **1** tudo o que serve para cobrir; cobertor, coberta; ação de cobrir, de resguardar **2** ZOOL fecundação dos animais **3** EXÉRC apoio, acompanhamento, coberta **4** apartamento do último andar

co.bi.ça *s.f.* desejo de possuir bens materiais; ambição, avareza

co.bi.çar *v.t.* **1** desejar possuir alguma coisa; ambicionar, anelar; aspirar a **2** querer imoderadamente

co.bi.ço.so /ô/ *adj. s.m.* indivíduo que tem cobiça; ambicioso

co.bra /ó/ *s.f.* **1** ZOOL réptil escamado, carnívoro, de corpo alongado, membros e aberturas dos ouvidos ausentes, olhos imóveis e sem pálpebras, cobertos por escamas transparentes, língua delgada; serpente, víbora **2** *pop.* pessoa que é perita no que faz, que possui grande habilidade **3** *fig.* pessoa falsa, que tem má índole, traiçoeira

co.bra.dor /ô/ *adj.* **1** pessoa que cobra ou faz cobrança **2** funcionário que cobra as passagens ou bilhetes dos passageiros de transporte público

co.bran.ça *s.f.* **1** arrecadação **2** ato ou efeito de cobrar

co.brar *v.t.* **1** solicitar o pagamento por serviços prestados, por vendas ou transações **2** exigir o cumprimento de uma promessa ou de um compromisso feito**co.bre** /ô/ *s.m.* QUÍM metal vermelho-escuro, maleável, de número atômico 29 e símbolo Cu, utilizado em fios condutores

co.brei.ro /ê/ *s.m.* erupção cutânea atribuída à substância venenosa

co.bre.lo /é/ *s.m.* **1** cobra pequena **2** m.q. cobreiro

co.bri.ção *s.f.* **1** ato ou efeito de cobrir(-se) **2** ZOOL cópula dos animais quadrúpedes

co.bri.men.to *s.m.* ato ou efeito de cobrir(-se); cobrição

co.bro *s.m.* **1** ato ou efeito de cobrar; arrecadação **2** lugar seguro para se guardar dinheiro

co.ça /ó/ *s.f.* **1** ato ou efeito de surrar **2** ação de coçar a pele

co.ca /ó/ *s.f.* **1** BOT planta de origem peruana da qual se extrai a cocaína **2** *pop.* cocaína

co.ca.da *s.f.* **1** CUL doce de coco ralado e calda de açúcar **2** *pop.* golpe dado com a cabeça **3** *pop.* bebida levemente alcoólica que leva coco

co.ca.í.na *s.f.* QUÍM alcaloide entorpecente extraído da coca, que pode causar dependência

co.ca.i.no.ma.ni.a *s.f.* vício em cocaína

co.ca.i.nô.ma.no *adj. s.m.* indivíduo viciado em cocaína

cognitivo

co.car *s.m.* **1** adorno de cabeça feito de plumas utilizado pelos indígenas; penacho • *v.t.* **2** proteger carinhosamente; acariciar

co.çar *v.t.* esfregar com as unhas

coc.ção *s.f.* ato de cozinhar

cóc.cix /ks/ *s.m.2n.* osso remanescente da cauda dos embriões e que forma a ponta extrema da coluna vertebral

có.ce.ga *s.f.* sensação agradável ou irritante que provoca movimentos de contração involuntária e riso incontrolado, produzida por um leve roçar ou repetidos toques ou fricções leves em certos pontos do corpo

co.cei.ra /ê/ *s.f.* vontade incontrolável de coçar; comichão

co.che /ô/ *s.m.* carruagem luxuosa fechada de estilo antigo

co.chei.ra /ê/ *s.f.* local próprio para os cavalos se alimentarem; estábulo

co.chei.ro /ê/ *s.m.* quem conduz o cavalo da carruagem, do coche ou da charrete

co.chi.char *v.t.* fazer ecoar o cochicho; falar em voz baixa; sussurrar

co.chi.lar *v.i.* **1** dormir de leve; pender de sono **2** *fig.* distrair-se ou descuidar-se

co.chi.ni.lha *s.f.* tecido tingido com a cochonilha

co.cho /ô/ *s.m.* **1** grande recipiente de madeira onde é servida a comida de certos animais **2** espécie de vasilha feita de tronco escavado para depósito de algo

co.cho.ni.lha *s.f.* QUÍM corante vermelho encontrado na cochonilha-do-carmim e usado para colorir alimentos e em preparações farmacêuticas

có.clea *s.f.* **1** espiral, caracol **2** ANAT parte anterior do labirinto; canalículo do ouvido interno **3** parafuso de Arquimedes

co.cô *s.m.* *pop.* excremento que é eliminado durante a evacuação

co.co /ó/ *s.m.* MED bactéria de forma esférica, arredondada

co.co /ô/ *s.m.* **1** fruto do coqueiro **2** *fig.* cuca, cabeça, crânio

có.co.ras *s.f.pl.* termo utilizado na expressão adverbial de modo "estar de cócoras", o mesmo que apoiado nos calcanhares com os joelhos dobrados; agachado

co.co.ri.có *s.m.* onomatopeia do canto do galo

co.co.ro.có *s.m.* m.q. cocoricó

co.co.ru.to *s.m.* ponto mais alto da cabeça

co.da /ó/ *s.f.* cauda; rabo; parte traseira; coice

cô.dea *s.f.* **1** a casca das árvores, dos frutos etc. **2** *por ext.* pedaço de pão endurecido

co.de.í.na *s.f.* QUÍM alcaloide do ópio, usado como anestésico

có.di.ce *s.m.* **1** tábua, manuscrito, pergaminho **2** conjunto de manuscritos, documentos históricos ou leis

co.di.ci.lo *s.m.* JUR acréscimo que completa ou modifica disposições testamentárias

co.di.fi.ca.ção *s.f.* **1** JUR reunião de leis em um volume; o código jurídico **2** listagem de dados ou programas de computador codificados

co.di.fi.ca.dor /ô/ *adj.* diz-se do elemento emissor, podendo ser pessoa ou máquina, que efetua a codificação

co.di.fi.car *v.t.* **1** JUR reunir leis espalhadas e organizá-las em código **2** converter uma mensagem em sinais adequados à transmissão em determinado canal **3** formular um enunciado linguístico de acordo com as regras de uma língua, de acordo com seu código

co.dor.na /ó/ *s.f.* ZOOL ave galinácea, da família dos tinamídeos, de cabeça pequena e corpo volumoso de coloração pardo-amarelada, encontrada no Brasil

co.dor.niz *s.f.* ZOOL m.q. codorna

co.e.du.ca.ção *s.f.* educação de ambos os sexos juntos nas escolas; ensino misto

co.e.fi.ci.en.te *s.m.* MAT algarismo que indica quantas vezes se toma um termo; produto de um ou mais fatores de um monômio

co.e.lho /ê/ *s.m.* ZOOL mamífero roedor, adaptado para cavar buracos no solo e distinto das lebres

co.en.tro *s.m.* BOT planta utilizada como tempero, com propriedades medicinais e aromáticas

co.er.ção *s.f.* ato de reprimir; repressão

co.er.ci.ti.vo *adj.* m.q. coercivo

co.er.cí.vel *adj.2g.* que pode ser contido, reprimido, coibido

co.er.dei.ro /ê/ *s.m.* aquele que herda juntamente com outros

co.e.rên.cia *s.f.* **1** concordância entre duas ideias **2** acordo entre partes de um todo **3** ligação lógica e harmônica

co.e.ren.te *adj.2g.* que está de acordo; que tem nexo, lógica

co.e.são *s.f.* **1** FÍS força de atração capaz de unir as moléculas no todo **2** *fig.* unidade lógica; coerência de um pensamento, de uma obra

co.e.si.vo *adj.* **1** que une, liga **2** em que há coesão

co.e.tâ.neo *adj.* da mesma época; contemporâneo

co.e.vo /ê/ *adj.* m.q. coetâneo

co.e.xis.tir /z/ *v.t.* existir simultaneamente; viver juntamente com

co.fi.ar *v.t.* acariciar passando a mão pelos cabelos e pela barba

co.fo /ô/ *s.m.* cesto oblongo utilizado por pescadores para colocar os peixes

co.fre /ó/ *s.m.* **1** local ou recipiente utilizado para guardar coisas de valor; arca, escrínio **2** a parte do automóvel que cobre o motor **3** nas prensas planas e plano-cilíndricas, mesa ou plano onde vai a forma para ser impressa

co.gi.ta.ção *s.f.* consideração, cuidado, meditação, reflexão

co.gi.tar *v.t.* pensar sobre; considerar, meditar, cismar, refletir

cog.na.ção *s.f.* **1** GRAM relação entre palavras cognatas **2** JUR descendência comum do mesmo tronco, masculino ou feminino **3** *por ext.* parentesco

cog.na.to *adj.* **1** GRAM diz-se de palavra que possui a mesma raiz que outra **2** diz-se de parente por cognação

cog.ni.ção *s.f.* **1** processo de aquisição de conhecimento **2** *por ext.* percepção, conhecimento **3** PSICOL série de características funcionais e estruturais da representação ligadas a um saber referente a um dado objeto **4** PSICOL conjunto de processos mentais relacionados às lembranças, à percepção e ao pensamento

cog.ni.ti.vo *adj.* que se relaciona com a memória, com o raciocínio e com o conhecimento

cognominar

cog.no.mi.nar *v.t.* dar um apelido a alguém; alcunhar

cog.nos.ci.ti.vo *adj.* que tem a capacidade ou o poder de conhecer

cog.nos.cí.vel *adj.2g.* que pode ser conhecido

co.go.te /ó/ *s.m.* ANAT parte posterior da cabeça; pescoço, cachaço

co.gu.la *s.f.* RELIG túnica larga, sem mangas e com capuz utilizada pelos monges beneditinos

co.gu.me.lo /ê/ *s.m.* corpo de frutificação relativamente grande de fungos basidiomicetos, muitos dos quais são comestíveis, sendo alguns venenosos

co.i.bi.ção *s.f.* ato ou efeito de coibir; impedimento, proibição

co.i.bir *v.t.* impedir que continue; proibir; fazer cessar

co.i.ce /ô/ *s.m.* **1** patada; golpe com o pé ou com o calcanhar **2** agressão moral ou tratamento agressivo; patada

coi.fa /ô/ *s.f.* **1** rede para segurar os cabelos; touca **2** exaustor **3** membrana que, às vezes, cobre a cabeça do feto ao nascer

coi.ma /ô/ *s.f.* **1** pena aplicada por pequenos furtos **2** imputação de erro

co.im.brão *adj. gent.* natural ou habitante de Coimbra, em Portugal

co.in.ci.dên.cia *s.f.* **1** ato ou efeito de coincidir **2** encontro imprevisto; fatos que ocorrem ao acaso **3** simultaneidade

co.in.ci.dir *v.t.* **1** ser concordante; combinar **2** ser idêntico em formas ou dimensões **3** acontecer ao mesmo tempo **4** encontrar-se, juntar-se

coi.o.te /ó/ *s.m.* ZOOL mamífero encontrado do Alasca ao Panamá, semelhante ao lobo, porém menor e mais esguio, com orelhas proporcionalmente mais compridas

coi.ra.ça *s.f.* m.q. couraça

coi.ra.ma *s.f.* BOT planta suculenta de origem incerta, com folhas utilizadas medicinalmente e de que brotam novas plantas, caules angulosos, avermelhados com máculas brancas, e flores tubulosas, amarelo-avermelhadas

co.ir.mão *s.m.* primo de primeiro grau; primo legítimo

coi.ro /ô/ *s.m.* m.q. couro

coi.sa /ô/ *s.f.* **1** tudo o que existe ou possa existir, de natureza material ou imaterial **2** algo que não se quer ou a que não se pode dar nome **3** realidade; fato concreto

coi.ta.do *adj.* que está com mágoa, sofrimento; desventurado

coi.té *s.m.* **1** pequena cuia feita do fruto da cuieira **2** qualquer objeto, de forma ou função semelhante a uma cuia **3** *pop.* cabeça **3** BOT árvore frondosa cujo fruto, a cuia, é utilizado para fazer objetos de uso doméstico; cuieira

coi.to /ô/ *s.m.* **1** relação sexual; cópula **2** m.q. couto **3** *desus.* medida antiga, possivelmente equivalente a côvado

coi.va.ra *s.f.* **1** galhos que se juntam para queimar ao mesmo tempo **2** galharia e troncos derrubados pelas cheias e que descem os rios

co.la /ó/ *s.f.* **1** substância glutinosa utilizada para unir diversos tipos de materiais; grude **2** *fig.* atitude de um estudante que copia respostas em um pequeno pedaço de papel ou em outros lugares, para usar em um exame escrito, visando obter boas notas **3** rastro; encalço **4** cauda dos animais; rabo

co.la.bo.rar *v.t.* **1** escrever artigos para publicações periódicas **2** praticar a cooperação; ajudar, participar

co.la.ção *s.f.* **1** ato de estabelecer comparação **2** refeição rápida, ligeira **3** ato de conceder cargo, título, direito, grau **4** confronto de cópia de um manuscrito com seu original

co.la.ço *adj.* **1** diz-se de pessoas que não são irmãs, mas que foram alimentadas pelo leite de uma mesma mulher; irmão de leite **2** *fig.* indivíduo que é íntimo ou muito amigo de outro

col.cho.a.ri.a *s.f.* local onde são fabricados colchões

col.cho.ei.ro /ê/ *s.m.* profissional que fabrica, vende ou conserta colchões

co.la.gem *s.f.* **1** ato ou efeito de colar **2** processo ou método de moldagem de peças cerâmicas **3** investidura em um ofício, em um cargo **3** adição de cola ao vinho com o objetivo de purificá-lo; filtração de líquidos

co.lan.te *adj.2g.* **1** aquilo que cola ou gruda **2** diz-se da roupa muito justa, muito apertada ao corpo

co.lap.so *s.m.* **1** choque geralmente acompanhado de insuficiência cardíaca **2** diminuição repentina de poder **3** *fig.* ruína

co.lar *v.t.* **1** utilizar-se de meios ilícitos para conseguir bons resultados em provas ou exames **2** grudar; aderir utilizando cola **3** *fig.* seguir incessantemente algo ou alguém **4** filtrar líquidos; derramar, gotejar **5** nomear uma pessoa para o benefício eclesiástico vitalício **6** receber o grau superior; formar-se em uma faculdade • *s.m.* **7** enfeite que se usa no pescoço

co.la.ri.nho *s.m.* parte da camisa que fica ao redor do pescoço; gola de tecido

co.la.te.ral *adj.2g.* **1** que se apresenta ao lado, em direção paralela **2** MED efeito de alguns medicamentos que pode ser desagradável

col.cha /ô/ *s.f.* coberta de cama utilizada para ornamentá-la

col.chão *s.m.* peça almofadada colocada sobre o estrado da cama

col.chei.a /ê/ *s.f.* MÚS sinal musical que possui duração correspondente a metade da semínima ou a duas semicolcheias

col.che.te /ê/ *s.m.* **1** pequena presilha metálica que se prende em uma argola, ajustando a roupa ao corpo **2** GRAM sinal gráfico empregado para isolar palavras ou sequência de palavras

col.dre /ó/ *s.m.* estojo de couro onde se coloca o revólver, preso à correia da cintura

co.le.a.men.to *s.m.* ato ou efeito de colear

co.le.ar *v.i.* **1** rodear, circundar **2** andar faze

co.le.ção *s.f.* **1** conjunto ou reunião de objetos **2** *fig.* quantidade considerável de objetos afins

co.le.cio.na.dor /ô/ *adj. s.m.* indivíduo que coleciona algo; catalogador

co.le.cio.nar *v.t.* fazer coleção de algo

co.le.ga /é/ *s.2g.* **1** camarada, companheiro **2** pessoa que pertence a uma mesma comunidade

co.le.gi.al *adj.2g. s.2g.* **1** relativo ao colégio **2** aluno ou membro do colégio

co.lé.gio *s.m.* **1** estabelecimento próprio para ensinar, educar **2** reunião de pessoas de uma mesma categoria **3** agrupamento de pessoas que trabalham para um processo eleitoral

co.le.guis.mo *s.m.* espírito de solidariedade, lealdade, camaradagem para com os colegas

colonizar

co.lei.ra /é/ s.f. 1 peça em couro ou metal utilizada nos pescoços de animais 2 fig. indivíduo velhaco, tratante ou mau pagador

co.len.do adj. digno de veneração; honorável

co.lên.qui.ma s.m. BOT tecido vegetal constituído por células alongadas, cuja parede celular apresenta reforços de celulose, com função de sustentação de órgãos em desenvolvimento

co.le.óp.te.ro s.m. ZOOL espécie dos coleópteros, ordem de insetos que apresentam aparelho bucal mastigador e cujas asas superiores abrigam ou ocultam as inferiores; besouro

có.le.ra s.f. 1 ira; sentimento violento 2 MED doença infecciosa com graves sintomas gastrintestinais 3 fig. algo que exerce influência nociva

co.lé.ri.co adj. 1 indivíduo dominado pela cólera; raivoso 2 aquilo que causa cólera 3 MED diz-se do indivíduo infectado por cólera ou daquilo que causa cólera

co.les.te.rol /ó/ s.m. BIOQUÍM lipídio que é produzido por todas as células de vertebrados, presente na membrana celular e cujo nível plasmático elevado apresenta relação com doenças cardiovasculares

co.le.ta /é/ s.f. 1 ato ou efeito de colher 2 recolha; coleção 3 RELIG na missa, trata-se da oração que precede a epístola

co.le.tâ.nea s.f. conjunto de músicas ou textos selecionados de diferentes obras; antologia

co.le.tar v.t. reunir, recolher, juntar 2 tributar ou arrecadar contribuições

co.le.te /ê/ s.m. 1 peça do vestuário feminino ou masculino, cuja mangas são curtas ou não existem 2 equipamento usado sobre o tronco para melhorar a postura em casos de desvio ou fratura da coluna vertebral

co.le.ti.vi.da.de s.f. 1 o conjunto dos indivíduos que possuem interesses comuns 2 qualidade ou caráter do que é coletivo

co.le.ti.vis.mo s.m. sistema social em que os bens de produção e consumo são distribuídos de maneira igualitária a cada membro da coletividade; cooperativismo

co.le.ti.vis.ta adj.2g. s.2g. 1 adepto do coletivismo 2 indivíduo que pertence a uma associação

co.le.ti.vo adj. 1 que reúne várias coisas ou pessoas • s.m. 2 GRAM substantivo singular que denomina um grupo de seres ou de coisas 2 veículo para transporte coletivo

co.le.tor /ô/ s.m. 1 aquele que coleta, reúne 2 cano principal de esgoto, responsável por se ligar a canais secundários

co.lhe.dei.ra /ê/ s.f. máquina utilizada na colheita de grãos; colheitadeira

co.lhe.dor /ô/ s.m. aquele que recolhe

co.lhei.ta /ê/ s.f. 1 ato ou efeito de apanhar produtos agrícolas 2 fig. o que se colhe ou obtém

co.lhe.rei.ro /ê/ s.m. 1 estojo onde se guardam as colheres 2 ZOOL ave ribeirinha que possui plumagem rosada, de coloração mais intensa durante a reprodução, e um bico semelhante a uma colher

co.lher /é/ s.f. utensílio de mesa e cozinha com que se colhe o alimento; talher

co.lher /ê/ v.t. 1 apanhar, guardar, reunir 2 obter por arrecadação; arrecadar; coletar 3 fig. alcançar, pegar de forma inesperada, de surpresa

co.lhe.ra.da s.f. 1 porção que cabe em uma colher 2 o conjunto de muitas colheres

co.li.ba.ci.lo s.m. BIOL tipo de parasita intestinal

co.li.bri s.m. ZOOL ave de asas longas e rápidas, bico longo e fino e língua muito comprida e utilizada para recolher o néctar das flores; beija-flor

có.li.ca s.f. 1 MED espasmo doloroso relacionado ao tubo digestivo, aos canais glandulares ou às vias urinárias 2 MED espasmo ocasionado por motivos menstruais

co.li.dir v.t. bater, chocar-se, esbarrar

co.li.for.me /ó/ adj.2g. 1 que apresenta a forma de pescoço • s.m. 2 tipo de bacilo encontrado nos intestinos dos homens ou animais

co.li.ga.ção s.f. liga, aliança; união política; associação de pessoas

co.li.gar v.t. fazer coligação; unir-se em aliança política

co.li.gir v.t. 1 inferir, deduzir 2 colecionar, ajuntar

co.li.mar v.t. 1 verificar, fazer observação com instrumento apropriado 2 pretender, objetivar

col.me.ei.ro /ê/ s.m. indivíduo que cultiva ou negocia colmeias

col.mi.lho s.m. ZOOL dente canino; presa

col.mo /ô/ s.m. caule herbáceo e de formato cilíndrico, com nós bem demarcados e entrenós ocos, característico das gramíneas

co.li.na s.f. monte de baixa altitude; pequena elevação de terreno

co.lí.rio s.m. 1 MED medicamento utilizado como tratamento para infecções ou problemas dos olhos 2 fig. pessoa bonita

co.li.são s.f. 1 embate entre dois ou mais corpos 2 conflito, luta, discordância

co.li.seu /ê/ s.m. HIST grande anfiteatro romano onde aconteciam jogos, diversões populares e combates

co.li.te s.f. MED inflamação que ocorre no cólon

col.mei.a /é/ s.f. 1 coletivo de abelhas; onde o mel é produzido 2 fig. aglomerado de pessoas ou coisas

co.lo /ó/ s.m. 1 ANAT parte que une a cabeça ao tronco; pescoço 2 boca estreita de algumas cavidades

co.lo.ca.ção s.f. 1 situação 2 lugar de alguma coisa em uma classificação 3 trabalho, ocupação

co.lo.car v.t. 1 situar algo ou alguém em um lugar 2 aplicar, utilizar, empregar 3 conduzir

co.lo.fão s.m. inscrição final em que o tipógrafo coloca a data e o lugar da produção da obra

co.loi.de /ó/ adj. semelhante à cola; de consistência gelatinosa

co.lom.bi.na s.f. personagem da Commedia dell'Arte, do teatro italiano; símbolo da mulher esperta e volúvel

có.lon s.m. ANAT porção média do intestino grosso, localizada entre o ceco e o reto

co.lô.nia s.f. 1 aglomerado de homens, insetos, micro--organismos etc. em um único local 2 grupo de pessoas que possuem a mesma nacionalidade ou naturalidade 3 conjunto de casas onde vivem os trabalhadores agrícolas em uma fazenda

co.lo.ni.a.lis.mo s.m. 1 HIST processo histórico de fundação de colônias 2 época colonial

co.lo.ni.za.ção s.f. 1 ato ou efeito de colonizar 2 fixação de colonos em um país ou em uma região

co.lo.ni.za.dor /ô/ adj. s.m. que estabelece colônias; que coloniza

co.lo.ni.zar v.t. transformar em colônia; estabelecer colônias em determinado território

colono

co.lo.no *s.m.* **1** membro de uma colônia **2** trabalhador rural

co.lo.qui.al *adj.* **1** relativo a conversa íntima entre duas ou mais pessoas **2** conversa ou atitude informal

co.ló.quio *s.m.* **1** conversa entre duas pessoas **2** conferência em torno de uma questão comum

co.lo.ra.ção *s.f.* **1** ato ou efeito de colorir **2** matiz; tonalidade de cores **3** sensação produzida ou provocada pelas cores

co.lo.rar *v.t.* **1** preencher com cores **2** adquirir cores

co.lo.ra.tu.ra *s.f.* MÚS linha melódica vocal muito ornamentada

co.lo.rau *s.m.* CUL pó vermelho feito de pimentão seco ou urucum; condimento culinário

co.lo.ri.do *adj.* pintado ou preenchido com cores

co.lo.rir *v.t.* **1** adquirir cor **2** pintar; preencher com cores **3** *fig.* dissimular, fingir

co.lo.ri.zar *v.t.* colorir; dotar de cores

co.los.sal *adj.2g.* que apresenta proporções gigantescas; descomunal, extraordinário

co.los.so /ó/ *s.m.* **1** estátua enorme **2** pessoa ou coisa de grandeza descomunal

co.los.tro /ó/ *s.m.* líquido amarelado secretado pelas glândulas mamárias; o primeiro leite logo após o parto

col.pi.te *s.f.* MED inflamação das paredes vaginais

co.lum.bá.rio *s.m.* prédio constituído de numerosos nichos onde se conservam as cinzas de cadáveres humanos

co.lum.bi.cul.tu.ra *s.f.* criação de pombos

co.lum.bi.no *adj.* **1** relativo a pombo **2** relativo a Colúmbia ou o seu natural ou habitante

co.lu.na *s.f.* **1** ARQUIT pilar feito com o objetivo de suportar a cobertura **2** EXÉRC tropa em formação compacta de soldados alinhados **3** ANAT conjunto das vértebras que se sobrepõem umas às outras na parte dorsal do tronco; coluna vertebral **4** cada uma das divisões de uma página impressa

co.lu.nar *adj.2g.* **1** relativo a coluna **2** que tem forma de coluna

co.lu.na.ta *s.f.* **1** ARQUEOL cômodo munido de uma série de colunas **2** conjunto de colunas que serve de apoio a um entablamento ou a um teto plano

co.lu.nis.ta *adj.2g.* jornalista responsável por uma coluna, em jornal ou revista

com *prep.* GRAM partícula que indica companhia, em conformidade, por meio de, estado, objeto de comparação, condição, união

co.ma /ó/ *s.m.* BOT cabeleira, juba **2** copa de árvore; fronde **3** vírgula presente nas partituras musicais; colcheia ○ *s.m.* **4** estado de inconsciência profunda e prolongada

co.ma.dre *s.f.* **1** madrinha de uma pessoa em relação aos pais desta **2** objeto de metal ou louça utilizado pelas mulheres para urinar; urinol **3** *fig.* pessoa indiscreta, faladeira **4** arma de fogo

co.man.da *s.f.* anotação dos pedidos do cliente feita pelo garçom

co.man.dan.te *s.m.* **1** EXÉRC oficial do exército de patente superior, que governa tropas **2** aquele que comanda, que governa

co.man.dar *v.t.* governar; dar ordens; chefiar **2** *fig.* ter domínio sobre algo ou alguém

co.man.di.ta *s.f.* sociedade comercial em que alguns sócios entram com o capital, mas não gerenciam

co.man.di.tá.rio *s.m.* sócio, membro de uma comandita

co.man.do *s.m.* **1** EXÉRC organização militar sob a direção de um oficial **2** controle

co.mar.ca *s.f.* JUR região sobre jurisdição de um juiz; distrito judiciário

co.ma.to.so /ó/ *adj.* relativo a coma

com.ba.li.do *adj.* fisicamente abalado; enfraquecido

com.ba.lir *v.t.* **1** abalar-se; enfraquecer-se **2** provocar ou sentir comoção psicológica

com.ba.te *s.m.* **1** ataque; luta armada ou não **2** *fig.* discussão sobre um determinado assunto

com.ba.ten.te *adj.2g.* **1** soldado, militar **2** indivíduo que combate ou se prepara para fazê-lo

com.ba.ter /ê/ *v.t.* **1** lutar, batalhar, atacar ou defender **2** defender uma ponto de vista, argumentar contra

com.ba.ti.vo *adj.* quem é defensor de uma causa; militante está disposto para lutar; militante, pugnaz

com.ba.ti.vi.da.de *s.f.* condição de quem é combativo

com.bi.na.ção *s.f.* **1** conjunto de roupa íntima feminina **2** ato ou efeito de combinar; acordo **3** reunir duas ou mais coisas semelhantes

com.bi.nar *v.t.* **1** entrar em acordo; pactuar **2** fazer condizer; ajustar-se **3** colocar ordem

com.boi.ar *v.t.* transportar com proteção; fazer comboio

com.boi.o *s.m.* **1** grupo de automóveis, de caminhões que realizam viagem juntos **2** conjunto de vagões puxados por uma locomotiva

com.bus.tão *s.f.* **1** destruição causada pelo fogo; incêndio **2** fenômeno de desprendimento de calor e radiação de luz que se segue da reação química entre substâncias combustíveis com oxigênio **3** cauterização

com.bus.tí.vel *s.m.* tudo o que serve para provocar ou alimentar o fogo; que arde pela combustão

com.bus.tor /ó/ *adj.* **1** que arde, queima • *s.m.* **2** poste de luz, de iluminação pública

co.me.çar *v.t.* **1** ter um princípio; iniciar, principiar **2** ter início em determinadas circunstâncias

co.mé.dia *s.f.* **1** representação teatral de caráter jocoso cujo propósito é divertir **2** *fig.* pessoa, cena ou fato cômico ou ridículo **3** *pejor.* situação de farsa

co.me.dir *v.t.* **1** fazer com moderação; conter-se **2** tornar-se prudente; respeitoso

co.me.dor /ó/ *adj.* **1** guloso, comilão **2** *pop.* diz-se do político que vive à custa do dinheiro público; aproveitador **3** *fig.* espertalhão, parasita

co.me.dou.ro /ó/ *s.m.* **1** recipiente em que é colocado o alimento dos animais; cocho **2** sala de jantar; refeitório

co.me.mo.ra.ção *s.f.* **1** ato ou efeito de comemorar **2** solenidade, festividade em que se faz homenagem a alguém ou a um fato

co.me.mo.rar *v.t.* **1** recordar, relembrar **2** fazer comemoração; festejar

co.men.da *s.f.* **1** distinção puramente honorífica **2** distinção militar ou religiosa

co.men.da.dor /ó/ *s.m.* indivíduo que recebe uma comenda

co.men.sal *adj.2g.* **1** cada um daqueles que comem juntos à mesa; amigo de mesa **2** *pejor.* indivíduo que vive à custa alheia

co.men.tar *v.t.* **1** interpretar por meio de comentário; criticar, explicar **2** tornar-se compreensível, inteligível

compacto

co.men.su.rar *v.t.* MAT medir duas grandezas com a mesma unidade; determinar, verificar

co.mer /ê/ *v.t.* **1** ingerir alimentos sólidos; alimentar(--se) **2** experimentar, provar **3** *fig.* dissipar, esbanjar

co.mer.ci.al *adj.2g.* **1** o que se refere ao comércio **2** aquilo que pode ser comercializado, vendido ou comprado • *s.m.* **3** mensagem publicitária que utiliza os diversos meios de comunicação para divulgar um serviço ou produto

co.mer.ci.a.li.za.ção *s.f.* **1** transformação de objetos e coisas em comércio **2** traficância; ação de fazer comércio de tudo

co.mer.ci.a.li.zar *v.t.* **1** distribuição em comércio **2** colocar no fluxo comercial, tendo por objetivo o lucro comercial

co.mer.ci.an.te *adj.2g.* **1** aquele que comercializa; negociante **2** *pejor.* pessoa que dá ênfase excessiva ao lucro

co.mer.ci.ar *v.t.* **1** exercer uma atividade comercial; negociar **2** fazer comércio; comprar ou vender bens ou serviços

co.mer.ci.á.ri.o *adj.* **1** funcionário que trabalha no comércio **2** relativo ao comércio

co.mér.cio *s.m.* **1** empreendimento baseado na troca, venda ou compra de produtos, mercadorias etc., visando ao lucro **2** estabelecimento comercial **3** classe dos comerciantes

co.mes.tí.vel *adj.2g.* que é próprio para ser comido

co.me.ta /ê/ *s.m.* ASTRON corpo celeste que possui cauda luminosa e que gira ao redor do Sol

co.me.tá.rio *adj.* relativo a cometa

co.me.ter /ê/ *v.t.* **1** aventurar-se **2** executar, efetuar, fazer **3** oferecer uma alternativa

co.me.ti.men.to *s.m.* **1** ato ou efeito de cometer **2** ato feito, praticado **3** obrigação, encargo

co.me.zai.na *s.f.* **1** festa com comidas e bebidas; farra **2** abundância de comida

co.me.zi.nho *adj.* aquilo que é bom, fácil de comer **2** o que é comum; corriqueiro, cotidiano, trivial

co.mi.chão *s.f.* **1** sensação cutânea desconfortável que provoca coceira; prurido **2** *fig.* tentação

co.mi.char *v.i.* provocar comichão; ter pruridos; coçar

co.mí.cio *s.m.* **1** reunião, assembleia pública que agrupa pessoas para tratar de assuntos públicos ou políticos **2** assembleia pública de cidadãos em que se fazem protestos e críticas sociais ou políticas **3** reunião pública em que um candidato a cargo político expõe suas propostas; discurso político

co.mi.ci.da.de *s.f.* qualidade ou caráter do que é cômico, engraçado

cô.mi.co *adj.* **1** relativo à comédia **2** que provoca risos ou diverte; engraçado

co.mi.da *s.f.* **1** aquilo que é próprio para comer **2** refeição **3** culinária

co.mi.go *pron.* **1** GRAM na companhia do locutor ou emissor; em simultâneo com o interlocutor **2** a respeito, em proveito do locutor ou emissor

co.mi.lan.ça *s.f.* **1** ato de comer demasiadamente **2** comida abundante **3** *fig.* conseguir dinheiro por meios ilícitos

co.mi.lão *adj.* **1** aquele que come demasiadamente; guloso **2** *fig.* obtenção de dinheiros ilícitos

co.mi.na.ção *s.f.* **1** ameaça de aplicar castigos **2** JUR proibição legal ou judicial, sob ameaça de penalidade

co.mi.nar *v.t.* **1** aplicar penas por infração cometida **2** ameaçar com pena ou castigo

co.mi.nho *s.m.* **1** CUL planta umbelífera, utilizada como condimento **2** *fig.* falatório, intriga, fofoca

co.mi.se.ra.ção *s.f.* sentimento de piedade, dó, compaixão em função da infelicidade de outra pessoa

co.mi.se.rar *v.t. v.pron.* inspirar ou sentir piedade, compaixão

co.mis.são *s.f.* **1** grupo de pessoas incumbidas de ocupar-se de um determinado assunto ou negócio **2** aquilo de que um indivíduo foi incumbido, encarregado **3** trabalho temporário **4** prêmio pago como parte do lucro que compete a alguém

co.mis.sa.ri.a.do *s.m.* **1** função ou exercício de comissário **2** local em que a função de comissariado é exercida

co.mis.sá.rio *s.m.* **1** pessoa que desempenha uma comissão **2** delegado de polícia ■ **comissário de bordo** tripulante encarregado do atendimento aos passageiros de um avião

co.mis.sio.na.do *adj.* **1** designado ou encarregado para uma comissão **2** aquele que exerce cargo público em comissão

co.mis.sio.nar *v.t.* confiar a alguém uma missão ou um mandato; nomear um comissário

co.mis.su.ra *s.f.* **1** superfície de contato entre dois órgãos **2** ponto de junção de duas partes correspondentes

co.mi.tê *s.m.* reunião de pessoas que visam a um interesse comum; comissão

co.mi.ten.te *adj.2g. s.2g.* JUR indivíduo que incumbe alguém de executar determinadas tarefas em seu nome e sob sua direção e responsabilidade

co.mi.ti.va *s.f.* grupo de pessoas que acompanham algo ou alguém; séquito

co.mí.vel *adj.2g.* passível de ser comido; comestível

co.mo *conj.* **1** indica proporção; à medida que **2** indica causa; porquanto **3** indica comparação; tal qual **4** indica conformidade; conforme • *adv.* **5** indica circunstância; de que maneira

co.mo.ção *s.f.* **1** ato ou resultado de comover; abalo físico ou emocional **2** agitação, revolta popular

cô.mo.da *s.f.* peça mobiliária com superfície plana e gavetas, para guardar roupas

co.mo.da.to *s.m.* empréstimo gratuito de algo que não se consome, que deve ser restituído no tempo acordado pelas partes

co.mo.di.da.de *s.f.* **1** qualidade do que é confortável **2** facilidade, conforto

co.mo.dis.mo *s.m.* caráter de comodista

co.mo.dis.ta *adj.2g.* pessoa que coloca a sua comodidade, o seu bem-estar acima de tudo

cô.mo.do *adj.* **1** aquilo que oferece conforto; confortável; apropriado • *s.m.* **2** cada divisão ou aposento de uma casa ou construção

co.mo.do.ro /ó/ *s.m.* **1** MAR *lus.* comandante encarregado de um dos navios de um comboio **2** MAR *lus.* oficial de marinha superior ao capitão de mar e guerra e inferior ao contra-almirante

cô.mo.ro *s.m.* elevação de terreno não muito alta; monte, duna

co.mo.ver /ê/ *v.t.* **1** agitar-se fortemente **2** emocionar--se, enternecer-se **3** impressionar-se

com.pac.to *adj.* de tamanho pequeno, reduzido, simplificado

compadecer

com.pa.de.cer /ê/ v.t. **1** sentir ou inspirar compaixão **2** suportar

com.pa.dre s.m. **1** padrinho de uma pessoa, em relação aos pais desta **2** pop. indivíduo com quem se mantém amizade, intimidade **3** fig. urinol masculino

com.pa.dri.o s.m. **1** relação entre compadres **2** fig. acordo ilegal, ilícito

com.pai.xão /ch/ s.f. sentimento piedoso em solidariedade ao sofrimento de outrem

com.pa.nhei.ro /ê/ adj. **1** aquele que faz companhia **2** característica de quem é amigo • s.m. **3** homem em relação à mulher com quem convive; marido, esposo

com.pa.nhi.a s.f. **1** quem ou o que acompanha **2** ato de acompanhar **3** associação comercial ou industrial **4** organização de pessoas visando ao bem comum **5** EXÉRC subdivisão militar

com.pa.ra.ção s.f. ato ou efeito de comparar; confronto, paralelo

com.pa.ra.do adj. que foi cotejado, examinado em relação a outro ser, objeto etc.

com.pa.rar v.t. **1** procurar relações entre coisas ou pessoas; equipararar-se **2** confrontar

com.pa.ra.ti.vo adj. **1** diz-se do que estabelece comparação entre duas ou mais coisas ou pessoas • s.m. **2** GRAM grau de comparação do adjetivo e do advérbio

com.pa.rá.vel adj.2g. que pode ser comparado; que é semelhante

com.pa.re.cer /ê/ v.i. apresentar-se; estar presente em um local ou evento

com.pa.re.ci.men.to s.m. **1** ato ou efeito de comparecer **2** presença de uma pessoa em um determinado local

com.par.sa s.2g. codelinquente, parceiro, cúmplice

com.par.te adj.2g. diz-se de quem tem parte ou cota em alguma coisa ou em algum negócio

com.par.ti.lhar v.t. repartir conjuntamente; tomar parte em

com.par.ti.men.to s.m. **1** cada uma das divisões de um imóvel, armário, de uma determinada área **2** categoria, classe; divisão

com.par.tir v.t. compartilhar, participar

com.pas.sar v.t. **1** estimar uma medida **2** MÚS ajustar o ritmo da música **3** dividir com exatidão simétrica

com.pas.si.vi.da.de s.f. qualidade de ser compassivo

com.pas.si.vo adj. que tem compaixão, que compadece, que tem piedade

com.pas.so s.m. **1** instrumento de duas hastes utilizado para traçar circunferências **2** MÚS divisão da pauta musical em partes iguais, dando à música um movimento cadenciado

com.pa.ti.bi.li.da.de s.f. **1** qualidade do que é compatível **2** MAT propriedade que possui um sistema de equações quando existe pelo menos um conjunto de valores das variáveis que satisfazem todas as equações

com.pa.tí.vel adj.2g. **1** passível de conciliar-se **2** capaz de coexistir; harmonizável

com.pa.trí.cio adj. m.q. compatriota

com.pa.tri.o.ta /ó/ adj.2g. que tem a origem da mesma pátria

com.pe.lir v.t. **1** obrigar a movimentar-se à força **2** coagir; forçar

com.pen.di.ar v.t. restringir a um resumo; sintetizar

com.pên.dio s.m. **1** resumo de uma teoria **2** livro que possui essa teoria **3** fig. indivíduo que resume ou simboliza uma teoria ou uma doutrina

com.pen.di.o.so /ô/ adj. que se apresenta de forma resumida

com.pe.ne.trar v.t. **1** adentrar fundo **2** fig. passar a entender; persuadir-se

com.pen.sa.ção s.f. **1** ato ou efeito de compensar **2** reparação de dano ou prejuízo; indenização **3** processo de liberação do valor de um cheque que, emitido por um banco, foi depositado em outro

com.pen.sa.do adj. **1** que foi indenizado; beneficiado **2** que se equilibrou • s.m. **3** tipo de chapa de madeira composta por lâminas finas coladas umas às outras

com.pen.sa.dor /ô/ adj. **1** que constitui compensação **2** que apresenta vantagens ou benefícios

com.pen.sar v.t. **1** equilibrar, contrabalançar **2** corrigir, ressarcir **3** recompensar

com.pen.sa.tó.rio adj. que apresenta ou envolve compensação

com.pen.sá.vel adj.2g. que pode ser compensado

com.pe.tên.cia s.f. **1** JUR qualidade legítima de jurisdição ou autoridade **2** atribuição, alçada **3** preparação técnica de habilidades e conhecimentos **4** conflito, discussão

com.pe.ten.te adj.2g. **1** aquele que possui competência **2** JUR juiz que possui o poder legítimo sobre determinado raio de ação judiciária

com.pe.ti.ção s.f. **1** concorrência com o objetivo de superar o outro **2** desafio, conflito

com.pe.ti.dor /ô/ adj. que ou quem compete em busca de um objetivo determinado

com.pe.tir v.t. **1** entrar em concorrência simultaneamente com o outro; disputar **2** ser da responsabilidade ou do direito de

com.pi.la.ção s.f. **1** ato ou efeito de compilar **2** conjunto de dados ou de textos de vários autores sobre um determinado assunto **3** pejor. livro que não possui originalidade

com.pi.la.dor /ô/ s.m. **1** indivíduo responsável por compilar, reunir textos em uma obra **2** programa de informática usado para compilar

com.pi.lar v.t. **1** reunir em uma única obra **2** agrupar ideias de autores diversos ou de diversas obras em um livro

com.pi.la.tó.rio adj. relativo a compilação

com.pla.cên.cia s.f. **1** ato de comprazer **2** hábito de querer sempre agradar os outros; gentileza, delicadeza

com.pla.cen.te adj.2g. **1** que demonstra gentileza **2** que tem vontade de agradar

com.plei.ção s.f. **1** índole, temperamento **2** disposição física corporal; biótipo

com.ple.men.tar adj.2g. **1** que constitui o complemento de alguma coisa; complementar • v.t. **2** concluir, completar

com.ple.men.to s.m. **1** ato ou efeito de complementar **2** aquilo que integra, que acrescenta **3** contraparte **4** elemento que se acrescenta para ornamentação; acessório **5** GRAM nome que recebe um termo ou uma oração que desempenha em uma frase a função de completar o sentido de um substantivo

com.ple.tar v.t. **1** acrescentar o que necessita para que um todo seja completo **2** chegar a uma conclusão

com.ple.ti.vo *adj.* **1** relativo a complemento **2** que serve de complemento **3** GRAM diz-se de qualquer constituinte que serve de complemento

com.ple.to *adj.* **1** que está com sua capacidade máxima **2** *fig.* que está acabado, finalizado **3** *fig.* que está perfeito

com.ple.xi.da.de /ks/ *s.f.* qualidade do que é complexo

com.ple.xo /ks/ *adj.* **1** difícil de compreender; em que há falta de clareza • *s.m.* **2** conjunto de coisas que podem ser vistas sob diversos ângulos

com.pli.ca.ção *s.f.* **1** estado do que é complicado **2** embaraço, dificuldade

com.pli.ca.dor /ô/ *adj. s.m. diz-se de um* fator de complicação, de algo que complica

com.pli.car *v.t.* **1** dificultar as coisas; tornar complexo **2** MED agravar o estado do doente; sofrer complicações

com.po.nen.te *adj.2g.* **1** diz-se do que é parte constituinte de um sistema **2** GRAM diz-se de cada uma das partes do componentwwe sintático

com.por /ô/ *v.t.* **1** dar forma, modelar **2** constituir-se **3** juntar, alinhar **4** ARTE criar uma poesia; elaborar a letra de uma música

com.por.ta /ó/ *s.f.* **1** porta que retém a água em um dique **2** estrutura móvel que sustenta as águas de uma represa

com.por.ta.men.to *s.m.* **1** ato ou efeito de comportar-se **2** maneira de proceder em relação a uma situação ou pessoa

com.por.tar *v.t.* **1** admitir, permitir **2** capacidade de conter algo em um recipiente ○ *v.pron.* **3** modo de proceder socialmente

com.po.si.ção *s.f.* **1** resultado de compor **2** ARTE elaboração de letra musical ou obra literária **3** FARM combinação de elementos presentes em um preparado farmacêutico **4** QUÍM conjunto de elementos ou substâncias que constituem um material ou uma mistura

com.po.si.tor /ô/ *s.m.* **1** MÚS indivíduo que compõe música **2** autor de uma obra artística ou literária

com.pos.tu.ra *s.f.* **1** prudência ao agir **2** bom comportamento público

com.po.ta /ó/ *s.f.* CUL doce de frutas cozidas em calda de açúcar

com.po.tei.ra /ê/ *s.f.* recipiente próprio para guardar doces em calda

com.prar *v.t.* **1** adquirir um bem por meio do uso de dinheiro **2** *fig.* alcançar, atingir

com.pra.zer /ê/ *v.t.* **1** agir com cordialidade; agradar **2** aprovar voluntariamente

com.pre.en.der /ê/ *v.t.* **1** aprender intelectualmente; entender **2** estar incluído

com.pre.en.são *s.f.* **1** capacidade de compreender algo **2** domínio intelectual de assunto

com.pres.sa /é/ *s.f.* MED bandagem que se usa dobrada em várias camadas para cobrir curativos, às vezes embebida em medicamentos

com.pres.são *s.f.* **1** ato ou efeito de comprimir **2** pressão exercida por uma força sobre um corpo **3** *fig.* tirania, opressão **4** aperto praticado por meio de bandagem

com.pre.en.sí.vel *adj.2g.* passível de ser compreendido; inteligível

com.pre.en.si.vo *adj.* **1** pleno entendimento de algo **2** que demonstra simpatia, compreensão

com.pres.sí.vel *adj.2g.* possível de ser diminuído de tamanho sob compressão

com.pres.sor /ô/ *s.m.* **1** o que comprime **2** aparelho, máquina que se usa para comprimir um corpo, um fluido ou o ar

com.pri.do *adj.* extenso, longo, alongado, de grande estatura

com.pri.men.to *s.m.* dimensão de uma extremidade à outra; extensão

com.pri.mi.do *adj.* **1** reduzido a um tamanho menor **2** *fig.* que se encontra reprimido • *s.m.* **3** FARM remédio em forma de pastilha compactada

com.pri.mir *v.t.* **1** exercer ou sofrer compressão **2** reduzir o volume de algo sob pressão

com.pro.me.ter /ê/ *v.pron.* **1** sujeitar-se a um compromisso **2** unir-se por casamento **3** tomar parte

com.pro.mis.so *s.m.* **1** obrigação assumida; comprometimento **2** pacto

com.pro.va.ção *s.f.* **1** ato ou efeito de comprovar **2** JUR o conjunto de provas presentes em um processo jurídico

com.pro.van.te *adj.2g. s.m.* documento que comprova algo

com.pro.var *v.t.* **1** confirmar de modo absoluto **2** demonstrar claramente

com.pro.va.ti.vo *adj.* comprobatório; que envolve comprovação

com.pul.são *s.f.* desejo irresistível que leva a pessoa a realizar um determinado ato ou a comportar-se de uma determinada maneira repetidamente

com.pul.sar *v.t.* **1** manusear, consultar documentos **2** *desus.* compelir; forçar

com.pul.si.vo *adj.* **1** relativo a compulsão **2** destinado a compelir

com.pul.só.ria *s.f.* aposentadoria imposta a servidores civis e militares pelo limite de idade

com.pul.só.rio *adj.* **1** ato ou efeito de compelir **2** obrigatório

com.pun.ção *s.f.* **1** sentimento de culpa **2** manifestação de pesar

com.pun.gir *v.t. v.pron.* despertar ou sentir compunção; arrepender-se

com.pu.ta.ção *s.f.* **1** operação matemática **2** INFORMÁT processamento de dados **3** INFORMÁT ciência da concepção, do uso e das técnicas referentes aos computadores

com.pu.ta.dor /ô/ *s.m.* **1** máquina capaz de fazer cálculos, processar dados, fazer cômputos **2** máquina de processamento de dados, capaz de obedecer a instruções que têm por objetivo produzir certas transformações nesses dados para alcançar uma meta ou um fim necessário

com.pu.tar *v.t.* **1** fazer cálculos **2** incluir, inscrever

côm.pu.to *s.m.* cálculo, contagem, apuração

com.tis.mo *s.m.* FILOS doutrina do filósofo francês Auguste Comte

co.mum *adj.2g.* **1** trivial, habitual, ordinário **2** que pertence a mais de dois seres

co.mu.na *s.f.* **1** divisão territorial política ou administrativa **2** HIST na Idade Média, cidade emancipada por um suserano

comungante

co.mun.gan.te *adj.2g.* **1** RELIG diz-se de quem recebe a Eucaristia **2** diz-se de quem adota as opiniões alheias

co.mun.gar *v.t.* **1** RELIG administrar ou receber a Eucaristia **2** tomar em comunhão **3** aceitar opiniões alheias

co.mu.ni.ca.ção *s.f.* **1** transmitir informação, notícia **2** transmitir ou receber comunicado

co.mu.ni.ca.bi.li.da.de *s.f.* **1** qualidade do que é comunicável **2** facilidade em se comunicar **3** JUR qualidade dos bens que pertencem a uma comunhão

co.mu.ni.ca.do *adj.* **1** que foi partilhado, levado ao conhecimento **2** que foi ligado • *s.m.* **3** informe, aviso, notícia

co.mu.ni.ca.dor */ô/ s.m.* **1** que desempenha a função de emissor de uma informação ou notícia **2** apresentador de televisão; animador **3** especialista em comunicação

co.mu.ni.car *v.t.* **1** transmitir mensagem ou informação **2** entrar em contato **3** manter boas relações

co.mu.ni.ca.ti.vo *adj.* **1** indivíduo que tem facilidade em se comunicar **2** aquele que é expansivo, sociável

co.mu.ni.cá.vel *adj.2g.* **1** afável, sociável, extrovertido **2** que se divulga com facilidade

co.mu.ni.da.de *s.f.* **1** grupo de habitantes de um mesmo local que vivem em conjunto **2** RELIG congregação que partilha de uma mesma doutrina religiosa

co.mu.nis.mo *s.m.* **1** organização socioeconômica que defende a comunidade dos bens produzidos, abolindo a propriedade privada **2** doutrina dos partidos comunistas

co.mu.tar *v.t.* **1** realizar permuta, barganha **2** substituir **3** JUR reduzir pena

co.mu.ta.ção *s.f.* **1** ato ou efeito de comutar **2** permuta, substituição **3** GRAM m.q. metátese **4** MAT inversão na ordem em que se efetua uma operação entre dois elementos de um conjunto

co.mu.ta.dor */ô/ adj. s.m.* **1** que comuta **2** chave elétrica que muda o sentido de uma corrente

co.mu.ta.ti.vo *adj.* diz-se do resultado que independe da ordem dos elementos de uma operação

co.mu.tá.vel *adj.2g.* passível de comutar-se

co.na.tu.ral *adj.* **1** de mesma natureza **2** congênito, inato

con.ca.te.nar *v.t.* **1** encadear em uma sequência lógica **2** harmonizar

con.ca.vi.da.de *s.f.* **1** propriedade do que é côncavo **2** *por ext.* escavação irregular **3** *por ext.* parte côncava de um objeto

côn.ca.vo *adj.* que apresenta uma depressão, uma curva

con.ce.ber */ê/ v.t.* **1** ser fecundado; engravidar **2** *fig.* imaginar, idealizar

con.ce.der *v.t.* **1** tornar disponível **2** fazer concessão; consentir, permitir

con.cei.ção *s.f.* **1** ato ou efeito de conceber; concepção **2** *desus.* capacidade de formar ideias

con.cei.to */ê/ s.m.* **1** mente, pensamento **2** opinião, juízo **3** grau de avaliação escolar

con.cei.tu.a.do *adj.* de boa reputação, que apresenta credibilidade

con.cei.tu.ar *v.t.* **1** emitir conceito; definir acerca de algo **2** formar ou emitir opinião **3** dar conceito em atividades avaliativas

con.cei.tu.o.so */ô/ adj.* em que há conceitos; que contém conceitos

con.ce.lho */ê/ s.m.* **1** *lus.* em Portugal, divisão administrativa de um distrito ou parte dele **2** *lus.* edifício onde se encontra instalada a administração dessa divisão

con.cen.tra.ção *s.f.* **1** processo ou efeito de concentrar-se **2** ato ou efeito de agrupar várias pessoas ou coisas **3** local onde se dá essa reunião

con.cen.trar *v.t.* **1** reunir em um espaço limitado **2** QUÍM modificar o teor do soluto em uma solução **3** *fig.* focalizar o pensamento

con.cên.tri.co *adj.* GEOM que tem o mesmo centro; homocêntrico

con.cep.ção *s.f.* **1** fecundação de um óvulo **2** produção intelectual

con.cer.nen.te *adj.2g.* **1** que tem relação **2** que cabe a alguém

con.cer.nir *v.t.* **1** ser adequado para **2** ter relação com

con.cer.ta.do *adj.* **1** combinado, ajustado **2** calmo, tranquilo **3** ornado **4** JUR conferido e aprimorado após estudo e reflexão

con.cer.tar *v.t.* **1** entrar em acordo; pactuar **2** soar harmoniosamente **3** ornamentar **4** JUR confrontar, conferir

con.cer.ti.na *s.f.* MÚS instrumento de música semelhante a um harmônio

con.cer.tis.ta *s2g.* MÚS músico que pode apresentar-se como solista e dar seu próprio concerto

con.cer.to */ê/ s.m.* **1** acordo entre pessoas; pacto **2** estado de harmonia, de ordem **3** MÚS peça musical extensa **4** MÚS reunião de artistas para a execução da partitura

con.ces.são *s.f.* **1** permissão, consentimento **2** outorga que o poder público faz, a um particular ou a uma empresa privada, do direito de executar, em seu nome e mediante certos encargos e certas obrigações, uma obra ou a exploração de serviço público ou de certos bens

con.ces.si.vo *adj.* relativo a concessão

con.ces.sor */ô/ adj.* aquele que faz concessão; concessionário

con.cha */ô/ s.f.* **1** colher grande que serve para servir sopa ou qualquer tipo de caldo **2** ZOOL envoltório calcário do corpo dos moluscos

con.cha.vo *s.m.* **1** entendimento de várias partes; acordo **2** *pejor.* trama, mancomunação inescrupulosa

con.che.gar *v.t.* trazer para junto de si; aconchegar

con.che.go */ê/ s.m.* **1** ato ou efeito de conchegar-se **2** aconchego; conforto moral

con.ci.li.á.bu.lo *s.m.* reunião secreta com propósitos inescrupulosos

con.ci.li.a.ção *s.f.* harmonização, acordo

con.ci.li.a.dor *adj. s.m.* responsável por conciliar, apaziguar

con.ci.li.ar *adj.* **1** relativo a concílio • *v.t.* **2** conseguir acordo entre as partes envolvidas em uma disputa, em um processo

con.ci.li.á.vel *adj.2g.* passível de conciliação; harmonizável

con.cí.lio *s.m.* **1** reunião, assembleia **2** junta de eclesiásticos aprovada pelo papa

condescendência

con.ci.são *s.f.* qualidade do que é conciso

con.ci.so *adj.* preciso, sintético; reduzido ao essencial

con.ci.tar *v.t.* 1 instigar, impelir 2 estimular alguém a fazer algo

con.cla.ma.ção *s.f.* brado, proclamação; protesto coletivo

con.cla.mar *v.t.* 1 reclamar ou soltar brados de modo tumultuário 2 protestar em alta voz 3 aclamar (alguém) conjuntamente

con.cla.ve *s.m.* 1 RELIG reunião de cardeais para a eleição do papa 2 local dessa reunião

con.clu.den.te *adj.2g.* que conclui, que leva a uma conclusão

con.clu.í.do *adj.* firmado, ajustado, assente, resolvido

con.clu.ir *v.t.* 1 chegar ao término 2 chegar a um acordo

con.clu.são *s.f.* 1 ato ou efeito de concluir 2 arremate, consequência; ato finalizado

con.clu.si.vo *adj.* 1 que indica uma conclusão 2 que encerra uma discussão

con.clu.so *adj.* concluído, finalizado, acabado

con.co.mi.tân.cia *s.f.* 1 qualidade do que é concomitante; simultaneidade 2 acompanhamento, consequência

con.co.mi.tan.te *adj.2g.* aquilo que se apresenta em simultâneo com outra coisa; coexistente

con.cor.dân.cia *s.f.* 1 ação de concordar 2 acordo, correspondência, conformidade 3 GRAM relação em que um termo impõe alterações formais a outro(s), resultando na adequação das marcas de gênero, número ou pessoa, ex.: *os meninos saíram*

con.cor.dan.te *adj.2g.* que concorda; que está de acordo

con.cor.dar *v.t.* 1 estar de acordo com; conciliar 2 responder afirmativamente 3 ajustar, pactuar

con.cor.da.ta *s.f.* 1 RELIG tratado, acordo diplomático que o Vaticano celebra com outro Estado 2 acordo que o comerciante insolvente faz com a maioria ou a totalidade de seus credores, para evitar a declaração da sua falência

con.cor.da.tá.rio *adj.* administrador que solicitou concordata

con.cor.dá.vel *adj.2g.* passível de acordo; com que se pode concordar

con.cor.de /ó/ *adj.2g.* que concorda

con.cór.dia *s.f.* estado de harmonia, entendimento, concordância

con.cor.rên.cia *s.f.* 1 pretensão simultânea à mesma coisa 2 competição mercantil entre produtores ou comerciantes

con.cor.ren.te *adj.2g.* 1 que ou quem concorre 2 candidato; participante de um concurso

con.cor.rer /ê/ *v.t.* 1 competir; disputar, pretender 2 existir simultaneamente; coexistir

con.cor.ri.do *adj.* alvo de competição; muito frequentado, solicitado

con.cre.ção *s.f.* ação de tornar concreto; concretização

con.cres.cên.cia *s.f.* ato ou efeito de crescer em conjunto, unido ou ligado

con.cres.cen.te *adj.2g.* que cresce em conjunto ou ligado

con.cres.cer *v.i.* 1 crescer com; crescer junto 2 grudar, aglutinar, aderir

con.cres.ci.bi.li.da.de *s.f.* qualidade do que é concrescível

con.cres.cí.vel *adj.2g.* passível de concrescer

con.cre.tar *v.t.* 1 tornar concreto; betonar 2 revestir de concreto

con.cre.ti.za.ção *s.f.* 1 ato ou efeito de se tornar concreto; materialização

con.cre.ti.zar *v.t.* tornar concreto, real; objetivar, materializar

con.cre.to /é/ *adj.* 1 que é real, existente, verdadeiro 2 denso, compacto • *s.m.* 3 material utilizado em construções; mistura de cimento, areia, água e cascalho

con.cu.bi.na *s.f.* 1 amante, amásia 2 prostituta

con.cu.bi.na.gem *s.f.* concubinato, amasiamento, amigação

con.cu.bi.na.to *s.m.* JUR união livre e estável de um casal que não se casou legalmente

con.cú.bi.to *s.m.* relação sexual; coito

con.cul.car *v.t.* 1 esmagar com os pés; pisar 2 *fig.* tratar com desprezo; desdenhar

con.cu.pis.cên.cia *s.f.* 1 apetite carnal 2 RELIG cobiça natural do ser humano pelos bens terrenos, consequência do pecado original e que produz desordem dos sentidos e da razão

con.cu.pis.cen.te *adj.2g.* desejoso de sexo; libidinoso

con.cur.so *s.m.* 1 ato ou efeito de concorrer 2 afluência, concorrência 3 série de provas para determinado cargo

con.cus.são *s.f.* 1 abalo, sacudidela violenta 2 solicitação de dinheiro indevido; extorsão

con.cus.sio.ná.rio *adj.* aquele que pratica concussão

con.da.do *s.m.* 1 dignidade, título de conde 2 HIST terra dada em feudo pelo rei a um conde

con.dão *s.m.* atributo especial; poder sobrenatural

con.de *s.m.* 1 título hierárquico dado pelo rei 2 quem detém esse título

con.de.co.ra.ção *s.f.* 1 ato ou efeito de condecorar 2 distinção, honraria

con.de.co.rar *v.t.* premiar com condecoração; destacar

con.de.na.ção *s.f.* 1 sentença proferida pelo juiz, impondo uma penalidade ao réu 2 ação condenatória 3 ato ou efeito de se punir

con.de.na.do *adj.* 1 reconhecido como culpado 2 considerado incorreto; censurado 3 desenganado

con.de.na.dor /ô/ *s.m.* que condena, critica, censura

con.de.nar *v.t.* 1 sentenciar contra 2 imputar culpa 3 impor pena

con.de.na.tó.rio *adj.* relativo a condenação

con.den.sa.ti.vo *adj.* que causa, que envolve condensação

con.de.ná.vel *adj.2g.* passível de condenação

con.den.sa.ção *s.f.* 1 ato ou efeito de condensar(-se) 2 ato de tornar mais denso, compacto 3 FÍS transformação da matéria no estado gasoso para o estado líquido

con.den.sa.do *adj.* 1 que se condensou 2 que se apresenta comprimido, sintetizado

con.den.sa.dor /ô/ *s.m.* máquina criada por Watt, em 1769, para condensar energia elétrica; capacitor

con.den.sar *v.t.* 1 tornar(-se) mais denso, espesso, grosso 2 resumir, sintetizar

con.den.sá.vel *adj.2g.* passível de condensar-se

con.des.cen.dên.cia *s.f.* 1 assentimento, aquiescência 2 anuência; assentimento às vontades ou aos sentimentos de outrem

condescendente

con.des.cen.den.te *adj.* **1** aquiescente, tolerante, paciente **2** que não impõe disciplina

con.des.cen.der /ê/ *v.t.* ceder em favor de alguém; concordar com algo; tolerar

con.des.sa /ê/ *s.f.* mulher ou viúva de um conde

con.des.tá.vel *s.m.* **1** EXÉRC dignidade hierárquica militar de maior graduação no exército de Portugal **2** dignitário que tinha tal graduação militar ou que ostentava tal título

con.di.ção *s.f.* **1** qualidade de coisa ou pessoa; índole **2** estado ou circunstância de coisas ou pessoas **3** modo de ser **4** possibilidade, chance

con.di.cen.te *adj.2g.* m.q. condizente

con.di.cio.nal *adj.2g.* **1** relativo a condição **2** em que há uma condição

con.di.cio.na.men.to *s.m.* **1** ato ou efeito de condicionar **2** o que se exige de condições, obrigações para um acordo **3** subordinação da vontade humana

con.di.cio.nar *v.t.* **1** sujeitar a determinadas exigências; arranjar, arrumar **2** regular a natureza de um comportamento **3** adaptar-se

con.dig.ni.da.de *s.f.* qualidade, caráter ou condição de condigno

con.dig.no *adj.* **1** conveniente, merecido **2** que tem dignidade

côn.di.lo *s.m.* ANAT saliência arredondada de um osso

con.di.loi.de /ó/ *adj.* que tem a forma de um côndilo

con.di.lo.ma /ô/ *s.m.* MED designação de vários tipos de lesões cutâneas ou mucosas que se localizam principalmente na área genital, sexualmente transmissíveis, causadas por vírus e bactérias

con.di.men.ta.ção *s.f.* ação ou efeito de condimentar; tempero

con.di.men.tar *v.t.* **1** acrescentar condimento; temperar **2** *fig.* salientar a importância de algo

con.di.men.to *s.m.* **1** substância que é colocada em um alimento para acrescentar-lhe sabor ou aroma ou realçar o seu paladar; tempero **2** *fig.* característica maliciosa

con.dis.cí.pu.lo *s.m.* companheiro de estudos em um estabelecimento de ensino; colega

con.di.zen.te *adj.2g.* que condiz; concordante, harmônico

con.di.zer /ê/ *v.t.* estar de acordo com algo; concordar

con.do.lên.cia *s.f.* sentimento de pesar; compaixão, pena

con.do.mí.nio *s.m.* **1** posse ou direito simultâneo **2** o conjunto das dependências de uso comum, e que pertencem à totalidade dos proprietários de apartamentos de um prédio, dividindo-se assim, as despesas relacionadas a essas dependências

con.dor /ô/ *s.m.* ZOOL espécie de águia dos Andes, da família dos catartídeos, com cerca de 1 m de comprimento e 3 m de envergadura, plumagem negra com espesso colar de plumas brancas e cabeça nua; ave de rapina

con.do.rei.ris.mo *s.m.* **1** LITER terceira fase do romantismo brasileiro, que defendia ideias igualitárias e temas sociais **2** *por ext.* estilo característico dessa escola

con.do.rei.ro /ê/ *adj.* **1** relativo ao condoreirismo **2** diz-se do poeta da escola condoreira

con.dral.gi.a *s.f.* MED dor em uma cartilagem

con.dri.na *s.f.* ANAT proteína semelhante à gelatina, que se extrai das cartilagens

con.droi.de /ó/ *adj.2g.* ANAT semelhante à cartilagem

con.dro.ma /ô/ *s.m.* MED tumor de células cartilaginosas

con.du.ção *s.f.* **1** resultado ou ação de conduzir **2** transporte, especialmente o coletivo

con.du.cen.te *adj.2g.* que conduz

con.du.ta *s.f.* **1** maneira de se agir; procedimento moral **2** m.q. conduto

con.du.tân.cia *s.f.* FÍSQUÍM propriedade que possuem os corpos que são condutores de energia; condutividade

con.du.ti.bi.li.da.de *s.f.* qualidade de ser propagador de calor ou eletricidade

con.du.tí.vel *adj.2g.* passível de ser conduzido; que tem condutibilidade

con.du.ti.vo *adj.* **1** relativo a condução **2** que conduz; condutor

con.du.to *s.m.* **1** algo que serve para dar passagem; canal, rego, tubo **2** ANAT veia, artéria; qualquer canal que faz parte do organismo

con.du.tor /ô/ *s.m.* que conduz; que guia; que carrega, transporta

con.du.zir *v.t.* **1** transportar de um lugar ao outro **2** dirigir, governar, administrar

co.ne /ô/ *s.m.* GEOM corpo sólido de base circular e terminado em ponta; superfície cônica

co.nec.tar *v.t.* estabelecer conexão entre; unir

co.nec.ti.vo *adj.* **1** que estabelece conexão • *s.m.* **2** GRAM forma linguística que estabelece ligação entre dois termos de uma oração ou entre duas sentenças

co.nec.tor /ô/ *s.m.* **1** elemento que serve para ligar uma peça à outra **2** componente passivo de um circuito elétrico destinado a conectar dois dispositivos

cô.ne.go *s.m.* **1** RELIG clérigo que é membro de um cabido e que por vezes goza de um benefício eclesiástico **2** *pejor.* indivíduo que tem uma boa vida

co.ne.xão /ks/ *s.f.* **1** junção, ligação **2** peça que une tubulação

co.ne.xo /éks/ *adj.* originado de uma relação; unido, conectado

co.ne.zi.a *s.f.* **1** dignidade de cônego; canonicato **2** o que pertence ou diz respeito a cônego

con.fa.bu.la.ção *s.f.* **1** ato ou efeito de confabular **2** *pop.* fazer intriga, tramar

con.fa.bu.lar *v.t.* **1** conversar, palestrar **2** *pop.* tramar

con.fec.ção *s.f.* **1** execução, manipulação, fabricação, preparação **2** lugar onde se fabrica roupa, vestimenta

con.fec.cio.nar *v.t.* fabricar; manipular, produzir

con.fe.de.ra.ção *s.f.* **1** reunião de Estados; aliança **2** agrupamento de associações

con.fe.de.rar *v.t.* associar-se a uma federação; reunir

con.fei.ço.ar *v.t.* **1** CUL preparar doces, bolos etc. **2** fabricar roupas **3** FARM preparar remédios; manipular

con.fei.tar *v.t.* **1** ornamentar bolo com diversos tipos de confeitos; cobrir com açúcar, com glacê **2** *fig.* dissimular com doçura; iludir; enganar

con.fei.ta.ri.a *s.f.* **1** estabelecimento que faz e vende doces **2** atividade dos confeiteiros

con.fei.tei.ro /ê/ *s.m.* aquele que fabrica ou vende confeitos e outros tipos de doces, que confeita bolos etc.

confrontação

con.fei.to /ê/ *s.m.* **1** CUL amêndoa, semente etc. envolta em calda de açúcar **2** balas e doces coloridos

con.fe.rên.cia *s.f.* **1** ato ou efeito de conferir **2** cotejo, verificação, confronto **3** exposição oral em auditório **4** ação de verificar semelhanças

con.fe.ren.ci.ar *v.t.* discutir assuntos; conversar seriamente; palestrar

con.fe.ren.cis.ta *s.2g.* **1** orador, pessoa que fala em público **2** conferenciador

con.fe.ren.te *adj.2g.* funcionário que confere mercadorias ou documentos

con.fe.rir *v.t.* **1** comparar, confrontar **2** atribuir, condecorar **3** estar conforme ou exato **4** perceber, concluir

con.fes.sar *v.t.* **1** declarar, revelar, assumir **2** *fig.* deixar transparecer

con.fes.sio.ná.rio *s.m.* RELIG lugar próprio para o padre ouvir confissões religiosas

con.fes.so /é/ *adj.* **1** que declarou a própria culpa **2** aquele que se converte ao cristianismo

con.fes.sor /ô/ *s.m.* **1** HIST cristão que proclamou a sua fé no período das perseguições **2** aquele que ouve ou faz confissões

con.fe.te /ê/ *s.m.* **1** papel picado utilizado por foliões no carnaval **2** *fig.* elogio, adulação

con.fi.a.do *adj.* **1** crente, confiante **2** *pop.* diz-se de pessoa que toma intimidades além do que lhe é permitido

con.fi.an.ça *s.f.* **1** intimidade; sentimento de segurança **2** *fig.* atrevimento

con.fi.an.te *adj.2g.* **1** crédulo, confiado, esperançoso **2** seguro de si

con.fi.ar *v.t.* **1** entregar algo ou alguém aos cuidados de outra pessoa **2** revelar segredo **3** incumbir alguém de uma missão

con.fi.á.vel *adj.2g.* digno de confiança; leal, honesto

con.fi.dên.cia *s.f.* comunicação particular de um fato pessoal; segredo

con.fi.den.ci.al *adj.2g.* **1** que envolve confidência **2** sigiloso, secreto

con.fi.den.ci.ar *v.t.* fazer uma confissão reservada; contar um segredo

con.fi.den.te *adj.2g.* pessoa a quem se revelam segredos, contam-se intimidades

con.fi.gu.ra.ção *s.f.* **1** ato ou efeito de configurar **2** estrutura corporal **3** forma, feitio

con.fi.gu.rar *v.t.* **1** tomar forma; esculpir **2** ser caracterizado de; parecer

con.fim *s.m.* local afastado; fronteira, limite

con.fi.na.do *adj.* que se encontra em estado de confinamento; enclausurado

con.fi.na.men.to *s.m.* **1** ato ou efeito de confinar **2** estado de quem está preso; clausura

con.fi.nan.te *adj.2* g. **1** que confina; fronteiriço **2** que isola, encarcera

con.fi.nar *v.t.* **1** enclausurar, prender **2** fazer fronteira

con.fir.ma.ção *s.f.* **1** ato ou efeito de confirmar **2** ratificação, validação de um ato **3** RELIG sacramento da crisma

con.fir.ma.dor /ô/ *s.m.* que confirma, ratifica, valida uma situação

con.fir.mar *v.t.* **1** corroborar, validar **2** RELIG dar ou receber crisma

con.fir.ma.ti.vo *adj.* que valida, que confirma

con.fir.ma.tó.rio *adj.* m.q. confirmativo

con.fis.ca.ção *s.f.* ato ou efeito de confiscar; apreensão de mercadorias

con.fis.car *v.t.* **1** passar para a posse do fisco; obter com ameaça de punição em proveito do erário **2** apossar-se

con.fis.co *s.m.* ato ou efeito de confiscar

con.fis.são *s.f.* **1** ato ou efeito de confessar **2** reconhecimento de culpa **3** declaração, revelação de atos e feitos **4** RELIG o sacramento da penitência buscando a absolvição

con.fi.ten.te *adj.2g.* **1** aquele que confessa **2** diz-se de pessoa que faz confidências ou desabafa

con.fi.te.or /ó/ *s.m.* m.q. confissão

con.fla.gra.ção *s.f.* **1** grande incêndio **2** *fig.* exaltação de sentimentos

con.fla.grar *v.t.* **1** incendiar, queimar **2** *fig.* excitar, estimular

con.fli.to *s.m.* **1** discussão; falta de entendimento entre duas ou mais partes **2** choque, combate

con.flu.ên.cia *s.f.* **1** qualidade do que é confluente **2** convergência, afluência **3** junção de dois vasos sanguíneos ou linfáticos

con.flu.ir *v.t.* **1** conciliar as águas do rio em uma só corrente **2** convergir simultaneamente para o mesmo ponto

con.for.ma.ção *s.f.* **1** ação de tomar ou dar forma **2** submissão, resignação, aceitação

con.for.mar *v.t. v.pron.* **1** estar de acordo com **2** tomar ou dar forma; configurar **3** resignar-se

con.for.me /ó/ *adj.* **1** que possui a mesma forma **2** semelhante, igual **3** que está nos devidos termos

con.for.mi.da.de *s.f.* **1** ato ou efeito de se conformar, de aceitar **2** resignação, submissão

con.for.mis.mo *s.m.* atitude de aceitar uma situação incômoda; resignação, passividade

con.for.mis.ta *adj.2g.* aquele que se conforma, que está de acordo

con.for.ta.dor /ô/ *adj. s.m.* **1** quem ou aquele que conforta **2** aquele que consola, que dá alento

con.for.tan.te *adj.2g.* confortador

con.for.tar *v.t.* **1** tornar confortável **2** dar forças, ânimo; revigorar-se

con.for.tá.vel *adj.2g.* **1** passível de ser confortado **2** que proporciona comodidade, conforto

con.for.to /ô/ *s.m.* **1** ato ou efeito de confortar **3** consolo, alívio **3** comodidade, bem-estar

con.fra.de *s.m.* **1** participante de uma confraria **2** membro de uma sociedade religiosa **3** camarada, colega

con.fran.ge.dor /ô/ *adj.* **1** que confrange **2** *fig.* que atormenta, angustia, aflige

con.fran.ger /ê/ *v.t.* **1** quebrar com força **2** *fig.* atormentar-se, afligir-se

con.fran.gi.do *adj.* **1** quebrado, esmigalhado **2** *fig.* que se abateu; oprimido por sofrimento

con.fran.gi.men.to *s.m.* estado de quem sofre provação moral; vergonha, tormento

con.fra.ri.a *s.f.* irmandade, associação leiga que funciona sob princípios religiosos

con.fra.ter.ni.da.de *s.f.* **1** qualidade de confrade **2** vida em comum de irmãos; irmandade

con.fra.ter.ni.zar *v.t.* unir; congregar fraternalmente

con.fron.ta.ção *s.f.* **1** fato ou consequência de estar defronte **2** acareação

confrontado

con.fron.ta.do *adj.* acareado, afrontado

con.fron.ta.dor /ô/ *s.m.* aquele que confronta; confrontante

con.fron.tan.te *adj.2g. s.m.* m.q. confrontador

con.fron.tar *v.t.* **1** fazer fronteira com **2** estabelecer comparação entre **3** acarear

con.fron.te *adj.2g.* **1** que está em frente **2** fronteiriço

con.fron.to *s.m.* **1** encontro face a face **2** acareação, disputa **3** comparação

con.fu.cio.nis.mo *s.m.* doutrina de Confúcio, filósofo chinês que viveu entre 551 e 479 a.C.

con.fu.cio.nis.ta *adj.2g.* adepto da doutrina de Confúcio, do confucionismo

con.fun.dir *v.t.* **1** fundir, somar **2** misturar, baralhar **3** perder a concentração

con.fu.são *s.f.* **1** ato ou efeito de confundir **2** equívoco, engano, perturbação, desconcentração

con.fu.so *adj.* **1** equivocado, obscuro, perturbado **2** desordenado, caótico **3** *fig.* sem clareza

con.fu.ta.ção *s.f.* ato ou efeito de confutar; refutação

con.fu.tar *v.t.* **1** rebater objeções ou alegações contrárias **2** reprovar um ponto de vista

con.ga *s.f.* **1** dança de origem afro-cubana, executada por grupos formando cordões **2** MÚS música cubana que acompanha essa dança **3** MÚS tambor usado no acompanhamento da conga

con.ga.da *s.f.* dança brasileira dramática que representa a coroação de um rei, criada pelos escravos no século XVII

con.ge.la.ção *s.f.* ato ou efeito de congelar

con.ge.la.dor /ô/ *s.m.* **1** aparelho que congela **2** parte da geladeira responsável por fazer gelo e armazenar alimentos congelados

con.ge.la.men.to *s.m.* **1** ato ou efeito de congelar **2** ECON fixação de preços, tarifas e salários

con.ge.lar *v.t.* **1** passar do estado líquido para o sólido; formação de gelo **2** *fig.* permanecer estático

con.ge.lá.vel *adj.2g.* passível de ser congelado

con.gê.ne.re *adj.2g.* da mesma espécie, do mesmo gênero, da mesma origem

con.gê.ni.to *adj.* **1** que é característico do indivíduo desde o ou antes do nascimento **2** apropriado, adequado

con.gé.rie *s.f.* acumulação de coisas; coleção

con.ges.tão *s.f.* MED afluência anormal do sangue aos vasos de um órgão; acumulação de fluidos

con.ges.tio.na.do *adj.* **1** sobrecarregado por congestão **2** atravancado, alterado **3** *fig.* rubro, furioso

con.ges.tio.na.men.to *s.m.* **1** ato ou efeito de congestionar **2** acúmulo de pessoas, objetos ou veículos em um determinado local, dificultando a circulação

con.ges.tio.nar *v.t.* **1** acumular fluido **2** ruborizar-se

con.glo.ba.ção *s.f.* **1** reunião **2** acumulação na forma de uma esfera

con.glo.bar *v.t.* aglomerar-se, reunir-se

con.glo.me.ra.ção *s.f.* **1** ato ou efeito de conglomerar **2** reunião, multidão

con.glo.me.rar *v.t.* amontoar; agregar em uma massa compacta

Con.go *s.m.* GEOG nome de uma região da África

con.go.nha *s.f.* BOT folha de mate seca à sombra, serve para preparar o chá-mate e o chimarrão

con.gos.ta /ô/ *s.f. lus.* rua estreita e comprida

con.go.te /ó/ *s.m.* parte posterior da cabeça; nuca

con.gra.ça.men.to *s.m.* ato ou efeito de congraçar; reconciliação

con.gra.çar *v.t.* irmanar-se; reconciliar, reatar relação de amizade

con.gra.tu.la.ção *s.f.* ato ou efeito de congratular, parabenizar

con.gra.tu.la.dor /ô/ *adj.* que parabeniza, que congratula

con.gra.tu.lan.te *adj.2g.* que congratula; congratulatório

con.gra.tu.lar *v.t.* parabenizar alguém; felicitar

con.gra.tu.la.tó.rio *adj.* que exprime congratulação, felicitações

con.gre.ga.ção *s.f.* **1** reunião, assembleia **2** comissão de cardeais e funcionários da cúria romana, encarregada das questões administrativas da Igreja Católica

con.gre.ga.do *adj.* **1** unido, junto **2** que faz parte de congregação

con.gre.gar *v.t.* **1** convocar, reunir, juntar **2** unir-se intimamente

con.gres.so /é/ *s.m.* **1** poder legislativo supremo de uma nação **2** conferência **3** reunião de especialistas que divulgam teorias ou pesquisas sobre assuntos comuns

côn.grua *s.f.* RELIG pensão paga pelo Estado ao clero

con.gru.ên.cia *s.f.* **1** conformidade, concordância, harmonia **2** relação harmônica das partes de um todo

con.gru.en.te *adj.2g.* conforme, concordante, harmônico, coerente, adequado, correspondente

côn.gruo *adj.* m.q. congruente

con.guês *adj. gent.* natural ou habitante do Congo

co.nha.que *s.m.* aguardente obtida pelo vinho branco fabricado em Cognac, na França

co.nhe.ce.dor /ô/ *s.m.* que conhece; entendido, perito

co.nhe.cer /ê/ *v.t.* **1** tomar ou ter consciência **2** ter ciência de; saber, dominar

co.nhe.ci.do *adj.* **1** aquilo de que se tem notícia, conhecimento **2** pessoa que sabemos de quem se trata

co.nhe.ci.men.to *s.m.* **1** ato ou efeito de conhecer **2** ato de perceber ou compreender por meio da razão; capacidade de conhecer

co.nhe.cí.vel *adj.2g.* passível de ser conhecido

cô.ni.co *adj.* que apresenta a forma de cone

co.ní.fe.ra *s.f.* BOT espécime das coníferas, classe da divisão das gimnospermas, também conhecidas como pinópsidas

co.nim.bri.cen.se *adj. gent.* natural ou habitante de Coimbra

co.nir.ros.tro /ô/ *s.m.* ZOOL espécime dos conirrostros, grupo de aves dotadas de bicos grossos e cônicos

co.ni.val.ve *adj.2g.* ZOOL que tem concha ou valva em forma de cone

co.ni.vên.cia *s.f.* característica ou estado do que é conivente; cumplicidade

co.ni.ven.te *adj.2g.* complacente, condescendente, transigente

con.jec.tu.ra *s.f.* ato ou efeito de inferir ou deduzir que algo é provável; suposição, cálculo

con.jec.tu.rar *v.t.* considerar algo como provável; fazer suposição

con.jec.tu.ral *adj.2g.* relativo a conjectura

con.ju.ga.ção *s.f.* **1** ato ou efeito de conjugar; união, vinculação **2** GRAM conjunto das flexões verbais ou ato de conjugar verbos, obedecendo à diferença de modo, tempo e pessoa

con.ju.ga.do *adj.* **1** que se conjugou **2** misturado, combinado **3** GRAM que sofreu flexão verbal

con.ju.gar *v.t.* **1** unir, ligar, vincular **2** GRAM recitar um verbo com todas as suas flexões

con.ju.gá.vel *adj.* **1** que pode ser ligado, unido **2** GRAM diz-se de um verbo que pode ser conjugado

côn.ju.ge *s.2g.* cada uma das pessoas unidas pelo casamento

con.jun.ção *s.f.* **1** ato ou efeito de conjungir; de ligar **2** conjuntura, ocasião, oportunidade **3** GRAM partícula que liga uma oração subordinada à oração principal de um período

con.jun.tar *v.t.* reunir, juntar; harmonizar

con.jun.ti.va *s.f.* ANAT membrana mucosa que reveste a parte interna das pálpebras e cobre a face anterior do glóbulo ocular

con.jun.ti.vi.te *s.f.* MED inflamação da conjuntiva

con.jun.ti.vo *adj.* **1** relativo a conjunção **2** que liga, une, junta

con.jun.to *adj.* **1** que ocorre concomitantemente **2** reunido • *s.m.* **3** determinada quantidade de elementos vistos como um todo

con.jun.tu.ra *s.f.* evento que ocorre em um dado momento; circunstância, momento, ocasião

con.ju.ra *s.f.* m.q. conjuração

con.ju.ra.ção *s.f.* **1** ato ou efeito de conjurar **2** associação de indivíduos para um fim comum **3** conspiração política

con.ju.ra.dor /ô/ *s.m.* que conjura; conjurante

con.ju.rar *v.t.* **1** associar-se para um determinado fim **2** tramar, maquinar contra alguém; conspirar **3** chamar, invocar

con.ju.ra.tó.rio *adj.* relativo a conjuração

con.ju.ro *s.m.* **1** súplica, pedido ou protesto insistente **2** m.q. exorcismo

con.lui.o *s.m.* colusão, trama

co.nos.co /ô/ *pron.* GRAM com o locutor, o interlocutor e/ou mais outra pessoa

co.no.ta.ção *s.f.* algo que uma palavra ou coisa sugere, que agrega algo ao sentido literal da palavra

co.no.tar *v.t.* sugerir sentido que vai além do conceito literal de uma palavra ou expressão

co.no.ta.ti.vo *adj.* relativo a conotação

con.quis.ta *s.f.* ato ou efeito de conquista

con.quis.ta.dor /ô/ *adj.* **1** aquele que conquista, que vence **2** aquele que faz conquistas amorosas

con.quis.tar *v.t.* **1** subjugar, tomar **2** alcançar um objetivo por merecimento **3** *fig.* suscitar, provocar

con.sa.bi.do *adj.* sabido ou conhecido por muitos ou por todos

con.sa.gra.ção *s.f.* **1** ato, processo ou efeito de consagrar **2** RELIG ação de dedicar-se a Deus **3** *fig.* legitimação, reconhecimento

con.sa.gra.dor /ô/ *s.m.* indivíduo que consagra

con.sa.gran.te *adj.2g.* RELIG diz-se do sacerdote que, juntamente com outro, consagra um terceiro

con.sa.grar *v.t.* **1** investir em função sagrada **2** RELIG oferecer-se a Deus, por meio de voto ou promessa **3** acolher, sancionar

con.san.guí.neo *adj.* da mesma origem; do mesmo sangue

cons.ci.ên.cia *s.f.* **1** percepção moral **2** conhecimento **3** dignidade, honradez **4** sentido de responsabilidade

cons.ci.en.ci.o.so /ô/ *adj.* **1** aquele que tem consciência **2** honesto, responsável

cons.ci.en.te *adj.2g.* **1** que tem ciência de suas atitudes e de suas consequências **2** ciente, informado

côns.cio *adj.* **1** convicto; que está ciente do que faz **2** que é feito cautelosamente

con.se.cu.ção *s.f.* ato ou efeito de conseguir; conquista

con.se.cu.ti.vo *adj.* seguido, sequente, conseguinte

con.se.guin.te *adj.2g.* que ou o que é consequente; consecutivo

con.se.guir *v.t.* **1** obter, alcançar, conquistar **2** apresentar êxito na realização

con.se.lhei.ro /ê/ *s.m.* **1** aconselhador **2** membro de conselhos ou tribunais

con.se.lho /ê/ *s.m.* **1** opinião; parecer **2** reunião de pessoas para deliberar sobre assuntos determinados **3** bom senso; sabedoria; prudência

con.sen.ci.en.te *adj.2g.* que está de acordo; anuente

con.sen.so *s.m.* **1** concordância; uniformidade de opinião **2** bom senso; senso comum

con.sen.tâ.neo *adj.* apropriado, adequado

con.sen.ti.men.to *s.m.* aprovação, permissão, licença, tolerância

con.sen.tir *v.t.* licenciar, permitir, aprovar; estar de acordo

con.se.quên.cia *s.f.* **1** efeito **2** conclusão, fechamento **3** alcance

con.se.quen.te *adj.2g.* **1** aquilo que se deduz **2** o efeito de uma causa

con.ser.tar *v.t.* **1** reparar, refazer, corrigir **2** *fig.* remediar

con.ser.to /ê/ *s.m.* **1** refazer ou recompor **2** *fig.* reparo de uma gafe

con.ser.va /é/ *s.f.* CUL preparado de vinagre ou calda para conservação de qualquer alimento

con.ser.va.ção *s.f.* **1** preservação contra dano **2** ação de manter em bom estado

con.ser.va.dor /ô/ *adj. s.m.* **1** que ou o que conserva **2** em política, membro de um partido conservador **3** indivíduo que tem aversão às novas ideias

con.ser.va.do.ris.mo *s.m.* característica do que é conservador, avesso a mudanças

con.ser.van.te *adj.2g.* conservador; o que conserva

con.ser.van.tis.mo *s.m.* m.q. conservadorismo

con.ser.var *v.t.* **1** manter-se em bom estado **2** guardar, armazenar **3** continuar

con.ser.va.ti.vo *adj.* **1** relativo a conservação **2** tradicional, cauteloso; conservador

con.ser.va.tó.rio *s.m.* **1** local onde se mantém algo **2** local destinado à aprendizagem de instrumentos musicais

con.ser.vei.ro /ê/ *s.m.* indivíduo que produz ou vende conservas

con.si.de.ra.ção *s.f.* **1** meditação, exame, estudo **2** respeito ou estima que se demonstra por algo ou alguém

con.si.de.ra.do *adj.* **1** que se considera **2** levado em conta

con.si.de.ran.do *s.m.* **1** cada um dos pontos ou fundamentos de uma lei **2** razão, motivo, argumento

con.si.de.rar *v.t.* **1** olhar com atenção **2** meditar, refletir sobre algo **3** levar em conta; ponderar

con.si.de.rá.vel *adj.2g.* **1** passível de consideração, de apreço **2** grande, vasto

consignação

con.sig.na.ção *s.f.* ato de entregar mercadorias a alguém para que este as comercialize, acertando valores somente após tais produtos serem vendidos e pagos pelo cliente

con.sig.nar *v.t.* **1** dirigir; endereçar **2** fazer uma dotação **3** entregar por consignação

con.sig.na.tá.rio *s.m.* negociante que recebe mercadorias em consignação para vendê-las

con.si.go *pron.* **1** GRAM em sua companhia **2** dentro de si

con.sis.tên.cia *s.f.* **1** resistência **2** estado rígido de um corpo **3** *fig.* coerência, veracidade

con.sis.ten.te *adj.2g.* **1** forte, resistente **2** *fig.* bem formado; com boa estrutura

con.sis.tir *v.t.* **1** equivaler a **2** fundar-se **3** compor-se

con.sis.tó.rio *s.m.* **1** assembleia solene **2** reunião de cardeais para escolha de outros

con.so.a.da *s.f.* **1** ceia noturna e leve em dia de jejum **2** refeição familiar feita nos dias de festa religiosa

con.so.an.te *adj.2g.* **1** concordante, harmonioso **2** que soa junto com outro • *s.f.* **3** GRAM fonema que encontra algum tipo de resistência no decorrer da fonação **4** GRAM letra que representa fonema dessa classe • *conj.* **5** conforme, de acordo com

con.só.cio *adj. s.m.* **1** sócio, colega **2** *fig.* amigo, camarada

con.so.la.ção *s.f.* **1** ato ou efeito de consolar **2** conforto, alívio, compensação

con.so.lar *v.t.* **1** confortar; aliviar um sofrimento **2** *fig.* satisfazer-se

con.so.le */ô/ s.m.* **1** aparador, peça mobiliária **2** acessório de um carro que se estende, em geral, do painel de instrumentos ao espaço que medeia os bancos dianteiros, envolvendo a alavanca de câmbio, e cuja utilidade é diversa

con.so.li.da.ção *s.f.* **1** ato ou efeito de consolidar **2** passagem do estado líquido para o sólido **3** fusão de diversas empresas

con.so.li.dar *v.t.* **1** fundir **2** firmar, fortificar **3** tornar sólido, duro, firme

con.so.li.da.ti.vo *adj.* que consolida; consolidante

con.so.lo */ô/ s.m.* conforto, alívio

con.so.nân.cia *s.f.* **1** ato ou efeito de soar concomitantemente; correspondência nos sons **2** *fig.* concordância, conformidade

con.so.nan.tal *adj.2g.* relativo a consoante; próprio de consoante

con.so.nan.ti.za.ção *s.f.* GRAM mudança fonética responsável pela transformação de uma semivogal em consoante

con.sór.cio *s.m.* **1** associação, união, ligação **2** união matrimonial **3** cooperativa de compradores de um determinado tipo de mercadoria

con.sor.te */ô/ s.2g.* **1** cônjuge **2** colega, companheiro

cons.pec.to */é/ s.m.* visão, vista

cons.pí.cuo *adj.* bem visível; notável, sério, distinto

cons.pi.ra.dor */ô/ adj.* que conspira; maquinador

cons.pi.ra.ção *s.f.* ação de conspirar para prejudicar o outro; trama

cons.pi.rar *v.t.* maquinar ações malévolas; tramar

cons.pi.ra.ti.vo *adj.* que leva à conspiração

cons.pur.car *v.t.* manchar, macular, colocar em dúvida

cons.tân.cia *s.f.* **1** assiduidade, frequência **2** perseverança, firmeza

cons.tan.te *adj.2g.* firme, perseverante, inalterável, imutável, invariável

cons.tan.ti.no.po.li.ta.no *adj. gent.* natural ou habitante de Constantinopla

cons.tar *v.i.* **1** ser de conhecimento **2** inferir-se; fazer parte

cons.ta.ta.ção *s.f.* **1** ato ou efeito de constatar **2** verificação, comprovação

cons.ta.tar *v.t.* verificar, provar, demonstrar

cons.te.la.ção *s.f.* **1** ASTRON grupo de estrelas próximas umas das outras **2** *fig.* conjunto de pessoas famosas

cons.ter.na.ção *s.f.* grande tristeza, consternação, angústia

cons.ter.na.dor */ô/ adj.* que produz tristeza, que consterna

cons.ter.nar *v.t. v.pron.* causar ou sentir uma enorme tristeza; entristecer-se, abater-se

cons.ti.pa.ção *s.f.* **1** prisão de ventre **2** resfriado; estado de gripe

cons.ti.par *v.t.* **1** causar ou sofrer constipação **2** sofrer retenção de fezes

cons.ti.tu.ci.o.nal *adj.* **1** relativo à Constituição, ao conjunto de leis básicas do país **2** legítimo, legal **3** que faz parte da constituição biológica do indivíduo

cons.ti.tu.cio.na.li.da.de *s.f.* qualidade do que está de acordo com a Carta Magna do país, com a Constituição; qualidade do que é legal

cons.ti.tu.cio.na.lis.mo *s.m.* doutrina política que defende o regime constitucional

cons.ti.tu.i.ção *s.f.* **1** conjunto de leis fundamentais pelas quais se rege um Estado; Carta Magna **2** regulamento, regimento, estatuto **3** conjunto das características corporais de um ser

cons.ti.tu.in.te *adj.2g.* **1** o que se refere à Constituição **2** indivíduo que tem a missão de elaborar a Constituição

cons.ti.tu.ir *v.t.* **1** compor-se **2** formar, estabelecer

cons.tran.ger */ê/ v.t.* **1** obrigar uma pessoa a fazer o que não quer **2** compelir, coagir

cons.tran.gi.do *adj.* que tem de agir contra a sua vontade **2** subjugado, oprimido

cons.tran.gi.men.to *s.m.* **1** ação ou efeito de constranger **2** violência física ou moral **3** situação desagradável

cons.trin.gir *v.t.* fazer pressão; diminuir o volume; comprimir

cons.tru.ção *s.f.* **1** móvel que está sendo construído **2** ação de reunir diferentes elementos para formar um todo **3** *fig.* o que está estruturado

cons.tru.ir *v.t.* **1** erguer, compor, edificar **2** fabricar, produzir **3** *fig.* imaginar, arquitetar

cons.tru.tor */ô/ s.m.* **1** aquele que constrói **2** indivíduo que possui empresa dedicada à construção civil

cons.tru.ti.vo *adj.* **1** que constrói, que ergue **2** *fig.* que prima por melhoria

con.subs.tan.ci.ar *v.t.* **1** unir duas substâncias para compor uma única **2** ser a fusão de várias coisas

con.su.e.tu.di.ná.rio *adj.* **1** costumeiro, habitual, usual **2** baseado nos costumes

côn.sul *s.m.* representante diplomático de uma nação perante outra

con.su.la.do *s.m.* **1** repartição onde o cônsul atende **2** cargo ou função de cônsul

continuidade

con.su.len.te *adj.2g.* que consulta, que pede conselhos

con.su.le.sa /ê/ *s.f.* mulher diplomata que possui uma função em um consulado

con.sul.ta *s.f.* 1 questionamento, pergunta 2 reunião de médicos para saber do diagnóstico 3 parecer, conselho

con.sul.tar *v.t.* 1 pedir opinião 2 dar parecer 3 *fig.* inquirir; sondar

con.sul.ti.vo *adj.* referente a consulta

con.sul.tor /ô/ *s.m.* aquele que dá conselhos

con.sul.tó.rio *s.m.* local onde se fazem consultas

con.su.ma.ção *s.f.* 1 finalização, término 2 ato de consumir, usar; gastar

con.su.ma.do *adj.* cujo processo já se completou; terminado, acabado

con.su.mar *v.t.* levar a termo; acabar, concluir

con.su.mi.ção *s.f.* 1 ato ou efeito de consumir(-se) 2 destruição total

con.su.mi.dor /ô/ *s.m.* 1 aquele que consome 2 indivíduo que compra produtos; freguês, cliente

con.su.mir *v.t.* 1 gastar até o fim; dilapidar 2 destruir totalmente 3 gastar dinheiro na compra de bens e serviços

con.su.mo *s.m.* 1 gasto 2 uso, emprego 3 quantidade que se utiliza de algo

con.ta *s.f.* 1 ato ou efeito de contar, de calcular 2 dívida; fatura que cobra um fornecimento

con.ta.bi.li.da.de *s.f.* 1 técnica de registrar cálculos 2 organização financeira de um estabelecimento

con.ta.do *adj.* 1 que se contou; calculado 2 narrado

con.ta.dor /ô/ *s.m.* 1 profissional que exerce funções contábeis 2 aquele que narra, que relata histórias

con.ta.do.ri.a *s.f.* repartição que confere contas

con.ta.gem *s.f.* ato de contar; soma obtida

con.ta.gi.an.te *adj.2g.* 1 que contagia 2 *fig.* que se propaga intensamente de uma pessoa para outra

con.ta.gi.ar *v.t.* 1 pegar ou propagar doença 2 *fig.* deixar-se influenciar por algo

con.tá.gio *s.m.* 1 transmissão de doenças pelo contato; infecção 2 *fig.* reprodução de reação alheia

con.ta.gi.o.so /ô/ *adj.* que é transmitido por contato

con.ta-go.tas *s.m.2n.* instrumento que faz o líquido pingar gota a gota

con.ta.mi.nar *v.t.* 1 infectar, contagiar 2 *fig.* transmitir maus hábitos, vícios; corromper

con.tar *v.t.* 1 fazer cálculos 2 relatar, contar histórias 3 ter a disposição

con.ta.to *s.m.* 1 fricção de um corpo em outro; toque 2 ligação, convívio

con.tá.vel *adj.2g.* 1 passível de ser contado, calculado 2 que pode ser narrado, relatado

con.tem.pla.ção *s.f.* 1 ato de contemplar, observar 2 concentração, reflexão 3 benevolência, consideração

con.tem.pla.do *adj.* 1 observado 2 sorteado, premiado

con.tem.pla.dor /ô/ *s.m.* que contempla

con.tem.plar *v.t.* 1 analisar; olhar, admirar 2 fazer suposições sobre; meditar 3 conceder algo a alguém

con.tem.po.ra.nei.da.de *s.f.* qualidade do que é contemporâneo

con.tem.po.râ.neo *adj.* 1 que viveu na mesma época 2 relacionado ao tempo atual

con.tem.po.ri.za.dor /ô/ *adj.* que contemporiza

con.tem.po.ri.zar *v.t.* 1 chegar a um acordo; condescender, transigir 2 ganhar tempo

con.ten.ção *s.f.* ato ou efeito de conter-se

con.ten.ci.o.so /ô/ *adj.* sujeito a dúvidas; incerto

con.ten.da *s.f.* luta, combate, guerra, discórdia

con.ten.der /ê/ *v.t.* demandar, disputar, concorrer

con.ten.dor /ô/ *adj. s.m.* que contende; rival, adversário

con.ten.são *s.f.* concentração de atenção e inteligência

con.ten.ta.men.to *s.m.* estado de satisfação, alegria

con.ten.tar *v.t.* 1 satisfazer, alegrar 2 sossegar, tranquilizar

con.ten.te *adj.2g.* tomado pela alegria; satisfeito, feliz

con.ten.to *s.m.* m.q. contentamento

con.ter /ê/ *v.t.* 1 controlar, moderar 2 receber, comportar

con.ter.râ.neo *adj.* indivíduo da mesma terra; patrício

con.tes.ta.ção *s.f.* 1 ato de contestar 2 discussão, oposição

con.tes.ta.do *adj.* que se contestou; impugnado, refutado

con.tes.ta.dor /ô/ *s.m.* indivíduo que protesta, impugnador

con.tes.tan.te *adj.2g.* aquele que faz objeções; contestador

con.tes.tar *v.t.* discutir, impugnar, refutar; não aceitar a validade

con.tes.tá.vel *adj.2g.* que pode ser contestado

con.tes.te /é/ *adj.2g.* que testemunha de acordo com o depoimento de outrem

con.te.ú.do *s.m.* 1 o que está dentro de; o que ocupa espaço 2 capacidade que um recipiente possui 3 GRAM parte semântica do signo linguístico; significado, relevância

con.tex.to /ês/ *s.m.* 1 relações entre circunstâncias que envolvem um acontecimento 2 encadeamento do discurso

con.tex.tu.ra /s/ *s.f.* 1 o enredo de uma composição literária 2 maneira como estão interligadas as partes de um todo

con.ti.go *pron.* GRAM com a pessoa ou o falante se dirige; junto de ti, referente a ti

con.tí.guo *adj.* 1 em contato com 2 *fig.* próximo no tempo ou no sentido

con.ti.nên.cia *s.f.* 1 EXÉRC saudação militar 2 comportamento muito contido 3 castidade

con.ti.nen.tal *adj.2g.* 1 relativo a continente 2 que tem a extensão de um continente

con.ti.nen.te *adj.2g.* 1 moderado nas palavras 2 unido, contíguo 3 casto • *s.m.* 4 grande extensão de terra cercada por oceanos, ex.: *continente asiático, continente africano, continente europeu*

con.tin.gên.cia *s.f.* 1 qualidade ou estado do que é transitório 2 possibilidade de que algo possa ou não acontecer

con.tin.gen.te *adj.2g.* 1 que pode ou não ocorrer 2 acidental, casual • *s.m.* 3 grupo de pessoas que cumprem determinada missão

con.ti.nu.a.ção *s.f.* 1 ato ou efeito de continuar 2 prolongamento no tempo ou no espaço

con.ti.nu.ar *v.t.* 1 perseverar, persistir 2 seguir após interrupção 3 não interromper

con.ti.nu.a.ti.vo *adj.* que indica continuação

con.ti.nu.i.da.de *s.f.* condição ou estado do que é contínuo

contínuo

con.tí.nuo *adj.* **1** que se prolonga sem remissões até atingir o seu fim • *s.m.* **2** funcionário em escritório para fazer trabalhos de entregas, ir a bancos etc.

con.tis.ta *s.2g.* aquele que escreve contos

con.to *s.m.* **1** parte inferior do cabo da lança **2** narração breve e concisa **3** mentira, treta

con.tor.ção *s.f.* **1** ato ou efeito de contorcer **2** movimento corporal **3** torcedura, arqueamento

con.tor.cer /ê/ *v.t.* dobrar-se, retorcer-se, torcer-se

con.tor.nar *v.t.* **1** fazer contorno **2** cercar, rodear **3** *fig.* esquivar-se, ladear **4** ARTE fazer o perfil de uma figura

con.tor.no /ô/ *s.m.* **1** linha que circunscreve uma superfície **2** perímetro urbano **3** configuração, demarcação

con.tra *adv.* **1** contrariamente, negativamente • *s.m.* **2** resposta negativa; objeção • *prep.* **3** em movimento contrário; em sentido oposto; de frente para

con.tra.bai.xo *s.m.* MÚS instrumento da família dos violinos que possui as notas mais graves da escala; rabecão

con.tra.ba.lan.çar *v.t.* **1** equilibrar **2** colocar-se em equilíbrio; compensar, igualar

con.tra.ban.do *s.m.* ato de importar ou exportar produtos proibidos; tráfico ilegal

con.tra.can.to *s.m.* MÚS melodia secundária elaborada para acompanhar a principal

con.tra.ção *s.f.* **1** ato ou efeito de contrair **2** ANAT encolhimento de um órgão **3** GRAM combinação, aglutinação de dois elementos gramaticais, ex.: *contração das preposições* por, de *e* em *com os artigos definidos e indefinidos ou com os pronomes pessoais, demonstrativos e indefinidos, formando uma única palavra*

con.tra.ce.nar *v.t.* **1** ARTE atuar com outro ator em cena **2** ARTE representar cenas secundárias

con.tra.cho.que /ó/ *s.m.* colisão em sentido oposto; embate

con.tra.dan.ça *s.f.* **1** dança campestre de origem inglesa **2** música que acompanha essa dança

con.tra.di.ção *s.f.* **1** falta de lógica; incoerência, discrepância **2** objeção, desacordo

con.tra.di.ta *s.f.* contestação, impugnação, contradição

con.tra.di.tar *v.t.* colocar em dúvida; impugnar, refutar, contestar

con.tra.di.tor /ô/ *adj.* aquele que contradiz

con.tra.di.tó.ria *s.f.* **1** proposição contrária a outra **2** JUR réplica, impugnação

con.tra.di.tó.rio *adj.* **1** que se contradiz **2** discrepante, discordante

con.tra.di.zer /ê/ *v.t.* ter posição contrária; combater

con.tra.fa.zer /ê/ *v.t.* **1** imitar algo com o objetivo de falsificá-lo **2** arremedar, aparentar

con.tra.fei.to /ê/ *adj.* **1** imitado por contrafação; falsificado, adulterado **2** constrangido, sem jeito

con.tra.for.te /ó/ *s.m.* **1** obra de sustentação que dá reforço ao muro **2** *fig.* aquilo que protege, defende; proteção, anteparo

con.tra.í.do *adj.* **1** que se contraiu **2** apertado, crispado **3** MED músculo ou órgão tornado mais curto e menos volumoso

con.tra.in.di.ca.ção *s.f.* MED inconveniência de medicação

con.tra.in.di.car *v.t.* desaconselhar; objetar-se contra algo

con.tra.ir *v.t.* **1** fazer encurtar ou reduzir de volume; encolher **2** MED diminuir o volume muscular **3** honrar responsabilidades, obrigações

con.tra.í.vel *adj.2g.* passível de ser contraído

con.tral.to *s.m.* **1** MÚS tom de voz feminina mais grave no canto **2** instrumento menos agudo que o soprano

con.tra.luz *s.f.* **1** local pouco iluminado **2** foco de luz que reflete do palco em direção à plateia

con.tra.mar.cha *s.f.* marcha em sentido contrário ao da que se fazia

con.tra.mes.tre /é/ *s.m.* **1** MAR indivíduo que substitui o capitão no comando de um navio **2** profissional que administra os trabalhos de uma oficina

con.tra.mi.na *s.f.* **1** passagem subterrânea construída abaixo de mina inimiga para provocar sua destruição nas operações de sítio **2** *fig.* traição, engano

con.tra.o.fen.si.va *s.f.* EXÉRC operação militar de certo alcance, que tem como objetivo retomar a iniciativa depois de uma fase voltada para a defesa

con.tra.or.dem /ó/ *s.f.* ordem que se opõe a uma anterior

con.tra.pa.ren.te *s.2g.* parente por afinidade; parente de outros parentes

con.tra.par.te *s.f.* m.q. contrapartida

con.tra.par.ti.da *s.f.* **1** aquilo que completa; complemento **2** correspondência

con.tra.pe.lo /ê/ *s.m.* em direção contrária ao pelo

con.tra.pe.sar *v.t.* **1** equilibrar o peso **2** *fig.* compensar, pesar, avaliar

con.tra.pe.so /ê/ *s.m.* peso que serve para contrabalançar

con.tra.pon.to *s.m.* **1** MÚS a arte de sobrepor uma melodia a outra **2** *fig.* tema complementar ou contrastante

con.tra.por /ô/ *v.t.* **1** confrontar, opor **2** contrastar, comparar, divergir

con.tra.po.si.ção *s.f.* apresentação de posição contrária

con.tra.pos.to /ó/ *adj.* que se contrapôs; oposto

con.tra.pro.du.cen.te *adj.2g.* **1** que prova o contrário do esperado **2** que causa o resultado contrário do esperado

con.tra.pro.va /ó/ *s.f.* **1** verificação da exatidão da primeira prova; corroboração **2** JUR contestação jurídica de uma dedução

con.tra.ri.ar *v.t.* estar em oposição a; contestar, contradizer

con.tra.ri.e.da.de *s.f.* acontecimento desagradável; dificuldade, contratempo, aborrecimento, desgosto

con.trá.rio *adj.* que tem direção ou sentido oposto; avesso, reverso

con.trar.re.gra /é/ *s.2g.* **1** profissional encarregado de organizar a entrada dos atores em cena **2** m.q. sonoplasta

con.trar.re.vo.lu.ção *s.f.* revolução que se faz contra outra revolução para anular o resultado desta

con.tras.se.nha *s.f.* palavra ou sinal combinado que responde a uma senha

con.tras.sen.so *s.m.* dito contrário à razão; disparate

con.tras.tar *v.t.* **1** confrontar, contrapor **2** divergir-se, opor-se **3** contrariar, contradizer **4** enfrentar

con.tras.te *s.m.* **1** oposição entre coisas da mesma natureza, passíveis de comparação **2** briga, disputa, contenda

conversão

con.tra.ta.ção *s.f.* **1** ato ou efeito de contratar **2** combinação, trato

con.tra.ta.dor /ô/ *adj. s.m.* **1** aquele que contrata; contratante **2** negociante, comerciante

con.tra.tan.te *adj.2g.* m.q. contratado

con.tra.tar *v.t.* **1** assumir um compromisso por meio de pacto **2** fazer acordos; assinar contratos **3** empregar, assalariar

con.tra.tem.po *s.m.* **1** obstáculo, estorvo, empecilho **2** contrariedade, desgosto **3** MÚS um dos instrumentos que constitui uma bateria de banda popular

con.tra.to *s.m.* **1** ato ou efeito de contratar **2** pacto entre duas ou mais pessoas **3** documento que ratifica um acordo feito entre duas partes interessadas

con.tra.tor.pe.dei.ro /ê/ *s.m.* MAR navio veloz destinado a combater o torpedeiro

con.tra.tu.al *adj.2g.* **1** relativo a contrato, a acordo **2** que figura em contrato

con.tra.ven.ção *s.f.* **1** ato ou efeito de contravir **2** ação que transgride uma determinação legal; infração de lei

con.tra.ve.ne.no *s.m.* FARM medicamento que neutraliza a ação de um veneno; antídoto

con.tra.ven.tor /ô/ *s.m.* autor de uma contravenção; infrator, transgressor

con.tra.ver.são *s.f.* **1** posição inversa **2** contravenção

con.tra.vir *v.t.* desobedecer, infringir; transgredir

con.tri.bu.i.ção *s.f.* **1** parte que cabe a cada um em despesa **2** imposto a que se sujeita o cidadão

con.tri.bu.in.te *adj.2g.* m.q. contribuidor

con.tri.bu.ir *v.t.* **1** cooperar, concorrer **2** prestar ajuda para determinado fim **3** pagar impostos ao Estado

con.tri.bu.ti.vo *adj.* relativo a contribuição

con.tri.ção *s.f.* RELIG oração feita pelo cristão para demonstrar o arrependimento de seus pecados

con.tris.ta.ção *s.f.* ato ou efeito de contristar(-se); tristeza

con.tris.ta.dor /ô/ *adj.* que contrista; entristecedor

con.tris.tar *v.t. v.pron.* tornar(-se) triste; mortificar(-se)

con.tri.to *adj.* arrependido, pesaroso; que revela contrição

con.tro.lar *v.t.* fiscalizar, monitorar, conter, regular

con.tro.le /ô/ *s.m.* **1** ato ou efeito de controlar **2** autoridade sobre alguém ou algo **3** dispositivo eletrônico capaz de controlar uma máquina a distância

con.tro.vér.sia *s.f.* questão sobre a qual muitos divergem; contestação, discussão

con.tro.ver.so *adj.* que provoca controvérsia; polêmica

con.tro.ver.ter /ê/ *v.t.* debater, discutir, pôr em dúvida; impugnar, rebater

con.tro.ver.ti.do *adj.* que provoca controvérsia; controverso, impugnado

con.tu.bér.nio *s.m.* **1** convivência sob o mesmo teto **2** grupo de pessoas que coabitam

con.tu.do *conj.* sentido de oposição, aversão; entretanto, mas, porém, todavia, apesar de tudo

con.tu.má.cia *s.f.* obstinação excessiva; insistência, teimosia

con.tu.maz *adj.2g.* que é obstinado, teimoso, insistente

con.tu.mé.lia *s.f.* afronta, ofensa, injúria, insulto

con.tun.den.te *adj.2g.* **1** o que produz contusão **2** *fig.* categórico

con.tun.dir *v.t.* provocar ou sofrer contusão; ferir, lesionar

con.tur.ba.ção *s.f.* ato de conturbar; perturbação, desorientação

con.tur.ba.dor *adj. s.m.* que ou quem causa perturbação

con.tur.bar *v.t.* abalar-se espiritualmente; alvoroçar, perturbar, quebrantar, desorientar

con.tur.ba.ti.vo *adj.* que conturba, perturba

con.tu.são *s.f.* ferimento produzido por golpe ou impacto sem que se rompa a pele; lesão, traumatismo

con.tu.so *adj.* que sofreu contusão

co.nú.bio *s.m.* **1** casamento, matrimônio **2** *fig.* relação íntima

con.va.les.cen.te *adj.2g.* que está em recuperação gradativa da saúde

con.va.les.cer /ê/ *v.i.* recobrar gradativamente a saúde

con.ven.ção *s.f.* **1** acordo adotado sobre determinado assunto ou hábito **2** congresso, conferência, assembleia **3** documento assinado em assembleia

con.ven.cer /ê/ *v.t.* persuadir alguém a aceitar uma ideia por meio de argumentos fundamentados

con.ven.ci.do *adj.* **2** que se convenceu; persuadido • *s.m.* **1** pessoa pretensiosa, arrogante

con.ven.ci.men.to *s.m.* **1** ato ou efeito de convencer **2** convicção, certeza **3** soberba, presunção

con.ven.cio.nal *adj.2g.* relativo à convenção; que obedece aos padrões aceitos; que obedece às tradições

con.ven.cio.na.do *adj.* aquilo que se convencionou; combinado, ajustado

con.ven.cio.na.lis.mo *s.m.* **1** caráter do que é convencional **2** apego ou submissão às convenções políticas, sociais etc.

con.ven.cio.na.lis.ta *adj.2g.* **1** que se baseia em convenções **2** diz-se do membro de uma convenção

con.ven.cio.nar *v.t.* estabelecer por consenso mútuo; ajustar, entrar em acordo

con.ve.ni.ên.cia *s.f.* **1** qualidade do que é conveniente; convenção, normas **2** decoro, decência **3** interesse ou vantagem em diversas áreas

con.ve.ni.en.te *adj.2g.* que convém; apropriado, oportuno, proveitoso

con.vê.nio *s.m.* **1** acordo entre pessoas; pacto **2** termo firmado entre duas entidades ou dois órgãos públicos

con.ven.tí.cu.lo *s.m.* **1** pequeno convento **2** grupo de pessoas que se reúnem clandestinamente para fins conspiratorios **3** casa de prostituição

con.ven.ti.lho *s.m.* casa de prostituição; bordel

con.ven.to *s.m.* **1** conjunto habitacional onde os religiosos residem; mosteiro, cenóbio **2** *pop.* casa de detenção

con.ven.tu.al *adj.2g.* relativo ou pertencente a convento

con.ver.gên.cia *s.f.* **1** ato ou efeito de convergir **2** direção para um ponto comum

con.ver.gen.te *adj.2g.* **1** que converge **2** que se dirige a um foco, a um lugar comum

con.ver.gir *v.t.* ir a um ponto comum; dirigir-se, afluir

con.ver.sa /é/ *s.f.* troca de palavras ou ideias entre duas ou mais pessoas; conversação, assunto

con.ver.sa.ção *s.f.* ato de conversar; conversa

con.ver.são *s.f.* **1** ato ou efeito de converter **2** mudança de seita ou religião

conversador

con.ver.sa.dor /ô/ *adj.* diz-se do indivíduo que tem prazer em conversar

con.ver.sar *v.t.* **1** falar, trocar ideias sobre assuntos diversos **2** discorrer, palestrar

con.ver.sá.vel *adj.2g.* que possui conversa agradável; afável, sociável

con.ver.si.bi.li.da.de *s.f.* qualidade do que pode ser convertido

con.ver.sí.vel *adj.2g.* **1** carro ou barco cuja capota é retrátil ou removível **2** que pode se converter

con.ver.si.vo *adj.* que é capaz de converter, de transformar

con.ver.so /é/ *adj.* **1** convertido de uma religião para outra • *s.m.* **2** RELIG indivíduo leigo que serve em convento

con.ver.sor /ô/ *s.m.* **1** máquina que serve para converter a natureza ou a forma da corrente elétrica **2** dispositivo utilizado com um receptor de rádio ou televisão, para permitir a recepção através de canais de frequências diferentes para os quais o receptor não estava originalmente apto

con.ver.ter /ê/ *v.t.* mudar a crença religiosa; transformar, alterar, trocar

con.ver.ti.bi.li.da.de *s.f.* qualidade do que é convertível

con.ver.ti.do *adj. s.m.* indivíduo que se converteu a uma religião, a uma doutrina ou a uma forma de pensamento

con.ver.tí.vel *adj.2g.* que se pode converter; conversível

con.vés *s.m.* MAR qualquer um dos pavimentos de um navio, especialmente os pisos descobertos

con.ve.xi.da.de /ks/ *s.f.* **1** qualidade de convexo **2** curvatura externa esférica

con.ve.xo /éks/ *adj.* abaulado, arqueado externamente; arredondado

con.vic.ção *s.f.* **1** ato ou resultado de convencer **2** crença ou opinião determinada a respeito de algo

con.ví.cio *s.m.* afronta, ofensa, injúria

con.vic.to *adj.* que tem convicção de algo; persuadido, convencido

con.vi.da.do *adj.* **1** pessoa a quem se fez um convite **2** indivíduo que participa de uma reunião, mas que não faz parte do grupo em questão

con.vi.dar *v.t.* **1** fazer um convite **2** requerer, demandar; chamar

con.vi.da.ti.vo *adj.* que convida, que seduz; atraente

con.vin.cen.te *adj.2g.* que convence; convencedor, persuasivo

con.vir *v.t.* vir a propósito; servir; ser adequado, entrar em acordo; ser conveniente

con.vi.te *s.m.* **1** pedido solicitando a presença ou a participação de alguém em um evento; convocação **2** bilhete de entrada em um evento, sem custo

con.vi.va *s.2g.* pessoa que participa de um evento como convidado

con.vi.val *adj.2g.* relativo a banquete

con.vi.vên.cia *s.f.* **1** ato ou efeito de conviver **2** intimidade, familiaridade

con.vi.ver /ê/ *v.t.* ter convivência; ter relações cordiais; compartilhar de um mesmo local

con.ví.vio *s.m.* ato ou efeito de conviver

con.vi.zi.nho *adj.* indivíduo que habita a vizinhança de outro

con.vo.ca.ção *s.f.* **1** ato de convocar **2** chamado para participar de uma reunião ou assembleia

con.vo.ca.do *adj. s.m.* indivíduo que recebeu uma convocação

con.vo.car *v.t.* solicitar a presença, chamar para determinada assembleia ou ato coletivo

con.vo.ca.tó.rio *adj.* que convoca

con.vos.co /ô/ *pron.* **1** GRAM juntamente com a pessoa a quem o falante se dirige **2** a vosso respeito; em vosso poder

con.vul.são *s.f.* **1** contração patológica, violenta e dolorosa em função de problemas do sistema nervoso central **2** perturbação da ordem pública; alvoroço

con.vul.sio.nar *v.t.* **1** sofrer convulsão **2** incitar uma revolta

con.vul.si.vo *adj.* relativo a convulsão

con.vul.so *adj.* **1** em que há convulsões **2** em estado de agitação intensa

co.o.nes.tar *v.t.* fazer ter aparência de honestidade; disfarçar

co.o.pe.ra.ção *s.f.* ato ou efeito de cooperar; colaboração

co.o.pe.ra.dor /ô/ *adj.* aquele que coopera; colaborador

co.o.pe.rar *v.t.* trabalhar juntamente com outras pessoas, para um mesmo fim; colaborar

co.o.pe.ra.ti.va *s.f.* sociedade de ordem civil formada por produtores ou consumidores para vender ou comprar em comum

co.o.pe.ra.ti.vis.mo *s.m.* sistema econômico baseado nas cooperativas, em suas atividades de produção e na distribuição de riquezas

co.o.pe.ra.ti.vis.ta *adj.2g.* relativo ao cooperativismo

co.o.pe.ra.ti.vo *adj.* que coopera, que ajuda; cooperador

co.op.ta.ção *s.f.* ato ou efeito de cooptar

co.op.tar *v.t.* admitir um novo membro em uma corporação, em uma associação; aliciar, agregar

co.or.de.na.ção *s.f.* **1** ato ou efeito de coordenar **2** organização, colocação em ordem

co.or.de.na.da *s.f.* **1** GEOM cada uma das referências em uma linha, em uma superfície ou em um espaço que permite a localização exata de um determinado ponto **2** GRAM oração coordenada, a qual que se liga à principal por meio de conjunção ou pontuação

co.or.de.na.do *adj.* organizado; que se coordenou

co.or.de.na.dor /ô/ *adj.* indivíduo que coordena, que impõe ordem

co.or.de.nar *v.t.* **1** estruturar, ordenar, organizar **2** responsabilizar-se por um departamento **3** interligar

co.or.de.na.ti.vo *adj.* relativo a ou que estabelece coordenação

co.or.te /ó/ *s.f.* **1** cada uma das dez unidades que fazem parte de uma legião do exército romano **2** força armada; tropa

co.pa /ó/ *s.f.* **1** taça funda para bebidas **2** peça, taça dada ao vencedor de uma competição **3** torneio, campeonato **4** cômodo de uma residência onde se fazem refeições

co.pa.do *adj.* diz-se da árvore que apresenta copa densa e abundante

co.pa.í.ba *s.f.* BOT planta com aplicações medicinais utilizada como cicatrizante, antileucorreico e antitetânico

co.par *v.t.* podar dando forma de copa; tornar convexo

cordialidade

co.pas /ó/ *s.f.pl.* naipe de cartas de baralho

co.pá.zio *s.m.* aumentativo de copo

co.pei.ro /ê/ *s.m.* 1 funcionário de uma residência que serve à mesa, atende a porta 2 armário onde se guardam pratos e copos

co.pe.que /é/ *s.m.* moeda russa que representa a centésima parte do rublo

có.pia *s.f.* 1 abundância, quantidade 2 reprodução de qualquer obra, desenho, livro, pintura, estátua 3 *fig.* pessoa muito semelhante a outra 4 imitação, plágio

co.pi.ar *v.t.* 1 transcrever, fazer outra versão 2 falsificar

co.pi.o.si.da.de *s.f.* qualidade do que é copioso; abundância, fartura

co.pi.o.so /ô/ *adj.* 1 abundante, farto 2 extenso, longo

co.pis.ta *s.2g.* 1 responsável por copiar manuscritos 2 *pejor.* sem originalidade

co.pla /ó/ *s.f.* 1 LITER poesia popular espanhola 2 estrofe em algumas canções espanholas

co.po /ó/ *s.m.* 1 recipiente cilíndrico, sem alça, fabricado a partir de vários materiais e usado para beber líquidos 2 *fig.* bebida alcoólica

co.pra /ó/ *s.f.* polpa oleaginosa da amêndoa seca de coco de que se extrai o copraol

co.pro.fa.gia *s.f.* insanidade que leva o doente a comer excrementos

co.pro.la.lia *s.f.* tendência incontrolável a dizer obscenidades e palavrões

co.pro.lo.gia *s.f.* 1 estudo dos adubos orgânicos 2 hábito de tratar de assuntos indecorosos em obras literárias

co.pro.ma /ô/ *s.m.* tumor de fezes; fecaloma

co.pu.la.dor *adj.* que copula

có.pu.la *s.f.* 1 união, vínculo 2 coito; relação sexual

co.pu.lar *v.t.* 1 juntar, unir, acoplar 2 ter relação sexual

co.pu.la.ti.vo *adj.* 1 relativo a cópula 2 que acopla; que liga duas coisas

co.py.right *s.m.* direito exclusivo do autor; direito autoral

co.que *s.m.* 1 penteado feminino em que os cabelos ficam presos no alto da cabeça 2 leve pancada na cabeça com os nós dos dedos 3 QUÍM resíduo de carvão de pedra, utilizado como combustível em indústria química

co.quei.ral *s.m.* plantação concentrada de coqueiros

co.quei.ro /ê/ *s.m.* BOT palmeira tropical que dá coco e tem suas folhas utilizadas em artesanato

co.que.lu.che *s.f.* 1 MED doença infectocontagiosa provocada pelo bacilo *Bordetella pertussis*, que provoca tosse convulsa; tosse comprida 2 *fig.* mania, moda

co.que.te /ê/ *adj.2g.* 1 diz-se de pessoa, especialmente mulher, que se enfeita para se exibir 2 diz-se de pessoa cuidadosa com a aparência

co.que.tel *s.m.* 1 drinque que combina duas ou mais bebidas 2 *fig.* mistura farmacêutica para determinadas doenças

cor /ô/ *s.f.* 1 sensação visual produzida pela refração da luz 2 colorido, matiz

cor /ô/ *s.m.* usado na locução *de cor*, que significa saber de memória

co.ra.ção *s.m.* 1 ANAT órgão muscular oco dos vertebrados, é o centro-motor do sistema circulatório e fica situado na cavidade torácica, responsável pelo bombeamento do sangue, impulsionando-o para as artérias 2 *fig.* símbolo do amor

co.ra.do *adj.* 1 vermelho; que tem cor; tinto 2 *fig.* envergonhado

co.ra.dou.ro /ô/ *s.m.* 1 ato de corar a roupa 2 local ao ar livre onde se cora a roupa

co.ra.gem *s.f.* 1 intrepidez; força moral; bravura 2 *pejor.* desfaçatez

co.ra.jo.so /ô/ *adj.* valente, destemido, audacioso; cheio de coragem

co.ral *adj.2g.* MÚS que diz respeito ao coro, ao canto executado por várias pessoas

co.ra.li.na *s.f.* BOT designação comum às algas da família das coralináceas, de talo ereto, ramificado, com ramos dísticos e opostos

co.ra.mi.na *s.f.* FARM remédio estimulante do coração e do sistema respiratório

co.ran.chim *s.m.* osso no qual termina a coluna vertebral; curanchim

co.ran.te *s.m.* 1 qualquer substância própria para colorir 2 substância que possui cor

co.rão *s.m.q.* alcorão

co.rar *v.t.* 1 dar cor, tomar cor, enrubescer 2 *fig.* envergonhar-se

cor.be.lha /é/ *s.f.* cesto de vime usado para colocar flores, frutas etc.

cor.ca /ó/ *s.f.* sulco ou vala para escoamento das águas de um campo; vincara

cor.ça /ó/ *s.f.* ZOOL fêmea do corço

cor.cel /é/ *s.m.* ZOOL cavalo veloz utilizado em batalhas

cor.ço /ô/ *s.m.* ZOOL veado pequeno da Europa e da Ásia

cor.co.va /ó/ *s.f.* protuberância nas costas; sinuosidade, corcunda

cor.co.va.do *adj.* que possui corcova; corcunda

cor.co.var *v.t.* 1 curvar, criar corcova; tornar-se corcunda 2 corcovear, espinotear, pinotear

cor.co.ve.ar *v.t.* 1 dar pulos, corcovos; espinotear 2 seguir sinuosamente, formando curvas

cor.co.vo /ô/ *s.m.* salto ou pinote de animal

cor.cun.da *s.f.* 1 deformidade da coluna vertebral do ser humano, com acentuada curvatura nas costas, e não raro no peito, causada por cifose, ou resultante da idade etc. 2 formação saliente no dorso dos animais; bossa, corcova

cor.da /ó/ *s.f.* 1 feixe longo ou não, flexível, feito de materiais diversos e utilizado para saltar, amarrar 2 sucessão de elevação de terreno; cordão ■ **corda bamba** situação instável

cor.da.gem *s.f.* conjunto dos cabos de um navio; cordame

cor.da.me *s.m.* grande quantidade de cordas; cordagem, cordoalha

cor.dão *s.m.* 1 corda fina flexível feita de fios trançados 2 órgão filamentoso 3 *pop.* grupo de foliões carnavalescos

cor.da.to *adj.* 1 que concorda 2 moderado, sensato

cor.dei.ro /ê/ *s.m.* 1 ZOOL carneiro novo 2 *fig.* pessoa pacífica, cândida

cor.del /é/ *s.m.* 1 corda bem fina e flexível; barbante, cordão 2 LITER literatura de cordel

cor.di.al *adj.2g.* 1 referente ao coração 2 caloroso, franco, afável, sincero • *s.m.* 3 bebida com propriedades reconfortantes, que dá ânimo ao coração

cor.di.a.li.da.de *s.f.* manifestação de afeto; sinceridade, gentileza

cordilheira

cor.di.lhei.ra /ê/ *s.f.* GEOG sequência, vasta cadeia de montanhas

cor.di.for.me /ô/ *adj.2g.* **1** que tem forma de coração **2** diz-se de folha que tem o ápice agudo e a base cordada

cor.di.te *s.f.* MED inflamação das pregas vocais

cor.do.a.lha *s.f.* **1** conjunto de cabos e cordas **2** MAR conjunto dos cabos de um navio; cordame

cor.do.a.ri.a *s.f.* **1** fábrica de cordas e barbantes **2** ofício de cordoeiro

cor.do.ei.ro /ê/ *s.m.* fabricante ou vendedor de cordas

cor.do.vão *s.m.* couro de cabra curtido, usado no fabrico de calçados

cor.du.ra *s.f.* qualidade de cordato; mansidão, afabilidade

co.re.a.no *adj. gent.* natural ou habitante da Coreia

co.rei.a *s.f.* **1** dança, bailado **2** MED síndrome aguda ou crônica caracterizada por movimentos involuntários típicos, breves, rápidos, irregulares, especialmente na base dos membros, como no ombro e no quadril; remelexo

co.re.o.gra.fi.a *s.f.* **1** ARTE arte de dançar; a arte de bailes e danças **2** qualquer sequência de movimentos que lembram uma dança

co.re.to /ê/ *s.m.* **1** local onde as bandas de músicas costumam tocar **2** canção cantada nessas ocasiões

co.reu /ê/ *s.m.* POÉT pé métrico que se compõe de uma sílaba longa e uma breve; troqueu

cor.réu JUR cúmplice em um crime

co.reu.ta /ê/ *s.m.* membro do coro do teatro grego na Grécia antiga

co.ri.á.ceo *adj.* **1** semelhante ao couro **2** que tem a consistência do couro

co.ri.an.dro *s.m.* m.q. coentro

co.ri.feu /ê/ *s.m.* **1** dirigente do coro do antigo teatro grego **2** *por ext.* pessoa de maior destaque ou influência em um grupo; líder

co.rin.ga *s.m.* **1** ator que faz diversos papéis em uma mesma peça **2** carta de baralho **3** indivíduo versátil **4** *pejor.* pessoa feia

co.ris.car *v.i.* **1** relampejar **2** fuzilar, lançar **3** cintilar como corisco

co.ris.co *s.m.* **1** faísca elétrica da atmosfera; raio, relâmpago **2** *fig.* desgraça, catástrofe

co.ris.ta *s.2g.* **1** que canta em coro; coralista **2** diz-se do irmão que, nos conventos, dirige o coro e determina as funções corais que competem aos outros irmãos

co.ri.za *s.f.* inflamação da mucosa do nariz; rinite aguda

cor.ja /ó/ *s.f.* **1** *fig.* grupo de indivíduos grosseiros, vis, de má índole; canalha, súcia, malta **2** coletivo que equivalia a uma reunião de vinte pessoas

cor.na.da *s.f.* m.q. chifrada

cór.nea *s.f.* ANAT membrana dos olhos que está ligada à esclerótica e que recobre a pupila

cor.ne.al *adj.2g.* relativo à córnea

cór.neo *adj.* relativo a corno, chifre

cor.ne.ar *v.t.* **1** dar com os cornos; ferir com os chifres **2** *fig.* trair, praticando adultério

cor.ne.ta /ê/ *s.f.* MÚS instrumento de sopro dotado de bocal, feito de bronze ou latão; clarim

cor.ne.tei.ro /ê/ *s.m.* quem toca a corneta

cor.ne.tim *s.m.* **1** MÚS pequena corneta **2** músico que toca esse instrumento musical

---

cor.ní.fe.ro *adj.* que tem ou apresenta consistência de chifre

cor.ni.ja *s.f.* ARQUIT parte superior de uma construção acima das colunas; ornato arquitetural em linhas curvas

cor.ní.pe.de *adj.2g.* que tem patas córneas

cor.no /ô/ *s.m.* **1** chifre, galho **2** MÚS instrumento de sopro, trombeta • *adj.* **3** *pejor.* homem traído em uma relação amorosa

cor.nu.do *adj.* **1** que tem cornos, chifres **2** *pejor.* traído pelo cônjuge

co.ro /ô/ *s.m.* MÚS grupo de pessoas que cantam trecho musical produzindo um único som ou em várias vozes; coral

co.ro.a /ô/ *s.2g.* **1** *fig.* pessoa de muita idade ○ *s.f.* **2** ornamento circular utilizado na cabeça; diadema, grinalda

co.ro.a.ção *s.f.* **1** ato de coroar **2** *pop.* conjunto de esgalhos da cabeça do veado **3** *fig.* o fim, o desfecho grandioso de (algo); remate perfeito

co.ro.a.men.to *s.m.* **1** m.q. coroação **2** ARQUIT ornamento que arremata o topo de um edifício **3** ARQUIT fortificação construída no cume de uma encosta

co.ro.ar *v.t.* **1** colocar a coroa na cabeça de alguém **2** *fig.* recompensar com prêmio

co.ro.ca /ó/ *adj.2g. pejor.* enfraquecido, decrépito, caduco

co.ro.ça /ó/ *s.f.* **1** *lus.* proteção feita de palha; croça **2** JUR jurisdição abusiva com aspecto legal

co.ro.gra.fi.a *s.f.* GEOG descrição ou representação de um país, de uma região etc.

co.roi.de /ó/ *s.f.* ANAT membrana média do olho, situada entre a esclera e a retina

co.ro.i.nha *s.f.* **1** pequena coroa ○ *s.m.* **2** RELIG menino que auxilia o padre durante a missa

co.ro.la /ó/ *s.f.* BOT parte da flor formada pelas pétalas

co.ro.lá.rio *s.m.* **1** FILOS proposição decorrente de uma asserção já demonstrada **2** *por ext.* prosseguimento de argumentação, reflexão ou afirmação

co.ro.ná.ria *s.f.* ANAT artéria que transporta oxigênio ao coração, apresentando disposição flexuosa ou circular

co.ro.nel /é/ *s.m.* **1** EXÉRC oficial do exército, inferior ao general de brigada **2** *pop.* indivíduo que paga a conta de um grupo de pessoas à mesa do bar

co.ro.nha *s.f.* **1** a parte das armas de fogo em que se encaixa o cano e que serve para segurar a arma **2** *pop.* fisionomia de uma pessoa; cara, rosto

co.ro.noi.de /ó/ *adj.2g.* que se assemelha ao bico de gralha

co.ro.te /ó/ *s.m.* barril pequeno que serve para transporte de líquidos

cor.pa.ço *s.m.* **1** corpo grande; corpanzil **2** *pop.* corpo de compleição harmoniosa

cor.pe.te /ê/ *s.m.* **1** tipo de veste feminina **2** roupa íntima feminina que modela o busto e sustenta os seios

cor.pi.nho *s.m.* **1** corpo de pequeno porte **2** m.q. corpete

corrigenda

cor.po /ô/ *s.m.* **1** ANAT estrutura física humana ou animal, englobando suas funções fisiológicas **2** compleição física **3** parte essencial de uma estrutura abstrata ou material **4** conjunto de leis, decretos, inscrições, manuscritos ou livros antigos **5** comunidade de pessoas que formam uma associação, uma sociedade, um clube, um grupo etc. ■ **corpo a corpo** luta física

cor.po.ra.ção *s.f.* **1** sociedade, associação, grupo **2** empresa ou grupo de empresas de grande porte e de forte presença em um ou mais setores

cor.po.ral *adj.2g.* **1** referente a corpo **2** *fig.* que é material; que tem corporeidade, carnalidade • *s.m.* **3** RELIG peça quadrangular de linho branco sobre a qual o sacerdote deposita a hóstia

cor.po.ra.ti.vis.mo *s.m.* **1** ideais políticos baseados na união da classe produtora em corporações sob o controle do Estado **2** defesa exclusiva dos próprios interesses profissionais por parte de uma categoria funcional

cor.po.ra.ti.vo *adj.* relativo a corporação

cor.pó.reo *adj.* referente a corpo

cor.po.ri.fi.ca.ção *s.f.* ato, processo ou efeito de corporalizar; corporalização

cor.po.ri.fi.car *v.t.* **1** dar ou adquirir corpo; transformar(-se) em algo concreto **2** reunir em um corpo o que está disperso

cor.pu.lên.cia *s.f.* **1** proporção avantajada de um corpo; robustez **2** *por ext.* grande volume ou vulto de qualquer coisa

cor.pu.len.to *adj.* **1** que possui proporções avantajadas **2** gordo, obeso

cor.pus.cu.lar *adj.2g.* relativo a corpúsculo

cor.pús.cu.lo *s.m.* **1** corpo pequeno **2** ANAT cada um dos corpos encapsulados de pequenas dimensões existentes no organismo

cor.re.a.me *s.m.* conjunto ou série de correias; correagem

cor.re.a.ri.a *s.f.* estabelecimento onde se vendem correias

cor.re.ção *s.f.* **1** ato ou efeito de corrigir **2** emenda **3** qualidade, atributo do que é correto

cor.re.cio.nal *adj.2g.* referente à correção

cor.re-cor.re /ô/ *s.m.* correria, afobação

cor.re.dei.ra /ê/ *s.f.* **1** parte do rio onde as águas correm ligeiras **2** *pop.* diarreia

cor.re.dor /ô/ *adj.* **1** aquele que corre; que participa de corrida • *s.m.* **2** parte do andar de um edifício por onde as pessoas transitam

cor.re.ei.ro /ê/ *s.m.* indivíduo que fabrica ou vende correias

cor.re.ge.dor /ô/ *s.m.* JUR magistrado que tem jurisdição sobre todos os outros juízes de uma comarca e cuja função é fiscalizar a distribuição da justiça, o exercício da advocacia e o andamento dos serviços forenses

cor.re.ge.do.ri.a *s.f.* **1** JUR ofício ou cargo de corregedor **2** JUR repartição onde o corregedor exerce seu ofício

cór.re.go *s.m.* canal por onde corre água; pequeno fluxo de água

cor.rei.a /ê/ *s.f.* **1** tira estreita feita de couro ou de outros materiais que serve para amarrar ou transmitir movimentos circulares de uma peça para outra **2** cada uma das peças utilizadas no arreamento de cavalo

cor.rei.ção *s.f.* **1** atou o efeito de corrigir; correção **2** JUR ofício exercido pelo corregedor **3** comarca sob a jurisdição de um juiz corregedor **4** ZOOL fila formada por formigas

cor.rei.o /ê/ *s.m.* **1** carteiro **2** empresa que presta esse serviço **3** edifício onde está instalada essa empresa **4** *fig.* prenunciador; mensageiro, anunciador

cor.re.la.ção *s.f.* correspondência, analogia entre pessoas ou coisas; ideias relacionadas entre si

cor.re.la.ti.vo *adj.* que apresenta correlação

cor.re.li.gio.ná.rio *s.m.* pessoa da mesma religião ou do mesmo partido político; companheiro

cor.re.li.gio.na.ris.mo *s.m.* solidariedade entre correligionários; coleguismo

cor.ren.te *adj.2g.* **1** que corre sem obstrução, que flui **2** que é aceito por muitos **3** atual • *s.f.* **4** série de elos unidos; grilhão **5** série ou cadeia de argolas metálicas interligadas **6** movimento da correnteza

cor.ren.te.za /ê/ *s.f.* **1** fluxo da água que corre **2** fluidez da expressão oral e escrita

cor.ren.ti.o *adj.* **1** que corre; corrente **2** *fig.* que apresenta fluidez; fluente

cor.ren.tis.ta *s.2g.* **1** cliente bancário, pessoa que possui conta-corrente nos bancos **2** cada uma das partes que firmam contrato de conta-corrente

cor.ren.to.so /ô/ *adj.* em que há corrente ou correnteza, ex.: *rio correntoso*

cor.rer /ê/ *v.i.* **1** fluir, mover-se com velocidade **2** acorrer; acudir; prestar auxílio de maneira rápida **3** passar com rapidez **4** *fig.* circular; tornar-se público, conhecido

cor.res.pon.dên.cia *s.f.* **1** ato, processo ou efeito de corresponder **2** conjunto de cartas **3** relação perfeita, harmônica

cor.res.pon.den.te *adj.2g.* **1** que apresenta analogia com algo ou alguém **2** que mantém correspondência, que troca cartas com alguém **3** conveniente, adequado **4** qualidade de um jornalista encarregado de fazer reportagens relacionadas ao local em que ele se encontra

cor.res.pon.der /ê/ *v.t.* **1** estar relacionado mutuamente **2** manter relações epistolares com **3** responder em seguida

cor.re.ta.gem *s.f.* **1** atividade do corretor de imóveis **2** porcentagem ganha pelo corretor **3** trato, acordo feito entre pessoas

cor.re.tar *v.i.* praticar corretagens

cor.re.ti.vo *adj.* **1** que ou o que corrige, endireita • *s.m.* **2** reprimenda **3** castigo, penalidade

cor.re.to /ê/ *adj.* **1** certeiro, sem erro **2** que apresenta exatidão **3** possuidor de bom caráter

cor.re.tor /ô/ *s.m.* **1** pessoa que trabalha como intermediário em compras e vendas de títulos e imóveis, ganhando uma porcentagem **2** HIST oficial romano que administra as finanças da cidade **3** aquele que faz a revisão de textos escritos ou de provas tipográficas

cor.ri.da *s.f.* **1** ato ou processo de correr **2** percurso vencido rapidamente **3** concorrência entre pessoas, grupos, países que procuram alcançar um benefício

cor.ri.do *adj.* **1** que passou, transcorreu **2** envergonhado, vexado **3** rejeitado, recusado

cor.ri.gen.da *s.f.* **1** cada um dos erros assinalados em uma obra **2** reprimenda, advertência

corrigir

cor.ri.gir *v.t.* **1** dar ou adquirir forma correta; endireitar **2** penalizar, castigar **3** regenerar-se **4** avaliar a exatidão das respostas

cor.ri.gí.vel *adj.2g.* passível de ser corrigido

cor.ri.ma.ça *s.f.* **1** vaia proferida contra alguém **2** *pop.* caminhada apressada

cor.ri.mão *s.m.* balaústre de apoio para subir e descer escadas

cor.ri.men.to *s.m.* **1** processo ou resultado de correr **2** MED secreção patológica que escorre anormalmente de algum órgão do corpo

cor.ri.o.la /ó/ *s.f.* **1** BOT planta convolvulácea; bons-dias, cariola **2** *pop.* vaia dirigida a outra pessoa **3** *pop.* pessoa arruaceira

cor.ri.quei.ro /ê/ *adj.* que é usual; trivial, comum

cor.ro.bo.ra.ção *s.f.* **1** ato, processo ou efeito de corroborar **2** confirmação, ratificação

cor.ro.bo.ran.te *adj.2g.* **1** que corrobora **2** que fortalece **3** que confirma

cor.ro.bo.rar *v.t.* **1** comprovar, ratificar **2** fortalecer; dar energia

cor.ro.er /ó/ *v.t.* **1** roer, desgastar, carcomer **2** *fig.* pôr fim a alguma coisa

cor.ro.í.do *adj.* **1** que se gastou lentamente; carcomido, gasto **2** corrompido, viciado, degenerado

cor.rom.pe.dor /ô/ *adj.* que corrompe

cor.rom.per /ê/ *v.t. v.pron.* **1** tornar-se estragado **2** perverter-se física e moralmente

cor.rom.pi.do *adj.* **1** estragado, viciado, putrefato **2** pervertido, imoral

cor.rom.pi.men.to *s.m.* corrupção

cor.ro.são *s.f.* **1** ato ou efeito de corroer **2** destruição do terreno, destruição de rochas por decomposição química **3** *fig.* desgaste, destruição lenta de algo

cor.ro.si.vel *adj.2g.* passível de sofrer corrosão

cor.ro.si.vo *adj.* que provoca corrosão

cor.ru.ção *s.f.* **1** m.q. corrupção **2** MED diarreia com prolapso da mucosa do ânus e relaxamento do esfíncter anal; maculo

cor.ru.ga.ção *s.f.* ato ou efeito de corrugar; enrugamento

cor.ru.gar *v.t.* criar pregas ou rugas; engelhar, encrespar

cor.ru.í.ra *s.f.* ZOOL pequeno pássaro da família dos trogloditídeos, encontrado nas Américas; cambaxirra

cor.rup.ção *s.f.* **1** putrefação, deterioração **2** depravação de hábitos; suborno

cor.ru.pi.ão *s.m.* ZOOL ave passeriforme que possui dois representantes no Brasil: sofrê e concliz

cor.ru.pi.ar *v.i.* dar voltas em torno de um eixo; rodopiar

cor.ru.pi.o *s.m.* **1** ação de girar; giro, volta, rodopio **2** brincadeira de crianças que consiste em dar voltas de mãos dadas **3** *pop.* grande pressa ou correria

cor.rup.te.la /é/ *s.f.* **1** ato, processo ou efeito de corromper; corrupção **2** pronúncia ou escrita de palavra distante da linguagem de maior prestígio social

cor.rup.ti.bi.li.da.de *s.f.* característica de quem ou do que é corruptível

cor.rup.tí.vel *adj.2g.* passível de ser corrompido

cor.rup.to *adj.* **1** que se corrompeu; corrompido **2** que sofreu alteração **3** *fig.* imoral, devasso, depravado

cor.rup.tor /ô/ *adj.* **1** que corrompe; desmoralizador **2** que usa ou institui a corrupção

cor.sá.rio *s.m.* **1** pirata; navio que promove pirataria **2** *fig.* indivíduo cheio de artimanhas

cór.si.co *adj. gent.* natural ou habitante da ilha de Córsica, atual Córsega

cor.so /ô/ *s.m.* **1** HIST modo de vida errante que caracteriza alguns povos bárbaros; pirata • *adj.* **2** relativo a ou natural da ilha da Córsega

cor.ta.do *adj.* **1** que se cortou **2** desmembrado de um todo de que anteriormente fazia parte **3** talhado

cor.ta.dor /ô/ *s.m.* **1** instrumento que serve para cortar algo **2** *pop.* namorador

cor.ta.du.ra *s.f.* ato, processo ou efeito de cortar; corte, incisão

cor.ta.men.to *s.m.* m.q. corte

cor.tan.te *adj.2g.* afiado; que talha; que corta

cor.tar *v.t.* **1** separar, dividir **2** apartar **3** encurtar um caminho **4** suprimir, excluir

cor.te /ó/ *s.m.* **1** ato ou efeito de talhar **2** eliminação **3** abate **4** fio, gume **5** dispensa de pessoa com algum vínculo empregatício **6** rompimento de qualquer tipo de relação entre pessoas

cor.te /ô/ *s.f.* conjunto de pessoas da nobreza

cor.te.ja.dor /ô/ *s.m.* aquele que corteja; adulador, galanteador

cor.te.jar *v.t.* adular, namorar, galantear

cor.te.jo /ê/ *s.m.* **1** companhia, galanteio **2** *fig.* o que acompanha algo, o que serve de acompanhamento

cor.te.lho /ê/ *s.m.* casa muito suja; pocilga

cor.tês *adj.2g.* **1** refinado, delicado, educado **2** amoroso, gentil

cor.te.sã *s.f.* **1** *desus.* dama da corte **2** *desus.* prostituta da alta camada social

cor.te.sa.ni.a *s.f.* gesto educado, polido

cor.te.são *s.m.* que faz parte da corte; fidalgo

cor.te.si.a *s.f.* delicadeza, educação; gesto de polidez

cór.tex /ks/ *s.m.* **1** BOT casca de árvore; cortiça **2** ANAT camada mais externa dos órgãos

cor.ti.ça *s.f.* **1** casca de certa espécie de árvore **2** boia feita desse material

cor.ti.cal *adj.2g.* relativo ao córtex do cérebro

cór.ti.ce *s.m.* m.q. córtex

cor.ti.cei.ra /ê/ *s.f.* **1** BOT árvore de que se extrai a cortiça **2** local onde se reúne cortiça

cor.ti.cei.ro /ê/ *s.m.* extrator ou comerciante de cortiça

cor.tí.ceo *adj.* referente a cortiça ou feito desse material

cor.ti.cí.fe.ro *adj.* que apresenta cortiça

cor.ti.ço *s.m.* **1** casa de abelha **2** aglomeração de casas muito pobres

cor.ti.ço.so /ô/ *adj.* de casca muito grossa

cor.ti.na *s.f.* peça de pano ou de outro material, que se coloca nas janelas das casas para adorno e proteção contra o Sol

cor.ti.na.do *adj.* **1** provido de cortina • *s.m.* **2** estrutura em torno de um berço, normalmente de filó ou outro tecido bem fino, usada para proteger o bebê contra mosquitos e outros insetos

co.ru.ja *s.f.* ZOOL ave de rapina de hábito noturno, da família dos estrigídeos e dos titonídeos ■ **pai coruja** pai que expressa profunda admiração por seu filho

co.ru.jei.ra /ê/ *s.f.* pequena aldeia situada em local penhascoso e de acesso difícil

co.rum.bá *s.m.* lugar distante de qualquer povoado; local deserto

co.rus.ca.ção *s.f.* luminosidade instantânea; brilho, relâmpejo

co.rus.can.te *adj.2g.* relampejante, reluzente

co.rus.car *v.i.* relampejar; brilhar, reluzir

cor.va.cho *s.m.* pequeno corvo

cor.ve.ja.men.to *s.m.* ato de corvejar

cor.ve.jar *v.i.* **1** remoer, matutar **2** pensar exaustivamente

cor.ve.ta /ê/ *s.f.* MAR pequeno navio de guerra

cor.ví.deo *adj.* relativo ao corvo

cor.vi.na *s.f.* ZOOL peixe da família dos cienídeos, de corpo alongado e comprimido, de tonalidade prateada a marrom, dorso mais escuro e ventre esbranquiçado

cor.vi.no /ô/ *adj.* **1** relativo ao corvo **2** de colorido negro brilhante

cor.vo /ô/ *s.m.* ZOOL ave da família dos corvídeos, onívora, de plumagem preta, famosa pela astúcia e inteligência

cós *s.m.2n.* parte superior das vestes que se prende à cintura

cos.co.rão *s.m.* **1** casca grossa de ferida **2** CUL doce feito com massa fina amassada com ovos e calda de açúcar **3** *pejor.* indivíduo simplório e bronco

cós.co.ro *s.m.* m.q. coscorão

co.se.du.ra *s.f.* ato ou efeito de coser, costurar

co.ser /ê/ *v.t.* **1** costurar **2** *fig.* perfurar alguém com faca

co.si.car *v.t.* costurar à mão

co.si.do *adj.* costurado

cos.mé.ti.ca *s.f.* **1** ciência que estuda o embelezamento por meio de produtos **2** indústria responsável por tais produtos

cos.mé.ti.co *s.m.* **1** maquiagem **2** produto higiênico para pele ou cabelos **3** *pejor.* superficial

cós.mi.co *adj.* relativo ao universo, ao cosmos, ao espaço interestelar

cos.mo.go.ni.a *s.f.* ciência voltada para os estudos da formação do universo; cosmogênese

cos.mo.gô.ni.co *adj.* relativo a cosmogonia

cos.mo.gra.fi.a *s.f.* ASTRON descrição do universo; astronomia descritiva

cos.mo.lo.gi.a *s.f.* ASTRON estudo das leis gerais e da evolução do mundo físico, do universo

cos.mo.ló.gi.co *adj.* referente a cosmologia

cos.mo.no.mi.a *s.f.* conjunto das leis que regulam a formação e a evolução do universo

cos.mo.po.li.tis.mo *s.m.* **1** característica, princípio, atributo do que é cosmopolita **2** interesse por tudo o que provém de ou que caracteriza os grandes centros urbanos

cos.mo.po.li.ta *adj.2g.* **1** relativo ao cidadão do mundo, do universo **2** referente a grandes cidades cuja população é formada por moradores de diferentes partes do mundo

cos.mos /ó/ *s.m.2n.* **1** espaço universal **2** a harmonia universal

cos.sa.co *s.m.* **1** HIST soldado de cavalaria da Rússia czarista **2** *por ext.* indivíduo bravo e feroz

cos.ta /ó/ *s.f.* **1** área litorânea **2** margem do rio **3** BOT nervura da folha

cos.ta.do *s.m.* **1** declividade de um terreno; encosta, declive **2** MAR lado aparente do casco da embarcação

cos.tas /ó/ *s.f.pl.* parte traseira do tronco humano ou de qualquer objeto; dorso

cos.te.ar *v.t.* **1** navegar ao longo da costa; navegar próximo ao litoral **2** *fig.* ficar com rodeios para dizer algo

cos.tei.ra /ê/ *s.f.* costa marinha

cos.te.la /é/ *s.f.* ANAT cada um dos 12 pares de ossos chatos que formam a parte principal da caixa torácica

cos.te.le.ta /ê/ *s.f.* **1** costela de animais abatidos e comercializados em açougue; costela de porco, de carneiro **2** *bras.* barba crescida junto à orelha

cos.tu.ma.do *adj.* que se tornou corriqueiro; acostumado, habituado

cos.tu.mar *v.t. v.pron.* acostumar(-se), habituar(-se)

cos.tu.me *s.m.* **1** hábito, uso; prática regular **2** veste social **3** traje adequado para uma determinada ocasião

cos.tu.mei.ro /ê/ *adj.* que se tornou habitual, frequente

cos.tu.ra *s.f.* **1** arte de coser **2** ofício de costurar

cos.tu.rar *v.t.* **1** unir retalhos de pano utilizando agulha e linha, coser **2** *fig.* dirigir um veículo automotor de forma ziguezagueante

cos.tu.rei.ra /ê/ *s.f.* **1** profissional que faz costura, que cose **2** metralhadora

co.ta /ó/ *s.f.* **1** quantia determinada de um todo **2** ECON parte que compete a cada um dos acionistas de uma empresa; parcela de um fundo de investimento **3** lado oposto ao gume de uma faca **4** sinal ou número que indica a classificação de processos

co.ta.ção *s.f.* **1** ato ou efeito de cotar; pesquisa de preços **2** *fig.* o conceito de uma pessoa

co.tar *v.t.* **1** pesquisar e avaliar preços **2** *fig.* qualificar alguém

co.te.ja.dor /ô/ *adj.* que coteja, que compara uma coisa a outra

co.te.jar *v.t.* comparar uma coisa com outra; confrontar

co.te.jo /ê/ *s.m.* confronto, comparação entre duas coisas

co.ti.di.a.no *adj.* **1** hábito diário, de todo dia **2** que é comum; banal

co.ti.lé.do.ne *s.m.* BOT cada uma das folhas que se forma no embrião das angiospermas e gimnospermas

co.ti.le.dô.neo *adj.* BOT que possui cotilédone(s)

co.ti.za.ção *s.f.* divisão em cotas

co.ti.zar *v.t.* repartir algo em cotas; contribuir com cotas

co.tó *adj.2g.* **1** de tamanho pequeno; de baixa estatura • *s.m.* **2** pessoa com membros amputados; mutilado

co.to.ne.te *s.m.* haste flexível cujas pontas são de algodão e servem para higienizar pequenas cavidades

co.to.ni.fí.cio *s.m.* fábrica de tecidos de algodão

co.to.ve.la.da *s.f.* **1** golpe dado com o cotovelo **2** pressão leve que se faz em uma pessoa com o cotovelo, a fim de chamar-lhe a atenção

co.to.ve.lar *v.t.* acotovelar; chocar-se; esbarrar por acidente ou para abrir espaço

co.to.ve.lo /ê/ *s.m.* **1** ANAT região em torno da articulação entre o braço e o antebraço; ângulo formado pelo encontro do úmero com a ulna **2** *por ext.* ângulo ■ **dor de cotovelo** aflição sentida quando se perde um grande amor

cou.ce *s.m.* coice, patada

cou.de.la.ri.a *s.f.* fazenda dedicada à criação, ao aprimoramento da raça e ao treinamento de cavalos de corrida; haras

cou.ra *s.f. desus.* gibão de couro usado por soldados

couraça

cou.ra.ça *s.f.* **1** armadura feita de metal ou couro, usada por soldados sobre o peito e as costas para proteção contra ataques inimigos **2** *fig.* proteção para o lado frágil, vulnerável de uma pessoa

cou.ra.ça.do *s.m.* **1** MAR navio de guerra revestido de dupla chapa de aço **2** *fig.* que não permite emoção

cou.ra.ma *s.f.* **1** grande quantidade de couros **2** traje de couro usado por vaqueiros

cou.ro *s.m.* **1** a pele grossa dos animais **2** *fig.* pessoa feia

cou.sa /ô/ *s.f.* m.q. coisa

cou.ta.da *s.f.* **1** terra comum, reservada para a pastagem do gado de uma localidade **2** local destinado à pastagem de equinos e bovinos

cou.tei.ro /ê/ *s.m.* indivíduo que guardava a coutada

cou.to *s.m.* **1** *desus.* extensão de terras onde é proibida a entrada de estranhos **2** lugar seguro; refúgio, asilo **3** *lus.* covil, antro de animais

cou.ve *s.f.* BOT planta hortense, da família das crucíferas, de caule ereto, folhas oblongas ou obovadas, muito apreciada na culinária

cou.ve-flor /ô/ *s.f.* BOT planta hortense com florescências ou protuberâncias que lembram corolas, comestível após cozimento e mundialmente consumida, em pratos variados, saladas e conservas

co.va /ó/ *s.f.* **1** buraco, toca de determinados animais **2** buraco onde os mortos são sepultados; sepultura **3** *fig.* situação difícil; dificuldade, contrariedade

cô.va.do *s.m.* medida de comprimento que equivale a mais ou menos 66 centímetros

co.var.de *adj.* quem não apresenta valentia; medroso

co.var.di.a *s.f.* **1** falta de valentia **2** violência contra o mais fraco

co.ve.ar *v.i.* abrir covas para o plantio de café

co.vei.ro /ê/ *s.m.* **1** empregado de cemitérios responsável por abrir covas e descer os caixões; sepultador **2** *fig.* indivíduo ruim, cruel

co.vil *s.m.* **1** toca, esconderijo de feras **2** *fig.* esconderijo de malfeitores; antro **3** *fig.* habitação rude, casebre

co.vo /ô/ *s.m.* espécie de cesto que serve como armadilha na pescaria

co.xa /ô/ *s.f.* ANAT parte do membro inferior entre o quadril e o joelho

co.xe.a.du.ra *s.f.* ato ou efeito de coxear

co.xe.ar *v.i.* **1** caminhar com dificuldade; manquejar **2** *fig.* errar; ser inconveniente; hesitar, vacilar

co.xi.a *s.f.* **1** espaço livre entre os bancos de um ônibus, bonde etc. **2** espaço ocupado por cada um dos equídeos em uma cavalariça

co.xim *s.m.* **1** tipo de almofada usada como assento **2** parte da sela sobre a qual o cavaleiro se assenta

co.xi.ni.lho *s.m.* manta feita de lã, usada para cobrir os coxins e as selas de montaria

co.xo /ô/ *adj.* que coxeia; manco

co.ze.du.ra *s.f.* **1** cozimento **2** parte concentrada e consistente de um caldo

co.zer /ê/ *v.t.* cozinhar

co.zi.do *adj.* que passou por cozimento

co.zi.men.to *s.m.* ato ou processo de cozer, de cozinhar

co.zi.nha *s.f.* **1** lugar onde são preparados os alimentos, onde se cozinha **2** *fig.* a seção rítmica de um grupo musical

co.zi.nhar *v.t.* **1** preparar alimentos pela ação do fogo; cozer **2** *fig.* tramar **3** *fig.* prender o jogo, prejudicando seu andamento

co.zi.nhei.ro /ê/ *s.m.* pessoa que desenvolve profissionalmente a arte da culinária

cra.chá *s.m.* **1** cartão usado para identificação em empresas e diversos tipos de eventos **2** medalha, distintivo

cra.ck *s.m.* [*ing.*] droga feita da mistura de cocaína e bicarbonato de sódio, com alta toxidade

cra.ni.a.no *adj.* referente a crânio

crâ.nio *s.m.* **1** ANAT caixa óssea que contém e protege o cérebro **2** *pop.* pessoa de notável inteligência

crá.pu.la *s.2g.* **1** pessoa de má índole; canalha ○ *s.f.* **2** estilo de vida devassa; desregramento de certos costumes

cra.pu.lo.so /ô/ *adj.* dado à libertinagem; devasso

cra.que *s.2g.* **1** esportista que tem habilidade na modalidade que pratica **2** indivíduo notadamente hábil no que faz ○ *s.m.* **3** cavalo que é muito veloz **4** colapso financeiro; falência de diversas organizações em um mesmo período

cra.se *s.f.* **1** GRAM contração de duas vogais idênticas em uma só **2** acento grave que marca essa contração na escrita **3** *fig.* tipo típico da personalidade de alguém; índole, temperamento

cras.so *adj.* **1** que é espesso, grosso **2** *fig.* grosseiro, rudimentar, tosco

cra.te.ra /é/ *s.f.* **1** abertura no cume dos vulcões **2** *fig.* grande desgraça; calamidade

cra.va.ção *s.f.* **1** ato, processo ou efeito de cravar alguma coisa a outra **2** fixação de pedras preciosas em uma joia

cra.va.gem *s.f.* BOT doença de certas gramíneas, causada por fungos

cra.vei.ra /ê/ *s.f.* **1** instrumento com que se determinava a altura das pessoas **2** compasso usado pelos sapateiros para tomar medidas do pé

cra.vei.ro /ê/ *s.m.* **1** BOT planta da família das cariofiláceas; cravo **2** canteiro, plantação de cravos **3** MÚS instr rumento que lembra o cavaquinho

cra.ve.ja.dor /ô/ *s.m.* **1** aquele que craveja **2** ourives, joalheiro que faz cravações

cra.ve.ja.men.to *s.m.* ato ou efeito de cravejar; cravação

cra.ve.jar *v.t.* **1** prender com cravos **2** fixar pedra preciosa em joia **3** empregar intercaladamente; colocar em permeio

cra.ve.lha /ê/ *s.f.* **1** MÚS peça de madeira ou metal com que se fixam as cordas dos instrumentos para poder afiná-los **2** obturador da culatra das peças de artilharia, quando são carregadas

cra.ve.lho /ê/ *s.m.* tramela, trava

cra.vo *s.m.* **1** BOT flor do craveiro **2** HIST prego com que se fixavam as mãos e os pés dos condenados na cruz **3** MÚS instrumento de cordas, precursor do piano, com um dos teclados

cre.che /é/ *s.f.* instituição de amparo às crianças, durante o dia, abrigando-as e alimentando-as

cre.den.ci.al *adj.2g.* **1** que é verdadeiro; que confere crédito • *s.f.* **2** documento que garante ao indivíduo a entrada e permanência em determinados locais

cre.di.bi.li.da.de *s.f.* qualidade daquilo que merece crédito; confiabilidade

cre.di.tar *v.t.* **1** dar ou atribuir crédito **2** ECON lançar em crédito em conta bancária **3** *fig.* acreditar em alguém, confiar

cre.di.tí.cio *adj.* relativo a crédito

cri-cri

cré.di.to *s.m.* **1** confiança baseada nas qualidades de uma pessoa **2** boa reputação **3** pagamento ou empréstimo a prazo **4** indicação dos autores e de todos os responsáveis pelo trabalho intelectual, artístico, técnico e empresarial de um determinado projeto

cre.do /é/ *s.m.* **1** relativo à crença **2** RELIG oração em latim utilizada na Igreja Católica **3** RELIG doutrina, princípios pelos quais se conduz uma religião ou seita **4** conjunto de princípios e normas que embasam os costumes de uma comunidade • *interj.* **5** indica repulsa, espanto

cre.dor /ô/ *s.m.* **1** pessoa a quem se deve dinheiro ou algo de valor **2** pessoa digna de merecimento

cre.du.li.da.de *s.f.* **1** qualidade de quem é crédulo **2** crença nas coisas da fé ou em coisas ocultas, sobrenaturais

cré.du.lo *adj.* qualidade de quem acredita com facilidade no testemunho do outro; aquele que crê em algo

cre.ma.ção *s.f.* **1** incineração; queima de cadáveres **2** *fig.* ato, processo ou efeito de se livrar de alguma coisa que traz sofrimento, dor

cre.ma.lhei.ra /ê/ *s.f.* **1** haste de ferro de certos aparelhos de locomoção **2** trilho suplementar que possui dentes e sobre o qual se engrenam rodas em movimento igualmente dentadas das locomotivas

cre.mar *v.t.* incinerar cadáveres

cre.ma.tó.rio *s.m.* local de incinerações onde os cadáveres são queimados

cre.me *s.m.* **1** tudo o que tem a mesma consistência do creme **2** a nata do leite **3** produto cosmético usado na pele ou no cabelo **4** a cor branco-amarelada do creme **5** *fig.* elite da sociedade

cre.mo.na *s.f.* tipo de trinco de janela e porta; carmona

cre.mo.so /ô/ *adj.* que apresenta a consistência do creme; que contém creme

cren.ça *s.f.* **1** ato de crer; convicção, fé **2** o objeto ou alvo de uma crença

cren.di.ce *s.f.* crença fundada na superstição

cren.te *adj.2g.* **1** aquele que crê, que tem fé **2** *fig.* adepto do protestantismo

cre.o.li.na *s.f.* QUÍM nome comercial do desinfetante obtido do carvão mineral

cre.o.so.to /ô/ *s.m.* QUÍM espécie de óleo obtido por destilação do alcatrão, usado para expectoração

cre.pe /é/ *s.m.* **1** tecido leve, fino, crespo e transparente **2** CUL panqueca cuja massa é fina e preparada com recheio doce ou salgado **3** luto, dó; grande tristeza

cre.pi.ta.ção *s.f.* **1** ato ou resultado de crepitar **2** *fig.* qualquer ruído semelhante ao estalo seco e rápido provocado pelo fogo

cre.pi.tar *v.i.* produzir estalos; estalar

cre.pom *s.m.* papel de seda enrugado com que se fazem objetos de adorno

cre.pus.cu.lar *adj.2g.* referente a ou próprio do crepúsculo

cre.pús.cu.lo *s.m.* **1** luminosidade no céu no período entre o final da noite e o nascer do Sol e entre o final da tarde e o início da noite **2** *fig.* declínio, decadência

crer /ê/ *v.t.* **1** acreditar, ter fé **2** pensar, presumir

cres.cen.te *adj.2g.* **1** o que está em desenvolvimento, o que está em processo de crescimento • *s.f.* **2** a cheia de rio ou de maré • *s.m.* **3** aquilo que tem formato de meia-lua **4** uma das fases da Lua

cres.cer /ê/ *v.i.* **1** aumentar de modo progressivo **2** progredir, prosperar **3** *fig.* adquirir maior valor moral ou intelectual

cres.ci.do *adj.* **1** que adquiriu uma dimensão, um tamanho maior **2** *fig.* adiantado, maduro

cres.ci.men.to *s.m.* **1** ato ou resultado de crescer **2** *fig.* progresso, desenvolvimento, evolução

cres.pi.dão *s.f.* **1** atributo do que é crespo **2** aspereza

cres.po /ê/ *adj.* **1** áspero, enrugado **2** *fig.* rude, grotesco **3** *fig.* rebuscado, difícil **4** *fig.* indecoroso, indecente

cres.ta.do *adj.* que se crestou; torrado, queimado, tostado

cres.ta.du.ra *s.f.* queimadura superficial

cres.tar *v.t.* **1** saquear, roubar, devastar **2** queimar superficialmente; ressecar, tostar

cres.to.ma.ti.a *s.f.* LITER antologia, coletânea de textos

cre.tá.ceo *adj.* *s.m.* **1** GEOL referente ao último período da Era Mesozoica **2** diz-se do tempo durante o qual as rochas desse período foram formadas

cre.ten.se *adj. gent.* natural ou habitante de Creta

cre.ti.nis.mo *s.m.* **1** MED perturbação intelectual e mental decorrente do mau funcionamento da glândula tireoide **2** *pop.* imbecilidade, cretinice, estupidez

cre.ti.ni.zar *v.t. pop.* tornar cretino, estúpido

cre.ti.no *s.m.* **1** MED pessoa que sofre patologicamente de cretinismo • *adj.* **2** *pop.* atrevido, inconveniente, insolente, estúpido

cre.to.ne *s.m.* tecido, pano grosso utilizado em cortinas e colchas

cri.a *s.f.* **1** animal novo **2** pessoa criada em casa de outrem **3** *fig.* pessoa que é fruto intelectual de um mentor

cri.a.ção *s.f.* **1** ato, processo ou efeito de criar **2** concepção de qualquer coisa **3** produção artística

cri.a.da.gem *s.f.* o conjunto dos serviçais de um local ou de uma casa

cri.a.dei.ra /ê/ *s.f.* animal destinado à procriação

cri.a.do *adj.* **1** que se criou **2** bem desenvolvido; bem nutrido **3** instruído, educado

cri.a.do-mu.do *s.m.* mesa de cabeceira que geralmente fica ao lado da cama

cri.a.dor /ô/ *s.m.* aquele que cria, inventa, produz; que gera

cri.a.dou.ro /ô/ *adj.* **1** que é passível de ser criado • *s.m.* **2** alfobre, canteiro; lugar onde se semeia **3** viveiro de plantas **4** local apropriado para a criação de animais

cri.an.ça *s.f.* **1** indivíduo com idade infantil • *adj.2g.* **2** *fig.* inexperiente, infantil, imaturo, ingênuo

cri.an.ça.da *s.f.* **1** bando de crianças **2** ato próprio de criança, criancice

cri.an.ci.ce *s.f.* ato, procedimento ou dito próprio de criança; infantilidade

cri.an.ço.la /ó/ *s.f.* pessoa adulta que age feito criança

cri.ar *v.t.* **1** inventar **2** educar, cultivar **3** instituir, estabelecer **4** sustentar; dar alimentação **5** cultivar

cri.a.ti.vi.da.de *s.f.* capacidade de criar ou produzir algo inovador

cri.a.ti.vo *adj.* provido de criatividade; original

cri.a.tó.rio *s.m.* local onde se cria gado

cri.a.tu.ra *s.f.* **1** indivíduo **2** pessoa ou coisa, resultante de uma criação

cri-cri *adj.2g.* **1** *fig.* diz-se de pessoa implicante • *s.m.* **2** onomatopeia do canto do grilo

crime

cri.me *s.m.* **1** JUR transgressão imputável, culposa ou dolosa **2** *fig.* falta, erro, engano

cri.mi.nal *adj.2g.* relativo a crime; o que envolve o crime ou o ato do criminoso

cri.mi.na.li.da.de *s.f.* **1** estado de quem ou do que é criminal **2** atividade criminosa, marginalidade **3** o que envolve um ato imputável e punível **4** o que envolve a história do crime

cri.mi.na.lis.ta *s.2g.* **1** JUR advogado especialista em direito penal **2** *pop.* quem condena sistematicamente os réus

cri.mi.na.li.zar *v.t.* criminar, condenar sistematicamente os réus como criminosos

cri.mi.no.lo.gis.ta *s.2g.* JUR jurista ou advogado especialista em criminologia

cri.mi.no.so /ó/ *adj. s.m.* **1** que cometeu crime **2** réu **3** aquele que comete uma falta condenável **4** indivíduo contrário às leis morais

cri.na *s.f.* **1** ZOOL pelo da cauda e do pescoço dos cavalos **2** tecido áspero, de fibras vegetais

cri.noi.de /ó/ *s.m.* ZOOL espécime dos crinoides, classe de equinodermos que inclui os lírios-do-mar

cri.o.ge.ni.a *s.f.* FÍS ramo da física que estuda os efeitos da produção de temperaturas muito baixas e de seus fenômenos

cri.o.gê.ni.co *adj.* **1** referente a criogenia **2** capaz de produzir baixas temperaturas

cri.o.te.ra.pi.a *s.f.* MED processo terapêutico baseado na cura pelo frio

cri.ou.lo /ô/ *adj. s.m.* **1** escravo nascido na América do Sul ou **2** negro nascido no Brasil **3** GRAM língua originada do cruzamento de línguas europeias e nativas, ou importadas, e que se tornou a língua materna de certas comunidades **4** descendente de europeu nascido nas antigas colônias europeias, notadamente na América

crip.ta *s.f.* **1** gruta ou galeria subterrânea **2** cova, lugar subterrâneo para sepultamento

críp.ti.co *adj.* relativo à cripta

crip.to.gra.fi.a *s.f.* escrita secreta, cifrada; modificações codificadas de um texto

crip.to.gra.ma *s.m.* **1** escrito criptografado **2** *por ext.* marca, figura simbólica

crip.tô.nio *s.m.* QUÍM elemento químico de número atômico 36 da tabela periódica, da família dos gases nobres

cris *s.m.* **1** eclipse do Sol ou da Lua **2** punhal, lâmina ondulada • *adj.2g.* **3** *fig.* que dá medo

cri.sá.li.da *s.f.* **1** ZOOL pupa de um inseto **2** estágio intermediário entre a lagarta e a borboleta

cri.sa.li.dar *v.i. v.pron.* converter-se (lagarta) em crisálida, entrar na fase de ninfa

cri.sân.te.mo *s.m.* BOT flor ornamental nativa da Ásia

cri.se *s.f.* **1** MED agravamento inesperado do quadro de uma doença **2** transformação, conjuntura **3** fase crítica de uma situação

cri.so.ti.lo *s.m.* silicato básico de magnésio fibroso, que constitui a mais importante das espécies de amianto

cris.ma *s.2g.* RELIG sacramento católico da confirmação

cris.mar *v.t.* RELIG conferir ou receber o sacramento da confirmação do batismo

cris.pa.ção *s.f.* contração de nervos, músculos; espasmo

cris.pa.men.to *s.m.* m.q. crispação

cris.par *v.t. v.pron.* **1** encrespar(-se), enrugar(-se) **2** contrair(-se) espasmodicamente

cri.sol /ó/ *s.m.* QUÍM recipiente próprio para fundir metais; cadinho

cris.ta *s.f.* **1** ZOOL excrescência carnosa da cabeça de certas aves **2** saliência de um terreno ou de uma área **3** cabeleira ■ **baixar a crista** tornar-se humilde

cris.tal *s.m.* **1** FÍSQUÍM sólido com estrutura ordenada em função do arranjo espacial dos átomos, íons ou moléculas que o formam **2** mineral de aspecto claro e transparente **3** GEOM poliedro que possui faces que, além de planas, são regulares e unidas

cris.ta.lei.ra /ê/ *s.f.* móvel envidraçado em que se guardam copos, taças, peças de cristal

cris.ta.li.no *adj.* **1** claro feito de cristal; transparente • *s.m.* **2** *pop.* lente

cris.ta.li.za.ção *s.f.* **1** ato ou efeito de cristalizar **2** estado de cristal **3** fixação

cris.ta.li.zar *v.t.* **1** tornar-se sólido e transparente, com aparência de cristal **2** preparar frutas, doces etc. cobrindo com açúcar cristal **3** *pop.* estagnar-se

cris.tan.da.de *s.f.* o conjunto dos povos ou países cristãos

cris.tão *adj.* que segue as doutrinas de Jesus Cristo

cris.ti.a.nis.mo *s.m.* religião de Cristo; doutrina baseada nos evangelhos e na fé cristã

cris.ti.a.ni.zar *v.t.* tornar-se cristão; aceitar a Cristo

Cris.to *s.m.* **1** RELIG Jesus Cristo, filho de Deus **2** *fig.* pessoa que se torna vítima de injustiças

cri.té.rio *s.m.* **1** norma, princípio **2** base para que se tome uma decisão

cri.te.ri.o.so /ó/ *adj.* que se vale de critério; que é prudente, avisado, judicioso

crí.ti.ca *s.f.* **1** julgamento, juízo **2** avaliação minuciosa de uma produção artística, literária ou científica **3** avaliação pela qual se julga a fidedignidade de um documento **4** censura, condenação

cri.ti.car *v.t.* **1** apreciar, analisar **2** apontar defeitos; julgar

cri.ti.cá.vel *adj.2g.* passível de ser criticado

crí.ti.co *adj.* **1** que julga, analisa, critica **2** que censura, desaprova • *s.m.* **3** indivíduo que emite análise, julgamento, opinião ■ **estado crítico** situação complicada

cri.va.do *adj.* que se crivou; perfurado, cheio de crivos

cri.var *v.t.* **1** peneirar **2** perfurar, afincar **3** *fig.* encher-se de pintas

cri.vo *s.m.* **1** peneira por onde se filtra ou se passa alguma coisa **2** utensílio cujo fundo é perfurado, utilizado para separar fragmentos, grãos, pedras preciosas

cro.a.ta *adj. gent.* relativo a ou natural da Croácia

cro.chê *s.m.* renda feita à mão utilizando uma agulha terminada em gancho; croché

cro.ci.tar *v.i.* soltar a voz (corvo); grasnar

cro.co.di.li.a.no *adj.* ZOOL espécie dos crocodilianos, ordem de répteis que inclui os jacarés, os crocodilos e o gavial

cro.co.di.lo *s.m.* **1** grande réptil carnívoro, de dentes cônicos, mandíbulas fortes e pele grossa, da família dos crocodilídeos **2** nome geral dado às espécies dessa família

cro.má.ti.co *adj.* relativo a cor e a tom musical

cro.mar *v.t.* revestir com camada de cromo

cro.má.ti.ca *s.f.* **1** arte da combinação das cores e dos sons **2** ramo da óptica que estuda as propriedades das cores

crô.mi.co *adj.* **1** m.q. cromático **2** QUÍM diz-se do ácido que contém cromo trivalente

crô.mio *s.m.* m.q. cromo

cro.mo *s.m.* **1** QUÍM elemento químico de número atômico 24 da tabela periódica, de símbolo Cr, usado em aço inoxidável e para revestir metais; crômio **2** determinado tipo de couro curtido pelo uso de cromo

cro.mos.so.mo *s.m.* BIOL estrutura que traz a informação genética de um indivíduo, normalmente está associada à proteína e apresenta genes ordenados em sequência linear, sendo visível ao microscópio durante a divisão celular

cro.mo.te.ra.pi.a *s.f.* MED método de tratamento que cura pela aplicação de radiações ou luzes coloridas

crô.ni.ca *s.f.* **1** registro de fatos históricos **2** LITER narrativa curta sobre fatos do cotidiano

crô.ni.co *adj.* **1** referente à durabilidade do tempo **2** MED diz-se de doenças que perduram por um longo tempo

cro.nis.ta *s.2g.* **1** relativo a crônica **2** autor de crônicas

cro.no.gra.fi.a *s.f.* m.q. cronologia

cro.no.gra.ma *s.m.* **1** gráfico que demonstra as etapas do prazo de uma determinada atividade; previsão para execução de uma tarefa **2** data enigmática formada por letras

cro.no.lo.gi.a *s.f.* **1** conhecimento da ordem dos tempos e das datas históricas **2** estudo do tempo e de suas divisões com o objetivo de organizar a ordem de ocorrência dos fatos

cro.no.ló.gi.co *adj.* relativo a cronologia

cro.no.me.tra.gem *s.f.* ato ou efeito de cronometrar

cro.no.me.trar *v.t.* medir o tempo com precisão; marcar o tempo com o cronômetro

cro.no.me.tris.ta *s.2g.* pessoa encarregada de fazer a cronometragem

cro.nô.me.tro *s.m.* instrumento de precisão que serve para medir o tempo

cro.que.te /é/ *s.m.* CUL bolinho de formato cilíndrico feito de carne e frito

cro.qui *s.m.* esboço à mão de um desenho; planta arquitetônica

cros.ta /ó/ *s.f.* camada grossa e endurecida que se forma sobre uma superfície

cró.ta.lo *s.m.* MÚS instrumento de percussão da antiguidade egípcia e greco-romana, de formatos variados

cru *adj.* **1** que tem sangue vivo **2** que ainda não foi cozido **3** *fig.* não amadurecido intelectualmente

cru.ci.al *adj.2g.* **1** o que possui forma de cruz **2** *fig.* decisivo, essencial, fundamental

cru.ci.an.te *adj.2g.* **1** que crucia, que crucifica **2** *fig.* que aflige; torturante, martirizante

cru.ci.ar *v.t.* **1** m.q. crucificar **2** *fig.* afligir, torturar, martirizar

cru.cí.fe.ra *s.f.* BOT espécie das crucíferas, ordem de ervas com folhas geralmente dispostas em espiral, flores frequentemente bissexuais e frutos secos

cru.ci.fe.rá.rio *s.m.* RELIG indivíduo que leva a cruz erguida durante as procissões

cru.ci.fi.ca.ção *s.f.* **1** ato ou efeito de crucificar; de pregar na cruz **2** *fig.* acusação

cru.ci.fi.car *v.t.* **1** ato de pregar na cruz; cruciar **2** *fig.* estigmatizar; criticar duramente

cru.ci.fi.xo /ks/ *adj.* **1** que se crucificou; crucificado • *s.m.* **2** imagem de Jesus Cristo na cruz

cru.ci.for.me /ó/ *adj.2g.* que tem forma de cruz

cru.el /é/ *adj.2g.* impiedoso, desumano, bárbaro; aquele que gosta de maltratar

cru.el.da.de *s.f.* **1** prazer em fazer o mal **2** característica de quem é cruel

cru.en.to *adj.* sangrento; que gosta de derramar sangue; ensanguentado

cru.or /ô/ *s.m.* sangue derramado

cru.pe *s.m.* MED obstrução da laringe em função de alguma infecção ou alergia

crus.ta *s.f.* camada endurecida; crosta

crus.tá.ceo *s.m.* ZOOL espécime dos crustáceos, animais dotados de carapaça

cruz *s.f.* **1** HIST instrumento de tortura e execução capital, de sofrimento e martírio **2** RELIG símbolo do cristianismo **3** *fig.* grande sacrifício, ocupação ou experiência penosa **4** RELIG paixão e morte de Cristo

cru.za.da *s.f.* HIST expedição militar e religiosa contra os muçulmanos, na Idade Média

cru.za.do *adj.* **1** disposto em cruz • *s.m.* **2** guerreiro das cruzadas **3** ECON moeda antiga que substituiu o cruzeiro em 1986 **4** *fig.* golpe de luta

cru.za.dor /ô/ *s.m.* **1** aquele que cruza **2** MAR navio de guerra

cru.za.men.to *s.m.* **1** ação ou resultado de cruzar **2** encruzilhada **3** acasalamento

cru.zar *v.t.* **1** passar de uma parte à outra; atravessar **2** colocar em forma de cruz **3** acasalar

cru.zei.ro /ê/ *s.m.* **1** madeiro em forma de cruz comum em cemitérios e igrejas **2** parte da igreja entre a nave central e a capela-mor **3** viagem em navio de passageiros **4** ECON antiga moeda brasileira em várias épocas diferentes

Cu QUÍM símbolo químico do cobre, elemento de número atômico 29

cu.ba *s.f.* **1** vasilha, tonel **2** recipiente utilizado em laboratório

cu.ba.gem *s.f.* **1** ato ou efeito de cubar **2** quantidade de unidades cúbicas de um dado volume **3** cálculo dessa quantidade

cu.ba.no *adj. gent.* referente a ou natural de Cuba

cu.bar *v.t.* **1** elevar um número ao cubo **2** dar a forma de cubo **3** cubicar

cu.ba.tão *s.m.* morro; colina arredondada; elevações nas bases das cordilheiras

cú.bi.co *adj.* **1** que tem a forma de cubo **2** relativo a cubo

cu.bi.cu.lar *adj.* relativo a cubículo

cu.bí.cu.lo *s.m.* **1** quarto pequeno **2** quarto de convento

cu.bis.mo *s.m.* ARTE estilo artístico da primeira década do século XX, na Europa, que defendeu uma certa maneira de pintar em formas geométricas

cu.bis.ta *adj.2g.* característico ou próprio de cubismo

cú.bi.to *s.m.* ANAT osso longo da parte interna do antebraço; cotovelo

cu.bo *s.m.* **1** GEOM sólido composto de seis faces quadradas iguais **2** terceira potência de um número

cu.ca *s.f.* **1** crânio, cabeça **2** MIT ser imaginário com que se mete medo nas crianças **3** *fig.* mulher muito feia e velha

cuco

cu.co *s.m.* **1** ZOOL pássaro assim denominado pelo som que emite, de plumagem dorsal cinzenta e partes inferiores barradas **2** pêndulo que há em certos relógios

cu.e.ca /é/ *s.f.* roupa íntima masculina

cu.ei.ro /ê/ *s.m.* pano leve e macio em que se envolvem as crianças

cui.a *s.f.* **1** fruto da cuieira **2** recipiente feito da casca polida e endurecida de um fruto da cuieira

cui.a.ba.no *adj. gent.* relativo a ou natural de Cuiabá

cu.í.ca *s.f.* **1** ZOOL roedor da família dos didelfídeos **2** MÚS tipo de tambor que contém em seu interior uma varinha ou tira de couro em contato com a membrana e que, ao ser friccionada, produz um som rouco

cui.da.do *s.m.* **1** precaução, cautela, atenção especial **2** carinho, zelo **3** incumbência, responsabilidade • *interj.* exprime advertência

cui.da.do.so /ô/ *adj.* que demonstra cuidado, esmero; vigilante, atento, diligente

cui.dar *v.t.* tomar conta de alguém; tratar, ter cuidados; pensar, ponderar

cu.jo *pron.* **1** GRAM do qual, da qual, de quem **2** relaciona dois substantivos, sendo o segundo possuidor de algo do primeiro • *s.m.* **3** *pop.* usado para indicar uma pessoa desconhecida

cu.la.tra *s.f.* parte posterior das armas de fogo

cu.li.ná.ria *s.f.* **1** arte de cozer, de cozinhar **2** conjunto que reúne os pratos típicos de uma determinada região

cul.mi.nan.te *adj.2g.* o que atingiu o ponto mais elevado, mais agudo

cul.mi.nar *v.t.* terminar; chegar ao auge

cu.lo.te /ó/ *pop.* acúmulo de gordura localizado na parte externa dos quadris ■ **culotes** calças largas que servem para montaria

cul.pa *s.f.* **1** responsabilidade por algum dano feito **2** pecado, transgressão moral, delito

cul.pa.bi.li.da.de *s.f.* característica do que é culpável ou do que é culpado

cul.pa.do *adj.* que tem culpa

cul.par *v.t.* **1** acusar de culpa **2** apontar algo como causa

cul.pá.vel *adj.* passível de ser culpado

cul.po.so /ô/ *adj.* **1** que tem ou sente culpa **2** JUR crime que foi cometido não intencionalmente, em que o réu é culpado, mas não teve intenção

cul.ti.va.dor /ô/ *adj. s.m.* que cultiva; cultor, agricultor

cul.ti.var *v.t.* **1** exercer a agricultura **2** tratar a terra; amanhar, lavrar, plantar

cul.ti.vo *s.m.* ato ou efeito de cultivar; cultivação, cultura

cul.to *adj.* **1** indivíduo que tem cultura; quem é preparado intelectualmente • *s.m.* **2** RELIG ato de reverência a alguma divindade **3** o conjunto de cerimônias, preces e atos que formam a liturgia de uma religião

cul.tu.ar *v.t.* idolatrar, venerar, adorar

cul.tu.ra *s.f.* **1** ação, processo ou efeito de cultivar a terra **2** riqueza de conhecimentos de uma pessoa ou de um grupo social **3** o que caracteriza uma sociedade: língua, mitos, costumes, alimentos, produção artística e arquitetônica etc.

cul.tu.ral *adj.2g.* relativo à cultura

cum.bu.ca *s.f.* **1** cabaça, cuia, caixa **2** armadilha para pegar macacos

cu.me *s.m.* parte mais alta; ponta, extremidade

cu.me.a.da *s.f.* sucessão de cumes montanhosos

cu.me.ei.ra *s.f.* a parte mais alta do telhado

cúm.pli.ce *adj.2g.* **1** que contribui de forma secundária para a realização de crime **2** *pop.* sócio, parceiro

cum.pli.ci.da.de *s.f.* **1** corresponsabilidade criminosa

cum.pri.do *adj.* executado, realizado

cum.pri.men.tar *v.t.* apresentar ou dirigir cumprimentos; saudar

cum.pri.men.to *s.m.* **1** ato ou efeito de cumprir **2** palavra de saudação **3** louvor, elogio

cum.prir *v.t.* **1** executar ordem, obrigação **2** suceder, realizar-se **3** sujeitar-se

cu.mu.lar *v.t.* acumular

cu.mu.la.ti.vo *adj.* que cumula; acumulativo

cú.mu.lo *s.m.* **1** ajuntamento, reunião, acervo **2** o máximo em determinadas coisas; o ponto mais alto **3** nuvem que se assemelha a um floco de algodão

cu.nei.for.me *adj.* que possui forma de cunha

cu.nhã *s.f.* mulher jovem; cunhatã

cu.nha *s.f.* peça triangular de metal ou madeira cortada em ângulo agudo, usada para rachar lenha, pedra etc.

cu.nha.do *s.m.* irmão de um dos cônjuges

cu.nhar *v.t.* imprimir cunho, a marca do governo

cu.nho *s.m.* **1** impressão deixada pela cunha nos objetos **2** instrumento em forma de cunha com que se marca o ouro e outros artífices imprimiam a marca oficial nas moedas de ouro, prata

cu.ni.cul.tu.ra *s.f.* criação de coelhos

cu.ni.cul.tor /ô/ *s.m.* indivíduo que cria coelhos

cu.pão *s.m.* m.q. cupom

cu.pi.do *s.m.* MIT o deus do amor, responsável por enfeitiçar os corações

cú.pi.do *adj.* ambicioso, ávido; tomado por intenso desejo

cu.pim *s.m.* **1** ZOOL inseto da ordem dos isópteros; caruncho da madeira **2** corcova dos bois **3** carne retirada dessa corcova

cú.pu.la *s.f.* **1** ARQUIT parte interior e côncava de uma abóbada hemisférica **2** *fig.* grupo de pessoas constituído pelos dirigentes de uma instituição, de um partido político, de uma organização etc.; chefia, direção

cu.ra *s.f.* recuperação da saúde; tratamento médico finalizado com sucesso

cu.ra.dor /ô/ *s.m.* **1** o que cura um doente; o que dá remédio **2** JUR o que está judicialmente incumbido de cuidar de interesses e bens dos impossibilitados **3** aquele que é responsável pelo acervo de um museu

cu.ran.dei.ro /ê/ *s.m.* pessoa que se dedica a curar por meio de rezas e simpatias; benzedeiro, carimbamba

cu.rar *v.t.* **1** recuperar a saúde; sanar, cuidar **2** defumar alimentos ao calor do sol

cu.ra.re *s.m.* veneno paralisante extraído de arbustos da família das loganiáceas, de tom marrom-escuro ao negro, resinoso e aromático, usado pelos indígenas em pontas de flechas

cu.ra.te.la /é/ *s.f.* JUR m.q. curadoria

cu.ra.ti.vo *s.m.* **1** ato ou efeito de curar **2** aplicação local de medicamento

cu.ra.to *s.m.* **1** cargo de cura **2** freguesia pastoreada por um cura

cu.rau *s.m.* CUL mingau doce feito de milho verde e canela

cu.re.ta.gem *s.f.* ação cirúrgica de raspar com a cureta

cú.ria *s.f.* **1** HIST local onde o senado romano se reunia **2** RELIG sede da administração eclesiástica formada pelo papa e pelos bispos

cu.ri.al *adj.2g.* **1** referente a cúria **2** *fig.* conveniente, apropriado

cu.ri.an.go *s.m.* ZOOL ave comum em praticamente toda a América Latina; bacurau

cu.ri.o.si.da.de *s.f.* **1** desejo de saber, de ver, de conhecer **2** coisa rara, incomum; novidade **3** informação surpreendente

cu.ri.o.so /ô/ *adj.* **1** aquele que tem o desejo de ver, conhecer, experimentar, aprender **2** estranho, inesperado, surpreendente

cur.ral *s.m.* **1** cercado onde se prende e recolhe o gado **2** *fig.* lugar sujo, tosco

cur.ri.cu.lo *s.m.* documento em que se expressa o conteúdo de uma disciplina, de um curso a ser ministrado

cur.ri.cu.lum vi.tae *s.m.* documento em que se reúnem dados relativos às características pessoais, à formação educacional, à experiência profissional e/ou aos trabalhos realizados por um candidato a emprego

cur.sar *v.t.* **1** estudar com o objetivo de seguir uma carreira **2** frequentar uma escola **3** fazer um curso

cur.si.vo *s.m.* letra cursiva; letra manuscrita

cur.so *s.m.* **1** ato ou efeito de correr **2** sentido, fluxo, corrente **3** deslocamento real ou aparente dos corpos celestes **4** local em que se realiza alguma sistematização de ensino

cur.sor /ô/ *s.m.* **1** aquele que corre; corredor **2** INFORMÁT seta na tela do computador movimentada pelo *mouse* **3** indivíduo que leva mensagens do papa aos cardeais

cur.ti.men.to *s.m.* ato ou efeito de curtir couro

cur.tir *v.t.* **1** pôr peles, frutas etc. de molho, em líquido apropriado **2** *pop.* aproveitar, divertir-se, desfrutar

cur.to *adj.* **1** de pouca extensão, de pouco comprimento • *s.m.* **2** curto-circuito

cur.tu.me *s.m.* lugar onde há o curtimento de peles, couros

cu.ru.mim *s.m.* rapaz jovem; garoto, menino

cu.ru.ru *s.m.* **1** ZOOL sapo do gênero *Bufo* **2** tipo de dança de roda

cur.va *s.f.* **1** linha arqueada **2** a parte da estrada com essa característica ■ **curvas** formas arredondadas e perfeitas do corpo

cur.va.do *adj.* arqueado, torto, vergado, inclinado

cur.var *v.t.* **1** tornar-se curvo; dobrar-se, inclinar-se **2** arquear, dobrar

cur.ve.ta /ê/ *s.f.* **1** curva pequena **2** curva em caminho curto e sinuoso

cur.ve.te.ar *v.t.* movimentar-se fazendo curvetas

cur.va.tu.ra *s.f.* ato ou efeito de arquear ou dobrar; arqueamento

cur.vi.lí.neo *adj.* que apresenta linhas curvas

cur.vo *adj.* que se apresenta de forma arqueada; inclinado

cus.pe *s.m.* cuspo

cús.pi.de *s.f.* ponta aguda e alongada; cume, vértice

cus.pi.dei.ra /ê/ *s.f.* recipiente próprio para cuspir

cus.pir *v.i.* escarrar pela boca; expelir saliva

cus.po *s.m.* cuspe; secreção salivar

cus.tar *v.t.* **1** ter preço, valia **2** dar trabalho; ser dificultoso

cus.te.ar *v.t.* prover despesas; financiar

cus.tei.o /ê/ *s.m.* ato ou efeito de custear

cus.to *s.m.* **1** valor, preço de algo **2** esforço que se emprega com o objetivo de se obter alguma coisa

cus.tó.dia *s.f.* **1** JUR ato ou efeito de proteger; guarda, tutela **2** RELIG ostensório

cus.to.di.ar *v.t.* garantir proteção ou guarda a alguém ou algo

cus.tó.dio *adj.* que tem a função de guardar ou proteger alguém ou algo

cus.to.so /ô/ *adj.* **1** de preço elevado **2** que é complicado, difícil, trabalhoso

cu.tâ.ne.o *adj.* relativo à pele

cu.te.la.ri.a *s.f.* **1** obras de aço, referindo-se a instrumento de corte; facas **2** local onde se vendem esses objetos

cu.te.lei.ro /ê/ *s.m.* indivíduo que fabrica ou vende instrumentos de corte

cu.te.lo *s.m.* antigo instrumento de corte; faca, punhal

cu.ti.a *s.f.* pequeno mamífero roedor do Brasil; cotia

cu.tí.co.la *adj.2g.* que vive na pele

cu.tí.cu.la *s.f.* ANAT película que se forma em torno das unhas

cu.ti.la.da *s.f.* **1** ferimento feito com cutelo **2** MÚS conjunto vocal e instrumental que atua em festas de igreja

cú.tis *s.f.2n.* ANAT pele, epiderme, tez

cu.tu.car *v.t.* tocar o outro com o cotovelo ou com os dedos

czar *s.m.* HIST título oficial do antigo imperador da Rússia

Dd

¹d *s.m.* **1** GRAM nome da quarta letra do alfabeto português e da terceira consoante **2** GRAM abreviatura de dom e dona **3** o quarto elemento de uma série

²D *s.m.* MAT correspondente ao número 500 em algarismos romanos

da.ção *s.f.* m.q. doação

da.da.ís.mo *s.m.* ARTE vanguarda europeia que teve início em Zurique, em 1916, e cujas principais características foram a ruptura com os valores clássicos de arte e a defesa do absurdo e do caos

dá.di.va *s.f.* **1** dação; aquilo que se dá; oferta **2** dom, presente, graça

da.do *s.m.* objeto cúbico, de madeira ou outro material, que possui as faces marcadas por pontos que representam os números de um a seis, e que é utilizado para jogos de azar **2** informação que se conhece a respeito de algo • *adj.* **3** oferecido, ofertado **4** acostumado; propenso a

dag símbolo de decagrama

da.guer.re.ó.ti.po *s.m.* **1** aparelho fotográfico rudimentar **2** imagem reproduzida por tal aparelho

da.lai-la.ma *s.m.* título de líderes espirituais do budismo tibetano

dá.lia *s.f.* **1** BOT nome de uma flor originária do México **2** *bras.* cartaz, no teatro ou na TV, que apresentadores, atores ou intérpretes leem sem que o público veja

dál.ma.ta *adj.* **1** natural ou habitante da região europeia da Dalmácia • *s.2g.* **2** ZOOL raça de cão de porte médio ou grande, branco com manchas pretas

dal.tô.ni.co *adj.* MED diz-se de pessoa que sofre de daltonismo

dal.to.nis.mo *s.m.* distúrbio visual genético e hereditário relacionado à incapacidade de percepção de certas cores, principalmente verde e vermelho

da.ma *s.f.* **1** mulher proveniente de família nobre **2** mulher, senhora **3** ESPORT uma das cartas do baralho; segunda peça mais importante do jogo de xadrez **4** peça utilizada no jogo de damas

da.mas *s.f.pl.* jogo de tabuleiro, semelhante ao do xadrez, cujo objetivo é tomar as peças do jogador oponente e levar as próprias peças até o lado oposto

da.mas.co *s.m.* **1** BOT fruto alaranjado proveniente do damasqueiro; abricó **2** a cor desse fruto **3** tipo de tecido de seda originalmente produzido em Damasco

da.mas.quei.ro *s.m.* árvore cujo fruto é o damasco

da.mis.ta *s.2g.* aquele que joga damas

da.na.ção *s.f.* **1** ação ou efeito de danar; condenação **2** enfurecimento, raiva, ira **3** extrema decadência

da.na.do *adj.* **1** condenado, maldito **2** enfurecido, irado **3** levado, travesso

da.nar *v.t.* **1** ocasionar perdas, prejuízos; estragar **2** amaldiçoar; rogar pragas; condenar **3** zangar-se, enraivecer-se

dan.ça *s.f.* **1** festa; evento onde há bailado **2** uma das consideradas Sete Artes **3** ato de dançar; produzir movimentos rítmicos, geralmente ao som de música **4** estilo específico de dançar

dan.çar *v.t.* fazer movimentos corporais rítmicos, sozinho ou acompanhado, geralmente ao som de uma música e seguindo passos específicos de determinada dança **4** *pop.* dar-se mal, danar-se

dan.cing *s.m.* [ing.] lugar para se dançar; cabaré

dân.di *s.m.* **1** indivíduo que se traja de maneira elegante **2** *por ext.* indivíduo que se porta de maneira delicada e afetada; almofadinha

da.nês *adj.* m.q. dinamarquês

da.ni.fi.car *v.t.* **1** causar ou sofrer danos físicos ou morais **2** causar o mau funcionamento de algo

da.ni.nho *adj.* **1** que causa danos; danoso, nocivo, prejudicial **2** diz-se de pessoa perversa

da.no *s.m.* estrago, perda, prejuízo

dan.tes *adv.* anteriormente, antigamente

dar.de.jar *v.i.* **1** arremessar dardos contra algo ou alguém **2** brilhar, cintilar, emitir luz intensamente

dan.tes.co *adj.* **1** relativo a Dante Alighieri e a sua obra **2** diz-se do horrendo, horripilante, pavoroso

dar *v.t.* conceder, oferecer

dar.do *s.m.* **1** ESPORT arma de arremesso constituída por uma haste e uma ponta aguda de ferro, geralmente usada em jogos de pontaria **2** farpa, ferrão, seta

dar.wi.nis.mo *s.m.* termo utilizado para se referir ao conjunto de ideias de Darwin sobre a evolução e a seleção natural das espécies

da.ta *s.f.* **1** terreno concedido pelos municípios para construções **2** período de tempo; época **3** indicação de dia, mês e ano de determinada ocorrência

dá.ti.lo *s.m.* POÉT pé métrico composto de uma sílaba longa seguida de duas breves

da.ti.lo.gra.far *v.t.* escrever à máquina

da.ti.los.co.pi.a *s.f.* processo de registro e identificação de pessoas pelas impressões digitais

da.ti.vo *s.m.* JUR tutor nomeado por testamento ou juiz

da.ví.di.co *adj.* referente a Davi

d.C. abreviação de depois de Cristo

DDC sigla de discagem direta a cobrar

decodificar

DDD sigla de discagem direta a distância

DDI sigla de discagem direta internacional

de *prep.* GRAM indica origem, proveniência, posse, conteúdo, constituição, características, ex.: *relógio da China; relógio de plástico; relógio de José, relógio de parede*

de.ão *s.m.* **1** RELIG dignitário eclesiástico que dirige a assembleia **2** superior na hierarquia de uma corporação; decano

de.ba.cle *s.f.* falência, fracasso, ruína

de.bal.de *adv.* inutilmente; em vão

de.ban.dar *v.i.* **1** fugir, ir embora às pressas **2** perder a coerência; desorientar-se

de.ba.te *s.m.* discussão com defesa de duas ou mais ideias diferentes sobre um determinado tema, geralmente polêmico

de.ba.ter *v.t.* discutir, trocar ideias expondo argumentos

de.be.lar *v.t.* **1** vencer em luta armada; subjugar, derrotar **2** eliminar, exterminar

de.bi.car *v.t.* **1** ferir com o bico **2** *por ext.* zombar, desdenhar

dé.bil *adj.2g.* **1** sem força; fraco; sem vigor **2** pouco importante **3** MED diz-se de quem sofre de debilidade mental

de.bi.li.tar *v.t.* **1** esmorecer; perder a força, a saúde **2** causar perdas

dé.bi.to *s.m.* **1** aquilo que se deve; dívida, ônus **2** lançamento de despesas

de.bla.te.rar *v.i.* falar de forma veemente; gritar, bradar

de.bo.che /ó/ *s.m.* **1** degradação moral; escárnio, zombaria **2** devassidão, libertinagem

de.bru.çar *v.t.* **1** inclinar(-se) para frente **2** fazer pender ou baixar o rosto sobre

de.brum *s.m.* fita de seda ou de lã costurada à barra de um tecido para orná-lo e/ou para evitar que a trama se desfaça

de.bu.lhar *v.t.* **1** extrair grãos, casca ou sementes de cereais, legumes, frutas **2** pôr-se a chorar de modo descontrolado e exagerado

de.bu.tan.te *s.f.* **1** iniciante, principiante **2** jovem que se inicia na vida social

dé.ca.da *s.f.* **1** período de dez anos; decênio **2** série ou grupo de dez coisas

de.ca.dên.cia *s.f.* **1** declínio, empobrecimento, degradação **2** debilitação física, perda das forças e da saúde

de.ca.den.te *adj.2g.* que está em decadência

de.ca.e.dro /é/ *s.m.* GEOM poliedro de dez faces

de.cá.go.no *s.m.* GEOM polígono que tem dez ângulos

de.ca.gra.ma *s.m.* unidade de medida de massa correspondente a dez gramas

de.ca.í.da *s.f.* **1** ação ou resultado de decair; queda, declínio **2** *pejor.* mulher de vida fácil; prostituta

de.ca.ir *v.i.* **1** pender, tombar **2** piorar **3** debilitar-se, abater-se

de.cal.car *v.t.* **1** reproduzir por decalque **2** copiar

de.cal.co.ma.ni.a *s.f.* processo de reprodução de imagens por meio de decalque

de.ca.li.tro *s.m.* unidade de medida de volume correspondente a dez litros

de.cá.lo.go *s.m.* **1** os Dez Mandamentos da lei divina **2** princípios de uma doutrina

de.cal.que *s.m.* **1** transferência de imagem gráfica de uma superfície a outra com a utilização de compressão **2** cópia, plágio

de.câ.me.tro *s.m.* unidade de medida de comprimento correspondente a dez metros

de.ca.no *s.m.* **1** chefe de uma decania **2** membro mais antigo de uma corporação, instituição, assembleia etc.

de.can.tar *v.t.* **1** enaltecer algo ou alguém em cantos, poemas **2** purificar um líquido de suas impurezas deixando-o em repouso

de.ca.pi.tar *v.t.* cortar a cabeça de; degolar

de.cá.po.de *adj.* **1** que possui dez pés ou patas • *s.m.* **2** ZOOL espécime dos decápodes, ordem de crustáceos

de.ca.tlo *s.m.* conjunto de dez provas atléticas em uma competição

de.ce.nal *adj.* que dura dez anos ou que ocorre a cada dez anos

de.cên.cia *s.f.* **1** conformidade com os padrões sociais, morais e éticos estabelecidos **2** compostura, integridade

de.cê.nio *s.m.* década; período de dez anos

de.ce.par *v.t.* tirar fora; amputar

de.cep.ção *s.f.* engano; frustração das expectativas; desilusão

de.cer.to *adv.* por certo; certamente

de.ces.so /é/ *s.m.* falecimento, morte

de.ci.dir *v.t.* tomar uma resolução; optar por uma coisa ou outra; escolher

de.cí.duo *adj.* BIOL diz-se de parte vegetal que cai em alguma fase de seu desenvolvimento

de.ci.frar *v.t.* desvendar (código, sentido, problema, charada etc.); interpretar

de.ci.gra.ma *s.m.* unidade de medida de massa correspondente à décima parte do grama

de.ci.li.tro *s.m.* unidade de medida de volume correspondente à décima parte do litro

dé.ci.ma *s.f.* **1** a décima parte de um todo **2** estrofe constituída de dez versos poéticos

de.cí.me.tro *s.m.* unidade de medida de comprimento correspondente à décima parte do metro

dé.ci.mo *num.* **1** que ocupa a décima posição **2** correspondente ordinal e fracionário do numeral cardinal dez

de.ci.são *s.f.* **1** escolha feita após consideração **2** resolução, firmeza

de.ci.si.vo *adj.* que determina uma solução; conclusivo

de.ci.só.rio *adj.* que tem o poder de decidir

de.cla.mar *v.t.* falar ou ler em voz alta e de maneira expressiva; recitar

de.cla.rar *v.t.* **1** tornar público por meio de pronunciamento, anunciar; revelar **2** afirmar

de.cli.na.ção *s.f.* **1** ação de declinar **2** recusa a um oferecimento ou convite **3** GRAM grupo de palavras que se declinam do mesmo modo

de.cli.nar *v.t.* **1** GRAM flexionar as palavras de acordo com cada caso **2** desviar; mudar de rumo; inclinar **3** recusar; não aceitar

de.cli.ve *s.m.* lugar inclinado; encosta, ladeira

de.coc.ção *s.f.* FARM processo de extração dos princípios ativos de substância ou planta pela ação de líquido em ebulição

de.co.di.fi.car *v.t.* decifrar código

decolar

de.co.lar *v.i.* **1** sair do chão; iniciar voo **2** começar a ser bem-sucedido

de.com.por /ô/ *v.t.* separar um todo em suas partes; analisar

de.com.po.si.ção *s.f.* **1** divisão de um todo em partes; análise **2** apodrecimento, putrefação

de.com.po.nen.te *adj.2g.* que decompõe

de.com.po.ní.vel *adj.2g.* que pode ser decomposto

de.co.ra.ção *s.f.* arte de planejar e decorar um ambiente de maneira harmoniosa

de.co.rar *v.t.* **1** aprender de cor; reter de memória; memorizar **2** tornar mais belo por meio de enfeites; enfeitar; ornamentar

de.co.ro /ô/ *s.m.* moralidade, recato

de.co.ro.so /ô/ *adj.* decente, digno

de.cor.rer /ê/ *v.i.* **1** acontecer, suceder **2** passar o tempo **3** derivar

de.co.te /ó/ *s.m.* corte ou abertura na vestimenta que deixa parte do corpo à mostra

de.cre.pi.dez *s.f.* m.q. decrepitude

de.cré.pi.to *adj.* **1** que está velho, senil, caduco **2** gasto, arruinado

de.cre.pi.tu.de *s.f.* velhice, senilidade, decrepidez

de.cres.cer /ê/ *v.i.* baixar de nível hierárquico; enfraquecer; tornar-se menor

de.cre.tar *v.t.* estabelecer por decreto; determinar

de.cre.to /é/ *s.m.* JUR determinação ou ordem manifestada oficialmente

de.cre.pi.tu.de *s.f.* velhice, senilidade, decrepidez

de.cú.bi.to *s.m.* MED posição horizontal do corpo, podendo ser ventral, dorsal ou lateral

de.cum.ben.te *adj.2g.* diz-se de quem está em decúbito; deitado

dé.cu.plo *num.* MAT que é dez vezes maior; múltiplo de dez

de.cur.so *s.m.* **1** passar, decorrer do tempo **2** percurso percorrido em um período de tempo

de.dal *s.m.* objeto oco e cilíndrico utilizado para proteger os dedos na costura

dé.da.lo *s.m.* lugar de difícil saída ou onde é fácil se perder; labirinto

de.di.car *v.t.* oferecer afetuosamente; consagrar

de.dig.nar *v.pron.* não se dignar a; desprezar

de.di.lhar *v.t.* MÚS tocar cadenciadamente com os dedos as cordas de um instrumento

de.do /ê/ *s.m.* ANAT cada um dos membros articulados existentes nas extremidades das mãos e dos pés

de.du.ção *s.f.* **1** conclusão obtida por processo lógico **2** diminuição, desconto

de.du.ti.vo *adj.* **1** referente a dedução **2** desconta ou diminui

de.du.zir *v.t.* **1** concluir logicamente **2** descontar, diminuir

de.fe.ca.ção *s.f.* eliminação de matérias fecais; depuração

de.fe.car *v.t.* eliminar as matérias fecais; depurar

de.fec.ção *s.f.* JUR deserção, abandono

de.fec.ti.vo *adj.* **1** defeituoso; incompleto **2** GRAM verbo que não se conjuga em todos os modos, tempos ou pessoas

de.fei.to /ê/ *s.m.* deformidade, imperfeição; erro

de.fei.tu.o.so /ô/ *adj.* **1** que apresenta defeito; imperfeito; errado **2** *pejor.* que apresenta defeito físico; aleijado

de.fen.der /ê/ *v.t.* proteger(-se) de ataque; lutar por; colocar-se contra

de.fe.nes.trar *v.t.* jogar alguém pela janela de modo violento

de.fen.sor /ô/ *adj.* diz-se daquele que defende, protege

de.fe.rên.cia *s.f.* consideração, respeito

de.fe.ren.te *adj.* diz-se de quem é atencioso, respeitoso

de.fe.rir *v.t.* atender a pedido; conceder, consentir

de.fe.sa /ê/ *s.f.* ação de defender(-se) ou proteger(-se)
■ **em legítima defesa** ato que foi praticado por alguém em defesa de si próprio

de.fe.so /ê/ *adj.* que não é permitido; proibido

de.fi.ci.ên.cia *s.f.* **1** imperfeição; erro; defeito **2** falta, carência

de.fi.ci.en.te *adj.2g.* **1** falho, imperfeito **2** faltoso, carente

de.fi.cit *s.m.* [lat.] **1** ECON aquilo que falta para completar determinada quantidade **2** deficiência que pode ser medida, ex.: *déficit auditivo*

de.fi.nha.men.to *s.m.* perda das forças, da saúde; debilitação

de.fi.nhar *v.i.* perder as forças, a saúde; debilitar-se

de.fi.nir *v.t.* **1** explicar o sentido ou significado de **2** estabelecer os limites de algo, precisar

de.fla.ção *s.f.* **1** ECON diminuição do papel-moeda em circulação **2** ECON tomada de medidas contra a inflação

de.fla.grar *v.t.* colocar fogo; incendiar **2** *fig.* surgir de repente

de.flo.rar *v.t.* **1** retirar as flores de; desflorar **2** tirar a virgindade

de.flu.ir *v.i.* correr, derivar (líquido)

de.for.ma.ção *s.f.* modificação da forma

de.for.mar *v.t.* modificar a forma; desfazer, desfigurar

de.for.mi.da.de *s.f.* falha, imperfeição; modificação da forma, deformação

de.frau.dar *v.t.* prejudicar alguém por meio de fraude; enganar, fraudar

de.fron.tar *v.t.* *v.pron.* **1** colocar(-se) diante de **2** comparar(-se), confrontar(-se)

de.fu.mar *v.t.* expor a ambiente cheio de fumaça

de.fun.to *adj.* *s.m.* diz-se de quem morreu; falecido, morto

de.ge.lar *v.i.* **1** descongelar; transformar gelo em líquido **2** amolecer

de.ge.ne.ra.ção *s.f.* perda das características próprias

de.ge.ne.rar *v.i.* **1** perder as qualidades próprias **2** decair; piorar **3** corromper(-se); estragar(-se)

de.glu.ti.ção *s.f.* movimento de passagem do alimento da boca para o esôfago

de.glu.tir *v.t.* engolir

de.go.lar *v.t.* decapitar; cortar o pescoço

de.gra.dar *v.t.* aviltar, rebaixar, humilhar; banir, expatriar

de.grau *s.m.* **1** cada um dos níveis de uma escada **2** *por ext.* cada um dos níveis de uma série; grau

de.gre.dar *v.t.* expulsar da terra pátria; banir, exilar

de.gre.da.do *adj.* que sofreu a condenação de degredo

de.gre.do /ê/ *s.m.* JUR pena de desterro; exílio, expatriação

de.grin.go.lar *v.t.* **1** cair, tombar **2** decair, desandar

de.gus.tar *v.t.* experimentar pelo paladar; saborear

dei.da.de *s.f.* m.q. divindade

de.i.fi.car *v.t.* divinizar, endeusar

de.is.cên.cia *s.f.* BOT abertura espontânea das válvulas ou dos poros de um órgão vegetal ao alcançar a maturação

de.is.cen.te *adj.2g.* diz-se de órgão vegetal que apresenta deiscência

de.ís.mo *s.m.* FILOS doutrina que considera a razão como o único meio de assegurar a existência de Deus, rejeitando o ensinamento ou a prática religiosa organizada

dei.tar *v.t.* estender-se na horizontal em uma superfície

dei.xar *v.t.* **1** permitir, autorizar **2** sair, afastar-se, ir embora **3** colocar, pôr

de.je.jum *s.m.* m.q. desjejum

de.la.ção *s.f.* denúncia; acusação

de.la.tar *v.t.* acusar de crime; denunciar

de.la.tor */ô/ s.m.* que delata; que denuncia

de.le.gar *v.t.* conceder poderes a outrem

de.lei.tar *v.t.* provocar ou sentir satisfação ou prazer

de.le.té.rio *adj.* diz-se do que é nocivo à saúde

de.lé.vel *adj.2g.* passível de ser apagado, eliminado

del.fim *s.m.* **1** primogênito do rei de França e herdeiro do trono **2** ZOOL m.q. golfinho

del.ga.do *adj.* pouco espesso, fino, delicado

de.li.be.rar *v.t.* decidir após consideração e reflexão; resolver; ponderar

de.li.ca.de.za */ê/ s.f.* **1** fragilidade **2** educação, fineza, civilidade

de.li.ca.do *adj.* que apresenta delicadeza; fino, educado

de.lí.cia *s.f.* satisfação, prazer

de.li.mi.tar *v.t.* estabelecer limites; limitar, circunscrever

de.li.ne.ar *v.t.* **1** estabelecer os limites **2** esboçar, planejar

de.lí.quio *s.m.* **1** perda da consciência; desmaio, vertigem **2** estado de fraqueza; abatimento

de.lir *v.t.* **1** desmanchar em líquido; diluir **2** *fig.* fazer desaparecer; apagar, extinguir

de.li.rar *v.i.* perder a razão; endoidecer, alucinar

de.li.to *s.m.* infração à lei; crime

de.lon.gar *v.t.* atrasar, retardar, procrastinar

del.ta */é/ s.m.* **1** nome da quarta letra grega correspondente ao *d* latino **2** que tem forma triangular **3** nome de uma constelação próxima às de Áries

del.toi.de */ó/ adj.2g.* semelhante à letra grega delta

de.ma.go.gi.a *s.f.* **1** manifestação de falsa simpatia para atingir certos fins **2** apelo a sentimentos e paixões populares com vistas ao poder político

de.man.dar *v.t.* **1** exigir, requerer, ser necessário **2** promover disputa, contenda

de.mão *s.f.* **1** camada de tinta ou de reboco **2** ajuda, auxílio

de.mar.ca.ção *s.f.* estabelecimento de limites utilizando-se de objetos (marcos) para assinalar os devidos pontos

de.mar.car *v.t.* estabelecer limites; delimitar

de.mar.ca.dor *adj. s.m.* que ou aquele que faz demarcações

de.ma.si.a *s.f.* em excesso; exagero, sobra

de.ma.si.o.so *adj.* demasiado, excessivo

de.mên.cia *s.f.* insanidade mental; insensatez

de.men.ta.ção *s.f.* m.q. demência

de.mé.ri.to *s.m.* ausência de mérito; desmerecimento

de.mer.so *adj.* ZOOL diz-se de ovo de peixe que não flutua na água

de.mis.são *s.f.* **1** ação de demitir um funcionário **2** abandono voluntário de um cargo; renúncia

de.mi.tir *v.t.* retirar de cargo ou função; desempregar

de.mo.cra.cia *s.f.* sistema de governo comprometido com o interesse do povo

de.mo.cra.ta *adj.2g.* **1** que pertence à democracia **2** diz-se do indivíduo que professora os princípios da democracia

de.mo.crá.ti.co *adj.* **1** que se refere a democracia **2** diz-se do princípio de governo que atende aos indivíduos que compõem uma nação, priorizando os interesses dessas pessoas

de.mo.gra.fi.a *s.f.* estudo das populações humanas em termos estatísticos

de.mo.lir *v.t.* transformar em ruínas; destruir

de.mo.nis.mo *s.m.* crença em demônios

de.mô.nio *s.m.* espírito do mal; diabo

de.mons.trar *v.t.* **1** tornar perceptível; evidenciar **2** comprovar por meio de evidências ou de raciocínio lógico

de.mons.trá.vel *adj.2g.* qualidade daquilo que se pode demonstrar

de.mo.rar *v.t.* gastar mais tempo que o necessário; delongar, procrastinar

de.mo.ver */ê/ v.t.* **1** mudar de lugar; afastar **2** dissuadir; mudar a opinião

de.mu.da.do *adj.* transformado, transfigurado, alterado

den.dê *s.m.* tipo de palmeira de origem africana da qual se extrai óleo comestível

de.ne.gar *v.t.* negar, recusar

de.ne.grir *v.t.* **1** caluniar, infamar **2** escurecer; tornar negro

den.go.so */ô/ adj.* **1** cheio de dengues; cheio de melindres **2** afeminado; vaidoso, faceiro

den.gue *s.m.* **1** desânimo, preguiça **2** afeminação, melindre ◯ *s.f.* **3** MED doença infecciosa viral transmitida pela picada da fêmea infectada do mosquito *Aedes aegypti*

den.gui.ce *s.f.* **1** qualidade de quem faz dengues **2** birra infantil; choradeira

de.no.da.do *adj.* bravo, valente

de.no.do */ô/ s.m.* bravura, valentia

de.no.mi.na.ção *s.f.* ação de nomear, designar nome; ação de dar título a algo ou alguém

de.no.mi.na.dor */ô/ adj. s.m.* **1** diz-se do que nomeia; designador **2** MAT em uma fração ordinária, é o número que indica a quantidade de partes em que está dividida a unidade

de.no.mi.nar *v.t.* dar nome ou título a algo ou alguém, intitular; apelidar

de.no.mi.na.ti.vo *adj.* que denomina

de.no.ta.ção *s.f.* **1** ato ou efeito de denotar **2** FILOS vínculo direto de significação que um nome estabelece com um objeto da realidade

de.no.tar *v.t.* manifestar por meio de signos; simbolizar

den.si.da.de *s.f.* **1** relação entre a massa e o volume de um corpo **2** relação entre a concentração da população e a área de um país **3** grossura, espessura **4** qualidade daquilo que é denso, compacto

den.si.dão *s.f.* m.q. densidade

den.so *adj.* espesso; que não é delgado; compacto

den.sí.me.tro *s.m.* FÍS instrumento usado para a mensuração da densidade de líquidos

dentada

den.ta.da *s.f.* **1** golpe desferido com os dentes; mordida **2** ferida feita por meio de ataque com os dentes **3** grande quantidade de dentes; dentaria

den.ta.do *adj.* **1** que possui dentes **2** recortado em forma de dentes

den.ta.du.ra *s.f.* **1** conjunto dos dentes naturais do homem; dentição **2** prótese de dentes postiços

den.tal *adj.2g.* **1** referente a dente **2** classificação da consoante cuja produção se dá pelo toque da língua nos dentes, ex.: *d, t*

den.tar *v.t.* **1** morder ○ *v.i.* **2** começar o processo de dentição natural

den.tá.rio *adj.* referente a dentes

den.te *s.m.* **1** estrutura óssea dos maxilares para a mastigação dos alimentos; nos animais irracionais também serve como defesa e instrumento de ataque **2** *fig.* qualquer estrutura semelhante a dentes naturais, ex.: *dentes de uma faca* ■ **dente canino** *s.m.* presa; o dente mais saliente que o restante da dentição ■ **(aí há) dente de coelho** expressão de que há segundas intenções ■ **dente de leite** dente da primeira dentição infantil ■ **dente de siso** os últimos molares que nascem já na idade adulta ■ **dente incisivo** nome dos quatro dentes situados na porção central da arcada, utilizados para cortar alimentos ■ **dente molar** nome de cada um dos dentes situados na parte posterior da arcada, utilizados para triturar os alimentos ■ **dente por dente** da expressão "olho por olho, dente por dente", indica vingança ■ **falar entre os dentes** falar de modo ininteligível, por má articulação das palavras

den.te.ar *v.t.* dentar; fazer dentes em instrumentos como facas, serras etc.

den.ti.ção *s.f.* conjunto de dentes naturais ou artificiais do ser humano

den.ti.cu.la.do *adj.* que possui pequenos dentes ou estruturas semelhantes a dentes

den.tí.cu.lo *s.m.* **1** dente pequeno **2** ARQUIT enfeite arquitetônico em forma de dente

den.ti.frí.cio *s.m.* pasta, creme ou líquido para a limpeza dental

den.ti.na *s.f.* camada rica em cálcio que envolve os dentes, também chama de esmalte

den.tis.ta *s2g.* profissional que cuida da saúde dos dentes

den.tre *prep.* de entre, do meio de

den.tro *adv.* no interior de

den.tu.ça *s.f.* **1** pessoa dotada de dentes grandes **2** *pejor.* dentadura

de.nu.dar *v.t.* m.q. desnudar

de.nun.ci.ar *v.t.* **1** acusar ato ilegal **2** revelar algo que outros não sabem

de.pa.rar *v.t.* encontrar inesperadamente; fazer aparecer

de.par.ta.men.to *s.m.* divisão administrativa, setor de uma organização

de.pau.pe.rar *v.t.* **1** tornar pobre; empobrecer ○ *v.pron.* **2** perder a saúde; enfraquecer-se

de.pe.nar *v.t.* **1** retirar ou perder as penas **2** tomar o dinheiro ou os bens de outra pessoa

de.pen.der */ê/ v.t.* estar na dependência ou na sujeição de alguém

de.pen.du.rar *v.t.* m.q. pendurar

de.pau.pe.rar *v.t.* **1** tornar pobre; empobrecer ○ *v.pron.* **2** perder a saúde; enfraquecer-se

de.pe.ni.car *v.t.* **1** retirar as penas; depenar **2** petiscar, beliscar

de.pe.re.cer */ê/ v.i.* perder as forças; perecer; definhar

de.pi.la.ção *s.f.* retirada de pelos

de.pi.la.dor */ô/ s.m.* **1** aparelho ou substância utilizada para depilar **2** profissional que realiza depilação

de.pi.lar *v.t.* retirar os pelos com o uso de lâmina, cera, pinça ou outro método

de.pi.la.tó.rio *adj.* **1** relativo a depilação **2** que é próprio para depilar

de.ple.ção */ê/ s.f.* redução, diminuição

de.plo.rar *v.t.* lastimar; sentir dó

de.plu.mar *v.t.* retirar as plumas ou penas

de.po.en.te *adj.2g.* **1** JUR diz-se de pessoa que depõe em juízo **2** GRAM diz-se do verbo que tem a forma passiva, mas sentido ativo

de.po.i.men.to *s.m.* testemunho; declaração em juízo sobre um fato

de.pois */ô/ adv.* posteriormente

de.po.si.tá.rio *adj.* diz-se de quem é responsável por um depósito

de.pó.si.to *s.m.* **1** ato ou efeito de depositar **2** aquilo que se deposita **3** local próprio para guardar objetos

de.por */ô/ v.t.* **1** prestar depoimento, fazer declarações em juízo **2** retirar do cargo de; destituir

de.por.tar *v.t.* exilar do país; degredar

de.po.si.ção *s.f.* destituição do cargo ou da função

de.po.si.tar *v.t.* **1** colocar dinheiro em local seguro, como banco ou instituição financeira **2** acumular no fundo; assentar

de.pra.var *v.t.* perverter, corromper; danificar

de.pre.ci.ar *v.t.* menosprezar, desprezar

de.pre.dar *v.t.* destruir, estragar, vandalizar

de.pre.en.der */ê/ v.t.* inferir, deduzir

de.pres.sa */é/ adv.* de forma rápida; rapidamente

de.pres.são *s.f.* **1** estado patológico de abatimento moral ou físico **2** abaixamento, desnível **3** recessão econômica

de.pri.mir *v.t.* desanimar, enfraquecer, entristecer

de.pu.rar *v.t.* tornar puro; limpar, purgar

de.pu.ta.ção *s.f.* **1** ato ou efeito de deputar **2** delegação de poderes

de.pu.ta.do *adj. s.m.* diz-se de cidadão que representa a população nas câmaras

de.pu.tar *v.t.* conceder poderes representativos a outra pessoa; delegar, incumbir

de.ri.va.ção *s.f.* **1** ato ou efeito de derivar **2** GRAM processo gramatical de formação de palavras por meio de adição de afixos

de.ri.va.da *s.f.* **1** GRAM diz-se de palavra originada de outra pela adição de afixos **2** MAT função oriunda de outra função

de.ri.var *v.t.* **1** originar, proceder de outro **2** correr, fluir (água) **3** desviar a direção de

de.ri.va.ti.vo *adj.* **1** relativo à derivação **2** que faz derivar ou deriva (de outro) **3** diz-se de medicamento revulsivo

der.ma */é/ s.m.* derme; pele

der.ma.ti.te *s.f.* MED inflamação da derme

der.ma.to.lo.gi.a *s.f.* área da medicina que se ocupa de doenças de pele

der.ma.to.se */ó/ s.f.* termo geral para indicar doenças da pele

der.me */é/ s.f.* derma, pele

der.mi.te *s.f.* MED inflamação da pele; dermatite

der.ra.dei.ro */ê/ adj.* que está em posição final; último

der.ra.mar *v.t.* **1** entornar líquido **2** cortar a rama de uma árvore

der.ra.me *s.m.* **1** extravasamento de fluido orgânico para uma cavidade corporal **2** hemorragia causada por ruptura de vaso sanguíneo **3** *pop.* acidente vascular cerebral

der.ra.par *v.i.* deslizar de forma desgovernada; escorregar

der.re.ar *v.t.* **1** deixar cair por efeito de peso; dobrar, curvar **2** *fig.* desanimar, esmorecer

der.re.dor */ô/ adv.* ao redor de, em volta de, em torno de

der.re.ter */ê/ v.t.* desfazer-se em líquido

der.ri.bar *v.t.* provocar queda; fazer cair

der.ri.ço *s.m.* **1** *pop.* impertinência, atrevimento **2** *pop.* namoro, galanteio

der.ri.são *s.f.* riso zombeteiro; escárnio

der.ri.só.rio *adj.* em que há derrisão, escárnio

der.ro.car *v.t.* **1** transformar em ruínas; destruir **2** destituir de poder

der.ro.gar *v.t.* anular privilégios; leis

der.ro.ta */ó/ s.f.* **1** ação ou efeito de derrotar **2** perda de um combate, de uma batalha etc. **3** fracasso, insucesso

der.ru.bar *v.t.* fazer cair, tombar

der.ru.ir *v.t.* deitar abaixo, desmoronar; demolir edifício, construção

des- *pref.* GRAM prefixo geralmente negativo, ex.: *desânimo, destratar*

de.sa.ba.far *v.t.* **1** aliviar de calor, de abafamento **2** arejar; deixar circular o ar **3** manifestar pensamentos e sentimentos para alguém a fim de aliviar a opressão

de.sa.ba.lar *v.i.* **1** correr desenfreadamente; fugir **2** afastar-se rapidamente; escapar correndo

de.sa.bar *v.t.* **1** cair, tombar; vir abaixo **2** curvar a aba do chapéu para baixo

de.sa.bi.li.tar *v.t.* **1** retirar a habilidade; tornar inábil **2** tirar a permissão concedida para a realização de determinadas ações

de.sa.bi.tu.ar *v.t.* desacostumar-se; perder o hábito

de.sa.bo.nar *v.t.* ocasionar a perda da consideração, do merecimento moral

de.sa.bo.no *s.m.* falta de confiança, de consideração; descrédito

de.sa.bo.to.ar *v.t.* tirar os botões das casinhas

de.sa.bri.do *adj.* rude, mal-educado

de.sa.bri.gar *v.t.* desprover de abrigo; desproteger

de.sa.bri.men.to *s.m.* **1** grosseria, rudeza, indelicadeza **2** rigorosidade do tempo

de.sa.brir *v.t.* **1** ser rude, grosseiro, indelicado **2** enfurecer-se; ser tomado de ira

de.sa.bro.char *v.i.* m.q. florescer

de.sa.bro.cho */ô/ s.m.* m.q. desabrochamento

de.sa.bu.sa.do *adj.* atrevido, petulante

de.sa.bu.sar *v.t.* **1** esclarecer; remover do engano ○ *v.pron.* **2** tornar-se atrevido, petulante **3** desenganar-se

de.sa.cam.par *v.i.* desfazer o acampamento

de.sa.ca.tar *v.t.* **1** desrespeitar a autoridade de alguém **2** ofender; afrontar

de.sa.ca.to *s.m.* **1** JUR desrespeito às autoridades **2** ofensa, afronta, vexame

de.sa.cau.te.la.do *adj.* sem cautela, imprudente

de.sa.cer.bar *v.t.* tornar calmo, brando; suavizar

de.sa.cer.tar *v.t.* não acertar; errar

de.sa.cer.to */ê/ s.m.* falta de acerto; erro

de.sa.col.che.tar *v.t.* soltar os colchetes de uma vestimenta

de.sa.co.mo.dar *v.t.* **1** tirar do lugar, dos cômodos **2** incomodar

de.sa.com.pa.nhar *v.t.* **1** deixar de fazer companhia **2** deixar de acompanhar

de.sa.con.che.gar *v.t.* desprover do aconchego

de.sa.con.se.lhar *v.t.* **1** procurar convencer outro a não fazer determinada coisa; dissuadir **2** não aprovar o conselho de alguém

de.sa.cor.ço.ar *v.i.* desistir, desanimar

de.sa.cos.tu.mar *v.t.* m.q. desabituar

de.sa.cor.do */ô/ s.m.* divergência de opiniões; ausência de harmonia, de acordo

de.sa.cor.ren.tar *v.t.* livrar das correntes; libertar

de.sa.cre.di.tar *v.t.* tirar o crédito; desmerecer, desabonar

de.sa.do.rar *v.t.* odiar, detestar

de.sa.fei.ção *s.f.* ausência de afeição; desamor, desafeto

de.sa.fei.ço.ar *v.t.* **1** alterar as feições; tornar feio **2** tornar-se menos afeiçoado; odiar; ter ojeriza

de.sa.fei.to */ê/ adj.* que perdeu o hábito de; desacostumado

de.sa.fer.ro.lhar *v.t.* abrir os ferrolhos ou trincos; destrancar

de.sa.fe.ta.ção *s.f.* ausência de afetação; simplicidade

de.sa.fe.to */é/ adj.* adverso, contrário

de.sa.fi.ar *v.t.* incitar; provocar alguém para disputa; testar

de.sa.fi.na.ção *s.f.* **1** ação de desafinar **2** divergência de opiniões

de.sa.fi.nar *v.t.* **1** MÚS produzir sons musicais desagradáveis ao ouvido **2** divergir; ter opinião diferente

de.sa.fi.ve.lar *v.t.* soltar a fivela ou outro objeto qualquer que prenda ou que segure

de.sa.fo.gar *v.t.* **1** tornar livre; aliviar **2** desacumular de deveres e tarefas **3** desabafar

de.sa.fo.ra.do *adj.* **1** rude, insolente, malcriado, atrevido **2** JUR (processo judicial) transferido de um foro a outro

de.sa.fo.rar *v.t.* **1** ser malcriado, insolente **2** JUR transferir processo judicial de um foro para outro

de.sa.fo.ro */ô/ s.m.* insolência, atrevimento, malcriação

de.sa.for.tu.na.do *adj.* que tem má sorte; mal-aventurado

de.sa.fron.tar *v.t.* tomar satisfação por uma afronta que se recebeu

de.sa.fron.ta *s.f.* vingança de uma afronta recebida

de.sa.ga.sa.lhar *v.t.* **1** tirar os agasalhos; desacomodar, desabrigar **2** *fig.* deixar sem abrigo

de.sa.gra.dar *v.t.* não agradar; desgostar

de.sa.gra.var *v.t.* **1** tornar menos grave **2** reparar ofensa que se recebeu **3** vingar-se de ofensa, insulto **4** JUR emendar ou reparar a sentença dada por um juiz inferior contra o agravante

de.sa.gre.gar *v.t.* segregar; separar o que antes se encontrava unido

de.sa.gua.dou.ro */ô/ s.m.* **1** lugar onde as águas de um rio deságuam, podendo ser outro rio ou mar **2** canal por onde fluem os excessos; reservatório de água

de.sa.guar *v.i.* **1** afluir em outro rio (água) **2** perder água; secar

desaguisado

de.sa.gui.sa.do *s.m.* briga, contenda, rixa

de.sai.re *s.m.* falta de elegância, de conveniência

de.sai.ro.so /ô/ *adj.* deselegante; impróprio; descabido

de.sa.ju.dar *v.t.* não prover com o auxílio necessário; desamparar

de.sa.jei.ta.do *adj.* que não possui jeito no trato social ou para realizar alguma tarefa

de.sa.jei.tar *v.t.* 1 tirar o jeito 2 dificultar a realização de algo por falta de acomodação

de.sa.ju.i.za.do *adj.* 1 sem juízo; insensato 2 mentalmente lesado; louco

de.sa.jus.ta.men.to *s.m.* 1 falta de ajuste 2 inadaptação do indivíduo a determinadas situações

de.sa.jus.tar *v.t.* 1 causar o desajuste, desequilibrar, inadaptar, desconsertar 2 alterar a disposição de um aparelho ocasionando seu não funcionamento

de.sa.len.tar *v.t.* perder o ânimo, a coragem, o estímulo; desanimar

de.sal.ge.mar *v.t.* retirar as algemas; libertar

de.sa.li.nhar *v.t.* 1 tirar da linha, da ordem; desordenar 2 desarmonizar 3 adquirir má aparência, desmazelar-se

de.sa.li.nha.var *v.t.* retirar os alinhavos; descosturar

de.sa.li.nho *s.m.* 1 falta de alinhamento; desarmonia, desmazelo, descuido 2 falta de cuidado no vestir 3 desordem nas vestes, nos móveis, nos livros

de.sal.ma.do *adj.* desprovido de alma; desumano, cruel

de.sa.lo.jar *v.t.* retirar do lugar, do alojamento

de.sal.te.rar *v.t. v.pron.* aliviar(-se), aplacar(-se), tranquilizar(-se)

de.sa.mar *v.t.* deixar de amar; detestar, odiar

de.sa.mar.rar *v.t.* soltar as amarras; libertar; retirar obstáculos

de.sam.bi.ção *s.f.* ausência de ambição; desapego

de.sam.bi.ci.o.so /ô/ *adj.* desprovido de ambição; desinteressado, desapegado

de.sam.bi.en.tar *v.t.* tirar do ambiente; desajustar

de.sa.mol.gar *v.t.* 1 alinhar o que estava amolgado, amassado; desamassar 2 restituir à forma original

de.sa.mon.to.ar *v.t.* desfazer o que estava aglomerado; espalhar, desaglomerar

de.sa.mor *s.m.* ausência de amor; ojeriza, ódio

de.sa.mor.ti.zar *v.t.* JUR sujeitar os bens de mão-morta ao regime de direito comum

de.sam.pa.rar *v.t.* faltar com amparo, ajuda, auxílio; abandonar

de.sa.mu.ar *v.t.* desemburrar; ficar de bom humor

de.san.car *v.t.* 1 derrear com golpes nas ancas 2 *por ext.* espancar, sovar, surrar 3 *fig.* criticar severamente

de.san.co.rar *v.t.* MAR ir embora por meio de transporte marítimo; levantar âncoras

de.sa.ne.xar /ks/ *v.t.* retirar anexo; separar, desvincular

de.sa.ni.ma.ção *s.f.* falta de animação, de alegria; desânimo

de.sa.ni.mar *v.t.* 1 não insistir; desistir 2 perder a energia, o entusiasmo, o ânimo

de.sâ.ni.mo *s.m.* ausência de ânimo, de entusiasmo; desanimação

de.sa.ni.nhar *v.t.* desalojar do ninho

de.sa.nu.vi.ar *v.t.* 1 limpar o céu de nuvens 2 despreocupar, alegrar; aliviar a tensão

de.sa.pai.xo.nar *v.t. v.pron.* perder a paixão, o interesse por alguém ou alguma coisa

de.sa.pa.re.cer *v.i.* 1 tornar-se invisível, sumir 2 tornar-se ausente; morrer

de.sa.per.ce.ber *v.t. v.pron.* 1 descuidar-se, desprevenir-se *○ V.t.* 2 desabastecer

de.sa.per.tar *v.t.* afrouxar o que estava apertado

de.sa.pi.e.dar *v.t. v.pron.* 1 agir de modo indiferente, sem piedade ou compaixão 2 agir de modo cruel, desumano

de.sa.pli.car *v.t.* remover aplicação

de.sa.poi.ar *v.t.* 1 retirar o apoio e a cooperação concedidos 2 não concordar; desaprovar

de.sa.pon.ta.men.to *s.m.* 1 expectativa frustrada; desilusão 2 perda da ponta

de.sa.pon.tar *v.t.* 1 decepcionar, desiludir; não corresponder às expectativas 2 desprover de ponta; tornar rombudo

de.sa.pon.to /ô/ *s.m.* m.q. desapontamento

de.sa.po.quen.tar *v.t.* sossegar; não preocupar; não apoquentar

de.sa.pos.sar *v.t.* privar de posse ou cargo

de.sa.pren.der /ê/ *v.t.* 1 reverter o processo de aprendizagem; esquecer o que havia aprendido 2 tornar-se ignorante; regredir intelectualmente

de.sa.pro.pri.a.ção *s.f.* ato ou efeito de desapropriar

de.sa.pro.pri.ar *v.t.* privar do direito de posse; desapossar, expropriar

de.sa.pro.var *v.t.* recusar aprovação; reprovar, censurar; estar em desacordo com algo

de.sa.pro.vei.tar *v.t.* deixar de aproveitar; desperdiçar

de.sa.pu.ro *s.m.* falta de apuro; descuido no vestir; desalinho, deselegância

de.sar.bo.ri.zar *v.t.* arrancar árvores; destruir a arborização

de.sar.mar *v.t.* 1 desfazer a armação, a estrutura 2 desmuniciar; retirar a munição de uma arma ou de uma pessoa 3 discutir com um adversário destruindo seus argumentos

de.sar.mo.ni.a *s.f.* 1 ausência de harmonia, discórdia 2 desencontro de notas e sons musicais causando dissonância 3 ausência de concordância entre as partes de uma unidade

de.sar.mo.ni.zar *v.t.* 1 tirar a harmonia, o equilíbrio de um todo 2 promover discórdia, desarmonia

de.sar.rai.gar *v.t.* 1 arrancar pela raiz 2 *por ext.* tirar de determinado lugar

de.sar.ran.jar *v.t.* 1 desfazer o arranjo original; desconjuntar, desorganizar 2 perturbar o curso natural de algo

de.sar.ra.zo.ar *v.t.* proceder de maneira insensata, impensada

de.sar.re.ar *v.t.* 1 tirar os arreios 2 fazer descer ou deixar cair a carga levantada 3 fazer descer a bandeira

de.sar.ro.char *v.t.* m.q. desapertar

de.sar.ro.lhar *v.t.* 1 retirar a rolha de um frasco; destampar 2 falar aquilo que se estava procurando ocultar

de.sar.ru.mar *v.t.* desfazer a arrumação original; desarranjar

de.sar.ti.cu.lar *v.t.* 1 retirar dos encaixes; desconjuntar; desorganizar 2 desarranjar; perturbar o que estava disposto, planejado 3 pronunciar algo incorretamente

descartar

de.sar.vo.rar v.t. 1 desus. pôr abaixo 2 fig. perder o rumo, a orientação

de.sas.nar v.t. tornar educado, instruído; ensinar

de.sas.se.ar v.t. sujar, emporcalhar

de.sas.si.mi.lar v.t. 1 BIOQUÍM interromper a assimilação de uma substância 2 não assimilar, não reter um conteúdo

de.sas.si.sar v.i. perder o siso, a razão; enlouquecer, endoidar

de.sas.so.ci.ar v.t. 1 desvincular de uma associação; deixar de ser sócio 2 desunir; separar o que estava unido, ligado

de.sas.som.bra.do adj. 1 valente, corajoso, bravo 2 que não tem sombra; iluminado

de.sas.som.bro s.m. valentia, bravura

de.sas.sos.se.gar v.t. desprover de sossego; perder a calma; inquietar, intranquilizar

de.sas.tra.do adj. 1 que ocasiona desastres, acidentes 2 diz-se de quem foi vítima de desastre

de.sas.tre s.m. 1 infortúnio; acidente infeliz 2 ausência de sorte

de.sa.tar v.t. desamarrar; soltar o que estava atado

de.sa.tar.ra.xar v.t. tirar ou desapertar as tarraxas

de.sa.ta.vi.ar v.t. 1 privar de atavios, adornos, enfeit

de.sa.ten.ção s.f. 1 ausência de atenção; distração 2 grosseria, rudeza

de.sa.ten.ci.o.so /ô/ adj. 1 desprovido de atenção; distraído 2 grosseiro, rude

de.sa.ten.der /ê/ v.t. 1 deixar de atender; desconsiderar 2 tratar com falta de atenção; fazer pouco caso

de.sa.ten.tar v.t. não atentar, não reparar

de.sa.ter.rar v.t. desfazer os aterros; aplainar; retirar as terras desnecessárias

de.sa.ti.nar v.i. perder o tino; ficar louco

de.sa.to.lar v.t. retirar do atoleiro, do brejo

de.sa.tra.car v.t. MAR levantar âncora para ir embora do porto

de.sa.tra.van.car v.t. 1 desimpedir a passagem 2 desembaraçar, ordenar

de.sa.tre.lar v.t. 1 soltar as trelas que prendem o animal 2 tirar os animais do carro ■ **desatrelar a língua** fuxicar; ofender com palavras

de.sau.to.rar v.t. 1 tirar honras, insígnias, cargo; rebaixar 2 faltar com respeito a uma autoridade

de.sa.ven.ça s.f. briga, inimizade

de.sa.vi.sa.do adj. 1 que não tem prudência ou cautela; imprudente 2 que não tem discrição; indiscreto 3 que não foi avisado

de.sa.vir v.t. entrar em desavença; contender, brigar

de.sa.za.do adj. 1 sem cabimento; descabido, impróprio 2 sem habilidade, inapto, maljeitoso

de.sa.zo s.m. negligência, desmazelo

des.ban.car v.t. 1 triunfar, vencer, suplantar, derrotar 2 vencer alguém na banca de jogo

des.ba.ra.tar v.t. 1 dispersar, desmembrar, desorganizar 2 destruir, arruinar; desperdiçar bens

des.ba.ra.te s.m. 1 destruição, ruína, desperdício 2 desordem, confusão

des.bar.ran.car v.t. desaterrar, escavar

des.bas.tar v.t. 1 tornar igual; igualar 2 tornar mais refinado

des.bas.te s.m. ato ou efeito de desbastar, de cortar, de tornar menos espesso; afinamento

des.bei.çar v.t. gastar, estragar ou perder a beirada (vulgarmente conhecida como beiço) de algo

des.blo.que.ar v.t. 1 desfazer o bloqueio 2 liberar acesso

des.bo.car v.t. 1 despejar a água, o líquido de 2 conter animal que ainda não obedece à rédea

des.bo.tar v.i. perder ou enfraquecer as cores; descolorir

des.bra.ga.do adj. 1 indecente, libertino 2 indiscreto, exagerado

des.bra.var v.t. 1 vencer desafios e obstáculos 2 civilizar, levar cultura 3 limpar área cheia de ervas daninhas

des.ca.be.lar v.t. 1 arrancar fios de cabelo 2 fig. entrar em desespero

des.ca.bi.do adj. que não é conveniente; inapropriado

des.ca.dei.rar v.t. quebrar as ancas (cadeiras) de alguém; desancar

des.ca.ir v.i. 1 perder a saúde, o vigor, o viço; piorar, enfraquecer 2 diminuir de prestígio

des.ca.la.bro s.m. acontecimento calamitoso; ruína, caos

des.cal.çar v.t. 1 tirar o sapato, o calçado 2 tirar o calço de algum objeto 3 tirar o calçamento de uma rua

des.cal.ço adj. 1 sem calçados, com o pé no chão 2 desprovido de calço ou calçamento

des.cal.va.do adj. 1 calvo 2 desprovido de vegetação

des.ca.mar v.t. perder ou tirar as escamas ou a pele; escamar

des.cam.bar v.i. 1 cair pesadamente 2 correr; precipitar-se determinadamente 3 piorar 4 fig. tornar um assunto inconveniente e inapropriado

des.ca.mi.nhar v.t. desviar do caminho correto; conduzir a mau fim; desnortear

des.ca.mi.sar v.t. 1 privar da camisa 2 produzir ou sofrer pobreza; empobrecer

des.cam.pa.do adj. s.m. qualidade de planície aberta e sem árvores

des.can.sar v.t. 1 deixar de exercer atividade cansativa; repousar, sossegar; assentar-se para reparar as forças; livrar-se da fadiga, do cansaço 2 tranquilizar o espírito 3 apoiar

des.ca.rac.te.ri.zar v.t. 1 perder ou fazer perder as características próprias ○ v.pron. 2 degradar-se

des.ca.ra.do adj. diz-se de indivíduo cafajeste, sem--vergonha

des.ca.ra.men.to s.m. falta de vergonha; cinismo

des.car.ga s.f. retirada da carga ou do excesso de carga de um depósito ■ **descarga de canhão, de espingarda** tiro ■ **descarga de consciência** manifestação intensa de sentimentos para alívio psíquico

des.car.go s.m. m.q. desencargo

des.car.na.do adj. 1 separado da carne 2 fig. desprovido de carnes; magro

des.car.nar v.t. 1 tirar a carne dos ossos 2 emagrecer, perder peso

des.ca.ro s.m. m.q. descaramento

des.ca.ro.ça.dor /ô/ s.m. aparelho utilizado para retirar caroços

des.ca.ro.çar v.t. 1 retirar os caroços de 2 fig. destituir de dificuldades; facilitar

des.car.re.gar v.t. 1 retirar a carga de um carro ou outro veículo 2 externar, liberar, extravasar

des.car.ri.lhar v.t. desencarrilhar; tirar dos trilhos

des.car.tar v.t. 1 livrar-se de cartas inúteis no baralho 2 fig. não considerar; deixar de levar em conta 3 jogar fora depois da utilização

descasar

des.ca.sar *v.t.* **1** invalidar casamento; separar-se do esposo ou da esposa **2** *por ext.* separar elementos de duplas, como pratos, xícaras etc.

des.cas.car *v.t.* **1** retirar a casca ou a pele de frutos; pelar **2** *fig.* repreender, censurar

des.ca.so *s.m.* falta de consideração; desprezo, desdém

des.ca.val.gar *v.t.* descer da montaria; desmontar do cavalo

des.cen.dên.cia *s.f.* **1** relação de parentesco com base na filiação **2** geração; prole; grupo de pessoas de uma mesma procedência

des.cen.den.te *adj.2g.* **1** que desce **2** decrescente **3** que descende de um indivíduo ou de uma família

des.cen.der /ê/ *v.t.* **1** provir de, ser oriundo de, originar-se de **2** descer; vir de posição superior

des.cen.so *s.m.* ato ou efeito de descer; descida

des.cen.tra.li.zar *v.t.* colocar em local longe do centro; retirar do centro

des.cen.trar *v.t.* descentralizar; desviar do centro

des.cer /ê/ *v.t.* movimentar de cima para baixo; baixar

des.cer.rar *v.t.* fazer ver o que estava oculto, coberto; revelar

des.clas.si.fi.car *v.t.* **1** retirar de classe ou categoria **2** rebaixar na hierarquia estabelecida **3** aviltar, ultrajar

des.co.a.gu.lar *v.t.* desfazer um coágulo; tornar líquido

des.co.brir *v.t.* **1** retirar o que cobre algo, permitindo sua revelação **2** expor; fazer conhecer

des.co.lar *v.t.* desprender o que estava preso por meio de cola; despregar; desgrudar

des.co.lo.rar *v.t.* ocasionar ou sofrer perda de cor; desbotar

des.co.lo.rir *v.t.* ocasionar ou sofrer perda de cor; desbotar

des.co.me.di.men.to *s.m.* **1** ausência de comedimento, de contenção **2** insolência, abuso

des.co.mer /ê/ *v.i. pop.* eliminar as fezes; defecar

des.com.pas.sar *v.t.* **1** passar dos limites proporcionais que devia ter **2** fazer algo descomedido

des.com.por /ô/ *v.t.* **1** desorganizar; desarranjar a composição original **2** ofender, agredir por palavras

des.com.pos.tu.ra *s.f.* **1** exposição ao ridículo, ao indecente **2** ofensa por palavra; censura

des.co.mu.nal *adj.2g.* incomum por sua grande proporção

des.con.cei.tu.ar *v.t.* desprover de conceito; fazer perder a boa reputação; desacreditar; difamar

des.con.cen.trar *v.t.* **1** sofrer ou causar a perda da concentração; dispersar **2** tirar de concentração militares e atletas antes reunidos

des.con.cer.tar *v.t.* **1** causar o desconcerto; desarmonizar **2** tomar medidas imprudentes; agir loucamente **3** decepcionar, desapontar; causar surpresa desagradável; embaraçar

des.con.cha.var *v.t.* **1** retirar o conchavo; descombinar; desencaixar **2** fazer perder a harmonia; desconcordar

des.co.ne.xão /ks/ *s.f.* ausência de conexão; desunião; separação de algo que estava conectado

des.co.ne.xo /éks/ *adj.* **1** em que não há conexão; separado, desunido **2** contraditório, incoerente, sem sentido

des.con.fi.ar *v.t.* ter dúvida; suspeitar

des.con.for.to /ô/ *s.m.* **1** falta de conforto ou comodidade **2** aflição, angústia

des.con.ge.lar *v.t.* **1** liquefazer o gelo, degelar, derreter **2** *fig.* pagar algo que estava congelado pelo governo ou pelo país

des.con.ges.tio.nar *v.t.* **1** livrar de congestão **2** desobstruir, desacumular, dissolver; espalhar o que estava ajuntado ou impedindo a passagem

des.co.nhe.cer /ê/ *v.t.* não conhecer; ignorar

des.con.jun.tar *v.t.* **1** promover a desconjuntura; desarticular **2** retirar as juntas de algo

des.con.si.de.rar *v.t.* deixar de considerar; tratar com desdém; menosprezar

des.con.so.lar *v.t.* tirar o consolo, a esperança de alguém; entristecer

des.con.tar *v.t.* **1** realizar um desconto; abater quantia do débito, da dívida; diminuir **2** *pop.* fazer desforra; vingar-se

des.con.ten.tar *v.t.* causar ou sofrer descontentamento; causar desprazer

des.con.ti.nu.ar *v.t.* provocar descontinuidade em; interromper; não dar prosseguimento a uma ação; sustar

des.con.to /ô/ *s.m.* **1** ação ou resultado de descontar **2** abatimento de um determinado valor

des.con.tra.tar *v.t.* rescindir um contrato ou acordo; desacordar

des.con.ver.sar *v.t.* mudar ou fugir de assunto; desviar a conversa para outro assunto

des.co.rar *v.i.* desbotar, perder a cor

des.co.ro.ço.ar *v.i.* perder a coragem, o ânimo; desanimar

des.cor.ço.ar *v.i.* perder a coragem, o ânimo; desanimar

des.cor.tês *adj.2g.* que não tem polidez; rude, grosso, indelicado

des.cor.te.si.a *s.f.* falta de cortesia; rudeza, indelicadeza

des.cor.ti.nar *v.t.* **1** remover a cortina **2** deixar ver; expor

des.co.ser /ê/ *v.t.* **1** desfazer a costura; descosturar **2** *fig.* desfazer o que está estruturado; desmanchar

des.cré.di.to *s.m.* falta de crédito ou merecimento; desonra

des.cren.ça *s.f.* ausência de fé, de crença

des.cren.te *adj.2g.* diz-se daquele que não tem fé religiosa

des.crer /ê/ *v.t.* não crer; não ter fé; ser descrente

des.cre.ver /ê/ *v.t.* **1** representar por descrição **2** enumerar, por escrito ou oralmente, as partes que constituem um todo

des.cri.ção *s.f.* **1** relato ou enumeração da constituição essencial de algo **2** representação de alguma coisa por meio de palavras

des.cri.mi.nar *v.t.* absolver de acusação ou crime; inocentar

des.cris.ti.a.ni.zar *v.t.* tirar a qualidade de cristão; tornar não cristão

des.cri.tí.vel *adj.2g.* que é passível de descrição

des.cri.ti.vo *adj.* que descreve ou representa por meio de descrição

des.cri.tor /ô/ *s.m.* aquele que descreve; autor de descrições

des.cru.zar *v.t.* desfazer um cruzamento; destraçar

des.cui.dar *v.t. v.i.* faltar com o cuidado; descurar, desacautelar; ser negligente, relaxado; distrair-se; não fazer o que se deve fazer com presteza e perfeição

des.cui.do.so /ô/ *adj.* que não presta atenção; negligente

desencadear

des.cul.pa *s.f.* pretexto; justificativa de culpa; evasiva

des.cul.par *v.t.* 1 absolver de culpa; perdoar 2 justificar-se com desculpas

des.cum.prir *v.t.* não cumprir algo que se prometeu

des.cu.rar *v.t.* 1 faltar com cuidado; descuidar, desamparar 2 deixar de tratar, negligenciar a cura

des.cur.var *v.t.* arrumar, colocar direito o que estava torto ou curvado

des.dar *v.t.* 1 reverter o processo de doação; retomar o que se dera 2 desatar nó; desnodoar

des.di.ta *s.f.* ausência de sorte; infortúnio, má sorte

des.de /ê/ *prep.* a partir de

des.dém *s.m.* arrogância, menosprezo

des.de.nhar *v.t.* demonstrar desprezo, desdém, menosprezo

des.den.tar *v.t.* retirar ou perder os dentes

des.di.to.so /ô/ *adj.* que está sem sorte; infeliz

des.di.zer /ê/ *v.t.* 1 corrigir o que se havia dito; contradizer-se 2 desculpar-se

des.do.brar *v.t.* 1 desfazer a dobra 2 desenvolver, ampliar, desenrolar 3 colocar empenho em uma atividade; esforçar-se

des.dou.ro /ô/ *s.m.* falta de honra, de crédito; infâmia

de.se.du.car *v.t.* sofrer ou ocasionar a perda da educação; emburrecer, desinstruir

de.se.jar *v.t.* 1 fazer votos de felicidade ou infelicidade a alguém 2 ambicionar, querer 3 sentir desejo, vontade de

de.se.jo /ê/ *s.m.* 1 meta, aspiração, vontade 2 vontade sexual 3 vontade de comer certos alimentos durante a gestação

de.se.le.gân.cia *s.f.* ausência de elegância; desalinho

de.se.le.gan.te *adj.2g.* 1 que não tem elegância; desajeitado 2 rude, grosseiro, não educado nas maneiras

de.se.ma.ra.nhar *v.t.* desfazer o emaranhado; desembaraçar; esclarecer; tornar claro; explicar

de.sem.ba.çar *v.t.* retomar o brilho, a lucidez, a transparência

de.sem.ba.i.nhar *v.t.* 1 sacar (espada, faca) da bainha 2 descoser a bainha de uma roupa

de.sem.ba.lar *v.t.* 1 retirar algo da embalagem ou do acondicionamento de transporte; desembrulhar 2 retirar a munição de uma arma de fogo; descarregar

de.sem.ba.ra.ça.do *adj.* que não se encontra mais embaraçado; solto, livre

de.sem.ba.ra.çar *v.t.* 1 tornar livre de embaraços; livrar, desvencilhar 2 fazer andar os papéis na burocracia 3 tornar alguém esperto

de.sem.ba.ra.ço *s.m.* ausência de embaraços; esperteza, agilidade

de.sem.ba.ra.lhar *v.t.* 1 no jogo do baralho; desfazer o embaralhamento das cartas 2 *fig.* explicar, esclarecer; tornar menos confuso 3 fazer andar os papéis que a burocracia tinha embaralhado 4 desembaraçar, desemaranhar

de.sem.bar.car *v.t.* tirar algo ou sair de uma embarcação ou outro meio de transporte, como carro, trem, avião

de.sem.bar.ca.dou.ro /ô/ *s.m.* MAR local onde se dá o desembarque; cais

de.sem.bar.gar *v.t.* 1 livrar de impedimento, obstáculo; desobstruir 2 JUR

de.sem.bar.ga.dor /ô/ *s.m.* JUR juiz de tribunal superior que julga e decide os embargos

de.sem.bar.go *s.m.* ação ou resultado de desembargar

de.sem.bar.que *s.m.* ação de desembarcar, de retirar algo ou de saltar de um veículo de transporte

de.sem.bes.tar *v.i.* 1 sair correndo veloz e desenfreadamente; disparar 2 descontrolar-se

de.sem.bo.ca.du.ra *s.f.* 1 ausência de embocadura, de aptidão para algo 2 ausência de calejamento nos lábios necessária para tocar instrumentos de sopro 3 lugar de confluência de rios; foz

de.sem.bo.car *v.i.* 1 entrar em confluência com; desaguar 2 ir de um lugar mais estreito para outro mais largo 3 finalizar; terminar

de.sem.bol.sar *v.t.* 1 sacar da bolsa ou do bolso 2 gastar

de.sem.bre.nhar *v.t.* 1 sair da brenha, da mata 2 livrar de complicações; libertar

de.sem.bru.lhar *v.t.* 1 retirar do pacote, do embrulho ou da embalagem em que estava contido 2 *fig.* tornar claro; esclarecer, explicar

de.sem.bur.rar *v.t.* m.q. desamuar

de.se.mol.du.rar *v.t.* retirar da moldura ou do encaixe

de.sem.pa.car *v.t.* voltar a se movimentar; desemperrar

de.sem.pa.co.tar *v.t.* retirar do pacote, do embrulho ou da embalagem; desembrulhar, desembalar

de.sem.pa.re.lhar *v.t.* sair ou retirar da parelha; desemparceirar

de.sem.pa.nar *v.t.* 1 restituir o brilho; desembaçar 2 retirar os panos; descobrir 3 *por ext.* desocultar, desvendar

de.sem.pa.tar *v.t.* sair do empate; decidir um empate

de.sem.pe.na.do *adj.* 1 de que se retirou empeno; liso, plano, uniforme, endireitado 2 *fig.* que denota atrevimento; corajoso, ousado

de.sem.pe.nhar *v.t.* 1 cumprir uma tarefa ou ordem; executar um serviço, um trabalho ou uma função; fazer, realizar 2 resgatar algo da loja de penhores

de.sem.pe.nho /ê/ *s.m.* 1 execução de um trabalho; realização de uma tarefa; desincumbência de um encargo 2 resgate de um penhor, de uma cautela, de uma dívida

de.sem.per.rar *v.t.* 1 livrar do que estava emperrando; desempacar 2 sair de uma condição difícil

de.sem.pi.lhar *v.t.* desfazer uma pilha; desarrumar

de.sem.plu.mar *v.t.* retirar ou perder as plumas ou penas; desempenar

de.sem.po.ar *v.t.* tirar o pó, a poeira

de.sem.po.çar *v.t.* fazer movimentar a água que estava empoçada, destruindo as poças de água; enxugar, drenar a água

de.sem.po.lei.rar *v.t.* 1 tirar ou sair do poleiro 2 rebaixar, colocar(-se) em posição inferior a que estava antes

de.sem.pos.sar *v.t.* 1 tirar ou sair da posse 2 desocupar cargo ou função 3 desapossar

de.sem.pre.gar *v.t.* tirar ou sair do serviço, do trabalho

de.sen.ca.bar *v.t.* soltar do cabo; deslocar do cabo

de.sen.ca.be.çar *v.t.* destinar; perder a cabeça; desorientar

de.sen.ca.bres.tar *v.t.* 1 tirar ou livrar (animal) do cabresto 2 *fig.* tornar livre de manipulação 3 *fig.* libertar de uma tutela, principalmente política

de.sen.ca.de.ar *v.t.* 1 soltar o cadeado ou o que estava prendendo 2 *por ext.* libertar, extravasar 3 provocar; ter como reação ou consequência

desencaixar

de.sen.cai.xar *v.t.* tirar do lugar, do encaixe; destroncar; disjuntar

de.sen.cai.xo.tar *v.t.* retirar de caixote, embalagem, embrulho

de.sen.ca.lhar *v.t.* 1 livrar, libertar, fazer movimentar o que estava impedido por obstáculos 2 retirar veículos de buracos, navios de recifes

de.sen.ca.mi.nhar *v.t.* 1 tirar do caminho que se devia seguir 2 perverter; levar para o mau caminho

de.sen.can.tar *v.t.* 1 perder ou se desfazer da feitiçaria, do encanto 2 perder a admiração que se tinha por algo ou alguém

de.sen.ca.par *v.t.* retirar a capa que envolvia algo

de.sen.ca.ra.pi.nhar *v.t.* alisar cabelos encaracolado

de.sen.ca.po.tar *v.t.* 1 retirar o capote, o abrigo 2 *fig.* clarificar as intenções ocultas 3 endireitar veículo que havia capotado

de.sen.ca.ra.co.lar *v.t.* alisar o que era encaracolado, encrespado

de.sen.car.ce.rar *v.t.* libertar; colocar em liberdade

de.sen.car.dir *v.t.* tirar o encardido, tornar branco

de.sen.car.go *s.m.* não necessidade do cumprimento de um encargo, de uma incumbência

de.sen.car.nar *v.t.* 1 despegar a carne de; descarnar 2 RELIG no espiritismo, separar-se (a alma, o espírito) definitivamente do corpo; morrer

de.sen.car.qui.lhar *v.t.* alisar, desenrugar

de.sen.car.re.gar *v.t.* livrar de um encargo, de uma incumbência

de.sen.car.ri.lhar *v.t.* m.q. descarrilhar

de.sen.cas.que.tar *v.t. v.pron.* tirar preocupação da mente; despreocupar-se

de.sen.cas.to.ar *v.t.* 1 desprover um objeto de castão 2 soltar pedra preciosa

de.sen.ca.var *v.t.* 1 retirar do buraco; escavar 2 descobrir; encontrar

de.sen.ci.lhar *v.t.* retirar os arreios ou as cilhas; livrar, libertar

de.sen.co.ra.jar *v.t.* perder a coragem ou o ânimo; deixar-se abater; desesperançar, desiludir

de.sen.cor.do.ar *v.t.* retirar ou livrar das cordasd

e.sen.co.var *v.t.* 1 retirar da cova, da toca, do esconderijo 2 recuperar a saúde, engordando e perdendo as covas

de.sen.cra.var *v.t.* 1 tirar os cravos ou pregos de algo; despregar 2 impedir que se encrave na pele, ex.: *desencravar a unha* 3 *fig.* sair de uma situação difícil; progredir, começar a ser bem-sucedido

de.sen.cres.par *v.t.* perder o aspecto crespo; alisar

de.sen.cur.var *v.t.* tirar ou perder o aspecto curvo; desentortar

de.sen.di.vi.dar *v.t. v.pron.* livrar(-se) de dívidas, de débitos

de.sen.ne.vo.ar *v.t.* limpar o céu de nuvens ou névoa; clarear; sair o Sol

de.sen.fai.xar *v.t.* retirar ou perder as faixas; desenlear

de.sen.far.dar *v.t.* retirar da embalagem, do fardo

de.sen.fas.ti.ar *v.t.* 1 fazer perder ou perder o fastio, o apetite 2 *fig.* livrar do tédio; distrair

de.sen.fei.ti.çar *v.t.* 1 livrar de encantamento, macumba ou bruxaria 2 livrar(-se) da atração despertada por outro

de.sen.fei.xar *v.t.* desfazer feixes; tirar do feixe; juntar

de.sen.fi.ar *v.t.* 1 tirar a linha enfiada no buraco da agulha 2 tirar algo do buraco em que estava enfiado 3 perder a linha, o prumo; desnortear

de.sen.fro.nhar *v.t.* 1 tirar a fronha, a capa ou o envoltório que cobre o travesseiro 2 *fig.* desocultar; descobrir

de.sen.fur.nar *v.t.* sair ou tirar da toca, do esconderijo; desentocar 2 *fig.* tirar ou sair de um estado de isolamento

de.sen.gai.o.lar *v.t.* retirar da gaiola ou prisão; soltar; libertar, desencarcerar

de.sen.gan.char *v.t.* 1 tirar do gancho; despendurar 2 *fig.* livrar-se de trabalhos ou cargos

de.sen.gar.ra.far *v.t.* 1 retirar da garrafa ou do frasco; desenfrascar 2 acabar com engarrafamento ou congestionamento de trânsito

de.sen.gas.tar *v.t.* soltar ou sair do engaste; desencastoar

de.sen.ga.tar *v.t.* separar o que se encontrava ligado por engate; separar vagões, carros, veículos unidos por engate

de.sen.ga.ti.lhar *v.t.* tirar do gatilho; preparar arma de fogo para disparar

de.sen.go.mar *v.t.* tirar ou fazer perder a goma; amolecer

de.sen.gon.çar *v.t.* 1 desarticular; tirar dos eixos 2 perder a graça, a elegância, o porte

de.sen.gor.dar *v.t.* perder tecido adiposo; emagrecer

de.sen.gor.du.rar *v.t.* eliminar o excesso de gordura

de.sen.gra.ça.do *adj.* que não possui graça ou elegância; deselegante

de.sen.gros.sar *v.t.* 1 tornar menos grosso, afinar 2 *pop.* deixar de puxar o saco de alguém

de.sen.gui.çar *v.t.* livrar de enguiço, má-sorte; desenfeitiçar

de.se.nhar *v.t.* representar algo por meio de desenhos, linhas, formas, sombras e cores; traçar figuras

de.sen.la.çar *v.t.* 1 livrar ou libertar do laço; desfazer um nó ou laço; desamarrar 2 livrar-se de alguma armadilha

de.sen.la.ce *s.m.* 1 solução de um problema; final, desfecho 2 o contrário de enlace 3 falecimento de alguém ou fim de um relacionamento

de.sen.no.do.ar *v.t.* 1 livrar de nódoas ou sujeira; limpar 2 restabelecer a honra, o crédito

de.sen.no.ve.lar *v.t.* 1 desenrolar ou desfazer novelos 2 resolver trama ou intriga; desintrincar

de.sen.qua.drar *v.t.* 1 tirar da formação militar 2 tirar do encaixe, do enquadramento

de.sen.ra.i.zar *v.t.* arrancar planta, árvore etc. pela raiz; desarraigar

de.sen.ras.car *v.t.* 1 livrar de enroscos; desembaraçar 2 sair com maestria de uma dificuldade, de uma complicação, de um problema

de.sen.re.dar *v.t.* 1 desprender da rede; desenrascar ○ *v.pron.* 2 livrar-se de problemas, dificuldades

de.sen.ri.jar *v.t.* tornar menos rijo; amolecer

de.sen.ro.lar *v.t.* 1 desfazer ou livrar do rolo; desenrodilhar 2 desenvolver; explicar, narrar com detalhes

de.sen.ru.gar *v.t.* livrar de rugas, alisar (pele, tecido, papel); passar a ferro (roupa)

de.sen.sa.bo.ar *v.t.* 1 retirar o sabão; enxaguar 2 lavar roupas e panos ensaboados

de.sen.sa.car *v.t.* tirar do saco, da embalagem, do embrulho

desforra

de.sen.si.nar *v.t.* fazer esquecer o que se havia aprendido

de.sen.tai.par *v.t. 1* desfazer as paredes, os muros *2 fig.* tirar os obstáculos

de.sen.ta.lar *v.t. 1* afrouxar as talas; desobstruir *2 fig.* livrar-se de uma dificuldade ou de uma situação de perigo

de.sen.ten.di.do *s.m.* mal-entendido; que não ficou claro

de.sen.ten.di.men.to *s.m.* desacordo, bate-boca; divergência de opinião

de.sen.ter.rar *v.t. 1* arrancar da terra, retirar o que estava debaixo da terra; exumar *2* trazer de volta a vida *3* tirar algo do esquecimento; trazer à memória

de.sen.toa.ção *s.f.* MÚS qualidade do que está fora de tom; desafinação, desarmonia, dissonância

de.sen.to.ar *v.i.* estar fora do tom, fora de harmonia

de.sen.to.car *v.t. 1* sair ou tirar da toca, desalojar *2* tirar tocos de terrenos antes cheios deles *3* desobstruir, aplainar

de.sen.tor.tar *v.t.* corrigir o que estava torto ou errado

de.sen.tra.nhar *v.t. 1* extrair as vísceras *2* tirar do interior; arrancar *3* JUR retirar documento dos autos de processo

de.sen.tris.te.cer *v.t. 1* perder a tristeza, alegrar ○ *v.pron. 2* alegrar-se

de.sen.tu.lhar *v.t.* livrar de entulhos, de lixos; limpar

de.sen.tu.pir *v.t.* retirar o que estava entupindo; desobstruir, destapar

de.sen.ven.ci.lhar *v.t. m.q.* desvencilhar

de.sen.ve.ne.nar *v.t. 1* livrar de veneno e seus efeitos *2 fig.* ficar de bom humor

de.sen.ver.ni.zar *v.t.* tirar o verniz, o lustro, o brilho

de.sen.vol.to /ô/ *s.m. 1* esperto, ágil *2* atrevido, irreverente, ousado

de.sen.vol.tu.ra *s.f. 1* esperteza, vivacidade, agilidade *2* atrevimento, ousadia *3* falta de comedimento e modéstia

de.sen.vol.vi.do *adj.* que apresenta desenvolvimento; crescido

de.sen.vol.vi.men.to *s.m.* processo de ampliação; progresso; melhoria de algo

de.sen.xa.bi.do *adj. 1* sem gosto; insípido, insosso *2* envergonhado, retraído *3 pop.* chato, enjoado

de.se.qui.li.bra.do *adj. 1* destituído de equilíbrio; vacilante *2* que não possui equilíbrio mental; demente

de.se.qui.li.brar *v.t.* sofrer ou ocasionar a perda do equilíbrio; perturbar a harmonia

de.se.qui.lí.brio *s.m. 1* estado de instabilidade, de desarmonia, de falta de equilíbrio *2* ausência de sanidade mental; insanidade

de.ser.ção *s.f. 1* ato de desertar; fuga, abandono de cargo ou posto *2* renúncia

de.ser.dar *v.t. 1* deixar ou fazer deixar de ser herdeiro *2 fig.* deixar de fornecer auxílio, amparo

de.ser.tar *v.t. 1* tornar impróprio para habitação; despovoar *2* abandonar ou fugir de um cargo ou dever

de.sér.ti.co *adj. 1* que apresenta características de deserto; árido *2* inabitado

de.ser.to /é/ *s.m. 1* região árida e muito quente, onde, por falta de água e vegetação, não há condições de povoamento humano • *adj. 2* abandonado, despovoado, silencioso, desabitado

de.ser.tor /ô/ *adj.* diz-se de pessoa que deserta, que se acovarda

de.ses.pe.ra.ção *s.f.* perda da esperança; desespero, angústia

de.ses.pe.ra.do *adj. 1* que não possui esperança, angustiado *2* irado, raivoso

de.ses.pe.ran.ça *s.f.* ausência de esperança; desespero, aflição

de.ses.pe.ran.çar *v.t.* perder ou retirar as esperanças de; desanimar

de.ses.pe.rar *v.i. 1* perder as esperanças; tornar desanimado *2* ficar aflito, angustiado

de.ses.pe.ro /ê/ *s.m. 1* aflição, angústia *2* exasperação, fúria, desesperação

de.ses.ti.ma *s.f.* ausência de estima, de consideração; antipatia, inimizade

de.ses.ti.mar *v.t.* não estimar; depreciar, desprezar

des.fa.ça.tez /ê/ *s.f.* falta de vergonha; ousadia, atrevimento

des.fal.car *v.t. 1* causar diminuição; reduzir *2* roubar, espoliar *3* gastar, dispender

des.fa.le.cer /ê/ *v.i.* perder as forças, o ânimo; desmaiar

des.fas.ti.o *s.m. 1* ausência de fastio, de apetite *2* divertimento, distração

des.fa.vor /ô/ *s.m.* ação desfavorável; prejuízo

des.fa.vo.rá.vel *adj.2g.* que não está a favor; adverso

des.fa.vo.re.cer /ê/ *v.t.* não ser a favor, de auxílio

des.fa.zer /ê/ *v.t. 1* anular, reverter *2 fig.* desdenhar, desprezar

des.fe.ar *v.t.* alterar a forma; fazer ficar feio

des.fe.char *v.t. 1* soltar o que estava fechado *2* destrancar, desencadear *3* desferir, arremessar

des.fe.cho /ê/ *s.m.* solução de uma situação; fechamento, término

des.fei.ta /ê/ *adj. 1* que foi desmanchada, arruinada • *s.f. 2* ultraje, ofensa, menosprezo *3* ato impolido e indelicado

des.fei.te.ar *v.t.* realizar desfeita; insultar, ultrajar alguém

des.fei.to /ê/ *adj.* desmanchado, revertido

des.fer.rar *v.t. 1* remover as ferraduras *2* MAR soltar, desfraldar velas *3 por ext.* alçar, levantar, desferir

des.fe.rir *v.t.* lançar, acertar

des.fi.ar *v.t. 1* perder ou fazer perder os fios; esfiar *2 fig.* contar de modo detalhado; prolixo

des.fi.gu.rar *v.t. 1* promover a deformidade ou alteração das feições, dos traços característicos *2* tornar feio

des.fi.la.da *s.f.* marcha, desfile

des.fi.la.dei.ro *s.m.* passagem estreita entre montanhas; precipício

des.fi.lar *v.t.* promover a passagem em fila; andar na passarela em exposição de moda

des.fi.le *s.m. 1* marcha ou parada militar, colegial *2* exibição de modelos em exposição de moda

des.flo.rar *v.t. 1* retirar as flores; deflorar *2 por ext.* tirar ou perder a virgindade; desvirginar

des.flo.res.tar *v.t.* destruir as matas, as florestas; promover o desmatamento

des.fo.ca.do *adj.* fora de foco

des.fo.lhar *v.t. 1* perder ou arrancar as folhas *2 fig.* desiludir; matar os sonhos

des.fo.que *s.m.* ausência de foco

des.for.ço /ô/ *s.m. m.q.* desforra

des.for.ra /ó/ *s.f. m.q.* vingança

desfraldar

des.fral.dar *v.t.* **1** soltar bandeira, velas ao vento **2** *fig.* espalhar notícia; divulgar ○ *v.pron.* **3** tremular, agitar-se

des.fran.zir *v.t.* tirar franzidos, rugas, pregas; alisar, desenrugar

des.fru.tar *v.t.* **1** aproveitar, gozar de **2** ter proveito, lucro; lucrar

des.ga.lhar *v.t.* sofrer ou ocasionar a perda de galhos; podar

des.gas.te *s.m.* ação de se desgastar; perda do vigor

des.ge.lar *v.i. m.q.* degelar

des.gos.tar *v.t.* **1** dar desgosto; desagradar **2** não gostar; desestimar

des.gos.to.so /ô/ *adj.* chateado; que sofreu desilusão; desiludido

des.gra.ça *s.f.* **1** situação calamitosa; infortúnio **2** acidente; acontecimento funesto

des.gra.cei.ra /ê/ *s.f.* grande quantidade de desgraças; infortúnio, infelicidade

des.gra.ci.o.si.da.de *s.f.* ausência de graciosidade no vestir-se e no portar-se; deselegância

des.gra.ci.o.so /ô/ *adj.* desprovido de graciosidade; deselegante

des.gre.nha.do *adj.* que está despenteado ou em desalinho; esguelhado

des.gru.dar *v.t.* separar o que antes se encontrava colado; descolar

des.gui.ar *v.i.* afastar-se, ir embora, partir

de.si.de.ra.to *s.m.* o que é alvo de desejo; aspiração, objetivo

de.sí.dia *s.f.* **1** preguiça, ociosidade, indolência **2** falta de cuidado; desleixo

de.si.dra.tar *v.t.* **1** retirar o excesso de água ou de líquido de um corpo; remover o estado de hidratação **2** secar

de.sig.na.ção *s.f.* ação de indicar, nomear alguém para função ou cargo

de.sig.nar *v.t.* **1** nomear alguém para uma função ou para um cargo **2** dar nome ou apelido

de.síg.nio *s.m.* intenção, objetivo, meta

de.si.gual *adj.2g.* que apresenta desigualdades, que é irregular

de.si.gua.lar *v.t.* tornar desigual; desarmonizar

de.si.gual.da.de *s.f.* perturbação da harmonia, do equilíbrio, da igualdade

de.si.lu.são *s.f.* ausência ou perda de ilusões ou sonhos; decepção

de.sim.pe.dir *v.t.* deixar de obstacularizar, de impedir

de.sin.çar *v.t.* limpar, livrar, desinfestar

de.sin.char *v.t.* **1** eliminar ou diminuir o inchaço de algo; desintumescer **2** desinflar o ego, o orgulho

de.si.nên.cia *s.f.* GRAM elemento sufixal que indica a classificação morfológica, as funções de gênero, número e pessoa e o grau de significação de uma palavra

de.sin.fec.ção *s.f.* ação de reverter uma infecção; higienização

de.sin.fe.liz *adj.2g. pop.* que não está feliz; azarado

de.sin.fes.tar *v.t.* eliminar infestação; limpar, higienizar

de.sin.fe.tar *v.t.* **1** limpar com desinfetante; higienizar **2** *fig.* ir embora, desocupar uma posição

de.sin.fla.ção *s.f.* ECON redução da inflação para o retorno do valor real da unidade monetária

de.sin.fla.cio.nar *v.t.* tomar medidas de combate à inflação monetária; deflacionar

de.si.ni.bir *v.t.* tornar-se isento de inibição, de vergonha

de.sin.qui.e.tar *v.t. v.pron. tirar ou* perder a quietude; desassossegar(-se), inquietar(-se)

de.sin.so.fri.do *adj.* inquieto, agitado

de.sin.te.gra.ção *s.f.* separação das partes ou unidades que compõem um conjunto integrado; separação, destruição

de.sin.te.grar *v.t.* **1** ocasionar ou sofrer desintegração; decompor; dividir um todo em suas partes essenciais **2** não combinar, descombinar, desarmonizar **3** separar, dividir **4** destruir, desfazer

de.sin.te.li.gên.cia *s.f.* **1** ausência de inteligência **2** divergência, contenda, desarmonia

de.sin.tu.mes.cer /ê/ *v.t.* sofrer ou ocasionar a perda da tumescência; desinchar

de.sin.ves.tir *v.t.* **1** tirar a investidura de alguém; destituir **2** ECON deixar de aplicar dinheiro, capital

de.si.po.te.car *v.t.* retirar da hipoteca; pagar a hipoteca

de.sir.man.nar *v.t.* romper relação de amizade; brigar, separar

de.sis.tên.cia *s.f.* ação ou resultado de desistir; renúncia, abstinência

de.sis.tir *v.t.* **1** declarar desistência, renunciar, não dar prosseguimento **2** retirar-se de uma competição ou disputa

des.je.ju.ar *v.i.* realizar a primeira refeição do dia; tomar o café da manhã

des.je.jum *s.m.* dejejum; primeira refeição do dia; café da manhã

des.jun.gir *v.t.* separar o que estava ligado; desunir, desligar

des.la.çar *v.t.* soltar os nós ou laços que prendiam; libertar

des.la.crar *v.t.* retirar o lacre; abrir; descolar

des.lan.char *v.i.* **1** colocar-se em movimento, prosseguir de onde se havia parado **2** progredir; avançar em direção ao sucesso **3** soltar o automóvel; desenvolver a marcha

des.la.va.do *adj.* **1** que perdeu a cor por ser lavado, desbotado **2** que falta com o respeito, com o decoro; descarado, desavergonhado **3** desprovido de sabor ou tempero; insosso

des.le.al *adj.2g.* que não possui lealdade; mentiroso, falso

des.le.al.da.de *s.f.* ausência de lealdade; falsidade, mentira

des.lei.tar *v.t.* **1** desmamar (criança) **2** extrair leite; ordenhar

des.lei.xa.do *adj.* **1** que não tem cuidado ou zelo **2** mal trajado, malvestido **3** desanimado

des.lei.xo /ê/ *s.m.* **1** falta de cuidado ou zelo; desmazelamento **2** falta de ânimo; inação

des.lem.bran.ça *s.f.* falta de lembrança ou memória; esquecimento

des.li.ga.men.to *s.m.* separação de partes antes unidas; disjunção, desligamento

des.lin.dar *v.t.* **1** ação de demarcar, dividir, separar fronteiras, limitar **2** esclarecer; tornar algo mais claro para compreensão

des.lo.car *v.t.* **1** sofrer ou ocasionar saída das articulações; destroncar ○ *v.pron.* **2** mover de um ponto a outro **3** mudar-se, emigrar; fazer excursões

desobstruir

des.lus.trar *v.t. v.pron.* **1** perder o lustro, o brilho; tornar(-se) fosco **2** desonrar(-se), difamar(-se)

des.mag.ne.ti.zar *v.t.* neutralizar a ação da força magnética

des.mai.ar *v.t.* **1** sofrer a perda das forças e da consciência; sofrer desmaio; ter vertigem ou delíquio **2** ficar com as cores desbotadas; descorar

des.ma.ma *s.f.* processo ou época própria para desmamar a criança, privar-lhe do leite materno

des.man.cha-pra.ze.res /ê/ *s.2g.2n.* pessoa que destrói o prazer de outras pessoas; sujeito chato e inconveniente

des.man.char *v.t.* **1** desfazer, dispersar, desunir, desconstruir **2** anular, invalidar

des.man.cho *s.m.* **1** processo ou resultado da ação de desmanchar; desarranjo **2** transação frustrada; insucesso

des.man.do *s.m.* **1** desobediência; não cumprimento às ordens **2** loucura, desatino

des.man.te.lar *v.t.* **1** desmanchar, disjuntar **2** destruir, arruinar

des.mar.ca.do *adj.* **1** desprovido de marca ou marco; que sofreu desmarcação **2** cancelado, anulado

des.mar.car *v.t.* **1** remover a marca **2** desbalizar terreno alheio **3** mudar um compromisso para outra data

des.mas.ca.rar *v.t.* **1** remover a máscara; revelar o que estava oculto por máscara **2** desmentir; colocar às claras; descobrir os intentos de alguém ○ *v.pron.* **3** revelar-se, mostrar-se

des.ma.tar *v.t.* **1** retirar mato; carpir um terreno **2** causar processo de desmatamento; destruir as matas, florestas

des.mas.tre.ar *v.t.* MAR retirar ou destruir a mastreação de uma embarcação

des.me.dir *v.t. v.pron.* exceder; passar da conta; ultrapassar o permitido

des.mem.brar *v.t.* mutilar, separar os membros; desarticular

des.me.mo.ri.a.do *adj.* desprovido de memória; esquecido; ruim da memória

des.men.tir *v.t.* provar a falsidade do que foi anteriormente dito; provar o contrário de uma afirmação inverídica; desdizer, contradizer

des.me.re.cer /ê/ *v.t.* não ter direito ou merecimento a algo; ser indigno de

des.mi.li.ta.ri.zar *v.t.* desprover de caráter militar

des.mi.ne.ra.li.zar *v.t.* **1** tirar o caráter de mineral de algo **2** dissolver os sais minerais

des.mo.bi.lhar *v.t.* retirar a mobília, os móveis de uma casa ou de um cômodo

des.mo.bi.li.ar *v.i.* desmobilhar; destituir de mobília

des.mo.bi.li.zar *v.t.* **1** fazer deixar de estar mobilizado **2** conceder licença às tropas mobilizadas

des.mo.ne.ti.zar *v.t.* retirar papel-moeda de circulação; desvalorizar a moeda

des.mon.tar *v.t.* **1** espalhar coisas que estavam amontoadas **2** desfazer em partes o que antes estava unido; desarranjar, desconcertar **3** apear do cavalo; descavalgar

des.mon.te *s.m.* **1** ação de desmontar de animal de montaria; apeamento **2** desagregação de peças ou partes que compõem um mecanismo

des.mo.ro.nar *v.t.* promover desmoronamento; vir ou deitar abaixo; demolir; destruir

des.mor.ti.fi.car *v.t.* não mortificar; deixar de torturar; deixar em paz

des.mo.ti.var *v.t.* **1** perder ou causar desmotivação, desânimo **2** invalidar os motivos de um oponente

des.mu.nhe.car *v.t.* **1** destroncar a munheca; *luxar; abrir o pulso* **2** *pop.* portar-se de modo afeminado, afetado

des.na.cio.na.li.za.ção *s.f.* **1** perda da característica de nacionalidade **2** revogação da nacionalidade **3** compra de setores econômicos por empresas estrangeiras

des.na.cio.na.li.zar *v.t.* **1** perder o caráter nacional **2** anular o diploma de nacionalidade **3** adquirir setores econômicos de outro país

des.na.sa.lar *v.t.* sofrer ou causar a perda da nasalidade do som

des.nas.trar *v.t.* soltar as amarras; desatar

des.na.ta.dei.ra /ê/ *s.f.* máquina utilizada para tirar a nata do leite

des.na.tu.ra.do *adj.* **1** destituído de suas características naturais, sem natureza **2** QUÍM substância ou corpo alterado em sua essência por influência de agentes externos **3** *fig.* que não tem consideração com outras pessoas; cruel, desumano

des.na.tu.ra.li.za.ção *s.f.* destituição das características naturais ou nacionais

des.na.tu.ra.li.zar *v.t.* **1** causa ou sofrer destituição das características próprias; desnaturar **2** cassar o direito de cidadania de uma pessoa

des.na.tu.rar *v.t.* **1** modificar as propriedades essenciais de algo **2** sofrer ou promover mudança de natureza; degenerar **3** tornar ruim, mau; desumanizar

des.ne.ces.sá.rio *adj.* que não é necessário, inútil

des.ne.ces.si.da.de *s.f.* qualidade do que não é necessário; inutilidade

des.ní.vel *s.m.* diferença ou desigualdade de nível

des.ni.ve.lar *v.t.* **1** alterar o nível; desigualar **2** estabelecer diferenças; diferenciar

des.no.do.ar *v.t.* **1** retirar os nós, as manchas; desendoar **2** livrar da infâmia, da desonra

des.nor.te.ar *v.t.* ocasionar ou sofrer o desvio do rumo certo; desorientar

des.no.ve.lar *v.t.* **1** desfazer, destruir um novelo **2** desmanchar em fios o que estava enovelado

des.nu.da.men.to *s.m.* **1** ação de desnudar o corpo, de despir, de tirar as vestes, os enfeites **2** ação de revelar; fazer algo se dar a conhecer

des.nu.dar *v.t.* **1** despir; tirar as vestes **2** revelar, dar-se a conhecer

des.nu.do *adj.* **1** que está sem vestimentos; despido, nu **2** não mais oculto; revelado

de.so.do.rar *v.t.* livrar de maus cheiros; desodorizar

de.so.do.ri.zar *v.t.* m.q. desodorar

des.nu.tri.ção *s.f.* estado de debilidade e fraqueza por falta de alimentação; emagrecimento

des.nu.trir *v.t.* privar de nutrição; enfraquecer por falta de alimentação; emagrecer

de.so.be.de.cer /ê/ *v.t.* deixar de obedecer; não cumprir ordens; rebelar-se

de.so.bri.gar *v.t.* dispensar do cumprimento de um dever, de uma tarefa

de.sobs.tru.ir *v.t.* retirar obstáculos; tornar a passagem livre; desimpedir

desocupação

de.so.cu.pa.ção *s.f.* **1** ação de obrigar inquilino a se retirar de imóvel alugado; despejo **2** falta do que fazer; inação **3** retirada das tropas que ocupavam um território

de.so.cu.par *v.t.* **1** retirar-se de lugar que ocupava **2** tirar os empecilhos; desobstruir

de.so.do.ran.te *adj. s.m.* substância química que tem a finalidade de eliminar maus cheiros; desinfetante

de.so.fi.ci.a.li.zar *v.t.* desprover de caráter oficial; tornar não oficial

de.so.la.ção *s.f.* **1** estado de desamparo e aflição **2** estado de consternação; ruína

de.so.la.dor /ô/ *adj.* **1** que causa desolação **2** que ocasiona destruição; devastação

de.so.la.men.to *s.m.* m.q. desolação

de.so.lar *v.t.* **1** causar desesperação; desamparar, afligir, entristecer **2** destruir, arruinar

de.so.ne.rar *v.t.* **1** livrar de um cargo ou de uma obrigação **2** exonerar **3** retirar o encargo

de.so.nes.tar *v.t.* tornar desonesto, corrompido, indecente

de.so.nes.ti.da.de *s.f.* ausência de honestidade; ilegalidade

de.so.nes.to /é/ *adj.* desprovido de honestidade; moralmente corrompido

de.son.ra *s.f.* perda da honra, do prestígio, da fama, do bom nome; difamação

de.son.ra.dez /ê/ *s.f.* m.q. desonra

de.son.rar *v.t.* **1** causar a desonra, aviltar **2** tirar a virgindade de uma moça; estuprar

de.son.ro.so /ô/ *adj.* destituído de honra; vergonhoso, indecente

de.so.pi.la.ção *s.f.* **1** ação de desobstruir; desentupimento **2** ação de exterminar os vermes que causam a opilação

de.so.pi.lar *v.t.* **1** desentupir, desobstruir **2** MED aniquilar a opilação, a obstrução, especialmente do fígado

de.so.pres.são *s.f.* ato ou efeito de desoprimir; alívio, libertação

de.so.pri.mir *v.t.* retirar de estado opressivo; libertar

de.sor.de.na.do *adj.* desprovido de ordenamento; desconexo, sem ordem

de.sor.de.nar *v.t.* **1** causar a desordem; tornar desconexo **2** exceder limites impostos

de.sor.ga.ni.zar *v.t.* perturbar a ordem, a ordenação estabelecida

de.so.ri.en.ta.ção *s.f.* falta de orientação, de ordem; desgoverno

de.so.ri.en.ta.do *adj.* desprovido de ordem e orientação; confuso, desgovernado

de.so.ri.en.tar *v.t.* **1** tirar de orientação ou rumo; dar ou tomar direção errada **2** enlouquecer, endoidar

de.sos.sar *v.t.* retirar os ossos

de.so.var *v.t.* pôr ovos

de.so.xi.dar /ks/ *v.t.* **1** retirar a oxidação de metais; desenferrujar **2** arear, polir

des.pa.char *v.t.* **1** dispensar; mandar embora; **2** enviar algo a outra pessoa sob a garantia dos correios **3** assinar documentos para publicação **4** *pop.* matar, assassinar

des.pa.ra.fu.sar *v.t.* retirar ou desapertar o parafuso

des.pau.té.rio *s.m.* coisa estúpida, absurda; idiotice

des.pe.di.da *s.f.* ato de dizer adeus, de se despedir; partida

des.pe.dir *v.pron.* **1** dizer adeus para ir embora ○ *v.t.* **2** enviar, mandar **3** jogar, atirar, arremessar

des.pe.gar *v.t.* desunir o que estava junto; descolar

des.pei.ta.do *adj.* **1** sem peito ou de peito pouco saliente; magro **2** que apresenta ressentimento; mágoa

des.pei.tar *v.t.* ofender, ressentir, irritar

des.pei.to /ê/ *s.m.* humilhação, ressentimento

des.pe.jar *v.t.* **1** promover ação de despejo; mandar sair o inquilino de uma propriedade **2** esvaziar de conteúdo; desocupar

des.pe.jo /ê/ *s.m.* **1** esvaziamento de conteúdo; desocupação **2** JUR obrigação legal de um inquilino de desocupar um imóvel

des.pe.lar *v.t.* **1** retirar ou perder o pelo **2** tirar ou perder pele ou casca

des.pen.car *v.t.* **1** cair de um lugar alto; precipitar-se, tombar **2** tirar uma fruta da penca **3** sofrer grande diminuição

des.pen.der /ê/ *v.t.* **1** realizar despesas; gastar **2** *fig.* empregar, gastar; fazer uso de

des.pen.du.rar *v.t.* **1** tirar um objeto do lugar em que estava pendurado **2** *pop.* saldar dívidas

des.pe.nha.dei.ro /ê/ *s.m.* desvão, precipício

des.pe.nhar *v.t.* arremessar algo de um precipício, abismo; derrubar

des.pen.sa /ê/ *s.f.* parte da casa ou compartimento onde são estocadas provisões; depósito

des.pen.sei.ro /ê/ *s.m.* pessoa encarregada da despensa; provedor

des.per.ce.ber /ê/ *v.t.* deixar de perceber, de notar algo

des.per.di.çar *v.t.* esperdiçar; gastar desmesuradamente e de maneira improdutiva

des.per.su.a.dir *v.t.* persuadir alguém do contrário; dissuadir

des.per.su.a.são *s.f.* ação ou efeito de despersuadir

des.per.ta.dor /ô/ *s.m.* **1** relógio provido de mecanismo que pode ser programado para despertar alguém que dorme **2** RELIG frade encarregado de acordar seus pares

des.per.tar *v.t.* **1** deixar de dormir; interromper o estado de sono **2** incitar; estimular

des.pe.sa /ê/ *s.f.* aquilo que se gasta; consumo, custo

des.pe.ta.lar *v.t.* ocasionar ou sofrer a perda das pétalas

des.pi.ci.en.do *adj.* merecedor de desdém; desprezível

des.pi.do *adj.* **1** destituído de roupa; nu, desnudo **2** destituído de adornos; sem enfeites

des.pig.men.ta.ção *s.f.* ausência ou perda da pigmentação, da cor própria

des.pi.que *s.m.* m.q. vingança

des.pis.tar *v.t.* fazer perder as pistas; trapacear, enganar

des.plan.te *s.m.* **1** ESPORT posição na esgrima em que o jogador se apoia na perna esquerda, preparando-se para dar o golpe ou rebatê-lo **2** *por ext.* posição de desafio **3** *fig.* ousadia, audácia

des.plu.mar *v.t.* sofrer ou ocasionar a perda das plumas, das penas; depenar

des.po.jar *v.t.* privar de posse legítima; espoliar

des.po.jo /ô/ *s.m.* **1** ato ou efeito de despojar(-se) **2** aquilo que já serviu de revestimento ou enfeite e que foi retirado ou caiu ■ **despojos** restos, fragmentos

destrambelhado

des.pol.par *v.t.* retirar a polpa de frutos, de grãos ou vegetais

des.po.lu.ir *v.t.* reverter o estado de poluição; purificar

des.pon.tar *v.t.* **1** gastar ou quebrar a ponta; tornar rombudo **2** surgir; fazer aparecerem as pontas iniciais

des.por.te /ó/ *s.m.* esporte; exercício físico

des.por.tis.mo *s.m.* prática dos esportes ou o gosto pelos mesmos; esportismo

dés.po.ta *s.m.* governante tirano, violento, arbitrário e anticonstitucional

des.pra.zer /ê/ *s.m.* ausência de prazer; aborrecimento, chateação • *v.t.* causar desgosto, chateação; desagradar

des.pre.gar *v.t.* **1** soltar o que antes se encontrava preso por pregas **2** alisar, aplainar

des.pre.o.cu.pa.ção *s.f.* **1** ausência de preocupações; sossego, paz de espírito **2** estado de quem não tem problemas

des.pre.pa.ra.do *adj.* que não recebeu preparo suficiente; inculto, ignorante

des.pre.pa.ro *s.m.* falta de preparo, de instrução; desconhecimento, ignorância

des.pro.po.si.ta.do *adj.* que é inconveniente, impróprio, descabido

des.pro.vei.to /ê/ *s.m.* ausência de aproveitamento, de lucro, de benefício; inutilidade

des.pre.ve.ni.do *adj.* **1** descuidado; que não se preveniu **2** desprovido de dinheiro ou outros recursos

des.pre.zar *v.t.* **1** tratar com desdém; menosprezar **2** não dar a atenção e o apoio necessários ou devidos

des.pro.pó.si.to *s.m.* **1** ausência de propósito; absurdo, incongruência **2** *bras.* grande quantidade de

des.pro.te.ção *s.f.* ausência de proteção; falta de auxílio; desamparo

des.pro.te.ger /ê/ *v.t.* **1** faltar com a proteção devida ou necessária **2** abandonar **3** não apoiar

des.pro.ver /ê/ *v.t.* **1** faltar com a provisão, com o fornecimento de algo; não proporcionar meios **2** descuidar; desamparar

des.pu.do.ra.do *adj.* que não tem pudor; indecente, sem vergonha

des.qua.li.fi.car *v.t.* deixar de fornecer ou retirar qualificação; desgraduar

des.qui.te *s.m.* JUR separação judicial física e de bens dos cônjuges sem a anulação do casamento

des.rai.gar *v.t.* arrancar pela raiz; desarraigar

des.ra.mar *v.t.* cortar a ramagem, podar os ramos

des.ra.ti.zar *v.t.* eliminar os ratos de um lugar

des.res.pei.tar *v.t.* faltar com o respeito devido; desconsiderar

des.res.pei.to.so /ô/ *adj.* que não tem respeito; rude, insolente

des.san.grar *v.t.* **1** perder sangue; sangrar **2** *por ext.* tornar-se fraco; enfraquecer **3** *fig.* ficar sem recursos; empobrecer

des.se.ca.ção *s.f.* **1** eliminação de água ou umidade de algo; ação de tornar seco, de secar **2** emagrecimento; perda de peso

des.se.car *v.t.* **1** eliminar água ou umidade de algo; tornar seco; secar, enxugar **2** tornar um terreno árido e infértil

des.se.den.tar *v.t.* reverter o estado de sede; matar a vontade ou necessidade de tomar água

des.sen.si.bi.li.za.ção *s.f.* reversão do estado de sensibilização

des.sen.tir *v.t.* **1** deixar de sentir **2** *por ext.* deixar de perceber, de notar

des.ser.vi.ço *s.m.* serviço malfeito; prejuízo

des.ser.vir *v.t.* fazer serviço malfeito; prejudicar

des.sol.dar *v.t.* separar o que estava soldado

des.so.rar *v.t.* **1** privar de soro **2** *fig.* enfraquecer, debilitar

des.ta.bo.ca.do *adj.* **1** diz-se de quem não tem pudores para falar e não mede as consequências do que fala; desbocado **2** rude, indelicado

des.ta.ca.men.to *s.m.* **1** ação de separar, desligar, desgrudar uma coisa de outra **2** EXÉRC grupo de soldados que se separa da tropa e é enviado para outro lugar

des.tam.par *v.t.* **1** retirar a tampa ou o que antes cobria algo; descobrir **2** desobstruir, desimpedir **3** *fig.* insultar, gritar **4** evacuar

des.tam.pa.tó.rio *s.m.* **1** falta de moderação; despropósito **2** discussão violenta; descompostura

des.ta.que *s.m.* **1** ação de se destacar **2** ação ou resultado do que se destaca, do que sobressai

des.tar.te *adv.* assim, desta forma, desta maneira, deste modo

des.te.lhar *v.t.* retirar as telhas; deixar descoberto

des.te.me.ro.so /ô/ *adj.* que não teme; corajoso, bravo

des.te.mor /ó/ *s.m.* ausência de medo, de temor; coragem, bravura

des.tem.pe.rar *v.t.* **1** ocasionar a perda do tempero, do sabor **2** perder a consistência **3** desarranjar os intestinos **4** perder a cabeça, a razão; desvairar

des.tem.pe.ro /ê/ *s.m.* **1** falta de tempero, de sabor **2** disenteria, diarreia **3** *fig.* perda da razão; desmando de palavras e de atos

des.ter.rar *v.t.* **1** exilar da terra natal; expatriar **2** retirar a terra desnecessária de um lugar

des.ti.la.ção *s.f.* **1** processo de destilar um líquido **2** gotejamento de líquido

des.ti.lar *v.t.* **1** separar uma substância de sua parte volátil **2** gotejar

des.ti.na.ção *s.f.* **1** ato ou efeito de destinar **2** o lugar para onde se envia alguma coisa; destino

des.ti.nar *v.t.* mandar, enviar para um lugar

des.ti.na.tá.rio *s.m.* pessoa a quem se manda ou envia algo

des.ti.no *s.m.* **1** destinação; lugar ao qual se quer chegar **2** sorte, fatalidade **3** meta, objetivo

des.tin.to *adj.* que perdeu a tintura, as cores; desbotado

des.ti.tu.i.ção *s.f.* ação de destituir; deposição de cargo, de poderes

des.ti.tu.ir *v.t.* privar de um cargo ou emprego

des.to.ar *v.i.* não estar de acordo com o padrão; sair do tom; desarmonizar

des.to.car *v.t.* **1** limpar um território retirando os tocos **2** fender, separar

des.tor.cer /ê/ *v.t.* tirar a tortura; endireitar, aplainar

des.tra /é/ *s.f.* **1** posição do lado direito **2** pessoa que utiliza a mão direita para escrever **3** *por ext.* a mão direita

des.tra.mar *v.t.* **1** desfazer trama **2** *fig.* desfazer conluio, conspiração

des.tram.be.lha.do *adj.* desastrado, sem jeito, amalucado

destrambelhar

des.tram.be.lhar *v.i.* proceder desajuizadamente; amalucar

des.tran.car *v.t.* tirar as trancas; abrir o que estava fechado com tranca ou chave

des.tra.tar *v.t.* 1 tratar com maus modos 2 desfazer combinação, trato ou pacto 3 *fig.* tratar de forma ofensiva; ofender

des.tra.van.car *v.t.* retirar aquilo que obstrui, atravanca; desobstruir; tornar livre o caminho

des.tra.var *v.t.* liberar as travas, os freios

des.trei.na.do *adj.* que não recebeu treinamento, instrução; desabituado

des.trei.nar *v.t. v.pron.* deixar de receber treinamento necessário; desabituar-se

des.tre.za */ê/ s.f.* prática, habilidade

des.trin.çar *v.t.* 1 desenredar, destrinchar 2 explicar, dizer com detalhes

des.trin.char *v.t.* destrinçar; partir em pedaços

des.tri.par *v.t.* retirar as tripas, as entranhas

des.tro */é/ adj.* 1 que tem habilidade, ágil 2 lado direito • *s.m.* 3 que utiliza a mão direita para escrever

des.tro.car *v.t.* desfazer, anular uma troca

des.tro.ço */ô/ s.m.* 1 resto, ruína, destruição, derrota 2 pedaço, fragmento

des.tro.nar *v.t.* 1 destituir do trono; destituir a monarquia ou o governo 2 *fig.* exterminar a chefia

des.tron.car *v.t.* 1 tirar ou sair da articulação; desconjuntar 2 deslocar osso 3 desmembrar

des.tru.ir *v.t.* causar a destruição, o extermínio de algo

de.su.ma.ni.da.de *s.f.* ausência de humanidade; crueldade, selvageria

de.su.ma.no *adj.* 1 que não possui qualidades humanas 2 desalmado, cruel, bárbaro

de.su.ma.ni.zar *v.t.* tornar desumano

de.su.ni.ão *s.f.* ausência de união; desarmonia, desacordo 2 desavença, discordância

de.su.sa.do *adj.* 1 que está fora de uso ou de moda; arcaico 2 desacostumado, desabituado

de.su.so *s.m.* falta de uso, de hábito; descostume

des.vai.ra.do *adj.* desprovido de juízo; louco, endoidecido

des.vai.ra.men.to *s.m.* ação ou efeito de desvairar; falta de juízo; loucura

des.vai.ro *s.m.* m.q. desvairamento

des.va.li.a *s.f.* ausência ou perda de valor; desvalorização

des.va.li.do *adj.* 1 desprovido de valor 2 desamparado, desprotegido 3 pobre, carente

des.va.li.o.so */ô/ adj.* sem valor; ordinário, comum

des.va.lor */ô/ s.m.* 1 depreciação; diminuição de valor, de preço 2 desânimo, covardia; falta de coragem

des.va.ne.cer */ê/ v.t.* fazer sumir, apagar; fazer perder o colorido

des.van.ta.gem *s.f.* 1 ausência de vantagem ou lucro; prejuízo 2 estado de quem se encontra em situação inferior

des.van.ta.jo.so */ô/ adj.* que não possui ou traz vantagens; que não é lucrativo; prejudicial

des.vão *s.m.* 1 pequena fresta ou greta 2 ARQUIT espaço fechado debaixo de uma escada

des.va.ri.o *s.m.* perda ou falta de juízo; insanidade, loucura

des.ve.lar *v.t.* 1 retirar o véu que cobria algo; descobrir 2 passar a noite em claro, sem dormir ○ *v.pron.* 3 desdobrar-se em desvelos; dedicar-se

des.ven.dar *v.t.* 1 tirar a venda dos olhos de; fazer ver, enxergar 2 solucionar (caso, mistério) 3 revelar, esclarecer

des.ven.tu.ra *s.f.* infortúnio; acontecimento infeliz

des.ven.tu.ra.do *adj.* sem ventura ou sorte; infeliz

des.ven.tu.ro.so */ô/ adj.* sem ventura ou sorte; infeliz; desventurado

des.vin.car *v.t.* 1 eliminar os vincos, as dobras, os sulcos 2 passar a ferro (roupa); alisar, desenrugar

des.vi.o *s.m.* 1 afastamento de um eixo vertical 2 caminho que se toma em opção ao principal; picada que encurta o caminho; atalho 3 que foge aos padrões normais estabelecidos

des.vi.rar *v.t.* 1 voltar para a posição ou forma normal 2 virar do outro lado 3 endireitar

des.vir.gi.na.men.to *s.m.* m.q. defloramento

des.vir.gi.nar *v.t.* tirar ou perder a virgindade; deflorar

de.ta.lhar *v.t.* colocar, contar, explicar em detalhes; esmiuçar; pormenorizar um assunto

de.ta.lhe *s.m.* 1 pequeno elemento, fato ou circunstância que pode ser omitido sem prejuízo do todo da unidade 2 minúcia, pormenor

de.tec.ção *s.f.* ação de detectar; achado, revelação

de.tec.tar *v.t.* 1 localizar, perceber algo; descobrir, achar 2 tornar visível, claro

de.tec.tor */ô/ s.m.* aparelho utilizado para detectar a presença de algo, como metais ou outra coisa

de.ten.ça */ê/ s.f.* 1 ação ou efeito de deter(-se) 2 demora, prolongação

de.ten.ção *s.f.* 1 detença, prisão 2 demora ■ **casa de detenção** lugar onde ficam os detentos

de.ten.to */ê/ adj.* pessoa que é presa pela polícia; pessoa que está presa em casa de detenção

de.ten.tor */ô/ adj.* 1 aquele que detém, que possui 2 depositário; que recebeu algo como depósito 3 atleta que detém o primeiro lugar 4 dispositivo de certas armas de fogo que detêm ou trava a bala

de.ter */ê/ v.t.* conter, impedir um movimento; segurar

de.ter.gen.te *s.m.* produto químico geralmente utilizado para retirar gorduras e limpar

de.ter.gir *v.t.* limpar com detergente; desengordurar

de.te.ri.o.rar *v.t.* sofrer deterioração, estragar; putrefazer

de.te.ri.o.ra.ção *s.f.* ação de deteriorar, de corromper; estrago, decomposição

de.ter.mi.na.ção *s.f.* aquilo que foi determinado; decisão

de.ter.mi.nar *v.t.* 1 definir, estabelecer 2 dar ordem, decreto; mandar 3 definir de modo preciso; precisar

de.ter.mi.na.ti.vo *adj.* diz-se daquilo que determina algo

de.tes.tar *v.t.* ter ojeriza; odiar

de.ter.mi.nis.mo *s.m.* FILOS doutrina segundo a qual todos os fenômenos ocorrem por relações de causalidade e são regidos por leis universais, que negam a liberdade da vontade própria do ser nos acontecimentos

de.ter.mi.nis.ta *adj.2g.* que é partidário do determinismo; que acredita no determinismo

de.te.ti.ve *s.m.* pessoa que investiga; investigador policial

dianteira

de.to.nar *v.t.* destruir, explodir; transformar em ruínas
de.tra.ção *s.f.* ato ou efeito de detrair, de difamar; desvalorização, maledicência
de.tra.ir *v.t.* falar mal pelas costas; dizer infâmias de alguém
de.trás *adv.* que está atrás, na parte posterior
de.tra.tor /ô/ *adj.* pessoa que detrai; difamador, maledicente
de.tri.men.to *s.m.* aquilo que é danificado; prejuízo, perda
de.tri.to *s.m.* 1 restos de algo que se fragmentou 2 resto, resíduo
de.tur.pa.ção *s.f.* ação ou resultado de deturpar; alteração, modificação, deformação
de.tur.par *v.t.* deformar, alterar a forma, a essência; corromper
deus /ê/ *s.m.* ser supremo criador do universo; divindade
deu.sa /ê/ *s.f.* feminino de deus
deu.té.rio *s.m.* QUÍM elemento químico, isótopo do hidrogênio, utilizado em reatores nucleares
Deu.te.ro.nô.mio *s.m.* RELIG o quinto livro bíblico do Pentateuco
de.va.gar *adv.* de maneira pausada, calma; lentamente
de.va.ne.ar *v.i.* perder-se em devaneios, em fantasias; divagar
de.va.nei.o /ê/ *s.m.* fantasia, divagação; produto da imaginação
de.vas.sa *s.f.* 1 busca, procura por explicação, esclarecimento 2 JUR busca para comprovar um acontecimento, uma acusação
de.vas.sa.do *adj.* 1 esclarecido, exposto 2 que sofreu inquérito; investigado, averiguado
de.vas.sar *v.t.* 1 buscar, inquirir ou descobrir o que ainda não se sabe 2 invadir lugar defeso
de.vas.si.dão *s.f.* estado de corrupção dos valores morais; libertinagem, depravação
de.vas.so *adj.* imoral, indecente, libertino
de.vas.ta.ção *s.f.* ação ou efeito de devastar; destruição, ruína
de.vas.tar *v.t.* depredar, arruinar
de.ve.dor /ô/ *adj.* pessoa que deve, que possui dívidas a saldar
de.ver /ê/ *v.t.* 1 possuir dívidas ou obrigações a cumprir ou pagar 2 ser obrigado a prestar serviço ou favor • *s.m.* 3 o que se deve a alguém e se é obrigado a pagar ou cumprir; obrigação
de.ve.ras /é/ *adj.* verdadeiramente, na verdade
de.ver.bal *adj.2g.* GRAM diz-se da forma verbal que sofreu processo de substantivação, ex.: *reza, caça, venda*
de.vi.do *adj.* 1 obrigado, dever 2 aquilo que se deve
de.vir *v.i.* FILOS vir a ser; devenir
de.vo.ção *s.f.* 1 dedicação, afeto a algo ou a alguém 2 religiosidade a um santo ou a uma divindade
de.vol.ver /ê/ *v.t.* dar de volta; restituir
De.vo.ni.a.no *s.m.* PALEO um dos períodos da Era Paleozoica
de.vo.ta.men.to *s.m.* m.q. devoção
dex.tro.se /s...ó/ *s.f.* m.q. glicose
de.ze.na *s.f.* conjunto de dez coisas; dez dias
de.ze.no.ve /ó/ *num.* 1 dez mais nove 2 diz-se do décimo nono elemento de uma série
de.zes.seis /ê/ *num.* 1 dez mais seis 2 diz-se do décimo sexto elemento de uma série

de.zes.se.te /é/ *num.* 1 dez mais sete 2 diz-se do décimo sétimo elemento de uma série
de.zoi.to /ô/ *num.* 1 dez mais oito 2 diz-se do décimo oitavo elemento de uma série
dg símbolo de decigrama
di.a.be.te /é/ *s.2g.* MED moléstia causada por deficiência de insulina e caracterizada por micção constante
di.a.bo *s.m.* RELIG espírito ruim, demônio
di.a.bre.te /é/ *s.m.* pequeno diabo, diabinho
di.a.bru.ra *s.f.* 1 travessura 2 ação própria do diabo
di.a.cho *s.m.* m.q. diabo
di.á.co.no *s.m.* RELIG eclesiástico de uma das maiores hierarquias
di.a.crí.ti.co *s.m.* GRAM sinal ou recurso gráfico que confere valor fonético ou fonológico a uma letra
di.a.cro.nia *s.f.* estudo evolutivo dos fenômenos linguísticos através do tempo
di.a.de.ma /ê/ *s.m.* 1 adorno usado na cabeça, coroa 2 auréola
di.á.fa.no *adj.* que permite a passagem de luz; translúcido
di.a.frag.ma *s.m.* 1 ANAT músculo localizado entre o abdome e o tórax 2 método contraceptivo em que um anel de borracha é inserido no interior da vagina para impedir a passagem de espermatozoides
di.a.frag.má.ti.co *adj.* relativo a diafragma
di.ag.no.se /ó/ *s.f.* MED detecção e reconhecimento de um
di.ag.nos.ti.car *v.t.* realizar diagnósticos
di.a.go.nal *adj.2g.* 1 oblíquo, inclinado • *s.f.* 2 GEOM segmento de reta que une dois vértices não consecutivos de um polígono ou poliedro
di.a.gra.ma *s.m.* 1 esquema gráfico composto de linhas, pontos etc. para representação de algo 2 escala musical escrita
di.al *s.m.* espécie de mostrador que indica a sintonia em rádios
di.a.le.tal *adj.2g.* relativo a dialeto
di.a.le.to /é/ *s.m.* maneira diferente de falar uma mesma língua, em uma determinada região ou em certo grupo social
di.a.lé.ti.ca *s.f.* FILOS conflito originado pela contradição entre princípios teóricos ou fenômenos empíricos
di.á.li.se *s.f.* BIOQUÍM fenômeno de separação de substâncias por meio de uma membrana semipermeável
di.a.lo.gar *v.i.* comunicar-se pelo diálogo; falar, conversar; trocar ideias e opiniões
di.a.ló.gi.co *adj.* relativo a diálogo
di.á.lo.go *s.m.* forma de discurso em que há conversa alternada entre duas ou mais pessoas
di.a.man.te *s.m.* pedra preciosa brilhante constituída de carbono puro cristalizado
di.a.man.tí.fe.ro *adj.* cheio de diamantes; terreno onde se encontram diamantes
di.a.man.ti.no *adj.* 1 relativo a diamante 2 semelhante a diamante
di.â.me.tro *s.m.* linha que passa pelo centro de uma circunferência dividindo-a em duas partes iguais
di.an.te *adv.* à frente, em face, na frente
di.an.tei.ra *s.f.* 1 posição frontal, à frente; parte da frente 2 animal que vai adiante do restante em um comboio

dianteiro

di.an.tei.ro /ê/ *s.m.* **1** que vai adiante do restante **2** *por ext.* que toma inciativa, pioneiro, precursor **3** no futebol, jogador que atua no ataque

di.a.pa.são *s.m.* MÚS aparelho metálico e vibrável que serve de base para afinação de instrumentos e vozes por meio da emissão da nota lá

di.a.po.si.ti.vo *s.m.* imagem positiva, em vidro ou outro material, que serve para projeções; *slide*

di.á.ria *s.f.* pagamento que se faz por dia de trabalho

di.á.rio *adj.* **1** relativo ao dia; correspondente a um dia; cotidiano • *s.m.* **2** livro ou caderno em que são anotados os acontecimentos do dia **3** jornal que sai todos os dias

di.a.ris.ta *s.2g.* empregado que recebe o pagamento por dia

di.ar.rei.a /é/ *s.f.* MED moléstia caracterizada pela soltura constante de fezes

di.ás.po.ra *s.f.* dispersão de um povo em função de perseguição política, religiosa ou étnica

di.ás.to.le *s.f.* **1** GRAM transferência do acento para a sílaba seguinte **2** MED movimento cardíaco em que há a dilatação do coração e das artérias

di.á.te.se *s.f.* MED propensão do organismo para a contração de certas doenças

di.a.tô.mi.co *adj.* QUÍM diz-se da molécula que contém dois átomos

di.a.tô.ni.co *adj.* MÚS que ocorre segundo a sequência natural de tons e semitons

di.a.tri.be *s.f.* crítica ferina; ofensa

di.ca *s.f.* sugestão, informação, pista

di.caz *adj.2g.* irônico, sarcástico

dic.ção *s.f.* **1** maneira de pronunciar palavras, períodos, versos etc. **2** pronúncia correta de palavras

di.cho.te /ó/ *s.m.* zombaria, gracejo

di.cio.ná.rio *s.m.* livro onde é reunido o vocabulário, o léxico de uma língua ou de um assunto específico

di.co.ti.lé.do.ne *adj.* BIOL diz-se da planta cujo embrião possui dois cotilédones

di.co.to.mi.a *s.f.* FILOS divisão de um conceito em duas partes contraditórias, mas complementares

di.croi.co /ó/ *adj.* que possui a propriedade de refletir algumas cores e refratar outras

di.cro.má.ti.co *adj.* que possui duas cores

di.da.ta *s.m.* **1** aquele que ensina, instrui; professor **2** especialista em didática **3** autor de obras de ensino

di.dá.ti.ca *s.f.* área pedagógica que trata de técnicas de ensino

di.e.dro /é/ *adj. s.m.* ângulo constituído pelo encontro de dois planos

di.e.lé.tri.co *adj.* diz-se de substância ou objeto que isola a eletricidade

di.en.cé.fa.lo *s.m.* ANAT região que se localiza no centro do encéfalo

di.é.re.se *s.f.* **1** GRAM separação de um ditongo em duas sílabas, transformando a sequência vocálica em um hiato **2** GRAM sinal gráfico que indica essa transformação; trema **3** MED rompimento de tecidos orgânicos

die.sel *s.m.* QUÍM combustível utilizado em determinados veículos de transporte

di.e.ta /é/ *s.f.* **1** parlamento, assembleia política ou legislativa **2** antigamente, jornada de um trabalhador e a remuneração diária **3** regime alimentar constituído de determinados tipos e quantidades de alimentos

di.e.te.ta /é/ *s.m.* MED especialista em dietética

di.e.té.ti.ca *s.f.* MED área da medicina que trata d

di.e.té.ti.co *adj.* **1** relativo a dieta **2** produto de baixa caloria próprio para ser ingerido durante a dieta **3** especialista em dietas; dieteta

di.fa.ma.ção *s.f.* desmoralização da reputação alheia; infamação, calúnia

di.fa.ma.dor /ô/ *adj.* pessoa que ofende a reputação de outra pessoa; caluniador

di.fa.man.te *adj.2g.* que difama, que desonra

di.fa.mar *v.t.* desmoralizar com difamação, com desonra

di.fa.ma.tó.rio *adj.* que difama, que calunia

di.fe.ren.ça /ê/ *s.f.* **1** aquilo que difere; diversidade **2** MAT operação de subtração

di.fe.ren.çar *v.t.* m.q. diferenciar

di.fe.ren.ci.a.ção *s.f.* ação de diferenciar, de tornar diferente

di.fe.ren.ci.al *adj.2g.* **1** que distingue uma coisa de outra, que diferencia • *s.m.* **2** peça automobilística que transmite às rodas o movimento produzido pelo motor

di.fe.ren.ci.ar *v.t.* tornar diferente; distinguir

di.fe.ren.te *adj.2g.* que não é igual; diverso, variado

di.fe.rir *v.t.* **1** ser diferente, desassemelhar-se **2** distinguir; tornar dessemelhante **3** delongar, procrastinar

di.fí.cil *adj.2g.* **1** que demanda esforço, trabalho; custoso, complicado, árduo, penoso **2** pessoa pouco sociável, rude, intratável **3** pessoa custosa de contentar, cheia de caprichos

di.fi.cul.da.de *s.f.* **1** aquilo que impede a passagem ou o desenvolvimento; obstáculo **2** penúria de vida; falta de recursos financeiros; aperto, apuro

di.fi.cul.tar *v.t.* **1** tornar algo difícil de ser realizado **2** fazer objeções; colocar obstáculos, estorvos, empecilhos

di.fi.cul.to.so /ô/ *adj.* cheio de dificuldades; complicado, difícil

dif.te.ri.a *s.f.* MED doença infecciosa causada por bactéria e que causa inflamação na garganta

di.fu.são *s.f.* **1** ação de difundir, propagar, expandir **2** ação de derramar líquido

di.fu.so *adj.* **1** que se difundiu; espalhado **2** indefinido

di.fu.sor /ô/ *s.m.* peça ou aparelho utilizado para propagar o som, a luz, o calor

di.ge.rir *v.t.* **1** realizar digestão; transformar os alimentos para absorção pelo organismo **2** assimilar, absorver, compreender

di.ges.tão *s.f.* processo sofrido pelos alimentos após ingestão, para a assimilação, pelo corpo, das substâncias neles contidas

di.ges.tí.vel *adj.2g.* passível de ser digerido; digerível, assimilável

di.ges.ti.vo *adj.* **1** relativo a digestão **2** medicamento próprio para auxiliar o processo de digestão

di.ges.to /é/ *adj.* que foi digerido, assimilado

di.ges.tor /ô/ *s.m.* aparelho usado em laboratórios para cozimento de alimentos e maceração de substâncias que serão utilizadas para a manipulação de produtos farmacêuticos

di.ges.tó.rio *adj.* relativo a digestão; digestivo **2** sistema orgânico composto pelos órgãos que realizam o processo de digestão

dinheirama

di.gi.ta.ção *s.f.* **1** processo ou técnica de digitar textos **2** MÚS dedilhação; emprego hábil dos dedos para o toque de determinados instrumentos como piano, órgão, teclado **3** disposição de feixes musculares em formato de dedos

di.gi.ta.do *adj.* **1** que sofreu processo de digitação **2** que tem forma semelhante a um dedo **3** BOT diz-se das folhas que possuem três ou mais lobos

di.gi.tal *s.f.* BOT **1** gênero de planta medicinal que possui flores em forma de dedal • *adj.* **2** referente a dedo **3** que tem a forma de dedo **4** impressão deixada pelo dedo

di.gi.tar *v.t.* **1** utilizar os dedos para executar instrumento musical; dedilhar **2** utilizar os dedos para a digitação de texto ou outro documento, pressionando as teclas do teclado do computador ou da máquina de escrever

di.gi.ti.for.me /ô/ *adj.2g.* que tem a forma de um dedo

dig.nar *v.pron.* **1** ter a dignidade de ◯ *v.t.* **2** julgar digno; ter em conta

dig.ni.da.de *s.f.* **1** qualidade do que inspira respeito, decoro, nobreza, compostura, respeitabilidade **2** cargo ou função elevada

dig.no *adj.* **1** que impõe ou inspira respeito; honesto, moral **2** que possui méritos; capaz

dí.gra.fo *adj.* duas letras que juntas indicam o mesmo som

di.gra.ma *s.m.* m.q. dígrafo

di.gres.são *s.f.* **1** desvio do curso de algo **2** perda do foco; divagação

di.gres.si.vo *adj.* **1** que realiza digressão **2** que foge do foco; que divaga

di.la.ção *s.f.* procrastinação, adiamento, demora

di.la.ce.ra.ção *s.f.* **1** separação de algo em partes; despedaçamento **2** laceração de carne, de tecido muscular

di.la.ce.ran.te *adj.2g.* que dilacera; lancinante

di.la.ce.rar *v.t.* fazer em pedaços; espedaçar, lacerar

di.la.pi.da.ção *s.f.* **1** ato ou efeito de dilapidar **2** desperdício, esbanjamento **3** ruína, estrago

di.la.pi.dar *v.t.* **1** gastar em excesso; esbanjar **2** arruinar, estragar

di.la.ta.ção *s.f.* expansão do volume; inchaço

di.la.ta.dor /ô/ *adj.* **1** instrumento utilizado para aumentar a extensão ou a capacidade de um objeto **2** corpo ou substância química capaz de ocasionar a dilatação de outras

di.la.tar *v.t.* **1** tornar maior; aumentar o volume, a extensão dos corpos **2** procrastinar; estender o prazo

di.le.ção *s.f.* sentimento de estima, afeto; preferência, predileção

di.le.tan.te *adj.2g.* **1** que é aficionado por música; melômano **2** que tem prazer, satisfação na realização de algo **3** que não é profissional; amador

di.le.tan.tis.mo *s.m.* qualidade de diletante; deleite artístico apenas pelo prazer em si

di.le.ma /ê/ *s.m.* situação problemática em que todas as soluções possíveis são indesejáveis ou inconvenientes

di.le.to /é/ *adj.* preferido, predileto, querido

di.li.gên.cia *s.f.* **1** presteza, zelo, rapidez na execução de algo **2** veículo para transporte de pessoas ou bagagens **3** JUR serviço judicial extraordinário, executado fora das dependências do cartório

di.li.gen.ci.ar *v.t.* mostrar zelo, dedicação, diligência

di.li.gen.te *adj.2g.* pessoa que demonstra diligência, zelo; prestativo, dedicado

di.lú.cu.lo *s.m.* crepúsculo da manhã; alvorada

di.lu.en.te *adj.2g.* que promove diluição; dissolvente

di.lu.i.ção *s.f.* **1** qualidade daquilo que dilui; dissolução **2** enfraquecimento; perda das forças

di.lu.vi.al *adj.2g.* diluviano; relativo ao dilúvio, em grande quantidade

di.lu.vi.a.no *adj.* da era do dilúvio; muito velho; antiguíssimo

di.lú.vio *s.m.* **1** RELIG grande inundação que assolou a terra **2** abundância de chuvas, cataclismo **3** subdivisão da Era Quaternária

di.ma.nar *v.i.* **1** correr, fluir **2** originar, proceder

di.men.são *s.f.* **1** extensão de um corpo que pode ser medida, como comprimento, largura, tamanho, volume **2** valor, importância

di.mi.nu.en.do /ê/ *s.m.* **1** aquilo que se deve extrair, diminuir de algo **2** MAT quantidade numérica que se extrai de outra **3** MÚS notação para que o movimento rítmico diminua gradativamente

di.mi.nu.i.ção *s.f.* **1** MAT operação aritmética em que se subtrai uma quantia numérica de outra **2** humilhação, desprezo **3** subtração, abate

di.mi.nu.ir *v.t.* **1** realizar diminuição, fazer com que fique menor **2** reduzir a quantidade **3** desprezar, desdenhar, ignorar

di.mi.nu.ti.vo *s.m.* GRAM grau de significação que se dá a um nome, tornando seu aspecto menor

di.mi.nu.to *adj.* de pequeno tamanho; cujo tamanho foi reduzido

di.mor.fo /ô/ *adj.* que se apresenta de duas formas diferentes

di.nâ.mi.ca *s.f.* FÍS área da física que trata das forças que produzem movimentos nos corpos

di.na.mi.ci.da.de *s.f.* qualidade de pessoa ou coisa dinâmica

di.nâ.mi.co *adj.* que possui dinamismo; ativo

di.na.mis.mo *s.m.* **1** conjunto das forças que movem, animam o ser **2** *fig.* qualidade do que é dinâmico; diligência, energia **3** *fig.* espírito empreendedor

di.na.mi.tar *v.t.* causar a explosão de algo utilizando dinamite

di.na.mi.te *s.f.* tipo de explosivo à base de nitroglicerina

di.na.mi.tei.ro /ê/ *s.m.* **1** fabricante e comerciante de dinamite **2** especialista na colocação de dinamites para explosão de algo **3** pessoa que utiliza a dinamite para atentar contra a sociedade

di.na.mi.za.ção *s.f.* **1** ato ou efeito de dinamizar, de tornar dinâmico **2** MED na homeopatia, liberação de energia terapêutica pela trituração de um medicamento

dí.na.mo *s.m.* aparelho elétrico que tem por função fornecer energia; gerador

di.na.mô.me.tro *s.m.* instrumento utilizado para medir a força e o trabalho realizado por máquinas

di.nar *s.m.* termo utilizado para denominar dinheiro em alguns países como Índia, Arábia, Tunísia, Líbia, Iugoslávia, Sudão, Jordânia, Irã, Iraque

di.nas.ti.a *s.f.* sucessão de reis, monarcas de uma mesma estirpe

din.da *s.f. pop.* modo carinhoso e infantil para madrinha

di.nhei.ra.da *s.f.* quantidade exorbitante de dinheiro

di.nhei.ra.ma *s.f.* m.q. dinheirada

dinheiro

di.nhei.ro /ê/ *s.m.* **1** cédula de papel ou moeda de metal utilizada para comprar **2** antiga moeda portuguesa correspondente ao dinar árabe

di.nos.sau.ro *s.m.* réptil gigante que existiu no Período Mesozoico

di.no.té.rio *s.m.* PALEO mamífero paquiderme fóssil

di.o.ce.se /é/ *s.f.* RELIG território sob a administração de um bispo

di.o.do *s.m.* dispositivo que permite a passagem de corrente elétrica

di.o.ni.sí.a.co *adj.* MIT referente ao deus *grego* Dionísio

di.plo.ma.ci.a *s.f.* ciência do direito e das relações entre as nações

dip.so.ma.ni.a *s.f.* PSICOL necessidade incontrolável de ingerir bebidas alcoólicas

díp.te.ro *s.m.* ZOOL espécime dos dípteros, ordem de insetos vulgarmente conhecidos por moscas

di.que *s.m.* barragem, açude

di.re.ção *s.f.* orientação a tomar; rumo, sentido

di.rei.to /ê/ *s.m.* **1** estudo das leis de um país e sua aplicação • *adj.* **2** decente, justo, honesto **3** privilégio possível em uma sociedade **4** que é reto; não torto

di.re.ti.va *s.f.* m.q. diretriz

di.re.ti.vo *adj.* que dá rumo, direção; que orienta

di.re.to /é/ *adj.* **1** que vai em linha reta **2** prumado, endireitado **3** expresso; sem escalas ou paradas

di.re.tor *s.m.* indivíduo que dirige; o superior em uma hierarquia; chefe

di.re.tó.rio *s.m.* assembleia de dirigentes de uma organização

di.re.triz *adj.* **1** norma ou procedimento diretivo **2** esboço, projeto, plano

di.ri.gir *v.t.* dar diretrizes; comandar; administrar

di.ri.gí.vel *s.m.* **1** que é passível de ser dirigido **2** espécie de balão leve

di.ri.men.te *adj.* que dirime, que resolve

di.ri.mir *v.t.* **1** impedir, obstruir, anular **2** resolver; oferecer uma solução

dis.car *v.t.* **1** fazer girar o disco de um telefone para realizar uma ligação **2** fazer chamada telefônica

dis.cen.te *adj.2g.* que aprende; aluno

dis.cer.ni.men.to *s.m.* **1** capacidade de discriminar o certo do errado **2** conhecimento **3** perspicácia, juízo

dis.cer.nir *v.t.* **1** distinguir o certo do errado **2** compreender, entender **3** ser perspicaz; julgar

dis.ci.for.me /ô/ *adj.2g.* que possui forma semelhante a de um disco

dis.ci.pli.na *s.f.* **1** ordenação, método **2** ramo de estudos; matéria escolar **3** determinação, perseverança

dis.ci.pli.nar *v.t.* **1** colocar disciplina, ordem **2** referente a disciplina

dis.cí.pu.lo *s.m.* que aprende; aluno

dis.co *s.m.* **1** peça circular ou prato utilizado para diversas finalidades **2** peça circular de plástico em que eram gravadas músicas

dis.có.bo.lo *s.m.* instrumento para se arremessar discos

dis.coi.de *adj.2g.* que possui a forma semelhante à do disco

dis.có.bo.lo *s.m.* instrumento para se arremessar discos

dis.cor.dân.cia *s.f.* divergência de opiniões ou ideias; dissensão

dis.cor.dar *v.t.* ter opinião divergente; dissentir; não concordar

dis.cor.de /ó/ *adj.2g.* que possui opinião contrária; divergente

dis.cór.dia *s.f.* **1** discussão, discordância; divergência de opiniões **2** briga, contenda

dis.cor.rer /ê/ *v.t.* falar, discursar sobre algo

dis.co.te.ca /é/ *s.f.* **1** lugar onde se arquivam discos **2** lugar aonde se vai para dançar; casa noturna; boate

dis.cre.pân.cia *s.f.* o que está em desacordo, em desarmonia; falta de concordância; dissensão

dis.cre.par *v.t.* **1** apresentar discrepância; diferir **2** divergir, discordar

dis.cre.te.ar *v.i.* falar sobre um assunto discretamente

dis.cre.to /é/ *adj.* que possui discrição; prudente

dis.cri.ção *s.f.* **1** juízo, discernimento **2** reserva, comedimento; característica do que é discreto

dis.cri.mi.na.ção *s.f.* distinção, geralmente ofensiva, do que é diferente

dis.cri.mi.na.dor /ô/ *adj.* **1** que pode ser utilizado para estabelecer diferenças **2** diz-se daquele que discrimina

dis.cri.mi.nar *v.t.* **1** estabelecer diferenças; distinguir, diferenciar **2** tratar com diferença e menosprezo pessoas de outras classes sociais, etnias, nacionalidades etc.

dis.cur.sar *v.i.* discorrer sobre algo em público

dis.cur.sei.ra *s.f.* discurso grande e pomposo, mas sem conteúdo

dis.cur.si.vo *adj.* **1** que discorre, que raciocina **2** que gosta de fazer discurso; falador

dis.cur.so *s.m.* exposição de ideias proferidas em público

dis.cu.tir *v.t.* estabelecer uma discussão; debater

di.sen.te.ri.a *s.f.* inflamação intestinal

di.ser.to /é/ *adj.* diz-se de quem fala com facilidade

dis.far.çar *v.t.* **1** tentar não expor; encobrir **2** alterar as feições; modificar

dis.far.ce *s.m.* **1** objeto, vestimenta ou outro utilizado para disfarçar **2** fingimento, dissimulação

dis.for.me /ó/ *adj.2g.* de forma muito alterada; monstruoso

dis.fun.ção *s.f.* perturbação da funcionalidade de algo

dis.jun.ção *s.f.* desmembramento, separação

dis.jun.gir *v.t.* **1** desprender canga do jugo; desatrelar **2** *por ext.* desunir, separar

dis.la.li.a *s.f.* dificuldade na articulação de palavras

dis.la.te *s.m.* idiotice, tolice, asneira

dis.le.xi.a /ks/ *s.f.* dificuldade para realizar leitura

dis.me.nor.rei.a *s.f.* MED cólica durante a menstruação

dís.par *adj.2g.* que não é igual; ímpar; diferente

dis.pa.ra.da *s.f.* corrida desembestada

dis.pa.rar *v.t.* colocar em movimento algo que estava em inércia

dis.pa.ra.tar *v.i.* dizer disparates, coisas tolas, sem lógica

dis.pa.ri.da.de *s.f.* qualidade do que é díspar; diferença; ausência de igualdade

dis.pa.ro *s.m.* **1** tiro, explosão; descarga de uma arma de fogo **2** barulho produzido por essa explosão; estampido

dis.pên.dio *s.m.* gasto, despesa

ditame

dis.pen.sa /ê/ *s.f.* ato de desobrigar alguém de um dever

dis.pen.sar *v.t.* exonerar de obrigação ou cargo; desobrigar

dis.pen.sá.rio *s.m.* hospital ou outro estabelecimento voltado para o atendimento a pacientes pobres

dis.pep.si.a *s.f.* sensação de desconforto por má digestão

dis.per.sar *v.t.* causar ou sofrer dispersão; espalhar

dis.per.sor /ô/ *s.m.* que causa dispersão, que espalha

dis.pli.cên.cia *s.f.* falta de cuidado ou interesse; aborrecimento

dis.pli.cen.te *adj.2g.* que demonstra displicência; desinteressado, descuidado

disp.nei.a *s.f.* dificuldade na respiração

dis.po.ni.bi.li.da.de *s.f.* qualidade do que é ou está disponível

dis.po.ní.vel *adj.2g.* que apresenta disponibilidade; livre

dis.por /ô/ *v.t.* 1 colocar em ordem 2 colocar, acomodar 3 possuir 4 lançar mão de

dis.po.si.ção *s.f.* 1 ordem, arranjo 2 propensão, tendência 3 ânimo, vontade

dis.po.si.ti.vo *adj. s.m.* 1 que possui uma certa disposição 2 peça ou mecanismo de um aparelho que tem uma determinada função

dis.pos.to /ô/ *adj.* 1 colocado em uma certa ordem; ordenado 2 inclinado; que apresenta tendência 3 animado

dis.pu.tar *v.t.* 1 discutir, brigar 2 competir

dis.qui.si.ção *s.f.* processo de investigação; pesquisa, indagação

dis.sa.bor /ô/ *s.m.* insatisfação, tristeza, desgosto, aflição

dis.se.ca.ção *s.f.* MED isolamento anatômico de uma parte do corpo para fins instrutivos

dis.se.car *v.t.* realizar dissecação; cortar; isolar anatomicamente

dis.sec.ção *s.f.* m.q. dissecação

dis.se.mi.na.ção *s.f.* dispersão, propagação, espalhamento

dis.se.mi.na.dor /ô/ *adj.* que promove disseminação; semeador, dispersor

dis.se.mi.nar *v.t.* propagar, espalhar

dis.sen.tir *v.t.* ter opinião diversa; discordar, divergir

dis.ser.ta.ção *s.f.* 1 texto escrito em que se defende uma ideia sobre um determinado assunto 2 tese que deve ser apresentada em trabalhos de conclusão de cursos acadêmicos 3 exposição de caráter científico; tese

dis.ser.tar *v.t.* 1 produzir uma dissertação 2 discorrer sobre um dado assunto

dis.si.dên.cia *s.f.* 1 afastamento dos membros de um grupo; cisão 2 conflito, discórdia

dis.si.den.te *adj.2g.* que se separa de um grupo

dis.sí.dio *s.m.* conflito de interesses ou opiniões; controvérsia, dissensão

dis.si.me.tri.a *s.f.* ausência de simetria; desarmonia nas formas

dis.si.mi.lar *v.t.* diferenciar, distinguir

dis.si.mu.lar *v.t.* 1 usar de dissimulação para algum fim 2 disfarçar, fingir

dis.si.pa.ção *s.f.* 1 dispersão, desconcentração 2 esbanjamento, desperdício 3 libertinagem, comportamento devasso

dis.si.pa.dor /ô/ *adj.* 1 que promove o processo de dispersão 2 gastador, esbanjador

dis.so.ci.a.ção *s.f.* separação, desunião, desligamento

dis.so.ci.ar *v.t.* separar, desunir; desligar o que antes estava junto

dis.so.lu.ção *s.f.* 1 decomposição, deterioração 2 desaparecimento, extinção

dis.so.lu.to *adj.* 1 que foi dissolvido 2 que se decompôs; desfeito 3 *fig.* libertino, depravado, devasso uz dissolução, separação • *s.m.* substância para dissolver gordura ou óleo

dis.sol.vên.cia *s.f.* capacidade de dissolução

dis.sol.ver /ê/ *v.t.* 1 causar dissolução; desfazer 2 disjungir; separar

dis.so.nân.cia *s.f.* 1 ausência de consonância 2 desacordo musical; desafinação

dis.su.a.dir *v.t.* convencer a mudar de ideia; desaconselhar

dis.ta.ná.sia *s.f.* morte dolorosa, violenta, difícil, sofrida

dis.tân.cia *s.f.* intervalo de espaço que separa dois pontos determinados

dis.tan.ci.ar *v.t.* aumentar a distância entre dois pontos; afastar, apartar; colocar longe

dis.tan.te *adj.2g.* separado por grande distância; longe

dis.tar *v.i.* estar em posição distante; estar longe

dis.ten.der /ê/ *v.t.* esticar; tornar mais comprido

dis.ten.são *s.f.* ação de distender(-se); esticamento

dís.ti.co *s.m.* POÉT estrofe composta de dois versos

dis.tin.ção *s.f.* 1 ação ou resultado de distinguir, diferenciar 2 condecoração, mérito

dis.tin.guir *v.t.* 1 tornar distinto; diferenciar 2 honrar, condecorar

dis.tin.ti.vo *adj.* 1 que serve para distinguir, caracterizar 2 objeto como medalha, sinal, fita ou emblema que serve para indicar cargo, patente etc.

dis.tin.to *adj.* 1 diversificado, diferente 2 que possui mérito; honroso

dis.to.ni.a *s.f.* alteração da força muscular

dis.tor.cer /ê/ *v.t.* alterar a forma; deformar

dis.tra.ção *s.f.* 1 ausência de atenção; descuido 2 diversão, divertimento, recreio

dis.tra.í.do *adj.* que apresenta distração; desatento, descuidado

dis.tra.ir *v.t.* 1 desviar a atenção, o cuidado 2 espairecer, divertir-se 3 tornar-se desatento

dis.tra.tar *v.t.* invalidar um trato, um contrato

dis.tra.to *s.m.* invalidação de algo que foi tratado, de um contrato

dis.tri.bu.i.ção *s.f.* 1 ação ou resultado de distribuir; divisão entre vários 2 colocação de cada coisa em seu lugar específico

dis.tri.bu.i.dor /ô/ *s.m.* 1 pessoa que divide e entrega algo a outras pessoas 2 mecanismo que distribui eletricidade para máquinas 3 pessoa encarregada da distribuição de produtos em comércios

dis.tri.bu.ir *v.t.* 1 separar entregar 2 dar, ofertar gratuitamente alguma coisa 3 frase, provérbio, máxima

dis.tri.bu.ti.vo *adj.* 1 relativo a distribuição 2 em que há divisão por igual

dis.tro.fi.a *s.f.* MED perturbação resultante de problema de nutrição

di.ta.me *s.m.* determinação, regra, ordem

ditirambo

di.ti.ram.bo *s.m.* poema em homenagem ao deus Dionísio

di.ton.ga.ção *s.f.* processo de formação de ditongo

di.ton.go /ô/ *s.m.* reunião de duas vogais pronunciadas em uma só sílaba

di.to.so /ô/ *adj.* que possui dita, sorte; próspero, bem-aventurado

di.u.re.se /é/ *s.f.* secreção abundante de urina

di.u.ré.ti.co *adj.* substância que aumenta a secreção de urina

di.ur.no *adj.* que ocorre durante o dia

di.va *s.f.* 1 divindade do sexo feminino 2 cantora lírica; cantora de ópera

di.vã *s.m.* 1 móvel de braço, semelhante a um sofá 2 coleção de poesias do mesmo autor 3 *fig.* consultório de psicanalista

di.va.gar *v.i.* 1 andar sem rumo específico 2 discorrer sobre um assunto de maneira não objetiva

di.ver.gên.cia *s.f.* ausência de acordo; desarmonia, discórdia

di.ver.gen.te *adj.2g.* 1 que apresenta divergência; discordante, diferente 2 que se abre em duas direções diferentes

di.ver.gir *v.t.* 1 estar em desacordo; discordar 2 afastar-se de um ponto específico

di.ver.são *s.f.* 1 ação de divertir; distração 2 ação de se afastar; afastamento

di.ver.si.da.de *s.f.* qualidade do que é diverso, diferente; variedade

di.ver.si.fi.car *v.t.* promover diversificação; diferenciar, distinguir

di.ver.so /é/ *adj.* que não é igual, que não tem as mesmas características; diferente

di.ver.tí.cu.lo *s.m.* ANAT apêndice em forma de pequena bolsa

di.ver.ti.do *adj.* 1 engraçado, alegre; que diverte 2 afastado, longe

di.ver.ti.men.to *s.m.* distração, diversão, recreio

di.ver.tir *v.t.* 1 distrair, recrear 2 afastar-se de um ponto específico

dí.vi.da *s.f.* aquilo que se deve pagar; pendência

di.vi.den.do /ê/ *s.m.* 1 número a ser dividido por outro 2 renda de apólices e ações

di.vi.dir *v.t.* repartir, separar

di.vin.da.de *s.f.* deus ou outro ser que recebe adoração

di.vi.na.tó.rio *adj.* que adivinha o que ainda está por vir

di.vi.ni.zar *v.t.* atribuir características divinas; endeusar

di.vi.no *adj.* 1 relativo a deus e a divindade 2 que possui características divinas

di.vi.sa *s.f.* 1 dinheiro estrangeiro; cheque 2 região limítrofe; fronteira

di.vi.são *s.f.* 1 ação de separar; dividir 2 MAT operação aritmética em que se divide uma quantia numérica por outra 3 pedaço, parte, fragmento

di.vi.sar *v.t.* 1 colocar limites; separar 2 enxergar ao longe

di.vor.ci.ar *v.t.* JUR anular legalmente um casamento, uma união

di.vór.cio *s.m.* término legal do casamento

di.vor.cis.ta *adj.2g.* favorável ao divórcio

di.vul.ga.ção *s.f.* propagação, difusão, espalhamento

di.vul.ga.dor /ô/ *adj.* que divulga, que difunde, que espalha

di.vul.gar *v.t.* espalhar, disseminar; tornar popular

di.zer /ê/ *v.t.* expressar por meio de palavras

dí.zi.ma *s.f.* 1 a décima parte de algo 2 MAT parte dos números decimais escrita à direita da vírgula

di.zi.ma.ção *s.f.* ação de dizimar; eliminação por matança

di.zi.mar *v.t.* promover matança em grande escala

dó *s.m.* 1 piedade, compaixão, comiseração 2 a primeira nota musical

do.a.ção *s.f.* aquilo que se dá, que se oferta; presente

do.a.dor /ô/ *adj.* aquele que doa, que oferta; ofertante

do.ar *v.t.* ação de ofertar, de dar; oferecer

do.bar *v.t.* enrolar fio de meada de algodão, lã etc.

do.bra /ó/ *s.f.* 1 marca produzida por dobradura; ruga, vinco 2 designação dada a várias moedas antigas

do.bra.di.ça *s.f.* peça metálica constituída de duas partes e utilizada na articulação de portas, janelas etc.

do.bra.do *adj.* 1 cheio de pregas, vincos 2 que aparece duas vezes, repetido 3 que sofreu dobradura ao meio 4 *fig.* enganado, passado para trás 5 diz-se do trinado dos pássaros

do.bra.du.ra *s.f.* 1 ação de dobrar algo; dobragem 2 curvatura, envergadura 3 arte oriental de fazer animais e outras formas com papel

do.brar *v.t.* 1 curvar ao meio 2 preguear, fazer vinco 3 aumentar duas vezes 4 passar alguém para trás; ludibriar ⊙ *v.i.* 5 repicar o sino em sinal de tristeza 6 cantar (pássaros); trinar

do.bre /ó/ *s.m.* 1 MÚS toque especial do sino usado em determinados atos litúrgicos 2 canto do pássaro; trinado

do.brez /ê/ *s.f.* falsidade, mentira

do.bro /ô/ *s.m.* duas vezes; duplo

do.ca /ó/ *s.f.* m.q. cais

do.ça.ri.a *s.f.* 1 grande quantidade de doces juntos; doçada 2 lugar onde se fazem ou se comercializam doces

do.ce /ô/ *adj.* 1 característica do que não é amargo e nem azedo, mas que tem sabor de açúcar 2 agradável, suave, harmonioso, terno, afetuoso 3 sereno, brando, tranquilo 4 qualidade de pessoa que é amável, meiga ex.: *um doce de pessoa* • *s.m.* 5 manjar açucarado; o que é feito com açúcar ou apresenta sabor açucarado

do.cei.ra /ê/ *s.f.* 1 mulher que faz doces para vender 2 compoteira ou outro recipiente próprio para doces

do.cei.ro /ê/ *adj.* fabricante ou comerciante de doces

do.cên.cia *s.f.* ensino; cargo de quem ensina

do.cen.te *adj.2g.* pessoa que ensina; professor, mestre

dó.cil *adj.2g.* bonzinho, obediente; de temperamento fácil

do.ci.li.da.de *s.f.* 1 qualidade de quem é dócil; pacatez 2 obediência

do.cu.men.ta.ção *s.f.* 1 conjunto de textos sobre determinado assunto 2 conjunto de provas, argumentos 3 informação registrada

do.cu.men.tar *v.t.* 1 provar concretamente pela apresentação de documentos 2 JUR apresentar evidências para comprovar algo em um processo jurídico

do.cu.men.tá.rio *s.m.* 1 conjunto de documentos, pasta de documentos 2 filme que apresenta fatos informativos de forma didática sobre um determinado assunto • *adj.* 3 referente a documento

do.cu.men.to *s.m.* registro que fornece informação ou comprova um fato

doutrinário

do.çu.ra *s.f.* **1** qualidade do que é doce; o que tem gosto agradável **2** brandura, meiguice, mansidão

do.de.ca.e.dro /é/ *s.m.* GEOM poliedro que possui doze faces

do.de.cá.go.no *s.m.* GEOM polígono que possui doze lados

do.dói *s.m. pop.* designação de machucado ou ferimento na linguagem infantil

do.en.ça *s.f.* moléstia, enfermidade

do.en.te *adj.2g.* pessoa que apresenta alguma doença; enfermo

do.en.ti.o *adj.* **1** que está enfermo, debilitado **2** nocivo à saúde física ou moral de uma pessoa

do.er /ê/ *v.i.* ter sensação de dor; sofrer

do.es.to /é/ *s.m.* insulto, ultraje

do.ga.res.sa /ê/ *s.f.* mulher que doge; dogesa

do.ge /ó/ *s.m.* antiga autoridade suprema de Gênova e Veneza

dog.ma /ó/ *s.m.* conjunto de princípios de uma religião

doi.do /ô/ *adj.* que não está são; louco, maluco

doi.di.va.na /ô/ *adj.2g.* diz-se de indivíduo que gasta muito; perdulário

doi.rar *v.t.* dar cor de ouro a algo; dourar

dois /ô/ *num.* **1** um mais um **2** diz-se do segundo elemento de uma série

dó.lar *s.m.* unidade monetária dos Estados Unidos da América

do.lên.cia *s.f.* aflição, tristeza, dor

do.len.te *adj.2g.* aflito, triste, doloroso

dól.mã *s.m.* espécie de casaco militar com botões do pescoço à cintura

dól.men *s.m.* ARQUEOL monumento druida que é uma espécie de mesa de pedra apoiada em duas outras pedras

do.lo /ó/ *s.m.* fraude, mentira

do.lo.ro.so /ô/ *adj.* que causa dor, penoso

do.lo.so /ô/ *adj.* falso, mentiroso

dom /ô/ *s.m.* **1** título honorífico dado a bispos, cardeais etc. **2** aptidão, inclinação para algo **3** qualidade moral **4** presente, oferta

do.mar *v.t.* tornar manso, domesticar

do.mes.ti.ca.ção *s.f.* ação de domesticar; de amansar; amansamento

do.mes.ti.car *v.t.* tornar manso, dócil, caseiro

do.més.ti.co *adj.* relativo a casa, domicílio; caseiro

do.mi.cí.lio *s.m.* prédio onde se reside; habitação

do.mi.nar *v.t.* exercer domínio sobre; subjugar

do.min.go *s.m.* o primeiro dia da semana, entre sábado e segunda-feira

do.min.guei.ro /ê/ *adj.* **1** relativo ao dia de domingo **2** festivo, alegre

do.mi.ni.cal *adj.2g.* referente a domingo; próprio de domingo; que acontece no dia de domingo

do.mi.ni.ca.no *s.m.* RELIG frade que pertence à ordem de São Domingos

do.mí.nio *s.m.* autoridade, poder, posse

do.mi.nó *s.m.* **1** jogo constituído por peças com números representados por pequenos pontos **2** roupa de carnaval também utilizada em um tipo de comédia

do.na *s.f.* **1** HIST título concedido às senhoras de famílias nobres **2** diz-se de mulher que possui algo; proprietária

do.nai.re *s.m.* graça, elegância no porte

do.na.tá.rio *s.m.* pessoa que recebe uma oferta, um presente, uma doação

do.na.ti.vo *s.m.* aquilo que se dá; oferta, presente

don.de /ô/ *adv.* indica lugar de procedência (*de + onde*)

don.do.ca *s.f. bras.* mulher que goza de boa situação financeira e, em função disso, dedica-se somente a futilidades

do.no *s.m.* aquele que possui algo; proprietário

do.ni.nha *s.f.* pequeno animal mamífero também chamado de furão

don.zel *s.m.* HIST no período medieval, rapaz ainda não armado como cavaleiro

don.ze.la /é/ *s.f.* **1** moça solteira **2** moça nobre, mas sem origem real

do.par *v.t.* **1** fazer com que alguém ingira drogas **2** usar drogas ilegalmente para melhora do rendimento esportivo

dor /ô/ *s.f.* MED sensação de incômodo que indica alguma perturbação orgânica

do.ra.van.te *adv.* daqui para frente; de agora em diante

do.ri.do *adj.* m.q. dolorido

dor.mên.cia *s.f.* **1** ausência de sensação, de tato, em alguma parte do corpo **2** torpor

dor.men.te *adj.2g.* **1** que está dormindo, descansando, repousando **2** que não sente nada; insensível; entorpecido

dor.mi.da *s.f.* **1** hospedagem, pousada para pernoite **2** *chul.* ato sexual; cópula

dor.mi.dei.ra /ê/ *s.f.* **1** sono em demasia **2** BOT planta que possui propriedades hipnóticas

dor.mi.nho.co /ô/ *adj.* que dorme excessivamente

dor.mir *v.i.* **1** adormecer **2** entrar em estado de sono; descansar de estado ativo

dor.mi.tar *v.i.* pegar no sono; cochilar

dor.mi.tó.rio *s.m.* lugar próprio para dormir; quarto

dor.na *s.f.* recipiente de madeira onde a uva é pisada para a produção de vinho

dos.sel /é/ *s.m.* estrutura que cobre camas, altares etc.

dor.so /ô/ *s.m.* costas; parte de trás

do.sa.gem *s.f.* quantidade; medida em doses

do.sar *v.t.* mensurar em dose um remédio ou outra substância

do.ta.do *adj.* que possui algo; que tem boas qualidades

do.tar *v.t.* prover de dotes, de bens

do.te /ó/ *s.m.* aquilo que se possui; bens, patrimônio

dou.do /ô/ *s.m.* m.q. doido

dou.ra.do *adj.* **1** que possui a cor ou a tonalidade de ouro • *s.m.* **2** ZOOL peixe que possui escamas douradas, muito apreciado na culinária

dou.rar *v.t.* tornar dourado; fazer ficar com cor de ouro

dou.tor /ô/ *s.m.* **1** título universitário que se adquire com defesa de doutorado **2** médico

dou.to.ran.do *adj.* que está realizando o curso de doutorado

dou.to.ra.do *s.m.* **1** curso de pós-graduação por meio do qual se adquire o título de doutor • *adj.* **2** quem é doutor

dou.tri.na *s.f.* conjunto de princípios ou ideias; sistema de ideias, de doutrinas

dou.tri.na.ção *s.f.* ação ou resultado de doutrinar; ensino

dou.tri.nal *adj.2g.* referente à doutrina, ao ensino

dou.tri.na.men.to *s.m.* m.q. doutrinação

dou.tri.nar *v.t.* impor uma doutrina; ensinar

dou.tri.ná.rio *adj.* **1** m.q. doutrinal **2** excessivamente apegado a uma doutrina

doze

do.ze /ô/ *num.* **1** dez mais dois **2** diz-se do décimo segundo elemento de uma série

drac.ma *s.f.* antiga moeda de origem grega

dra.co.ni.a.no *adj.* cruel, rígido

dra.ga *s.f.* máquina utilizada para desobstruir canais, rios etc.

dra.gão *s.m.* animal fabuloso, criado pela mitologia antiga, semelhante a um enorme lagarto e que solta fogo pela boca

drá.gea *s.f.* m.q. pílula

dra.go.na *s.f.* adorno dourado franjado que os oficiais usam no ombro da farda

dra.ma *s.m.* **1** o gênero teatral; teatro; peça teatral **2** situação conflituosa

dra.ma.lhão *s.m.* drama exagerado

dra.ma.ti.zar *v.t.* compor ou atuar em drama, em peça dramática

dra.ma.tur.go *s.m.* pessoa que escreve dramas

dra.pe.jar *v.i.* produzir dobras em tecido; drapear

drás.ti.co *adj.* radical, severo

dre.na.gem *s.f.* **1** ação de secar, drenar algum líquido **2** MED processo médico pelo qual se retira o pus ou outro líquido de feridas

dre.nar *v.t.* retirar, escoar líquido; secar

dre.no *s.m.* **1** canal para escoamento de líquidos **2** MED tubo cirúrgico que se insere em alguma parte do corpo para escoar o pus de feridas

dri.blar *v.t.* **1** despistar, enganar **2** lograr no jogo de futebol, gingando o corpo

dri.ça *s.f.* MAR cabo com que se içam as velas de uma embarcação

drin.que *s.m.* bebida

dro.ga /ó/ *s.f.* **1** substância farmacêutica **2** *fig.* o que não presta, que não é bom

dro.ga.ri.a /ó/ *s.f.* estabelecimentos onde se vendem produtos farmacêuticos, medicamentos, cosméticos; farmácia

dro.me.dá.rio *s.m.* animal semelhante ao camelo, mas que possui uma só corcova

drui.da *s.m.* sacerdote celta

dru.pa *s.f.* BIOL fruto que possui semente única formando o caroço

du.al *adj.2g.* **1** relativo a dois **2** que se liga a outro elemento em relação de correspondência e reciprocidade

du.a.li.da.de *s.f.* existência simultânea de duas partes

du.a.lis.mo *s.m.* RELIG princípio comum a diversas religiões que professa a coexistência do corpo e do espírito, do bem e do mal

du.as *num.* feminino do número dois

du.bi.e.da.de *s.f.* qualidade do que é dúbio; incerteza, falsidade

dú.bio *adj.* **1** que tem dois lados, duas faces **2** que é incerto

du.bi.ta.ti.vo *adj.* incerto, vacilante

du.bi.tá.vel *adj.2g.* que é passível de dúvida

du.bla.gem *s.f.* a arte de dublar personagens em filmes, novelas etc.

du.blar *v.t.* fazer dublagem em filmes, novelas etc.

du.ca.do *s.m.* **1** título, dignidade de duque **2** o território sob o governo de um duque **3** moeda antiga de ouro ou prata

du.cal *adj.2g.* relativo a duque

du.cha *s.f.* **1** espécie de chuveiro de esguicho forte **2** esguicho; jato de água

dúc.til *adj.2g.* **1** que se pode conduzir; manejável **2** flexível, elástico, moldável

duc.to *s.m.* canal, duto, passagem

du.e.lo /é/ *s.m.* disputa corporal entre dois oponentes

du.en.de /ê/ *s.m.* ser fantástico pequeno e de orelhas pontudas

du.e.to /ê/ *s.m.* canto executado a duas vozes

dul.ci.fi.car *v.t.* tornar doce; adoçar

dul.çor *s.m.* m.q. doçura

dum.ping *s.m.* [ing.] venda de produtos a um preço inferior ao do mercado

du.na *s.f.* monte ou montículo de areia feito pelo vento

dun.dum *s.m.* tipo de projétil inglês que produz ferimentos muito graves

du.o *s.m.* **1** composição musical para duas vozes ou dois instrumentos **2** grupo de dois músicos ou cantores

du.o.de.no *s.m.* porção do intestino delgado localizada entre o estômago e o jejuno

du.pla *s.f.* grupo de dois elementos

du.pli.ca.ção *s.f.* ação de duplicar, de multiplicar por dois

du.pli.ca.dor /ô/ *s.m.* instrumento que realiza a duplicação das cópias tipográficas

du.pli.car *v.t.* multiplicar por dois; dobrar

du.pli.ca.ta *s.f.* **1** cópia de algo **2** título que comprova uma dívida

dú.pli.ce *adj.* m.q. duplo

du.pli.ci.da.de *s.f.* **1** qualidade do que é duplo, que apresenta dois lados **2** *fig.* fingimento, falsidade

du.plo *adj.* que tem dois; dobro

du.que *s.m.* título de nobreza inferior ao do príncipe

du.ra.bi.li.da.de *s.f.* qualidade do que é duradouro

du.ra.ção *s.f.* período de tempo de ocorrência de algo; resistência ao tempo

du.ra.dou.ro /ô/ *adj.* que apresenta durabilidade; resistente

du.ra-má.ter *s.f.* ANAT meninge mais exterior e mais resistente que envolve o cérebro e a medula espinhal

du.ra.me *s.m.* m.q. cerne

du.ran.te *prep.* dentro de um espaço de tempo delimitado

du.rar *v.i.* existir por muito tempo; perdurar

du.re.za /ê/ *s.f.* **1** qualidade do que é duro; resistência **2** crueldade, maldade

du.ro *adj.* **1** sólido, rígido, forte **2** insensível, cruel

dú.vi.da *s.f.* ausência de certeza; incerteza

du.vi.dar *v.t.* ter dúvidas; estar incerto; hesitar

du.vi.do.so /ô/ *adj.* cheio de dúvidas; hesitante, incerto

du.zen.tos /ê/ *num.* **1** cem mais cem **2** diz-se do ducentésimo elemento de uma série

dú.zia *s.f.* conjunto constituído de doze elementos

Dy *s.m.* QUÍM símbolo do elemento químico disprósio da tabela periódica

dze.ta *s.m.* sexta letra do alfabeto grego, correspondente ao z latino

Ee

¹e *s.m.* **1** GRAM nome da quinta letra e da segunda vogal do alfabeto português **2** o quinto elemento de uma série

²e *conj.* GRAM partícula que liga palavras, frases ou orações dando ideia de conexão

e.ba.nis.ta *s.2g.* profissional que trabalha com ébano, além de outras madeiras de lei

é.ba.no *s.m.* **1** BOT árvore de origem indiana cuja madeira é bastante sólida e de cor escura **2** a madeira dessa árvore

e.bo.ni.te *s.f.* QUÍM material enegrecido proveniente de borracha vulcanizada e utilizado como isolante elétrico

e.bri.e.da.de *s.f.* estado de quem ingeriu muita bebida alcoólica; embriaguez

é.brio *adj. s.m.* que está constantemente em estado de embriaguez; bêbado, alcoólatra

e.bu.li.ção *s.f.* **1** FÍS passagem de uma substância do estado líquido para o gasoso por meio de aquecimento; fervura **2** *fig.* efervescência, euforia, êxtase

e.bu.li.en.te *adj.2g.* que está em processo de fervura; fervente

e.bu.lir *v.i.* entrar em ebulição; ferver

e.búr.neo *adj.* **1** feito de marfim; marfíneo **2** que se assemelha ao marfim

e.clamp.si.a *s.f.* MED convulsão causada por hipertensão arterial e que ocorre em gestantes, parturientes e recém-nascidos

e.cle.cle.tis.mo *s.m.* **1** FILOS escola filosófica que se caracteriza pela aceitação e combinação harmoniosa de diversas correntes de pensamento **2** qualidade de quem é eclético

e.cle.si.ás.ti.co *adj.* **1** referente à Igreja **2** membro do clero; sacerdote

e.clé.ti.co *adj.* que não possui um tipo ou estilo específico; que escolhe ou seleciona de várias fontes

e.clip.sar *v.t.* ASTRON causar o eclipse de um astro, total ou parcialmente **2** *fig.* obscurecer o destaque de outra pessoa ou coisa; ofuscar ○ *v.pron.* **3** sofrer um eclipse **4** *fig.* perder o próprio destaque; ocultar-se, desaparecer

e.clip.se *s.m.* ASTRON fenômeno em que há o desaparecimento total ou parcial de um astro por causa da projeção da sombra de outro

e.clíp.ti.ca *s.f.* ASTRON órbita que a Terra descreve ao redor do Sol

e.clíp.ti.co *adj.* relativo a eclipse ou a eclíptica

e.clo.dir *v.i.* **1** surgir; tornar visível, aparente **2** desabrochar, abrir **3** irromper; arrebentar **4** sair de casca (ovo, pupa etc.)

é.clo.ga *s.f.* LITER poesia pastoril em que há diálogo; égloga

e.co (/é/ *s.m.* **1** som ocasionado pela reflexão da onda sonora ao atingir um obstáculo físico **2** repercussão, consequência, efeito

e.co.ar *v.i.* **1** produzir eco; repercutir **2** fazer novamente; repetir

e.co.lo.gi.a *s.f.* BIOL área da biologia que se dedica ao estudo das relações dos seres vivos entre si e com o meio ambiente

e.co.no.me.tri.a *s.f.* ECON método estatístico utilizado para analisar dados e problemas econômicos

e.co.no.mi.a *s.f.* **1** ECON ciência que trata da administração dos bens materiais de um estado, de um estabelecimento, de uma organização etc. **2** controle e comedimento de despesas; poupança **3** uso comedido e eficiente de qualquer recurso material **4** controle, moderação de alguma atividade

e.co.nô.mi.co *adj.* **1** referente a economia **2** de baixo custo ou consumo **3** que gasta com moderação e parcimônia

e.co.no.mis.ta *adj.2g. s.2g.* profissional da área de economia

e.co.no.mi.zar *v.t.* **1** gastar de modo comedido, moderado **2** juntar, poupar; não gastar

e.cô.no.mo *s.m.* pessoa que administra as finanças de um Estado, de um estabelecimento comercial, de uma instituição etc.

e.cos.sis.te.ma *s.m.* sistema de relações entre os seres vivos e o ambiente

ec.to.plas.ma *s.m.* BIOL estrato mais externo do citoplasma

e.cu.mê.ni.co *adj.* **1** referente ao ecumenismo **2** que congrega pessoas de diferentes credos ou ideologias **3** universal, geral

e.cu.me.nis.mo *s.m.* RELIG movimento que busca a unificação de todas as igrejas cristãs

ec.ze.ma *s.m.* MED inflamação cutânea que ocasiona formação de vesículas, descamação e prurido

e.daz *adj.2g.* diz-se de quem come em excesso; glutão, comilão

e.de.ma *s.m.* MED inchaço de tecido celular ou órgão em função de um acúmulo anormal de líquido

é.den *s.m.* **1** RELIG paraíso terrestre, de acordo com a Bíblia (com inicial maiúscula) **2** paraíso

edição

e.di.ção *s.f.* **1** ação de editar **2** conjunto de exemplares de um livro, revista etc. impressos em uma só tiragem **3** publicação de livros **4** atividade realizada pelo editor **5** transmissão de um telejornal

e.dí.cu.la *s.f.* construção ou casa pequena

e.di.fi.car *v.t.* **1** erguer, levantar construções **2** levar à virtude por meio de bons exemplos, de bons conselhos

e.di.fí.cio *s.m.* construção de vários andares

e.dil *s.m.* **1** pessoa que na Roma Antiga era responsável por inspecionar bens, edifícios e serviços públicos **2** m.q. vereador

e.di.li.da.de *s.f.* **1** exercício do cargo de edil **2** assembleia de vereadores; câmara municipal

e.di.tal *s.m.* **1** referente a édito **2** comunicado, ordem ou determinação oficial afixado em um local para o conhecimento do público

e.di.tar *v.t.* fazer a edição (de livros, revistas, imagens, filmes etc.); publicar

é.di.to *s.m.* JUR ordem judicial que é comunicada por meio de edital

e.di.tor /ô/ *s.m.* **1** aquele que realiza a edição **2** pessoa responsável pela edição e publicação de livros, revistas etc.

e.di.to.rar *v.t.* realizar a edição de obra; preparar os originais de uma obra; editar

e.di.to.ri.al *s.m.* **1** relativo a editor, editora ou edição **2** artigo que expressa a opinião do editor de jornal, revista etc.

e.dre.dão *s.m.* m.q. edredom

e.dre.dom *s.m.* espécie de cobertor acolchoado

e.du.ca.ção *s.f.* **1** processo de aquisição e formação das faculdades intelectuais, físicas e morais do indivíduo **2** civilidade; comportamento para a boa convivência social; polidez ■ **educação física** disciplina escolar para o desenvolvimento físico; ginástica

e.du.ca.ci.o.nal *adj.2g.* educativo; que educa; referente à educação

e.du.ca.dor /ô/ *adj. s.m.* aquele que promove a educação; pedagogo, professor, mestre

e.du.can.dá.rio *s.m.* estabelecimento educacional; escola

e.du.can.do *adj. s.m.* aquele que está em processo de educação; estudante, aluno

e.du.car *v.t.* **1** propiciar condições para o desenvolvimento das faculdades intelectuais, físicas e morais de um indivíduo; instruir **2** tornar alguém civilizado, educado, polido **3** adestrar (animal)

e.du.ca.ti.vo *adj.* **1** referente a educação **2** que é utilizado para a educação

e.dul.co.rar *v.t.* tornar algo doce por adição de algum tipo de açúcar; adoçar

e.du.le *adj.2g.* que pode ser comido; comestível

e.fe /é/ *s.m.* nome da letra *f*, sexta letra do alfabeto português

e.fei.to /ê/ *s.m.* o que ocorre em decorrência de algo; resultado, consequência

e.fé.li.de *s.f.* MED pequena mancha de pele que pode se acentuar se exposta ao sol; sarda

e.fê.me.ro *adj.* de curta duração; passageiro, transitório

e.fe.mi.nar *v.t.* dar ou adquirir caráter feminino; afeminar

e.fer.ves.cên.cia *s.f.* **1** formação de bolhas em líquido **2** fervura, ebulição

e.fer.ves.cer /ê/ *v.i.* ebulir; causar ou sofrer efervescência; ferver

e.fe.ti.var *v.t.* **1** levar a efeito; tornar efetivo; executar **2** tornar permanente ou estável

e.fe.ti.vo *adj.* **1** que foi efetivado; real, concreto **2** fixo, permanente, estável **3** eficaz, produtivo

e.fe.tu.ar *v.t.* realizar, efetivar, concretizar

e.fi.cá.cia *s.f.* capacidade de execução de tarefas de modo eficiente; eficiência

e.fi.caz *adj.2g.* que possui capacidade produtiva; efetivo

e.fi.ci.ên.cia *s.f.* capacidade de se atingir um dado objetivo de modo eficiente; eficácia

e.fí.gie *s.f.* imagem, representação de uma pessoa em alto relevo

e.flo.res.cên.cia *s.f.* formação e aparecimento de flores em vegetais

e.flo.res.cer /ê/ *v.i.* sofrer processo de eflorescência; desabrochar-se em flores

e.flu.ir *v.i.* fluir de um determinado ponto, emanar

e.flú.vio *s.m.* odor sutil que se desprende de certas substâncias

e.fun.dir *v.t.* derramar, entornar, verter líquido

e.fu.são *s.f.* **1** derramamento, escoamento, expansão (de líquido ou gás) **2** *fig.* manifestação expansiva de sentimentos

e.fu.si.vo *adj.* expansivo; que se expressa com efusão, entusiasmado

é.gi.de *s.f.* escudo, proteção, amparo, defesa

e.gip.cio *s.m.* **1** natural ou habitante do Egito ● *adj.* **2** referente ao Egito

e.gip.to.lo.gi.a *s.f.* **1** formação e surgimento

é.glo.ga *s.f.* m.q. écloga da flor **2** MED exantema ou erupção na pele

e.go /é/ *s.m.* PSICOL **1** segundo Freud, é a parte mais profunda e inconsciente da psique humana **2** núcleo da personalidade de um indivíduo

e.go.cên.tri.co *adj.* indivíduo que tem seu próprio ego como o centro de tudo

e.go.cen.tris.mo *s.m.* exaltação da própria personalidade como centro de tudo; egoísmo

e.go.ís.mo *s.m.* amor exagerado a si mesmo; exclusivismo de si próprio; egocentrismo

e.go.ís.ta *adj.2g.* que demonstra egoísmo, que quer tudo para si próprio

e.gré.gio *adj.* excelente, distinto

e.gres.so /é/ *adj.* **1** que saiu, que se afastou, que se retirou; afastado **2** diz-se daquele que saiu de grupo, ordem religiosa, faculdade, prisão etc.

é.gua *s.f.* fêmea do cavalo

ei *interj.* saudação

ei.a /ê/ *interj.* **1** exprime admiração, espanto **2** usada para animar

ei.ra /ê/ *s.f.* área onde ocorre a debulha, a limpeza e a secagem de cereais e legumes

eis /ê/ *adv.* aqui está

ei.to /ê/ *s.m.* **1** sucessão de coisas postas em uma mesma fileira **2** *bras.* plantação onde os escravos trabalhavam

ei.var *v.t.* macular, manchar, corromper

ei.xo /ê/ *s.m.* **1** linha real ou imaginária em torno da qual um corpo executa a sua rotação **2** peça de um mecanismo em torno da qual giram as demais peças **3** ideia central, mais importante

e.ja.cu.lar *v.t.* **1** expulsar com força para fora de; expelir, lançar ○ *v.i.* **2** emitir esperma

eloquente

e.je.ção *s.f.* evacuação; ação ou efeito de ejetar; dejeção

e.je.tar *v.t.* expelir; arremessar

e.la /é/ *pron.* GRAM pronome pessoal feminino da 3ª pessoa do singular

e.la.bo.rar *v.t.* 1 criar, formar 2 preparar sem pressa e com cuidado

e.las.ti.ci.da.de *s.f.* flexibilidade; capacidade de esticar ou ser esticado

e.lás.ti.co *s.m.* 1 cordão ou fita extensível • *adj.* 2 que é passível de ser esticado e voltar à forma original; flexível

el.do.ra.do *s.m.* 1 local lendário cheio de riquezas e oportunidades que exploradores acreditavam existir na América do Sul 2 *por ext.* local onde há muitas riquezas

¹e.le /ê/ *pron.* GRAM pronome pessoal masculino da 3ª pessoa do singular

²e.le /é/ *s.m.* nome da letra *l*, décima segunda letra do alfabeto português

e.le.fan.te *s.m.* ZOOL animal mamífero de grande porte que possui tromba, encontrado comumente na Ásia e na África

e.le.fan.tí.a.se *s.f.* MED doença em que ocorre a hipertrofia da pele e do tecido adiposo, engrossando os tecidos cutâneo e subcutâneo acometidos

e.le.fan.ti.no *adj.* 1 relativo a elefante; parecido com elefante 2 relativo a elefantíase

e.le.gân.cia *s.f.* graça e fineza no porte, no trajar, na linguagem, nos modos

e.le.gan.te *adj.2g.* que se porta com elegância, gracioso

e.le.gi.a *s.f.* LITER poema lírico de tom triste e melancólico

e.le.gí.a.co *adj.* 1 referente a elegia 2 triste, melancólico

e.le.gi.bi.li.da.de *s.f.* qualidade do que é elegível

e.le.ger /ê/ *v.t.* 1 escolher por votação; tornar oficial por meio do voto 2 escolher, optar

e.le.gí.vel *adj.2g.* aquele que pode se eleger

e.lei.ção *s.f.* 1 processo de eleger por votos 2 escolha, pleito

e.lei.to /ê/ *adj.* que foi escolhido mediante processo de eleição

e.lei.tor /ô/ *adj. s.m.* aquele que escolhe por meio de eleição

e.lei.to.ra.do *s.m.* nome dado ao conjunto dos eleitores

e.lei.to.ral *adj.2g.* referente a eleição

e.le.men.to *s.m.* 1 QUÍM substância formada de átomos de mesmo número atômico 2 ambiente natural 3 parte componente de um todo 4 cada uma das quatro substâncias que, na ciência antiga, constituem o universo físico (água, terra, fogo e ar) 5 sujeito, indivíduo, pessoa

e.len.co *s.m.* 1 lista, rol, relação 2 conjunto dos atores que atuam em uma peça teatral, novela etc.

e.le.tri.ci.da.de *s.f.* 1 FÍS tipo de energia que se baseia no movimento de elétrons 2 ciência que estuda fenômenos elétricos

e.le.tri.cis.ta *s.2g.* profissional especialista em eletricidade e aparelhos elétricos

e.lé.tri.co *adj.* referente a eletricidade

e.le.tri.fi.car *v.t.* tornar um corpo elétrico por aplicação de eletricidade

e.le.tri.zan.te *adj.2g.* 1 diz-se do que eletriza 2 *fig.* emocionante, animador

e.le.tri.zar *v.t.* 1 m.q. eletrificar 2 *fig.* animar, entusiasmar

e.le.tro.cu.tar *v.t.* ocasionar a morte por meio de um choque elétrico; executar utilizando eletricidade

e.le.tro.car.dio.gra.ma *s.m.* MED exame médico em que uma máquina registra uma representação gráfica do ritmo cardíaco

e.le.tro.do /ô/ *s.m.* FÍS condutor feito geralmente de metal através do qual passa uma corrente elétrica

e.lé.tron *s.m.* FÍS partícula elementar de carga negativa presente em todos os átomos

e.le.tros.tá.ti.ca *s.f.* FÍS ramo da física que se dedica ao estudo dos fenômenos elétricos estáticos

e.le.va.ção *s.f.* 1 ação ou efeito de subir, de elevar, de ascender; ascensão 2 pequeno monte de terra; colina

e.le.va.do *adj.* 1 alto; que sofreu elevação 2 magnífico, nobre, superior • *adj.* 3 via urbana situada acima do nível do solo; viaduto

e.le.va.dor /ô/ *adj.* 1 que promove elevação ou transporte vertical • *s.m.* 2 cabine utilizada para o transporte vertical de pessoas ou cargas; ascensor

e.le.var *v.t.* subir, ascender; dar ou adquirir posição elevada

el.fo /é/ *s.m.* MIT ente mítico escandinavo que simboliza elementos da natureza, geralmente representado como um ser bem pequeno, com orelhas pontudas e dotado de poderes mágicos

e.li.ci.ar *v.t.* expelir; expulsar; fazer sair

e.li.dir *v.t.* ocasionar o desaparecimento; apagar

e.li.mi.na.ção *s.f.* supressão; ação ou resultado de eliminar; exclusão

e.li.mi.nar *v.t.* excluir, expulsar

e.li.mi.na.tó.rio *adj.* que elimina, seleciona, exclui; eliminativo

e.li.mi.na.ti.vo *adj.* m.q. eliminatório

e.lip.se *s.f.* 1 GEOM curva oval fechada cuja soma das distâncias de cada um de seus pontos a dois pontos fixos chamados focos é constante 2 GRAM omissão de palavra ou frase que fica subentendida pelo contexto

e.líp.ti.co *adj.* 1 relativo a elipse 2 que tem forma de elipse

e.li.são *s.f.* 1 ação ou efeito de elidir, eliminar; supressão 2 GRAM supressão da vogal final de uma palavra quando próxima à vogal inicial de outra, ex.: de água, *d'água*; Estrela do Oeste, *Estrela d'Oeste*

e.li.te *s.f.* 1 minoria social dominante 2 escol, fina flor, nata

e.li.xir *s.m.* 1 FARM medicamento líquido de várias substâncias dissolvidas em álcool, açúcar ou mel 2 bebida supostamente mágica ou milagrosa

el.mo /é/ *s.m.* equipamento utilizado para proteger a cabeça; capacete

e.lo /é/ *s.m.* 1 cada parte que constitui uma corrente; argola 2 conexão, união, vínculo

e.lo.cu.ção *s.f.* modo de expressão do pensamento, de forma oral ou escrita

e.lo.gi.ar *v.t.* tecer elogios; exaltar, enaltecer

e.lo.gi.o *s.m.* louvor, exaltação, enaltecimento

e.lo.gi.o.so /ô/ *adj.* que contém elogio; lisonjeiro

e.lo.quên.cia *s.f.* dom de se expressar bem e de forma natural, com o objetivo de persuadir o interlocutor

e.lo.quen.te *adj.2g.* que apresenta eloquência; persuasivo

elucidação

e.lu.ci.da.ção *s.f.* ação ou resultado de elucidar; explicação

e.lu.ci.dar *v.t.* esclarecer; explicar; tornar mais claro

e.lu.ci.dá.rio *s.m.* publicação que explica questões pouco claras

e.lu.ci.da.ti.vo *adj.* que elucida, que esclarece

em *prep.* subordina elementos e exprime diversas relações, como tempo, lugar, finalidade, modo etc.

e.ma *s.f.* ZOOL ave de grande porte, semelhante ao avestruz, encontrada nos cerrados do Brasil; emu

e.ma.çar *v.t.* agrupar em maço ou pacote; empacotar

e.ma.ci.a.ção *s.f.* MED perda de massa muscular e de gordura

e.ma.ci.ar *v.i.* sofrer ou ocasionar a perda de massa adiposa e

e.ma.gre.cer /ê/ *v.i.* tornar(-se) magro; perder peso

e.ma.gre.ci.men.to *s.m.* ação ou resultado de emagrecer; perda de peso

e-mail *s.m.* correio eletrônico

e.ma.lar *v.t.* colocar dentro de mala; fazer as malas

e.ma.nar *v.t.* fluir, exalar

e.ma.na.ção *s.f.* **1** ato ou efeito de emanar **2** ponto de partida; origem **3** desprendimento de fluidos, gazes, odores ou partículas

e.man.ci.pa.ção *s.f.* **1** JUR concessão de certos direitos civis próprios de adultos a um indivíduo abaixo da idade legal **2** libertação; conquista dos direitos humanos; independência

e.man.ci.par *v.t.* tornar(-se) independente; libertar(-se)

e.ma.nen.te *adj.2g.* que se desprende, que exala, que emana

e.ma.ra.nha.do *adj.* que se apresenta misturado de maneira confusa

e.ma.ra.nhar *v.t.* tornar emaranhado; embaraçar

e.mas.cu.lar *v.t. v.pron.* fazer perder ou perder a masculinidade; afeminar(-se)

e.mas.sar *v.t.* **1** transformar em massa **2** cobrir com massa

em.ba.çar *v.t.* **1** tornar baço, fosco; embaciar **2** enganar; ludibriar

em.ba.ci.ar *v.t.* m.q. embaçar

em.ba.i.nhar *v.t.* **1** fazer bainha (em vestimentas) **2** pôr na bainha

em.ba.ir *v.t.* conduzir ao erro; enganar; ludibriar

em.bai.xa.da *s.f.* **1** cargo de embaixador **2** grupo de diplomáticos liderados pelo embaixador **3** local de trabalho ou residência do embaixador **4** movimento, no futebol, que consiste em controlar a bola com pés, coxa, peito etc. sem deixá-la cair

em.bai.xa.dor /ô/ *s.m.* **1** diplomático de graduação mais alta representante de seu país em outros países **2** encarregado de uma missão; emissário

em.bai.xa.do.ra /ô/ *s.f.* mulher que ocupa a função de embaixador

em.bai.xa.triz *s.f.* esposa de embaixador

em.bai.xo *adv.* na parte inferior

em.ba.la.gem *s.f.* **1** ação de embalar, empacotar; acondicionamento, empacotamento **2** invólucro que protege algo; pacote, embrulho

em.ba.lar *v.t.* **1** colocar munição em armas de fogo **2** colocar dentro de embalagem ou pacote; empacotar **3** movimentar lentamente de um lado para o outro **4** impulsionar, acelerar

em.bal.de *adv.* Inutilmente, em vão; debalde

em.bal.sa.mar *v.t.* **1** perfumar com bálsamo **2** preparar cadáveres para preservá-los da decomposição

em.bal.sar *v.t.* colocar em balsa

em.ba.na.nar *v.t.* **1** confundir(-se), atrapalhar(-se) **2** colocar(-se) em circunstância penosa

em.ban.dei.rar *v.t.* **1** enfeitar algo com bandeiras **2** *fig.* engrandecer, enaltecer

em.ba.ra.ça.men.to *s.m.* ação ou resultado de embaraçar(-se); embaraço

em.ba.ra.çar *v.t.* **1** bagunçar, emaranhar **2** colocar obstáculos; atrapalhar

em.ba.ra.ço *s.m.* **1** coisa que atrapalha, embaraça; impedimento **2** bagunça, emaranhamento **3** *desus.* gravidez **4** *pop.* menstruação

em.ba.ra.ço.so /ô/ *adj.* que embaraça, que atrapalha; constrangedor

em.ba.ra.lha.men.to *s.m.* ação ou efeito de embaralhar; confusão, equívoco

em.ba.ra.lhar *v.t.* **1** misturar as cartas do baralho **2** gerar confusão; equivocar, confundir

em.bar.ca.ção *s.f.* **1** ação ou resultado de embarcar; embarque **2** meio de transporte destinado à navegação

em.bar.ca.di.ço *s.m.* pessoa que utiliza frequentemente navio ou outra embarcação; marinheiro

em.bar.ca.dou.ro /ô/ *s.m.* lugar onde se realiza a embarcação; cais, porto

em.bar.car *v.t.* entrar ou colocar algo em uma embarcação para viagem

em.bar.ca.men.to *s.m.* m.q. embarque

em.bar.gar *v.t.* **1** colocar embargos, empecilhos **2** impedir a execução de algo

em.bar.que *s.m.* **1** ação ou efeito de embarcar; embarcamento **2** local onde se dá o embarcamento

em.bar.ri.gar *v.i.* **1** adquirir barriga; tornar-se gordo **2** *pop.* engravidar

em.ba.sa.men.to *s.m.* **1** ação de colocar bases **2** base, alicerce **3** ideia que fornece sustentação a um pensamento

em.ba.sar *v.t.* **1** colocar bases, alicerces **2** *fig.* fundamentar, basear

em.bas.ba.car *v.t.* **1** causar admiração, surpresa **2** aturdir, surpreender, pasmar

em.ba.ter /ê/ *v.i.* combater; chocar-se; dar de encontro

em.ba.tu.car *v.t.* **1** tapar com batoque; batocar **2** *fig.* ficar calado; emudecer **3** *fig.* cismar, preocupar-se

em.ba.ú.ba *s.f.* BOT árvore brasileira com troncos fistulosos, grandes folhas peltadas, flores em espigas e pequenos frutos nuciformes, muito usada em reflorestamentos

em.be.be.dar *v.t. v.pron.* tornar(-se) ébrio; tomar muita bebida alcoólica; embriagar(-se)

em.be.ber /ê/ *v.t.* **1** fazer penetrar um líquido em algo **2** absorver

em.bei.çar *v.t.* **1** dar a forma semelhante à de um beiço **2** atrair alguém pelo encanto; cativar

em.be.le.car *v.t.* seduzir com embelecos; enganar; cativar

em.be.le.co /ê/ *s.m.* aquilo que serve para atrair; artifício, atrativo, ardil

em.be.le.zar *v.t. v.pron.* tornar belo, formoso; enfeitar(-se)

em.bes.tar *v.t.* bestificar; tornar besta, idiota

em.be.ve.cer /ê/ *v.t. v.pron.* extasiar(-se); causar ou sentir admiração, êxtase

em.be.zer.rar *v.i.* **1** ficar de mau humor ⟲ *v.pron.* **2** zangar-se

em.bi.car *v.i.* **1** *fig.* ficar bicudo ⟲ *v.t.* **2** *fig.* dar de encontro a; esbarrar **3** *fig.* tomar a direção de; encaminhar-se

em.bi.go *s.m.* m.q. umbigo

em.bi.o.car *v.t.* **1** vestir-se com bioco **2** *fig.* ocultar, esconder

em.bi.ra *s.f.* BOT árvore nativa brasileira que produz a fibra utilizada na fabricação de cordas e estopas ■ **meter nas embiras** prender, aprisionar

em.bir.rar *v.t.* **1** ter birra; teimar, implicar **2** ter antipatia, ojeriza, zanga contra alguém

em.ble.ma *s.m.* sinal, insígnia que representa uma instituição, um grupo, uma ideia etc.

em.bo.a.ba *s.2g. pejor.* HIST designação dada ao estrangeiro, principalmente o português, pelos bandeirantes paulistas

em.bo.car *v.t.* **1** MÚS colocar dentro da boca **2** colocar dentro de buraco estreito ⟲ *v.i.* **3** entrar, penetrar, ir para o interior

em.bo.çar *v.t.* cobrir parede com reboco; rebocar

em.bo.ço /ô/ *s.m.* primeira mão de reboco que se passa em uma parede

em.bo.la.da *s.f.* MÚS composição poético-musical típica do nordeste do Brasil

em.bo.lar *v.i.* **1** amassar como uma bola; enrolar ⟲ *v.t.* **2** engalfinhar(-se) com alguém rolando no chão **3** misturar, confundir

em.bo.li.a *s.f.* MED oclusão de um vaso sanguíneo por coágulo ou corpo estranho

êm.bo.lo *s.m.* **1** espécie de pistão que se movimenta e faz funcionar um mecanismo **2** MED corpo anormal, de constituição sólida, líquida ou gasosa, que obstrui um vaso sanguíneo e causa embolia

em.bol.sar *v.t.* **1** guardar dentro da bolsa ou do bolso **2** ganhar, receber

em.bo.ne.car *v.t. v.pron.* **1** enfeitar, ornar-se com exagero; empetecar **2** *por. ext.* trajar-se de maneira ridícula

em.bo.ra /ó/ *adv.* **1** expressa ideia de partida, saída, afastamento • *conj.* **2** apesar de que; ainda que; mesmo que

em.bor.car *v.t.* **1** virar algo de borco, virar algo com a cabeça para baixo **2** beber algo rápida e avidamente **3** despejar, verter, derramar

em.bor.nal *s.m.* **1** saco com a comida dos animais **2** sacola a tiracolo na qual se carregam mantimentos, ferramentas etc.

em.bos.ca.da *s.f.* cilada; espera oculta para ataque ao inimigo; tocaia

em.bos.car *v.t.* armar emboscada para o inimigo

em.bo.tar *v.t.* **1** fazer perder o gume, o corte da lâmina **2** *fig.* enfraquecer, debilitar

em.bra.be.cer /ê/ *v.t. v.pron.* tornar(-se) raivoso, bravo, irado; enfurecer, embravecer

em.bra.mar *v.i.* m.q. embrabecer

em.bran.de.cer /ê/ *v.t. v.pron.* tornar(-se) brando, calmo, manso; acalmar

em.bran.que.cer /ê/ *v.t.* dar a cor branca a algo; tornar branco

em.bran.que.ci.men.to *s.m.* ação ou resultado de embranquecer

em.bra.ve.cer /ê/ *v.i.* m.q. embrabecer

em.bre.a.gem *s.f.* dispositivo em um automóvel localizado entre o motor e a caixa de marchas, utilizado para a mudança de marchas

em.bre.ar *v.t.* **1** cobrir com breu **2** acionar a embreagem; engatar

em.bre.char *v.t.* **1** penetrar, enfiar uma coisa dentro de outra **2** colocar ornamentos, enfeites; adornar

em.bri.a.gar *v.t. v.pron.* dar ou tomar bebida alcoólica; embedebar(-se)

em.bri.a.guez /ê/ *s.f.* **1** estado resultante da ingestão excessiva de bebidas alcoólicas; ebriedade **2** *fig.* êxtase, inebriamento, arrebatamento

em.bri.ão *s.m.* **1** resultado da fecundação do óvulo pelo espermatozoide **2** *fig.* início, origem de algo

em.bri.o.lo.gi.a *s.f.* BIOL ciência que se dedica ao estudo do desenvolvimento embrionário

em.bri.o.ná.rio *adj.* relativo a embrião

em.bro.ca.ção *s.f.* aplicação por fricção de líquido oleoso nas partes doentes do corpo

em.bro.mar *v.t.* **1** *bras.* protelar, procrastinar, enrolar com desculpas **2** iludir, ludibriar; tapear

em.bru.lha.da *s.f.* mal-entendido; confusão, bagunça, situação embaraçosa

em.bru.lhar *v.t.* **1** envolver algo com papel, tecido, plástico etc. formando um embrulho **2** *fig.* iludir, embromar; tapear

em.bru.lho *s.m.* **1** algo que foi revestido por papel, tecido, plástico etc. formando um pacote **2** *fig.* embrulhada, bagunça, confusão

em.brus.car *v.t.* tornar brusco, escuro; escurecer

em.bru.te.cer /ê/ *v.t.* tornar rude, bruto, tosco

em.bru.xar *v.t.* lançar feitiço, bruxaria; enfeitiçar

em.bu.çar *v.t.* **1** ocultar a face deixando à mostra

em.bu.char *v.t.* **1** colocar buchas **2** comer muito, encher o bucho **3** engasgar com comida

em.bur.rar *v.t.* **1** tornar burro, estúpido; emburrecer ⟲ *v.i.* **2** ficar de mau humor; zangar-se

em.bus.te *s.m.* mentira, ardil, engodo

em.bus.tei.ro *adj.* que se utiliza de embustes; enganador, mentiroso

em.bu.tir *v.t.* introduzir uma coisa dentro de outra; integrar

e.me *s.m.* GRAM nome da letra *m*, décima terceira letra do alfabeto português

e.men.da *s.f.* retificação, correção

e.men.dar *v.t.* **1** ligar uma coisa a outra **2** alterar, corrigir, reformar

e.men.ta *s.f.* **1** anotação, apontamento, comentário **2** síntese, resumo

e.men.tar *v.t.* fazer ementas, comentários, apontamentos

e.men.tá.rio *s.m.* livro de ementas

e.mer.gên.cia *s.f.* **1** ação de emergir, de vir à tona **2** situação grave, crítica

e.mer.gen.te *adj.2g.* **1** que emerge, vem à tona **2** que está ascendendo socialmente

e.mer.gir *v.i.* **1** vir à tona; sair **2** aparecer, tornar-se visível

e.mé.ri.to *adj.* **1** diz-se do aposentado que ainda desfruta dos rendimentos e das honras do emprego **2** diz-se do especialista que é muito experiente e prestigiado

e.mer.são *s.f.* ação de sair da água, de vir à superfície

e.mer.so /é/ *adj.* que sofreu emersão; que está acima da superfície da água

emético

e.mé.ti.co *adj.* que estimula ou provoca o vômito; vomitivo, vomitório

e.mi.gra.ção *s.f.* ação de sair espontaneamente de uma região ou de um país para outro

e.mi.gra.do *adj.* que emigrou; emigrante

e.mi.gran.te *adj.2g.* que emigra; que vai morar em outro país que não o seu próprio

e.mi.grar *v.t.* sair de seu país de origem para viver em outro

e.mi.nên.cia *s.f.* 1 qualidade do que é eminente 2 elevação, altura 3 superioridade intelectual, moral 4 RELIG tratamento que se dá aos cardeais

e.mi.nen.te *adj.2g.* superior, proeminente

e.mir *s.m.* 1 descendente de Maomé 2 título de certos chefes muçulmanos

e.mis.são *s.f.* ação de emitir; lançamento, liberação

e.mis.sá.rio *s.m.* pessoa em uma missão; mensageiro

e.mis.sor /ô/ *adj.* 1 diz-se da instituição que emite papel moeda • *s.m.* 2 aquele que realiza emissão; que envia, emite; emitente

e.mis.so.ra /ô/ *s.f.* 1 estação de emissão de sinais de rádio ou televisão 2 empresa que produz e transmite programas de rádio e televisão

e.mi.ten.te *s.m.* m.q. emissor

e.mi.tir *v.t.* colocar em circulação; fazer circular; lançar de si; expandir; enviar

e.mo.ção *s.f.* manifestação subjetiva por um fato qualquer; comoção

e.mo.ci.o.nan.te *adj.2g.* que emociona, comove; comovente

e.mo.ci.o.nar *v.t.* manifestar sentimento subjetivo; comover

e.mol.du.rar *v.t.* envolver em moldura em caixilho; encaixilhar

e.mo.li.en.te *adj.2g. s.m.* que serve para amolecer, tornar mais mole

e.mo.lu.men.to *s.m.* 1 aquilo que se ganha; vantagem, lucro 2 gratificação, recompensa

e.mo.ti.vi.da.de *s.f.* qualidade ou estado de emotivo

e.mo.ti.vo *adj.* 1 que causa emoção; emocionante 2 que se emociona com facilidade

em.pa.car *v.i.* 1 parar de se movimentar, emperrar, deter-se 2 estacar (animal de carga) e não querer ir adiante

em.pa.char *v.t. v.pron.* comer em demasia; empanturrar-se

em.pa.ço.car *v.t.* 1 dar o aspecto de paçoca a; encher de paçoca 2 *fig.* amarrotar, amarfanhar

em.pa.co.tar *v.t.* 1 embrulhar em pacote ou embalagem 2 *fig.* falecer, morrer

em.pa.da *s.f.* CUL iguaria assada feita com massa e recheada com carne, palmito, azeitona etc.

em.pá.fia *s.f.* orgulho, arrogância, presunção

em.pa.la.ção *s.f.* forma de punição que consistia em penetrar no reto do condenado um pau ou ferro agudo

em.pa.lar *v.t.* infligir o castigo da empalação

em.pa.lhar *v.t.* 1 embrulhar com palha 2 tecer cadeiras usando palha

em.pa.li.de.cer /ê/ *v.i.* perder as cores do rosto; ficar pálido

em.pa.nar *v.t.* 1 embrulhar, envolver em pano 2 tornar fosco, sem brilho 3 envolver alimentos em farinha para fritá-los

em.pan.tur.rar *v.t.* comer em excesso; encher o estômago de comida

em.pan.zi.nar *v.t.* m.q. empanturrar

em.pa.par *v.t.* 1 tornar mole 2 encharcar, ensopar

em.pa.pe.lar *v.t.* forrar, revestir, cobrir com papel

em.par.cei.rar *v.t.* formar parceria, união com outra pessoa

em.pa.re.dar *v.t.* 1 colocar dentro de uma parede 2 cercar de paredes; enclausurar

em.pa.re.lhar *v.t.* 1 ficar de parelha com alguém ou algo; ombrear 2 igualar; colocar no mesmo nível

em.pas.tar *v.t.* 1 transformar em pasta; cobrir de pasta; dar a consistência de pasta 2 encher de gordura; engordurar

em.pas.te.lar *v.t.* 1 misturar ou confundir a ordem de letras em um impresso 2 causar dano a oficinas, impressoras, jornais

em.pa.tar *v.t.* 1 obter o mesmo resultado, a mesma pontuação etc. que outra pessoa em um teste ou em uma competição 2 empacar, obstaculizar, impedir a continuidade

em.pa.vo.nar *v.t.* mostrar extrema vaidade, como um pavão

em.pe.cer /ê/ *v.t.* colocar obstáculos; impedir, obstaculizar

em.pe.ci.lho *s.m.* aquilo que impede, dificulta a realização de algo; obstáculo

em.pe.ço.nhar *v.t.* injetar peçonha; envenenar

em.pe.der.nir *v.t.* 1 transformar em pedra; petrificar 2 *por ext.* fazer endurecer; empedrar 3 *fig.* tornar insensível; desumanizar

em.pe.drar *v.t.* 1 revestir com pedra; calçar 2 empedernir; endurecer

em.pe.lo.tar *v.i.* formar pelotas; endurecer

em.pe.na.men.to *s.m.* ação ou resultado de empenar; entortamento, curvatura

em.pe.nar *v.i.* entortar; deformar (madeira) com a exposição ao tempo 2 criar penas; emplumar

em.pe.nhar *v.t.* 1 penhorar 2 dedicar(-se) com afinco; esforçar(-se)

em.pe.nho *s.m.* 1 garantia 2 esforço, dedicação

em.pe.no *s.m.* deformidade causada por empenamento

em.per.rar *v.t.* 1 travar, não se mover 2 *fig.* dificultar ou retardar a realização de algo

em.per.ti.ga.do *adj.* 1 que se empertigou; reto, esticado 2 *fig.* altivo, arrogante

em.per.ti.gar *v.t. v.pron.* 1 andar ou tornar empertigado 2 agir de modo altivo e arrogante

em.pes.tar *v.t. v.pron.* 1 provocar peste; infectar(-se) com peste 2 contaminar(-se), infectar(-se)

em.pi.lhar *v.t.* formar uma pilha, um amontoado de objetos

em.pi.nar *v.t.* 1 fazer subir; erguer 2 *bras.* fazer subir no ar pipa ou papagaio 3 colocar(-se) nas patas ou rodas traseiras (cavalo, moto, bicicleta etc.)

em.pi.po.car *v.t. bras.* tornar-se cheio de pipocas, bolhas, vesículas

em.pí.reo *adj.* 1 relativo ao céu; celestial 2 supremo • *s.m.* 3 MIT morada dos deuses

em.pí.ri.co *adj.* 1 diz-se do que se baseia na experiência 2 que se originou da experiência; prático

em.pi.ris.mo *s.m.* **1** FILOS doutrina filosófica que só admite o conhecimento a partir da experiência sensorial **2** prática médica que só leva em conta a experiência imediata

em.plas.tar *v.t.* colocar emplastro(s); emplastrar

em.plas.to *s.m.* **1** FARM medicamento que, amolecido pelo calor, adere ao corpo **2** *por ext.* pessoa doente

em.plas.tro *s.m.* m.q. emplasto

em.po.ar *v.t.* **1** cobrir de pó; polvilhar **2** maquiar(-se) com pó de arroz **3** *fig.* encher de vaidade, orgulho, arrogância

em.po.bre.cer /ê/ *v.t.* perder tudo o que se tem; ficar pobre

em.po.çar *v.i.* **1** cair em poça **2** formar poça

em.po.ei.rar *v.t.* encher de poeira; cobrir de poeira

em.po.la /ó/ *s.f.* **1** pequena bolha, vesícula **2** tubo de recipiente de vidro em que se coloca remédio para injeção; ampola

em.po.lei.rar *v.pron.* **1** colocar-se em posição superior; subir, elevar ○ *v.t.* pôr no poleiro

em.pol.gar *v.t.* **1** causar ou sentir entusiasmo, animação, interesse; entusiasmar **2** pegar com ambas as mãos; prender, agarrar

em.pom.bar *v.t.* ficar irritado; zangar-se

em.por.ca.lhar *v.t.* **1** tornar sujo, imundo **2** degradar, ultrajar, aviltar

em.pó.rio *s.m.* estabelecimento comercial onde há vários tipos de produtos; armazém, mercearia

em.pós *prep. desus.* depois, após

em.pos.sar *v.t.* **1** dar posse a alguém **2** tomar posse de um cargo

em.pos.tar *v.t.* m.q. impostar

em.pra.zar *v.t.* **1** estabelecer prazo **2** JUR convocar alguém para comparecimento diante de autoridade em determinada data

em.pre.en.der /ê/ *v.t.* **1** colocar em execução uma atividade **2** iniciar, começar a realização, execução de algo

em.pre.ga.da *s.f.* **1** mulher que possui um emprego • *s.f.* **2** profissional do sexo feminino; funcionária **3** criada, pessoa que presta serviço a outra **4** serviçal doméstica

em.pre.ga.do *adj.* **1** que foi utilizado, aplicado • *s.m.* **2** pessoa que presta serviços a outra; profissional do sexo masculino; funcionário

em.pre.ga.dor /ô/ *s.m.* pessoa que oferece um emprego a outra mediante remuneração

em.pre.gar *v.t.* **1** aplicar recursos, tempo etc. na execução de algo **2** oferecer emprego a outras pessoas

em.pre.go /ê/ *s.m.* **1** utilização; ação ou efeito de empregar; aplicação **2** trabalho, cargo ou função que se exerce mediante remuneração; serviço

em.prei.ta.da *s.f.* **1** tarefa difícil e demorada **2** serviço realizado por contrato, e não por dia de pagamento

em.prei.tar *v.t.* realizar ou contratar um serviço segundo certas condições de ajuste

em.pre.nhar *v.t.* ficar ou tornar prenhe; engravidar

em.pre.sa /ê/ *s.f.* **1** empreendimento, negócio **2** organização, entidade jurídica que comercia bens ou serviços; firma

em.pre.sar *v.t.* realizar um empreendimento; iniciar uma empresa

em.pre.sá.rio *s.m.* pessoa que é proprietária ou responsável pelo gerenciamento de uma empresa

em.pres.tar *v.t.* ceder alguma coisa a alguém por um prazo determinado sob a promessa de devolução posterior

em.prés.ti.mo *s.m.* **1** ação ou resultado de emprestar; cessão temporária de objeto, dinheiro etc. a outra pessoa **2** aquilo que foi emprestado

em.pro.a.do *adj.* tomado de vaidade, afetado, orgulhoso, altivo

em.pro.ar *v.t.* **1** MAR orientar a proa de uma embarcação para determinada direção; aproar ○ *v.pron.* **2** tornar-se orgulhoso, vaidoso, altivo

em.pu.bes.cer /ê/ *v.i.* entrar na adolescência, puberdade; começar a desenvolver características de adulto

em.pu.lhar *v.t.* lograr, iludir; mentir, enganar

em.pu.nha.du.ra *s.f.* **1** punho da escada; corrimão **2** lugar por onde se segura uma espada, um remo etc.

em.pu.nhar *v.t.* **1** segurar algo pela empunhadura, pelo cabo, punho **2** pegar, segurar, tomar

em.pur.rar *v.t.* **1** impelir, impulsionar usando força **2** dar encontrão em **3** incentivar, estimular; dar força

em.pu.xar *v.t.* **1** m.q. empurrar **2** agitar, sacudir

e.mu *s.m.* ZOOL ave de grande porte com asas reduzidas que impedem o voo, semelhante ao avestruz, encontrada no cerrado brasileiro; ema

e.mu.de.cer /ê/ *v.t.* ficar ou tornar mudo; calar

e.mu.la.ção *s.f.* competição; disputa

e.mu.lar *v.t.* **1** competir; disputar, rivalizar **2** INFORMÁT desenvolver um programa de computador para que tenha as mesmas funções de outro e possa ser utilizado no seu lugar

e.mu.la.ti.vo *adj.* que causa emulação; competitivo

ê.mu.lo *adj.* que nutre emulação por; rival, concorrente

e.mul.são *s.f.* FARM preparado farmacêutico líquido

e.mul.si.fi.car *v.t.* formar uma emulsão com; emulsionar

e.mul.si.o.nar *v.t.* m.q. emulsificar

e.mul.si.vo *adj.* **1** que pode produzir emulsão **2** que pode se tornar uma emulsão

e.mur.che.cer /ê/ *v.i.* murchar

e.nal.te.cer /ê/ *v.t.* tecer elogios; exaltar, engrandecer

e.na.mo.rar *v.t.* sentir ou despertar amor, paixão

e.nan.te.ma *s.m.* MED erupção que ocorre nas mucosas

e.nau.se.ar *v.t.* causar nojo, náusea, repugnância; nausear

en.ca.bar *v.t.* colocar, introduzir, meter o cabo em

en.ca.be.çar *v.t.* **1** tomar a frente, começar **2** liderar, chefiar

en.ca.bres.tar *v.t.* **1** colocar cabresto em **2** dominar, subjugar

en.ca.bu.lar *v.t.* constranger; provocar ou sentir vergonha; acanhar

en.ca.cho.ei.rar *v.t.* transformar em cachoeira; dar feições de cachoeira

en.ca.de.ar *v.t.* **1** ligar itens uns aos outros, formando uma cadeia; enfileirar; colocar em fila **2** trancar algo com cadeado

en.ca.der.nar *v.t.* **1** juntar folhas, impressões etc. para formar um caderno **2** costurar as folhas de um livro e colocá-lo entre capas duras **3** agrupar conjunto de folhas impressas em uma só encadernação

en.ca.fi.far *v.t.* **1** preocupar, cismar; colocar uma ideia fixa na cabeça **2** ficar vexado, envergonhado **3** incomodar, amolar **4** desgostar, aborrecer

encafuar

en.ca.fu.ar *v.t.* **1** entrar em cafua, esconderijo, caverna **2** ocultar(-se), esconder(-se)

en.cai.po.rar *v.t. v.pron.* **1** tornar(-se) caipora; azarar(-se) **2** ficar triste, chateado

en.cai.xar *v.t.* **1** colocar uma peça no encaixe de outra, ajustar **2** encaixotar; colocar dentro de caixa ou caixote

en.cai.xe *s.m.* **1** parte de uma peça que encaixa em outra **2** junção

en.cai.xi.lhar *v.t.* colocar em caixilho, moldura; emoldurar

en.cai.xo.tar *v.t.* colocar dentro de caixa ou caixote; encaixar

en.cal.car *v.t.* apertar, reprimir

en.cal.çar *v.t.* perseguir; ir ao encalço de alguém

en.ca.lhar *v.i.* **1** MAR ficar preso, sem poder seguir adiante **2** empacar, não ter continuidade **3** *fig.* ficar solteiro; não se casar

en.ca.lhe *s.m.* **1** ação ou resultado de encalhar **2** interrupção, obstáculo **3** conjunto de mercadorias que não foram vendidas

en.ca.lis.trar *v.t. v.pron.* ficar encabulado, com vergonha; envergonhar(-se), vexar(-se)

en.ca.lom.bar *v.i.* ficar cheio de calombos; empolar

en.cal.ve.cer */ê/ v.i.* tornar-se calvo, sem cabelos

en.ca.mi.nhar *v.t.* **1** orientar, conduzir ao caminho correto **2** dirigir, guiar

en.cam.pa.dor */ô/ s.m.* aquele que encampa, que toma posse

en.cam.par *v.t.* apropriar-se (o governo) de uma empresa privada mediante indenização

en.ca.na.dor */ô/ s.m. bras.* especialista em assentar e consertar encanamentos

en.ca.na.men.to *s.m.* **1** ação ou resultado de encanar **2** rede de canos hidráulicos de uma casa; encanação

en.ca.nar *v.t.* **1** fazer passar por tubulação ou cano; canalizar **2** *pop.* colocar em cana, na cadeia; encarcerar

en.can.de.ar *v.t.* **1** provocar brilho, luz; acender **2** ofuscar, deslumbrar

en.ca.ne.cer */ê/ v.t.* ficar com os cabelos brancos; envelhecer

en.can.ga.lhar *v.t.* **1** colocar cangalha em animal cargueiro ○ *v.pron.* **2** *pejor.* juntar-se a alguém

en.can.gar *v.t.* colocar a canga em; prender, subjugar

en.can.ta.dor */ô/ adj.* sedutor; que encanta, que seduz; fascinante, enfeitiçante

en.can.ta.men.to *s.m.* **1** feitiço, magia **2** deslumbramento, sedução, admiração

en.can.tar *v.t.* seduzir por meio de magia; enfeitiçar

en.can.to *s.m.* **1** ação ou gesto sobrenatural que enfeitiça alguém; feitiço **2** atração, admiração, fascinação causada por alguém

en.can.to.ar *v.t. v.pron.* **1** meter(-se) em um canto **2** *por ext.* isolar(-se)

en.can.zi.nar *v.t.* **1** ficar zangado, irado; enfurecer **2** insistir obstinadamente, amolar

en.ca.par *v.t.* revestir, cobrir com capa ou outro tipo de envoltório

en.ca.pe.lar *v.t. v.pron.* **1** tornar(-se) agitado, revolto (o mar) **2** conferir ou receber o grau de doutor; doutorar(-se)

en.ca.pe.tar-se *v.pron.* fazer travessuras, tornar-se travesso; fazer diabruras

en.ca.po.ta.do *adj.* vestido, agasalhado com capote; disfarçado com o capote; abrigado

en.ca.pu.zar *v.t.* cobrir com capuz

en.ca.ra.co.la.do *adj.* que adquiriu o aspecto semelhante ao de um caracol; anelado, enrolado

en.ca.ra.co.lar *v.t.* dar ou adquirir o aspecto semelhante ao de um caracol; enrolar em espiral

en.ca.ra.me.lar *v.t.* **1** transformar em caramelo **2** dar consistência de caramelo a algo

en.ca.ra.mu.jar-se *v.pron.* **1** retirar-se, afastar-se da convivência social **2** ficar triste e retraído como um caramujo

en.ca.ran.gar *v.i. v.pron.* ficar entrevado, paralisar por efeito de frio intenso ou reumatismo

en.ca.ra.pi.nha.do *adj.* diz-se do cabelo frisado, crespo

en.ca.rar *v.t.* **1** olhar de maneira fixa e demorada **2** aceitar um desafio; enfrentar uma situação ou um oponente

en.car.ce.rar *v.t.* prender em cárcere

en.car.di.do *adj.* que foi mal lavado e não ficou inteiramente alvo, adquirindo uma cor pardacenta; sujo

en.car.di.men.to *s.m.* **1** ação ou resultado de encardir **2** estado do que não foi completamente limpo, que ainda apresenta uma coloração parda de sujeira

en.car.dir *v.t.* adquirir uma cor pardacenta em decorrência de lavagem ou limpeza mal feita

en.ca.re.cer */ê/ v.t.* **1** elevar o preço, tornar mais caro **2** enaltecer; engrandecer as boas qualidades; exaltar

en.car.go *s.m.* **1** responsabilidade, obrigação, incumbência **2** função ou cargo

en.car.na.ção *s.f.* **1** ato de revestir-se de carne **2** adquirir cor semelhante à da carne **3** RELIG materialização de uma entidade divina **4** RELIG no Espiritismo, uma das vidas do espírito **5** tipo de pintura feita em imagens e estátuas

en.car.na.do *adj.* **1** que encarnou **2** que é da cor da carne vermelha, do sangue

en.car.na.dor */ô/ s.m.* pessoa que encarna imagens, figuras etc.

en.car.nar *v.t.* **1** criar ou converter-se em carne; cicatrizar-se **2** pintar, dar aspecto real a figuras **3** ARTE personificar papéis em novelas, filmes, peças teatrais etc. ○ *v.i. v.pron.* **4** RELIG materializar-se em, incorporar-se

en.car.ne *s.m.* ação de alimentar cães com carne para habituá-los à caça de certos animais

en.car.ni.çar *v.t.* **1** alimentar cães com a carne de certos animais para que possam caçá-los **2** alimentar(-se) de carniça **3** enraivecer(-se), irar(-se)

en.car.qui.lhar *v.t. v.pron.* ficar cheio de carquilhas; enrugar(-se)

en.car.re.ga.do *adj.* que recebeu um encargo ou uma missão a cumprir

en.car.re.gar *v.t.* investir alguém de uma missão ou de um encargo

en.car.rei.rar *v.t.* **1** colocar um objeto após o outro; enfileirar **2** progredir na carreira

en.car.ri.lar *v.t.* **1** colocar nos carris, nos trilhos; engatar **2** *fig.* guiar para o bom caminho

en.car.ri.lhar *v.t.* m.q. encarrilar

en.car.tar *v.t.* **1** dar ou receber diploma, carta, licença, certificado etc. **2** ARTE fazer o encarte de alguma coisa

en.car.te *s.m.* **1** inclusão, inserção de impressão avulsa dentro de uma publicação **2** o que foi inserido, incluso nessa publicação

encortinar

en.car.tu.char *v.t.* **1** pôr em cartucho **2** dar a forma de cartucho

en.ca.sa.ca.do *adj.* que se vestiu de casaca

en.ca.sa.car *v.t. v.pron.* vestir(-se) com casaca ou casaco

en.cas.que.tar *v.t.* **1** colocar casquete, boné na cabeça **2** colocar na cabeça uma ideia fixa; preocupar-se

en.cas.to.ar *v.t.* **1** colocar castão em **2** colocar pedras preciosas no engaste; encravar

en.ca.su.lar *v.i.* revestir-se de casulo; tomar a forma de casulo (lagarta) **2** recolher(-se), enclausurar(-se)

en.ca.tar.ra.do *adj.* cheio de catarro; catarrento

en.ca.tar.rar *v.t. v.pron.* produzir muito catarro; acumular catarro

en.ca.va.car *v.i.* **1** zangar-se; dar o cavaco; ficar contrariado **2** ficar envergonhado, vexado

en.ca.va.lar *v.t.* **1** subir no cavalo; cavalgar; montar sobre o cavalo **2** colocar(-se) por cima; acavalar, sobrepor

en.ca.var *v.t.* **1** colocar em cava ou cavidade **2** abrir buraco; escavar

en.ce.fá.li.co *adj.* referente a encéfalo

en.ce.fa.li.te *s.f.* MED inflamação do encéfalo

en.cé.fa.lo *s.m.* ANAT parte do sistema nervoso central que é responsável pelo pensamento e pela coordenação neural

en.ce.fa.lo.pa.ti.a *s.f.* MED designação geral para patologias do encéfalo

en.ce.gue.cer *v.i.* ficar cego ou provocar cegueira

en.ce.lei.rar *v.t.* guardar dentro de celeiro

en.ce.na.ção *s.f.* **1** conjunto de processos artísticos para a realização e execução de uma peça teatral; representação **2** *fig.* fingimento; algo que se faz para iludir alguém; invenção

en.ce.na.dor */ô/ s.m.* **1** indivíduo que encena **2** profissional encarregado da direção de uma peça teatral; diretor

en.ce.nar *v.t.* **1** produzir uma cena para peça teatral **2** fingir, inventar

en.ce.rar *v.t.* passar cera, revestir de cera

en.cer.ra.men.to *s.m.* **1** ação ou efeito de encerrar, prender **2** finalização; desfecho

en.cer.rar *v.t.* **1** fechar, clausurar **2** pôr fim; terminar

en.cer.ro */ê/ s.m.* m.q. encerramento

en.ces.tar *v.t.* **1** colocar dentro de cesto ⊃ *v.i.* **2** ESPORT no basquete, marcar ponto ao jogar a bola dentro da cesta

en.ce.tar *v.t.* começar; dar início

en.char.car *v.t.* **1** alagar; acumular água; fazer charco **2** molhar algo demasiadamente **3** *fig.* ingerir bebidas alcoólicas em demasia

en.chen.te *s.f.* **1** fenômeno causado pela elevação do nível das águas; inundação **2** *fig.* grande quantidade, excesso

en.cher */ê/ v.t.* tornar cheio, completo ■ **encher a paciência** irritar, fazer perder a paciência ■ **encher as medidas** satisfazer ■ **encher linguiça** enrolar; dizer ou escrever muito sem que haja conteúdo ■ **encher o saco** amolar, chatear, aborrecer

en.chi.do *adj.* pleno, cheio, completo

en.chi.quei.rar *v.t.* prender dentro do chiqueiro

en.chi.men.to *s.m.* **1** ação de encher algo **2** coisa utilizada para encher algo; recheio

en.cho.va */ô/ s.f.* m.q. anchova

en.chu.ma.çar *v.t.* encher com chumaço, com estofo

en.cí.cli.ca *s.f.* RELIG documento pontifício com conteúdos dogmáticos e doutrinários que os fiéis devem conhecer

en.ci.clo.pé.dia *s.f.* livro ou conjunto de livros que contém conhecimentos científicos, históricos e literários de uma ou várias áreas

en.ci.lhar *v.t.* apertar o cavalo com cilhas; arrear

en.ci.mar *v.t.* colocar em posição superior; colocar em cima

en.cin.tar *v.t.* rodear algo com a cinta; cingir

en.ci.u.mar *v.t.* provocar ou sentir ciúmes

en.clau.su.rar *v.t.* **1** colocar em clausura; prender **2** abster-se do convívio social

en.cla.vi.nhar *v.t.* **1** entrelaçar os dedos das mãos **2** apertar, travar

en.cla.ve *s.m.* território colocado dentro de outro; encrave

ên.cli.se *s.f.* **1** GRAM junção de uma palavra monossilábica à palavra anterior com perda do seu acento **2** colocação pronominal posterior ao verbo

en.clí.ti.co *adj.* GRAM diz-se do pronome colocado após o verbo e precedido de hífen

en.co.ber.to */é/ adj.* **1** coberto, tapado **2** disfarçado, misterioso, velado

en.co.brir *v.t.* tapar, cobrir; disfarçar, velar

en.co.lha */ô/ s.f.* m.q. encolhimento

en.co.lher */ê/ v.t.* **1** ficar menor; diminuir a extensão, a dimensão **2** retrair(-se), ficar tímido

en.co.lhi.men.to *s.m.* **1** diminuição das dimensões de um corpo **2** timidez, acanhamento

en.co.men.da *s.f.* **1** ação ou resultado de encomendar **2** pedido, solicitação, requisição **3** aquilo que se encomendou **4** *pop.* mandinga, feitiço

en.co.men.dar *v.t.* **1** pedir; fazer uma solicitação; requisitar **2** RELIG rezar pela alma de alguém que morreu

en.co.mi.ar *v.t.* enaltecer as boas qualidades; elogiar

en.co.mi.as.ta *s.2g.* pessoa que tece elogios, que enaltece as boas qualidades de alguém

en.co.mi.ás.ti.co *adj.* **1** referente ao encômio **2** em que há encômio, louvor, elogio

en.cô.mio *s.m.* elogio, enaltecimento, honra

en.com.pri.dar *v.t.* **1** tornar mais comprido; alongar **2** prolongar, aumentar a duração

en.con.char *v.t.* **1** transformar em concha; dar feição ou formato de concha **2** recobrir com conchas **3** retirar(-se) do convívio socia

en.con.tra.di.ço *adj.* que é facilmente encontrado

en.con.trão *s.m.* esbarrão; ação ou efeito de chocar-se violentamente contra algo ou alguém; colisão

en.con.trar *v.t.* **1** achar, localizar, descobrir ⊃ *v.pron.* **2** deparar-se com, defrontar-se

en.con.tro *s.m.* **1** descoberta; algo que se encontrou, que se descobriu **2** colisão, encontrão **3** lugar de convergência entre dois pontos **4** reunião para tratar de algum assunto ou se divertir ■ **ao encontro de** em direção, em busca de ■ **de encontro a** em sentido inverso a; contra

en.co.ra.jar *v.t.* animar; dar coragem; estimular

en.cor.do.ar *v.t.* colocar cordas

en.cor.par *v.t.* **1** tornar mais encorpado, mais grosso **2** adquirir corpo; ficar mais forte

en.cor.ti.car *v.t.* **1** revestir com cortiça **2** *fig.* tornar áspero e duro; endurecer

en.cor.ti.nar *v.t.* revestir ou enfeitar com cortina

encorujar-se

en.co.ru.jar.se *v.pron* **1** isolar-se, retrair-se **2** ficar triste, solitário

en.cos.co.rar *v.t.* tornar duro; endurecer

en.cos.ta /ó/ *s.f.* declive de uma formação rochosa; escarpa

en.cos.tar *v.t.* **1** apoiar(-se) em alguma coisa **2** unir; fazer ficar próximo; juntar **3** abandonar, colocar de lado **4** estacionar veículo **5** fechar de modo incompleto uma porta ou janela

en.cos.to /ô/ *s.m.* **1** tudo o que serve de base, de apoio, de escoramento **2** objeto ou lugar onde se pode encostar **3** RELIG espírito não evoluído que pode acompanhar alguém para prejudicá-lo

en.cou.ra.ça.do *s.m.* **1** que está protegido por couraça **2** tipo de navio de guerra

en.cou.ra.çar *v.t.* **1** proteger com couraça **2** proteger(-se), defender(-se)

en.co.var *v.t.* **1** enterrar; colocar algo dentro de uma cova **2** fazer ficar ou ficar encovado

en.cra.va.do *adj.* **1** fixado, preso com cravos **2** engastado, embutido **3** diz-se de unha cujos cantos encravaram na pele e causam dor

en.cra.va.du.ra *s.f.* **1** ato ou efeito de encravar(-se); encravamento **2** conjunto de cravos com que se segura a ferradura em um animal

en.cra.va.men.to *s.m.* m.q. encravadura

en.cra.var *v.t.* **1** prender ou fixar com cravos **2** fazer parar, imobilizar **3** penetrar na carne (unha)

en.cra.ve *s.m.* m.q. encravo

en.cra.vo *s.m.* **1** aquilo que impede, obstaculiza; dificuldade **2** m.q. obstáculo

en.cren.ca *s.f.* complicação, confusão, problema

en.cres.par *v.t.* **1** enrolar; anelar, encaracolar os cabelos **2** irritar(-se), alterar(-se)

en.cros.tar *v.i.* endurecer criando uma crosta, uma casca

en.cru.ar *v.t.* **1** não assar; ficar cru ◯ *v.i.* **2** *pop.* não desenvolver; não progredir; empacar, estagnar

en.cru.zi.lha.da *s.f.* ponto de convergência e cruzamento de ruas, vias, estradas etc.

en.cu.bar *v.t.* armazenar dentro de cuba ou estufa; envasilhar

en.cur.ra.lar *v.t.* **1** prender (animal) dentro do curral **2** bloquear, fechar; impedir a saída

en.cur.tar *v.t.* tornar algo mais curto; diminuir a extensão, o tamanho

en.cur.var *v.t.* fazer com que fique curvo; curvar, entortar

en.de.cha /ê/ *s.f.* POÉT composição poética de caráter triste, melancólico, fúnebre

en.de.flu.xar.se /ks/ *v.pron.* contrair defluxo; constipar-se

en.de.mi.a *s.f.* MED moléstia infecciosa habitual que acomet

en.de.mo.ni.a.do *adj.* **1** possuído por demônio; possesso **2** *fig.* diz-se de criança travessa, inquieta

en.de.mo.ni.ar *v.t.* **1** colocar o demônio no corpo **2** ficar furioso; ter ódio

en.de.mo.ni.nha.do *adj.* m.q. endemoniado

en.de.mo.ni.nhar *v.t.* m.q. endemoniar

en.de.re.çar *v.t.* **1** colocar o endereço **2** destinar, remeter, expedir

en.deu.sar *v.t.* **1** atribuir características de deus a alguém mortal; divinizar **2** admirar exageradamente uma coisa ou pessoa; idolatrar

en.dez /ê/ *s.m.* **1** ovo que indica o lugar de postura da galinha **2** empecilho, impedimento

en.di.a.bra.do *adj.* **1** diabólico **2** diz-se de criança que faz traquinices; travesso

en.di.a.brar *v.t.* tornar travesso, traquina, endiabrado

en.dí.via *s.f.* BOT tipo de chicória de folhas crespas; escarola

en.do.car.po *s.m.* BOT membrana interior que reveste um fruto

en.do.en.ças *s.f.pl.* solenidades religiosas realizadas na Quinta-Feira Santa

en.do.cár.dio *s.m.* ANAT tecido que reveste as cavidades internas do coração

en.dó.cri.no *adj.* ANAT relativo a ou próprio de glândula, especialmente de secreção interna

en.do.cri.no.lo.gi.a *s.f.* MED área que se dedica ao estudo das glândulas de um modo geral

en.do.ga.mi.a *s.f.* **1** casamento entre membros da própria família, etnia, casta ou grupo social, com objetivos de conservação de raça ou nobreza **2** BIOL fecundação em que uma mesma divisão nuclear gera dois núcleos

en.dó.ga.mo *s.m.* indivíduo que pratica a endogamia

en.dó.ge.no *adj.* **1** que é resultado de fatores internos **2** BOT diz-se de estrutura vegetal que nasce no interior de outra

en.doi.dar *v.i.* enlouquecer; ficar doido, insano; pirar

en.doi.de.cer /ê/ *v.i.* m.q. endoidar

en.do.lin.fa *s.f.* BIOQUÍM líquido transparente que preenche o labirinto membranoso auricular

en.do.pa.ra.si.ta *s.m.* MED parasita interno, que vive dentro de um outro organismo

en.dos.mo.se /ó/ *s.f.* osmose cujo fluxo de água se dá de dentro para fora

en.do.mé.trio *s.m.* ANAT mucosa que reveste o interior do útero

en.do.plas.ma *s.m.* BIOL parte interna do citoplasma que circunda o núcleo

en.dos.có.pio *s.m.* MED instrumento formado por um tubo flexível com câmera e iluminação que permite o exame visual de certas cavidades internas do corpo

en.dos.per.ma /é/ *s.m.* BOT tecido vegetal que envolve e nutre o embrião de muitas plantas angiospermas

en.dos.sar *v.t.* **1** colocar endosso; assinar o verso de um cheque para que outra pessoa receba o valor correspondente **2** transferir a responsabilidade de um cargo ou de uma missão a outra pessoa **3** dar apoio a uma decisão, ideia etc.

en.dos.so *s.m.* declaração que se coloca no verso de título nominativo para que o beneficiário possa receber o valor correspondente

en.do.ve.no.so /ô/ *adj.* MED que se encontra no interior de uma veia; intravenoso

en.du.re.cer /ê/ *v.t.* **1** tornar duro, sólido, resistente **2** ficar duro, insensível, rude

e.ne.á.go.no *s.m.* GEOM polígono que possui nove lados

e.ne.gre.cer /ê/ *v.t.* adquirir ou dar a tonalidade negra; escurecer

e.ner.gé.ti.ca *s.f.* **1** teoria que afirma que tudo no universo está reduzido a energia **2** ciência que estuda a energia e os fenômenos ligados a ela

e.ner.gé.ti.co *adj.* referente a energia ou energética

engano

e.ner.gi.a *s.f.* **1** FÍS capacidade que um corpo tem de realizar trabalho **2** força, vigor

e.ner.gú.me.no *s.m.* **1** *desus.* indivíduo possuído pelo demônio **2** *por ext.* indivíduo desequilibrado, desatinado

e.ner.van.te *adj.2g.* **1** que causa nervosismo; irritante **2** que causa desânimo, que desencoraja

e.ner.var *v.t.* fazer ficar nervoso; irritar

e.ne.vo.ar *v.t.* encher de névoa; escurecer, turvar, embaciar

en.fa.do *s.m.* sensação de tédio; aborrecimento

en.fa.dar *v.t.* causar ou sentir enfado, tédio; amolar, aborrecer

en.fa.do.nho /ô/ *adj.* que causa tédio, enfado; monótono, chato

en.fai.xar *v.t.* cobrir, envolver ou amarrar com faixas

en.fa.rar *v.i.* **1** perder ou fazer perder a fome por já haver comido em excesso **2** entediar, aborrecer

en.far.dar *v.t.* **1** colocar dentro de fardo; empacotar, embalar **2** vestir farda; usar farda

en.fa.ri.nhar *v.t.* encher de farinha; envolver em farinha; misturar com farinha

en.fa.ro *s.m.* m.q. enfado

en.far.pe.lar *v.t. v.pron.* vestir(-se) com roupa bonita e nova para ocasiões especiais

en.far.rus.car *v.t. v.pron.* **1** manchar(-se) com carvão ou fuligem **2** *fig.* zangar(-se), amuar(-se)

en.far.tar *v.t.* **1** fazer ficar (de comida); fartar ○ *v.i.* **2** MED infartar; sofrer infarto

en.far.te *s.m.* **1** MED morte celular pela falta de oxigenação das células; enfarto, infarto **2** regurgitamento; sensação de ter comido em excesso; inchação

en.far.to *s.m.* m.q. enfarte

ên.fa.se *s.f.* **1** excesso de eloquência ao expressar-se **2** entusiasmo; animação exagerada **3** realce, destaque

en.fas.ti.ar *v.t.* **1** causar fastio; entediar, aborrecer **2** causar a perda do apetite

en.fá.ti.co *adj.* que possui ou dá ênfase, que realça

en.fa.ti.o.tar *v.t. v.pron.* vestir(-se) com apuro, com esmero

en.fa.tu.ar *v.t.* envaidecer; encher de presunção, vaidade

en.fe.ar *v.t.* dar aparência feia ou desagradável; tornar feio

en.fei.tar *v.t.* colocar enfeites, ornatos; ataviar, adornar

en.fei.te /ê/ *s.m.* detalhe usado para tornar mais belo; adorno, atavio, ornamento

en.fei.ti.çar *v.t.* **1** lançar feitiço, magia, bruxaria contra alguém **2** por ext. seduzir, encantar

en.fei.xar *v.t.* **1** juntar em um feixe **2** colocar em embrulho; embrulhar

en.fer.ma.gem *s.f.* **1** ação ou resultado de cuidar de enfermos, de sua higiene, medicação etc. **2** serviço de enfermeiro

en.fer.ma.ri.a *s.f.* lugar em hospitais, postos de saúde etc. onde se cuida de pessoas enfermas

en.fer.mar *v.t.* **1** contrair doença; ficar enfermo **2** *por ext.* causar aflição ou doença; afligir

en.fer.mi.ço *adj.* que adoece facilmente

en.fer.mi.da.de *s.f.* doença; falta de saúde; moléstia

en.fer.mo /ê/ *adj.* doente; desprovido de saúde; que contraiu moléstia

en.fer.ru.jar *v.i.* **1** oxidar; criar uma camada de ferrugem **2** *fig.* tornar-se menos flexível e ágil

en.fes.ta.do *adj.* **1** que foi acometido por doença ou atacado por micróbios etc.; infestado **2** diz-se de pano, tecido dobrado ao meio

en.fes.tar *v.t.* **1** atacar, invadir de modo violento **2** proliferar; infestar

en.feu.dar *v.t.* **1** criar ou transformar em feudo **2** sujeitar à sua vontade; avassalar

en.fe.zar *v.t.* **1** não desenvolver de modo suficiente; impedir o desenvolvimento **2** irritar, irar

en.fi.ar *v.t.* **1** colocar algo em fio **2** colocar, meter, fincar, fazer penetrar

en.fi.lei.rar *v.t.* alinhar; colocar em fila ou fileira; ordenar

en.fim *adv.* por fim; finalmente

en.fi.se.ma /ê/ *s.m.* MED infiltração anormal de ar ou gás no tecido celuloso, causando dilatação excessiva

en.flo.rar *v.t.* **1** desenvolver flores; encher de flores **2** enfeitar com flores

en.flo.res.cer /ê/ *v.t.* m.q. florescer

en.fo.car *v.t.* **1** focalizar; colocar em foco **2** tratar de certo assunto; salientar, destacar

en.fo.lhar *v.i. v.pron.* adquirir e desenvolver folhas; cobrir-se de folhas

en.for.car *v.t.* **1** esganar; causar morte por estrangulamento; estrangular **2** prender-se entre duas forquilhas ou dois objetos que prendem

en.for.mar *v.t.* **1** colocar dentro de forma **2** dar forma a algo **3** tomar corpo; desenvolver-se

en.for.nar *v.t.* **1** colocar dentro do forno **2** comer algo com apetite

en.for.qui.lhar *v.t.* **1** prender em forquilha ○ *v.pron.* **2** andar a cavalo com as pernas muito abertas, de modo desajeitado e deselegante

en.fra.que.cer /ê/ *v.t.* perder ou tirar as forças, o entusiasmo, o ânimo; debilitar

en.fras.car *v.t.* engarrafar; colocar dentro de frasco ou garrafa

en.fre.ar *v.t.* **1** colocar o freio; apertar o freio **2** reprimir, conter

en.fren.tar *v.t.* **1** dar de frente; defrontar **2** encarar, lutar, combater

en.fu.ma.çar *v.t.* cobrir de fumaça; enegrecer por ação da fumaça

en.fu.mar *v.t.* cobrir ou encher de fumo; enfumaçar

en.fu.ma.rar *v.t.* m.q. enfumaçar

en.fu.nar *v.t. v.pron.* **1** inflar(-se), encher(-se) (as velas de um barco) **2** *fig.* encher(-se) de vaidade, orgulho

en.fu.re.cer /ê/ *v.t.* ficar furioso, irado; ficar fora de si

en.fur.nar *v.t.* esconder-se dentro de furna; ocultar-se, isolar-se

en.ga.be.lar *v.t.* m.q. engambelar

en.gan.char *v.t.* prender com gancho ou instrumento semelhante; unir, acoplar

en.gai.o.lar *v.t.* **1** colocar dentro de gaiola **2** prender, fechar, aprisionar

en.ga.jar *v.t. v.pron.* **1** alistar-se nas forças armadas **2** aderir, comprometer-se com uma causa ou ideia

en.gal.fi.nhar *v.t. v.pron.* agarrar-se em luta física

en.gam.be.lar *v.t.* lograr, iludir; ludibriar, enganar

en.ga.na.dor /ô/ *adj.* que ilude, que engana; falso, mentiroso

en.ga.no *s.m.* **1** erro, descuido, desatenção **2** mentira, ilusão, logro

engarrafar

en.gar.ra.far *v.t.* colocar dentro de garrafa ou frasco; enfrascar

en.gas.gar *v.t.* sufocar; ocasionar ou sofrer engasgo; asfixia

en.gas.go *s.m.* asfixia por obstáculo na garganta; sufocação

en.ga.tar *v.t.* 1 ligar elementos formando uma série 2 prender por meio de elos metálicos 3 engrenar (veículo)

en.ga.ti.lhar *v.t.* 1 levantar o gatilho de uma arma para disparar 2 colocar a postos, deixar pronto

en.ga.ti.nhar *v.i.* andar apoiando nos joelhos e nas mãos (bebê)

en.ga.ve.tar *v.t.* 1 guardar dentro de uma gaveta 2 arquivar documentos retardando o desenvolvimento de um processo 3 entrar (vagão ou carro) dentro de outro em uma colisão

en.ga.zo.par *v.t.* enganar, mentir, iludir

en.ge.lhar *v.t.* 1 fazer ou criar gelhas, pregas 2 criar ruga; enrugar, envelhecer

en.gen.drar *v.t.* 1 dar início; originar, formar 2 produzir, inventar, criar algo novo

en.ge.nhar *v.t.* 1 inventar, criar algo novo 2 produzir; tornar real; executar, realizar

en.ge.nha.ri.a *s.f.* 1 ciência que transforma recursos naturais em benfeitorias para o ser humano 2 ciência ou arte de fabricação de máquinas ou construções civis 3 a profissão de engenheiro 4 criação, elaboração

en.ge.nhei.ro /ê/ *s.m.* profissional especialista em engenharia

en.ge.nho /ê/ *s.m.* 1 lugar onde se mói cana-de-açúcar 2 capacidade, inteligência para criar, inventar, produzir

en.ge.nho.so /ô/ *adj.* dotado de engenho, talento; criativo, inventivo

en.ges.sar *v.t.* 1 cobrir ou envolver com gesso 2 tirar a flexibilidade; limitar o movimento

en.glo.bar *v.t.* juntar tudo em um globo, em um conjunto; incluir; conglomerar

en.go.dar *v.t.* iludir, enganar com artifícios, com engodos

en.go.do /ô/ *s.m.* aquilo que se usa para atrair e enganar alguém; ardil, cilada, logro

en.gol.far *v.t.* 1 tomar a direção de enseada, golfo 2 fazer entrar ou penetrar em algum lugar ou algo ○ *v.pron.* 3 ficar imerso; absorver-se

en.go.lir *v.t.* 1 deglutir; fazer descer da boca para o estômago; ingerir 2 *fig.* aguentar, tolerar

en.go.mar *v.t.* cobrir, encher de goma 2 passar (roupa) a ferro quente

en.gon.çar *v.t.* prender com engonços

en.gor.dar *v.t.* desenvolver gordura; ficar gordo; tornar-se obeso; ganhar massa adiposa, peso

en.gor.du.rar *v.t.* encher ou untar com gordura

en.gra.ça.do *adj.* que diverte, que faz rir; divertido, cômico

en.gra.ça.men.to *s.m.* 1 fineza de maneiras; simpatia, galantaria 2 *pop.* falta de respeito; atrevimento

en.gra.çar *v.t.* 1 ser ousado, atrevido; tomar a confiança 2 agradar; ter simpatia; gostar 3 embelezar, enfeitar 4 agir de forma ousada e desrespeitosa com outra pessoa

en.gran.de.cer /ê/ *v.t.* 1 aumentar o tamanho, as dimensões; tornar grande 2 tecer elogios; louvar; enaltecer as boas qualidades

en.gran.zar *v.t.* 1 organizar em ordem, em série, em cadeia 2 prender com elos; encadear 3 *fig.* concatenar pensamentos, ideias

en.gra.va.tar *v.t.* colocar ou usar gravata; vestir-se com elegância ■ **dar uma gravata** aplicar golpe de luta que consiste em asfixiar o oponente ■ **de gravata lavada** que usufrui de respeito, admiração, prestígio

en.gra.vi.dar *v.t.* emprenhar ; tornar alguém grávida ou ficar grávida

en.gra.xar *v.t.* 1 passar graxa ou lubrificante em algo 2 passar graxa para dar brilho; lustrar; dar lustro

en.gra.xa.te *s.m.* pessoa que tem como profissão engraxar sapatos

en.gre.na.gem *s.f.* 1 conjunto de peças dentadas cuja função é transmitir força ou movimento a algum mecanismo 2 estrutura de funcionamento

en.gre.nar *v.t.* 1 engatar engrenagem de marcha de veículo 2 *fig.* entrar em funcionamento

en.gri.nal.dar *v.t.* enfeitar com grinaldas, com guirlandas

en.gro.lar *v.t.* 1 cozinhar ou assar de modo incompleto, deixando o alimento meio cru 2 falar de modo indistinto e ininteligível 3 passar alguém para trás; enganar; ludibriar

en.gros.sar *v.t.* 1 aumentar a espessura, o volume; tornar mais grosso 2 ser rude, tratar mal outra pessoa

en.gru.pir *v.t.* ludibriar, enganar, passar para trás, tapear

en.gui.a *s.f.* ZOOL peixe em forma de serpente que possui nadadeiras peitorais bem desenvolvidas

en.gui.çar *v.i.* 1 deixar de funcionar por apresentar algum defeito; estragar 2 jogar mau-olhado, azar; azarar 3 implicar; amolar, provocar

en.gui.ço *s.m.* 1 aquilo que não permite o bom funcionamento; defeito, empecilho 2 mau-olhado; azar

en.gu.lhar *v.t.* causar ou sentir engulho, nojo, asco

en.gu.lho *s.m.* asco, nojo, náusea, ânsia de vômito

e.nig.ma *s.m.* 1 mistério; coisa enigmática e de difícil compreensão 2 problema, questão de difícil interpretação e resolução

en.jam.brar *v.i.* 1 entortar, deformar, empenar ○ *v.pron.* 2 *fig.* ficar vexado, encabulado; envergonhar-se

en.jau.lar *v.t.* 1 colocar dentro de jaula; prender; engaiolar 2 afastar-se do convívio social

en.jei.tar *v.t.* 1 recusar, não aceitar 2 abandonar (o próprio filho)

en.jo.ar *v.t.* 1 perder a vontade por certas coisas; aborrecer, entediar 2 sentir enjoo, ânsia de vômito

en.jo.o /ô/ *s.m.* 1 sensação de vômito; náusea 2 nojo, aversão

en.la.çar *v.t.* 1 prender com laço ou laçada 2 envolver com abraço; abraçar 3 exercer atração sobre outra pessoa; fascinar

en.la.ce *s.m.* 1 enlaçamento; ação ou resultado de enlaçar 2 matrimônio, casamento 3 combinação, conexão, união

en.lam.bu.zar *v.t.* m.q. lambuzar

en.la.me.ar *v.t.* 1 enlodar; encher de lama; sujar; manchar de lama 2 manchar a reputação, a honra de si ou de outra pessoa

en.lan.gues.cer /ê/ *v.t.* ficar ou tornar lânguido, extenuado; enfraquecer, desanimar

en.la.tar *v.t.* colocar ou conservar em lata

ensarilhar

en.le.ar *v.t.* **1** amarrar, ligar com liames; atar **2** embaraçar; tornar confuso; atrapalhar

en.lei.o *s.m.* **1** fita para amarrar; liame **2** atração, encanto **3** indecisão, confusão

en.lei.va.men.to *s.m.* **1** ação ou efeito de enleivar **2** formação de leivas

en.lei.var *v.t.* organizar a terra em leivas; fazer o enleivamento de um terreno

en.le.var *v.t.* cativar; sentir ou causar enlevo, êxtase; prender a atenção

en.li.çar *v.t.* iludir, enganar, lograr

en.lo.dar *v.t.* **1** enlamear; sujar de lodo, de lama **2** macular a reputação, a boa fama de alguém

en.lou.que.cer /ê/ *v.t.* ficar ou tornar louco; endoidar; perder ou fazer perder o juízo

en.lu.a.ra.do *adj.* banhado pelo luar; iluminado pela luz da lua

en.lu.tar *v.t.* **1** causar grande tristeza e sofrimento **2** manifestar luto

en.lu.var *v.t.* colocar luvas nas mãos

e.no.bre.cer /ê/ *v.t.* enaltecer; tornar nobre, superior, honrado; nobilitar

e.no.do.ar *v.t.* cobrir de nódoas, de manchas; macular

e.no.jar *v.t.* **1** sentir ou causar repulsa, náusea, nojo **2** causar ou sentir fastio, enfado; enfadar

e.no.jo /ô/ *s.m.* sensação de nojo, de náusea; repulsa, aversão

e.no.mel /é/ *s.m.* bebida à base de vinho e mel

e.nor.me /ó/ *adj.2g.* de grandes dimensões; desmedido; muito grande

e.nor.mi.da.de *s.f.* qualidade do que é enorme

e.no.ve.la.dei.ra /é/ *s.f.* instrumento para enrolar fios e fazer novelos

e.no.ve.lar *v.t.* enrolar fio para formar novelo

en.qua.drar *v.t.* **1** colocar um quadro em uma moldura; emoldurar, encaixilhar **2** ajustar, arrumar **3** buscar o melhor ângulo para uma fotografia **4** incluir; integrar

en.quan.to *conj.* expressa ideia de simultaneidade; durante o mesmo tempo que; no tempo em que

en.quis.tar *v.t.* adquirir forma de quisto, de cisto

en.ra.bi.cha.men.to *s.m.* **1** ação ou resultado de enrabichar **2** paixão ou amor excessivo por outrem

en.ra.bi.char *v.t.* **1** prender o cabelo em forma de rabicho **2** envolver-se, relacionar-se com alguém **3** ter paixão excessiva por outrem

en.rai.ve.cer /ê/ *v.t.* causar ou experimentar sentimento de raiva, ira; encolerizar; irar

en.rai.zar *v.t.* **1** fixar pela raiz **2** adquirir (costume, hábito)

en.ra.mar *v.t.* **1** criar e desenvolver ramagem **2** encher de rama, de galhos

en.ran.çar *v.i.* tornar rançoso; ficar podre; apodrecer

en.ras.ca.da *s.f.* situação difícil, embaraçosa; encrenca

en.ras.ca.de.la /é/ *s.f.* m.q. enrascada

en.re.da.do *adj.* **1** que tem aspecto de rede; que apresenta uma trama de filamentos **2** embaraçado, emaranhado **3** envolvido em confusão ou situação embaraçosa

en.re.da.dor /ô/ *s.m.* pessoa que engana, que tece intrigas; pessoa mexeriqueira

en.re.da.men.to *s.m.* **1** ação de enredar, de tramar **2** intriga, trama, confusão

en.re.dar *v.t.* **1** emaranhar; dar aspecto de teia, de rede; entrelaçar **2** causar intriga, confusão

en.re.dei.ro /ê/ *adj.* pessoa que causa confusão, intriga; mexeriqueiro

en.re.do /ê/ *s.m.* **1** trama, sucessão de acontecimentos de uma narrativa **2** intriga, confusão

en.re.ge.lar *v.t.* **1** tornar extremamente gelado, congelar **2** desanimar, perder o entusiasmo **3** entrar em pânico, apavorar

en.ri.car *v.i.* m.q. enriquecer

en.ri.jar *v.t.* m.q. enrijecer

en.ri.je.cer /ê/ *v.t.* causar ou sofrer enrijecimento; ficar rijo, duro

en.ri.par *v.t.* **1** envolver, cobrir com ripas **2** aplicar golpe com ripa; surrar

en.ri.que.cer /ê/ *v.i.* ficar ou tornar rico; enricar

en.ris.tar *v.t.* **1** *desus.* colocar a lança no riste para investida **2** *por ext.* pôr espada, flecha etc. em riste

en.ro.lar *v.t.* **1** produzir rolo ou novelo com fios, barbantes ou fitas; enovelar **2** procrastinar, adiar, protelar **3** *pop.* enganar, passar para trás, ludibriar **4** *fig.* complicar-se; ver-se em situação embaraçosa ou complicada

en.ros.car *v.t.* **1** prender algo com roscas; enganchar **2** enrolar algo dando voltas, formando espiral **3** envolver com abraço; abraçar

en.rou.que.cer /ê/ *v.t.* sofrer ou ocasionar a perda da voz; ficar rouco

en.rou.par *v.t.* cobrir com roupa ou agasalho; vestir, agasalhar

en.ro.xar *v.t.* adquirir tonalidade arroxeada; ficar roxo

en.ru.bes.cer /ê/ *v.t.* **1** adquirir tonalidade rubra, vermelha; ficar vermelho, corar **2** ficar rubro de raiva, vergonha etc.

en.ru.gar *v.t.* criar vincos, rugas; envelhecer

en.rus.tir *v.t.* tornar oculto; encobrir, esconder

en.sa.bo.a.de.la /é/ *s.f.* **1** ação de passar sabão ou sabonete ligeiramente **2** *fig.* reprimenda, advertência

en.sa.car *v.t.* embalar em sacos; enfardar, empacotar

en.sa.bo.ar *v.t.* **1** esfregar com sabão para limpar **2** *fig.* repreender; admoestar

en.sai.ar *v.t.* **1** praticar repetidamente para apresentação; treinar **2** repetir algo muitas vezes para memorização e automatização **3** insinuar; fazer menção de

en.sai.brar *v.t.* encher ou cobrir com saibro

en.sa.io *s.m.* **1** treino e repetição para aperfeiçoar o desempenho de quem executa uma peça teatral, apresentação musical etc. **2** teste laboratorial para comprovar a efetividade de um experimento **3** texto breve de caráter literário ou científico sobre algum aspecto de um determinado tema **4** tentativa

en.sa.ís.ta *s.2g.* autor de ensaios

en.sam.blar *v.t.* unir peças de madeira

en.san.cha *s.f.* **1** excesso de tecido deixado em roupas a fim de alargá-las posteriormente **2** aumento, desenvolvimento, expansão **3** ocasião propícia, oportunidade

en.san.char *v.t.* deixar excesso de tecido em vestimenta para posterior alargamento; aumentar, expandir, ampliar

en.san.de.cer /ê/ *v.t.* sofrer ou ocasionar loucura; causar ou sofrer a perda do juízo; enlouquecer, endoidar

en.san.guar *v.t.* m.q. ensanguentar

en.san.guen.tar *v.t.* **1** derramar ou perder sangue **2** macular, manchar de sangue

en.sa.ri.lhar *v.t.* **1** enfiar fio em sarilho **2** armar sarilho; provocar confusão **3** embaraçar, emaranhar

enseada

en.se.a.da *s.f.* angra; pequena entrada no litoral que serve como porto ou ancoradouro; angra

en.se.bar *v.t.* **1** besuntar com sebo ou gordura; engordurar **2** utilizar artifícios ou desculpas para impedir o progresso de algo

en.se.jar *v.t.* **1** tornar possível; oportunizar; possibilitar **2** experimentar, tentar

en.se.jo /ê/ *s.m.* oportunidade; ocasião propícia

en.si.for.me /ó/ *adj.2g.* que tem a forma semelhante à de uma espada

en.si.la.gem *s.f.* conservação de cereais em silos

en.si.lar *v.t.* conservar cereais em silos

en.si.mes.mar-se *v.pron.* concentrar-se em si mesmo; meditar; ficar alheio de tudo ao redor

en.si.nar *v.t.* transmitir conhecimentos a outra pessoa; lecionar, instruir

en.si.no *s.m.* **1** transmissão de saberes; instrução **2** sistema responsável pela instrução dos indivíduos **3** estratégias e métodos utilizados na transferência de conhecimentos

en.so.ber.be.cer /ê/ *v.t.* provocar ou ser acometido por soberba, orgulho, vaidade

en.som.brar *v.t. v.pron.* **1** encobrir(-se) de sombra; ensombrear(-se) **2** *fig.* provocar ou sentir tristeza; abater(-se)

en.so.pa.do *adj.* **1** molhado, encharcado • *s.m.* **2** caldo, sopa

en.so.par *v.t.* **1** preparar sopa, caldo **2** molhar, encharcar

en.sur.de.cer /ê/ *v.t.* **1** perder ou ocasionar a perda da audição **2** abafar; fazer perder o som

en.ta.bla.men.to *s.m.* ARQUIT moldura superior da fachada de um edifício

en.ta.bu.ar *v.t.* **1** forrar ou revestir com tábuas; entabular **2** *fig.* ficar duro como tábua; endurecer

en.ta.bu.lar *v.t.* **1** m.q. entabuar **2** dar início, colocar em prática

en.tai.par *v.t.* cercar com taipa; murar, enclausurar

en.ta.lar *v.t.* **1** pôr talas; apertar com talas **2** enfiar algo em lugar estreito **3** ficar preso em lugar apertado, estreito **4** colocar-se em situação embaraçosa, complicada

en.ta.lhar *v.t.* **1** fazer talhos em madeira **2** gravar ou esculpir algo em madeira

en.tan.guir *v.i.* perder os movimentos por frio demasiado; enregelar

en.tan.to *adv.* enquanto isso; durante esse tempo; nesse ínterim ■ **no entanto** contudo, entretanto, todavia

en.tão *adv.* **1** nesse momento, nesse tempo, nessa época **2** assim sendo; nesse caso

en.te *s.m.* **1** tudo aquilo que tem existência **2** ser, pessoa, indivíduo

en.te.a.do *s.m.* o filho de relacionamento anterior de um dos cônjuges

en.te.di.ar *v.t.* causar aborrecimento, tédio; aborrecer, enfastiar

en.te.lhar *v.t.* cobrir ou revestir com telhas

en.ten.de.dor /ô/ *s.m.* pessoa que entende de um assunto; conhecedor, experiente

en.ten.der *v.t.* **1** captar o sentido, o significado; começar, compreender, perceber ○ *v.pron.* **2** entrar em acordo; avir-se

en.te.ne.bre.cer /ê/ *v.t. v.pron.* recobrir(-se) de trevas; turbar(-se)

en.té.ri.co *adj.* relativo ao intestino; intestinal

en.te.ri.te *s.f.* MED inflamação do intestino

en.ter.ne.cer /ê/ *v.t.* causar ternura, carinho, amor; sensibilizar, comover

en.te.ro.va.ci.na *s.f.* MED vacina ministrada pelas vias digestivas e absorvida no intestino

en.ter.rar *v.t.* **1** soterrar; colocar dentro do chão, da terra **2** sepultar **3** enfiar profundamente; cravar

en.ter.ro /ê/ *s.m.* cortejo fúnebre; sepultamento

en.te.sar *v.t.* tornar teso; retesar

en.te.sou.rar *v.t.* juntar tesouros, riquezas; enriquecer

en.tes.tar *v.t.* **1** ter fronteiras, limites em comum ○ *v.pron.* **2** colocar-se testa a testa com outra pessoa; desafiar, enfrentar

en.ti.car *v.t.* **1** implicar com alguém, provocar **2** brigar

en.ti.da.de *s.f.* **1** constituição de uma coisa ou pessoa; essência **2** RELIG ser espiritual **3** organização, instituição, sociedade

en.ti.si.car *v.t.* **1** ficar ou tornar tísico, fraco, débil; debilitar **2** chatear-se por ninharia

en.to.ar *v.t.* **1** cantar; expressar-se pelo canto; dar início a um canto **2** expressar-se em voz persuasiva e alta

en.to.cai.ar *v.t.* **1** preparar tocaia para alguém **2** emboscar para ataque surpresa

en.to.car *v.t.* colocar dentro da toca; enfiar dentro de buraco ou cavidade

en.to.jar *v.t.* causar entojo, nojo, aversão; enojar

en.to.jo /ô/ *s.m.* nojo, náusea, aversão

en.to.mo.fi.li.a *s.f.* BOT polinização feita por insetos

en.to.mo.lo.gi.a *s.f.* ZOOL área da biologia que estuda os insetos

en.to.nar *v.t.* **1** dar certa entonação à voz; entoar **2** ter atitude altiva, arrogante, orgulhosa

en.tor.nar *v.t.* **1** virar, derramar (líquido) **2** beber em demasia

en.tor.no *s.m.* arrogância, altivez, orgulho

en.ton.te.cer /ê/ *v.t. v.pron.* **1** causar tontura ou ficar tonto **2** *fig.* perturbar(-se), aturdir(-se)

en.tor.pe.cen.te *adj.2g.* **1** que entorpece, que insensibiliza; entorpecedor **2** narcótico; substância tóxica que inebria, que entorpece; droga

en.tor.pe.cer /ê/ *v.t.* **1** causar torpor, insensibilidade **2** ficar ou tornar fraco; debilitar

en.tor.pe.ci.men.to *s.m.* ato ou efeito de entorpecer; insensibilidade, torpor

en.tor.se /ó/ *s.f.* MED distensão dos músculos ou tendões

en.tor.tar *v.t.* tornar ou ficar torto, curvo; curvar, encurvar

en.tra.da *s.f.* **1** ação ou resultado de entrar **2** porta, portão; lugar por onde se entra **3** primeiro pagamento de um parcelamento de despesas **4** ingresso de teatro, cinema, espetáculo musical etc. **5** incursão militar **6** o primeiro prato de uma refeição **7** admissão

en.tra.jar *v.t.* portar roupa, traje; vestir, trajar

en.tra.lhar *v.t.* **1** tecer as malhas de uma rede **2** *fig.* ficar preso, amarrado, entalado

en.tran.çar *v.t.* **1** trançar; dispor em **2** entrelaçar; ligar por entrelaçamento

en.trân.ci.a *s.f.* **1** condição de quem começa, principia **2** começo de carreira, de execução de uma função

en.tra.nha *s.f.* **1** intestino, víscera **2** conjunto dos órgãos internos (entranhas)

en.tra.nhar *v.t.* **1** penetrar profundamente, fazer parte das entranhas **2** introduzir, enfiar

entrouxar

en.trar *v.pron.* **1** colocar-se dentro de ○ *v.t.* **2** penetrar, adentrar

en.tra.var *v.t.* colocar entrave; obstruir, obstaculizar

en.tra.ve *s.m.* empecilho, impedimento

en.tre *prep.* indica período de tempo ou de espaço que separa dois pontos ou corpos

en.tre.a.brir *v.t.* abrir parcialmente, sem escancarar

en.tre.a.to *s.m.* intervalo entre os atos de um espetáculo

en.tre.cer.rar *v.t.* cerrar, fechar de modo parcial

en.tre.cho /ê/ *s.m.* sequência de acontecimentos que constituem a trama de uma narração; enredo

en.tre.cho.car *v.t. v.pron.* chocar-se um contra o outro

en.tre.cho.que /ó/ *s.m.* choque entre duas coisas; embate, esbarrão

en.tre.cor.tar *v.t.* **1** recortar em formato de cruz **2** interromper de tempos em tempos **3** cruzar, atravessar

en.tre.cos.to /ô/ *s.m.* carne situada entre as costelas da vaca

en.tre.cru.zar.se *v.pron.* cruzar-se reciprocamente em vários pontos

en.tre.fe.char *v.t.* fechar parcialmente, entrecerrar

en.tre.fo.lha /ê/ *s.f.* folha em branco, intercalada nas folhas impressas de um livro, utilizada para anotações

en.tre.ga /é/ *s.f.* **1** ação ou resultado de entregar alguma coisa a alguém, de colocar-lhe nas mãos **2** transferência **3** dedicação **4** rendição

en.tre.ga.dor *s.m.* pessoa que realiza entregas

en.tre.gar *v.pron.* **1** render-se; não resistir **2** dedicar-se; empenhar-se ○ *v.t.* **3** colocar algo nas mãos de alguém, dar-lhe a posse de

en.tre.gue /é/ *adj.2g.* **1** que foi posto nas mãos de alguém **2** muito cansado; exausto **3** dedicado, absorvido

en.tre.la.çar *v.t.* unir, juntar, trançar

en.tre.li.nha *s.f.* **1** espaço existente entre duas linhas ■ **nas entrelinhas** o que não foi expresso mas ficou subentendido

en.tre.li.nhar *v.t.* **1** grafar nas entrelinhas **2** colocar em entrelinhas; subentender

en.tre.lu.zir *v.t.* brilhar de modo fraco; tremeluzir

en.tre.ma.nhã *s.f.* primeira claridade do dia; madrugada; crepúsculo matutino

en.tre.me.ar *v.t.* intercalar; colocar uma coisa entre outras; mesclar

en.tre.men.tes *adv.* nesse intervalo de tempo; nesse ínterim; nesse meio-tempo

en.tre.mei.o *s.m.* **1** espaço entre duas coisas **2** faixa bordada que se coloca entre duas peças lisas de tecido

en.tre.me.ter *v.t. v.pron.* **1** colocar(-se) no meio; intrometer(-se) **2** intervir, interferir

en.tre.mez /ê/ *s.m.* **1** ARTE representação curta entre duas peças principais **2** farsa, comédia **3** por ext. intervalo de tempo que é preenchido por alguma coisa

en.tre.mos.trar *v.t.* deixar ver de forma incompleta

en.tre.o.lhar.se *v.pron.* olhar um para o outro, de forma mútua, recíproca

en.tre.pau.sa *s.f.* pequena pausa intermediária; descanso

en.tre.por /ô/ *v.t.* m.q. interpor

en.tre.pos.to /ô/ *s.m.* **1** posto de alfândega **2** lugar onde são reunidas as mercadorias para posterior distribuição

en.tres.sa.char *v.t.* intercalar, misturar, mesclar, entremear

en.tres.se.me.ar *v.t.* semear algo intercaladamente

en.tres.so.la /ó/ *s.f.* peça de calçado colocada entre a palmilh

en.tres.so.nhar *v.t.* sonhar de modo confuso; divagar

en.tres.sor.rir *v.t.* fazer menção de sorrir; dar um meio sorriso

en.tre.tan.to *conj.* no entanto, porém, contudo, todavia

en.tre.te.cer /ê/ *v.t.* entremear, entrelaçar

en.tre.te.la /é/ *s.f.* tela ou tecido mais espesso que se coloca em uma roupa para deixá-la mais resistente e encorpada

en.tre.tem.po *s.m.* intervalo temporal entre dois acontecimentos; ínterim

en.tre.te.ni.men.to *s.m.* atividade de divertimento, passatempo; lazer

en.tre.ter /ê/ *v.t.* divertir; passar o tempo de modo prazeroso, agradável

en.tre.ti.men.to *s.m.* m.q. entretenimento

en.tre.va.do *adj.* paralítico; que perdeu a mobilidade dos membros

en.tre.var *v.t.* **1** escurecer, entenebrecer; cobrir de trevas **2** perder os movimentos, paralisar

en.tre.ver /ê/ *v.t.* **1** ver de modo incompleto ou com dificuldade **2** adivinhar, pressentir, prever **3** ter uma reunião ou um encontro

en.tre.ve.rar *v.t. v.pron.* **1** misturar(-se), mesclar(-se) **2** ter um entrevero, uma disputa com alguém

en.tre.ve.ro /ê/ *s.m.* **1** confusão, desordem **2** combate, disputa, briga

en.tre.vis.ta *s.f.* **1** encontro agendado, marcado; visita **2** conjunto de declarações, depoimentos prestados à imprensa **3** encontro pessoal para avaliação profissional ou prestação de informações ■ **entrevista coletiva** cessão de informações a um grupo de jornalistas em entrevista marcada

en.tre.vis.ta.do *adj. s.m.* pessoa que se submete a uma entrevista

en.tre.vis.ta.dor *s.m.* pessoa que realiza a entrevista

en.tre.vis.tar *v.t.* realizar uma entrevista

en.trin.chei.rar *v.t.* fazer trincheiras para se defender

en.tris.te.cer /ê/ *v.t.* causar ou sofrer tristeza, mágoa; afligir

en.tro.nar *v.t.* entronizar; conceder o trono; elevar ao trono

en.tron.ca.men.to *s.m.* **1** ponto de convergência entre duas vias **2** ramificação

en.tron.car *v.i.* **1** adquirir tronco; engrossar **2** juntar-se à linha central; convergir

en.tro.ni.zar *v.t.* elevar ao trono; entronar

en.tro.pi.a *s.f.* **1** FÍS grandeza, medida que permite avaliar a dissipação de energia de um sistema **2** BIOL medida da variação ou desordem em um sistema

en.tro.sar *v.t.* **1** promover o ajuste de uma peça a outra, dentro de um mecanismo; encadear, engrenar **2** *pop.* fazer parte de um grupo; ter amizade

en.trou.xar *v.t.* ensacar; embalar em uma trouxa; colocar dentro de uma trouxa

entrudo

en.tru.do *s.m.* antigo divertimento carnavalesco em que os foliões jogavam tinta, água, farinha etc. uns nos outros

en.tu.lho *s.m.* **1** que se tira de um lugar para encher outro **2** restos de materiais de construção sem utilidade **3** objeto sem utilidade

en.tu.lhar *v.t.* guardar em tulha, em celeiro; armazenar, atulhar

en.tu.pir *v.t.* **1** encher até o limite, até a quantidade máxima **2** obstruir, impedir; colocar obstáculos

en.tur.var *v.t.* ficar ou tornar turvo, escuro; ensombrar

en.tu.si.as.mar *v.t.* encher de ânimo, entusiasmo; exaltar, animar

en.tu.si.as.mo *s.m.* animação, ânimo, êxtase

en.tu.si.as.ta *adj.2g.* que possui ou passa o sentimento de entusiasmo

en.tu.si.ás.ti.co *adj.* **1** em que há entusiasmo **2** que tem ou inspira entusiasmo

e.nu.me.ra.ção *s.f.* **1** contagem, relação de itens **2** listagem de coisas uma a uma

e.nu.me.rar *v.t.* enunciar uma série de coisas; contar, numerar

e.nun.ci.a.ção *s.f.* **1** ação ou resultado de anunciar; expressão, exposição **2** uso particular da língua por um indivíduo

e.nun.ci.a.do *adj.* **1** que foi expresso, declarado, afirmado • *s.m.* **2** GRAM parte ou todo de um discurso, oral ou escrito

e.nun.ci.ar *v.t.* expressar por enunciação

en.vai.de.cer /ê/ *v.t.* tornar vaidoso; ensoberbecer, vangloriar

en.va.re.tar *v.t.* **1** pôr varetas **2** zangar-se ou encabular-se com troça; encalistrar

en.va.si.lhar *v.t.* colocar dentro de vasilha

en.va.sar *v.t.* **1** encher de lodo, lama **2** colocar dentro de vaso **3** despejar o metal fundido nos moldes

en.ves.gar *v.i.* tornar(-se) vesgo, estrábico

en.ve.lhe.cer /ê/ *v.t.* **1** ocasionar ou sofrer processo de envelhecimento **2** perder o aspecto de novo; perder o brilho, o viço

en.ve.lo.pe /ó/ *s.m.* invólucro utilizado para o envio ou arquivamento de correspondência, documentos

en.ve.ne.nar *v.t.* **1** administrar veneno; intoxicar, empeçonhar **2** *fig.* corromper; estragar outra pessoa **3** *pop.* modificar um automóvel para melhorar seu desempenho

en.ver.de.cer /ê/ *v.t.* dar colorido verde; tornar ou ficar verde; revestir de verde

en.ve.re.dar *v.t.* tomar determinado rumo ou caminho

en.ver.gar *v.t.* **1** cobrir as velas com vergas **2** vestir, trajar **3** vincar, encurvar, dobrar

en.ver.go.nhar *v.t.* **1** causar ou ter vergonha de algo **2** comprometer a honra de

en.ver.ni.zar *v.t.* cobrir de verniz uma superfície e friccioná-la para dar brilho

en.vi.ar *v.t.* remeter, mandar, encaminhar

en.vi.dar *v.t.* empenhar-se para conseguir algo; aplicar esforços

en.xa.dão *s.m.* ferramenta semelhante à enxada, usada para cavar terra dura, arrancar pedras etc.; alvião

en.vi.dra.çar *v.t.* **1** colocar vidraças ou vidro **2** dar ou adquirir aspecto vítreo

en.xa.dris.ta *s.2g.* jogador de xadrez

en.vi.e.sar *v.t.* **1** colocar viés, em posição oblíqua **2** olhar de esguelha, de soslaio **3** costurar pano em corte enviesado

en.vi.le.cer /ê/ *v.t.* tornar ou ficar vil, desprezível; aviltar

en.vi.u.var *v.i.* perder o cônjuge por falecimento; ficar viúvo

en.vol.ta /ô/ *s.f.* **1** curva do caminho **2** desordem, tumulto, confusão ■ **de envolta** de modo confuso, atropelado

en.vol.to /ô/ *adj.* envolvido, coberto

en.vol.tó.rio *s.m.* tudo o que serve para envolver; proteger

en.vol.ver /ê/ *v.t.* **1** cobrir, enrolar, circundar **2** invadir, dominar **3** encerrar, abranger **4** ter como consequência, como resultado; implicar

en.xa.da *s.f.* instrumento utilizado no trabalho agrícola para escavar ou revolver a terra; sacho

en.xa.dre.zar *v.t.* **1** dispor em quadrados como os do tabuleiro do xadrez **2** *fig.* encarcerar; prender no xadrez

en.xa.me *s.m.* **1** conjunto de abelhas **2** *por ext.* grande quantidade de pessoas, coisas ou animais; multidão

en.xa.me.ar *v.i.* **1** formar enxame ○ *v.pron.* **2** juntar-se em grande número; aglomerar-se

en.xa.que.ca /ê/ *s.f.* MED forte dor de cabeça que pode ser acompanhada de vômito e enjoo; cefaleia

en.xer.ga /é/ *s.f.* **1** colchão rústico, geralmente de palha **2** *por ext.* cama pobre; catre

en.xer.gar *v.t.* **1** perceber por meio da visão, ver **2** notar, reparar **3** entender, compreender **4** sentir ou ver com antecedência

en.xe.rir *v.t.* **1** pôr uma coisa dentro de outra; inserir ○ *v.pron.* **2** meter-se em assunto alheio, opinar sobre o que não lhe diz respeito

en.xer.tar *v.t.* **1** realizar enxertos, sejam estes orgânicos ou vegetais **2** introduzir algo dentro de outra coisa

en.xer.to *s.m.* **1** BOT inserção de uma planta dentro de outra com o intuito de cruzamento **2** MED procedimento cirúrgico em que se faz a inserção de um tecido de parte do corpo de uma pessoa para outra parte ou para o corpo de outra pessoa

en.xó *s.m.* ferramenta para desbastar madeira

en.xo.fre /ô/ *s.m.* QUÍM elemento químico metaloide, sólido, amarelo e malcheiroso utilizado na produção de ácido sulfúrico, pólvora, inseticidas etc.

en.xo.tar *v.t.* afugentar; mandar embora; fazer sair

en.xo.val *s.m.* conjunto de roupas, acessórios, utensílios etc. que se faz para quem vai se casar, para recém-nascidos etc.

en.xo.va.lhar *v.t.* **1** emporcalhar, sujar, enlamear **2** aviltar; manchar, macular a honra, a boa fama; degradar

en.xo.vi.a *s.f.* prisão subterrânea onde eram mantidos presos perigosos

en.xu.gar *v.t.* retirar a água ou umidade, tornando seco; secar

en.xún.dia *s.f.* gordura animal; banha

en.xur.ra.da *s.f.* grande volume de água pluvial que corre impetuosamente pelas ruas, cheia de sujeira e lama

en.xur.ro *s.m.* corrente de água suja e cheia de lama; enxurrada

en.xu.to *adj.* que não está molhado; seco; que enxugou

en.zi.ma *s.f.* proteína catalizadora de reações químicas

e.o.ce.no *adj.* GEOL segunda época da era cenozoica

equimose

e.ó.li.co *adj.* **1** relativo ao vento **2** MIT relativo a Éolo, o deus dos ventos, filho de Zeus **3** relativo ou pertencente à Eólia, antiga região da Ásia Menor • *s.m.* **4** dialeto grego que era falado nessa região

é.o.lo *s.m.* vento forte

e.pa /è/ *interj.* interjeição utilizada para incitar a saltar

e.pac.ta *s.f.* quantidade de dias que se acrescenta ao ano lunar para torná-lo igual ao solar

e.pên.te.se *s.f.* GRAM adição de um som no meio de uma palavra

epi- *pref.* indica posição superior

e.pi.car.po *s.m.* BOT camada mais externa do pericarpo dos frutos

e.pi.ce.no *adj. s.m.* GRAM diz-se de vocábulo que indica os dois gêneros, masculino e feminino, com uma só forma

e.pi.cen.tro *s.m.* **1** ponto da superfície terrestre correspondente ao centro de um terremoto **2** ponto interno da Terra que originou o primeiro abalo

é.pi.co *adj.* LITER referente a epopeia

e.pi.cu.ris.mo *s.m.* **1** FILOS doutrina de Epicuro que prega a busca do prazer físico e espiritual **2** por ext. libertinagem, devassidão

e.pi.cu.ris.ta *s.2g.* **1** adepto ou seguidor do epicurismo **2** por ext. libertino, devasso

e.pi.de.mi.a *s.f.* aumento significativo na permanência de uma doença em determinada população ou região

e.pi.de.mi.o.lo.gi.a *s.f.* MED estudo das causas e da natureza das epidemias

e.pi.der.me /é/ *s.f.* ANAT camada mais externa que forma a pele

e.pi.dí.di.mo *s.m.* ANAT órgão que se localiza acima do testículo e que tem por função levar a secreção espermática para a vesícula seminal

e.pi.fa.ni.a *s.f.* **1** RELIG comemoração em 6 de janeiro que representa a primeira vinda de Cristo e a visita dos Reis Magos **2** percepção intuitiva de algo; revelação

e.pí.fi.to *adj.* BOT diz-se das plantas que utilizam outras como suporte, como as orquídeas e as bromélias

e.pi.gás.trio *s.m.* ANAT região acima da parede abdominal

e.pi.gas.tro *s.m.* m.q. epigástrio

e.pi.glo.te /ó/ *s.f.* ANAT válvula fibrocartilaginosa flexível localizada na abertura superior da laringe evitando que o bolo alimentar se dirija para as vias respiratórias

e.pí.go.no *adj.* **1** diz-se de quem é descendente, que pertence à geração seguinte • *s.m.* **2** discípulo que continua a obra de seu mestre, seja na filosofia, na arte ou na ciência

e.pi.gra.fe *s.f.* **1** inscrição colocado no início de uma obra literária **2** inscrição que se coloca em lápide, medalha, placa etc.

e.pi.gra.ma *s.m.* LITER pequeno poema satírico

e.pi.lep.si.a *s.f.* MED neurose difusa que se manifesta pela perda da consciência, perda da alteração motora, perda do tônus muscular e ataque convulsivo

e.pí.lo.go *s.m.* **1** final de um discurso ou obra literária **2** conclusão, desfecho, remate

e.pi.ní.cio *s.m.* hino entoado em comemorações de triunfo, de vitória

e.pis.co.pa.do *s.m.* **1** RELIG cargo de bispo **2** território sob jurisdição de um bispo

e.pis.co.pal *adj.2g.* relativo a bispo

e.pi.só.dio *s.m.* **1** fato, acontecimento, evento **2** capítulo de uma obra

e.pis.te.mo.lo.gi.a *s.f.* FILOS estudo crítico das várias áreas do conhecimento

e.pís.to.la *s.f.* **1** carta, missiva **2** RELIG carta dos apóstolos de Cristo destinada aos fiéis

e.pis.to.lar *adj.2g.* **1** referente a carta, a missiva • *v.i.* **2** redigir cartas, epístolas

e.pis.to.lá.rio *s.m.* **1** coleção, compilação de epístolas **2** RELIG conjunto de epístolas da missa

e.pi.tá.fio *s.m.* inscrição em lápide, em pedra tumular

e.pi.ta.fis.ta *s.2g.* escritor de epitáfios

e.pi.ta.lâ.mio *s.m.* poema em que se celebra o matrimônio de alguém

e.pi.té.lio *s.m.* BOT a epiderme de certas estruturas ou órgãos vegetais

e.pí.te.to *s.m.* **1** adjetivo que dá qualidade **2** alcunha, apelido

e.pí.to.me *s.m.* resumo, síntese

e.pi.zo.o.ti.a *s.f.* VETER epidemia animal

é.po.ca *s.f.* **1** período de tempo marcado por acontecimento importante ou histórico **2** período de uma sequência de acontecimentos **3** estação do ano

e.po.pei.a *s.f.* LITER poema em que são narrados feitos grandiosos, históricos ou míticos

e.qua.ção *s.f.* MAT disposição dos elementos de um problema contendo no mínimo uma variável a ser solucionada por igualdade

e.qua.ci.o.nar *v.t.* colocar em equação; dispor os elementos de um problema em forma de equação

e.qua.dor /ô/ *s.m.* GEOG círculo máximo imaginário que divide a Terra horizontalmente em hemisférios Norte e Sul

e.quâ.ni.me *adj.2g.* **1** tranquilo, sereno, moderado **2** justo, imparcial

e.qua.ni.mi.da.de *s.f.* **1** serenidade, tranquilidade **2** imparcialidade, equidade

e.qua.to.ri.al *adj.2g.* referente ao círculo do Equador

e.qua.to.ri.a.no *adj. gent.* natural ou habitante do Equador, país sul-americano

e.ques.tre /é/ *adj.2g.* referente a cavalo

e.qui.ân.gu.lo *adj.* GEOM que possui ângulos iguais

e.qui.da.de *s.f.* **1** imparcialidade; qualidade do que é justo **2** integridade, honestidade

e.quí.deo *s.m.* ZOOL espécime dos equídeos, família de mamíferos que inclui cavalos, jumentos e zebras

e.qui.dis.tân.cia *s.f.* distância igual entre dois pontos

e.qui.dis.tan.te *adj.2g.* que está à mesma distância de dois pontos; que está exatamente no meio

e.qui.dis.tar *v.i.* estar exatamente no meio; distar igualmente de dois ou mais pontos

e.qui.lá.te.ro *adj.* GEOM diz-se do triângulo cujos lados e os ângulos possuem a mesma medida

e.qui.li.bra.ção *s.f.* ato ou efeito de equilibrar; de colocar ou manter em equilíbrio

e.qui.li.brar *v.t.* **1** colocar algo em equilíbrio **2** harmonizar

e.qui.lí.brio *s.m.* **1** estado de anulação de forças contrárias; estabilidade **2** harmonia

e.qui.li.bris.ta *s.2g.* artista que realiza exibições de equilíbrio acrobático

e.qui.mo.se /ó/ *s.f.* MED mancha escura na pele produzida por extravasamento de sangue

equino

e.qui.no *adj.* 1 relativo ao cavalo • *s.m.* 2 ZOOL gênero de ouriço-do-mar 3 ARQUIT moldura em quarto de círculo

e.qui.nó.cio *s.m.* momento do ano em que os dias e as noites têm a mesma duração graças à passagem do Sol pelo Equador

e.qui.noi.de *adj.2g.* semelhante ao ouriço

e.qui.pa.gem *s.f.* 1 tripulação de um navio, avião etc. 2 bagagem, pertences

e.qui.pa.men.to *s.m.* conjunto de coisas necessárias para a realização de um trabalho ou serviço

e.qui.par *v.t.* prover com equipamentos necessários

e.qui.pa.ra.ção *s.f.* ação de equiparar, de igualar duas coisas

e.qui.pa.rar *v.t.* igualar duas coisas, atribuir-lhes o mesmo valor

e.qui.pe *s.f.* 1 conjunto de pessoas empenhadas na execução de um trabalho 2 ESPORT time esportivo formado para competir

e.qui.ta.ção *s.f.* arte ou prática de cavalgar

e.qui.ta.ti.vo *adj.* justo, imparcial

e.qui.va.lên.cia *s.f.* qualidade daquilo que é equivalente; igualdade de condições

e.qui.va.len.te *adj.2g.* que possui o mesmo valor; igual

e.qui.va.ler *v.t.* ter o mesmo valor, as mesmas qualidades, características etc.

e.qui.vo.car *v.t.* 1 induzir alguém ao erro, ao engano 2 confundir; errar

e.quí.vo.co *adj.* 1 dúbio; que apresenta mais de um sentido; ambíguo • *s.m.* 2 engano, mal-entendido, erro

e.quó.re.o *adj.* referente ao mar; marinho, marítimo

Er QUÍM símbolo do elemento químico érbio

e.ra /é/ *s.f.* 1 período histórico marcado por fato importante 2 época, idade 3 divisão geológica do tempo

e.rá.rio *s.m.* tesouro público; dinheiro e bens públicos

ér.bio *s.m.* QUÍM elemento químico usado em reatores nucleares e laser

e.re.mi.ta *s.2g.* 1 pessoa que vive solitária no deserto 2 pessoa que se isola, que se abstrai do convívio social

e.re.mi.té.rio *s.m.* m.q. ermitério

é.reo *adj.* feito de bronze

e.ré.til *adj.2g.* capaz de sofrer ereção

e.re.to /é/ *adj.* erguido, levantado, aprumado, direito

er.gás.tu.lo *s.m.* prisão, cárcere, calabouço

er.go.me.tri.a *s.f.* medição do trabalho por meio do ergômetro

er.guer *v.t.* levantar, içar; fazer subir

er.gui.men.to *s.m.* ação ou efeito de erguer; levantamento

e.ri.çar *v.t.* arrepiar ou tornar arrepiado (os cabelos); enriçar

e.ri.gir *v.t.* 1 colocar em posição vertical ou superior 2 construir, erguer, levantar

e.ri.si.pe.la /ê/ *s.f.* MED moléstia infecciosa caracterizada por inflamação aguda da pele

e.ri.te.ma /ê/ *s.m.* MED inflamação superficial da pele

e.ri.tró.ci.to *s.m.* BIOL glóbulo vermelho do sangue; hemácia

er.mi.da *s.f.* igreja, capela em lugar ermo

er.mi.tão *s.m.* 1 m.q. eremita 2 religioso que mora em eremitério

er.mi.té.rio *s.m.* 1 lugar onde um ermita vive 2 lugar ermo, solitário

er.mi.to.a *s.f.* feminino de ermitão

er.mo /ê/ *s.m.* lugar abandonado, deserto, despovoado

e.ró.ge.no *adj.* 1 que provoca excitação sexual 2 referente às regiões do corpo em que o contato provoca excitação sexual

e.ro.são *s.f.* 1 desgaste de terras causado por agentes externos 2 destruição lenta de algo

e.ro.si.vo *adj.* que causa erosão; corrosivo

e.ró.ti.co *adj.* 1 referente a erotismo 2 que causa o desejo sexual 3 que revela sensualidade, desejo

e.ro.tis.mo *s.m.* 1 estado de excitação sexual 2 amor físico e sensual

er.ra.di.car *v.t.* extirpar, exterminar, arrancar pela raiz

er.ra.di.o *adj.* m.q. errante

er.ra.do *adj.* 1 incorreto; que apresenta erro 2 que está em desacordo com os preceitos morais e sociais 3 defeituoso, imperfeito

er.ran.te *adj.2g.* que não tem moradia fixa; vagabundo; vadio

er.rar *v.t.* 1 deixar de acertar; enganar-se 2 andar sem rumo certo; vagar

er.ra.ta *s.f.* lista de erros com as correções de uma publicação

er.re /é/ *s.m.* GRAM nome da letra *r*, décima oitava letra do alfabeto português

er.ri.çar *v.t.* m.q. eriçar

er.ro /ê/ *s.m.* 1 desacerto, incorreção 2 engano, julgamento incorreto 3 ato passível de condenação, crime

er.rô.neo *adj.* incorreto, errado

e.ruc.ta.ção *s.f.* ação ou resultado de eructar; arroto

e.ruc.tar *v.i.* m.q. arrotar

e.ru.di.ção *s.f.* 1 qualidade de quem é erudito 2 conhecimentos gerais acerca de muitos assuntos

e.ru.di.tis.mo *s.m.* ostentação de erudição

e.ru.di.to *s.m.* indivíduo que possui ou demonstra erudição

e.rup.ção *s.f.* emissão violenta de alguma coisa

e.rup.ti.vo *adj.* 1 referente a erupção 2 que causa erupção

er.va /é/ *s.f.* 1 planta pequena que se reproduz por semente; hortaliça, grama 2 *pop.* maconha

er.va.do *adj.* 1 envenenado; que ingeriu erva venenosa 2 alterado pelo efeito da maconha

er.val *s.m.* 1 erva-mate 2 lugar onde há muita erva-mate

er.vi.lha *s.f.* BOT planta leguminosa que produz vagens globosas comestíveis

er.vo.so /ô/ *adj.* cheio de ervas; herboso

ES sigla do Estado do Espírito Santo

-ês *suf.* usado na formação de adjetivos pátrios

es.ba.fo.rir *v.i.* respirar com dificuldade em função de esforço físico; esbofar

es.ba.ga.çar *v.t.* fazer em bagaços; despedaçar

es.ba.go.ar *v.t.* separar os bagos; debulhar

es.ban.da.lhar *v.t.* 1 escangalhar; reduzir a trapos 2 dispersar em bandos; debandar

es.ban.jar *v.t.* gastar em demasia e inutilmente; desperdiçar

es.bar.rar *v.t.* 1 dar encontrão, choque; bater em 2 deparar; encontrar casualmente

es.ba.ter *v.t.* ARTE suavizar, matizar cores mais escuras

es.bei.çar *v.t.* 1 esticar, estender os beiços 2 extrair os bordos de objetos de vidro, louça, barro etc.

es.bel.to /é/ *adj.* 1 que apresenta corpo bem feito e proporcional 2 elegante, garboso

escandalizar

es.bir.ro *s.m.* **1** estaca de madeira que serve de apoio a algo; escora, esteio **2** *pejor.* policial, guarda

es.bo.çar *v.t.* **1** traçar o esboço, o contorno; delinear **2** mostrar parcialmente; deixar entrever

es.bo.ço /ô/ *s.m.* **1** desenho ou figura apenas delineada, mas não acabada **2** algo que ainda não está definido **3** síntese, resumo

es.bo.de.gar *v.t.* **1** escangalhar, arruinar **2** gastar de modo desnecessário e descomedido **3** desmazelar, desleixar ○ *v.pron.* **4** ficar extremamente cansado, exausto; fatigar-se

es.bo.far *v.i.* ofegar; cansar, fatigar; respirar com dificuldade

es.bo.fe.te.ar *v.t.* dar bofetada em alguém; bate

es.bor.ci.nar *v.t.* partir a borda de ou cortar pela borda

es.bor.do.ar *v.t.* desferir golpe com bordão; espancar, surrar

es.bór.nia *s.f.* **1** bebedeira, farra **2** orgia sexual

es.bo.ro.ar *v.t.* transformar em pequenos torrões; esfarelar

es.bor.ra.char *v.t.* **1** aplicar golpe; bater, surrar ○ *v.pron.* **2** arrebentar-se contra o chão; estatelar-se

es.bor.ri.far *v.t.* aspergir, borrifar água ou outro líquido em gotículas; salpicar

es.bra.ce.jar *v.t.* **1** agitar muito os braços; bracejar **2** trabalhar com os braços

es.bra.se.ar *v.t.* **1** transformar em brasa **2** aquecer até o limite máximo; queimar, esquentar **3** ficar da cor de brasa

es.bra.ve.cer /ê/ *v.t.* m.q. esbravejar

es.bra.ve.jar *v.t.* gritar raivosamente; vociferar; enfurecer-se

es.bru.gar *v.t.* descascar; retirar a casca ; limpar; esburgar

es.bu.ga.lhar *v.t.* arregalar os olhos como se fossem bugalhos

es.bu.lhar *v.t.* despojar; apropriar-se de direitos de outra pessoa

es.bu.lho *s.m.* **1** ação ou resultado de esbulhar **2** aquilo que se esbulhou

es.bu.ra.car *v.t.* furar; abrir buracos; encher de buracos

es.bur.gar *v.t.* m.q. esbrugar

es.ca.be.che /é/ *s.m.* molho com temperos próprio para peixe frito

es.ca.be.lo /ê/ *s.m.* banco para apoiar os pés

es.ca.bi.char *v.t.* **1** examinar de maneira minuciosa **2** palitar os dentes

es.ca.bi.o.se /ó/ *s.f.* MED doença de pele contagiosa, caracterizada por lesões no corpo e prurido intenso; sarna

es.ca.bi.o.so /ô/ *adj.* **1** relativo à escabiose, à sarna **2** sarnento

es.ca.bre.ar *v.t.* ficar ou tornar furioso, zangado; enfurecer, enraivecer

es.ca.bro.so /ô/ *adj.* **1** que não é liso ou plano **2** indecoroso, imoral, indecente

es.ca.bu.jar *v.i.* debater-se com dores; estrebuchar

es.ca.char *v.t.* fender; abrir ao meio; rachar, partir

es.ca.da *s.f.* conjunto de degraus para subir ou descer

es.ca.fan.dris.ta *s.2g.* mergulhador que usa escafandro

es.ca.fan.dro *s.m.* roupa própria para mergulhos e sondagens submarinas

es.ca.fe.der-se *v.pron.* **1** fugir, correr **2** desaparecer, sumir

es.ca.la *s.f.* **1** série de níveis ou graus **2** representação gráfica que mostra a relação entre duas medidas, distâncias etc. **3** série de paradas de um navio em determinados portos, bem como de aviões **4** série de notas musicais dispostas em graduação ascendente dentro de uma oitava

es.ca.la.da *s.f.* **1** ascensão; ação ou efeito de escalar; subida, escalamento **2** aumento progressivo de algo **3** intensificação, agravamento **4** ESPORT montanhismo, alpinismo

es.ca.la.men.to *s.m.* ato ou efeito de escalar; escalada

es.ca.lão *s.m.* **1** pontos de uma progressão; grau **2** grupo de soldados selecionados para uma escalada **3** escala de hierarquia; nível, grau

es.ca.lar *v.t.* **1** subir utilizando escada **2** subir, trepar **3** selecionar pessoas para a execução de um trabalho

es.ca.la.vrar *v.t.* causar ou sofrer danos

es.cal.da.do *adj.* colocado ou jogado em água fervente, escaldante

es.cal.dan.te *adj.2g.* que escalda, que aquece em demasia

es.cal.dar *v.t.* **1** ficar ou tornar excessivamente quente; aquecer, queimar **2** colocar em água fervente, escaldante **3** queimar com líquido quente

es.ca.le.no *adj.* **1** GEOM diz-se do triângulo cujos lados possuem medidas diferentes **2** ANAT diz-se de cada um dos músculos da parte lateral do pescoço que se inserem nas vértebras cervicais

es.ca.ler /é/ *s.m.* MAR barco pequeno usado para serviços de transporte, reconhecimento etc.

es.ca.lo.nar *v.t.* dividir em escalões, grupos, conjuntos

es.ca.lô.nia *s.f.* BOT planta também conhecida como esponja-do-mato, utilizada com fins ornamentais

es.ca.lo.pe /ó/ *s.m.* CUL filé de carne acompanhado de legumes

es.cal.par *v.t.* arrancar a pele que recobre o couro cabeludo; esfolar

es.cal.pe.lar *v.t.* dissecar, rasgar com o auxílio de escalpelo; escalpar

es.cal.pe.lo /ê/ *s.m.* pequeno instrumento cortante próprio para dissecações

es.cal.po *s.m.* couro cabeludo arrancado por escalpelo e que era tido como prêmio para indígenas norte-americanos

es.cal.var *v.t.* **1** desprover de cabelos, de pelos; tornar calvo **2** tornar árido, infértil pela exterminação das vegetações de um terreno

es.ca.ma *s.f.* **1** ZOOL pequenas placas muito finas que cobrem o corpo dos peixes **2** ANAT pequena porção da pele que se desprende por causa de certa doença **3** pequena placa que reveste o pé das aves

es.cam.bar *v.i.* **1** mudar de rumo; degenerar, descambar, descair **2** trocar por escambo; barganhar

es.cam.bo *s.m.* troca, permuta, barganha, câmbio

es.ca.mo.te.ar *v.t.* fazer desaparecer; esconder, encobrir

es.ca.mo.so /ô/ *adj.* cheio de escamas; que contém muitas escamas

es.can.car.rar *v.t.* abrir totalmente; expor completamente

es.can.char *v.t.* m.q. escachar

es.can.da.li.zar *v.t.* causar escândalo; chocar, indignar

escândalo

es.cân.da.lo *s.m.* **1** situação que causa tumulto, desordem **2** ação ou prática reprovável segundo os preceitos sociais, morais, religiosos etc.

es.can.da.lo.so /ô/ *adj.* **1** que gera escândalo, vergonha **2** exagerado, demasiado **3** indecoroso, indecente

es.can.di.na.vo *adj.* **1** relativo à península da Escandinávia, no Norte da Europa **2** natural ou habitante da Escandinávia

es.cân.dio *s.m.* QUÍM elemento químico de número atômico 21

es.can.dir *v.t.* POÉT realizar a escansão poética de um verso; medir versos de acordo com sua silabação

es.can.ga.lhar *v.t.* destruir, desmanchar, arruinar, quebrar

es.ca.nho.ar *v.t.* fazer a barba com perfeição, sem deixar pelos

es.ca.ni.fra.do *adj.* extremamente magro; em pele e ossos; descarnado

es.can.são *s.f.* POÉT ato ou efeito de escandir

es.can.ze.la.do *adj.* m.q. escanifrado

es.ca.par *v.t.* fugir; ver-se livre de; evitar perigo

es.ca.pa.tó.ria *s.f.* **1** justificativa usada para escapar de uma situação **2** desculpa, subterfúgio, pretexto ■ **sem escapatória** sem saída

es.ca.pe *s.m.* **1** ação ou resultado de escapar **2** escapada, fuga

es.ca.po *adj.* **1** que escapou; livre, salvo • *s.m.* BOT haste sem folhas, própria das monocotiledôneas, em cujo ápice surgem as flores

es.cá.pu.la *s.f.* **1** ANAT osso que forma a parte posterior do ombro; espádua, omoplata **2** *fig.* prego usado para pendurar objetos

es.ca.pu.la *s.f.* escape, escapada, fuga

es.ca.pu.lá.rio *s.m.* RELIG objeto formado por um par de imagens com insígnias religiosas unidas por um cordão trazido ao pescoço; bentinho

es.ca.pu.lir *v.t.* m.q. escapar

es.ca.ra *s.f.* **1** casca de ferida **2** placa, crosta que surge em uma superfície

es.ca.ra.fun.char *v.t.* **1** procurar de modo atento e minucioso **2** revirar, remexer **3** limpar com o dedo

es.ca.ra.mu.ça *s.f.* qualquer briga ou conflito pequeno

es.ca.ra.ve.lho /ê/ *s.m.* ZOOL besouro de cor negra ou escura que se alimenta de excrementos

es.car.ce.la /é/ *s.f.* bolsa de couro que se usa presa à cintura

es.ca.re.ar *v.t.* alargar, com o escareador, abertura em que se vai introduzir prego ou parafuso

es.ca.ri.fi.ca.ção *s.f.* **1** arranhadura; esfolamento **2** MED lesão feita com o escarificador

es.ca.ri.fi.ca.dor *s.m.* MED instrumento cirúrgico para fazer pequenas incisões

es.ca.ri.fi.car *v.t.* **1** arranhar, esfolar **2** produzir escaras

es.ca.ri.o.so /ô/ *adj.* cheio de escaras; que contém escaras, crostas, placas

es.car.la.te *s.m.* cor vermelha intensa

es.car.la.ti.na *s.f.* **1** MED moléstia infecciosa que produz manchas escarlates na pele **2** tecido vermelho de seda

es.car.men.tar *v.t.* repreender com severidade; punir, castigar

es.car.men.to *s.m.* repreensão, castigo, punição

es.car.nar *v.t.* separar a carne dos ossos; descarnar

es.car.ne.cer /ê/ *v.t.* fazer escárnio; expor alguém ao ridículo; zombar

es.car.ni.car *v.t.* m.q. escarnecer

es.car.ni.nho *adj.* que encerra a ideia de escárnio; sarcástico, zombeteiro

es.cár.nio *s.m.* ofensa, zombaria, sarcasmo

es.car.nir *v.t.* escarnecer, zombar

es.ca.ro.la /ó/ *s.f.* BOT variedade de chicória de folhas crespas; endívia

es.car.pa *s.f.* costa muito íngreme e pedregosa

es.car.ran.char *v.t.* **1** sentar com as pernas muito abertas, escancaradas **2** montar sobre animal

es.car.rar *v.t.* expelir catarro; expectorar, cuspir

es.car.var *v.t.* abrir escarvas; escavar, desgastar superficialmente

es.cas.sez /ê/ *s.f.* falta, carência de alguma coisa

es.cas.so *adj.* que tem pouca quantidade; raro

es.ca.to.lo.gi.a *s.f.* **1** doutrina do que acontecerá no fim do mundo **2** tratado que estuda os excrementos

es.ca.var *v.t.* abrir cavas, buracos; fazer escavações; cavar

es.cla.re.cer /ê/ *v.t.* deixar claro o que era confuso; elucidar, explicar

es.cle.ro.sar *v.t.* adquirir ou ocasionar esclerose

es.cle.ro.se /ó/ *s.f.* MED aumento patológico de tecido conjuntivo em um órgão

es.cle.ró.ti.ca *s.f.* ANAT membrana externa do globo ocular, popularmente conhecida como branco do olho

es.co.ar *v.t.* escorrer, dar vazão a

es.coi.ce.ar *v.t.* **1** (animal) dar coices **2** *fig.* tratar de maneira rude; maltratar

es.co.cês *adj. gent.* natural ou habitante da Escócia

es.coi.mar *v.t.* expurgar; tornar livre de culpa, de coima; desculpar

es.col /ó/ *s.m.* o melhor, o mais distinto de um grupo

es.co.la /ó/ *s.f.* **1** estabelecimento de ensino **2** doutrina ou corrente de pensamento

es.co.la.do *adj.* que frequentou escola, que iniciou os estudos; instruído

es.co.lar *adj.2g.* **1** referente a escola • *s.2g.* **2** estudante, aluno

es.co.la.ri.da.de *s.f.* rendimento ou formação escolar

es.co.lás.ti.ca *s.f.* FILOS doutrina filosófica da Igreja Católica que buscou harmonizar razão e fé

es.co.lha /ô/ *s.f.* **1** ação ou resultado de escolher **2** seleção, opção, preferência, predileção

es.co.lher /ê/ *v.t.* **1** preferir e selecionar um entre muitos **2** manifestar predileção, preferência

es.co.lhi.do *adj.* que foi eleito por processo de escolha; selecionado, preferido

es.co.li.o.se /ó/ *s.f.* MED desvio da coluna vertebral por deformidade ou contração muscular desigual

es.col.ta /ó/ *s.f.* guarda armada para a proteção de algo ou alguém

es.com.bro *s.m.* entulho, destroço de algo que sofreu destruição, demolição

es.con.de-es.con.de *s.m.* brincadeira infantil em que um dos participantes deve encontrar os demais que estão escondidos

es.con.der /ê/ *v.t.* **1** fazer desaparecer; ocultar da visão **2** dissimular, disfarçar

es.con.de.ri.jo *s.m.* lugar onde alguém pode esconder algo ou a si mesmo

es.con.di.do *adj.* que se escondeu; encoberto, oculto

es.con.ju.ra.ção *s.f.* **1** ação de esconjurar, tirar maldição **2** ação de amaldiçoar; jogar praga **3** esconjuro

escrivaninha

es.con.ju.rar *v.t.* amaldiçoar; jogar praga, maldição
es.con.ju.ro *s.m.* ação de esconjurar; maldição
es.con.so *adj.* torto, inclinado, oblíquo
es.co.pe.ta *s.f.* pequeno fuzil ou espingarda
es.co.po /ô/ *s.m.* objetivo, meta, propósito
es.co.pro *s.m.* instrumento utilizado para cortar madeira
es.co.ra /ó/ *s.f.* peça de madeira usada como apoio; esteio
es.cor.bu.to *s.m.* MED doença causada pela carência de vitamina C e caracterizada por alteração das gengivas, hemorragias, queda da resistência às infecções e enfraquecimento progressivo
es.cor.cha.dor /ô/ *s.m.* pessoa que arranca a casca das árvores
es.cor.cha.du.ra *s.f.* ação de arrancar a pele, a casca
es.cor.cha.men.to *s.m.* m.q. escorchadura
es.cor.char *v.t.* 1 arrancar a pele, a casca; pelar 2 abusar, explorar
es.cor.ço /ô/ *s.m.* 1 desenho de tamanho diminuto 2 esboço, resumo
es.có.ria *s.f.* 1 resíduo de metais fundidos; borra 2 pessoa desprezível; gentalha
es.co.ri.a.ção *s.f.* esfolamento; esfoladura superficial
es.co.ri.ar *v.t.* esfolar, arranhar superficialmente
es.co.ri.fi.car *v.t.* limpar de escórias; purificar
es.cor.ne.ar *v.t.* escornichar; desferir golpe com os cornos ou chifres; chifrar
es.cor.ni.char *v.t.* m.q. escornear
es.cor.pi.ão *s.m.* 1 ZOOL aracnídeo que tem cauda terminada em ferrão, em cuja base existem dois orifícios por onde é secretado veneno 2 ASTRON oitava constelação zodiacal, entre Libra e Sagitário 3 ASTROL um dos signos do zodíaco
es.cor.pi.ô.ni.co *adj.* 1 relativo a escorpião 2 que tem o aspecto de escorpião
es.cor.ra.çar *v.t.* rejeitar; expulsar de maneira violenta
es.cor.re.ga.da *s.f.* ação ou efeito de escorregar; tombo, queda
es.cor.re.ga.de.la /é/ *s.f.* 1 escorregada ligeira 2 pequeno erro ou deslize por descuido
es.cor.re.ga.di.ço *adj.* em que se escorrega com facilidade
es.cor.re.ga.di.o *adj.* m.q. escorregadiço
es.cor.re.ga.dor /ô/ *s.m.* brinquedo infantil formado de uma rampa inclinada para a criança escorregar
es.cor.re.ga.du.ra *s.f.* perda de equilíbrio; escorregada
es.cor.re.ga.men.to *s.m.* ação ou efeito de escorregar; escorregada
es.cor.re.gão *s.m.* desequilíbrio, queda, tombo
es.cor.re.gar *v.t.* 1 deslizar 2 cometer erro, deslize
es.cor.re.go /ê/ *s.m.* escorregada; perda de equilíbrio; deslize
es.cor.rei.to /ê/ *adj.* sem defeito; correto
es.cor.rên.cia *s.f.* intervalo de tempo que um líquido demora para escorrer
es.cor.rer /ê/ *v.t.* verter, fazer correr (líquido)
es.cor.va /ó/ *s.f.* parte da arma em que se coloca a pólvora
es.cor.var *v.t.* preparar a escorva de
es.co.tei.ris.mo *s.m.* movimento criado por Baden-Powell, em 1908, cuja proposta é criar nos jovens os sentimentos de altruísmo, responsabilidade, disciplina e sobrevivência; escotismo

es.co.tei.ro /ê/ *s.m.* 1 quem pratica o escoteirismo 2 pessoa que viaja só, sem bagagem
es.co.ti.lha *s.f.* MAR pequeno postigo de camarotes de navios para passagem de luz, ar, cargas ou pessoas
es.co.tis.mo *s.m.* m.q. escoteirismo
es.cou.ce.ar *v.t.* m.q. escoicear, dar coices
es.co.va /ô/ *s.f.* objeto usado para pentear, alisar, fazer limpeza ■ **fazer escova** pentear, modelar os cabelos usando secador e escova
es.co.va.ção *s.f.* ação ou resultado de escovar; esfregação, escovagem
es.co.va.de.la /é/ *s.f.* escovação ou esfregada rápida
es.co.va.gem *s.f.* m.q. escovação
es.co.vão *s.m.* escova grande e pesada utilizada para limpar ou encerar o chão
es.co.var *v.t.* limpar ou esfregar com escova
es.co.vei.ro /ê/ *s.m.* fabricante ou comerciante de escovas
es.co.vi.nha *s.f.* escova pequena ■ **à escovinha** estilo de corte de cabelo bem reto e curto
es.cra.va.tu.ra *s.f.* sistema social e econômico baseado no tráfico e na exploração de escravos
es.cra.vi.dão *s.f.* 1 estado ou condição de ser escravo 2 dependência, servidão, sujeição
es.cra.vis.mo *s.m.* 1 escravagismo; doutrina defensora do sistema escravista 2 a prática dessa doutrina
es.cra.vis.ta *adj.2g.* 1 referente a escravo ou a escravidão • *s.2g.* 2 adepto do escravismo
es.cra.vi.zar *v.t.* 1 tornar cativo, escravo 2 submeter, tornar dependente
es.cra.vo *adj.* que perdeu a liberdade; cativo, dependente
es.cra.vo.cra.ta *adj.2g. s.2g.* defensor da escravatura
es.cre.ver /ê/ *v.t.* 1 representar por meio de caracteres gráficos ou manuscritos 2 caligrafar
es.cre.vi.nhar *v.i.* 1 escrever com letra ruim; rabiscar 2 escrever textos de má qualidade ou sem importância
es.cri.ba *s.m.* 1 escrevente público na Antiguidade 2 entre os judeus, doutor da lei
es.cri.ta *s.f.* 1 ação ou resultado de escrever 2 representação da fala por sinais gráficos 3 escrituração de livros comerciais 4 caligrafia 5 estilo de expressão por meio da escrita; técnica de expressão artística ou literária
es.crí.nio *s.m.* 1 móvel para guardar papéis; escrivaninha 2 compartimento para guardar joias ou objetos de valor; porta-joias
es.cri.to *adj.* 1 que foi redigido, representado por sinais gráficos • *s.m.* 2 aquilo que foi redigido, que foi grafado 3 trabalho científico ou literário depois de redigido
es.cri.tor /ô/ *s.m.* autor de um texto ou de uma obra
es.cri.tó.rio *s.m.* 1 local onde profissionais liberais atendem a seus clientes 2 cômodo da casa destinado ao estudo ou trabalho; gabinete
es.cri.tu.ra *s.f.* 1 documento de um ato jurídico 2 técnica ou método de escrita; estilo ■ **Sagrada Escritura** o conjunto dos livros da Bíblia
es.cri.tu.ra.ção *s.f.* escritura de transações comerciais; contabilidade
es.cri.tu.rar *v.t.* fazer a escrituração de um estabelecimento comercial
es.cri.va.ni.nha *s.f.* móvel, semelhante a uma mesa, apropriado para escrever; escrínio

escrivão

es.cri.vão *s.m.* oficial encarregado dos documentos e papéis de uma repartição pública

es.cró.fu.la *s.f.* MED inflamação de gânglio linfático

es.cro.fu.lo.so /ô/ *adj.* **1** relativo à escrófula **2** que apresenta escrófulas

es.cro.que /ó/ *s.m.* fraudador, ladrão

es.cro.to /ô/ *s.m.* **1** ANAT bolsa de pele que reveste os testículos **2** *pejor.* vulgar, imoral

es.cru.pu.li.zar *v.t.* provocar escrúpulos; preocupar**es.crú.pu.lo** *s.m.* **1** senso ético e moral **2** preocupação, zelo **3** dúvida, hesitação

es.cru.pu.lo.so /ô/ *adj.* cheio de escrúpulos; zeloso, preocupado

es.cru.tar *v.t.* procurar, pesquisar de modo minucioso; esquadrinhar

es.cru.ti.na.dor /ô/ *s.m.* pessoa que apura os votos dados em escrutínio, votação

es.cru.ti.nar *v.t.* apurar o resultado de uma eleição, de um escrutínio

es.cru.tí.nio *s.m.* **1** pesquisa detalhada e cuidadosa **2** coleta dos votos de uma urna em uma eleição **3** urna onde os votos são recolhidos

es.cu.dar *v.t.* proteger ou cobrir com escudo; defender

es.cu.dei.ro /ê/ *s.m.* **1** na Idade Média, pajem que carregava o escudo de um cavaleiro **2** soldado armado de lança e escudo

es.cu.de.la /é/ *s.f.* tigela, vasilha rasa para colocar comida

es.cu.do *s.m.* **1** arma de defesa usada no braço para aparar golpes, formada por uma chapa metálica **2** espécie de brasão, emblema

es.cu.la.char *v.t.* **1** esculhambar, aviltar, desmoralizar **2** dar surra, pancadas

es.cu.lham.bar *v.t.* **1** m.q. esculachar **2** estragar, danificar

es.cul.pir *v.t.* entalhar em madeira, metal ou outro material

es.cul.tor /ô/ *s.m.* artista que faz esculturas

es.cul.tu.ra *s.f.* **1** arte de moldar materiais como pedra, barro, metal, transformando-os em figuras **2** a obra esculpida pelo escultor

es.cul.tu.ral *adj.2g.* **1** referente a escultura **2** elegante; de proporções perfeitas

es.cu.ma *s.f.* conjunto de bolhas de ar provocadas pela agitação de líquido; espuma

es.cu.ma.dei.ra *s.f.* espécie de colher com furos ou fendas própria para retirar a espuma formada na preparação de alguns produtos ou para retirar alimentos da panela de fritura

es.cu.mi.lha *s.f.* **1** tecido muito fino e transparente usado antigamente em mantos de cavaleiros **2** chumbo miúdo usado para caçar pássaros

es.cu.na *s.f.* embarcação pequena e ligeira de dois mastros

es.cu.ra *s.f.* m.q. escuridão ■ **às escuras** no escuro; sem luz

es.cu.re.cer /ê/ *v.t.* tornar ou ficar escuro; ficar sem iluminação

es.cu.ri.dão *s.f.* **1** ausência de iluminação **2** ignorância, falta de conhecimento

es.cu.ro *adj.* **1** sem luz **2** de cor negra, quase preto • *s.m.* **3** escuridão

es.cu.sa *s.f.* desculpa, pretexto para não realizar um serviço

es.cu.sa.do *adj.* **1** dispensado, desculpado **2** desnecessário, dispensável

es.cu.sar *v.t.* **1** dar uma desculpa ou justificativa **2** perdoar, desculpar **3** dispensar

es.cu.ta *s.f.* **1** ação ou resultado de escutar, de ouvir **2** dispositivo eletrônico que pode ser colocado em um lugar, como telefone, roupa etc., para escutar conversas clandestinamente

es.cu.tar *v.t.* **1** ouvir de modo consciente; prestar atenção a **2** dar atenção a alguém

es.drú.xu.lo *adj.* **1** GRAM diz-se do vocábulo que tem acento tônico na antepenúltima sílaba; proparoxítono **2** *por ext.* extravagante, excêntrico

es.cu.ti.for.me /ô/ *adj.2g.* que tem a forma semelhante à de um escudo

es.fa.ce.la.men.to *s.m.* ação ou efeito de esfacelar; esfacelo, despedaçamento

es.fa.ce.lar *v.t.* despedaçar; fazer em pedaços; destruir

es.fa.ce.lo *s.m.* m.q. esfacelamento

es.fai.mar *v.i.* passar ou causar fome; esfomear

es.fal.far *v.t.* cansar, fatigar por excesso de atividade física ou por doença; extenuar

es.fa.que.ar *v.t.* atingir com golpe de faca

es.fa.re.lar *v.t.* fazer em farelos, migalhas; esmigalhar

es.far.ra.par *v.t.* reduzir a farrapos, frangalhos; esfrangalhar, dilacerar

es.fe.ra /é/ *s.f.* **1** sólido que se obtém pelo movimento de um semicírculo ao redor de seu diâmetro **2** globo, bola **3** *fig.* âmbito, círculo social

es.fe.noi.de *adj.2g.* **1** que tem forma de cunha • *s.m.* **2** ANAT osso craniano em forma de cunha localizado na frente do osso occipital

es.fé.ri.co *adj.* redondo; que tem a forma de uma bola, de uma esfera

es.fe.roi.de *s.m.* corpo semelhante a uma esfera

es.fi.a.par *v.t.* reduzir a fiapos; desfiar

es.fi.ar *v.t.* desfazer em fios; desfiar

es.finc.ter *s.m.* ANAT estrutura muscular que contorna um orifício, permitindo sua contração

es.fin.ge *s.f.* **1** MIT monstro com corpo de leão e cabeça de mulher que propunha enigmas aos viajantes e devorava quem não conseguisse decifrá-los **2** estátua desse monstro **3** pessoa misteriosa, enigmática

es.fo.gue.ar *v.t.* **1** aquecer; aumentar o calor, a temperatura **2** excitar, estimular

es.fo.lar *v.t.* ferir superficialmente a pele; arranhar

es.fo.lhar *v.t.* **1** tirar ou perder as folhas; desfolhar **2** virar, passar as folhas de livro ou de outra publicação em folhas

es.fo.li.ar *v.t.* separar a superfície de algo em fólios, lâminas

es.fo.me.ar *v.t.* **1** causar fome **2** privar de alimento

es.for.çar *v.t. v.pron.* **1** colocar ou dar força, vigor, ânimo **2** dedicar suas forças a; empenhar-se

es.for.ço /ô/ *s.m.* **1** aplicação de força física ou energia **2** dedicação, empenho

es.fran.ga.lhar *v.t.* reduzir a frangalhos; esfarrapar, rasgar, dilacerar

es.fre.ga /é/ *s.f.* **1** ação ou resultado de esfregar, de friccionar; fricção **2** sova, surra **3** repreensão, reprimenda

es.fre.gar *v.t.* friccionar uma coisa contra outra

es.fri.ar *v.t.* **1** sofrer ou ocasionar a queda de temperatura **2** perder o entusiasmo, o ânimo; desanimar

215   **espalhamento**

es.fro.lar *v.t.* **1** ferir levemente; arranhar **2** tocar levemente; roçar

es.fu.ma.çar *v.t.* **1** dar a cor da fumaça; escurecer **2** espalhar fumaça

es.fu.mar *v.t.* **1** tornar escuro com fumo; esfumaçar **2** diluir os contornos em sombras; fazer desaparecer

es.fu.mi.nho *s.m.* rolo pequeno feito de pelica, algodão, feltro etc. para criar efeito degradê em pinturas ou desenhos

es.ga.çar *v.t.* dividir, separar os fios; rasgar; desfiar; fragmentar; esgarçar

es.ga.da.nhar *v.t.* revolver a terra com gadanho, ancinho

es.ga.de.lhar *v.t.* despentear, desarrumar os cabelos; desguedelhar

es.gal.ga.do *adj.* delgado, magro

es.ga.lhar *v.i.* **1** abrir-se (árvore) em galhos; desenvolver galharia, ramagem ○ *v.t.* **2** podar, cortar galhos

es.ga.na.do *adj.* faminto; que está com muita fome; esfomeado

es.ga.nar *v.t.* asfixiar; apertar o pescoço com o intuito de matar; sufocar

es.ga.ni.çar *v.t.* falar com voz aguda, estridente

es.gar *s.m.* **1** trejeito do rosto **2** careta de escárnio

es.ga.ra.tu.jar *v.t.* fazer garatujas; escrevinhar; escrever de maneira ruim

es.ga.ra.va.tar *v.t.* **1** escarafunchar, fuçar **2** procurar de maneira cuidadosa e minuciosa; investigar **3** limpar alguma sujeira com dedo, palito, unha etc.

es.gar.çar *v.t.* **1** romper os fios; fragmentar, separar, dividir **2** arranhar, machucar, ferir

es.gar.rar *v.i.* **1** escapar das garras ou de algo que prendia; desgarrar **2** perder o rumo, a direção

es.ga.ze.a.do *adj.* diz-se do olhar de pessoa tomada por medo ou loucura

es.ga.ze.ar *v.t.* arregalar os olhos mostrando a parte branca, conferindo semblante de louco

es.go.e.lar *v.t.* **1** sufocar comprimindo a garganta, a goela; asfixiar **2** gritar alto, abrindo muito a goela

es.go.tar *v.t.* **1** esvaziar, extenuar **2** chegar ao fim, terminar

es.gri.ma *s.f.* arte de combate com armas brancas, como espada, florete

es.gri.mir *v.t.* praticar esgrima

es.grou.vi.a.do *adj.* diz-se de pessoa alta e magra, como um grou

es.gue.de.lhar *v.t.* despentear; desmanchar a guedelha

es.guei.rar *v.pron.* **1** sair cuidadosamente para não ser notado ○ *v.t.* **2** desviar cautelosamente

es.gue.lha /ê/ *s.f.* oblíquo, viés, soslaio ■ **de esguelha** de viés, de soslaio

es.gui.char *v.t.* jorrar, expelir líquido

es.gui.o *adj.* alto e magro

es.la.vo *adj.* diz-se de povo indo-europeu de certos países da Europa central e oriental

es.lo.va.co *adj. gent.* natural ou habitante da República Eslovaca

es.lo.ve.no *adj. gent.* natural ou habitante da República da Eslovênia

es.ma.e.cer /ê/ *v.t.* **1** desmaiar; ter vertigem; perder as forças **2** perder a cor, desbotar

es.ma.gar *v.t.* destruir ou deformar por força e pressão

es.mal.te *s.m.* **1** substância que passada em uma superfície dá brilho e protege de oxidação depois que seca **2** verniz **3** camada mais externa dos dentes

es.me.ral.da *s.f.* **1** GEOL pedra preciosa de cor verde **2** cor dessa pedra

es.me.ril *s.m.* **1** GEOL pedra dura cujo pó é utilizado para polimento de objetos de metal **2** pedra utilizada para amolar ou afiar lâminas **3** mau motorista; barbeiro

es.me.ri.lhar *v.t.* polir com esmeril

es.me.rar *v.i.* realizar uma tarefa com cuidado, capricho, apuro

es.mi.u.çar *v.t.* **1** reduzir a pequenas porções **2** tratar um assunto em todas as suas minúcias; pormenorizar, minuciar

es.mo.er /ê/ *v.t.* triturar, moer, remoer

es.mo.la /ó/ *s.f.* donativo que se oferece aos pobres por caridade

es.mo.re.cer /ê/ *v.i.* **1** perder a coragem, o ânimo, a força **2** debilitar-se; enfraquecer

es.mur.rar *v.t.* socar; desferir murros, socos; surrar

es.no.be /ó/ *adj.2g.* indivíduo que revela esnobismo; presunçoso

es.no.bis.mo *s.m.* atitude de superioridade, de desprezo aos mais humildes

e.sô.fa.go *s.m.* ANAT canal musculoso que leva o bolo alimentar da faringe ao estômago

e.so.té.ri.co *adj.* **1** secreto, misterioso **2** referente ao esoterismo **3** de difícil compreensão

e.so.te.ris.mo *s.m.* **1** conhecimento das doutrinas reservadas aos iniciados **2** doutrina fundamentada em fenômenos sobrenaturais; ocultismo **3** caráter de obra de difícil compreensão

es.pa.ci.al *adj.2g.* referente a espaço

es.pa.ço *s.m.* **1** distância entre dois pontos ou corpos **2** ASTRON o Universo **3** intervalo de tempo

es.pa.ço.so /ô/ *adj.* cheio de espaço; que cabe muitas pessoas, muitos animais, objetos etc.

es.pa.da *s.f.* arma branca de lâmina comprida geralmente de dois gumes

es.pa.da.chim *s.m.* **1** lutador que duela com a espada **2** *fig.* pessoa briguenta; valentão

es.pa.da.gão *s.m.* espada de grandes proporções

es.pa.da.na *s.f.* **1** objeto cuja forma se assemelha à de uma espada **2** jorro, jato de líquido **3** nadadeira de peixe **4** cauda de cometa **5** labareda de fogo

es.pa.da.nar *v.t.* **1** cobrir (planta) de espadanas **2** fazer jorrar

es.pa.dar.te *s.m.* ZOOL peixe dotado de uma espécie de serra para ataque a outros peixes; peixe-espada

es.pa.da.ú.do *adj.* dotado de espáduas largas, de ombros largos

es.pa.dim *s.m.* **1** espada pequena **2** antiga moeda portuguesa

es.pá.dua *s.f.* ANAT articulação entre o tórax e o braço; omoplata, ombro; espalda

es.pa.gue.te /é/ *s.m.* macarrão comprido, fino e sem furo

es.pai.re.cer /ê/ *v.i.* divertir-se; afastar-se de tensões, problemas, preocupações etc.; entreter-se

es.pal.da *s.f.* m.q. espádua

es.pal.dar *s.m.* encosto de cadeira

es.pa.lha.dor /ô/ *s.m.* aquele que espalha, dispersa algo

es.pa.lha.fa.to *s.m.* alvoroço, estardalhaço

es.pa.lha.men.to *s.m.* **1** ação ou resultado de espalhar **2** dispersão, difusão

espalhar

es.pa.lhar *v.t.* **1** separar sem direção certa o que estava reunido **2** dispersar, difundir

es.pal.mar *v.t.* **1** abrir completamente a mão **2** aparar (a bola) com a palma das mãos, sem segurá-la **3** alisar, achatar

es.pa.nar *v.t.* limpar usando pano; tirar o pó de algo

es.pan.car *v.t.* desferir pancadas; surrar, bater

es.pa.ne.jar *v.t.* m.q. espanar

es.pa.nhol */ó/ adj.* **1** natural ou habitante da Espanha **2** referente à Espanha

es.pa.nho.lis.mo *s.m.* **1** próprio do espanhol ou da Espanha **2** GRAM uso de palavras e frases do espanhol em outra língua

es.pan.ta.di.ço *adj.* que se espanta com facilidade; assustado, sobressaltado

es.pan.ta.lho *s.m.* boneco que se coloca em plantações para afastar os pássaros

es.pan.tar *v.t.* **1** causar medo, pavor; assustar **2** causar surpresa, admiração **3** afugentar, enxotar

es.pan.to *s.m.* **1** sobressalto, pavor, susto **2** situação surpreendente; surpresa, admiração

es.pan.to.so */ô/ adj.* **1** que apavora, assusta, sobressalta; pavoroso **2** surpreendente; admirável

es.pa.ra.dra.po *s.m.* fita adesiva medicinal usada em curativos

es.par.gir *v.t.* borrifar, esparzir **2** espalhar, derramar

es.par.go *s.m.* BOT planta de broto carnoso e comestível; aspargo

es.par.ra.mar *v.t.* espalhar desordenadamente; espargir, difundir

es.par.re.la */é/ s.f.* **1** armadilha para pássaros ou outro tipo de caça **2** *fig.* cilada, logro engano

es.par.so *adj.* **1** espalhado de modo desordenado; disperso **2** raro, incomum

es.par.ta.no *adj. gent.* natural ou habitante de Esparta, na Grécia

es.par.ti.lho *s.m.* cinta anatômica geralmente utilizada por mulheres para afinar e modelar a cintura

es.par.to *s.m.* BOT gramínea de folhas cujos caules são utilizados na fabricação de cordas

es.par.zir *v.t.* m.q. espargir

es.pas.mo *s.m.* MED contração involuntária de músculos causada por hipertonia muscular

es.pa.ta *s.f.* **1** BOT bráctea que reveste os frutos da palmeira e as flores de diversas plantas **2** espada de dois gumes, larga e sem ponta

es.pa.ti.far *v.t.* partir em vários pedaços; despedaçar; quebrar em pedaços miúdos

es.pá.tu.la *s.f.* **1** instrumento com lâmina não cortante utilizado para abrir livros, cartas etc. **2** instrumento semelhante utilizado na confecção de bolos, no revolvimento de cimento etc.

es.pa.ven.tar *v.t.* **1** assustar; causar grande medo; aterrorizar **2** ostentar riqueza, luxo, pompa **3** demonstrar vaidade, orgulho

es.pa.vo.rir *v.t.* causar pavor, medo; amedrontar, assustar

es.pe.car *v.t.* sustentar, amparar com espeque; escorar, apoiar

es.pe.ci.al *adj.2g.* **1** que se destina a um fim específico ou que tem uma função específica **2** exclusivo

es.pe.ci.a.li.da.de *s.f.* **1** qualidade do que é especial **2** prato típico de uma região, de um país, de um restaurante etc. **3** o que é próprio para certa finalidade **4** ramo de atividade que alguém domina

es.pe.ci.a.lis.ta *s.2g.* pessoa especializada em uma área ou atividade

es.pe.ci.a.li.za.ção *s.f.* aperfeiçoamento científico ou técnico em uma determinada área ou atividade

es.pe.ci.a.li.zar *v.t. v.pron.* aperfeiçoar(-se) em determinada área ou atividade

es.pe.ci.a.ri.a *s.f.* qualquer produto aromático de origem vegetal usado como tempero; condimento

es.pé.cie *s.f.* **1** qualidade, aparência, aspecto, forma **2** pedaço de um todo; ingrediente **3** BIOL divisão taxonômica abaixo do gênero **4** moeda, dinheiro vivo **5** variedade, tipo

es.pe.ci.fi.ca.ção *s.f.* **1** ação ou resultado de especificar **2** pormenorização, enumeração **2** cada item dessa enumeração

es.pe.ci.fi.ca.ti.vo *adj.* que especifica; indicativo

es.pe.ci.fi.car *v.t.* **1** classificar por espécies; caracterizar, qualificar **2** enumerar, detalhar, pormenorizar, particularizar **3** explicar detalhadamente

es.pe.cí.fi.co *adj.* **1** próprio de determinada espécie **2** exclusivo, restrito

es.pé.ci.me *s.m.* exemplar, amostra, modelo

es.pé.ci.men *s.m.* m.q. espécime

es.pe.ci.o.so */ó/ adj.* **1** belo, elegante, garboso **2** enganador; falso, ilusório

es.pec.ta.dor */ô/ s.m.* pessoa que presencia um acontecimento ou assiste a um espetáculo

es.pec.tro */é/ s.m.* **1** aparição fantasmagórica; fantasma, visão **2** FÍS registro visual resultante da decomposição da luz solar ao passar por um prisma, formando as sete cores do arco-íris

es.pe.cu.la.ção *s.f.* **1** atividade especulativa, pesquisa **2** ação comercial que eleva ou eleva o preço das mercadorias **3** suposição, conjetura

es.pe.cu.la.dor */ô/ adj.* que especula, que investiga; questionador, pesquisador

es.pe.cu.lar *adj.2g.* **1** diáfano, transparente **2** superfície que reflete luz ou imagem • *v.t.* **3** proceder com má-fé em negócios **4** indagar, pesquisar **5** supor, conjeturar

es.pe.cu.la.ti.vo *adj.* relativo à especulação

es.pé.cu.lo *s.m.* MED instrumento que dilata a entrada de certas cavidades orgânicas a fim de tornar possível o exame interno

es.pe.da.çar *v.t.* fazer em fragmentos; estraçalhar; despedaçar

es.pe.le.o.lo.gi.a *s.f.* GEOL ramo da geologia que se dedica ao estudo de grutas e cavernas naturais

es.pe.lhar *v.t.* **1** refletir a luz; brilhar **2** refletir no espelho **3** ter como exemplo determinada coisa ou pessoa

es.pe.lha.ri.a *s.f.* **1** estabelecimento comercial onde são vendidos espelhos **2** fábrica de espelhos **3** grande quantidade de espelhos

es.pe.lho */ê/ s.m.* **1** objeto de superfície metálica polida para reflexão de luz e imagens **2** *fig.* modelo, exemplo

es.pe.lo.te.a.do *adj.* **1** confuso, estouvado **2** adoidado, desmiolado

es.pe.lun.ca *s.f.* **1** grande buraco ou cavidade no solo; furna, caverna **2** casa ou estabelecimento mal frequentado

es.pe.que */é/ s.m.* peça de apoio ou de encosto; esteio, escora

es.pe.ra */é/ s.f.* **1** ação ou resultado de esperar **2** pausa entre um e outro ato **3** expectativa

es.pe.ran.ça *s.f.* **1** sentimento positivo de expectativa **2** fé, confiança

espirituoso

es.pe.ran.to *s.m.* GRAM língua artificial criada pelo polonês Zamenhof, em 1887, para servir como meio de comunicação internacional

es.pe.rar *v.t.* **1** aguardar a realização de possível acontecimento futuro **2** possuir esperança **3** contar com a possibilidade de ocorrência

es.per.di.çar *v.t.* desperdiçar; esbanjar; gastar muito e sem necessidade

es.per.ma /é/ *s.m.* fluido seminal que contém espermatozoides e é expelido durante a ejaculação; sêmen

es.per.ma.ce.te /ê/ *s.m.* QUÍM substância gordurosa extraída da cabeça de baleias

es.per.má.ti.co *adj.* **1** relativo a esperma **2** relativo a semente

es.per.ma.to.zoi.de *s.m.* BIOL célula sexual reprodutora masculina

es.per.ne.ar *v.t.* agitar vigorosamente as pernas; estrebuchar

es.per.nei.o *s.m.* ação ou efeito de espernear; estrebucho

es.per.tar *v.t.* acordar, despertar

es.per.to /é/ *adj.* **1** que está acordado; alerta, desperto **2** arguto; perspicaz

es.pes.sar *v.t.* aumentar a espessura, a largura; engrossar

es.pes.so /ê/ *adj.* de grande espessura; grosso, denso

es.pe.tá.cu.lo *s.m.* **1** apresentação teatral, circense, musical etc. **2** tudo o que desperta a curiosidade e a atração visual

es.pe.to /ê/ *s.m.* haste pontiaguda de ferro ou madeira em que se enfia carne para assar na brasa

es.pe.vi.ta.do *adj.* **1** vivo, arguto, esperto **2** inquieto, assanhado

es.pe.vi.tar *v.t.* **1** limpar, cortar o pavio da vela para avivar a chama **2** avivar, estimular **3** estar inquieto; assanhar

es.pe.zi.nhar *v.t.* **1** comprimir com os pés **2** desprezar, humilhar;

es.pi.a *s.2g.* m.q. espião

es.pi.ão *s.m.* indivíduo que vigia secretamente para obter informações; delator

es.pi.ar *v.t.* observar secretamente uma atividade alheia para obter informações

es.pi.ca.çar *v.t.* ferir com ponta; pungir; picar

es.pi.char *v.t.* **1** aumentar a extensão de; esticar **2** crescer

es.pi.ci.for.me /ó/ *adj.2g.* que possui forma semelhante à de uma espiga

es.pi.ga *s.f.* haste superior cheia de grãos de certos vegetais como milho, trigo etc.

es.pi.gão *s.m.* **1** espiga grande **2** montanha de forma pontuda **3** haste pontiaguda

es.pi.ga.do *adj.* **1** que se espigou **2** com aspecto de espiga; semelhante a uma espiga **3** reto, esticado **4** *pop.* diz-se de indivíduo bem alto e magro

es.pi.gar *v.i.* **1** desenvolver espigas **2** crescer, desenvolver-se

es.pi.guei.ro /ê/ *s.m.* depósito para espigas

es.pi.na.frar *v.t.* **1** *pop.* criticar, repreender **2** falar mal, ridicularizar

es.pi.na.fre *s.m.* BOT vegetal comestível de folhas verde-escuras, rico em ferro

es.pi.nal *adj.2g.* referente a espinha; espinhal

es.pin.gar.da *s.f.* arma de fogo de cano longo própria para caçadas

es.pi.nha *s.f.* **1** ANAT coluna vertebral, espinha dorsal **2** MED termo popular para designar acne ou furúnculo

es.pi.nha.ço *s.m.* **1** m.q. coluna vertebral **2** cadeia de montanhas

es.pi.nhal *adj.2g.* **1** espinal; relativo a espinha • *s.m.* **2** lugar cheio de espinhos; espinheiro

es.pi.nhar *v.t.* machucar com espinho; picar

es.pi.nhe.la /ê/ *s.f. pop.* apêndice cartilaginoso do esterno ■ **espinhela caída** designação antiga para doenças que causam debilitação orgânica

es.pi.nhei.ral *s.m.* extenso aglomerado de espinheiros; espinhal

es.pi.nhen.to *adj.* cheio de espinhos; espinhoso

es.pi.nho *s.m.* **1** BOT apêndice duro e pontiagudo de certos vegetais; acúleo **2** ZOOL pelo duro e pontiagudo do ouriço-cacheiro **3** situação difícil; aperto

es.pi.nho.so *adj.* cheio de espinhos; que contém espinhos

es.pi.ni.for.me /ó/ *adj.2g.* que possui a forma semelhante à de um espinho

es.pi.no.te.ar *v.i.* dar pinotes, saltos, pulos

es.pi.o.lhar *v.t.* catar piolhos; despiolhar

es.pi.o.na.gem *s.f.* **1** ação ou efeito de espionar **2** observação secreta e ilegal de ações e determinações de um país em guerra, de empresa ou indivíduo, a mando de adversários

es.pi.o.nar *v.t.* observar de modo secreto e ilegal para a consecução de informações

es.pi.que *s.m.* **1** BOT haste em forma de espiga de determinadas plantas **2** *desus.* cravo-da-índia

es.pi.ra *s.f.* cada uma das voltas de uma espiral

es.pi.ra.ção *s.f.* **1** ação ou efeito de espirar **2** saída do ar dos pulmões

es.pi.ral *s.f.* **1** curva que se desenvolve em torno de um eixo **2** que tem forma de espiral

es.pi.ra.lar *v.t.* conferir a forma ou o aspecto de espiral

es.pi.rar *v.i.* exalar; emitir sopro; respirar, bafejar

es.pi.ri.lo *s.m.* BIOL bactéria de forma alongada e espiralada

es.pi.ri.ta *adj.2g.* **1** referente a espiritismo • *s.2g.* **2** seguidor do espiritismo; espiritista

es.pi.ri.tei.ra /ê/ *s.f.* fogareiro que funciona a álcool

es.pi.ri.tis.mo *s.m.* RELIG doutrina filosófico-religiosa que tem como princípio o aprimoramento moral do ser humano pela prática da caridade, calcada na comunicação com espíritos de pessoas mortas

es.pi.ri.tis.ta *s.2g.* m.q. espírita

es.pí.ri.to *s.m.* **1** parte imortal do ser humano; alma **2** grande inteligência **3** essência, característica **4** aparição fantasmagórica; fantasma; alma penada

es.pi.ri.tu.al *adj.2g.* relativo a espírito; imaterial

es.pi.ri.tu.a.li.da.de *s.f.* **1** qualidade do que é espiritual; imaterialidade **2** sublimidade, elevação

es.pi.ri.tu.a.lis.mo *s.m.* FILOS doutrina que, em oposição ao materialismo, admite a existência real do espírito, da imortalidade da alma

es.pi.ri.tu.a.lis.ta *s.2g.* adepto do espiritualismo

es.pi.ri.tu.a.li.zar *v.t.* conferir caráter espiritual; transformar em espírito

es.pi.ri.tu.o.si.da.de /ô/ *s.f.* qualidade de quem é espirituoso; inteligência

es.pi.ri.tu.o.so /ô/ *adj.* **1** cheio de inteligência, espírito **2** engraçado, vivaz

espirometria

es.pi.ro.me.tri.a *s.f.* MED exame que permite o registro do volume e do fluxo de ar dos pulmões; exame do sopro

es.pi.rô.me.tro *s.m.* MED aparelho usado no exame de espirometria

es.pi.ro.que.ta /ê/ *s.m.* BIOL tipo de bactéria de aspecto espiralado

es.pir.ra.dei.ra *s.f.* BOT planta ornamental que produz flores em cachos muito vistosos

es.pir.rar *v.i.* dar espirros; expelir ar acompanhado de muco pelo nariz

es.pir.ro *s.m.* pequeno esguicho de ar pelas narinas em função da irritação na mucosa nasal

es.pla.na.da *s.f.* extensão plana de terreno; planalto, chapada

es.plen.der /ê/ *v.i.* m.q. resplandecer

es.plên.di.do *adj.* 1 brilhante, luzidio 2 excelente

es.plen.dor /ô/ *s.m.* 1 brilho, claridade intensa 2 excelência, magnificência

es.plen.do.ro.so /ô/ *adj.* 1 brilhoso; intensamente claro, ofuscante 2 magnífico, excelente

es.plê.ni.co *adj.* referente ao baço

es.plê.nio *s.m.* ANAT cada um dos dois músculos situados na região da nuca

es.ple.ni.te *s.f.* MED inflamação do esplênio

es.po.car *v.i.* estourar, explodir, pipocar, arrebentar

es.po.jar *v.t.* 1 derrubar ou cair no chão, rolando 2 transformar em pó; pulverizar

es.po.le.ta /ê/ *s.f.* 1 dispositivo que inflama a pólvora em armas de fogo 2 *fig.* pessoa inquieta, agitada 3 pessoa vadia, sem valor

es.po.li.a.ção *s.f.* perda de bens ou de direitos legítimos por fraude ou violência; esbulho

es.po.li.a.dor /ô/ *s.m.* indivíduo que pratica a espoliação

es.po.li.ar *v.t.* tomar bens de alguém ou privar uma pessoa de direitos legítimos; esbulhar

es.pó.lio *s.m.* 1 o conjunto de bens e posses deixados por alguém que faleceu 2 o que foi roubado de alguém

es.pon.ja *s.f.* 1 ZOOL animal invertebrado marinho com o corpo cheio de poros 2 o esqueleto desses animais que é utilizado para banho, limpeza 3 qualquer estrutura macia e porosa 4 *pop.* indivíduo que bebe em demasia; beberrão

es.pon.jo.so /ô/ *adj.* com aspecto de esponja; cheio de poros; macio, suave

es.pon.sais *s.m.pl.* compromisso antenupcial assumido pelos noivos; noivado

es.pon.sa.lí.cio *s.m.* m.q. esponsais

es.pon.ta.nei.da.de *s.f.* qualidade do que é feito sem obrigatoriedade; voluntariedade

es.pon.tâ.neo *adj.* 1 não obrigatório; voluntário 2 que não foi premeditado

es.pon.tar *v.t.* quebrar ou perder a ponta ○ *v.i.* despontar; começar a nascer, a surgir

es.po.ra /ó/ *s.f.* roseta pontiaguda utilizada para incitar o cavalo

es.po.rá.di.co *adj.* que acontece pouco; não muito frequente

es.po.rân.gio *s.m.* BOT estrutura que contém os esporos

es.po.rão *s.m.* 1 espora grande 2 ZOOL protuberância dura dos pés de aves como galo, peru, pavão 3 ZOOL espinho móvel existente no segmento tarsal de certos insetos

es.po.rí.fe.ro *adj.* BIOL que tem ou produz esporos

es.po.ro /ó/ *s.m.* BOT célula reprodutora das plantas; grão, semente

es.po.ró.fi.to *s.m.* BOT fase diploide que produz esporos nas plantas

es.por.te /ó/ *s.m.* 1 prática regular de atividades físicas 2 cada uma das modalidades dessa prática, ex.: *futebol, vôlei* etc. • *adj.2g2n.* 3 (traje) informal, casual

es.po.sa /ô/ *s.f.* 1 mulher em relação ao marido 2 mulher prometida em casamento; noiva

es.po.sar *v.t.* 1 unir-se em matrimônio; casar 2 amparar, apoiar

es.po.so /ô/ *s.m.* homem casado em relação à esposa; marido

es.po.só.rio *s.m.* união matrimonial; casamento

es.pos.te.jar *v.t.* cortar em postas; esquartejar; fatiar

es.prai.ar *v.t.* 1 esparramar, difundir 2 expandir, dilatar

es.pre.gui.ça.dei.ra *s.f.* espécie de cadeira de descanso reclinável com apoio para os pés

es.pre.gui.çar *v.t.* alongar os membros do corpo em sinal de fadiga, cansaço, preguiça

es.prei.ta *s.f.* tocaia, vigilância ■ **ficar à espreita** ficar de tocaia, observando para descobrir algo

es.prei.tar *v.t.* vigiar; ficar de tocaia; observar sem ser visto

es.pre.me.dor /ô/ *s.m.* aparelho ou utensílio para espremer algo

es.pre.mer /ê/ *v.t.* comprimir algo para extrair seu conteúdo

es.pre.mi.do *adj.* comprimido, imprensado, apertado

es.pu.ma *s.f.* 1 formação de bolhas produzidas pela agitação de líquido; escuma 2 material esponjoso sintético usado em estofamentos

es.pu.ma.dei.ra *s.f.* m.q. escumadeira

es.pu.mar *v.t.* 1 produzir espuma 2 tirar a espuma de líquido 3 *fig.* demonstrar emoção intensa

es.pu.ma.ra.da *s.f.* grande quantidade de espuma

es.pu.me.jar *v.t.* produzir espuma; espumar

es.pu.mo.so /ô/ *adj.* 1 cheio de espuma; que contém espuma; coberto de espuma 2 que produz espuma

es.pú.rio *adj.* 1 diz-se do filho ilegítimo, bastardo, concebido fora do casamento 2 adulterado, falsificado

es.pu.to *s.m.* 1 saliva, cuspe 2 *por ext.* escarro

es.qua.dra *s.f.* frota de navios bélicos de um país

es.qua.drão *s.m.* 1 formação de tropa da cavalaria ou infantaria 2 equipe

es.qua.dre.jar *v.t.* cortar em esquadros

es.qua.dri.a *s.f.* 1 ângulo reto 2 GEOM instrumento para medir ângulos retos; esquadro 3 qualquer tipo de acabamento ou fechamento de portas, janelas etc.

es.qua.dri.lha *s.f.* 1 MAR pequena esquadra 2 AERON conjunto de até quatro aeronaves em operação

es.qua.dri.nhar *v.t.* examinar ou procurar com cuidado e minúcia; investigar; escarafunchar

es.qua.dro *s.m.* GEOM instrumento triangular usado para traçar ou medir ângulos retos

es.quá.li.do *adj.* 1 imundo, sujo, desalinhado 2 faminto, desnutrido 3 macilento

es.qua.lo *s.m.* ZOOL gênero de peixe marinho ao qual pertence o tubarão

estagiário

es.quar.te.jar *v.t.* dividir em quartos, postas, pedaços; despedaçar, retalhar

es.que.cer /ê/ *v.t.* **1** deixar de lembrar; perder da lembrança; olvidar **2** abandonar, descuidar, ignorar **3** desprezar; deixar de levar em consideração

es.que.le.to *s.m.* ANAT estrutura formada pelos ossos que sustentam o corpo de animais vertebrados

es.que.ma *s.m.* **1** delineamento, esboço de algo **2** resumo, síntese de um assunto qualquer **3** planejamento, programa **4** organização, sistema

es.que.ma.ti.zar *v.t.* **1** colocar em forma de esquema **2** delinear, esboçar **3** organizar, planejar, programar

es.que.má.ti.co *adj.* **1** referente a esquema **2** executado segundo um esquema; planejado, programado, organizado

es.quen.ta.do *adj.* **1** que sofreu processo de aquecimento; quente **2** *fig.* diz-se de indivíduo que se irrita com facilidade

es.quen.tar *v.t.* **1** aumentar a temperatura; aquecer **2** *fig.* ficar com raiva, irritar-se

es.quer.dis.mo *s.m.* posição política de esquerda; comunismo; socialismo

es.quer.dis.ta *s.2g.* militante de algum partido de esquerda; socialista, comunista

es.quer.do /ê/ *adj.* **1** o lado que se opõe ao direito **2** *fig.* desajeitado, canhestro

es.qui.fe *s.m.* **1** pequena embarcação estreita a vela ou a remo **2** caixão de defunto; féretro, ataúde

es.qui.li.a.no *adj.* referente ao dramaturgo grego Ésquilo

es.qui.lo *s.m.* ZOOL mamífero quadrúpede roedor dotado de cauda longa e peluda que se alimenta de castanhas e sementes

es.qui.mó *adj. gent.* **1** natural ou habitante das regiões frias próximas ao Ártico • *s.m.* **2** cada língua falada pelos esquimós

es.qui.na *s.f.* canto, ângulo formado pelo encontro de duas vias

es.qui.si.ti.ce *s.f.* qualidade daquilo que é esquisito; extravagância, excentricidade

es.qui.si.to *adj.* **1** exótico, raro **2** estranho, anormal **3** de aspecto feio

es.quis.tos.so.mo *s.m.* BIOL designação comum aos vermes parasitas causadores da esquistossomose

es.qui.va *s.f.* ação ou resultado de se esquivar de alguém ou algo, desviar, afastar em outra direção; esquivança

es.qui.van.ça *s.f.* ato ou efeito de esquivar(-se); retraimento social; insociabilidade

es.qui.var *v.t.* **1** afastar, fugir, evitar, escapar **2** desprezar, desdenhar

es.qui.vo *adj.* insociável, arredio, arisco

es.qui.zo.fre.ni.a *s.f.* MED transtorno mental caracterizado pela perda do contato com a realidade, alucinações e alterações comportamentais

es.sa /é/ *s.f.* **1** armação nas igrejas sobre a qual se coloca o caixão do defunto • *pron.* **2** GRAM feminino de esse

es.se /é/ *s.m.* **1** GRAM nome da letra *s*, décima nona letra do alfabeto português • *pron.* **2** /ê/ GRAM pronome demonstrativo que indica ser, coisa ou acontecimento próximo do ouvinte; algo mencionado anteriormente ou algo desconhecido

es.sên.cia *s.f.* **1** conjunto de traços fundamentais para a identidade de um ser ou de uma coisa **2** FARM óleo perfumado obtido de certas flores, árvores etc.

és-su.des.te /é/ *s.m.* ponto cardeal situado entre leste e sudeste

es.ta /é/ *pron.* GRAM feminino de este

es.ta.ba.na.do *adj.* desajeitado, irrequieto, descuidado

es.ta.be.le.cer /ê/ *v.t.* **1** tornar estável, definitivo **2** definir, delimitar

es.ta.bi.li.da.de *s.f.* **1** qualidade do que é firme, estável; firmeza **2** situação de segurança profissional ou financeira

es.ta.bi.li.za.ção *s.f.* ato ou efeito de estabilizar(-se)

es.ta.bi.li.zar *v.t.* firmar; dar estabilidade, segurança

es.tá.bu.lo *s.m.* lugar para abrigar gado, cavalos etc.

es.ta.ca *s.f.* pedaço de madeira que serve para diversos usos

es.ta.ca.da *s.f.* **1** série de estacas próximas umas das outras **2** lugar protegido por estacas **3** *fig.* defesa, proteção

es.ta.ção *s.f.* **1** ponto de parada para trens, ônibus, metrôs e outros meios de transporte **2** cada uma das divisões do ano de acordo com características próprias **3** local onde se realiza uma atividade determinada **4** período, temporada, época **5** emissora de rádio ou TV

es.ta.car *v.i.* **1** apoiar com estacas **2** parar, sustar repentinamente; imobilizar; interromper

es.ta.ca.ri.a *s.f.* grande quantidade de estacas

es.ta.ci.o.na.men.to *s.m.* **1** ação ou resultado de estacionar **2** lugar onde os veículos podem ficar

es.ta.ci.o.nar *v.t.* (fazer) parar um veículo

es.ta.ci.o.ná.rio *adj.* **1** que não se move; imóvel **2** *fig.* que faz progressos

es.ta.da *s.f.* **1** ação ou resultado de permanecer; estadia, permanência **2** tempo durante o qual se dá essa estadia

es.ta.dão *s.m.* luxo, magnificência, pompa

es.ta.de.ar *v.t.* ostentar, alardear, anunciar

es.ta.di.a *s.f.* **1** permanência, estada **2** tempo dessa permanência **3** prazo para carregamento e descarregamento de navios no porto

es.tá.dio *s.m.* grande campo para práticas esportivas

es.ta.do *s.m.* **1** situação; condição momentânea de uma pessoa ou coisa **2** divisão administrativa de uma nação **3** forma em que se apresenta a matéria **4** nação politicamente organizada (com inicial maiúscula)

es.ta.do-ma.i.or /ó/ *s.m.* conjunto de oficiais superiores responsáveis pelo planejamento estratégico militar

es.ta.du.al *adj.2g.* referente a estado

es.ta.du.ni.den.se *adj. gent.* natural ou habitante dos Estados Unidos da América

es.ta.fa *s.f.* exaustão; cansaço extremo; fadiga

es.ta.far *v.t.* **1** sofrer ou ocasionar estafa **2** entediar, chatear

es.ta.fer.mo /ê/ *s.m.* **1 pejor.** pessoa inútil que só atrapalha; estorvo **2** *pejor.* pessoa feia

es.ta.fe.ta /ê/ *s.2g.* carteiro, mensageiro

es.ta.fi.lo.co.co /ô/ *s.m.* BIOL designação comum a diversas bactérias causadoras de infecções supurativas locais

es.ta.gi.ar *v.i.* passar algum tempo em algum lugar para aprender; realizar o estágio

es.ta.gi.á.rio *s.m.* pessoa que realiza o estágio; aprendiz

estágio

es.tá.gio *s.m.* **1** permanência de alguém em algum lugar para aprender um ofício **2** etapa, fase de um desenvolvimento ou processo

es.tag.na.ção *s.f.* ausência de movimento, de fluência

es.tag.nar *v.t.* parar, estancar; deixar de progredir

es.tai *s.m.* MAR cada um dos cabos que sustentam a mastreação

es.ta.lac.ti.te *s.f.* GEOL estrutura calcária formada pelo gotejamento de água e que pende do teto de grutas

es.ta.la.gem *s.f.* lugar para hospedagem de viajantes; hospedaria, pousada

es.ta.lag.mi.te *s.f.* GEOL estrutura calcária que se forma no chão de grutas pelo gotejamento de água

es.ta.la.ja.dei.ro *s.m.* proprietário ou zelador de uma estalagem

es.ta.lão *s.m.* **1** modelo, padrão, medida **2** cavalo com função reprodutora

es.ta.lar *v.i.* **1** explodir **2** partir, quebrar **3** produzir ruído, estalido

es.ta.lei.ro */ê/ s.m.* **1** local onde há construção e conserto de navios **2** *bras.* armação de madeira para secagem de carnes, cereais etc.; jirau

es.ta.li.do *s.m.* barulho, ruído produzido pela quebra de algo

es.ta.lo *s.m.* ruído de algo que se quebra; crepitação; estalido

es.ta.me *s.m.* BOT órgão masculino dos vegetais onde se formam os grãos de pólen

es.tam.pa *s.f.* figura impressa em papel, tecido etc.

es.tam.par *v.t.* imprimir estampa em uma superfície

es.tam.pi.do *s.m.* som repentino, seco e forte produzido por explosão, tiro, trovão etc.

es.tam.pi.lha *s.f.* selo fiscal ou de documento

es.tan.car *v.t.* **1** impedir o fluxo de um líquido; vedar **2** parar, estacar

es.tân.cia *s.f.* **1** fazenda; grande propriedade rural **2** moradia, habitação **3** hospedaria, hotel

es.tan.dar.di.zar *v.t.* m.q. padronizar

es.tan.dar.te *s.m.* guião, pendão, insígnia, bandeira

es.ta.nho *s.m.* QUÍM elemento químico branco e brilhante, da família dos metais, usado na fabricação de ligas metálicas

es.tan.que *adj.2g.* **1** que impede a passagem de líquidos **2** impermeabilizado, vedado

es.tan.te *s.f.* móvel com prateleiras para colocar objetos

es.ta.pa.fúr.dio *adj.* fora do comum; esquisito, excêntrico, bizarro

es.ta.pe.ar *v.t.* desferir tapa; esbofetear

es.ta.que.ar *v.t.* prender, firmar com estacas; marcar com estacas

es.tar *v.t.* **1** apresentar certa condição, determinado estado ou alguma qualidade **2** comparecer, marcar presença **3** permanecer, continuar

es.tar.da.lha.ço *s.m.* gritaria, barulho, agitação

es.tar.re.cer */ê/ v.t.* causar ou sofrer espanto, terror

es.ta.tal *adj.2g.* relativo ao Estado

es.ta.te.lar *v.t.* cair estendido no chão; sofrer queda, tombo

es.tá.ti.ca *s.f.* FÍS parte da mecânica que estuda o equilíbrio dos corpos sólidos sob a ação de uma força

es.tá.ti.co *adj.* **1** imóvel, parado **2** referente à estática

es.ta.tís.ti.ca *s.f.* MAT ciência que coleta dados numéricos para análise, comparação e interpretação

es.tá.tua *s.f.* escultura de pessoa, animal ou outro ser

es.ta.tu.ir *v.t.* estabelecer por estatuto ou lei

es.ta.tu.ra *s.f.* altura de um indivíduo

es.ta.tu.tá.rio *adj.* relativo a estatuto

es.ta.tu.to *s.m.* lei, regulamento ou código de organização e funcionamento de uma empresa, instituição, sociedade etc.

es.tá.vel *adj.2g.* firme, equilibrado, sólido

es.te */ê/ pron.* GRAM pronome demonstrativo que indica ser, coisa ou acontecimento próximo do falante; algo recentemente mencionado ou algo específico

es.te.ar *v.t.* firmar com esteios; amparar, apoiar

es.te.a.ri.na *s.f.* QUÍM substância presente em gorduras animais e vegetais e utilizada para impermeabilização

es.tei.o *s.m.* **1** peça que serve de sustento; escora **2** *fig.* amparo, apoio, proteção

es.tei.ra */ê/ s.f.* **1** espécie de palha, junco, taquara para forrar o chão **2** espécie de tapete rolante de material sintético para o deslocamento de cargas e pessoas ou para a prática de atividade física

es.tei.ro */ê/ s.m.* braço de rio ou de mar que entra em terra firme; estuário

es.te.lar *adj.2g.* relativo a estrela

es.te.li.o.na.tá.rio *s.m.* pessoa que pratica o crime do estelionato; fraudador, vigarista

es.te.li.o.na.to *s.m.* crime que consiste em induzir outra pessoa ao erro para obter lucro com isso; fraude, roubo

es.ten.dal *s.m.* **1** lugar onde se estendem coisas para secar; varal **2** *fig.* área extensa

es.ten.de.dou.ro */ô/ s.m.* lugar em que se estende roupa; varal

es.ten.der */ê/ v.t.* **1** esticar, retesar **2** colocar em posição horizontal; deitar **3** prolongar; tornar mais longo

es.te.no.gra.fi.a *s.f.* escrita abreviada; taquigrafia

es.ten.tor */ô/ s.m.* indivíduo que possui voz possante

es.te.pe */é/ s.f.* **1** BIOL tipo de vegetação gramínea esparsa **2** GEOG região onde há esse tipo de vegetação O *s.m.* **3** pneu sobressalente de veículos terrestres

es.ter.co */ê/ s.m.* excremento animal utilizado para adubar a terra; estrume

es.té.reo *s.m.* aparelho de reprodução sonora que utiliza a técnica da estereofonia

es.te.re.o.fo.ni.a *s.f.* técnica de gravação e reprodução de sons que, por meio de alto-falantes, reconstitui a distribuição das fontes sonoras

es.te.re.os.có.pio *s.m.* FÍS aparelho óptico que permite a visualização tridimensional de figuras planas

es.te.re.o.ti.pi.a *s.f.* técnica de reprodução de composição tipográfica a partir de uma moldagem matriz; estereótipo

es.té.ril *adj.2g.* **1** que não produz; infértil **2** livre de germes

es.te.ri.li.da.de *s.f.* **1** qualidade do que é estéril; improdutividade **2** não infectado

es.te.ri.li.za.ção *s.f.* **1** ação ou resultado de tornar estéril, infértil **2** higienização, desinfecção

es.te.ri.li.za.dor */ô/ s.m.* aparelho próprio para realizar a esterilização

es.te.ri.li.zan.te *adj.2g.* que esteriliza

es.te.ri.li.zar *v.t.* **1** tornar estéril, infértil **2** higienizar eliminando os germes

es.ter.li.no *s.m.* referente a libra esterlina

estopa

es.ter.tor /ô/ *s.m.* MED ruído produzido por respiração de quem está agonizando

es.te.ta /é/ *s.2g.* **1** pessoa que cultua a estética **2** profissional especialista em estética; esteticista

es.té.ti.ca *s.f.* **1** FILOS filosofia e estudo do belo artístico **2** aparência física **3** atividade profissional de quem cuida da aparência física

es.te.ti.cis.mo *s.m.* FILOS doutrina filosófica que trata dos princípios da estética

es.té.ti.co *adj.* **1** relativo a estética **2** que busca a beleza perfeita

es.te.tos.có.pio *s.m.* MED instrumento médico para ouvir os sons produzidos por órgãos internos

es.ti.ar *v.i.* para de chover

es.tí.bio *s.m.* QUÍM m.q. antimônio

es.ti.bor.do /ó/ *s.m.* MAR lado da embarcação de frente para a proa

es.ti.car *v.t.* **1** distender, espichar **2** prolongar, estender

es.tig.ma *s.m.* **1** o que é considerado negativo e desonroso **2** BOT ponta do estilete das flores, destinada a receber o pólen

es.tig.ma.ti.zar *v.t.* **1** produzir estigmas; marcar, macular **2** condenar, julgar

es.ti.le.te /ê/ *s.m.* **1** espécie de punhal de lâmina fina de ponta triangular **2** BOT parte intermediária do pistilo por onde passa o pólen para chegar ao ovário

es.ti.lha *s.f.* lasca, fragmento de algo que se parte; astilha

es.ti.lha.çar *v.t.* fragmentar em pequenos pedaços

es.ti.lha.ço *s.m.* lasca, pedaço de algo que se quebrou; estilha grande

es.ti.lin.gue *s.m.* bodoque; brinquedo infantil de arremesso feito de um elástico amarrado às duas pontas de uma forquilha

es.ti.lis.ta *s.2g.* **1** profissional que cria modelos de roupas, de móveis, de decoração etc. **2** artista de grande talento **3** escritor que tem estilo, requinte em sua escrita

es.ti.lís.ti.ca *s.f.* **1** a arte de escrever bem **2** disciplina que estuda o uso dos recursos linguísticos expressivos de uma língua

es.ti.lís.ti.co *adj.* relativo a estilo

es.ti.li.zar *v.t.* dar estilo a algo; melhorar, aperfeiçoar

es.ti.lo *s.m.* **1** modo particular de se expressar, falar, se vestir, escrever etc. **2** requinte, elegância

es.ti.ma *s.f.* apreço, carinho

es.ti.ma.ção *adj.* **1** diz-se de animal doméstico pelo qual se tem grande carinho, estima • *s.f.* **2** ação ou efeito de estimar **3** aproximação, estimativa

es.ti.mar *v.t.* **1** ter estima, carinho, apreço **2** fazer cálculo aproximado, fazer estimativa

es.ti.ma.ti.va *s.f.* cálculo ou valor aproximado com base em dados disponíveis

es.ti.mu.lan.te *adj.2g.* que estimula, que incita; incentivador, animador

es.ti.mu.lar *v.t.* **1** provocar uma reação **2** incitar, provocar, instigar **3** animar, encorajar

es.ti.mu.lo *s.m.* **1** aquilo que provoca uma reação, que incita **2** aquilo que estimula, encoraja

es.ti.o *s.m.* **1** verão **2** *fig.* maturidade

es.ti.o.lar *v.t.* debilitar, enfraquecer

es.ti.pe *s.m.* BOT caule, espique

es.ti.pen.di.ar *v.t.* pagar o estipêndio, os honorários

es.ti.pên.dio *s.m.* pagamento, honorários, salário

es.tí.pu.la *s.f.* BOT apêndice que se apresenta em número de dois na base dos pecíolos de algumas plantas

es.ti.pu.la.dor /ô/ *adj.* que estipula, que determina condições de algo

es.ti.pu.lan.te *adj.2g.* m.q. estipulador

es.ti.pu.lar *adj.* **1** referente à estípula vegetal • *v.t.* **2** JUR entrar em acordo, ajuste, por meios jurídicos, em relação às condições de uma proposta **3** determinar, estabelecer

es.ti.ra.da *s.f.* **1** ação ou resultado de estirar **2** distância longa a ser percorrida

es.ti.ra.men.to *s.m.* **1** ato ou efeito de estirar(-se) **2** MED m.q. distensão

es.ti.rão *s.m.* caminhada longa

es.ti.rar *v.t.* esticar, retesar, alongar

es.tir.pe *s.f.* **1** origem familiar; descendência **2** classe, categoria

es.ti.va *s.f.* **1** a carga colocada nos porões dos navios **2** processo de carregamento e descarregamento de uma embarcação

es.ti.va.dor /ô/ *s.m.* trabalhador que carrega e descarrega as cargas dos navios nos portos

es.ti.val *adj.2g.* relativo a estio; próprio do verão

es.to.ca.da *s.f.* **1** golpe dado com estoque ou outra arma perfurante **2** crítica, ataque

es.to.car *v.t.* **1** deferir golpe com estoque ou outra arma perfurante; chifrar **2** armazenar; guardar mercadorias em estoque

es.to.fa /ó/ *s.f.* **1** enchimento **2** tecido utilizado para estofar sofás, cadeiras etc.

es.to.far *v.t.* **1** revestir, cobrir com estofo **2** acolchoar

es.to.fo /ô/ *s.m.* **1** tecido resistente e grosso decorativo **2** enchimento, estofa

es.to.i.ci.da.de *s.f.* qualidade de estoico; resignação, conformismo

es.to.i.cis.mo *s.m.* **1** FILOS escola filosófica que prega a rigidez moral e a serenidade perante as dificuldades **2** por ext. resignação diante do sofrimento

es.toi.co *adj.* **1** relativo ao estoicismo **2** resignado diante do sofrimento; indiferente, conformado

es.toi.rar *v.t.* m.q. estourar

es.to.jo /ô/ *s.m.* objeto semelhante a uma caixa pequena para guardar objetos

es.to.la /ó/ *s.f.* **1** espécie de xale usado sobre os ombros ou no pescoço **2** paramento usado pelo sacerdote sobre a vestimenta durante a missa **3** na Roma Antiga, veste longa e luxuosa

es.to.ma.cal *adj.2g.* referente ao estômago

es.to.ma.gar *v.t. v.pron.* agastar(-se), irritar(-se), zangar(-se)

es.tô.ma.go *s.m.* ANAT órgão de parede musculosa do sistema digestivo, situado entre o esôfago e o duodeno ■ **ter estômago para** aguentar; ser capaz de; suportar

es.to.ma.ti.te *s.f.* MED nome genérico que designa qualquer inflamação da mucosa da boca

es.to.ma.tó.po.de *s.m.* ZOOL espécie dos estomatópodes, ordem de crustáceos nadadores que possuem barbatanas perto da boca

es.to.ni.a.no *adj. gent.* natural ou habitante da Estônia

es.ton.te.ar *v.t.* **1** fazer ficar tonto, aturdido **2** deslumbrar, maravilhar

es.to.pa /ó/ *s.f.* a parte mais grosseira do linho utilizada na limpeza de automóveis

estopada

es.to.pa.da *s.f.* **1** quantidade, porção de estopa **2** *fig.* remendo **3** *pop.* maçada, amolação

es.to.pim *s.m.* **1** fio de substância inflamável para comunicar fogo à carga da arma **2** elemento ou ação que deflagra uma série de eventos

es.to.que /ó/ *s.m.* **1** espécie de espada pontiaguda e sem fio **2** armazenagem de mercadorias **3** local onde essas mercadorias são armazenadas

es.tor.cer /ê/ *v.t.* **1** entortar, torcer **2** mudar o rumo, a direção; desviar

es.to.re /ô/ *s.m.* m.q. cortina

es.tor.nar *v.t.* devolver, em débito ou crédito, quantia que havia sido cobrada indevidamente

es.tor.no /ô/ *s.m.* **1** ato ou efeito de estornar **2** correção de lançamento de crédito ou débito indevido em conta corrente

es.tor.ri.car *v.t.* queimar excessivamente; torrar

es.tor.var *v.t.* colocar obstáculos; atrapalhar, incomodar

es.tor.vo /ô/ *s.m.* impedimento, obstáculo

es.tou.rar *v.t.* **1** explodir produzindo barulho **2** provocar o rompimento **3** machucar gravemente alguma parte do corpo **4** cansar-se; exaurir as forças

es.tou.va.do *adj.* **1** estabanado, desajeitado **2** precipitado, imprudente

es.tou.va.men.to *s.m.* **1** característica de quem é estouvado; estabanamento **2** imprudência, falta de cuidado

es.to.va.í.na *s.f.* QUÍM cloridrato de amilênio usado como anestésico local

es.trá.bi.co *adj. s.m.* indivíduo cujos olhos não miram a mesma direção; vesgo, caolho, zarolho

es.tra.bis.mo *s.m.* MED desvio ocular em que os dois globos oculares não f

es.tra.ça.lhar *v.t.* despedaçar; rasgar, destruir

es.tra.da *s.f.* **1** via pública larga que atravessa um território **2** *fig.* caminho que se deve trilhar para se conseguir um objetivo

es.tra.dei.ro /ê/ *adj.* **1** diz-se de pessoa que anda pelas estradas; andarilho **2** astuto, velhaco

es.tra.do *s.m.* **1** estrutura de madeira semelhante a um palanque **2** armação horizontal de madeira sob a qual se coloca o colchão **3** local, no tribunal, reservado aos juízes

es.tra.gar *v.t.* **1** apodrecer; entrar em processo de decomposição; deteriorar **2** danificar, quebrar, arruinar

es.tra.go *s.m.* ato ou efeito de estragar; destruição, dano

es.tra.lar *v.i.* crepitar; fazer o som de estalido, de algo que se fragmenta; estalar

es.tra.le.jar *v.i.* estalar; crepitar

es.tram.bó.li.co *adj.* extravagante, excêntrico, singular

es.tram.bó.ti.co *adj.* m.q. estrambólico

es.tran.gei.ro /ê/ *adj.* **1** diz-se de pessoa fora de seu país de origem • *s.m.* **2** conjunto de países exceto o país em que se nasce ou se mora

es.tran.gu.la.ção /çã/ *s.f.* ato de estrangular; asfixiar; enforcamento

es.tran.gu.la.dor /ô/ *adj.* **1** que estrangula, que asfixia; sufocante • *s.m.* **2** aquele que enforca; asfixiador

es.tran.gu.la.men.to *s.m.* ação ou resultado de estrangular; estrangulamento

es.tran.gu.lar *v.t.* apertar o pescoço de pessoa ou animal com intenção de matar; enforcar, asfixiar

es.tra.nha.men.to *s.m.* ato ou efeito de estranhar; espanto, estranheza

es.tra.nhar *v.t.* **1** desconhecer; achar incomum ou estranho **2** não se sentir confortável com algo

es.tra.nhá.vel *adj.2g.* que causa estranhamento

es.tra.nhe.za /ê/ *s.f.* qualidade daquilo que é estranho, incomum

es.tra.nho *adj.* desconhecido, incomum, raro

es.tran.ja *s.2g. pop.* indivíduo estrangeiro

es.tra.ta.ge.ma *s.m.* astúcia, armadilha; aquilo que serve para enganar e ajudar na consecução de objetivos

es.tra.té.gia *s.f.* **1** arte militar de planejamento de defesa e ataque **2** bom planejamento de ações para obter um determinado resultado

es.tra.ti.fi.ca.ção *s.f.* **1** ato ou efeito de estratificar(-se) **2** organização de algo em várias camadas ou estratos

es.tra.ti.fi.ca.do *adj.* organizado em camadas, estratos

es.tra.ti.fi.car *v.t.* organizar, dispor em estratos

es.tra.to *s.m.* **1** GEOG cada camada em que uma rocha é disposta **2** nível social

es.tra.tos.fe.ra /é/ *s.f.* GEOL parte da atmosfera entre a troposfera e a ionosfera

es.tre.ar *v.t.* **1** usar pela primeira vez **2** inaugurar **3** iniciar uma nova profissão, um novo ofício etc.

es.tre.ba.ri.a *s.f.* local onde ficam os animais, especialmente cavalos; estábulo

es.tre.bu.char *v.t.* agitar o corpo convulsivamente; contorcer-se

es.trei.a /é/ *s.f.* **1** primeiro uso que se faz de algo **2** inauguração, abertura

es.trei.ta.men.to *s.m.* ação e efeito de estreitar; redução, constrição

es.trei.tar *v.t.* constringir; diminuir a largura; apertar

es.trei.te.za /ê/ *s.f.* qualidade do que é estreito; contrição, apertamento

es.trei.to /ê/ *adj.* **1** reduzido apertado, constrito **2** diz-se de pessoa que tem uma visão limitada do mundo; pessoa pouco inteligente • *s.m.* **3** canal de terra que unifica dois mares ou partes de um mar

es.tre.la /ê/ *s.f.* **1** ASTRON corpo celeste dotado de energia e luz própria **2** fortuna, sorte, destino **3** atriz de cinema famosa ■ **estrela cadente** meteorito incandescente semelhante a uma estrela que cai ■ **estrela de Davi** estrela de seis pontas que representa o judaísmo ■ **ter boa ou má estrela** nascer com bom ou mau destino

es.tre.ma *s.f.* marco que limita, divide uma terra

es.tre.mar *v.t.* estabelecer o limite, a divisão de uma terra

es.tre.me *adj.2g.* que não se mistura; puro

es.tre.me.ção *s.m.* estremecimento; ação ou efeito de estremecer; abalo

es.tre.me.cer /ê/ *v.t.* sacudir; provocar ou sentir estremecimento; tremer

es.tre.me.ci.do *adj.* que sofreu estremecimento; abalado, trêmulo

es.tre.me.ci.men.to *s.m.* **1** ação ou resultado de estremecer; sacudida, sobressalto **2** abalo em alguma relação humana

es.tre.mu.nhar *v.i.* acordar ou ser acordado subitamente; ficar atordoado, aturdido por não recuperar-se do total dos sentidos

es.trê.nuo *adj.* **1** corajoso, valente **2** esforçado, dedicado, persistente

estuque

es.tre.par *v.t.* **1** ferir com estrepe, com lasca de madeira **2** cobrir com estrepes ○ *v.pron.* **3** *pop.* não ter sucesso; sair-se mal

es.tre.pe /é/ *s.m.* **1** lasca de madeira, espinho, objeto de ponta aguda que fere **2** *fig.* situação complicada; embaraço

es.tre.pi.tar *v.i.* estalar; fazer estrépito; produzir estalido

es.tre.pi.to *s.m.* som forte e seco; estrondo

es.tre.pi.to.so /ô/ *adj.* em que há grande ruído; estrondoso

es.tre.po.li.a *s.f.* **1** traquinagem, travessura **2** desordem, confusão

es.trep.to.co.co /ô/ *s.m.* BIOL designação comum às bactérias que possuem forma de cocos e que em geral são causadoras de várias moléstias

es.trep.to.mi.ci.na *s.f.* FARM antibiótico usado no tratamento da tuberculose

es.tri.a *s.f.* ranhura, linha, sulco, filete

es.tri.ar *v.t.* fazer estrias em algo

es.tri.bei.ra /ê/ *s.f.* estribo de carruagens antigas ■ **perder as estribeiras** perder o controle, a calma

es.tri.bi.lho *s.m.* **1** LITER verso que se repete regularmente ao fim de uma estrofe **2** palavra ou expressão repetida muitas vezes dentro de um discurso

es.tri.bo *s.m.* **1** peça de montaria para apoio dos pés **2** espécie de degrau, apoio, de veículos para auxiliar a entrada e saída de pessoas

es.tric.ni.na *s.f.* QUÍM substância extraída da casca da noz-vômica e utilizada como veneno ou estimulante nervoso

es.tri.den.te *adj.2g.* que possui voz ou som agudo e penetrante

es.tri.dor /ô/ *s.m.* som estridente

es.trí.du.lo *adj.* que se caracteriza pelo som agudo, estridente

es.tri.ge *s.f.* **1** ZOOL m.q. coruja **2** mulher dada à prática da feitiçaria; bruxa

es.tri.lar *v.i.* **1** produzir som próprio de estrídulo **2** *pop.* protestar vigorosamente; vociferar

es.trin.gir *v.t.* apertar, cingir, comprimir

es.tri.par *v.t.* destripar; retirar as tripas, as vísceras; eviscerar

es.tro /ê/ *s.m.* **1** inventividade, criatividade, inspiração **2** cio animal

es.tro.bos.có.pio *s.m.* instrumento destinado a determinar velocidades de rotação

es.tro.fe /ó/ *s.f.* **1** parte inicial de ode grega entoada pelo coro **2** LITER parte de um poema formado de versos; conjunto de versos

es.troi.na /ó/ *adj.2g.* **1** que não leva a vida a sério; leviano **2** boêmio, perdulário

es.trom.par *v.t.* fatigar, cansar em função de trabalho ou atividade intensa

es.tron.car *v.t.* sair ou fazer sair do tronco, do eixo; torcer, luxar, desarticular

es.trôn.cio *s.m.* QUÍM elemento químico semelhante ao bário, utilizado na indústria de pirotecnia, na indústria açucareira e na fabricação de tintas fluorescentes

es.tron.do *s.m.* **1** ruído muito forte e ensurdecedor; estampido **2** ostentação, luxo, pompa

es.tro.pi.ar *v.t.* **1** cansar, esgotar (animal ou pessoa) por excesso de atividade **2** desfigurar, estragar

es.tro.pí.cio *s.m.* transtorno, obstáculo, dificuldade

es.tru.gi.do *s.m.* ruído, estrondo

es.tru.gir *v.t.* vibrar produzindo ruído, sonoridade

es.tru.me *s.m.* esterco; excremento usado como adubo

es.tru.pi.do *s.m.* m.q. estrépito

es.tru.tu.ra *s.f.* **1** disposição interna das diferentes partes de uma construção ou de um sistema **2** conjuntos dos elementos de sustentação de algo **3** o que é essencial

es.tru.tu.ral *adj.2g.* relativo à estrutura

es.tru.tu.rar *v.t.* **1** compor a estrutura de algo **2** dar ou adquirir segurança, estabilidade, solidez

es.tu.á.rio *s.m.* lugar onde um rio desemboca; foz

es.tu.ca.dor /ô/ *s.m.* operário que trabalha com estuque

es.tu.ca.men.to *s.m.* ação ou efeito de revestir, cobrir com estuque

es.tu.car *v.t.* revestir, cobrir paredes, teto, muro etc. com estuque

es.tu.dar *v.t.* **1** aplicar o intelecto para aprender novos conteúdos, novas técnicas, habilidades etc. **2** examinar e analisar atenciosamente

es.tú.dio *s.m.* local de trabalho de fotógrafos, pintores ou outros artistas

es.tu.di.o.so /ô/ *adj.* que estuda muito; que se dedica aos estudos

es.tu.do *s.m.* **1** aplicação do intelecto no aprendizado de novos conteúdos, novas técnicas, línguas etc. **2** exame detalhado, minucioso

es.tu.fa *s.f.* **1** local preparado para manter temperatura elevada e constante para o cultivo de algumas plantas e flores **2** *fig.* lugar fechado, abafado

es.tu.far *v.t.* **1** encher de vapor; inchar, engordar **2** colocar em estufa

es.tu.gar *v.t.* **1** apressar, fazer andar velozmente **2** incitar, instigar

es.tul.ti.ce *s.f.* qualidade de quem é estulto; estupidez, imbecilidade

es.tul.tí.cia *s.f.* m.q. estultice

es.tul.to *adj.* estúpido, imbecil, tonto

es.tu.pe.fa.ci.en.te *adj.2g.* m.q. entorpecente

es.tu.pe.fa.to *adj.* **1** entorpecido **2** surpreso, pasmado, assustado

es.tu.pen.do *adj.* **1** enorme, monstruoso **2** extraordinário, notável, fantástico

es.tu.pi.dez /ê/ *s.f.* **1** idiotice, imbecilidade **2** grosseria, rudeza

es.tu.pi.di.fi.car *v.t.* **1** tornar estúpido, imbecil; emburrecer **2** tornar bruto, rude; embrutecer

es.tú.pi.do *adj.* **1** grosseiro, rude **2** ignorante, desprovido de inteligência

es.tu.por *s.m.* perda da sensibilidade e do movimento; apoplexia, paralisia

es.tu.po.rar *v.i.* causar ou sofrer estupor

es.tu.pra.dor /ô/ *adj. s.m.* aquele que estupra, violenta, força alguém a ter relações sexuais contra a própria vontade

es.tu.prar *v.t.* violentar sexualmente; cometer o crime do estupro; forçar alguém a ter relações sexuais contra a própria vontade

es.tu.pro *s.m.* crime em que um indivíduo força outro a ter relações sexuais contra a própria vontade; violência sexual

es.tu.que *s.m.* argamassa de barro, água e areia com que se reveste paredes, muros etc.; taipa

esturjão

es.tur.jão *s.m.* ZOOL designação comum a vários peixes do hemisfério norte de cuja ova se produz o caviar

es.tur.rar *v.t.* queimar; esturricar

es.tur.ri.car *v.t.* m.q. esturrar

es.tur.ro *s.m.* 1 algo que foi esturricado 2 cheiro do esturro 3 rugido, urro, bramido

es.va.e.cer /ê/ *v.i.* m.q. desvanecer

es.va.ir *v.i.* 1 desvanecer; fazer desaparecer 2 desmaiar; perder as forças

es.va.ne.cer /ê/ *v.t.* m.q. desvanecer

es.va.zi.ar *v.t.* tornar vazio, oco, desocupado

es.ver.de.a.do *adj.* de cor próxima ao verde

es.ver.de.ar *v.t.* dar a tonalidade esverdeada

es.vis.ce.rar *v.t.* retirar as vísceras, as tripas; estripar

es.vo.a.çar *v.i.* 1 bater as asas para voar; alçar voo 2 agitar-se, debater-se

es.vur.mar *v.t.* retirar o pus de feridas, pústulas

e.ta *s.m.* nome da sétima letra do alfabeto grego, correspondendo ao *é* aberto do português

e.ta.pa *s.f.* 1 fase, nível, estágio 2 parada em um percurso

é.ter *s.m.* 1 QUÍM substância utilizada como antisséptico e antigamente como anestésico 2 espaço celeste

e.ter.ni.da.de *s.f.* 1 qualidade daquilo que é eterno; perpetuidade 2 *fig.* tempo de longa duração

e.ter.ni.zar *v.t.* tornar eterno; imortalizar

e.ter.no /é/ *adj.* sem começo ou fim; que dura eternamente

é.ti.ca *s.f.* 1 FILOS área da filosofia que estuda questões relacionadas aos valores morais e à conduta humana em sociedade 2 conjunto de regras e princípios morais para a boa convivência em sociedade

é.ti.co *adj.* referente à ética

e.ti.li.co *adj.* 1 QUÍM diz-se do álcool que apresenta o radical etila 2 diz-se do que é provocado pelo álcool

é.ti.mo *s.m.* vocábulo que dá origem a outro

e.ti.mo.lo.gi.a *s.f.* GRAM área que estuda o significado dos vocábulos a partir de suas origens e dos elementos que os constituem

e.ti.o.lo.gi.a *s.f.* MED estudo das causas das doenças

e.tí.o.pe *adj. gent.* natural ou habitante da Etiópia; abissínio

e.ti.que.ta /ê/ *s.m.* 1 marca, selo, rótulo de um produto 2 conjunto de regras de conduta para ocasiões formais

et.moi.de /ó/ *s.m.* ANAT osso craniano situado na base do nariz e que possui vários orifícios por onde passam nervos olfativos

ét.ni.co *adj.* 1 grupo de indivíduos que compartilham língua, religião e maneiras 2 referente a etnia

et.no.gra.fi.a *s.f.* estudo descritivo e registro das diferentes etnias com sua cultura, língua, seus costumes etc.

et.no.lo.gi.a *s.f.* ciência antropológica que se dedica ao estudo de culturas a partir de registros etnográficos

e.to.lo.gi.a *s.f.* 1 BIOL estudo do comportamento animal 2 por ext. estudo dos costumes e comportamentos humanos

e.trus.co *adj. gent.* natural ou habitante da Etrúria, atual Toscana, na Itália

eu *pron.* GRAM pronome pessoal da 1ª pessoa do singular

eu- *pref.* GRAM prefixo grego que significa bem

eu.ca.lip.to *s.m.* BOT espécie de árvore usada em reflorestamentos e cujo óleo é extraído para uso medicinal

eu.ca.lip.tol /ó/ *s.m.* FARM essência extraída das folhas do eucalipto

eu.ca.ris.ti.a *s.f.* 1 RELIG sacramento católico em que o pão e o vinho se tornam o corpo de Cristo 2 momento da missa em que se celebra esse sacramento

eu.cli.di.a.no *adj.* referente a Euclides e seus métodos matemáticos

eu.fe.mis.mo *s.m.* substituição de uma palavra forte ou desagradável por outra mais branda, para atenuar o significado de uma expressão, de um pensamento ou de uma ideia

eu.fe.mís.ti.co *adj.* relativo a eufemismo

eu.fo.ni.a *s.f.* combinação sonora agradável, harmoniosa

eu.fo.ri.a *s.f.* sensação de bem-estar ou alegria intensa

eu.ge.ni.a *s.f.* teoria que busca o aperfeiçoamento físico e mental da espécie humana

eu.la.li.a *s.f.* fala correta, perfeita, agradável

eu.nu.co *s.m.* 1 homem castrado que guardava a entrada de haréns no Oriente 2 macho da espécie humana que sofre castração

eu.ra.si.a.no *adj.* 1 relativo à Eurásia 2 descendente de europeu e asiático

eu.re.ca /é/ *interj.* expressão grega que significa "descobri!" e exprime contentamento ao achar a solução para um problema difícil

eu.ro /é/ *s.m.* 1 ECON moeda única adotada pelos países da União Europeia 2 vento oriundo do leste

eu.ro.pe.i.za.ção *s.f.* ação ou resultado de europeizar

eu.ro.pe.i.zar *v.t.* dar características europeias a algo ou a alguém

eu.ro.pe.i.zá.vel *adj.2g.* passível de europeização

eu.ro.peu /ê/ *adj.* 1 referente a Europa • *s.m.* 2 natural ou habitante da Europa

eu.ta.ná.sia *s.f.* MED ato, sem amparo legal, pelo qual se busca a morte tranquila, digna e sem sofrimento de um paciente com doença incurável

e.va.cu.ar *v.t.* 1 esvaziar, desprover de conteúdo 2 mover pessoas de um lugar perigoso para outro seguro ○ *v.i.* 2 expelir fezes, excrementos

e.va.cu.a.ção *s.f.* 1 ação ou resultado de evacuar 2 defecação, excreção 3 esvaziamento do conteúdo de algo

e.va.dir *v.t.* escapar, sumir, desaparecer, fugir

e.van.ge.lho /é/ *s.m.* 1 RELIG a doutrina cristã (com inicial maiúscula) 2 conjunto dos livros escritos pelos apóstolos que contêm essa doutrina

e.van.gé.li.co *adj.* relativo ao Evangelho

e.van.ge.lis.mo *s.m.* 1 RELIG doutrina baseada no Evangelho 2 RELIG pregação do Evangelho

e.van.ge.lis.ta *s.m.* 1 RELIG cada um dos autores dos Evangelhos: S. Mateus, S. Lucas, S. Marcos, S. João 2 aquele que segue ou prega o evangelho

e.van.ge.li.za.ção *s.f.* pregação ou ensino do Evangelho ação ou resultado de evangelizar

e.van.ge.li.za.dor /ô/ *s.m.* aquele que evangeliza, que difunde o Evangelho

e.van.ge.li.zar *v.t.* converter ao evangelismo; pregar o Evangelho

e.va.po.ra.ção *s.f.* 1 passagem de um líquido para o estado gasoso por aumento de temperatura 2 sumiço desaparecimento

excêntrico

e.va.po.rar *v.t.* **1** passar do estado líquido para o gasoso por aumento de temperatura **2** desaparecer, sumir

e.va.po.rá.vel *adj.2g.* passível de sofrer evaporação

e.va.são *s.f.* escapada; ação ou resultado de evadir; sumiço

e.va.si.va *s.f.* pretexto, subterfúgio que se dá para não executar uma tarefa, não comparecer a um encontro etc.

e.va.si.vo *adj.* que some, escapa, foge; que usa de evasivas

e.ven.to *s.m.* fato, ocorrência, acontecimento

e.ven.tu.al *adj.2g.* cuja ocorrência é incerta; casual, fortuito

e.ven.tu.a.li.da.de *s.f.* **1** condição do que é casual, eventual **2** contingência, imprevisto

e.ver.são *s.f.* **1** ruína, destruição **2** JUR ação de privar alguém da posse de algo

e.ver.ter */ê/ v.t.* **1** destruir, arruinar **2** privação da posse de algo

e.vic.ção *s.f.* JUR perda de posse, total ou parcial, em decorrência de ação judicial em benefício do verdadeiro dono

e.vic.to *adj.* JUR diz-se de quem se submeteu à evicção

e.vi.dên.cia *s.f.* **1** qualidade do que é evidente **2** o que não deixa dúvidas; prova

e.vi.den.ci.ar *v.t.* **1** tornar evidente, claro **2** sobressair; ganhar destaque, realce

e.vi.den.te *adj.2g.* que está patente; que exclui a necessidade de explicação ou comprovação

e.vis.ce.rar *v.t.* tirar as vísceras para fora; estripar

e.vi.tar *v.t.* **1** escapar daquilo que não se quer enfrentar; fugir **2** não ir ao encontro de **3** impedir o acontecimento de algo

e.vo.ca.ção *s.f.* **1** ação de evocar **2** recordação, memória **3** tentativa de invocação de espíritos, demônios etc. em rituais **4** JUR transferência de uma causa judicial de um tribunal para outro

e.vo.car *v.t.* **1** trazer à memória; recordar, lembrar **2** invocar espírito, demônio, ente sobrenatural etc. **3** transferir de um tribunal a outro

e.vo.ca.tó.rio *adj.* que pode ser evocado

e.vo.lar *v.t.* volatizar, evaporar, exalar

e.vo.lu.ção *s.f.* desenvolvimento lento e progressivo composto de várias fases ou de vários estágios

e.vo.lu.ci.o.nar *v.i.* desenvolver lenta e progressivamente; sofrer evolução

e.vo.lu.ci.o.nis.mo *s.m.* BIOL teoria fundada na evolução das espécies

e.vo.lu.ci.o.nis.ta *s.2g.* seguidor do evolucionismo

e.vo.lu.ir *v.i.* m.q. evolucionar

e.vo.lu.ti.vo *adj.* relativo a evolução

e.vol.ver */ê/ v.i.* m.q. evoluir

e.vul.são *s.f.* MED extração de um órgão ou parte de órgão; arrancamento

e.xa.cer.ba.ção */z/ s.f.* **1** intensificação, agravamento de algo **2** grande irritação

e.xa.cer.bar */z/ v.t.* **1** intensificar, agravar algo **2** irritar profundamente

e.xa.ge.ra.ção */z/ s.f.* m.q. exagero

e.xa.ge.rar */z/ v.t.* intensificar, aumentar, exceder

e.xa.ge.ro */z...ê/ s.m.* **1** aumento, amplificação **2** excesso

e.xa.gi.ta.do */z/ adj.* **1** extremamente agitado, inquieto **2** irritado, enfurecido

e.xa.gi.tar */z/ v.t.* **1** agitar de maneira extrema **2** irritar, zangar

e.xa.la.ção */z/ s.f.* emissão, emanação de gases ou vapores

e.xa.lar */z/ v.t.* emitir, emanar, desprender gases, vapores, cheiros

e.xal.çar */z/ v.t.* enaltecer as boas qualidades; elevar com elogios; engrandecer

e.xal.ta.ção */z/ s.f.* enaltecimento, elevação, elogio

e.xal.ta.do */z/ adj.* **1** enaltecido, honrado, elevado **2** profundamente irritado; furioso

e.xal.tar */z/ v.t.* **1** enaltecer com elogios; honrar, elevar **2** animar, agitar **3** irritar, enfurecer

e.xa.me */z/ s.m.* **1** observação de modo atento e minucioso **2** aferição de conhecimentos; prova, teste

e.xa.mi.na.dor */z...ô/ s.m.* pessoa que examina

e.xa.mi.nan.do */z/ adj.* diz-se de quem está passando por processo de exame

e.xa.mi.nar */z/ v.t.* **1** aferir conhecimentos **2** analisar com atenção e minúcia

e.xâ.ni.me */z/ adj.2g.* **1** desprovido de ânimo, de vida **2** *fig.* apático, desanimado

e.xa.rar */z/ v.t.* **1** registrar algo por escrito **2** fazer entalhos; gravar, entalhar

e.xan.te.ma */z/ s.m.* MED erupção cutânea que ocorre em doença aguda provocada por vírus

e.xas.pe.ra.ção */z/ s.f.* exacerbação, irritação

e.xas.pe.ra.dor */z...ô/ adj.* que provoca exasperação; irritante

e.xas.pe.rar */z/ v.t.* causar fúria, irritação, exasperação

e.xa.ti.dão */z/ s.f.* qualidade daquilo que é exato; precisão, correção

e.xa.to */z/ adj.* certo, preciso, justo

e.xa.tor */z...ô/ s.m.* pessoa que cobra ou recolhe taxas e impostos públicos

e.xa.to.ri.a */z/ s.f.* **1** o cargo exercido pelo exator **2** repartição pública encarregada de cobrar taxas e impostos

e.xau.rir */z/ v.t.* esgotar, consumir; extenuar

e.xaus.tão */z/ s.f.* cansaço extremo; esgotamento; extenuação

e.xaus.tar */z/ v.t.* extenuar, exaurir

e.xaus.ti.vo */z/ adj.* que causa exaustão; extremamente cansativo

e.xaus.to */z/ adj.* extremamente cansado; exaurido

e.xau.to.ra.ção */z/ s.f.* ação ou resultado de exautorar

e.xau.to.rar */z/ v.t.* **1** destituir do cargo; retirar a autoridade conferida **2** *fig.* retirar o prestígio

ex.car.ce.rar */s/ v.t.* libertar da prisão, do cárcere

ex.ce.ção */s/ s.f.* aquilo que se desvia da regra geral; raridade

ex.ce.der */s...ê/ v.t.* ultrapassar; ir além do limite

ex.ce.lên.cia */s/ s.f.* qualidade do que é extremamente bom, que supera tudo em bondade

ex.ce.len.te */s/ adj.2g.* que possui excelência; ótimo

ex.ce.ler */s...ê/ v.t.* destacar-se, distinguir-se

ex.cel.si.tu.de */s/ s.f.* qualidade do que é excelso

ex.cel.so */s...é/ adj.* excelente, elevado, sublime

ex.cen.tri.ci.da.de */s/ s.f.* **1** qualidade do que é excêntrico; raridade, esquisitice, extravagância **2** distância compreendida entre o centro de uma elipse ou hipérbole a um dos focos

ex.cên.tri.co */s/ adj.* **1** afastado de seu centro **2** bizarro, exótico

excepcional

ex.cep.ci.o.nal /s/ *adj.2g.* que constitui exceção; raro, exótico

ex.cep.ci.o.na.li.da.de /s/ *s.f.* qualidade do que é excepcional

ex.ces.si.vo /s/ *adj.* que está em excesso; demasiado

ex.ces.so /s...é/ *s.m.* aquilo que excede, que ultrapassa o limite

ex.ci.pi.en.te /s/ *s.m.* FARM substância que se coloca em um medicamento para facilitar a ingestão

ex.ci.ta.bi.li.da.de /s/ *s.f.* qualidade do que é excitável

ex.ci.ta.ção /s/ *s.f.* **1** ato ou efeito de excitar(-se) **2** estímulo sexual **3 estado de** irritação, de exasperação

ex.ci.tar /s/ *v.t.* **1** provocar irritação, exasperação; irritar **2** estimular sexualmente

ex.cla.ma.ção /s/ *s.f.* **1** grito de prazer, surpresa etc. **2** sinal de pontuação (!) que demonstra surpresa, prazer etc.

ex.cla.mar /s/ *v.t.* **1** gritar; bradar; expressar-se em voz alta **2** expressar espanto, prazer, surpresa etc.

ex.clu.ir /s/ *v.t.* **1** impedir a participação **2** descartar, deixar de fora

ex.clu.são /s/ *s.f.* ação ou resultado de excluir

ex.clu.si.ve /s/ *adv.* sem incluir mais nada; de modo exclusivo

ex.clu.si.vi.da.de /s/ *s.f.* qualidade do que é exclusivo

ex.clu.si.vis.mo /s/ *s.m.* **1** aquilo que é exclusivo **2** desejo de excluir outros

ex.clu.si.vis.ta /s/ *adj.2g.* intolerante, intransigente, egoísta

ex.clu.si.vo /s/ *adj.* que pertence ou é característico de uma minoria

ex.co.gi.tar /s/ *v.t.* ter novas ideias; imaginar, inventar

ex.cre.men.tí.cio /s/ *adj.* relativo a excremento ou à excreção

ex.co.mun.gar /s/ *v.t.* RELIG separar um fiel da comunidade religiosa

ex.co.mu.nhão /s/ *s.f.* RELIG pena eclesiástica que determina o afastamento da Igreja por parte do fiel

ex.cre.ção /s/ *s.f.* **1** expulsão de substâncias desnecessárias ao organismo **2** excremento, dejeto; matéria excretada

ex.cre.men.to /s/ *s.m.* fezes; excreção

ex.cres.cên.cia /s/ *s.f.* **1** saliência, protuberância **2** coisa supérflua

ex.cre.tar /s/ *v.t.* colocar para fora; expelir, evacuar

ex.cre.tor /s...ô/ *adj.* BIOL diz-se dos canais por onde passam os resíduos excretados pelo organismo

ex.cru.ci.ar /s/ *v.t.* infligir grande tormento; martirizar

ex.cur.são /s/ *s.f.* **1** viagem, passeio a lazer **2** *fig.* afastamento, digressão

ex.cur.si.o.nar /s/ *v.t.* realizar excursões; viajar a passeio

ex.cur.si.o.nis.mo /s/ *s.m.* gosto por excursões, por viagens a lazer

ex.cur.si.o.nis.ta /s/ *s.2g.* pessoa que gosta de excursionar; turista

e.xe.cra.ção /z/ *s.f.* desprezo; ação ou resultado de execrar; ódio extremo

e.xe.cra.dor /z...ô/ *s.m.* que causa ódio, desprezo

e.xe.crar /z/ *v.t.* desprezar, odiar profundamente; amaldiçoar

e.xe.cra.tó.rio /z/ *adj.* que expressa ou contém a ideia de execração

e.xe.crá.vel /z/ *adj.2g.* que deve ser execrado; abominável

e.xe.cu.ção /z/ *s.f.* concretização, realização de algo que estava planejado

e.xe.cu.tar /z/ *v.t.* **1** concretizar, realizar algo que estava planejado **2** cumprir uma determinação

e.xe.cu.ti.vo /z/ *adj.* **1** diz-se de ato, mandato, assembleia, órgão aos quais incumbe a realização de resoluções ou leis, emanadas das autoridades competentes • *s.m.* **2** pessoa que ocupa alto cargo de comando em uma empresa

e.xe.cu.tor /z...ô/ *s.m.* **1** pessoa encarregada de executar algo que estava planejado **2** carrasco que executa a pena de morte

e.xe.cu.tó.rio /z/ *adj.* que transfere o poder de execução a outrem

e.xe.ge.se /z...é/ *s.f.* interpretação de obra literária, artística etc.

e.xe.ge.ta /z...ê/ *s.2g.* indivíduo que faz a exegese de uma obra

e.xe.gé.ti.ca /z/ *s.f.* RELIG ramo da teologia que se dedica ao esclarecimento de textos da Bíblia

e.xem.plar /z/ *adj.2g.* **1** que serve de exemplo; modelar • *s.m.* **2** cópia de algo que serviu de modelo • *v.t.* **3** m.q. exemplificar **4** *bras.* castigar para servir de modelo, de exemplo

e.xem.pla.ri.da.de /z/ *s.f.* qualidade do que é exemplar

e.xem.plá.rio /z/ *s.m.* livro que contém exemplos; coleção de livros

e.xem.pli.fi.car /z/ *v.t.* esclarecer por meio de exemplos

e.xem.plo /z/ *s.m.* modelo que serve para esclarecer ou ser copiado

e.xé.qui.as /z/ *s.f.2n.* cerimônias ou honras fúnebres; funeral

e.xe.quí.vel /z/ *adj.2g.* passível de ser realizado, executado

e.xer.cer /z...ê/ *v.t.* **1** desempenhar, realizar **2** colocar em prática; praticar

e.xer.cí.cio /z/ *s.m.* **1** ação ou resultado de exercitar; atividade física **2** desempenho, realização **3** dever, tarefa escolar **4** tempo durante o qual se exerce um ofício ou uma função

e.xer.ci.tar /z/ *v.t.* **1** praticar exercícios físicos **2** desempenhar funções, cargos, ofícios **3** treinar, praticar

e.xér.ci.to /z/ *s.m.* **1** o conjunto das forças armadas de um país **2** multidão

e.xi.bi.ção /z/ *s.f.* ação ou resultado de exibir; demonstração

e.xi.bi.ci.o.nis.mo /z/ *s.m.* **1** PSICOL distúrbio em que a pessoa acometida tem prazer em expor publicamente sua genitália **2** preocupação em ostentar, em exibir o que se tem

e.xi.bi.ci.o.nis.ta /z/ *s.2g.* **1** aquele que realiza exibições **2** indivíduo que sofre do distúrbio do exibicionismo

e.xi.bir /z/ *v.t.* mostrar; expor; ostentar

e.xi.gên.cia /z/ *s.f.* pedido; aquilo que se exige; solicitação

e.xi.gen.te /z/ *adj.2g.* que exige, solicita de maneira inoportuna

e.xi.gir /z/ *v.t.* fazer exigências; requerer, impor

e.xi.gí.vel /z/ *adj.2g.* passível de ser reclamado, exigido

e.xí.guo /z/ *adj.* **1** pequeno, curto **2** insuficiente, parco

explanatório

e.xi.lar /z/ *v.t.* mandar para o exílio, para o degredo; banir do país

e.xí.lio /z/ *s.m.* ação ou resultado de exilar; degredo, banimento

e.xí.mio /z/ *adj.* que coloca excelência e perfeição naquilo que faz

e.xi.mir /z/ *v.t.* isentar, livrar, desobrigar

e.xis.tên.cia /z/ *s.f.* condição de quem está vivo ou do que existe

e.xis.ten.ci.al /z/ *adj.2g.* referente a existência

e.xis.ten.ci.a.lis.mo /z/ *s.m.* FILOS corrente filosófica que dá ênfase à existência do indivíduo e prega que o homem é o responsável por suas ações e por seu destino

e.xis.ten.ci.a.lis.ta /z/ *s.2g.* seguidor do existencialismo

e.xis.ten.te /z/ *adj.2g.* que tem existência, que está vivo

e.xis.tir /z/ *v.i.* ter existência real; viver, ser

ê.xi.to /z/ *s.m.* sucesso; consequência positiva

ê.xo.do /z/ *s.m.* 1 retirada em massa de um povo 2 RELIG segundo livro da Bíblia (com inicial maiúscula)

e.xo.ga.mi.a /z/ *s.f.* casamento entre indivíduos de raças, tribos, etnias etc. diferentes

e.xó.ga.mo /z/ *adj.* diz-se de quem contrai casamento fora de sua raça, tribo, etnia etc.

e.xó.ge.no /z/ *adj.* 1 que tem causa ou origem externa 2 BOT diz-se das plantas cujo crescimento se realiza de fora para dentro

e.xo.ne.ra.ção /z/ *s.f.* 1 ato ou efeito de exonerar(-se); isenção, desobrigação 2 demissão do emprego

e.xo.rar /z/ *v.t.* rogar com muito empenho; suplicar

e.xor.bi.tân.cia /z/ *s.f.* 1 qualidade do que é exorbitante 2 excesso

e.xor.bi.tar /z/ *v.t.* 1 sair da órbita ou do limite 2 desviar-se das normas, das regras

e.xor.cis.mar /z/ *v.t.* m.q. exorcizar

e.xor.cis.mo /z/ *s.m.* 1 RELIG esconjuração de demônios, espíritos de pessoas possuídas 2 oração utilizada para essa esconjuração

e.xor.cis.ta /z/ *s.2g.* RELIG pessoa que realiza exorcismo

e.xor.ci.zar /z/ *v.t.* RELIG esconjurar demônios, espíritos de pessoas possuídas; exorcismar

e.xór.dio /z/ *s.m.* parte inicial de um discurso; preâmbulo

e.xor.nar /z/ *v.t.* embelezar com enfeites; adornar

e.xor.ta.dor /z...ô/ *s.m.* que exorta, aconselha, adverte

e.xor.tar /z/ *v.t.* 1 dar conselhos; advertir 2 entusiasmar, estimular

e.xor.ta.ti.vo /z/ *adj.* que encerra exortações, conselhos, advertências

e.xo.té.ri.co /z/ *adj.* referente a exoterismo

e.xo.te.ris.mo /z/ *s.m.* qualidade do que pode ser ensinado publicamente, que pode ser mostrado a todos

e.xó.ti.co /z/ *adj.* 1 raro, incomum, excêntrico 2 desconhecido; que vem de terras estrangeiras

e.xo.tis.mo /z/ *s.m.* qualidade do que é exótico, incomum

ex.pan.dir /s/ *v.t.* 1 causar ou sofrer expansão; aumentar 2 difundir; espalhar

ex.pan.são /s/ *s.f.* 1 aumento das dimensões 2 difusão, espalhamento

ex.pan.si.bi.li.da.de /s/ *s.f.* qualidade do que é passível de expansão

ex.pan.si.o.nis.mo /s/ *s.m.* aquisição de novos comércios ou novos territórios para dominar

ex.pan.si.vi.da.de /s/ *s.f.* qualidade do que é expansivo

ex.pan.si.vo /s/ *adj.* 1 diz-se do que se expande, difunde 2 comunicativo, afável

ex.pa.tri.ar /s/ *v.t.* expulsar da pátria de origem; mandar para o degredo; banir

ex.pec.ta.dor /s...ô/ *s.m.* 1 pessoa que está na expectativa de algo 2 pessoa que assiste a um programa televisivo

ex.pec.ta.ti.va /s/ *s.f.* 1 aguardo, espera 2 iminência da ocorrência de algo

ex.pec.to.ra.ção /s/ *s.f.* ação de expulsar, expelir pelas narinas matéria orgânica produzida nos brônquios

ex.pec.to.ran.te /s/ *adj.2g.* diz-se de medicamento que facilita a saída de secreções por via respiratória

ex.pec.to.rar /s/ *v.t.* expulsar, eliminar matéria orgânica produzida nos brônquios **ex.pe.di.ção** /s/ *s.f.* 1 ação de expedir, mandar, enviar 2 grupo que viaja para explorar um lugar 3 a viagem feita por esse grupo

ex.pe.di.ci.o.ná.rio /s/ *adj.* 1 integrante de uma expedição 2 pessoa encarregada do envio, da expedição de algo

ex.pe.di.dor /s...ô/ *adj.* remetente; diz-se de pessoa que remete, que expede

ex.pe.di.en.te /s/ *s.m.* 1 horário de funcionamento 2 aquilo que se usa para transpor um obstáculo, resolver um problema

ex.pe.dir /s/ *v.t.* mandar, enviar, remeter, postar

ex.pe.di.to /s/ *adj.* ágil, diligente, prestativo

ex.pe.lir /s/ *v.t.* expulsar; mandar para fora

ex.pen.der /ê/ *v.t.* 1 despender, gastar 2 explicar, apresentar com detalhes

ex.pe.ri.ên.cia /s/ *s.f.* 1 conhecimento adquirido pela vivência 2 tentativa

ex.pe.ri.en.te /s/ *adj.2g.* 1 que sofreu experiência; provado 2 habilidoso, prático

ex.pe.ri.men.tal /s/ *adj.2g.* 1 referente a experiência 2 que tem caráter de experiência 3 que tem como fundamento a experiência

ex.pe.ri.men.tar /s/ *v.t.* 1 provar, testar para ver o desempenho, a qualidade etc. 2 vivenciar, conhecer

ex.pe.ri.men.to /s/ *s.m.* experiência que se faz para a verificação de algo

ex.per.to /s...é/ *adj.* m.q. especialista

ex.pi.a.ção /s/ *s.f.* meio usado para expiar(-se); castigo, penitência

ex.pi.ar /s/ *v./.t.* sofrer penitência para remissão da própria culpa, dos pecados

ex.pi.a.tó.rio /s/ *adj.* 1 referente à expiação 2 que encerra a ideia de expiação

ex.pi.ra.ção /s/ *s.f.* 1 expulsão do ar inspirado pelos pulmões 2 vencimento; fim de prazo

ex.pi.ran.te /s/ *adj.2g.* que está quase morrendo; moribundo

ex.pi.rar /s/ *v.i.* 1 vencer um prazo 2 falecer, morrer ○ *v.t.* 3 expulsar o ar inspirado pelos pulmões

ex.pla.na.ção /s/ *s.f.* explicação detalhada sobre algo

ex.pla.na.dor /s...ô/ *adj.* diz-se daquele que explica detalhadamente, que explana

ex.pla.nar /s/ *v.t.* explicar com detalhes, com minúcias

ex.pla.na.tó.rio /s/ *adj.* que tem a finalidade de explanar detalhadamente

expletivo

ex.ple.ti.vo /s/ *adj.* que serve para completar

ex.pli.ca.ção /s/ *s.f.* discurso que tem por finalidade esclarecer ou justificar algo

ex.pli.ca.dor /s...ô/ *adj.* que explica, que justifica

ex.pli.car /s/ *v.t.* esclarecer; tornar compreensível; justiçar

ex.pli.ca.ti.vo /s/ *adj.* que explica; elucidativo

ex.pli.cá.vel /s/ *adj.2g.* passível de explicação

ex.plí.ci.to /s/ *adj.* sem ambiguidades; claro, preciso, exato

ex.plo.dir /s/ *v.t.* 1 irromper, estourar 2 manifestar sentimento contido por muito tempo

ex.plo.ra.ção /s/ *s.f.* 1 ação ou resultado de explorar 2 ação de buscar, pesquisar, procurar 3 exame cuidadoso e detalhado 4 proveito que se tira de outrem

ex.plo.ra.dor /s...ô/ *adj.* diz-se de pessoa que explora

ex.plo.rar /s/ *v.t.* 1 examinar cuidadosamente, pesquisar 2 buscar, procurar 3 tirar proveito de outrem

ex.plo.ra.tó.rio /s/ *adj.* que encerra a ideia de exploração

ex.plo.rá.vel /s/ *adj.2g.* passível de ser explorado

ex.plo.são /s/ *s.f.* 1 estremecimento, abalo seguido de ruído estrondoso 2 manifestação intensa de sentimentos que irrompem subitamente

ex.plo.si.vo /s/ *adj.* 1 que tem a capacidade de explodir • *s.m.* 2 material ou objeto usado para explodir algo

ex.po.en.te /s/ *s.m.* 1 pessoa que conquistou certa eminência pública 2 pessoa representativa em sua profissão, especialidade etc. 3 MAT número que indica a potência à qual outro número é elevado

ex.po.nen.ci.al /s/ *adj.2g.* 1 referente a expoente 2 MAT função exponencial

ex.por /s/ *v.t.* exibir; colocar à vista de todos; mostrar

ex.por.ta.ção /s/ *s.f.* ação ou resultado de exportar

ex.por.tar /s/ *v.t.* mandar, enviar para países estrangeiros

ex.po.si.ção /s/ *s.f.* 1 mostra, exibição ao público 2 apresentação de um assunto de maneira organizada; conferência, palestra

ex.po.si.ti.vo /s/ *adj.* relativo a exposição

ex.po.si.tor /s...ô/ *s.m.* que expõe, que exibe; exibidor

ex.pos.to /s/ *adj.* que sofreu exposição; que está publicamente à mostra

ex.pres.são /s/ *s.f.* 1 manifestação de ideia, pensamento, sentimento etc. 2 semblante, fisionomia 3 expressividade 4 ação ou resultado de espremer

ex.pres.sar /s/ *v.t.* exprimir, colocar para fora ideias, sentimentos, pensamentos etc.

ex.pres.si.o.nis.mo /s/ *s.m.* ARTE vanguarda europeia que procurou retratar o mundo exterior segundo a subjetividade do artista

ex.pres.si.o.nis.ta /s/ *adj.2g.* 1 referente ao expressionismo 2 adepto do expressionismo

ex.pres.si.vo /s/ *adj.* 1 vivaz, forte; cheio de energia 2 que se expressa bem, com facilidade 3 importante, significativo

ex.pres.so /s...é/ *adj.* 1 que foi manifestado por palavras 2 diz-se do trem, ônibus etc. que não faz paradas durante seu percurso

ex.pri.mir /s/ *v.t.* pôr para fora; expressar

ex.pri.mí.vel /s/ *adj.2g.* passível de ser expresso, exprimido

ex.pro.brar /s/ *v.t.* criticar; censurar; repreender

ex.pro.pri.a.ção /s/ *s.f.* privação da posse de algo

ex.pro.pria.dor /s...ô/ *s.m.* JUR pessoa que priva alguém da posse de algo

ex.pro.pri.ar /s/ *v.t.* JUR privar, por meios jurídicos, alguém da posse de algo

ex.pug.nar /s/ *v.t.* conquistar pela força; assaltar

ex.pug.na.ção /s/ *s.f.* ato ou efeito de expugnar

ex.pug.ná.vel /s/ *adj.2g.* passível de expugnação

ex.pul.são /s/ *s.f.* ação ou resultado de expulsar; afastamento

ex.pul.sar /s/ *v.t.* afastar à força; expelir; pôr para fora obrigatoriamente

ex.pul.si.vo /s/ *adj.* que expele, que expulsa

ex.pul.so /s/ *adj.* que sofreu expulsão

ex.pul.sor /s...ô/ *adj.* diz-se daquele que expulsa, que obriga a saída

ex.pun.gi.do /s/ *adj.* oculto, apagado, eliminado

ex.pun.gir /s/ *v.t.* fazer desaparecer; apagar, limpar

ex.pur.ga.dor /s...ô/ *s.m.* pessoa da expurgação, da limpeza de algo

ex.pur.gar /s/ *v.t.* promover a limpeza; limpar

ex.pur.go /s/ *s.m.* purificação, limpeza

ex.si.car /s/ *v.t.* retirar a água; secar

ex.su.da.ção /s/ *s.f.* líquido que transuda pelos poros de uma planta ou de um animal

ex.su.dar /s/ *v.t.* sair em gotas pelos poros; porejar, transpirar

ex.su.da.to /s/ *s.m.* MED líquido proveniente de inflamação

ex.sur.gir /s/ *v.i.* erguer-se, levantar-se

êx.ta.se /s/ *s.m.* arrebatamento, arroubo de sentimentos e sensações; encantamento, admiração

ex.ta.si.ar /s/ *v.t.* ocasionar êxtase; encantar; causar admiração

ex.tá.ti.co /s/ *adj.* que está em êxtase

ex.tem.po.râ.neo /s/ *adj.* que acontece fora do tempo, em época não apropriada

ex.ten.são /s/ *s.f.* 1 dimensão, tamanho 2 esticamento; ação de aumentar; estender algo

ex.ten.sí.vel /s/ *adj.2g.* passível de sofrer processo de extensão

ex.ten.si.vo /s/ *adj.* 1 m.q. extensível 2 amplo, abrangente

ex.ten.so /s/ *adj.* 1 longo, comprido; que possui grande extensão 2 que sofreu extensão; esticado

ex.ten.sor /s...ô/ *s.m.* 1 músculo que produz extensão 2 aparelho de ginástica para desenvolver os músculos dos braços

ex.te.nu.a.ção /s/ *s.f.* fadiga, cansaço extremo

ex.te.nu.ar /s/ *v.t.* perder as forças; cansar-se de modo extremo

ex.te.ri.or /s...ô/ *adj.2g.* 1 o que está do lado de fora, que não está no interior 2 *por ext.* designação de país que não é o seu; estrangeiro

ex.te.ri.o.ri.da.de /s/ *s.f.* qualidade daquilo que é exterior; fachada, aparência

ex.te.ri.o.ri.zar /s/ *v.t.* pôr para fora; manifestar; tirar do interior

ex.ter.mi.na.ção /s/ *s.f.* ação ou resultado de exterminar; eliminar, matar

ex.ter.mi.na.dor /s...ô/ *s.m.* aquilo que extermina, destrói; eliminador

ex.ter.mi.nar /s/ *v.t.* 1 promover extermínio; eliminar 2 destruir, matar

ex.ter.mí.nio /s/ *s.m.* eliminação, destruição, morte

ex.ter.nar /s/ *v.t.* colocar para fora o que estava interno; exteriorizar

ex.ter.na.to /s/ *s.m.* estabelecimento educacional em que só estudam alunos externos

ex.ter.no /s...é/ *adj.* que está do lado de fora, no exterior

ex.tin.ção /s/ *s.f.* destruição, morte, extermínio

ex.tin.guir /s/ *v.t.* **1** chegar ao fim; acabar **2** arruinar, exterminar, aniquilar ○ *v.pron.* **3** morrer, falecer

ex.tin.guí.vel /s/ *adj.2g.* passível de se extinguir

ex.tin.to /s/ *adj.* que sofreu extinção; desaparecido

ex.tir.pa.ção /s/ *s.f.* ação ou resultado de extirpar; eliminação, desenraizamento

ex.tir.pa.dor /s...ô/ *s.m.* aquele que extirpa, que extermina, que destrói

ex.tir.par /s/ *v.t.* **1** arrancar pela raiz **2** *fig.* eliminar, extinguir

ex.tor.quir /s/ *v.t.* obter algo por meio de chantagem ou por meios violentos

ex.tor.são /s/ *s.f.* obtenção de algo por meios violentos ou chantagem

ex.tor.si.vo /s/ *adj.* que encerra a ideia de extorsão

extra- *pref.* que está além do pretendido, do estabelecido

ex.tra.ção /s/ *s.f.* ação ou resultado de extrair, de arrancar

ex.tra.di.ção /s/ *s.f.* JUR processo judicial em que um réu é entregue ao país que reclama sua entrega, para que, neste, seja julgado por crime de que é acusado

ex.tra.di.tar /s/ *v.t.* entregar réu a país que requer sua extradição

ex.tra.ir /s/ *v.t.* arrancar, tirar

ex.tra.ju.di.ci.al /s/ *adj.2g.* que acontece fora dos trâmites judiciais

ex.tra.or.di.ná.rio /s/ *adj.* fora do comum; raro, excepcional

ex.tra.po.lar /s/ *v.t.* ir além dos limites permitidos ou estabelecidos

ex.tra.ter.ri.to.ri.al /s/ *adj.2g.* que está além dos limites territoriais de um país

ex.tra.ti.vo /s/ *adj.* relativo a extração

ex.tra.to /s/ *adj.* **1** que foi extraído, arrancado • *s.m.* **2** FARM essência vegetal obtida por extração **3** registro detalhado de operações bancárias

ex.tra.u.te.ri.no /s/ *adj.* que aconteceu fora do útero materno

ex.tra.va.gân.cia /s/ *s.f.* raridade, excentricidade

ex.tra.va.gan.te /s/ *adj.2g.* **1** raro, incomum **2** pessoa que não tem residência fixa; errante **3** esquisito, excêntrico

ex.tra.va.sar /s/ *v.t.* ir além dos limites; exceder

ex.tra.vi.ar /s/ *v.t.* não chegar ao destino por ter se perdido no percurso

ex.tra.vi.o /s/ *s.m.* desvio do destino; perda pelo caminho

ex.tre.mar /s/ *v.t.* exceder os limites; chegar aos extremos

ex.tre.ma-un.ção /s...ê/ *s.f.* RELIG unção que se faz em quem está morrendo

ex.tre.mi.da.de /s/ *s.f.* limite; ponto extremo

ex.tre.mis.mo /s/ *s.m.* **1** forma de pensamento político em que se defendem soluções extremas para os problemas sociais **2** comportamento ou modo de pensar extremo

ex.tre.mis.ta /s/ *adj.2g.* **1** referente a extremismo • *s.2g.* **2** seguidor do extremismo

ex.tre.mo /s/ *adj.* **1** que está em uma das pontas, das extremidades **2** longe, afastado

ex.tre.mo.so /s...ô/ *adj.* que chega a extremos por pessoa ou coisa que ama; descomedido

ex.trín.se.co /s/ *adj.* que não faz parte da essência de uma pessoa ou coisa; exterior

ex.tro.ver.são /s/ *s.f.* qualidade de quem é extrovertido

ex.tro.ver.ti.do *adj.* comunicativo, expansivo, brincalhão, divertido

e.xu *s.m.* **1** ZOOL vespa de cor negra com listras amarelas; enxu **2** ninho de vespa; vespeiro **3** RELIG na quimbanda, espírito de ordem inferior

e.xu.be.rân.cia /z/ *s.f.* **1** abundância **2** viçosidade, brilho

e.xu.be.ran.te /z/ *adj.2g.* **1** abundante, excessivo **2** viçoso, belo

e.xu.be.rar /z/ *v.t.* **1** existir em excesso **2** estar belo, viçoso

e.xul.ta.ção /z/ *s.f.* regozijo, júbilo

e.xul.tar /z/ *v.i.* experimentar e exprimir grande alegria; rejubilar-se, regozijar-se

e.xu.ma.ção /z/ *s.f.* ação ou resultado de desenterrar um cadáver

e.xu.mar /z/ *v.t.* desenterrar; tirar da terra o que estava enterrado

ex-vo.to /s...ó/ *s.m.* objeto que se expõe em igreja como mostra de agradecimento por graça recebida

-ez /ê/ *suf.* expressa qualidade

Ff

¹f *s.m.* **1** GRAM nome da sexta letra e da quarta consoante do alfabeto português **2** o sexto elemento de uma série

²F *s.m.* **1** MÚS notação da nota musical fá **2** QUÍM símbolo do flúor **3** símbolo de Fahrenheit

fã *s.2g.* **1** indivíduo afeiçoado a outra pessoa ou coisa **2** *por ext.* pessoa que admira de modo fanático outra pessoa, principalmente artista

fá *s.m.* MÚS quarta nota da escala musical

fá.bri.ca *s.f.* **1** ação ou efeito de fazer; fabricação **2** instalação industrial onde mecanicamente se fazem objetos **3** forja

fa.bri.ca.ção *s.f.* processo de se fazer algo mecanicamente

fa.bri.ca.dor /ô/ *adj. s.m.* diz-se de pessoa que fabrica algo; artesão

fa.bri.car *v.t.* **1** fazer, construir **2** causar, provocar

fa.bri.co *s.m.* ato ou efeito de fabricar; fabricação

fa.bril *adj.2g.* **1** referente a fábrica **2** que é feito em uma fábrica

fá.bu.la *s.f.* LITER gênero de narração cujos personagens são animais ou seres inanimados e que possui uma lição moral

fa.bu.la.ção *s.f.* **1** narração fabulosa **2** fato inventado; mentira

fa.bu.lar *v.t.* **1** narrar por meio de fábulas **2** narrar, contar uma história **3** inventar, criar

fa.bu.lá.rio *s.m.* LITER livro que reúne várias fábulas de um mesmo autor, de uma mesma época etc.

fa.bu.lis.ta *adj. s.2g.* LITER pessoa que escreve fábulas

fa.bu.lo.so /ô/ *adj.* **1** que tem caráter de fábula; irreal, fantasioso, inventado **2** *por ext.* maravilhoso, incrível

fa.ca *s.f.* instrumento constituído de um cabo e uma lâmina cortante

fa.ca.da *s.f.* **1** ferimento aberto com faca **2** golpe desferido com faca **3** *fig.* empréstimo de grande quantia de dinheiro

fa.ça.nha *s.f.* ação feita com bravura; proeza

fa.ça.nho.so /ô/ *adj.* que realiza façanha; incrível, bravo

fa.cão *s.m.* faca grande

fac.ção *s.f.* **1** grupo de pessoas que pensa de modo diferente da maioria do grupo maior ao qual pertence **2** partido político

fac.ci.o.sis.mo *s.m.* **1** qualidade de faccioso **2** tendência a favorecer um partido político em detrimento de outros; partidarismo

fac.ci.o.so /ô/ *adj.* **1** que apoia uma facção **2** injusto, parcial **3** violento

fa.ce *s.f.* **1** região frontal da cabeça; rosto **2** feição, semblante **3** *por ext.* superfície

fa.ce.ar *v.t.* **1** fazer faces ou lados em **2** estar de frente a; defrontar

fa.cé.cia *s.f.* gracejo, chacota, pilhéria

fa.cei.ri.ce *s.f.* elegância em demasia; janotismo

fa.cei.ro /ê/ *adj.* que gosta de se embelezar; elegante

fa.ce.ta /ê/ *s.f.* **1** face pequena de algo **2** *por ext.* peculiaridade de alguém ou algo

fa.ce.tar *v.t.* **1** fazer facetas em; lapidar **2** melhorar, aperfeiçoar

fa.ce.to /ê/ *adj.* que tem caráter facecioso; engraçado, chistoso

fa.cha.da *s.f.* **1** parte frontal de um edifício **2** aparência

fa.cho *s.m.* pau com uma chama na ponta, para iluminação; morrão

fa.ci.al *adj.2g.* referente a face

fá.cil *adj.2g.* que não apresenta dificuldades ou empecilhos; passível de realização

fa.ci.li.da.de *s.f.* qualidade daquilo que não oferece resistência ou dificuldade, que é fácil

fa.ci.li.tar *v.t.* **1** tornar fácil algum ato, feito ou negócio **2** livrar de impedimentos, de obstáculos ○ *v.i.* **3** agir de modo imprudente

fa.ci.no.ra *adj.2g.* diz-se de pessoa que comete um crime hediondo; criminoso

fac-sí.mi.le *s.m.* **1** reprodução exata de um texto ou de uma imagem original; cópia **2** o aparelho que realiza essa reprodução

fac.tí.cio *adj.* **1** feito de modo manual ou mecânico; produzido artificialmente **2** *fig.* que não é natural; artificial

fac.tí.vel *adj.2g.* passível de ser feito, executado

fa.cul.da.de *s.f.* **1** potência, capacidade de fazer algo **2** característica, propriedade de algo **4** instituição de ensino superior

fa.cul.tar *v.t.* **1** conceder permissão; facilitar **2** colocar à disposição; proporcionar

fa.cul.ta.ti.vo *adj.* **1** que concede um direito ou poder **2** que envolve a ideia de opção, possibilidade **3** que não tem caráter de obrigatório; optativo ○ *s.m.* **4** médico

fa.cún.dia *s.f.* ausência de dificuldade para expressar-se oralmente; eloquência

fa.cun.do *adj.* dotado de facúndia, de eloquência; eloquente

231   **famélico**

fa.da *s.f.* **1** ente fantasioso dotado de poderes mágicos **2** MIT a deusa do destino **3** *fig.* mulher de grande beleza e encanto

fa.da.do *adj.* que tem determinado destino; predestinado

fa.dar *v.t.* dar determinado fado, destino, sorte; predestinar

fa.dá.rio *s.m.* **1** sorte, sina, predestinação **2** desgosto, sofrimento, aflição

fa.di.ga *s.f.* sensação de cansaço extremo por intensa atividade física

fa.di.gar *v.t.* sofrer ou causar o enfraquecimento das forças; fatigar

fa.dis.ta *s.2g.* **1** cantor de fados • *s.m.* **2** *lus.* desordeiro, rufião

fa.do *s.m.* **1** algo de que não se pode escapar; sina, predestinação **2** MÚS canção popular portuguesa, de caráter triste e lamurioso

fa.gó.ci.to *s.m.* BIOL leucócito polinuclear que ataca e destrói bactérias que invadem o organismo

fa.go.te /ó/ *s.m.* MÚS instrumento musical de sopro feito de madeira, com um longo tubo cônico dobrado e palheta dupla

fa.go.tis.ta *adj.2g. s.2g.* MÚS músico que executa o fagote

fa.guei.ro /ê/ *adj.* suave, agradável (vento)

fa.gu.lha *s.f.* centelha; partícula ardente de fogo; faísca

fa.gu.lhar *v.i.* soltar fagulhas, centelhas; faiscar

fa.gu.lhen.to *adj.* **1** que fagulha **2** *fig.* muito agitado; alvoroçado

fai.a *s.f.* BOT espécie de árvore europeia ornamental

fai.an.ça *s.f.* louça de barro esmaltada ou vidrada de boa qualidade

fai.na *s.f.* **1** ocupação, atividade **2** atividade difícil e longa a ser realizada

fai.são *s.m.* ZOOL animal admirado por sua plumagem e cauda, e cuja carne é muito apreciada na culinária

fa.ís.ca *s.f.* chispa, faúlha

fa.is.car *v.i.* **1** soltar faíscas, fagulhas **2** brilhar, incandescer, cintilar **3** *bras.* realizar a procura de diamantes em garimpo

fai.xa *s.f.* **1** tira com largura menor que o comprimento **2** listra **3** determinada quantidade; porção

fa.la *s.f.* **1** capacidade de expressão oral de que são dotados os seres humanos **2** a própria expressão oral; discurso **3** modo próprio de expressão; dialeto, linguajar **4** parte de texto dita por um ator

fa.la.ção *s.f.* **1** fala, discurso **2** *pop.* fala contínua e irritante

fa.la.ci.o.so /ô/ *adj.* que emprega falácia; enganoso

fa.la.dei.ra /ê/ *s.f.* **1** mulher que fala muito; tagarela **2** tagarela **3** mulher maledicente

fa.la.dor /ô/ *adj. s.m.* que ou aquele que fala em excesso; tagarela, loquaz

fa.lan.ge *s.f.* **1** corpo de infantaria grega **2** multidão **3** ANAT nome dos segmentos ósseos dos dedos

fa.lan.ge.ta /ê/ *s.f.* ANAT a falange mais extrema dos dedos, onde está a unha

fa.lan.gi.nha *s.f.* ANAT a falange do meio dos dedos

fa.lar *v.i.* **1** expressar-se por meio da palavra oral • *v.t.* **2** exprimir usando palavras • *s.m.* **3** determinado modo de falar; dialeto

fa.la.tó.rio *s.m.* **1** barulho de muitas vozes; murmuração **2** comentário, boato

fa.laz *adj.2g.* enganador, falso

fal.cão *s.m.* ZOOL ave de rapina bastante veloz

fal.ca.tru.a *s.f.* ardil, desonestidade

fal.co.a.ri.a *s.f.* **1** criação e amestramento de falcões **2** caçada com falcões

fal.da *s.f.* **1** parte inferior de uma vestimenta; fralda **2** *por ext.* parte inferior de uma montanha; sopé

fa.le.cer /ê/ *v.i.* m.q. morrer

fa.le.ci.men.to *s.m.* ação ou efeito de morrer; morte, óbito

fa.lên.cia *s.f.* **1** perda das forças, do vigor **2** ruína, quebra **3** incapacidade de funcionamento

fa.lé.sia *s.f.* GEOG relevo à beira-mar, resultante de processo erosivo, geralmente alto e íngreme

fa.lha *s.f.* **1** erro, defeito **2** fratura, desvão, fenda **3** omissão; não inclusão

fa.lhar *v.i.* **1** não ser bem-sucedido; deixar de ter êxito **2** não atingir o objetivo, a meta almejada ○ *v.t.* **3** faltar com o cumprimento de algo devido

fa.li.bi.li.da.de *s.f.* qualidade do que é passível de falha

fá.li.co *adj.* referente ao falo, ao pênis

fa.li.do *adj. s.m.* **1** que sofreu processo de falência; quebrado **2** diz-se de pessoa sem crédito, fracassada

fa.lir *v.i.* **1** JUR quebrar-se comercialmente; ir à bancarrota **2** não atingir o objetivo, a meta almejada ○ *v.t.* **3** *fig.* escassear, faltar

fa.lí.vel *adj.2g.* passível de falha, de erro

fal.que.jar *v.t.* desbastar, aplainar a madeira

fa.lo *s.m.* **1** representação do órgão reprodutor masculino como símbolo de masculinidade e fecundidade **2** ANAT pênis **3** espécie de cogumelo, de fungo

fal.sá.rio *adj. s.m.* pessoa que falsifica alguma coisa; enganador, fraudador

fal.se.ar *v.t.* **1** fazer com que se torne falso; falsificar **2** enganar; não revelar a verdade; ludibriar **3** deformar, alterar, deturpar **4** pisar em falso **5** dar um tom de falsete à voz

fal.se.te /ê/ *s.m.* **1** MÚS tom de voz agudo e próximo à voz feminina **2** quem canta nesse tom de voz

fal.si.da.de *s.f.* ausência da verdade; mentira, fingimento

fal.si.fi.ca.ção *s.f.* ação ou resultado de falsificar o que é original; produzir algo que não é legítimo

fal.si.fi.ca.dor /ô/ *adj. s.m.* aquele que realiza falsificação; falsário

fal.si.fi.car *v.t.* alterar ou imitar o que é original ou legítimo, por meios fraudulentos

fal.si.fi.cá.vel *adj.2g.* passível de falsificação

fal.so *adj.* **1** que ou aquele que mente; enganador, fingido **2** mentiroso, ilusório, imaginário **3** alterado, adulterado

fal.ta *s.f.* **1** ação ou resultado de faltar; carência **2** não estar presente; não comparecer; ausência **3** transgressão de uma regra esportiva

fal.tar *v.t.* **1** deixar que algo falte a alguém **2** não estar presente; estar ausente **3** deixar de cumprir dever ou incumbência **4** cometer pecado, erro, falha **5** ser necessário

fal.to *adj.* carente, necessitado, desprovido de algo

fa.lu.a *s.f.* *lus.* pequena embarcação a vela para transporte de mercadorias e pessoas

fa.ma *s.f.* reputação, bom nome, notoriedade

fa.mé.li.co *adj.* que tem muita fome; faminto

famigerado

fa.mi.ge.ra.do *adj.* **1** que tem muita fama; célebre, notório **2** *pejor.* que possui má fama

fa.mí.lia *s.f.* **1** conjunto de pessoas que possuem parentesco próximo **2** grupo de pessoas que têm a mesma procedência **3** grupo de pessoas que vivem juntas, na mesma casa **4** grupo de pessoas que possuem os mesmos interesses **5** BIOL conjunto de um ou mais gêneros de animais ou plantas que apresentam características comuns

fa.mi.li.ar *adj.2g.* **1** referente a família **2** que é da mesma família **3** conhecido, habitual • *s.m.* **4** pessoa da família

fa.mi.li.a.ri.da.de *s.f.* qualidade daquilo que é familiar; intimidade, habitualidade

fa.min.to *adj.* **1** cheio de fome; esfomeado, esfaimado **2** ansioso; ávido por algo

fa.mo.so /ô/ *adj.* que possui fama; célebre, notório

fâ.mu.lo *s.m.* pessoa que serve uma família; empregado, servo

fa.nal *s.m.* **1** luz que serve de guia a embarcações à noite; farol **2** facho de luz

fa.nar *v.t.* **1** amputar, seccionar, cortar **2** remover o prepúcio; circuncidar **3** murchar; perder o viço

fa.ná.ti.co *adj. s.m.* **1** indivíduo intransigente em seus princípios religiosos **2** que tem paixão excessiva por algo

fa.na.tis.mo *s.m.* **1** extremismo político ou religioso **2** paixão ou entusiasmo demasiado por algo

fa.na.ti.zar *v.t.* ser tomado de paixão excessiva por algo; tornar fanático

fan.ca *s.f.* conjunto de tecidos expostos para venda

fan.ca.ri.a *s.f.* **1** lugar onde ficam os fanqueiros, comerciantes de tecidos **2** *pejor.* trabalho grosseiro, mal-acabado

fan.dan.go *s.m.* espécie de bailado espanhol com sapateado

fa.ne.ro.ga.mi.a *s.f.* BOT qualidade do que é fanerógamo

fa.ne.ró.ga.mo *adj. s.m.* BOT diz-se de vegetais que tem os órgãos reprodutores aparentes, como as flores e os estróbilos

fan.far.ra *s.f.* **1** MÚS banda musical formada por instrumentos de metal e sopro **2** toque de trompas e clarins em conjunto em uma caçada

fan.far.rão *adj. s.m.* que alardeia uma falsa bravura

fan.far.ro.na.da *s.f.* falsa bravura; gabolice

fan.far.ro.ni.ce *s.f.* m.q. fanfarronada

fa.nho *adj.* m.q. fanhoso

fa.nho.so /ô/ *adj.* **1** diz-se de indivíduo cuja voz sai nasalizada **2** tipo de voz de quem fala dessa maneira

fa.ni.qui.to *s.m.* **1** vertigem, desmaio **2** fricote, chilique

fan.ta.si.a *s.f.* **1** algo que não é real, que não é concreto **2** imaginação, ilusão **3** vestimenta usada no carnaval ou em festas especiais **4** MÚS composição musical sem muita rigidez formal e com instrumentação variada

fan.ta.si.ar *v.t.* ter ilusões, fantasias; sonhar; criar castelos de areia **2** vestir(-se) para carnaval ou festa especial

fan.ta.si.o.so /ô/ *adj.* **1** irreal, imaginário; que não existe **2** sem muito vínculo com a realidade

fan.ta.sis.ta *adj.2g.* m.q. fantasioso

fan.tas.ma *s.m.* aparição sobrenatural de pessoa que já morreu; assombração, espectro

fan.tas.ma.go.ri.a *s.f.* **1** projeção de imagens luminosas ou "fantasmas" em lugar escuro por efeito de ilusões de óptica **2** alucinação, visão

fan.tás.ti.co *adj.* **1** que só existe na fantasia, na imaginação; ilusório **2** extraordinário, impressionante

fan.to.che /ó/ *s.m.* **1** boneco usado em peças teatrais, manipulado pela mão de uma pessoa escondida **2** *fig.* pessoa que se deixa manipular

fa.quei.ro /ê/ *s.m.* **1** conjunto, jogo completo de talheres **2** pessoa que fabrica facas

fa.quir *s.m.* **1** monge muçulmano que busca a perfeição espiritual sobre os próprios sentidos **2** indivíduo dedicado à prática de atos mortificantes, exibindo grande resistência à dor e a flagelos físicos

fa.ra.ó *s.m.* título dos reis do antigo Egito

fa.ra.ô.ni.co *adj.* referente aos faraós egípcios ou à sua época

far.da *s.f.* uniforme usado pelos militares

far.dar *v.t. v.pron.* vestir(-se) com farda

far.da.men.to *s.m.* o conjunto das peças que compõem a farda militar

far.do *s.m.* **1** conjunto de muitos objetos; carga **2** carga para transporte **3** *fig.* peso; algo que é difícil de carregar; responsabilidade

fa.re.jar /ê/ *v.t.* **1** rastrear; seguir conforme o faro **2** sentir o cheiro; cheirar **3** encontrar pelo faro

fa.re.lo /é/ *s.m.* **1** porção de migalhas de algo **2** coisa insignificante, sem importância

far.fa.lha.dor /ô/ *adj. s.m.* **1** diz-se de pessoa que fala muito; tagarela **2** exagerado, mentiroso

far.fa.lhan.te *adj.2g.* **1** que farfalha; barulhento **2** tagarela, loquaz

far.fa.lhar *s.m.* **1** som característico de folhas secas balançadas pelo vento • *v.i.* **2** fazer barulho como o de folhas ao vento; rumorejar

fa.ri.ná.ceo *adj.* **1** que contém farinha **2** que tem aparência ou consistência de farinha

fa.rin.ge *s.f.* ANAT duto entre a boca e o esôfago que tem função importante nos processos de digestão e fala

fa.rin.gi.te *s.f.* inflamação da faringe

fa.ri.nha *s.f.* pó obtido pela moagem de grãos

fa.ri.nha.da *s.f.* fabricação de farinha de mandioca

fa.ri.nhei.ra /ê/ *s.f.* **1** mulher que fabrica farinha **2** recipiente para estocagem da farinha

fa.ri.nhen.to /ê/ *adj.* **1** semelhante à farinha **2** que esfarela com facilidade

fa.ri.nho.so /ô/ *adj.* m.q. farinhento

fa.ri.sai.co *adj.* **1** relativo a fariseu **2** *fig.* falso, mentiroso, fingidor

fa.ri.sa.ís.mo *s.m.* **1** doutrina e prática dos fariseus **2** *fig.* qualidade de hipócrita, de fingido

fa.ri.seu /ê/ *adj. s.m.* **1** RELIG adepto de uma seita judaica que demonstrava grande religiosidade, mas que na Bíblia é apontada como hipócrita **2** demasiadamente religioso; beato **3** *fig.* falso, fingido

far.ma.cêu.ti.co *adj.* **1** relativo a farmácia • *s.m.* **2** profissional graduado em farmácia; boticário

far.má.cia *s.f.* **1** FARM parte da farmacologia que estuda os medicamentos **2** lugar onde se fazem ou vendem medicamentos

fár.ma.co *s.m.* FARM medicamento; substância química utilizada como remédio

fau.ce | **233**

far.ma.co.lo.gi.a *s.f.* MED ramo da medicina que se dedica ao estudo das propriedades e da aplicação dos fármacos

far.ma.co.pei.a /é/ *s.f.* **1** FARM a arte da preparação de fármacos **2** publicação que orienta e regulamenta a preparação e análise de remédios; receituário

far.nel *s.m.* **1** espécie de saco para carregar provisões em viagens **2** a própria provisão de viagem

fa.ro *s.m.* **1** olfato animal **2** *por ext.* instinto, intuição

fa.ro.fa /ó/ *s.f.* CUL prato à base de farinha misturada com outros ingredientes

fa.rol /ó/ *s.m.* **1** coluna, torre com facho de luz para orientar a navegação noturna **2** *fig.* pessoa que mostra a direção; guia **3** *bras.* indivíduo que aposta com o dinheiro da própria casa de jogo para atrair pessoas ■ **fazer farol** aparentar grandeza que não possui

fa.ro.la.gem *s.f.* **1** grande quantidade de faróis **2** *pop.* ostentação, fanfarrice

fa.ro.lei.ro /ê/ *adj. s.m.* **1** indivíduo responsável pelos faróis **2** *pop.* ostentador, fanfarrão

fa.ro.le.te /ê/ *s.m.* **1** farol de pequenas proporções; farolim **2** pequeno farol que se localiza nas partes dianteira e traseira de automóveis

fa.ro.lim *s.m.* farol pequeno; farolete

far.pa *s.f.* **1** fragmento diminuto de madeira **2** anzol **3** *fig.* crítica ferrenha; escárnio

far.par *v.t.* **1** colocar farpas em algo **2** rasgar, lacerar **3** *fig.* criticar

far.ra *s.f.* **1** diversão muito animada; orgia **2** troça, gozação

far.ran.cho *s.m.* **1** grupo de peregrinos religiosos **2** grupo de pessoas que se dirige a uma festa

far.ra.po *s.m.* retalho de tecido velho que serve geralmente para limpeza; trapo

far.re.ar *v.i.* fazer farra; divertir-se, alegrar-se

far.ri.pas *s.f.2n.* cabelos curtos e ralos; falripas

far.ris.ta *adj.2g.* diz-se de indivíduo que vive na farra **2** pessoa que gosta muito de farrear

far.rou.pi.lha *s.2g.* **1** pessoa que se veste muito mal, com trapos; maltrapilho **2** *bras.* diz-se do insurgente da Guerra dos Farrapos, revolução ocorrida no Rio Grande do Sul, cuja luta era por um estado republicano

far.rus.co *adj.* **1** sujo de fuligem, carvão ou ferrugem **2** que tem cor escura; negro

far.sa *s.f.* **1** peça teatral de caráter cômico ou ridículo **2** mentira, embuste

far.san.te *s.2g.* **1** ator de uma farsa **2** mentiroso, trapaceiro

far.sis.ta *adj.2g.* diz-se de pessoa engraçada, cômica

far.tar *v.t.* **1** encher-se ou tornar cheio **2** satisfazer a fome ou a sede **3** abarrotar, tornar extremamente cheio

far.to *adj.* que foi saciado; cheio; satisfeito

far.tum *s.m.* cheiro muito desagradável de pessoas sujas; fedor

far.tu.ra *s.f.* **1** grande quantidade de algo; abundância **2** estado do que está farto

fas.cí.cu.lo *s.m.* **1** feixe de pequenas proporções **2** caderno ou folheto que, junto com outros, integra uma obra maior **3** livro diminuto

fas.ci.na.ção *s.f.* **1** poder, fascínio; influência exercida por uma pessoa sobre outra **2** deslumbramento; sedução

fas.ci.na.dor /ô/ *adj.* que fascina; que seduz; que deslumbra

fas.ci.nar *v.t.* **1** exercer fascinação sobre alguém **2** deslumbrar, seduzir

fas.cí.nio *s.m.* m.q. fascinação

fas.cis.mo *s.m.* sistema político totalitário estabelecido na Itália por Benito Mussolini, em 1922

fas.cis.ta *adj.2g.* **1** relativo ao fascismo **2** seguidor do fascismo

fa.se *s.f.* **1** etapa de um processo; estágio **2** período ou época que possui características próprias

fa.se.o.lar *adj.* que tem forma semelhante à do feijão

fas.qui.a *s.f.* fragmento de madeira; ripa, pau

fas.ti.di.o.so /ô/ *adj.* **1** cheio de fastio; sem apetite **2** tedioso, chato, enfadonho

fas.ti.en.to *adj.* m.q. fastidioso

fas.tí.gio *s.m.* **1** a parte mais elevada; cume, píncaro, pináculo **2** posição de destaque

fas.ti.gi.o.so /ô/ *adj.* **1** que está no fastígio **2** que está em evidência; destacado, renomado

fas.tio *s.m.* **1** ausência de apetite **2** tédio, enfado

fas.to *s.m.* magnificência, pompa ■ **fastos** anais ou registros públicos dos fatos gloriosos de uma nação

fas.tu.o.so /ô/ *adj.* que contém fasto; luxuoso, pomposo, magnificente

fa.ta.caz *s.m.* grande quantidade de algo

fa.tal *adj.2g.* **1** que não se pode evitar **2** que ocasiona a morte; mortífero **3** *fig.* que causa desastres, mortes, fatalidades ex.: *veneno fatal, mulher fatal*

fa.ta.li.da.de *s.f.* infortúnio, desgraça; acontecimento nefasto

fa.ta.lis.mo *s.m.* FILOS sistema filosófico que prega que os acontecimentos se dão por predestinação e não dependem da vontade do ser humano

fa.ta.lis.ta *adj.2g.* **1** relativo ao fatalismo **2** seguidor do fatalismo

fa.ti.a *s.f.* **1** pedaço fino de algum alimento; talhada **2** uma parte do total; parcela

fa.tí.di.co *adj.* **1** que revela o destino, o futuro; profético **2** que traz fatalidade; trágico

fa.ti.gar *v.t.* m.q. fadigar

fa.ti.o.ta *s.f.* roupa, vestimenta, traje

fa.to *s.m.* **1** algo que foi realizado **2** acontecimento, ação, feito **3** roupa, traje, indumentária **4** *lus.* terno, paletó

fa.tor /ô/ *s.m.* **1** aquele que executa algo **2** aquilo que contribui para um resultado **3** MAT cada um dos elementos da multiplicação

fa.tu.i.da.de *s.f.* **1** fugacidade, efemeridade, transitoriedade **2** presunção, vaidade

fá.tuo *adj.* **1** fugaz, passageiro **2** presunçoso, vaidoso

fa.tu.ra *s.f.* **1** ação ou o resultado de se fazer algo **2** rol de mercadorias vendidas ou serviços prestados a serem pagos pelo cliente

fa.tu.rar *v.t.* **1** fazer a relação de mercadorias vendidas ou serviços prestados; fazer a fatura **2** colocar na fatura **3** *pop.* tirar vantagem; lucrar monetariamente **4** *desus.* criar pelo pensamento; imaginar **5** tramar algo contra alguém **6** *pop.* receber um valor a mais do que era devido **7** *pop.* vencer algo facilmente

fau.ce *s.f.* ANAT parte da garganta entre a boca e a faringe; goela

fauna

fau.na *s.f.* **1** ZOOL conjunto de espécies de animais próprias de uma região, de um país, de uma época ou de um ambiente determinado **2** a vida animal no geral

fau.no *s.m.* MIT ser mitológico metade homem, metade animal, responsável pelo crescimento dos animais e pelo domínio das florestas

faus.to *adj.* **1** feliz, sortudo, próspero • *s.m.* **2** pompa, ostentação

faus.to.so /ô/ *adj.* m.q. fastuoso

fau.tor /ô/ *adj.* diz-se de pessoa que promove alguma atividade;

fa.va *s.f.* **1** BOT planta leguminosa com semente e vagens comestíveis **2** BOT a semente desses vegetais ■ **mandar às favas** mandar embora, despachar

fa.ve.la /é/ *s.f.* regiões urbanas com casas simples geralmente construídas nas encostas dos morros, onde vive a população de renda mais baixa

fa.vei.ra /ê/ *s.f.* BOT leguminosa que produz a fava

fa.vo *s.m.* **1** cada um dos alvéolos de cera para depósito de mel pelas abelhas **2** o conjunto desses alvéolos **3** MED foco de infecção cutânea

fa.vô.nio *s.m.* **1** vento suave que sopra do poente; zéfiro **2** *por ext.* vento favorável

fa.vor /ô/ *s.m.* **1** ajuda sem esperar nada em troca; auxílio **2** algo que se concede; graça, benefício **3** benevolência, simpatia

fa.vo.rá.vel *adj.2g.* **1** oportuno; que favorece; auspicioso, propício **2** vantajoso, lucrativo

fa.vo.re.cer /ê/ *v.t.* **1** prestar favor, auxílio; ajudar, amparar **2** munir de qualidades auspiciosas **3** tornar notório; realçar **4** aproveitar algo para si mesmo

fa.vo.ri.ta /ê/ *s.f.* **1** a mais querida; a predileta **2** a principal mulher de um sultão

fa.vo.ri.tis.mo *s.m.* tendência à preferência injusta de algo ou alguém em detri

fa.vo.ri.to *s.m.* **1** pessoa protegida ou apadrinhada de alguém • *adj.* **2** que é alvo de predileção; preferido

fa.xi.na *s.f.* **1** limpeza que se realiza com determinada frequência em uma residência **2** lenha miúda para cobrir trincheiras

fa.xi.nar *v.t.* **1** colocar em feixes **2** fazer faxina; limpar **3** tapar algo com faxinas, feixes de madeira

fa.ze.dor /ô/ *adj.* *s.m.* **1** aquele que faz, que executa algo **2** pessoa que fabrica, produz algo; artesão

fa.zen.da *s.f.* **1** o conjunto de riquezas do Estado; o patrimônio estatal **2** grande propriedade agrícola **3** tecido, pano

fa.zen.dei.ro /ê/ *adj.* *s.m.* **1** referente à fazenda **2** dono de uma grande propriedade agrícola, de uma fazenda

fa.zer /ê/ *v.t.* **1** criar, produzir, fabricar **2** construir, arquitetar, elaborar **3** executar; colocar em prática **4** decorrer, completar, com relação ao tempo **5** referir, relacionar-se **6** colocar em ordem; arrumar, ordenar **7** agir, proceder **8** ser conveniente; ajustar-se

Fe QUÍM símbolo do elemento químico ferro da tabela periódica

fé *s.f.* **1** convicção religiosa incondicional; crença **2** confiança em alguém ou algo

fe.al.da.de *s.f.* **1** qualidade do que é feio; feiura **2** *fig.* falta de honestidade, de honra **3** *fig.* gravidade, enormidade

Fe.be /é/ *s.f.* MIT na mitologia grega, a deusa da lua, relacionada às noites de lua cheia

fe.bre /é/ *s.f.* MED aumento da temperatura normal do organismo em decorrência de uma disfunção orgânica

fe.brí.cu.la *s.f.* febre leve, pequena, fraca

fe.brí.fu.go *s.m.* FARM medicamento que combate a febre, que diminui a temperatura do corpo

fe.bril *adj.2g.* cheio de febre; que está com febre

fe.cal *adj.2g.* referente a fezes, excremento; excrementício

fe.cha.du.ra *s.f.* **1** ação ou resultado de fechar; trancamento, fechamento **2** mecanismo que serve para o fechamento de portas, janelas, gavetas, baús etc.; ferrolho, trinco

fe.cha.men.to *s.m.* ação ou efeito de fechar, concluir, terminar; conclusão, término; fechadura

fe.char *v.i.* **1** terminar uma ação ou atividade O *v.pron.* **2** amuar, abster-se de explicações, ficar calado ou de mau humor O *v.t.* **3** trancar, cerrar **4** passar a tranca, o ferrolho, a chave em uma fechadura **5** obstruir a passagem; obstacularizar **6** terminar, concluir ■ **fechar a cara** zangar-se, ficar de mau humor ■ **fechar com chave de ouro** dar um belo final a alguma coisa ■ **fechar o tempo** tornar escuro e nublado

fe.cho /ê/ *s.m.* **1** peça usada para fechar algo **2** *fig.* parte final; conclusão ■ **fecho ecler** m.q. zíper

fé.cu.la *s.f.* substância que é extraída de certos tubérculos, sob a forma de farinha

fe.cu.len.to *adj.* que contém fécula

fe.cun.da.ção *s.f.* **1** ação ou resultado de fecundar **2** BIOL encontro dos gametas feminino e masculino para a reprodução; fertilização

fe.cun.dar *v.t.* **1** transformar óvulo em embrião **1** tornar fértil, fecundo, produtivo

fe.cun.di.da.de *s.f.* qualidade do que é fecundo, fértil; fertilidade

fe.cun.do *adj.* **1** fértil, não estéril **2** *fig.* produtivo, criativo

fe.de.go.so /ô/ *adj.* **1** que tem cheiro ruim; fedorento • *s.m.* **2** BOT planta medicinal amarela de cheiro desagradável

fe.de.lho /ê/ *s.m.* criança travessa; moleque

fe.den.ti.na *s.f.* cheiro ruim, desagradável; fedor

fe.der /ê/ *v.i.* **1** exalar fedor, mau cheiro **2** *fig.* complicar, tornar-se desagradável

fe.de.ra.ção *s.f.* **1** agrupamento político-econômico entre estados, nações, províncias sob o governo de um poder soberano **2** *por ext.* reunião de vários grupos com interesses comuns para o mesmo fim

fe.de.ral *adj.2g.* **1** referente a federação **2** pertencente ao Estado

fe.de.ra.lis.mo *s.m.* sistema de governo em que vários estados independentes se unem por vínculos políticos e administrativos para formar uma nação

fe.de.ra.lis.ta *adj.2g. s.2g.* partidário do federalismo

fe.de.ra.li.zar *v.t.* transformar algo em bem ou serviço do Estado; tornar federal

fe.de.rar *v.t.* *v.pron.* associar-se a uma federação; tornar-se parte de uma federação

fe.de.ra.ti.vo *adj.* **1** relativo a federação **2** pertencente a uma federação

fe.di.do *adj.* malcheiroso, fedorento

fe.dor /ô/ *s.m.* exalação de mau cheiro, de fedor

fenomenologia

fe.do.ren.to *adj.* que cheira mal, que fede; fedido

fe.é.ri.co *adj.* **1** que pertence ao mundo da fantasia; mágico **2** que revela suntuosidade; luxuoso, deslumbrante **3** que tem brilho excessivo; ofuscante

fei.ção *s.f.* **1** configuração das formas; fisionomia, semblante **2** fig. modo, maneira de agir **3** fig. caráter, índole ∎ **à feição de** ao jeito de, à moda de

fei.jão *s.m.* **1** BOT fava proveniente do feijoeiro **2** CUL a semente do feijoeiro utilizada na alimentação **3** fig. o alimento necessário para o dia a dia

fei.jo.a.da *s.f.* **1** grande porção de feijão **2** CUL prato típico brasileiro preparado com feijão preto, partes do porco, linguiça e outros ingredientes

fei.jo.al *s.m.* lugar onde há muitos feijoeiros; plantação de feijão

fei.jo.ei.ro /ê/ *s.m.* BOT planta cujo fruto é o feijão

fei.o /ê/ *adj.* **1** desprovido de beleza; desagradável **2** indecente, indecoroso, vergonhoso • *adv.* **3** de maneira feia; feiamente • *s.m.* **4** pessoa que não possui beleza

fei.o.so /ô/ *adj. s.m.* que é muito feio

fei.ra /ê/ *s.f.* **1** lugar ao ar livre onde há exposição e venda de alimentos ou outras mercadorias **2** evento para exibição de algo ou competição

fei.ran.te *adj.2g.* **1** referente a feira • *s.2g.* **2** pessoa que trabalha como vendedor em feira

fei.rar *v.t.* **1** vender produtos na feira **2** comprar algo na feira

fei.ta /ê/ *s.f.* **1** ato ou efeito de fazer; ação, obra **2** ocasião propícia; oportunidade

fei.ti.ça.ri.a *s.f.* **1** a prática de feitiços; sortilégio **2** fig. fascínio, sedução **3** magia negra

fei.ti.cei.ro /ê/ *adj. s.m.* **1** pessoa que realiza feitiços; bruxo **2** fig. pessoa que fascina, que encanta, que seduz outra

fei.ti.ço *s.m.* **1** espécie de magia que se joga sobre alguém; sortilégio, mandinga **2** prejuízo, malefício **3** fig. sedução, fascínio • *adj.* **4** falso, artificial

fei.ti.o *s.m.* **1** semblante, aparência, aspecto **2** maneira de ser ou agir **3** caráter, índole

fei.to /ê/ *adj.* **1** que sofreu ação de fazer; executado, realizado **2** que chegou ao fim; terminado **3** manufaturado, fabricado • *s.m.* **4** ato heroico, bravo; façanha

fei.tor /ô/ *s.m.* pessoa que supervisiona um grupo de trabalhadores de uma fazenda

fei.to.ri.a *s.f.* **1** o cargo ocupado pelo feitor **2** HIST entreposto comercial no Brasil Colônia **3** processo de fabricação do vinho

fei.u.ra *s.f.* m.q. fealdade

fei.xe /ê/ *s.m.* **1** conjunto amarrado de gravetos **2** ANAT conjunto de fibras nervosas ou musculares

fel *s.m.* **1** substância verde e amarga expelida pelo fígado e pela vesícula; bílis **2** fig. amargura, ressentimento, ódio

fe.lá *s.2g.* entre os egípcios, camponês de casta inferior

fe.la.ção *s.f.* ação de excitar o pênis com a boca

felds.pa.to *s.m.* grupo de silicatos de sódio, potássio, cálcio etc. que faz parte da composição das rochas

fe.li.ci.da.de *s.f.* **1** qualidade ou estado de feliz **2** contentamento, satisfação; alegria intensa **3** sucesso, bem-aventurança, sorte

fe.li.ci.ta.ção *s.f.* saudação em que se desejam felicidades

fe.li.ci.tar *v.t.* **1** tornar alguém feliz **2** congratular, desejar felicidades, saudar

fe.li.no *adj.* **1** referente aos felídeos • *s.m.* **2** ZOOL animal pertencente à família dos felídeos, como o gato, a onça etc.

fe.liz *adj.2g.* **1** que sente felicidade; contente, satisfeito **2** pessoa de sorte; ditoso, afortunado, venturoso **3** rico, afortunado

fe.li.zar.do *adj.* m.q. sortudo

fe.lo.ni.a *s.f.* vileza, traição

fel.pa /ê/ *s.f.* **1** tecido felpudo de lã ou algodão que lembra a pelagem animal **2** por ext. penugem de aves e animais

fel.pu.do *adj.* cheio de felpas; que possui muitas felpas

fel.tro /ê/ *s.m.* espécie de tecido grosseiro feito pela prensa da lã

fê.mea *s.f.* animal do sexo feminino

fe.mi.nil *adj.2g.* m.q. feminino

fe.mi.ni.li.da.de *s.f.* **1** qualidade de ser mulher **2** maneira de ser, agir e pensar característica da mulher

fe.mi.ni.no *adj.* **1** referente a mulher • *s.m.* **2** conjunto de características que definem a mulher **3** GRAM gênero gramatical oposto ao masculino

fe.mi.nis.mo *s.m.* movimento político que visa à igualdade de direitos civis entre mulheres e homens

fe.mi.nis.ta *adj.2g.* **1** referente ao feminismo • *s.2g.* **2** seguidor do feminismo

fe.mi.ni.zar *v.t.* tornar feminino; dar características ou feições femininas

fe.mo.ral *adj.2g.* ANAT relativo ao fêmur

fê.mur *s.m.* ANAT maior e mais forte osso tubular humano que forma a coxa

fen.da *s.f.* abertura estreita; fresta, desvão

fen.der *v.t.* abrir uma fenda, uma fresta; partir, rachar

fen.di.men.to *s.m.* ação ou resultado de fender; fresta, rachadura

fe.ne.cer *v.i.* **1** chegar ao fim, acabar **2** falecer, morrer **3** perder o viço; murchar (planta)

fe.ne.ci.men.to *s.m.* **1** término, fim **2** falecimento, morte, óbito

fe.ní.cio *adj.* relativo à Fenícia, antigo país no litoral da Síria

fê.nix /ks/ *s.f.* MIT ave mitológica grega, mas originalmente egípcia, que se queimava quando velha e renascia das próprias cinzas

fe.no *s.m.* BOT erva ceifada e seca utilizada como forragem

fe.no.me.nal *adj.2g.* **1** referente ao fenômeno **2** FILOS passível de percepção; perceptível **3** excepcional, extraordinário

fe.nol *s.m.* **1** QUÍM classe de compostos orgânicos formados pela ligação de um radical hidroxila a um núcleo de benzeno **2** QUÍM ácido utilizado como desinfetante e antisséptico e também na fabricação de plásticos, resinas e produtos farmacêuticos; ácido fênico

fe.nolf.ta.le.í.na *s.f.* QUÍM derivado do fenol, com fins medicinais

fe.nô.me.no *s.m.* **1** acontecimento passível de percepção **2** acontecimento extraordinário e surpreendente

fe.no.me.no.lo.gi.a *s.f.* FILOS descrição filosófica dos fenômenos

fenótipo

fe.nó.ti.po *s.m.* BIOL conjunto das características de um indivíduo determinadas por fatores genéticos e por sua interação com o meio ambiente

fe.ra /é/ *s.f.* **1** animal selvagem e muito feroz **2** *fig.* pessoa desumana, cruel • *adj.* **3** *fig.* diz-se de indivíduo que possui amplos conhecimentos em uma determinada área ou atividade

fe.ra.ci.da.de *s.f.* qualidade do que é feraz; fertilidade

fe.raz *adj.2g.* muito produtivo; fértil, fecundo

fé.re.tro *s.m.* caixão próprio para defunto; esquife

fe.re.za /ê/ *s.f.* m.q. ferocidade

fé.ria *s.f.* **1** dia de repouso **2** total de vendas de um estabelecimento em um certo período **3** remuneração ganha pelo trabalhador por dia de trabalho; salário ■ **férias** período de repouso a que tem direito o trabalhador

fe.ri.a.do *adj.* **1** dia em que não se trabalha • *s.m.* **2** dia em que não há atividade pública e particular por comemoração religiosa ou cívica

fe.ri.da *s.f.* ferimento, lesão

fe.ri.da.de *s.f.* **1** qualidade de fero; ferocidade **2** qualidade do que é cruel; crueldade

fe.ri.do *adj.* **1** que sofreu lesão, ferimento; lesado **2** *fig.* que foi machucado em seus sentimentos; magoado

fe.ri.men.to *s.m.* **1** ação ou efeito de (se) ferir **2** lesão, ferimento

fe.ri.no *adj.* **1** relativo a fera; feroz, selvagem **2** *fig.* cruel, desumano, impiedoso

fe.rir *v.t.* **1** infligir ou receber ferimento; cortar, lesionar **2** contundir, golpear **3** *fig.* magoar, ressentir

fer.men.ta.ção *s.f.* **1** BIOQUÍM transformação química provocada pela presença de um fermento **2** *por ext.* efervescência **3** *fig.* exaltação de ânimo, entusiasmo, agitação

fer.men.tar *v.t.* **1** decompor por processo de fermentação **2** (fazer) levedar **3** agitar, entusiasmar

fer.men.to *s.m.* substância que provoca fermentação

fe.ro /é/ *adj.* próprio de fera; ferino

fe.ro.ci.da.de *s.f.* **1** qualidade do que é feroz **2** *fig.* impiedade, desumanidade

fe.roz /ó/ *adj.2g.* **1** que tem características ferinas; próprio de animal feroz **2** *fig.* cruel, impiedoso

fer.rã *s.f.* BOT espécie de centeio próprio para alimentar o gado

fer.ra.do *adj.* **1** que contém ferro **2** marcado com brasa, com ferro ardente **3** preso, agarrado **4** *pop.* em maus lençóis; encrencado

fer.ra.dor /ô/ *adj. s.m.* indivíduo que equipa os animais com ferraduras

fer.ra.du.ra *s.f.* objeto de ferro em forma de *u* que se prende no casco dos animais para proteção

fer.ra.gei.ro /ê/ *s.m.* comerciante de ferragens ou ferro; ferragista

fer.ra.gem *s.f.* **1** qualquer peça ou artefato de ferro necessário ao funcionamento de um mecanismo **2** enfeites de ferro ou de outro metal **3** resíduo, apara de ferro

fer.ra.gis.ta *s.2g.* m.q. ferrageiro

fer.ra.men.ta *s.f.* **1** instrumento próprio do trabalho de mecânicos, artesãos etc. **2** qualquer coisa que seja necessária para a consecução de uma atividade

fer.ra.men.tei.ro /ê/ *s.m.* pessoa que fabrica ferramentas

fer.rão *s.m.* **1** ZOOL órgão acicular de ataque de certos insetos e animais; aguilhão **2** ponta feita de ferro

fer.rar *v.t.* **1** equipar com ferros **2** colocar ferraduras em animais **3** marcar com brasa, com ferro ardente **4** morder, picar com ferrão **5** enfiar, cravar **6** causar mal a alguém; prejudicar

fer.ra.ri.a *s.f.* **1** local de trabalho do ferreiro **2** *por ext.* grande quantidade de ferro

fer.rá.ria *s.f.* BOT planta ornamental de origem africana

fer.rei.ro /ê/ *s.m.* pessoa que trabalha com ferros

fer.re.nho *adj.* **1** cheio de ferros; que contém ferro ou sua cor **2** *fig.* teimoso, intransigente

fér.reo *adj.* **1** que tem ferro em sua constituição **2** feito de ferro **3** que tem aspecto de ferro **4** *fig.* ferrenho, resistente

fer.re.te /ê/ *s.m.* **1** objeto de ferro que antigamente era utilizado para marcar animais e escravos **2** marca deixada por esse instrumento **3** *fig.* estigma, nódoa

fer.re.te.ar *v.t.* **1** marcar com ferro quente **2** *fig.* desonrar, difamar

fer.re.to.ar *v.t.* picar com ferrão; pungir

fer.ro *s.m.* QUÍM elemento químico de grande resistência e nenhuma elasticidade muito abundante na natureza

fer.ro.a.da *s.f.* **1** picada com ferrão **2** pequena mordida que dão alguns insetos ou animais **3** fisgada, sensação produzida por essa mordida

fer.ro.ar *v.t.* **1** pungir com objeto pontudo **2** dar ferroadas; picar com ferrão

fer.ro.lho /ô/ *s.m.* peça de ferro corrediça utilizada para fechar portas e janelas

fer.ro.so /ô/ *adj.* cheio de ferro; que contém ferro

fer.ro.vi.a *s.f.* estrada para a passagem de trens de ferro

fer.ro.vi.á.rio *s.m.* **1** funcionário que trabalha em estrada de ferro • *adj.* **2** referente a ferrovia **3** diz-se do complexo de sistema de transporte por trens de ferro

fer.ru.gem *s.f.* **1** substância resultante da oxidação do ferro ou de outros metais por exposição à umidade **2** substância de cor avermelhada proveniente dessa oxidação

fer.ru.gen.to *adj.* **1** que tem ferrugem, que está enferrujado **2** *fig.* velho, inútil

fer.ru.gi.no.so /ô/ *adj.* cheio de ferro; ferrugento; que contém ferro

fér.til *adj.2g.* que produz; fecundo, produtivo

fer.ti.li.da.de *s.f.* qualidade do que é fértil; produtividade

fer.ti.li.za.ção *s.f.* **1** ação ou efeito de fertilizar; tornar fecundo, produtivo **2** encontro dos gametas feminino e masculino; fecundação

fer.ti.li.za.dor /ô/ *adj. s.m.* o que produz fecundidade; fertilizante

fer.ti.li.zan.te *adj.2g. s.m.* o que fertiliza, que torna produtivo, fértil

fer.ti.li.zar *v.t.* tornar fértil, fecundo

fé.ru.la *s.f.* **1** BOT planta da família das umbelíferas, utilizada como ornamento ou com fins medicinais **2** *fig.* severidade, austeridade na disciplina

fer.ve.dou.ro /ô/ *s.m.* **1** efervescência **2** lugar de um rio onde há redemoinho **3** *por ext.* agitação; animação

fer.ven.tar *v.t.* ferver ligeiramente; aferventar

fichário

fer.ven.te *adj.2g.* **1** que está fervendo, em processo de fervura **2** *fig.* veemente

fer.ver /ê/ *v.t.* **1** produzir ebulição (em) ou entrar em ebulição **2** cozinhar em líquido que está em processo de fervura ○ *v.i.* **3** agitar, animar **4** *fig.* sentir uma paixão muito grande

fér.vi.do *adj.* **1** muito quente **2** ardoroso, devotado, apaixonado

fer.vi.do *adj.* que passou por cozimento, por fervura

fer.vi.lhar *v.i.* **1** estar em processo de fervura; ferver **2** *fig.* agitar, animar

fer.vor /ô/ *s.m.* **1** m.q. fervura **2** *fig.* paixão intensa **3** *fig.* afeto demasiado **4** *fig.* agitação, animação **5** sentimento religioso intenso

fer.vo.ro.so /ô/ *adj.* **1** que revela fervor, entusiasmo **2** devotado, dedicado

fer.vu.ra *s.f.* **1** ato ou resultado de ferver **2** condição daquilo que está em processo de ebulição **3** *fig.* entusiasmo, devoção **4** *fig.* agitação

fes.ta /é/ *s.f.* reunião de pessoas para celebração de algo; divertimento

fes.tan.ça *s.f.* **1** grande festa **2** comemoração popular muito farta de comida e bebida

fes.tão *s.m.* enfeite, adorno, adereço

fes.tei.ro /ê/ *adj.* **1** que adora festas e ocasiões festivas; alegre **2** encarregado de organizar festas

fes.te.jar *v.i.* **1** promover festas ○ *v.t.* **2** participar de festas, comemorar

fes.te.jo /ê/ *s.m.* **1** festividade **2** comemoração de data importante

fes.tim *s.m.* **1** pequena cerimônia particular **2** banquete

fes.ti.val *s.m.* evento com apresentação de diversas artes

fes.ti.vi.da.de *s.f.* **1** festa de caráter cívico ou religioso **2** festival

fes.ti.vo *adj.* **1** referente a festa **2** alegre, divertido

fes.to /ê/ *adj. desus.* m.q. festivo

fes.to.ar *v.t.* adornar algo com festões

fe.tal *adj.2g.* referente ao feto

fe.ti.che *s.m.* objeto supostamente dotado de poderes mágicos a que se presta culto; ídolo

fe.ti.chis.mo *s.m.* a veneração de fetiches

fe.ti.chis.ta *adj.2g.* **1** referente a ou próprio do fetichismo **2** que cultua fetiches

fé.ti.do *adj.* que tem cheiro ruim; malcheiroso, fedorento

fe.ti.dez /é/ *s.f.* cheiro ruim; fedor

fe.to /é/ *s.m.* BIOL embrião humano ou animal já com as características próprias da espécie

feu.dal *adj.2g.* referente a feudalismo ou feudo

feu.da.lis.mo *s.m.* HIST sistema político, econômico e social da Idade Média em que o senhor feudal concedia aos vassalos um pedaço de terra para viver e trabalhar mediante determinadas recompensas e deveres

feu.da.tá.rio *s.m.* HIST vassalo que prestava trabalhos ao suserano

feu.do /ê/ *s.m.* HIST propriedade cedida pelo senhor feudal ao vassalo mediante certas recompensas e deveres

fe.ve.rei.ro /ê/ *s.m.* nome do segundo mês do calendário, entre janeiro e março

fe.zes /é/ *s.f.pl.* resíduo fecal; excremento

fi *s.m.* vigésima primeira letra do alfabeto grego, correspondente ao *f* latino

fi.a.ção *s.f.* **1** ação ou resultado de fiar **2** conjunto de fios de uma instalação elétrica

fi.a.cre *s.m.* m.q. tílburi

fi.a.da *s.f.* **1** porção de fios **2** conjunto de coisas ligadas por fios

fi.a.do *adj.* **1** o que foi confiado **2** comprado ou vendido a crédito para que se pague posteriormente **3** o que foi reduzido a fio • *adv.* **4** para pagamento posterior; a crédito

fi.a.dor /ô/ *adj. s.m.* responsável pelo pagamento que outra pessoa efetuará; avalista

fi.am.bre *s.m.* CUL m.q. presunto

fi.an.ça *s.f.* **1** confiança que se deposita em alguém **2** responsabilidade, garantia **3** JUR pagamento feito pelo réu para que possa se defender em liberdade **4** JUR garantia de pagamento assumida pelo fiador

fi.an.dei.ra /ê/ *s.f.* mulher que se ocupa da fiação; fiadeira

fi.an.dei.ro /ê/ *s.m.* pessoa que fia; tecelão

fi.ar *v.t.* **1** fabricar o fio para a tecelagem **2** ser fiador de alguém; servir de avalista **3** depositar confiança; acreditar **4** vender para pagamento posterior, a crédito

fi.as.co *s.m.* insucesso, fracasso

fi.bra *s.f.* **1** cada um do filamento de algum material encontrado em tecido animal ou vegetal e em algumas substâncias minerais **2** *fig.* firmeza de caráter

fi.bri.la *s.f.* fibra muito fina

fi.broi.de /ó/ *adj.2g.* **1** semelhante a fibra **2** provido de fibras

fi.bro.ma *s.m.* MED tumor formado de tecido conectivo e fibroso, podendo ser duro ou mole

fi.bro.se /ó/ *s.f.* MED constituição da fibra

fi.bro.so /ô/ *adj.* cheio de fibras; que contém fibra; com aspecto de fibra

fi.bros.se.ro.so /ô/ *adj.* ANAT diz-se do que é formado de membrana fibrosa e serosa

fí.bu.la *s.f.* **1** osso da perna que une as partes superior e inferior da tíbia **2** fivela, fecho

fi.car *v.i.* **1** permanecer, encontrar-se **2** distar **3** adquirir determinada característica; tornar-se **4** combinar **5** ter determinada opinião ■ **ficar a ver navios** não conseguir o que se queria ■ **ficar com cara de tacho** ficar envergonhado ■ **ficar com uma mão atrás e outra na frente** ficar sem nada, ficar muito pobre ■ **ficar de bem** fazer as pazes ■ **ficar de mal** romper a amizade ■ **ficar na mão** ter as expectativas frustradas

fic.ção *s.f.* **1** fantasia, imaginação, ilusão **2** narração imaginária, podendo ser em forma de conto, novela, crônica etc.

fic.cio.nis.ta *adj.2g. s.2g.* **1** referente a ficção **2** autor de obra de ficção

fi.cha *s.f.* **1** pequeno cartão usado em lances de roleta e outros jogos de azar **2** pequeno cartão para anotações **3** bilhete comercial que se troca por mercadoria

fi.char *v.t.* **1** registrar em ficha **2** na polícia, tirar a ficha de identidade de uma pessoa

fi.chá.rio *s.m.* **1** conjunto de fichas **2** móvel para guardar fichas **3** espécie de pasta utilizada por estudantes para arquivo de folhas de estudo

ficologia

fi.co.lo.gi.a *s.f.* BOT área da botânica que se dedica ao estudo das algas

fic.tí.cio *adj.* que não é real; imaginário, irreal

fi.cus *s.m.2n.* BOT gênero de plantas como o figo

fi.dal.go *adj.* **1** que possui título de nobreza **2** magnífico, nobre

fi.dal.gui.a *s.f.* **1** qualidade de quem é fidalgo **2** conjunto de fidalgos; a classe dos fidalgos

fi.de.dig.ni.da.de *s.f.* qualidade do que é fidedigno, do que é digno de confiança

fi.de.dig.no *adj.* confiável; que é digno de crédito

fi.de.li.da.de *s.f.* **1** qualidade de pessoa que é fiel; lealdade **2** constância nos compromissos **3** exatidão, honestidade

fi.dú.cia *s.f.* ousadia, atrevimento

fi.du.ci.al *adj.2g.* referente a fidúcia; merecedor de confiança

fi.du.ci.á.rio *adj.* **1** digno de crédito, de confiança • *s.m.* **2** JUR pessoa que recebe o encargo de conservar e transmitir uma herança a outra pessoa

fi.ei.ra */ê/ s.f.* **1** carreira, linha, fio **2** conjunto de objetos enfiados em linha ou dispostos em fileira **3** fileira, renque

fi.el */é/ adj.2g.* **1** diz-se de pessoa leal, constante **2** probo, honesto **3** seguidor de uma doutrina ou religião • *s.m.* **4** funcionário responsável pelo dinheiro público; depositário público **5** o ponteiro de uma balança que indica peso

fi.ga *s.f.* amuleto em forma de mão fechada com o polegar entre o indicador e o médio

fi.ga.dal *adj.* **1** referente ao fígado **2** que vem das entranhas; visceral

fi.ga.do *s.m.* ANAT maior glândula do corpo humano que, entre outras funções, secreta bílis

fi.go *s.m.* fruto proveniente da figueira

fi.guei.ra */ê/ s.f.* BOT árvore que tem como fruto o figo

fi.gu.ra *s.f.* **1** pintura, desenho **2** forma exterior de qualquer coisa **3** configuração, formato **3** personagem em peças teatrais **4** representação simbólica **5** pessoa ilustre; celebridade **6** FILOS forma que pode tomar um silogismo

fi.gu.ra.ção *s.f.* **1** ação ou resultado de figurar **2** *por ext.* o conjunto de figurantes

fi.gu.ra.do *adj.* que foi tornado em figura; que sofreu figuração ■ **sentido figurado** sentido não usual da palavra; sentido metafórico

fi.gu.ran.te *s.2g.* ator que aparece como participante de um grupo, anônimo no meio da multidão em cena de filme ou novela; ponta

fi.gu.rão *s.m.* pessoa de grande importância em seu próprio meio

fi.gu.rar *v.t.* **1** representar mediante figura ou símbolo adequado **2** parecer; apresentar certa semelhança **3** aparecer; estar incluso

fi.gu.ra.ti.vo *adj.* **1** representativo de algo **2** ARTE que possui imagem semelhante à de um animal, de uma pessoa etc.

fi.gu.ri.nis.ta *s.2g.* criador ou desenhista de figurinos

fi.gu.ri.no *s.m.* **1** revista de modas **2** pessoa que serve de manequim para exibição de modas novas **3** modelo de roupa ditado pela moda **4** esboço, modelo de roupa

fi.ji.a.no *adj. gent.* natural ou habitante da República de Fiji

fi.la *s.f.* série de objetos dispostos em fileira

fi.la.ça *s.f.* filamento proveniente de matéria têxtil

fi.la.men.to *s.m.* fio muito fino que constitui um corpo

fi.lan.te *adj.2g.* **1** diz-se do vinho que se tornou espesso e viscoso **2** *pop.* que fila, que vive pedindo

fi.lan.tro.pi.a *s.f.* ação de caridade

fi.lan.tro.po */ô/ adj. s.m.* pessoa que pratica a filantropia; caridoso

fi.lão *s.m.* **1** sulco de metal nas minas **2** pão de formato afilado **3** *fig.* assunto literário a ser trabalhado por escritores

fi.lar *v.t.* **1** pegar, prender **2** conseguir de modo peditório e gratuito

fi.lá.ria *s.f.* BIOL gênero de vermes nematoides, filiformes e longos

fi.la.rí.a.se */ó/ s.f.* MED m.q. filariose

fi.la.ri.o.se */ó/ s.f.* MED doença causada pela ação de filárias

fi.lar.mô.ni.ca *s.f.* **1** grupo musical **2** grande conjunto de músicos; orquestra

fi.la.te.li.a *s.f.* mania ou *hobby* de colecionar selos; filatelismo

fi.láu.cia *s.f.* amor demasiado a si próprio; egoísmo

fi.lé *s.m.* **1** o corte da carne mais macia do lombo **2** trabalho artesanal feito de linha

fi.lei.ra */ê/ s.f.* série de coisas dispostas uma atrás da outra

fi.le.te */ê/ s.m.* **1** fio muito fino de algo **2** enfeite em formato de fio **3** traço fino de escrita **4** enfeite, debrum, ornato **5** rosca de parafuso **6** ANAT membrana muito fina que conecta a parte inferior da língua com a parótida

fi.lha.ra.da *s.f.* grande quantidade de filhos

fi.lhó *s.m.* CUL espécie de bolo folhado

fi.lho *s.m.* **1** descendente homem em relação aos pais **2** *fig.* pessoa em relação à terra onde nasceu **3** pessoa em relação ao grupo de que faz parte ou à doutrina, filosofia em que acredita

fi.lho.te */ó/ s.m.* animal quando pequeno

fi.lho.tis.mo *s.m.* proteção aos membros da própria família; nepotismo

fi.li.a.ção *s.f.* **1** entroncamento de uma pessoa na sua geração **2** adoção filial **3** ação de se filiar a um sistema religioso, filosófico, político

fi.li.al *adj.* **1** referente a filho • *s.f.* **2** sucursal de uma empresa, de uma indústria

fi.li.for.me */ó/ adj.2g.* que se assemelha a um fio

fi.li.gra.na *s.f.* **1** obra em forma de renda tecida com fios de ouro ou prata **2** marca de empresa impressa no papel; marca-d'água

fi.li.pi.no *adj. gent.* **1** natural ou habitante das Filipinas • *s.m.* **2** RELIG religioso da ordem de São Filipe Néri

fi.lis.teu *adj. gent.* **1** natural da Filisteia (Palestina) • *s.m.* **2** RELIG inimigo da palavra divina; herege **3** pessoa inculta e materialista

fil.ma.ção *s.f.* ação ou efeito de filmar; filmagem

fil.ma.gem *s.f.* ação de filmar

fil.mar *v.t.* **1** registrar em filmes, em fitas de celuloide, figuras, animais, pessoas, ações **2** produzir um filme

fil.me *s.m.* **1** película em que são gravadas cenas em movimento para posterior projeção **2** produção cinematográfica

fil.mo.te.ca */é/ s.f.* **1** coleção de filmes **2** sala onde são guardados os filmes

fi.ló *s.m.* tecido fino e transparente

fi.ló.dio *s.m.* BOT pecíolo dilatado semelhante a uma folha

fi.lo.ge.ni.a *s.f.* história evolutiva das espécies

fi.lo.lo.gi.a *s.f.* estudo da língua e cultura de um povo por meio de seus documentos literários

fi.lo.ló.gi.co *adj.* referente a filologia

fi.ló.lo.go *s.m.* especialista em filologia

fi.lo.ne.ís.mo *s.m.* gosto ou paixão por aquilo que é novo

fi.lo.so.fal *adj.2g.* 1 referente a filosofia 2 diz-se de pedra capaz de transformar qualquer metal em ouro

fi.lo.so.far *v.i.* 1 discursar sobre questão filosófica 2 pensar metodicamente sobre algum assunto; meditar, refletir

fi.lo.so.fi.a *s.f.* 1 FILOS amor pelo saber 2 FILOS ciência que trata de verdades universais da humanidade 3 sabedoria, conhecimento

fi.lo.só.fi.co *adj.* relativo a filosofia

fi.ló.so.fo *adj. s.m.* 1 FILOS indivíduo especialista em filosofia 2 indivíduo sábio 3 *pop.* diz-se de pessoa que se veste mal; mal-ajambrado

fil.tra.ção *s.f.* processo de passagem de um líquido por um filtro purificador

fil.trar *v.t.* 1 coar líquidos de modo a purificá-los 2 separar o que é essencial

fil.tro *s.m.* 1 poção mágica para seduzir, enfeitiçar pessoa que se quer 2 sedução, feitiço 3 utensílio próprio para purificação de líquidos 4 objeto que tem por função reter ou diminuir algo

fim *s.m.* desfecho; término

fím.bria *s.f.* franja

fi.mo.se */ó/ s.f.* MED estreitamento anormal do prepúcio peniano que impede a glande de ser exposta

fi.na.do *adj.* falecido; morto ■ **finados** o dia 2 de novembro, consagrado à memória dos mortos

fi.nal *adj.2g.* 1 que está no fim 2 que está na última posição; último

fi.na.li.da.de *s.f.* objetivo, fim, utilidade

fi.na.lis.ta *adj.2g.* 1 ESPORT classificado para disputar a prova final 2 seguidor do finalismo

fi.na.li.zar *v.t.* 1 colocar um fim 2 terminar, findar

fi.nan.cei.ra */ê/ s.f.* empresa que oferece créditos e realiza financiamentos

fi.nan.cei.ro */ê/ adj.* referente a finanças

fi.nan.ci.a.men.to *s.m.* 1 ação ou resultado de financiar 2 concessão de prazo para pagamento de uma dívida 3 provisão de recursos monetários para uma empresa, um projeto

fi.nan.ci.ar *v.t.* realizar financiamento

fi.nan.cis.ta *adj.2g.* especialista em finanças

fi.nar *v.i.* 1 terminar, findar; colocar fim ○ *v.pron.* 2 sofrer falecimento; morrer ○ *v.t.* 3 acabar com a vida; matar

fin.ca.men.to *s.m.* ação ou efeito de fincar, de enfiar uma coisa em outra

fin.ca-pé *s.m.* 1 ação de fincar o pé no chão em sinal de resistência 2 *fig.* teimosia, resistência, persistência

fin.car *v.t.* prender, grudar uma coisa firmemente a outra

fin.dar *v.t.* 1 colocar fim; terminar ○ *v.i.* 2 *fig.* falecer, morrer

fin.do *adj.* 1 que acabou; terminado, finalizado 2 *por ext.* falecido, finado, morto

fi.nês *adj. gent.* m.q. finlandês

fi.ne.za */ê/ s.f.* 1 qualidade do que é fino 2 *fig.* qualidade de quem é fino, gentil, educado; polidez, gentileza

fin.gi.do *adj.* 1 que finge; hipócrita, mentiroso 2 falso; não verdadeiro

fin.gi.dor */ô/ s.m.* 1 pessoa que finge, que é dissimulada, hipócrita 2 imitador, falsificador

fin.gi.men.to *s.m.* 1 ação de imitar, de fingir 2 engano 3 dissimulação, falsidade

fin.gir *v.t.* 1 aparentar ser o que não é; dissimular 2 imitar algo que é original; reproduzir ○ *v.pron.* 3 fingir-se

fi.ní.ti.mo *adj.* que confina, limita; limítrofe

fi.ni.to *adj.* 1 que tem fim, que é limitado 2 transitório, passageiro 3 que acabou; terminado

fin.lan.dês *s.m.* 1 natural ou habitante da Finlândia; finês • *adj.* 2 referente à Finlândia

fi.no *adj.* 1 m.q. finlandês 2 de pouca espessura; delgado 3 *fig.* polido, gentil, delicado 4 *fig.* de boa qualidade

fi.nó.rio *adj. s.m.* dotado de esperteza; astuto, ladino

fin.ta *s.f.* 1 erro, engano 2 ESPORT ação que se executa para enganar o oponente

fin.tar *v.t.* não pagar; dar o cano, dar calote

fi.nu.ra *s.f.* 1 qualidade daquilo que não é espesso; fineza 2 *fig.* qualidade de quem é espirituoso; esperteza 3 *fig.* delicadeza, polidez, educação de modos

fio *s.m.* 1 filamento 2 linha, barbante fino, cordel 3 corrente d'água muito tênue 4 sequência de assunto ou ideia 5 série de coisas enfileiradas; fileira 6 corte das armas brancas como faca, punhal etc.

fi.or.de */ó/ s.m.* GEOG golfo muito estreito e profundo entre rochas escarpadas, muito comum em certos países do norte

fir.ma *s.f.* 1 assinatura 2 instituição, empresa comercial; indústria; razão social

fir.ma.men.to *s.m.* 1 aquilo que fundamenta; alicerce, base 2 o céu

fir.mar *v.t.* 1 dar base; alicerçar 2 tornar fixo, sem mobilidade 3 enfincar, fincar 4 fazer pacto, acordo

fir.me *adj.2g.* 1 imóvel, fixo 2 *fig.* determinado, resoluto 3 *fig.* que demonstra firmeza, que não se abala

fir.me.za */ê/ s.f.* 1 qualidade do que é firme; solidez 2 decisão, determinação 3 qualidade do que é firme; inabalabilidade

fis.cal *s.m.* 1 referente ao fisco 2 pessoa encarregada de verificar o desenvolvimento e a correção de algo 3 funcionário do fisco ou da alfândega

fis.ca.li.za.ção *s.f.* 1 ação ou resultado de fiscalizar 2 proteção da fazenda estatal

fis.ca.li.zar *v.t.* 1 zelar pelo fisco 2 verificar a correção e o desenvolvimento de uma atividade

fi.si.cis.mo *s.m.* FILOS teoria que busca explicar tudo pelas leis da física

fis.co *s.m.* 1 espécie de cesto onde se colocavam os tributos recolhidos 2 ECON administração do patrimônio público 3 ECON patrimônio público, os bens da nação

fis.ga *s.f.* objeto com ponta muito aguda e curvada para o interior; anzol

fis.ga.da *s.f.* 1 golpe desferido com a fisga 2 dor muito aguda e repentina; pontada 3 *fig.* sarcasmo, crítica

fis.gar *v.t.* 1 ferir com fisga ou objeto semelhante 2 segurar, prender

física

fí.si.ca *s.f.* FÍS ciência que se dedica ao estudo da constituição e das propriedades dos corpos para elaboração de princípios gerais

fí.si.co *adj.* **1** referente a física • *s.m.* **2** constituição física de uma pessoa, aparência **3** especialista em física **4** *desus.* médico clínico que não faz cirurgias

fi.si.o.gra.fi.a *s.f.* GEOG descrição dos fenômenos da natureza

fi.si.o.lo.gi.a *s.f.* BIOL ciência que estuda as funções e os processos vitais dos organismos

fi.si.o.no.mi.a *s.f.* **1** conjunto de traços característicos de uma pessoa; rosto, cara **2** aparência, semblante

fi.si.o.nô.mi.co *adj.* referente a fisionomia

fi.si.o.no.mis.ta *adj.* **1** conhecedor do caráter de alguém pelos traços físicos **2** pessoa que possui facilidade na memorização de fisionomias

fi.si.o.te.ra.pi.a *s.f.* MED procedimento que se utiliza dos meios físicos para tratamento ou correção de enfermidades

fis.são *s.f.* **1** separação de uma coisa de outra **2** FÍS fragmentação do átomo que libera energia nuclear

fis.sil *adj.2g.* passível de sofrer fissura

fis.sí.pe.de *adj.2g.* ZOOL diz-se de animal dotado de pés fendidos

fis.su.ra *s.f.* **1** desvão, fenda **2** MED incisão, corte

fís.tu.la *s.f.* **1** MED úlcera que muitas vezes leva a um órgão interno do corpo **2** *pop.* indivíduo de má índole, vil; canalha

fi.ta *s.f.* **1** faixa de pano, tecido ou outro material **2** *por ext.* tudo o que tem a forma de tira **3** *por ext.* tudo o que serve para amarrar ou fixar, tendo a forma alongada e estreita **4** adorno, enfeite, adereço **5** película magnetizada para gravação de sons e/ou imagens

fi.tar *v.t.* **1** olhar de modo fixo e atento **2** focar a atenção

fi.tei.ro /ê/ *s.m.* **1** local onde são guardadas as fitas • *adj.* **2** *bras.* pessoa que gosta de se mostrar, de se exibir

fi.ti.lho *s.m.* fita estreita para amarrar embalagens ou pacotes

fi.to *s.m.* **1** meta, objetivo • *adj.* **2** firme, imóvel

fi.tó.fa.go *adj. s.m.* que se alimenta de vegetais; vegetariano

fi.to.ge.ni.a *s.f.* BOT processo de evolução, de desenvolvimento de um vegetal

fi.to.ge.o.gra.fi.a *s.f.* BOT estudo da distribuição das plantas pelas várias partes do globo

fi.to.gra.fi.a *s.f.* BOT parte da botânica que se preocupa em descrever as plantas, os vegetais

fi.to.lo.gi.a *s.f.* BOT ciência que estuda as plantas

fi.to.plânc.ton *s.m.* BIOL agrupamento de plantas marinhas ou aquáticas que ficam na superfície das águas

fi.to.te.ra.pi.a *s.f.* MED tratamento de moléstias pela utilização de plantas

fi.ú.za *s.f.* crédito que se deposita em algo ou alguém; confiança

fi.ve.la /é/ *s.f.* **1** utensílio de metal com pequeno pino para se prender a algo, geralmente uma correia **2** presilha

fi.xa.ção /ks/ *s.f.* **1** ação ou efeito de fixar alguma coisa, de tornar estável **2** *por ext.* ato de fixar data para vencimento **3** atração extrema

fi.xa.dor /ks...ô/ *s.m.* **1** substância que se usa para firmar um penteado • *adj.* **2** que fixa; que torna imóvel

fi.xar /ks/ *v.t.* **1** fazer com que fique fixo, estável **2** prender, cravar, segurar **3** determinar, estabelecer

fi.xo /ks/ *adj.* que sofreu processo de fixação

flã *s.m.* CUL espécie de pudim com calda caramelada

fla.be.lo /é/ *s.m.* **1** leque, ventarola **2** grande leque de plumas usado para abanar algum dignitário **3** *por ext.* folha de palmeira

fla.ci.dez /ê/ *s.f.* **1** ausência de resistência; moleza **2** suavidade, maciez

flá.ci.do *adj.* **1** que apresenta flacidez; mole **2** macio, suave **3** *fig.* preguiçoso, lânguido

fla.ge.la.ção *s.f.* **1** castigo corporal a que eram submetidos os condenados e criminosos em Roma **2** surra com flagelo

fla.ge.la.do *adj.* **1** açoitado por flagelo **2** acometido por calamidade, desgraça

fla.ge.lar *v.t.* castigar usando o flagelo; surrar

fla.ge.lo /é/ *s.m.* **1** espécie de chicote com várias talas **2** *por ext.* castigo físico; tortura **3** *por ext.* calamidade, desgraça **4** BIOL tentáculo de determinados moluscos **5** BIOL filamento móvel para locomoção de alguns seres vivos e de certas células

fla.grân.cia *s.f.* exalação perfumosa

fla.gran.te *adj.2g.* ato registrado no momento em que está sendo praticado

fla.grar *v.i.* **1** registrar ou presenciar ato no momento em que está sendo praticado; deflagrar **2** incendiar, arder, queimar

fla.ma *s.f.* **1** chama, labareda **2** *fig.* energia, ânimo, vivacidade

fla.man.te *adj.2g.* **1** que lança flamas; flamejante **2** *por ext.* que resplandece, que brilha

fla.me.jar *v.i.* **1** lançar labaredas, flamas **2** resplandecer, brilhar

fla.men.co *s.m.* tipo de dança espanhola de origem cigana

fla.men.go *adj. gent.* **1** que ou aquele que é natural de Flandres • *s.m.* **2** ZOOL ave pernalta de penas vermelhas; flamingo

fla.min.go *s.m.* ZOOL ave palmípede e pernalta de pescoço longo e plumagem rosada

flâ.mu.la *s.f.* **1** pequena bandeira que encima os mastros de embarcações **2** *por ext.* estandarte **3** *por ext.* distintivo de clubes ou associações

fla.nar *v.i.* caminhar, andar sem rumo determinado

flan.co *s.m.* margem, lado

fla.ne.la /é/ *s.f.* tipo de tecido de lã muito utilizado para roupas de frio e também na limpeza e no lustro de móveis, utensílios etc.

flan.que.ar *v.t.* **1** montar defesa nos flancos de fortaleza, cidade ou exército **2** atacar pelos lados, pelos flancos **3** cercar pelos lados

flash *s.m.* clarão produzido por luz fotográfica

flash.back *s.m.* lembrança de fatos passados

fla.to *s.m.* **1** gás intestinal; flatulência **2** desejo forte; anseio

fla.tu.lên.cia *s.f.* **1** acúmulo de gases intestinais **2** *fig.* vaidade, orgulho

fla.tu.len.to *adj.* que expele muitos flatos

flau.ta *s.f.* MÚS instrumento de sopro em forma de tubo e com orifícios por onde se escapa o sopro

flau.te.ar *v.i.* **1** fazer a flauta soar **2** *bras.* viver de maneira cômoda, sem trabalhar; vadiar

flúor

flau.tim *s.m.* MÚS instrumento de sopro menor e mais fino que a flauta

flau.tis.ta *adj.2g.* **1** músico que toca flauta **2** *bras.* que não tem ocupação, que não trabalha

flé.bil *adj.2g.* **1** que chora, lamenta; lamuriento, triste **2** fraco, débil

fle.bi.te *s.f.* MED inflamação de veia

fle.cha /é/ *s.f.* **1** objeto com ponta de arremesso; dardo **2** ponta de construções góticas **3** *fig.* agilidade, rapidez **4** *fig.* indireta, crítica

fle.char *v.t.* **1** atacar com flecha **2** atingir com flecha

fle.chei.ro /ê/ *s.m.* soldado ou guerreiro armado de arco e flecha

fleg.ma /ê/ *s.f.* **1** um dos quatro humores da antiga medicina **2** apatia, indiferença

fleg.mão *s.m.* MED inflamação do tecido entre os órgãos, com formação posterior de tumor

fleg.má.ti.co *adj.* **1** referente a flegma; fleumático **2** tranquilo, despreocupado

flei.mão *s.m.* m.q. flegmão

fle.tir *v.t.* vincar, curvar

fleu.ma *s.f.* m.q. flegma

fleu.má.ti.co *adj.* m.q. flegmático

fle.xão /ks/ *s.f.* **1** ação ou resultado de flexionar **2** GRAM variação das terminações de uma palavra para indicar gênero, número, grau e pessoa **3** exercício físico em que se levanta e abaixa o corpo, que está na horizontal, apoiando-se nas palmas das mãos e nas pontas dos pés

fle.xi.bi.li.da.de /ks/ *s.f.* **1** capacidade de se curvar, de fletir, de dobrar **2** adaptabilidade, versatilidade

fle.xi.bi.li.zar /ks/ *v.t.* tornar flexível

fle.xi.o.nar /ks/ *v.t.* **1** causar flexão, curvatura **2** GRAM aplicar flexões às palavras para indicar gênero, número, grau e pessoa

fle.xí.vel /ks/ *adj.2g.* passível de sofrer curvatura; dobrável

fle.xu.o.so /ks..ô/ *adj.* **1** cheio de ondas, sinuoso **2** torcido, tortuoso

flo.co /ó/ *s.m.* porção de filamentos leves e inconsistentes; froco

fló.cu.lo *s.m.* floco pequeno

flor /ô/ *s.f.* **1** BOT órgão reprodutor de plantas angiospermas **2** BOT parte do vegetal com cores e perfumes variados **3** *fig.* pessoa bonita **4** *fig.* a parte melhor de algo

flo.ra /ó/ *s.f.* **1** BOT o conjunto de vegetais próprios de uma determinada região **2** a vida vegetal como um todo

flo.ra.ção *s.f.* BOT desenvolvimento de flores por um vegetal

flo.ra.da *s.f.* **1** grande quantidade de flores **2** m.q. floração

flor-de-lis *s.f.* BOT planta da família das amarilidáceas, de flores vermelhas e com propriedades medicinais

flo.ral *adj.2g.* referente a flor; cheio de flores

flo.rão *s.m.* **1** BOT conjunto de flores que dá a impressão de ser uma única flor **2** ARQUIT adorno arquitetônico que lembra uma flor **3** *fig.* o que há de melhor em uma classe

flo.re.a.do *adj.* **1** cheio de flor; que contém flores **2** ornamentado, enfeitado • *s.m.* **3** enfeite, debrum **4** MÚS variações musicais em torno de uma melodia básica

flo.re.ar *v.t.* **1** produzir flores **2** enfeitar com flores **3** *fig.* ornamentar, adornar **4** *fig.* fazer floreios para se exibir

flo.rei.o /ê/ *s.m.* **1** destreza na execução de uma atividade **2** exibição dessa destreza **3** MÚS floreado, ornamento

flo.rei.ra /ê/ *s.f.* **1** receptáculo próprio para flores **2** pessoa que comercia ou fabrica flores artificiais

flo.ren.ti.no *adj.* **1** referente a Florença • *s.m.* **2** natural ou habitante de Florença

flo.reo *adj.* **1** coberto de flores; florido **2** *fig.* de aspecto belo, viçoso

flo.res.cên.cia *s.f.* **1** BOT momento de maturação de uma flor **2** BOT época em que as flores desabrocham **3** *fig.* pleno desenvolvimento de alguma coisa

flo.res.cen.te *adj.* **1** que está florescendo, desenvolvendo flores **2** *fig.* que está em desenvolvimento

flo.res.cer *v.i.* **1** encher-se de flores; dar flores **2** *fig.* desenvolver, desabrochar

flo.res.ta /é/ *s.f.* conjunto grande e denso de árvores

flo.res.tal *adj.2g.* referente a floresta

flo.re.te /ê/ *s.m.* espécie de espada própria para a prática de esgrima

flo.ri.a.no.po.li.ta.no *adj.* **1** relativo a Florianópolis, capital do Estado de Santa Catarina **2** natural ou habitante de Florianópolis

flo.ri.cul.tor /ô/ *adj. s.m.* **1** pessoa que se dedica à floricultura **2** pessoa que dirige uma floricultura

flo.ri.cul.tu.ra *s.f.* cultura, cultivo de flores

flo.ri.do *adj.* cheio de flores; que contém muitas flores

fló.ri.do *adj.* **1** m.q. florido **2** *fig.* brilhante, distinto, elegante

flo.rí.fe.ro *adj.* que pode produzir flores

flo.ri.lé.gio *s.m.* **1** coleção de flores **2** *fig.* seleção de trechos literários; antologia

flo.rim *s.m.* **1** antiga moeda de Florença, na Itália **2** moeda holandesa

flo.rir *v.i.* **1** desenvolver flores, produzir flores ○ *v.t.* **2** enfeitar com flores **3** *fig.* enfeitar, ornamentar

flo.ris.ta *s.2g.* **1** pessoa que faz flores artificiais **2** artista especialista em pintura de flores **3** comerciante de flores; pessoa que dirige uma floricultura **4** menina escolhida para jogar flores pelo tapete onde passará a noiva no cortejo de casamento

flo.ti.lha *s.f.* esquadra com poucas embarcações

flu.ên.cia *s.f.* **1** qualidade daquilo que flui, que se desenvolve facilmente; fluidez **2** facilidade de expressão oral

flu.en.te *adj.2g.* **1** que flui, que corre; corrente **2** *fig.* que flui de forma fácil, natural, espontânea

flui.dez /ê/ *s.f.* m.q. fluência

flui.di.fi.car *v.t.* tornar fluido, líquido

flui.do *s.m.* **1** substância em estado gasoso ou líquido **2** substância inflamável utilizada em isqueiros • *adj.* **3** que flui sem dificuldades; espontâneo

flu.ir *v.t.* **1** correr, escorrer **2** provir de; derivar **3** desenvolver-se, desenrolar com facilidade

flu.mi.nen.se *adj.* **1** natural ou habitante do Estado do Rio **2** referente ao Estado do Rio de Janeiro

flú.or *s.m.* QUÍM elemento químico utilizado em tratamentos odontológicos

fluor

flu.or /ô/ *s.m. desus.* m.q. fluidez

flu.o.res.cên.cia *s.f.* FÍS tipo de iluminação emitida por determinados corpos quando expostos à ação da luz ou a raios ultravioleta

flu.o.res.cen.te *adj.2g.* que possui fluorescência

flu.tu.a.ção *s.f.* **1** ação ou efeito de se manter sobre uma superfície líquida **2** *fig.* dúvida, incerteza **3** oscilação, variação

flu.tu.a.dor /ô/ *s.m.* **1** que flutua **2** dispositivo que permite que um navio, nadador ou hidroavião fique na superfície aquática

flu.tu.an.te *adj.2g.* **1** que se mantém na superfície das águas **2** oscilante, flutuante **3** *fig.* duvidoso, vacilante

flu.tu.ar *v.i.* **1** não ter certeza, vacilar **2** ficar sobre a superfície das águas

flu.vi.al *adj.2g.* referente a rio

flu.vi.ô.me.tro *s.m.* instrumento para medição das águas fluviais

flu.xão /ks/ *s.f.* MED congestão de líquido no organismo

flu.xí.vel /ks/ *adj.2g.* **1** MED em que pode ocorrer fluxão **2** passageiro, transitório, efêmero

flu.xo /ks/ *s.m.* **1** movimento contínuo e ininterrupto de algo **2** instabilidade das águas **3** MED movimentos dos fluidos corporais

fo.bi.a *s.f.* PSICOL nome genérico que designa aversão ou medo mórbido de algo

fó.bi.co *adj.* relativo a fobia

fo.ca /ó/ *s.f.* **1** ZOOL mamífero anfíbio e carnívoro encontrado em regiões marinhas frias ◯ *s.2g.* **2** *pop.* jornalista novato

fo.ca.li.zar *v.t.* m.q. focar

fo.car *v.t.* **1** FÍS pôr sob ação luminosa de foco **2** FÍS regular o foco de um aparelho **3** observar com atenção, detidamente **4** *fig.* colocar certo assunto em foco

fo.ci.nhar *v.t.* **1** cheirar ou escavar com o focinho ◯ *v.i.* **2** tombar com o rosto no chão

fo.ci.nhei.ra /ê/ *s.f.* **1** m.q. focinho **2** correia que se coloca no focinho dos animais

fo.ci.nho *s.m.* **1** saliência formada pelas ventas e pela mandíbula na parte frontal da cabeça de alguns animais **2** *pejor.* face, rosto

fo.ci.nhu.do *adj.* que apresenta focinho grande, saliente

fo.co /ó/ *s.m.* **1** FÍS ponto que emite luz **2** FÍS ponto que emana raios luminosos **3** lugar mais quente de uma fornalha **4** ponto mais importante de algo **5** objetivo, meta

fo.fo /ô/ *adj.* **1** cheio, macio, agradável ao tato **2** *pop.* gordo, balofo **3** encantador, bonito

fo.ga.ça *s.f.* CUL tipo de bolo ou pão doce

fo.ga.cho *s.m.* **1** chama, labareda **2** fogueira, fogaréu **3** *fig.* calor, quentura

fo.ga.gem *s.f. pop.* erupção que ocorre na pele dos lábios

fo.gão *s.m.* **1** fogo grande **2** aparelho doméstico utilizado para cozinhar ou esquentar alimentos

fo.ga.rei.ro /ê/ *s.m.* fogão pequeno e de fácil transporte

fo.ga.réu *s.m.* **1** grande quantidade de fogo, de chamas; incêndio **2** fogueira grande **3** *desus.* candeeiro

fo.go /ô/ *s.m.* **1** combustão que emite luz e calor **2** luz e calor provenientes dessa combustão **3** fogão, lareira **4** *fig.* vivacidade, ânimo **5** *fig.* estímulo sexual **6** ataque de armas explosivas

fo.go.so /ô/ *adj.* **1** cheio de fogo **2** vivaz, animado

fo.guei.ra /ê/ *s.f.* **1** madeira que se empilha e queima, principalmente em festas juninas **2** situação complicada; dificuldade

fo.gue.ta.da *s.f.* grande quantidade de foguetes

fo.gue.te /ê/ *s.m.* **1** artefato pirotécnico que estoura com muito barulho; rojão **2** tipo de veículo espacial **3** *bras.* pessoa agitada, inquieta

fo.gue.tei.ro /ê/ *s.m.* fabricante de fogos de artifício

fo.gue.tó.rio *s.m.* lançamento simultâneo de vários foguetes

fo.guis.ta *s.2g.* operário que cuida das fornalhas nas máquinas a vapor

foi.ça.da *s.f.* **1** grande quantidade de foices **2** golpe desferido com foice

foi.çar *v.t.* ceifar; cortar com foice

foi.ce /ó/ *s.f.* espécie de faca de lâmina recurvada; ceifadora

fo.jo /ô/ *s.m.* **1** armadilha para animais ferozes que consiste em um buraco profundo disfarçado com ramos e galhos **2** cavidade profunda na terra; caverna, gruta

fol.clo.re /ó/ *s.m.* **1** conjunto de manifestações de cultura popular de um determinado povo **2** crendice, lenda

fo.le /ó/ *s.m.* **1** aparelho que se usa para soprar fogo **2** *fig.* pulmões

fô.le.go *s.m.* **1** respiração **2** interrupção de uma atividade para descanso

fol.ga /ó/ *s.f.* pausa para descanso

fol.ga.do *adj.* **1** descansado **2** que não está apertado; largo **3** sem problemas monetários, financeiros **4** que abusa da boa vontade; atrevido

fol.gan.ça *s.f.* **1** ato de descansar; folga, descanso **2** ato de entregar-se ao divertimento

fol.gar *v.t.* **1** ter descanso, folga ◯ *v.i.* **2** divertir-se, descansar **3** aproveitar da boa vontade alheia; abusar

fol.ga.zão *s.m.* pessoa brincalhona, que tem gosto por festas e divertimentos

fol.gue.do /ê/ *s.m.* **1** alegria, divertimento **2** dança ou festa popular

fo.lha /ô/ *s.f.* **1** BOT parte do vegetal que se desprende da lateral do caule **2** porção retangular e fina de papel, de metal **3** parte que constitui as páginas de livros, jornais, documentos etc. **4** lâmina de utensílios de corte ■ **folha de flandres** folha metálica coberta de estanho

fo.lha.do *s.m.* **1** massa aberta em folhas **2** CUL nome de doces feitos de várias camadas ou folhas

fo.lha.gem *s.f.* **1** conjunto das folhas de uma planta; ramagem **2** planta com muitas folhas para fins ornamentais

fo.lhar *v.t.* **1** desenvolver folhas; ficar cheio de folhas **2** enfeitar com folhas, com ramos

fo.lha.ra.da *s.f.* muitas folhas; grande quantidade de folhas

fo.lhe.a.do *adj.* **1** cheio de folhas, de ramos **2** que tem aspecto semelhante a uma folha **3** diz-se de livro ou publicação impressa que não se leu, mas que apenas se conferiu rapidamente, passando os olhos

fo.lhe.ar *v.t.* **1** passar rapidamente as folhas de um livro, de uma revista etc. **2** prover de folhas **3** revestir com lâminas de metal **4** banhar de metal (joia)

fo.lhe.tim *s.m.* texto literário publicado aos poucos em jornais diários ou revistas

fo.lhe.ti.nes.co /ê/ *adj.* **1** relativo a folhetim **2** *pejor.* que tem pouco valor

fo.lhe.ti.nis.ta *adj.2g.* autor de folhetins

fo.lhe.to /ê/ *s.m.* **1** escrito pequeno **2** livro que contém poucas páginas

fo.li.nha *s.f.* **1** folha pequena **2** calendário impresso cujas folhas podem ser destacáveis

fo.lho.so /ô/ *adj.* cheio de folhas; coberto de folhas

fo.lhu.do *adj.* com muitas folhas juntas; folhoso

fo.li.a *s.f.* divertimento, farra

fo.li.a.ção *s.f.* **1** BOT período de aparecimento das folhas nas plantas **2** BOT disposição das folhas no caule **3** ação de passar as páginas de um livro ou outra publicação **4** leitura não muito aprofundada de algo

fo.li.á.ceo *adj.* **1** referente à folha **2** que tem a aparência de uma folha

fo.li.ão *adj. s.m.* **1** que gosta de folias, de festas **2** divertido, engraçado

fo.li.ar *v.i.* **1** participar de festas, de folias **2** alegrar-se, divertir-se

fo.lí.cu.lo *s.m.* **1** pequeno fole **2** MED estrutura orgânica em forma de saco

fó.lio *s.m.* **1** registro numerado por folhas **2** livro impresso in-fólio

fo.lío.lo *s.m.* BOT pequena folha

fo.me *s.f.* **1** sensação ocasionada pela falta de alimentação **2** *fig.* desejo imenso de algo; gana **3** pobreza, miséria

fo.men.ta.ção *s.f.* ação ou efeito de fomentar

fo.men.ta.dor /ô/ *s.m.* **1** pessoa que fomenta algo • *adj.* **2** que instiga, que incita

fo.men.tar *v.t.* **1** promover o crescimento; incitar, estimular **2** aplicar friccionando unguentos em certos locais do corpo

fo.men.to *adj.* **1** *desus.* que tem muita fome; faminto • *s.m.* **2** unguento ou óleo quente para aliviar dores **3** *fig.* alívio, consolo **4** apoio, ajuda

fo.na.ção *s.f.* GRAM produção de qualquer tipo de som; produção vocálica

fo.na.dor /ô/ *adj.* que produz os sons da fala

fo.ne *s.m.* peça do aparelho telefônico que se usa para falar e ouvir o interlocutor

fo.ne.ma *s.m.* GRAM menor unidade distintiva capaz de estabelecer a diferença entre duas palavras

fo.né.ti.ca *s.f.* GRAM área da gramática que se dedica ao estudo dos sons da fala de uma língua

fo.ne.ti.cis.ta *s.2g.* especialista nos sons de uma língua

fo.né.ti.co *adj.* relativo a fonética

fô.ni.co *adj.* referente ao som da fala ou ao sinal gráfico que o representa

fo.no.gra.fi.a *s.f.* FÍS representação dos sons em gráficos

fo.nó.gra.fo *s.m.* aparelho reprodutor de sons gravados em discos

fo.no.gra.ma *s.m.* **1** telegrama transmitido via telefone **2** representação gráfica de um som

fo.no.lo.gi.a *s.f.* GRAM estudo da função dos sons de uma língua, do seu sistema de fonemas

fo.no.te.ca /é/ *s.f.* **1** coleção de documentos fonográficos **2** lugar onde se arquiva essa coleção

fon.tal *adj.2g.* referente à fonte

fon.ta.ne.la /é/ *s.f.* ANAT parte não ossificada do crânio do recém-nascido; moleira

fon.te *s.f.* **1** nascente de um rio; olho-d'água **2** chafariz **3** origem de algo **4** MED ferimento aberto por cautério **5** ANAT parte lateral da cabeça que forma as têmporas **6** conjunto de caracteres tipográficos de um mesmo estilo

fo.ra /ó/ *adv.* **1** a parte externa, não interna • *interj.* **2** exprime ordem para sair • *prep.* **3** exceto, com exceção de

fo.ra.gi.do *adj. s.m.* **1** fugitivo **2** criminoso que se esconde em lugar distante para escapar de ação judicial

fo.ra.gir-se *v.pron.* fugir da polícia, da justiça

fo.ras.tei.ro /ê/ *adj. s.m.* pessoa que vem de outro lugar; estrangeiro

for.ca /ô/ *s.f.* **1** instrumento utilizado para execução de condenado por estrangulamento **2** jogo de adivinhar uma palavra por tentativa conforme as letras que a constituem, e que a cada erro se desenha uma parte do corpo do enforcado na forca

for.ça /ô/ *s.f.* **1** vigor físico **2** energia, robustez **3** violência, rispidez **4** impulso, incitamento

for.ca.do *s.m.* instrumento agrícola parecido com um garfo e que é usado para revolver folhas, terras ou palhas

for.ça.do *adj.* **1** obrigado, compelido **2** fingido, não espontâneo

for.çar *v.t.* **1** aplicar força a alguma coisa **2** obrigar, impelir **3** fingir, agir falsamente

for.ce.jar *v.t.* imprimir força; forçar

for.ce.jo /ê/ *s.m.* ato ou resultado de forcejar

fór.ceps *s.m.2n.* instrumento obstétrico utilizado para facilitar a saída do feto durante o parto, quando há dificuldade de contração uterina

for.ço.so /ô/ *adj.* **1** cheio de força, que tem muita força; vigoroso **2** obrigatório, não opcional

for.çu.do *adj.* forte, cheio de força

for.ren.se *adj.* referente a foro

for.ja /ó/ *s.f.* **1** oficina onde trabalha o ferreiro **2** conjunto de ferramentas utilizadas pelo ferreiro

for.ja.dor /ô/ *adj. s.m.* **1** indivíduo que trabalha na forja **2** *fig.* pessoa que inventa; mentiroso

for.jar *v.t.* **1** ação de trabalhar o ferro e outros metais na forja **2** fabricar, fraguar **3** *fig.* inventar, mentir

for.ji.car / *v.t.* forjar, falsificar

for.ma /ô/ *s.f.* **1** modelo, molde para a fabricação de objetos; fôrma **2** recipiente usado para assar bolos, tortas etc.

for.ma /ó/ *s.f.* **1** configuração externa que distingue dois objetos, dois seres **2** maneira, modo

for.ma.ção *s.f.* **1** ação ou resultado de formar; constituição, desenvolvimento de algo **2** maneira pela qual se constitui uma personalidade, um caráter, uma mentalidade **3** conjunto dos elementos formadores de um corpo **4** EXÉRC disposição de tropa militar **5** grau de escolaridade de uma pessoa

for.ma.do *adj.* **1** que se formou; feito, constituído **2** que recebeu diploma; graduado

formador

for.ma.dor /ô/ *adj.* **1** que dá forma a algo **2** que constitui; que contribui para o desenvolvimento **3** que cria, fabrica, desenvolve **4** organizador **5** instrutor, professor, mestre

for.mal *adj.2g.* **1** referente a forma **2** claro, evidente **3** convencional, solene, oficial

for.ma.li.da.de *s.f.* **1** convencionalidade, norma de conduta **2** modo de execução de atividades públicas **3** conformidade a certas regras sociais; etiqueta

for.ma.lis.mo *s.m.* **1** característica do que é formal **2** *pejor.* excesso de rigor formal **3** FILOS doutrina segundo a qual as verdades científicas são puramente formais e repousam nas convenções

for.ma.lis.ta *adj.2g.* **1** seguidor do formalismo **2** que se prende a convenções tradicionais; tradicionalista

for.ma.li.za.ção *s.f.* ação ou efeito de formalizar

for.ma.li.zar *v.t.* **1** fazer com que algo entre na forma adequada ou desejada **2** tornar algo formal, oficial ○ *v.pron.* **3** endireitar-se, empertigar-se

for.ma.mi.da *s.f.* QUÍM amida derivada do ácido fórmico

for.mão *s.m.* **1** espécie de instrumento de carpintaria de ferro e ponta achatada de aço **2** instrumento que possui fio de corte

for.mar *v.t.* **1** dar forma a algo **2** criar segundo um modelo; modelar **3** criar a própria maneira de expressão **4** prover alguém de conhecimentos necessários para um trabalho ou ofício ○ *v.pron.* **5** concluir algum curso; graduar-se **6** educar-se, instruir-se

for.ma.ti.vo *adj.* que forma algo

for.ma.to *s.m.* **1** forma, feitio **2** aspecto, aparência exterior **3** tamanho, dimensão

for.ma.tu.ra *s.f.* **1** ato ou efeito de formar **2** disposição de tropas **3** término de algum curso **4** festividade para comemorar esse término

for.mi.a.to *s.m.* QUÍM sal que se origina da combinação do ácido fórmico com uma base

for.mi.ca *s.f.* MED inflamação cutânea; cobreiro

fór.mi.ca *s.f.* placa laminada para revestimento de móveis

for.mi.ci.da *s.m.* substância usada para o extermínio de formigas

for.mi.ga *s.f.* **1** ZOOL pequeno inseto que vive em sociedade, dotado de cabeça volumosa e provido de mandíbulas fortes **2** *fig.* pessoa que adora doces

for.mi.ga.men.to *s.m.* **1** sensação de calor e pequenas picadas na pele em decorrência de má circulação sanguínea **2** prurido, coceira

for.mi.gão *s.m.* **1** formiga de grandes proporções **2** *pop.* seminarista **3** mistura usada em construções, formada de cascalho, cal e cimento

for.mi.gar *v.i.* **1** sentir formigamento **2** economizar algo para gasto posterior ○ *v.t.* **3** existir ou ter em abundância

for.mi.guei.ro *s.m.* **1** local onde vivem as formigas **2** *fig.* lugar de intenso trânsito de pessoas

for.mol /ó/ *s.m.* QUÍM solução de aldeído fórmico, usada como desinfetante e antisséptico

for.mo.so /ô/ *adj.* que possui formosura; belo, lindo

for.mo.su.ra *s.f.* qualidade de quem é muito belo de feições; beleza

fór.mu.la *s.f.* **1** princípio, regra, preceito **2** prescrição, receita médica **3** frase feita; adágio

for.mu.la.ção *s.f.* ação ou resultado de formular

for.mu.lar *v.t.* **1** colocar em fórmula; reduzir à fórmula **2** expressar algo; manifestar **3** oferecer receita médica; prescrever

for.mu.lá.rio *s.m.* **1** modelo impresso para requisição de informações **2** conjunto de fórmulas jurídicas, religiosas ou científicas

for.na.da *s.f.* quantidade de alimento que um forno pode assar de uma só vez, principalmente pães

for.na.lha *s.f.* **1** forno de grandes proporções **2** forno movido a vapor de locomotivas

for.ne.ce.dor /ô/ *adj.* e *s.m.* pessoa que fornece algo, que prove de algo; abastecedor

for.ne.cer /ê/ *v.t.* dar, prover

for.ne.ci.men.to *s.m.* ação ou resultado de fornecer, de prover; abastecimento

for.nei.ro /ê/ *s.m.* **1** proprietário de forno **2** pessoa que cuida do forno **3** ZOOL m.q. joão-de-barro

for.ni.ca.ção *s.f.* **1** prática de relações sexuais **2** *fig.* amolação, incômodo

for.ni.car *v.t.* **1** ter relações sexuais **2** *fig.* aborrecer, amolar

for.ni.do *adj.* **1** que foi fornecido; abastecido **2** robusto, dotado

for.ni.lho *s.m.* **1** forno de pequenas proporções **2** parte bojuda do cachimbo onde se queima o tabaco **3** crisol **4** mina explosiva

for.nir *v.t.* prover de alguma coisa; abastecer

for.no /ô/ *s.m.* **1** construção de tijolo ou barro para assar alguma coisa **2** *por ext.* compartimento aquecido utilizado para a mesma finalidade **3** *pop.* lugar muito quente

fo.ro /ó ou ô/ *s.m.* **1** HIST lugar público fora da cidade onde em outros tempos se aplicava a justiça **2** *por ext.* reunião dos tribunais e cartórios de justiça **3** imposto pago sobre imóvel **4** privilégio, lei ou direito estabelecido por carta foral ou por direito consuetudinário **5** jurisdição, alçada

for.que.ta /ê/ *s.f.* forquilha

for.qui.lha *s.f.* pau ou tronco bifurcado

for.ra.do *adj.* **1** envolvido, coberto com forro • *s.m.* **2** diz-se de escravo alforriado

for.ra.dor /ô/ *adj.* e *s.m.* pessoa que coloca forro

for.ra.gei.ro /ê/ *adj.* **1** referente a forragem • *s.m.* **2** pessoa que trabalha com forragem

for.ra.gem *s.f.* qualquer planta utilizada como alimento para o gado

for.rar *v.t.* **1** colocar ou revestir com forro **2** *desus.* alforriar o escravo **3** tornar livre

for.re.ta /ê/ *s.2g.* indivíduo muito apegado ao dinheiro; sovina

for.ro /ô/ *adj.* **1** alforriado **2** *por ext.* livre, em liberdade • *s.m.* **3** material que serve para revestir algo

for.ro.bo.dó *s.m.* **1** *pop.* conflito, briga, bagunça **2** *pop.* festa muito animada, farra

for.ta.le.ce.dor /ô/ *adj.* que fortalece

for.ta.le.cer /ê/ *v.t.* e *v.pron.* **1** tornar mais forte, robusto **2** dar forças, ânimo

for.ta.le.ci.do *adj.* fortificado, revigorado

for.ta.le.ci.men.to *s.m.* **1** ação ou efeito de fortalecer **2** revigoramento, fortificação

for.ta.le.za /ê/ *s.f.* **1** construção fortificada para proteção contra ataques externos **2** *fig.* qualidade do que é forte

for.te /ó/ *adj.2g.* **1** que tem força; resistente, vigoroso **2** corajoso, bravo • *s.m.* **3** EXÉRC construção fortificada para proteção contra ataques externos; fortaleza

for.ti.dão *s.f.* qualidade do que é forte, resistente

for.ti.fi.ca.ção *s.f.* fortaleza, forte

for.ti.fi.can.te *adj.2g. s.m.* **1** que fortalece **2** FARM medicamento para dar forças ao organismo

for.ti.fi.car *v.t.* **1** tornar ou ficar forte, resistente **2** ficar ou tornar invencível

for.tim *s.m.* forte de pequenas proporções

for.tui.to *adj.* que não estava planejado; imprevisto; que não se esperava

for.tu.na *s.f.* **1** sorte, dita **2** risco, perigo **3** riqueza, posse material

fó.rum *s.m.* m.q. foro

fos.co /ô/ *adj.* desprovido de brilho; embaçado

fos.fa.ta.do *adj.* que contém fosfato

fos.fa.to *s.m.* QUÍM sal resultante da combinação do ácido fosfórico com uma base

fos.fo.res.cên.cia *s.f.* qualidade daquilo que é fosforescente

fos.fo.res.cen.te *adj.2g.* que emite luz no escuro

fos.fo.res.cer /ê/ *v.i.* emitir luz em ambiente escuro

fos.fó.ri.co *adj.* **1** referente a fósforo **2** que contém fósforo **3** que emite luz como o fósforo

fós.fo.ro *s.m.* **1** QUÍM elemento químico luminoso na obscuridade e com característica combustível, produzindo chamas azuis **2** palito munido de um preparado químico em que há fósforo e que produz fogo pela fricção **3** *pop.* pessoa insignificante, sem importância

fos.sa /ó/ *s.f.* **1** cavidade ou buraco grande **2** *desus.* lugar para se enterrar pessoa morta; sepultura **3** ANAT cavidade natural do corpo humano

fos.sar *v.t.* **1** abrir fossa, buraco; esburacar **2** *fig.* pesquisar ou estudar com afinco **3** *fig.* intrometer-se em coisa alheia

fós.sil *adj.2g.* **1** GEOL vestígios encontrados na terra de ossos de animais, plantas etc. de tempos geológicos antigos **2** *fig.* pessoa atrasada, com ideia fora do seu tempo

fos.si.lis.mo *s.m.* tendência a gostar de coisas antiquadas

fos.si.lis.ta *adj.2g.* que tem gosto por coisas antiquadas

fos.si.li.za.ção *s.f.* **1** ação ou efeito de tornar fóssil **2** *fig.* tornar antiquado, desusado

fos.si.li.zar *v.t.* **1** transformar algo em fóssil **2** *fig.* tornar desusado, fora de moda, antiquado **O** *v.pron.* **3** *fig.* não acompanhar o progresso, ficar estancado no passado

fos.so /ô/ *s.m.* **1** fossa, buraco grande **2** escavação em torno de fortalezas e castelos para dificultar ataques inimigos

fo.to.có.pia *s.f.* reprodução de documentos, fotos etc. por meio de processos fotomecânicos

fo.to.co.pi.ar *v.t.* fazer reprodução por fotocópia

fo.to.fo.bi.a *s.f.* MED fobia, aversão mórbida à luz

fo.to.fó.bo *s.m.* MED pessoa que tem fotofobia, que tem aversão à claridade

fo.to.gê.ni.co *adj.* **1** que produz imagens pela ação da luz **2** diz-se de pessoa que sai bem em fotografias

fo.to.gra.far *v.t.* tirar fotografias; reproduzir em fotografia

fo.to.gra.fi.a *s.f.* **1** processo de reprodução de imagem por processos mecânicos **2** o resultado desse processo; retrato

fo.to.grá.fi.co *adj.* **1** referente à fotografia **2** que pode ser fotografado

fo.tó.gra.fo *s.m.* profissional que faz fotografias

fo.to.gra.ma *s.m.* cada impressão fotográfica de um filme cinematográfico

fo.tó.li.to *s.m.* silicato hidratado natural de cálcio e sódio

fo.to.li.to *s.m.* placa de metal com figura fotográfica para impressão

fo.to.te.ca /é/ *s.f.* **1** coleção de fotografias **2** lugar onde fica essa coleção

fo.to.tro.pis.mo *s.m.* BIOL mudança de direção do crescimento de uma planta em função da localização da luz solar

fo.to.me.tri.a *s.f.* FÍS campo de estudo que se dedica à medição da intensidade da luz

fo.tô.me.tro *s.m.* FÍS aparelho utilizado para medir a intensidade da luz

fo.to.mon.ta.gem *s.f.* **1** combinação de várias fotografias em uma só; fotocomposição **2** o resultado desse processo

fo.to.quí.mi.ca *s.f.* FÍS e QUÍM campo que estuda as reações químicas produzidas pela luz

fo.tos.fe.ra /é/ *s.f.* ASTRON o interior do Sol

fo.tos.sín.te.se *s.f.* BIOL processo bioquímico dos vegetais para obtenção de energia utilizando a luz solar

fo.to.te.ra.pi.a *s.f.* terapia por meio de luz ou raios solares

fo.to.tro.pi.a *s.f.* BIOL processo de mudança de cor de determinados minerais quando expostos a luz

fó.vea *s.f.* buraco grande, fossa

foz /ó/ *s.f.* **1** lugar em que um rio deságua em outro **2** estuário

fra.ca.lhão *adj. s.m.* pessoa sem coragem, fraca

fra.cas.sar *v.i.* não obter êxito, ser malsucedido

fra.cas.so *s.m.* insucesso; falta de êxito

fra.co *adj.* **1** desprovido de forças; debilitado **2** não muito firme; frouxo **3** indefeso, desprotegido

fra.de *s.m.* RELIG religioso que vive em convento; frei

fra.ga *s.f.* **1** formação rochosa; pedra **2** lugar cheio de pedras e rochas **3** m.q. morango

fra.ga.ta *s.f.* MAR navio de guerra de médio porte

frá.gil *adj.2g.* **1** desprovido de resistência física; débil **2** que se quebra facilmente

fra.gi.li.da.de *s.f.* **1** qualidade do que se quebra com facilidade **2** debilidade, fraqueza

frag.men.ta.ção *s.f.* ação ou efeito de fragmentar; divisão, repartição

frag.men.tar *v.t.* separar em pedaços, em fragmentos

frag.men.tá.rio *adj.* **1** relativo a fragmento **2** que foi dividido em fragmentos

frag.men.to *s.m.* pedaço de algo que foi quebrado, partido

fra.go.so /ô/ *adj.* cheio de pedras; rochoso

fra.gor /ó/ *s.m.* **1** som característico de coisa que se quebra **2** ruído estrondoso; estampido

fra.go.ro.so /ô/ *adj.* que produz fragor; ruidoso

fra.grân.cia *s.f.* cheiro bom, perfume

fragrante

fra.gran.te *adj.2g.* que tem fragrância; cheiroso, perfumoso

frá.gua *s.f.* **1** lugar onde trabalha o ferreiro; forja **2** *fig.* amargura, aflição

fra.jo.la */ó/ adj.2g. p.* pop. vestido com elegância; elegante

fral.da *s.f.* **1** peça feita de tecido ou material absorvente para recolher fezes e urina de crianças, idosos ou pessoas inválidas **2** parte da camisa que se coloca para dentro da calça **3** declive de uma formação rochosa

fram.bo.e.sa */ê/ s.f.* BOT fruto vermelho proveniente da framboeseira

fram.bo.e.sei.ra */ê/ s.m.* BOT árvore que dá framboesa

fram.bo.e.sei.ro */ê/ s.m.* BOT árvore que dá framboesa

fran.cês *adj.* **1** referente à França **2** natural ou habitante da França

fran.ce.sis.mo *s.m.* utilização de palavras e expressões francesas em outra língua; galicismo

fran.cis.ca.no *adj.* **1** RELIG referente à ordem de São Francisco • *s.m.* **2** RELIG religioso pertencente a essa ordem

fran.co *adj.* **1** que possui franqueza, sincero • *s.m.* **2** nome do povo germânico que invadiu a Gália setentrional (nesse caso usa-se o plural) **3** antiga moeda francesa também adotada pela Bélgica e Suíça

fran.có.fi.lo *adj. s.m.* que tem amizade pela França e seu povo

fran.có.fo.bo *adj. s.m.* que tem aversão à França e seu povo

fran.ga *s.f.* galinha nova que ainda não botou

fran.ga.lho *s.m.* trapo; roupa muito velha e rasgada

fran.go.te */ó/ s.m.* **1** frango ainda novo e pequeno **2** *fig.* moço muito novo; rapaz

fran.ja *s.f.* **1** conjunto de fios de seda, ouro ou prata que enfeitam a borda de roupa, toalha etc. **2** cabelo que cobre a testa

fran.ja.do *adj.* que possui franjas, cheio de franjas

fran.jar *v.t.* fazer franjas, enfeitar com franjas

fran.que.ar *v.t.* tornar acessível; tirar os obstáculos, os impedimentos

fran.que.za */ê/ s.f.* qualidade de quem é franco; sinceridade

fran.qui.a *s.f.* **1** isenção de encargos, impostos etc. **2** pagamento de porte nos correios **3** permissão concedida por uma empresa para o comércio ou a representação de seus bens e serviços **4** estabelecimento que funciona sob essa permissão

fran.zi.do *adj.* cheio de pregas, de rugas

fran.zi.no *adj.* **1** magro, esquelético **2** frágil, delicado

fran.zir *v.t.* **1** encher de rugas, de franzidos **2** contrair, enrugar

fra.que *s.m.* espécie de paletó aberto na frente e com longas abas na parte posterior

fra.que.ar *v.i.* m.q. fraquejar

fra.que.jar *v.i.* demonstrar fraqueza, falta de forças

fra.que.za */ê/ s.f.* **1** ausência de força, de vigor; fragilidade **2** desânimo, abatimento

fras.ca.ri.a *s.f.* grande quantidade de frascos; muitos frascos

fras.cá.rio *adj.* indecente, devasso, libertino

fras.co *s.m.* espécie de garrafa de vidro para comportar líquidos

fra.se *s.f.* GRAM construção de palavras com sentido completo

fra.se.a.do *s.m.* maneira de se expressar, de dizer por frases

fra.se.ar *v.t.* construir frases para expressar-se

fra.se.o.lo.gi.a *s.f.* **1** GRAM área que se dedica ao estudo da construção frasal **2** GRAM modo característico de construção de frases

fras.quei.ra */ê/ s.f.* **1** estojo onde se guarda maquiagem, cremes etc. **2** adega de vinhos

fra.ter.nal *adj.2g.* relativo a irmão

fra.ter.ni.da.de *s.f.* **1** relação de parentesco entre irmãos **2** sentimento de união, amizade

fra.ter.ni.zar *v.t.* pacificar, harmonizar

fra.ter.no */é/ adj.* m.q. fraternal

fra.tri.a *s.f.* subdivisão de tribos na Grécia antiga

fra.tri.ci.da *adj.2g. s.2g.* que comete assassínio contra o próprio irmão

fra.tri.cí.dio *s.m.* assassinato do próprio irmão

frau.da.dor */ô/ adj. s.m.* indivíduo que comete fraudes; embusteiro, mentiroso

frau.dar *v.t.* **1** realizar fraude contra alguém; iludir, ludibriar **2** espoliar, roubar

frau.da.tó.rio *adj.* **1** referente a fraude **2** que contém fraude

frau.de *s.f.* enganação; algo feito de má-fé

frau.du.len.to *adj.* desonesto, que se deu por meio de fraude

frau.ta *s.f.* m.q. flauta

fre.á.ti.co *adj.* diz-se dos lençóis de água subterrâneos mas rasos

fre.cha */é/ s.f.* m.q. flecha

fre.ge */é/ s.m.* **1** *pop.* bar sem categoria; botequim **2** *pop.* conflito típico desses botequins; confusão

fre.guês *s.m.* **1** pessoa que costuma fazer suas compras na mesma casa comercial; cliente **2** pessoa que frequenta uma determinada freguesia; paroquiano

fre.gue.si.a *s.f.* **1** o conjunto de pessoas de uma paróquia **2** a própria paróquia **3** o conjunto de clientes em um estabelecimento comercial

frei */é/ s.m.* RELIG religioso que habita em convento; frade, freire

frei.o */é/ s.m.* **1** qualquer peça ou dispositivo utilizado para frear um movimento **2** *por ext.* tudo aquilo que impede o movimento

frei.ra */ê/ s.f.* RELIG religiosa que habita em um convento

frei.re */ê/ s.m.* m.q. frei

frei.xo */ê/ s.m.* BOT árvore europeia de grande porte utilizada na fabricação de instrumentos musicais e para fins medicinais

fre.men.te *adj.2g.* que freme, que agita; trêmulo

fre.mir *v.i.* **1** bramir, rugir **2** *fig.* agitar-se interiormente; vibrar

frê.mi.to *s.m.* **1** estrondo, bramido **2** agitação, tremulação **3** *fig.* leve tremor; arrepio

fre.nar *v.t.* **1** frear, parar, deter **2** *fig.* reprimir

fre.ne.si *s.m.* **1** agitação intensa, vibração **2** arrebatamento dos sentidos; emoção intensa; delírio

fre.né.ti.co *adj.* possuído por frenesi

fren.te *s.f.* a parte anterior, dianteira de algo

fren.tis.ta *s.2g.* **1** trabalhador de postos de gasolina **2** pessoa que trabalha na portaria de edifícios

fre.quên.cia *s.f.* **1** qualidade daquilo que é frequente; repetição **2** assiduidade

fre.quen.ta.dor /ô/ *adj. s.m.* pessoa que é assídua em algum lugar, que visita com frequência

fre.quen.tar *v.t.* visitar com frequência, com assiduidade

fre.quen.te *adj.2g.* **1** que ocorre com frequência, que é recorrente **2** que vai com frequência a um lugar; assíduo **3** habitual, comum

fre.sa *s.f.* disco de aço dentado para o trabalho com metais

fre.sar *v.t.* desbastar ou cortar metal utilizando fresa

fres.ca /ê/ *s.f.* brisa agradável, suave

fres.co /ê/ *adj.* **1** frio mas não em demasia **2** belo, viçoso **3** que aconteceu recentemente **4** *pop.* cheio de melindres e restrições

fres.cor /ô/ *s.m.* **1** temperatura suave e agradável **2** sensação de frescura

fres.cu.ra *s.f.* **1** qualidade do que é fresco **2** *fig.* qualidade de quem ainda está jovem; mocidade **3** *pop.* qualidade de quem se ofende facilmente; melindre

fres.su.ra *s.f.* conjunto das entranhas, das vísceras de um animal

fres.ta /é/ *s.f.* pequeno desvão por onde passa ar e luz; fenda

fre.ta.men.to *s.m.* aluguel de veículo de transporte

fre.tar *v.t.* alugar veículo para transporte de carga

fre.te /é/ *s.m.* **1** aluguel de veículo de transporte **2** o pagamento por esse serviço

fre.vo /ê/ *s.m.* dança de origem africana cultivada em Pernambuco na qual os dançarinos portam sombrinhas coloridas

freu.di.a.no *adj.* relativo a Sigmund Freud e suas teorias

fri.a.gem *s.f.* **1** sopro de vento frio em função de baixa temperatura **2** doença causada por mudança brusca de temperatura

fri.al.da.de *s.f.* **1** qualidade daquilo que está frio **2** *fig.* desumanidade, indiferença

fri.á.vel *adj.2g.* **1** passível de ser reduzido a fragmentos **2** GEOL diz-se das rochas frágeis, que têm propensão a se fragmentarem

fric.ção *s.f.* ação ou resultado de friccionar; atrito

fric.cio.nar *v.t.* atritar uma coisa em outra, esfregar

fri.ei.ra /ê/ *s.f.* **1** MED infecção entre os dedos do pé por ação de fungo **2** eczema nos pés ocasionado por frio

frie.za /ê/ *s.f.* **1** ausência de calor ou excesso de frio **2** *fig.* indiferença, falta de afetividade **3** *fig.* ausência de apetite sexual

fri.gi.dá.rio *s.m.* câmara fria nos antigos balneários romanos

fri.gi.dei.ra /ê/ *s.f.* espécie de panela rasa e sem tampa própria para frituras

fri.gi.dez /ê/ *s.f.* **1** frieza, falta de calor **2** *fig.* indiferença, insensibilidade **3** *fig.* falta de estímulo sexual

fri.gi.do *adj.* **1** gelado, frio **2** sem apetite sexual

frí.gio *adj. s.m.* **1** referente à Frígia **2** natural ou habitante da Frígia

fri.gir *v.t.* fritar em frigideira

fri.go.rí.fi.co *adj.* **1** que causa baixa de temperatura • *s.m.* **2** compartimento refrigerado para armazenagem e conservação de carnes e outros alimentos

fri.go.rí.fe.ro *s.m. m.q.* frigorífico

rin.cha *s.f.* pequena abertura para a passagem de algo; brecha

fri.o *adj.* **1** que está com a temperatura baixa **2** *fig.* insensibilidade, frieza • *s.m.* **3** queda da temperatura **4** ausência de calor

fri.o.lei.ra /ê/ *s.f.* idiotice, bobagem

fri.o.ren.to *adj.* extremamente sensível à queda de temperatura

fri.sa *s.f.* camarote de teatro próximo da plateia

fri.sa.do *adj.* **1** diz-se de cabelo encrespado, encaracolado **2** ressaltado, saliente

fri.sa.dor /ô/ *s.m.* **1** aparelho que se usa para encrespar cabelos **2** profissional que faz esse serviço

fri.san.te *adj.2g.* **1** que ocasiona o encrespamento **2** saliente, marcante

fri.sar *v.t.* **1** fazer frisos, encrespar **2** salientar, ressaltar a importância de algo

fri.so *s.m.* **1** ornato, enfeite **2** a parte alta das construções onde figuram esses ornatos

fri.ta.da *s.f.* **1** ação ou efeito de fritar **2** porção de alimento frito

fri.tar *v.t.* cozinhar ou aquecer em frigideira com óleo, azeite, manteiga etc.

fri.to *adj.* que passou pelo processo de fritura; fritado

fri.tu.ra *s.f.* **1** ação ou resultado de fritar; fritada **2** alimento que foi frito

fri.ú.ra *s.f. m.q.* frieza

frí.vo.lo *adj.* sem importância, irrelevante, fútil

fron.de *s.f.* conjunto de galhos e ramos de uma árvore; ramaria, ramagem

fron.do.si.da.de *s.f.* qualidade do que é frondoso

fron.do.so /ô/ *adj.* **1** que apresenta frondosidade; cheio de galhos e ramos **2** *fig.* prolixo, cheio de verbosidade

fro.nha *s.f.* capa para travesseiros

fron.tal *adj.2g.* **1** referente à fronte ou à frente **2** grinalda

fron.te *s.f.* **1** região frontal e superior da cabeça, acima dos olhos; testa **2** fachada

fron.tei.ra /ê/ *s.f.* **1** linha que estabelece um limite entre dois territórios, países, estados etc. **2** *por ext.* limite

fron.tei.ri.ço *adj.* que está na fronteira, no limite

fron.tei.ro /ê/ *adj.* **1** que está em posição frontal • *s.m.* **2** referente a fronteira **3** HIST pessoa que governa fronteiras

fro.ta /ó/ *s.f.* **1** MAR conjunto de embarcações comerciais ou bélicas **2** conjunto de veículos de uma empresa de transporte

fron.tão *s.m.* ARQUIT remate ornamental, geralmente triangular, que fica em cima de portas e janelas ou da entrada principal de um edifício

fron.ta.ri.a *s.f.* fachada de um edifício

fron.tis.pí.cio *s.m.* **1** fachada, frente **2** *fig.* semblante, rosto, face

frou.xi.dão *s.f.* qualidade do que é frouxo; desapertamento, enfraquecimento

frou.xo /ô/ *adj.* **1** não apertado; solto **2** mole, macio **3** cansado, exausto, sem forças

fru-fru *s.m. onomat.* barulho, ruído do roçar de tecido ou papel

fru.gal *adj.2g.* **1** de alimentação moderada **2** que come alimentos comuns, simples

fru.ga.li.da.de *s.f.* moderação na alimentação

fru.gí.vo.ro *adj.* que se alimenta de frutas

fru.i.ção *s.f.* **1** ação de desfrutar; gozo, deleite **2** posse de algo

fruir

fru.ir *v.t.* desfrutar, gozar, aproveitar

fru.men.to *s.m.* **1** designação genérica para cereal **2** espécie de trigo selecionado

frus.tra.ção *s.f.* **1** quebra das expectativas; ilusão **2** falta de sucesso; ação não efetiva

frus.trar *v.t.* **1** causar frustração; iludir, enganar **2** ter insucesso; não efetivar

fru.ta *s.f.* fruto que se come

fru.tei.ra /ê/ *s.f.* utensílio geralmente de vidro para colocar frutas

fru.tei.ro /ê/ *adj.* **1** que comercializa frutas **2** que gosta de frutas

fru.ti.cul.tor /ô/ *s.m.* pessoa que cultiva frutas

fru.ti.cul.tu.ra *s.f.* cultivo de árvores que dão frutas

fru.tí.fe.ro *adj.* **1** que gera frutos **2** *fig.* fértil, fecundo

fru.ti.fi.ca.ção *s.f.* **1** ato ou efeito de frutificar **2** surgimento dos frutos

fru.ti.fi.car *v.i.* **1** originar, desenvolver frutos **2** *fig.* dar bons resultados

fru.tí.vo.ro *adj.* que se alimenta de frutos

fru.to *s.m.* **1** órgão resultante da maturação de uma planta **2** fruta **3** *fig.* algo proveitoso, rentável **4** *fig.* criança que ainda não nasceu, que está no ventre da mãe

fru.to.se /ó/ *s.f.* BIOQUÍM o açúcar do mel, das frutas e do néctar

fu.á *s.m. bras.* comentário maldoso; intriga

fu.bá *s.m. bras.* farinha de arroz ou milho

fu.be.ca *s.f.* **1** pequena esfera de vidro usada em jogos infantis; bola de gude **2** jogo com essa bola **3** agressão física; surra **4** repreensão

fu.ça *s.f. pejor.* face, rosto

fúc.sia *s.f.* **1** BOT planta de tom cor-de-rosa usada como ornamento de jardins; brinco-de-princesa, mimo **2** QUÍM preparado químico de tom cor-de-rosa

fu.ei.ro /ê/ *s.m.* pequena estaca na borda da mesa dos carros de boi para impedir a queda do seu conteúdo

fu.ga *s.f.* **1** ação ou resultado de fugir; evasão, retirada **2** MÚS composição musical em que há a repetição do mesmo tema

fu.ga.ci.da.de *s.f.* **1** efemeridade, transitoriedade **2** qualidade daquilo que é fugaz

fu.gaz *adj.2g.* transitório, efêmero, passageiro

fu.gi.da *s.f.* ação ou resultado de fugir; fuga, retirada

fu.gi.di.o *adj.* que escapa com facilidade; fugaz

fu.gir *v.t.* **1** evadir, retirar-se, escapar **2** ficar livre de uma obrigação; ficar desobrigado de algo

fu.gi.ti.vo *adj.* diz-se de pessoa que foge; foragido

fu.i.nha *s.f.* **1** ZOOL mamífero com aspecto parecido ao do castor e que também é conhecido como marta ○ *s.2g.* **2** pessoa com o rosto magro e estreito **3** *fig.* pessoa que se mete onde não foi chamada; pessoa intrometida

fu.jão *adj. s.m.* pessoa ou animal que tem hábito de fugir

fu.la.no *s.m.* termo usado para pessoa de cujo nome não se lembra ou não se quer mencionar

ful.cro *s.m.* aquilo que serve de base; alicerce, fundamento

ful.gen.te *adj.2g.* que brilha, que reluz

fúl.gi.do *adj.* m.q. fulgente

fu.li.gi.no.si.da.de *s.f.* qualidade do que é fuliginoso

fu.li.gi.no.so /ô/ *adj.* que contém fuligem

ful.gir *v.t.* brilhar, reluzir

ful.gor /ô/ *s.m.* luminosidade intensa; brilho

ful.gu.ra.ção *s.f.* brilho intenso; fulgor

ful.gu.ran.te *adj.2g.* que brilha intensamente; reluzente

ful.gu.rar *v.i.* reluzir, brilhar com intensidade

fu.li.gem *s.f.* resíduo escuro e oleoso resultante de combustão

ful.mi.nan.te *adj.2g.* aniquilante, destrutivo, mortal

ful.mi.nar *v.t.* destruir, matar

fu.lo *adj.* **1** diz-se de pessoa de cor parda **2** *fig.* cheio de raiva; furioso

ful.vo *adj.* que tem a cor do bronze ou do ouro

fu.ma.ça *s.f.* **1** vapor resultante da queima de algo **2** *fig.* orgulho, arrogância

fu.ma.çar *v.i.* **1** encher de fumaça ou soltar fumaça **2** esfumaçar

fu.ma.cei.ra /ê/ *s.f.* **1** grande quantidade de fumaça **2** *fig.* convencimento, orgulho, arrogância

fu.ma.cen.to *adj.* que está cheio de fumaça

fu.ma.dor /ô/ *adj. s.m.* que fuma em demasia

fu.man.te *adj.2g.* diz-se de pessoa que fuma

fu.mar *v.t.* **1** absorver e expirar a fumaça produzida pela queima do fumo **2** *lus.* produzir fumaça; fumaçar

fu.ma.ren.to *adj.* que solta grande quantidade de fumo ou fumaça; fumacento

fu.me.gan.te *adj.2g.* que saiu do fogo e ainda está exalando vapor

fu.me.gar *v.i.* soltar vapor, fumaça

fu.mei.ro /ê/ *s.m.* **1** local para defumação de alimentos **2** o conjunto das carnes postas a defumar

fu.mi.ga.ção *s.f.* exposição de algo à fumaça ou ao vapor para desinfetar

fu.mi.gar *v.t.* desinfetar algo por exposição a vapores desinfetantes

fu.mo *s.m.* **1** vapor, fumaça **2** resíduo de combustão; fuligem **3** tabaco próprio para fumar **4** *fig.* orgulho

fu.nam.bu.les.co /ê/ *adj.* referente a funâmbulo

fu.nam.bu.lis.mo *s.m.* ofício de funâmbulo

fu.nâm.bu.lo *s.m.* equilibrista circense que se exibe dançando ou caminhando em uma corda

fun.ção *s.f.* **1** missão ou cargo a ser cumprido **2** atividade específica a ser desempenhada por um órgão, por uma peça de mecanismo, por uma pessoa etc.

fun.chal *s.m.* lugar onde se plantam funchos

fun.cho *s.m.* BOT erva de propriedades medicinais; erva-doce

fun.cio.nal *adj.2g.* **1** referente a funcionamento **2** prático, útil **3** que se presta a uma determinada função

fun.cio.na.lis.mo *s.m.* classe dos funcionários públicos

fun.cio.na.men.to *s.m.* ação de funcionar, de estar em atividade

fun.cio.nar *v.i.* **1** desenvolver atividade específica **2** colocar em movimento

fun.ci.o.ná.rio *s.m.* empregado que cumpre uma função

fun.da.ção *s.f.* **1** alicerce, fundamento, base **2** instituição privada ou pública

fun.da.do *adj.* **1** originado, começado, iniciado **2** construído com base, com alicerce em algo **3** instituído

fun.da.dor /ô/ *adj. s.m.* **1** que inicia, que funda algo **2** instituidor

fun.da.gem *s.f.* resto, resíduo que se deposita no fundo de um líquido

fun.da.men.tal *adj.2g.* que constitui o fundamento de algo; essencial

fun.da.men.ta.lis.mo *s.m.* **1** RELIG movimento religioso que enfatiza a interpretação literal da Bíblia **2** *por ext.* qualquer movimento conservador que enfatiza a obediência rigorosa e literal a determinados princípios

fun.da.men.tar *v.t.* **1** dar bases, alicerces a uma construção **2** fornecer embasamento, fundamento a uma ideia

fun.da.men.to *s.m.* alicerce, base

fun.dar *v.t.* **1** começar, originar **2** fornecer bases, fundamentos **3** levar ao fundo; ir a fundo **▷** *v.pron.* **4** basear-se, embasar-se

fun.den.te *adj.2g.* que está em processo de fusão

fun.di.á.rio *adj.* referente a terrenos; agrário

fun.di.ção *s.f.* **1** ação ou efeito de fundir **2** local onde os metais são fundidos

fun.di.dor /ô/ *s.m.* pessoa que trabalha na fundição de metais

fun.di.lho *s.m.* parte de calças, cuecas etc. que corresponde ao assento

fun.dir *v.t.* **1** derreter metais **2** misturar para juntar, unir em uma só coisa

fun.do *s.m.* **1** capital monetário que serve de base a uma instituição ou empresa **2** parte traseira de uma construção; quintal, terreiro **3** parte oposta à entrada **4** leito do rio **5** parte mais baixa dos mares **6** parte inferior de um objeto ▪ *adj.* **7** profundo

fun.du.ra *s.f.* extensão medida da superfície de rio, poço etc. até o fundo; profundidade

fú.ne.bre *adj.2g.* **1** referente a morte, funeral **2** triste, funesto

fu.ne.ral *s.m.* **1** cerimônia para velar e enterrar os mortos ▪ *adj.2g.* **2** referente a enterro

fu.ne.rá.rio *adj.* **1** referente a funeral **2** fúnebre, funesto

fu.nes.to /é/ *adj.* que ocasiona desgraça, fatalidade; mortal

fun.ga.ção *s.f.* **1** ato ou efeito de fungar, de inspirar ou expirar o ar **2** respiração ruidosa; cheirada, fungada

fun.gar *v.t.* **1** respirar de modo ruidoso **2** *fig.* irar, zangar-se

fun.gi.ci.da *adj.2g.* substância que extermina fungos

fun.go *s.m.* **1** BOT organismo do reino Fungi **2** respiração nasal ruidosa **3** *fig.* zanga, mau humor

fu.ni.cu.lar *adj.2g.* diz-se de veículo tracionado por cabos de aço

fu.nil *s.m.* **1** espécie de cone para passagem de líquidos **2** passagem estreita nas montanhas **3** rua muito estreita

fu.ni.la.ri.a *s.f.* lugar onde se fabricam objetos de lata

fu.ni.lei.ro /ê/ *s.m.* pessoa que trabalha em funilaria

fu.ra-bo.lo *s.m.* **1** *pop.* o dedo indicador **◯** *s.2g.* **2** *pop.* pessoa intrometida e bisbilhoteira

fu.ra.cão *s.f.* vento muito forte e destruidor; tempestade

fu.ra.dei.ra /ê/ *s.f.* máquina própria para furar, abrir fossas

fu.ra.do *adj.* que tem um ou mais buracos

fu.ra.dor /ô/ *s.m.* **1** instrumento para abrir furos **2** *fig.* pessoa que enfrenta as dificuldades da vida com perseverança

fu.rão *s.m.* **1** ZOOL pequeno animal carnívoro e de hábitos noturnos **2** *fig.* pessoa empreendedora, proativa

fu.rar *v.t.* abrir buracos em alguma coisa

fur.gão *s.m.* veículo pequeno para transporte de cargas

fú.ria *s.f.* **1** demonstração violenta de raiva **2** inspiração artística intensa

fu.ri.bun.do *adj.* cheio de raiva; irado, furioso

fu.ri.o.so /ô/ *adj.* cheio de fúria, raivoso

fur.na *s.f.* caverna, gruta

fu.ro *s.m.* **1** orifício, abertura **2** *fig.* notícia jornalística dada por um veículo antes dos outros meios de comunicação

fu.ror *s.m.* **1** m.q. fúria **2** entusiasmo, inspiração

fur.ta-cor *adj.2g.2n.* diz-se daquilo que muda de cor de acordo com a incidência de luz

fur.ta.de.la /é/ *s.f.* **1** furto pequeno **2** ação feita de modo furtivo, às escondidas

fur.tar *v.t.* **1** roubar, apossar-se do que não lhe pertence **2** enganar, falsificar

fur.ti.vo *adj.* **1** feito clandestinamente; secreto **2** falso, dissimulado, enganador

fur.to *s.m.* **1** roubo, espólio **2** resultado do furto

fu.rún.cu.lo *s.m.* MED inflamação de folículo piloso ou glândula sebácea em forma de abscesso

fu.run.cu.lo.se /ó/ *s.f.* MED proliferação de furúnculos

fu.sa *s.f.* MÚS nota musical que equivale a meia semicolcheia

fu.são *s.f.* FÍS **1** passagem de substância do estado sólido para o líquido **2** união, junção de coisas em uma só

fus.co *adj.* pardacento, escuro

fu.se.la.gem *s.f.* **1** AERON região do avião onde estão os tubos, os fios elétricos **2** AERON a parte principal do avião onde estão fixas as asas

fu.si.bi.li.da.de *s.f.* qualidade do que é fusível

fu.si.for.me /ó/ *adj.2g.* BOT que tem forma de fuso

fú.sil *adj.2g.* passível de fusão; fundível

fu.sí.vel *adj.2g.* **1** m.q. fúsil **2** peça de segurança de um sistema elétrico

fu.so *s.m.* **1** peça de madeira para enrolar fios na tecelagem **2** peça para encaixe da corda de um relógio ▪ **fuso horário** faixa terrestre longitudinal dentro da qual a hora é a mesma

fus.te *s.m.* **1** haste, cabo **2** BOT tronco

fus.ti.gan.te *adj.2g.* que açoita, que maltrata

fus.ti.gar *v.t.* **1** castigar, maltratar fisicamente com açoite **2** *fig.* incitar, estimular

fu.te.bol /ó/ *s.m.* ESPORT esporte com bola jogado por dois times de onze jogadores e cujo objetivo é lançar a bola dentro do gol

fu.te.bo.lis.ta *adj.2g.* que joga futebol

fu.te.bo.lís.ti.co *adj.* referente a futebol

fú.til *adj.2g.* sem importância; frívolo

fu.ti.li.da.de *s.f.* qualidade do que é fútil; frivolidade

fu.ti.li.zar *v.t.* **1** tornar fútil, sem importância **◯** *v.i.* **2** importar-se com frivolidades, com futilidades

fu.tri.car *v.t.* **1** incomodar **2** intrigar, fofocar

fu.tri.quei.ro /ê/ *adj.* **1** chato, enjoado **2** intrigante, fofoqueiro

fu.tu.rar *v.i.* prever o futuro; vaticinar

fu.tu.ris.mo *s.m.* ARTE escola literária, fundada por Marinetti, em 1909, que se opunha às coisas do passado e exaltava o valor da tecnologia, do futuro

fu.tu.ris.ta *adj.2g.* seguidor do futurismo

fu.tu.ro *s.m.* o tempo depois do presente; o que ainda está por vir

futuroso

fu.tu.ro.so /ô/ *adj.* que tem futuro promissor; auspicioso

fu.xi.car *v.t.* fazer fuxico; fofocar

fu.xi.co *s.m.* **1** alinhavo **2** *pop.* fofoca, mexerico

fu.xi.quei.ro /ê/ *adj. pop.* que fuxica, que promove intrigas

fu.zar.ca *s.f.* bagunça, farra

fu.zil *s.m.* **1** pequena peça de metal que liga correntes elétricas **2** espécie de arma de fogo; espingarda

fu.zi.la.men.to *s.m.* **1** ato ou efeito de fuzilar **2** execução de um condenado à morte por meio de tiros de fuzil

fu.zi.lar *v.t.* **1** relampejar **2** brilhar, cintilar **3** *fig.* lançar fagulhas de ódio, de raiva **4** matar com fuzil

fu.zi.la.ri.a *s.f.* tiroteio

fu.zi.lei.ro /ê/ *s.m.* **1** soldado armado de fuzil **2** MAR corpo militar da Marinha brasileira

fu.zu.ê *s.m.* bagunça, confusão, desordem

Gg

g *s.m.* **1** GRAM nome da sétima letra e da quinta consoante do alfabeto português **2** o sétimo elemento de uma série

Ga QUÍM símbolo do elemento químico gálio da tabela periódica

ga.ba.ção *s.f.* **1** ação ou efeito de gabar **2** enaltecimento, elogio **3** vanglória, jactância

ga.bar *v.t.* **1** vangloriar, enaltecer as boas qualidades **2** ostentar as próprias façanhas

ga.ba.ro.la /ó/ *adj.2g.* diz-se de quem elogia muito a si mesmo; fanfarrão, gabola

ga.ba.ro.li.ce *s.f.* elogio a si próprio; bravata, fanfarrice

ga.bi.ro.bei.ra /ê/ *s.f.* árvore cujo fruto é a gabiroba

ga.bar.di.na *s.f.* tecido de lã ou algodão usado na confecção de roupas

ga.ba.ri.to *s.m.* **1** lista com as respostas corretas de uma avaliação **2** paradigma, padrão **3** categoria, nível

ga.bi.ne.te /ê/ *s.m.* **1** sala própria para estudos ou trabalho; escritório **2** equipe formada pelos ministros de um governo

ga.bi.ro.ba /ó/ *s.f.* fruta silvestre brasileira proveniente da gabirobeira

ga.bi.ru *adj. s.m.* **1** homem mulherengo, namorador **2** trambiqueiro, malandro, ladrão

ga.bo.la /ó/ *adj.2g.* diz-se da pessoa que enaltece em demasia as próprias qualidades

ga.bo.li.ce *s.f.* qualidade de quem é gabola; autoelogio; enaltecimento das próprias qualidades; gabarolice

ga.da.nha *s.f.* ferramenta com lâmina curvada e cabo comprido usada para cortar feno; espécie de foice

ga.da.nhar *v.t.* **1** cortar feno com a gadanha **2** pegar, agarrar com mão ou garra

ga.da.nho *s.m.* m.q. gadanha

ga.do *s.m.* rebanho de animais quadrúpedes domesticados (bois, vacas, carneiros etc.)

ga.do.lí.nio *s.m.* QUÍM elemento químico usado como absorvedor de nêutrons

ga.fa *s.f.* **1** gancho **2** garra de animais **3** MED hanseníase

ga.fa.nho.to /ô/ *s.m.* BIOL inseto saltador que ataca plantações

ga.fe *s.f.* ação vexatória; fiasco

ga.fi.ei.ra /ê/ *s.f.* **1** baile popular no qual se dança aos pares **2** local onde ocorre esse baile

ga.fo.ri.nha *s.f.* cabelo despenteado e em desalinho; gadelha, gaforina, guedelha

ga.gá *adj.2g.* pessoa muito velha com dificuldade para pensar e falar; caduco

ga.go *adj.* diz-se de pessoa que sofre de gagueira

ga.guei.ra /ê/ *s.f.* MED distúrbio de fala que consiste na repetição da mesma sílaba, palavra ou letra por muitas vezes

ga.gue.jar *v.t. v.i.* **1** falar com o distúrbio da gagueira **2** *por ext.* expressar-se com insegurança

ga.gue.jo /ê/ *s.m.* ato ou efeito de gaguejar

ga.guez /ê/ *s.f.* m.q. gagueira

ga.gui.ce *s.f.* m.q. gagueira

gai.a.col /ó/ *s.m.* FARM substância extraída do gaiaco e usada como expectorante

gai.a.ti.ce *s.f.* dito ou ato alegre, divertido; gaiato

gai.a.to *adj. s.m.* **1** pessoa alegre, travessa, brincalhona **2** irresponsável, vadio

gai.o *adj.* **1** brincalhão, divertido, gaiato **2** arguto, ladino **3** tonalidade do verde vivo e claro

gai.o.la /ó/ *s.f.* **1** objeto semelhante a uma jaula, geralmente de arame, utilizado para pássaros **2** *pop.* prisão, xilindró, xadrez **3** barco para transporte de pessoas nos rios brasileiros

gai.ta *s.f.* MÚS instrumento musical de sopro, podendo ser de boca ou de fole

gai.te.ar *v.i.* **1** MÚS executar a gaita **2** *pop.* levar vida sem preocupações, na farra; divertir-se

gai.tei.ro /ê/ *s.m.* **1** pessoa que toca gaita; gaitista • *adj.* **2** *pop.* diz-se de quem gosta de festas; folião

ga.jei.ro /ê/ *s.m.* MAR marinheiro que fica de vigia na gávea

gai.vo.ta /ó/ *s.f.* ZOOL ave marinha que se alimenta de peixes e acompanha os navios

ga.jo *s.m.* **1** *pop.* pessoa cujo nome se desconhece **2** *pop.* sujeito, camarada, cara

ga.lã *s.m.* **1** protagonista masculino do par romântico de novela, peça de teatro, filme etc. **2** homem atraente e belo como o galã de novela, filme etc.

ga.la *s.f.* **1** luxo, pompa **2** ocasião ou festa solene **3** roupa que se usa nesse tipo de ocasião **4** galadura

ga.lác.ti.co *adj.* **1** referente às galáxias **2** referente à Via Láctea especificamente

ga.la.du.ra *s.f.* **1** fecundação animal **2** mancha no ovo indicando fecundação

ga.la.li.te *s.f.* material plástico de caseína empregado na fabricação de brinquedos, botões etc.

ga.lan.ta.ri.a *s.f.* **1** ato ou efeito de galantear; galanteio **2** modo de se portar elegante e polidamente **3** delicadeza, gentileza, fineza

ga.lan.te *adj.* **1** que faz galanteios **2** belo, garboso, elegante

galanteador

ga.lan.te.a.dor /ô/ *adj. s.m.* **1** que cerca de atenção e galanteios **2** cortejador, namorador

ga.lan.te.ar *v.t.* cercar de galanteios; lisonjear, cortejar

ga.lan.tei.o /ê/ *s.m.* lisonja, cortejo

ga.lan.te.ri.a *s.f.* m.q. galantaria

ga.lan.te.za /ê/ *s.f.* garbo, elegância, graciosidade, beleza

ga.lão *s.m.* **1** tira dourada e prateada usada em uniformes militares **2** MAT unidade de medida que corresponde a aproximadamente quatro litros **3** recipiente de plástico para armazenar líquidos **4** corcoveio, pinote, salto

ga.lar *v.t.* fecundar (animal)

ga.lar.dão *s.m.* **1** prêmio por mérito pessoal; recompensa **2** *fig.* reputação por ato excepcional; honra, fama, glória

ga.lar.do.ar *v.t.* dar prêmio ou recompensa; premiar

ga.lá.xia /ks/ *s.f.* **1** ASTRON sistema do universo que se mantém unido por meio da força gravitacional, com características que o diferenciam de outros, sendo composto por bilhões de corpos estelares, gás e poeira cósmica **2** ASTRON a Via Láctea

ga.lé *s.m.* **1** MAR barco, navio; galera **2** MAR castigo imposto aos que deviam servir de remadores nas galés • *adj.* **3** condenado a esse castigo

ga.le.ão *s.m.* MAR embarcação comercial de grande porte

ga.le.go /ê/ *adj.* **1** natural ou habitante da Galiza, na Espanha **2** *pop.* homem que faz carretos; rapaz de fretes **3** pessoa muito branca e loira **4** indivíduo português

ga.le.na *s.f.* **1** QUÍM sulfeto de chumbo que contém prata ○ *s.m.* **2** aparelho de rádio pequeno e primitivo

ga.le.o.ta /ó/ *s.f.* MAR pequena galé de até vinte remos

ga.le.ra /é/ *s.f.* **1** MAR antiga embarcação a vela e a remo **2** *desus.* castigo imposto para remar nas galés **3** *pop.* grupo de pessoas reunidas; turma

ga.le.ri.a *s.f.* **1** ARQUIT corredor interno de uma casa **2** corredor onde há varias lojas de comércio **3** espaço para exposições artísticas **4** túnel de minas para exploração de minérios

ga.lês *adj. gent.* **1** natural ou habitante do País de Gales, na Grã-Bretanha • *s.m.* **2** a língua falada nesse país

gal.gar *v.t.* **1** subir, trepar **2** transpor obstáculos; superar

gal.go *s.m.* **1** BIOL raça de cão de caça francês esguio e muito veloz **2** *fig.* pessoa muito magra, esguia

ga.lha *s.f.* **1** BOT protuberância vegetal causada sempre pela ação de fungos, insetos etc. **2** VETER protuberância que se forma nas juntas dos cavalos **3** BIOL barbatana dorsal ou espinha de determinados peixes

ga.lha.da *s.f.* **1** golpe desferido com galho **2** grande quantidade de galhos; galharia **3** BIOL chifre animal **4** fundilho de calça, bermuda etc.

ga.lhar.de.te /ê/ *s.m.* pequena bandeira triangular; flâmula

ga.lhar.di.a *s.f.* **1** elegância, fineza **2** ousadia, coragem

ga.lhar.do *adj.* dotado de galhardia; corajoso, ousado; fino, elegante

ga.lha.ri.a *s.f.* conjunto de galhos; galhada, galha

ga.lhei.ro /ê/ *adj.* **1** diz-se do animal dotado de chifres ou cornos grandes **2** *pejor.* diz-se de marido cuja mulher lhe é infiel

ga.lhe.ta /ê/ *s.f.* **1** frasco próprio para colocar vinagre e azeite à mesa durante as refeições **2** cada um dos dois frascos pequenos de vidro que contêm a água e o vinho usados na missa

ga.lhe.tei.ro /ê/ *s.m.* **1** utensílio onde são colocadas as galhetas; porta-galhetas **2** RELIG pessoa que carrega as galhetas para rituais religiosos

ga.lho *s.m.* **1** parte da árvore que se origina no caule e onde ficam as folhas **2** chifre de animal **3** *pop.* dificuldade, problema, adversidade

ga.lho.fa /ó/ *s.f.* **1** diversão, alegria, brincadeira **2** *por ext.* escárnio, deboche

ga.lho.far *v.i.* debochar, caçoar de alguém

ga.lho.fei.ro /ê/ *adj.* diz-se de quem debocha, caçoa

ga.lho.fen.to *adj.* m.q. galhofeiro

ga.lhu.do *adj.* que possui muitos galhos

ga.li.cis.mo *s.m.* utilização de palavras e construções da língua francesa em outras línguas

ga.li.for.me /ó/ *adj.2g.* **1** semelhante ao galo **2** ZOOL relativo aos galiformes, ordem de aves à qual pertencem galinhas, perus e faisões

ga.li.leu /ê/ *adj. gent.* natural ou habitante da Galileia, na Palestina

ga.li.ná.ceo *adj. s.m.* qualquer ave da ordem dos galiformes, como galos e galinhas

ga.li.nha *s.f.* **1** ZOOL fêmea do galo **2** *pejor.* pessoa medrosa, temerosa **3** *pejor.* pessoa que tem muitos parceiros sexuais

ga.li.nhei.ro /ê/ *s.m.* **1** cercado onde ficam as galinhas **2** criador ou comerciante de galinhas

ga.li.ni.cul.tor *s.m.* pessoa que cria galinhas

ga.li.ni.cul.tu.ra *s.f.* cultura de galinhas

gá.lio *s.m.* QUÍM elemento químico utilizado em semicondutores, transistores, memórias de computador etc.

ga.lo *s.m.* **1** ZOOL o macho da galinha • *adj. gent.* **2** natural ou habitante da Gália, região da atual França

ga.lo.cha /ó/ *s.f.* calçado emborrachado, próprio para os lugares úmidos, que se usa por cima de outro calçado

ga.lo.pa.da *s.f.* ação ou efeito de galopar; corrida a galope

ga.lo.pa.dor /ô/ *s.m.* **1** pessoa que se encarrega de amansar cavalos bravos para fazê-los galopar; galopeador • *adj.* **2** *por ext.* pessoa que galopa com maestria

ga.lo.pan.te *adj.2g.* **1** MED diz-se da moléstia, principalmente a tuberculose, que consome a pessoa em pouco tempo **2** que se desenvolve rapidamente; rápido, veloz

ga.lo.par *v.i.* **1** andar a galope **2** andar muito rápido

ga.lo.pe /ó/ *s.m.* **1** movimento rápido de locomoção de animais quadrúpedes **2** dança curta e ritmada de origem alemã **3** *fig.* ação de repreender, censurar alguém

ga.lo.pe.a.dor /ô/ *s.m.* m.q. galopador

ga.lo.pe.ar *v.t.* m.q. galopar

gal.pão *s.m.* lugar coberto para abrigo de trabalhadores e veículos; barracão

garfar

gal.va.ni.zar *v.t.* **1** recobrir metal pelo processo de galvanização para evitar sua corrosão **2** FÍS fazer passar corrente elétrica por um corpo **3** *fig.* animar, excitar, incitar

ga.ma *s.m.* **1** terceira letra do alfabeto grego, correspondente ao *g* latino ○ *s.f.* **2** MÚS sequência de sons; escala musical **3** escala de cores **4** variedade, multiplicidade

ga.ma.do *adj. s.m.* **1** que possui as extremidades em forma do *gama* grego **2** *pop.* tomado de amores; apaixonado

ga.mão *s.m.* **1** BOT planta também chamada de asfódelo utilizada como pasto para porcos e medicamento **2** antigo jogo de tabuleiro **3** tabuleiro desse jogo

gam.ba *s.f.* MÚS instrumento de cordas de origem italiana

gam.bá *s.m.* **1** ZOOL mamífero marsupial de pelagem cinza, preta ou vermelha e cuja fêmea possui uma bolsa para carregar os filhotes **2** *pejor.* que bebeu em demasia; bêbado

gam.be.ta /ê/ *s.f.* movimento feito com o corpo para esquivar-se de adversário ou de perseguidor

gam.bi.ar.ra *s.f.* **1** extensão elétrica movível com bocal para lâmpadas **2** *pop.* solução provisória feita às pressas e, portanto, malfeita

gam.bi.to *s.m.* **1** perna muito fina **2** pernil de porco

ga.me.la /é/ *s.f.* **1** vasilha côncava de madeira ou barro para utilização doméstica ou para dar de comer a animais **2** pequena corça **3** *pejor.* bobo, tolo, idiota

ga.me.lei.ra /ê/ *s.f.* BOT árvore brasileira cuja madeira é utilizada na fabricação de gamelas; figueira-brava

ga.me.ta /ê/ *s.m.* BIOL célula reprodutora de seres vivos

ga.me.tân.gio *s.m.* BIOL estrutura que produz gametas, presente em algas, briófitas, liquens e fungos

ga.me.tó.fi.to *s.m.* BOT fase haploide das plantas que apresentam alternância de gerações

ga.mo *s.m.* ZOOL mamífero da família dos cervídeos com chifre em galhada; veado, cervo

ga.na *s.f.* **1** desejo, vontade muito grande **2** ódio; raiva intensa

ga.nân.cia *s.f.* ambição, avidez, principalmente de dinheiro

ga.nan.ci.o.so /ô/ *adj.* tomado pela ganância; ambicioso, ávido

gan.cho *s.m.* objeto de metal de ponta curvada para dentro; fisga

gan.dai.a *s.f.* **1** farra, vadiagem **2** esbórnia, pândega ■ **cair na gandaia** farrear, festar muito

gan.ga *s.f.* **1** tecido de origem indiana feito de algodão de má qualidade **2** resíduo não aproveitável de uma jazida de minérios **3** BOT ave de pequeno porte semelhante à perdiz

gan.gé.ti.co *adj.* relativo ao rio Ganges, na Índia

gân.glio *s.m.* MED inchaço de um nódulo linfático

gan.gli.o.ma *s.m.* MED tumor dos gânglios linfáticos

gan.glio.nar *adj.2g.* MED relativo a gânglio

gan.gor.ra /ô/ *s.f.* **1** brinquedo infantil que consiste em uma tábua cujo centro se apoia em uma base central, e cujas extremidades movimentam-se alternadamente para baixo e para cima pelo impulso de quem está sentado nelas **2** *fig.* estado de algo incerto, que oscila muito

gan.gre.na *s.f.* MED apodrecimento de tecido do corpo por falta de circulação do sangue na região

gan.gre.nar *v.i.* MED provocar ou sofrer gangrena; apodrecer

gângs.ter *s.m.* membro de uma gangue; bandido, malfeitor

gan.gue *s.f.* quadrilha, grupo de bandidos

ga.nha.dor /ô/ *adj. s.m.* **1** aquele que ganha alguma coisa **2** pessoa que ganha um jogo, um sorteio etc.

ga.nhar *v.t.* **1** adquirir algo por trabalho pago **2** vencer outra pessoa em disputa esportiva, em jogos, apostas etc. **3** obter recompensa por algo que se fez ■ **ganha-pão** serviço que permite o sustento de uma pessoa ou família ■ **ganhar terreno** avançar, progredir, prosseguir

ga.ni.do *s.m.* **1** uivo canino de dor **2** voz estridente e aguda

ga.nir *v.i.* **1** uivar de dor como os cães **2** emitir sons como o ganido

gan.ja *s.f.* **1** chamego, carinho **2** *fig.* orgulho, vaidade, convencimento

gan.so *s.m.* ZOOL ave palmípede maior que o pato e que é criada por sua carne e seu fígado, apreciados na culinária

ga.ra.gem *s.f.* **1** espécie de galpão para guardar automóveis **2** lugar onde se vendem automóveis

ga.ra.gis.ta *s.2g.* **1** pessoa que vigia uma garagem **2** dono de garagem (comércio)

ga.ra.nhão *s.m.* **1** cavalo reservado para a reprodução **2** *fig.* homem imoral, indecente, devasso

ga.ran.ti.a *s.f.* **1** ato ou palavra que assegura o cumprimento de uma promessa ou de um negócio feito **2** documento que dá ao cliente o direito de reclamar a qualidade do produto comprado **3** prazo de tempo em que esse documento é válido

ga.ran.ti.dor /ô/ *s.m.* JUR sujeito que afiança outra pessoa; fiador

ga.ran.tir *v.t.* **1** dar garantia de algo; fiar; caucionar **2** afirmar com certeza; assegurar

ga.ra.pa *s.f.* **1** caldo extraído de cana-de-açúcar **2** *por ext.* bebida muito açucarada

ga.ra.tu.ja *s.f.* rabisco, letra ilegível

ga.ra.pé *s.m. m.q.* igarapé

ga.ra.tu.jar *v.t.* fazer garatujas; rabiscar, escrever mal

ga.ra.ú.na *s.f. m.q.* graúna

gar.bo *s.m.* graciosidade de porte; donaire; elegância

gar.bo.si.da.de *s.f.* qualidade de quem possui garbo; elegância, donaire

gar.bo.so /ô/ *adj.* dotado de garbo; elegante, gracioso

gar.ça *s.f.* BIOL ave aquática pernalta

gar.ção *s.m.* **1** homem jovem; rapaz **2** *m.q.* garçom

gar.ço.ne.te *s.f.* mulher que tem a mesma função que o garçom

gar.çom *s.m.* funcionário que serve bebidas em bares, restaurantes e eventos em geral

gar.dê.nia *s.f.* BOT planta que dá uma flor de perfume agradável e que é utilizada na produção de extratos, tinturas e medicamentos

ga.re *s.f.* local da estação onde ocorrem os embarques e desembarques

gar.fa.da *s.f.* **1** golpe desferido com garfo **2** porção de alimento que se coloca na boca de uma só vez com um garfo **3** porção de garfos

gar.far *v.t.* **1** enxertar com o auxílio de garfos **2** desferir golpe com garfo **3** prender algo com garfo

garfo

gar.fo *s.m.* **1** utensílio de mesa em forma de tridente utilizado nas refeições **2** enxerto ■ **bom de garfo** diz-se de pessoa que come muito, que tem bom apetite

gar.ga.lha.da *s.f.* risada prolongada e muito alta

gar.ga.lhar *v.i.* dar gargalhadas

gar.ga.lho *s.m.* catarro expelido pela garganta com muita dificuldade

gar.ga.lo *s.m.* **1** porção fina e longa de garrafas; estrutura semelhante a uma garganta **2** passagem muito apertada, estreita

gar.gan.ta *s.f.* **1** parte interior do pescoço **2** *fig.* passagem estreita entre formações rochosas ○ *s.2g.* **3** *fig.* pessoa que gosta de contar vantagens, mentiras

gar.gan.te.ar *v.i.* **1** gabar-se, contar muitas vantagens sobre si **2** fazer variação de tons rapidamente ao cantar

gar.gan.tei.o /ê/ *s.m.* som feito com a voz; trinado, gorjeio

gar.gan.ti.lha *s.f.* tipo de colar mais justo usado no pescoço

gar.gân.tua *s.m.* pessoa que come excessivamente; glutão

gar.ga.re.ja.men.to *s.m.* ato ou efeito de gargarejar; gargarejo

gar.ga.re.jar *v.i.* agitar na garganta um líquido sem engoli-lo

gar.ga.re.jo /ê/ *s.m.* **1** ação ou efeito de gargarejar **2** remédio para gargarejar e limpar a garganta

gár.gu.la *s.f.* **1** parte das calhas de telhados por onde corre a água da chuva e que na Idade Média era enfeitada com figuras monstruosas de homens ou animais **2** *por ext.* essa figura monstruosa **3** *por ext.* calha para escoação de água de chuva

ga.ri *s.2g.* funcionário contratado para realizar a limpeza das vias públicas

ga.rim.pa.gem *s.f.* **1** ação ou efeito de garimpar **2** ofício de garimpeiro

ga.rim.par *v.i.* procurar pedras preciosas e pepitas de ouro nos garimpos

ga.rim.pei.ro /ê/ *s.m.* indivíduo que trabalha no garimpo

ga.rim.po *s.m.* **1** lugar de extração de minerais preciosos ou úteis **2** garimpagem

gar.ni.sé *adj. gent.* **1** natural ou habitante da ilha de Guernsey, na Grã-Bretanha • *s.2g.* **2** ZOOL raça de galinhas muito pequenas **3** *pop.* indivíduo brigão

ga.ro *s.m.* **1** tipo de lagosta **2** CUL molho feito com essa lagosta

ga.ro.a /ô/ *s.f.* chuvisco frio e fino prolongado; neblina

ga.ro.ar *v.i.* cair garoa; chuviscar

ga.ro.en.to *adj.* cheio de garoa, de neblina

ga.ro.ta.da *s.f.* **1** grupo de garotos e/ou garotas **2** ação típica de garoto; molecagem

ga.ro.ti.ce *s.f.* brincadeira, molecagem

ga.ro.to /ô/ *s.m.* criança ou rapaz do sexo masculino; menino

ga.rou.pa /ô/ *s.f.* ZOOL espécie de peixe marinho de hábitos costeiros

gar.ra *s.f.* **1** unha recurva de aves de rapina, felinos etc. **2** força de vontade; determinação, persistência

gar.ra.fa.da *s.f.* **1** grande porção de garrafas **2** conteúdo de uma garrafa **3** *fig.* mezinha, remédio de curandeiro **4** golpe desferido com garrafa

gar.ra.fal *adj.2g.* **1** com forma semelhante à de uma garrafa **2** tipo de letra grande e legível

gar.ra.fão *s.m.* garrafa grande

gar.ra.fa.ri.a *s.f.* **1** depósito de garrafas **2** coleção de garrafas

gar.ra.fei.ro /ê/ *s.m.* fabricante ou comerciante de garrafas

gar.ran.chen.to /ê/ *adj.* cheio de garranchos, espinhos

gar.ran.cho *s.m.* **1** arbusto cheio de espinhos **2** o espinho desse tipo de arbusto **3** caligrafia malfeita e ilegível

gar.rar *v.i.* afastar-se, desgarrar (embarcação)

gar.ri.do *adj.* **1** vaidoso, orgulhoso **2** elegante, bem-vestido

gar.rin.cha *s.f.* ZOOL espécie de pássaro brasileiro

gar.ro.te /ó/ *s.m.* **1** instrumento com que se estrangulavam condenados **2** torniquete utilizado para estancar hemorragia **3** bezerro entre dois e quatro anos

gar.ru.cha *s.f.* arma de fogo que se carrega pela boca; bacamarte

gar.ru.li.ce *s.f.* qualidade de quem fala muito; loquacidade

gár.ru.lo *adj.* **1** diz-se de ave que gorjeia ou canta muito **2** *fig.* diz-se de quem fala muito; tagarela

ga.ru.pa *s.f.* **1** dorso de animal quadrúpede como burro, cavalo, égua etc. **2** parte traseira do assento de moto ou bicicleta

gás *s.m.* **1** estado de um corpo em que as moléculas estão distantes umas das outras **2** MED ar que se desprende dos intestinos **3** *fig.* animação, vigor

ga.sei.fi.car *v.t.* **1** dar natureza gasosa a algo **2** introduzir gás em alguma coisa

gas.ga.ne.te /é/ *s.m.* m.q. garganta

gas.ga.ne.te /é/ *s.m.* m.q. garganta

ga.so.gê.nio *s.m.* **1** aparelho para a produção do gás combustível para substituir a gasolina **2** o gás resultante dessa produção

ga.so.li.na *s.f.* éter líquido de petróleo utilizado como combustível

ga.so.me.tri.a *s.f.* processo de medição do volume dos gases

ga.sô.me.tro *s.m.* **1** aparelho destino a medir o volume, a pressão do gás **2** *bras.* lugar onde se fabrica ou armazena gás

ga.so.sa /ó/ *s.f.* **1** bebida gaseificada **2** *pop.* gasolina

gas.pa *s.f.* CUL sopa fria bastante temperada e com pedacinhos de pão

gas.pa.ri.nho *s.m. desus.* a menor fração de um bilhete de loteria

gás.pea *s.f.* parte do calçado que cobre o peito do pé

gas.ta.dor /ô/ *s.m.* pessoa que gasta muito; perdulário, mão-aberta

gas.tar *v.t.* **1** consumir, desembolsar, despender **2** desperdiçar, esbanjar **3** consumir descontroladamente

gas.to *adj.* **1** que foi destruído por uso excessivo • *s.m.* **2** aquilo que se consome; despesa **3** desgaste por uso excessivo

gas.tral.gi.a *s.f.* MED dor de estômago

gas.tren.te.ri.te *s.f.* inflamação da mucosa estomacal e intestinal; gastroenterite

gás.tri.co *adj.* referente ao estômago

gas.tri.te *s.f.* inflamação do estômago

gas.tro.en.te.ro.lo.gi.a *s.f.* MED área médica que trata do estômago e dos intestinos

gas.tro.en.te.ro.ló.gi.co *adj.* relativo a gastroenterologia

gas.tro.en.te.ro.lo.gis.ta *s.2g.* especialista em gastroenterologia

gas.tro.no.mi.a *s.f.* **1** arte de comer comida fina e de qualidade **2** prática e conhecimentos acerca da culinária

gas.tró.po.de *s.m.* ZOOL espécime dos gastrópodes, classe de moluscos dotados de concha, como o caracol, o caramujo etc.

gas.tros.co.pi.a *s.f.* MED exame interno do estômago por meio de aparelhos apropriados

gas.tros.có.pio *s.m.* MED aparelho médico utilizado para a realização da gastroscopia

gas.tro.vas.cu.lar *adj.2g.* que se refere ao tubo digestivo e aos vasos

gas.tu.ra *s.f.* **1** sensação de mal-estar **2** falta de paciência; irritação

ga.ta *s.f.* **1** fêmea do gato **2** MAR âncora de um único braço **3** *desus.* antiga máquina bélica semelhante à catapulta ▪ *adj.* **4** pessoa de gênio irascível **5** mulher bonita e atraente

ga.tá.ria *s.f.* BOT planta semelhante à hortelã, também chamada de erva-dos-gatos

ga.ti.cí.dio *s.m.* assassínio em massa de gatos

ga.ti.lho *s.m.* dispositivo das armas de fogo que se puxa para dar o tiro

ga.ti.ma.nho *s.m.* gesto que se faz com as mãos

ga.to *s.m.* **1** ZOOL mamífero doméstico da família dos felinos **2** *pop.* homem bonito e atraente

ga.tu.no *s.m.* ladrão; pessoa que rouba; larápio

ga.tu.ra.mo *s.m.* ZOOL ave canora brasileira de coloração azul, amarela e verde

ga.u.cha.da *s.f.* **1** grande quantidade de gaúchos **2** *pop.* gabolice

ga.u.cha.ri.a *s.f.* ação própria de gaúcho; gauchada

ga.u.ches.co *adj.* /ê/ relativo a gaúcho; próprio de gaúcho

ga.ú.cho *s.m.* **1** natural ou habitante do Rio Grande do Sul **2** habitante de estâncias do Rio Grande do Sul, da Argentina, do Uruguai etc.

ga.u.ches.co *adj.* /ê/ relativo a gaúcho; próprio de gaúchov

gáu.dio *s.m.* divertimento, farra, alegria

gau.lês *adj. gent.* **1** natural ou habitante da Gália, região da atual França **2** francês

gá.vea *s.f.* estrutura circular, semelhante a uma gaiola, que fica no mastro de um navio

ga.ve.la /é/ *s.f.* pequena quantidade de espigas amarradas em feixe

ga.ve.ta /ê/ *s.f.* compartimento corrediço de móveis onde se guardam papéis, objetos, roupas etc.

ga.vi.al *s.m.* ZOOL espécie de crocodilo encontrado no rio Ganges

ga.vi.nha *s.f.* BOT pequeno filamento espiralado que certas plantas possuem para se agarrar a outras

ga.vião *s.m.* **1** BOT ave de rapina que se alimenta de presas vivas **2** indivíduo arguto, sagaz

gay adj.2g. s.2g. [ing.] indivíduo homossexual

ga.ze *s.f.* **1** tipo de tecido de origem oriental **2** tira de tecido utilizada em curativos

ga.ze.a.dor /ô/ *adj. diz-se do* aluno que gazeia, que não comparece às aulas

ga.ze.ar *v.i.* **1** *onomat.* fazer som típico de certos pássaros; trinar, chilrear, gorjear **2** vadiar, andar sem rumo **3** não ir às aulas

ga.ze.la /é/ *s.f.* ZOOL espécie de antílope africano e asiático de corpo esbelto e chifre espiral

ga.ze.ta /ê/ *s.f.* **1** jornal que se publica diariamente; diário **2** *fig.* ação ou resultado de gazetear

ga.zo *adj. m.q.* albino

ga.zu.a *s.f.* **1** guerra santa dos mouros contra os cristãos **2** instrumento utilizado por ladrões para arrombar portas; pé de cabra

GB INFORMÁT símbolo de *gigabyte*

Ge QUÍM símbolo do elemento químico germânio

ge.a.da *s.f.* orvalho congelado

ge.ar *v.i.* ocorrer geada

ge.e.na *s.f.* **1** lugar de suplício eterno; inferno **2** *por ext.* tormento, tortura

gêi.ser *s.m.* fonte natural de onde jorra água fervendo intermitentemente

ge.la.dei.ra /ê/ *s.f.* máquina refrigeradora utilizada para conservação de alimentos

ge.lar *v.t.* **1** transformar em gelo **2** baixar a temperatura de algo; tornar gelado **3** *fig.* ficar imobilizado pelo medo

ge.la.ti.na *s.f.* **1** proteína utilizada na produção de certos alimentos **2** iguaria doce preparada com essa substância

ge.la.ti.no.so /ô/ *adj.* **1** que contém gelatina **2** de aspecto semelhante ao da gelatina

ge.lei.a /é/ *s.f.* doce em forma de pasta feito a partir do cozimento de frutas

ge.lei.ra /ê/ *s.f.* **1** massa de gelo de grandes proporções formada em regiões muito frias **2** grandes blocos de gelo que se desprendem das geleiras e flutuam nos mares; *iceberg* **3** lugar extremamente frio, congelante

ge.lha /ê/ *s.f.* ruga na pele, especialmente no rosto

ge.li.dez /ê/ *s.f.* **1** frio intenso **2** *fig.* indiferença acentuada

gé.li.do *adj.* de temperatura extremamente baixa; gelado

ge.lo /ê/ *s.m.* **1** água em estado sólido **2** *fig.* frio intenso **3** *fig.* frieza, insensibilidade, ausência de sentimentos

ge.lo.si.a *s.f.* rótula de janela através da qual pode-se ver algo sem que se seja visto

ge.ma *s.f.* **1** broto que ainda não se desenvolveu **2** GEOL pedra preciosa **3** a parte amarela do ovo

ge.me.dei.ra /ê/ *s.f.* **1** sequência de gemidos **2** queixa contínua; lamúria, lamentação

ge.me.dor /ô/ *adj.* **1** que geme **2** que reclama, que lastima muito

gê.meo *adj.* diz-se de cada um dos filhos de um mesmo parto ■ **gêmeos** terceira constelação do zodíaco; terceiro signo do zodíaco

gê.meo /ê/ *adj.* **1** cada um dos filhos de um mesmo parto **2** duplo, que nasceu junto

ge.mer /ê/ *v.i.* dar gemidos de dor ou de queixa

ge.mi.do *s.m.* **1** som que se faz em sinal de dor ou sofrimento **2** lástima, lamúria

ge.mi.na.ção *s.f.* **1** GRAM duplicação de sons representados por letras **2** BOT disposição de flores e folhas aos pares

ge.mi.nar *v.t.* agrupar em dois; duplicar; ligar

genciana

gen.ci.a.na *s.f.* BOT planta de cuja raiz se extrai substância para uso medicinal

ge.ne *s.f.* BIOL unidade genética fundamental da hereditariedade

ge.ne.a.lo.gi.a *s.f.* estudo de gerações de famílias

ge.ne.bra /é/ *s.f.* bebida alcoólica de cereais e zimbro

ge.ne.brês *adj. gent.* natural ou habitante de Genebra

ge.ne.bri.no *adj. gent.* m.q. genebrês

ge.ne.ral *s.m.* 1 EXÉRC patente militar superior à de coronel • *adj.* 2 m.q. geral

ge.ne.ra.la.do *s.m.* 1 EXÉRC o cargo de general 2 EXÉRC o tempo de exercício desse cargo

ge.ne.ra.lí.cio *adj.* relativo a general

ge.ne.ra.li.da.de *s.f.* 1 qualidade do que é geral 2 indeterminação, não especificidade

ge.ne.ra.lís.si.mo *s.m.* chefe supremo de um exército

ge.ne.ra.li.za.ção *s.f.* 1 ato ou efeito de generalizar 2 ação de estender uma noção particular a um campo mais vasto

ge.ne.ra.li.zar *v.t.* 1 tornar geral o que era particular 2 tirar consequências, conclusões de âmbito universal de um fato, de uma doutrina, de uma ideia particular

ge.ne.ra.ti.vo *adj.* 1 relativo a geração 2 que pode gerar, originar algo

ge.ne.ra.triz *s.f.* m.q. geratriz

ge.né.ri.co *adj.* 1 relativo a gênero vago, impreciso 3 diz-se de remédio de preço inferior mas com o mesmo princípio ativo de um medicamento conhecido no mercado

gê.ne.ro *s.m.* 1 grupo de seres que possuem características comuns 2 classe geral de assuntos literários, de teatro, cinema etc. 3 GRAM categoria gramatical das palavras de uma língua 4 produto agrícola ou industrial que se comercia 5 tipo, espécie 6 categoria taxonômica inferior a família e superior a espécie

ge.ne.ro.si.da.de *s.f.* 1 qualidade de quem é generoso 2 magnanimidade; nobreza

ge.ne.ro.so /ô/ *adj.* 1 de caráter e sentimentos nobres 2 magnânimo, nobre

gê.ne.se *s.f.* início, origem

ge.né.si.a.co *adj.* relativo a gênese

ge.né.si.co *adj.* m.q. genesíaco

ge.né.ti.ca *s.f.* ramo da biologia que se dedica ao estudo da hereditariedade

ge.né.ti.co *adj.* referente a genética

gen.gi.bre *s.m.* raiz asiática medicinal também utilizada na culinária e na produção de perfumes

gen.gi.va *s.f.* ANAT mucosa que encobre a raiz dentária

ge.ni.al *adj.2g.* 1 referente a gênio 2 inteligente, talentoso 3 ótimo, excelente

ge.ni.a.li.da.de *s.f.* qualidade de genial

gê.nio *s.m.* 1 ente sobrenatural que possui poderes mágicos 2 inteligência fora do comum; talento raro 3 inclinação, disposição natural do caráter

ge.ni.tal *adj.2g.* referente a genitália

ge.ni.tá.lia *s.f.* conjunto dos órgãos sexuais, tanto masculinos quanto femininos

ge.ni.ti.vo *adj.* diz-se do caso que em latim e grego é restritivo, limitativo ou possessivo

ge.ni.tor /ô/ *s.m.* 1 aquele que gera 2 pai

ge.no.cí.dio *s.m.* extermínio de grupos étnicos ou religiosos

ge.no.ês *adj. gent.* m.q. genovês

ge.no.ma *s.m.* BIOL conjunto de genes e sua estrutura

ge.nó.ti.po *s.m.* composição genética de um indivíduo

ge.no.tí.pi.co *adj.* referente a genótipo

gen.ti.li.da.de *s.f.* 1 o conjunto dos não batizados, dos gentios 2 a religião politeísta dos gentios; paganismo

ge.no.vês *adj. gent.* natural ou habitante de Gênova, na Itália; genoês

gen.ro /ê/ *s.m.* esposo da filha em relação ao sogro

gen.te *s.f.* 1 pessoa, ser humano 2 grupo de pessoas, povo 3 família

gen.til *adj.2g.* delicado, educado, de boas maneiras, elegante, cavalheiro ■ **gentil-homem** homem da nobreza, da fidalguia

gen.ti.le.za /ê/ *s.f.* 1 qualidade de quem é gentil 2 delicadeza, fineza

gen.tí.li.co *adj.* 1 referente a gentio, pagão 2 diz-se de adjetivo que denomina povo, raça, lugar de origem ou onde se habita

gen.ti.o *adj.* pagão, que ainda não foi civilizado

ge.nu.fle.tir *v.i.* curvar-se de joelhos; ajoelhar-se

ge.nu.fle.xão /ks/ *s.f.* 1 ação de dobrar os joelhos, de ajoelhar-se 2 reverência máxima que se faz diante do altar

ge.nu.fle.xo /éks/ *adj.* de joelhos curvos; ajoelhado

ge.nu.fle.xó.rio /ks/ *s.m.* pequeno móvel com estrado para apoio de quem se ajoelha para rezar ou orar

ge.nu.i.ni.da.de *s.f.* 1 qualidade do que é genuíno 2 originalidade

ge.nu.í.no *adj.* que não é falsificado; autêntico

ge.o.cên.tri.co *adj.* relativo a geocentrismo

ge.o.cen.tris.mo *s.m.* antigo sistema em que a Terra era tida como o centro do universo

ge.o.dé.sia *s.f.* ciência que estuda a determinação da forma, das dimensões e do campo de gravidade da Terra

ge.o.fa.gi.a *s.f.* hábito ou mania de comer terra ou barro

ge.ó.fa.go *adj. s.m.* que come terra ou barro; geofágico

ge.o.fí.si.ca *s.f.* GEOL parte da geologia que estuda a estrutura física da Terra

ge.o.fí.si.co *adj. 1 relativo a geofísica 2 especialista em geofísica*

ge.o.gra.fi.a *s.f.* ciência que estuda as características físicas da Terra e as relações do homem com ela

ge.o.grá.fi.co *adj.* referente a geografia

ge.ó.gra.fo *s.m.* especialista em geografia

ge.oi.de /ói/ *s.m.* 1 GEOG formato do globo terrestre • *adj.* 2 de forma semelhante à Terra

ge.o.lo.gi.a *s.f.* ciência que se dedica ao estudo da estrutura, da formação e da evolução da Terra

ge.o.ló.gi.co *adj.* referente a geologia

ge.ó.lo.go *s.m.* especialista em geologia

ge.ô.me.tra *s.2g.* 1 especialista em geometria 2 *desus.* técnico em medição de terreno; agrimensor

ge.o.me.tri.a *s.f.* GEOM ciência que estuda as propriedades das figuras geométricas

ge.o.mé.tri.co *adj.* referente a geometria

ge.o.po.lí.ti.ca *s.f.* m.q. geografia política

ge.o.po.lí.ti.co *adj.* relativo a geopolítica

ge.or.gi.a.no *adj. gent.* natural ou habitante do Estado da Geórgia, nos Estados Unidos da América

ginecológico

ge.o.ter.mi.a *s.f.* GEOL parte da geologia que estuda o calor do globo terrestre

ge.o.tér.mi.co *adj.* referente a geotermia

ge.o.tró.pi.co *adj.* relativo a geotropismo

ge.o.tro.pis.mo *s.m.* BIOL influência exercida pela gravidade da terra sobre os vegetais

ge.ra.ção *s.f.* **1** estirpe, descendência **2** ação ou resultado de procriar, de gerar, de originar vida; procriação

ge.ra.do *adj.* criado, originado

ge.ra.dor /ô/ *adj.* **1** que gera, que dá vida, que origina • *s.m.* **2** aparelho que produz energia, calor

ge.ral *adj.2g.* que não é específico, individual

ge.râ.nio *s.m.* BOT planta ornamental que produz flores de várias cores

ge.rar *v.t.* **1** originar; dar início **2** dar vida; procriar

ge.ra.ti.vo *adj.* que gera, que origina; generativo

ge.ra.triz *s.f.* **1** aquela que gera, que origina; generatriz **2** GEOM curva que, ao mover-se, origina uma superfície

ge.rên.cia *s.f.* m.q. administração

ge.ren.te *s.2g.* m.q. administrador; pessoa que gerencia

ger.bão *s.m.* BOT m.q. verbena

ger.ge.lim *s.m.* BOT planta de sementes oleaginosas usadas na culinária; sésamo

ge.ri.a.tra *s.2g.* MED especialista em geriatria

ge.ri.a.tri.a *s.f.* MED campo da medicina focado no tratamento das doenças próprias da velhice

ge.ri.do *adj.* administrado, dirigido

ge.rin.gon.ça *s.f. pop.* coisa que não funciona direito

ge.rir *v.t.* gerenciar, administrar

ger.mâ.ni.co *adj. gent.* natural ou habitante da antiga Germânia

ger.mâ.nio *s.m.* QUÍM elemento químico utilizado como semicondutor

ger.ma.nis.mo *s.m.* **1** GRAM utilização de palavras ou expressões do alemão em outras línguas **2** admiração a tudo o que é característico da Alemanha

ger.ma.nis.ta *s.2g.* linguista especializado na língua e/ ou na literatura germânica

ger.ma.ni.za.ção *s.f.* ação ou resultado de germanizar, de dar caráter alemão a algo

ger.ma.ni.za.do *adj.* que adquiriu características germânicas

ger.ma.ni.zar *v.t.* dar caráter alemão a algo

ger.ma.no *adj.* **1** m.q. germânico **2** diz-se de irmão cujo pai e a mãe são os mesmos; irmão legítimo **3** verdadeiro, puro, que ainda não foi corrompido

ger.me /é/ *s.m.* **1** semente, embrião **2** causa de uma moléstia infecciosa; micróbio

gér.men *s.m.* m.q. germe

ger.mi.na.ção *s.f.* processo de desenvolvimento do germe

ger.mi.na.dor /ô/ *adj.* que faz germinar

ger.mi.nal *adj.2g.* referente a germe ou a embrião

ger.mi.nar *v.i.* **1** desenvolver o germe, a semente, o embrião **2** BOT brotar, nascer

ge.ron.to.cra.ci.a *s.f.* sistema de governo cuja autoridade pertence às pessoas mais velhas, aos anciães

ge.ron.to.crá.ti.co *adj.* relativo a gerontocracia

ge.ron.to.lo.gi.a *s.f.* ciência que se dedica ao estudo do envelhecimento humano

ge.ron.to.ló.gi.co *adj.* relativo a gerontologia

ge.ron.tó.lo.go *s.m.* especialista em gerontologia

ge.rún.dio *s.m.* GRAM forma verbal terminada em *-ndo* e que indica processo ainda em desenvolvimento

ges.sar *v.t.* m.q. engessar

ges.so /ê/ *s.m.* massa ou pó de sulfato de cal hidratado

ges.ta /é/ *s.f.* façanha, feito heroico

ges.ta.ção *s.f.* **1** período de desenvolvimento de um embrião; gravidez **2** *fig.* elaboração, criação, produção de algo

ges.tan.te *adj.2g.* **1** que está no período da gestação • *s.f.* **2** mulher grávida

ges.tão *s.f.* **1** administração, gerência **2** o período que dura essa gestão

ges.tar *v.t.* gerar, originar, conceber

ges.ta.tó.rio *adj.* referente a gestação

ges.ti.cu.la.ção *s.f.* ação ou resultado de gesticular

ges.ti.cu.la.dor /ô/ *adj.* que gesticula

ges.ti.cu.lar *s.f.* fazer gestos, meneios com as mãos, os braços etc.

ges.to /é/ *s.m.* **1** movimento utilizando alguma parte do corpo **2** modo de agir; atitude **3** *fig.* ação louvável

ges.tor /ô/ *s.m.* administrador, gerente

gi.ba *s.f.* **1** corcunda no homem ou no animal **2** vela triangular que se coloca na proa de um navio

gi.bo.so /ô/ *adj.* pessoa que apresenta giba; corcunda

gi.bão *s.m.* **1** veste ou casaco de lã e algodão **2** ZOOL macaco arborícola cheio de pelos

gi.es.ta /é/ *s.f.* BOT planta ornamental e medicinal de flor amarela

gi.ga *s.f.* **1** antiga dança italiana **2** MÚS instrumento musical de corda da família da viola de arco, do violino, do violão etc. **3** INFORMÁT redução de *gigabyte*

giga.byte *s.m.* [ing.] unidade de medida de informação equivalente a um bilhão de *bytes*

gi.gan.te *adj.2g. s.m.* pessoa alta, de estatura elevada

gi.gan.tes.co /ê/ *adj.* de tamanho descomunal

gi.gan.tis.mo *s.m.* desenvolvimento de estatura excessivo de um organismo

gi.es.ta /é/ *s.f.* BOT planta ornamental e medicinal de flor amarela

gil.vaz *s.m.* cicatriz na face em decorrência de um golpe

gim *s.m.* **1** bebida alcoólica feita de genebra **2** m.q. genebra

gim.nos.per.ma /é/ *s.f.* BOT espécime das gimnospermas, gênero de fanerógamas cujas sementes são expostas, como as coníferas

gi.na.si.al *adj.2g.* relativo a ginásio

gi.na.si.a.no *adj.* diz-se de quem cursa o ginásio

gi.ná.sio *s.m.* **1** *des.* estabelecimento de ensino fundamental; escola **2** lugar de exercícios físicos, de atletismo

gi.nas.ta *s.2g.* atleta que pratica a ginástica

gi.nás.ti.ca *s.f.* arte de tonificar o corpo pela prática de exercícios físicos

gin.ca.na *s.f.* **1** corrida com vários obstáculos **2** competição entre equipes

gi.ne.co.lo.gi.a *s.f.* MED área médica que trata das moléstias próprias da mulher, especialmente do aparelho genital

gi.ne.co.ló.gi.co *adj.* referente a ginecologia

ginecologista

gi.ne.co.lo.gis.ta *s.2g.* médico especialista em ginecologia

gi.ne.có.lo.go *s.m.* m.q. ginecologista

gi.ne.ta /ê/ *s.f.* **1** maneira de cavalgar em que o cavaleiro monta com os estribos curtos **2** posto de capitão

gin.gar *v.t.* movimentar o corpo de um lado para outro ao andar

gin.ga *s.f.* **1** movimento corporal ao andar; requebro, meneio **2** espécie de remo localizado na popa de embarcações **3** caneco de cabo comprido usado em engenhos de açúcar

gin.ja *s.f.* BOT fruto agridoce proveniente da ginjeira

gin.jei.ra /ê/ *s.f.* BOT árvore da família das rosáceas que produz a ginja

gíp.seo *adj.* feito de gesso

gi.ra.fa *s.f.* **1** ZOOL mamífero ruminante africano dotado de pescoço comprido e pernas longas **2** *pop.* pessoa de pescoço comprido

gi.rân.do.la *s.f.* roda de foguetes que estouram em movimentos circulares e sequenciais

gi.ra *adj. pop.* diz-se de pessoa meio amalucada, não muito sã

gi.ran.te *adj.2g.* que gira; giratório

gi.rar *v.i.* **1** rodar; mover em círculos **2** descrever círculos

gi.ras.sol /ó/ *s.m.* BOT flor amarela, de grande corola, que se volta sempre para o sol

gi.ra.tó.rio *adj.* **1** que se move em círculos • *s.m.* **2** aparelho usado nas fundições para girar as formas

gí.ria *s.f.* GRAM linguajar típico de certos grupos sociais em certas épocas

gi.ri.no *s.m.* **1** BIOL larva dos anfíbios anuros que se desenvolve na água **2** BIOL gênero de insetos coleópteros que habitam as superfícies aquáticas

gi.ro *s.m.* volta em torno de um eixo gerando um círculo

gi.ros.có.pio *s.m.* instrumento que orienta em navegações

gla.bro *adj.* desprovido de cabelos, pelos ou barba

gla.ci.a.ção *s.f.* congelamento; ação das geleiras sobre a superfície terrestre

gla.ci.al *adj.2g.* **1** referente a frio **2** muito frio

gla.ci.á.rio *adj.* relativo ao gelo ou às geleiras

gla.di.a.dor /ô/ *s.m.* antigo lutador romano que enfrentava oponentes com espada, para divertimento do povo

glá.dio *s.m.* curta espada de dois gumes

glan.du.lí.fe.ro *adj.* que possui glândulas

glan.du.li.for.me /ó/ *adj.2g.* com aspecto semelhante ao de uma glândula

gla.mour *s.m.* [ing.] **1** charme, atração, magnetismo **2** simpatia

glan.de *s.f.* **1** tudo o que tem a extremidade arredondada **2** ANAT a cabeça do pênis

glân.du.la *s.f.* MED célula, tecido ou órgão do organismo com a função de preparar e secretar certos líquidos orgânicos

glan.du.lar *adj.2g.* referente às glândulas

glau.co *adj.* de tonalidade verde-azulada ou verde-clara

glau.co.ma *s.m.* MED doença caracterizada pelo enrijecimento do globo ocular e pela opacidade do humor vítreo

gle.ba /é/ *s.f.* pedaço de terra para ser cultivado

gli.ce.mi.a *s.f.* quantidade de glicose existente no sangue

gli.cê.mi.co *adj.* relativo a glicemia

gli.ce.ri.na *s.f.* **1** QUÍM líquido viscoso de sabor açucarado extraído de corpos gordurosos neutros, como o sabão **2** QUÍM produto à base de glicerol; glicerol

gli.ce.rol *s.m.* m.q. glicerina

gli.cí.nia *s.f.* BOT planta ornamental da família das leguminosas que produz cachos de flores roxas

gli.co.se /ó/ *s.f.* açúcar simples encontrado no sangue e nos vegetais

glo.bal *adj.2g.* **1** referente a globo **2** universal, geral **3** completo

glo.ba.li.zar *v.t.* **1** sofrer ou ocasionar o processo de globalização **2** generalizar, universalizar

glo.ba.li.za.ção *s.f.* **1** ação de globalizar, de juntar em um todo **2** ECON internacionalização de mercados

glo.bo /ô/ *s.m.* esfera ou algo que tem formato semelhante

glo.bu.lar *adj.2g.* que tem forma de globo; esférico

glo.bu.li.na *s.f.* QUÍM termo geral que designa as substâncias proteicas

gló.bu.lo *s.m.* **1** diminutivo de globo **2** pequena célula arredondada encontrada em líquidos orgânicos

gló.ria *s.f.* **1** reputação por feitos grandiosos; honra **2** a vida eterna, o paraíso, o céu

glo.ri.ar *v.t.* cobrir de glórias; atribuir fama a alguém

glo.ri.fi.ca.ção *s.f.* ação de glorificar; atribuição de glória, de honra a alguém

glo.ri.fi.ca.dor /ô/ *adj.* que glorifica, que honra

glo.ri.fi.car *v.t.* **1** dar glória, honra **2** oferecer reverências; cultuar

glo.ri.o.so /ô/ *adj.* cheio de glória; honroso, célebre

glo.sa /ó/ *s.f.* explicação ou nota explicativa acerca de um assunto obscuro

glos.sá.rio *s.m.* **1** lista de palavras extraídas de um texto e suas respectivas significações **2** vocabulário de termos específicos de uma área

glos.sa.ris.ta *s.2g.* pessoa que faz glossários

glo.te /ó/ *s.f.* ANAT abertura da laringe localizada entre as cordas vocais

glu.cí.nio *s.m.* QUÍM elemento químico da família dos alcalinoterrosos utilizado em ogivas de foguetes, molas de relógio, computadores etc.; berílio

glu.glu *s.m. onomat.* o som produzido pelo peru ou o barulho feito ao beber um líquido rapidamente

glu.ma *s.f.* BOT invólucro membranoso dos grãos das gramináceas

glu.tão *adj.s.m.* pessoa que come em excesso; comilão

glu.ti.no.so *adj.* **1** que contém glúten **2** de consistência grudenta e pastosa

glú.ten *s.m.* substância viscosa que se extrai dos cereais, sobretudo do trigo

glú.teo *s.m.* ANAT músculo das nádegas

glu.to.na.ri.a *s.f.* m.q. gula

gno.mo *s.m.* entidade lendária que, segundo a crença dos cabalistas da Idade Média, mora no interior da Terra, onde guarda tesouros

gno.se /ó/ *s.f.* conhecimento perfeito das verdades espirituais

gnos.ti.cis.mo *s.m.* FILOS doutrina que tem a gnose como base

gnós.ti.co *adj. s.m.* seguidor do gnosticismo

gnu *s.m.* ZOOL nome de um antílope africano de chifres espiralados

gosma

go.dê *s.m.* corte de roupas em que vestidos ou saias têm bastante roda e pregas

go.do /ô/ *adj. gent.* indivíduo pertencente à tribo germânica dos godos

go.e.la /é/ *s.f.* **1** ANAT garganta, esôfago **2** *fig.* abismo, buraco muito profundo

go.frar *v.t.* imprimir algo em relevo com prensa própria para isso

go.gó *s.m.* **1** VETER espécie de bronquite que dá em aves **2** *onomat.* pescoço, mais especificamente o pomo-de-adão

go.go.so *adj.* diz-se do animal que padece da doença de gogo

go.guen.to *adj.* m.q. gogoso

gói *s.2g.* designação dada pelos judeus às pessoas não judaicas

goi.a.ba *s.f.* BOT fruto proveniente da goiabeira

goi.a.ba.da *s.f.* doce em pasta ou tablete feito de goiaba

goi.a.bei.ra /ê/ *s.f.* BOT árvore da família das mirtáceas que produz a goiaba

goi.a.mum *s.m.* m.q. guaiamum

goi.a.no *adj. gent.* natural ou habitante do Estado de Goiás; referente a esse estado brasileiro

goi.ta.cá *s.2g.* indivíduo pertencente aos goitacás, tribo indígena brasileira que habitava o litoral do Rio de Janeiro e do Espírito Santo

goi.va /ô/ *s.f.* instrumento dos carpinteiros para aplainar a madeira; plaina

goi.vo /ô/ *s.m.* BOT planta da família das crucíferas, de flor perfumada e ornamental

go.la /ó/ *s.f.* **1** a parte de uma vestimenta que toca ou cobre o pescoço **2** *por ext.* o próprio pescoço

go.le /ó/ *s.m.* **1** porção de líquido tomada de uma só vez; golada **2** espada de origem malaia

go.le.a.da *s.f.* derrota de um time de futebol por muitos gols

go.le.a.dor /ô/ *adj.* diz-se do jogador de futebol que faz muitos gols para o seu time

go.le.ar *v.t.* ESPORT derrotar time adversário por grande número de gols, no futebol

go.le.ta /ê/ *s.f.* barco pequeno de dois mastros

gol.fa.da *s.f.* porção de líquido (sangue, vômito) expelido pela boca

gol.far *v.t.* **1** expelir grande quantidade de líquido (sangue, vômito) pela boca **2** expelir, rejeitar, devolver

gol.fe /ô/ *s.m.* esporte de origem escocesa em que, com o auxílio de tacos, os jogadores tentam acertar com uma pequena bola maciça buracos em um campo extenso

gol.fi.nho *s.m.* ZOOL cetáceo mamífero; boto, delfim

gol.fo /ô/ *s.m.* **1** baía, entrada do mar na terra **2** abrigo, porto

gol.pe /ó/ *s.m.* **1** movimento de pancada ou corte desferido com algum objeto **2** estratagema, ardil **3** desgraça, infortúnio

gol.pe.ar *v.t.* desferir golpes em algo

go.ma *s.f.* **1** substância elástica extraída do látex de determinadas árvores tropicais **2** preparado para engomar roupas **3** cola, goma arábica

go.ma.do *adj.* **1** que contém goma **2** que se apresenta em gomos

go.ma.gem *s.f.* **1** ação de besuntar alguma coisa com goma **2** clareamento de vinhos com aplicações de resinas e gomas

go.ma.li.na *s.f.* cosmético para fixação dos cabelos

go.mar *v.t.* passar goma em algo

go.mo *s.m.* cada uma das porções naturalmente divididas em certos frutos como a laranja, a tangerina etc.

gô.na.da *s.f.* ANAT glândula sexual que produz óvulo ou espermatozoide

gôn.do.la *s.f.* espécie de barco longo e estreito com as extremidades elevadas, típico da cidade de Veneza

gon.do.lei.ro /ê/ *s.m.* tripulante de gôndola

gon.go *s.m.* instrumento de percussão tocado com uma baqueta de ponta acolchoada ou com as mãos

gon.gó.ri.co *adj.* **1** LITER relativo ao gongorismo **2** m.q. barroco

gon.go.ris.mo *s.m.* LITER estilo literário caracterizado por metáforas, antíteses, inversões, entre outros, e cujo principal representante espanhol foi Luis de Góngora y Argote

go.no.co.co /ô/ *s.m.* MED bactéria causadora da blenorragia

go.nor.re.ia /é/ *s.f.* MED m.q. blenorragia

gon.zo *s.m.* peça dobradiça para girar portas, janelas etc.

go.ra.do *adj.* abortado, que não chegou a desenvolver-se completamente

go.rar *v.i.* não desenvolver completamente

gor.do /ô/ *adj.* **1** que possui muita gordura, muito tecido adiposo **2** diz-se de pessoa pesada, obesa

gor.du.ra *s.f.* tecido adiposo; banha, sebo

gor.du.ro.so *adj.* cheio de gordura; que tem muita gordura

gor.go.lar *v.i.* sair em jatos

gor.go.le.jan.te *adj.2g.* que gorgoleja

gor.go.le.jar *v.i.* **1** gargarejar **2** fazer barulho ao beber um líquido de goles

gor.go.mi.lho *s.m.* m.q. gorgomilo

gor.go.mi.lo *s.m.* entrada do esôfago; garganta

gor.gon.zo.la /ó/ *s.m.* tipo de queijo italiano picante de crosta rosada, fabricado na cidade de Gorgonzola, na Itália

gor.go.rão *s.m.* certo tipo de tecido de seda utilizado em cortinas, estofados, roupas etc.

gor.gu.lha *s.f.* m.q. borbulha

gor.gu.lho *s.m.* **1** m.q. gorgulha **2** MED pequeno tumor da pele **3** BOT protuberância vegetal produzida por parasitas **4** caruncho

go.ri.la *s.m.* ZOOL macaco africano de grande porte e que pode ser muito alto

gor.ja /ó/ *s.f.* m.q. garganta

gor.je.ta /ê/ *s.f.* gratificação monetária que se dá em reconhecimento a um serviço prestado; propina

go.ro /ô/ *adj.* diz-se do ovo que não se desenvolveu completamente

go.ro.ro.ba /ó/ *s.f.* **1** BOT nome de uma palmeira brasileira **2** *fig.* pessoa devagar, lerda **3** *pop.* comida feita às pressas; rango

gor.ro /ô/ *s.m.* espécie de boné sem aba nem pala

gos.ma /ó/ *s.f.* **1** VETER espécie de bronquite que dá em aves, especialmente galinhas **2** *fig.* pessoa sem energia, mole, parasita **3** matéria viscosa expelida pela boca **4** catarro

gostar

gos.tar *v.t.* **1** sentir afeto, amizade, simpatia por algo ou alguém **2** saborear, sentir pelo paladar **3** ficar satisfeito com algo

gos.to /ô/ *s.m.* **1** sabor **2** prazer, deleite **3** inclinação, afeto

gos.to.so /ô/ *adj.* **1** que tem sabor bom; saboroso **2** que causa prazer; agradável

go.ta /ô/ *s.f.* **1** pequena porção de líquido; pingo **2** MED moléstia reumática nas articulações causada por excesso de ácido úrico no organismo

go.tei.ra /ê/ *s.f.* **1** fresta no telhado que deixa vazar a água da chuva **2** água advinda dessa fresta **3** calha, encanamento por onde se escoa a água da chuva **4** MED sulco em ossos ou articulações do esqueleto humano

go.te.jar *v.i.* deixar cair líquido em gotas; pingar

gó.ti.co *adj.* relativos aos godos e sua cultura

go.ti.cu.la *s.f.* m.q. gotinha

go.to /ô/ *s.m.* m.q. glote

go.ver.na.dor /ô/ *adj.* diz-se da pessoa que administra, gerencia, governa algo

go.ver.na.men.tal *adj.2g.* referente a governo

go.ver.nan.ta *s.f.* **1** mulher encarregada da instrução de crianças **2** mulher encarregada da administração de uma casa

go.ver.nar *v.t.* **1** administrar, gerir, gerenciar algo, principalmente público **2** conduzir um veículo; dirigir **3** dominar, imperar

go.ver.nan.te *s.2g.* pessoa que faz parte do governo, que tem o ofício de governar

go.ver.no /ê/ *s.m.* **1** administração, gerência, principalmente pública **2** o grupo de pessoas que formam a administração pública **3** a ação ou o resultado de governar **4** maneira de agir, de proceder

go.za.do *adj.* **1** desfrutado, aproveitado **2** alegre, engraçado

go.za.dor /ô/ *adj.* **1** pessoa que sabe aproveitar a vida **2** pessoa que leva tudo na brincadeira, que goza de tudo

go.zar *v.t.* **1** tirar proveito de algo ou de uma situação **2** aproveitar, deleitar, ter **3** zombar, caçoar

go.zo /ô/ *s.m.* **1** satisfação, deleite, prazer **2** posse ou uso de uma coisa

grã *s.f.* **1** cor avermelhada, de carmim **2** tecido com essa coloração **3** inseto de coloração vermelha **4** galha do carvalho **5** excrescência carnosa na boca de certos animais • *adj.2g.* **6** abreviação de grão, grande

gra.ba.to *s.m.* catre, leito rústico

gra.ça *s.f.* **1** favor ou dádiva que se recebeu **2** a misericórdia divina **3** elegância, distinção natural **4** *pop.* dito ou ação engraçada, divertida **5** o nome de batismo ou prenome

gra.ças *s.f.pl.* **1** ditos e palavras engraçadas; chistes **2** ação em agradecimento a algo

gra.ce.jar *v.t.* fazer graça; pilheriar

grá.cil *adj.2g.* delicado, leve, fino

gra.ci.o.si.da.de *s.f.* qualidade do que possui graça; garbosidade, elegância

gra.ci.o.so /ô/ *adj.* **1** que tem graça **2** engraçado, divertido **3** bonito, belo **4** elegante

gra.ço.la /ó/ *s.f.* **1** dito engraçado, chistoso **2** pilhéria ofensiva ○ *s.2g.* **3** pessoa engraçada que gosta de contar piadas, de fazer gracinhas

gra.da.ção *s.f.* **1** aumento ou diminuição do grau de alguma coisa **2** progressão ascendente ou descendente **3** gama, escala

gra.da.ti.vo *adj.* que ocorre com gradação

gra.de *s.f.* **1** armação de madeira, metal ou outro material para fechar ou proteger um lugar **2** esquema em forma de quadro

gra.de.ar *v.t.* cercar ou vedar com grade

gra.di.en.te *s.m.* taxa de variação de uma quantidade no intervalo de variação de outra quantidade de que a primeira depende

gra.dil *s.m.* grade, cerca

gra.do *s.m.* **1** grau, nível **2** parte de um quadrante **3** prazer, deleite, satisfação, vontade **4** *fig.* de grande importância ou elevação social ou intelectual

gra.du.a.ção *s.f.* **1** disposição em graus ou níveis **2** curso universitário **3** término de curso universitário; formatura

gra.du.a.do *adj.* **1** disposto em graus **2** que possui título universitário

gra.du.al *adj.2g.* que ocorre aos poucos; gradativo

gra.du.ar *v.t.* **1** dividir em graus ou níveis **2** determinar a graduação de uma dimensão, de uma extensão etc. **3** conferir grau universitário, militar etc.

grã-du.que *s.m.* título hierárquico acima do duque; grão-duque

gra.far *v.t.* registrar utilizando sinais gráficos; escrever, ortografar

gra.fi.a *s.f.* **1** representação pela escrita **2** maneira de escrever

grá.fi.co *adj.* **1** referente a grafia • *s.m.* **2** diagrama **3** operário que trabalha em uma gráfica

grafita *s.f.* carbono cristalizado e negro; grafite

gra.fi.te *s.f.* **1** carbono cristalizado e muito negro; grafita **2** bastão de lápis ou lapiseira usado para escrever ○ *s.m.* **3** inscrição ou desenho feito com spray ou tinta em muros e outras construções

gra.fo.lo.gi.a *s.f.* estudo que relaciona a grafia de uma pessoa à sua personalidade

gra.lha *s.f.* ZOOL ave palradora e grasnadora de plumagem azul e branca

gra.lhar *v.i.* fazer barulho como o das gralhas

gra.ma *s.f.* **1** BOT capim, relva ○ *s.m.* **2** unidade de medida de massa que equivale a 0,001 quilograma

gra.ma.do *adj.* revestido de grama; relvado

gra.mar *v.t.* revestir com grama; plantar grama em um lugar

gra.má.ti.ca *s.f.* **1** conjunto das regras de uso da língua **2** livro que contém essas regras

gra.ma.ti.cal *adj.2g.* relativo a gramática

gra.má.ti.co *adj.* **1** *desus.* m.q. gramatical • *s.m.* **2** especialista em gramática **3** autor de gramática

gra.mí.nea *s.f.* termo que designa, de maneira geral, todas as plantas das famílias popularmente conhecidas como bambus e capins

gra.mí.neo *adj.* BOT relativo às gramíneas

gra.mo.fo.ne *s.m.* antigo aparelho para gravação e reprodução de sons

gram.po *s.m.* **1** gancho para prender, segurar **2** pequena haste de metal usada por mulheres para segurar o penteado **3** dispositivo eletrônico colocado em telefones para escutar conversas clandestinamente

gra.na *s.f.* *pop.* dinheiro

gravidez

gra.na.da *s.f.* projétil explosivo em forma de uma pequena bola e que se joga com a mão

gran.de *adj.2g.* **1** que tem dimensões acima do normal **2** comprido, extenso, volumoso **3** eminente, notável **4** essencial, importante

gra.na.dei.ro *s.m.* **1** soldado que lança granadas **2** *fig.* homem muito grande e forte

gra.na.di.no *adj. gent.* natural ou habitante de Granada, cidade espanhola

gra.nar *v.t.* **1** dar forma de grão a alguma coisa ○ *v.i.* **2** criar grão (diz-se de cereais)

gran.de.za *s.f.* qualidade do que é grande

gran.di.lo.quên.cia *s.f.* qualidade do que é grandiloquente

gran.di.lo.quen.te *adj.2g.* diz-se de pessoa que se expressa com eloquência, com pompa

gran.di.o.si.da.de *s.f.* **1** luxuosidade, pomposidade, ostentação **2** magnificência, generosidade

gran.di.o.so /ô/ *adj.* que apresenta grandiosidade; pomposo, nobre, magnânimo

gra.nel /é/ *s.m.* **1** composição tipográfica separada antes de ser juntada para compor a página **2** celeiro, lugar onde se guardavam cereais, grãos ■ **a granel** diz-se da mercadoria comprada sem embalagem, ex.: *azeitonas compradas a granel*

gra.ni.for.me /ô/ *adj.2g.* que possui forma semelhante à de um grão

gra.ní.ti.co *adj.* feito de granito; que tem a natureza do granito

gra.ni.to *s.m.* pedra formada de quartzo, feldspato e mica

gra.ní.vo.ro *adj.* que se alimenta de grãos e sementes

gra.ni.zo *s.m.* água congelada; chuva de pedra

gran.ja *s.f.* **1** propriedade agrícola de pequeno porte **2** propriedade onde se criam aves

gran.je.ar *v.t.* conseguir, obter por mérito e esforço

gran.je.a.dor /ô/ *s.m.* aquele que consegue algo por mérito e esforço

gran.jei.o /ê/ *s.m.* obtenção por mérito e esforço

gran.jei.ro /ê/ *s.m.* pessoa que possui ou administra uma granja

gra.nu.la.ção *s.f.* tomar a consistência ou a forma de grãos

gra.nu.la.do *adj.* que tem a forma de grãos

gra.nu.lar *adj.2g.* **1** de forma semelhante à do grão; que sofreu granulação • *v.t.* **2** reduzir algo a grãos

grâ.nu.lo *s.m.* pequeno grão; grãozinho

gra.nu.lo.so /ô/ *adj.* **1** composto de grânulos **2** que tem o aspecto de grânulo

grão *adj.* **1** m.q. grande • *s.m.* **2** semente de qualquer tipo de cereal **3** mínima dose de qualquer coisa **4** qualquer corpo esférico e de pequeno tamanho **5** *pop.* testículo

grão-du.ca.do *s.m.* território sob o governo de um grão-duque

grão-du.que *s.m.* título hierárquico superior ao do duque

grão-mes.tre /é/ *s.m.* o chefe supremo de determinadas ordens religiosas de cavalaria

grão-vi.zir *s.m.* primeiro-ministro do Império Otomano

gras.na.da *s.f.* vozearia confusa; barulho

gras.na.dor *adj.* que grasna

gras.nan.te *adj.2g.* m.q. grasnador

gras.nar *v.i.* emitir som de grasnido

gras.nei.ro *adj.* m.q. grasnador

gras.nen.to *adj.* m.q. grasnador

gras.ni.do *s.m.* som emitido por animais que grasnam, como o pato, o ganso etc.

gras.nir *v.i.* m.q. grasnar

gras.sar *v.i.* **1** alastrar, espalhar-se **2** contaminar (doenças, epidemias)

gra.ti.dão *s.f.* ação de se mostrar grato; reconhecimento, agradecimento

gra.ti.fi.ca.ção *s.f.* **1** prêmio, recompensa por algo **2** gorjeta

gra.ti.fi.car *v.t.* **1** premiar, recompensar por algo **2** recompensar com gorjeta

grá.tis *adv.* que não necessita pagamento; de graça

gra.to *adj.* **1** agradecido por algo que se recebeu **2** agradável

gra.tui.da.de *s.f.* qualidade do que é gratuito

gra.tui.to *adj.* grátis, pelo qual não é necessário pagar

gra.tu.la.ção *s.f.* ação de gratular, felicitar, parabenizar; felicitação

gra.tu.lar *v.t.* compartilhar da alegria alheia desejando felicidades; congratular

gra.tu.la.tó.rio *adj.* que serve como congratulação, como felicitação

grau *s.m.* **1** posição que se encontra em relação a um determinado ponto; nível **2** título acadêmico obtido por um estudante **3** título de honra que se confere a alguém **4** unidade de medida de uma circunferência **5** MED graduação de lente óptica **6** unidade de medida de certas grandezas como temperatura, pressão, intensidade etc. **7** GRAM modo como um substantivo, adjetivo etc. se apresenta em relação a tamanho, intensidade e quantidade **8** intensidade, força

gra.ú.do *adj.* **1** que se desenvolveu ou cresceu em excesso **2** que tem prestígio e importância

gra.ú.na *s.f.* ZOOL pássaro brasileiro de bela plumagem negra

gra.va.ção *s.f.* **1** ação ou resultado de gravar algo **2** registro de algo por meio de sons e/ou imagens

gra.va.dor /ô/ *s.m.* **1** aparelho próprio para registrar gravações **2** operário que trabalha em gravações

gra.va.du.ra *s.f.* ação ou efeito de gravar

gra.va.me *s.m.* **1** afronta, ultraje, agravo **2** ônus, responsabilidade, incumbência, peso

gra.var *v.t.* **1** imprimir palavras ou figuras em uma superfície de metal, pedra, papel etc. **2** ofender, ultrajar, afrontar **3** impor ônus, responsabilidade, peso; sobrecarregar

gra.va.ta *s.f.* adorno masculino usado sob o colarinho da camisa

gra.va.tei.ro /ê/ *s.m.* fabricante ou comerciante de gravatas

gra.ve *adj.2g.* **1** sério, austero, oneroso **2** que pode ter consequência séria ou fatal **3** MÚS diz-se do som produzido na região mais inferior de um instrumento musical

gra.ve.to /ê/ *s.m.* pedaço de madeira; lenha

gra.vi.da.de *s.f.* FÍS atração exercida pela Terra sobre os corpos em sua superfície ou próximos a ela **2** austeridade, seriedade **3** qualidade do que pode ter consequências sérias ou fatais **4** qualidade do som grave

gra.vi.dez /ê/ *s.f.* condição de mulher grávida; prenhez

grávida

grá.vi.da *s.f.* que espera um filho ou filhote; prenhe

gra.vi.ta.ção *s.f.* força de atração que um corpo exerce sobre outro pela lei da gravidade

gra.vi.ta.ci.o.nal *adj.2g.* relativo à força da gravidade

gra.vi.tar *v.i.* **1** girar sob o efeito da força da gravidade **2** *fig.* sentir-se atraído ou interessado por algo

gra.vo.so /ô/ *adj.* ofensivo, ultrajante

gra.vu.ra *s.f.* **1** arte de imprimir ou fazer gravuras em uma superfície **2** ARTE imagem impressa; desenho, figura

gra.xa /ch/ *s.f.* **1** substância gordurosa para polimento de couro **2** gordura para lubrificação de mecanismos

gra.xo /ch/ *adj.* cheio de gordura; que contém gordura; gordo

gre.co-la.ti.no /ê/ *adj.* referente ao grego e ao latim

gre.da /ê/ *s.f.* argila arenosa de cor branco-azulada utilizada na remoção de gordura

gre.ga /ê/ *s.f.* **1** ARQUIT ornato em obras de arquitetura com linhas retas que se entrelaçam **2** *bras.* tira de tecido bordado ou estampado usada como enfeite ou acabamento

gre.gá.rio *adj.* relativo a grei, a rebanho

gre.go /ê/ *adj. gent.* **1** natural ou habitante da Grécia **2** *fig.* que é difícil de entender

gre.go.ri.a.no *adj.* referente aos papas Gregório I e XIII

grei /ê/ *s.f.* **1** rebanho de gado miúdo **2** partido, sociedade **3** grupo religioso; congregação

gre.lar *v.i.* **1** brotar, germinar ○ *v.t.* **2** *pop.* olhar longa e apaixonadamente para alguém

gre.lha /ê/ *s.f.* grade de metal para assar carnes

gre.lha.do *adj.* assado na grelha

gre.lo /ê/ *s.m.* BOT broto de plantas

grê.mio *s.m.* **1** grupo de pessoas com um objetivo comum; sociedade **2** o local de encontro dessas pessoas

gre.nha *s.f.* cabelo desgrenhado, em desalinho; guedelha, gaforinha

grés *s.m.* tipo de pedra dura e impermeável; arenito

gre.tar *v.t.* **1** rachar; fazer talhos; fender **2** fazer fendas no solo

gre.ve /é/ *s.f.* **1** interrupção do trabalho como meio de reivindicação de algum direito **2** *pop.* parede

gre.vis.ta *adj.2g.* aquele que participa de uma greve

gri.far *v.t.* **1** destacar parte de um texto com grifo; sublinhar **2** dar ênfase, destacar

gri.fo *s.m.* **1** letra oblíqua para realçar o que está escrito **2** MIT animal fabuloso com cabeça de águia e corpo de leão

gri.la.do *adj.* **1** terreno cuja posse se deu com documentos falsos **2** *pop.* cismado, preocupado

gri.lei.ro /ê/ *s.m.* pessoa que se apropria de terrenos alheios com escritura falsa

gri.lhão *s.m.* conjunto de argolas e correntes que é colocado nas pernas de prisioneiros

gri.lhe.ta /ê/ *s.f.* **1** m.q. grilhão **2** *por ext.* criminoso, prisioneiro

gri.lo *s.m.* **1** ZOOL inseto saltador que produz som estridente **2** *fig.* terreno com escritura falsa **3** *fig.* informação enganosa; boato **4** *pop.* problema, preocupação **5** *desus.* denominação dada ao guarda de trânsito, em São Paulo, por causa do apito que ele usa **6** pessoa muito chata

grim.pa *s.f.* parte mais alta de algo; cume, topo

grim.par *v.t.* **1** subir em algum lugar ou em alguma coisa; escalar **2** colocar no lugar mais alto, no topo; elevar

gri.nal.da *s.f.* coroa de flores na cabeça usada por noivas no dia do casamento; guirlanda

grin.go *s.m. pejor.* pessoa estrangeira

gri.par *v.i.* contrair gripe

gri.pe *s.f.* MED doença virótica cujos sintomas são febre, mal-estar, dor de cabeça, tosse etc.; influenza

gris *adj.2g.* de cor cinzenta

gri.sa.lho *adj.* diz-se de pessoa cujos cabelos estão brancos, mas não completamente

gri.se.ta /ê/ *s.f.* peça de metal sobre a qual se coloca o pavio das lamparinas de azeite

gri.su *s.m.* QUÍM gás explosivo formado nas minas de carvão

gri.ta.dor /ô/ *adj.* diz-se de pessoa que fala alto, gritando

gri.tar *v.t.* **1** falar em tom agudo e forte; berrar **2** reclamar; protestar

gri.to *s.m.* **1** emissão de voz alta e forte; berro **2** protesto, reclamação

gro.gue /ó/ *s.m.* **1** bebida feita com água quente, rum ou aguardente, limão e açúcar • *adj.2g.* **2** bêbado, ébrio

gro.sa /ó/ *s.f.* **1** quantidade correspondente a doze dúzias **2** lima grossa que se usa para desbastar couros, madeiras etc.; raspador

gro.se.lha /é/ *s.f.* **1** fruta de cor vermelha-escura, proveniente da groselheira **2** xarope refrescante feito dessa fruta

gro.se.lhei.ra /ê/ *s.f.* BOT árvore que produz a groselha

gros.sei.ro /ê/ *adj.* **1** tosco; malfeito; rústico **2** rude, indelicado, estúpido **3** de qualidade inferior • *s.m.* **4** MED erupção da pele parecida com a urticária; grosseira

gros.se.ri.a *s.f.* **1** estupidez, rudeza; falta de educação e polidez **2** obra tosca, malfeita

gros.sis.ta *s.2g.* comerciante que vende produtos por atacado

gros.so /ô/ *adj.* **1** que possui grande espessura ou diâmetro **2** denso, espesso, forte, compacto **3** sólido, consistente, encorpado ■ **o grosso de** a maior parte de

gros.su.ra *s.f.* **1** qualidade daquilo que tem grande espessura; volume, corpulência **2** rudeza, estupidez, indelicadeza **3** solidez, consistência

gro.ta /ó/ *s.f.* m.q. gruta

gro.tes.co /ê/ *adj.* ridículo; que provoca o riso; estapafúrdio

grou *s.m.* ZOOL ave pernalta de plumagem branca ou cinzenta e bico longo

gru.a *s.f.* **1** fêmea do grou **2** *fig.* guindaste para levantar pesos

gru.dar *v.t.* **1** fixar por meio de grude ou cola **2** fazer aderir uma coisa à outra; provocar a união; ligar

gru.de *s.m.* substância adesiva; cola

gru.den.to *adj.* **1** cheio de grude ou cola **2** que adere, que cola com facilidade

gru.gru.le.jar *v.i.* **1** soltar a voz (o peru) **2** imitar o som emitido pelo peru

gru.gru.le.jo /ê/ *s.m.* som emitido pelo peru

gru.gru.lhar *v.i.* m.q. grugrulejar

gru.me.te /é/ *s.m.* MAR marinheiro aprendiz, novato

guerrilha

gru.mi.xa.ma /ch/ *s.f.* BOT fruto da grumixameira parecido com uma jabuticaba pequena

gru.mo *s.m.* **1** coágulo muito pequeno **2** grânulo; grão muito pequeno **3** ANAT muco nasal **4** BOT broto de árvore

gru.nhi.do *s.m.* resmungo

gru.pa.men.to *s.m.* m.q. agrupamento

gru.pe.lho /ê/ *s.m.* grupo pequeno; grupinho

gua.bi.ro.ba /ó/ *s.f.* BOT fruta campestre brasileira de sabor amargo

gua.bi.ru *s.m.* m.q. gabiru

gua.che *s.m.* **1** tipo de tinta mole e pastosa que se dilui em água **2** a pintura com essa tinta

gua.cho *adj.* **1** ovo de ave posto em outro ninho **2** ZOOL animal criado ou amamentado por outra mãe; guaxo

gua.co *s.m.* **1** ZOOL nome de um pássaro **2** som emitido por esse pássaro **3** BOT planta de propriedades medicinais utilizada contra tosse, gripe, infecção de garganta etc.

guai.a.ca *s.f.* cinto largo de couro com vários bolsos pequenos para dinheiro, armas, objetos pequenos etc.

guái.a.co BOT **1** árvore de madeira muito dura e impermeável **2** a madeira dessa árvore

guai.a.col /ó/ *s.m.* FARM xarope feito de guáiaco; gaiacol

guai.a.mum *s.m.* ZOOL espécie de caranguejo encontrado na costa brasileira; goiamum

guai.ar *v.i.* gemer, lamuriar, lamentar

guam.pa *s.f.* chifre de boi

gua.na.co *s.m.* ZOOL mamífero camelídeo sul-americano de pelo lanoso

guan.do *s.m.* **1** espécie de cadeirinha para conduzir alguém **2** BOT leguminosa brasileira comestível e de uso medicinal

guan.du *s.m.* ZOOL ouriço, porco-espinho

gua.no *s.m.* adubo de excremento de aves marinhas

guan.xu.ma /ch/ *s.f.* m.q. guaxima

gua.po *adj.* dotado de grande beleza; elegante, garboso

gua.rá *s.m.* **1** ZOOL canídeo da América do Sul, parecido com a raposa; lobo-guará **2** ZOOL ave pernalta de plumagem vermelha e bico longo e curvo

gua.ra.ná *s.m.* BOT **1** planta brasileira com a qual se preparam medicamentos e refrigerantes **2** refrigerante feito com o extrato dessa planta

gua.ra.ni *adj. gent.* **1** pertencente à tribo dos guaranis • *s.m.* **2** língua dessa tribo

guar.da *s.f.* **1** ação ou resultado de guardar; vigilância • *s.2g.* **2** pessoa encarregada da vigilância de algo **3** soldado incumbido da proteção de algo

guar.da-chu.va *s.m.* objeto constituído de uma armação flexível coberta por tecido impermeável e presa a um cabo longo, utilizado para proteção contra chuva ou sol

guar.da-cos.tas *s.m.2n.* pessoa que acompanha outra para protegê-la de agressões

guar.da.dor /ô/ *adj.* **1** que guarda, que vigia; vigilante **2** diz-se de pessoa que não gasta muito, que poupa

guar.da-flo.res.tal *s.m.* guarda que cuida das matas de um território

guar.da-li.vros *s.2g.2n.* funcionário encarregado dos registros mercantis de um comércio, de uma empresa etc.; contador

guar.da-lou.ça /ô/ *s.m.* armário em que se guarda a louça da casa

guar.da-ma.ri.nha *s.m.* MAR aluno da escola naval que ainda não foi promovido a segundo-tenente

guar.da-mor /ó/ *s.m.* chefe alfandegário dos portos

guar.da.na.po *s.m.* peça de pano utilizada para evitar que a roupa seja manchada durante as refeições

guar.da-no.tur.no *s.m.* o guarda que vigia edifícios ou propriedades privadas à noite

guar.da-pó *s.m.* espécie de jaleco de tecido leve que protege a roupa contra poeira

guar.dar *v.t.* **1** proteger, vigiar **2** conservar em lugar seguro; manter **3** tomar conta **4** manter para si, não espalhar

guar.da-rou.pa /ô/ *s.m.* móvel que se utiliza para guardar roupas e outros objetos pessoais

guar.da-sol /ó/ *s.m.* objeto parecido com o guarda-chuva, mas utilizado como proteção contra os raios solares

guar.di.ão *s.m.* **1** pessoa que guarda algo **2** ESPORT goleiro **3** pessoa que tem por função proteger algo ou alguém; guarda-costas

gua.ri.ba *s.m.* espécie de macaco da América do Sul; bugio

gua.ri.da *s.f.* **1** covil de animais ferozes **2** caverna, gruta **3** abrigo, refúgio **4** *por ext.* proteção, socorro

gua.ri.ta *s.f.* **1** local onde fica o guarda-noturno **2** pequena torre nos quartéis onde ficam as sentinelas

guar.ne.ce.dor /ô/ *adj. s.m.* que ajunta guarnições

guar.ne.cer *v.t.* **1** prover, fornecer o necessário **2** dar forças; fortificar **3** enfeitar, adornar

guar.ne.ci.do *adj.* **1** munido de guarnição; aparelhado **2** enfeitado, adornado

guar.ne.ci.men.to *s.m.* **1** ato ou efeito de guarnecer **2** provimento do necessário; provisão **3** ornato, enfeite, adorno

guar.ni.ção *s.f.* **1** conjunto de tropas para defesa de um local **2** equipagem de uma embarcação **3** proteção, defesa **4** refeição que acompanha o prato principal

guas.ca *s.f.* chicote; tira de couro cru; chibata

gua.te.ma.len.se *adj. gent.* natural ou habitante da Guatemala

gua.xi.ma /ch/ *s.f.* BOT planta medicinal da família das malváceas; guanxuma

gua.xi.nim /ch/ *s.m.* pequeno mamífero da família dos procionídeos de pelo cinza-escuro, vulgarmente conhecido por cachorro-do-mato

gua.xo /ch/ *s.m.* m.q. guacho

gu.de *s.m.* **1** jogo em que os participantes, geralmente meninos, têm de acertar bolinhas de vidro umas nas outras para fazê-las entrar em um buraco no chão **2** a bolinha utilizada nesse jogo

gue.de.lha /ê/ *s.f.* cabelo desgrenhado, em desalinho; gaforinha

guei.xa /ê...ch/ *s.f.* japonesa jovem educada para entreter os homens com cantos, danças, músicas em casas de chá ou eventos

guel.ra /é/ *s.f.* m.q. brânquia

guer.ra /é/ *s.f.* **1** conflito armado entre nações, estados, etnias etc. **2** disputa, luta, competição **3** conflito, contenda

guer.re.ar *v.t.* promover guerras

guer.rei.ro *adj.* /ê/ **1** relativo a guerra • *s.m.* **2** pessoa que combate na guerra **3** *pop.* pessoa que se empenha para alcançar um objetivo; lutador

guer.ri.lha *s.f.* conflito armado, subversivo e revolucionário

guerrilhar

guer.ri.lhar *v.i.* fazer guerrilha

guer.ri.lhei.ro /ê/ *adj.* pessoa que luta em guerrilhas

gue.to /ê/ *s.m.* **1** bairro onde eram confinados os judeus na Europa **2** lugar onde habita uma minoria racial

gui.a *s.f.* **1** pessoa que guia, que conduz outras **2** pessoa que acompanha outras por lugares turísticos **3** coleira de animal **4** lista de mercadorias para os direitos do fisco **5** livro que traz o roteiro de viagem **6** publicação que contém informações, instruções etc. **7** calçada; meio-fio

gui.a.nen.se *adj. gent.* natural ou habitante da República da Guiana

gui.a.nês *adj. gent.* m.q. guianense

gui.ão *s.m.* estandarte levado à frente de exércitos ou procissões religiosas

gui.ar *v.t.* **1** conduzir, direcionar **2** dizer o rumo, a direção correta **3** administrar, governar **4** dar conselhos; advertir

gui.chê *s.m.* pequena abertura ou portinhola para atendimento de pessoas

gui.dão *s.m.* m.q. guidom

gui.dom *s.m.* pequena barra da bicicleta onde o ciclista apoia as mãos para dirigi-la

gui.lho.ti.na *s.f.* **1** instrumento utilizado para cortar papel **2** instrumento com lâmina muito pesada usado para decapitar condenados

gui.lho.ti.na.do *adj.* executado, decapitado por guilhotina

gui.lho.ti.na.dor /ô/ *adj.* diz-se da pessoa que executa por guilhotina; carrasco

gui.lho.ti.na.men.to *s.m.* morte pela guilhotina

gui.lho.ti.nar *v.t.* executar, decapitar por meio da guilhotina

gui.nar *v.i.* mudar bruscamente a direção de algo

gui.na.da *s.f.* mudança brusca de direção

guin.char *v.t.* **1** levantar veículos com o guincho ⊙ *v.i.* **2** *onomat.* emitir guinchos

guin.cho *s.m.* **1** som estridente e agudo emitido por determinados animais **2** veículo para reboque de carros

guin.dar *v.t.* levantar, erguer

guin.das.te *s.m.* aparelho próprio para erguer objetos muito pesados

gui.ne.en.se *adj. gent.* **1** natural ou habitante da Guiné • *s.m.* **2** dialeto português falado nesse país

gui.néu *s.m.* **1** antiga moeda de ouro inglesa equivalente a vinte e um xelins • *adj.2g.* **2** m.q. guineense

guir.lan.da *s.f.* m.q. grinalda

gui.sa *s.f.* feição, maneira, modo ■ **à guisa de** à maneira de

gui.sa.do *s.m.* ensopado, geralmente de carne

gui.sar *v.t.* cozinhar ensopado, guisado

gui.ta *s.f.* barbante, fita, corda

gui.tar.ra *s.f.* **1** instrumento de cordas semelhante ao violão **2** na gíria dos ladrões, máquina para fabricar papel-moeda falso

gui.tar.ris.ta *s.2g.* músico que executa a guitarra

gui.zo *s.m.* pequena esfera oca de metal com grânulos no interior que produzem som parecido com o de um sino ou de uma campainha; chocalho

gu.la *s.f.* vício de comer e beber em demasia e desnecessariamente

gu.lo.di.ce *s.f.* **1** gula **2** guloseima

gu.lo.sei.ma /ê/ *s.f.* iguaria apetitosa

gu.lo.so /ô/ *adj.* pessoa que come muito e sem necessidade; comilão, glutão

gu.me *s.m.* lado cortante da lâmina de uma arma branca

gu.mí.fe.ro *adj.* que contém goma; cheio de goma

gu.pi.a.ra *s.f.* garimpo onde se faz mineração

gu.ri *s.m.* **1** criança, menino **2** ZOOL bagre

gu.ri.a *s.f.* menina, garota

gu.ri.za.da *s.f.* grande quantidade de guris, de meninos; criançada, molecada, meninada

gu.ru *s.m.* **1** chefe espiritual indiano **2** mentor, guia influente e carismático

gu.sa *s.2g.* o ferro que sai do forno, bruto e com diversas impurezas; ferro-gusa

gu.sa.no *s.m.* ZOOL molusco que possui duas valvas e que perfura madeira

gus.pa.ra.da *s.f.* m.q. cusparada

gus.pe *s.m.* m.q. cuspe

gus.ta.ção *s.f.* percepção do sabor, do gosto; ação ou resultado de degustar

gus.ta.ti.vo *adj.* referente ao paladar

gu.ta-per.cha /é/ *s.f.* borracha extraída de árvores da família das sapotáceas

gu.tí.fe.ra *s.f.* BOT espécime das gutíferas, família de plantas que expelem gotas de água

gu.ti.fe.rá.cea *s.f.* BOT m.q. gutífera

gu.tí.fe.ro *adj.* que deixa cair gotas

gu.tu.ral *adj.2g.* **1** diz-se de som produzido na garganta; velar **2** *pop.* som ininteligível

gu.tu.ra.li.da.de *s.f.* qualidade do que é gutural

gu.tu.ra.li.za.do *adj.* que adquiriu características guturais

gu.tu.ra.li.zar *v.t.* transformar um som em gutural

Hh

h *s.m.* GRAM oitava letra do alfabeto português, não apresenta som próprio; participa da construção dos dígrafos *lh*, *nh*, *ch*, ex.: *olhar, ganhar, chover*

ha.ba.ne.ra *s.f.* [esp.] MÚS música cubana em compasso binário

há.bil *adj.2g.* que é mestre em alguma atividade; astucioso, atilado, jeitoso

ha.bi.li.da.de *s.f.* qualidade de ser hábil; destreza

ha.bi.li.do.so /ô/ *adj.* que tem destreza; jeitoso, atilado

ha.bi.li.ta.ção *s.f.* conjunto de informações indispensáveis para a execução de uma ação; comprovação de capacitação

ha.bi.tá.cu.lo *s.m.* habitação pequena

ha.bi.li.ta.do *adj.* capacitado, preparado para realizar alguma ação

ha.bi.li.tar *v.t.* **1** ato de possibilitar informações necessárias a alguém ○ *v.pron.* **2** capacitar-se para; possuir habilidades para realizar alguma atividade

ha.bi.ta.bi.li.da.de *s.f.* qualidade de lugar, local que pode ser habitado

ha.bi.ta.ção *s.f.* local apropriado para morar; casa, lar

ha.bi.ta.ci.o.nal *adj.2g.* relativo a habitação

ha.bi.tan.te *adj.2g.* que vive em um lugar específico

ha.bi.tar *v.t. v.i.* ocupar, residir, viver em determinado lugar

ha.bi.tat *s.m.* lugar no qual normalmente um ser reside ou é encontrado

ha.bi.tá.vel *adj.2g.* que pode ser habitado

há.bi.to *s.m.* **1** rotina **2** maneira usual de proceder **3** roupa de religioso

ha.bi.tu.al *adj.2g.* relativo a hábito, usual

ha.bi.tu.ar *v.t.* tornar algo habitual

ha.gi.o.gra.fi.a *s.f.* estudo biográfico de santos

ha.gi.o.ló.gio *s.m.* literatura biográfica de santos

ha.i.ti.a.no *adj. gent.* natural ou habitante do Haiti

ha.li.êu.ti.ca *s.f.* a arte da pesca

há.li.to *s.m.* ar emitido pela boca durante a respiração

ha.li.to.se /ó/ *s.f.* MED mau hálito

hall *s.m.* [ing.] entrada de um prédio; saguão

ha.lo *s.m.* círculo luminoso

ha.lo.gê.ni.co *adj.* QUÍM relativo ao halogênio

ha.lo.gê.nio *s.m.* QUÍM cada um dos elementos do grupo 17 da tabela periódica: flúor, cloro, bromo, iodo e astatínio

han.gar *s.m.* **1** galpão para armazenamento de materiais diversos **2** local para guardar aeroplanos

han.se.ni.a.no *adj.* diz-se de quem tem hanseníase; leproso, morfético

han.se.ní.a.se *s.f.* MED infecção crônica que lesa a pele; lepra

ha.plo.lo.gi.a *s.f.* GRAM supressão de uma sílaba quando há duas iguais ou semelhantes em sequência

ha.rém *s.m.* conjunto de cômodos independentes no palácio dos príncipes muçulmanos para a morada de mulheres

har.mo.ni.a *s.f.* **1** combinação agradável de sons **2** MÚS estudo sobre o conjunto de sons em uma música **3** elementos em acordo; paz, concórdia

har.mô.ni.ca *s.f.* gaita de boca, instrumento musical parecido com uma sanfona

har.mô.ni.co *adj.* diz-se de sons em harmonia

har.mô.nio *s.m.* MÚS instrumento musical de teclados acionados por pedais e que tem palhetas substituindo os tubos

har.mo.ni.o.so /ô/ *adj.* que tem harmonia

har.mo.nis.ta *s.2g.* **1** pessoa que conhece as regras da harmonia **2** pessoa que toca harmônio

har.mo.ni.za.ção *s.f.* ação ou efeito de harmonizar

har.mo.ni.zar *v.t.* **1** promover a paz **2** organizar sons em uma cadeia musical para efeito agradável **3** compor a harmonia que acompanhará e desenvolverá a melodia

har.pa *s.f.* **1** instrumento musical, normalmente triangular, cujas cordas são tangidas pelos dedos **2** ZOOL molusco gastrópode

har.par *v.i.* m.q. harpear

har.pe.ar *v.i.* arte musical de emitir sons por meio da harpa

har.pe.jar *v.i.* m.q. harpear

har.pe.jo /ê/ *s.m.* modo de tocar um instrumento musical de cordas, tangendo-as com os dedos

har.pi.a *s.f.* **1** MIT monstro que possui corpo de águia, cabeça de mulher e garras afiadas **2** *fig.* pessoa horrorosa e má **3** ZOOL inseto lepidóptero parecido com o bicho-da-seda

har.pis.ta *s.2g.* pessoa que toca harpa

has.ta *s.f.* **1** arma, lança **2** venda pública à maior oferta; leilão

has.te *s.f.* estrutura de madeira ou ferro que é escorada ou fincada em algo; galho, ramo, graveto

has.te.ar *v.t.* erguer algo até o topo de uma haste

has.til *s.m.* diminutivo de haste

has.ti.lha *s.f.* fragmento de haste

hau.rir *v.t.* retirar, subtrair, esgotar

hau.rí.vel *adj.2g.* diz-se daquilo que pode ser retirado

havaiano

ha.vai.a.no *adj. gent.* pessoa nascida ou naturalizada na ilha do Havaí

ha.va.na *adj.2g.* **1** castanho, marrom • *s.m.* **2** charuto cujo tabaco foi cultivado em Havana (Cuba)

ha.va.nês *adj. gent.* natural ou habitante de Havana, capital da República de Cuba

ha.ver /ê/ *v.t.* existir, ter, possuir ■ **haveres** bens, posses, fortuna

ha.xi.xe *s.m.* narcótico proveniente de folhas do cânhamo da Índia

heb.do.ma.dá.rio *adj.* diz-se do que tem período semanal

he.brai.co *adj.* **1** relativo a hebreu, judeu • *s.m.* **2** idioma do povo hebreu

he.bra.ís.mo *s.m.* uso de expressões linguísticas de origem hebraica

he.breu /ê/ *adj.* diz-se de quem é judeu, israelita

he.ca.tom.be *s.f.* massacre de muitas pessoas; matança, carnificina

hec.ta.re *s.m.* unidade de medida agrária

héc.ti.ca *s.f.* **1** MED longo estado febril com grandes oscilações de temperatura, acompanhado de emagrecimento e caquexia **2** *pop.* tuberculose pulmonar

héc.ti.co *adj.* **1** relativo a héctica **2** que sofre de héctica

hec.to.gra.ma *s.m.* unidade de medida que equivale a cem gramas

hec.to.li.tro *s.m.* unidade de medida relativa a cem litros

hec.tô.me.tro *s.m.* unidade de medida relativa a cem metros

he.di.on.do *adj.* diz-se do horripilante, do repugnante

he.di.on.dez /ê/ *s.f.* qualidade de hediondo

he.do.nis.mo *s.m.* filosofia que estabelece que o prazer é uma finalidade moral da vida humana

he.do.nis.ta *adj.2g.* diz-se do partidário do hedonismo

he.ge.mo.ni.a *s.f.* influência; autoridade soberana

he.ge.mô.ni.co *adj.* relativo a hegemonia

hé.gi.ra *s.f.* **1** era maometana, iniciada em 622 d.C. **2** *fig.* grande viagem ou travessia

he.lê.ni.co *adj.* relativo à Grécia antiga (Hélade)

he.le.nis.mo *s.m.* **1** uso de expressões linguísticas provenientes do grego **2** estudo cultural sobre a Grécia

he.le.nis.ta *adj.2g.* diz-se do estudioso da cultura grega

he.le.nís.ti.co *adj.* relativo a helenismo

he.le.ni.zar *v.t.* dar caráter helênico

he.le.no *adj. gent.* natural ou habitante da Grécia; grego

he.li.an.to *s.m.* BOT m.q. girassol

hé.li.ce *s.f.* **1** AERON peça de aeronave ou navio responsável pela propulsão **2** ANAT membrana do pavilhão do ouvido **3** traçado em forma de espiral **4** BOT hera **5** ZOOL gênero de gasterópodes univalves orbiculares **6** a voluta de menor dimensão do capitel da ordem coríntia

he.li.coi.dal *adj.2g.* que tem ou assume forma de hélice, de espiral

he.li.coi.de /ó/ *adj.2g.* m.q. helicoidal

he.li.cóp.te.ro *s.m.* máquina aérea construída para decolar e pousar verticalmente

he.lio.cên.tri.co *adj.* ASTRON que tem o Sol como centro

he.lio.cen.tris.mo *s.m.* princípio científico segundo o qual o Sol é o centro do sistema planetário onde se encontra a Terra

he.lio.gra.fi.a *s.f.* **1** descrição do Sol **2** sistema gráfico fotomecânico

he.lio.gra.vu.ra *s.f.* sistema de reprodução de imagens por meio da luz

he.liô.me.tro *s.m.* aparelho para medir o diâmetro dos corpos celestes e a distância entre eles

he.li.os.co.pi.a **1** *s.f.* ato de observar o Sol por meio do helioscópio **2** BOT espécie do gênero das eufórbias cujas folhas voltam-se sempre para o Sol

he.li.os.có.pio *s.m.* aparelho ocular para observar as manchas solares

he.li.o.se /ó/ *s.f.* MED enfermidade causada por raios solares; insolação

he.lio.te.ra.pi.a *s.f.* tratamento de enfermidades utilizando-se a luz do Sol

he.lio.tro.pi.a *s.f.* movimento de vegetais orientado à luz solar

he.lio.tró.pio *s.m.* BOT planta que possui movimento de suas flores orientado pela luz solar

he.lio.tro.pis.mo *s.m.* BIOL mudança de orientação de organismos fixos ou de suas partes, em resposta à luz do Sol

hel.min.to.lo.gi.a *s.f.* estudo sobre os vermes

he.má.ti.co *adj.* diz-se do que compõe o sangue

he.ma.to.fa.gi.a *s.f.* dieta à base de sangue

he.ma.tó.fi.lo *adj.* diz-se do que aprecia sangue

he.ma.to.fo.bi.a *s.f.* horror ao sangue

he.ma.to.lo.gi.a *s.f.* estudo do sangue

he.ma.to.ma *s.m.* MED sangue, oriundo de uma hemorragia, acumulado em um tecido ou órgão

he.ma.to.se /ó/ *s.f.* processo de oxigenação sanguínea no qual o sangue venoso transforma-se em arterial

he.me.ro.te.ca *s.f.* **1** conjunto de jornais e revistas **2** partição da biblioteca em que ficam periódicos, jornais e revistas

he.mi.ci.clo *s.m.* sala, pavimento, construção semicircular

hel.min.tí.a.se *s.f.* MED doença provocada por vermes intestinais

hel.vé.cio *adj.* relativo aos helvécios, povo gaulês que habitava a região da atual Suíça

he.ma.tó.fa.go *adj. s.m.* diz-se de animal que se nutre de sangue

he.ma.to.fi.lo *adj.* BOT diz-se do vegetal cujas folhas são vermelhas

he.ma.to.po.e.se /é/ *s.f.* processo de formação do sangue

he.ma.tú.ri.a *s.f.* MED presença de sangue na urina

he.mi.al.gi.a *s.f.* MED dor em uma única parte do corpo

he.mi.cra.ni.a *s.f.* MED sensação de dor em uma só parte do crânio

he.mi.ple.gi.a *s.f.* MED paralisia de um dos lados do corpo

he.mi.plé.gi.co *adj.* diz-se de quem sofre de hemiplegia

he.míp.te.ro *s.m.* ZOOL espécime dos hemípteros, ordem de insetos com asas anteriores espessadas na base e membranosas na porção dorsal

he.mor.roi.dal *adj.2g.* relativo a hemorroidas

he.mor.roi.dá.rio *adj.* diz-se de quem sofre de hemorroidas

heroico

he.mis.fé.ri.co *adj.* relativo a hemisfério

he.mis.fé.rio *s.m.* **1** GEOM uma das metades de uma esfera **2** GEOG cada uma das metades em que o planeta Terra é divido, seja pela linha do Equador ou pelo meridiano de Greenwich

he.mis.tí.quio *s.m.* POÉT parte de um verso dividido por uma pausa

he.mo.di.nâ.mi.ca *s.f.* ciência que estuda a circulação do sangue

he.mo.fi.li.a *s.f.* MED doença hereditária cujo portador tem tendência a hemorragias espontâneas

he.mo.fí.li.co *adj.* diz-se de quem tem propensão à hemofilia

he.mo.glo.bi.na *s.f.* substância do sangue responsável por transportar oxigênio

he.mo.gra.ma *s.m.* exame que possibilita a contagem das partes do sangue

he.mó.li.se *s.f.* degradação dos glóbulos vermelhos do sangue

he.mop.ti.se *s.f.* MED expectoração de sangue proveniente de hemorragia nas vias respiratórias

he.mor.ra.gi.a *s.f.* MED fluxo de sangue fora das veias ou artérias

he.mor.rá.gi.co *adj.* relativo a hemorragia

he.mor.roi.da *s.f.* MED cada uma das veias varicosas do ânus e da parte inferior do reto, cuja dilatação é sinal de hemorragia

he.mós.ta.se *s.f.* impedimento do fluxo sanguíneo em uma hemorragia

he.mos.tá.ti.co *adj.* diz-se de drogas que tentam controlar a hemorragia

he.na *s.f.* BOT arbusto da família das litráceas com casca e folhas de que se extrai uma tintura castanho-avermelhada, usada para tingir cabelos

hen.de.ca.e.dro */é/ s.m.* GEOM poliedro que possui onze lados

hen.de.cá.go.no *s.m.* GEOM figura geométrica que possui onze ângulos

hen.de.cas.sí.la.bo *adj. s.m.* POÉT diz-se do verso de onze sílabas poéticas

he.na *s.f.* BOT arbusto da família das litráceas com casca e folhas de que se extrai uma tintura castanho-avermelhada, usada para tingir cabelos

he.pa.tal.gi.a *s.f.* dor no fígado

he.pá.ti.co *adj.* **1** relativo a fígado **2** diz-se de quem sofre de alguma patologia no fígado

he.pa.tis.mo *s.m.* MED qualquer patologia no fígado

he.pa.ti.te *s.f.* **1** MED inflamação do fígado **2** espécie de pedra cuja coloração lembra a do fígado

he.pa.to.lo.gi.a *s.f.* ciência que estuda o fígado

he.pa.to.ma *s.m.* MED tumor no fígado

hep.ta.e.dro */é/ s.m.* GEOM poliedro com sete lados

hep.tá.go.no *s.m.* GEOM figura geométrica com sete ângulos

hep.ta.no *s.m.* QUÍM hidrocarboneto saturado (C_7H_{16})

he.ra */é/ s.f.* BOT trepadeira de jardim

he.rál.di.ca *s.f.* arte e estudo de brasões e escudos

he.rál.di.co *adj.* **1** relativo a brasões e escudos **2** *fig.* diz-se de quem tem características de nobre, fidalgo

he.ral.dis.ta *adj.2g.* especialista em heráldica

he.ran.ça *s.f.* **1** propriedades de um falecido que são repassadas a entes por meio de testamento ou inventário **2** *fig.* legado, deixa

her.bá.ceo *adj.* relativo a erva

her.bá.rio *s.m.* BOT coleção de ervas dessecadas

her.bí.fe.ro *adj.* diz-se do que produz ervas

her.bí.vo.ro *adj.* diz-se do ser que se alimenta de ervas

her.bo.lá.rio *s.m.* pessoa que coleciona ervas

her.bo.ris.ta *adj.2g. s.2g.* pessoa que coleciona ou recolhe ervas medicinais

her.bo.ri.za.ção *s.f.* ato de pesquisa e retirada de ervas para estudo e manipulação de remédios

her.bo.ri.zar *v.t.* colher ervas medicinais para pesquisa e manipulação

her.bo.so */ô/ adj.* cheio ou recoberto de ervas

her.cú.leo *adj.* que tem características de Hércules; muito forte, excepcional

hér.cu.les *s.m.* **1** homem muito forte, cujas características são comparadas às de um semideus grego **2** ASTRON [Hércules] denominação popular de uma constelação

her.da.de *s.f.* **1** imóvel rural **2** propriedade recebida por meio de herança

her.dar *v.t.* **1** ganhar a posse de algo por meio de herança **2** *por ext.* apresentar características de outra pessoa consanguínea

her.dei.ro */ê/ adj. s.m.* diz-se de quem herda propriedades por motivo de morte de outro

he.re.di.ta.ri.e.da.de *s.f.* **1** herança de qualidades físicas e morais transmitidas para a prole **2** direito de sucessão

he.re.di.tá.rio *adj.* diz-se de fatores biológicos, propriedades, direitos políticos e civis que são passados de uma geração à outra

he.re.ge */é/ adj.2g.* diz-se de quem não segue uma doutrina canonizada pela Igreja

he.re.si.a *s.f.* **1** filosofia que contraria a doutrina da Igreja **2** desrespeito a alguma religião

he.re.si.ar.ca *adj.2g. diz-se do* líder ou fundador de seita

he.ré.ti.co *adj.* relativo a heresia

her.ma *s.f.* busto sem braços

her.ma.fro.di.ta *adj.2g.* BIOL que possui fatores biológicos de ambos os sexos; bissexual

her.ma.fro.di.tis.mo *s.m.* BIOL estado biológico de seres vivos que têm fatores dos dois sexos

her.ma.fro.di.to *adj.* BIOL m.q. hermafrodita

her.me.neu.ta */ê/ s.2g.* pessoa capacitada para interpretar, explicar textos

her.me.nêu.ti.ca *s.f.* ação de interpretar um texto filosoficamente

her.me.nêu.ti.co *adj.* relativo à hermenêutica

her.mé.ti.co *adj.* **1** dizia-se dos remédios cuja composição continha mercúrio **2** coluna que contém uma extremidade com figura humana **3** obscuro, impenetrável

her.me.tis.mo *s.m.* ciência obscura

hér.nia *s.f.* MED deslocamento de um órgão para algum orifício natural ou artificial do corpo

her.ni.al *adj.2g.* relativo a hérnia

her.ni.o.so */ô/ adj.* diz-se de quem tem hérnia; herniado

her.ni.o.to.mi.a *s.f.* MED método cirúrgico de tratamento de hérnia

he.rói *s.m.* homem com características físicas e morais essenciais para vencer uma guerra

he.roi.ci.da.de *s.f.* qualidade própria dos heróis

he.roi.co */ó/ adj.* diz-se do ato do herói

heroína

he.ro.í.na *s.f.* **1** QUÍM alcaloide derivado da diacetilmorfina **2** mulher com características físicas e morais essenciais para vencer uma guerra **3** mulher cuja bravura a faz notável **4** a mulher como personagem principal em romance

he.ro.ís.mo *s.m.* qualidade do que é heroico ou de quem é herói

her.pes /é/ *adj.* MED patologia cutânea contagiosa que forma bolhas

her.pé.ti.co *adj.* MED diz-se de quem tem herpes

her.pe.to.gra.fi.a *s.f.* ciência que se dedica aos répteis

her.pe.to.lo.gi.a *s.f.* **1** estudo sobre os répteis **2** estudo sobre herpes

hertz *s.m.2n.* FÍS unidade de frequência cujo símbolo é Hz

hert.zi.a.no *adj.* relativo à região de frequência das ondas de rádio

he.si.ta.ção *s.f.* ato ou ação de duvidar; incerteza, indecisão

he.si.tan.te *adj.2g.* que se mostra indeciso, dúbio; que hesita

he.si.tar *v.i.* titubear, duvidar, vacilar

he.te.ró.cli.to *adj.* **1** GRAM que foge às regras **2** diz-se do que está fora dos padrões, dos paradigmas

he.te.ro.cro.mi.a *s.f.* variação na coloração da íris

he.te.ro.do.xi.a /ks/ *s.f.* filosofia que se difere de ensinamentos tradicionais

he.te.ro.do.xo /óks/ *adj.* diz-se do que se encontra fora dos paradigmas socioculturais

he.te.ró.fo.no *adj.* **1** diz-se do som emitido por vozes diferentes **2** diz-se de palavras distintas que possuem a mesma grafia, mas manifestações sonoras diferentes, ex.: *molho* (ô) culinário e *molho* (ó) coletivo de chave

he.te.ro.ga.mi.a *s.f.* BIOL reprodução sexuada entre seres que produzem gametas diferentes

he.te.ro.ge.nei.da.de *s.f.* coexistência de fatores diferentes em um mesmo *corpus*

he.te.ro.gê.neo *adj.* que possui natu reza mista, diversa, variada

he.te.ro.mor.fo /ó/ *adj.* que tem forma diferente da usual

he.te.ro.mor.fo.se /ó/ *s.f.* regeneração ou reconstituição de partes

he.te.ro.ní.mia *s.f.* **1** relativo a heterônimo **2** GRAM flexão de gênero com raiz distinta, ex.: *mulher, homem*

he.te.rô.ni.mo *s.m.* nome falso que um escritor cria para assinar suas obras; pseudônimo

he.te.ro.no.mi.a *s.f.* **1** condição daquele que não tem autonomia **2** distanciamento de paradigmas

heu.re.ca /é/ *interj.* indica solução para alguma coisa: já sei! encontrei!

heu.rís.ti.ca *s.f.* arte de descobrir

he.xa.e.dro /ks...é/ *s.m.* GEOM poliedro que apresenta seis lados

he.xa.go.nal /ks ou z/ *adj.2g.* GEOM diz-se do que tem seis faces ou ângulos

he.xá.go.no /ks ou z/ *s.m.* GEOM sólido que apresenta seis faces

hi.a.li.no *adj.* diz-se do que se assemelha à transparência do vidro

hi.a.lo.gra.fi.a *s.f.* arte de escrever sobre o vidro

hi.a.loi.de /ó/ *adj.2g.* **1** relativo a hialino • *s.f.* **2** ANAT membrana de aspecto transparente que envolve os olhos

hi.a.to *s.m.* **1** GRAM vogais sequenciais que não fazem parte da mesma sílaba **2** fenda, ruptura, intervalo

hi.ber.na.ção *s.f.* período de inatividade de alguns animais durante o inverno

hi.ber.nal *adj.2g.* **1** diz-se da hibernação **2** relativo a frio, inverno

hi.ber.nar *v.i.* passar o inverno dormindo

hi.bis.co *s.m.* BOT planta tropical; rosa-da-china, malvaísco

hi.bri.da.ção *s.f.* BIOL cruzamento de seres vivos de famílias diferentes em uma tentativa de melhoramento genético

hi.bri.dez /ê/ *s.f.* relativo a híbrido

hi.bri.dis.mo *s.m.* m.q. hibridez

hí.bri.do *adj.* diz-se do que é resultado da união de espécies diferentes

hi.dra *s.f.* **1** MIT cobra de sete cabeças **2** ZOOL cnidários de água doce **3** ASTRON constelação do Hemisfério Austral **4** *fig.* um mal perigoso

hi.drá.ci.do *s.m.* QUÍM ácido em cuja composição há um radical e hidrogênio

hi.dran.te *s.m.* válvula para a retirada de água em caso de incêndio

hi.drar.gi.ris.mo *s.m.* caso de envenenamento por mercúrio

hi.dra.ta.ção *s.f.* processo no qual um corpo absorve água de um meio

hi.dra.ta.do *adj.* que sofreu hidratação

hi.dra.tan.te *adj.2g.* diz-se do que hidrata

hi.dra.tar *v.t.* tratar com água uma substância ou um corpo

hi.dra.tá.vel *adj.2g.* diz-se do que pode ser tratado com água

hi.dra.to *s.m.* QUÍM substância composta formada a partir de uma hidratação

hi.dráu.li.ca *s.f.* **1** estudo sobre os meios de armazenamento e distribuição de água **2** FÍS ciência que estuda a dinâmica dos líquidos

hi.dráu.li.co *adj.* **1** relativo à hidráulica • *s.m.* **2** instrumento musical cujo som é extraído de um recipiente com água

hi.dra.vi.ão *s.m.* avião que pode pousar em e decolar de ambientes aquáticos; hidroavião

hí.dri.co *adj.* diz-se do que tem como substância básica a água

hi.dro.a.vi.ão *s.m.* m.q. hidravião

hi.dro.car.bo.na.do *adj.* QUÍM diz-se do que contém hidrogênio e carbono em sua formação

hi.dro.car.bo.na.to *s.m.* QUÍM carbonato hidratado

hi.dro.ce.fa.li.a *s.f.* MED patologia provocada pelo acúmulo de líquido cefalorraquidiano no crânio

hi.dro.cé.fa.lo *adj.* MED diz-se do que apresenta hidrocefalia

hi.dro.ce.le /é/ *s.f.* MED acúmulo de líquido seroso no envoltório dos testículos

hi.dro.di.nâ.mi.ca *s.f.* FÍS tratado sobre o movimento dos fluidos

hi.dro.di.nâ.mi.co *adj.* diz-se do líquido em movimento

hi.dró.fi.lo *adj.* **1** diz-se do que se encharca ao entrar em contato com líquidos • *s.m.* **2** ZOOL animal que vive em ambientes aquáticos

hi.dro.fo.bi.a *s.f.* MED medo de ambientes aquáticos

hi.dró.fo.bo *adj.* diz-se do que sofre de hidrofobia

hi.dro.ge.na.ção *s.f.* QUÍM processo de incorporação de hidrogênio em outros elementos

hipermetropia

hi.dro.ge.nar *v.t.* ato de incorporar hidrogênio a outros elementos

hi.dro.gê.nio *s.m.* QUÍM elemento químico da tabela periódica (H)

hi.dro.ge.o.lo.gi.a *s.f.* ciência que estuda o acúmulo, a distribuição e os lençóis hídricos no planeta Terra

hi.dro.gra.fi.a *s.f.* catálogo dos lençóis, das nascentes e dos percursos hídricos do planeta Terra

hi.dró.li.se *s.f.* QUÍM decomposição de uma substância pela água

hi.dro.lo.gi.a *s.f.* ciência que estuda a água, seus comportamentos e suas funções

hi.dró.lo.go *s.m.* estudioso em hidrologia; hidrologista

hi.dro.me.câ.ni.co *adj.* diz-se do que é movido por água

hi.dro.mel /é/ *s.m.* bebida feita a partir da mistura de água e mel fervido

hi.dro.me.tri.a *s.f.* 1 MED acumulação líquida serosa no útero 2 FÍS estudo do caudal, da velocidade e da energia dos líquidos

hi.dro.mé.tri.co *adj.* relativo a hidrometria

hi.drô.me.tro *s.m.* aparelho usado para calcular a velocidade ou a quantidade de água

hi.dro.mi.ne.ral *adj.2g.* diz-se da água mineral

hi.dro.mo.tor /ô/ *s.m.* motor cuja rotação é impulsionada por água

hi.dró.pi.co *adj.* diz-se do que apresenta hidropisia

hi.dro.pi.si.a *s.f.* MED derramamento de secreção fluida e aquosa em qualquer cavidade do corpo ou no tecido celular

hi.dro.pla.no *s.m.* m.q. hidroavião

hi.dros.fe.ra /é/ *s.f.* GEOG conjunto das partes líquidas que cobrem parcialmente a superfície da Terra

hi.dros.tá.ti.ca *s.f.* estudo da pressão e do equilíbrio dos líquidos e dos gases que se submetem à ação da gravidade

hi.drós.ta.to *s.m.* instrumento de metal flutuante com que se pesam corpos

hi.dro.te.ra.pi.a *s.f.* tratamento terapêutico por meio de banhos; hidropatia

hi.dro.te.rá.pi.co *adj.* relativo a hidroterapia

hi.dro.tér.mi.co *adj.* diz-se do que é relativo concomitantemente à água e à temperatura

hi.dro.tro.pis.mo *s.m.* BOT movimento das plantas motivado pela presença de água

hi.dro.vi.a *s.f.* canal hídrico navegável; rio, oceano

hi.e.na *s.f.* ZOOL espécie de mamífero carnívoro encontrado na África e no sul da Ásia

hi.e.rar.qui.a *s.f.* organização que respeita os estágios de poder ou as prioridades diferentes

hi.e.rár.qui.co *adj.* diz-se do que está de acordo com a hierarquia

hi.e.rá.ti.co *adj.* 1 relativo ao sagrado • *s.m.* 2 uma das formas de linguagem do povo egípcio

hi.e.ro.fan.te *s.m.* sacerdote da antiga Grécia que apresentava aos futuros neófitos os objetos sagrados

hi.e.ro.glí.fi.co *s.m.* 1 m.q. hieróglifo • *adj.* 2 *fig.* linguagem de difícil compreensão, seja pela grafia ou pela forma com que foi expressa

hi.e.ro.gli.fo *s.m.* unidade ideográfica do sistema de escrita do antigo Egito

hi.e.ro.so.li.mi.ta *adj. gent.* natural ou habitante de Jerusalém

hi.e.ro.so.li.mi.ta.no *adj. gent.* m.q. hierosolimita

hí.fen *s.m.* símbolo gráfico usado na formação de algumas palavras

hi.gi.dez /ê/ *s.f.* MED estado perfeito de saúde

hí.gi.do *adj.* diz-se de quem está em perfeito estado de saúde

hi.gi.e.ne *s.f.* 1 parte da medicina que se preocupa com a preservação da saúde corporal 2 limpeza corporal

hi.gi.ê.ni.co *adj.* relativo a higiene

hi.gi.e.nis.ta *s.2g.* estudioso das questões de higiene

hi.gi.e.ni.zar *v.t.* tornar algo limpo; útil à saúde

hi.gró.gra.fo *s.m.* aparelho que mede o nível de umidade da atmosfera

hi.gro.lo.gi.a *s.f.* estudo da umidade atmosférica

hi.gro.me.tri.a *s.f.* medição da umidade atmosférica

hi.gro.mé.tri.co *adj.* referente à higrometria

hi.grô.me.tro *s.m.* aparelho usado na higrometria

hi.gros.có.pio *s.m.* aparelho rudimentar usado para medir a umidade da atmosfera

hi.la.ri.an.te *adj.2g.* diz-se do que é engraçado

hi.la.ri.da.de *s.f.* alegria, jocosidade

hi.lá.rio *adj.* engraçado

hi.la.ri.zar *v.t.* tornar engraçado; provocar riso

hi.lo.ta /ó/ *s.2g.* servil, miserável

hí.men *s.m.* membrana mucosa que fecha externamente a vagina

hi.me.neu *s.m.* casamento, bodas

hi.me.nóp.te.ro *s.m.* ZOOL espécime dos himenópteros, ordem de insetos que reúne *vespas, formigas e abelhas*

hi.ná.rio *s.m.* conjunto de hinos

hín.di *s.m.* idioma do norte da Índia

hin.du *adj. gent.* natural ou habitante da Índia

hin.du.ís.mo *s.m.* manifestação religiosa das seitas da Índia

hin.dus.tâ.ni *s.m.* língua derivada do sânscrito e falada na Índia

hi.no *s.m.* poesia acompanhada de arranjos musicais em honra a um deus ou a uma instituição

hi.oi.de /ó/ *s.m.* ANAT osso em forma de ferradura situado na parte anterior e média do pescoço

hi.pe.ra.ci.dez /ê/ *s.f.* estado de hiperácido

hi.pe.rá.ci.do *adj.* que tem muito ácido

hi.pe.ra.ti.vi.da.de *s.f.* inquietude, atividade em excesso

hi.pér.ba.to *s.m.* GRAM alteração na ordem sintática de uma oração

hi.per.bá.ri.co *adj.* diz-se do que é superior à pressão atmosférica

hi.pér.bo.le *s.f.* 1 GRAM efeito de linguagem por meio do exagero semântico 2 GEOM curva plana cujos pontos estão sempre na mesma distância de um outro ponto fixo

hi.per.bó.li.co *adj.* diz-se do que é exagerado

hi.per.bó.reo *adj.* relativo ao extremo norte da Terra; setentrional

hi.per.cor.re.ção *s.f.* correção excessiva; hiperurbanismo

hi.per.gli.ce.mi.a *s.f.* MED excesso de açúcar no sangue

hi.per.me.nor.rei.a /é/ *s.f.* MED fluxo menstrual excessivo

hi.per.me.tro.pe *adj.2g.* diz-se de quem sofre de hipermetropia

hi.per.me.tro.pi.a *s.f.* MED patologia provocada por anomalia na refração ocular

hipersensibilidade

hi.per.sen.si.bi.li.da.de *s.f.* grande capacidade sensitiva

hi.per.sen.sí.vel *adj.2g.* diz-se de quem tem hipersensibilidade

hi.per.ten.são *s.f.* MED aumento da tensão arterial; pressão alta

hi.per.ten.so *adj.* diz-se de quem sofre de hipertensão

hi.per.ter.mi.a *s.f.* MED elevação da temperatura corporal

hi.per.ti.re.oi.dis.mo *s.m.* MED patologia provocada pelo excesso de hormônio produzido pelas glândulas tireoides; hipertiroidismo

hi.per.tro.fi.a *s.f.* MED patologia provocada pelo crescimento anormal de um órgão ou de um tecido

hi.per.tro.fi.ar *v.t.* provocar hipertrofia

hi.per.tró.fi.co *adj.* 1 relativo a hipertrofia 2 que apresenta hipertrofia

hi.pe.rur.ba.nis.mo *s.m.* excesso de correção linguística que pode provocar erros gramaticais; hipercorreção

hí.pi.co *adj.* relativo ao hipismo

hi.pis.mo *s.m.* conjunto de esportes praticados sobre um cavalo

hip.no.se /ó/ *s.f.* sono induzido por outrem

hip.nó.ti.co *adj.* relativo a hipnose

hip.no.tis.mo *s.m.* ciência de induzir ao sono artificial

hip.no.ti.za.ção *s.f.* ação de hipnotizar, de provocar hipnose

hip.no.ti.za.dor /ô/ *adj.* que hipnotiza

hip.no.ti.zar *v.t.* induzir ao sono artificial

hi.po.cam.po *s.m.* 1 ZOOL m.q. cavalo-marinho 2 ANAT uma das circunvoluções do cérebro humano

hi.po.con.dri.a *s.f.* MED patologia psicossomática que consiste em uma preocupação exagerada com o próprio estado de saúde

hi.po.con.drí.a.co *adj.* que sofre de hipocondria

hi.po.co.rís.ti.co *adj.* nome familiar ou diminutivo para demonstrar carinho

hi.po.clo.ri.to *s.m.* QUÍM sal do ácido hipocloroso

hi.po.clo.ro.so /ô/ *adj.* QUÍM diz-se do ácido produzido em solução com o ácido clorídrico

hi.po.côn.drio *s.m.* ANAT cada uma das partes laterais e superiores do abdome

hi.po.cri.si.a *s.f.* falsidade, insinceridade

hi.pó.cri.ta *adj.2g.* diz-se de quem é insincero, falso, falta com a verdade

hi.po.der.me /e/ *s.f.* células localizadas abaixo da epiderme

hi.po.dér.mi.co *adj.* relativo a hipoderme

hi.pó.dro.mo *adj.* local apropriado para a corrida de cavalos

hi.pó.fi.se *s.f.* ANAT glândula localizada no interior do cérebro

hi.po.gás.tri.co *adj.* relativo ao hipogástrio

hi.po.geu *s.m.* 1 construção subterrânea • *adj.2g.* 2 diz-se do que está sob a terra

hi.po.gli.ce.mi.a *s.f.* MED patologia provocada pela diminuição da quantidade de glicose no sangue

hi.po.glos.so /ó/ *s.m.* 1 ZOOL gênero de peixes como o linguado ou o rodovalho 2 ANAT nome do nervo que é responsável pelo movimento da língua

hi.po.pó.ta.mo *s.m.* ZOOL grande mamífero herbívoro de pele espessa encontrado na África

hi.pós.ta.se *s.f.* 1 MED acúmulo de sedimentos orgânicos no sangue que dificulta a circulação 2 RELIG união do divino e do humano na pessoa de Jesus Cristo

hi.po.tá.la.mo *s.m.* ANAT parte do cérebro localizada sob os tálamos

hi.po.te.ca /é/ *s.f.* o emprego de bens como garantia de pagamento de alguma dívida

hi.po.te.car *v.t.* empregar propriedades como garantia de pagamento de alguma dívida

hi.po.te.cá.rio *s.m.* 1 propriedade hipotecada 2 pessoa que empresta dinheiro mediante hipoteca • *adj.* 3 relativo a hipoteca

hi.po.te.cá.vel *adj.2g.* diz-se do que pode ser hipotecado

hi.po.ten.são *s.f.* MED patologia provocada por diminuição da pressão arterial

hi.po.te.nu.sa *s.f.* GEOM lado oposto ao ângulo reto em um triângulo retângulo

hi.po.ter.mi.a *s.f.* MED patologia provocada pela extrema diminuição da temperatura corporal

hi.pó.te.se *s.f.* suposição inicial para verificação e explicação de questionamentos

hi.po.té.ti.co *adj.* relativo a hipótese

hi.po.to.ni.a *s.f.* MED patologia provocada pela redução ou perda da elasticidade e da resistência do músculo

hi.po.tô.ni.co *adj.* que apresenta hipotonia

hi.po.tro.fi.a *s.f.* MED patologia muscular provocada por nutrição insuficiente

híp.si.lon *s.m.* nome da vigésima quinta letra do alfabeto (*y*); ípsilon

hir.ci.no *adj.* relativo a cabra ou a bode

hir.su.to *adj.* que tem cabelos longos; que tem excesso de pelo

hir.to *adj.* que é rígido, inflexível

hi.run.di.no *adj.* relativo a andorinha

his.pâ.ni.co *adj.* diz-se do que é natural da Espanha; relativo à Península Ibérica

his.pa.nis.mo *s.m.* uso de expressões linguísticas espanholas

his.pa.nis.ta *adj.2g.* diz-se de quem se dedica ao estudo da cultura espanhola

his.pa.ni.zar *v.t.* educar uma comunidade de acordo com a cultura da Espanha

his.pa.no-a.me.ri.ca.no *adj.* relativo tanto à Espanha, quanto à América

his.pi.dez /ê/ *s.f.* estado crespo, rígido

hís.pi.do *adj.* diz-se do que é rígido, hirto, áspero

his.so.pe /ó/ *s.m.* objeto litúrgico usado para aspergir água benta

his.te.ral.gi.a *s.f.* MED sensação de dor no útero

his.te.rec.to.mi.a *s.f.* MED intervenção cirúrgica para retirada parcial ou total do útero

his.te.re.se /é/ *s.f.* FÍS fenômeno apresentado por determinados sistemas físicos cujas propriedades dependem de seu histórico ou da variação das propriedades de outro sistema

his.te.ri.a *s.f.* PSICOL patologia emocional caracterizada por perturbações corporais resultantes de estímulos sentimentais

his.té.ri.co *adj.* diz-se de quem sofre de histeria

his.te.ris.mo *s.m.* MED predisposição à histeria

his.te.ro.gra.fi.a *s.f.* procedimento para descrever o útero

his.te.rô.me.tro *s.m.* aparelho para medir as dimensões do útero

his.te.ros.co.pi.a *s.f.* procedimento para examinar o útero

his.te.ros.có.pio *s.m.* aparelhagem para examinar o útero

his.to.lo.gi.a *s.f.* BIOL ciência da biologia que estuda os tecidos orgânicos

his.to.ló.gi.co *adj.* relativo a histologia

his.tó.ria *s.f.* **1** compêndio sobre um povo **2** narrativa ficcional **3** ciência que estuda o passado por meio de documentos e análises críticas das ações e dos efeitos na escala temporal

his.to.ri.a.dor */ô/ adj. s.m.* diz-se do estudioso dos fatos do passado e suas consequências

his.to.ri.ar *v.t.* relatar, narrar fatos históricos

his.to.ri.ci.da.de *s.f.* fator que determina o relato como história

his.to.ri.cis.mo *s.m.* m.q. historicidade

his.tó.ri.co *adj.* **1** relativo a história **2** diz-se de relatos comprovados por documentos de fé pública **3** narração detalhada e comprovada como real

his.to.ri.e.ta */ê/ s.f.* narrativa, história curta

his.to.ri.o.gra.fi.a *s.f.* ciência que se ocupa em relatar a história por meio de pesquisas

his.to.ri.o.grá.fi.co *adj.* relativo a historiografia

his.to.ri.ó.gra.fo *s.m.* estudioso que escreve a história; historiador

his.tri.ão *s.m.* ator de comédia, de farsa popular; jogral

hi.ti.ta *s.m.* língua falada pelos hititas, povo que viveu na região onde hoje é a Turquia

hi.tle.ris.mo *s.m.* regime governamental implantado por Hitler na Alemanha

hi.tle.ris.ta *adj.2g.* relativo a Adolf Hitler ou à sua doutrina

HIV sigla em inglês para Vírus da Imunodeficiência Humana

Ho QUÍM símbolo do elemento hólmio

ho.di.er.no */é/ adj.* diz-se do que é moderno, atual, novo

ho.dô.me.tro *s.m.* aparelho usado para medir a distância percorrida por um corpo

ho.je */ô/ adv.* o dia presente; o dia atual

ho.lan.dês *adj. gent.* natural ou habitante da Holanda

hól.mio *s.m.* QUÍM elemento químico de símbolo Ho

ho.lo.caus.to *s.m.* **1** sacrifício de cunho religioso em que a vítima era queimada inteiramente **2** genocídio, massacre

ho.lo.ce.no *s.m.* GEOL último período da Era Neozoica

ho.lo.fo.te */ó/ s.m.* aparelho que projeta intenso facho de luz elétrica

ho.ma.lo.cé.fa.lo *s.m.* PALEO dinossauro de cabeça chata

hom.bri.da.de *s.f.* nobreza de caráter, coragem, virilidade

ho.mem *s.m.* **1** animal racional; ser humano **2** indivíduo do gênero masculino

ho.me.na.ge.a.do *adj.* diz-se de quem recebeu homenagem

ho.me.na.ge.ar *v.t.* ato de prestar homenagem

ho.me.na.gem *s.f.* demonstração pública de respeito e admiração

ho.mem.zar.rão *s.m.* aumentativo de homem que expressa as qualidades físicas do indivíduo

ho.meo.pa.ta *adj.2g.* diz-se do estudioso da homeopatia

ho.meo.pa.ti.a *s.f.* tratamento de patologias pelo uso de substâncias que produzem os mesmos efeitos do que se procura debelar aplicadas em quantidades mínimas

ho.meo.pá.ti.co *adj.* **1** relativo a homeopatia **2** diz-se do que é feito parceladamente

ho.me.os.ta.si.a *s.f.* BIOL processo de regulação pelo qual um organismo mantém constante o seu equilíbrio

ho.me.o.ter.mo *adj. s.m.* animal cuja temperatura corporal é constante

ho.mé.ri.co *adj.* **1** relativo ao poeta grego Homero **2** diz-se do que parece ser extraordinário, dificílimo

ho.mi.ci.da *adj.2g.* diz-se de quem mata outro indivíduo

ho.mi.cí.dio *s.m.* assassinato; tirar de maneira induzida ou espontânea a vida de um ser humano

ho.mi.li.a *s.f.* pregação a partir de uma interpretação de um texto bíblico

ho.mi.zi.ar *v.t.* **1** fazer inimigo **2** esconder-se, abrigar-se, encobrir-se **3** desrespeitar a justiça

ho.mi.zi.o *s.m.* lugar para esconder-se; abrigo

ho.mo.fo.ni.a *s.f.* **1** sons parecidos **2** execução musical unissonante

ho.mó.fo.no *adj. s.m.* **1** GRAM diz-se de palavras de grafias distintas, mas com a mesma pronúncia **2** LITER diz-se de rimas homófonas

ho.mo.ge.nei.da.de *s.f.* qualidade de ser semelhante, parecido, uniforme

ho.mo.ge.nei.za.ção *s.f.* ação de homogeneizar

ho.mo.gê.neo *adj.* diz-se do que é parecido, uniforme

ho.mo.gê.ne.se *s.f.* tipo de reprodução em que as gerações se sucedem sempre pelo mesmo processo

ho.mo.gra.fi.a *s.f.* **1** arte homogênea de escrever **2** relação entre palavras homógrafas

ho.mó.gra.fo *adj. s.m.* GRAM diz-se das palavras de mesma grafia, mas sem relação semântica

ho.mo.lo.ga.ção *s.f.* **1** ato ou processo de homologar **2** JUR aprovação ou ratificação jurídica

ho.mo.lo.gar *v.t.* ratificar, aprovar definitivamente uma instância

ho.mo.lo.gi.a *s.f.* **1** estudo dos órgãos e das partes de um corpo animal e suas relações entre si **2** estudo da relação entre dois objetos semelhantes

ho.mó.lo.go *adj.* diz-se do que é parecido, correspondente

ho.mo.mor.fo */ó/ adj.* diz-se do que é homólogo

ho.mo.ní.mia *s.f.* **1** GRAM grafia e pronúncia iguais de duas ou mais palavras **2** pessoas com nomes iguais

ho.mo.ní.mi.co *adj.* diz-se do que tem homonímia

ho.mô.ni.mo *adj.* diz-se do que tem homonímia

ho.mos.se.xu.al */ks/ adj.2g.* que sente atração por indivíduo do mesmo sexo

ho.mos.se.xu.a.li.da.de */ks/ s.f.* condição de homossexual; homossexualidade

ho.mos.se.xu.a.lis.mo */ks/ s.m.* atração sexual entre indivíduos do mesmo sexo; homossexualidade

ho.mo.ter.mi.a *s.f.* estabilidade na temperatura corporal dos animais

ho.mún.cu.lo *s.m. pejor.* homem pequeno, ínfimo

hon.du.re.nho *adj. gent.* natural ou habitante de Honduras

hon.du.ren.se *adj. gent.* m.q. hondurenho

ho.nes.tar *v.t.* tonar(-se) honesto

honestidade

ho.nes.ti.da.de *s.f.* qualidade de moral indubitável; característica de ser puro, não corrompido

ho.nes.to */é/ adj.* diz-se da pessoa honrada, de bons costumes morais

ho.no.ra.bi.li.da.de *s.f.* qualidade de honorável, de quem é digno de consideração

ho.no.rá.rio *s.m.* nome que se dá à pessoa que não exerce mais a atividade, mas mantém o título; aquele que goza apenas das honras

ho.no.rá.rios *s.m.pl.* pagamento por um serviço

ho.no.rí.fi.co *adj.* diz-se do que merece honras

hon.ra *s.f.* dignidade; estima; homenagem

hon.ra.dez */ê/ s.f.* observação das boas condutas morais

hon.ra.do *adj.* que tem honra

hon.rar *v.t.* **1** conferir dignidade, reverenciar **2** dar honras; glorificar

hon.ra.ri.a *s.f.* comenda, distinção

hon.ro.so */ô/ adj.* que dignifica, enobrece

hó.quei *s.m.* esporte praticado em grupo cujo objetivo é conduzir uma bola até o gol por meio de bastões em forma de foice

ho.ra */ó/ s.f.* vigésima quarta unidade do dia solar, subdivida em sessenta minutos

ho.rá.rio *s.m.* **1** regulamento das horas **2** hora prefixada de chegada ou partida de um meio de transporte

hor.da */ó/ s.f.* **1** tribo nômade **2** bando de desordeiros

hor.déo.lo *s.m.* MED abscesso que surge na borda da pálpebra; terçol

ho.ri.zon.tal *adj.2g.* **1** diz-se do que está deitado **2** relativo ao horizonte

ho.ri.zon.te *s.m.* linha latitudinal que delimita visualmente a superfície terrestre ou marítima do céu

hor.mo.nal *adj.2g.* relativo ao hormônio

hor.mô.nio *s.m.* BIOL substância produzida por glândulas que exercem funções distintas no corpo humano

ho.ros.có.pio *s.m.* m.q. horóscopo

ho.rós.co.po *s.m.* relatório hipotético sobre o futuro de alguém oriundo do mapeamento da disposição dos astros presentes na data de nascimento dessa pessoa; m.q. horóscopio

hor.ren.do *adj.* relativo ao que provoca horror

hor.ri.pi.la.ção *s.f.* calafrio provocado por alguma excitação psíquica

hor.ri.pi.lan.te *adj.2g.* que causa arrepios, calafrios

hor.ri.pi.lar *v.t.* provocar arrepio, calafrio, eriçar os cabelos

hor.rí.vel *adj.2g.* que causa espanto, medo, horror

hor.ror */ô/ s.m.* impressão de repulsa, que causa grande medo

hor.ro.ri.za.do *adj.* diz-se de quem sente horror, pavor

hor.ro.ri.zar *v.t.* causar horror, provocar medo

hor.ro.ro.so */ô/ adj.* que desperta pavor, que incute horror

hor.ta */ó/ s.f.* espaço destinado à plantação de legumes

hor.ta.li.ça *s.f.* designação para o que foi cultivado em uma horta

hor.te.lã *s.f.* BOT vegetal usado como terapia para muitas enfermidades

hor.te.lão *s.m.* pessoa que cultiva e comercializa hortaliças

hor.te.lã-pi.men.ta *s.f.* BOT erva aromática usada na produção de licor, perfumes e drogas

hor.te.lo.a */ô/ s.f.* feminino de hortelão

hor.ten.se *adj.2g.* relativo à horta

hor.tên.sia *s.f.* BOT nome de uma flor azulada do gênero *Hydrangea*

hor.tí.co.la *adj.2g.* diz-se da cultura de hortas

hor.ti.cul.tor */ô/ s.m.* trabalhador do cultivo em horta

hor.ti.cul.tu.ra *s.f.* **1** cultura de hortas **2** ramo da agricultura dedicada aos legumes

hor.to */ô/ s.m.* espaço destinado ao cultivo de vegetação; jardim; parque

ho.sa.na *s.m.* **1** hino religioso para saudar, louvar • *interj.* **2** exclamação de viva! salve!

hós.pe.da *s.f. desus.* feminino de hóspede

hos.pe.da.gem *s.f.* **1** ato de hospedar **2** hotel, pousada

hos.pe.dar *v.t.* acomodar alguém, dar pousada, dar hospedagem

hos.pe.da.ri.a *s.f.* local onde se hospedam pessoas mediante pagamento estabelecido; hotel, pensão

hós.pe.de *s.m.* visitante, pessoa recebida gratuitamente ou mediante pagamento

hos.pe.dei.ro *s.m.* **1** que recebe um visitante mediante encargos ou não **2** BIOL animal cujo corpo serve de abrigo a outro

hos.pí.cio *s.m.* instituição para reabilitação de pessoas com patologias psicossomáticas

hos.pi.tal *s.m.* instituição preparada para tratar de patologias; clínica

hos.pi.ta.lar *adj.2g.* relativo a hospital

hos.pi.ta.lei.ro *adj.* diz-se da pessoa que trata bem os hóspedes

hos.pi.ta.li.da.de *s.f.* qualidade de hospedar, acomodar bem os visitantes

hos.pi.ta.li.za.ção *s.f.* ato ou efeito de hospitalizar, de internar alguém em um hospital

hos.pi.ta.li.zar *v.t.* internar em um hospital, em uma clínica

hos.te */ê/ s.f.* **1** inimigo **2** força armada, tropa

hós.tia *s.f.* **1** vítima oferecida em sacrifício **2** RELIG pão eucarístico que representa o corpo de Cristo crucificado e que é usado nos rituais litúrgicos da Igreja Católica

hos.ti.á.rio *s.m.* recipiente apropriado para guardar as hóstias

hos.til *adj.2g.* diz-se do inimigo, adversário

hos.ti.li.da.de *s.f.* **1** situação de guerra **2** qualidade hostil

hos.ti.li.zar *v.t.* guerrear; atacar; pôr-se como inimigo

ho.tel */ê/ s.m.* hospedaria; pensão

ho.te.lei.ro */ê/ s.m.* diz-se de quem é empresário ou trabalha em hotéis

hu.gue.no.te */ó/ adj.2g.* diz-se do seguidor do protestantismo francês

hu.lha *s.f.* carvão de pedra

hu.lhei.ra */ê/ s.f.* mina de carvão de pedra

hu.lhí.fe.ro *adj.* diz-se do lugar rico em carvão de pedra

hum *interj. onomat.* exprime dúvida, desconfiança

hu.ma.nal *adj.2g.* relativo a homem; humano

hu.ma.ni.da.de *s.f.* qualidade de ser humano

hu.ma.ni.da.des *s.f.pl.* ciências que se dedicam aos estudos clássicos, literários e filosóficos

hu.ma.nis.mo *s.m.* tratado sobre a tradição literária e cultural da humanidade

hu.ma.nis.ta *adj.2g.* diz-se do estudioso que se dedica ao humanismo

hu.ma.ni.tá.rio *adj.* diz-se de quem é compassivo, piedoso para com seus semelhantes

hu.ma.ni.ta.ris.mo *s.m.* ação do caridoso; filantropia

hu.ma.ni.za.ção *s.f.* tornar-se humano; tratar o próximo com compaixão

hu.ma.ni.zar *v.t. v.pron.* **1** dar a condição de humano **2** aprimorar-se moralmente **3** civilizar

hu.ma.no *adj.* **1** diz-se daquele que possui condição de homem **2** diz-se de quem tem compaixão

hu.ma.noi.de *adj.2g.* diz-se do que apresenta formas ou características humanas

hu.mi.fi.ca.ção *s.f.* ECOL produção de humo pela decomposição de matéria orgânica

hu.mil.da.de *s.f.* **1** ausência de orgulho; modéstia **2** consciência que o indivíduo tem sobre suas próprias capacidades

hu.mil.de *adj.2g.* diz-se do modesto, do que tem humildade

hu.mi.lha.ção *s.f.* submissão, rebaixamento moral, desprezo

hu.mi.lhan.te *adj.2g.* diz-se do que provoca humilhação, do que é ofensivo

hu.mi.lhar *v.t.* ato de rebaixar; desprezar

hu.mo *s.m.* **1** ECOL terra fértil, proveniente da presença de matéria orgânica decomposta **2** húmus

hu.mor /ô/ *s.m.* **1** disposição de gênio, temperamento psicológico **2** líquido proveniente de matéria em decomposição

hu.mo.ral *adj.2g.* relativo a humor

hu.mo.ris.mo *s.m.* disposição de temperamento tendencioso à ironia cujo efeito principal é o riso

hu.mo.ris.ta *adj.2g.* **1** adepto da filosofia dos humores de Hipócrates (séc. XVII) **2** indivíduo capaz de provocar riso por meio de ironias

hu.mo.rís.ti.co *adj.* diz-se do humorista

hú.mus *s.m.2n.* m.q. humo

hún.ga.ro *adj. gent.* natural ou habitante da Hungria

hu.no *adj.* diz-se do membro da tribo bárbara chefiada por Átila, último rei dos hunos

hur.ra *interj.* indica louvor; aplauso

hus.sar.do *s.m.* soldado de cavalaria

hus.si.ta *adj.2g.* diz-se do seguidor do protestantismo fundado por Jan Huss

¹i *s.m.* **1** GRAM nona letra e terceira vogal do alfabeto português **2** o nono elemento de uma série
²I QUÍM símbolo do elemento iodo da tabela periódica
i.an.que *adj.2g.* **1** relativo à Nova Inglaterra, região dos Estados Unidos da América **2** *por ext.* relativo ao norte dos EUA
i.a.ra *s.f.* divindade indígena também conhecida como mãe-d'água
i.a.te *s.m.* barco luxuoso
i.a.tis.mo *s.m.* técnica de navegação em iate
i.a.tis.ta *adj.2g.* diz-se daquele que pratica iatismo
i.bé.ri.co *adj.* relativo à Península Ibérica
i.be.ro *adj.* diz-se dos antigos habitantes da Ibéria ou do idioma desse povo
i.bi.dem *adv. [lat.]* aí mesmo; no mesmo lugar
í.bis *s.2g.2n.* ave aquática pertencente à família das cegonhas
i.çá *s.2g.* **1** ritual no candomblé **2** fêmea da formiga saúva
i.çar *v.t.* erguer, puxar para cima
ice.berg *s.m. [ing.]* massa de gelo que se desprende de uma geleira e fica à deriva no oceano
í.co.ne *s.m.* **1** representação de divindades em locais sagrados **2** símbolo **3** pessoa com alguma importância em movimentos artísticos ou sociais **4** INFORMÁT representação gráfica no computador que se refere a determinado programa ou arquivo
i.co.no.clas.ta *adj.2g.* diz-se de quem destrói imagens religiosas ou se opõe à sua adoração
i.co.no.gra.fi.a *s.f.* análise de imagens e símbolos sem que se considere o seu valor estético
i.co.no.te.ca /é/ *s.f.* lugar no qual são acondicionadas obras de arte
i.co.sa.e.dro /é/ *s.m.* poliedro que possui vinte faces
i.co.sá.go.no *s.m.* figura geométrica que tem vinte lados
ic.te.rí.cia *s.f.* MED doença caracterizada pela coloração amarela na pele do indivíduo, causada pela presença de secreções anormais da bile sobre os tecidos
ic.ti.ó.fa.go *adj.* que se alimenta de peixes
ic.tio.lo.gi.a *s.f.* BIOL ciência que estuda os peixes
i.da *s.f.* movimento de ir
i.da.de *s.f.* contagem do tempo de existência de um evento, de um objeto ou de um ser
i.de.al *adj.2g.* **1** relativo a ideia **2** perfeito • *s.m.* **3** modelo de perfeição almejado
i.de.a.lis.mo *s.m.* FILOS doutrina cuja base está no planejamento, na idealização
i.de.a.lis.ta *adj.2g.* **1** diz-se daquele que segue o idealismo **2** antônimo de realista

i.de.a.li.zar *v.t.* projetar de maneira ideal
i.de.ar *v.t.* m.q. idealizar
i.dei.a /é/ *s.f.* reflexão, pensamento, planejamento
i.dem *pron. [lat.]* igual ao anterior; o mesmo
i.dên.ti.co *adj.* diz-se daquilo ou daquele que apresenta as mesmas características em relação a outro
i.den.ti.da.de *s.f.* **1** conjunto das características que diferenciam uma pessoa ou uma coisa, individualizando-a **2** documento de identificação individual
i.den.ti.fi.ca.ção *s.f.* ação de identificar
i.den.ti.fi.car *v.t.* **1** diferenciar alguém ou algo de acordo com determinadas características **2** igualar seres ou objetos
i.deo.gra.fi.a *s.f.* representação por meio de sinais gráficos
i.deo.gra.ma *s.m.* m.q. palavra
i.deo.lo.gi.a *s.f.* conjunto de ideias que visam ao direcionamento de uma comunidade a um fim comum
i.di.e.lé.tri.co *adj.* diz-se do que pode ser eletrizado por meio de atrito
i.dí.lio *s.m.* **1** LITER poema curto ou de tema pastoril **2** afeto delicado **3** sonho, utopia
i.di.o.ma *s.m.* linguagem própria de uma nação
i.di.o.má.ti.co *adj.* relativo a idioma
i.di.o.pa.ti.a *s.f.* **1** MED patologia que tem origem espontânea **2** preferência por determinado objeto
i.dios.sin.cra.si.a *s.f.* MED reação de um indivíduo a determinados agentes externos em função de uma predisposição particular do seu organismo
i.di.o.ta /ó/ *adj.2g.* **1** MED diz-se de pessoa que apresenta idiotia **2** diz-se de uma pessoa sem discernimento, tola
i.di.o.ti.a *s.f.* MED carência de inteligência em função de danos no cérebro
i.di.o.ti.ce *s.f.* qualidade do que é idiota ou de quem age como idiota
i.di.o.tis.mo *s.m.* m.q. idiotice
i.di.o.ti.zar *v.t.* fazer idiota, tornar(-se) idiota
i.do *s.m.* **1** língua artificial semelhante ao esperanto **2** sufixo formador de adjetivos **3** pretérito do verbo ir
i.dó.la.tra *adj.2g.* **1** diz-se daquele que adora ídolos **2** admirador exagerado
i.do.la.trar *v.t.* ato ou efeito de adorar de forma exagerada
i.do.la.tri.a *s.f.* adoração exagerada
í.do.lo *s.m.* pessoa ou objeto que é admirado exageradamente
i.do.nei.da.de *s.f.* qualidade de ser idôneo

ilusório

i.dô.neo *adj.* diz-se daquele que é confiável, honesto ou competente para desempenhar determinada função

i.do.so /ô/ *adj.* diz-se daquele que tem muitos anos de existência

I.e.man.já *s.f.* orixá feminino das águas em seitas como o candomblé e similares

i.ga.ça.ba *s.f.* **1** caixão de uso indígena **2** jarra feita de barro usada para armazenar líquidos e alimentos

i.ga.pó *s.m.* nome dado à vegetação baixa e uniforme de regiões da floresta amazônica que permanecem alagadas

i.ga.ra.pé *s.m.* **1** estreito canal entre duas ilhas que serve para o tráfego de embarcações **2** rio de pequena extensão que nasce na mata e deságua em rio

ig.na.ro *adj.* diz-se de quem é ignorante, inculto

ig.na.vo *adj.* diz-se de quem não tem coragem; covarde

íg.neo *adj.* **1** que é de fogo ou a ele se assemelha **2** *fig.* cheio de entusiasmo **3** GEOL diz-se do mineral formado pela solidificação do magma

ig.ni.ção *s.f.* meio pelo qual é inflamado um material combustível

ig.ní.fe.ro *adj.* *m.q.* ignífero

ig.ní.fe.ro *adj.* diz-se do que lança fogo ou do que tem fogo em si mesmo

ig.nó.bil *adj.2g* **1** diz-se de quem tem má índole **2** diz-se do que causa repugnância

ig.no.mí.nia *s.f.* ação que causa vergonha ou que humilha alguém

ig.no.mi.ni.o.so /ô/ *adj.* diz-se do que causa ignomínia

ig.no.rân.cia *s.f.* **1** ausência de cultura ou de conhecimento **2** grosseria

ig.no.ran.te *adj.2g.* diz-se daquele que não apresenta conhecimento ou que tem atitudes grosseiras

ig.no.rar *v.t.* **1** ato ou efeito de desprezar **2** não ter o conhecimento de algo

ig.no.to /ô/ *adj.* diz-se do que é desconhecido, ignorado

i.gre.ja /ê/ *s.f.* **1** conjunto de pessoas que têm a mesma crença **2** local onde os fiéis se reúnem para a adoração

i.gual *adj.2g.* **1** diz-se do que é idêntico, equivalente • *conj.* **2** conjunção usada na comparação; como, tal qual

i.gua.la.ção *s.f.* ação de equiparar

i.gua.lar *v.t.* tornar igual

i.gual.da.de *s.f.* **1** equidade; condição do que não apresenta diferenças **2** MAT relação entre duas grandezas idênticas **3** princípio que faz com que os homens tenham os mesmos direitos e deveres

i.gua.lha *s.f.* equidade de posição social, de pensamento ou de comportamento

i.gua.li.tá.rio *adj.* diz-se daquele que defende o igualitarismo

i.gua.li.ta.ris.mo *s.m.* teoria que visa estabelecer a igualdade absoluta

i.gua.na *s.f.* ZOOL animal semelhante ao camaleão

i.gua.ri.a *s.f.* comida apetitosa

i.la.ção *s.f.* ato de concluir

i.la.que.ar *v.t.* **1** prender, enredar, confundir **2** desfazer influência

i.la.ti.vo *adj.* diz-se daquilo que é conclusivo

i.le.gal *adj.2g.* JUR diz-se daquilo que é proibido ou ilícito

i.le.ga.li.da.de *s.f.* JUR situação que infringe a lei

i.le.gi.ti.mi.da.de *s.f.* JUR ausência de condições que tornam algo juridicamente válido **2** falta de capacidade jurídica de alguém para desempenhar determinada função

i.le.gí.ti.mo *adj.* **1** diz-se daquilo que está fora das conformidades legais **2** diz-se do filho fora do casamento

i.le.gí.vel *adj.2g.* diz-se daquilo que não é fácil de ler

í.leo *s.m.* uma das partes do intestino delgado

i.leo.ce.cal *adj.2g.* ANAT relativo ao íleo e ao ceco

i.le.so *adj.* sem machucado, ferimento

i.le.tra.do *adj.* diz-se daquele que não tem cultura literária ou que não tem instrução escrita

i.lha *s.f.* porção de terra contornada por água

i.lha.do *adj.* diz-se daquele que se encontra isolado, fora do contato com pessoas

i.lhal *s.m.* *m.q.* ilharga

i.lhar *v.t.* tornar-se isolado, incomunicável

i.lhar.ga *s.f.* cada um dos lados do corpo; flanco

i.lhéu *adj.* **1** natural ou habitante de uma ilha • *s.m.* **2** ilha de pequena extensão; rochedo no meio do oceano

-ilho *suf.* forma diminutivo

i.lhó *s.m.* **1** pequena abertura em tecido pela qual se passa um cordão ou uma fita **2** argola de metal que segura o tecido para que ele não se abra além da abertura já feita

i.lho.a *s.m.* mulher natural ou habitante de uma ilha

i.lho.ta *s.f.* **1** conjunto de células com determinada função **2** pequena ilha; ilhéu

i.lí.a.co *adj.* **1** diz-se daquele que apresenta inflamação no íleo **2** troiano • *s.m.* **3** um dos ossos que formam a cintura pélvica

i.li.bar *v.t.* **1** purificar, depurar **2** reabilitar, justificar

i.lí.ci.to *adj.* diz-se daquilo que é ilegal

i.li.mi.ta.do *adj.* sem limites

i.ló.gi.co *adj.* diz-se daquilo que não tem lógica, que é incoerente

i.lo.gis.mo *s.m.* caráter do que é ilógico

i.lu.dir *v.t.* causar ilusão, enganar

i.lu.mi.na.ção *s.f.* **1** ato de tornar visível por meio de objeto que emite luz **2** ilustração, saber, inspiração **3** conjunto de objetos usados para iluminar determinado lugar

i.lu.mi.na.do *adj.* **1** que recebeu luz **2** que tem inspiração **3** ilustrado; seguidor do iluminismo

i.lu.mi.nar *v.t.* **1** ato ou efeito de clarear **2** tornar-se instruído

i.lu.mi.nis.mo *s.m.* **1** FILOS movimento intelectual do séc. XVIII que priorizava a razão **2** RELIG crença de que a iluminação divina guia o ser humano para a verdade

i.lu.mi.nis.ta *adj.2g.* diz-se daquele que é adepto do iluminismo

i.lu.mi.nu.ra *s.f.* grafismo que servia para ilustrar manuscritos e obras medievais

i.lu.são *s.f.* **1** devaneio **2** confusão dos sentidos ou da mente **3** percepção errônea

i.lu.sio.nis.mo *s.m.* **1** técnicas empregadas na arte que causam ilusão por meio de truques; mágica **2** crença de que os sentidos são ilusões

i.lu.sio.nis.ta *adj.2g.* **1** diz-se do que usa de truques para criar ilusões **2** que segue ideias do ilusionismo

i.lu.só.rio *adj.* diz-se daquele que é falso, que engana

ilustração

i.lus.tra.ção *s.f.* **1** ação de ilustrar; iluminismo **2** conjunto de conhecimentos **3** desenho que acompanha um texto como forma de representar o que é dito

i.lus.tra.do *adj.* **1** diz-se daquele que apresenta instrução **2** enfeitado por gravuras **3** exemplificado

i.lus.tra.dor *adj. s.m.* **1** diz-se de quem ilustra, esclarece **2** pessoa que trabalha com ilustrações

i.lus.trar *v.t.* **1** dar exemplos **2** elucidar; tornar clara uma ideia **3** enfeitar determinada obra com ilustrações **4** ato ou efeito de glorificar-se

i.lus.tra.ti.vo *adj.* **1** diz-se daquilo que é usado como exemplo, que esclarece **2** gravura que adorna um texto

i.lus.tre *adj.2g.* diz-se daquele que se destaca pelo seu conhecimento, por ser famoso ou por ser nobre

i.lus.trís.si.mo *adj.* **1** diz-se daquele que é bastante ilustre; aumentativo de ilustre **2** vocativo formal

i.mã *s.m.* guia religioso muçulmano; imame

í.mã *s.m.* material capaz de atrair outros objetos

i.ma.cu.la.do *adj.***1** diz-se daquele que é inocente **2** que apresenta perfeita brancura **3** RELIG que não tem pecado

i.ma.gem *s.f.* **1** imitação de um ser ou de um objeto por meio de técnicas artísticas **2** RELIG representação de seres que são cultuados **3** representação de uma sensação advinda de uma experiência anterior **4** reprodução de algo transmitida por uma superfície refletora

i.ma.gi.na.ção *s.f.* **1** capacidade de criar juntando ideias reais ou não **2** faculdade que possibilita a previsão de eventos no plano mental

i.ma.gi.nar *v.t.* ato ou efeito de criar algo mentalmente

i.ma.gi.ná.rio *adj.* **1** diz-se daquilo que é irreal **2** MAT número complexo cuja parte real vale zero • *s.m.* **3** diz-se daquele que faz imagens **4** conjunto de elementos característicos da cultura de um povo

i.ma.gi.na.ti.va *s.f.* m.q. imaginação

i.ma.gi.na.ti.vo *adj.* diz-se daquele que sonha muito, que tem muita imaginação

i.ma.gi.ná.vel *adj.2g.* diz-se daquilo que é possível de se imaginar

i.ma.gi.no.so /ô/ *adj.* m.q. imaginativo

i.ma.go *s.m.* BIOL fase adulta de um inseto

i.ma.nar *v.t.* m.q. imantar

i.ma.ne *adj.2g.* **1** diz-se daquilo que é imenso **2** *fig.* desumano, cruel

i.ma.nên.cia *s.f.* FILOS condição do que é intrínseco à essência de algo

i.ma.nen.te *adj.2g.* FILOS inerente à natureza de um ser ou de um objeto

i.ma.ni.zar *v.t.* **1** m.q. imantar **2** *fig.* conquistar a simpatia de; cativar

i.man.tar *v.t.* conferir características magnéticas a um metal

i.mar.ces.cí.vel *adj.2g.* **1** que não perde o viço, o frescor **2** *fig.* que não se corrompe

i.ma.te.ri.al *adj.2g.* diz-se daquilo que não tem existência perceptível

i.ma.te.ri.a.lis.mo *s.m.* FILOS teoria filosófica que defende que a matéria existe apenas no plano mental

i.ma.te.ri.a.li.zar *v.t.* ato ou efeito de espiritualizar-se, de desfazer-se da matéria

i.ma.tu.ri.da.de *s.f.* ausência de maturidade

i.ma.tu.ro *adj.* **1** diz-se do fruto que ainda não se desenvolveu completamente **2** diz-se daquele que ainda não apresenta características que demonstrem maturidade psicológica

im.be.cil *adj.2g.* m.q. idiota

im.be.ci.li.da.de *s.f.* condição de imbecil; ato que denota falta de inteligência

im.be.le *adj.2g.* **1** que não tem predisposição belicosa **2** *fig.* fraco, covarde

im.ber.be *adj.* **1** diz-se daquele que não tem barba **2** que é jovem, novo

im.bri.ca.ção *s.f.* **1** ato ou efeito de imbricar, de sobrepor **2** *fig.* ligação estreita, íntima

im.bri.car *v.t.* tornar-se ligado estreitamente

im.bu *s.m.* BIOL fruto nativo do Brasil

im.bui.a *s.f.* BOT árvore brasileira nativa da Região Sul que apresenta madeira considerada de luxo no feitio de móveis

im.bu.ir *v.t.* **1** impregnar-se de **2** convencer-se de

im.bu.zei.ro *s.m.* BOT árvore nativa do Brasil da qual se obtém o fruto imbu

i.me.di.a.ção *s.f.* contiguidade; qualidade de estar próximo

i.me.di.a.tis.mo *s.m.* **1** maneira de agir desconsiderando as consequências, improvisando **2** modo de ação que dispensa mediações

i.me.di.a.to *adj.* **1** diz-se daquilo que é feito com urgência **2** realizado sem mediações **3** precedente ou subsequente **4** empregado que pode substituir o chefe caso haja necessidade

i.me.mo.rá.vel *adj.2g.* diz-se daquilo que não se pode lembrar

i.me.mo.ri.al *adj.2g.* m.q. imemorável

i.men.si.da.de *s.f.* **1** qualidade do que é imenso **2** grandeza incomensurável; vastidão

i.men.si.dão *s.f.* qualidade de extensão incomensurável

i.men.so *adj.* que é impossível de comensurar; de extensão incomensurável

i.men.su.rá.vel *adj.2g.* diz-se daquilo que não pode ser medido

i.me.re.ci.do *adj.* diz-se daquilo que não apresenta merecimento; indevido

i.mer.gir *v.t. v.pron.* **1** tornar(-se) imerso; afundar(-se) **2** *fig.* adentrar(-se), entrar

i.mé.ri.to *adj.* m.q. imerecido

i.mer.são *s.f.* ação de imergir

i.mer.so *adj.* diz-se daquele que está mergulhado, submerso

i.mi.gra.ção *s.f.* **1** entrada de estrangeiros em outro país **2** estabelecimento de pessoas em alguma região de seu próprio país, diferente da de origem **3** grupo de pessoas que imigram

i.mi.gran.te *adj.2g.* diz-se daquele que se estabeleceu em país estrangeiro

i.mi.grar *v.i.* ato ou efeito de estabelecer-se em país ou região diferente do de sua origem

i.mi.gra.tó.rio *adj.* diz-se daquilo que mantém relação com a imigração

i.mi.nên.cia *s.f.* característica do que está próximo de acontecer

i.mi.nen.te *adj.2g.* diz-se daquilo que está próximo de acontecer

i.mis.cí.vel *adj.2g.* diz-se daquilo que não é capaz de misturar-se

i.mis.cu.ir-se *v.pron.* opinar a respeito de assunto que não lhe diz respeito

i.mi.ta.ção *s.f.* 1 representação de algo ou de alguém o mais próximo possível da realidade 2 fraude, cópia

i.mi.ta.dor /ô/ *adj.* diz-se do que imita

i.mi.tar *v.t.* ato ou efeito de copiar, fraudar

i.mi.tir *v.t. v.pron.* ato ou efeito de pôr(-se) para dentro

i.mo.bi.li.á.rio *adj.* relativo a imóveis

i.mo.bi.li.da.de *s.f.* estado no qual não há movimento

i.mo.bi.lis.mo *s.m.* atitude conservadora de rejeição ao progresso

i.mo.bi.li.za.ção *s.f.* ato de provocar a imobilidade

i.mo.bi.li.zar *v.t.* 1 ato ou efeito de impedir o movimento 2 tornar paralisado parte do corpo ou ele todo, para tratamento de alguma lesão

i.mo.de.ra.ção *s.f.* estado daquilo sobre o que não se tem controle; exagero

i.mo.de.ra.do *adj.* diz-se do que é descontrolado, exagerado

i.mo.dés.tia *s.f.* excesso de vaidade

i.mo.des.to *adj.* diz-se daquele que é vaidoso

i.mo.la.ção *s.f.* ato de sacrificar algo ou alguém a uma divindade

i.mo.la.do *adj.* diz-se daquele que sofre sacrifício ou que é assassinado

i.mo.lar *v.t.* 1 prejudicar 2 oferecer sacrifício matando vítima

i.mo.ral *adj.2g.* que não está de acordo com as regras morais

i.mo.ra.li.da.de *s.f.* comportamento considerado imoral

i.mo.ra.lis.mo *s.m.* teoria que defende regras contrárias às da moral estabelecida

i.mor.re.dou.ro *adj.* diz-se daquele que é imortal ou muito duradouro

i.mor.tal *adj.2g.* 1 que não morre 2 que não é esquecido

i.mor.ta.li.da.de *s.f.* perenidade, qualidade do que não morre

i.mor.ta.li.zar *v.t.* eternizar na lembrança

i.mo.ti.va.do *adj.* diz-se daquilo que é injustificado

i.mó.vel *adj.2g.* 1 que não apresenta mobilidade • *s.m.* 2 edificação

im.pa.ci.ên.cia *s.f.* 1 ausência de paciência 2 estado que impede o repouso

im.pa.ci.en.tar *v.t.* importunar, irritar

im.pa.ci.en.te *adj.2g.* diz-se daquele que não tem paciência

im.pac.to *s.m.* 1 forte impressão 2 choque entre corpos

im.pa.gá.vel *adj.2g.* 1 diz-se daquilo que não é pagável 2 hilário, engraçado

im.pal.pá.vel *adj.2g.* diz-se daquilo que não é apalpável

im.pa.lu.dis.mo *s.m.* MED m.q. malária ou sezão

im.pa.lu.dar *v.i.* contrair impaludismo

im.par *v.i.* demonstrar vaidade e orgulho em excesso

im.par *adj.2g.* 1 que não há igual 2 MAT (número) não divisível por dois

im.par.ci.al *adj.2g.* diz-se daquele que é justo, que não é parcial

im.par.ci.a.li.da.de *s.f.* objetividade na análise de um assunto, tratando-o com justiça

im.pa.ri.da.de *s.f.* característica do que é único

im.pa.ris.sí.la.bo *adj.* diz-se da palavra que tem número de sílabas diferente em suas flexões

im.pas.si.bi.li.da.de *s.f.* indiferença com relação à demonstração de emoções; carência de passibilidade

im.pas.sí.vel *adj.2g.* diz-se daquele que não manifesta emoções

im.pa.tri.ó.ti.co *adj.* diz-se daquele que não apresenta patriotismo

im.pa.vi.dez *s.f.* ausência de temor

im.pá.vi.do *adj.* diz-se daquele que não tem temor, que é corajoso

im.pe.cá.vel *adj.2g.* 1 diz-se daquele que não comete erros 2 que não apresenta pecado

im.pe.di.do *adj.* diz-se daquilo que foi obstruído, dificultado, proibido

im.pe.di.men.to *s.m.* 1 obstáculo 2 transgressão cometida no futebol 3 JUR condição legal que impossibilita o exercício de um ato

im.pe.dir *v.t.* ato ou efeito de proibir, de dificultar

im.pe.di.ti.vo *adj.* diz-se daquilo que atua como impedimento

im.pe.lir *v.t.* 1 impulsionar 2 *fig.* dar incentivo

im.pe.ne *adj.2g.* ZOOL desprovido de penas

im.pe.ne.trá.vel *adj.2g.* diz-se daquilo que não pode ser penetrado

im.pe.ni.tên.cia *s.f.* qualidade de impenitente

im.pe.ni.ten.te *adj.2g.* diz-se daquele que não se arrepende de seus pecados

im.pen.sa.do *adj.* diz-se do que é feito sem pensar ou calcular

im.pen.sá.vel *adj.2g.* diz-se do que é impossível de se prever ou pensar

im.pe.ra.dor *s.m.* governante supremo de um império

im.pe.rar *v.t.* governar o império

im.pe.ra.ti.vo *adj.* 1 diz-se daquilo ou daquele que impõe, manda • *s.m.* 2 GRAM modo que indica ordem ou pedido

im.pe.ra.triz *s.f.* feminino de imperador

im.per.cep.tí.vel *adj.2g.* diz-se daquilo que não é perceptível

im.per.dí.vel *adj.2g.* 1 diz-se daquilo que não pode ser perdido 2 que é considerado já conquistado

im.per.do.á.vel *adj.2g.* diz-se daquilo que não pode ser perdoado

im.pe.re.ce.dou.ro *adj.* diz-se daquilo que é durável, que não perece

im.pe.re.cí.vel *adj.2g.* diz-se daquilo que é durável, eterno

im.per.fei.ção *s.f.* 1 condição daquilo que não está perfeito, que possui defeito 2 incompleto

im.per.fei.to *adj.* 1 diz-se daquilo que não está perfeito • *s.m.* 2 GRAM denota o tempo verbal não terminado no passado; pretérito imperfeito

im.pe.ri.al *adj.2g.* 1 imperialista 2 pomposo, autoritário, luxuoso

im.pe.ri.a.lis.mo *s.m.* 1 modo de governo do império 2 prática exercida por alguns Estados para expandir seus domínios políticos

im.pe.ri.a.lis.ta *adj.2g.* diz-se daquele que é adepto do imperialismo

im.pe.rí.cia *s.f.* ausência de competência

im.pé.rio *s.m.* 1 forma de governo na qual o chefe político é o imperador 2 tempo de exercício de poder do imperador 3 conjunto de povo e governo que formam uma nação

im.pe.ri.o.so *adj.* diz-se daquele que é autoritário

im.pe.ri.to *adj.* diz-se daquele que não é perito na atividade que executa

im.per.me.a.bi.li.da.de *s.f.* qualidade de impermeável

impermeável

im.per.me.á.vel *adj.2g.* **1** diz-se daquilo que é impossível de ser penetrado por fluidos • *s.m.* **2** cobertura feita de determinado material que não é permeável

im.pers.cru.tá.vel *adj.2g.* diz-se daquilo que não pode ser investigado

im.per.sis.ten.te *adj.2g.* diz-se daquele que não persiste

im.per.so.na.li.da.de *s.f.* qualidade de impessoal; impessoalidade

im.per.tér.ri.to *adj.* que é corajoso, que não tem medo

im.per.ti.nen.te *adj.2g.* diz-se daquele que é inoportuno, inconveniente, ranzinza

im.per.tur.bá.vel *adj.2g.* diz-se daquilo ou daquele que não se perturba

im.pér.vio *adj.* que não dá passagem; intransitável

im.pes.so.al *adj.2g.* **1** diz-se daquilo que não faz referência a um indivíduo específico **2** GRAM denota verbo que não possui sujeito

im.pes.so.a.li.da.de *s.f.* **1** ausência de originalidade **2** qualidade de impessoal

im.pe.ti.go *s.m.* MED enfermidade contagiosa da pele causada por bactérias

ím.pe.to *s.m.* **1** ação inesperada, precipitada **2** uso de violência **3** presença de vitalidade

im.pe.tra.ção *s.f.* ato ou efeito de impetrar, de suplicar, de pedir com insistência

im.pe.tran.te *adj.2g.* diz-se daquele que requere um favor

im.pe.trar *v.t.* suplicar, pedir insistentemente, solicitar

im.pe.tu.o.si.da.de *s.f.* qualidade de impetuoso

im.pe.tu.o.so *adj.* diz-se daquele que age com ímpeto

im.pi.e.da.de *s.f.* ausência de piedade, de respeito ou de compaixão

im.pi.e.do.so *adj.* diz-se daquele que é cruel, desumano, que não tem piedade

im.pi.gem *s.f.* MED qualquer doença de pele

im.pin.gir *v.t.* **1** enganar **2** impor

ím.pio *adj.* diz-se daquele que é impiedoso

im.pla.cá.vel *adj.2g.* **1** diz-se daquele que é inflexível e cruel; que não perdoa

im.plan.ta.ção *s.f.* ação de introduzir algo, de enraizar

im.plan.tar *v.t.* introduzir, plantar, inserir

im.plan.te *s.m.* **1** ato de inserir **2** MED substância que é implantada em um organismo

im.ple.men.to *s.m.* o que falta para completar algo

im.pli.ca.ção *s.f.* **1** implicância **2** o que está subentendido

im.pli.cân.cia *s.f.* demonstração de antipatia

im.pli.can.te *adj.2g.* diz-se daquele que demonstra implicância, que é importuno; provocador

im.pli.car *v.t.* **1** ação de provocar antipatia **2** não estar em concordância **3** comprometer-se **4** tornar essencial

im.plí.ci.to *adj.* diz-se daquilo que está subentendido, que pode ser deduzido

im.plo.rar *v.t.* ato de rogar, suplicar

im.plo.são *s.f.* série de explosões sucessivas que objetivam a demolição de alguma edificação

im.plu.me *adj.2g.* ZOOL desprovido de plumas

im.po.li.do *adj.* **1** diz-se daquilo que não foi polido **2** aquele que é rude, grosseiro

im.po.lu.to *adj.* **1** imaculado **2** aquele que é honesto

im.pon.de.ra.do *adj.* diz-se daquele que não tem ponderação, que se precipita

im.pon.de.rá.vel *adj.2g.* diz-se daquilo que não pode ser palpado, nem pesado

im.po.nên.cia *s.f.* **1** estado de grandeza **2** majestade

im.po.nen.te *adj.2g.* diz-se daquele que se apresenta altivo, majestoso

im.pon.tu.al *adj.2g.* diz-se daquele que não tem pontualidade

im.pon.tu.a.li.da.de *s.f.* estado daquele que não tem pontualidade

im.po.pu.lar *adj.2g.* diz-se daquilo ou daquele que não tem aceitação popular

im.po.pu.la.ri.da.de *s.f.* qualidade daquilo ou daquele que é impopular

im.por *v.t.* **1** mandar, obrigar **2** sobrepor

im.por.ta.ção *s.f.* **1** ação de importar **2** conjunto de produtos importados

im.por.ta.dor /ô/ *adj.* diz-se daquele que faz a importação

im.por.tân.cia *s.f.* **1** o que deve ser considerado; que é importante **2** custo em dinheiro

im.por.tan.te *adj.2g.* **1** diz-se daquilo que deve ser considerado, que é relevante **2** que é fundamental, essencial

im.por.tar *v.t.* **1** comprar produtos em um país de origem diferente da do importador **2** denotar importância **3** interessar(-se)

im.plu.me *adj.2g.* ZOOL desprovido de plumas

im.por.tá.vel *adj.2g.* diz-se daquilo que pode ser importado

im.por.te *s.m.* valor em dinheiro; importância

im.por.tu.na.ção *s.f.* ato de importunar, de insistir

im.por.tu.nar *v.t.* perturbar, aborrecer com pedidos em excesso

im.por.tu.no *adj.* diz-se do que é inconveniente, que não é oportuno

im.po.si.ção *s.f.* ato de impor, de exigir

im.pos.si.bi.li.da.de *s.f.* estado daquilo que não é possível

im.pos.si.bi.li.tar *v.t.* fazer com que algo seja irrealizável

im.pos.sí.vel *adj.2g.* **1** diz-se daquilo que não é possível de realizar **2** qualidade do que é incompatível com a realidade **3** diz-se do que é destituído de racionalidade **4** que age de forma não suportável **5** *fig.* que não obedece

im.pos.ter.gá.vel *adj.2g.* diz-se do que não pode ser adiado

im.pos.to *adj.* **1** diz-se daquilo que foi ordenado • *s.m.* **2** ônus pago ao Estado por pessoas físicas e jurídicas

im.pos.tu.ra *s.f.* ato de impostor

im.po.tá.vel *adj.2g.* diz-se do que não é potável

im.pos.tor *adj.* diz-se daquele que engana, que finge

im.po.tên.cia *s.f.* **1** ausência de poder de ação **2** falta de capacidade sexual masculina **3** propriedade de impotente

im.po.ten.te *adj.2g.* **1** diz-se daquele que é ineficaz **2** que tem impotência

im.pra.ti.cá.vel *adj.2g.* diz-se daquilo que não pode ser praticado

im.pre.ca.ção *s.f.* ato ou efeito de imprecar

im.pre.car *v.t.* **1** suplicar, rogar **2** amaldiçoar, praguejar

im.pre.ci.são *s.f.* ausência de exatidão

im.pre.ci.so *adj.* diz-se daquilo que não é exato, que é vago

imunologia

im.preg.na.ção *s.f.* **1** ação de impregnar **2** BIOL fecundação do gameta feminino pelo gameta masculino

im.preg.nar *v.t.* **1** embeber **2** introduzir

im.pren.sa *s.f.* **1** tipografia **2** equipamento usado para imprimir **3** conjunto de publicações informativas **4** conjunto de pessoas que trabalham na difusão de informações jornalísticas

im.pren.sar *v.t.* **1** imprimir **2** envergonhar

im.pres.cin.dí.vel *adj.2g.* diz-se daquilo que é necessário, indispensável

im.pres.são *s.f.* **1** efeito de marcar sob pressão **2** aquilo que é impresso **3** influência causada por fenômenos exteriores ao indivíduo **4** opinião, ponto de vista

im.pres.sio.na.bi.li.da.de *s.f.* qualidade do que se pode impressionar

im.pres.sio.nan.te *adj.2g.* diz-se daquilo que comove, que impressiona

im.pres.sio.nar *v.t.* comover, surpreender

im.pres.sio.ná.vel *adj.2g.* passível de se impressionar

im.pres.sio.nis.mo *s.m.* ARTE escola artística de pintura caracterizada pela presença de obras subjetivas

im.pres.sio.nis.ta *adj.2g.* ARTE diz-se da obra ou do pintor que segue o impressionismo

im.pres.so *adj.* **1** diz-se daquilo que foi fixado • *s.m.* **2** material resultante do processo de impressão

im.pres.sor *s.m.* quem ou o que imprime

im.pres.tá.vel *adj.2g.* diz-se daquilo que não tem utilidade

im.pre.te.rí.vel *adj.2g.* diz-se daquilo que não pode ser adiado ou deixar de ser feito

im.pre.vi.dên.cia *s.f.* **1** ausência de cuidado **2** ausência de previsão

im.pre.vi.den.te *adj.2g.* que não tem cuidado, que é imprudente

im.pre.vi.são *s.f.* m.q. imprevidência

im.pre.vi.sí.vel *adj.2g.* diz-se daquilo que é aleatório, que não pode ser previsto

im.pre.vis.to *adj.* diz-se daquilo que não foi esperado

im.pri.mir *v.t.* **1** causar marca por meio de pressão **2** influenciar algo ou alguém

im.pro.bi.da.de *s.f.* falta de honestidade

ím.pro.bo *adj.* diz-se de quem é desonesto, perverso

im.pro.ce.dên.cia *s.f.* condição de algo sem coerência, que é injustificado

im.pro.ce.den.te *adj.2g.* diz-se daquilo que não tem fundamento, que não tem procedência

im.pro.ce.der *v.i.* não proceder, não ter fundamento

im.pro.fe.rí.vel *adj.2g.* diz-se daquilo que não se pode pronunciar

im.pro.fí.cuo *adj.* diz-se do que é inútil, não profícuo

im.pro.pe.rar *v.t.* ofender, censurar

im.pro.pé.rio *s.m.* insulto, repreensão

im.pro.pri.e.da.de *s.f.* condição do que é impróprio

im.pró.prio *adj.* diz-se daquilo que não é adequado, correto

im.pror.ro.gá.vel *adj.2g.* diz-se daquilo que não se pode prorrogar

im.pro.vá.vel *adj.2g.* diz-se daquilo que não pode ser provado ou que é pouco provável de acontecer

im.pro.vi.dên.cia *s.f.* qualidade de improvidente

ím.pro.vi.den.te *adj.2g.* diz-se daquele que não é prudente

im.pro.vi.sa.ção *s.f.* o que é feito sem planejamento

im.pro.vi.sar *v.t.* criar de repente, sem planejamento

im.pro.vi.so *adj.* **1** m.q. improvisado **2** diz-se daquilo que foi feito sem preparo

im.pru.dên.cia *s.f.* ausência de prudência; ato realizado sem o devido cuidado

im.pru.den.te *adj.2g.* diz-se daquele que não tem prudência, que se precipita

im.pú.be.re *adj.2g. s.2g.* **1** diz-se daquele que ainda não atingiu a maturidade sexual **2** JUR que ainda está na menoridade jurídica

im.pu.dên.cia *s.f.* ausência de pudor

im.pu.den.te *adj.2g.* que não tem pudor; impudico

im.pu.di.cí.cia *s.f.* **1** falta de pudor; indecência **2** *por ext.* falta de honra; desonestidade

im.pu.di.co *adj.* **1** diz-se daquele que não tem pudor **2** que não é honesto

im.pu.dor /ô/ *s.m.* m.q. impudência

im.pug.na.ção *s.f.* ato de opor-se, impugnar-se

im.pug.nan.te *adj.2g.* diz-se de quem impugna, contesta

im.pug.nar *v.t.* contestar, atacar

im.pug.na.ti.vo *adj.* que impugna ou de que é próprio para impugnar

im.pul.são *s.f.* m.q. impulso

im.pul.sio.nar *v.t.* **1** dar impulso por meio de movimento **2** *fig.* instigar; dar estímulo

im.pul.si.vi.da.de *s.f.* condição daquilo que é impulsivo

im.pul.si.vo *adj.* **1** diz-se daquele que realiza o impulso **2** que atua sem pesar, de forma repentina

im.pul.so *s.m.* **1** movimento produzido pelo ato de empurrar **2** *fig.* princípio motivador para a realização de determinada atividade **3** PSICOL força espontânea que leva a uma expressão de sentimentos **4** MED condição que denota o fluxo de carga elétrica que é transmitida em uma fibra nervosa **5** FÍS m.q. pulso

im.pul.sor *adj.* diz-se do que impulsiona, estimula

im.pu.ne *adj.2g.* diz-se daquilo que não recebe a devida punição

im.pu.ni.da.de *s.f.* ausência de punição

im.pu.re.za *s.f.* **1** o que não é puro **2** poluição **3** substância que modifica outras por não ter a mesma natureza delas

im.pu.ro *adj.* **1** diz-se daquilo ou daquele que não apresenta pureza **2** que possui pecado **3** que está contaminado

im.pu.ta.ção *s.f.* **1** ato de imputar **2** ação de assumir a responsabilidade por determinado ato

im.pu.tar *v.t.* considerar alguém culpado; acusar

im.pu.tá.vel *adj.2g.* qualidade daquele a quem podem ser atribuídas responsabilidades

im.pu.tres.cí.vel *adj.2g.* diz-se daquilo que não apodrece, que não pode ser corrompido

i.mun.dí.cia *s.f.* m.q. imundície

i.mun.dí.cie *s.f.* estado de imundo

i.mun.do *adj.* **1** diz-se daquilo ou daquele que se apresenta extremamente sujo **2** que não respeita ou segue os preceitos morais vigentes

i.mu.ne *adj.2g.* diz-se daquilo ou daquele que não pode ser atingido **2** que apresenta imunidade

i.mu.ni.da.de *s.f.* **1** qualidade do que é privilegiado por ser isento de algo **2** mecanismo que protege o indivíduo de doenças

i.mu.ni.za.ção *s.f.* mecanismo que torna algo imune

i.mu.ni.zar *v.t.* **1** proteger **2** fazer ficar imune

i.mu.no.lo.gi.a *s.f.* MED parte da medicina que desenvolve o estudo dos mecanismos de imunidade

imunoterapia

i.mu.no.te.ra.pi.a *s.f.* MED tratamento de doenças pela modificação do sistema imunológico

i.mu.ta.bi.li.da.de *s.f.* estado ou condição de imutável

i.mu.tá.vel *adj.2g.* diz-se daquilo que não se move, que não é alterável, que permanece como é

in 1 *pref.* GRAM denota negatividade **2** GRAM indica movimento para o interior de • *adj.* **3** diz-se daquilo que está na moda • *prep.* **4** que antecede título de obra citada em bibliografia

i.na.ba.lá.vel *adj.2g.* diz-se daquilo ou daquele que não pode ser abalado

i.ná.bil *adj.2g.* diz-se daquele que não tem capacidade, que não tem habilidade

i.na.bi.li.da.de *s.f.* estado do que não tem habilidade

i.na.bi.li.tar *v.t.* não aprovar; fazer com que se torne incapaz

i.na.bi.tá.do *adj.* não habitado; deserto, despovoado

i.na.bi.tá.vel *adj.2g.* diz-se daquilo que não tem condições para ser habitado

i.na.bi.tu.al *adj.2g.* diz-se daquilo que não é habitual, que é excepcional

i.na.ca.ba.do *adj.* diz-se do que não está acabado

i.na.ca.bá.vel *adj.2g.* diz-se daquilo que não é findável

i.na.cei.tá.vel *adj.2g.* diz-se daquilo que não pode ser admitido

i.na.cu.sá.vel *adj.2g.* diz-se daquele que não se pode acusar

i.na.dap.ta.ção *s.f.* ausência de adaptação por dificuldade ou por incapacidade

i.na.dap.tá.vel *adj.2g.* diz-se do que não é adaptável

i.na.de.qua.do *adj.* diz-se daquilo que não é adequado, que é inconveniente

i.na.di.á.vel *adj.2g.* diz-se daquilo que não pode ser adiado

i.na.dim.ple.men.to *s.m.* ato de não cumprir uma obrigação

i.na.dim.plen.te *adj.2g.* diz-se daquele que não cumpriu um ato obrigatório

i.nad.mis.sí.vel *adj.2g.* diz-se daquilo que não pode ser aceito

i.nad.ver.tên.cia *s.f.* ausência de advertência, de cuidado

i.nad.ver.ti.do *adj.* diz-se daquele que não foi advertido, que é descuidado

i.na.fi.an.çá.vel *adj.2g.* diz-se daquilo que não pode ser afiançável

i.na.la.ção *s.f.* ação de absorver medicamentos por via respiratória

i.na.la.dor *s.m.* **1** diz-se daquele que aspira **2** equipamento usado na inalação

i.na.lar *v.t.* absorver algo por meio da inalação; aspirar

i.na.li.e.nar *v.t.* qualidade do que é inalienável

i.na.li.e.na.ção *s.f.* **1** ação de inalienar **2** qualidade do que é alienado

i.na.li.e.ná.vel *adj.2g.* diz-se daquilo não pode ser transferido, que não é alienável

i.nal.te.ra.do *adj.* diz-se do que não sofreu alteração

i.nal.te.rá.vel *adj.2g.* diz-se daquilo que não é alterável, que é imutável

i.nam.bu *s.m.* ZOOL ave nativa do Brasil

i.na.mis.sí.vel *adj.2g.* diz-se daquilo que não pode ser perdido

i.na.mis.to.so *adj.* diz-se daquilo que não é amigável

i.na.mo.ví.vel *adj.2g.* diz-se daquilo que não é removível

i.na.ne *adj.2g.* **1** diz-se do que está vazio, oco **2** *fig.* diz-se do que não tem utilidade; inútil

i.na.ni.ção *s.f.* **1** qualidade de inane **2** MED enfraquecimento do organismo por ausência de alimentação ou por não se conseguir assimilar os nutrientes

i.na.ni.da.de *s.f.* qualidade de inane

i.na.ni.ma.do *adj.* diz-se daquilo ou daquele que não tem ânimo, que é inerte

i.na.nir *v.t. v.pron.* ficar em estado de inanição; debilitar(-se)

i.na.pa.gá.vel *adj.2g.* diz-se daquilo que não pode ser apagado

i.na.pe.lá.vel *adj.2g.* diz-se daquilo que não se pode apelar, que não admite recurso

i.na.pe.tên.cia *s.f.* carência de apetite, de desejo

i.na.pe.ten.te *adj.2g.* diz-se daquele que não tem apetite

i.na.pli.cá.vel *adj.2g.* diz-se do que não pode ser aplicado

i.na.pre.ci.á.vel *adj.2g.* diz-se do que não pode ser avaliado, estimado

i.na.pre.en.sí.vel *adj.2g.* diz-se daquilo que não é apreensível, que não é compreensível

i.na.pro.vei.tá.vel *adj.2g.* diz-se daquilo que não pode ser aproveitado

i.nap.ti.dão *s.f.* ausência de capacidade, de aptidão

i.nar.mô.ni.co *adj.* diz-se do que não apresenta harmonia

i.nar.rá.vel *adj.2g.* diz-se daquilo que não é narrável

i.nar.re.dá.vel *adj.2g.* diz-se daquilo que não pode ser arrastado

i.nar.ti.cu.la.do *adj.* diz-se daquilo que foi mal articulado

i.nar.ti.cu.lá.vel *adj.2g.* diz-se do que não é articulável

i.nas.si.mi.lá.vel *adj.2g.* diz-se daquilo que não pode ser assimilado

i.na.ta.cá.vel *adj.2g.* diz-se daquilo ou daquele que não é criticável ou atacável

i.na.tin.gí.vel *adj.2g.* diz-se daquilo que não é atingível

i.na.tis.mo *s.m.* FILOS teoria que acredita na existência de ideias que nascem com o ser humano

i.na.to *adj.* diz-se daquilo que é inerente ao ser

i.nau.di.to *adj.* diz-se daquilo que ainda não foi ouvido, que é desconhecido, excepcional

i.nau.di.tis.mo *s.m.* qualidade de inaudito

i.nau.dí.vel *adj.2g.* diz-se daquilo ou daquele que não pode ser escutado

i.nau.gu.ra.ção *s.f.* ação de estrear, de inaugurar

i.nau.gu.ral *adj.2g.* relativo a inauguração

i.nau.gu.rar *v.t.* iniciar algo; fazer acontecer algo pela primeira vez

i.nau.tên.ti.co *adj.* diz-se daquilo ou daquele que não é verdadeiro

i.na.ve.gá.vel *adj.2g.* diz-se do que não é navegável

in.ca *adj.2g. s.2g.* **1** diz-se daquele que pertence ao reino inca **2** império existente no Peru até a chegada dos colonizadores espanhóis

in.ca.bí.vel *adj.2g.* diz-se daquilo que não é aceitável, que é inadequado

in.cai.co *adj.* diz-se do que tem origem inca

in.cal.cu.lá.vel *adj.2g.* diz-se daquilo que não pode ser calculado

in.can.des.cên.cia *s.f.* **1** característica de incandescente **2** lançamento de radiação visível por um corpo devidamente aquecido

in.can.des.cen.te *adj.2g.* diz-se daquilo que está luminoso por aquecimento

in.can.des.cer *v.t.* **1** tornar rubro **2** *fig.* enaltecer, ficar corado de raiva

in.can.sá.vel *adj.2g.* diz-se daquilo ou daquele que não é cansável, que é ativo

in.ca.pa.ci.da.de *s.f.* ausência de capacidade, de habilidade

in.ca.pa.ci.tar *v.t.* deixar de ser apto, de ser capacitado

in.ca.paz *adj.2g.* diz-se daquilo ou daquele que é incapaz, que não tem habilidade

in.çar *v.t.* **1** povoar com indivíduos da mesma espécie **2** transmitir doença contagiosa

in.ca.rac.te.rís.ti.co *adj.* diz-se do que não é característico

in.cau.to *adj.* diz-se daquele que não é precavido

in.cen.di.ar *v.t.* **1** lançar fogo **2** dar estímulo, entusiasmar

in.cen.di.á.rio *adj.* diz-se daquilo ou daquele que incendeia

in.cên.dio *s.m.* **1** combustão que pode causar destruição **2** *fig.* inquietação causada por emoções intensas

in.cen.sar *v.t.* **1** aromatizar; queimar incenso **2** *fig.* enganar, lisonjear

in.cen.sá.rio *s.m.* local onde é colocado o incenso para queimar

in.cen.so *s.m.* **1** material com substância odorífera usada para aromatizar ambientes **2** BOT planta da qual é retirada essa substância odorífera **3** homenagem a alguém

in.cen.só.rio *s.m.* m.q. incensário

in.cen.ti.var *v.t.* dar estímulo; despertar interesse

in.cen.ti.vo *adj. s.m.* **1** diz-se daquilo que estimula alguém ou algo **2** estímulo

in.cer.te.za *s.f.* algo não certo, indeciso

in.cer.to *adj.* diz-se daquilo que é duvidoso, que provoca incerteza

in.ces.san.te *adj.2g.* diz-se daquilo que não é interrompido, que não cessa

in.ces.to *adj.* **1** diz-se daquilo ou daquele que não é puro • *s.m.* **2** relação sexual entre indivíduos que são parentes

in.ces.tu.o.so *adj.* **1** que se refere ao incesto **2** diz-se daquele que pratica incesto

in.cen.su.rá.vel *adj.2g.* diz-se do que não pode ser censurado

in.cha.ção *s.f.* **1** ato ou efeito de inchar(-se) **2** *fig.* excesso de vaidade; presunção

in.cha.ço *adj.* diz-se daquele que apresenta inchaço

in.ci.dên.cia *s.f.* **1** condição do que é incidente **2** reflexo de algo sobre uma superfície **3** coincidência, acontecimento

in.ci.den.tal *adj.2g.* relativo a incidência

in.ci.den.te *adj.2g.* **1** diz-se daquilo que incide • *s.m.* **2** fato que ocorre de maneira inesperada **3** GRAM aquilo que faz aumentar uma qualidade em um termo anterior

in.ci.dir *v.t.* **1** lançar em **2** reduzir **3** ocorrer

in.ci.ne.ra.ção *s.f.* ação de cremar, de reduzir a cinzas

in.ci.ne.ra.dor *s.m.* equipamento usado para incinerar

in.ci.ne.rar *v.t.* ato ou efeito de queimar, de reduzir a cinzas

in.ci.pi.ên.cia *s.f.* atributo do que está em fase inicial

in.ci.pi.en.te *adj.2g.* diz-se daquilo que está em fase inicial

in.cir.cun.ci.so *adj.* que não foi submetido a circuncisão; incircuncidado

in.ci.são *s.f.* ato cirúrgico por meio de corte

in.ci.sar *v.t.* fazer incisão

in.ci.si.vo *adj.* **1** diz-se daquilo que corta **2** *fig.* que é firme, decisivo **3** m.q. dente incisivo

in.ci.so *adj.* **1** diz-se daquilo que foi cortado **2** GRAM período intercalado que serve para acrescentar uma informação à oração **3** JUR subdivisão de um artigo da lei

in.ci.só.rio *adj.* diz-se daquilo que serve para cortar

in.ci.ta.ção *s.f.* ação de estimular, de impulsionar, de provocar

in.ci.ta.dor *adj.* diz-se daquilo ou daquele que incita

in.ci.ta.men.to *s.m.* m.q. incitação

in.ci.tan.te *adj.2g.* diz-se daquilo ou daquele que instiga

in.ci.tar *v.t.* provocar, dar estímulo

in.ci.vil *adj.2g.* diz-se daquele que é indelicado, grosseiro

in.ci.vi.li.da.de *s.f.* ausência de civilidade, de cortesia

in.ci.vi.li.za.do *adj.* diz-se daquele que não é civilizado, que é grosseiro

in.clas.si.fi.cá.vel *adj.2g.* **1** diz-se daquilo que não é classificável **2** que é inconveniente, censurável

in.cle.mên.cia *s.f.* falta de clemência; ato cruel, rigoroso

in.cle.men.te *adj.2g.* diz-se daquele que não tem clemência, que é cruel

in.cli.na.ção *s.f.* **1** qualidade do que está colocado obliquamente **2** ângulo formado pelo plano da órbita de um planeta com o plano da eclíptica **3** tipo de atração, de simpatia espontânea ou voluntária **4** vocação por algo, disposição

in.cli.na.do *adj.* **1** diz-se do que se apresenta de forma oblíqua em relação ao plano horizontal ou vertical **2** *fig.* que demonstra tendência para algo

in.cli.nar *v.t.* **1** formar ângulo com algum plano **2** voltar-se para

in.cli.ná.vel *adj.2g.* diz-se daquilo que pode ser desviado da linha reta

ín.cli.to *adj.* diz-se daquele que apresenta qualidades que o tornam ilustre, famoso

in.clu.ir *v.t.* acrescentar, introduzir

in.clu.são *s.f.* ação de inserir, de incluir

in.clu.si.ve *adv.* denota inclusão

in.clu.si.vo *adj.* diz-se daquilo que inclui, que é acrescenta

in.clu.so *adj.* diz-se daquilo que foi incluído, que foi acrescentado

in.co.a.ti.vo *adj.* que incoa, que começa, que principia

in.co.e.rên.cia *s.f.* falta de coerência, de adequação

in.co.e.ren.te *adj.2g.* que não apresenta coerência, que é ilógico

in.cóg.ni.ta *s.f.* **1** MAT valor ou medida que não se conhece **2** que é desconhecido

in.cóg.ni.to *adj.* diz-se do que é desconhecido

ín.co.la *adj.2g.* aquele que habita um determinado lugar; morador, habitante

in.co.lor *adj.2g.* diz-se daquilo que não apresenta cor

in.có.lu.me *adj.2g.* sem lesão ou ferimento; intacto, ileso

in.co.lu.mi.da.de *s.f.* qualidade de incólume

in.com.bus.tí.vel *adj.2g.* diz-se daquilo que não serve como combustível, que não é queimável

in.com.bus.to *adj.* diz-se do que não se queimou

incomensurável

in.co.men.su.rá.vel *adj.2g.* diz-se daquilo que não se pode medir

in.co.mes.tí.vel *adj.2g.* diz-se daquilo que não pode ser comido

in.co.mo.dar *v.t.* causar perturbação, incômodo

in.co.mo.da.ti.vo *adj.* que causa incômodo, desconforto

in.co.mo.di.da.de *s.f.* ausência de comodidade, de conforto

in.cô.mo.do *adj.* 1 diz-se daquilo que causa desconforto • *s.m.* 2 perturbação; o que aborrece

in.com.pa.rá.vel *adj.2g.* 1 diz-se daquilo que não é comparável 2 que é incomum

in.com.pa.ti.bi.li.da.de *s.f.* falta de compatibilidade

in.com.pa.ti.bi.li.zar *v.t. v.pron.* tornar(-se) incompatível; desarmonizar(-se)

in.com.pa.tí.vel *adj.2g.* diz-se daquilo que não é combinável, que não é compatível

in.com.pe.tên.cia *s.f.* ausência de capacidade, de competência

in.com.pe.ten.te *adj.2g.* 1 diz-se daquele que não tem competência para realizar determinada função 2 inábil

in.com.ple.to *adj.* diz-se daquilo que não foi finalizado

in.com.por.tá.vel *adj.2g.* 1 que não é comportável 2 que não pode ser admitido ou tolerado

in.com.pre.en.di.do *adj.* 1 diz-se daquilo ou daquele que não é compreendido 2 que não é reconhecido

in.com.pre.en.são *s.f.* ausência de entendimento, de compreensão

in.com.pres.sí.vel *adj.2g.* 1 que não pode ser comprimido 2 *fig.* que não pode ser reprimido

in.com.pre.en.si.vo *adj.* diz-se daquele que não entende, que não compreende

in.co.mum *adj.2g.* diz-se daquilo que não se apresenta como comum

in.co.mu.ni.cá.vel *adj.2g.* 1 diz-se daquele que não está comunicável, que se encontra isolado 2 *fig.* que não é sociável

in.co.mu.tá.vel *adj.2g.* diz-se daquilo que não é mutável

in.con.ce.bí.vel *adj.2g.* 1 diz-se daquilo que não pode ser concebido 2 que é surpreendente

in.con.ci.li.á.vel *adj.2g.* diz-se do que não é conciliável

in.con.clu.den.te *adj.2g.* diz-se do que não é concludente

in.con.clu.si.vo *adj.* diz-se daquilo que não apresenta conclusão

in.con.clu.so *adj.* diz-se daquilo que não está finalizado

in.con.cus.so *adj.* que não muda, que é fixo; inabalável

in.con.di.cio.nal *adj.2g.* diz-se daquilo que não apresenta restrição, que não está sujeito a condições

in.con.fes.sa.do *adj.* que não se confessou; que se escondeu, dissimulou

in.con.fes.sá.vel *adj.2g.* diz-se daquilo que não é confessável, que não pode ser proferido

in.con.fes.so *adj.* diz-se daquilo que não foi dito, que não foi declarado

in.con.fi.dên.cia *s.f.* falta de lealdade, de confiança; revelação de algo sigiloso

in.con.fi.den.te *adj.2g.* diz-se daquele que foi desleal, traidor

in.con.for.ma.do *adj.* diz-se daquele que não é conformado

in.con.for.mis.mo *s.m.* qualidade de quem não se conforma

in.con.for.mis.ta *adj.2g.* relativo a inconformismo

in.con.fun.dí.vel *adj.2g.* diz-se daquilo que não é confundível

in.con.ge.lá.vel *adj.2g.* que não se pode congelar

in.con.gru.ên.cia *s.f.* estado daquilo que não é congruente, que não apresenta conformidade

in.con.gru.en.te *adj.2g.* diz-se daquilo que é incoerente

in.co.nho *adj.* 1 diz-se de fruto que nasce acoplado a outro 2 *fig.* que está muito ligado a outro ser ou coisa

in.con.quis.tá.vel *adj.2g.* diz-se daquilo que não é conquistável

in.cons.ci.ên.cia *s.f.* 1 carência de consciência 2 perda de senso moral; falta de responsabilidade

in.cons.ci.en.te *adj.2g.* 1 diz-se daquele que não usa a consciência, que está em coma 2 que não é responsável • *s.m.* 3 PSICOL estrutura original da personalidade de sentido desorganizado

in.con.se.quên.cia *s.f.* ausência de consequência; incongruência

in.con.se.quen.te *adj.2g.* 1 diz-se daquilo que não apresenta lógica, que é contraditório 2 aquele que não pensa nas consequências

in.con.si.de.ra.do *adj.* diz-se daquilo que não foi refletido, considerado

in.con.sis.tên.cia *s.f.* 1 estado do que não apresenta firmeza 2 qualidade do que é ilógico

in.con.sis.ten.te *adj.2g.* 1 diz-se do que não é consistente 2 diz-se do que não tem lógica; incoerente

in.con.so.la.do *adj.* diz-se daquele que não tem consolo, que está aflito

in.con.so.lá.vel /s/ *adj.2g.* diz-se daquilo que não é consolável

in.cons.pí.cuo *adj.* diz-se do que não é notável, que não chama atenção

in.cons.tan.te *adj.2g.* diz-se daquilo que não é constante, que é instável

in.cons.ti.tu.cio.nal *adj.2g.* diz-se daquilo que não é constitucional

in.cons.ti.tu.cio.na.li.da.de *s.f.* condição do que é inconstitucional

in.con.sú.til *adj.* diz-se do que não tem costura

in.con.tá.vel *adj.2g.* diz-se do que não é contável

in.con.ten.tá.vel *adj.2g.* diz-se do que não se pode contentar

in.con.tes.tá.vel *adj.2g.* diz-se do que não é contestável

in.con.tes.te *adj.2g.* diz-se do que não é posto em dúvida

in.con.ti.do *adj.* diz-se daquele que não é reprimido, que não é contido

in.con.ti.nên.cia *s.f.* falta de moderação, de continência

in.con.ti.nen.te *adj.2g.* 1 diz-se daquele que não se contém 2 MED que sofre por não controlar a liberação de excreções

in.con.tras.tá.vel *adj.2g.* diz-se daquilo que não pode ser replicado, revogado, contradito

in.con.tro.lá.vel *adj.2g.* diz-se daquilo que não é controlável

in.con.tro.ver.so *adj.* diz-se daquilo que não pode ser contestado, que é aceito por todos

in.con.ve.ni.ên.cia *s.f.* 1 ausência de conveniência 2 falta de cortesia, de polidez

in.con.ve.ni.en.te *adj.2g.* diz-se daquilo que não é apropriado, que é inconveniente, descortês

indefinido

in.con.ver.sí.vel *adj.2g.* que não se pode converter; que não se pode trocar

in.con.ver.tí.vel *adj.2g.* m.q. inconversível

in.cor.po.ra.ção *s.f.* ação de incorporar, de anexar um indivíduo ou elemento a outro

in.cor.po.rar *v.t.* tornar anexado, integrado

in.cor.pó.reo *adj.* diz-se daquilo que não apresenta matéria

in.cor.re.ção *s.f.* 1 o que apresenta imperfeição 2 ação incorreta

in.cor.rer *v.t.* sujeitar-se a; incidir

in.cor.re.to *adj.* 1 diz-se daquilo ou daquele que não se apresenta de maneira correta 2 que não age com honestidade

in.cor.ri.gi.bi.li.da.de *s.f.* qualidade do que é incorrigível

in.cor.ri.gí.vel *adj.2g.* 1 diz-se daquilo que não pode ser corrigido 2 que persiste nos seus vícios

in.cor.rup.tí.vel *adj.2g.* diz-se do que se corrompe

in.cor.rup.to *adj.* diz-se daquele que se mantém íntegro

in.cre.du.li.da.de *s.f.* ausência de crença

in.cré.du.lo *adj.* diz-se daquele que não crê

in.cre.men.ta.ção *s.f.* ação de incrementar, de melhorar

in.cre.men.tar *v.t.* tornar mais elaborado, mais desenvolvido

in.cre.men.to *s.m.* 1 ato ou efeito de incrementar 2 desenvolvimento, aumento

in.cre.par *v.t.* usar de acusações para repreender; censurar

in.créu *adj.* m.q. incrédulo

in.cri.mi.na.ção *s.f.* 1 ato ou efeito de incriminar 2 JUR m.q. imputação

in.cri.mi.nar *v.t.* considerar alguém criminoso; acusar de crime

in.cri.ti.cá.vel *adj.2g.* diz-se do que não é criticável

in.crí.vel *adj.2g.* diz-se do que é difícil de acreditar, que é espantoso

in.cru.en.to *adj.* 1 em que não há derramamento de sangue 2 *por ext.* que não é sanguinário ou cruel

in.crus.ta.ção *s.f.* ação de incrustar

in.crus.tar *v.t.* tornar embutido; cravar

in.cu.ba.ção *s.f.* 1 ação de incubar 2 meio usado para cultivar organismos em laboratório 3 processo no qual é feito o amadurecimento dos ovos

in.cu.ba.do.ra *s.f.* 1 equipamento usado para a incubação 2 BIOL equipamento que deixa a temperatura apropriada para o desenvolvimento de ovos e de outros organismos 3 MED equipamento próprio para a manutenção das condições ideais de sobrevivência de bebês prematuros

in.cu.bar *v.t.* 1 cultivar organismos em incubadora 2 ato de promover o desenvolvimento de seres em incubadora 3 ter alguma doença em estado latente 4 *fig.* arquitetar, planejar, convencer

in.cul.ca *s.f.* ato ou efeito de inculcar(-se)

in.cul.car *v.t.* sugerir, insinuar, indicar

in.cul.pa.bi.li.da.de *s.f.* condição do que não apresenta culpabilidade

in.cul.pa.do *adj.* isento de culpa; inocente

in.cul.par *v.t.* atribuir crime ou culpa a alguém

in.cul.pá.vel *adj.2g.* diz-se daquele que não é culpável

in.cul.po.so /ô/ *adj.* diz-se do que não apresenta culpa

in.cul.ti.vá.vel *adj.2g.* diz-se daquilo que não é cultivável

in.cul.to *adj.* 1 diz-se daquilo que não é feito de cultura, que é selvagem 2 indivíduo que não tem erudição 3 *fig.* que não apresenta adornos

in.cul.tu.ra *s.f.* ausência de erudição, de instrução

in.cum.bên.cia *s.f.* o que é designado a alguém como missão, obrigação, ofício

in.cum.bir *v.t.* encarregar alguém de alguma missão, de uma incumbência

in.cu.ná.bu.lo *s.m.* 1 a fase inicial de algo; princípio, começo 2 livro impresso que data dos primeiros tempos da imprensa

in.cu.rá.vel *adj.2g.* diz-se daquilo que não é curável

in.cú.ria *s.f.* 1 ausência de cuidado 2 ausência de iniciativa, de dedicação

in.cu.ri.al *adj.2g.* diz-se do que é incompatível com a moral vigente

in.cur.são /s/ *s.f.* 1 ataque militar 2 viagem 3 *fig.* pesquisa feita em uma área diferente da que se tem costume

in.cur.so *adj.* 1 envolvido; que pode ser penalizado pela lei • *s.m.* 2 ataque militar

in.cu.tir *v.t.* 1 incrustar 2 estimular, incentivar, provocar

in.da *adv.* m.q. ainda

in.da.ga.ção *s.f.* ação de questionar, de indagar, de investigar

in.da.ga.ti.vo *adj.* que indaga, questiona

in.da.ga.tó.rio *adj.* m.q. indagativo

in.da.gar *v.t.* tentar conhecer, explorar, averiguar

in.dai.á *s.m.* BOT árvore nativa do Brasil

in.dé.bi.to *adj.* diz-se daquilo que não é merecido, que é injusto

in.de.cên.cia *s.f.* diz-se daquilo que não apresenta decência, que é obsceno

in.de.cen.te *adj.2g.* diz-se daquele que é imoral, que não tem decência

in.de.ci.fra.bi.li.da.de *s.f.* qualidade de indecifrável

in.de.ci.frá.vel *adj.2g.* diz-se daquilo que não pode ser entendido

in.de.ci.são *s.f.* qualidade de quem é indeciso, que não tem certeza

in.de.ci.so *adj.* diz-se daquele que apresenta incerteza, dúvida

in.de.cli.ná.vel *adj.2g.* 1 que não pode ser recusado 2 GRAM que não pode ser modificado na flexão

in.de.com.po.ní.vel *adj.2g.* diz-se do que não pode ser decomposto

in.de.co.ro.so *adj.* diz-se daquilo que não tem decoro, que é indecente

in.de.fec.tí.vel *adj.2g.* diz-se daquilo que não falha, que é fiel, que é eterno

in.de.fen.sá.vel *adj.2g.* diz-se daquilo que não é defendível

in.de.fen.so *adj.* m.q. indefeso

in.de.fe.ri.do *adj.* diz-se daquilo que não foi deferido, que não foi atendido

in.de.fe.ri.men.to *s.m.* negação de algo requerido

in.de.fe.rir *v.t.* 1 ignorar solicitação 2 atender de maneira desfavorável

in.de.fe.so /ê...z/ *adj.* diz-se daquele que está desprotegido, que não está defendido

in.de.fes.so *adj.* 1 que não se cansa; incansável 2 que não cessa; incessante

in.de.fi.ni.do *adj.* diz-se daquilo que não tem definição, que não é preciso, que é indeciso

indefinível

in.de.fi.ní.vel *adj.2g.* diz-se daquilo que não pode ser definido, que não pode ser determinado

in.deis.cên.cia *s.f.* BOT fenômeno em que um órgão vegetal não se abre naturalmente ao alcançar a maturação

in.deis.cen.te *adj.2g.* BOT diz-se de órgão vegetal que apresenta indeiscência

in.de.lé.vel *adj.2g.* diz-se daquilo que não pode ser apagado, que não pode ser eliminado

in.de.li.ca.de.za */ê/ s.f.* ausência de delicadeza, de civilidade

in.de.li.ca.do *adj.* que não é delicado, que é rude

in.de.mons.trá.vel *adj.2g.* diz-se daquilo que não é demonstrável

in.de.ne *adj.2g.* **1** que não sofreu dano, perda **2** que foi indenizado, compensado

in.de.pen.dên.cia *s.f.* **1** condição de quem ou de que é livre em relação a alguém ou a um Estado **2** ausência de parcialidade **3** melhoria nas condições financeiras

in.de.pen.den.te *adj.2g.* diz-se daquele que possui autonomia, liberdade

in.de.pen.der */ê/ v.t.* não depender; não estar sujeito

in.des.cri.tí.vel *adj.2g.* **1** diz-se daquilo que não é descritível **2** que é extraordinário

in.des.cul.pá.vel *adj.2g.* diz-se daquilo que não é perdoável

in.de.se.já.vel *adj.2g* diz-se do que não é desejável

in.des.tru.tí.bi.li.da.de *s.f.* qualidade do que não pode ser destruído

in.des.tru.tí.vel *adj.2g.* diz-se do que não é destrutível

in.de.ter.mi.na.ção *s.f.* condição do que não é determinado, que não é definido

in.de.ter.mi.na.do *adj.* diz-se daquilo que não é preciso, que é indefinido

in.de.ter.mi.nar *v.t.* deixar indeterminado, indefinido

in.de.ter.mi.ná.vel *adj.2g.* diz-se do que não pode ser definido, determinado

in.de.vas.sá.vel *adj.2g.* diz-se daquilo que não pode ser observado, que é particular

in.de.vi.do *adj.* diz-se daquilo que não é devido, que não é justo, que é impróprio

ín.dex *s.m.2n.* **1** ANAT dedo indicador **2** índice **3** relação de livros que na época da Inquisição foram proibidos pela Igreja Católica

in.dez *s.m.* m.q. endez

in.di.a.nis.mo *s.m.* **1** LITER valorização e representação do modo de vida dos índios pelo movimento literário do Romantismo **2** o estudo dos atributos culturais da civilização indiana

in.di.a.no *adj. gent.* **1** natural ou habitante da Índia **2** natural ou habitante de Indiaporã, em São Paulo

in.di.ca.ção *s.f.* **1** ato de indicar; de apontar **2** sugestão, determinação, escolha

in.di.ca.dor *adj.* **1** diz-se daquilo que aponta • *s.m.* **2** dedo também chamado de índex

in.di.car *v.t.* recomendar, apontar, eleger

in.di.ca.ti.vo *adj.* **1** indicador • *s.m.* **2** GRAM modo que caracteriza a ação do verbo como fato real

ín.di.ce *s.m.* **1** relação de itens presentes em uma publicação **2** dedo indicador **3** grandeza matemática que indica o grau de uma raiz

in.di.ci.a.ção *s.f.* ato ou efeito de indiciar; indiciamento

in.di.ci.a.do *adj.* diz-se daquele que sofreu acusação, que foi denunciado

in.di.ci.a.men.to *s.m.* m.q. indiciação

in.di.ci.ar *v.t.* dar indícios; denunciar, acusar, sujeitar alguém a investigação

in.dí.cio *s.m.* sinal de acusação, prova

ín.di.co *adj.* **1** m.q. indiano **2** relativo ao Oceano Índico

in.di.fe.ren.ça *s.f.* ausência de consideração; apatia

in.di.fe.ren.te *adj.2g.* diz-se daquele que se apresenta neutro, que demonstra indiferença

in.di.fe.ren.tis.mo *s.m.* atitude de indiferença proposital, principalmente em questões religiosas ou políticas

in.dí.ge.na *adj.2g.* **1** diz-se daquele que é nativo **2** relativo aos antigos habitantes da América

in.di.gên.cia *s.f.* momento de extrema necessidade financeira; miséria

in.di.gen.te *adj.2g.* diz-se daquele que passa por necessidade, que é pobre

in.di.ges.tão *s.f.* dificuldade de digestão

in.di.ges.to *adj.* diz-se daquilo que não é absorvível pelo organismo

in.di.gi.ta.do *adj.* apontado com o dedo; indicado

in.di.gi.tar *v.t.* indicar com o dedo; mostrar, apontar

in.dig.na.ção *s.f.* condição daquele que está revoltado, indignado

in.dig.na.do *adj.* que se indignou; revoltado, zangado

in.dig.nar *v.t.* tornar indignado; ficar com raiva

in.dig.ni.da.de *s.f.* falta de dignidade; ausência de decência

in.dig.no *adj.* diz-se daquele que não apresenta dignidade

ín.di.go *s.m.* cor azul de forte tonalidade

ín.dio *s.m.* **1** QUÍM. substância de número atômico 49 usada na indústria nuclear • *adj. gent.* **2** diz-se daquele que compõe uma tribo indígena

in.di.re.ta *s.f.* aquilo que se diz a alguém de maneira não direta, de forma disfarçada

in.di.re.to *adj.* diz-se daquilo ou daquele que não é direto, que usa intermediários

in.dis.ci.pli.na *s.f.* falta de obediência, de disciplina

in.dis.ci.pli.na.do *adj.* diz-se daquele que não obedece, que não tem disciplina

in.dis.ci.pli.nar *adj.2g.* **1** diz-se daquele que não apresenta disciplina • *v.t.* **2** causar indisciplina, promover desobediência **3** *fig.* tornar mais flexível, desmoralizar

in.dis.cre.to *adj.* diz-se daquele que não apresenta discrição, que é inconveniente

in.dis.cri.ção *s.f.* falta de discrição, de conveniência; característica daquilo que é indiscreto

in.dis.cri.mi.na.do *adj.* diz-se daquilo que não é bem definido, que não é discriminado

in.dis.cu.tí.vel *adj.2g.* diz-se daquilo que não é dubitável, que não é discutível

in.dis.far.çá.vel *adj.2g.* diz-se daquilo que não é disfarçável

in.dis.pen.sá.vel *adj.2g.* diz-se daquilo que não é dispensável, que é essencial

in.dis.po.ní.vel *adj.2g.* diz-se daquilo ou daquele que não se apresenta à disposição

in.dis.por *v.t.* **1** causar irritação, indisposição; adoentar **2** modificar a disposição de algo

in.dis.po.si.ção *s.f.* **1** situação de incômodo **2** desarmonia, briga

285   inelegível

in.dis.pos.to /ô/ *adj.* 1 fisicamente incomodado, em estado doentio 2 *fig.* irritado, contrariado, mal-humorado

in.dis.so.lu.bi.li.da.de *s.f.* qualidade do que é indissolúvel

in.dis.so.lú.vel *adj.2g.* diz-se daquilo que é fixo, que não é dissolúvel, que não é passível de ser dissolvido

in.dis.tin.guí.vel *adj.2g.* que não se pode distinguir

in.dis.tin.to *adj.* diz-se daquilo ou daquele que não é distinto, que não é definido, que se apresenta confuso

in.di.to.so *adj.* que foi atingido pela desdita; desafortunado, desventurado, desditoso

in.di.vi.du.al *adj.2g.* 1 diz-se daquilo que faz referência a apenas um indivíduo • *s.m.* 2 caráter singular; o que é próprio do indivíduo

in.di.vi.du.a.li.da.de *s.f.* qualidade do que é individual

in.di.vi.du.a.lis.mo *s.m.* 1 atitude de quem vive exclusivamente para si; egoísmo 2 FILOS moral presente no liberalismo que afirma que a liberdade individual deve ser superior ao autoritarismo do Estado

in.di.vi.du.a.lis.ta *adj.2g.* diz-se daquele que concorda com o individualismo

in.di.vi.du.a.li.za.ção *s.f.* ato ou efeito de individualizar(-se)

in.di.vi.du.a.li.zan.te *adj.2g.* que individualiza ou específica; individualizador

in.di.vi.dua.li.zar *v.t.* fazer com que se torne particular, individual

in.di.vi.du.ar *v.t.* m.q. individualizar

in.di.ví.duo *s.m.* 1 pessoa que apresenta características que a tornam singular, distinta das demais 2 BIOL organismo único, que pode ser diferenciado em relação aos demais do grupo

in.di.vi.sí.vel *adj.2g.* diz-se daquilo que não é divisível

in.di.vi.so *adj.* 1 indivisível 2 diz-se daquilo que é de propriedade de mais de um indivíduo e que não é passível de divisão

in.di.zí.vel *adj.2g.* diz-se daquilo que não pode ser dito

in.do.chi.nês *adj. gent.* natural ou habitante da Indochina, península do Sudoeste da Ásia

in.dó.cil *adj.2g.* 1 diz-se daquilo ou daquele que não é dócil, que não é domesticável 2 que não obedece, que é difícil de disciplinar

in.do-eu.ro.peu *adj.* diz-se do que teve origem nas estepes asiáticas e nos planaltos iranianos

ín.do.le *s.f.* 1 aquilo que é inerente ao indivíduo; temperamento individual 2 PSICOL conjunto de características que formam a personalidade de uma pessoa

in.do.lên.cia *s.f.* 1 que não demonstra dor; indiferença 2 caráter daquele que é preguiçoso; negligente

in.do.len.te *adj.2g.* que apresenta indolência

in.do.lor *adj.2g.* diz-se daquilo que não apresenta dor

in.do.má.vel *adj.2g.* diz-se daquilo que não é domável, que não se pode vencer, que não apresenta flexibilidade

in.do.mes.ti.cá.vel *adj.2g.* diz-se daquilo que não é passível de ser domesticado

in.dô.mi.to *adj.* 1 não amansado ou domesticado 2 que apresenta altivez, excesso de soberba

in.do.né.sio *adj. gent.* natural ou habitante da República da Indonésia

in.dou.to *adj.* diz-se daquele que não é douto, que não apresenta instrução**i**

n.du.bi.tá.vel *adj.2g.* diz-se daquilo de que não se pode duvidar, que é certo

in.du.ção *s.f.* 1 ação de induzir 2 tipo de conclusão que se tira de um raciocínio 3 ação de estimular algo, de induzir

in.dul.gên.cia *s.f.* 1 característica daquele que é indulgente 2 o perdão de pecados; clemência

in.dul.gen.ci.ar *v.t.* fornecer o perdão

in.dul.gen.te *adj.2g.* diz-se daquele que desculpa os erros de outros

in.dul.tar *v.t.* suavizar a culpa; pedir desculpas

in.dul.tá.rio *adj.* diz-se daquele que recebeu indulto; indultado

in.dul.to *s.m.* isenção de culpa; desculpa; remissão dos pecados

in.du.men.tá.ria *s.f.* vestimenta característica de cada época e de cada região

in.du.men.tá.rio *adj.* relativo a indumentária, a vestuário

in.du.men.to *s.m.* m.q. indumentária

in.dús.tria *s.f.* 1 conjunto de técnicas que, ao serem desenvolvidas, transformam a matéria bruta em meios de gerar consumo 2 habilidade de criar com o auxílio de maquinários 3 estabelecimento fabril munido de máquinas

in.dus.tri.al *adj.2g.* 1 diz-se daquilo que é desenvolvido pela indústria • *s.2g.* 2 proprietário de indústria

in.dus.tri.a.li.za.ção *s.f.* ação ou efeito de industrializar(-se)

in.dus.tri.a.li.zar *v.t.* fazer com que se torne industrial; desenvolver produtos com o auxílio de máquinas

in.dus.tri.ar *v.t.* 1 aproveitar industriosamente 2 instigar alguém a fazer algo 3 habilitar, capacitar alguém para realizar algo

in.dus.tri.á.rio *s.m.* funcionário do setor industrial

in.dus.tri.o.so *adj.* diz-se daquele que é habilidoso, esperto, astuto

in.du.ti.vo *adj.* 1 relativo a indução 2 que induz, incentiva, estimula

in.du.tor *adj.* 1 diz-se daquilo ou daquele que estimula, que incita 2 que pode conduzir uma corrente elétrica em um outro circuito diferente do qual ele pertence

in.du.zi.men.to *s.m.* ato ou efeito de induzir, incitar, persuadir

in.du.zir *v.t.* 1 dar conselho a alguém; convencer 2 tirar conclusões a respeito de algo

i.ne.bri.an.te *adj.2g.* diz-se daquilo que produz embriaguez, que produz sensação de êxtase

i.ne.bri.ar *v.t.* causar embriaguez, êxtase

in.e.di.tis.mo *s.m.* qualidade do que é inédito

i.né.di.to *adj.* diz-se daquilo que é novidade

i.ne.fá.vel *adj.2g.* diz-se daquilo que não é falável, que não pode ser expresso em palavras

i.ne.fi.cá.cia *s.f.* estado daquilo que é ineficaz, que não tem utilidade

i.ne.fi.caz *adj.2g.* diz-se daquilo que não é eficiente, que não tem utilidade

i.ne.fi.ci.en.te *adj.2g.* diz-se daquele que não apresenta a eficácia esperada

i.ne.gá.vel *adj.2g.* diz-se daquilo que não pode ser negado

i.ne.go.ci.á.vel *adj.2g.* diz-se daquilo que não pode ser negociado

i.ne.le.gi.bi.li.da.de *s.f.* característica daquele que não pode ser eleito

i.ne.le.gí.vel *adj.2g.* diz-se daquilo que não pode ser eleito

inelutável

i.ne.lu.tá.vel *adj.2g.* diz-se daquilo que não pode ser contrariado, que não pode ser mudado

i.ne.nar.rá.vel *adj.2g.* diz-se daquilo que não se pode expressar

i.nép.cia *s.f.* falta de capacidade, inteligência, aptidão

i.nep.to *adj.* diz-se daquele que não apresenta capacidade, que não apresenta coerência

i.ne.qua.ção *s.f.* MAT termo utilizado pela matemática para explicar a desigualdade entre duas operações

i.ne.quí.vo.co *adj.* diz-se daquilo que não apresenta ambiguidade, que se mostra evidente

i.nér.cia *s.f.* **1** ausência de iniciativa; ausência de capacidade **2** FÍS capacidade de um corpo de se manter da maneira em que se encontra, em movimento ou em repouso **3** QUÍM característica que determinada substância apresenta de não reagir quando em contato com outra

i.ne.rên.cia *s.f.* estado de coisas que são inseparáveis por natureza

i.ne.ren.te *adj.2g.* diz-se daquilo que é característica própria de um ser

i.ner.me *adj.2g.* que não apresenta meios de se defender; desarmado, indefeso

i.ner.te *adj.2g.* diz-se daquilo ou daquele que apresenta inércia

i.nes.cru.pu.lo.so *adj.* diz-se daquele que não apresenta minuciosidade em suas ações

i.nes.cru.tá.vel *adj.2g.* diz-se daquilo que não é passível de investigação

i.nes.cu.sá.vel *adj.2g.* **1** diz-se daquilo que não se pode perdoar **2** que não se dispensa

i.nes.go.tá.vel *adj.2g.* diz-se daquilo que não é esgotável, que existe em abundância

i.nes.pe.ra.do *adj.* diz-se daquilo que ocorre de forma surpreendente

i.nes.que.cí.vel *adj.2g.* diz-se daquilo que não se pode esquecer, que está guardado na memória

i.nes.ti.má.vel *adj.2g.* diz-se daquilo que não é calculável, que é de grande valor

i.ne.vi.tá.vel *adj.2g.* diz-se daquilo que não pode ser impedido

i.ne.xa.ti.dão *s.f.* qualidade do que não apresenta exatidão

i.ne.xa.to *adj.* diz-se daquilo que é impreciso, desajustado, falso

i.ne.xau.rí.vel *adj.2g.* m.q. inesgotável

i.nex.ce.dí.vel *adj.2g.* diz-se daquilo que não pode ser ultrapassado

i.ne.xe.cu.tá.vel *adj.2g.* diz-se daquilo que não pode ser realizado

i.ne.xis.ten.te *adj.2g.* **1** que não existe; irreal **2** MAT que não apresenta valor

i.ne.xis.tên.cia *s.f.* ausência do que se supunha existir

i.ne.xis.tir *v.i.* não existir

i.ne.xo.rá.vel *adj.2g.* diz-se daquilo ou daquele que não apresenta flexibilidade

i.nex.pe.ri.ên.cia *s.f.* característica do que não tem experiência

i.nex.pe.ri.en.te *adj.2g.* diz-se daquele que não tem a experiência ou a prática de algo

i.nex.pli.cá.vel *adj.2g.* diz-se daquilo que não apresenta explicação

i.nex.plo.ra.do *adj.* diz-se daquilo que ainda não foi objeto de análise, de exploração

i.nex.plo.rá.vel *adj.2g.* diz-se daquilo que não é passível de ser explorado

i.nex.pres.sá.vel *adj.2g.* diz-se daquilo que não se pode expressar

i.nex.pres.si.vi.da.de *s.f.* característica do que não pode ser expresso

i.nex.pres.si.vo *adj.* diz-se daquilo que não apresenta importância, que não é vivaz

i.nex.pri.mí.vel *adj.2g.* **1** diz-se daquilo que não é expressável **2** *fig.* que é encantador

i.nex.pug.ná.vel *adj.2g.* **1** que não é passível de ser conquistado **2** *fig.* que enfrenta o perigo; corajoso, destemido

i.nex.ten.sí.vel *adj.2g.* diz-se daquilo que não pode ser expandido

i.nex.tin.gui.vel *adj.2g.* diz-se daquilo que não pode ser destruído

i.nex.tin.to *adj.* que não está extinto

i.nex.tir.pá.vel *adj.2g.* diz-se do que não pode ser extirpado, eliminado

i.nex.tri.cá.vel *adj.2g.* diz-se do que não pode ser dissociado

in.fa.li.bi.li.da.de *s.f.* qualidade do que é infalível

in.fa.lí.vel *adj.2g.* **1** diz-se daquele que não se confunde, que não erra em suas ações **2** inevitável

in.fa.man.te *adj.2g.* **1** que é infame **2** que envolve infâmia

in.fa.mar *v.t.* proferir calúnias

in.fa.me *adj.2g.* que é marcado por infâmia, que está desacreditado

in.fâ.mia *s.f.* caráter daquele que age de forma vergonhosa

in.fân.cia *s.f.* fase na qual o ser humano ainda é considerado criança

in.fan.ta *s.f.* herdeira de reis que não pode ter a coroa

in.fan.ta.ri.a *s.f.* parte do exército esperado no adulto

in.fan.te *adj.2g.* **1** diz-se daquele que ainda é criança • *s.m.* **2** constituinte da infantaria **3** príncipe que não pode herdar a coroa

in.fan.ti.ci.da *adj.2g.* diz-se daquele que provoca a morte de uma criança

in.fan.ti.cí.dio *s.m.* extermínio de criança

in.fan.til *adj.2g.* **1** relativo a infância **2** que apresenta inocência

in.fan.ti.li.da.de *s.f.* qualidade daquele que é infantil

in.fan.ti.lis.mo *s.m.* MED ausência do desenvolvimento psicológico e intelectual esperado no adulto

in.fan.ti.li.zar *v.t.* tornar(-se) infantil; conferir ar infantil

in.far.to *s.m.* MED morte de área de um órgão pela ausência de circulação sanguínea

in.fa.ti.gá.vel *adj.2g.* diz-se daquilo ou daquele que não é passível de se cansar

in.faus.to *adj.* marcado pela infelicidade, pela desventura; infeliz, desditoso

in.fec.ção *s.f.* MED característica do que se apresenta infectado, contaminado

in.fec.ci.o.na.do *adj.* diz-se daquilo ou daquele que sofreu contaminação

in.fec.ci.o.nar *v.t.* MED ato ou efeito de contaminar

in.fec.ci.o.so *adj.* diz-se daquilo ou daquele que provoca contaminação ou que se apresenta contaminado

in.fec.tar *v.t.* MED ato de tornar infectado, de transmitir alguma patologia

in.fe.cun.di.da.de *s.f.* característica do que é estéril

infusível

in.fe.cun.do *adj.* diz-se daquilo ou daquele que não fecunda, que é improdutivo

in.fe.li.ci.da.de *s.f.* carência de sorte, de felicidade

in.fe.li.ci.tar *v.t.* provocar infelicidade

in.fe.liz *adj.2g.* **1** que não é feliz **2** desfavorecido pela sorte **3** que não é adequado; inconveniente, inapropriado

in.fen.so *adj.* diz-se daquele que se apresenta contrário a outro

in.fe.rên.cia *s.f.* ato ou efeito de inferir; indução, conclusão

in.fe.ri.or *adj.2g.* **1** diz-se daquilo ou daquele que se apresenta em um nível de posição ou de qualidade menor do que outro **2** que é subordinado a

in.fe.ri.o.ri.da.de *s.f.* qualidade do que é inferior

in.fe.ri.o.ri.zar *v.t.* ato ou efeito de mediocrizar

in.fe.rir *v.t.* fazer inferência; deduzir, concluir

in.fer.nal *adj.2g.* **1** relativo ao inferno **2** que causa horror; diabólico, terrível

in.fer.nar *v.t.* instigar tormento; tornar insuportável; infernizar

in.fer.ni.zar *v.t.* instigar tormento; irritar, incomodar

in.fer.no *s.m.* **1** RELIG local onde se encontram as almas que estão em pecado, sujeitas a duras penas **2** *fig.* tortura, suplício

in.fér.til *adj.2g.* diz-se daquilo ou daquele que não produz, que é estéril

in.fer.ti.li.zar *v.t.* deixar de ser fértil

in.fes.ta.ção *s.f.* ação de infestar

in.fes.ta.do *adj.* que se infestou; invadido, assolado

in.fes.tar *v.t.* tornar infectado; danificar

in.fes.to *adj.* do que prejudica, faz mal; nocivo, pernicioso

in.fi.de.li.da.de *s.f.* ausência de fidelidade, de respeito, de comprometimento

in.fi.el *adj.2g.* **1** diz-se daquele que não tem comprometimento • *s.2g.* **2** RELIG que segue uma crença julgada como não verdadeira

in.fil.tra.ção *s.f.* ato ou efeito de infiltrar(-se)

in.fil.trar *v.t.* **1** permitir a passagem de fluido por um duto **2** *fig.* fazer(-se) entrar em um ambiente

ín.fi.mo *adj.* diz-se daquilo que apresenta o menor grau de inferioridade

in.fin.dá.vel *adj.2g.* diz-se daquilo que não tem fim

in.fin.do *adj.* que não apresenta limites; sem fim; infinito

in.fi.ni.da.de *s.f.* característica do que se apresenta infinito

in.fi.ni.te.si.mal *adj.2g.* **1** ínfimo **2** MAT que denota valores mínimos

in.fi.ni.ti.vo *s.m.* GRAM forma nominal do verbo que é neutra quanto às suas categorias gramaticais tradicionais (tempo, modo, aspecto, número e pessoa)

in.fi.ni.to *adj.* diz-se daquilo que é ilimitado, que não se pode medir

in.fir.mar *v.t.* tornar ineficaz; enfraquecer

in.fi.xo *adj.* **1** que não é fixo **2** que não apresenta estabilidade • *s.m.* **3** GRAM morfema que faz a ligação entre a raiz e o sufixo de uma palavra; vogal ou consoante de ligação

in.fla.ção *s.f.* **1** ausência de equilíbrio na economia **2** excesso de vaidade **3** acréscimo de volume

in.fla.cio.ná.rio *adj.* relativo a inflação; que proporciona esse processo de desequilíbrio da economia

in.fla.do *adj.* diz-se daquilo que se apresenta cheio, que sofreu acréscimo de volume

in.fla.ma.ção *s.f.* **1** ato de atear fogo, de incendiar **2** estado de agitação, de entusiasmo **3** MED processo de distensão de um vaso sanguíneo que responde a uma invasão de origem patológica

in.fla.mar *v.t.* provocar inflamação

in.fla.ma.tó.rio *adj.* **1** relativo a inflamação **2** que causa inflamação

in.flar *v.t.* **1** ato ou efeito de provocar inchaço **2** ter excesso de vaidade

in.fle.xão *s.f.* ação de modificar a direção de algo

in.fle.xi.bi.li.da.de *s.f.* caráter do que é inflexível

in.fle.xí.vel *adj.2g.* diz-se daquilo ou daquele que não se deixa modificar, que não é flexível

in.fle.xi.vo *adj.* diz-se de língua que não admite flexões gramaticais

in.flo.res.cên.cia *s.f.* BOT o conjunto das flores agrupadas sobre uma planta

in.fli.gir *v.t.* estabelecer punições

in.flu.ên.cia *s.f.* capacidade de causar determinado efeito sobre algo

in.flu.en.ci.ar *v.t.* causar uma modificação sobre algo

in.flu.en.te *adj.2g.* diz-se daquilo ou daquele que influencia

in.flu.en.za *s.f.* MED moléstia viral que atinge o sistema respiratório; gripe

in.flu.ir *v.t.* tornar influente

in.flu.xo *s.m.* **1** ação de influir **2** poder de influência

in.for.ma.ção *s.f.* **1** ação de informar **2** conjunto de dados sobre determinado assunto

in.for.mar *v.t.* ato de emitir informação, de passar conhecimento

in.for.ma.ti.vo *adj.* diz-se daquilo que serve como meio de informação

in.for.me *adj.2g.* **1** diz-se daquilo que não apresenta forma • *s.m.* **2** informação

in.for.tu.na.do *adj.* diz-se daquele que não tem sorte ou que não tem fortuna

in.for.tú.nio *s.m.* situação de infelicidade

in.fra- *pref.* abaixo, embaixo, em posição inferior

in.fra.es.tru.tu.ra *s.f.* a base de uma edificação ou de uma organização social

in.fra.ver.me.lho *adj. s.m.* FÍS radiação que não é visível ao olho humano

in.fre.quen.te *adj.2g.* diz-se daquilo que não é comum, que é raro

in.fre.ne *adj.2g.* **1** desprovido de freio; desenfreado **2** imoderado, desordenado

in.frin.gir *v.t.* agir com desrespeito a uma norma

in.fru.tes.cên.cia *s.f.* BOT desenvolvimento simultâneo de uma inflorescência que produz um fruto composto

in.fru.tí.fe.ro *adj.* diz-se daquilo ou daquele que não apresenta utilidade, que é estéril

in.fun.da.do *adj.* diz-se do que não tem fundamento; infundamentado

in.fun.dir *v.t.* **1** entornar líquido em **2** deixar submerso objetivando a infusão **3** colocar-se no meio de

in.fu.são *s.f.* produto obtido a partir do mergulho de substâncias por um determinado tempo

in.fu.sí.vel *adj.2g.* que não se pode fundir, que não pode ser liquefeito

infuso

in.fu.so *adj.* **1** posto em infusão **2** que foi vertido, infundido, derramado • *s.m* **3** líquido obtido pelo processo de infusão

in.gá *s.m.* BOT. planta de origem brasileira cuja fruta se dá em forma de vagem

in.ga.zei.ro *s.m.* BOT. m.q. ingá

in.gê.ni.to *adj.* diz-se do que nasce com a pessoa; inato, congênito

in.gen.te *adj.2g.* **1** muito grande, enorme, colossal **2** retumbante, forte

in.ge.nui.da.de *s.f.* característica da pessoa sem maldade, sem malícia

in.gê.nuo *adj.* diz-se daquele que não tem maldade; singelo

in.ge.rên.cia *s.f.* ato ou efeito de ingerir; introdução

in.ge.rir *v.t.* **1** introduzir objeto ou alimento pela boca **2** fazer penetrar, intrometer

in.ges.tão *s.f.* ação de ingerir

in.glês *adj.* **1** relativo à Inglaterra **2** natural ou habitante da Inglaterra

in.gló.rio *adj.* **1** que não dá glória **2** que não é reconhecido; ignorado

in.go.ver.ná.vel *adj.2g.* diz-se daquilo que não pode ser dirigido, governado

in.gra.ti.dão *s.f.* característica daquele que não tem gratidão, que não reconhece o bem recebido de outrem

in.gra.to *adj.* **1** diz-se daquele que não tem gratidão **2** *fig.* que não fecunda; estéril

in.gre.di.en.te *s.m.* elemento que compõe uma mistura

in.gres.sar *v.t.* tornar-se parte de

in.gres.so *s.m.* diz-se daquilo que permite a entrada, o acesso

ín.gua *s.f.* infecção de glândula que provoca inchaço

in.gui.nal *adj.2g.* relativo à virilha

in.gur.gi.ta.ção *s.f.* **1** ato ou efeito de ingurgitar **2** ação de provocar obstrução

in.gur.gi.ta.men.to *s.m.* m.q. ingurgitação

in.gur.gi.tar *v.t.* **1** encher até transbordar **2** MED provocar obstrução ◯ *v.pron.* **3** comer demais; empanturrar-se

i.nha.ca *s.f.* **1** característica do que tem odor desagradável **2** infortúnio

i.nha.me *s.m.* BOT. raiz comestível de cor branca encontrada em países tropicais

i.ni.bi.ção *s.f.* **1** impedimento **2** JUR ação de barrar a execução de um ato **3** barreira psicológica

i.ni.bi.do *adj.* diz-se daquele que está impedido de atuar

i.ni.bi.dor *adj.* que inibe, que impede a atuação de outrem

i.ni.bir *v.t.* tornar(-se) impedido de atuar

i.ni.bi.tó.rio *adj.* que inibe; inibitivo, inibidor

i.ni.ci.a.ção *s.f.* **1** ação de principiar **2** ato de se inteirar de algo **3** ato de ingressar em

i.ni.ci.al *adj.2g.* **1** diz-se daquilo que se encontra no princípio de algo • *s.f.* **2** letra que começa uma palavra

i.ni.ci.ar *v.t.* **1** principiar; começar algo **2** apresentar um conhecimento

i.ni.ci.a.ti.va *s.f.* **1** característica do que principia **2** capacidade de decidir sozinho sobre algo

i.ni.ci.a.ti.vo *adj.* que inicia, que principia, que está na fase inicial

i.ní.cio *s.m.* **1** o que está no começo, no princípio **2** fase de fundação

i.ni.gua.lá.vel *adj.2g.* diz-se daquilo que é impróprio, inadequado

i.ni.gua.lá.vel *adj.2g.* diz-se daquilo que não tem como ser comparado, que é excepcional

i.ni.lu.dí.vel *adj.2g.* **1** que não pode ser iludido **2** que não deixa ou admite dúvida; evidente

i.ni.ma.gi.ná.vel *adj.2g.* que não pode ser imaginado, pensado

i.ni.mi.go *adj.* diz-se daquele que se encontra em um grupo adversário, que é adverso, contrário

i.ni.mi.tá.vel *adj.2g.* diz-se daquilo que não pode ser imitado, que não admite cópia

i.ni.mi.za.de *s.f.* ausência de amizade; indisposição em relação a alguém

i.ni.mi.zar *v.t. v.pron.* deixar de ser amigo; tornar(-se) inimigo; indispor(-se)

i.nim.pu.tá.vel *adj.2g.* diz-se daquilo ou daquele a que não se pode atribuir responsabilidade, que não pode ser classificado

i.nin.te.li.gí.vel *adj.2g.* diz-se daquilo que não é passível de compreensão, que é confuso

i.nin.ter.rup.to *adj.* diz-se daquilo ou daquele que não é interrompido, que é constante

i.ni.qui.da.de *s.f.* **1** característica do que é iníquo **2** ação contrária à moral vigente **3** ato perverso; maldade

i.ní.quo *adj.* **1** contrário ao que é justo **2** mau, perverso

in.je.ção *s.f.* **1** ação de injetar **2** MED penetração de substâncias em um organismo com fins terapêuticos **3** MAT tipo de função na qual um elemento do seu domínio pode ser ligado a apenas um do contradomínio; função injetora

in.je.tar *v.t.* **1** fazer penetrar uma substância em algo ou alguém **2** MED causar aumento do afluxo de sangue, fazendo corar

in.je.tor *s.m.* equipamento usado na aplicação de injeções

in.jun.ção *s.f.* **1** ordem precisa e formal **2** exigência, imposição de leis, regras etc.

in.jú.ria *s.f.* **1** aquilo que ofende alguém de maneira injusta **2** MED processo de lesão

in.ju.ri.a.do *adj.* diz-se daquele que sofreu ofensas, injúrias

in.ju.ri.ar *v.t.* proceder de maneira ofensiva; insultar

in.ju.ri.o.so *adj.* que injuria, que comete injúrias; ultrajante, ofensivo

in.jus.ti.ça *s.f.* ausência de justiça

in.jus.ti.fi.cá.vel *adj.2g.* diz-se daquilo que não é justificável

in.jus.to *adj.* **1** diz-se daquilo ou daquele que não apresenta justiça **2** que não tem razão, que não tem fundamento

i.nob.ser.vân.cia *s.f.* **1** falta de observação **2** JUR não cumprimento da lei

i.nob.ser.vá.vel *adj.2g.* diz-se daquilo que não é passível de observação

i.no.cên.cia *s.f.* qualidade do que não apresenta culpa, que é puro, ingênuo

i.no.cen.tar *v.t.* tirar a culpa de alguém; absolver

i.no.cen.te *adj.2g. s.2g.* **1** diz-se daquele que não apresenta culpa **2** que não tem malícia **3** criança

i.no.cu.la.ção *s.f.* ato ou efeito de inocular

inseticida

i.no.cu.lar *v.t.* **1** introduzir algo **2** MED inserir algum agente externo no organismo a fim de provocar neste uma reação de defesa

i.nó.cuo *adj.* diz-se do que não prejudica, que não é nocivo

i.no.do.ro *adj.* diz-se daquilo que não apresenta odor

i.no.mi.ná.vel *adj.2g.* **1** diz-se daquilo ou daquele que não pode ser denominado **2** que não é passível de ser nomeado por ser de péssima qualidade

i.no.pe.ran.te *adj.2g.* diz-se daquilo que não é passível de operação, que é inútil

i.nó.pia *s.f.* situação de extrema pobreza; miséria, penúria

i.no.pi.na.do *adj.* diz-se do que sobrevém de forma surpreendente, inesperada; súbito

i.nós.pi.to *adj.* **1** que não apresenta hospitalidade; inospitaleiro **2** que não é passível de ser habitado

i.no.por.tu.no *adj.* diz-se daquilo que não é conveniente, que é inadequado

i.nor.gâ.ni.co *adj.* diz-se daquilo que não é orgânico, que pertence ao meio mineral

i.no.va.ção *s.f.* ação de inovar

i.no.va.dor *adj.* diz-se daquele que inova

i.no.var *v.t.* **1** fazer com que se torne novo **2** agir de forma inovadora

i.no.xi.dá.vel *adj.2g.* diz-se daquilo que não sofre oxidação, que não enferruja

in.qua.li.fi.cá.vel *adj.2g.* que não é passível de qualificação

in.que.bran.tá.vel *adj.2g.* diz-se daquilo ou daquele que não se abala, que é inflexível

in.que.brá.vel *adj.2g.* que não é passível de ser quebrado

in.qué.ri.to *s.m.* procedimento judicial que indaga, que questiona

in.ques.tio.ná.vel *adj.2g.* diz-se daquilo que não é passível de contestação

in.qui.e.ta.ção *s.f.* momento de perturbação, de intranquilidade, de nervosismo

in.qui.e.ta.dor *adj.* diz-se do que perturba, que provoca inquietação

in.qui.e.tan.te *adj.2g.* diz-se daquilo que perturba, que provoca inquietação

in.qui.e.tar *v.t.* perturbar a tranquilidade; tirar o sossego

in.qui.e.to *adj.* diz-se daquele que não é tranquilo, que se encontra perturbado

in.qui.e.tu.de *s.f.* m.q. inquietação

in.qui.li.na.to *s.m.* **1** condição de inquilino, de quem vive em imóvel locado **2** o conjunto dos inquilinos

in.qui.nar *v.t.* contaminar, infectar

in.qui.li.no *s.m.* diz-se daquele que vive em imóvel locado

in.qui.rir *v.t.* indagar, fazer questionamento

in.qui.si.ção *s.f.* **1** ação de investigar rigorosamente **2** HIST procedimento instituído pela Igreja medieval que julgava os contrários à fé católica

in.qui.si.dor *s.m.* indivíduo designado para a investigação de algo

in.qui.si.ti.vo *adj.* **1** relativo à inquisição **2** diz-se daquele que investiga algo, que indaga a respeito

in.qui.si.to.ri.al *adj.2g.* **1** relativo à inquisição **2** que é desumano, terrível

in.sa.ci.á.vel *adj.2g.* diz-se daquilo que não é passível de ser saciado, de ter fome ou sede extinta

in.sa.li.var *v.t.* impregnar de saliva ao mastigar um alimento

in.sa.lu.bre *adj.2g.* diz-se daquilo que é nocivo à saúde

in.sa.lu.bri.da.de *s.f.* característica do que é prejudicial à saúde

in.sa.ná.vel *adj.2g.* diz-se daquilo que não pode ser curado, que não tem como ser revertido

in.sâ.nia *s.f.* condição do que está insano; loucura, insanidade

in.sa.ni.da.de *s.f.* caráter do que se apresenta desabilitado mentalmente

in.sa.no *adj.* **1** diz-se daquele que apresenta insanidade **2** que não apresenta sensatez

in.sa.tis.fa.ção *s.f.* ausência de satisfação; contrariedade

in.sa.tis.fa.tó.rio *adj.* diz-se daquilo que não é suficiente, que não satisfaz

in.sa.tis.fei.to *adj.* diz-se daquele que se apresenta descontente, que não está satisfeito

in.sa.tu.ra.do *adj.* **1** QUÍM diz-se de substância que apresenta ligações *pi* **2** QUÍM diz-se de solução cuja concentração do soluto é menor do que a sua solubilidade

ins.ci.ên.cia *s.f.* **1** ausência de conhecimento; ignorância **2** falta de capacidade; inaptidão

ins.ci.en.te *adj.2g.* diz-se daquele que não tem conhecimento, que é ignorante

ins.cre.ver *v.t.* **1** gravar palavras em algo **2** incluir-se em uma lista

ins.cri.ção *s.f.* **1** aquilo que foi gravado em algo **2** a inclusão em uma lista; matrícula

ins.cri.to *adj.* **1** diz-se daquilo que foi gravado **2** diz-se de quem foi inserido em uma lista, matriculado

ins.cul.pir *v.t.* inscrever, entalhar, esculpir

ins.cul.tu.ra *s.f. desus.* arte de insculpir

in.se.gu.ran.ça *s.f.* caráter do que não é seguro; sentimento que denota perigo

in.se.gu.ro *adj.* **1** diz-se do que não é seguro; perigoso **2** diz-se do que não é certo; instável

in.se.mi.na.ção *s.f.* **1** momento da fecundação **2** inserção do líquido seminal, de maneira artificial, no útero

in.se.mi.nar *v.t.* fazer a fecundação artificial

in.sen.sa.tez *s.f.* caráter do que não possui sensatez, que não é prudente

in.sen.sa.to *adj.* diz-se daquele que não tem prudência

in.sen.si.bi.li.da.de *s.f.* caráter do que não tem sensibilidade, que é inerte

in.sen.si.bi.li.zar *v.t.* **1** tirar a sensibilidade; anestesiar **2** tornar insensível, indiferente

in.sen.sí.vel *adj.2g.* diz-se daquele que é apático e a determinada situação, que não sente dor; que não se comove

in.se.pa.rá.vel *adj.2g.* que não é passível de separação; indivisível

in.se.pul.to *adj.* diz-se do que não foi sepultado

in.ser.ção *s.f.* ato de introduzir, de inserir

in.se.rir *v.t.* tornar incluso; introduzir

in.ser.to *adj.* diz-se daquilo que foi introduzido, que foi enxertado

in.ser.ví.vel *adj.2g.* diz-se daquilo ou daquele que não tem utilidade

in.se.tí.vo.ro *s.m.* ZOOL espécime dos insetívoros, ordem de mamíferos que se alimentam basicamente de insetos

in.se.ti.ci.da *adj.2g. s.m.* diz-se daquilo que serve para matar insetos

inseto

in.se.to *s.m.* ZOOL espécime dos insetos, classe de artrópodes geralmente terrestres

in.sí.dia *s.f.* 1 tocaia , emboscada, cilada 2 falta de lealdade, traição

in.si.di.ar *v.t.* preparar cilada, montar emboscada; trair

in.si.di.o.so *adj.* que arma insídias; enganador, traiçoeiro

in.sig.ne *adj.2g.* que se mostra ilustre por seus atos; famoso, distinto

in.síg.nia *s.f.* aquilo que diferencia algo; símbolo, emblema

in.sig.ni.fi.cân.cia *s.f.* 1 caráter do que não apresenta importância 2 material que tem pouco valor

in.sig.ni.fi.can.te *adj.2g.* diz-se daquilo que não apresenta significação, que é desprezível

in.sin.ce.ri.da.de *s.f.* qualidade do que não é sincero, que é hipócrita

in.sin.ce.ro *adj.* que não apresenta sinceridade; falso, fingido

in.si.nu.a.ção *s.f.* ato ou efeito de insinuar

in.si.nu.an.te *adj.2g.* que insinua; cativante, fascinante

in.si.nu.ar *v.t.* dar sugestão; opinar de forma cautelosa

in.si.nu.a.ti.vo *adj.* 1 que insinua 2 que contém insinuação

in.si.pi.ên.cia *s.f.* qualidade do que é insipiente; ignorância

in.sí.pi.do *adj.* diz-se daquilo que não apresenta gosto, sabor

in.si.pi.en.te *adj.2g.* diz-se daquele que não tem prudência, que é ignorante

in.sis.tên.cia *s.f.* caráter do que insiste, do que teima

in.sis.ten.te *adj.2g.* diz-se daquele que insiste

in.sis.tir *v.t.* agir de forma insistente, sem querer desistir

ín.si.to *adj.* diz-se do que é inerente, inato a alguém

in.so.ci.á.vel *adj.2g.* diz-se daquele que não é passível de se socializar

in.so.fis.má.vel *adj.2g.* diz-se daquilo que não é passível de prova

in.so.fri.do *adj.* que pouco ou nada sofre ou sofreu

in.so.frí.vel *adj.2g.* que não se pode sofrer; intolerável, insuportável

in.so.la.ção *s.f.* característica da moléstia provocada pela exposição excessiva aos raios solares

in.so.lên.cia *s.f.* 1 característica do que é insolente 2 coisa incomum, insólita

in.so.len.te *adj.2g.* diz-se daquilo ou daquele que apresenta ousadia ou que é incomum

in.só.li.to *adj.* diz-se daquilo que não tem frequência, que foge da normalidade

in.so.lú.vel *adj.2g.* 1 diz-se daquilo que não se desfaz 2 que não é passível de solução

in.sol.vên.cia *s.f.* caráter do que comete inadimplência

in.sol.ven.te *adj.2g.* m.q. inadimplente

in.son.dá.vel *adj.2g.* diz-se daquilo que não pode ser investigado, compreendido

in.so.ne *adj.2g.* diz-se daquele que não consegue dormir

in.sô.nia *s.f.* impedimento anormal para atingir o sono

in.so.no.ro *adj.* diz-se daquilo que transmite pouco ou nenhum som

in.so.pi.tá.vel *adj.2g.* diz-se do que não é passível de controle

in.sos.so *adj.* diz-se daquilo que não apresenta sabor

ins.pi.ra.ção *s.f.* 1 ato de permitir a entrada de ar no trato respiratório 2 *fig.* criatividade para criar

ins.pi.ra.do *adj.* que se inspirou; que é resultado da inspiração

ins.pi.ra.dor *adj.* diz-se daquilo que provoca a inspiração, que estimula

ins.pi.rar *v.t.* 1 absorver o ar pelas vias respiratórias 2 provocar estímulos para a criação

ins.pi.ra.tó.rio *adj.* relativo a inspiração

ins.ta.bi.li.da.de *s.f.* caráter daquilo que não é seguro, que não é confiável

ins.ta.la.ção *s.f.* 1 ato ou efeito de instalar 2 ação de colocar algo em funcionamento

ins.ta.lar *v.t.* 1 empossar alguém em seu pleito 2 organizar para o bom funcionamento de uma atividade 3 promover o alojamento de forma confortável

ins.tân.cia *s.f.* 1 qualidade do que é iminente; insistente 2 estabelecimento judiciário

ins.tan.tâ.neo *adj.* diz-se daquilo que acontece de momento, que é imediato

ins.tan.te *adj.2g.* diz-se daquilo que apresenta urgência, que insta • *s.m.* 2 unidade breve de tempo

ins.tar *v.t.* solicitar com veemência; insistir

ins.tau.ra.ção *s.f.* 1 ato ou efeito de instaurar 2 fundação, organização

ins.tau.rar *v.t.* principiar uma atividade; fundar

ins.tá.vel *adj.2g.* diz-se daquilo que não apresenta estabilidade, que não tem garantia

ins.ti.ga.ção *s.f.* ato ou efeito de instigar, incitar, induzir

ins.ti.ga.dor *adj.* que instiga, sugestiona, estimula

ins.ti.gar *v.t.* 1 ato de promover o estímulo para aconselhar

ins.ti.lar *v.t.* 1 introduzir um líquido gota a gota; injetar 2 *fig.* insinuar, insuflar

ins.tin.ti.vo *adj.* diz-se daquilo que é inato, que procede de maneira irracional

ins.tin.to *s.m.* aquilo que é natural, inconsciente

ins.ti.tu.i.ção *s.f.* entidade com normas coletivas

ins.ti.tu.ir *v.t.* projetar a criação; designar uma tarefa a alguém; delimitar prazo

ins.tru.ção *s.f.* ato ou efeito de instruir

ins.tru.í.do *adj.* diz-se daquele que adquiriu conhecimento de algo

ins.tru.ir *v.t.* transmitir conhecimento intelectual a outrem; tornar hábil

ins.tru.men.tal *adj.2g.* relativo a instrumento

ins.tru.men.tar *v.t.* equipar com instrumentos

ins.tru.men.tis.ta *adj.2g.* diz-se daquele que é responsável pela execução de determinado instrumento

ins.tru.men.to *s.m.* 1 equipamento usado para a realização de uma atividade 2 JUR papel comprobatório de um processo 3 MÚS objeto que emite sons musicais

ins.tru.ti.vo *adj.* diz-se daquilo que serve para instruir

ins.tru.tor *adj.* diz-se daquele que promove a instrução

in.sub.mis.são *s.f.* característica do que é insubmisso; rebeldia

in.sub.mis.so *adj.* diz-se do que não se submete, não se sujeita

in.su.bor.di.na.ção *s.f.* qualidade daquele que é desobediente, que não se submete a regras

in.su.bor.di.na.do *adj.* diz-se daquele que não aceita imposição de normas

intencionar

in.su.bor.di.nar *v.t.* provocar motim; sublevar-se

in.su.bor.ná.vel *adj.2g.* diz-se daquele que não se deixa corromper

in.sub.sis.ten.te *adj.2g.* diz-se daquilo que é insustentável, que não tem fundamento

in.subs.ti.tu.í.vel *adj.2g.* diz-se daquilo que não é passível de substituição, que é necessário, único

in.su.ces.so *s.m.* falta de sucesso; fracasso

in.su.fi.ci.ên.cia *s.f.* **1** característica do que é insuficiente **2** incapacidade para a execução de algo

in.su.fi.ci.en.te *adj.2g.* **1** diz-se daquilo que é insatisfatório **2** que não é o bastante

in.su.flar *v.t.* **1** ação de inchar **2** atiçar

in.su.la.do *adj.* diz-se daquele que se encontra separado, ilhado

in.su.la.no *adj.* natural ou habitante de uma ilha

in.su.lar *adj.2g.* **1** relativo a ilha • *v.t.* **2** sair do convívio social

in.su.li.na *s.f.* substância produzida no pâncreas responsável pela retirada da glicose no sangue e posterior armazenamento no fígado

in.sul.so *adj.* m.q. insípido

in.sul.ta.do *adj.* diz-se daquele que foi injuriado, agredido verbalmente

in.sul.ta.dor *adj.* que insulta, que agride verbalmente outrem

in.sul.tan.te *adj.2g.* m.q. insultador

in.sul.tar *v.t.* ato de agredir verbalmente outrem

in.sul.to *s.m.* **1** provocação que afronta a honra de alguém **2** MED manifestação repentina de alguma patologia

in.sul.tu.o.so *adj.* que insulta, que contém insulto; insultante

in.su.pe.rá.vel *adj.2g.* diz-se daquilo que não é passível de superação, que não pode ser ultrapassado

in.su.por.tá.vel *adj.2g.* diz-se daquilo que é desagradável, intolerável

in.sur.gên.cia *s.f.* **1** condição do que é insurgente **2** ato ou efeito de insurgir-se, de revoltar-se

in.sur.gen.te *adj.2g.* diz-se daquele que se insurge, que se rebela contra algo

in.sur.gir *v.t.* ato de revoltar-se, de levantar-se contra

in.sur.rec.to *adj.* m.q. insurgente

in.sur.rei.ção *s.f.* movimento de revolta; rebelião

in.sus.ce.tí.vel *adj.2g.* não suscetível; incapaz

in.sus.pei.ção *s.f.* falta de suspeição, de fundamento para suspeitas

in.sus.pei.to *adj.* diz-se daquele que se apresenta isento de suspeita

in.sus.ten.tá.vel *adj.2g.* diz-se daquilo que não pode ser sustentado

in.tac.to *adj.* diz-se daquilo que não teve sua forma original alterada

in.tan.gi.bi.li.da.de *s.f.* condição do que não pode ser percebido pelo tato

in.tan.gí.vel *adj.2g.* diz-se daquilo que não pode ser percebido pelo tato

ín.te.gra *s.f.* o todo de algo, sem modificação

in.te.gra.ção *s.f.* ato de integrar algo, de assimilar todas as partes de um todo a fim de completá-lo

in.te.gral *adj.2g.* diz-se daquilo que se apresenta inteiro, na sua totalidade

in.te.gra.li.da.de *s.f.* qualidade do que é integral

in.te.gra.lis.mo *s.m.* HIST movimento político de inspiração fascista que surgiu no Brasil e que defendia o totalitarismo

in.te.gra.lis.ta *adj.2g.* diz-se daquele que é partidário do integralismo

in.te.gra.li.zar *v.t.* tornar inteiro; completar com o que falta

in.te.gran.te *adj.2g.* diz-se daquilo ou daquele que integra um todo

in.te.gri.da.de *s.f.* qualidade do que se apresenta íntegro, do que está inteiro

ín.te.gro *adj.* **1** diz-se daquele que apresenta perfeição moral; honesto **2** que está inteiro, completo

in.tei.rar *v.t.* **1** tornar inteiro, completar ○ *v.pron.* **2** tomar conhecimento de algo; informar(-se)

in.tei.re.za *s.f.* caráter daquele que é íntegro, honesto

in.tei.ri.çar *v.t.* tornar inteiriço; enrijecer

in.te.lec.ção *s.f.* ação de entender, de compreender

in.tei.ri.ço *adj.* diz-se daquilo que se apresenta sem emendas, sem defeito

in.tei.ro *adj.* diz-se daquilo que se apresenta completo, íntegro

in.te.lec.ti.vo *adj.* relativo ao intelecto

in.te.lec.to *s.m.* capacidade de apreender; inteligência

in.te.lec.tu.al *adj.2g.* **1** relativo ao intelecto **2** aquele que se dedica ao aprendizado

in.te.lec.tu.a.li.da.de *s.f.* **1** qualidade do que é intelectual **2** faculdade de compreender; intelecto **3** a classe dos intelectuais

in.te.lec.tu.a.lis.mo *s.m.* **1** excesso de racionalidade **2** teoria na qual predomina o elemento intelectual em detrimento das emoções

in.te.lec.tu.a.lis.ta *adj.2g.* diz-se daquele que é partidário do intelectualismo

in.te.lec.tu.a.li.zar *v.t.* desenvolver o nível máximo do intelecto

in.te.li.gên.cia *s.f.* característica da destreza, da compreensão, da habilidade intelectual

in.te.li.gen.te *adj.2g.* diz-se daquele que é versado, que possui alto grau de raciocínio e compreensão

in.te.li.gí.vel *adj.2g.* diz-se daquilo que pode ser analisado, compreendido

in.te.me.ra.to *adj.* diz-se daquilo ou daquele que é imaculado, não manchado, incorrupto, não profanado

in.tem.pe.ra.do *adj.* diz-se daquele que é desregrado, sem temperança e sobriedade

in.tem.pe.ran.ça *s.f.* qualidade da gula; desregramento, descomedimento

in.tem.pe.ran.te *adj.2g.* diz-se daquele que não tem temperança, que é desregrado, guloso

in.tem.pé.rie *s.f.* **1** característica do mau tempo **2** *fig.* infortúnio, desgraça

in.tem.pes.ti.vo *adj.* diz-se daquilo que é de improviso, inesperado, surpreendente

in.tem.po.ral *adj.2g.* diz-se daquilo que acontece fora de época, em ocasião imprópria

in.ten.ção *s.f.* pensamento voluntário objetivando alcançar um propósito

in.ten.cio.na.do *adj.* diz-se do que é feito com intenção; intencional

in.ten.cio.nal *adj.2g.* diz-se daquilo que é proposital, preparado

in.ten.cio.nar *v.t.* almejar um objetivo; ter o propósito de

intendência

in.ten.dên.cia *s.f.* **1** direção de negócios; administração, gestão **2** estabelecimento de atuação do intendente

in.ten.den.te *s.m.* **1** *bras.* cargo equivalente ao do atual prefeito **2** administrador, gestor

in.ten.der *v.t.* ação ou ato de coordenar, administrar, superintender

in.ten.são *s.f.* ação de alta descarga elétrica

in.ten.si.da.de *s.f.* caráter de forte descarga elétrica

in.ten.si.fi.ca.ção *s.f.* ação de intensificar, de aumentar a tensão

in.ten.si.fi.car *v.t.* provocar aumento de energia, de pressão

in.ten.si.vo *adj.* diz-se daquilo que necessita de um esforço redobrado para a execução

in.ten.tar *v.t.* **1** ter o intento de; planejar, tencionar **2** JUR formular um pedido ao poder judiciário

in.ten.to *s.m.* o que se tem como objetivo

in.ten.to.na *s.f.* planejamento feito de maneira insensata

in.te.ra.ção *s.f.* reciprocidade de ação entre elementos

in.te.ra.me.ri.ca.no *adj.* diz-se daquilo que é promovido ente os países americanos

in.ter.ca.den.te *adj.2g.* m.q. intermitente

in.ter.ca.la.ção *s.f.* ato ou efeito de intercalar

in.ter.ca.lar *adj.2g.* **1** diz-se daquilo que se intercala • *v.t.* **2** colocar no entremeio

in.ter.cam.bi.ar *v.t.* realizar troca; permutar

in.ter.câm.bio *s.m.* **1** troca **2** relação mútua de qualquer natureza entre Estados

in.ter.ce.der *v.t.* ato de interferir por outrem

in.ter.ce.lu.lar *adj.2g.* diz-se daquilo que se encontra entre células

in.ter.cep.ta.ção *s.f.* ato ou efeito de interceptar, de deter

in.ter.cep.tar *v.t.* deter a passagem; apreender

in.ter.ces.são *s.f.* ação de solicitar algo por alguém

in.ter.ces.sor *adj.* diz-se daquele que intercede, que solicita algo por alguém

in.ter.co.mu.ni.ca.ção *s.f.* ato ou efeito de intercomunicar-se, de comunicar-se reciprocamente

in.ter.con.ti.nen.tal *adj.2g.* diz-se daquilo que se situa entre continentes

in.ter.cor.rên.cia *s.f.* **1** ato ou efeito de intercorrer **2** irregularidade, variação

in.ter.cor.ren.te *adj.2g.* diz-se daquilo que modifica a forma original de algo

in.ter.cor.rer *v.i.* opinar em situações não finalizadas; fazer ocorrer

in.ter.cos.tal *adj.2g.* ANAT localizado entre as costelas

in.ter.cur.so *s.m.* **1** comunicação, encontro, trato **2** troca, intercâmbio

in.ter.de.pen.dên.cia *s.f.* caráter de dependência mútua

in.ter.de.pen.den.te *adj.* diz-se dos que se influenciam mutuamente

in.ter.de.pen.der *v.t.* depender mutuamente

in.ter.di.ção *s.f.* ação de privar do direito de

in.ter.di.gi.tal *adj.2g.* diz-se daquilo que se encontra entre os dedos

in.ter.di.tar *v.t.* tornar proibido a realização de algo; vetar

in.ter.di.to *adj.* **1** diz-se do que é proibido • *s.m.* **2** JUR ato de vetar a realização de algo

in.ter.di.zer *v.t.* vetar, proibir, interditar

in.te.res.sa.do *adj.* **1** que mostra interesse, empenho **2** que revela interesse, simpatia

in.te.res.san.te *adj.2g.* diz-se daquilo que atiça a curiosidade ou que se mostra atraente

in.te.res.sar *v.t.* **1** ter interesse, importância para alguém; importar **2** provocar o interesse; cativar

in.te.res.se *s.m.* caráter do que é atraente

in.te.res.sei.ro *adj.* diz-se daquele que ambiciona algo

in.te.res.ta.du.al *adj.2g.* diz-se daquilo que faz referência a diferentes Estados

in.te.res.te.lar *adj.2g.* ASTRON diz-se do que se situa entre as estrelas

in.ter.fe.rên.cia *s.f.* ação de opinar, de intervir, de interferir

in.ter.fe.ren.te *adj.2g.* **1** que interfere **2** FÍS que apresenta o fenômeno da interferência

in.ter.fe.rir *v.t.* **1** tornar-se intrometido; opinar **2** FÍS causar interferência

in.ter.gla.ci.á.rio *adj.* diz-se de época entre dois períodos glaciários; interglacial

in.te.rim *s.m.* caráter de que é intermediário, oportuno

in.te.ri.ni.da.de *s.f.* característica do que é provisório, temporário

in.te.ri.no *adj.* diz-se daquilo que é provisório, passageiro, temporário

in.te.ri.or *adj.2g.* relativo à parte de dentro

in.te.ri.o.ra.no *adj.* que se encontra no interior de um país ou Estado

in.ter.jei.ção *s.f.* GRAM palavra ou sintagma que expressa ordem, apelo, sensação, emoção etc.

in.ter.je.ti.vo *adj.* **1** que tem o valor de uma interjeição **2** que se exprime por interjeição

in.ter.lo.cu.tor *s.m.* cada um dos que fazem parte de um diálogo

in.ter.lú.dio *s.m.* **1** representação entre dois atos; entreato **2** MÚS trecho musical entre dois atos

in.ter.me.di.á.rio *adj.* diz-se daquilo que se encontra entre extremos, entre limites

in.ter.mé.dio *adj.* m.q. intermediário

in.ter.mi.ná.vel *adj.2g.* diz-se daquilo que se apresenta sem limite, que parece não acabar

in.ter.mi.nis.te.ri.al *adj.2g.* diz-se daquilo que se refere a vários ministérios

in.ter.mi.tên.cia *s.f.* qualidade do que é intermitente

in.ter.mi.ten.te *adj.2g.* em que ocorrem interrupções; descontínuo, intervalado

in.ter.mu.ni.ci.pal *adj.2g.* diz-se daquilo que se refere a muitos municípios

in.ter.na.ção *s.f.* **1** ação de internar alguém em um hospital **2** ato de acomodar alguém por um determinado período de tempo

in.ter.na.cio.nal *adj.2g.* diz-se daquilo que se refere a várias nações

in.ter.na.cio.na.lis.mo *s.m.* **1** caráter do que é internacional **2** sistema socialista que defende a associação internacional das classes dos trabalhadores

in.ter.na.cio.na.li.zar *v.t.* ato ou efeito de tornar comum normas e preceitos aceitos por várias nações

in.ter.nar *v.t.* acomodar por um determinado tempo em algum lugar

in.ter.na.to *s.m.* instituição que acomoda internos residentes; pensionato

in.ter.no *adj.* **1** que se localiza dentro de algo **2** diz-se daquilo ou daquele que pertence a um internato

intransferível

in.te.ro.ce.â.ni.co *adj.* **1** que se situa entre oceanos **2** que liga dois ou mais oceanos

in.ter.pe.la.ção *s.f.* ato ou efeito de interpelar, de questionar

in.ter.pe.lan.te *adj.2g.* que interpela, interroga, questiona

in.ter.pe.lar *v.t.* **1** questionar, interrogar **2** solicitar esclarecimentos

in.ter.pe.ne.tra.ção *s.f.* penetração recíproca de dois princípios, dois objetos, dois corpos etc.

in.ter.pe.ne.trar-se *v.pron.* penetrar-se um no outro; misturar-se

in.ter.pla.ne.tá.rio *adj.* diz-se daquilo que se encontra entre planetas

in.ter.po.la.ção *s.f.* ação de interpolar

in.ter.po.lar *v.t.* **1** inserir comentários errôneos em um texto original • *adj.2g.* **2** FÍS que se situa entre os polos de uma pilha

in.ter.por *v.t.* **1** inserir entre extremos **2** JUR incorporar justificativas a um processo judicial **3** fazer-se mediador **4** manifestar ideias

in.ter.po.si.ção *s.f.* **1** ato ou efeito de interpor(-se) **2** ato de opor-se no desenvolvimento de um processo judicial

in.ter.pos.to *adj.* **1** que se interpôs **2** que serve de intermediário

in.ter.pre.ta.ção *s.f.* **1** ação de traduzir uma obra ou algo de difícil compreensão **2** MÚS ato de versar uma composição musical

in.ter.pre.tar *v.t.* **1** clarear o que se encontra obscuro **2** decifrar um idioma

in.ter.pre.ta.ti.vo *adj.* **1** relativo à interpretação **2** que serve para a interpretação de algo

in.tér.pre.te *adj.2g.* diz-se daquele que decifra fatos obscuros, que traduz

in.ter-ra.ci.al *adj.2g.* diz-se daquilo que se encontra entre raças

in.ter.reg.no *s.m.* **1** período vacante de uma nação **2** intervalo entre mandatos

in.ter.ro.ga.ção *s.f.* **1** ato ou ação de questionar **2** GRAM sinal de pontuação que se refere a uma questão interrogativa

in.ter.ro.gar *v.t.* questionar sobre algo ou alguma coisa

in.ter.ro.ga.ti.vo *adj.* **1** que indica interrogação **2** GRAM que contém interrogação

in.ter.ro.ga.tó.rio *s.m.* ação de questionar objetivando o esclarecimento de algo duvidoso

in.ter.rom.per *v.t.* interpelar algo ou alguém; descontinuar o que se realizava

in.ter.rup.ção *s.f.* ação de descontinuar algo, de interpelar alguém

in.ter.rup.to *adj.* interrompido, suspenso

in.ter.rup.tor *adj.* **1** diz-se daquele que faz suspensão de algo, que interrompe • *s.m.* **2** aparelho que pode ativar ou desativar um circuito elétrico

in.ter.sec.ção *s.f.* encontro de dois planos ou de duas linhas; interseção

in.ters.tí.cio *s.m.* **1** espaço vazio entre duas coisas **2** intervalo de tempo

in.ter.tro.pi.cal *adj.2g.* diz-se daquilo que se situa entre os trópicos

in.te.rur.ba.no *adj.* diz-se daquilo que ocorre entre espaços urbanos

in.ter.va.lar *v.t.* **1** organizar intercaladamente • *adj.* **2** que se situa no intervalo entre dois objetos

in.ter.va.lo *s.m.* **1** pausa entre uma coisa e outra **2** momento de descanso entre dois acontecimentos

in.ter.ven.ção *s.f.* ação de intervir

in.ter.ven.cio.nis.mo *s.m.* ECON intervenção do Estado na economia do país

in.ter.ve.ni.en.te *adj.2g.* diz-se daquele que age como intermediário em assuntos de outro, que intercede por alguém

in.ter.ven.ti.vo *adj.* relativo à intervenção

in.ter.ven.tor *s.m.* representante nomeado para promover a intervenção designada pelo governo

in.ter.vir *v.t.* fazer interferência em algo; mediar

in.tes.ti.nal *adj.2g.* relativo a intestino

in.tes.ti.no *s.m.* **1** órgão que compõe o tubo digestório e que tem como função a absorção de nutrientes, principalmente • *adj.* **2** diz-se daquilo que acontece no íntimo da sociedade

in.ti.ma.ção *s.f.* **1** ação de intimar **2** JUR documento que notifica alguém de maneira autoritária de algo que provém do judiciário

in.ti.mar *v.t.* **1** convocar de forma autoritária; obrigar a algo **2** provocar inspiração

in.ti.ma.ti.va *s.f.* forma autoritária de se expressar perante alguém

in.ti.ma.ti.vo *adj.* que intima; enérgico, autoritário

in.ti.mi.da.ção *s.f.* ato de intimidar alguém

in.ti.mi.da.de *s.f.* característica do que é familiar, do que é íntimo

in.ti.mi.da.dor *adj.* diz-se daquilo ou daquele que causa medo em alguém

in.ti.mi.dan.te *adj.2g.* m.q. intimidador

in.ti.mi.dar *v.t.* provocar pavor; amedrontar

ín.ti.mo *adj.* diz-se daquilo ou daquele que é próximo, que é familiar

in.ti.mo.ra.to *adj.* diz-se daquele que não tem medo, que é corajoso

in.ti.tu.la.ção *s.f.* ato de intitular

in.ti.tu.lar *v.t.* conferir nome a; conferir título a

in.to.cá.vel *adj.2g.* **1** diz-se daquilo ou daquele que não pode ser tocado **2** que apresenta enorme importância social **3** indivíduo de cultura indiana que é considerado impuro e, por isso, é denominado assim

in.to.le.rân.cia *s.f.* característica do intolerante

in.to.le.ran.te *adj.2g.* **1** diz-se daquele que não admite um pensamento que seja oposto ao seu **2** que não é flexível **3** que apresenta reação anormal quando em contato com determinadas substâncias

in.to.le.rá.vel *adj.2g.* diz-se daquilo ou daquele que não pode ser tolerado, suportado

in.to.xi.ca.ção *s.f.* ação de intoxicar

in.to.xi.car *v.t.* absorver substâncias tóxicas; provocar envenenamento

in.tra.ce.lu.lar *adj.2g.* relativo ao interior da célula

in.tra.du.zí.vel *adj.2g.* diz-se daquilo que não é traduzível

in.tra.gá.vel *adj.2g.* diz-se daquilo ou daquele que não pode ser suportado, tolerado

in.tra.mus.cu.lar *adj.2g.* **1** ANAT relativo ao interior de um músculo **2** ANAT que ocorre no interior do músculo

in.tran.qui.li.da.de *s.f.* falta de tranquilidade

in.tran.qui.lo *adj.* que não apresenta tranquilidade, que não está tranquilo

in.trans.fe.rí.vel *adj.2g.* diz-se daquilo que não pode ser transferido

intransigência

in.tran.si.gên.cia *s.f.* qualidade do que não tem tolerância, que não é flexível

in.tran.si.gen.te *adj.2g.* diz-se daquele que não é flexível, que é rígido, intolerante

in.tran.si.tá.vel *adj.2g.* diz-se daquilo que não permite passagem, que não permite o acesso

in.tran.si.ti.vo *adj.* **1 m.q.** intransmissível **2** GRAM diz-se de verbo que não admite complemento

in.trans.mis.sí.vel *adj.2g.* diz-se daquilo que não pode ser transmitido

in.trans.po.ní.vel *adj.2g.* diz-se daquilo que não pode ser ultrapassado

in.tra.pul.mo.nar *adj.2g.* ANAT que se situa no interior dos pulmões

in.tra.tá.vel *adj.2g.* **1** característica do que não pode ser tratado **2** diz-se daquele que é insociável, de difícil convivência

in.tre.pi.dez *s.f.* qualidade de intrépido, corajoso

in.tré.pi.do *adj.* diz-se daquele que apresenta coragem, que é valente

in.tri.ca.do *adj.* m.q. intrincado

in.tri.car *v.t.* ato ou efeito de confundir, de embaraçar, de complicar

in.tri.ga *s.f.* aquilo que provoca desavença

in.tri.ga.do *adj.* diz-se daquele que revela desconfiança; desconfiado

in.tri.gan.te *adj.2g.* **1** caráter daquele que faz intriga **2** aquilo que provoca curiosidade

in.tri.gar *v.t.* **1** provocar desavença **2** instigar curiosidade

in.trin.ca.do *adj.* diz-se daquilo que é de difícil resolução, que se apresenta embaraçado

in.tro.du.ção *s.f.* **1** ação de introduzir, de inserir **2** aquilo que é utilizado para iniciar uma obra

in.tro.du.ti.vo *adj.* que serve de introdução, de início a algo; introdutório

in.tro.du.tor *adj.* diz-se daquele que inicia, que promove a apresentação

in.tro.du.tó.rio *adj.* m.q. introdutivo

in.troi.to *s.m.* parte inicial; princípio, começo

in.tro.me.ter *v.t.* **1** colocar-se no interior de algo ○ *v.pron.* **2** opinar em situações que não lhe dizem respeito

in.tro.me.ti.do *adj.* **1** diz-se daquilo que foi introduzido em algo **2** diz-se daquele que se intromete nos assuntos alheios

in.tro.me.ti.men.to *s.m.* ato de intrometer(-se); intromissão

in.tro.mis.são *s.f.* m.q. intrometimento

in.tros.pec.ção *s.f.* exame íntimo da consciência; reflexão que a pessoa faz sobre o que ocorre no seu íntimo, sobre suas experiências etc.

in.tros.pec.ti.vo *adj.* diz-se daquele que reflete sobre seu íntimo

in.tro.ver.são *s.f.* ato ou efeito de introverter(-se), de meditar

in.tro.ver.ter *v.t. v.pron.* agir de maneira introspectiva, refletir sobre seu interior

in.tro.ver.ti.do *adj.* diz-se daquele que se volta para seu interior, que é pouco sociável, que age subjetivamente

in.tru.jão *adj.* diz-se daquele que age de má-fé, que trapaceia

in.tru.jar *v.t.* agir de má-fé; espalhar mentiras; explorar

in.tru.ji.ce *s.f.* ato de intrujar, de enganar; logro, trapaça

in.tru.são *s.f.* ação de intrometer, de usurpar

in.tru.so *adj.* diz-se daquele que se intrometeu em algo sem a devida permissão

in.tu.i.ção *s.f.* ação de perceber algo sem a devida análise; conhecimento imediato; pressentimento

in.tu.i.ti.vo *adj.* diz-se daquilo que tem por base a intuição

in.tui.to *s.m.* objetivo a ser alcançado; finalidade

in.tu.mes.cên.cia *s.f.* infecção que provoca inchaço

in.tu.mes.cen.te *adj.2g.* que está em processo de intumescer, de aumentar de volume

in.tu.mes.cer *v.i.* fazer com que haja dilatação

i.nú.bia *s.f.* MÚS tipo de trombeta dos índios tupis-guaranis usada para anunciar guerra

i.nú.bil *adj.2g.* diz-se daquele que não está ainda em idade de casar

i.nu.ma.ção *s.f.* ação de enterrar, de sepultar

i.nu.ma.no *adj.* diz-se daquele que apresenta crueldade, que é desumano

i.nu.mar *v.t.* sepultar, enterrar

i.nu.me.rá.vel *adj.2g.* diz-se daquilo que não é passível de enumeração

i.nú.me.ro *adj.* m.q. inumerável

i.nun.da.ção *s.f.* alagamento, cheia

i.nun.dar *v.t.* fazer transbordar; alagar

i.nu.si.ta.do *adj.* diz-se daquele que se mostra fora do comum, que não é habitual

i.nú.til *adj.2g.* diz-se daquilo que não apresenta serventia

i.nu.ti.li.da.de *s.f.* característica do que é inútil

i.nu.ti.li.zar *v.t.* fazer com que algo não tenha mais serventia

in.va.dir *v.t.* ocupar o território alheio à força

in.va.gi.na.ção *s.f.* MED dobramento de um órgão sobre si mesmo

in.va.li.da.ção *s.f.* ato ou efeito de invalidar, de tornar nulo

in.va.li.dar *v.t.* fazer com que perca a validade; tornar nulo

in.va.li.dez *s.f.* ausência de capacidade para o exercício de alguma atividade

in.vá.li.do *adj.* **1** diz-se daquele que não apresenta capacidade física ou mental para exercer alguma atividade **2** que não apresenta valor

in.va.ri.a.bi.li.da.de *s.f.* qualidade de invariável; constância

in.va.ri.an.te *adj.2g.* diz-se do que permanece estável, constante

in.va.ri.á.vel *adj.2g.* diz-se daquilo que não apresenta modificação com relação a sua forma original

in.va.são *s.f.* ação de ocupar território alheio

in.va.si.vo *adj.* **1** relativo a invasão **2** que tende a se alastrar ou propagar

in.va.sor *adj.* diz-se daquele que age de modo violento para conquistar propriedade alheia

in.vec.ti.va *s.f.* ato ou efeito de invectivar

in.vec.ti.var *v.t.* proferir invectivas, injúrias contra alguém

in.ve.ja *s.f.* vontade de ter o que é do outro

in.ve.já.vel *adj.2g.* diz-se do que é digno de inveja

in.ve.jar *v.t.* ação de querer possuir o que é do outro

in.ve.jo.so *adj.* diz-se daquele que ambiciona o que é do outro

iogurte

in.ven.ção *s.f.* ação de criar algo

in.ven.ci.bi.li.da.de *s.f.* caráter daquilo que não pode ser vencido

in.ven.cio.ni.ce *s.f.* ação de criar algo enganoso

in.ven.cí.vel *adj.2g.* diz-se daquilo que não pode ser superado, vencido

in.ven.dí.vel *adj.2g.* m.q. invendável

in.ven.dá.vel *adj.2g.* diz-se daquilo que é de difícil comercialização

in.ven.tar *v.t.* tornar o que é abstrato em concreto

in.ven.ta.ri.an.te *adj.2g.* JUR diz-se daquele que é designado a partilhar os pertences

in.ven.ta.ri.ar *v.t.* arrolar os bens materiais a serem partilhados

in.ven.tá.rio *s.m.* lista minuciosa de bens materiais

in.ven.ti.va *s.f.* **1** ato ou efeito de inventar **2** capacidade de criação

in.ven.ti.vo *adj.* diz-se daquele que cria, inventa

in.ven.to *s.m.* produto de invenção

in.ven.tor *adj.* diz-se daquele que cria

in.ver.da.de *s.f.* caráter do que não apresenta exatidão, que é falso

in.ve.ri.di.co *adj.* diz-se daquilo que não apresenta exatidão

in.ve.ri.fi.cá.vel *adj.2g.* diz-se daquilo que não é verificável; inaveriguável

in.ver.na.da *s.f.* **1** inverno rigoroso **2** lugar onde é guardado o gado para a engorda

in.ver.na.dor *adj.* bras. diz-se daquele que é designado a cuidar do gado para a engorda

in.ver.nal *adj.2g.* relativo a inverno

in.ver.nar *v.t.* **1** acontecer o inverno **2** colocar o gado para repousar objetivando a engorda

in.ver.ni.a *s.f.* m.q. invernada

in.ver.nis.ta *adj.2g.* m.q. invernador

in.ver.no *s.m.* período do ano representado pelo tempo frio, que ocorre entre junho e setembro no Hemisfério Sul, e entre dezembro e março no Hemisfério Norte

in.ver.no.so *adj.* próprio de inverno

in.ve.ros.sí.mil *adj.2g.* diz-se daquilo que não se assemelha com a realidade

in.ve.ros.si.mi.lhan.ça *s.f.* característica de inverossimilhante

in.ver.são *s.f.* ato ou efeito de inverter, de alterar a ordem original de algo

in.ver.si.vo *adj.* **1** que inverte **2** que apresenta inversão

in.ver.so *adj.* diz-se daquilo que está de forma invertida, que está simetricamente oposto

in.ver.sor *adj.* **1** que inverte **2** FÍS diz-se de dispositivo que transforma a corrente contínua em alternada

in.ver.te.bra.do *adj.* ZOOL ser pertencente ao reino animal que não apresenta como eixo de sustentação a coluna vertebral

in.ver.ter *v.t.* virar em sentido oposto; modificar a ordem original

in.vés *s.m.* o que se apresenta do lado contrário ao original

in.ves.ti.da *s.f.* **1** ação de impacto contra algo ou alguém **2** investimento

in.ves.ti.dor *adj.* diz-se daquele que investe

in.ves.ti.du.ra *s.f.* ação de investir uma pessoa na posse de algum cargo

in.ves.ti.ga.ção *s.f.* ação de investigar

in.ves.ti.ga.dor *adj.* diz-se daquele que é designado à tarefa de investigar

in.ves.ti.gar *v.t.* ato ou efeito de procurar conhecer aquilo que se mostra misterioso, desconhecido

in.ves.ti.men.to *s.m.* **1** a execução de um ataque **2** nomeação de alguém a algum pleito **3** o capital colocado em algum negócio

in.ves.tir *v.t.* **1** recobrir, revestir **2** fazer investimento em algum negócio **3** designar alguém **4** executar uma ação ofensiva

in.ve.te.ra.do *adj.* **1** muito antigo **2** arraigado, enraizado

in.vi.a.bi.li.da.de *s.f.* qualidade daquilo que é inviável

in.vi.á.vel *adj.2g.* **1** diz-se daquilo que não é viável, que não há como acessar **2** que é irrealizável

in.vic.to *adj.* diz-se daquele que não foi superado, que não foi vencido

ín.vio *adj.* em que não se pode transitar; intransitável

in.vi.o.la.bi.li.da.de *s.f.* caráter daquilo que não pode ser infringido

in.vi.o.la.do *adj.* que não foi violado, que se encontra intacto

in.vi.o.lá.vel *adj.2g.* diz-se do que é sagrado, intransgredível

in.vi.si.bi.li.da.de *s.f.* qualidade de ser invisível

in.vi.sí.vel *adj.2g.* diz-se do que não é perceptível aos olhos

in.vo.ca.ção *s.f.* **1** ato ou efeito de invocar; invocatória **2** santo ou pessoa a quem se rogou proteção **3** LITER súplica dos versos iniciais da epopeia clássica na qual o poeta pede aos deuses e às musas para que o auxiliem na criação da sua obra

in.vo.ca.do *adj.* diz-se do que foi chamado, implorado, solicitado

in.vo.ca.ti.vo *adj.* **1** diz-se do que é utilizado para invocar **2** diz-se do que encerra uma invocação

in.vo.ca.tó.rio *adj.* m.q. invocativo

in.vo.car *v.t.* chamar, implorar, solicitar

in.vo.lu.ção *s.f.* **1** regressão, volta; falta de progresso **2** MED atrofiamento gradativo de um órgão

in.vó.lu.cro *s.m.* envoltório utilizado para encapar, proteger

in.vo.lun.tá.rio *adj.* diz-se do que é feito contra a vontade, forçada ou inconscientemente

in.vo.lu.to *adj.* diz-se do que está com as extremidades viradas para dentro

in.vul.gar *adj.2g.* diz-se do que está fora do comum, que é raro, extraordinário

in.vul.ne.rá.vel *adj.2g.* **1** diz-se do que não pode ser fisicamente lesado **2** fig. diz-se de quem é incorruptível

i.o.de.to /ê/ *s.m.* QUÍM sal ou éter do ácido iodídrico

i.ó.di.co *adj.* diz-se do que contém iodo

i.o.do /ô/ *s.m.* QUÍM elemento I da tabela periódica

i.o.do.fór.mio *s.m.* QUÍM substância usada como antisséptico tópico

i.o.le /ô/ *s.m.* pequena embarcação a remo usada em práticas esportivas

i.o.ga /ô/ *s.f.* doutrina e prática religiosas da Índia cujo fundamento está na perfeição do homem por meio da contemplação e união com Deus

i.o.gue /ó/ *s.m.* diz-se do adepto da ioga

i.o.gur.te *s.m.* produto cremoso do leite coalhado

ioiô

io.iô *s.m.* brinquedo cilíndrico com uma corda que é impulsionada por movimentos livres ou puxada quando o objeto é apoiado em uma superfície

í.on *s.m.* FÍSQUÍM átomo eletrizado

i.ô.ni.co *adj.* **1** ARQUIT m.q. jônico **2** FÍSQUÍM relativo a íon

i.ô.nio *adj. gent.* natural ou habitante da Jônia

i.o.ni.za.ção *s.f.* FÍSQUÍM processo pelo qual um átomo ou uma molécula perde ou ganha elétrons para formar íons

i.o.ni.zar *v.t.* formar íons

i.o.nos.fe.ra /é/ *s.f.* camada superior da atmosfera, onde se realiza a ionização

i.on.te /ô/ *s.m.* m.q. íon

i.o.ru.bá *s.m.* indivíduo dos iorubás, povo africano da Nigéria que foi trazido como escravo para o Brasil

i.o.ru.ba.no *s.m.* m.q. iorubá

i.o.ta /ó/ *s.m.* nome da nona letra do alfabeto grego

i.pê *s.m.* árvore nativa do Brasil que apresenta várias espécies, cada qual com uma coloração de flor

íp.si.lon /ô/ *s.m.* **1** vigésima letra do alfabeto grego **2** vigésima quinta letra e vigésima consoante do alfabeto português

i.pu.ei.ra /ê/ *s.f.* água estagnada em depressões, proveniente de enchentes

¹ir *v.i.* movimentar-se para algum lugar

²Ir QUÍM símbolo do elemento irídio da tabela periódica

i.ra *s.f.* raiva, fúria

i.rá *s.f.* ZOOL abelha que faz mel; abelha-da-terra

i.ra.cún.dia *s.f.* condição de iracundo

i.ra.cun.do *adj.* que é propenso a manifestar ira, cólera; irascível, furioso

i.ra.ni.a.no *adj. gent.* natural ou habitante do Irã

i.ra.qui.a.no *adj. gent.* natural ou habitante do Iraque

i.ra.do *adj.* diz-se de quem está iracundo

i.ras.ci.bi.li.da.de *s.f.* qualidade de irascível; iracúndia

i.ras.cí.vel *adj.2g.* que se irrita com facilidade; irritável, iracundo

i.re.rê *s.m.* ZOOL ave nativa da América do Sul e da África, semelhante a um pato

i.ri.ar *v.t.* colorir com as cores do arco-íris; matizar

i.ri.des.cen.te *adj.2g.* diz-se do que reflete as cores do arco-íris

i.rí.dio *s.m.* QUÍM elemento da tabela periódica (Ir)

í.ris *s.m.2n.* **1** BOT gênero de planta nativa da Europa, da Ásia, do Norte da África e da América do Norte ⊙ *s.2g.2n.* **2** ANAT membrana ocular colorida **3** GEOL pedra que possui reflexos característicos da íris **4** FÍS luminosidade provocada pela difração da luz branca **5** BIOL espécie de borboleta

i.ri.sar *v.t.* m.q. iriar

ir.lan.dês *adj. gent.* natural ou habitante da República da Irlanda

ir.mã *s.f.* feminino de irmão

ir.ma.nar *v.t. v.pron.* tornar(-se) irmão; ligar(-se)

ir.man.da.de *s.f.* **1** qualidade de ser irmão **2** confraria; associação religiosa

ir.mão *s.m.* **1** relação familiar entre os filhos de um casal **2** RELIG cada membro da comunidade **3** RELIG homem religioso

i.ro.ni.a *s.f.* **1** sarcasmo; dizer que significa o contrário do que foi expresso verbalmente **2** FILOS método de interrogação para ridicularizar o adversário contraditório **3** m.q. ateísmo

i.rô.ni.co *adj.* diz-se de quem pratica a ironia

i.ro.ni.zar *v.t.* praticar ironia; motejar, caçoar de

i.ro.so /ô/ *adj.* cheio de ira; irado

ir.ra.cio.nal *adj.2g.* **1** diz-se do animal desprovido de razão **2** diz-se de quem se comporta sem o uso da razão; o oposto de racional

ir.ra.di.a.ção *s.f.* propagação, difusão

ir.ra.di.a.dor /ô/ *adj.* diz-se do que irradia

ir.ra.di.an.te *adj.2g.* diz-se do que irradia, brilha

ir.ra.di.ar *v.t.* **1** propagar luz em forma de raios **2** espalhar, emitir

ir.re.al *adj.2g.* diz-se do que é ficcional, imaginário, inexistente

ir.re.a.li.zá.vel *adj.2g.* diz-se do que é impossível de ser realizado; inexecutável

ir.re.ba.tí.vel *adj.2g.* diz-se do que é irrespondível, irrefutável

ir.re.con.ci.li.á.vel *adj.2g.* diz-se do que não pode ser conciliado

ir.re.cor.rí.vel *adj.2g.* JUR diz-se de decisão judicial de que não cabe mais apelação

ir.re.cu.pe.rá.vel *adj.2g.* diz-se do que não pode ser reavido, recobrado

ir.re.cu.sá.vel *adj.2g.* diz-se do que não pode ser recusado, negado

ir.re.du.tí.vel *adj.2g.* diz-se do que não pode ser reduzido, que não é simplificável

ir.re.du.zí.vel *adj.2g.* m.q. irredutível

ir.re.fle.ti.do *adj.* **1** diz-se do que não reflete **2** diz-se do imponderado, leviano

ir.re.fle.xão *s.f.* falta de reflexão, de raciocínio; imprudência, impulsividade

ir.re.fre.á.vel *adj.2g.* diz-se do que não pode ser detido; irreprimível

ir.re.fu.tá.vel *adj.2g.* **1** incontestável **2** diz-se do evidente, certo

ir.re.gu.lar *adj.2g.* **1** diz-se do que está fora do padrão, do paradigma; desproporcionado, inarmônico **2** diz-se do que se mostra contrário às leis **3** GRAM palavras cujas flexões estão fora dos paradigmas

ir.re.gu.la.ri.da.de *s.f.* qualidade de ser irregular

ir.re.le.vân.cia *s.f.* sem importância

ir.re.li.gi.o.si.da.de *s.f.* falta de religiosidade

ir.re.li.gi.o.so *adj.* não religioso; ateu, herege

ir.re.mis.sí.vel *adj.2g.* **1** RELIG diz-se do que não merece perdão **2** diz-se do que não pode ser evitado; fatal

ir.re.mo.ví.vel *adj.2g.* diz-se do que não pode ser deslocado

ir.re.pa.rá.vel *adj.2g.* diz-se do que não pode ser consertado, remediado

ir.re.pli.cá.vel *adj.2g.* diz-se do que não admite réplica, resposta; irrespondível

ir.re.pre.en.sí.vel *adj.2g.* diz-se do que não pode ser criticado; correto, perfeito

ir.re.pri.mí.vel *adj.2g.* diz-se do que não se pode reprimir, impedir, conter

ir.res.cin.dí.vel *adj.2g.* JUR diz-se dos contratos que não podem ser desfeitos

ir.re.sis.tí.vel *adj.2g.* **1** diz-se de coisa ou pessoa a cujas características não se consegue resistir **2** diz-se do que não consegue sustentar

ir.re.so.lu.to *adj.* indeciso, vacilante, inseguro

ir.re.so.lú.vel *adj.2g.* m.q. insolúvel

ir.res.pi.rá.vel *adj.2g.* que não se pode respirar

ir.res.pon.dí.vel *adj.2g.* irrefutável, irreplicável

ir.res.pon.sa.bi.li.da.de *s.f.* qualidade de ser irresponsável

ir.res.pon.sá.vel *adj.2g.* **1** diz-se de quem não age com responsabilidade **2** diz-se de quem não responde pelos próprios atos; negligente

ir.res.tri.to *adj.* diz-se do ilimitado, livre de cerceamento

ir.res.trin.gí.vel *adj.2g.* que não pode ser restringido

ir.re.tor.qui.vel *adj.2g.* irrespondível, irrefutável

ir.re.tra.tá.vel *adj.2g.* **1** diz-se do que não pode ser desdito **2** diz-se do que não pode ser fotografado ou copiado

ir.re.ve.rên.cia *s.f.* **1** desrespeito, insolência **2** *fig.* divertido, engraçado

ir.re.ve.ren.te *adj.2g.* diz-se de quem tem irreverência

ir.re.vo.cá.vel *adj.2g.* m.q. irrevogável

ir.re.vo.gá.vel *adj.2g.* **1** fixo, definitivo, imutável **2** diz-se do que não pode ser revogado

ir.ri.ga.ção *s.f.* ação de distribuir água na lavoura

ir.ri.ga.dor /ô/ *s.m.* **1** aparelho usado para regar jardins, canteiros etc.; regador **2** utensílio destinado a fazer irrigações medicinais

ir.ri.gar *v.t.* **1** distribuir a água em um terreno ou plantação **2** distribuir líquido em um organismo

ir.ri.são *s.f.* caçoada, motejo, gracejo

ir.ri.só.rio *adj.* **1** diz-se do ridículo **2** de pequena importância

ir.ri.ta.bi.li.da.de *s.f.* **1** qualidade de irritável **2** MED propriedade que têm os tecidos e órgãos de reagir a uma excitação interna ou externa

ir.ri.ta.ção *s.f.* raiva, cólera; excitação, excitamento

ir.ri.ta.di.ço *adj.* diz-se de quem se irrita facilmente

ir.ri.ta.do *adj.* que se irritou

ir.ri.tan.te *adj.2g.* **1** irritador **2** JUR diz-se do que anula um documento

ir.ri.tar *v.t.* **1** JUR anular um documento; inutilizar **2** excitar, provocar

ir.ri.tá.vel *adj.2g.* diz-se do que é passível de irritação

ír.ri.to *adj.* m.q. nulo

ir.rom.per /ê/ *v.t.* surgir violentamente; aparecer

ir.rup.ção *s.f.* invasão súbita

is.ca *s.f.* **1** alimento ou objeto usado para atrair animais **2** CUL porção de febra de bacalhau **3** porção pequena de comida **4** o que seduz; atrai

is.car *v.t.* **1** colocar isca no anzol **2** seduzir **3** instigar cães a atacar

i.sen.ção *s.f.* ação de isentar, de livrar de alguma obrigação

i.sen.tar *v.t.* eximir de alguma função; desobrigar

i.sen.to *adj.* diz-se do livre, desobrigado

is.lâ.mi.co *adj.* RELIG diz-se do adepto ao islamismo

is.la.mis.mo *s.m.* RELIG maometismo, muçulmanismo; doutrina monoteísta pregada por Maomé

is.la.mi.ta *s.m.* RELIG m.q. islâmico

is.lan.dês *adj. gent.* natural ou habitante da Islândia

is.ma.e.li.ta *adj.* diz-se do descendente de Ismael, personagem bíblico do Antigo Testamento

i.só.cro.no *adj.* diz-se dos movimentos que têm tempo de duração igual

i.so.ga.mi.a *s.f.* **1** casamento com pessoa do mesmo grupo social, econômico ou religioso **2** BIOL reprodução com gametas iguais

i.so.la.do *adj.* diz-se do separado, incomunicável, afastado

i.so.la.dor *adj.* FÍS diz-se do corpo usado para isolar condução elétrica

i.so.la.men.to *s.m.* ato ou efeito de isolar

i.so.lan.te *adj.2g.* FÍS diz-se do corpo usado para isolar condução elétrica

i.so.lar *v.t.* separar, insular, afastar, barrar

i.so.no.mi.a *s.f.* **1** JUR princípio de que todos são iguais perante a lei **2** GEOL estado dos cristais que são uniformes, construídos segundo a mesma lei

i.sóp.te.ro *s.m.* ZOOL espécime dos isópteros, ordem de insetos pterigotos vulgarmente conhecidos por cupins

i.sós.ce.le *adj.2g.* diz-se do triângulo que tem dois lados iguais; isósceles

i.so.tér.mi.co *adj.* diz-se do que mantém temperatura constante

i.so.to.pi.a *s.f.* FÍS característica de átomos de um mesmo elemento, com um núcleo que possui igual número de prótons, mas números de nêutrons diferentes

i.só.to.po *adj.* diz-se dos átomos que apresentam isotopia

i.so.tro.pi.a *s.f.* FÍS qualidade do meio que apresenta propriedades físicas iguais em todas as direções

i.so.tró.pi.co *adj.* diz-se de um meio que apresenta isotropia

i.só.tro.po *adj.* m.q. isotrópico

is.quei.ro /ê/ *s.m.* aparelho usado para incendiar ao contato com faísca

is.que.mi.a *s.f.* diminuição da circulação sanguínea

is.quê.mi.co *adj.* relativo à isquemia

ís.quio *s.m.* ANAT porção inferior e posterior do osso ilíaco

is.ra.e.li.ta *adj.2g.* **1** judeu **2** relativo a Israel

is.so *pron.* substitui o nome de algo que está longe do falante e mais perto do ouvinte ou de algo que foi mencionado antes

ist.mo *s.m.* **1** porção estreita de terra que une duas áreas maiores **2** ANAT parte de um organismo que serve de ligação entre duas estruturas

is.to *pron.* indica algo que se encontra mais perto de quem fala ou que é recente

i.ta.li.a.nis.mo *s.m.* GRAM uso de expressões linguísticas próprias da língua italiana

i.ta.li.a.no *adj. gent.* natural ou habitante da Itália

i.tá.li.co *adj.* **1** m.q. italiano **2** efeito gráfico imposto a uma escrita

í.ta.lo *adj.* **1** m.q. italiano **2** relativo à Itália

-ite *suf.* **1** forma nomes de fósseis **2** forma nomes de patologias provocadas por inflamação

i.tem *s.m.* **1** JUR cada subdivisão de uma argumentação **2** *por ext.* artigo ou unidade de qualquer coisa que se inclui em uma enumeração

i.te.ra.ção *s.f.* ato de iterar, repetir

i.te.rar *v.t.* dizer ou fazer novamente; repetir

i.te.ra.ti.vo *adj.* **1** relativo à iteração **2** feito mais de uma vez; repetido, reiterado **3** GRAM diz-se de verbo, substantivo, frase etc. que expressa ações repetitivas

i.ti.ne.ran.te *adj.2g.* diz-se do viajante; andarilho, nômade

i.ti.ne.rá.rio *s.m.* indicação de percurso; cronograma de visita

í.trio *s.m.* QUÍM elemento químico de símbolo Y

iu.gos.la.vo *adj. gent.* natural ou habitante da antiga Iugoslávia

i.va *s.f.* BOT planta medicinal nativa da Europa

j *s.m.* **1** GRAM décima letra e sétima consoante do alfabeto português; jota **2** o décimo elemento de uma série

jã *s.f.* MIT entidade misteriosa do folclore popular português

já *adv.* **1** agora, neste instante **2** em pouco tempo, logo • *conj.* **3** conjunção alternativa

ja.bá *s.m.* **1** charque; carne seca **2** *pop.* suborno **3** *pop.* gorjeta

ja.ba.ca.tim *s.m.* ZOOL nome de um pássaro de origem brasileira

ja.be.bi.ra *s.f.* nomenclatura genérica dos peixes do tipo da raia; peixe-elétrico

ja.bi.ra.ca *s.f.* **1** mulher feia e velha **2** roupa malfeita e velha

ja.bi.ru *s.m.* ZOOL ave pernalta; jaburu

ja.bo.ran.di *s.m.* BOT nome de um arbusto da família das rutáceas e piperáceas, com propriedades medicinais

ja.bot *s.m.* [fr.] peça de vestuário separada que se coloca sobre o peito; enfeite das blusas femininas

ja.bo.ta.pi.ta *s.f.* BOT planta originária do Brasil da família do cacto, mais conhecida por pita

ja.bu.ru *s.m.* ZOOL ave branca, de longo bico negro e grande papo; jabiru

ja.bu.ti *s.m.* espécie de quelônio semelhante à tartaruga

ja.bu.ti.ca.ba *s.f.* fruta preta e redonda que nasce no caule da jabuticabeira

ja.bu.ti.ca.bal *s.m.* BOT lugar onde crescem as jabuticabeiras; aglomeração de jabuticabeiras

ja.bu.ti.ca.bei.ra /ê/ *s.f.* BOT árvore mirtácea que dá jabuticaba

ja.ça *s.f.* **1** mancha; vestígio que deixa uma substância suja **2** defeito

ja.ca *s.f.* fruto da jaqueira enorme e pesado que contém gomos e sementes de forte odor

ja.cá *s.m.* cesto de cipó próprio para cargas

ja.ca.ma *s.f.* BOT árvore pequena que produz frutos em forma de coração; coração-de-boi

ja.ca.mim *s.m.* nome comum a diversos pássaros da ordem dos gruiformes

ja.ça.nã *s.f.* ZOOL ave comum nos açudes, de cor castanha, bico alongado e amarelo

ja.ca.pá *s.m.* pássaro de origem brasileira; pipira

ja.ca.pé *s.m.* m.q. capim-de-cheiro

ja.ca.ran.dá *s.m.* BOT árvore cuja madeira é nobre, muito utilizada para confecção de móveis

ja.ca.ra.ti.á *s.m.* BOT árvore da família das caricáceas que produz frutos comestíveis

ja.ca.ré *s.m.* tipo menor de crocodilo

ja.ca.re.ra.na *s.f.* espécie de lagarto

ja.ca.re.tin.ga *s.m.* espécie de jacaré pequeno

ja.ca.réu *s.m.* m.q. jacaré

ja.ca.re.ú.va *s.m.* BOT árvore com madeira boa para construção; jacareúba

ja.ca.ri.na *s.f.* ZOOL ave fringilídea

ja.ca.ti.ri.ca *s.f.* m.q. jaguatirica

ja.cen.te *adj.2g.* **1** estendido em posição horizontal **2** sem herdeiros; cujo patrimônio fica para o Estado **3** que está situado; que jaz

ja.ci.na *s.f.* m.q. libélula

ja.cin.to *s.m.* **1** BOT planta ornamental **2** GEOL pedra preciosa de cor vermelha ou castanha

ja.co.bi.nis.mo *s.m.* nacionalismo exagerado; ideias democráticas exaltadas; sentimento de hostilidade contra o que é estrangeiro

ja.co.bi.na.da *s.f.* **1** conjunto de jacobinos **2** ação própria de jacobino

ja.co.bi.na.gem *s.f. pejor.* m.q. jacobinismo

ja.co.bi.na.lha *s.f. pejor.* m.q. jacobinada

ja.co.bí.ni.co *adj.* próprio de jacobino

ja.co.bi.no *s.m.* **1** HIST membro de uma associação política durante a Revolução Francesa de 1789 **2** *por ext.* patriota exaltado; nacionalista exagerado; inimigo dos estrangeiros

ja.co.bi.ta *adj.* **1** RELIG membro de uma seita religiosa fundada por Jacob Baradai **2** HIST partidário do rei Jaime II, da Inglaterra, que foi deposto pela Revolução de 1688

ja.cob.si.ta *s.f.* GEOL mineral do conjunto isomorfo encontrado em Jacobsberg, na Suécia

já-co.me.ça /é/ *s.2g.2n. pop.* nome popular de uma enfermidade da pele; coceira, sarna

jac.ta.ção *s.f.* MED perturbação nervosa que causa agitação; movimento descoordenado de braços e pernas

jac.tân.cia *s.f.* vanglória, soberba, orgulho, vaidade, enaltecimento, arrogância

jac.tan.ci.ar-se *v.pron.* vangloriar-se, jactar-se, gabar-se

jac.tan.ci.o.so /ô/ *adj.* que tem jactância; orgulhoso, soberbo, gabarola, fanfarrão

jac.tar-se *v.pron.* m.q. jactanciar-se

299 jeitoso

jac.ti.tan.te *adj.2g.* referente às fontes, aos líquidos, às chamas que saltam, que se arremessam a pequenos intervalos

jac.ti.tar *v.i.* ação de líquidos e chamas que saem a pequenos e frequentes jatos, que saltam, que brotam, que jorram

ja.cu *s.m.* ave galinácea do Brasil

ja.cu.ba *s.f.* bebida preparada com água, açúcar ou mel e farinha de mandioca

ja.cu.lar *v.t.* jogar, arremessar, lançar ao longe

ja.cu.la.tó.ria *s.f.* RELIG oração curta e fervorosa

ja.cu.mã *s.m.* pequeno remo que serve de leme nas canoas; timão do barco

ja.cun.dá *s.m.* ZOOL nome comum a diversos peixes brasileiros, também conhecidos como guenza e joaninha

ja.cu.tin.ga *s.f.* ZOOL ave negra de pescoço vermelho

ja.de *s.m.* GEOL mineral esverdeado com que se fazem adornos

ja.ez *s.m.* **1** conjunto das peças que permite o cavalgamento de montarias; arreamento **2** *fig.* conjunto de traços ou características

ja.guar *s.m.* ZOOL mamífero felino feroz; onça-pintada

ja.gua.ti.ri.ca *s.f.* animal carnívoro da família dos felídeos; gato-do-mato

ja.gun.ço *adj.* **1** homem que serve de guarda-costas a alguém, capanga **2** denominação dada aos seguidores de Antônio Conselheiro

ja.le.co *s.m.* colete, casaco curto

ja.mai.ca.no *adj.* **1** relativo à Jamaica **2** natural ou habitante desse país

ja.mais *adv.* nunca; em tempo algum; de modo algum

ja.man.ta *s.f.* **1** ZOOL arraia marinha de grande porte **2** *por ext.* m.q. carreta

jam.bei.ro *s.m.* BOT árvore cujo fruto é o jambo

jam.bo *adj.2g.2n.* **1** bem moreno; mulato • *s.m.* **2** BOT fruto comestível do jambeiro

jam.bo.lão *s.m.* BOT árvore frutífera de origem oriental; jamelão

ja.me.gão *s.m.* **1** *pop.* assinatura, firma **2** *pop.* ginga, passos de poeira

jan.dai.a *s.f.* ZOOL pássaro semelhante ao papagaio

ja.nei.ro *s.m.* o primeiro mês do ano no calendário gregoriano

ja.ne.la *s.f.* vão na parede externa de uma edificação para entrada de luz e ar

jan.ga.da *s.f.* **1** balsa feita de paus roliços ou tábuas amarrados entre si **2** pequena embarcação movida a remo e a vela

jan.ga.dei.ro *s.m.* **1** barco de pesca com um mastro e uma vela **2** dono de jangada **3** fabricante de jangada

jân.gal *s.m.* floresta, mata densa

ja.no.ta *adj.2g.* **1** que se veste elegantemente **2** *pejor.* que está exageradamente bem-vestido

jan.ta *s.f.* refeição noturna

jan.tar *s.m.* **1** janta, refeição copiosa, banquete • *v.t.* **2** fazer a refeição noturna

ja.ó *s.2g.* ZOOL nome de uma ave brasileira também conhecida como zabelê

ja.pi *s.m.* ZOOL nome de uma ave brasileira; japim

ja.po.na *s.f.* casaco de lã grossa

ja.po.nês *adj. gent.* natural ou habitante do Japão

ja.pô.ni.co *adj. gent.* próprio do Japão, dos japoneses

ja.quei.ra *s.f.* BOT árvore da jaca

ja.quei.ral *s.m.* BOT aglomeração de jaqueiras

ja.que.ta *s.f.* casaco curto e sem abas que bate na altura da cintura

ja.que.tão *s.m.* espécie de jaqueta comprida transpassada na frente

ja.ra.ra.ca *s.f.* **1** cobra venenosa do Brasil **2** *fig.* pessoa má, ruim, geniosa

jar.da *s.f.* medida inglesa de comprimento que corresponde a 91,44 cm

jar.dim *s.m.* terreno onde são plantadas flores ornamentais

jar.di.na.gem *s.f.* arte de cultivar ou manter um jardim

jar.di.nar *v.t.* cultivar um jardim, praticar jardinagem

jar.di.nei.ra *s.f.* **1** jarra de flores **2** ônibus com laterais abertas, para transporte de passageiros **3** enfeite de flores, orla de flores que se coloca ao redor dos pratos **4** modelo de roupa com peitilho costurado à cintura

jar.di.nei.ro *adj.* diz-se de quem cuida de jardins

jar.gão *s.m.* linguajar característico de certos grupos

ja.ri.na *s.f.* BOT palmeira cuja semente é usada na fabricação de botões

ja.ri.ta.ta.ca *s.f.* ZOOL tipo de furão com duas faixas dorsais brancas que, quando atacado, defende-se com esguichos de um líquido fétido

jar.ra *s.f.* **1** vaso para conter suco ou água **2** vaso para flores

jas.mim *s.m.* planta oleácea perfumada

jas.mi.nei.ro *s.m.* m.q. jasmim

jas.pe *s.m.* GEOL pedra dura e opaca, tipo de ágata branca

ja.ta.í *s.m.* **1** árvore de origem brasileira de cujas sementes se extrai óleo alimentar **2** m.q. jatobá **3** BIOL espécie de abelha

ja.to *s.m.* arremesso; movimento rápido de projetar líquido, chama etc.

ja.to.bá *s.m.* **1** árvore de grande porte que produz fruto do mesmo nome **2** madeira proveniente dessa árvore

jau *adj. s.m.* m.q. javanês

jau.la *s.f.* prisão ou cárcere para animais ferozes

ja.va.li *s.m.* porco do mato de pelo cinza e grandes presas

ja.va.li.na *s.f.* fêmea do javali

ja.va.nês *adj.* **1** relativo à ilha de Java, na Indonésia **2** nativo de Java • *s.m.* **3** língua falada em Java; jau

ja.zer *v.i.* estar deitado ou prostrado; estar sepultado

ja.zi.da *s.f.* **1** lugar onde jaz alguém; túmulo, sepultura **2** depósito de minerais

ja.zi.go *s.m.* sepultura, túmulo, monumento funerário

jazz *s.m.* [ing.] MÚS música originária dos negros dos Estados Unidos

je.gue *s.f.* ZOOL burrico, mulo, jumento

jei.ra *s.f.* terreno que uma junta de bois pode lavrar em um dia; jugada

jei.to *s.m.* **1** modo, maneira **2** aptidão, habilidade

jei.to.so *adj.* que tem jeito para realizar algo; habilidoso, apto, capaz

jejuar

je.ju.ar *v.t.* não se alimentar; abster-se de alimentos em certos dias determinados; guardar jejum

je.jum *s.m.* **1** abstenção de alimentos por um tempo determinado **2** estado em que se encontra a pessoa antes da primeira refeição; sem alimentação

je.ju.no *s.m.* ANAT parte do intestino delgado que está entre o duodeno e o íleo

je.ni.pa.po *s.m.* fruto de árvore de mesmo nome, existente no Norte do Brasil, do qual são feitos doces, licores e vinhos e de que se extrai uma tinta preta muito usada pelos indígenas

je.ni.pa.pei.ro *s.m.* BOT árvore rubiácea nativa do Brasil da qual provém o jenipapo

je.qui *s.m.* cesto que é muito mais comprido do que largo, utilizado para pesca

je.rar.qui.a *s.f.* m.q. hierarquia

je.re.ré *s.m.* **1** tipo de rede de pesca **2** doença cutânea contagiosa; escabiose

je.re.rê *s.m. pop.* m.q. maconha

je.ri.co *s.m.* **1** ZOOL burro, jumento, asno • *adj.* **2** *pejor.* indivíduo pouco inteligente, que possui ideias tolas

je.ri.có *s.m.* ZOOL planta que vegeta em alagadiços e que seca completamente, sem morrer

je.ri.mum *s.m.* BOT espécie de abóbora

je.ro.pi.ga *s.f.* bebida alcoólica preparada com mosto, aguardente e açúcar

je.su.í.ta *s.m.* religioso da Companhia de Jesus, ordem fundada por Santo Inácio de Loyola em 1540

je.su.í.ti.co *adj.* relativo a jesuíta

ji.a *s.f.* ZOOL grande rã que possui dorso escuro

ji.boi.a *s.f.* ZOOL grande serpente, não venenosa, dos países quentes

ji.boi.ar *v.i. bras.* digerir uma grande refeição lentamente

ji.ló *s.m.* BOT planta hortense de sabor amargo

jin.ri.qui.xá *s.m.* veículo pequeno de duas rodas puxado por um homem, comum em vários países do Oriente, especialmente na China

ji.rau *s.m.* **1** espécie de prateleira no alto da parede na qual se colocam objetos **2** estrado de madeira **3** armação de madeira sobre a qual uma casa é construída a fim de evitar umidade

jiu-jít.su *s.m.* ESPORT luta corporal inventada pelos japoneses em que se vale apenas das mãos e dos pés

jo.a *s.f.* a parte mais saliente que circunda a boca do canhão

jo.a.lhei.ro *s.m.* **1** que ou aquele que faz o comércio de joias **2** quem fabrica, conserta joias

jo.a.lhe.ri.a *s.f.* **1** comércio de joias **2** arte de fabricar joias

jo.a.ne.te *s.m.* saliência na base lateral do dedo grande do pé

jo.ão-nin.guém *s.m.* **1** m.q. zé-ninguém **2** um desconhecido qualquer; alguém insignificante

jo.a.ni.nha *s.f.* BIOL inseto pequenino, redondo e colorido

jo.a.ni.no *adj.* relativo a João ou Joana

jo.ça *s.f. pejor.* coisa desajeitada, imprestável, esquisita

jo.co.so *adj.* divertido, engraçado; que provoca o riso

jo.ei.ra *s.f.* peneira para separar o trigo do joio

jo.ei.rar *v.t.* passar o trigo pela joeira; peneirar

jo.ei.rei.ro *adj.* fabricante de joeiras; peneireiro

jo.e.lha.da *s.f.* pancada dada com o joelho

jo.e.lhei.ra *s.f.* **1** marca que os joelhos deixam nas calças pelo uso prolongado **2** ESPORT peça que serve para proteger os joelhos **3** VETER falta de pelos nas pernas dos animais, na altura dos joelhos **4** calo nos joelhos em consequência de se passar muito tempo ajoelhado

jo.e.lho *s.m.* parte exterior da articulação da perna com a coxa

jo.ga.da *s.f.* **1** ato ou efeito de jogar **2** lance de jogo **3** *fig.* esquema vantajoso

jo.ga.do *adj.* **1** arremessado, lançado **2** posto de lado por ser considerado inútil; desprezado **3** arriscado no jogo

jo.ga.da *s.f.* **1** ato ou efeito de jogar **2** lance de jogo **3** *fig.* esquema vantajoso

jo.gar *v.t.* **1** arremessar, lançar, atirar **2** participar de jogo, esporte, divertimento **3** apostar; arriscar a sorte

jo.ga.ti.na *s.f. pejor.* hábito de jogar; o vício do jogo

jo.go *s.m.* **1** divertimento, distração, exercício de passatempo **2** forma de esporte ou recreio **3** conjunto de peças **4** aposta **5** balanço dos veículos, especialmente dos navios

jo.gral *s.m.* **1** palhaço, truão **2** trovador medieval **3** *por ext.* declamação por um grupo alternada entre os participantes

jo.gra.les.co *adj.* **1** relativo a jogral **2** próprio de jogral

jo.gue.te *s.m.* **1** divertimento, brinquedo, passatempo, ludíbrio **2** *pejor.* pessoa ou coisa que se deixa manipular; zombaria

joi.a *s.f.* **1** objeto de adorno feito de pedrarias, ouro, prata etc. **2** valor que se paga de entrada em uma associação **3** *fig.* pessoa excelente, muito boa

joi.o *s.m.* **1** planta daninha que nasce nos trigais **2** *fig.* coisa que provoca distúrbios; algo ruim, nocivo

jol.dra *s.f.* choldra, ralé

jon.go *s.m.* tipo de dança de origem africana

jô.ni.co *adj.* **1** relativo a Jônia, antiga colônia grega **2** POÉT diz-se do metro formado por duas sílabas longas e duas breves **3** ARQUIT pertencente ou semelhante a uma das ordens arquitetônicas clássicas

jô.nio *adj.* m.q. jônico

jó.quei *s.m.* ESPORT profissional que monta cavalos de corrida

jor.na.da *s.f.* **1** viagem **2** caminho que se anda em um dia **3** duração de um dia de trabalho **4** encontro, colóquio, congresso

jor.na.de.ar *v.i.* fazer jornada; viajar

jor.nal *s.m.* **1** publicação impressa diária; diário, gazeta **2** publicação periódica; periódico **3** *por ext.* noticiário (de TV, rádio)

jor.na.le.co *s.m. pejor.* jornal de pequeno valor, mal redigido, de pouca expansão

jor.na.lei.ro *s.m.* vendedor ou entregador de jornais

jor.na.lis.mo *s.m.* profissão de jornalista, de quem redige e publica notícias

jor.na.lis.ta *s.2g.* profissional do jornalismo

jor.na.lís.ti.co *adj.* relativo a jornalismo ou jornalista

junquilho

jor.rar *v.i.* **1** correr com ímpeto; brotar; sair a jato **2** *fig.* emitir, externar

jor.ro *s.m.* efeito de jorrar; fluxo de água que sai com ímpeto

jo.ta *s.m.* **1** o nome da letra j **2** *desus.* coisa nenhuma; nada ○ *s.f.* **3** dança popular espanhola de movimentos fortes, dançada aos pares, um em face ao outro

jou.le *s.m.* FÍS unidade de medida de trabalho, de energia e de quantidade de calor

jo.vem *adj.2g.* que tem pouca idade, que está na juventude; moço

jo.vi.al *adj.2g.* alegre, expansivo, divertido

jo.vi.a.li.da.de *s.f.* qualidade de jovial; bom temperamento, disposição natural para a alegria

ju.á *s.m.* fruto do juazeiro

ju.a.zei.ro *s.m.* árvore de origem brasileira que produz um fruto amarelo comestível

ju.ba *s.f.* crina do leão

ju.bi.la.ção *s.f.* **1** ato ou efeito de jubilar; contentamento, satisfação, alegria **2** aposentadoria de funcionário público

ju.bi.la.do *adj.* **1** que recebeu jubilação; reformado, aposentado **2** que sofreu jubilação

ju.bi.lar *v.t.* **1** alegrar, exultar; dar expansão à alegria; encher-se de júbilo **2** aposentar(-se) **3** fazer perder ou perder um curso por haver se encerrado o prazo para o término

ju.bi.leu *s.m.* **1** cerimônia celebrada no cinquentenário de um casamento, do exercício de um cargo etc. **2** indulgência plenária concedida pelo papa **3** festividade na qual essa indulgência é recebida

jú.bi.lo *s.m.* **1** grande alegria, contentamento, satisfação, exultação, prazer **2** expansão ruidosa de alegria, de regozijo

ju.bi.lo.so *adj.* em que há júbilo; muito alegre, satisfeito, regozijante

ju.cá *s.m.* BOT nome de uma árvore das leguminosas nativa do Brasil; pau-ferro

ju.ça.ra *s.f.* **1** BOT palmeira alta e frutífera do sertão **2** coceira, comichão, prurido

ju.cun.di.da.de *s.f.* qualidade de jucundo; contentamento, prazer

ju.cun.do *adj.* **1** que denota alegria; feliz, jovial **2** que é agradável, aprazível

ju.dai.co *adj.* relativo aos judeus ou ao judaísmo; judeu

ju.da.ís.mo *s.m.* **1** religião dos judeus **2** conjunto dos judeus

ju.da.i.zan.te *adj.2g.* **1** que judaíza **2** diz-se de quem pratica, observa os preceitos, costumes do judaísmo

ju.da.i.zar *v.i.* **1** submeter-se às práticas do judaísmo; seguir a religião judaica ○ *v.t.* **2** converter ao judaísmo

ju.deu *adj. s.m.* **1** natural da Judeia **2** que professa a religião judaica **3** israelense, judaico

ju.di.a *adj.* feminino de judeu

ju.di.can.te *adj.2g.* **1** que julga **2** que exerce as funções de juiz

ju.di.ca.ti.vo *adj.* qualidade do que julga; judicante

ju.di.ca.tó.rio *adj.* **1** relativo a julgamento **2** próprio para julgar

ju.di.ca.tu.ra *s.f.* **1** JUR cargo de juiz **2** JUR poder de julgar de que se acha investido um juiz

ju.di.ci.al *adj.2g.* **1** relativo a juiz ou ao tribunal que julga **2** relativo à justiça, ao Poder Judiciário

ju.di.ci.á.rio *adj.* JUR relativo a juiz ou a justiça; judicia

ju.di.ci.o.so *adj.* **1** que julga bem; sensato, prudente **2** *fig.* sentencioso, crítico

ju.dô *s.m.* ESPORT desporto de combate derivado do jiu-jítsu e praticado à mão desarmada

ju.go *s.m.* **1** canga de bois **2** dispositivo curvo colocado no pescoço dos inimigos derrotados, que desfilavam perante os romanos **3** *por ext.* domínio, opressão, sujeição

ju.gu.lar *adj.2g.* **1** ANAT relativo à região da garganta ou do pescoço • *s.f.* **2** ANAT nome de uma das veias do pescoço • *v.t.* **3** decapitar; estrangular; quebrar o pescoço da vítima **4** *fig.* dominar, debelar, extinguir; evitar o desenvolvimento

ju.iz *s.m.* JUR magistrado que administra a justiça; encarregado de administrar a justiça **2** ESPORT m.q. árbitro

ju.í.za *s.f.* JUR mulher que exerce as funções de juiz

ju.i.za.do *s.m.* **1** JUR cargo de juiz **2** JUR órgão da justiça presidido pelo juiz

ju.í.zo *s.m.* **1** faculdade de julgar; critério, sensatez **2** prudência, discrição **3** JUR foro em que um juiz administra a justiça **4** opinião, apreciação, conceito

ju.ju.ba *s.f.* **1** BOT árvore também conhecida como açofeifa, cujo fruto é usado contra indigestões **2** bala de goma

jul.ga.do *adj.* **1** que se julgou; sentenciado **2** crido, reputado • *s.m.* **3** JUR jurisdição de um juiz

jul.ga.dor *adj. s.m.* que julga; árbitro, juiz

jul.ga.men.to *s.m.* **1** ato de julgar; apreciação, opinião **2** JUR decisão emanada de uma audiência de tribunal

jul.gar *v.t.* **1** proceder ao exame da causa de **2** avaliar, sentenciar, decidir **3** formar juízo correto, fundamentado **4** crer, supor, imaginar

ju.lho *s.m.* o sétimo mês do ano no calendário gregoriano

ju.men.to *s.m.* ZOOL mamífero de porte pequeno utilizado para transporte de carga; burro, asno, mulo

jun.ção *s.f.* ato de juntar; união, ligação de uma coisa à outra; conexão, reunião

jun.car *v.t.* **1** cobrir com juncos **2** cobrir de folhas, de flores

jun.co *s.m.* **1** embarcação a vela utilizada na China **2** BOT gênero de planta de terrenos alagados, de hastes flexíveis

jun.gir *v.t.* emparelhar, atar, ligar, amarrar, prender

ju.nho *s.m.* o sexto mês do ano no calendário gregoriano

jú.nior *adj. s.m.* **1** mais moço em relação ao outro **2** usado para distinguir o filho que tem o mesmo nome do pai **3** ESPORT relativo ao esportista com idade entre 11 e 13 anos

ju.ní.pe.ro *s.m.* BOT designação comum às árvores do gênero *Juniperus*; zimbro

jun.qui.lho *s.m.* BOT planta aromática conhecida também como narciso

junta

jun.ta *s.f.* **1** ANAT ponto no qual se juntam dois elementos; ponto de articulação, de junção de ossos **2** reunião dos membros de uma assembleia; conselho, comissão

jun.ta.da *s.f.* JUR ação de acoplar aos autos do processo documentos de valor para a decisão da causa

jun.tar *v.t.* **1** colocar em contato duas ou mais coisas **2** acrescentar, adicionar **3** unir; ligar **4** reunir, congregar, agrupar

jun.to *adj.* perto, unido; colocado próximo, em contato; contíguo

jun.tu.ra *s.f.* **1** m.q. junta **2** linha ou ponto no qual duas ou mais coisas se juntam

Jú.pi.ter *s.m.* ASTRON nome de um dos planetas do sistema solar que está situado entre Marte e Saturno

ju.pi.te.ri.a.no *adj.* relativo ao planeta Júpiter

ju.qui.ri *s.m.* BOT nome de várias plantas leguminosas, nativas do Brasil

ju.ra *s.f.* m.q. juramento

ju.ra.do *adj.* **1** que prestou juramento **2** protestado com juramento **3** declarado solenemente • *s.m.* **4** JUR membro do tribunal do júri

ju.ra.men.ta.do *adj. s.m.* **1** cada um dos escrivães de cartórios oficiais **2** que prestou juramento; ajuramentado

ju.ra.men.to *s.m.* **1** jura, promessa **2** ato de jurar

ju.rar *v.i.* **1** prestar julgamento ○ *v.pron.* **2** assegurar, prometer, afirmar perante testemunhas ou divindade **3** invocar, chamar

ju.rás.si.co *adj. s.m.* GEOL segundo período mesozoico, entre o Triássico e o Cretáceo

ju.re.ma *s.f.* BOT árvore leguminosa, originária do Brasil, que fornece madeira para marcenaria

jú.ri *s.m.* **1** JUR comissão formada por cidadãos para julgar outras pessoas envolvidas em alguma causa **2** *por ext.* comissão de julgadores de um certame artístico, esportivo ou científico para avaliar o mérito ou a qualidade de algo ou alguém

ju.rí.di.co *adj.* JUR pertencente ao direito, que está de acordo com os princípios do direito

ju.ris.con.sul.to *s.m.* JUR juiz ou advogado com grandes conhecimentos na área do direito; jurisprudente

ju.ris.di.ção *s.f.* **1** território no qual uma autoridade exerce o poder judiciário **2** JUR cada uma das divisões do poder judiciário **3** *fig.* campo de atuação de alguém

ju.ris.pe.ri.to *s.m.* JUR perito que atua em processo judicial

ju.ris.pru.dên.cia *s.f.* **1** JUR ciência do direito e da legislação **2** JUR conjunto de deliberações de um tribunal que serve de regra a outros casos similares

ju.ris.pru.den.te *s.2g.* m.q. jurisconsulto

ju.ris.ta *s.m.* **1** JUR m.q. jurisconsulto **2** *desus.* pessoa que empresta dinheiro a juros

ju.ri.ti *s.f.* ZOOL espécie de pomba selvagem com peito branco

ju.ro *s.m.* **1** rendimento de dinheiro emprestado; porcentagem ao ano, ao mês e até ao dia de uma importância de dinheiro dada a outrem por empréstimo **2** lucro de um capital **3** *fig.* recompensa, prêmio

ju.ru.ju.ba *s.m.* ZOOL espécie de arbusto nativo do Brasil de uso medicinal e ornamental; camaradinha

ju.ru.ti *s.f.* m.q. juriti

jus *s.m.* usado somente em locução ■ **fazer jus** ter direito; esforçar-se; merecer

ju.san.te *s.f.* **1** baixa-mar; vazante da maré; refluxo da maré **2** lugar para onde se dirige a água corrente; o sentido da correnteza

jus.ta *s.f.* **1** duelo entre dois cavaleiros; torneio **2** *fig.* luta, combate; pendência

jus.ta.flu.vi.al *adj.2g.* situado nas margens de um rio; marginal

jus.ta.li.ne.ar *adj.2g.* diz-se da tradução em que o texto de cada linha está traduzido ao lado ou na linha imediata

jus.ta.pos.to *adj.* posto exatamente ao lado de outro; contíguo

jus.ta.por /ô/ *v.t. v.pron.* colocar uma coisa ao lado de outra

jus.ta.po.si.ção *s.f.* **1** ato de justapor; contiguidade **2** GEOL modo de crescimento das rochas por meio de camadas que do exterior se vão colocando umas ao lado das outras **3** GRAM processo de composição de palavras em que os elementos conservam a sua integridade fonética, ex.: *amor-perfeito*

jus.tar *v.t.* **1** contratar alguém para um serviço, uma obra **2** adaptar peças de uma máquina ou de um aparelho ○ *v.i.* **3** entrar em justa; combater, competir

jus.te.za *s.f.* **1** qualidade do que é justo; exatidão, certeza, precisão **2** razão, bom-senso, verdade

jus.ti.ça *s.f.* **1** prática dos e respeito aos direitos de cada cidadão; conformidade com o direito **2** JUR poder de julgar sobre os problemas da sociedade humana, premiando ou punindo **3** JUR jurisdição; o conjunto de tribunais ou magistrados

jus.ti.ça.do *adj.* **1** a quem se fez justiça **2** diz-se do indivíduo que foi condenado à morte

jus.ti.çar *v.t.* **1** condenar à morte **2** *desus.* aplicar justiça severa, com extremo rigor

jus.ti.cei.ro *adj.* **1** diz-se do que se empenha na aplicação da justiça com rigor e zelo **2** rigoroso, severo, imparcial

jus.ti.fi.ca.ção *s.f.* **1** ato ou efeito de justificar(-se), explicar(-se) **2** o que serve para justificar; desculpa, justificativa **3** JUR produção de provas no correr do processo

jus.ti.fi.car *v.t.* **1** JUR demonstrar a inocência de alguém; isentar de culpa; eximir de culpa e de responsabilidade **2** JUR reabilitar alguém perante o direito, perante a justiça **3** provar em juízo **4** tornar ou declarar justo, legal

jus.ti.fi.ca.ti.va *s.f.* que serve para justificar; prova, demonstração, documento; comprovação de justiça

jus.ti.fi.ca.ti.vo *adj.* que é próprio para justificar

jus.ti.fi.cá.vel *adj.2g.* que pode ser justificado

jus.ti.lho *s.m.* tipo de colete muito justo; espartilho

ju.ta *s.f.* BOT planta têxtil originária da Índia de que se fazem cordas, sacos etc.

ju.ve.nes.cer *v.i.* restituir a juventude; tornar-se jovem; readquirir a mocidade

juventude

ju.ve.nil *adj.2g.* **1** que é próprio da juventude; jovem, moço **2** ESPORT diz-se da categoria de esportistas entre 13 e 16 anos

ju.ve.ni.li.da.de *s.f.* qualidade de juvenil; mocidade, juventude

ju.ven.tu.de *s.f.* parte da vida em que se é jovem; mocidade, adolescência

Kk

¹k *s.m.* **1** GRAM décima primeira letra do alfabeto português **2** o décimo primeiro elemento de uma série **3** MAT símbolo de constante de Boltzmann

²K 1 QUÍM símbolo do elemento potássio da tabela periódica **2** FÍS símbolo de kelvin

ka.bu.ki *s.m.* [jap.] teatro popular japonês com textos narrativos longos, representados apenas por homens com requintada maquiagem; cabúqui

kaf.ki.a.no *adj.* relativo ao escritor tcheco Franz Kafka

kai.ser *s.m.* [al.] imperador alemão; cáiser

ka.mi.ka.ze *s.m.* [jap.] designação dada aos aviadores japoneses voluntários que, em aviões com explosivos, se arremessavam contra alvos inimigos, na Segunda Guerra Mundial; camicase

kan.ti.a.no *adj.* FILOS relativo a Immanuel Kant

kan.tis.mo *s.m.* FILOS doutrina do filósofo alemão Immanuel Kant

ka.ra.o.ke *s.m.* [jap.] casa noturna em que há microfones à disposição para que os clientes cantem com o uso de *playback* ou acompanhados por algum conjunto musical

kar.de.cis.mo *s.m.* RELIG doutrina religiosa que acredita na reencarnação espiritual, formulada por Allan Kardec

kel.vin *s.m.* FÍS unidade de temperatura do sistema internacional de unidades

ke.ple.ri.a.no *adj.* relativo ao astrônomo alemão Johannes Kepler

ket.chup *s.m.* [ing.] molho levemente adocicado à base de tomate, utilizado para acompanhar sanduíches, salgados etc.

kg símbolo de quilograma

kHz símbolo de quilo-hertz

ki.butz *s.m.* [hebr.] pequena comunidade israelita economicamente autônoma, na qual o trabalho é coletivo

ki.lo.bit *s.m.* [ing.] INFORMÁT múltiplo do *bit*, equivalente a 1.024 *bits*

ki.lo.by.te *s.m.* [ing.] INFORMÁT múltiplo do *byte*, equivalente a 1.024 *bytes*

kit *s.m.* [ing.] grupo de objetos para uma finalidade específica, ex.: *kit de primeiros socorros*

kit.che.net.te *s.f.* [ing.] pequeno apartamento em que os cômodos são todos conjugados, geralmente com um ambiente maior que serve de quarto e sala, uma pequena cozinha e um banheiro

ki.wi *s.m.* [ing.] BOT fruta de origem chinesa cuja casca apresenta finos pelos e cujo interior é verde com pequenas sementes pretas

kl símbolo de quilolitro

km símbolo de quilômetro

know-how *s.m.* [ing.] o conhecimento necessário para realizar alguma tarefa

kW símbolo de quilowatt

¹l *s.m.* GRAM décima segunda letra e nona consoante do alfabeto português

²L MAT símbolo do número 50 em algarismos romanos

lá *adv.* **1** ali; naquele lugar • *s.m.* **2** MÚS nota musical; sexto grau da escala de dó

lã *s.f.* **1** pelo do carneiro e de outros animais **2** qualquer tecido de origem animal

la *pron.* pronome oblíquo feminino empregado depois de formas verbais terminadas em *r*, *s* ou *z*

La QUÍM símbolo de lantânio

la.ba.re.da *s.f.* chama alta; língua de fogo

lá.ba.ro *s.m.* **1** estandarte usado pelos exércitos romanos **2** pendão, bandeira

la.béu *s.m.* mancha na reputação; desdouro, desonra

lá.bia *s.f.* astúcia, manha; capacidade de persuadir por meio da retórica

la.bi.a.da *s.f.* BOT espécime das labiadas, família da ordem das lamiales, com plantas cultivadas como ornamentais ou medicinais

la.bi.al *adj.2g.* **1** relativo a lábios **2** GRAM diz-se dos sons que se articulam com os lábios

lá.bil *adj.2g.* **1** que escorrega, que desliza facilmente **2** variável ou adaptável; instável

lá.bio *s.m.* **1** ANAT cada uma das duas partes móveis externas da boca **2** ANAT cada uma das pregas cutâneas do órgão genital feminino **3** MED diz-se de cada uma das partes separadas em uma pele ferida

la.bi.o.so *adj.* **1** dotado de lábios grandes e grossos **2** cheio de lábia

la.bi.rin.ti.te *s.f.* MED patologia causada pela inflamação do labirinto e que compromete a audição e causa problemas de equilíbrio

la.bi.rin.to *s.m.* **1** local cuja saída é de difícil acesso por causa de diversas divisões ou passagens possíveis **2** ANAT parte interna do ouvido

la.bi.rín.ti.co *adj.* **1** relativo a labirinto **2** *fig.* diz-se do que parece sem saída visível; complexo

la.bor *s.m.* **1** labuta, atividade, serviço **2** trabalho árduo

la.bi.rín.ti.co *adj.* **1** relativo a labirinto **2** *fig.* diz-se do que parece sem saída visível; complexo

la.bo.ra.ção *s.f.* ato ou efeito de laborar, de trabalhar

la.bo.rar *v.t.* trabalhar; executar atividades; labutar

la.bo.ra.tó.rio *s.m.* **1** local destinado a manipulações e pesquisas científicas **2** oficina de química, de farmácia etc.

la.bo.ra.to.ris.ta *s.2g.* indivíduo que trabalha em laboratório

la.bo.ri.o.si.da.de *s.f.* qualidade ou caráter do que é laborioso; dedicação, esforço

la.bo.ri.o.so *adj.* **1** trabalhador; que trabalha muito **2** diz-se do trabalho executado com muito esforço

la.bre.go *adj.* **1** diz-se do homem rude do campo; lavrador, aldeão **2** *pejor.* grosseiro, rústico, mal-educado, sem trato

la.bro *s.m.* **1** ZOOL tipo de peixe marinho carnívoro que possui lábios carnosos **2** ZOOL lábio superior dos mamíferos **3** extremidade do bico dos insetos

la.bu.ta *s.f.* ato ou efeito de labutar; atividade que necessita de esforço; azáfama, trabalho penoso

la.bu.tar *v.i.* **1** trabalhar, laborar, lidar **2** lutar, empenhar

la.ca *s.f.* **1** QUÍM pigmento proveniente do aplique de substância orgânica sobre objeto mineral **2** espécie de verniz originário da China **3** resina avermelhada extraída de algumas espécies de plantas nativas de países do Oriente

la.ça.da *s.f.* **1** ato de laçar, de arremessar o laço **2** nó

la.ça.dor *adj. s.m.* aquele que laça, que prende cavalos a laço

la.cai.o *s.m.* **1** criado de libré **2** *fig.* servo, empregado, indivíduo subserviente

la.çar *v.t.* prender com laço; enlaçar

la.ça.ro.te *s.m.* **1** laço vistoso **2** laço pequeno

la.ce.ra.ção *s.f.* ato de rasgar; lacerar; dilaceração

la.ça.ra.da *s.f.* conjunto de laços para ornamentação

la.ça.ri.a *s.f.* porção de enfeites em forma de laço; laçarada

la.ce.ran.te *adj.2g.* que lacera; dilacerante, pungente

la.ce.rar *v.t.* dilacerar, rasgar, estraçalhar; reduzir a pedaços

la.ço *s.m.* **1** tala de couro de extensão variada, muitas vezes trançada, para prender ou segurar grandes quadrúpedes; corda **2** nó fácil de desatar **3** *fig.* engano, logro, estratagema, cilada

la.cô.ni.co *adj.* que fala pouco; conciso, breve, resumido

la.co.nis.mo *s.m.* **1** hábitos, maneiras, costumes próprios dos lacônios ou lacedemônios **2** brevidade concisa no falar ou no escrever

la.co.ni.zar *v.t.* tornar lacônico; resumir, sintetizar

la.crai.a *s.f.* m.q. centopeia

la.crar *v.t.* fechar com lacre; pôr lacre em

la.crau *s.m.* m.q. escorpião

la.cre *s.m.* substância adesiva formada de resinas de várias árvores e que serve para fechar e selar cartas, garrafas etc.

lacrimação

la.cri.ma.ção *s.f.* ato ou efeito de lacrimar; derramamento de lágrimas; lacrimejamento

la.cri.mal *adj.2g.* 1 relativo a lágrima 2 ANAT diz-se do aparelho ou órgão que segrega as lágrimas

la.cri.mar *v.i.* verter lágrimas; chorar, lacrimejar

la.cri.me.jan.te *adj.2g.* que está lacrimejando, choramingando

la.cri.me.jar *v.t.* lacrimar, verter lágrimas, chorar

la.cri.mo.so *adj.* 1 que chora 2 que provoca o pranto

lac.ta.ção *s.f.* 1 ato ou efeito de lactar uma criança 2 período da amamentação durante o qual o leite é produzido 3 na mulher, ato ou efeito de secretar leite

lac.tan.te *adj.2g.* 1 que produz leite • *s.f.* 2 mulher que aleita

lac.tar *v.t.* 1 amamentar, aleitar ○ *v.i.* 2 m.q. mamar

lac.tá.rio *adj.* 1 relativo ao leite ou à amamentação; que segrega leite • *s.m.* 2 instituição de beneficência onde se aleitam crianças pobres

lac.ten.te *adj.2g.* *s.2g.* diz-se da criança que ainda mama; mamífero não desmamado

lac.tes.cen.te *adj.2g.* 1 BOT que encerra látex; lactífero 2 diz-se do que é semelhante ao leite; leitoso

lác.teo *adj.* que apresenta o aspecto de leite; leitoso; que contém leite

lac.ti.cí.nio *s.m.* produto derivado do leite

lac.tí.fa.go *adj.* que se alimenta de leite

lac.tí.fe.ro *adj.* que produz ou conduz leite ou suco lactiforme

lac.to.se *s.f.* dissacarídeo que constitui o principal carboidrato do leite dos mamíferos

lac.tô.me.tro *s.m.* instrumento para avaliar a pureza do leite

la.cu.na *s.f.* 1 espaço vazio 2 omissão, falha 3 interrupção, intervalo 4 ANAT pequena cavidade onde se reúnem vários folículos das mucosas 5 BOT cavidade intercelular

la.cu.nar *adj.2g.* 1 relativo a lacuna 2 em que há lacunas, espaços vazios; lacunoso

la.cu.no.so *adj.* m.q. lacunar

la.cus.tre *adj.2g.* 1 relativo a lago 2 que vive na água ou na margem de um lago

la.da.i.nha *s.f.* 1 oração em que se pede à Nossa Senhora ou a outros santos para que intercedam pelos fiéis 2 *fig.* série de lamentações enfadonhas

la.de.ar *v.t.* 1 contornar, evitar, rodear 2 colocar-se, pôr-se de lado; estar ao lado 3 atacar pelos flancos

la.dei.ra *s.f.* inclinação de terreno; declive; caminho inclinado

la.dei.ren.to *adj.* em que há ladeira ou declive; íngreme

la.di.ne.za *s.f.* qualidade do que é ladino; esperteza, astúcia

la.di.ni.ce *s.f.* m.q. ladineza

la.di.no *adj.* 1 diz-se do indivíduo que revela inteligência; esperto, astuto • *s.m.* 2 língua do grupo latino falada por cerca de um milhão de pessoas no Leste da Suíça e no Norte da Itália; reto-romance 3 língua falada por comunidades judaicas na Europa central e meridional

la.do *s.m.* 1 partido político; facção 2 lugar ou parte que fica à direita ou à esquerda de algo 3 flanco 4 maneira de ver ou de mostrar algo; opinião

la.dra *s.f.* 1 diz-se da mulher que furta ou rouba 2 MED lepra, morfeia

la.dra.do *s.m. pop.* voz característica do cão; latido

la.dra.dor *adj. s.m.* 1 diz-se do que ladra 2 cachorro que ladra ou late 3 *fig.* aquele que ataca a honra de outrem, que profere injúrias e ofende com palavras

la.drão *adj.* 1 diz-se do que furta ou rouba 2 *fig.* que revela desonestidade • *s.m.* 3 abertura deixada nas canalizações por onde se escoa a água excedente de um reservatório

la.drar *v.t.* 1 *fig.* atacar com palavras; infamar, ofender ○ *v.i.* 2 latir, uivar, ganir • *s.m.* 3 a voz do cão; latido

la.dra.vaz *s.m.* grande ladrão; grande tratante

la.dri.lha.dor *adj. s.m.* que ladrilha

la.dri.lhar *v.t.* revestir, cobrir, forrar com ladrilhos; assentar ladrilhos

la.dri.lhei.ro *s.m.* fabricante de ladrilhos

la.dri.lho *s.m.* pequeno tijolo de barro cozido que serve para revestir pisos, paredes, pavimentos

la.dro *s.m.* 1 voz característica do cão; latido 2 indivíduo que rouba, furta; ladrão

la.dro.a.ço *s.m.* ladrão atrevido, violento

la.dro.a.gem *s.f.* ação de roubar; ladroeira, roubalheira

la.dro.ei.ra *s.f.* ato de furtar, roubar; gatunagem, roubalheira

la.dro.í.ce *s.f.* m.q. ladroeira

la.ga.lhé *s.2g. pejor.* indivíduo sem importância

la.ga.mar *s.m.* 1 baía, porto, lagoa 2 cova no fundo de um rio

la.gar *s.m.* oficina com os aparelhos adequados para a fabricação de vinho ou azeite

la.ga.rei.ro *adj.* 1 relativo a lagar 2 diz-se daquele que trabalha em lagar

la.gar.ta *s.f.* 1 ZOOL primeiro estágio da vida dos insetos lepidópteros; taturana 2 correia de peças metálicas colocada entre as rodas de um veículo

la.gar.ta-de-fo.go *s.f.* ZOOL m.q. taturana

la.gar.te.ar *v.i.* expor-se ao sol para se aquecer

la.gar.ti.xa *s.f.* ZOOL pequeno lagarto insetívoro e trepador

la.gar.to *s.m.* 1 ZOOL réptil sáurio 2 *bras.* carne da parte traseira do boi 3 *pop.* polpa da perna

la.go *s.m.* porção de água cercada de terra

la.go.a *s.f.* 1 lago que se comunica diretamente com o mar 2 pequeno lago

la.go.ei.ro *s.m.* 1 sítio alagado 2 charco

la.gó.po.de *adj.* 1 ZOOL que têm patas semelhantes às da lebre 2 BOT que tem o rizoma recoberto de cotão ou de pelos, lembrando a pata da lebre

la.gos.ta *s.f.* ZOOL crustáceo decápode muito apreciado por sua carne saborosa

la.gos.tim *s.m.* ZOOL pequena lagosta

lá.gri.ma *s.f.* líquido salgado que sai dos olhos

la.gri.me.jar *v.t.* m.q. lacrimejar

la.gri.mo.so *adj.* m.q. lacrimoso

la.gu.na *s.f.* extensão de água salgada entre bancos de areia ou ilhotas, na foz de alguns rios

lai.a *s.f.* **1** raça, casta **2** maneira, forma, procedimento **3** feitio, qualidade

lai.cal *adj.2g.* **1** que não recebeu ordens sacras; laico, leigo **2** que não se refere à classe eclesiástica

lai.ci.da.de *s.f.* qualidade do que é laico

lai.cis.mo *s.m.* **1** seita que pretendia para os laicos o direito de governar a Igreja **2** característica do que não é religioso

lai.ci.zar *v.t.* dar o caráter de laico

lai.co *adj.* diz-se do que não pertence ao clero; que não sofre influência ou controle por parte da Igreja

lai.vo *s.m.* **1** traço, resquício **2** mancha, mácula, nódoa, pinta

la.je.a.do *adj.* pavimento coberto por lajes

la.je.ar *v.t.* ato de colocar lajes

la.je.do *adj.* m.q. lajeado

la.jem *s.f.* m.q. laje

la.ma *s.f.* barro pegajoso; lodo, tijuco

la.ma.çal *s.m.* lugar cheio de lodo; sítio em que há grande quantidade de lama; brejal

la.ma.cei.ra *s.f.* m.q. lamaçal

la.ma.cei.ro *s.m.* m.q. lamaçal

la.ma.cen.to *adj.* qualidade do que está cheio de lama; barrento, lodoso

lam.ba.da *s.f.* **1** pancada aplicada com pau, chicote ou objeto flexível **2** dança na qual há o contato de partes do corpo, acompanhada por músicas de influência latina

lam.ban.ça *s.f.* **1** aquilo que se pode lamber e comer **2** *bras.* contenda **3** *bras.* ostentação, jactância **4** *bras.* palavrório próprio para enganar outrem; lábia, subterfúgio, rodeio **5** *bras.* tarefa malfeita

lam.bão *adj.* **1** aquele que é guloso; comilão **2** sem jeito, desajeitado

lam.ba.ri *s.m.* ZOOL denominação de vários peixes de água doce

lamb.da *s.m.* nome da letra grega que corresponde ao *l* do latim e do português

lamb.da.cis.mo *s.m.* incapacidade de pronunciar o som de *r*, substituindo-o pelo som de *l*

lam.be.dor *adj. s.m.* **1** diz-se do que lambe **2** *fig.* adulador, bajulador

lam.ber *v.t.* **1** passar a língua em alguma coisa **2** saborear passando a língua repetidas vezes no que se está comendo **3** *fig.* adular, bajular

lam.be.ta *adj.2g. bras.* diz-se de pessoa que delata; dedo-duro

lam.bi.da *s.f.* ação de lamber; lambidela

lam.bi.do *adj.* que se lambeu

lam.bis.car *v.t.* comer pouco; debicar

lam.bis.co *s.m.* pequena porção de comida

lam.bis.goi.a *s.f.* mulher oferecida, intriguista

lam.bis.quei.ro *adj. s.m.* diz-se do que gosta de lambiscar

lam.bre.quim *s.m.* **1** franja, ornamento em forma de penacho que pende do capacete **2** franja de cortinado

lam.bri *s.m.* m.q. lambril

lam.bril *s.m.* revestimento de madeira ou mármore nas paredes de uma sala

lam.bri.sar *v.t.* revestir com lambris

lam.bu.ja *s.f.* **1** vantagem concedida por um jogador a seu oponente; lambujem **2** ato de comer guloseimas **3** resto de comida que permanece no prato

lam.bu.zar *v.t.* sujar, emporcalhar, enlambuzar, enodoar

la.me.cha *adj.2g.* diz-se de quem tem comportamento ridículo por estar enamorado

la.mei.ra *s.f.* **1** quantidade de lama **2** local onde há muita lama

la.mei.ro *s.m.* **1** m.q. lamaçal **2** terra alagadiça onde cresce pasto

la.me.la *s.f.* **1** lâmina muito fina **2** retângulo pequeno e delgado **3** BOT apêndice em forma de pétala

la.me.li.for.me *adj.2g.* que tem forma de lâmina

la.men.ta.ção *s.f.* **1** ato ou efeito de lamentar-se **2** queixa, pranto, choro **3** expressões de dor, mágoa, aflição **4** canto fúnebre

la.men.tar *v.t.* **1** lastimar; condoer-se, queixar-se **2** dizer palavras de aflição, de tristeza **3** ter pena de alguém; manifestar sentimento por alguém

la.men.tá.vel *adj.2g.* que merece ser lamentado; digno de dó; triste

la.men.to *s.m.* m.q. lamentação

la.men.to.so *adj.* **1** relativo a lamento **2** choroso, queixoso, triste

lâ.mi.na *s.f.* chapa delgada de metal, vidro ou outro material

la.mi.na.ção *s.f.* ato ou efeito de laminar

la.mi.na.do *adj.* **1** lameliforme **2** metal a que se deu a forma de lâmina

la.mi.na.dor *s.m.* **1** operário encarregado da laminação de metais **2** instrumento ou máquina de laminar

la.mi.nar *adj.2g.* **1** que tem forma de lâmina • *v.t.* **2** reduzir o metal a lâminas

la.mi.no.so *adj.* que possui lâminas; lameloso

la.mi.ré *s.m.* **1** m.q. diapasão **2** *fig.* sinal de início de representação, ação, jogo ou partida

la.mo.so *adj.* m.q. lamacento

lâm.pa.da *s.f.* **1** objeto de vidro com dispositivo que produz luz com o passar da corrente elétrica **2** *por ext.* qualquer aparelho que serve para iluminar

lam.pa.dá.rio *s.m.* peça presa ao teto que comporta uma ou mais lâmpadas

lam.pa.ri.na *s.f.* **1** objeto para se obter pouca luz em algum ambiente **2** pequena lâmpada

lam.pei.ro *adj.* **1** que vem antes do tempo certo **2** apressado, rápido

lam.pe.jan.te *adj.2g.* que lampeja; que emite raios luminosos, reflexos de luz

lam.pe.jar *v.i.* **1** fazer brilhar **2** emitir luz; brilhar rápido como um relâmpago

lam.pe.jo *s.m.* **1** clarão momentâneo **2** brilho ou reflexo fraco

lam.prei.a *s.f.* ZOOL designação comum a diversas espécies de peixe marinho, de forma cilíndrica e alongada

la.mú.ria *s.f.* queixume, lamentação

la.mu.ri.an.te *adj.2g.* que faz lamúrias; choroso, lamentoso

la.mu.ri.ar *v.i.* expressar-se em tom de lamúria

lança

lan.ça *s.f.* arma de guerra ofensiva formada por uma haste em cuja extremidade se encontra um ferro pontiagudo

lan.ça-cha.mas *s.m.2n.* aparelho que projeta chamas

lan.ça.da *s.f.* 1 golpe de lança 2 ferimento produzido por lança

lan.ça.dei.ra *s.f.* 1 aparelho no qual se enrolam os fios de que se servem os tecelões em seu trabalho 2 naveta de máquina de costura

lan.ça.dor *adj. s.m.* 1 diz-se do que lança 2 que oferece lance em leilões 3 ESPORT arremessador de disco, martelo ou peso

lan.ça.men.to *s.m.* 1 colocação de produtos no mercado 2 projeção de um corpo à distância; lançadura, lance, arremesso

lan.çar *v.t.* 1 projetar com força um corpo ao longe; arremessar, jogar, atirar 2 espalhar, derramar 3 vomitar 4 atribuir, imputar 5 pôr em circulação 6 publicar 7 exalar

lan.ça-tor.pe.dos *s.m.2n.* aparelho instalado a bordo de navios, próprio para o arremesso de torpedos

lan.ce *s.m.* 1 ato ou efeito de lançar 2 ímpeto 3 risco, perigo 4 ocasião 5 aventura 6 acontecimento 7 arremesso

lan.ce.a.dor *adj. s.m.* diz-se do que lanceia

lan.ce.ar *v.t.* 1 *fig.* afligir; atormentar 2 ferir com lança; golpear, alancear

lan.cei.ro *s.m.* 1 fabricante ou vendedor de lanças 2 soldado da cavalaria que usa como arma a lança 3 lugar para pendurar lanças e outras armas

lan.ce.o.la.do *adj.* que tem a forma semelhante à da ponta da lança

lan.ce.ta *s.f.* MED lâmina muito afiada usada em cirurgias

lan.ce.tar *v.t.* abrir com lanceta

lan.cha *s.f.* 1 embarcação pequena para serviço de navios 2 barco para pesca

lan.char *v.i.* 1 comer o lanche; merendar ○ *v.t.* 2 comer como lanche

lan.che *s.m.* pequena refeição entre o almoço e o jantar; merenda

lan.chei.ra *s.f.* maleta usada para se levar o lanche

lan.chei.ro *s.m.* tripulante de uma lancha

lan.ci.nan.te *adj.2g.* 1 que causa sofrimento, dor, amargura 2 que se faz sentir por picadas ou golpes internos

lan.ci.nar *v.t.* fazer-se sentir de um modo lancinante

lan.ço *s.m.* 1 arremesso, jato, lançamento, projeção, impulso 2 oferta de preço em leilão 3 comprimento de um muro, de uma parede 4 parte de escada entre dois patamares 5 *pop.* vômito

lan.da *s.f.* terra inculta onde só cresce vegetação selvagem

lan.dau *s.m.* carruagem com quatro rodas, originalmente fabricada na cidade alemã de Landau

lan.de *s.f.* fruto do carvalho e de outras árvores

lan.ga.nho *s.m. pop.* coisa pegajosa, grudenta, repugnante

lan.gor *s.m.* m.q. languidez

lan.go.ro.so *adj.* que está desfalecido, enfraquecido, esmorecido, fatigado

lan.gues.cer *v.i.* tornar-se lânguido; desanimar, esmorecer; perder as forças

lan.gui.dez *s.f.* estado de lânguido; abatimento de ânimo; desânimo

lân.gui.do *adj.* desfalecido, frouxo, desanimado, apático

la.nhar *v.t.* 1 ferir, cortar 2 dar golpes em

la.nho *s.m.* corte, ferimento

la.ní.fe.ro *adj.* que tem ou cria lã; lanígero

la.ní.fi.cio *s.m.* 1 tecido de lã 2 fabrico de artigos de lã

la.ní.ge.ro *adj.* m.q. lanífero

la.no.li.na *s.f.* gordura de consistência sólida retirada da suarda de carneiro e que é usada em pomadas

la.no.so *adj.* 1 relativo a lã 2 que tem muita lã 3 BOT diz-se de estrutura vegetal revestida por pelo crespo

lan.tâ.nio *s.m.* QUÍM metal raro que acompanha os minérios do ítrio

lan.ter.na *s.f.* 1 artefato em que se coloca um candeeiro, um lampião 2 ARQUIT fresta

lan.ter.nei.ro *s.m.* 1 fabricante de lanternas 2 *desus.* m.q. faroleiro

la.nu.do *adj.* m.q. lanoso

la.nu.gem *s.f.* 1 pelugem que precede a barba 2 BOT penugem vegetal

la.pa *s.f.* 1 pequena gruta ou cova aberta na rocha 2 pedra, laje

lá.pa.ro *s.m.* coelho pequeno

la.pa.ros.co.pi.a *s.f.* MED exame endoscópico da cavidade abdominal

la.pe.la *s.f.* parte aberta na volta da gola, sobre o peito esquerdo, onde se costuma colocar flor ou distintivo

la.pi.da.ção *s.f.* ato de lapidar

la.pi.dar *adj.2g.* 1 relativo a lápides ou pedras • *v.t.* 2 matar com pedras 3 polir pedras preciosas

la.pi.da.ri.a *s.f.* 1 arte de lapidar pedras preciosas 2 oficina de lapidário

la.pi.dá.ria *s.f.* ciência que estuda as inscrições lapidares dos monumentos antigos; epigrafia

la.pi.dá.rio *adj.* 1 relativo às inscrições das lápides • *s.m.* 2 quem lapida pedras preciosas

la.pi.de *s.f.* pedra com inscrição

lá.pis *s.m.2n.* objeto com que se escreve

la.pi.sar *v.t.* desenhar ou escrever a lápis

la.pi.sei.ra *s.f.* 1 tubo onde se guarda uma ponta de lápis 2 caixa em que se guardam lápis

la.que *s.m.* cem mil (na Índia)

la.que.ar *v.t.* 1 cobrir com laca 2 amarrar, ligar ou prender com laço; laçar 3 MED apertar um vaso sanguíneo para prevenir ou parar uma hemorragia

lar *s.m.* 1 moradia, casa 2 local onde se acende o fogo; lareira ■ **lares** deuses protetores da família e da casa

la.ran.ja *s.f.* BOT fruto cítrico da laranjeira

la.ran.ja-cra.vo *s.f.* BOT tangerina, mexerica, bergamota

la.ran.ja.da *s.f.* 1 CUL doce de laranja 2 bebida feita com laranja, água e açúcar

la.ran.jal *s.m.* coletivo de laranjeira; local com muitas laranjeiras

la.ran.jei.ra *s.f.* BOT árvore rutácea cujo fruto é a laranja

la.ran.jei.ro *s.m. bras.* vendedor de laranjas

la.ra.pi.ar *v.t.* **1** roubar, furtar ○ *v.i.* **2** viver como larápio, vagabundo, vadio

la.rá.pio *s.m.* gatuno, ladrão

la.rá.rio *s.m.* lugar da casa em que os antigos romanos cultuavam os deuses lares

lar.de.ar *v.t.* preparar com pedaços de toucinho

lar.do *s.m.* toucinho usado para entremear peças de carne

la.rei.ra *s.f.* vão de parede ligado a uma chaminé no qual se acende fogo

lar.ga.da *s.f.* **1** ato de largar **2** partida; momento em que se inicia uma corrida

lar.ga.do *adj.* **1** desenganado, abandonado **2** *bras.* que não tem autodeterminação; incorrigível **3** que se largou; solto

lar.gar *v.t.* **1** abandonar, deixar **2** pôr em liberdade; soltar **3** partir **4** desistir, ceder

lar.go *adj.* **1** não apertado, frouxo; dilatado **2** liberal, generoso **3** copioso **4** amplo; que ocupa muito espaço • *s.m.* **5** MÚS movimento musical lento **6** área urbana espaçosa onde desembocam várias ruas

lar.gue.za *s.f.* **1** largura, extensão **2** liberdade **3** *fig.* liberalidade

lar.gu.ra *s.f.* **1** característico daquilo que é largo **2** extensão no sentido oposto ao comprimento

la.rin.ge *s.f.* ANAT parte superior da traqueia

la.rín.geo *adj.* relativo a laringe

la.rin.gi.te *s.f.* MED inflamação na laringe

la.rin.go.lo.gi.a *s.f.* MED estudo sobre a laringe e suas doenças

la.rin.go.lo.gis.ta *s.2g.* especialista em laringologia

lar.va *s.f.* **1** ZOOL primeiro estágio de desenvolvimento de um inseto **2** entre os antigos romanos, alma de outro mundo; espectro, fantasma

lar.val *adj.2g.* **1** relativo a larva, a fantasma **2** relativo a larva de inseto, de certos peixes etc.

lar.va.do *adj. pejor.* que tem desequilíbrio mental; louco, maníaco

la.sa.nha *s.f.* **1** CUL prato gratinado feito de tiras de massa, dispostas em camadas e alternadas com recheio e molho **2** massa alimentícia cortada em forma de tiras largas

las.ca *s.f.* fragmento, pedaço, retalho

las.ca.do *adj.* que está partido, quebrado

las.car *v.t.* **1** quebrar em lascas **2** rachar **3** fragmentar, estilhaçar **4** esbordoar

las.cí.via *s.f.* qualidade do que é lascivo

las.ci.vo *adj.* libidinoso, sensual

las.se.ar *v.t.* afrouxar; tornar-se lasso

las.so *adj.* **1** não apertado, com folga **2** gasto, desgastado **3** cansado, desanimado

lás.ti.ma *s.f.* **1** compaixão, pena, dó, piedade **2** miséria, infortúnio

las.ti.má.vel *adj.2g.* que é digno de lástima; lamentável

las.ti.mo.so *adj.* m.q. lastimável

las.ti.mar *v.t.* **1** deplorar, lamentar **2** compadecer-se de

las.tra.gem *s.f.* **1** ato ou efeito de lastrar; lastramento **2** *bras.* espalhamento de lastro no leito das estradas de ferro

las.trar *v.t.* **1** colocar lastros no fundo do navio **2** *por ext.* acrescentar peso a algo, para torná-lo mais firme **3** espalhar lastro no leito das estradas de ferro; lastrear

las.tre.a.men.to *s.m.* m.q. lastragem

las.tre.ar *v.t.* m.q. lastrar

las.tro *s.m.* **1** peso que se coloca nos navios para dar equilíbrio **2** *bras.* saibro ou cascalho que se coloca no leito das estradas de ferro para fixar os dormentes

la.ta *s.f.* **1** folha de ferro, delgada e estanhada **2** utensílio de lata **3** *pop.* rosto, cara, fisionomia

la.ta.da *s.f.* armação de varas para amparar plantas trepadeiras

la.ta.gão *s.m.* homem novo, forte e alto

la.tão *s.m.* liga de cobre e zinco

lá.te.go *s.m.* **1** chicote de couro **2** *por ext.* flagelo, castigo

la.te.jan.te *adj.2g.* que lateja, palpita, pulsa

la.te.jar *v.i.* bater de forma intermitente; pulsar

la.te.jo *s.m.* pulsação, palpitação

la.ten.te *adj.2g.* **1** dissimulado, disfarçado **2** que está oculto; não aparente

la.te.ral *adj.2g.* **1** que está ou fica ao lado **2** relativo a lado **3** ESPORT jogador que atua em um dos lados do campo

lá.tex *s.m.2n.* BOT suco leitoso de certas árvores do qual se faz a borracha

lá.ti.co *s.m.* QUÍM ácido orgânico contido no leite

la.ti.do *s.m.* voz característica do cão; ladrado

la.ti.fun.di.á.rio *s.m.* senhor de latifúndio, de grande propriedade rural

la.ti.fún.dio *s.m.* grande propriedade rural

la.tim *s.m.* **1** língua falada pelos antigos romanos e pelos habitantes do Lácio **2** *fig.* coisa difícil de compreender

la.ti.ni.da.de *s.f.* **1** característica do que é latino **2** o conjunto de estudos da língua e da literatura latina **3** característica própria atribuída aos povos do Lácio **4** a pureza da língua latina

la.ti.nis.mo *s.m.* palavra ou expressão própria da língua latina

la.ti.nis.ta *s.2g.* pessoa versada em latim

la.ti.ni.za.ção *s.f.* ato ou efeito de latinizar

la.ti.ni.zar *v.t.* **1** dar forma latina a vocábulos de outras línguas **2** empregar expressões latinas

la.ti.no *adj.* **1** relativo ao Lácio **2** relativo ao latim

la.tir *v.i.* ladrar, soltar latidos

la.ti.tu.de *s.f.* **1** distância de um astro em relação à eclíptica **2** distância de um ponto da Terra em relação à linha do Equador

la.to *adj.* amplo, largo, extenso

la.to.ei.ro *s.m.* que fabrica ou trabalha com lata ou latão; funileiro

la.tri.a *s.f.* adoração; culto dedicado a Deus

la.tri.na *s.f.* lugar para dejeções humanas; vaso sanitário, cloaca

la.tro.cí.nio *s.m.* furto; roubo violento à mão armada

lau.da *s.f.* folha de papel; página escrita ou em branco

láu.da.no *s.m.* FARM medicamento cuja base é o ópio

laudatório

lau.da.tó.rio *adj.* **1** relativo a louvor **2** que contém louvor

lau.dê.mio *s.m.* **1** pensão que os foreiros pagavam aos senhorios das terras aforadas **2** no feudalismo, a quantia de dinheiro que o vassalo pagava ao suserano para que este reconhecesse o direito de sucessão no feudo

lau.do *s.m.* **1** opinião do louvado ou do árbitro **2** sentença, parecer jurídico

láu.rea *s.f.* **1** coroa de louros com que se premiavam os poetas na Antiguidade **2** símbolo de aprovação ao final de um curso universitário **3** símbolo de doutoramento

lau.re.a.do *adj.* que recebeu a láurea; premiado, honorificado, honrado

lau.re.ar *v.t.* **1** coroar de louros **2** premiar, galardoar **3** recompensar

lau.rel *s.m.* **1** coroa de louros **2** distinção honorífica; prêmio, galardão **3** homenagem

láu.reo *adj.* **1** relativo a louro **2** feito de louro

lau.to *adj.* abundante, magnífico

la.va *s.f.* matéria que sai em fusão dos vulcões

la.va.bo *s.m.* **1** pano no qual o padre limpa os dedos **2** depósito com torneira onde se lavam as mãos

la.va.da *s.f.* **1** tipo de rede de pesca usada no Algarve **2** *pop.* derrota, surra **3** *pop.* em algumas regiões do Brasil, equivale ao ato de lavar (lavagem), ex.: *lavada de carros*

la.va.dei.ra *s.f.* **1** mulher que tem a profissão de lavar roupa **2** máquina para lavagem das roupas

la.va.de.la *s.f.* lavagem ligeira

la.va.do *adj.* **1** que se lavou **2** muito molhado **3** limpo, asseado

la.va.dou.ro *s.m.* **1** tanque onde se lavam as roupas **2** pedra sobre a qual se ensaboa roupa

la.va.du.ra *s.f.* m.q. lavagem

la.va.gem *s.f.* **1** ato ou efeito de lavar **2** comida para suínos **3** separação feita por meio de água **4** MED irrigação de um órgão por meio de seringa

la.van.da *s.f.* **1** m.q. alfazema **2** água-de-colônia feita dessa planta **3** pequena bacia para lavar as mãos

la.van.dei.ra *s.f.* m.q. lavadeira

la.va-pés *s.m.2n.* RELIG cerimônia litúrgica realizada na Quinta-Feira Santa, em que o sacerdote lava os pés de doze meninos ou velhos em memória da Última Ceia, quando Cristo lavou os pés dos doze apóstolos

la.var *v.t.* **1** proceder à lavagem de **2** limpar com água; assear, banhar

la.va.tó.rio *s.m.* **1** móvel com peças para o asseio **2** ato de lavar **3** *por ext.* banheiro provido de lavatório; lavabo

la.vá.vel *adj.2g.* que pode ser lavado

la.vor *s.m.* trabalho manual; obra artística

la.vou.ra *s.f.* trabalho agrícola; cultivo da terra; agricultura

la.vra *s.f.* **1** extração de pedras preciosas, ouro ou prata **2** cultura ou produção

la.vra.di.o *adj.* **1** que pode ser lavrado; arável • *s.m.* **2** m.q. lavoura

la.vra.dor *adj. s.m.* agricultor; diz-se do que trabalha no campo

la.vra.gem *s.f.* ato ou efeito de lavrar; lavramento

la.vra.men.to *s.m.* m.q. lavragem

la.vrar *v.t.* **1** trabalhar com arado, preparar ○ *v.i.* **2** destruir, atacar, contagiar **3** propagar-se, alastrar-se

la.xar *v.t.* afrouxar, aliviar, atenuar, alargar, desimpedir

la.xan.te *adj.2g.* **1** que laxa • *s.m.* **2** FARM purgante brando

la.xa.ti.vo *adj. s.m.* FARM m.q. laxante

la.xo *adj.* **1** não esticado; frouxo, bambo **2** que não tem energia; mole, fraco

la.za.ren.to *adj. s.m.* coberto de chagas; leproso, morfético

la.za.re.to *s.m.* edifício para quarentena de lazarentos, morféticos, leprosos

lá.za.ro *s.m.* **1** leproso, morfético • *adj.* **2** *fig.* que se encontra em um estado miserável; mendigo, pobre, enfermo

la.zei.ra *s.f.* **1** sofrimento, calamidade, desgraça **2** m.q. hanseníase **3** carência alimentar; fome

la.zer *s.m.* tempo que se dispõe para o ócio; descanso

lé *s.m.* RELIG o menor dos atabaques do candomblé

le.al *adj.2g.* **1** diz-se do sincero e fiel a uma pessoa ou a uma lei • *s.m.* **2** HIST moeda portuguesa corrente no tempo de D. João I

le.al.da.de *s.f.* qualidade de ser leal

le.ão *s.m.* **1** ZOOL felino carnívoro nativo da África e da Ásia **2** *fig.* indivíduo que mostra força, coragem, vigor

le.bra.cho *s.m.* macho da lebre

le.bre /é/ *s.f.* ZOOL pequeno mamífero roedor nativo do Hemisfério Norte com orelhas longas, patas dianteiras menores que as traseiras e pelo macio

le.brei.ro *adj.* diz-se do cão usado para caçar lebre; lebréu

le.brel *s.m.* m.q. lebréu

le.bréu *s.m.* cão treinado para caçar lebre; lebrel

le.ci.o.nar *v.t.* ensinar; ministrar aula

le.ci.ti.na *s.f.* BIOQUÍM fosfolipídio que contem ácido graxo e colina, presentes no cérebro e na medula óssea

le.do /ê/ *adj.* diz-se do contente, alegre, satisfeito

le.dor /ô/ *adj. s.m.* diz-se de quem lê; leitor

le.ga.do *adj.* **1** diz-se do que é recebido por herança; m.q. herdado • *s.m.* **2** herança **3** embaixador **4** diplomata religioso

le.gal *adj.2g.* diz-se do que tem caráter lícito, segundo as normas vigentes

le.ga.li.da.de *s.f.* qualidade de ser legal

le.ga.lis.mo *s.m.* obediência estrita ou excessiva à lei; império da lei

le.ga.lis.ta *adj.2g.* diz-se de quem observa rigorosamente as leis

le.ga.li.za.ção *s.f.* **1** ato ou efeito de legalizar **2** autenticação de um

le.ga.li.zar *v.t.* **1** tornar legal **2** autenticar documentos

le.gar *v.t.* **1** dar em testamento, em herança **2** enviar alguém em missão **3** transmitir alguma coisa a outrem

le.ga.tá.rio *s.m.* diz-se de quem recebeu uma herança, um legado

le.ga.tó.rio *adj.* relativo a legado

le.gen.da *s.f.* **1** RELIG história litúrgica de um santo **2** lema, inscrição, rótulo, letreiro **3** m.q. lenda

le.gen.dá.rio *adj.* **1** relativo a legenda **2** lendário, fabuloso • *s.m.* **3** coletânea de legendas

le.gi.ão *s.f.* **1** grupo de missionários **2** EXÉRC parte do exército romano

le.gi.o.ná.rio *s.m.* EXÉRC membro de uma legião; soldado romano

le.gis.la.ção *s.f.* constituição de uma instituição

le.gis.la.dor */ô/ adj. s.m.* **1** diz-se daquele que faz leis **2** membro de órgão legislativo

le.gis.la.tu.ra *s.f.* **1** período de vigência de um mandato **2** conjunto de poderes com a faculdade de legislar

le.gis.lar *v.t.* elaborar leis

le.gis.la.ti.vo *adj.* **1** que legisla, que elabora leis • *s.m.* **2** poder soberano do Estado, ao que cabe fazer leis

le.gis.pe.ri.to *s.m.* JUR especialista em leis

le.gis.ta *s.2g.* **1** JUR m.q. legisperito **2** MED m.q. médico-legista

le.gí.ti.ma *s.f.* JUR parte dos bens que compete aos filhos por meio de herança

le.gi.ti.ma.ção *s.f.* **1** JUR ação de regularizar algum evento ou documento **2** ato de tornar legítimo

le.gi.ti.mar *v.t.* **1** tornar legítimo; reconhecer como legítimo **2** JUR tornar legal, conforme a lei

le.gi.ti.mi.da.de *s.f.* **1** qualidade do que é autêntico **2** JUR qualidade de ser legal, regulamentado

le.gí.ti.mo *adj.* diz-se do que é legal, verdadeiro, autêntico

le.gí.vel *adj.2g.* que pode ser lido com facilidade

lé.gua *s.f.* unidade de medida usada em determinados países

le.gue.lhé *s.2g.* **1** *pejor.* pessoa esmolambada, maltrapilha **2** *pejor.* pessoa sem importância; joão-ninguém, lagalhé

le.gu.me *s.m.* **1** fruto da vegetação leguminosa **2** designação comum aos frutos, às verduras e às raízes usados para o consumo

le.gu.mi.ni.for.me */ó/ adj.2g.* diz-se do que tem forma parecida com a do legume

le.gu.mi.no.sas */ó/ s.f.pl.* BOT plantas cujas raízes têm nódulos com bactérias fixadoras de nitrogênio

le.gu.mi.no.so */ô/ adj.* relativo às leguminosas

lei *s.f.* **1** m.q. norma, regra, princípio **2** JUR prescrição legal **3** *fig.* obrigação **4** relação constante entre causa e efeito

lei.cen.ço *s.m.* MED m.q. furúnculo

lei.go *adj.* **1** diz-se de quem não foi investido com ordens sacras **2** *por ext.* diz-se de quem não é especialista

lei.lão *s.m.* **1** sessão pública para venda de objetos a quem oferecer o maior lance **2** JUR m.q. almoeda, hasta pública

lei.lo.ar *v.t.* **1** fazer leilão **2** *fig.* oferecer publicamente

lei.lo.ei.ro */ê/ s.m.* pessoa que prepara leilões

leish.ma.ni.o.se */ó/ s.f.* MED infecção provocada por protozoários do gênero *Leishmania*

lei.tão *s.m.* porco novo; bácoro

lei.ta.ri.a *s.f.* estabelecimento onde se vende leitel

lei.tei.ra */ê/ s.f.* **1** recipiente para armazenar leite **2** vendedora de leite

lei.te.lho */ê/ s.m.* soro derivado de laticínios; soro do leite

ei.ra */ê/ s.f.* depressão feita por arado para lançamento de sementes ou mudas ou para o escoamento de água

lei.te *s.m.* líquido produzido pelas glândulas mamárias da mulher e das fêmeas dos mamíferos

lei.tei.ro */ê/ adj.* **1** diz-se do que produz leite • *s.m.* **2** comerciante ou transportador de leite

lei.to *s.m.* **1** m.q. cama **2** álveo; canal pelo qual escoa o curso d'água **3** parte plana; superfície de ruas ou de qualquer porção de terra

lei.to.a */ô/ s.f.* fêmea do leitão

lei.tor */ô/ adj. s.m.* diz-se daquele que lê

lei.to.so */ê/ adj.* diz-se do que tem ou produz leite

lei.tu.ra *s.f.* **1** ato ou efeito de ler **2** interpretação de um texto

lei.va *s.f.* **1** porção de terra amontoada **2** m.q. canteiro; terra preparada para o cultivo **3** placa de grama para ser transportada

le.ma *s.m.* **1** sentença que resume um objetivo, um ideal etc. **2** FILOS m.q. tema; afirmativa que deve ser demonstrada

lem.bra.do *adj.* diz-se do que foi conservado na memória; recordado

lem.bran.ça *s.f.* **1** recordação **2** lembrete **3** saudação mandada por terceiro a alguém **4** presente dado a alguém

lem.brar *v.t.* não esquecer; recordar

lem.bre.te */ê/ s.m.* objeto, evento ou nota usado para evitar esquecimento

le.me *s.m.* MAR timão; parte da embarcação que direciona a navegação

lê.mu.re *s.m.* ZOOL designação comum a diversos primatas africanos, de hábitos noturnos ■ **lêmures** espectros, assombrações, fantasmas

len.ço *s.m.* **1** pedaço de tecido usado para estancar muco nasal ou suor facial **2** objeto usado no pescoço ou na cabeça com intuito de proteger ou enfeitar

len.col *s.m.* tecido usado para cobrir o colchão da cama

len.da *s.f.* narração mítica; legenda

len.dá.rio *adj.* **1** diz-se do que é misterioso, inverossímil **2** diz-se do que é conhecido, famoso

lên.dea *s.f.* ovo de piolho

le.ne *adj.2g.* **1** *desus.* brando, macio, suave **2** m.q. distenso

le.nha *s.f.* fragmento de madeira ou arbusto usado como combustível

le.nha.dor */ô/ s.m.* pessoa que extrai lenha ou a comercializa

le.nhar *v.i.* recolher lenha

le.nhei.ro *s.m.* **1** lugar onde se junta lenha **2** m.q. lenhador

le.nho *s.m.* **1** tronco de árvore **2** m.q. embarcação

le.nho.so */ô/ adj.* diz-se do que tem característica de madeira; semelhante à madeira

le.ni.men.to *s.m.* medicamento para aliviar dores

le.nir *v.t.* suavizar, mitigar, aliviar as dores

le.ni.ti.vo *adj.* **1** diz-se do que suaviza, mitiga • *s.m.* **2** substância usada para amenizar dor; lenimento

le.no.cí.nio *s.m.* exploração sexual; proxenetismo

lente

len.te *s.f.* **1** FÍS corpo transparente que refrata raios luminosos **2** MED cristal usado para corrigir defeitos de foco da percepção visual

len.tí.cu.la *s.f.* lente pequena

len.ti.dão *s.f.* qualidade do que é lento, demorado

len.ti.lha *s.f.* BOT planta leguminosa nativa da Ásia cuja semente é consumível

len.to *adj.* **1** diz-se do que é vagaroso, lerdo, demorado **2** *pejor.* diz-se do que é preguiçoso, mole • *s.m.* **3** MÚS peça executada em andamento vagaroso

le.o.a /ó/ *s.f.* fêmea do leão

le.o.nar.des.co /ê/ *adj.* relativo a ou próprio do pintor Leonardo da Vinci

le.o.nês *adj.* relativo ao antigo reino de Leão, na Espanha

le.o.ni.no *adj.* **1** diz-se do que tem aspecto ou propriedades de um leão **2** *fig.* forte, brutal, traiçoeiro **3** ASTROL diz-se de quem é do signo zodíaco de Leão **4** HIST diz-se do que é relativo ao papado de Leão IV

le.o.par.do *s.m.* ZOOL felino nativo da África e Ásia, de hábitos noturnos

lé.pi.do *adj.* **1** diz-se do que é ágil, esperto **2** diz-se do que é jovial

le.pi.dóp.te.ro *s.m.* ZOOL espécime dos lepidópteros, ordem de insetos que reúne as borboletas e mariposas

le.po.ri.no *adj.* **1** relativo a ou próprio de lebre **2** MED diz-se do lábio que possui fenda congênita

le.pra /é/ *s.f.* MED patologia cutânea provocada pelo bacilo de Hansen; morfeia

le.pro.sá.rio *s.m.* hospital para tratamento de pessoas com lepra

le.pro.so /ô/ *adj.* MED diz-se de quem sofre de lepra; morfético

le.que /é/ *s.m.* **1** adorno usado para abanar **2** *fig.* conjunto, série, gama

ler *v.t.* **1** compreender algo escrito **2** decodificar qualquer símbolo gráfico

ler.de.za /ê/ *s.f.* caráter de ser lento

ler.do /é/ *adj.* diz-se do que tem lerdeza

le.rei.a /é/ *s.f. bras.* discurso sem fundamento, fala inútil

lé.ria *s.f.* m.q. lereia

le.sa.do *adj.* diz-se do que sofreu lesão

le.são *s.f.* **1** ferimento físico **2** dano material, prejuízo **3** ofensa, injúria **4** MED disfunção de um órgão

le.sar *v.t.* causar lesão

les.bi.a.nis.mo *s.m.* homossexualismo feminino

lés.bi.co *adj.* diz-se da relação sexual e/ou afetiva entre mulheres

les.ma /ê/ *s.f.* **1** ZOOL molusco terrestre provido de concha e que habita lugares úmidos **2** *pejor.* pessoa ou mecanismo lento

le.si.vo *adj.* diz-se do que provoca lesão

le.so /ê/ *adj.* diz-se do que sofreu lesão; ferido

lés-su.es.te /é/ *s.m.* direção do leste para o sudeste ou espaço geográfico entre eles

les.te /é/ *s.m.* ponto cardeal oposto ao oeste

les.to /é/ *adj.* **1** diz-se do que é ágil, rápido **2** diz-se do que está pronto, preparado

le.tal *adj.2g.* mortal; diz-se do que causa a morte

le.ta.li.da.de *s.f.* qualidade de ser letal

le.tão *adj. gent.* natural ou habitante da República da Letônia

le.tar.gi.a *s.f.* **1** MED psicopatologia diagnosticada por estado de sono profundo; sonolência constante **2** *por ext.* pessoa que não reage ou expressa emoções; apatia

le.tár.gi.co *adj.* relativo a letargia

le.tar.go *s.m.* m.q. letargia

le.tra /é/ *s.f.* **1** sinal gráfico arbitrário **2** por ext. caligrafia **3** documento de troca, câmbio **4** texto de canção ■ **letras** carta, epístola

le.tra.do *adj.s.m.* **1** diz-se de quem é versado em letras; instruído, erudito **2** diz-se de quem escreve obra literária; literato **3** diz-se de quem tem conhecimento jurídico

le.trei.ro /ê/ *s.m.* **1** escrito exposto com finalidade de chamar a atenção dos transeuntes; anúncio **2** inscrição, rótulo, legenda

léu *s.m.* sem objetivo, destino, função ■ **ao léu** ao relento, sem destino certo

leu.ce.mi.a *s.f.* MED patologia causada pelo aumento dos glóbulos brancos ou leucócitos; câncer do sangue

leu.cê.mi.co *adj.* **1** relativo a leucemia **2** que sofre de leucemia

leu.có.ci.to *s.m.* glóbulo branco do sangue

leu.co.ci.to.se /ó/ *s.f.* MED aumento anormal da taxa sanguínea de leucócitos

le.va /é/ *s.f.* **1** ato de levantar âncora; partida de navio **2** reunião de pessoas **3** recrutamento militar **4** MAR ferramenta usada para manobrar navios **5** MAR cabo de ferro que fixa cordas na murada dos navios

le.va.da *s.f.* **1** ação de levar, de transportar **2** tomada d'água **3** sulco por onde corre a água pluvial para armazenamento ou irrigação **4** queda d'água **5** MÚS modo de execução de uma melodia **6** corte que se faz na orelha do gado para marcá-lo • *adj.* **7** *pejor.* criança agitada

le.va.di.o *adj.* diz-se do telhado feito com telhas soltas

le.va.do *adj.* **1** conduzido, transportado, guiado, impulsionado **2** *fig.* diz-se do inquieto; traquinas, astuto • *s.m.* **3** marca auricular feita em bovinos

le.van.ta.do *adj.* **1** diz-se do que foi alçado a um plano mais alto; erguido **2** edificado, construído

le.van.ta.dor /ô/ *adj.* que levanta, que serve para levantar

le.van.ta.men.to *s.m.* **1** ação de levantar(-se) **2** ação de fazer pesquisa

le.van.tar *v.t.* **1** erguer, alçar, suspender **2** pôr(-se) de pé

le.van.te *s.m.* **1** lugar onde o Sol é visto primeiro ao amanhecer; oriente, leste **2** motim, revolta, revolução

le.van.ti.no *adj.* diz-se do que é oriental, levântico, asiático

le.var *v.t.* **1** transportar, conduzir de um lugar a outro **2** tomar, receber **3** armazenar na memória

le.ve /é/ *adj.2g.* **1** diz-se do que não é pesado **2** pouco acentuado, quase imperceptível **3** diz-se do ágil, ligeiro, lépido

le.ve.da.ção *s.f.* m.q. fermentação

le.ve.dar *v.t.* m.q. fermentar

lê.ve.do *s.m.* m.q. fermento

licor

le.ve.du.ra *s.f.* preparado químico que produz a fermentação; lêvedo

le.ve.za /ê/ *s.f.* qualidade de ser leve

le.vi.an.da.de *s.f.* qualidade de imponderação, de irresponsabilidade

le.vi.a.no *adj.* diz-se de quem apresenta leviandade

Le.vi.a.tã *s.m.* **1** MIT monstro marinho mencionado na Bíblia **2** *por ext.* o Estado, como soberano absoluto e com poder sobre seus súditos

le.vi.ga.ção *s.f.* FÍSQUÍM processo de diluição de substância em água

le.vi.ra.to *s.m.* lei hebraica que obrigava um homem a casar-se com a viúva do seu irmão quando este não deixava descendência masculina

le.vi.ta *s.m.* **1** RELIG indivíduo da tribo de Levi **2** padre, sacerdote **3** tipo de vestimenta

le.vi.ta.ção *s.f.* fenômeno mediúnico de elevação de corpos

le.xi.cal /ks/ *adj.2g.* relativo a léxico

lé.xi.co /ks/ *s.m.* GRAM conjunto de palavras de uma língua

le.xi.co.gra.fi.a /ks/ *s.f.* **1** técnica de produção de dicionários **2** o trabalho de elaboração de dicionários

le.xi.co.grá.fi.co /ks/ *adj.* relativo a lexicografia

le.xi.co.lo.gi.a /ks/ *s.f.* estudo dos vocábulos em seus aspectos morfológicos, fonéticos, sintáticos e semânticos

le.zí.ria *s.f.* terra alagadiça; paul

lha.ma *s.f.* ZOOL mamífero nativo dos Andes cuja lã é usada na indústria têxtil

lha.no *adj.* **1** franco, sincero **2** singelo, despretensioso **3** afável, amável

lhe *pron.* forma oblíqua da 3ª pessoa do singular

lho *contr.* GRAM contração de *lhe* com *o*

li *s.m.* **1** unidade de medida chinesa **2** moeda chinesa

Li QUÍM símbolo do lítio

li.a.me *s.m.* m.q. vínculo

li.a.na *s.f.* BOT m.q. cipó

li.ba.ção *s.f.* derramamento de vinho em homenagem aos deuses

li.ba.nês *adj.* relativo ao Líbano

li.bar *v.t.* **1** beber ◯ *v.i.* **2** derramar vinho no altar em honra a alguma divindade

li.be.lo /é/ *s.m.* JUR acusação documentada

li.bé.lu.la *s.f.* ZOOL inseto de asas longas

li.be.ra.ção *s.f.* **1** ação de tornar-se livre **2** extinção de obrigação ou dívida

li.be.ral *adj.2g.* **1** diz-se do indivíduo que não se prende a regras **2** ECON que segue o liberalismo

li.be.ra.li.da.de *s.f.* **1** qualidade de ser liberal **2** qualidade de ser desprendido; generosidade

li.be.ra.lis.mo *s.m.* ECON sistema político cuja base está na liberdade do cidadão, nos campos econômico, político, religioso e intelectual

li.be.ra.lis.ta *adj.2g.* diz-se do adepto do liberalismo político

li.be.ra.li.zan.te *adj.2g.* que liberaliza

li.be.ra.li.zar *v.t.* **1** dar com liberalidade; prodigalizar **2** tornar liberal

li.be.rar *v.t.* **1** classificar como isento **2** tornar livre

li.ber.da.de *s.f.* qualidade de ser livre, de poder escolher

li.be.ri.a.no *adj.* **1** relativo à Libéria **2** BOT relativo ao líber

li.ber.ta.ção *s.f.* ação de libertar

li.ber.ta.dor /ô/ *adj. s.m.* diz-se do que liberta, concede a liberdade

li.ber.tar *v.t.* **1** tirar do cárcere **2** alforriar **3** desobrigar

li.ber.tá.rio *adj. s.m.* m.q. anarquista

li.ber.ti.na.gem *s.f.* imoralidade, devassidão

li.ber.ti.no *adj.* diz-se do devasso, imoral, desonesto, licencioso

li.ber.to /é/ *adj.* diz-se de quem sofreu libertação

li.bi.di.na.gem *s.f.* sensualidade; libertinagem

li.bi.di.no.so /ô/ *adj.* diz-se de quem tem libido intensa, exagerada; devasso

li.bi.do *s.f.* **1** desejo sensual; luxúria **2** PSICOL impulso sexual

lí.bio *adj. gent.* natural ou habitante da Líbia

li.bra *s.f.* **1** peso relativo a 12 onças **2** unidade monetária do Chipre, do Egito, do Líbano, do Sudão e da Síria ■ **libra esterlina** moeda inglesa

li.brar *v.t.* **1** equilibrar **2** pairar, erguer-se no ar

li.bré *s.f.* farda, uniforme

li.bre.to /ê/ *s.m.* MÚS texto literário para introdução e acompanhamento de óperas

li.ça *s.f.* **1** lugar cercado por paliçada onde ocorriam torneios, justas e combates **2** paliçada que impedia o acesso às fortalezas **3** *fig.* lugar onde se discutem questões sérias **4** *fig.* luta, combate, disputa

li.can.tro.pi.a *s.f.* monomania na qual o doente julga ser um lobo

li.ção *s.f.* **1** ensino, instrução **2** *fig.* aviso, admoestação **3** *fig.* corrigenda, castigo

li.cei.da.de *s.f.* qualidade do que é lícito; licitude

li.cen.ça *s.f.* **1** permissão, autorização **2** permissão formal para o exercício de alguma atividade **3** afastamento do serviço **4** liberdade excessiva

li.cen.ci.a.do *adj.* **1** permitido; diz-se do que tem licença ou permissão • *s.m.* **2** pessoa com permissão para exercer o magistério

li.cen.ci.a.men.to *s.m.* **1** ação de licenciar(-se) **2** licenciatura

li.cen.ci.ar *v.t.* **1** conceder licença, permissão **2** obter o grau de licenciatura

li.cen.ci.a.tu.ra *s.f.* m.q. licenciamento

li.cen.ci.o.si.da.de *s.f.* qualidade do que é licencioso

li.cen.ci.o.so /ô/ *adj. s.m.* que abusa da liberdade; desregrado, indisciplinado, libertino

li.ceu *s.m.* **1** *desus.* ginásio ateniense no qual Aristóteles ensinava **2** colégio

li.ci.ta.ção *s.f.* **1** ação de ofertar para venda **2** venda por meio de lances

li.ci.ta.dor /ô/ *adj. s.m.* diz-se de pessoa que faz ofertas de vendas públicas; lançador

li.ci.tan.te *adj.2g. s.2g.* m.q. licitador

li.ci.tar *v.t.* m.q. leiloar

lí.ci.to *adj.* diz-se do que é legal, permitido

li.ço *s.m.* **1** cordão usado para separar os fios da trama **2** *por ext.* fita que serve de ornamento

li.cor /ô/ *s.m.* **1** bebida alcoólica açucarada de frutas ou ervas **2** qualquer líquido

licoreiro

li.co.rei.ro /ê/ *adj.* **1** diz-se do fabricante ou comerciante de licor • *s.m.* **2** garrafa própria para armazenar licor; licoreira

li.co.ro.so /ô/ *adj.* diz-se do que tem o aspecto de licor; xaroposo

li.da *s.f.* **1** trabalho, tarefa, ofício **2** faina, esforço fora do comum

li.da.dor /ô/ *adj. s.m.* **1** trabalhador, labutador **2** combatente, lutador **3** m.q. toureiro

li.dar *v.t.* **1** trabalhar, esforçar-se por **2** *fig.* tratar, conviver ○ *v.i.* **3** duelar, pelejar, combater **4** tourear, farpear

li.de *s.f.* m.q. lida

lí.der *s.m.* guia, chefe

li.de.ran.ça *s.f.* função de líder

li.de.rar *v.t.* chefiar, conduzir, administrar

lí.di.mo *adj.* diz-se do que é reconhecido como legítimo, autêntico

li.do *adj.* **1** diz-se do que se leu **2** diz-se do erudito, versado, entendido • *s.m.* **3** m.q. praia

li.ga *s.f.* **1** aliança, união, pacto **2** confederação política **3** amizade **4** combinação de dois ou mais metais para a obtenção de um sólido **5** tira de elástico para prender meias, dinheiro, cabelo

li.ga.ção *s.f.* **1** ação de unir, ligar, amarrar **2** relação de dependência; laço, vínculo **3** amasiamento, concubinato **4** MÚS sinal que indica que as notas devem ser executadas sem intervalo

li.ga.do *adj.* **1** diz-se do unido, grudado **2** fixado, preso **3** dependente

li.ga.du.ra *s.f.* o que produz ligação, liga

li.ga.men.to *s.m.* ato ou efeito de ligar(-se)

li.ga.men.to.so /ô/ *adj.* diz-se do que tem forma de ligamento; fibroso

li.gar *v.t.* **1** unir, vincular, prender, fixar **2** dar atenção a alguma coisa **3** encadear **4** entrar em contato com outra pessoa por meio da telefonia

li.gei.re.za /ê/ *s.f.* **1** rapidez, celeridade **2** agilidade, destreza

li.gei.ro /ê/ *adj.* **1** diz-se do rápido, célere, ágil **2** leve, superficial

líg.neo *adj.* m.q. lenhoso

lig.ni.fi.ca.ção *s.f.* BOT processo de endurecimento de células vegetais que dá aos tecidos aspecto semelhante à madeira

lig.ni.na *s.f.* substância que sofre lignificação

li.lás *adj.2g.* **1** diz-se do que tem a cor arroxeada • *s.m.* **2** BOT vegetação da família das oleáceas, nativa da Europa

li.li.pu.ti.a.no *adj.* **1** pequeno de estatura; anão **2** *pejor.* mesquinho

li.ma *s.f.* **1** BOT fruto da limeira, cujo suco é diurético **2** ZOOL espécie de peixe chato **3** ferramenta áspera própria para polir e desbastar metais ou madeira **4** *fig.* aprimoramento do estilo **5** capital do Peru (Lima) **6** espécie de árvore pequena nativa da Índia e do sudeste da Ásia; limeira-da-pérsia

li.ma.du.ra *s.f.* **1** polimento, desbastamento, limação, acepilhamento **2** m.q. limagem **3** *fig.* aperfeiçoamento do estilo

li.ma.gem *s.f.* m.q. limadura

li.ma.lha *s.f.* partícula de material que é limada

li.mão *s.m.* BOT fruto cítrico do limoeiro

li.mar *v.t.* **1** friccionar com a lima; acepilhar, polir **2** *fig.* aperfeiçoar o estilo

lim.bo *s.m.* **1** zona, orla **2** BOT parte da folha **3** RELIG morada das almas dos que morreram sem batismo

li.mei.ra /ê/ *s.f.* BOT árvore cujo fruto é a lima

li.me.nho *adj. gent.* natural ou habitante de Lima, capital do Peru

li.mi.ar *s.m.* **1** soleira da porta **2** *por ext.* entrada

li.mi.nar *s.2g.* **1** entrada, começo ○ *s.m.* **2** m.q. limiar

li.mi.ta.ção *s.f.* restrição, cerceamento

li.mi.ta.do *adj.* **1** restrito, cerceado, demarcado, circunscrito **2** reduzido a determinadas proporções

li.mi.tar *v.t.* **1** cercear, restringir, circunscrever, confinar **2** definir proporções

li.mi.ta.ti.vo *adj.* diz-se do que é limitante; que circunscreve

li.mi.te *s.m.* **1** marca de um território; fronteira, confim **2** extremidade **3** *fig.* ponto além do qual não se pode ultrapassar

li.mí.tro.fe *adj.2g.* diz-se do que tem limite

lim.no.lo.gi.a *s.f.* GEOG ciência que estuda as extensões de água doce

li.mo *s.m.* **1** m.q. lodo, lama **2** BOT colônia de algas que habita lugares úmidos

li.mo.al *s.m.* coletivo de limoeiro; pomar de limoeiros

li.mo.ei.ro /ê/ *s.m.* BOT árvore frutífera, nativa da Índia, cujo fruto é o limão

li.mo.na.da *s.f.* bebida feita de suco de limão

li.mo.ne.no *s.m.* QUÍM terpeno encontrado em frutas cítricas e usado como aromatizante

li.mo.si.da.de *s.f.* qualidade de ser lamacento

li.mo.so /ô/ *adj.* relativo ao limo

lim.pa.de.la /é/ *s.f.* **1** limpeza ligeira, superficial, rápida **2** *fig.* roubo, furto

lim.pa.dor /ô/ *s.m.* indivíduo encarregado de limpar

lim.pa-pés *s.m.2n.* pequena grade na qual se limpam os sapatos; capacho

lim.par *v.t.* **1** assear; varrer; capinar **2** *fig.* roubar; furtar

lim.pa-tri.lhos *s.m.2n.* grade de ferro instalada na frente das locomotivas para tirar obstáculos dos trilhos

lim.pe.za /ê/ *s.f.* **1** asseio, alinho, cuidado higiênico **2** *por ext.* clareza, limpidez, transparência **3** *fig.* roubo, furto **4** *pop.* retirada de pessoa indesejada

lim.pi.dez /é/ *s.f.* **1** transparência, clareza, nitidez **2** *fig.* sinceridade

lím.pi.do *adj.* **1** claro, limpo, nítido **2** *fig.* sincero

lim.po *adj.* isento de qualquer sujeira, mancha ou impureza

lin.ce *s.m.* **1** ZOOL felino carnívoro de hábito noturno **2** MIT o antigo lobo-cerval cuja visão atravessava paredes e também atingia o fundo do mar

lin.cha.dor /ô/ *adj. s.m.* diz-se do que lincha, que faz justiça com as próprias mãos por meio da força física

lin.cha.men.to *s.m.* ato ou efeito de linchar

lin.char *v.t.* executar alguém sem veredito de um tribunal

lin.dar *v.t.* **1** *desus.* pôr balizas, pôr lindas em **2** traçar limite, demarcar

lin.de *s.m.* marca de fronteira; limite

lin.dei.ro /ê/ *adj.* limítrofe, fronteiriço

lin.de.za /ê/ *s.f.* qualidade de lindo; formosura, beleza

lin.do *adj.* **1** belo, formoso, bonito **2** elegante, gracioso

li.ne.a.men.to *s.m.* contorno, esboço, planta

li.ne.ar *adj.2g.* **1** relativo a linha **2** diz-se do que tem característica sequencial

lí.neo *adj.* **1** relativo a linho **2** feito de linho

lin.fa *s.f.* **1** BIOQUÍM substância líquida presente nos tecidos orgânicos **2** humor que circula nos vegetais **3** água límpida

lin.fá.ti.co *adj.* ANAT relativo à linfa ou aos vasos linfáticos

lin.fó.ci.to *s.m.* BIOL célula presente no sangue, de núcleo geralmente esférico

lin.foi.de /ó/ *adj.2g.* relativo ou semelhante à linfa

lin.fo.ma *s.m.* MED tumor dos tecidos linfáticos

lin.go.te /ó/ *s.m.* barra de metal fundido

lín.gua *s.f.* **1** ANAT órgão localizado na boca que participa do processo da fala e da deglutição **2** GRAM linguagem, idioma **3** *fig.* qualquer coisa cuja forma se assemelha à da língua **4** ZOOL estrutura semelhante à da língua encontrada em moluscos e outros invertebrados ■ **língua comprida** fofoqueiro ■ **língua de cobra** pessoa maldosa ■ **língua de trapo** fofoqueiro

lin.gua.do *s.m.* **1** ZOOL peixe cuja forma oval e achatada lembra uma língua **2** lauda na qual são escritos artigos de jornal, discursos etc.

lin.gua.gem *s.f.* GRAM sistema de signos usados na comunicação

lin.gua.jar *s.m.* **1** modo de falar; fala • *v.i.* **2** falar demais; tagarelar

lin.gual *adj.2g.* **1** relativo a língua **2** diz-se do som articulado pela língua

lin.gua.ru.do *adj. s.m.* diz-se de quem fala muito; mexeriqueiro

lin.gue.ta /ê/ *s.f.* **1** diminutivo de língua **2** língua de fechadura **3** ZOOL parte inferior do lábio dos insetos **4** BOT apêndice de algumas plantas e flores

lin.gui.ça *s.f.* tripa recheada de carne moída ou picada

lin.gui.for.me /ó/ *adj.2g.* diz-se do que tem forma de língua

lin.guis.ta *s.2g.* especialista em linguística

lin.guís.ti.ca *s.f.* GRAM ciência que se ocupa do uso e dos processos da linguagem; glotologia

lin.guís.ti.co *adj.* relativo à ciência da linguística

li.nha *s.f.* **1** traço reto; risco **2** fio de tecido **3** percurso de transportes coletivos **4** fio metálico de telefone ou telégrafo **5** cordel **6** limite, fronteira **7** conjunto de objetos feitos em série **8** veículos usados para transporte **9** fila, fileira **10** *fig.* norma, conduta, procedimento **11** *fig.* compostura

li.nha.ça *s.f.* BOT semente do linho, de uso medicinal

li.nha.da *s.f.* **1** uma porção de linha **2** *fig.* namoro

li.nha.gem *s.f.* **1** genealogia, parentesco **2** *fig.* condição social

li.nho *s.m.* **1** BOT planta herbácea cuja fibra é usada na indústria têxtil **2** tipo de tecido

li.nhol *s.m.* fio de linho encerado usado nas costuras de couro

li.ni.fí.cio *s.m.* **1** indústria têxtil cujo produto final é o linho **2** técnica de produzir linho

li.ni.men.to *s.m.* FARM pomada usada para aliviar dores; unguento

li.nó.leo *s.m.* tecido impermeável feito de fibras vegetais, óleo de linhaça e cortiça em pó

li.no.ti.pi.a *s.f.* arte de imprimir com linotipos

li.no.ti.pis.ta *s.2g.* indivíduo que trabalha com linotipo

li.no.ti.po *s.f.* máquina de impressão automática

li.o *s.m.* corda, ferramenta usada para amarrar

li.poi.de *adj.2g.* diz-se do que se assemelha à gordura

li.po.ma *s.m.* MED câncer benigno do tecido adiposo

li.que.fa.zer *v.t.* FÍS. transformar em líquido

lí.quen *s.m.* **1** BOT espécie dos liquens **2** MED patologia provocada pela inflamação da pele

li.ques.cer /ê/ *v.i.* m.q. liquefazer

li.qui.da.ção *s.f.* ação de comercializar a preço baixo

li.qui.da.do *adj.* **1** m.q. terminado, acabado, findado **2** vendido em liquidação

li.qui.dan.te *adj.2g.* **1** JUR diz-se do encarregado da liquidação de uma sociedade civil ou comercial **2** diz-se do que liquida, termina, acaba **3** que está em liquidação

li.qui.dar *v.t.* **1** m.q. terminar, acabar **2** vender a preço reduzido **3** *fig.* matar, exterminar

li.qui.dez /ê/ *s.f.* qualidade de ser líquido

li.qui.di.fi.ca.ção *s.f.* ação de liquidificar

li.qui.di.fi.ca.dor /ô/ *s.m.* aparelho elétrico usado para triturar alimentos

li.qui.di.fi.car *v.t.* tornar líquido

lí.qui.do *adj.* **1** fluido **2** FÍS diz-se do elemento cujas moléculas são móveis **3** ECON diz-se do resultado final e livre de uma operação monetária; lucro **4** *fig.* claro, patente, límpido

li.ra *s.f.* **1** ZOOL peixe marinho **2** MÚS instrumento musical de cordas **3** antiga moeda italiana **4** ZOOL ave nativa da Austrália, cuja cauda lembra uma lira **5** constelação do Hemisfério Norte cuja mitologia grega afirmava ser a lira de Orfeu arrebatada ao céu

li.ri.al *adj.2g.* **1** diz-se do branco, alvo; alvinitente **2** *fig.* diz-se do angélico, inocente, imaculado

lí.ri.ca *s.f.* **1** POÉT tipo de poesia **2** coleção de poemas líricos de um autor ou período

lí.ri.co *adj.* relativo à lírica

lí.rio *s.m.* **1** BOT nome de uma flor **2** símbolo da pureza

li.ris.mo *s.m.* **1** expressão de sentimento e subjetividade **2** LITER forma literária do lírico

lis.bo.e.ta /ê/ *adj. gent.* natural ou habitante de Lisboa, capital de Portugal

lis.bo.nen.se *adj. gent.* m.q. lisboeta

li.so *adj.* diz-se do plano, sem arestas, polido

li.son.ja *s.f.* **1** louvor, aplauso, adulação **2** pequeno enfeite dos brasões no qual era gravado um lema

li.son.ja.ri.a *s.f.* **1** ação de lisonjear **2** *pejor.* adulação, elogio falso

li.son.je.a.dor /ô/ *adj.* diz-se de quem faz lisonjaria; lisonjeiro

li.son.je.ar *v.t.* **1** louvar, elogiar, aplaudir **2** adular

li.son.jei.ro /ê/ *adj. s.m.* m.q. lisonjeador

lissa

lis.sa *s.f.* patologia nodular que aparece na língua de animais atacados de raiva, de hidrofobia
lis.ta *s.f.* **1** listra, risco **2** rol, elenco, catálogo
lis.ta.do *adj.* relativo a lista
lis.tar *v.t.* **1** fazer lista, relacionar **2** riscar, traçar
lis.tra.do *adj.* m.q. listado
lis.trar *v.t.* m.q. listar
li.su.ra *s.f.* **1** estado polido do corpo, sem arestas **2** *fig.* sinceridade, honradez
li.ta.ni.a *s.f.* **1** m.q. ladainha **2** *fig.* narração de coisas enfadonhas
li.tchi *s.m.* BOT espécie de árvore sapindácea nativa da China e da Índia
li.tei.ra /ê/ *s.f.* cadeirinha, leito portátil
li.te.ral *adj.2g.* **1** diz-se do que é conforme a letra **2** diz-se do que é traduzido palavra por palavra
li.te.rá.rio *adj.* **1** relativo a literatura **2** relativo à arte de escrever
li.te.ra.to *s.m.* **1** indivíduo que escreve obras literárias; escritor **2** especialista em literatura
li.te.ra.tu.ra *s.f.* **1** ciência que estuda o uso da linguagem na arte ficcional **2** conjunto de obras literárias
lí.ti.co *adj.* **1** relativo a pedra **2** QUÍM relativo a lítio **3** que não contém mistura; legítimo, puro
li.ti.gan.te *adj.2g. s.2g.* JUR diz-se de quem apresenta litígio perante um tribunal
li.ti.gar *v.t.* **1** JUR discutir em juízo, perante um tribunal **2** pleitear, debater
li.tí.gio *s.m.* **1** JUR processo judiciário; m.q. pleito **2** *fig.* contenda, disputa
li.ti.gi.o.so /ô/ *adj.* relativo a litígio
lí.tio *s.m.* QUÍM elemento da tabela periódica da família dos alcalinos
li.tis.con.sór.cio *s.m.* JUR processo, pleito
li.tis.con.sor.te *s.2g.* JUR m.q. litigante
li.tis.pen.dên.cia *s.f.* **1** JUR demanda judiciária e sua consequente execução **2** tempo de duração de um processo judicial
li.tó.fi.lo *adj.* BOT diz-se das algas que crescem sobre pedras
li.to.gra.far *v.t.* escrever sobre superfícies rochosas
li.to.gra.fi.a *s.f.* gravação em pedra
li.to.grá.fi.co *adj.* relativo a litografia
li.tó.gra.fo *s.m.* especialista em litografia
li.toi.de *adj.2g.* diz-se do que tem aspecto rochoso
li.to.lo.gi.a *s.f.* GEOL ciência que estuda as rochas **2** MED estudo dos cálculos dos órgãos internos
li.to.ral *s.m.* costa marítima; beira-mar
li.to.râ.neo *adj.* relativo a litoral
li.to.ri.na *s.f.* **1** automotriz ferroviária **2** ZOOL designação comum aos moluscos mesogastrópodes, encontrados na zona entremarés
li.tos.fe.ra /é/ *s.f.* GEOG crosta terrestre, em oposição à atmosfera
li.to.trip.si.a *s.f.* MED operação cirúrgica para remoção dos cálculos vesicais
li.tro *s.m.* **1** unidade de medida usada para líquidos e grãos **2** BOT erva das litráceas
li.tur.gi.a *s.f.* **1** RELIG estudo dos ritos da Igreja Católica **2** RELIG o conjunto cerimonial do culto católico
li.túr.gi.co *adj.* relativo a liturgia

li.vi.dez /ê/ *s.f.* palidez
lí.vi.do *adj.* **1** diz-se da cor entre o verde e o chumbo **2** diz-se do pálido
li.vra.men.to *s.m.* ato ou efeito de livrar(-se); libertação
li.vrar *v.t.* **1** dar a liberdade; libertar **2** salvar de alguma coisa nociva
li.vra.ri.a *s.f.* **1** estabelecimento comercial de livros **2** biblioteca
li.vre *adj.2g.* **1** diz-se de quem tem direito à escolha **2** que não é prisioneiro **3** desprovido, isento
li.vre-ar.bí.trio *s.m.* FILOS liberdade de escolher conforme a própria vontade
li.vre.co /é/ *s.m. pejor.* livro pequeno e sem valor
li.vre-do.cen.te *adj.2g. s.2g.* professor universitário
li.vrei.ro /ê/ *s.m.* profissional que trabalha com a comercialização de livros
li.vre-pen.sa.dor /ô/ *adj. s.m.* pessoa que se considera apta para julgar segundo o seu próprio arbítrio
li.vro *s.m.* **1** texto publicado cuja extensão ultrapassa 48 páginas **2** volume, tomo **3** *desus.* cada uma das partes ou cada um dos capítulos de uma obra
li.xa *s.f.* **1** papel áspero usado para polir **2** espécie de peixes com pele áspera; cação-anjo
li.xar *v.t.* polir, tirar as arestas
li.xei.ro *s.m.* funcionário encarregado de recolher o lixo das residências
li.xí.via *s.f.* água de barrela usada para lavar roupa
li.xi.vi.a.ção *s.f.* QUÍM processo de lavagem para separar os sais de substâncias
li.xi.vi.ar *v.t.* lavar com lixívia
li.xo *s.m.* **1** qualquer material inútil ou sem valor **2** cisco, sujeira, restos de coisas **3** *fig.* ralé, escória
ló *s.m.* MAR lado de onde sopra o vento favorável à navegação
lo *pron.* GRAM pronome oblíquo masculino empregado depois de formas verbais terminadas em *r*, *s* ou *z*
lo.a /ô/ *s.f.* **1** discurso feito em louvor a alguém **2** ZOOL gênero dos vermes dos olhos
lo.ba /ô/ *s.f.* **1** veste dos magistrados ou clérigos; batina **2** fêmea do lobo **3** VETER tumor carbunculoso; lobão **4** pequena elevação de terreno; lomba, outeiro
lo.bi.nho *s.m.* MED nódulo sebáceo
lo.bi.so.mem *s.m.* MIT pessoa que se transforma em lobo em sexta-feira de Lua cheia
lo.bo /ô/ *s.m.* **1** ZOOL quadrúpede feroz e carniceiro **2** *fig.* pessoa de maus instintos; cruel **3** /ó/ *s.m.* ANAT parte arredondada e saliente de um órgão
lô.bre.go *adj.* **1** diz-se do escuro, trevoso **2** *fig.* triste, medonho
lo.bri.gar *v.t.* enxergar corpos no escuro com dificuldade; entrever
lo.bu.lar *adj.2g.* diz-se do que tem forma de lóbulo
ló.bu.lo *s.m.* diminutivo de lobo
lo.bu.lo.so /ô/ *adj.* diz-se do que está dividido em lóbulos; lobulado
lo.ca /ó/ *s.f.* **1** toca, furna, lapa, gruta **2** esconderijo de animais
lo.ca.ção *s.f.* **1** aluguel, arrendamento **2** estúdio ao ar livre

lonjura

lo.ca.dor /ô/ s.m. pessoa que arrenda algum bem a outrem

lo.cal adj.2g. 1 relativo a um espaço geográfico determinado • s.m. 2 área limítrofe definida ou correspondente a uma parte de um todo; lugar

lo.ca.li.da.de s.f. 1 m.q. lugar 2 qualidade de ser espacial

lo.ca.li.za.ção s.f. ato ou efeito de localizar(-se)

lo.ca.li.zar v.t. colocar no lugar; situar

lo.ção s.f. 1 ação de lavar o corpo 2 FARM solução terápica usada para banhar uma parte do corpo

lo.car v.t. 1 alugar 2 situar em um lugar; localizar; marcar lugar

lo.ca.tá.rio s.m. inquilino

lo.co.mo.ção s.f. 1 movimento físico de um lugar para outro 2 transporte

lo.co.mo.ti.va s.f. transporte automotor movido a vapor, diesel ou elétrico

lo.co.mo.ti.vi.da.de s.f. faculdade que os animais têm de se locomover

lo.co.mo.tor /ô/ adj. diz-se do que é relativo a locomoção

lo.co.mo.triz adj. feminino de locomotor

lo.co.mo.ver-se v.pron. deslocar-se, mover-se

lo.cu.ção s.f. 1 estilo, linguagem 2 ação de pronunciar 3 GRAM expressão oral ou escrita

lo.cu.ple.ta.ção s.f. 1 ação de encher-se de dinheiro ou favores; enriquecimento 2 fig. riquezas

lo.cu.tor /ô/ s.m. 1 profissional que anuncia pelo rádio 2 pessoa que profere um discurso

lo.cu.tó.rio s.m. recinto de prisões ou conventos que é separado por grades e no qual se pode receber visitas e conversar

lo.da.çal s.m. paul, lamaçal, brejo, atoleiro, atascal, lameiro

lo.do /ô/ s.m. m.q. limo

lo.do.so /ô/ adj. que tem lodo ou lama; lamacento, barrento

lo.ga.rít.mi.co adj. diz-se do que se refere ao logaritmo

lo.ga.rit.mo s.m. MAT expoente a que é preciso elevar uma constante tomada como base para se obter outro número

ló.gi.ca s.f. 1 FILOS ciência que estuda as relações de raciocínio 2 arte de raciocinar, de pensar

ló.gi.co adj. 1 diz-se do que é raciocinado, deduzido de princípios certos 2 fig. diz-se do que é evidente à razão; claro 3 coerente com a razão

lo.gís.ti.ca s.f. 1 FILOS estudo primitivo dos princípios da álgebra e da aritmética 2 estudo da disposição do destino final de algo, do lugar no qual se encontra e do melhor percurso para seu deslocamento 3 MAT arte dos cálculos dos números; aritmética

lo.go /ó/ adv. 1 imediatamente, depressa • conj. 2 por conseguinte, portanto

lo.go.gri.fo s.m. adivinhação que deve ser feita pela reorganização das letras de uma palavra, surgindo daí um novo conceito

lo.gor.rei.a /é/ s.f. falatório sem sentido; tagarelice

lo.go.ti.pi.a s.f. recurso tipográfico de composição com logotipos

lo.go.ti.po s.m. 1 grupo de letras fundidas em um só bloco para facilitar a grafia 2 imagem criada pela junção específica de um grupo de letras para identificar um produto ou uma empresa

lo.gra.dou.ro s.m. lugar destinado ao lazer

lo.grar v.t. 1 conquistar o que se desejava 2 ter prazer em alguma coisa; saborear, deliciar-se 3 enganar, burlar ○ v.i. 4 ter o resultado esperado

lo.gro /ô/ s.m. engano, mentira, trapaça

loi.ro /ô/ adj. s.m. m.q. louro

loi.sa s.f. m.q. lousa

lo.ja /ó/ s.f. 1 estabelecimento comercial 2 BOT cavidade do ovário de uma flor

lo.jis.ta adj.2g. s.2g. diz-se do proprietário de loja

lom.ba s.f. 1 elevação de um terreno; montículo 2 preguiça, desânimo

lom.ba.da s.f. 1 quebra-molas, lomba 2 parte traseira de livros de meia-encadernação 3 dorso bovino

lom.bar adj.2g. 1 relativo ao lombo 2 ANAT diz-se do que é referente à vértebra lombar

lom.bar.do adj. gent. natural ou habitante da Lombardia, na Itália

lom.bei.ra /ê/ s.f. 1 pop. preguiça física; moleza 2 pop. estado de sonolência; modorra

lom.bi.lho s.m. 1 arreio, selim 2 músculo lombar da rês

lom.bo s.m. 1 ANAT região da coluna vertebral localizada na parte posterior do abdome; dorso 2 por ext. ancas, nádegas

lom.bri.cal adj.2g. 1 relativo a lombriga 2 ANAT diz-se do que é relativo aos músculos das mãos e dos pés

lom.bri.ci.da adj.2g. FARM diz-se das drogas farmacêuticas usadas para eliminar lombrigas; vermífugo

lom.bri.ga s.f. ZOOL verme intestinal

lom.bri.guei.ro /ê/ s.m. bras. m.q. lombricida

lom.bu.do adj. diz-se do que possui lombos muito grandes

lo.na s.f. tecido resistente de algodão usado para proteger mercadorias, fazer toldos etc.

lon.dri.no adj. relativo a Londres

lon.ga s.f. 1 desus. MÚS figura musical que equivale a duas breves 2 MÚS antiga trombeta semelhante à charamela

lon.gâ.ni.me adj.2g. 1 generoso, magnânimo 2 ousado, corajoso 3 paciente, resignado

lon.ge adj.2g. 1 afastado, distante • adv. 2 a grande distância no espaço 3 a grande distância no tempo passado ou futuro

lon.ge.vi.da.de s.f. qualidade de longa existência

lon.ge.vo /ê/ adj. diz-se do que tem muita idade; idoso

lon.gi.lí.neo adj. diz-se do que é dotado de estatura alta

lon.gín.quo adj. diz-se do distante, remoto, afastado

lon.gi.tu.de s.f. GEOG distância em graus do meridiano de Greenwich a qualquer ponto da Terra

lon.gi.tu.di.nal adj.2g. 1 relativo à extensão, comprimento 2 em posição longitudinal

lon.go adj. 1 que tem grande extensão; comprido 2 que dura ou parece durar muito; demorado

lon.gui.dão s.f. desus. característica do que é longo; longura

lon.ju.ra s.f. grande distância

lontra

lon.tra *s.f.* ZOOL mamífero aquático cuja alimentação é baseada em peixes

lo.qua.ci.da.de *s.f.* **1** hábito de falar muito **2** *pejor.* tagarelice

lo.quaz *adj.2g.* **1** diz-se da pessoa que fala excessivamente **2** *pejor.* falador, tagarela, verboso

lo.que.la *s.f.* **1** faculdade de expressar-se por meio da fala; eloquência **2** *pejor.* tagarelice, verborreia

lo.que.te /ê/ *s.m.* cadeado, ferrolho, trinco, tramela

lor.de /ó/ *s.m.* **1** título de nobreza da fidalguia inglesa **2** *desus.* Senhor, Jesus, Deus **3** *pop.* pessoa rica, luxuosa

lor.do.se /ó/ *s.f.* MED patologia provocada pela curvatura para a frente da coluna vertebral

lo.ro *s.m.* tira de couro; correia

lo.ro.ta /ó/ *s.f. pop.* mentira, falatório

lo.ro.tei.ro /ê/ *adj. pop.* fofoqueiro, mentiroso

lor.pa /ô/ *adj.2g.* **1** desprovido de inteligência; imbecil, idiota **2** rude, grosseiro **3** tolo, ingênuo

lor.pi.ce *s.f.* bobagem, tolice

lo.san.go *s.m.* GEOM paralelogramo de angulação não retangular

lo.san.gu.lar *adj.2g.* diz-se do que tem a forma de losango

los.na /ó/ *s.f.* m.q. absinto

lo.ta.ção *s.f.* **1** cálculo da capacidade máxima de habitação de um lugar **2** cálculo do número de empregados necessários para uma função **3** pequeno ônibus utilizado para transporte coletivo

lo.ta.do *adj.* diz-se do que está preenchido, completo

lo.ta.dor /ô/ *adj.* diz-se da pessoa que faz lotações

lo.te /ó/ *s.m.* **1** quinhão herdado **2** porção de terreno **3** série de objetos da mesma qualidade **4** grupo de animais **5** *fig.* fado, destino, sorte

lo.te.ar *v.t.* dividir terrenos em lotes

lo.te.ri.a *s.f.* jogo de azar com premiação para os sorteados

lo.té.ri.co *adj.* relativo a loteria

lo.to *s.m.* **1** m.q. bingo **2** BOT m.q. lótus

ló.tus *s.m.2n.* BOT planta aquática nativa da África, muito cultivada como ornamental e pelos rizomas e sementes comestíveis; loto

lou.ça *s.f.* **1** argila queimada no forno para a fabricação de recipientes **2** *por ext.* vasilhame de argila **3** porcelana, cerâmica

lou.ça.i.nha *s.f.* adorno, enfeite

lou.ça.ni.a *s.f.* **1** qualidade de loução **2** *fig.* garridice, elegância

lou.ção *adj.* **1** provido de adorno; enfeitado **2** *pejor.* excessivamente elegante

lou.co *adj.* **1** MED pessoa que sofre de alterações patológicas das faculdades mentais **2** insensato

lou.cu.ra *s.f.* **1** insanidade mental, perda da razão **2** insensatez

lou.ra /ô/ *s.f.* **1** lura, cova **2** mulher de cabelos com tonalidade amarela

lou.rei.ro /ê/ *s.m.* BOT árvore nativa de regiões áridas do Mediterrâneo; louro

lou.re.jar *v.i.* tornar(-se) louro

lou.ro /ô/ *adj.* **1** diz-se de quem tem os cabelos claros, da cor do ouro • *s.m.* **2** ZOOL m.q. papagaio **3** BOT árvore cujas folhas são usadas na culinária; loureiro

lou.ros /ô/ *s.m.pl. fig.* triunfos, vitórias, êxitos, glórias

lou.sa *s.f.* chapa de ardósia que possui diversos usos, desde telhado a quadro-negro

lou.va.ção *s.f.* **1** ação de louvar **2** oração feita a Deus **3** JUR avaliação de posses feita por peritos

lou.va.do *adj.* **1** que se louvou **2** que mereceu louvor; honrado • *s.m.* **3** JUR perito, arbitrador, avaliador

lou.va.dor /ô/ *adj.* diz-se de quem louva, exalta, elogia

lou.va.men.to *s.m.* m.q. louvação

lou.va.mi.nha *s.f.* ato ou efeito de louvaminhar; adulação, bajulação

lou.va.mi.nhar *v.t.* m.q. bajular

lou.var *v.t.* elogiar, enaltecer, glorificar, aplaudir

lou.vá.vel *adj.2g.* diz-se do que é digno de ser louvado

Lu QUÍM símbolo do lutécio

lua *s.f.* **1** ASTRON corpo celeste que é satélite da Terra **2** *fig.* estado de humor **3** ZOOL nome de um peixe **4** *pop.* menstruação ■ **elevar aos cornos da Lua** elogiar ao máximo ■ **estar no mundo da Lua** estar distraído ■ **fases da Lua** aspectos do movimento lunar: nova, crescente, minguante, cheia

lu.ar *s.m.* claridade lunar

lu.a.ren.to *adj.* diz-se da noite clareada pela Lua

lu.bri.ci.da.de *s.f.* **1** qualidade de lúbrico, escorregadio **2** *fig.* propensão para a luxúria; excitação, lascívia

lú.bri.co *adj.* **1** diz-se do que é pouco firme; escorregadio, liso **2** *fig.* lascivo, sexual, luxurioso

lu.bri.fi.can.te *adj.2g. s.m.* diz-se do preparado oleoso usado para lubrificar

lu.bri.fi.car *v.t.* **1** tornar escorregadio, liso **2** aplicar óleo em maquinismos para diminuir o atrito

lu.cer.na /é/ *s.f.* **1** *desus.* fogaréu **2** *por ext.* lanterna, lâmpada, candeeiro **3** ARQUIT clarabóia **4** ZOOL peixe fosforescente

lu.ci.dez /ê/ *s.f.* **1** qualidade de ser nítido **2** MED estado perfeito das faculdades mentais

lú.ci.do *adj.* **1** diz-se do claro, transparente, límpido **2** *fig.* não confuso

Lú.ci.fer *s.m.* **1** RELIG anjo que se rebelou contra Deus **2** nome do planeta Vênus, como uma estrela da manhã

lu.ci.fe.ri.no *adj.* relativo a Lúcifer, ao demônio

lu.ci.fe.ris.mo *s.m.* seita ou doutrina dos adoradores do Diabo; magia negra, satanismo

lu.ci.lar *v.i.* emitir luz

lu.crar *v.t.* tirar vantagem, lograr, ganhar

lu.cra.ti.vo *adj.* diz-se do que proporciona lucro

lu.cro *s.m.* **1** ganho, benefício, vantagem **2** *por ext.* interesse, utilidade **3** ECON juros, rendimento

lu.cu.bra.ção *s.f.* **1** *desus.* trabalho manual ou intelectual prolongado feito de noite **2** *por ext.* qualquer estudo trabalhoso, laborioso **3** meditação, reflexão profunda

lu.cu.brar *v.t. v.i.* **1** expender esforços intelectuais na produção de obra literária ou científica **2** *por ext.* meditar, pensar

lu.di.bri.an.te *adj.2g.* que ludibria, engana; ludibriador

lu.di.bri.ar *v.t.* envergonhar, humilhar, ofender

luxuriante

lu.dí.brio *s.m.* m.q. humilhação, vergonha, zombaria, mofa

lu.di.bri.o.so /ô/ *adj. 1* que ludibria; ludibriante *2* enganador, falso

lú.di.co *adj.* diz-se do que é divertido, engraçado, recreativo

lu.es *s.f.2n.* m.q. sífilis

lu.fa.da *s.f.* rajada de vento

lu.fa-lu.fa *s.f.* corre-corre, azáfama, pressa

lu.gar *s.m. 1* sítio, localização geográfica *2* trecho de um livro

lu.ga.re.jo /ê/ *s.m.* vilota, aldeia

lu.gar-te.nen.te *s.2g.* oficial ou pessoa que fica no lugar de outrem; suplente

lu.gen.te *adj.2g. 1* que contém lamento; choroso, plangente *2* lúgubre, triste

lú.gu.bre *adj.2g. 1* diz-se do triste, lutuoso *2* diz-se do que incute medo; escuro, sombrio

lu.la *s.f.* ZOOL molusco semelhante ao polvo

lu.ma.réu *s.m.* m.q. fogueira

lum.bá.gi.co *adj.* relativo a lumbago

lum.ba.go *s.m. 1* m.q. ciática *2* dor na região lombar

lum.bri.ci.da *adj.2g. s.m.* diz-se do remédio para eliminar lombrigas; vermífugo

lu.me *s.m. 1* m.q. fogo *2 por ext.* luz, claridade *3* vela

lu.mi.nar *s.m. 1* orifício no alto de uma câmara para iluminar o recinto *2* ASTRON astro *3 fig.* pessoa com conhecimento notório em determinada área

lu.mi.ná.ria *s.f. 1* qualquer objeto ou corpo celeste que ilumine *2* lâmpada, lampião, archote *3* Sol

lu.mi.nes.cên.cia *s.f. 1* FÍS estado de um corpo que emite maior número de irradiações por causas externas *2* claridade emitida por um corpo

lu.mi.no.si.da.de *s.f.* qualidade de emitir luz

lu.mi.no.so /ô/ *adj. 1* brilhante, esplendente *2 fig.* claro, evidente, manifesto *3* diz-se do que tem luz

lu.na.ção *s.f.* ASTRON período de rotação da Lua que origina as fases lunares

lu.nar *adj.2g.* diz-se do que é relativo à Lua

lu.ná.ti.co *adj. s.m. 1* diz-se do que é exposto às influências da Lua *2 pejor.* maluco

lun.du *s.m. bras.* dança de origem africana

lu.ne.ta /ê/ *s.f. 1* lente de grau usada para corrigir o foco de visão *2* RELIG parte redonda da custódia na qual a hóstia é exposta *3* orifício semioval em uma parede *4* ASTRON instrumento que permite observação a distância

lu.ni.for.me /ó/ *adj.2g.* diz-se do que tem forma semelhante à da Lua

lu.pa *s.f. 1* lente de vidro usada para aumentar a percepção de uma imagem *2* VETER tumor que se forma na parte anterior do joelho dos quadrúpedes

lu.pa.nar *s.m.* bordel, prostíbulo

lu.pi.no *adj. 1* relativo a lobo • *s.m. 2* BOT planta leguminosa prejudicial aos animais

lu.po *s.m.* MED patologia cutânea que forma úlceras ou deixa manchas na pele

lú.pu.lo *s.m.* BOT trepadeira medicinal também usada na fabricação de cerveja

lú.pus *s.m.2n.* m.q. lupo

lu.ra *s.f.* toca, covil

lú.ri.do *adj.* diz-se do que é lívido, amarelado

lus.co-fus.co *s.m.* início da noite em que ainda há claridade

lu.sí.a.da *adj.2g. s.2g.* diz-se do que tem origem portuguesa ou lusitana

lu.si.ta.nis.mo *s.m. 1* devoção a Portugal *2* hábito ou tendência de imitar os portugueses

lu.si.ta.no *adj. 1* relativo à Lusitânia; luso *2 por ext.* relativo a Portugal

lu.so *adj. s.m.* m.q. lusitano

lus.que-fus.que *s.m.* m.q. lusco-fusco

lus.tra.ção *s.f.* RELIG entre os antigos gregos e romanos, cerimônia de purificação com aspersão de água e sacrifícios

lus.tra.dor /ô/ *adj. s.m. 1* aparelho usado para lustrar *2* pessoa que lustra

lus.trar *v.t. 1* dar brilho, limpar, polir, envernizar *2* RELIG purificar; expiar por meio de lustração

lus.tre *s.m. 1* candelabro, luminária *2 fig.* esplendor literário, artístico ou científico *3 fig.* realce, expressão *4* brilho, polimento

lus.tro *s.m. 1* m.q. lustre *2* RELIG m.q. lustração *3* período de cinco anos

lus.tro.so /ô/ *adj.* polido, brilhante

lu.ta *s.f. 1* combate em que dois adversários desarmados se enfrentam corpo a corpo *2* batalha, guerra

lu.ta.dor /ô/ *adj. s.m. 1* esportista que luta *2* diz-se da pessoa que busca algum ideal

lu.tar *v.t. 1* esforçar-se por um objetivo difícil *2* brigar, combater, batalhar

lu.té.cio *adj. 1* relativo à Lutécia, nome antigo de Paris • *s.m. 2* QUÍM elemento químico (Lu)

lu.te.ra.nis.mo *s.m.* RELIG doutrina religiosa pregada Martinho Lutero

lu.te.ra.no *adj. s.m.* diz-se de quem é adepto do luteranismo

lu.to *s.m. 1* veste negra usada em respeito à morte de um ser da família *2* período subsequente à morte de alguém querido *3* tristeza profunda *4* lama, argila, barro

lu.tu.lên.cia *s.f.* qualidade ou estado de lutulento, lamacento

lu.tu.len.to *adj.* diz-se do que é lamacento, barrento

lu.tu.o.so /ô/ *adj. 1* coberto de luto *2* fúnebre, lúgubre

lu.va *s.f.* agasalho usado para proteger as mãos

lu.xa.ção *s.f.* MED deslocamento dos ossos dos membros superiores e inferiores

lu.xar *v.t.* MED fazer sair um osso do lugar

lu.xem.bur.guês *adj. gent.* natural ou habitante de Luxemburgo

lu.xen.to *adj. bras.* que se veste com luxo, ostentação

lu.xo *s.m.* ostentação de riqueza; exibição de superfluidade

lu.xu.o.si.da.de *s.f.* qualidade do que é luxuoso

lu.xu.o.so *adj.* pomposo, faustoso

lu.xú.ria *s.f.* desregramento moral; lascívia, sensualidade

lu.xu.ri.an.te /ch/ *adj.2g.* diz-se do que é cheio de vida; viçoso, esplendoroso

luxurioso

lu.xu.ri.o.so /ô/ *adj.* **1** m.q. luxuriante **2** que incita a sexualidade; sensual

luz *s.f.* **1** agente que possibilita a visão **2** claridade emitida por corpos **3** brilho, fulgor, esplendor **4** *fig.* ponto de vista **5** espaço livre, vão **6** ANAT espaço interno de uma veia

lu.zei.ro /ê/ *s.m.* **1** luz de muita intensidade **2** candelabro, archote, lâmpada **3** *fig.* pessoa sábia

lu.zen.te *adj.2g.* **1** diz-se do que emite luz, brilho **2** que reflete; luzidio

lu.zi.di.o *adj.* m.q. luzente

lu.zi.do *adj.* m.q. luzidio

lu.zi.lu.zir *v.i.* brilhar, luzir constantemente

lu.zi.men.to *s.m.* **1** ação de brilhar, de refletir **2** ação de ostentar luxo

lu.zir *v.i.* emitir luz; brilhar, esplender

Mm

¹m *s.m.* **1** GRAM décima terceira letra e décima consoante do alfabeto português **2** o décimo terceiro elemento de uma série **3** FÍS símbolo de metro **4** símbolo de mili- **5** FÍS símbolo internacional de massa

²M 1 MAT símbolo do número 1.000 em algarismos romanos **2** INFORMÁT símbolo internacional de mega-

má *adj.* flexão de gênero feminino de mau

ma.bo.quei.ro *s.m.* BOT tipo de arbusto espinhoso, cujos frutos são do tamanho e da cor da laranja

ma.ça *s.f.* estaca de madeira forte e resistente; clava

ma.çã *s.f.* BOT fruto da macieira

ma.ca *s.f.* cama móvel para o transporte de enfermos

ma.ca.bro *adj.* diz-se do que é fúnebre

ma.ca.ca *s.f.* **1** ZOOL fêmea do macaco **2** *fig.* azar; infelicidade • *adj.* **3** *fig.* diz-se da mulher feia

ma.ca.ca.da *s.f.* **1** coletivo de macaco **2** *fig.* farra, algazarra

ma.ca.cão *s.m.* tipo de roupa cujas peças que cobrem os membros inferiores e o tronco são conjugadas, sendo geralmente usada por operários em serviço

ma.ca.ca.ri.a *s.f.* m.q. macacada

ma.ca.co *s.m.* **1** ZOOL símio, primata **2** suporte mecânico para facilitar a elevação de objetos ■ **macaco velho** pessoa espera, experiente

ma.ça.co.a */ô/ adj.* **1** *fig.* mal-estar passageiro; achaque

ma.ça.da *s.f.* **1** golpe dado com maça ou clava; pancada **2** *pop.* comunicação ou evento tedioso, cansativo

ma.ca.da.me *s.m.* **1** procedimento em alta pressão para misturar pedras, breu e areia **2** mistura de areia, breu e pedras para pavimentar estradas

ma.ca.da.mi.zar *v.t.* pavimentar estradas com macadame

ma.ça.dor */ô/ adj.* diz-se do que ataca, golpeia

ma.cai.o *adj.* **1** diz-se do tabaco de qualidade ruim **2** diz-se do tecido de péssima qualidade

ma.cam.bi.ra *s.f.* planta terrestre, nativa do Brasil, cujas fibras servem para tecer redes

ma.cam.bú.zio *adj.* diz-se do que se encontra em estado tristonho, melancólico

ma.ça.ne.ta */ê/ s.f.* acabamento para trincos de janelas e portas cuja forma lembra, geralmente, uma maçã pequena

ma.çan.te *adj.2g.* diz-se do que é fastidioso, aborrecedor

ma.ção */ê/ s.m.* m.q. maçom

ma.ça.pão *s.m.* CUL bolo cuja massa leva açúcar, ovos e amendoins

ma.ca.que.a.ção *s.f.* imitação servil de ações e posturas; farra; macacada

ma.ca.que.a.dor */ô/ adj.* diz-se do que macaqueia, imita, simula

ma.ca.que.ar *v.t.* imitar, simular; copiar atitudes

ma.ca.qui.ce *s.f.* macaqueação; ação do macaqueador

ma.çar *v.t.* **1** socar, bater, moer **2** aborrecer, enfadar

ma.ca.réu *s.m.* onda que sobe da foz para o interior dos rios

ma.ça.ri.co *s.m.* **1** aparelho usado para soldar e cuja chama é produzida pela combustão de gasolina **2** ZOOL ave pernalta de bico longo e fino que habita zonas de água doce

ma.ça.ro.ca */ó/ s.f.* **1** conjunto de fios emaranhados **2** BOT espiga de milho **3** conjunto de objetos unidos; molho, novelo

ma.car.rão *s.m.* pasta feita de trigo e ovos e cortada em formas variadas

ma.car.rô.ni.co *adj.* **1** diz-se do que contém palavras latinizadas para produzir efeito cômico **2** diz-se de idioma falado ou escrito de forma errada e imprópria

ma.ce.dô.nio *adj. gent.* natural ou habitante da Macedônia

ma.ce.ga */é/ s.f.* erva daninha que nasce em terras cultivadas

ma.ce.gal *s.m.* local coberto de macegas

ma.ce.la */é/ s.f.* **1** m.q. camomila **2** erva medicinal nativa do Brasil

ma.ce.ra.ção *s.f.* **1** ato de macerar **2** penitência física

ma.ce.ra.do *adj.* **1** diz-se do que sofreu maceração **2** *fig.* diz-se da aparência pálida provocada por penitência

ma.ce.rar *v.t.* **1** submeter uma matéria à ação de substâncias líquidas para obter os princípios ativos usados como terapia alternativa **2** amolecer, amassar, pisar **3** *fig.* causar sofrimento à carne

ma.cér.ri.mo *adj.* diz-se do que é muito magro

ma.ce.ta */é/ s.f.* instrumento de madeira usado para golpear; macete

ma.ce.te */ê/ s.m.* **1** m.q. maceta **2** *pop.* artifício, recurso, truque

ma.cha.da.da *s.f.* pancada, golpe aplicado com machado

ma.cha.di.a.no *adj.* LITER relativo ao escritor brasileiro Machado de Assis

ma.cha.di.nha *s.f.* machado de porte pequeno

ma.cha.do *s.m.* ferramenta para cortar objetos rígidos

ma.cha-fê.mea *s.f.* **1** dobradiça de duas pregas **2** *pejor.* designa mulher com trejeitos masculinos

macho

ma.cho *adj.* **1** diz-se do que é do gênero masculino • *s.m.* **2** qualquer animal do sexo masculino **3** m.q. burro

ma.chu.ca.do *adj.* diz-se do que foi lesado, contundido

ma.chu.ca.du.ra *s.f.* ferimento, contusão, lesão

ma.chu.cão *s.m.* m.q. machucado

ma.chu.car *v.t.* **1** bater, contundir, ferir **2** pisar, triturar, esmagar

ma.ci.ço *adj.* **1** compacto, espesso **2** diz-se do objeto que não é oco

ma.ci.ei.ra /ê/ *s.f.* BOT árvore rosácea cujo fruto é a maçã

ma.ci.ez /ê/ *s.f.* qualidade do que é macio, liso

ma.ci.e.za /ê/ *s.f.* m.q. maciez

ma.ci.len.to *adj.* diz-se do que é frágil, magro

ma.ci.o *adj.* que é suave ao tato; brando, mole

ma.ci.o.ta /ó/ *s.f.* suave, macio ■ **na maciota** algo de fácil feito; algo que não exige muito esforço

ma.ço *s.m.* **1** ferramenta de madeira ou ferro usada na carpintaria **2** conjunto de objetos reunidos em um invólucro

ma.çom *s.m.* integrante da maçonaria

ma.ço.na.ri.a *s.f.* associação filantrópica secreta

ma.co.nha *s.f.* BOT erva narcótica, droga ilícita

ma.co.nhei.ro /ê/ *adj.* diz-se do usuário de maconha

ma.çô.ni.co *adj.* relativo a maçom

ma.cra.mê *s.m.* tipo de ponto de artesanato com linha

má-cri.a.ção *s.f.* ato ou efeito da falta de educação

ma.cro *s.f.* **1** INFORMÁT sequência de comandos realizados automaticamente em um computador **2** GRAM sinal gráfico colocado sobre vogais para indicar duração sonora longa

ma.cró.bio *adj.* diz-se do que tem existência longa

ma.cro.bi.ó.ti.ca *s.f.* **1** ciência que estuda os meios de prolongar a vida **2** filosofia oriental do equilíbrio

ma.cro.bi.ó.ti.co *adj.* relativo a macrobiótica

ma.cro.ce.fa.li.a *s.f.* MED desenvolvimento alterado, para mais, do crânio

ma.cro.ce.fá.li.co *adj.* relativo a macrocefalia

ma.cro.cé.fa.lo *adj.* diz-se de quem tem a cabeça grande

ma.cro.cos.mo *s.m.* o mundo, o universo

ma.cros.có.pio *s.m.* aparelho que aumenta a escala de exibição de uma imagem

ma.cu.co *s.m.* ave nativa do Brasil

ma.çu.do *adj.* **1** diz-se do que apresenta características de maça **2** *fig.* diz-se do que é maçante

má.cu.la *s.f.* **1** mancha, sujeira **2** infâmia, desonra, mancha moral

ma.cu.la.do *adj.* **1** com mancha ou sujeira; manchado **2** atingido em sua honra; desonrado

ma.cu.la.dor /ô/ *adj.* diz-se do que macula, mancha

ma.cu.lar *v.t.* **1** manchar; enodoar **2** desonrar • *adj.* **3** relativo a mácula, mancha

ma.cum.ba *s.f.* RELIG culto de origem africana

ma.cum.bei.ro /ê/ *s.m.* **1** praticante de macumba **2** chefe de terreiro de macumba

ma.cu.ta *s.f.* **1** ECON antiga moeda africana **2** *por ext.* coisa de pouco valor

ma.dei.ra *s.f.* **1** pedaço de árvore usado na construção civil; viga, ripa ○ *s.m.* **2** vinho produzido na Ilha da Madeira, em Portugal

ma.dei.ra.me *s.m.* **1** o conjunto de madeiras necessárias para uma construção civil **2** m.q. arcabouço

ma.dei.ra.men.to *s.m.* conjunto de madeiras

ma.dei.rar *v.t.* estruturar o madeirame de uma construção civil

ma.dei.rei.ro *adj.* diz-se de quem extrai, modifica ou comercializa madeira

ma.dei.ro /ê/ *s.m.* **1** tronco, ripa **2** embarcação **3** RELIG m.q. cruz

ma.dei.xa /ê/ *s.f.* **1** feixe de linhas **2** maço

ma.do.na *s.f.* **1** RELIG imagem de Nossa Senhora **2** mulher de traços delicados

ma.dor.na /ó/ *s.f.* sonolência, sono leve

ma.dra.ço *adj.* diz-se do que é preguiçoso, vadio

ma.dras.ta *s.f.* companheira de segundo matrimônio em relação aos filhos do esposo

ma.dre *s.f.* **1** religiosa responsável por um convento feminino **2** útero

ma.dre.pé.ro.la *s.f.* substância que reveste as conchas de alguns moluscos

ma.dre.po.rá.rio *s.m.* BIOL espécime dos madreporários, ordem de cnidários antozoários; escleractíneo

ma.dres.sil.va *s.f.* BOT vegetação trepadeira cuja flor é muito perfumosa

ma.dri.gal *s.m.* MÚS composição musical do gênero lírico

ma.dri.ga.lis.ta *s.2g.* MÚS autor de madrigais

ma.dri.len.se *adj. gent.* natural ou habitante de Madri, capital da Espanha; madrileno

ma.dri.nha *s.f.* RELIG mulher que acompanha criança em batizado ou crisma

ma.dru.ga.da *s.f.* período antes de amanhecer; alvorada

ma.dru.ga.dor /ô/ *adj.* diz-se de quem madruga, acorda muito cedo

ma.dru.gar *v.i.* **1** acordar muito cedo **2** ser antecipado

ma.du.ra.ção *s.f.* ato ou efeito de amadurecer; amadurecimento

ma.du.rar *v.i.* amadurecer, completar estágio de crescimento

ma.du.re.cer /ê/ *v.i.* m.q. amadurecer

ma.du.re.za /ê/ *s.f.* qualidade do que é ou está maduro

ma.du.ro *adj.* diz-se do que está amadurecido, cujo estágio de crescimento está completo

mãe *s.f.* **1** mulher que dá à luz uma criança; progenitora **2** *fig.* mulher carinhosa, protetora

mãe-ben.ta *s.f.* CUL tipo de quitanda

ma.es.tri.a *s.f.* domínio sobre algo; perícia

ma.es.tri.na *s.f.* **1** mulher que rege orquestra **2** mulher que compõe peças musicais; compositora

ma.es.tro /é/ *s.m.* compositor, regente musical

má-fé *s.f.* intenção motivada por uma maldade

má-for.ma.ção *s.f.* alteração na formação do feto

ma.ga *s.f.* feminino de mágico; mulher que pratica feiticaria

ma.ga.na *s.f.* **1** gênero musical antigo **2** mulher alegre, jovial **3** *pejor.* prostituta, meretriz

ma.ga.não *adj.* diz-se de quem é muito magano

ma.ga.no *adj.* diz-se do homem espertalhão, vadio, trapaceiro

ma.ga.re.fe *s.m.* **1** açougueiro **2** *por ext.* mau cirurgião **3** *por ext.* indivíduo tratante, desonesto

ma.ga.zi.ne *s.m.* periódico, revista, jornal

ma.gen.ta *s.f.* variação de tom da cor vermelha; carmesim

malandro

ma.gi.a *s.f.* encantamento; feitiçaria; poder sobrenatural

ma.gi.ar *adj. gent.* m.q. húngaro

má.gi.ca *s.f.* m.q. magia

má.gi.co *adj.* **1** diz-se de algo encantador, inesperado • *s.m.* **2** bruxo, praticante de magia

ma.gis.té.rio *s.m.* **1** licenciatura **2** o corpo docente de uma instituição **3** RELIG autoridade doutrinal da Igreja Católica

ma.gis.tra.do *s.m.* juiz de direito

ma.gis.tral *adj.* diz-se do que é feito com perícia, perfeitamente

ma.gis.tra.tu.ra *s.f.* **1** cargo de magistrado **2** exercício do magistrado

mag.ma *s.m.* GEOL massa mineral em fusão localizada no centro da Terra

mag.má.ti.co *adj.* relativo a magma

mag.na.ni.mi.da.de *s.f.* qualidade de ser magnânimo

mag.nâ.ni.mo *adj.* diz-se do que é dotado de grandeza de alma; generoso, compassivo

mag.na.ta *s.2g.* **1** indivíduo muito rico, poderoso **2** capitalista importante

mag.né.sia *s.f.* QUÍM substância alcalina, usada em medicina como laxativo e antiácido

mag.né.si.co *adj.* relativo a magnésia

mag.né.sio *s.m.* QUÍM elemento químico da tabela periódica, caracteriza-se como metal branco e maleável

mag.ne.te /ê/ *s.m.* pedra imantada

mag.né.ti.co *adj.* **1** diz-se do que tem propriedades do magneto, com capacidade de atrair metais **2** diz-se do magnetismo animal **3** *fig.* diz-se do que exerce influência sobre outro

mag.ne.tis.mo *s.m.* ato ou efeito de ser magnético

mag.ne.ti.za.ção *s.f.* ato ou efeito de magnetizar

mag.ne.ti.za.dor /ô/ *adj.* diz-se do que magnetiza

mag.ne.ti.zar *v.t.* dotar com propriedades magnéticas **2** *fig.* dominar, atrair, encantar

mag.ne.tô.me.tro *s.m.* aparelho usado para medir a intensidade de um campo magnético

mag.ni.fi.ca.ção *s.f.* ato ou efeito de magnificar

mag.ni.fi.car *v.t.* louvar, engrandecer, exaltar

mag.ni.fi.cên.cia *s.f.* **1** grandeza, exaltação **2** luxo, esplendor, riqueza

mag.ni.fi.cen.te *adj.2g.* diz-se do que tem magnificência, esplendor

mag.ní.fi.co *adj.* magnificente, grandioso

mag.ni.lo.quên.cia *s.f.* uso estiloso de linguagem

mag.ni.lo.quen.te *adj.2g.* diz-se de quem tem magniloquência, que usa linguagem pomposa

mag.ni.tu.de *s.f.* **1** altura elevada **2** excelência física e moral

mag.no *adj.* grande, relevante

mag.nó.lia *s.f.* BOT flor aromática

ma.go *s.m.* **1** bruxo, feiticeiro **2** *fig.* indivíduo encantador, que fascina

má.goa *s.f.* **1** mancha **2** desapontamento, sentimento de tristeza

ma.go.ar *v.t.* ferir sentimentalmente; causar dor

ma.go.te /ó/ *s.m.* amontoado de seres e objetos

ma.gre.za /ê/ *s.f.* delgadeza física; raquitismo

ma.gri.ce.la /é/ *adj.2g.* diz-se do que é magrela

ma.gro *adj.* diz-se do que tem o corpo delgado

ma.gua.ri *s.m.* **1** ZOOL ave pernalta brasileira parecida com a garça; cegonha, maguarim, tapuacaiá **2** *fig.* homem de porte físico magro e alto

mai.a *s.2g.* **1** indivíduo dos maias, povo indígena da América Central e do Sul do México ○ *s.f.* **2** festa popular portuguesa que acontece no início de maio

mai.êu.ti.ca *s.f.* FILOS método retórico em que se faz perguntas para induzir o locutor a respostas

mai.o *s.m.* o quinto mês do ano no calendário gregoriano

mai.o.ne.se /é/ *s.f.* CUL **1** molho preparado com ovo batido, azeite e vinagre **2** salada fria que leva esse molho

mai.or /ó/ *adj.2g.* **1** comparativo de grandeza, extensão, intensidade etc. **2** pessoa que possui maioridade legal

mai.o.ral *adj.2g.* diz-se do que é mais conceituado que outros; superior

mai.o.ri.a *s.f.* quantidade superior à metade relativa ou absoluta de um grupo

mai.o.ri.da.de *s.f.* **1** a idade reconhecida pela Constituição em que indivíduo passa a poder gozar de seus direitos civis **2** emancipação civil, estado de maior

mais *adv.* **1** indica grandeza, intensidade ou quantidade • *s.m.* **2** MAT sinal de operação matemática (+)

ma.ís *s.m.* milho graúdo

ma.i.se.na *s.f.* CUL farinha de milho

mai.ta.ca *s.f.* tipo de papagaio brasileiro

mai.ús.cu.la *s.f.* letra grafada em um tamanho maior, em oposição à letra minúscula

mai.ús.cu.lo *adj.* diz-se de letra do alfabeto de tamanho maior, usada principalmente no início de períodos e nomes próprios

ma.jes.ta.de *s.f.* **1** título de nobreza **2** característica de grande, importante, altivo

ma.jes.tá.ti.co *adj.* m.q. majestoso

ma.jes.to.so /ô/ *adj.* **1** diz-se do que tem majestade **2** MÚS parte de composição que deve ser executada suavemente

ma.jor /ó/ *s.m.* EXÉRC nível da hierarquia militar superior ao capitão

ma.jo.ra.ção *s.f.* inflação do preço

ma.jo.rar *v.t.* inflacionar, aumentar o preço

ma.jo.ri.tá.rio *adj.* **1** relativo à maioria **2** que faz parte da maioria de um grupo

mal *adv.* **1** de maneira equivocada, ruim, irregular • *s.m.* **2** o que é nocivo, ilegal, imoral

ma.la *s.f.* recipiente para armazenar e transportar objetos pequenos; baú

ma.la.bar *adj.2g.* **1** relativo à região de Malabar, na Índia • *s.m.* **2** língua falada na costa de Malabar

ma.la.ba.ris.mo *s.m.* **1** agilidade **2** arte malabarista **3** capacidade de resolver situações complicadas

ma.la.ba.ris.ta *adj.2g.* diz-se de quem é equilibrista, que tem agilidade

ma.la.ca.che.ta /ê/ *s.f.* mineral do grupo das micas, muito usado como isolante; muscovita

ma.la.gue.nho *adj. gent.* natural ou habitante de Málaga, na Espanha

ma.la.gue.ta /ê/ *s.f.* BOT tipo de pimenta

ma.lai.o *adj.* relativo à Malásia; malásio

ma.lan.dra.gem *s.f.* **1** ato vadio, velhaco **2** vida de malandro

ma.lan.drar *v.i.* ter vida de malandro

ma.lan.dri.ca *s.f.* m.q. malandragem

ma.lan.drim *s.m.* m.q. malandro

ma.lan.dro *adj.* diz-se de quem é safado, canalha; malandrim

M

malar

324

ma.lar *adj.2g.* relativo às maçãs do rosto

ma.la.ri.a *s.f.* **1** estabelecimento que fabrica malas **2** grande quantidade de malas

ma.lá.ria *s.f.* MED patologia provocada pela picada das fêmeas de mosquitos do gênero *Anopheles*, cujo sintoma é estado febril intermitente

mal-as.som.bra.do *adj.* **1** diz-se do que dá medo **2** diz-se de lugar misterioso

mal-a.ven.tu.ra.do *adj.* diz-se de quem é infeliz, desventurado

mal.ba.ra.ta.dor /ô/ *adj.* diz-se de quem malbarata

mal.ba.ra.tar *v.t.* **1** negociar em desvantagem **2** estragar, desperdiçar

mal.ba.ra.to *s.m.* venda a preço irrisório, com prejuízo

mal.cria.ção *s.f.* ato impolido, de pessoa pouco educada; má-criação

mal.cria.do *adj.* diz-se do grosseiro, do impolido

mal.da.de *s.f.* qualidade de ser mau; ruindade

mal.dar *v.t.* pensar mal de alguém; suspeitar de alguém; dizer mal de outrem; atribuir a alguém más ações

mal.di.ção *s.f.* ação de desejar mal para outrem, de rogar praga

mal.di.to *adj.* diz-se do que foi amaldiçoado

mal.di.zer /ê/ *v.t.* difamar, amaldiçoar, proferir injúrias

mal.do.so /ô/ *adj.* **1** diz-se de quem tem mau caráter **2** diz-se de quem julga outrem sem conhecimento de causa

ma.le.a.bi.li.da.de *s.f.* qualidade do que é maleável; flexibilidade

ma.le.ar *v.t.* transformar metais em lâminas

ma.le.á.vel *adj.2g.* diz-se do que pode ser modificado

ma.le.di.cên.cia *s.f.* difamação, injúria

ma.le.di.cen.te *adj.2g.* diz-se de quem difama outrem

mal-e.du.ca.do *adj. pejor.* diz-se do incivil, grosseiro, sem educação

ma.le.fi.ci.ar *v.t.* enfeitiçar, encantar alguém

ma.le.fí.cio *s.m.* ação nociva contra alguém; feitiçaria, bruxaria

ma.lé.fi.co *adj.* diz-se do que é nocivo, danoso, prejudicial

ma.lei.ro /ê/ *s.m.* **1** indivíduo que fabrica ou comercializa malas **2** compartimento onde se guardam malas

mal-en.ca.ra.do *adj.* diz-se de quem apresenta feição ameaçadora, carrancuda

mal-en.ten.di.do *s.m.* equívoco, confusão, engano

ma.lé.o.lo *s.m.* ANAT cada uma das duas proeminências ósseas da articulação do tornozelo

mal-es.tar *s.m.* sensação ruim; incômodo; perturbação passageira; constrangimento

ma.le.ta /ê/ *s.f.* frasqueira; bagagem de mão; valise; mala pequena

ma.le.vo.lên.cia *s.f.* disposição para o mal; malignidade

ma.le.vo.len.te *adj.2g.* malévolo, mau

ma.lé.vo.lo *adj.* diz-se de quem tem má índole; malevolente

mal.fa.da.do *adj.* diz-se do que é infeliz, azarado

mal.fa.ze.jo /ê/ *adj.* diz-se do que é nocivo, daninho, maléfico

mal.fei.to /ê/ *adj.* **1** diz-se do que foi mal executado • *s.m.* **2** malfeitoria, delito

mal.fei.tor /ô/ *adj.* diz-se da pessoa má, nociva a outras

mal.fei.to.ri.a *s.f.* ação reprovável, ato do malfeitor

mal.fe.rir *v.t.* ferir gravemente, machucar muito

mal.for.ma.ção *s.f.* m.q. má-formação

mal.ga.xe *adj. gent.* natural ou habitante da ilha de Madagascar

ma.lha *s.f.* **1** período de malhar os grãos **2** cabana ou rancho **3** ESPORT jogo cujo objetivo é acertar um pedaço de pau com chapas redondas de ferro **4** fios entrelaçados **5** tecido próprio para agasalhos

ma.lha.ção *s.f.* **1** ato de bater com varas as vagens de cereais para soltar os grãos **2** exercício físico realizado com a ajuda de aparelhos

ma.lha.da *s.f.* **1** choça, malha, rancho **2** lugar onde o rebanho passa a noite **3** rebanho de ovelhas, cabras **4** pequena plantação de fumo

ma.lha.do *adj.* **1** batido, surrado **2** diz-se do que tem malhas ou manchas; pintado

ma.lhar *v.t.* **1** acertar com o malho, martelar, bater com varas nas vagens **2** surrar, sovar

ma.lhe.te /ê/ *s.m.* **1** encaixe, chanfradura **2** martelo pequeno e de madeira usado por magistrados e maçons

ma.lí.cia *s.f.* **1** disposição para encontrar maldade nas ações **2** *por ext.* esperteza, astúcia

ma.li.ci.ar *v.t.* acreditar na existência de más intenções quando elas não existem

ma.li.ci.o.so /ô/ *adj.* diz-se de quem tem malícia

ma.lig.ni.da.de *s.f.* qualidade do que é maligno; maldez, maldade

ma.lig.no *adj.* diz-se de quem tem mau caráter; nocivo

mal.me.quer /é/ *s.m.* BOT flor parecida com a sempre-viva

ma.lo.ca /ó/ *s.f.* **1** casa dos indígenas **2** *por ext.* rancho, choupana

ma.lo.gra.do *adj.* diz-se do que está falido, fracassado

ma.lo.grar *v.t.* frustrar, fracassar, gorar

ma.lo.gro /ô/ *s.m.* falência, fracasso, frustração

mal.que.ren.ça *s.f.* ódio, inimizade, hostilidade

mal.que.ren.te *adj.2g.* diz-se daquele que malquer alguém

mal.que.rer /ê/ *v.t.* desejar mal a outrem; nutrir antipatia

mal.quis.tar *v.t.* tornar alguém malquisto; inimizar, indispor

mal.quis.to *adj.* **1** diz-se de quem é detestado, malquerido **2** diz-se de quem tem má fama; desmoralizado, mal-afamado

mal.são *adj.* diz-se do que é doentio, maligno, nocivo

mal.si.na.ção *s.f.* delação, denúncia; calúnia, intriga

mal.si.nar *v.t.* delatar, caluniar, intrigar

mal.ta *s.f.* **1** mistura usada para cimentar encanamentos **2** CUL mistura de cevada e outros ingredientes para a produção de cerveja **3** grupo de indivíduos de má fama; quadrilha

mal.ta.do *adj.* diz-se da mistura que contém malte

mal.tar *v.t.* preparar com malte

mal.te *s.m.* cevada germinada com a qual se fabrica cerveja

mal.tês *adj. gent.* natural ou habitante da ilha de Malta

mal.to.se /ó/ *s.f.* QUÍM açúcar obtido pela ação de alguns fermentos presentes no malte

mal.tra.pi.lho *adj.* diz-se do malvestido, esfarrapado

mal.tra.tar *v.t.* **1** não ter a devida consideração para com alguém ou alguma coisa **2** ofender por palavras, ser grosseiro **3** agredir, atacar fisicamente, pisar

ma.lu.car *v.i.* praticar maluquices, fazer coisas diferentes do padrão

ma.lu.co *adj.* diz-se do sem juízo, leviano, doido

ma.lu.quei.ra /ê/ *s.f.* m.q. maluquice

ma.lu.qui.ce *s.f.* **1** estado psicossomático **2** loucura **3** insensatez, extravagância

mal.va *s.f.* BOT erva medicinal; guaxima

mal.va.dez /ê/ *s.f.* m.q. maldade

mal.va.de.za /ê/ *s.f.* m.q. maldade

mal.va.do *adj.* diz-se do indivíduo mau-caráter

mal.va.de.za /ê/ *s.f.* m.q. malvadez

mal.ver.sa.ção *s.f.* **1** administração corrupta de bens públicos **2** má administração, má gerência **3** falta cometida em exercício de função

mal.ver.sar *v.t.* **1** empregar mal o dinheiro recolhido pelo Estado **2** administrar ou gerenciar mal

ma.ma *s.f.* **1** ANAT teta, glândula mamária **2** mãe

ma.ma.dei.ra /ê/ *s.f.* recipiente com bico próprio para o aleitamento

ma.ma.do *adj.* **1** diz-se do que mamou; chupado, sugado **2** *fig.* embriagado, bêbado

ma.mãe *s.f.* mãe, mama

ma.ma.lu.co *adj.* m.q. mameluco

ma.man.ga.va *s.f.* BIOL inseto grande que ataca animais

ma.mão *s.m.* **1** BOT fruto do mamoeiro • *adj.* **2** diz-se de quem mama muito

ma.mar *v.t. v.i.* **1** sugar leite no seio materno ou na mamadeira **2** *fig.* trabalhar sem esforço e obter muito dinheiro; sinecura

ma.má.rio *adj.* relativo a mama

ma.ma.ta *s.f.* **1** negócio lucrativo, porém ilícito **2** negociata com o governo

mam.bem.be *adj.2g.* diz-se do que é ordinário, medíocre, sem valor

mam.bo *s.m.* MÚS gênero musical típico de Cuba e de outros lugares da América Central

ma.me.lu.co *s.m.* filho de mãe índia e pai português

ma.mi.lar *adj.2g.* relativo a mamilo

ma.mí.fe.ro *s.m.* ZOOL espécie dos mamíferos, que se caracterizam pela presença de glândulas mamárias

ma.mi.lo *s.m.* **1** ANAT bico do seio **2** diz-se do que tem forma de mamilo **3** m.q. mama

ma.mi.nha *s.f.* **1** diminutivo de mama, de seio **2** CUL parte da alcatra

ma.mo.ei.ro /ê/ *s.m.* BOT árvore frutífera que produz mamão

ma.mo.na *s.f.* **1** conjunto de bens próprios; riqueza, dinheiro **2** tecido fino de algodão **3** BOT planta de cujas sementes pode ser extraído óleo

ma.mu.te *s.m.* ancestral do elefante

ma.ná *s.m.* RELIG alimento que caía do céu matinalmente durante a travessia do deserto empreendida por Moisés e pelo povo de Israel

ma.na *s.f.* **1** RELIG força divina que possibilita que alguns espíritos se comuniquem com os homens **2** m.q. irmã

ma.na.cá *s.m.* BOT árvore de flores roxas e raiz de uso medicinal

ma.na.da *s.f.* rebanho; grupo de animais

ma.nal.vo *adj.* diz-se do cavalo cujas patas são brancas

ma.nan.ci.al *s.m.* nascente d'água

ma.nar *v.t.* brotar água ou outro líquido

ma.nau.en.se *adj. gent.* diz-se do que é natural de Manaus

man.ca.da *s.f.* ato realizado sem pensar

man.cal *s.m.* bastão usado no jogo do fito

man.car *v.i.* andar com uma perna mais curta que a outra; coxear

man.ce.bi.a *s.f.* **1** mocidade, juventude **2** concubinato, amasio

man.ce.bo /ê/ *adj.* **1** diz-se daquele que está na juventude; moço • *s.m.* **2** cabide, suporte

man.cha *s.f.* malha, nódoa, marca

man.cha.do *adj.* diz-se do que tem mancha, que está enodoado, maculado

man.char *v.t.* sujar, enodoar, macular

man.chei.a /ê/ *s.f.* quantidade que cabe em uma mão; punhado

man.co *adj.* diz-se de quem é coxo

man.co.mu.na.ção *s.f.* combinação com fim criminoso

man.co.mu.na.do *adj.* diz-se do que se mancomunou

man.co.mu.nar *v.t.* combinar com outrem algum fim criminoso; pactuar

man.da.ca.ru *s.m.* BOT fruto espinhoso semelhante ao figo-da-índia

man.da.chu.va *s.m.* autoridade, chefe

man.da.do *s.m.* **1** ato de mandar **2** missão, encargo **3** JUR ordem judiciária

man.da.men.to *s.m.* **1** regra, ordem, decisão **2** RELIG cada um dos preceitos do decálogo

man.dan.te *adj.2g.* diz-se de quem tem autoridade para mandar, ordenar

man.dão *adj.* **1** diz-se de quem tem o hábito de dar ordens **2** déspota **3** pessoa importante em um determinado lugar

man.dar *v.t.* **1** incumbir, ordenar **2** enviar, remeter

man.da.rim *s.m.* **1** alto funcionário da China **2** pessoa influente e importante; chefão, mandachuva **3** o principal dos dialetos da língua chinesa

man.da.tá.rio *s.m.* **1** embaixador **2** JUR executor de ordens ou mandados

man.da.to *s.m.* **1** ordem, delegação, decreto judicial **2** JUR procuração dada a outrem para execução de disposições legais **3** RELIG a instituição, na Quinta-Feira Santa, da Eucaristia

man.di *s.m.* ZOOL designação comum a várias espécies de peixes de água doce

man.dí.bu.la *s.f.* ANAT maxilar inferior

man.di.bu.lar *adj.2g.* relativo a mandíbula

man.dil *s.m.* tecido grosso usado para limpar os cavalos ou esfregar o chão

man.din.ga *adj.* **1** relativo aos mandingas e ao idioma falado por eles • *s.f.* **2** feitiço, macumba

man.di.o.ca /ó/ *s.f.* planta tuberculosa cuja raiz é usada na culinária

man.di.o.cal *s.m.* BOT cultura de mandioca

man.di.o.qui.nha BOT espécie de mandioca pequena e amarela de sabor muito doce, empregada para fins culinários

man.do *s.m.* direito de governar; autoridade

man.do.nis.mo *s.m. bras.* tendência ou hábito de mandar em qualquer circunstância, geralmente de forma abusiva

man.dri.ão *adj.* preguiçoso, vadio, indolente

man.dri.ar *v.i.* levar vida de mandrião; vadiar, não fazer nada

mandril

man.dril *s.m.* **1** peça de ferro usada para limpar canhões **2** eixo de ferro sobre o qual se gira uma roda **3** espécie de prego usado para aumentar os orifícios **4** haste metálica usada para limpar agulhas de injeção **5** ZOOL espécie de macaco africano

man.du.car *v.t.* m.q. comer

ma.ne.ar *v.t.* **1** conduzir; manejar **2** prender, atar, amarrar as patas de um animal

ma.nei.ra /ê/ *s.f.* modo de ser ou de fazer algo

ma.nei.ris.mo *s.m.* afetação nos modos, na linguagem; presunção

ma.nei.ris.ta *adj.2g.* diz-se do artista europeu que no século XVI adotou o maneirismo como estilo

ma.nei.ro /ê/ *adj.* **1** diz-se do prático, cômodo **2** que não exige muito esforço; leve **3** ensinado, domado **4** *gír.* legal, interessante, divertido

ma.nei.ro.so /ô/ *adj.* diz-se do que é educado, polido, hábil

ma.ne.ja.dor /ô/ *adj.* diz-se daquele que maneja; manobrador

ma.ne.jar *v.t.* administrar; lidar com; dirigir com as mãos

ma.ne.jo /ê/ *s.m.* **1** ato ou efeito de manejar; manuseio, maneio **2** gestão, administração

ma.ne.quim *s.m.* **1** boneco usado para expor vestimentas **2** ator que posa de modelo para pintores e escultores **3** numeração padronizada para a confecção de roupas

ma.ne.ta /ê/ *adj.* diz-se do portador de necessidades especiais que não possui um braço ou uma mão

man.ga *s.f.* **1** m.q. tromba-d'água **2** parte da vestimenta que cobre os braços **3** envoltório de vidro para proteger a chama dos lampiões **4** BOT fruto da mangueira

man.ga.ba *s.f.* BOT fruto da mangabeira, típico do norte do Brasil

man.ga.bei.ra /ê/ *s.f.* BOT árvore frutífera que produz a mangaba

man.ga.ção *s.f.* ato de iludir; enganar

man.ga.nês *s.m.* QUÍM elemento químico da tabela periódica

man.gar *v.i.* **1** vadiar ○ *v.t.* **2** caçoar, brincar com alguém; iludir

man.gual *s.m.* ferramenta para malhar grãos

man.gue *s.m.* **1** terreno alagadiço, brejo **2** vegetação cultivada em terreno alagadiço

man.guei.ra /ê/ *s.f.* **1** cano emborrachado usado para conduzir líquidos ou gases **2** *pop.* curral **3** vara do mangual usada para malhar **4** BOT árvore frutífera que produz a manga

ma.nhã *s.f.* primeira parte do dia desde o clarear até o meio-dia

ma.nha *s.f.* **1** choradeira sem motivo de criança **2** astúcia, esperteza

ma.nho.so *adj.* **1** diz-se do que chora sem motivo; manhento **2** diz-se de quem é astucioso, ardiloso, esperto, hábil

ma.ni.a *s.f.* **1** capricho, extravagância **2** ideia fixa **3** costume peculiar

ma.ní.a.co *adj.* **1** diz-se do louco, excêntrico, anormal **2** diz-se do que sofre de um distúrbio psicossomático por causa de alguma ideia fixa ou mania

ma.ni.a.tar *v.t.* amarrar, atar as mãos de alguém

ma.ni.ço.ba /ô/ *s.f.* BOT planta nativa do Brasil da qual é extraído o látex para a produção de borracha

ma.ni.ço.bal *s.m.* BOT cultivo de maniçobas

ma.ni.cô.mio *s.m.* clínica para doentes mentais; hospício

ma.ni.cu.ra *s.f.* profissional que trata de unhas

ma.ni.cu.ro *s.m.* profissional que trata de unhas

ma.ni.des.tro /é/ *adj.* diz-se de quem tem mais habilidade com a mão direita

ma.ni.e.tar *v.t.* m.q. maniatar

ma.ni.fes.ta.ção *s.f.* **1** conhecimento, revelação **2** expressão pública; demonstração

ma.ni.fes.tan.te *adj.2g.* diz-se de quem participa de uma manifestação

ma.ni.fes.tar *v.t.* declarar, demonstrar publicamente; expressar; publicar

ma.ni.fes.to /é/ *adj.* **1** claro, evidente, notório • *s.m.* **2** declaração, exposição de ideias

ma.ni.lha *s.f.* **1** argola de metal usada pelos orientais como adorno **2** argola com que se prendem os pulsos dos criminosos **3** nome de certas cartas de baralho em determinados jogos **4** espécie de fumo produzido em Manila, nas Filipinas

ma.ni.nho *adj.* diz-se do estéril, sáfaro, improdutivo

ma.ni.pres.to /ê/ *adj.* diz-se de quem tem habilidade com as mãos

ma.ni.pu.la.ção *s.f.* ação de manipular matérias-primas

ma.ni.pu.la.dor /ô/ *adj.* diz-se de quem sabe fazer manipulações

ma.ni.pu.lar *v.t.* **1** preparar; dar forma **2** dispor, dirigir, conduzir

ma.ni.que.ís.mo *s.m.* RELIG religião sincretista gnóstica segundo a qual o universo é criação de dois princípios que se combatem: o bem (Deus) e o mal (o diabo)

ma.ni.que.ís.ta *adj.2g.* diz-se de quem pertence à seita do maniqueísmo

ma.nir.ro.to /ô/ *adj.* diz-se daquele que gasta muito, que é pouco econômico; perdulário, gastador

ma.ni.tó *s.m.* RELIG espírito, força sobrenatural; manitu

ma.ni.ve.la /é/ *s.f.* maquinário no qual se imprime movimento

man.jar *v.t.* **1** comer, alimentar-se • *s.m.* **2** CUL tudo o que é servido para comer

man.jar-bran.co *s.m.* **1** CUL tipo de doce com coco, maisena e leite **2** CUL iguaria de arroz e galinha ou peixe com gelatina

man.je.dou.ra /ô/ *s.f.* recipiente para servir o alimento dos animais

man.je.ri.cão *s.m.* BOT planta medicinal

man.ju.ba *s.f.* ZOOL tipo de peixe nativo da América do Sul

ma.no *s.m.* **1** m.q. irmão **2** *gír.* pessoa de trato íntimo

ma.no.bra /ó/ *s.f.* **1** movimento para mudar a direção de um corpo por meio de dispositivos mecânicos **2** treinamento militar **3** intriga, mexerico, enredo

ma.no.brar *v.t.* **1** direcionar, mudar a trajetória de um corpo **2** participar de exercícios militares **3** articular politicamente argumentos para consecução de algo almejado

ma.no.brei.ro /ê/ *adj.* diz-se de quem faz manobras

ma.no.bris.ta *adj.2g.* diz-se de quem faz manobras

ma.no.me.tri.a *s.f.* FÍS ciência que estuda a pressão dos fluidos

ma.no.mé.tri.co *adj.* relativo a manometria

ma.nô.me.tro *s.m.* FÍS aparelho usado para medir a pressão de fluidos

marasquino

ma.no.pla /ó/ *s.f.* **1** luva de metal que protegia a mão do cavaleiro medieval; guante **2** *pop.* mão muito grande, disforme; manzorra

man.quei.ra /ê/ *s.f.* **1** ato ou efeito de mancar **2** VETER patologia no casco de cavalos e burros

man.que.jan.te *adj.2g.* diz-se do que sofre de manqueira

man.qui.to.la /ó/ *adj.2g.* diz-se do que é manco, coxo

man.qui.to.lar *v.i.* m.q. mancar

man.são *s.f.* casa luxuosa

man.sar.da *s.f.* **1** tipo de telhado em que cada vertente é quebrada em dois caimentos para melhor aproveitamento do espaço do desvão criado **2** o desvão desse tipo de telhado; água-furtada, sótão **3** *por ext.* morada miserável

man.si.dão *s.f.* **1** qualidade de manso **2** tranquilidade, serenidade

man.ta *s.f.* **1** cobertor, agasalho, xale **2** pedaço de carne **3** toucinho **4** prejuízo **5** trapaça **6** camada vegetal sobre o solo de florestas

man.tei.ga /ê/ *s.f.* **1** gordura obtida do leite **2** gordura em geral **3** *fig.* chorão, manteiga-derretida

man.tei.guei.ra /ê/ *s.f.* recipiente para armazenar manteiga

man.te.le.te /ê/ *s.m.* **1** veste longa e sem mangas usada por bispos **2** capa curta feminina usada por cima do vestido

man.te.ne.dor /ô/ *adj.* diz-se de quem mantém financeiramente uma instituição

man.ter /ê/ *v.t.* sustentar; conservar; alimentar

man.ti.lha *s.f.* xale usado para cobrir a cabeça e metade do corpo; manto

man.ti.men.to *s.m.* alimento

man.to *s.m.* capa, agasalho

man.tu.a.no *adj. gent.* natural ou habitante de Mântua, na Itália

ma.nu.al *adj.* **1** relativo a mão **2** diz-se do trabalho feito com as mãos • *s.m.* **3** livro de uso constante e fácil consulta para orientação

ma.nu.e.li.no *adj.* relativo ao rei português Dom Manuel I

ma.nu.scri.to *adj.* diz-se do que é escrito à mão

ma.nu.se.a.men.to *s.m.* ato ou efeito de manusear; manuseio

ma.nu.sei.o /ê/ *s.m.* m.q. manuseamento

ma.nu.se.ar *v.t.* **1** mover com as mãos **2** utilizar algo

ma.nu.ten.ção *s.f.* conservação; alimentação

mão *s.f.* **1** ANAT órgão dotado de cinco dedos, na extremidade do braço **2** *bras.* forma particular para executar alguma atividade **3** governo, direção, poder **4** distribuição de cartas em um jogo **5** auxílio **6** iniciativa de um negócio **7** sentido de fluxo nas vias públicas **8** camada de tinta, de reboque ■ **feito à mão** feito sem o recurso de máquinas ■ **mão de obra** grupo de trabalhadores capacitados para uma atividade ■ **mão mole** que deixa cair as coisas que segura nas mãos

mão-a.ber.ta *s.2g.* **1** indivíduo esbanjador, perdulário **2** indivíduo generoso no que diz respeito a gastos

mão-chei.a /ê/ *s.f.* **1** mancheia, punhado ■ **a mãos-cheias** em abundância

mão-le.ve *s.2g.* pessoa que furta; gatuno

ma.o.me.ta.no *adj. s.m.* RELIG seguidor da doutrina pregada por Maomé; muçulmano

ma.o.me.tis.mo *s.m.* m.q. islamismo

mão-te.nen.te *s.f.* mão firme, segura ■ **à mão-tenente** à queima-roupa, a pouca distância

mão.za.da *s.f.* **1** o que pode ser guardado na mão; punhado **2** golpe dado com a mão

mão.zu.do *adj.* diz-se de quem é dotado de mãos grandes

ma.pa *s.m.* carta geográfica ou representação gráfica de um estado, país etc. em tela

ma.pa-mún.di *s.m.* GEOG representação gráfica do planeta Terra

ma.po.te.ca /é/ *s.f.* sala para armazenamento de mapas

ma.que.te /é/ *s.f.* **1** ARQUIT projeto, miniatura de uma construção **2** BOT árvore nativa da África; cocanha

ma.qui.a.dor /ô/ *s.m.* profissional que pinta o rosto de outrem

ma.qui.a.gem *s.f.* **1** conjunto dos cosméticos usados para disfarçar ou aprimorar feições **2** efeito de se maquiar; pintura facial; maquilagem

ma.qui.ar *v.t.* fazer a maquiagem, pintar o rosto

ma.qui.a.vé.li.co *adj.* diz-se do astuto, hipócrita, fingido

ma.qui.a.ve.lis.mo *s.m.* doutrina política defendida por Maquiavel, segundo a qual é permitido maquiar com valores e usar de hipocrisia, astúcia e falta de escrúpulo para atingir seus objetivos no âmbito político

má.qui.na *s.f.* objeto com função mecânica definida

ma.qui.na.ção *s.f.* articulação, intriga, conjura

ma.qui.na.dor /ô/ *adj.* diz-se de quem faz maquinações

ma.qui.nal *adj.2g.* diz-se do ato inconsciente, rotineiro, sem reflexão, mecânico

ma.qui.nar *v.t.* articular alguma coisa má; planejar, arquitetar

ma.qui.na.ri.a *s.f.* o conjunto das máquinas; aparelhagem

ma.qui.nis.mo *s.m.* **1** m.q. maquinaria **2** ofício do maquinista **3** execução mecânica

ma.qui.nis.ta *s.m.* **1** operador de máquinas **2** condutor de locomotivas

mar *s.m.* **1** a parte do oceano que está próxima da terra **2** *fig.* grande quantidade de pessoas ou de coisas

ma.ra.bá *s.2g.* filho de índio com branco; mameluco

ma.ra.cá *s.m.* chocalho indígena que consiste em uma cabaça seca enchida com pedras miúdas

ma.ra.ca.nã *s.f.* ZOOL ave nativa do Brasil

ma.ra.ca.tu *s.m.* gênero musical típico do norte do Brasil

ma.ra.cu.já *s.m.* **1** BOT trepadeira cujo fruto tem sabor agridoce **2** fruto da planta de mesmo nome

ma.ra.cu.ja.zei.ro /ê/ *s.m.* BOT trepadeira cujo fruto é o maracujá

ma.ra.já *s.m.* **1** príncipe, rei, potentado da Índia **2** *fig.* homem muito rico, opulento **3** BOT espécie de palmeira brasileira

ma.ra.jo.a.ra *adj.* relativo à ilha de Marajó, situada na foz do rio Amazonas

ma.ra.nha *s.f.* **1** trama, urdidura **2** *fig.* maquinação, enredo, ardil

ma.ra.nhen.se *adj. gent.* diz-se do que é natural do Maranhão

ma.ras.ca *s.f.* BOT cereja amarga com a qual se faz o licor marasquino

ma.ras.mo *s.m.* apatia, desânimo, abatimento

ma.ras.qui.no *s.m.* licor feito da marasca

maratona

ma.ra.to.na *s.f.* **1** ESPORT modalidade de corrida olímpica com um percurso de 42 quilômetros **2** *por ext.* atividade extensa

ma.rau *adj.* diz-se do que é mariola, espertalhão

ma.ra.va.lha *s.f.* **1** apara de madeira com que se acende o fogo; serragem **2** qualquer tipo de apara que serve para fazer fogo

ma.ra.vi.lha *s.f.* **1** extraordinário; que provoca admiração **2** BOT erva nativa do México

ma.ra.vi.lhar *v.t.* provocar admiração; extasiar, embevecer

ma.ra.vi.lho.so /ô/ *adj.* extasiante, deslumbrante, assombroso

mar.ca *s.f.* **1** sinal, vestígio **2** rubrica, comentário **3** delimitação de fronteira **4** etiqueta, selo, qualidade **5** carimbo **6** nódoa, mancha

mar.ca.ção *s.f.* **1** ato de marcar, gravar sinal **2** ação de demarcar limites **3** ato de observar; vigilância **4** ação de indicar os passos de uma coreografia **5** MÚS indicação do compasso de uma música

mar.ca.do *adj.* **1** diz-se do que é assinalado, indicado, designado **2** combinado **3** estigmatizado

mar.ca.dor /ô/ *s.m.* **1** mural de informações e agendamentos **2** ferramenta usada para marcar • *adj.* **3** diz-se da pessoa que marca, assinala, indica

mar.can.te *adj.2g.* diz-se do que é notável, que fica na memória

mar.car *v.t.* **1** assinalar, carimbar, diferenciar **2** determinar, combinar **3** MÚS ritmar um compasso musical **4** indicar coreografia **5** vigiar alguém, observar

mar.ce.na.ria *s.f.* **1** oficina do marceneiro **2** arte do marceneiro

mar.ces.cí.vel *adj.2g.* que pode murchar, perder o vigor

mar.cha *s.f.* **1** caminhada a pé **2** modo de andar de pessoas e de animais **3** exercício militar **4** sequência

mar.chan.te *s.m.* negociante de gado para os açougues; boiadeiro

mar.char *v.t.* **1** seguir caminho em ritmo de marcha **2** caminhar, anda

mar.che.ta /ê/ *s.f.* cada uma das peças que se incrustam sobre a madeira em obra de marchetaria

mar.che.tar *v.t.* adornar, incrustar lavores, embutir

mar.che.ta.ri.a *s.f.* arte de marchetar

mar.che.te *s.m.* m.q. marcheta r

mar.ci.al *adj.2g.* diz-se do que é bélico, guerreiro, militar

mar.ci.a.no *adj.* relativo ao planeta Marte

mar.ço *s.m.* o terceiro mês do ano no calendário gregoriano

mar.co *s.m.* **1** marca, sinal **2** estaca de madeira usada para delimitar espaço

ma.ré *s.f.* **1** movimento da água do mar **2** *fig.* período de grande incidência de algum evento

ma.re.a.ção *s.f.* estado de enjoo a bordo de uma embarcação

ma.re.ar *v.t.* **1** manejar, controlar embarcação **2** enjoar a bordo

ma.re.chal *s.m.* EXÉRC maior patente militar

ma.re.cha.la.to *s.m.* **1** cargo de marechal **2** período de atuação de um marechal

ma.re.jar *v.t.* liberar líquido; ressumar, suar

ma.re.mo.to /ó/ *s.m.* oscilação das ondas marítimas provocada por atividades sísmicas ou ventanias

ma.re.si.a *s.f.* **1** qualidade úmida do clima litorâneo **2** odor dos lugares inundados pela maré **3** movimento da água do mar **4** ação oxidante da água marinha

ma.re.ta /ê/ *s.f.* pequena onda

mar.fim *s.m.* osso ou dente de elefante usado como adorno

mar.fí.neo *adj.* relativo a marfim

mar.ga *s.f.* mistura de carbonato de cal e argila; marna

mar.ga.ri.da *s.f.* BOT tipo de flor

mar.ga.ri.na *s.f.* CUL pasta feita com leite, óleo vegetal e outras gorduras

mar.ge.an.te *adj.2g.* diz-se do que margeia, ladeia

mar.ge.ar *v.t.* delimitar, beirar, ladear

mar.gem *s.f.* **1** tarja, beira, orla, praia **2** espaço em branco entre o início do papel e o início da área destinada à escrita

mar.gi.nal *adj.2g.* **1** relativo a margem **2** criminoso **3** diz-se de quem não se enquadra nos padrões socioeconômicos de uma comunidade

mar.gi.nar *v.t.* **1** seguir pela margem; margear **2** fazer anotações na margem de livro, revista etc.

ma.ri.al.va *s.m.* **1** equitador **2** *pejor.* conquistador, sedutor

ma.ri.a-mo.le /ó/ *s.f.* CUL doce feito de clara de ovo, açúcar e coco

ma.ri.a.no *adj.* **1** RELIG relativo à Virgem Maria • *s.m.* **2** RELIG frade da Ordem dos Marianos

ma.ri.do *s.m.* esposo, cônjuge

ma.rim.ba *s.f.* MÚS instrumento de percussão africano

ma.rim.bon.do *s.m.* ZOOL inseto com ferrão venenoso

ma.ri.nha *s.f.* **1** MAR conjunto de embarcações militares e comerciais **2** relativo aos profissionais que atuam no mar **3** gênero de pintura que representa o mar em seus vários temas

ma.ri.nha.gem *s.f.* MAR conjunto de marinheiros

ma.ri.nhar *v.t.* **1** MAR equipar um navio com marinheiros **2** MAR subir à mastreação **3** *fig.* subir ao alto, como os marinheiros

ma.ri.nha.ria *s.f.* MAR a arte ou profissão de marinheiro

ma.ri.nhei.ro /ê/ *s.m.* profissional da marinha

ma.ri.nho *adj.* relativo ao mar, à vida marítima

ma.ri.o.la /ó/ *s.m.* **1** empregado para pequenos serviços de entrega; mensageiro **2** canalha ◯ *s.f.* **3** doce de banana ou goiaba

ma.ri.o.lar *v.t.* **1** trabalhar como mariola **2** viver como um malandro; malandrar, vadiar

ma.ri.po.sa /ô/ *s.f.* BIOL borboleta de hábitos noturnos

ma.ris.car *v.t.* pescar mariscos

ma.ris.co *s.m.* BIOL nome dado a diversos crustáceos e moluscos comestíveis

ma.ris.ma *s.f.* terreno inundado pelas águas do mar

ma.ri.ta.ca /z/ *s.f.* espécie de papagaio pequeno; maitaca

ma.ri.tal *adj.2g.* relativo a marido, esposo

ma.ri.ti.ci.da *s.f.* esposa que mata o marido

ma.ri.ti.cí.dio *s.m.* assassinato do marido pela esposa

ma.rí.ti.mo *adj.* relativo ao mar

ma.rman.jo *s.m.* estágio entre menino e homem; rapaz

mar.me.la.da *s.f.* **1** CUL doce de marmelo **2** *fig.* resultado de uma combinação cuja intenção é burlar uma regra ou enganar os outros

mar.me.lei.ro /ê/ *s.m.* **1** BOT planta frutífera que produz o marmelo **2** cultivo de marmelos

mar.me.lo /é/ *s.m.* BOT fruto do marmeleiro

mar.mi.ta *s.f.* panela de metal e cobre ou plástico para armazenamento de alimento

már.mo.re *s.m.* pedra rígida usada para esculturas ou adornos luxuosos

mar.mo.rei.ra /ê/ *s.f.* pedreira de onde se extrai o mármore

mar.mó.reo *adj.* **1** relativo ao mármore **2** *fig.* diz-se do comportamento afetivo frio, insensível

mar.mo.ris.ta *adj.2g.* diz-se de quem trabalha com o mármore

mar.mo.ta /ó/ *s.f.* **1** ZOOL rato das montanhas; animal roedor **2** *pejor.* pessoa deselegante

mar.nel *s.m.* pântano, brejo, paul

ma.ro.ma *s.f.* **1** corda, barbante grosso **2** *m.q. maromba*

ma.rom.ba *s.f.* **1** corda usada pelos equilibristas em suas apresentações circenses; *corda bamba* **2** *fig. situação de* instabilidade, dificuldade **3** *pop.* esperteza, malandragem

ma.rom.bar *v.i.* iludir, trapacear, enganar

ma.ros.ca /ó/ *s.f.* **1** embrulhada, dificuldade, engano **2** *pejor.* trama, intriga, trapaça

ma.ro.tei.ra /ê/ *s.f.* **1** ato próprio de maroto **2** qualidade de patife; malandrice

ma.ro.to /ô/ *s.m.* **1** atrevido, malcriado **2** astuto, malicioso, esperto

mar.quês *adj.* título de nobreza

mar.que.sa /ê/ *adj.* **1** título dado à esposa do marquês **2** espécie de sofá espaçoso

mar.que.sa.do *s.m.* **1** *desus.* território sob a custódia de um marquês **2** *desus.* título de marquês

mar.qui.se *s.f.* fachada de imóveis para proteger do sol e da chuva

mar.ra *s.f.* **1** *m.q.* marrão **2** ferramenta agrícola; enxada **3** cada uma das extremidades do ferro triangular da âncora **4** martelo, malho

mar.ra.da *s.f.* **1** cabeçada dada por animais de chifre **2** golpe aplicado com a marra

mar.ra.no *adj.* diz-se do gado ruim, de má qualidade

mar.rão *s.m.* **1** martelo pesado usado para transformar pedras em brita; marra **2** ZOOL porco pequeno

mar.rar *v.t.* **1** encontrar-se de frente a; defrontar **2** bater, martelar, malhar **3** cabecear com

mar.ras.qui.no *s.m. m.q.* marasquino

mar.re.ca /é/ *s.f.* a fêmea do marreco

mar.re.co /é/ *s.m.* ZOOL pássaro palmípede

mar.re.ta *s.f.* **1** martelo usado para britar pedras **2** *fig.* vendedor ambulante

mar.re.ta.da *s.f.* golpe dado com marreta; pancada

mar.re.tar *v.t.* **1** quebrar, britar **2** *fig.* trabalhar como vendedor ambulante, mascate

mar.rom *s.m.* a cor da casca da castanha

mar.ro.quim *s.m.* couro curtido, originalmente preparado em Marrocos

mar.ro.qui.no *adj. gent.* natural ou habitante de Marrocos, na África

mar.ru.á *s.m.* touro bravo

mar.ruei.ro *s.m.* **1** veterinário **2** profissional que lida com marruás **3** domador de touros

mar.se.lhês *adj. gent.* natural ou habitante de Marselha, na França

mar.se.lhe.sa /ê/ *s.f.* tipo de telha chata, com rebordo

mar.su.pi.al *s.m.* BIOL espécie dos marsupiais, que se caracterizam por ter uma bolsa para carregar os filhotes

mar.sú.pio *s.m.* BIOL bolsa da região abdominal de certos mamíferos

mar.ta *s.f.* ZOOL mamífero mustelídeo semelhante à doninha

mar.te.la.da *s.f.* golpe executado com um martelo

mar.te.lar *v.t.* **1** bater com martelo; socar **2** *fig.* repetir uma ideia

mar.te.le.te /ê/ *s.m.* **1** pequeno martelo **2** MÚS martelo que tange as cordas do piano

mar.te.lo /é/ *s.m.* **1** ferramenta usada para socar **2** ANAT osso do ouvido cuja forma lembra um martelo

mar.te.li.nho *s.m. m.q.* martelete

mar.tim-pes.ca.dor /ô/ *s.m.* ZOOL designação comum às aves da família dos alcedinídeos, que pescam para se alimentar

mar.ti.ne.te /ê/ *s.m.* martelo hidráulico

mar.ti.ni *s.m.* coquetel que leva vermute e gim

már.tir *adj.2g.* **1** diz-se de quem foi torturado e morto por ir contra um regime **2** *por ext.* diz-se de quem sofreu intensamente

mar.tí.rio *s.m.* tormento, tortura, sofrimento

mar.ti.ri.zar *v.t.* torturar e matar alguém

ma.ru.im *s.m.* ZOOL inseto comum em lugares pantanosos

ma.ru.ja *s.f.* MAR grupo de marujos

ma.ru.ja.da *s.f.* grupo de marujos

ma.ru.jo *s.m. m.q.* marinheiro

ma.ru.lhar *v.i.* **1** formar ondas **2** fazer barulho como o das ondas

ma.ru.lho *s.m.* barulho de onda

mar.xis.mo /s/ *s.m.* ECON filosofia de Karl Marx cuja tese é a luta de classes e a posse estatal dos meios de produção

mar.xis.ta /s/ *adj.2g.* relativo a Karl Marx ou ao marxismo

mas *conj.* GRAM une adversamente duas orações

mas.car *v.t.* mastigar sem engolir

más.ca.ra *s.f.* **1** adorno que se usa sobre o rosto para disfarce **2** *por ext.* escudo usado para proteger o rosto

mas.ca.ra.da *s.f.* desfile de mascarados

mas.ca.ra.do *adj.* **1** diz-se de quem está disfarçado com máscara **2** *pejor.* diz-se da pessoa que é fingida

mas.ca.rar *v.t.* disfarçar, encobrir, dissimular, fingir

mas.ca.te *s.m.* vendedor ambulante

mas.ca.te.ar *v.t.* comercializar de porta em porta

mas.ca.va.do *adj.* diz-se do que é malfeito, realizado descuidadamente

mas.ca.vo *s.m.* açúcar não refinado

mas.co.te /ó/ *s.f.* amuleto, objeto ou ser usado para dar sorte

mas.cu.li.ni.da.de *s.f.* qualidade do que é masculino

mas.cu.li.ni.zar *v.t.* **1** dar aspecto masculino **2** GRAM dar o gênero masculino a nomes femininos

mas.cu.li.no *adj.* **1** diz-se do ser que possui falo • *s.m.* **2** GRAM gênero das palavras contrário ao feminino

más.cu.lo *adj.* macho, masculino; robusto, forte, valente

mas.mor.ra /ô/ *s.f.* cárcere subterrâneo; calabouço

ma.so.quis.mo *s.m.* **1** perversão sexual em que o prazer é obtido por meio da dor **2** *por ext.* atitude de quem busca o sofrimento

ma.so.quis.ta *adj.2g.* diz-se de quem pratica o masoquismo

mas.sa *s.f.* **1** quantidade de matéria sólida ou pastosa; pasta **2** *fig.* povo, multidão

mas.sa.crar *v.t.* matar violentamente

massacre

mas.sa.cre *s.m.* genocídio, matança
mas.sa.gem *s.f.* terapia corporal cuja técnica é a compressão do corpo por meio das mãos
mas.sa.gis.ta *s.2g.* profissional que faz massagens
mas.sa.pé *s.m.* **1** terra fértil de cor escura **2** m.q. capim-sapê
mas.sei.ra /ê/ *s.f.* forma usada para levar o pão ao forno
mas.se.ter /é/ *s.m.* ANAT músculo responsável pela mastigação
mas.su.do *adj.* diz-se do que tem aspecto de massa; grosso, empastado
mas.tec.to.mi.a *s.f.* MED cirurgia para retirada total ou parcial do seio
mas.ti.ga.ção *s.f.* ato de mastigar
mas.ti.ga.do *adj.* **1** diz-se do que foi triturado pelos dentes **2** *fig.* de fácil acesso; de mão beijada
mas.ti.ga.dor /ô/ *adj.* **1** diz-se do que tritura, mói com os dentes • *s.m.* **2** ANAT cada um dos músculos responsáveis por dar à mandíbula o movimento necessário para a mastigação
mas.ti.gar *v.t.* **1** mascar, triturar, reduzir com os dentes **2** *fig.* facilitar
mas.tim *s.m.* **1** ZOOL cão de guarda **2** *fig.* beleguim, policial
mas.ti.te *s.f.* MED patologia provocada pela inflamação da glândula mamária
mas.to.don.te *s.m.* **1** PALEO gênero de dinossauro ancestral do elefante **2** *fig.* indivíduo grande, corpulento
mas.to.dôn.ti.co *adj.* diz-se do que é enorme, imenso, descomunal
mas.to.plas.ti.a *s.f.* MED cirurgia plástica para reconstituição ou correção dos seios
mas.to.zo.á.rio *adj.* diz-se de animal que tem mamas
mas.tre.a.ção *s.f.* **1** MAR ação de colocar mastros em um navio **2** MAR o conjunto dos mastros de uma embarcação **mas.tre.ar** *v.t.* MAR colocar mastros em uma embarcação
mas.tro *s.m.* MAR madeiro colocado em cada uma das extremidades e no centro de uma embarcação
mas.tru.ço *s.m.* BOT erva medicinal, nativa dos continentes americanos
mas.tur.ba.ção *s.f.* autoexcitação dos órgãos genitais
mas.tur.ba.dor /ô/ *adj.* diz-se daquele que (se) masturba
mas.tur.bar *v.t. v.pron.* proporcionar prazer sexual artificialmente
ma.ta *s.f.* m.q. floresta
ma.ta-bor.rão *s.m.* papel usado para absorver tinta ou outros líquidos
ma.ta-bur.ro *s.m.* fosso cuja estrutura é constituída de barras de ferro ou de madeira espaçadas, para impedir a passagem de animais
ma.ta.ção *s.f.* genocídio, morte, carnificina
ma.ta.cão *s.m.* pedra usada como projétil
ma.ta.do *adj.* **1** diz-se do que foi morto, assassinado **2** *fig.* malfeito, feito às pressas
ma.ta.dor /ô/ *adj.* diz-se de quem assassina
ma.ta.dou.ro *s.m.* **1** lugar onde se abatem animais para o consumo **2** *por ext.* lugar insalubre
ma.ta.gal *s.m.* terreno cheio de mato
ma.ta.lo.ta.gem *s.f.* armazenamento de alimentos
ma.ta.lo.te /ó/ *s.m.* m.q. marinheiro
ma.tan.ça *s.f.* morticínio, genocídio

ma.ta-pi.o.lho /ô/ *s.m. pop.* dedo polegar
ma.tar *v.t.* tirar a vida de um ser vivo; assassinar
ma.ta.réu *s.m.* m.q. matagal
ma.ta.ri.a *s.f.* m.q. matagal
ma.te *adj.* **1** diz-se de algo sem brilho • *s.m.* **2** BOT planta nativa da América do Sul **3** chá feito da planta de mesmo nome
ma.tei.ro /ê/ *adj.* **1** diz-se de quem é responsável por distribuir ou preparar a infusão da erva-mate **2** diz-se de quem vive e trabalha em matagais
ma.te.má.ti.ca *s.f.* ciência lógica que estuda, por meio de cálculos, os objetos abstratos e a relação entre eles
ma.te.má.ti.co *adj.* **1** relativo a matemática • *s.m.* **2** estudioso de matemática
ma.té.ria *s.f.* **1** aquilo possui massa própria **2** *fig.* substância genérica **3** *por ext.* disciplina
ma.te.ri.al *adj.2g.* **1** relativo à matéria • *s.m.* **2** conjunto dos objetos usados para a execução de uma atividade
ma.te.ri.a.li.da.de *s.f.* qualidade de ser matéria
ma.te.ri.a.lis.mo *s.m.* **1** FILOS doutrina que propõe que a matéria e suas forças regem as regras sociais **2** FILOS doutrina que nega a espiritualidade e defende a busca pelo prazer como finalidade da condição humana
ma.te.ri.a.lis.ta *adj.2g.* diz-se de quem é adepto do materialismo
ma.te.ri.a.li.za.ção *s.f.* **1** ação de transformar algo em matéria **2** ação de atribuir características de objeto a um ser vivo **3** realização de planos e sentimentos
ma.te.ri.a.li.zar *v.t.* concretizar, tornar realidade
ma.té.ria-pri.ma *s.f.* substância a ser transformada pela indústria ou por artesãos
ma.ter.nal *adj.2g.* **1** relativo à mãe **2** afetuoso, materno
ma.ter.ni.da.de *s.f.* **1** qualidade de mãe **2** MED setor do hospital que se dedica à obstetrícia
ma.ter.no /é/ *adj.* m.q. maternal
ma.ti.lha *s.f.* coletivo de cães
ma.ti.na *s.f.* ato de madrugar; madrugada ■ **matinas** a parte do coro religioso que é feita de madrugada
ma.ti.na.da *s.f.* **1** m.q. madrugada **2** rumor, ruído, estrondo
ma.ti.nal *adj.2g.* relativo às horas que antecedem o meio-dia
ma.tiz *s.m.* tonalidade, cor, nuança
ma.ti.zar *v.t.* ordenar tons de cores de forma que combinem entre si; decorar
ma.to *s.m.* vegetação que cresce sem cultivo e não recebe cuidados de jardinagem; mata
ma.to-gros.sen.se *adj. gent.* diz-se do que é natural do Estado de Mato Grosso
ma.tra.ca *s.f.* **1** instrumento musical cujo som é produzido pelo atrito entre duas superfícies **2** *fig.* pessoa que fala exageradamente
ma.tra.que.ar *v.i.* **1** tirar som da matraca **2** fazer barulho **3** *fig.* falar excessivamente
ma.trei.ro /ê/ *adj.* diz-se de quem é esperto, astuto, sagaz
ma.tri.ar.ca *s.f.* mulher na figura do chefe, como centro da família
ma.tri.ar.ca.do *s.m.* **1** instituição comandada por uma mulher **2** legislação primitiva na qual o filho assume o nome e os direitos da mãe
ma.tri.ar.cal *adj.2g.* relativo ao matriarcado

medicação

ma.tri.ci.al *adj.2g.* **1** relativo a matriz **2** INFORMÁT diz-se de impressora cujos caracteres são impressos pela pressão sobre uma fita

ma.tri.ci.da *adj.2g.* diz-se do filho que assassina a própria mãe

ma.tri.cí.dio *s.m.* a morte da mãe causada pelo filho

ma.trí.cu.la *s.f.* registro de inscrição em uma instituição

ma.tri.cu.lar *v.t. v.pron.* inscrever(-se), registrar(-se) como membro de alguma instituição

ma.tri.li.ne.ar *adj.2g.* que se refere à sucessão por linha materna

ma.tri.mo.ni.al *adj.2g.* relativo a matrimônio

ma.tri.mô.nio *s.m.* m.q. casamento

ma.triz *s.f.* **1** instituição primitiva que tem filiais **2** MAT organização numérica parecida com uma tabela

ma.tro.ca /ó/ *s.f.* sem objetivo, sem rumo ■ **andar à matroca** vagar a esmo

ma.tro.na *s.f.* **1** mulher casada **2** senhora respeitada por sua vivência **3** mulher corpulenta

ma.tu.la *s.f.* **1** corja, quadrilha **2** alforje **3** pavio de lampião

ma.tu.la.gem *s.f.* malandragem, vadiagem

ma.tu.ra.ção *s.f.* **1** processo de amadurecimento frutífero **2** desenvolvimento de qualquer processo

ma.tu.rar *v.t.* amadurecer, evoluir, completar o ciclo de crescimento

ma.tu.ra.ti.vo *adj.* **1** diz-se do que produz a maturação **2** MED diz-se de medicamento que acelera a supuração de uma ferida

ma.tu.ri.da.de *s.f.* qualidade de ser maduro, desenvolvido

ma.tu.sa.lém *s.m.* **1** macróbio, ancião **2** garrafa de vinho de volume maior que o normal

ma.tu.tar *v.t.* raciocinar, pensar, refletir

ma.tu.ti.ce *s.f.* ação característica do matuto, do caipira

ma.tu.ti.no *adj.* relativo à manhã

ma.tu.to *adj.* diz-se de quem vive no campo, culturalmente distante dos costumes da cidade

mau *adj.* diz-se do que é ruim, prejudicial

mau-o.lha.do *s.m.* **1** olhar ao qual é atribuída uma força negativa; feitiço **2** inveja

mau.ri.ta.no *adj. gent.* natural ou habitante da Mauritânia, na África

máu.ser *s.f.* tipo de fuzil, arma de fogo

mau.so.léu *s.m.* túmulo luxuoso

ma.vi.o.so /ó/ *adj.* diz-se do que é suave, harmonioso, brando

ma.xi.la /ks/ *s.f.* ANAT queixo, mandíbula

ma.xi.lar /ks/ *adj.* relativo a maxila

má.xi.ma /s/ *s.f.* provérbio; regra científica; doutrina

má.xi.me /ks/ *adv.* especialmente, principalmente

má.xi.mo /s/ *adj.* diz-se do grau mais alto a que se possa alcançar ou pressupor

ma.xi.xe *s.m.* gênero musical cuja coreografia é regida por movimentos da cintura

ma.ze.la /é/ *s.f.* **1** ferida, machucado **2** mancha moral, mácula **3** doença, patologia

ma.zur.ca *s.f.* gênero musical oriundo da Polônia cujo compasso é ternário

me *pron.* GRAM pronome pessoal oblíquo da primeira pessoa do singular

me.a.ção *s.f.* ação ou efeito de dividir ao meio

me.a.da *s.f.* **1** quantidade de fios enovelados **2** *fig.* trama, confusão, intriga

me.a.do *adj. s.m.* **1** dividido em duas partes iguais **2** metade aproximada de um período

me.a.lhei.ro /ê/ *s.m.* **1** caixa registradora **2** estojo para guardar moedas

me.an.dro *s.m.* caminho sinuoso, cheio de curvas

me.ão *adj.* **1** diz-se do que está no meio **2** diz-se do que é mediano, médio

me.ar *v.t.* dividir ao meio; amear

me.a.to *s.m.* **1** abertura externa de um canal **2** caminho, via, passagem

me.câ.ni.ca *s.f.* **1** FÍS estudo sobre o movimento dos corpos **2** estudo das partes de uma máquina, de um mecanismo **3** reparo de peças que possibilitam movimento a um maquinismo

me.câ.ni.co *adj.* **1** diz-se do que produz movimento **2** diz-se do profissional especializado em mecânica

me.ca.nis.mo *s.m.* conjunto das peças de um aparelho necessárias para o pleno funcionamento da máquina

me.ca.ni.za.ção *s.f.* uso da força mecânica em vez da animal

me.ca.ni.zar *v.t.* substituir o trabalho manual pelo maquinal

me.ca.no.gra.fi.a *s.f.* m.q. datilografia

me.ce.nas /ê/ *s.m.2n.* financiador de artistas

me.ce.na.to *s.m.* ajuda prestada a artistas

me.cha /é/ *s.f.* porção de pano embebido em líquido inflamável; pavio

me.cô.nio *s.m.* substância de cor esverdeada que é coletada no intestino do feto e que constitui a primeira evacuação do recém-nascido

me.da.lha *s.f.* medalhão de metal dado aos primeiros finalistas de uma atividade competitiva; condecoração

me.da.lhão *s.m.* **1** adorno simbólico semelhante à medalha **2** *pejor.* figura sem valor real

me.da.lhei.ro /ê/ *s.m.* **1** coleção de medalhas **2** móvel destinado à exposição e ao armazenamento de medalhas

me.da.lhis.ta *s.m.* **1** profissional que confecciona medalhas ou moedas **2** pessoa que é condecorada **3** estudioso de medalhística

mé.dão *s.m.* m.q. duna

mé.dia *s.f.* **1** MAT resultado da soma de um intervalo de valores dividida pela quantidade de parcelas **2** pontuação mínima necessária para a aprovação em testes **3** xícara grande de café com leite

me.di.a.ção *s.f.* articulação, intercessão

me.di.a.dor /ô/ *adj.* diz-se do que faz mediação

me.di.a.nei.ro /ê/ *adj.* m.q. mediador

me.di.a.ni.a *s.f.* **1** condição de mediano **2** a classe média da sociedade

me.di.a.no *adj.* diz-se do que não se encontra nos extremos, que está no meio da reta

me.di.an.te *adj.* **1** diz-se do que serve de intermediário, interposto • *prep.* **2** GRAM por meio de, por intermédio de

me.di.ar *v.t.* **1** comportar-se como mediador, intermediário **2** partir ao meio

me.di.a.to *adj.* diz-se do que precisa de intermediário; indireto

me.di.a.triz *s.f.* **1** mulher que atua como mediadora, intercessora **2** GEOM reta perpendicular a um segmento de reta que passa pelo seu ponto médio

mé.di.ca *s.f.* MED profissional formada em medicina

me.di.ca.ção *s.f.* MED ação de medicar, de fazer uso de drogas com fins terapêuticos

medicamentar

me.di.ca.men.tar *v.t.* m.q. medicar

me.di.ca.men.to *s.m.* droga farmacêutica, remédio

me.di.ca.men.to.so /ô/ *adj.* diz-se do que tem propriedades farmacêuticas

me.di.car *v.t.* MED tratar com drogas farmacêuticas, ministrar medicamentos

me.di.ção *s.f.* ato ou efeito de medir; medida

me.di.ci.na *s.f.* 1 MED ciência que se ocupa da prevenção e cura de enfermidades, além da manutenção da saúde humana 2 remédio, medicamento

mé.di.co *adj.* 1 MED relativo a medicina • *s.m.* 2 MED profissional formado em medicina

me.di.da *s.f.* 1 tamanho, proporção, grandeza física, extensão 2 grandeza padrão sobre a qual se faz juízo de tamanho, peso e quantidade 3 recurso usado para evitar ou reparar danos ou necessidades 4 limite, algo que não se deve ultrapassar 5 moderação, comedimento

me.di.dor /ô/ *adj.* 1 diz-se do que é encarregado de mensurar • *s.m.* 2 aparelhagem usada para mensurar

me.di.e.val *adj.2g.* relativo ao período histórico conhecido como Idade Média

mé.dio *adj.* 1 diz-se do que está em posição intermediária; meio 2 diz-se do que tem extensões medianas; normal, comum

me.di.o.cre *adj.2g.* 1 *pejor.* diz-se do que é mediano 2 *pejor.* diz-se do que não tem qualidades que o diferencie dos outros

me.di.o.cri.da.de *s.f.* qualidade ou condição do que é medíocre

me.dir *v.t.* 1 mensurar, aferir extensão, massa, capacidade de desempenho etc. por meio de unidades convencionadas 2 *fig.* julgar preconceituosamente ■ **medir armas** duelar, brigar ■ **medir forças** combater, desafiar, lutar ■ **medir largo e cortar estreito** prometer muito e cumprir pouco ■ **medir palavras** ser cauteloso no uso da linguagem

me.di.ta.bun.do *adj.* 1 diz-se de quem está pensativo, reflexivo 2 *por ext.* diz-se de quem está melancólico, cabisbaixo

me.di.ta.ção *s.f.* ação de refletir, meditar, ponderar

me.di.ta.ti.vo *adj.* 1 diz-se de quem é dado à meditação; meditabundo 2 diz-se do que é próprio de quem medita

me.di.tar *v.t.* 1 refletir, raciocinar 2 analisar um evento para decidir-se sobre 3 projetar, planejar, arquitetar

me.di.ter.râ.neo *adj.* 1 diz-se do que está cercado por terras 2 relativo ao mar Mediterrâneo

mé.dium *s.2g.* RELIG pessoa que media a comunicação entre os espíritos de mortos e as pessoas presentes em uma sessão de espiritismo

me.do /ê/ *adj.gent.* 1 diz-se do que é natural da Média, região da Ásia • *s.m.* 2 receio, pavor

me.do.nho *adj.* diz-se do que é horrível, feioso, apavorante

me.drar *v.i.* crescer, desenvolver-se, progredir, aumentar

me.dro.so /ô/ *adj.* diz-se do que sente medo

me.du.la *s.f.* MED substância que se encontra no interior de outro órgão, comumente nos ossos

me.du.lar *adj.2g.* relativo à medula

me.du.sa *s.f.* 1 BIOL animal marinho gelatinoso provido de tentáculos 2 MIT uma das três Górgonas; mulher que possui serpentes em vez de cabelos e olhos que têm o poder de petrificar quem os fita 3 *pejor.* bruxa 4 *pejor.* mulher horrorosa

me.du.soi.de /ó/ *adj.2g.* diz-se do que tem forma semelhante à da medusa

me.ei.ro /ê/ *adj.* 1 diz-se do que pode ser dividido ao meio 2 diz-se do lavrador que planta a meias com o dono do terreno, a quem tem de dar parte do rendimento da plantação

me.fis.to.fé.li.co *adj.* 1 diz-se do que apresenta características de Mefistófeles; sarcástico, pérfido 2 diz-se do que é diabólico, infernal

mega- *pref.* 1 GRAM atribui qualidade de grande à palavra com a qual é usada 2 expressa a ideia de um milhão

me.ga.fo.ne *s.m.* 1 aparelho em formato de cone usado para projetar a voz 2 m.q. alto-falante

me.ga.lí.ti.co *adj.* diz-se do que foi construído com pedra

me.gá.li.to *s.m.* grande bloco de pedra

me.ga.lo.ce.fa.li.a *s.f.* m.q macrocefalia

me.ga.lo.cé.fa.lo *adj.* m.q. macrocéfalo

me.ga.lo.ma.ni.a *s.f.* mania de grandeza

me.ga.lô.ma.no *s.m.* pessoa que sofre de megalomania

me.ga.los.sau.ro *s.m.* PALEO espécie de dinossauro carnívoro e bípede

me.ga.té.rio *s.m.* PALEO espécie mamífera de dinossauro gigantesco

me.ge.ra /é/ *s.f.* mulher maldosa

mei.a /ê/ *s.f.* 1 peça de vestuário para os pés • *adj.* 2 feminino de meio

mei.a-di.rei.ta /ê...ê/ *s.f.* ESPORT posição do jogador de futebol que fica à direita do atacante central

mei.a-i.da.de /ê/ *s.f. pop.* época da vida entre quarenta e cinquenta e cinco anos

mei.a-ir.mã /ê/ *s.f.* relação entre proles em que a irmã é filha somente do pai ou da mãe

mei.a-lua /ê/ *s.f.* 1 *pop.* fase crescente da Lua 2 objeto cuja forma lembra a fase lunar crescente 3 RELIG um dos símbolos do islamismo 4 barco pesqueiro de fundo chato e proa e popa em forma de bico

mei.a-noi.te /ê...ô/ *s.f.* 1 a metade da noite 2 a hora do meio da noite

mei.a-ti.ge.la /ê...é/ *s.f.* objeto de ínfimo valor, de pouca importância

mei.a-tin.ta /ê/ *s.f.* 1 tonalidade mediana de uma cor 2 *fig.* disfarce, dissimulação

mei.a-vol.ta /ê...ô/ *s.f.* movimento rotativo de 180° ; mudança completa de direção

mei.go /ê/ *adj.* diz-se do que é suave, afetuoso, amável

mei.gui.ce *s.f.* qualidade de ser meigo; afabilidade, amabilidade

mei.o /ê/ *adj.* 1 diz-se do que está na metade, no centro • *adv.* 2 por metade 3 um pouco, um tanto • *s.m.* 4 método, maneira, possibilidade 5 ambiente social

mei.o-di.a /é/ *s.m.* 1 a metade do dia 2 a décima segunda hora

mei.o-fi.o /ê/ *s.m.* limite entre a calçada e a via

mei.o-ir.mão /ê/ *s.m.* relação entre proles em que o irmão é filho somente do pai ou da mãe

mei.os /ê/ *s.m.pl.* 1 métodos, recursos 2 proventos, riquezas

meningococo

mei.o.se /ó/ *s.f.* BIOL divisão celular em que o número de cromossomos das novas células corresponde à metade da quantidade de cromossomos da célula original

mei.o-so.pra.no /ê/ *s.m.* MÚS voz feminina cujo tom se situa entre o soprano e o contralto

mei.o-ter.mo /ê - ê/ *s.m.* equilíbrio entre argumentos; moderação

mei.o-tom /ê/ *s.m.* **1** MÚS metade de um tom na escala musical; bemol, sustenido **2** sussurro **3** matiz

mei.ri.nho *adj.* **1** relativo ao gado que vive nas montanhas durante o verão e retorna à planície no inverno • *s.m.* **2** oficial de justiça **3** ZOOL espécie de aranha; papa-moscas

mel /é/ *s.m.* fluido açucarado fabricado por várias espécies de abelhas

me.la.ço *s.m.* líquido concentrado do açúcar antes de ser cristalizado

me.la.do *adj.* **1** diz-se do que é muito doce **2** *por ext.* diz-se do que tem comportamento de grude; pegajoso • *s.f.* **3** CUL rapadura liquefeita

me.lan.ci.a *s.f.* BOT trepadeira frutífera cujo fruto tem aspecto grande e contém muito líquido no seu interior; melancieira **2** fruto da melancieira

me.lan.co.li.a *s.f.* tristeza, desânimo

me.lan.có.li.co *adj.* diz-se de quem sofre de melancolia

me.la.né.sio *adj. gent.* diz-se do que é natural da Melanésia

me.la.ni.na *s.f.* ANAT proteína de cor marrom ou preta que tem função de pigmentar a superfície de animais e vegetais

me.la.no.ma *s.m.* câncer de pele

me.lão *s.m.* BOT fruto menor da mesma família que a melancia

me.lar *v.i.* **1** diluir o açúcar para dar textura de mel ○ *v.t.* **2** misturar com mel **3** adoçar muito **4** untar com mel **5** tornar pegajoso, grudento

me.le.ca /é/ *s.f.* **1** muco do nariz **2** *pejor.* porcaria

me.le.na *s.f.* **1** cabeleira comprida **2** evacuação e vômito de aspecto escuro **3** *m.q.* melanorragia

me.lhor /ó/ *adj.* **1** comparativo de superioridade de bom • *adv.* **2** bem, mais perfeitamente

me.lho.ra /ó/ *s.f.* **1** melhoria clínica **2** promoção empregatícia ou social

me.lho.ra.men.to *s.m.* ação de melhorar; progresso

me.lho.rar *v.t.* tornar melhor; aperfeiçoar, beneficiar, progredir

me.lho.ra.ti.vo *adj.* diz-se do que produz melhoria

me.lho.ri.a *s.f.* **1** melhora clínica **2** *m.q.* melhoramento

me.li.an.te *s.m.* ladrão, vigarista

me.lí.fe.ro *adj.* diz-se do que tem ou produz mel

me.li.fi.car *v.t. m.q.* melar

me.lí.fluo *adj.* diz-se do que tem as propriedades do mel

me.lin.drar *v.t. v.pron.* **1** ferir(-se) **2** contrariar(-se); ofender(-se)

me.lin.dre *s.m.* **1** sentimento de pudor; vergonha, timidez **2** disposição para se magoar **3** delicadeza de trato; polidez **4** afetação, artificialidade **5** CUL bolo feito com mel **6** BOT *m.q.* beijo-de-frade

me.lin.dro.so /ô/ *adj.* diz-se do melindre ou de quem tem melindres

me.lis.sa *s.f. m.q.* erva-cidreira

me.lis.so.gra.fi.a *s.f.* BIOL catalogação das abelhas

me.lo.al *s.m.* cultura de melões

me.lo.di.a *s.f.* encadeamento de sons; canto, música

me.ló.di.co *adj.* diz-se do que é sonoro, musical

me.lo.di.o.so /ô/ *adj.* relativo a melodia

me.lo.dra.ma *s.m.* **1** drama musical; cena dramática musicada **2** *fig.* narrativa cujo enredo é excessivamente triste

me.lo.dra.má.ti.co *adj.* relativo a melodrama

me.lo.ei.ro /ê/ *s.m.* BOT planta frutífera que produz o melão

me.lo.ma.ni.a *s.f.* mania por música

me.lo.pei.a /é/ *s.f.* melodia sem letra; cantilena

me.lo.so /ô/ *adj.* **1** diz-se do que está cheio de mel **2** *fig.* diz-se de quem é exageradamente afetuoso e sentimental

mel.ro *s.m.* ZOOL pássaro cantor nativo da Europa, da Ásia e do norte da África

mem.bra.na *s.f.* **1** tecido fino que recobre órgãos interna e externamente **2** película, pele

mem.bra.no.so /ô/ *adj.* **1** diz-se do que tem aspecto de membrana **2** diz-se do que é formado por membranas

mem.bro *s.m.* **1** MED parte corpórea articulada com o tronco **2** parte de qualquer instituição

me.men.to *s.m.* lembrança, recordação

me.mo.ran.do *s.m.* **1** mensagem escrita **2** correspondência diplomática ou administrativa

me.mo.rar *v.t.* **1** lembrar, recordar **2** celebrar

me.mo.rá.vel *adj.2g.* diz-se do que é digno de ser lembrado, comemorado

mó.ria *s.f.* **1** faculdade mental ou artificial de armazenar informações **2** relato grafado de atos e feitos; memorial **3** autobiografia

me.mo.ri.al *s.m.* **1** relato de memórias **2** nota grafada que relata o processo de um evento **3** monumento dedicado a algum evento ou a alguma pessoa

me.mo.ri.a.lis.ta *adj.2g.* diz-se daquele que escreve memoriais

me.mo.ri.zar *v.t.* guardar de memória; decorar

me.na.gem *s.f.* **1** *m.q.* homenagem **2** juramento de fidelidade que os vassalos prestavam ao suserano **3** prisão fora de cárcere

me.nar.ca *s.f.* primeiro fluxo menstrual

men.ção *s.f.* ação de mencionar alguém ou algo, citar

men.ci.o.nar *v.t.* fazer menção; citar, aludir

men.daz *adj.2g.* diz-se do que é falso, mentiroso, hipócrita, traidor

men.di.cân.cia *s.f.* estado de quem pede esmolas

men.di.can.te *adj.2g.* **1** *m.q.* mendigo **2** RELIG diz-se de ordem religiosa que vive de doações

men.di.go *s.m.* pessoa desprovida de bens; pedinte

me.ne.ar *v.t.* **1** oscilar, balançar **2** movimentar parte do corpo **3** direcionar, conduzir

me.nei.o /ê/ *s.m.* **1** oscilação, balanço **2** gesto, aceno **3** direção, administração

me.nes.trel *s.m.* artista medieval que recitava trovas musicadas

me.ni.na.da *s.f.* grupo de crianças

me.nin.ge *s.f.* ANAT membrana que recobre o sistema cerebrospinal

me.nín.geo *adj.* relativo a meninge

me.nin.gi.te *s.f.* MED patologia provocada pela inflamação das meninges

me.nin.go.co.co *s.m.* micro-organismo causador da meningite

meninice

me.ni.ni.ce *s.f.* **1** idade infantil; meninez **2** ação característica de crianças

me.ni.no *s.m.* criança do sexo masculino

me.nir *s.m.* ARQUEOL monumento megalítico do período neolítico

me.nis.co *s.m.* **1** lente côncavo-convexa **2** ANAT lâmina fibrocartilaginosa que se encontra entre duas articulações **3** chapa semilunar usada sobre monumentos para proteger da chuva

me.nor /ó/ *adj.* **1** comparativo de inferioridade; menos extenso • *s.2g.* **2** pessoa que ainda não atingiu a idade legal **3** segunda premissa de um silogismo

me.no.ri.da.de *s.f.* **1** qualidade de ser infante **2** condição do que não atingiu a maioridade **3** qualidade de ser pequeno

me.nor.ra.gi.a *s.f.* MED fluxo menstrual intenso

me.nor.rei.a /é/ *s.f.* fluxo menstrual

me.nos *adv.* **1** quantidade insuficiente; pouco; abaixo do esperado • *s.m.* **2** MAT sinal da operação de subtração

me.nos.ca.bar *v.t.* descreditar, desprezar, depreciar, não considerar

me.nos.ca.bo *s.m.* desprezo, depreciação, desdém

me.nos.pre.zar *v.t.* depreciar, desdenhar, menoscabar

me.nos.pre.zo /ê/ *s.m.* desprezo, desdém

men.sa.gei.ro /ê/ *adj. s.m.* diz-se do que é responsável por anunciar mensagem

men.sa.gem *s.f.* recado, nota

men.sal *adj.2g.* relativo a mês

men.sa.li.da.de *s.f.* **1** qualidade de ser mensal **2** pagamento ou documento regular por mês

men.sá.rio *adj.* **1** diz-se do informativo mensal • *s.m.* **2** componente de mesa; mesário **3** tesoureiro

mens.tru.a.ção *s.f.* fluxo de sangue e muco uterino eliminado mensalmente por mulheres não grávidas

mens.tru.ar *v.i.* ter fluxo menstrual

mêns.truo *s.m.* m.q. menstruação

men.su.ra.ção *s.f.* ação de medir

men.su.rar *v.t.* medir

men.su.rá.vel *adj.2g.* diz-se do que pode ser medido

men.ta *s.f.* **1** BOT erva odorosa da família das labiadas **2** CUL pastilha e bebida feitas da erva de mesmo nome

men.tal *adj.2g.* **1** ANAT diz-se do que é relativo ao mento, ao maxilar inferior **2** diz-se do que é relativo à mente

men.ta.li.da.de *s.f.* **1** qualidade de ser mental **2** psique de cada indivíduo

men.ta.li.zar *v.t.* pensar; conceber intelectualmente; imaginar

men.tar *v.t.* lembrar, recordar

men.te *s.f.* faculdade do entendimento, da razão humana

men.te.cap.to *adj.* diz-se de quem perdeu o juízo; louco, insano

men.tir *v.t.* proferir inverdades; enganar por meio do discurso

men.ti.ra *s.f.* **1** inverdade **2** CUL doce feito de ovos e açúcar **3** pequena mancha branca que aparece nas unhas; leuconiquia

men.ti.ro.so /ô/ *adj.* diz-se do que é fingido, enganador

men.to *s.m.* ANAT maxila inferior; queixo

men.tol /ó/ *s.m.* QUÍM substância preparada com a essência extraída da hortelã

men.to.la.do *adj.* diz-se do que contém mentol

men.tor /ô/ *s.m.* **1** conselheiro, amigo **2** professor, dirigente, guia

me.nu *s.m.* m.q. cardápio

me.que.tre.fe /é/ *s.m.* **1** pessoa enxerida **2** indivíduo que é patife, biltre **3** pessoa insignificante

mer.ca.de.jar *v.t.* **1** vender, comercializar **2** *pejor.* negociar, tirando lucro ilícito; traficar

mer.ca.do *s.m.* estabelecimento comercial ■ **mercado negro** comércio ilegal

mer.ca.dor /ô/ *adj.* diz-se do comerciante

mer.ca.do.ri.a *s.f.* o que pode ser vendido ou trocado

mer.can.ci.a *s.f.* **1** negociação comercial **2** m.q. mercadoria

mer.can.ci.ar *v.t.* m.q. mercadejar

mer.can.te *adj.2g.* diz-se do negociante, do comerciante

mer.can.til *adj.* relativo a comércio

mer.can.ti.lis.mo *s.m.* **1** propensão comercial **2** HIST sistema político que visa lucro e que foi implantado na Europa após a queda do feudalismo

mer.car *v.t.* **1** mercadejar, comerciar **2** obter com esforço e sacrifício

mer.cê *s.f.* **1** recompensa, gorjeta **2** concessão de favores e títulos

mer.ce.ei.ro /ê/ *s.m.* **1** proprietário de mercearia **2** *desus.* indivíduo que rezava pela saúde de alguém em troca de moradia ou pensão

mer.ce.na.ris.mo *s.m.* **1** qualidade de mercenário **2** ocupação de mercenário

mer.ce.ná.rio *adj.* **1** diz-se daquele que realiza alguma atividade por um valor combinado **2** diz-se do que trabalha somente se receber pagamento; interesseiro

mer.ce.a.ri.a *s.f.* empório, armazém

mer.ce.o.lo.gi.a *s.f.* estudo das características e regras do comércio

mer.ce.ri.zar *v.t.* tratar o algodão com mercerização

mer.cu.ri.al *adj.2g.* **1** FARM diz-se do medicamento que contém mercúrio **2** diz-se de pessoa temperamental, com humor que se altera inesperadamente • *s.f.* **3** BOT planta da família das euforbiáceas

mer.cú.rio *s.m.* **1** ASTRON nome do planeta mais próximo do Sol **2** QUÍM metal líquido **3** MIT deus protetor do comércio **4** MIT mensageiro dos deuses, ágil por ter asas nos calcanhares e no chapéu

mer.cu.ro.cro.mo *s.m.* FARM substância usada na terapia de feridas, contusões, furúnculos

me.re.ce.dor /ô/ *adj.* diz-se do que merece, é digno

me.re.cer /ê/ *v.t.* ser credor; ter dignidade

me.re.ci.do *adj.* diz-se do que merece

me.re.ci.men.to *s.m.* qualidade que faz uma pessoa ser digna de louvor, aplauso, privilégio, recompensa

me.ren.da *s.f.* refeição secundária; lanche

me.ren.dar *v.t.* fazer refeição secundária

me.ren.dei.ra /ê/ *s.f.* **1** recipiente para armazenar ou transportar lanche **2** quem prepara o lanche em instituições

me.ren.gue *s.m.* **1** CUL doce feito com suspiro **2** MÚS ritmo originário da América Central

me.re.trí.cio *adj.* **1** relativo a meretriz • *s.m.* **2** a profissão de meretriz

me.re.triz *s.f.* m.q. prostituta

mer.gu.lha.dor /ô/ *adj.* diz-se da pessoa que domina a arte de mergulhar

mer.gu.lhão *s.m.* ZOOL espécie de ave aquática que obtém alimento mergulhando nas águas

metalúrgico

mer.gu.lhar *v.t.* **1** submergir **2** *fig.* aprofundar-se em algo

mer.gu.lhão *s.m.* ZOOL espécie de ave aquática que obtém alimento mergulhando nas águas

mer.gu.lho *s.m.* ação de mergulhar; imersão

me.ri.di.a.no *adj.* **1** relativo à hora do meio-dia **2** *fig.* claro, evidente • *s.m.* **3** círculo maior que passa pelos polos do planeta e corta o Equador em ângulos retos

me.ri.di.o.nal *adj.2g.* **1** relativo a meridiano **2** diz-se do que se situa no Sul

me.ri.no *s.m.* **1** raça de ovelhas cuja lã é muito fina **2** tecido feito com a lã fina dessas ovelhas

mé.ri.to *s.m.* estima, merecimento

me.ri.tó.rio *adj.* diz-se do que é digno de premiação, de valor

me.ro /é/ *adj.* **1** diz-se do que é puro, sem mistura • *s.m.* **2** ZOOL grande peixe da família dos serraní-deos

mês *s.m.* as doze divisões do ano solar, de duração variável em 28 ou 29, 30 ou 31 dias

me.sa /ê/ *s.f.* **1** móvel de superfície plana usado para sustentar equipamentos e objetos ou para fazer refeições **2** *fig.* passadio

me.sa.da *s.f.* renda mensal concedida aos filhos ou aos dependentes

me.sá.rio *s.m.* indivíduo que trabalha em uma seção eleitoral

mes.cla /é/ *s.f.* **1** mistura de substâncias **2** tecido confeccionado com fios de vários tons

mes.clar *v.t.* misturar, combinar

me.sen.cé.fa.lo *s.m.* ANAT parte central do encéfalo

me.sen.té.rio *s.m.* ANAT membrana que envolve os intestinos

me.se.ta /ê/ *s.f.* GEOG planalto de extensão pequena

mes.mi.ce *s.f. pejor.* monotonia

mes.mo *adj.* diz-se do que é igual, idêntico

me.so.car.po *s.m.* BIOL camada intermediária de um fruto e que constitui a polpa

me.só.cli.se *s.f.* GRAM colocação do pronome pessoal oblíquo entre o radical e a flexão verbal, ex.: *falar-te-ei, solicitar-me-ia*

me.so.fa.lan.ge *s.f.* ANAT a segunda falange do dedo

me.so.lo.gi.a *s.f.* ciência que estuda a relação entre os seres e o seu *habitat*; ecologia

me.so.po.tâ.mi.co *adj.* relativo à Mesopotâmia

me.so.zoi.co /ó/ *adj.* GEOL relativo ao período geológico localizado entre o Cenozoico e o Paleozoico

mes.qui.nha.ri.a *s.f.* avareza, miséria, mesquinhez

mes.qui.nhez /ê/ *s.f.* m.q. mesquinharia

mes.qui.nho *adj.* **1** diz-se de quem é pouco generoso; avarento, sovina **2** *desus.* diz-se do que é pobre, miserável

mes.qui.ta *s.f.* RELIG templo dos muçulmanos

mes.se /é/ *s.f.* colheita, safra

mes.si.â.ni.co *adj.* RELIG relativo ao Messias ou ao messianismo

mes.si.a.nis.mo *s.m.* RELIG crença na vinda de um salvador; o Messias

Mes.si.as *s.m.* RELIG o salvador prometido ao povo de Israel nas Escrituras

mes.ti.ça.men.to *s.m.* m.q. mestiçagem

mes.ti.ça.gem *s.f.* ZOOL cruzamento de seres de espécies diferentes

mes.ti.çar *v.t.* cruzar espécies diferentes; miscigenar

mes.ti.ço *adj.* diz-se do ser nascido do cruzamento de espécies diferentes

mes.tra /é/ *s.f.* **1** o que serve de paradigma para outra ação semelhante **2** professora

mes.tra.do *s.m.* **1** curso de pós-graduação **2** cargo, investidura militar

mes.tre /é/ *s.m.* **1** professor **2** título concedido ao pesquisador após concluir as exigências da pós-graduação

mes.tre-cu.ca /é/ *s.m.* m.q. cozinheiro

mes.tre-es.co.la /é - ó/ *s.m.* professor do ensino infantil

mes.tre-sa.la *s.m.* **1** m.q. mestre de cerimônias **2** pessoa responsável por conduzir bailes **3** integrante de destaque em um desfile de escola de samba que serve de acompanhante da porta-bandeira

mes.tri.a *s.f.* domínio de uma técnica; habilidade, perícia

me.su.ra *s.f.* **1** medida, padrão **2** *pejor.* polidez exagerada **3** tamanho ínfimo

me.su.rar *v.t.* **1** fazer mesuras **2** *desus.* medir; adequar a um padrão

me.su.rei.ro /ê/ *adj. pejor.* diz-se de pessoa que, pelo excesso de mesuras, se mostra bajuladora

me.ta /é/ *s.f.* **1** objetivo **2** limite, termo

me.ta.bó.li.co *adj.* relativo ao metabolismo

me.ta.bo.lis.mo *s.m.* **1** BIOL processo químico do organismo de qualquer ser vivo **2** BIOL ação fisioquímica que os agentes químicos do organismo dos seres vivos realizam ao entrar em contato com outros corpos, alterando-os **3** processo de transformação de alimento em energia na digestão

me.ta.car.po *s.m.* ANAT parte do esqueleto da mão compreendida entre o carpo e os dedos

me.ta.de *s.f.* uma das duas partes de um inteiro; meia parte

me.ta.fa.lan.ge *s.f.* ANAT a terceira falange do dedo

me.ta.fí.si.ca *s.f.* FILOS parte da filosofia que estuda os princípios elementares de todas as coisas

me.ta.fí.si.co *adj.* **1** relativo à metafísica **2** *por ext.* abstrato, transcendente **3** *fig.* de difícil entendimento, complexo • *s.m.* **4** especialista em metafísica

me.ta.fo.ni.a *s.f.* alteração sonora de uma vogal da raiz por outra da sílaba seguinte

me.tá.fo.ra *s.f.* GRAM figura de linguagem cujo recurso é o uso conotativo de uma palavra

me.ta.fó.ri.co *adj.* relativo a metáfora

me.tal *s.m.* QUÍM elemento simples, maleável e ductível encontrado na natureza

me.tá.li.co *adj.* diz-se do que tem características de metal

me.ta.lis.mo *s.m.* ECON sistema econômico cuja moeda de escambo é o metal

me.ta.li.za.do *adj.* diz-se do que passou por processo de metalização

me.ta.li.zar *v.t.* **1** dar características de metal **2** ser ambicioso por riquezas e tornar-se insensível às necessidades alheias

me.ta.lo.gra.fi.a *s.f.* ciência que analisa e cataloga os metais e suas propriedades físico-químicas

me.ta.loi.de /ó/ *s.m.* QUÍM substância semelhante a um metal

me.ta.lur.gi.a *s.f.* **1** prática de extrair metais do solo **2** arte de manipulação e confecção de objetos e substâncias a partir do metal

me.ta.lúr.gi.co *adj.* relativo a metalurgia

metamerização

me.ta.me.ri.za.ção *s.f.* disposição, organização ou segmentação em metâmeros

me.tâ.me.ro *s.m.* BIOL cada um dos segmentos do corpo dos animais metamerizados

me.ta.mor.fo.se /ó/ *s.f.* BIOL transformação de um corpo em outro

me.ta.mor.fo.se.ar *v.t.* BIOL transformar a forma original em outra

me.ta.no *s.m.* QUÍM gás incolor produzido pela fermentação de substâncias

me.ta.nol *s.m.* 1 álcool utilizado em automóveis e aviões; álcool metílico

me.ta.plas.mo *s.m.* GRAM alteração da estrutura lexical da palavra

me.tap.sí.qui.ca *s.f.* ciência que se ocupa dos fenômenos de telepatia, clarividência etc.

me.tás.ta.se *s.f.* 1 m.q. distensão 2 MED migração de substâncias patológicas por via sanguínea

me.ta.tar.so *s.m.* ANAT osso do pé localizado entre o tarso e as falanges dos dedos

me.tá.te.se *s.f.* mudança linguística da posição de uma vogal ou consoante dentro de um vocábulo, ex.: *semper > sempre*

me.ta.té.ti.co *adj.* relativo a metátese

me.ta.zo.á.rio *s.m.* BIOL espécie dos metazoários, organismos mais desenvolvidos que os protozoários

me.te.di.ço *adj. pejor.* intrometido, palpiteiro

me.tem.psi.co.se /ô/ *s.f.* m.q. reencarnação

me.te.ó.ri.co *adj.* 1 ASTRON relativo a meteoro 2 *fig.* diz-se do que surge marcadamente, mas desaparece muito rapidamente

me.te.o.ris.mo *s.m.* MED incômodo intestinal provocado pelo acúmulo de gases

me.te.o.ri.to *s.m.* ASTRON corpo celeste que se infiltra na atmosfera

me.te.o.ro /ó/ *s.m.* 1 fenômeno atmosférico de qualquer natureza 2 faixa de luz proveniente do atrito entre corpos celestes e os gases da atmosfera 3 *fig.* fama passageira

me.te.o.ro.lo.gi.a *s.f.* GEOG estudo das condições climáticas

me.te.o.ro.ló.gi.co *adj.* relativo à meteorologia, aos fenômenos da atmosfera

me.te.o.ro.lo.gis.ta *adj.2g.* GEOG diz-se do estudioso de meteorologia

me.te.o.ró.lo.go *adj.* m.q. meteorologista

me.ter /ê/ *v.t.* colocar, introduzir um objeto em outro ■ **meter a cara** aventurar-se ■ **meter a catana** difamar outrem ■ **meter a colher** intrometer-se em assunto alheio ■ **meter o bedelho** intrometer-se ■ **meter-se em maus lençóis** estar em situação difícil ■ **meter-se na boca do lobo** expor-se voluntariamente a perigos

me.ti.cu.lo.so /ô/ *adj.* diz-se do que é cauteloso, cuidadoso, minucioso

me.ti.do *adj.* 1 diz-se do que foi colocado, introduzido 2 *pejor.* diz-se do que é atrevido, audacioso

me.ti.la.mi.na *s.f.* QUÍM substância inflamável extraída do açúcar de beterraba

me.tí.li.co *adj.* QUÍM diz-se do que contém metil em sua fórmula

me.tó.di.co *adj.* diz-se do que é rigorosamente organizado

me.to.dis.mo *s.m.* 1 RELIG doutrina evangélica protestante cuja teologia tem a Bíblia como regra da fé e da prática 2 método terápico que classifica va as doenças como consequências do relaxamento ou do restringimento dos poros

me.to.dis.ta *adj.2g.* 1 diz-se da pessoa que acredita em um determinado método, que faz tudo segundo regras, princípios e cronogramas • *s.2g.* 2 seguidor do metodismo protestante

me.to.di.zar *v.t.* organizar; tornar metódico

mé.to.do *s.m.* 1 organização de uma pesquisa 2 conjunto de ações para facilitar uma tarefa 3 disciplina, regulamentação

me.to.do.lo.gi.a *s.f.* 1 organização científica 2 direção espiritual em busca da verdade 3 maneira eficaz para atingir um fim

me.to.do.ló.gi.co *adj.* relativo a metodologia

me.to.ní.mia *s.f.* GRAM figura de linguagem na qual é empregado o todo pela parte e vice-versa

me.tra.gem *s.f.* extensão calculada em metro

me.tra.lha *s.f.* 1 conjunto de balas de chumbo lançadas por meio de artilharia 2 som do disparo de uma metralhadora 3 *fig.* conjunto de objetos e recursos

me.tra.lha.do.ra /ô/ *s.f.* 1 arma automática que lança metralhas sucessivamente 2 *fig. pejor.* pessoa que fala muito

me.tra.lhar *v.t.* atirar metralhas; atacar com tiros de metralhadoras

mé.tri.ca *s.f.* LITER arte de mensurar os versos poéticos

mé.tri.co *adj.* 1 relativo a métrica 2 *por ext.* que tem tamanho certo

me.tri.fi.ca.ção *s.f.* LITER ação de metrificar

me.tri.fi.ca.do *adj.* diz-se do verso poético que foi mensurado

me.tri.fi.car *v.t.* 1 escrever versos de acordo com a forma poética desejada 2 calcular as sílabas, as pausas internas ou as cesuras de um verso poético

me.tri.te *s.f.* MED patologia causada pela inflamação do útero

me.tro /é/ *s.m.* 1 unidade de medida adotada pelo Sistema Internacional, sobre a qual, a partir de 1983, convencionou-se que corresponde à extensão do percurso da luz no vácuo em 1/299.792.458 do segundo 2 POÉT medida dos pés na poesia clássica baseada na quantidade das breves e das longas

me.tro.lo.gi.a *s.f.* ciência que regulamenta pesos e medidas

me.trô.no.mo *s.m.* MÚS aparelho pendular usado para marcar tempo musical

me.tró.po.le *s.f.* 1 a capital, a cidade mais importante de uma cidade ou província 2 centro urbano de grande porte 3 país em relação à sua colônia

me.tro.po.li.ta.no *adj.* relativo a metrópole

me.tror.ra.gi.a *s.f.* MED patologia provocada por hemorragia uterina

meu /ê/ *pron.* que pertence a mim

me.xe.di.ço *adj.* inquieto, agitado

me.xer /ê/ *v.t.* 1 misturar; agitar; fazer movimento 2 amolar; incomodar outrem

me.xe.ri.ca *s.f.* m.q. tangerina

me.xe.ri.car *v.t.* fazer intrigas, fofocar

me.xe.ri.co *s.m.* intriga, fofoca

me.xe.ri.quei.ra /ê/ *adj.* 1 diz-se da mulher que vive a fazer mexericos, intrigas, fofoca • *s.f.* 2 BOT árvore que produz a mexerica; tangerineira

milharal

me.xe.ri.quei.ro /ê/ *adj.* diz-se do homem que faz mexericos, intrigas, fofoca

me.xi.ca.no *adj. gent.* diz-se do que é natural do México

me.xi.da *s.f.* **1** ato ou efeito de mexer e deixar bagunçado **2** desentendimento, desacordo

me.xi.do *adj.* **1** diz-se do que foi misturado, revolvido **2** diz-se do que mudou ou foi mudado de posição

me.xi.lhão *s.m.* marisco, ostra

me.zi.nha *s.f.* **1** MED qualquer medicamento **2** *pop.* remédio caseiro

mg símbolo de miligrama

Mg QUÍM elemento magnésio da tabela periódica

mi *s.m.* MÚS terceira nota da escala musical

mi.a.da *s.f.* a voz dos pequenos felinos

mi.a.do *s.m.* a voz do gato

mi.ar *v.i.* emitir miado

mi.as.ma *s.m.* **1** emanação perniciosa à saúde exalada de animais em decomposição **2** ansiedade, mal-estar

mi.as.má.ti.co *adj.* **1** relativo a miasma **2** que forma miasmas

mi.au *s.m.* som emitido pelo gato

mi.ca *s.f.* **1** rocha metamórfica usada como isolante **2** porção de alguma coisa

mi.ca.gem *s.f.* **1** trejeito próprio de mico; careta **2** gesticulação ridícula

mic.ção *s.f.* ação de urinar

mi.co *s.m.* ZOOL espécie de macaco pequeno nativo do Brasil

mi.co.lo.gi.a *s.f.* BIOL estudo dos cogumelos e fungos e suas propriedades

mi.co.se /ó/ *s.f.* MED patologia provocada por fungo

mi.cro *s.m.* **1** unidade de medida **2** computador pessoal • *pref.* **3** GRAM agrega ao radical o sentido de parte, unidade menor

mi.cro.bi.a.no *adj.* **1** BIOL diz-se do que é provocado por micróbios **2** relativo a micróbio

mi.cró.bio *s.m.* BIOL qualquer organismo microscópico

mi.cro.bi.o.lo.gi.a *s.f.* BIOL estudo sobre os micróbios

mi.cro.bi.o.lo.gis.ta *s.2g.* BIOL especialista em microbiologia

mi.cro.ce.fa.li.a *s.f.* MED pequenez anormal da cabeça

mi.cro.cós.mi.co *adj.* relativo ao microcosmo

mi.cro.cos.mo /ó/ *s.m.* uma imagem reduzida do mundo; pequeno mundo

mi.cro.fil.me *s.m.* reprodução reduzida de documentos ou imagens capturadas por meio de microfilmagem

mi.cro.flo.ra /ó/ *s.f.* BOT flora formada por micro-organismos

mi.cro.fo.ne *s.f.* aparelho elétrico capaz de capturar e projetar os sons captados quando ligado a uma caixa de som

mi.cro.fo.ni.a *s.f.* **1** estado da voz sem projeção **2** som agudo e irritante oriundo da realimentação do sinal de saída no transdutor de entrada

mi.cro.fo.to.gra.fi.a *s.f.* arte de fotografar corpos microscópicos

mi.cro.me.tri.a *s.f.* técnica para medir objetos microscópicos, cuja unidade é o mícron

mi.cro.mé.tri.co *adj.* diz-se do que só pode ter a dimensão calculada em mícrons

mi.crô.me.tro *s.m.* aparelho usado para medir objetos microscópicos

mí.cron *s.m.* FÍS unidade de medida que vale um milésimo de milímetro

mi.cro.né.sio *adj. gent.* natural ou habitante da Micronésia

mi.cro-on.da *s.f.* onda ultracurta; radiação eletromagnética de altíssima frequência ■ **micro-ondas** aparelho eletrodoméstico que se vale de ondas ultracurtas para aquecer alimentos

mi.cro-or.ga.nis.mo *s.m.* BIOL organismo microscópico

mi.cros.có.pi.co *adj.* diz-se do que é muito pequeno, invisível a olho nu

mi.cros.có.pio *s.m.* aparelho ótico destinado a ampliar imagens que não podem ser vistas a olho nu

mi.cró.to.mo *s.m.* aparelho usado para fazer cortes muito pequenos em tecidos orgânicos

mi.cro.zo.á.rio *s.m.* ser vivo visível apenas ao microscópio

mic.tó.rio *s.m.* lugar específico para urinar

mi.cu.im *s.m.* BIOL designação comum aos ácaros prostigmatos, parasitas quase microscópicos

mi.e.lo.gra.fi.a *s.f.* MED radiografia da medula

mi.ga *s.f.* partícula, pedaço

mi.ga.lha *s.f.* **1** m.q. farelo **2** fragmento, partícula de um objeto

mi.ga.lho *s.m.* m.q. migalha

mi.gra.ção *s.f.* deslocamento de comunidades de um lugar para outro

mi.gran.te *adj.2g.* diz-se do que se mudou de um lugar para outro

mi.grar *v.i.* movimentar-se de um lugar para outro; mudar-se

mi.gra.tó.rio *adj.* relativo a migração

mi.i.o.lo.gi.a *s.f.* BIOL parte da biologia que estuda as moscas

mi.ja.da *s.f.* **1** *pop.* ato de urinar **2** quantidade de urina expelida de uma vez

mi.jar *v.t. pop.* m.q. urinar

mi.jo *s.m.* m.q. urina

mil *num.* **1** quantidade equivalente a dez vezes cem **2** o milésimo elemento de uma série

mi.la.gre *s.m.* RELIG evento não explicado pela ciência

mi.la.grei.ro /ê/ *adj.* RELIG diz-se de quem opera milagres

mi.la.gro.so /ô/ *adj.* RELIG m.q. milagreiro

mi.la.nês *adj. gent.* natural ou habitante de Milão, na Itália

mi.le.nar *adj.2g.* **1** diz-se do que é muito antigo **2** diz-se do que se perpetua por mil anos

mi.le.ná.rio *adj.* **1** relativo a mil **2** m.q. milenar • *s.m.* **3** o período de mil anos; milênio

mi.lê.nio *s.m.* período de mil anos

mi.lé.si.mo *num.* ordinal que corresponde a mil

mil-fo.lhas /ô/ *s.f.* CUL doce feito de camadas intercaladas com creme **2** variedade de couve de caule alto

mi.lha *s.f.* **1** diz-se da palha ou da farinha de milho • *s.f.* **2** unidade de medida terrestre usada em alguns países **3** mil reais

mi.lhã *s.f.* BOT designação comum a diversas gramíneas, muitas usadas como forragem

mi.lha.fre *s.m.* ZOOL m.q. gavião

mi.lhão *num.* mil vezes mil

mi.lhar *s.m.* **1** conjunto de mil unidades **2** MAT equivale à casa das mil unidades **3** nos jogos de azar, equivale aos quatro últimos dígitos do bilhete • *v.t.* **4** alimentar com milho

mi.lha.ral *s.m.* BOT cultura de milho

milheiral

mi.lhei.ral *s.f.* m.q. milharal
mi.lhei.ro /ê/ *adj.* **1** relativo a milho • *s.m.* **2** quantidade de mil unidades; milhar
mi.lho *s.m.* BOT planta frutífera que produz espigas granuladas
mi.li.am.pe.re /é/ *s.m.* FÍS unidade de intensidade elétrica que equivale à milésima parte de um ampere
mi.li.á.rio *adj.* relativo a milha
mi.lí.cia *s.f.* **1** carreira militar **2** *por ext.* grupo armado e organizado em hierarquia de mando
mi.li.ci.a.no *adj.* diz-se de quem pertence a uma milícia
mi.li.co *pop.* m.q. soldado
mi.li.gra.ma *s.m.* milésima parte do grama
mi.li.mé.tri.co *adj.* **1** diz-se do que só pode ser mensurado pelo milímetro **2** *fig.* diz-se do que é muito pequeno
mi.lí.me.tro *s.m.* milésima parte do metro
mi.li.o.ná.rio *adj.* diz-se de quem possui bens calculados em milhões
mi.li.o.né.si.mo *num.* uma das partes do inteiro dividido em um milhão
mi.li.tan.te *adj.2g.* **1** diz-se do militar em atividade **2** diz-se de quem se engaja em uma causa política ou religiosa
mi.li.tar *adj.* **1** soldado • *v.i.* **2** servir no exército **3** agir em favor de alguma ideia política ou religiosa
mi.li.ta.ri.zar *v.t.* armar e preparar uma nação militarmente
mi.li.ta.ris.mo *s.m.* sistema governamental cuja entidade militar subordina as demais
mi.lon.ga *s.f.* MÚS tipo de canto e dança populares na Argentina
mi.lor.de /ó/ *s.m.* expressão de tratamento que significa "meu senhor"
mim *pron.* pronome oblíquo da primeira pessoa do singular
mi.mar *v.t.* **1** acarinhar **2** representar como fazem os mimos; imitar
mi.me.o.gra.far *v.t.* produzir cópias por meio do mimeógrafo
mi.me.ó.gra.fo *s.m.* aparelho tipográfico multiplicador de cópias
mi.me.se /é/ *s.f.* **1** imitação, cópia **2** recriação artística
mi.mé.ti.co *adj.* diz-se de organismo dotado de mimetismo
mi.me.tis.mo *s.m.* **1** BIOL imitação, camuflagem **2** *fig.* imitação de outrem
mí.mi.ca *s.f.* arte gestual de transmitir informações a outrem
mí.mi.co *adj.* **1** relacionado a mímica **2** imitador; mimo
mi.mo *s.m.* **1** carinho **2** corpo delicado, gracioso **3** presente, agrado **4** farsa, comédia **5** comediante **6** planta cuja flor é de várias cores **7** ZOOL aves nativas da América que podem imitar o canto de outros pássaros
mi.mo.sa /ó/ *adj.* **1** diz-se de quem é delicada, cheia de mimos • *s.f.* **2** BOT planta cujas folhas fecham-se quando tocadas
mi.mo.so /ô/ *adj.* gracioso, delicado, encantador
mi.na *s.f.* **1** lugar de extração de metais preciosos **2** fonte de riqueza **3** engenho carregado de explosivos **4** antiga moeda grega de valor ínfimo
mi.nar *v.t.* **1** abrir galerias em busca de metais preciosos **2** verter água **3** plantar explosivos **4** *fig.* proliferar

mi.na.re.te /ê/ *s.m.* torre de mesquitas muçulmanas de onde é dado o sinal da oração
mi.naz *adj.2g.* diz-se do que é ameaçador
min.di.nho *s.m.* ANAT dedo mínimo; minguinho
mi.nei.ro /ê/ *adj.* **1** diz-se daquele que trabalha em minas; minerador **2** diz-se do que é natural do Estado de Minas Gerais
mi.ne.ra.ção *s.f.* trabalho nas minas; extração de minérios
mi.ne.ra.dor /ô/ *adj.* diz-se do que trabalha na exploração de minérios
mi.ne.ral *adj.2g.* GEOL diz-se do que contém minérios
mi.ne.ra.li.zar *v.t.* **1** transformar em mineral **2** dar aspecto de mineral
mi.ne.ra.lo.gi.a *s.f.* GEOL tratado dos minerais
mi.ne.ra.lo.gis.ta *adj.2g.* diz-se do estudioso de mineralogia
mi.ne.rar *v.t.* retirar minérios e metais de minas
mi.né.rio *s.m.* GEOL mineral de que se pode extrair uma ou mais substâncias economicamente úteis
min.gau *s.m.* CUL sopa pastosa
mín.gua *s.f.* miséria ■ **morrer à míngua** morrer na miséria, na pobreza
min.gua.do *adj.* diz-se de quem está na miséria, que sofre de escassez
min.guan.te *adj.2g.* **1** diz-se do que está diminuindo • *s.m.* **2** uma das fases da Lua
min.guar *v.t.* diminuir
mi.nha *pron.* indica a posse da primeira pessoa do singular no feminino
mi.nho.ca /ó/ *s.f.* BIOL verme anelídeo que vive no subterrâneo
mi.nho.cão *s.m.* **1** minhoca grande **2** MIT animal fantástico que habitava o rio São Francisco
mi.nho.to /ô/ *adj.* relativo ao Minho, região de Portugal
mi.ni.a.tu.ra *s.f.* representação de algo em proporções menores
mi.ni.fún.dio *s.m.* propriedade pequena
mí.ni.ma *s.f.* **1** MÚS figura musical que representa metade do tempo da semibreve **2** menor marca de um medidor
mi.ni.mi.zar *v.t.* **1** reduzir ao extremo **2** desprezar
mí.ni.mo *adj.* **1** diz-se do menor • *s.m.* **2** a menor parte
mi.nis.te.ri.al *adj.2g.* relativo a ministério
mi.nis.té.rio *s.m.* **1** ofício, missão, função **2** setor administrativo auxiliar da presidência de uma nação
mi.nis.tra *s.f.* **1** mulher que ocupa o cargo principal em um ministério do Estado **2** serva, criada
mi.nis.trar *v.t.* **1** servir, ajudar **2** aplicar; fornecer
mi.nis.tro *s.m.* **1** homem que ocupa o cargo principal em um ministério do Estado **2** servidor, empregado, servo, criado
mi.no.ra.ção *s.f.* alívio; atenuação
mi.no.rar *v.t.* **1** diminuir, abrandar **2** humilhar
mi.no.ra.ti.vo *adj.* diz-se do que alivia, abranda
mi.no.ri.a *s.f.* quantidade oposta à maioria
mi.no.ri.da.de *s.f.* m.q. menoridade
mi.no.ris.ta *adj.2g.* RELIG diz-se do religioso que recebeu ordens menores; menorista
mi.no.ri.tá.rio *adj.* que está em minoria
mi.no.tau.ro *s.m.* MIT ser híbrido com corpo de homem e cabeça de touro

mistral

mi.nu.a.no *s.m.* **1** nome de uma tribo indígena do Rio Grande do Sul **2** nome dado ao vento frio e forte que sopra durante a estação do inverno no Rio Grande do Sul

mi.nú.cia *s.f.* m.q. detalhe

mi.nu.ci.ar *v.t.* contar, relatar pormenorizadamente

mi.nu.ci.o.so /ô/ *adj.* diz-se de quem é detalhado, cheio de minúcias

mi.nu.dên.cia *s.f.* minúcia, pormenor, detalhe

mi.nu.den.ci.ar *v.t.* m.q. minuciar

mi.nu.en.do *s.m.* MÚS diminuição gradativa da intensidade do som ou da voz; diminuendo

mi.nu.e.te /ê/ *s.m.* MÚS gênero musical do século XVII

mi.nu.e.to /ê/ *s.m.* MÚS m.q. minuete

mi.nús.cu.la *s.f.* letra menor em oposição à maiúscula

mi.nús.cu.lo *adj.* diz-se do que é muito pequeno

mi.nu.ta *s.f.* **1** rascunho, borrão **2** prato feito na hora

mi.nu.tar *v.t.* escrever rascunho

mi.nu.to *s.m.* a sexagésima parte da hora

mi.o *s.m.* m.q. miado

mi.o.cár.dio *s.m.* ANAT músculo cardíaco

mi.o.car.di.te *s.f.* MED patologia provocada pela inflamação do miocárdio

mi.o.ce.no *s.m.* GEOL segundo período da Era Terciária

mi.o.lo /ô/ *s.m.* **1** interior dos frutos **2** *pop.* cérebro **3** *fig.* sensatez, juízo

mi.o.lo.gi.a *s.f.* MED parte da medicina que estuda os músculos

mi.o.ma /ô/ *s.m.* tumor muscular

mí.o.pe *adj.2g.* diz-se das pessoas que sofrem de miopia

mi.o.pi.a *s.f.* **1** condição da visão que só enxerga de perto **2** *pop.* vista curta

mi.ra *s.f.* **1** pontaria **2** objetivo, finalidade, escopo

mi.ra.bo.lan.te *adj.2g.* extraordinário, fantástico

mi.ra.cu.lo.so /ô/ *adj.* **1** diz-se do que é fantástico **2** diz-se do que opera milagres

mi.ra.gem *s.f.* **1** fenômeno atmosférico de refração que ilude quem o presencia **2** visão ilusória, fantástica

mi.ra.mar *s.m.* plataforma para contemplação do mar

mi.ran.te *s.m.* plataforma para contemplação de paisagens

mi.rar *v.t.* **1** admirar, olhar **2** fazer pontaria **3** objetivar, desejar

mi.rí.a.de *s.f.* quantidade enorme e incontável

mi.ri.a.gra.ma *s.m.* FÍS medida de massa que equivale a dez mil gramas

mi.ri.a.li.tro *s.m.* FÍS medida de volume que equivale a dez mil litros

mi.ri.â.me.tro *s.m.* FÍS medida de comprimento que equivale a dez mil metros

mi.ri.á.po.de *s.m.* BIOL espécime dos miriápodes, subdivisão de artrópodes

mi.ri.a.re *s.m.* unidade de medida que equivale a dez mil ares

mi.ri.fi.car *v.t.* **1** despertar admiração **2** assombrar

mi.rí.fi.co *adj.* **1** diz-se do que é maravilhoso, espetacular **2** diz-se do que é assombroso

mi.rim *adj.2g.* m.q. pequeno

mir.ra *s.f.* BOT planta da qual é extraída uma resina aromática usada como incenso

mir.ra.do *adj.* **1** diz-se do que foi diminuído em tamanho **2** misturado com mirra

mir.rar *v.t.* **1** definhar, diminuir de tamanho **2** misturar com mirra

mi.san.tro.pi.a *s.f.* **1** horror ao convívio social; qualidade de insocial **2** *por ext.* estado de melancolia

mi.san.tró.pi.co *adj.* diz-se do que apresenta o caráter de misantropia, de horror ao convívio social

mi.san.tro.po /ô/ *s.m.* **1** pessoa que tem horror ao convívio social, que tem misantropia **2** *por ext.* melancólico

mis.ce.la /é/ *s.f.* mistura, combinação de diferentes elementos

mis.ce.lâ.nea *s.f.* m.q. miscela

mis.ci.ge.na.ção *s.f.* **1** hibridismo; ato de mestiçar **2** combinação de diferentes elementos

mis.ci.ge.na.do *adj.* diz-se do que é resultado de miscigenação; misturado

mis.cí.vel *adj.2g.* diz-se do que pode ser misturado

mise-en-scène *s.f.* [fr.] **1** ARTE m.q. direção **2** ARTE encenação, montagem

mi.se.ran.do *adj.* diz-se do digno de piedade; infeliz

mi.se.rá.vel *adj.2g.* diz-se do pobre, infeliz

mi.sé.ria *s.f.* **1** extrema pobreza **2** infelicidade, desgraça

mi.se.ri.cór.dia *s.f.* piedade, compaixão

mi.se.ri.cor.di.o.so /ô/ *adj.* diz-se de quem sente misericórdia, que é compassivo

mí.se.ro *adj.* diz-se do ínfimo, miserável

mi.so.ga.mi.a *s.f.* aversão ao casamento

mi.só.ga.mo *adj.* diz-se de quem tem aversão ao matrimônio

mi.so.gi.ni.a *s.f.* aversão ao relacionamento sexual com mulher

mi.só.gi.no *adj.* diz-se do homem que tem aversão às mulheres

mi.so.ne.ís.mo *s.m.* aversão ao novo

mis.sa *s.f.* RELIG celebração eucarística

mis.sal *s.m.* RELIG livro litúrgico oficial da Igreja Católica

mis.são *s.f.* **1** incumbência, cargo **2** RELIG trabalho de evangelização

mís.sil *adj.2g.* **1** diz-se daquilo que pode ser projetado, enviado • *s.m.* **2** projétil bélico

mis.si.o.ná.rio *s.m.* **1** RELIG evangelizador **2** incumbido de uma atividade

mis.si.va *s.f.* carta, correspondência

mis.si.vis.ta *adj.2g.* diz-se de quem é autor de uma missiva, carta

mis.ter /é/ *s.m.* **1** ofício, profissão **2** necessidade, exigência

mis.té.rio *s.m.* enigma, fato ou ser que não se consegue explicar

mis.te.ri.o.so /ô/ *adj.* diz-se do enigmático, do que se sabe pouco ou quase nada

mís.ti.ca *s.f.* tratado dos eventos espirituais; teologia contemplativa

mis.ti.cis.mo *s.m.* **1** conjunto de práticas místicas **2** RELIG disposição para as coisas religiosas

mís.ti.co *adj.* **1** relativo a mistério **2** religioso, contemplativo

mis.ti.fi.ca.ção *s.f.* ilusão, enganação

mis.ti.fi.car *v.t.* trapacear, iludir

mis.ti.fó.rio *s.m. pejor.* mistura, emaranhado de coisas

mis.to *adj.* misturado, composto

mis.tral *s.m.* GEOG vento forte, comum na Provença

mistura

mis.tu.ra *s.f.* ato de misturar

mis.tu.ra.da *s.f.* **1** uma porção de mistura **2** *fig.* m.q. confusão

mis.tu.ra.dor /ô/ *adj.* **1** diz-se do que mistura, combina • *s.m.* **2** aparelho usado para misturar

mis.tu.rar *v.t.* colocar muitas coisas em uma só

mi.te.ne *s.f.* luva que cobre só a palma da mão

mí.ti.co *adj.* relativo a mito

mi.ti.fi.car *v.t.* transformar em mito

mi.ti.gar *v.t.* suavizar, aliviar

mi.to *s.m.* **1** MIT narrativa oral relativa aos atos de criação do mundo **2** representação de acontecimentos ou personagens históricos **3** *por ext.* narrativa fantástica **4** *fig.* indivíduo famoso que desperta curiosidade sobre sua vida

mi.to.lo.gi.a *s.f.* **1** ciência que se ocupa dos mitos **2** MIT os mitos enraizados culturalmente

mi.to.ló.gi.co *adj.* **1** relativo à mitologia **2** *fig.* fictício, fantástico, maravilhoso

mi.tó.lo.go *s.m.* especialista em mitos

mi.to.ma.ni.a *s.f. pejor.* tendência de engrandecer os próprios feitos

mi.tô.ma.no *adj.* diz-se de quem sofre de mitomania

mi.tra *s.f.* **1** RELIG chapéu de forma cônica usado em celebrações **2** cargo ou dignidade de bispo ○ *s.2g.* **3** *pejor.* indivíduo miserável, avarento

mi.tra.do *adj.* RELIG diz-se de quem pode usar a mitra em cerimônias

mi.tral *s.f.* ANAT válvula do orifício atrioventricular esquerdo

mi.ú.ça *s.f.* coisa pequena, miúda

mi.u.ça.lha *s.f.* m.q. miúça

miu.de.za /ê/ *s.f.* **1** qualidade do que é miúdo ■ **miudezas** vísceras de animal

mi.ú.do *adj.* **1** pequeno **2** diz-se do troco de baixo valor em dinheiro **3** de pouca importância **4** pormenorizado, minucioso

mi.xa /ks/ *s.f.* ZOOL estrutura superior do bico das aves

mi.xo /ks/ *adj. pop.* insignificante, pequeno; mixe

mi.xór.dia *s.f.* bagunça, confusão

Mn QUÍM elemento manganês da tabela periódica

mne.mô.ni.ca *s.f.* técnica de desenvolver a memória por meio de exercícios repetitivos

mne.mô.ni.co *adj.* **1** relativo à memória **2** que serve como técnica de memorização

mó *s.f.* **1** pedra usada no moinho para triturar **2** grande quantidade, ex.: *uma mó de chaves*

mo *contr.* GRAM contração do pronome oblíquo da primeira pessoa *me* com o pronome demonstrativo *o*

Mo QUÍM elemento molibdênio da tabela periódica

mo.a *s.m.* ZOOL pássaro gigantesco extinto

mo.a.gem *s.f.* ato de reduzir cereais a farinha

mó.bil *adj.2g.* diz-se do móvel

mo.bi.lhar *v.t.* m.q. mobiliar

mo.bí.lia *s.f.* conjunto de móveis de uma casa

mo.bi.li.ar *adj.* **1** relativo a mobília • *v.t.* **2** colocar móveis em uma casa

mo.bi.li.á.rio *s.m.* m.q. mobília

mo.bi.li.da.de *s.f.* qualidade de ser móvel

mo.bi.li.za.ção *s.f.* preparação de grupos para alguma atividade ou para algum evento

mo.bi.li.za.do *adj.* diz-se de quem foi incorporado na mobilização

mo.bi.li.zar *v.t.* dispor grupos para ação imediata

mo.ca /ó/ *s.f.* **1** troça, brincadeira **2** mentira, boato **3** bebedeira **4** cacete, arma

mo.ça /ô/ *s.f.* mulher jovem

mo.ca.da *s.f.* golpe dado com a moca

mo.ça.da *s.f.* grupo de jovens

mo.cam.bei.ro /ê/ *adj.* diz-se de quem reside em mocambo

mo.çam.bi.ca.no *adj. gent.* natural ou habitante de Moçambique

mo.cam.bo *s.m.* m.q. casebre

mo.ção *s.f.* **1** movimentação **2** apresentação de projeto

mo.çá.ra.be *adj.2g.* **1** diz-se do cristão hispânico que vivia entre os mouros, adotando muitos dos seus costumes • *s.m.* **2** dialeto falado por esses cristãos

mo.ce.tão *s.m.* moço forte, bem desenvolvido; rapagão

mo.chi.la *s.f.* **1** saco comprido para armazenamento e locomoção de objetos pequenos e importantes e que é transportado nas costas **2** *por ext.* mala de tecido mole levada dependurada nos ombros ○ *s.m.* **3** criado, empregado

mo.cho /ô/ *adj.* **1** sem chifres • *s.m.* **2** m.q. tamborete **3** ZOOL espécie de coruja

mo.ci.da.de *s.f.* qualidade de ser jovem

mo.ço /ô/ *s.m.* homem jovem; rapaz

mo.có *s.m.* ZOOL animal roedor encontrado no Brasil

mo.co.tó *s.m.* **1** pata bovina sem o casco **2** *fig.* tornozelo, calcanhar

mo.da /ó/ *s.f.* **1** costume sazonal de uma sociedade **2** conjunto de usos regionais e diacrônicos de uma comunidade

mo.dal *adj.2g.* **1** relativo à modalidade **2** MÚS relativo à escala musical • *s.f.* **3** GRAM m.q. conjunção modal

mo.da.li.da.de *s.f.* **1** qualidade de pertencer a um meio **2** MÚS padrão de escala musical **3** ESPORT cada um dos padrões esportivos oficiais

mo.de.la.dor /ô/ *adj.* diz-se de quem modela

mo.de.la.gem *s.f.* ato de modelar; modelagem

mo.de.lar *adj.2g.* **1** diz-se do que pode servir de modelo; perfeito • *v.t.* **2** atribuir forma a algo **3** criar moldes para produzir objetos

mo.de.lo /ê/ *s.m.* **1** forma perfeita; molde **2** corpo observado para a criação artística

mo.de.ra.ção *s.f.* ato ou efeito de moderar(-se); comedimento

mo.de.ra.do *adj.* diz-se do comedido, circunspecto, regulado

mo.de.ra.dor /ô/ *adj.* diz-se do que modera, atenua

mo.de.rar *v.t.* coibir os excessos; temperar

mo.der.ni.ce *s.f.* **1** qualidade do que é moderno **2** *pejor.* apego excessivo ao moderno

mo.der.ni.da.de *s.f.* qualidade de ser moderno

mo.der.nis.mo *s.m.* LITER movimento literário e artístico do século XX

mo.der.ni.zar *v.t.* **1** renovar, atualizar **2** seguir a moda

mo.der.no /é/ *adj.* **1** novo, atual, recente **2** diz-se do que rompe paradigmas

mo.dés.tia *s.f.* virtude da moderação, da humildade, da simplicidade

mo.des.to /é/ *adj.* diz-se do simples, humilde, moderado

mó.di.co *adj.* não exagerado; moderado, comedido

mo.di.fi.ca.ção *s.f.* alteração de qualquer fator de uma substância ou de um evento

mo.di.fi.car *v.t.* m.q. alterar

molusco

mo.di.lhão *s.m.* ARQUIT consola, pilastra

mo.di.nha *s.f.* MÚS variedade de canção popular

mo.dis.mo *s.m.* apego ao que é da moda

mo.dis.ta *s.2g.* **1** artista que cria ou que reproduz paradigmas ○ *s.f.* **2** costureira

mo.do /ó/ *s.m.* **1** maneira, jeito, hábito **2** norma, uso, paradigma **3** GRAM cada um das conjugações verbais quanto à atitude do falante (indicativo, imperativo, subjuntivo) **4** MÚS variação na escala musical

mo.dor.ra /ô/ *s.f.* **1** sonolência, preguiça, letargia **2** *por ext.* prostração, desânimo

mo.du.la.ção *s.f.* **1** MÚS transposição de tons musicais **2** variação dos tons dos sons **3** FÍS alteração de uma onda eletromagnética para portar a informação codificada

mo.du.la.dor /ô/ *s.m.* FÍS aparelho que produz modulações

mó.du.lo *adj.* **1** diz-se do que é harmonioso, agradável aos ouvidos • *s.m.* **2** unidade de medida

mo.e.da /é/ *s.m.* **1** ECON sistema monetário; dinheiro **2** ECON peça de metal registrada que rege as transações comerciais de uma nação ■ **pagar na mesma moeda** retribuir na mesma proporção

mo.e.dei.ro *adj.* **1** diz-se de quem fabrica moedas • *s.m.* **2** saco de pano para guardar moedas; porta-moedas

mo.e.dor /ô/ *adj.* **1** diz-se do que tritura **2** *fig.* desagradável, que causa tédio • *s.m.* **3** aparelho usado para moer

mo.e.du.ra *s.f.* ato ou efeito de moer

mo.e.la /é/ *s.f.* BIOL parte posterior do estômago das aves cuja função é triturar os alimentos

mo.en.da *s.f.* moedor usado para moer cana-de-açúcar

mo.er /ê/ *v.t.* **1** esmagar, triturar, reduzir a pó **2** *fig.* fatigar, cansar

mo.fa /ó/ *s.f.* troça, escárnio, zombaria

mo.far *v.i.* **1** criar colônia de fungos; embolorar ○ *v.t.* **2** zombar

mo.fi.no *adj.* diz-se do infeliz, coitado, azarento

mo.fo /ô/ *s.m.* m.q. bolor

mog.no /ó/ *s.m.* BOT árvore do Brasil cuja madeira extraída é considerada nobre

mo.í.do *adj.* **1** m.q. triturado **2** *fig.* exausto

mo.i.nho *s.m.* engenho usado para triturar cereais

moi.rão *s.m. bras.* MÚS desafio que os cantadores populares nordestinos fazem entre si

moi.ta /ô/ *s.f.* BOT porção de vegetação rasteira

mo.la /ó/ *s.f.* **1** FÍS fio metálico em formato espiral que reage quando vergado, distendido ou comprimido **2** MED tumor no útero **3** ZOOL m.q. peixe-lua

mo.lam.ben.to *adj.* diz-se de quem se veste com molambos

mo.lam.bo *s.m.* **1** pano velho; tecido esfarrapado; coisa imprestável • *adj.* **2** *fig.* diz-se de quem se encontra em último estado de decadência moral

mo.lar *adj.* **1** diz-se do próprio para moer **2** relativo a mole, flexível, massa • *s.m.* **3** ANAT cada um dos dentes localizados no fundo da arcada dentária e que servem para triturar alimentos **4** volume

mol.da.dor /ô/ *s.m.* **1** indivíduo que molda; modelador **2** aparelho usado para moldar

mol.da.gem *s.f.* **1** ação de fazer moldes **2** fabricação da estrutura de sustentação de uma construção

mol.dar *v.t.* m.q. modelar

mol.dá.vio *adj. gent.* natural ou habitante da Moldávia

mol.de /ó/ *s.m.* forma, estrutura usada para reprodução em série

mol.du.ra *s.f.* **1** acabamento de quadros, janelas, portas **2** acabamento estilizado de roupas **3** ARQUIT ornato arquitetônico

mol.du.rar *v.t.* colocar molduras

mol.du.rei.ro /ê/ *adj.* diz-se de quem produz e comercializa molduras

mo.le /ó/ *adj.* **1** sem consistência, macio **2** frouxo, sem energia • *s.f.* **3** grande porção **4** mausoléu, templo

mo.le.ca.da *s.f.* m.q. criançada

mo.le.ca.gem *s.f.* **1** ação característica de moleques **2** brincadeira de mau gosto **3** bando de moleques

mo.le.co.te /ó/ *s.m.* menino ainda muito novo; moleque

mo.lé.cu.la *s.f.* FÍSQUÍM a menor partícula dos compostos ou dos elementos simples; parte mínima de um corpo

mo.le.cu.lar *adj.2g.* relativo à molécula

mo.lei.ra /ê/ *s.f.* **1** dona ou trabalhadora de moinho **2** esposa do moleiro **3** ANAT parte da cabeça do bebê que ainda não está rígida **4** desânimo, falta de energia

mo.lei.ro /ê/ *s.m.* dono ou trabalhador de moinho

mo.le.jo /ê/ *s.m.* **1** conjunto de molas de um veículo cuja função é proporcionar uma locomoção sem muito atrito **2** o movimento do veículo com pouco atrito

mo.len.go *adj. pejor.* diz-se da pessoa mole, sem energia, desanimada

mo.le.que /é/ *s.m.* **1** rapaz, menino **2** *por ext.* menino esperto, brincalhão

mo.les.ta.dor /ô/ *adj.* diz-se daquele que molesta, ofende, incomoda

mo.les.tar *v.t.* **1** causar incômodo; importunar **2** magoar, ofender

mo.lés.tia *s.f.* patologia, doença, enfermidade

mo.les.to /é/ *adj.* **1** diz-se do que causa moléstia **2** diz-se do que incomoda, importuna, aborrece

mo.le.za /ê/ *s.f.* **1** qualidade de ser mole **2** falta de energia; preguiça

mo.lha.de.la /é/ *s.f.* ato de respingar água

mo.lha.do *adj.* diz-se do que foi umedecido ■ **molhados** CUL produtos líquidos

mo.lhar *v.t.* imergir em líquido; banhar, umedecer, encharcar

mo.lhe /ó/ *s.m.* paredão do cais do porto para proteger embarcações; atracadouro

mo.lhei.ra /ê/ *s.f.* vasilha usada para servir molho

mo.lho /ô/ *s.m.* **1** CUL caldo usado como complemento e para temperar o prato servido **2** /ó/ coletivo de chave

mo.lí.cia *s.f.* **1** moleza **2** onanismo **3** sensualidade **4** receptividade

mo.lí.cie *s.f.* m.q. molícia

mo.li.ne.te /ê/ *s.m.* **1** MAR suporte para a âncora na proa dos navios **2** peça metálica de vara de pescar usada para enrolar o fio

mo.los.so /ó/ *s.m.* **1** POÉT metro da poesia clássica de seis tempos, formado por três longas **2** cão de guarda de aspecto robusto

mo.lus.co *s.m.* BIOL animal ovíparo que vive no mar

moluscoide

mo.lus.coi.de /ó/ *adj.2g.* **1** relativo aos moluscoides **2** diz-se do que se assemelha a molusco • *s.m.* **3** espécime dos moluscoides, antigo filo de animais invertebrados

mo.men.tâ.neo *adj.* diz-se do que é instantâneo, passageiro

mo.men.to *s.m.* instante; pequeno espaço de tempo; presente

mo.men.to.so /ô/ *adj.* diz-se do que é importante, digno de atenção; grave

mo.mi.ce *s.f.* careta, trejeito

mo.mo *s.m.* **1** palhaço **2** arremedador, mascarado

mo.na.cal *adj.2g.* m.q. monástico

mo.nar.ca *s.m.* líder governamental de uma nação cujo sistema seja a monarquia; rei

mo.nar.qui.a *s.f.* **1** sistema governamental cuja sucessão do cargo de líder é familiar **2** governo de rei, príncipe ou imperador

mo.nár.qui.co *adj.* relativo à monarquia

mo.nar.quis.mo *s.m.* sistema monárquico

mo.nar.quis.ta *adj.2g.* diz-se do adepto do monarquismo

mo.nás.ti.co *adj.* **1** relativo a monge **2** relativo à vida em um mosteiro ou convento

mo.na.zi.ta *s.f.* GEOL mineral rico em metais, muito usado na fabricação de lâmpadas, aparelhos de rádio e de física nuclear

mo.na.zí.ti.co *adj.* relativo a monazita

mon.ção *s.f.* **1** vento periódico que sopra do mar para a terra e vice-versa **2** HIST época em que os bandeirantes desciam pelo rio Tietê

mon.dar *v.t.* m.q. capinar

mo.ne.gas.co *adj. gent.* natural ou habitante do Principado de Mônaco, na Europa

mo.ne.ra /é/ *s.f.* BIOL organismo unicelular; bactéria

mo.ne.tá.rio *adj.* ECON relativo à moeda

mon.ge *s.m.* m.q. frade

mon.gol /ó/ *adj. gent.* diz-se do natural da República Popular da Mongólia

mon.gó.li.co *adj.* relativo aos mongóis

mon.ja *s.f.* feminino de monge

mo.ni.tor /ô/ *s.m.* **1** ajudante de instruções educacionais ou esportivas **2** dispositivo geralmente móvel usado para medir radioatividade **3** aparelho usado para visualizar imagens digitais **4** m.q. lagarto-monitor

mo.ni.to.ria *s.f.* atividade de monitor

mo.ni.tó.rio *s.m.* **1** JUR mandado judicial; monitória **2** conselho

mon.jo.lo /ô/ *s.m.* engenho movido pela força da água e usado para moer cereais

mo.no *s.m.* m.q. macaco

mo.no.blo.co /ó/ *adj.2g.* objeto feito de uma única peça

mo.no.cí.clo *s.m.* velocípede de uma roda

mo.no.cór.dio *s.m.* **1** MÚS instrumento musical de uma só corda • *adj.* **2** *fig.* diz-se do que não varia; monótono, enfadonho

mo.no.cro.má.ti.co *adj.* diz-se do que tem uma só cor

mo.no.cro.mi.a *s.f.* qualidade daquilo que apresenta uma só cor

mo.nó.cu.lo *s.m.* lente única usada para leitura

mo.no.cul.tu.ra *s.f.* plantação de uma única cultura

mo.no.fo.bi.a *s.f.* medo mórbido da solidão

mo.no.ga.mi.a *s.f.* regime que permite ao homem e à mulher contrair matrimônio com um único cônjuge

mo.no.ge.nis.mo *s.m.* **1** doutrina sobre a origem das culturas **2** tese sobre a origem das línguas

mo.no.gra.fi.a *s.f.* texto em defesa de uma pesquisa

mo.no.gra.ma *s.m.* **1** símbolo formado por duas ou mais letras unidas **2** sinal que o artista coloca em sua obra, servindo como assinatura

mo.nó.li.to *s.m.* **1** pedra de grandes proporções **2** obra de arte produzida em um único bloco de pedra

mo.no.lo.gar *v.t.* falar sozinho, soliloquiar

mo.nó.lo.go *s.m.* **1** m.q. solilóquio **2** cena dramática com um único personagem; recitação

mo.no.ma.ni.a *s.f.* obsessão por uma única ideia ou por um só pensamento

mo.nô.mio *s.m.* MAT expressão algébrica em que não há as operações de soma ou subtração

mo.no.nu.cle.o.se /ó/ *s.f.* MED aumento anormal da quantidade de leucócitos mononucleares no sangue

mo.no.pla.no *s.m.* planador dotado de uma única superfície de sustentação

mo.no.pó.lio *s.m.* comércio sem concorrência

mo.no.po.li.za.ção *s.f.* ato de monopolizar; de comercializar sem concorrência

mo.no.po.li.zar *v.t.* **1** ter a exclusividade da venda de certas mercadorias **2** não ter concorrência

mo.nos.sí.la.bo *s.m.* GRAM vocábulo composto de uma única sílaba

mo.no.te.ís.mo *s.m.* crença em um único deus

mo.nó.ti.po *adj.* **1** relativo a um só tipo • *s.m.* **2** máquina gráfica que funde letra por letra

mo.no.ton.go *s.m.* m.q. dígrafo

mo.no.to.ni.a *s.f.* **1** uniformidade de tom **2** tédio

mo.nó.to.no *adj.* diz-se do que é invariável

mo.no.va.len.te *adj.2g.* QUÍM diz-se da substância que possui valência 1

mon.se.nhor /ô/ *s.m.* **1** título eclesiástico atribuído a bispos e abades **2** BOT m.q. crisântemo

mons.tren.go *s.m.* ser disforme, fora dos padrões

mons.tro *s.m.* **1** m.q. monstrengo **2** *fig.* pessoa muito má, cruel; assassino, criminoso **3** *por ext.* pessoa que causa pavor • *adj.* **4** *por ext.* diz-se do que excede as expectativas, ex.: *caminho monstro, festa monstro*

mons.tru.o.si.da.de *s.f.* qualidade de ser monstro

mons.tru.o.so /ô/ *adj.* diz-se do que tem características de monstro

mon.ta *s.f.* **1** quinhão **2** preço, custo **3** oferta, lance feito em um leilão

mon.ta.da *s.f.* **1** ato de montar um animal **2** cavalgadura sobre a qual uma pessoa está montada

mon.ta.do *adj.* **1** posto, colocado sobre a cavalgadura **2** diz-se do aparelho cujas peças foram devidamente agrupadas • *s.m.* **3** terreno destinado à pastagem de animais

mon.ta.dor /ô/ *adj.* **1** m.q. cavaleiro **2** diz-se do indivíduo especialista em montar máquinas, dispositivos etc.

mon.ta.gem *s.f.* **1** ato de instalar, montar **2** processo de construção de uma peça de teatro ou cinematográfica **3** manutenção de um maquinismo

mon.ta.nha *s.f.* **1** GEOG elevação de terreno; formação rochosa elevada **2** *fig.* acúmulo de eventos ou corpos, ex.: *montanha de trabalhos, montanha de folhas*

mormo

mon.ta.nhês *adj.* diz-se daquele que habita as montanhas

mon.ta.nhis.mo *s.m.* ESPORT conjunto das atividades esportivas praticadas nas montanhas

mon.ta.nhis.ta *adj.2g.* ESPORT diz-se do praticante de montanhismo

mon.ta.nho.so /ô/ *adj.* diz-se do espaço geográfico cheio de montanhas

mon.tan.te *adj.2g.* **1** diz-se do que sobe, se eleva • *s.m.* **2** espada medieval grande e pesada com a qual se deve golpear de baixo para cima **3** *fig.* a soma da quantidade de eventos ou corpos

mon.tar *v.t.* **1** subir, elevar-se, colocar-se em cima, cavalgar **2** acumular dinheiro, dívidas etc. **3** instalar as partes de uma máquina **4** abrir firma comercial ■ **montar casa** formar família ■ **montar em pelo** montar sem sela ■ **montar guarda** vigiar

mon.ta.ri.a *s.f.* **1** caça posta para correr **2** arte de caçar **3** animal de sela **4** pequena canoa para transporte

mon.te *s.m.* **1** GEOG colina, montanha **2** *fig.* acúmulo de eventos ou substâncias **3** quinhão **4** fauna em que se encontram animais alvos de caça

mon.tês *adj.* diz-se do que é selvagem, silvestre

mon.te.vi.de.a.no *adj. gent.* natural ou habitante de Montevidéu, capital do Uruguai

mon.tí.cu.lo *s.m.* **1** monte pequeno **2** ANAT lobo dorsal médio do cerebelo

mon.to.ei.ra /ê/ *s.f.* grande quantidade de pessoas ou coisas

mon.tra *s.f. lus.* vitrine, mostruário

mon.tu.ro *s.m.* monte de lixo

mo.nu.men.tal *adj.2g.* **1** relativo a monumento **2** diz-se do que é grandioso, magnífico

mo.nu.men.to *s.m.* construção comemorativa

mo.que.ar *v.t. bras.* assar carne no moquém

mo.que.ca /é/ *s.f.* CUL ensopado de peixe

mo.quém *s.m. bras.* grelha de madeira para assar carne

mor /ó/ *adj.2g. m.q.* maior

mo.ra /ó/ *s.f.* **1** demora, delonga **2** ECON prorrogação de prazo de pagamento **3** ECON taxa, multa **4** BOT fruto da amoreira; amora

mo.ra.da *s.f.* residência, casa ■ **morada dos mortos** o cemitério ■ **morada celeste** o céu

mo.ra.di.a *s.f.* **1** *m.q.* morada **2** ação de residir **3** período de estada em uma casa

mo.ra.dor /ô/ *adj.* diz-se do ser que reside em determinado lugar

mo.ral *adj.* **1** relativo a moral ou aos costumes de uma determinada sociedade • *s.f.* **2** conduta arbitrada pelo social

mo.ra.li.da.de *s.f.* qualidade de ser moral

mo.ra.lis.mo *s.m.* **1** doutrina que dita as regras de conduta social **2** *pejor.* rigor excessivo no julgamento de qualquer qualidade

mo.ra.lis.ta *adj.2g.* diz-se da pessoa que é adepta do moralismo

mo.ra.li.za.ção *s.f.* ação de moralizar, de restaurar as patologias sociais

mo.ra.li.za.dor /ô/ *adj.* diz-se do que tem a função de moralizar

mo.ra.li.zar *v.t.* restaurar a moral

mo.ran.ga *s.f.* fruta da mesma família que a abóbora

mo.ran.go *s.m.* BOT fruto vermelho do morangueiro

mo.ran.guei.ro /ê/ *s.m.* BOT planta que produz morango

mo.ra.tó.ria *s.f.* dilação de determinado prazo; mora

mo.ra.tó.rio *adj.* relativo a moratória

mor.bo /ó/ *s.m.* estado de quem apresenta alguma patologia, enfermidade

mor.bi.dez /ê/ *s.f.* **1** doença, enfermidade **2** estado de fraco, desanimado

mór.bi.do *adj.* **1** diz-se do doentio, enfermo **2** diz-se de desanimado, sem forças

mor.ce.go /ê/ *s.m.* ZOOL mamífero voador de hábitos noturnos

mor.ce.la /é/ *s.f.* CUL tipo de chouriço feito com sangue e miúdos de porco

mor.da.ça *s.f.* **1** pedaço de pano usado para tapar a boca de alguém **2** proteção para encobrir o focinho de cães

mor.da.ci.da.de *s.f.* **1** qualidade do que é mordaz **2** crítica áspera, dura **3** QUÍM característica de substância que produz corrosão

mor.daz *adj.2g.* **1** diz-se do que morde; mordente **2** diz-se do crítico minucioso **3** diz-se do que corrói

mor.de.dor /ô/ *adj.* **1** diz-se do que morde **2** *fig.* diz-se de quem toma dinheiro emprestado

mor.de.du.ra *s.f. m.q.* mordida

mor.der /ê/ *v.t.* **1** dar dentadas, atacar com os dentes **2** apertar, constranger fortemente **3** *fig.* criticar, falar mal dos outros **4** *fig.* pedir dinheiro emprestado

mor.den.te *adj.2g.* **1** que morde **2** que provoca corrosão; cáustico

mor.di.da *s.f.* **1** ferida produzida por dentes; dentada **2** *fig.* solicitação de empréstimo de finanças

mor.di.do *adj.* **1** diz-se do que foi ferido ou atacado por dentes **2** *fig.* diz-se do que foi provocado

mor.dis.car *v.t.* morder de leve e repetidas vezes

mor.do.mi.a *s.f.* **1** função de mordomo **2** benefícios pessoais concedidos aos que têm influência política

mor.do.mo *s.m.* administrador da casa de outrem

mo.re.no *adj.* diz-se do que tem a cor marrom

mo.rei.a /é/ *s.f.* ZOOL designação comum aos peixes teleósteos, de corpo alongado e quase cilíndrico e longa nadadeira dorsal

mo.re.na *s.f.* **1** GEOL acúmulo de rochas arrastadas pelas geleiras **2** mulher de pele escura

mor.fe.ma *s.m.* GRAM menor parte lexical dotada de significação

mor.fi.na *s.f.* QUÍM substância de propriedade sedativa, hipnótica

mor.gue /ó/ *s.f. desus. m.q.* necrotério

mo.ri.bun.do *adj.* diz-se do doente em fase terminal

mo.ri.ge.ra.do *adj.* diz-se do que tem bons costumes

mo.ri.ge.rar *v.t.* sujeitar à boa educação; educar

mo.rim *s.m.* tecido muito fino de algodão

mo.rin.ga *s.f.* **1** BOT designação comum a certas árvores nativas de regiões semiáridas da África à Ásia, que armazenam água no tronco **2** *bras.* vaso de barro para conservar fresca a água

mor.ma.cei.ra /ê/ *s.f.* temperatura elevada e abafada; clima sem ventos; mormaço

mor.ma.cen.to *adj.* em que há mormaço

mor.ma.ço *s.m.* neblina quente e úmida, resultante de forte calor

mor.mo /ô/ *s.m.* VETER patologia que afeta cavalos e muares e que pode ser transmitida ao homem; farcino, laparão

mórmon

mór.mon *adj.2g.* diz-se do adepto do mormonismo

mor.mo.nis.mo *s.m.* RELIG doutrina protestante fundada nos Estados Unidos e que, entre outras coisas, admite a poligamia, o batismo etc.

mor.no /ô/ *adj.* 1 temperatura suportável 2 *fig.* frouxo, sem energia, desanimado

mo.ro.si.da.de *s.f.* qualidade de ser lento, lerdo

mo.ro.so /ô/ *adj.* diz-se do que é moroso, lento, devagar

mor.rão *s.m.* pavio aceso ou queimado

mor.rer /ê/ *v.i.* perder a vida; falecer

mor.ri.nha *s.f.* 1 VETER patologia epidêmica que acomete o gado; sarna 2 *fig.* preguiça, desânimo, aborrecimento

mor.ri.nhen.to *adj.* 1 VETER diz-se do sarnento 2 *fig.* desanimado, abatido

mor.ro /ô/ *s.m.* GEOG elevação de terra menor que a montanha

mor.sa /ó/ *s.f.* 1 ZOOL mamífero marinho encontrado principalmente nas regiões costeiras do oceano Ártico 2 ferramenta usada nos ofícios mecânicos; torno de bancada

mor.ta.de.la /é/ *s.f.* embutido de carne de porco; salame

mor.tal *adj.2g.* 1 diz-se do que pode perder a vida 2 diz-se de evento ou substância que pode provocar a morte

mor.ta.lha *s.f.* 1 roupa própria para vestir cadáver 2 *fig.* papel no qual se enrola o fumo para fazer cigarro

mor.ta.li.da.de *s.f.* 1 qualidade de ser mortal 2 estatística de mortes

mor.tan.da.de *s.f.* grande número de mortes

mor.te /ó/ *s.f.* perda dos sinais vitais; extinção definitiva da existência de um ser

mor.tei.ro /ê/ *adj.* 1 diz-se do que está prestes a morrer; mortiço 2 diz-se do que está sem brilho • *s.m.* 3 arma bélica para projetar explosivos; pequeno canhão 4 fogo de artifício de alto poder explosivo

mor.ti.cí.nio *s.m.* m.q. matança

mor.ti.ço *adj.* 1 diz-se de quem está prestes a morrer 2 diz-se de quem está sem energia, sem ânimo

mor.tí.fe.ro *adj.* m.q. mortal

mor.ti.fi.ca.ção *s.f.* 1 sofrimento, sacrifício, tortura 2 processo que causa dor

mor.ti.fi.car *v.t.* 1 causar dor 2 fazer penitência

mor.to /ô/ *adj.* 1 diz-se do que perdeu os sinais vitais 2 *fig.* esmaecido, desbotado, sem brilho 3 *fig.* esquecido, deslembrado

mor.tu.á.rio *adj.* relativo aos mortos

mo.ru.bi.xa.ba *s.m.* chefe entre os indígenas; cacique

mo.sai.co *s.m.* 1 obra de arte cujo desenho é formado pela montagem de pequenas peças 2 BOT patologia que atinge plantas • *adj.* 3 RELIG relativo ao Moisés da Bíblia

mos.ca /ô/ *s.f.* 1 BIOL nome vulgar da *Musca domestica* 2 *fig.* mancha que lembra uma mosca

mos.ca.dei.ra /ê/ *s.f.* BOT m.q. noz-moscada

mos.ca.do *adj.* aromático, odorífero

mos.car *v.i.* 1 fugir do ataque de moscas 2 *fig.* fugir, sair às pressas

mos.car.do *s.m.* mosca grande; moscão

mos.ca.tel /é/ *s.m.* 1 variedade de uva 2 vinho produzido com essa variedade de uva

mos.co.vi.ta *adj. gent.* natural ou habitante de Moscou

mos.que.a.do *adj.* provido de minúsculas pintas; salpicado, pintalgado

mos.que.ar *v.t.* 1 cobrir-se de manchas ○ *v.i.* 2 vagabundear

mos.que.tão *s.m.* arma de fogo; clavinote, fuzil

mos.que.ta.ri.a *s.f.* m.q. artilharia

mos.que.te /ê/ *s.m.* clavinote, carabina pesada, rifle

mos.qui.tei.ro /ê/ *s.m.* 1 véu que protege a cama do ataque de insetos 2 aparelho usado para apanhar mosquitos 3 cortinado

mos.qui.to *s.m.* 1 mosca pequena 2 *fig.* diamante pequeno

mos.sa /ó/ *s.f.* 1 marca, sinal de pancada 2 *fig.* emoção provocada por um fato desagradável

mos.tar.da *s.f.* 1 BOT planta hortense cujas sementes são usadas como tempero 2 chumbo miúdo

mos.tar.dei.ra /ê/ *s.f.* recipiente para armazenamento do molho de mostarda

mos.tei.ro /ê/ *s.m.* 1 pequena capela 2 convento, cenóbio

mos.to /ô/ *s.m.* suco de uva não fermentado

mos.tra /ó/ *s.f.* 1 o que se exibe, o que está visível 2 modelo 3 apresentação 4 exibição pública

mos.tra.de.la /é/ *s.f.* pequena exibição

mos.tra.dor /ô/ *s.m.* 1 face do relógio em que os ponteiros estão visíveis 2 vitrine

mos.tren.go *s.m. pejor.* ser monstruoso; monstro

mos.tru.á.rio *s.m.* 1 local próprio para exposição; vitrine 2 coleção completa para apreciação

mo.te /ó/ *s.m.* 1 m.q. epígrafe 2 pensamento desenvolvido em uma poesia; dito 3 *por ext.* tema, ex.: *mote de uma campanha publicitária*

mo.te.jar *v.t.* caçoar de alguém; escarnecer, troçar

mo.te.jo /ê/ *s.m.* mofa, escárnio, troça, gracejo

mo.te.te /ê/ *s.m.* mote breve, curto

mo.ti.li.da.de *s.f.* faculdade de se mover; mobilidade

mo.tim *s.m.* conflito, rebelião

mo.ti.va.ção *s.f.* ação de motivar, animar

mo.ti.va.do *adj.* diz-se do induzido a; provocado; determinado por várias causas

mo.ti.var *v.t.* causar, provocar, dar pretextos a alguma ação

mo.ti.vo *s.m.* 1 MÚS m.q. tema 2 impulso, causa, pretexto • *adj.* 3 diz-se do que tem movimento

mo.to.ci.cle.ta /é/ *s.f.* veículo motorizado de duas rodas; moto

mo.to.ci.clis.mo *s.m.* ESPORT esporte praticado sobre motocicletas

mo.to.ci.clis.ta *adj.2g.* 1 diz-se de quem pratica motociclismo 2 diz-se de quem usa a motocicleta como meio de locomoção

mo.to.ci.clo *s.m.* m.q. motocicleta

mo.to-con.tí.nuo /ó/ *s.m.* FÍS movimento ininterrupto de um mecanismo

mo.tor /ô/ *adj.* 1 diz-se do que faz mover, que impulsiona • *s.m.* 2 aparelho que impulsiona um mecanismo

mo.to.ris.ta *s.2g.* pessoa habilitada para conduzir automóvel

mo.to.ri.za.do *adj.* 1 diz-se do que é dotado de motor 2 diz-se de quem tem um veículo movido a motor de explosão

mo.to.ri.zar *v.t.* movimentar mecanicamente aparelhos por meio de motor

mo.tor.nei.ro /ê/ *s.m.* 1 indivíduo que dirige algo motorizado 2 condutor de bonde

múltiplo

mo.triz *adj.* relativo à força motora

mou.co /ô/ *adj.* diz-se daquele que não ouve; surdo

mou.rão *s.m.* poste, estaca, esteio

mou.re.jar *v.i.* trabalhar arduamente

mou.ris.co *adj.* relativo aos mouros

mou.ro /ô/ *s.m.* indivíduo dos mouros, povo árabe--berbere que conquistou a península Ibérica

mou.ta /ô/ *s.f.* m.q. moita

mo.ve.di.ço *adj.* diz-se do que é instável

mó.vel *adj.2g.* **1** diz-se do que pode ser movimentado • *s.m.* **2** peça de mobília **3** *fig.* causador, motivo, ex.: *o móvel do roubo*

mo.ve.la.ri.a *s.f.* indústria ou oficina de móveis

mo.ver /ê/ *v.t.* **1** dar movimento; fazer mover; mudar de lugar; deslocar **2** levar alguém a uma decisão

mo.vi.do *adj.* **1** diz-se do que foi mudado de lugar, deslocado **2** que mudou de opinião; comovido, abalado **3** ocasionado

mo.vi.men.ta.ção *s.f.* **1** ação de movimentar **2** *fig.* agitação

mo.vi.men.ta.do *adj.* diz-se do que foi agitado, animado

mo.vi.men.tar *v.t.* mover, colocar em movimento; alvoroçar, inquietar

mo.vi.men.to *s.m.* m.q. movimentação

mo.ví.vel *adj.2g.* diz-se do que se pode mover

mo.xi.ni.fa.da *s.f.* **1** mistura de ingredientes **2** *fig.* qualquer tipo de confusão

mo.zar.ti.a.no *adj.* MÚS relativo a Mozart, músico e compositor austríaco

mu *s.m.* ZOOL mulo, burro, besta

mu.am.ba *s.f.* **1** carreto **2** mercadoria contrabandeada **3** fraude, velhacaria **4** cachaça

mu.am.bei.ro /ê/ *s.m.* **1** pessoa de intenções ruins; ladrão **2** contrabandista

mu.ar *s.m.* ZOOL m.q. burro

mu.ca.ma *s.f. desus.* escrava ou criada negra com funções na casa

mu.ci.la.gem *s.f.* **1** BOT substância gelatinosa que em plantas tem a função de reter água **2** FARM solução aquosa de uma goma, usada como excipiente

mu.ci.la.gi.no.so /ô/ *adj.* diz-se da substância que contém mucilagem

mu.ci.na *s.f.* BIOQUÍM proteína do muco que lhe atribui o aspecto viscoso

mu.co *s.m.* fluido viscoso comum nas mucosas

mu.co.sa /ó/ *s.f.* ANAT membrana constantemente umidificada que recobre paredes internas das cavidades orgânicas

mu.co.si.da.de *s.f.* corrimento com aspecto de muco

mu.co.so /ô/*adj.* diz-se do que contém muco

mu.cu.im *s.m.* BIOL m.q. micuim

mu.çul.ma.nis.mo *s.m.* RELIG m.q. islamismo

mu.çul.ma.no *s.m.* RELIG seguidor da doutrina fundada por Maomé, também conhecida como islamismo

mu.çum *s.m.* ZOOL m.q. enguia

mu.çu.ra.na *s.f.* **1** corda usada pelos índios nos sacrifícios **2** ZOOL tipo de cobra que se alimenta de outras cobras

mu.da *s.f.* **1** vestimenta **2** m.q. mudança **3** *desus.* lugar em que eram substituídos os animais das carruagens **4** época em que os pássaros trocam de penas **5** BOT parte do vegetal usado para plantar; galho

mu.da.do *adj.* **1** diz-se do que foi transformado **2** diz--se do que foi movimentado espacialmente

mu.dan.ça *s.f.* **1** ato de mudar espacialmente **2** alteração dos aspectos físicos e emocionais de uma pessoa **3** conjunto de móveis sendo deslocados para outro endereço

mu.dar *v.t.* **1** alterar, transformar **2** deslocar, movimentar **3** transferir endereço **4** substituir eventos ou objetos

mu.dá.vel *adj.2g.* diz-se do que pode ser mudado

mu.dez /ê/ *s.f.* qualidade de ser, temporária ou permanentemente, mudo

mu.do *adj.* **1** que não pode falar por alguma impossibilidade da estrutura do organismo **2** diz-se do que não emite som; calado, silencioso

mu.gi.do *s.m.* som emitido pelos bovinos

mu.gir *v.i.* emitir som característico dos bovinos

mui *adv. desus.* m.q. muito

mui.to *adj.* **1** diz-se do que está em quantidade ou extensão acima do padrão **2** intenso • *adv.* **3** grande quantidade; vários

mui.ra.qui.tã *s.m.* ornamento místico usado como amuleto pelos índios

mu.la *s.f.* **1** ZOOL fêmea do mulo; besta **2** *pop.* doença venérea **3** *pejor.* trabalhadora, operária

mu.lam.bo *s.m.* vestimenta velha e rasgada; trapo

mu.la.to *s.m.* filho de pai branco e mãe negra ou vice--versa

mu.le.ta /ê/ *s.f.* **1** aparelho de bastões adaptados para auxiliar na locomoção **2** amparo, sustentação

mu.lher /é/ *s.f.* ser humano do sexo feminino

mu.lhe.ra.ça *s.f.* **1** mulher forte, grande **2** mulher emocionalmente estruturada

mu.lhe.rão *s.m.* aumentativo de mulher

mu.lhe.ren.go *adj. pejor.* diz-se do homem que tem como interesse principal as mulheres

mu.lhe.ril *adj.2g.* diz-se do que é próprio da mulher; feminil

mu.lhe.ri.o *s.m.* grupo de mulheres

mu.lhe.ro.na *s.f.* mulherão, mulheraça

mu.lo *s.m.* ZOOL animal híbrido; asno, burro

mul.ta *s.f.* penalidade, mora

mul.tar *v.t.* condenar alguém a pagar um valor por um desacato ou por uma desobediência legal

mul.ti.ce.lu.lar *adj.2g.* diz-se do ser dotado de muitas células

mul.ti.cor /ô/ *adj.* diz-se do que tem muitas cores

mul.ti.dão *s.f.* aglomeração de seres; povo

mul.ti.fá.rio *adj.* diz-se do que é múltiplo, variado, de diversos aspectos

mul.ti.for.me /ó/ *adj.2g.* diz-se do que tem formas variadas

mul.ti.la.te.ral *adj.2g.* diz-se do que tem muitos lados ou faces

mul.ti.lín.gue *adj.2g.* m.q. poliglota

mul.ti.mi.li.o.ná.rio *adj.* diz-se da pessoa que possui muitos milhões

mul.ti.pli.ca.ção *s.f.* **1** ação de multiplicar **2** MAT uma das quatro operações fundamentais

mul.ti.pli.car *v.t.* aumentar muitas vezes

mul.ti.pli.ca.ti.vo *adj.* diz-se do que multiplica; multiplicador

mul.ti.pli.ce *adj.2g.* diz-se do que é numeroso

mul.ti.pli.ci.da.de *s.f.* qualidade do que é múltiplo

múl.ti.plo *s.m.* número que contém outro várias vezes, ex.: *24 é múltiplo de 12 (2 vezes), de 4 (6 vezes), de 2 (12 vezes)*

multissecular

mul.tis.se.cu.lar *adj.2g.* diz-se de algo muito antigo

mul.tí.va.go *adj.* diz-se do inquieto, hiperativo

mú.mia *s.f.* **1** *desus.* nome de um preparado usado pelos egípcios para embalsamar cadáveres **2** cadáver embalsamado **3** *fig. pejor.* pessoa muito velha

mu.mi.fi.ca.ção *s.f.* ação de transformar em múmia

mu.mi.fi.car *v.t.* transformar em múmia; embalsamar

mun.da.no *adj.* RELIG herege, dissoluto, dado aos prazeres materiais

mun.da.réu *s.m.* mundo grande

mun.di.al *adj.2g.* diz-se do que é universal

mun.dí.cie *s.f.* qualidade de ser ou estar limpo

mun.do *adj. desus.* **1** diz-se do limpo, puro • *s.m.* **2** o conjunto de biomas (planeta, galáxia, nações)

mun.gir *v.t.* retirar leite dos animais

mun.gu.zá *s.m.* CUL prato com milho típico do Norte do Brasil; canjica

mu.ni.ção *s.f.* **1** local construído para defesa; fortificação **2** objeto usado para defender, proteger

mu.ni.ci.ar *v.t.* **1** prover de munição **2** *por ext.* equipar com o necessário; abastecer, guarnecer

mu.ni.ci.o.nar *v.t.* m.q. municiar

mu.ni.ci.pal *adj.2g.* relativo a município

mu.ni.ci.pa.li.da.de *s.f.* **1** câmara municipal, prefeitura **2** a circunscrição da área urbana que constitui um município

mu.ni.ci.pa.lis.mo *s.m.* forma de governo descentralizada na qual os municípios devem ter preponderância

mu.ní.ci.pe *adj.2g.* diz-se do civil, cidadão

mu.ni.cí.pio *s.m.* distrito administrativo legalmente pertencente a uma comarca

mu.ni.fi.cen.te *adj.2g.* diz-se de quem é liberal, magnânimo, generoso

mu.nir *v.t.* prover de munição

mú.nus *s.m.2n.* cargo, obrigação

mu.que *s.m.* força muscular

mu.qui.ra.na *s.2g.* **1** indivíduo egoísta ◯ *s.f.* **2** m.q. piolho

mu.ral *adj.2g.* **1** relativo a muro • *s.m.* **2** arte em parede **3** local para fixar recados ou lembretes

mu.ra.lha *s.f.* **1** muro espesso e de grande extensão para proteger ou separar uma sociedade de outra **2** defesa, baluarte

mu.rar *v.t.* cercar com muro

mur.ça *s.f.* veste dotada de capuz usada em celebrações religiosas

mur.cha *s.f.* ato de murchar

mur.char *v.i.* **1** perder a vitalidade **2** envelhecer

mur.cho *adj.* diz-se do fenecido, sem energia

mu.ri.á.ti.co *adj. s.m.* QUÍM diz-se do que é relativo ao ácido clorídrico

mu.ri.ci *s.m.* BOT planta frutífera nativa do Brasil

mu.ri.ço.ca /ó/ *s.m.* m.q. mosquito

mu.rí.deo *adj.* **1** relativo a rato **2** parecido com rato

mu.ri.no *adj.* diz-se do tom pardo, semelhante à cor do rato

mur.mu.ra.ção *s.f.* ação de murmurar, de sussurrar

mur.mu.ran.te *adj.2g.* diz-se do que murmura

mur.mu.rar *v.i.* sussurrar; falar em voz baixa

mur.mu.re.jar *v.i.* espalhar notícias; fofocar

mur.mu.ri.nho *s.m.* m.q. murmúrio

mur.mú.rio *s.m.* sussurro; rumor de vozes, barulho

mu.ro *s.m.* parede, barreira feita com tijolos

mur.ro *s.m.* pancada dada com a mão fechada; soco

mur.ta *s.f.* BOT árvore típica do Brasil da qual se produzem perfumes, óleos, móveis

mu.ru.cu.tu.tu *s.m.* ZOOL m.q. coruja-do-mato

mu.sa *s.f.* **1** MIT entidade mitológica que inspirava os artistas **2** *por ext.* inspiração poética

mu.sa.ra.nho *s.m.* tipo de rato pequeno

mus.cu.la.ção *s.f.* **1** conjunto dos movimentos musculares **2** *por ext.* ação de executar atividades físicas com o uso de aparelhos

mus.cu.la.tu.ra *s.f.* ANAT estrutura muscular de um ser

mús.cu.lo *s.m.* ANAT parte fibrosa e estriada do corpo animal que pode se contrair e se distender segundo os reflexos cerebrais

mu.seu /ê/ *s.m.* edifício que abriga objetos de arte, peças arqueológicas, etnográficas etc.

mus.go *s.m.* BOT vegetação rasteira que habita lugares úmidos

mus.go.so /ô/ *adj.* diz-se do que tem musgo

mú.si.ca *s.f.* **1** arte ou técnica de extrair sons de objetos **2** execução sonora

mu.si.cal *adj.2g.* **1** relativo a música • *s.m.* **2** tipo de apresentação artística que envolve música, dança e teatro

mu.si.ca.li.da.de *s.f.* qualidade de ser musical

mu.si.car *v.i.* compor ou executar música

mu.si.cis.ta *adj.2g. s.2g.* **1** diz-se do intérprete musical **2** compositor musical

mú.si.co *adj.* **1** relativo a música • *s.m.* **2** intérprete musical **3** compositor musical

mu.si.có.lo.go *s.m.* estudioso de música

mu.si.co.ma.ni.a *s.f.* gosto excessivo por música

mu.si.que.ta /ê/ *s.f. pejor.* música sem muita qualidade

mus.se.li.na *s.f.* tipo de tecido leve e transparente

mu.ta.ção *s.f.* variação, inconstância, metamorfose

mu.ta.tó.rio *adj.* diz-se do que causa mudança

mu.tá.vel *adj.2g.* diz-se do que é mutatório ou que sofre mutação

mu.ti.la.ção *s.f.* ação de cortar

mu.ti.la.do *adj.* diz-se do que foi cortado, decepado

mu.ti.lar *v.t.* cortar, seccionar, decepar uma parte corpórea

mu.ti.rão *s.m.* multidão unida em prol de algo

mu.tis.mo *s.m.* **1** estado mudo de quem se recusa a falar **2** m.q. mudez

mu.tu.a.li.da.de *s.f.* **1** qualidade de ser mútuo; reciprocidade **2** cooperação recíproca, mútua

mu.tu.a.lis.mo *s.m.* **1** JUR sistema que defende a entidade mútua **2** BIOL relação interespecífica harmônica

mu.tu.ar *v.t.* trocar; dar em reciprocidade; permutar

mu.tu.á.rio *adj.* **1** JUR diz-se do que recebe empréstimo **2** recíproco, mutual

mu.tu.ca *s.f.* BIOL tipo de mosca

mu.tum *s.m.* ZOOL ave semelhante à galinha

mú.tuo *adj.* diz-se do que é recíproco

mu.xi.ba *s.f. pejor.* pele flácida e velha; pelanca

mu.xin.ga *s.f.* chicote

mu.xo.xo /ô/ *s.m.* estalo feito com a língua usado para expressar aborrecimento, chateação, desdém **intérprete musical** **3** compositor musical

Nn

¹n *s.m.* GRAM décima quarta letra e décima primeira consoante do alfabeto português

²N 1 GEOG símbolo de Norte **2** QUÍM elemento nitrogênio da tabela periódica

Na QUÍM elemento sódio da tabela periódica

na.ba.bes.co /ê/ *adj.* luxuoso, majestoso

na.ba.bo *s.m.* **1** nomenclatura antiga dada ao governador de uma província da Índia **2** *por ext.* indivíduo rico, opulento, poderoso

na.bi.ça *s.f.* nabo pouco desenvolvido

na.bo *s.m.* **1** BOT planta hortense cuja raiz é usada para consumo **2** *fig.* pênis **3** *pejor.* indivíduo iletrado

na.ção *s.f.* povo domiciliado e regido por um governo, por um Estado

na.ca.da *s.f.* m.q. naco

ná.car *s.m.* m.q. madrepérola

na.ca.ra.do *adj.* diz-se do que é semelhante ao nácar

na.ca.rar *v.t.* atribuir propriedades do nácar

na.ci.o.nal *adj.2g.* relativo a nação

na.ci.o.na.li.da.de *s.f.* qualidade nacional de um ser, em sua condição de pertencer a um Estado, a uma nação

na.ci.o.na.lis.mo *s.m.* m.q. patriotismo

na.ci.o.na.lis.ta *adj.2g.* diz-se do adepto do nacionalismo

na.ci.o.na.li.za.ção *s.f.* **1** ação de nacionalizar, naturalizar **2** estatização de bens estrangeiros

na.ci.o.na.li.zar *v.t.* **1** tornar nacional **2** naturalizar

na.ci.o.nal-so.ci.a.lis.mo *s.m.* m.q. nazismo

na.co *s.m.* pedaço ou fatia grande

na.da.dor /ô/ *adj.* diz-se da pessoa que domina a técnica de nadar; praticante de natação

na.da *adv.* **1** coisa nenhuma • *s.m.* **2** o que não existe

na.dar *v.i.* **1** locomover-se na água por meio de movimentos dos membros ⊙ *v.t.* **2** percorrer uma extensão a nado ■ **nadar como um prego** não saber nadar ■ **nadar contra a corrente** ser contrário à maioria ■ **nadar em ouro** ficar rico ■ **nadar em seco** não obter êxito

ná.de.ga *s.f.* ANAT cada uma das partes musculoadiposas localizadas na bacia do corpo humano

na.dir *s.m.* **1** ponto extremo da abóbada celeste, em oposição ao zênite **2** direção vertical orientada para o centro da Terra

na.do *adj.* **1** diz-se do nascido, nato • *s.m.* **2** a ação de nadar

naf.ta *s.f.* QUÍM fração líquida do petróleo usada como matéria-prima na petroquímica

naf.ta.li.na *s.f.* hidrocarboneto aromático extraído do carvão vegetal e mineral

nái.a.de *s.f.* MIT ninfa que habita os rios e as fontes

nái.lon *s.m.* tipo sintético de tecido

nai.pe *s.m.* **1** tipo, condição **2** cada um dos símbolos que diferenciam os grupos do baralho

na.ja *s.f.* ZOOL tipo venenoso de serpente nativa da Índia

nam.bu *s.m.* ZOOL pássaro nativo do Brasil de tamanho próximo ao de uma galinha; inambu

na.mo.ra.dei.ra /ê/ *adj.* **1** diz-se da mulher que gosta de namorar • *s.f.* **2** banco de madeira ornamentado que possui encosto e braços

na.mo.ra.do *s.m.* **1** diz-se da pessoa a quem se namora, a quem se dedica amor **2** ZOOL espécie de peixe marinho muito comprido

na.mo.ra.dor /ô/ *adj.* diz-se do homem que gosta de namorar

na.mo.rar *v.t.* cortejar; dedicar amor

na.mo.ri.car *v.t.* namorar sem intenções mais sérias; namoriscar

na.mo.ri.co *s.m.* namoro sem seriedade, que é casual, efêmero, produto do momento

na.mo.ris.car *v.t.* m.q. namoricar

na.mo.ris.co *s.m.* m.q. namorico

na.mo.ro /ô/ *s.m.* galanteio, corte

na.ná *s.m.* m.q. abacaxi

na.nar *v.t. pop.* fazer dormir

na.ni.co *adj.* diz-se da pessoa de baixa estatura; pequeno, anão

na.nis.mo *s.m.* **1** anomalia corpórea que afeta o crescimento de um indivíduo **2** estatura física dos pigmeus, anões

nan.quim *s.m.* tipo de tinta preta fabricada em Nanquim, na China

não *adv.* expressa negação; antônimo de sim

na.pá.ceo *adj.* diz-se do que se assemelha ao nabo

na.palm *s.m.* QUÍM agente gelificante usado principalmente em bombas incendiárias e lança-chamas

na.po.le.ão *s.m.* **1** moeda francesa **2** m.q. Napoleão Bonaparte

na.po.le.ô.ni.co *adj.* relativo a Napoleão Bonaparte

na.po.li.ta.no *adj.* diz-se do que é natural ou habitante de Nápoles, na Itália

nar.ce.ja /ê/ *s.f.* ZOOL ave da família dos escolopacídeos encontrada em toda a América do Sul

nar.ci.sis.mo *s.m.* **1** autoadmiração, amor a si próprio **2** ato de enfeitar-se para parecer formoso

narciso

nar.ci.so *s.m.* **1** BOT planta de propriedades narcóticas **2** MIT jovem da mitologia grega que morreu afogado na tentativa de tocar sua própria imagem em um lago, pela qual se apaixonara

nar.co.se /ó/ *s.f.* perda da consciência e da sensibilidade produzida por narcóticos; anestesia; entorpecimento

nar.có.ti.co *adj.* diz-se do que entorpece, anestesia

nar.co.tis.mo *s.m.* o conjunto dos efeitos provocados por substâncias narcóticas

nar.co.ti.zar *v.t.* anestesiar, fazer perder a sensibilidade

nar.do *s.m.* **1** BOT planta da família das valerianáceas, nativa do Himalaia **2** o perfume obtido do rizoma dessa planta

nar.gui.lé *s.m.* cachimbo oriental no qual se aspira um vapor aromatizado

na.ri.ga.da *s.f.* **1** colisão entre narizes **2** choque do nariz com alguma coisa

na.ri.gão *s.m.* nariz grande

na.ri.gu.do *adj.* diz-se de quem tem narigão

na.ri.na *s.f.* **1** fossa nasal **2** ZOO espécie de pássaro nativo da África

na.riz *s.m.* órgão responsável pelo olfato; apêndice nasal

nar.ra.ção *s.f.* ação de contar algo, real ou ficcional, situando lugar e tempo

nar.ra.dor /ô/ *adj. s.m.* **1** diz-se daquele que conta **2** personagem criado pelo escritor para contar uma história

nar.rar *v.t.* **1** contar algo oralmente ou na forma escrita **2** comunicar algo a alguém

nar.ra.ti.va *s.f.* gênero textual usado para narrar; história

nar.ra.ti.vo *adj.* relativo à narração

na.sal *adj.2g.* relativo a nariz

na.sa.lar *v.t.* emitir som na caixa nasal; nasalizar

na.sa.li.da.de *s.f.* característica do que é nasal

na.sa.li.za.ção *s.f.* ato ou efeito de nasalizar

na.sa.li.zar *v.t.* tornar nasal; nasalar

nas.ce.dou.ro /ô/ *adj.* **1** que está prestes a nascer • *s.m.* **2** lugar de nascimento

nas.cen.ça /ê/ *s.f.* m.q. nascimento

nas.cen.te *s.f.* **1** superfície de onde brota água ○ *s.m.* **2** o lado no qual o sol surge primeiro; oriente • *adj.2g.* **3** diz-se do que nasce

nas.cer /ê/ *v.i.* iniciar a vida; iniciar a existência; brotar

nas.ci.do *adj.* diz-se do ser que nasceu, que começou a existir

nas.ci.men.to *s.m.* ato de nascer; nascença

nas.ci.tu.ro *adj.* diz-se daquele que vai nascer

nas.tro *s.m.* faixa estreita que serve de adorno; fita decorativa

na.ta *s.f.* **1** gordura do leite que forma camada em sua superfície **2** *fig.* diz-se do que é de mais prestígio em alguma coisa

na.ta.ção *s.f.* **1** ação de nadar **2** esporte praticado na água cuja técnica está no movimento alternado dos membros

na.tal *adj.2g.* **1** relativo ao nascimento de alguém; natalício • *s.m.* **2** comemoração religiosa do nascimento de Cristo

na.ta.lí.cio *adj.* relativo ao dia do nascimento

na.ta.li.da.de *s.f.* **1** estatística do número de nascidos em um período **2** qualidade de ser nascido

na.ta.tó.rio *adj.* **1** relativo a natação **2** diz-se do que serve para nadar

na.ti.mor.to /ô/ *adj.* diz-se da criança que nasce morta

na.ti.vi.da.de *s.f.* **1** dia do nascimento, especialmente o de Jesus Cristo ou dos santos **2** a festa do Natal

na.ti.vis.mo *s.m.* **1** nacionalismo exagerado **2** xenofobismo **3** FILOS filosofia kantiana que diz que as emoções e as ideias são inatas ao ser humano

na.ti.vis.ta *adj.2g.* relativo a nativismo

na.ti.vo *adj.* **1** diz-se do que é natural do país **2** indígena

na.to *adj.* m.q. nascido, nado

na.tre.mi.a *s.f.* BIOQUÍM presença de sódio no sangue

na.tu.re.za *s.f.* **1** m.q. natureza **2** *desus.* direito de herança em instituição religiosa

na.tu.ral *adj.2g.* **1** diz-se do que é produzido pela natureza **2** genuíno, sem alteração **3** espontâneo **4** nativo

na.tu.ra.li.da.de *s.f.* qualidade de ser natural

na.tu.ra.lis.mo *s.m.* **1** FILOS doutrina cuja crença está na negação da espiritualidade e do sobrenatural **2** LITER escola cujos temas artísticos são os processos da natureza

na.tu.ra.lis.ta *adj.2g* **1** diz-se do adepto ao naturalismo **2** estudioso dos fenômenos e processos da natureza **3** diz-se do que está relacionado ao naturalismo

na.tu.ra.li.za.ção *s.f.* **1** JUR meio pelo qual um estrangeiro adquire a segunda nacionalidade **2** dicionarização de um termo linguístico estrangeiro **3** adaptação ao meio diferente

na.tu.ra.li.zar *v.t.* conceder a um estrangeiro os direitos dos cidadãos de um país

na.tu.re.ba *adj.2g. pop.* diz-se do praticante da alimentação natural

na.tu.re.za /ê/ *s.f.* **1** m.q. natura **2** energia inata a cada ser **3** conjunto dos fenômenos da terra, do ar, do fogo e da água **4** o universo

na.tu.ris.mo *s.m.* **1** conjunto de ideias que defendem um retorno à natureza, ao natural **2** culto à natureza

na.tu.ris.ta *adj.2g.* diz-se do adepto do naturismo

nau *s.f.* navio, embarcação, barco

nau.fra.gar *v.i.* **1** sofrer desastre no mar; afundar **2** *fig.* ser malsucedido, não ter êxito

nau.frá.gio *s.m.* **1** desastre no mar **2** *fig.* malogro, desgraça

náu.fra.go *s.m.* vítima de naufrágio

nau.pa.ti.a *s.f.* enjoo provocado pela oscilação de embarcação marítima

náu.se.a *s.f.* **1** tontura e enjoo sofridos em viagem; naupatia **2** *fig.* aversão

nau.se.a.bun.do *adj.* diz-se do que é repugnante, nojento, que causa enjoo

nau.se.an.te *adj.2g.* m.q. nauseabundo

nau.se.ar *v.t.* causar náusea

nau.ta *s.m.* marinheiro, navegante

náu.ti.ca *s.f.* ciência da navegação

náu.ti.co *adj.* **1** relativo a marinheiro **2** relativo à navegação marítima

náu.ti.lo *s.m.* ZOOL molusco dotado de quatro brânquias

na.val *adj.2g.* relativo à Marinha de Guerra

na.va.lha *s.f.* lâmina metálica com corte

na.va.lha.da *s.f.* lesão produzida por navalha

na.va.lhar *v.t.* golpear com navalha

negrão

na.ve *s.f.* **1** *desus.* navio, nau **2** *fig. igreja, templo* ■ **nave espacial** nave usada em viagens pelo cosmo; espaçonave

na.ve.ga.bi.li.da.de *s.f.* qualidade de ser navegável

na.ve.ga.ção *s.f.* ação de navegar

na.ve.ga.dor /ô/ *adj.* diz-se de quem domina a arte de navegar; piloto

na.ve.gan.te *adj.2g.* diz-se de quem navega; marinheiro, navegador

na.ve.gar *v.t.* fazer viagens marítimas

na.ve.gá.vel *adj.2g.* diz-se do que pode ser navegado

na.ve.ta /ê/ *s.f.* **1** pequeno recipiente para queimar incenso em cultos religiosos **2** tipo de máquina de costura **3** *desus.* embarcação pequena

na.vi.o *s.m.* embarcação, barco ■ **navio cargueiro** navio que transporta cargas

na.za.re.no *adj.* **1** diz-se do que é natural de Nazaré • *s.m.* **2** RELIG epíteto de Jesus Cristo, o Nazareno

na.zis.mo *s.m.* sistema político fundado por Hitler; nacional-socialismo

Nb QUÍM elemento nióbio ou colômbio

Nd QUÍM elemento neodímio

Ne QUÍM elemento neônio da tabela periódica

NE GEOG símbolo de Nordeste

ne.bli.na *s.f.* nevoeiro, cerração

ne.bli.nar *v.i.* **1** cair cerração **2** chuviscar, garoar

ne.bu.li.za.ção *s.f.* **1** ação de transformar líquidos em vapor **2** pulverização de líquido

ne.bu.li.za.dor /ô/ *s.m.* aparelho que nebuliza líquidos

ne.bu.li.zar *v.t.* transformar líquidos em vapor

ne.bu.lo.sa /ô/ *s.f.* massa imensa de matéria interestelar

ne.bu.lo.si.da.de *s.f.* **1** qualidade de ser nebuloso **2** obscuro, misterioso, confuso

ne.bu.lo.so /ô/ *adj.* **1** diz-se do confuso, obscuro, misterioso **2** diz-se do que está nevoento

ne.ce.da.de *s.f.* tolice, disparate

ne.ces.sá.ria *s.f.* m.q. necessário

ne.ces.sá.rio *adj.* substância importante, vital, indispensável

ne.ces.si.da.de *s.f.* carência, falta

ne.ces.si.ta.do *adj. s.m.* diz-se de quem é pobre, miserável, mendigo

ne.ces.si.tar *v.t.* **1** ter necessidade; carecer, precisar **2** exigir ação assegurada pela lei

ne.cro.fa.gia *s.f.* alimentação à base de animais mortos

ne.cró.fa.go *adj.* diz-se do que se alimenta da carne de animais mortos

ne.cro.fi.li.a *s.f.* patologia sexual diagnosticada pelo desejo de relacionar-se com cadáveres

ne.cró.fi.lo *adj.* diz-se de quem sofre de necrofilia

ne.cro.fo.bi.a *s.f.* medo de cadáveres

ne.cro.lo.gi.a *s.f.* relação de óbitos; obituário

ne.cro.ló.gio *s.m.* texto ou seção discursiva fúnebre em homenagem a quem morreu

ne.cro.man.ci.a *s.f.* previsão do futuro por meio de invocação dos mortos

ne.cro.man.te *adj.2g.* diz-se de quem pratica necromancia

ne.crop.si.a *s.f.* m.q. autópsia

ne.cro.sar *v.t.* causar a morte e a decomposição de tecidos

ne.cro.se /ó/ *s.f.* MED morte de tecido orgânico; gangrena

ne.cro.té.rio *s.m.* lugar em que ficam os cadáveres para reconhecimento ou à espera do sepultamento

néc.tar *s.m.* **1** suco das flores do qual se nutrem abelhas, borboletas etc. **2** *fig.* a bebida dos deuses do Olimpo

néc.ton *s.m.* BIOL conjunto dos organismos que vivem e se locomovem em água doce

né.dio *adj.* **1** diz-se do brilhante **2** diz-se do engordurado

ne.er.lan.dês *adj. gent.* natural ou habitante do Reino dos Países Baixos (Holanda)

ne.fan.do *adj.* **1** diz-se do abominável, execrável **2** diz-se do horrível, obsceno

ne.fas.to *adj.* **1** funesto, infausto, azarento **2** agourento, fúnebre

ne.fe.li.ba.ta *adj.2g.* **1** diz-se do que vive nas nuvens **2** *fig. pejor.* diz-se do escritor que não segue regras

ne.fral.gi.a *s.f.* MED dor nos rins

ne.frec.to.mi.a *s.f.* cirurgia para a retirada de um rim

ne.fri.ta *s.f.* variedade de jade, de cor esverdeada ou azulada

ne.fri.te *s.f.* MED doença inflamatória dos rins

ne.fro.lo.gi.a *s.f.* MED ciência que estuda os rins

ne.fro.se /ó/ *s.f.* MED degeneração do epitélio tubular renal

ne.fro.to.mi.a *s.f.* corte no rim pela região lombar

ne.ga.ça *s.f.* **1** atrativo ardiloso; logro; engano **2** ZOOL pássaro nativo do Brasil

ne.ga.ção *s.f.* **1** ação de negar, recusar **2** falta de habilidade

ne.ga.ce.ar *v.i.* **1** atrair, provocar, seduzir **2** negar, recusar

ne.gar *v.t.* **1** dizer não; recusar, repelir **2** não dar; não consentir **3** proibir

ne.ga.ti.va *s.f.* **1** ação de negar, de afirmar o contrário **2** GRAM frase que contém um advérbio de negação

ne.ga.ti.vi.da.de *s.f.* qualidade do que é negativo

ne.ga.ti.vis.mo *s.m.* **1** atitude negativa **2** atitude de estar sempre em oposição

ne.ga.ti.vo *adj.* **1** FÍS entidade de carga oposta ao positivo • *s.m.* **2** chapa ou filme na qual é captada a imagem para reprodução **3** contrário

ne.gá.vel *adj.2g.* diz-se do que pode ser negado

né.gli.gé *s.m.* [fr.] roupão feminino transparente usado sobre a *lingerie*

ne.gli.gên.cia *s.f.* descuido, imprudência, desleixo

ne.gli.gen.ci.ar *v.t.* tratar com negligência; descuidar

ne.gli.gen.te *adj.2g.* diz-se do descuidado, que não dá toda a atenção ao que faz

ne.go *conj.* **1** m.q. *senão* • *s.m.* **2** m.q. *negro* **3** *pop.* pessoa indeterminada; gente, indivíduo

ne.go.ci.a.ção *s.f.* ato ou efeito de negociar

ne.go.ci.an.te *s.2g.* **1** pessoa que negocia; comerciante **2** articulador diplomático, embaixador

ne.go.ci.ar *v.t.* **1** comprar e vender mercadorias para obtenção de lucro **2** discutir as cláusulas de contrato

ne.go.ci.a.ta *s.f.* **1** negócio suspeito, irregular **2** negócio lucrativo

ne.go.ci.á.vel *adj.2g.* diz-se do que pode ser negociado, comercializado

ne.gó.cio *s.m.* **1** comércio; estabelecimento comercial; empresa **2** transação, negociação

ne.go.cis.ta *adj.2g.* diz-se de quem tem por hábito fazer negócios escusos

ne.grão *adj.* **1** aumentativo de negro **2** ZOOL tipo de peixe cuja pele é negra **3** espécie de uva escura

negralhão

ne.gra.lhão *s.m. pop.* negro de elevada estatura

ne.grei.ro */ê/ adj.* **1** relativo a negro **2** HIST diz-se da embarcação que transporta escravos negros

ne.gre.jar *v.i.* tornar escuro; escurecer

ne.gri.dão *s.f.* qualidade de negro; negrura

ne.gri.to *s.f.* **1** tipo de letra grafada mais intensamente **2** tintura para os cabelos

ne.gro */ê/ adj.* **1** diz-se do que tem aspecto escuro, preto **2** diz-se do descendente africano

ne.groi.de */ó/ adj.2g.* diz-se do que tem características africanas

ne.gror */ô/ s.m.* qualidade do que é muito escuro; negridão, escuridão, treva

ne.gru.me *s.m.* m.q. negror

ne.gru.ra *s.f.* m.q. negror

ne.lo.re *adj.2g. s.m.* raça de gado

nem *adv.* expressa negação; não

ne.ma.toi.de */ó/ adj.* diz-se do que tem a forma de fio; filiforme

ne.nê *s.m.* criancinha, bebê

ne.nhum *pron.* pronome indefinido de sentido negativo

nê.nia *s.f.* canto ou poesia fúnebre

ne.nú.far *s.m.* BOT tipo de lírio aquático

neo- */é/ pref.* soma a ideia de novo ao radical com o qual se une

ne.o.clas.si.cis.mo *s.m.* escola literária do séc. XVIII que almejava recuperar formas, gêneros e técnicas do classicismo

ne.o.dí.mio *s.m.* QUÍM metal de cor branca

ne.ó.fi.to *s.m.* **1** RELIG indivíduo que se preparava para receber algum sacramento **2** *fig.* principiante em alguma ciência ou em algum ofício

ne.o.li.be.ra.lis.mo *s.m.* doutrina econômica que condena a intervenção do Estado na economia e defende a liberdade de mercado

ne.o.lo.gis.ta *adj.2g.* diz-se de pessoa que cunha palavras novas ou que com frequência faz uso delas

ne.o.for.ma.ção *s.f.* BIOL formação recente de tecidos animais e vegetais

ne.o.lí.ti.co *adj.* GEOL relativo à última divisão da Idade da Pedra

ne.o.lo.gis.mo *s.m.* estrutura linguística nova; introdução recente na língua

ne.on */ô/ s.m.* QUÍM gás da família do hélio presente na atmosfera; neônio

ne.o.pla.si.a *s.f.* processo patológico de formação de nódulos benignos ou malignos

ne.o.plas.ma *s.m.* tecido novo de formação patológica; tumor

ne.o.ze.lan.dês *adj. gent.* natural ou habitante da Nova Zelândia

ne.pa.lês *adj. gent.* natural ou habitante do Nepal

ne.po.tis.mo *s.m.* ação em favorecimento de parentes; patronato

ne.rei.da */ê/ s.f.* MIT cada uma das ninfas que habitam o mar, filhas de Nereu

ner.vo */ê/ s.m.* **1** ANAT feixe de fibras que servem de instrumento para a transmissão das sensações e dos movimentos **2** força, energia, robustez **3** ARQUIT filetes e relevos da arquitetura gótica; nervura

ner.vo.si.da.de *s.f.* qualidade de estar nervoso; excitabilidade exagerada

ner.vo.sis.mo *s.m.* estado nervoso de alguém

ner.vo.so */ô/ adj.* **1** relativo aos nervos **2** diz-se de quem tem facilidade para se irritar **3** BOT diz-se da folha cuja face inferior apresenta nervuras muito salientes

ner.vu.do *adj.* diz-se do que tem nervos e tendões grossos e salientes

ner.vu.ra *s.f.* **1** m.q. nervação **2** ARQUIT filetes, saliências típicas do estilo gótico **3** estrias musculares e nervosas das asas das aves

nés.cio *adj.* **1** ignorante, estúpido **2** incapaz **3** absurdo, inacreditável

nes.ga */ê/ s.f.* **1** tira de pano, retalho **2** espaço estreito e comprido de terra

nês.pe.ra *s.f.* fruto da nespereira; ameixa-amarela

nes.pe.rei.ra */ê/ s.f.* BOT árvore frutífera que produz a nêspera

nes.sou.tro */ô/ contr. desus.* m.q. nesse outro

ne.to */é/ adj.* **1** descendente do filho ou da filha em relação aos avós **2** *desus.* puro, sem defeito; claro, transparente ■ **peso neto** peso do objeto sem a embalagem

neu.ral *adj.2g.* relativo a ou próprio dos nervos

neu.ral.gi.a *s.f.* MED dor provocada por irritação ou lesão de um nervo sensitivo; nevralgia

neu.ras.te.ni.a *s.f.* **1** fraqueza, debilidade dos nervos **2** irritabilidade

neu.ras.tê.ni.co *adj.* relativo a neurastenia

neu.ri.te *s.f.* MED inflamação de um ou de vários nervos; nevrite

neu.ro.ci.rur.gi.a *s.f.* prática cirúrgica especializada no sistema nervoso

neu.ro.ci.rur.gi.ão *s.m.* estudioso da neurocirurgia

neu.ró.glia *s.f.* célula do tecido nervoso

neu.ro.lo.gi.a *s.f.* MED estudo do sistema nervoso

neu.ro.ma */ô/ s.m.* MED tumor formado por células nervosas; nevroma

neu.rô.nio *s.m.* ANAT célula nervosa que transporta mensagens ao cérebro

neu.ro.pa.ti.a *s.f.* qualquer moléstia do sistema nervoso

neu.ro.se */ó/ s.f.* patologia psicossomática que atinge o funcionamento de órgãos

neu.ró.ti.co *adj.* diz-se de quem facilmente se irrita

neu.tral *adj.2g.* diz-se do neutro, sem partido

neu.tra.li.da.de *s.f.* qualidade do que é neutro

neu.tra.li.za.ção *s.f.* **1** ação de tornar neutro **2** ação de se colocar em posição neutra **3** QUÍM reação cujos dois elementos se unem em quantidades equivalentes

neu.tra.li.zar *v.t.* **1** tornar neutro **2** MED anular a ação de agente **3** estabelecer igualdade entre entidades

neu.tri.no *s.m.* FÍS partícula subatômica sem carga própria

neu.tro */ô/ adj.* **1** diz-se do que não se posiciona **2** neutral, imparcial **3** GRAM que não tem especificidade de gênero **4** FÍS diz-se da entidade sem carga elétrica **5** QUÍM diz-se dos compostos que não realizam reação ácida ou básica

nêu.tron *s.m.* FÍS partícula elementar de carga nula localizada no núcleo dos átomos

ne.va.da *s.f.* tempestade de neve; nevasca

ne.va.do *adj.* diz-se do que se apresenta coberto de neve

ne.var *v.i.* cair neve

ne.vas.ca *s.f.* tempestade de neve

nacional

ne.ve /é/ *s.f.* precipitação de água em estado sólido da atmosfera

ne.vis.car *v.i.* nevar pouco

ne.vo /ê/ *s.m.* mancha, pinta, marca de nascença

né.voa *s.f.* m.q. neblina

ne.vo.ei.ro /ê/ *s.m.* **1** neblina espessa; cerração forte **2** ausência de clareza; obscuridade

ne.vo.en.to *adj.* **1** diz-se do nublado, enfumaçado **2** diz-se do coberto de neve; nevado

ne.vo.so /ô/ *adj.* m.q. nevoento

ne.vral.gi.a *s.f.* MED m.q. neuralgia

new.ton *s.m.* FÍS unidade de medida de força

ne.xo /éks/ *s.m.* ligação ou coerência de algo; vínculo, conexão

nham.bi.qua.ra *s.2g.* indígena que pertence à tribo brasileira dos nambiquaras

nham.bu *s.m.* ZOOL ave nativa do Brasil; inhambu

nhan.du *s.m.* m.q. ema

nhe.en.ga.tu *s.m.* língua indígena falada no Amazonas

nhe.nhe.nhem *s.m. onomat.* expressa resmungos

nho.que /ó/ *s.m.* **1** massa feita de batata com queijo **2** *onomat.* som de mordida

Ni QUÍM elemento níquel da tabela periódica

ni.ca *s.f.* coisa pequena, supérflua

ni.ca.ra.guen.se *adj. gent.* natural ou habitante da Nicarágua

ni.cho *s.m.* **1** cavidade feita em uma parede **2** m.q. ninho

ni.co.ti.na *s.f.* alcaloide encontrado nas folhas de tabaco

ni.co.tí.ni.co *adj.* relativo a nicotina

ni.di.fi.ca.ção *s.f.* construção do ninho

ni.di.fi.car *v.t.* construir o ninho

ni.fe *s.f.* núcleo da Terra supostamente constituído de níquel e ferro

ni.ge.ri.a.no *adj. gent.* natural ou habitante da Nigéria

ni.gro.man.ci.a *s.f.* magia negra

ni.gro.man.te *adj.2g.* diz-se da pessoa que pratica nigromancia

ni.i.lis.mo *s.m.* **1** redução a nada **2** aniquilamento, autodestruição **3** FILOS negação de crenças e convicções

ni.i.lis.ta *adj.2g.* **1** diz-se da pessoa que adota o niilismo **2** diz-se do que nega a outra vida

nim.bo *s.m.* **1** RELIG auréola dos santos **2** tipo de nuvem

nim.bo.so /ô/ *adj.* coberto de nimbos

ni.mi.e.da.de *s.f.* qualidade do que é nímio; demasia

ní.mio *adj.* diz-se do que é excessivo, superabundante, demasiado

ni.nar *v.i.* fazer a criança dormir; nanar

nin.fa *s.f.* **1** MIT divindade das águas que servia como fonte de inspiração para os poetas **2** *fig.* mulher esbelta **3** cada um dos pequenos lábios da vulva

nin.fal *adj.2g.* relativo a ninfa

nin.fô.ma.na *adj.* diz-se da mulher ninfomaníaca

nin.fo.ma.ni.a *s.f.* disposição, nas mulheres, para o coito em excesso, podendo ser uma patologia; furor uterino

nin.fo.ma.ní.a.ca *s.f.* mulher que sofre de ninfomania

nin.guém *pron.* pessoa nenhuma

ni.nha.da *s.f.* **1** porção de ovos **2** porção de animais nascidos de uma só vez

ni.nha.ri.a *s.f.* coisa de pouco ou nenhum valor; bagatela

ni.nho *s.m.* lugar onde as aves criam seus filhotes

ni.ó.bio *s.m.* QUÍM elemento químico de número atômico 41 e símbolo Nb

ni.pô.ni.co *adj.* m.q. japonês

ní.quel *s.m.* **1** metal resistente de cor acinzentada **2** moeda de pequeno valor

ni.que.la.gem *s.f.* sistema para revestir objetos com níquel

ni.que.lar *v.t.* revestir com níquel

nir.va.na *s.f.* **1** RELIG no budismo, refere-se ao paraíso **2** RELIG evolução espiritual máxima; beatitude suprema

ni.ten.te *adj.2g.* **1** brilhante, esplendente **2** diz-se do lúcido

ni.ti.dez /ê/ *s.f.* qualidade do que é nítido

ní.ti.do *adj.* **1** brilhante, claro; sem manchas; bem definido **2** perceptível

ni.tri.do *s.m.* expressão sonora dos cavalos e burros; relincho

ni.tra.to *s.m.* QUÍM sal que resulta da reação entre o ácido nítrico e uma base

ní.tri.co *adj.* QUÍM referente ao nitro

ni.trir *v.i.* relinchar, zurrar

ni.tri.to *s.m.* QUÍM sal do ácido nitroso

ni.tro *s.m.* QUÍM nitrato de potássio

ni.tro.gê.nio *s.m.* elemento da tabela periódica inodoro, gasoso, incolor, pouco ativo e usado em grande número de compostos

ni.tro.gli.ce.ri.na *s.f.* QUÍM substância usada na fabricação de explosivos

ni.tro.me.ta.no *s.m.* QUÍM líquido oleoso usado como solvente da pólvora sem fumaça

ni.tro.so /ô/ *adj.* QUÍM diz-se do que contém nitro

ní.vel *s.m.* **1** instrumento que serve para verificar a exatidão da posição horizontal de uma superfície **2** grau ou estado em uma escala

ni.ve.la.ção *s.f.* **1** ação de nivelar **2** tratar duas ou mais coisas de forma que uma não se sobreponha a outra; igualar

ni.ve.la.men.to *s.m.* m.q. nivelação

ni.ve.lar *v.t.* **1** ajustar a um determinado nível **2** igualar unidades

ní.veo *adj.* diz-se do que tem a cor da neve; branco

NO GEOG símbolo de Noroeste

nó *s.m.* **1** amarradura que se dá com duas pontas de uma corda **2** articulação das vértebras **3** saliência, nervura **4** MAR medida marítima equivalente a uma milha **5** *fig.* problema complexo

no /ô/ *prep.* contração de *em + o*, indicar lugar

no.bi.li.á.rio *adj.* **1** relativo à nobreza • *s.m.* **2** registro das famílias nobres de um país

no.bi.li.ar.qui.a *s.f.* estudo das origens dos nobres

no.bi.li.ta.ção *s.f.* ato ou efeito de nobilitar, enobrecer

no.bi.li.tar *v.t.* **1** conceder título de nobreza; enobrecer **2** dignificar, exaltar

no.bre /ó/ *adj.* **1** diz-se de pessoa da nobreza; fidalgo **2** diz-se de quem é ilustre, majestoso

no.bre.za /ê/ *s.f.* **1** a classe dos nobres **2** grandeza de ânimo

no.ção *s.f.* conhecimento superficial; ideia

no.cau.te *s.m.* efeito de um golpe usado no boxe

no.ci.o.nal *adj.2g.* relativo a noção; conceitual

nocividade

352

no.ci.vi.da.de *s.f.* qualidade do que é nocivo

no.ci.vo *adj.* diz-se do que é prejudicial, pernicioso

noc.tâm.bu.lo *adj.* m.q. sonâmbulo

no.tí.va.go *adj.* diz-se do que tem hábito noturno

no.dal *adj.2g.* relativo a nó ou nódulo

no.do /ó/ *s.m.* m.q. nó

nó.doa *s.f.* **1** mancha **2** infâmia, estigma

no.do.so /ô/ *adj.* diz-se do que tem nós ou saliências

nó.du.lo *s.m.* **1** extremidade em forma de nó das antenas dos insetos **2** granulação em órgãos internos

no.gal *s.m.* extenso aglomerado de nogueiras em determinada área; nogueiral

no.guei.ra /ê/ *s.f.* árvore que produz nozes

noi.ta.da *s.f.* **1** intervalo de uma noite **2** noite sem dormir

noi.te /ô/ *s.f.* em oposição ao dia, tempo no qual o Sol deixa de iluminar parte da Terra

noi.ti.bó *s.m.* ZOOL tipo de pássaro noturno

noi.va /ô/ *s.f.* mulher prometida em casamento

noi.va.do *s.m.* período entre o pedido de casamento e a sua realização

noi.var *v.t.* ficar noivo; iniciar o noivado

noi.vo /ô/ *s.m.* homem prometido em casamento

no.jen.to /ê/ *adj.* **1** diz-se do que é repugnante, imundo **2** diz-se da pessoa que sente nojo **3** diz-se da pessoa de estômago delicado

no.jo /ô/ *s.m.* **1** asco, repugnância, náusea **2** m.q. luto **3** tédio, aborrecimento

no.li.ção *s.f.* ato de negar, de recusar; recusa, oposição

nô.ma.de *adj.2g.* diz-se dos povos sem moradia fixa

no.ma.dis.mo *s.m.* estilo de vida dos nômades

no.me *s.m.* palavra usada para designar entidades ■ **dar nome aos bois** responsabilizar ■ **nome feio** palavrão ■ **ter nome** ter fama

no.me.a.da *s.f.* fama, prestígio, renome

no.me.a.ção *s.f.* **1** designação para ocupar um cargo **2** ação de nomear

no.me.ar *v.t.* **1** chamar pelo nome **2** designar para um cargo

no.men.cla.tu.ra *s.f.* **1** m.q. terminologia **2** lista de palavras técnicas

no.mi.na.ção *s.f.* ação de nomear algo que não tem nome

no.mi.nal *adj.2g.* **1** relativo a nome **2** diz-se de cheque, título de crédito etc. emitido em nome de alguém; nominativo

no.mi.na.ta *s.f.* listagem de nomes de pessoas

no.mi.na.ti.vo *adj.* **1** diz-se de caso que exprime a função gramatical de sujeito **2** m.q. nominal

no.na.da *s.f.* bagatela, insignificância, ninharia

no.na.ge.ná.rio *adj.* diz-se do que conta noventa anos de idade

no.na.gé.si.mo *num.* numeral ordinal que corresponde a 90

no.na.to *adj.* diz-se do nascido por intervenção cirúrgica

non.gen.té.si.mo *num.* ordinal que corresponde ao número 900

no.no *num.* **1** equivalente ao 9 • *s.m.* **2** avô **3** frade, monge

non.sen.se *s.m.* [ing.] frase, coisa sem sentido, confusa

nô.nu.plo *num.* que contém nove vezes a mesma quantidade

no.ra /ó/ *s.f.* **1** ferramenta usada para tirar água de poços e cisternas **2** a esposa do filho em relação aos pais dele

nor.des.te /é/ *s.m.* GEOG região localizada entre as direções norte e leste

nor.des.ti.no *adj. gent.* diz-se de quem é natural do Nordeste brasileiro

nór.di.co *adj.* relativo aos países do Norte da Europa

nor.ma /ó/ *s.f.* **1** o que regula a fim de padronizar; regra **2** modelo, medida

nor.mal *adj.2g.* diz-se do que é habitual, regular

nor.ma.li.da.de *s.f.* qualidade ou estado de normal

nor.ma.lis.ta *adj.* diz-se de pessoa que se formou por uma escola normal

nor.ma.li.za.ção *s.f.* ato ou efeito de normalizar

nor.ma.li.zar *v.t.* enquadrar ao habitual; regularizar

nor.man.do *adj. gent.* natural ou habitante da Normandia, na França

nor.ma.ti.vo *adj.* diz-se do que é regra, norma

nor.mó.gra.fo *s.m.* aparelho que serve como molde no traçado de legendas e letreiros

nor-nor.des.te /é/ *s.m.* GEOG região entre as direções norte e nordeste

nor-no.ro.es.te /é/ *s.m.* GEOG região entre as direções norte e noroeste

no.ro.es.te /é/ *s.m.* GEOG ponto entre as direções norte e oeste

nor.ta.da *s.f.* **1** vento frio vindo do norte; lufada, rajada **2** vento costeiro do oeste de Portugal que sopra de norte a noroeste

nor.te /ó/ *s.m.* **1** GEOG ponto cardeal da rosa dos ventos oposto ao sul **2** *fig.* objetivo, destino, direção

nor.te-a.me.ri.ca.no *adj.* **1** diz-se do que é natural dos Estados Unidos da América; estadunidense **2** diz-se do que é natural da América do Norte

nor.te.ar *v.t. v.pron.* **1** seguir para o norte **2** *fig.* guiar-se, orientar-se

nor.tis.ta *adj.2g.* diz-se de quem é natural do Norte do Brasil

no.ru.e.ga /é/ *s.f.* **1** *bras.* terra úmida na encosta sul de montanha que recebe pouco sol ○ *s.m.* **2** vento forte e frio

no.ru.e.guês *adj. gent.* natural ou habitante da Noruega

nós *pron.* primeira pessoa do plural, que inclui o falante

no.so.cô.mio *s.m.* m.q. hospital

no.so.fo.bi.a *s.f.* horror provocado pela possibilidade de ficar doente

no.so.ma.ni.a *s.f.* MED m.q. hipocondria

nos.so /ó/ *pron.* relativo a nós com a ideia de posse

nos.tal.gi.a *s.f.* **1** saudade da terra natal que provoca tristeza **2** melancolia, saudade

nos.tál.gi.co *adj.* **1** relativo a nostalgia **2** diz-se do que provoca saudosismo, tristeza, melancolia

no.ta /ó/ *s.f.* **1** sinal, marca, indício **2** ECON papel-moeda com o valor regulamentado pelo mercado **3** ECON documento de compra e venda; nota fiscal **4** recado, anotação, explicação **5** MÚS representação gráfica de um som

no.ta.bi.li.da.de *s.f.* qualidade do que é notável, admirável

no.ta.bi.li.zar *v.t.* tornar notável, famoso, admirável

no.ta.ção *s.f.* sistema de representação gráfica de elementos de determinada área científica

no.ta.do *adj.* diz-se do que foi observado, percebido

no.tar *v.t.* observar, examinar, perceber

no.ta.ri.a.do *s.m.* **1** JUR ofício de notário, tabelião **2** conjunto de notários

no.tá.rio *s.m.* escrevente oficial de documentos públicos; escrivão, tabelião

no.tá.vel *adj.2g.* diz-se do que tem notabilidade

no.tí.cia *s.f.* informação, novidade, reportagem

no.ti.ci.ar *v.t.* divulgar, informar, tornar público

no.ti.ci.á.rio *s.m.* conjunto de notícias reunidas em um único meio de comunicação; jornal

no.ti.ci.a.ris.ta *adj.2g.* diz-se do profissional cujo ofício é noticiar; jornalista, repórter

no.ti.ci.o.so *adj.* diz-se do que contém notícia(s)

no.ti.fi.ca.ção *s.f.* ação de notificar, de informar alguém sobre algo

no.ti.fi.car *v.t.* fazer com que outrem saiba de um evento, de uma resolução, de um informativo etc.

no.to /ó/ *adj.* **1** comum, conhecido **2** *fig. desus.* diz-se do ilegítimo, falso • *s.m.* **3** dorso **4** vento do sul

no.to /ô/ *adj.* comum, conhecido

no.to.cór.dio *s.m.* primeira formação da coluna vertebral que desaparece na fase adulta; notocorda

no.to.ri.e.da.de *s.f.* qualidade do que é notório

no.tó.rio *adj.* diz-se do que é notável, conhecido, célebre, famos

no.tos.sau.ro *s.m.* ZOOL espécime dos notossauros, subordem de répteis extintos no Jurássico inferior

nó.tu.la *s.f.* **1** pequena nota **2** comentário curto

no.va /ó/ *s.f.* diz-se do evento ou da entidade de qualidade temporal recente; novidade

no.va-i.or.qui.no *adj. gent.* natural ou habitante de Nova York

no.va.to *adj.* diz-se do que é recente, inexperiente, calouro

no.ve /ó/ *num.* número cardinal entre o oito e o dez

no.ve.cen.tos /ê/ *num.* nove vezes cem

no.vel /é/ *adj.2g. s.2g.* **1** novo, jovem **2** novato, inexperiente

no.ve.la /é/ *s.f.* **1** LITER narrativa breve, menor que o romance e maior que o conto **2** história dramatizada e exibida em capítulos

no.ve.lei.ro /ê/ *adj.* diz-se do escritor e do expectador de novelas

no.ve.les.co /ê/ *adj.* relativo a novela

no.ve.lis.ta *adj.2g.* **1** diz-se do autor de novelas **2** diz-se de quem tem o hábito de contar anedotas

no.ve.lo /ô/ *s.m.* porção de fios enrolados em forma de globo

no.vem.bro /ê/ *s.m.* o décimo primeiro mês do ano no calendário gregoriano

no.ve.na *s.f.* **1** RELIG nove dias seguidos dedicados à oração • *adj.* **2** *fig.* diz-se de algo que é demorado, de realização complexa

no.ve.ná.rio *s.m.* RELIG livro de orações próprias para a novena

no.vê.nio *s.m.* período de nove anos

no.ven.ta *num.* nove vezes dez

no.vi.ci.a.do *s.m.* RELIG período de preparação espiritual para o ingresso em uma ordem religiosa

no.vi.ci.ar *v.i.* exercer o noviciado

no.vi.ço *adj.* RELIG diz-se da pessoa que está em preparação espiritual para ingressar em uma ordem religiosa

no.vi.da.de *s.f.* qualidade de ser novo

no.vi.da.dei.ro /ê/ *adj.* diz-se do fofoqueiro

no.vi.lho *s.f.* bovino novo, bezerro

no.vi.lú.nio *s.m.* período em que a Lua é nova; a Lua nova

no.vo /ô/ *adj.* diz-se do recente, ainda não usado, jovem

no.vo.ca.í.na *s.f.* FARM m.q. procaína

no.vo-ri.co *s.m.* pessoa enriquecida recentemente e por meios fáceis

noz /ó/ *s.f.* **1** fruto da nogueira **2** semente de tamanho regular semelhante à noz

nu *adj.* diz-se do que está despido, sem roupa, sem adornos

nu.an.ça *s.f.* **1** variação de tonalidade imperceptível **2** contraste ou diferença sutil

nu.ben.te *adj.2g.* diz-se de quem está prestes a contrair matrimônio

nú.bil *adj.2g.* diz-se de quem pode se casar

nu.bla.do *adj.* **1** período enevoado, coberto de nuvens **2** *fig.* diz-se do que é misterioso, obscuro

nu.blar *v.t.* **1** cobrir de nuvens; toldar **2** obscurecer, escurecer

nu.ca *s.f.* parte posterior do pescoço

nu.ci.for.me *adj.2g.* diz-se do que tem a forma de uma noz

nu.cle.a.do *adj.* diz-se do que contém núcleo

nu.cle.ar *adj.2g.* relativo a núcleo

nu.clei.co /é/ *adj.* diz-se de substância formada por ácido fosfórico, bases nitrogenadas e glicídios

nú.cle.o *s.m.* **1** a parte central de uma célula orgânica **2** a parte principal de uma entidade **3** o miolo, o caroço de alguma coisa

nu.da.ção *s.f.* **1** desnudação **2** m.q. nudez

nu.dez /ê/ *s.f.* condição de quem está despido

nu.dis.mo *s.m.* prática de vida em contato total com a natureza; hábito de andar nu

nu.dis.ta *adj.2g.* adepto do nudismo

nu.gá *s.f.* CUL doce feito com amêndoas

nu.ga *s.f.* ninharia, bagatela

nu.li.da.de *s.f.* qualidade de ser nulo, de não ter validade

num *prep.* contração de *em + um*, indica no interior, junto com

nu.me *s.m.* **1** divindade, deidade **2** espírito sobrenatural

nu.me.ra.ção *s.f.* ação de enumerar eventos ou entidades

nu.me.ra.dor /ô/ *s.m.* **1** indivíduo que numera **2** aparelho com que se numera

nu.me.ral *adj.2g.* relativo a número

nu.me.rar *v.t.* **1** enumerar **2** dispor metodologicamente

nu.me.rá.rio *s.m.* capital destinado para determinado pagamento

nu.me.rá.vel *adj.2g.* diz-se do que pode ser numerado

nu.mé.ri.co *adj.* **1** relativo a número **2** expresso por número em vez de letra

nú.me.ro *s.m.* **1** símbolo gráfico para expressar quantidade **2** GRAM categoria que indica singular ou plural

numerologia

nu.me.ro.lo.gi.a *s.f.* **1** estudo dos princípios numéricos e sua relação com os seres humanos **2** estudo do aspecto simbólico ou oculto dos números

nu.me.ro.lo.gis.ta *s.2g.* indivíduo que se dedica à numerologia

nu.me.ro.so /ô/*adj.* diz-se do que é ou está em grande quantidade

nu.mis.ma.ta *s.2g.* indivíduo que estuda ou coleciona moedas ou medalhas

nu.mis.má.ti.ca *s.f.* catalogação das várias representações cunhadas em moedas e medalhas

nu.mis.má.ti.co *adj.* relativo a moeda

nun.ca *adv.* em tempo algum, jamais

nún.cia *s.f.* mensageira, anunciadora

nun.ci.a.ti.vo *adj.* diz-se do que finaliza uma notícia, uma participação

nun.ci.a.tu.ra *s.f.* **1** ofício de núncio apostólico **2** a casa do núncio apostólico

nún.cio *s.m.* representante diplomático da Igreja Católica

nun.cu.pa.ção *s.f.* ação de anunciar herdeiros na presença de testemunhas

nun.cu.pa.ti.vo *adj.* **1** feito oralmente **2** diz-se do testamento cujo herdeiro é designado oralmente pelo testador

nup.ci.al *adj.2g.* relativo às bodas, às núpcias

núp.cias *s.f.pl* casamento, matrimônio, bodas

nu.tri.ção *s.f.* **1** alimentação **2** conjunto dos processos químicos que transformam os alimentos ingeridos em energia para o organismo

nu.tri.cio.nis.mo *s.m.* estudo da nutrição, de suas causas e consequências

nu.tri.cio.nis.ta *s.2g.* profissional que estuda os processos de nutrição

nu.tri.do *adj.* alimentado, robusto

nu.trien.te *adj.2g.* diz-se do que é nutritivo

nu.tri.men.to *s.m.* ato ou efeito de nutrir; nutrição

nu.trir *v.t.* repor energias por meio da alimentação; alimentar, comer

nu.tri.ti.vo *adj.* diz-se do que nutre, alimenta

nu.triz *s.f.* **1** ama de leite **2** babá

nu.vem *s.f.* o resultado da evaporação da água concentrada na atmosfera

ny.lon *s.m.* [ing.] tipo de tecido; náilon

O o

¹o *s.m.* **1** GRAM décima quinta letra e quarta vogal do alfabeto português **2** o décimo quinto elemento de uma série

²o *art. def.* **1** indica um substantivo de gênero masculino selecionado dentro de um conjunto • *pron.* **2** indica um substantivo do gênero masculino já referido no discurso ou fora dele

³O 1 QUÍM elemento químico oxigênio da tabela periódica **2** GEOG abreviatura de Oeste

o.á.sis *s.m.2n.* **1** espaço fértil de água e vegetação no meio do deserto **2** *fig.* lugar agradável, aprazível, confortável

o .bá *s.f.* RELIG orixá nagô do sexo feminino

o.ba /ô/ *interj.* exprime alegria, contentamento, perplexidade, admiração; opa

ob.ce.ca.ção *s.f.* persistência acerca de algo; ideia fixa, pertinácia, teima

ob.ce.ca.do *adj.* possuído por uma ideia fixa; persistente, teimoso

ob.ce.can.te *adj.2g.* que causa obcecação, que faz perder o juízo, o discernimento

ob.ce.car *v.t.* causar obcecação; tornar cego por uma ideia fixa; obsedar

o.be.de.cer /ê/ *v.t.* **1** submeter-se aos mandos e às vontades alheias **2** executar as ordens recebidas **3** anuir, consentir, ceder **4** demonstrar respeito, consideração

o.be.di.ên.cia *s.f.* **1** submissão aos mandos e às vontades alheias; sujeição, aquiescência **2** execução das ordens alheias **3** anuência, consentimento **4** respeito, estima, consideração

o.be.di.en.te *adj.2g.* que demonstra obediência; submisso, anuente, respeitoso

o.be.lis.co *s.m.* **1** monumento comemorativo egípcio de base quadrada que vai se afinando, em forma de uma pirâmide **2** qualquer estrutura com essa forma **3** ZOOL espécie de concha antilhana em forma de pirâmide

o.be.si.da.de *s.f.* **1** anomalia em que a pessoa acometida apresenta grande excesso de peso **2** excesso de tecido adiposo; adiposidade

o.be.so /ê/ *adj.* **1** que sofre de obesidade; gordo **2** ZOOL diz-se de certos paquidermes de corpo grande

ó.bi.ce *s.m.* aquilo que dificulta ou impede a realização de algo; obstáculo, impedimento

ó.bi.to *s.m.* registro oficial de morte; falecimento

o.bi.tu.á.rio *s.m.* **1** livro em que consta o registro de falecimentos **2** mortandade, mortalidade

ob.je.ção *s.f.* **1** oposição a uma ideia, opinião ou proposta **2** obstáculo, dificuldade diante de uma proposta

ob.je.tar *v.t.* opor objeções, não concordar com uma ideia, opinião ou proposta; dificultar

ob.je.ti.va *s.f.* **1** lente principal de uma câmera fotográfica **2** lente que forma imagem real de um objeto para projeção

ob.je.ti.var *v.t.* **1** tornar algo objetivo e concreto **2** executar um plano, uma ideia, um projeto etc. **3** ter como objetivo, como meta

ob.je.ti.vi.da.de *s.f.* qualidade do que é objetivo

ob.je.ti.vis.mo *s.m.* FILOS sistema de pensamento que prega a existência de normas gerais e objetivas para a realidade

ob.je.ti.vo *adj.* **1** concreto, palpável, não subjetivo **2** direto, não evasivo • *s.m.* **3** intenção, finalidade, meta

ob.je.to /é/ *s.m.* **1** tudo aquilo que é concreto e passível de percepção pelos sentidos **2** tema, assunto **3** bem de consumo

ob.jur.gar *v.t.* admoestar, repreender, censurar

o.bla.ção *s.f.* **1** ação de ofertar algo a uma divindade **2** *por ext.* qualquer oferta que se faz a alguém

o.bla.to *s.m.* **1** noviço que está em estado de preparação para entrada em uma ordem religiosa • *adj.* **2** diz-se do que tem formato esférico, mas achatado nas extremidades

o.bli.quar *v.t.* dar rumo oblíquo a algo; inclinar

o.bli.qui.da.de *s.f.* **1** qualidade de oblíquo **2** falta de franqueza; má-fé, insinceridade

o.blí.quo *adj.* **1** que não está em linha reta; inclinado, torto **2** que age de má-fé; insincero, falso

o.bli.te.ra.ção *s.f.* **1** apagamento da memória, esquecimento **2** MED obstrução, fechamento de uma cavidade

o.bli.te.ra.do *adj.* **1** que se esqueceu; que se perdeu da memória; olvidado **2** *por ext.* que não se usa mais; fora de uso **3** MED que sofreu obstrução; tapado, fechado

o.bli.te.rar *v.t.* **1** perder a memória; não lembrar; esquecer; olvidar **2** *por ext.* abandonar; deixar de usar **3** MED obstruir, impedir a comunicação entre vasos

o.blon.go *adj.* que tem o formato elíptico, alongado; que tem forma de uma esfera alongada

ob.nó.xio /ks/ *adj.* **1** que se sujeita a uma censura, a uma pena **2** desprezível, reprovável

obnubilação

ob.nu.bi.la.ção *s.f.* **1** MED perturbação dos sentidos, principalmente da visão e da capacidade intelectual **2** perda momentânea dos sentidos; desmaio

ob.nu.bi.lar *v.t. v.pron.* **1** cobrir de nuvens (o céu); escurecer **2** MED ocasionar ou sofrer a perda dos sentidos; desmaiar

o.bo.é *s.m.* instrumento musical de sopro feito de madeira, semelhante à clarineta

o.bo.ís.ta *s.2g.* músico que executa o oboé

ó.bo.lo *s.m.* **1** o que se dá aos necessitados; esmola **2** pequena moeda usada na Grécia **3** antiga moeda de cobre da França

o.bo.va.do *adj.* que tem forma semelhante à de um ovo

o.bra */ó/ s.f.* **1** resultado de uma atividade ou ação **2** artefato; objeto pronto, feito, acabado **3** resultado de um trabalho manual ou intelectual **4** ação, ato **5** fezes, excremento, dejeto

o.brar *v.t.* **1** fazer, executar algo **2** produzir uma obra, um objeto **3** eliminar excremento; defecar

o.brei.a */ê/ s.f.* **1** massa com que se faz a hóstia **2** massa grudenta usada antigamente para lacrar cartas

o.bri.ga.ção *s.f.* **1** aquilo que não é facultativo; dever, imposição **2** tarefa ou serviço que se deve fazer **3** obediência, anuência; sujeição a mandos alheios

o.bri.ga.do *adj.* **1** que se forçou; coagido **2** que foi resultado de uma obrigação, de uma imposição; imposto **3** palavra usada socialmente para expressar agradecimento

o.bri.gar *v.t.* **1** levar alguém a cumprir com promessa ou obrigação **2** impor, forçar, coagir alguém a realizar algo

o.bri.ga.to.ri.e.da.de *s.f.* qualidade do que é obrigatório; imposição

o.bri.ga.tó.rio *adj.* **1** necessário, indispensável, imprescindível **2** que não depende da vontade ou do arbítrio pessoal

obs.ce.ni.da.de *s.f.* qualidade do que é contrário à moral; imoralidade, indecência

obs.ce.no *adj.* que se opõe aos preceitos morais; imoral, indecente

obs.cu.ran.tis.mo *s.m.* falta de conhecimentos e instrução; ignorância

obs.cu.ran.tis.ta *adj.2g.* **1** referente a obscurantismo **2** que se opõe à instrução e ao intelectualismo

obs.cu.re.cer */ê/ v.t.* **1** tornar turvo, obscuro; escurecer **2** tornar confuso, indistinto **3** dificultar a compreensão de algo que já está claro e fácil

obs.cu.re.ci.men.to *s.m.* ação ou resultado de tornar algo obscuro; escurecimento

obs.cu.ri.da.de *s.f.* estado do que é obscuro; escuridão

obs.cu.ro *adj.* **1** pouco iluminado; escuro **2** de difícil entendimento; confuso, complicado

ob.se.dan.te *adj.2g.* diz-se daquilo que causa uma ideia fixa, que obceca; obcecante

ob.se.dar *v.t.* **1** importunar sobremaneira; molestar **2** m.q. obcecar

ob.se.qui.ar *v.t.* prestar obséquios a alguém; dar presentes ou fazer favores a alguém; tratar bem, ser atencioso, obsequioso

ob.sé.quio *s.m.* gentileza para com outra pessoa; delicadeza, favor

ob.se.qui.o.si.da.de *s.f.* atitude ou comportamento de obsequioso; delicadeza, gentileza

ob.se.qui.o.so */ô/ adj.* cheio de obséquios, gentilezas; atencioso, prestativo

ob.ser.va.ção *s.f.* **1** ação ou resultado de observar algo **2** cumprimento exato de algo que se mandou ou recomendou **3** crítica, advertência

ob.ser.va.dor */ô/ adj.* **1** diz-se de pessoa que observa **2** diz-se de pessoa que repara, critica, adverte **3** diz-se de pessoa que executa um mandado, uma ordem, uma lei

ob.ser.vân.cia *s.f.* **1** cumprimento de algo que se mandou ou foi recomendado **2** submissão a uma lei

ob.ser.var *v.t.* **1** examinar de modo atento **2** criticar, advertir **3** respeitar e cumprir integralmente um mandado, uma ordem ou uma lei **4** vigiar algo de modo atento

ob.ser.va.tó.rio *s.m.* **1** local onde há aparelhos próprios para a observação de fenômenos astronômicos, meteorológicos etc. **2** lugar de onde se avista o horizonte; mirante

ob.ser.vá.vel *adj.2g.* **1** que se pode observar **2** passível de respeito e execução

ob.ses.são *s.f.* **1** ideia fixa e doentia com alguma coisa **2** possessão diabólica; domínio espiritual nefasto

ob.ses.si.vo *adj.* possuído por uma ideia fixa; neurótico

ob.ses.so */é/ adj.* **1** desprovido de juízo, de senso; amalucado **2** possuído por demônio ou espírito mau **3** acometido por uma doença

ob.ses.sor *adj.* **1** que causa obsessão, ideia fixa **2** que domina, subjuga

ob.si.den.te *adj.2g.* diz-se daquele que assedia, que persegue com insistência

ob.si.di.ar *v.t.* **1** cercar uma cidade, um território **2** perturbar, molestar, incomodar com obsessões

ob.so.le.tis.mo *s.m.* característica do que é obsoleto

ob.so.le.to */ê/ adj.* que não serve para uso; em desuso; antiquado

obs.ta.cu.li.zar *v.t.* colocar obstáculos, impedimentos; dificultar

obs.ta.cu.lar *v.t.* m.q. obstacular

obs.tá.cu.lo *s.m.* aquilo que impede a passagem, o fluxo, o desenvolvimento de algo; dificuldade, obstrução

obs.tan.te *adj.2g.* diz-se daquilo que impede, que põe obstáculos ■ **não obstante** apesar de

obs.tar *v.t.* impedir, dificultar, obstaculizar

obs.te.tra */é/ adj.2g.* médico especialista em obstetrícia

obs.te.trí.cia *s.f.* MED campo da medicina que trata da gestação e do parto

obs.té.tri.co *adj.* relativo a obstetrícia

obs.ti.na.ção *s.f.* **1** insistência, resolução, pensamento fixo **2** apego extremo a uma ideia fixa; pertinácia

obs.ti.nar *v.t.* ter uma ideia fixa; insistir; teimar

obs.tru.ção *s.f.* **1** tudo aquilo que obstrui, impede, impossibilita; obstáculo **2** oposição no âmbito político

obs.tru.ir *v.t.* **1** colocar obstáculos; impedir a passagem **2** tapar; lacrar

357 **ocultar**

ob.tem.pe.rar *v.t.* argumentar de modo brando e ponderado

ob.ten.ção *s.f.* ação de obter algo; aquisição, posse

ob.ten.tor /ô/ *adj.* diz-se daquele que obtém, adquire, consegue algo

ob.ter /ê/ *v.t.* conseguir a posse de algo; conquistar, alcançar

obs.ti.na.do *adj.* que possui ideia fixa; persistente, teimoso, insistente

obs.ti.pa.ção *s.f.* prisão de ventre; constipação

ob.tu.ra.ção *s.f.* 1 tapamento de cavidades; obstrução 2 obstrução de uma cárie dentária

ob.tu.ra.dor /ô/ *s.m.* 1 instrumento utilizado para obstruir, tapar algo 2 instrumento utilizado na obturação dentária

ob.tu.rar *v.t.* 1 obstruir, tapar buracos 2 realizar obturação dentária

ob.tu.sân.gu.lo *s.m.* GEOM que possui um ângulo obtuso

ob.tu.são *s.f.* 1 qualidade do que é obtuso; ausência de inteligência 2 MED redução de qualquer atividade orgânica, *ex.: obtusão do olfato, da visão*

ob.tu.si.da.de *s.f.* 1 qualidade do que é obtuso 2 redução de uma atividade 3 falta de inteligência; burrice

ob.tu.so *adj.* 1 desprovido de ponta; rombudo 2 *fig.* diz-se de indivíduo desprovido de inteligência; burro 3 GEOM diz-se do ângulo maior que 90°

o.bum.brar *v.t.* tornar escuro, nublado, sombrio

o.bus *s.m.* 1 espécie de canhão que lança projéteis em forma de parábola 2 projétil lançado por esse canhão

ob.vi.ar *v.t.* 1 atenuar os efeitos de algo; remediar, prevenir 2 colocar-se contra; opor-se

ób.vio *adj.* que é ou está claro, evidente, visível

o.ca /ó/ *s.f.* 1 antiga moeda turca equivalente à onça 2 espécie de choupana que constituía a casa primitiva de índios brasileiros ○ *s.2n.* 3 BOT vegetal comestível de origem dos Andes

o.ca.ra *s.f.* praça de aldeias indígenas brasileiras

o.ca.ri.na *s.f.* MÚS instrumento de sopro feito com barro e que possui diversos buracos para regulagem do som

o.ca.si.ão *s.f.* oportunidade para a realização de algo; circunstância

o.ca.sio.na.dor /ô/ *adj.* diz-se do que propicia oportunidade para a realização de algo

o.ca.sio.nal *adj.2g.* que acontece por acaso; fortuito

o.ca.sio.nar *v.t.* criar a oportunidade para a realização de algo; proporcionar

o.ca.so *s.m.* período do dia no fim da tarde e início da noite; o pôr do sol

oc.ci.pí.cio *s.m.* ANAT região posterior e inferior da cabeça

oc.ci.pi.tal *adj.2g.* ANAT relativo ao occipício

oc.ci.pú.cio *s.m.* ANAT m.q. occipício

o.ce.â.ni.co *adj.* referente ao oceano; próprio do oceano

o.ce.a.no *s.m.* 1 extensão de água salgada que cobre uma superfície de terra firme 2 *fig.* grande quantidade de alguma coisa

o.ce.a.no.gra.fi.a *s.f.* ciência que estuda as profundezas dos oceanos e dos mares; talassografia

o.ce.a.nó.gra.fo *adj.* estudioso ou especialista em oceanografia; talassógrafo

o.ce.lo *s.m.* pequeno olho; olhinho

o.ci.den.tal *adj.2g.* 1 que está situado no oeste 2 próprio ou natural desse lado

o.ci.den.ta.li.zar *v.t.* dar ou tomar características do modo de vida e da cultura ocidental, principalmente a europeia

o.ci.den.te *s.m.* 1 GEOG o lado onde o sol se põe; o poente 2 o oeste

ó.cio *s.m.* 1 pausa de um serviço; descanso 2 preguiça, indolência

o.ci.o.si.da.de *s.f.* 1 repouso, lazer, descanso 2 vadiagem, vagabundagem

o.ci.o.so /ô/ *adj.* 1 que está em repouso, em período de lazer 2 vagabundo, malandro

o.clu.são *s.f.* fechamento, obstrução

o.clu.si.vo *adj.* diz-se do que causa oclusão

o.clu.so *adj.* obstruído, tapado, fechado

o.co /ô/ *adj.* desprovido de conteúdo; vazio

o.cor.ren.te *adj.2g.* diz-se do que acontece por acidente; acidental

o.cor.rer /ê/ *v.i.* 1 suceder, acontecer 2 ajudar, auxiliar, acudir

o.cor.ri.do *adj.* diz-se do que ocorreu, que aconteceu; sucedido

o.cra /ó/ *s.f.* 1 tipo de terra de cor entre amarelo e vermelho ○ *s.m.* 2 a cor dessa terra; ocre

o.cre /ó/ *s.f.* 1 mineral terroso com cor entre amarelo e vermelho; ocra ○ *s.m.* 2 a cor desse mineral

oc.ta.e.dro /é/ *s.m.* GEOM poliedro que possui oito faces

oc.ta.no *s.m.* QUÍM hidrocarboneto saturado presente no petróleo

oc.tin.gen.té.si.mo *num.* ordinal que corresponde ao número 800

oc.to.ge.ná.rio *adj.* que possui oitenta anos de idade

oc.to.gé.si.mo *num.* ordinal que corresponde ao número 80

oc.tó.go.no *s.m.* GEOM polígono que possui oito lados e oito ângulos

oc.tó.po.de *s.m.* ZOOL espécime dos octópodes, ordem de moluscos cefalópodes que possuem oito pés cobertos de ventosas

oc.tos.sí.la.bo *adj.* 1 que possui oito sílabas • *s.m.* 2 POÉT verso que tem oito sílabas

oc.tu.pli.car *v.t.* multiplicar pelo número oito

óc.tu.plo *num.* multiplicado pelo número oito

o.cu.lar *adj.2g.* relativo aos olhos e à visão ■ **testemunha ocular** diz-se de testemunha que presenciou visualmente um fato

o.cu.lis.ta *s.2g.* 1 MED especialista em doenças oculares 2 fabricante ou comerciante de óculos

ó.cu.lo *s.m.* 1 cada uma das lentes de um par de óculos 2 qualquer aparelho que possui lentes para fins visuais 3 abertura em uma construção para a entrada de luz

ó.cu.los *s.m.pl.* armação com duas lentes para corrigir desvios de visão

o.cul.ta.ção *s.f.* ação ou resultado de ocultar, esconder

o.cul.tar *v.t.* tirar do alcance de visão; esconder, sonegar

ocultismo

o.cul.tis.mo *s.m.* conjunto de crenças e superstições em magia, feitiçaria

o.cul.tis.ta *adj.2g.* adepto do ocultismo

o.cul.to *adj.* **1** fora do alcance de visão **2** misterioso, secreto

o.cu.pa.ção *s.f.* **1** aquilo que se faz **2** trabalho, cargo, emprego **3** ação de se apoderar de algo, de ocupar algo; posse

o.cu.pa.do *adj.* **1** cheio de tarefas e serviços **2** que sofreu ocupação; tomado

o.cu.pan.te *adj.2g.* diz-se daquele que ocupa um cargo, um lugar etc.

o.cu.par *v.t.* **1** tomar tempo com atividades ou serviços **2** tomar posse de algo

o.da.lis.ca *s.f.* **1** concubina dos sultões turcos **2** mulher que integra um harém

o.de /ó/ *s.f.* LITER composição poética lírica de exaltação a uma pessoa ou a um feito heroico

o.di.ar *v.t.* ter ódio por alguém, desejar-lhe mal; detestar

o.di.en.to *adj.* cheio de ódio, de raiva

ó.dio *s.m.* **1** sentimento de ojeriza extrema contra algo ou alguém **2** aversão, repugnância

o.di.o.si.da.de *s.f.* qualidade do que é odioso; aversão, animosidade

o.di.o.so /ó/ *adj.* que provoca ódio; detestável, repugnante

o.dis.sei.a /é/ *s.f.* longa jornada cheia de aventuras e peripécias

o.don.to.ge.ni.a *s.f.* formação dos dentes

o.don.tó.li.to *s.m.* tártaro dentário

o.don.to.lo.gia *s.f.* **1** ramo da medicina que trata dos dentes **2** profissão exercida pelos dentistas

o.dor /ô/ *s.m.* o que se percebe pelo sentido do olfato; aroma, cheiro

o.do.ran.te *adj.2g.* que perfuma, que exala cheiro bom

o.do.rí.fe.ro *adj.* que exala odor; perfumoso, cheiroso

o.do.rí.fi.co *adj.* que possui cheiro, odor

o.do.ro.so /ô/ *adj. m.q.* odorífico

o.dre /ô/ *s.m.* recipiente de couro para armazenagem de líquidos

o.és-no.ro.es.te /é/ *s.m.* região entre as direções oeste e noroeste

o.és-su.do.es.te /é/ *s.m.* região entre as direções oeste e sudoeste

o.es.te /é/ *s.m.* **1** GEOG o lado onde o sol se põe; o lado do ocaso **2** o ocidente

o.fe.gan.te *adj.2g.* que respira com dificuldade; resfolegante

o.fe.gar *v.i.* respirar de modo forte e ruidoso em função de cansaço físico

o.fen.der /ê/ *v.t.* **1** lançar ultrajes, injúrias contra alguém **2** machucar os sentimentos de outra pessoa; magoar

o.fen.di.do *adj.* **1** que sofreu ofensa; ultrajado **2** magoado, machucado, maltratado

o.fen.sa *s.f.* o que se diz ou faz para ofender; injúria

o.fen.si.va *s.f.* **1** ataque com algum tipo de arma **2** assalto, investida

o.fen.si.vo *adj.* que ofende; injurioso, ultrajante

o.fen.sor /ô/ *adj. s.m.* o que ofende, que ataca a moral alheia

o.fe.re.cer /ê/ *v.t.* **1** apresentar alguma coisa a alguém para que seja aceito **2** dar, doar **3** colocar à disposição **4** dar oportunidade para a realização de algo

o.fe.re.ci.men.to *s.m.* **1** apresentação de algo para que seja aceito; oferta **2** dedicatória de um livro

o.fe.ren.da *s.f.* **1** oferta que se dá a um deus ou divindade **2** coisa que se oferece a alguém

o.fer.ta /é/ *s.f.* **1** aquilo que se oferta; oferenda **2** lance inicial em uma transação comercial **3** redução de preço no mercado

o.fer.tar *v.t.* oferecer, dar; colocar à disposição

o.fer.tó.rio *s.m.* RELIG oferta das orações do povo a Deus no momento da missa

o.fi.ci.al *adj.2g.* **1** referente a ofício **2** diz-se do que é realizado por governo ou autoridade **3** formal • *s.m.* **4** servidor público encarregado de fazer intimações, citações etc. **5** operário manual que vive do seu ofício

o.fi.ci.a.la.to *s.m.* cargo ou função de oficial

o.fi.ci.a.li.da.de *s.f.* o conjunto dos oficiais que compõem um corpo militar

o.fi.ci.a.li.za.ção *s.f.* **1** ação ou resultado de tornar oficial **2** declaração oficial de algo feita pelo Estado

o.fi.ci.a.li.za.do *adj.* que se tornou oficial

o.fi.ci.a.li.zar *v.t.* tornar algo oficial

o.fi.ci.an.te *adj.2g.* diz-se do executante de um ritual ou de uma cerimônia religiosa

o.fi.ci.ar *v.t.* **1** celebrar um ritual ou uma cerimônia religiosa **2** comunicar algo por meio de ofício

o.fi.ci.na *s.f.* **1** local de trabalho de certos profissionais; fábrica, laboratório **2** curso de caráter prático de pequena duração

o.fí.cio *s.m.* **1** profissão, ocupação, cargo **2** obrigação, dever **3** documento burocrático escrito para transmitir uma decisão oficial **4** RELIG o serviço religioso; missa

o.fi.ci.o.so /ô/ *adj.* **1** que não possui caráter oficial **2** prestativo, atencioso

o.fí.dio *s.m. m.q.* serpente

o.fí.di.co *adj.* referente a serpente; ofidiano

of.tal.mo.lo.gi.a *s.f.* MED campo da medicina que estuda defeitos e moléstias dos olhos

of.tal.mo.pa.ti.a *s.f.* MED termo que designa genericamente qualquer doença ocular

o.fus.ca.ção *s.f.* **1** ação de velar, de esconder, de impedir que algo seja visto **2** perda do brilho, do valor

o.fus.ca.men.to *s.m. m.q.* ofuscação

o.fus.car *v.t.* **1** impedir que algo seja visto **2** perder o brilho, o valor **3** obscurecer brilho ou luz intensa

o.gi.va *s.f.* **1** ARQUIT ornamento gótico constituído por um ângulo agudo na parte superior de uma janela **2** *por ext.* parte pontuda do projétil

O.gum *s.m.* divindade afro-brasileira da tradição nagô cultuada como o deus da guerra

ohm *s.m.* FÍS unidade de medida de resistência elétrica

oi.tão *s.m.* parede lateral de uma construção

359   **omissão**

oi.ta.va *s.f.* **1** oitava parte de alguma coisa **2** RELIG os oito dias de celebração de certos santos ou datas **3** LITER estrofe composta de oito versos poéticos **4** MÚS intervalo musical formado por oito notas musicais (dó, ré, mi, fá, sol, lá, si, dó), cuja frequência pode valer a metade ou o dobro de outra oitava

oi.ta.va.do *adj.* que possui oito partes, lados ou ângulos

oi.ta.vo *num.* **1** ordinal que corresponde ao número 8 **2** a oitava parte de qualquer coisa

oi.tei.ro *s.m.* m.q. outeiro

oi.ten.ta *num.* **1** cardinal que corresponde a setenta mais dez **2** diz-se do octogésimo elemento de uma série

oi.ti.ci.ca *s.f.* BOT planta de resina grudenta cuja madeira é utilizada na construção civil e naval

oi.ti.va *s.f.* informação que se transmite por ouvir dizer ■ **de oitiva** diz-se do que se sabe por ouvir dizer; de ouvida

oi.to /ô/ *num.* **1** cardinal que corresponde a sete mais um **2** diz-se do oitavo elemento de uma série

oi.to.cen.té.si.mo *num.* ordinal que corresponde ao número 800; octingentésimo

oi.to.cen.tos *num.* **1** cardinal que corresponde a setecentos mais cem **2** diz-se do octingentésimo elemento de uma série

o.je.ri.za *s.f.* aversão extrema a alguém ou algo

o.je.ri.zar *v.t.* sentir ojeriza, aversão extrema por alguém ou algo

o.la.ri.a *s.f.* lugar onde se fabricam tijolos, telhas e outros artefatos de barro

o.le.a.do *adj.* **1** cheio de óleo; que foi untado com óleo • *s.m.* **2** m.q. linóleo

o.le.a.gi.no.so /ô/ *adj.* que contém óleo; cheio de óleo; oleoso

o.le.ar *v.t.* encher de óleo; untar com óleo

o.lei.cul.tu.ra *s.f.* cultivo de plantas de características oleaginosas

o.len.te *adj.2g.* que exala bom cheiro; perfumado, cheiroso

o.lei.ro *s.m.* **1** pessoa que trabalha com artefatos de barro ou cerâmica **2** dono de olaria

ó.leo *s.m.* substância pegajosa de origem animal ou vegetal, utilizada para diversos fins

o.le.o.si.da.de *s.f.* qualidade daquilo que é oleoso; viscosidade

o.le.o.so /ô/ *adj.* cheio de óleo; besuntado de óleo; que contém óleo ou suas características

ol.fa.ção *s.f.* o exercício do sentido do olfato

ol.fa.ti.vo *adj.* relativo ao olfato

ol.fa.to *s.m.* o sentido por meio do qual se distinguem os cheiros

ol.fa.tó.rio *adj.* m.q. olfativo

o.lha.da *s.f.* ação de olhar rapidamente ou despreocupadamente; passada de olhos

o.lha.de.la /é/ *s.f.* lance rápido de olhos; olhada

o.lha.do *adj.* que sofreu a ação de olhar; visto, enxergado

o.lhar *v.t.* **1** perceber pelo sentido da visão; ver, enxergar • *s.m.* **2** a maneira de olhar e ser olhado por alguém

o.lhei.ro *s.m.* **1** pessoa paga para observar determinadas atividades **2** abertura dos formigueiros **3** pessoa paga para vigiar, espiar algo ou alguém; espião **4** m.q. olho-d'água **5** abertura para que entre iluminação em uma construção

o.lho /ô/ *s.m.* **1** órgão essencial da visão; globo ocular **2** *fig.* qualquer estrutura semelhante a um olho

o.lhu.do *adj.* **1** que possui olhos grandes **2** *pop.* que tem interesse pelo que não é de sua conta; curioso **3** *pop.* invejoso, cobiçador

o.li.gar.ca *s.2g.* partidário da oligarquia

o.li.gar.qui.a *s.f.* sistema de governo exercido por poucas pessoas

o.li.gar.quis.mo *s.m.* predomínio das oligarquias

o.li.gar.qui.zar *v.t.* implementar o sistema oligárquico; transformar em uma oligarquia

o.li.go.fre.ni.a *s.f.* MED deficiência do desenvolvimento mental que compromete principalmente as capacidades intelectuais

o.li.go.po.lis.ta *adj.2g.* diz-se de quem defende o oligopólio

o.li.go.pó.lio *s.m.* mercado controlado por poucas ou apenas uma empresa

o.lim.pí.a.da *s.f.* competição esportiva internacional que ocorre a cada quatro anos (termo geralmente usado no plural)

o.lím.pi.co *adj.* **1** referente a Olímpia, na Grécia **2** referente às olimpíadas

o.li.va *s.f.* **1** o fruto proveniente da oliveira; azeitona ⊃ *s.m.* **2** a cor desse fruto

o.li.vá.ceo *adj.* de cor semelhante à da oliva; esverdeado

o.li.val *s.m.* lugar onde há muitas oliveiras

o.li.vei.ra *s.f.* BOT árvore cujo fruto é a oliva

o.li.ve.do /ê/ *s.m.* olival

o.li.vei.ral *s.m.* m.q. olival

o.li.vi.cul.tu.ra *s.f.* cultura de oliveiras

ol.mo *s.m.* BOT árvore europeia cuja madeira é muito utilizada em construções

o.lor /ô/ *s.m.* cheiro, odor

o.lo.ro.so /ô/ *adj.* cheio de olor; cheiroso, aromático

ol.vi.dar *v.t. v.pron.* não guardar na memória; esquecer(-se)

ol.vi.do *s.m.* ausência de memória, esquecimento

om.brei.ra /é/ *s.f.* **1** enchimento de roupas que se coloca nos ombros para realçá-los **2** umbral

om.bro *s.m.* ANAT região superior do corpo em que se dá a articulação do braço com a omoplata

ô.me.ga *s.m.* nome da última letra do alfabeto grego, equivalente ao *o* longo e de timbre aberto do português

o.me.le.te /é/ *s.f.* CUL prato de ovos batidos e fritos, podendo ser acompanhados de presunto, verduras etc.

ô.mi.cron *s.m.* nome da décima quinta letra do alfabeto grego, correspondente ao *o* breve de timbre fechado do português

o.mi.no.so /ô/ *adj.* que traz má sorte; agourento, funesto

o.mis.são *s.f.* **1** ação de não mencionar algo **2** descumprimento de deveres e obrigações; negligência

omisso

o.mis.so *adj.* **1** que foi omitido, posto fora da vista ou do conhecimento **2** negligente, descuidado

o.mi.tir *v.t.* **1** descumprir uma tarefa ou um dever **2** deixar de mencionar algo que se devia; ocultar algo **3** postergar, adiar, procrastinar

o.mo.pla.ta *s.f.* ANAT osso da clavícula; escápula

o.na.gro *s.m.* quadrúpede selvagem; asno, burro, jumento

o.na.nis.mo *s.m.* automasturbação realizada por homem ou rapaz

on.ça *s.f.* **1** ZOOL felino de grande porte e muito agressivo **2** *fig.* pessoa corajosa, brava, valente **3** *fig.* indivíduo agressivo, feroz **4** medida de peso inglesa que corresponde a 28,349 gramas

on.co.lo.gi.a *s.f.* área da medicina que se dedica ao estudo e tratamento de tumores, em especial o câncer

on.da *s.f.* **1** porção de água que se eleva em superfícies líquidas; vaga **2** massa de água em movimento **3** *fig.* moda, mania, tendência

on.de *adv.* lugar em que se está ou em que ocorre algum fato

on.de.a.do *adj.* **1** que tem ondas **2** que apresenta aspecto de onda; ondulado

on.de.ar *v.t.* produzir ondas, vagas; agitar

on.dei.ro *adj.* diz-se de quem inventa histórias; fanfarrão

on.du.la.ção *s.f.* **1** movimento que produz ondas **2** movimento semelhante ao das ondas

on.du.la.do *adj.* que tem a aparência de ondas; ondeado

on.du.lan.te *adj.2g.* que ondula, que se movimenta como as ondas

on.du.lar *v.t.* **1** mover-se da mesma forma que as ondas **2** produzir ondas **3** dar forma de onda a algo **4** oscilar, cambalear • *adj.2g.* **5** em forma de onda; ondulatório

on.du.la.tó.rio *adj.* **1** que ondula **2** que se transmite por meio de ondulações

on.du.lo.so */ô/ adj.* que tem ou forma ondas; undoso

o.ne.rar *v.t.* **1** impor ônus; criar grandes responsabilidades **2** sobrecarregar

o.ne.ro.so */ô/ adj.* **1** cheio de responsabilidade **2** pesado, sobrecarregado

o.ni.co.fa.gi.a *s.f.* hábito, mania de roer ou comer as unhas

o.ni.co.mi.co.se */ó/ s.f.* MED micose da unha

o.ni.po.tên.cia *s.f.* **1** poder e domínio de todo o universo **2** qualidade de quem é onipotente

o.ni.po.ten.te *adj.2g.* que tem o poder e domínio de tudo

o.ni.pre.sen.ça *s.f.* **1** presença em todo o universo **2** qualidade do que é universal

o.ni.pre.sen.te *adj.2g.* que está presente em todo o universo

o.ní.ri.co *adj.* referente a sonhos ou visões

o.ní.vo.ro *adj.* **1** que se alimenta de matéria vegetal e animal **2** que se alimenta de tudo

ô.nix */ks/ s.m.2n.* variedade de ágata que possui vários matizes

o.no.más.ti.ca *s.f.* estudo linguístico dos nomes próprios

o.no.más.ti.co *adj.* **1** relativo a onomástica • *s.m.* **2** índice que contém nomes próprios **3** pessoa que estuda nomes próprios

o.no.ma.to.pai.co *adj.* relativo a onomatopeia

o.no.ma.to.pei.a */é/ s.f.* reprodução aproximada, por meio de palavras, de ruídos, sons de animais, sons da natureza etc.

o.no.ma.to.pei.co */é/ adj.* m.q. onomatopaico

ô.nus *s.m.2n.* **1** responsabilidade, dever, obrigação **2** coisa que incomoda; peso

on.tem *adv.* no dia imediatamente anterior ao dia em que se está

on.to.gê.ne.se *s.f.* desenvolvimento de um indivíduo desde a concepção até a maturidade; ontogenia

on.to.ge.ni.a *s.f.* m.q. ontogênese

on.to.lo.gi.a *s.f.* FILOS área da filosofia que estuda o ser e suas propriedades

on.ze *num.* **1** cardinal que corresponde a dez mais um **2** diz-se do décimo primeiro elemento de uma série

on.ze.na *s.f.* juro de 11% sobre um determinado valor

on.ze.ná.rio *adj.* referente ao juro da onzena

o.ó.ci.to *s.m.* BIOL cada uma das células que dão origem ao óvulo

o.os.fe.ra */é/ s.f.* BOT célula vegetal feminina antes do processo de fecundação

o.o.gô.nio *s.m.* BIOL órgão reprodutivo feminino encontrado em liquens, fungos etc.

o.o.te.ca */é/ s.f.* ZOOL espécie de cápsula que protege os ovos de certos insetos

o.pa */ô/ interj.* **1** exprime alegria, espanto, susto • *s.f.* **2** espécie de manto de seda desprovido de mangas, usado em rituais litúrgicos por membros de certas confrarias e ordens religiosas

o.pa.ci.da.de *s.f.* qualidade do que é opaco

o.pa.co *adj.* **1** embaçado, fosco **2** sombrio **3** sem brilho

o.pa.la *s.f.* pedra semipreciosa de tonalidade azul e leitosa

o.pa.lan.da *s.f.* espécie de opa comprida que se usava antigamente dentro de casa

o.pa.les.cên.cia *s.f.* qualidade do que apresenta a coloração branco-leitosa da opala

o.pa.les.cen.te *adj.2g.* de coloração branco-leitosa

o.pa.li.na *s.f.* tipo de vidro opaco que deixa passar uma luz da cor da opala

o.pa.li.no *adj.* **1** relativo a opala **2** da cor da opala; translúcido

op.ção *s.f.* **1** alternativa, preferência **2** possibilidade de livre escolha

ó.pe.ra *s.f.* **1** obra musicada e cantada apresentada em teatro **2** composição lírica em forma de peça teatral **3** o lugar onde se apresenta esse tipo de obra

o.pe.ra.ção *s.f.* **1** ação de realizar algo; atividade **2** MED intervenção cirúrgica

o.pe.ra.do *adj.* **1** executado, realizado **2** MED que foi submetido a intervenção cirúrgica

o.pe.ra.dor */ô/ adj. s.m.* **1** pessoa que realiza uma operação **2** m.q. médico-cirurgião

o.pe.ran.te *adj.2g.* que está em operação; ativo

o.pe.rar *v.t.* **1** executar uma atividade ou um trabalho **2** MED realizar intervenção cirúrgica

o.pe.ra.ri.a.do *s.m.* a classe dos operários

oratória

o.pe.rá.rio *adj. s.m.* **1** trabalhador **2** artífice, artesão

o.pe.rá.vel *adj.2g.* **1** que é passível de ser realizado **2** que é passível de sofrer intervenção cirúrgica

o.pér.cu.lo *s.m.* qualquer peça que serve para tapar, proteger um orifício; tampa

o.pe.re.ta /ê/ *s.f.* ópera de pequena extensão de caráter cômico

o.pe.ro.si.da.de *s.f.* qualidade do que é operoso

o.pe.ro.so /ô/ *adj.* que opera, realiza, produz; ativo, produtivo

o.pi.á.ceo *adj.* **1** referente ao ópio **2** que contém ópio; entorpecente

o.pi.la.ção *s.f.* **1** fechamento, oclusão **2** MED doença causada por vermes intestinais que obstruem certas vias do corpo; ancilostomíase, amarelão

o.pi.la.do *adj.* **1** que sofreu obstrução; tapado, obstruído **2** *pop.* diz-se de pessoa que sofre de opilação

o.pi.lar *v.t.* encher de algo; tapar, obstruir

o.pi.mo *adj.* fértil, rico

o.pi.nan.te *adj.2g.* que diz o que pensa; que oferece sua opinião

o.pi.nar *v.t.* dar opinião, palpite; ser opinante

o.pi.na.ti.vo *adj.* **1** que depende de opinião **2** que não se pode demonstrar; duvidável

o.pi.ni.ão *s.f.* modo de pensar, agir, julgar; ponto de vista; julgamento, parecer

o.pi.ni.á.ti.co *adj.* que é persistente quanto ao seu ponto de visa; teimoso, obstinado

o.pi.ni.o.so /ô/ *adj.* m.q. opiniático

ó.pio *s.m.* **1** substância tóxica entorpecente **2** *fig.* tudo o que provoca adormecimento moral, ex.: *a televisão funciona como o ópio do povo*

o.pí.pa.ro *adj.* rico, abundante, farto

o.po.nen.te *adj.2g. s.2g.* diz-se de pessoa que toma a parte contrária em uma discussão, competição etc.; opositor

o.por /ô/ *v.t.* **1** colocar em posição contrária a alguma coisa **2** oferecer dificuldade; obstaculizar, dificultar

o.por.tu.ni.da.de *s.f.* situação favorável à realização de algo

o.por.tu.nis.mo *s.m.* aproveitamento das oportunidades que se tem

o.por.tu.nis.ta *adj.2g. s.2g.* diz-se de pessoa que se aproveita de uma situação para beneficiar a si próprio; interesseiro

o.por.tu.no *adj.* propício, conveniente

o.po.si.ção *s.f.* **1** posição contrária; contraposição **2** impedimento, objeção, dificuldade **3** partido político que se opõe ao governo

o.po.si.cio.nis.mo *s.m.* **1** prática de se opor, de estar em posição contrária **2** sistema que se opõe politicamente ao governo

o.po.si.cio.nis.ta *s.2g.* **1** indivíduo que sempre se opõe **2** partidário do oposicionismo

o.po.si.ti.vo *adj.* que está em posição contrária, oposta

o.po.si.tor /ô/ *adj. s.m.* oponente, adversário

o.pos.to /ô/ *adj.* que está em posição contrária

o.pres.são *s.f.* **1** ação ou resultado de oprimir, sufocar **2** restrição das liberdades individuais; tirania **3** humilhação, aviltamento

o.pres.si.vo *adj.* **1** que oprime, sufoca **2** que restringe as liberdades individuais **3** que humilha, avilta, vexa

o.pres.so /é/ *adj.* que sofreu opressão; oprimido, sufocado, humilhado

o.pres.sor /ô/ *adj.* **1** que ocasiona opressão; autoritário, dominador, déspota **2** que humilha; vexatório, aviltante

o.pri.men.te *adj.2g.* m.q. opressivo

o.pri.mi.do *adj.* m.q. opresso

o.pri.mir *v.t.* **1** sufocar, esmagar, comprimir **2** restringir as liberdades individuais; agir despoticamente; tiranizar, dominar **3** causar humilhação, vexame

o.pró.brio *s.m.* rebaixamento, degradação moral; humilhação, vergonha

op.tar *v.t.* manifestar preferência por uma coisa ou outra; escolher

op.ta.ti.vo *adj.* que envolve a possibilidade de escolha, de opção; que é passível de opção, que não é obrigatório

óp.ti.ca *s.f.* FÍS parte da física que estuda a luz e os fenômenos relacionados a ela

óp.ti.co *adj.* referente a luz e ao sentido da visão

o.pug.nar *v.t.* **1** sitiar um território para conquistá-lo; atacar, combater **2** *por ext.* lutar contra uma teoria, ideia etc.

o.pu.lên.cia *s.f.* demonstração de luxo, magnificência, riqueza

o.pu.len.tar *v.t. v.pron.* tornar(-se) opulento; enriquecer

o.pu.len.to *adj.* cheio de opulência; que ostenta opulência; luxuoso, magnificente, rico

opus *s.m. [lat.]* índice com a relação das publicações de um compositor

o.pús.cu.lo *s.m.* pequena publicação sobre um assunto

o.ra /ô/ *adv.* **1** neste exato momento, agora • *conj.* **2** expressa alternância, ex.: *ora lá, ora aqui* • *interj.* **3** exprime incerteza, desdém, reprovação ■ **ora bolas!** expressa sentimento de desapontamento • *s.f.* **4** faixa costeira, litorânea, de um território

o.ra.ção *s.f.* **1** RELIG meio com que o ser humano se comunica com Deus ou outra divindade; reza **2** GRAM frase de sentido completo que possui um verbo

o.ra.cio.nal *adj.2g.* relativo à oração

o.ra.cu.lar *adj.2g.* **1** referente a oráculo • *v.i.* **2** falar misteriosamente como um oráculo

o.rá.cu.lo *s.m.* **1** na Antiguidade, predição dada por uma divindade **2** o sacerdote que consultava a divindade **3** *por ext.* solução indefectível

o.ra.dor /ô/ *s.m.* **1** pessoa eloquente, que se expressa bem em público; discursador **2** pregador religioso

o.ra.go *s.m.* **1** diz-se do santo que protege uma igreja; padroeiro **2** templo em honra a esse santo

o.ral *adj.2g.* **1** referente à boca **2** o que é expresso pela fala, e não pela escrita

o.ran.go.tan.go *s.m.* ZOOL macaco de grande porte e pelagem avermelhada

o.rar *v.i.* **1** RELIG comunicar-se com Deus ou divindade; fazer preces; rezar **2** realizar discurso em público; discursar

o.ra.tó.ria *s.f.* arte de falar bem em público

oratório

o.ra.tó.rio *s.m.* **1** lugar onde se reza ou ora **2** pequeno móvel onde se colocam imagens de santos, diante dos quais se fazem orações **3** espécie de ópera religiosa desprovida de interpretação cênica

or.be /ó/ *s.m.* **1** designação que se dá a qualquer corpo celeste **2** campo orbital por onde um corpo celeste descreve seu movimento **3** globo, esfera

or.bi.cu.lar *adj.2g.* **1** que tem forma esférica, circular **2** ANAT diz-se de músculo que contorna um orifício

ór.bi.ta *s.f.* **1** ASTRON trajetória esférica ou elíptica dos corpos celestes **2** ANAT cavidade onde está alojado algum órgão

or.bi.tal *adj.2g.* referente à órbita

or.bi.tá.rio *adj.* m.q. orbital

or.ca /ó/ *s.f.* **1** ZOOL mamífero cetáceo carnívoro da família dos delfinídeos **2** ARQUEOL vaso bojudo

or.ça /ó/ *s.f.* MAR corda que, no barco, é presa à vela para que ela siga a direção do vento ■ **à orça** feito de modo impreciso

or.ça.men.tá.rio *adj.* relativo a orçamento

or.ça.men.to *s.m.* cálculo de gastos e despesas de algo

or.çar *v.t.* **1** fazer o levantamento de despesas, de gastos de algo **2** dar direção à vela de um barco por meio da orça

or.dei.ro /ê/ *adj.* seguidor ou defensor da ordem; pacífico

or.dem /ó/ *s.f.* **1** disposição, organização **2** sequência ininterrupta de fatos, acontecimentos **3** disposição cronológica de fatos **4** permissão legal para executar determinados atos **5** disciplina, boa conduta **6** regra, código, estatuto **7** RELIG associação de religiosos que vivem sob determinadas regras **8** RELIG ritual religioso por meio do qual alguém é imbuído de funções sacerdotais **9** classe, associação, sociedade de profissionais

or.de.na.ção *s.f.* **1** ação ou resultado de colocar em ordem **2** prescrição, determinação **3** RELIG cerimônia religiosa para conferir autoridade eclesiástica a um religioso

or.de.na.da *s.f.* GEOM a coordenada representada pela letra *y* em um sistema cartesiano

or.de.na.do *adj.* **1** organizado em uma determinada ordem; arrumado **2** classificado, sistematizado **3** RELIG diz-se do indivíduo que ordena um ritual religioso ● *s.m.* **4** remuneração monetária; salário

or.de.nan.ça *s.f.* **1** ação ou efeito de ordenar; ordenamento **2** estatuto para regimento e ordenação ○ *s.2g.* **3** soldado à disposição de um oficial

or.de.nar *v.t.* **1** dar ordens, comandos; mandar **2** colocar em ordem ou série; arrumar, organizar

or.de.nha *s.f.* ação ou resultado de extrair o leite das tetas da vaca; ordenhação

or.de.nha.men.to *s.m.* m.q. ordenha

or.de.nhar *v.t. v.i.* retirar o leite pelas tetas da vaca; mungir

or.di.nan.do *adj.* RELIG diz-se de indivíduo que receberá ordenação religiosa

or.di.ná.rio *adj.* **1** que não tem nada de especial; comum, trivial, normal **2** *pejor.* que não tem bom caráter; patife, vil

or.do.vi.ci.a.no *s.m.* GEOL período geológico entre o Cambriano e o Siluriano

o.re.lha /ê/ *s.f.* **1** ANAT órgão responsável pela audição **2** *por ext.* espécie de aba existente na parte interna da capa de um livro

o.re.lha.da *s.f.* puxão de orelhas; pancada nas orelhas

o.re.lhu.do *adj.* **1** que possui orelhas grandes **2** *pejor.* estúpido, burro

or.fa.na.to *s.m.* casa, instituição que acolhe crianças órfãs

or.fan.da.de *s.f.* estado de quem é órfão

ór.fão *adj. s.m.* que perdeu um dos pais ou ambos

or.fe.ão *s.m.* MÚS coro musical sem acompanhamento de música

or.fe.ô.ni.co *adj.* referente a orfeão

or.gan.di *s.m.* tecido de algodão, leve e diáfano, de origem indiana

or.gâ.ni.co *adj.* **1** referente a órgão ou organismo **2** composto de órgãos

or.ga.nis.ta *adj.2g.* MÚS músico que executa o órgão

or.ga.ni.za.do *adj.* **1** disposto, arranjado de maneira harmoniosa **2** colocado em ordem; ordenado

or.ga.ni.za.dor /ô/ *adj.* diz-se do que organiza, coloca em ordem; ordenador

or.gâ.nu.lo *s.m.* pequeno órgão

ór.gão *s.m.* **1** estrutura de um organismo que desempenha função específica **2** *fig.* peça de um mecanismo **3** MÚS instrumento musical dotado de teclado, pedaleira e foles, os quais ocasionam a vibração das palhetas do teclado, produzindo o som

or.gas.mo *s.m.* clímax, ponto máximo da excitação sexual

or.gi.a *s.f.* **1** festa caracterizada pelo excesso de tudo o que dá prazer carnal: bebidas, sexo etc. **2** *fig.* excesso, descomedimento de qualquer coisa; esbanjamento

or.gi.á.co *adj.* relativo a orgia; orgiástico

or.gu.lho *s.m.* **1** sentimento de satisfação própria **2** arrogância, presunção

or.gu.lho.so /ô/ *adj.* cheio de si; arrogante, presunçoso

o.ri.en.ta.ção *s.f.* **1** ação ou resultado de orientar **2** o que se diz ou faz para orientar; instrução, regra

o.ri.en.ta.dor /ô/ *s.m.* **1** pessoa que orienta **2** conselheiro, mentor

o.ri.en.tal *adj.2g.* **1** referente ao Oriente **2** natural, procedente do Oriente

o.ri.en.tar *v.t.* **1** dar orientação, guiar **2** aconselhar ○ *v.pron.* **3** reconhecer a posição dos pontos cardeais para saber em que ponto se está

o.ri.en.te *s.m.* **1** GEOG o lado onde o sol nasce **2** o leste

o.ri.fí.cio *s.m.* abertura que abre passagem de um ponto a outro; válvula, buraco

o.ri.gem *s.f.* **1** lugar de onde se provém; procedência **2** ponto inicial, começo

o.ri.gi.nal *adj.2g.* **1** referente à origem **2** que remonta às origens; primitivo, primeiro **3** diz-se do que não é cópia, do que é autêntico e verdadeiro **4** que serviu de modelo, de exemplo **5** que é raro, incomum

o.ri.gi.na.li.da.de *s.f.* caráter do que é original, do que ainda não foi modificado ou corrompido

o.ri.gi.nar *v.t.* dar origem a; começar, iniciar

ostentação

o.ri.gi.ná.rio *adj.* que tem origem em; oriundo, proveniente de

o.ri.un.do *adj.* que tem origem em; oriundo, proveniente de

ó.rix *s.m.2n.* ZOOL grande antílope africano de chifres longos projetados para trás

o.ri.xá *s.m.* cada uma das divindades a que se rende culto no candomblé, no iorubá etc.

o.ri.zi.cul.tor /ô/ *adj.* diz-se de pessoa que cultiva arroz

o.ri.zi.cul.tu.ra *s.f.* cultura, cultivo de arroz

or.la /ó/ *s.f.* **1** costa marítima de um país **2** barra, beira, borda

or.lar *v.t.* **1** enfeitar com orla; debruar **2** passar ao redor; circundar

or.na.men.ta.ção *s.f.* ação ou resultado de enfeitar, de ornar; enfeite, ornato

or.na.men.tal *adj.2g.* **1** referente a ornamento **2** que serve de ornamento; que enfeita, que orna

or.na.men.tar *v.t.* colocar ornamentos; enfeitar, embelezar, decorar

or.na.men.to *s.m.* **1** tudo o que serve para dar beleza a algo; enfeite, debrum **2** RELIG cada uma das vestes próprias do sacerdote para a liturgia da Igreja

or.nar *v.t.* m.q. ornamentar

or.na.to *s.m.* m.q. ornamento

or.ne.ar *v.i.* **1** produzir voz típica do burro; zurrar **2** *fig.* dizer besteiras, asneiras, burrices

or.ne.jar *v.i.* ornear, zurrar

or.ne.jo /ê/ *s.m.* som próprio do burro; zurro

or.ni.to.lo.gi.a *s.f.* campo da zoologia que se dedica ao estudo das aves

or.ni.tor.rin.co *s.m.* ZOOL animal mamífero monotremo com focinho semelhante ao de um pato e patas dotadas de membranas

o.ro.fa.rin.ge *s.f.* ANAT parte da faringe entre a boca e a rinofaringe

o.ros.fe.ra /é/ *s.f.* m.q. litosfera

or.ques.tra /é/ *s.f.* **1** MÚS conjunto dos músicos diversos regidos por um maestro **2** local no teatro onde esses músicos ficam

or.ques.tra.ção *s.f.* **1** organização de uma orquestra **2** ajuste, conciliação

or.ques.tra.dor /ô/ *adj.* **1** diz-se daquele que faz orquestração musical **2** organizador, articulador

or.ques.tral *adj.2g.* relativo a orquestra

or.ques.trar *v.t.* **1** compor música própria para uma orquestra **2** organizar, articular

or.quí.dea *s.f.* BOT planta parasita de belas flores que cresce sobre árvores

or.to.don.ti.a *s.f.* parte da odontologia que trata da correção dos dentes

or.to.don.tis.ta *adj.2g. s.2g.* profissional especializado em tratamentos para a correção dos dentes

or.to.do.xi.a /ks/ *s.f.* conformidade absoluta com os princípios de uma religião ou ideologia

or.to.do.xo /ó...ks/ *adj.* diz-se do que está em conformidade com os princípios de uma religião ou ideologia

or.to.é.pia *s.f.* GRAM parte da gramática que trata da correção na acentuação e pronúncia das palavras

or.to.fo.ni.a *s.f.* parte da linguística que se concentra na correção dos traços fonológicos, como acento, articulação dos fonemas etc.

or.to.go.nal *adj.2g.* GEOM que forma ângulo de 90°

or.to.gra.far *v.t.* grafar corretamente as palavras segundo as regras ortográficas estabelecidas

or.to.gra.fi.a *s.f.* parte da gramática que trata das normas para a escrita correta das palavras

or.to.grá.fi.co *adj.* referente à ortografia

or.to.pe.di.a *s.f.* MED campo médico que trata do sistema locomotor e da coluna vertebral

or.to.pe.dis.ta *adj.2g. s.2g.* médico especialista em ortopedia

or.va.lhar *v.t.* **1** molhar ou borrifar com orvalho ○ *v.i.* **2** cair o orvalho da manhã

or.va.lho *s.m.* umidade atmosférica que cai geralmente à noite em forma de gotículas

os.ci.la.ção *s.f.* **1** movimento de um corpo de um lado para o outro **2** mudança de estado; variação **3** *fig.* falta de certeza; dúvida

os.ci.la.dor /ô/ *adj.* **1** que oscila; oscilatório, pendular **2** diz-se de aparelho cujo funcionamento se dá por correntes oscilatórias

os.ci.lan.te *adj.2g.* **1** que se move, que balança; pendular **2** *fig.* que tem dúvidas; hesitante

os.ci.lar *v.i.* **1** movimentar-se em vaivém, sempre voltando ao eixo de origem **2** *fig.* ter dúvidas; hesitar; não ter certeza

os.ci.la.tó.rio *adj.* que se move por oscilações

os.ci.tar *v.i.* abrir a boca por sono ou tédio; bocejar

os.cu.lar *v.t.* cumprimentar com beijo

ós.cu.lo *s.m.* m.q. beijo

os.ga /ó/ *s.f.* **1** antipatia, aversão, repulsa **2** ZOOL tipo de lagartixa que habita lugares úmidos

ós.mio *s.m.* QUÍM elemento químico da família dos metais usado na fabricação de ligas metálicas

os.mo.se /ó/ *s.f.* QUÍM processo de passagem de líquidos através das paredes dos tecidos permeáveis

os.sa.da *s.f.* **1** grande quantidade de ossos **2** designação para o conjunto de ossos do corpo; esqueleto humano **3** destroços, restos de algo

os.sa.ri.a *s.f.* **1** m.q. ossada **2** m.q. ossário

os.sá.rio *s.m.* lugar onde são depositados ossos humanos

os.sa.tu.ra *s.f.* **1** a disposição óssea de um corpo; o esqueleto **2** *fig.* estrutura de um corpo

ós.seo *adj.* **1** relativo a osso **2** próprio do osso

os.si.fi.ca.ção *s.f.* **1** processo de formação de ossos **2** transformação em ossos; endurecimento

os.si.fi.car *v.t. v.pron.* **1** tornar(-se) ósseo **2** *por ext.* tornar(-se) duro, insensível; endurecer

os.so /ô/ *s.m.* **1** estrutura sólida de sustentação que forma o esqueleto dos seres vertebrados **2** *fig.* situação difícil

os.su.á.rio *s.m.* m.q. ossário

os.su.do *adj.* que apresenta ossos salientes

os.te.í.te *s.f.* MED inflamação óssea

os.ten.si.vo *adj.* que é ostentado, que se mostra; evidente, ostensório

os.ten.ta.ção *s.f.* **1** ação ou resultado de exibir, de ostentar algo **2** orgulho, arrogância

ostentador

os.ten.ta.dor /ô/ *adj.* que ostenta o que possui; orgulhoso, prepotente

os.ten.tar *v.t.* **1** mostrar o que se tem; exibir **2** mostrar orgulho, arrogância, vaidade

os.ten.to.so /ô/ *adj.* cheio de ostentação; luxuoso, rico

os.teo.lo.gi.a *s.f.* parte da anatomia que se dedica ao estudo dos processos de formação do tecido ósseo e sua classificação

os.teo.mi.e.li.te *s.f.* MED doença grave que causa a inflamação da medula óssea

os.teo.pa.ti.a *s.f.* MED moléstia causada pela insuficiência de cálcio nos tecidos ósseos

os.teo.po.ro.se /ó/ *s.f.* MED moléstia causada pela atrofia óssea com o aumento dos espaços medulares, o que causa enfraquecimento dos ossos

os.tra /ô/ *s.f.* ZOOL gênero de moluscos marinhos acéfalos dotados de concha

os.tra.cis.mo *s.m.* **1** na antiga Grécia, exílio político **2** *por ext.* afastamento das atividades políticas

os.trei.cul.tu.ra *s.f.* cultura de ostras

os.trei.cul.tor /ô/ *s.m.* diz-se de pessoa que cultiva ostras

os.trei.ra *s.f.* **1** local onde se criam ostras **2** comerciante de ostras

os.tro.go.do /ô/ *adj. s.m.* povo de origem germânica

o.tal.gi.a *s.f.* MED dor na orelha; otodinia

o.tá.ria *s.f.* ZOOL gênero de mamíferos carnívoros marinhos, semelhantes à foca, que habitam o oceano Pacífico e os mares do Sul

o.tá.rio *adj.* diz-se de indivíduo bobo, tonto, idiota

o.ti.mis.mo *s.m.* atitude de ver sempre o lado bom de tudo

o.ti.mis.ta *adj.2g.* diz-se de pessoa que vê sempre o lado bom de tudo

ó.ti.mo *adj.* superlativo de bom; excelente

o.ti.te *s.f.* MED inflamação da membrana mucosa da orelha

o.to.di.ni.a *s.f.* m.q. otalgia

o.to.lo.gia. *s.f.* MED parte da medicina que se ocupa da orelha e suas doenças

o.to.ma.no *adj.* **1** turco **2** relativo à Turquia

o.tor.ri.no.la.rin.go.lo.gi.a *s.f.* MED área da medicina que trata do estudo da orelha, da garganta e do nariz

o.tos.cle.ro.se /ó/ *s.f.* MED esclerose do ouvido

o.tos.có.pio *s.m.* aparelho para exame do ouvido

ou /ô/ *conj.* indica alternativa ou exclusão, ex.: *ou isto, ou aquilo*

ou.re.la /é/ *s.f.* parte extrema de um tecido; margem; barra

ou.ri.ça.do *adj.* cheio de espinhos; espetado

ou.ri.çar *v.t.* **1** ficar com aspecto de ouriço, todo espetado **2** *fig.* agitar, animar

ou.ri.ço *s.m.* **1** ZOOL pequeno mamífero roedor que possui o corpo coberto de espinhos **2** *fig.* pessoa nervosa, que se irrita facilmente

ou.ri.ves *s.m.2n.* **1** pessoa que trabalha com o artesanato de joias feitas de metais preciosos, principalmente ouro e prata **2** comerciante de joias; joalheiro

ou.ri.ve.sa.ri.a *s.f.* **1** a arte do ourives **2** lugar onde se fabricam ou comercializam joias feitas de metais preciosos

ou.ro /ô/ *s.m.* **1** QUÍM elemento químico precioso de cor amarela com variedades de tonalidade **2** a cor desse metal

ou.ro.pel /é/ *s.m.* metal com aparência de ouro; ouro falso

ou.sa.di.a *s.f.* qualidade de quem é ousado; audácia, coragem

ou.sa.do *adj.* que possui audácia; corajoso, audacioso, bravo

ou.sar *v.t.* **1** agir com ousadia; ser audacioso; atrever-se **2** tentar algo novo, diferente do usual

ou.tão *s.m.* a parte lateral de uma casa

ou.tei.ro *s.m.* **1** pequeno monte em um terreno **2** grupo literário cuja entrada é restrita; panela literária

ou.ti.va *s.f.* m.q. oitiva

ou.to.nal *adj.2g.* referente a outono; próprio do outono

ou.to.ni.ço *adj.* m.q. outonal

ou.to.no *s.m.* estação do ano entre o verão e o inverno

ou.tor.ga /ó/ *s.f.* concessão de permissão; consentimento

ou.tor.gan.te *adj.2g.* diz-se daquele que concede permissão; outorgador

ou.tor.gar *v.t.* conceder direito ou permissão; permitir

ou.trem *pron.* outra pessoa

ou.tro /ô/ *pron.* **1** indica algo ou alguém diferente ou distante de quem fala • *s.m.* **2** indica coisa ou pessoa cujo nome não se sabe ou não se quer falar

ou.tro.ra /ó/ *adv.* em tempos antigos; antigamente; em outros tempos

ou.tros.sim *adv.* da mesma forma; igualmente

ou.tu.bro *s.m.* décimo mês do calendário, entre setembro e novembro

ou.vi.do *adj.* **1** que se escutou, que se ouviu • *s.m.* **2** o sentido da audição

ou.vi.dor /ô/ *adj.* **1** diz-se de quem ouve, que capta pelo sentido auditivo; ouvinte • *s.m.* **2** JUR pessoa que tem por função defender alguém perante o poder público

ou.vi.do.ria *s.f.* **1** o cargo de ouvidor **2** o lugar onde o auditor exerce seu cargo; auditoria

ou.vin.te *adj.2g.* diz-se de pessoa que escuta, que ouve com atenção ■ **aluno ouvinte** diz-se de aluno que frequenta aulas de uma disciplina sem realizar os exames avaliativos

ou.vir *v.t.* perceber pelo sentido da audição; escutar

o.va /ó/ *s.f.* **1** conjunto dos ovos de um peixe • *interj.* **2** expressa negativa enfática ■ **uma ova!** de jeito nenhum

o.va.ção *s.f.* grande quantidade de aplausos; aclamação

o.val *adj.2g.* em formato de ovo

o.va.lar *v.t.* dar a forma oval a algo

o.van.te *adj.2g.* que recebe ovação; vitorioso, triunfante

o.var *v.i.* dar ovações; aclamar

o.va.ri.a.no *adj.* referente a ovário

o.vá.rio *s.m.* **1** ZOOL órgão de reprodução de certos organismos **2** BIOL conjunto dos órgãos onde são produzidos os ovos de animais ovíparos

o.vei.ro /ê/ *s.m. pop.* ovário de aves

o.ve.lha /ê/ *s.f.* a fêmea do carneiro

o.ve.lhum *adj.2g.* relativo a ovelhas, carneiros e cordeiros

o.vi.á.rio *s.m.* 1 curral de ovelhas 2 rebanho de ovelhas

o.vil *s.m.* m.q. oviário

o.vi.no *adj.* relativo a ovelha

o.ví.pa.ro *adj.* diz-se de animais que botam ovos

o.vo /ô/ *s.m.* 1 BIOL óvulo resultante da fecundação em certos organismos 2 BIOL o ovo de certos animais, principalmente os galináceos

o.voi.de /ó/ *adj.2g.* que tem a forma semelhante à de um ovo

o.vu.la.ção *s.f.* BIOL processo de liberação de óvulos maduros pelo ovário

o.vu.lar *adj.2g.* 1 referente a óvulo 2 que tem a forma semelhante à de um ovo; ovoide • *v.i.* 3 liberar óvulos maduros pelo ovário

ó.vu.lo *s.m.* 1 pequeno ovo 2 ANAT célula de reprodução feminina ainda não fecundada 3 BOT célula reprodutora feminina de certas plantas quando ainda no ovário 4 ARQUIT enfeite com formato oval

o.xa.lá /ch/ *interj.* exprime desejo de que algo bom aconteça, ex.: *oxalá eu passe neste concurso!*

o.zô.nio *s.m.* QUÍM forma alotrópica do oxigênio que se encontra na atmosfera e que filtra radiações ultravioleta

o.zo.ni.zar *v.t.* 1 QUÍM produzir ozônio em 2 QUÍM tratar com ozônio; combinar com ozônio

Pp

¹p 1 GRAM nome da décima sexta letra e da décima segunda consoante do alfabeto português **2** o décimo sexto elemento de uma série
²P QUÍM símbolo do elemento fósforo da tabela periódica
PA sigla do Estado do Pará
Pa QUÍM símbolo do elemento protactínio da tabela periódica
Pã *s.m.* MIT na mitologia grega, deus dos bosques e dos campos
pá *s.f.* **1** utensílio formado por uma lâmina presa a um cabo de madeira e utilizado para revolver a terra, recolher lixo etc. **2** tipo de carne bovina da perna da rês **3** *pop.* grande quantidade de algo • *interj.* **4** *desus.* exprime desaprovação, desacordo, não consentimento **5** *onomat.* som do encontro de um corpo que cai ou que bate em outro; som de choque **6** *onomat.* som emitido na explosão de uma bala
pá.bu.lo *s.m. desus.* alimento, sustento
pa.ca *s.f.* ZOOL mamífero roedor de rabo curto e carne saborosa e muito apreciada na culinária brasileira
pa.ca.tez /ê/ *s.f.* qualidade de quem é pacato; mansidão, sossego, calma
pa.ca.to *adj.* **1** diz-se de quem possui temperamento calmo, tranquilo, pacífico, sereno **2** diz-se de quem demonstra muita paciência
pa.cho.la /ó/ *adj.2g. pop.* diz-se de pessoa pedante, cheia de si, vaidosa
pa.chor.ra /ô/ *s.f.* **1** calma excessiva **2** lentidão
pa.chor.ren.to *adj.* calmo, paciente
pa.ci.ên.cia *s.f.* **1** qualidade de quem é paciente **2** constância, calma, conformidade indolente e tranquila **3** resignação, conformação **4** não desistência; perseverança **5** nome de um jogo que utiliza cartas de baralho
pa.ci.en.ci.o.so /ô/ *adj.* diz-se de quem tem muita paciência; paciente
pa.ci.en.tar *v.i.* ter ou demonstrar paciência
pa.ci.en.te *adj.2g.* **1** diz-se de quem se mantém continuamente em uma tarefa árdua, difícil **2** que tem paciência; acomodado, calmo **3** GRAM diz-se do sujeito da voz passiva que recebe a ação **4** JUR diz-se de uma pessoa que vai ser submetida à pena de morte; padecente **5** diz-se do doente quando tratado por médico, odontólogo, psicólogo etc.
pa.ci.fi.ca.ção *s.f.* promoção ou restituição da paz; apaziguamento
pa.ci.fi.ca.dor /ô/ *adj.* **1** diz-se daquele que pacifica, acalma, transmite serenidade **2** diz-se de quem promove a paz
pa.ci.fi.car *v.t.* trazer paz; apaziguar
pa.ci.fi.co *adj.* **1** que é amigo da paz **2** que traz sensação de calma **3** sensato, manso, tranquilo
pa.ci.fis.mo *s.m.* doutrina que prega a paz universal e se opõe à guerra e à violência
pa.ci.fis.ta *s.2g.* partidário do pacifismo
pa.ci.fis.ta *s.2g.* partidário do pacifismo
pa.ço *s.m.* **1** casa suntuosa, nobre **2** palácio real ou episcopal
pa.co *s.m. pop.* pacote de papéis velhos que simulam notas de dinheiro, usado por vigaristas para enganar as pessoas
pa.co.ba /ó/ *s.f.* m.q. banana
pa.ço.ca /ó/ *s.f.* **1** doce feito de amendoim socado em pilão e misturado com açúcar **2** prato feito de farinha de mandioca ou milho misturado com carne seca desfiada **3** *fig.* complicação, confusão
pa.co.te /ó/ *s.m.* fardo, embrulho, carga, volume
pa.co.vá *s.m.* BOT erva brasileira usada para fins medicinais, também chamada de cardamomo-da-terra
pa.co.va /ó/ *s.f.* m.q. banana
pa.có.vio *adj.* diz-se de indivíduo imbecil, parvo, tolo
pac.tá.rio *adj.* diz-se daquele que estabelece um acordo com outra pessoa
pac.to *s.m.* acordo, combinação, contrato, convênio
pac.tu.an.te *adj.2g.* diz-se daquele que pactua com outrem
pac.tu.ar *v.t.* **1** combinar, decidir em pacto **2** fazer pacto com outrem
pac.tu.á.rio *adj.* m.q. pactário
pa.cu *s.m.* ZOOL tipo de peixe brasileiro
pa.cu.e.ra /é/ *s.f.* conjunto das vísceras mais grossas de boi, porco ou carneiro
pa.da.ri.a *s.f.* **1** estabelecimento comercial onde são fabricados e vendidos pães, roscas, biscoitos etc.; panificadora **2** *pop.* conjunto das nádegas; bunda
pa.de.cen.te *adj.2g.* padecedor, sofredor
pa.de.cer /ê/ *v.t.* aguentar sofrimento moral ou físico
pa.de.ci.men.to *s.m.* dor, sofrimento, pena
pa.dei.ro /ê/ *s.m.* aquele que fabrica ou vende pães
pa.di.o.la /ó/ *s.f.* **1** espécie de maca para transporte de doentes e feridos **2** tabuleiro ou caixa para o transporte de terra, cal, cimento, areia etc.
pa.di.o.lei.ro /ê/ *s.m.* cada um dos indivíduos que carrega a padiola

pa.drão *s.m.* aquilo que é tido como base a ser usada, como modelo a ser seguido, copiado

pa.dras.to *s.m.* homem em relação aos filhos de casamento anterior de sua mulher

pa.dre *s.m.* RELIG sacerdote católico que realiza cerimônias sagradas

pa.dre.ar *v.i.* procriar, reproduzir-se (burro, cavalo)

pa.dre.co /é/ *s.m. pejor.* padre de baixa estatura ou de pouco valor

pa.dre-mes.tre /é/ *s.m.* RELIG padre que também é professor

pa.dre-nos.so /ó/ *s.m.* RELIG m.q. pai-nosso

pa.dri.nho *s.m.* 1 RELIG homem que acompanha criança em batizado ou crisma 2 RELIG homem que serve como testemunha em um casamento 3 *fig.* protetor, paraninfo

pa.dro.a.do *s.m.* 1 direito de protetor de quem fundou uma igreja 2 o território onde esse direito é exercido

pa.dro.ei.ro /ê/ *s.m.* 1 santo escolhido como protetor de igreja, vila, cidade 2 *fig.* sujeito que defende alguém

pa.dro.ni.za.ção *s.f.* ação de padronizar

pa.dro.ni.zar *v.t.* estabelecer padrões; uniformizar

pa.ga *s.f.* 1 m.q. pagamento 2 retribuição, recompensa

pa.ga.dor /ô/ *adj.* 1 diz-se daquele que paga 2 diz-se do encarregado de fazer pagamentos

pa.ga.do.ri.a *s.f.* lugar onde se fazem pagamentos

pa.ga.men.to *s.m.* 1 ação ou resultado de pagar 2 aquilo que se dá como recompensa por um produto ou serviço; remuneração

pa.ga.nis.mo *s.m.* 1 o conjunto dos pagãos, dos não batizados 2 religião em que se cultuam muitos deuses

pa.ga.ni.zar *v.t.* tornar pagão; dar características de pagão a algo

pa.gan.te *adj.2g.* aquele que paga suas dívidas

pa.gão *adj. s.m.* RELIG aquele que não foi batizado

pa.gar *v.t.* 1 recompensar, em geral monetariamente, por produto ou serviço que se obteve 2 *fig.* sofrer danos por haver praticado algum mal; purgar

pa.gá.vel *adj.2g.* passível de pagamento

pá.gi.na *s.f.* 1 cada um dos lados das folhas de livros e outras publicações 2 o texto contido em cada um desses lados

pa.gi.na.ção *s.f.* 1 ação ou efeito de paginar 2 ordem numérica das páginas de um material impresso

pa.gi.na.dor /ô/ *s.m.* encarregado da paginação de uma publicação

pa.gi.nar *v.t.* 1 numerar sequencialmente as páginas de uma publicação 2 compor ou pôr o número da página em uma publicação

pa.go *adj.* diz-se daquilo cujo pagamento foi realizado • *s.m.* 2 lugar onde se nasceu; terra natal 3 pagamento, remuneração

pa.go.de /ó/ *s.m.* 1 templo budista 2 determinado tipo de samba 3 *fig.* brincadeira, divertimento, pagodeira

pa.go.de.ar *v.i.* divertir-se muito, farrear

pa.go.dei.ra *s.f.* farra, divertimento

pa.go.dei.ro /ê/ *s.m.* 1 compositor ou cantor de pagode 2 indivíduo que frequenta pagodes

pai *s.m.* 1 genitor, progenitor 2 chefe da família 3 criador, inventor

pai.ca *s.f.* tipo de unidade de medida tipográfica

pai.na *s.f.* 1 BOT material macio e semelhante ao algodão que envolve as sementes de diversas plantas 2 *fig.* conjunto de cabelos brancos

pai.in.ço *s.m.* 1 BOT gramínea utilizada como forragem 2 o grão dessa planta

pai.nei.ra /ê/ *s.f.* BOT árvore nativa do Brasil que produz flores avermelhadas que posteriormente se abrem em painas

pai.nel /é/ *s.m.* 1 superfície plana (tela, parede etc.) na qual se executa um trabalho artístico 2 parte do automóvel com os controles de direção, luz, gasolina etc. 3 divisória usada em exposições de arte, museus etc.

pai.o *s.m.* 1 tipo de linguiça de carne de porco embutida 2 *fig.* homem tolo, parvo

pai.ol /ó/ *s.m.* 1 compartimento destinado a guardar grãos; celeiro 2 lugar que serve como depósito de pólvora

pai.o.lei.ro /ê/ *s.m.* vigia, guarda de paiol

pai-nosso *s.m.* RELIG oração cristã iniciada com "Pai nosso que estais no céu..."; padre-nosso

pai.rar *v.i.* 1 estar em movimento sobre algo; suster 2 estar irresoluto

pais *s.m.pl.* pai e mãe tomados em conjunto

pa.ís *s.m.* 1 república em que se nasceu; pátria; Estado 2 qualquer região, terra, território

pai.sa.gem *s.f.* complexo de elementos naturais ou artificiais que pode ser visto de algum lugar

pai.sa.gis.mo *s.m.* 1 representação de cenas campestres nas artes plásticas em geral 2 ARQUIT técnica artística de planejamento e realização de paisagens

pai.sa.gis.ta *adj.2g. s.2g.* 1 pessoa que pinta ou representa paisagens 2 diz-se do arquiteto paisagista

pai.sa.gís.ti.ca *s.f.* arte de pintar paisagens

pai.sa.gís.ti.co *adj.* relativo a paisagem ou paisagismo

pai.sa.no *adj. s.m.* 1 aquele que nasceu no mesmo país; compatrício, compatriota 2 indivíduo que não é militar; civil

pai.xão *s.f.* 1 sentimento amoroso levado a um alto grau de intensidade, de tal modo que pode sobressair à razão 2 desgosto, martírio

pai.xo.ni.te *s.f.* sentimento agudo, intenso de paixão

pa.jé *s.m. bras.* especialista religioso de tribo indígena brasileira a quem são atribuídos poderes de vidência e cura

pa.je.a.da *s.f.* grupo de pajens

pa.je.ar *v.t.* vigiar, tomar conta de algo ou alguém; zelar, cuidar

pa.je.lan.ça *s.f. bras.* conjunto de rituais realizados por pajés com o objetivo de cura, previsão do futuro etc.

pa.jem *s.m.* 1 rapaz que, na Idade Média, era acompanhante de rei ou pessoa nobre para lhe prestar serviços e ser iniciado na carreira de armas 2 menino acompanhante dos noivos na cerimônia do casamento 3 sujeito que cuida de outra pessoa

pa.la *s.f.* 1 peça dianteira de bonés, boinas, quepes etc. para proteger os olhos 2 espécie de rebuço de vestes femininas 3 cartão quadrado, revestido de pano branco, com o qual o sacerdote cobre o cálice na cerimônia católica 4 recorte que serve para cobrir os bolsos de um paletó masculino 5 em sapatos, parte que recobre o peito do pé ● *s.m.* 6 espécie de poncho de pontas arredondadas e com franjas

pa.la.ce.te /ê/ *s.m.* 1 palácio pequeno 2 casa luxuosa e grande

palaciano

pa.la.ci.a.no *adj.* **1** relativo a palácio; palatino **2** próprio de quem vive em palácio

pa.lá.cio *s.m.* construção suntuosa e muito ampla que serve de residência para monarcas, chefes de governo, nobres em geral

pa.la.dar *s.m.* **1** o sentido pelo qual se percebem os sabores **2** sabor, gosto

pa.la.di.no *s.m.* indivíduo que defende uma causa com grande bravura

pa.lá.dio *s.m.* **1** estátua de Palas, deusa das artes e da sabedoria, construída em Troia como forma de proteção **2** *fig.* garantia de salvaguarda **3** QUÍM elemento químico branco usado na produção de joias, ligas dentárias etc.

pa.la.fi.ta *s.f.* **1** conjunto de estacas que sustentam uma construção sobre um terreno com características pantanosas ou sobre um lago **2** casa feita sobre essas estacas

pa.lan.fró.rio *s.m.* m.q. palavreado

pa.lan.que *s.m.* **1** plataforma ou estrutura alta em que se sobe para discursar para um público **2** tablado com degraus para espectadores de shows, espetáculos etc. **3** tronco de madeira em que se prendem animais

pa.lan.quim *s.m.* espécie de liteira em que são transportadas pessoas, usada em países orientais

pa.la.tal *adj.2g.* relativo ao palato

pa.la.ti.no *adj.* **1** m.q. palatal **2** relativo ao Palatinado, antiga região da Alemanha

pa.la.to *s.m.* ANAT parte óssea localizada no alto da boca **2** *fig.* céu da boca

pa.la.vra *s.f.* GRAM unidade mínima com som e significado que pode constituir um enunciado; lexema **2** faculdade de expressar concepções através de sons articulados; fala **3** promessa por verbalização, ex.: *ele me deu sua palavra de que viria* **4** doutrina religiosa

pa.la.vra.da *s.f.* **1** dito presunçoso; bravata **2** *pop.* m.q. palavrão

pa.la.vre.a.do *s.m.* conversa com pouca ou nenhuma importância ou com nenhum sentido; conversa infundada; palavrório

pa.la.vre.ar *v.i.* falar de forma leviana, sem moderação; tagarelar

pa.la.vró.rio *s.m.* m.q. palavreado

pa.la.vro.so */ô/ adj.* **1** que tem muitas palavras **2** falador, tagarela

pal.co *s.m.* espécie de tablado destinado à apresentações artísticas

pa.le.á.ceo *adj.* **1** relativo a palha **2** semelhante a palha

pa.le.mo.ní.deo *s.m.* ZOOL espécime dos palemonídeos, família de camarões

pa.le.o.gra.fi.a *s.f.* estudo das antigas formas de escrita

pa.le.o.lí.ti.co *adj. s.m.* GEOL relativo ao período mais antigo da Pré-História

pa.le.o.lo.gi.a *s.f.* o estudo das línguas antigas, também chamadas línguas pré-históricas

pa.le.on.to.lo.gi.a *s.f.* ciência que por meio de fósseis estuda as formas de vida de períodos geológicos passados

pa.le.o.zoi.co */ó/ adj. s.m.* GEOL período geológico em que surgiram as primeiras formas de vida

pa.ler.ma */ê/ adj.2g.* pessoa estúpida, tola

pa.ler.mi.ce *s.f.* característica de palerma; tolice, estupidez

pa.les.ti.no *adj. gent.* natural ou habitante da Palestina

pa.les.tra */é/ s.f.* **1** discussão, conferência **2** ação de manter um diálogo; conversar

pa.les.tra.dor */ô/ adj. s.m.* **1** pessoa que conversa com fluência, com facilidade **2** palestrante

pa.les.trar *v.i.* **1** dar palestra ou conferência **2** dialogar, prosear

pa.le.ta */ê/ s.f.* **1** pequena tábua na qual pintores depositam as tintas que usarão ao longo da execução da pintura **2** *bras.* escápula de animal ou das pessoas

pa.le.tó *s.m.* espécie de casaco que vai até a altura do quadril

pa.lha *s.f.* **1** parte seca de gramíneas utilizadas como alimento para o gado **2** tira seca de junco, vime etc. usada para fazer assentos de cadeiras, cestas etc.

pa.lha.ça.da *s.f.* acontecimento ou ato ridículo ou divertido

pa.lha.ço *s.m.* **1** artista circense que se veste de maneira extravagante e que faz a plateia rir **2** *pejor.* pessoa que age de maneira boba ou ridícula

pa.lhei.rei.ro */ê/ s.m.* **1** indivíduo que vende palha **2** indivíduo que faz assentos de palha para cadeiras, bancos etc.

pa.lhei.ro */ê/ s.m.* **1** local onde se guarda palha **2** moradia coberta de palha; palhoça

pa.lhe.ta */ê/ s.f.* **1** lâmina de tamanho diminuto usada em certos instrumentos de corda ou de sopro **2** chapéu feito de palha com tamanho inferior

pa.lho.ça */ó/ s.f.* cabana rústica; palheiro

pa.li.ar *v.t.* **1** remediar; aliviar temporariamente **2** encobrir, disfarçar

pa.li.a.ti.vo *adj. s.m.* **1** diz-se daquilo que temporariamente serve como solução **2** remédio que ameniza temporariamente uma moléstia

pa.li.ça.da *s.f.* **1** barreira feita com estacas **2** obstáculo feito para defesa militar

pa.li.dez */ê/ s.f.* perda de cor que ocorre na pele; aparência demasiadamente branca

pá.li.do *adj.* de cor fraca, desbotada

pa.limp.ses.to */ê/ s.m.* base para manuscrito do tipo pergaminho que tinha sua superfície raspada para ser reescrita por diversas vezes

pa.lín.dro.mo *adj. s.m.* palavra ou frase que tem o mesmo sentido se lida de trás para frente

pá.lio *s.m.* **1** *desus.* manto amplo, capa **2** RELIG dossel com varas que é usado em cortejos e procissões, levado por sacerdotes para proteger o Santíssimo Sacramento **3** *fig.* grande luxo e suntuosidade; pompa **4** ANAT o córtex cerebral em sua fase de desenvolvimento

pa.li.tar *v.t.* fazer a limpeza dos dentes com um palito

pa.li.tei.ro */ê/ s.m.* **1** recipiente que fica sobre a mesa e que serve para guardar palitos **2** pessoa que produz palitos

pa.li.to *s.m.* **1** pequeno bastão pontiagudo para limpeza dental **2** *fig.* pessoa muito magra

pal.ma *s.f.* **1** BOT folha de palmeira **2** região interna e côncava da mão humana **3** *fig.* triunfo, vitória **4** batida de mãos para chamar a atenção ou indicar aprovação (geralmente usado no plur **al**) ■ **conhecer como a palma da mão** conhecer muito bem

pal.ma.da *s.f.* golpe dado com a palma da mão; tapa, bofetada

pândego

pal.ma.do *adj.* de formato semelhante ao de uma palma

pal.mar *adj.2g.* **1** relativo à palma da mão **2** que tem o comprimento de um palmo **3** *fig.* que está evidente, visível a todos • *s.m.* **4** local onde existem palmeiras; palmeiral **5** ANAT nome de um dos músculos da mão • *v.t.* **6** aplicar tapa, bofetada

pal.má.rio *s.m.* **1** conjunto de palmeiras **2** estufa onde se criam palmeiras

pal.ma.ti.for.me /ó/ *adj.2g.* BOT que tem forma de palma

pal.ma.tó.ria *s.f.* **1** antigo instrumento de madeira utilizado para castigar estudantes **2** *fig.* pessoa moralista ou que age como tal ■ **conhecer palmo a palmo** reconhecer os erros cometidos com o propósito de obter o devido castigo

pal.me.ar *v.t.* **1** aplaudir batendo palmas **2** chamar atenção por meio de palmas **3** *bras.* trilhar, percorrer um caminho a pé

pal.mei.ra /ê/ *s.f.* BOT árvore imponente da família das palmáceas

pal.mei.ral *s.m.* local onde se plantam palmeiras; palmar

pal.me.jar *v.t.* m.q. palmear

pal.mi.lha *s.f.* revestimento interno de calçados que fica em contato com a palma do pé

pal.mi.lhar *v.t.* **1** colocar palmilhas dentro dos sapatos **2** percorrer a pé; caminhar

pal.mí.pe.de *adj.2g.* ZOOL diz-se de ave que possui os dedos dos pés unidos por membranas, como o pato, o marreco, o ganso etc.

pal.mi.tal *s.m.* local onde existem palmitos

pal.mi.to *s.m.* BOT broto extraído do caule de certos tipos de palmeira e utilizado na culinária

pal.mo *s.m.* **1** unidade de comprimento entre a ponta do polegar e a do dedo mínimo com a mão estendida **2** antiga medida de comprimento que equivale a 22 cm ■ **conhecer palmo a palmo** conhecer totalmente um lugar ■ **gente de palmo e meio** crianças ■ **língua de palmo e meio** pessoa linguaruda, mexeriqueira ■ **não enxergar um palmo adiante do nariz** ter pouca inteligência, ser ignorante ■ **palmo a palmo** pouco a pouco, de forma gradativa ■ **sete palmos de terra** o túmulo

pal.par *v.t. v.pron.* m.q. apalpar

pal.pá.vel *adj.2g.* diz-se do que pode ser tocado, apalpado

pál.pe.bra *s.f.* ANAT cada uma das membranas que protegem os olhos

pal.pe.bral *adj.2g.* relativo a pálpebra

pal.pi.ta.ção *s.f.* sensação de batimento cardíaco acelerado; agitação, comoção

pal.pi.tan.te *adj.2g.* **1** diz-se do que apresenta palpitações **2** *fig.* diz-se do que desperta grande interesse **3** *fig.* recente, atual

pal.pi.tar *v.i.* **1** sentir o batimento cardíaco acelerado **2** impressionar-se, comover-se **3** agitar-se **4** dar palpite **5** suspeitar de algo, ter pressentimento

pal.pi.te *s.m.* **1** sugestão, dica **2** intuição, suposição, hipótese, suspeita

pal.pi.tei.ro /ê/ *adj.* pessoa que gosta de dar palpites, geralmente infundados

pal.po *s.m.* ZOOL apêndice segmentado das maxilas dos insetos

pal.ra.dor /ô/ *adj.* falador, tagarela

pal.rar *v.i.* falar muito; tagarelar

pal.ri.ce *s.f.* hábito de palrar; tagarelice

pa.lu.de *s.m.* m.q. pântano

pa.lu.dí.co.la *adj.* BIOL diz-se de organismo que habita charcos

pa.lu.dis.mo *s.m.* MED doença caracterizada por febre e calafrios; malária

pa.lu.do.so /ô/ *adj.* alagadiço, pantanoso, paludífero

pa.lus.tre *adj.2g.* **1** relativo a charco **2** diz-se do que habita pauis

pa.mo.nha /ô/ *s.f.* **1** iguaria brasileira feita de milho ralado e cozida na própria palha do milho, podendo ser doce ou salgada **2** *fig.* diz-se de pessoa lenta e lerda

pam.pa *s.m.* **1** planície de vegetação rasteira típica de regiões da América do Sul **2** cavalo com qualquer parte do corpo de cor diferente da predominante

pâm.pa.no *s.m.* ramo de videira que possui muitas folhas

pam.pi.a.no *adj.* **1** relativo à região dos pampas **2** proveniente dos pampas

pa.na.cei.a /é/ *s.f.* **1** remédio que supostamente cura todas as enfermidades **2** *fig.* medida tomada para a resolução de um problema

pam.pei.ro /ê/ *adj.* **1** natural ou habitante dos pampas; pampiano • *s.m.* **2** vento característico que sopra dos pampas argentinos e que chega ao Rio Grande do Sul

pa.na.do *adj.* CUL diz-se do que foi passado em ovos batidos e farinha e em seguida frito; empanado

pa.na.má *s.f.* **1** ZOOL tipo de borboleta ◯ *s.m.* **2** chapéu de palha masculino com abas e copas flexíveis

pa.na.me.nho *adj. gent.* natural ou habitante da cidade de Panamá (GO)

pan-a.me.ri.ca.nis.mo *s.m.* sistema que procura defender a cooperação e a solidariedade das nações americanas

pan-a.me.ri.ca.nis.ta *adj.2g.* diz-se daquele que defende o pan-americanismo

pan-a.me.ri.ca.no *adj.* referente ao pan-americanismo ou às Américas

pa.na.rí.cio *s.m. pop.* MED m.q. paroníquia

pa.nas.co *s.m.* erva que serve de alimento para o gado; erva de pasto

pan.ça *s.f. pop.* barriga volumosa

pan.ca *s.f.* **1** alavanca de madeira **2** pose, postura artificial

pan.ca.da *s.f.* **1** ação de espancar; batida, bordoada **2** *pop.* grande quantidade • *adj.* **3** *fig.* indivíduo mentalmente desequilibrado; louco ■ **pancada de chuva** chuva forte

pan.ca.da.ri.a *s.f.* **1** grande quantidade de pancadas **2** desordem com agressões a pauladas, com pancadas **3** confusão, briga

pân.creas *s.m.2n.* ANAT glândula secretora de insulina que fica na parte posterior do estômago

pan.cre.á.ti.co *adj.* referente ao pâncreas

pan.cre.a.ti.te *s.f.* MED inflamação do pâncreas

pan.cu.do *adj. pop.* que possui pança; barrigudo

pan.da *s.m.* ZOOL mamífero semelhante a um urso, com densa pelagem branca e preta

pan.da.re.cos /é/ *s.m.pl.* destroços, pedaços, frangalhos

pân.de.ga *s.f.* folia, brincadeira

pân.de.go *adj.* diz-se daquele que é dado a pândegas; brincalhão, engraçado

pandeiro

pan.dei.ro /ê/ *s.m.* instrumento musical de percussão constituído de um aro coberto de couro em um dos lados e com guizos nas laterais

pan.de.mi.a *s.f.* epidemia que se espalha por uma área geográfica muito extensa

pan.de.mô.nio *s.m.* **1** reunião de pessoas com o objetivo de praticar o mal ou criar tumulto **2** *por ext.* confusão, balbúrdia

pan.do *adj.* inchado, inflado

pan.du.lho *s.m.* **1** espécie de peso colocado em rede de pesca para fazê-la afundar **2** *m.q.* bandulho

pa.ne *s.f.* defeito que faz com que um mecanismo pare de funcionar

pa.ne.gí.ri.co *s.m.* discurso de elogio e louvor a alguém

pa.ne.gi.ris.ta *s.2g.* indivíduo que produz um panegírico

pa.nei.ro /ê/ *s.m.* espécie de cesto de vime próprio para acondicionar pães ou outros alimentos

pa.ne.jar *v.t.* **1** pintar ou representar uma veste **2** fazer tremular; agitar

pa.ne.la /é/ *s.f.* utensílio para cozimento de alimentos

pa.ne.la.da *s.f.* **1** quantia considerável de panelas **2** golpe desferido com uma panela **3** grande quantidade de alguma comida

pa.ne.li.nha *s.f.* **1** panela pequena **2** *fig.* grupo pequeno e restrito de pessoas

pan.fle.tá.rio *adj. s.m.* escritor de panfletos; distribuidor de panfletos

pan.fle.tis.ta *s.m.* m.q. panfletário

pan.fle.to /ê/ *s.m.* **1** texto de extensão curta, veemente e de caráter sensacionalista, em que se tecem críticas a alguém, geralmente da classe política **2** folha de papel impresso que auxilia na veiculação da propaganda política dos candidatos que estão concorrendo a determinada eleição **3** folheto impresso distribuído ao público, podendo conter propaganda, divulgação de produtos etc.

pan.ga.ré *s.m.* cavalo que não é de boa qualidade e que vale pouco

pâ.ni.co *s.m.* sensação de medo que as pessoas sentem em determinadas situações; pavor

pa.ni.fi.ca.ção *s.f.* a produção de pães

pa.ni.fi.ca.dor /ô/ *s.m.* quem fabrica pão; padeiro

pa.ni.fi.car *v.t.* transformar farinha em pão

pa.no *s.m.* **1** qualquer espécie de tecido; fazenda **2** pedaço de tecido utilizado na limpeza doméstica **3** MED mancha de cor levemente branca que surge no corpo, principalmente no rosto

pa.no.ra.ma *s.m.* **1** vista completa de uma paisagem observada do topo **2** visão ampla de algo

pan.que.ca /é/ *s.f.* **1** iguaria feita com farinha, leite e ovos e que costuma ser servida com recheio doce ou salgado **2** *fig.* descanso, lazer, vadiação

pan.ta.gru.é.li.co *adj.* abundante em comida

pan.ta.gru.e.lis.mo *s.m.* preocupação excessiva com o comer e o beber

pan.ta.nal *s.m.* **1** pântano de grandes dimensões **2** local onde há muita lama; lodaçal, brejeiro

pân.ta.no *s.m.* terra baixa invadida por mar ou rio; charco, atoladouro, lamaçal

pan.ta.no.so *adj.* **1** coberto de pântano **2** lugar com características de pântano

pan.te.ão *s.m.* **1** HIST antigo templo dedicado a todos os deuses romanos **2** local onde são sepultadas personalidades e pessoas ilustres

pan.te.ís.mo *s.m.* FILOS doutrina filosófica que prega que todas as coisas são emanadas apenas por Deus

pan.te.ra /é/ *s.f.* **1** ZOOL denominação de certos felídeos como a onça, o tigre, o leão etc. que atacam quando sentem fome **2** *fig.* mulher muito sensual

pan.tó.gra.fo *s.m.* instrumento que reproduz de forma mecânica desenhos em maior ou menor escala

pan.to.mi.ma *s.f.* representação teatral apresentada apenas com gestos e mímica

pan.to.mi.mei.ro /ê/ *s.m.* pessoa que faz pantomima; mímico

pan.to.mi.mo *s.m.* m.q. pantomimeiro

pan.tu.fa *s.f.* espécie de chinelo muito macio para esquentar os pés

pão *s.m.* **1** massa feita de trigo e assada ao forno, com alto poder alimentício **2** *fig.* subsistência, sustento **3** *fig.* pessoa muito bonita ■ **pão de ló** espécie de bolo muito saboroso e macio, produzido com trigo bastante fino, ovos e açúcar

pão-du.ro *s.m. bras.* indivíduo extremamente econômico em seus gastos; pessoa mesquinha, avarenta

pa.pa *s.m.* **1** RELIG pontífice com poder supremo na Igreja Católica ○ *s.f.* **2** alimento de consistência pastosa, geralmente feito para crianças; mingau

pa.pá *s.m.* **1** *pop.* papai, na linguagem infantil **2** *pop.* comida, na linguagem infantil

pa.pa-ca.pim *s.m.* ZOOL ave canora brasileira

pa.pa.da *s.f.* acúmulo de tecido adiposo na região do pescoço

pa.pa.do *s.m.* **1** RELIG cargo ocupado pelo papa **2** tempo durante o qual um papa exerce seu cargo

pa.pa-fi.na *adj.2g.* **1** de excelente qualidade; ótimo **2** diz-se de pessoa afetada e presunçosa

pa.pa.gai.ar *v.t. v.i.* tagarelar como papagaio, sem nexo; papaguear

pa.pa.gai.o *s.m.* **1** ZOOL pássaro de plumagem geralmente verde capaz de reproduzir algumas palavras **2** *fig.* pessoa tagarela, que fala sem pensar e apenas repete o que foi dito **3** recipiente típico de hospitais feito para que os pacientes possam urinar **4** brinquedo feito de papel e vareta e que se empina no ar; pipa **5** qualquer letra de câmbio ou de dívida

pa.pa.gue.ar *v.t. v.i.* **1** falar como um papagaio; tagarelar; conversar além da conta **2** repetir coisas sem sentido

pa.pai *s.m.* tratamento dado pelos filhos ao pai

pa.pai.a *s.f.* **1** BOT tipo de mamoeiro **2** fruto do mamoeiro; mamão

pa.pa-jan.ta.res *s.2g.2n.* pessoa que tem o costume de aparecer no momento das refeições para comer

pa.pal *adj.2g.* relativo ao papa

pa.pal.vo *adj.* diz-se de indivíduo simplório, palerma, pateta

pa.pa-mos.cas /ô/ *s.m.2n.* **1** ZOOL espécie de aranha que se alimenta de moscas e pequenos insetos ○ *s.2g.2n.* **2** *fig.* pessoa muito tola; basbaque

pa.pão *s.m.* monstro imaginário usado para amedrontar as crianças; bicho-papão

pa.par *v.t.* comer, alimentar-se, na linguagem usada pelas crianças

pa.pa.ri.car *v.t.* **1** comer pouco; debicar **2** tratar com paparicos; ter muito zelo

paraguaio

pa.pá.vel *adj.2g.* **1** passível de ser eleito ao papado **2** passível de ser indicado para determinado cargo, função etc.

pa.pe.ar *v.i.* prosear, falar; trocar ideias, conversar

pa.pei.ra /ê/ *s.f. pop.* MED aumento no volume da glândula tireoide; tireomegalia

pa.pel /é/ *s.m.* **1** material proveniente da celulose de muitas ervas, utilizado como base para se escrever, desenhar, imprimir etc. **2** personagem representado por um ator ou por uma atriz **3** função, obrigação

pa.pe.la.da *s.f.* **1** porção grande de papéis **2** conjunto de documentos de cunho burocrático

pa.pe.lão *s.m.* **1** tipo de papel muito rígido e resistente **2** *fig.* comportamento ridículo e inadequado; fiasco, gafe

pa.pe.la.ri.a *s.f.* estabelecimento comercial onde são vendidos papéis e outros artigos escolares e para escritório

pa.pe.lei.ra /ê/ *s.f.* móvel onde são postos papéis, similar a uma escrivaninha

pa.pe.lei.ro /ê/ *s.m.* proprietário de papelaria

pa.pe.le.ta /ê/ *s.f.* **1** papéis de tamanho diminuto que possuem número e preço; etiqueta **2** aviso ou cartaz que é afixado em algum lugar para que as pessoas leiam

pa.pel-mo.e.da /é..é/ *s.m.* papel impresso utilizado como dinheiro em transações comerciais; nota, cédula

pa.pe.ló.rio *s.m.* porção grande de papéis

pa.pe.lo.te /ó/ *s.m.* pedaço de papel utilizado para anelar cabelos

pa.pe.lu.cho *s.m.* pedaço de papel sem importância

pa.pi.la *s.f.* **1** ANAT pequena saliência existente na superfície de certos tecidos **2** BOT excrescência de células vegetais epidérmicas, presente nas pétalas de várias flores

pa.pi.rá.ceo *adj.* **1** que se assemelha ao papiro **2** BOT diz-se de planta que se parece com o papel

pa.pi.ro *s.m.* **1** BOT planta de origem egípcia utilizada, na Antiguidade, para a produção de papel **2** *por ext.* o papel feito com essa planta

pa.pi.sa *s.f.* mulher que, segundo uma lenda, teria assumido as funções de papa

pa.pis.ta *adj.2g.* **1** diz-se de quem é partidário da supremacia do papa **2** diz-se do católico, na expressão dos protestantes

pa.po *s.m.* **1** m.q. papeira; tireomegalia **2** ZOOL bolsa nas aves, localizada no esôfago, na qual são armazenados os alimentos até que sejam digeridos **3** diálogo, prosa, bate-papo

pa.pou.la /ô/ *s.f.* BOT planta que possui belas flores e da qual é extraído o ópio; anfião

pa.pu.do *adj.* **1** provido de grande papo **2** *pop.* diz-se de pessoa que tem boa conversa **3** *pop.* característica de pessoa fanfarrona

pa.quei.ro /ê/ *adj.* diz-se de cão adestrado para caçar pacas

pa.que.te /ê/ *s.m. desus.* embarcação veloz para o transporte de correspondências e ordens

pa.qui.der.me /é/ *s.m.* ZOOL espécie dos paquidermes, mamíferos de grande porte que possuem pele espessa e grossa, como o hipopótamo e o elefante

pa.quir.ri.no *adj.* diz-se de indivíduo que tem nariz largo

par *s.m.* **1** conjunto de dois objetos ou dois seres vivos; casal **2** parceiro de dança **3** pessoa igual a outra em condição social, profissional etc. **4** senador do reino em alguns países **5** MAT número divisível por dois • *adj.2g.* **6** igual, semelhante no tamanho, na forma ■ **a par** ao lado, junto de ■ **de par com** junto com ■ **de par em par** escancaradamente ■ **estar a par** estar bem informado ■ **sem par** único, singular

pa.ra *prep.* indica finalidade, direção, intenção, combate etc.

pa.ra.bó.li.co *adj.* **1** relativo à parábola **2** em forma de parábola

pa.ra.be.ni.zar *v.t. bras.* dar parabéns a alguém; felicitar

pa.ra.béns *s.m.pl.* felicitações, congratulações

pa.rá.bo.la *s.f.* **1** narrativa com ensinamento moral ou religioso **2** GEOM curva plana cujos pontos são equidistantes de um ponto ou de uma reta

pa.ra.bri.sa *s.m.* anteparo frontal de veículos feito de vidro, que protege o motorista contra vento, poeira etc.

pa.ra.da *s.f.* **1** ação ou efeito de parar **2** pausa de movimento **3** lugar em que param veículos de transporte público **4** local no quartel reservado ao exercício dos militares **5** formação e desfile de tropas **6** mão ou lance em um jogo de cartas

pa.ra.dei.ro /ê/ *s.m.* local em que algo ou alguém está

pa.ra.dig.ma *s.m.* **1** padrão, modelo **2** GRAM conjunto de formas vocabulares que servem de modelo para um sistema de flexão ou de derivação

pa.ra.di.sí.a.co *adj.* referente a paraíso; divino

pa.ra.do *adj.* **1** imóvel, inerte; quieto **2** sem vida, sem ânimo

pa.ra.doi.ro /ô/ *s.m.* m.q. paradouro

pa.ra.dor /ô/ *adj.* **1** que faz parar **2** cavaleiro que não cai quando o cavalo dá pinotes

pa.ra.dou.ro /ô/ *s.m.* **1** local onde algo ou alguém está; paradeiro **2** lugar de embarque e desembarque de meios de transporte

pa.ra.do.xal /ks/ *adj.2g.* que apresenta paradoxo

pa.ra.do.xo /óks/ *s.m.* **1** opinião contraditória em relação à opinião comum **2** FILOS raciocínio aparentemente lógico, mas que apresenta uma contradição

pa.ra.en.se *adj. gent.* natural ou habitante do Estado do Pará

pa.ra.es.ta.tal *adj.2g. diz-se de* instituição criada pelo governo, mas que se rege por administração própria

pa.ra.fi.mo.se /ó/ *s.f.* MED estrangulamento da base da glande do pênis pela abertura muito estreita do prepúcio

pa.ra.fi.na *s.f.* QUÍM mistura com consistência sólida e branca usada na fabricação de velas e materiais que impermeabilizam superfícies

pa.ra.fi.nar *v.t.* **1** converter em parafina; preparar mistura com parafina **2** revestir com parafina

pa.rá.fra.se *s.f.* reinterpretação de uma fala, de um texto, de uma música etc.

pa.ra.fra.se.ar *v.t.* explicar por meio de paráfrase

pa.ra.fu.sar *v.t.* **1** apertar, fixar algo com parafuso **2** *fig.* cismar com alguma ideia; matutar

pa.ra.fu.so *s.m.* cilindro sulcado em hélice que se fixa em algo por meio de movimentos giratórios

pa.ra.guai.o *adj. gent.* natural ou habitante do Paraguai

paragem

pa.ra.gem *s.f.* **1** m.q. parada **2** lugar onde se encontra algo

pa.rá.gra.fo *s.m.* **1** divisão textual indicada por mudança de linha e letra inicial maiúscula **2** JUR sinal usado em documentos jurídicos e legislativos para indicar essa divisão textual

pa.ra.i.ba.no *adj. gent.* natural ou habitante do Estado da Paraíba

pa.ra.í.so *s.m.* **1** RELIG jardim onde habitavam Adão e Eva; Éden **2** RELIG lugar para onde se acredita que irão as pessoas boas após a morte **3** lugar belo e agradável

pa.ra.la.xe /ks/ *s.f.* **1** aparente deslocamento de um objeto, quando se muda o ponto de observação **2** ASTRON aparente deslocamento angular de um corpo celeste

pa.ra.le.la /é/ *s.f.* cada uma de duas ou mais retas coplanares que não se cortam ■ **paralelas** aparelho de ginástica olímpica que consiste em duas barras cilíndricas paralelas e da mesma altura

pa.ra.le.le.pí.pe.do *s.m.* **1** GEOM prisma de seis lados cujas faces são paralelogramos **2** bloco de pedra ou cimento com essa forma geométrica, usado no calçamento das ruas

pa.ra.le.lis.mo *s.m.* **1** característica do que é paralelo **2** *fig.* semelhança entre duas ideias ou opiniões **3** GRAM sequência de frases com mesma estrutura gramatical

pa.ra.le.lo /é/ *adj.* **1** diz-se de superfícies ou linhas equidistantes por toda a sua extensão • *s.m.* **2** GEOG cada um dos círculos imaginários da superfície terrestre formados pela interseção de um plano paralelo ao plano do equador

pa.ra.li.sa.ção *s.f.* suspensão do movimento; parada

pa.ra.li.sar *v.t.* suspender o movimento; tornar inerte

pa.ra.li.si.a *s.f.* perda da mobilidade em certas partes do corpo, em função de danos neurológicos

pa.ra.lí.ti.co *adj. s.m.* indivíduo que é afetado por paralisia

pa.ra.ló.gi.co *adj.* relativo à paralogia

pa.ra.lo.gis.mo *s.m.* raciocínio falso estabelecido de maneira involuntária

pa.ra.mé.di.co *adj. s.m.* profissional da saúde que atua em certas áreas auxiliares da medicina, sem ser médico

pa.ra.men.tar *v.t.* cobrir, ornar com paramentos

pa.ra.men.to *s.m.* **1** enfeite, adorno **2** roupa utilizada em cerimônias, geralmente de cunho religioso

pa.râ.me.tro *s.m.* **1** MAT variável em função da qual se expressam as coordenadas de uma curva ou superfície **2** aquilo que serve como modelo; norma, padrão

pa.ra.mi.li.tar *adj.2g.* diz-se de organização particular de cidadãos armados e fardados que não faz parte do Exército

pá.ra.mo *s.m.* **1** planalto deserto **2** *fig.* céu, firmamento,

pa.ra.na.en.se *adj. gent.* natural ou habitante do Estado do Paraná

pa.ra.nin.far *v.t.* servir de paraninfo em um evento social

pa.ra.nin.fo *s.m.* **1** padrinho ou madrinha **2** pessoa que é homenageada por um grupo de alunos, em formaturas e eventos semelhantes, e que geralmente profere discurso como forma de agradecimento

pa.ra.noi.a /ó/ *s.f.* MED distúrbio mental caracterizado por delírios de relação, de perseguição etc.

pa.ra.nor.mal *adj.2g.* diz-se de fenômeno não explicado por leis naturais

pa.ra.pei.to /ê/ *s.m.* bordo na parte inferior de uma janela para servir de apoio; peitoril

pa.ra.ple.gi.a *s.f.* MED paralisia das pernas e da parte inferior do corpo

pa.ra.psi.co.lo.gi.a *s.f.* área da psicologia que estuda os fenômenos paranormais

pa.ra.que.das *s.m.2n.* aparelho que diminui a velocidade e amortece a queda de pessoas e cargas lançadas de um avião a uma grande altura

pa.ra.que.dis.mo *s.m.* **1** uso sistemático do paraquedas **2** ESPORT esporte radical em que se salta de paraquedas de um avião

pa.ra.que.dis.ta *adj.2g. s.2g.* **1** ESPORT praticante de paraquedismo **2** *fig.* indivíduo que entra no exercício de um cargo sem porém ter o conhecimento necessário

pa.rar *v.t.* cessar o movimento; não ter seguimento; não ir além

pa.ra-rai.os *s.m.2n.* **1** condutor metálico, com ponta de cobre ou de platina, colocado em edificações para atrair descargas elétricas, como raios **2** *fig.* indivíduo que protege algumas pessoas e é criticado por outras

pa.ra.si.ta *s.m.* **1** BIOL organismo que vive em outro organismo e dele obtém alimento **2** *pejor.* indivíduo que vive às expensas de outro

pa.ra.si.tar *v.i.* explorar o outro, como um parasita

pa.ra.si.tá.rio *adj.* **1** relativo a parasita **2** que possui características de parasita

pa.ra.si.tis.mo *s.m.* **1** BIOL associação entre organismos de espécies diferentes em que um deles se nutre do outro **2** MED moléstia causada por parasitas **3** *fig. pejor.* comportamento de parasita

pa.ra.si.to *s.m.* m.q. parasita

pa.ra.si.to.lo.gi.a *s.f.* BIOL estudo científico dos parasitas

pa.ra-sol /ó/ *s.m.* m.q. guarda-sol

pa.ra.ti *s.m. pop.* aguardente de cana; cachaça

pa.ra.ti.foi.de /ó/ *adj.2g.* MED diz-se de enfermidade com as mesmas características da febre tifoide

pa.ra-ven.to *s.m.* m.q. guarda-vento

par.ca *s.f.* **1** MIT na mitologia grega, cada uma das três deusas que teciam, dobravam e cortavam o fio da vida humana **2** vestimenta semelhante a um casaco com capuz

par.cei.ro /ê/ *adj.* **1** aquele que é igual, semelhante, companheiro **2** pessoa com quem se compartilham lucros; sócio

par.cel /é/ *s.m.* baixio, recife, escolho

par.ce.la /é/ *s.f.* **1** parte integrante de um todo **2** cada um dos valores de uma soma total

par.ce.la.do *adj.* **1** dividido em parcelas **2** diz-se de mar repleto de parcéis

par.ce.la.men.to *s.m.* **1** divisão em parcelas **2** divisão de uma dívida em pagamentos menores e mensais

par.ce.lar *v.t.* dividir um valor total em pequenos pagamentos mensais

par.ce.ri.a *s.f.* reunião de pessoas para formar uma sociedade ou para alcançar um objetivo comum

par.ci.al *adj.2g.* **1** que não é total; incompleto **2** que é favorável a uma das partes em questões judiciais, esportivas etc.

par.ci.a.li.da.de *s.f.* qualidade do que é parcial; parcialismo

par.ci.mô.nia *s.f.* ato ou costume de economizar; de poupar

par.ci.mo.ni.o.so /ô/ *adj.* m.q. parco

par.co *adj.* 1 poupado, economizado, regrado, guardado 2 escasso, minguado

par.da.cen.to *adj.* de tonalidade parda

par.dal *s.m.* ZOOL pássaro pequeno de tonalidade parda muito comum no Brasil

par.da.vas.co *adj.* diz-se do indivíduo de cor parda; amulatado

par.di.ei.ro /ê/ *s.m.* construção velha que se encontra em ruínas

par.do *adj.* 1 cor entre o branco e o preto ou entre o amarelo e o marrom 2 diz-se de indivíduo dessa cor; mestiço, mulato, moreno

par.do.ca /ó/ *s.f.* ZOOL fêmea de pardal

pa.re.cen.ça *s.f.* similitude, semelhança, analogia

pa.re.cer /ê/ *v.t.* 1 ter aparência semelhante 2 ser provável • *s.m.* 3 opinião sobre algo 4 opinião de um especialista quando consultado

pa.re.ci.do *adj.* com aparência muito semelhante

pa.re.dão *s.m.* 1 parede grande 2 muro alto e espesso; muralha

pa.re.de /ê/ *s.f.* 1 construção de alvenaria para separação de um prédio de seu exterior ou para divisão interna 2 o que delimita um espaço 3 *lus.* greve

pa.re.dis.ta *adj.2g.* m.q. grevista

pa.re.dro /ê/ *s.m.* 1 mentor, conselheiro 2 ESPORT dirigente de clube de futebol

pa.re.lha /ê/ *s.f.* par de coisas ou de seres

pa.re.lhei.ro /ê/ *s.m.* cavalo de corrida

pa.re.lho /ê/ *adj.* 1 igual, uniforme 2 muito parecido • *s.m.* 3 roupa masculina composta por calça e paletó

pa.ré.lio *s.m.* ASTRON fenômeno luminoso produzido pela reflexão e refração da luz que parece multiplicar a imagem do Sol; para-hélio

pa.rên.qui.ma *s.m.* 1 ANAT célula específica de uma glândula ou de um órgão 2 BOT tecido fundamental das plantas que corresponde à maior parte da matéria vegetal

pa.ren.te *s.2g.* pessoa que pertence à mesma família, por laços consanguíneos ou por casamento

pa.ren.te.la /é/ *s.f.* o conjunto dos parentes

pa.ren.tes.co /ê/ *s.m.* 1 característica do que possui laços consanguíneos 2 traços comuns; semelhança

pa.rên.te.se *s.m.* 1 GRAM cada um dos sinais de pontuação que têm o objetivo de delimitar uma frase intercalada em um texto para acrescentar informação adicional 2 digressão

pá.reo *s.m.* 1 corrida a cavalo ou a pé 2 o prêmio dessa corrida 3 *fig.* qualquer disputa ou competição

pa.res.te.si.a *s.f.* MED distúrbio que causa dormência, formigamento etc., em função de problemas com a sensibilidade da pele

pá.ria *s.2g.* 1 indivíduo que não pertence a nenhuma casta indiana e que vive como um excomungado 2 *fig.* indivíduo excluído da sociedade

pa.ri.da.de *s.f.* qualidade de igualdade de condições

pa.ri.dei.ra /ê/ *adj.* ZOOL fêmea que dá cria várias vezes ou que se mostra qualificada para reprodução

pa.ri.e.tal *adj.2g.* 1 relativo a parede 2 ANAT diz-se de cada um dos ossos localizados na parte superior e lateral do crânio

pa.rir *v.t.* 1 produzir, gerar 2 dar à luz um filho

pa.ri.si.en.se *adj. gent.* natural ou habitante de Paris

par.la.men.tar *adj.2g.* 1 referente ao parlamento, próprio do parlamento • *s.2g.* 2 indivíduo membro de um parlamento • *v.t.* 3 negociar em busca de um acordo

par.la.men.ta.ris.mo *s.m.* sistema político democrático no qual o parlamento elege o presidente do Estado e dirige o país

par.la.men.ta.ris.ta *s.2g.* partidário do parlamentarismo

par.la.men.to *s.m.* 1 o conjunto das assembleias do poder legislativo de um país 2 edifício onde agem essas assembleias

par.la.pa.tão *adj.* mentiroso, fanfarrão

par.lar *v.t.* falar exageradamente; parolar

par.la.tó.rio *s.m.* m.q. locutório

par.me.são *s.m.* tipo de queijo de sabor e cheiro fortes originário da cidade italiana de Parma

par.na.si.a.nis.mo *s.m.* LITER escola literária de origem francesa, caracterizada pela objetividade e perfeição formal

par.na.si.a.no *s.m.* LITER adepto do parnasianismo

pa.ro.a.ra *s.2g.* nordestino que busca trabalho em seringais do norte do Brasil

pá.ro.co *s.m.* RELIG padre encarregado de uma paróquia; vigário

pa.ró.dia *s.f.* imitação crítica ou engraçada de uma obra

pa.ro.di.a.dor /ô/ *adj. s.m.* 1 aquele que faz paródias, imitações 2 *fig.* humorista, zombador

pa.ro.di.ar *v.t.* fazer paródia de algo; imitar, remedar

pa.ro.dis.ta *s.2g.* autor de paródias

pa.ro.la.gem *s.f.* ato de parolar, tagarelar

pa.ro.lar *v.i.* falar muito; parolear

pa.ro.ní.mia *s.f.* GRAM semelhança etimológica ou sonora entre palavras, ex.: *discriminar, discriminar; dirigir, digerir*

pa.ro.ni.mo *adj. s.m.* GRAM nome dado a palavras semelhantes na grafia ou no som, mas que possuem significados diferentes

pa.ro.ní.quia *s.f.* 1 MED inflamação na raiz da unha; panariz, panarício 2 BOT planta assim conhecida porque havia a crença de que suas folhas tinham o poder de curar panarício

pa.ró.quia *s.f.* território de uma diocese sob a jurisdição de um sacerdote

pa.ro.qui.al *adj.2g.* relativo a paróquia

pa.ro.qui.a.no *adj. s.m.* cristão que compõe a comunidade de uma paróquia

pa.ró.ti.da *s.f.* ANAT glândula secretora de saliva localizada sob a orelha

pa.ro.ti.di.te *s.f.* MED inflamação da parótida; caxumba

par.que *s.m.* lugar relativamente grande e arborizado para lazer público; bosque

par.ra *s.f.* BOT folha ou ramo de videira

par.rei.ra /ê/ *s.f.* 1 grande quantidade de uvas 2 a videira com toda a sua ramagem

par.rei.ral *s.m.* lugar onde há muitas parreiras

par.ri.ci.da *adj.2g.* diz-se de quem assassina o pai ou a mãe

par.ri.cí.dio *s.m.* crime de assassinato contra os pais

parte

par.te *s.f.* **1** elemento que compõe um todo; parcela **2** JUR nome dado a cada um dos indivíduos que possuem um contrato ou estão em uma ação judicial **3** cada personagem dado aos atores **4** atribuição, papel, função ■ **à parte** isoladamente ■ **dar parte** mostrar, revelar ■ **ter parte com** estar de combinação ■ **ter parte em** participar de ■ **tomar parte em** ter atuação

par.tei.ra /ê/ *s.f.* mulher que não é médica, mas realiza partos; madama, obstetriz

par.tei.ro /ê/ *s.m.* médico que assiste o parto ou que é especialista em obstetrícia

par.te.jar *v.i.* prestar assistência a parturientes

par.te.no.gê.ne.se *s.f.* ZOOL desenvolvimento de um ser vivo a partir de um óvulo não fecundado

par.ti.ção *s.f.* ato ou efeito de partir algo que estava inteiro

par.ti.ci.pa.ção *s.f.* **1** ação ou efeito de participar; cooperação, colaboração **2** ação de tomar a parte devida na divisão de um total

par.ti.ci.pan.te *adj.2g.* **1** diz-se do que participa **2** diz-se de quem tem participação ativa, especialmente política

par.ti.ci.par *v.t.* **1** tomar parte em algo **2** ser participante de algum grupo **3** anunciar, informar, comunicar

par.ti.cí.pio *s.m.* GRAM uma das formas nominais do verbo, podendo assumir papel de substantivo, adjetivo ou verbo

par.tí.cu.la *s.f.* **1** parte demasiadamente pequena **2** RELIG hóstia pequena **3** GRAM palavra invariável que tem função gramatical

par.ti.cu.lar *adj.2g.* **1** que é de determinada pessoa ou coisa **2** que não é público; privativo **3** diz-se do que é característico, próprio de determinada pessoa, animal ou coisa ■ *s.m.* **4** conversa pessoal e reservada

par.ti.cu.la.ri.da.de *s.f.* **1** qualidade do que é particular **2** característica própria; individualidade, peculiaridade

par.ti.cu.la.ri.zar *v.t.* **1** relatar algo de maneira minuciosa **2** tornar particular; singularizar

par.ti.da *s.f.* **1** ação ou resultado de partir, sair **2** quantidade de mercadorias destinadas ao comércio; remessa **3** prélio esportivo **4** tipo de reunião social; sarau

par.ti.dá.rio *adj. s.m.* integrante ou simpatizante de um partido; prosélito, sectário, adepto

par.ti.da.ris.mo *s.m.* fanatismo partidário; facciosismo, proselitismo

par.ti.do *adj.* **1** dividido em partes, fragmentado • *s.m.* **2** organização com fins políticos ou religiosos **3** pessoa de excelentes condições sociais e/ou econômicas e considerada boa para se casar

par.ti.lha *s.f.* **1** JUR divisão de um patrimônio entre os herdeiros **2** cada uma das partes dessa divisão **3** divisão de lucros entre sócios

par.ti.lhar *v.t.* **1** dividir um total em partes **2** dividir entre herdeiros o que foi deixado por testamento **3** compartir, compartilhar

par.tir *v.t.* **1** reduzir alguma coisa a pedaços ◯ *v.i.* **2** ir embora, não permanecer no mesmo lugar

par.ti.ti.vo *adj.* **1** diz-se daquilo que reparte • *s.m.* **2** GRAM palavra que designa uma parte de um todo

par.ti.tu.ra *s.f.* MÚS disposição gráfica para leitura de uma composição musical

par.to *s.m.* **1** ação ou efeito de dar à luz uma criança **2** *fig.* tarefa difícil que demanda muito esforço

par.tu.ri.en.te *adj.2g. s.f.* mulher em trabalho de parto

par.vo *adj.* que denota parvoíce; limitado, tolo

par.vo.í.ce *s.f.* parvalhice, tolice, parvoiçada

pas.cal *adj.2g.* relativo à Páscoa

Pás.coa *s.f.* **1** RELIG festa cristã que celebra a ressurreição de Cristo **2** RELIG festa judaica que celebra a saída dos hebreus do Egito

pas.co.al *adj.2g.* m.q. pascal

pas.ma.cei.ra *s.f.* **1** estado de quem está pasmo e que apresenta admiração de forma tola **2** indolência, apatia

pas.ma.cei.ro /ê/ *s.m.* m.q. pasmaceira

pas.ma.do *adj.* surpreendido, admirado, extasiado, espantado

pas.mar *v.i.* ficar estupefato, boquiaberto, assombrado; causar admiração

pas.mo *s.m.* **1** sentimento de assombro, espanto, admiração **2** perda dos sentidos; desmaio

pas.mo.so /ô/ *adj.* que provoca pasmo, admiração

pas.pa.lhão *s.m.* tolo, paspalho

pas.pa.lhi.ce *s.f.* ato próprio de paspalho; tolice

pas.pa.lho *adj.* pessoa inútil, paspalhona, tola

pas.quim *s.m.* **1** sátira com característica injuriosa **2** jornal de má qualidade e cujas publicações são ofensivas

pas.sa *s.f.* uva desidratada, seca; uva-passa

pas.sa.da *s.f.* **1** movimento dos pés para andar de forma mais rápida; caminhada **2** *pop.* visita rápida

pas.sa.dei.ra /ê/ *s.f.* **1** série de pedras que formam um caminho de uma margem à outra de um rio, tornando possível atravessá-lo a pé **2** espécie de anel por onde passa gravata, fita ou cordão **3** peça de tapete colocada no chão para que as pessoas limpem os pés e não sujem o ambiente **4** máquina utilizada para passar roupa **5** profissional que passa roupas a ferro

pas.sa.di.ço *s.m.* **1** corredor externo que liga dois edifícios **2** passagem ou galeria de comunicação

pas.sa.di.o *s.m.* alimentação do dia a dia

pas.sa.dis.mo *s.m.* devoção ao passado; saudosismo

pas.sa.dis.ta *adj.2g.* diz-se daquele que venera o passado; saudosista

pas.sa.do *adj.* **1** diz-se do que já passou, que não pertence ao momento presente **2** diz-se do que foi alisado com ferro ou máquina de passar **3** atordoado, surpreendido, estonteado, espantado, aturdido • *s.m.* **4** o tempo decorrido; pretérito

pas.sa.dor /ô/ *s.m.* **1** alça por onde passa o cinto, a correia **2** indivíduo que repassa cédulas falsas

pas.sa.gei.ro /ê/ *adj.* **1** diz-se do que é transitório, efêmero • *s.m.* **2** pessoa transportada em um veículo; viajante

pas.sa.gem *s.f.* **1** ação ou resultado de passar **2** lugar por onde se passa **3** bilhete comprado para viajar **4** trecho de obra literária

pas.sa.ma.na.ri.a *s.f.* trabalho feito com passamanes

pas.sa.ma.ne *s.m.* enfeite de fita, franja, borla etc. bordado ou forrado de prata, ouro ou seda

pas.sa.ma.nei.ro /ê/ *s.m.* indivíduo que fabrica ou vende passamanes

pas.sa.men.to *s.m.* ação ou efeito de falecer, passar; morte

pas.san.te *adj.2g.* **1** diz-se daquilo que está em demasia, que excede **2** diz-se de indivíduo que passa; transeunte

pas.sa.por.te /ó/ *s.m.* **1** documento de caráter oficial que permite que o portador realize viagens ao exterior **2** permissão, salvo-conduto para a realização de algo

pas.sar *v.t.* **1** percorrer o espaço de uma margem a outra; atravessar **2** ir além de; furar, ultrapassar **3** suportar, sofrer, padecer **4** perder tempo **5** transmitir, transferir, mandar, transitar, enviar **6** *fig.* morrer, falecer, ex.: *Pedro passou desta vida para a outra*

pas.sa.ra.da *s.f.* grande quantidade de pássaros

pas.sa.re.la /é/ *s.f.* **1** ponte para pedestres localizada em ruas ou estradas **2** espécie de estrado longo onde ocorrem desfiles de moda

pas.sa.ri.nhar *v.i.* **1** caçar pássaros **2** andar sem rumo certo; vagabundear **3** assustar-se (cavalo)

pas.sa.ri.nhei.ro /ê/ *adj.* **1** diz-se de indivíduo que caça ou cria passarinhos **2** diz-se de cavalo propenso a passarinhar

pas.sa.ri.nho *s.m.* **1** pássaro pequenino **2** *pop.* o órgão genital masculino ■ **água que passarinho não bebe** bebida alcoólica ■ **morrer como um passarinho** morrer de modo sereno ■ **ver passarinho verde** ficar demasiado feliz com algo

pás.sa.ro ZOOL ave da ordem dos passeriformes ■ **mais vale um pássaro na mão do que dois voando** antes algo pouco e certo do que algo vultoso e incerto ■ **ter o pássaro na mão e deixá-lo fugir** perder o que já se tinha

pas.sa.tem.po *s.m.* **1** entretenimento leve e agradável, para diversão **2** recreação, atividade que diverte

pas.sá.vel *adj.2g.* diz-se daquilo que não tem grandes qualidades, mas não é totalmente ruim

pas.se *s.m.* **1** autorização, permissão para algo **2** bilhete para transporte coletivo **3** ESPORT ação de um jogador passar a bola a outro **4** ESPORT movimento de esgrima **5** RELIG espécie de ritual religioso em que por meio de movimentos das mãos energiza-se uma pessoa, visando seu bem-estar geral

pas.se.a.dor /ô/ *adj.* diz-se daquele que gosta de passeios, de viagens

pas.se.ar *v.i.* ir a algum lugar como forma de diversão

pas.se.a.ta *s.f.* **1** pequeno passeio de tropas; desfile **2** marcha para a reivindicação de algo; manifestação

pas.sei.o *s.m.* **1** percurso caminhado com o intuito de espairecer, para divertimento **2** calçamento lateral de ruas para o trânsito de pedestres

pas.si.flo.ra /ô/ *s.f.* BOT designação comum às plantas da família das passifloráceas, cultivadas especialmente pelos frutos comestíveis

pas.sio.nal *adj.2g.* **1** relativo a paixão **2** que é motivado por paixão • *s.m.* **3** RELIG livro que narra a Paixão de Cristo

pas.si.var *v.t.* dar forma passiva a frase ou verbo; apassivar

pas.sí.vel *adj.2g.* suscetível a um sofrimento ou a certas ações de penalidade

pas.si.vi.da.de *s.f.* qualidade do que é passivo

pas.si.vo *adj.* **1** diz-se de pessoa ou coisa que recebe uma ação **2** diz-se daquele que, ao cometer alguma falta, fica suscetível a penalidades ou castigos • *s.m.* **3** o conjunto de obrigações ou dívidas de uma empresa

pas.so *adj.* **1** fruto seco, passado • *s.m.* **2** movimento dos pés ao andar **3** a medida compreendida entre um pé e outro durante esse movimento **4** unidade de medida de comprimento linear ■ **passo a passo** vagarosamente, lentamente

pas.ta *s.f.* **1** porção de matéria sólida misturada a líquido, resultando em uma substância caracterizada pela plasticidade **2** bolsa de papel ou outro material para guardar papéis, documentos etc. **3** *fig.* posto de ministro de Estado

pas.ta.gem *s.f.* erva que serve de alimento ao gado; pasto

pas.tar *v.i.* alimentar-se de pastagem (animal)

pas.tel /é/ *s.m.* **1** ARTE técnica de pintura realizada a seco **2** lápis utilizado nessa técnica **3** CUL massa frita de farinha de trigo com recheio doce ou salgado **4** erro de composição tipográfica em que são trocadas as letras de uma palavra ou as linhas de um texto

pas.te.lão *s.m.* CUL pastel grande e salgado assado em forno; empadão

pas.te.la.ri.a *s.f.* estabelecimento comercial onde são vendidos pastéis

pas.te.lei.ro /ê/ *s.m.* indivíduo que prepara ou vende pastéis

pas.teu.ri.a.no *adj.* relativo ao químico e biólogo francês Louis Pasteur ou a suas ideias e descobertas

pas.teu.ri.za.dor /ô/ *s.m.* aparelho usado para realizar o processo de pasteurização

pas.teu.ri.zar *v.t.* eliminar germes de laticínios, vinho, cerveja etc. pelo aquecimento a alta temperatura com posterior resfriamento brusco

pas.ti.che *s.m.* **1** cópia grosseira de um trabalho literário **2** MÚS tipo de composição musical composta de fragmentos de outras; pasticho

pas.ti.cho *s.m.* m.q. pastiche

pas.ti.lha *s.f.* **1** pasta de tamanho relativamente pequeno **2** pequeno confeito de açúcar semelhante a uma bala **3** ladrilho pequeno com diversos formatos feito para forrar paredes e pisos de residências **4** peça do mecanismo de freio de automóveis

pas.ti.o *s.m.* lugar em que há pastagem ou pasto

pas.to *s.m.* **1** lugar em que há pastagem que serve de alimento para animais **2** alimento para certos tipos de animais

pas.tor /ô/ *s.m.* **1** pessoa que cuida de um rebanho **2** *por ext.* sacerdote protestante

pas.to.ra /ô/ *s.f.* **1** feminino de pastor **2** *bras.* cada uma das figurantes dos pastoris; pastorinha

pas.to.ral *adj.2g.* **1** referente a pastor, em relação ao espiritual • *s.f.* **2** RELIG circular emitida pelo pontífice ou por presbítero aos fiéis **3** LITER composição poética cujo tema é a vida dos camponeses e pastores **4** MÚS composição instrumental ou vocal produzida com instrumentos de caráter rústico e com tema bucólico

pas.to.rar *v.t.* m.q. pastorear

pas.to.re.ar *v.t.* **1** cuidar de um rebanho **2** cuidar de determinada paróquia

pas.to.rei.o /ê/ *s.m.* profissão, ofício de pastor

pas.to.ril *adj.2g.* **1** relativo a ou próprio de pastor/pastoreio • *s.m.* **2** representação dramática de auto natalino

pas.to.so /ô/ *adj.* que tem a consistência de pasta; pegajoso, viscoso

pa.ta *s.f.* **1** pé de animais **2** fêmea do pato

pataca

pa.ta.ca *s.f.* 1 *desus.* moeda antiga 2 *fig.* coisa de pouco valor

pa.ta.da *s.f.* 1 pancada desferida com a pata 2 *fig.* falta de cortesia; grosseria, rudeza

pa.tá.gio *s.m.* 1 ZOOL membrana que forma as asas do morcego 2 *desus.* fita com que as mulheres romanas guarneciam os vestidos

pa.ta.mar *s.m.* 1 tipo de embarcação usada para se navegar no litoral indiano 2 espaço maior entre dois lances de escada

pa.ta.ti.va *s.f.* 1 ZOOL ave canora brasileira de penas cinzentas 2 *fig.* pessoa que fala excessivamente

pa.tau *s.m.* indivíduo simplório, ignorante, tolo

pa.ta.vi.na *s.f.* coisa nenhuma; nada

pat.chu.li *s.m.* 1 BOT planta nativa da Índia, muito utilizada na indústria de perfumes 2 perfume cuja essência é extraída dessa planta

pa.te *s.m.* posição do jogo de xadrez que indica empate

pa.tê *s.m.* pasta temperada a gosto, feita geralmente com carne ou algum tipo de vegetal, e que se come com torradas, bolachas etc.

pa.te.ar *v.i.* bater os pés como forma de reprovação

pa.te.la /é/ *s.f.* 1 panela rasa; frigideira 2 ANAT osso situado à frente da articulação do joelho 3 ZOOL tipo de molusco heterobrânquio que é univalve

pá.te.na *s.f.* RELIG pequeno pires ou prato de metal em que se coloca a hóstia

pa.ten.te *adj.2g.* 1 que está claro, em evidência; que é acessível à compreensão de todos • *s.f.* 2 registro oficial de propriedade de uma invenção, de um processo, de uma técnica etc. 3 título militar conferido a um soldado de acordo com a hierarquia da arma que lhe pertence

pa.ten.te.ar *v.t.* 1 tornar algo patente 2 registrar a patente de alguma coisa em repartições apropriadas

pa.ter.nal *adj.2g.* relativo ao pai, ao progenitor; paterno

pa.ter.na.lis.mo *s.m.* 1 qualidade de paternal; paternalidade 2 tendência de governo em que o governante adota modos de tratamento paternais para camuflar seu autoritarismo

pa.ter.na.lis.ta *s.2g.* adepto do paternalismo

pa.ter.ni.da.de *s.f.* condição de ser pai

pa.ter.no /é/ *adj.* próprio do pai; paternal

pa.te.ta /é/ *adj.2g.* indivíduo tolo, que aparenta ser idiota

pa.te.ti.ce *s.f.* ato próprio de pateta; tolice, parvoíce

pa.té.ti.co *adj.* 1 aquilo que comove, transmite dó, piedade; tocante 2 ANAT relativo ao nervo patético

pa.ti.bu.lar *adj.2g.* 1 relativo ao patíbulo 2 *fig.* que tem aparência de criminoso

pa.tí.bu.lo *s.m.* 1 local onde ocorriam execuções de criminosos; forca 2 instrumento utilizado nessas execuções

pa.ti.fa.ri.a *s.f.* 1 ato típico de um patife 2 ação feita sem hombridade

pa.ti.fe *adj.2g.* aquele que não possui caráter; desavergonhado, tratante, insolente

pa.tim *s.m.* 1 calçado com pequenas rodas para patinar 2 recinto que é aberto e possui pequena extensão; pátio de tamanho diminuto

pá.ti.na *s.f.* 1 camada de coloração esverdeada que cobre objetos de bronze, resultante do processo de oxidação do metal 2 ARTE técnica de pintura que imita essa oxidação 3 *fig.* o envelhecimento

pa.ti.na.ção *s.f.* 1 ato de patinar 2 esporte em que se desliza usando patins

pa.ti.na.dor /ô/ *adj.* diz-se daquele que pratica a patinação

pa.ti.nar *v.i.* 1 utilizar patins e deslizar com eles ○ *v.t.* 2 produzir pátina em monumentos; oxidar-se 3 envernizar

pa.ti.ne.te /é/ *s.m.* brinquedo constituído de um guidom ligado a uma prancha com rodinhas, na qual se apoia um pé, usando-se o outro pé para dar impulso

pa.ti.nhar *v.i.* 1 agitar água com pés ou mãos, assim como os patos fazem 2 mover-se em um terreno pisando em lama, neve etc.

pá.tio *s.m.* espaço plano em um terreno localizado em frente a uma casa ou um edifício; átrio, vestíbulo

pa.to *s.m.* 1 ZOOL ave aquática dotada de membrana entre os dedos 2 *fig.* indivíduo que é tolo, bobo

pa.to.ge.ni.a *s.f.* BIOL modo de origem ou de evolução de qualquer doença

pa.to.la /ó/ *adj.* 1 diz-se daquele que é parvo, tolo • *s.f.* 2 pinça dos crustáceos

pa.to.lo.gi.a *s.f.* MED área da medicina que estuda as doenças, suas causas e seus sintomas

pa.tra.nha *s.f.* história fantasiosa; engano, falsidade

pa.tra.nha.da *s.f.* 1 conjunto de patranhas 2 narrativa repleta de patranhas

pa.tra.nhar *v.i.* criar patranhas; contar lorotas, mentiras

pa.tra.nhei.ro /ê/ *adj.* diz-se daquele que cria ou conta patranhas

pa.trão *s.m.* dono de um estabelecimento comercial, de uma empresa etc. em relação ao empregado; aquele que é empregador

pá.tria *s.f.* terra de origem; terra natal

pa.tri.ar.ca *s.m.* aquele que é chefe e que manda, seja no âmbito da família, seja em uma determinada doutrina religiosa ou tribo

pa.tri.ar.ca.do *s.m.* 1 o sistema patriarcal 2 nome dado ao cargo daquele que é patriarca 3 lugar onde reside o patriarca

pa.tri.ar.cal *adj.2g.* relativo a patriarca ou a patriarcado

pa.tri.ar.ca.lis.mo *s.m.* sistema de governo doméstico e também de clãs e tribos, cuja autoridade é centrada na figura paterna

pa.tri.ci.a.do *s.m.* 1 a classe dos patrícios 2 aristocracia, elite

pa.trí.cio *adj.* 1 homem com característica de nobre, na Roma antiga 2 aquele que é compatriota, conterrâneo

pa.tri.mo.ni.al *adj.2g.* relativo a patrimônio

pa.tri.mô.nio *s.m.* 1 porção de bens de família adquiridos por herança 2 bens que possuem grande valor reconhecido por pessoa, instituição, região, país etc.

pá.trio *adj.* 1 relativo a pátria 2 relativo aos pais

pa.tri.o.ta /ó/ *adj. s.m.* aquele que ama e procura servir sua pátria

pa.tri.o.ta.da *s.f.* 1 demonstração exagerada e inapropriada de patriotismo 2 grande quantidade de patriotas

pa.tri.o.tei.ro /ê/ *adj. pejor.* diz-se daquele que ostenta patriotismo

pa.tri.o.ti.ce *s.f. pejor.* qualidade de quem é patrioteiro

pa.tri.ó.ti.co *adj.* 1 relativo a pátria, patriota ou patriotismo 2 que possui sentimentos de amor e respeito pela pátria

pa.tri.o.tis.mo *s.m.* sentimento de amor, respeito e devoção pela pátria

pa.tro.a /ô/ *s.f.* 1 proprietária de um estabelecimento comercial ou de uma empresa; chefe 2 *pop.* esposa ou namorada

pa.tro.ci.na.dor /ô/ *s.m.* 1 aquele que patrocina uma pessoa, um evento ou um empreendimento 2 pessoa que protege, favorece

pa.tro.ci.nar *v.t.* 1 ter por responsabilidade, proteção, benefício, defesa 2 dar apoio, favorecimento para que algo se realize

pa.tro.cí.nio *s.m.* 1 proteção, amparo, auxílio 2 ato de oferecer ajuda financeira

pa.tro.na *s.f.* 1 bolsa usada por sertanejos para levar utensílios para caça; patuá, cartucheira 2 santa considerada protetora ou padroeira

pa.tro.nal *adj.2g.* que se refere a patrão

pa.tro.na.to *s.m.* 1 direito exercido por pais em relação aos menores de idade e aos bens que lhes pertencem 2 classe formada pelos patrões

pa.tro.ní.mi.co *adj.* diz-se do nome formado a partir do nome do pai ou de outro ascendente

pa.tro.no *s.m.* 1 RELIG santo tido como protetor de uma igreja na visão católica 2 LITER nome dado à pessoa que fundou ou é titular de uma cadeira na Academia de Letras 3 padrinho de uma turma de formandos 4 defensor de uma ideia ou causa 5 militar já falecido escolhido como protetor de cada uma das forças armadas

pa.tru.lha *s.f.* 1 grupo menor de soldados em ronda para conhecimento do campo inimigo 2 grupo de indivíduos encarregados da vigilância de um lugar

pa.tru.lhar *v.t.* guarnecer, vigiar por meio de patrulhas

pa.tu.á *s.m.* 1 RELIG pequeno saco feito de pano que possui orações e imagens de santos cristãos, geralmente de cunho supersticioso 2 amuleto 3 recipiente grande de palha; balaio

pa.tu.do *adj.* que tem patas grandes

pa.tu.ri *s.2g.* ZOOL m.q. irerê

pa.tus.ca.da *s.f.* reunião informal e divertida, com muitos comes e bebes

pa.tus.co *adj.* 1 brincalhão, engraçado, divertido 2 ridículo, extravagante

pau *s.m.* 1 pedaço de madeira; estaca, lenho 2 tipo de bastão; cacete, cajado 3 surra, sova 4 *pop.* unidade monetária genérica, *ex.: custou 200 paus* • *adj.2g.* 5 maçante, enfadonho; embaraçoso, incomodativo ■ **pau a pique** parede feita com uma trama de varas coberta com barro ■ **paus** um dos quatro naipes do baralho, que se figura com um desenho de um trevo de três folhas preto

pau-bra.sil *s.m.* árvore brasileira da qual se extrai uma tinta vermelha e que era muito abundante antes da colonização

pau-ce.tim *s.m.* madeira de árvore brasileira de mesmo nome, bastante utilizada em construções por sua longa durabilidade

paul *s.m.* m.q. pântano

pau.la.da *s.f.* pancada desferida com pau; cacetada

pau.la.ti.no *adj.* que é feito de forma lenta 2 diz-se do que é vagaroso, devagar

pau.li.fi.car *v.t.* importunar, aborrecer, amolar

pau.lis.ta *adj. gent.* natural ou habitante do Estado de São Paulo

pau.lis.ta.no *adj. gent.* natural ou habitante da cidade de São Paulo

pau.pér.ri.mo *adj.* demasiadamente pobre; pobríssimo

pau.pe.ris.mo *s.m.* condição de extrema pobreza; miséria

pau.pe.ri.zar *v.t. v.pron.* tornar(-se) pobre; empobrecer

pau.sa *s.f.* 1 interrupção temporária de uma atividade 2 parada, cessação breve de alguma coisa 3 GRAM silêncio breve ou longo interposto em uma enunciação

pau.sa.do *adj.* que tem ritmo compassado; cadenciado

pau.sar *v.t.* 1 interromper temporariamente uma atividade 2 pronunciar as palavras separadamente e com intervalos para melhor compreensão ou realce de valor 3 pousar os olhos; fitar

pau.ta *s.f.* 1 lista de assuntos a serem tratados em uma reunião 2 conjunto de regras jurídicas ou normas que devem ser seguidas 3 conjunto de linhas paralelas horizontais em folhas de papel

pau.ta.do *adj.* 1 diz-se da folha traçada com pautas 2 colocado em lista; enumerado 3 dirigido por regras; disciplinado

pau.tar *v.t.* 1 fazer pautas em papéis 2 seguir determinadas normas 3 relacionar itens em uma lista, em uma pauta

pa.va.na *s.f.* 1 MÚS tipo de dança renascentista, em andamento lento e compasso quaternário 2 MÚS composição instrumental com as características dessa dança

pa.vão *s.m.* 1 ZOOL ave de plumagem demasiadamente bonita dotada de uma cauda em leque 2 *por ext.* pessoa muito vaidosa

pa.vei.a /ê/ *s.f.* 1 espiga de qualquer cereal 2 pequeno monte de palha ou feno ceifado

pá.vi.do *adj.* tomado de pavor; aterrorizado, apavorado

pa.vi.lhão *s.m.* 1 construção temporária para servir de abrigo a algum evento, semelhante a uma barraca ou a um quiosque grande 2 ANAT denominação de uma parte da orelha 3 símbolo de nacionalidade; bandeira

pa.vi.men.ta.ção *s.f.* 1 ato ou o efeito de pavimentar 2 o revestimento feito por esse processo; pavimento

pa.vi.men.tar *v.t.* aplicar pavimento em rua, chão etc.

pa.vi.men.to *s.m.* revestimento do solo, podendo ser de vários materiais

pa.vi.o *s.m.* pequeno rolo inflamável usado para acender velas, lampiões etc.

pa.vo.ne.ar *v.t.* mostrar-se como um pavão; exibir-se, envaidecer-se

pa.vor /ô/ *s.m.* muito medo; susto, receio, terror

pa.vo.ro.so /ô/ *adj.* que infunde muito medo ou pavor

pa.vu.na *s.f.* vale profundo e escarpado

pa.xá *s.m.* título dado a funcionários otomanos de altos cargos civis e militares

paz *s.f.* 1 condição de se estar sossegado, em harmonia, com tranquilidade; concórdia 2 situação em que não há guerra, discórdia, violência

Pd QUÍM símbolo do elemento químico paládio da tabela periódica

pé

pé *s.m.* **1** ANAT cada um dos membros da extremidade inferior das pernas **2** parte inferior de um objeto, por onde ele se sustenta; base **3** unidade de comprimento que corresponde a 12 polegadas e que equivale a cerca de 30 cm **4** situação em que se encontra um negócio, uma empresa **5** rajada forte de vento e chuva **6** cada exemplar de determinada planta **7** *fig.* ensejo, pretexto, motivo para algo **8** parte da cama que fica oposta à cabeceira **9** LITER parte do verso metrificado na poesia **10** profundidade da água ■ **ao pé da letra** exatamente como é enunciado ■ **em pé de guerra** em conflito ■ **entrar com o pé direito** iniciar bem, com boas expectativas ■ **juntar os pés** falecer, morrer ■ **meter os pés pelas mãos** atrapalhar-se, confundir-se ■ **não arredar pé** não sair de um lugar ■ **pé ante pé** andar devagar, com cuidado ■ **pé de cabra** espécie de alavanca de ferro utilizada para arrancar pregos da madeira ou, em atitudes geralmente ilícitas, para arrombamento de portas ■ **pé de galinha** conjunto de rugas que aparecem no canto dos olhos ■ **pé de moleque** CUL doce brasileiro feito de açúcar ou rapadura com amendoim torrado

pe.a.nha *s.f.* pequeno pedestal usado para colocar imagem, cruz, estátua etc.

pe.ão *s.m.* **1** indivíduo que é pedestre **2** pessoa que conduz uma tropa de certos animais, como bovinos e equinos **3** aquele que doma cavalos, burros e bestas **4** no jogo do xadrez, peça de movimento limitado **5** servente em obras de construção

pe.ar *v.t.* prender as pernas de um animal com peia ou corda para impedir sua locomoção

pe.ça */é/ s.f.* **1** elemento que faz parte de um total, de um conjunto, de um mecanismo **2** tipo de compartimento ou divisão de uma moradia **3** quantidade inteira que se compra de um tecido **4** representação teatral **5** animal abatido em alguma caça

pe.ca.di.lho *s.m.* pecado sem muita importância, não muito grave

pe.ca.do *s.m.* RELIG transgressão de um preceito moral e religioso

pe.ca.dor */ô/ adj. s.m.* aquele que comete pecado(s)

pe.ca.mi.no.so */ô/ adj.* relativo ao pecado

pe.car *v.i.* transgredir voluntariamente um preceito moral e religioso

pe.cha *s.f.* defeito, falha, imperfeição, mancha

pe.chin.cha *s.f.* **1** negócio materialmente vantajoso, lucrativo **2** qualquer coisa barata; barganha

pe.chin.char *v.t.* barganhar o preço de um objeto ou serviço

pe.chin.chei.ro */ê/ adj. s.m.* aquele que pechincha

pe.chis.be.que */é/ s.m.* **1** latão que possui aparência de ouro **2** objeto feito desse latão **3** *por ext.* objeto sem valor

pe.ci.lo.tér.mi.co *adj.* m.q. pecilotermo

pe.ci.lo.ter.mo */é/ adj.* ZOOL diz-se de animal cuja temperatura do corpo pode variar de acordo com o ambiente em que se encontra

pe.cí.o.lo *s.m.* BOT haste que sustenta o limbo da folha

pe.co */ê/ s.m.* **1** doença dos vegetais que os faz definhar • *adj.* **2** que não se desenvolveu **3** que definhou

pe.ço.nha */ô/ s.f.* substância venenosa secretada por certos animais

pe.ço.nhen.to *adj.* **1** que tem peçonha, que é venenoso **2** *fig.* pessoa perversa e traiçoeira

pec.ti.na *s.f.* BIOQUÍM substância extraída de frutos e raízes vegetais, usada para produzir geleia

pec.ti.na.do *adj.* em forma de pente

pe.cu.á.ria *s.f.* atividade de criação e tratamento de gado

pe.cu.á.rio *adj.* relativo a pecuária

pe.cú.nia *s.f.* m.q. dinheiro

pe.cu.ni.á.rio *adj.* relativo a dinheiro

pe.cu.la.tá.rio *adj.* **1** relativo a peculato **2** diz-se daquele que pratica peculato

pe.cu.la.to *s.m.* crime praticado por funcionário público que se utiliza dos bens públicos para benefício próprio ou de terceiros; delito de furtar verba pública

pe.cu.li.ar *adj.2g.* especial, próprio, característico

pe.cu.li.a.ri.da.de *s.f.* característica própria, individual; particularidade

pe.cú.lio *s.m.* **1** fruto do trabalho de uma pessoa **2** conjunto de bens, propriedades

pe.da.ço *s.m.* **1** pequena parte de um total **2** fragmento, porção, naco **3** *fig.* mulher que possui muita beleza

pe.dá.gio *s.m.* **1** taxa cobrada para se transitar em estradas **2** o posto onde se paga essa taxa

pe.da.go.gi.a *s.f.* ciência que trata da educação e do ensino, principalmente infantil

pe.da.gó.gi.co *adj.* relativo a pedagogia

pe.da.go.go */ô/ s.m.* pessoa que emprega a pedagogia, que ensina; mestre, professor, educador

pe.dal *adj.2g.* **1** relativo ao pé • *s.m.* **2** peça que é movida com o pé, utilizada em motos, bicicletas etc. e instrumentos musicais como o piano

pe.da.la.da *s.f.* impulso que se dá ao pedal

pe.da.lar *v.t.* **1** impulsionar um mecanismo por meio do pedal **2** movimentar-se na bicicleta

pe.da.lei.ra */ê/ s.f.* conjunto de pedais de certos instrumentos musicais como o órgão, o piano etc.

pe.dan.te *adj.2g.* **1** que ostenta um conhecimento que não possui; afetado **2** que é pretensioso no falar

pe.dan.ti.ce *s.f.* m.q. pedantismo

pe.dan.tis.mo *s.m.* atitude própria daquele que é pedante; afetação, rebuscamento

pé-de-meia *s.m.* dinheiro economizado para gastos futuros; pecúlio

pe.de.ras.ta *s.m.* pessoa que pratica a pederastia

pe.de.ras.ti.a *s.f.* homossexualismo masculino, geralmente entre um homem mais velho e um rapaz

pe.der.nei.ra */ê/ s.f.* pedra que produz faíscas de fogo quando atritada por peças de metal, ideal para isqueiros e peças de artilharia

pe.des.tal *s.m.* coluna onde são apoiadas estátuas imagens

pe.des.tre */é/ adj.2g. s.2g.* pessoa que anda ou se en contra a pé

pe.des.tri.a.nis.mo *s.m.* ESPORT esporte que consiste em grandes marchas a pé

pe.di.a.tra *s.2g.* médico especialista em pediatria

pe.di.a.tri.a *s.f.* MED ramo da medicina que estuda a crianças e suas doenças

pe.di.cu.lo.se */ó/ s.f.* MED infestação por piolhos

pe.di.cu.re *s.2g.* profissional que se dedica ao tratamen to e ao cuidado dos pés

pe.di.do *s.m.* solicitação feita a uma pessoa

pe.di.lú.vio *s.m.* banho feito nos pés

pelancudo

pe.din.chão *adj.* diz-se da pessoa que pede constantemente

pe.din.char *v.t.* pedir com impertinência

pe.din.te *adj.2g.* aquele que pede, que mendiga

pe.dir *v.t.* 1 solicitar, impelir; exigir 2 rogar para que algo seja concedido; implorar, suplicar

pe.di.tó.rio *s.m.* súplica, rogo insistente

pe.dra /é/ *s.f.* fragmento mineral sólido, duro e rochoso

pe.dra.da *s.f.* golpe desferido com uma pedra

pe.dra.ri.a *s.f.* 1 grande quantidade de pedras, geralmente preciosas 2 espécie de bordado com miçangas e outras pedras feito em roupas

pe.dra-sa.bão /é/ *s.f.* pedra macia adequada para fabricação de obras de arte

pe.dra-u.me /é/ *s.f.* QUÍM nome dado à composição dos elementos alumínio e potássio, utilizada no processo de purificação de água, clareamento do açúcar, produção de corantes etc.

pe.dre.gal *s.m.* local onde existem muitas pedras

pe.dre.go.so /ô/ *adj.* com muitas pedras

pe.dre.gu.lho *s.m.* pedra miúda

pe.drei.ra /ê/ *s.f.* formação rochosa de onde se extrai pedra

pe.drei.ro /ê/ *s.m.* indivíduo que trabalha em obras de alvenaria

pe.drei.ro-li.vre /ê/ *s.m.* membro da maçonaria

pe.dren.to *adj.* que tem aparência de pedra

pe.drês *adj.2g.* 1 diz-se do que é pintalgado de branco e preto 2 diz-se de galinha ou galo de cor branca e preta; carijó

pe.dun.cu.la.do *adj.* que possui pedúnculo

pe.dun.cu.lar *adj.2g.* relativo ao pedúnculo

pe.dún.cu.lo *s.m.* BOT haste vegetal que sustenta uma inflorescência

pe.ga /é/ *s.f.* 1 ação ou efeito de pegar 2 desavença, briga, discussão 3 ZOOL ave europeia que pode aprender a falar, tal como ocorre com os papagaios

pe.ga.da *s.f.* 1 ação de segurar 2 no futebol, lance em que o goleiro evita que a bola entre no gol, agarrando-a 3 investida, tentativa 4 vestígio, marca que o pé deixa no solo ao pisar

pe.ga.di.ço *adj.* diz-se daquilo que gruda facilmente, que é pegajoso

pe.ga.di.o *s.m.* apego a alguém; estima, afeição

pe.ga.do *adj.* 1 preso, grudado 2 unido, junto

pe.ga.dor /ô/ *adj. e s.m.* 1 que pega 2 tipo de prendedor usado para prender roupas colocadas no varal para secar

pe.ga-la.drão /é/ *s.m.* 1 dispositivo colocado em objetos de valor de uso pessoal, como colares, broches etc., para evitar furto ou perda 2 dispositivo mecânico ou elétrico usado como alarme

pe.ga.jo.so /ô/ *adj.* grudento, visguento, pegadiço

pe.ga-pe.ga /é...é/ *s.m.* 1 tipo de brincadeira infantil 2 BOT planta que tem como característica aderir às roupas e aos pelos dos animais; carrapicho

pe.gar *v.t.* 1 ação que consiste em aderir, agarrar 2 contagiar-se com doenças ○ *v.i.* 3 lançar ou criar raízes de plantas em lugares diferentes

pe.ga-ra.paz /é/ *s.m.* cacho de cabelo caído sobre a testa

pe.go /é/ *s.m.* parte mais profunda de rio, lago, oceano

pe.go-ra.paz /é/ *s.m.* cacho de cabelo caído sobre a testa

pei.a /ê/ *s.f.* 1 corda que segura os pés dos animais 2 corrente ou cabo usado para amarrar cargas e objetos a bordo, evitando que se desloquem

pei.dar *v.i.* soltar peido(s)

pei.do /ê/ *s.m. chul.* gás intestinal expelido pelo ânus

pei.ta /ê/ *s.f.* fornecimento de dinheiro para que se tenha o consentimento de alguém; crime de suborno

pei.ta.da *s.f.* golpe desferido com o peito

pei.tar *v.t.* 1 pagar, subornar com peitas 2 enfrentar destemidamente

pei.ti.lho *s.m.* peça que reveste o peito de uma camisa

pei.to /ê/ *s.m.* 1 parte do tronco que vai do pescoço ao abdome; tórax 2 seio feminino 3 *fig.* coração, alma

pei.to.ral *adj.2g.* 1 relativo ao peito • *s.m.* 2 correia que fica no arreio posto no peito de cavalo, burro, jegue 3 parte de armadura medieval que servia para proteger o tórax do cavaleiro 4 local fronteiriço de um edifício 5 medicamento feito para combater doenças como tosse e bronquite

pei.to.ril *s.m.* mureta na parte inferior da janela; parapeito

pei.tu.do *adj.* 1 dotado de peitos desenvolvidos, grandes 2 bravo, corajoso, valentão

pei.xa.da *s.f.* 1 grande quantia de peixes 2 porção de peixes feita para alimentação

pei.xão *s.m.* 1 peixe grande 2 *fig.* mulher muito bela

pei.xa.ri.a *s.f.* estabelecimento comercial onde se vende peixe

pei.xe /ê/ *s.m.* ZOOL animal vertebrado de sangue frio e respiração branquial que vive na água e possui vértebras, nadadeiras e pele coberta por escamas

pei.xe-boi /ê/ *s.m.* ZOOL mamífero adaptado à vida aquática de porte volumoso e corpo arredondado

pei.xe-es.pa.da /ê/ *s.m.* ZOOL peixe de cauda pontiaguda; espadarte

pei.xei.ra /ê/ *s.f.* 1 comerciante de peixes 2 grande faca afiada usada para cortar peixe

pe.jar *v.t.* 1 estorvar, impedir 2 encher, carregar ○ *v.pron.* 3 ter pejo; envergonhar-se 4 ter receio; hesitar 5 tornar-se prenhe; engravidar

pe.jo /ê/ *s.m.* 1 *desus.* impedimento, obstáculo 2 sentimento de vergonha; pudor

pe.jo.ra.ti.vo *adj.* 1 que tem sentido depreciativo 2 que diminui o conceito que se tem a respeito de algo ou alguém 3 que desaprova, avilta

pe.la /ê/ *contr.* GRAM aglutinação da preposição *per* com o artigo *a*

pe.la.da *s.f.* 1 partida de futebol jogada na rua, sem muitas regras 2 MED dermatose que provoca a queda dos cabelos 3 VETER doença que atinge animais, especialmente cães, ocasionando a queda dos pelos

pe.la.do *adj.* 1 que teve os pelos ou cabelos retirados; careca 2 despido, desnudo 3 *fig.* miserável, sem dinheiro

pe.la.gem *s.f.* 1 efeito de eliminar os pelos 2 conjunto dos pelos que cobrem o corpo de certos animais

pe.lá.gia *s.f.* ZOOL gênero de moluscos

pe.lá.gi.co *adj.* relativo a pélago

pé.la.go *s.m.* mar profundo; abismo oceânico

pe.la.me *s.m.* 1 pelagem animal 2 porção de peles; courama 3 roupa feita com pele

pe.lan.ca /ê/ *s.f.* pele flácida e pendente; muxiba

pe.lan.cu.do *adj.* cheio de pelanca(s)

pelar

pe.lar *v.t.* **1** desnudar, despir **2** tirar a pele de algo ou alguém **3** ficar sem pelo ou cabelo ○ *v.i.* **4** atingir temperatura alta; estar muito quente

pe.le /é/ *s.f.* **1** ANAT membrana que reveste externamente o corpo dos vertebrados, incluindo o homem **2** a casca de determinados frutos e legumes

pe.le.go /ê/ *s.m.* **1** pele principalmente de carneiro, cuja lã é utilizada como forro em arreios **2** *fig.* pessoa bajuladora e servil

pe.le.ja /ê/ *s.f.* batalha, briga, conflito, desavença

pe.le.jar *v.t.* batalhar, brigar

pe.le-ver.me.lha /…ê…ê/ *s.m.* diz-se de indivíduo dos peles-vermelhas, aborígenes naturais da América do Norte

pe.li.ca *s.f.* pele de animal curtida e de espessura fina, usada para fabricar luvas

pe.li.ça *s.f.* peça de vestuário feita de peles

pe.li.ca.ni.for.me /ó/ *adj.2g.* que se parece com o pelicano

pe.li.ca.no *s.m.* ZOOL ave aquática dotada de um papo embaixo do bico para o transporte de peixes

pe.lí.cu.la *s.f.* **1** pele muito fina **2** membrana bastante delgada e delicada **3** tipo de fita usada em cinemas

pe.lin.tra *adj.2g.* **1** diz-se daquele que é pobre e mal-ajambrado, mas pretende fazer boa figura **2** diz-se daquele que é pobre e malvestido; maltrapilho

pe.lin.tra *adj.2g.* **1** diz-se daquele que é pobre e mal-ajambrado, mas pretende fazer boa figura **2** diz-se daquele que é pobre e malvestido; maltrapilho

pe.lo /ê/ *s.m.* **1** elemento filiforme da pele de animais e de algumas partes do corpo humano **2** conjunto de pelos característicos de um animal • *contr.* **3** GRAM aglutinação da preposição *per* com o artigo *o*

pe.lo.ta /ó/ *s.f.* bola de tamanho pequenino; bolota

pe.lo.tão *s.m.* **1** pelota grande **2** cada uma das partes de uma companhia de soldados

pe.lou.ri.nho *s.m.* coluna feita de pedra ou madeira que servia para castigo de negros e criminosos em plena praça pública

pe.lou.ro /ô/ *s.m. desus.* bala de ferro ou pedra que era arremessada por peças de artilharia usadas antigamente na guerra

pe.lú.cia *s.f.* tecido que possui por característica a maciez

pe.lu.do *adj.* **1** coberto de pelos **2** *pop.* que tem muita sorte; sortudo

pe.lu.gem *s.f.* conjunto de pelos

pel.ve /é/ *s.f.* ANAT designação da região localizada na parte inferior do tronco, em formato de bacia

pél.vi.co *adj.* relativo a pelve

pe.na *s.f.* **1** tipo de punição, sofrimento, padecimento **2** cada uma das estruturas ceratinizadas que revestem o corpo das aves **3** tubo usado para escrever **4** formação rochosa; fraga

pe.na.cho *s.m.* conjunto de penas usadas como adorno

pe.na.da *s.f.* **1** escrito produzido com uma pena **2** palpite, opinião

pe.na.do *adj.* sofrido, desgostoso

pe.nal *adj.2g.* que se refere a penas judiciais

pe.na.li.da.de *s.f.* **1** sistema de penas ditdas pela lei **2** caráter da pena; punição

pe.na.lis.ta *s.2g* especialista em direito penal; criminalista

pe.na.li.zar *v.t.* **1** causar pena **2** aplicar pena

pê.nal.ti *s.m.* ESPORT penalidade máxima na partida de futebol

pe.nar *v.t.* **1** sofrer determinada penalidade ○ *v.i.* **2** sofrer, purgar, padecer, afligir

pe.na.tes *s.m.pl.* MIT deuses domésticos dos pagãos

pen.ca *s.f.* **1** conjunto de frutos ou flores **2** quantidade volumosa

pen.dão *s.m.* guião, bandeira, galhardete

pen.dên.cia *s.f.* **1** litígio, contenda, briga **2** forma de inclinação

pen.den.te *adj.2g.* **1** o que está suspenso **2** JUR diz-se da ação judicial que espera por sentença

pen.der /ê/ *v.i.* **1** tombar mais para um lado; ficar em posição inclinada **2** estar suspenso

pen.dor /ô/ *s.m.* **1** aclive, declive, rampa **2** tendência, inclinação

pen.du.lar *adj.2g.* **1** relativo a pêndulo • *v.i.* **2** movimentar-se feito um pêndulo

pên.du.lo *s.m.* corpo pesado suspenso por uma haste e que oscila em movimento de vaivém

pen.du.ra *s.f.* **1** ato ou efeito de pendurar **2** *pop.* tipo de compra na qual se paga posteriormente; fiado ■ **estar na pendura** estar sem dinheiro

pen.du.ra.do *adj.* diz-se do que está preso por uma haste na parte de cima e solto na parte de baixo; suspenso

pen.du.rar *v.t.* **1** suspender e prender algo no alto de forma que não toque o chão **2** *pop.* deixar pagamento em suspenso até ter condições de efetuá-lo

pen.du.ri.ca.lho *s.m.* enfeite que se usa dependurado

pe.ne.di.a *s.f.* GEOL local onde há grande quantidade de penedos

pe.ne.do /ê/ *s.m.* rocha de grandes proporções; rochedo

pe.nei.ra /ê/ *s.f.* objeto formado por uma armação redonda de madeira com fundo de tela utilizado para separar uma matéria fina de outra mais grossa

pe.nei.ra.da *s.f.* **1** ação ou efeito de peneirar; peneiração **2** porção de grãos que estão em uma peneira

pe.nei.rar *v.t.* **1** selecionar com a peneira **2** escolher, selecionar **3** dançar sem sair do lugar, apenas com o movimento dos quadris ○ *v.i.* **4** pairar (ave) durante o voo batendo as asas

pe.ne.tra /é/ *adj.2g.* pessoa que participa de uma festa sem ter sido convidada

pe.ne.tra.ção *s.f.* **1** ação ou efeito de penetrar **2** introdução do pênis durante o coito

pe.ne.tran.te *adj.2g.* **1** que penetra em algo **2** intenso, forte

pe.ne.trar *v.t.* alcançar o ponto mais interno; introduzir; infiltrar

pe.ne.trá.vel *adj.2g.* passível de penetração

pên.fi.go *s.m.* MED enfermidade cutânea caracterizada pela formação de vesículas no interior da epiderme que se rompem e produzem uma erosão dolorosa

pe.nha /ê/ *s.f.* massa de rocha volumosa; penhasco fraga

pe.nhas.cal *s.m.* sucessão de penhascos; penhasqueira

pe.nhas.co *s.m.* **1** penha elevada e pontiaguda **2** rochedo extenso

pe.nhas.quei.ra /ê/ *s.f.* m.q. penhascal

pequerrucho

pe.nhor /ô/ *s.m.* objeto deixado como garantia no comércio, em uma dívida ou em um empréstimo de dinheiro

pe.nho.ra /ó/ *s.f.* JUR apreensão judicial de bens de uma pessoa para quitação de dívidas

pe.nho.ra.do *adj.* objeto que foi posto em penhora

pe.nho.rar *v.t.* apreender bens judicialmente para a quitação de dívidas ou empréstimos

pe.ni.ci.li.na *s.f.* 1 FARM antibiótico natural descoberto por Fleming 2 grupo de fármacos derivados desse antibiótico

pe.ni.co *s.m.* pequeno objeto usado para urinar; urinol

pe.ní.fe.ro *adj.* diz-se de ave que possui penas

pe.ni.for.me /ó/ *adj.2g.* com formato semelhante ao da pena

pe.nín.su.la *s.f.* GEOG porção de terra quase completamente cercada de água, exceto por uma ligação de um dos lados a outro território

pe.nin.su.lar *adj.2g.* relativo a ou próprio de península

pê.nis *s.m.* ANAT órgão copulador masculino; falo, pene

pe.ni.tên.cia *s.f.* 1 cumprimento de sentença por pecados; sacrifício 2 aflição, sofrimento, tormenta

pe.ni.ten.ci.al *adj.2g.* relativo a penitência

pe.ni.ten.ci.ar *v.t.* 1 aplicar penitência 2 sofrer penitência; pagar por pecados

pe.ni.ten.ci.á.ria *s.f.* JUR local, pelo qual o Estado é responsável, onde os presos pagam suas penas

pe.ni.ten.ci.á.rio *adj.* 1 relativo a penitenciária • *s.m.* 2 indivíduo preso em uma penitenciária 3 cardeal que preside a penitenciária

pe.ni.ten.te *adj.2g.* diz-se do indivíduo que paga uma pena para adquirir perdão pelos seus pecados

pe.no.so /ô/ *adj.* 1 que transmite pena 2 que produz sofrimento

pen.sa.dor /ô/ *adj. s.m.* pessoa que reflete profundamente; filósofo

pen.sa.men.to *s.m.* 1 ação ou efeito de pensar, refletir, meditar 2 modo de pensar; opinião 3 recordação, lembrança 4 frase que encerra um princípio moral; máxima, provérbio

pen.san.te *adj.2g.* diz-se daquele que pensa, raciocina

pen.sa.ti.vo *adj.* 1 diz-se de quem está absorto em pensamentos 2 *por ext.* diz-se de quem se encontra preocupado

pen.são *s.f.* 1 renda paga de forma proporcional a alguém por direito 2 espécie de hospedaria em que se paga mensalmente 3 cuidado, zelo

pen.sar *v.t.* praticar o raciocínio; meditar, refletir

pên.sil *adj.2g.* que está dependurado, suspendido

pen.sio.na.to *s.m.* 1 colégio onde são aceitos pensionistas; internato 2 casa onde são recebidos hóspedes

pen.sio.nar *v.t.* oferecer ou efetuar pagamento por uma pensão

pen.sio.nis.ta *s.2g.* 1 indivíduo que frequenta, como morador, uma pensão 2 pessoa que recebe uma pensão do governo

pen.so *s.m.* 1 tratamento, alimentação, limpeza etc. de crianças ou animais 2 emplastro para curar algo • *adj.* 3 que está pendido, inclinado 4 emplastrado

pen.ta.e.dro /é/ *s.m.* GEOM poliedro que possui cinco faces

pen.tá.go.no *s.m.* GEOM polígono composto por cinco lados

pen.ta.gra.ma *s.m.* 1 MÚS conjunto de cinco linhas nas quais é possível fazer notações musicais 2 estrela regular de cinco pontas

pen.ta.no *s.m.* QUIM hidrocarboneto saturado, usado principalmente como solvente

pen.tas.sí.la.bo *adj.* GRAM diz-se de vocábulo de cinco sílabas

pen.ta.tlo *s.m.* ESPORT o conjunto das cinco principais atividades do atletismo grego: luta, lançamento de dardo, arremesso de disco, corrida e salto com vara

pen.te *s.m.* 1 objeto dentado, de plástico ou outro material duro, utilizado para pentear os cabelos 2 qualquer estrutura semelhante a esse objeto

pen.te.a.dei.ra /ê/ *s.f.* 1 móvel com espelho diante do qual se senta para pentear os cabelos 2 máquina utilizada para limpar fios que ficam presos em tecidos

pen.te.a.do *adj.* 1 diz-se do cabelo alisado com auxílio do pente • *s.m.* 2 arranjo que se faz nos cabelos, geralmente para ocasiões especiais

pen.te.ar *v.t.* 1 alisar os cabelos com auxílio do pente 2 fazer penteados no cabelo

pen.te.cos.tal *adj.2g.* RELIG referente a Pentecostes • *s.2g.* 2 RELIG adepto do pentecostalismo

pen.te.cos.ta.lis.mo *s.m.* RELIG movimento de renovação cristã que busca a união com o Espírito Santo

pen.te.cos.ta.lis.ta *s.2g.* seguidor do pentecostalismo

Pen.te.cos.tes /ó/ *s.m.2n.* RELIG festa católica que ocorre cinquenta dias após a Páscoa

pen.te.lho /ê/ *s.m.* 1 conjunto dos pelos que cobrem a região pubiana • *adj.* 2 *pop.* pessoa desagradável e chata

pe.nu.gem *s.f.* 1 conjunto dos pelos finos que nascem primeiro, precedendo os pelos mais grossos 2 a primeira plumagem dos pássaros, com penas pequenas e macias 3 bigode em processo de formação

pe.nu.gen.to *adj.* em que há muita penugem

pe.núl.ti.mo *adj.* o que está em posição imediatamente anterior ao último

pe.num.bra *s.f.* 1 meia-luz 2 insulamento, obscuridade

pe.nú.ria *s.f.* carência de algo; situação de extrema pobreza

pe.pi.nei.ro /ê/ *s.m.* BOT planta da qual provém o pepino

pe.pi.no *s.m.* 1 BOT fruto verde cilíndrico e comprido muito apreciado em saladas e na produção de conservas 2 *fig.* situação difícil; problema

pe.pi.no-do-mar *s.m.* ZOOL animal equinoderma marinho encontrado no fundo do mar e apreciado como iguaria na culinária oriental

pe.pi.ta *s.f.* pequeno fragmento metálico, principalmente de ouro

pep.si.na *s.f.* BIOQUÍM enzima encontrada no suco gástrico de animais cordados

pép.ti.co *adj.* 1 relativo a pepsina 2 *pop.* que ajuda na digestão de alimentos

pe.que.nez /ê/ *s.f.* 1 característica daquilo que se apresenta como pequeno 2 *fig.* mesquinharia, insignificância

pe.que.ne.za /ê/ *s.f.* m.q. pequenez

pe.que.ni.no *adj.* 1 muito pequeno • *s.m.* 2 menino, garoto

pe.que.no *adj.* 1 de reduzido volume ou tamanho; pouco extenso 2 *fig.* de pouco valor; não apreciável; limitado • *s.m.* 3 menino

pe.quer.ru.cho *s.m.* criança pequena

pequi

pe.qui *s.m.* **1** BOT planta brasileira de cujo fruto se produzem licor e condimentos **2** o fruto dessa árvore

pe.qui.nês *adj. gent.* natural ou habitante de Pequim

per /ê/ *prep. desus.* equivale a por

pe.ra /ê/ *prep.* **1** *desus.* m.q. para • *s.f.* **2** bolsa para guardar dinheiro **3** BOT fruto doce e suculento proveniente da pereira

pe.ral *s.m.* lugar onde são plantadas pereiras

pe.ral.ta *adj.2g.* **1** diz-se de criança que não fica quieta **2** diz-se daquele que se veste e se comporta extravagantemente

pe.ral.ti.ce *s.f.* **1** qualidade de peralta **2** atitude de peralta

pe.ram.bei.ra /ê/ *s.f.* abismo, precipício, pirambeira

pe.ram.bu.lar *v.i.* vaguear sem rumo certo

pe.ran.te *prep.* na presença de; diante de

pé-ra.pa.do *s.m.* indivíduo sem recursos materiais; pobre

pe.rau *s.m.* declive que dá para um rio

per.cal *s.m.* tipo de tecido fino feito de algodão

per.cal.ço *s.m.* estorvo inerente a determinada ação

per.ca.li.na *s.f.* tecido feito de algodão, muito utilizado em encadernações

per.ce.ber /ê/ *v.t.* **1** ter conhecimento, compreensão de algo **2** reparar, notar

per.ce.bi.men.to *s.m.* ação de perceber, reparar

per.cen.ta.gem *s.f.* parte proporcional de uma quantidade em relação a uma outra avaliada sobre o total de 100 unidades; porcentagem

per.cen.tu.al *adj.2g.* relativo a percentagem

per.cep.ção *s.f.* compreensão por meio dos sentidos ou do intelecto

per.cep.tí.vel *adj.2g.* passível de percepção

per.cep.ti.vo *adj.* **1** relativo à percepção **2** que possui a capacidade de perceber

per.ce.ve /ê/ *s.m.* ZOOL tipo de marisco de água salgada

per.ce.ve.jo /ê/ *s.m.* **1** ZOOL inseto verde malcheiroso **2** *fig.* pequenino prego de cabeça achatada utilizado para afixar papéis

per.ci.for.me /ó/ *s.m.* espécime dos perciformes, ordem de peixes teleósteos encontrados em águas tropicais e subtropicais

per.cor.rer /ê/ *v.t.* **1** andar ao longo de **2** visitar, andar por território de grande extensão

per.cu.ci.en.te *adj.* que percute, que fere

per.cur.so *s.m.* **1** espaço percorrido **2** roteiro, caminho determinado, itinerário **3** distância entre dois pontos

per.cus.são *s.f.* **1** ação ou efeito de percutir **2** o conjunto de instrumentos que se tocam pela batida com as mãos ou com baquetas

per.cu.tir *v.t.* tocar ou bater com força

per.da /ê/ *s.f.* **1** ação ou efeito de perder algo **2** privação de algo ou alguém

per.dão *s.m.* ação de remissão de penas, de culpas

per.der /ê/ *v.t.* **1** sofrer diminuição ou desgaste **2** ser ou estar privado da posse de algo, sofrendo prejuízo

per.di.ção *s.f.* condição relativa à perda; fracasso, desgraça, desastre, desvario

per.di.do *adj.* **1** que desapareceu, sumiu **2** que caiu em perdição moral; devasso

per.di.gão *s.m.* ZOOL macho da ave perdiz

per.di.go.to /ô/ *s.m.* **1** cria da perdiz **2** saliva que escapa da boca de alguém que está falando

per.di.guei.ro /ê/ *adj. s.m.* cão treinado para caçar perdizes

per.diz *s.f.* ZOOL ave menor que a galinha cuja carne é muito apreciada na culinária

per.do.ar *v.t.* oferecer perdão por atos falhos, pecados, faltas etc. de alguém

per.do.á.vel *adj.2g.* passível de receber perdão; que pode ser desculpado

per.du.lá.rio *adj. s.m.* pessoa que gasta muito; gastador, extravagante

per.du.rar *v.i.* ter longa duração ou utilidade

pe.re.ba /é/ *s.f. pop.* lesão ou ferimento na pele

pe.re.ben.to *adj.* que tem muitas perebas

pe.re.ce.dou.ro /ô/ *adj.* que perece rapidamente; que não tem longa duração

pe.re.cer /ê/ *v.i.* **1** acabar, findar **2** falecer, morrer

pe.re.cí.vel *adj.2g.* diz-se do que está sujeito a perecer; morrer; deteriorável

pe.re.gri.na.ção *s.f.* **1** visita de cunho religioso a um lugar santo; romaria **2** viagem a pé, cruzando um determinado território

pe.re.gri.nar *v.t.* realizar peregrinação

pe.re.gri.no *adj. s.m.* **1** aquele que participa de peregrinações; romeiro **2** *por ext.* excepcional, raro

pe.rei.ra /ê/ *s.f.* BOT árvore que produz a pera

pe.remp.tó.rio *adj.* **1** que é definitivo, decisivo **2** JUR que causa perempção, que torna sem efeito

pe.re.ne /ê/ *adj.2g.* que tem longa duração; que é permanente

pe.re.ni.zar *v.t.* tornar perene

pe.re.que.té *adj.2g.* que se veste de forma elegante para chamar a atenção de outras pessoas; emperiquitado

pe.re.re.ca /é/ *s.f.* **1** ZOOL espécie de anfíbio pequeno que salta demasiadamente **2** *fig.* pessoa pequena, buliçosa **3** *pop.* a genitália feminina

pe.re.re.car *v.i.* saltar como a pererreca

per.fa.zer /ê/ *v.t.* **1** completar um número ou um determinado valor **2** acabar de fazer; concluir

per.fec.tí.vel *adj.2g.* passível de ser aperfeiçoado

per.fei.ção *s.f.* **1** estado de completo desenvolvimento ou de total formação de algo **2** requinte, primor

per.fei.to /ê/ *adj.* que apresenta perfeição; que não mostra defeitos; que está totalmente desenvolvido

per.fi.dia *s.f.* falta de lealdade; hipocrisia

pér.fi.do *adj.* **1** que traiu; traidor **2** que apresenta falsidade, infidelidade; hipócrita

per.fil *s.m.* **1** contorno, delineamento de algo; silhueta **2** posição fotográfica em que a pessoa está de lado **3** conjunto de informações características de uma pessoa ou de um objeto

per.fi.lar *v.t.* **1** traçar o perfil de **2** permanecer em alinhamento militar

per.fi.lha.ção *s.f.* ato ou efeito de perfilhar, adotar

per.fi.lhar *v.t.* reconhecer legalmente como filho; adotar

per.fu.ma.do *adj.* que exala bom cheiro; que é cheiroso

per.fu.mar *v.t.* odorizar com perfume

per.fu.ma.ria *s.f.* **1** estabelecimento comercial onde se vende perfume **2** certa quantidade de perfumes **3** *fig.* aquilo que é superficial, supérfluo

per.fu.me *s.m.* odor aromático agradável

per.fu.mis.ta *s.2g.* fabricante ou comerciante de perfumes

permanência

per.func.tó.rio *adj.* superficial, passageiro, pouco duradouro

per.fu.ra.ção *s.f.* ato ou efeito de perfurar

per.fu.ra.dor /ô/ *s.m.* instrumento utilizado para perfurar algo

per.fu.ra.do.ra /ô/ *s.f.* máquina utilizada para abrir perfurações

per.fu.rar *v.t.* fazer furos; penetrar

per.fu.ra.triz *s.f.* máquina utilizada para fazer perfurações no solo

per.ga.mi.ná.ceo *adj.* que é semelhante ao pergaminho

per.ga.mi.nho *s.m.* **1** pele de animais raspada e polida, própria para nela se escrever **2** espécie de papel parecido com o pergaminho animal **3** o escrito registrado no pergaminho

pér.gu.la *s.f.* armação própria para plantas do tipo trepadeira

per.gun.ta *s.f.* questão para a qual se espera alguma resposta

per.gun.tar *v.t.* fazer perguntas; questionar

pe.ri.as.tro *s.m.* ASTRON ponto da órbita mais próximo de um astro em relação a outro em torno do qual gravita

pe.ri.cár.dio *s.m.* ANAT envoltório externo do coração

pe.rí.cia *s.f.* **1** exame realizado por um perito **2** conhecimento, habilidade

pe.ri.ci.al *adj.2g.* relativo a perícia

pe.ri.cli.tan.te *adj.2g.* que corre perigo

pe.ri.cli.tar *v.i.* estar em perigo; perigar

pe.ri.cu.lo.si.da.de *s.f.* estado daquilo que é perigoso, arriscado

pe.ri.e.co /é/ *s.m.* na Grécia antiga, cidadão de condição intermediária entre a dos cidadãos e a dos escravos ■ **periecos** habitantes do planeta Terra que estão nos mesmos paralelos, mas em meridianos opostos

pe.ri.é.lio *s.m.* ASTRON ponto da órbita de um planeta, em seu movimento de translação, mais próximo do Sol; peri-hélio

pe.ri.fe.ri.a *s.f.* **1** linha imaginária que delimita um corpo ou uma superfície **2** lugar afastado do centro urbano **3** limite, perímetro urbano

pe.rí.fra.se *s.f.* figura de estilo em que se utiliza a maior quantidade de palavras para suavizar uma ideia ou explicitá-la melhor

pe.ri.fra.se.ar *v.t.* expressar, explicar por meio de perífrase

pe.ri.frás.ti.co *adj.* relativo a perífrase

pe.ri.gar *v.i.* correr perigo; periclitar

pe.ri.geu /ê/ *s.m.* ASTRON ponto orbital de um astro no qual ele se encontra mais próximo da Terra

pe.ri.go *s.m.* situação que ameaça a segurança e a vida de uma pessoa; risco

pe.ri.go.so /ô/ *adj.* que oferece perigo, risco

pe.rí.me.tro *s.m.* **1** GEOM linha que contorna uma figura **2** limite territorial

pe.rí.neo *s.m.* ANAT região do corpo humano que vai do ânus à parte posterior dos órgãos genitais

pe.ri.o.di.ci.da.de *s.f.* qualidade do que é periódico, que ocorre em um período mais ou menos fixo e com determinada frequência

pe.ri.ó.di.co *adj.* **1** relativo a período **2** aquilo que se manifesta com periodicidade **3** FÍS diz-se do processo físico que apresenta regularidade • *s.m.* **4** publicação lançada a intervalos regulares; revista, jornal

pe.ri.o.dis.mo *s.m.* **1** condição do que está sujeito a movimentos periódicos **2** função de jornalista; jornalismo

pe.ri.o.dis.ta *s.2g.* profissional que escreve em periódicos; jornalista

pe.rí.o.do *s.m.* **1** tempo transcorrido entre dois acontecimentos **2** GRAM frase formada por mais de uma oração **3** MAT valor de uma função periódica

pe.ri.o.don.ti.te *s.f.* MED processo inflamatório que ocorre no periodonto

pe.ri.o.don.to *s.m.* ANAT tecido conjuntivo que fixa o dente no alvéolo

pe.ri.ós.teo *s.m.* ANAT membrana de tecido conectivo que reveste os ossos em sua parte externa

pe.ri.pa.té.ti.co *adj.* **1** relativo a Aristóteles; aristotélico • *s.m.* **2** discípulo do filósofo Aristóteles; seguidor do aristotelismo

pe.ri.pé.cia *s.f.* **1** aquilo que acontece de forma imprevista, inesperada **2** LITER momento surpreendente em uma narrativa

pé.ri.plo *s.m.* viagem de circum-navegação em torno de um território continental

pe.ri.qui.to *s.m.* ZOOL espécie de papagaio pequeno de plumagem verde que tem a capacidade de aprender a falar

pe.ris.có.pio *s.m.* instrumento usado em submarinos para observar algo que está acima da superfície aquática

pe.ris.so.dá.ti.lo *s.m.* ZOOL espécime dos perissodátilos, ordem de mamíferos que possuem cascos, como o cavalo, a anta etc.

pe.ris.tal.se *s.f.* BIOL m.q. peristaltismo

pe.ris.tal.tis.mo *s.m.* BIOL movimento de contração da musculatura interna dos órgãos ocos, provocando o avanço de seu conteúdo, seja para continuar um processo, como a digestão no estômago, seja para eliminar algo do organismo, como a urina na bexiga

pe.ris.ti.lo *s.m.* conjunto de colunas internas de uma construção

pe.ri.to *adj. s.m.* especialista, autoridade em certa área ou assunto; sagaz, hábil, erudito, sábio

pe.ri.tô.nio *s.m.* ANAT membrana que reveste as paredes do abdome e a superfície dos órgãos digestivos

pe.ri.to.ni.te *s.f.* MED inflamação do peritônio

per.ju.rar *v.t.* **1** quebrar juramento ou promessa feita **2** jurar de forma falsa

per.jú.rio *s.m.* ação de perjurar

per.ju.ro *adj.* diz-se daquele que não honrou sua palavra, que cometeu perjúrio

per.lon.gar *v.t.* **1** estender-se ao longo de; costear **2** *desus.* procrastinar, adiar

per.lus.trar *v.t.* percorrer com os olhos, examinando, observando

per.ma.ne.cer /ê/ *v.i.* **1** restar, ficar **2** continuar existindo; conservar-se

per.ma.nên.cia *s.f.* **1** qualidade do que se mostra permanente **2** tempo de estada de uma pessoa em um determinado local

permanente

per.ma.nen.te *adj.2g.* **1** que é estável, ininterrupto, duradouro • *s.m.* **2** documento que permite a entrada em determinados locais e meios de transporte ○ *s.f.* **3** técnica de encrespamento capilar artificia

per.man.ga.na.to *s.m.* QUÍM sal ou éster do ácido permangânico

per.me.a.bi.li.da.de *s.f.* qualidade daquilo que pode ser infiltrado por líquidos

per.me.a.bi.li.zar *v.t.* fazer com que algo seja permeável

per.me.ar *v.t.* fazer passar pelo meio de algo

per.me.á.vel *adj.2g.* passível de ser traspassado

Per.mi.a.no *s.m.* GEOL período ocorrido na Era Paleozoica, entre o Triássico e o Carbonífero

per.mis.sí.vel *adj.2g.* passível de ser permitido; admissível

per.mis.são *s.f.* concessão de algo a alguém; autorização

per.mis.si.vo *adj.* que possui característica de permitir, de ser tolerante, de dar permissão

per.mi.tir *v.t.* conceder licença a alguém para a realização de algo; autorizar

per.mu.ta *s.f.* processo de permutação

per.mu.ta.ção *s.f.* ato ou efeito de permutar; troca

per.mu.tar *v.t.* **1** realizar troca recíproca **2** partilhar, comunicar

per.mu.tá.vel *adj.2g.* passível de permuta, de troca

per.na /é/ *s.f.* **1** ANAT cada um dos membros inferiores do corpo humano, com função de locomoção **2** parte do membro inferior, localizada entre o joelho e o tornozelo

per.na.da *s.f.* **1** passada comprida **2** caminhada de grande distância **3** golpe desferido com a perna

per.nal.ta *s.m.* **1** ZOOL nome das aves que possuem pernas alongadas e que são desprovidas de penas nessa região • *adj.* **2** característica daquele que possui pernas mais compridas que as outras pessoas

per.nam.bu.ca.no *adj. gent.* natural ou habitante de Pernambuco

per.nei.ra /ê/ *s.f.* **1** peça parecida com uma perna e que tem por função proteger os membros inferiores **2** MED doença que afeta as pernas

per.ne.ta /ê/ *adj.* que possui deficiência em uma perna; manco

per.ní.cie *s.f.* destruição, estrago, ruína

per.ni.ci.o.so /ô/ *adj.* que causa dano; maléfico, nocivo

per.nil *s.m.* coxa de animais quadrúpedes, valorizada na culinária

per.ni.lon.go *s.m.* ZOOL tipo de mosquito de pernas longas e delgadas

per.noi.tar *v.i.* ficar durante a noite para dormir

per.noi.te /ô/ *s.m.* m.q. pernoite

per.nós.ti.co *adj.* que se expressa usando termos rebuscados, difíceis

per.nou.tar *v.i.* m.q. pernoitar

per.nou.te /ô/ *s.m.* m.q. pernoite

pe.ro.ba /ó/ *s.f.* **1** BOT árvore brasileira que possui madeira de boa qualidade • *adj.2g.* **2** *pop.* diz-se do que enfada; maçante

pé.ro.la *s.f.* **1** ZOOL pequena esfera brilhante que se forma no interior da concha de determinados moluscos **2** a cor dessa esfera **3** *fig.* pessoa agradável, adorável

pe.ro.lar *v.t.* **1** dar formato ou aparência de pérola; perlar, perolizar **2** enfeitar com pérolas

pe.ro.ra.ção *s.f.* trecho que finaliza um discurso; conclusão

pe.ro.rar *v.i.* concluir um discurso

pe.rô.nio *s.m.* ANAT osso que com a tíbia forma a estrutura óssea básica da perna; fíbula

pe.ró.xi.do /ks/ *s.m.* QUÍM composto que contém propriedade oxidante

per.pas.sar *v.t.* passar próximo ou no perímetro de algo

per.pe.trar *v.t.* executar, realizar algo, geralmente ilícito ou criminoso

per.pé.tua *s.f.* BOT tipo de flor oriental de cores variadas e que possui longa duração

per.pe.tu.a.ção *s.f.* ato ou efeito de perpetuar(-se)

per.pe.tu.ar *v.t.* tornar perpétuo; perenizar, prolongar

per.pé.tuo *adj.* qualidade do que é eterno, ininterrupto, contínuo

per.ple.xi.da.de /ks/ *s.f.* estado de hesitação que causa o impedimento de qualquer reação

per.ple.xo /éks/ *adj.* pasmo, hesitante, atônito

per.qui.rir *v.t.* investigar com minúcias; indagar, esquadrinhar

per.ren.gue *adj.2g.* covarde, frouxo

per.ro /ê/ *s.m.* **1** m.q. cão **2** *pejor.* indivíduo canalha, patife

per.sa /é/ *adj. gent.* natural ou habitante da Pérsia

pers.cru.ta.ção *s.f.* ato ou efeito de perscrutar

pers.cru.tar *v.t.* investigar demorada e atentamente; sondar, procurar

per.se.cu.ção *s.f.* m.q. perseguição

per.se.cu.tó.rio *adj.* em que há perseguição

per.se.gui.ção *s.f.* ação ou efeito de perseguir alguém

per.se.guir *v.t.* **1** ir atrás de alguma pessoa **2** incomodar, perturbar

per.se.ve.ran.ça *s.f.* qualidade do que é perseverante; persistência

per.se.ve.ran.te *adj.2g.* que não desiste; persistente

per.se.ve.rar *v.i.* não desistir de algo, continuar sendo persistente

per.si.a.na *s.f.* espécie de cortina feita de placas de maneira que se movimentam regulando a luminosidade do ambiente

pér.si.co *adj.* relativo à Pérsia

per.sig.nar.se *v.pron.* RELIG benzer-se fazendo o sinal da cruz

per.sis.tên.cia *s.f.* que possui perseverança, que tem obstinação

per.sis.ten.te *adj.2g.* aquele que é perseverante, obstinado

per.sis.tir *v.i.* não desistir de algo que se quer; perseverar; perdurar

per.so.na.gem *s.2g.* **1** pessoa importante; personalidade **2** figura representada em uma peça teatral, novela, ficção etc.

per.so.na.li.da.de *s.f.* **1** forma própria de ser, agir e pensar de uma pessoa **2** pessoa de grande importância

per.so.na.lis.mo *s.m.* **1** característica do que é pessoal, subjetivo **2** manifestação de egocentrismo

per.so.na.lis.ta *adj.* **1** relativo a personalismo; que é pessoal, subjetivo **2** diz-se de pessoa egocêntrica

per.so.na.li.za.ção *s.f.* ato ou efeito de personalizar

per.so.na.li.zar *v.t.* **1** tornar pessoal, individual; individualizar **2** encarnar um personagem **3** conferir qualidades de pessoa; personificar

pessimista

per.so.ni.fi.ca.ção *s.f.* **1** ato ou efeito de personificar **2** m.q. prosopopeia

per.so.ni.fi.car *v.t.* atribuir características e sentimentos humanos a animais e seres inanimados; personalizar

pers.pec.ti.va *s.f.* **1** técnica de pintura que cria no observador a ilusão de profundidade e espessura **2** ponto de vista **3** expectativa **4** o que pode ser visto de um dado ponto; panorama

pers.pi.cá.cia *s.f.* sagacidade, inteligência, esperteza

pers.pi.caz *adj.2g.* inteligente, sagaz, arguto

pers.pí.cuo *adj.* que é evidente; nítido, claro

pers.pi.rar *v.i.* transpirar, suar

per.su.a.dir *v.t.* usar de persuasão para convencer alguém de algo

per.su.a.são *s.f.* **1** ato de convencer alguém de algo **2** certeza, convicção

per.su.a.si.vo *adj.* que possui capacidade de persuadir; que é convincente

per.ten.ce *s.m.* **1** aquilo que é próprio de alguma coisa, que a ela pertence **2** objeto pessoal

per.ten.cen.te *adj.2g.* **1** que pertence a alguém ou algo **2** concernente, relativo, pertencente

per.ten.cer /ê/ *v.t.* **1** ser próprio de **2** fazer parte de

per.ti.ná.cia *s.f.* qualidade do que é pertinaz; perseverança, obstinação

per.ti.naz *adj.2g.* que persevera; persistente, obstinado

per.ti.nên.cia *s.f.* **1** condição de ser pertinente **2** estado do que apresenta adequação, relevância

per.ti.nen.te *adj.2g.* **1** que faz referência a **2** relevante, adequado, apropriado

per.to /é/ *adv.* **1** junto ou; próximo • *adj.2g.* **2** que não está longe

per.tur.ba.ção *s.f.* **1** agitação, falta de tranquilidade **2** transtorno, confusão, tumulto

per.tur.ba.do *adj.* que passou ou passa por processo de perturbação

per.tur.bar *v.t.* causar agitação, confusão

pe.ru *s.m.* **1** país da América do Sul da costa do Pacífico (com inicial maiúscula) **2** ZOOL ave de porte robusto e plumagem escura cuja carne é saborosa **3** *fig.* pessoa palpiteira **4** *pop.* o pênis

pe.ru.a *s.f.* **1** espécie fêmea da ave chamada peru **2** automóvel que comporta um grande número de pessoas **3** *pejor.* diz-se de mulher exagerada no vestir, gesticular, falar

pe.ru.a.no *adj. gent.* natural ou habitante do Peru

pe.ru.ar *v.t.* dar palpites sobre um jogo de maneira incômoda

pe.ru.ca *s.f.* cabelo artificial

pe.ru.ei.ro /ê/ *adj.* **1** relativo a peru • *s.m.* **2** indivíduo que cria ou comercializa perus **3** motorista que faz transporte em perua

pe.ru.vi.a.no *adj.* m.q. peruano

per.va.gar *v.i.* andar sem rumo certo; vagar

per.ver.são *s.f.* **1** aquilo que não é moral; depravação **2** corrupção tanto moral quanto social

per.ver.si.da.de *s.f.* qualidade do que é perverso; crueldade

per.ver.so /é/ *adj.* **1** que possui má índole **2** diz-se do sujeito perverso, corrupto, ruim

per.ver.ter /ê/ *v.t.* **1** corromper moralmente **2** dar sentido ruim a algo

per.ver.ti.do *adj.* que se perverteu; que foi corrompido moralmente

pe.sa.da *s.f.* ação ou efeito de pesar algo

pe.sa.de.lo /ê/ *s.m.* sonho ruim que deixa a pessoa aflita

pe.sa.dez /ê/ *s.f.* qualidade do que é pesado

pe.sa.do *adj.* **1** que possui muito peso **2** que exige muito esforço físico **3** que oprime; tenso

pes.ca.da *s.f.* ZOOL designação dada a várias espécies de peixe de cor prateada

pes.ca.dor /ô/ *s.m.* indivíduo que tem a pesca como profissão ou como atividade de lazer

pes.ca.ri.a *s.f.* ato de pescar; pesca

pes.co.ção *s.m.* golpe desferido na região do pescoço ou da garganta

pe.sa.gem *s.f.* ação ou efeito de pesar algo; pesada

pê.sa.mes *s.m.pl.* expressão de condolência por infortúnio ocorrido na vida de outra pessoa

pe.sar *s.m.* **1** sentimento negativo que causa sofrimento **2** *fig.* sentimento de remorso, de arrependimento • *v.t.* **3** colocar na balança para saber o peso **4** causar mágoa, mal-estar a alguém **5** avaliar, considerar, ponderar

pe.sa.ro.so /ô/ *adj.* tomado de pesar; triste, ressentido

pes.ca /ê/ *s.f.* **1** ato ou resultado de pescar **2** ESPORT prática de apanhar peixes como esporte

pes.ca.do *adj.* **1** que foi pego por anzol • *s.m.* **2** ZOOL peixe ou animal aquático comestível

pes.co.ço /ô/ *s.m.* ANAT parte exterior da garganta que faz a ligação entre a cabeça e o tronco

pe.se.ta /ê/ *s.f.* ECON moeda espanhola

pe.so /ê/ *s.m.* **1** FÍS força que a gravidade exerce sobre um corpo **2** *fig.* tudo o que incomoda, perturba **3** moeda usada em países como Uruguai, Colômbia e Bolívia

pes.pe.gar *v.t.* desferir golpe ou tapa de forma violenta

pes.pon.tar *v.t.* produzir pespontos; preparar costura

pes.pon.to *s.m.* **1** técnica de costura em que há um pequeno intervalo entre cada ponto **2** acabamento externo de costura feito à mão ou à máquina, com pontos mais largos

pes.quei.ro /ê/ *s.m.* **1** local próprio para pesca **2** embarcação apropriada para a pesca

pes.qui.sa *s.f.* **1** investigação minuciosa **2** estudo geralmente de caráter científico

pes.qui.sa.dor /ô/ *adj.* **1** aquele que pesquisa, investiga • *s.m.* **2** indivíduo que realiza pesquisas de cunho científico

pes.qui.sar *v.t.* realizar pesquisas

pes.se.ga.da *s.f.* **1** grande quantidade de pêssegos **2** doce feito com pêssego

pês.se.go *s.m.* BOT fruto suculento e aveludado, proveniente do pessegueiro

pes.se.guei.ro /ê/ *s.m.* BOT árvore cujo fruto é o pêssego

pes.si.mis.mo *s.m.* **1** estado de espírito caracterizado pela espera do pior de tudo **2** FILOS teoria pertencente ao ramo da filosofia de Schopenhauer, segundo a qual os aspectos negativos da existência superam os positivos

pes.si.mis.ta *adj.2g.* **1** diz-se daquele que espera o pior de tudo • *s.2g.* **2** partidário do pessimismo de Schopenhauer

péssimo

pés.si.mo *adj.* característica de maldade e ruindade extremas

pes.so.a /ô/ *s.f.* **1** aquele que é humano **2** JUR entidade ou fundação legalmente reconhecida

pes.so.al *adj.2g.* **1** que se refere a pessoa • *s.m.* **2** grupo de pessoas que trabalham em um lugar

pes.ta.na *s.f.* ANAT conjunto dos cílios que circundam as bordas das pálpebras

pes.ta.ne.jar *v.t.* fechar e abrir ligeiramente as pálpebras; piscar

pes.ta.nu.do *adj.* que possui pestanas densas e compridas

pes.te /é/ *s.f.* **1** moléstia grave e fatal; epidemia • *adj.* **2** diz-se de pessoa que cria confusão, tumulto

pes.te.ar *v.i.* **1** infectar-se com peste ○ *v.t.* **2** contaminar com peste; empestar

pes.ti.fe.ro *adj.* que causa peste

pes.ti.lên.cia *s.f.* doença contagiosa; peste

pes.ti.len.ci.al *adj.2g.* m.q. pestilento

pes.ti.len.to *adj.* que é nocivo, doentio, contaminador

pe.ta /ê/ *s.f.* fraude, mentira

pé.ta.la *s.f.* BOT cada uma das partes coloridas da corola de uma flor

pe.tar.do *s.m.* artefato explosivo muito potente

pe.te.ca /é/ *s.f.* **1** brinquedo feito de um pequeno saco de couro cheio de areia ao qual é afixado, perpendicularmente, um conjunto de penas **2** o jogo em que se utiliza tal brinquedo ■ **deixar a peteca cair** não ter êxito em alguma atividade; falhar

pe.te.le.co /é/ *s.m.* pequeno golpe com os dedos da mão; piparote

pe.ti.ção *s.f.* **1** ação ou resultado de pedir; solicitação **2** JUR requerimento

pe.tis.ca.dor /ô/ *adj.* diz-se daquele que petisca; lambiscador

pe.tis.car *v.t.* comer pequenos bocados de algo; lambiscar

pe.tis.co *s.m.* **1** comida leve que se serve antes de uma refeição principal; tira-gosto **2** fuzil com que se feria lume na pederneira

pe.tis.quei.ra /ê/ *s.f.* **1** lus. restaurante onde são servidos petiscos **2** armário ou recipiente para guardar petiscos

pe.tiz *adj.2g.* que é criança; pequenino

pe.ti.za.da *s.f.* conjunto de petizes; meninada, criançada

pe.tre.char *v.t.* fornecer os petrechos, os instrumentos necessários à realização de uma atividade; aparelhar

pe.tre.cho /ê/ *s.m.* utensílio indispensável para a realização de uma atividade (mais usado no plural)

pé.treo *adj.* **1** que possui características semelhantes às da pedra **2** *fig.* diz-se de pessoa desumana, insensível

pe.tri.fi.ca.ção *s.f.* transformação de algo em pedra; endurecimento

pe.tri.fi.car *v.t.* transformar algo em pedra; empedernir, endurecer

pe.tro.gra.fi.a *s.f.* GEOL área da geologia que se dedica à descrição e classificação sistemática das rochas

pe.tro.lei.ro /ê/ *adj.* **1** relativo a petróleo **2** diz-se dos navios que transportam petróleo **3** criminoso que provoca incêndios com petróleo **4** *fig.* revolucionário, agitador, baderneiro

pe.tró.leo *s.m.* óleo mineral extraído de profundas jazidas, utilizado como fonte de energia e também como matéria-prima na indústria petroquímica

pe.tro.li.fe.ro *adj.* que tem ou produz petróleo

pe.tro.lo.gi.a *s.f.* GEOL ramo da geologia que se dedica ao estudo das rochas

pe.tu.lân.cia *s.f.* característica de petulante

pe.tu.lan.te *adj.2g.* que se apresenta de forma atrevida, insolente, ousada

pe.tú.nia *s.f.* BOT planta herbácea ornamental de belas flores roxas

pe.ú.ga *s.f.* meia de tamanho curto

pe.vi.de *s.f.* BOT semente de formato achatado encontrada em diversos frutos como melancia, melão, abóbora etc.

pez /ê/ *s.m.* substância densa obtida pela destilação de alcatrão; piche

pe.zu.do *adj.* que possui pés grandes

pi *s.m.* nome da décima sexta letra do alfabeto grego, equivalente ao p do alfabeto latino

pi.a *adj.* **1** que é adepta da religiosidade; devota • *s.f.* **2** espécie de bacia, geralmente na cozinha e no banheiro, para lavar as mãos, as louças etc.; lavatório ■ **nome de pia** nome dado a alguém no batismo

pi.ã *s.m.* MED m.q. bouba

pi.á *s.m.* criança pequena; menino muito jovem

pi.a.ba *s.f.* **1** ZOOL tipo de peixe que vive em água doce, de boca pequena; piava **2** *pop.* pequena quantia de alguma coisa

pi.a.ça.ba *s.f.* BOT palmeira brasileira utilizada na fabricação de escovas e de vassouras; piaçava

pi.a.ça.va *s.f.* BOT m.q. piaçaba

pi.a.da *s.f.* dito engraçado; anedota

pi.a.dis.ta *adj.2g.* diz-se de pessoa que gosta de contar piadas

pi.a.do *s.m.* o som feito pelas aves; pio

pi.a.ga *s.m.* m.q. pajé

pi.a-má.ter *s.f.* ANAT a membrana mais interna que recobre o encéfalo e a medula espinhal

pi.a.nís.si.mo *s.m.* MÚS trecho musical tocado muito suavemente

pi.a.nis.ta *s.2g.* músico que toca piano

pi.a.nís.ti.ca *s.f.* arte de compor peças para piano ou de tocá-lo com maestria

pi.a.no *s.m.* **1** MÚS instrumento musical que possui 88 teclas que, quando tocadas, acionam cordas que percutem dentro de uma caixa de ressonância • *adv.* **2** MÚS modo suave de executar um trecho musical

pi.a.no.la /ó/ *s.f.* MÚS piano de tamanho menor e funcionamento automático

pi.ão *s.m.* brinquedo antigo feito de madeira em formato de pera, que gira em equilíbrio ao ser impulsionado pelo desenrolar rápido do barbante que fica em torno dele

pi.as.tra *s.f.* moeda de prata cunhada em alguns países

pi.ar *v.i.* **1** emitir ou imitar pio de aves **2** *lus.* beber vinho

pi.au.i.en.se *adj.gent.* natural ou habitante do Piauí

pi.a.va *s.f.* ZOOL m.q. piaba

pi.ca *s.f.* **1** ZOOL pássaro semelhante ao corvo que aprende a falar algumas palavras **2** desejo de comer iguarias exóticas e inusitadas no período da gravidez **3** *desus.* tipo de lança usada antigamente; pique **4** *pejor.* pênis

piloso

pi.ca.da *s.f.* 1 lesão feita por objeto pontiagudo 2 lesão por mordedura de inseto 3 atalho feito na mata com um facão

pi.ca.dei.ro /ê/ *s.m.* 1 tablado, no circo, para exibição de artistas e certos animais 2 local usado para a prática da equitação; picaria

pi.ca.di.nho *s.m.* CUL prato feito de carne bovina cortada em pedacinhos e que pode ou não conter molho

pi.ca.do *adj.* 1 fatiado em pedacinhos 2 atingido por objeto pontiagudo, lança, ferrão etc.

pi.ca.du.ra *s.f.* 1 ato ou efeito de picar 2 mordedura, picada feita por insetos

pi.can.te *adj.2g.* 1 diz-se do sabor que pica ou irrita a língua 2 diz-se daquilo que tem caráter malicioso, sarcástico

pi.cão *s.m.* 1 instrumento usado para lavrar pedras; picareta 2 tipo de gramínea que gruda na roupa e que possui características diuréticas

pi.ca-pau *s.m.* 1 ZOOL pássaro brasileiro que utiliza o bico para furar a madeira em busca de alimento 2 *fig.* espingarda cujo som lembra o barulho feito por um pica-pau

pi.car *v.t.* 1 lesionar com objeto pontiagudo 2 fazer furo pequeno 3 (inseto) furar com o ferrão 4 (ave) ferir com o bico 5 cortar em pedaços bem pequenos

pi.car.di.a *s.f.* falta de respeito; desfeita

pi.ca.re.ta /ê/ *s.f.* 1 instrumento para picar pedras e fazer buraco na terra • *adj.2g.* 2 *fig.* diz-se da pessoa que utiliza todos os recursos possíveis para fraudar; vigarista

pi.ca.res.co /ê/ *adj.* próprio de pícaro; zombeteiro

pí.ca.ro *adj.* 1 diz-se daquele que é malandro, astuto • *s.m.* 2 LITER personagem da literatura espanhola que faz de tudo para se aproveitar de pessoas mais abastadas

pi.çar.ra *s.f.* mistura feita de cascalho e terra; saibro

pí.ceo *adj.* semelhante ao pez, ao piche

pi.che *adj.* 1 que possui gosto de queimado • *s.m.* 2 substância pegajosa de cor preta, usada para pavimentar ruas

pi.chel /é/ *s.m.* antigo vaso bojudo que se usava para retirar vinho de um tonel; picho

pi.cho *s.m.* m.q. pichel

pi.cles *s.m.pl.* conserva feita de diversos legumes, como cenoura, cebola, pepino

pi.co *s.m.* 1 o ponto mais elevado de algo 2 extremidade pontuda de algo; cume, cimo

pi.co.lé *s.m.* 1 sorvete solidificado na ponta de um palitinho 2 *desus.* doce pegajoso em forma de cone

pi.co.ta /ó/ *s.f. desus.* haste de madeira com ponta afiada na qual se expunha a cabeça decepada dos condenados

pi.co.tar *v.t.* fazer pequenos furos; perfurar, recortar

pi.co.te /ó/ *s.m.* 1 tecido rústico feito de lã caprina 2 perfuração de tamanho diminuto

pict.tó.ri.co *adj.* relativo à pintura

pi.cu.á *s.m.* espécie de saco colocado na região da anca do animal para transporte de bagagens em uma viagem

pi.cu.i.nha *s.f.* algo feito propositalmente para irritar alguém; pirraça

pi.cu.mã *s.f.* determinado tipo de fuligem que surge a partir da fumaça que é emitida pelo fogão

pi.dão *adj.* diz-se de pessoa que pede muito

pi.e.da.de *s.f.* 1 sentimento de dó, misericórdia 2 devoção às coisas religiosas

pi.e.do.so /ô/ *adj.* 1 que tem piedade 2 que é misericordioso, caridoso 3 que possui religiosidade; que é devoto

pi.e.gas /é/ *adj.2g.2n.* diz-se de quem é extremamente sentimental

pi.e.gui.ce *s.f.* tipo de sentimentalismo descomedido

pi.ei.ra /ê/ *s.f.* som produzido por quem sofre de doença respiratória como bronquite, asma etc.

pi.e.mon.tês *adj. gent.* 1 natural ou habitante de Piemonte, na Itália • *s.m.* 2 dialeto falado nesse local

pi.fão *s.m. pop.* m.q. bebedeira

pi.far *v.i.* deixar de funcionar por falta de força ou energia

pí.fa.ro *s.m.* MÚS flauta rústica

pí.fio *adj.* que não possui valor; ordinário, ruim

pi.gar.re.ar *v.i.* tossir expelindo pigarro

pi.gar.ren.to *adj.* que tem pigarro

pi.gar.ro *s.m.* 1 irritação na garganta acompanhada de tosse e expulsão de muco, ocasionando um som característico 2 *fig.* ruído feito com a garganta para pedir atenção ou silêncio

pig.men.ta.ção *s.f.* qualidade do que é pigmentado, colorido; coloração

pig.men.ta.do *adj.* que tem pigmentos

pig.men.tar *adj.2g.* 1 que se refere a pigmento • *v.t.* 2 dar cor, pigmento

pig.men.to *s.m.* BIOL substância responsável pela coloração de células e seres vivos

pig.meu *s.m.* 1 indivíduo de certa etnia africana que possui estatura menor que 1,50 m 2 *por ext.* pessoa muito pequena; anão

pi.ja.ma *s.m.* vestimenta que tem por característica ser leve e própria para dormir, composta por uma calça e uma espécie de paletó

pi.lan.tra *adj.2g.* mau-caráter, desonesto

pi.lão *s.m.* 1 construção de grande porte na entrada de templos egípcios 2 grande recipiente de madeira no qual se coloca algo para triturar com um bastão, também de madeira

pi.lar *v.t.* 1 moer no pilão • *s.m.* 2 ARQUIT coluna de alvenaria que serve para dar sustentação a uma construção 3 *por ext.* aquilo que serve de estrutura, de apoio

pi.las.tra *s.f.* ARQUIT pilar ornamental, decorativo

pi.le.que /é/ *s.m.* estado de embriaguez; bebedeira

pí.leo *s.m.* 1 *desus.* barrete de caráter eclesiástico 2 BOT parte dilatada, semelhante a um chapéu, do aparelho esporífero de alguns fungos

pi.lha *s.f.* 1 pequeno amontoado de coisas 2 dispositivo que produz energia elétrica a partir de energia química

pi.lha.gem *s.f.* ação ou efeito de pilhar; prática de roubo, furto

pi.lhar *v.t.* apossar-se do que é alheio; roubar, furtar

pi.lhé.ria *s.f.* piada, graça

pi.lhe.ri.ar *v.i.* contar piadas, fazer graça

pi.lhé.ri.co *adj.* zombeteiro, engraçado

pi.ló.ri.co *adj.* relativo a piloro

pi.lo.ro /ô/ *s.m.* ANAT orifício entre o estômago e o duodeno

pi.lo.si.da.de *s.f.* qualidade do que é piloso, do que tem pelos

pi.lo.so /ô/ *adj.* provido de pelos; peludo

pilotagem

pi.lo.ta.gem *s.f.* ação de pilotar navio, barco, carro ou outro veículo

pi.lo.tar *v.t.* dirigir ou guiar algum meio de transporte

pi.lo.to /ô/ *s.m.* indivíduo que pilota veículos mecânicos

pí.lu.la *s.f.* pequena bolinha sólida que contém medicamento

pi.men.ta *s.f.* **1** BOT fruto de sabor fortemente picante proveniente da pimenteira **2** *fig.* pessoa geniosa, brigona ■ **pimenta nos olhos dos outros não arde** o sofrimento alheio não afeta quem o provoca ou quem está próximo

pi.men.tão *s.m.* **1** vegetal verde, amarelo ou vermelho de gosto picante com formato semelhante ao da pimenta • *adj.* **2** *fig.* diz-se de pessoa que tomou muito sol ou ficou vermelha por um outro motivo qualquer

pi.men.tei.ra /ê/ *s.f.* **1** BOT a planta cujo fruto é a pimenta **2** recipiente para guardar a pimenta ou o molho com ela feito

pi.men.tei.ro /ê/ *s.m.* **1** m.q. pimenteira **2** plantação de pimentas

pim.pão *adj.* **1** m.q. fanfarrão **2** vaidoso, janota

pim.po.lho /ô/ *s.m.* **1** nome dado a um broto vegetal **2** criança pequena; garoto jovem

pim.po.ni.ce *s.f.* **1** atitude própria de pimpão **2** vaidade em relação ao vestuário; janotice

pi.na *s.f.* **1** nadadeira de peixes **2** ARQUIT construção arquitetônica que possui formato de barbatana de peixe **3** ZOOL tipo de molusco que vive na costa portuguesa

pi.na.co.te.ca /é/ *s.f.* **1** coleção de quadros e pinturas valiosos **2** lugar onde são guardados tais quadros e pinturas

pi.ná.cu.lo *s.m.* **1** o cume de uma formação rochosa; píncaro, ápice, pico **2** o ponto mais elevado de um lugar

pin.ça *s.f.* **1** pequeno instrumento constituído por duas hastes unidas em uma das extremidades e flexíveis para agarrar algo **2** apêndice de moluscos e insetos usado para defesa ou alimentação

pin.çar *v.t.* pegar com auxílio de uma pinça

pín.ca.ro *s.m.* o ápice de uma montanha; pináculo

pin.cel *s.m.* instrumento composto por um cabo com uma porção de cerdas na ponta e utilizado para pintar

pin.ce.lar *v.t.* passar alguma substância em algo com o auxílio de pincel; pintar

pin.ce.nê *s.m.* óculos que se apoiam exclusivamente no nariz e não nas orelhas

pin.char *v.t.* **1** jogar fora; arremessar para longe ○ *v.i.* **2** agitar-se; atirar-se; saltar

pin.cho *s.m.* movimento de pulo, salto

pin.da.í.ba *s.f. pop.* viver sem muito ou nenhum dinheiro; miséria, penúria

pin.do.ba /ó/ *s.f.* BOT palmeira nativa do Brasil, de que se extrai óleo de qualidade; anajá-mirim

pi.ne.al *adj.2g.* **1** que tem forma de pinha **2** ANAT diz--se de pequena glândula cerebral que tem formato de pinha

pi.ne.no *s.m.* QUÍM substância extraída da essência da terebintina

pin.ga *s.f.* **1** pingo, gota **2** *pop.* denominação de álcool, cachaça, aguardente **3** *lus.* pessoa que não tem dinheiro; aquele que é pobre, de condição miserável

pin.ga.dei.ra /ê/ *s.f.* **1** ação de pingar **2** conjunto de pingos em sequência

pin.ga.do *adj.* **1** diz-se do que caiu gota a gota • *s.m.* **2** algo de pouco valor **3** diz-se de café a que se pinga um pouco de leite

pin.gar *v.i.* **1** iniciar chuva ou chuvisco **2** *fig.* começar a fornecer rendimento ○ *v.t.* **3** fazer cair pingo por pingo, gota a gota; gotejar

pin.gen.te *s.m.* **1** pequeno ornato pendente que se usa em colares **2** *desus.* passageiro de transporte coletivo que segue viagem no estribo

pin.go *s.m.* **1** gota de qualquer líquido **2** cavalo de boa qualidade **3** doce de leite feito com açúcar queimado

pin.gu.ço *adj.* que bebe muito; bêbado

pin.gue *adj.2g.* **1** que é gordo ou gorduroso **2** que é fecundo, fértil

pin.gue.la /é/ *s.f.* **1** espécie de ponte de formato rústico para atravessar rios com pouco volume de água **2** pequeno pedaço de pau para armar armadilhas ou arapucas

pin.gue-pon.gue *s.m.* ESPORT jogo similar ao tênis, mas praticado em uma mesa

pin.guim *s.m.* **1** ZOOL ave polar preta com tórax de cor branca que vive especialmente na Antártica e cujas asas são adaptadas para o nado **2** BOT erva da família das bromeliáceas

pi.nha *s.f.* **1** BOT o fruto proveniente do pinheiro **2** *fig.* aglomeração de coisas ou pessoas

pi.nhal *s.m.* lugar que possui grande quantidade de pinheiros

pi.nhão *s.m.* **1** BOT fruto comestível produzido pelo pinheiro **2** a maior peça dentada de uma determinada engrenagem

pi.nhei.ral *s.m.* mata onde se encontram vários pinheiros

pi.nhei.ro /ê/ *s.m.* BOT árvore cujo fruto é o pinhão; pinho

pi.nho *s.m.* **1** m.q. pinheiro **2** MÚS tipo de violão

pi.ni.cão *s.m.* m.q. beliscão

pi.ni.car *v.t.* **1** beliscar, apertar **2** causar sensação de comichão; picar **3** meter as esporas em animal

pi.ni.for.me /ó/ *adj.2g.* diz-se de fruto que apresenta forma de pinha; pinhiforme

pi.no *s.m.* **1** a posição mais alta do Sol; zênite **2** tipo de prego que os sapateiros usam **3** pequena haste de metal ou outro material para articular duas partes de uma estrutura **4** nome que se dá a cada uma das balizas do boliche

pi.no.i.a /ó/ *s.f.* **1** *pejor.* mulher devassa **2** negócio que não deu certo; logro

pi.no.te /ó/ *s.m.* pulo de animal ao dar um coice

pi.no.te.ar *v.i.* pular no ar ao dar coices, pinotes

pin.ta *s.f.* **1** tipo de mancha, sinal **2** marca, indício **3** aparência de uma pessoa, ex.: *fulano é boa pinta*

pin.ta.da *s.f.* **1** ZOOL galinha de plumagem branca e preta; galinha-d'angola **2** ZOOL m.q. onça-pintada

pin.ta.do *adj.* **1** o que recebeu tinta **2** diz-se de pessoa com o rosto cheio de pintas **3** *fig.* indivíduo destemido, audacioso • *s.m.* **4** tipo de tecido de algodão; chita **5** ZOOL peixe da região amazônica

pin.ta.i.nho *s.m.* filhote de galinha em seus primeiros dias; pinto

pin.tal.gar *v.t.* pintar com tons variados

pin.tar *v.t.* **1** dar colorido a algo **2** transformar algo em pintura **3** aplicar tinta a algo • *v.i.* **4** (fruto) começar a madurar **5** começar a ocorrer; surgir

pin.tar.ro.xo */ô/ s.m.* ZOOL nome de uma ave de plumagem parda e avermelhada

pin.tas.sil.go *s.m.* ZOOL pássaro canoro de plumagem verde, amarela e preta

pin.to *s.m.* **1** cria da galinha; pintinho **2** *fig.* garoto, criança **3** *pejor.* genitália masculina; pênis **4** o que possui tamanho diminuto e de pouca valia

pin.tor */ô/ s.m.* **1** artista que pinta **2** profissional que pinta construções

pin.tu.ra *s.f.* **1** ação ou resultado de pintar **2** aquilo que se pintou; quadro **3** m.q. maquiagem

pin.tu.res.co */ê/ adj.* relativo a ou próprio da pintura; pictórico

pi.ó *s.f.* armadilha, esparrela

pi.o *adj.* **1** que apresenta religiosidade; que é devoto **2** piedoso, caridoso • *s.m.* **3** o som que certas aves produzem **2** MÚS instrumento musical que imita o som emitido pelas aves

pi.o.gê.ne.se *s.f.* MED formação de pus

pi.o.lhen.to *adj.* que apresenta ou tem muito piolho

pi.o.lho */ô/ s.m.* ZOOL ectoparasita que se alimenta do sangue de homem e animais e que se hospeda no couro cabeludo

pi.o.nei.ro */ê/ s.m.* aquele que abre caminhos; empreendedor, precursor, desbravador

pi.or */ó/ adj.* mais ruim, em uma relação de comparação

pi.o.ra */ó/ s.f.* decaída; agravamento

pi.o.rar *v.i.* ficar pior; decair; agravar

pi.or.rei.a */é/ s.f.* MED corrimento de substância purulenta

pi.pa *s.f.* **1** recipiente bojudo de madeira para guardar líquidos, especialmente vinho **2** ZOOL denominação dada a anfíbios como sapo e rã **3** brinquedo feito de um losango de varetas coberto de papel que paira no ar seguro por um barbante; papagaio

pi.pa.ro.te */ó/ s.m.* **1** pequena pancada desferida com os dedos; peteleco **2** *fig.* repreensão leve

pi.pe.ta */ê/ s.f.* **1** pequeno tubo de vidro que se usa em laboratórios para medir determinadas quantidades de certas substâncias **2** bomba que é introduzida em recipientes como pipas, tonéis

pi.pi *s.m.* **1** pênis, na linguagem infantil **2** xixi, urina, na linguagem infantil

pi.pi.lar *v.i.* emitir som semelhante ao pio

pi.pi.lo *s.m.* som produzido por certos pássaros; pio

pi.po *s.m.* pequena pipa; barril

pi.po.ca */ó/ s.f.* **1** tipo de milho próprio para ser estourado no fogo **2** pequenas erupções da pele geralmente causadas por alergia **3** *fig.* estampido, tiro

pi.po.ca.men.to *s.m.* ato ou efeito de pipocar

pi.po.car *v.i.* **1** produzir barulho de tiros; espocar **2** aparecer repentinamente

pi.que *s.m.* **1** tipo de lança usada antigamente **2** cercado onde ficam os animais em uma reserva **3** brincadeira infantil também chamada de pique-pega **4** ânimo, disposição

pi.quê *s.m.* tecido feito de algodão com desenhos em relevo formados pelo trançado das linhas

pi.que.ni.que *s.m.* refeição informal, geralmente campestre, que se faz ao ar livre

pi.que.te */ê/ s.m.* **1** espaço cercado de estacas onde são colocados animais **2** certa quantidade de soldados em atividade **3** conjunto de trabalhadores que durante greves impedem a entrada de outros funcionários no local de trabalho

pi.ra *s.f.* **1** fogueira própria para a cremação de cadáveres **2** *por ext.* qualquer tipo de fogueira

pi.ra.ce.ma */ê/ s.f.* período em que cardumes vão para as nascentes dos rios para a desova

pi.ra.mi.dal *adj. 2g.* **1** relativo a pirâmide **2** em formato de pirâmide **3** *fig.* de grandes proporções; enorme

pi.râ.mi.de *s.f.* **1** monumento egípcio onde eram sepultados os faraós **2** construções monumentais de certas civilizações pré-colombianas **3** GEOM poliedro cuja base é um polígono e cujas faces são triângulos

pi.ra.nha *s.f.* **1** ZOOL espécie de peixe de tamanho pequeno e muito voraz **2** *pejor.* mulher libertina, devassa; prostituta

pi.rão *s.m.* **1** CUL espécie de papa que se faz com caldo de carne e farinha **2** alimento saboroso e de fácil ingestão

pi.rar *v.i.* **1** fugir, escapar **2** livrar-se de algo **3** *pop.* endoidar, enlouquecer

pi.ra.ru.cu *s.m.* ZOOL peixe brasileiro de cor avermelhada

pi.ra.ta *s.m.* **1** ladrão que assalta navios em pleno mar **2** *fig.* homem que conquista várias mulheres • *adj.2g.* **3** produto que é imitação do original, que é falsificado

pi.ra.ta.ri.a *s.f.* **1** atividade criminosa dos piratas **2** grupo de piratas **3** crime que consiste em falsificar produtos originais

pi.re.nai.co *adj.* relativo à região dos Pirineus

pi.res *s.m.2n.* tipo de prato de tamanho reduzido feito para colocar a xícara

pi.ré.ti.co *adj.* relativo a febre; *febril*

pi.rex */éks/ s.m.* **1** vidro resistente ao calor do fogo **2** nome de vasilhas fabricadas com esse vidro

pi.re.xi.a */ks/ s.f.* **1** MED m.q. febre **2** MED estado febril

pí.ri.co *adj.* relativo a fogo

pi.ri.for.me */ô/ adj.2g.* em formato de pera

pi.ri.lam.po *s.m.* ZOOL pequeno inseto voador que emite luz fosforescente; vaga-lume

pi.ri.ri.ca *adj.2g.* **1** que é áspero como a lixa **2** *pop.* que não tem modos; irrequieto

pi.ro.ca */ó/ s.f.* **1** *pejor.* pênis **2** madeira sem casca

pi.ro.fo.bi.a *s.f.* aversão intensa e amedida ao fogo

pi.ro.ga */ó/ s.f.* espécie de canoa indígena cavada a fogo em tronco de árvore

pi.ro.gra.vu.ra *s.f.* desenho gravado por meio de fogo

pi.ro.ma.ni.a *s.f.* propensão mórbida para provocar incêndios

pi.rô.me.tro *s.m.* instrumento utilizado para a medição de temperaturas muito altas

pi.ro.se *s.f.* MED azia provocada no estômago; queimação

pi.ros.fe.ra */é/ s.f.* GEOL camada do interior da Terra que fica abaixo da litosfera

pi.ro.tec.ni.a *s.f.* técnica de fabricação ou utilização de fogos de artifício

pi.ro.téc.ni.co *adj.* **1** relativo a pirotecnia • *s.m.* **2** pessoa que fabrica ou vende fogos de artifício

pir.ra.ça *s.f.* algo que se faz para irritar alguém; birra, acinte, implicância

pir.ra.çar *v.i.* fazer pirraça; implicar

pirraceiro

pir.ra.cei.ro /ê/ *adj.* m.q. pirracento
pir.ra.cen.to *adj.* diz-se do que faz pirraças; pirraceiro
pir.ra.lha.da *s.f.* bando de meninos; criançada
pir.ra.lho *s.m.* criança pequena; rapazote
pir.ro.ni.ce *s.f.* atitude de pirrônico; teimosia para irritar alguém
pir.rô.ni.co *adj.* que é acintoso, implicante, teimoso
pi.ru.e.ta /ê/ *s.f.* **1** giro de intensidade rápida **2** rodopio que se faz no ar **3** movimento praticado por dançarinos
pi.ru.e.tar *v.i.* rodopiar, girar; dar piruetas
pi.sa.da *s.f.* **1** golpe desferido com pé ou pata **2** marca, pegada, rastro
pi.sa.du.ra *s.f.* **1** ato ou resultado de pisar; pisada **2** lesão de animais causada por arreio mal colocado
pi.sa.de.la /é/ *s.f.* pisada leve e pequena
pi.sa.dor /ô/ *s.m.* **1** instrumento para moer, triturar **2** indivíduo cuja função é pisar uvas em lagares
pi.são *s.m.* pisada dada com intensidade
pi.sar *v.t.* **1** calcar ou amassar com os pés **2** esmagar, triturar **3** pôr os pés em cima de
pis.ca.de.la /é/ *s.f.* movimento das pálpebras feito com rapidez; piscada ligeira
pis.ca-pis.ca *s.m.* **1** tique nervoso de piscar frequentemente **2** espécie de farol que se coloca em trechos perigosos de estradas e ruas, como forma de alerta **3** dispositivo formado por muitas lâmpadas que acendem e apagam, utilizado como enfeite em árvores de natal
pis.car *v.i.* **1** fechar as pálpebras de forma momentânea e rápida; pestanejar **2** emitir brilho, faísca
pis.ca.tó.rio *adj.* relativo a pesca
pis.ci.cul.tor /ô/ *adj.* aquele que cria peixes
pis.ci.cul.tu.ra *s.f.* criação de peixes
pis.ci.for.me /ô/ *adj.2g.* em forma de peixe
pis.ci.na *s.f.* **1** *desus.* reservatório para criação de peixes **2** grande tanque feito artificialmente, próprio para a prática da natação
pis.co.si.da.de *s.f.* qualidade de piscoso
pis.co.so /ô/ *adj.* que possui muitos peixes; cheio de peixes
pi.so *s.m.* **1** superfície onde se pisa, onde se anda **2** aquilo que reveste essa superfície **3** andar de uma construção que vem após um vão de escada
pi.so.te.ar *v.t.* **1** pisar de modo violento; comprimir com os pés **2** *fig.* humilhar, espezinhar, oprimir
pi.so.tei.o /ê/ *s.m.* **1** ato ou resultado de pisotear **2** humilhação, espezinhamento, opressão
pis.ta *s.f.* **1** faixa de terra para corrida de cavalos **2** local próprio para dança **3** faixa de terra ou pavimentado para corridas automobilísticas **4** indício que ajuda na resolução de um mistério ou desafio
pis.ta.che *s.m.* **1** o fruto do pistacheiro **2** a semente comestível desse fruto
pis.tão *s.m.* **1** m.q. êmbolo **2** MÚS válvula de instrumentos musicais de sopro que, ao ser acionada, diferencia as notas
pis.ti.lo *s.m.* BOT órgão reprodutivo feminino das flores
pis.to.la /ó/ *s.f.* **1** tipo de revólver; garrucha **2** *pejor.* pênis
pis.to.lão *s.m.* **1** pistola de tamanho maior **2** tipo de fogo de artifício cilíndrico de papelão **3** *fig.* indivíduo influente que consegue algum favor para outra pessoa

pis.to.lei.ro /ê/ *s.m.* **1** *desus.* soldado que faz uso de pistola **2** assassino de aluguel
pi.ta *s.f.* **1** BOT planta de característica espinhenta que exala mau cheiro **2** fibra extraída dessa planta **3** trança feita com as fibras dessa planta
pi.ta.da *s.f.* **1** ação ou resultado de fumar um cigarro ou similar **2** *desus.* quantidade de rapé sorvido **3** pequena quantidade que pode ser pega com o dedo polegar junto ao indicador
pi.tan.ga *s.f.* BOT pequeno fruto vermelho e cítrico proveniente da pitangueira
pi.ta.gó.ri.co *adj.* **1** relativo a Pitágoras **2** diz-se do adepto do pitagorismo
pi.tan.guei.ra /ê/ *s.f.* BOT árvore cujo fruto é a pitanga
pi.tar *v.t.* aspirar fumo; fumar
pi.te.can.tro.po *s.m.* PALEO designação comum aos hominídeos fósseis encontrados em Java, na Indonésia; homem de Java
pi.te.coi.de /ó/ *adj.2g.* que tem aparência semelhante à do macaco
pi.tei.ra /ê/ *s.f.* **1** pequeno tubo oco na ponta do qual se encaixa o cigarro para poder fumar, evitando o contato deste com os lábios **2** BOT planta conhecida como pita ou mandacaru
pi.téu *s.m.* comida saborosa, apetitosa; petisco
pi.to *s.m.* tipo de cachimbo usado para fumar
pi.to.co /ô/ *adj. pop.* de tamanho reduzido; pequeno
pi.tom.ba *s.f.* BOT fruto da pitombeira
pi.tom.bei.ra /ê/ *s.f.* BOT árvore da família das sapindáceas que produz a pitomba
pí.ton *s.m.* ZOOL gênero de serpente venenosa
pi.to.res.co /ô/ *adj.* **1** que agrada a vista **2** que é digno de ser pintado
pi.tu *s.m.* ZOOL espécie de camarão de água doce que possui coloração esbranquiçada
pi.tu.i.tá.ria *s.f.* ANAT pequena glândula endócrina; hipófise
pi.um *s.m.* ZOOL pequeno mosquito preto encontrado na beira de rios e pântanos
pi.ve.te /é/ *s.m.* **1** espécie de substância aromática que ao queimar exala um cheiro que perfuma o ambiente **2** *pop.* menino que pratica furtos
pi.xa.im *adj.2n.* diz-se do cabelo crespo, encarapinhado
piz.za *s.f.* [it.] CUL prato italiano feito de uma massa achatada e circular de farinha de trigo coberta com diversos ingredientes, como queijo, presunto, frango, peixe, palmito, orégano, molho de tomate etc.
pla.ca *s.f.* **1** chapa feita de metal, vidro etc. **2** chapa com dizeres ou informações ao público **3** chapa que serve de suporte a um aparelho de iluminação **4** chapa metálica de identificação de veículos automotores
pla.car *v.t.* **1** apaziguar, aplacar • *s.m.* **2** placa ou quadro que apresenta a pontuação de um jogo esportivo **3** a pontuação final do jogo
pla.cen.ta *s.f.* **1** ANAT órgão vascular dos mamíferos que une o feto à parede do útero, estabelecendo comunicação nutritiva entre o organismo materno e o feto **2** BOT parte do carpelo a que se prendem os óvulos
pla.ci.dez /ô/ *s.f.* qualidade de quem é plácido; tranquilidade, serenidade
plá.ci.do *adj.* tranquilo, pacífico; sem nervosismo
pla.coi.de /ó/ *adj.2g.* diz-se da escama de forma quadrangular de alguns peixes
pla.gi.a.dor /ô/ *adj.* diz-se de quem plagia

pla.gi.ar *v.t.* apropriar-se de obras artísticas ou intelectuais de outros atribuindo a si mesmo a autoria

plá.gio *s.m.* apropriação da autoria de obra artística ou intelectual de outra pessoa

plai.na *s.f.* instrumento usado na carpintaria para dar feitio à madeira

pla.na *s.f.* classe, categoria

pla.na.dor /ô/ *s.m.* avião desprovido de motor e que plana no ar

pla.nal.to *s.m.* região elevada e plana, com pouca ou nenhuma ondulação

pla.nar *v.i.* pairar com equilíbrio no ar

pla.ná.ria *s.f.* ZOOL platelminto de corpo alongado e chato

planc.to *s.m.* BIOL conjunto de plantas e animais microscópicos marinhos que servem de alimento para peixes; plâncton

pla.ne.ar *v.t.* m.q. planejar

pla.ne.ja.men.to *s.m.* 1 ação ou efeito de planejar; planificação 2 elaboração de estratégias para a consecução de um objetivo

pla.ne.jar *v.t.* fazer plantas ou planos; traçar, objetivar

pla.ne.ta /ê/ *s.m.* ASTRON corpo celeste esférico, sem luz própria, que gira em torno do Sol

pla.ne.tá.rio *adj.* 1 relativo ao planeta • *s.m.* 2 ASTRON instrumento que simula o movimento de estrelas, astros e asteroides de uma dada região do céu 3 anfiteatro em cuja cúpula são projetadas imagens do sistema solar

pla.ne.toi.de /ó/ *s.m.* ASTRON pequeno corpo celeste sem luz própria; asteroide

pla.ne.za /ê/ *s.f.* característica do que é plano

plan.gên.cia *s.f.* qualidade do que é plangente

plan.gen.te *adj.2g.* que chora, lamenta; tristonho, choroso

plan.ger /ê/ *v.i.* 1 soar de modo triste, lamentoso 2 chorar; ficar se lamentando

pla.ní.cie *s.f.* região cuja superfície é lisa, plana

pla.ni.fi.ca.ção *s.f.* 1 ação ou resultado de planificar 2 m.q. planejamento

pla.ni.fi.car *v.t.* esquematizar em um plano; planejar

pla.nis.fé.rio *s.m.* representação do globo terrestre ou do céu em uma superfície plana

pla.no *adj.* 1 liso, reto, sem desigualdades 2 *fig.* que apresenta facilidade, simplicidade • *s.m.* 3 conjunto de estratégias para a consecução de um objetivo

plan.ta *s.f.* 1 BOT designação genérica usada para todos os organismos do reino *Plantae* 2 ARQUIT esquema horizontal de uma construção, cidade etc.

plan.ta.ção *s.f.* 1 ação ou resultado de plantar 2 espaço plantado de um terreno; lavoura

plan.ta.dor /ô/ *adj.* diz-se daquele que planta; agricultor

plan.tão *s.m.* 1 serviço de vigilância diária obrigatória imposta aos militares 2 *por ext.* período de serviço caracterizado por vigilância e prontidão fora do expediente para certos profissionais como médicos, jornalistas etc.

plan.tar *v.t.* 1 colocar sementes de plantas na terra para que possam brotar e gerar novas plantas; semear 2 *por ext.* começar a desenvolver, iniciar • *adj.2g.* 3 relativo à planta do pé

plan.ti.gra.do *adj.* ZOOL diz-se de mamífero que anda sobre a planta dos pés, como o ser humano e o urso

plan.ti.o *s.m.* ação de plantar; efeito de semear; plantação

pla.nu.ra *s.f.* m.q. planície

pla.quê *s.m.* metal de pouco valor usado na fabricação de objetos de adorno imitando ouro

plas.ma *s.m.* 1 BIOL parte líquida do sangue, constituída do soro e do fibrinogênio 2 BIOL a substância orgânica fundamental das células e dos tecidos; protoplasma 3 variedade translúcida verde-clara de calcedônia

plas.mar *v.t.* formar ou modelar em barro, gesso etc.

plas.mó.dio *s.m.* BIOL designação comum aos parasitas intracelulares do intestino e do sangue, entre eles o da malária

plás.ti.ca *s.f.* 1 arte de modelar imagens usando material moldável como barro, argila, gesso etc. 2 procedimento cirúrgico para aperfeiçoamento, estético ou não, de regiões do corpo humano 3 elegância do formato corporal

plas.ti.fi.ca.ção *s.f.* ato ou efeito de plastificar

plas.ti.ci.da.de *s.f.* qualidade do que pode ter novos formatos; moldável

plás.ti.co *adj.* 1 diz-se do que pode ser modelado; maleável, moldável 2 diz-se do que é feito de material plástico

plas.ti.fi.car *v.t.* 1 colocar plástico em torno de algo 2 dar as qualidades do plástico a algo

plas.trão *s.m.* 1 gravata larga com pontas cruzadas 2 peitilho de camisa

pla.ta.for.ma /ó/ *s.f.* 1 superfície plana e horizontal mais alta que a área ao redor 2 lugar onde embarcam e desembarcam trens, ônibus etc. em uma estação 3 padrão operacional em que se assenta um sistema de computador

plá.ta.no *s.m.* BOT designação comum às árvores da família das platanáceas, nativas do hemisfério norte

pla.teia /é/ *s.f.* 1 grupo de espectadores de uma apresentação musical, teatral etc. 2 lugar no teatro ou em uma casa de apresentações onde ficam esses espectadores

pla.ti.ban.da *s.f.* ARQUIT espécie de grade feita de ferro para proteção de uma varanda ou de um terraço

pla.ti.na *s.f.* 1 QUÍM elemento químico dúctil utilizado em procedimentos odontológicos, na fabricação de joias etc. 2 chapa que serve de suporte

pla.ti.na.do *adj.* que contém platina

pla.ti.na.gem *s.f.* técnica de platinar algo feito de metal

pla.ti.nar *v.t.* 1 revestir metais com platina 2 *fig.* embranquecer os cabelos

pla.ti.no *adj. gent.* natural ou habitante da região próxima ao Rio da Prata

pla.tir.ri.no *s.m.* ZOOL espécime dos platirrinos que inclui os macacos da América, cujo nariz é achatado e largo

pla.tô *s.m.* m.q. planalto

pla.tô.ni.co *adj.* 1 que se refere a Platão 2 diz-se do que é ideal, imaginário

pla.to.nis.mo *s.m.* doutrina filosófica de Platão que diz que tudo que se percebe pelos sentidos é reflexo do chamado "mundo das ideias", onde tudo é perfeito

plau.sí.vel *adj.2g.* 1 digno de aplausos; aplaudível 2 passível de ser aceito; razoável

ple.be /é/ *s.f.* grupo de pessoas que pertencem à classe com poucos recursos; classe popular, povo

plebeísmo

ple.be.ís.mo *s.m.* **1** qualidade de quem é plebeu **2** atitude, modo de plebeu **3** palavra ou expressão típica do dialeto das classes populares

ple.beu */ê/ adj.* **1** que integra a plebe, que é do povo **2** que não pertence à nobreza; comum, habitual

ple.bis.ci.to *s.m.* **1** consulta à opinião popular sobre determinada questão, geralmente por meio de votação do tipo *sim* ou *não* **2** opinião comum da maioria em um país

plec.tro */é/ s.m.* **1** MÚS peça usada para fazer soar as cordas de um instrumento musical; palheta **2** *fig.* o gênio poético

plêi.a.de *s.f.* **1** cada uma das estrelas da constelação das Plêiades **2** grupo de excelentes poetas e escritores

Pleis.to.ce.no *s.m.* GEOL período da Era Cenozoica no qual surgiram os primeiros humanos

plei.te.a.dor */ô/ adj.* diz-se de quem argumenta para obter algo

plei.te.an.te *adj.2g.* aquele que pleiteia; pleiteador

plei.te.ar *v.t.* requerer, por meio de argumentos, a posse de algo

plei.to */ê/ s.m.* **1** JUR questão judicial em que se disputa a posse de algo **2** m.q. eleição

ple.ná.rio *adj.* **1** que se encontra cheio, completo, inteiro • *s.m.* **2** reunião ou assembleia dos membros que compõem um órgão **3** o local onde se realiza essa assembleia

ple.ni.lú.nio *s.m.* lua cheia

ple.ni.po.tên.cia *s.f.* poder absoluto, pleno, sem limites

ple.ni.po.ten.ci.á.rio *adj.* que tem plenipotência

ple.ni.tu.de *s.f.* estado de completude, totalidade

ple.no *adj.* total, cheio, repleto, absoluto

ple.o.nas.mo *s.m.* GRAM redundância de um termo ou de uma ideia

pleu.ra */ê/ s.f.* ANAT membrana cerosa que recobre o pulmão e as paredes da caixa torácica

plis.sar *v.t.* fazer pregas, plissês; preguear; franzir

ple.si.os.sau.ro *s.m.* PALEO espécime dos plesiossauros, subordem de répteis marinhos extintos durante o Cretáceo

ple.to.ra */ô/ s.f.* **1** MED excesso de sangue no organismo que provoca dilatação dos vasos sanguíneos **2** *por ext.* superabundância de algo

pleu.ri.si.a *s.f.* MED inflamação da pleura; pleurite

pleu.ri.te *s.f.* MED m.q. pleurisia

plin.to *s.m.* ARQUIT base de formato quadrangular de coluna

Pli.o.ce.no *s.m.* GEOL período da Era Cenozoica entre o Mioceno e o Pleistoceno

plis.sa.do *adj.* *em que se fez plissê;* que tem pregas, dobras; pregueado

plis.sê *s.m.* série de pregas feitas em um tecido

Plis.to.ce.no *s.m.* GEOL m.q. Pleistoceno

plu.ma *s.f.* **1** pena característica de aves **2** *fig.* tudo o que é leve e possui maciez

plu.ma.gem *s.f.* o conjunto das plumas ou penas que recobrem um pássaro

plúm.beo *adj.* **1** relativo a chumbo **2** que é feito de chumbo **3** *fig.* que é tristonho, sorumbático

plu.ral *adj.2g.* **1** que contém ou se refere a mais de um **2** que não é único; variado

plu.ra.li.da.de *s.f.* **1** variedade, diversidade **2** a maioria; o maior número

plu.ra.lis.mo *s.m.* doutrina que defende a pluralidade de partidos políticos em uma sociedade, com direitos idênticos ao exercício do poder público

plu.ra.li.za.ção *s.f.* ação ou resultado de pluralizar

plu.ra.li.zar *v.t.* **1** GRAM pôr no plural **2** aumentar, multiplicar

plu.ri.a.nu.al *adj.2g.* relativo a muitos anos

plu.ri.ce.lu.lar *adj.2g.* que possui várias células; multicelular

plu.ri.la.te.ral *adj.2g.* que possui muitos lados

plu.ris.se.cu.lar *adj.2g.* que já existe há vários séculos; multissecular

plu.tão *s.m.* **1** MIT deus greco-latino da riqueza e do inferno **2** o fogo **3** ASTRON planeta-anão do sistema solar (com inicial maiúscula)

plu.to.cra.cia *s.f.* **1** a influência ou o poder do dinheiro **2** governo em que o poder é exercido pelas classes mais abastadas da sociedade

plu.to.cra.ta *s.2g.* membro da plutocracia

plu.tô.ni.co *adj.* GEOL relativo a rocha ígnea formada no interior do planeta Terra

plu.tô.nio *s.m.* QUÍM elemento químico da tabela periódica, utilizado na indústria nuclear

plu.vi.al *adj.2g.* **1** relativo à chuva **2** RELIG traje usado por sacerdotes católicos em cerimônias solenes

plu.vi.ô.me.tro *s.m.* instrumento que serve para medir a quantidade de água da chuva de uma região em um dado período de tempo

pneu */ê/ s.m.* **1** abreviação de pneumático **2** *pop.* preservativo, camisinha **3** *pop.* acúmulo de tecido adiposo na região da cintura

pneu.má.ti.co *adj.* **1** relativo ao ar • *s.m.* **2** envoltório circular de borracha, com câmara interna, que envolve a roda de um veículo

pneu.ma.tó.fo.ro *adj.* **1** BIOL que contém ar • *s.m.* **2** espécie de saco de ar que atua na flutuação de medusas e outros animais marinhos **3** BOT raiz com função respiratória, comum em vegetais aquáticos

pneu.mo.co.co */ô/ s.m.* BIOL bactéria causadora da pneumonia

pneu.mo.ni.a *s.f.* MED inflamação pulmonar causada por agentes invasores

pó *s.m.* **1** conjunto de pequenas partículas de uma substância **2** m.q. poeira

po.ai.a *s.f.* BOT planta com propriedades que induzem ao vômito; ipecacuanha

po.bre */ó/ adj.* **1** desprovido de recursos, principalmente dinheiro **2** pedinte, mendigo

po.bre.tão *adj.* **1** diz-se de pessoa extremamente pobre **2** diz-se de indivíduo muito pobre que finge ter recursos financeiros

po.bre.za */ê/ s.f.* **1** estado de ausência ou insuficiência de recursos, especialmente financeiros **2** estado daquele que é pobre

po.ca */ó/ s.f.* variedade de taquara usada para fazer cestos e balaios

po.ça */ó/ ou /ô/ s.f.* **1** acúmulo de água ou outro líquido **2** cavidade onde ocorre esse acúmulo

po.ção *s.f.* líquido com propriedades medicinais

po.cil.ga *s.f.* **1** m.q. chiqueiro **2** *fig.* lugar sujo, imundo e repugnante

po.ço */ô/ s.m.* **1** cisterna que se cava para encontrar água **2** qualquer buraco que seja muito profundo

po.da */ó/ s.f.* **1** ação ou resultado de podar **2** corte das ramificações de árvores, de pelo de animais etc.

polidez

po.da.dor /ô/ *adj.* diz-se do indivíduo que realiza a poda

po.dão *s.m.* tipo de foice afiada utilizada na poda de árvores

po.dar *v.t.* 1 cortar a galhada de uma árvore, os pelos de um animal etc. 2 *fig.* impor limites a outra pessoa

po.der /ê/ *v.t.* 1 apresentar autoridade, domínio 2 estar apto para 3 possuir o direito, a permissão de 4 ter a possibilidade de • *s.m.* 5 posse relacionada à política 6 influência, domínio 7 potência, força

po.de.ri.o *s.m.* 1 autoridade e/ou influência; grande poder 2 força bélica de uma nação

po.de.ro.so /ô/ *adj.* 1 imbuído de autoridade e de poder 2 que possui força física; que é forte 3 pessoa que ocupa posição de destaque na sociedade por sua influência 4 que produz forte impressão, que marca

pó.dio *s.m.* espécie de plataforma de três degraus para os três melhores colocados em uma competição

po.dre /ô/ *adj.* 1 que está em estado de decomposição, putrefação 2 *fig.* diz-se de pessoa pervertida em sua moralidade 3 *fig.* muito cansado, exausto 4 CUL massa sem elasticidade

po.dri.dão *s.f.* estado daquilo que é ou está podre

po.e.dei.ra /ê/ *adj.* galinha que bota grande quantidade de ovos

po.e.dou.ro /ô/ *s.m.* lugar onde a galinha bota ovos

po.ei.ra /ê/ *s.f.* 1 substância reduzida a pó muito fino 2 *por ext.* o chão, o solo

po.ei.ra.da *s.f.* grande quantidade de poeira

po.ei.ren.to *adj.* 1 que possui ou apresenta muita poeira 2 de consistência parecida com a da poeira

po.e.jo /ê/ *s.m.* BOT erva nativa do Brasil, usada no tratamento de doenças pulmonares

po.e.ma /ê/ *s.m.* LITER produção literária em versos

po.e.me.to /ê/ *s.m.* poema pequeno

po.en.te *s.m.* 1 GEOG lado do horizonte onde o sol se põe 2 o oeste

po.en.to *adj.* cheio de pó; poeirento

po.e.si.a *s.f.* 1 LITER a arte de compor em versos; poética 2 *por ext.* o próprio poema 3 qualquer coisa que comove pela estética

po.e.ta /é/ *s.2g.* aquele que escreve versos, que faz poemas

po.e.tar *v.t.* 1 fazer versos 2 compor obra poética

po.é.ti.ca *s.f.* LITER estudo que se dedica à investigação dos recursos técnicos usados em poesia 2 arte de fazer versos 3 tratado das características e peculiaridades da estética de poemas 4 conjunto das características que identificam um poeta, uma época ou uma corrente literária

po.é.ti.co *adj.* relativo à poesia

po.e.ti.sa *s.f.* mulher que escreve poesia

po.e.ti.zar *v.t.* 1 conferir características poéticas a algo 2 poetar

pois /ô/ *conj.* liga orações ou períodos e implica sentido de conclusão ou explicação

po.jar *v.t.* 1 aportar, desembarcar 2 inchar, intumescer

po.jo /ô/ *s.m.* 1 lugar de desembarque 2 lugar em que se assenta alguma coisa; poial

po.la.ca *s.f.* 1 *desus.* navio de transporte mercantil que navegava pelo Mediterrâneo 2 antigo tipo de dança polonesa de ritmo sincopado

po.la.co *adj. gent.* m.q. polonês

po.lar *adj.2g.* que se refere aos polos

po.la.ri.da.de *s.f.* 1 qualidade do que é polar 2 GRAM oposição entre termos totalmente contrários, como claro e escuro, doce e salgado etc. 3 FÍS característica de uma ligação que possua o momento de dipolo diferente de zero 4 característica do que muda de um extremo a outro, que oscila

po.la.ri.za.ção *s.f.* FÍS ação de polarizar

po.la.ri.zar *v.t.* 1 FÍS concentrar raios de luz em apenas um lugar 2 FÍS provocar a polarização de radiação eletromagnética ○ *v.pron.* 3 *fig.* concentrar-se em polos opostos

pol.ca /ó/ *s.f.* dança polonesa muito animada realizada aos pares

pol.dro /ô/ *s.m.* cavalo novo; potro

po.le.ga.da *s.f.* antiga medida de comprimento que equivale a 2,75 cm

po.le.gar *s.m.* 1 o dedo mais grosso localizado na extremidade da mão 2 *pop.* dedinho

po.lei.ro /ê/ *s.m.* espécie de vara disposta horizontalmente para o descanso de pássaros, principalmente galinhas

po.lê.mi.ca *s.f.* divergência de opiniões em torno de um determinado assunto

po.lê.mi.co *adj.* 1 relativo à polêmica 2 assunto que gera opiniões controversas

po.le.mis.ta *adj.2g.* diz-se de pessoa dada a discussões polêmicas

po.le.mi.zar *v.t.* 1 criar polêmica 2 discutir um assunto combativamente

pó.len *s.m.* BOT pó de determinados vegetais fanerógamos que tem função de fecundação

po.len.ta *s.f.* CUL espécie de angu que se faz com farinha de milho ou com fubá

po.li.a *s.f.* roda a que se prende a correia de um mecanismo

po.li.an.dri.a *s.f.* 1 casamento entre uma mulher e vários homens 2 BOT existência de muitos estames em uma flor

po.li.chi.ne.lo /é/ *s.m.* 1 ARTE antigo personagem da comédia napolitana 2 *fig.* homem sem dignidade; palhaço 3 exercício físico que consiste em pular abrindo os braços e as pernas de modo alternado

po.lí.cia *s.f.* 1 corporação que garante a segurança e a ordem pública ○ *s.m.* 2 indivíduo que trabalha na polícia; policial

po.li.ci.al *adj.2g.* 1 relativo à polícia • *s.2g.* 2 integrante da polícia; soldado

po.li.ci.a.men.to *s.m.* ação de patrulhar, fiscalizar uma área para manutenção da ordem e da segurança

po.li.ci.ar *v.t.* 1 garantir a ordem e a segurança por meio de vigilância policial 2 patrulhar, vigiar

po.li.clí.ni.ca *s.f.* MED instituição médica que reúne vários tipos de clínicas em um só local

po.li.clí.ni.co *s.m.* clínico geral, que não tem uma especialidade

po.li.cro.mi.a *s.f.* característica do que tem várias cores

po.li.cro.mo *adj.* diz-se do que tem muitas cores

po.li.cul.tu.ra *s.f.* cultivo de vários tipos de plantas ou produtos agrícolas

po.li.dez /ê/ *s.f.* 1 característica de ser polido, de apresentar elegância 2 educação, gentileza, delicadeza de modos

polido

po.li.do *adj.* **1** que foi areado; que está brilhante; que aparenta ser lustroso **2** diz-se de pessoa que tem bons modos; elegante, gentil, educado

po.li.dor /ô/ *s.m.* **1** instrumento que serve para polir determinados metais **2** indivíduo que pule, que dá polimento

po.li.e.dro /é/ *s.m.* GEOM sólido de várias faces

po.lí.fa.go *adj.* que come vários tipos de alimentos; de alimentação variada

po.li.fo.ni.a *s.f.* combinação simultânea de várias vozes ou diversos sons

po.li.ga.mi.a *s.f.* casamento de um homem com muitas mulheres

po.lí.ga.mo *adj.* **1** diz-se de homem que pratica a poligamia **2** BOT diz-se das plantas que possuem tanto flores masculinas quanto femininas

po.li.glo.ta /ó/ *adj.2g.* indivíduo que fala diversas línguas; plurilíngue

po.li.go.nal *adj.2g.* **1** GEOM relativo a polígono **2** GEOM que tem muitos ângulos

po.lí.go.no *s.m.* GEOM forma geométrica que tem o mesmo número de lados e ângulos

po.li.gra.fo *s.m.* **1** aquele que escreve sobre assuntos variados **2** pessoa conhecedora ou estudiosa de várias ciências **3** aparelho que, com base em reações orgânicas do corpo, é utilizado para detectar mentiras

po.li.men.to *s.m.* **1** ação ou resultado de polir, lustrar **2** *fig.* educação, refinamento

po.lí.me.ro *s.m.* QUÍM macromolécula formada pela união de várias moléculas simples

po.li.mor.fo /ô/ *adj.* **1** que apresenta formas variadas **2** que tem a capacidade de mudar de forma

po.li.né.sio *adj. gent. natural ou habitante* da Polinésia

po.li.neu.ri.te *s.f.* MED processo de inflamação de grande quantidade de nervos

po.li.ni.za.ção *s.f.* BOT processo de transporte de pólen entre as flores realizado por insetos, animais, água etc. com o intuito de fecundação e propagação da espécie

po.li.ni.zar *v.t.* realizar a polinização

po.li.nô.mio *s.m.* MAT expressão algébrica formada pela soma de vários termos

po.lio.mi.e.li.te *s.f.* MED paralisia que ocorre em crianças; pólio

pó.li.po *s.m.* **1** ZOOL molusco cefalópode dotado de vários tentáculos **2** MED excrescência carnosa que se desenvolve em uma membrana mucosa

po.li.poi.de /ó/ *adj.2g.* semelhante a um pólipo

po.li.po.so /ô/ *adj.* que tem o aspecto ou a natureza do pólipo

po.lir *v.t.* **1** alisar; arear; lustrar **2** *fig.* dar bons modos, educar

po.lir.rit.mi.a *s.f.* MÚS uso simultâneo de ritmos diferentes, contrastantes

po.lis.sí.la.bo *s.m.* GRAM palavra com mais de três sílabas

po.lis.sín.de.to *s.m.* repetição de uma conjunção coordenativa ligando palavras ou orações em um mesmo período

po.li.téc.ni.ca *s.f.* instituição de ensino superior em que se estudam diversos ofícios

po.li.téc.ni.co *adj.* que abrange várias artes ou ciências

po.li.te.ís.mo *s.m.* RELIG doutrina religiosa que cultua vários deuses

po.li.te.ís.ta *adj.2g.* adepto do politeísmo

po.lí.ti.ca *s.f.* **1** arte ou ciência da organização e administração de um Estado, de uma república, de um país, de uma instituição **2** o conjunto de normas e conceitos que rege esse governo, essa administração **3** prática de governar **4** postura de entidades ou pessoas **5** diplomacia **6** forma de agir com habilidade e civilidade para obter algo

po.li.ti.ca.gem *s.f.* **1** uso da política em benefício próprio ou com finalidade mesquinha **2** o conjunto dos que realizam tal prática

po.lí.ti.co *adj.* **1** relativo à política de uma nação **2** *fig.* esperto, astuto • *s.m.* **3** indivíduo que tem cargo na política

po.li.ti.quei.ro /ô/ *adj.* **1** *pejor.* diz-se de indivíduo que faz politicagem **2** *pejor.* diz-se de indivíduo que faz conchavos; mexeriqueiro

po.li.ti.qui.ce *s.f.* política feita de forma vergonhosa e com base na mesquinharia; politicagem

po.li.va.len.te *adj.2g.* **1** diz-se do que tem várias habilidades ou funções **2** que realiza atividades diferentes, versátil **3** que envolve campos diferentes **4** que satisfaz finalidades diversas **5** MED que combate ou protege contra diversos agentes

po.lo /ó/ *s.m.* **1** cada uma das extremidades do eixo terrestre **2** FÍS cada uma das extremidades de uma pilha ou de um circuito elétrico **3** ponto totalmente oposto a outro

po.lo.nês *adj. gent.* natural ou habitante da Polônia

po.lô.nio *adj. gent.* **1** m.q. polonês • *s.m.* **2** QUÍM elemento químico radioativo de número atômico 84

pol.pa /ô/ *s.f.* **1** região carnuda e suculenta de um fruto **2** massa pastosa

pol.po.so /ô/ *adj.* **1** cheio de polpa **2** que é carnudo

pol.pu.do *adj.* **1** aquilo que possui polpa; carnudo **2** que gera muitos lucros **3** considerável, vultuoso

pol.trão *adj.* diz-se de quem não tem coragem; covarde, medroso

pol.tro.na *s.f.* sofá individual ou cadeira grande e estofada, reclinável ou não

po.lu.ção *s.f.* **1** emissão involuntária de esperma **2** ato de sujar, manchar, poluir

po.lu.i.ção *s.f.* **1** ação ou efeito de poluir **2** forma de transmitir contaminação

po.lu.ir *v.t.* **1** apresentar ou transferir contaminação, sujeira, mancha **2** *fig.* corromper, perverter

pol.vi.lhar *v.t.* **1** salpicar polvilho em **2** cobrir com substância em pó

pol.vi.lho *s.m.* **1** farinha bastante fina feita de mandioca **2** qualquer tipo de pó muito fino

pol.vo /ô/ *s.m.* **1** ZOOL tipo de molusco cefalópode dotado de oito braços providos de ventosas **2** *fig.* pessoa egoísta que não deixa nada para os outros

pól.vo.ra *s.f.* mistura explosiva feita de carvão, com enxofre e salitre

pol.vo.ra.da *s.f.* **1** porção de pólvora **2** explosão de pólvora

pol.vo.ro.sa /ó/ *s.f.* grande atividade; agitação, tumulto

pol.vo.ri.nho *s.m.* recipiente no qual se armazena pólvora

po.ma.da *s.f.* qualquer tipo de medicamento ou cosmético pastoso

populista

po.mar *s.m.* **1** lugar onde há plantação de árvores frutíferas **2** conjunto dessas árvores

pom.ba *s.f.* ZOOL fêmea do pombo

pom.bal *s.m.* **1** local onde ficam os pombos **2** *pop.* habitação pequena e apinhada de gente

pom.ba.li.no *adj.* relativo ao Marquês de Pombal

pom.bo *s.m.* ZOOL ave da família dos columbídeos muito encontrada no meio urbano, utilizada no transporte de mensagens ou na culinária de algumas regiões e culturas

po.mi.cul.tor /ô/ *s.m.* indivíduo que cultiva árvores frutíferas

po.mi.cul.tu.ra *s.f.* cultura de árvores frutíferas; fruticultura

po.mo *s.m.* **1** fruto comestível em geral **2** *pop.* seio

pom.pa *s.f.* luxo, magnificência, suntuosidade

pom.pe.ar *v.t.* apresentar pompa; exibir com vaidade

pom.pom *s.m.* **1** pequena esfera de plumas ou pelos para enfeitar **2** objeto semelhante para empoar o rosto de pó de arroz

pom.po.so /ô/ *adj.* cheio de pompa; que se apresenta de forma luxuosa, faustosa

pô.mu.lo *s.m.* ANAT osso da região mais saliente do rosto; maçã do rosto

pon.che *s.m.* **1** bebida alcoólica leve, feita de vinho, frutas e água **2** espécie de capa com formato quadrado; poncho

pon.chei.ra /ê/ *s.f.* recipiente em que se coloca o ponche

pon.cho *s.m.* m.q. ponche

pon.de.ra.ção *s.f.* **1** ação ou efeito de ponderar **2** qualidade de quem age com reflexão, discernimento

pon.de.ra.do *adj.* que sofreu processo de reflexão, de ponderação

pon.de.rar *v.t.* refletir; pensar, avaliar determinadas questões

pon.de.rá.vel *adj.2g.* passível de ponderação

pon.de.ro.so /ô/ *adj.* que apresenta reflexão, seriedade, gravidade

pô.nei *s.m.* cavalo de pequeno porte

pon.ta *s.f.* **1** parte extrema de algo; extremidade **2** extremidade aguda de um objeto **3** início ou fim de uma sequência **4** porção ou quantia de algo **5** *fig.* função secundária, de pouca importância, no trabalho de ator

pon.ta.da *s.f.* **1** golpe desferido com a ponta de algo **2** dor ligeira e aguda

pon.tal *s.m.* extremidade de um terreno que possui elevação que desponta pelo oceano

pon.ta.le.te *s.m.* pequena escora de madeira usada para proteção de algo

pon.tão *s.m.* **1** pau com que se apoia alguma coisa para que não caia; escora **2** cada uma das plataformas que formam uma ponte

pon.ta.pé *s.m.* golpe desferido com a extremidade do pé

pon.ta.ri.a *s.f.* habilidade de acertar precisamente o alvo; qualidade de possuir boa mira

pon.te *s.f.* **1** construção de alvenaria, madeira ou outro material que serve para ligar duas partes ou um terreno dividido por precipício, fluxo de água etc. **2** prótese

pon.te.ar *v.t.* **1** marcar alguma coisa com pontos **2** MÚS tocar, dedilhar instrumento de corda

pon.tei.ra /ê/ *s.f.* peça feita de metal para revestir a ponta de certos objetos

pon.tei.ro /ê/ *s.m.* **1** agulha que indica as horas em relógios analógicos **2** espécie de agulha que indica algo em certos mecanismos

pon.ti.a.gu.do *adj.* de ponta fina e fácil perfuração

pon.ti.fi.ca.do *s.m.* **1** cargo de pontífice; papado **2** o tempo que dura esse cargo

pon.ti.fi.car *v.t.* **1** exercer a função de pontífice **2** oficiar cerimônia religiosa com a capa pontifical **3** expressar-se de maneira categórica

pon.tí.fi.ce *s.m.* o mais alto cargo hierárquico eclesiástico da Igreja Católica; o papa

pon.ti.fí.cio *adj.* relativo a pontífice; pontifical

pon.ti.lhão *s.m.* ponte para atravessar pequenos rios, trilhos de trem etc.

pon.ti.lhar *v.t.* encher com pontos; marcar com pequenos pontos

pon.ti.lhis.mo *s.m.* técnica de pintura em que as imagens são definidas por pequenos pontos

pon.to *s.m.* **1** marca minúscula de formato arredondado **2** o local com essa marca **3** local determinado, específico **4** alinhavo montado com linhas e agulhas **5** parte de um total **6** parada de meios de transporte coletivo ou táxi **7** mancha, nódoa, vestígio **8** GEOM forma geométrica desprovida de dimensões **9** cartão que marca a presença dos funcionários de uma empresa ou repartição pública **10** momento, instante **11** unidade com que se marca uma jogada **12** fim, término de um processo **13** lugar marcado para encontro **14** sutura cirúrgica **15** sinal gráfico que na escrita sinaliza entonação, pausa ou término de uma sentença **16** como é conhecido o Mar Negro

pon.tu.a.ção *s.f.* **1** ação ou efeito de pontuar **2** GRAM conjunto dos sinais gráficos utilizados na escrita para sinalizar entonação, pausa ou término de uma sentença

pon.tu.al *adj.2g.* que não se atrasa; que chega a um encontro ou compromisso na hora marcada

pon.tu.a.li.da.de *s.f.* qualidade de quem é pontual

pon.tu.ar *v.t.* **1** marcar um texto com sinais de pontuação **2** fazer uso da pontuação

pon.tu.do *adj.* diz-se do que possui ponta; agudo

po.pa /ô/ *s.f.* **1** MAR parte alta localizada na traseira das embarcações, oposta à proa ○ *s.m.* **2** sacerdote romano pagão cuja função era conduzir ao altar a vítima de um sacrifício

po.pe.li.na *s.f.* tecido de bom caimento, feito de seda e algodão

po.pu.la.ça *s.f.* classe das pessoas menos favorecidas; povo, populacho

po.pu.la.ção *s.f.* conjunto dos habitantes de determinado país, região etc.

po.pu.la.cho *s.m.* m.q. populaça

po.pu.lar *adj.2g.* **1** relativo a povo **2** que pertence ao povo **3** que é muito famoso em meio ao povo

po.pu.la.ri.da.de *s.f.* qualidade de quem é popular

po.pu.la.ri.zar *v.t.* tornar algo conhecido; tornar popular

po.pu.lis.mo *s.m.* **1** tendência política que busca o apoio popular por meio da defesa de seus interesses **2** LITER movimento de cunho literário de aproximação às massas

po.pu.lis.ta *adj.2g.* seguidor ou praticante do populismo

populoso

po.pu.lo.so /ô/ *adj.* que é habitado por muitas pessoas

pô.quer *s.m.* jogo de cartas em que o objetivo é fazer a melhor combinação possível com as cinco cartas da mão

por *prep.* expressa duração, proporção, periodicidade, origem, modo e finalidade

pôr *v.t.* colocar, enfiar, introduzir, alocar, assentar

por.ca /ó/ *s.f.* **1** peça redonda que se encaixa no parafuso para fixá-lo **2** a fêmea do porco

por.ca.da *s.f.* **1** grande quantidade de porcos; criação de porcos **2** coisa malfeita; porcaria

por.ca.lhão *adj.* **1** diz-se de indivíduo sujo, que não tem asseio **2** *fig.* pessoa desbocada

por.ção *s.f.* quantidade de algo; parte de um todo

por.ca.ri.a *s.f.* **1** m.q. porcada **2** o que é imundo, sujo **3** serviço malfeito **4** ato obsceno, imoral **5** coisa insignificante

por.ce.la.na *s.f.* **1** tipo de cerâmica fina e com muito brilho **2** louça, utensílio feito dessa cerâmica **3** BOT m.q. beldroega ○ *s.m.* **4** ZOOL crustáceo decápode da família dos porcelanídeos

por.cen.ta.gem *s.f.* **1** proporção que é calculada relativamente a cem; unidade de determinada coisa **2** valor assim calculado

por.ci.no *adj.* **1** relativo a porco **2** que tem aspecto de porco

por.co /ô/ *s.m.* **1** ZOOL animal suíno de que se obtém carne, couro e banha **2** *fig.* pessoa suja, imunda **3** *fig.* pessoa obscena, vil, torpe

por.co-es.pi.nho /ô/ *s.m.* **1** ZOOL animal cheio de espinhos, semelhante ao ouriço **2** *fig.* pessoa com gênio difícil, intratável

po.re.jar *v.t.* verter líquido pelos poros

po.rém *conj.* expressa contraste, oposição, restrição, condição

por.fi.a *s.f.* **1** discussão, contenda **2** insistência, tenacidade **3** *fig.* luta por algo também desejado por outrem; rivalidade, disputa

por.fi.ar *v.t.* **1** discutir; contender **2** insistir, teimar **3** disputar, competir

po.rí.fe.ro *s.m.* ZOOL espécime dos poríferos, filo de invertebrados que compreende as esponjas marinhas

por.me.nor /ô/ *s.m.* pequeno elemento ou detalhe; minúcia

por.me.no.ri.zar *v.t.* contar algo minuciosamente; detalhar

por.no.gra.fi.a *s.f.* **1** conjunto de imagens obscenas **2** publicação com caráter devasso, libidinoso

por.no.grá.fi.co *adj.* relativo a pornografia; imoral, devasso

po.ro /ó/ *s.m.* pequeno orifício orgânico ou não

po.ron.go *s.m.* cabaça utilizada para fazer cuias

po.ro.ro.ca /ó/ *s.f.* **1** fenômeno que ocorre por meio do encontro de dois rios volumosos, produzindo estrondo **2** *fig.* tipo de estrondo; forma de barulho

po.ro.si.da.de *s.f.* qualidade do que apresenta poros; poroso

po.ro.so /ô/ *adj.* repleto de poros

por.quan.to *conj.* exprime causa, ex.: *cancelou a reunião, porquanto foi cancelada*

por.que /ê/ *conj.* **1** indica explicação na justaposição de duas orações **2** exprime causa no início de orações subordinadas

por.quê *s.m.* o motivo ou a razão de algo

por.quei.ra /ê/ *s.f.* **1** chiqueiro, pocilga **2** *por ext.* lugar sujo, imundo **3** *por ext.* sujeira, imundície

por.quei.ro /ê/ *s.m.* indivíduo que trata de porcos

por.ra /ô/ *s.f.* **1** objeto que se assemelha a um bastão ou a um pedaço de pau; porrete **2** *chul.* m.q. esperma • *interj.* **3** expressa espanto, surpresa, chateação

por.ra.da *s.f.* **1** *pop.* pancada, bordoada **2** *pop.* grande quantidade; grande número

por.re /ó/ *s.m.* *pop.* condição daquele que se encontra em estado de embriaguez

por.re.te /ê/ *s.m.* bastão de madeira usado para bater; cacete

por.ta /ó/ *s.f.* **1** entrada de uma construção ou edificação **2** peça de madeira, metal ou outro material que se coloca como proteção a essa entrada **3** estrutura semelhante em veículos, móveis etc.

por.ta.da *s.f.* **1** porta enfeitada de uma construção **2** folha de rosto cheia de ornatos de uma publicação **3** colisão ou golpe desferido com a porta

por.ta.dor /ô/ *s.m.* **1** pessoa que porta ou carrega alguma coisa **2** pessoa afetada por algum germe ou por alguma doença

por.ta-joi.as /ó...ô/ *s.m.2n.* caixa ornada em que se guardam joias ou bijuterias

por.tal *s.m.* **1** entrada principal de um edifício ou de uma construção **2** porta grande

por.ta.ló *s.m.* abertura lateral de embarcações pela qual podem sair e entrar passageiros e cargas

por.ta-ma.las /ó/ *s.m.2n.* compartimento do automóvel no qual se deposita a bagagem

por.ta-mo.e.das /ó...é/ *s.m.2n.* pequena carteira feita para guardar moedas

por.tan.to *conj.* indica conclusão ao introduzir uma oração coordenada

por.tão *s.m.* porta de grandes dimensões que separa uma construção da via pública

por.tar *v.i.* **1** ficar à porta de um lugar; chegar a um determinado local ○ *v.t.* **2** levar, trazer consigo; carregar, transportar

por.ta.ri.a *s.f.* **1** entrada de um edifício onde se encontra um guarda ou porteiro que fornece informações aos visitantes **2** documento oficial, semelhante a uma circular, com decisões tomadas por autoridades administrativas

por.tá.til *adj.2g.* **1** de fácil transporte **2** diz-se do que é transportável

por.ta-voz /ó...ó/ *s.2g.* pessoa responsável por transmitir opiniões ao público em nome de um grupo, de uma instituição etc.

por.te /ó/ *s.m.* **1** condução de carga ou mercadoria; transporte **2** preço pelo transporte de mercadorias **3** tamanho; estatura **4** postura, comportamento

por.tei.ra /ê/ *s.f.* **1** mulher que trabalha em portaria **2** espécie de portão de madeira rústico que fecha a entrada de fazenda, roça, sítio

por.tei.ro /ê/ *s.m.* indivíduo encarregado da portaria de um edifício

por.te.nho /ê/ *adj. gent.* natural ou habitante de Buenos Aires

por.ten.to *s.m.* milagre; prodígio

por.ten.to.so /ô/ *adj.* que se apresenta de forma extraordinária, prodigiosa, maravilhosa

pór.ti.co *s.m.* átrio coberto à entrada de um edifício, palácio etc., com colunas e enfeites arquitetônicos

por.to /ô/ *s.m.* **1** lugar à beira de rio ou mar para carga e descarga de navios **2** *fig.* refúgio, abrigo

por.ti.nho.la /ô/ *s.f.* porta pequena

por.tu.á.rio *adj.* **1** relativo a porto • *s.m.* **2** indivíduo que trabalha em um porto

por.tu.guês *adj.* **1** relativo a Portugal **2** natural ou habitante de Portugal • *s.m.* **3** idioma românico oficial de Portugal, Brasil, Timor Leste, Macau e alguns países africanos

por.tu.gue.sis.mo *s.m.* utilização de palavras e expressões típicas da língua portuguesa em outros idiomas

por.ven.tu.ra *adv.* indica incerteza; talvez, por acaso

por.vir *s.m.* o que ainda está por vir; futuro

pós *prep.* expressa posição ou disposição posterior; após

po.sar *v.i.* **1** assumir determinada posição para fotografias, pinturas etc.; fazer pose **2** fazer-se passar por algo que não se é **3** *pop.* dormir na casa de outra pessoa; pernoitar em casa alheia

po.se /ó/ *s.f.* **1** postura artificial e calculada **2** *fig.* atitude artificial e afetada para chamar a atenção para s

pós-es.cri.to *s.m.* nota que se acresce ao final de um escrito; *postscriptum*

pos.fá.cio *s.m.* adendo com notas, explicações localizado no fim de um livro

pós-gra.dua.ção *s.m.* curso de formação universitária que se faz após a graduação e que concede o título de especialista, doutor ou mestre

po.si.ção *s.f.* **1** postura, colocação de algo ou alguém **2** disposição, arranjo **3** lugar ocupado por um corpo **4** cargo, posto, função **5** situação, conjuntura em que alguém se apresenta

po.si.ti.var *v.t.* **1** executar, realizar; concretizar algo **2** tornar preciso; esclarecer

po.si.ti.vi.da.de *s.f.* qualidade do que é positivo

po.si.ti.vis.mo *s.m.* FILOS doutrina da filosofia de Augusto Comte, calcada na realidade e caracterizada pelo empirismo e cientificismo

po.si.ti.vis.ta *adj.2g.* seguidor do positivismo

po.si.ti.vo *adj.* **1** aquilo que se apresenta de forma concreta, real **2** que tem confiança, otimismo **3** MAT número superior a zero

pós-na.tal *adj.2g.* diz-se do período após o nascimento do bebê

po.so.lo.gi.a *s.f.* ciência que se ocupa da dosagem dos medicamentos

pós-o.pe.ra.tó.rio *adj.* diz-se do período posterior a uma cirurgia

pos.pon.to *s.m.* m.q. pesponto

pos.po.si.ti.vo *adj.* **1** diz-se do que se põe em posição posterior a algo **2** GRAM diz-se de elemento gramatical que é posposto a outro

pos.por /ô/ *v.t.* **1** colocar algo depois de alguma coisa **2** adiar, procrastinar

pos.pos.to /ô/ *adj.* **1** diz-se do que é posto após outra coisa **2** postergado, adiado

pos.san.te *adj.2g.* **1** que tem muito poder e muita influência **2** forte, vigoroso, robusto **3** que mostra excelente performance • *s.m.* **4** *pop.* automóvel

pos.se /ó/ *s.f.* **1** ação ou resultado de possuir alguma coisa **2** o direito de possuir determinada coisa

pos.sei.ro /ê/ *adj.* **1** que tem posse sobre algum território **2** pessoa que ocupa terra abandonada para cultivá-la

pos.ses.são *s.f.* **1** domínio, posse **2** RELIG condição ou estado de dominação demoníaca, diabólica

pos.ses.si.vo *adj.* **1** relativo a posse **2** diz-se de pessoa controladora

pos.ses.so /é/ *adj.* que está dominado, possuído por espírito ou sentimento ruim

pos.si.bi.li.da.de *s.f.* condição do que é possível

pos.si.bi.li.tar *v.t.* tornar a realização de algo possível

pos.sí.vel *adj.2g.* **1** aquilo que se pode realizar dentro de determinadas condições **2** admissível, executável, praticável

pos.su.i.dor /ô/ *adj.* **1** diz-se do que tem a posse, do que é proprietário **2** diz-se de pessoa que toma posse de algo

pos.su.ir *v.t.* **1** ter ou obter a posse de **2** manter em seu domínio **3** caracterizar-se por **4** fazer uso de **5** ser invadido por, ex.: *possuir-se de ódio* **6** *fig.* ter relações sexuais; copular

pos.ta /ó/ *s.f.* porção; pedaço, fatia de algo

pos.tal *adj.2g.* **1** relativo ao correio **2** m.q. cartão-postal

pos.ta.lis.ta *adj.2g.* diz-se de funcionário que trabalha no correio

pos.tar *v.t.* **1** pôr, situar em determinado posto ou local **2** pôr correspondências no correio; remeter para envio

pos.ta-res.tan.te /ó/ *s.f.* **1** correspondência ou pacote a ser retirado no correio por pessoa interessada **2** seção onde fica essa correspondência ou pacote

pos.te /ó/ *s.m.* pilar de madeira, cimento ou ferro que serve de amparo para fios elétricos, bandeirinhas etc.

pos.ter.ga.do *adj.* **1** tido como menor; desprezado; esquecido **2** adiado, procrastinado

pos.ter.gar *v.t.* **1** menosprezar; dar pouca importância; esquecer **2** procrastinar; adiar

pos.te.ri.da.de *s.f.* tempo vindouro; futuro

pos.te.ri.or /ô/ *adj.* **1** que vem depois; que é ulterior • *s.m.* **2** *pop.* conjunto das nádegas; bunda, traseiro

pós.te.ro *adj.* que ainda vai acontecer; vindouro, futuro

pos.ti.ço *adj.* que é falso, artificial

pos.ti.go *s.m.* janelinha em portas ou janelas, para se olhar quem bate; espreitadeira

pos.to /ô/ *adj.* **1** colocado, situado **2** acordado, decidido • *s.m.* **3** função, emprego, cargo **4** lugar onde se exerce esse cargo **5** lugar onde se vende combustível **6** grau ou colocação em uma hierarquia **7** lugar ocupado por pessoa ou coisa

post.scrip.tum /ô/ *s.m.* [lat.] expressão feito em um escrito; aquilo que é escrito posteriormente

pos.tu.la.do *s.m.* **1** ideia admitida como verdadeira sem comprovação; premissa **2** RELIG período de preparação que cada candidato ao noviciado deve cumprir

pos.tu.lar *v.t.* **1** pressupor **2** fazer uma solicitação, requerer

pós.tu.mo *adj.* diz-se do que é posterior ao falecimento de uma pessoa

pos.tu.ra *s.f.* **1** posição corporal de uma pessoa **2** tipo de comportamento ou atitude tomada por um indivíduo **3** modo de agir, de andar, de se comportar **4** aparência física **5** tipo de ordem ou mandado feito em uma câmara **6** o ato de pôr ovos para chocar

po.tas.sa *s.f.* QUÍM substância de carbonato de potássio

po.tás.sio *s.m.* QUÍM elemento químico de coloração branco-prateada abundante na natureza

potável

po.tá.vel *adj.2g.* diz-se de água que se pode beber

po.te *s.m.* **1** recipiente de barro, argila ou outro material para guardar água; talha, cântaro **2** *por ext.* qualquer recipiente, geralmente com tampa, para armazenar algo

po.tên.cia *s.f.* **1** qualidade do que é potente, forte, vigoroso **2** capacidade de movimentar ou impulsionar algo **3** MAT o produto obtido pela multiplicação de fatores iguais

po.ten.ci.a.ção *s.f.* MAT operação matemática em que se eleva um número a uma dada potência

po.ten.ci.al *adj.2g.* **1** relativo a potência **2** que pode ser realizado

po.ten.ci.ar *v.t.* MAT elevar um número a uma determinada potência

po.ten.ci.ô.me.tro *s.m.* FÍS aparelho utilizado para fazer a medição das forças eletromotrizes

po.ten.ta.do *s.m.* governante que possui muita força e influência

po.ten.te *adj.2g.* **1** que possui influência; que se mostra poderoso **2** dotado de vigor, potência

po.tes.ta.de *s.f.* **1** domínio, poder, autoridade **2** ser supremo; divindade

po.to.ca */ó/ s.f. pop.* boato; mentira, lorota

po.to.quei.ro */ê/ adj. pop.* diz-se daquele que mente; mentiroso, loroteiro

pot-pour.ri *s.m.* [fr.] **1** MÚS composição formada por trechos de melodias conhecidas **2** *por ext. mistura de elementos diferentes; miscelânea*

po.tran.ca *s.f.* égua nova

po.tro */ô/ s.m.* cavalo novo; poldro

pou.co */ô/ adj.* **1** pequena quantia; bocado • *adv.* **2** insuficientemente

pou.pa */ô/ s.f.* **1** ZOOL pássaro canoro de plumagem branca, preta e cor-de-rosa **2** ZOOL m.q. crista

pou.pa.do *adj.* que se economizou; não gasto

pou.pan.ça *s.f.* **1** ação ou resultado de poupar **2** economia acumulada **3** *pop.* conjunto das nádegas; traseiro

pou.par *v.t.* **1** guardar, economizar **2** gastar pouco, não desperdiçar **3** evitar esforços **4** proteger **5** tratar com absolvição

pou.qui.nho *s.m.* quantidade menor de algo

pou.sa.da *s.f.* **1** ação ou efeito de pousar; pouso **2** espécie de hospedaria para pernoitar ou para passar as férias **3** cabana, choupana

pou.sar *v.t.* **1** aterrissar, alunar **2** pernoitar **3** fixar o olhar em **4** fixar residência; instalar-se **5** descansar; repousar

pou.so */ô/ s.m.* **1** local em que é permitido parar; paragem **2** pernoite em uma pousada, hospedaria **3** ancoradouro

po.vão *s.m.* grande quantidade de gente; multidão

po.va.réu *s.m.* grande quantidade de pessoas; multidão

po.vi.léu *s.m. pejor.* a camada mais baixa da sociedade; populacho, ralé

po.vo */ô/ s.m.* **1** o conjunto de habitantes de um lugar **2** agrupamento de grande número de pessoas **3** conjunto dos que pertencem à classe mais pobre

po.vo.a.ção *s.f.* **1** ação ou resultado de povoar **2** conjunto dos habitantes de uma localidade **3** o próprio lugar povoado

po.vo.a.do *adj.* **1** que sofreu processo de habitação e agora está com muitos habitantes • *s.m.* **2** vilarejo, aldeia

po.vo.a.dor */ô/ adj.* aquele que contribui para o processo de habitação

po.vo.a.men.to *s.m.* ação ou resultado de povoar uma localidade; povoação

po.vo.ar *v.t.* encher um lugar com habitantes, torná-lo povoado

Pr QUÍM símbolo do elemento químico praseodímio

pra *prep. pop.* contração da preposição *para*

pra.ça *s.f.* **1** espaço público para lazer e passeio **2** comércio de uma localidade **3** o grupo dos comerciantes dessa localidade

pra.cis.ta *adj.2g.* diz-se de negociante que atua na praça; caixeiro

pra.da.ri.a *s.f.* m.q. planície

pra.do *s.m.* **1** m.q. campina **2** pista para corrida de cavalos; hipódromo

pra.ga *s.f.* **1** maldição jogada em alguém **2** flagelo ou desgraça coletiva **3** BOT erva daninha **4** *fig.* pessoa que irrita, incomoda

prag.má.ti.ca *s.f.* **1** conjunto de regras ou normas com uma finalidade prática **2** parte da linguística que se dedica ao estudo dos diversos sentidos de um mesmo enunciado ou texto

prag.má.ti.co *adj.* prático, objetivo, realista

prag.ma.tis.mo *s.m.* **1** FILOS doutrina que tem como verdade a utilidade prática **2** *por ext.* atitude de quem busca resultados práticos, objetivos

pra.gue.jar *v.t.* lançar ou contrair pragas; amaldiçoar

prai.a *s.f.* orla arenosa próxima do mar; litoral, beira-mar

prai.a.no *adj.* **1** relativo a praia • *s.m.* **2** pessoa que habita regiões de praia

prai.ei.ro */ê/ adj.* **1** m.q. praiano **2** *pop.* diz-se daquele que frequenta muito a praia

pran.cha *s.f.* **1** tábua lisa feita de madeira que possui várias utilidades **2** superfície que tem esse formato **3** tábua para a prática de surfe **4** aparelho elétrico para alisar cabelos; chapinha

pran.cha.da *s.f.* golpe desferido com espada ou sabre

pran.che.ta */ê/ s.f.* prancha de tamanho pequeno utilizada para dar apoio a quem desenha ou escreve

pra.se.o.dí.mio *s.m.* QUÍM elemento químico da família dos lantanídeos, usado na coloração de vidros e em materiais fluorescentes

pra.ta.da *s.f.* **1** *pop.* grande quantidade de pratos **2** *pop.* conteúdo que cabe em um prato cheio **3** *pop.* golpe desferido com o prato

pra.te.lei.ra */ê/ s.f.* cada uma das tábuas de um armário ou de uma estante

pra.ti.cá.vel *adj.2g.* passível de ser praticado; exequível, executável

pra.to *s.m.* **1** peça redonda e achatada de louça ou vidro para se colocar alimentos **2** *s.m.* MÚS cada uma das peças metálicas em forma de disco da bateria

pran.te.ar *v.t.* chorar, verter lágrimas, lamentar com choro

pran.to *s.m.* choro ou lamentação intensa

pra.ta *s.f.* **1** QUÍM elemento químico branco, metálico e precioso, de resistência dúctil e aparência brilhante **2** *fig.* dinheiro

pra.ta.ri.a *s.f.* **1** conjunto de objetos de prata **2** grande quantidade de pratos; pratalhada

pra.te.a.do *adj.* **1** coberto de prata **2** que possui a cor de prata • *s.m.* **3** objeto folheado a prata **4** tom de prata

preconceber

pra.te.ar *v.t.* **1** dar cor ou brilho de prata a objetos **2** revestir com prata **3** branquear

prá.ti.ca *s.f.* **1** ação ou resultado de praticar **2** costume, convenção, uso **3** habilidade, facilidade para executar alguma atividade; perícia, destreza **4** estágio **5** conferência, palestra

pra.ti.can.te *adj.2g.* **1** diz-se daquele que pratica; aprendiz **2** diz-se de religioso que frequenta corretamente as cerimônias religiosas e pratica o que manda a doutrina

pra.ti.car *v.t.* **1** realizar, colocar em prática, executar **2** realizar uma ação com frequência para melhorar seu desempenho; treinar **3** conversar, dialogar

prá.ti.co *adj.* **1** relativo à prática **2** diz-se de quem é experiente, perito em algo **3** conveniente, apropriado **4** diz-se do que é fácil de ser utilizado; funcional

pra.zen.tei.ro */ê/ adj.* que demonstra prazer; alegre, animado

pra.zer */ê/ s.m.* **1** sentimento de satisfação, alegria, contentamento • *v.t.2* m.q. aprazer

pra.ze.ro.so */ô/ adj.* que causa alegria, prazer

pra.zo *s.m.* **1** espaço delimitado para a execução de algo **2** tempo determinado, fixo

pré- *pref.* indica anterioridade, ex.: *pré-adolescente*

pré *s.m.* pagamento diário feito a soldados sem patente oficial

pre.á *s.2g.* ZOOL pequeno roedor de origem sul-americana, com orelhas e patas curtas e sem rabo

pre.âm.bu.lo *s.m.* parte introdutória e de apresentação de obra, lei, decreto

prea.mar *s.m.* o nível mais alto da maré; maré-cheia

pre.ar *v.t.* aprisionar, capturar

pre.ben.da *s.f.* **1** função de um cônego; canonicato **2** *por ext.* renda da igreja **3** *fig.* atividade que dá pouco trabalho, mas muito lucro **4** *fig.* tarefa maçante, desagradável

pré-ca.bra.li.no *adj.* HIST relativo ao período anterior à chegada de Pedro Álvares Cabral nas terras brasileiras

pre.cá.rio *adj.* **1** em más condições **2** diz-se do que é provisório ou passageiro; instável

pre.ca.tar *v.t. v.pron.* tomar certos cuidados prévios; precaver(-se), prevenir(-se)

pre.cau.ção *s.f.* **1** providência que se toma com o fim de prevenir um mal **2** comportamento que evita aborrecimentos ou perigos; cautela

pre.ca.tó.ria *s.f.* JUR documento oficial de um órgão judicial a outro pedindo que este cumpra determinada ação

pre.ca.tó.rio *adj.* **1** relativo à precatória **2** que contém um pedido

pre.ca.ver */ê/ v.t. v.pron.* tomar precauções; acautelar--se

pre.ca.vi.do *adj.* diz-se daquele que tomou precauções; prudente

pre.ce */é/ s.f.* manifestação de reza ou de súplica; oração

pre.ce.dên.cia *s.f.* **1** situação de vir antes, preceder **2** condição de ter o primeiro lugar por prioridade; preferência, primazia

pre.ce.den.te *adj.2g.* **1** aquilo que vem antes **2** conjunto de atos que servem para deliberações futuras

pre.ce.der */ê/ v.t.* **1** vir antes dos outros **2** surgir ou aparecer antes de **3** ser superior em qualidade

pre.cei.to *s.m.* **1** orientação, mandamento, prescrição **2** doutrina, ensinamento

pre.cei.tu.ar *v.t.* **1** dar conselho, orientação **2** estabelecer normas, regras, conceitos a serem seguidos

pre.cei.tu.á.rio *s.m.* conjunto de preceitos ou regras

pre.cep.tor */ô/ adj.* diz-se daquele que instrui, que transmite ensinamentos; docente, mestre

pre.ci.o.si.da.de *s.f.* qualidade do que é precioso

pre.ci.o.sis.mo *s.m.* ausência de espontaneidade; artificialismo

pre.ci.o.so */ô/ adj.* **1** de alto valor ou preço **2** *fig.* diz-se de quem tem modos afetados

pre.ci.pí.cio *s.m.* **1** lugar profundo; abismo, despenhadeiro **2** *fig.* catástrofe, tormento, ruína

pre.ci.pi.ta.ção *s.f.* **1** queda da chuva **2** o que é feito às pressas e sem reflexão; afobação, pressa **3** QUÍM deposição de uma substância no fundo de um recipiente por processo de decantação

pre.ci.pi.ta.do *adj.* **1** lançado de cima para baixo; caído **2** *por ext.* irrefletido, impulsivo • *s.m.* **3** produto insolúvel que resulta do fenômeno da precipitação

pre.ci.pi.tar *v.t.* **1** cair ou deixar cair algo em um precipício **2** apressar, acelerar o resultado de algo **3** fazer depositar uma substância ao fundo de um recipiente por processo de decantação

pre.cí.pi.te *adj.2g.* **1** que se encontra na iminência de se precipitar, de cair **2** que se apresenta de forma apressada, rápida

pre.cí.puo *adj.* de maior importância; essencial

pre.ci.sa.do *adj.* **1** que se apresenta como indispensável, importante **2** diz-se daquele que precisa de algo; pobre, necessitado, miserável **3** *desus.* de forma explicada, esclarecida

pre.ci.são *s.f.* **1** necessidade imediata de algo; urgência **2** condição do que passa necessidade, do que é pobre, miserável **3** qualidade daquilo que é preciso, que apresenta rigor e exatidão

pre.ci.sar *v.t.* **1** ter necessidade de algo **2** tornar exato, preciso **3** explicar ou esclarecer de modo exato

pre.ci.so *adj.* **1** que é exato, rigoroso **2** que se apresenta esclarecido, de forma clara, explicada **3** que é indispensável e importante

pre.ci.ta.do *adj.* citado anteriormente

pre.ci.to *adj.* condenado, réprobo

pre.cla.ri.da.de *s.f.* qualidade do que é preclaro

pre.cla.ro *adj.* **1** de origem nobre; distinto **2** ilustre, notável

pre.ço */ê/ s.m.* **1** valor, geralmente monetário, de um objeto ou serviço; custo **2** *fig.* castigo, penalidade **3** *fig.* esforço, sacrifício

pre.co.ce */ó/ adj.2g.* diz-se do que ocorre antes do tempo previsto; imaturo

pre.co.ci.da.de *s.f.* qualidade do que é imaturo, que se apresenta como imaturo, com extemporaneidade

pre.cog.ni.ção *s.f.* conhecimento antecipado de algo ainda não ocorrido; premonição

pré-co.lom.bi.a.no *adj.* HIST relativo ao período que antecede o descobrimento da América por Cristóvão Colombo

pre.con.ce.bi.do *adj.* concebido com antecedência; planejado

pre.con.ce.ber */ê/ v.t.* conceber com antecipação

preconceito

pre.con.cei.to /ê/ *s.m.* **1** opinião ou juízo sem bases sólidas, sem conhecimento **2** prejulgamento contra certas etnias, nacionalidades, sexo etc. **3** ideia baseada em crendice ou superstição

pre.con.cei.tu.o.so /ô/ *adj.* que tem preconceito

pre.con.ce.ber /ê/ *v.t.* conceber com antecipação

pre.co.ni.zar *v.t.* **1** aconselhar, fazer recomendação **2** realizar preconização de um eclesiástico

pre.cur.sor /ô/ *adj.* diz-se daquele que se antecipa a algo, que abre caminhos

pre.da.dor /ô/ *adj. s.m.* **1** animal que caça sua comida **2** *fig.* diz-se de quem rouba ou toma algo com violência; ladrão, meliante

pre.da.tó.rio *adj.* relativo a predador

pre.de.fi.nir *v.t.* definir com antecipação

pre.des.ti.na.ção *s.f.* RELIG destino divino para os seres humanos

pre.des.ti.na.do *adj.* RELIG o que já está previsto por Deus

pre.des.ti.nar *v.t.* **1** RELIG destinar tanto ao céu como ao inferno **2** destinar antecipadamente a finalidade de algo

pre.de.ter.mi.na.do *adj.* **1** determinado antes de **2** RELIG determinado antecipadamente por Deus

pre.de.ter.mi.nar *v.t.* **1** planejar, determinar com antecedência **2** dar uma ordem com antecedência

pre.di.al *adj.2g.* relativo a prédio

pré.di.ca *s.f.* discurso religioso; homilia, sermão

pre.di.ca.ção *s.f.* **1** discurso religioso; sermão **2** GRAM ação de atribuir um predicado ao sujeito **3** caracterização de uma pessoa ou coisa

pre.di.ca.do *s.m.* **1** característica, atributo dado a alguém **2** GRAM aquilo que se diz do sujeito da oração

pre.di.ção *s.f.* previsão, prognóstico, profecia

pre.di.car *v.t.* **1** m.q. pregar **2** GRAM atribuir um predicado ao sujeito

pre.di.ca.ti.vo *s.m.* GRAM complemento do verbo que atribui qualidade ao sujeito ou ao objeto

pre.di.le.ção *s.f.* forma de inclinação ou gosto; preferência

pre.di.le.to /é/ *adj.* aquilo a que se dá preferência; o que é preferido

pré.dio *s.m.* construção grande de alvenaria; edifício

pre.dis.po.nen.te *adj.2g.* que tem predisposição para

pre.dis.por /ô/ *v.t.* **1** tornar propenso, propício a **2** possibilitar a realização de algo

pre.dis.po.si.ção *s.f.* **1** tendência, suscetibilidade para algo **2** alta probabilidade que uma pessoa tem de contrair uma moléstia

pre.dis.pos.to /ô/ *adj.* o que tem predisposição para algo

pre.di.zer /ê/ *v.t.* anunciar com antecipação; vaticinar

pre.di.to *adj.* **1** que se predisse **2** citado anteriormente

pre.do.mi.na.ção *s.f.* ação ou resultado de predominar; prevalência

pre.do.mi.nân.cia *s.f.* característica do que predomina; predomínio

pre.do.mi.nan.te *adj.2g.* aquilo que predomina, que prevalece

pre.do.mi.nar *v.t.* exercer influência sobre outras coisas ou sobre outros seres vivos; prevalecer

pre.do.mí.nio *s.m.* que possui prevalência, poder de mando

pré-e.lei.to.ral *adj.2g.* diz-se do período que antecede as eleições

pre.e.mi.nên.cia *s.f.* **1** elevação, distinção **2** preponderância, superioridade

pre.e.mi.nen.te *adj.2g.* que apresenta preeminência; que é preponderante, dominante

pre.en.cher /ê/ *v.t.* **1** encher de modo completo **2** ocupar **3** cumprir condição **4** escrever nos campos de um formulário ou de uma ficha

pre.en.chi.men.to *s.m.* ação ou resultado de preencher

pre.en.são *s.f.* ação de prender, segurar algo

pre.es.ta.be.le.cer /ê/ *v.t.* estabelecer com antecedência; predeterminar

pre.e.xis.ten.te /z/ *adj.2g.* diz-se do que já existia antes de outra coisa

pre.e.xis.tir /z/ *v.i.* existir antes de outra coisa

pre.fa.ci.ar *v.t.* preparar, fazer o prefácio de uma obra

pre.fá.cio *s.m.* texto introdutório de uma publicação

pre.fei.to /ê/ *s.m.* administrador ou chefe da prefeitura de uma cidade

pre.fei.tu.ra *s.f.* **1** o cargo ocupado pelo prefeito **2** prédio da administração de um município

pre.fe.rên.cia *s.f.* escolha de uma coisa ou pessoa em detrimento de outra

pre.fe.ren.ci.al *adj.2g.* **1** relativo a preferência **2** diz-se do que tem preferência

pre.fe.rir *v.t.* **1** dar preferência a algo ou alguém em detrimento de outro **2** escolher ou eleger como favorito

pre.fe.rí.vel *adj.2g.* diz-se do que deve ser preferido

pre.fi.xa.ção /ks/ *s.f.* **1** ato ou efeito de prefixar **2** GRAM processo de formação de palavras pela colocação de prefixo antes de uma palavra que já existe

pre.fi.xar /ks/ *v.t.* **1** determinar, fixar antecipadamente **2** GRAM colocar prefixos em temas de características verbais para que ocorra o processo morfológico

pre.fi.xo /ks/ *adj.* **1** determinado ou fixado antes • *s.m.* **2** GRAM partícula colocada antes de um vocábulo

pre.flo.ra.ção *s.f.* BOT disposição das sépalas e pétalas de um botão antes de desabrochar

pre.ga /é/ *s.f.* franzido de tecido; ruga, dobra

pre.ga.ção *s.f.* **1** discurso que visa convencer **2** sermão; homilia **3** ação de fixar com pregos ou outra coisa

pre.ga.dor /ô/ *adj.* **1** diz-se do que serve para pregar, prender • *s.m.* **2** pessoa que prega sermões

pre.gão *s.m.* **1** divulgação de determinados produtos feita por corretores e leiloeiros **2** m.q. proclama

pre.gar *v.t.* **1** prender com pregos ou outra coisa **2** fixar para que fique firme, seguro **3** fazer sermões religiosos

pre.go /é/ *s.m.* pequeno objeto de cabeça achatada que se usa para pregar coisas

pre.go.ei.ro /ê/ *adj.* **1** diz-se de quem lança pregões, que tem por função anunciar, divulgar **2** diz-se do que elogia, louva

pre.gres.so /é/ *adj.* diz-se do que se passou antes; precedente, anterior

pre.gue.a.do *adj.* que possui muitas pregas, rugas, dobras

pre.gue.ar *v.t.* **1** fazer pregas **2** enrugar ou ficar enrugado **3** *fig.* perder todas as forças; exaurir

pre.gui.ça *s.f.* **1** inércia, desânimo, lerdeza, indolência **2** ZOOL mamífero sem dentes, de movimentos lentos e que vive em árvores; bicho-preguiça

pre.gui.çar *v.i.* m.q. espreguiçar

pre.gui.ço.sa /ó/ *s.f.* cadeira feita para descansar

prepositivo

pre.gui.ço.so /ô/ *adj.* diz-se daquele que não tem ocupação; vadio, malandro

pre.gus.tar *v.t.* **1** provar comida ou bebida **2** beber antes de outrem **3** *por ext.* antegozar, prelibar

pré-his.tó.ria *s.f.* período da história da humanidade anterior a qualquer tipo de documentação escrita

pré-his.tó.ri.co *adj.* relativo à pré-história

prei.to /ê/ *s.m.* **1** manifestação de reverência; homenagem **2** acordo, negócio, ajuste **3** sujeição a um senhor; vassalagem

pre.ju.di.car *v.t.* lesar ou causar danos a outrem

pre.ju.di.ci.al *adj.2g.* diz-se daquilo que prejudica; que se apresenta como lesivo, danoso

pre.ju.í.zo *s.m.* avaria, perda, dano

pre.jul.gar *v.t.* emitir algum tipo de juízo antecipadamente, sem exame ou avaliação

pre.la.do *s.m.* título honorífico concedido a certos eclesiásticos católicos como bispos, abades etc.

pre.la.tu.ra *s.f.* **1** cargo ou dignidade de prelado **2** tempo durante o qual o prelado exerce o cargo **3** jurisdição do prelado

pre.la.zia *s.f.* m.q. prelatura

pre.le.ção *s.f.* tipo de lição com fins didáticos; palestra, explicação

pre.le.cio.nar *v.t.* **1** fazer preleções; lecionar **2** discorrer, discursar

pre.li.bar *v.t.* ter prazer de forma antecipada; antegozar, antefruir

pre.li.mi.nar *adj.2g.* **1** inicial, introdutório, prévio • *s.m.* **2** prefácio, introdução **3** m.q. preâmbulo

pré.lio *s.m.* disputa, combate, luta

pre.lo /é/ *s.m.* **1** aparelho usado para imprimir **2** máquina impressora, prensa

pre.lu.di.ar *v.t.* dar início, começar

pre.lú.dio *s.m.* início de uma obra musical

pre.ma.tu.ro *adj.* que ocorre, amadurece antes do tempo próprio; precoce

pre.me.di.ta.ção *s.f.* **1** ação ou efeito de premeditar **2** decisão tomada de forma antecipada, com planejamento **3** preparação para cometer um crime

pre.me.di.tar *v.t.* **1** refletir, decidir com antecipação, com planejamento **2** preparar a execução de um crime de forma intencional e antecipada

pre.mên.cia *s.f.* qualidade do que é premente; urgência

pre.men.te *adj.2g.* que faz pressão; que é urgente, imediato

pre.mer /ê/ *v.t.* comprimir; apertar algo

pre.mi.a.do *adj.* que recebeu prêmio; que foi recompensado

pre.mi.ar *v.t.* recompensar com prêmio

pre.mi.do *adj.* que está comprimido; estreito, apertado

prê.mio *s.m.* compensação, recompensa, condecoração

pre.mir *v.t.* apertar; comprimir; premer

pre.mis.sa *s.f.* **1** FILOS proposição que compõe um silogismo **2** *por ext.* ideia inicial para a formação de um raciocínio

pre.mo.ni.ção *s.f.* clarividência, presságio, precognição

pre.mu.nir *v.t.* **1** prover com antecedência o que será necessário **2** prevenir, acautelar

pré-na.tal *adj.2g.* diz-se do que precede o nascimento

pren.da *s.f.* **1** qualidade, dote que possui um indivíduo **2** tipo de brinde; presente, mimo **3** penalidade aplicada a quem perde um jogo ou uma aposta **4** no Rio Grande do Sul, moça ou mulher nova

pren.da.do *adj.* cheio de dotes; que possui boas características; que é talentoso

pren.de.dor /ô/ *s.m.* objeto usado para prender, fixar algo

pren.der /ê/ *v.t.* **1** fixar, pegar, segurar **2** colocar na cadeia; encarcerar

pre.nhe *adj.2g.* **1** diz-se de fêmea de animal pejada, grávida **2** *fig.* cheio, repleto

pre.nhez /ê/ *s.f.* m.q. gravidez

pre.no.me *s.m.* nome de batismo

pren.sa *s.f.* aparelho usado para comprimir, prensar; prelo

pren.sar *v.t.* **1** espremer na prensa para reduzir o tamanho; esmagar **2** apertar muito; espremer

pre.nun.ci.ar *v.t.* predizer, pressagiar; vaticinar

pre.nún.cio *s.m.* sinal que antecipa, anuncia um acontecimento

pré-nup.ci.al *adj.2g.* relativo ao noivado, ao período anterior ao matrimônio

pre.o.cu.par *v.t. v.pron.* ficar apreensivo, inquietar-se de forma antecipada

pré-o.pe.ra.tó.rio *adj.* relativo ao período que antecede uma cirurgia

pre.pa.ra.ção *s.f.* disposição, organização daquilo que é importante para a execução de algo

pre.pa.ra.do *adj.* **1** que se apresenta de forma arrumada, aprontada, disposta **2** diz-se de pessoa que possui conhecimentos aplicáveis acerca de um assunto **3** que está na iminência de começar a agir • *s.m.* **4** produto farmacêutico que sofre elaboração; preparação

pre.pa.ra.dor /ô/ *adj.* **1** diz-se daquele que ajuda o professor a preparar a aula **2** diz-se do técnico laboratorial que faz preparados

pre.pa.rar *v.t.* **1** arrumar, dispor, aprontar, planejar **2** ornar, enfeitar **3** munir uma pessoa de conhecimentos que são necessários; ensinar

pre.pa.ra.ti.vo *adj.* que contribui para a preparação de algo ■ **preparativos** ações práticas prévias para a concretização de um projeto

pre.pa.ra.tó.rio *adj.* **1** inicial, preliminar; que prepara **2** diz-se de curso que prepara para exames, concursos ou outros processos seletivos

pre.pa.ro *s.m.* **1** tipo de arranjo ou disposição prévia **2** tudo aquilo que um indivíduo aprendeu **3** ornamento, enfeite ■ **preparos** conjunto dos aviamentos necessários à costura e ao bordado

pre.pon.de.rân.cia *s.f.* supremacia, predomínio

pre.pon.de.ran.te *adj.2g.* que apresenta preponderância sobre as outras pessoas ou coisas

pre.pon.de.rar *v.t.* exercer predomínio, supremacia em relação a algo

pre.por /ô/ *v.t.* **1** colocar antes, antepor **2** nomear alguém para um cargo de administração ou chefia

pre.po.si.ção *s.f.* GRAM palavra invariável que estabelece relação entre outras duas palavras

pre.po.si.ti.vo *adj.* relativo a preposição

preposto

pre.pos.to /ô/ *adj.* **1** colocado antes; anteposto **2** diz--se de quem foi indicado para ser administrador ou chefe

pre.po.tên.cia *s.f.* autoridade excessiva; forma de despotismo; demonstração de tirania

pre.po.ten.te *adj.2g.* autoritário; déspota; tirano

pre.pú.cio *s.m.* ANAT pele que recobre a glande do pênis

pre.que.té *adj.2g.* **1** m.q. perequeté • *s.f.* **2** espécie de sandália indígena

prer.ro.ga.ti.va *s.f.* regalia, privilégio

pre.sa /ê/ *s.f.* **1** espólio característico de guerra que é tomado do inimigo; despojo **2** diz-se de coisa ou pessoa que é apreendida pelas milícias de modo violento **3** vítima **4** ANAT dente canino

pres.bi.o.pi.a *s.f.* MED distúrbio visual, comum em pessoas idosas, em que o indivíduo não percebe mais com nitidez os objetos próximos

pres.bi.te.ra.to *s.m.* função de um presbítero

pres.bi.te.ri.a.nis.mo *s.m.* RELIG religião protestante que deriva do calvinismo

pres.bi.te.ri.a.no *adj.* diz-se daquele que segue o presbiterianismo; calvinista, protestante

pres.bi.té.rio *s.m.* **1** cargo de presbítero **2** tempo de execução desse cargo **3** conselho de presbíteros **4** residência onde vive o presbítero

pres.bí.te.ro *s.m.* **1** padre **2** indivíduo que representa o bispado da congregação presbiteriana; ancião

pres.bi.ti.a *s.f.* MED m.q. presbiopia

pres.bi.tis.mo *s.m.* MED m.q. presbiopia

pres.ci.ên.cia *s.f.* **1** ciência considerada inata **2** previsão do que acontecerá no futuro; vaticínio

pres.ci.en.te *adj.2g.* diz-se daquele que tem o dom da presciência, que prevê o futuro

pres.cin.dir *v.t.* **1** dispensar, não fazer questão **2** abstrair, não levar em conta

pres.cre.ver /ê/ *v.t.* **1** dar ordens sobre aquilo que tem de ser feito **2** fornecer indicação, conselho, preceito ○ *v.i.* **3** JUR invalidar por não ter mais validade jurídica; caducar

pres.cri.ção *s.f.* **1** tipo de regra ou de ordem **2** JUR extinção de determinados direitos por decurso de tempo

pre.sen.ça *s.f.* **1** comparecimento de alguém em algum lugar **2** fisionomia, aspecto **3** personalidade

pre.sen.ci.ar *v.t.* estar presente; assistir; observar

pre.sen.te *adj.2g.* **1** o que é atual, que não está no passado nem no futuro **2** manifesto, evidente, visível • *s.m.* **3** objeto que se oferta em celebração de ocasiões ou para demonstrar amizade

pre.sen.te.ar *v.t.* dar present

pre.se.pe /é/ *s.m.* m.q. presépio

pre.sé.pio *s.m.* RELIG representação simbólica em maquete do momento de nascimento do menino Jesus

pre.ser.va.ção *s.f.* ação ou resultado de se preservar algo

pre.ser.var *v.t.* **1** conservar em bom estado **2** evitar determinados estragos **3** poupar

pre.ser.va.ti.vo *s.m.* **1** substância ou dispositivo para evitar a concepção; camisinha • *adj.* **2** diz-se do que atua na prevenção de algo

pre.si.dên.cia *s.f.* **1** função exercida pelo presidente **2** local considerado de honra em determinados banquetes

pre.si.den.ci.al *adj.2g.* relativo a presidência ou a presidente

pre.si.den.ci.a.lis.mo *s.m.* sistema de governo no qual o chefe do Poder Executivo é o presidente da República

pre.si.den.ci.a.lis.ta *adj.2g.* **1** diz-se de país que tem o presidencialismo como sistema de governo **2** partidário do presidencialismo

pre.si.den.te *s.2g.* **1** diz-se daquele que exerce a função de chefia de um Estado ○ *s.m.* **2** indivíduo que exerce a presidência de empresa, instituição, entidade etc.

pre.si.di.á.rio *adj.* **1** relativo a presídio **2** diz-se daquele que foi condenado e cumpre pena em presídio

pre.sí.dio *s.m.* **1** prisão, penitenciária **2** prisão militar **3** pena de prisão que deve ser cumprida em uma fortificação militar

pre.si.dir *v.t.* **1** dirigir, administrar **2** oferecer regras e certas diretrizes para a execução de algo; orientar **3** assistir guiando, dirigindo

pre.si.lha *s.f.* **1** objeto com a finalidade de prender ou amarrar duas coisas **2** utensílio usado para segurar os cabelos **3** pequena tira fixada ao cós de roupas para passar o cinto

pre.so /ê/ *adj.* **1** detido, segurado **2** que se encontra encarcerado, detido na prisão

pres.sa /é/ *s.f.* **1** velocidade alta; rapidez **2** afobação, sofreguidão **3** forma de se expressar com urgência

pres.sa.gi.ar *v.t.* fazer presságio; prever, vaticinar

pres.sá.gio *s.m.* **1** antecipação do futuro por meio de sinal ou fato **2** pressentimento

pres.sa.go *adj.* que contém presságio; pressagioso

pres.são *s.f.* **1** aperto, compressão **2** tensão arterial **3** FÍS força que é exercida por um fluido ou por determinado tipo de vapor

pres.sen.ti.men.to *s.m.* premonição, presságio

pres.sen.tir *v.t.* adivinhar algo referente ao futuro; pressagiar, prever

pres.su.por /ô/ *v.t.* supor antecipadamente; prejulgar, fazer conjecturas

pres.su.po.si.ção *s.f.* suposição feita de forma antecipada; conjectura

pres.su.pos.to /ô/ *s.m.* o que se supõe antecipadamente; conjectura, pressuposição

pres.su.ro.so /ô/ *adj.* que se encontra ansioso, afoito

pres.ta.ção *s.f.* **1** ação de prestar um serviço a alguém **2** pagamento de forma parcelada de algo que se deve

pres.su.po.si.ção *s.f.* suposição feita de forma antecipada; conjectura

pres.tar *v.t.* **1** ter utilidade para algo; servir **2** fazer, cumprir

pres.ta.ti.vo *adj.* atencioso, solícito, útil

pres.tá.vel *adj.2g.* que presta, que tem alguma utilidade; útil

pres.tes /é/ *adj.2g.2n.* **1** que está na iminência de **2** preparado, pronto

pres.te.za /ê/ *s.f.* prontidão; agilidade; velocidade

pres.ti.di.gi.ta.ção *s.f.* m.q. ilusionismo

pres.ti.di.gi.ta.dor /ô/ *s.m.* m.q. ilusionista

pres.ti.gi.ar *v.t.* valorizar, oferecer apoio ao comparecer a algum evento

pres.tí.gio *s.m.* **1** atração, sedução **2** grande influência, importância social

pres.ti.gi.o.so /ô/ *adj.* que tem prestígio; influente, famoso, célebre

primordial

pres.tí.ma.no *s.m.* **1** indivíduo que possui muita habilidade e destreza com as mãos **2** m.q. prestidigitador

prés.ti.mo *s.m.* **1** serventia, utilidade **2** forma de mérito ou de qualidade

pres.ti.mo.so /ô/ *adj.* **1** que tem préstimo, utilidade **2** prestativo, obsequioso

prés.ti.to *s.m.* procissão, cortejo

pre.su.mi.do *adj.* **1** presunçoso, vaidoso **2** diz-se que foi pressuposto, conjecturado

pre.su.mir *v.t.* **1** ter presunção, vaidade **2** pressupor, conjecturar

pre.su.mí.vel *adj.2g.* diz-se do que é provável

pre.sun.ção *s.f.* **1** suposição, conjectura **2** vaidade, pedantismo

pre.sun.ço.so /ô/ *adj.* diz-se do que se apresenta de modo afetado, com vaidade; pedante

pre.sun.ti.vo *adj.* diz-se daquilo que é presumível

pre.sun.to *s.m.* **1** pernil suíno em conserva **2** *pop.* defunto, cadáver

pre.te.jar *v.t.* tornar algo da cor preta; escurecer, enegrecer

pre.ten.den.te *adj.2g.* diz-se daquele que pretende algo, que é aspirante, candidato

pre.ten.der /ê/ *v.t.* **1** possuir desejos de algo; ter aspiração de **2** solicitar, requerer direitos

pre.ten.são *s.f.* aspiração; presunção

pre.ten.si.o.so /ô/ *adj.* vaidoso, afetado, arrogante

pre.ten.so *adj.* diz-se do que é suposto, imaginado, conjecturado

pre.te.rir *v.t.* dar preferência a algo ou alguém; preferir

pre.té.ri.to *s.m.* **1** o tempo que pertence ao passado **2** GRAM tempo verbal que indica ação que já aconteceu

pre.tex.tar /s/ *v.t.* dar pretextos, motivos para se escusar de algo

pre.tex.to /ês/ *s.m.* desculpa evasiva para encobrir a verdadeira razão de algo

pre.to /ê/ *adj.* que apresenta cor escura; enegrecido

pre.tor /ô/ *s.m.* **1** juiz da antiga Roma **2** *bras.* juiz de categoria inferior à de juiz de direito

pre.to.ri.a *s.f.* **1** *bras.* cargo exercido pelo pretor **2** *bras.* local onde o pretor exercia suas funções

pre.tó.rio *s.m.* **1** tribunal do pretor, na Roma antiga **2** *por ext.* qualquer tribunal

pre.tu.me *s.m.* negritude, escuridão

pre.va.lên.cia *s.f.* ação ou resultado de prevalecer uma coisa sobre outra; supremacia

pre.va.ri.ca.ção *s.f.* ato ou efeito de prevaricar; transgressão

pre.va.ri.ca.dor /ô/ *adj.* aquele que prevarica

pre.va.ri.car *v.t.* **1** cometer um pecado, um crime **2** corromper; transgredir

pre.ven.ção *s.f.* **1** ação ou resultado de prevenir **2** conjunto de medidas preventivas **3** cautela, precaução

pre.ve.ni.do *adj.* que se preveniu; que foi avisado

pre.ven.ti.vo *adj.* diz-se do que pode ajudar a prevenir algo no futuro

pre.ven.tó.rio *s.m.* MED estabelecimento de saúde que trata preventivamente de pessoas que apresentam tendência para adquirir certas doenças

pre.ver /ê/ *v.t.* **1** ter ideia antecipada de algo que vai acontecer; pressagiar, antever, vaticinar **2** presumir, supor

pré.via *s.f.* **1** consulta anterior a uma eleição para colher opiniões **2** mostra de parte de um filme, música etc. antes de seu lançamento público

pre.vi.dên.cia *s.f.* **1** previsão do futuro; prognóstico, vaticínio **2** empresa de seguros

pre.vi.den.te *adj.2g.* que possui prudência, cautela

pré.vio *adj.* que antecipa, que vem antes; que é preliminar

pre.vi.são *s.f.* **1** ação ou resultado de prever; vaticínio, prognóstico **2** antecipação; conjectura

pre.vi.sí.vel *adj.2g.* passível de previsão; conjecturável

pre.vis.to *adj.* **1** aquilo que é pressagiado, prognosticado **2** diz-se do que é esperado

pre.za.do *adj.* querido, estimado

pre.zar *v.t.* **1** possuir estima, simpatia, valor, apreço por algo ou alguém **2** ter respeito, consideração por alguém

pri.ma *s.f.* **1** a filha de tia e tio em relação aos filhos de outros tios **2** *desus.* RELIG a primeira das horas canônicas diurnas do ofício divino

pri.ma.ci.al *adj.2g.* o que é mais importante; primordial

pri.ma.do *s.m.* superioridade, excelência

pri.ma-do.na *s.f.* MÚS principal cantora de uma ópera

pri.mar *v.t.* **1** possuir a supremacia sobre outros; preceder **2** ter destaque, distinção

pri.má.rio *adj.* **1** que é inicial; que está em primeiro **2** diz-se do que é tido como principal; de fundamental importância

pri.ma.ta *s.m.* ZOOL espécie dos primatas, mamíferos que compreendem os macacos

pri.ma.ve.ra /é/ *s.f.* **1** estação do ano posterior ao inverno **2** *fig.* que está na juventude, na mocidade **3** BOT arbusto onde brotam flores de muitas cores

pri.ma.ve.ral *adj.2g.* **1** relativo a primavera **2** que pertence a juventude; que está na mocidade

pri.ma.ve.ril *adj.2g.* que tem as características da primavera; próprio da primavera

pri.maz *s.m.* **1** título de eclesiástico superior ao bispo e ao arcebispo • *adj.* **2** que é o mais importante; que está em primeiro lugar

pri.ma.zi.a *s.f.* que tem prioridade; que apresenta superioridade

pri.mei.ro /ê/ *num.* **1** que está na primeira posição em uma sequência • *adj.* **2** primitivo, original **3** diz-se do que mais se nota em um grupo

pri.me.vo /é/ *adj.* de tempos remotos; primitivo

pri.mí.pa.ra *s.f.* fêmea que pariu ou que vai parir pela primeira vez

pri.mi.ti.vis.mo *s.m.* qualidade daquilo que é primitivo

pri.mi.ti.vo *adj.* **1** de tempos muito remotos **2** *fig.* diz-se do indivíduo simples e sem instrução **3** GRAM diz-se de forma original de que foram derivadas outras

pri.mo *adj.* **1** que é primeiro **2** MAT número que só se divide por um e por si mesmo • *s.m.* **3** o filho de tia e tio em relação aos filhos de outros tios • *adv.* **4** que está em primeiro lugar; primeiramente

pri.mo.gê.ni.to *adj. s.m.* filho que nasceu primeiro; filho mais velho

pri.mo.ge.ni.tu.ra *s.f.* **1** condição de primogênito **2** direito que possui o primogênito de possuir algo

pri.mor /ô/ *s.m.* perfeição, esmero, excelência

pri.mor.di.al *adj.2g.* **1** original, primitivo **2** que é demasiadamente importante; essencial

primórdio

pri.mór.dio *s.m.* que está na origem; que faz parte do começo

pri.mo.ro.so /ô/ *adj.* dotado de primor

prí.mu.la *s.f.* BOT planta herbácea da família das primuláceas, usada como medicinal e ornamental

prin.ce.sa /ê/ *s.f.* filha de reis; mulher que se casou com um príncipe

prin.ci.pa.do *s.m.* 1 dignidade de príncipe 2 território governado pelo príncipe

prin.ci.pal *adj.2g.* diz-se do que possui demasiada importância; essencial

prín.ci.pe *s.m.* filho de reis; homem que se casou com uma princesa

prin.ci.pes.co *adj.* 1 relativo a príncipe 2 próprio de príncipe; opulento, rico

prin.ci.pi.an.te *adj.2g.* diz-se daquele que principia; iniciante

prin.ci.pi.ar *v.t.* dar início, começar

prin.cí.pio *s.m.* 1 relativo a começo 2 regra, prescrição que se deve seguir em um jogo 3 cada uma das convicções morais de um indivíduo

pri.or /ô/ *s.m.* RELIG superior de certas ordens religiosas

pri.o.ri.da.de *s.f.* privilégio de vir em primeiro; primazia

pri.são *s.f.* 1 penitenciária, cárcere 2 ação ou efeito de prender, capturar

pris.co *adj.* 1 relativo a tempos idos, passados; antigo • *s.m.* 2 *pop.* salto característico do cavalo

pri.si.o.nei.ro /ê/ *adj.* diz-se daquele que foi privado da própria liberdade

pris.ma *s.m.* 1 GEOM sólido com base formada por dois polígonos idênticos e faces formadas por paralelogramos 2 cristal com esse formato usado em experimentos ópticos 3 modo de perceber, de ver algo

pris.má.ti.co *adj.* que possui formato de prisma

prís.ti.no *adj.* antigo, prisco

pri.va.ção *s.f.* ausência de recursos; condição de estar pobre, na miséria

pri.va.da *s.f.* vaso sanitário

pri.va.do *adj.* 1 que está tolhido; que se apresenta impedido de algo 2 diz-se daquilo que não pode ser mostrado ao público

pri.van.ça *s.f.* amizade íntima; familiaridade, camaradagem

pri.var *v.t.* 1 tirar o direito de ação; tolher, impedir 2 possuir intimidade com

pri.va.ti.vo *adj.* 1 diz-se do que não é permitido a todos; exclusivo 2 diz-se do que é próprio de um indivíduo; característico

pri.vi.le.gi.a.do *adj.* diz-se daquele que goza de certos privilégios particulares

pri.vi.le.gi.ar *v.t.* dar privilégios, prerrogativas

pri.vi.lé.gio *s.m.* 1 prerrogativa ou exceção que se concede apenas a alguns 2 *por ext.* bem material, riqueza de uma minoria

pró *adv.* 1 em defesa, a favor • *s.m.* 2 aspecto favorável, positivo de algo

pro- *pref.* indica antecedência ou movimento para a frente

pro.a /ô/ *s.f.* MAR parte fronteira de um navio, em oposição à popa

pro.ba.bi.li.da.de *s.f.* 1 chance de algo acontecer; possibilidade 2 o que pode ser; indício

pro.ba.tó.rio *adj.* 1 relativo a prova 2 diz-se do que procura provar a veracidade de algo

pro.bi.da.de *s.f.* integridade moral; retidão, honestidade

pro.ble.ma /ê/ *s.m.* 1 questão de difícil resolução 2 assunto controverso

pro.ble.má.ti.co *adj.* 1 relativo a problema 2 que se apresenta de forma duvidosa ou incerta

pro.bo /ô/ *adj.* que apresenta integridade, honra, honestidade

pro.bós.ci.da *s.f.* m.q. probóscide

pro.bós.ci.de *s.m.* 1 ZOOL focinho longo e flexível de certos mamíferos, como a anta 2 ZOOL a tromba do elefante

pro.ca.í.na *s.f.* FARM substância com propriedades anestésicas

pro.caz *adj.2g.* que é arrogante; que apresenta petulância

pro.ce.dên.cia *s.f.* 1 ato ou efeito de proceder 2 lugar de onde algo provém; origem 3 qualidade do que tem fundamento, base

pro.ce.den.te *adj.2g.* 1 que procede; originado, proveniente 2 que tem fundamento, base

pro.ce.der /ê/ *v.i.* 1 avançar, prosseguir 2 comportar-se de acordo com as normas estabelecidas ○ *v.t.* 3 originar de; ser proveniente de 4 fazer algo operar, funcionar

pro.ce.di.men.to *s.m.* modo de colocar alguma coisa em prática, de realizar algo

pro.ce.la /é/ *s.f.* temporal, tempestade

pro.ce.lá.ria *s.f.* ZOOL designação de diversas aves oceânicas, como a gaivota

pro.ce.lo.so /ô/ *adj.* 1 relativo a procela 2 que é tempestuoso, tormentoso

pró.cer *s.m.* 1 indivíduo com influência e importância 2 *desus.* membro da corte

pro.ces.sa.dor /ô/ *adj.* 1 JUR diz-se daquele que processa alguém 2 diz-se do que motiva a ocorrência de um processo • *s.m.* 3 INFORMÁT circuito que gerencia o processamento dos arquivos de um computador

pro.ces.sa.men.to *s.m.* 1 ato ou efeito de processar 2 maneira de realizar algo

pro.ces.sar *v.t.* 1 JUR mover uma ação contra alguém 2 operar, executar

pro.ces.so /é/ *s.m.* 1 série de ações com vistas a um fim 2 método, maneira de executar algo 3 progresso gradativo de um fenômeno, de uma atividade etc. 4 JUR ação judicial

pro.ces.su.al *adj.2g.* relativo a processo

pro.cis.são *s.f.* RELIG cortejo religioso em que os fiéis levam imagens de santos, cantam etc.

pro.cla.ma.ção *s.f.* ação ou resultado de levar ao conhecimento de todos, de tornar público

pro.cla.mar *v.t.* 1 comunicar, anunciar publicamente algum acontecimento de grande importância 2 exaltar, celebrar

pró.cli.se *s.f.* GRAM posição do pronome oblíquo anterior ao verbo

pro.cras.ti.nar *v.t.* deixar para depois; adiar, postergar

pro.cri.a.ção *s.f.* ação ou resultado de procriar; reprodução

pro.cri.a.dor /ô/ *adj.* diz-se daquele que procria

programa

pro.cri.ar *v.t.* **1** gerar filhos ○ *v.t.* **2** reproduzir-se, multiplicar-se

pro.cu.ra *s.f.* **1** ação ou resultado de procurar, de fazer busca ou pesquisa **2** ECON interesse comercial por determinado produto; demanda

pro.cu.ra.ção *s.f.* JUR documento judicial que confere a outrem a administração dos próprios bens; mandato

pro.cu.ra.dor /ô/ *s.m.* **1** JUR cargo exercido na procuradoria **2** advogado do Estado **3** pessoa que recebeu procuração para administrar os bens de outrem

pro.cu.ra.do.ri.a *s.f.* **1** cargo de procurador **2** local onde o procurador exerce sua função **3** local onde ocorrem as audiências dirigidas pelo procurador

pro.cu.rar *v.i.* **1** exercer o ofício de procurador ○ *v.t.* **2** tentar descobrir; pesquisar

pro.di.ga.li.da.de *s.f.* qualidade de quem é pródigo

pro.di.ga.li.zar *v.t.* **1** dar em grande quantidade **2** desperdiçar bens adquiridos

pro.dí.gio *s.m.* **1** coisa ou fato milagroso, maravilhoso • *adj.* **2** diz-se de criança com inteligência superior à comum de sua idade

pro.di.gi.o.so /ô/ *adj.* que se mostra maravilhoso, estupendo

pró.di.go *adj.* **1** que esbanja, gasta muito **2** generoso **3** que produz em abundância; fértil

pró.dro.mo *s.m.* **1** parte que introduz; prefácio **2** MED indício, sinal de moléstia

pro.du.ção *s.f.* **1** ação ou resultado de produzir **2** criação de algo

pro.du.ti.vi.da.de *s.f.* **1** condição do que é produtivo **2** capacidade de produzir

pro.du.ti.vo *adj.* diz-se do que é fértil, rendoso; que apresenta resultados

pro.du.to *s.m.* **1** resultado de uma produção **2** resultado de uma atividade, de um trabalho etc. **3** aquilo que é produzido para venda no mercado **4** MAT resultado de uma operação

pro.du.tor /ô/ *s.m.* indivíduo, indústria etc. que transforma matéria-prima em produtos

pro.du.zir *v.t.* **1** transformar, fazer **2** originar, oportunizar **3** dar rendimentos, resultados **4** fabricar, criar

pro.e.mi.nên.cia *s.f.* **1** condição de ser importante socialmente, superior aos outros **2** elevação em um terreno

pro.e.mi.nen.te *adj.2g.* **1** que é importante, domina **2** que é alto

pro.ê.mio *s.m.* m.q. prefácio

pro.e.za /ê/ *s.f.* feito que exige coragem; façanha

pro.fa.na.ção *s.f.* falta de respeito com as coisas sacras

pro.fa.nar *v.t.* **1** violar, desrespeitar as coisas sacras **2** transgredir **3** atentar contra a honra **4** fazer uso inadequado

pro.fa.no *adj.* **1** que se apresenta de forma pecaminosa, vil **2** diz-se daquele que ainda não conhece certas doutrinas

pro.fe.ci.a *s.f.* **1** presságio por inspiração sobrenatural ou divina **2** anunciação de eventos futuros

pro.fe.rir *v.t.* fazer um anúncio; falar com tom de voz alto

pro.fes.sar *v.t.* **1** seguir uma doutrina, religião, crença etc. **2** atuar como profissional **3** executar função **4** fazer votos

pro.fes.so /é/ *adj.* diz-se daquele que professa uma ordem religiosa, uma crença etc.

pro.fes.sor /ô/ *s.m.* **1** aquele que ensina; mestre **2** indivíduo cuja profissão é dar aulas

pro.fes.so.ra.do *s.m.* **1** o cargo exercido pelo professor **2** o período desse exercício **3** conjunto dos professores de um determinado local

pro.fes.so.ral *adj.2g.* relativo a professor

pro.fes.so.ran.do *s.m.* aluno que está se formando para ser professor

pro.fes.so.rar *v.t.* exercer o cargo ou a função de professor

pro.fe.ta /é/ *s.2g.* pessoa que prediz, que profetiza o futuro; vidente

pro.fé.ti.co *adj.* relativo a profeta ou profecia

pro.fe.ti.sa *s.f.* mulher que faz profecia; vidente

pro.fe.ti.zar *v.t.* anunciar o futuro com base em presságios

pro.fi.ci.en.te *adj.2g.* **1** que possui capacidade, habilidade **2** que apresenta progresso, aproveitamento, rendimento

pro.fí.cuo *adj.* que possui vantagens; que é útil, rentável

pro.fi.lá.ti.co *adj.* que serve para prevenir doenças; preventivo

pro.fi.la.xi.a /ks/ *s.f.* **1** MED conjunto de medidas a serem tomadas para prevenir doenças; precaução **2** uso dessas medidas

pro.fis.são *s.f.* **1** declaração pública de votos em uma ordem de caráter religioso **2** cargo, ofício, ocupação

pro.fis.sio.nal *adj.2g.* **1** relativo a profissão **2** que é especialista, técnico em algum assunto

pro.fis.sio.na.lis.mo *s.m.* qualidade do bom profissional

pro.fli.gar *v.t.* **1** arruinar, devastar, destruir **2** criticar duramente; atacar com palavras **3** corromper, depravar

pró.fu.go *adj.* que é ou foi banido; que é fugitivo

pro.fun.di.da.de *s.f.* **1** distância vertical da superfície ao fundo **2** qualidade do que tem domínio de algo

pro.fun.do *adj.* **1** demasiadamente fundo; que possui grande extensão da entrada até o fundo **2** *fig.* qualidade de misterioso; de difícil entendimento

pro.fu.são *s.f.* grande quantidade de algo; abundância

pro.fu.so *adj.* em grande quantidade; abundante, excessivo

pro.gê.nie *s.f.* **1** prole, descendência **2** ascendência, origem

pro.ge.ni.tor /ô/ *s.m.* **1** aquele que gera; pai **2** fundador

pro.ge.ni.tu.ra *s.f.* ascendência, origem

prog.na.ta *adj.2g.* que possui queixo avantajado, saliente

prog.na.tis.mo *s.m.* desenvolvimento acentuado do maxilar inferior

próg.na.to *adj.* que tem as maxilas alongadas e proeminentes

prog.nos.ti.car *v.t.* fazer previsão, prognóstico; predizer

prog.nós.ti.co *s.m.* **1** julgamento médico que é baseado no que o paciente apresenta **2** suposição, previsão

pro.gra.ma *s.m.* **1** relação, lista impressa de atividades de um evento **2** encontro com finalidade sexual mediante pagamento **3** planejamento de atividades **4** INFORMÁT conjunto de comandos, de instruções que regulam o que o computador deve fazer; *software*

programação

pro.gra.ma.ção *s.f.* **1** ação ou resultado de programar **2** organização de eventos, acontecimentos, passeios etc. **3** INFORMÁT elaboração de programas

pro.gra.ma.dor /ô/ *adj. s.m.* **1** aquele que programa **2** INFORMÁT profissional que cria programas para computador

pro.gra.mar *v.t.* **1** elaborar a programação de um evento **2** planejar, organizar **3** INFORMÁT criar programa computacional

pro.gre.dir *v.i.* melhorar, desenvolver

pro.gres.são *s.f.* **1** ação de progredir; progresso **2** sucessão, desenvolvimento

pro.gres.sis.ta *adj.2g.* **1** relativo a progresso **2** diz-se de quem é favorável ao progresso

pro.gres.si.vo *adj.* diz-se do que progride

pro.gres.so /é/ *s.m.* **1** ação ou resultado de progredir **2** desenvolvimento, avanço

pro.i.bi.ção *s.f.* ação de proibir, impedir

pro.i.bi.do /ô/ *adj.* diz-se do que está vetado, que não é permitido

pro.i.bi.dor /ô/ *adj.* que proíbe, impede algo

pro.i.bir *v.t.* barrar o uso de algo; impedir

pro.i.bi.ti.vo *adj.* relativo a proibição, impedimento

pro.je.ção *s.f.* **1** ação ou resultado de projetar alguma coisa **2** aquilo que é projetado por aparelho mecânico **3** influência, destaque

pro.je.tar *v.t.* **1** lançar algo a certa distância **2** planejar e executar projetos, planos **3** tornar-se famoso, conhecido **4** mirar em

pro.jé.til *adj.2g.* **1** passível de ser projetado, arremessado • *s.m.* **2** bala de arma de fogo

pro.je.tis.ta *adj.2g.* arquiteto ou engenheiro que faz projetos de construções em geral

pro.je.to /é/ *s.m.* **1** planta de uma obra, de uma construção **2** plano, planejamento

pro.je.tor /ô/ *s.m.* aparelho mecânico próprio para projetar imagens

prol /ó/ *s.m.* lucro, proveito ■ **em prol de** em defesa de

pro.la.ção *s.f.* ato ou efeito de pronunciar; pronunciação

pro.lap.so *s.m.* ANAT deslocamento de um órgão de sua posição normal

pro.le /ó/ *s.f.* conjunto de filhos; descendência

pro.le.ta.ri.a.do *s.m.* classe dos operários

pro.le.tá.rio *adj.* **1** que ocupa o cargo de operário; que faz trabalho braçal **2** que pertence à classe inferior

pro.le.ta.ri.zar *v.t. v.pron.* **1** tornar(-se) proletário **2** empobrecer e baixar para a classe dos proletários

pro.li.fe.ra.ção *s.f.* ato de proliferar, multiplicar

pro.li.fe.rar *v.i.* multiplicar-se; propagar-se

pro.lí.fe.ro *adj.* diz-se do que é fértil, fecundo

pro.li.fi.car *v.i.* m.q. proliferar

pro.lí.fi.co *adj.* que é fecundo, produtivo

pro.li.xo /ks/ *adj.* que exagera, abusa ao usar das palavras para se expressar

pró.lo.go *s.m.* **1** m.q. prefácio **2** cena introdutória de uma obra

pro.lon.ga.men.to *s.m.* aumento da extensão ou da duração de algo; alongamento

pro.lon.gar *v.t.* **1** tornar mais comprido; distender **2** pretender continuar; delongar

pro.ló.quio *s.m.* provérbio, ditado, máxima

pro.ma.nar *v.i.* proceder, provir, emanar

pro.mes.sa /é/ *s.f.* **1** voto de caráter religioso **2** compromisso que se assume e que se deve cumprir **3** *fig.* ilusão

pro.me.ter /ê/ *v.t.* **1** fazer um compromisso; comprometer-se, obrigar-se **2** oferecer esperanças do acontecimento ou da realização de algo

pro.me.ti.da *s.f.* mulher que se comprometeu em matrimônio; noiva

pro.me.ti.do *adj.* aquilo que se prometeu ou foi prometido

pro.mis.cu.i.da.de *s.f.* **1** confusão, desordem **2** liberalidade sexual

pro.mis.cu.ir-se *v.pron.* **1** unir-se de forma desordenada; misturar-se **2** viver de forma promíscua

pro.mís.cuo *adj.* **1** formado de partes diferentes; misturado, confuso **2** degradado moralmente **3** que mantém relações sexuais com vários parceiros

pro.mis.são *s.m.* m.q. promessa

pro.mis.si.vo *adj.* **1** relativo a promessa **2** que contém promessa

pro.mis.sor /ô/ *adj.* **1** que faz promessas **2** que é próspero, propício

pro.mis.só.ria *s.f.* JUR documento em que uma pessoa se compromete a pagar uma certa quantia, em determinada data

pro.mis.só.rio *adj.* m.q. promissivo

pro.mo.ção *s.f.* **1** ação ou resultado de promover **2** redução do preço de um produto **3** elevação a um cargo

pro.mon.tó.rio *s.m.* cabo feito de formações rochosas mais elevadas

pro.mo.tor /ô/ *s.m.* **1** JUR pessoa que representa a justiça e é encarregada de acusar o réu **2** quem promove; fomentador

pro.mo.to.ri.a *s.f.* **1** função exercida pelo promotor **2** sede em que o promotor exerce seu cargo

pro.mo.ve.dor /ô/ *adj.* diz-se daquele que promove, impulsiona algo

pro.mo.ver /ê/ *v.t.* **1** impulsionar **2** planejar e executar algo

pro.mul.ga.ção *s.f.* ato de promulgar

pro.mul.gar *v.t.* publicar uma lei que foi oficialmente aprovada; tornar público

pro.no.me *s.m.* GRAM vocábulo que se equipara a um nome

pro.no.mi.nal *adj.2g.* relativo a pronome; que tem a função de nome

pron.ti.dão *s.f.* qualidade do que é feito com rapidez e presteza

pron.ti.fi.car *v.t.* **1** estar em prontidão ou à disposição de algo ou alguém **2** oferecer favores; dispor-se

pron.to *adj.* **1** preparado para começar a agir **2** que se encontra disposto, a espera

pron.tu.á.rio *s.m.* ficha com informações importantes sobre alguém ou algo

pro.nún.cia *s.f.* **1** modo de articulação das palavras **2** forma de dizer uma palavra em certa língua ou em determinado dialeto; sotaque

pro.nun.ci.a.men.to *s.m.* **1** manifestação, declaração pública a respeito de algo ou alguém **2** revolta, rebelião

pro.nun.ci.ar *v.t.* **1** articular as palavras **2** manifestar uma opinião **3** fazer, apresentar um discurso **4** JUR publicar, decretar

pro.pa.ga.ção *s.f.* **1** ação ou resultado de propagar **2** aumento da quantidade **3** divulgação

pro.pa.gan.da *s.f.* **1** ato ou efeito de propagar; divulgar **2** anúncio comercial

pro.pa.gan.dis.ta *s.2g.* indivíduo que é encarregado de produzir anúncio, de difundir alguma coisa

pro.pa.gar *v.t.* **1** reproduzir-se, multiplicar-se **2** aumentar o número; proliferar **3** difundir, espalhar **4** movimentar por um meio específico, ex.: *o som propaga-se no ar*

pro.pa.lar *v.t.* divulgar, espalhar

pro.pa.no *s.m.* QUÍM gás constituinte do petróleo e do gás natural

pro.pa.ro.xí.to.no *adj. s.m.* GRAM vocábulo que possui sua tônica localizada na antepenúltima sílaba

pro.pe.dêu.ti.ca *s.f.* preparação para estudos mais avançados

pro.pe.dêu.ti.co *adj.* relativo a propedêutica

pro.pe.lir *v.t.* **1** empurrar, impelir **2** projetar, lançar **3** *fig.* estimular, impulsionar

pro.pi.nar *v.t.* **1** administrar remédios ou venenos **2** dar gratificação, gorjeta **3** *pejor.* pagar uma quantia de dinheiro por algo ilícito

pro.pen.der /ê/ *v.t.* ter inclinação para algo

pro.pen.são *s.f.* ação de inclinar-se para algo

pro.pen.so *adj.* **1** que tende a está inclinado para algo **2** tendencioso

pro.pi.ci.ar *v.t.* favorecer; tornar possível; proporcionar

pro.pí.cio *adj.* adequado, favorável

pro.pi.na *s.f.* **1** gorjeta **2** *pejor.* quantia de dinheiro que se paga por algo geralmente ilícito

pro.pín.quo *adj.* que se encontra próximo; perto

pró.po.le *s.2g.* substância resinosa produzida pelas abelhas; própolis

pró.po.lis *s.2g.2n.* resina de plantas utilizada pelas abelhas em suas colmeias

pro.po.nen.te *adj.2g.* diz-se daquele que propõe algo

pro.por /ô/ *v.t.* **1** apresentar proposta **2** oferecer, ofertar

pro.por.ção *s.f.* **1** relação das partes de um todo entre si, ou entre cada uma delas e o todo, com respeito a tamanho, quantidade ou grau **2** equilíbrio; conformidade **3** MAT fração

pro.por.ci.o.na.do *adj.* diz-se do que é harmônico, simétrico

pro.por.ci.o.nal *adj.2g.* que se encontra em equilíbrio com as demais partes de um todo

pro.por.ci.o.nar *v.t.* **1** tornar possível; oportunizar **2** tornar proporcional; adequar, adaptar **3** oferecer; fornecer

pro.po.si.ção *s.f.* **1** enunciação **2** sugestão, proposta **3** GRAM oração, sentença

pro.po.si.ta.do *adj.* intencional, proposital

pro.po.si.tal *adj.2g.* que foi feito propositadamente; intencional

pro.pó.si.to *s.m.* **1** intenção de realizar algo **2** o que se almeja **3** objetivo, escopo

pro.pos.ta /ó/ *s.f.* **1** aquilo que se apresenta a alguém para aprovação **2** sugestão; oferta

pro.pos.to /ô/ *adj.* que se propôs

pro.pri.e.da.de *s.f.* **1** coisa sobre a qual se tem posse **2** característica que é essencial de algo **3** uso adequado de qualquer coisa

pro.pri.e.tá.rio *adj. s.m.* aquele que detém a posse, que é dono

pró.prio *adj.* **1** característico de alguma coisa ou pessoa **2** adequado, conveniente **3** originário de determinado lugar

pro.pug.na.dor /ô/ *adj.* diz-se de quem propugna por algo, de quem defende algo

pro.pug.nar *v.t.* lutar por uma ideia; defender um ponto de vista

pro.pul.são *s.f.* ato ou efeito de impelir algo

pro.pul.sar *v.t.* aplicar movimento, impelir algo para frente

pro.pul.sio.nar *v.t.* impulsionar, propulsar

pro.pul.sor /ô/ *adj.* **1** diz-se daquilo que faz algo progredir, que impulsiona • *s.m.* **2** peça que aplica movimento a determinado mecanismo

pror.ro.ga.ção *s.f.* **1** ação ou resultado de prorrogar **2** alongamento de um prazo

pror.ro.gar *v.t.* prolongar, dilatar algo

pror.ro.gá.vel *adj.2g.* passível de prorrogação

pror.rom.per /ê/ *v.i.* atirar-se de forma impetuosa, com certa violência

prós.ta.ta *s.f.* ANAT glândula da genitália masculina

pros.ter.nar *v.t.* **1** deitar por terra; prostrar ○ *v.pron.* **2** curvar-se até o chão como forma de adoração a uma divindade

pros.tí.bu.lo *s.m.* lugar onde ocorre prostituição

pros.ti.tui.ção *s.f.* **1** atividade feita por prostitutas **2** realização de ato sexual mediante pagamento **3** corrupção moral ou moralidade **4** devassidão, profanação

pros.ti.tu.ir *v.pron.* **1** exercer atividade de prostituta ○ *v.t.* **2** corromper moralmente

pros.ti.tu.ta *s.f.* mulher que se entrega à prostituição; meretriz

pros.ti.tu.to *s.m.* indivíduo que mantém relações sexuais por dinheiro

pros.tra.ção *s.f.* **1** ato ou efeito de prostrar **2** *por ext.* abatimento, fraqueza **3** *fig.* desânimo, depressão

pros.tra.do *adj.* que se encontra abatido, vencido, desanimado

pros.trar *v.t.* **1** derrubar, prosternar **2** *por ext.* enfraquecer fisicamente **3** *fig.* apresentar muito desânimo

pro.ta.go.nis.ta *adj.2g. s.2g.* **1** personagem principal em uma peça teatral, filme, novela, narrativa etc. **2** indivíduo que se destaca em um determinado acontecimento

pro.te.ção *s.f.* ação de proteger, de oferecer abrigo, resguardo

pro.te.cio.nis.mo *s.m.* ECON sistema que protege as ações comerciais por meio da cobrança de taxas alfandegárias

pro.te.cio.nis.ta *adj.2g.* **1** relativo a protecionismo **2** defensor do protecionismo

pro.te.ger /ê/ *v.t.* **1** oferecer amparo, auxílio, ajuda; apoiar, socorrer **2** recompensar, oferecer garantia **3** manter resguardado, em abrigo

pro.te.gi.do *adj.* **1** que está amparado, sob defesa **2** que se encontra resguardado

pro.tei.co /é/ *adj.* **1** que se apresenta de várias formas; polimorfo **2** BIOQUÍM relativo a proteína

pro.te.í.na *s.f.* BIOQUÍM composto orgânico que se apresenta como principal componente das células dos tecidos dos seres vivos em geral e até mesmo de alguns vegetais

pro.te.la.ção *s.f.* ação de adiar, protelar

pro.te.lar *v.t.* deixar para depois; retardar; adiar

proterozoico

pro.te.ro.zoi.co /ó/ *adj.* GEOL relativo à Era Proterozóica, período geológico anterior ao aparecimento dos animais na Terra

pro.ter.vo /ê/ *adj.* que age de forma insolente e descarada

pró.te.se *s.f.* **1** GRAM adjunção de um elemento fonético no início de um vocábulo sem alteração de sentido **2** objeto que substitui, de maneira artificial, um órgão ou uma estrutura do corpo

pro.tes.tan.te *adj.2g.* **1** diz-se do que protesta • *s.2g.* **2** pessoa que segue o protestantismo

pro.tes.tar *v.t.* **1** manifestar discordância em público **2** demonstrar descontentamento com algo ou alguém; reclamar

pro.tes.to /é/ *s.m.* **1** manifestação de discordância; queixa **2** JUR anotação em algum documento de débito não saldado, visando ao recebimento da dívida judicialmente

pro.té.ti.co *adj.* **1** relativo a prótese **2** GRAM diz-se do vocábulo no qual a inicial sofreu aumento de um ou mais fonemas • *s.m.* **3** especialista que faz próteses dentárias

pro.te.tor /ô/ *adj.* que protege, defende

pro.te.to.ra.do *s.m.* território sob autoridade de outro

pro.to.co.lar *adj.2g.* **1** relativo a protocolo **2** que deve dar seguimento às regras de um protocolo • *v.t.* **3** registrar no protocolo

pro.to.co.lo /ó/ *s.m.* **1** conjunto de regras e procedimentos a serem seguidos **2** registro de atos oficiais **3** setor de repartição pública no qual deve ocorrer a entrada e o registro de documentos oficiais, para que haja a posterior distribuição às autoridades competentes **4** comprovante de um serviço qualquer que foi realizado

pro.to.fo.ni.a *s.f.* MÚS composição que introduz uma obra musical

pro.to.már.tir *s.m.* o primeiro mártir

pró.ton *s.m.* FÍS partícula elementar que juntamente com o nêutron constitui o núcleo do átomo

pro.to.plas.ma *s.m.* **1** BIOL substância gelatinosa fundamental para o funcionamento de uma célula **2** o primeiro de um tipo ou de uma espécie; arquétipo

pro.tó.ti.po *s.m.* **1** primeiro tipo criado **2** modelo, padrão

pro.to.zo.á.rio *s.m.* ZOOL micro-organismo parasita unicelular

pro.tra.ir *v.t.* **1** fazer ir para diante, fazer avançar **2** adiar, procrastinar **3** alongar, prolongar

pro.tru.são *s.f.* deslocamento para a frente

pro.tu.be.rân.cia *s.f.* proeminência, saliência

pro.tu.be.ran.te *adj.2g.* que é saliente, eminente

pro.sa /ó/ *s.f.* **1** LITER escrito literário em forma de parágrafos e não de versos **2** conversa informal

pro.sa.dor /ô/ *adj. s.m.* **1** autor de escritos em formato de prosa **2** diz-se de pessoa que gosta muito de conversar, de prosear

pro.sai.co *adj.* **1** relativo a prosa **2** vulgar, comum, medíocre

pro.sá.pia *s.f.* linhagem, ascendência, progênie

pro.sar *v.i.* escrever prosa

pros.cê.nio *s.m.* parte fronteira de um palco

pros.cre.ver /ê/ *v.t.* **1** banir da terra natal; exilar **2** aplicar proibição, condenação

pros.cri.ção *s.f.* **1** ato de exilar, banir **2** confisco de bens que estão proscritos

pros.cri.to *adj.* banido, exilado

pro.se.a.dor /ô/ *adj. s.m.* **1** indivíduo que tem gosto em conversar **2** diz-se daquele que gosta de tagarelar

pro.se.ar *v.i.* **1** conversar informalmente com os amigos e conhecidos **2** tagarelar

pro.se.li.tis.mo *s.m.* doutrinação, catequese

pro.sé.li.to *s.m.* diz-se daquele que se converteu a uma religião, uma crença, um partido, um sistema etc.

pro.só.dia *s.f.* **1** GRAM área da gramática que estuda as características da emissão dos sons da fala, como o acento e a entonação **2** *por ext.* pronúncia correta das palavras

pro.só.di.co *adj.* relativo à prosódia

pro.so.po.pei.a /é/ *s.f.* figura de linguagem que consiste em atribuir características humanas a animais e objetos inanimados

pros.pec.ção *s.f.* **1** ato ou efeito de prospectar **2** cálculo prévio para saber o valor econômico de uma jazida mineral

pros.pec.tar *v.t.* **1** examinar de maneira prévia **2** fazer a sondagem de jazidas

pros.pec.to /é/ *s.m.* **1** perspectiva, probabilidade **2** programa, plano que dá uma ideia geral sobre algo

pros.pe.rar *v.t.* progredir, enriquecer, evoluir

pros.pe.ri.da.de *s.f.* qualidade do que é próspero

prós.pe.ro *adj.* **1** que está em processo de melhoria; que está sendo enriquecido **2** que é favorável

pros.se.cu.ção *s.f.* m.q. prosseguimento

pros.se.gui.men.to *s.m.* ação de prosseguir, de dar continuidade

pros.se.guir *v.t.* **1** dar prosseguimento; continuar **2** permanecer no mesmo sentido, fazendo o mesmo caminho ou a mesma rota

prous.ti.a.no *adj.* relativo ao escritor francês Marcel Proust ou a sua obra

pro.va /ó/ *s.f.* **1** documento que serve para provar a veracidade de algo **2** exame, teste para comprovar conhecimento **3** provação, expiação **4** impressão primária de um livro para posterior correção **5** ato de experimentar roupas

pro.va.ção *s.f.* **1** situação dolorosa, infortúnio **2** comprovação da veracidade por meio de provas

pro.va.dor /ô/ *s.m.* **1** profissional que experimenta, prova alimentos ou bebidas para verificar sua qualidade **2** local onde as pessoas experimentam, provam as roupas que pretendem comprar • *adj.* **3** que prova a veracidade dos fatos

pro.var *v.t.* **1** apresentar a veracidade de um fato **2** experimentar pelo paladar **3** testar, vivenciar, experimentar **4** impor vestimenta **5** experimentar roupas

pro.vá.vel *adj.2g.* **1** que tem probabilidade de acontecer ou de ser verdade **2** que é passível de se experimentar

pro.vec.to /é/ *adj.* adiantado, avançado

pro.ve.dor /ô/ *s.m.* **1** aquele que provê, que fornece, que dá algo **2** pessoa incumbida de zelar por um estabelecimento **3** INFORMÁT organização ou sistema que disponibiliza o acesso de usuários a uma rede

pro.ve.do.ri.a *s.f.* **1** função de provedor **2** gabinete do provedor

pro.vei.to /ê/ *s.m.* aquilo que se ganha, que traz benefício, que é útil, vantajoso

pro.vei.to.so /ô/ *adj.* que traz proveito, lucro

pro.ve.ni.ên.cia *s.f.* procedência, origem, fonte

pro.ve.ni.en.te *adj.2g.* natural de; que provém; originário

pro.ven.to *s.m.* proveito, lucro, ganho

pro.ver /ê/ *v.t.* 1 abastecer, munir 2 nomear para ocupar função 3 cuidar para que não falte; acudir

pro.ver.bi.al *adj.2g.* 1 relativo a provérbio 2 que é notório, conhecido

pro.vér.bio *s.m.* sentença de caráter popular; ditado

pro.ve.ta /ê/ *s.f.* tubo de ensaio utilizado em experiências feitas em laboratório

pro.vi.dên.cia *s.f.* 1 resolução, medida que se toma para evitar algo desagradável 2 RELIG proteção de Deus

pro.vi.den.ci.al *adj.2g.* 1 relativo a providência 2 RELIG que parte da providência de Deus

pro.vi.den.ci.ar *v.t.* dispor de medidas adequadas para evitar a ocorrência de algo ruim

pro.vi.den.te *adj.2g.* 1 cauteloso, prudente 2 relativo a providência; providencial

pro.vi.do *adj.* 1 que é munido de previdência; cauteloso 2 que possui abundância; que está cheio 3 designado a um cargo, a uma função

pro.vi.men.to *s.m.* ação ou resultado de abastecer, de munir

pro.vín.cia *s.f.* 1 divisão territorial, administrativa ou política 2 cada uma das divisões administrativas do Brasil na era colonial 3 região de um país afastada da capital; interior

pro.vin.ci.al *adj.2g.* relativo a província

pro.vin.cia.no *adj.* 1 relativo a província 2 *pejor.* atrasado, de mau gosto 3 que vive na província

pro.vin.do *adj.* que teve origem, que procede; oriundo, proveniente

pro.vir *v.i.* 1 ser originário de 2 advir, proceder, resultar 3 descender

pro.vi.são *s.f.* 1 provimento, abastecimento, fornecimento 2 estoque, sortimento 3 documento comprobatório de nomeação a um cargo, ofício etc.

pro.vi.sio.nal *adj.2g.* 1 relativo a provisão 2 que não é permanente, que é provisório

pro.vi.só.rio *adj.* aquilo que é passageiro, que serve apenas por um curto espaço de tempo

pro.vo.ca.ção *s.f.* 1 desafio a brigar 2 afronta, ofensa, instigação

pro.vo.ca.dor /ô/ *adj.* que provoca, que desafia

pro.vo.can.te *adj.2g.* que estimula, que provoca

pro.vo.car *v.t.* 1 desafiar para luta 2 incitar, dar estímulo 3 injuriar, irritar, afrontar

pru.dên.cia *s.f.* qualidade de quem é prudente; moderação

pru.den.te *adj.2g.* precavido, sensato, cauteloso, ponderado

pru.mo *s.m.* 1 instrumento que serve para verificar a verticalidade de obras e construções 2 porte, elegância

pru.ri.do *s.m.* 1 MED irritação cutânea; coceira 2 *fig.* pudor 3 *fig.* impaciência

pru.ri.gi.no.so /ô/ *adj.* 1 que causa coceira 2 que produz prurido

prus.si.a.no *s.m.* 1 originário da antiga Prússia 2 língua antiga falada na Prússia

pseu.dô.ni.mo *s.m.* nome fictício usado por artistas, como escritores, atores etc.

psi.ca.ná.li.se *s.f.* método de estudo e análise do subconsciente humano e seus processos

psi.ca.na.lis.ta *s.2g.* MED especialista em psicanálise

psi.co.gra.fi.a *s.f.* 1 RELIG prática espírita em que um médium escreve o que um espírito sugeriu ou ditou 2 descrição dos fenômenos psíquicos

psi.có.gra.fo *s.m.* médium que escreve por psicografia

psi.co.lo.gi.a *s.f.* 1 PSICOL ciência que estuda as estruturas mentais e comportamentais do homem 2 conjunto das características psicológicas de um indivíduo

psi.co.neu.ro.se /ó/ *s.f.* MED perturbação nervosa que ocorre em função de problemas mentais

psi.co.pa.ta *adj.2g. s.2g.* que sofre de psicopatia

psi.co.pa.ti.a *s.f.* 1 distúrbio caracterizado por ações violentas ou amorais e ausência de culpa 2 *por ext.* qualquer doença psíquica

psi.co.pa.to.lo.gi.a *s.f.* PSICOL área que se dedica ao estudo das causas e dos tratamentos de doenças mentais

psi.co.se /ó/ *s.f.* doença mental caracterizada por alucinações

psi.cos.so.ci.o.lo.gi.a *s.f.* PSICOL estudo do comportamento das pessoas em sociedade

psi.cos.so.má.ti.co *adj.* relacionado tanto ao orgânico quanto ao psíquico

psi.co.téc.ni.ca *s.f.* PSICOL parte da psicologia que estuda a aplicação de conhecimentos psicológicos em domínio prático

psi.co.te.ra.pi.a *s.f.* PSICOL tratamento que usa dos conhecimentos psíquicos para curar certas neuroses, sem se recorra a medicamentos

psi.que *s.f.* alma, mente, espírito

psi.qui.a.tra *s.2g.* MED especialista em psiquiatria

psi.qui.a.tri.a *s.f.* MED ramo da medicina que busca compreender os distúrbios mentais e seus tratamentos

psí.qui.co *adj.* relativo à psique

psi.quis.mo *s.m.* PSICOL conjunto de manifestações psíquicas e mentais de um indivíduo

psi.ta.ci.for.me /ó/ *s.2g.* ZOOL espécime dos psitaciformes, ordem de aves que inclui os papagaios

psi.ta.cis.mo *s.m.* MED anomalia psíquica que provoca um distúrbio na linguagem, no qual o indivíduo repete de forma mecânica palavras sem nexo

pso.rí.a.se *s.f.* MED doença caracterizada por erupções na pele

pte.ro.dác.ti.lo *s.m.* PALEO réptil voador da ordem dos pterossauros, do Jurássico superior

pu.a *s.f.* 1 ponta, aguilhão 2 broca, bordadeira

pu.ber.da.de *s.f.* 1 período de transição entre a infância e a adolescência 2 o conjunto de características que aparecem nesse período

pú.be.re *adj.2g.* diz-se do homem e da mulher que já estão na puberdade e podem procriar

pu.bi.a.no *adj.* relativo ao púbis

pú.bi.co *adj.* m.q. pubiano

pú.bis *s.m.2n.* 1 ANAT parte inferior do ventre coberta por pelos em indivíduos adultos 2 ANAT osso ilíaco que forma a parte inferoanterior do ventre

pu.bli.ca.ção *s.f.* 1 ação ou efeito de publicar 2 impresso que foi publicado, como jornais, folhetos, livros, revistas etc.

pú.bli.ca-for.ma /ó/ *s.f.* JUR cópia exata, verdadeira, de um documento, feita e reconhecida por tabelião

pu.bli.car *v.t.* 1 tornar de conhecimento público; anunciar 2 editar publicações como livros, revistas etc.

publicável

pu.bli.cá.vel *adj.2g.* passível de publicação, de divulgação

pu.bli.ci.da.de *s.f.* **1** caráter daquilo que é feito para o público **2** forma de divulgar, fazer propaganda de algo

pu.bli.cis.ta *s.2g.* **1** indivíduo que escreve em publicações, como revistas, folhetos etc. **2** agente publicitário

pu.bli.ci.tá.rio *s.m.* profissional que trabalha em agências de publicidade

pú.bli.co *adj.* **1** pertencente a todas as pessoas **2** que é conhecido por todos • *s.m.* **3** conjunto de pessoas; povo; plateia

pu.çá *s.m.* **1** pequena rede de pesca utilizada pelos índios **2** tipo de tecido feito de malha

pu.çan.ga *s.f.* **1** remédio feito em casa, caseiro **2** tipo de feitiço feito pelos pajés para curar moléstias

pu.den.do *adj.* que possui muito pudor; envergonhado

pu.den.te *adj.2g.* que é pudico, recatado

pu.di.bun.do *adj.* m.q. pudico

pu.di.cí.cia *s.f.* recato, pureza, castidade

pu.di.co *adj.* diz-se do que tem pudor; envergonhado

pu.dim *s.m.* CUL iguaria cremosa de composição variada, servida com uma calda, quando doce, ou com um molho, quando salgada

pu.dor /ô/ *s.m.* sentimento de vergonha; pejo

pu.do.ro.so /ô/ *adj.* que possui vergonha, pudor

pu.e.rí.cia *s.f.* fase da vida do ser humano que vai do nascimento até a puberdade; infância

pu.e.ri.cul.tor /ô/ *s.m.* pessoa que se dedica ao estudo de questões ligadas à puericultura

pu.e.ri.cul.tu.ra *s.f.* conjunto de técnicas empregadas para defesa e melhoria das condições de vida da criança

pu.e.ril *adj.2g.* relativo à criança; infantil

pu.e.ri.li.da.de *s.f.* **1** característica do que é pueril; infância **2** *por ext.* infantilidade, imaturidade

pu.ér.pe.ra *s.f. desus.* mulher parturiente

pu.er.pe.ral *adj.2g.* relativo a puérpera

pu.er.pé.rio *s.m.* o período que se segue depois do parto

pu.gi.la.to *s.m.* **1** combate com os punhos; boxe **2** *fig.* discussão, debate acalorado

pu.gi.lis.mo *s.m.* ESPORT luta de boxe

pu.gi.lis.ta *adj.2g. s.2g.* atleta que luta boxe

pu.gi.lo *s.m.* quantidade que se pode pegar com os dedos e com a palma da mão; punhado

pug.na *s.f.* briga, luta, combate

pug.na.ci.da.de *s.f.* característica do que é pugnaz

pug.nar *v.t.* **1** tomar a defesa de **2** partir para a luta, para o combate

pug.naz *adj.2g.* que é dado a lutas e brigas; lutador, belicoso

pu.ir *v.t. v.pron.* desgastar(-se) pelo excesso de uso

pu.jan.ça *s.f.* robusteza, vigor, força

pu.jan.te *adj.2g.* aquele que tem força, que é possante, vigoroso

pu.lar *v.i.* sair do chão por meio do arremesso do corpo com um impulso mais ou menos forte

pul.cro *adj.* **1** que possui beleza, formosura **2** que é gentil, gracioso

pu.le *s.f. bras.* bilhete que comprova uma aposta no número de determinado cavalo de corrida

pul.ga *s.f.* ZOOL minúsculo inseto hematófago que ataca animais

pul.gão *s.m.* ZOOL designação geral aos insetos que agridem as plantas

pul.gue.do /ê/ *s.m.* local cheio de pulgas; pulgueiro

pul.guei.ro /ê/ *s.m.* **1** m.q. pulguedo **2** *fig.* cinema de qualidade inferior

pul.guen.to *adj.* que possui muitas pulgas

pu.lha *adj.2g.* indivíduo mentiroso, em quem não se pode acreditar

pu.lhi.ce *s.f.* ato próprio de pulha; canalhice, safadeza

pul.mão *s.m.* ANAT órgão do sistema respiratório responsável pelas trocas gasosas

pul.mo.nar *adj.2g.* relativo aos pulmões

pu.lo *s.m.* ação de pular; salto

púl.pi.to *s.m.* tribuna elevada onde pregam os sacerdotes

pul.sa.ção *s.f.* MED movimento ritmado de contração e dilatação das artérias e do coração

pul.sar *v.t.* **1** tocar, dedilhar, tanger um instrumento de cordas ○ *v.i.* **2** palpitar, bater, ter pulsação (em relação aos batimentos cardíacos)

pul.sei.ra /ê/ *s.f.* enfeite para os pulsos

pul.so *s.m.* **1** ANAT parte em que o braço se articula com a mão; punho **2** *pop.* força, vigor **3** *fig.* autoridade, firmeza

pu.lu.lar *v.i.* **1** germinar, brotar **2** estar cheio, repleto **3** surgir, formigar, fervilhar

pul.ve.ri.za.ção *s.f.* ação ou resultado de pulverizar

pul.ve.ri.za.dor /ô/ *adj. s.m.* **1** instrumento para reduzir algo a pó **2** aparelho usado para jogar inseticidas em plantas

pul.ve.ri.zar *v.t.* **1** transformar em pó **2** destruir, aniquilar

pul.ve.ru.len.to *adj.* que se encontra coberto de pó

pu.ma *s.m.* ZOOL felino de grande porte geralmente de cor marrom; suçuarana

pun.ção *s.f.* **1** ação ou resultado de puncionar **2** pequeno ferimento ocorrido com objeto pontiagudo **3** MED introdução de instrumento pontiagudo, como uma agulha, em uma parte do organismo para tirar líquido ou material purulento

pun.cio.nar *v.t.* MED abrir com punção

punc.tu.ra *s.f.* **1** picada ou furo feito com punção ou outro objeto pontiagudo **2** *desus.* cada uma das chapas de ferro com ganchos ou pontas nas margens que servem para prender a folha de papel

pun.do.nor /ô/ *s.m.* honra, pudor, decência; zelo pela reputação

pun.do.no.ro.so /ô/ *adj.* diz-se daquele que tem pundonor; altivo, brioso

pun.ga *adj.2g.* **1** diz-se de pessoa ruim, sem serventia **2** diz-se de cavalo que geralmente é o último a chegar em corridas • *s.f.* **3** furto de diversos objetos

pun.gên.cia *s.f.* característica do que é pungente

pun.gen.te *adj.2g.* pontiagudo, aflitivo, doloroso, angustiante

pun.gir *v.i.* **1** vegetação que começa a apontar **2** atormentar, sofrer; afligir, magoar ○ *v.t.* **3** picar, espicaçar, furar, ferir

pun.gue.ar *v.t.* praticar punga, furtar

pun.guis.ta *adj.2g.* diz-se daquele que pungueia; batedor de carteiras

pu.nha.do *s.m.* porção de coisas que cabem na mão

pu.nhal *s.m.* pequena faca de dois gumes

pu.nha.la.da *s.f.* **1** golpe desferido com punhal **2** *fig.* golpe moral; traição, ingratidão

puxa-saco

pu.nho *s.m.* 1 ANAT região do membro superior localizada entre o antebraço e a mão; pulso 2 empunhadura de uma arma branca 3 parte de uma camisa que circunda os pulsos

pu.ni.bi.li.da.de *s.f.* condição do que é passível de punição

pú.ni.ca *s.f.* BOT nomenclatura científica da romãzeira

pu.ni.ção *s.f.* ato de punir; pena, castigo

pú.ni.co *adj.* relativo à antiga Cartago; cartaginês

pu.nir *v.t.* 1 penalizar, castigar; reprimir ○ *v.i.* 2 tomar as dores de; defender; pugnar

pu.ni.ti.vo *adj.* aquilo que castiga, penaliza

pu.pa *s.f.* ZOOL estado de desenvolvimento intermediário de alguns insetos, entre a larva e a imago

pu.pi.la *s.f.* 1 ANAT orifício no centro da íris por onde passa a luz; menina do olho 2 menina que é criada por alguém por meio da adoção

pu.pi.lo *s.m.* 1 órfão menor que tem um tutor 2 aluno, educando

pu.rê *s.m.* CUL iguaria feita de batatas ou outros tubérculos amassados, temperados e cozidos, formando uma espécie de pasta

pu.re.za /ê/ *s.f.* estado do que é puro

pur.ga *s.f.* m.q. laxante

pur.ga.ção *s.f.* 1 ato ou efeito de purgar 2 evacuação induzida por um purgante

pur.gan.te *s.m.* 1 medicamento que faz purgar, evacuar 2 *fig.* pessoa inconveniente, enfadonha

pur.ga.ti.vo *adj.* que purga, purifica, limpa

pur.gar *v.t.* 1 tornar livre de culpas 2 passar a ser puro; desembaraçar, limpar 3 evacuar ○ *v.i.* 4 eliminar o pus de feridas, moléstias, ferimentos

pur.ga.tó.rio *s.m.* 1 RELIG no catolicismo, local que fica entre o céu e o inferno, onde se avaliam as culpas, as condutas 2 *por ext.* padecimento, sofrimento 3 *fig.* vida cheia de infortúnios, tristezas

pu.ri.da.de *s.f.* condição de puro; pureza

pu.ri.fi.ca.ção *s.f.* 1 ação ou resultado de purificar, de limpar algo 2 ato de livrar-se de pecados, de culpas

pu.ri.fi.ca.dor /ô/ *adj.* diz-se daquilo que purifica

pu.ri.fi.car *v.t.* tornar livre de impurezas, manchas, máculas; purgar

pu.ris.mo *s.m.* preocupação demasiada com as formas padrões de linguagem, principalmente em relação à escrita; vernaculismo

pu.ris.ta *adj.2g.* diz-se daquele que exagera na preocupação com a conservação da pureza de um idioma

pu.ri.ta.nis.mo *s.m.* 1 característica do que é puritano 2 RELIG doutrina protestante que prega a austeridade moral 3 *por ext.* austeridade, rigor extremo

pu.ri.ta.no *adj.* 1 seguidor do puritanismo 2 de moral austera; casto

pu.ro *adj.* 1 livre de pecados; íntegro, virtuoso 2 sem mistura ou alteração

pu.ro-san.gue *adj.2g.* diz-se de animal, principalmente cavalo, de raça pura

púr.pu.ra *s.f.* 1 material corante de tonalidade vermelho-escura extraído de moluscos do gênero *Purpura* 2 ZOOL tipo de molusco gastrópode do qual é extraída a púrpura 3 tom vermelho 4 tecido de seda ou de outro material tingido no mesmo tom da púrpura 5 MED doença caracterizada pelo extravasamento de sangue sob a pele, originando manchas púrpuras

pur.pú.reo *adj.* que tem a cor púrpura

pur.pu.ri.na *s.f.* QUÍM substância cristalina avermelhada utilizada para tingir certos tecidos

pur.pu.ri.no *adj.* m.q. purpúreo

pu.ru.lên.cia *s.f.* MED estado do que é purulento

pu.ru.len.to *adj.* cheio de pus; infetado, podre; sórdido

pu.ru.ru.ca *adj.2g.* 1 diz-se do que quebra com facilidade; quebradiço 2 diz-se do que é crocante como torresmo

pus *s.m.* MED substância líquida, amarelada e viscosa que exsuda ferimentos

pu.si.lâ.ni.me *adj.2g.* diz-se daquele que possui fraqueza de ânimo, que é covarde, medroso

pu.si.la.ni.mi.da.de *s.f.* característica do que é pusilânime

pús.tu.la *s.f.* 1 tipo de tumor 2 *fig.* pessoa infame, reles, de péssimo caráter

pus.tu.len.to *adj.* que está coberto de pústulas

pu.ta.ti.vo *adj.* que aparenta ser verdadeiro mas não é; suposto

pu.to *s.m.* 1 *chul.* indivíduo devasso, corrompido 2 *chul.* m.q. homossexual

pu.tre.fa.ção *s.f.* estado de putrefato; condição daquilo que está em decomposição

pu.tre.fa.to *adj.* que apodreceu; que se decompôs

pu.tre.fa.zer /ê/ *v.t.* tornar podre, decompor, corromper

pu.tres.ci.bi.li.da.de *s.f.* estado do que é putrescível

pu.tres.cí.vel *adj.2g.* passível de apodrecer; putrificável

pú.tri.do *adj.* 1 aquilo que está decomposto, apodrecido, malcheiroso 2 *fig.* que se encontra corrompido, pervertido

pu.xa *adj.2g.* 1 bajulador, puxa-saco • *interj.* 2 exprime espanto, surpresa, impaciência

pu.xa.da *s.f.* 1 ato ou efeito de puxar; puxão 2 esforço feito para alcançar algum fim

pu.xa.do *adj.* 1 que se encontra retesado, estirado • *s.m.* 2 acréscimo feito em uma construção, geralmente nos fundos

pu.xa.dor /ô/ *s.m.* 1 objeto que se utiliza para puxar algo 2 *pop.* ladrão de carros 3 medicamento que puxa para fora secreções purulentas • *adj.* 4 aquele que puxa-saco, bajula, adula

pu.xão *s.m.* ato ou efeito de puxar com força

pu.xa-pu.xa *s.m.* CUL doce ou bala de consistência grudenta

pu.xar *v.t.* 1 arrancar, arrastar, retesar, estirar, sacar 2 *fig.* bajular, adular, incensar

pu.xa-sa.co *adj.* diz-se de pessoa bajuladora, aduladora

Qq

q *s.m.* **1** GRAM décima sétima letra e décima terceira consoante do alfabeto português **2** décimo sétimo elemento de uma série

Q.G. sigla de quartel-general **Q.I.** sigla de quociente intelectual

qua.dra *s.f.* **1** conjunto de quatro versos poéticos **2** terreno em forma de quadrado

qua.dra.do *s.m.* **1** GEOM polígono regular que possui quatro lados e quatro ângulos retos **2** músculo que tem o formato de um quadrado **3** MAT resultado da multiplicação de um número por si próprio **4** instrumento que serve para dar a forma de quadrado, para quadrar • *adj.* **5** *pop.* diz-se de pessoa retrógrada e conservadora

qua.dra.ge.ná.rio *adj.* que tem idade entre quarenta e quarenta e nove anos

qua.dra.gé.si.ma *s.f.* RELIG intervalo de tempo de quaresma; quaresma

qua.dra.ge.si.mal *adj.2g.* m.q. quaresmal

qua.dra.gé.si.mo *num.* ordinal que corresponde ao número quarenta

qua.dran.gu.lar *adj.* GEOM que possui quatro cantos ou ângulos

qua.drân.gu.lo *s.m.* GEOM polígono que possui quatro lados ou ângulos; quadrilátero

qua.dran.te *s.m.* **1** ASTRON espécie de astrolábio para medir a altura dos astros **2** uma das quatro partes em que se divide o dia **3** uma das quatro partes iguais em que se divide um círculo **4** instrumento semelhante a um mostrador em relógios e aparelhos de medição

qua.drar *v.t.* **1** pôr em forma de quadrado; enquadrar **2** *por ext.* estar em harmonia; satisfazer; estar em conformidade

qua.dra.tim *s.m.* pequeno quadrado de metal usado em medidas tipográficas

qua.dra.tu.ra *s.f.* **1** GEOM cálculo da área de um quadrado que é igual à de outra figura geométrica **2** ASTRON posição de dois astros em relação à Terra formando um ângulo de 90° **3** ART enquadramento, perspectiva

qua.drí.ceps *s.m.* ANAT músculo do fêmur

qua.dri.ci.clo *s.m.* veículo de quatro rodas movido por um pequeno motor ou por pedais

qua.dri.co.lor /ô/ *adj.* que apresenta ou possui quatro cores

qua.dri.cro.mi.a *s.f.* técnica de impressão em quatro cores; tetracromia

qua.drí.cu.la *s.f.* **1** quadrado pequeno; quadrículo **2** quadra pequena

qua.dri.cu.la.do *adj.* separado em vários quadrados pequenos

qua.dri.cu.lar *v.t.* dividir em pequenos quadrados; quadrar

qua.drí.cu.lo *s.m.* quadrado pequeno

qua.dri.cús.pi.de *adj.2g.* que tem quatro terminações pontiagudas

qua.dri.den.ta.do *adj.* que tem quatro dentes

qua.dri.di.gi.ta.do *adj.* que tem quatro dedos

qua.dri.di.men.si.o.nal *adj.2g.* GEOM espaço que apresenta as quatro dimensões: altura, largura, comprimento e tempo

qua.dri.e.nal *adj.2g.* **1** que acontece a cada quadro anos **2** referente a um quadriênio

qua.dri.ê.nio *s.m.* intervalo de tempo de quatro anos

qua.dri.fó.lio *adj.* BOT diz-se do vegetal dotado de quatro folhas; quadrifoliado

qua.dri.ga *s.f.* **1** junta de quatro animais para puxar um carro **2** o carro puxado por quatro animais

qua.dri.gê.meo *adj.* cada um dos quatro irmãos que nasceram de um mesmo parto

qua.dril *s.m.* região lateral superior da coxa; anca

qua.dri.lá.te.ro *adj. s.m.* GEOM polígono de quatro faces

qua.dri.lha *s.f.* **1** grupo formado por quatro pessoas **2** bando de marginais, bandidos **3** dança popular brasileira de festas juninas

qua.dri.mes.tre /é/ *s.m.* intervalo de tempo de quatro meses

qua.dri.mo.tor /ô/ *s.m.* avião que possui quatro motores

qua.dri.nha *s.f.* LITER quadra formada por estrofes de sete sílabas poéticas, comum na poesia popular

qua.dri.nô.mio *s.m.* MAT polinômio que apresenta quatro termos

qua.dri.ple.gi.a *s.f.* m.q. tetraplegia

qua.dri.plé.gi.co *adj.* m.q. tetraplégico

quaternário

qua.dro *s.m.* **1** aquilo que tem formato quadrado, que possui forma de um quadrilátero **2** obra de arte pintada em superfície plana e emoldurada; pintura **3** superfície onde se escreve com giz ou pincel; quadro-negro **4** situação, conjuntura **5** conjunto de funcionários de uma empresa, instituição etc. **6** MED conjunto de sintomas de uma doença **7** cada uma das cenas de uma apresentação teatral, televisiva etc. **8** estrutura metálica de bicicleta ou mot

qua.drú.ma.no *adj.* que possui quatro mãos

qua.drú.pe.de *adj.* **1** ZOOL qualquer animal que possui quatro pés ou patas **2** *pop.* diz-se de indivíduo rude, grosseiro

qua.dru.pli.ca.ção *s.f.* multiplicação por quatro

qua.dru.pli.car *v.t.* multiplicar por quatro; tornar quatro vezes maior; quadruplar

quá.dru.plo *num.* o resultado da quadruplicação; quatro vezes maior

qual *pron.* **1** usado como pronome relativo, ex.: *o homem ao qual você se refere é meu pai* **2** usado como pronome interrogativo, ex.: *qual destes?* • *conj.* **3** equivalente a como, ex.: *tu choraste qual uma criança* • *interj.* **4** indica dúvida ou admiração, ex.: *Qual! Ele não conseguirá*

qua.li.da.de *s.f.* **1** característica própria de um ser vivo ou inanimado **2** característica positiva, virtude **3** modo, maneira de ser **4** condição social, civil, profissional etc.

qua.li.fi.ca.ção *s.f.* **1** ação ou resultado de qualificar(-se) **2** habilitação, capacitação para a realização de algo

qua.li.fi.ca.do *adj.* **1** que se qualificou **2** habilitado, capacitado

qua.li.fi.car *v.t.* **1** classificar de acordo com as qualidades exibidas **2** considerar(-se) capaz, habilitado

qua.li.fi.ca.ti.vo *adj.* que atribui qualidades a alguém ou algo; qualificador

qua.li.fi.cá.vel *adj.2g.* passível de ser qualificado

qua.li.ta.ti.vo *adj.* referente à qualidade, à essência de um ser ou de uma coisa

qual.quer /é/ *pron.* **1** indica pessoa ou coisa não especificada **2** indica todas as pessoas ou coisas

quan.do *adv.* **1** indica tempo, época, data **2** um determinado momento

quan.ti.a *s.f.* **1** porção de algo; quantidade **2** soma em dinheiro

quan.ti.da.de *s.f.* **1** número de coisas ou pessoas; porção, parcela **2** FILOS categoria do espírito segundo a qual é possível verificar se um objeto de conhecimento é numericamente mensurável

quan.ti.ta.ti.vo *adj.* **1** relativo a quantidade, valor **2** diz-se do que expressa quantidade

quan.to *adv.* **1** expressa intensidade, número, quantidade etc. • *pron.* **2** qual a quantidade; que preço

quão *adv.* como, quanto

qua.ra.dor /ô/ *s.m.* lugar ensolarado onde se põe a roupa para quarar; quaradouro

qua.rar *v.t.* colocar roupa no quarador para tomar sol; corar

qua.ren.ta *num.* cardinal que corresponde a trinta mais dez

qua.ren.tão *adj. pop.* diz-se de indivíduo que está na casa dos quarenta anos

qua.ren.te.na *s.f.* **1** intervalo de tempo de quarenta dias **2** período de tempo em que são isolados pessoas ou animais suspeitos de doenças contagiosas para evitar propagação

qua.res.ma /é/ *s.f.* **1** RELIG período de quarenta dias que começa na Quarta-feira de Cinzas e termina no domingo de Páscoa **2** BOT planta que, no Brasil, dá flores durante o período da quaresma; flor-da-quaresma

qua.res.mal *adj.2g.* **1** referente à quaresma **2** diz-se de pregação feita durante a quaresma

qua.res.mei.ra /ê/ *s.f.* BOT árvore brasileira, de flores roxas ou cor-de-rosa, que floresce na época da quaresma

quar.tã *s.f.* febre intermitente com intervalo de pico a cada quatro dias

quar.ta *s.f.* cada uma das quatro partes de um todo

quar.ta.da *s.f.* conteúdo de uma quarta

quar.ta-fei.ra /ê/ *s.f.* o quarto dia da semana que começa no domingo

quar.ta.nis.ta *adj.2g.* diz-se do estudante que está no quarto ano de curso superior

quar.tei.rão *s.m.* **1** cada um dos quadriláteros em que se divide a área urbana **2** uma parte qualquer de plantação, roça, jardim etc.

quar.tel /é/ *s.m.* **1** construção militar de alojamento de soldados **2** pedaço de terra preparado para o cultivo de algo **3** porção de terreno já plantado **4** a quarta parte de um todo **5** abrigo, proteção

quar.te.la.da *s.f. pejor.* rebelião encabeçada e promovida pelos quartéis para a tomada do poder

quar.te.lei.ro /ê/ *s.m.* soldado português encarregado da conservação de armas e uniformes da tropa no quartel

quar.tel-ge.ne.ral /é/ *s.m.* também chamado Q.G., corresponde ao quartel onde se localiza o centro de operações de um exército

quar.te.to /ê/ *s.m.* grupo de quatro cantores ou músicos

quar.ti.lho *s.m. desus.* antiga unidade portuguesa de capacidade para líquidos

quar.ti.nha *s.f.* espécie de moringa com tampa e feita de barro

quar.to *num.* **1** a quarta parte de um todo **2** ordinal que corresponde ao número quatro • *s.m.* **3** cômodo da casa próprio para dormir

quárt.zi.co *adj.* **1** feito de quartzo **2** que abunda em quartzo

quart.zo *s.m.* mineral utilizado para a produção de ornamentos e na indústria

qua.se *adv.* próximo do correto ou do total

quás.sia *s.f.* BOT designação comum às plantas da família das simarubáceas, nativas de regiões tropicais e usadas como inseticidas e medicinais

quas.si.na *s.f.* QUÍM substância amarga que se extrai da casca da quássia

qua.ter.ná.rio *adj.* **1** conjunto de quatro coisas **2** QUÍM que é composto por quatro elementos químicos **3** PALEO período mais recente da era cenozoica **4** MÚS diz-se do compasso musical composto por quatro tempos

quati

qua.ti *s.m.* ZOOL mamífero de pelo escuro que possui cauda peluda com anéis intercalados de cor clara e escura; coati

qua.tri.ê.nio *s.m.* intervalo de tempo de quatro anos

qua.tro *num.* o cardinal logo acima de três e antes de cinco

qua.tro.cen.tão *adj. pop.* diz-se do que existe há 400 anos

qua.tro.cen.tos /ê/ *num.* cardinal que corresponde a 300 mais 100

que *pron.* GRAM unidade gramatical que pode ter várias funções em uma frase, sempre ligando orações

que.bra /é/ *s.f.* 1 ação ou efeito de quebrar 2 fragmentação de um todo em partes 3 falência de uma empresa, de um negócio 4 violação das normas

que.bra-ca.be.ça /é...ê/ *s.m.* jogo formado por pequenas peças que devem ser encaixadas entre si para formar uma figura

que.bra.dei.ra /ê/ *s.f.* sensação de cansaço extremo; moleza, fadiga

que.bra.di.ço *adj.* que quebra ou se estatifa facilmente

que.bra.do *adj.* 1 que sofreu processo de quebra; partido, reduzido a fragmentos 2 que sofreu quebra financeira; empobrecido, falido 3 pobre, sem dinheiro 4 cujas normas foram violadas; transgredido ■ **quebrados** dinheiro miúdo; trocados

que.bra.du.ra *s.f.* ato ou efeito de quebrar; rachadura

que.bra-je.jum /é/ *s.m.* o que se come para acabar com o jejum; a primeira refeição do dia

que.bra-luz /é/ *s.m.* 1 objeto para iluminar; luminária 2 pala de boné para proteger os olhos da luz

que.bra-mar /é/ *s.m.* espécie de muro que impede o avanço do mar

que.bran.tar *v.t.* 1 tornar mais fraco; enfraquecer, debilitar 2 controlar, dominar, subjugar 3 quebrar as regras, transgredir

que.bra-no.zes /é...ó/ *s.m.2n.* utensílio próprio para quebrar a casca da noz

que.bran.ta.do *adj.* vencido pelo desânimo; abatido, fraco

que.bran.to *s.m.* 1 cansaço extremo; falta de forças, de ânimo 2 mau-olhado

que.bra-pau *s.m. pop.* bate-boca violento, podendo tornar-se físico

que.bra-pe.dra /é...é/ *s.m.* planta brasileira com propriedades medicinais que ajudam na quebra de cálculos nos rins e na bexiga

que.bra-que.bra /é...é/ *s.m.* 1 depredação de construções e veículos 2 luta corporal; briga, conflito

que.bra-quei.xo /é...ê...ch/ *s.m.* 1 bebida muito gelada 2 doce de consistência parecida com a do melado, feito de coco ralado e goiaba

que.brá.vel *adj.2g.* passível de quebra

que.brar *v.t.* 1 separar em várias partes; fragmentar 2 deixar de funcionar; estragar, enguiçar 3 infringir uma lei, norma, regra 4 faltar com um compromisso ou com uma promessa 5 empobrecer; perder os bens que se tem; falir

que.brei.ra /ê/ *s.f.* m.q. quebradeira

que.da /é/ *s.f.* 1 ação ou resultado de cair; tombo, caída 2 redução (de preços, temperatura etc.) 3 declínio, decadência 4 gosto, atração 5 tendência, inclinação ■ **queda de braço** competição entre duas pessoas que se colocam frente a frente e, com os cotovelos apoiados em uma superfície, enlaçam as mãos de um dos braços e tentam, aplicando força muscular, encostar a mão do outro nessa superfície

que.dar *v.i.* permanecer imóvel, em silêncio

que.do /é/ *adj.* imóvel, silencioso

quei.ja.da *s.f.* 1 fabricação do queijo 2 prato feito com queijo 3 grande quantidade de queijo 4 doce feito com queijo; queijadinha

quei.ja.di.nha *s.f.* CUL doce feito com queijo e calda de açúcar; queijada

quei.ja.ri.a *s.f.* 1 fabricação de queijos 2 lugar onde se fabricam queijos

quei.jei.ra /ê/ *s.f.* 1 m.q. queijaria 2 mulher que fabrica ou comercializa queijos 3 vasilha onde se guardam queijos

quei.jei.ro /ê/ *s.m.* pessoa que fabrica ou comercializa queijos

quei.jo /ê/ *s.m.* alimento derivado do leite coalhado

quei.ma /ê/ *s.f.* 1 ação ou resultado de queimar 2 destruição com fogo; incêndio 3 *fig.* venda de produtos a preços muito baixos; liquidação

quei.ma.ção *s.f.* sensação de incômodo no estômago por excesso de acidez; azia

quei.ma.da *s.f.* 1 queima de vegetação para plantio ou outra atividade 2 área que sofreu essa queima 3 jogo em que dois times, separados por uma linha, tentam acertar integrantes do time adversário com uma bola

quei.ma.de.la /ê...é/ *s.f.* leve queimadura

quei.ma.do *adj.* 1 que sofreu processo de queima; carbonizado, tostado 2 *fig.* que foi ofendido ou maltratado

quei.ma.dor /ô/ *adj.* 1 diz-se do que queima • *s.m.* 2 artefato usado para queimar 3 artefato por onde sai a chama do fogão

quei.ma.du.ra *s.f.* lesão corporal causada por calor, eletricidade, radiação ou agentes químicos

quei.mar *v.t.* 1 destruir por meio do fogo; tostar, incendiar 2 *fig.* vender um produto a preço baixo; liquidar 3 ferir-se por fogo, calor demasiado, radiação ou agentes químicos 4 *fig.* fazer com que alguém perca a reputação, o prestígio 5 destruir, eliminar 6 matar com arma de fogo

quei.mor /ô/ *s.m.* sensação de queimação

quei.xa /ê/ *s.f.* 1 ação ou resultado de queixar-se; lamentação, reclamação 2 ação de acusar alguém; acusação

quei.xa.da *s.f.* 1 queixo muito grande 2 o osso móvel do rosto; mandíbula 3 ZOOL espécie de porco selvagem; javali

quei.xar-se *v.pron.* 1 lamentar, reclamar 2 apresentar juridicamente acusação ou queixa contra uma pessoa

quei.xo /ê/ *s.m.* ANAT mandíbula inferior; mento

quei.xo.so *adj.* 1 diz-se de pessoa que reclama muito, que se queixa 2 diz-se de pessoa que presta queixa contra alguém perante a lei

quei.xu.do *adj.* 1 que tem um queixo saliente 2 *fig.* que não desiste facilmente; obstinado, turrão

quimbundo

quei.xu.me *s.m.* grande quantidade de queixas; reclamação, lamúria

que.jan.do *adj. desus.* que é da mesma natureza; semelhante

que.lô.nios *s.m.pl.* ZOOL família de répteis a qual pertencem as tartarugas; quelonos

quem /ê/ *pron.* que pessoa, qual pessoa

quen.tão *s.m.* bebida típica de festas juninas brasileiras, muito quente e forte, feita com cachaça, açúcar e gengibre

quen.te *adj.* **1** que tem alta temperatura **2** que produz calor **3** alegre, expansivo, caloroso **4** ardente, sensual **5** apimentado

quen.tu.ra *s.f.* **1** estado ou qualidade daquilo que é ou está quente **2** *fig.* aumento da temperatura corporal; febre

que.pe /é/ *s.m.* espécie de boné de uniforme militar

quer /é/ *conj.* indica alternativa e equivale a *ou*

que.ra.ti.na *s.f.* BIOQUÍM substância pouco hidrossolúvel que está na constituição da pele, do cabelo, das unhas etc.; ceratina

que.re.lan.te *adj.2g.* **1** diz-se de pessoa que reclama, que se lamuria **2** diz-se de pessoa que presta queixas contra outra

que.re.lar *v.t.* **1** reclamar, queixar-se, lamuriar-se **2** discutir, debater **3** prestar queixas contra alguém

que.ren.ça /ê/ *s.f.* sentimento de querer bem; afeto, carinho

que.rer /ê/ *v.t.* **1** intencionar a posse de algo; aspirar, desejar **2** amar; desejar o bem; ter carinho, afeição **3** ter desejo sexual por outra pessoa

que.ri.do *adj.* **1** diz-se de pessoa de quem se gosta muito; o ser amado **2** diz-se de pessoa que se ama; amante

quer.mes.se /é/ *s.f.* festa popular com barraquinhas e sorteio de prêmios, cuja arrecadação tem fins de assistência social ou religiosa

que.ro-que.ro /é...é/ *s.m.* ZOOL pássaro brasileiro cujo canto lembra o nome que lhe foi dado

que.ro.se.ne *s.m.* derivado do petróleo utilizado na iluminação, na produção de solventes etc.

que.ru.bim *s.m.* **1** RELIG anjo da primeira ordem ou hierarquia **2** *fig.* criança dotada de grande beleza

que.si.to *s.m.* **1** ponto sobre o qual se pede a opinião de alguém **2** condição, exigência, requisito

ques.tão *s.f.* **1** indagação, questionamento que se faz para esclarecer algo; interrogação, pergunta **2** briga, desavença, situação pendente **3** problema a ser resolvido ■ **o x da questão** o ponto central do problema, da situação ■ **fazer questão** importar-se, não abrir mão

ques.ti.o.na.dor /ô/ *adj.* diz-se de pessoa que questiona, pergunta

ques.ti.o.nar *v.t.* **1** levantar questões; perguntar, indagar **2** promover discussões, brigas; controverter

ques.ti.o.ná.rio *s.m.* formulário com uma lista de perguntas a serem respondidas para servir a um determinado fim; entrevista

ques.ti.o.ná.vel *adj.2g.* passível de questionamento

ques.ti.ún.cu.la *s.f.* questão pequena, sem muita importância

qui.a.bei.ro /ê/ *s.m.* **1** BOT a planta que produz o quiabo **2** pessoa que gosta muito de quiabo **3** plantador ou comerciante de quiabos **4** lugar onde se plantam quiabos

qui.a.bo *s.m.* BOT o fruto verde e viscoso proveniente do quiabeiro

qui.be.be /é...ê/ *s.m.* **1** CUL espécie de purê de abóbora temperado **2** CUL espécie de ensopado de mandioca com carne

qui.çá *adv.* provavelmente, talvez

quí.cio *s.m.* m.q. dobradiça

quí.chua *s.m.* língua falada por alguns grupos indígenas sul-americanos

qui.e.ta.ção *s.f.* ação ou efeito de aquietar; calmaria, sossego

qui.e.tar *v.t. v.pron.* **1** acalmar, sossegar **2** ficar tranquilo; ficar em estado de quietude

qui.e.tis.mo *s.m.* **1** estado de apatia, indiferença **2** paz de espírito; quietação

qui.e.to /é/ *adj.* **1** que não faz barulho nem se move; calado, imóvel **2** que está em estado de repouso; tranquilo, sereno

qui.e.tu.de *s.f.* calma, serenidade, quietação

qui.la.te *s.m.* **1** unidade de peso para metais e pedras preciosas **2** *por ext.* excelência, primazia

qui.lha *s.f.* parte inferior do navio que lhe serve de base

qui.li.a.re *s.m.* medida agrária que corresponde a 1.000 ares

qui.lo *s.m.* **1** redução de quilograma, unidade de medida de peso que corresponde a 1.000 gramas **2** processo de transformação dos alimentos em massa líquida para assimilação orgânica **3** BIOL líquido leitoso feito de linfa e gordura e secretado pelos vasos quilíferos do intestino durante o processo da digestão

qui.lo.gra.ma *s.m.* unidade de medida de peso que corresponde a 1.000 gramas

qui.lo.li.tro *s.m.* unidade de medida de capacidade que corresponde a 1.000 litros

qui.lom.bo *s.m.* HIST refúgio de escravos fugidos nos tempos coloniais

qui.lom.bo.la /ó/ *s.m.* HIST escravo negro fugido que se refugiava em um quilombo

qui.lo.me.tra.gem *s.f.* **1** quantidade mensurável de quilômetros que se percorreu **2** mensuração desses quilômetros

qui.lo.me.trar *v.t.* medir a quilometragem de um caminho percorrido

qui.lô.me.tro *s.m.* unidade de medida de extensão que corresponde a 1.000 metros

qui.lo.watt *s.m.* unidade de medida de potência que corresponde a 1.000 watts

quim.ban.da *s.f.* **1** RELIG ramo da umbanda caracterizado pela invocação de exus • *s.m.* **2** RELIG curandeiro, sacerdote de cultos africanos

quim.bun.do *s.m.* língua angolana falada pelos ambundos

quimera

qui.me.ra /é/ s.f. 1 MIT monstro fabuloso com corpo de cabra, cabeça de leão e cauda de serpente 2 coisa irrealizável; fantasia; coisa ilusória 3 ZOOL designação comum aos peixes da família dos quimerídeos, dotados de grandes nadadeiras e encontrados no Atlântico e Pacífico

quí.mi.ca s.f. ciência que se dedica ao estudo da natureza, das propriedades e das leis que regem as combinações das substâncias

quí.mi.co adj. 1 relativo a química • s.m. 2 especialista na área de química

qui.mi.o.te.ra.pia s.f. MED tratamento de certas doenças, principalmente o câncer, por meio de substâncias químicas

qui.mi.o.te.rá.pi.co adj. relativo a quimioterapia

qui.mo s.m. bolo alimentar parcialmente digerido no estômago

qui.mo.no s.m. 1 espécie de roupão usado pelos japoneses 2 roupa própria para a prática de judô, caratê etc.

qui.na s.f. 1 conjunto de cinco elementos 2 BOT planta medicinal de origem sul-americana de cuja casca se extrai um alcaloide com propriedades medicinais 3 canto, saliência, ângulo

qui.na.do adj. 1 dividido em um conjunto de cinco elementos 2 cheio de quinas ou ângulos

qui.nau s.m. desus. correção de algo que se fez errado; ratificação

quin.dim s.m. 1 doce feito de coco ralado, açúcar, ovos e queijo 2 tratamento delicado; carinho

quin.gen.té.si.mo num. ordinal que corresponde ao número 500

qui.nhão s.m. 1 a parte de um todo que cabe a alguém 2 quantidade de algo; porção

qui.nhen.tos /ê/ num. cardinal que corresponde a 400 mais 100 ■ **isso são outros quinhentos** isso é uma coisa totalmente diferente

qui.nho.ei.ro /ê/ adj. diz-se de pessoa que tem direito a uma parte de algo, a um quinhão

qui.ni.na s.f. QUÍM substância que se extrai da casca da quina

qui.ni.no s.m. QUÍM substância que se extrai da casca da quina

qui.no s.m. QUÍM substância amarga extraída da casca de certas plantas e que é usada na medicina e na indústria

quin.qua.ge.ná.rio adj. que tem idade entre cinquenta e cinquenta e nove anos

quin.que.nal adj. 1 referente a um quinquênio 2 que dura cinco anos

quin.quê.nio s.m. intervalo de tempo de cinco anos

quin.qui.lha.ri.a s.f. coisa de pequeno valor e pouca importância; bugiganga

quin.tã s.f. 1 febre que dura cinco dias 2 propriedade agrícola extensa; grande quinta

quin.ta s.f. 1 pequeno imóvel agrícola; chácara, sítio 2 MÚS intervalo de cinco notas sequenciais na escala musical

quin.ta-fei.ra /ê/ s.f. o quinto dia da semana que começa no domingo

quin.tal s.m. 1 espaço de terra no fundo de uma residência 2 unidade de peso antiga que equivale a quatro arrobas

quin.ta.nis.ta adj.2g. diz-se do estudante que está no quinto ano de curso superior

quin.tes.sên.cia s.f. 1 a essência de uma substância 2 o estado mais puro e perfeito; quinta-essência

quin.te.to /ê/ s.m. conjunto de cinco músicos ou cantores

quin.ti.lha s.f. POÉT estrofe de cinco versos

quin.ti.lhão num. valor que corresponde a mil quatrilhões

quin.to num. 1 a quinta porção de algo que foi dividido em partes • s.m. 2 HIST imposto de vinte por cento cobrado pela coroa portuguesa sobre tudo o que fosse arrecadado nas minas brasileiras

quin.tu.pli.car v.t. aumentar um valor cinco vezes; multiplicar por cinco

quín.tu.plo adj. cinco vezes um determinado valor; o resultado da quintuplicação de um valor

quin.ze num. cardinal que corresponde a catorze mais um

quin.ze.na s.f. 1 período de quinze dias consecutivos 2 conjunto de quinze objetos ou pessoas

quin.ze.nal adj.2g. 1 referente a quinzena 2 que acontece a cada quinze dias

quin.ze.ná.rio s.m. periódico publicado duas vezes ao mês

qui.os.que /ó/ s.m. pequena construção onde se vendem lanches, bebidas, guloseimas etc.

qui.pro.quó s.m. engano, equívoco de se tomar uma coisa por outra

qui.re.ra /é/ s.f. 1 milho miúdo e quebrado com que se alimentam aves 2 resíduo que não passa pela peneira no preparo de farinha de mandioca

qui.ro.man.ci.a s.f. predição do futuro pela leitura das linhas da mão de alguém; quiroscopia

qui.ro.man.te adj.2g. diz-se de pessoa que prediz o futuro pela leitura das linhas da mão; praticante da quiromancia

qui.ros.co.pi.a s.f. m.q. quiromancia

quis.to s.m. MED acúmulo de líquido em uma cavidade fechada do corpo; cisto

qui.ta.ção s.f. 1 ação de quitar, de pagar uma dívida 2 documento que comprova essa transação; recibo

qui.tan.da s.f. estabelecimento onde são vendidos gêneros culinários de primeira necessidade

qui.tan.dei.ro /ê/ s.m. dono ou funcionário de quitanda

qui.tar v.t. 1 pagar uma dívida 2 tirar alguma coisa de outro ○ v.pron. 3 separar-se, divorciar-se

qui.te adj. 1 livre de compromisso financeiro; resgatado, pago 2 separado, apartado ■ **estar quite** estar empatado; estar em situação igual

qui.ti.na s.f. BIOQUÍM substância formadora do exoesqueleto dos artrópodes

qui.tu.te s.m. preparado culinário saboroso; iguaria, manjar, acepipe, guisado

qui.xo.ta.da s.f. ato ridículo, quixotesco; fanfarra, bazófia

quotizar

qui.xo.te *s.m.* **1** relativo a Dom Quixote, personagem da obra homônima de Cervantes **2** indivíduo ingênuo e idealista

qui.xo.tes.co /ê/ *adj.* **1** referente a quixote **2** diz-se de indivíduo ridículo, bobo **3** diz-se de indivíduo idealista, utópico

qui.xo.ti.ce *s.f.* m.q. quixotada

qui.xo.tis.mo *s.m.* m.q. quixotice

qui.zi.la *s.f.* irritação, antipatia, rixa

qui.zum.ba *s.f.* confusão, bagunça

quo.ci.en.te *s.m.* MAT o resultado de uma divisão

quó.rum *s.m.* **1** número mínimo de indivíduos para a votação em uma assembleia **2** quantidade necessária para a realização de algo

quo.ta /ó/ *s.f.* **1** parte de um todo a que se tem direito; quinhão **2** o que se paga mensalmente por um parcelamento de despesa; parcela, prestação **3** quantidade, porção **4** RELIG veste usada pelos padres em cerimônias religiosas

quo.ti.di.a.no *adj.* m.q. cotidiano

quo.tis.ta *adj.2g.* diz-se da pessoa que possui quotas em uma sociedade; cotista

quo.ti.za.ção *s.f.* divisão de algo em quotas; cotização

quo.ti.zar *v.t.* realizar quotização; dividir algo em quotas

Q

Rr

¹r 1 GRAM décima oitava letra e décima quarta consoante do alfabeto português **2** décimo oitavo elemento de uma série

²R símbolo da constante universal dos gases

Ra QUÍM elemento rádio da tabela periódica

rã *s.f.* BIOL espécie de anfíbio; perereca, sapo pequeno

ra.ba.da *s.f.* **1** CUL ensopado preparado com o rabo bovino **2** cauda ou rabo de um animal; rabadela **3** nádegas do bovino ou do ovino; rabadilha **4** golpe aplicado por alguma extremidade

ra.ba.dão *s.m.* apascentador de rebanho; pastor de ovelhas

ra.ba.de.la /é/ *s.f.* **1** ZOOL região do tronco dos mamíferos onde está inserida a cauda **2** ZOOL a cauda do peixe

ra.ba.di.lha *s.f.* m.q. rabadela

ra.ba.na.da *s.f.* **1** pancada com o rabo **2** CUL iguaria preparada com fatias de pão, ovos e açúcar **3** gesto brusco de irritação ou desprezo

ra.ba.ne.te /ê/ *s.m.* planta cuja raiz é consumida em saladas

ra.be.ar *v.i.* **1** movimentar uma parte de um corpo; rebolar **2** golpear com o rabo ou a cauda **3** dirigir olhar a outrem obliquamente

ra.be.ca /é/ *s.f.* **1** MÚS instrumento musical de cordas friccionado por um arco; violino **2** taco auxiliar usado para orientar o taco principal no bilhar e na sinuca; fancho

ra.be.cão *s.m.* **1** MÚS m.q. contrabaixo **2** *fig.* carro usado para transportar defuntos

ra.bei.ra /ê/ *s.f.* **1** *pop.* traseira de um automóvel **2** o último integrante em uma competição **3** rasto, pegada **4** cauda de vestido **5** *fig.* mancha na barra de uma vestimenta **6** parte da flecha que serve para possibilitar o seu encaixe na corda do arco

ra.bi *s.m.* **1** m.q. rabino **2** terceiro mês, de 30 dias, e quarto mês, de 29 dias, do calendário islâmico • *adj.* **3** animal sem cauda; rabicó

rá.bia *s.f.* VETER m.q. raiva

ra.bi.ça *s.f.* suporte do arado no qual se aplica a força necessária para movimentá-lo

ra.bi.cho *s.m.* **1** trança ou suporte do arreio usado para prender o rabo equino; atafal **2** mecha de cabelo trançado **3** *pop.* relacionamento afetivo; namoro

rá.bi.co *adj.* diz-se do animal que sofre de raiva

ra.bi.có *adj.* diz-se do animal sem rabo ou de rabo pequeno

rá.bi.do *adj.* raivoso, zangado

ra.bi.no *s.m.* **1** líder religioso do judaísmo **2** estudioso da doutrina judaica • *adj.* **3** travesso

ra.bis.car *v.t.* **1** fazer garatujas **2** grafar ilegivelmente

ra.bis.co *s.m.* **1** efeito de rabiscar **2** risco mal traçado **3** *fig.* rascunho

ra.bo *s.m.* **1** extremidade da coluna vertebral de alguns animais; cauda **2** conjunto de penas que recobre o traseiro de aves **3** *pejor.* o par de nádegas **4** *fig.* extremidade de um corpo ■ **rabo de saia** mulher jovem ou adulta, geralmente bonita e atraente ■ **rabo de cavalo** penteado em que os cabelos são presos no alto da cabeça, ficando apenas uma mecha pendente

ra.bo-de-ga.to *s.m.* BOT planta que possui flores compridas, vermelhas e peludas, semelhantes ao rabo de um gato

ra.bo.na *s.f.* **1** vestimenta social **2** fraque **3** vestido longo **4** cônjuge de um soldado

ra.bu.jar *v.i.* comportar-se de forma mal-humorada; rezingar, resmungar

ra.bu.do *adj.* **1** que tem rabo ou cauda grande • *s.m.* **2** *pop.* demônio, diabo

ra.bu.gem *s.f.* **1** VETER patologia cutânea que provoca a queda dos pelos do rabo **2** *fig.* humor da pessoa rabugenta

ra.bu.gen.to *adj.* ranzinza, mal-humorado, impertinente

ra.bu.gi.ce *s.f.* qualidade de quem é rabugento, mal-humorado, ranzinza

rá.bu.la *s.m.* **1** advogado de pouco conhecimento sobre leis, mas que faz bom uso da retórica **2** pessoa que exerce a advocacia sem ser academicamente formada

ra.ca *adj.2g.* diz-se do indivíduo sem relevância social; insignificante, tolo

ra.ça *s.f.* **1** taxonomia de um grupo de animais semelhantes; classe, tipo **2** genealogia de um ser; linhagem **3** qualidade distinta de um ser; coragem

ra.ção *s.f.* porção preparada para alimentar animais

ra.ce.mo *s.m.* conjunto de flores ou frutos que brotam muito próximos entre si; cacho

ra.cha *s.f.* m.q. rachadura

ra.cha.du.ra *s.f.* fenda em uma superfície; racha

ra.char *v.t.* **1** provocar rachaduras; fender, trincar **2** *fig.* dividir com alguém

ra.ci.al *adj.2g.* relativo a raça

ra.ci.mo *s.m.* m.q. racemo

ra.cio.ci.nar *v.t.* **1** pensar, refletir **2** argumentar sobre alguma coisa

raiar

ra.cio.cí.nio *s.m.* ação de raciocinar

ra.cio.nal *adj.2g.* diz-se do que é dotado de razão; lógico

ra.cio.na.lis.mo *s.m.* FILOS doutrina cuja verdade é dada pela demonstração racional, intelectual de um evento

ra.cio.na.li.za.ção *s.f.* **1** ação de racionalizar **2** ECON sistema de produção em que se busca diminuir os custos do produto final

ra.cio.na.li.zar *v.t.* usar técnicas para tornar um procedimento funcional

ra.cio.na.men.to *s.m.* ato ou efeito de racionar

ra.cio.nar *v.t.* **1** estabelecer uma cota; particionar **2** reduzir

ra.cis.mo *s.m.* conjunto de teorias e crenças que estabelecem a superioridade de uma etnia em relação a outra

ra.cis.ta *adj.2g.* adepto do racismo

ra.dar *s.m.* ferramenta utilizada para localizar um corpo em movimento e calcular sua velocidade

ra.di.a.ção *s.f.* ação de radiar partículas por meio de ondas

ra.di.a.do *adj.* m.q. raiado

ra.di.a.dor /ô/ *s.m.* peça automobilística usada para refrigerar o motor

ra.di.al *adj.2g.* **1** relativo a raio **2** ANAT relativo ao osso rádio **3** via pública que liga o centro à periferia de uma cidade

ra.di.a.lis.ta *adj.2g. s.2g.* profissional de rádio

ra.di.a.no *s.m.* GEOM unidade de medida de ângulo

ra.di.an.te *adj.2g.* **1** diz-se do que irradia luminosidade **2** *fig.* alegre, eufórico

ra.di.ar *v.i.* **1** emitir raios de luz ou calor; irradiar **2** *por ext.* brilhar, resplandecer, fulgir

ra.di.cal *adj.2g.* **1** GRAM relativo à raiz do morfema **2** relativo a origem ou raiz **3** diz-se do que tem característica extremista, fora dos padrões **4** que é adepto do radicalismo

ra.di.ca.lis.mo *s.m.* doutrina política que pretende uma reorganização imediata e completa da sociedade

ra.di.ca.li.zar *v.t. v.i.* agir de maneira radical

ra.di.car *v.i. v.pron.* **1** deitar raízes; firmar por meio de raízes; enraizar, arraigar **2** estabelecer-se de modo definitivo; consolidar-se, fixar-se

ra.di.ci.a.ção *s.f.* MAT operação com raízes

ra.dí.cu.la *s.f.* **1** BOT pequena raiz; radicela **2** ANAT raiz nervosa da espinha vertebral

rá.dio *s.m.* **1** ANAT osso do antebraço **2** QUÍM elemento da tabela periódica da fila dos metais alcalinos (Ra) **3** aparelho que emite e recebe sons por meio de ondas hertzianas

ra.dio.a.ma.dor /ô/ *s.m.* pessoa que transmite e recebe frequências radiofônicas em caráter particular

ra.dio.a.ma.do.ris.mo *s.m.* prática amadora do uso de aparelhagem de comunicação radiofônica

ra.dio.a.ti.vi.da.de *s.f.* qualidade de alguns corpos que emitem radiação invisível

ra.dio.a.ti.vo *adj.* diz-se do que emite raios

ra.dio.co.mu.ni.ca.ção *s.f.* comunicação realizada por meio de ondas eletromagnéticas

ra.dio.di.fu.são *s.f.* emissão de programas de televisão, rádio etc. por meio de ondas eletromagnéticas

ra.dio.di.fu.sor /ô/ *s.m.* aparelho de radiodifusão

ra.dio.di.fu.so.ra /ô/ *s.f.* estação de rádio

ra.dio.e.mis.são *s.f.* qualquer emissão eletromagnética

ra.dio.e.mis.so.ra /ô/ *s.f.* estação que realiza a difusão de ondas por meio de rádio

ra.dio.es.te.si.a *s.f.* suposta sensibilidade a certas radiações

ra.dio.fo.ni.a *s.f.* transmissão de sons via rádio

ra.dio.fre.quên.cia *s.f.* frequência de onda codificada pelo rádio

ra.dio.gra.far *v.t.* obter imagem de órgão, estrutura etc. por meio da radiografia; tirar radiografia

ra.dio.gra.fi.a *s.f.* capturar a imagem de um órgão por emissão de raios X

ra.dio.gra.ma *s.m.* m.q. radiocomunicação

ra.dio.la /ô/ *s.f.* aparelho que contém rádio e vitrola conjuntamente

ra.dio.lo.gi.a *s.f.* MED ciência que estuda a aplicação de radioatividade sobre os corpos com finalidade terapêutica

ra.dior.re.cep.tor /ô/ *s.m.* ferramenta que capta ondas de rádio

ra.dios.co.pia *s.f.* MED exame realizado pelo aparelho de raios X

ra.di.o.so /ô/ *adj.* diz-se do que emite raios de luz

a.dios.son.da *s.f.* aparelho usado para medir pressão, temperatura e umidade da atmosfera

ra.dio.te.a.tro *s.m.* representação cênica transmitida pelo rádio

ra.dio.téc.ni.ca *s.f.* técnica de manutenção e transmissão de rádio

ra.dio.te.le.fo.ni.a *s.f.* mecanismo de transmissão por meio de rádio

ra.dio.te.le.fo.nis.ta *adj.2g.* diz-se do profissional que opera aparelho radiotelefônico

ra.dio.te.le.gra.fi.a *s.f.* transmissão de telegramas via rádio

ra.dio.te.le.gra.fis.ta *adj.2g.* diz-se do profissional que opera aparelho radiotelegráfico

ra.dio.te.ra.pêu.ti.co *adj.* MED diz-se do uso terapêutico de raios ionizantes no tratamento de certas doenças

ra.dio.te.ra.pi.a *s.f.* MED terapia por meio da aplicação de ondas eletromagnéticas

ra.dio.trans.mis.são *s.f.* propagação de ondas eletromagnéticas por meio da frequência do radio

ra.dio.trans.mis.sor /ô/ *s.m.* aparelho usado para realizar radiotransmissão

ra.diou.vin.te *adj.2g.* diz-se do indivíduo que ouve programas de emissoras de rádio

ra.fa *s.f.* penúria, miséria

ra.fei.ro /ê/ *adj. s.m.* **1** cachorro feroz usado para vigiar animais **2** *pejor.* pessoa inconveniente

rá.fia *s.f.* **1** BIOL palmeira nativa de regiões tropicais cuja fibra é usada em artesanatos **2** a fibra dessa planta **3** *pop.* rafa, penúria

ra.gu *s.m.* **1** ensopado de carne e legumes **2** *fig.* fome

rai.a *s.f.* **1** linha, lista, traço **2** sulco da palma da mão **3** pista delimitada para um competidor **4** espaço limítrofe **5** ZOOL tipo de peixe; arraia

rai.a.do *adj.* **1** diz-se do que apresenta raias, riscos **2** diz-se do olho em que há acumulação de um fluido; congestionado

rai.ar *v.t.* **1** cobrir com raias ou riscas; riscar ⟳ *v.i.* **2** emitir raios luminosos

rainha

ra.i.nha *s.f.* **1** mulher pertencente à maior hierarquia de um reino; soberana **2** esposa do rei

rai.o *s.m.* **1** espectro luminoso emitido por alguns corpos **2** GEOM reta cuja extensão é a distância do centro de uma circunferência até qualquer ponto de sua extremidade **3** descarga de energia atmosférica; trovão **4** BIOL peça anatômica de peixes que sustenta as nadadeiras **5** *fig.* desgraça, fatalidade • *interj.* **6** *pejor.* expressa ira, contrariedade, impaciência

rai.va *s.f.* **1** VETER doença infecciosa causada por um vírus que é transmitido ao homem pela mordida de animais infectados **2** sentimento de aversão a alguém ou a alguma coisa; fúria

rai.vo.so /ô/ *adj.* **1** VETER que sofre de raiva **2** dominado por cólera; furioso, enfurecido

ra.iz *s.f.* **1** parte do vegetal responsável por retirar nutrientes da terra **2** conjunto dos dentes que se fixa na gengiva **3** GRAM parte invariável de um vocábulo; semantema **4** *fig.* origem de um evento ou de uma substância; nascimento **5** MAT algarismo que, quando elevado ao radical, retorna ao radicando

ra.i.za.ma *s.f.* m.q. raizame

ra.i.za.me *s.m.* grande quantidade de raízes; raizada

ra.ja *s.f.* **1** raia **2** cicatriz

ra.já *s.m.* rei indiano

ra.ja.da *s.f.* **1** chuva ou vento forte **2** *fig.* sequência de golpes ou disparos violentos

ra.ja.do *adj.* raiado, riscado

ra.jar *v.t.* **1** rabiscar; desenhar **2** listar **3** fazer cicatriz cutânea

ra.la.dor /ô/ *s.m.* **1** utensílio usado para ralar **2** *fig.* pessoa que aborrece, chateia

ra.lar *v.t.* **1** reduzir em pequenas partes com um ralador; triturar **2** *fig.* dar bronca; reclamar **3** *fig.* atormentar

ra.lé *s.f.* **1** parte inferiorizada de um grupo social; plebe **2** presa da ave de rapina

ra.le.ar *v.t.* **1** diluir; tornar fino **2** diminuir frequência; tornar raro

ra.lhar *v.t.* reprimir; advertir

ra.lho *s.m.* advertência, reprimenda

ra.lo *s.m.* **1** som produzido nos brônquios durante a respiração de alguém que sofre de bronquite ou pneumonia **2** cilindro usado sob objetos pesados para movimentá-los mais facilmente; rolão **3** objeto colocado sobre orifícios ou sobre a entrada e saída de canos para filtrar passagem de detritos **5** divisória gradeada usada para separar o clero do penitente em um confessionário

ra.ma *s.f.* conjunto dos ramos de uma planta

ra.ma.da *s.f.* m.q. rama

ra.ma.gem *s.f.* **1** conjunto dos ramos de uma planta; ramada, rama **2** conjunto de estampas ornadas com ramos, usado na indústria têxtil

ra.mal *s.m.* **1** molho de fios torcidos usados na indústria têxtil **2** estrada de ferro secundária; tronco **3** comunicação de aparelhos de telefone a uma central telefônica particular

ra.ma.lhar *v.i.* produzir som parecido ao do movimento do vento entre ramos

ra.ma.lhe.te /ê/ *s.m.* buquê, ramilhete

ra.ma.lho *s.m.* ramo grande e seco cortado de árvore

ra.ma.lhu.do *adj.* diz-se do que é cheio de ramos

ra.ma.ri.a *s.f.* m.q. rama

ra.me.la.do /ê/ *adj.* diz-se do que possui secreção; remelado

ra.mei.ra /ê/ *s.f.* m.q. prostituta

ra.me.la /ê/ *s.f.* m.q. remela

ra.mer.rão *s.m.* som monótono e contínuo

ra.mi *s.m.* vegetação nativa da Ásia, de grande importância para a indústria têxtil

ra.mi.fi.ca.ção *s.f.* **1** ação de ramificar **2** BOT cada uma das subdivisões de um caule **3** ANAT subdivisão de uma corrente sanguínea **4** diversificação de uma organização, de uma entidade

ra.mi.fi.car *v.t.* **1** gerar ramos; subdividir-se em ramos **2** *fig.* formar novas partes de algo a partir de um original

ra.mi.lhe.te /ê/ *s.m.* m.q. ramalhete

ra.mo *s.m.* **1** ramificação de um tronco; galho **2** especialidade de uma área, categoria profissional etc. **3** buquê

ra.mo.so /ô/ *adj.* diz-se do que tem muitos ramos; ramudo, ramalhudo

ram.pa *s.f.* **1** estrutura plana elevada para locomoção de objetos sobre rodas; ladeira **2** palco

ra.mu.do *adj.* m.q. ramoso

ra.ná.rio *s.m.* viveiro de rãs

ran.çar *v.i.* adquirir cheiro e gosto desagradáveis; tornar-se rançoso

ran.cha.ri.a *s.f.* conjunto de ranchos, casebres

ran.chei.ra /ê/ *s.f.* dança popular, de provável origem árabe, muito comum no Rio Grande do Sul

ran.chei.ro /ê/ *adj.* **1** EXÉRC diz-se do cozinheiro **2** diz-se do construtor de choupanas, ranchos **3** diz-se do morador de um rancho

ran.cho *s.m.* **1** domicílio rural rústico; sítio, chácara **2** EXÉRC comida dos soldados

ran.ço *s.m.* **1** mofo, bolor **2** gosto ou cheiro desagradável **3** mancha **4** sinal, marca

ran.cor /ô/ *s.m.* sentimento de mágoa e aversão provocado por uma experiência vivida; ódio

ran.co.ro.so /ô/ *adj.* diz-se de quem sente rancor

ran.ger /ê/ *v.i.* produzir som por meio do atrito de duas superfícies

ran.gi.do *s.m.* ação ou efeito de ranger

ra.nhe.ta /ê/ *adj.* diz-se de quem é impertinente, rabugento

ra.nhe.ti.ce *s.f.* antipatia, impertinência

ra.nho *s.m.* secreção nasal; muco

ra.nhu.ra *s.f.* **1** encaixe em uma superfície de madeira para suporte de outra superfície **2** racha, fissura, vão, fresta

ra.ni.cul.tor /ô/ *adj. s.m.* diz-se do criador de rãs

ra.ni.cul.tu.ra *s.f.* cultura de rãs

ra.nún.cu.lo *s.m.* BOT designação comum a várias plantas da família das ranunculáceas, nativas de regiões temperadas

ran.zin.za *adj.* chato, rabugento

ran.zin.zi.ce *s.f.* rabugice, mau humor

ra.pa *s.f.* **1** ato ou efeito de retirar a sobra **2** resto de alimento que gruda no fundo de um recipiente **3** atividade lúdica infantil na qual se joga um dado que em vez de números tem palavras em suas faces

ra.pa.ce *adj.2g.* **1** próprio do avarento **2** diz-se do que tem propensão ao roubo, à ilegalidade • *s.m.* **3** m.q. ave de rapina

ra.pa.ci.da.de *s.f.* qualidade de rapace

ra.pa.du.ra *s.f.* doce feito de açúcar mascavo

ratificação

ra.pa.gão *s.m.* moço viril

ra.par *v.t.* 1 cortar muito próximo à raiz; raspar 2 esfregar, arranhar 3 *pejor.* furtar

ra.pa.ri.ga *s.f.* 1 menina, moça 2 *pejor.* meretriz

ra.paz *s.m.* 1 moço, jovem • *adj.2g.* 2 diz-se de quem rouba; ladrão

ra.pa.zi.a.da *s.f.* grupo de rapazes

ra.pa.zo.la /ó/ *s.m.* rapaz entre os quatorze e dezessete anos

ra.pa.zo.te /ó/ *s.m.* rapaz jovem; rapazola

ra.pé *s.m.* pó produzido a partir das folhas do fumo, para ser inalado

ra.pi.dez /ê/ *s.f.* qualidade de ser rápido

rá.pi.do *adj.* diz-se que é veloz, hábil

ra.pi.nar *v.t.* roubar, surrupiar

ra.pi.na *s.f.* roubo; posse ilegal

ra.pi.na.gem *s.f.* 1 qualidade ou condição de rapinante 2 hábito de rapinar

ra.pi.nan.te *adj.2g.* diz-se de quem rapina, rouba

ra.po.sa /ô/ *s.f.* ZOOL mamífero carnívoro nativo do Hemisfério Norte que é caçado por esporte ou para a obtenção da pele

ra.po.si.ce *s.f.* m.q. astúcia

ra.po.so /ô/ *s.m.* o macho da raposa

rap.só.dia *s.f.* 1 trecho de poema épico 2 MÚS música improvisada cujos temas são populares ou tradicionais de uma cultura

rap.só.di.co *adj.* relativo à rapsódia

rap.so.do /ô/ *s.m.* na Grécia antiga, declamador de rapsódias

rap.ta.dor /ô/ *adj. s.m.* m.q. raptor

rap.tar *v.t.* roubar, sequestrar, arrebatar

rap.to *s.m.* ação de raptar

rap.tor /ô/ *adj. s.m.* diz-se do que rapta

ra.que *s.f.* 1 mobília usada para sustentar objetos 2 ANAT m.q. coluna vertebral

ra.que.ta /ê/ *s.f.* m.q. raquete

ra.que.te *s.f.* objeto formado por um aro revestido de uma rede miúda e resistente e um cabo, utilizado no jogo de tênis

ra.qui.a.no *adj.* relativo à raque, à coluna vertebral

ra.quí.ti.co *adj.* 1 que sofre de raquitismo 2 *pop.* frágil, desnutrido, fraco

ra.qui.tis.mo *s.m.* MED síndrome que impede o desenvolvimento de tecidos

ra.re.ar *v.t.* tornar ralo; escassear

ra.re.fa.ção *s.f.* ato ou efeito de rarefazer(-se)

ra.re.fa.zer /ê/ *v.t. v.pron.* 1 tornar(-se) menos denso 2 tornar(-se) menos numeroso; rarear

ra.re.fei.to /ê/ *adj.* que não é denso; que está ralo, escasso, ex.: *ar rarefeito*

ra.ri.da.de *s.f.* qualidade de evento ou substância rara, de pouca frequência

ra.ro *adj.* diz-se do que não é comum

ra.sa *s.f. desus.* antiga medida de secos que corresponda aproximadamente ao alqueire

ra.san.te *adj.2g.* diz-se do que é raso, próximo à raiz

ra.sar *v.t.* tornar raso; colocar no mesmo nível; igualar, nivelar

ras.ca *s.f.* 1 rede usada na pesca de raias, lagostas etc. 2 *desus.* antiga embarcação de pesca 3 *pop.* parte nos lucros; quinhão 4 *pop.* estado de embriaguez

ras.can.te *adj.2g.* 1 diz-se do que rasca, raspa 2 diz-se de bebida que deixa certo travo ou gosto acentuado na garganta

ras.car *v.t.* 1 raspar 2 coçar

ras.cu.nhar *v.t.* rabiscar um texto; esboçar

ras.cu.nho *s.m.* primeiro escrito para ser aprimorado; esboço

ras.ga.do *adj.* 1 partido, dividido • *s.m.* 2 MÚS movimento do polegar sobre as cordas de um violão

ras.gão *s.m.* corte profundo

ras.gar *v.t.* dividir, partir

ras.go *s.m.* 1 sulco, fenda, ruptura 2 corte, ferimento 3 *fig.* rapto

ra.so *adj.* que tem pouca profundidade; que está próximo à raiz

ra.sou.ra /ô/ *s.f.* 1 ferramenta usada para polir superfícies 2 *instrumento usado para tirar as asperezas da madeira que se entalha*

ra.sou.rar *v.t.* 1 polir, nivelar 2 *fig.* igualar socialmente

ras.pa *s.f.* efeito de raspar

ras.pa.dei.ra /ê/ *s.f.* 1 ferramenta usada para raspar 2 instrumento usado para fazer desaparecer a escrita, raspando o papel

ras.pan.ça *s.f.* 1 ato de raspar; raspagem 2 *bras.* censura, repreensão

ras.pa.gem *s.f.* 1 ação de polir, de arranhar 2 MED procedimento terapêutico para limpar a cavidade de um órgão

ras.pão *s.m.* 1 atrito superficial, sem muito desgaste 2 *fig.* repreensão

ras.par *v.t.* atritar, polir, limpar

ras.te.ar *v.t.* 1 m.q. rastejar 2 *bras.* procurar, perseguir

ras.tei.ra /ê/ *s.f.* 1 movimento circular realizado com uma perna próximo à base de sustentação de outrem para desequilibrá-lo 2 *fig.* traição

ras.tei.ro /ê/ *adj.* 1 que está próximo do chão 2 cujo movimento se dá a pouca altura do chão

ras.te.ja.dor /ô/ *adj.* diz-se do que rasteja

ras.te.jan.te *adj.2g.* m.q. rastejador

ras.te.jar *v.i.* 1 locomover-se com a maior parte do corpo em atrito com o chão ○ *v.t.* 2 perseguir, rastrear

ras.te.lar *v.t.* 1 tirar a estopa de linho com o rastelo 2 limpar gramado, canteiro etc. com o rastelo

ra.ta.ri.a *s.f.* aglomerado de ratos

ra.tei.ro /ê/ *s.m.* animal especialista em caçar ratos

ras.te.lo /é/ *s.m.* ferramenta dentada usada na indústria têxtil e no campo

ras.ti.lho *s.m.* 1 pequeno rastro 2 amontoado de pólvora 3 *fig.* origem, motivo, causa

ra.ti.nhar *v.t.* m.q. pechinchar

ras.to *s.m.* rastro, vestígio, marca

ras.tre.ar *v.t.* perseguir, investigar, pesquisar, rastear

ras.trei.o *s.m.* rastreamento, investigação

ras.tri.lho *s.m.* m.q. rastelo

ras.tro *s.m.* 1 marca sobre uma superfície; pegada, vestígio 2 rede usada para a pesca marinha

ra.su.ra *s.f.* risco sobre sinais ou letras já inscritos; raspagem

ra.su.rar *v.t.* rabiscar, raspar

ra.ta *s.f.* 1 fêmea do rato 2 *fig.* mulher fértil 3 uso da linguagem equivocadamente; gafe 4 *pop.* vulva 5 quantia que deve ser paga

ra.ta.za.na *s.f.* aumentativo de rato ou rata

ra.te.ar *v.t.* distribuir responsabilidades ou lucros

ra.tei.o /ê/ *s.m.* ação de ratear

ra.ti.ci.da *s.2g.* droga usada para matar ratos

ra.ti.fi.ca.ção *s.f.* ação de convalidar, de corrigir(-se)

rato

ra.to *s.m.* **1** ZOOL mamífero roedor pequeno **2** *pejor.* ladrão, traiçoeiro • *adj.* **3** autentificado, aprovado

ra.to.ei.ra */ê/ s.f.* armadilha usada para capturar roedores

ra.vi.na *s.f.* **1** GEOG escoamento de águas semelhante ao da cachoeira **2** GEOG abismo, depressão, vale

ra.zão *s.f.* **1** faculdade intelectual; capacidade de reflexão **2** motivo, explicação **3** direito assegurado a alguém por leis nacionais ou internacionais

ra.zi.a *s.f.* invasão territorial para saque ou destruição dos bens do inimigo

ra.zo.á.vel *adj.2g.* passível de aceitação

Rb QUÍM símbolo do elemento químico rubídio da tabela periódica

Re QUÍM símbolo do elemento químico rênio da tabela periódica

ré *s.f.* **1** feminino de réu **2** MAR popa de uma embarcação ○ *s.m.* **3** MÚS segunda nota da escala musical

re.a.bas.te.cer */ê/ v.t.* preencher, abastecer novamente

re.a.bas.te.ci.men.to *s.m.* ato ou efeito de reabastecer

re.a.ber.to */é/ adj.* diz-se do que foi aberto novamente

re.a.ber.tu.ra *s.f.* ação de reabrir, de recomeçar

re.a.bi.li.ta.ção *s.f.* **1** MED ação de recuperar as faculdades imunológicas **2** ação de reestabelecer credibilidade **3** ação de estar apto novamente a algo

re.a.bi.li.ta.dor */ô/ adj.* diz-se do que proporciona a reabilitação de algo

re.a.bi.li.tar *v.t. v.pron.* **1** habilitar novamente algo ou alguém lesado **2** MED recuperar a saúde

re.a.bi.li.ta.tó.rio *adj.* diz-se do que causa reabilitação; reabilitativo

re.a.bi.tar *v.t.* habitar novamente

re.a.brir *v.t.* abrir novamente

re.ab.sor.ção *s.f.* ação de absorver novamente

re.ab.sor.ver */ê/ v.t.* absorver novamente

re.ab.sor.vi.do *adj.* absorvido novamente

re.a.ção *s.f.* ação provocada por outra

re.a.cen.der */ê/ v.t.* acender novamente

re.a.cio.ná.rio *adj.* relativo a reação

re.a.dap.ta.ção *s.f.* ato ou efeito de readaptar; reacomodação

re.a.dap.tar *v.t.* adaptar novamente; reacomodar

re.ad.mis.são *s.f.* ação de admitir novamente

re.ad.mi.tir *v.t.* admitir novamente

re.ad.qui.rir *v.t.* adquirir novamente

re.a.fir.ma.ção *s.f.* ato ou efeito de reafirmar

re.a.gen.te *adj.2g.* QUÍM diz-se de substância que provoca reação química

re.a.gir *v.t.* agir após contato com outro ser

re.a.gru.par *v.t.* agrupar novamente

re.a.jus.ta.men.to *s.m.* ato ou efeito de reajustar

re.a.jus.tar *v.t.* ajustar novamente

re.al *adj.2g.* **1** diz-se do que existe **2** relativo à realeza **3** ECON *desus.* moeda portuguesa; alfonsim **4** ECON sistema monetário brasileiro

re.al.çar *v.t.* pôr em evidência; destacar

re.al.ce *s.m.* ato ou efeito de realçar

re.a.le.jo */ê/ s.m.* **1** MÚS instrumento musical movido a manivela **2** *fig.* indivíduo repetitivo

re.a.len.go *adj.* **1** próprio de rei; real **2** *pop.* diz-se do que é público

re.a.le.za */ê/ s.f.* **1** qualidade de ser régio **2** m.q. realidade

re.a.li.da.de *s.f.* qualidade de existir, de ser real

re.a.lis.mo *s.m.* **1** sistema político cujo chefe é o rei **2** FILOS doutrina cuja base é sustentada em uma realidade independente da reflexão **3** LITER segmento artístico cuja técnica se dá pela descrição fiel sem recorrer à imaginação

re.a.lis.ta *adj.2g.* **1** diz-se de quem é partidário da realeza; monarquista **2** diz-se de quem é partidário do realismo na filosofia, na literatura, na arte

re.a.li.za.ção *s.f.* ação de tornar real; concretização

re.a.li.za.dor */ô/ adj.* diz-se do que realiza, promove

re.a.li.zar *v.t.* **1** fazer **2** tornar real, concretizar

re.a.li.zá.vel *adj.2g.* passível de realização

re.a.ne.xar */ks/ v.t.* anexar novamente

re.a.ni.ma.ção *s.f.* ação de fornecer energia para devolver qualidades vitais a um ser

re.a.ni.ma.dor */ô/ adj.* diz-se do que tem capacidade de animar novamente

re.a.ni.mar *v.t.* **1** animar novamente **2** fornecer energia vital

re.a.pa.re.cer */ê/ v.i.* aparecer novamente

re.a.pa.re.ci.men.to *s.m.* ato ou efeito de reaparecer

re.a.pa.ri.ção *s.f.* m.q. reaparecimento

re.a.pli.car *v.t.* aplicar novamente

re.a.pren.der */ê/ v.t.* aprender novamente

re.a.pre.sen.tar *v.t.* apresentar novamente

re.a.pro.xi.ma.ção */s/ s.f.* ato ou efeito de reaproximar

re.a.pro.xi.mar */s/ v.t.* aproximar novamente

re.a.qui.si.ção *s.f.* ação de readquirir

re.as.cen.der */ê/ v.t.* ascender novamente

re.as.sen.tar *v.t.* assentar novamente

re.as.su.mir *v.t.* assumir novamente

re.as.sun.ção *s.f.* ação de assumir novamente

re.a.tar *v.t.* unir novamente

re.a.ti.var *v.t.* ativar novamente

re.a.ti.vi.da.de *s.f.* propriedade de reagir

re.a.ti.vo *adj.* diz-se do que provoca reação; reagente

re.a.to *s.m.* **1** JUR estado de réu **2** JUR acusação, imputação

re.a.tor */ô/ adj.* **1** que reage; reagente • *s.m.* **2** FÍS mecanismo de propulsão que funciona por reação direta, sem acionar hélice

re.a.ver */ê/ v.t.* recuperar, readquirir

re.a.vi.sar *v.t.* avisar novamente

re.a.vi.var *v.t.* m.q. reanimar

re.bai.xa.do *adj.* **1** colocado em nível mais baixo **2** diz-se de quem descendeu socialmente **3** *pejor.* diz-se de quem foi humilhado

re.bai.xa.men.to *s.m.* ato ou efeito de rebaixar

re.bai.xar *v.t.* **1** tornar mais baixo **2** humilhar **3** descender hierarquicamente

re.ba.nho *s.m.* conjunto de animais da mesma espécie

re.bar.ba *s.f.* **1** aresta **2** encaixe, rebite **3** espaço entre duas linhas

re.bar.ba.ti.vo *adj.* áspero, grosseiro

re.ba.te *s.m.* **1** assalto, ataque **2** sinal alarmante **3** ação de rebater

re.ba.te.dor */ô/ adj. s.m.* **1** m.q. agiota **2** ESPORT no beisebol, jogador que deve rebater a bola com o taco o mais longe possível

re.ba.ter *v.t.* **1** impulsionar contra o movimento primário; repelir, debater **2** bater novamente **3** refutar, questionar

re.be.lar *v.t. v.pron.* m.q. revoltar

re.bel.de */é/ adj.2g.* diz-se de quem tem ideias ou atitudes que vão contra o que é socialmente aceitável

receptar

re.bel.dia *s.f.* ação de ser rebelde

re.be.li.ão *s.f.* m.q. revolução

re.ben.que /ê/ *s.m. bras.* tipo de chicote pequeno usado para tocar a montaria

re.ben.ta.ção *s.f.* ato ou efeito de rebentar

re.ben.tar *v.t.* m.q. arrebentar

re.ben.to /ê/ *s.m.* **1** prole, filho **2** broto

re.bi.tar *v.t.* **1** m.q. arrebitar **2** fundir metais com rebite

re.bi.te *s.m.* haste metálica usada para unir peças, chapas etc.

re.bo.an.te *adj.2g.* diz-se do que produz som estridente

re.bo.ar *v.i.* produzir som estridente

re.bo.ca.dor /ô/ *adj.* **1** relativo a reboco • *s.m.* **2** profissional que aplica reboco **3** estrutura móvel usada para remover máquinas ou móveis pesados; reboque, guincho

re.bo.car *v.t.* **1** aplicar reboco **2** *pejor.* fazer uso excessivo de maquiagem **3** puxar, deslocar **4** *fig.* acompanhar

re.bo.co /ô/ *s.m.* **1** pasta usada para revestir paredes **2** *pejor.* m.q. maquiagem

re.bo.jo /ô/ *s.m.* **1** remoinho **2** espuma aquática **3** vento sudoeste

re.bo.lar *v.t.* mover circularmente os quadris

re.bol.car *v.t.* **1** lançar, fazer rolar **2** m.q. chafurdar

re.bo.li.ço *s.m.* m.q. rebuliço

re.bo.lo /ô/ *s.m.* **1** pedra usada para amolar, afiar **2** objeto de forma cilíndrica; cilindro **3** *pejor.* pessoa obesa

re.bo.o /ô/ *s.m.* ato ou efeito de reboar; ressoo

re.bo.que /ó/ *s.m.* **1** estrutura móvel usada para rebocar, guinchar um objeto pesado **2** m.q. reboco

re.bor.do /ô/ *s.m.* **1** beirada, orla, margem, extremidade **2** relevo em moeda que serve para preservar sua gravação

re.bor.do.sa /ó/ *s.f.* **1** censura, repreensão **2** tumulto, conflito **3** briga, luta **4** situação difícil

re.bo.ta.lho *s.m.* **1** refugo, sobra **2** *pejor.* m.q. ralé

re.bo.te *s.m.* **1** movimento da bola após chocar-se com alguma superfície

re.bri.lhar *v.i.* brilhar novamente

re.bu.ça.do *adj.* oculto, disfarçado

re.bu.çar *v.t.* **1** cobrir o rosto **2** disfarçar

re.bu.li.ço *s.m.* **1** movimentação desordenada; agitação **2** briga

re.bus.ca.do *adj.* **1** diz-se do que é luxuoso, ornamentado **2** diz-se do que é procurado

re.bus.car *v.t.* **1** buscar novamente **2** enfeitar

re.ca.do *s.m.* aviso, mensagem

re.ca.í.da *s.f.* **1** ação de adoecer novamente **2** ação de retornar a um hábito antigo

re.ca.ir *v.i.* **1** cair novamente **2** praticar novamente

re.cal.ca.do *adj.* **1** diz-se do que foi comprimido, concentrado **2** PSICOL diz-se do que foi eliminado da consciência, mas que ainda pode comprometer o comportamento do indivíduo

re.cal.ça.do *adj.* calçado novamente

re.cal.car *v.t.* calcar novamente

re.cal.çar *v.t.* calçar novamente

re.cal.ci.tran.te *adj.2g.* diz-se do que tem comportamento obstinado, rebelde

re.cal.que *s.m.* **1** PSICOL eliminação da consciência de algo indesejável, sem porém que tal elemento deixe de existir e permear o inconsciente do indivíduo **2** ação de rebaixar a manta para produzir vinho de maior qualidade comercial

re.ca.mar *v.t.* **1** enfeitar com bordado em relevo **2** revestir, recobrir

re.cam.bi.ar *v.t.* **1** devolver à origem **2** devolver por falta de pagamento ou aceitação

re.ca.mo *s.m.* ato ou efeito de recamar

re.can.to *s.m.* espaço usado como abrigo, esconderijo

re.ca.pi.tu.la.ção *s.f.* ato ou efeito de recapitular, de relembrar

re.ca.pi.tu.lar *v.t.* relembrar algo, resumindo fatos, elementos ou ideias

re.cap.tu.rar *v.t.* capturar novamente

re.car.ga *s.f.* reabastecimento de munição

re.ca.ta.do *adj.* diz-se de pessoa modesta, reservada

re.ca.tar *v.t. v.pron.* **1** resguardar(-se), reservar(-se) **2** viver em recato; ocultar-se

re.ca.to *s.m.* **1** modéstia **2** ação preventiva **3** recanto, esconderijo

re.cau.chu.tar *v.t.* reformar, remendar

re.ce.ar *v.t.* m.q. temer

re.ce.be.dor /ô/ *adj.* diz-se do funcionário responsável por receber dinheiro público; cobrador

re.ce.be.do.ri.a *s.f.* setor público responsável por receber tributos

re.ce.ber /ê/ *v.t.* aceitar, acolher, amparar

re.ce.bi.men.to *s.m.* ato ou efeito de receber

re.cei.o /ê/ *s.m.* m.q. temor

re.cei.ta /ê/ *s.f.* **1** capital arrecadado **2** MED carta médica na qual é dada a relação de medicamentos e terapias a serem usados **3** CUL descrição de procedimentos e ingredientes para a confecção de um alimento **4** conjunto de normas para a produção de algo

re.cei.tar *v.t.* normatizar, prescrever, aconselhar

re.cei.tu.á.rio *s.m.* conjunto de receitas

re.cém-nas.ci.do *adj. s.m.* **1** nascido recentemente **2** diz-se da criança que nasceu há pouco tempo

re.cen.den.te *adj.2g.* diz-se do que é perfumado

re.cen.der /ê/ *v.i.* m.q. perfumar

re.cen.são *s.f.* **1** recenseamento **2** catálogo

re.cen.se.a.dor /ô/ *adj.* diz-se de quem é encarregado da realização de um recenseamento

re.cen.se.a.men.to *s.m.* ação de determinar o número de habitantes de uma certa região; censo

re.cen.se.ar *v.t.* **1** efetuar recenseamento **2** relacionar em listagem; enumerar

re.cen.te *adj.2g.* diz-se do que é novo, que aconteceu há pouco tempo

re.ce.o.so /ô/ *adj.* diz-se do que tem cautela, timidez, temor

re.cep.ção *s.f.* ação de receber

re.cep.ta.ção *s.f.* **1** ação de comprar, adquirir, captar **2** ato de adquirir ou esconder objeto que é produto de roubo ou furto

re.cep.tá.cu.lo *s.m.* **1** local usado para guardar algo **2** *por ext.* qualquer vasilha **3** *por ext.* local que serve para abrigar; abrigo **4** BOT parte na qual estão inseridos o cálice, a corola e os estames

re.cep.ta.dor /ô/ *adj.* diz-se de pessoa que recebe produtos roubados para escondê-los

re.cep.tar *v.t.* receber, armazenar mercadorias roubadas

receptível

re.cep.tí.vel *adj.2g.* diz-se do que pode ou deve ser recebido; aceitável

re.cep.ti.vi.da.de *s.f.* qualidade de ser receptível

re.cep.ti.vo *adj.* diz-se do que pode receber, acolher algo ou alguém

re.cep.tor /ô/ *s.m.* mecanismo ou pessoa responsável por receber

re.ces.são *s.f.* **1** ação de afastar, retirar **2** ECON crise política **3** ECON diminuição da circulação monetária

re.ces.si.vo *adj.* BIOL diz-se de característica genética com menor possibilidade de ocorrência

re.ces.so /é/ *s.m.* **1** recessão **2** recanto **3** JUR interrupção das ações jurídicas **4** ANAT pequeno sulco **5** ausência de atividades; folga

re.cha.çar *v.t.* **1** recuar **2** repelir, expulsar

re.che.ar *v.t.* m.q. preencher

re.chei.o /ê/ *s.m.* CUL preparado usado para preencher carnes ou massas

re.chon.chu.do *adj.* obeso, gordo

re.ci.bo *s.m.* documento que comprova o valor pago por um produto ou serviço

re.ci.di.vo *adj.* diz-se do que é reincidente, que acontece novamente

re.ci.fe *s.m.* **1** GEOG formação rochosa marinha próxima à costa **2** nome da capital de Pernambuco (com inicial maiúscula)

re.ci.fen.se *adj.2g.* **1** relativo a Recife **2** natural ou habitante de Recife

re.cin.to *s.m.* território delimitado; espaço fechado; cômodo

re.ci.pi.en.te *adj.2g.* **1** diz-se do que recebe • *s.m.* **2** vasilha, vaso

re.ci.pro.ci.da.de *s.f.* qualidade de recíproco

re.cí.pro.co *adj.* diz-se do que é mútuo, equivalente

ré.ci.ta *s.f.* declamação musicalmente acompanhada; recital

re.ci.ta.do *adj.* **1** diz-se do que se recitou **2** diz-se do que foi decorado e declamado

re.ci.ta.dor /ô/ *adj.* **1** diz-se de pessoa que recita **2** diz-se do artista que declama

re.ci.tal *s.m.* **1** declamação musicalmente acompanhada **2** concerto, exibição musical

re.ci.tar *v.t.* **1** dizer em voz alta **2** declamar, entoar textos

re.ci.ta.ti.vo *s.m.* texto escrito para ser recitado

re.cla.ma.ção *s.f.* ação de reclamar

re.cla.mar *v.t.* fazer queixa; reivindicar, protestar

re.cla.man.te *adj.2g.* diz-se de quem reclama; reclamador

re.cla.me *s.m.* **1** m.q. reclamação **2** publicidade periódica; reclamo

re.cla.mo *s.m.* m.q. reclamação

re.cli.nar *v.t.* colocar em posição vertical; inclinar, envergar

re.cli.na.tó.rio *s.m.* móvel inclinável usado para recostar a cabeça

re.clu.são *s.f.* **1** ação de encarcerar, prender, encerrar **2** clausura, recolhimento

re.clu.so *adj.* **1** que está preso • *s.m.* **2** RELIG religioso enclausurado

re.co.bra.men.to *s.m.* ato ou efeito de recobrar

re.co.brar *v.t.* adquirir novamente; obter novamente; recuperar

re.co.brir *v.t.* cobrir novamente

re.co.bro /ô/ *s.m.* m.q. recobramento

re.co.lha /ô/ *s.f.* ato ou efeito de recolher; recolhimento

re.co.lher /ê/ *v.t.* **1** catar, colher **2** reunir, aglomerar **3** adentrar em um recanto

re.co.lhi.do *adj.* **1** diz-se do que se recolheu **2** diz-se do que está em repouso

re.co.lhi.men.to *s.m.* **1** ação de recolher **2** entidade que recebe desabrigados **3** lugar para reclusão **4** repouso

re.co.lo.ca.ção *s.f.* ato ou efeito de recolocar

re.co.me.çar *v.t.* começar novamente

re.co.me.ço /ê/ *s.m.* ação de reiniciar

re.co.men.da.ção *s.f.* **1** mensagem que traz uma advertência em relação a uma atividade **2** indicação de um serviço ou de uma pessoa **3** conselho, aviso ■ **recomendações** cumprimentos, saudações

re.co.men.dar *v.t.* **1** dar referência **2** advertir sobre algo

re.co.men.dá.vel *adj.2g.* aconselhável, confiável

re.com.pen.sa /ê/ *s.f.* **1** honorário recebido por um serviço; pagamento **2** prêmio

re.com.pen.sa.dor /ô/ *adj.* que recompensa, que retribui

re.com.pen.sar *v.t.* oferecer recompensa; premiar, compensar

re.com.por /ô/ *v.t.* compor novamente; rearranjar, refazer

re.com.po.si.ção *s.f.* ação de recompor

re.côn.ca.vo *s.m.* **1** enseada **2** cavidade em uma rocha; gruta

re.con.cen.trar *v.t.* concentrar novamente

re.con.ci.li.a.ção *s.f.* ação de reestabelecer a harmonia entre pessoas

re.con.ci.li.a.dor /ô/ *adj.* que promove a reconciliação

re.con.ci.li.ar *v.t.* promover reconciliação

re.con.ci.li.a.tó.rio *adj.* diz-se do que reconcilia

re.côn.di.to *adj.* **1** profundo, íntimo **2** secreto, oculto • *s.m.* **3** centro, âmago

re.con.du.ção *s.f.* ato ou efeito de reconduzir

re.con.du.zir *v.t.* **1** conduzir novamente **2** modificar trajeto ou função

re.con.for.tan.te *adj.2g.* diz-se do que conforta

re.con.for.tar *v.t.* dar ânimo; consolar

re.co.nhe.cer /ê/ *v.t.* **1** identificar, admitir **2** dar validade, autentificar **3** ser grato a alguém

re.co.nhe.ci.do *adj.* **1** que foi identificado, admitido **2** que foi validado

re.co.nhe.ci.men.to *s.m.* ato ou efeito de reconhecer

re.con.quis.ta *s.f.* ação de conquistar novamente

re.con.quis.tar *v.t.* tornar a conquistar; recuperar

re.con.si.de.rar *v.t.* considerar novamente; refletir sobre uma decisão

re.cons.ti.tu.i.ção *s.f.* ação de constituir novamente, de refazer

re.cons.ti.tu.ir *v.t.* constituir novamente; refazer, recompor

re.cons.tru.ir *v.t.* construir novamente; compor novamente; refazer

re.con.tar *v.t.* **1** contar novamente; narrar mais uma vez **2** calcular novamente

re.con.tra.tar *v.t.* contratar novamente a mesma pessoa; readmitir

re.con.tro /ô/ *s.m.* **1** combate, peleja **2** polêmica, discussão

redundante

re.con.ver.são *s.f.* **1** ato ou efeito de reconverter **2** ação de voltar às próprias origens religiosas **3** ECON nova conversão de moeda, de valor

re.cor.da.ção *s.f.* ação de relembrar; recordar

re.cor.dar *v.t.* m.q. relembrar

re.cor.da.ti.vo *adj.* diz-se do que traz recordação

re.cor.de */ó/ s.m.* ato ou evento inédito

re.cor.dis.ta *adj.2g.* diz-se de pessoa que detém um recorde

re.cor.rên.cia *s.f.* característica de algo que pode se repetir

re.co-re.co */é/ s.m. onomat.* MÚS instrumento de percussão

re.cor.ren.te *adj.2g.* **1** JUR diz-se da pessoa que contesta um veredito em instância superior **2** MED diz-se da patologia que é reincidente

re.cor.rer */ê/ v.t.* **1** solicitar ajuda, proteção **2** JUR apelar para uma instância superior **3** MAR folgar cabo, amarra etc. **4** percorrer caminho já conhecido **5** investigar, pesquisar, averiguar **6** recordar **7** fazer uso de algo

re.cor.tar *v.t.* **1** retirar sobras de papel ou tecido **2** diminuir numeração de vestimenta

re.cor.te */ó/ s.m.* **1** ação de recortar **2** parte de jornal, revista etc. que é recortada para ser arquivada

re.cos.to */ô/ s.m.* parte do móvel usado para sustentar a cabeça; reclinatório

re.co.zer */ê v.t.* cozer, cozinhar novamente

re.cre.a.ção *s.f.* ação lúdica; diversão, distração

re.cre.ar *v.t.* proporcionar distração; causar prazer

re.cre.a.ti.vo *adj.* relativo à recreação

re.crei.o */ê/ s.m.* **1** passeio **2** espaço destinado para divertimento **3** intervalo entre uma atividade e outra

re.cres.cer */ê/ v.i.* brotar novamente; crescer

re.cres.ci.men.to *s.m.* ato ou efeito de recrescer

re.cri.ar *v.t.* criar novamente

re.cri.mi.na.ção *s.f.* ação de recriminar

re.cri.mi.na.dor */ô/ adj.* diz-se de quem recrimina

re.cri.mi.nar *v.t.* **1** JUR responder acusação; reconvir **2** censurar

re.cri.mi.na.tó.rio *adj.* que envolve recriminação

re.cru.des.cen.te *adj.2g.* **1** diz-se do que se torna mais intenso **2** diz-se de patologia que volta com sintomas mais fortes

re.cru.des.cer */ê/ v.i.* intensificar, agravar

re.cru.ta *adj.2g. s.2g.* **1** EXÉRC diz-se do grupo de soldados adicionados à tropa **2** EXÉRC rapaz recém-ingresso no exército

re.cru.ta.dor */ô/ adj.* diz-se de pessoa que recruta novos trabalhadores civis ou militares

re.cru.ta.men.to *s.m.* ato ou efeito de recrutar

re.cru.tar *v.t.* **1** convocar, alistar para atividade militar obrigatória **2** buscar pessoas para uma sociedade, para um partido etc.

re.cu.a.da *s.f.* ato ou efeito de recuar; retirada

re.cu.ar *v.i.* **1** retornar, retroceder, fugir **2** *pejor.* acovardar-se

re.cu.o *s.m.* ação de recuar; distanciamento, afastamento, retorno

re.cu.pe.ra.ção *s.f.* ato ou efeito de recuperar

re.cu.pe.rar *v.t.* restaurar; reaver; reentrar na posse

re.cu.pe.ra.ti.vo *adj.* diz-se do que possibilita recuperação

re.cu.pe.rá.vel *adj.2g.* que pode ser recuperado

re.cur.so *s.m.* **1** pedido de ajuda **2** JUR ação de recorrer **3** bem material que possibilita a realização de algo

re.cur.var *v.t.* encurvar novamente; redobrar

re.cur.vo *adj.* que foi curvado novamente

re.cu.sa *s.f.* ação de recusar algo; negativa

re.cu.sar *v.t.* não aceitar; rejeitar, descartar

re.cu.sá.vel *adj.2g.* diz-se do que é passível de recusa

re.da.ção *s.f.* **1** ação de redigir qualquer tipo de texto **2** partição de um jornal na qual estão alocados os redatores **3** texto

re.dar.guir *v.t.* argumentar, refutar

re.da.tor */ô/ adj. s.m.* diz-se do profissional cuja especialidade é escrever, produzir textos

re.de */ê/ s.f.* **1** ferramenta permeável usada na pesca **2** peça de tecido, suspenso pelas extremidades, destinada ao descanso **3** *fig.* manufatura cujas malhas são entrelaçadas **4** ANAT sistema de fibras entrelaçadas **5** equipe organizada para obter um bem comum **6** *fig.* conjunto dos meios de comunicação, ex.: *rede telefônica*, ou das estradas de um local, ex.: *rede ferroviária, rede rodoviária* **7** equipe ou grupo de organizações que prestam um serviço específico

ré.dea *s.f.* **1** estrutura unida ao freio e posta em animais para direcionar seu percurso **2** *fig.* administração, direção

re.de.moi.nhar *v.i.* m.q. remoinhar

re.de.moi.nho *s.m.* **1** deslocamento espiral **2** movimento espiral do vento; tufão **3** conjunto de pelos que crescem em sentido contrário ao da maioria

re.den.ção *s.f.* ação de libertar, resgatar

re.den.tor */ô/ adj.* diz-se de quem salva; libertador

re.des.co.brir *v.t.* descobrir novamente

re.des.con.tar *v.t.* descontar novamente

re.di.gir *v.t.* compor um texto; escrever

re.dil *s.m.* curral, celeiro

re.di.mir *v.t.* **1** reobter, reaver, resgatar **2** libertar, salvar **3** indenizar; recompensar

re.din.go.te */ô/ s.m.* vestimenta masculina antiga que consistia em um casaco abotoado até a cintura e com abas que rodeavam o corpo; sobrecasaca

re.dis.tri.bu.i.ção *s.f.* ato ou efeito de redistribuir

re.dis.tri.bu.ir *v.t.* distribuir novamente

re.di.to *adj.* dito novamente; repetido

ré.di.to *s.m.* **1** ato de retornar **2** JUR m.q. juro

re.di.vi.vo *adj.* **1** que foi ressuscitado, que reviveu **2** que foi rejuvenescido

re.di.zer */ê/ v.t.* dizer novamente

re.do.bra.men.to *s.m.* m.q. redobro

re.do.brar *v.t.* **1** dobrar novamente **2** *fig.* intensificar

re.do.bro */ô/ s.m.* **1** ação de redobrar; redobramento **2** MAT duas vezes o dobro; quádruplo

re.do.ma */ô/ s.f.* recipiente usado para proteger

re.don.de.za */ê/ s.f.* **1** qualidade do que é redondo **2** conjunto de localidades próximas; vizinhança

re.don.di.lha *s.f.* POÉT verso de cinco ou sete sílabas

re.don.do */ô/ adj.* que possui forma esférica

re.dor */ô/ s.m.* vizinhança, arredor, cercania

re.du.ção *s.f.* **1** ação de reduzir **2** reprodução de algo em miniatura **3** GRAM encurtamento de palavra por meio de abreviação, contração etc.

re.dun.dân.cia *s.f.* **1** qualidade de ser redundante **2** GRAM m.q. tautologia

re.dun.dan.te *adj.2g.* diz-se do que é excessivo, desnecessário, exagerado

redundar

re.dun.dar *v.i.* 1 sobejar 2 transbordar, extrapolar ○ *v.t.* 3 resultar, causar

re.du.pli.ca.ção *s.f.* ato ou efeito de reduplicar

re.du.pli.car *v.t.* duplicar novamente

re.du.tí.vel *adj.2g.* diz-se do que pode ser diminuído, reduzido

re.du.to *s.m.* m.q. recanto

re.du.tor /ô/ *adj.* 1 QUÍM diz-se do reagente que reduz compostos oxigenados por meio da perda de elétrons 2 diz-se do que produz redução

re.du.zi.da *s.f.* GRAM oração subordinada cujo verbo se encontra no particípio, no infinitivo ou no gerúndio

re.du.zir *v.t.* 1 diminuir, resumir, limitar 2 submeter, obrigar, forçar

re.e.di.ção *s.f.* ação de editar novamente

re.e.di.fi.car *v.t.* edificar novamente

re.e.di.tar *v.t.* editar novamente

re.e.du.ca.ção *s.f.* ação de educar novamente

re.e.du.car *v.t.* 1 corrigir os ensinamentos morais, culturais e intelectuais de alguém 2 estabelecer novos padrões à vida de um paciente

re.e.le.ger /ê/ *v.t.* eleger novamente

re.e.lei.ção *s.f.* ação de eleger novamente

re.e.lei.to /ê/ *adj.* diz-se de quem se reelegeu

re.em.bol.sar *v.t.* 1 ressarcir gastos 2 indenizar

re.em.bol.so /ô/ *s.m.* 1 ação ou resultado de reembolsar 2 indenização

re.e.men.dar *v.t.* 1 emendar novamente; juntar 2 corrigir ato ou fala

re.em.pos.sar *v.t.* empossar novamente

re.en.car.na.ção *s.f.* RELIG crença de que espíritos de pessoas mortas podem voltar para ao convívio humano em corpos diferentes; metempsicose

re.en.car.nar *v.i.* encarnar novamente

re.en.trân.cia *s.f.* qualidade de ser angular, curvado para dentro

re.en.tran.te *adj.2g.* diz-se do que reentra, que forma ângulo ou curva para dentro

re.en.trar *v.t.* entrar novamente

re.en.vi.ar *v.t.* enviar novamente

re.er.guer /ê/ *v.t.* erguer novamente

re.es.cre.ver /ê/ *v.t.* escrever novamente

re.es.tu.dar *v.t.* estudar novamente

re.e.xa.me /z/ *s.m.* novo exame, nova análise

re.e.xa.mi.nar /z/ *v.t.* analisar novamente

re.ex.por.tar /s/ *v.t.* exportar novamente

re.fa.zer /ê/ *v.t.* fazer novamente

re.fei.ção *s.f.* 1 ação de alimentar-se 2 comida, alimento

re.fei.to /ê/ *adj.* 1 diz-se do que se refez 2 diz-se do que foi restabelecido, restaurado

re.fei.tó.rio *s.m.* cômodo destinado à refeição

re.fém *adj.2g. s.2g.* indivíduo que se encontra sob o poder de outro

re.fe.rên.cia *s.f.* 1 ação de referir, narrar, contar, citar 2 observância que estabelece relação entre dois eventos ou duas entidades 3 GRAM designação 4 descrição das propriedades; informação

re.fe.ren.dar *v.t.* fazer referência

re.fe.ren.te *adj.2g.* relativo a algo; alusivo

re.fe.rir *v.t. v.pron.* 1 aludir, citar; relacionar 2 narrar, contar; relatar

re.fer.to /é/ *adj.* diz-se do que está muito cheio; pleno, abundante

re.fer.ver /ê/ *v.t.* ferver novamente

re.fes.te.lar-se *v.pron.* 1 estender-se ou acomodar-se de maneira confortável 2 entregar-se a um prazer; deleitar-se

re.fi.lar *v.t.* 1 filar novamente; usar o que é de outrem novamente 2 segurar com os dentes; morder 3 aparar

re.fi.na.ção *s.f.* ato ou efeito de refinar

re.fi.na.dor /ô/ *adj. s.m.* diz-se do que refina

re.fi.na.men.to *s.m.* 1 ação de refinar; refinação 2 *fig.* comportamento nobre, requintado

re.fi.nar *v.t.* 1 aprimorar acabamento de produtos 2 m.q. requintar

re.fi.na.ri.a *s.f.* 1 local apropriado para aperfeiçoar produtos 2 local onde se processa o petróleo, visando obter gasolina, plástico e outros 3 local onde se processa a cana para obtenção de açúcar e álcool

re.fle /ê/ *s.m.* tipo de espingarda de tamanho menor

re.fle.ti.do *adj.* 1 pensado, racionalizado 2 diz-se do que se reproduz em superfície refletora; refratado

re.fle.tir *v.t.* 1 desviar a direção de um corpo, de uma substância ou de uma onda 2 racionalizar, meditar, analisar

re.fle.tor /ô/ *adj.* /ô/ diz-se da matéria que desvia a direção de um corpo, de uma substância ou de uma onda

re.fle.xão /ks/ *s.f.* ação de refletir

re.fle.xi.vo /ks/ *adj.* diz-se da pessoa dotada de capacidade reflexiva

re.fle.xo /éks/ *adj.* 1 diz-se do que é refletido 2 diz-se da reação inconsciente • *s.m.* 3 fato que resulta indiretamente de outro, ex.: *o aumento do preço da carne é reflexo da nova política do governo para as atividades ligadas à criação de gado*

re.flo.res.cên.cia *s.f.* qualidade de reflorescente

re.flo.res.cen.te *adj.2g.* que refloresce

re.flo.res.cer /ê/ *v.i.* 1 florescer novamente 2 *fig.* reanimar; rejuvenescer

re.flo.res.ta.men.to *s.m.* ação de reflorestar; reflorestação

re.flo.res.tar *v.t.* cultivar vegetação em lugar desmatado

re.flo.rir *v.i.* florir novamente; reflorescer

re.flu.ir *v.i.* 1 movimentar um líquido para trás, fazendo-o voltar para o local de onde veio 2 regressar ao ponto de partida; retroceder

re.flu.xo /ks/ *s.m.* 1 afastamento da maré em relação à margem 2 MED refluir de um líquido no canal digestivo

re.fo.ci.lar *v.t.* 1 reforçar, restaurar, revigorar ○ *v.pron.* 2 recobrar as forças, o vigor

re.fo.ga.do *adj.* 1 CUL diz-se do que foi novamente levado ao fogo 2 diz-se do que se refogou

re.fo.gar *v.t.* CUL colocar temperos em panela com óleo para fazê-los ferver

re.for.çar *v.t.* fortificar, solidificar, revigorar

re.for.ça.ti.vo *adj.* diz-se do que reforça, fortalece

re.for.ço /ô/ *s.m.* 1 ação de reforçar 2 contribuição, auxílio

re.for.ma /ó/ *s.f.* 1 ação de melhorar, renovar 2 EXÉRC aposentadoria

regra

re.for.ma.do *adj.* **1** diz-se do que foi melhorado, consertado **2** EXÉRC aposentado

re.for.ma.dor /ô/ *adj.* diz-se do que reforma

re.for.mar *v.t.* **1** formar novamente; refazer, consertar **2** revolucionar

re.for.ma.tó.rio *adj. s.m.* diz-se do que tem função de consertar, restabelecer paradigmas, corrigir

re.for.mis.mo *s.m.* doutrina política cuja base é a reforma da estrutura governamental por meios administrativos, sem uso da violência

re.for.mis.ta *adj.2g.* diz-se do adepto do reformismo

re.for.mu.lar *v.t.* formular novamente

re.fran.gen.te *adj.2g.* diz-se do que causa refração

re.fran.ger /ê/ *v.t.* refletir, refratar

re.frão *s.m.* **1** POÉT conjunto dos versos que se repetem a intervalos regulares **2** MÚS estribilho

re.fre.ar *v.t.* **1** conter o movimento, frear **2** *fig.* controlar expressões, manifestações

re.fre.ga /é/ *s.f.* **1** combate, batalha **2** lida, trabalho **3** vento feroz

re.fres.can.te *adj.2g.* que faz baixar a temperatura; que diminui o calor; refrigerante

re.fres.car *v.t.* reduzir a temperatura; esfriar

re.fres.co /ê/ *s.m.* bebida que causa efeito refrescante; suco

re.fri.ge.ra.dor /ô/ *adj. s.m.* **1** diz-se do que refrigera **2** geladeira

re.fri.ge.ran.te *s.m.* **1** bebida refrescante com propriedade gasosa • *adj.2g.* **2** diz-se do que refresca

re.fri.ge.rar *v.t.* refrescar **2** diminuir a temperatura de corpos

re.fri.gé.rio *s.m.* **1** ato ou efeito de refrigerar **2** *fig.* consolo, alívio, alento

re.fu.ga.dor /ô/ *adj.* diz-se do que refuga, repele

re.fu.gar *v.t.* repelir, rejeitar

re.fu.gi.a.do *adj.* abrigado, asilado, escondido

re.fu.gi.ar-se *v.pron.* **1** abrigar-se, esconder-se, isolar-se **2** *fig.* apoiar-se, amparar-se em algo

re.fú.gio *s.m.* lugar que recebe refugiados; abrigo, asilo, retiro

re.fu.gir *v.t.* **1** fugir, esconder-se novamente **2** evitar, desviar

re.fu.go *adj.* **1** diz-se do que foi posto de lado **2** diz-se do que é tido como sobra, sem serventia

re.ful.gen.te *adj.2g.* m.q. brilhante

re.ful.gir *v.i.* resplandecer, brilhar

re.fun.dir *v.t.* **1** fundir novamente **2** corrigir, reformar

re.fu.ta.ção *s.f.* ação de refutar

re.fu.ta.dor /ô/ *adj.* diz-se de pessoa que refuta; contestador

re.fu.tar *v.t.* contestar, argumentar; provar a invalidade de algo

re.fu.ta.tó.rio *adj.* diz-se do que refuta

re.ga /é/ *s.f.* ação de irrigar, umidificar

re.ga-bo.fe /ó/ *s.m.* m.q. banquete

re.ga.ço *s.m.* **1** ANAT colo **2** prega das roupas; dobra **3** *fig.* abrigo

re.ga.dor /ô/ *adj. s.m.* diz-se do que é usado para irrigar

re.ga.la.do *adj.* abundante, farto

re.ga.lar *v.t.* **1** presentear **2** produzir prazer

re.ga.li.a *s.f.* m.q. privilégio

re.ga.lo *s.m.* **1** presente **2** alimento que causa prazer

re.gar *v.t.* irrigar, umidificar

re.ga.ta *s.f.* **1** ESPORT competição com barcos **2** camiseta sem manga

re.ga.te.ar *v.t.* **1** pechinchar **2** discutir sem modos **3** comercializar hortaliças, peixes

re.ga.te.a.dor /ô/ *adj.* diz-se de quem regateia, pechincha

re.ga.tei.ra /ê/ *s.f.* **1** mulher que comercializa víveres **2** *pejor.* mulher escandalosa, sem educação, vulgar

re.ga.to *s.m.* m.q. riacho

re.ge.lar *v.t. v.pron.* tornar(-se) gelado; congelar(-se)

re.gên.cia *s.f.* **1** ação de reger **2** período de governo em que o monarca é impedido de exercer seus direitos administrativos **3** GRAM relação de dependência ou subordinação entre termos ou orações

re.gen.ci.al *adj.2g.* relativo a regência

re.ge.ne.ra.ção *s.f.* ação de regenerar

re.ge.ne.ra.dor /ô/ *adj.* diz-se do que regenera; regenerante

re.ge.ne.ran.te *adj.2g.* m.q. regenerador

re.ge.ne.rar *v.t.* reconstituir estrutural, moral ou economicamente

re.ge.ne.ra.ti.vo *adj.* diz-se do que pode regenerar

re.gen.te *adj.2g. s.2g.* **1** governante, administrador **2** MÚS maestro em exercício de sua função

re.ger /ê/ *v.t.* conduzir, administrar, dirigir

re.gi.ão *s.f.* espaço físico determinado; território

re.gi.ci.da *adj.2g.* diz-se de quem comete regicídio, de quem assassina um monarca

re.gi.cí.dio *s.m.* homicídio de um rei ou de uma rainha

re.gi.me *s.m.* **1** plano governamental **2** receita alimentar destinada ao emagrecimento

re.gi.men.tal *adj.2g.* relativo a regimento

re.gi.men.to *s.m.* **1** estatuto, regulamento **2** EXÉRC tropas conjugadas; batalhão

ré.gio *adj.* relativo à realeza

re.gio.nal *adj.2g.* relativo à região

re.gio.na.lis.mo *s.m.* **1** qualidade do que é próprio de uma região **2** doutrina política que favorece interesses regionais **3** GRAM expressão linguística característica de uma região

re.gio.na.lis.ta *adj.2g.* **1** que se refere particularmente a uma região **2** que defende interesses regionais

re.gi.rar *v.i.* girar novamente

re.gis.tra.dor /ô/ *adj.* **1** diz-se do que registra **2** diz-se de pessoa que cuida da escrituração de livros de registro

re.gis.tra.do.ra *adj.* **1** diz-se do que registra • *s.f.* **2** máquina comercial para registro de valores de mercadorias

re.gis.trar *v.t.* **1** tomar nota; marcar, escrever **2** documentar legalmente **3** fazer seguro postal de correspondência

re.gis.tro *s.m.* **1** documento oficial e legal **2** MÚS tubo do órgão que diferencia a tonalidade **3** marcador, nivelador **4** aparelho usado para calcular o consumo de água, luz, gás etc.

re.go /ê/ *s.m.* rachadura, sulco

re.gou.gar *v.i.* m.q. resmungar

re.gou.go /ô/ *s.m.* m.q. resmungo

re.go.zi.jar *v.t. v.pron.* sentir prazer; alegrar-se

re.go.zi.jo *s.f.* alegria, gozo

re.gra /é/ *s.f.* **1** ordem, norma, lei **2** ciclo menstrual

regrado

re.gra.do *adj.* **1** diz-se do que é periódico **2** diz-se do que é regido por um estatuto

re.gra.va.ção *s.f.* nova gravação

re.gra.var *v.t.* gravar novamente

re.gre.dir *v.i.* **1** diminuir, atrasar **2** voltar; retroceder

re.gres.são *s.f.* ato ou efeito de regressar, de regredir

re.gres.sar *v.i.* **1** tornar ao início; voltar, regredir ○ *v.t.* **2** enviar de volta; mandar voltar

re.gres.si.vo *adj.* diz-se do que é passível de regressão

re.gres.so /é/ *s.m.* ação de regressar; volta, retorno

ré.gua *s.f.* **1** ferramenta usada para traçar retas **2** estrutura plana, divida em unidades de medida linear, que serve para mensurar objetos

re.gu.la.do *adj.* ajustado, certo

re.gu.la.dor /ô/ *adj. s.m.* diz-se do que é usado para regular

re.gu.la.men.ta.ção *s.f.* ato ou efeito de regulamentar

re.gu.la.men.tar *v.t.* **1** normatizar; submeter à lei • *adj.2g.* **2** relativo a regulamento

re.gu.la.men.to *s.m.* norma, lei, estatuto, regimento

re.gu.lar *v.t.* **1** educar, normatizar **2** harmonizar; padronizar • *adj.2g.* **3** diz-se do que é mediano **4** diz-se do que é frequente, constante, periódico **5** diz-se do que é legal, que está em conformidade com um regimento **6** diz-se do que é linear, sem desvio

re.gu.la.ri.da.de *s.f.* qualidade de ser regular

re.gu.la.ri.za.dor /ô/ *adj.* diz-se do que regulariza

re.gu.la.ri.zar *v.t.* tornar regular; pôr em ordem, corrigir

ré.gu.lo *s.m.* **1** monarca em idade infantil **2** chefe de povo indígena africano

re.gur.gi.ta.ção *s.f.* ação de regurgitar

rei /ê/ *s.m.* **1** monarca **2** *fig.* pessoa ilustre, chefe **3** uma das cartas do baralho

re.im.pres.são *s.f.* ação de imprimir novamente

re.im.pres.sor /ô/ *adj.* diz-se do que faz reimpressão

re.im.pri.mir *v.t.* imprimir novamente

rei.na.ção *s.f.* **1** ação ruidosa; peraltice **2** atividade lúdica; brincadeira

rei.na.do *s.m.* período do mandato de um monarca

rei.na.dor /ô/ *adj. bras.* diz-se daquele que reina, que faz travessuras; travesso

rei.nan.te *adj.2g.* **1** diz-se do que reina, predomina • *s.2g.* **2** aquele que reina; o rei, a rainha

rei.nar *v.t.* **1** ter domínio; imperar; ordenar **2** atuar como rei; governar como monarca ○ *v.i.* **3** comportar-se como peralta; fazer traquinagem

re.in.ci.dên.cia *s.f.* **1** ação de reincidir; de acontecer novamente **2** recaída, obstinação

re.in.ci.den.te *adj.2g.* que reincide, que repete o que fez

re.in.ci.dir *v.i.* executar novamente; repetir; recair

re.in.cor.po.ra.ção *s.f.* ato ou efeito de reincorporar

re.in.cor.po.rar *v.t.* incorporar novamente

re.in.gres.sar *v.i.* ingressar novamente

re.i.ni.ci.ar *v.t.* iniciar novamente

re.i.ní.cio *s.m.* novo início; recomeço

rei.no /ê/ *s.m.* nação cujo sistema de governo é monárquico

rei.nol /ó/ *adj.2g. s.2g.* relativo a reino; oriundo de um reino

re.ins.cre.ver /ê/ *v.t.* inscrever novamente

re.ins.ta.lar *v.t.* instalar novamente

re.in.te.grar *v.t.* integrar novamente

re.in.tro.du.zir *v.t.* introduzir novamente

re.in.ves.tir *v.t.* investir novamente

rei.sa.do *s.m. m.q.* folia de reis

rei.te.rar *v.t.* dizer ou fazer novamente; repetir, iterar

rei.te.ra.ti.vo *adj.* diz-se do que reafirma, insiste

rei.tor /ô/ *s.m.* responsável administrativo de uma universidade

rei.to.ra.do *s.m.* **1** *m.q.* reitoria **2** escritório de administração da reitoria

rei.to.ri.a *s.f.* **1** local administrativo onde trabalha o reitor **2** exercício da função de reitor

rei.vin.di.ca.ção *s.f.* ação de reivindicar

rei.vin.di.can.te *adj.2g.* JUR diz-se de quem legalmente reivindica direitos

rei.vin.di.ca.dor /ô/ *adj.* diz-se do que reivindica

rei.vin.di.car *v.t.* **1** reclamar, argumentar **2** tentar reaver; solicitar

re.jei.ção *s.f.* ato ou efeito de rejeitar

re.jei.tar *v.t.* **1** negar, recusar; não aceitar **2** repelir **3** atirar

re.jei.to /ê/ *s.m. desus.* pau curto e pesado, usado como arma de arremesso

re.ju.bi.lar *v.t. v.pron. m.q.* alegrar-se

re.ju.ve.nes.cer /ê/ *v.t. v.i.* **1** tornar-se jovem **2** revigorar; reanimar

re.ju.ve.nes.ci.men.to *s.m.* ato ou efeito de rejuvenescer

re.la.ção *s.f.* **1** ação de relatar; relato **2** vínculo, ligação **3** lista, listagem

re.la.cio.na.men.to *s.m.* ato ou efeito de relacionar(-se)

re.la.cio.nar *v.t.* **1** proporcionar nexo, ligação entre entidades **2** listar **3** ter ligação afetiva ou física; conviver

re.lâm.pa.go *s.m.* **1** feixe de luz provocado por descarga elétrica na atmosfera • *adj.* **2** diz-se do que é rápido como um relâmpago

re.lam.pa.gue.ar *v.i. m.q.* relampejar

re.lam.pe.ar *v.i.* brilhar intensamente; ofuscar com brilho; relampaguear

re.lam.pe.jar *v.i.* **1** produzir relâmpago **2** irradiar luz ○ *v.t.* **3** passar rapidamente, como um relâmpago

re.lam.pe.jo /ê/ *s.m.* ato ou efeito de relampejar

re.lan.ce *s.m.* **1** movimento repentino, inesperado **2** ação de relancear

re.lan.ce.ar *v.t.* olhar de relance; relançar

re.lap.so *adj.* **1** diz-se do que reincide, que sofre recaída **2** relaxado, despreocupado, inconsequente

re.lar *v.t.* atritar sem muito desgaste; esfregar

re.la.tar *v.t.* **1** contar, descrever, narrar **2** argumentar sobre projetos de lei

re.la.ti.vi.da.de *s.f.* qualidade de ser relativo

re.la.ti.vis.mo *s.m.* **1** qualidade do que é relativo **2** FILOS doutrina segundo a qual o conhecimento humano é relativo

re.la.ti.vo *adj.* **1** diz-se do que é dependente de outro evento ou de outra entidade **2** diz-se do que é passível de mudança • *s.m.* **3** GRAM designação de pronomes que estabelecem uma relação entre termos

re.la.to *s.m.* ação de relatar

re.la.tor /ô/ *adj. s.m.* diz-se de quem relata

re.la.tó.rio *s.m.* documento cujo conteúdo é fruto de um relato

remodelar

re.la.xa.ção *s.f.* ato ou efeito de relaxar; relaxamento

re.la.xa.do *adj.* diz-se do que está em estado de relaxamento

re.la.xa.dor /ô/ *adj.* diz-se do que relaxa; relaxante

re.la.xar *v.t.* **1** diminuir rigidez; afrouxar **2** perdoar, suavizar **3** estar em repouso **4** divertir-se

re.lé *s.f.* m.q. ralé

re.le.gar *v.t.* **1** expulsar, banir, destronar **2** repelir, desdenhar, abandonar

re.lei.tu.ra *s.f.* **1** ação de ler novamente **2** obra de arte ou texto produzido a partir de outro, respeitando-se o enredo ou tema

re.lem.bran.ça *s.f.* ato ou efeito de relembrar; recordação

re.lem.brar *v.t.* lembrar novamente

re.ler /ê/ *v.t.* ler novamente

re.les /é/ *adj.2g.2n.* ínfimo, ordinário

re.le.vân.cia *s.f.* **1** qualidade daquilo que é relevante **2** importância **3** relevo; saliência

re.le.van.te *adj.2g.* diz-se do que é importante, que tem destaque

re.le.var *v.t.* **1** reconsiderar, ponderar **2** entender, perdoar **3** destacar(-se), elevar(-se) novamente

re.le.vo /ê/ *s.m.* **1** GEOG conjunto dos diversos níveis topográficos existentes na superfície da Terra, como montanhas, planícies etc. **2** relevância **3** ARTE tipo de escultura e de gravura **4** *fig.* destaque

re.lha *s.f.* peça da estrutura do arado que penetra na terra

re.lha.da *s.f.* pancada desferida com relho, chicote; chicotada

re.li.cá.rio *s.m.* baú para armazenar relíquias

re.li.gar *v.t.* ligar novamente

re.li.gi.ão *s.f.* doutrina espiritual; fé, crença

re.li.gi.o.si.da.de *s.f.* qualidade do que é religioso

re.li.gi.o.so /ô/ *adj.* diz-se de quem professa uma religião

re.lin.char *v.i.* emitir som como o dos cavalos; rinchar

re.lin.cho *s.m.* som próprio do cavalo

re.lí.quia *s.f.* **1** RELIG pertence de um santo **2** *por ext.* objeto precioso

re.ló.gio *s.m.* aparelho usado para marcar horas, minutos e segundos

re.lo.jo.a.ri.a *s.f.* **1** local onde se vendem, reparam ou fabricam relógios **2** arte de construir relógios **3** grande quantidade de relógios

re.lo.jo.ei.ro /ê/ *adj.* diz-se de quem domina a arte de fabricar ou consertar relógios

re.lu.tân.cia *s.f.* ação de relutar

re.lu.tan.te *adj.2g.* diz-se de quem reluta, hesita

re.lu.tar *v.t.* hesitar, resistir, oscilar

re.lu.zen.te *adj.2g.* diz-se do que reluz, que tem brilho

re.lu.zir *v.i.* emitir brilho; resplandecer

rel.va /é/ *s.f.* vegetação rasteira; capim, grama

rel.va.do *s.m.* espaço coberto por relva

rel.vo.so /ô/ *adj.* diz-se do que está coberto de relva

re.ma.da *s.f.* movimento aplicado com o remo na água

re.ma.dor /ô/ *adj.* diz-se de quem movimenta um barco com um remo

re.ma.ne.jar *v.t.* manejar novamente; dispor de outra forma

re.ma.nes.cen.te *adj.2g.* diz-se do que remanesce, resta, sobra, sobeja

re.ma.nes.cer /ê/ *v.i.* sobreviver, sobrar

re.man.so *s.m.* **1** recanto **2** pequena enseada **3** *fig.* calma, repouso

re.man.so.so /ô/ *adj.* tranquilo, sereno

re.mar *v.t.* **1** movimentar os remos para impulsionar uma embarcação **2** boiar, nadar

re.mar.car *v.t.* marcar novamente

re.ma.ta.do *adj.* **1** encerrado, finalizado **2** diz-se da malha em cujo fio se dá um tipo de nó, para que não se desmanche

re.ma.tar *v.t.* **1** fazer o acabamento, arrematar **2** encerrar, finalizar

re.ma.te *s.m.* ato ou efeito de rematar, concluir, ornamentar

re.me.dar *v.t.* m.q. imitar

re.me.di.a.do *adj. s.m.* **1** diz-se do que tem condições financeiras controladas **2** diz-se de quem foi ajudado, socorrido **3** diz-se do que já foi medicado

re.me.di.ar *v.t.* **1** controlar **2** socorrer, prover **3** medicar; fazer terapia

re.mé.dio *s.m.* **1** droga farmacêutica **2** *fig.* solução, amparo

re.me.do /ê/ *s.m.* ato ou efeito de arremedar, copiar, imitar

re.mei.ro /ê/ *adj.* diz-se daquele que rema; remador

re.me.la /é/ *s.f.* secreção ocular

re.me.len.to /ê/ *adj.* diz-se do que tem remela

re.me.mo.rar *v.t.* lembrar novamente; recordar

re.me.mo.ra.ti.vo *adj.* diz-se do que rememora, que é capaz de avivar uma lembrança

re.men.dar *v.t.* **1** reparar **2** costurar tecido rasgado ou desgastado; consertar

re.men.do /ê/ *s.m.* **1** pedaço de pano usado para tapar rasgos, buracos em roupas **2** *fig.* emenda

re.mes.sa *s.f.* **1** ato ou efeito de remeter, despachar **2** aquilo que foi remetido a alguém

re.me.ten.te *adj.2g.* diz-se de quem despacha, envia um objeto, documento etc.

re.me.ter /ê/ *v.t.* **1** despachar, expedir, destinar, projetar **2** lançar contra; atacar, atirar

re.me.xer /ê/ *v.t.* mexer novamente

re.mi.do *adj.* **1** diz-se do que foi perdoado, liberto **2** diz-se do que é isento de pagamento

re.mi.nis.cên.cia *s.f.* **1** lembrança vaga **2** aquilo que fica na memória

re.mir *v.t.* **1** perdoar, redimir **2** isentar de pagamento

re.mi.rar *v.t.* mirar novamente

re.mis.são *s.f.* **1** ação de redimir **2** ação de remeter

re.mis.sí.vel *adj.2g.* diz-se do que é passível de remissão

re.mis.si.vo *adj.* relativo a remissão

re.mis.so *adj.* lento, relaxado, inconsequente

re.mi.tir *v.t.* **1** perdoar, desculpar **2** enfraquecer, diminuir

re.mo *s.m.* pá de madeira usada para impulsionar uma embarcação

re.mo.çan.te *adj.2g.* diz-se do que revigora, rejuvenesce; revigorante

re.mo.ção *s.f.* ação de remover

re.mo.çar *v.t.* revigorar, reanimar, rejuvenescer

re.mo.de.la.dor /ô/ *adj.* diz-se do artesão que remodela, que modifica a forma

re.mo.de.lar *v.t.* modelar novamente

remoer

re.mo.er /ê/ *v.t.* **1** moer novamente **2** *fig.* pensar incessantemente sobre algo

re.mo.i.nhar *v.i.* fazer remoinho; deslocar-se em movimentos circulatórios

re.mo.i.nho *s.m.* **1** m.q. redemoinho **2** ação de remoinhar

re.mon.ta /ô/ *s.f.* **1** ação de reformar; manutenção **2** alimento dos cavalos **3** comissão de oficiais cuja função é adquirir animais para a cavalaria

re.mo.que /ó/ *s.m.* **1** zombaria, caçoada **2** sátira, crítica

re.mor.der /ê/ *v.t.* **1** morder novamente **2** causar sofrimento, aflição; ferir

re.mor.so /ó/ *s.m.* peso na consciência; arrependimento

re.mo.to /ó/ *adj.* muito antigo, muito distante no tempo

re.mo.ver /ê/ *v.t.* **1** dispor em outro lugar; deslocar **2** MED extrair, retirar

re.mo.ví.vel *adj.2g.* diz-se do que pode ser removido

re.mu.ne.ra.ção *s.f.* ato ou efeito de remunerar

re.mu.ne.ra.dor /ô/ *adj. s.m.* diz-se daquele que remunera

re.mu.ne.rar *v.t.* assalariar, pagar, compensar

re.mu.ne.ra.ti.vo *adj.* relativo a remuneração; remuneratório

re.mu.ne.ra.tó.rio *adj.* m.q. remunerativo

re.na *s.f.* ZOOL mamífero ruminante nativo de territórios frios

re.nal *adj.2g.* relativo aos rins

re.nas.cen.ça /ê/ *s.f.* **1** ação de renascer **2** m.q. Renascimento

re.nas.cen.tis.ta *adj.2g.* relativo ao Renascimento

re.nas.cer /ê/ *v.i.* nascer novamente

Re.nas.ci.men.to *s.m.* HIST movimento intelectual dos séculos XV e XVI que defendeu a recuperação dos valores e parâmetros da Antiguidade greco-romana; renascença

ren.da /ê/ *s.f.* **1** lucro; produção de capital; rendimentos **2** tipo de tecido fino usado para enfeitar

ren.da.do *adj.* diz-se do que tem renda

ren.da.ri.a *s.f.* técnica de produzir renda

ren.dei.ra /ê/ *adj. s.f.* diz-se da artesã que domina a técnica da rendaria

ren.dei.ro /ê/ *adj. s.m.* **1** artesão cuja especialidade é o manuseio de rendas **2** proprietário de terras que as aluga

ren.der /ê/ *v.t.* **1** lucrar, acumular, produzir **2** provocar, causar ○ *v.pron.* **3** ceder, desistir

ren.di.ção *s.f.* ato ou efeito de render-se

ren.di.do *adj.* diz-se do que sofreu rendição

ren.di.lha *s.f.* tipo de renda delicada

ren.di.lha.do *adj.* diz-se do que tem rendilha

ren.di.lhar *v.t.* enfeitar com rendilhas

ren.di.men.to *s.m.* ato ou efeito de render

ren.do.so /ô/ *adj.* diz-se do que gera lucro, rendimento

re.ne.ga.do *adj.* **1** diz-se do que foi separado, negado **2** diz-se do traidor, do delator

re.ne.gar *v.t.* **1** negar novamente **2** rejeitar, menosprezar

re.nhi.do *adj.* **1** disputado **2** *fig.* cruento, encarniçado, violento

re.nhir *v.t.* guerrear, lutar, discutir

rê.nio *s.m.* QUÍM elemento Re da tabela periódica

re.ni.ten.te *adj.2g.* obstinado, persistente, inconformado

re.ni.tir *v.i.* resistir, relutar, teimar

re.no.me /ó/ *s.m.* reconhecimento social; fama

re.no.me.ar *v.t.* nomear novamente

re.no.va.ção *s.f.* ação ou resultado de renovar

re.no.va.dor /ô/ *adj.* que renova, rejuvenesce

re.no.var *v.t.* tornar novo; atualizar, reformar

re.no.vo /ô/ *s.m.* BOT m.q. broto

ren.que /ê/ *s.2g.* m.q. fileira

ren.te *adj.2g.* diz-se do que está próximo, contíguo

ren.te.ar *v.i.* **1** cortar cabelo, pelo etc. rente **2** passar rente; roçar

re.nún.cia *s.f.* **1** ação de desistir de um cargo ou mandato **2** ato de recusar algo

re.nun.ci.a.dor /ô/ *adj. s.m.* **1** diz-se de quem renuncia; desistente **2** pessoa que abdica de um direito ou de um cargo; abdicador, resignatário

re.nun.ci.an.te *adj.2g.* diz-se de pessoa que renuncia; renunciador

re.nun.ci.ar *v.t.* negar, abdicar, desistir

re.or.ga.ni.za.ção *s.f.* ação de organizar novamente uma entidade ou instituição

re.or.ga.ni.za.dor /ô/ *adj. s.m.* diz-se daquele que reorganiza

re.or.ga.ni.zar *v.t.* **1** dispor de outra forma; reestruturar **2** administrar seguindo técnicas diferentes

re.os.ta.to *s.m.* m.q. reóstato

re.ós.ta.to *s.m.* FÍS resistor usado para controlar a corrente elétrica em um circuito; reostato

re.pa.ra.ção *s.f.* ato ou efeito de reparar

re.pa.ra.dei.ra /ê/ *s.f.* *pejor.* mulher bisbilhoteira, curiosa

re.pa.ra.dor *adj. s.m.* **1** diz-se de quem faz manutenção em objetos **2** *pejor.* homem bisbilhoteiro, curioso

re.pa.rar *v.t.* **1** restaurar, consertar **2** compensar alguém por dano causado; indenizar **3** *pejor.* comentar, relatar, notar

re.pa.ro *s.m.* m.q. reparação

re.par.ti.ção *s.f.* **1** ação de dividir, repartir **2** escritório oficial; setor administrativo

re.par.ti.men.to *s.m.* m.q. repartição

re.par.tir *v.t.* **1** partilhar, distribuir **2** dividir, particionar

re.pas.sar *v.t.* **1** passar novamente; refazer **2** entregar, enviar, destinar **3** tornar, voltar, checar

re.pas.se *s.m.* ato ou efeito de repassar

re.pas.to *s.m.* **1** pasto fértil, abundante **2** alimentação farta; banquete

re.pa.tri.ar *v.t.* retornar do exílio; regressar à pátria

re.pe.lão *s.m.* **1** empurrão ou choque violento; encontrão **2** tranco, solavanco

re.pe.len.te *adj.2g.* diz-se do que provoca repulsa ● *s.m.* **2** produto cuja função é repelir insetos

re.pe.lir *v.t.* afastar, expulsar, rechaçar

re.pe.ni.ca.do *adj.* diz-se do que repenicou

re.pe.ni.car *v.t.* **1** tocar, vibrar com estridor **2** emitir sons agudos e repetidos; repicar

re.pen.sar *v.t.* pensar novamente; reconsiderar

re.pen.te *s.m.* ação inesperada; impulso

re.pen.ti.no *adj.* diz-se do que acontece subitamente, sem aviso prévio

repulsa

re.pen.tis.ta *adj.2g. s.2g.* ARTE diz-se do artista que improvisa canções

re.per.cus.são *s.f.* ação de repercutir

re.per.cus.si.vo *adj.* diz-se do que causa repercussão

re.per.cu.ten.te *adj.2g.* diz-se do que repercute

re.per.cu.tir *v.t.* 1 produzir eco; refranger 2 causar impressões; provocar comentários

re.per.tó.rio *s.m.* 1 listagem, sumário 2 conjunto de documentos oficiais 3 ARTE sequência musical, teatral etc. preparada para uma temporada

re.per.cu.ten.te *adj.2g.* diz-se do que repercute

re.pe.sar *v.t.* pesar novamente

re.pe.tên.cia *s.f.* ação de repetir

re.pe.ten.te *adj.2g.* 1 diz-se do que repete 2 *s.2g.* estudante que foi reprovado em exame e repete uma disciplina

re.pe.ti.ção *s.f.* ação ou resultado de repetir

re.pe.ti.dor /ô/ *adj.* diz-se do que repete

re.pe.tir *v.t.* efetuar novamente uma ação ou um evento para confirmá-lo ou consertá-lo

re.pi.car *v.t.* 1 picar, beliscar, morder 2 dividir, moer

re.pin.tar *v.t.* pintar novamente

re.pi.que *s.m.* 1 ação de repicar 2 som ritmado de um sino

re.pi.que.te /ê/ *s.m.* 1 repique 2 movimento oscilante das águas

re.pi.sar *v.t.* pisar novamente

re.plan.tar *v.t.* 1 plantar novamente 2 plantar em uma área já cultivada anteriormente

re.ple.no *adj.* diz-se do que está muito cheio; repleto

re.ple.tar *v.t.* tornar repleto; preencher

re.ple.to /é/ *adj.* cheio, completo; em seu limite máximo

ré.pli.ca *s.f.* 1 fala em resposta a outra; defesa, justificativa, refutação 2 cópia

re.pli.car *v.t.* 1 fazer uso do direito de voz para contestar, responder 2 copiar

re.po.lho /ô/ *s.m.* BOT hortaliça da mesma família da couve

re.po.lhu.do *adj.* 1 *pejor.* diz-se do obeso, avantajado 2 *fig.* diz-se de quem se comporta de forma enfadonha, chata, redundante

re.pon.tar *v.i.* 1 aparecer novamente; ressurgir 2 amanhecer, raiar ⟳ 3 replicar asperamente

re.por /ô/ *v.t.* colocar novamente; reabastecer

re.por.ta.gem *s.f.* produção jornalística veiculada por órgãos de imprensa

re.por.tar *v.pron.* 1 aludir, referendar 2 recuar, regressar no tempo

re.pór.ter *s.m.* m.q. jornalista

re.po.si.ção *s.f.* ato ou efeito de repor

re.po.si.tó.rio *s.m.* m.q. depósito

re.pos.tei.ro /ê/ *s.m.* 1 cortinado colocado em porta ou janela; cortina 2 criado que tinha a função de cerrar os reposteiros

re.pou.san.te *adj.2g.* diz-se do que proporciona repouso

re.pou.sar *v.t.* relaxar, tranquilizar, descansar

re.pou.so /ô/ *s.m.* ação ou resultado de repousar

re.po.vo.ar *v.t.* povoar, habitar novamente

re.pre.en.der /ê/ *v.t.* censurar, admoestar, criticar

re.pre.en.são *s.f.* ação ou resultado de repreender

re.pre.en.sí.vel *adj.2g.* diz-se do que é passível de repreensão

re.pre.en.si.vo *adj.* 1 que repreende 2 que contém repreensão

re.pre.en.sor /ô/ *adj. s.m.* diz-se daquele que repreende

re.pre.gar *v.t.* 1 pregar novamente 2 ouvir um sermão; ser criticado

re.pre.sa /ê/ *s.f.* represamento de água; açude, dique

re.pre.sá.lia *s.f.* 1 repreensão 2 vingança

re.pre.sar *v.t.* limitar, conter, prender

re.pre.sen.ta.ção *s.f.* ação de representar

re.pre.sen.tan.te *s.2g.* JUR pessoa que legalmente assume o lugar de outra e age em nome dela

re.pre.sen.tar *v.t.* 1 encenar 2 JUR agir legalmente em nome de outro 3 demonstrar 4 criar por meio de uma descrição artística

re.pre.sen.ta.ti.vo *adj.* 1 relativo a representação 2 próprio para representar

re.pres.são *s.f.* censura, proibição, punição

re.pres.si.vo *adj.* que reprime

re.pres.sor /ô/ *adj. s.m.* diz-se do que reprime

re.pri.men.da /ê/ *s.f.* m.q. repressão

re.pri.mir *v.t.* 1 represar 2 censurar, moderar

re.pri.mí.vel *adj.2g.* diz-se do que é passível de repressão

re.pri.sar *v.t.* mostrar novamente; repetir

re.pri.se *s.f.* ação ou resultado de reprisar

ré.pro.bo *adj.* diz-se de quem foi censurado, condenado

re.pro.char *v.t.* repreender, criticar, reprovar

re.pro.che /ó/ *s.m.* ação de reprochar, repreender

re.pro.du.ção *s.f.* ação ou resultado de reproduzir

re.pro.du.ti.vo *adj.* diz-se do que pode ser reproduzido

re.pro.du.tor /ô/ *adj. s.m.* diz-se do que é agente de reprodução

re.pro.du.zir *v.t.* copiar entidades ou eventos; multiplicar

re.pro.va.ção *s.f.* ação ou resultado de reprovar

re.pro.va.dor /ô/ *adj.* 1 em que há reprovação; reprovativo 2 diz-se daquele que reprova

re.pro.var *v.t.* 1 rejeitar, renegar 2 condenar, censurar

re.pro.va.ti.vo *adj.* m.q. reprovador

re.pro.vá.vel *adj.2g.* diz-se do que merece reprovação

rep.ta.dor /ô/ *adj.* diz-se daquele que repta, que desafia; reptante

rep.tan.te *adj.2g.* m.q. reptador

rep.tar *v.i.* 1 locomover-se como um réptil ⟳ *v.t.* 2 provocar, desafiar

rép.til *adj.2g. s.m.* BIOL espécie dos répteis, anfíbios característicos por rastejarem

rep.to /é/ *s.m.* ação de reptar, desafiar

re.pú.bli.ca *s.f.* 1 forma de governo 2 habitação coletiva de estudantes

re.pu.bli.ca.no *adj.* 1 relativo a república • *s.m.* 2 defensor da república como forma de governo

re.pu.di.ar *v.t.* 1 renegar, expulsar, afastar 2 JUR separar-se, divorciar-se 3 rejeitar, repelir

re.pú.dio *s.m.* ação de repudiar

re.pug.nân.cia *s.f.* sentimento de repúdio

re.pug.nan.te *adj.2g.* asqueroso, repulsivo, nojento

re.pug.nar *v.t.* repudiar; ter aversão; afastar

re.pul.sa *s.f.* ato ou efeito de repelir

repulsão

re.pul.são *s.f.* m.q. repulsa

re.pul.si.vo *adj.* diz-se do que causa repulsão, nojo, asco

re.pu.ta.ção *s.f.* imagem social; caráter, renome

re.pu.tar *v.t.* criticar, julgar

re.pu.xar *v.t.* puxar novamente

re.pu.xo *s.m.* **1** ação de repuxar **2** sulco artificial para escoamento de água **3** *fig.* movimento brusco **4** MAR tira de couro usada por marinhos para costurar a lona **5** *fig.* suporte

re.que.bra.do *adj.* **1** amoroso, lânguido • *s.m.* **2** movimento circular dos quadris; rebolado

re.que.bra.dor /ô/ *adj. s.m.* **1** diz-se do que requebra **2** *fig.* paquerador

re.que.brar *v.i.* mover circularmente os quadris; rebolar

re.quei.jão *s.m.* tipo de queijo fresco cozido

re.quei.mar *v.t.* queimar novamente

re.quen.tar *v.t.* esquentar novamente

re.que.ren.te *adj.2g.* JUR diz-se daquele que requer, que pede em juízo

re.que.rer /ê/ *v.t.* **1** JUR reclamar em juízo **2** demandar, pedir, solicitar

re.que.ri.men.to *s.m.* JUR documento judicial com uma reivindicação; petição

re.ques.ta /é/ *s.f.* **1** ação de requestar **2** discussão, briga

re.ques.ta.dor /ô/ *adj. s.m.* diz-se do paquerador, galanteador

re.ques.tar *v.t.* **1** requerer **2** paquerar

ré.qui.em /ê/ *s.m.* RELIG oração oferecida aos mortos

re.quin.ta.do *adj.* diz-se do que tem requinte

re.quin.tar *v.t.* elevar a qualidade; aprimorar, esmerar

re.quin.te *s.m.* qualidade de ser perfeito; luxo

re.qui.si.ção *s.f.* ação de requerer

re.qui.si.tan.te *adj.2g.* diz-se de quem requisita, requer algo

re.qui.si.tar *v.t.* **1** requerer, solicitar **2** *por ext.* necessitar

re.qui.si.to *s.m.* fator, condição, exigência

re.qui.si.tó.rio *s.m.* JUR ação pública para expor o motivo da requisição

rês /ê/ *s.f.* qualquer quadrúpede destinado à alimentação humana

rés *adj.2g.* diz-se do que está rente ao chão

res.cal.dei.ro /ê/ *s.m.* utensílio usado para manter a temperatura de alimentos à mesa

res.cal.do *s.m.* **1** calor liberado de matérias em fusão **2** *fig.* incêndio

res.cin.dir *v.t.* cancelar, anular

res.ci.são *s.f.* ato ou efeito de rescindir

res.ci.só.rio *adj. s.m.* relativo a rescisão

res.cri.to *s.m.* JUR resposta escrita a um comunicado oficial

re.se.dá *s.m.* BOT erva nativa da Europa e da Ásia central, cultivada como ornamental

re.se.nha /ê/ *s.f.* tipo de texto que apresenta outro criticamente

re.se.nhar *v.t.* produzir resenha

re.ser.va /é/ *s.f.* **1** conjunto de coisas resguardadas, separadas, acumuladas **2** EXÉRC situação de militar que, mesmo afastado de sua função, deve estar disponível se chamado **3** prudência, discrição

re.ser.va.do *adj.* **1** diz-se do que está em reserva **2** calado, discreto • *s.m.* **3** *bras.* banheiro

re.ser.var *v.t.* **1** separar **2** armazenar, guardar, acumular **3** conter, limitar

re.ser.va.tó.rio *adj. s.m.* **1** relativo a reserva **2** diz-se do recipiente usado para reservar

re.ser.vis.ta *adj.2g.* EXÉRC militar que está em reserva

res.fo.le.gan.te *adj.2g.* diz-se do que tem dificuldade respiratória patológica ou provocada por fadiga

res.fo.le.gar *v.i.* m.q. arquejar

res.fol.gar *v.i.* **1** recuperar o ar, o fôlego; resfolegar **2** respirar com dificuldade

res.fri.a.do *s.m.* MED patologia respiratória causada por vírus ou por alergia; gripe

res.fri.a.men.to *s.m.* **1** ato ou efeito de resfriar **2** diminuição da temperatura **3** condição de quem ficou resfriado, constipado

res.fri.ar *v.t.* **1** perder calor **2** gripar **3** desanimar

res.ga.tar *v.t.* **1** livrar de cativeiro; libertar **2** livrar de compromisso financeiro

res.ga.te *s.m.* **1** libertação **2** quitação de dívidas

res.guar.dar *v.t.* **1** repousar **2** proteger

res.guar.do *s.m.* ação ou resultado de resguardar

re.si.dên.cia *s.f.* casa, domicílio

re.si.den.ci.al *adj.2g.* relativo a residência

re.si.den.te *adj.2g. s.2g.* **1** diz-se do domiciliado **2** MED diz-se do aluno interno

re.si.dir *v.t.* encontrar-se domiciliado em; residir, morar

re.si.du.al *adj.2g.* relativo a resíduo

re.sí.duo *s.m.* matéria que sobra; resto

re.sig.na.ção *s.f.* ação ou resultado de resignar-se

re.sig.na.do *adj.* **1** diz-se de quem está conformado **2** diz-se de quem é submisso

re.sig.nar *v.t. v.pron.* **1** acatar, aceitar sem questionar **2** demitir-se, exonerar-se

re.sig.na.tá.rio *adj. s.m.* diz-se de quem resigna seu cargo, abdica de sua função

re.si.li.ên.cia *s.f.* **1** FÍS propriedade que um material tem de sofrer deformação e posteriormente retornar à sua forma inicial; elasticidade **2** *fig.* flexibilidade; adaptabilidade

re.si.li.en.te *adj.2g.* que apresenta resiliência

re.si.lir *v.i.* **1** retornar, regressar à forma original **2** afrouxar, escapar **3** anular, cancelar

re.si.lí.vel *adj.2g.* que se pode resilir, anular

re.si.na *s.f.* substância solúvel em álcool produzida por alguns vegetais; goma

re.si.no.so /ô/ *adj.* **1** que tem resina; resinento **2** coberto de resina

re.si.pis.cên.cia *s.f.* ação de arrepender-se

re.sis.tên.cia *s.f.* ato ou efeito de resistir

re.sis.ten.te *adj.2g.* **1** rígido, duro **2** corajoso, irredutível

re.sis.ti.vi.da.de *s.f.* qualidade de ser resistente

res.ma /ê/ *s.f. desus.* conjunto de 500 folhas de papel

res.mun.gão *adj. s.m.* diz-se de quem resmunga, reclama

res.mun.gar *v.i.* **1** reclamar **2** sussurrar

res.mun.go *s.m.* ação ou resultado de resmungar

re.so *s.m.* ZOOL tipo de macaco de cor parda

re.so.lu.ção *s.f.* **1** forma com que se decide uma questão **2** MED relaxamento muscular **3** MÚS movimento melódico de uma dissonância para uma consonância

restante

re.so.lu.to *adj.* **1** diz-se do que foi resolvido **2** diz-se do resistente, corajoso

re.so.lú.vel *adj.2g.* diz-se do que é passível de ser resolvido

re.sol.ver /ê/ *v.t.* **1** concluir, terminar **2** decidir **3** solucionar, explicar

re.sol.vi.do *adj.* **1** diz-se do que teve resolução **2** diz-se do que foi combinado, acertado

res.pal.dar *v.t.* **1** dar respaldo; apoiar **2** munir de argumentos; fundamentar

res.pal.do *s.m.* **1** apoio, garantia **2** fundamentação teórica

res.pec.ti.vo *adj.* diz-se do que compete a algo ou alguém; devido, próprio

res.pei.ta.bi.li.da.de *s.f.* qualidade de ser respeitado

res.pei.ta.dor /ô/ *adj.* diz-se de quem respeita

res.pei.tan.te *adj.2g.* que diz respeito; concernente, referente

res.pei.tar *v.t.* **1** acatar, submeter-se **2** relacionar; dizer respeito a

res.pei.tá.vel *adj.2g.* diz-se do que é digno de respeito

res.pei.to /ê/ *s.m.* **1** submissão, reverência **2** relação, nexo **3** qualidade moral **4** *desus.* saudação

res.pei.to.so /ô/ *adj.* diz-se do que manifesta respeito

res.pi.gar *v.t.* fazer colheita; catar, recolher

res.pin.ga.dor /ô/ *adj. s.m.* **1** diz-se do mecanismo usado para respingar; borrifador **2** diz-se do mal-educado, grosseiro

res.pin.gar *v.i.* **1** projetar pingos de líquido; borrifar **2** dar coices **3** responder grosseiramente

res.pin.go *s.m.* líquido respingado

res.pi.ra.ção *s.f.* ação ou resultado de respirar

res.pi.ra.dor /ô/ *adj.* diz-se do que respira

res.pi.ra.dou.ro /ô/ *s.m.* **1** abertura destinada à passagem de ar **2** venta, narina

res.pi.rar *v.t.* fazer a troca do ar interno pelo externo; inalar, aspirar

res.pi.ra.tó.rio *adj.* relativo à respiração

res.pi.rá.vel *adj.2g.* diz-se do que se pode respirar

res.pi.ro *s.m.* ato ou efeito de respirar; respiração

res.plan.de.cên.cia *s.f.* ação de emitir luminosidade

res.plan.de.cen.te *adj.2g.* diz-se do que é luminoso, brilhante

res.plan.de.cer /ê/ *v.t.* iluminar com intensidade; brilhar

res.plen.den.te *adj.2g.* m.q. resplandecente

res.plen.der /ê/ *v.i.* m.q. resplandecer

res.plen.dor /ô/ *s.m.* resplandecência, fulgor

res.plen.do.ro.so /ô/ *adj.* diz-se do que tem resplendor; resplandecente

res.pon.dão *adj.* diz-se do sem educação

res.pon.de.dor /ô/ *adj. pejor.* diz-se de quem costuma responder grosseiramente

res.pon.der /ê/ *v.t.* **1** manifestar-se em resposta; explicar **2** *pejor.* retrucar

res.pon.sa.bi.li.da.de *s.f.* qualidade de ser responsável

res.pon.sa.bi.li.zar *v.t.* conceder a alguém a responsabilidade por algo

res.pon.sa.bi.li.zá.vel *adj.2g.* diz-se do que se pode responsabilizar

res.pon.sá.vel *adj.2g. s.2g.* diz-se de pessoa encarregada de uma função, de um ofício

res.pon.so /ô/ *s.m.* **1** oração, reza **2** *pop.* repreensão, censura, advertência

res.pon.só.rio *s.m.* parte da oração de responsabilidade do coro

res.pos.ta /ó/ *s.f.* documento oral ou escrito em reação a algum questionamento

res.quí.cio *s.m.* **1** material que sobra em pequena quantidade; vestígio **2** *fig.* lembrança **3** pequena lacuna na qual vaza luz

res.sa.bi.a.do *adj.* diz-se do que está desconfiado, que age com cautela

res.sa.bi.ar *v.i. v.pron.* amedrontrar-se, assustar-se, desconfiar

res.sa.ca *s.f.* **1** MAR movimento intenso das ondas **2** sensação de mal-estar provocada por ingestão de bebidas alcoólicas, intoxicação alimentar ou insônia

res.sai.bo *s.m.* **1** gosto ruim; ranço **2** *fig.* resquício, sobra **3** *fig.* ressentimento, decepção

res.sa.ir *v.i.* **1** sair novamente **2** ressaltar, destacar-se

res.sal.tan.te *adj.2g.* diz-se do que ressalta; ressaltado, ressaliente

res.sal.tar *v.t.* m.q. sobressair

res.sal.va *s.f.* **1** correção, emenda **2** condição, cláusula

res.sal.var *v.t.* fazer uma ressalva

res.sar.ci.men.to *s.m.* ação de ressarcir; indenização

res.sar.cir *v.t.* restaurar, recuperar, indenizar

res.se.car *v.t.* secar novamente; tornar árido, seco

res.se.gu.rar *v.t.* fazer resseguro

res.se.gu.ro *s.m.* tipo de seguro realizado por empresa seguradora, que se responsabiliza pelo risco de uma operação já coberta por outro segurador

res.sen.ti.do *adj.* *s.m.* **1** diz-se do indivíduo magoado, ofendido, moralmente machucado **2** diz-se do que está em decomposição, apodrecendo

res.sen.ti.men.to *s.m.* ato ou efeito de ressentir-se

res.sen.tir *v.i.* **1** sentir novamente ○ *v.pron.* **2** magoar-se, ofender-se

res.se.qui.do *adj. s.m.* diz-se do que foi ressecado

res.se.quir *v.t. v.pron.* perder toda a umidade; ressecar-se, secar-se

res.so.an.te *adj.2g.* diz-se do que ecoa

res.so.ar *v.i.* **1** produzir som **2** ecoar

res.so.nân.cia *s.f.* ação ou efeito de ressoar

res.so.nan.te *adj.2g.* diz-se do que soa; ressoante

res.so.nar *v.i.* m.q. ressoar **2** dormir **3** roncar

res.su.ar *v.i.* suar, transpirar muito

res.su.dar *v.t.* **1** eliminar líquido; destilar **2** suar de novo; transudar

res.su.mar *v.t.* m.q. ressumbrar

res.sum.brar *v.t.* **1** deixar cair gota a gota; gotejar, destilar **2** coar, filtrar **3** *fig.* revelar-se, apresentar-se

res.su.pi.no *adj.* diz-se do que está posto de bruços

res.sur.gir *v.i.* surgir novamente

res.sur.rei.ção *s.f.* ato ou efeito de ressuscitar

res.sus.ci.ta.ção *s.f.* m.q. ressurreição

res.sus.ci.ta.dor /ô/ *adj.* diz-se do que ressuscita

res.sus.ci.tar *v.t.* tornar a viver; ressurgir

res.ta.be.le.cer /ê/ *v.t.* **1** estabelecer novamente ○ *v.pron.* **2** MED retornar ao estado de saúde perfeito

res.ta.be.le.ci.men.to *s.m.* ato ou efeito de restabelecer(-se)

res.tan.te *adj.2g.* diz-se do que sobra, do vestígio

restar

res.tar *v.i.* 1 sobrar, ficar 2 sobreviver 3 faltar para preencher

res.tau.ra.ção *s.f.* ação ou resultado de restaurar

res.tau.ra.dor /ô/ *adj. s.m.* diz-se de quem domina a técnica de restaurar

res.tau.ran.te *adj.2g.* 1 diz-se do que restaura; restaurativo • *s.m.* 2 comércio onde são servidas refeições

res.tau.rar *v.t.* 1 recuperar, consertar 2 readquirir, reaver

res.tau.ra.ti.vo *adj.* diz-se do que restaura; restaurador

res.te.lo /é/ *s.m.* m.q. rastelo

rés.tia *s.f.* 1 trançado 2 luminosidade que passa por uma fenda

res.tin.ga *s.f.* 1 faixa de areia que avança da costa para o mar 2 vegetação encoberta pela água em tempo de enchente

res.ti.tu.i.ção *s.f.* ação ou resultado de restituir

res.ti.tu.ir *v.t.* 1 indenizar, restaurar 2 reaver, recuperar 3 retornar

res.to /é/ *s.m.* 1 vestígio, migalha, resíduo 2 o que falta para completar 3 apoio para o taco no bilhar

res.to.lho /ô/ *s.m.* parte podada ou ceifada do vegetal

res.tri.ção *s.f.* ação ou resultado de restringir

res.trin.gen.te *adj.2g.* m.q. restritivo

res.trin.gir *v.t.* delimitar, excluir, conter, diminuir

res.tri.ti.vo *adj.* 1 diz-se do que restringe 2 GRAM diz-se do complemento que restringe o sentido do substantivo e por isso exerce função de adjetivo

res.tri.to *adj.* restringido, contido, limitado

re.sul.ta.do *s.m.* ato ou efeito de resultar

re.sul.tan.te *adj.2g.* diz-se do que resulta de algo; consequente

re.sul.tar *v.i.* ser a consequência; ser proveniente de

re.su.mi.do *adj.* diz-se do que foi sintetizado, condensado

re.su.mir *v.t.* condensar, sintetizar, limitar

re.su.mo *s.m.* texto condensado a partir de outro; síntese

res.va.la.di.ço *adj.* inclinado, liso, escorregadiço

res.va.la.di.o *adj.* m.q. resvaladiço

res.va.lar *v.i.* 1 pisar em falso; escorregar 2 cair, precipitar

re.tá.bu.lo *s.m.* arte sacra que ornamenta o altar

re.ta.co *adj.* diz-se de indivíduo ou animal que é baixo e reforçado; atarracado

re.ta.guar.da *s.f.* EXÉRC a última tropa

re.tal *adj.2g.* ANAT relativo ao reto; anal

re.ta.lhar *v.t.* 1 repartir em pedaços; esquartejar 2 fazer sulcos; arar 3 magoar, difamar

re.ta.lhei.ro /ê/ *adj.* m.q. retalhista

re.ta.lhis.ta *adj.2g.* diz-se de quem comercializa retalhos

re.ta.lho *s.m.* parte, porção, faixa

re.tân.gu.lo *adj. s.m.* GEOM quadrilátero de ângulos retos

re.tar.da.do *adj.* 1 MED diz-se do indivíduo cujo coeficiente mental está abaixo do padrão 2 diz-se do que foi adiado 3 *pejor.* atrasado, lento

re.tar.da.dor /ô/ *adj.* diz-se do que retarda

re.tar.da.men.to *s.m.* ação de retardar

re.tar.dar *v.t.* 1 provocar lentidão; atrasar 2 adiar

re.tar.da.tá.rio *adj.* diz-se do que está atrasado

re.te.lhar *v.t.* colocar telhas novamente

re.tem.pe.rar *v.t.* 1 temperar novamente 2 aprimorar, revigorar, refazer

re.ten.ção *s.f.* ato ou efeito de reter

re.ten.ti.va *s.f.* faculdade humana de conservar na memória durante tempo mais ou menos longo as impressões registradas

re.ten.tor /ô/ *adj.* 1 diz-se do que retém • *s.m.* 2 dispositivo mecânico usado para reter gases, líquidos etc.

re.ter /ê/ *v.t.* conter, guardar, conservar, empossar

re.te.sar *v.pron.* ficar tenso; enrijecer-se

re.ti.cên.cia *s.f.* silenciamento de expressões facilmente entendíveis em uma situação de comunicação ■ **reticências** sinal gráfico (...) usado para pontuar a omissão de uma expressão textual

re.ti.cen.te *adj.2g.* oculto, misterioso, hesitante

re.ti.cu.la.ção *s.f.* ato ou efeito de reticular

re.ti.cu.la.do *adj.* diz-se do que se reticulou

re.ti.cu.lar *adj.* 1 com aspecto de rede; reticulado • *v.t.* 2 grafar em forma de rede; dar formato de rede

re.tí.cu.lo *s.m.* 1 rede pequena 2 BIOL conjunto de células ou de fibras

re.ti.dão *s.f.* qualidade de ser moral, correto, justo

re.ti.fi.ca.ção *s.f.* ato ou efeito de retificar

re.ti.fi.ca.dor /ô/ *adj.* diz-se do que retifica, corrige

re.ti.fi.car *v.t.* 1 tornar plano, reto 2 consertar, corrigir, emendar

re.ti.lí.neo *adj.* 1 diz-se do que é reto 2 *fig.* diz-se de quem possui caráter idôneo

re.ti.na *s.f.* MED membrana ocular que capta as imagens

re.ti.ni.a.no *adj.* relativo a retina

re.ti.nir *v.i.* ressoar agudamente

re.tin.to *adj.* 1 diz-se do que foi retingido, pintado novamente 2 *fig.* diz-se do que tem obstinação, convicção

re.tin.gir *v.t.* tingir novamente

re.tin.tim *s.m.* ato ou efeito de retinir

re.ti.ra.da *s.f.* 1 ação de retirar-se, de abandonar 2 recuada 3 saque em dinheiro feito em banco

re.ti.ra.do *adj.* diz-se do que se retirou

re.ti.ran.te *adj.2g.* diz-se de quem abandona seu local de origem em busca de melhores condições

re.ti.rar *v.t.* 1 deslocar, afastar 2 abandonar 3 sacar dinheiro em banco, caixa eletrônico

re.ti.ro *s.m.* m.q. recanto

re.to /é/ *adj.* 1 diz-se do que é linear, sem desvio 2 *fig.* diz-se de quem é honesto, de moral reconhecida 3 GRAM diz-se dos pronomes que exercem função de sujeito 4 relativo a Récia, antiga província do Império Romano • *s.m.* 5 ANAT parte do tubo digestivo que se inicia no cólon e termina no ânus

re.to.car *v.t.* 1 tocar novamente 2 refazer, aperfeiçoar, renovar

re.to.ma.da *s.f.* 1 ato ou efeito de retomar 2 JUR ação de reempossar, reaver

re.to.que /ó/ *s.m.* ação de retocar

re.tor.cer /ê/ *v.t.* torcer novamente

re.tor.ci.do *adj.* torcido novamente

re.tó.ri.ca *s.f.* arte de elaborar o discurso de forma a prender a atenção do público; eloquência

re.tor.nar *v.t.* 1 voltar, regressar 2 dar continuidade a algo interrompido

revidar

re.tor.no /ô/ *s.m.* **1** ação de retornar **2** via utilizada para retornar a uma estrada **3** recompensa, restituição, indenização

re.tor.quir *v.t.* m.q. retrucar

re.tor.ta /ó/ *s.f.* **1** QUÍM recipiente usado para destilação **2** dança medieval de origem árabe

re.tra.ção *s.f.* ato ou efeito de retrair(-se)

re.tra.í.do *adj.* **1** diz-se do que sofreu retração **2** afastado, isolado

re.tra.i.men.to *s.m.* m.q. retração

re.tra.ir *v.t. v.pron.* **1** recolher, recuar, contrair **2** isolar(-se), retirar(-se)

re.tran.ca *s.f.* **1** retaguarda **2** tira de pano

re.trans.mis.são *s.f.* ação de transmitir novamente

re.trans.mis.sor /ô/ *adj.* diz-se do que retransmite

re.trans.mi.tir *v.t.* transmitir novamente

re.tra.ta.ção *s.f.* **1** ação de retratar(-se) **2** ação de fotografar **3** ação de tratar novamente

re.tra.ta.dor /ô/ *adj.* **1** diz-se daquele que retrata, que faz retratos **2** diz-se de quem se retrata do que disse, se desculpa

re.tra.tar *v.t.* **1** corrigir o já dito; redizer, emendar **2** fotografar **3** tratar novamente

re.trá.til *adj.2g.* diz-se do que é passível de sofrer retração

re.tra.tis.ta *adj.2g. s.2g.* diz-se do artista especializado em fotografar ou pintar retratos

re.tra.to *adj.* **1** diz-se do que foi reduzido **2** m.q. fotografia **3** tela cuja imagem é a retratação de uma pessoa

re.tre.ta /ê/ *s.f.* **1** m.q. retirada **2** recanto **3** vaso sanitário; privada **4** apresentação pública e popular de uma banda

re.tri.bu.i.ção *s.f.* ação de retribuir

re.tri.bu.i.dor /ô/ *adj. s.m.* diz-se do que retribui

re.tri.bu.ir *v.t.* **1** recompensar, gratificar **2** agradecer

re.tro /é/ *adv.* atrás; depois de, após

re.trô *adj.* diz-se do que se inspirou no passado

re.tro.a.gir *v.t.* **1** recair sobre o presente atos passados **2** JUR fazer valer para o passado uma decisão atual

re.tro.a.ti.vi.da.de *s.f.* qualidade do que é retroativo

re.tro.a.ti.vo *adj.* **1** relativo ao passado **2** diz-se do que retroage

re.tro.ce.den.te *adj.2g.* diz-se do que retrocede

re.tro.ce.der /ê/ *v.i.* m.q. regredir

re.tro.ces.si.vo *adj.* diz-se do que produz retrocessão

re.tro.ces.so /é/ *s.m.* atraso, regressão

re.tro.gra.da.ção *s.f.* ato ou efeito de retrogradar; retrocessão

re.tro.gra.dar *v.i.* retroceder gradativamente; recuar

re.tró.gra.do *adj.* **1** diz-se do que é antigo **2** diz-se do que está estagnado

re.trós *s.m.* cilindro usado para organizar e armazenar fio de costura

re.tros.pec.ção *s.f.* ação de recordar

re.tros.pec.ti.va *s.f.* análise de acontecimentos de um determinado período de tempo recente

re.tros.pec.ti.vo *adj.* **1** relativo a coisas passadas **2** que se volta para o passado

re.tros.pec.to /é/ *s.m.* m.q. retrospectiva

re.tro.tra.ir *v.t. v.pron.* movimentar(-se) para trás; recuar, retroceder

re.tro.vi.sor /ô/ *s.m.* acessório automobilístico que permite visualizar o que circunda o veículo a que está ligado

re.tru.car *v.t.* replicar, responder

re.tum.ban.te *adj.2g.* diz-se do som que ecoa

re.tur.no *s.m.* ESPORT segundo turno de competições

réu *adj. s.m.* diz-se de quem é acusado, incriminado

reu.má.ti.co *adj.* relativo a reumatismo

reu.ma.tis.mo *s.m.* MED patologia que atinge músculos e juntas

reu.ma.to.lo.gi.a *s.f.* MED ciência que estuda o reumatismo

reu.ni.ão *s.f.* **1** ação de reunir **2** assembleia

reu.ni.fi.car *v.t.* unificar novamente

reu.nir *v.t.* **1** unir novamente **2** agrupar, juntar

re.van.che *s.f.* **1** ESPORT oportunidade de vitória a um time previamente derrotado **2** vingança, desforra

re.ve.lar *v.t.* **1** apresentar, declarar, manifestar, explicar **2** descobrir **3** fazer aparecer a imagem fotografada por meio de produtos químicos

re.ve.li.a *s.f.* m.q. rebeldia

re.va.li.dar *v.t.* validar novamente

re.va.lo.ri.zar *v.t.* valorizar novamente

re.vel /é/ *adj.2g.* m.q. rebelde

re.ve.la.ção *s.f.* ato ou efeito de revelar

re.ven.da *s.f.* **1** loja especializada em venda de mercadorias usadas **2** segunda venda

re.ven.der /ê/ *v.t.* vender novamente

re.ver /ê/ *v.t.* **1** ver novamente **2** relembrar **3** revisar, checar **4** corrigir

re.ver.be.ra.ção *s.f.* ato ou efeito de reverberar

re.ver.be.rar *v.i.* **1** repercutir **2** refletir luz, calor ou som

re.vér.be.ro *s.m.* m.q. reverberação

re.ver.de.cer /ê/ *v.i.* **1** tornar verde; cobrir-se de verde (a vegetação) **2** *por ext.* rejuvenescer, revigorar

re.ve.rên.cia *s.f.* ação ou resultado de reverenciar

re.ve.ren.ci.ar *v.t.* louvar, respeitar, venerar, homenagear

re.ve.ren.do /ê/ *adj.* **1** diz-se de quem é digno de ser reverenciado • *s.m.* **2** pastor, sacerdote

re.ve.ren.te *adj.2g.* que reverencia, que manifesta reverência

re.ver.são *s.f.* ato ou efeito de reverter

re.ver.sí.vel *adj.2g.* que é passível de reverter, de retornar ao seu primeiro estado

re.ver.si.vo *adj.* diz-se do que é passível de reversão

re.ver.so /é/ *adj.* **1** diz-se do que se encontra no ponto inicial **2** diz-se do que reassumiu características primárias **3** *pejor.* diz-se de quem tem má índole • *s.m.* **4** lado oposto ao principal ou ao de referência

re.ver.ter /ê/ *v.t.* **1** retroceder **2** modificar, transformar em favor de alguém

re.vés *s.m.* **1** m.q. reverso **2** aspecto ruim, desfavorável de algo **3** situação, fato imprevisto que reverte uma situação boa para má; infortúnio

re.ver.si.vo *adj.* diz-se do que é passível de reversão

re.ves.ti.men.to *s.m.* matéria usada para recobrir algum corpo

re.ves.so /ê/ *adj.* voltado para o avesso; reverso

re.ves.tir *v.t.* **1** vestir novamente **2** cobrir, ocultar

re.ve.za.men.to *s.m.* ato ou efeito de revezar

re.ve.zar *v.t.* alternar, substituir

re.vi.dar *v.t.* m.q. reagir

revide

re.vi.de *s.m.* ato ou efeito de revidar

re.vi.go.ra.men.to *s.m.* ato ou efeito de revigorar

re.vi.go.ran.te *adj.2g.* diz-se do que revigora

re.vi.go.rar *v.t.* reanimar, fortificar, fortalecer

re.vi.sor /ô/ *adj.* diz-se de quem revisa

re.vi.rar *v.t.* 1 virar novamente 2 *fig.* bagunçar

re.vi.ra.vol.ta /ó/ *s.f.* mudança inesperada de situações ou eventos

re.vi.são *s.f.* ação de rever para corrigir ou para fixar conhecimento

re.vi.sar *v.t.* 1 ver novamente 2 corrigir

re.vis.ta *s.f.* 1 exame minucioso para admissão 2 periódico, jornal 3 exame feito pela polícia em civis para verificar porte de arma, drogas etc.

re.vi.ta.li.zar *v.t.* revigorar, rejuvenescer

re.vis.tar *v.t.* 1 examinar 2 publicar

re.vis.ta.ria *s.f.* estabelecimento comercial onde são vendidos revistas, jornais, periódicos etc.

re.vi.ver /ê/ *v.i.* 1 viver novamente 2 tornar a ter uma experiência; relembrar 3 ressuscitar

re.vi.ves.cer /ê/ *v.t.* m.q. reviver

re.vi.vi.fi.car *v.t.* revigorar, fortalecer, rejuvenescer, revitalizar

re.vo.a.da *s.f.* 1 ação de revoar 2 *fig.* conjunto de aviões em voo

re.vo.ar *v.i.* 1 voar novamente 2 voejar, pairar

re.vo.car *v.t.* 1 chamar, evocar novamente 2 cancelar, anular 3 restituir, reparar

re.vo.ga.ção *s.f.* ato ou efeito de revogar

re.vo.gar *v.t.* cancelar, anular

re.vo.gá.vel *adj.2g.* diz-se do que é passível de revogação

re.vol.ta /ó/ *s.f.* 1 ato ou efeito de revoltar(-se) 2 desvio, curva

re.vol.ta.do *adj.* rebelde; desviado

re.vol.tan.te *adj.2g.* diz-se do que causa revolta

re.vol.tar *v.t.* 1 promover rebuliço, rebelião, indignação 2 voltar novamente 3 mexer, revirar

re.vol.te.ar *v.i.* 1 girar em sequência; andar em círculos 2 dançar rebolando

re.vol.to /ô/ *adj.* diz-se do que foi remexido

re.vol.to.so /ô/ *adj.* diz-se de quem toma parte em revoltas, rebeliões

re.vo.lu.ção *s.f.* 1 ação de modificar conceitos sociais 2 ASTRON movimento de retorno de um corpo celeste a um ponto da própria órbita 3 revolta, luta

re.vo.lu.cio.nar *v.t.* 1 transformar profundamente 2 incitar uma revolução

re.vo.lu.cio.ná.rio *adj.* 1 relativo a revolução • *s.m.* 2 participante de uma revolução, revolta

re.vo.lu.te.ar *v.i.* 1 agitar(-se), revolver(-se) 2 esvoaçar, voejar

re.vol.ver /ê/ *v.t.* 1 remexer 2 revolucionar

re.vól.ver *s.m.* arma de fogo usada para disparar balas

re.vo.o *s.m.* ato ou efeito de revoar

re.vul.são *s.f.* 1 MED pulsação de sangue motivada por medicamentos para desinflamar ou descongestionar um órgão 2 m.q. vômito

re.vul.si.vo *adj.* diz-se do que causa revulsão

re.za /é/ *s.f.* RELIG prece, oração

re.za.dor /ô/ *adj.* 1 diz-se de quem faz muita oração • *s.m.* 2 leigo que inicia a oração na ausência do padre

re.zar *v.t.* 1 conversar com uma divindade; orar 2 *fig.* relatar, narrar

re.zin.gar *v.i.* 1 falar baixo, geralmente com rabugice; resmungar 2 censurar, reprimir 3 discutir, contender

Rh QUÍM elemento ródio da tabela periódica

ri.a.cho *s.m.* pequena extensão de água doce; rio pequeno

ri.ba *s.f.* margem de rio; ribanceira

ri.bal.ta *s.f.* espaço em um palco destinado aos refletores

ri.ban.cei.ra /ê/ *s.f.* m.q. riba

ri.bei.ra /ê/ *s.f.* 1 curso de água, navegável ou não, de um rio 2 porção de terra alagada

ri.bei.rão *s.m.* 1 curso de água corrente menor que um rio e maior que um regato 2 lugar próprio para lavrar diamante

ri.bei.ri.nho *adj.* situado à margem de ribeira, de rio; justafluvial

ri.bei.ro /ê/ *s.m.* m.q. riacho

ri.bom.bar *v.i.* m.q. retumbar

ri.bom.bo /ô/ *s.m.* 1 ato ou efeito de ribombar 2 barulho alto, forte e prolongado; estrondo

ri.bo.nu.clei.co /é/ *adj.* BIOQUÍM diz-se do ácido derivado da ribose

ri.bos.so.mo *s.m. BIOL* organela celular constituída de ácido ribonucleico e proteínas, na qual ocorre a síntese de proteína

ri.ça *s.f.* galinha de penas eriçadas

ri.ca.ço *adj.* muito rico; milionário

rí.ci.no *s.m.* BOT vegetação conhecida por mamona

ri.ço *adj.* 1 diz-se do cabelo crespo, eriçado • *s.m.* 2 feixe de cabelos eriçados; topete

ri.co *adj.* 1 diz-se da pessoa que tem capital considerável 2 fértil, produtivo 3 caro, valioso

ri.co.che.te /ê/ *s.m.* reação de um corpo após o choque com outro

ri.co.che.te.ar *v.i.* 1 reagir a uma colisão 2 recair 3 repercutir

ri.co.ta /ó/ *s.f.* tipo de queijo branco

ric.to *s.m.* 1 abertura da boca 2 rigidez dos músculos faciais

ríc.tus *s.m.2n.* m.q ricto

ri.di.cu.la.ria *s.f.* 1 atitude ou ação sem importância 2 fala ou comentário ridículo, insignificante

ri.di.cu.la.ri.zar *v.t.* tornar ridículo; fazer troça

ri.di.cu.li.zar *v.t.* m.q. ridicularizar

ri.fa *s.f.* 1 sorteio de algo pela venda de bilhetes numerados; loteria 2 cada um dos bilhetes que dão direito a concorrer ao sorteio de algo

ri.fão *s.m.* 1 provérbio vulgar, com palavras chulas 2 ditado popular; adágio

ri.far *v.t.* sortear por meio de rifa

ri.fle *s.m.* arma de fogo semelhante à carabina

ri.gi.dez /ê/ *s.f.* 1 qualidade de ser rígido, firme 2 *fig.* severidade quanto a costumes, princípios etc.; tradicionalismo

rí.gi.do *adj.* 1 diz-se do que é firme, forte, inflexível 2 *fig.* rude, grosseiro, tradicionalista

ri.gor /ô/ *s.m.* 1 qualidade de ser severo, inflexível, exigente 2 qualidade de ser exato, perfeito

ri.go.ro.so /ô/ *adj.* diz-se do que tem rigor

ri.jo *adj.* m.q. rigoroso

ri.lhar *v.t.* **1** comer roendo **2** produzir rangido com os dentes; ranger

rim *s.m.* ANAT cada um dos dois órgãos responsáveis pela produção de urina por meio da filtração do sangue

ri.ma *s.f.* **1** amontoado de objetos; pilha **2** fenda, sulco, rachadura **3** POÉT relação entre sons de vocábulos distintos **4** efeito provocado por palavras próximas cuja terminação coincide

ri.ma.do *adj.* diz-se do que tem rima

ri.mar *v.t.* aproximar sonoramente duas palavras

ri.ma.do *adj.* diz-se do que tem rima

rin.cão *s.m.* **1** recanto, sítio **2** lugar habitado próximo a rios **3** apoio utilizado na construção de paredes; espigão

rin.char *v.i.* **1** produzir som como os cavalos; relinchar **2** produzir ruído; chiar

rin.cho *s.m.* som produzido pelo cavalo; relincho

rin.gir *v.i.* m.q. ranger

rin.gue *s.m.* ESPORT lugar onde são praticadas atividades de luta

ri.ni.te *s.f.* MED patologia provocada pela inflamação da mucosa nasal

ri.nha *s.f.* **1** *bras.* briga de galos **2** *por ext.* local onde se realiza uma briga de galo; rinhadeiro **3** *por ext.* rixa, desavença

ri.no.ce.ron.te */ô/ s.m.* ZOOL grande mamífero nativo da África e da Ásia

rin.que *s.m.* ESPORT cercado usado para a prática de patinação

rio *s.m.* **1** extensão de água doce **2** *fig.* secreção de líquidos

ri.pa *s.f.* tábua fina, estreita e comprida

ri.pa.da *s.f.* **1** golpe dado com uma ripa; bordoada **2** *por ext.* qualquer pancada

ri.par *v.t.* **1** cortar ou serrar, formando ripas **2** *pop.* espancar, surrar

ri.pos.tar *v.t.* **1** em esgrima, rebater o golpe do adversário **2** *por ext.* retrucar, replicar

ri.que.za */ê/ s.f.* **1** qualidade de ser rico **2** fonte de lucro ou de bens considerados valiosos

rir *v.i.* sorrir, alegrar-se, gargalhar

ri.sa.da *s.f.* ato ou efeito de rir

ris.ca.do *adj.* **1** que se riscou **2** marcado com riscos, para apontar realce ou exclusão

ris.ca *s.f.* linha, reta, sulco

ris.car *v.t.* **1** esboçar, traçar, moldar **2** produzir sulcos na pele **3** *fig.* eliminar, cancelar

ris.co *s.m.* **1** linha, sulco **2** esboço, molde **3** situação arriscada

ri.sí.vel *adj.2g.* diz-se do que provoca riso; cômico

ri.so *s.m.* **1** ação ou resultado de rir **2** demonstração de alegria; sorriso

ri.so.nho */ô/ adj.* diz-se de quem ri ou tem ar de riso; sorridente

ri.so.ta */ô/ s.f. pop.* riso de escárnio ou menosprezo

ri.so.to */ô/ s.m.* CUL preparado italiano de arroz e miúdos de frango ou camarão

ris.pi.dez *s.f.* qualidade de ser ríspido

rís.pi.do *adj.* **1** áspero, insuave **2** desagradável, rígido, grosseiro

ris.te *s.m.* apoio usado pelo cavaleiro medieval para firmar a lança antes de atacar

ri.ti.dec.to.mi.a *s.f.* MED cirurgia para a retirada de rugas cutâneas

rit.mar *v.t.* submeter a ritmo; cadenciar

rít.mi.co *adj.* **1** relativo a ritmo **2** que se move de acordo com um ritmo

rit.mo *s.m.* cadência sonora em relação ao tempo

ri.to *s.m.* ação religiosa; cerimônia litúrgica

ri.tu.al *s.m.* **1** livro que contém os ritos de uma religião • *adj.2g.* **2** qualidade de ser litúrgico **3** *fig.* rotineiro

ri.tu.a.lis.mo *s.m.* conjunto de ritos de uma religião

ri.tu.a.lis.ta *adj.2g.* relativo a ritual ou a ritualismo

ri.val *adj.2g.* oponente, adversário

ri.va.li.da.de *s.f.* qualidade de ser rival

ri.va.li.zar *v.t.* combater, disputar

ri.xen.to *adj.* diz-se de quem provoca rixas; brigão, desordeiro

riz *s.m.* MAR cada um dos cabos que, nas velas, eram usados para expor menos quantidade de pano ao vento mais forte (mais usado no plural)

ri.zi.cul.tor */ô/ adj.* diz-se do indivíduo que se dedica à cultura do arroz

ri.zi.cul.tu.ra *s.f.* plantação de arroz

ri.zó.fa.go *adj.* que se nutre de raízes

ri.zo.ma */ô/ s.m.* caule subterrâneo de plantas; raiz

ri.zó.po.de *s.m.* BIOL espécime dos rizópodes, filo de seres unicelulares do reino dos protistas

ri.zo.tô.ni.co *adj.* GRAM diz-se de palavra cujo acento tônico cai em sílaba do radical

rô *s.m.* décima sétima letra do alfabeto grego, correspondente ao *r* latino

ro.az *adj.2g.* **1** que rói; roedor • *s.m.* **2** ZOOL m.q. golfinho

ro.ba.lo *s.m.* ZOOL peixe marinho comum no litoral das Américas

ro.be *s.m.* espécie de roupão usado sobre roupa de dormir ou após o banho

ro.ble */ó/ s.m.* BOT m.q. carvalho

ro.ble.do */ê/ s.m.* área com muitos robles, carvalhos

ro.bô *s.m.* **1** máquina semelhante a um ser humano em aparência e movimentos **2** *fig.* pessoa que age de maneira mecânica

ro.bo.rar *v.t.* m.q. corroborar

ro.bó.ti.ca *s.f.* arte e técnica de concepção e construção de robôs

ro.bo.ti.zar *v.t.* fazer uso de robôs; automatizar

ro.bus.te.cer */ê/ v.t.* **1** revigorar, fortalecer **2** *fig.* corroborar, ratificar

ro.bus.te.ci.men.to *s.m.* ato ou efeito de robustecer

ro.bus.tez */ê/ s.f.* qualidade de ser robusto

ro.bus.to *adj.* rígido, forte, potente, vigoroso

ro.ça */ó/ s.f.* lavoura pequena

ro.ca */ó/ s.f.* **1** fiadeira **2** rochedo, penedo

ro.ça.do *s.m.* terreno arado, pronto para a plantação

ro.ça.du.ra *s.f.* ato ou efeito de roçar; roçamento

ro.cam.bo.le *s.m.* **1** tipo de alho muito picante **2** dança semelhante à valsa **3** massa recheada de doce de leite e servida enrolada nela mesma

ro.cam.bo.les.co */ê/ adj.* **1** relativo a Rocambole, personagem aventureiro do escritor francês Ponson du Terrail **2** *por ext.* marcado por imprevistos; confuso, enredado

ro.çar *v.t.* **1** preparar o solo para receber a semente **2** m.q. atritar

roceiro

ro.cei.ro /ê/ *adj. s.m.* diz-se da pessoa que trabalha ou reside no campo; caipira

ro.cha /ó/ *s.f.* **1** agregado natural de um ou mais minerais que constitui a parte essencial da crosta terrestre; rochedo **2** fragmento desse material

ro.che.do /ê/ *s.m.* formação rochosa; montanha

ro.cho.so /ô/ *adj.* formado de rochas

ro.ci.ar *v.t.* **1** cobrir de rocio, de orvalho; orvalhar **2** gotejar, borrifar

ro.ci.nan.te *s.m.* cavalo ordinário, comum

ro.ci.o *s.m.* **1** m.q. orvalho **2** plantação abandonada e utilizada para capinzal

rock *s.m.2n.* [ing.] *redução de rock and roll*, estilo musical de origem norte-americana surgido na década de 1950 e que tem como instrumentos básicos guitarra, baixo e bateria

ro.co.có *adj.* diz-se do que é muito ornamentado, enfeitado

ro.da /ó/ *s.f.* **1** circunferência usada para locomover objetos **2** *fig.* turma, convívio

ro.da.da *s.f.* **1** qualidade de ter aspecto circular **2** porção de alimento **3** volta completa, em um movimento de 360° **4** queda, declínio social

ro.da.do *adj.* **1** que se rodou **2** que tem roda(s)

ro.da.gem *s.f.* **1** ato ou efeito de rodar **2** conjunto das rodas de um mecanismo

ro.da.moi.nho *s.m.* m.q. redemoinho

ro.da.pé *s.m.* **1** barra de madeira ou outro material colocada na parte inferior das paredes, para lhes dar proteção e acabamento **2** parte inferior das páginas

ro.dar *v.i.* **1** fazer girar em volta **2** mover-se sobre rodas **3** circular, girar

ro.de.ar *v.t.* **1** fazer rodar **2** *fig.* ser prolixo, indireto

ro.dei.o /ê/ *s.m.* **1** ação de rodear **2** volta em redor de algo **3** qualidade de ser prolixo, indireto **4** *bras.* festival de montaria

ro.de.la /ê/ *s.f.* **1** círculo pequeno **2** *pejor.* mentira

ro.di.lha *s.f.* pano usado para limpar

ró.dio *s.m.* QUÍM elemento metálico, duro e branco, de número atômico 45, usado em ligas com platina, instrumentos óticos, refletores de luz etc.

ro.dí.zio *s.m.* **1** pequena roda metálica que se fixa aos pés de móveis, para que possam ser movidos com facilidade **2** *fig.* repetição intervalada de um mesmo evento

ro.do /ô/ *s.m.* ferramenta usada para retirar a água de áreas molhadas ou úmidas

ro.do.den.dro /ê/ *s.m.* BOT arbusto nativo do Japão, mundialmente cultivado como ornamental

ro.do.fer.ro.vi.á.rio *adj.* diz-se dos serviços de transportes que utilizam ferrovia e rodovia

ro.do.lo.gi.a *s.f.* estudo das rosas

ro.do.pi.ar *v.i.* m.q. rodopiar

ro.do.pi.o *s.m.* ação de rodopiar

ro.do.vi.a *s.f.* estrada destinada ao tráfego de veículos

ro.do.vi.á.ria *s.f.* estação de ônibus intermunicipais e interestaduais

ro.do.vi.á.rio *adj.* relativo a rodovia

ro.e.du.ra *s.f.* **1** ato ou efeito de roer **2** machucado causado por atrito

ro.e.dor /ô/ *adj. s.m.* **1** diz-se do que causa desgaste **2** designação comum ao mamífero dotado de dentes para roer

ro.er /ê/ *v.t.* destruir com os dentes; corroer

ro.gar *v.t.* RELIG orar, solicitar **2** pedir, suplicar

ro.ga.ti.va *s.f.* ação de rogar, suplicar

ro.go /ô/ *s.m.* m.q. súplica

ro.jão *s.m.* projétil que explode; foguete

ro.jar *v.t.* movimentar de rojo; arrastar

ro.jo /ô/ *s.m.* **1** movimento do que anda a se arrastar, de rastos **2** som produzido pelo que se arrasta

rol *s.m.* **1** enumeração, lista **2** catálogo, relação

ro.la /ô/ *s.f.* ZOOL rolinha, pomba

ro.la.gem *s.f.* ato ou efeito de rolar

ro.la.men.to *s.m.* **1** m.q. rolagem **2** sistema mecânico que possibilita o deslizamento de corpos

ro.lar *v.t.* **1** movimentar em círculos; girar ○ *v.i.* **2** produzir som parecido com o das pombas; arrulhar **3** andar sobre rodas; rodar **4** MAR pender a embarcação por força do vento

rol.da.na *s.f.* roda de metal girante por onde se passa uma corda, geralmente usada para levantar objetos pesados

ro.le.ta /ê/ *s.f.* jogo de azar em que o número premiado é indicado pela parada de uma bolinha em uma das casas numeradas de uma roda girante

ro.le.te /ê/ *s.m.* **1** cilindro pequeno **2** rolo de madeira usado para rolamento

ro.lha /ô/ *s.f.* **1** utensílio de cortiça usado para vedar garrafas **2** *fig. pejor.* pessoa sem moral reconhecida; vagabundo

ro.li.ço *adj.* **1** diz-se do que tem a forma de um rolo **2** *pejor.* obeso

ro.li.nha *s.f.* ZOOL tipo de pomba

ro.lo /ô/ *s.m.* **1** corpo de forma cilíndrica **2** *pop.* confusão, briga

ro.mã *s.f.* BOT fruta de sabor agridoce proveniente da romãzeira

ro.man.ce *s.m.* LITER gênero textual em prosa que narra fatos imaginários **2** espécie de poema com versos simples e curtos e tema geralmente amoroso **3** *bras.* história de amor

ro.man.ce.ar *v.t.* **1** contar em forma de romance **2** *por ext.* inventar fatos, histórias

ro.man.cei.ro /ê/ *s.m.* coletânea de narrativas românticas

ro.man.cis.ta *s.2g.* produtor de textos românticos; escritor de romances

ro.ma.nes.co /ê/ *adj.* **1** que tem caráter de romance **2** constituído por romance

ro.mâ.ni.co *adj.* **1** relativo a Roma antiga **2** diz-se das línguas oriundas do latim

ro.ma.ni.za.ção *s.f.* **1** ato ou efeito de romanizar **2** adaptação à cultura romana **3** adequação às características das línguas românicas

ro.ma.no *adj.* relativo a Roma

ro.mân.ti.co *adj.* **1** LITER adepto do romantismo; romancista **2** *fig.* diz-se do galanteador, sentimental

ro.man.tis.mo *s.m.* LITER movimento literário cuja produção era embasada na escrita livre, em oposição ao classicismo

ro.man.ti.zar *v.t.* **1** narrar de forma livre, fantasiosa sentimental, idealizada **2** fazer com que fique romântico

roubo

ro.ma.ri.a *s.f.* **1** RELIG viagem, peregrinação de fiéis a um santuário **2** RELIG conjunto dos devotos que participam dessa peregrinação **3** *por ext.* atividade demorada e desgastante

ro.mã.zei.ra *s.f.* BOT árvore da família das punicáceas, cultivada principalmente pelo fruto, a romã, de polpa comestível

rôm.bi.co *adj.* em formato de rombo, de losango; rombiforme

rom.bi.for.me *adj.2g.* m.q. rômbico

rom.bo /ô/ *s.m.* **1** GEOM m.q. losango **2** GEOG buraco, cratera

rom.boi.de /ó/ *adj.2g.* em forma de losango

rom.bu.do *adj.* mal aguçado ou mal aparado

ro.mei.ro /ê/ *adj.* **1** m.q. peregrino • *s.m.* **2** peixe de até 70 cm que costuma acompanhar tubarões; peixe-piloto

ro.me.no *adj.* relativo à Romênia

rom.pan.te *adj.2g.* **1** arrogante, orgulhoso **2** estrondoso, furioso, violento • *s.m.* **3** ímpeto, impulso

rom.per /ê/ *v.t.* **1** quebrar, triturar, rasgar surgir violentamente **3** desligar; interromper

rom.pi.men.to *s.m.* ato ou efeito de romper

ron.ca /ô/ *s.f.* m.q. ronco

ron.ca.du.ra *s.f.* m.q. ronco

ron.car *v.i.* **1** produzir som de ronco ao dormir **2** narrar atos heroicos como se fossem seus e gabar-se deles; contar vantagem

ron.cei.ri.ce *s.f.* m.q. preguiça

ron.cei.ro /ê/ *adj.* lento, lerdo, preguiçoso

ron.co /ô/ *s.m.* ruído grave da respiração produzido durante o sono

ron.co.lho /ô/ *adj.* **1** que tem um só testículo **2** castrado de modo errado

ron.da /ô/ *s.f.* rota contínua de um vigia; patrulha

ron.dar *v.t.* patrulhar, vigiar, guardar

ron.do /ô/ *s.m.* **1** letra redonda **2** cada um dos caracteres tipográficos que imitam essa letra

ro.nha /ô/ *s.f.* **1** VETER espécie de sarna que acomete cavalos e ovelhas **2** *por ext.* doença das salinas que torna a água gordurenta e incapaz de produzir sal **3** *fig.* malícia, velhacaria

ron.quei.ra /ê/ *s.f.* m.q. ronco

ron.ro.nar *v.i.* produzir ruído semelhante ao que o gato faz, especialmente quando descansa

ro.que /ó/ *s.m.* **1** MÚS designação aportuguesada de *rock and roll* **2** movimento do xadrez

ro.quei.ra *s.f.* pequeno lançador de projéteis

ro.quei.ro /ô/ *adj.* **1** relativo a rocha **2** com o formato de rocha • *s.m.* **3** MÚS compositor de *rock and roll*

ro.que.te /é/ *s.m.* vestimenta rendada usada por sacerdotes

ror /ó/ *s.m. pop.* grande quantidade de coisas ou de pessoas

ro.rai.men.se *adj. gent.* natural ou habitante do Estado de Roraima

ro.re.jar *v.i.* gotejar, orvalhar

ro.sa /ó/ *s.f.* **1** BOT tipo de vegetação cujo caule tem espinhos ○ *s.m.* **2** uma das tonalidades do vermelho

ro.sá.cea *s.f.* estrutura semelhante a uma rosa desabrochada

ro.sá.ceo *adj.* relativo a rosa

ro.sa.do *adj.* diz-se do que tem coloração rosa

ro.sá.rio *s.m.* RELIG fileira de 165 pequenas contas, cada uma representando uma oração

ros.bi.fe *s.m.* pedaço de carne bovina frita, mas ainda crua

ros.ca /ô/ *s.f.* **1** objeto cuja forma é parcial ou totalmente espiral **2** CUL espécie de pão doce trançado

ros.car *v.t.* parafusar; rosquear

ro.sei.ra /ê/ *s.f.* BOT vegetação da qual brota a rosa

ro.sei.ral *s.m.* cultura de rosas

ró.seo *adj.* relativo a rosa

ro.se.ta /ê/ *s.f.* **1** pequena rosa **2** objeto em forma de roda dentada que integra a espora de cavalgar

ro.si.cler /é/ *adj.2g.2n.* diz-se do que é cor-de-rosa

ro.si.lho *adj.* diz-se de cavalo que tem o pelo avermelhado entremeado de branco

ros.ma.ni.nho *s.m.* BOT m.q. alecrim

ros.nar *v.i.* **1** emitir som semelhante ao produzido pelos cachorros quando estão ameaçando **2** *fig.* dizer palavras sussurradas em tom de ameaça

ros.que.ar *v.t.* roscar, atarraxar

ros.si.o *s.m.* espaço de uso comum para lazer; praça

ros.to /ô/ *s.m.* **1** face, cara **2** *fig.* feição, aparência **3** *fig.* lado

ros.tro /ô/ *s.m.* **1** tribuna romana **2** ZOOL prolongamento rígido e pontiagudo no bico de certas aves **3** ANAT estrutura anatômica que se assemelha a um bico

ro.ta /ô/ *s.f.* **1** mapa, caminho, itinerário **2** MÚS instrumento de forma abaulada **3** EXÉRC guerra, batalha **4** tribunal pontifício **6** palmeira nativa da Índia; ratã

ro.ta.ção *s.f.* movimento circular em torno de um eixo; giro

ro.ta.ti.vi.da.de *s.f.* qualidade de ser rotativo

ro.ta.ti.vo *adj.* **1** diz-se do que sofre rotação **2** diz-se do que alterna, que faz rodízio

ro.ta.tó.rio *adj.* diz-se do que causa rotação

ro.tei.ris.ta *adj.2g.* diz-se do autor de roteiros para filmes

ro.tei.ro /ê/ *s.m.* **1** rota **2** catálogo discriminativo de aspectos físicos de regiões **3** texto dramático para cinema ou teatro

ro.ti.na *s.f.* ação de repetir um evento; hábito

ro.ti.nei.ro /ê/ *adj.* relativo a rotina

ro.to /ô/ *adj.* **1** diz-se do que se rompeu **2** diz-se do que foi rasgado, cortado, amassado, danificado

ro.tor /ô/ *s.m.* parte giratória de um mecanismo

ró.tu.la *s.f.* **1** ANAT osso localizado na parte anterior do joelho; patela **2** ralo, grade

ro.tu.lar *adj.* **1** relativo a rótula • *v.t.* **2** fixar rótulo **3** *pejor.* intitular, estereotipar

ro.tu.la.gem *s.f.* ato ou efeito de rotular

ró.tu.lo *s.m.* **1** faixa na qual se descrimina o produto **2** titulação

ro.tun.da *s.f.* **1** construção de forma circular, que termina em cúpula arredondada **2** ARTE cortina que cobre o fundo do palco em peças teatrais

ro.tun.do *adj.* diz-se do que tem formato esférico, redondo

ro.tu.ra *s.f.* m.q. ruptura

rou.ba.lhei.ra /ê/ *s.f.* **1** negociata ilegal **2** roubo, assalto

rou.bar *v.t.* tomar como suas as propriedades dos outros

rou.bo /ô/ *s.m.* ação de roubar

rouco

rou.co /ô/ *adj.* diz-se do que está com a voz em tom grave

rou.fe.nho /ê/ *adj.* m.q. rouco

round *s.m.* [ing.] ESPORT cada um dos períodos de tempo em que se divide uma luta livre; assalto

rou.pa /ô/ *s.f.* tecido costurado e usado para cobrir o corpo; vestimenta

rou.pa.gem *s.f.* 1 representação artística de roupas ou do vestuário 2 conjunto de roupas; rouparia

rou.pão *s.m.* traje aberto frontalmente usado sobre outras roupas

rou.pa.ri.a *s.f.* 1 m.q. roupagem 2 estabelecimento em que se vendem roupas

rou.pei.ro /ê/ *s.m.* 1 m.q. guarda-roupa 2 indivíduo que faz roupas, que costura

rou.pe.ta /ê/ *s.f.* 1 vestimenta dos sacerdotes; batina ○ *s.m.* 2 *pejor.* sacerdote, padre

rou.que.jar *v.i.* emitir som rouco

rou.que.nho /ê/ *adj.* diz-se do que está rouco

rou.qui.dão *s.f.* situação da voz rouca

ro.xe.ar *v.t.* ficar roxo; arroxear

rou.xi.nol / ó / *s.m.* ZOOL pássaro, nativo da Europa, de canto melodioso

ro.xo /ô/ *adj.* 1 diz-se da cor da violeta 2 diz-se do que tem a cor da violeta

ro.xu.ra /ô/ *s.f.* cor roxa; cor semelhante ao roxo; roxidão

roy.al.ty *s.m.* [ing.] parte do lucro que se paga ao detentor de uma patente, de um direito autoral etc.

ru.a *s.f.* 1 via pública de cidade 2 centro dessa via, por onde transitam veículos

ru.bé.o.la *s.f.* MED patologia contagiosa caracterizada por febre, inchação dos gânglios linfáticos do pescoço e erupção papular avermelhada

ru.bi *s.m.* pedra preciosa de cor vermelha usada para ornamentar joias

ru.bi.cun.do *adj.* 1 bastante avermelhado; rubro, rubente 2 *por ext.* diz-se de pessoa cujas faces estão muito avermelhadas; corado

ru.bí.dio *s.m.* QUÍM elemento da tabela periódica da família dos metais alcalinos

rú.bi.do *adj.* m.q. rubicundo

ru.bi.gi.no.so /ô/ *adj.* revestido por ferrugem; enferrujado

ru.bim *s.m.* m.q. rubi

ru.blo *s.m.* ECON moeda da Rússia

ru.bor /ô/ *s.m.* tonalidade rubra na face de alguém

ru.bo.ri.zar *v.t.* enrubescer, avermelhar

ru.bri.ca *s.f.* 1 argila de cor vermelha 2 assinatura 3 anotação, nota, comentário

ru.bri.car *v.t.* 1 colocar a rubrica em; assinar 2 *por ext.* marcar, indicar

ru.bro *adj.* tom de vermelho

ru.çar *v.i.* 1 tornar(-se) ruço ou pardacento 2 *por ext.* ficar velho; envelhecer

ru.ço *adj.* 1 pardacento, desbotado, grisalho, 2 velho, envelhecido • *s.m.* 3 tipo de nevoeiro marítimo frio e úmido

ru.de *adj.2g.* grosseiro, áspero, mal-educado

ru.de.ral *adj.2g.* BOT diz-se da vegetação que cresce em solo degradado

ru.de.za /ê/ *s.f.* qualidade do que é rude

ru.di.men.tar *adj.* antiquado, primário, primitivo

ru.di.men.to *s.m.* primórdio, origem

ru.e.la /é/ *s.f.* 1 disco que ornamenta objetos 2 roda de pequeno raio 3 via curta; travessa

ru.ei.ro /ê/ *adj.* 1 relativo a rua 2 *pejor.* vagabundo, arruador

ru.far *v.t.* 1 produzir rufo em tambores 2 eriçar penas ou pelos; arrepiar 3 ondular, encrespar

ru.fi.ão *s.m.* 1 cafetão, alcoviteiro 2 brigão, encrenqueiro 3 ZOOL cavalo utilizado para procriação; garanhão

ru.flar *v.i.* 1 agitar as asas para levantar voo 2 fazer barulho semelhante ao da ave que esvoaça

ru.flo *s.m.* 1 ato ou efeito de ruflar 2 som produzido pelo bater de asas

ru.fo *adj.* 1 da cor do sangue; vermelho • *s.m.* 2 enfeite usado em vestimentas 3 MÚS som produzido pelo batuque de tambores 4 tipo de lima

ru.ga *s.f.* 1 ANAT sulco cutâneo 2 prega, dobra em superfícies

ru.ge-ru.ge *s.m.* 1 som produzido pelo atrito de algo com o chão 2 *bras.* confusão, agitação 3 MÚS tipo de matraca usada em procissões

ru.gi.do *s.m.* 1 som emitido pelo leão 2 *por ext.* grito estrondoso

ru.gi.dor /ô/ *adj.* diz-se do que ruge

ru.gir *v.i.* m.q. urrar

ru.go.so /ô/ *adj.* cheio de rugas, sulcos; áspero

ru.í.do *s.m.* som indistinto e incômodo; barulho

ru.i.do.so /ô/ *adj.* diz-se do que provoca ruído

ru.í.na *s.f.* construção destruída; destroço

ru.in.da.de *s.f.* qualidade de ser ruim

ru.i.no.so /ô/ *adj.* 1 diz-se do que está em ruínas 2 diz-se do que acarreta ruína, destruição; prejudicial, nocivo

ru.ir *v.i.* transformar em escombros; despencar

ru.i.va.cen.to /ê/ *adj.* diz-se do que é semelhante ao ruivo; arruivado

ru.i.vo *adj.* diz-se do que tem a cor entre o amarelo e o vermelho

rum *s.m.* tipo de bebida alcoólica fermentada e destilada

ru.ma *s.f.* quantidade de coisas amontoadas; pilha, rima, montão

ru.mar *v.t.* direcionar, encaminhar(-se)

rum.ba *s.f.* MÚS estilo de música do Caribe

ru.mi.na.ção *s.f.* ato ou efeito de ruminar

ru.mi.nan.te *adj.2g.* diz-se do que rumina

ru.mi.nar *v.t.* 1 entre os animais ruminantes, regurgitar o alimento e remastigá-lo 2 *fig.* fixar-se em alguma ideia; meditar

ru.mo *s.m.* 1 rota 2 GEOG cada uma das 32 subdivisões da rosa dos ventos

ru.mor /ô/ *s.m.* 1 ruído, barulho 2 *fig.* fofoca, intriga

ru.mo.re.jar *v.i.* 1 produzir rumor 2 confidenciar, segredar

ru.mo.re.jo /ê/ *s.m.* ato ou efeito de rumorejar

ru.mo.ro.so /ô/ *adj.* ruidoso, barulhento

ru.pes.tre /é/ *adj.2g.* 1 relativo a rocha 2 diz-se da vegetação que vive sobre rochas

ru.pi.a *s.f.* 1 moeda da Índia 2 MED ferida cutânea causada por sífilis

ru.pí.co.la *adj.2g.* 1 m.q. rupestre • *s.m.* 2 ZOOL designação comum às aves da família dos cotingídeos nativas da América do Sul

rup.tu.ra *s.f.* **1** interrupção, rompimento **2** MED m.q. fratura

ru.ral *adj.2g.* relativo a campo

ru.ra.lis.mo *s.m.* conjunto de doutrinas de um sistema que preconiza a vida no campo

ru.ra.li.zar *v.t.* tornar campestre

ru.ra.lis.ta *adj.2g.* relativo a ruralismo

ru.rí.co.la *adj.2g.* m.q. camponês

rus.ga *s.f.* **1** desordem, confusão **2** briga, desentendimento

rus.gar *v.t.* lutar, discutir, brigar

rus.guen.to *adj.* que promove ou se envolve em rusgas; briguento, encrenqueiro

rush *s.m.* [ing.] movimento intenso de automóveis nas vias de uma cidade ■ **horário de *rush*** horário em que há tráfego intenso de automóveis

rus.so *adj.* **1** relativo à Rússia **2** natural ou habitante da Rússia

rus.ti.ci.da.de *s.f.* **1** qualidade de ser áspero, rude; rudeza **2** qualidade de ser rústico, tosco

rús.ti.co *adj.* campestre, tosco

rus.tir *v.t.* **1** enganar, trapacear **2** ocultar, esconder

ru.tê.nio *s.m.* QUÍM elemento da tabela periódica, da família dos metais

ru.ther.fór.dio *s.m.* QUÍM elemento da tabela periódica

ru.ti.la.ção *s.f.* ato ou efeito de rutilar

ru.ti.lan.te *adj.2g.* diz-se do que rutila; luzente, cintilante

ru.ti.lar *v.i.* emitir luz; brilhar

rú.ti.lo *adj.* diz-se do que rutila; brilhante

Ss

¹s *s.m.* **1** GRAM décima nona letra e décima quinta consoante do alfabeto português **2** décimo nono elemento de uma série

²S QUÍM símbolo do elemento enxofre da tabela periódica; súlfur

sa *pron. desus.* antigo pronome possessivo

sã *adj.* feminino de são

sa.a.ri.a.no *adj.* relativo ao deserto do Saara, no Norte da África

sá.ba.do *s.m.* o sétimo dia da semana que começa no domingo

sa.ba.ó *s.m.* nome hebraico que significa Deus dos exércitos

sa.bão *s.m.* produto à base de gordura usado para lavar e tirar sujeiras, manchas etc. ■ **passar um sabão** *gír.* dar uma bronca; ralhar

sa.bá.ti.co *adj.* **1** relativo a sábado **2** na cultura judaica, diz-se do ano de descanso que se dever dar às terras cultivadas **3** *fig.* diz-se de período de folga, descanso

sa.ba.ti.na *s.f.* **1** atividade escolar feita aos sábados em que se recapitula a matéria ensinada durante a semana **2** *fig.* qualquer prova

sa.ba.ti.nar *v.t.* submeter alguém a sabatina; avaliar

sa.be.dor /ô/ *adj.* **1** diz-se daquele que sabe alguma coisa; ciente **2** diz-se de quem tem profundo conhecimento de algo; sábio

sa.be.do.ri.a *s.f.* conjunto dos saberes; conhecimento, ciência, instrução

sa.ben.ça /ê/ *s.f. pop.* sabedoria, conhecimento

sa.ber /ê/ *v.t.* **1** ter consciência de algo; conhecer **2** estar intelectualmente preparado ▪ *s.m.* **3** o conjunto de conhecimentos sobre algum assunto

sa.bi.á *s.2g.* **1** ZOOL gênero de pássaro nativo do Brasil, de canto muito suave ▪ *adj.* **2** recitador, cantor

sa.bi.chão *adj. pejor.* diz-se de quem se acha sábio, que alardeia a própria sabedoria

sa.bi.do *adj.* **1** aquele que conhece bem; sabedor **2** esperto

sa.bi.na.da *s.f.* HIST revolução que aconteceu na Bahia entre 1837 e 1838, comandada por Francisco Sabino da Rocha Vieira

sa.bi.no *adj.* **1** diz-se do cavalo de pelo branco mesclado de preto e vermelho **2** natural ou habitante da Sabina, na Itália

sá.bio *adj.* conhecedor, culto, instruído

sa.bí.vel *adj.2g.* que pode ser sabido, conhecido

sa.bo.a.ri.a *s.f.* **1** fábrica de sabão **2** tecnologia usada na fabricação de sabão

sa.bo.ne.te /ê/ *s.m.* sabão fino e perfumado, de melhor qualidade, para o uso pessoal

sa.bo.ne.tei.ra /ê/ *s.f.* recipiente em que se coloca o sabonete

sa.bor /ô/ *s.m.* impressão sensorial percebida pelo paladar; gosto

sa.bo.ro.so /ô/ *adj.* que agrada ao paladar; gostoso, delicioso

sa.bo.ta.dor /ô/ *adj.* diz-se de quem faz sabotagem

sa.bo.ta.gem *s.f.* **1** ato ou efeito de sabotar **2** inutilização, destruição de alguma coisa para impedir a realização de determinada atividade

sa.bo.tar *v.t.* quebrar, estragar máquinas, aparelhos, instalações públicas, fábricas etc. para impedir a realização de alguma atividade

sa.bre *s.m.* espada de lâmina estreita e curta, geralmente adaptada à boca de fuzis

sa.bu.go *s.m.* **1** parte da espiga de milho onde se fixam os grãos **2** espiga de milho sem os grãos **3** raiz da unha **4** *fig.* pessoa de mau caráter

sa.bu.guei.ro /ê/ *s.m.* BOT arbusto de flores aromáticas e dotadas de propriedades medicinais

sa.bu.ja.dor /ô/ *adj.* m.q. bajulador

sa.bu.jar *v.t.* m.q. bajular

sa.bu.ji.ce *s.f.* **1** bajulação ordinária **2** submissão

sa.bu.jo *s.m.* **1** espécie de cão de caça **2** indivíduo sem dignidade **3** *pop.* puxa-saco

sa.bur.ra *s.f.* **1** areia grossa usada como lastro em navios **2** *desus.* camada esbranquiçada que aparece na parte superior da língua, em casos de embaraço gástrico ou doenças febris

sa.bur.ren.to /ê/ *adj.* m.q. saburroso

sa.bur.ro.so /ô/ *adj.* cheio de saburra, ex.: *língua saburrosa*

sa.ca *s.f.* **1** m.q. sacola **2** ato ou efeito de sacar, arrancar; extração

sa.ca.da *s.f.* **1** balcão, varanda de casa **2** construção externa das paredes de alguns prédios

sa.ca.do *adj.* tirado, arrancado, puxado

sa.ca.dor /ô/ *s.m.* **1** diz-se daquele que saca **2** ECON diz-se de pessoa que emite uma letra de câmbio ou outro documento bancário

sa.ca.na *adj.2g.* diz-se de pessoa de maus costumes; imoral, ordinário, depravado, pornográfico

sa.ca.na.gem /ê/ *s.f.* **1** ação própria de sacana; malandragem **2** imoralidade com teor erótico; pornografia

sa.ca.ne.ar *v.i.* **1** praticar imoralidades **2** prejudicar

sa.car *v.t.* **1** tirar, arrancar, extrair, puxar **2** retirar dinheiro em banco

443 sáfaro

sa.ca.ri.a *s.f.* grande quantidade de sacos

sa.ca.rí.deo *adj. s.m.* BIOQUÍM composto que possui as propriedades do açúcar

sa.ca.rí.fe.ro *adj.* que contém ou produz açúcar

sa.ca.ri.fi.car *v.t.* QUÍM formar açúcar; transformar em açúcar

sa.ca.rí.me.tro *s.m.* QUÍM instrumento para verificar a quantidade de açúcar contida em alguma substância

sa.ca.ri.na *s.f.* QUÍM substância sintética doce, usada para substituir a sacarose

sa.ca.ri.no *adj.* que tem as propriedades do açúcar

sa.ca.rí.vo.ro *adj.* BIOL diz-se de animal que se alimenta de açúcar

sa.ca.roi.de *adj.2g.* semelhante ao açúcar

sa.ca.ro.lhas */ô/ adj.s.m.2n.* instrumento usado para retirar a rolha de garrafas e outros recipientes

sa.ca.ro.se */ó/ s.f.* QUÍM nome científico do açúcar extraído da cana-de-açúcar ou da beterraba

sa.cer.dó.cio *s.m.* RELIG ofício ou ministério do sacerdote

sa.cer.do.tal *adj.2g.* **1** relativo a sacerdócio **2** próprio de sacerdote

sa.cer.do.te */ó/ s.m.* RELIG ministro religioso; padre

sa.cer.do.ti.sa *s.f.* RELIG mulher que exerce o sacerdócio

sa.cha.dor */ô/ adj.* diz-se daquele que trabalha com sacho, enxada

sa.cha.du.ra *s.f.* ato ou efeito de sachar

sa.char *v.t.* limpar um terreno com sacho, com enxada; capinar, carpir

sa.cho *s.m.* tipo de enxada pequena

sa.cho.la */ó/ s.f.* pequena enxada de lâmina larga

sa.ci *s.m.* **1** menino que, segundo o folclore brasileiro, possui uma perna só, vive de gorro vermelho e faz toda espécie de peraltice dentro das casas e nos quintais de fazendas **2** ZOOL pássaro brasileiro cujo canto parece dizer saci

sa.ci.ar *v.t. v.pron.* m.q. satisfazer

sa.ci.á.vel *adj.2g.* que pode ser saciado, satisfeito

sa.ci.e.da.de *s.f.* m.q. satisfação

sa.ci.for.me */ó/ adj.2g.* que tem forma de saco

sa.ci-pe.re.rê *s.m.* m.q. saci

sa.co *s.m.* **1** recipiente feito de couro ou de pano; bolsa **2** pano grosseiro, preto, que servia para roupas de luto **3** o conteúdo de um saco, ex.: *um saco de feijão, de arroz etc.* **4** forma antiga de saque

sa.co.la */ó/ s.m.* **1** saco pequeno **2** bolsa simples usada para colocar compras

sa.co.le.jo */ê/ s.m.* sacudida, safanão

sa.co.le.jar *v.t.* sacudir, agitar de um lado para outro

sa.cra *s.f.* **1** RELIG parte da missa destinada à consagração **2** RELIG pequeno quadro com orações e outros dizeres colocado sobre o altar, para auxiliar a memória do celebrante da missa

sa.cra.li.zar *v.t.* tornar sacro

sa.cra.men.tar *v.t.* RELIG ministrar os sacramentos da Igreja Católica aos fiéis

sa.cra.men.to *s.m.* **1** RELIG no catolicismo, conjunto dos ritos que conferem alguma graça aos fiéis **2** *desus.* juramento

sa.crá.rio *s.m.* **1** RELIG lugar onde se guardam objetos sagrados **2** *fig.* qualquer lugar sagrado

sa.cri.fi.ca.dor */ô/ adj. s.m.* **1** aquele que sacrifica **2** RELIG sacerdote que oferecia o sacrifício **3** indivíduo que faz um sacrifício qualquer, que se priva de alguma coisa para alcançar outra

sa.cri.fi.can.te *adj.2g. s.2g.* m.q. sacrificador

sa.cri.fi.car *v.t.* **1** fazer um sacrifício **2** impor sacrifícios; fazer sofrer **3** deixar de fazer alguma coisa de que se gosta para conseguir um benefício **4** matar animais enfermos

sa.cri.fí.cio *s.m.* **1** RELIG oferta, oferenda de frutos, produtos da terra, animais e até seres humanos a divindades **2** tortura **3** ato praticado com dificuldade, sofrimento

sa.cri.lé.gio *s.m.* RELIG ultraje, pecado muito ofensivo às divindades

sa.crí.le.go *adj.* **1** que comete sacrilégio, que insulta coisas sagradas **2** que tem o caráter de sacrilégio

sa.cri.pan.ta *adj.2g.* ordinário, patife, canalha

sa.cris.tã *s.f.* **1** RELIG mulher encarregada da sacristia **2** mulher de sacristão

sa.cris.ta *s.m.* **1** *pejor.* m.q. sacristão **2** *pejor.* carola, beato

sa.cris.ta.ni.a *s.f.* RELIG função de sacristão

sa.cris.tão *s.m.* RELIG encarregado da sacristia e dos demais pertences do culto

sa.cris.ti.a *s.f.* RELIG parte do templo usada para guardar roupas, adornos e demais objetos necessários ao culto

sa.cro *adj.* **1** sagrado, santo • *s.m.* **2** osso no qual termina a coluna vertebral

sa.cros.san.to *adj.* muito sagrado; muito santo

sa.cu.di.da *s.f.* **1** ação de sacudir **2** abalo, puxão, safanão

sa.cu.di.de.la */é/ s.f.* **1** sacudida leve **2** castigo ou surra leve

sa.cu.di.do *adj.* **1** que se sacudiu; mexido, sacolejado **2** *pop.* bem disposto; forte, robusto

sa.cu.di.dor */ô/ adj.* diz-se daquele que sacode; agitador

sa.cu.dir *v.t.* **1** agitar alguma coisa de um lado para o outro **2** *fig.* emocionar; abalar o ânimo; estimular

sá.cu.lo *s.m.* **1** ANAT parte do labirinto membranoso da orelha **2** BOT pequeno saco ou bolsa que envolve a raiz de alguns embriões

sá.di.co *adj.* aquele que provoca o sofrimento alheio por prazer; cruel

sa.di.o *adj.* diz-se do que tem boa saúde; são

sa.dis.mo *s.m.* **1** prazer com o sofrimento alheio **2** perversão que consiste na obtenção de prazer sexual com o sofrimento do parceiro

sa.dis.ta *adj.2g.* diz-se daquele que é dado à prática do sadismo

sa.fa.de.za */ê/ s.f.* **1** *pop.* ato ou procedimento próprio do que é safado **2** *pop.* ação pornográfica ou imoral; imoralidade

sa.fa.dis.mo *s.m. pop.* m.q. safadeza

sa.fa.do *adj.* **1** desavergonhado, sem-vergonha **2** cínico, tratante

sa.fa.não *s.m.* puxão, sacudida, empurrão

sa.far *v.t.* **1** tirar de um lugar para outro; extrair; arrancar ○ *v.pron.* **2** livrar-se de um perigo; escapar

sa.far.da.na *adj.2g.* diz-se de quem não merece confiança; safado, canalha

sa.fá.ri *s.m.* expedição ou excursão que se faz com o intuito de caçar animais por diversão

sá.fa.ro *adj.* **1** árido, estéril, improdutivo **2** diz-se de animal difícil de domesticar; bravio **3** *fig.* indelicado, rude

safena

sa.fe.na *s.f.* ANAT grande veia da perna e do pé

sá.fi.co *adj.* **1** que diz respeito a Safo, poetisa grega **2** forma de versificação da poesia grega cuja invenção é atribuída à poetisa Safo

sá.fio *adj. desus.* grosseiro, rude

sa.fi.ra *s.f.* pedra preciosa de cor azul

sa.fis.mo *s.m.* homossexualismo feminino; lesbianismo

sa.fra *s.f.* produção agrícola; colheita

sa.ga *s.f.* **1** narração lendária e poética de aventuras **2** *por ext.* narrativa cheia de incidentes **3** feiticeira, adivinhadora, bruxa

sa.ga.ci.da.de *s.f.* perspicácia, esperteza, argúcia

sa.gaz *adj.2g.* perspicaz, esperto, inteligente

sa.gi.tal *adj.2g.* ANAT relativo à sutura dos ossos parietais **2** que tem a forma de seta, de flecha

sa.gi.tá.rio *adj.* **1** que está armado de arco e flecha; flecheiro • *s.m.* **2** ASTRON constelação representada por um centauro armado de arco e flecha

sa.gi.tí.fe.ro *adj.* que está armado de setas

sa.gra.ção *s.f.* **1** ato ou efeito de sagrar **2** dedicação de pessoa ou objeto a Deus

sa.gra.do *adj.* **1** relativo a Deus ou a uma divindade **2** santo, sacro

sa.grar *v.t.* dedicar a Deus; consagrar

sa.gu *s.m.* substância alimentícia em forma de pequenas esferas com que se fazem mingaus e sopas

sa.guão *s.m.* lugar amplo, quase sempre à entrada de um prédio; pátio

sa.gui *s.m.* ZOOL espécie de macaco pequeno; mico

sa.í *s.m.* ZOOL designação comum a várias aves da família dos emberizídeos, abundantes na América do Sul; saíra

sai.a *s.f.* peça do vestuário feminino que vai da cintura para baixo

sai.ão *s.m.* **1** *desus.* carrasco, algoz, verdugo **2** BOT planta da família das crassuláceas, nativa das ilhas Canárias e do Mediterrâneo e cultivada como ornamental

sai.bo *s.m.* gosto desagradável

sai.brão *s.m.* tipo de barro consistente e arenoso

sai.brar *v.t.* cobrir com saibro

sai.bro *s.m.* mistura de areia, argila e pedregulhos

sai.bro.so */ô/ adj.* que contém saibro; saibrento

sa.í.da *s.f.* **1** porta, lugar por onde se sai **2** ação de sair; partida **3** *fig.* grande venda ou procura de algum produto

sa.í.do *adj.* **1** que saiu de algum lugar; aparecido **2** diz-se de pessoa muito assanhada, que se intromete na conversa alheia e que gosta de aparecer

sa.i.men.to *s.m.* **1** cortejo fúnebre; enterro **2** *bras.* falta de compostura; descaramento, atrevimento

sai.ne.te */ê/ s.m.* **1** isca usada para domesticar falcões e outras aves **2** gosto, sabor próprio **3** qualidade agradável de alguma coisa; graça **4** encenação humorística; comédia curta

sai.o.te */ó/ s.m.* saia curta

sa.ir *v.t.* **1** passar de dentro para fora **2** partir; afastar-se **3** ausentar-se **3** deixar de fazer parte; abandonar

sa.í.ra *s.f.* ZOOL m.q. saí

sal *s.m.* **1** QUÍM cloreto de sódio **2** o principal tempero da alimentação humana, servindo também como conservante de alguns alimentos, como carnes

sa.lá *s.f. desus.* saudação, cumprimento, bênção

sa.la *s.f.* **1** cômodo de uma casa, geralmente destinado à recepção de visitas, ao descanso e ao entretenimento **2** cada um dos compartimentos de uma escola onde acontecem as aulas **3** cada uma das divisões de prédios comerciais

sa.la.ci.da.de *s.f.* **1** pornografia, sensualidade **2** VETER na linguagem dos criadores de animais, época do cio, em que os animais estão aptos para o acasalamento e a fecundação

sa.la.da *s.f.* **1** conjunto de verduras preparadas com sal, vinagre e azeite **2** *por ext.* mistura de frutas picadas em pequenos pedaços e temperadas com açúcar etc. **3** *fig.* tumulto, confusão

sa.la.dei.ra */ê/ s.f.* vasilha própria para salada

sa.la.frá.rio *adj.* pessoa de mau caráter; canalha, malfeitor

sa.la.ma.le.que */é/ s.m.* saudação muçulmana cerimoniosa; reverência

sa.la.man.dra *s.f.* ZOOL **1** gênero de anfíbios com espécies que apresentam o aspecto de uma lagartixa **2** MIT espécie de lagartixa que, segundo uma lenda popular, tem a capacidade de resistir ao fogo

sa.la.me *s.m.* embutido, às vezes defumado, feito de carnes em conserva trituradas, amassadas e preparadas com sal, vinagre e outros ingredientes

sa.lão *s.m.* sala grande para festas, recepções etc.

sa.la.ri.a.do *s.m.* indivíduo que vive de salário; assalariado

sa.lá.rio *s.m.* **1** retribuição de serviço; pagamento **2** *desus.* quantia dada aos soldados e magistrados para comprar sal

sa.laz *adj.2g.* imoral, pornográfico, libertino, devasso

sal.dar *v.t.* **1** solver as obrigações financeiras; pagar dívidas **2** *fig.* tirar satisfação

sal.do *adj.* **1** saldado, pago, quite • *s.m.* **2** diferença entre duas coisas comparadas; resto, sobra

sa.lei.ro */ê/ s.m.* **1** vasilha própria para sal **2** vendedor de sal

sa.le.si.a.no *s.m.* relativo à Congregação de São Francisco de Sales, fundada por são João Bosco

sa.le.ta */ê/ s.f.* sala pequena

sal.ga *s.f.* ação de salgar, especialmente carnes secas e peixes

sal.ga.di.nho *s.m.* nome comum dado a pastéis, camarões, empadinhas etc. servidos em festas, reuniões e eventos em geral

sal.ga.do *adj.* **1** diz-se do que contém sal **2** preparado com sal **3** *fig.* de alto preço; caro

sal.ga.dor */ô/ adj.* diz-se de quem salga carnes, peixes etc.

sal.ga.du.ra *s.f.* m.q. salga

sal.gar *v.t.* temperar com sal

sal-ge.ma *s.f.* sal extraído de minas; sal de rocha

sal.guei.ro */ê/ s.m.* árvore de ramos compactos, também conhecida como chorão

sa.li.cí.li.co *adj. s.m.* QUÍM diz-se de ácido encontrado em certas plantas, usado na indústria farmacêutica, alimentícia e de corantes

sá.li.co *adj.* relativo aos francos sálios

sa.li.cul.tor */ô/ adj.* diz-se daquele que explora salinas

sa.li.cul.tu.ra *s.f.* **1** exploração de salinas **2** produção artificial de sal

sa.li.ên.cia *s.f.* **1** destaque, relevo **2** *fig.* exibicionismo para chamar a atenção sobre si mesmo

samaritano

sa.li.en.tar *v.t.* **1** colocar em relevo **2** fazer sair dos limites comuns; evidenciar **3** chamar a atenção para

sa.li.en.te *adj.2g.* **1** que avança ou se eleva acima do plano em que assenta; que sobressai **2** *fig.* que chama a atenção; evidente, notório

sa.li.fi.car *v.t.* transformar em sal

sa.li.na *s.f.* **1** lugar onde se produz sal **2** local próprio para extrair sal das águas marinhas

sa.li.nei.ro /ê/ *adj.* diz-se daquele que trabalha nas salinas

sa.li.ni.da.de *s.f.* quantidade de sal contida em determinada substância

sa.li.no *adj.* **1** que contém sal **2** QUÍM que tem as propriedades de um sal

sa.li.tra.do *adj.* **1** que contém salitre **2** que foi tratado ou combinado com salitre

sa.li.tre *s.m.* QUÍM m.q. nitrato de potássio

sa.li.va *s.f.* líquido viscoso produzido pelas glândulas salivares; cuspe, baba

sa.li.va.ção *s.f.* ato ou efeito de salivar; produção de saliva

sa.li.val *adj.2g.* relativo a saliva

sa.li.var *v.i.* **1** produzir saliva; cuspir ○ *v.t.* **2** umedecer com saliva **3** expelir como saliva

sal.mão *s.m.* ZOOL gênero de peixes da família dos salmonídeos

sal.mis.ta *adj.2g. s.2g.* **1** autor de salmos **2** cantor de salmos

sal.mo *s.m.* hino religioso, à semelhança dos famosos Salmos de Davi

sal.mo.di.ar *v.t.* **1** recitar, cantar salmos **2** *fig.* recitar, cantar de modo monótono

sal.moi.ra /ô/ *s.f.* m.q. salmoura

sal.mou.ra /ô/ *s.f.* água saturada de sal que serve para conservar carnes e pescados e também como cicatrizante

sa.lo.bre /ô/ *adj.2g.* m.q. salobro

sa.lo.bro /ô/ *adj.* que tem gosto salgado

sa.loi.o /ô/ *adj.* **1** camponês, aldeão **2** rústico, grosseiro, sem educação

sal.pi.cão *s.m.* **1** salsicha grossa; paio, chouriço **2** *bras.* prato à base de maionese, com legumes, frango desfiado, passas e batata palha

sal.pi.car *v.t.* **1** espalhar sal sobre alguma substância; temperar com sal **2** borrifar, manchar com salpicos de lama, tinta etc.

sal.pi.co *s.m.* **1** pingo, gota, mancha **2** borrifo de lama, tinta ou outro líquido qualquer

sal.sa *s.f.* **1** BOT erva usada em condimentos **2** molho para saladas **3** pequeno vulcão que expele água salgada e quente **4** dança de ritmo afro-caribenho

sal.sa.da *s.f.* confusão, conflito, barulho

sal.sa.par.ri.lha *s.f.* BOT planta espinhosa da família das esmilacáceas, usada como remédio ou tempero

sal.sei.ra /ê/ *s.f.* vasilha própria para molhos

sal.sei.ro /ê/ *s.m.* **1** pancada de chuva; aguaceiro **2** briga, conflito, bate-boca

sal.si.cha *s.f.* preparado de carnes cozidas, trituradas, amassadas e colocadas em forma de linguiça

sal.si.chão *s.m.* salsicha grande

sal.si.cha.ri.a *s.f.* **1** técnica utilizada na produção de salsichas **2** fábrica de salsichas

sal.si.chei.ro /ê/ *adj.* diz-se de quem prepara ou vende salsichas

sal.so *adj.* salgado (diz-se da água do mar)

sal.su.gem *s.f.* **1** qualidade do que é salso ou salgado **2** propriedade das águas do mar **3** restos, detritos que boiam nas águas do mar próximas às praias e aos portos

sal.ta.do *adj.* **1** que excede o limite comum; notável **2** crescido, esbugalhado, ex.: *olho saltado*

sal.tão *s.m.* ZOOL m.q. gafanhoto

sal.tar *v.t.* **1** elevar-se do chão com pulos; dar saltos; pular **2** jorrar, irromper, ex.: *lágrimas saltavam de seus olhos*

sal.te.a.do *adj.* que não está em ordem ou em série comum, mas apresenta interrupções; aleatório ∎ **saber de cor e salteado** saber de memória, sem esquecer nada

sal.te.a.dor /ô/ *adj.* assaltante, ladrão

sal.te.ar *v.t.* **1** assaltar, saquear **2** tomar de assalto; atacar

sal.té.rio *s.m.* MÚS antigo instrumento de cordas que acompanhava o canto dos salmos

sal.tí.gra.do *adj.* ZOOL que se move aos saltos

sal.tim.ban.co *s.m.* **1** artista de circo; acrobata **2** *fig.* charlatão, farsante

sal.ti.tan.te *adj.2g.* **1** que saltita, que anda aos saltos **2** *por ext.* feliz, animado

sal.ti.tar *v.i.* andar dando pequenos saltos

sal.to *s.m.* **1** parte mais alta do calçado; taco da bota **2** movimento rápido e forte de impulsionar o corpo para cima; pulo **3** passagem por cima de algo; transposição **4** progresso **5** omissão de palavras em um escrito **6** golpe ex.: *salto de esgrima* **7** queda d'água, cachoeira, cascata **8** *desus.* capão de mato; bosque

sa.lu.bre *adj.2g.* favorável à saúde; saudável, sadio

sa.lu.bri.da.de *s.f.* qualidade do que é salubre

sa.lu.tar *adj.2g.* benéfico para a saúde

sal.va *s.f.* **1** saudação **2** série de tiros em homenagem a um acontecimento ou a uma pessoa importante **3** BOT planta medicinal e de uso culinário **4** bandeja geralmente de prata ou ouro, em que se trazem copos, taças etc.

sal.va.ção *s.f.* **1** ato ou efeito de salvar, de libertar **2** RELIG alcance da glória eterna, do paraíso **3** conservação da saúde, da vida

sal.va.dor /ô/ *adj.* **1** diz-se daquele que salva, socorre; libertador • *s.m.* **2** RELIG epíteto de Jesus Cristo, como Salvador da humanidade (com inicial maiúscula)

sal.va.do.re.nho *adj. gent.* natural ou habitante da República de El Salvador, na América Central

sal.va.guar.da *s.f.* garantia de proteção concedida por uma autoridade

sal.va.guar.dar *v.t.* tomar medidas para proteger de perigos; defender

sal.var *v.t.* **1** livrar de grave risco, de perigo de vida **2** libertar **3** dar salvas; cumprimentar

sal.ve *interj.* indica saudação, ex.: *salve, seja bem-vindo!*

sal.ve-ra.i.nha *s.f.* RELIG oração católica

sál.via *s.f.* BOT planta propícia para o preparo de pratos e petiscos

sal.vo *adj.* **1** livre de perigo; recuperado, libertado; salvado • *adv.* **2** com exceção de; exceto

sa.mam.bai.a *s.f.* BOT folhagem da família das bromeliáceas que, além de ser ornamental, tem propriedades medicinais

sa.ma.ri.ta.no *adj.* **1** natural de Samaria, na Palestina **2** *fig.* caridoso, salvador

sambá

sam.bá *s.m.* ZOOL m.q. concha

sam.ba *s.m.* MÚS dança de origem africana, muito popular no Brasil

sam.ba.qui *s.m.* ARQUEOL pequeno monte de conchas e restos de utensílios usados por silvícolas em períodos pré-históricos

sam.bar *v.i.* dançar ao som do samba

sam.bis.ta *adj.2g.* **1** diz-se daquele que samba **2** compositor de sambas

sam.bu.rá *s.m. bras.* cesto feito de taquara, usado para carregar iscas e para recolher o pescado

sa.mo.a.no *adj. gent.* natural ou habitante do arquipélago das ilhas Samoa

sa.mo.var *s.m.* **1** utensílio russo com forma de chaleira **2** *bras.* bule

sa.mu.rai *s.m.* guerreiro japonês de classe nobre

sa.nar *v.t.* restabelecer a saúde; tornar são; curar, sarar

sa.na.ti.vo *adj.* que sana, que é próprio para sanar

sa.na.tó.rio *s.m.* estabelecimento próprio para o tratamento de doentes ou convalescentes; hospital, clínica

sa.ná.vel *adj.2g.* passível de ser sanado; curável

san.ci.o.na.dor /ô/ *adj. s.m.* aquele que sanciona, aprova uma lei

san.ci.o.nar *v.t.* aprovar, confirmar oficialmente

san.dá.lia *s.f.* calçado simples formado por uma sola presa a tiras

sân.da.lo *s.m.* BOT árvore pequena que exala odor agradável

san.deu *adj.* **1** *pejor.* louco, doido **2** *pejor.* bobo, tolo

san.di.ce *s.f.* fala ou atitude de sandeu; loucura, tolice

san.du.í.che *s.m.* pão partido ao meio com recheios variados, como salame, presunto, queijo etc.

sa.ne.a.dor /ô/ *adj.* diz-se do que saneia

sa.ne.a.men.to *s.m.* **1** ato ou efeito de sanear **2** conjunto de medidas que promovem a higienização de uma região, tornando-a saudável e habitável

sa.ne.ar *v.t.* **1** tornar saudável **2** exterminar os germes que infectam uma região; higienizar

sa.ne.fa /é/ *s.f.* larga tira de tecido que se coloca transversalmente, como enfeite, na parte superior de uma cortina

san.fo.na *s.f.* MÚS instrumento formado de teclados e fole; acordeão

san.fo.nei.ro /ê/ *adj.* tocador de sanfona

san.gra.dor /ô/ *adj.* **1** diz-se do que sangra **2** *desus.* dizia-se antigamente do barbeiro que fazia a sangria

san.gra.dou.ro *s.m.* **1** MED parte interna da articulação do braço, onde se fazia a sangria **2** *bras.* escoadouro de águas pluviais, de enxurradas

san.gra.du.ra *s.f.* ato ou efeito de sangrar; sangria, sangramento

san.gra.men.to *s.m.* **1** ato ou efeito de sangrar **2** MED perda de sangue em função de alguma lesão vascular

san.grar *v.t.* **1** fazer sangrar, abrindo uma veia com instrumento cortante **2** *fig.* abrir canal por onde possa escoar água **3** *fig.* pedir um empréstimo de dinheiro, sem pretender pagar **4** *fig.* causar desgosto; magoar, ferir

san.gren.to *adj.* **1** coberto de sangue; ensanguentado **2** que se caracteriza por derramamento de sangue; cruel, feroz

san.gri.a *s.f.* **1** ato ou efeito de sangrar; sangramento **2** antigo método de sucção do sangue por meio de sanguessugas

san.gue *s.m.* **1** fluido vermelho espesso que circula pelo corpo em veias e artérias, bombeado pelo coração; líquido vital **2** *fig.* origem, descendência

san.guei.ra /ê/ *s.f.* grande quantidade de sangue

san.gues.su.ga *s.f.* **1** espécie de lesma que quando em contato com a pele de um animal, incluindo o ser humano, gruda-se a ela com ventosas para sugar seu sangue; bicha **2** *fig.* pessoa que vive à custa dos outros; parasita

san.gui.ná.rio *adj.* assassino cruel, feroz, que não hesita em derramar sangue alheio

san.guí.neo *adj.* **1** relativo a sangue **2** diz-se do que contém sangue **3** diz-se do que tem a cor de sangue

san.gui.no.lên.cia *s.f.* **1** qualidade de sanguinolento **2** *fig.* crueldade, ferocidade

san.gui.no.len.to *adj.* **1** em que há grande derramamento de sangue; sangrento **2** *fig.* cruel, feroz

san.guis.se.den.to /ê/ *adj.* sedento de sangue; sanguinário; cruel, brutal

sa.nha *s.f.* raiva, aversão, cólera, rancor, fúria

sa.nha.ço *s.m.* ZOOL designação comum a diversas espécies de pássaros da família dos emberizídeos; saí-açu

sa.nha.çu *s.m.* ZOOL m.q. sanhaço

sa.ni.da.de *s.f.* qualidade de são

sâ.nie *s.f.* líquido fétido de feridas que consiste em pus e sangue

sa.ni.tá.rio *adj.* **1** relativo à saúde **2** relativo ao estado higiênico de uma cidade, de um território etc. • *s.m.* **2** privada, mictório

sa.ni.ta.ris.ta *s.2g.* especialista em saúde pública; higienista

sâns.cri.to *s.m.* antiga língua literária da Índia

san.tar.rão *adj. pejor.* diz-se de quem finge santidade; hipócrita; beato fingido

san.tei.ro /ê/ *adj.* diz-se daquele que vende ou esculpe imagens e gravuras de santos

san.tel.mo /é/ *s.m.* pequena chama que aparece ocasionalmente no topo dos mastros dos navios, causada por descargas elétricas da atmosfera durante os temporais e atribuída a Santo Elmo, avisando que a tempestade já está no fim

san.ti.da.de *s.f.* **1** qualidade de santo **2** absoluta perfeição moral **3** forma de tratamento dirigida ao papa

san.ti.fi.ca.dor /ô/ *adj.* diz-se do que santifica

san.ti.fi.can.te *adj.2g.* m.q. santificador

san.ti.fi.car *v.t.* **1** tornar(-se) santo **2** canonizar

san.ti.nho *s.m.* **1** pequena imagem de santo que se distribui em datas comemorativas, acompanhada sempre de alguma oração **2** *por ext.* panfleto de propaganda política com o rosto e as informações dos candidatos

san.tís.si.mo *adj.* **1** superlativo de santo; extremamente santo • *s.m.* **2** RELIG o sacramento da Eucaristia

san.tis.ta *adj. gent.* **1** natural ou habitante de Santos, cidade do litoral de São Paulo • *s.2g.* **2** jogador ou torcedor do time de futebol denominado Santos

san.to *adj.* **1** que tem santidade; puro; sem pecado; canonizado **2** *fig.* que merece respeito e adoração

san.tu.á.rio *s.m.* RELIG lugar em que se praticam cultos religiosos, em que se venera alguma imagem milagrosa; igreja, templo, capela

são *adj.* **1** que tem saúde; que não está doente ou enfermo; saudável **2** em boas condições de conservação; não deteriorado • *s.m.* **3** forma apocopada de santo, geralmente empregada antes de nomes iniciados por consoantes, ex.: *São Paulo, São Pedro, São Tomé*

sa.pa *s.f.* **1** pá usada para cavar trincheiras, fossos etc. **2** atividade de cavar trincheiras, fossos etc., geralmente em operações militares

sa.pa.dor /ô/ *s.m.* indivíduo que em operações militares executa trabalhos de sapa

sa.par *v.t.* escavar a terra com sapa, pá

sa.pa.ri.a *s.f.* **1** grande quantidade de sapos **2** *fig.* grupo de pessoas que ficam observando e dando palpites em um jogo do qual não estão participando

sa.pa.ta *s.f.* **1** sapato largo, grosseiro e baixo **2** peça de feltro ou veludo usada para proteger partes delicadas de instrumentos musicais; sapatilha

sa.pa.ta.da *s.f.* golpe dado com sapato

sa.pa.tão *adj. s.m.* **1** sapato grande **2** *pejor.* mulher homossexual; lésbica

sa.pa.ta.ri.a *s.f.* **1** fábrica de sapatos **2** loja de sapatos

sa.pa.te.a.do *s.m.* dança executada com batidas ritmadas do sapato no assoalho

sa.pa.te.a.dor *adj. s.m.* dançarino que sapateia seguindo o ritmo de uma música

sa.pa.te.ar *v.i.* **1** dançar, executar coreografia batendo com os sapatos no chão e seguindo o ritmo de uma música **2** bater repetidamente com os pés no chão; enfurecer-se

sa.pa.tei.ro /ê/ *s.m.* **1** fabricante ou vendedor de sapatos **2** indivíduo que conserta sapatos

sa.pa.ti.lha *s.f.* **1** calçado próprio para dançarinos **2** MÚS peça de feltro ou veludo própria para amortecer a pancada dos martelos nas cordas do piano; sapata

sa.pa.to *s.m.* calçado que cobre os pés para protegê-los

sa.pé *s.m.* BOT planta gramínea que serve como cobertura de casas, ranchos, ocas etc.

sa.pe.ar *v.t. pop.* assistir a um jogo, principalmente de cartas, sem tomar parte, mas dando palpites que ninguém pediu

sa.pe.ca /é/ *s.f.* **1** ação de tostar, de fazer passar pelo fogo **2** sova, surra, tunda • *adj.* **3** diz-se de pessoa irrequieta, assanhada

sa.pe.car *v.t.* **1** queimar, chamuscar, tostar **2** *fig.* bater, surrar, agredir **3** fazer um serviço relaxadamente

sá.pi.do *adj.* que tem sabor; gostoso

sa.pi.ên.cia *s.f.* conhecimento profundo e generalizado; sabedoria

sa.pi.en.te *adj.2g.* conhecedor de determinada ciência; culto, sábio, instruído

sa.pi.nho *s.m.* **1** pequeno sapo **2** estomatite micótica que provoca aftas na boca de lactentes

sa.pi.tu.ca *s.f.* **1** *pop.* ligeira embriaguez **2** *pop.* mal-estar repentino **3** *pop.* vertigem geralmente atribuída à ingestão excessiva de alimentos e bebidas

sa.po *s.m.* **1** ZOOL animal da família dos ranídeos; batráquio **2** *fig.* pessoa gorda, deselegante **3** *fig.* pessoa que não está tomando parte em alguma atividade, mas que gosta de dar palpites

sa.pó.lio *s.m.* tipo de sabão

sa.po.ná.ceo *adj.* **1** que tem as características do sabão • *s.m.* **2** substância como pó, gel etc. usada como sabão, principalmente em limpeza pesada

sa.po.ta *s.f.* BOT árvore pequena e frutífera da família das celastráceas, nativa do Brasil

sa.po.ti *s.m.* **1** BOT árvore da família das sapotáceas, nativa da América Central e das Antilhas **2** fruto dessa árvore

sa.po.ti.zei.ro /ê/ *s.m.* BOT m.q. sapoti

sa.pró.fa.go *s.m.* **1** gênero de insetos coleópteros • *adj.* **2** que se alimenta de substâncias putrefatas, em decomposição

sa.pro.fi.tis.mo *s.m.* modo de alimentação dos saprófitos

sa.pró.fi.to *s.m.* BOT vegetal que obtém os nutrientes vitais a partir de matérias orgânicas em decomposição

sa.pu.cai.a *s.f.* BOT árvore do Brasil, da família das lecitidiáceas

sa.que *s.m.* **1** retirada de dinheiro em um banco **2** ação de roubar violentamente; assalto; golpe repentino

sa.quê *s.m.* bebida alcoólica fermentada feita de arroz, de origem oriental

sa.que.a.dor /ô/ *adj.* diz-se daquele que saqueia; ladrão

sa.que.ar *v.t.* roubar repentina e violentamente, à mão armada, cidades, depósitos, bancos etc.

sa.ra.ban.da *s.f.* **1** dança espanhola em que os bailarinos executam a coreografia de mãos dadas **2** *fig.* roda-viva, agitação

sa.ra.ba.ta.na *s.f.* tubo comprido com que se arremessam pequenas flechas envenenadas, soprando-as; zarabatana

sa.ra.bu.lhen.to *adj.* cheio de sarabulhos; áspero

sa.ra.bu.lho *s.m.* **1** aspereza, saliência formada na superfície da louça **2** *por ext.* pequena ferida com crosta; bostela

sa.ra.bu.lho.so /ô/ *adj.* m.q. sarabulhento

sa.ra.co.te.a.dor /ô/ *adj.* diz-se de pessoa que saracoteia

sa.ra.co.te.a.men.to *s.m.* m.q. saracoteio

sa.ra.co.te.ar *v.i.* **1** rebolar os quadris, as nádegas **2** andar dando pulos

sa.ra.co.tei.o /ê/ *s.m.* **1** ato ou efeito de saracotear **2** movimento de quadris

sa.ra.cu.ra *s.f.* BOT ave galinácea do Brasil, conhecida por galinha-d'água

sa.ra.do *adj.* **1** que sarou, que se curou **2** *gír.* forte, de corpo esculpido; de corpo perfeito

sa.rai.va *s.f.* **1** chuva de pedra; granizo **2** grande quantidade de coisas que caem à maneira de granizo; saraivada

sa.rai.var *v.i.* cair saraiva

sa.ram.pen.to *adj.* diz-se daquele que está atacado de sarampo

sa.ram.po *s.m.* MED doença infecciosa e endêmica provocada por vírus

sa.ra.pan.tar *v.t.* ficar assustado, aturdido, desorientado

sa.ra.pa.tel /é/ *s.m.* prato português que consiste em um guisado de sangue, miúdos e tripas de porco

sa.ra.pin.tar *v.t.* pintar de várias cores; mesclar

sa.rar *v.t.* ficar são; curar; restituir a saúde

sa.ra.rá *adj.2g.* **1** avermelhado **2** mulato arruivado • *s.m.* **3** ZOOL espécie de formiga vermelha nativa do Brasil

sa.rau *s.m.* reunião festiva, à noite, em casa de amigos, clube, teatro etc. com músicas, recitais, declamações e danças, ex.: *sarau musical, sarau literário*

saravá

sa.ra.vá *interj.* saudação comum entre adeptos dos cultos afro-brasileiros

sar.ça *s.f.* BOT tipo de planta espinhosa; silva

sar.cas.mo *s.m.* **1** ironia ofensiva; palavra ou dito ofensivo **2** riso de escárnio; deboche

sar.cás.ti.co *adj.* diz-se de pessoa que usa de expressões e palavras irônicas, depreciativas

sar.có.fa.go *adj.* **1** diz-se do que corrói carne • *s.m.* **2** túmulo feito de pedra e cal em que se enterravam os cadáveres que não seriam cremados

sar.co.ma *s.m.* tumor maligno do tecido conjuntivo

sar.co.ma.to.so *adj.* **1** que é semelhante a um sarcoma **2** que tem a natureza do sarcoma

sar.da *s.f.* **1** pequena mancha cor de ferrugem que algumas pessoas têm na pele, principalmente no rosto **2** ZOOL nome de um pequeno peixe do oceano Atlântico

sar.den.to *adj.* cheio de sardas na pele

sar.di.nha *s.f.* ZOOL peixe marinho de pequeno tamanho, comumente consumido em conserva

sar.dô.ni.co *adj.* diz-se de pessoa sarcástica, zombeteira, irônica

sar.ga.ço *s.m.* BOT designação comum a diversas algas feofíceas, geralmente usadas como adubo

sar.gen.to *s.2g.* **1** EXÉRC oficial de graduação imediatamente superior à cabo ○ *s.m.* **2** espécie de torno usado por carpinteiros para juntar tábuas

sar.gen.to-mor */ó/ s.m.* EXÉRC militar graduado entre tenente-coronel e capitão

sar.go *s.m.* ZOOL peixe da família dos esparídeos, muito apreciado em pesca esportiva; sargo-de-mar

sa.ri.e.ma *s.f.* ZOOL espécie de ema que é típica dos sertões; seriema

sa.ri.guê *s.m.* ZOOL m.q. gambá

sa.ri.guei.a */éi/ s.f.* ZOOL mamífero marsupial cuja fêmea tem sob o ventre uma espécie de bolsa em que carrega os filhotes; gambá

sa.ri.lhar *v.t.* enrolar fio em sarilho; ensarilhar

sa.ri.lho *s.m.* **1** máquina de trançar fios **2** mecanismo que consiste em um cilindro móvel com uma corda enrolada, usado para levantar objetos pesados **3** *fig.* situação difícil, crítica **4** *fig.* rolo, confusão, briga

sar.ja *s.f.* **1** corte feito na pele para extrair sangue ou pus; incisão **2** tecido de lã ou seda usado na fabricação de roupas

sar.jar *v.t.* abrir sarja, fazer incisão na pele

sar.je.ta */ê/ s.f.* **1** valeta em ruas ou terrenos que serve para escoar água da chuva **2** tecido parecido com a sarja **3** sarja de qualidade inferior

sar.men.tá.ceo *adj.* semelhante ao sarmento

sar.men.to *s.m.* **1** ramo de videira **2** haste de planta que lança raízes pelos nós

sar.na *s.f.* **1** MED coceira, prurido contagioso causado por ácaros **2** *fig.* pessoa irritante

sar.nen.to *adj.* **1** que tem sarna; que está com coceira **2** *pop.* diz-se de cachorro sem dono, sujo e maltratado

sar.ra.ba.lho *s.m.* dança campestre típica do Sul do Brasil

sar.ra.bu.lha.da *s.f.* **1** grande porção de sarrabulho **2** *fig.* confusão, desordem, baderna

sar.ra.bu.lho *s.m.* **1** sangue de porco coagulado **2** prato de origem portuguesa que leva sangue de porco coagulado, fígado, torresmo, toucinho e outros **3** *fig.* briga, bate-boca, confusão

sar.ra.cê.nia *s.f.* BOT gênero de plantas da família das sarraceniáceas, nativas da América do Norte

sar.ra.ce.no *adj.* árabe, mouro, maometano

sar.ra.fa.çal *s.m. pop.* profissional incompetente, que trabalha mal

sar.ra.fo *s.m.* tábua fina e estreita; estaca, ripa

sar.ren.to *adj.* que tem sarro; cheio de sarro

sar.ri.do *s.m.* **1** estertor de moribundo **2** *pop.* dificuldade de respirar; falta de fôlego

sar.ro *s.m.* **1** resíduo de vinho ou de outros líquidos coloridos que fica no fundo das vasilhas; borra **2** resíduo de fumo que fica no tubo de cachimbos **3** fuligem de pólvora queimada que se retém nos canos de armas **4** crosta que se forma nos dentes que não são bem escovados ■ **tirar sarro** *pop.* zombar, caçoar

sar.tó.rio *s.m.* músculo da coxa responsável pela flexão, permitindo cruzar as pernas

sas.sa.ri.car *v.i. pop.* **1** dançar, remexer os quadris; rebolar **2** aborrecer a alguém com troças

sa.tã *s.m.* m.q. satanás (inicial por vezes maiúscula)

sa.ta.nás *s.m.* RELIG no cristianismo, o anjo rebelde que foi expulso do céu; diabo

sa.tâ.ni.co *adj.* relativo a Satã; diabólico

sa.ta.nis.mo *s.m.* **1** qualidade do que é satânico **2** culto a Satã

sa.ta.nis.ta *adj.2g.* adepto do satanismo

sa.ta.ni.zar *v.t.* **1** praticar culto satânico **2** dar aspecto satânico

sa.té.li.te *s.m.* **1** ASTRON astro que gravita em torno de outro **2** pessoa a serviço de outra como guarda-costas **3** indivíduo que obedece fielmente às ordens de um patrão

sá.ti.ra *s.f.* LITER cantiga trovadoresca ou representação teatral que consistia em criticar e expor pessoas e costumes sociais ao ridículo

sa.ti.ris.ta *adj.2g.* aquele que escreve sátiras; satírico

sa.ti.ri.zar *v.t.* criticar, zombar, escarnecer

sá.ti.ro *s.m.* **1** MIT ser mitológico com pés e pernas de bode; fauno **2** *fig.* indivíduo lascivo, cínico, de costumes imorais

sa.tis.fa.ção *s.f.* **1** ato ou efeito de satisfazer(-se); contentamento **2** justificativa para alguma ação; apresentação de razões, motivos, *ex.: você me deve uma satisfação para o que fez*

sa.tis.fa.zer */ê/ v.t.* **1** corresponder ao que se deseja; ser suficiente **2** provocar alegria, satisfação; agradar **3** dar explicações; justificar algum ato

sa.tis.fei.to */ê/ adj.* **1** que se satisfez **2** saciado, farto **3** agradado, alegre, recompensado

sa.tu.ra.ção *s.f.* **1** ato ou efeito de saturar, de saciar **2** impregnação de uma substância por outra equivalente; neutralização ■ **ponto de saturação** o grau máximo de absorção de uma substância por outra

sa.tu.rar *v.t.* absorver, encher totalmente; impregnar; saciar

sa.tur.ni.no *adj.* **1** relativo ao planeta Saturno; saturnal **2** ASTROL diz-se de quem é do signo de Saturno **3** relativo a chumbo; plúmbeo **4** diz-se de doença provocada pelo chumbo

sa.tur.nis.mo *s.m.* intoxicação provocada por chumbo; plumbismo

seco

sa.tur.no *s.m.* **1** um dos planetas do sistema solar (com inicial maiúscula) **2** nome dado ao chumbo pelos alquimistas **3** MIT o segundo filho de Urano e Vesta, ou do Céu e da Terra

sau.da.ção *s.f.* **1** ato ou efeito de saudar, de cumprimentar **2** cortesia, felicitação, homenagem

sau.da.de *s.f.* **1** lembrança, ao mesmo tempo prazerosa e triste, de uma época, de uma pessoa, de um lugar etc. de que se foi privado; nostalgia **2** sentimento de falta de algo ou alguém querido **3** BOT nome de uma flor de jardim da família das dipsacáceas

sau.dar *v.t.* **1** cumprimentar **2** desejar saúde; fazer brinde, discurso rápido de saudação a alguém em determinada data comemorativa **3** congratular, felicitar

sau.dá.vel *adj.2g.* **1** que é bom para a saúde; higiênico **2** que tem saúde; que tem boa disposição ou bom funcionamento dos órgãos vitais

sa.ú.de *s.f.* **1** estado do que é são; sanidade **2** equilíbrio das funções vitais; vigor físico • *interj.* **3** saudação que se diz à mesa durante brindes

sau.do.sis.mo *s.m.* **1** saudade do passado **2** fidelidade a ideias e costumes do passado **3** ideologia de que o passado foi melhor que o tempo presente e que, portanto, deveriam retornar costumes e hábitos ultrapassados **4** LITER tendência literária caracterizada pelo apego ao passado

sau.do.sis.ta *adj.2g.* diz-se daquele que pratica o saudosismo, que elogia ideias e costumes do passado

sau.do.so /ô/ *adj.* **1** cheio de saudade; que sente saudade **2** diz-se do melancólico, triste pela saudade que sente

sau.na *s.f.* espécie de banho em que a pessoa fica exposta a vapores de alta temperatura

sáu.rio *s.m.* ZOOL espécie dos sáurios, répteis como lagarto, lagartixa, camaleão, jacaré, crocodilo etc.

sau.ró.po.de *s.m.* PALEO espécime dos saurópodes, ordem de dinossauros fósseis

sa.ú.va *s.f.* ZOOL espécie de formiga muito nociva às plantações e lavouras

sa.u.val *s.m.* m.q. sauveiro

sa.u.vei.ro /ê/ *s.m.* conjunto de formigueiros de saúva

sa.u.vi.ci.da *s.m.* substância ou medicamento que mata saúva

sa.va.na *s.f.* extensa planície com poucas árvores e abundância de plantas rasteiras; pampa, estepe

sa.vei.ro /ê/ *s.m.* **1** barco estreito e comprido, comumente usado para pesca ou transporte de pessoal e carga **2** homem que dirige esse barco

sa.vi.tu *s.m.* macho da saúva

sa.xão /ks/ *adj.* **1** relativo aos saxões, antigo povo da Germânia **2** natural ou habitante da Saxônia, na Alemanha

sá.xeo /ks/ *adj.* diz-se do que é de pedra; pétreo

sa.xí.fra.go /ks/ *adj.* diz-se do que destrói pedras

sa.xo.fo.ne /ks/ *s.m.* instrumento de música metálico, de chaves e sopro, semelhante à clarineta

sa.xo.fo.nis.ta /ks/ *s.2g.* pessoa que toca saxofone

sa.xô.ni.co /ks/ *adj.* m.q. saxão

sa.xô.nio /ks/ *adj.* m.q. saxão

sa.zão *s.f.* **1** cada uma das estações do ano **2** época do amadurecimento dos frutos, da colheita **3** *fig.* ocasião favorável; oportunidade

sa.zo.na.do *adj.* pronto para ser colhido e consumido; maduro

sa.zo.nar *v.i.* **1** chegar ao ponto de ser colhido; amadurecer ○ *v.t.* **2** tornar saboroso; temperar

Sb QUÍM símbolo de antimônio

Sc QUÍM símbolo de escândio

se *conj.* **1** GRAM indica condição ex.: *comprarei o carro se o dinheiro for suficiente* • *pron.* **2** GRAM variação do pronome pessoal do caso oblíquo átono de 3ª pessoa ex.: *feriu-se, olharam-se* **2** partícula apassivadora, ex.: *vende-se esta casa* **3** índice de indeterminação do sujeito ex.: *vive-se bem nesta cidade*

sé *s.f.* **1** igreja principal; catedral onde está a sede do governo eclesiástico **2** a jurisdição do bispo

Se QUÍM símbolo de selênio

SE GEOG símbolo de Sudeste

se.a.ra *s.f.* **1** campo plantado; terra semeada **2** plantio, safra, lavoura

se.a.rei.ro /ê/ *adj.* trabalhador agrícola; cultivador de searas; lavrador

se.bá.ceo *adj.* **1** que tem sebo **2** que é da natureza do sebo; seboso, sebento

se.bas.tia.nis.mo *s.m.* crença ideológica antiga de que D. Sebastião, rei português desaparecido durante uma batalha, voltaria para salvar Portugal de todos os seus problemas

se.be /é/ *s.f.* entrelaçamento de galhos e ramos para dividir um terreno de outro; cerca viva

se.ben.to /ê/ *adj.* m.q. sebáceo

se.bo /ê/ *s.m.* **1** substância composta de gordura, ceratina e detritos celulares, secretada por glândulas sebáceas **2** *pejor.* sujeira, falta de asseio **3** *bras.* livraria onde se vendem livros e revistas usados

se.bo.so *adj.* **1** m.q. sebáceo **2** *bras.* diz-se de quem é sujo, porcalhão, imundo

se.bor.rei.a /é/ *s.f.* erupção cutânea na base do cabelo provocada pela hipersecreção das glândulas sebáceas

se.ca /ê/ *s.f.* **1** aridez, sequidão; baixa umidade **2** época da falta de chuvas **3** *pop.* tuberculose, tísica **4** *por ext.* a morte **5** conversa comprida e enfadonha; amolação, aborrecimento

se.ca.dor /ô/ *adj.* **1** diz-se do que seca **2** *pop.* diz-se do que importuna, aborrece • *s.m.* **3** aparelho próprio para enxugar diversos materiais, como peles, roupas, couros, tecidos etc

se.ca.gem *s.f.* ato ou efeito de secar(-se); enxugamento.

se.can.te *adj.2g.* **1** que seca ou faz secar **2** diz-se de substância usada por pintores para fazer secar rapidamente as tintas **3** importuno, chato, entediante • *s.f.* **4** GEOM linha ou superfície que corta outra

se.ção *s.f.* ação ou efeito de cortar; corte, divisão, repartição

se.car *v.t.* **1** tirar ou fazer evaporar a água, a umidade; enxugar **2** aborrecer, importunar, entediar **3** *pop.* ficar tuberculoso **4** *pop.* emagrecer; perder gordura **5** (plantas) murchar; perder a seiva

se.car.rão *adj.* diz-se de indivíduo muito seco, de poucas palavras; ríspido

se.ca.ti.vo *adj.* FARM diz-se de preparado que desumidifica e favorece a cicatrização de feridas

se.ces.são *s.f.* ato de separar; separação

se.co /ê/ *adj.* **1** sem água ou umidade **2** sem seiva; enxuto **3** *fig.* calado; ríspido

secreção
450

se.cre.ção *s.f.* **1** ato ou efeito de secretar **2** produção e descarga de substâncias que são expelidas pelo organismo

se.cre.ta /ê/ *s.f.* **1** na missa, oração mental ou dita em voz baixa **2** *desus.* nas faculdades, tese defendida somente na presença da banca avaliadora

se.cre.tar *v.t.* produzir secreção

se.cre.ta.ri.a *s.f.* **1** repartição onde se faz atendimento ao público **2** escritório encarregado da burocracia administrativa e da elaboração de documentos e papéis oficiais **3** parte de um colégio **4** ministério

se.cre.tá.ria *s.f.* mulher encarregada das anotações, da correspondência, da elaboração de atas e outros documentos

se.cre.ta.ri.a.do *s.m.* **1** lugar ou repartição onde o secretário exerce seu cargo **2** o conjunto dos secretários de Estado, auxiliares imediatos do presidente da república **3** o cargo, a função de secretário **4** graduação administrativa que prepara futuros secretários

se.cre.ta.ri.ar *v.i.* exercer as funções de secretário; servir de secretário

se.cre.tá.rio *s.m.* **1** indivíduo encarregado do atendimento aos clientes, da correspondência, das anotações, da elaboração de papéis públicos etc. **2** diretor de secretaria pública

se.cre.to /é/ *adj.* **1** que não pode ser divulgado; que não é conhecido de todos; oculto, escondido, reservado • *s.m.* **2** *desus.* m.q. segredo

sec.tá.rio *adj.* **1** relativo à seita • *s.m.* **2** membro fervoroso de uma seita religiosa ou de um partido político

sec.ta.ris.mo *s.m.* espírito sectário, limitado e fanatismo por uma doutrina ou por um ideal político

sec.ta.ris.ta *adj.2g.* m.q. sectário

se.cu.lar *adj.2g.* **1** relativo a século **2** que se faz de século em século **3** *por ext.* que é muito antigo **4** RELIG que é do mundo; que se opõe à vida religiosa; mundano **5** diz-se do eclesiástico que não pertence a uma ordem

se.cu.la.ri.zar *v.t.* **1** tirar das instituições religiosas; tornar leigo; profanar **2** declarar livre de influência eclesiástica o que pertence à administração do Estado

sé.cu.lo *s.m.* **1** período de tempo de cem anos **2** RELIG o mundo, a vida terrena, em oposição à religiosa

se.cun.dar *v.t. bras.* fazer pela segunda vez; repetir

se.cun.dá.rio *adj.* **1** que está em segundo lugar; em segundo plano **2** que não é essencial; dispensável

se.cu.ra *s.f.* **1** condição de seco **2** falta de água; seca **3** vontade de beber; sede **4** *fig.* falta de delicadeza, de amabilidade; rispidez

se.da /ê/ *s.f.* **1** substância em forma de fio, excretada pela larva chamada bicho-da-seda **2** tecido finíssimo feito com os fios do bicho-da-seda ou com fios artificiais semelhantes

se.dar *v.t.* **1** tornar parecido com a seda **2** limpar tecidos de suas impurezas **3** dar sedativo **4** acalmar, tranquilizar; fazer diminuir a dor, a excitação

se.da.ti.vo *adj.* diz-se do que abranda a intensidade de uma dor ou de um sofrimento; calmante

se.de /ê/ *s.f.* **1** sensação causada pela falta de líquido no organismo, especialmente de água **2** necessidade de beber água ou qualquer líquido; secura **3** *fig.* desejo forte de alguma coisa **4** /é/ casa principal de uma ordem religiosa **5** lugar onde funciona um tribunal, um governo, uma administração **6** lugar onde funciona a liderança de uma organização

se.den.tá.ri.e.da.de *s.f.* qualidade do que é sedentário, que não tem vida ativa

se.den.tá.rio *adj.* que não muda de lugar; que está sempre assentado, imóvel, fixo, parado, estável, acomodado

se.den.to *adj.* **1** que sente sede; que precisa de água **2** *fig.* que tem grande desejo de algo

se.des.tre /é/ *adj.2g.* que representa alguém sentado, ex.: *estátua sedestre*

se.di.ção *s.f.* tumulto popular; revolta, revolução, motim

se.di.ci.o.so *adj.* diz-se daquele que tomou parte em uma sedição; revolucionário, rebelde

se.di.men.ta.ção *s.f.* **1** ato ou efeito de sedimentar **2** ação de se assentarem no fundo das águas sujeiras ou substâncias mais pesadas que o líquido **3** processo de formação de sedimento em camadas, em mares, lagos e líquidos em geral

se.di.men.tar *adj.2g.* **1** relativo a sedimento • *v.i.* **2** formar sedimento **3** juntar substâncias mais pesadas que a água no fundo de reservatórios, como mares, lagos, rios e qualquer vasilhame, como caixas-d'água, piscinas, jarros, chaleiras etc.

se.di.men.to *s.m.* **1** material sólido presente em ambiente aquoso e que, sendo mais pesado que a água, vai lentamente baixando até o fundo **2** o fundo do mar, do lago, do vaso em que se encontra esse material sólido

se.du.ção *s.f.* **1** ação de seduzir ou de ser seduzido **2** atração irresistível; encantamento

se.du.tor *adj.* **1** que seduz, que atrai; atraente **2** que desencaminha moralmente; corruptor

se.du.zir *v.t.* **1** encantar, atrair, cativar, conquistar **2** desencaminhar moralmente

se.ga /é/ *s.f.* **1** ação ou resultado de segar; colheita, ceifa **2** /ê/ lâmina do arado usada para cortar as raízes e facilitar a lavra

se.ga.dei.ra /ê/ *s.f.* espécie de foice grande, usada para cortar o mato e ceifar o trigo

se.ga.dor /ô/ *s.m.* indivíduo que trabalha com a sega no corte do mato, do trigo já maduro etc.

se.gar *v.t.* cortar com sega ou foice; ceifar

se.ge /é/ *s.f.* antiga carruagem puxada por dois cavalos

seg.men.ta.ção *s.f.* ato ou efeito de segmentar; divisão, fracionamento

seg.men.tar *adj.2g.* **1** relativo a segmento • *v.t.* **2** dividir em segmentos; fracionar

seg.men.tá.rio *adj.* formado por vários segmentos; segmentado

seg.men.to *s.m.* parte, fração, fatia, pedaço

se.gre.dar *v.t.* contar um segredo a alguém em voz baixa, secretamente; dizer em segredo

se.gre.do /ê/ *s.m.* fato oculto, secreto, reservado; confidência

se.gre.ga.ção *s.f.* **1** ato ou efeito de segregar; de não misturar; separação, afastamento, isolamento **2** distinção entre uma classe e outra, entre indivíduos de uma raça e de outra

se.gre.gar *v.t.* **1** separar, afastar, isolar **2** expelir líquido; secretar

se.gui.da *s.f.* aquilo que é produzido por uma causa; resultado, efeito, seguimento

se.gui.do *adj.* **1** em sequência; imediato, contínuo **2** que se segue ou imita; usado, adotado

se.gui.dor /ô/ *adj. s.m.* diz-se do que segue, que dá continuidade a algo; acompanhante, companheiro, adepto, partidário, sectário

se.gui.men.to *s.m.* ato ou efeito de seguir; continuação, prosseguimento

se.guin.te *adj.2g.* que vem logo depois; imediato, subsequente

se.guir *v.t.* **1** ir atrás de; andar no mesmo ritmo de **2** vigiar, perseguir **3** ser adepto, partidário de **4** continuar, prosseguir

se.gun.da-fei.ra /ê/ *s.f.* o segundo dia da semana que começa no domingo

se.gun.da.nis.ta *adj.2g.* estudante que frequenta o segundo ano de qualquer curso ou faculdade

se.gun.do *adj.* **1** em segundo lugar • *num.* **2** ordinal que corresponde ao número dois • *s.m.* **3** a sexagésima parte do minuto **4** espaço ínfimo de tempo; um momento, ex.: *aguarde um segundo, por favor* • *conj.* **4** à medida que; como, conforme, ex.: *segundo informações do serviço de meteorologia, haverá chuvas e trovoadas* • *prep.* **5** de acordo com; em harmonia com

se.gu.ra.do *adj.* **1** JUR que está no seguro • *s.m.* **2** JUR indivíduo que paga o prêmio do seguro, obtendo assim o valor estipulado no contrato

se.gu.ra.dor /ô/ *adj.* **1** que segura, agarra, prende **2** JUR diz-se daquele que se compromete, em um contrato de seguro, a indenizar o segurado em caso de danos ou perdas

se.gu.ra.do.ra /ô/ *s.f.* empresa que vende seguros

se.gu.ran.ça *s.f.* **1** ato ou efeito de tornar seguro **2** sensação de proteção, certeza, confiança

se.gu.rar *v.t.* **1** pegar, agarrar, tomar entre as mãos **2** tornar seguro; assegurar **3** fazer seguro de vida ou de bens em empresa seguradora

se.gu.ri.da.de *s.f.* qualidade do que é seguro; segurança, tranquilidade, garantia

se.gu.ro *adj.* **1** firme, fixo **2** livre de perigo; tranquilo, protegido, garantido, abrigado **3** *pop.* avarento, pão-duro • *s.m.* **4** JUR contrato em que uma empresa seguradora garante indenização contra prejuízos, morte, perdas inesperadas **5** fiança, caução, garantia

sei.o /ê/ *s.m.* **1** dobra sinuosa; curvatura, volta **2** cada uma das mamas da mulher; o colo feminino **3** lugar interno; interior; âmago **4** *fig.* ambiente familiar; intimidade

sei.ra *s.f.* cesto de vime ou outro material usado para guardar ou transportar frutas

seis *num.* cardinal que corresponde a cinco mais um; meia dúzia

seis.cen.tis.mo *s.m.* LITER escola literária do século XVII

seis.cen.tos *num.* cardinal que corresponde a quinhentos mais cem

sei.ta /ê/ *s.f.* **1** sistema ou doutrina que se afasta das crenças gerais **2** grupo de pessoas que seguem um ideal, doutrinário ou não **3** facção, partido

sei.va /ê/ *s.f.* BOT substância nutritiva formada por um líquido que circula no interior das plantas, através de um sistema vascular

sei.val *s.m.* grande extensão de terreno alagadiço, úmido

sei.xa.da *s.f.* pancada dada com um seixo; pedrada

sei.xo /ê/ *s.m.* pedra, geralmente branca e dura, da beira do leito de rios

se.ja /ê/ *conj.* liga palavras ou orações; equivale a *ou, quer...quer*

se.la /é/ *s.f.* assento de couro acolchoado para montaria; arreio

se.la.do *adj.* **1** que tem selo, que recebeu selo ex.: *envelope selado* **2** diz-se do cavalo sobre o qual foi colocada a sela

se.la.dor /ô/ *adj.* **1** diz-se da pessoa que coloca a sela nos animais **2** diz-se daquele que apõe selos em envelopes

se.la.gem *s.f.* **1** ato ou efeito de selar, de colocar sela nos animais **2** ato ou efeito de selar cartas; aposição de selo

se.lar *v.t.* **1** colocar sela em animais para montaria **2** colar selos em envelopes de cartas e demais papéis **3** aplicar carimbo, marca oficial em algum documento para lhe conferir valor e autenticidade **4** aprovar oficialmente **5** oficializar um conceito, uma resolução

se.la.ri.a *s.f.* **1** arte de fabricar selas, geralmente de couro **2** loja que vende selas e outros arreios para montaria

se.le.ção *s.f.* **1** ato de escolher, de separar o melhor; classificação **2** sistema de melhorias genéticas em vegetais e animais

se.le.ci.o.na.do *adj.* **1** separado, nomeado, indicado, escolhido • *s.m.* **2** quadro de jogadores de um time formado por atletas escolhidos entre os demais; seleção

se.le.ci.o.nar *v.t.* fazer seleção; escolher, separar, eleger; preferir os melhores aos demais

se.lei.ro /ê/ *s.m.* aquele que faz selas de couro e outros acessórios para montaria

se.lê.ni.co *adj.* **1** relativo à Lua; lunar **2** QUÍM relativo ao selênio

se.lê.nio *s.m.* QUÍM metaloide de propriedades análogas às do enxofre

se.le.ni.ta *s.2g.* suposto habitante da Lua

se.le.ta /é/ *s.f.* **1** antologia, coletânea de trechos literários **2** certa variedade de pera aromática

se.le.ti.vo *adj.* **1** relativo a seleção **2** que faz seleção

se.le.to /é/ *adj.* escolhido, preferido, separado entre os demais pelas suas qualidades

se.le.tor /ô/ *s.m.* **1** dispositivo nos aparelhos que seleciona e localiza uma estação ou um canal **2** qualquer mecanismo, automático ou não, que realiza determinada seleção

se.lim *s.m.* **1** pequena sela usada para cavalgar **2** banco de bicicletas

se.lo /ê/ *s.m.* pequeno retângulo de papel com figuras e dizeres que se aplica sobre objetos a fim de autenticá-los; sinete; estampilha; marca, certificação

sel.va *s.f.* mato, bosque, floresta

sel.va.ge.ri.a *s.f.* brutalidade, crueldade, agressividade

sel.va.ja.ri.a *s.f.* m.q. selvageria

sel.vá.ti.co *adj.* **1** próprio da selva; selvagem **2** *fig.* bárbaro, rude, grosseiro

sel.ví.co.la *adj.* que nasce ou vive na selva; selvagem

sem *prep.* indica falta, ausência, privação

se.má.fo.ro *s.m.* **1** sinalizador, telégrafo aéreo **2** aparelho de sinalização urbana que orienta o trânsito

se.ma.na *s.f.* período de sete dias

se.ma.nal *adj.2g.* **1** relativo a semana **2** que acontece de semana em semana; que se faz uma vez por semana

se.ma.ná.rio *s.m.* **1** relativo a semana **2** periódico que se publica uma vez por semana

semantema

se.man.te.ma /ê/ *s.m.* GRAM parte do vocábulo com a essência semântica; tema, raiz

se.mân.ti.ca *s.f.* parte da linguística que estuda o significado das palavras, sua origem, seus sinônimos etc.

se.mân.ti.co *adj.* relativo a semântica

se.ma.si.o.lo.gi.a *s.f.* **1** estudo dos sinais e símbolos; sematologia **2** *desus.* m.q. semântica

sem.blan.te *s.m.* fisionomia; feição do rosto; face

sem-ce.ri.mô.ni.a *s.f.* **1** falta de cerimônia, de educação **2** desprezo pelos preceitos das convenções sociais

sê.mea *s.f.* parte da farinha de trigo depois de peneirada

se.me.a.dor *adj.* **1** que semeia • *s.m.* **2** instrumento agrícola que distribui as sementes em um terreno

se.me.a.du.ra *s.f.* ato ou efeito de semear; ação de colocar as sementes na terra

se.me.ar *v.t.* **1** espalhar, lançar sementes em terreno próprio para a germinação **2** *fig.* divulgar, espalhar boatos e notícias

se.me.lhan.ça *s.f.* **1** aquilo que é semelhante, que tem conformidade de feições **2** coincidência de traços

se.me.lhan.te *adj.2g.* que tem semelhança; parecido; quase igual; equivalente

se.me.lhar *v.t. v.pron.* ser semelhante, ser parecido; assemelhar(-se)

sê.men *s.m.* **1** esperma humano **2** *fig.* origem, causa, semente

se.men.te *s.f.* **1** BOT estrutura do fruto que contém o óvulo fecundado das plantas **2** grão ou outro tipo de substância que se lança à terra para germinar **3** *fig.* origem, causa

se.men.tei.ra /ê/ *s.f.* **1** ato ou efeito de semear **2** conjunto de sementes de plantas que, quando germinadas, são aproveitadas para novas semeaduras **3** viveiro de plantas; canteiro

se.mes.tral *adj.2g.* relativo a semestre; que acontece ou se realiza de seis em seis meses

se.mes.tra.li.da.de *s.f.* **1** qualidade de semestral **2** pagamento que se faz por semestre, a cada seis meses

se.mes.tre /é/ *s.m.* período de seis meses; meio ano

sem-fim *s.m.* **1** quantidade ou número indeterminado **2** ZOOL m.q. saci

se.mi.a.nal.fa.be.to /é/ *adj.* quase analfabeto; que foi parcialmente alfabetizado

se.mi.â.ni.me *adj.2g.* quase morto; exânime, semimorto

se.mi.bár.ba.ro *adj.* quase bárbaro; meio selvagem; pouco civilizado

se.mi.bre.ve *s.f.* MÚS nota musical com valor de duas mínimas ou de metade de uma breve

se.mi.cer.rar *v.t.* quase fechar; não fechar de todo

se.mi.cír.cu.lo *s.m.* metade de um círculo

se.mi.cir.cun.fe.rên.cia *s.f.* metade de uma circunferência

se.mi.col.chei.a /ê/ *s.f.* MÚS nota musical que vale a metade de uma colcheia

se.mi.cú.pio *s.m.* banho de assento, de meio corpo, das coxas até a cintura

se.mi.deus *s.m.* **1** MIT indivíduo superior aos homens e inferior aos deuses; quase deus **2** *fig.* homem de grande importância, extraordinário

se.mi.fi.nal *adj.2g.* ESPORT competição imediatamente anterior à final

se.mi.fu.sa *s.f.* MÚS nota musical que vale a metade de uma fusa

se.mi-in.ter.na.to *s.m.* **1** internato que admite alunos somente durante o dia **2** regime escolar de passar o dia todo no colégio, indo dormir em casa

se.mi-in.ter.no /ê...é/ *adj.* diz-se do aluno que passa o dia todo no colégio, indo dormir em casa

se.mi.me.tal *s.f.* QUÍM substância que possui algumas propriedades do metal

se.mi.mor.to /ô/ *adj.* quase morto; semiânime

se.mi.nal *adj.2g.* **1** relativo a sêmen **2** que produz sêmen

se.mi.ná.rio *s.m.* **1** apresentação oral de um assunto pesquisado, analisado feita a uma turma de alunos **2** estabelecimento que prepara seminaristas

se.mi.na.ris.ta *s.2g.* aluno de seminário

se.mi.ní.fe.ro *adj.* **1** que produz sêmen **2** que produz semente

se.mi.ni.ma *s.f.* MÚS nota musical que vale a metade de uma mínima

se.mi.nu *adj.* quase nu; com poucas roupas

se.mi.o.lo.gi.a *s.f.* ciência que estuda os signos e a arte de empregá-los

se.mi.ó.ti.ca *s.f.* **1** ciência que estuda os sinais, signos, códigos de comunicação **2** m.q. semiologia

se.mi.pla.no *adj.* GEOM região do plano limitada por uma reta

se.mir.re.ta /ê...é/ *s.f.* GEOM parte de uma reta limitada por um ponto

se.mi.ta *adj.2g.* **1** relativo à etnia cujo ancestral seria Sem **2** diz-se dos povos que falam hebraico e árabe, como judeus, árabes, sírios, libaneses etc.

se.mi.ti.co *adj.* relativo aos semitas

se.mi.tis.mo *s.m.* **1** caráter do que é semítico **2** civilização, ideias ou influência do povo judeu **3** simpatia pelos judeus; semitismo

se.mi.tom *s.m.* MÚS intervalo musical que vale a metade de um tom

se.mi.trans.pa.ren.te *adj.2g.* quase transparente

se.mi.vi.vo *adj.* quase sem vida; semiânime

se.mi.vo.gal *s.f.* GRAM fonema intermediário entre vogal e consoante que ocorre no início ou fim da sílaba, nunca no meio

sem-mo.dos /ó/ *adj.2g.2n.* diz-se de pessoa sem educação, de comportamento inadequado

sê.mo.la *s.f.* farinha extraída do trigo ou de outros cereais

sem.pi.ter.no /é/ *adj.* que não tem fim; eterno, infinito, perene

se.mo.li.na *s.f.* farinha extraída do grão de arroz, usada no engrossamento de caldo, mingau etc.; sêmola

se.mo.ven.te *adj.2g.* diz-se do ser que anda ou se move por si próprio

sem-par *adj.2g.* singular, excepcional

sem.pre *adv.* em todo o tempo; sem fim; continuamente, constantemente

sem.pre-vi.va *s.f.* BOT designação comum a várias plantas com flores que secam sem murchar; muito cultivadas como ornamentais

sem-ver.go.nha *adj.2g.* diz-se de pessoa a quem falta vergonha, brio, pudor; canalha, devasso

sem-ver.go.nhi.ce *s.f.* **1** falta de vergonha, brio **2** atitude despudorada; desfaçatez, desaforo

sentencioso

se.na *s.f.* **1** peça de dominó ou carta de baralho com seis sinais **2** BOT planta de propriedades medicinais, usada como purgante; sene

se.ná.cu.lo *s.m.* salão ou praça onde o senado romano realizava suas sessões

se.na.do *s.m.* assembleia legislativa que com a câmara dos deputados forma o poder legislativo do Estado

se.na.dor /ô/ *s.m.* membro do senado; pessoa eleita para o senado

se.não *conj.* **1** do contrário **2** mas, porém • *s.m.* **3** falha, defeito, imperfeição

se.ná.rio *adj.* **1** que tem por base o número seis **2** que é formado por seis unidades **3** POÉT diz-se do verso latino de seis pés jâmbicos

se.na.to.ri.a *s.f.* **1** o cargo, as funções de senador; senadoria **2** período de exercício de senador

se.na.tó.rio *adj.* relativo ao senado ou ao senador

sen.da *s.f.* estrada estreita; vereda, atalho, trilha

sen.dei.ro /ê/ *s.m.* **1** m.q. senda • *adj.* **2** diz-se de cavalo pequeno e ordinário, mas próprio para carga **3** *fig.* diz-se de indivíduo que pratica ações mesquinhas e desprezíveis

se.nec.tu.de *s.f.* idade senil; velhice, senilidade

se.ne.ga.lês *adj. gent.* natural ou habitante do Senegal, na África; senegalense

se.ne.ga.les.co /ê/ *adj.* **1** relativo ao Senegal **2** próprio do Senegal

se.nha *s.f.* **1** sinal previamente combinado **2** palavra ou frase combinada que serve de identificação entre membros de uma mesma entidade **3** recibo, bilhete

se.nhor /ô/ *s.m.* **1** dono, proprietário, patrão **2** pessoa de mais idade, de respeito **3** expressão de tratamento respeitoso

se.nho.ra /ô/ *s.f.* **1** dona, proprietária **2** pessoa de respeito social

se.nho.re.ar *v.t.* **1** exercer domínio; dominar, submeter ⟳ *v.pron.* **2** apropriar-se, apossar-se

se.nho.ri.a *s.f.* **1** qualidade de senhor ou senhora **2** domínio sobre uma terra

se.nho.ri.al *adj.2g.* relativo a senhorio

se.nho.ril *adj.2g.* m.q. senhorial

se.nho.ri.nha *s.f.* diminutivo de senhora

se.nho.ri.o *s.m.* **1** direito do senhor sobre algo **2** dono de casa de aluguel

se.nho.ri.ta *s.f.* **1** mulher jovem, moça **2** mulher solteira, mesmo que não seja jovem

se.nil *adj.2g.* relativo a velho, idoso

se.ni.li.da.de *s.f.* qualidade do que é senil, idoso; velhice, senectude

se.ni.li.zar *v.t. v.i.* tornar senil, velho; envelhecer

sê.nior *s.m.* **1** mais velho, mais antigo em relação a outro **2** veterano, em oposição ao novato

se.no *s.m.* **1** MAT uma das funções trigonométricas **2** MAT linha traçada perpendicularmente que vai de uma das extremidades de um arco de círculo ao arco que passa pela outra extremidade

sen.sa.bor /ô/ *adj.2g.* **1** sem gosto; insípido **2** sem graça; desinteressante

sen.sa.bo.ri.a *s.f.* **1** qualidade do que é sensabor **2** escrito monótono, sem valor literário **3** incidente desagradável; contratempo

sen.sa.ção *s.f.* **1** estímulo que o intelecto recebe por meio dos sentidos, produzindo uma percepção **2** emoção, sentimento **3** faculdade de sentir; sensibilidade

sen.sa.ci.o.nal *adj.2g.* **1** relativo a sensação **2** extraordinário, fora do comum **3** que provoca sensação, fascínio, ilusão

sen.sa.ci.o.na.lis.mo *s.m.* **1** busca pelo sensacional **2** uso midiático descomedido de temas que causam sensação, que provocam espanto, que chocam

sen.sa.ci.o.na.lis.ta *adj.2g.* **1** relativo a sensacionalismo **2** diz-se daquele que faz uso do sensacionalismo

sen.sa.tez /ê/ *s.f.* qualidade do que é sensato; juízo, cuidado, prudência

sen.sa.to *adj.* que possui sensatez; ajuizado, discreto, prudente

sen.si.bi.li.da.de *s.f.* qualidade do que é sensível; impressionabilidade

sen.si.bi.li.za.dor /ô/ *adj.* que sensibiliza, que provoca sensibilidade

sen.si.bi.li.zan.te *adj.2g.* m.q. sensibilizador

sen.si.bi.li.zar *v.t. v.pron.* tornar(-se) sensível; provocar emoções

sen.si.ti.va *s.f.* BOT planta leguminosa cujas folhas se fecham ao menor contato com qualquer objeto externo; dormideira

sen.si.ti.vi.da.de *s.f.* qualidade do que é sensitivo

sen.si.ti.vo *adj.* **1** relativo aos sentidos de caráter delicado e emotivo **2** ANAT diz-se do nervo que é receptivo a estímulos

sen.si.to.me.tri.a *s.f.* estudo em que se mede o grau de sensibilidade de chapas fotográficas

sen.si.tô.me.tro *s.m.* aparelho próprio para a sensitometria

sen.sí.vel *adj.2g.* dotado de sensibilidade; emotivo, delicado

sen.so /ê/ *s.m.* prudência, discrição, juízo, siso

sen.so.ri.al *adj.2g.* relativo aos sentidos que levam o intelecto a perceber o mundo, como audição, visão etc.

sen.só.rio *s.m.* a parte do cérebro considerada como o centro das sensações transmitidas pelo sistema nervoso

sen.su.al *adj.2g.* que possui sensualidade; voluptuoso, libertino

sen.su.a.li.da.de *s.f.* qualidade do que é sensual; voluptuosidade, libertinagem

sen.su.a.li.zar *v.t. v.pron.* tornar(-se) sensual

sen.tar *v.t.* **1** colocar-se sobre um banco, uma cadeira, um sofá etc.; assentar **2** pregar **3** bater

sen.ten.ça /ê/ *s.f.* **1** GRAM frase, período, oração de sentido completo **2** ditado, provérbio **3** JUR julgamento proferido por juiz ou autoridade competente; solução jurídica de uma causa; pena imposta a um réu

sen.ten.ci.a.do *adj.* réu, criminoso que foi julgado e condenado por um juiz

sen.ten.ci.ar *v.t.* **1** JUR julgar, decidir juridicamente; declarar um réu culpado ou não **2** manifestar opinião a respeito de um assunto polêmico

sen.ten.ci.o.so /ô/ *adj.* **1** que tem forma de sentença **2** profundo, grave como um juiz

S

sentido

sen.ti.do *adj.* **1** percebido pelos órgãos sensoriais **2** magoado, ressentido, choroso • *s.m.* **3** órgão de impressão sensorial, como a audição e a visão **4** faculdade de receber por meio dos nervos e dos órgãos apropriados as impressões do meio ambiente **5** o valor semântico de uma palavra, de um símbolo, de um sinal • *interj.* **6** EXÉRC voz de comando usada por militares a suas tropas, para tomada de posição de alerta

sen.ti.men.tal *adj.2g.* **1** relativo a sentimento **2** emotivo, sensível

sen.ti.men.ta.lis.mo *s.m.* expressão constante ou exagerada dos sentimentos; pieguice

sen.ti.men.ta.lis.ta *adj.2g.* **1** relativo a sentimentalismo **2** que se emociona facilmente; emotivo

sen.ti.men.to *s.m.* **1** ação ou resultado de sentir **2** emoção, sensibilidade **3** afeição, paixão **4** pressentimento, intuição

sen.ti.na *s.f.* **1** vaso sanitário; privada **2** *fig.* lugar muito sujo, imundo **3** *fig.* pessoa cheia de vícios

sen.ti.ne.la */é/ s.f.* **1** pessoa que vigia; atalaia **2** soldado que está de vigilância

sen.tir *v.t.* **1** perceber por meio dos sentidos **2** ser sensível **3** adivinhar, pressentir

sen.za.la *s.f.* HIST moradia coletiva de escravos negros

sé.pa.la *s.f.* BOT cada um dos folíolos de proteção do cálice de uma flor; sépalo

se.pa.ra.ção *s.f.* **1** ato ou efeito de separar(-se) **2** divisão, afastamento **3** divórcio, desquite

se.pa.ra.dor */ô/ adj.* **1** que separa • *s.m.* **2** aparelho que separa a palha do grão **3** aparelho que separa o mel dos favos **4** aparelho semelhante a uma desnatadeira que separa diversos líquidos conforme suas densidades

se.pa.rar *v.t.* desunir, isolar, distinguir

se.pa.ra.ta *s.f.* edição isolada de artigos já publicados em jornal ou revista, mantendo-se a mesma composição tipográfica

se.pa.ra.tis.mo *s.m.* movimento político, religioso, literário com a finalidade de independência, de emancipação

se.pa.ra.tis.ta *adj.2g.* **1** relativo a separatismo **2** diz-se do adepto do separatismo

se.pa.rá.vel *adj.2g.* que pode ser separado

sé.pia *s.f.* **1** ZOOL molusco que secreta um líquido colorido para defesa própria **2** líquido colorido secretado por tais moluscos **3** pigmento marrom presente nessa secreção

sep.si.a *s.f.* MED decomposição dos tecidos ou do sangue por infecção; putrefação

sep.ti.ce.mi.a *s.f.* MED contaminação do sangue pela presença de substâncias infecciosas, por bactérias que produzem a putrefação

sép.ti.co *adj.* que causa sepsia, putrefação

sep.to */é/ s.m.* ANAT separação cartilaginosa do organismo humano, como o septo nasal

sep.tu.a.ge.ná.rio *adj.* **1** que possui setenta anos **2** que contém o número setenta

sep.tu.a.gé.si.mo *num.* **1** ordinal que corresponde ao número setenta **2** refere-se ao que está em último lugar em uma série de setenta elementos

se.pul.cral *adj.2g.* relativo a sepulcro

se.pul.cro *s.m.* túmulo, sepultura

se.pul.ta.men.to *s.m.* ato de sepultar; enterro

se.pul.tar *v.t.* pôr em sepultura; enterrar

se.pul.to *adj.* enterrado, sepultado

se.pul.tu.ra *s.f.* **1** ato ou efeito de sepultar **2** túmulo, jazigo, sepulcro

se.quaz *adj.2g.* diz-se do que faz parte de um partido, de uma seita

se.que.la */é/ s.f.* **1** consequência, resultado **2** sucessão, sequência de coisas ou fatos **3** MED anomalia causada por uma moléstia

se.quên.cia *s.f.* **1** ação ou resultado de seguir **2** série de coisas que se seguem sem interrupção; sucessão

se.quen.ci.al *adj.2g.* **1** relativo à sequência; em que há sequência • *s.m.* **2** livro litúrgico que contém as sequências cantadas na missa

se.quen.te *adj.2g.* seguinte, posterior

se.quer */é/ adv.* ao menos, nem mesmo

se.ques.tra.ção *s.f.* ato ou efeito de sequestrar; sequestro

se.ques.tra.dor */ô/ s.m.* pessoa que realiza um sequestro

se.ques.trar *v.t.* **1** aprisionar pessoas a cobrar resgate em troca de sua libertação **2** JUR penhorar bens para pagamento de dívida

se.ques.tro *s.m.* **1** retenção ilegal de pessoas; clausura **2** JUR apreensão de bens em garantia ou penhor de dívidas; penhora **3** pedaço de osso necrosado

se.qui.dão *s.f.* **1** falta de água, de umidade, de chuva; secura **2** *fig.* rispidez, grosseria

se.qui.lho *s.m.* **1** CUL biscoito feito de araruta, tão seco que se desmancha facilmente **2** CUL iguaria própria para acompanhar café, chá etc.

se.qui.o.so */ô/ adj.* **1** que necessita de água; sedento **2** *fig.* que tem forte desejo de alguma coisa

sé.qui.to *s.m.* acompanhamento, comitiva, cortejo

se.quoi.a */ó/ s.f.* BOT árvore nativa dos EUA, de porte gigantesco e longa existência

ser *s.m.* **1** o que existe; ente • *v.t. v.i.* **2** existir; ter uma qualidade, ex.: *ser estudioso, ser antigo*

se.rá.fi.co *adj.* que tem as qualidades do anjo serafim; celestial, angélico

se.ra.fim *s.m.* anjo; mensageiro divino

se.rão *s.m.* trabalho feito à noite

se.rei.a */ê/ s.f.* **1** MIT entidade marinha fabulosa, metade peixe, metade mulher, com o poder de encantar quem ouve seu canto **2** *fig.* mulher sedutora **3** aparelho que produz som muito agudo; sirene de máquina

se.re.le.pe */é/ s.m.* **1** ZOOL pequeno mamífero de grande agilidade, também conhecido por caxinguelê ou coati • *adj.2g.* **2** pessoa ágil, irrequieta

se.re.nar *v.t.* **1** tornar sereno; acalmar, sossegar, tranquilizar ○ *v.i.* **2** cair o sereno da noite; garoar

se.re.na.ta *s.f.* concerto instrumental ou apenas vocal feito à noite, ao ar livre; seresta

se.re.ni.da.de *s.f.* qualidade ou estado do que é sereno; tranquilidade, calma

se.re.no *adj.* **1** que tem serenidade; tranquilo, calmo, sossegado • *s.m.* **2** o orvalho da noite; relento **3** *bras.* chuva fina e breve

se.res.ta */é/ s.f.* modinha cantada ao violão à noite, ao ar livre, geralmente oferecida a uma namorada ou a um namorado; serenata

se.res.tei.ro */ê/ adj.* cantor de serestas; serenatista

ser.gi.pa.no *adj. gent.* natural ou habitante do Estado de Sergipe

ser.gi.pen.se *adj. gent.* m.q. sergipano

se.ri.a.ção *s.f.* ato ou efeito de seriar; classificação de coisas em série

se.ri.a.do *s.m.* **1** filme que se exibe por episódios em série • *adj.* **2** disposto em série, em sequência

se.ri.al *adj.2g.* relativo a série

se.ri.ar *v.t.* colocar em ordem, em sequência; classificar

se.ri.ci.cul.tor */ô/ adj.* m.q. sericultor

se.ri.cul.tor */ô/ adj.* diz-se de quem trabalha com o cultivo do bicho-da-seda

se.ri.cul.tu.ra *s.f.* cultivo do bicho-da-seda

sé.rie *s.f.* **1** ordem de fatos ou coisas de mesma natureza **2** ano, grau escolar **3** classe de alunos no mesmo ano escolar

se.ri.e.da.de *s.f.* **1** qualidade do que é sério; integridade de caráter **2** responsabilidade

se.ri.e.ma *s.f.* ZOOL espécie de ema que é típica dos sertões; sariema

se.rin.ga *s.f.* instrumento próprio para introduzir líquidos, especialmente remédios, em certas cavidades do corpo

se.rin.gal *s.m.* plantação de seringueiras

se.rin.ga.lis.ta *s.2g.* dono, proprietário de seringal; seringueiro

se.rin.guei.ra */ê/ s.f.* BOT planta brasileira de cujo látex se faz a borracha

se.rin.guei.ro */ê/ s.m.* **1** trabalhador que extrai o látex da seringueira para preparar a borracha **2** m.q. seringalista

sé.rio *adj.* **1** de pouco riso; reservado **2** de bom procedimento; que merece confiança; honesto; ajuizado

ser.mão *s.m.* **1** preleção, discurso religioso **2** *fig.* coisa entediante e aborrecida **3** *fig.* bronca, advertência
s.f. principal proteína presente no plasma; soroalbumina

se.rô.dio *adj.* que ocorre fora do tempo próprio; tardio, extemporâneo

se.ro.lo.gi.a *s.f.* MED estudo do soro e de suas propriedades e aplicações

se.ro.si.da.de *s.f.* **1** qualidade do que é seroso **2** MED líquido semelhante à linfa excretado por partes enfermas do organismo

se.ro.so */ô/ adj.* **1** cheio de soro **2** com aparência de soro

ser.pe */é/ s.f.* **1** ZOOL serpente, víbora, cobra **2** *fig.* mulher velha e muito feia; bruxa

ser.pe.jar */ê/ v.i.* mover-se como serpente; serpear

ser.pen.tá.rio *s.m.* **1** ZOOL gênero de ave de rapina que se alimenta de serpentes **2** viveiro de cobras

ser.pen.te *s.f.* **1** ZOOL espécie das serpentes, também chamadas de ofídios; cobra, víbora **2** *pop.* pessoa má, traiçoeira **3** *fig.* o diabo

ser.pen.te.an.te *adj.2g.* que se move em curvas, como as serpentes; serpente

ser.pen.te.ar *v.i.* mover-se como serpente; serpejar

ser.pen.ti.for.me */ó/ adj.2g.* que tem forma de serpente

ser.pen.ti.na *s.f.* **1** BOT planta nativa da Europa, também conhecida por serpentária **2** tubo de vidro ou metal usado para passar líquidos de um reservatório a outro, comum em chuveiros que tem a água aquecida pelo fogão a lenha **3** fita de papel enrolada em pequenos discos, usada no carnaval **4** *fig.* língua afiada, de gente que fala demais **5** pedra que apresenta veios que lembram a pele de cobra

ser.pen.ti.no *adj.* relativo a serpente

ser.ra */é/ s.f.* **1** instrumento dentado usado para cortar madeira, pedra, metal etc. **2** *fig.* cadeia de montanhas

ser.ra.ção *s.f.* ato ou efeito de serrar

ser.ra.do *adj.* que foi cortado com serra; separado

ser.ra.dor */ô/ s.m.* **1** ZOOL nome vulgar de certo pássaro do Brasil **2** tipo de serrote com que se corta palha

ser.ra.gem *s.f.* **1** m.q. serração **2** o pó da madeira que foi serrada

ser.ra.lha *s.f.* BOT erva de sabor amargo, usada em saladas

ser.ra.lha.ri.a *s.f.* oficina de serralheiro; serralheria

ser.ra.lhei.ro */ê/ s.m.* artesão que faz ou conserta grades, trincos, fechaduras etc.

ser.ra.lho *s.m.* **1** palácio de sultão **2** espaço do palácio em que ficam as concubinas de um sultão; harém

ser.ra.ni.a *s.f.* cadeia de montanhas; cordilheira

ser.ra.no *adj. s.m.* **1** relativo a serras; habitante das serras **2** próprio das montanhas; montesino

ser.rar *v.t.* cortar com serra; fazer em pedaços

ser.ra.ri.a *s.f.* **1** oficina onde se serram madeiras **2** conjunto de serras ou montes; cordilheira, serrania

ser.ri.lha *s.f.* **1** parte picotada de selos e estampilhas que serve para separá-los **2** parte mais áspera de ferramentas como tesouras, alicates etc., para melhor agarrar o objeto **3** lixa para aparar as unhas

ser.ri.lhar *v.t.* abrir serrilhas em determinadas partes de certas ferramentas, como tesouras, lixas etc.

ser.ro *s.m.* aresta de monte; espinhaço

ser.ro.te */ó/ s.m.* serra pequena

ser.ta.ne.jo */ê/ adj.* **1** natural do sertão; rústico **2** relativo a sertão

ser.ta.nis.ta *adj.2g.* diz-se de quem vive ou anda pelos sertões

ser.tão *s.m.* terra interior de um país, coberta de matas e bosques e ainda pouco povoada

ser.ven.te *adj.2g. s.2g.* ajudante, auxiliar de pedreiro

ser.ven.ti.a *s.f.* **1** utilidade, proveito **2** *desus.* servidão, escravidão

ser.ven.tu.á.rio *s.m.* escriturário, escrivão

ser.vi.çal *adj.2g.* **1** diz-se de quem faz serviço prestativamente; zeloso, diligente **2** operário, empregado

ser.vi.ço *s.m.* **1** trabalho, emprego **2** encargo, missão **3** conjunto de utensílios de mesa

ser.vi.dão *s.f.* **1** condição de servo ou de escravo; serventia **2** estado de submissão total de uma pessoa a outra; sujeição

ser.vi.dor */ô/ s.m.* **1** ajudante, empregado **2** funcionário público **3** parte do computador (*hardware*) **4** INFORMÁT sistema de computação responsável pelo fornecimento e pela transmissão da *internet*

ser.vil *adj.2g.* **1** relativo ao servo **2** próprio da condição de servo **3** *fig.* subserviente, bajulador

ser.vi.lis.mo *s.m.* **1** qualidade do que é servil **2** *fig.* bajulação, adulação

sér.vio *adj. gent.* natural ou habitante da Sérvia

ser.vir *v.t.* **1** prestar serviços a alguém; ser útil **2** exercer um cargo

ser.vo */é/ adj.* **1** que não é livre; escravo **2** que serve a um senhor; que obedece a alguém **3** serviçal, criado

sé.sa.mo *s.m.* BOT gênero de plantas begoniáceas cujas sementes produzem um óleo emoliente; gergelim

ses.ma.ri.a *s.f.* terreno que o rei de Portugal concedia a determinadas pessoas para que o cultivassem

ses.mei.ro *s.m.* pessoa que recebia a sesmaria para cultivá-la

sessão

ses.são *s.f.* reunião, assembleia
ses.sen.ta *num.* cardinal que corresponde a cinquenta mais dez
ses.sen.tão *adj.* diz-se da pessoa que já passa dos sessenta anos de idade
sés.sil *adj.2g.* BOT diz-se de folha ou flor sem pedúnculo, rente ao caule
ses.ta /é/ *s.f.* repouso, geralmente após o almoço
ses.te.ar *v.i.* fazer a sesta; ficar em repouso
ses.tro /ê/ *adj.* **1** que está à esquerda; esquerdo • *s.m.* **2** destino, sina, fado **3** cacoete, vício, mania
ses.tro.so /ô/ *adj.* que tem sestro, cacoete
se.ta /é/ *s.f.* **1** flecha **2** *fig.* objeto que tem a forma de seta • *adj.2g.* **3** diz-se do que é veloz como uma seta
se.te /é/ *num.* **1** cardinal que corresponde a seis mais um **2** diz-se do sétimo elemento de uma série
se.te.cen.tos *num.* cardinal que corresponde a seiscentos mais cem
se.tei.ra /ê/ *s.f.* **1** pequena abertura nas muralhas de castelos antigos para os soldados lançarem flechas contra invasores **2** qualquer abertura em uma parede ou no telhado para maior iluminação do aposento
se.tem.bro *s.m.* o nono mês do ano no calendário gregoriano
se.te.me.si.nho *adj.* diz-se de criança que nasce de sete meses
se.te.na *s.f.* conjunto de sete objetos, seres, entidades etc.
se.te.ná.rio *s.m.* **1** composto de sete unidades **2** período de sete dias ou de sete anos
se.ten.ta *num.* cardinal que corresponde a sessenta mais dez
se.ten.tão *adj.* diz-se da pessoa que já passa dos setenta anos de idade
se.ten.tri.ão *s.m.* o Polo Norte
se.ten.tri.o.nal *adj.2g.* relativo a setentrião
se.ti.for.me /ô/ *adj.2g.* semelhante a cerda, a pelo de animais
se.ti.lha *s.f.* POÉT estrofe com sete versos; septilha
sé.ti.ma *s.f.* MÚS intervalo musical que compreende sete notas da escala diatônica
sé.ti.mo *num.* ordinal que corresponde ao número sete
se.tin.gen.té.si.mo *num.* ordinal que corresponde ao número setecentos
se.tis.sí.la.bo *adj.* que tem sete sílabas; septissílabo
se.tor /ô/ *s.m.* **1** GEOM parte do círculo entre um arco e dois raios **2** subdivisão de um espaço, de uma região, de um distrito etc.
se.tu.a.ge.ná.rio *adj.* diz-se da pessoa que está na faixa dos setenta anos de idade; septuagenário
seu /ê/ *pron.* possessivo masculino
se.van.di.ja *s.f.* **1** ZOOL designação comum a todos os parasitas e vermes **2** *fig.* diz-se de pessoa parasita, que vive à custa alheia
se.ve.ri.da.de *s.f.* **1** qualidade do que é severo; rigor **2** rigidez de costumes
se.ve.ro /é/ *adj.* que tem severidade; que é exigente com os regulamentos; rigoroso, sério
se.ví.ci.ar *v.t.* tratar cruelmente; maltratar; torturar ■ **sevícias** maus-tratos
se.vo /é/ *adj.* que pratica sevícias; carrasco, cruel
se.xa.ge.ná.rio /ks/ *adj.* diz-se da pessoa que está na faixa dos sessenta anos de idade

se.xa.gé.si.mo /ks/ *num.* **1** ordinal que corresponde ao número sessenta **2** refere-se ao que está em último lugar em uma série de sessenta elementos
se.xan.gu.lar /ks/ *adj.2g.* dotado de seis ângulos
sex.cen.té.si.mo /ks/ *num.* **1** ordinal que corresponde ao número seiscentos **2** cada parte de uma unidade dividida em seiscentas
se.xê.nio /ks/ *s.m.* período de seis anos
se.xo /éks/ *s.m.* **1** condição orgânica que permite distinguir o homem e a mulher **2** disposição orgânica dos indivíduos própria para a procriação **3** o ato físico da interação sexual; cópula
se.xo.lo.gi.a /ks/ *s.f.* ciência que estuda aspectos físicos e psicológicos da sexualidade
sex.ta-fei.ra /ês...ê/ *s.f.* o sexto dia da semana que começa no domingo
sex.ta.va.do /s/ *adj.* dotado de seis faces; hexagonal
sex.te.to /ês...ê/ *s.m.* **1** música formada de seis partes **2** conjunto musical de seis instrumentos ou de seis vozes
sex.ti.lha /s/ *s.f.* POÉT estrofe de seis versos
sex.ti.lhão /s/ *num.* mil quintilhões
sex.ti.na /s/ *s.f.* **1** POÉT estrofe de seis versos decassílabos; sextilha **2** MÚS canção de seis estrofes de seis versos decassílabos cada uma **3** MÚS conjunto de seis notas iguais destinadas a ocupar o lugar de quatro; sesquiáltera
sex.to /ês/ *num.* ordinal que corresponde ao número seis
sex.tu.pli.car /s/ *v.t.* multiplicar por seis; tornar alguma coisa seis vezes maior
sêx.tu.plo /s/ *num.* que foi multiplicado por seis; que contém seis vezes a mesma quantidade
se.xu.a.do /ks/ *adj.* **1** que possui características próprias do sexo a que pertence **2** que possui órgãos reprodutores necessários à procriação
se.xu.al /ks/ *adj.2g.* relativo a sexo
se.xu.a.li.da.de /ks/ *s.f.* **1** conjunto dos órgãos e das características que determinam o sexo do indivíduo **2** exaltação sexual **3** libido
se.xu.a.lis.mo /ks/ *s.m.* **1** condição do que tem órgãos sexuais **2** a atividade sexual
se.zão *s.f.* febre intermitente; maleita
si *pron.* **1** forma oblíqua tônica da 3ª pessoa • *s.m.* **2** MÚS sétima nota da escala musical
si.á *s.f.* m.q. sinhá
si.a.mês *adj. gent.* **1** natural ou habitante de Sião (atual Tailândia) • *s.m.* **2** cada um dos irmãos gêmeos que nascem ligados por alguma parte do corpo
si.ba *s.f.* BIOL molusco cefalópode que, para se proteger, secreta um líquido negro
si.ba.ri.ta *adj.2g.* **1** relativo à antiga cidade de Síbaris, na Magna Grécia **2** que usufrui dos prazeres materiais da vida; sensual, libertino
si.be.ri.a.no *adj. gent.* natural ou habitante da Sibéria
si.bi.la *s.f.* adivinhadora do futuro; profetisa; feiticeira
si.bi.lan.te *adj.2g.* **1** que sibila, produz som agudo; assobiante **2** diz-se das consoantes *s, e z*, que ao serem emitidas produzem um som semelhante a um sibilo ou assobio
si.bi.lar *v.i.* **1** emitir som agudo e fino como assobio; assobiar **2** pronunciar exageradamente as sibilantes
si.bi.li.no *adj.* **1** relativo a sibila; profético **2** *fig.* misterioso, enigmático **3** diz-se do conjunto de livros

simbolismo

atribuídos à célebre sibila de Cumes, vidente que teria escrito profecias sobre o povo romano

si.bi.lo *s.m.* som agudo e prolongado; assobio, uivo

si.cá.rio *adj.* **1** sedento de sangue; sanguissedento, sanguinário • *s.m.* **2** assassino pago; facínora

si.ci.li.a.no *adj. gent.* natural ou habitante da Sicília; século

si.cô.mo.ro *s.m.* BOT espécie de figueira cultivada pelos figos comestíveis e pela madeira

si.cra.no *s.m.* pessoa indeterminada, cujo nome não se sabe ou não se quer citar; fulano, beltrano

si.da *s.f.* **1** BOT gênero de malváceas **2** sigla de Síndrome da Imunodeficiência Adquirida, que corresponde à sigla AIDS, em inglês

si.de.ral *adj.2g.* **1** relativo às estrelas ou aos astros; sidéreo **2** relativo ao céu; celeste

si.de.rar *v.t.* **1** fulminar, paralisar, estarrecer **2** ficar confuso, perplexo

si.dé.reo *adj.* m.q. sideral

si.de.rur.gi.a *s.f.* **1** arte de trabalhar com o ferro **2** produção de objetos de ferro, de metal

si.dra *s.f.* vinho produzido de maçãs fermentadas

si.fão *s.m.* **1** tubo recurvo próprio para experiências de laboratório **2** garrafa com dispositivo próprio para cápsulas de oxigênio, com as quais se obtém água gasosa **3** a parte mais larga do encanamento das pias **4** ZOOL tromba de certos insetos

sí.fi.lis *s.f.2n.* MED doença infecciosa de natureza venérea

si.fi.lí.ti.co *adj.* **1** relativo a sífilis **2** diz-se de quem sofre de sífilis

si.gi.lo *s.m.* **1** carimbo, selo, marca oficial **2** segredo ■ **sigilo profissional** obrigação de médicos, advogados etc. de não revelar questões particulares de seus clientes

si.gi.lo.so /ô/ *adj.* que contém sigilo; que não pode ser divulgado; secreto

si.gla *s.f.* letra inicial de uma palavra ou conjunto das letras iniciais de palavras que formam um nome ou uma locução substantiva

sig.ma *s.m.* nome da décima oitava letra grega, que corresponde ao *s* do alfabeto latino

sig.moi.dos.co.pi.a *s.f.* MED exame do cólon sigmoide feito com um sigmoidoscópio

sig.moi.dos.có.pio *s.m.* MED aparelho próprio para o exame de sigmoidoscopia

sig.na.tá.rio *adj. s.m.* pessoa que assina um documento

sig.ni.fi.ca.ção *s.f.* **1** valor semântico de uma palavra, de um sinal, de um símbolo **2** o sentido, a ideia de uma palavra ou de um símbolo

sig.ni.fi.ca.do *s.m.* o sentido de uma palavra ou de um símbolo

sig.ni.fi.can.te *adj.2g.* que significa, que dá significação; significativo

sig.ni.fi.car *v.t.* **1** expressar o conteúdo semântico de palavras e símbolos **2** comunicar a ideia de; simbolizar, representar

sig.ni.fi.ca.ti.vo *adj.* que exprime, que dá a conhecer a significação de palavras e símbolos

sig.no *s.m.* **1** sinal, símbolo **2** ASTROL cada uma das doze partes do zodíaco

sí.la.ba *s.f.* fonema ou grupo de fonemas pronunciados em uma única emissão de voz

si.la.ba.da *s.f.* GRAM erro de pronúncia, sobretudo de acentuação

si.la.bar *v.t.* pronunciar palavras destacando as sílabas, para se fazer entender ou para chamar a atenção do ouvinte

si.lá.bi.co *adj.* **1** relativo à sílaba **2** diz-se do método de alfabetização baseado na decodificação das sílabas

si.la.gem *s.f.* armazenamento de mantimentos em silos; estocagem

si.len.ci.a.dor /ô/ *adj.* **1** que silencia, que produz silêncio • *s.m.* **2** aparelho ou dispositivo próprio que se ajusta às armas de fogo e que abafa o estampido

si.len.ci.ar *v.t.* **1** impor silêncio; emudecer, calar **2** omitir em um escrito ou em uma declaração algumas palavras ou circunstâncias

si.lên.cio *s.m.* ausência de barulho, de som, de fala

si.len.ci.o.so /ô/ *adj.* **1** que não faz barulho **2** que não fala; calado

si.len.te *adj.2g.* m.q. silencioso

si.lep.se /é/ *s.f.* GRAM figura que consiste em uma concordância ideológica, na qual se considera o significado das palavras, e não as regras gramaticais; há silepse de número, de gênero e de pessoa

si.lex /ks/ *s.m.2n.* variedade de mineral; dióxido de silício

sil.fi.de *s.f.* **1** mulher delicada e esbelta **2** bailarina

si.lhu.e.ta /ê/ *s.f.* **1** perfil de uma pessoa ou de um objeto **2** *por ext.* aparência

sí.li.ca *s.f.* QUÍM composto do silício usado na fabricação de vidro

si.li.ca.to *s.m.* QUÍM substância resultante da combinação da sílica com vários óxidos

si.lí.cio *s.m.* QUÍM metal abundante na natureza que produz a sílica ao ser combinado com oxigênio

si.lo *s.m.* **1** depósito, armazém para conservar trigo, forragens, grãos **2** cava subterrânea e coberta com lona para conservar alimentos para animais

si.lo.gis.mo *s.m.* recurso de argumentação composto por duas premissas, das quais se obtém uma conclusão

si.lu.ria.no *adj.* GEOL diz-se do segundo período da era primária ou paleozoica

sil.va *s.f.* selva, floresta, mata

sil.var *v.i.* **1** produzir silvos; assoviar, gritar, sibilar • *s.m.* **2** lugar onde há silvas; silveiral

sil.ves.tre /é/ *adj.2g.* relativo à selva; que é do mato, da floresta; rústico, selvático

sil.ví.co.la *adj.2g. s.2g.* habitante das selvas; selvagem

sil.vi.cul.tor /ô/ *s.m.* especialista em silvicultura

sil.vi.cul.tu.ra *s.f.* plantação de árvores; formação de florestas; reflorestamento

sil.vo *s.m.* som estridente; apito, assobio, sibilo

sim *adv.* expressa afirmação, consentimento

sim.bi.on.te *adj.2g. s.2g.* ECOL diz-se de organismos que vivem reciprocamente um do outro, em simbiose

sim.bi.o.se /ó/ *s.f.* **1** ECOL associação entre dois organismos, com vantagens recíprocas **2** ECOL interação entre duas espécies desemelhantes que vivem juntas

sim.bó.li.co *adj.* relativo a símbolo; alegórico, metafórico

sim.bo.lis.mo *s.m.* **1** expressão por meio de símbolos **2** significado de um símbolo **3** ARTE movimento artístico que surgiu na França liderado por Mallarmé, Verlaine e outros, sendo uma de suas principais características a ênfase no som e no que ele pode sugerir

simbolizar

sim.bo.li.zar *v.t.* representar, expressar ideias por meio de figura, emblema, sinal convencionado

sím.bo.lo *s.m.* **1** figura, desenho, sinal, combinação de sinais ou de imagens que conforme determinada convenção representa uma ideia, um conceito **2** representação abreviada de um elemento químico, de um sacramento da Igreja, de um país etc.

sim.bo.lo.gi.a *s.f.* estudo dos símbolos

si.me.tri.a *s.f.* proporção e regularidade das partes de um todo, resultando em harmonia

si.mé.tri.co *adj.* que tem simetria; que é harmônico

si.mi.a.no *adj.* **1** relativo a símio, a macaco **2** que tem o aspecto, a aparência de macaco

si.mi.es.co /ê/ *adj.* m.q. simiano

sí.mil *adj.2g.* similar, semelhante

si.mi.lar *adj.2g.* no contexto de comparação, diz-se do que tem a mesma aparência ou as mesmas características; semelhante, igual

sí.mi.le *adj.2g.* **1** m.q. símil • *s.m.* **2** figura de linguagem que estabelece uma comparação entre dois termos de sentidos diferentes

si.mi.li.tu.de *s.f.* m.q. semelhança

sí.mio *s.m.* ZOOL m.q. macaco

si.mo.ni.a *s.f.* comércio ilícito de coisas sagradas; venda de benefícios religiosos

sim.pa.ti.a *s.f.* **1** faculdade de sentir ou provocar afinidade **2** tendência das partes do organismo a contrair afecções **3** afeto, carisma

sim.pá.ti.co *adj.* **1** que possui simpatia; que desperta afeição; carismático **2** ANAT diz-se da parte do sistema nervoso associada ao sistema cerebrospinal

sim.pa.ti.zar *v.t.* sentir simpatia por alguém ou alguma coisa; ter tendência afetuosa para com alguém

sim.ples *adj.2g.* **1** que não é composto; sem mistura; descomplicado, único **2** sem luxo; sem enfeites **3** sem esperteza; sincero • *s.m.* **4** ARQUIT armação de madeira que serve de suporte às abóbadas e aos arcos arquitetônicos

sim.pli.ci.da.de *s.f.* **1** qualidade do que é simples, sem complicação **2** sinceridade, ingenuidade

sim.pli.fi.car *v.t.* **1** tornar simples; tornar claro **2** eliminar as dificuldades; facilitar

sim.pló.rio *adj.* ingênuo, bobo; sem esperteza

sim.pó.sio *s.m.* **1** banquete, festa **2** reunião científica ou literária para debates

si.mu.la.ção *s.f.* ato de simular; fingimento, falsidade, encenação

si.mu.la.cro *s.m.* **1** representação de divindade pagã; ídolo **2** espectro, fantasma

si.mu.la.do *adj.* fingido, hipócrita, falso, dissimulado, espertalhão

si.mu.la.dor /ô/ *adj.* que simula

si.mu.lar *v.t.* enganar com aparências falsas; fingir; disfarçar

si.mul.ta.nei.da.de *s.f.* qualidade do que é simultâneo; que acontece ao mesmo tempo, na mesma ocasião

si.mul.tâ.neo *adj.* **1** que acontece ao mesmo tempo **2** do mesmo momento, da mesma época

si.na *s.f.* destino, acaso, fatalidade

si.na.go.ga /ó/ *s.f.* templo judaico; casa de orações dos israelitas

si.nal *s.m.* **1** símbolo, marca, rótulo **2** indício, vestígio **3** dinheiro dado como entrada de negócio combinado **4** mancha, pinta na pele; cicatriz **5** traço, abreviatura **6** prenúncio

si.na.lei.ra /ê/ *s.f.* aparelho instalado em vias públicas férreas, para dar os devidos sinais de trânsito livre ou impedido aos veículos; semáforo, sinaleiro

si.na.lei.ro /ê/ *s.m.* **1** que emite sinal; sinaleira, semáforo **2** pessoa encarregada de fazer sinais para controlar o trânsito de veículos; guarda de trânsito

si.na.li.za.ção *s.f.* **1** ato ou efeito de sinalizar **2** conjunto dos sinais que são utilizados como meio de comunicação

si.na.li.zar *v.t.* **1** pôr sinais, inscrições etc. para disponibilizar informações **2** colocar sinalizações para o tráfego

si.na.pis.mo *s.m.* emplastro de mostarda, farinha e vinagre que se aplica a tumores, inchaços para eliminá-los

sin.ce.ri.da.de *s.f.* **1** qualidade do que é sincero **2** procedimento sincero

sin.ce.ro /é/ *adj.* puro de intenções; leal, verdadeiro; que não é falso

sin.co.pa.do *adj.* diz-se de vocábulo em que houve síncope

sin.co.par *v.t.* suprimir um ou mais fonemas no interior de uma palavra

sín.co.pe *s.f.* **1** MED suspensão momentânea e inesperada dos batimentos cardíacos, dos movimentos voluntários e das sensações; desmaio, vertigem **2** omissão de uma vogal ou de um som no meio da palavra **3** MÚS ligação da última nota de um compasso com a primeira do seguinte

sin.cré.ti.co *adj.* **1** relativo a sincretismo **2** misturado, combinado

sin.cre.tis.mo *s.m.* **1** ecletismo, mistura, combinação **2** RELIG reunião de várias doutrinas heterogêneas em um só sistema filosófico

sin.cre.ti.zar *v.t.* reunir, amalgamar, conciliar ideias

sin.cro.ni.a *s.f.* contemporaneidade, simultaneidade de acontecimentos

sin.cro.nis.mo *s.m.* m.q. sincronização

sin.cro.ni.za.ção *s.f.* **1** ato ou efeito de sincronizar **2** no cinema, a combinação dos sons, das palavras com os gestos dos atores **3** ação de estabelecer perfeita correlação de tempo com fatos que se vão desenrolando

sin.cro.ni.zar *v.t.* **1** tonar sincrônico **2** narrar fatos de acordo com o momento da sua realização **3** no cinema, estabelecer perfeita coordenação entre as palavras e os gestos dos personagens com o som e a ocasião em que se vão desenrolando

sín.cro.no *adj.* que se realiza no mesmo tempo

sin.dé.ti.co *adj.* diz-se de oração ou outra construção sintática que possui síndeto, conjunção coordenativa

sin.di.cal *adj.2g.* relativo a sindicato

sin.di.ca.lis.mo *s.m.* movimento de associações de operários da mesma área para a defesa de seus direitos

sin.di.ca.lis.ta *s.2g.* **1** membro de um sindicato; que é afiliado ao sindicato de sua área de trabalho **2** pessoa que defende o sindicalismo

sin.di.ca.li.zar *v.t. v.pron.* **1** organizar(-se) em sindicato **2** filiar(-se) a um sindicato

sin.di.cân.cia *s.f.* sindicação, averiguação, triagem, inquérito

sin.di.car *v.t.* **1** fazer sindicância; averiguar, pesquisar, investigar **2** m.q. sindicalizar

sionista

sin.di.ca.to *s.m.* **1** agremiação, associação de classe; organização para a defesa da classe **2** *desus.* cargo exercido pelo síndico

sín.di.co *s.m.* **1** indivíduo escolhido para administrar um condomínio **2** antigo procurador de comunidades, de cortes etc.

sín.dro.me *s.f.* MED conjunto dos sintomas de uma doença; sinais, manifestações que podem revelar a existência de uma doença

si.ne.cu.ra *s.f.* **1** emprego rendoso que exige pouco ou nenhum trabalho **2** *pejor.* posto lucrativo e almejado, geralmente se referindo ao emprego público

si.né.do.que *s.f.* GRAM figura de linguagem em que se toma a parte pelo todo; metonímia

si.né.drio *s.m.* a suprema corte judia legislativa e judicial de Jerusalém

si.nei.ro /ê/ *s.m.* **1** pessoa que cuida dos sinos, que toca os sinos **2** fabricante de sinos **3** o lugar da torre onde se encontram os sinos

si.ner.gi.a *s.f.* trabalho simultâneo de diversos órgãos para um mesmo resultado, para uma mesma função

si.ne.ta /ê/ *s.f.* sino pequeno; campainha

si.ne.te *s.m.* carimbo, marca, chancela

sin.fo.ni.a *s.f.* **1** MÚS união ou harmonia de sons musicais; acordo de vozes, de sons, de instrumentos **2** MÚS trecho musical que antecede uma cantata, uma ópera **3** *fig.* combinação harmoniosa e agradável de sons ou vozes; melodia

sin.fô.ni.co *adj.* relativo a sinfonia

sin.ge.le.za /ê/ *s.f.* m.q. simplicidade

sin.ge.lo /é/ *adj.* que não é complicado; simples, natural

sin.grar *v.t.* **1** atravessar os mares; navegar, velejar **2** *fig.* abrir caminho

sin.gu.lar *adj.2g.* **1** único de sua espécie **2** raro, especial, inusitado

sin.gu.la.ri.da.de *s.f.* qualidade do que é singular, incomum, extraordinário

sin.gu.la.ri.zar *v.t.* tornar singular; distinguir um entre vários; destacar

si.nhá *s.f. bras.* forma com que os escravos chamavam a senhora ou patroa

si.nhô *s.m. bras.* forma com que os escravos chamavam o senhor ou patrão

si.nis.tra *s.f.* a mão esquerda; canhota

si.nis.tra.do *adj.* que foi vítima de algum sinistro, de algum desastre

si.nis.trar *v.i.* sofrer desgraça; ser objeto de infelicidade, de fatalidade

si.nis.tro *adj.* **1** que é canhoto, que usa preferencialmente a mão esquerda **2** que é agourento **3** que é mau, pernicioso **4** que tem mau aspecto; assustador • *s.m.* **5** ruína completa de uma empresa, de uma casa etc., em decorrência de algum desastre, como incêndio, inundação; fatalidade

si.no *s.m.* **1** instrumento de bronze em forma de vaso cônico que emite som quando batido por um badalo pendurado no seu interior, destinado a dar sinal de aviso para reuniões, assembleias religiosas da igreja ou para indicar as horas **2** MÚS instrumento de orquestra que produz som semelhante ao desse sino **3** baía, enseada, golfo

si.nó.di.co *adj.* **1** que provém de um sínodo; sinodal **2** ASTRON que se refere à evolução dos planetas

sí.no.do *s.m.* assembleia eclesiástica sob a presidência do bispo para assuntos referentes à diocese

si.no.lo.gi.a *s.f.* estudo da história, da língua, da escrita, das instituições e dos costumes chineses

si.no.ní.mi.a *s.f.* qualidade do que é sinônimo; relação de sentido entre dois vocábulos de significação muito próxima

si.no.ni.mi.zar *v.t.* **1** tornar sinônimo **2** listar sinônimos

si.nô.ni.mo *adj.* palavra que possui sentido igual ou semelhante ao de outro vocábulo

si.nop.se /ó/ *s.f.* síntese, resumo, sumário

si.nóp.ti.co *adj.* relativo a sinopse; sintético, resumido

si.nos.te.o.gra.fi.a *s.f.* ANAT parte da anatomia que trata das articulações

sín.qui.se *s.f.* GRAM figura de linguagem que consiste na inversão natural dos termos de uma oração, de modo que ela fique ambígua, obscura; hipérbato

sin.tag.ma *s.m.* **1** tratado bem ordenado de qualquer matéria, dividida em classes, números etc. **2** GRAM sequência de elementos sintáticos inter-relacionados; conjunto de duas ou mais palavras unidas sintaticamente, formando um todo muitas vezes de significado diverso daquele que separadamente possuem os elementos, ex.: *pé de moleque*

sin.tá.ti.co *adj.* GRAM relativo à sintaxe; sintáxico

sin.ta.xe /s ou ks/ *s.f.* GRAM parte da gramática que trata da organização das palavras e suas funções dentro da oração, bem como das normas de regência, de concordância, colocação etc.

sin.tá.xi.co *adj.* GRAM m.q. sintático

sín.te.se *s.f.* **1** resumo, sumário, sinopse; condensação de assuntos **2** BIOQUÍM reunião de várias substâncias que, reagindo, formam compostos

sin.té.ti.co *adj.* **1** resumido, condensado **2** BIOQUÍM que se obteve por síntese artificial

sin.te.ti.za.dor /ô/ *adj.* que sintetiza

sin.te.ti.zar *v.t.* **1** fazer síntese; resumir; condensar **2** QUÍM produzir substância artificialmente

sin.to.ma *s.m.* **1** MED manifestação de alguma alteração no organismo **2** *por ext.* indício, sinal de algum acontecimento

sin.to.má.ti.co *adj.* **1** relativo a sintoma **2** que constitui um sintoma

sin.to.ma.to.lo.gi.a *s.f.* MED estudo dos sintomas, dos indícios das enfermidades

sin.to.ni.a *s.f.* **1** estado de um circuito cuja frequência de oscilação elétrica é igual à de um outro **2** *fig.* afinidade de sentimentos, de ideias **3** *fig.* simpatia recíproca entre duas ou mais pessoas

sin.to.ni.zar *v.t.* **1** colocar na mesma frequência aparelhos e estações radiotelegráficas **2** *fig.* harmonizar, entrar em sintonia

si.nu.o.si.da.de *s.f.* **1** conjunto de curvas de uma estrada, de um leito de rio etc.; tortuosidade **2** *fig.* irregularidade de procedimento, de caráter

si.nu.o.so /ó/ *adj.* **1** irregular em seu trajeto; cheio de curvas; tortuoso **2** *fig.* falso, hipócrita

si.nu.si.te *s.f.* MED inflamação das cavidades ósseas ou dos seios da face

si.o.nis.mo *s.m.* **1** HIST movimento político dos judeus que resultou na formação do Estado de Israel, em 1948 **2** conjunto dos estudos relacionados a Jerusalém

si.o.nis.ta *adj.2g.* adepto do sionismo

sirena

si.re.na *s.f.* aparelho de som agudo e estridente utilizado em navios, carros de polícia, bombeiros, ambulâncias etc.; sirene

si.ri *s.m.* ZOOL crustáceo que se distingue dos demais caranguejos por ter o último par de pernas em forma de remo

si.ri.gai.ta *s.f.* 1 ZOOL pássaro de bico comprido, semelhante à cambaxirra 2 *pejor.* mulher inquieta, estouvada, ladina

si.ri.ri *s.m.* ZOOL designação popular das espécies aladas de cupins, que aparecem em grande quantidade por ocasião da revoada, largando as asas pelo chão

si.ro.co *s.m.* vento que sopra do Norte da África, muito quente e desagradável

si.sa *s.f.* JUR imposto de transmissão de bens, de comércio imobiliário

si.sal *s.m.* BOT planta natural do México, de fibra têxtil própria para artesanato, confecção etc.

sís.mi.co *adj.* 1 relativo a sismo 2 causado por sismo ou terremoto

sis.mo *s.m.* movimento das placas tectônicas; abalo, tremor de terra

sis.mo.gra.fi.a *s.f.* registro gráfico dos abalos sísmicos

sis.mó.gra.fo *s.m.* instrumento que detecta e registra as vibrações da Terra

si.so *s.m.* 1 bom senso; prudência, juízo 2 ANAT dente que nasce durante a adolescência ou depois

sis.te.ma *s.m.* 1 complexo de princípios coordenados entre si 2 MED conjunto de órgãos semelhantes que possuem estrutura comum, ex.: *sistema muscular, sistema nervoso* 3 conjunto de doutrinas com estruturas voltadas para o mesmo objetivo 4 método, organização

sis.te.má.ti.ca *s.f.* arte de sistematizar, de organizar em sistemas, de reduzir conhecimentos, noções, princípios etc. a um plano organizado

sis.te.má.ti.co *adj.* 1 relativo a sistema 2 que segue um sistema

sis.te.ma.ti.za.ção *s.f.* 1 ação ou resultado de sistematizar 2 organização em sistema

sis.te.ma.ti.zar *v.t.* organizar em sistema; tornar sistemático, ordenado

si.ti.ar *v.t.* cercar um lugar com tropas

sís.to.le *s.f.* contração do coração que produz a compressão de suas cavidades para circulação sanguínea

si.tô.me.tro *s.m.* instrumento usado para medir a densidade dos grãos de cereais

si.su.dez *s.f.* seriedade, prudência, sensatez

si.su.do *adj.* 1 que é sensato, prudente 2 que se mostra grave, sério

si.ti.a.do *adj.* 1 cercado por forças militares; isolado 2 *fig.* assediado

si.ti.an.te *s.2g.* 1 proprietário ou morador de sítio • *adj.2g.* 2 diz-se de tropas que formam um cerco a um local

si.ti.ar *v.t.* 1 cercar um lugar com tropas 2 *fig.* assediar

sí.tio *s.m.* 1 local, lugar, espaço 2 pequena propriedade agrícola; chácara 3 cerco militar por tropas inimigas 4 INFORMÁT o mesmo que *site*, conjunto de páginas da *internet*

si.to *adj.* 1 que se encontra em determinado lugar; localizado, situado, colocado • *s.m.* 2 bafio, mofo, bolor

si.tu.a.ção *s.f.* 1 ato de situar alguma coisa no espaço, no seu lugar; colocação 2 circunstância, contexto

si.tu.a.ci.o.nis.mo *s.m.* poder do partido dominante, que exerce o governo

si.tu.a.ci.o.nis.ta *adj.2g.* 1 relativo a situacionismo 2 partidário do situacionismo

si.tu.ar *v.t.* 1 localizar 2 colocar em determinado lugar

si.zí.gi.a *s.f.* 1 ASTRON conjunção do Sol e da Lua 2 ASTRON conjunção de qualquer planeta com o Sol

só *adj.2g.* 1 isolado, sozinho, único • *adv.* 2 unicamente, somente, apenas ■ **a sós** de maneira reservada, privada

sô *s.m. pop.* forma reduzida de senhor

so.a.lhar *v.t.* 1 levar ao povo alguma notícia ou algum acontecimento; divulgar, publicar 2 pavimentar com madeira ou outro tipo de piso; colocar soalho, assoalhar 3 agitar, vibrar as soalhas do pandeiro

so.a.lhei.ra *s.f.* período mais quente do dia; calor

so.a.lho *s.m.* 1 revestimento do piso de uma casa; assoalho 2 lugar exposto ao sol; lugar escaldante

so.an.te *adj.2g.* que soa, que produz som; sonante

so.ar *v.t.* 1 produzir som 2 *fig.* propagar, divulgar

sob *prep.* em posição inferior, embaixo, abaixo

so.ba *s./ s.m.* chefe de tribos africanas; sova

so.be.jar *v.i.* sobrar, exceder

so.be.jo /ê/ *adj.* demasiado, excessivo, abundante

so.be.ra.ni.a *s.f.* poder, autoridade suprema; comando

so.be.ra.no *adj.* 1 que tem autoridade suprema; poderoso 2 *fig.* notável, magnífico

so.ber.ba /ê/ *s.f.* sentimento de orgulho, empáfia; amor-próprio exagerado

so.ber.bi.a *s.f.* 1 qualidade de quem é soberbo 2 soberba exagerada

so.ber.bo /ê/ *adj.* 1 orgulhoso, arrogante 2 extraordinário, excelente, maravilhoso

sob.por *v.t.* 1 colocar debaixo 2 *fig.* desprezar alguém ou alguma coisa; menosprezar

so.bra /ó/ *s.f.* 1 excesso de alguma coisa; resto, sobejo 2 lucro

so.bra.çar *v.t.* colocar debaixo do braço; prender com os braços

so.bra.do *adj.* 1 demasiado, excessivo • *s.m.* 2 construção de dois andares 3 piso acima do térreo

so.bran.cei.ro /ê/ *adj.* 1 que está acima de outro; elevado, proeminente 2 *fig.* orgulhoso, arrogante, soberbo

so.bran.ce.lha /ê/ *s.f.* faixa arqueada de pelos acima dos olhos

so.brar *v.i.* ser excessivo em quantidade; ser mais que suficiente

so.bre /ô/ *prep.* 1 em cima de 2 a respeito de 3 além de

so.bre.a.vi.so *s.m.* alerta, precaução, aviso

so.bre.ca.pa *s.f.* capa larga usada sobre as vestes, geralmente como adorno

so.bre.car.re.gar *v.t.* 1 carregar demais; pôr excesso de carga em 2 responsabilizar-se por atividades além do limite suportável

so.bre.car.ta *s.f.* envelope usado para enviar ou conservar carta, cartão; sobrescrito

so.bre.ca.sa.ca *s.f.* traje masculino formal maior do que a casaca

so.bre.ce.nho *s.m.* 1 o conjunto das sobrancelhas 2 semblante carregado, carrancudo

so.bre.céu *s.m.* cobertura suspensa sobre o leito; dossel

so.bre.co.mum *adj.2g.* GRAM diz-se dos nomes que não têm flexão própria para cada gênero, que indicam ambos os gêneros com a mesma forma, ex.: *criança, sentinela, testemunha*

sociável

so.bre.co.ser /ê/ *v.t.* fazer nova costura em; reforçar costura

so.bre.cos.tu.ra *s.f.* costura feita sobre outra

so.bre.di.to *adj.* diz-se de algo já dito ou afirmado anteriormente

so.bre-e.mi.nen.te *adj.2g.* 1 que se sobressai acima de todos; que se destaca 2 muito elevado

so.bre-es.tar *v.i.* não ir adiante; parar; deter-se; sobrestar

so.bre-ex.ce.der /s...ê/ *v.t.* 1 passar por cima de, sobrelevar-se ○ *v.pron.* 2 exceder-se muito; superar os próprios limites

so.bre-ex.ce.len.te /s/ *adj.2g.* extremamente excelente

so.bre-ex.ci.tar /s/ *v.t.* excitar exageradamente

so.brei.ro /ê/ *s.m.* BOT árvore de cuja casca se extrai a cortiça

so.bre.ja.cen.te *adj.2g.* 1 que está por cima; que domina pela altura 2 diz-se das rochas vulcânicas que estão sobre as graníticas

so.bre.le.var *v.t.* 1 exceder em altura; ultrapassar 2 *fig.* tornar-se mais importante; suplantar

so.bre.lo.ja /ó/ *s.f.* pavimento que fica entre o rés do chão e o primeiro andar

so.bre.ma.nei.ra /ê/ *adv.* excessivamente; sobremodo

so.bre.me.sa /ê/ *s.f.* qualquer doce, iguaria, fruta consumido depois das refeições

so.bre.mo.do /ó/ *adv.* extraordinariamente; sobremaneira

so.bre.na.dar *v.i.* manter-se à superfície da água; boiar

so.bre.na.tu.ral *adj.2g.* 1 que vai além do natural; que está fora das leis naturais 2 *por ext.* que só pode ser explicado pela fé

so.bre.no.me *s.m.* o nome de família

so.bre.o.lhar *v.t.* olhar com desdém ou desprezo

so.bre.pa.ga *s.f.* recompensa, gratificação

so.bre.pai.rar *v.i.* pairar sobre, acima de

so.bre.pe.liz *s.f.* RELIG tipo de veste, geralmente bordada, que os clérigos usam sobre a batina

so.bre.pe.so /ê/ *s.m.* 1 peso excessivo, demasiado; sobrecarga 2 *fig.* arrependimento, pesar muito grande

so.bre.por /ô/ *v.t.* 1 colocar em cima ou por cima de 2 dar prioridade; preferir

so.bre.po.si.ção *s.f.* 1 ação ou resultado de sobrepor, de colocar por cima 2 justaposição de uma figura geométrica sobre outra para demonstrar a igualdade entre elas

so.bre.pos.to /ô/ *adj.* posto em cima; colocado sobre; justaposto

so.bre.pu.jar *v.t.* 1 ser superior em qualidade 2 sobrepor-se a; vencer, ultrapassar, exceder

so.bres.cre.ver /ê/ *v.t.* m.q. sobrescritar

so.bres.cri.tar *v.t.* colocar, em um envelope, o nome e o endereço do destinatário; endereçar

so.bres.cri.to *s.m.* informação escrita no envelope de uma carta

so.bres.sair *v.i.* *v.pron.* diferenciar-se, distinguir-se dos demais; destacar-se

so.bres.sa.len.te *adj.2g.* 1 que sobressai 2 que está de reserva, para caso de necessidade 3 diz-se de acessório ou peça disponível para substituir outro em caso de falta

so.bres.sal.tar *v.t.* *v.pron.* 1 tomar de assalto; surpreender(-se) 2 assustar(-se), atemorizar(-se)

so.bres.sal.to *s.m.* susto, inquietação, preocupação

so.bres.se.len.te *adj.2g.* m.q. sobressalente

so.bres.tar *v.t.* 1 interromper, suspender, sustar uma ação 2 estar em iminência; ameaçar

so.bres.ti.mar *v.t.* estimar em demasia; sobre-estimar

so.bre.ta.xa *s.f.* taxa adicional

so.bre.ta.xar *v.t.* sobrecarregar com sobretaxas

so.bre.tu.do *adv.* 1 especialmente, principalmente • *s.m.* 2 espécie de agasalho usado sobre a roupa normal; capote

so.bre.vin.do *adj.* 1 que sobreveio 2 que chegou de surpresa

so.bre.vir *v.i.* acontecer depois de outra coisa, em seguida; vir após

so.bre.vi.vên.cia *s.f.* 1 ação ou resultado de sobreviver 2 continuidade de vida; prolongamento da existência

so.bre.vi.ven.te *adj.2g.* 1 que sobrevive a alguma fatalidade 2 que permanece vivo depois da morte de outra pessoa

so.bre.vi.ver *v.i.* 1 continuar a viver depois de algum fato, acontecimento; subsistir 2 continuar a viver depois que outras pessoas já morreram, ex.: *a viúva sobreviveu ao marido por dez anos*

so.bre.vo.ar *v.t.* passar por cima de um lugar voando

so.bri.e.da.de *s.f.* 1 qualidade do que é sóbrio 2 moderação no comer e no beber 3 LITER uso moderado de adjetivos, de figuras literárias etc., em oposição à prolixidade

so.bri.nho *s.m.* o filho dos irmãos ou dos cunhados de uma pessoa

só.brio *adj.* 1 comedido no comer e no beber; abstêmio 2 LITER escritor que não se excede no uso de adornos, de figuras, que não é prolixo

so.bro.lho /ô/ *s.m.* sobrecenho, sobrancelha

so.ca /ó/ *s.f.* 1 *bras.* segunda colheita de arroz 2 *bras.* segunda colheita do fumo 3 *bras.* tabaco de qualidade inferior

so.ca.do *adj.* 1 batido, amassado em pilão; surrado com socos • *s.m.* 2 arreio de cavalgar, de cabeçote baixo

so.cal.co *s.m.* porção de terreno relativamente plano em área montanhosa

so.car *v.t.* 1 bater, amassar no pilão 2 dar socos; esbofetear 3 pisar fortemente 4 bater

so.ca.va *s.f.* cavidade ou escavação no subsolo; túnel

so.ca.vão *s.m.* grande socava

so.ca.var *v.t.* 1 escavar por baixo ○ *v.i.* 2 fazer escavação; cavar

so.ci.a.bi.li.da.de *s.f.* 1 característica do que é sociável 2 disposição natural para viver em sociedade, em companhia de outros

so.ci.a.bi.li.zar *v.t.* *v.pron.* 1 tornar social 2 adquirir maneiras sociais; civilizar 3 ser sociável; conviver bem

so.ci.al *adj.2g.* 1 relativo à sociedade, ao convívio humano na sociedade 2 diz-se de roupa que não é esportiva

so.ci.a.lis.mo *s.m.* ideologia, teoria social que prega a propriedade coletiva dos meios de produção

so.ci.a.lis.ta *adj.2g.* partidário do socialismo

so.ci.a.li.za.ção *s.f.* ação de aplicar a um país ou a uma sociedade os princípios do socialismo

so.ci.a.li.zar /ô/ *v.t.* 1 transformar o regime de um país em socialista 2 formar associação, sociedade

so.ci.á.vel *adj.2g.* 1 propenso a viver em sociedade; social 2 que convive bem socialmente; amistoso

sociedade

so.ci.e.da.de *s.f.* **1** o conjunto dos indivíduos que vivem sob o mesmo sistema de direitos e deveres **2** grupo de pessoas que se unem em cooperação para um objetivo comum **3** associação de pessoas de mesma origem, cultura ou condições econômicas **4** a humanidade; o povo de forma geral

so.ci.e.tá.rio *adj. s.m.* sócio de uma sociedade; membro de uma sociedade

só.cio *s.m.* **1** pessoa que se associa a outra para abrir e administrar uma empresa; parceiro, aliado **2** pessoa que faz parte de uma sociedade, de um clube etc.

so.ci.o.lo.gi.a *s.f.* ciência que estuda as sociedades em geral e os fenômenos da vida social

so.ci.o.lo.gis.ta *adj.2g. s.2g.* **1** pessoa que se dedica ao estudo da sociologia **2** especialista em sociologia

so.ci.ó.lo.go *adj. s.m.* m.q. sociologista

so.có *s.m.* **1** ZOOL ave pernalta do Brasil **2** *fig.* pessoa alta e magra

so.co /ô/ *s.m.* **1** agressão física com a mão fechada; murro, bofetada **2** calçado de madeira **3** pedestal, base de estátua; suporte

so.ço.brar /ô/ *v.i.* naufragar, submergir, afundar

so.ço.bro *s.m.* ato ou efeito de soçobrar; naufrágio

so.cor.rer /ê/ *v.t.* levar ajuda, auxílio a alguém necessitado; auxiliar, ajudar, acudir

so.cor.ro /ô/ *s.m.* **1** ato de socorrer; ajuda, auxílio, amparo • *interj.* **2** grito de desespero; pedido de ajuda imediata em momento de fatalidade

so.crá.ti.co *adj.* FILOS relativo a Sócrates e ao seu sistema filosófico

so.da /ó/ *s.f.* **1** QUÍM carbonato de sódio hidratado **2** BOT erva de cujas cinzas se obtinha a soda antigamente

so.da.lí.cio *s.m.* **1** grupo de pessoas que vivem juntas ou que convivem em uma associação **2** qualquer agremiação com fins não comerciais

só.dio *s.m.* QUÍM metal sólido branco solúvel em água

so.do.mi.a *s.f.* ato sexual entre dois homens ou entre duas mulheres

so.er /ê/ *v.i. desus.* ter por costume, por hábito

so.ez /ê/ *adj.2g.* sem nenhum valor; desprezível, reles

so.fá *s.m.* banco acolchoado apropriado para salas

so.fis.ma *s.m.* argumentação falsa com aparência de verdadeira

so.fis.mar *v.i.* empregar argumentos e raciocínios com aparência de verdade para encobrir erros e falsidades; usar de sofismas para enganar

so.fis.ta *adj.2g. s.2g.* **1** argumentador falso, capcioso **2** FILOS erudito, sábio que na antiga Grécia ensinava retórica

so.fis.ti.ca.ção *s.f.* **1** argumentação com sofismas; adulteração, engano, velhacaria **2** *bras.* qualidade de sofisticado

so.fis.ti.ca.do *adj.* **1** enganado com sofismas; falseado, sofismado **2** *bras.* que tem requinte; fino, requintado

so.fis.ti.car *v.t.* **1** usar de sofismas; sofismar **2** *bras.* tornar requintado, sofisticado

so.fís.ti.co *adj.* **1** relativo a sofisma **2** que é da natureza do sofisma; falso, enganoso

so.fre.ar *v.t.* **1** segurar as rédeas para diminuir a disparada, o galope do animal **2** conter o ímpeto; manter a calma; reprimir

so.fre.dor /ô/ *adj.* que sofre males físicos e morais; que suporta, padece

so.fre.go *adj.* impaciente, ansioso

so.fre.gui.dão *s.f.* **1** gulodice, voracidade **2** ansiedade, impaciência, avidez

so.frer /ê/ *v.t.* experimentar dores físicas ou morais; sentir mal-estar

so.fri.do *adj.* diz-se de alguém que sofre; vítima de sofrimentos

so.fri.men.to *s.m.* provação física ou moral; martírio

so.frí.vel *adj.2g.* que se pode sofrer; suportável

so.ga *s.f.* **1** corda grossa **2** correia, tira de couro para prender, amarrar e puxar animais ou cargas

so.gra /ó/ *s.f.* a mãe da esposa ou do esposo em relação à nora ou ao genro

so.gro /ô/ *s.m.* o pai da esposa ou do esposo em relação à nora ou ao genro

soi.rée *s.f.* [fr.] noite de divertimento, de dança, de bailes

so.ja /ó/ *s.f.* BOT planta leguminosa nativa do Japão e da China, cultivada no Brasil

sol /ó/ *s.m.* **1** ASTRON astro que faz parte da Via Láctea e que é o centro do sistema planetário **2** *por ext.* a luz ou o calor recebido desse astro **3** MÚS quinta nota da escala musical **4** QUÍM solução coloidal líquida

so.la /ó/ *s.f.* **1** couro curtido próprio para calçados e outros artefatos **2** parte inferior dos calçados **3** face inferior do pé **4** *fig.* bife muito duro

so.la.do *s.m.* a parte rasteira do calçado

so.la.par *v.t.* **1** escavar por baixo **2** abalar os fundamentos; provocar erosão nos barrancos marginais dos rios **3** *fig.* arruinar as bases de uma instituição, de um governo etc. com ataques e críticas **4** *fig.* arrasar o nome de alguém com críticas maldosas; destruir a fama

so.lar *adj.2g.* **1** relativo à sola do pé, à planta do pé **2** relativo ao Sol **3** luminoso, claro **4** *fig.* evidente • *s.m.* **5** moradia, mansão, castelo, palacete acompanhado de suas terras **6** *desus.* estilo de casa assobradada com um lugar próprio para tomar sol **7** soleira da porta • *v.t.* **8** colocar sola em calçado **9** MÚS cantar ou executar certo trecho musical sozinho

so.la.ren.go *adj.* relativo a solar, palácio, casa nobre

so.lá.rio *s.m.* **1** na antiga Roma, relógio de sol **2** lugar da casa próprio para tomar sol **3** local próprio para tratar certas doenças com banhos de sol

so.la.van.co *s.m.* **1** balanço forte e imprevisto de veículos em estradas cheias de buracos **2** *por ext.* abalo brusco, safanão

sol.da /ó/ *s.f.* **1** liga de estanho que serve para unir, ligar metais **2** BOT erva da família das rosáceas, cultivada como ornamental

sol.da.da *s.f.* **1** ação de soldar metais **2** o soldo, o pagamento, o ordenado mensal de operários, criados etc.

sol.da.des.ca /ê/ *s.f.* **1** grupo, conjunto de soldados **2** *pejor.* grupo de soldados insubordinados

sol.da.do *adj.* **1** emendado, consertado por meio de solda • *s.m.* **2** militar, membro do exército **3** ZOOL nome de um crustáceo marinho

sol.da.du.ra *s.f.* ato ou efeito de soldar; soldagem

sol.da.gem *s.f.* m.q. soldadura

sol.dar *v.t.* **1** unir, ligar, emendar metais por meio de solda **2** solidificar

sol.do /ô/ *s.m.* **1** pagamento mensal; ordenado **2** moeda de metal sólida, em oposição ao papel-moeda

so.le.cis.mo *s.m.* GRAM erro de sintaxe, principalmente de concordância

so.le.da.de *s.f.* **1** estado de quem está só; solidão **2** lugar abandonado, solitário **3** sentimento de melancolia, saudade

so.lei.ra /ê/ *s.f.* **1** base de portas e janelas **2** sol ardente; soalheira

so.le.ne *adj.2g.* cerimonioso, formal

so.le.ni.da.de *s.f.* **1** aspecto do que é solene, cheio de pompas **2** cerimônia comemorativa formal

so.le.ni.zar *v.t.* **1** celebrar algo publicamente com cerimônia e pompa **2** dar aspecto solene

so.ler.te /ê/ *adj.2g.* esperto, sagaz, astuto

so.le.trar *v.t.* pronunciar palavras letra por letra

sol.fe.jar *v.t.* MÚS fazer exercícios vocais entoando notas musicais de acordo com um compasso

sol.fe.jo /ê/ *s.m.* MÚS ato ou efeito de solfejar

sol.fe.ri.no *s.m.* cor de tom escarlate, quase roxo; púrpura

so.li.ci.ta.ção *s.f.* ato ou efeito de solicitar; pedido, rogo

so.li.ci.ta.dor /ô/ *adj.* que solicita; solicitante

so.li.ci.tar *v.t.* **1** fazer solicitação; pedir, rogar **2** JUR desempenhar as funções de solicitador

so.lí.ci.to *adj.* que tem solicitude; diligente

so.li.ci.tu.de *s.f.* atenção, dedicação, cuidado, consideração

so.li.dão *s.f.* **1** sensação de isolamento; solitude **2** lugar silencioso e ermo

so.li.da.ri.e.da.de *s.f.* **1** condição de solidário **2** sentimento de simpatia por alguém que se encontra em situação difícil **3** cooperação dada alguém em determinadas circunstâncias

so.li.dá.rio *adj.* diz-se daquele que pratica a solidariedade, que demonstra solidariedade

so.li.da.ri.zar *v.t.* **1** compartilhar das dificuldades de outra pessoa em momentos difíceis **2** demonstrar solidariedade

so.li.déu *s.m.* pequena peça de seda ou outro tecido usada por sacerdotes católicos sobre a cabeça

so.li.dez *s.f.* qualidade do que é sólido; firmeza, dureza

so.li.di.fi.ca.ção *s.f.* **1** ato ou efeito de solidificar(-se) **2** passagem do estado líquido para o estado sólido

so.li.di.fi.car *v.t. v.pron.* **1** tornar(-se) sólido; endurecer **2** passar do estado líquido para o estado sólido

só.li.do *adj.* **1** duro, maciço **2** resistente, firme, real

so.li.ló.quio *s.m.* conversa consigo mesmo; monólogo

so.lis.ta *s.2g.* MÚS pessoa que executa solos, que toca ou canta sozinho

so.li.tá.ri.a *s.f.* ZOOL verme intestinal de grande comprimento que ataca animais, inclusive o ser humano; tênia

so.li.tá.rio *adj.* que vive só, sem companhia, isolado; que vive na solidão • *s.m.* **1** indivíduo que está só ou que vive em solidão; eremita, ermitão **2** joia com uma única pedra preciosa, geralmente um diamante

so.lo /ó/ *s.m.* **1** trecho musical executado por um só músico **2** pavimento térreo; terra, chão **3** jogo de cartas antigo

sols.tí.cio *s.m.* cada um dois dias do ano em que o Sol, no seu aparente movimento no céu, atinge o maior grau de afastamento angular do equador

sol.ta /ô/ *s.f.* **1** ato ou efeito de soltar; soltura **2** ato ou efeito de tirar a trela aos cães, para que entrem no mato à procura da caça

sol.tar *v.t.* **1** tornar livre; libertar **2** livrar das amarras, da prisão

sol.tei.rão *adj.* **1** homem solteiro, mas já de certa idade **2** *fig.* rabugento, enjoado

sol.tei.ro /ê/ *adj.* que não se casou, que não está ligado a um cônjuge

sol.to /ô/ *adj.* **1** posto em liberdade; livre **2** quite, desligado **3** que possui linguagem e maneiras desenvoltas **4** malcriado, sem educação

sol.tu.ra *s.f.* ato de colocar em liberdade, de libertar; livramento, libertação

so.lu.bi.li.da.de *s.f.* **1** capacidade de ser dissolvido **2** propriedade que uma substância tem de poder dissolver-se em outra

so.lu.bi.li.zar *v.t.* tornar solúvel

so.lu.ção *s.f.* **1** ato ou efeito de solver **2** QUÍM líquido em que há uma substância dissolvida **3** resolução de algum problema **4** conclusão de um raciocínio ou processo

so.lu.çar *v.i.* **1** ter soluços **2** dizer palavras entre soluços, chorando

so.lu.ci.o.nar *v.t.* dar solução, explicação para algo; resolver

so.lu.ço *s.m.* pequena contração espasmódica, com ruído característico, que se repete com uma certa frequência

so.lu.to *s.m.* QUÍM aquilo que foi dissolvido

so.lú.vel *adj.2g.* **1** diz-se de substância que se dissolve em outra **2** passível de solução, de ser resolvido, solucionado

sol.ven.te *adj.2g.* **1** diz-se de substância que dissolve outras **2** que quita, paga suas dívidas, seus débitos

sol.ver /ê/ *v.t.* **1** engolir, beber **2** encontrar solução; resolver **3** pagar dívidas, contas

som *s.m.* **1** FIS vibração produzida por um corpo, propagada pelo ar e percebida pelo sentido da audição **2** ruído, barulho **3** GRAM qualquer emissão sonora produzida pela vibração das cordas vocais e representada por signos linguísticos; fonema

so.ma *s.f.* **1** total, conjunto **2** combinação, união **3** MAT juntar uma quantia a outra; adição ○ *s.m.* **4** BIOL o conjunto das células de um organismo com exceção dos gametas **5** BOT nome de uma planta da Índia cujo suco embriaga

so.mar *v.t.* adicionar, juntar, agregar uma coisa a outra

so.má.ti.co *adj.* relativo ao corpo

so.ma.tó.rio *s.m.* o resultado total; a soma resultante

som.bra *s.f.* **1** interceptação da luz por um corpo opaco **2** espaço sem luz **3** ausência de luz; escuridão **4** maquiagem que se faz nas pálpebras

som.bre.a.do *adj.* **1** em que há sombra **2** coberto de sombra

som.bre.ar *v.t.* **1** fazer sombra; projetar sombra **2** dar sombra a um desenho, escurecê-lo

som.brei.ro /ê/ *adj.* **1** diz-se do que é capaz de produzir sombra • *s.m.* **2** m.q. chapéu

som.bri.nha *s.f.* espécie de guarda-sol ou guarda-chuva próprio para mulheres

som.bri.o *adj.* **1** que tem sombra; de pouca iluminação; escuro **2** *fig.* melancólico, tristonho

som.bro.so /ô/ *adj.* **1** m.q. sombreado **2** *fig.* triste, sombrio

so.me.nos *adj.2g.2n.* de valor pequeno ou de pouca importância

so.men.te *adv.* apenas, unicamente

so.mi.ti.car *v.i. pop.* mostrar(-se) avarento

so.mí.ti.co *adj.* m.q. avarento

somitiquice

so.mi.ti.qui.ce *s.f.* característica do que é somítico; avareza, sovinice

so.nam.bu.lis.mo *s.m.* estado fisiológico em que a pessoa anda, conversa e age dormindo como se estivesse desperta, acordada

so.nâm.bu.lo *adj. s.m.* pessoa que anda, conversa e age dormindo como se estivesse desperta

so.nan.te *adj.2g.* que soa, que produz som; soante

so.na.ta *s.f.* MÚS composição musical instrumental de três movimentos

son.da *s.f.* **1** instrumento próprio para observação de órgãos internos do corpo **2** aparelho dotado de mangueira comprida para sondar o fundo do mar ou o interior da terra

son.da.dor /ô/ *adj.* **1** que sonda **2** indagador, investigador

so.ne.ga.dor /ô/ *adj.* diz-se daquele que sonega, que omite o registro de bens, objetos etc. para não pagar o imposto devido

son.da.gem /ê/ *s.f.* **1** exame de um órgão interno por meio de sonda **2** exploração do oceano utilizando sonda **3** ação de indagar, procurar saber a opinião de alguém

son.dar *v.t.* **1** fazer sondagens; reconhecer o fundo do mar por meio de sonda **2** examinar órgãos internos do corpo humano por meio de sonda **3** indagar, procurar saber a opinião de alguém

so.ne.ca /é/ *s.f.* sono leve e ligeiro

so.ne.ga.ção *s.f.* omissão de documentos de bens para que não entrem em inventários, arrolamentos oficiais, pagamento de impostos e taxas etc.

so.ne.gar *v.t.* esconder, ocultar objetos, bens com o objetivo de se livrar de impostos e arrolamentos de herança

so.nei.ra /ê/ *s.f.* m.q. sonolência

so.ne.tis.ta *s.2g.* compositor de sonetos

so.ne.to /ê/ *s.m.* POET poema de forma fixa contendo duas quadras e dois tercetos, formando ao todo quatorze versos

son.ga.mon.ga /ô/ *adj.2g. pop.* pessoa boba, molenga, pateta

so.nha.dor /ô/ *adj.* **1** diz-se de quem sonha **2** *fig.* idealista, imaginador, romântico

so.nhar *v.t.* **1** ter sonhos enquanto se dorme **2** *fig.* desejar, idealizar, devanear

so.nho *s.m.* **1** visão ou ideia que se tem enquanto se está dormindo **2** *fig.* aspiração, desejo **3** CUL quitanda feita de massa frita recheada com doce de leite, creme etc. e polvilhada com açúcar confeiteiro

sô.ni.co *adj.* relativo ao som; sonoro

so.ni.do *s.m.* som produzido por qualquer vibração; ruído

so.ní.fe.ro *adj.* que provoca sono; que faz dormir

so.no *s.m.* interrupção da atividade nervosa e consciente do indivíduo; dormência, repouso, descanso

so.no.lên.cia *s.f.* vontade de dormir; letargia; dormência

so.no.len.to *adj.* **1** com vontade de dormir; com sono **2** *fig.* vagaroso em seus atos; lerdo; monótono

so.no.ri.da.de *s.f.* **1** característica do que é sonoro **2** capacidade de um corpo em vibração emitir sons

so.no.ri.za.ção *s.f.* **1** ato ou efeito de sonorizar **2** passagem de um fonema surdo a sonoro

so.no.ri.zar *v.t.* tornar sonoro

so.no.ro /ó/ *adj.* **1** que produz som **2** que é harmonioso, melodioso

so.no.ro.so /ô/ *adj.* que dá som harmonioso, agradável ao ouvido

son.so *adj.* bobo, tonto, manhoso

so.pa /ó/ *s.f.* **1** alimento em forma de caldo, podendo conter carne, legumes, macarrão etc.; canja **2** *fig.* tudo o que é fácil de ser feito

so.pa.pe.ar *v.t.* dar sopapos em alguém; agredir com tapas

so.pa.po *s.m.* golpe desferido debaixo do queixo; pescoção

so.pé *s.m.* base de cadeia montanhosa

so.pei.ra /ê/ *s.f.* recipiente geralmente largo e bojudo, próprio para colocar sopa; terrina

so.pe.sar *v.t.* **1** avaliar o peso de alguma coisa, tomando-a na mão **2** segurar, pegar **3** *fig.* avaliar as consequências de algo

so.pi.tar *v.t.* fazer dormir; adormecer

so.por *s.m.* sono mórbido, sonolência

so.po.rí.fe.ro *adj.* **1** diz-se de substância que sopita, que faz dormir **2** *por ext.* que é enfadonho, maçante

so.po.ri.fi.co *adj.* m.q. soporífero

so.pra.no *s.2g.* **1** MÚS a voz feminina de tom mais agudo **2** MÚS cantora com esse tom de voz

so.prar *v.t.* **1** expelir o ar dos pulmões com certa energia; assoprar **2** *fig.* dizer ao colega a resposta que ele não sabe dar à pergunta do professor **3** cochichar, sussurrar

so.pro /ô/ *s.m.* **1** ação ou resultado de soprar **2** ar expirado; bafo **2** *fig.* inspiração

so.que.ar *v.t.* m.q. socar

so.que.te /ê/ *s.f.* **1** ferramenta própria para socar a terra; pilão **2** instrumento para socar a pólvora em canhões e outras armas de fogo **3** meia fina de cano curto ○ *s.m.* **4** peça de metal que serve de base para lâmpadas elétricas

sor /ô/ *pron.* m.q. senhor

sor.di.dez /ê/ *s.f.* qualidade do que é sórdido

sór.di.do *adj.* vil, imundo, torpe

sor.go *s.m.* **1** BOT gênero de gramíneas andropogôneas que servem como forragem **2** BOT espigueta dessa planta, parecida com uma espiga de milho

sor.na /ô/ *s.f.* **1** lentidão, lerdeza ● *adj.2g.* **2** preguiçoso, vadio, vagabundo **3** falso, hipócrita, enganador

so.ro /ô/ *s.m.* **1** líquido presente no leite, no sangue e em outras substâncias aquosas **2** solução de substância orgânica ou mineral usada na hidratação ou na alimentação de enfermos

so.ro.lo.gi.a *s.f.* m.q. serologia

so.ro.lo.gis.ta *s.2g.* especialista em sorologia

so.ror *s.f.* irmã, freira, madre

so.ro.ro.ca /ó/ *s.f.* **1** respiração difícil; sufocação **2** ZOOL nome de um peixe brasileiro **3** BOT nome de uma planta brasileira

sor.ra.tei.ro /ê/ *adj.* **1** que age com cautela e que executa qualquer ação sem ser pressentido **3** que age disfarçadamente

sor.ri.den.te *adj.2g.* que sorri **2** alegre, risonho

sor.rir *v.i.* rir de maneira delicada; manifestar alegria com sorriso

sor.ri.so *s.m.* manifestação de alegria, satisfação

sor.te /ó/ *s.f.* **1** destino, fado **2** ventura, felicidade

sor.te.a.do *adj.* que foi escolhido por sorteio

sor.te.ar *v.t.* escolher por sorteio, ao acaso

subaquático

sor.tei.o /ê/ *s.m.* o ato de sortear, de escolher pela sorte
sor.ti.do *adj.* **1** que tem muita mercadoria; abastecido **2** variado
sor.ti.lé.gio *s.m.* encantamento, feitiçaria
sor.ti.men.to *s.m.* estoque, provisão de mercadorias
sor.tir *v.t.* abastecer, prover
sor.ve.dou.ro /ô/ *s.m.* **1** redemoinho de água que se forma no mar e que traga coisas para o fundo; turbilhão **2** *fig.* algo que traz prejuízo, que provoca ruína
sor.vei.ra /ê/ *s.f.* BOT árvore da família das apocináceas, nativa da Amazônia
sor.ve.tei.ro /ê/ *adj.* diz-se de quem fabrica ou vende sorvetes
so.rum.bá.ti.co *adj.* **1** desanimado, triste **2** que não está a fim de conversa; retraído
sor.ver /ê/ *v.t.* chupar, absorver, engolir
sor.ve.te /ê/ *s.m.* espécie de doce gelado feito de leite, frutas, chocolate etc.
sor.ve.te.ri.a *s.f.* casa onde se fabrica e/ou se vende sorvete
sor.vo /ô/ *s.m.* pequena porção de líquido que se ingere de uma vez; gole, trago
só.sia *s.2g.* pessoa muito parecida com outra
sos.lai.o *s.m.* esguelha, viés ■ **de soslaio** de lado, obliquamente
sos.se.ga.do *adj.* **1** tranquilo, pacífico, calmo **2** sem iniciativa; inerte, apático
sos.se.gar *v.t.* pôr em sossego; tranquilizar; acalmar
sos.se.go /ê/ *s.m.* **1** tranquilidade, paz, descanso **2** lerdeza, lentidão, apatia
so.ta *s.m.* **1** condutor que dirigia as seges de boleia montado na besta de sela; boleeiro **2** subordinado, subalterno **3** carta de baralho também chamada dama
so.tai.na *s.f.* hábito usado por eclesiástico; batina
só.tão *s.m.* compartimento da casa que fica acima dos cômodos e serve de quarto para visitas ou como despejo
so.ta.que *s.m.* **1** conjunto das marcas fonéticas de um dialeto ou idioma **2** acento característico apresentado por pessoa que ainda não fala muito bem uma língua
so.ta-ven.to /ê/ *s.m.* lado para onde o vento sopra; lado contrário àquele de onde o vento sopra
so.te.ro.po.li.ta.no *adj. gent.* natural ou habitante da cidade de Salvador, capital da Bahia
so.ter.ra.men.to *s.m.* ato ou efeito de soterrar; soterração; funeral, sepultamento
so.ter.rar *v.t.* cobrir de terra; sepultar
so.to-pôr *v.t.* pôr embaixo; colocar em segundo lugar
so.to-pos.to /ô/ *adj.* posto embaixo; colocado em segundo lugar
so.tur.no *adj.* triste, sombrio, taciturno
sou.to *s.m.* bosque, mata
so.va *s.f.* **1** castigo físico; surra **2** *bras.* uso diário ○ *s.m.* **3** chefe de tribos africanas
so.va.co *s.m. pop.* m.q. axila
so.var *v.t.* **1** castigar fisicamente; surrar **2** usar sempre a mesma roupa ou o mesmo sapato até desgastá-lo
so.ve.la /é/ *s.f.* instrumento pontudo usado por seleiros e sapateiros para abrir furos no couro
so.ver.ter /ê/ *v.t.* **1** m.q. subverter **2** fazer desaparecer **3** cobrir de terra; soterrar

so.vi.e.te /ê/ *s.m.* na Rússia, cada um dos conselhos de delegados escolhidos entre operários, camponeses e soldados, que escolhem os dirigentes políticos
so.vi.é.ti.co *adj.* relativo ao soviete russo
so.vi.na *adj.2g.* **1** diz-se de pessoa que tem grande apego ao dinheiro; avarento; pão-duro • *s.m.* **2** torno de madeira **3** torno bifurcado usado por marceneiros
so.vi.ni.ce *s.f.* apego extremo ao dinheiro; mesquinhez, avareza
so.zi.nho *adj.* sem companhia; só
spea.ker *s.2g.* [ing.] **1** dispositivo de computadores para comunicação de voz **2** função de celular e de outros aparelhos que permite que a voz seja amplificada para além dos limites do fone, para que outras pessoas escutem
spray *s.m.* [ing.] **1** recipiente dotado de uma bomba de pressão, que libera líquido em jato **2** o líquido contido nesse recipiente
stan.dard *s.m.* [ing.] padrão, modelo
status *s.m.2n.* [lat.] **1** conjuntura, situação **2** renome, prestígio social
strip.tease *s.m.* [ing.] ação de se despir em público de forma sensual
su.a *pron.* possessivo feminino
su.ã *s.m.* parte final da espinha suína
su.a.do *adj.* **1** molhado de suor **2** *fig.* que custou muito, que exigiu o suor do trabalho para ser conseguido
su.a.dor /ô/ *s.m.* m.q. suadouro
su.a.dou.ro /ô/ *s.m.* **1** ato de suar, de transpirar **2** medicamento que causa sudorese, que faz transpirar **3** *fig.* dificuldade, apuro **4** *pop.* golpe em que uma prostituta atrai um cliente a algum lugar e ali o rouba, sozinha ou ajudada por bandidos
su.ar *v.t.* verter suor; transpirar
su.a.ra.bác.ti *s.m.* intercalação de uma vogal em um grupo consonantal a fim de facilitar a pronúncia; anaptixe, *ex.: barata, no lugar de brata*
su.a.ren.to *adj.* coberto de suor
su.a.si.vo *adj.* m.q. persuasivo
su.a.só.ria *s.f.* m.q. persuasão
su.a.só.rio *adj.* m.q. persuasivo
su.ás.ti.ca *s.f.* símbolo em forma de cruz, adotada como emblema do nazismo
su.a.ve *adj.2g.* **1** ameno, aprazível, agradável **2** diz-se de vinho com baixo teor de álcool
su.a.vi.da.de *s.f.* qualidade do que é suave
su.a.vi.zar *v.t.* tornar suave; amenizar, abrandar
sub.a.flu.en.te *adj.2g.* diz-se de rio, curso de água etc. que é afluente de outro afluente
su.ba.li.men.ta.ção *s.f.* alimentação deficiente, carente de algo
su.ba.li.men.ta.do *adj.* que não se alimentou propriamente; subnutrido
su.ba.li.men.tar *v.t. v.pron.* alimentar(-se) de maneira insuficiente; subnutrir(-se)
su.bal.ter.no *adj.* que é subordinado a outro; que está sob as ordens de outro
sub.a.lu.gar *v.t.* alugar prédio, automóvel etc. já locado; alugar a terceiros; sublocar
sub.a.lu.guel /é/ *s.m.* ato ou efeito de subalugar; sublocação
su.ban.tár.ti.co *adj.* situado na região circunvizinha ao círculo polar antártico
su.ba.qua.á.ti.co *adj.* que está ou vive debaixo de água

subarrendar

sub.ar.ren.dar *v.t.* arrendar a um terceiro o que já havia sido arrendado

su.bár.ti.co *adj.* situado na região ao sul do círculo polar ártico

sub.che.fe *s.m.* funcionário imediato ao chefe; vice-chefe

sub.clas.se *s.f.* subdivisão de uma classe

sub.co.mis.são *s.f.* subdivisão de uma comissão

sub.co.mis.sá.rio *s.m.* comissário substituto; vice-comissário

sub.cons.ci.ên.cia *s.f.* consciência vaga ou obscurecida; semiconsciência

sub.con.ti.nen.te *s.m.* GEOG grande extensão de terra ligada a um continente, porém menor do que este, cuja configuração se aproxima da de uma grande península

sub.cu.tâ.neo *adj.* ANAT que está sob a pele

sub.de.le.ga.do *s.m.* imediato ou substituto do delegado

sub.de.le.gar *v.t.* transmitir a outrem a faculdade de resolver e agir em seu lugar

sub.de.sen.vol.vi.do *adj.* desenvolvido de maneira incompleta

sub.de.sen.vol.vi.men.to *s.m.* desenvolvimento incompleto

sub.di.á.co.no *s.m.* clérigo hierarquicamente inferior ao diácono

sub.di.re.tor /ô/ *s.m.* substituto do diretor; vice-diretor

sub.di.vi.dir *v.t.* dividir em porções ou partes ainda menores

sub.di.vi.são *s.f.* divisão de algo que já foi dividido

su.ben.ten.der /ê/ *v.t.* entender o que não foi dito, o que está implícito

sú.ber *s.m.* BOT tecido corticento que reveste especialmente a casca exterior das árvores corticíferas; cortiça

su.bes.pé.cie *s.f.* BIOL subgrupo com características comuns dentro de uma espécie

su.bes.ta.ção *s.f.* estação dependente de outra maior

su.bes.ti.mar *v.t.* não levar em consideração; desprezar

sub.gra.ve *adj.2g.* MÚS diz-se do som que está abaixo do grave

sub.gru.po *s.m.* divisão de um grupo maior

su.bi.da *s.f.* 1 ato ou efeito de subir; elevação, ascensão 2 encosta íngreme; ladeira

su.bi.do *adj.* 1 que subiu, que se ergueu 2 *fig.* grandioso, ilustre

su.bir *v.t.* 1 chegar ao alto de uma colina, de uma elevação qualquer 2 trepar, galgar 3 levantar, erguer 4 *fig.* aumentar o preço; tornar mais caro

su.bi.tâ.neo *adj.* m.q. súbito

sú.bi.to *adj.* repentino, inesperado

sub.ja.cen.te *adj.2g.* que está na parte inferior

sub.je.ti.var *v.t.* tornar subjetivo

sub.je.ti.vi.da.de *s.f.* característica do que é subjetivo

sub.je.ti.vis.mo *s.m.* FILOS teoria que se opõe ao objetivismo e que tem como premissa a atribuição de valores de acordo com a percepção pessoal do sujeito

sub.je.ti.vo *adj.* individual, pessoal

sub.ju.gar *v.t.* exercer domínio; sujeitar

sub.jun.ti.vo *adj.* GRAM diz-se do modo verbal que não expressa certeza, mas um fato irreal ou algo possível ou desejado

su.ble.va.ção *s.f.* 1 ato ou efeito de sublevar(-se) 2 revolta, motim, rebelião

su.ble.var *v.t.* 1 erguer, elevar 2 *fig.* promover revolta, rebelião

su.bli.ma.ção *s.f.* 1 ato ou efeito de sublimar; engrandecimento, enaltecimento 2 QUÍM passagem direta de um sólido para o estado gasoso 3 purificação de uma substância volátil por meio de calor 4 PSICOL processo inconsciente de reorientação da energia da libido para outro fim, socialmente aceitável e valorizado

su.bli.ma.do *adj.* 1 que se sublimou • *s.m.* 2 QUÍM substância obtida pelo processo de sublimação

su.bli.mar *v.t.* 1 tornar sublime; elevar, engrandecer, exaltar 2 QUÍM passar uma substância sólida diretamente para o estado gasoso

su.bli.me *adj.2g.* 1 superior, elevado 2 extraordinário, magnífico

sub.lin.gual *adj.2g.* que está embaixo da língua

su.bli.nha *s.f.* traço passado debaixo de uma palavra ou frase para ressaltá-la

su.bli.nha.do *adj.* que se sublinhou; marcado, grifado

su.bli.nhar *v.t.* traçar linha debaixo de certas palavras ou frases; grifar

sub.li.te.ra.tu.ra *s.f.* literatura de segunda categoria, de qualidade inferior

sub.lo.ca.ção *s.f.* aluguel de algo que já locado; locação de algo a terceiros

sub.lo.ca.dor /ô/ *adj. s.m.* que subloca

sub.lo.car *v.t.* fazer sublocação; subalugar

sub.lo.ca.tá.rio *adj. s.m.* diz-se de quem alugou um imóvel por sublocação

sub.lu.nar *adj.2g.* relativo ao espaço imediatamente abaixo da Lua

sub.ma.ri.no *s.m.* 1 espécie de navio que se locomove sob a água • *adj.* 2 que está no fundo do mar

sub.mer.gir *v.t.* afundar, imergir na água

sub.mer.gí.vel *adj.2g.* passível de submersão; submersível

sub.mer.são *s.f.* imersão, afundamento

sub.mer.sí.vel *adj.2g.* m.q. submergível

sub.mer.so /é/ *adj.* coberto pelas águas; mergulhado; imerso

sub.me.ter /ê/ *v.t.* 1 vencer, subjugar, dominar 2 subordinar 3 apresentar ideia, proposta para aprovação 4 consultar

sub.mi.nis.trar *v.t.* oferecer, prover, fornecer, ministrar

sub.mis.são *s.f.* dependência, sujeição, domínio

sub.mis.so *adj.* que se submete; obediente, sujeito

sub.múl.ti.pli.ce *adj.2g.* diz-se do número divisor

sub.múl.ti.plo *adj.* m.q. submúltiplice

sub.nu.tri.ção *s.f.* nutrição abaixo da necessária

sub.nu.tri.do *adj.* m.q. subalimentado

sub.nu.trir *v.t.* alimentar de modo deficiente

su.bo.fi.ci.al *s.m.* oficial que depende de um outro superior

su.bor.dem /ó/ *s.f.* BIOL categoria taxonômica situada abaixo da ordem e acima da família

su.bor.di.na.ção *s.f.* 1 ação de subordinar 2 obediência, disciplina

su.bor.di.na.da *adj.* 1 GRAM diz-se da oração sujeita à principal 2 pessoa sujeita a outra

su.bor.di.na.do *adj.* **1** GRAM diz-se do período no qual há orações subordinadas **2** todo aquele que está na dependência de outrem, quer por motivos de administração, quer de disciplina militar

su.bor.di.nar *v.t.* **1** pôr sob a dependência de; submeter, sujeitar **2** GRAM estabelecer relação de subordinação entre dois termos ou entre duas orações

su.bor.di.na.ti.vo *adj.* que sujeita, subordina

su.bor.na.ção *s.f.* ato de subornar; suborno

su.bor.nar *v.t.* pagar ou oferecer presentes a alguém a fim de obter favores, privilégios; aliciar

su.bor.no /ô/ *s.m.* compra de favores ou privilégios em troca de dinheiro ou presentes; subornação, aliciamento

sub.pre.fei.to /ê/ *s.m.* m.q. vice-prefeito

sub.pre.fei.tu.ra *s.f.* prefeitura subordinada a outra; vice-prefeitura

sub.pro.du.to *s.m.* produto que se obtém como resultado secundário da produção de algo

sub-ra.ça *s.f.* raça que preconceituosamente é tida como inferior

sub-re.gi.ão *s.f.* subdivisão de uma região

sub-re.gi.o.nal *adj.2g* relativo a sub-região

sub-rep.ção *s.f.* ato de conseguir um favor, privilégio etc., omitindo-se dados indispensáveis que, sendo expressos, constituiriam razão suficiente para a não concessão

sub-rep.tí.cio *adj.* conseguido por meios ilícitos; fraudulento

sub-ro.gar *v.t.* **1** substituir **2** transferir direitos e funções a outrem

subs.cre.ver /ê/ *v.t.* consentir por escrito; assinar

subs.cri.ção *s.f.* **1** assinatura posta em um documento para indicar aprovação do seu conteúdo **2** rol de assinaturas de pessoas que se comprometem a prestar algum auxílio em prol de determinada causa

subs.cri.tar *v.t.* assinar; subscrever

subs.cri.to *adj.* **1** assinado • *s.m.* **2** assinatura ao fim de um documento válido

subs.cri.tor /ô/ *adj.* **1** pessoa que subscreve, que assina um documento **2** pessoa que assina uma publicação; assinante

sub.se.quên.cia *s.f.* aquilo que se segue; continuação

sub.se.quen.te *adj.2g.* decorrente, consequente, resultante

sub.ser.vi.ên.cia *s.f.* humilhação, servilismo

sub.ser.vi.en.te *adj.2g.* que se humilha; servil

sub.si.di.ar *v.t.* fornecer subsídio; auxiliar financeiramente

sub.si.di.á.rio *adj.* relativo a subsídio

sub.sí.dio *s.m.* **1** ajuda, apoio financeiro **2** recurso suplementar

sub.sis.te.ma *s.m.* **1** sistema subordinado a outro **2** divisão de sistema, nas classificações geológicas e geográficas

sub.sis.tên.cia *s.f.* **1** existência, permanência **2** ordenado, salário; emprego, ocupação **3** estabilidade, permanência

sub.sis.tir *v.i.* dar continuidade à existência

sub.so.lo /ó/ *s.m.* **1** nível abaixo do solo **2** m.q. porão

subs.ta.be.le.cer /ê/ *v.t.* transferir, passar para outrem; sub-rogar

subs.tân.cia *s.f.* **1** aquilo que subsiste por si; essência, matéria **2** a parte mais nutritiva de uma fruta, de um alimento **3** conjunto dos princípios básicos de uma ciência, de um sistema, de uma disciplina **4** o conteúdo, a parte essencial de algo **5** força, vigor

subs.tan.ci.a.li.zar *v.t. v.pron.* dar substância a; corporificar(-se), concretizar(-se)

subs.tan.ci.ar *v.t.* **1** dar alimento substancial; nutrir **2** converter em substância; substancializar

subs.tan.ci.o.so /ô/ *adj.* **1** em que há substância; substancial **2** que alimenta; nutritivo

subs.tan.ti.fi.car *v.t.* dar uma forma concreta; concretizar

subs.tan.ti.var *v.t.* transformar em substantivo; empregar como substantivo

subs.tan.ti.vo *s.m.* GRAM classe gramatical com que se denominam os seres, as ações etc.; nome

subs.ti.tu.i.ção *s.f.* troca de uma coisa por outra

subs.ti.tu.in.te *adj.2g.* que substitui outro

subs.ti.tu.ir *v.t.* colocar uma coisa no lugar de outra; trocar

subs.ti.tu.to *adj. s.m.* diz-se do que ou de quem ocupa o lugar de outra pessoa ou coisa

subs.tra.to *s.m.* **1** base, essência **2** GRAM língua que em determinada região foi substituída por outra, deixando traços perceptíveis

subs.ti.tu.ti.vo *adj.* que substitui; que faz as vezes de

sub.te.nen.te *s.m.* oficial hierarquicamente abaixo do tenente

sub.ter.fú.gio *s.m.* falso pretexto; desculpa

sub.ter.râ.neo *s.m.* **1** via, caminho localizado sob a terra • *adj.* **2** que está no subsolo

sub.til *adj.2g.* m.q. sutil

sub.tí.tu.lo *s.m.* título secundário, colocado após o principal

sub.ti.le.za /ê/ *s.f.* m.q. sutileza

sub.ti.li.zar *v.t.* **1** tornar(-se) mais fino, mais leve; sutilizar **2** tornar(-se) mais apurado; aprimorar(-se)

sub.tra.ção *s.f.* **1** MAT operação matemática em que se subtrai um valor de outro **2** furto, roubo

sub.tra.ir *v.t.* tirar uma coisa de outra; diminuir

sub.tro.pi.cal *adj.2g.* que se situa perto dos trópicos; limítrofe dos trópicos

su.bur.ba.no *adj. s.m.* residente do subúrbio, da periferia de uma cidade

su.búr.bio *s.m.* área próxima da cidade; periferia

sub.ven.ção *s.f.* subsídio, auxílio pecuniário que o governo dá a uma entidade, sociedade etc.

sub.ven.ci.o.nal *adj.2g.* relativo a subvenção

sub.ven.ci.o.nar *v.t.* subsidiar, auxiliar pecuniariamente

sub.ver.são *s.f.* **1** destruição, ruína **2** perversão moral

sub.ver.si.vo *adj.* que subverte, que destrói a ordem natural e estabelecida

sub.ver.ter *v.t.* modificar radicalmente a ordem estabelecida

su.ca.ta *s.f.* **1** amontoado de coisas velhas e sem serventia que podem ser recicladas **2** lugar onde se guardam essas velharias

suc.ção *s.f.* ação de sugar, chupar

su.ce.dâ.neo *adj.* diz-se do medicamento substituto

su.ce.der /ê/ *v.t.* **1** vir imediatamente após **2** acontecer, ocorrer

su.ce.di.do *adj.* **1** que vem imediatamente após **2** acontecido, ocorrido

sucessão

su.ces.são *s.f.* **1** substituição em um trono, cargo público etc. **2** série, sequência de acontecimentos um após o outro **3** o passar do tempo **4** transmissão de heranças, direitos etc.

su.ces.so *s.m.* **1** fato, acontecimento **2** resultado, consequência que pode ser positivo ou negativo **3** bom resultado; êxito

su.ces.sor /ô/ *adj. s.m.* que sucede, que substitui

su.ces.só.rio *adj.* relativo a sucessão

sú.cia *s.f. pop.* grupo de pessoas de má fama

su.cin.to *adj.* conciso, abreviado

su.co *s.m.* **1** bebida preparada com polpa de fruta líquida, açúcar e água **2** *fig.* a essência, a substância, a parte mais importante de algo

su.cu.len.to *adj.* **1** que tem muito suco; sucoso **2** *por ext.* diz-se de alimento que atrai, que abre o apetite; apetitoso

su.cum.bir *v.i.* **1** cair sob o peso de **2** *fig.* perder o ânimo, a coragem **3** *fig.* morrer, falecer

su.cu.pi.ra *s.f.* BOT árvore do Brasil, de madeira apreciada para construção e fabrico de móveis e com favas que são popularmente usadas como remédio

su.cu.ri *s.f.* ZOOL cobra de largas dimensões que vive nos pântanos e na margem de rios caudalosos

su.cur.sal *s.f.* **1** estabelecimento comercial que depende da matriz; filial **2** RELIG igreja, capela dependente da matriz

su.da.ção *s.f.* ação de produzir suor; transpiração

su.da.nês *adj. gent.* natural ou habitante do Sudão

su.dá.rio *s.m.* pedaço de pano próprio para enxugar suor; lenço

su.des.te /é/ *s.m.* GEOG ponto cardeal entre o sul e o leste

sú.di.to *adj.* que está dependente da vontade de outrem; sujeito, submetido

su.do.es.te /é/ *s.m.* GEOG ponto cardeal entre o sul e o oeste

su.do.re.se /é/ *s.f.* suor, transpiração em abundância

su.do.rí.fe.ro *adj.* que promove a sudorese; que faz suar

su.do.rí.fi.co *adj. m.q.* sudorífero

su.do.rí.pa.ro *s.m.* que produz suor; sudorífero

su.e.co /é/ *adj. gent.* natural ou habitante da Suécia

su.es.te /é/ *s.m.* GEOG ponto cardeal entre o sul e o leste; sudeste

su.é.ter *s.m.* agasalho, espécie de blusa de lã sem mangas, semelhante a um colete

su.e.to /ê/ *s.m.* dia em que há descanso da escola; folga escolar

su.fi.ci.ên.cia *s.f.* **1** qualidade do que é suficiente, do que basta **2** habilidade, aptidão para algo

su.fi.ci.en.te *adj.2g.* **1** em quantidade satisfatória **2** apto, habilitado

su.fi.xa.ção /ks/ *s.f.* GRAM processo de formação de palavras por meio da adição de sufixos a vocábulos

su.fi.xo /ks/ *s.m.* GRAM morfema colocado após o radical de uma palavra, formando-se um novo vocábulo

su.fo.ca.ção *s.f.* ato ou efeito de sufocar; asfixia

su.fo.can.te *adj.2g.* **1** que sufoca; asfixiante **2** *fig.* que causa mal-estar

su.fo.car *v.t.* **1** dificultar ou impedir a respiração; asfixiar **2** *fig.* reprimir, dominar

su.fra.gâ.neo *adj.* **1** diz-se de território subordinado a outro • *s.m.* **2** bispo subordinado a um arcebispo

su.fra.gar *v.t.* eleger por meio do voto, do sufrágio; votar

su.frá.gio *s.m.* **1** eleição por meio de voto; votação **2** o voto em uma eleição

su.ga.dor /ô/ *adj.* que suga

su.ga.dou.ro /ô/ *s.m.* ZOOL aparelho bucal sugador presente em diversos insetos

su.gar *v.t.* **1** chupar, absorver, sorver **2** *fig.* explorar, especular

su.ge.rir *v.t.* propor, apresentar ideias, sugestões

su.ges.tão *s.f.* ideia proposta; proposição

su.ges.ti.o.nar *v.t.* induzir o comportamento de uma pessoa por meio de sugestão; persuadir, convencer, manipular

su.ges.ti.vo *adj.* **1** que sugere, que manipula **2** *por ext.* inspirador, interessante

su.í.ça *s.f.* porção de barba deixada nas partes laterais da face; espécie de costeleta

su.i.ci.da *adj.2g.* que tira a própria vida; que se mata

su.i.ci.dar-se *v.pron.* matar a si próprio; tirar a própria vida

su.i.cí.dio *s.m.* ação de suicidar-se, de tirar a própria vida

su.í.ço *adj. gent.* natural ou habitante da Suíça

su.in.da.ra *s.f.* ZOOL coruja da família dos titonídeos, encontrada em toda a América do Sul

su.í.no *adj.* relativo ao porco, ao suíno

sui.no.cul.tor /ô/ *adj. s.m.* criador de porcos

sui.no.cul.tu.ra *s.f.* criação de porcos

su.í.te *s.f.* **1** MÚS peça musical dividida em várias partes **2** dormitório com banheiro exclusivo

su.jar *v.t.* encher de sujeira; manchar, macular; emporcalhar

su.jei.ção /ê/ *s.f.* ação de se sujeitar a algo ou alguém; dependência, submissão

su.jei.ra /ê/ *s.f.* **1** ausência de limpeza, de higiene; imundície **2** *fig.* ação desonesta, desleal

su.jei.tar /ê/ *v.t.* impor sujeição; subjugar, dominar

su.jei.to /ê/ *adj.* **1** subjugado, dominado • *s.m.* **2** diz-se de pessoa cujo nome não se sabe ou não se quer citar **3** indivíduo, homem **4** GRAM termo da oração sobre o qual se afirma algo, podendo ser simples ou composto

su.ji.da.de *s.f.* **1** característica do que é ou está sujo; sujeira **2** *fig.* delinquência moral; devassidão

su.jo *adj.* **1** maculado, manchado; cheio de sujeira **2** *fig.* desleal, desonesto, réprobo • *s.m.* **3** *pop.* o demônio, o capeta

sul *s.m.* GEOG ponto cardeal oposto ao norte

sul-a.me.ri.ca.no *adj. gent.* natural ou habitante da América do Sul

sul.car *v.t.* **1** abrir sulcos, fendas; vincar **2** *fig.* navegar pelos mares

sul.co *s.m.* vinco, fenda, frincha

sul.fa *s.f.* FARM medicamento contra infecções bacterianas; sulfamida

sul.fa.mi.da *s.f.* FARM composto químico com uso similar ao da ureia

sul.fa.ce.ta.mi.da *s.f.* QUÍM antisséptico das vias urinárias

sul.fa.ce.ta.to *s.m.* QUÍM sal do ácido sulfacético

sul.fa.cé.ti.co *adj.* QUÍM ácido do ácido acético que contém enxofre em sua composição

sul.fa.di.a.zi.na *s.f.* FARM medicamento contra infecções causadas por estreptococos

superveniência

sul.fa.tar *v.t.* QUÍM combinar com sulfato; acrescentar sulfato

sul.fa.to *s.m.* QUÍM sal do ácido sulfúrico

sul.fi.to *s.m.* QUÍM sal do ácido sulfuroso

sul.fú.reo *adj.* 1 QUÍM relativo a enxofre 2 QUÍM que contém enxofre em sua composição

sul.fú.ri.co *adj.* 1 QUÍM relativo a enxofre 2 QUÍM diz-se do ácido resultante da combinação do enxofre com o oxigênio

sul.fu.ro.so /ô/ *adj.* m.q. sulfúreo

su.li.no *adj.* relativo ao Sul do Brasil ou o que é natural ou habitante dessa região; sulista

su.lis.ta *adj.* m.q. sulino

sul.ta.na *s.f.* esposa do sultão

sul.tão *s.m.* chefe supremo muçulmano

su.ma *s.f.* substância, essência de algo ■ **em suma** em resumo, resumidamente

su.ma.gre *s.m.* 1 BOT planta da família das anacardiáceas, utilizada na tinturaria e na medicina 2 pó produzido a partir da trituração das folhas secas dessa planta

su.ma.ré *s.m.* BOT orquídea nativa do Brasil, cultivada principalmente pelo seu sumo cicatrizante

su.ma.ren.to *adj.* que tem muito sumo, caldo; sumoso

su.ma.ri.ar *v.t.* 1 sintetizar, resumir 2 JUR tratar causa de modo resumido, breve

su.ma.ri.ar *v.t.* 1 fazer sumário de; resumir 2 JUR tratar causa de modo resumido, breve

su.má.rio *s.m.* 1 versão resumida de algo; súmula 2 JUR processo jurídico que dispensa formalidades

su.ma.ú.ma *s.f.* 1 BOT espécie de cipó ou trepadeira do Brasil 2 o algodão produzido por essa planta

su.me.ri.a.no *adj. gent.* m.q. sumério

su.mé.rio *adj. gent.* natural ou habitante da Suméria, antigo país da Mesopotâmia; sumeriano

su.mi.ço *s.m.* ação de sumir, desaparecer, evaporar; desaparecimento

su.mi.da.de *s.f.* 1 cume, píncaro, ápice 2 *fig.* especialista, autoridade em determinado assunto

su.mi.di.ço *adj.* que some, desaparece com facilidade

su.mi.do *adj.* 1 que não se vê ou se encontra; desaparecido; oculto 2 *fig.* magro, abatido

su.mi.dou.ro /ô/ *s.m.* 1 lugar onde as águas de um rio desaparecem 2 *fig.* lugar onde os preços das mercadorias são exorbitantes

su.mir *v.i.* tornar-se oculto; desaparecer; tornar-se omisso

su.mô *s.m.* luta de origem japonesa

su.mo *adj.* 1 supremo, mais importante ● *s.m.* 2 suco, caldo que se extrai de uma fruta 3 ápice, auge, cume

sump.tu.á.rio *adj.* m.q. suntuário

sump.tu.o.so /ô/ *adj.* m.q. suntuoso

sú.mu.la *s.f.* suma, resumo, síntese, sinopse

sun.ga *s.f.* espécie de calção muito curto para cobrir as partes pudendas; cueca, ceroula

sun.gar *v.t.* puxar para cima, erguer; levantar as ceroulas que estão caindo

su.ni.ta *adj.2g. s.2g.* RELIG muçulmano ortodoxo que, além do Corão, reconhece a autoridade dos quatro primeiros califas

sun.tu.á.rio *adj.* que contém luxo; luxuoso, pomposo

su.or /ô/ *s.m.* 1 líquido secretado pelas glândulas sudoríparas 2 *fig.* esforço, dificuldade

su.pe.dâ.neo *s.m.* 1 pequeno banco para apoio dos pés; escabelo 2 *por ext.* suporte, base, pedestal

su.pe.di.tar *v.t.* suprir, fornecer, prover

su.pe.ra.bun.dân.cia *s.f.* abundancia excessiva, desmedida

su.pe.ra.bun.dan.te *adj.2g.* que superabunda; farto

su.pe.ra.ção *s.f.* ação de superar, de ultrapassar, de ir além dos limites esperados ou estabelecidos

su.pe.ra.li.men.ta.ção *s.f.* 1 ato ou efeito de superalimentar(-se) 2 alimentação desmedida, exagerada

su.pe.ra.li.men.tar *adj.2g.* 1 relativo a superalimentação ● *v.t. v.pron.* 2 alimentar(-se) em excesso, com exagero

su.pe.ra.que.cer *v.t.* aquecer excessivamente

su.pe.ra.que.ci.men.to *s.m.* aquecimento demasiado, excessivo

su.pe.rá.vel *adj.2g.* passível de superação; vencível

su.pe.rar *v.t.* ir além dos limites; ultrapassar; vencer obstáculos

su.pe.rá.vit *s.m.* ECON balanço positivo entre o que se gastou e o que se ganhou

su.per.fi.ci.al *adj.2g.* 1 relativo a superfície; raso, sem profundidade 2 inútil, insignificante; sem valor; fútil

su.per.fí.cie *s.f.* parte, lado externo de algo

su.per.ci.vi.li.za.do *adj.* extremamente civilizado

su.pe.res.ti.mar *v.t.* estimar em demasia

su.pe.rex.ci.ta.ção *s.f.* excitação extrema, demasiada

su.per.fe.ta.ção *s.f.* concepção secundária quando já existe outra anterior

su.per.fi.ci.a.li.da.de *s.f.* qualidade do que é superficial

su.pér.flu.o *adj.* dispensável, desnecessário

su.per-hu.ma.no *adj.* que tem características além das humanas; sobrenatural

su.pe.rin.ten.dên.cia *s.f.* gerência, administração geral de uma empresa, instituição etc.

su.pe.rin.ten.den.te *adj.2g. s.2g.* supervisor, administrador geral de uma superintendência

su.pe.ri.or /ô/ *adj.2g.* que está em posição ou nível acima dos demais

su.pe.ri.o.ri.da.de *s.f.* qualidade do que está em posição superior, acima dos demais

su.per.la.ti.vo *s.m.* grau do adjetivo ou do advérbio que indica qualidade marcadamente mais alta ou mais baixa

su.per.lo.tar *v.t.* encher além dos limites

su.per.po.pu.la.ção *s.f.* excesso de população; superpovoamento

su.per.por /ô/ *v.t.* colocar por cima, sobre; sobrepor

su.per.pos.to /ô/ *adj.* colocado em cima, sobre; sobreposto

su.per.po.vo.a.do *adj.* povoado em excesso

su.per.po.vo.a.men.to *s.m.* povoamento em demasia, além do limite

su.per.po.vo.ar *v.t.* povoar em excesso

su.per.pro.du.ção *s.f.* produção além do necessário para o consumo

su.per.sô.ni.co *adj.* de velocidade superior à do som

su.per.sen.sí.vel *adj.2g.* sensível ao extremo

su.pers.ti.ção *s.f.* crença, crendice em coisas irracionais, lendas etc.

su.pers.ti.ci.o.so /ô/ *adj.* 1 que envolve superstição 2 que tem superstição

su.pérs.ti.te *adj.2g.* m.q. sobrevivente

su.per.ve.ni.ên.cia *s.f.* 1 ato ou efeito de sobrevir 2 chegada imprevista, fora do planejado

superveniente

su.per.ve.ni.en.te *adj.2g.* que sobrevém, que acontece ou surge depois; subsequente

su.per.vi.são *s.f.* 1 ação de supervisionar, de inspecionar, dirigir um trabalho 2 função de supervisor

su.per.vi.sar *v.t.* dirigir, gerenciar; supervisionar

su.per.vi.sor /ó/ *adj. s.m.* pessoa responsável pela supervisão de uma instituição, escola, empresa etc.

su.pe.tão *s.m.* movimento brusco, impulsivo, repentino

su.pim.pa *adj.2g. pop.* muito bom; excelente

su.pi.no *adj.* 1 deitado com as costas para baixo • *s.m.* 2 GRAM forma nominal do verbo latino

su.plan.tar *v.t.* dominar, vencer, superar

su.ple.men.tar *adj.2g.* 1 relativo a suplemento 2 que completa, complementa

su.ple.men.to *s.m.* 1 aquilo que acresce, ajunta, agrega 2 caderno ou folha especial e extraordinária de uma publicação em certos dias da semana

su.plên.cia *s.f.* cargo, função de suplente

su.plen.te *adj.2g.* aquele que desempenha a função ou o cargo de outro; substituto

su.ple.ti.vo *adj.* 1 m.q. substituto 2 curso com duração menor que o normal, para acelerar os estudos

sú.pli.ca *s.f.* petição, rogo veemente

su.pli.can.te *adj.2g.* 1 que exprime súplica 2 que suplica, pede

su.pli.car *v.t.* pedir, rogar com veemência; implorar

sú.pli.ce *adj.2g.* m.q. suplicante

su.pli.ci.a.do *adj.* 1 que sofreu suplício; martirizado, torturado 2 executado por pena de morte

su.pli.ci.ar *v.t.* 1 aplicar suplício em; martirizar, torturar 2 executar por pena de morte 3 *fig.* fazer sofrer; afligir, magoar

su.plí.cio *s.m.* tortura física ou moral; tormento

su.por /ô/ *v.t.* tecer hipóteses; imaginar; considerar

su.por.tar *v.t.* 1 tolerar, aguentar 2 servir de apoio, base, alicerce

su.por.te /ó/ *s.m.* que serve como sustentação; apoio, base, fundamento

su.po.si.ção *s.f.* 1 ato ou efeito de supor 2 pensamento que não se baseia em provas; hipótese 3 alegação tomada como verdadeira para concluir um pensamento

su.po.si.tó.rio *s.m.* 1 medicamento farmacêutico, administrado via anal ou vaginal, que favorece a evacuação • *adj.* 2 hipotético, suposto

su.pos.to *adj.* tomado como hipotético, imaginado 2 falso, fantasiado

supra- *pref.* 1 exprime posição superior, acima 2 exprime excesso

su.pra.ci.ta.do *adj.* citado anteriormente, citado acima

su.prar.re.nal *adj.2g.* 1 ANAT que se localiza acima dos rins • *s.f.* 2 ANAT glândula que fica nessa posição

su.pra.par.ti.dá.rio *adj.* 1 que está acima de partidos 2 que congrega diversos partidos

su.pres.si.vo *adj.* que provoca supressão

su.pras.su.mo *adj.* o mais alto grau ou nível de algo

su.pre.ma.ci.a *s.f.* superioridade máxima; primazia, hegemonia, soberania

su.pre.mo *adj.* 1 superior a tudo 2 grau máximo 3 RELIG relativo a Deus; divino

su.pres.são *s.f.* 1 ação ou resultado de suprimir, eliminar algo; extinção 2 corte, retirada

su.pres.so /é/ *adj.* que foi suprimido, eliminado, extinto

su.pri.men.to *s.m.* 1 fornecimento 2 auxílio, socorro 3 empréstimo

su.pri.mir *v.t.* 1 agir no sentido de acabar com algo; eliminar, extinguir 2 retirar parte de algo; cortar

su.prir *v.t.* 1 tomar posição de outro; substituir 2 preencher algo para tornar completo, exato, justo 3 prover com o necessário

su.pu.ra.ção *s.f.* MED formação e acúmulo de pus

su.pu.rar *v.i.* formar ou expelir pus

su.pu.ra.ti.vo *adj.* 1 que faz supurar, que facilita a supuração • *s.m.* 2 medicamento que promove a supuração, que auxilia a saída do pus

su.ra *s.f.* 1 ANAT músculo da panturrilha; barriga da perna 2 suco de palmeiras 3 RELIG seção, versículo ou capítulo do Corão

sur.dez /ê/ *s.f.* perda ou diminuição considerável da audição

sur.di.na *s.f.* 1 voz baixa 2 MÚS objeto que abafa o som de alguns instrumentos ou altera seu timbre

sur.dir *v.i.* 1 brotar, emergir água da terra 2 aparecer 3 manifestar, demonstrar 4 surgir como resultado de; resultar

sur.do *adj.* 1 que não ouve 2 pouco sonoro, pouco audível 3 *fig.* que não é solidário; insensível, indiferente • *s.m.* 4 MÚS tipo de tambor que produz som fraco e abafado

sur.do-mu.do *s.m.* indivíduo que é, ao mesmo tempo, surdo e mudo

sur.fe *s.m.* ESPORT esporte aquático em que se utiliza uma prancha para deslizar e fazer manobras sobre as ondas do mar

sur.gi.men.to *s.m.* ato ou efeito de surgir, manifestar, revelar; aparecimento

sur.gir *v.i.* 1 MAR ancorar no porto; aportar 2 tornar visível; aparecer, chegar 3 surgir de baixo, do interior para o exterior 4 manifestar-se vindo do fundo para a superfície; emergir

su.ro *adj. bras.* diz-se de animal que não tem rabo ou que tem apenas uma parte dele

sur.pre.en.den.te *adj.2g.* 1 que causa surpresa; inesperado 2 que causa grande admiração; extraordinário, magnífico

sur.pre.en.der /ê/ *v.t.* 1 chegar de maneira repentina e presenciar algo; flagrar 2 apanhar alguém desprevenido 3 surgir de repente 4 fazer ou ter surpresa

sur.pre.sa /ê/ *s.f.* 1 ação ou resultado de surpreender 2 algo que acomete abruptamente 3 acontecimento imprevisto ou desconhecido 4 sensação de viver ou presenciar algo imprevisto ou surpreendente

sur.pre.so /ê/ *adj.* 1 que se surpreendeu, que foi surpreendido 2 atônito, aturdido, perplexo

sur.ra *s.f.* 1 ação de impingir castigo físico com pancadas; sova 2 *pop.* empenho desmesurado 3 *pop.* derrota em uma competição ■ **dar uma surra** bater, castigar ou derrotar adversário

sur.ra.do *adj.* 1 batido, castigado, sovado 2 *fig.* que foi muito usado; velho, gasto

sur.rão *s.m.* 1 saco de couro em que se colocam alimentos; embornal, sacola 2 *pop.* roupa gasta

sur.rar *v.t.* 1 bater peles a fim de amaciá-las 2 castigar fisicamente; bater 3 *fig.* desgastar uma roupa pelo uso

sur.re.a.lis.mo *s.m.* ARTE corrente artística e literária modernista em que a preocupação dos artistas era dar forma ao inconsciente ou manifestá-lo

sutura

sur.re.a.lis.ta *adj.2g.* seguidor dos princípios do surrealismo

sur.ri.pi.ar *v.t.* apropriar-se de algo de modo sigiloso, sem alarde; furtar

sur.tir *v.i.* ser consequência; dar como resultado; resultar, decorrer, surgir

sur.to *s.m.* **1** surgimento súbito de muitos casos de uma doença em certo lugar **2** arroubo, ímpeto, impulso **3** MED crise psicótica • *adj.* **4** diz-se do navio ancorado no porto

su.ru.bim *s.m.* ZOOL peixe da família dos pimelodídeos, encontrado na bacia Amazônica

su.ru.cu.cu *s.m.* ZOOL cobra venenosa brasileira, de cor marrom-avermelhada

su.ru.cu.tin.ga *s.f.* ZOOL m.q. surucucu

su.ru.ru *s.m.* **1** ZOOL espécie de mexilhão, muito apreciado na culinária nordestina **2** *pop.* briga, confusão entre muitas pessoas

sus.ce.ti.bi.li.da.de *s.f.* **1** qualidade do que é suscetível, que se afeta facilmente **2** inclinação a se ressentir **3** tendência a adoecer

sus.ce.ti.bi.li.zar *v.t. v.pron.* causar ou sentir mágoa por coisa de pouca importância; melindrar(-se)

sus.ce.tí.vel *adj.2g.* **1** que possui exagerada sensibilidade; que se ofende e magoa por miudezas **2** que pode ser modificado ou alterado **3** que contrai doenças com facilidade **4** que se afeta pelas opiniões alheias e as incorpora

sus.ci.tar *v.t.* **1** fazer surgir ou aparecer **2** ser agente ou razão de algo; dar motivo a **3** fazer surgir à mente; lembrar

su.se.ra.ni.a *s.f.* conjunto das funções e dos poderes de um suserano

su.se.ra.no *adj. s.m.* HIST aquele que tinha domínio sobre um feudo do qual dependiam outros feudos; senhor feudal

sus.pei.ção *s.f.* desconfiança, dúvida, suspeita

sus.pei.ta */ê/ s.f.* **1** condição ou fato não provado **2** pressentimento, suspeição, desconfiança

sus.pei.tar */ê/ v.t.* **1** deduzir considerando evidências **2** ter em dúvida; supor **3** atribuir a culpa a; desconfiar de **4** faltar com confiança; duvidar

sus.pei.to */ê/ adj. s.m.* **1** que desperta desconfiança **2** de cuja existência ou legitimidade não se tem certeza **3** pessoa alvo de desconfiança; indivíduo de quem se suspeita

sus.pei.to.so */ô/ adj.* **1** que desperta suspeitas, dúvidas **2** que revela suspeita, desconfiança; receoso, desconfiado

sus.pen.der */ê/ v.t.* **1** elevar, fazer ficar alto; direcionar ou empurrar para o alto **2** pendurar **3** interromper uma atividade **4** privar de funções **5** impedir a execução; cancelar

sus.pen.são *s.f.* **1** ação de suspender; elevar **2** interrupção, cessação de uma atividade **3** dispositivo mecânico que sustenta e amortece os movimentos dos veículos **4** castigo imposto temporariamente por mau comportamento **5** QUÍM composto de líquidos e partículas que não se dissolvem

sus.pen.se *s.m.* **1** técnica de criar expectativa e tensão em uma narrativa escrita, cinematográfica ou televisiva **2** gênero que utiliza essa técnica **3** *por ext.* circunstância aguardada ansiosamente

sus.pen.so *adj.* **1** que se ergueu; alçado, elevado, pendurado **2** que fica no alto **3** interrompido por um tempo determinado; impedido

sus.pen.só.rio *s.m.* **1** cada uma das duas tiras de algodão e elástico que seguram as calças nos ombros **2** ANAT músculo, ligamento ou osso que suspende uma parte do corpo • *adj.* **3** que suspende ou mantém; suspensivo

sus.pi.caz *adj.2g.* **1** que causa suspeita **2** que tem o hábito de suspeitar; desconfiado

sus.pi.rar *v.i.* **1** dar suspiros de tristeza, saudade, cansaço etc. **2** expressar algo suspirando **3** desejar, ambicionar **4** sentir saudades de **5** lamentar algo

sus.pi.ro *s.m.* **1** inspiração que denota tristeza, mágoa, cansaço, alívio etc. **2** BOT erva ornamental; saudade **3** CUL doce de clara de ovo batida com açúcar

sus.pi.ro.so */ô/ adj.* **1** relativo a suspiro **2** que contém suspiro

sus.sur.ran.te *adj.2g.* que sussurra; murmurante, ciciante

sus.sur.rar *v.i.* **1** produzir sussurro; murmurar, ciciar **2** falar em voz muito baixa; cochichar

sus.sur.ro *s.m.* **1** fala, ruído baixo **2** rumor, murmúrio suave que não se pode distinguir

su.ta.che *s.m.* cadarço ou trança de seda, lã ou algodão que adorna roupas

sus.tân.cia *s.f.* **1** m.q. substância **2** força, vigor

sus.tar *v.t.* fazer parar; suspender; impedir o prolongamento de uma tarefa

sus.te.ni.do *s.m.* MÚS sinal gráfico que indica que a nota à sua direita deve subir um semitom

sus.ten.ta.ção *s.f.* **1** ato ou efeito de sustentar(-se) **2** provisão do que é necessário à vida; sustento

sus.ten.tá.cu.lo *s.m.* **1** que serve de sustentação; base, suporte **2** *fig.* o que sustenta, fornece sustento

sus.ten.tar *v.t.* **1** servir de sustentação para algo **2** segurar ou carregar **3** fornecer condições para a manutenção de algo **4** auxiliar **5** sofrer, suportar **6** argumentar em defesa **7** afirmar com veemência **8** reafirmar algo dito **9** manter o equilíbrio **10** resistir a algo **11** fornecer ou receber o necessário para a sobrevivência **12** conservar-se firme em algo

sus.ten.to *s.m.* **1** satisfação das necessidades vitais **2** o que alimenta **3** *fig.* amparo físico, financeiro, moral etc.

sus.ter */ê/ v.t.* **1** agarrar para evitar a queda **2** conter **3** fazer parar; interromper **4** conservar a harmonia; sustentar **5** segurar, deter, mover para impedir de soltar **6** alimentar, nutrir **7** conservar

sus.to *s.m.* **1** espanto, sobressalto **2** impressão profunda, abalo emocional causado por uma má notícia ou por um acontecimento ruim **3** temor incitado por perigo; medo **4** *por ext.* receio

su.ti.le.za */ê/ s.f.* **1** qualidade do que é sutil **2** detalhe, minúcia **3** ação inesperada e perspicaz **4** discrição, comedimento

su.ta.che *s.m.* cadarço ou trança de seda, lã ou algodão que adorna roupas

su.ti.ã *s.m.* objeto do vestuário feminino que sustenta os seios

su.til *adj.2g.* **1** que quase não se percebe **2** delicado, discreto **3** *fig.* sensível a detalhes; de inteligência aguçada; perspicaz

su.tu.ra *s.f.* **1** costura que une duas partes **2** MED costura cirúrgica que fecha um corte ou ferimento

suturar

su.tu.rar *v.t.* fazer sutura; costurar
su.ve.nir *s.m.* objeto que representa um lugar ou uma cultura, trazido por turista como lembrança
SW símbolo de sudoeste na rosa dos ventos

Tt

t *s.m.* **1** GRAM vigésima letra e décima sexta consoante do alfabeto português **2** vigésimo elemento de uma série **3** símbolo de tonelada **4** símbolo de tríton

ta *contr.* GRAM contração pronominal de *te* com *a*

Ta QUÍM elemento tântalo da tabela periódica

tá *interj.* **1** usada para interromper, fazer ressalvas **2** usada para concordar

ta.ã *s.f.* ZOOL ave nativa da América do Sul, que tem crista e uma região avermelhada no pescoço, ao redor dos olhos e nas pernas; tachã

ta.ba *s.f.* aldeia, povoação indígena

ta.ba.cal *adj.2g.* **1** relativo a tabaco • *s.m.* **2** extenso aglomerado de tabacos em determinada área

ta.ba.ca.ri.a *s.f.* **1** estabelecimento comercial onde se vende tabaco **2** estoque de tabaco

ta.ba.co *s.m.* BOT erva nativa do Brasil da qual se fabrica fumo

ta.ba.gis.mo *s.m.* vício em tabaco

ta.bai.a.cu *s.m. bras.* conjunto de recifes submersos, de forma alongada e pouco sinuosa; taci

ta.ba.ja.ra *s.2g.* indivíduo pertencente aos tabajaras, grupo indígena do Ceará

ta.ba.que *s.m.* MÚS tambor construído de madeira oca; atabaque

ta.ba.quei.ra */ê/ s.f.* recipiente para armazenamento do tabaco

ta.ba.quei.ro */ê/ s.m.* **1** m.q. tabaqueira **2** vendedor de tabaco

ta.bar.do *s.m.* traje antigo, espécie de casacão com capuz

ta.ba.ra.na *s.f.* ZOOL peixe originário do Brasil, de cor prata e vermelha, com listras negras, que se alimenta basicamente de lambaris; tubarana

ta.ba.réu *s.m. bras.* homem do campo com pouco estudo; caipira

ta.ba.ro.a *s.f.* feminino de tabaréu; camponesa, caipira

ta.ba.tin.ga *s.f.* **1** m.q. argila **2** massa feita a partir da argila

ta.be.fe */ê/ s.m.* soco, tapa

ta.be.la */ê/ s.f.* **1** quadro de avisos **2** relação de preço, horário, função

ta.be.la.men.to *s.m.* ato ou efeito de tabelar

ta.be.lar *adj.2g.* **1** relativo a tabela • *v.t.* **2** organizar em tabela **3** estabelecer padrão; fixar

ta.be.li.ão *s.m.* JUR m.q. escrivão

ta.be.li.o.a *s.f.* JUR feminino de tabelião

ta.be.li.o.na.to *s.m.* **1** setor público; cartório **2** função de tabelião

ta.ber.na */é/ s.f.* **1** lugar onde se comercializam bebidas alcoólicas; boteco **2** *pejor.* domicílio sujo, bagunçado

ta.ber.ná.cu.lo *s.m.* RELIG urna onde se guarda a Eucaristia

ta.ber.nei.ro */ê/ adj.* **1** relativo a taberna • *s.m.* **2** dono de taberna

ta.bes *s.f.2n.* MED atrofia de uma parte do corpo; doença crônica causada pelo *Treponema pallidum*

tá.bi.do *adj.* **1** diz-se do que está em estado podre, degenerado **2** MED diz-se de quem sofre de tabes

ta.bi.ja.ra *adj.2g.* diz-se de quem não sente medo; corajoso

ta.bi.que *s.m.* parede frágil, geralmente de madeira, usada para separar dois ambientes; divisória

ta.bla.do *s.m.* **1** estrutura suspensa de madeira normalmente colocada sobre superfícies fluviais ou marítimas **2** palanque

ta.bloi.de */ó/ adj.* **1** diz-se do que tem a forma achatada • *s.m.* **2** jornal de extensão menor que o habitual; folhetim

ta.bo.ca */ó/ s.f.* **1** m.q. taquara **2** *fig.* ludíbrio, logro

ta.bu *s.m.* **1** RELIG atribuição de caráter sagrado a uma entidade, a um lugar, a um objeto etc., cuja violação traz consequências funestas para quem a comete **2** *por ext.* proibição imposta pelos costumes da sociedade, referente a determinados tipos de assunto e hábitos sobre os quais se convencionou não comentar **3** m.q. açúcar mascavo **4** BOT erva nativa de regiões tropicais da Ásia; tabua

ta.bo.ca */ó/ s.f.* **1** m.q. taquara **2** *fig.* ludíbrio, logro

ta.bu.a.da *s.f.* MAT tábua das quatro operações fundamentais entre os números de um a dez

ta.bu.a.do *s.m.* conjunto de tábuas agrupadas, usadas como revestimento de assoalho, telhado etc.

ta.bu.la.dor */ô/ s.m. desus.* mecanismo que, em máquinas de escrever, permite tabular automaticamente o texto que está sendo escrito

ta.bu.lar *adj.2g.* **1** relativo a tabela **2** relativo a tábua • *v.t.* **3** INFORMÁT utilizar a tecla *tab* para mover o cursor por colunas, na tela do computador

ta.bu.lei.ro */ê/ s.m.* **1** forma usada como suporte para servir **2** tábua ornamentada para a disposição das peças de um jogo

ta.bu.le.ta */ê/ s.f.* tábua de pequena extensão **2** tabela

ta.ça *s.f.* recipiente cilíndrico usado para beber vinho, champanhe etc.

ta.ca.cá *s.m.* CUL prato típico do Norte brasileiro, formado por um ensopado de mandioca com camarão e temperos

tacada

474

ta.ca.da *s.f.* **1** pancada com taco **2** *pop.* lucro alto; bolada

ta.ca.nho *adj.* **1** pequeno, curto **2** sem posses; pobre **3** ínfimo, ralé

ta.cão *s.m.* **1** parte na qual se prende o salto do sapato **2** *fig.* autoridade sem limites; tirania

ta.ca.pe *s.m.* arma indígena; bastão

ta.car *v.t.* **1** acertar com um taco **2** arremessar, jogar, projetar à distância

ta.cha *s.f.* **1** tacho de volume maior **2** tarraxa, percevejo **3** difamação

ta.chã *s.f.* ZOOL m.q. taã

ta.cha.da *s.f.* **1** volume armazenado em um tacho **2** *pop.* m.q. bebedeira

ta.char *v.t.* m.q. rotular

ta.che.ar *v.t.* fixar com tachas

ta.cho *s.m.* vasilha de metal usada para fins culinários

tá.ci.to *adj.* **1** não expresso por palavras **2** calado, silencioso

ta.ci.tur.no *adj.* **1** diz-se de indivíduo calado, resguardado **2** depressivo, triste

ta.co *adj.* **1** diz-se de quem domina alguma técnica • *s.m.* **2** haste de madeira longa e fina usada no jogo de bilhar **3** peça de madeira usada para fazer o assoalho da casa

ta.cô.me.tro *s.m.* FÍS aparelho usado para calcular a velocidade de um mecanismo; taquímetro

tai.fa *s.f.* grupo de taifeiros ou marinheiros

ta.fe.tá *s.m.* tecido de seda, brilhante e de trama extremamente fina

ta.ful *adj.2g.* diz-se de quem se veste com exagero; janota

ta.ga.re.la */é/ adj.2g.* diz-se de pessoa que fala muito; falador

ta.ga.re.lar *v.i.* falar incansavelmente

ta.ga.re.li.ce *s.f.* ação de tagarelar

tá.gi.de *s.f.* MIT ninfa do rio Tejo

tai.lan.dês *adj. gent.* natural ou habitante da Tailândia

tail.leur *s.m.* [fr.] traje social feminino composto de saia e *blazer*

ta.i.nha *s.f.* ZOOL peixe de água salgada

tai.o.ba */ó/ s.f.* **1** BOT planta herbácea do Brasil, da família das aráceas **2** *pop.* pessoa lesada, burra

tai.pal *s.m.* parapeito, proteção, grade

tai.par *v.t.* cercar ou delimitar com taipa

tai.ti.a.no *adj. gent.* natural ou habitante do Taiti

tai.ui.á *s.m.* BOT trepadeira nativa do Brasil; abobrinha-do-mato

tal *pron.* **1** aquele, aquilo, esse, isso • *adv.* **2** assim, desse modo • *s.2g.* **3** indivíduo de quem se fala, mas cujo nome não se designa

ta.la *s.f.* **1** faixa, tira, pedaço de pano comprido e estreito **2** MED dispositivo de sustentação que serve para firmar ossos quebrados; tipoia

ta.la.bar.te *s.m.* correia a tiracolo na qual se coloca a espada ou qualquer outra arma

ta.la.ga.da *s.f.* gole de bebida alcoólica que se toma de uma vez

ta.la.gar.ça *s.f.* tecido encorpado próprio para bordar

ta.lam.bor *s.m.* tipo de fechadura de segredo que se abre somente com chave especial

tá.la.mo *s.m.* **1** leito nupcial **2** BOT parte superior do pedicelo; receptáculo

ta.lan.te *s.m.* resolução motivada pela vontade, pelo arbítrio; desejo

ta.lão *s.m.* **1** comprovante de alguma coisa; canhoto **2** ANAT m.q. calcanhar **3** bloco de folhas

ta.lar *v.t.* **1** destruir; estragar **2** fazer sulco; abrir talas **3** derrubar, pôr abaixo • *adj.* **4** relativo a talão

ta.lás.si.co *adj.* relativo ao mar

ta.las.so.fo.bi.a *s.f.* medo, pavor de mar

ta.las.so.te.ra.pi.a *s.f.* MED tratamento de doenças por meio de banhos de mar

tal.co *s.m.* **1** FARM pó feito a partir do silicato de magnésio hidratado **2** *fig.* pedra falsa, sem valor

ta.len.to *s.m.* **1** HIST moeda antiga da Grécia e de Roma **2** qualidade, habilidade em alguma atividade

ta.len.to.so */ô/ adj.* dotado de talento

ta.lha *s.f.* **1** ação de talhar **2** sulco que se faz na madeira **3** lasca, ripa **4** MAR cabo que liga a ponta ao leme de um navio **5** vasilhame usado para armazenar secos ou molhados **6** filtro de água de cerâmica

ta.lha.da *s.f.* **1** porção de alguma coisa cortada em fatias **2** *fig.* censura, repreensão

ta.lha.dei.ra */ê/ s.f.* ferramenta usada para talhar madeira

ta.lha.do *adj.* **1** fatiado, cortado, dividido **2** *fig.* diz-se do que coagulou **3** *fig.* diz-se de quem está apto, adequado

ta.lha.dor */ô/ adj.* diz-se do que é usado para talhar

ta.lha-mar *s.m.* **1** MAR estrutura à entrada de baía ou porto que serve para diminuir o impacto da água; quebra-mar **2** ZOOL ave brasileira de bico longo e vermelho com ponta preta e plumagem branca e preta

ta.lha.men.to *s.m.* ato ou efeito de talhar

ta.lhar *v.t.* fatiar, fender, cortar

ta.lha.rim *s.m.* CUL massa de farinha de trigo e ovos cozida e cortada em tiras

ta.lhe *s.m.* **1** porte e configuração física **2** feição ou feitio de qualquer objeto **3** ANAT tronco do corpo humano; torso

ta.lher */é/ s.m.* acessório usado para auxiliar na ingestão de alimentos; garfo, faca, colher

ta.lho *s.m.* m.q. talha

ta.li.ão *s.m.* JUR em tempos antigos, aplicação de uma pena equivalente ao crime cometido; lei de talião; pena de talião

tá.lio *s.m.* QUÍM elemento da tabela periódica da família dos metais

ta.lis.ca *s.f.* rachadura estreita; frincha, fenda

ta.lis.mã *s.m.* objeto que se acredita ter o poder de atrair boas vibrações; amuleto

Tal.mu.de *s.m.* RELIG um dos livros doutrinários do judaísmo

ta.lo *s.m.* **1** ANAT osso localizado no calcanhar; tálus **2** BOT caule, tronco • *adj.* **3** relativo ao antigo povo da Ásia ulterior

ta.lu.de *s.m.* rampa; escarpa

ta.lu.do *adj. s.m.* **1** diz-se do que tem talo rígido, resistente **2** *fig.* de proporções avultantes; grande **3** *fig.* diz-se do que está em estágio bem desenvolvido

tal.ve.gue */é/ s.m.* GEOG sulco largo no curso de rio ou vale

tal.vez */ê/ adv.* provável; pode ser; quiçá

ta.man.ca.da *s.f.* pancada com tamanco

ta.man.ca.ria *s.f.* estabelecimento onde se fabricam ou vendem tamancos

tapear

ta.man.co *s.m.* calçado cujo solado é de madeira ou cortiça

ta.man.du.á *s.m.* ZOOL mamífero que se alimenta de formigas

ta.ma.nho *s.m.* **1** grandeza, dimensão física • *adj.* **2** tão grande, tão extenso; tão distinto, notável

ta.man.quei.ro *s.m.* profissional que trabalha com a confecção ou comercialização de tamancos

tâ.ma.ra *s.f.* BOT fruto da tamareira

ta.ma.rei.ra */ê/ s.f.* BOT árvore frutífera que produz a tâmara

ta.ma.rin.dei.ro */ê/ s.m.* BOT árvore frutífera que produz o tamarindo

ta.ma.rin.do *s.m.* BOT fruto do tamarindeiro

tam.ba.qui *s.m.* BIOL espécie de peixe comum no Rio Amazonas

tam.bém *adv.* **1** além disso; outrossim **2** assim mesmo; igualmente

tam.bor */ô/ s.m.* **1** ANAT m.q. tímpano **2** MÚS instrumento cilíndrico fechado em uma das extremidades por pele de animal curtida **3** grande vasilhame de metal usado para transportar inflamáveis e líquidos **4** caixa no revólver onde são armazenadas as balas **5** recipiente das betoneiras no qual o concreto é misturado **6** BOT angiosperma cultivada para fins decorativos

tam.bo.re.te */ê/ s.m.* estrutura rústica usada como banco

tam.bo.ril *s.m.* MÚS m.q. tamborim

tam.bo.ri.lar *v.t.* **1** tocar tambor **2** produzir som com os dedos sobre vidraça ou móveis de madeira

tam.bo.rim *s.m.* MÚS tambor pequeno de som estridente

ta.mis *s.m.* **1** peneira de malha muito unida, usada em laboratório, farmácia etc. **2** tecido inglês de lã

ta.moi.o *s.2g.* indivíduo pertencente aos tamoios, grupo indígena do Brasil

tam.pa *s.f.* utensílio que serve para vedar recipientes

tam.pão *s.m.* **1** MED curativo feito com gaze ou algodão **2** tampa grande

tam.par *v.t.* **1** vedar, cobrir **2** *fig.* esconder, proteger

tam.pi.nha *s.f.* **1** tampa pequena **2** *pejor.* pessoa de estatura pequena

tam.po *s.m.* peça de madeira ou outro material, usada para vedar ou tampar tonéis, tinas etc.; tampa

tam.po.nar *v.t.* **1** vedar, obstruir com tecido **2** MED pressionar com mechas de algodão ou gaze para estancar hemorragia

tam.pou.co *adv.* muito menos; também não; nem

ta.na.ju.ra *s.f.* ZOOL formiga fêmea alada da espécie da saúva

ta.na.to.lo.gi.a *s.f.* **1** ciência que estuda a morte e os fenômenos relacionados a ela **2** MED rotina de realização de autópsias

tan.dem *s.m.* bicicleta ou motocicleta com dois assentos

tan.ga *s.f.* **1** pedaço de tecido que cobre do quadril às coxas **2** ECON moeda em formato de fava usada na Índia

tan.ga.rá *s.m.* ZOOL pássaro nativo do Brasil

tan.ge.dor */ô/ adj.* **1** diz-se de quem toca algum instrumento musical **2** diz-se de quem tange ou toca animais

tan.gên.cia *s.f.* **1** ação de encostar, cruzar **2** GEOM contato entre curvas ou superfícies

tan.gen.ci.ar *v.t.* cruzar, encostar, esbarrar, tocar

tan.gen.te *adj.2g.* GEOM diz-se da reta que toca uma curva em determinado ponto

tan.ger */ê/ v.t.* **1** tocar instrumentos musicais **2** chegar até um ponto, um objeto etc. **3** dizer respeito a; referir-se

tan.ge.ri.na *s.f.* BOT fruto da tangerineira de sabor ácido como o da laranja

tan.ge.ri.nei.ra *s.f.* BOT árvore cujo fruto é a tangerina

tan.gi.men.to *s.m.* ato ou efeito de tanger, de tocar

tan.gí.vel *adj.* diz-se do que se pode tanger, tocar

tan.glo.man.glo *s.m.* **1** patologia supostamente provocada por feitiço, magia negra **2** *fig.* azar, má sorte

tan.go *s.m.* MÚS ritmo de origem espanhola

ta.ni.no *s.m.* QUÍM ácido encontrado em alguns vegetais

ta.ni.no.so */ô/ adj.* diz-se do que contém tanino

ta.no.a.ri.a *s.f.* oficina na qual o tanoeiro trabalha

ta.no.ei.ro */ê/ s.m.* artesão especializado na confecção de tonéis, barris etc.; toneleiro

tan.que *s.m.* **1** recipiente volumoso para armazenar água **2** peça na qual as roupas são lavadas **3** EXÉRC tipo de carro bélico blindado

tan.tã *s.m.* **1** tipo de tambor • *adj.* **2** *pejor.* diz-se de quem está com as faculdades mentais perturbadas

tan.tá.li.co *adj.* **1** relativo a tântalo **2** QUÍM diz-se do ácido derivado do tântalo

tan.ta.li.zar *v.t.* **1** ser terrível (para alguém) **2** causar tormento; submeter a suplício

tân.ta.lo *s.m.* **1** QUÍM elemento da tabela periódica (Ta) **2** MIT semideus castigado a não comer frutos e beber água por roubar os manjares dos deuses e dá-los aos homens

tan.to *adv.* **1** em tão grande quantidade; em tão alto grau; com tal intensidade • *adj.* **2** tão grande, tamanho; tão numeroso

tão *adv.* m.q. tanto

tao *s.m.* RELIG palavra de origem chinesa que significa "o caminho", referida pela doutrina do taoísmo como sendo a origem de tudo, o princípio de ordem que rege o universo

ta.o.ís.mo *s.m.* RELIG doutrina chinesa formulada por Lao Tse

ta.pa *s.m.* pancada aplicada com a mão espalmada

ta.pa-bu.ra.co *s.m.* indivíduo sem função definida que em caso de emergência substitui outro temporariamente

ta.pa.da *s.f.* **1** região de floresta delimitada **2** *pejor.* prostituta, meretriz

ta.pa.do *adj.* **1** diz-se do que foi coberto, tampado **2** *pejor.* bobo, ignorante

ta.pa.du.ra *s.f.* **1** ato ou efeito de tapar; tapamento **2** m.q. tampa

ta.pa.gem *s.f.* **1** m.q. tapamento **2** barreira usada para defesa militar

ta.pa.jó *s.2g.* indivíduo pertencente aos tapajós, grupo indígena do Brasil

ta.pa.men.to *s.m.* ato ou efeito de tapar; tapadura

ta.pa-o.lho */ô/ s.m.* tampão usado sobre o olho após procedimento médico

ta.par *v.t.* vedar, cobrir, tampar

ta.pe.a.ção *s.f.* ato ou efeito de tapear, enganar, ludibriar

ta.pe.a.dor */ô/ adj.* diz-se daquele que tapeia, engana

ta.pe.ar *v.t.* mentir, fingir, enganar; ludibriar

tepeçar

ta.pe.çar *v.t.* forrar com tapete; atapetar

ta.pe.ça.ri.a *s.f.* **1** estabelecimento onde se comercializam tapetes **2** conjunto de tapetes

ta.pe.cei.ro /ê/ *s.m.* profissional que tece ou vende tapetes

ta.pe.rá *s.m.* ZOOL m.q. andorinha

ta.pe.ra /é/ *s.f.* construção civil abandonada e deteriorada

ta.pe.tar *v.t.* m.q. tapeçar

ta.pe.te /ê/ *s.m.* pano grosso usado para enfeitar e encobrir assoalhos

ta.pi.o.ca /ó/ *s.f.* **1** fécula extraída da mandioca, usada para preparos culinários **2** m.q. mandioca

ta.pir *s.m.* ZOOL m.q. anta

ta.po.na *s.f. pop.* tapa violento aplicado com a mão

ta.pui.a *s.2g.* indivíduo pertencente aos tapuias, grupo indígena do Brasil

ta.pu.me *s.m.* cerca, sebe

ta.qua.ra *s.f.* BOT bambu nativo do Brasil

ta.qua.ral *s.m.* extenso aglomerado de taquaras em determinada área

ta.qui.car.di.a *s.f.* MED aceleração dos batimentos cardíacos

ta.qui.cár.di.co *adj.* **1** relativo a taquicardia **2** que tem taquicardia

ta.qui.gra.far *v.t.* grafar por meio de taquigrafia

ta.qui.gra.fi.a *s.f.* técnica de escrita que utiliza sinais convencionados a fim de agilizar a transcrição de uma apresentação oral

ta.quí.gra.fo *adj.* diz-se de quem domina a taquigrafia

ta.ra *s.f.* **1** antiga moeda do Sul da Índia **2** defeito de fabricação **3** *fig.* defeito físico tido como hereditário **4** ato ou efeito de gostar, desejar **5** *fig.* desvio de conduta; depravação **6** peso descontado do peso bruto de uma mercadoria, equivalente ao do invólucro em que ela é transportada

ta.ra.do *adj.* **1** diz-se do indivíduo com excesso de desejo sexual **2** diz-se do que foi marcado com o peso da tara

ta.ra.me.la /é/ *s.f.* **1** trinco, tranca **2** mecanismo que controla a queda de material a ser triturado em um moinho; cítola **3** *fig. pejor.* a língua

ta.ra.me.lar *v.t.* **1** fechar com a taramela; trancar ○ *v.i.* **2** falar muito; tagarelar

ta.ran.te.la /é/ *s.f.* MÚS ritmo cultural de origem italiana

ta.rân.tu.la *s.f.* ZOOL tipo de aranha

ta.rar *v.t.* **1** checar a tara, o peso da embalagem **2** desequilibrar-se mentalmente **3** *pop.* adorar, gostar **4** *pop.* desejar muito

tar.dan.ça *s.f.* ato ou efeito de tardar; demora, delonga

tar.dar *v.i.* demorar para executar uma ação; retardar, atrasar

tar.de *adv.* **1** atrasadamente; fora da hora • *s.f.* **2** período do vespertino, após o meio-dia

tar.dí.gra.do *adj.* diz-se do que se desloca com lentidão

tar.di.o *adj.* diz-se do que está atrasado, fora do tempo esperado

tar.do *adj.* m.q. tardio

ta.re.co /é/ *s.m.* **1** *pejor.* objeto sem valor; cacareco **2** CUL pão de ló fatiado • *adj.* **3** *fig.* diz-se de quem é irrequieto, agitado

ta.re.fa /é/ *s.f.* atividade a ser cumprida; serviço, trabalho

ta.re.fei.ro /ê/ *adj.* trabalhador encarregado de executar uma tarefa

ta.ri.fa *s.f.* taxa monetária; pedágio, preço, imposto

ta.ri.fa.ção *s.f.* ato ou efeito de tarifar

ta.ri.far *v.t.* estabelecer valores financeiros; tributar

ta.rim.ba *s.f.* **1** tipo de cama militar **2** *por ext.* qualquer cama dura e pouco confortável **3** *fig.* rotina de um soldado

ta.rim.bei.ro /ê/ *adj.* relativo a tarimba

tar.ja *s.f.* **1** ornato no entorno de um objeto **2** faixa dos cartões magnéticos e bilhetes de metrô ou ônibus

tar.jar *v.t.* pôr tarja em

tar.je.ta /ê/ *s.f.* tarja pequena

tar.la.ta.na *s.f.* tecido fino de algodão

ta.rô *s.m.* baralho místico

tar.ra.fa *s.f.* rede circular usada para a pesca

tar.ra.far *v.i.* pescar usando tarrafa

tar.ra.xa *s.f.* utensílio usado para fixar um parafuso, prego ou brinco

tar.ra.xar *v.t.* m.q. atarraxar

tar.ro *s.m.* **1** vasilha, vaso **2** BOT m.q. taioba

tar.so *s.m.* **1** ANAT esqueleto da planta do pé **2** ZOOL terceiro segmento do pé de aves

tar.ta.mu.dez /ê/ *s.f.* qualidade de quem não articula perfeitamente as palavras na fala

tar.ta.mu.do *adj.* diz-se de quem possui imperfeições na fala; gago

tar.tá.ri.co *adj. s.m.* relativo à Tartária

tár.ta.ro *s.m.* **1** sarro, borra **2** sedimento, crosta no interior de caldeira • *adj. gent.* **3** natural ou habitante da Tartária

tar.ta.ru.ga *s.f.* ZOOL réptil cujo corpo é protegido por uma carapaça dorsal arredondada

tar.tu.fi.ce *s.f.* ação de dissimular, fingir; hipocrisia

tar.tu.fo *s.m.* dissimulado, hipócrita, fingidor

ta.ru.go *s.m.* peça usada na construção civil para receber prego, parafuso; bucha

tas.ca *s.f.* **1** ação de separar o tasco do linho **2** *pop.* violência física; surra **3** *pop.* boteco, taberna

tas.car *v.t.* **1** separar o tasco do linho **2** *pop.* tirar pedaço; rasgar **3** *pop.* atacar, bater

tas.co *s.m.* casca do linho que é retirada com a espadela

tas.sa.lho *s.m.* naco, pedaço grande de carne

ta.ta.ra.na *s.f.* ZOOL m.q. taturana

ta.ta.ra.ne.to /é/ *s.m.* o filho do neto em relação ao avô

ta.ta.ra.vô *s.m.* pai do trisavô; tetravô

ta.te.ar *v.t.* **1** tocar com as mãos ou com os dedos **2** *fig.* examinar, averiguar

tá.ti.ca *s.f.* **1** EXÉRC arte de combate na qual cada movimento da tropa é pensado e esboçado para dar funcionalidade e diminuir riscos; estratégia **2** astúcia, esperteza

tá.til *adj.2g.* diz-se do que é passível de ser tateado

ta.to *s.m.* sentido humano empírico cuja sensibilidade é dada por meio do contato da pele com o objeto

ta.tu *s.m.* ZOOL mamífero cujo corpo é envolvido por uma carapaça

ta.tu.a.dor /ô/ *s.m.* indivíduo que tatua, que faz tatuagem

ta.tu.a.gem *s.f.* desenho na pele humana feito com agulhas e tinta

ta.tu.ar *v.t.* desenhar em pele humana

ta.tu.í *s.m.* ZOOL crustáceo que se enterra na areia da praia mantendo apenas as antenas na superfície

telegrafar

ta.tu.ra.na *s.f.* ZOOL larva da mariposa cujo contato com a pele humana causa queimadura

tau *s.m.* nome da décima nona letra do alfabeto grego, correspondente ao *t* latino

tau.ma.tur.gi.a *s.f.* ação de fazer milagres

tau.ma.tur.go *s.m.* diz-se de quem faz milagres; milagreiro

tau.ri.for.me /ó/ *adj.2g.* diz-se do que tem a forma semelhante à de um touro

tau.ri.no *adj.* **1** relativo ao touro **2** ASTROL diz-se de quem nasceu sob o signo de Touro

tau.to.lo.gi.a *s.f.* GRAM ação de repetir de várias formas um mesmo pensamento; redundância

tau.xi.a /ks/ *s.f.* ato ou efeito de tauxiar

tau.xi.ar /ks/ *v.t.* incrustar, ornamentar, embutir

ta.ver.na /é/ *s.f.* m.q. taberna

ta.ver.nei.ro /ê/ *s.m.* **1** dono de taverna; taberneiro **2** indivíduo que trabalha em taverna

ta.vo.la.gem *s.f.* **1** ação de apostar; vício de jogar **2** casa de jogo; lotérica, cassino

ta.xa /ks/ *s.f.* valor tabelado; imposto

ta.xa.ção *s.f.* ato ou efeito de taxar

ta.xar *v.t.* estabelecer preço, tarifa

ta.xa.ti.vo *adj.* diz-se do que taxa, limita, restringe

tá.xi /ks/ *s.m.* carro de aluguel com motorista próprio

ta.xi.der.mi.a /ks/ *s.f.* técnica usada para empalhar animais

ta.xi.der.mis.ta /ks/ *s.2g.* especialista em taxidermia

ta.xí.me.tro /ks/ *s.m.* aparelho que indica o valor do uso do táxi a cada cliente por meio do cálculo da distância percorrida

ta.xi.no.mi.a /ks/ *s.f.* BIOL separação dos seres vivos em classes

ta.xo.no.mi.a /ks/ *s.f.* m.q. taxinomia

Tb QUÍM elemento térbio da tabela periódica

TB INFORMÁT abreviação de *terabyte*

tche.co /é/ *adj. gent.* natural ou habitante da República Tcheca

té *prep. pop.* m.q. até

te *pron.* pronome pessoal da segunda pessoa do singular, caso oblíquo, átono, que serve em geral de objeto direto ou indireto

Te QUÍM elemento telúrio da tabela periódica

te.ar *s.m.* **1** máquina usada para tecer **2** ferramenta usada para coser encadernações **3** máquina usada para separar o mármore em pedaços

te.a.ti.no *s.m.* RELIG membro da ordem fundada por São Caetano de Tiene e o cardeal Gian Pietro Caraffa

te.a.tral *adj.2g.* **1** relativo a teatro **2** *fig.* diz-se da ação exagerada, espetaculosa

te.a.tra.li.da.de *s.f.* qualidade de teatral

te.a.tra.li.zar *v.t.* **1** adaptar ao teatro **2** tornar teatral

te.a.tro *s.m.* **1** ARTE encenação teatral; espetáculo **2** estrutura para espetáculos artísticos; anfiteatro

te.a.tró.lo.go *adj. s.m.* diz-se de quem é especialista em escrever textos dramáticos

te.bai.da *s.f.* retiro, ermo

te.ca /é/ *s.f.* BIOL qualquer estrutura que forma um invólucro protetor **2** BOT vegetação leguminosa nativa do Brasil **3** *pop.* dinheiro

te.ce.du.ra *s.f.* **1** m.q. tecelagem **2** *fig.* enredo, trama

te.ce.la.gem *s.f.* **1** ato ou efeito de tecer **2** oficina do tecelão

te.ce.lão *s.m.* pessoa que tece pano ou trabalha em tear; tecedor

te.cer /ê/ *v.t.* **1** tramar fios; fiar **2** *fig.* LITER enredar **3** *pejor.* tramar contra outrem

te.ci.do *s.m.* objeto fruto da trama de fios

te.cla /é/ *s.f.* **1** MÚS peça que pressionada emite som **2** INFORMÁT peça que pressionada corresponde visualmente a um caractere **3** ZOOL tipo de borboleta que habita carvalhos

te.cla.do *s.m.* **1** MÚS instrumento musical composto de várias teclas **2** INFORMÁT dispositivo do computador em que há várias teclas que servem para digitar

te.clar *v.t.* **1** pressionar teclas **2** *pop.* digitar mensagens via *internet*

téc.ni.ca *s.f.* arte, maneira de executar algo

tec.ni.ci.da.de *s.f.* qualidade do que é técnico

tec.ni.cis.mo *s.m.* m.q. tecnicidade

téc.ni.co *s.m.* **1** diz-se do especialista em alguma coisa **2** ESPORT treinador

tec.ni.co.lor /ô/ *s.m.* técnica de produção cinematográfica a cores

tec.no.cra.ci.a *s.f.* sistema governamental dirigido por técnicos

tec.no.cra.ta *s.2g.* adepto da tecnocracia

tec.no.fo.bi.a *s.f.* medo, aversão à tecnologia

tec.nó.fo.bo *adj.* diz-se de quem sofre de tecnofobia

tec.no.lo.gi.a *s.f.* **1** estudo sobre o desenvolvimento tecnológico **2** conjunto de técnicas de uma área

te.co-te.co /é/ *s.m.* AERON pequeno avião monomotor

tec.tô.ni.ca *s.f.* GEOL ciência que estuda a dinâmica da litosfera da Terra

té.dio *s.m.* sentimento de fatiga; aborrecimento

te.di.o.so /ô/ *adj.* diz-se do que provoca tédio; cansativo, maçante

te.gu.men.to *s.m.* **1** ANAT o conjunto formado pela pele e seus anexos, como pelos, cabelos etc. **2** BOT invólucro de sementes

tei.a /ê/ *s.f.* **1** tecido formado por fios trançados no tear; trama **2** *por ext.* série, sequência **3** fibra tecida por aranhas

tei.ma /ê/ *s.f.* ação de teimar; obstinação

tei.mar *v.t.* persistir em uma atividade ou ideia

tei.mo.si.a *s.f.* ato ou efeito de teimar

tei.mo.so /ô/ *adj.* diz-se de quem teima; turrão

te.ís.mo *s.m.* RELIG crença em Deus

te.í.na *s.f.* QUÍM substância presente em folhas usadas para infusão

te.ís.ta *adj.2g.* diz-se de quem professa o teísmo

tei.ú *s.m.* ZOOL lagarto nativo do Norte do Brasil e da Argentina

te.la /é/ *s.f.* **1** trama, pano **2** superfície usada para projetar imagens

te.le.co.man.dar *v.t.* comandar navio, aeronave etc. a distância; teleconduzir

te.le.co.man.do *s.m.* comando à distância

te.le.fé.ri.co *s.m.* cabine suspensa por cabos que serve para transportar pessoas ou cargas

te.le.fo.nar *v.t.* fazer chamada telefônica

te.le.fo.ne *s.m.* aparelho que transmite as ondas sonoras da voz a grandes distâncias

te.le.fo.ne.ma /ê/ *s.m.* chamada telefônica

te.le.fo.ni.a *s.f.* sistema que permite o funcionamento do telefone

te.le.fô.ni.co *adj.* relativo a telefone

te.le.fo.nis.ta *s.2g.* operador de telefonia

te.le.fo.to.gra.fi.a *s.f.* técnica de fotografia a distância

te.le.gra.far *v.t.* escrever ou enviar telegrama

telegrafia

te.le.gra.fi.a *s.f.* processo de transmissão de telegramas

te.le.gra.fis.ta *s.2g.* operador de telégrafo

te.lé.gra.fo *s.m.* aparelho transmissor e receptor de comunicação por meio de ondas elétricas

te.le.gra.ma *s.m.* comunicação enviada por meio de telégrafo

te.le.gui.a.do *adj.* EXÉRC diz-se da aparelhagem bélica guiada a distância

te.le.gui.ar *v.t.* guiar a distância

te.lê.me.tro *s.m.* aparelho usado para mensurar distâncias

te.le.ob.je.ti.va *s.f.* câmera usada na telefotografia

te.le.o.lo.gi.a *s.f.* FILOS estudo dos fins, dos objetivos últimos da humanidade

te.le.pa.ti.a *s.f.* transmissão do pensamento

te.les.co.pi.a *s.f.* utilização do telescópio

te.les.có.pio *s.m.* aparelho usado para observar corpos celestes

te.le.ti.po *s.m.* máquina telegráfica

te.le.vi.são *s.f.* **1** sistema que permite a transmissão e recepção de imagens e sons via ondas eletromagnéticas **2** aparelho usado para receber imagens e sons televisionados

te.le.vi.sar *v.t.* m.q. televisionar

te.le.vi.si.o.nar *v.t.* transmitir via televisão

te.le.vi.sor /ô/ *s.m.* aparelho de televisão

te.lha /ê/ *s.f.* peça de barro cozido usada para cobrir o teto de construções civis

te.lha.do *s.m.* teto coberto por telhas

te.lhar *v.t.* recobrir de telhas

te.lha-vã *s.f.* telhado sem forro

te.lhei.ro *s.m.* **1** estrutura pequena coberta apenas por telhas **2** fabricante de telhas

te.lú.ri.co *adj.* relativo à Terra

te.lú.rio *s.m.* QUÍM elemento da tabela periódica (Te)

te.ma /ê/ *s.m.* **1** proposta em torno da qual um texto é desenvolvido; assunto **2** GRAM estrutura morfológica formada de raiz mais vogal temática **3** MÚS motivo de uma composição, servindo de base para o desenvolvimento de toda a partitura

te.má.ti.ca *s.f.* conjunto de temas de uma mesma estrutura textual

te.má.ti.co *adj.* relativo a tema

tem.be.tá *s.m.* enfeite labial indígena que é encaixado em orifício feito no lábio inferior

te.men.te *adj.2g.* diz-se de quem respeita, teme

te.mer /ê/ *v.t.* **1** sentir medo, agonia **2** prestar honrarias; respeitar

te.me.rá.rio *adj.* **1** inconsequente, imprudente **2** aventureiro, audacioso, arrojado

te.me.ri.da.de *s.f.* qualidade de temerário

te.me.ro.so /ô/ *adj.* **1** que infunde temor; terrível **2** que sente temor; medroso

te.mi.do *adj.* diz-se do que provoca temor, medo

te.mí.vel *adj.2g.* **1** que se deve temer **2** que provoca temor

te.mor /ô/ *s.m.* sentimento de medo

têm.pe.ra *s.f.* **1** consistência que se dá aos metais para torná-los mais resistentes **2** estilo, comportamento, modo **3** caráter; retidão moral

tem.pe.ra.do *adj.* **1** diz-se dos metais que têm têmpera **2** CUL diz-se de alimento cujo sabor foi melhorado com condimentos **3** MÚS diz-se de instrumento afinado

tem.pe.ra.men.tal *adj.2g.* diz-se de quem tem temperamento muito sensível; sentimental

tem.pe.ra.men.to *s.m.* **1** ato de temperar metal **2** MÚS afinação de instrumento

tem.pe.ran.ça *s.f.* moderação de atitude; sobriedade

tem.pe.rar *v.t.* **1** condimentar alimentos **2** dar consistência a um metal **3** MÚS afinar instrumentos

tem.pe.ro /ê/ *s.m.* **1** CUL substância usada para aprimorar o sabor ou a consistência de alimentos **2** estado da comida temperada

tem.pes.ta.de *s.f.* agitação violenta da atmosfera, geralmente acompanhada de chuva, vento, raios etc.; temporal

tem.pes.ti.vo *adj.* diz-se do que ocorre no momento adequado; oportuno

tem.pes.tu.o.so /ô/ *adj.* **1** em que há tempestade **2** *fig.* diz-se de quem tem atitudes violentas

tem.plo *s.m.* espaço destinado ao culto a entidades divinas ou satânicas; igreja

tem.po *s.m.* **1** período cronológico; época, idade **2** GEOG clima **3** GRAM flexão do verbo que indica o momento da ação expressa

tem.po.ra.da *s.f.* período limitado; estação

tem.po.ral *adj.2g.* **1** efêmero, temporário **2** relativo ao tempo • *s.m.* **3** m.q. tempestade **4** ANAT cada um dos dois ossos dispostos lateralmente no crânio

tem.po.rão *adj.* tardio, extemporâneo

tem.po.rá.rio *adj.* diz-se do que acontece eventualmente; efêmero, temporal

têm.po.ra *s.f.* ANAT cada um dos dois lados da cabeça compreendidos entre o olho, a orelha, a fronte e a bochecha

tem.po.ri.za.ção *s.f.* ato ou efeito de temporizar

tem.po.ri.za.dor /ô/ *adj.* diz-se do que temporiza

tem.po.ri.za.men.to *s.m.* m.q. temporização

tem.po.ri.zar *v.t.* **1** alterar data; adiar, protelar **2** ser flexível, transigir; contemporizar ○ *v.i.* **3** aguardar período favorável

te.na.ci.da.de *s.f.* qualidade de ser tenaz

te.naz *adj.2g.* **1** resistente, rígido • *s.f.* **2** objeto que é semelhante a uma pinça e serve para agarrar ou arrancar qualquer corpo

ten.ção *s.f.* m.q. intenção

ten.ci.o.nar *v.t.* ter intenção, planejar, projetar

ten.da *s.f.* **1** espaço coberto por lona; barraca **2** comércio pequeno

ten.dal *s.m.* **1** toldo, tenda **2** armação na qual se coloca algo para secar; varal **3** lugar onde se tosquiam ovelhas

ten.dão *s.m.* ANAT tecido fibroso que une o músculo ao osso

ten.dên.cia *s.f.* condição de tender a algo

ten.den.ci.o.so /ô/ *adj.* diz-se do que tem más intenções

ten.den.te *adj.2g.* diz-se do que tende a algo; propenso

ten.der /ê/ *v.t.* **1** encher, enfunar; abrir ao vento **2** ir de encontro a; direcionar-se, dirigir-se, destinar-se **3** inclinar-se, voltar-se

tên.der *s.m.* vagão que transporta o combustível da locomotiva

ten.di.lha *s.f.* tenda pequena e frágil

ten.di.lhão *s.m.* EXÉRC barra, tenda, pavilhão

ten.di.ni.te *s.f.* MED patologia provocada pela inflamação do tendão

te.ne.bro.so /ô/ *adj.* **1** coberto de trevas; escuro **2** que incute medo, horror

te.nên.cia *s.f.* **1** EXÉRC posto de tenente **2** autocontrole, comedimento **3** obstinação, teimosia

te.nen.te *s.m.* EXÉRC posição hierárquica entre sargento e capitão

te.nen.tis.mo *s.m.* HIST influência governamental dos tenentes sobre os subalternos que resultou na Revolução de 1930 no Brasil

te.nes.mo /ê/ *s.m.* MED sensação dolorosa no reto ou na bexiga

tê.nia *s.f.* BIOL parasita intestinal; solitária

te.ní.a.se *s.f.* MED patologia provocada pela presença da tênia no intestino

te.ní.fu.go *s.m.* droga farmacêutica que serve para eliminar a tênia do organismo

tê.nis *s.m.2n.* **1** ESPORT jogo com dois times, separados por uma rede, praticado com bola e raquete **2** calçado ortopédico para a prática esportiva

te.nis.ta *s.2g.* ESPORT pessoa que joga tênis

te.nor /ô/ *s.m.* **1** MÚS a voz masculina mais alta, entre o contralto e o baixo **2** MÚS homem com esse tipo de voz

te.no.ri.no *s.m.* MÚS tenor que canta em falsete

ten.ro *adj.* **1** diz-se do que pode ser fatiado, cortado **2** diz-se do que é macio, delicado, frágil **3** m.q. inocente

ten.são *s.f.* **1** condição do que é ou está tenso **2** *fig.* estado do que ameaça se romper **3** FÍS sistema de forças compressivas que agem sobre um sólido

ten.si.vo *adj.* diz-se do que provoca tensão

ten.so *adj.* **1** diz-se do que foi esticado com força **2** diz-se do que envolve tensão, que é difícil, preocupante

ten.sor /ô/ *adj.* **1** que estende • *s.m.* **2** mecanismo usado para estirar cabos ou barras metálicas flexíveis; esticador

ten.ta *s.f.* MED estilete de uso cirúrgico **2** corrida de novilhos

ten.ta.ção *s.f.* ação de tentar, provocar

ten.ta.cu.lar *adj.2g.* relativo a tentáculo

ten.tá.cu.lo *s.m.* ZOOL cada um dos apêndices delgados e flexíveis de alguns invertebrados aquáticos

ten.ta.dor /ô/ *adj.* **1** diz-se do que tenta, provoca, seduz, incute desejo • *s.m.* **2** *fig.* o diabo

ten.ta.me *s.m.* ação de tentar; tentativa, ensaio

ten.tar *v.t.* **1** ensaiar, experimentar, esboçar **2** arriscar, esforçar-se **3** seduzir, provocar

ten.ta.ti.va *s.f.* ação de tentar

ten.ta.ti.vo *adj.* diz-se do que tenta ou instiga; tentador

ten.te.ar *v.t.* **1** averiguar, examinar **2** orientar-se pelo tato; apalpar, tatear **3** sondar com tenta **4** marcar com tento **5** dar atenção **6** conduzir, dirigir com atenção, com tento

ten.to *s.m.* **1** moderação, atenção, prudência **2** *fig.* peça usada para marcar pontos no jogo

tê.nue *adj.2g.* **1** delgado, fino **2** *fig.* débil, fraco

te.o.cen.tris.mo *s.m.* crença ou doutrina que estabelece Deus como o centro do universo

te.o.cra.ci.a *s.f.* sistema governamental em que o poder político se encontra fundamentado no poder religioso

te.o.cra.ta *adj.2g.* partidário de uma teocracia

te.o.do.li.to *s.m.* instrumento usado para medir ângulos horizontais e verticais

te.o.fo.bi.a *s.f.* horror ou aversão mórbida a Deus

te.o.go.ni.a *s.f.* narração do nascimento dos deuses pagãos e apresentação da sua genealogia

te.o.lo.gal *adj.2g.* **1** relativo a teologia **2** próprio da teologia

te.o.lo.gi.a *s.f.* ciência que se ocupa do estudo de Deus, seus atributos e sua relação com o homem

te.o.ló.gi.co *adj.* relativo a teologia ou a teólogo

te.o.lo.gis.mo *s.m.* uso exagerado e abusivo da teologia

te.ó.lo.go *s.m.* especialista em teologia

te.o.ma.ni.a *s.f.* PSICOL distúrbio psicológico diagnosticado pelo comportamento religioso doentio

te.or /ô/ *s.m.* **1** texto exato de um escrito qualquer **2** *fig.* modo, maneira

te.o.re.ma /ê/ *s.m.* proposição que pode ser provada por um sistema lógico

te.o.ré.ti.co *adj.* relativo a teoria; teórico

te.o.ri.a *s.f.* tratado a respeito de um determinado assunto

te.ó.ri.co *adj.* *s.m.* diz-se de quem formula teorias

te.o.ri.zar *v.t.* analisar eventos e estabelecer teorias a partir das percepções empíricas

te.o.so.fi.a *s.f.* FILOS crença na qual se busca o conhecimento divino para alcançar a elevação espiritual

te.pi.dez /ê/ *s.f.* qualidade de tépido

té.pi.do *adj.* **1** diz-se do que é morno **2** *fig.* frouxo, tíbio

ter /ê/ *v.t.* possuir, dispor, adquirir, usufruir

te.ra.peu.ta /ê/ *s.2g.* MED pessoa que exerce a terapêutica, que fornece tratamento médico a alguém; médico, clínico

te.ra.pêu.ti.ca *s.f.* MED ciência que se ocupa da escolha e administração dos meios de restabelecer a saúde ou proporcionar vias para a sua manutenção

te.ra.pêu.ti.co *adj.* relativo à terapêutica

te.ra.pi.a *s.f.* MED tratamento de doentes; terapêutica

te.ra.to.lo.gi.a *s.f.* **1** MED ciência que trata do estudo de anomalias e deformações **2** *fig.* conjunto de monstros; monstruosidade

tér.bio *s.m.* QUÍM elemento da tabela periódica da família dos metais (Tb)

ter.ça /ê/ *s.f.* **1** fração que corresponde à terceira parte de um todo **2** MÚS período musical de três tons **3** redução de terça-feira

ter.çã *s.f.* MED tipo de febre intermitente que se repete no terceiro dia

ter.ça.do *adj.* **1** que tem em si três elementos **2** em forma de cruz; cruzado **3** dividido em três partes • *s.m.* **4** espada larga e curta

ter.ça-fei.ra /ê/ *s.f.* o terceiro dia da semana que começa no domingo

ter.çar *v.t.* **1** misturar três substâncias, componentes etc. **2** dividir, repartir em três **3** passar, tocar, cruzar transversalmente

ter.cei.ra.nis.ta *adj.2g.* estudante que frequenta o terceiro ano de qualquer curso ou faculdade

ter.cei.ro /ê/ *num.* **1** ordinal que corresponde ao número três • *s.m.* **2** pessoa externa a uma negociação cuja interferência favorece uma solução

ter.ce.to /ê/ *s.m.* **1** POÉT estrofe de três versos **2** MÚS grupo constituído de três intérpretes de instrumentos iguais ou diferentes

ter.ci.á.rio *adj.* **1** GEOL diz-se do período cenozoico **2** diz-se do que ocupa, em uma sequência, a terceira posição • *s.m.* **3** RELIG qualquer religioso de ordem terceira

terço

ter.ço /ê/ *num.* 1 m.q. terceiro • *s.m.* 2 RELIG uma das partes do rosário 3 sistema de parceria rural em que o proprietário cede o terreno a um agricultor e recebe a terça parte do rendimento

ter.çol /ó/ *s.m.* MED enfermidade que provoca a inflamação das pálpebras

te.re.bin.to *s.m.* BOT árvore pequena, nativa do Mediterrâneo

ter.gal *adj.2g.* 1 relativo ao dorso • *s.m.* 2 tipo de tecido produzido a partir do ácido tereftálico

ter.gi.ver.sa.ção *s.f.* ato ou efeito de tergiversar

ter.gi.ver.sar *v.i.* 1 dar as costas; virar-se 2 *fig.* argumentar evasivamente; usar de subterfúgios

ter.mal *adj.2g.* relativo a termas

ter.mas /é/ *s.f.2n.* estabelecimento onde se faz o uso terapêutico das águas medicinais quentes

tér.mi.co *adj.* 1 relativo ao calor 2 diz-se do que conserva a temperatura

ter.mi.na.ção *s.f.* ação de terminar, acabar, finalizar

ter.mi.nal *adj.2g.* 1 relativo a fim • *s.m.* 2 extremidade, ponta 3 estação de ônibus ou de trem 4 fecho de peças; trinco

ter.mi.nan.te *adj.2g.* que termina; que faz terminar

ter.mi.nar *v.t.* pôr fim; acabar, concluir

ter.mi.na.ti.vo *adj.* 1 que faz terminar; terminante 2 irrevogável, decisivo

tér.mi.no *s.m.* ação de terminar, concluir, findar

ter.mi.no.lo.gi.a *s.f.* conjunto de nomes técnicos de uma determinada ciência; nomenclatura

tér.mi.ta *s.f.* ZOOL inseto da ordem dos isópteros que se alimenta de madeira; cupim

tér.mi.te *s.f.* ZOOL m.q. térmita

ter.mo /ê/ *s.m.* 1 contrato, acordo 2 conclusão, limite, fim 3 léxico, palavra

ter.mo.gê.ne.se *s.f.* produção regular e contínua de calor nos seres vivos

ter.mo.ge.ni.a *s.f.* produção de calor

ter.mô.me.tro *s.m.* aparelho que mensura a temperatura corporal

ter.mor.re.gu.la.ção *s.f.* manutenção da temperatura interna ideal feita pelo próprio organismo

ter.mos.ta.to *s.m.* aparelho responsável pela estabilização térmica

ter.ná.rio *adj.* 1 diz-se do que é constituído por três unidades 2 MÚS compasso regido em três tempos

ter.nei.ro /ê/ *s.m.* m.q. bezerro

ter.no /é/ *adj.* 1 diz-se de quem é delicado no trato, amável • *s.m.* 2 vestimenta composta de calças, colete e paletó

ter.nu.ra *s.f.* qualidade do que é terno, meigo

ter.pe.no *s.m.* QUÍM hidrocarboneto insaturado encontrado na maioria dos óleos essenciais

ter.ra /é/ *s.f.* 1 planeta habitável do sistema solar (com inicial maiúscula) 2 parte continental do planeta 3 nação, país

ter.ra.ço *s.m.* cobertura, varanda, alpendre

ter.ra.co.ta /ó/ *s.f.* barro cozido; cerâmica

ter.ral *adj.2g.* relativo a terra

ter.ra.ple.na.gem *s.f.* ação de terraplenar

ter.ra.pla.nar *v.t.* tornar um terreno plano

ter.ra.ple.nar *v.t.* nivelar o solo; terraplanar

ter.rá.queo *adj.* relativo ao planeta Terra

ter.re.al *adj.2g.* 1 que é da terra 2 *fig.* terreno, mundano

ter.rei.ro /ê/ *s.m.* 1 espaço do terreno sem construção civil; pátio, quintal 2 RELIG local onde se realizam os ritos dos cultos afro-brasileiros

ter.re.mo.to /ó/ *s.m.* GEOL abalo sísmico

ter.re.no *adj.* 1 relativo à Terra 2 que tem a cor da terra • *s.m.* 3 lote, espaço de terra

tér.reo *adj.* 1 diz-se do que se encontra próximo ao solo • *s.m.* 2 pavimento construído no nível do solo

ter.res.tre /é/ *adj.2g.* relativo à Terra

ter.rí.co.la *adj.* 1 diz-se do que habita na Terra 2 diz-se de animal que vive no interior do solo

ter.ri.fi.car *v.t.* provocar terror; apavorar

ter.rí.fi.co *adj.* diz-se do que causa terror, pavor

ter.ri.na *s.f.* 1 recipiente, vasilha para sopas, caldos etc. 2 CUL espécie de patê no qual os ingredientes não são dissolvidos totalmente

ter.ri.to.ri.al *adj.2g.* relativo a território

ter.ri.tó.rio *s.m.* espaço geográfico delimitado; distrito

ter.rí.vel *adj.2g.* 1 diz-se do que causa terror; assustador 2 diz-se do que é muito ruim; péssimo

ter.ror /ô/ *s.m.* medo, pavor

ter.ro.ris.mo *s.m.* conjunto de ações violentas contra uma etnia, um sistema de governo ou uma religião

ter.ro.ris.ta *adj.2g.* diz-se de quem é adepto do terrorismo

ter.ro.so /ô/ *adj.* diz-se do que tem aspecto de terra

ter.so /ê/ *adj.* 1 limpo, puro 2 *fig.* correto, íntegro

ter.tú.lia *s.f.* 1 reunião de família 2 palestra ou encontro literário

te.são *s.m.* 1 tensão, estiramento 2 ímpeto, força 3 *pop.* desejo, excitação sexual

te.se /é/ *s.f.* 1 proposta de estudo; pesquisa 2 proposição apresentada e defendida na conclusão de curso de pós-graduação

te.so /ê/ *adj.* 1 tenso, estirado, esticado 2 imóvel, rígido, firme

te.sou.ra /ô/ *s.f.* 1 ferramenta em formato de duas lâminas sobrepostas, usada para cortar 2 golpe de capoeira

te.sou.ra.da *s.f.* golpe aplicado com uma tesoura

te.sou.rar *v.t.* cortar com tesoura

te.sou.ra.ri.a *s.f.* setor responsável pela movimentação financeira de uma instituição

te.sou.rei.ro /ê/ *s.m.* pessoa responsável por administrar as finanças de uma instituição

te.sou.ro /ô/ *s.m.* 1 conjunto de bens materiais; riqueza 2 *fig.* caráter, qualidade moral

tes.si.tu.ra *s.f.* MÚS escala melódica de um instrumento

tes.ta /é/ *s.f.* ANAT parte do rosto localizada entre as sobrancelhas e o couro cabeludo

tes.ta.da *s.f.* 1 golpe aplicado com a testa; cabeçada 2 linha limítrofe entre uma propriedade particular e uma pública

tes.ta.dor /ô/ *s.m.* diz-se daquele que atesta, que dá testemunho de alguma coisa

tes.ta.men.tei.ro /ê/ *s.m.* indivíduo incumbido de cumprir as disposições de um testamento

tes.ta.men.to *s.m.* 1 JUR documento registrado em cartório no qual alguém distribui seus bens segundo sua vontade 2 RELIG grupo de livros sagrados

tes.tan.te *adj.2g.* 1 diz-se de quem faz um testamento 2 diz-se de quem testemunha algo

tes.tar *v.t.* 1 pôr à prova; examinar, experimentar 2 fazer um testamento; dispor, legar 3 atestar, testemunhar

tes.te /é/ *s.m.* **1** ação de testar ○ *s.f.* **2** *desus.* testemunha

tes.ta.men.tal *adj.2g.* relativo a testamento

tes.ta.men.tá.rio *adj.* m.q. testamental

tes.te.mu.nhar *v.t.* **1** ser testemunha **2** relatar fatos vividos ou presenciados

tes.te.mu.nho *s.m.* ação de testemunhar

tes.ti.cu.lar *adj.2g.* relativo a testículo

tes.ti.fi.ca.ção *s.f.* ação de testar, de comprovar; testemunho

tes.ti.fi.car *v.t.* m.q. testemunhar

tes.to /é/ *adj.* **1** rígido, teso **2** que demonstra firmeza; resoluto, enérgico • *s.m.* **3** murro, soco **4** /ê/ tampa da panela de barro

tes.tos.te.ro.na *s.m.* BIOQUÍM hormônio sexual masculino

tes.tu.do *adj.* **1** *pejor.* diz-se de pessoa que tem testa desproporcionalmente grande em relação ao rosto **2** *fig.* diz-se do indivíduo teimoso, obstinado • *s.m.* **3** ZOOL m.q. peixe-galo

te.su.ra *s.f.* **1** estado do que é teso **2** qualidade de quem demonstra força, valentia **3** *fig.* sentimento de orgulho, vaidade

te.ta /é/ *s.f.* **1** nome da oitava letra do alfabeto grego ○ *s.f.* /ê/ **2** *pop.* seio, mama **3** *fig.* tarefa fácil de ser cumprida

té.ta.no *s.m.* MED patologia que provoca enrijecimento dos músculos e convulsões constantes

te.te.ia /é/ *s.f.* **1** brinquedo infantil **2** enfeite, ornamento **3** *fig.* moça sensual, atraente

te.tra.clo.re.to /ê/ *s.m.* QUÍM composto que contém quatro átomos de cloro

te.tra.e.dro /é/ *s.m.* GEOM poliedro de quatro lados

te.trá.go.no *s.m.* GEOM figura com quatro ângulos; quadrilátero

te.tra.ne.to /é/ *s.m.* m.q. tataraneto

te.tra.ple.gi.a *s.f.* MED patologia que provoca a paralisia das pernas e dos braços

te.tras.si.lá.bi.co *adj.* que tem quatro sílabas

te.tras.sí.la.bo *adj.* GRAM diz-se da palavra que tem quatro sílabas

te.tra.vó *s.f.* m.q. tataravó

te.tra.vô *s.m.* m.q. tataravô

té.tri.co *adj.* **1** diz-se do que é muito triste **2** diz-se do que causa horror, medo

te.tro /é/ *adj.* **1** escuro, sombrio **2** tétrico, horrível

teu /ê/ *pron.* possessivo da segunda pessoa do singular

teu.to /ê/ *adj.* m.q. alemão

teu.tô.ni.co *adj.* m.q. teuto

têx.til /s/ *adj.2g.* **1** relativo aos tecidos **2** que é próprio para ser tecido

tex.tu.al /s/ *adj.2g.* relativo a texto

tex.tu.ra /s/ *s.f.* **1** trama, tecido **2** ligação íntima entre partes de um corpo **3** GEOL aparência física de uma rocha

te.xu.go *s.m.* ZOOL mamífero carnívoro nativo da Ásia e da Europa

ti *pron.* pronome pessoal oblíquo da segunda pessoa do singular

Ti QUÍM elemento titânio da tabela periódica

ti.a *s.f.* **1** irmã do pai ou da mãe em relação aos filhos destes **2** *pejor.* mulher de idade avançada que não se casou; solteirona

ti.a.mi.na *s.f.* BIOQUÍM substância encontrada em cereais, ovos, legumes etc., essencial para o funcionamento do sistema nervoso

ti.a.ra *s.f.* **1** RELIG mitra usada pelo papa em cerimônias **2** pequeno arco usado por mulheres na parte frontal do penteado

ti.be.ta.no *adj. gent.* natural ou habitante do Tibete

tí.bia *s.f.* **1** ANAT osso mais interno da perna **2** MÚS instrumento de sopro parecido com a flauta

tí.bio *adj.* **1** diz-se do que é morno; tépido **2** fraco, frouxo **3** escasso, raro **4** relativo aos tíbios, povo que vivia nas proximidades do Ponto Euxino, antigo nome do Mar Negro

ti.ção *s.m.* **1** toco de madeira aceso ou queimado **2** *fig.* pessoa de má índole

ti.cu.na *s.f.* substância venenosa usada para untar flechas; curare

tic.ket *s.m.* [ing.] ingresso, cartão de embarque, recibo; tíquete

ti.co *s.m.* pedaço minúsculo; fragmento

ti.co-ti.co *s.m.* ZOOL ave nativa das Américas de cabeça estriada de cinza e negro

ti.é *s.m.* ZOOL ave nativa do Brasil

ti.e.tê *s.m.* ZOOL pássaro nativo do Brasil

tí.fi.co *adj.* relativo a tifo

ti.fo *s.m.* MED infecção que causa febre alta e perturbações mentais

ti.foi.de /ó/ *adj.* MED patologia semelhante ao tifo

ti.fo.so /ô/ *adj.* diz-se de quem sofre de tifo

ti.ge.la /é/ *s.f.* recipiente semelhante a uma xícara sem asa

ti.gre *s.m.* **1** ZOOL felino asiático de pelugem listrada **2** HIST empregado servil encarregado de transportar e despejar as matérias fecais

ti.gue.ra /é/ *s.f.* roça depois da colheita

ti.jo.lei.ro /ê/ *s.m.* fabricante ou vendedor de tijolos

ti.jo.lo /ô/ *s.m.* estrutura de barro cozido

ti.ju.pá *s.m.* moradia indígena menor que a oca

ti.ju.co *s.m.* lodo, lama

til *s.m.* GRAM sinal gráfico para indicar a nasalização de uma vogal

til.bu.ri *s.m.* carruagem pequena puxada por um só animal

ti.lia *s.f.* BOT vegetação de grande porte usada para fins medicinais

ti.lin.tar *v.t.* soar ou fazer soar como o sino

ti.mão *s.m.* **1** tipo de casaco longo **2** ferramenta de carros de tração animal na qual são atrelados os animais **3** MAR m.q. leme

tim.ba.le *s.m.* MÚS instrumento semelhante ao tambor; tímpano

tim.bi.ra *s.2g.* indivíduo pertencente a qualquer tribo dos timbiras, grupos indígenas do Brasil

tim.bó *s.m.* BOT vegetação nociva usada para matar peixes

tim.bra.do *adj.* **1** diz-se do que recebeu timbre, selo **2** MÚS diz-se do que está afinado

tim.bra.gem *s.f.* ato ou efeito de timbrar

tim.brar *v.t.* **1** pôr timbre **2** MÚS afinar

tim.bre *s.m.* **1** selo, emblema, brasão **2** MÚS qualidade que distingue os tipos de som

ti.me *s.m.* **1** ESPORT equipe de uma mesma modalidade **2** *por ext.* grupo de trabalhadores

ti.mi.dez /ê/ *s.f.* condição de tímido

tí.mi.do *adj.* inseguro, medroso

timoneiro

ti.mo.nei.ro /ê/ *s.m.* pessoa que pilota uma embarcação

ti.mo.ra.to *adj.* RELIG diz-se de quem teme a Deus

ti.mo.ren.se *adj. gent.* natural ou habitante do Timor Leste

tim.pa.nal *adj.2g.* relativo a tímpano

tim.pâ.ni.co *adj.* MED relativo a tímpano

tim.pa.nis.ta *s.2g.* MÚS músico que toca tímpano

tím.pa.no *s.m.* **1** MÚS instrumento de percussão utilizado em orquestras sinfônicas; timbale **2** ARQUIT espaço triangular **3** ANAT membrana fina e rígida que forma a cavidade entre a orelha externa e a média

tim-tim *s.m.* o ruído do bater de copos em um brinde

ti.na *s.f.* gamela, vasilha de madeira

tin.gir *v.t.* dar cor, pintar

tin.gui *s.m.* designação comum a diversas plantas que servem para tinguijar, envenenar peixes

ti.nha *s.f.* **1** infecção da pele e seus anexos; porrigem **2** *fig.* vício; mácula

ti.nho.rão *s.m.* BOT erva da família das aráceas, nativa da América do Sul

ti.nho.so /ô/ *adj.* **1** diz-se do que causa repugnância, nojo, horror • *s.m.* **2** *pop.* o diabo

ti.ni.do *s.m.* **1** ato ou efeito de tinir **2** som metálico

ti.nir *v.i.* produzir tinido

ti.no *s.m.* **1** moderação, juízo, prudência **2** *m.q.* gamela

tin.ta *s.f.* substância líquida usada para tingir, dar cor

tin.tei.ro /ê/ *s.m.* recipiente usado para armazenar tinta

tin.ti.ná.bu.lo *s.m.* sineta, campainha

tin.to *adj.* diz-se do que recebeu tinta; tingido

tin.tu.ra *s.f.* **1** ato ou efeito de tingir **2** *m.q.* tinta

tin.tu.ra.ri.a *s.f.* local onde se tingem tecidos

tin.tu.rei.ro /ê/ *s.m.* **1** profissional que trabalha com a tintura de roupas **2** *pop. m.q.* camburão

ti.o *s.m.* irmão do pai ou da mãe em relação aos filhos destes

ti.o-a.vô *s.m.* irmão de um dos avós em relação aos netos destes

tí.pi.co *adj.* diz-se do que é característico, comum

ti.pi.fi.car *v.t. v.pron.* tornar(-se) típico; caracterizar(-se)

ti.pi.ti *s.m.* cesto de palha rústico em que se coloca a mandioca para ser espremida

ti.ple *s.2g.* MÚS *m.q.* soprano

ti.po.gra.fi.a *s.f.* **1** técnica de imprimir **2** estabelecimento de impressão; gráfica

ti.pó.gra.fo *s.m.* especialista em tipografia

ti.poi.a /ó/ *s.f.* **1** faixa que se amarra ao pescoço para apoiar o braço enfermo **2** carruagem velha, desgastada **3** rede velha **4** *pejor.* mulher ordinária, desprezível

ti.po.lo.gi.a *s.f.* estudo dos vários tipos de caracteres tipográficos

ti.que *s.m.* **1** contração repetitiva de músculos causada por tensão nervosa **2** mania, costume **3** marcação, normalmente em formato de V, feita para destacar múltiplas escolhas

ti.que-ta.que *s.m. onomat.* som regular semelhante ao produzido pelo pêndulo dos relógios

ti.ra *s.f.* **1** fita, faixa de pano, couro, pele **2** *pop.* policial

ti.ra.co.lo /ó/ *s.m.* tira atravessada de um lado do pescoço para o outro lado do corpo, passando por baixo do braço

ti.ra.da *s.f.* **1** ato ou efeito de tirar **2** longa extensão de caminho; caminhada

ti.ra.gem *s.f.* **1** ato ou efeito de tirar **2** quantidade de exemplares que foram tirados de uma obra ou de um jornal

ti.ra.ni.a *s.f.* qualidade de quem é tirano, autoritário

ti.ra.ni.ci.da *adj.2g.* diz-se de quem assassina um tirano

ti.râ.ni.co *adj.* diz-se do que é tirano, cruel

ti.ra.ni.zar *v.t.* comportar(-se) como tirano

ti.ra.no *s.m.* autoritarista, déspota, ditador

ti.ran.te *adj.2g.* **1** diz-se do que tira ou puxa **2** diz-se da cor que se aproxima de outra • *s.m.* **3** correia que prende as cavalgaduras ao veículo **4** viga que suporta o madeiramento • *prep.* **5** exceto, salvo

ti.rar *v.t.* **1** extrair, movimentar, arrastar **2** imprimir, estampar

ti.ra-tei.mas /ê/ *s.m.2n.* evidência apresentada para sanar dúvidas

ti.re.oi.de /ó/ *s.f.* ANAT glândula responsável pela secreção dos hormônios tireoídeos e pelo controle da hipófise; tiroide

ti.re.ói.deo *adj.* relativo a tireoide

ti.ri.ri.ca *s.f.* **1** BOT vegetação daninha nativa do Brasil; joio • *adj.2g.* **2** diz-se da pessoa mal-humorada, zangada

ti.ri.tan.te *adj.2g.* diz-se de quem está tremendo de frio ou de medo

ti.ri.tar *v.i.* tremer de frio ou de pavor

ti.ro *s.m.* **1** projeção explosiva de chumbo; descarga de arma de fogo **2** ESPORT impulso violenta aplicada pelo pé a uma bola

ti.ro.cí.nio *s.m.* experiência, aprendizagem

ti.roi.de /ó/ *s.f. m.q.* tireoide

ti.ro.tei.o /ê/ *s.m.* conflito em que as partes encontram-se armadas e trocam tiros

ti.ro.tri.ci.na *s.f.* FARM antibiótico usado como bactericida

ti.sa.na *s.f.* remédio, droga farmacêutica

tí.si.ca *s.f.* **1** MED patologia pulmonar; tuberculose • *adj.* **2** diz-se da mulher tuberculosa

tí.si.co *adj.* diz-se de quem sofre de tísica; tuberculoso

tis.nar *v.t.* tornar escuro; queimar, tostar

tis.ne *s.m.* **1** ação de escurecer **2** fuligem, nódoa

ti.tã *s.m.* **1** MIT gigante que quis escalar o céu para destronar Júpiter **2** pessoa de qualidades físicas e morais excepcionais

ti.tâ.ni.co *adj.* QUÍM relativo a titânio

ti.tâ.nio *s.m.* QUÍM elemento da tabela periódica (Ti)

tí.te.re *s.m.* **1** boneco controlado por cordas; marionete **2** *fig.* pessoa manipulável

ti.ti.a *s.f. pop.* forma carinhosa de dizer tia

ti.ti.ca *s.f. pop.* secreção, excremento

ti.ti.lar *v.t.* fazer cócegas

ti.ti.o *s.m. pop.* forma carinhosa de dizer tio

ti.tu.be.a.ção *s.f.* ação de titubear

ti.tu.be.an.te *adj.2g.* diz-se de quem titubeia

ti.tu.be.ar *v.i.* hesitar; não ter certeza; ficar indeciso

ti.tu.bei.o /ê/ *s.m. m.q.* titubeação

ti.tu.la.ção *s.f.* ação de nomear, rotular

ti.tu.lar *adj.2g.* **1** diz-se de quem tem título honorífico ou nobiliárquico **2** diz-se do ocupante efetivo de função ou cargo **3** ESPORT diz-se do jogador escalado para uma partida • *v.t.* **4** nomear, dar título de nobreza

tí.tu.lo *s.m.* nome, designação, qualificação

ti.ziu *s.m.* BOT ave escura nativa do Brasil

to.a *s.f.* MAR cabo usado para rebocar uma embarcação

to.a.da *s.f.* **1** som, ruído **2** melodia

to.a.lha *s.f.* **1** tecido usado para enxugar **2** pano usado para cobrir móveis; forro

toa.lhei.ro /ê/ *s.m.* **1** fabricante ou vendedor de toalhas **2** móvel usado para guardar toalhas

to.an.te *adj.2g.* diz-se do que toa, emite som

to.ar *v.t.* **1** produzir som; soar **2** rebocar uma embarcação

to.ca /ó/ *s.f.* **1** recanto de animais; buraco **2** *fig.* residência muito simples

to.cai.ar *v.t.* preparar cilada; emboscar

to.can.di.ra *s.f.* ZOOL tipo de formiga carnívora

to.ca.do *adj.* **1** diz-se do que foi tangido **2** MÚS representado, interpretado, executado

to.ca.dor /ô/ *adj. s.m.* **1** MÚS diz-se do intérprete musical **2** tropeiro encarregado de conduzir um rebanho

to.cai.a *s.f.* situação armada; cilada, emboscada

to.cai.o *adj.* diz-se de quem tem o mesmo nome, xará

to.ca.ta *s.f.* MÚS recital, concerto

to.can.te *adj.2g.* **1** relativo a; que diz respeito a; concernente **2** diz-se do que comove, que emociona

to.car *v.t.* **1** MÚS executar algo em um instrumento **2** encostar, apalpar, tanger **3** expulsar, tirar, enxotar, empurrar **4** comover, emocionar

to.cha /ó/ *s.f.* haste de madeira com chama; facho

to.chei.ro /ê/ *s.m.* castiçal para tocha

to.co /ô/ *s.m.* pedaço de madeira

to.co.fe.rol /ó/ *s.m.* FARM substância que constitui a vitamina E

to.co.lo.gi.a *s.f.* MED m.q. obstetrícia

to.da.vi.a *conj.* no entanto, contudo, mas, porém

to.do /ô/ *pron.* **1** qualquer, cada • *adv.* **2** completamente, por inteiro • *s.m.* **3** o conjunto inteiro, completo

to.e.sa *s.f.* antiga unidade de medida de comprimento que equivale a seis pés

to.ga /ó/ *s.f.* vestimenta dos magistrados

to.ga.do *adj.* diz-se da pessoa autorizada a usar toga

toi.ça *s.f.* m.q. touça

toi.cei.ra /ê/ *s.f.* grande touça

toi.ci.nho *s.m.* tecido gorduroso que fica debaixo da pele do porco; toucinho

toi.ra.da *s.f.* m.q. tourada

toi.re.ar *v.t.* m.q. tourear

toi.rei.ro /ê/ *adj. s.m.* m.q. toureiro

toi.ro *s.m.* m.q. touro

toi.ti.ço *s.m.* a parte posterior da cabeça; nuca

tol.da /ó/ *s.f.* ato ou efeito de toldar

tol.dar *v.t.* **1** cobrir com toldo **2** *fig.* tornar triste ○ *v.pron.* **3** *fig.* tornar-se nublado **4** tornar-se turvo

tol.do /ô/ *s.m.* cobertura para proteger dos raios solares e da chuva; lona

to.lei.rão *adj.* diz-se de quem é muito tolo; palerma, pateta

to.le.rân.cia *s.f.* **1** ação de tolerar; aguentar **2** MED capacidade de o organismo resistir a algumas substâncias ou a certos procedimentos

to.le.ran.te *adj.2g.* **1** diz-se do que tolera **2** MED diz-se do paciente resistente a certas substâncias

to.le.rar *v.t.* **1** suportar, aguentar opiniões, ações, eventos adversos **2** MED digerir, assimilar substâncias

to.le.rá.vel *adj.2g.* passível de ser tolerado; admissível

to.le.te /ê/ *s.m.* **1** toco de madeira **2** MAR cavilha de barco que serve de apoio ao remo

to.lher /ê/ *v.t.* pôr obstáculo, impedir, proibir; retratar

to.lhi.do *adj.* diz-se do que sofreu proibição; vedado

to.lhi.men.to *s.m.* ato ou efeito de tolher

to.li.ce *s.f.* ação própria de tolo; burrice

to.lo /ô/ *adj.* **1** diz-se do bobo; néscio • *s.m.* **2** ARQUIT cúpula, abóbada **3** HIST sepultura, túmulo pré-histórico

tom *s.m.* **1** MÚS diapasão, timbre **2** tensão, rigidez **3** variação de cor

to.ma.da *s.f.* **1** posse, conquista de um território **2** peça de circuito elétrico usada para conectar equipamentos eletrônicos

to.ma.dor /ô/ *adj. pop.* diz-se de quem toma posse de bens alheios; ladrão

to.mar *v.t.* **1** conquistar; apoderar-se; apossar-se **2** absorver, engolir, beber, tragar

to.ma.ta.da *s.f.* massa de tomate para tempero

to.ma.tal *s.m.* plantio de tomates

to.ma.te *s.f.* BOT fruto do tomateiro, bastante usado na culinária

to.ma.tei.ro /ê/ *s.m.* BOT árvore cujo fruto é o tomate

tom.ba.di.lho *s.m.* MAR pavimento mais alto de um navio, entre a popa e a proa

tom.ba.men.to *s.m.* ato ou efeito de tombar

tom.bar *v.t.* **1** derrubar, inclinar; desequilibrar **2** fazer inventário; relatar em arquivo

tom.bo *s.m.* **1** ato ou efeito de tombar; queda **2** documento de registro; inventário de bens **3** cachoeira

tôm.bo.la *s.f.* jogo de azar; loto

to.men.to *s.m.* **1** a parte mais fibrosa do linho **2** BOT conjunto de pelos invisíveis de certas plantas

to.men.to.so /ô/ *adj.* BOT diz-se de estrutura vegetal que é revestida por tomento

to.mi.lho *s.m.* BOT vegetação de propriedades antissépticas

to.mo *s.m.* quantidade separada de um inteiro

to.na *s.f.* **1** face mais externa de um corpo; superfície **2** pele, casca

to.na.li.zar *v.t.* MÚS dar tom ou tonalidade a

to.na.li.da.de *s.f.* **1** MÚS qualidade sonora de uma melodia **2** variação de cor de um corpo

to.nan.te *adj.2g.* diz-se do que produz som; vibrante

to.ne.la.da *s.f.* FÍS unidade de medida de massa equivalente a mil quilos

to.ne.la.gem *s.f.* a capacidade de um veículo de transporte

to.ne.la.ri.a *s.f.* oficina de tanoeiro; tanoaria

tô.ni.ca *s.f.* **1** GRAM sílaba que recebe o acento tônico **2** MÚS nota principal de um compasso

tô.ni.co *s.m.* **1** droga terapêutica para revitalizar, fortificar • *adj.* **2** diz-se do que sofre tensão

to.ni.fi.ca.dor *adj.* diz-se do que tonifica; tonificante

to.ni.fi.car *v.t.* reavivar, fortificar

to.ni.nha *s.f.* ZOOL m.q. golfinho

to.ni.tru.an.te *adj.2g.* diz-se do som semelhante ao do trovão

to.no *s.m.* **1** tom de voz **2** MÚS canção alegre, ritmada

ton.si.la *s.f.* ANAT m.q. amídala

ton.si.li.te *s.f.* MED patologia provocada pela inflamação das amídalas; amidalite

ton.su.ra *s.f.* **1** ação de tosquiar, cortar ou barbear **2** RELIG corte redondo de cabelo dos clérigos

ton.su.ra.do *adj.* diz-se do que recebeu a tonsura

ton.su.rar *v.t.* cortar rente cabelo ou pelo

tontear

ton.te.ar *v.t.* **1** agir como tonto **2** ficar tonto; desequilibrar-se

ton.tei.ra /ê/ *s.f.* **1** desequilíbrio, vertigem, tontura **2** ação própria de um tolo; disparate

ton.ti.ce *s.f.* m.q. tolice

ton.to *adj.* **1** diz-se do que sente tonturas **2** *pejor.* diz-se de quem tem comportamento infantil, insano

ton.tu.ra *s.f.* m.q. tonteira

tô.nus *s.m.2n.* estado de tensão de nervos ou músculos

to.pa.da *s.f.* **1** choque físico entre pessoas; encontrão **2** batida do pé contra um obstáculo, causando perda do equilíbrio; tropeção

to.par *v.t.* **1** esbarrar, deparar-se **2** concordar, combinar

to.pá.zio *s.m.* pedra preciosa de valor comercial

to.pe /ó/ *s.m.* **1** topada, cabeçada **2** gesto feito com a cabeça

to.pe.tar *v.t.* **1** bater com a cabeça em algo **2** tocar o ponto mais alto, o topo

to.pe.te /é/ *s.m.* **1** mecha de cabelos em nível mais alto que a cabeça **2** *fig.* coragem, audácia

to.pe.tu.do *adj.* **1** diz-se de quem usa topete **2** *fig.* corajoso, destemido, ousado

to.pi.a.ria *s.f.* m.q. jardinagem

tó.pi.co *adj.* **1** FARM diz-se de remédio de uso externo que se aplica na região afetada para curá-la **2** relativo a lugar • *s.m.* **3** assunto, tema, informação principal

to.po /ô/ *s.m.* a parte mais elevada; cume

to.po.gra.fi.a *s.f.* descrição do relevo de uma região

to.pó.gra.fo *s.m.* especialista em topografia

to.po.lo.gi.a *s.f.* **1** m.q. topografia **2** GRAM estudo da disposição das palavras em um sintagma

to.po.ní.mia *s.f.* relação de topônimos

to.pô.ni.mo *s.m.* nome geográfico próprio de região, cidade, rio etc.

to.que /ó/ *s.m.* **1** ato de tocar algo ou alguém **2** MÚS emissão sonora típica de instrumentos musicais **3** MED procedimento no qual o médico apalpa alguma parte do corpo **4** som que, no meio militar, serve de sinal para a execução de alguma ordem **5** tipo de chapéu

to.ra /ó/ *s.f.* **1** BOT erva da família das leguminosas **2** extenso tronco de madeira ou parte dele

to.rá *s.f.* RELIG a lei mosaica (com inicial maiúscula) ○ *s.2g.* **2** indivíduo pertencente aos torás, grupo indígena que habita o Amazonas

to.rá.ci.co *adj.* relativo ao tórax

to.ran.ja *s.f.* **1** BOT árvore da família das rutáceas, nativa da Malásia **2** BOT o fruto dessa árvore, bastante grande e ácido

to.ran.jei.ra /ê/ *s.f.* BOT m.q. toranja

to.rar *v.t.* **1** reduzir a madeira a toras; cortar **2** *fig.* seguir por um atalho

tó.rax *s.m.2n.* **1** ANAT região do corpo na qual estão localizados importantes órgãos dos sistemas respiratório e circulatório **2** ZOOL nos grupos de animais metamerizados, conjunto de metâmeros localizados entre a cabeça e o abdome

tor.çal *s.m.* espécie de cordão feito de fios de algodão ou seda

tor.ção *s.f.* **1** ação de torcer, de deslocar **2** MED lesão causada por distensão ou torção brusca; entorse

tor.ce.dor /ô/ *adj. s.m.* **1** diz-se do aparelho que serve para torcer **2** diz-se do indivíduo que torce por um time esportivo

tor.ce.du.ra *s.f.* **1** ato ou efeito de torcer **2** *fig.* frase duvidosa, dúbia; sofisma, evasiva **3** m.q. beliscão

tor.cer /ê/ *v.t.* **1** modificar a direção normal de algo **2** *fig.* alterar a interpretação de algo **3** almejar grandemente a vitória de algo ou de alguém **4** ocasionar a lesão de alguma parte do corpo

tor.ci.co.lo /ó/ *s.m.* **1** MED situação de anormalidade na posição do pescoço, geralmente causando dor **2** ZOOL pássaro encontrado na Europa e na Ásia

tor.ci.da *s.f.* **1** ato de torcer algo **2** ESPORT reunião dos torcedores de algo

tor.ci.do *adj.* **1** que se torceu **2** *fig.* que não foi bem interpretado

tor.di.lho *adj.* diz-se do que apresenta coloração semelhante à do sabiá

tor.do /ô/ *s.m.* ZOOL ave de plumagem escura e canto melodioso; sabiá

tó.rio *s.m.* QUÍM elemento químico de número atômico 90 e símbolo Th, usado como combustível nuclear

tor.men.ta *s.f.* **1** agitação atmosférica violenta que acontece principalmente no mar **2** *fig.* desordem, sofrimento

tor.men.to *s.m.* **1** ato ou efeito de atormentar **2** sofrimento físico ou psicológico; tortura, aflição

tor.men.tó.rio *adj.* relativo a tormenta

tor.men.to.so /ô/ *adj.* **1** m.q. tormentório **2** trabalhoso, difícil

tor.na.do *adj.* **1** diz-se do que voltou, tornou **2** diz-se do que se converteu, se transformou • *s.m.* **3** agitação atmosférica de grande violência

tor.nar *v.t.* **1** retornar ao lugar de onde saiu; voltar **2** fazer a devolução de algo **3** modificar o aspecto de algo

tor.nas.sol /ó/ *s.m.* **1** BOT planta cujas flores acompanham o sol **2** QUÍM tipo de corante usado como indicador ácido-base

tor.ne.a.do *adj.* diz-se do que foi trabalhado, modelado

tor.ne.a.men.to *s.m.* **1** ato ou efeito de tornear; torneio **2** qualidade daquilo que apresenta curva; curvatura

tor.ne.ar *v.t.* **1** circundar, rodear **2** moldar algo com o uso do torno **3** dar forma cilíndrica a algo

tor.ne.a.ri.a *s.f.* **1** ofício de torneiro **2** oficina de torneiro

tor.nei.o /ê/ *s.m.* **1** ato de trabalhar com o torno **2** tipo de disputa esportiva **3** *fig.* forma elegante de proferir uma frase

tor.nei.ra /ê/ *s.f.* objeto com um tipo de chave que serve para reter ou deixar sair o líquido contido no cano, recipiente etc. a que está ligado

tor.nei.ro /ê/ *s.m.* profissional que trabalha com torno

tor.ni.que.te /ê/ *s.m.* **1** MED instrumento usado para conter o fluxo sanguíneo em cirurgias **2** tipo de roleta

tor.no /ô/ *s.m.* **1** equipamento usado para dar acabamento a uma peça **2** chave de torneira **3** espécie de pino

tor.no.ze.lei.ra /ê/ *s.f.* peça que serve para proteger os tornozelos, geralmente usada por praticantes de certos esportes

tor.no.ze.lo /ê/ *s.m.* ANAT saliência óssea que se situa entre a perna e o pé

to.ro /ô/ *s.m.* **1** m.q. torna **2** leito conjugal **3** o tronco do corpo

tor.pe /ó/ *adj.2g.* **1** que causa embriaguez, que entorpece **2** que demonstra timidez, acanhamento **3** /ó/ que não condiz com a moral vigente; sujo, obsceno

tor.pe.de.a.men.to *s.m.* ato ou efeito de torpedear

tóxico

tor.pe.de.ar *v.t.* **1** MAR atacar por meio de torpedos **2** *fig.* causar tormento; afligir

tor.pe.dei.ro *s.m.* **1** MAR embarcação armada com lança-torpedos **2** marinheiro especializado no serviço de torpedos

tor.pe.do /ê/ *s.m.* MAR equipamento explosivo usado para atingir alvos como aviões, navios e submarinos

tor.pe.za /ê/ *s.f.* condição do que denota imoralidade, indecência

tor.por /ô/ *s.m.* **1** MED ausência de reação a estímulos normais **2** sensação de incômodo pela diminuição da sensibilidade e do movimento; estupor, entorpecimento

tor.quês *s.f.* tipo de alicate

tor.ra.ção *s.f.* **1** ato ou efeito de torrar; torra **2** *pop.* liquidação, queima

tor.ra.da *s.f.* fatia de pão torrado

tor.ra.dei.ra /ê/ *s.f.* equipamento usado para fazer torradas

tor.rão *s.m.* **1** terreno próprio para se cultivar algo **2** *fig.* pedaço de algo que foi torrado **3** lugar onde ocorre o desenvolvimento de um vegetal

tor.rar *v.t.* **1** tostar, queimar **2** *fig.* importunar alguém **3** *pop.* liquidar

tor.re /ô/ *s.f.* **1** a parte mais alta de uma edificação **2** uma das peças do jogo de xadrez

tor.re.ão *s.m.* **1** torre sobre um castelo **2** tipo de torre no topo de um edifício

tor.re.fa.ção *s.f.* **1** ato de torrar **2** lugar onde se torra e se vende café

tor.ren.ci.al *adj.2g.* **1** relativo a torrente **2** copioso, profuso **3** *fig.* que denota exuberância

tor.ren.te *s.f.* curso de água impetuoso e de grande velocidade, geralmente produzido por chuva abundante

tor.res.mo /ê/ *s.m.* toucinho frito em pequenos pedaços

tór.ri.do *adj.* muito quente; ardente

tor.ri.fi.car *v.t.* **1** fazer torrar, queimar **2** torrar de leve; tostar

tor.so /ô/ *s.m.* **1** m.q. tronco **2** busto de uma pessoa • *adj.* **3** torto; torcido

tor.ta /ô/ *s.f.* CUL massa elaborada com recheios doces ou salgados **2** bagaço resultante da prensagem de sementes usado como adubo

tor.to /ô/ *adj.* **1** torcido, inclinado **2** *fig.* injusto, incorreto

tor.tu.ra *s.f.* **1** dor violenta, física ou psicológica, infligida a alguém **2** qualidade do que se apresenta curvo, torto

tor.tu.o.so /ô/ *adj.* diz-se do que se apresenta torto

tor.tu.ran.te *adj.2g.* **1** diz-se do que provoca sofrimento por meio de tortura; torturador **2** diz-se do que causa aflição; angustiante

tor.tu.rar *v.t.* provocar sofrimento por meio de tortura

tor.var *v.t.* **1** impedir alguém de fazer algo; atrapalhar **2** causar confusão, perturbação

tor.ve.li.nho *s.m.* movimento de deslocamento em espiral; redemoinho

tor.vo /ô/ *adj.* diz-se do que causa medo, que é sombrio

to.sa /ô/ *s.f.* **1** ato de aparar a lã **2** agressão por meio de pancadas **3** *fig.* repreensão feita a alguém

to.sar *v.t.* **1** aparar; tosquiar, cortar a lã, o pelo **2** *fig.* censurar, repreender

tos.co /ô/ *adj.* **1** diz-se do que se apresenta de forma rústica **2** diz-se de indivíduo grosseiro, sem cultura

tos.qui.a *s.f.* m.q. tosa

tos.qui.ar *v.t.* m.q. tosar

tos.se /ó/ *s.f.* MED expulsão de ar, involuntária ou voluntária, de forma súbita e barulhenta

tos.sir *v.t.* ter tosse

tos.ta.do *adj.* diz-se do que se tostou, queimou

tos.tão *s.m. pop.* pequena quantidade de dinheiro, definida ou não

tos.tar *v.t.* **1** torrar, queimar **2** bronzear de maneira exagerada

to.tal *adj.2g.* **1** diz-se daquilo que representa o todo; completo, inteiro • *s.m.* **2** resultado de uma operação matemática

to.ta.li.da.de *s.f.* qualidade do que é total

to.ta.li.tá.rio *adj.* diz-se de regime de governo que controla um país de maneira ditatorial, sem admitir oposição

to.ta.li.ta.ris.mo *s.m.* sistema político absoluto, ditatorial

to.ta.li.za.ção *s.f.* ato ou efeito de totalizar

to.ta.li.za.dor /ô/ *adj.* **1** diz-se do que totaliza, que dá o resultado de uma série de operações • *s.m.* **2** mecanismo que totaliza

to.ta.li.zar *v.t.* avaliar no todo; calcular o total

to.tem /ó/ *s.m.* ser considerado sagrado para alguns grupos sociais

to.tê.mi.co *adj.* relativo a totem

to.te.mis.mo *s.m.* conjunto de crenças que afirmam a existência de totens e a relação destes com os humanos

tou.ca /ô/ *s.f.* espécie de gorro para a cabeça

tou.ça /ô/ *s.f.* parte do vegetal formada pelas bases do caule e da raiz

tou.ca.do *adj.* **1** diz-se do que tem touca • *s.m.* **2** conjunto de enfeites usados pelas mulheres nos cabelos

tou.ca.dor /ô/ *adj.* **1** diz-se daquele que enfeita os cabelos de alguém ou de si mesmo • *s.m.* **2** tipo de móvel que dispõe de espelhos para servir na touca **3** tipo de lenço usado para prender o cabelo

tou.car *v.t.* preparar, arrumar os cabelos

tou.cei.ra /ê/ *s.f.* **1** conjunto de vegetais de mesma espécie que nascem próximos **2** BOT parte da planta que, após o corte do caule, permanece viva no solo

tou.ci.nho *s.m.* parte adiposa do porco quando ainda grudada ao couro; toicinho

tou.pei.ra /ê/ *s.f.* **1** ZOOL espécie de mamífero que se alimenta de insetos **2** *pejor.* indivíduo considerado ignorante

tou.ra.da *s.f.* **1** conjunto de touros **2** evento no qual os touros são estimulados a correr ou a investir contra os toureiros

tou.re.ar *v.t.* provocar os touros na arena

tou.rei.ro /ê/ *s.m.* aquele que provoca os touros na arena

tou.ro /ô/ *s.m.* ZOOL macho bovino não castrado

tou.ti.ço *s.m.* m.q. toitiço

tou.ti.ne.gra /ê/ *s.f.* ZOOL ave encontrada na África, na Ásia e na Europa

to.xi.ci.da.de /ks/ *s.f.* característica do que é tóxico, venenoso

tó.xi.co /ks/ *adj.* diz-se do que intoxica, que produz efeitos nocivos no organismo

toxicologia

to.xi.co.lo.gi.a /ks/ *s.f.* MED parte da medicina que estuda os tóxicos, seus efeitos no organismo e o tratamento para cada caso

to.xi.có.lo.go /ks/ *adj.* diz-se de quem se especializa em toxicologia; toxicologista

to.xi.co.ma.ni.a /ks/ *s.f.* MED compulsão pelo uso de substâncias tóxicas

to.xi.cô.ma.no /ks/ *adj.* diz-se daquele que consome compulsivamente substâncias tóxicas

to.xi.na /ks/ *s.f.* BIOQUÍM material tóxico produzido durante o metabolismo de certos organismos

to.xo.plas.ma /ks/ *s.m.* MED gênero de protozoários que reúne parasitas intracelulares de vertebrados e invertebrados

to.xo.plas.mo.se /ks...ó/ *s.f.* MED moléstia causada por toxoplasmas que atingem animais

TPM MED sigla de Tensão Pré-Menstrual

tra.ba.lha.dei.ra /ê/ *s.f.* mulher que trabalha muito, que gosta de trabalhar

tra.ba.lha.dor /ô/ *s.m.* **1** homem que trabalha muito, que gosta de trabalhar **2** proletário, funcionário

tra.ba.lhar *v.t.* **1** modificar uma matéria; lavrar, manipular **2** exercer ofício

tra.ba.lhei.ra /ê/ *s.f. pop.* excesso de trabalho; fadiga

tra.ba.lhis.mo *s.m.* característica da política que defende melhores condições para os trabalhadores

tra.ba.lho *s.m.* atividade que desprende energia física e mental; ocupação, ofício

tra.ba.lho.so /ô/ *adj.* **1** que dá trabalho **2** que é custoso, difícil

tra.be.lho /ê/ *s.m.* objeto de madeira utilizado para torcer a corda da serra, retesando-a

tra.bu.car *v.t.* **1** atacar com trabuco **2** causar agitação ○ *v.i.* **3** fazer estrondo, batendo ou martelando em objeto resistente **4** exercer uma atividade com grande energia

tra.bu.co *s.m.* **1** HIST equipamento de guerra usado para arremessar pedras contra edificações **2** tipo de arma de fogo **3** cavalo de aspecto desagradável, mas que é bom para o trabalho

tra.ça *s.f.* **1** ZOOL artrópode que corrói livros e tecidos **2** ato ou efeito de desenhar traços **3** rastro, pegada

tra.ça.do *adj.* **1** mesclado, misturado **2** delimitado, desenhado **3** cortado, partido em pedaços • *s.m.* **4** conjunto de traços **5** facão grande; terçado

tra.ça.dor /ô/ *adj.* **1** diz-se daquele que traça, marca • *s.m.* **2** serra grande usada por duas pessoas para cortar toras de madeira

tra.ca.já *s.f.* ZOOL tartaruga de água doce que habita os rios amazônicos

tra.çar *v.t.* **1** cortar, corroer, roer **2** desenhar, planejar, fazer traços **3** misturar, mesclar substâncias **4** delimitar fronteiras com marcas gráficas

tra.ce.jar *v.t.* fazer traços ou linhas; traçar

tra.cis.ta *adj.2g.* **1** diz-se daquele que faz traços **2** diz-se daquele que faz planos

tra.ço *s.m.* **1** ato ou efeito de traçar; traçado **2** o que é intrínseco, característico **3** contorno do rosto **4** linha, risco

tra.co.ma /ô/ *s.m.* MED conjuntivite grave, caracterizada pela presença de minúsculas granulações sobre a mucosa ocular

tra.di.ção *s.f.* conjunto dos hábitos transmitidos de geração em geração

tra.di.ci.o.nal *adj.2g.* relativo a tradição

tra.di.ci.o.na.lis.mo *s.m.* conjunto de ideias que defendem os costumes tradicionais; conservadorismo

tra.di.ci.o.na.lis.ta *adj.2g.* diz-se daquele que segue o tradicionalismo; conservador

tra.do *s.m.* objeto perfurante usado para abrir furos largos em peças de madeira

tra.du.ção *s.f.* ação de traduzir

tra.du.tor /ô/ *s.m.* indivíduo ou máquina que transpõe um texto de um idioma para outro

tra.du.zir *v.t.* transpor de um idioma para outro

tra.fe.gar *v.t.* **1** movimentar-se no trânsito **2** exercer alguma atividade

trá.fe.go *s.m.* **1** movimentação de veículos **2** fluxo de mercadorias transportadas em linhas férreas **3** o exercício intenso de alguma atividade

tra.fi.cân.cia *s.f.* ato ou efeito de traficar

tra.fi.can.te *adj.2g.* **1** diz-se daquele que negocia ilegalmente **2** diz-se de pessoa que comercializa drogas

tra.fi.car *v.t.* fazer o comércio de mercadorias ilegais

trá.fi.co *s.m.* venda de mercadorias ilegais

tra.ga.da *s.f.* **1** inalação da fumaça de cigarro, charuto etc. **2** ação de beber rapidamente algo

tra.ga.dou.ro /ô/ *s.m.* **1** que traga, que absorve; sorvedouro **2** buraco, abismo

tra.gar *v.t.* **1** inalar, absorver **2** comer rapidamente **3** *fig.* esforçar-se para tolerar alguém ou algo

tra.gé.dia *s.f.* **1** peça teatral que finaliza com acontecimentos fatais **2** *fig.* situação que provoca horror; catástrofe

trá.gi.co *adj.* diz-se daquilo que provoca horror; desastroso, terrível

tra.gi.co.mé.dia *s.f.* junção de comédia com tragédia em obras teatrais ou literárias

tra.gi.cô.mi.co *adj.* relativo a tragicomédia

tra.go *s.m.* **1** aquilo que é tragado **2** ANAT cartilagem à entrada da orelha **3** *fig.* sensação angustiante **4** *fig.* azar, infortúnio

trai.ção *s.f.* ação ou resultado de trair

trai.ço.ei.ro /ê/ *adj.* **1** relativo a traição **2** que revela traição

trai.dor /ô/ *adj.* diz-se daquele que trai, que age com falsidade; hipócrita, desleal

trai.nei.ra /ê/ *s.f.* tipo de embarcação usada para a pesca

tra.ir *v.t.* agir de forma desleal; enganar; faltar com a palavra dada

tra.jar *v.t. v.pron.* usar trajes, vestimentas; vestir(-se)

tra.je *s.m.* o que é usado para vestir; roupa, vestimenta

tra.je.to /é/ *s.m.* distância percorrida; percurso

tra.je.tó.ria *s.f.* **1** m.q. trajeto **2** FÍS caminho percorrido por um corpo em movimento **3** ação de percorrer esse trajeto

tra.jo *s.m.* m.q. traje

tra.lha *s.f.* **1** tecido de malhas largas usado para pescar **2** conjunto de muitos objetos

tra.lha.da *s.f.* m.q. tralha

tra.lhar *v.t.* jogar tralha em algo ou alguém

tra.ma *s.f.* **1** o conjunto de fios que são cruzados para formar um tecido **2** sucessão de acontecimentos de uma obra de ficção **3** maquinação de algo contra alguém; intriga

tra.mar *v.t.* **1** entretecer, tecer **2** planejar intrigas; enredar, conspirar

tram.bi.que *s.m.* **1** comércio ilegal **2** aplicação de golpe

transfusão

tram.bo.lhão *s.m.* **1** tombo que produz estrondo **2** decadência, declínio **3** situação repentina; contratempo

tram.bo.lho /ô/ *s.m.* **1** tudo aquilo que impede ou dificulta a passagem de algo em algum lugar **2** *fig.* indivíduo obeso que apresenta dificuldade para se movimentar

tra.me.la /é/ *s.f.* peça de madeira colocada no pescoço de bezerros para desmamá-los

tra.mi.ta.ção *s.f.* ato ou efeito de tramitar

tra.mi.tar *v.i.* JUR seguir pelos trâmites legais para a conclusão de um processo

trâ.mi.te *s.m.* **1** fase de determinado procedimento **2** via, atalho **3** JUR caminho legal para que um processo seja concluído

tra.moi.a /ó/ *s.f.* artifício usado para enganar, causar intriga

tra.mon.tar *v.i.* pôr-se (o Sol) por trás dos montes

tram.pa *s.f.* **1** objeto de pequeno valor **2** excremento grosso, fétido **3** trapaça, engano

tram.po.lim *s.m.* **1** espécie de prancha longa e elevada usada por atletas para pegar impulso e saltar **2** *fig.* o que serve para que alguém obtenha algo a seu favor

tram.po.li.nar *v.i.* cometer fraude; trapacear

tram.po.li.nei.ro /ê/ *adj.* diz-se daquele que comete fraudes, que trapaceia

tran.ca *s.f.* **1** objeto usado para fechar portas, janelas, carros ○ *s.2g.* **2** indivíduo avarento, de má índole

tran.ça *s.f.* **1** punhado de fios entrelaçados que formam uma corda **2** penteado em que se entrelaçam mechas de cabelo

tran.ça.do *adj.* diz-se do que foi disposto em trança; entrelaçado

tran.ca.do *adj.* diz-se do que se apresenta impedido, fechado com tranca

tran.ca.fi.ar *v.t.* isolar alguém do meio social; prender

tran.car *v.t.* travar, fechar com tranca

tran.çar *v.t.* **1** entrelaçar fios para fazer tecido **2** fazer trança em cabelos; entrançar

tran.ce.lim *s.m.* tipo de trança feita com fios de seda ou de ouro para adornar bordados

tran.co *s.m.* **1** choque violento entre dois corpos; esbarrão **2** *fig.* advertência, repreenda

tran.quei.ra /ê/ *s.f.* **1** obstáculo, trincheira **2** tipo de cerca que serve para proteger e fortificar algo

tran.qui.li.da.de *s.f.* qualidade do que se apresenta sossegado, calmo

tran.qui.li.zar *v.t.* acalmar, apaziguar, serenar

tran.qui.lo *adj.* diz-se do que se apresenta em harmonia, em paz, sem perturbações

tran.que.ta /ê/ *s.f.* tipo de tranca pequena

tran.qui.li.za.dor /ô/ *adj.* diz-se do que tranquiliza, acalma, sossega

tran.qui.ta.na *s.f.* **1** carruagem de um só assento **2** *pop.* veículo velho de aspecto desagradável

tran.sa.a.ri.a.no *adj.* **1** situado além do deserto do Saara **2** que atravessa esse deserto

tran.sa.ção *s.f.* acordo comercial; negócio

tran.san.di.no *adj.* **1** localizado além dos Andes **2** que atravessa os Andes

tran.sa.tlân.ti.co *adj.* **1** localizado além do Oceano Atlântico • *s.m.* **2** grande embarcação que faz rotas oceânicas

tran.sa.to *adj.* diz-se daquilo que já passou, que não existe mais

trans.bor.da.men.to *s.m.* ato ou efeito de transbordar

trans.bor.dan.te *adj.2g.* que transborda, que excede os limites de um recipiente ou de um rio

trans.bor.dar *v.i.* ultrapassar as bordas; inundar

trans.bor.do /ô/ *s.m.* **1** ato de transbordar **2** *por ext.* ação de deslocar passageiros ou mercadorias para outra linha de um meio de transporte

trans.cen.dên.cia *s.f.* **1** caráter do que é transcendente, sublime, metafísico **2** superioridade de inteligência

trans.cen.den.tal *adj.2g.* diz-se do que é superior, que excede os limites normais

trans.cen.den.ta.lis.mo *s.m.* FILOS teoria filosófica de Kant que se estrutura em torno da investigação das formas e dos conceitos *a priori* da consciência humana

trans.cen.den.te *adj.2g.* diz-se do que não advém da experiência; superior

trans.cen.der /ê/ *v.t.* ultrapassar os limites; exceder

trans.con.ti.nen.tal *adj.2g.* diz-se do que atravessa um continente

trans.cor.rer /ê/ *v.i.* transpor, acontecer, transpassar

trans.cre.ver /ê/ *v.t.* reproduzir a escrita em outro lugar; fazer cópia

trans.cri.to *adj.* diz-se daquilo que foi reproduzido, copiado

trans.cur.so *s.m.* **1** ato de transcorrer **2** a passagem do tempo

tran.sep.to /é/ *s.m.* galeria transversal de uma igreja que, estendendo-se para fora da nave central, forma com esta uma cruz

tran.se.un.te *adj.2g.* **1** diz-se do que passa sem deixar marcas **2** diz-se de pessoa que está de passagem por um lugar; viajante, passageiro

trans.fe.rên.cia *s.f.* ato de trocar algo ou alguém de lugar

trans.fe.ri.dor /ô/ *adj.* **1** diz-se daquele que tem a autoridade para permitir o deslocamento de algo ou de alguém para outro lugar • *s.m.* **2** tipo de régua semicircular usada para medir ângulos

trans.fe.rir *v.t.* **1** deslocar algo ou alguém **2** modificar a data **3** ceder algo a alguém

trans.fi.gu.ra.ção *s.f.* **1** modificação da forma **2** RELIG momento de aparição de Cristo a três de seus discípulos (com inicial maiúscula)

trans.fi.gu.rar *v.t.* modificar, transformar

trans.fi.xar /ks/ *v.t.* atravessar, perfurar

trans.for.ma.ção *s.f.* modificação no aspecto; alteração, evolução

trans.for.ma.dor /ô/ *adj.* **1** diz-se do que transforma • *s.m.* **2** dispositivo que transforma a tensão de uma corrente elétrica

trans.for.mar *v.t.* alterar, modificar algo ou alguém

trans.for.mis.mo *s.m.* BIOL teoria que explica a evolução das espécies; darwinismo, evolucionismo

trans.for.mis.ta **1** relativo a transformismo • *s.2g.* **2** ARTE artista que modifica o seu aspecto rapidamente para voltar ao palco **3** indivíduo que se veste como um do sexo oposto; travesti

trâns.fu.ga *adj.2g.* diz-se daquele que passa a seguir ideologias, doutrinas diferentes das que professava antes

trans.fun.dir *v.t.* **1** verter líquido de um recipiente para outro **2** transferir sangue de um ser para outro

trans.fu.são *s.f.* transferência de um líquido de um vaso para outro; injeção de sangue

transgredir

trans.gre.dir *v.t.* agir de forma contrária à lei e à moral vigente

trans.gres.são *s.f.* violação de uma lei ou de um preceito; desobediência

trans.gres.sor /ô/ *adj.* diz-se daquele que comete transgressão

tran.si.be.ri.a.no *adj.* 1 localizado além da Sibéria • *s.m.* 2 meio de transporte que atravessa a Sibéria

tran.si.ção *s.f.* 1 deslocamento de uma região a outra 2 espaço intermediário entre uma coisa e outra

tran.si.do *adj.* 1 tomado por certo sentimento ou sensação 2 apavorado, assustado

tran.si.gên.cia *s.f.* ato de tolerar, de conciliar

tran.si.gen.te *adj.2g.* diz-se daquele que tolera, que concilia

tran.si.gir *v.t.* conciliar, tolerar, condescender

tran.sir *v.t.* 1 passar através de; transpassar 2 encontrar-se gelado por medo ou frio

tran.sis.tor /ô/ *s.m.* objeto usado para controlar a eletricidade em um equipamento eletrônico

tran.si.tar *v.t.* deslocar-se de um lugar para outro; passar

tran.si.tá.vel *adj.2g.* diz-se do que é passível de ser transitado

tran.si.ti.var *v.t.* GRAM tornar um verbo transitivo

tran.si.ti.vo *adj.* 1 diz-se do que não é estável; passageiro 2 GRAM diz-se dos verbos que precisam de complemento, podendo ser diretos ou indiretos

trân.si.to *s.m.* 1 ato de transitar 2 movimentação de pessoas ou de veículos 3 falecimento, morte

tran.si.tó.rio *adj.* diz-se daquilo que não é eterno, que é passageiro

trans.la.ça.ão *s.f.* 1 GEOG movimento executado pela Terra em torno do Sol 2 m.q. metáfora 3 modificação, transposição de algo

trans.la.dar *v.t.* 1 modificar a posição de algo 2 traduzir

trans.la.to *adj.* 1 diz-se daquilo que teve sua posição modificada 2 que não é literal; metafórico, figurado

trans.li.te.rar *v.t.* escrever algo com um sistema de caracteres

trans.lú.ci.do *adj.* diz-se daquilo que se apresenta transparente à luz

trans.lu.zir *v.t.* 1 deixar passar a luz por meio de; brilhar através de 2 manifestar-se, mostrar-se

trans.mi.gra.ção *s.f.* 1 ação de transmigrar(-se) 2 RELIG reencarnação

trans.mis.são *s.f.* 1 ação de transmitir 2 emissão de mensagem; comunicação

trans.mis.sí.vel *adj.2g.* passível de ser transmitido; contagioso

trans.mis.si.vo *adj.* que transmite; transmissor

trans.mis.sor *adj.* 1 diz-se do que transmite • *s.m.* 2 dispositivo que emite sinais e ondas em um sistema de telecomunicações

trans.mi.tir *v.t.* 1 contaminar, propagar 2 emitir, exalar 3 comunicar

trans.mon.tar *v.t.* ultrapassar, ir além

trans.mu.dar *v.t.* modificar, mudar, transformar

trans.mu.tar *v.t.* m.q. transmudar

trans.na.ci.o.nal *adj.2g.* diz-se do que vai além das fronteiras nacionais; internacional

tran.so.ce.â.ni.co *adj.* diz-se do que atravessa o oceano

trans.pa.re.cer /ê/ *v.t.* fazer aparecer; revelar; tornar perceptível

trans.pa.rên.cia *s.f.* qualidade do que é transparente

trans.pa.ren.te *adj.2g.* diz-se do que permite a passagem da luz, deixando ver o que está por trás

trans.pas.sar *v.t.* ultrapassar uma superfície; atravessar de um lado a outro

trans.pi.ra.ção *s.f.* ato ou efeito de transpirar

trans.pi.rar *v.t.* 1 liberar suor pelos poros do corpo 2 manifestar; tornar público; propagar

trans.plan.ta.ção *s.f.* 1 modificação do lugar de uma planta 2 m.q. transplante

trans.plan.tar *v.t.* 1 modificar a posição de algo 2 MED transferir uma parte do corpo por transplante cirúrgico

trans.plan.te *s.m.* 1 ato ou efeito de transplantar 2 MED enxerto de um órgão ou parte de um órgão de um indivíduo em outro

trans.pla.ti.no *adj.* situado além do rio da Prata

trans.por /ô/ *v.t.* 1 transportar de um lugar para outro 2 ultrapassar

trans.por.tar *v.t.* 1 deslocar algo; carregar, transferir 2 tornar extasiado 3 MÚS fazer a transposição de uma música, mudar o seu tom

trans.por.te /ó/ *s.m.* 1 ato ou efeito de transportar 2 veículo próprio para transportar 3 *fig.* sensação de êxtase

trans.po.si.ção *s.f.* 1 modificação de posição 2 MÚS tradução de um trecho de música em outro tom 3 MED transferência de um pedaço de tecido de um local para outro

trans.pos.to /ô/ *adj.* 1 diz-se do que teve sua posição natural modificada 2 diz-se do que foi ultrapassado 3 MÚS diz-se do que foi transcrito

trans.tor.nar *v.t.* modificar a ordem; perturbar, confundir

trans.tor.no /ô/ *s.m.* 1 ato ou efeito de transtornar 2 confusão mental passageira

tran.subs.tan.ci.a.ção *s.f.* 1 transformação de uma substância em outra 2 RELIG a presença de Cristo no pão e vinho eucarísticos

tran.subs.tan.ci.al *adj.2g.* que se transubstancia

tran.subs.tan.ci.ar *v.t.* 1 converter em outra substância; transformar 2 RELIG realizar a transubstanciação de

tran.su.da.ção *s.f.* ato ou efeito de transudar

tran.su.dar *v.i.* passar o suor através dos poros; suar, transpirar

tran.su.da.to *s.m.* MED passagem de serosidade sem conteúdo inflamatório para as membranas

tran.su.ma.nar *v.t.* tornar humano; humanizar

tran.su.mar *v.t.* fazer a migração de rebanhos; mudar de pasto

trans.va.sar *v.t.* mudar de recipiente

trans.ver.be.rar *v.t.* permitir a passagem de; deixar passar através; refletir

trans.ver.sal *adj.2g.* diz-se do que é oblíquo em relação a algo

trans.ver.so /é/ *adj.* m.q. transversal

trans.ver.ti.do *adj.* diz-se do que foi modificado, alterado

trans.ver.ter /ê/ *v.t.* modificar, alterar

trans.ves.tir *v.t.* modificar o aspecto, a aparência

traumatizar

trans.vi.a.do *adj.* diz-se do que foi corrompido, extraviado, perdido

trans.vi.a.dor *adj.* diz-se do que transvia, corrompe

trans.vi.ar *v.t.* desviar do caminho, corromper

trans.vi.o *s.m.* ato ou efeito de transviar

trans.vo.ar *v.i.* voar em determinada direção

tra.pa *s.f.* **1** RELIG lugar onde vivem freiras e religiosos da Ordem dos Cistercienses **2** tipo de armadilha para prender animais

tra.pa.ça *s.f.* ato que engana; fraude; ação de má-fé

tra.pa.ça.ri.a *s.f.* m.q. trapaça

tra.pa.ce.ar *v.i.* enganar, fraudar

tra.pa.cei.ro *adj.* diz-se daquele que trapaceia

tra.pa.cen.to *adj.* m.q. trapaceiro

tra.pa.gem *s.f.* monte de trapos, de roupa velha

tra.pa.lha.da *s.f.* **1** m.q. trapagem **2** desordem, confusão **3** ato de má-fé

tra.pa.lhão *adj.* diz-se de quem age de maneira confusa, desordenada

tra.pe.ar *v.i.* balançar um pano ao vento

tra.pei.ra */ê/ s.f.* confusão, armadilha

tra.pei.ro */ê/ s.m.* pessoa que apanha trapos para vender

tra.pe.jar *v.i.* m.q. trapear

tra.pen.to *adj.* vestido com trapos; esfarrapado, maltrapilho

tra.pe.za.pe *s.m. onomat.* ruído causado pelo choque entre espadas

tra.pe.zi.for.me */ó/ adj.2g.* diz-se do que apresenta forma de trapézio

tra.pé.zio *s.m.* **1** GEOM quadrilátero que tem dois lados paralelos **2** barra de ginástica **3** ANAT osso do corpo humano

tra.pe.zis.ta *s.2g.* artista circense especializado em exercícios de trapézio

tra.pe.zo.e.dro */é/ s.m.* GEOM sólido cujas faces são trapézios

tra.pe.zoi.de */ó/ adj.2g.* diz-se do que se parece com um trapézio

tra.pi.che *s.m.* lugar em que se armazenam mercadorias destinadas à importação ou à exportação

tra.pi.chei.ro */ê/ s.m.* **1** dono de trapiche **2** indivíduo que trabalha em trapiche

tra.pis.ta *adj.2g.* RELIG relativo à ordem religiosa da trapa

tra.po *s.m.* parte de um pano já usado; retalho

tra.que *s.m.* **1** barulho, estouro **2** dispositivo que estrala em contato com o fogo

tra.quei.a */é/ s.f.* **1** ANAT canal cartilaginoso que liga a laringe aos brônquios **2** BOT canal nos vegetais que leva a seiva às partes da planta; vaso

tra.que.ja.do *adj.* diz-se de quem é experiente em certa atividade

tra.que.jar *v.t.* **1** tornar experiente em algo **2** correr atrás de, perseguir

tra.que.jo */ê/ s.m.* prática em algum serviço

tra.que.o.to.mi.a *s.f.* MED procedimento cirúrgico feito para permitir a respiração

tra.que.te */ê/ s.m.* MAR o mastro de uma embarcação

tra.qui.na *adj.* esperto, inquieto

tra.qui.na.gem *s.f.* **1** travessura, traquinada **2** estrondo, barulho forte

tra.qui.nar *v.i.* fazer traquinagens, travessuras

tra.qui.ni.ce *s.f.* m.q. traquinagem

tra.qui.ta.na *s.f.* **1** carro de aspecto velho, desagradável **2** carruagem que carrega apenas uma pessoa

trás *adv.* na região posterior; atrás

tra.san.te.on.tem *adv.* no dia anterior ao de anteontem

tra.san.ton.tem *adv.* m.q. trasanteontem

tra.sei.ra */ê/ s.f.* a região oposta à da frente

tra.sei.ro */ê/ adj.* **1** que fica na parte posterior; situado detrás • *s.m.* **2** pop. nádegas

tra.so.re.lho *s.m.* MED doença causada por vírus e caracterizada por febre moderada e inflamação das parótidas; caxumba, parotidite

tras.fe.gar *v.t.* m.q. transvasar

tras.la.da.ção *s.f.* m.q. translação

tras.la.dar *v.t.* **1** modificar a posição de algo **2** modificar uma data **3** traduzir

tras.la.do *s.m.* **1** ação ou resultado de trasladar **2** reprodução de um texto original; cópia

tra.so.re.lho *s.m.* MED doença causada por vírus e caracterizada por febre moderada e inflamação das parótidas; caxumba, parotidite

tras.pas.sar *v.t.* fazer atravessar para o outro lado; trespassar; transfixar

tras.pas.se *s.m.* **1** ato ou efeito de traspassar; trespasse **2** *fig.* óbito, falecimento

tras.te *s.m.* **1** peça mobiliária de pouco valor **2** *fig.* diz-se da pessoa sem caráter; velhaco

tras.te.jar *v.i.* **1** vender trastes ou coisas pouco valiosas O *v.t.* **2** guarnecer de móveis; mobiliar

tras.va.sar *v.t.* m.q. transvasar

tra.ta.dis.ta *s.2g.* indivíduo que escreve um tratado, uma obra científica

tra.ta.do *s.m.* obra que versa sobre um assunto científico, literário, jurídico

tra.ta.dor *s.m.* indivíduo responsável por alimentar animais

tra.ta.men.to *s.m.* **1** maneira educada no trato social **2** ação de saciar a fome; alimentação **3** atendimento médico; terapia

tra.tan.ta.da *s.f.* ato próprio de tratante

tra.tan.te *adj.2g.* diz-se daquele que trata de qualquer coisa de maneira ardilosa, que age como velhaco

tra.tar *v.t.* **1** trocar palavras; manter conversa **2** propor acordo **3** responsabilizar-se pelo restabelecimento da saúde de alguém

tra.tá.vel *adj.2g.* **1** diz-se do que é passível de discussão **2** diz-se daquele que é sociável, de fácil convivência

tra.to *s.m.* **1** qualidade de ter boa convivência com as pessoas; civilidade **2** relativo a alimentação **3** relativo a terapia

tra.tor *s.m.* veículo agrícola utilizado para arar a terra

tra.tó.rio *adj.* relativo a tração

trau.ma *s.m.* **1** úlcera provocada por perturbação ao tecido de um órgão; ferimento **2** mal súbito de caráter emocional proveniente de experiência desagradável

trau.má.ti.co *adj.* relativo a trauma

trau.ma.tis.mo *s.m.* resultado de lesões provocadas por fortes pancadas

trau.ma.ti.zar *v.t.* **1** lesionar um músculo ou órgão violentamente; provocar ferimento **2** *fig.* estimular fortes emoções desagradáveis

traumatologia

trau.ma.to.lo.gi.a *s.f.* MED parte da medicina que estuda lesões provocadas por traumatismos

trau.te.ar *v.t.* **1** cantar baixo, para si mesmo; cantarolar **2** *pop.* causar tédio; aborrecer

tra.va *s.f.* material de madeira ou ferro utilizado para fechar; trinco, ferrolho

tra.van.ca *s.f.* ação de impedir a passagem ou de dificultar a realização de algo ou alguma coisa

tra.vão *s.m.* **1** trava em que se amarram as cavalgaduras **2** artefato que é preso à cabeça e ao focinho da cavalgadura e que serve para guiá-la; freio

tra.var *v.t.* colocar travas para impedir o movimento de rodas e mecanismos; aferrolhar

tra.ve *s.f.* **1** m.q. trava **2** pedaço de madeira ou concreto utilizado para sustentar o assoalho, o forro de uma casa, de um muro etc.

tra.ve.ja.men.to *s.m.* ato ou efeito de dispor traves, vigas, ripas, barrotes nas construções

tra.ve.jar *v.t.* pôr traves em uma construção

tra.vés *s.m.* direção oblíqua; obliquidade, soslaio, viés

tra.ves.sa *s.f.* **1** peça de madeira ou concreto que, disposta horizontalmente, serve para ligar portas e janelas ao telhado **2** ESPORT barra de ferro superior apoiada nas traves do gol **3** prato largo e oval em que se serve a comida **4** arco usado para ornar a cabeça da mulher

tra.ves.são *s.m.* **1** grande viga de metal ou madeira colocada para sustentar pisos ou telhados **2** ESPORT a barra superior do gol **3** sinal gráfico que indica fala em discursos escritos

tra.ves.sei.ro *s.m.* peça de pano recheada que serve para apoiar a cabeça durante o sono

tra.ves.si.a *s.f.* ato ou efeito de se deslocar de um lado para outro

tra.ves.so *adj.* **1** diz-se do que se apresenta de forma oblíqua, transversal **2** *fig.* diz-se de quem faz peraltices; moleque

tra.ves.su.ra *s.f.* molecagem, traquinagem, brincadeira

tra.ves.ti *s.m.* homossexual que se veste e age como alguém do sexo oposto

tra.ves.tir *v.t.* trajar(-se) de modo a aparentar ser do sexo oposto

tra.ves.tis.mo *s.m.* ato ou efeito de travestir(-se)

tra.vo *s.m.* **1** sabor desagradável, amargo **2** *fig.* sentimento de mágoa

tra.vor *s.m.* sabor amargo e adstringente de qualquer alimento ou bebida; travo, amargor

tra.zer *v.t.* ser condutor de; transportar; carregar

tre.cen.té.si.mo *num.* ordinal que corresponde ao número trezentos

tre.cho *s.m.* **1** parte de tempo ou espaço **2** parte de uma obra literária; citação

tre.co *s.m.* **1** objeto que não se sabe definir ou que não se quer nomear **2** mal-estar, indisposição

trê.fe.go *adj.* esperto, sagaz, astuto

tré.gua *s.f.* **1** cessação temporária de hostilidades; intervalo entre combate **2** alívio do sofrimento

trei.na.dor *adj.* diz-se daquele que comanda uma equipe de treinamento; diretor de esporte

trei.na.men.to *s.m.* **1** promoção de atividades físicas para melhor mobilidade do indivíduo; prática de exercícios físicos **2** adestramento

trei.nar *v.t.* **1** praticar exercícios físicos **2** capacitar alguém para o exercício de alguma atividade

trei.no *s.m.* ato ou efeito de treinar; treinamento

tre.jei.to *s.m.* **1** gesto peculiar, voluntário ou não, por vezes exagerado e afetado **2** tique nervoso

tre.ju.rar *v.t.* fazer juras insistentemente

tre.la *s.f.* **1** tira de couro com que se prende um animal **2** *pop.* conversa fiada; tagarelice

tre.ler *v.i.* conversar de maneira despretensiosa e amigável

trem *s.m.* veículo ferroviário composto por vagões de transporte de passageiros ou de carga

tre.ma *s.m.* GRAM sinal gráfico, em desuso na língua portuguesa, que serve para indicar a pronúncia da letra *u* em ditongos

tre.me.dal *s.m.* área lamacenta; charco, paul, brejo

tre.me.dei.ra *s.f.* **1** acesso de frio ou de febre **2** agitação do corpo; tremor

tre.me.dor *adj.* diz-se do que treme

tre.me.li.car *v.i.* agitar o corpo por sensação de frio ou por febre

tre.me.li.que *s.m.* ato ou efeito de tremelicar, de estremecer

tre.me.lu.zen.te *adj.2g.* diz-se do que tremeluz

tre.me.lu.zir *v.i.* iluminar com luz trêmula

tre.men.do *adj.* diz-se do que é anormal, que causa espanto, horror; surpreendente

tre.men.te *adj.2g.* **1** que treme; tremedor **2** que tremeluz, que cintila

tre.mer *v.i.* **1** produzir movimentos convulsivos em função de febre, frio, medo ○ *v.t.* **2** fazer tremer; sacudir, abalar, oscilar

tre.me-tre.me *s.m.* ZOOL raia da família dos narcinídeos

tre.mi.do *adj.* trêmulo, vacilante, incerto

tre.mo.cei.ro *s.m.* **1** BOT m.q. tremoço **2** pessoa que comercializa tremoços

tre.mo.ço *s.m.* BOT planta da família das leguminosas, muito cultivada como adubo, forrageira ou ornamental

tre.mor *s.m.* efeito trêmulo de convulsão; agitação

trem.pe *s.f.* aro de ferro usado para apoiar panelas sobre o fogo; tripé

tre.mu.lar *v.i.* mover-se ao vento; vibrar, tremer

trê.mu.lo *adj.* **1** hesitante, vacilante, indeciso • *s.m.* **2** MÚS variação de altura musical feita por voz ou instrumento

tre.mu.ra *s.f.* m.q. tremor

tre.na *s.f.* equipamento utilizado para medição de terrenos

tre.nó *s.m.* veículo apropriado para se locomover na neve

tre.no *s.m.* lamento fúnebre; lamentação, elegia

tre.pa.da *s.f.* **1** *bras.* caminho íngreme; ladeira **2** *chul.* ato sexual; coito

tre.pa.dei.ra *s.f.* BOT planta convolvulácea ornamental que se fixa a muros ou outras plantas, árvores etc.

tre.pa.dor *adj.* diz-se daquele que se eleva acima de, que se alça

tre.pa.na.ção *s.f.* MED intervenção cirúrgica no crânio com aparelho próprio, objetivando a retirada de coágulo sanguíneo

trifólio

tre.pa.nar *v.i.* MED realizar cirurgia no crânio utilizando o trépano

tré.pa.no *s.m.* instrumento cirúrgico em forma de broca, utilizado para perfurar ossos

tre.par *v.t.* posicionar-se acima de; alçar-se; guindar-se

tre.pi.da.ção *s.f.* sacudidela da terra, do chão; estremecimento

tre.pi.dan.te *adj.2g.* diz-se do que está sendo agitado, sacudido

tre.pi.dar *v.i.* agitar levemente; estremecer

tré.pi.do *adj.* **1** diz-se do que é agitado **2** diz-se do que treme de nervoso, de medo

tré.pli.ca *s.f.* **1** ato de responder a uma réplica **2** resposta a uma réplica

tré.pli.car *v.t.* responder a uma réplica

três *num.* cardinal que corresponde a dois mais um

tre.san.dar *v.i.* **1** locomover-se para trás **2** provocar confusão; perturbar

tres.ca.lan.te *adj.2g.* diz-se do que trescala, que exala odor muito forte

tres.ca.lar *v.t.* exalar odor muito forte; emitir cheiro bom ou mau

tres.do.brar *v.t.* tornar três vezes maior; triplicar

tres.ler *v.t.* **1** fazer leitura ao contrário, do fim para o início **2** perder a prudência, o senso, por estudar demais

tres.lou.ca.do *adj.* que perdeu a razão; demente; alienado

tres.lou.car *v.t.* tornar(-se) alienado, insensato; perder o juízo

tres.ma.lha.do *adj.* **1** diz-se de quem saiu em fuga; fugitivo **2** diz-se do animal que se separou do bando

tres.ma.lhar *v.i.* **1** sair em fuga **2** separar-se do bando, do rebanho

tres.noi.ta.do *adj.* diz-se daquele que passou a noite sem dormir ou que dormiu pouco

tres.noi.tar *v.i.* **1** passar a noite sem dormir ⊃ *v.t.* **2** não deixar dormir

tres.nou.tar *v.t. v.i.* m.q. tresnoitar

tres.pas.sar *v.t.* perfurar até o outro lado; transpassar, traspassar

tres.pas.se *s.m.* **1** ato ou efeito de trespassar, perfurar **2** *fig.* óbito, falecimento

tres.va.ri.ar *v.i.* tornar-se enlouquecido; ficar fora de si; delirar

tres.va.ri.o *s.m.* insanidade mental; perturbação mental; alucinação

tre.ta *s.f.* **1** uso de malícia para conquistar algo; manha **2** ação de lograr, iludir

tre.tei.ro *adj.* tratante, enganador, trapaceiro

tre.va *s.f.* ausência de claridade; escuridão

tre.vo.so *adj.* m.q. tenebroso

tre.ze *num.* cardinal que corresponde a doze mais um

tre.ze.na *s.f.* **1** agrupamento de treze **2** RELIG série de orações que se repetem durante treze dias para obtenção de alguma graça divina

tre.zen.tos *num.* cardinal que corresponde a duzentos mais cem

trí.a.de *s.f.* **1** agrupamento de três pessoas ou unidades **2** MUS acorde de três sons

tri.a.gem *s.f.* ato de selecionar, separar; classificação

tri.an.gu.la.ção *s.f.* ato ou efeito de triangular; divisão em triângulos

tri.an.gu.lar *adj.2g.* **1** diz-se do que tem forma de triângulo • *v.t.* **2** dividir em triângulos

Tri.á.si.co *s.m.* GEOL período da Era Mesozoica, situado entre o Permiano e o Jurássico; Triássico

tri.ân.gu.lo *s.m.* **1** GEOM polígono de três lados **2** MÚS objeto de percussão em forma de triângulo tocado com hastes de metal

tri.bal *adj.2g.* **1** relativo a tribo **2** que vive em tribo

tri.bo *s.f.* **1** comunidade formada por pessoas com um fim em comum **2** conjunto de indígenas, nômades

tri.bu.la.ção *s.f.* sentimento de sofreguidão; amargura, aflição

tri.bo.me.tri.a *s.f.* FÍS parte da física aplicada que se ocupa da medida das forças de atrito

tri.bô.me.tro *s.m.* FÍS aparelho usado na medição de forças de atrito

tri.bu.na *s.f.* local acima do solo próprio para a oratória em discursos políticos, sacros etc.

tri.bu.nal *s.m.* JUR lugar em que pessoas capacitadas tratam da justiça

tri.bu.ní.cio *adj.* relativo a tribuno

tri.bu.no *s.m.* **1** orador de assembleias políticas **2** orador que defende os direitos do povo

tri.bu.ta.ção *s.f.* aplicação de tributos ou impostos

tri.bu.tar *v.t.* **1** aplicar taxas, impostos **2** *fig.* gratificar, dedicar, reconhecer

tri.bu.tá.rio *adj.* diz-se daquele que paga taxas, impostos

tri.bu.to *s.m.* **1** taxa obrigatória paga ao governo; imposto **2** *fig.* o que é dedicado a alguém pelos seus méritos

tri.ca *s.f.* coisa fútil, sem valor

tri.cen.te.ná.rio *adj.* diz-se do que tem duração de três séculos

tri.cen.té.si.mo *num.* m.q. trecentésimo

trí.ceps *adj.2n.* **1** diz-se do que é formado por três cabeças • *s.m.* **2** ANAT músculo que possui três feixes de fibras em uma de suas extremidades

tri.ci.clo *s.m.* veículo de três rodas que serve para transporte de pequenas cargas; velocípede

tri.cô *s.m.* resultado da trama de fios com duas agulhas longas

tri.co.lor *adj.* diz-se do que tem três cores

tri.co.tar *v.t.* **1** confeccionar trama de fios com duas agulhas longas **2** fazer intrigas; mexericar

tri.den.te *s.m.* **1** objeto composto por três dentes **2** MIT símbolo de Netuno

tri.den.ti.no *adj. gent.* natural ou habitante de Tridento (atual Trento)

tri.di.men.si.o.nal *adj.2g.* diz-se do que tem três dimensões

tri.e.dro *s.m.* GEOM objeto geométrico com três faces ou planos

trí.duo *s.m.* **1** período de três dias **2** RELIG celebração religiosa que dura três dias consecutivos

tri.e.nal *adj.2g.* diz-se do que dura três anos

tri.ê.nio *s.m.* período de tempo de três anos

tri.fá.si.co *adj.* diz-se de corrente elétrica que tem três fases

tri.fo.li.a.do *adj.* diz-se do que tem três folhas

tri.fó.lio *s.m.* **1** BOT vegetal de forração rasteira em forma de trevo **2** ARQUIT estrutura ornamental no formato de trevo

trifurcação

tri.fur.ca.ção *s.f.* 1 divisão em três partes 2 caminho que se abre em três vias

tri.gal *s.m.* campo semeado de trigo

tri.gê.meo *adj. s.m.* cada um dos três indivíduos que nasceram do mesmo parto

tri.gé.si.mo *num.* ordinal que corresponde ao número trinta

tri.glo.ta *adj.2g.* diz-se de quem fala três línguas; trilíngue

tri.go *s.m.* BOT vegetal herbáceo gramíneo de grande importância na alimentação do homem

tri.go.no.me.tria *s.f.* MAT ciência ligada à matemática que estuda algebricamente os elementos do triângulo

tri.guei.ro *adj.* 1 relativo a trigo 2 de cor semelhante à do trigo maduro; moreno

tri.lar *v.i.* soltar a voz (ave); gorjear, trinar

tri.la.te.ral *adj.2g.* diz-se do que apresenta três lados; trilátero

tri.lá.te.ro *adj.* m.q. trilateral

tri.lha *s.f.* 1 ato ou efeito de trilhar 2 via estreita utilizada como caminho, atalho 3 debulha de grãos

tri.lhão *num.* mil bilhões

tri.lhar *v.t.* 1 debulhar grãos com o auxílio do trilho 2 percorrer determinado caminho

tri.lho *s.m.* 1 utensílio composto por um rolo poroso que serve para debulhar grãos 2 barra de aço por onde circulam os trens

tri.li.ão *num.* m.q. trilhão

tri.lo *s.m.* m.q. trinado

tri.lo.gi.a *s.f.* 1 grupo de três obras como filmes, textos etc. que se relacionam por temática comum 2 m.q. tríade

tri.men.sal *adj.2g.* diz-se do que se apresenta de três em três meses

tri.mes.tral *adj.2g.* m.q. trimensal

tri.mes.tre *s.m.* período de três meses

tri.na.do *s.m.* 1 melodia entoada por alguns pássaros 2 MÚS toque alternado e rápido de duas notas em intervalos de um ou meio tom

tri.nar *v.i.* cantar com trinados; gorjear

trin.ca *s.f.* 1 grupo de três pessoas ou coisas 2 arranhão 3 rachadura, fenda

trin.ca.du.ra *s.f.* abertura estreita e alongada; rachadura, trincada

trin.car *v.t.* 1 serrar com os dentes 2 cortar com as mãos 3 picar em pedaços; rachar 4 MAR atar o barco fixando-o seguramente

trin.cha *s.f.* 1 ferramenta cortante utilizada por carpinteiros 2 haste de ferro com ponta estreita que serve para soltar pregos

trin.chan.te *adj.2g.* diz-se do que serve para cortar algo

trin.char *v.t.* fatiar, cortar em pedaços

trin.chei.ra *s.f.* EXÉRC buraco utilizado para proteger soldados do tiroteio inimigo

trin.co *s.m.* peça de ferro ou madeira utilizada para fechar portas, janelas etc.

trin.da.de *s.f.* 1 conjunto de três pessoas ou coisas 2 RELIG crença católica de um só Deus nas três pessoas distintas: Pai, Filho e Espírito Santo (com inicial maiúscula)

tri.ne.to *s.m.* neto em terceiro grau; filho de bisneto ou bisneta

tri.ni.tá.rio *adj.* 1 que se divide em três; trino 2 RELIG relativo a Trindade

tri.no *s.m.* 1 melodia entoada por alguns pássaros; gorjeio ▪ *adj.* 2 diz-se do que é composto de três partes 3 diz-se daquele que pertence à Ordem Hospitalar da Santíssima Trindade

tri.nô.mio *s.m.* MAT polinômio de três termos

trin.que *s.m.* luxo, apuro no vestir ■ **nos trinques** com elegância, com luxo

trin.ta *num.* cardinal que corresponde a vinte mais dez

trin.tão *adj.* diz-se de quem já passou dos trinta anos e mantém boa forma

tri.o *s.m.* 1 MÚS grupo musical composto por três pessoas 2 MÚS composição escrita para ser executada por três instrumentos

tri.pa *s.f.* intestino animal

tri.pa.nos.so.mí.a.se *s.f.* MED moléstia provocada pelo protozoário tripanossomo

tri.par.ti.ção *s.f.* ação de partir em três

tri.par.tir *v.t.* dividir, partir em três

tri.pé *s.m.* apoio de três hastes para diversos fins

tri.pe.ça *s.f.* assento de três pés

tri.pú.dio *s.m.* ação de humilhar outrem

tri.plex *s.m.* 1 tipo de vidro com duas lâminas externas e uma interna, de substância transparente e flexível 2 moradia que ocupa três andares de um prédio

tri.pli.ca.ção *s.f.* ato ou efeito de triplicar; multiplicação por três

tri.pli.car *v.t.* fazer aumentar três vezes

tri.pli.ca.ta *s.f.* terceira cópia de um documento

trí.pli.ce *num.* multiplicado por três

tri.plo *num.* que contém três vezes a mesma quantidade

tri.ploi.de *s.m.* 1 ferramenta médica utilizada para retirar fragmentos ósseos 2 BIOL organismo cujas células possuem três grupos de cromossomos em vez de dois

tríp.ti.co *s.m.* obra de pintura, desenho ou escultura que se apresenta como uma janela aberta com duas folhas e um painel por dentro

tri.pu.di.ar *v.i.* 1 bailar batendo os pés; sapatear 2 divertir-se animadamente; exultar

tri.pu.la.ção *s.f.* conjunto de pessoas embarcadas em um navio ou avião

tri.pu.lan.te *s.2g.* membro da tripulação de um navio ou avião

tri.pu.lar *v.t.* prover de pessoal uma embarcação ou uma aeronave

trir.re.me *s.f.* MAR embarcação da Antiguidade com três ordens de remos

tri.sa.nu.al *adj.2g.* diz-se do que acontece de três em três anos

tri.sa.vó *s.f.* mãe do bisavô ou da bisavó

tri.sa.vô *s.m.* pai do bisavô ou da bisavó

tris.sí.la.bo *adj.* diz-se do vocábulo que tem três sílabas

tris.te *adj.2g.* melancólico, angustiado, magoado

tris.te.za *s.f.* melancolia, amargura, angústia

tri.ti.cul.tu.ra *s.f.* cultivo, cultura de trigo

tri.ton.go *s.m.* GRAM conjunto de três vogais pronunciadas em uma só emissão de voz

tris.to.nho *adj.* que aparenta tristeza, melancolia

tri.ti.cul.tor *adj.* diz-se daquele que cultiva trigo

493   **trôpego**

tri.tu.ra.dor *adj.* **1** diz-se do que tritura • *s.m.* **2** aparelho utilizado para despedaçar, moer, triturar

tri.tu.rar *v.t.* reduzir a pequenos pedaços; espedaçar

tri.un.fa.dor *adj.* diz-se do que triunfa

tri.un.fal *adj.2g.* relativo a triunfo, vitória

tri.un.fan.te *adj.2g.* vitorioso, vencedor

tri.un.far *v.i.* vencer; conseguir glórias; ter vitória; obter êxito

tri.un.fo *s.m.* vitória, êxito

tri.un.vi.ral *adj.2g.* relativo a triúnviro

tri.un.vi.ra.to *s.m.* **1** cargo de triúnviro **2** governo de três pessoas ou triúnviros

tri.ún.vi.ro *s.m.* na Roma antiga, cada um dos magistrados que formavam um triunvirato

tri.va.lên.cia *s.f.* QUÍM característica daquilo que é dotado de três valências

tri.va.len.te *adj.2g.* QUÍM diz-se do que possui três valências

tri.vi.al *adj.2g.* corriqueiro, vulgar; conhecido de todos

tri.vi.a.li.zar *v.t.* tornar trivial, comum, corriqueiro; banalizar

triz *s.m.* pequena parcela de tempo ou espaço; quase nada ∎ **por um triz** por pouco

tro.a.da *s.f.* ou ou efeito de troar

tro.an.te *adj.2g.* trovejante; barulhento

tro.ar *v.i.* fazer trovejar; ressoar fortemente

tro.ça *s.f.* aquilo que se faz de maneira brincalhona, na farra

tro.ca *s.f.* **1** ação de trocar uma coisa por outra **2** ação de dar o equivalente; substituição

tro.ca.di.lho *s.m.* jogo de palavras semelhantes no som, objetivando provocar um sentido equivocado

tro.ça.do *adj.* ridicularizado, vaiado, caçoado

tro.ca.dor *s.m.* **1** indivíduo responsável por cobrar a passagem de transporte urbano; cobrador **2** indivíduo encarregado de fazer substituições

tro.car *v.t.* **1** fazer o câmbio **2** substituir uma coisa por outra **3** mudar de posição **4** alterar a ordem provocando confusão

tro.çar *v.t.* fazer pouco caso de algo ou alguém; zombar, vaiar

tro.cis.ta *adj.2g.* diz-se daquele que gosta de fazer troças, que caçoa

tro.co *s.m.* **1** soma de dinheiro entregue pelo vendedor ao comprador, como diferença entre o preço de algo e o valor da moeda dada em pagamento **2** *fig.* vingança, desforra

tro.ço *s.m.* **1** qualquer coisa de valor mínimo **2** negócio, coisa

tro.féu *s.m.* **1** conjunto dos despojos tomados do inimigo derrotado **2** ESPORT objeto que representa a conquista de uma competição esportiva

tró.fi.co *adj.* relativo a nutrição

tro.glo.di.ta *s.2g.* **1** indivíduo dos trogloditas, povos da África que habitavam em cavernas • *adj.2g.* **2** *fig.* diz-se daquele que apresenta atitudes rudes, agressivas

troi.a.no *adj. gent.* natural ou habitante de Troia, antiga cidade da Frígia

tro.le *s.m.* **1** veículo de duas rodas que desliza sobre os trilhos de ferrovia e que é movido a força humana **2** utilitário movido por alavanca, usado nas estradas de ferro

tro.lha *s.f.* **1** utensílio em forma de pá utilizado pelo pedreiro para trabalhar a massa; colher de pedreiro **2** operário que aprende o ofício de pedreiro

tró-ló-ló *s.m.* conversa sem fundamento e cansativa; lero-lero

trom *s.m.* **1** onomatopeia do som produzido pelo canhão **2** *por ext.* grande ruído **3** espécie de arma medieval utilizada para atirar pedras; catapulta

trom.ba *s.f.* **1** ZOOL órgão sugador de certos animais, utilizado na alimentação **2** MÚS antigo instrumento musical

trom.ba.da *s.f.* **1** choque violento entre dois corpos **2** pancada com o focinho

trom.bar *v.t.* provocar o choque entre dois corpos

trom.be.ta *s.f.* **1** MÚS instrumento musical comprido e afunilado que produz som forte **2** BOT planta ornamental cujas flores campanuláceas lembram esse instrumento musical; lírio

trom.be.te.ar *v.t.* **1** fazer soar a trombeta **2** *fig.* espalhar notícia; alardear

trom.be.tei.ro *adj.* **1** diz-se de quem toca trombeta **2** fabricante de trombeta

trom.bi.car *v.i. pop.* manter relações sexuais; copular

trom.bo *s.m.* MED coágulo em uma das cavidades do coração que impede a circulação sanguínea

trom.bo.ne *s.m.* MÚS instrumento musical de sopro dotado de varas e pistões

trom.bo.nis.ta *adj.2g.* MÚS diz-se daquele que toca trombone

trom.bo.se *s.f.* MED formação e desenvolvimento de um trombo

trom.bu.do *adj.* **1** diz-se do que tem tromba **2** *fig.* mal-humorado; zangado

trom.pa *s.f.* MÚS instrumento musical de sopro da família do trombone

trom.pa.ço *s.m.* choque, encontrão

trom.pis.ta *adj.2g.* MÚS diz-se daquele que toca trompa

tron.char *v.t.* cortar rente, cerce

tron.cho *adj.* **1** diz-se do que teve um membro ou ramo cortado **2** inclinado para um lado • *s.m.* **3** talo de couve

tron.chu.do *adj.* diz-se de uma espécie de couve que tem talos grossos

tron.co *s.m.* **1** ANAT parte do corpo humano que vai da bacia até o pescoço **2** BOT parte das plantas compreendida entre a raiz e a rama **3** HIST pedaço de madeira onde se amarravam os escravos para castigá-los **4** *fig.* a origem de uma família, o primeiro ascendente

tron.cu.do *adj.* corpulento, forte, robusto

tro.no *s.m.* **1** móvel utilizado como assento em cerimônias solenes **2** *fig.* o poder do soberano

tro.pa *s.f.* **1** batalhão que presta serviço militar **2** caravana de animais de carga

tro.pe.ção *s.m.* **1** ato de tropeçar **2** *fig.* equívoco, erro

tro.pe.çar *v.t.* **1** dar topada com o pé em algum obstáculo **2** *fig.* errar, não acertar **3** *fig.* hesitar na realização de alguma atividade

tro.pe.ço *s.m.* dificuldade, obstáculo

trô.pe.go *adj.* diz-se daquele que apresenta dificuldade de locomoção, deslocamento

tropel

tro.pel *s.m.* **1** ruído provocado pelo tumulto de pessoas ou animais **2** *fig.* grande quantidade de pessoas ou animais em disparada

tro.pi.cal *adj.2g.* **1** relativo aos trópicos; que se encontra entre trópicos **2** diz-se de região que pertence à zona terrestre localizada entre os trópicos, de clima quente, úmido e chuvoso

tro.pi.cão *s.m.* ato de bater com os dedos ou a ponta dos pés em algum obstáculo

tro.pi.car *v.i.* tropeçar várias vezes

tró.pi.co *s.m.* **1** GEOG cada um dos paralelos geográficos que limitam as regiões do globo em que o Sol passa pelo zênite duas vezes ao ano **2** a região delimitada por esses dois paralelos

tro.pi.lha *s.f.* pequena tropa

tro.pis.mo *s.m.* BIOL reação de um organismo fixo ou de suas partes a um estímulo externo

tro.po *s.m.* GRAM utilização de uma metáfora; uso de figura de linguagem

tro.pos.fe.ra *s.f.* camada atmosférica em contato com a Terra

tro.ta.dor *adj.* diz-se de cavalo que trota

tro.tar *v.i.* caminhar a trote

tro.te *s.m.* **1** maneira de andar de equídeos, entre o passo e o galope **2** *bras.* ritual imposto aos calouros ingressos em uma instituição **3** *bras.* chacota, troça

tro.te.ar *v.i.* m.q. trotar

trou.xa *s.f.* **1** fardo de roupa **2** CUL quitute doce feito de ovos batidos e enrolado em forma de rocambole • *adj.* **3** *pejor.* diz-se da pessoa que se deixa enganar facilmente

tro.va *s.f.* LITER composição poética de tom menos formal

tro.va.dor *s.m.* LITER poeta medieval

tro.va.do.res.co *adj.* relativo aos trovadores medievais e à sua poesia

tro.vão *s.m.* barulho forte proveniente de descarga elétrica na atmosfera

tro.var *v.i.* LITER criar cantigas; exprimir-se por rimas

tro.ve.ja.dor *adj.* que troveja, ressoa; trovejante

tro.ve.jan.te *adj.2g.* **1** diz-se do que troveja **2** diz-se do som forte, estrondoso

tro.ve.jar *v.i.* **1** fazer trovoar **2** *fig.* expressar-se com voz altiva; impor-se aos gritos

tro.vo.a.da *s.f.* **1** tempestade com trovões **2** *por ext.* grande estrondo

tro.vo.ar *v.i.* m.q. trovejar

tru.a.nes.co *adj.* **1** relativo a truão **2** próprio de truão **3** diz-se daquele que faz palhaçadas

tru.a.ni.ce *s.f.* ação própria de truão; palhaçada

tru.ão *s.m.* pessoa que devia divertir os reis, fazendo-os rir; bobo da corte

tru.ca.gem *s.f.* conjunto de artifícios utilizados para criar uma ilusão de cena; efeito especial

tru.car *v.i.* enganar com falsas palavras

tru.ci.dar *v.t.* aniquilar violentamente; massacrar

tru.co *s.m.* jogo de baralho de origem portuguesa

tru.cu.lên.cia *s.f.* qualidade do que é truculento, violento, brutal

tru.cu.len.to *adj.* violento, cruel, feroz

tru.fa *s.f.* **1** BOT tubérculo subterrâneo utilizado como condimento; cogumelo **2** CUL iguaria de chocolate polvilhada com cacau em pó

tru.fei.ra *s.f.* terreno onde há trufas

tru.fei.ro *adj.* **1** relativo a trufa **2** diz-se de quem apanha trufas

tru.ís.mo *s.m.* redundância, obviedade

trun.ca.do *adj.* mutilado, dividido, decepado

trun.car *v.t.* separar em partes; cortar aos pedaços; mutilar, amputar

trun.fa *s.f.* **1** penteado no alto da cabeça; topete **2** tira de pano que se enrola na cabeça; turbante **3** pequeno chapéu de senhoras

trun.fo *s.m.* **1** naipe de valor maior que derruba outros em um jogo de baralho **2** *fig.* pessoa influente na política

tru.que *s.m.* **1** m.q. truco **2** maneira de trapacear outrem **3** mecanismo usado para mover cenários **4** mágica

trus.te *s.m.* contrato comercial ou industrial objetivando o monopólio de mercadorias

tru.ta *s.f.* **1** ZOOL peixe de água doce da família dos salmonídeos **2** *bras.* maneira ilícita de negociar

truz *s.m.* **1** golpe, pancada • *interj.* **2** reproduz o ruído de queda

tsé-tsé *s.2g.* ZOOL inseto de origem africana que transmite a doença do sono

tu *pron.* pronome pessoal da segunda pessoa do singular que indica a pessoa com quem se fala

tu.a *pron.* pronome possessivo feminino da segunda pessoa do singular

tu.ba *s.f.* **1** MÚS instrumento musical de som baixo **2** estilo de canto épico

tu.ba.gem *s.f.* **1** conjunto de canos próprios para a condução de água em uma edificação; tubulação **2** MED ação de entubar um paciente com o propósito de facilitar sua respiração; entubação

tu.ba.rão *s.m.* ZOOL peixe marinho cartilaginoso da classe dos elasmobrânquios, carnívoro e de corpo fusiforme

tu.ber.cu.la.do *adj.* BOT diz-se do que tem tubérculos

tu.bér.cu.lo *s.m.* **1** MED lesão pequena característica dos pulmões, mas que também pode ocorrer em outras partes do corpo **2** BOT excrescência de certas plantas subterrâneas, como as raízes comestíveis

tu.ber.cu.lo.se *s.f.* MED doença infectocontagiosa causada pelo bacilo de Koch que pode ocorrer no ser humano ou em outros animais

tu.ber.cu.lo.so *adj.* **1** BOT relativo a tubérculo; tubercular **2** MED diz-se de quem sofre de tuberculose

tu.be.ri.for.me *adj.2g.* diz-se do que se assemelha ao tubérculo

tu.be.ro.si.da.de *s.f.* saliência em forma de tubérculo

tu.be.ro.so *adj.* BOT que tem tubérculos; tuberculado, tuberculoso

tu.bi.for.me *adj.2g.* m.q. tubulado

tu.bo *s.m.* objeto cilíndrico reto ou curvo próprio para a condução de fios ou líquidos, usado na construção civil ou industrial

tu.bu.la.ção *s.f.* conjunto dos tubos de uma construção

tu.bu.la.do *adj.* em forma de tubo; tubiforme

tu.bu.lar *adj.2g.* relativo a tubo

tu.ca.no *s.m.* ZOOL ave nativa do Brasil cujo bico é muito resistente

turuna

tu.cum *s.m.* BOT palmeira revestida de espinhos e com folhas das quais se extraem fibras usadas para a pesca, por sua resistência

tu.cu.mã *s.f.* BOT palmeira nativa do Brasil de espinhos negros e frutos amarelos

tu.cu.pi *s.m.* CUL molho preparado com água de goma e pimenta

tu.cu.pi.po.ra *s.f.* CUL preparado alimentício que fica imerso no tucupi

tu.do *pron.* 1 o total de entidades 2 o que é importante, essencial, vital

tu.do-na.da *s.m.* quantidade insignificante; quase nada; bagatela

tu.fa *s.f. pop.* valentão, brigão

tu.fa.do *adj.* estufado, inchado

tu.fão *s.m.* GEOG vento que se move em velocidade muito alta; ciclone

tu.far *v.t.* 1 dar volume; estufar ○ *v.i.* 2 *fig.* ficar de mau humor ○ *v.pron.* 3 *fig.* sentir-se orgulhoso; encher-se de vaidade

tu.fo *s.m.* 1 penacho, moita, cacho 2 qualquer coisa arredondada e protuberante; saliência 3 GEOL pedra calcária porosa

tu.fo.so *adj.* intumescido, inchado

tu.gi.do *s.m.* ação de tugir

tu.gir *v.i.* sussurrar, resmungar

tu.gú.rio *s.m.* m.q. choupana

tu.im *s.m.* ZOOL pássaro nativo do Brasil; periquito

tu.le *s.m.* tecido muito leve e transparente

tu.lha *s.f.* 1 m.q. celeiro 2 estrutura usada para espremer azeitona

tu.li.pa *s.f.* BOT flor nativa da Ásia, muito apreciada para o comércio

tum.ba *s.f.* m.q. túmulo

tu.me.fa.ção *s.f.* 1 ação de tumefazer-se 2 MED inchaço de algum tecido do corpo

tu.me.fa.to *adj.* 1 diz-se do que se tumefez; inchado 2 *fig.* orgulhoso, vaidoso

tu.me.fa.zer /ê/ *v.t. v.pron.* 1 causar tumefação; tornar-se tumefato; inchar(-se) 2 *fig.* ter orgulho, vaidade

tú.mi.do *adj.* m.q. tumefato

tu.mor /ô/ *s.m.* MED crescimento anormal e mórbido de tecido

tu.mu.lar *adj.2g.* 1 relativo a túmulo; sepulcral • *v.t.* 2 pôr em túmulo; sepultar, enterrar

tú.mu.lo *s.m.* lugar onde se enterra um cadáver; sepulcro, cova, tumba

tu.mul.to *s.m.* 1 desordem, confusão 2 *fig.* estado emocional perturbador; desassossego

tu.mul.tu.ar *v.t.* provocar tumulto; agitar

tu.mul.tu.á.rio *adj.* diz-se do que provoca tumulto

tu.mul.tu.o.so /ô/ *adj.* agitado, tumultuado

tun.da *interj.* 1 usado para afugentar alguém ou alguma coisa; sape, arreda • *s.f.* 2 sova, surra 3 crítica severa; censura

tun.dra *s.f.* GEOG flora característica da região ártica e subártica, de vegetação baixa e herbácea

tú.nel *s.m.* via subterrânea

tun.gar *v.t.* 1 bater, surrar, golpear 2 enganar, iludir, trapacear 3 ser teimoso, obstinado, determinado

tungs.tê.nio *s.m.* QUÍM elemento da tabela periódica (W)

tu.ni.ca *s.f.* veste comprida semelhante a uma camisola

tu.ni.si.a.no *adj. gent.* natural ou habitante da Tunísia

Tu.pá *s.m.* MIT deus do trovão para os índios; Tupã

Tu.pã *s.m.* m.q. Tupá

tu.pi *s.2g.* 1 indivíduo pertencente a qualquer tribo dos tupis, grupos indígenas cujas línguas fazem parte do tronco tupi ○ *s.m.* 2 tronco linguístico de populações indígenas

tu.pi.nam.bá *s.2g.* 1 indivíduo pertencente aos tupinambás, grupo indígena que habitava o Norte do Brasil ○ *s.m.* 2 língua falada pelos tupinambás

tu.pi.ni.quim *s.2g.* indivíduo pertencente aos tupiniquins, grupo indígena do Brasil

tur.ba *s.f.* aglomeração de pessoas; povo, multidão

tur.ba.ção *s.f.* ato ou efeito de turbar(-se)

tur.ban.te *s.m.* tira de pano usada por orientais para enfeitar a cabeça

tur.bar *v.t.* sofrer ou provocar perturbação, desequilíbrio

túr.bi.do *adj.* 1 turvo, escuro 2 que traz perturbação, que inquieta

tur.bi.lhão *s.m.* rodamoinho de massa de ar

tur.bi.lho.nar *v.t. v.i.* formar, produzir turbilhão

tur.bi.na *s.f.* roda hidráulica de eixo vertical que produz energia mecânica

tur.bi.na.gem *s.f.* ação de turbinar

tur.bo *adj.* diz-se do motor com turbocompressor

tur.bu.lên.cia *s.f.* 1 inquietação, perturbação 2 agitação do ar atmosférico ou da água

tur.bu.len.to *adj.* 1 que não sossega; alvoroçado 2 que se agita

tur.co *adj. gent.* 1 natural ou habitante da Turquia • *s.m.* 2 língua falada nesse país

tur.fa *s.f.* 1 ECOL massa de tecido vegetal usada como fertilizante 2 carvão de pedra; hulha

tur.fe *s.m.* 1 ESPORT lugar onde se pratica hipismo; hipódromo 2 corrida de cavalos; hipismo

tur.fis.ta *adj.2g.* diz-se do apostador de corridas de cavalos

tur.gi.dez /ê/ *s.f.* qualidade de túrgido

túr.gi.do *adj.* inchado, inflado, dilatado

tu.rí.bu.lo *s.m.* recipiente de metal ou prata suspendido por correntes, usado para queimar incenso em celebrações religiosas; incensório

tu.ri.fe.rá.rio *adj.* RELIG diz-se do encarregado do turíbulo nas cerimônias religiosas

tu.ris.mo *s.m.* viagem programada para fins de lazer e cultura

tu.ris.ta *adj.2g.* pessoa que faz turismo; viajante

tu.rís.ti.co *adj.* relativo a turismo

tur.ma *s.f.* grupo de pessoas; equipe

tur.ma.li.na *s.f.* tipo de pedra preciosa comum no Brasil

tur.nê *s.f.* roteiro, viagem; excursão artística

tur.no *s.m.* momento de revezamento; vez, período

tur.que.sa /ê/ *s.f.* tipo de pedra semipreciosa muito comercializada

tur.ra *s.f.* 1 desentendimento, divergência 2 teimosia, obstinação

tur.rar *v.i.* discutir por uma ideia; teimar

tur.rão *adj.* diz-se do teimoso, obstinado

tur.tu.ri.no *s.m.* som produzido pelas pombas; arrulho

tu.ru.na *adj.2g.* valente, destemido

turvação

tur.va.ção *s.f.* **1** ato ou efeito de turvar **2** condição de quem sofreu algum distúrbio, alguma perturbação

tur.var *v.t.* **1** nublar, escurecer **2** tornar opaco, turvo

tur.vo *adj.* **1** escuro, nublado, oculto **2** *fig.* confuso, perturbado

tus.sor /ô/ *s.m.* tipo de tecido leve de seda, de origem indiana

tu.ta.mei.a /éi/ *s.f.* preço muito baixo; bagatela; tuta e meia

tu.ta.no *s.m.* **1** parte medular dos ossos **2** *fig.* parte essencial; cerne, âmago

tu.te.ar *v.t. v.pron.* tratar(-se) por *tu*

tu.te.la /é/ *s.f.* **1** ação de proteger, defender, lutar por **2** JUR concessão da autoridade dos pais a outrem

tu.te.lar *v.t.* **1** cuidar de um menor; ter poderes para educar um menor • *adj.2.g* **2** diz-se de quem tem a guarda de um menor; protetor, responsável

tu.tor /ô/ *s.m.* **1** responsável; protetor; defensor **2** JUR indivíduo que exerce a tutela de um menor

tu.to.ri.a *s.f.* **1** função de tutor **2** ação do tutor

tu.tu *s.m.* **1** CUL preparado feito com feijão cozido **2** *pop.* capital, dinheiro, grana

tu.xau.a *s.m.* líder de comunidade indígena; morubixaba

tzar *s.m.* HIST título do imperador da Rússia; czar

tza.ri.na *s.f.* **1** título da imperatriz da Rússia; tsarina **2** esposa do tzar

tza.ris.mo *s.m.* HIST sistema governamental liderado por tzares

tza.ris.ta *adj.2g.* relativo a tzarismo; tsarista

tzi.ga.no *adj. s.m.* diz-se do cigano que toca as músicas do seu povo

Uu

u *s.m.* **1** GRAM vigésima primeira letra e quinta vogal do alfabeto português **2** vigésimo primeiro elemento de uma série

U QUÍM elemento urânio da tabela periódica

uai *interj.* regionalismo usado para expressar surpresa

u.a.pé *s.m.* BOT designação comum a diversas plantas aquáticas flutuantes, geralmente cultivadas como ornamentais; aguapé

u.bá *s.f.* **1** arma indígena; seta, flecha **2** barco pequeno; canoa, piroga

u.ber.da.de *s.f.* **1** qualidade do que é fértil **2** abundância, fartura

ú.be.re *adj.2g.* **1** diz-se do que é fecundo, fértil, farto, cheio, opulento • *s.m.* **2** ZOOL mama de vacas, ovelhas, cabras etc.; teta, ubre

u.bér.ri.mo *adj.* extremamente úbere, fértil

u.bi.qui.da.de *s.f.* **1** RELIG faculdade divina de estar em todos os lugares ao mesmo tempo **2** qualidade do que existe em todos os lugares

u.bí.quo *adj.* diz-se do que está ou existe ao mesmo tempo em todos os lugares

u.bre *s.f.* m.q. úbere

u.ca *s.f. pop.* bebida extraída da cana; cachaça

u.çá *s.m.* ZOOL crustáceo de manguezais; caranguejo

u.cha.ri.a *s.f.* local para armazenamento de gêneros alimentícios

u.cra.ni.a.no *adj. gent.* natural ou habitante da Ucrânia

ué *interj.* m.q. uai

u.fa.no *adj.* diz-se daquele que se envaidece, que se jacta de suas conquistas

ui *interj.* exprime dor, surpresa, susto

ui.a.ra *s.f.* MIT ser folclórico que enfeitiça os homens com seu canto e olhar

ui.ra.pu.ru *s.m.* ZOOL ave nativa do Brasil

u.ís.que *s.m.* destilado com grande teor de fermentação

ui.var *v.t.* **1** dar uivos **2** produzir ruído parecido com o uivo de animal

ui.vo *s.m.* som próprio dos animais da família canídea

úl.ce.ra *s.f.* lesão inflamatória da mucosa ou da pele

ul.ce.rar *v.t.* causar úlcera; cobrir-se de úlceras

ul.ce.ro.so *adj.* diz-se de quem é portador de úlcera(s)

u.le.má *s.m.* conhecedor das leis e da religião, entre os muçulmanos

u.li.te *s.f.* MED lesão da gengiva

ul.na *s.f.* ANAT formação óssea da parte interna do antebraço; cúbito

ul.te.ri.or *adj.* diz-se do que chega ou acontece depois; posterior

ul.ti.ma.ção *s.f.* conclusão de uma tarefa

úl.ti.mas *s.f.pl.* condição daquele que se encontra prestes a morrer ou no ponto extremo da miséria

ul.ti.ma.to *s.m.* proposta final para satisfação de certas exigências

ul.ti.mar *v.t.* concluir, terminar, finalizar

ul.ti.ma.tum *s.m.* m.q. ultimato

úl.ti.mo *adj.* que está depois de todos os demais; ulterior; extremo, final

ul.tra.jar *v.t.* proferir injúrias contra alguém

ul.tra.mar *s.m.* diz-se da região que está além do mar

ul.tra.ma.ri.no *adj.* **1** situado no ultramar **2** pertencente ao ultramar

ul.tra.mi.cros.có.pio *s.m.* aparelho científico de iluminação lateral com grande capacidade de ampliação

ul.tra.pas.sa.gem *s.f.* movimento de passar à frente de outro

ul.tra.pas.sar *v.t.* **1** ir além de um limite; exceder **2** passar além de; transpor

ul.tras.som *s.m.* FÍS vibração sonora que se encontra fora da frequência comum e que é inaudível pelo sistema auditivo humano

ul.tras.sô.ni.co *adj.* diz-se do que ultrapassa a barreira do som

ul.tra.vi.o.le.ta *s.2g.* FÍS radiação eletromagnética imperceptível

u.lu.lan.te *adj.2g.* **1** que ulula, uiva **2** *pop.* que é óbvio, evidente

u.lu.lar *v.i.* m.q. uivar

u.lu.lo *s.m.* **1** ato ou efeito de ulular **2** m.q. uivo

um *num.* representação da unidade

u.ma *num.* feminino de um

um.ban.da *s.f.* RELIG crença originária da cultura afro-brasileira

um.ba.ú.ba *s.f.* BOT vegetal do cerrado, de tronco reto e oco

um.be.la *s.f.* **1** m.q. guarda-chuva **2** BOT órgão de alguns tipos de moluscos

um.bi.ga.da *s.f.* **1** diz-se do encontro de umbigo com umbigo **2** *bras.* tipo de dança folclórica em que o participante dá uma umbigada naquele que escolhe para entrar no meio da roda, assumindo seu lugar

um.bi.go *s.m.* depressão cicatrizada na pele em decorrência do corte do cordão umbilical

um.bi.li.cal *adj.2g.* relativo ao umbigo

um.bral *s.m.* madeira de sustentação de portas e janelas

umbrela

um.bre.la *s.f.* m.q. guarda-chuva
um.bro.so *adj.* **1** diz-se do que produz sombra **2** sombrio, escuro
um.bu *s.m.* BOT m.q. imbu
um.bu.zei.ro *s.m.* BOT m.q. imbuzeiro
u.mec.tan.te *adj.2g.* diz-se do que umedece
u.mec.tar *v.t. v.pron.* embeber levemente em líquido; umedecer
u.me.de.cer *v.t.* embeber levemente em líquido
ú.me.ro *s.m.* ANAT osso do braço
u.mi.da.de *s.f.* característica do que se apresenta úmido
ú.mi.do *adj.* diz-se do que contém líquido, do que está levemente molhado
u.nâ.ni.me *adj.2g.* diz-se do que exprime acordo comum
u.na.ni.mi.da.de *s.f.* conformidade de opiniões
un.ção *s.f.* RELIG cerimônia religiosa com a intenção de ungir com óleo sagrado
un.dé.ci.mo *num.* a décima primeira parte de uma divisão
un.dé.cu.plo *num.* que contém onze vezes a mesma quantidade
un.dí.co.la *adj.2g.* ZOOL diz-se de animal que vive na água
un.dí.fe.ro *adj.* diz-se do que tem ondas; undoso
un.dí.va.go *adj.* que flutua sobre as ondas
un.do.so *adj.* **1** diz-se do que forma ondas **2** diz-se do que tem ondas
un.gir *v.t.* aplicar substância oleosa em
un.gue.al *adj.2g.* **1** relativo a unha **2** que tem forma de unha
un.guen.to *s.m.* medicamento pastoso com essências que se espalha pelo corpo
un.gui.cu.la.do *adj.* **1** diz-se do que tem forma de unha **2** diz-se do animal que possui unhas
un.guí.fe.ro *adj.* que tem unhas
un.gui.for.me *adj.2g.* que tem forma de unha; unguiculado
ún.gu.la *s.f.* **1** m.q. unha **2** membrana interna do olho
u.nha *s.f.* ANAT lâmina formada de queratina; úngula
u.nha.ca *s.2g.* indivíduo avarento, sovina
u.nha.ço *s.m.* m.q. unhada
u.nha.da *s.f.* ferimento feito com unha; unhaço
u.nhar *v.t.* ferir com unha
u.nhei.ro *s.m.* lesão na raiz das unhas
u.ni.ão *s.f.* **1** ato ou efeito de unir **2** ajuste, harmonização entre duas pessoas; aliança
u.ni.ca.me.ral *adj.2g.* diz-se do sistema político representado por uma única câmara legislativa
u.ni.ce.lu.lar *adj.2g.* BIOL característica do ser dotado de uma única célula
u.ni.ci.da.de *s.f.* característica do que é uno
ú.ni.co *adj.* diz-se daquele que não tem igual
u.ni.co.lor *adj.2g.* característica do que tem uma única cor
u.ni.cór.nio *s.m.* **1** ZOOL rinoceronte dotado de único chifre, nativo da Índia **2** MIT ser mitológico que simboliza superioridade física e pureza, cuja imagem é representada por um cavalo com um chifre na testa
u.ni.da.de *s.f.* **1** o número um **2** condição de ser uno, de não poder ser dividido **3** ato de unificar **4** concordância, igualdade, homogeneidade **5** aliança, coesão, união
u.ni.do *adj.* **1** diz-se do que se uniu **2** diz-se do que não apresenta interrupções entre suas partes

u.ni.fa.mi.li.ar *adj.2g.* relativo a uma única família
u.ni.fi.ca.ção *s.f.* ação de unificar
u.ni.fi.car *v.t.* fazer com que se torne uma unidade
u.ni.fi.ca.dor *adj.* diz-se do que unifica
u.ni.flo.ro *adj.* BOT que tem uma só flor
u.ni.for.me *adj.2g.* **1** diz-se do que não varia na sua aparência • *s.m.* **2** roupa padronizada usada por pessoas de uma mesma categoria
u.ni.for.mi.da.de *s.f.* característica do que é regular, semelhante, uniforme
u.ni.for.mi.za.ção *s.f.* ato ou efeito de uniformizar
u.ni.for.mi.zar *v.t.* **1** fazer com que se torne semelhante **2** usar vestuário padronizado
u.ni.gê.ni.to *adj.* diz-se daquele que é o único gerado pelos mesmos pais
u.ni.la.te.ral *adj.2g.* **1** diz-se do que tem um só lado **2** diz-se do irmão só por parte de pai ou de mãe **3** diz-se de acordos em que apenas uma das partes assume as responsabilidades
u.ni.li.ne.ar *adj.2g.* **1** diz-se do que tem uma só linha **2** diz-se do que leva em conta apenas um dos pais
u.ni.lín.gue *adj.2g.* expresso ou escrito em uma só língua; monolíngue
u.ni.lo.ba.do *adj.* diz-se do que tem um só lobo
u.ni.pes.so.al *adj.2g.* **1** relativo a uma só pessoa **2** GRAM diz-se do verbo que é conjugado apenas na terceira pessoa, do singular ou do plural
u.ni.po.lar *adj.2g.* diz-se do que apresenta somente um polo
u.nir *v.t.* aproximar, juntar, unificar
u.nir.re.me *adj.2g.* **1** diz-se do que tem um só remo • *s.m.* **2** ZOOL espécime dos unirremes, subfilo que reúne as classes dos diplópodes, quilópodes e insetos
u.nis.se.xu.a.do *adj.* BIOL diz-se daquele que apresenta um único sexo
u.nis.se.xu.al *adj.2g.* m.q. unissexuado
u.nis.so.nân.cia *s.f.* **1** qualidade de uníssono **2** *fig.* harmonia de pensamento **3** *por ext.* falta de variedade, de diversidade; monotonia
u.nís.so.no *adj.* diz-se do que tem o mesmo som
u.ni.tá.rio *adj.* **1** relativo à unidade **2** diz-se daquele que defende o unitarismo
u.ni.ta.ris.mo *s.m.* ramo político embasado na centralização do poder
u.ni.ti.vo *adj.* diz-se do que tem a propriedade de unir
u.ni.va.len.te *adj.2g.* QUÍM diz-se do que tem apenas uma valência
u.ni.val.ve *adj.2g.* ZOOL diz-se do que é formado por uma única valva
u.ni.ver.sal *adj.2g.* **1** diz-se do que abrange o universo inteiro **2** diz-se do que se adapta a situações gerais • *s.m.* **3** conceito, ideia geral
u.ni.ver.sa.li.da.de *s.f.* **1** característica do que é universal **2** FILOS caráter de uma proposição universal
u.ni.ver.sa.lis.mo *s.m.* **1** RELIG doutrina que dita que toda a humanidade será destinada à salvação **2** m.q. universalidade **3** tendência a tornar uma opinião universal
u.ni.ver.sa.lis.ta *adj.2g.* **1** partidário do universalismo **2** que tende a ser universal
u.ni.ver.sa.li.za.ção *s.f.* ação de tornar uma ideia, uma doutrina etc. comum a todos
u.ni.ver.sa.li.zar *v.t.* tornar comum a todos uma doutrina, uma ideia, um costume etc.

urucungo

u.ni.ver.si.da.de *s.f.* **1** característica do que é universal **2** instituição de ensino que promove a formação profissional e científica de nível superior

u.ni.ver.si.tá.rio *adj.* **1** relativo à universidade • *s.m.* **2** estudante de algum curso de ensino superior

u.ni.ver.so *s.m.* **1** aglomerado de corpos celestes **2** o conjunto de tudo o que existe; o mundo **3** MAT conjunto matemático que abrange todos os elementos

u.ni.vi.te.li.no *adj.* BIOL diz-se de cada um dos gêmeos formados a partir de um único zigoto original

u.ní.vo.co *adj.* **1** diz-se daquilo que não apresenta ambiguidade, que tem apenas uma interpretação possível **2** MAT diz-se da função que associa a cada ponto do domínio somente um ponto do contradomínio

u.no *adj.* **1** único da sua espécie; singular **2** diz-se do que não pode ser dividido

un.ta.nha *s.f.* ZOOL designação comum às grandes anfíbios anuros da família dos leptodatilídeos; intanha

un.tar *v.t.* espalhar uma camada gordurosa sobre uma superfície

un.to *s.m.* substância gordurosa usada para untar

un.tu.o.si.da.de *s.f.* qualidade do que é untuoso

un.tu.o.so *adj.* **1** que tem gordura ou unto **2** *fig.* macio, suave **3** *fig. pejor.* bajulador, adulador **4** que não apresenta limpeza

up-to-date *adj.2g.2n.* [ing.] diz-se daquilo que é recente, moderno

u.pa *interj.* **1** serve para estimular, encorajar um esforço físico ou moral **2** denota surpresa, admiração • *s.f.* **3** *pop.* bebida destilada retirada da cana **4** deslocamento brusco

u.râ.nio *s.m.* QUÍM elemento de número atômico 92, usado como combustível nuclear

u.ra.nis.mo *s.m.* m.q. homossexualidade

u.ra.no *s.m.* **1** ASTRON corpo celeste localizado no sistema solar **2** QUÍM óxido de urânio

u.ra.no.gra.fi.a *s.f.* m.q. astronomia

ur.ba.ni.da.de *s.f.* característica do que é urbano

ur.ba.nis.mo *s.m.* **1** maneira de viver própria dos que moram na cidade **2** técnica de organização urbana que busca planejar a cidade e criar condições adequadas de habitação à população

ur.ba.nis.ta *s.2g.* especialista em urbanismo

ur.ba.nís.ti.co *adj.* relativo a urbanismo

ur.ba.ni.za.ção *s.f.* **1** ato ou efeito de urbanizar **2** concentração de população em aglomerações de caráter urbano

ur.ba.ni.zar *v.t.* **1** fazer a urbanização **2** tornar civilizado, educado

ur.ba.no *adj.* **1** civilizado, cortês **2** que é próprio da cidade **3** relativo ao antigo povo da Ligúria, na Itália

ur.be *s.f.* conglomerado de pessoas que moram no espaço urbano; cidade

ur.di.dei.ra *s.f.* **1** equipamento usado para confeccionar tecidos ou peças de vestuário **2** mulher que tece; tecelã

ur.di.dor *s.m.* **1** indivíduo que urde, que trabalha tecendo **2** local onde são armazenados os novelos usados para tecer

ur.di.du.ra *s.f.* **1** peça confeccionada no tear **2** *fig.* maquinação tramada para prejudicar alguém

ur.di.men.to *s.m.* m.q. urdidura

ur.dir *v.t.* **1** unir fios com o objetivo de tecer **2** *fig.* maquinar, enredar **3** imaginar; fantasiar

ur.du.me *s.m.* m.q. urdidura

u.rei.a *s.f.* QUÍM substância nitrogenada que compõe a urina de alguns animais

u.re.mi.a *s.f.* MED contaminação provocada por substâncias tóxicas no sangue

u.ren.te *adj.2g.* diz-se do que queima, arde; irritante, urticante

u.re.ter *s.m.* ANAT via estreita por onde passa a urina a ser eliminada

u.re.tra *s.f.* ANAT conduto que secreta a urina e que, no homem, permite ainda a passagem do esperma

u.re.tral *adj.2g.* relativo à uretra

ur.gên.cia *s.f.* **1** característica do que é urgente **2** momento de pressa

ur.gen.te *adj.2g.* **1** que não pode ser esperado **2** que necessita de uma solução ágil

ur.gir *v.t.* **1** ser urgente **2** instar, insistir

ú.ri.co *adj.* QUÍM diz-se do ácido presente na urina de alguns animais

u.ri.na *s.f.* líquido formado nos rins e eliminado pela uretra

u.ri.nar *v.t.* ato ou efeito de eliminar urina

u.ri.ná.rio *adj.* relativo a urina

u.ri.nol *s.m.* vaso próprio para urinar e defecar

ur.na *s.f.* **1** caixa mortuária **2** baú próprio para acomodar cédulas eleitorais

ur.ná.rio *adj.* **1** relativo ou semelhante à urna • *s.m.* **2** tipo de mesa, utilizada pelos romanos, sobre a qual se depositavam vasos de água

u.ro.di.ni.a *s.f.* MED dificuldade para urinar, podendo ser acompanhada de dor; disúria

u.ro.lo.gi.a *s.f.* MED parte da medicina que se dedica ao estudo e ao tratamento das doenças do sistema urinário

u.ro.lo.gis.ta *s.2g.* especialista em urologia

u.ro.pí.gio *s.m.* ZOOL local do corpo das aves de onde saem as penas da cauda

u.ros.co.pi.a *s.f. desus.* MED exame de urina

ur.rar *v.i.* proferir urros, ruídos semelhantes aos de uma fera

ur.ro *s.m.* som emitido por alguns animais

ur.sa.da *s.f. pop.* conduta desleal com um amigo

ur.so *s.m.* **1** ZOOL animal selvagem de grande porte **2** *fig.* indivíduo pouco sociável **3** *fig.* indivíduo desleal com seus amigos

ur.ti.ca.ção *s.f.* **1** ação de irritar a pele com urtiga **2** irritação provocada por urtiga

ur.ti.can.te *adj.2g.* diz-se do que provoca irritação na pele semelhante à causada pela urtiga

ur.ti.cá.ria *s.f.* MED erupção cutânea caracterizada por placas vermelhas e pruridos

ur.ti.ga *s.f.* BOT vegetal que provoca irritação e sensação de ardor

u.ru *s.m.* **1** cesto indígena feito de palha **2** ZOOL ave galiforme encontrada na América do Sul

u.ru.bu *s.m.* ZOOL ave de cabeça e pescoço nus que se alimenta de carne em decomposição

u.ru.bu-rei *s.m.* ZOOL tipo de urubu encontrado na América tropical

u.ru.cu *s.m.* BOT vegetal nativo de regiões tropicais, de que se extrai um corante; urucum

u.ru.cu.ba.ca *s.f. pop.* má sorte, azar

u.ru.cum BOT *s.m.* m.q. urucu

u.ru.cun.go *s.m.* MÚS instrumento musical de origem africana; berimbau

urucuzeiro

u.ru.cu.zei.ro *s.m.* BOT árvore pequena que produz o urucum

u.ru.guai.o *adj. gent.* natural ou habitante do Uruguai

u.ru.pê *s.m.* BOT organismo do reino *Fungi*, da família das poliporáceas; orelha-de-pau

u.ru.pe.ma *s.f.* objeto feito de palha utilizado como peneira ou tela

u.ru.tau *s.m.* ZOOL animal de hábitos noturnos encontrado na América Latina

u.ru.tu *s.2g.* ZOOL réptil peçonhento originário da América do Sul

ur.zal *s.m.* extenso aglomerado de urzes em determinada área

ur.ze *s.f.* BOT vegetal de médio porte, nativo da Europa e da África

u.sa.do *adj.* **1** que se usou **2** que já foi gasto, que não é novo **3** rotineiro, habitual

u.san.ça *s.f.* prática, hábito tradicional, costumeiro

u.sar *v.t.* **1** ter por costume **2** fazer uso de; utilizar

u.sá.vel *adj.2g.* diz-se do que pode ser usado

u.sei.ro *adj.* diz-se daquele que tem o hábito de fazer o uso de alguma coisa

u.si.na *s.f.* edificação com equipamentos industriais usados para transformar a matéria-prima em produto

u.si.nei.ro *s.m.* relativo a usina

u.so *s.m.* **1** ação ou resultado de usar **2** prática de algo **3** costume

u.su.al *adj.2g.* diz-se do que tem uso constante

u.su.á.rio *s.m.* **1** indivíduo que utiliza algo por direito • *adj.* **2** diz-se daquele que tem apenas o direito de uso, mas não a posse

u.su.ca.pi.ão *s.m.* JUR maneira de adquirir uma propriedade pelo uso por período prolongado

u.su.ca.pir *v.t.* adquirir uma propriedade por usucapião

u.su.fru.ir *v.t.* desfrutar de algo

u.su.fru.to *s.m.* JUR benefício conferido a alguém de desfrutar de uma propriedade que pertence a outro

u.su.fru.tu.á.rio *adj.* relativo a usufruto

u.su.ra *s.f.* **1** empréstimo feito por um agiota que obtém lucro excessivo **2** lucro exagerado **3** *pop.* avareza, mesquinhez

u.su.rá.rio *adj.* diz-se de quem faz empréstimos com usura

u.sur.pa.ção *s.f.* ato ou efeito de usurpar

u.sur.pa.dor *adj.* diz-se daquele que adquire por meios ilícitos o que não lhe pertence

u.sur.par *v.t.* apropriar-se indevidamente de algo pelo uso da força

u.ten.sí.lio *s.m.* instrumento de trabalho; ferramenta

u.ten.te *adj.2g.* m.q. usuário

u.te.ri.no *adj.* **1** relativo ao útero **2** diz-se de indivíduo consanguíneo por parte de mãe

ú.te.ro *s.m.* ANAT local do corpo materno onde é desenvolvido o embrião dos mamíferos

ú.til *adj.2g.* diz-se daquilo que é utilizável, que é aproveitável

u.ti.li.da.de *s.f.* característica do que é útil, aproveitável

u.ti.li.tá.rio *adj.* **1** diz-se do que se preocupa apenas com o lucro • *s.m.* **2** automóvel utilizado para o transporte de pequenas cargas

u.ti.li.ta.ris.mo *s.m.* **1** característica do que é utilitário **2** teoria que defende a boa ação como meio de proporcionar o bem-estar da coletividade

u.ti.li.ta.ris.ta *adj.2g.* diz-se daquele que defende o utilitarismo

u.ti.li.za.ção *s.f.* ato ou efeito de utilizar

u.ti.li.zar *v.t.* fazer com que se torne vantajoso, útil, oportuno

u.to.pi.a *s.f.* **1** situação impossível de completa harmonia entre os indivíduos **2** qualquer idealização que não é possível de ser alcançada

u.to.pis.ta *adj.2g.* diz-se de quem é idealista, sonhador; fantasista

u.trí.cu.lo *s.m.* **1** BOT pequeno conjunto de folhas que aprisiona organismos minúsculos **2** ANAT a maior das duas vesículas do labirinto membranoso do ouvido

u.va *s.f.* **1** BOT fruto da videira de sabor adocicado, usado como matéria-prima do vinho **2** *fig.* algo que apresenta boa aparência

u.vai.a *s.f.* BOT planta nativa do Brasil com fruto de coloração amarela e sabor azedo

ú.vu.la *s.f.* ANAT região membranosa encontrada na faringe

u.vu.lar *adj.2g.* relativo à úvula

u.xo.ri.ci.da *adj.2g.* diz-se do marido que assassina a mulher

u.xo.ri.cí.dio *s.m.* assassínio de mulher cometido pelo próprio marido

u.xó.rio *adj.* relativo à mulher casada

¹v *s.m.* **1** GRAM vigésima segunda letra e décima sétima consoante do alfabeto português **2** vigésimo segundo elemento de uma série

²V 1 QUÍM símbolo do elemento químico vanádio da tabela periódica **2** símbolo de volt

vã *adj.* feminino de vão

va.ca *s.f.* **1** a fêmea da espécie bovina **2** *pejor.* mulher de má conduta, de maus hábitos

va.ca.da *s.f.* **1** corrida de vacas **2** manada de vacas

va.ca.fri.a *s.f. pop.* assunto encerrado

va.ca.gem *s.f.* manada de vacas; vacada

va.cal *adj.2g.* diz-se do que é indigno de confiança

va.cân.cia *s.f.* **1** estado do que está desocupado ou vago **2** período em que um cargo está vago pela ausência do titular

va.can.te *adj.2g.* **1** que está vago **2** JUR diz-se do cargo que não está ocupado

va.ca.ri.a *s.f.* **1** estábulo próprio para abrigar vacas **2** rebanho de vacas

va.ci.la.ção *s.f.* **1** ato de vacilar **2** movimento do que vacila

va.ci.lan.te *adj.2g.* **1** que não está firme, que vacila **2** ondulante

va.ci.lar *v.t.* **1** não estar firme; oscilar **2** ameaçar cair, tombar **3** estar irresoluto, indeciso

va.ci.na *s.f.* **1** doença de vaca ou cavalo transmissível ao ser humano **2** FARM qualquer substância que confere a um indivíduo imunidade contra uma determinada doença

va.ci.na.ção *s.f.* ato ou efeito de vacinar

va.ci.nar *v.t.* imunizar por aplicação de vacina

va.cum *s.m.* gado formado por bois, vacas, touros e bezerros

va.cui.da.de *s.f.* qualidade do que está vazio; ausência, falta

vá.cuo *adj.* **1** vazio, desocupado, oco • *s.m.* **2** espaço não ocupado **3** FÍS estado cuja pressão é inferior à da atmosfera

va.cú.o.lo *s.m.* BIOL cavidade que se forma no interior de uma célula e que geralmente tem ar

va.cu.o.ma *s.m.* BOT conjunto de vacúolos que se formam em uma célula de origem vegetal

va.de.á.vel *adj.2g.* que se pode vadear

va.de.ar *v.t.* atravessar um rio a vau, pelos lugares mais rasos

va.de.mé.cum *s.m.* **1** coisa que se traz consigo **2** livro de conteúdo prático e formato cômodo

va.di.a.ção *s.f.* ato ou efeito de vadiar; vadiagem

va.di.a.gem *s.f.* **1** ato ou efeito de vadiar **2** ociosidade, malandragem, vagabundagem

va.di.ar *v.i.* **1** viver de forma ociosa, na malandragem; vagabundear **2** andar sem rumo certo, vaguear

va.di.o *adj.* **1** que não tem ocupação; desocupado **2** que não gosta de se empenhar

va.ga *s.f.* **1** função que se encontra sem o respectivo ocupante **2** lugar vazio, disponível **3** onda marítima grande

va.ga.bun.da.gem *s.f.* vida ociosa, sem ocupação útil; malandragem

va.ga.bun.dar *v.i.* viver de maneira ociosa; não ter ocupação útil

va.ga.bun.de.ar *v.i. m.q.* vagabundar

va.ga.bun.do *adj.* **1** que vagabundeia; vadio **2** desocupado, ocioso

va.ga.lhão *s.m.* vaga marítima muito grande

va.ga.mun.do *adj. m.q.* vagabundo

va.gão *s.m.* carro ferroviário destinado ao transporte de passageiros ou carga

va.gar *v.i.* **1** andar sem destino certo; andarilhar, vagabundear **2** estar vazio, estar desocupado • *s.m.* **3** demora, lentidão

va.ga.re.za *s.f.* falta de pressa; lerdeza, demora

va.ga.ro.so /ô/ *adj.* desprovido de pressa; demorado, lento

va.gem *s.f.* **1** BOT invólucro de certas plantas no qual se encontram os grãos **2** BOT fruto provindo das leguminosas, geralmente deiscente

va.gi.do *s.m.* **1** choro de criança recém-nascida **2** *fig.* gemido, lamento

va.gi.na *s.f.* ANAT parte dos órgãos genitais femininos que conduz ao colo do útero e que se abre na vulva

va.gi.nal *adj.2g.* relativo a vagina

va.gi.nis.mo *s.m.* MED afecção caracterizada por contrações espasmódicas e dolorosas da vagina e causada por hiperestesia local

va.gir *v.i.* dar vagidos

va.go *adj.* **1** diz-se do que não está ocupado ou preenchido; vazio **2** diz-se do que vagueia; errante **3** instável, inconstante **4** impreciso, indefinido • *s.m.* **5** ANAT nervo componente do décimo par de nervos do crânio; nervo pneumogástrico

va.gue.ar *v.i.* andar sem destino específico; vagar, errar, vagabundear

vaia

vai.a *s.f.* manifestação de desaprovação em forma de gritos; apupo

vai.ar *v.t.* dar vaias, apupos

vai.da.de *s.f.* 1 qualidade do que é vão, inútil 2 falta de modéstia; ostentação excessiva de si mesmo

vai.do.so /ô/ *adj.* 1 diz-se daquele que tem grande cuidado com a sua aparência 2 cheio de vaidade; orgulhoso

vai.vém *s.m.* 1 ato de ir e vir repetidas vezes 2 movimento oscilatório 3 vascolejamento, agitação

va.la *s.f.* 1 escavação que recebe água dos terrenos adjacentes 2 sepultura para um grande número de cadáveres 3 trincheira

va.la.do *adj.* 1 cercado por valas • *s.m.* 2 vala pouco profunda utilizada para resguardo de uma propriedade rural

val.de.vi.nos *s.m.2n.* 1 vagabundo, vadio 2 boêmio, estroina 3 pobretão, miserável

va.le *s.m.* 1 espaço que se encontra entre montes 2 depressão alongada cavada por um rio 3 declaração informal de adiantamento, empréstimo ou retirada eventual de valor em caixa • *interj.* 4 expressa despedida; adeus

va.lên.cia *s.f.* QUÍM tendência de combinação dos elementos que expressa sua capacidade de ligação com o hidrogênio

va.len.tão *adj.* 1 que é muito valente 2 diz-se de pessoa propensa a provocar brigas

va.len.te *adj.2g. s.2g.* 1 que tem valor, valentia 2 energético, eficaz

va.len.ti.a *s.f.* 1 qualidade do que é valente 2 bravura, coragem

va.ler *v.t.* 1 ter o valor de 2 ser equivalente a 3 representar o valor de 4 ajudar, socorrer 5 significar 6 ser digno de ○ *v.i.* 7 demonstrar valor, coragem

va.le.ri.a.na *s.f.* BOT planta da família das valerianáceas, usada como sedativo e antiespasmódico

va.le.ta *s.f.* pequena vala para escoamento de água

va.le.te /é/ *s.m.* cada uma das cartas do baralho com a figura de um pajem

va.le.tu.di.ná.rio *adj.* que está sempre sujeito a enfermidades; enfermiço, doentio

va.le-tu.do *s.m.2n.* ESPORT categoria de luta na qual todos os golpes são válidos

va.lha.coi.to *s.m.* refúgio, abrigo

va.li.a *s.f.* 1 valor intrínseco 2 merecimento, valor

va.li.da.ção *s.f.* ato ou efeito de tornar algo válido

va.li.da.de *s.f.* valor, legitimidade

va.li.dar *v.t.* 1 tornar válido 2 legitimar

va.li.dez /ê/ *s.f.* estado ou qualidade de válido

va.li.do *adj.* 1 diz-se de pessoa sob a proteção de outra 2 socorrido, amparado, protegido, favorecido 3 estimado, querido

vá.li.do *adj.* 1 que tem valor 2 que é são; que tem saúde 3 que possui validade, legitimidade 4 eficiente

va.li.men.to *s.m.* 1 ato ou efeito de valer 2 m.q. validade

va.li.o.so /ô/ *adj.* 1 que tem grande valor 2 rico 3 importante, precioso 4 que tem merecimento

va.lo *s.m.* 1 muro que defende um campo entrincheirado 2 liça onde combatiam os participantes dos torneios

va.lor *s.m.* 1 o que vale uma pessoa ou objeto; preço 2 moeda, papel-moeda 3 estimação 4 mérito, talento, merecimento 5 esforço, coragem, valentia

va.lo.rar *v.t.* 1 estimar, apreciar; ponderar 2 emitir juízo de valor

va.lo.ri.za.ção *s.f.* ato ou efeito de valorizar

va.lo.ri.zar *v.t.* 1 dar valor a alguma coisa ou a alguém 2 aumentar o preço de 3 aumentar o préstimo de

va.lo.ro.so /ô/ *adj.* 1 que tem valor 2 destemido, corajoso, intimorato

val.sa *s.f.* 1 MÚS dança em compasso ternário 2 MÚS música que acompanha essa dança 3 *fig.* mudança constante, frequente

val.sar *v.t.* dançar valsa

val.sis.ta *adj.2g.* que dança valsa

val.va *s.f.* 1 ZOOL cada uma das partes constitutivas da concha dos moluscos, unidas pela articulação dorsal 2 ANAT estrutura anatômica que permite o escoamento de um líquido em um único sentido 3 BOT cada uma das partes de certos pericarpos dos frutos deiscentes

vál.vu.la *s.f.* 1 dispositivo de plástico ou outro material que serve para regular ou impedir o escoamento de um fluido 2 ANAT dobra membranosa que dirige os líquidos nos vasos e condutos do organismo e impede o refluxo do sangue ou de outras substâncias

vam.pi.ris.mo *s.m.* 1 crença nos vampiros 2 estrago causado por vampiros 3 *fig.* fascinação que certas mulheres exercem sobre homens bobos 4 *fig.* ambição sem limites em que se explora outrem

vam.pi.ro *s.m.* 1 MIT defunto que, segundo a crença popular, sai à noite de seu túmulo para sugar o sangue de pessoas vivas 2 ZOOL gênero de mamíferos quirópteros; morcego

va.ná.dio *s.m.* QUÍM metal branco que se encontra em pequenas quantidades em um grande número de minérios (V)

van.da.lis.mo *s.m.* 1 ato próprio de quem é vândalo 2 destruição, sobretudo de monumentos, jardins ou obras de arte notáveis pelo seu valor artístico ou tradicional

vân.da.lo *s.m.* pessoa que pratica o vandalismo

van.gló.ria *s.f.* presunção infundada do próprio valor; ostentação

van.glo.riar *v.t.* enaltecer as boas qualidades; gabar

van.guar.da *s.f.* 1 EXÉRC primeira linha de um exército em ordem de batalha ou de marcha 2 parte da frente 3 *fig.* grupo de pessoas pioneiras em alguma atividade

van.guar.dis.ta *adj.2g.* 1 relativo a vanguarda 2 que vai à frente ou na vanguarda

va.ni.li.na *s.f.* QUÍM extrato aromático da baunilha

van.ta.gem *s.f.* 1 lucro, proveito 2 qualidade do que é superior; primazia 3 benefício

van.ta.jo.so /ô/ *adj.* que gera vantagens, lucros; lucrativo

van.te *s.f.* 1 parte dianteira de algo 2 parte dianteira do navio; proa

vão *adj.* 1 oco, vazio 2 inútil, ineficaz, baldado 3 falso, enganador • *s.m.* 4 interstício entre duas coisas; espaço vazio

varredura

va.por *s.m.* **1** FÍS fluido que, pela ação do calor, passa para o estado gasoso **2** FÍS substância reduzida a gás pela temperatura **3** navio movido por máquina a vapor

va.po.rar *v.t.* **1** m.q. evaporar **2** exalar vapores, cheiros etc.

va.po.ri.za.ção *s.f.* **1** ato ou efeito de vaporizar **2** FÍS passagem de substância do estado líquido para o gasoso

va.po.ri.za.dor /ô/ *adj. s.m.* **1** que vaporiza **2** aparelho no qual se realiza a vaporização de um líquido

va.po.ri.zar *v.t.* **1** fazer passar um líquido para o estado gasoso **2** converter em vapor

va.po.ro.so /ô/ *adj.* **1** que contém vapores **2** gasoso **3** rarefeito **4** aeriforme **5** nebuloso

va.quei.ro *s.m.* indivíduo que cuida de vacas

va.que.ja.da *s.f.* reunião de todo o gado de uma fazenda para apartação, castração, marcação etc.

va.que.jar *v.t.* reunir todo o gado

va.que.ta *s.f.* couro delgado para forros

va.qui.nha *s.f.* **1** vaca pequena **2** BIOL pequeno inseto que ataca a folhagem das plantas **3** *pop.* coleta de pequenas quantidades de dinheiro entre pessoas de um grupo para um fim comum

va.ra *s.f.* **1** haste ou ramo de árvore **2** ramo de madeira usado para castigar **3** peça de madeira delgada; verga **4** JUR cada repartição judiciária e penal presidida por um juiz de direito **5** *desus.* antiga medida de comprimento, equivalente a 1,10 m

va.ra.da *s.f.* golpe desferido com vara

va.ra.do *adj.* **1** atravessado por vara **2** estupefato, atônito **3** *bras.* faminto, esfomeado

va.ra.dou.ro *s.m.* **1** lugar onde se guardam embarcações **2** local onde um grupo de pessoas conversa e descansa **3** *bras.* canal escavado rapidamente, visando abrir passagem de um rio para outro e, assim, permitir que se desvie dos acidentes do curso

va.ral *s.m.* **1** parte dos carros à qual são atrelados os animais de tração **2** parte do andor que se apoia nos ombros do carregador **3** *por ext.* corda esticada a certa altura na qual se estendem roupas para secar

va.ran.da *s.f.* **1** sacada ou balcão coberto **2** alpendre **3** parapeito

va.ran.dim *s.m.* **1** varanda estreita **2** tipo de grade baixa de janelas de sacada

va.rão *s.m.* **1** indivíduo do sexo masculino **2** homem respeitável

va.ra.pau *s.m.* **1** pau comprido e forte **2** cajado, vara **3** *fig. pop.* indivíduo magro e alto

va.rar *v.t.* **1** bater com vara **2** atravessar, trespassar **3** aterrar ○ *v.i.* **4** puxar embarcação para o ancoradouro

va.re.jão *s.m.* **1** vara comprida e grande usada para movimentação de barcos **2** estabelecimento comercial que vende a varejo

va.re.jar *v.t.* **1** agitar ou sacudir com varas **2** sacudir plantas frutíferas para derrubar os frutos **3** revistar em busca de criminosos ou foragidos **4** atirar com violência; jogar

va.re.jei.ra *s.f.* ZOOL espécie de mosca grande também chamada mosca-da-carne

va.re.jis.ta *adj.2g. s.2g.* negociante que vende suas mercadorias em pequenas quantidades, a varejo

va.re.jo *s.m.* **1** ação de varejar; varejamento, varejadura **2** comércio em que se vende diretamente ao comprador final ■ **a varejo** em pequenas quantidades

va.re.la *s.f.* **1** vara pequena; vareta **2** RELIG templo budista

va.re.ta *s.f.* **1** vara pequena **2** haste delgada **3** cada haste dos espartilhos, coletes, leques etc. **4** MÚS a haste de madeira de um arco

var.ge.do *s.m.* conjunto de vargens

var.gem *s.f.* várzea, planície

va.ri.a.bi.li.da.de *s.f.* **1** qualidade do que é variável **2** ausência de constância; volubilidade

va.ri.a.ção *s.f.* **1** ato ou efeito de variar **2** variedade **3** inconstância, volubilidade **4** mudança, modificação **5** repetição de um mesmo fenômeno com pequena modificação ou alteração **6** diversidade **7** *pop.* delírio

va.ri.a.do *adj.* **1** diverso **2** diferenciado **3** modificado **4** variegado **5** inconstante, volúvel **6** *pop.* alucinado, delirante

va.ri.an.te *adj.2g.* **1** que pode apresentar aspectos diversos **2** que varia, que muda muitas vezes ● *s.f.* **3** cada uma das várias versões de um texto **4** variação, diferença **5** GRAM forma linguística alternativa em relação a outra e com o mesmo valor

va.ri.ar *v.t.* **1** tornar diverso, variado **2** fazer alteração; modificar, mudar **3** escolher um e outro, alternadamente **4** *pop.* perder a razão; desvairar

va.ri.á.vel *adj.2g.* passível de variação, alteração

va.ri.ce.la *s.f.* MED m.q. catapora

va.ri.co.ce.le *s.m.* MED tumor formado pela dilatação varicosa das veias do cordão espermático

va.ri.co.so /ô/ *adj.* **1** diz-se de vaso sanguíneo que se apresenta dilatado, tortuoso **2** que tem varizes

va.ri.e.da.de *s.f.* **1** qualidade do que é variado **2** diversidade **3** multiplicidade **4** inconstância

va.ri.e.ga.do *adj.* **1** que apresenta cores ou matizes variadas **2** diversificado, variado

va.ri.e.gar *v.t.* **1** ornar com cores diferentes **2** diversificar, variar

vá.rio *adj.* **1** diverso, variado **2** múltiplo, numeroso **3** de cores diferentes; matizado **4** contraditório **5** hesitante **6** alternado, revezado

va.riz *s.f.* MED dilatação permanente de uma veia

va.rí.o.la *s.f.* MED doença infecciosa altamente contagiosa, de origem viral, caracterizada por febre e pelo aparecimento de pápulas, seguidas de vesículas, pústulas e erupções na pele

va.ri.o.lar *adj.2g.* **1** MED relativo a varíola **2** MED que se assemelha às manchas da varíola

va.ro.ni.a *s.f.* **1** condição de varão **2** descendência pela linha paterna

va.ro.nil *adj.2g.* **1** relativo a ou próprio de varão **2** másculo, viril

var.rão *s.m.* ZOOL porco não castrado próprio para reprodução

var.re.dor /ô/ *adj. s.m.* que ou quem varre

var.re.du.ra *s.f.* **1** ação ou resultado de varrer; varredela **2** lixo que se junta ao varrer

varrer

var.rer *v.t.* **1** limpar com vassoura **2** *fig.* extinguir, eliminar

var.ri.da *s.f.* ação de varrer; varredela

var.ri.do *adj.* **1** limpo com vassoura **2** *fig.* que perdeu o juízo; insano **3** expulso pela sociedade por causa de determinado procedimento

var.so.vi.a.no *adj. gent.* natural ou habitante de Varsóvia, capital da Polônia

vár.zea *s.f.* m.q. vargem

va.sa *s.f.* **1** fundo lodoso de rio, mar ou lago **2** *pejor.* a camada social considerada mais baixa

vas.ca *s.f.* **1** convulsão forte **2** ânsia excessiva **3** *fig.* extremidade, limite

vas.co *adj. gent.* natural ou habitante do País Basco; basco

vas.co.le.jar *v.t.* agitar um líquido; chocalhar

vas.con.ço *adj. gent.* m.q. basco

vas.cu.lar *adj.2g.* **1** relativo aos vasos, especialmente os sanguíneos **2** formado por vasos

vas.cu.la.ri.za.ção *s.f.* MED formação, multiplicação ou desenvolvimento de vasos em um tecido que não os tinha ou que os tinha em menor número

vas.cu.lha.dor /ô/ *adj.* que vasculha

vas.cu.lhar *v.t.* **1** varrer com vasculho **2** pesquisar, esquadrinhar, investigar

vas.cu.lho *s.m.* **1** vassoura própria para forros **2** vassoura de teto

va.sec.to.mi.a *s.f.* MED intervenção cirúrgica em que há a ressecção do canal deferente para esterilização do homem

va.se.li.na *s.f.* espécie de gordura mineral extraída do petróleo, com aplicação na farmácia e na indústria

va.si.lha *s.f.* qualquer recipiente, especialmente para líquidos

va.si.lha.da *s.f.* porção de vasilhas

va.so *s.m.* **1** recipiente côncavo que pode conter sólidos ou líquidos **2** peça côncava utilizada para cultivar plantas **3** ANAT veia, artéria **4** *pop.* vagina **5** espécie de barrete que as senhoras usavam na cabeça como sinal de luto

va.so.mo.tor /ô/ *adj.* que se refere à contração e à dilatação dos vasos sanguíneos

vas.quei.ro *adj.* **1** que causa vascas, convulsões **2** vesgo, estrábico **3** difícil de encontrar, de conseguir **4** raro, escasso

vas.sa.la.gem *s.f.* **1** condição de vassalo **2** preito, obediência

vas.sa.lo *s.m.* **1** HIST indivíduo que dependia de um senhor feudal • *adj.* **2** submisso, dependente

vas.sou.ra *s.f.* **1** utensílio doméstico formado de um conjunto de fibras, fios plásticos etc. ligado a um cabo e que serve para varrer **2** BOT nome de várias plantas do Brasil

vas.sou.ra.da *s.f.* **1** pancada desferida com vassoura **2** varredela com vassoura

vas.sou.rei.ro *s.m.* indivíduo que fabrica ou vende vassouras

vas.ti.dão *s.f.* **1** qualidade do que é vasto **2** grande extensão; amplitude **3** magnitude, grandeza

vas.to *adj.* **1** grande, amplo **2** muito extenso **3** dilatado, aberto

va.ta.pá *s.m.* CUL prato típico da Bahia feito de papas de farinha de mandioca, temperadas com azeite de dendê, e carne ou frutos do mar

va.te *s.2g.* **1** trovador, poeta **2** profeta

Va.ti.ca.no *s.m.* Estado soberano que tem o papa como chefe

va.ti.ci.nar *v.t.* **1** profetizar, prenunciar **2** prognosticar

vau *s.m.* **1** ponto de um rio onde se pode atravessar a pé ou a cavalo **2** antigo nome da letra *v*

vau.de.vi.le *s.m.* comédia ligeira e divertida que combina pantomima, dança e música

va.za.doi.ro *s.m.* m.q. vazadouro

va.za *s.f.* **1** m.q. vazante **2** período em que as águas dos rios baixam **3** conjunto de cartas de baralho que o jogador tem para fazer o seu lance **4** *por ext.* chance, oportunidade

va.za.do *adj.* **1** escoado, escorrido, derramado **2** feito segundo o molde **3** diz-se de metal fundido

va.za.dor /ô/ *adj. s.m.* **1** ourives que vaza ouro ou prata **2** instrumento próprio para abrir ilhós

va.za.dou.ro *s.m.* lugar onde detritos e líquidos são despejados

va.za.men.to *s.m.* ato ou efeito de vazar

va.zan.te *adj.2g.* **1** que vaza • *s.f.* **2** movimento da maré que vaza **3** processo em que algo se esvazia

va.zão *s.f.* **1** vazamento **2** escoamento **3** *fig.* exportação, venda, saída **4** FÍS quantidade de fluido fornecido por corrente líquida ou gasosa na unidade de tempo

va.zar *v.t.* **1** retirar o conteúdo **2** tornar oco; abrir vão **3** entornar, derramar, verter **4** refluir, baixar **5** fazer ilhós ou abrir opérculos nas peças de couro

va.zi.o *adj.* **1** desprovido de conteúdo **2** frívolo, fútil, leviano **3** que tem falta de algo **4** que não é habitado ou frequentado • **5** *s.m.* espaço vazio; vão

vê *s.m.* nome da letra *v*

ve.a.do *s.m.* **1** ZOOL quadrúpede ruminante cervídeo **2** *pejor.* indivíduo homossexual do sexo masculino

ve.da.ção *s.f.* **1** ato ou efeito de vedar **2** tapume, sebe, valado

ve.dar *v.t.* **1** proibir algo a determinadas pessoas ou ao público em geral **2** impedir o uso de alguma coisa **3** obstacularizar **4** fechar

ve.de.ta /ê/ *s.f.* **1** sentinela, atalaia **2** artista conhecido a quem se costumam dar grandes papéis; artista em evidência

ve.ei.ro *s.m.* **1** depósito mineral; veio, filão **2** linha pela qual uma pedra se parte, quando batida

ve.e.mên.cia *s.f.* **1** impetuosidade **2** eloquência **3** afinco, empenho, dedicação

ve.e.men.te *adj.2g.* **1** impetuoso **2** violento, ardoroso, enérgico **3** caloroso, entusiástico

ve.ge.ta.ção *s.f.* **1** BOT o conjunto das plantas de uma região **2** BOT força vegetativa **3** MED excrescência anormal que aparece na pele, em mucosa ou órgão

ve.ge.tal *adj.2g.* **1** BOT relativo à planta • *s.m.* **2** m.q. planta

ve.ge.tar *v.i.* **1** crescer e desenvolver-se **2** *fig.* viver sem entusiasmo, sem atividades

ve.ge.ta.ri.a.nis.mo *s.m.* sistema alimentar que se baseia na ingestão exclusiva de produtos de origem vegetal

vendilhão

ve.ge.ta.ri.a.no *adj. s.m.* adepto do vegetarianismo

vei.a *s.f.* **1** ANAT vaso que conduz o sangue ao coração **2** *fig.* vocação, predisposição, dom, habilidade

ve.i.cu.la.ção *s.f.* **1** ato ou efeito de veicular **2** viação por meio de veículos

ve.i.cu.lar *v.t.* **1** levar, transportar, conduzir **2** propagar, difundir **3** contagiar, contaminar

ve.í.cu.lo *s.m.* **1** qualquer meio de transporte **2** aquilo que conduz, auxilia ou promove **3** meio de transmissão, de propagação

vei.ga *s.f.* campo fértil e cultivado; várzea

vei.o *s.m.* **1** filão onde se encontra ouro **2** filete de água corrente **3** faixa estreita e comprida que, em uma rocha, distingue-se pela diferença da cor ou pela natureza da matéria

ve.la *s.f.* **1** rolo cilíndrico de cera, sebo ou estearina, com um pavio no centro e que serve para iluminar um ambiente **2** peça do automóvel que serve para a ignição **3** tubo do filtro que serve para purificar a água **4** MAR pano resistente firmado nos mastros dos navios para fazer andar a embarcação **5** MAR embarcação movida a vela

ve.la.do *adj.* **1** coberto com véu; oculto, encoberto **2** passado em vigília **3** que não é claramente distinguível **4** diz-se do coco quando sua amêndoa está inteiramente solta na casca

ve.la.me *s.m.* MAR o conjunto das velas de uma embarcação **2** BOT tipo de erva medicinal do Brasil **3** parte do tecido do paraquedas que é inflada pelo ar

ve.lar *adj.2g.* **1** relativo ao véu palatino • *v.t.* **2** cobrir com véu; tapar, ocultar, envolver **3** diminuir a intensidade da luz **4** vigiar **5** cuidar de alguém ou de algo; proteger ◯ *v.i.* **6** passar acordado, em vigília, sem dormir **7** fazer serão prolongado

ve.la.ri.zar *v.t.* dar a um fonema natureza velar, gutural

ve.lei.da.de *s.f.* **1** vontade imperfeita, sem resultado **2** fantasia, capricho **3** ligeira tendência ou inclinação

ve.lei.ro *s.m.* **1** MAR embarcação dotada de vela **2** indivíduo que faz velas de navio **3** criado de frade que pode sair para fazer serviços fora do convento

ve.le.ja.dor */ô/ adj. s.m.* que veleja

ve.le.jar *v.i.* navegar a vela

ve.lha *s.f.* mulher de idade avançada

ve.lha.ca.ri.a *s.f.* **1** velhacada, velhacagem **2** esperteza ou qualidade de velhaco

ve.lha.co *adj.* **1** ordinário, reles, patife **2** que tem malícia, mas não a demonstra **3** traiçoeiro, enganador

ve.lha.da *s.f.* **1** ato ou dito próprio de velho **2** conjunto de velhos

ve.lha.que.ar *v.i.* proceder como velhaco **2** enganar, burlar

ve.lha.ri.a *s.f.* **1** qualquer coisa própria de pessoa velha **2** objeto antigo, antiquado

ve.lhi.ce *s.f.* **1** estado ou condição de velho; senilidade **2** *fig.* rabugice de velho

ve.lho *adj. s.m.* **1** indivíduo de idade avançada **2** antigo, obsoleto **3** usado **4** deteriorado **5** decrépito

ve.lho.te */ó/ s.m.* homem velho, mas bem disposto

ve.lhus.co *adj.* muito usado, antigo

ve.lo *s.m.* **1** lã de cabra, ovelha ou cordeiro **2** a pele dos animais

ve.lo.ci.da.de *s.f.* **1** qualidade de veloz **2** rapidez

ve.lo.cí.me.tro *s.m.* aparelho que mede a velocidade do deslocamento de automóveis

ve.lo.cí.pe.de *adj.2g.* **1** que anda rapidamente; que tem pés velozes • *s.m.* **2** triciclo movido por dois pedais ligados à roda dianteira

ve.ló.dro.mo *s.m.* pista em que se faz corrida de velocípedes

ve.ló.rio *s.m.* **1** evento para velar um morto **2** grupo de pessoas que velam um defunto

ve.lo.so */ô/ adj.* **1** que tem velo **2** felpudo, lanoso

ve.loz *adj.2g.* que anda ou corre com rapidez; rápido, ligeiro

ve.lu.do *s.m.* tecido de seda ou algodão coberto de pelo macio, curto e acetinado

ve.lu.do.so *adj.* semelhante ao veludo

ve.lu.tí.neo *adj.* m.q. veludoso

ve.ná.bu.lo *s.m.* **1** tipo de lança de arremesso **2** lança curta usada na caça de feras

ve.na.do *adj.* que tem veias ou veios

ve.nal *adj.2g.* **1** que se pode vender **2** *fig.* que se deixa corromper por dinheiro

ve.na.li.da.de *s.f.* condição do que pode ser vendido

ve.na.tó.rio *adj.* relativo à caça

ven.ce.dor */ô/ adj.* **1** que venceu **2** vitorioso, triunfante

ven.cer *v.t.* **1** ser vitorioso; ganhar **2** sobrepujar pela força; dominar **3** persuadir, convencer

ven.ci.do *adj.* **1** que foi dominado pelo adversário **2** persuadido, convencido

ven.ci.lho *s.m.* **1** fio, atadura, barbante ou embira que serve para atar feixes **2** *fig.* dificuldade, impedimento

ven.ci.men.to *s.m.* **1** vitória, triunfo **2** expiração de um prazo fixado **3** termo do prazo de pagamento de uma dívida **4** ordenado, salário, honorário

ven.cí.vel *adj.2g.* **1** que se pode vencer **2** que tem prazo de vencimento, de validade

ven.da *s.f.* **1** ato de vender **2** loja onde se vende **3** entrega, traição **4** faixa com que se cobrem os olhos **5** atadura **6** *fig.* cegueira, obstinação, obcecação

ven.da.gem *s.f.* **1** ato ou efeito de vender; venda **2** percentagem do preço da venda **3** ação de vender os olhos

ven.dar *v.t.* cobrir ou tapar com venda

ven.da.val *s.m.* vento forte e tempestuoso; temporal

ven.dá.vel *adj.2g.* que se pode vender; que tem venda fácil

ven.de.dor */ô/ s.m.* **1** indivíduo que vende **2** dono de mercadorias à venda **3** agenciador de negócios

ven.dei.ro *s.m.* comerciante, dono de uma venda, de um armazém

ven.der *v.t.* **1** ceder mediante preço convencionado **2** negociar, comercial, transacionar, mercadejar **3** trair, denunciar por interesse

ven.de.ta *s.f.* m.q. vingança

ven.di.ção *s.f.* ato ou efeito de vender; venda

ven.di.do *adj.* **1** que se vendeu **2** *fig.* logrado, enganado, traído **3** *pejor.* diz-se de pessoa que se vendeu por dinheiro

ven.di.lhão *s.m.* vendedor ambulante

vendimento

ven.di.men.to *s.m.* venda, comércio, vendição
ven.dí.vel *adj.2g.* m.q. vendável
ven.do.la *s.f.* venda pequena
ve.ne.fi.ci.ar *v.t.* envenenar, intoxicar
ve.ne.fi.cio *s.m.* **1** ato ou efeito de envenenar **2** crime de envenenamento
ve.né.fi.co *adj.* relativo a venefício; venenoso
ve.ne.ní.fe.ro *adj.* que tem ou produz veneno; venenoso; peçonhento
ve.ne.ní.pa.ro *adj.* que produz veneno; venenoso
ve.ne.no *s.m.* **1** substância que altera ou destrói as funções vitais **2** peçonha **3** sumo de plantas tóxicas
ve.ne.no.si.da.de *s.f.* qualidade do que é venenoso, tóxico, letal; toxicidade
ve.ne.no.so /ô/ *adj.* **1** que tem veneno; tóxico **2** que tem propriedades letais **3** *fig.* nocivo, malévolo **4** *fig.* diz-se do falador da vida alheia
ve.ne.ra *s.f.* **1** concha de romeiro **2** medalha, condecoração de qualquer grau de uma ordem militar
ve.ne.ra.bi.li.da.de *s.f.* qualidade do que é venerável
ve.ne.ra.bun.do *adj.* que venera; reverente
ve.ne.ra.ção *s.f.* **1** ato ou efeito de venerar **2** reverência **3** preito religioso; culto
ve.ne.ra.do *adj.* **1** que é objeto de veneração **2** cultuado, respeitado
ve.ne.ran.do *adj.* merecedor, digno de veneração, de culto
ve.ne.rar *v.t.* **1** demonstrar veneração **2** ter estima respeitosa por **3** reverenciar
ve.ne.rá.vel *adj.2g.* **1** que é digno de veneração **2** que é digno de ser cultuado, venerado • *s.m.* **3** presidente de loja maçônica
ve.né.reo *adj.* **1** relativo a Vênus **2** erótico, sensual **3** característico de certas doenças contagiosas transmitidas por meio de relações sexuais
ve.ne.re.o.fo.bi.a *s.f.* MED medo mórbido de contrair doenças venéreas
ve.ne.re.o.lo.gi.a *s.f.* MED parte da medicina que trata das doenças venéreas
ve.ne.ta *s.f.* **1** acesso repentino de loucura **2** fúria súbita ■ **de veneta** diz-se do humor variável, que não tem constância
vê.ne.to *adj. gent.* natural ou habitante de Venécia, na Itália
ve.ne.zi.a.na *s.f.* tipo de janela que permite a penetração do ar em um compartimento, sem que entre luz solar; persiana
ve.ne.zi.a.no *adj. gent.* **1** natural ou habitante de Veneza • *s.m.* **2** dialeto italiano falado em Veneza
ve.ne.zo.la.no *adj. gent.* m.q. venezuelano
ve.ne.zu.e.la.no *adj. gent.* natural ou habitante da Venezuela
vê.nia *s.f.* **1** mesura, reverência **2** permissão, licença **3** perdão, desculpa, indulgência
ve.ni.a.ga *s.f.* **1** artigo de venda; mercadoria **2** *por ext.* troca de mercadorias; tráfico
ve.ni.a.gar *v.t. v.i.* fazer comércio de; traficar
ve.ni.al *adj.2g.* digno de vênia; perdoável
ve.ni.a.li.da.de *s.f.* qualidade do que é venial
ve.ní.fluo *adj.* que corre pelas veias
ve.no.so /ô/ *adj.* **1** relativo a veia **2** que tem veias

ven.ta *s.f.* **1** *desus.* janela **2** cada uma das fossas nasais; narina ■ **ventas** o conjunto das duas narinas
ven.ta.nei.ra *s.f.* vento forte e prolongado; ventania
ven.ta.ne.jar *v.i.* **1** soprar o vento de forma impetuosa; ventanear **2** *pop.* soltar ventosidades
ven.ta.ni.a *s.f.* vento forte e prolongado
ven.ta.nis.ta *adj.2g. pop.* diz-se do ladrão que invade uma casa pela janela
ven.tar *v.i.* soprar o vento; haver vento
ven.ta.ro.la *s.f.* leque sem varetas; abanador
ven.ti.la.bro *s.m.* espécie de peneira usada para limpar o trigo, separando-o da palha
ven.ti.la.ção *s.f.* **1** ato ou efeito de ventilar **2** renovação, agitação, circulação do ar **3** *fig.* debate sobre um assunto
ven.ti.la.do *adj.* **1** percorrido pelo ar, pelo vento; arejado; circulado **2** *fig.* discutido, debatido
ven.ti.la.dor /ô/ *s.m.* aparelho dotado de hélices que, postas em movimento giratório, agitam o ar, refrescando o ambiente
ven.ti.lar *v.t.* **1** renovar o ar **2** limpar o trigo ou outros cereais com um ventilabro **3** *fig.* discutir, debater
ven.to *s.m.* **1** massa de ar que se desloca seguindo determinada direção **2** movimento do ar deslocado **3** aura, brisa, aragem **4** *pop.* flatulência, peido
ven.to.i.nha *s.f.* **1** m.q. cata-vento **2** peça de um motor ou de uma máquina que serve para regularizar a marcha **3** *fig.* pessoa inconstante, volúvel
ven.to.sa *s.f.* ZOOL órgão aderente de certos animais que serve como meio de capturar vítimas para alimento
ven.to.si.da.de *s.f.* **1** acumulação de gases intestinais **2** expulsão desses gases; flatulência
ven.to.so /ô/ *adj.* **1** exposto ao vento **2** caracterizado pela ocorrência de ventos **3** *por ext.* que causa flatulência
ven.tral *adj.2g.* relativo ao ventre
ven.tre *s.m.* **1** cavidade do corpo humano ou animal em que se aloja a maior parte dos órgãos dos aparelhos digestivo e geniturinário; abdome **2** o estômago **3** o útero **4** *fig.* o interior de algo **5** *fig.* a parte bojuda de um objeto
ven.tri.cu.lar *adj.2g.* relativo a ventrículo
ven.trí.cu.lo *s.m.* ANAT pequena cavidade do corpo humano, especialmente do coração e do cérebro
ven.tri.cu.lo.gra.fi.a *s.f.* MED exame radiográfico dos ventrículos cerebrais ou do coração
ven.tri.po.ten.te *adj.2g.* dotado de enorme capacidade digestiva
ven.tri.lo.quia *s.f.* **1** qualidade do que é ventríloquo **2** capacidade de falar quase sem mover os lábios ou a boca, como se a voz não viesse de quem fala
ven.tri.lo.quis.mo *s.m.* m.q. ventriloquia
ven.trí.lo.quo *adj.* que pratica a ventriloquia
ven.tri.po.tên.cia *s.f.* capacidade de digestão, de comer excessivamente
ven.tru.do *adj.* que tem barriga grande; barrigudo
ven.tu.ra *s.f.* **1** fortuna próspera; sorte **2** felicidade **3** destino, acaso **4** risco, perigo ■ **à ventura** ao acaso, ao destino ■ **pôr em ventura** pôr em risco

ven.tu.rei.ro *adj.* **1** arriscado, incerto, perigoso • *s.m.* **2** *desus.* soldado voluntário

ven.tu.ro.so /ô/ *adj.* que tem ventura, boa sorte; sortudo

vê.nu.la *s.f.* veia diminuta

ve.nu.la.do *adj.* que tem veias

Vê.nus *s.f.* **1** MIT nome que os romanos deram à deusa da beleza e do amor **2** segundo planeta do sistema solar

ve.nu.si.no *adj.* **1** relativo a Vênus • *s.m.* **2** suposto habitante do planeta Vênus

ve.nus.ti.da.de *s.f.* qualidade de venusto; grande formosura, beleza, graça

ve.nus.to *adj.* muito formoso, lindo

ver *v.t.* **1** perceber pelo sentido da visão **2** olhar para **3** presenciar **4** avistar, enxergar **5** encontrar, achar, reconhecer **6** observar, notar, reparar **7** assistir a **8** contemplar

ve.ra.ci.da.de *s.f.* qualidade do que é verdadeiro, legítimo

ve.ra.ne.ar *v.i.* passar o verão de folga

ve.ra.nei.o *s.m.* ato de veranear, de passar as férias em determinado lugar próprio para descanso

ve.ra.ni.co *s.m.* **1** verão curto; verão não muito quente **2** período de estiagem em meio às chuvas, com muito calor

ve.ra.nis.ta *adj.2g.* que está de veraneio, que passa as férias em determinado lugar

ve.rão *s.m.* a estação que dura, no Hemisfério Norte, de 21 de junho a 21 de setembro, e no Hemisfério Sul, de 21 de dezembro a 20 de março

ve.raz *adj.2g.* m.q. verdadeiro

ver.ba *s.f.* **1** cada uma das cláusulas de um documento ou escritura **2** comentário, nota **3** *por ext.* quantia

ver.bal *adj.2g.* **1** que é expresso pela voz; oral **2** relativo a verbo **3** derivado de verbo

ver.ba.lis.mo *s.m.* excesso de rigor verbal em que se prezam mais as palavras do que as ideias

ver.ba.lis.ta *adj.2g.* **1** relativo ao verbalismo **2** diz-se de pessoa que fala muito sem dizer nada; palrador

ver.ba.li.zar *v.t.* **1** tornar verbal; fazer exposição verbal **2** JUR defender oralmente uma causa perante tribunal

ver.bas.co *s.m.* BOT planta da família das escrofulariáceas, geralmente cultivada como ornamental

ver.be.na *s.f.* BOT gênero de plantas da família das verbenáceas, de flor ornamental

ver.be.ná.cea *s.f.* BOT espécime das verbenáceas, família das ordem das lamiales, nativas de regiões tropicais e muito cultivadas como aromatizantes e ornamentais

ver.be.ná.ceo *adj.* **1** relativo à verbena **2** semelhante à verbena

ver.be.ra.ção *s.f.* **1** ato ou efeito de verberar **2** flagelação **3** *fig.* reprovação, censura

ver.be.ra.dor /ô/ *adj.* **1** diz-se do que verbera **2** censurador, admoestador

ver.be.rar *v.t.* **1** fustigar, surrar, sovar, vergastar, flagelar, chicotear **2** *fig.* censurar rispidamente; admoestar, condenar

ver.be.ra.ti.vo *adj.* próprio para verberar

ver.be.te /ê/ *s.m.* **1** papel em que se toma um apontamento; nota **2** ficha em que se consignam variantes fonéticas ou semânticas de uma palavra, com exemplificação **3** cada uma das entradas de um dicionário em conjunto com os significados e exemplos

ver.bi.a.gem *s.f.* palavrório sem sentido; loquacidade, verbalismo, verborreia

ver.bo *s.m.* **1** GRAM palavra com a qual se afirma a existência de uma ação, de um estado ou de uma qualidade e que é atribuída ao sujeito da oração **2** RELIG a segunda pessoa da Santíssima Trindade, encarnada em Jesus Cristo

ver.bor.ra.gi.a *s.f.* palavrório ressoante que expressa poucas ideias; eloquência abundante e estéril; fluxo palavroso

ver.bor.rei.a *s.f.* m.q. verborragia

ver.bo.si.da.de *s.f.* **1** qualidade do que é verboso **2** mania de utilizar palavras difíceis e sem sentido; verborragia, verborreia **3** tagarelice, loquacidade

ver.bo.so /ô/ *adj.* **1** que é abundante em palavras inúteis; prolixo **2** tagarela, loquaz

ver.çu.do *adj.* que tem muitas folhas

ver.da.cho *adj.* m.q. esverdeado

ver.da.de *s.f.* **1** conformidade da ideia com o objeto, do dito com o feito **2** qualidade do que é verdadeiro, real **3** princípio certo, axioma

ver.da.dei.ro *adj.* **1** real **2** certo, correto **3** legítimo, autêntico **4** que está de acordo com a verdade

ver.das.co *adj.* diz-se de vinho muito ácido

ver.de *adj.* **1** que ainda tem seiva e não está seco **2** que ainda não amadureceu **3** diz-se de vinho que não foi de todo fermentado **4** *fig.* que não tem experiência; imaturo, inexperiente, novo **5** diz-se da cor produzida pela mistura do amarelo com o azul

ver.de.al *adj.2g.* **1** m.q. esverdeado **2** diz-se de variedade de trigo, milho, azeitona, pera, uva, maçã ou figo

ver.de.cer *v.i.* **1** ter a cor verde; verdejar **2** tornar-se verde

ver.de-cla.ro *s.m.* tonalidade clara de verde

ver.de-gai.o *adj.s.m.* tom de verde-claro alegre e vivo

ver.dei.a *s.f.* vinho branco, de cor esverdeada

ver.de.jan.te *adj.2g.* **1** que verdeja, que apresenta a cor verde **2** diz-se de terreno coberto de plantas

ver.de.jar *v.i.* **1** ter a cor verde **2** tonar-se verde

ver.de-mar *adj.2g.2n.* *s.m.* tom de verde-claro azulado

ver.den.to *adj.* m.q. esverdeado

ver.de-o.li.va *adj.2g.2n.* *s.m.* tom de verde característico da azeitona

ver.de.te /ê/ *s.m.* QUÍM denominação do acetato de cobre em função de sua cor esverdeada

ver.do.en.go *adj.* **1** que ainda não está maduro **2** esverdeado

ver.do.len.go *adj.* m.q. verdoengo

ver.dor /ô/ *s.m.* **1** estado daquilo que ainda está verde **2** *fig.* viço, vigor, força

ver.do.so /ô/ *adj.* de coloração esverdeada

ver.du.go *s.m.* **1** navalha pequena, delgada e pontiaguda **2** *bras.* vara de marmelo usada para castigar **3** pessoa que inflige castigos físicos ou pena de morte; carrasco, algoz

verdura

ver.du.ra *s.f.* **1** a cor verde dos vegetais; verdor **2** planta cuja folha é comestível **3** hortaliça ■ **verduras** atos próprios da mocidade

ver.du.rei.ro *s.m.* comerciante de verduras, frutas, hortaliças

ve.re.a.ção *s.f.* **1** ato ou efeito de verear **2** o cargo de vereador **3** tempo de duração desse cargo **4** conjunto dos vereadores da câmara legislativa de um município

ve.re.a.dor */ô/ s.m.* **1** aquele que vereia **2** membro da câmara municipal **3** camarista **4** *desus.* pessoa que era encarregada dos reparos de caminhos, estradas, pontes etc.

ve.re.a.men.to *s.m.* **1** vereação, vereança **2** a jurisdição de vereadores

ve.re.an.ça *s.f.* **1** ato de verear, de exercer o cargo de vereador **2** o conjunto dos vereadores que formam a câmara municipal

ve.re.ar *v.i.* exercer o cargo de vereador

ve.re.cún.dia *s.f. desus.* m.q. vergonha

ve.re.cun.do *adj.* m.q. vergonhoso

ve.re.da *s.f.* **1** caminho estreito, atalho **2** *fig.* rumo, direção

ve.re.dei.ro *s.m.* homem que vive do cultivo da terra

ve.re.dic.to *s.m.* **1** sentença, julgamento **2** resposta dada pelo júri aos quesitos propostos pelo tribunal **3** opinião autorizada; ratificação

ver.ga *s.f.* **1** vara flexível e delgada **2** vime com que se fazem cestos **3** *pejor.* o pênis

ver.ga.do *adj.* **1** dobrado em arco, curvado **2** *fig.* submetido, sujeito, humilhado, dominado

ver.ga.dor */ô/ adj.* que tem forças para vergar uma barra de ferro

ver.ga.du.ra *s.f.* ato ou efeito de vergar; curvatura, dobradura

ver.ga.lha.da *s.f.* pancada dada com vergalho; chibatada

ver.ga.lha.men.to *s.m.* ação de bater com vergalho; açoitamento, flagelação

ver.ga.lhar *v.t.* bater com vergalho; chicotear, açoitar

ver.ga.lhão *s.m.* **1** barra de ferro quadrada **2** vergalho grande

ver.ga.lho *s.m.* **1** membro genital do boi ou do cavalo, depois de cortado e seco **2** chicote, azorrague

ver.ga.me *s.m.* conjunto das vergas de um navio

ver.gão *s.m.* **1** verga grande **2** vinco na pele produzido por pancada ou qualquer outra causa

ver.gar *v.t.* **1** dobrar em arco; curvar, entortar **2** arriar sob a pressão de peso **3** *fig.* submeter, sujeitar, abater

ver.gas.ta *s.f.* **1** pequena verga **2** chibata, chicote

ver.gas.tar *v.t.* bater com vergasta; açoitar, chicotear

ver.gel *s.m.* lugar que possui árvores; jardim, horto, pomar

ver.go.nha *s.f.* **1** pudor, pejo **2** timidez, retraimento, embaraço **3** vexame, opróbrio, afronta **4** rubor das faces causado pelo pejo **5** receio de desonra ■ **vergonhas** os órgãos sexuais do corpo humano

ver.go.nhei.ra *s.f.* grande vergonha, humilhação

ver.go.nho.so */ô/ adj.* **1** humilhante, embaraçoso **2** desonesto **3** indecoroso, obsceno **4** afrontoso aos brios **5** que sente vergonha; tímido

ver.gôn.tea *s.f.* **1** ramo de árvore **2** *fig.* prole, descendente, filho

ver.guei.ro *s.m.* **1** vara fina e flexível usada como açoite; verdasca **2** *por ext. chicote, chibata* **3** cabo de madeira de certos utensílios de ferreiro **4** MAR cabo grosso que prende o leme

ver.gue.ta *s.f.* pala estreita, no escudo

ve.ri.di.ci.da.de *s.f.* qualidade do que é verídico, verdadeiro; veracidade

ve.rí.di.co *adj.* **1** que fala a verdade **2** conforme a verdade; verdadeiro

ve.ri.fi.ca.bi.li.da.de *s.f.* possibilidade de verificação; demonstrabilidade

ve.ri.fi.ca.ção *s.f.* **1** ato ou efeito de verificar; exame, averiguação **2** comprovação, demonstração

ve.ri.fi.ca.dor */ô/ adj. s.m.* **1** que verifica; examinador **2** funcionário de alfândega responsável por verificar a aplicação de impostos às mercadorias

ve.ri.fi.car *v.t.* **1** examinar a veracidade de algo **2** demonstrar a verdade; contrastar, constatar **3** confirmar, corroborar, averiguar

ve.ri.fi.ca.ti.vo *adj.* que serve para verificar; comprobativo

ve.ri.fi.cá.vel *adj.2g.* que é passível de ser verificado; demonstrável, comprovável, constatável

ve.ris.mo *s.m.* **1** teoria que defende a rígida representação da realidade na arte e na literatura, incluindo, portanto, o feio e o vulgar **2** o uso do dia a dia em obras artísticas

ve.ris.ta *s.2g.* partidário do verismo

ver.me *s.m.* **1** ZOOL invertebrado de corpo mole semelhante à lombriga; minhoca; gusano; larva **2** parasita intestinal **3** *fig.* aquilo que corrói, destrói lentamente

ver.me.lha.ço *adj.* muito vermelho

ver.me.lhão *s.m.* **1** tinta vermelha forte, viva **2** QUÍM sulfato vermelho de mercúrio, também chamado cinábrio **3** *fig.* rubor facial de vergonha, calor etc.

ver.me.lhar *v.t. v.i.* tornar-se vermelho; avermelhar

ver.me.lhe.cer *v.i.* enrubescer, vermelhar; tornar-se vermelho

ver.me.lhi.dão *s.f.* tonalidade rubra; cor vermelha; rubor

ver.me.lho *adj.* **1** envergonhado; corado, rosado **2** *por ext.* diz-se de indivíduo comunista ● *s.m.* **3** a cor vermelha ou rubra **4** verniz de resina **5** variedade de trigo rijo

ver.me.lhus.co *adj.* um tanto vermelho; avermelhado

ver.mi.ci.da *s.m.* substância que destrói vermes intestinais

ver.mi.cu.la.do *adj.* BOT diz-se de órgão que apresenta saliências em forma de vermes

ver.mi.cu.lar *adj.2g.* **1** relativo a verme **2** semelhante a verme

ver.mi.cu.lá.ria *s.f.* BOT planta crassulácea, com folhas carnosas e ovadas e flores amarelas; uva-de--cão, pão-de-pássaros

ver.mi.cu.lo *s.m.* **1** verme de tamanho diminuto **2** ARQUIT trabalho de mosaico em que as linhas do desenho se entrelaçam como vermes diminutos

ver.mi.cu.lo.so */ô/ adj.* m.q. vermiculado

versicolor

ver.mi.for.me *adj.2g.* **1** que tem a forma de verme **2** ANAT diz-se do apêndice localizado no ceco

ver.mí.fu.go *s.m.* FARM substância que serve para destruir vermes intestinais

ver.mi.na.ção *s.f.* **1** MED proliferação de vermes no intestino **2** MED doença causada por vermes parasitas; verminose

ver.mi.na.do *adj.* **1** corroído por vermes **2** cheio de vermes **3** *fig.* consumido, corroído

ver.mi.nal *adj.2g.* **1** relativo a vermes **2** causado por vermes

ver.mi.nar *v.i.* criar vermes; bichar

ver.mi.nei.ra *s.f.* lugar onde se produzem vermes destinados à alimentação de galináceos

ver.mi.no.se *s.f.* MED doença provocada por vermes, lombrigas ou solitárias no intestino

ver.mi.no.so /ô/ *adj.* **1** cheio de vermes; verminado **2** causado por vermes

vér.mis *s.m.2n.* ANAT lobo mediano do cerebelo, situado entre os dois hemisférios

ver.mi.tar *v.i.* rastejar como verme

ver.mu.te *s.m.* bebida alcoólica que consiste em um vinho licoroso preparado com infusão de plantas aromáticas e amargas

ver.na *s.m.* escravo nascido na casa de seu senhor

ver.na.cu.li.da.de *s.f.* **1** qualidade do que é vernáculo **2** diz-se do que é próprio ou peculiar de um país ou de uma região **3** pureza de linguagem; vernaculidade, purismo

ver.na.cu.lis.mo *s.m.* m.q. vernaculidade

ver.na.cu.lis.ta *adj.2g.* diz-se de quem tem a preocupação de usar sua língua de acordo com padrões de pureza e correção

ver.na.cu.li.za.ção *s.f.* ato ou efeito de vernaculizar

ver.na.cu.li.zar *v.t.* **1** tornar vernáculo **2** exprimir vernaculamente

ver.ná.cu.lo *adj.* **1** nacional, próprio do país a que pertence **2** *fig.* diz-se da linguagem genuína, pura, sem estrangeirismos

ver.nal *adj.2g.* relativo a primavera

ver.nis.sa.ge *s.m.* [fr.] **1** véspera da abertura de uma exposição artística, envolvendo preparativos **2** a inauguração dessa exposição artística

ver.niz *s.m.* **1** solução de resina líquida e pastosa com que se cobre a superfície dos móveis, servindo de proteção contra o ar e a umidade, ou para lhes dar brilho **2** *fig.* polidez, distinção, delicadeza

ver.nô.nia *s.f.* BOT gênero da família das compostas, constituído de ervas ou arbustos, muito comuns em regiões tropicais

ve.ro *adj.* **1** autêntico, genuíno **2** real, exato

ve.ros.sí.mil *adj.2g.* **1** que parece verdadeiro **2** que é plausível

ve.ro.nês *adj. gent.* natural ou habitante de Verona, na Itália; veronense

ve.rô.ni.ca *s.f.* **1** RELIG a imagem de Cristo estampada ou pintada sobre um tecido **2** RELIG medalha com a efígie de Jesus Cristo **3** gesto feito por toureiro para provocar o touro em uma tourada **4** BOT designação comum a certas ervas da família das escrofulariáceas, cultivadas para uso ornamental ou medicinal

ve.ros.si.mi.lhan.ça *s.f.* qualidade do que é verossimilhante

ve.ros.si.mi.lhan.te *adj.2g.* que parece verdadeiro; verossímil

ve.ros.si.mi.li.tu.de *s.f.* m.q. verossimilhança

ver.ri.na *s.f.* **1** cada um dos discursos feitos por Cícero contra Caio Verres **2** *fig.* ataque violento contra alguém **3** *fig.* crítica áspera **4** *fig.* censura, acusação

ver.ri.nar *v.i.* **1** fazer verrina ou crítica áspera **2** censurar, acusar

ver.ri.ná.rio *adj.* **1** relativo a verrina **2** que tem teor crítico, de censura

ver.ri.nei.ro *adj.* diz-se daquele que faz verrinas; verrinista

ver.ri.nis.ta *adj. s.m.* m.q. verrineiro

ver.ri.no.so /ô/ *adj.* que tem caráter de verrina

ver.ru.cá.ria *s.f.* **1** BOT gênero de liquens ascomicetes, da família das verrucariáceas **2** BOT planta herbácea cujo suco era usado para eliminar verrugas

ver.ru.ci.fe.ro *adj.* m.q. verrugoso

ver.ru.ci.for.me *adj.2g.* em forma de verruga

ver.ru.ga *s.f.* **1** MED pequena excrescência cutânea que se forma sobretudo nas mãos e no rosto e que geralmente é causada por uma hipertrofia das papilas **2** BOT pequena protuberância rugosa

ver.ru.go.so /ô/ *adj.* que tem verrugas; verruguento

ver.ru.guen.to *adj.* m.q. verrugoso

ver.ru.ma *s.f.* pequeno instrumento, geralmente de metal, que serve para furar a madeira

ver.ru.mar *v.t.* **1** abrir buraco com verruma **2** *fig.* provocar, espicaçar **3** *fig.* torturar, afligir, inquietar

ver.sa.do *adj.* **1** que tem prática ou experiência **2** estudado, discutido

ver.sal *s.f.* letra maiúscula

ver.sa.le.te /é/ *s.m.* letra de caixa-alta com um tamanho que equivale ao da letra de caixa-baixa da fonte que está sendo utilizada

ver.sa.lha.da *s.f. pejor.* conjunto de versos malfeitos

ver.sa.lhês *adj. gent.* natural ou habitante de Versalhes, na França

ver.são *s.f.* **1** ato ou efeito de voltar em sentido oposto **2** tradução de um escrito de uma língua para outra **3** modo de explicar ou retratar alguma coisa **4** *fig.* fato ou história inventada; boato

ver.sar *v.t.* **1** manusear algo; folhear **2** exercitar, treinar, praticar **3** estudar, examinar ○ *v.i.* **4** compor versos; poetar

ver.sa.ri.a *s.f. pejor.* m.q. versalhada

ver.sá.til *adj.2g.* **1** propenso a mudar; volúvel, inconstante **2** que tem várias qualidades ou utilidades

ver.sa.ti.li.da.de *s.f.* qualidade do que é versátil

ver.se.ja.dor /ô/ *adj. s.m.* **1** que verseja, que compõe versos **2** *pejor.* que é mau poeta

ver.se.ja.du.ra *s.f.* **1** ato ou efeito de versejar **2** *pejor.* ação de compor versos malfeitos

ver.se.jar *v.t.* fazer versos; escrever poemas; poetar, trovar

ver.si.co.lor *adj.2g.* **1** que apresenta variedade de cores; matizado, multicor **2** que muda ou varia de cor

V

versículo
510

ver.sí.cu.lo *s.m.* RELIG verso bíblico; passagem das Escrituras Sagradas

ver.si.fi.ca.ção *s.f.* 1 ato ou efeito de versificar 2 composição de versos 3 a arte de versificar 4 o conjunto das regras e dos princípios sobre os quais se funda a técnica do verso

ver.si.fi.ca.dor /ô/ *adj.* diz-se daquele que versifica; versejador

ver.si.fi.car *v.t.* m.q. versejar

ver.sis.ta *adj.2g.* que cria versos; versificador, poeta

ver.so *s.m.* 1 cada uma das linhas do poema, com palavras ritmadas segundo a quantidade de sílabas 2 página posterior de uma folha 3 face posterior de qualquer objeto

ver.sú.cia *s.f.* astúcia, manha, sagacidade

ver.sus *prep.* [lat.] contra; em oposição a

vér.te.bra *s.f.* ANAT cada um dos ossos que compõem a coluna vertebral

ver.te.bra.do *adj.* dotado de vértebras

ver.te.bral *adj.2g.* relativo à vértebra

ver.te.bra.li.da.de *s.f.* condição, qualidade ou estado do que é formado por vértebras

ver.te.dor /ô/ *adj.* m.q. tradutor

ver.ten.te *adj.2g.* 1 que verte 2 que desce pela encosta do monte • *s.f.* 3 declive de um dos lados de uma montanha por onde corre a água

ver.ter *v.t.* 1 deixar sair de si o líquido contido 2 derramar, transbordar 3 brotar, jorrar 4 traduzir 5 desaguar

ver.ti.cal *adj.2g.* 1 orientação perpendicular ao plano horizontal 2 que está colocado no vértice 3 reto 4 direito, aprumado

ver.ti.ca.li.da.de *s.f.* 1 qualidade do que é vertical 2 retidão

vér.ti.ce *s.m.* o alto, a parte mais elevada; cume, ápice

ver.ti.do *adj.* 1 que se verteu; derramado 2 traduzido

ver.te.dou.ro *s.m.* 1 *desus.* espécie de pá de madeira usada para retirar a água do fundo dos barcos 2 lugar por onde um líquido escoa; escoadouro

ver.te.du.ra *s.f.* 1 ato ou efeito de verter 2 porção de líquido que foi vertido, derramado

ver.ti.ci.lo *s.m.* BOT conjunto de ramos, folhas ou peças florais dispostos em volta de um mesmo eixo

ver.ti.gem *s.f.* 1 tontura, tonteira 2 desmaio

ver.ti.gi.no.si.da.de *s.f.* qualidade do que é vertiginoso

ver.ti.gi.no.so /ô/ *adj.* 1 que produz vertigens 2 que gira rapidamente; rápido, impetuoso 3 que perturba a razão ou a serenidade de espírito

ver.ve *s.f.* 1 imaginação viva 2 vivacidade ao falar, escrever etc.

ve.sâ.nia *s.f.* MED nome genérico das doenças mentais

ve.sâ.ni.co *adj.* 1 relativo a vesânia 2 louco, insano

ve.sa.no *adj.* insano, louco, demente, maluco

ves.go *adj.* 1 que sofre de estrabismo 2 *por ext.* torto, inclinado

ves.gue.ar *v.i.* 1 olhar torto, de esguelha 2 ser vesgo 3 *fig.* olhar com má intenção

ves.gui.ce *s.f.* m.q. estrabismo

ve.si.ca.ção *s.f.* MED ato de produzir vesículas com uma substância irritante

ve.si.cal *adj.2g.* ANAT relativo a bexiga

ve.si.can.te *adj.2g. s.2g.* MED que produz vesículas ou bolhas na pele

ve.si.car *v.t.* produzir vesículas em

ve.si.cá.ria *s.f.* BOT gênero de plantas crucíferas, geralmente utilizadas como ornamentais

ve.si.ca.tó.rio *adj.* MED diz-se de medicamento externo que irrita a pele e provoca bolhas, vesículas; vesicante

ve.si.co.pros.tá.ti.co *adj.* relativo à bexiga e à próstata

ve.si.cor.re.tal *adj.2g.* relativo à bexiga e ao reto

ve.sí.cu.la *s.f.* ANAT saco membranoso semelhante a uma bexiga pequena

ve.si.cu.lar *adj.2g.* 1 relativo a vesícula 2 de forma semelhante à da vesícula 3 formado por vesículas

ve.si.cu.li.te *s.f.* MED inflamação de vesícula

ve.si.cu.lo.so /ô/ *adj.* 1 que tem vesículas 2 que tem forma de vesícula

ves.pa *s.f.* 1 veículo de origem italiana formado por duas rodas e acionado por um pequeno motor, semelhante à motocicleta 2 ZOOL gênero de insetos himenópteros cujas fêmeas são munidas de um ferrão

Vés.per *s.m.* ASTRON planeta Vênus, quando aparece à tarde

vés.pe.ra *s.f.* dia que imediatamente antecede a outro determinado ■ **vésperas** RELIG a parte do ofício divino que se realiza à tarde

ves.pe.ral *adj.2g.* 1 relativo a tarde 2 que se realiza à tarde • *s.m.* 3 RELIG livro litúrgico da Igreja Católica que contém os cânticos e as orações das vésperas

ves.per.ti.li.o.ní.deo *s.m.* ZOOL espécime dos vespertilionídeos, família de pequenos morcegos insetívoros encontrados em regiões tropicais e temperadas

ves.pí.deo *s.m.* ZOOL espécime dos vespídeos, família de insetos himenópteros que compreende as vespas

ves.tal *s.f.* 1 sacerdotisa da deusa romana Vesta 2 mulher virgem, casta 3 *fig.* mulher de grande beleza e de castidade exemplar

ves.ta.li.da.de *s.f.* a função exercida pela vestal

ves.ta.li.no *adj.* puro, casto como uma vestal; imaculado

ves.te *s.f.* m.q. vestimenta

vés.tia *s.f.* tipo de jaqueta que não se aperta na cintura

ves.ti.a.ri.a *s.f.* 1 guarda-roupas de uma corporação 2 conjunto de vestimentos; indumentária

ves.ti.á.rio *s.m.* lugar onde se depositam e mudam os trajes, as roupas

ves.ti.bu.lar *adj.2g.* 1 ANAT relativo ao vestíbulo da orelha ou da vagina • *s.m.* 2 exame que antecede o ingresso em um curso superior

ves.tí.bu.lo *s.m.* 1 primeira divisão da entrada de uma casa ou de um edifício 2 ANAT pequeno espaço na entrada de um canal

ves.ti.do *s.m.* 1 peça de roupa, geralmente feminina, com ou sem mangas, de comprimento e formato variável, que cobre o tronco e as pernas 2 m.q. vestimenta

vibratório

ves.ti.du.ra *s.f.* **1** tudo o que serve para vestir **2** RELIG cerimônia monástica em que se toma o hábito religioso

ves.tí.gio *s.m.* **1** rastro, pegada **2** o que fica ou sobra do que desapareceu **3** indício, sinal **4** quantidade muito pequena

ves.ti.men.ta *s.f.* tudo o que serve para cobrir o corpo; roupa, veste

ves.tir *v.t.* **1** pôr no corpo uma peça de roupa **2** cobrir, adornar, revestir **3** usar como vestuário **4** encobrir, disfarçar

ve.tar *v.t.* **1** suspender **2** rejeitar **3** interditar **4** anular **5** embargar **6** proibir **7** não dar consentimento

ve.te.ra.no *adj.* **1** que é antigo no serviço militar **2** que já ocupa há muito tempo um cargo ou ofício • *s.m.* **3** aluno que já terminou o primeiro ano em universidade ou academia militar, deixando de ser calouro

ve.te.ri.ná.ria *s.f.* VETER ciência que procura diagnosticar e tratar as enfermidades dos animais

ve.te.ri.ná.rio *adj.* **1** relativo a veterinária • *s.m.* **2** especialista em veterinária

ve.to *s.m.* **1** ação de vetar; proibição **2** oposição, recusa **3** JUR direito do chefe do poder executivo de negar a sanção a uma lei votada pelas câmaras legislativas

ve.tor *s.m.* **1** BIOL ser vivo que transmite bactéria causadora de doenças **2** MAT elemento num espaço vetorial **3** MAT segmento retilíneo em que se distingue uma origem e uma extremidade

ve.tus.tez */ê/ s.f.* qualidade do que é vetusto; antiguidade, velhice

ve.tus.to *adj.* **1** muito velho, antigo **2** deteriorado pelo tempo

véu *s.m.* **1** tecido muito delicado e transparente que se coloca sobre outra veste **2** tecido que cobre a cabeça das noivas **3** *fig.* aquilo que serve para cobrir ou encobrir

ve.xa.ção *s.f.* **1** ato ou efeito de vexar; vexame **2** comprometimento, indignidade **3** opressão, tormento

ve.xa.do *adj.* **1** que sofreu vexação; humilhado **2** envergonhado **3** oprimido, atormentado **4** *pop.* com pressa; afobado

ve.xa.me *s.m.* **1** vexação, humilhação **2** opressão **3** vergonha, timidez

ve.xa.mi.no.so */ô/ adj.* diz-se do que causa vexame; vexatório, vexatório

ve.xar *v.t.* **1** fazer alguém passar por uma vergonha; humilhar, envergonhar **2** ofender, ultrajar **3** atormentar, afligir **4** *pop.* apressar, afobar

ve.xa.ti.vo *adj.* m.q. vexaminoso

ve.xa.tó.rio *adj.* m.q. vexaminoso

ve.xi.lo /ks/ *s.m.* **1** estandarte dos exércitos romanos **2** insígnia da cavalaria; bandeira

vez */ê/ s.f.* **1** tempo determinado para a execução de algum ato **2** oportunidade, ensejo **3** ocasião, turno **4** coisa, operação ou ato que se repete em várias ocasiões **5** pequena porção; dose

ve.zei.ro *adj.* **1** que tem vezo, costume, hábito de fazer certa coisa **2** que repete o que fez; reincidente

ve.zo *s.m.* **1** hábito ou costume geralmente censurável **2** mania, vício

vi.a *s.f.* **1** caminho, estrada, rua **2** meio, intermédio **3** itinerário, direção **4** modo de transporte

vi.a.bi.li.da.de *s.f.* qualidade do que é viável

vi.a.ção *s.f.* **1** modo de percorrer um caminho **2** conjunto dos caminhos, das estradas de um país **3** serviço público de veículos que fazem carreira entre vários pontos **4** trânsito

vi.a.dor */ô/ adj.* viajante, transeunte

vi.a.du.to *s.m.* ponte construída sobre vales, estradas etc. para estabelecer comunicação entre duas vias

vi.a.gei.ro *adj.* **1** relativo a viagem **2** diz-se daquele que viaja muito; viajante

vi.a.gem *s.f.* **1** ação de transportar-se de um ponto a outro distante **2** percurso efetuado

vi.a.ja.do *adj.* diz-se de pessoa que fez muitas viagens

vi.a.ja.dor */ô/ adj.* m.q. viajante

vi.a.jan.te *adj.2g.* **1** que viaja; viageiro, viajor • *s.2g.* **2** funcionário de empresa cuja função é viajar para oferecer produtos; caixeiro-viajante

vi.a.jar *v.i.* **1** fazer viagens **2** deslocar-se de um lugar para outro

vi.a.jor *adj.* m.q. viajante

vi.an.da *s.f.* qualquer espécie de alimento, especialmente carne

vi.an.dei.ro *adj.* m.q. viajante

vi.á.rio *adj.* **1** relativo a viação • *s.m.* **2** o leito da via férrea

vi.a-sa.cra *s.f.* **1** conjunto de obras que representam a Paixão de Cristo **2** ato de rezar diante de tais obras **3** *fig.* período longo de sofrimento

vi.á.ti.co *s.m.* **1** dinheiro que se dá para a jornada ou viagem de alguém **2** RELIG o sacramento eucarístico administrado fora da igreja

vi.a.tu.ra *s.f.* qualquer veículo para transporte de pessoas ou coisas

vi.á.vel *adj.2g.* **1** que pode ser executado; exequível **2** que pode ser percorrido, que não oferece obstáculos **3** em que se podem abrir caminhos **4** que pode viver ou sobreviver

ví.bi.ce *s.m.* **1** MED hemorragia cutânea que aparece sob a forma de sulcos ou estrias **2** marca deixada por golpe de chicote, vara; vergão

ví.bo.ra *s.f.* **1** ZOOL gênero de répteis ofídios ovovivíparos **2** *fig.* pessoa má, de mau gênio

vi.bra.ção *s.f.* **1** ato ou efeito de vibrar **2** tremor rápido das cordas de um instrumento, produzindo som **3** balanço, oscilação

vi.bra.dor */ô/ adj.* **1** que vibra **2** diz-se do aparelho que produz vibrações mecânicas **3** diz-se de aparelho que transforma uma corrente contínua em alternada

vi.bran.te *adj.2g.* **1** oscilante **2** trêmulo **3** que excita, que comove **4** *fig.* sonoro, forte, bem timbrado

vi.brar *v.t.* **1** produzir movimentos rápidos e repetidos em um corpo **2** agitar, brandir **3** fazer oscilar **4** fazer soar **5** dedilhar, tanger **6** repercutir **7** brilhar, cintilar, pulsar **8** arremessar, atirar **9** comover

vi.brá.til *adj.2g.* que é suscetível de entrar em vibração

vi.bra.ti.li.da.de *s.f.* qualidade do que é vibrátil

vi.bra.tó.rio *adj.* **1** que vibra; vibrante, vibrátil **2** que produz uma série de vibrações

vibrião

vi.bri.ão *s.m.* **1** BIOL gênero de parasitas que agrupados lembram movimentos vibratórios **2** BIOL gênero de bactérias alongadas com forma curva

vi.bris.sa *s.f.* cada um dos pelos que se desenvolvem dentro das narinas

vi.brô.me.tro *s.m.* aparelho utilizado no tratamento da surdez

vi.bur.no *s.m.* BOT designação comum a certas plantas da família das caprifoliáceas, nativas de regiões temperadas e subtropicais

vi.çar *v.i.* **1** crescer, expandir, desenvolver-se **2** aumentar, alastrar; vicejar

vi.ca.ri.al *adj.2g.* relativo a vigário ou a vicariato

vi.ca.ri.a.to *s.m.* **1** exercício das funções de vigário **2** duração do exercício dessas funções **3** território que está sob a jurisdição de um vigário

vi.cá.rio *adj.* **1** que substitui ou faz as vezes de outrem; substituto • *s.m.* **2** m.q. vigário

vi.ce-al.mi.ran.te *s.m.* MAR oficial de marinha de patente imediatamente inferior à de almirante e superior à de contra-almirante

vi.ce-chan.ce.ler *s.m.* indivíduo que substitui o chanceler nas suas ausências

vi.ce-côn.sul *s.m.* indivíduo que substitui o cônsul nas suas ausências

vi.ce-di.re.tor *s.m.* a segunda autoridade na administração de uma repartição pública, de um colégio etc.; subdiretor

vi.ce.jar *v.i.* **1** ter viço ou frescor **2** estar viçoso **3** vegetar com força **4** *fig.* brilhar, ostentar-se

vi.ce.jan.te *adj.2g.* diz-se do que viceja

vi.ce.nal *adj.2g.* que se renova ou ocorre de vinte em vinte anos

vi.cê.nio *s.m.* período de tempo de vinte anos

vi.ce-pre.fei.to *s.m.* indivíduo que substitui o prefeito quando necessário

vi.ce-pre.si.dên.cia *s.f.* cargo de vice-presidente

vi.ce-pre.si.den.te *s.m.* pessoa eleita para o cargo imediatamente inferior ao de presidente, podendo substituí-lo em seus impedimentos

vi.ce-rei *s.m.* governador de um Estado dependente de um outro reino ou Estado

vi.ce-rei.no *s.m.* país declarado reino, mas ainda dependente de um Estado

vi.ce-rei.na.do *s.m.* **1** cargo de vice-rei **2** tempo de duração desse cargo

vi.ce-rei.tor *s.m.* cargo imediatamente abaixo ao de reitor em uma universidade ou comunidade religiosa

vi.ce-rei.to.ri.a *s.f.* subseção abaixo da reitoria

vi.cé.si.mo *num.* m.q. vigésimo

vi.ce-ver.sa *adv.* **1** em sentido inverso **2** de maneira recíproca

ví.cia *s.f.* BOT designação comum a certas plantas trepadeiras da família das leguminosas

vi.ci.a.ção *s.f.* **1** ato ou efeito de tornar(-se) moralmente decadente; depravação, corrupção **2** ato ou efeito de modificar as características autênticas de algo; adulteração

vi.ci.a.do *adj.* **1** de mau costume; imoral **2** que tem vício ou defeito **3** corrupto, impuro **4** falsificado

vi.ci.ar *v.t.* **1** tornar mau, corrompido ou estragado **2** alterar a fim de enganar **3** levar para o mau caminho; depravar

vi.ci.nal *adj.2g.* **1** diz-se do que está próximo; vizinho **2** diz-se da estrada que liga aldeias ou localidades próximas

ví.cio *s.m.* **1** defeito ou imperfeição **2** prática frequente de ato considerado pecaminoso **3** tendência para contrariar a moral estabelecida **4** hábito inveterado; mau hábito

vi.ci.o.so /ô/ *adj.* **1** que apresenta deformação, defeito, erro **2** que não é autêntico; falsificado **3** que apresenta degradação moral; corrupto, depravado **4** que tem vícios

vi.cis.si.tu.de *s.f.* **1** sucessão de mudanças **2** variação, alternância **3** eventualidade, acaso **4** revés, insucesso

vi.ço *s.m.* **1** força vegetativa das plantas **2** exuberância, vigor **3** mimo, carinho extremo

vi.ço.so /ô/ *adj.* **1** que tem viço **2** cheio de vigor, de mocidade, de força

vi.cu.nha *s.f.* ZOOL quadrúpede ruminante da mesma família da lhama, de lã bastante apreciada

vi.da *s.f.* **1** princípio de existência **2** período que dura do nascimento até a morte **3** modo de viver, comportamento **4** fundamento, causa, origem **5** ânimo, entusiasmo **6** biografia **7** *fig.* a razão para existir

vi.da.li.ta *s.f.* canção popular argentina cantada com acompanhamento de violão

vi.de *s.f.* **1** BOT sarmento da uva **2** m.q. videira

vi.de.as.ta *s.2g.* profissional que dirige ou cria obras de ficção em vídeo

vi.dei.ra *s.f.* BOT arbusto sarmentoso, da família das vitáceas, que dá uvas; parreira

vi.den.te *s.2g.* indivíduo capaz de prever o futuro; profeta, adivinho

ví.deo *s.m.* parte do aparelho de televisão que permite registrar magneticamente ou mecanicamente a imagem e o som em um suporte

vi.dra.ça *s.f.* lâmina de vidro polido, de que se faz o vidro para janelas, espelhos, quadros etc.

vi.dra.ça.ri.a *s.f.* **1** o conjunto das vidraças de um edifício **2** estabelecimento onde se vendem vidros

vi.dra.cei.ro *s.m.* comerciante ou fabricante de vidros

vi.dra.cen.to *adj.* que tem aspecto de vidraça

vi.dra.do *adj.* **1** coberto de substância vitrificável **2** embaciado

vi.dra.gem *s.f.* **1** operação de vidrar **2** o brilho do vidro

vi.dra.lha.da *s.f.* conjunto de vidros ou de objetos de vidro; vidraria

vi.drar *v.t.* **1** cobrir de substância vitrificável **2** colocar vidros em; envidraçar **3** fazer perder o brilho; embaçar

vi.dra.ri.a *s.f.* **1** fábrica e comércio de vidros **2** conjunto de objetos de vidro **3** a arte de fabricar o vidro

vi.drei.ro *s.m.* comerciante que trabalha com vidros

vi.dren.to *adj.* **1** semelhante ao vidro **2** brilhante como o vidro

vi.dri.lhei.ro *s.m.* indivíduo que faz ou vende vidrilhos

513 · vinculação

vi.dri.lho *s.m.* pequeno tubo, conta ou lâmina de vidro que serve para enfeite

vi.dro *s.m.* **1** substância sólida, transparente e frágil, que se obtém fundindo areia silicosa com potassa ou soda **2** objeto ou artefato feito com essa substância **3** *fig.* coisa frágil como o vidro **4** *fig.* pessoa melindrosa, muito suscetível e que se ofende por pouco

vi.dro.so */ô/ adj.* m.q. vidrento

vi.du.al *adj.2g.* relativo à condição de viuvez ou à pessoa viúva

vi.ei.ren.se *adj.2g.* relativo ao escritor clássico Padre Antônio Vieira ou ao seu estilo

vi.e.la *s.f.* **1** rua estreita; beco **2** cada um dos ferros com argolas que ficam no rodízio do moinho

vi.e.nen.se *adj. gent.* natural ou habitante de Viena, capital da Áustria

vi.e.nês *adj. gent.* m.q. vienense

vi.és *s.m.* **1** linha, direção oblíqua **2** tira estreita de tecido cortada obliquamente da peça

vi.ga *s.f.* barra de madeira ou de ferro usada em construções; trave

vi.ga.men.to *s.m.* o conjunto das vigas que formam a estrutura de uma construção

vi.gar *v.t.* colocar vigas ou vigamentos em; travejar

vi.ga.ri.ce *s.f.* **1** caráter de vigarista **2** ato praticado por vigarista **3** *por ext.* qualquer ação que implique fraude, ilegalidade

vi.gá.rio *s.m.* **1** padre adjunto a um prior **2** padre que substitui o pároco de uma paróquia **3** substituto

vi.gá.rio-ge.ral *s.m.* sacerdote subordinado ao bispo e por ele nomeado para auxiliar no governo da diocese

vi.ga.ris.ta *s.2g.* enganador, fraudador, trapaceiro

vi.gên.cia *s.f.* **1** tempo durante o qual alguma coisa vigora **2** qualidade do que é vigente

vi.gen.te *adj.2g.* que está em vigor

vi.ger *v.i.* estar em vigor; vigorar

vi.ge.si.mal *adj.2g.* relativo ao vigésimo

vi.gé.si.mo *num.* ordinal que corresponde ao número vinte

vi.gi.a *s.2g.* **1** pessoa que vela, que vigia; sentinela **2** m.q. goleiro ○ *s.f.* **3** posto de observação; guarita **4** orifício por onde se espreita

vi.gi.ar *v.t.* **1** espiar, espreitar, velar **2** observar atentamente

vi.gil *adj.2g.* **1** que vela, vigia; que está vigilante **2** que está desperto, acordado

vi.gi.lân.cia *s.f.* **1** ato ou efeito de vigiar **2** estado de quem está vigilante **3** cautela, diligência, cuidado

vi.gi.lan.te *s.2g.* **1** pessoa que vigia; sentinela • *adj.2g.* **2** diz-se de quem vigia ou está atento; diligente, cauteloso

vi.gí.lia *s.f.* **1** ausência de sono; insônia **2** estado de quem vela, permanece acordado **3** RELIG celebração noturna feita na véspera de uma festa religiosa **4** desvelo, cuidado

vi.gor *s.m.* **1** força, robustez **2** energia **3** valia **4** vigência

vi.go.rar *v.i.* **1** estar em vigor, em atividade **2** ter vigor ○ *v.t.* **3** dar vigor; fortalecer

vi.go.ri.zar *v.t.* **1** dar vigor; fortificar, fortalecer **2** consolidar

vi.go.ro.so */ô/ adj.* **1** que tem vigor **2** robusto, forte, enérgico, firme **3** expressivo

vil *adj.2g.* **1** insignificante **2** infame, torpe **3** mísero, mesquinho **4** abjeto, desprezível **5** que degrada o ser humano **6** que repugna ao brio

vi.lã *s.f.* feminino de vilão

vi.la *s.f.* **1** povoação com tamanho entre aldeia e cidade **2** conjunto dos habitantes dessa povoação **3** casa de campo

vi.la.ni.a *s.f.* **1** caráter do que é vil ou vilão **2** ação baixa e vil; vileza **3** avareza, mesquinhez

vi.lão *adj.* **1** relativo a vila **2** rústico, grosseiro **3** baixo, vil, ordinário, falso, hipócrita, sórdido • *s.m.* **4** plebeu, em oposição a nobre **5** antiga dança popular **6** pessoa que nasceu ou habita em vila; camponês **7** homem desprezível

vi.la.re.jo *s.m.* pequena vila; vilota, aldeia

vi.le.la *s.f.* pequena vila

vi.li.fi.car *v.t. v.pron.* tornar(-se) vil; envilecer

vi.li.pen.di.ar *v.t.* **1** tratar com vilipêndio; desdenhar, desprezar **2** considerar como vil ou indigno **3** desrespeitar

vi.li.pên.dio *s.m.* **1** desprezo, aviltamento **2** falta de respeito, de consideração; menosprezo **3** ridicularização, opróbrio

vi.lo.si.da.de *s.f.* **1** característica do que é viloso **2** BOT saliência epidérmica, longa e fraca, dos vegetais **3** ANAT pequena saliência vascular que pode surgir na superfície de uma mucosa

vi.lo.so *adj.* **1** coberto de pelos; peludo **2** que tem muitos cabelos; cabeludo

vi.me *s.m.* **1** vara ou haste do vimeiro **2** junco usado para fazer móveis, cestas etc.

vi.mei.ro *s.m.* BOT designação comum a algumas árvores e arbustos da família das salicáceas, de que se extrai vime

vi.ná.ceo *adj.* **1** que tem a cor do vinho tinto • *s.m.* **2** a cor vinácea

vi.na.grar *v.t.* **1** temperar com vinagre; avinagrar **2** transformar em vinagre; acetificar **3** *fig.* irritar, zangar

vi.na.gre *s.m.* **1** líquido resultante da fermentação ácida do vinho e que é usado como condimento **2** coisa ácida **3** *fig.* pessoa de modos ásperos, de gênio intempestivo **4** *pop.* indivíduo miserável, mesquinho

vi.na.grei.ra *s.f.* **1** vasilha onde se guarda ou prepara o vinagre **2** m.q. água-viva

vi.na.grei.ro *s.m.* **1** aquele que faz ou vende vinagre • *adj.* **2** diz-se de pessoa que gosta de vinagre, de pratos avinagrados

vi.ná.rio *adj.* **1** relativo ao vinho ou à produção de vinho **2** próprio para conter vinho

vin.ca.do *adj.* **1** qualidade do que possui vincos ou dobras **2** enrugado

vin.car *v.t.* **1** fazer vincos ou dobras **2** enrugar, engelhar, amarfanhar **3** deixar vergões na pele

vin.co *s.m.* **1** sulco ou vestígio deixado por uma pancada **2** marca deixada por uma dobra **3** vergão

vin.cu.la.ção *s.f.* **1** ligação por vínculos **2** dependência **3** ato de impor obrigação

vinculado

514

vin.cu.la.do *adj.* 1 ligado por vínculo; unido 2 que é da natureza do vínculo 3 perpetuado, eternizado

vin.cu.la.dor /ô/ *adj.* diz-se do que vincula, que liga por vínculo

vin.cu.lar *v.t.* 1 ligar com vínculos 2 fazer depender de; prender 3 JUR impedir juridicamente a troca ou venda de propriedades

vin.cu.la.ti.vo *adj.* que vincula; que serve para vincular

vin.cu.la.tó.rio *adj.* m.q. vinculativo

vín.cu.lo *s.m.* 1 liame, ligação 2 laço, atilho, nó 3 aquilo que liga ou estabelece uma relação 4 JUR encargo que incide sobre um bem; gravame

vin.da *s.f.* 1 ato ou efeito de vir 2 chegada, regresso

vin.di.ca.ção *s.f.* 1 ato ou efeito de vindicar 2 vingança 3 defesa 4 reclamação 5 JUR ação de reclamar perante a justiça um direito postergado 6 JUR ação jurídica de defesa ou vingança

vin.di.car *v.t.* 1 reclamar alguma coisa que lhe pertence, mas que está nas mãos de outrem 2 exigir o reconhecimento ou a legalização de algo 3 recuperar, reivindicar 4 justificar, defender 5 aplicar castigo, punição

vin.di.ca.ti.vo *adj.* 1 que vindica; que pune 2 que justifica, que defende

vín.di.ce *s.m.* m.q. vingador

vin.di.ma *s.f.* 1 colheita de uvas 2 *por ext.* colheita de qualquer fruto

vin.di.mar *v.t.* 1 colher as uvas 2 *fig.* destruir, dizimar

vin.do *adj.* que chegou, que veio

vin.dou.ro *adj.* 1 que está por vir, por acontecer; futuro • *s.m.* 2 pessoa que não é natural de uma povoação e que nela vive há pouco tempo

vin.ga.dor /ô/ *adj. s.m.* aquele que vinga, que se desforra de uma ofensa recebida

vin.gan.ça *s.f.* 1 atitude do que se sente ofendido ou lesado por outrem e efetua contra ele ação mais ou menos equivalente 2 desforra, punição, castigo, represália

vin.gar *v.t.* 1 tirar desforra de; desforrar 2 punir, castigar 3 pugnar a favor de 4 infligir castigos ○ *v.i.* 5 medrar, desenvolver, crescer, prosperar 6 germinar, brotar, desenvolver-se 7 conseguir o seu fim; ter êxito ou bom resultado 8 chegar à maturidade 9 transpor obstáculos, dificuldades

vin.ga.ti.vo *adj.* 1 propenso a vinganças; punitivo, rancoroso, repressivo 2 que se compraz com a vingança

vi.nha *s.f.* 1 terreno plantado de videiras; vinhedo 2 *fig.* aquilo que dá proveito, lucro 3 *fig.* emprego, ocupação, profissão

vi.nha.ça *s.f.* 1 grande porção de vinho 2 vinho de má qualidade 3 resíduo da destilação de vinho; vinhoto 4 *por ext.* ato ou efeito de embriagar-se; bebedeira

vi.nhal *s.m.* m.q. vinhedo

vi.nha.ta.ri.a *s.f.* 1 cultura de vinhas 2 fabrico de vinho

vi.nha.tei.ro *adj.* 1 relativo à cultura de vinhas 2 que cultiva vinhas • *s.m.* 3 fabricante de vinho 4 cultivador de vinhas

vi.nhe.do *s.m.* grande extensão de plantação de uvas; terreno cheio de parreiras

vi.nhe.ta *s.f.* pequena gravura para ornato ou ilustração de um livro

vi.nho *s.m.* 1 bebida alcoólica obtida pela fermentação do sumo da uva 2 *por ext.* nome de qualquer líquido açucarado obtido pela fermentação do sumo de frutas 3 *fig.* bebedeira, embriaguez 4 *fig.* o que encanta, arrebata os sentidos

vi.ni.cul.tor *s.m.* indivíduo que se dedica à vinicultura

vi.ni.cul.tu.ra *s.f.* 1 fabrico de vinho 2 conjunto dos processos empregados para tratar o vinho e desenvolver as suas qualidades

vi.ní.fe.ro *adj.* que produz vinho

vi.ni.fi.ca.ção *s.f.* 1 arte de tratar e fabricar o vinho 2 conjunto de operações para transformar o sumo das uvas em vinho

vi.no.so /ô/ *adj.* 1 da cor do vinho 2 que tem o cheiro ou o sabor do vinho 3 que produz vinho; vinífero

vin.te *num.* cardinal que corresponde a dezenove mais um

vin.tém *s.m.* antiga moeda de cobre portuguesa que valia 20 réis

vin.te.na *s.f.* 1 conjunto de vinte coisas, entidades etc. 2 a vigésima parte de um todo

vi.o.la *s.f.* 1 MÚS rabeca grande, com cordas e arco, de tonalidade mais grave que o violino e mais aguda que o violoncelo 2 MÚS espécie de violão, mas com encordoamento e afinação diferentes 3 BOT designação comum às plantas da família das violáceas; violeta 4 ZOOL designação comum às raias da família dos rinobatídeos, cuja forma do corpo é semelhante ao de uma viola

vi.o.la.bi.li.da.de *s.f.* qualidade do que pode ser violado, ofendido, desrespeitado

vi.o.la.ção *s.f.* 1 ação ultrajante 2 ofensa, profanação 3 estupro 4 atentado

vi.o.lá.cea *s.f.* BOT espécime das violáceas, família de plantas dicotiledôneas a que pertence a violeta

vi.o.lá.ceo *adj.* 1 de cor violeta 2 BOT relativo às violáceas • *s.m.* 3 a cor arroxeada da violeta; violeta

vi.o.la.dor /ô/ *adj.* 1 diz-se daquele que viola 2 diz-se de quem desrespeita leis, direitos; transgressor 3 corruptor, profanador

vi.o.lão *s.m.* MÚS instrumento musical com seis cordas, das quais três são bordões; viola grande

vi.o.lar *v.t.* 1 cometer violação 2 infringir leis, deveres, estatutos ou honras 3 transgredir, desrespeitar, ultrajar 4 violentar, forçar 5 ofender, profanar

vi.o.la.tó.rio *adj.* que envolve a ideia de violação; violador

vi.o.lá.vel *adj.2g.* que se pode violar, desrespeitar, ultrajar

vi.o.lei.ro *s.m.* 1 fabricante ou vendedor de violas 2 tocador de viola

vi.o.lên.cia *s.f.* 1 ofensa acompanhada de força física; agressão 2 estado do que é violento 3 constrangimento, ação vexatória contra alguém 4 opressão, tirania; abuso de força 5 intensidade, força

vi.o.len.tar *v.t.* 1 exercer violência sobre 2 forçar, coagir, obrigar, constranger 3 estuprar 4 recorrer a meios ilícitos para conseguir algum intento ○ *v.pron.* 5 fazer alguma coisa contra a própria vontade; obrigar-se

virulento

vi.o.len.to *adj.* **1** impetuoso; tumultuoso **2** brutal **3** irascível **4** intenso

vi.o.le.ta *adj.* **1** da cor da flor violeta; roxo • *s.f.* **2** BOT planta aromática **3** flor dessa planta, muito apreciada pelo seu perfume

vi.o.le.tei.ra *s.f.* vendedora de violetas

vi.o.li.nis.ta *adj.2g.* diz-se de quem toca violino

vi.o.li.no *s.m.* MÚS instrumento de madeira semelhante a um violão, com corda e arco; rabeca

vi.o.lis.ta *adj.2g.* diz-se de quem toca viola

vi.o.lon.ce.lis.ta *adj.2g.* diz-se de quem toca violoncelo

vi.o.lon.ce.lo *s.m.* MÚS instrumento de quatro cordas e arco, semelhante a um grande violino e de tom mais grave

vi.o.lo.nis.ta *adj.2g.* diz-se de quem toca violão

vir *v.i.* **1** transporta-se de um lugar para outro, onde está a pessoa que fala **2** chegar **3** derivar, ocorrer

vi.ra *s.f.* **1** tira estreita de couro que se prega no sapato, entre a sola e o peito do pé ⊃ *s.m.* **2** dança e música popular portuguesa acompanhada por cavaquinho, guitarra e tambor

vi.ra.bre.quim *s.m.* dispositivo de motores de explosão que permite o movimento alternado dos êmbolos

vi.ra.ção *s.f.* vento brando e fresco

vi.ra-ca.sa.ca *s.2g.* indivíduo que muda frequentemente de opinião

vi.ra.da *s.f.* **1** ato ou efeito de virar(-se) **2** *por ext.* mudança súbita e radical em uma situação, em uma competição etc.

vi.ra.de.la *s.f.* ato de virar(-se); virada

vi.ra.do *adj.* **1** posto às avessas; volvido **2** que manifesta opinião diversa da que tinha **3** mudado • *s.m.* **4** CUL m.q. tutu

vi.ra.dor /ô/ *s.m.* **1** MAR cabo grosso usado para rebocar ou para ancorar uma embarcação **2** peça de ferro com a qual os encadernadores douram as capas dos livros

vi.ra.gem *s.f.* **1** ação ou efeito de virar, de voltar **2** mudança na direção de automóveis, aeroplanos etc. **3** primeiro banho de provas fotográficas

vi.ra.go *s.f.* mulher com características masculinas

vi.ra-la.ta *s.m.* cachorro sem raça definida

vi.rar *v.t.* **1** voltar, volver de um lado para outro **2** mudar de lado, de face; pôr do avesso **3** despejar até a última gota; entornar **4** *fig.* mudar, transformar

vi.ra.vol.ta *s.f.* **1** volta inteira **2** cambalhota **3** ação de tornar ao que se era antes

vi.re.mi.a *s.f.* MED presença de vírus na corrente sanguínea

vi.ren.te *adj.2g.* que verdeja; viçoso

vir.gem *adj.2g.* **1** casto, puro **2** que ainda não foi usado nem explorado **3** inocente, ingênuo • *s.f.* **4** mulher que vive em continência absoluta, que nunca manteve relações sexuais; donzela

vir.gi.li.a.no *adj.* **1** relativo ao poeta Virgílio **2** semelhante ao estilo desse poeta

vir.gi.lis.ta *adj.2g.* diz-se de quem é versado nas obras de Virgílio

vir.gi.nal *adj.2g.* **1** relativo a virgem • *s.m.* **2** MÚS espineta, cravo

vir.gin.da.de *s.f.* **1** estado de quem é virgem **2** ausência completa de pecado carnal, de congresso sexual **3** *por ext.* castidade, pureza

vir.gi.ni.a.no *adj.* ASTROL nascido sob o signo de Virgem

vir.gi.nis.mo *s.m.* o preceito da virgindade

vír.gu.la *s.f.* sinal de pontuação que serve para separar certas partes de uma frase

vir.gu.la.ção *s.f.* ato ou efeito de virgular

vir.gu.lar *v.t.* pontuar com vírgulas; colocar vírgulas em um texto escrito

vi.ri.den.te *adj.2g.* **1** que verdeja; verdejante, viçoso, virente **2** que se desenvolve; florescente, vigoroso, próspero

vi.ril *adj.2g.* **1** relativo ao ou próprio do homem **2** *por ext.* corajoso, destemido ◼ **homem viril** homem másculo ◼ **membro viril** o pênis

vi.ri.li.zar *v.t. v.pron.* **1** tornar(-se) viril **2** tornar(-se) forte, robusto; fortalecer, robustecer

vi.ri.lha *s.f.* linha de flexão da coxa sobre o abdome

vi.ri.li.da.de *s.f.* **1** qualidade de viril **2** caráter próprio do varão, do macho; masculinidade **3** capacidade de reprodução sexual **4** coragem, destemor **5** esforço, energia, vigor

vi.ro.la *s.f.* **1** aro ou anel metálico que se coloca em certos objetos para reforçá-los ou enfeitá-los **2** BOT designação comum a algumas árvores da família das miristicáceas, nativas de regiões tropicais do continente americano

vi.ro.lo.gi.a *s.f.* MED estudo dos vírus ou das viroses

vi.ro.se *s.f.* termo genérico para indicar qualquer doença causada por vírus

vi.ro.so /ô/ *adj.* **1** que tem propriedades nocivas; venenoso, peçonhento **2** *fig.* que causa dano; prejudicial

vir.tu.al *adj.2g.* **1** que existe em potencial, sem efeito real **2** suscetível de se exercer ou realizar; factível, possível

vir.tu.a.li.da.de *s.f.* **1** qualidade ou caráter do que é virtual **2** possibilidade, potência, causalidade

vir.tu.a.lis.mo *s.m.* RELIG doutrina de Calvino que defende a presença virtual (em potência) de Cristo na eucaristia

vir.tu.de *s.f.* **1** conjunto de valores morais **2** disposição do espírito que conduz a praticar o bem **3** retidão, probidade

vir.tu.o.se *s.2g.* artista de apurada técnica em sua arte

vir.tu.o.sis.mo *s.m.* **1** qualidade de virtuoso **2** excelência de técnica artística; perícia

vir.tu.o.so /ô/ *adj.* **1** que tem virtude **2** casto, honesto, caritativo **3** exímio em sua arte; talentoso **4** perito

vi.ru.lên.cia *s.f.* **1** nocividade, malignidade **2** plena expansão de um vírus, de um veneno

vi.ru.len.to *adj.* **1** da natureza do vírus **2** que tem vírus; venenoso **3** nocivo, maligno

vírus

ví.rus *s.m.2n.* **1** BIOL agente microscópico causador de patologias, que não consegue se manter com autonomia, reproduzindo-se somente no interior de células vivas hospedeiras **2** substância orgânica capaz de transmitir doença **3** INFORMÁT instrução ou série de instruções parasitas introduzidas em um programa e capazes de provocar diversas perturbações no sistema funcional de um computador

vi.sa.do *adj.* **1** diz-se dos documentos que foram submetidos a visto **2** aquele a quem se alude por algum motivo **3** citado, referenciado

vi.sa.gem *s.f.* **1** rosto, cara **2** trejeito fisionômico; careta **3** ornamento com formato de cabeça ou de cara **4** *bras.* assombração, visão, aparição

vi.são *s.f.* **1** ato ou efeito de ver **2** percepção pelo sentido da visão **3** assombração, fantasma, espectro, sonho

vi.sar *v.t.* **1** colocar sinal de visto para validação **2** legalizar **3** dirigir o olhar para; observar **4** apontar arma de fogo contra **5** ter como meta; objetivar

vis-à-vis *adv.* [fr.] defronte, diante

vís.ce.ra *s.f.* ANAT cada um dos órgãos que estão contidos na cavidade do tronco; entranha

vis.ce.ral *adj.2g.* relativo às vísceras

vis.co *s.m.* **1** BOT planta parasita da família das lorantáceas **2** suco vegetal glutinoso com que se envolvem varinhas para apanhar pássaros

vis.con.da.do *s.m.* **1** título de visconde e viscondessa **2** *desus.* conjunto de bens ou terras pertencentes a um visconde

vis.con.de *s.m.* título nobiliárquico de categoria superior ao de barão e inferior ao de conde

vis.con.des.sa *s.f.* **1** mulher que tem o título do viscondado **2** esposa ou viúva de um visconde

vis.co.se *s.f.* QUÍM substância viscosa originada do tratamento da celulose, empregada na preparação de tecidos, no fabrico de seda artificial etc.

vis.co.si.da.de *s.f.* estado ou qualidade do que é viscoso

vis.co.so /ô/ *adj.* **1** que tem visco, seiva **2** pegajoso, visguento **3** *fig.* tedioso, maçante

vi.sei.ra *s.f.* **1** parte anterior do capacete que protege o rosto **2** pala de boné

vis.go *s.m.* m.q. visco

vis.guen.to *adj.* m.q. viscoso

vi.si.bi.li.da.de *s.f.* caráter ou atributo do que é visível

vi.si.bi.li.zar *v.t.* tornar visível

vi.si.o.nar *v.t.* **1** entrever com visão **2** ter visões

vi.si.o.ná.rio *adj.* **1** que tem ideias quiméricas, extravagantes **2** idealista, sonhador, utopista **3** pessoa que julga ter visões

vi.si.ta *s.f.* **1** ação de visitar, de ir à casa de alguém para apresentar-lhe saudações, cumprimentos **2** ida profissional do médico à casa de um enfermo **3** inspeção, vistoria ■ **cartão de visita** cartão com o nome, os títulos e os dados de alguém e que é entregue a outros por razões comerciais

vi.si.ta.ção *s.f.* **1** m.q. visita **2** vistoria de casas religiosas

vi.si.ta.dor /ô/ *adj.* **1** que visita **2** visitante, hóspede **3** que realiza visitações; inspetor

vi.si.tan.te *adj.2g.* hóspede, visita

vi.si.tar *v.t.* **1** ir ver por cortesia, dever, curiosidade etc. **2** inspecionar, passar revista **3** viajar, percorrer **4** aparecer, mostrar, declarar

vi.si.va *s.f.* o órgão da vista; a visão

vi.sí.vel *adj.2g.* **1** que é passível de ser visto **2** não oculto **3** perceptível **4** manifesto, evidente

vis.lum.brar *v.t.* **1** ver indistintamente **2** conhecer imperfeitamente

vis.lum.bre *s.m.* **1** pequeno clarão **2** aparência vaga; visão imperfeita **3** ideia indistinta, confusa **4** vestígio, indício, suspeita

vi.so *s.m.* **1** semblante, aparência, fisionomia, aspecto **2** sinal, vestígio, indício **3** o cume de uma elevação **4** recordação vaga; reminiscência

vi.so.nha *s.f.* visão amedrontadora

vi.sor *s.m.* **1** aquele que vê **2** lente, vidro, orifício por onde se pode ver ou examinar alguma coisa **3** pequena lente que se coloca nas portas de entrada, permitindo que os de dentro vejam os de fora

vís.po.ra *s.f.* jogo de azar que premia o apostador que acertar um total de números estipulados; loto

vis.ta *s.f.* **1** o órgão da visão; a faculdade de ver **2** o que se vê; tudo o que a vista alcança **3** aspecto do que se vê; semblante ■ **à primeira vista** ao primeiro contato, na primeira impressão ■ **até a vista** até mais ■ **dar na vista** chamar a atenção ■ **fazer vista grossa** ser conivente com algo ilícito ■ **pagamento à vista** pagamento em dinheiro, em espécie

vis.to *adj.* **1** conhecido, notório, sabido **2** considerado, reputado **3** olhado, examinado • *s.m.* **4** assinatura consular em passaportes, permitindo a entrada ou saída de um país **5** assinatura que dá validade a um documento

vis.to.ri.a *s.f.* **1** inspeção ou exame feito por um juiz acompanhado de peritos **2** exame técnico a edifício, navio etc.

vis.to.ri.ar *v.t.* fazer vistoria; examinar, averiguar

vis.to.so /ô/ *adj.* **1** que dá na vista; que chama a atenção **2** bonito, agradável à vista

vi.su.al *adj.2g.* **1** relativo à vista, à visão, aos olhos • *s.m.* **2** aparência, aspecto exterior de algo ou alguém **3** vista, panorama

vi.su.a.li.za.ção *s.f.* **1** ato ou efeito de visualizar **2** ato de formar na mente imagens visuais de coisas que não estão à vista

vi.su.a.li.zar *v.t.* tornar visual; transformar em imagem perceptível pelo espírito ou pela imaginação

vi.tal *adj.2g.* **1** relativo à vida **2** essencial à vida

vi.ta.li.ci.ar *v.t.* tornar vitalício

vi.ta.li.ci.e.da.de *s.f.* estado ou qualidade do que é vitalício

vi.ta.lí.cio *adj.* que não é temporário; que é para toda a vida

vi.ta.li.da.de *s.f.* **1** qualidade do que é vital **2** energia, entusiasmo, força

vi.ta.lis.mo *s.m.* BIOL doutrina que defende a existência de um princípio vital de natureza imaterial que controla os fenômenos relativos aos seres vivos (evolução, reprodução e desenvolvimento)

vi.ta.li.za.ção *s.f.* ato ou efeito de vitalizar

vivido

vi.ta.li.za.dor /ô/ *adj.* diz-se de tudo o que vitaliza, aumenta as energias de um organismo

vi.ta.li.zan.te *adj.2g.* m.q. vitalizador

vi.ta.li.zar *v.t.* 1 tornar vital 2 revigorar; restaurar as energias; restituir a vida

vi.ta.mi.na *s.f.* 1 BIOQUÍM nome dado a várias substâncias pertencentes ao reino animal ou vegetal 2 *bras.* bebida feita de frutas liquefeitas a que se pode acrescentar água ou leite

vi.ta.mi.nar *v.t.* 1 fornecer vitaminas 2 revigorar; robustecer o organismo

vi.ta.mí.ni.co *adj.* 1 relativo a vitamina 2 consequência de vitaminas 3 provocado por vitaminas

vi.tan.do *adj.* 1 que deve ser evitado 2 RELIG que está excomungado e, portanto, deve ser evitado pelos fiéis

vi.te.la *s.f.* novilha que tem menos de um ano

vi.te.lo *s.m.* 1 novilho que tem menos de um ano; bezerro 2 parte amarela do ovo; gema

vi.ti.cul.tor *s.m.* indivíduo que cultiva vinhas

vi.ti.cul.tu.ra *s.f.* cultura de vinhas; plantação de uvas

vi.tí.fe.ro *adj.* 1 que produz videiras 2 que é propício para a cultura de vinhas 3 que é coberto de videiras ou vinhas

vi.ti.li.gem *s.f.* MED m.q. vitiligo

vi.ti.li.go *s.m.* MED doença cutânea caracterizada pelo desaparecimento localizado de pigmentação

ví.ti.ma *s.f.* 1 pessoa ou animal oferecido em sacrifício aos deuses ou em um ritual religioso 2 pessoa que morre ou sofre pela injustiça de alguém 3 pessoa que foi morta ou ferida em um acidente, uma catástrofe ou um crime

vi.ti.mar *v.t.* 1 tornar vítima 2 fazer vítimas; sacrificar

vi.tó.ria *s.f.* 1 ato ou efeito de vencer o inimigo em batalha; triunfo, vantagem 2 *fig.* bom êxito; sucesso 3 carruagem descoberta, de quatro rodas e dois lugares, da época da rainha Vitória da Inglaterra

vi.to.ri.ar *v.t.* saudar triunfalmente; aplaudir os vencedores; ovacionar

vi.to.ri.a.no *adj.* relativo à rainha Vitória da Inglaterra ou ao seu reinado

vi.tó.ria-ré.gia *s.f.* BOT planta aquática ninfeácea presente nos grandes rios do Norte do Brasil

vi.to.ri.o.so /ô/ *adj.* que alcançou a vitória; triunfante, vencedor

vi.tral *s.m.* vidraça de igreja ou capela, com vidros coloridos que formam vários desenhos

ví.treo *adj.* 1 relativo ao vidro 2 feito de vidro 3 que tem as qualidades, o aspecto do vidro

vi.tri.fi.car *v.t.* 1 converter em vidro 2 dar o aspecto de vidro

vi.tri.na *s.f.* 1 vidraça ou mostrador com tampo de vidro onde se expõem objetos à venda 2 armário envidraçado em que se expõem objetos que necessitam de resguardo, em museus, exposições etc.

vi.trí.o.lo *s.m.* QUÍM nome comum dado a alguns sulfatos, mas aplicado principalmente ao ácido sulfúrico

vi.tro.la *s.f.* 1 gramofone, grafonola, toca-discos 2 *fig.* pessoa tagarela, que não se cansa e nem para de falar

vi.tu *s.m.* ZOOL o macho da saúva

vi.tu.pe.ra.ção *s.f.* 1 ato ou efeito de vituperar 2 afronta com palavras ofensivas; injúria, ofensa, vitupério

vi.tu.pe.rar *v.t.* 1 afrontar com palavras ofensivas; dirigir vitupérios; insultar 2 repreender, desaprovar 3 tratar com desprezo; menosprezar

vi.tu.pé.rio *s.m.* 1 ato ou efeito de vituperar; vituperação 2 ofensa, insulto, afronta 3 acusação infamante; injúria

vi.tu.pe.ri.o.so *adj.* 1 em que há vitupério 2 infamante, injurioso 3 desonroso, ignominioso

vi.ú.va *adj.* 1 diz-se da mulher cujo esposo faleceu e que não se casou novamente • *s.f.* 2 ZOOL ave da família dos tiranídeos, encontrada na América do Sul, em matas e cercanias; viuvinha 3 ZOOL peixe teleósteo da família dos carangídeos, comum no Sul do Brasil

vi.u.var *v.i.* m.q. enviuvar

vi.ú.vo *adj.* diz-se da mulher cujo esposo faleceu e que não se casou novamente

vi.u.vez /ê/ *s.f.* 1 estado de quem é viúvo 2 tempo durante o qual o cônjuge supérstite permanece viúvo

vi.ú.vo *adj.* diz-se do homem cuja esposa faleceu e que não se casou novamente

vi.va.ce *adj.2g.* m.q. vivaz

vi.va.ci.da.de *s.f.* 1 qualidade do que é vivaz 2 prontidão em atuar, mover, falar 3 entusiasmo, alegria, vigor, energia, esperteza 4 grande mobilidade, inquietude, fulgor

vi.van.dei.ra *s.f.* 1 mulher que vendia alimentos e bebidas aos soldados e que os acompanhava em marcha 2 mulher que vende mantimentos nas feiras

vi.var *v.t.* saudar com vivas; dar vivas

vi.vaz *adj.2g.* 1 que tem em si os princípios necessários para uma longa vida 2 esperto, vivo, ativo 3 BOT diz-se das plantas que podem durar anos na terra

vi.ve.dou.ro *adj.* 1 que pode viver muito 2 que pode durar muito; duradouro

vi.vei.ro *s.m.* 1 caixa com água na qual os pescadores conservam vivo o peixe 2 recinto para conservar e reproduzir animais vivos ou plantas; aquário 3 canteiro com mudas que serão transplantadas; alfobre

vi.vên.cia *s.f.* 1 processo de viver 2 manifestação de vida 3 experiência, prática

vi.ven.da *s.f.* 1 lugar onde se vive 2 casa, moradia, lar, residência

vi.ven.te *adj.2g.* que tem vida, que vive

vi.ver *v.i.* 1 ter vida; gozar a existência; existir 2 fazer de alguma coisa o seu ideal 3 habitar, residir, morar 4 alimentar-se; manter-se à custa de 5 frequentar a sociedade 6 ter certo comportamento 7 passar a vida de determinada maneira

ví.ve.res *s.m.pl.* conjunto de mantimentos, gêneros alimentícios

vi.ve.za *s.f.* m.q. vivacidade

vi.vi.dez /ê/ *s.f.* qualidade do que é vívido; vivo

ví.vi.do *adj.* 1 que tem vivacidade 2 brilhante, fulgurante 3 vivo, ardente, expressivo 4 que tem cores vivas

vi.vi.do *adj.* 1 que viveu ou experienciou 2 que viveu muito 3 que tem muita experiência

vivificador

vi.vi.fi.ca.dor /ô/ *adj.* que vivifica; que transforma em vida

vi.vi.fi.can.te *adj.2g.* que dá vida; reanimador, vivificador

vi.vi.fi.car *v.t.* **1** dar vida a **2** animar, restituir **3** infundir novas energias; entusiasmar **4** tornar vívido; vigorar

vi.vi.pa.ri.da.de *s.f.* modo de reprodução dos animais vivíparos

vi.vó.rio *s.m. pop.* aclamação com vivas; entusiasmo ruidoso; ovação

vi.ví.pa.ro *adj.* **1** diz-se do animal que produz filhotes vivos **2** BOT diz-se das plantas que se reproduzem e se desenvolvem por meio de bulbilhos

vi.ví.vel *adj.2g.* que é passível de ser vivido

vi.vo *adj.* **1** dotado de vida; que vive **2** esperto, animado, buliçoso **3** diligente, ágil, rápido, ligeiro **4** expressivo, brilhante, refulgente **5** cheio de vivacidade, energia **6** duradouro, persistente

vi.zi.nhan.ça *s.f.* **1** qualidade do que é vizinho **2** proximidade de domicílios, de moradias **3** o conjunto das pessoas que moram próximo a alguém **4** arrabalde, cercania, arredor

vi.zi.nho *adj.* **1** residente próximo; que está perto; contíguo **2** *fig.* que está prestes a se realizar; iminente

vi.zir *s.m.* **1** cada um dos principais oficiais nomeados por soberano de um reino muçulmano **2** o primeiro-ministro do Império Otomano

vó *s.f. pop.* m.q. avó

vô *s.m. pop.* m.q. avô

vo.a.dor /ô/ *adj.* que voa, que se eleva nos ares

vo.a.du.ra *s.f.* ato ou efeito de voar; voo

vo.an.te *adj.2g.* **1** que voa, que tem a faculdade de voar; voador **2** *fig.* que não permanece; passageiro, efêmero, transitório

vo.ar *v.i.* **1** mover-se e manter-se no ar por meio de asas ou por meios mecânicos **2** ir pelos ares; librar-se no céu **3** *fig.* fugir, desaparecer **4** correr ou saltar com rapidez

vo.ca.bu.lar *adj.2g.* relativo a vocábulo

vo.ca.bu.lá.rio *s.m.* **1** conjunto das palavras de uma língua **2** conjunto dos termos específicos de uma ciência, de uma área etc.

vo.ca.bu.la.ris.ta *s.2g.* pessoa que organiza um vocabulário, um glossário; dicionarista

vo.ca.bu.lis.ta *s.2g.* m.q. vocabularista

vo.cá.bu.lo *s.m.* **1** palavra que faz parte de uma língua **2** termo, apelativo, nome

vo.ca.ção *s.f.* **1** tendência, inclinação que se sente para alguma coisa; propensão **2** disposição natural do espírito **3** inclinação para a vida religiosa

vo.ca.cio.nal *adj.2g.* relativo a vocação

vo.cal *adj.2g.* **1** relativo à voz **2** expresso pela voz; oral; sonoro

vo.cá.li.co *adj.* relativo a vogal

vo.ca.lis.ta *adj.2g.* pessoa que canta; cantor

vo.ca.li.za.ção *s.f.* **1** GRAM transformação fonética de uma consoante em vogal, ex.: *noctem = noite* **2** ato ou efeito de vocalizar **3** MÚS solfejo

vo.ca.li.zar *v.t.* **1** GRAM transformar consoantes em vogais **2** MÚS solfejar

vo.ca.ti.vo *s.m.* **1** GRAM palavra ou expressão que serve para apostrofar ou invocar alguém **2** um dos seis casos de declinação da língua latina

vo.cê *pron.* expressão de tratamento usada quando alguém se dirige a outrem

vo.ci.fe.ra.ção *s.f.* ato ou efeito de vociferar; gritaria, alarido

vo.ci.fe.rar *v.t.* falar com cólera; gritar, berrar

vod.ca *s.f.* bebida alcoólica de origem russa

vo.e.jar *v.i.* esvoaçar, volitar

vo.ga *s.f.* **1** ato de vogar, de mover embarcação a remos **2** ritmo das remadas **2** andaço, costume, moda **3** reputação **4** popularidade

vo.gar *v.i.* **1** impulsionar os remos; remar **2** percorrer navegando com o auxílio de remos **3** boiar, flutuar **4** deslocar-se suavemente; deslizar **5** *fig.* estar na moda

vo.lan.te *adj.2g.* **1** que tem a capacidade de voar **2** que se move rápida e facilmente **3** que dá muitas voltas; voltívolo **4** que não permanece; passageiro • *s.m.* **5** roda com a qual se comanda a direção de um automóvel **6** ESPORT a bola do *badminton* **7** roda pesada que serve para controlar a uniformidade do movimento de uma máquina **8** correia contínua na roda das máquinas **9** tecido leve e transparente próprio para véus

vo.lá.til *adj.2g.* **1** que tem a capacidade de voar **2** BIOQUÍM que se pode reduzir a gás ou vapor **3** *fig.* sem constância; mutável • *s.m.* **4** animal que voa ou pode voar

vo.la.ti.li.da.de *s.f.* qualidade do que é volátil

vo.la.ti.li.za.ção *s.f.* ato ou efeito de volatilizar

vo.la.ti.li.zan.te *adj.2g.* que pode volatilizar

vo.la.ti.li.zar *v.t.* **1** reduzir a gás ou vapor **2** tornar volátil **3** *fig.* desaparecer, sumir

vo.lei.bol *s.m.* esporte de origem estadunidense com dois grupos que devem fazer passar uma bola por cima de uma rede, sem deixá-la tocar o chão

vo.li.ção *s.f.* ação de escolher, decidir; vontade, arbítrio

vo.li.tar *v.i.* voejar, esvoaçar, pairar

vo.li.ti.vo *adj.* que provém da volição, da vontade

volt *s.m.* FÍS unidade de força eletromotriz

vol.ta *s.f.* **1** ato de regressar a um lugar de onde se partiu **2** ato de virar **3** movimento circular; giro **4** curva, sinuosidade **5** estribilho, refrão **6** dinheiro que excede a quantia estipulada e que é devolvido; troco **7** espécie de colar usado por mulheres ■ **sem volta** sem retorno; irreversível

vol.ta.gem *s.f.* quantidade de volts necessários para o funcionamento de um aparelho elétrico

vol.tai.ri.a.no *adj.* relativo ao escritor francês Voltaire, pseudônimo de François-Marie Arouet

vol.tar *v.t.* **1** dar a volta; regressar, retornar, volver **2** dirigir-se para outro lado, virar **3** dar em troco **4** fazer a curva do caminho **5** tornar ao lugar de onde se partiu **6** retomar assunto já discutido

vol.te.ar *v.t.* **1** fazer girar; dar voltas; andar ao redor de; descrever círculos **2** dançar; bailar; folgar **3** caminhar sem destino fixo

vol.tei.o *s.m.* **1** ato ou efeito de voltear; volteadura **2** rodopio, giro **3** meandro, **volta**

vol.te.jar *v.i.* m.q. voltear

vulgacho

vol.tí.me.tro *s.m.* galvanômetro destinado a medir a força eletromotriz ou a queda de potencial entre dois pontos

vo.lu.bi.li.da.de *s.f.* **1** qualidade de volúvel **2** inconstância, versatilidade

vo.lu.me *s.m.* **1** livro, tomo **2** extensão, grossura de um objeto **3** espaço ocupado por um corpo **4** pacote, embrulho **5** tamanho, grandeza, dimensão

vo.lu.mé.tri.co *adj.* relativo a volumetria

vo.lu.mo.so /ô/ *adj.* que tem grande volume; que é muito grande

vo.lun.ta.ri.a.do *s.m.* **1** condição do que ingressa no exército como voluntário **2** o serviço dos voluntários **3** a classe dos voluntários

vo.lun.ta.ri.e.da.de *s.f.* **1** qualidade daquilo que é voluntário; espontaneidade **2** *fig.* teimosia, obstinação

vo.lun.tá.rio *adj.* **1** não obrigatório **2** diz-se de pessoa que faz parte de uma corporação por mera vontade e sem interesse financeiro

vo.lú.pia *s.f.* prazer sensual; luxúria

vo.lup.tu.o.si.da.de *s.f.* **1** qualidade do que é voluptuoso **2** prazer sensual; deleite, gozo carnal; lascívia

vo.lup.tu.o.so /ô/ *adj.* **1** dado a deleites **2** que produz volúpia, prazer sensual, deleite físico **3** sensual, libidinoso, lascivo

vo.lu.ta *s.f.* **1** ARQUIT ornato em espiral de um capitel de coluna **2** qualquer objeto com a forma espiralada **3** MÚS parte superior, de formato espiralado, da cabeça dos instrumentos de arco

vo.lu.te.ar *v.i.* girar, rodopiar, voltear

vo.lú.vel *adj.2g.* **1** que gira facilmente; voltívolo **2** que facilmente muda de direção **3** de opinião instável; inconstante **4** BOT diz-se da planta trepadeira

vol.ver *v.t.* **1** voltar para outra direção **2** meditar, pensar **3** replicar, responder, retrucar **4** passar, decorrer ◯ *v.pron.* **5** revirar-se, voltar-se

vol.vi.do *adj.* que volveu, que passou; decorrido

vól.vu.lo *s.m.* MED oclusão intestinal causada por torção; vólvulo

vól.vu.lo *s.m.* MED m.q. volvo

vô.mer *s.m.* ANAT pequeno osso achatado que forma a parte inferior e posterior do septo nasal

vo.mi.ção *s.f.* MED ato ou efeito de vomitar; vômito

vo.mi.tar *v.t.* **1** devolver o que está no estômago; rejeitar os alimentos após terem sido ingeridos; regurgitar **2** *fig.* revelar informação que está em segredo

vo.mi.ti.vo *adj.* que faz vomitar

vô.mi.to *s.m.* **1** ato ou efeito de vomitar **2** devolução de alimentos feita pelo estômago **3** matéria vomitada

vo.mi.tó.rio *s.m.* **1** medicamento que provoca vômito **2** *fig.* interrogatório policial **3** *fig.* pessoa cuja presença provoca náuseas **4** entrada e saída dos teatros na Roma antiga **5** em festas romanas da Antiguidade, lugar onde as pessoas vomitavam para comer e beber mais

von.ta.de *s.f.* **1** faculdade comum ao ser de querer, de desejar alguma coisa **2** desejo, intenção **3** ânimo, espírito **4** capricho, fantasia **5** necessidade física **6** apetite

vo.o *s.m.* **1** ação de voar, de bater as asas **2** viagem aérea

vo.ra.ci.da.de *s.f.* **1** qualidade de voraz **2** sofreguidão de comer; apetite intenso

vo.ra.gem *s.f.* **1** remoinho de água que se forma no mar e que arrasta coisas para o fundo; sorvedouro **2** grande profundeza; abismo

vo.raz *adj.2g.* que apresenta voracidade

vór.ti.ce *s.m.* turbilhão, furacão

vós *pron.* segunda pessoa do plural do caso reto

vos *pron.* segunda pessoa do plural do caso oblíquo

vos.me.cê *pron.* m.q. vossemecê

vos.se.me.cê *pron.* contração de vossa mercê

vos.so *pron.* possessivo da segunda pessoa do plural

vo.ta.ção *s.f.* **1** ato de votar, de escolher por voto **2** o conjunto dos votos de uma assembleia eleitoral

vo.ta.do *adj.* **1** aprovado pela maioria ou pela unanimidade dos votos **2** consagrado, dedicado **3** em que recaíram votos

vo.tan.te *adj.2g.* diz-se da pessoa que tem o direito de votar; eleitor

vo.tar *v.t.* **1** dar o voto em favor de **2** escolher, eleger, aprovar **3** RELIG dedicar, consagrar **4** decretar, conferir, outorgar

vo.ti.vo *adj.* **1** relativo a voto **2** RELIG que envolve voto, promessa

vo.to *s.m.* **1** desejo ardente, vontade **2** modo de manifestar a vontade em um ato eleitoral **3** RELIG promessa religiosa solene

vo.vó *s.f.* pop. modo carinhoso de dizer avó

vo.vô *s.m.* pop. modo carinhoso de dizer avô

voz *s.f.* **1** som produzido pelas vibrações das pregas vocais **2** qualquer ruído **3** MÚS parte vocal de um trecho de música **4** GRAM vocábulo, palavra

vo.ze.ar *v.i.* **1** falar em voz alta **2** falar aos gritos **3** soltar a voz; cantar

vo.zei.o *s.m.* **1** ato ou efeito de vozear **2** vozearia, gritaria

vo.zei.rão *s.m.* voz muito forte e grossa

vo.zei.rar *v.i.* soltar a voz em tom alto; vozear, vociferar

vo.ze.ri.a *s.f.* clamor de muitas vozes reunidas; vozearia; berreiro, gritaria

vo.ze.ri.o *s.m.* m.q. vozeria

vul.câ.ni.co *adj.* **1** relativo a vulcão **2** que é da procedência de vulcão **3** que tem as propriedades de um vulcão **4** *fig.* impetuoso, ardente, explosivo

vul.ca.ni.te *s.f.* QUÍM m.q. ebonite

vul.ca.ni.za.ção *s.f.* BIOQUÍM processo de modificação da borracha natural, combinando-a com enxofre ou seus derivados, para fins industriais

vul.ca.ni.zar *v.t.* **1** submeter a borracha ao processo de vulcanização **2** *fig.* exaltar, entusiasmar

vul.ca.no.lo.gi.a *s.f.* GEOL parte da geologia que estuda os vulcões e seus fenômenos

vul.cão *s.m.* **1** montanha que possui uma cratera por onde saem matérias candentes, fogo ou só cinzas **2** *fig.* abrasamento, grande incêndio **3** *fig.* pessoa que age com ímpeto ou violência

vul.ga.cho *s.m.* gentalha, plebe, ralé

vulgar

vul.gar *adj.2g.* **1** relativo ao vulgo, à plebe **2** comum, ordinário, trivial **3** baixo, reles, medíocre **4** diz-se da linguagem coloquial, em oposição à literária, culta • *v.t.* **5** *desus.* tornar conhecido do público; divulgar

vul.ga.ri.da.de *s.f.* **1** qualidade ou caráter do que é vulgar **2** trivialidade, banalidade

vul.ga.ris.mo *s.m.* **1** modo de pensar, proceder ou falar que é peculiar ao vulgo **2** costume, dito próprio do vulgo; vulgaridade **3** uso de palavras, construções etc. da linguagem popular

vul.ga.ri.za.ção *s.f.* ação de tornar algo vulgar, popular

vul.ga.ri.za.dor /ô/ *adj.* **1** diz-se do que vulgariza **2** divulgador, disseminador, propagador

vul.ga.ri.zar *v.t.* **1** divulgar, espalhar **2** pôr ao alcance de todos; popularizar

Vul.ga.ta *s.f.* RELIG tradução latina da Bíblia feita por São Jerônimo e declarada a versão oficial da Igreja Católica pelo Concílio de Trento, em 1546

vul.gí.va.go *adj.* diz-se de quem se rebaixa ou desonra

vul.go *s.m.* **1** o povo; a classe popular **2** a maior parte das pessoas

vul.go.cra.ci.a *s.f.* predomínio político da classe popular, da plebe

vul.ne.ra.bi.li.da.de *s.f.* **1** qualidade do que é vulnerável **2** ponto fraco; debilidade

vul.ne.ra.ção *s.f.* ato ou efeito de vulnerar, de ferir; lesão

vul.ne.rar *v.t.* **1** ferir, abrir lesões **2** *fig.* ofender, magoar, melindrar

vul.ne.ra.ti.vo *adj.* que vulnera; que causa ferimentos; que abre chagas

vul.ne.rá.vel *adj.2g.* **1** sujeito a ser atacado, ferido, derrotado; frágil **2** diz-se do lado fraco de uma questão

vul.ní.fi.co *adj.* que fere ou pode ferir

vul.pi.nis.mo *s.m.* astúcia, manha

vul.pi.no *adj.* **1** relativo a raposa **2** *fig.* astuto, ardiloso, traiçoeiro

vul.to *s.m.* **1** rosto, semblante, face **2** aparência, aspecto **3** volume, massa **4** pessoa de grande importância, notável **5** figura, imagem pouco nítida

vul.to.so /ô/ *adj.* **1** que faz grande volume; volumoso **2** grande, avultado, considerável

vul.tu.o.si.da.de *s.f.* **1** MED condição do rosto quando as faces e os lábios estão vermelhos e inchados **2** qualidade de vultuoso

vul.tu.o.so /ô/ *adj.* MED acometido de vultuosidade

vul.tu.ri.no *adj.* **1** da natureza do abutre **2** semelhante ao abutre

vul.va *s.f.* ANAT conjunto das partes genitais externas da mulher

vul.var *adj.2g.* relativo à vulva

vul.vi.te *s.f.* MED inflamação da vulva

vur.mo *s.m.* **1** pus das chagas **2** sangue purulento de feridas

vur.mo.si.da.de *s.f.* estado purulento de ferimentos

vur.mo.so *adj.* que tem vurmo, pus; purulento

Ww

¹w *s.m.* **1** GRAM vigésima terceira letra e décima oitava consoante do alfabeto português **2** vigésimo terceiro elemento de uma série

²W 1 GEOG símbolo de *West*, Oeste em inglês **2** QUÍM símbolo do elemento químico tungstênio **3** FÍS símbolo de watt

wag.ne.ri.a.no *adj.* MÚS relativo ao compositor alemão Richard Wagner ou à sua obra

walk.ie-talk.ie *s.m.* [ing.] aparelho de rádio portátil utilizado para emissão e recepção a curtas distâncias

walk.man *s.m.* [ing.] aparelho eletrônico portátil usado com fones de ouvido para escutar fitas cassete, CDs e rádio

war.rant *s.m.* [ing.] ECON recibo de garantia de depósito de mercadoria

water closet [ing.] *s.m.* banheiro com vaso sanitário e lavabo (WC)

watt *s.m.* FÍS unidade de medida de potência elétrica ou mecânica

watt-ho.ra *s.m.* unidade de medida que indica a energia fornecida por um watt no período de uma hora

wat.tí.me.tro *s.m.* aparelho que mede a potência elétrica

web *s.f.* [ing.] sistema de rede de *internet* que conecta usuários do mundo todo

web.mas.ter *s.m.* [ing.] profissional que projeta e desenvolve um *site* ou o administra

wes.tern *s.m.* [ing.] nome que designa genericamente os filmes americanos de faroeste, também chamados de bangue-bangue

win.ches.ter *s.m.* [ing.] **1** espingarda americana parecida com uma carabina **2** disco rígido de um computador

wind.sur.fe *s.m.* [ing.] esporte que une vela e surf

Win.dows *s.m.* [ing.] INFORMÁT significando 'janelas' em inglês, trata-se de uma marca registrada, nome do sistema operacional da empresa Microsoft ®, largamente utilizado nos computadores do mundo todo

work.shop *s.m.* [ing.] espécie de curso prático, intensivo e curto para discussão de novos conhecimentos, técnicas etc. de um assunto

x *s.m.* **1** GRAM vigésima quarta letra e décima nona consoante do alfabeto português **2** vigésimo quarto elemento de uma série **3** MAT símbolo de incógnita em uma equação

Xe QUÍM símbolo do elemento químico xenônio

xá *s.m.* título de soberania na antiga monarquia da Pérsia, atual Irã

xá.ca.ra *s.f.* LITER poema romântico destinado ao canto

xa.drez /ê/ *s.m.* **1** jogo de origem persa que se joga com 16 peças sobre um tabuleiro quadriculado em preto e branco **2** *pop.* lugar onde ficam os presidiários; cadeia, prisão **3** padrão de estampa com quadrados pretos e brancos, como o do tabuleiro de xadrez

xa.dre.zis.ta *adj.2g.* jogador de xadrez; enxadrista

xai.le *s.m.* m.q. xale

xai.rel /é/ *s.m.* manta utilizada por baixo da sela para cobrir o dorso do cavalo; gualdrapa

xa.le *s.m.* espécie de manta ou lenço grande usado sobre os ombros como agasalho

xa.ma.nis.mo *s.m.* crença religiosa de vários povos em que se atribui o poder de cura ao xamã

xa.mã *s.m.* espécie de curandeiro em certas crenças religiosas

xam.pu *s.m.* preparado líquido próprio para lavar os cabelos

xan.te.í.na *s.f.* QUÍM substância corante que se extrai da dália amarela

xan.to.fi.la *s.f.* QUÍM pigmento amarelo que dá a cor amarela ou castanha às folhas na estação do outono

xan.to.gê.nio *s.m.* QUÍM m.q. xantefina

xan.tun.gue *s.m.* tecido de seda de superfície áspera e irregular

xa.rá *s.2g.* pessoa que possui o mesmo nome de uma outra

xar.da *s.f.* **1** MÚS dança popular da Hungria **2** composição musical que acompanha essa dança

xa.ro.pa.da *s.f.* **1** xarope ou outro preparado medicinal contra a tosse **2** *fig.* coisa entediante, maçante; amolação

xa.ro.pe /ó/ *s.m.* **1** preparado líquido viscoso com muito açúcar, usado no preparo de bebidas **2** preparado líquido para combater a tosse • **3** *adj. fig.* diz-se do que é maçante, enfadonho, entediante

xa.ro.po.so /ô/ *adj.* **1** que possui a aparência ou a consistência do xarope **2** *fig.* diz-se de pessoa chata, maçante

xa.van.te *s.2g.* **1** indivíduo pertencente aos xavantes, grupo indígena do Brasil ○ *s.m.* **2** língua falada pelos xavantes

xa.ve.co /é/ *s.m.* **1** tipo de embarcação pequena **2** *fig.* objeto ou coisa de pouco valor, insignificante **3** *pop.* conversa para seduzir alguém; cantada

xa.xim *s.m.* **1** BOT planta da família das ciateáceas cujo tronco fibroso é usado para fazer vasos e placas para outras plantas **2** o tronco dessa planta

xe.lim *s.m.* moeda que representava a vigésima parte da libra esterlina britânica

xe.no.fi.li.a *s.f.* sentimento de amor ou simpatia excessiva por estrangeiros

xe.nó.fi.lo *adj.* diz-se de quem demonstra xenofilia, simpatia excessiva por estrangeiros

xe.no.fo.bi.a *s.f.* antipatia e repulsão a estrangeiros e ao que é estrangeiro

xe.nó.fo.bo *adj.* diz-se de quem demonstra aversão a estrangeiros e ao que é estrangeiro

xe.nô.nio *s.m.* QUÍM elemento químico da família dos gases nobres

xe.pa /ê/ *s.f. pop.* **1** refeição servida em quartel **2** sobra de alimentos, de comida **3** cada um dos restos de verduras de feira livre

xe.pei.ro /ê/ **1** *pop.* soldado que se alimenta no quartel **2** *pop.* pessoa que se sustenta com esmolas **3** *pop.* pessoa que recolhe a xepa, a sobra de alimento, no final das feiras

xe.que /é/ *s.m.* **1** título de soberania árabe **2** *por. ext.* pessoa imbuída de autoridade; chefe **3** situação de perigo ou risco **4** lance que finaliza a partida de xadrez

xe.rez /ê/ *s.m.* vinho branco de origem espanhola

xer.ga *s.f.* tipo de tecido forte e rústico; burel

xe.ri.fe *s.m.* **1** título dado a príncipes mouros descendentes de Maomé **2** título dado a muçulmano que visita Meca mais de três vezes **3** título de autoridade policial de cargo temporário em um município dos Estados Unidos ou da Inglaterra

xe.ro.car *v.t.* tirar fotocópias em máquina de xerografia; xerocopiar, xerografar

xe.ro.có.pia *s.f.* cópia obtida em máquina de xerografia

xe.ro.co.pi.ar *v.t.* xerocar, xerografar

xe.ró.fi.to *s.m.* BOT planta típica de regiões áridas

xe.ro.gra.far *v.t.* xerocopiar, xerocar

xe.ro.gra.fi.a *s.f.* **1** processo para se obter cópias de imagens e documentos por meio de máquina que projeta a imagem original sobre cilindro ou placa sensível à luz; xerox **2** GEOG ramo da geografia que se dedica ao estudo de lugares áridos

xe.rox *s.2g.* **1** máquina utilizada na reprodução de texto ou imagem **2** essa técnica de reprodução; xerografia

xucro

xí.ca.ra *s.f.* **1** recipiente pequeno com asa para tomar café, chá, leite etc. **2** o conteúdo desse recipiente

xi.foi.de /ó/ *adj.2g.* diz-se do que tem forma semelhante à de uma espada; ensiforme

xi.fo.pa.gi.a *s.f.* MED anomalia genética em que dois indivíduos nascem unidos desde o apêndice xifoide até o umbigo

xi.fó.pa.go *adj. s.m.* diz-se do indivíduo com xifopagia, deformidade genética que consiste em uma duplicação do corpo na região do tórax e da cabeça

xi.fo.pa.go.to.mi.a *s.f.* MED intervenção cirúrgica para separação de xifópagos

xi.le.ma *s.m.* BOT tecido que conduz seiva bruta nos vegetais; lenho

xi.le.no /ê/ *s.m.* QUÍM mistura de três hidrocarbonetos aromáticos, usada em petroquímica e como solvente

xi.lin.dró *s.m. pop.* presídio, xadrez, prisão

xi.ló.fa.go *adj.* BIOL diz-se de inseto, fungo etc. que se alimenta de madeira

xi.lo.fo.ne *s.m.* MÚS instrumento de percussão constituído de pequenas lâminas de madeira ou metal que formam um teclado, tocado com baquetas

xi.lo.gra.fi.a *s.f.* arte ou técnica de fazer gravuras em madeira

xi.ló.gra.fo *s.m.* especialista em xilografia

xi.lo.gra.vu.ra *s.f.* gravura feita em madeira

xi.lo.ma *s.m.* BIOL tumor vegetal de aparência dura e lenhosa

xi.man.go *s.m.* ZOOL ave de rapina encontrada na América do Sul

xim.bé *adj.2g. bras.* diz-se de animal que possui focinho achatado

xim.be.va *adj.2g. bras. pop.* m.q. ximbé

xim.bi.ca *s.f.* **1** jogo de cartas com regras semelhantes às da manilha **2** casa de jogos **3** *pop.* carro muito velho

xin.ga.ção *s.f.* afronta por xingamentos ou insultos

xin.ga.de.la /é/ *s.f.* **1** m.q. xingamento **2** insulto verbal rápido, dissimulado

xin.ga.men.to *s.m.* insulto com palavras pesadas e de baixo calão; xingação

xin.gar *v.t.* ofender, insultar usando palavras pesadas e de baixo calão

xin.ga.tó.rio *s.m.* troca extensa de xingamentos; palavrório insultante; xingação

xin.to.ís.mo *s.m.* RELIG religião oriunda do budismo em que se adoram as forças da natureza

xis.to.si.da.de *s.f.* disposição em lâminas, própria das rochas xistosas

xin.xim *s.m.* CUL ensopado baiano feito de carne com camarão seco, amendoim, castanha e azeite de dendê

xis.to *s.m.* **1** GEOL diz-se de rochas de aparência folheada com capacidade de se separar em lâminas; quisto **2** galeria onde se exercitavam os atletas gregos e onde ensinavam os filósofos

xis.to.so /ô/ *adj.* diz-se de rocha capaz de dividir-se em finas lâminas

xi *interj. onomat.* indica decepção, impaciência, espanto

xi.xi *s.m. pop.* líquido eliminado pela uretra; urina

xó *interj. onomat.* utilizada para frear cavalgaduras

xô *interj. onomat.* utilizada para enxotar galinhas e outras aves

xo.dó *s.m. pop.* simpatia, afeto que se tem por alguém

xo.gum *s.m.* chefe militar com grandes poderes no Japão, especialmente até meados do século XIX

xo.te *s.m.* **1** modalidade de dança de salão com passos semelhantes aos da polca **2** música que acompanha esse tipo de dança

xu.cro *adj.* **1** diz-se de animal não domado, selvagem **2** *por ext.* diz-se de indivíduo sem cultura ou educação; ignorante, rude

X

y *s.m.* **1** GRAM vigésima quinta letra e vigésima consoante do alfabeto português **2** vigésimo quinto elemento de uma série **3** MAT segunda incógnita em uma equação

y.agi *s.f.* antena de ondas curtas própria para a cobertura de áreas distantes do ponto de acesso

Yb QUÍM símbolo do elemento químico itérbio

yang *s.m.* [chin.] na concepção do taoísmo, princípio masculino que coexiste com o *yin* (princípio feminino) e que tem características ativas, celestes, luminosas e quentes

yd símbolo de *yard* (jarda)

yin *s.m.* [chin.] na concepção do taoísmo, princípio feminino que coexiste com o *yang* (princípio masculino) e que tem características passivas, terrestres, obscuras e frias

Zz

z *s.m.* **1** GRAM vigésima sexta letra e vigésima primeira consoante do alfabeto português **2** vigésimo sexto elemento de uma série **3** MAT terceira incógnita em uma equação

za.be.lê *s.m.* ZOOL pássaro brasileiro de plumagem marrom e hábitos noturnos

za.bum.ba *s.m.* **1** MÚS instrumento musical de percussão usado nas danças brasileiras carnavalescas de origem africana **2** *fig.* muito barulho; ruído intenso

za.bur.ro *s.m.* variedade de milho vermelho cultivado em certas regiões de Portugal

za.ga *s.f.* ESPORT no futebol, dupla de jogadores de defesa que atuam perto do gol

za.gai.a *s.f.* arma rudimentar, espécie de lança mourisca; azagaia ■ **no tempo da zagaia** em tempos remotos, antigos

za.gal *s.m.* m.q. pastor

za.guei.ro *s.m.* ESPORT jogador que atua na defesa, perto do gol

zai.no *adj.* diz-se de animal, especialmente cavalo, que apresenta pelagem castanho-escura

zam.bo *adj.* **1** que tem as pernas e/ou os pés tortos; cambaio **2** diz-se de pessoa malvestida, mal-ajambrada **3** diz-se de indivíduo descendente de índio e negro

zam.bro *adj.* m.q. zambo

zan.ga *s.f.* sensação de raiva, de cólera passageira; mau humor

zan.gão *s.m.* **1** ZOOL o macho da abelha **2** *fig.* pessoa que tira proveito de outras; aproveitador, oportunista

zan.gar *v.t.* **1** repreender, censurar ○ *v.pron.* **2** irritar-se, enraivecer-se, agastar-se

zan.zar *v.i.* andar sem direção certa, de modo errante; vaguear

za.ra.ba.ta.na *s.f.* tubo longo e fino dentro do qual se colocam pequenos projéteis, como pedrinhas, grãos, setas envenenadas etc., para arremesso

za.ra.ga.ta *s.f.* confusão, desordem, agitação, bagunça

zar.cão *s.m.* **1** QUÍM substância vermelha utilizada em peças de ferro para evitar ferrugem **2** a cor avermelhada dessa substância

za.ro.lho *adj.* diz-se de pessoa vesga ou cega de um dos olhos; estrábico; caolho

zar.par *v.i.* **1** deixar o porto de navio ou outra embarcação; levantar âncora ○ *v.t.* **2** *por ext.* ir embora às pressas; deixar, partir, fugir

zar.zu.e.la *s.f.* representação teatral espanhola de cunho cômico, com canções e peças instrumentais entremeadas por diálogos

zê *s.m.* nome da letra *z*

zé *s.m.* **1** *pop.* indivíduo comum, do povo **2** *pop. pejor.* indivíduo sem importância; joão-ninguém

ze.bra /ê/ *s.f.* **1** ZOOL animal equídeo cujo corpo é coberto de listras brancas e pretas **2** *fig.* pessoa ignorante; burro ■ **dar zebra** dar um resultado inesperado ou ruim

ze.bral *adj.2g.* m.q. zebrino

ze.bra.do *adj.* que possui listras brancas e pretas como as da zebra; listrado

ze.brar *v.t.* **1** fazer listras como as da zebra; listrar **2** *fig.* obter resultado negativo ou inesperado; dar zebra

ze.bri.no *adj.* **1** relativo a zebra **2** que tem as características da zebra **3** que tem a pele semelhante à da zebra; listrado

ze.broi.de /ó/ *adj.2g.* **1** semelhante a zebra; que tem as mesmas características da zebra **2** *pop. pejor.* diz-se de quem é ignorante, tolo, estúpido; burro • *s.2g.* **3** ZOOL híbrido resultante do cruzamento entre o cavalo e a zebra

ze.bru.no *adj.* diz-se de cavalo de cor acastanhada; baio

ze.bu *s.m.* ZOOL raça bovina doméstica asiática que apresenta corcova acentuada e papada grande

ze.bu.ei.ro *adj.* diz-se de pessoa que cria ou negocia zebu

ze.fir *s.m.* tipo de tecido fino, leve e transparente

zé.fi.ro *s.m.* vento suave, brando, agradável

ze.la.dor /ô/ *s.m.* **1** pessoa responsável pela administração e fiscalização de um lugar **2** pessoa encarregada da supervisão e limpeza de um edifício, condomínio, chácara etc. **3** RELIG no catolicismo, pessoa responsável por zelar por um grupo religioso

ze.lar *v.t.* **1** olhar por, tomar conta de; cuidar **2** administrar, gerenciar **3** ter ciúmes

ze.lo /ê/ *s.m.* cuidado, dedicação; diligência; ciúme

ze.lo.so /ô/ *adj.* **1** que tem zelo; cuidadoso, diligente **2** que tem ciúmes; ciumento

ze.lo.te /ó/ *adj.2g.* **1** diz-se de quem tem zelo demasiado, geralmente por religião ou política; fanático **2** diz-se de pessoa que demonstra falso zelo religioso

zê.ni.te *s.m.* **1** ASTRON ponto da esfera celeste exatamente acima de outro na superfície terrestre, demarcado pela linha imaginária perpendicular ao ponto terrestre **2** ponto culminante; ápice, clímax

ze.ó.fa.go *adj.* diz-se de animal que se alimenta de milho

zé-pereira

zé.pe.rei.ra /ê/ *s.m.* **1** *bras.* brincadeira de foliões carnavalescos que tocam zabumbas **2** *bras.* certo ritmo carnavalesco executado no zabumba

ze.ro /é/ *num.* **1** cardinal que corresponde a um conjunto vazio **2** valor nulo • *adj.* **3** diz-se de coisa ou pessoa sem importância, sem valor ■ **zero à esquerda** indivíduo insignificante, sem importância

ze.ta *s.m.* m.q. dzeta

zi.be.li.na *s.f.* ZOOL mamífero encontrado nas regiões frias do Norte da Eurásia, com uma pelagem marrom-escura que é altamente valorizada

zi.go.ma *s.m.* ANAT cada um dos ossos situados em ambos os lados da face e que constituem as maçãs do rosto; osso zigomático

zi.go.mor.fo /ó/ *adj.* BOT diz-se de organismo ou órgão que apresenta simetria bilateral

zi.go.to /ô ou ó/ *s.m.* BIOL célula originada da união do gameta masculino ao feminino

zi.gue-za.gue *s.m.* linha que lembra o formato sinuoso de um z

zi.gue.za.gue.ar *v.i.* andar em zigue-zagues

zim.bó.rio *s.m.* ARQUIT parte exterior da cúpula de grandes construções ou monumentos; domo

zim.bro *s.m.* BOT planta da família das cupressáceas cujos frutos são usados na perfumaria e na produção de bebidas

zin.co *s.m.* QUÍM elemento químico da família dos metais, utilizado na fabricação de calhas, telhados, pilhas etc.

zin.co.gra.far *v.t.* imprimir, gravar algo por meio da zincografia

zin.co.gra.fi.a *s.f.* técnica de impressão litográfica sobre placa de zinco

zin.co.gra.vu.ra *s.f.* gravura litográfica impressa sobre placa de zinco

zín.ga.ro *s.m.* **1** m.q. cigano **2** pessoa de vida errante e incerta; boêmio

zi.nho *s.m. pop.* moço, rapaz cujo nome não se sabe

zí.nia *s.f.* BOT designação comum a certas plantas da família das compostas, caracterizadas por suas cores variadas e muito cultivadas como ornamentais

zi.nir *v.i.* m.q. zunir

zin.zi.lu.lar *v.i.* fazer o som próprio da andorinha; pipilar, grinfar

zir.cô.nio *s.m.* QUÍM elemento químico da família dos metais, utilizado na fabricação de ligas de ferro, na indústria nuclear etc.

Zn QUÍM símbolo do elemento químico zinco

zo.a.da *s.f.* **1** barulho alto, confuso e contínuo de sons, vozes **2** *pop.* peça, gozação, zombaria

zo.ar *v.i.* **1** produzir som confuso, alto e contínuo **2** *pop.* pregar peça; gozar, zombar, caçoar

zo.di.a.cal *adj.2g.* relativo a zodíaco

zo.dí.a.co *s.m.* **1** ASTRON círculo da esfera celeste dividido em doze partes iguais designadas por nomes de constelações próximas **2** ASTROL o conjunto de signos das constelações do zodíaco tido por muitos como capaz de influenciar a vida das pessoas

zo.ei.ra /ê/ *s.f.* m.q. zoada

zoi.lo /ô/ *s.m.* crítico parcial e injusto

zom.ba.dor /ô/ *adj.* diz-se daquele que zomba, que faz troça; gozador, motejador, caçoador

zom.bar *v.t.* fazer troça; gozar, caçoar, desdenhar, desconsiderar

zom.ba.ri.a *s.f.* caçoada, gozação, troça, escárnio, menosprezo

zom.be.te.ar *v.t.* m.q. zombar

zom.be.tei.ro /ê/ *adj.* diz-se do que zomba, faz troça, gozação; zombador

zo.na *s.f.* **1** área, faixa territorial **2** área de uma cidade com características próprias **3** GEOG área delimitada por linhas terrestres horizontais imaginárias **4** *pop.* área onde trabalham as prostitutas **5** *por ext.* bagunça, desordem, confusão

zon.zei.ra /ê/ *s.f.* sensação de quem está tonto; tonteira, atordoamento, vertigem

zon.zo *adj.* que se sente tonto, atordoado

zo.o.fa.gi.a *s.f.* ZOOL hábito animal de ingerir a carne da presa antes de morta

zo.o.fi.li.a *s.f.* amizade, cuidado pelos animais

zo.o.fo.bi.a *s.f.* medo, horror mórbido de animais

zo.o.ge.o.gra.fi.a *s.f.* ZOOL parte da zoologia que estuda a distribuição geográfica dos animais e sua relação com o meio ambiente

zo.o.la.tri.a *s.f.* idolatria, adoração de animais

zo.o.lo.gi.a *s.f.* BIOL ramo da biologia que se dedica ao estudo dos animais

zo.o.ló.gi.co *s.m.* **1** relativo a zoologia **2** espécie de parque com espécimes de vários animais para visitação pública

zo.o.mor.fis.mo *s.m.* **1** crença na possível metamorfose do homem em animais **2** RELIG culto religioso que atribui características de animais às divindades

zo.o.no.se /ó/ *s.f.* designação genérica de doenças transmitidas por animais

zo.o.plânc.ton *s.m.* BIOL conjunto dos organismos planctônicos animais

zo.o.tec.ni.a *s.f.* ciência e técnica de criação e aperfeiçoamento de animais para melhor produtividade

zo.o.tec.nis.ta *s.2g.* especialista em zootecnia

zor.ra /ô/ *s.f.* **1** *desus.* pequeno veículo desprovido de rodas movido por animal de tração ou trator **2** *pop.* confusão, desordem, tumulto

zu.ar.te *s.m.* tipo de tecido grosso e rústico de algodão, geralmente de cor azul

zu.í.do *s.m.* som muito baixo e indistinto; sussurro, cochicho

zu.ir *v.i.* m.q. zumbir

zum.bai.a *s.f.* **1** saudação cerimoniosa; reverência **2** cumprimento exagerado, afetado; salamaleque

zum.bi *s.m.* **1** morto que ressuscita por magia e que vagueia pelos lugares à noite **2** HIST título do líder de um quilombo

zum.bi.do *s.m.* **1** som feito pelos insetos **2** barulho indistinto semelhante ao som feito pelos insetos; zunido, sonido, soído

zum.bir *v.i.* produzir som indistinto de zumbido; zunir

zum-zum *s.m.* **1** zunido, zumbido **2** *pop.* boato, mexerico, falatório

zu.ni.dei.ra /ê/ *s.f.* **1** série de zunidos; zuniada **2** zunido intenso e continuado

zu.ni.do *s.m.* m.q. zumbido

zu.nir *v.i.* m.q. zumbir

zun.zu.nar *v.i.* fazer zum-zum; zumbir, zunir

zu.re.ta /ê/ *adj.2g.* diz-se de indivíduo não muito certo do juízo; doido, maluco

zur.ra.dor /ô/ *adj.* que imita o som feito pelo burro; azurrador, rinchador

zur.ra.pa *s.f.* vinho ou outra bebida ruim, de má qualidade

zur.rar *v.i.* produzir som próprio dos burros; produzir zurros; rinchar

zur.ro *s.m.* som produzido pelo burro; relincho

zur.zir *v.t.* **1** produzir dor física com golpes violentos; espancar, açoitar **2** *fig.* fazer sofrer; magoar